HUGH JOHNSON
ENCICLOPÉDIA DO VINHO

Administração Regional do Senac no Estado de São Paulo
Presidente do Conselho Regional: Abram Szajman
Diretor do Departamento Regional: Luiz Francisco de A. Salgado
Superintendente Universitário e de Desenvolvimento: Luiz Carlos Dourado

Editora Senac São Paulo
Conselho Editorial: Luiz Francisco de A. Salgado
Luiz Carlos Dourado
Darcio Sayad Maia
Lucila Mara Sbrana Sciotti
Luís Américo Tousi Botelho

Gerente/Publisher: Luís Américo Tousi Botelho
Coordenação Editorial: Ricardo Diana
Prospecção: Dolores Crisci Manzano
Administrativo: Verônica Pirani de Oliveira
Comercial: Aldair Novais Pereira

Tradução: Carlos Szlak, Fernando Janson, Janaína Marcoantonio
Edição de Texto: Maísa Kawata
Preparação de Texto: Gislaine Maria da Silva
Revisão de Texto: Luiza Elena Luchini (coord.), Johnny Bergmann, Maristela Nóbrega, Rinaldo Milesi, Silvana Gouveia (índice)
Projeto Gráfico Original e Capa: Colin Goody
Mapas: Clyde Surveys Ltd.
Editoração Eletrônica: Jairo Souza Design
Impresso na China

Publicado inicialmente na Grã-Bretanha em 1983, sob o título Hugh Johnson's Wine Companion, por Mitchell Beazley, um selo Octopus Publishing Group, Carmelite House, 50 Victoria Embankment, London EC4Y 0DZ.

Edições revisadas 1987, 1991, 1997, 2003, 2009.
Copyright © Octopus Publishing Group Ltda. 1987, 1991, 1997, 2003, 2009.
Copyright do texto © Hugh Johnson 1987, 1991, 1997, 2003, 2009.
Todos os direitos reservados

Proibida a reprodução sem autorização expressa.
Todos os direitos desta edição reservados à
Editora Senac São Paulo
Av. Engenheiro Eusébio Stevaux, 823 – Prédio Editora
Jurubatuba – CEP 04696-000 – São Paulo – SP
Tel. (11) 2187-4450
editora@sp.senac.br
https://www.editorasenacsp.com.br

© Edição brasileira: Editora Senac São Paulo, 2011

Dados Internacionais de Catalogação na Publicação (CIP)
(Câmara Brasileira do Livro, SP, Brasil)

Johnson, Hugh
    Enciclopédia do vinho : vinhos, vinhedos e vinícolas / Hugh Johnson ; ed. rev. e ampl. por Stephen Brook ; Tradução Carlos Szlak, Fernando Janson, Janaína Marcoantonio. – São Paulo : Editora Senac São Paulo, 2011.

    Título original : Hugh Johnson's wine companion.

    ISBN 978-85-396-0152-3

    1.Vinhos e vinificação 2. Vinhos e vinificação – Enciclopédias 3. Vinhos e vinificação - História 4. Viticultura I. Brook, Stephen. II Título

11-07906   CDD-641.2203

Índice para catálogo sistemático:
1. Vinhos : Enciclopédias 641.2203

HUGH JOHNSON

ENCICLOPÉDIA DO VINHO

VINHOS, VINHEDOS E VINÍCOLAS

Edição revista e ampliada por Stephen Brook

Tradução
Carlos Szlak
Fernando Janson
Janaína Marcoantonio

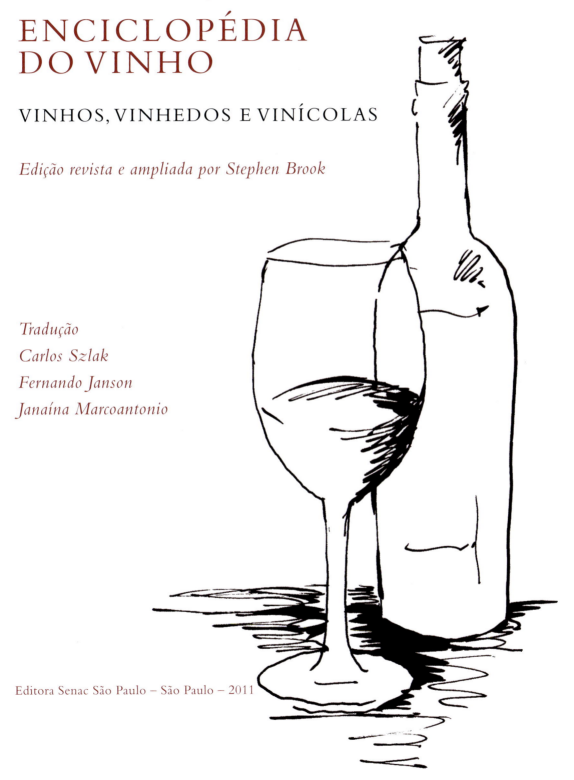

Editora Senac São Paulo – São Paulo – 2011

Agradecimentos

Muitas associações de produtores facilitaram viagens para suas regiões ou enviaram amostras dos vinhos. Entre elas estão Elisabeth Pasquier, da Vinea, na Suíça; Léna Martin, do CIVA, na Alsácia, França; Cécile Niehouser, em Madiran, França; Willi Klinger e Susanne Staggl, do Austrian Wine Marketing Board (Conselho Austríaco para a Promoção do Vinho); John McLaren, Venla Freeman e Diane Berardi, do California Wine Institute (Instituto do Vinho da Califórnia); Ruben Gil, do Consejo de Toro (Conselho de Toro), Espanha; Maria José Sevilla, Victoria Dillon e Maite Hernandez, da Vinos de España (Vinhos da Espanha); Jo Mason e Su Birch, da Wines of South Africa (Vinhos da África do Sul); Kirsten Moore e Doug Neal, da Wine Australia (Vinhos da Austrália); Anna Noble, da Phipps PR e do Consejo de Rioja (Conselho de Rioja, Espanha); Well Com PR, em Alba, Itália; Dorli Muhr, da Wine & Partners, da Áustria; Emily Gorton, da Jam PR, em São Francisco, EUA; Céline Bouteiller e Natalie Jeune, da Focus PR e do CIVR de Roussillon, França; e Stephany Boettner do Oregon Wine Board (Conselho de Vinhos de Oregon), EUA.

Eu gostaria de agradecer a Yair Kornblum e Michal Neeman, que facilitaram minha visita à feira do vinho de Tel-Aviv em 2008; Barão Jakob Kripp, que me forneceu informações sobre vinhos da Romênia, e Peter Schleimer, que me alertou para as estrelas em ascensão na Áustria. Agradeço também a Lisa Shara Hall, da Conferência do Pinot Noir de Oregon, e Whitney Schubert e a imprensa do ProWein, em Düsseldorf, Alemanha. Obrigado a Cécile Mathiaud, do BIVB da Borgonha, e Francoise Peretti, do Champagne Bureau. Sou grato a Stuart Piggott e Joel Pereira; Great Western Wines; Louis Guntrum, de Rheinhessen; e Domäne Wachau, na Áustria. José Manuel Ortega foi muito generoso com sua hospitalidade e com muitas degustações na Argentina e na Espanha. Rodrigo Redmont organizou brilhantemente as numerosas visitas a Abruzzo e Friuli, Itália, e Chandra Kurt fez contribuições importantíssimas para a seção suíça.

Margaret Rand, com seu habitual profissionalismo impecável, editou este livro, e contribuiu com seu próprio conhecimento para muitas entradas. Joanne Wilson foi o eficiente editor interno na Mitchell Beazley. Finalmente, Hugh Johnson me deu carta branca para garantir que o livro seja tão abrangente e completo quanto o espaço permite, e ao mesmo tempo lançou seu olhar extremamente criterioso sobre cada linha. Seu incentivo constante tornou toda a tarefa muito mais fácil, e seu espírito generoso e fidedigno continua a inspirar esta nova edição da *Enciclopédia do vinho: vinhos, vinhedos e vinícolas*.

Stephen Brook

Sumário

Introdução 6

Introdução 6
Vinho moderno 8
Videira 8
Uvas clássicas 10
Principais uvas da Europa 11
No vinhedo 18
Fabricação do vinho 22
Estilos de vinho 32

Vinhos, vinhedos, e produtores do mundo

França 34

Bordeaux 36
Borgonha 96
Beaujolais 134
Jura 139
Savoie 142
Vale do Loire 144
Champagne 166
Alsácia 177
Vale do Rhône 184
Provença 197
O Midi 203
Córsega 221
O sudoeste 223
Vins de pays 238

Alemanha 242

Mosel 246
Ahr & Mitterlrhein 255
Rheingau 256
Nahe 262
Rheinhessen 264
Pfalz 267
Hessische Bergstrasse 272
Francônia 273
Württemberg 276
Baden 279
Saale-Unstrut 284
Saxônia 284

Luxemburgo 286

Bélgica 287

Itália 288

Piemonte 290
Vale d'Aosta 302
Ligúria 303
Lombardia 304

Trentino-Alto Ádige 308
Vêneto 313
Friuli-Veneza Júlia 319
Emília-Romagna 325
Toscana 330
Úmbria 347
Marches 350
Lácio 353
Abruzzo 356
Campânia 358
Puglia 361
Calábria 365
Basilicata 367
Sicília 368
Sardenha 373

Espanha 376

Noroeste da Espanha 380
O Alto Ebro 381
Vale do Douro 389
Catalunha e Ilhas Baleares 394
Levante & Meseta 400
Andaluzia 403
Jerez 405
Ilhas Canárias 408

Portugal 410

Porto 419
Madeira 426

Suíça 428

Os cantões francófonos 430
Os cantões germanófonos 435
Os cantões italófonos 437

Áustria 438

Europa Central e Leste Europeu 449

Hungria 449
República Tcheca e Eslováquia 456
Ex-Iugoslávia 457
Macedônia 460
Romênia 460
Bulgária 462

Antigo Império Russo 464

Mediterrâneo 466

Grécia 466
Chipre 470
Turquia 471

O Levante 472

Norte da África 475

Ásia 477

Estados Unidos 480

Califórnia 481
O noroeste do Pacífico 519
Outras regiões dos Estados Unidos 527

Canadá 533

América do Sul e Central 536

Chile 536
Argentina 543
México 549
Brasil 550
Peru 550
Uruguai 550

Austrália 552

Nova Zelândia 580

África do Sul 592

Zimbábue 604

Inglaterra & País de Gales 605

Regiões de vinho no mundo

França 609
Alemanha 622
Itália 623
Espanha 626
Portugal 627
Suíça 628
Áustria 629
Hungria 630
Grécia 631
Estados Unidos 632
América do Sul 634
Nova Zelândia 635
Austrália 636
África do Sul 638

Desfrutando o vinho

Comprando vinho 639
A escolha do vinho 643
Estocando vinhos 647
Taças 650
Servindo o vinho 652
Tampas & saca-rolhas 655
Saboreando vinhos 658

Glossário 662

Índice 664

Introdução

Passaram-se 25 anos desde a primeira publicação deste livro: sem discussão, o mais movimentado quarto de século na história do vinho. As cinco edições anteriores fizeram o melhor possível para acompanhar as mudanças cada vez mais aceleradas acerca dessa história. Para a presente edição, e as anteriores, eu recrutei uma das mentes mais bem informadas e mais refinadas do mundo do vinho: Stephen Brook – autor de doze livros sobre o assunto –, para examinar todo o meu trabalho acumulado, corrigindo-o e atualizando-o para o século XXI, com todos os recursos à disposição do editor. Eu participei de todo o processo, fazendo minhas próprias correções, mas a tarefa de descrever – ou mesmo delinear – o atual mundo do vinho, seus métodos e suas personalidades é grande demais para uma única pessoa.

Por todo o seu ar de antiga e perfeita tradição, suas classificações e regulamentos, nada fica parado no mundo do vinho. É um fascínio constante o fato de que cada safra é diferente e continua mudando em barril ou garrafa a cada ano de maturação – nunca em ritmo previsível. Tem toda a emoção de um alvo móvel. Mas muito mais está em movimento, não somente a qualidade da safra e a maturidade: a posse do vinhedo e das adegas, as leis e regulamentos, os vinicultores e suas técnicas e filosofias, tudo em um fluxo constante que altera a qualidade daquilo que produzem.

Há, nisso tudo, uma única constante: o *terroir*, o solo, que, mais do que isso, abrange todo o ambiente em que crescem as uvas e são feitos e guardados os vinhos. O *terroir* é o fator primordial para definir tanto a qualidade quanto o caráter do vinho. O mercado, porém, nada tem de constante. Hoje, é preciso somar a todos os outros fatores o papel importante dos apreciadores do vinho – suas preferências, percepções e demandas – neste cenário sempre em transformação.

Todas estas são fortes razões para que a *Enciclopédia do vinho* publicada em 2009 seja diferente das edições anteriores. Em 1983, eu comparei as mudanças recentes que levaram o escritor do século XIX, Cyrus Redding, a cunhar o termo "vinho moderno". Para Redding, a palavra "moderno" distinguia os vinhos do seu tempo dos antigos. Hoje, seus métodos "modernos" são antiquados ou mesmo ultrapassados. Eles criaram a maioria dos vinhos agora considerados "clássicos", mas a história avançou outra vez. O vinho moderno para nós é aquele criado utilizando a tecnologia desenvolvida no fim do século XX e início do XXI. Talvez o termo tecnologia não seja o mais adequado nesse contexto. Mas o que se pode dizer é que a maneira como os grandes vinicultores procedem hoje é chamada de "filosofia científica".

Este mundo moderno teve início com descobertas radicais, tais como os efeitos de diferentes temperaturas sobre a fermentação. (Devemos lembrar que a própria natureza da fermentação só foi descoberta em 1860 por Pasteur.) A capacidade de retardar a fermentação por meio da refrigeração foi a primeira grande descoberta. Sem ela, o Novo Mundo do vinho – especialmente as regiões cujos climas mediterrâneos haviam limitado suas potencialidades no passado – nunca teria desafiado o Velho.

O desafio, porém, a partir de meados da década de 1960, levou o Velho Mundo a rever suas ideias arraigadas, modificar, adaptar e descartar antigos dogmas, a ponto de a dicotomia Velho-Novo Mundo do vinho ter apenas significado geográfico. O Velho Mundo e o Novo, na verdade, convergem naquela que está se tornando a aldeia global do vinho.

Tal aproximação tem seus perigos. A primeira é a inclinação de fabricar o mesmo tipo de vinho – principal tendência dos últimos anos do século XX, ainda perigosa, mas felizmente menos inexorável do que antes. Sua manifestação mais óbvia foi a plantação quase universal de Cabernet Sauvignon e Chardonnay. Ainda mais insidiosa foi a moda de usar carvalho, não como originalmente concebida – para acondicionar o vinho pronto para o engarrafamento –, mas, de fato, para dar-lhe sabor, como se fosse um pouco de *ketchup*, adicionando aparas de madeira ou até mesmo essência. Uma geração cresceu com a ilusão de que Chardonnay realmente tem gosto de carvalho, quando, na verdade, se tiver, é porque foi malfeito ou não está pronto para beber.

No início deste século, ao que parece, há também uma diferença fundamental no gosto dos consumidores que ameaça dividir os dois lados do Atlântico. Para simplificar, influentes críticos norte-americanos estão avaliando os vinhos mais pelo impacto que causam do que pelas características que os tornam bons companheiros: a capacidade de seduzir e cativar, acompanhar a comida e matar a sede. Até agora, os críticos europeus sucumbiram apenas parcialmente àqueles critérios, merecendo esta questão ser acompanhada com interesse.

Este livro é um retrato desse mundo do vinho moderno: seus métodos, seus vinhedos e suas adegas e, acima de tudo, seus profissionais. Foi projetado para ser um companheiro prático nas escolhas que se tornam cada vez mais variadas e desafiadoras. Como qualquer retrato, tentou captar a realidade de um momento único. Momento este que passa no mesmo instante em que a câmera é acionada. Quanto mais próximo o foco e maior o detalhe, mais haverá o que mudar e tornar-se obsoleto. Esta edição foi revisada e atualizada para refletir a realidade do final da década de 2000.

Para fazer deste um companheiro prático, procuramos fornecer as informações essenciais sobre cada país e região de vinhos que você pode encontrar ou que vale a pena fazer um esforço para conhecer. Evitamos, cada vez mais a cada ano, um catálogo da legislação que envolve o negócio do vinho. Ele pouco esclarece e em nada contribui para tornar nosso tema mais prazeroso – o que, afinal, pode ser uma qualidade, ou um defeito.

O essencial, acreditamos, são os nomes e, na medida do possível, as descrições dos vinhos valorizados no mundo: quem os elabora, quantos há deles, quão bem são conservados, e onde eles se encaixam em nossas vidas – que, infelizmente, são demasiado curtas para fazer jus a qualquer coisa semelhante. Você também encontrará respostas para as perguntas recorrentes sobre variedades de uvas, métodos de produção e caminhos do comércio do vinho. Você não encontrará um levantamento histórico ou um tratado técnico, mas apenas – assim esperamos – informações suficientes para indicar diferenças essenciais e as tendências de mudança na produção de vinho hoje.

O centro do livro é organizado por países, mantendo o mesmo sistema da publicação anual *Hugh Johnson's Pocket Wine Book*, sendo o índice remissivo uma alternativa em ordem alfabética para encontrar um nome que você não consiga situar imediatamente em um contexto nacional ou regional. A *Enciclopédia do vinho* é atualizada com muito menos frequência do que seu similar anual em formato de bolso, deixando para suas edições mais efêmeras as questões das últimas safras, sua qualidade e maturidade. Ambos serão muito mais claros se você possuir a edição atual do *The World Atlas of Wine*, em que as regiões são apresentadas geograficamente com mais detalhes.

Cada seção fornece as informações essenciais sobre os vinhos em questão, e, em seguida, enumera os principais produtores com detalhes sucintos. Em algumas áreas mais exploradas, as listas falam por si mesmas. Na maioria das outras áreas, um catálogo completo seria ao mesmo tempo inútil e impossível de manejar. Nosso método, então, tem sido consultar primeiro nossa própria experiência, depois o conselho de amigos, corretores locais e respeitáveis funcionários. Nós nos correspondemos com tantos produtores quanto possível, fazendo-lhes perguntas específicas sobre suas propriedades ou empresas, seus métodos, produtos e filosofia. Muitas vezes, infelizmente, as restrições de espaço nos forçam a deixar de fora produtores que teríamos gostado de incluir. Degustamos todos os vinhos descritos que conseguimos (é por isso que as notas de degustação específicas são de dez anos atrás ou mais).

A apreciação do vinho é algo muito pessoal. No entanto, se você ama essa bebida, e passa a vida entre enófilos, encontrará um notável consenso sobre quais são os vinhos que realmente têm a capacidade de nos emocionar e agradar. Não há lugar para o preconceito e a intolerância; trata-se de preferências. Nós não tentamos esconder as nossas na fabulosa variedade descrita neste livro.

Como entender o sistema de pontuação de estrelas

A Enciclopédia do vinho introduziu um novo sistema de classificação para cada produtor listado.

☆☆☆☆ De qualidade excepcionalmente boa ou ótima, constante ao longo de muitas safras
☆☆☆ Constantemente de alta qualidade
☆☆ De boa qualidade
☆ Vinhos honestos e estáveis

Toda classificação dada em vermelho denota um bom investimento. Novos produtores, cujos vinhos são novos demais ou de quantidade muito limitada para permitir uma avaliação, ou vinícolas que mudaram de mãos recentemente, não recebem nenhuma classificação.

Vinho moderno

Em sua forma mais simples, o vinho é produzido esmagando as uvas e permitindo que o fermento naturalmente presente na casca transforme o açúcar do suco em álcool. Este é o processo de fermentação. Nenhuma outra intervenção humana é necessária além de separar o suco da casca prensando. Esmagadas e fermentadas dessa forma, as uvas brancas produzem vinho branco, e as tintas, vinho tinto.

A arte do vinicultor pode ser expressa de modo igualmente simples. Trata-se de escolher boas uvas e realizar o processo de esmagá-las, fermentá-las e prensá-las com escrupuloso cuidado e higiene, e então preparar o vinho para beber limpando as leveduras e todos os corpos estranhos. Para alguns tipos de vinho, isso implica também o envelhecimento; para outros, quanto mais rápido forem comercializados, melhor.

Estas são as verdades eternas sobre o vinho e a vinificação, compreendidas há centenas de anos. Elas podem ser realizadas com perfeição sem qualquer conhecimento científico moderno ou equipamento – apenas com sorte. Grandes vinhos passaram a ser produzidos nos locais onde a natureza, em geral, era mais gentil. Considerando-se uma colheita de uvas maduras e saudáveis, o elemento que determina o sucesso, mais do que qualquer outro, é a temperatura da adega durante e após a fermentação. A França (exceto o sul), a Alemanha, os Alpes e a Hungria tinham essas condições. O Mediterrâneo e os lugares com um clima similar, não.

Se existe inovação que fez grande diferença entre o processo de vinificação antigo e o moderno, a única é a refrigeração. A refrigeração e o ar condicionado incluíram toda a zona de clima mediterrâneo ao mundo do vinho potencialmente fino. No entanto, a tecnologia tem avançado em uma frente ampla. Cada aspecto da viticultura e da vinificação estão atualmente submetidos a um nível de controle nunca antes sonhado. Esses controles são hoje prática comum na produção de vinhos de quase todas as vinícolas maiores e mais recentes. A ciência por trás do vinho é amplamente compreendida, mesmo em áreas tradicionais e entre os pequenos proprietários. Um professor confessa que os vinicultores da Califórnia sequer sabem usar todos os controles que têm à sua disposição. Na vanguardista Califórnia, a fabricação dos vinhos brancos está tão aperfeiçoada clinicamente que um dos principais problemas é decidir que tipo de vinho se deseja produzir. Por outro lado, como disse o professor Emile Peynaud, da Universidade de Bordeaux: "O grande objetivo da enologia moderna é evitar ter que tratar qualquer aspecto do vinho."

As páginas seguintes resumem algumas das técnicas mais importantes e os pontos de vista atuais sobre diversos fatores que afetam a qualidade do vinho. Eles seguem mais ou menos sequencialmente os processos de viticultura e vinificação, de modo que podem ser lidos como um relato ou consultados como um glossário. Alguns processos se aplicam apenas ao vinho branco, alguns só ao tinto, alguns a ambos.

Videira

Um viticultor no Clos de Vougeot (na Borgonha) não tem escolha sobre que uvas plantar. O vinhedo é, há séculos, um mar de Pinot Noir. Nada mais é permitido. Um viticultor no Médoc (sub-região de Bordeaux) tem uma escolha importante a fazer: meia dúzia de variedades são permitidas. A ênfase que ele colocar em variedades mais duras ou mais suaves determinará o estilo da casa.

Um viticultor no Novo Mundo é livre como o vento. Seu gosto e sua perspectiva do mercado são seus únicos guias. Esta escolha, bem como as discussões que promoveu, tornou todos os enófilos mais conscientes sobre as uvas do que nunca. Hoje, há cada vez mais vinhos nomeados por suas variedades de uva, fato que tornou de conhecimento público a clara preponderância de algumas variedades sobre outras.

O que é uma variedade de uva? É uma escolha entre a infinidade de formas que a planta adquire por mutação natural. Na economia básica da viticultura, um viticultor primeiro procura fertilidade, rusticidade e resistência a doenças em suas plantas. Depois, ele presta atenção à sua capacidade de amadurecer os frutos antes do final do outono. Por fim, ele almeja sabor e caráter.

Desde a descoberta do vinho, houve tempo mais do que suficiente para experimentar e desenvolver variedades distintas. No gênero botânico *Vitis*, videira, há mais de vinte espécies. A videira do vinho é uma só: uma planta silvestre, originária das florestas da Europa e da Ásia Oriental, a *Vitis vinifera*, que abriu caminho por entre as copas das árvores da França muito antes de a ideia de esmagar e fermentar suas uvas ter sido importada do Oriente próximo por intermédio da Grécia.

Ninguém sabe a origem precisa de nenhuma das variedades de videira que foram desenvolvidas na França, na Itália, na Espanha, ao longo do Danúbio e no resto da região vinícola da Europa. Mas a suposição é que começaram como seleções por meio da experimentação com variedades locais, possivelmente cruzadas com algumas importadas de especial qualidade. Na Alemanha, por exemplo, os romanos fizeram a brilhante descoberta de uma variedade de uva com hábitos perfeitamente adaptados ao clima frio do norte: a Riesling, ou seu antepassado. As seleções, adaptações ou descendentes desta deram origem a todas as outras uvas ao estilo alemão.

Atualmente, existem cerca de 4 mil variedades de uvas de vinho identificadas em todo o planeta. Talvez cem delas tenham sabor e caráter muito reconhecíveis. Destas, apenas uma dúzia tem circulação internacional, e esse número pode ser reduzido novamente para aquelas que têm personalidade tão definida (e tão boa) que formam a base de toda a categoria internacional de vinhos. Estas são as principais uvas tintas e brancas de Bordeaux e de Borgonha (França), a alemã Riesling, a Gewürztraminer, da Alsácia (França fronteira suíço-alemã), a Syrah do Rhône (rio franco-suíço) e a avó de todas elas: a Moscatel. Hoje, há crescente tentação para plantar em toda parte as uvas campeãs. É uma disputa difícil entre a qualidade e o atributo que há de mais precioso no vinho: a variedade.

Uva Nebbiolo, conhecida como a grande uva do Piemonte.

Uvas clássicas

Riesling

Johannisberg Riesling, Riesling Renana, Riesling Branca

A uva clássica da Alemanha concorre com a Chardonnay para o título de melhor uva branca do mundo. A Riesling produz vinhos frutados de acidez acentuada e sabor manifesto. Até mesmo os aromas que se desprendem são refrescantes.

Na Alemanha, seus vinhos variam de verdes pálidos, frágeis e ácidos, nas proximidades do rio Mosela, aos dourados e exoticamente sedutores, sobretudo na região do Reno. É extremamente versátil em climas mais quentes, talvez em suas regiões mais típicas, como a Alsácia, Áustria, Oregon (Estados Unidos) e Austrália, e se torna mais viçosa quando provém de cultivos da Califórnia, onde amadurece mais rapidamente e adquire seu inigualável buquê frutado e mineral. É também uma das poucas variedades que é saborosa, tanto para um vinho seco quanto para um vinho doce intenso. Os grandes Riesling da Alemanha apresentam mais um aspecto que não é encontrado em quase nenhum outro vinho branco: amadurecem durante tanto tempo quanto praticamente todos os tintos.

Chardonnay

A uva branca de Borgonha (França) produz um vinho mais encorpado, mais avinhado e de sensação mais potente que a Riesling. É menos aromático quando jovem e, ao amadurecer, adquire um rico e amplo aroma e sabor, às vezes amanteigado, às vezes atabacado ou almiscarado. O requinte do blanc de blancs de Champagne, o aroma mineral de Chablis, o toque de nozes de Meursault e o perfume de fruta madura do vale de Sonoma (Califórnia, Estados Unidos) demonstram a exclusiva versatilidade dessa uva, que se adaptou maravilhosamente à Austrália, à Califórnia, à Nova Zelândia e ao norte da Itália.

Cabernet Sauvignon

A uva do Médoc. É a mais identificável e a mais versátil das uvas tintas e parece ser capaz de produzir um vinho de primeira classe em qualquer solo quente, em praticamente qualquer região vinícola do mundo. Suas bagas pequenas, escuras e de maturação bem mais tardia produzem um vinho de cor intensa, forte aroma de groselha negra, às vezes herbáceo, e grande concentração de taninos, o que o torna mais lento para amadurecer. Precisa de envelhecimento em carvalho e em garrafa, ficando mais equilibrado quando misturado com a uva Merlot, e outras, como em Bordeaux. Fora daí, ainda é comum encontrar exemplares de puro Cabernet varietal; no entanto, cada vez mais vinicultores de áreas tão diversas quanto a Califórnia, a África do Sul, o Chile e a Itália estão optando por combinações ao estilo clarete.

Pinot Noir

Esta é a uva tinta de Borgonha e de Champagne. Até o momento, parece ser a menos adaptável aos vinhedos estrangeiros, onde o tênue equilíbrio obtido na Borgonha é muito difícil de alcançar. Seu vinho é mais doce, menos tânico e com textura mais rica do que o Cabernet, o que o torna desfrutável já bem jovem. Raramente, essa uva é misturada, exceto na região de Champagne. Mostrou-se especialmente bem-sucedida nos Estados Unidos, em Oregon e na Califórnia, e também na Nova Zelândia, e menos nos países mediterrâneos.

Syrah ou Shiraz

Muito difundida, é a grande uva do vale do Rhône. Oferece um vinho tânico, apimentado e escuro, que pode amadurecer esplendidamente. É muito importante na Austrália, onde é conhecido como Shiraz, e cada vez mais cultivado no Midi (o sul mediterrâneo da França), na África do Sul, no Chile e na Califórnia (Estados Unidos).

Gewürztraminer

A uva do iniciante, por seu aroma e sabor francamente condimentados. No passado, era encontrada quase exclusivamente na Alsácia (onde é conhecida sem o trema), mas hoje também é cultivada na Itália, na Áustria, na Alemanha, na Nova Zelândia e na América do Norte.

Sauvignon Blanc

O nome deriva de *sauvage* – selvagem –, que bem poderia descrever seu sabor como groselha ou relva. É muito difundida em Bordeaux, onde é misturada com Sémillon para produzir vinhos doces e secos, mas é mais característica em Sancerre. Foi transplantada com sucesso para o Novo Mundo, particularmente Nova Zelândia e África do Sul. O vinho desta uva pode ser leve e aromático, ou encorpado como o Chardonnay. Seu valor é limitado por sua curta duração.

Colheita de uvas Chardonnay no Chittering State, oeste da Austrália.

Moscatel

Muscat Blanc à Petits Grains, Moscato Canelli
A melhor da antiga tribo de Moscatéis são as "pequenas brancas" usadas na elaboração de Asti Spumante e de vins doux naturels (vinhos licorosos, cujo doce é originário da uva) do sul da França, no Mediterrâneo. A maioria dos moscatéis secos da Alsácia é produzida com uma variedade de rendimento mais regular, a Muscat d'Ottonel.

Principais uvas da Europa

França

Todas as oito uvas clássicas são cultivadas na França com perfeição. A Moscatel, a Riesling e a Gewürztraminer são importações de longa data, mas as cinco restantes, as tintas e brancas da Borgonha, do Rhône e de Bordeaux, parecem ser nativas da própria França, representando uma tradição oriental e uma ocidental: a dos Alpes e a do Atlântico, que se reúnem no Loire.

Ninguém pode afirmar com total convicção quantas outras uvas compõem essa grande tradição. Uma única variedade pode ter quatro ou cinco nomes diferentes em áreas diversas, muito próximas entre si – ou, de fato, a uva pode ser uma deformação local e não exatamente a mesma variedade. Essas características locais variam de plantas comuns, como a tinta Carignan, do Midi, à delicada Viognier, branca, antes restrita ao Rhône, mas que agora vem sendo amplamente utilizada para vins de pays; e a algumas tão raras como a Tresallier branca (limitada a uma zona minúscula no curso superior do Loire).

Variedades de uvas tintas

Aleatico variedade tinta de Moscatel, de Córsega. Produz um vinho do mesmo nome.
Aramon variedade do sul, de alto rendimento, para elaboração de vinhos de mesa, hoje em declínio.
Auxerrois sinônimo de Malbec em Cahors.
Braquet principal variedade em Bellet, perto de Nice.
Cabernet Franc prima da Cabernet Sauvignon, de altíssima qualidade, utilizada em Bordeaux (especialmente em Saint-Émilion) e no Loire.
Cabernet Sauvignon ver p. 10.
Carignan principal produtora de vinho a granel do Midi; produz vinhos insípidos, com exceção dos muito antigos. Muito melhorada por maceração carbônica.
Carmenère antiga variedade de Bordeaux, agora rara; próspera no Chile.
Cinsaut (ou Cinsault) destacada variedade do sul do Rhône, usada na elaboração do Châteauneuf-du-Pape, entre outros, e no Midi, geralmente para o rosé.
Cot sinônimo de Malbec no Loire.
Counoise uva picante do sul; rara mas boa.
Duras variedade local, de Gaillac.
Fer (ou Fer Servadou) utilizada em vários vinhos do sudoeste, notadamente o Marcillac.
Gamay uva Beaujolais: suculenta, suave e perfumada. Também é cultivada na região do Loire, especialmente em Touraine, e na França central.
Grenache uva tinta forte, usada no Châteauneuf-du-Pape e no Côtes du Rhône, e em alguns vinhos rosés (como o Tavel) e de sobremesa em Roussillon.

Grolleau (ou Groslot) uva tinta comum no Loire, usada, por exemplo, no Anjou Rosé.
Malbec variedade importante, agora desaparecendo dos melhores Bordeaux, mas fundamental para Cahors.
Merlot elemento essencial nos vinhos finos de Bordeaux; a uva dominante de Pomerol.
Mondeuse vermelha dominante em Savoie.
Mourvèdre variedade essencial do Bandol na Provença, amplamente encontrada no Midi e no sul do Rhône.
Négrette variedade peculiar de Frontonnais e Gaillac.
Nielluccio variedade robusta de Córsega, hoje considerada idêntica à Sangiovese.
Petit Verdot uva secundária, de alta qualidade, de Bordeaux.
Pineau d'Aunis variedade local do vale do Loire, cultivada principalmente em Anjou e Touraine.
Pinot Meunier (ou Meunier) versão inferior da Pinot Noir, cujas folhas têm um aspecto "empoeirado". É tolerada no champagne e utilizada em alguns dos melhores vinhos.
Pinot Noir ver p. 10.
Poulsard variedade do Jura, de cor vermelha muito suave.
Sciacarello variedade suave e apimentada, de Córsega.
Syrah ver p. 10.
Tannat variedade tânica do sudoeste, cultivada especialmente em Madiran.
Trousseau a principal uva tinta do Jura, inferior à Poulsard.

Variedades de uvas brancas

Aligoté uva secundária de Borgonha, com alto nível de acidez. Vinhos para ser consumidos jovens.
Altesse variedade de Savoie. Os vinhos costumam ser vendidos como "Roussette".
Arrufiac variedade de Béarnais (Pacherenc du Vic-Bilh).
Auvergnat (ou Auvernat) termo utilizado no Loire para a família Pinot.
Baroque utilizado em Béarn para fazer o Tursan.
Beurot em Borgonha é sinônimo de Pinot Gris.
Blanc Fumé sinônimo de Sauvignon Blanc em Pouilly-sur-Loire.
Blanquette sinônimo de Mauzac Blanc e Clairette Blanc.
Bourboulenc variedade do Midi (Minervois, La Clape), também utilizada no Châteauneuf-du-Pape (tinto e branco). Traz riqueza e acidez ao corte.
Chardonnay ver p. 10.
Chasselas variedade neutra utilizada em Savoie, em Pouilly-sur-Loire e na Alsácia.
Chenin Blanc variedade do Loire, versátil e de alta qualidade.
Clairette uva comum e de sabor neutro do Midi, também utilizada para fazer o espumante Clairette de Die, do Rhône.
Colombard uva de baixa acidez, encontrada no oeste da França, popular na elaboração de vins de pays. Também é destilada para conhaque e armanhaque.
Courbu variedade de Jurançon (também conhecida como Sarreat).
Folle Blanche antigamente a principal uva de Cognac, também cultivada em Bordeaux e na Bretanha.
Gewürztraminer ver p. 10.
Grenache Blanc insípida, esta uva é o cavalo de batalha dos vinhos do sul.
Gros Manseng uma das principais uvas de Jurançon, intensamente aromática.
Gros Plant sinônimo de Folle Blanche no oeste do Loire.
Jacquère a uva das comunas de Apremont e Chignin, no departamento de Savoie.

Jurançon Blanc variedade secundária da região de Armagnac (e não de Jurançon).

Klevner nome que se dá ao Pinot Blanc na Alsácia.

Len-de-l'El (ou Loin de l'Oeil) variedade utilizada em Gaillac.

Maccabeu (ou Maccabéo) variedade catalã utilizada em Roussillon para vinhos de sobremesa naturalmente doces.

Malvoisie sinônimo de Bourboulenc no Languedoc, de Torbato em Roussillon, e de Vermentino em Córsega.

Marsanne com a Roussanne, a uva branca do Hermitage e do norte do Rhône.

Mauzac utilizada em Blanquette de Limoux e em Gaillac.

Muscadelle variedade menor, cujo sabor lembra a Moscatel, usada no Sauternes e em alguns vinhos brancos secos de Bordeaux.

Muscadet dá nome ao vinho do oeste do Loire. Também chamada Melon de Bourgogne.

Muscat Moscatel ver p. 11.

Petit Manseng variedade excelente e aromática do sudoeste, utilizada nos vinhos de Jurançon, entre outros.

Picpoul sinônimo de Folle Blanche em Armagnac; no sul do Rhône e no Midi (Picpoul de Pinet) é uma variedade diferente: Picpoul Blanc.

Pineau de la Loire sinônimo, na região do Loire, de Chenin Blanc (não de Pinot).

Pinot Blanc versão branca da Pinot Noir, cultivada na Alsácia e, em menor medida, na Borgonha.

Pinot Gris de casca rosa, mutação aromática da Pinot Noir, difundida na Alsácia.

Piquepoul ver Picpoul.

Riesling ver p. 10.

Rolle Italian Vermentino na Provença.

Romorantin cultivada somente em Cheverny; seu vinho é seco e, muitas vezes, acre.

Roussanne (com Marsanne) utilizado na elaboração do Hermitage branco.

Roussette sinônimo de Altesse em Savoie.

Sacy variedade menor do Yonne.

Saint-Emilion sinônimo de Ugni Blanc em Cognac.

Sauvignon Blanc ver p. 10.

Sauvignon Gris versão de casca rosa da Sauvignon Blanc, menos aromática, mas interessante, e utilizada em alguns vinhos finos de Graves.

Savagnin a uva do "vinho amarelo" do Château-Chalon (Jura).

Sémillon ótima uva de Bordeaux, essencial para o Sauternes; também importante para os vinhos brancos secos de Bordeaux.

Sylvaner a uva mais usada na elaboração dos vinhos suaves da Alsácia.

Traminer ver Gewürztraminer.

Tresallier variedade do Loire superior extremo (Saint-Pourçain--sur-Sioule), agora desaparecendo.

Ugni Blanc uva comum do oeste e do sul; a Trebbiano da Itália; em Cognac, é conhecida como Saint-Émilion.

Vermentino uva italiana, conhecida na Provença como Rolle.

Viognier uvas aromáticas de Condrieu, no norte do Rhône. Cada vez mais comum no Midi, especialmente como um vin de pays (vinho regional) varietal.

Itália

O catálogo de uvas da Itália é, provavelmente, um dos maiores de todos. Sendo a viticultura um fator tão universal da vida da Itália, ininterrupta por milênios antes da filoxera, a seleção local teve obscurecidas completamente suas origens e relações entre as muitas variedades e é impossível rastreá-las. Da mesma forma, o peixe capturado na Tunísia, ao qual se dá um nome árabe, é o mesmo peixe que um semelhante capturado no Adriático e chamado por um nome peculiar da Romanha. Na verdade, as uvas italianas são um assunto quase tão escorregadio quanto esse.

Em geral, a seleção foi feita em razão da produtividade e da boa saúde, bem como com a adaptabilidade ao solo e a uma maturação confiável, mais do que com base em ótimos atributos de sabor ou na capacidade de envelhecimento. A maioria das uvas italianas são, portanto, saudáveis, mas não inspiradoras; seus sabores, suaves ou neutros. A única clássica internacional (talvez) vinda da Itália é a (Gewürz) Traminer, do Tirol do Sul.

Mas, uma vez que se comece a enumerar as exceções, de uvas italianas com personalidade e potencialmente de excelente qualidade, parece estranho que a maioria delas não tenha construído reputação mundial. Nebbiolo, Barbera, Teroldego, Sangiovese, Sagrantino, Montepulciano, Nero d'Avola e Aglianico são tintas com muito a oferecer. Há menos brancas de primeira classe, mas Ribolla, Friulano, Cortese, Fiano, Falanghina, Greco, Verdicchio e Vermentino, todas elas fazem contribuições originais, e a Moscato do Piemonte, embora não exclusivamente italiana, é uma interpretação muito italiana das mais antigas uvas. Ao mesmo tempo, cada vez mais se ouve falar de Cabernet, Merlot, Pinot Bianco e até mesmo Chardonnay e Riesling, enquanto a Pinot Grigio tem se tornado muito popular na Alemanha e na América do Norte. O Nordeste da Itália é hoje quase tão internacional em sua ampelografia quanto qualquer outra região vinícola do Novo Mundo. A aparição de Cabernet Sauvignon, Syrah e Chardonnay na Toscana nos últimos anos é uma tendência que desacelerou um pouco, na medida em que os produtores nas regiões clássicas reconheceram o valor de suas variedades autóctones.

A questão central sobre o futuro do vinho italiano é até que ponto a Itália defenderá suas tradições (que é a finalidade da legislação DOC), atendo-se a suas uvas autóctones, e até que ponto ela se curvará à tendência internacional, como tende a fazer em relação às técnicas de vinificação. O mundo começou a apreciar as variedades que a Itália tem para oferecer. Ela fará bem em desenvolver ao máximo seus sabores nativos, que incluem uma multiplicidade tão ampla quanto os vinhos de qualquer outro país – inclusive da França.

Não existe uma regra geral sobre a menção de variedades de uvas no rótulo; o costume local determina se o vinho é rotulado pela região, pela uva, ou por um nome inteiramente alheio a ambos. No entanto, com o atual aumento de consciência acerca da variedade de uva, parece provável que os produtores comecem a fazer mais das variedades de uvas no futuro – pelo menos dos vinhos destinados à exportação.

Variedades de uvas tintas

Aglianico matéria-prima do robusto Taurasi da Campânia, e do Aglianico del Vulture de Basilicata.

Aleatico uva com sabor Moscatel usada para elaborar vinhos de sobremesa escuros em Elba, Lácio e Apúlia, por exemplo.

Barbera variedade de Piemonte ácida e escura, amplamente cultivada na região Noroeste.

Bombino Nero utilizada no Castel del Monte *rosato*, da região de Apúlia.

Bonarda variedade menor disseminada na Lombardia e em Piemonte.

Brachetto produz vinhos espumantes e perfumados de Piemonte.

Brunello di Montalcino nome local para o Sangiovese, e que um dia (há não muito tempo) se pensou que fosse uma nova variedade.

Cabernet (Franc e Sauvignon) difundida no Nordeste, em expansão para outros lugares.

Calabrese sinônimo da Nero d'Avola siciliana.
Cannonau principal variedade escura da Sardenha para os vinhos DOC; é a Grenache da França.
Carignano (Carignan francês), predominante na Sardenha.
Cesanese boa uva tinta do Lácio.
Chiavennasca Nebbiolo em Valtellina, Lombardia.
Corvina Veronese uva principal de Valpolicella.
Corvinone hoje reconhecida como uma variedade diferente da Corvina Veronese, com a qual compartilha muitos vinhedos em Valpolicella. Produz um vinho escuro, tânico, para envelhecimento.
Croatina muito utilizada na elaboração do Oltrepò Pavese na Lombardia e em Emília-Romanha.
Dolcetto variedade levemente ácida do Piemonte.
Freisa variedade do Piemonte, usada na elaboração de vinhos doces e espumantes e, ocasionalmente, de vinhos secos.
Gaglioppo fonte da maioria do tintos calabreses, incluído o Cirò.
Grignolino usada na elaboração de vinhos suaves e agradáveis, nos arredores de Asti, no Piemonte.
Guarnaccia variedade tinta da Campânia, especialmente cultivada em Ísquia.
Lacrima variedade ácida com aroma de rosas, cultivada no centro da Itália.
Lagrein cultivada no Alto Ádige; faz tintos ligeiramente amargos e rosés escuros.
Lambrusco fonte prolífica dos vinhos efervescentes da Emília.
Malbec encontrada ocasionalmente em Veneza e Apúlia.
Malvasia Nera usada na elaboração de tintos doces e perfumados, às vezes espumantes, no Piemonte; também um vinho fino de sobremesa na Apúlia.
Marzemino uva escura cultivada no Trentino e na Lombardia.
Merlot nativa de Bordeaux e muito cultivada na Itália, especialmente no Nordeste.
Molinara ingrediente suave do Valpolicella.
Monica utilizada em tintos da Sardenha, secos e doces.
Montepulciano variedade escura da Itália central, amplamente cultivada.
Nebbiolo a grande uva do Piemonte, a base do Barolo, do Barbaresco, do **Gattinara**, entre outros. Seu vinho pode ser um desafio, com muita acidez, taninos e álcool.
Negroamaro de Apúlia variedade potente da península de Salento.
Nerello Mascalese uva siciliana, para os tintos e rosés do Etna.
Nero d'Avola origina tintos escuros, macios e elaborados do Sul.
Petit Rouge utilizada em alguns tintos do Valle d'Aosta.
Piedirosso (ou Per'e Palummo) destaca-se nos tintos da Campânia.
Pignolo uva tinta tânica de Friul, que hoje está sendo revitalizada.
Pinot Nero Pinot Noir da Borgonha (ver p. 10), cultivada em grande parte do Nordeste da Itália.
Primitivo uva da Apúlia, a mesma que a Zinfandel.
Raboso digna, embora tânica, nativa do Vêneto.
Refosco matéria-prima dos tintos secos e robustos de Friul; conhecida como Mondeuse na França.
Rondinella ingrediente perfumado do Valpolicella.
Rosenmuskateller Moscatel rosada da região Norte, com aroma de rosas.
Rossese variedade fina da Ligúria, utilizada na elaboração de vinhos DOC em Dolceacqua.
Sagrantino variedade boa e picante encontrada na Úmbria.
Sangiovese principal uva no Chianti e uma das mais plantadas na Itália, com muitas clonagens. Em sua melhor forma, produz um

vinho magnífico, adstringente, mas encorpado, de envelhecimento prolongado.
Schiava uva espalhada no Alto Ádige.
Spanna sinônimo de Nebbiolo.
Syrah ver p. 10.
Teroldego exclusiva do Trentino; faz um Teroldego Rotaliano de personalidade.
Tocai Rosso (ou Tocai Nero) usada na produção do vinho tinto DOC de Vêneto, o Colli Berici.
Uva di Troia principal uva dos vinhos DOCs do norte da Apúlia.
Vespolina geralmente utilizada em cortes com Nebbiolo no leste do Piemonte.

Variedades de uvas brancas

Abana usada na elaboração de vinhos meio doces e secos da Romanha.
Arneis variedade do Piemonte e que está renascendo.
Biancolella nativa de Ísquia.
Blanc de Valdigne proveniente do Valle d'Aosta; é usada na elaboração do Blanc de Morgex e do Blanc de la Salle.

Videiras de Nebbiolo em pérgolas, Carema, Piemontes.

Bombino Bianco principal uva da Apúlia e de Abruzzo, onde é conhecida como Trebbiano d'Abruzzo.

Bosco cultivada em Ligúria, ingrediente principal do Cinqueterre.

Catarratto muito cultivada no oeste da Sicília; em geral, usada no Marsala.

Chardonnay cultivada no Trentino-Alto Ádige, Vêneto e Friul; atualmente encontrada em quase todo o país, do Piemonte à Sicília.

Cortese utilizada na elaboração dos finíssimos brancos do sul do Piemonte; encontrada também no Oltrepò Pavese, na Lombardia.

Falanghina uva branca da Campânia, cada vez mais em voga.

Fiano na Campânia, é usada para a elaboração do Fiano di Avellino.

Forestera companheira da Biancolella no Ischia Bianco.

Friulano antigamente conhecida como Tocai e utilizada nos vinhos brancos DOC da Lombardia e de Vêneto, bem como os de sua terra nativa, Friul.

Garganega a principal e a melhor uva do Soave.

Grechetto variedade da Úmbria, importante no Orvieto.

Greco a melhor uva branca da Campânia.

Grillo aparece, normalmente com a Catarratto, no Marsala.

Inzolia utilizada nos brancos sicilianos e também no Marsala.

Malvasia comum tanto em vinhos secos quanto doces, especialmente no Lácio, como o Frascati.

Moscato Moscatel, ver p. 11; muito comum em vinhos espumantes (por exemplo, no Asti Spumante) e vinhos de sobremesa, como os Moscato da Sicília.

Müller-Thurgau encontrada na região de Friul e no Trentino-Alto Ádige.

Nuragus antiga uva da Sardenha.

Pecorino variedade característica de Abruzzo e das Marcas; sua plantação vem sendo revitalizada.

Picolit fonte dos mais caros vinhos de sobremesa da Itália, elaborados em Friul.

Pigato cultivada somente no sudoeste da Ligúria; produz um bom vinho de mesa.

Pinot Bianco a Pinot Blanc da Borgonha, cultivada em todo o Norte da Itália; conhecida como Weisser Burgunder no Alto Ádige.

Prosecco predominante no Vêneto, utilizada principalmente na produção de vinhos espumantes.

Rheinriesling ver Riesling Renana, ver p. 9.

Riesling Itálico (Welschriesling) não é uma verdadeira Riesling; provavelmente nativa do Nordeste.

Riesling Renana a autêntica Riesling do Reno.

Sauvignon Blanc cultivada em partes do Nordeste, e excepcional em Friul.

Tocai ver Friulano.

Trebbiano a mais produtiva uva italiana; é a Ugni Blanc da França. A Trebbiano d'Abruzzo (chamada de Bombino Bianco) é outra variedade.

Verdeca uva da Apúlia utilizada nos vinhos brancos do Sul.

Verdicchio principal uva das Marcas.

Verduzzo variedade friuliana utilizada também no Vêneto para vinhos secos e de sobremesa.

Vermentino fonte do vinho branco DOC da Sardenha, e de bons vinhos de mesa na Ligúria.

Vernaccia nome dado a várias videiras sem relação entre si, em diferentes lugares. Produz vinhos vigorosos em San Gimignano, e, no estilo do Jerez, em Oristano e na Sardenha.

Zibibbo nome siciliano para a Moscatel de Alexandria; ver Moscatel, p. 11.

Alemanha

A reputação internacional dos vinhos alemães por seu efeito único de elegância florida é baseada em uma única uva: a Riesling. Mas o uso difundido da Riesling, tal como a conhecemos, provavelmente não tem mais do que duzentos ou trezentos anos. A Alemanha tem muitas variedades antigas de importância local, que continuam a defender sua posição. Mais significativamente, seus viticultores lutaram por todo um século para produzir novas videiras que ofereçam a qualidade da Riesling sem sua inerente desvantagem: o amadurecimento tão tardio no outono que cada safra é um momento de tensão. O centenário do primeiro cruzamento importante de Riesling (Silvaner) foi comemorado em 1982. Nos últimos cem anos, seu fruto, Müller-Thurgau, tornou-se tão prolífico que, por um tempo, superou as Riesling como a mais popular da Alemanha.

No entanto, nenhuma das novas variedades, nem mesmo a Müller-Thurgau, suplantou a Riesling nos vinhedos melhores e mais quentes. Nenhuma conseguiu mais do que um esboço ou uma caricatura do seu brilhante equilíbrio e requinte. E nenhuma sobreviveu a testes de resistência tão extremos como o de janeiro de 1979, quando a temperatura despencou 40 ºC em 24 horas, atingindo 29 ºC abaixo de zero. Milhares de videiras morreram. As Riesling sobreviveram.

O grande avanço na Alemanha nos últimos tempos tem sido a melhoria dos vinhos tintos, principalmente do Spätburgunder. O aquecimento global compartilha o crédito com vinicultores determinados e criativos. Vinhos que costumavam ser pálidos e débeis são hoje robustos e estruturados, somando-se às poucas versões de Pinot Noir no mundo que podem erguer a cabeça além da de Borgonha.

Sessenta e três por cento dos vinhedos alemães são brancos. Dos 37% que são tintos, os Spätburgunder (Pinot Noir) há muito tempo ultrapassaram os Portugieser, inferiores.

Variedades de uvas tintas e brancas

Albalonga cruzamento das variedades Rieslaner x Silvaner. Produção em declínio porque precisa estar muito madura para uso.

Bacchus cruzamento de (Silvaner x Riesling) x Müller-Thurgau, de amadurecimento precoce. Produz vinhos condimentados, porém suaves. Os melhores cultivos encontram-se em Auslesen e são frequentemente utilizados para o Süssreserve.

Blauburgunder sinônimo de Pinot Noir; ver p. 10.

Cabernet Cubin um dos muitos cruzamentos de Cabernet desenvolvidos em Franken nos anos 1990. Dela se obtém vinhos tintos escuros, com altos níveis de maturação. Está sendo adotado com cautela.

Domina Pinot Noir x Portugieser. Cruzamento de cor intensa, que gradualmente vem sendo cultivado no Ahr e no sul da Alemanha.

Dornfelder cruzamento complexo, desenvolvido nos anos 1950, mas só plantado extensamente na década de 1990, sobretudo no Pfalz. Produz vinhos tintos escuros e fáceis de beber, mesmo quando provém de vinhedos de alto rendimento.

Ehrenfelser Riesling x Silvaner. Cruzamento de qualidade que fica entre Müller-Thurgau e Riesling.

Elbling antes predominante no Mosela, hoje somente cultivada rio acima. Neutra e ácida, mas agradável e delicada em vinhos espumantes.

Faber Weissburgunder x Müller-Thurgau com alguns adeptos nas regiões de Rheinhessen e do Nahe.

Frühburgunder mutação da Pinot Noir, de fruto pequeno. Amadurece mais cedo e tem baixa acidez. De boa qualidade.

Gewürztraminer ver p. 10.

Videiras de Riesling no outono, vinhedo Wurzgarten, às margens do Mosela.

Grauburgunder ou Grauerburgunder Ruländer, também chamada de Pinot Gris usada na fabricação de um vinho elaborado e picante, nas regiões de Pfalz, Baden e Rheinhessen.
Gutedel nome que se dá à Chasselas, ou à suíça Fendant, no sul de Baden. Produz um vinho leve e refrescante, mas de curta duração.
Huxelrebe Gutedel x Courtiller Musqué. Uma variedade prolífica, muito aromática, com bom açúcar e acidez. Popular na Rheinhessen, mas em pleno declínio.
Kerner Trollinger x Riesling. Uma das melhores variedades novas, extensamente cultivada. Quando não podada em excesso, seu sabor lembra uma mistura de Silvaner e Riesling.
Lemberger sinônimo da austríaca Blaufränkisch. Produz vinhos complexos e com boa acidez em Württemberg.
Morio-Muskat é difícil acreditar que este cruzamento de Silvaner e Weisser Burgunder, de maturação precoce, não tem sangue Moscatel.
Müller-Thurgau Riesling x Sylvaner. Criada em 1882, mas seu cultivo só foi difundido após 1930. Imensamente popular, apesar de sofrer insipidez crônica, a não ser que sua produção seja muito reduzida. Também conhecida como Rivaner.
Optima Silvaner x Riesling x Müller-Thurgau. É a Bacchus aprimorada. Delicadamente picante.
Ortega Müller-Thurgau x Siegerrebe. De maturação muito precoce, aromática e condimentada, com excelente equilíbrio. É plantada no Mosela e em Franken. Seus vinhos, no entanto, são doces e um pouco enjoativos.
Perle Gewürztraminer x Müller-Thurgau. Um cruzamento novo. Aromática, plantada nas regiões de Rheinhessen e Franken. Em declínio.
Portugieser uva tinta muito popular e de alto rendimento; é insípida.
Regent uma das melhores novas variedades de uvas tintas, está se tornando popular no Pfalz e em Rheinhessen.
Reichensteiner Müller-Thurgau x (Madeleine Angevine x Calabreser Fröhlich). Um cruzamento europeu, um pouco melhor do que a Müller-Thurgau, tanto em açúcar quanto em acidez.
Rieslaner Silvaner x Riesling. Uma variedade brilhante, criada em 1921, mas difícil de cultivar. Dá excelentes vinhos doces, com acidez superior até mesmo à da Riesling.
Riesling ver p. 10.
Ruländer sinônimo de Grauburgunder.
Samtrot uma mutação da Pinot Meunier encontrada em Württemberg. Seus vinhos são suaves, mas elegantes.
Scheurebe o segundo cruzamento de Silvaner x Riesling a ser celebrado. Muito adotada (em Rheinhessen e em Rheinpfalz) para vinhos extremamente perfumados e muitas vezes pouco sutis. Presta-se melhor à elaboração de vinhos doces.
Schwarzriesling sinônimo alemão para a Pinot Meunier. Encontrada em Baden e Württemberg.
Silvaner de maturação tardia, tal como a Riesling, e também é afetada por secas em solos calcários ou arenosos; gradualmente, cede terreno para a Müller-Thurgau e outras. Não muito nobre, mas, em sua melhor expressão (em Franken e em Rheinhessen), é um verdadeiro vassalo: franco, confiável, de complexidades insuspeitadas.
Spätburgunder (Pinot Noir) há muito estabelecida na Alemanha; hoje em dia, nas melhores safras, pode ser uma digna rival para a borgonhesa.
Trollinger a uva favorita de Württemberg, com a qual se produz um vinho tinto leve que é consumido em quantidades industriais na região, e visto com frustração fora da mesma.
Weisser Burgunder ou Weissburgunder (Pinot Blanc) utilizada em Baden para a elaboração de bons vinhos, frescos e encorpados.

Espanha e Portugal

Espanha e Portugal sempre exportaram mais do que importaram variedades de uvas. Algumas das castas internacionais foram plantadas, mas certamente ainda não se apoderaram de uma forma que altere radicalmente o vinho, ao passo que suas uvas exportadas para o mundo incluem a Palomino – para a Califórnia (Estados Unidos), África do Sul e Austrália –, a Verdelho (para a Austrália), e, provavelmente, a Carignan, a uva tinta mais difundida do sul da França. Tradicionalmente, havia poucos vinhos varietais na Espanha e em Portugal, embora, assim como em outras regiões, isso esteja mudando. Os vinhos tintos de Rioja, Ribera del Duero e Toro são muitas vezes Tempranillo pura; os de Bierzo, pura Mencía. Outras regiões têm uma tradição de corte. As exceções mais notáveis são os quatro varietais da Madeira: o Sercial, o Verdelho, o Bual e o Malvasia.

Variedades de uvas tintas

Agua Santa uva tinta de Bairrada, que amadurece cedo e produz um vinho mais robusto que a Baga.

Alfrocheiro Preto variedade tinta valorizada no Dão e no Alentejo.

Alvarelhão variedade do Dão; cultivada para vinho do Porto. Também encontrada na Galícia.

Aragonez sinônimo de Tempranillo, popular no Alentejo.

Azal Tinto uva tinta de acidez elevada, utilizada para vinho Verde.

Baga uva escura, tânica e potencialmente nobre de Bairrada. Confere sabores de frutas vermelhas.

Bastardo um pouco pálida e de baixa acidez, mas aromática e bem equilibrada; é usada para vinho do Porto e no Dão.

Bobal uva resistente do sudeste da Espanha. Seu vinho é suculento, se bem elaborado.

Borraçal uva tinta do vinho Verde, que lhe outorga elevada acidez málica.

Cabernet Sauvignon ver p. 11; cada vez mais cultivada na Espanha.

Cariñena conhecida na França como Carignan; originada em Cariñena (Aragão), mas hoje é mais cultivada na Catalunha.

Castelão uma variedade tinta secundária de Bairrada, leve e neutra.

Castelão Francês desde 2002, o sinônimo de Periquita preferido pelos franceses; uva plantada extensamente no sul de Portugal.

Cencibel em La Mancha e Valdepeñas, sinônimo de Tempranillo.

Garró antiga variedade do Penedès utilizada pela Torres no Gran Muralles; escura e tânica.

Garnacha Tinta utilizada em Rioja Baja, na elaboração de vinhos robustos, embora pálidos. Também é cultivada em Penedès e em Navarra, onde é a uva dominante. O sinônimo francês é Grenache Noir.

Graciano a uva mais aromática e elegante de Rioja; resulta em vinhos de amadurecimento rápido. Hoje volta a ser cultivada.

Jaen uma das uvas que compõem o Dão tinto. Pode ser a espanhola Mencía.

Listán Negro uva de corte das Canárias. A versão branca é a também chamada Palomino.

Mazuelo uva tinta riojana; sinônimo de Cariñena.

Mencía utilizada em Leão e na Galícia para a elaboração de tintos frescos e aromáticos.

Monastrell uva tinta de boa cor e textura e extensamente cultivada, sobretudo em Penedès, Levante e Valdepeñas.

Periquita ver Castelão Francês.

Pinot Noir ver p. 11. A vinícola Torres cultiva a Pinot para seus tintos Santa Digna. Também é encontrada em Navarra.

Ramisco o segredo tânico e negro-azulado do Colares. Requer envelhecimento muito prolongado.

Roriz ou Tinta Roriz Tempranillo no vale do Douro. Ingrediente complexo e intenso do vinho do Porto.

Samsó variedade de Penedès.

Souzão uva de cor intensa e excelente qualidade, usada na fabricação do vinho do Porto.

Tempranillo requintada, aromática e de amadurecimento rápido, é a base dos Rioja. É cultivada em toda a Espanha sob várias denominações e, em Portugal, como Roriz ou Aragonez.

Terrantez rara, mas excelente essa uva da Ilha da Madeira.

Tinta Barroca uva do Porto, produtiva, mas robusta.

Tinto Cão variedade tinta de baixo rendimento utilizada no vinho do Porto e no Dão.

Tinta Negra Mole a uva mais utilizada da Ilha da Madeira, de alto rendimento.

Tinta Pinheira variedade secundária de Bairrada; pálida, de baixa acidez e alcoólica.

Touriga Franca uva tinta aromática, utilizada no vinho do Porto; antigamente chamada de Touriga Francesa.

Touriga Nacional de coloração intensa e baixo rendimento, é uma variedade utilizada tanto no Porto quanto no Dão.

Trincadeira produz tintos complexos no Alentejo; conhecida no Douro como Tinta Amarela.

Ull de Llebre sinônimo de Tempranillo no Penedès.

Vinhão variedade tinta do vinho Verde, cultivada por sua graduação alcoólica relativamente elevada.

Variedades de uvas brancas

Airén principal uva branca de Valdepeñas e La Mancha.

Albariño melhor variedade da Galícia para vinhos brancos límpidos, secos, perfumados e muitas vezes *pétillant* (frizantes); também é cultivada em Portugal (Alvarinho) para o vinho Verde.

Albillo com uvas tintas, compõe o Vega Sicilia.

Arinto utilizada nos brancos cítricos do Dão e de Bairrada e para fabricar o raro e seco Bucelas e o doce Carcavelos.

Barcelos variedade branca recomendada do Dão.

Bical branca delicada e perfumada de Bairrada, complementar à Arinto – variedade mais ácida.

Bual ou Boal uva doce da Madeira, com sabores deliciosos, também utilizada em Carcavelos e no Alentejo.

Chardonnay ver p. 10. Estabelecendo-se mais e mais na Espanha nos vinhos de Penedès, Somontano e outras regiões. Encontrada ocasionalmente em Portugal.

Esgana Cão nome dado em Portugal à Sercial da Ilha da Madeira.

Encruzado principal uva branca do Dão. Não é tão interessante.

Fernão Pires variedade de uva portuguesa branca e aromática, extensamente cultivada.

Godello aromática uva espanhola; provavelmente é a mesma que a portuguesa Verdelho.

Gouveio variedade secundária de uva usada no vinho do Porto.

Lairén ver Airén.

Listan sinônimo de Palomino.

Loureiro uva aromática e produtiva usada na elaboração do vinho Verde.

Macabeo sinônimo de Viura; utilizado para vinhos espumantes.

Malvasia importante uva branca no Porto, Rioja, Navarra, Catalunha e nas Ilhas Canárias.

Maria Gomes a principal uva branca de Bairrada.

Moscatel ver p. 11. Uva muito comum para vinhos doces.

Palomino principal uva do Jerez; usada na fabricação de vinhos de mesa insípidos, que precisam de maestria técnica para se tornar palatáveis.

Pansa muito aromática quando cultivada em Alella. Sinônimo da Xarel-lo de Penedès.

Parellada utilizada em Penedès para dar um toque frutado delicado aos brancos e espumantes.

Pedro Ximénez cultivada para cortes em Jerez e Málaga; é a principal uva do Montilla, vinho seco ao qual acrescenta doçura e cores intensas.

Sercial uva requintada e ácida cultivada para o vinho Madeira de mesmo nome.

Traminer Utilizada (com Moscatel) pela vinícola Torres para o Viña Esmeralda.

Treixadura uva suave e cítrica da Galícia e, assim como a Trajadura, do vinho Verde.

Verdejo uva muito aromática da região vinícola de Rueda.

Verdelho variedade branca do Dão, mais conhecida na Ilha da Madeira.

Viosinho variedade bem estruturada do norte de Portugal.

Viura (conhecida como Macabeo) principal uva do vinho branco de Rioja, também cultivada em Navarra e em Rueda.

Xarel-lo uva catalã, importante em Penedès.

Zalema principal variedade do vinho generoso de Huelva; mas está sendo substituída pela Palomino.

Centro e sudeste da Europa

As variedades de uvas do sudeste europeu e dos países às margens do Mar Negro são tão antigas quanto as do oeste. Os romanos colonizaram o Danúbio na mesma época que o Reno. Sob o império Austro-Húngaro, os únicos vinhos a alcançar fama internacional foram os da Hungria, encabeçados pelos Tokaji. As uvas locais, portanto, evoluíram devagar e traçaram seu próprio caminho, produzindo brancos picantes, geralmente adocicados, e tintos secos e tânicos. As extremidades orientais dos Alpes – na Eslovênia e na Áustria – e também as setentrionais – na Boêmia e na República Checa – são uma região produtora essencialmente de vinhos brancos, dominada por seu modesto homônimo Welschriesling (conhecido também como Riesling Italiano, Olasz Rizling, ou Laski Rizling). A Áustria é conhecida por seu suculento e vigoroso Grüner Veltliner.

Na Hungria proliferaram principalmente as uvas brancas nativas, fortes e estiosas, lideradas pela Furmint do Tokaji. A tinta Kadarka é muito comum nos Bálcãs e, mais recentemente, é acompanhada, nessa região, pela Pinot Noir e pela Gamay. Nos climas mais amenos perto do Adriático e do Mar Negro são cultivadas uvas tintas e as brancas doces. As últimas duas décadas presenciaram uma invasão das clássicas do oeste.

Variedades de uvas tintas e brancas

Blauburger Portugieser x Blaufränkisch; variedade tinta austríaca.

Blaufränkisch variedade austríaca, tinta e adoravelmente fresca, conhecida como Kékfrankos na Hungria e como Lemberger na Alemanha.

Bouvier utilizada para vinhos doces em Burgenland, na Áustria.

Ezerjó variedade branca que produz vinhos finos em Mór, na Hungria. Também é muito usada na região da fronteira da Sérvia com a Hungria e a Romênia. Um dos melhores brancos secos da Hungria.

Featască Albă importante uva branca da Romênia, agora superada por sua descendente Fetească Regală. Produz principalmente vinhos suaves.

Furmint uva clássica do Tokaji. Conhecida como Sipon na Eslovênia, sua utilização (com grande sucesso) na elaboração de vinhos secos é uma tendência recente.

Grasa com ela são feitos complexos vinhos brancos botritizados na Romênia.

Grüner Veltliner uva branca versátil da Áustria, imerecidamente em voga. Também encontrada na Hungria e na República Checa.

Hárslevelü a segunda principal variedade para fazer o Tokaji. Robusta e perfumada.

Juhfark variedade branca da Hungria, rara, mas cheia de vitalidade, com alto nível de acidez, só encontrada na região de Somló.

Kadarka uva tinta comum da Hungria e muito cultivada em toda a região. Dela se produz um vinho tinto firme e condimentado, elaborado especialmente para envelhecimento. Conhecida como Gamza, na Bulgária.

Kékfrankos (na Áustria, Blaufränkisch) é mais fiável que a Kadarka e, por isso, vem sendo plantada como sua substituta, sobretudo na Hungria.

Kéknyelü variedade de baixo rendimento dos vinhedos da Hungria ao norte do lago Balaton, que resulta em vinhos concentrados, com tons verdes dourados.

Kraski Teran a Refosco da Itália, utilizada na Eslovênia para a elaboração de vinhos tintos tânicos e picantes.

Leányka branca seca e delicada, cultivada especialmente em Eger, no norte da Hungria.

Moscatel de Lunel (ou Moscatel Amarela) Sargamuskotály, na Hungria. Uma das quatro variedades permitidas na elaboração do Tokaji.

Mavrud usada na elaboração dos melhores tintos da Bulgária; escuros e com sabor de ameixas, podem durar vinte anos.

Melnik videira tinta e robusta da Bulgária.

Mezesfehér uva branca húngara ("melzinho"), mas menos cultivada atualmente.

Misket endêmica da Bulgária; tanto a tinta quanto a branca são utilizadas para fazer cortes mais encorpados.

Moscatel Ottonel a Moscatel do leste europeu, uma especialidade da Romênia.

Olaszrizling o nome húngaro da Riesling Itálico (ver p. 14). Extensamente cultivada. Conhecida como Grasevina na Eslovênia e na Croácia.

Plovdina uva tinta de casca escura, nativa da Macedônia.

Prokupac uva tinta da Sérvia e da Macedônia, misturada para fazer o Zupsko Crno, e mais utilizada na elaboração de vinhos rosés.

Rebula (ou Ribolla) importada da Itália, é utilizada na Eslovênia para elaborar vinhos amarelos e levemente aveludados.

Rkatsiteli variedade russa que é boa para a elaboração de vinhos brancos e fortes, e que o mercado local prefere doces. Também utilizada no nordeste da Bulgária.

Saint Laurent variedade de coloração intensa, possivelmente originária da Alsácia, mas hoje somente encontrada na Áustria e Alemanha.

Saperavi variedade endêmica da Geórgia; produz um vinho intenso e apimentado; similar à Syrah.

Smederevka uva branca predominante na Sérvia e no Kosovo para vinhos brancos secos e frescos.

Szürkebarát uma forma de Pinot Gris cultivada na Badacsonyi, região da Hungria, para a elaboração de vinhos afáveis, não necessariamente adocicados.

Tamiioasa nome romeno para a Moscatel; ver p. 11.

Vranac produz vinhos tintos estruturados em Montenegro.

Wildbacher variedade tinta ácida, cultivada em Weststeiermark (Áustria) para a produção do Schilcher.

Zéta novo nome para as brancas Oremus, Furmint x Bouvier; faz parte do corte Tokaji desde 1994.

Zilavka variedade branca com leve toque de damascos; é cultivada no sul da Sérvia.

Zweigelt uva tinta que produz um vinho de coloração intensa, agradavelmente aromático e picante; cultivada sobretudo na Áustria.

No vinhedo

Variedades de uvas

A escolha das variedades de uvas é a mais fundamental de todas as decisões. Ver pp. 10 a 17.

Procedência das uvas

Para um vinicultor, existem argumentos a favor e contra cultivar suas próprias uvas. O principal argumento a favor é que se tem controle total sobre a gestão do vinhedo e, assim, decide sobre a qualidade das uvas. O argumento contrário é que um produtor pode escolher entre as melhores uvas de produtores especializados em diferentes áreas – se tiver dinheiro.

Na França, e na maior parte da Europa, quase todos os vinhos de qualidade (com a exceção da maioria dos Champagne) são "cultivos caseiros". Na Califórnia e na Austrália, o debate está mais aberto. Entre os vinicultores que compram suas uvas (geralmente dos mesmos fornecedores) estão alguns dos melhores. Estão se tornando mais comuns as vinícolas que trabalham com fornecedores terceirizados, estabelecendo parâmetros contratuais rígidos, que incluem, por exemplo, os rendimentos e as datas de colheita, garantindo assim um preço melhor.

Vinhas sem doenças

Certas autoridades (nomeadamente na Universidade da Califórnia em Davis) estão convencidas de que a única forma de obter um vinhedo saudável é "limpar" todas as videiras de qualquer infecção por vírus. Até recentemente, não se sabia que a bela cor vermelha das folhas das videiras no outono é sintoma de uma planta infectada por vírus. Os sul-africanos vêm lutando há décadas para reduzir esse tipo de doença em seus vinhedos, uma vez que pode levar à insuficiência de maturação e a sabores "verdes" e duros.

Hoje, as plantas podem ser propagadas livres dessas infecções se cultivadas em estufa aquecida para que cresçam rápido, utilizando-se então as pontas crescidas como miniestacas (ou microestacas, cultivando minúsculas partículas de tecido da planta dentro de uma gelatina de nutrientes). Assim, o vírus fica sempre um passo atrás da nova germinação, que, portanto, estará "limpa", mantendo seu vigor natural.

A eliminação de vírus não substitui a escolha das melhores videiras. A Office International du Vin declarou em 1980 que "é uma fantasia tentar estabelecer uma vinha livre de doenças virais", e recomendou a seus membros "selecionar clones resistentes a doenças virais perigosas, que sejam capazes, após uma infecção, de produzir uma safra satisfatória, tanto em qualidade quanto em quantidade" (ver Clonagem, a seguir).

Clonagem

A observação atenta de uma videira mostrará que alguns ramos são inerentemente mais vigorosos, dão mais frutos, amadurecem mais cedo, ou têm outras características desejáveis. Esses ramos (e seus botões) são "mutações": geneticamente, são um pouco distintos da planta-mãe. Quanto mais tempo fizer que uma variedade venha sendo cultivada, mais "degenerada" ela estará e, portanto, mais ins-

tável geneticamente, apresentando mais mutações. A família da Pinot é muito antiga e notoriamente mutável. Uma técnica recente é selecionar esses ramos e reproduzir as plantas exclusivamente a partir dos mesmos. Um vinhedo inteiro pode ser plantado com o que é, na verdade, uma planta individual idêntica, conhecida como um clone. Dessa forma, não há uma única variedade de Pinot Noir na Borgonha, mas dezenas de clones selecionados por diferentes atributos. Os viticultores que plantam os clones altamente produtivos jamais chegarão ao vinho de melhor qualidade. Aqueles que escolhem os clones que timidamente carregam frutos pequenos, privilegiando a cor e o sabor, devem contar com colheitas menores.

Uma vantagem de um vinhedo com uma única videira clonada é que todas as uvas amadurecem juntas. Uma desvantagem é que um problema, doença, ou praga afetará a todas igualmente. O senso comum parece indicar que o método tradicional de selecionar mudas de tantas videiras saudáveis diferentes quanto possível (conhecido como "seleção massal"), em vez de escolher as de um único indivíduo, traz melhor chance de sucesso a longo prazo.

A escolha dos porta-enxertos

A maioria dos vinhedos modernos é de uma variedade selecionada de videiras europeias, enxertada em porta-enxertos norte-americanos, que têm incorporada a resistência à filoxera. Os porta-enxertos foram escolhidos e/ou criados e destituídos de qualquer possibilidade de contaminação viral para ser ideais a tipos específicos de solo. Alguns são recomendados para solos ácidos a neutros (como a maioria dos solos da Califórnia), enquanto outros proliferam em solos calcários ou alcalinos, comuns à maioria dos vinhedos da Europa. Algumas partes do mundo (notadamente a América do Sul) estão livres da filoxera, e, por isso, é possível plantar videiras em suas próprias raízes.

Enxertia

A enxertia de um "herdeiro" da variedade escolhida para o porta-enxerto adequado pode ser feita no viveiro antes do plantio ("bandejas sementeiras") ou em um porta-enxerto já plantado no vinhedo ("enxertia no campo"). Recentemente, na Califórnia, tornou-se prática comum para os produtores mudar de ideia depois de uma videira estar em produção durante vários anos, e decidir que querem (por exemplo) menos Zinfandel e mais Chardonnay. Neste caso, eles simplesmente cortam a videira Zinfadel no nível do porta-enxerto, logo acima do solo, e, por meio de uma garfagem em meia fenda, garfar uma muda de Chardonnay no lugar. Ao final de dois anos, em vez de vinho tinto, o vinhedo estará produzindo vinho branco. Não só os produtores perdem menos produção, como também tiram partido do sistema radicular bem estabelecido das videiras maduras.

Videiras híbridas

Após a epidemia de filoxera na Europa, há pouco mais de um século, alguns biólogos franceses começaram a cruzar videiras híbridas casando as clássicas europeias com a espécie norte-americana resistente à filoxera. Assim que a técnica de enxertia das originais francesas em raízes norte-americanas se disseminou, o *establishment* francês rejeitou esses *producteurs directes* (assim chamados porque produziam "diretamente", através de suas próprias raízes).

Boas, resistentes e produtivas (como muitas são), elas foram banidas de todas as áreas de denominação de origem da França, embora sejam muito adequadas para o uso no leste dos Estados Unidos,

onde a resistência é um problema perpétuo. Essas videiras híbridas também já foram populares na Nova Zelândia, e algumas das melhores são extensivamente plantadas na Inglaterra.

Novos cruzamentos de videiras europeias

A Alemanha é o centro de um programa de cultivo que tem por objetivo encontrar, no acervo genético da *Vitis vinifera*, uma combinação de qualidades desejáveis que possa substituir, particularmente, a Riesling. A Riesling é a melhor variedade de videiras da Alemanha, mas amadurece tarde e, por isso, acarreta um elemento de risco muito elevado na época da safra. Até agora, nenhum cruzamento, sequer remotamente, desafiou a Riesling em sabor ou resistência – embora muitas o tenham feito em produtividade, suco mais perfumado e maturação mais precoce. A Müller-Thurgau foi a primeira, e continua sendo o melhor exemplo.

A Universidade da Califórnia também vem desenvolvendo um programa de cultivo de *Vitis vinifera* que rendeu alguns frutos, particularmente na forma de uvas de alta produção em zonas quentes, capazes de reter bons aromas e acidez. Os exemplos mais reconhecidos resultantes desse programa incluem a Ruby Cabernet (Cabernet Sauvignon/Carignan); a Carnelian e a Centurion (Cabernet Sauvignon/Grenache); a Carmine (Cabernet Sauvignon/Merlot); a Emerald Riesling (Riesling/Muscadelle); e a Flora (Gewürztraminer/Sémillon), todas produzidas pelo dr. Harold Olmo em Davis.

A África do Sul produziu a Pinotage, um cruzamento entre a Pinot Noir e a Cinsaut (embora, infelizmente, com poucas qualidades de suas predecessoras). Com mais de 4 mil variedades já em circulação entre as quais escolher, a opção de cruzar simplesmente por cruzar parece resultar de uma visão limitada.

Modificação genética (MG)

A viticultura não está livre dos debates em torno deste assunto tão controverso no planejamento agrícola, e, em geral, pelos mesmos motivos. O plantio comercial de videiras geneticamente modificadas não é autorizado, mas as pesquisas continuam na Alemanha, na França e em outros lugares. Há uma oposição feroz por parte dos produtores que, conscientes da qualidade, temem a contaminação cruzada. Os estudos também estão avançados na produção de leveduras geneticamente modificadas, com vista a uma fermentação mais previsível, mas aqui também há a oposição de produtores e enólogos que se preocupam com uma uniformização que substituiria a especificidade.

Solo

O solo sempre tem um lugar de destaque nas discussões francesas sobre a qualidade do vinho. Consideram-se dois aspectos: suas propriedades químicas e físicas. O pensamento atual é de que o último é muito mais importante. A maioria dos solos contém todos os nutrientes de que uma videira precisa.

Os fatores físicos que afetam a qualidade são a textura, a porosidade, a drenagem, a profundidade e até mesmo a cor. Em climas frios, tudo que tende a deixar o solo mais morno (isto é, absorver e reter calor do sol) é bom. As pedras na superfície armazenam calor e o irradiam à noite. Um solo mais escuro absorve mais radiação. Na

Videiras de Tempranillo, no outono, no solo argiloso-calcário da propriedade de Remelluri, Labastida, Álava, Espanha.

Alemanha, as fileiras da vinha são orientadas de modo a permitir ao solo a máxima exposição à luz solar. Solos secos esquentam mais rápido. Outra vantagem importante de ter uma boa drenagem profunda (por exemplo, no cascalho do Médoc) é que isso faz a raiz penetrar fundo em busca de umidade. As raízes profundas estão em um ambiente estável: uma chuva repentina pouco antes da colheita não fará com que as uvas inchem instantaneamente com a água. Por outro lado, experiências recentes em Davis, na Califórnia, demonstram que onde o solo é mais frio do que as partes da videira acima do solo, o efeito pode ser o de propiciar um vinho tinto de cor intensa. (O Château Pétrus, proveniente da argila rica em ferro de Pomerol, parece corroborar essa informação. Saint-Estèphe também tem mais argila, e os seus vinhos costumam ser mais coloridos do que os do restante do Médoc.)

Na Califórnia, a argila também parece produzir vinhos brancos estáveis, que resistem à oxidação e, portanto, têm um grande potencial de maturação. Mas aqui também o amadurecimento ultrarrápido leva, na maioria das vezes, a vinhos de baixa acidez e que oxidam facilmente. O frio da argila pode estar simplesmente retardando a maturação: o oposto do efeito desejado, por exemplo, na Alemanha.

Uma conclusão razoável seria que o melhor solo é o que resulta em uvas que amadurecem a um ritmo constante: morno em áreas frias, razoavelmente fresco em regiões quentes. Deve ser profundo o suficiente para que as raízes tenham acesso constante à umidade, já que se uma videira estiver sujeita à tensão aguda da seca, suas folhas fecham os poros. A fotossíntese é interrompida e as uvas não conseguem se desenvolver ou amadurecer completamente. Na opinião de especialistas no assunto, se os solos dos melhores vinhedos (por exemplo, os *prémier crus* de Bordeaux) têm mais nutrientes e sais minerais (potássio, especialmente) disponíveis, é porque, ao longo dos anos, seus proprietários investiram mais neles. Um exame exaustivo da Côte d'Or não revelou nenhuma diferença química entre os solos dos diferentes *crus*, que explicaria suas reconhecidas diferenças de sabor.

Locais, encostas e microclimas

É senso comum que o vinho de encostas é melhor. As palavras *côtes* e *coteaux* – que significam encostas – são recorrentes na França. As razões óbvias são a maior radiação solar sobre uma superfície orientada para o sol (ou seja, de solo mais quente), e melhor drenagem do ar frio, reduzindo o risco de congelamento. A ladeira orientada ao sul (no hemisfério norte) é quase sempre o ideal, mas as condições locais podem modificar isso. Em áreas com neblinas matinais no outono, uma encosta voltada para o oeste é preferível, uma vez que as neblinas não se dispersam até a tarde. As melhores encostas do Rheingau são bons exemplos. Mas, na Borgonha e na Alsácia, as encostas ao leste têm a vantagem de o sol da manhã aquecer o solo, armazenando calor enquanto o ângulo do sol vai diminuindo durante a tarde. A Alsácia também se beneficia de um clima particularmente ensolarado causado pela sombra de chuvas das montanhas Vosges, ao leste.

Muitos dos melhores vinhedos do Velho Mundo (por exemplo, na Alemanha, no vale do Rhône, no vale do Douro) foram construídos em encostas íngremes, para combinar as vantagens de um declive com a profundidade do solo. Inacessível às máquinas, os terraços vêm sendo abolidos em toda parte. Na Alemanha, grandes projetos de terraplenagem reconstruíram morros inteiros para permitir o uso de tratores. O vale do Douro está sendo remodelado, com amplos terraços inclinados, no lugar dos velhos, planos e es-

treitos. As experiências com o plantio "vertical" nas encostas íngremes do Douro – acabando com terraços inteiros – não foram conclusivas. As chuvas fortes podem lavar os nutrientes do solo para a parte inferior da encosta. O piso de um vale plano (como o vale do Napa, no Estado de Washington (Estados Unidos), e grande parte de Ribera del Duero) é um lugar mais arriscado para a plantação das vinhas, porque o ar frio penetra nas noites de primavera, na época em que elas estão brotando (ver Proteção contra geadas, a seguir).

Vale notar que, na Borgonha, os vinhedos classificados como *grands crus* têm menor incidência de danos causados pelas geadas do que os *premiers crus* – presumivelmente porque os produtores têm observado os locais frios e não pouparam esforços em busca de locais mais seguros. A mesma distinção é ainda mais verdadeira quando da incidência de granizo. O termo microclima refere-se às imediações da vinha. A menor diferença pode ser importante no longo período entre a brotação e colheita. Na região de Rheingau, o vento é considerado um dos principais inimigos, uma vez que pode dissipar o calor dos sulcos – que, portanto, são dispostos perpendicularmente ao vento estival do sudoeste.

Outro fator é a sombra e o possível acúmulo de umidade sob uma densa cobertura de folhas (ver Condução e sustentação, nesta página). Outro ainda é a maior incidência de geadas sobre o solo coberto de vegetação do que sobre a terra nua, o que faz que as videiras requeiram mais atenção na primavera. Os fatores microclimáticos são difíceis de definir com exatidão, mas a exposição ao sol e ao vento, a elevação e a luminosidade e a susceptibilidade a geadas ou à erosão são todos fatores vitais ao determinar não só a qualidade como também o sabor dos vinhos.

Proteção contra geadas

Uma videira dormente durante o inverno pode sobreviver a temperaturas de até 28 ºC abaixo de zero. Nas regiões onde as temperaturas mais baixas ocorrem regularmente, é comum a prática de enterrar a metade inferior da vinha, cobrindo-a com terra, no final do outono. A videira é mais vulnerável a geadas na primavera, quando seus brotos estão verdes e seivosos. O único velho meio de proteção era acender aquecedores (ou "latas com combustível") nos vinhedos nas noites claras de primavera, embora isso agora seja desencorajado por razões ambientais. Muitas vezes era uma esperança vã. Um avanço introduzido nas áreas propensas a geadas da Califórnia, por exemplo, foi um grande ventilador capaz de manter o ar circulando no vinhedo e impedir o acúmulo de ar frio, mas esse método se mostrou ineficaz sem o uso de aquecedores. Helicópteros também são uma forma eficiente, apesar de cara, de fazer circular o ar frio para evitar os estragos das geadas. E há o irrigador automático por aspersão, que simplesmente faz chover forte na vinha prestes à geada. A água congela em contato com os brotos jovens formando uma camada de gelo protetora, que age como isolamento contra as geadas. Esse equipamento pode ser um excelente investimento, servindo também como um método (um pouco rude) de irrigação durante os verões quentes e secos.

Condução e sustentação

A maioria dos vinhedos costumava consistir de inúmeros arbustos individuais, podados em "cabeça" ou "*gobelet*" (poda em vaso ou redonda, sem sistema de sustentação), a alguns botões saindo do tronco curto após cada colheita. Com algumas famosas exceções (entre elas, o Mosela, partes do Rhône e Beaujolais), a maioria dos vinhedos modernos é "aramada" – isto é, suas videiras são conduzidas por um ou mais arames paralelos ao solo, sustentadas por estacas a determinados intervalos. O desejo de usar colheitadeiras mecânicas encorajou a adoção de sistemas mais altos de sustentação, muitas vezes projetados para espalhar a folhagem no topo, por meio de uma barra transversal, sustentando dois arames paralelos a 1,2 metro de distância. O primeiro desses suportes foi desenvolvido na Áustria nos anos 1930 por Lenz Moser. Suportes altos não são adequados para áreas frias como a Alemanha, onde a radiação de calor proveniente do solo é essencial para o amadurecimento. Por outro lado, eles são usados há muito tempo no norte de Portugal para produzir intencionalmente vinho ácido. As "cortinas" de folhagem, ou "cortinas duplas", quando a videira é levada a se ramificar em dois arames altos, têm muitas vantagens nas regiões quentes, mas há certa dúvida quanto à qualidade do vinho resultante. Elas expõem maior superfície de folhas à fotossíntese, ao mesmo tempo que protegem os cachos de uvas da luz direta do sol. Em solos férteis, capazes de sustentar um crescimento vigoroso, o chamado sistema "lira", espalhando a copa da vinha em duas camadas de folhagem, traz bons resultados – se não de vinhos de alta qualidade, ao menos de quantidades generosas de uvas maduras.

Manejo do dossel vegetal

Os viticultores estão muito mais cientes do conceito de manejo do dossel vegetal, a camada de folhas das videiras. Eles compreendem como é possível manipular a videira, dar às uvas exposição mais ou menos direta à luz solar, e controlar a quantidade de vegetação, para que a umidade sob o dossel vegetal não provoque doenças. Um sem-número de métodos engenhosos de sustentação vem sendo desenvolvido (sobretudo pelo guru australiano do dossel vegetal, o dr. Richard Smart): não só o sistema "lira" e "cortina dupla", como também o Scott Henry e o Sylvoz, todos com o mesmo propósito de obter a melhor fruta sem reduzir a produção a patamares não rentáveis.

Métodos de poda

Os métodos de poda foram adaptados para novos métodos de condução da videira. O avanço mais significativo é a poda mecânica, que dispensa o trabalho manual – hábil, mas extenuante – no inverno rigoroso, tratando o sulco de videiras como se fosse uma cerca viva. Esteticamente atraentes, os resultados (inicialmente na Austrália) mostram que o uso de um sistema de pequenas serras circulares para encavalar a vinha e cortar toda a madeira que se prolonga além de determinado círculo estreito pode ser tão satisfatório quanto a mão e o olho treinados. Embora certa dose de poda manual possa ser necessária, a poda mecânica certamente se tornará mais comum nos vinhedos. A experiência na Califórnia, por exemplo, tem mostrado que a poda mecânica custa apenas 15% do custo da manual.

Reguladores de crescimento

Há muitos anos, tem sido costumeiro podar ramos excessivamente longos e frondosos dos topos e das laterais das videiras no verão. O *spray* regulador de crescimento, uma substância química que libera lentamente gás etileno, inibe o crescimento das folhas, evita que o dossel vegetal se torne demasiado denso, e induz a planta a tornar suas reservas de carboidrato disponíveis para a fruta, em vez de desperdiçá-las em ramos inutilmente compridos. Ao que parece, também propicia a maturação e torna mais fácil

Sustentação elevada de videiras, Marlborough, Nova Zelândia.

para uma colheitadeira separar as uvas de seus caules. O vigor excessivo é um problema que pode ser combatido com vários métodos de sustentação e poda. O bom manejo do vinhedo também ajuda, bem como o uso cada vez mais disseminado de cultivo de cobertura: plantar chicória ou outro vegetal entre as fileiras de vinha. O resultado é a competição com a vinha pela água disponível, reduzindo seu vigor.

Sprays sistêmicos

A proteção tradicional do vinhedo contra doenças causadas por fungos, como o mofo, é a calda bordalesa ("mistura de Bordeaux"), que consiste numa solução azul-brilhante de sulfato de cobre e cal, pulverizada mecanicamente, cuja desvantagem é ser lavada pela chuva seguinte. Os novos *sprays* "sistêmicos" são absorvidos pela seiva das plantas e destroem o fungo (ou inseto) da folha ou da uva internamente.

Infelizmente, as doenças fúngicas, e pragas tais como os ácaros vermelhos, podem rapidamente desenvolver resistência, tornando necessário que os fabricantes variem a fórmula (com custos altíssimos). O mais reconhecido sistema fungicida, o Benomyl, atualmente tem seu uso limitado por essa razão. Os viticultores com consciência ambiental procuram esquemas de "manejo de pragas" que visam combater os estragos causados por elas introduzindo outros predadores naturais – no oeste da Austrália, por exemplo, a galinha-da-guiné devora os ácaros destrutivos.

Cultivo orgânico

O vinho pode ser cultivado por métodos orgânicos, assim como qualquer outro plantio. Isso elimina os fertilizantes artificiais, os inseticidas e outros *sprays*. Três anos devem se passar desde que o vinhedo tenha sido fertilizado artificialmente pela última vez para que este possa ser certificado como "orgânico". Alguns *sprays* são permitidos – o de sulfato de cobre, antiquado, é um deles. A lógica orgânica também deve ser seguida em todo o processo de fabricação. Na Europa, não existe vinho orgânico, apenas vinho produzido de uvas cultivadas organicamente. Nos Estados Unidos, para que o vinho possa ser rotulado como "orgânico", precisa ter renunciado a certas práticas na fabricação, notadamente o uso de dióxido de enxofre (SO_2), mas os resultados muitas vezes são falhos.

Cultivo biodinâmico

Mais exigente que a viticultura orgânica é a biodinâmica, que segue os princípios determinados por um guru dos anos 1930, Rudolph Steiner. Há um calendário completo de viticultura, que recomenda o momento mais apropriado para tratar as videiras, com base nas fases da lua, entre outros critérios. Os tratamentos são feitos com ervas, flores e esterco, que são concentrados e envelhecidos, e então empregados em doses homeopáticas. A compostagem (ou produção de composto, adubo orgânico) é também regulada para garantir sua eficácia. Alguns veem a biodinâmica como um retorno à natureza; outros, como quase bruxaria; mas o que não se pode negar é que tais práticas devolvem ao solo uma rica vida microbial.

O sistema tem sido adotado por muitas propriedades de primeira classe na França, na Califórnia (Estados Unidos) e na Austrália, e com resultados tão esplêndidos que não se pode ignorar. Os custos de mão de obra são altos, mas se economiza com os caros e prejudiciais tratamentos químicos que, durante muitas décadas, têm causado graves danos à saúde dos vinhedos do mundo.

Fabricação do vinho

O controle da produção

Maior quantidade significa menor qualidade. A aceitação dessa regra de ouro é inerente às regulamentações de denominações de origem da maioria das nações vinicultoras da Europa. Na França, algumas áreas limitam sua produção a 3,5 mil litros por hectare (cerca de duas toneladas por acre; 1 acre = cerca de 4.046 m²) ou até menos, embora Bordeaux seja cultivada para generosos 5 mil a 6 mil litros por hectare. Os vinhos regionais (vins de pays) têm permissão para produzir até 8 mil litros ou mais. Na Itália, os limites são expressos como a quantidade de quintais (100 kg) de uvas por hectare, com um limite sobre a quantidade de suco que pode ser extraído de cada quintal. É amplamente aceito que em partes da Alemanha e da Itália as produções sancionadas oficialmente são altas demais para garantir boa qualidade, e as associações dos melhores viticultores, tais como a VDP (Verband Deutscher Prädikats und Qualitätsweingüter – "Associação dos Produtores de Vinhos de Qualidade Superior"), na Alemanha, insistem em produções muito menores para seus membros.

O Novo Mundo, até agora, não tem nenhuma regulamentação a esse respeito – o que, tendo em vista sua filosofia de *laissez-faire*, não é surpreendente. No entanto, os viticultores conscientes conhecem muito bem os efeitos prejudiciais de uma produção grande demais, e muitos deles, ao perceber que sua colheita poderá ser excessiva, realizam uma "colheita verde" no verão. Isso inclui a remoção de parte da possível colheita, para que a videira concentre sua energia em amadurecer o que resta. Outros podem afirmar que isso perturba o equilíbrio natural da videira, e que o ideal seria que a colheita fosse regulada mediante uma poda inteligente. Entretanto, o aquecimento global e o plantio de porta-enxertos e clones produtivos muitas vezes obrigam até mesmo os viticultores mais conscientes a uma colheita prematura. A prática tem ainda outras vantagens: os cachos remanescentes amadurecerão mais cedo (o que é útil em regiões onde pode ocorrer chuva ou granizo durante a colheita) e as uvas mais bem espaçadas serão menos suscetíveis a apodrecer no tempo úmido.

Irrigação

A irrigação costumava ser considerada totalmente incompatível com um vinho de qualidade. Mas, sem ela, regiões importantes como a Argentina, o Chile, o estado de Washington (Estados Unidos) e grande parte da Austrália não poderiam cultivar uva nenhuma. Não se pode negar a qualidade de seus melhores vinhos. Mais uma vez, é uma questão de entender o metabolismo da videira e usar inteligência e moderação. Estações meteorológicas computadorizadas nos vinhedos fornecem aos produtores dados muitíssimo detalhados. Os viticultores modernos podem usar técnicas como sondas de nêutron e "bombas de pressão" para garantir que as videiras recebam a quantidade adequada de água no momento apropriado. A irrigação sensata pode dar melhores resultados do que as chuvas naturais – porém aleatórias –, que são o único recurso em regiões onde a prática da irrigação é proibida.

Colheita mecânica

Uma máquina para colher uvas, poupando as dores nas costas (e os altos salários) das dezenas de milhares que se dedicam à colheita a cada ano, só se tornou realidade nos anos 1960 (no estado de

Nova York, Estados Unidos, colhendo uvas Concord). Na década de 1980, as máquinas já coletavam um terço de todas as uvas de vinho norte-americanas, e hoje esse percentual é ainda mais alto. A colheitadeira mecânica ganhou enorme aceitação em grandes vinhedos, embora algumas áreas de qualidade ainda resistam, sobretudo quando o terreno escarpado torna impraticável o uso de máquina. A máquina trabalha encavalando a fileira de uvas e sacudindo violentamente os troncos, ao mesmo tempo que bate nas extremidades da videira com raquetes flexíveis ou bastões. As uvas caem em uma esteira, que as transporta para uma calha acima das copas das videiras, onde elas passam diante de um ventilador, que sopra as folhas soltas, e as uvas são então lançadas em um funil rebocado por um trator. Em muitos casos, o funil leva direto a um esmagador, e o esmagador a um tanque fechado, de modo que a uva sai do vinhedo já esmagada, protegida da luz solar e dos insetos, e dosada com dióxido de enxofre (SO_2) para evitar a oxidação.

A colheitadeira tem muitas vantagens. A primeira é que pode operar à noite, quando as uvas estão frescas; a segunda é que requer só dois operadores. Enquanto uma equipe tradicional pode ter de começar o trabalho quando algumas uvas ainda não estão maduras e terminar quando algumas já passaram do ponto, a máquina trabalha rápido o bastante para colher um vinhedo inteiro em maturidade ideal. A taxa de colheita na Califórnia é de até 150 toneladas (ou até cerca de dezesseis hectares) por dia. As desvantagens da colheitadeira incluem a necessidade de um sistema de sustentação especialmente robusto, a perda de, talvez, 10% da colheita, e o pequeno risco de incluir folhas, insetos e outras matérias indesejadas no esmagador. Além disso, o contato com a casca é inevitável, motivo este por que não se permite o uso de máquinas na região de Champagne ou de Beaujolais, onde cachos inteiros são essenciais para o processo de vinificação.

Infecção por *botrytis*

O aspecto benéfico do fungo *Botrytis cinerea*, a podridão nobre que produz ótimos vinhos doces, recebe tanta publicidade que sua aparição malévola no vinhedo no momento inoportuno (quando recebe o nome menos romântico de podridão cinza) pode ser esquecida. Em algumas regiões, sua predominância a tornou a doença mais grave e disseminada que o vinicultor tem de enfrentar. Quanto mais fértil o vinhedo e mais abundante a videira, maior a probabilidade de que apareça nas uvas verdes ou semimaduras (estas, mais vulneráveis) e apodreça o cacho. Começa atacando uvas perfuradas por insetos ou vermes; controlá-los é, portanto, a proteção mais eficaz. Alguns vinicultores usam *sprays* modernos para deter a irrupção de *botrytis*; outros se opõem à prática. Só quando o açúcar presente nas uvas atinge cerca de 70⁰ Oechsle ou 17% Brix (o suficiente para produzir vinho com cerca de 9% de álcool natural) é que a podridão ruim se converte em podridão nobre (ver p. 65). Algumas regiões do Novo Mundo experimentaram induzir artificialmente a infecção por *botrytis* pulverizando esporos nos vinhedos. Os resultados são inconclusivos, embora alguns bons vinhos brancos tenham sido produzidos com esse método.

Colheita mecânica de uvas Sauvignon Blanc em vinhedo de Cloudy Bay, Marlborough, Nova Zelândia.

Níveis de açúcar e acidez

A importante decisão de quando colher as uvas depende da medição de seus níveis de açúcar e acidez. Quando elas amadurecem, a quantidade de açúcar aumenta e a de ácido diminui. Para cada tipo de vinho há um momento ideal em que a proporção está adequada. A maturação começa no momento chamado *véraison*, quando a uva, que vinha crescendo lentamente por divisão celular, com um aspecto ainda duro e verde-brilhante, acelera o crescimento, aumentando o tamanho de cada célula. É aí que as uvas tintas começam a mudar de cor.

O conteúdo de açúcar normalmente é medido com um refratômetro manual. Uma gota de suco é colocada entre dois prismas. A luz que o atravessa inflete a um ângulo diferente de acordo com a concentração de açúcar; o ângulo é lido em uma escala calibrada como graus Brix, Oechsle, ou Baumé; os sistemas norte-americano, alemão e francês, respectivamente, para medir a maturação.

Em climas mornos, a concentração de açúcar pode aumentar em 0,4º Brix por dia, enquanto a acidez pode registrar uma queda significativa. As uvas "maduras" variam entre 18º e 26º Brix (isto é, com um potencial teor alcoólico entre 9,3º e 14º). Níveis diferentes de acidez são considerados ideais para diferentes estilos de vinho. Na Alemanha, altos níveis de acidez, de 0,9%, seriam recomendáveis para vinhos de 11,3 graus de teor alcoólico em potencial (90º Oechsle). Na França ou na Califórnia (Estados Unidos), o nível de acidez recomendado para uvas com a mesma concentração de açúcar seria de aproximadamente 0,7% para vinhos brancos e um pouco menos para tintos. Um risco em regiões mais quentes é o rápido aumento dos níveis de açúcar, o que leva os produtores a colher a uva antes que esta esteja completamente madura, resultando em sabores ásperos, verdes e tânicos. O truque é alcançar maturidade fenólica (isto é, sementes e taninos maduros) antes que os níveis de açúcar se tornem tão altos a ponto de resultar em vinhos quentes e excessivamente alcoólicos. É mais fácil falar do que fazer.

A terceira variável levada em consideração é o pH do suco. Esta é uma medida da intensidade, e não do volume, de sua acidez. Quanto menor o número, mais ácido o suco. O pH do vinho fica na faixa de 2,8 a 3,8. Um baixo índice de pH é desejável para um vinho estável e (no caso dos tintos) de boa cor. A tendência atual de colher uvas passadas pode resultar em tintos com pH pouco superior a 4, o que pode ameaçar a estabilidade e a longevidade do vinho. Este costuma ser o caso dos tintos californianos; os australianos, cultivando uvas em regiões igualmente quentes, evitam o risco conferindo ao vinho maior acidez durante a fermentação, uma técnica que também recebe críticas. Não há respostas fáceis, a não ser colher as uvas que atingem um ponto de maturidade ideal. Embora as medições científicas possam auxiliar de forma inestimável a decisão sobre quando colher, muitos vinicultores recorrem ao método consagrado de colher amostras de uvas por todo o vinhedo, confiando, acima de tudo, no seu paladar.

O manuseio da fruta

Um bom produtor de vinhos não aceitará uvas que tenham sido danificadas ao sair do vinhedo, ou com alta proporção de cachos mofados, ou o que os californianos chamam de MOG ("*matter other than grapes*" – matérias que não sejam uvas –, por exemplo, folhas, pedras e solo). Para a vinificação de mais alto padrão, os cachos são selecionados à mão – *triage* – e as uvas podres são eliminadas. Alguns produtores fazem isso no vinhedo, mas a maioria possui esteiras no lagar, onde uma equipe de trabalhadores atentos é capaz de identificar e remover as frutas de má qualidade. Ao lidar com grandes quantidades, um pouco de imperfeição é aceito. Várias regiões

da Europa especificam o tamanho e o formato do contêiner que deve ser usado para transportar as uvas. O objetivo, aqui, é evitar que o peso de grandes quantidades esmague as uvas que se encontram no fundo. As "gôndolas" gigantes muitas vezes usadas para transportar uvas em vinhedos de escala industrial, com frequência sob o sol quente, têm a desvantagem de que muitas das uvas no fundo se romperão e serão maceradas em suco muito antes de sequer alcançar as condições higiênicas do lagar.

Dióxido de enxofre

O primeiro passo nos procedimentos de fabricação do vinho costuma ser a adição de uma pequena dose de dióxido de enxofre (SO_2) às uvas esmagadas, ou mosto. Nada substituiu esse antisséptico antigo e universal do vinicultor para proteger o mosto da fermentação prematura ou descontrolada, e tanto o mosto quanto o vinho da oxidação, embora alguns produtores usem muito pouco e se esforcem para não usar nada – adicionando, em vez disso, gases inertes entre o suco, ou vinho, e o oxigênio na atmosfera.

A quantidade de SO_2 permitida é regulamentada por lei. O vinho com excesso desse gás tem um cheiro azedo e sulfúreo e deixa uma sensação de queimação na garganta – uma ocorrência comum no passado, particularmente em vinhos meio doces em que o enxofre era adicionado para evitar nova fermentação na garrafa. Hoje, o uso de filtros esterilizados eliminaram essa necessidade, e o consumidor nem percebe a presença do conservante no vinho. Algumas pessoas podem sofrer os efeitos colaterais do SO_2: daí a regulamentação norte-americana de que os rótulos informem: "contém sulfitos". Os vinhos doces precisam de níveis mais altos de SO_2 no engarrafamento do que os mais secos, e os vinhos feitos usando *botrytis*, níveis muito mais altos, já que o enxofre combina com sua alta concentração de extrato seco, e é somente o enxofre livre, ou não combinado, que é eficaz para prevenir a nova fermentação.

Vinho branco: contato com a casca?

Vinhos brancos leves, frescos e frutados são produzidos prensando-se as uvas o mais rápido possível após a colheita. O objetivo é evitar que o suco adquira qualquer sabor ("extrato") da casca. As uvas são esmagadas apenas o suficiente para romper as cascas. Essa polpa é carregada na prensa. Nas adegas que visam o máximo de frescor, o suco ou as uvas podem ser resfriados.

Hoje, muitas das vinícolas maiores usam um desengaçador entre o esmagador e a prensa. Este pode consistir de uma peneira, às vezes na forma de uma esteira, por meio da qual cai o suco livre. O desengaçador reduz o número de vezes que a prensa precisa ser laboriosamente enchida e esvaziada, mas aumenta o risco de oxidação do suco. Um desengaçador que evita a oxidação é um tanque de aço-inoxidável com um cilindro central formado de uma peneira. A polpa esmagada é carregada no espaço ao redor do cilindro, e dióxido de carbono (CO_2) é bombeado sob pressão no espaço acima. O mosto virgem é gentilmente forçado a sair através do cilindro central, deixando relativamente pouca polpa a ser prensada. Até 70% pode ser mosto virgem, deixando apenas 30% para ser extraído pela prensa.

Vinhos mais encorpados e mais robustos, com mais sabor e taninos para preservá-los quando envelhecem, são produzidos mantendo-se as cascas em contato com o suco em um tanque por até 24 horas após o esmagamento. Essa maceração (a baixa temperatura, antes de a fermentação começar) extrai parte dos elementos que estão presentes nas cascas, mas não no suco. A polpa é, então, separada do suco e prensada como de costume. O contato com a casca

Uvas Muscadet na prensa, Clisson, Loire-Atlantique, França.

caiu em desuso, já que só é benéfico quando as uvas estão em perfeita saúde. Os viticultores de hoje têm medo de que tal contato possa conferir textura e sabor fenólico ou tânico ao vinho, diminuindo seu frescor.

Vinho branco: com ou sem engaços

As uvas brancas costumam ser prensadas com os engaços (caules que prendem as uvas ao cacho), a não ser que sejam colhidas à máquina. A razão é que a polpa e o suco da uva não fermentada são cheios de pectina e açúcar, o que os tornam escorregadios e pegajosos. Os engaços facilitam a operação da prensa, particularmente quando se trata de partir o "bolo" para prensar uma segunda vez. A prensa não deve ser usada a uma pressão suficiente para espremer qualquer suco amargo derivado dos engaços ou sementes. Hoje, muitos vinhos de alta qualidade estão sendo produzidos prensando-se tudo, sem antes esmagar ou desengaçar. A técnica ajuda a reter o aroma e manter um baixo pH.

Tipos de prensa

Há muitas ofertas de tipos de prensa, do antiquado modelo vertical (ou hidráulico, ou de cesta), em que uma chapa é forçada para baixo, de encontro à polpa contida em um recipiente cilíndrico de fendas verticais, a prensas contínuas de produção em massa. A primeira demanda mais trabalho, mas ainda produz o suco mais límpido; a segunda é muito barata e fácil de operar, mas incapaz de produzir melhor vinho que um de qualidade mediana.

Até os anos 1980, muitas vinícolas escolhiam uma prensa horizontal, que funciona com base em um princípio similar ao da velha vertical, espremendo a polpa por meio de chapas que vão de encontro uma à outra por um parafuso central. No entanto, a qualidade do suco é inferior, e hoje a maioria dos produtores conscientes investe em uma prensa de "lâmina", ou pneumática. Esta contém um comprido balão de borracha que, quando inflado, espreme a polpa contra a fina grade ao redor. Ambas as prensas processam a polpa em lotes, o que significa que têm de ser enchidas e esvaziadas novamente para cada lote, ao passo que a prensa contínua expele um fluxo ininterrupto de suco por baixo, e um bolo de polpa no final.

Vinho branco: fermentação fria

A invenção mais revolucionária na vinificação atual é a fermentação com temperatura controlada, em particular para vinhos brancos, que, em climas amenos, costumavam ser insípidos e apresentar baixa acidez. O que era feito naturalmente usando pequenos barris nas adegas frias da Europa é hoje praticado industrialmente na Califórnia (Estados Unidos), na Austrália e em outros lugares, resfriando-se o conteúdo de tonéis de aço inoxidável de dimensões muitas vezes gigantes. A maioria dos tonéis tem parede dupla ou um revestimento, com uma camada de glicol ou amônia entre as duas camadas atuando como agente de resfriamento. Outra técnica é gotejar água fria na superfície exterior. O segundo melhor método é fazer o vinho circular por um trocador de calor (ou uma espiral submersa em água fria) fora do tonel.

Cada vinicultor escolhe a temperatura ideal para a fermentação. A fermentação fria e demorada extrai o sumo, embora quando praticada em extremos com certas uvas – sobretudo as variedades não aromáticas – parece deixar sua marca no vinho conferindo-lhe um cheiro de *tutti-frutti*. Muitos dos vinhos italianos brancos – e até mesmo tintos – produzidos hoje em dia são estragados em razão da

excessiva refrigeração. Se a temperatura for resfriada rápido demais, a fermentação é interrompida e as leveduras param de atuar. Pode ser difícil retomar o processo, e o vinho, quase certamente, sofrerá.

Um método totalmente distinto é usado para produzir vinhos mais elaborados, suaves e encorpados com uva Chardonnay e, às vezes, Sauvignon Blanc. Eles são fermentados à temperatura entre 15 ºC e 20 ºC, ou, em barris, pode chegar a 25 ºC. No entanto, os pequenos volumes em um barril de madeira significam que as temperaturas nunca chegarão a níveis excessivos.

Vinho branco: clarificação do suco

As prensas modernas são mais eficientes que os modelos antigos, mas costumam produzir suco com maior proporção de sólidos suspensos (pedaços de cascas de uva, polpa, semente ou sujeira). A fermentação do vinho branco com esses sólidos tende a produzir amargor e, por isso, o suco deve ser limpo primeiro. Isso pode ser feito mantendo-se o vinho por um dia em um tanque de assentamento, a uma temperatura fria, para que as partículas sejam depositadas no fundo; filtrando-o por meio de um filtro a vácuo potente; ou (o método mais rápido) usando-se uma bomba centrífuga, que usa a força centrífuga para expulsar todos os corpos estranhos. O vinho centrifugado em excesso pode perder tanto elementos desejáveis quanto indesejáveis; é preciso grande cuidado com isso, tanto que muitas vinícolas antes equipadas com essa tecnologia a abandonaram.

Vinho branco: ajuste de acidez

A desacidificação ou reacidificação do mosto do vinho branco pode ser necessária, dependendo do nível de maturação da colheita. Um suco excessivamente ácido é desacidificado adicionando-se carbonato de cálcio (giz) para remover o ácido tartárico, ou uma substância chamada Acidex, que remove o ácido málico, ou usando-se o método de precipitação de sal duplo. Na Alemanha, a adição de açúcar e (até 15%) de água em vinhos de nível QbA (ver p. 243) e inferiores diminui a proporção de acidez. Na França, a chaptalização (permitido nas regiões norte e central) tem o mesmo efeito, sendo, porém, realizada em menor escala. No sul da França, entretanto, só o mosto concentrado, e não o açúcar extra, é permitido para elevar o teor alcoólico, o que, ao mesmo tempo, eleva naturalmente o nível de acidez. Na Austrália e em outros países de clima quente, onde o problema costuma ser os níveis demasiado baixos de ácido, permite-se adicionar um dos ácidos naturais das uvas: málico, cítrico ou tartárico. O tartárico é o preferido, uma vez que ele não tem sabor detectável e ajuda a promover a estabilização tartárica (ver Estabilização fria, p. 28). Porém é mais caro.

Tanques e tonéis

A grandeza dos tradicionais tonéis de carvalho (ou, às vezes, castanheiro, acácia ou sequoia) para fermentação é acompanhada de muitas desvantagens. As mais importantes são os problemas de desinfetá-los e mantê-los impermeáveis entre as safras.

No início do século XX, o concreto começou a substituí-los nas vinícolas mais novas e maiores. É forte, permanente e fácil de limpar. Além disso, pode ser feito em qualquer formato para se encaixar em cantos estranhos e economizar espaço. Embora considerado obsoleto após a instalação de tonéis de aço inoxidável nas últimas décadas, os vinicultores estão começando a respeitar as vantagens do concreto, pois o vinho nunca é submetido a extremos de temperatura. Em

2003, uma nova vinícola, equipada com novos tanques de concreto, foi inaugurada na Argentina, e algumas novas vinícolas de Bordeaux também investiram nesse meio que um dia foi desprezado.

Entretanto, em quase todas as vinícolas modernas, o aço inoxidável é o rei. É forte, inerte, simples de limpar e de refrigerar. Além disso, também é extremamente versátil; o mesmo tanque pode ser usado para a fermentação e, posteriormente no mesmo ano, para armazenamento ou mistura. Seu alto custo inicial é, portanto, rapidamente recuperado.

Para produzir bons vinhos, um lagar deve ter ampla capacidade. Normalmente acontece que, em uma safra abundante, há falta de espaço. As uvas não podem ser armazenadas, e, sendo assim, a única solução é reduzir o tempo de fermentação dos primeiros lotes. Com os vinhos tintos, isso significa maceração mais rápida e, portanto, vinhos mais leves. Os lagares bem projetados não só têm muito espaço para os tanques, como têm tanques de vários tamanhos para evitar deixar pequenas quantidades de vinho em contêineres semicheios ou ser obrigados a mesclá-las.

Os fermentadores de madeira também estão de volta. Mondavi os instalou, a um grande custo, em seu novo lagar. Eles são caros de manter, mas os puristas insistem que continuam sendo o meio ideal para uma fermentação prolongada e uniforme. Tornou-se comum ver, em lagares altamente tecnológicos, alguns tonéis de madeira reservados para os lotes mais finos.

Leveduras

Há leveduras naturalmente presentes em todo vinhedo e lagar, que causarão a fermentação se lhes for permitido. Alguns as consideram parte da marca, ou personalidade, de sua região, e acreditam que elas ajudam a dar identidade ao vinho. De fato, um experimento com a troca de leveduras entre diferentes châteaux de Bordeaux mostrou como cada esforço era distinto: era possível fazer um vinho de Graves lembrar um de Pauillac. Muitas das maiores vinícolas modernas, querendo manter controle total, tomam cuidado para remover a levedura natural (por filtração ou centrifugação) ou, ao menos, inutilizá-la com uma dose elevada de SO_2. Alguns até mesmo submetem o suco à pasteurização rápida, aquecendo-o a 55 ºC para matar as bactérias e inibir as leveduras. Em seguida, tratam de inocular o mosto com uma levedura cultivada de sua escolha, que se multiplicará ativamente à temperatura eleita para fermentação. Algumas das leveduras mais populares na Califórnia são conhecidas pelos nomes promissores de Montrachet, Champagne e Steinberg. O segredo é começar a fermentação com uma quantidade generosa de leveduras ativas; uma vez que todo o tonel está fermentando, problemas como oxidação podem ser temporariamente esquecidos.

A atividade da levedura aumenta rapidamente com a elevação da temperatura. Para cada grau Celsius adicional, a levedura transforma 10% mais de açúcar em álcool em um dado período. O pico dessa atividade frenética ocorre por volta de 30-35 ºC, quando as leveduras são superadas pelo calor. Uma fermentação acelerada pode ser interrompida a essa temperatura; da mesma forma, a maioria das leveduras não funcionará abaixo de cerca de 10 ºC.

Não existem dúvidas de que usar leveduras cultivadas é menos arriscado que contar com leveduras naturais. Mas há desvantagens. O uso da mesma levedura para todos os vinhos pode conferir um sabor uniforme a todos eles. Além disso, algumas leveduras cultivadas são tão eficazes que sua taxa de conversão de açúcar em álcool pode ser muito alta, resultando em vinhos com teores alcoólicos incomoda-

mente elevados. Muitos vinicultores permitem que a fermentação comece de forma natural, mas então intervêm com leveduras cultivadas caso percebam sinais de que as leveduras nativas fracassaram na tarefa.

Em uma nota mais especializada, o uso de levedura para produzir Jerez está hoje muito avançado. Descobriram-se novas formas de produzir o efeito Jerez, muito mais rápidas e garantidas do que o método tradicional de deixar que a flor (camada de levedura formada naturalmente) flutue sobre o vinho.

Vinho branco: fermentação malolática

A fermentação secundária ou malolática (ver Vinho tinto: fermentação malolática) é menos comum com o vinho branco do que com o tinto. Às vezes, é encorajada, para reduzir o excesso de acidez em vinhos de climas frios (por exemplo, da região de Chablis e de outras partes da Borgonha, do Loire, da Suíça, mas menos comum na Alemanha). Sua complexa natureza biológica pode ajudar a agregar complexidade aos sabores. Em regiões mais quentes, onde a acidez tende a ser baixa, a fermentação malolática em vinhos brancos costuma ser evitada.

Vinho branco: açúcar residual

Uma fermentação natural completa faz um vinho totalmente seco, com todo o seu açúcar convertido em álcool. As únicas exceções são os vinhos feitos de uvas tão doces que o nível de álcool ou o de açúcar, ou ambos, impedem as leveduras de atuar. Para fazer vinhos leves e suaves, a fermentação precisa ser artificialmente interrompida ou o suco doce tem de ser misturado com vinho seco. O primeiro método é o que se costumava usar. Era necessária uma alta dose de SO_2 para interromper a fermentação, e mais na garrafa, para evitar que começasse novamente. Hoje, a invenção de filtros finos o bastante para remover todas as leveduras, e meios de engarrafamento em condições de completa esterilidade, resolvem o problema do enxofre.

Alguns vinicultores da Alemanha costumavam preferir um método diferente: misturar com "vinho doce". O método usado é esterilizar uma porção do suco em vez de fermentá-lo. A maior parte do vinho é feita do modo convencional, sendo fermentado até que não reste nenhum açúcar. A reserva doce (em alemão, *Süssreserve*) é então adicionada, e a mistura engarrafada em condições estéreis. A adição de suco não fermentado naturalmente diminui o teor alcoólico do vinho. Nas melhores propriedades da Alemanha, a *Süssreserve* já não é usada. Em vez disso, possibilita-se que os vinhos cessem naturalmente de fermentar, com graus variados de açúcar residual, e produções diferentes são então misturadas para produzir o vinho mais bem equilibrado. Embora esteja em voga preferir vinhos secos a doces, muitos consumidores se surpreenderiam de saber que muitos dos chamados vinhos secos, tais como um grande número dos Chardonnay do Novo Mundo, contêm uma pequena quantidade de açúcar residual. A doçura pode não ser perceptível, mas contribui para um vinho mais redondo e de melhor textura.

Vinho branco: após a fermentação

Depois que o vinho é fermentado, deve ser clarificado. O método tradicional é a decantação: deixá-lo descansar e então separá-lo de seus sedimentos (compostos, em sua maioria, de células de leveduras mortas). Quando o Muscadet é engarrafado *sur lie*, é exatamente isso que está acontecendo. As vinícolas modernas, no entanto, tendem a usar um filtro, se necessário com a precaução adicional de refiná-lo com uma argila em pó de Wyoming chamada bentonita, que remove o excesso de proteínas: possíveis causas de problema futuro, com um vinho turvo. A refinação com bentonita também é usada, às vezes, antes da fermentação.

Os vinhos brancos não destinados a envelhecimento (isto é, a maioria dos vinhos comerciais leves) só precisam, então, ser estabilizados e filtrados antes de ser engarrafados. Aqueles destinados a envelhecimento normalmente são transferidos para um barril para a clarificação, desfrutando dos mesmos benefícios de envelhecimento dos vinhos tintos. Eles podem ser deixados por vários meses em contato com os sedimentos finos – que podem ser colocados novamente em suspensão, em um processo chamado *bâtonnage* – para que o vinho se beneficie dos efeitos da autólise das leveduras, por meio do qual os sedimentos, que incluem levedura morta, conferem maior complexidade ao sabor.

Vinho branco: estabilização fria

O ácido tartárico, que é um ingrediente vital para o equilíbrio e sabor de todos os vinhos, tem o hábito infeliz de formar cristais em combinação com o potássio (grandes grãos açucarados) ou o cálcio (cristais polvorinhos, mais finos e mais brancos). Antigamente, o vinho era mantido por vários anos em adegas frias, e esses cristais formavam um depósito duro nas paredes de seus barris, conhecido na Alemanha como *Weinstein* – "pedra de vinho". Com os métodos modernos, mais rápidos, a maioria das grandes vinícolas considera essencial evitar a formação de cristais depois que o vinho é engarrafado. Embora os cristais não tenham absolutamente nenhum sabor, e sejam totalmente naturais e inofensivos, há consumidores ignorantes e ranzinzas que enviarão de volta uma garrafa com qualquer sinal de depósito de cristal.

Infelizmente, é um negócio custoso remover o risco de cristais de tartarato. O método mais simples é resfriar o vinho em um tanque, logo acima do ponto de congelamento, por vários dias. O processo é acelerado quando se adicionam cristais de tartarato que atuarão como núcleos em torno dos quais novos cristais se formarão. Métodos mais eficientes de alcançar esse objetivo estritamente desnecessário ainda manterão os químicos pesquisadores ocupados durante anos.

Vinho tinto: com ou sem engaços

Todo fabricante de vinho tinto tem sua própria opinião sobre se os engaços devem ser incluídos, no todo ou em parte – e mudam de ideia conforme a safra. No Rhône, os engaços às vezes são incluídos; na Borgonha, raramente; em Bordeaux, poucos ou nenhum; em Chinon, no Loire, são deixados na videira; fora da Europa, são normalmente excluídos. No entanto, está em voga a fermentação da Pinot Noir incluindo os engaços (todos ou parte deles), o que, alguns acreditam, confere maior complexidade ao vinho.

O argumento a favor da retirada dos engaços é que eles aumentam a adstringência, diminuem o teor alcoólico, reduzem a cor e ocupam espaço valioso no barril. O argumento a favor de manter parte deles é que ajudam no processo de fermentação ao tornar a massa mais arejada, diminuem a acidez e tornam a prensa mais fácil. De qualquer forma, os engaços devem estar totalmente maduros, ou darão um sabor herbáceo ao vinho.

Concentração de mosto

No fim dos anos 1980, os enólogos franceses desenvolveram sistemas para remover a água das uvas colhidas em condições úmidas. A tecnologia mais popular era a osmose reversa. Seu uso cuidadoso elimina a diluição que a água, na casca ou no interior da uva, pode provocar. Também aumenta o potencial alcoólico do mosto concentrado, e, por isso, as autoridades europeias não permitem que o mosto concentrado seja chaptalizado. Hoje, os concentradores de mosto são claramente parte do equipamento padrão em muitos lagares.

A técnica permanece controversa, já que dá margem a abusos. Pode encorajar viticultores preguiçosos a colher cedo demais ou durante épocas úmidas, com a justificativa de que podem corrigir quaisquer deficiências por meio da concentração. Esse raciocínio é falho, já que a tecnologia concentra todos os componentes no vinho, e todo sabor imaturo só seria acentuado. Mas usada com cuidado e critério, a concentração de mosto pode contribuir para melhorar a qualidade geral do vinho em safras difíceis.

Vinho tinto: remontagem

Quando um tonel de vinho tinto fermenta, as cascas de uva flutuam na superfície, suspensas por bolhas de CO_2 que se prendem à matéria sólida. O "chapéu" (em francês, *chapeau*, em espanhol, *sombrero*) que elas formam contém toda a matéria essencial para coloração – e é propensa a superaquecer e ser atacada por bactérias. É, portanto, essencial continuar misturando o chapéu ao líquido abaixo dele. Há vários métodos para isso.

Em Bordeaux, o chapéu normalmente é empurrado para baixo por homens usando varas compridas. Na Borgonha, com tonéis menores, é pisado (*pigeage*) por homens, antigamente nus, que pulam dentro do tonel. Outro método muito utilizado é encaixar uma grade abaixo do nível de enchimento, que segura o chapéu submerso (*chapeau immergé*). Mergulhadores mecânicos também são usados. Mas o método mais comum atualmente é a "remontagem": tirar o vinho do fundo do barril com uma mangueira e bombeá-lo sobre o chapéu, normalmente muitas vezes por dia.

Várias alternativas engenhosas foram inventadas. O rototanque é um cilindro horizontal fechado que gira devagar, misturando continuamente os líquidos e sólidos dentro. Sua vantagem é a velocidade da extração, mas os vinicultores mais preocupados com qualidade preferem uma fermentação mais lenta com remontagem frequente. Um sistema automático desenvolvido em Portugal – onde a maneira tradicional de extrair a cor era que o mosto fosse pisoteado a noite toda por todos os rapazes do vilarejo ao som de acordeões – inclui um engenhoso mecanismo de jato ativado pelo acúmulo de pressão de CO_2 em um tanque cerrado.

Lidar com o chapéu é uma parte crucial do processo de fabricação do vinho. É importante extrair a cor, o tanino e o sabor que darão ao vinho sua individualidade; é igualmente importante evitar extrair mais do que as uvas são capazes de produzir. Em excesso, a extração pode dar vinhos amargos e duros; em falta, pode resultar em vinhos pálidos, sem corpo e sem estrutura. É por isso que muitos vinicultores optam por uma variedade de técnicas para garantir que o grau de extração seja adequado para as uvas.

Micro-oxigenação

Esta técnica controversa foi desenvolvida no Madiran, no final da década de 1980, pelo produtor de vinho Patrick Ducournau. O vinho do Madiran é produzido com a uva Tannat, notoriamente tânica, e a técnica tinha o objetivo de suavizar o tanino introduzindo uma dose controlada de oxigênio durante a fermentação e/ou durante o processo de envelhecimento nos barris. Parece não haver dúvida de que essa técnica funcione, e que seu uso pode amenizar enormemente os taninos ásperos e sabores imaturos. A micro-oxigenação se tornou uma arma útil no arsenal dos vinicultores industriais.

No entanto, também é muito usada em algumas das melhores propriedades em Bordeaux e em outras regiões. A ideia de dosar o vinho durante a maturação no barril é diminuir a necessidade de decantação, que, segundo os proponentes da micro-oxigenação, é um método mais brutal e menos controlável de acrescentar oxigênio ao vinho. Isso pode ser verdade, mas o que ainda não se sabe é o efeito geral da técnica no potencial de envelhecimento de vinhos que são destinados a ser guardados por anos ou décadas antes de ser consumidos.

Vinho tinto: prensa

Na época em que a fermentação é concluída, ou está perto de ser concluída, a maior parte (até 85%) do vinho tinto é separada da matéria sólida e gotejará livremente pelo tonel. Esse vinho de gota, ou vin de goutte, é extraído do tonel por um sifão e transferido aos barris ou a outro tanque. A uva remanescente é prensada. O vinho tinto é prensado nos mesmos tipos de prensa que o branco, mas, após a fermentação, a polpa e as cascas, parcialmente desintegradas, oferecem menos resistência.

Uma pressão moderada é capaz de liberar um vin de presse de muito boa qualidade, mais rico em sabores e em extratos desejáveis do que um vinho de gota. Pode precisar de tratamento, tal como a refinação, para reduzir a adstringência e remover sólidos, mas, na maioria dos casos, será uma adição positiva e produzirá um vinho melhor para ser guardado por mais tempo. Os vinhos de uma segunda prensa, mais vigorosa, quase sempre serão demasiado adstringentes, e costumam ser vendidos separadamente ou usados em um corte barato. A quantidade de vin de presse misturado ao vinho de gota varia de uma safra para outra, e é influenciada pela preferência estilística do produtor.

O valor dos barris

Os avanços da vinificação no Novo Mundo, com sua abordagem mais questionadora, chamaram a atenção para algo que há muito se sabe, e que é dado por certo: que novos barris têm um impacto profundo no sabor do vinho que armazenam – e, mais ainda, nos vinhos que são neles fermentados. Os Chardonnay da Califórnia, fermentados no mesmo carvalho francês que os brancos da Borgonha, podem apresentar uma misteriosa semelhança com o sabor destes últimos. Os barris foram inventados (provavelmente pelos gauleses) por necessidade, sendo os contêineres mais duráveis e transportáveis, substituindo a ânfora e o couro de cabra em regiões que podiam fornecê-los. Foram aperfeiçoados ao longo de séculos de experiência, até adquirir seus tamanhos e formatos padrão. Os barris de 200 litros de Bordeaux, Borgonha e Rioja são os maiores que um homem pode rolar ou dois homens podem carregar facilmente – mas também apresentam a maior superfície de madeira em contato com o vinho.

As vantagens desse contato residem, em parte, na própria transferência lenta de oxigênio através das tábuas do barril, e, em parte, nos taninos e em outras substâncias que o vinho dissolve da própria madeira. Destas, a mais facilmente identificada (pelo paladar e pelo olfato) é a baunilha. O tanino do carvalho é útil no aumento e na leve variação dos taninos presentes naturalmente no vinho como conservantes. Outros cheiros e sabores são mais difíceis de definir, mas podem ser muito bem expressados como o "cheiro de uma casa de carpinteiro". Que vinhos se beneficiam dessa adição de sabores externos? Somente aqueles com caráter forte e constituição robusta. Seria desastroso para um frágil Mosela ou um Beaujolais Nouveau. Quanto mais maduro o vinho e maior o tempo que leva para amadurecer, mais carvalho pode levar.

Novos barris são extremamente caros e aumentam de forma significativa o custo final, e o preço de um vinho. O grande impacto de seu sabor de carvalho diminui rapidamente após os primeiros dois ou três anos de uso, mas há um comércio vigoroso de barris de segunda mão, em particular aqueles que continham grandes vinhos. Os barris também podem ser renovados a pleno vigor raspando-se o interior banhado de vinho até chegar à madeira nova. Um modo barato e eficaz de adicionar sabor de carvalho ao vinho é usar aparas de madeira. Essa prática é estritamente proibida na França – e, de fato, considerada chocante –, mas é muito aceita no Novo Mundo para vinhos mais baratos, e parece só uma questão de tempo até que a pressão comercial leve à sua adoção na França também. As aparas variam em tamanho, de grânulos de serragem a pauzinhos, e devem ser devidamente secados para evitar sabores ásperos. Os vinicultores devem calcular de quanto eles precisam, de acordo com o volume do vinho e do grau desejado de gosto amadeirado, e as aparas são adicionadas

Os barris de carvalho – como estes, na Itália – estão de volta.

ao vinho em uma bolsa de musselina. Devidamente usados, eles são muito eficazes para agregar sabor tanto a um Chardonnay quanto ao vinho tinto, para aqueles que gostam do sabor externo do carvalho (não é o meu caso). O uso de lascas de madeira tostadas no tanque de fermentação é um método melhor, embora ainda questionável.

Um papel muito distinto é exercido pelos barris de carvalho permanentes (*foudres* ou *demi-muids*, em francês; *Fuders* ou *Stücks*, em alemão), que são comuns no sul da França, na Alsácia, na Alemanha, na Itália, na Espanha e na Europa Oriental. Seu sabor amadeirado é minimizado ou neutralizado pela constante impregnação com vinho, e muitas vezes por uma espessa camada de cristais de tartarato. Seu valor parece estar em oferecer um ambiente ideal, com oxidação muito gradativa, para maturação e lenta estabilização do vinho. Antes de surgir o engarrafamento esterilizado, um tonel de carvalho era simplesmente o lugar mais seguro para um produtor armazenar o vinho, às vezes durante anos, recarregado com vinho fresco, se necessário.

A tanoaria tornou-se uma espécie de fetiche. Os vinicultores frequentemente comparam o mesmo vinho envelhecido em carvalho de diferentes florestas francesas, e até mesmo da mesma floresta, mas de diferentes produtores de barril. Os nomes Demptos e Nagalhé, de Bordeaux, Taransaud e Séguin-Moreau, de Cognac, e François Frères e os Tonnelleries de Bourgogne, da Borgonha, são tão familiares no vale do Napa quanto na França. (Setenta por cento dos barris franceses são exportados.) A opinião atual parece ser a de que os carvalhos de fibra mais fechada das florestas do Maciço Central, de Tronçais, Allier e Nevers, e também dos Vosges, fornecem os sabores mais refinados tanto para vinhos tintos quanto brancos. Barris de Bourbon, não tostados, de carvalho branco norte-americano, também são usados. Eles fornecem menos sabor e tanino, mas a proporção de tanino e sabor é mais alta – o que é bom para o Cabernet e o Zinfandel, mas nem tanto para os vinhos brancos. O carvalho norte-americano é significativamente mais barato que o francês, o que tem encorajado alguns tanoeiros franceses a instalar tanoarias na Califórnia, onde usam os métodos franceses para tratar o carvalho norte-americano, com algum sucesso.

Também se usa carvalho do Báltico, dos Bálcãs e de outras regiões, e muito tem se escrito sobre seus méritos relativos. Uma vez que não há nenhuma diferença visual, e uma tanoaria contém carvalho de muitas fontes, pode-se muito bem ser cético acerca de tais distinções. Outros fatores, tais como a espessura dos paus, e se eles foram rachados ou serrados, secos ao ar ou ao forno, vaporizados ou "tostados" em diferentes graus, e até mesmo se o barril é lavado em água quente ou fria, tudo isso pode suscitar discussões entre os entendidos. Em consequência, algumas pessoas colocam mais ênfase no tipo de carvalho, ao passo que outras se apegam mais à importância do tanoeiro.

Vinho branco: maceração carbônica

A técnica de fermentar uvas não esmagadas, conhecida como *macération carbonique*, tem sido desenvolvida na França desde 1935 pelo professor Michel Flanzy e outros. O método é descrito nas pp. 134-135. Começou a causar um impacto real no início dos anos 1970, ao melhorar drasticamente a qualidade dos melhores vinhos do Midi, sobretudo de variedades de uvas intrinsecamente duras, como a Carignan. Hoje, está bem estabelecido na França como a melhor maneira de produzir tintos frutados, flexíveis e de coloração

intensa para ser consumidos jovens; mas sua aceitação tem sido surpreendentemente lenta em outros países. A baixa acidez tende a fazer que tais vinhos tenham vida curta, o que é inapropriado para os cultivos de qualidade superior. Mas certa proporção pode ser um elemento valioso em um corte com um elemento tinto particularmente tânico e/ou ácido.

Decantação

Uma vez que os resíduos de levedura, ou sedimentos, em um barril ou tonel tenham descido para o fundo, o vinho é decantado, de forma bastante simples, derramando-se o líquido limpo por uma torneira instalada acima do nível dos sólidos. Em vinhos que são mantidos em barris por certo período, a decantação é repetida a intervalos de alguns meses, conforme mais sólidos são precipitados. As adegas mais tradicionais da Rioja às vezes decantam um vinho várias vezes, por anos a fio. Se os produtores considerarem que o vinho precisa de mais oxigênio, a decantação é feita usando uma bacia aberta; se não, é feita por uma mangueira que liga um barril diretamente a outro.

Vinho tinto: fermentação malolática

Os viticultores sempre estiveram cientes de outra atividade acontecendo em seus barris de vinho novo na primavera após a colheita. O folclore a atribui a uma empatia natural entre o vinho e a vitalidade crescente nos vinhedos. Parecia ser uma fermentação adicional, mas acontecia no vinho que não tinha mais açúcar para fermentar.

É uma forma de fermentação realizada por bactérias, e não por leveduras, que estão se alimentando de ácido málico ("da maçã") no vinho e convertendo-o em lático ("do leite"), liberando bolhas de CO_2 no processo. Tem diversos resultados: diminui a acidez e o sabor azedo (o ácido lático é mais suave ao paladar do que o málico); aumenta a estabilidade; e confere mais maciez e complexidade ao sabor do vinho. Para quase todos os vinhos tintos, portanto, esse processo é extremamente desejável, e os vinicultores tomam medidas para garantir que aconteça. Na maioria dos casos, um leve aumento da temperatura na adega, para cerca de 20 °C, é suficiente. Às vezes, é necessário importar as bactérias apropriadas, e hoje é possível induzir a fermentação malolática artificialmente. Também é possível induzir que a fermentação malolática aconteça ao mesmo tempo que a primeira fermentação (alcoólica).

Misturas: mais complexidade aos vinhos

Os Champagne, os Bordeaux tintos e brancos, os tintos do sul do Rhône, os Chianti, os Rioja, e os vinhos do Porto são todos exemplos e vinhos feitos, na maioria das vezes, de uma mistura de uvas. Os Borgonha, os Barolo, os Jerez, os vinhos da Alemanha e da Alsácia são exemplos de vinhos varietais. No início, a consciência norte-americana acerca das variedades de uvas coroou a ideia simplista de que "100% é melhor". Mas as pesquisas recentes demonstraram que, mesmo entre vinhos de menor qualidade, a mistura de dois vinhos costuma ser melhor que o mais inferior deles, e geralmente melhor que ambos. Isso serve para provar que a complexidade é, em si mesma, uma qualidade desejável no vinho; que uma variedade pode temperar a outra, como manteiga e sal fazem com ovos.

Há uma tendência geral nas regiões admiradoras de Bordeaux, tais como a Califórnia e a Toscana, a adotar a mistura de Merlot e de outras variedades como o Cabernet, para produzir vinhos ao estilo clarete. Por outro lado, nenhuma uva se mostrou capaz de melhorar a Pinot Noir, a Chardonnay ou a Riesling. A maior complexidade nesses sabores já deliciosos vem com a ajuda do envelhecimento em barril; no Riesling, com a podridão nobre, ou simplesmente com anos na garrafa.

Refinação

A antiga técnica de acrescentar claras de ovo batidas, gelatina, cola de peixe, sangue ou outros coagulantes ao vinho continua sendo muito usada, tanto no mosto quanto no vinho acabado, apesar dos sistemas de filtração modernos. Seu objetivo é eliminar do líquido os sólidos suspensos mais finos (que são leves demais para afundar) e reduzir o tanino em excesso. O agente de refinação, colocado na superfície, desce lentamente como uma película superfina, carregando quaisquer sólidos para o fundo. Certos refinadores, tais como a bentonita (ver Vinho branco: após a fermentação, pp. 27-28), são específicos para certos constituintes indesejáveis. A refinação "azul" (ferrocianeto de potássio) remove o excesso de ferro do vinho.

Filtração

As empresas alemãs e italianas vêm desenvolvendo, com entusiasmo, filtros cada vez mais finos, capazes de remover quase tudo dos vinhos, até mesmo o sabor, se não forem usados com critério. A maioria dos filtradores consiste de uma série de filtros alternados com chapas, através dos quais o vinho é forçado sob pressão. O grau de filtração depende do tamanho dos poros dos filtros. A 0,65 mícron, eles removem levedura; a 0,45, também bactérias. Para evitar precisar trocá-los frequentemente, o vinho é quase sempre clarificado por outros meios, como a refinação, antes de ser filtrado.

Robert Parker e outros críticos de vinho se opuseram duramente à filtração rotineira. Eles têm razão, na medida em que se o vinho, sobretudo o tinto, for clarificado após um prolongado envelhecimento em barril, a filtração dificilmente se faz necessária e pode apenas diminuir a qualidade da bebida. No entanto, "não filtrado" tornou-se um mantra, e alguns vinhos que precisariam passar por algum filtro, tais como os brancos em que os resíduos de levedura continuam em suspensão, são engarrafados sem intervenção. O resultado é um branco turvo que é biologicamente instável – e isso não traz nenhum benefício ao consumidor. Filtrar ou não filtrar deve ser uma decisão pragmática, e não dogmática.

Pasteurização

Louis Pasteur, o grande químico francês do fim do século XIX, que descobriu a relação entre o oxigênio e o vinho – e, portanto, a origem do vinagre –, deu seu nome ao processo de esterilização por aquecimento para matar os organismos nocivos. No vinho, isso significa qualquer levedura ou bactéria que possa desencadear nova fermentação. Uma temperatura de 60 ºC por cerca de trinta minutos é necessária, mas uma alternativa preferida hoje (apenas para vinhos produzidos em grandes quantidades) é a pasteurização acelerada a uma temperatura muito mais alta – 85 ºC – por até 1 minuto. Normalmente, a pasteurização só é usada em vinhos baratos que não são destinados a uma nova maturação, embora haja indícios de que ela não a inibe de forma permanente. Hoje, a filtração e o manuseio esterilizado estão gradualmente eliminando a pasteurização das vinícolas modernas.

Envelhecimento

Há duas maneiras distintas e separadas pelas quais o vinho pode envelhecer: o envelhecimento oxidativo, em contato com o oxigênio, e o envelhecimento redutivo, quando o fornecimento de oxigênio é interrompido. O envelhecimento em barril é oxidativo; encoraja numerosas reações complexas entre ácidos, açúcares, taninos, pigmentos, e os vários constituintes polissilábicos do vinho. O envelhecimento em garrafa é redutivo. Uma vez que o vinho é engarrafado, o único oxigênio disponível é a quantidade limitada dissolvida no líquido ou presa entre o líquido e a rolha. Em vinhos com alto teor de CO_2 (por exemplo, Champagne) sequer há muito oxigênio. As formas de vida dependentes de oxigênio têm, portanto, uma taxa metabólica de atividade muito limitada. "Redutivo" significa que o oxigênio é reduzido – até chegar a zero. Nessas condições, as diferentes reações complexas entre os mesmos constituintes ocorrem a uma taxa muito mais lenta.

Na maioria dos vinhos, a qualidade e a complexidade final só são alcançadas por uma combinação dessas duas formas de envelhecimento, embora as proporções de cada uma delas variem enormemente. Muitos vinhos brancos são engarrafados muito jovens, mas melhoram muitíssimo na garrafa. O Champagne e o Porto Vintage amadurecem quase por completo na garrafa. Os vinhos tintos finos podem passar até três anos em barril, e então talvez outros dois ou três em garrafa. O Porto Tawny e o Jerez são totalmente maturados em barril, e, em geral, não se destinam a envelhecimento complementar em garrafa.

Fechamento

O método tradicional de fechar uma garrafa sempre foi com rolha de cortiça. O fechamento que ela proporciona é quase perfeito, permitindo que os vinhos amadureçam em garrafa por anos ou mesmo décadas, se desejado. Infelizmente, muitas rolhas de cortiça de fato são contaminadas por uma substância conhecida como TCA (tricloroanisol), que pode tornar o vinho totalmente impróprio para beber ou, na melhor das hipóteses, anular seus aromas e sabores. Se a TCA se deve à negligência ou se é obra do acaso é algo que dá origem a discussões acaloradas, e não pode ser decidido aqui.

No entanto, a alta incidência de TCA levou à experimentação com fechos alternativos, tais como tampas coroa, rolhas de plástico e tampas de rosquear. Estas últimas têm sido adotadas com entusiasmo pelos produtores australianos de Riesling e pelos produtores da maioria dos vinhos na Nova Zelândia. A degustação comparativa do mesmo vinho engarrafado com vários fechos parece confirmar que a tampa de rosquear (também conhecida como tampa Stelvin) funciona melhor. O que não se sabe é como tais fechos afetarão o desenvolvimento de excelentes vinhos tintos a longo prazo, tais como os de Borgonha e os de Bordeaux.

Engarrafamento

A questão de onde, e por quem, o vinho deve ser engarrafado sempre foi muito controversa, mas desde que as unidades móveis de engarrafamento foram instaladas na França nos anos 1960, tornou-se a regra, e não a exceção, que os vinicultores – até mesmo os que produzem em pequena escala – engarrafem seus próprios vinhos. A unidade móvel de engarrafamento é simplesmente um caminhão equipado como uma planta moderna de engarrafamento semiautomático. Sua chegada significou que as palavras evocativas *mis en bouteille au château* ou *au domaine*, que, em toda parte (sobretudo na

América do Norte), se supõe que sejam uma garantia de autenticidade e até mesmo de qualidade, poderiam ser usadas por todas as pequenas propriedades que costumavam confiar em comerciantes para engarrafar seus vinhos. A mudança incomodou mesmo assim: os nomes de alguns comerciantes eram garantia de vinhos bem escolhidos e manuseados; os de outros, não.

As modernas linhas de engarrafamento automático podem se assemelhar a uma mescla de sala de cirurgia e ônibus espacial, com portas fechadas a vácuo para completa esterilização antisséptica. O vinho normalmente é "borrifado", ou lavado com CO_2 ou um gás inerte tal como nitrogênio para remover todo o oxigênio. A garrafa é primeiramente enchida com nitrogênio, e o vinho é derramado dentro dela por um longo bocal até o fundo, empurrando o gás para fora conforme o nível sobe. O custo (tanto para o bolso quanto para o meio ambiente) de transportar tanto vidro entre continentes pode muito bem levar, futuramente, à exportação em grandes contêineres e ao engarrafamento para o mercado consumidor, ao menos para vinhos de consumo diário.

Muitos vinhos leves, brancos, rosés e, ocasionalmente, tintos, beneficiam-se muitíssimo de ser engarrafados com um pequeno nível de CO_2 dissolvido neles – apenas o suficiente para que algumas bolhas mínimas apareçam na borda ou no fundo do vidro. Em muitos vinhos, essa é uma ocorrência natural. Em outros, é um modo fácil e eficaz de dar um leve toque de acidez refrescante aos vinhos que, do contrário, seriam insípidos, suaves e/ou neutros.

Cooperativas

Discutivelmente, o avanço mais importante para a maioria dos vinicultores da Europa tem sido a ascensão do movimento das cooperativas. Ao reunir recursos, qualificando-se para generosas concessões e empréstimos do governo, os camponeses do passado são hoje, em sua maioria, viticultores que entregam toda a sua colheita a uma vinícola central bem equipada. Quase todas estão atualizadas com tonéis, prensas e linhas de engarrafamento muito melhores do que a região teria se não fosse assim, além de contar com um enólogo qualificado.

Algumas são líderes absolutas em sua região; ninguém mais pode bancar tais investimentos. É difícil questionar a qualidade dos vinhos das cooperativas em Chablis, Saint-Émilion e em muitos vilarejos do Alto Ádige. Quase todas usam prêmios para encorajar os agricultores a produzir uvas mais maduras, saudáveis e limpas, e cobram multa quando a colheita inclui uvas podres, folhas e terra.

No entanto, as cooperativas são administradas para, e às vezes por, seus membros, que podem ser teimosamente conservadores em sua recusa a adaptar seus vinhedos aos requerimentos do mercado. Na ausência de uma gestão firme, algumas cooperativas, sobretudo em regiões como o Languedoc, ainda permitem que seus membros fabriquem quantidades invendáveis de vinho, provenientes de colheitas excessivamente produtivas e, portanto, de qualidade inferior.

"Vinicultores voadores"

A tendência para o que hoje chamamos de "*flying winemakers*" (literalmente, vinicultores voadores) começou com as cooperativas do sul da França e da Itália, que se beneficiaram enormemente da tecnologia e do *know-how* do Novo Mundo, sobretudo com relação à higiene e ao controle de temperatura. O conceito (e o termo) foram inventados pelo britânico Tony Laithwaite, pioneiro comerciante de vinhos.

Muitos dos jovens graduados na Austrália começam sua experiência de fabricação de vinho registrando tantas safras quanto possível em ambos os lados do mundo. A Europa Central e Oriental, em particular, beneficiaram-se com sua contribuição. Muitas vezes, os graduados são empregados por vinicultores voadores estabelecidos (entre eles, Kym Milne e Jacques Lurton) para produzir um vinho específico para um consumidor específico, quase sempre para um supermercado britânico. Há preocupação de que alguns vinicultores voadores simplesmente imponham uma fórmula – e, portanto, padronizem os vinhos –, mas esse risco tem sido alardeado com certo exagero. Os vinhos refletem a qualidade e o caráter das uvas com as quais são produzidos, por mais perfeita que seja a tecnologia.

Análise química

Quem quer que tenha cunhado o termo "uma sinfonia química" descreveu o vinho com perfeição. (Também há, é claro, quartetos de cordas.) Um bom vinho obtém seu sabor infinitamente intrigante da combinação de incontáveis substâncias orgânicas e inorgânicas, em quantidades tão pequenas que foram, até aqui, impossíveis de identificar. Mas esse já não é o caso. Um cromatógrafo gasoso é capaz de identificar e medir até 250 substâncias distintas no vinho, até agora. Esse instrumento – e outros similares – é capaz de elaborar um perfil químico gráfico. Os pesquisadores da Universidade da Califórnia estão jogando o fascinante jogo eletrônico de tentar casar a percepção sensorial (por exemplo, olfato e paladar) de equipes de degustadores com os desenhos do cromatógrafo para descobrir que substância é responsável por cada gosto – e tudo indica que a ideia é que, quando descobrirmos isso, vinhedos e uvas se tornarão obsoletos.

Em um nível mais monótono, é normal fazer verificações simples, em laboratório, de cerca de vinte componentes, que vão de álcool e ácido a açúcar e enxofre, antes de dar a qualquer vinho um atestado de saúde. Os avanços técnicos permitiram que as vinícolas investissem em instrumentos cada vez mais eficazes para analisar os vinhos e garantir, em teoria, que nada estragado ou de origem duvidosa seja engarrafado.

A audiência crítica

Um catálogo das influências e dos avanços no vinho moderno seria unilateral sem uma menção do consumidor. Ao menos tão impressionante quanto as mudanças tecnológicas dos últimos 25 anos tem sido o interesse exponencial por vinho. Essa bola de neve começou na Grã-Bretanha, mas se espalhou rapidamente por todo o mundo. Países tão diversos quanto Canadá, Suécia e Coreia têm uma variedade de revistas sobre vinhos, acesso a degustações e jantares com enólogos e empresas de enoturismo que levam os consumidores às fontes. O espírito de rivalidade e a confrontação amigável entre produtor e consumidor podem ser o impulso mais importante de todos. Os beneficiários somos todos nós.

Estilos de vinho

Vinho é, simplesmente, suco de uva fermentado. Os estágios básicos da produção de vinhos brancos e tintos já foram explicados; as variações sobre o mesmo tema são explicadas aqui.

Vinhos brancos secos

Vinhos secos comuns, sem nenhuma característica especial, plenamente fermentados e não destinados a envelhecimento. Normalmente são feitos com uvas não aromáticas, sobretudo na Itália, no sul da França, na Espanha e na Califórnia. Ótimos exemplos são a Muscadet, a Torrontés da Argentina, e a Soave. A fabricação do vinho é padrão, com ênfase crescente no frescor ao se excluir o oxigênio e realizar a fermentação a frio. Vinhos frescos, frutados, secos a meio doces, para ser consumidos jovens, são feitos de variedades aromáticas: Riesling, Sauvignon Blanc, Gewürztraminer e Muscat Blanc, por exemplo. Dá-se extrema importância a colher as uvas no momento exato, limpar o suco, fermentar a frio e engarrafar cedo. Os brancos secos, mas encorpados e sedosos, normalmente são feitos com certo contato com a casca, fermentados a temperaturas mais altas, às vezes em barris, engarrafados após um mínimo de nove meses e destinados a mais tempo de envelhecimento.

O Chardonnay da Borgonha é o clássico que o Novo Mundo aspira imitar. O Sauvignon Blanc e o Chenin Blanc são ocasionalmente tratados dessa maneira. Alguns vinhos desafiam as categorias: o Albariño envelhecido *sur lie*, por muitos anos, em tanques; os embriagantes varietais brancos do Rhône, vinificados de várias formas; o Greco di Tufo, da Itália – não amadeirado, mas duradouro – e o Sémillon do vale do Hunter.

Vinhos brancos doces

Frescos, frutados, leves em álcool, meio doces a doces. Às vezes são fabricados fermentando-os até ficar secos e misturando-os novamente com suco não fermentado. O mesmo estilo, mas elaborado interrompendo-se a fermentação enquanto ainda resta algum açúcar; normalmente tem teor alcoólico mais alto que um mais avinhado, com um sabor menos óbvio de uva. A maioria dos vinhos meio doces franceses, espanhóis, italianos e muitos do Novo Mundo se encontram nessa categoria. Os vinhos botríticos (com podridão nobre) têm equilíbrio de baixo teor alcoólico com alta concentração de açúcar (estilo alemão) ou de alto teor alcoólico com alta concentração de açúcar (estilo Sauternes). O Tokaji Aszú, da Hungria, fica no meio, equilibrando muito açúcar com álcool moderado e alto nível de acidez. Vinhos muito doces são feitos de uvas extremamente maduras ou parcialmente passas, em que os açúcares são concentrados secando-se as uvas após a colheita. O vin de paille francês, o vin santo e o Passito italianos, e muitos vinhos Moscatel são exemplos clássicos.

Vinhos rosés

O rosé claro é feito de uvas tintas prensadas imediatamente para extrair o suco com pouca cor, às vezes chamados de *vin gris* ("vinho cinza") ou *blanc de noirs*, no caso de espumantes. O rosé com mais cor é feito de uvas tintas esmagadas e *saigné* (sangradas), de modo que o suco é retirado da casca após breve maceração ou *vatting* ao estilo do vinho tinto, e então prensado e fermentado como um vinho branco. Esse é o método usado para o Tavel Rosé, o Anjou Rosé, o italiano Chiaretto, e o vin d'une nuit. O Champagne Rosé é feito de duas maneiras. Na primeira, o processo de maceração ocorre quando as cascas de uvas tintas são deixadas em contato com o suco durante a fermentação inicial, produzindo um vinho delicado e rosa-claro; em seguida, o vinho passa por uma segunda fermentação na garrafa, para produzir as borbulhas. O segundo método é misturar vinhos ainda tintos e ainda brancos após a fermentação inicial.

Vinhos tintos

Vinhos leves e frutados feitos com um mínimo de tanino por um breve período de maceração. Devem ser consumidos cedo, já que o extrato, os pigmentos e os taninos necessários para a maturação estão ausentes. Vinhos de coloração mais intensa, mais elaborados, macios e saborosos (mas ainda com poucos taninos) são produzidos por maceração carbônica, ou fermentação no interior das uvas, antes da prensa. Aquecer o mosto é outro método, embora cada vez mais desacreditado, de conferir textura mais suave e coloração mais intensa. Os tintos bem encorpados que se tornam melhores com o envelhecimento (conhecidos como vins de garde, vinhos de guarda) são obtidos promovendo-se um longo contato das cascas com o suco para extrair pigmentos, taninos, fenóis, etc. Todos os grandes vinhos tintos são feitos dessa maneira.

Vinhos fortificados

Vin doux naturel é, naturalmente, um vinho muito doce, e sua fermentação é interrompida (*muté*) adicionando-se bebidas alcoólicas, deixando nível residual de açúcar e alto teor alcoólico (15-16%). O vinho do Porto segue o procedimento do vin doux naturel, mas a fermentação é interrompida mais cedo, aos 4-6%, por uma dose maior de aguardente: um quinto do volume. O teor alcoólico final também é mais alto, 19-20 graus. O Jerez é naturalmente um vinho forte, plenamente fermentado até que não reste nenhum açúcar. Então, acrescenta-se pequena quantidade de aguardente para estabilizá-lo enquanto amadurece em contato com o ar. O Madeira é um vinho branco que naturalmente tem alta acidez. Estilos mais doces têm sua fermentação interrompida com a adição de álcool, antes de parar por conta própria. Em seguida, são aquecidos antes de ser envelhecidos em barris ou em grandes jarros de vidro.

Vinhos espumantes

Vinhos brancos (ou às vezes tintos) submetidos a uma segunda fermentação por meio da adição de levedura e de açúcar. O gás da segunda fermentação dissolve no vinho sob pressão. No clássico método do Champagne, a segunda fermentação acontece na garrafa em que o vinho é vendido, envolvendo um processamento complicado e laborioso, que inevitavelmente o torna caro. O *méthode champenoise* (ou *méthode traditionnelle*, método clássico, como devemos chamá-lo hoje, já que os habitantes de Champagne apropriadamente reivindicaram o termo como pertencente à sua região) não é suscetível a muitos "atalhos" ou dispositivos que economizem trabalho, embora se tenham desenvolvido máquinas para a maior parte do trabalho manual extenuante implicado no processo.

O mais notável é um "revolvedor" automático para assumir a tarefa incessante de agitar e girar cada garrafa regularmente. A sólida estrutura, que vibra e gira automaticamente a intervalos, é conhecida na França como *gyropalette*; nos Estados Unidos, simplesmente como VLM – Very Large Machine. Os vinhos de outros lugares, por mais que sejam bons, só podem ser descritos como elaborados pelo método clássico ou, em francês, *méthode traditionnelle*. Entre os métodos mais baratos, nenhum dos quais alcança o mesmo grau de gás dissolvido que o método clássico, estão:

Método de transferência. O vinho é transferido a outra garrafa sob pressão, através de um filtro.

Método Charmat. A segunda fermentação acontece no tanque quando então o vinho é filtrado sob pressão e engarrafado.

Método de gaseificação. CO_2 é bombeado no vinho não espumante (mas as bolhas são pouco duradouras).

França

É difícil encontrar alguém que negue a primazia da França como o país que determina os padrões internacionais de avaliação da qualidade de vinhos. O vinho fino, tal como é entendido hoje, foi simplesmente uma invenção francesa, um produto do mesmo talento nacional que produziu a variada, inventiva e (em sua melhor forma) sublime culinária francesa. Os únicos vinhos não franceses aceitos como modelos universais são o Riesling alemão, o Jerez espanhol e o vinho do Porto português.

Isso não invalida outros originais, como o Chianti, o Barolo ou o Rioja; mas eles permaneceram estilos vernáculos muito tempo depois que os Bordeaux, Borgonha e Champagne e certos vinhos do Loire, do Rhône e da Alsácia se tornaram alvos almejados por vinicultores de toda parte – no primeiro caso, plantando suas variedades de uva. Uma espécie de seleção natural deu à França a inspiração do que o vinho pode ser. Seus primeiros vinhedos foram plantados na região do Midi – o sul mediterrâneo do país – no século VI ou VII a.C. Os romanos estabeleceram aquelas que são hoje as áreas de maior qualidade – Borgonha, Bordeaux, Champagne, os vales do Rhône e do Loire, e Alsácia. Essas regiões foram eleitas por suas encostas aparentemente promissoras, próximas a centros populacionais com certa infraestrutura de transporte – em condições ideais, por via aquática, mas, na falta desta, pelas principais rotas comerciais. No início, eles provavelmente experimentaram videiras italianas e gregas, mas o processo de tentativa e erro resultou em melhores candidatas locais, nativas das florestas da Gália, da Espanha, da Renânia e dos Alpes. Pode-se dizer que as videiras de hoje são descendentes daquelas. Os solos, o clima e as condições naturais das adegas na França não mudaram. Podemos especular, então, que, considerando diferentes técnicas e paladares, os vinhos franceses têm honrado sua identidade há quase 2 mil anos. Após conquistar identidade e prestígio, há o problema inevitável de manter os padrões, sem falar em evitar fraudes. Para todo indivíduo que sabe qual deve ser o sabor de determinado vinho, há uma centena que está disposta a pagar por algo que será incapaz de identificar.

O problema é antigo. Muitas leis foram estipuladas para regulamentar o vinho – quanto, quando, onde, por quem, de quais uvas, e com que nome. No início do século XX, o problema era grave. A filoxera havia deixado a Europa com um sério déficit na produção de vinhos, e eram abundantes as fraudes de todo tipo. A necessidade de um sistema nacional de controle se fazia patente, e, em 1932, fundou-se o Institut National des Appellations d'Origine (INAO) para regulamentar a qualidade de toda a indústria do vinho. As primeiras AOCs foram criadas em 1936. Este se tornou o modelo para os sistemas regulamentares de outros países, como o DOC italiano e o DO espanhol.

O vinho francês é classificado em três categorias, determinadas pelo Office National Interprofessionnel des Vins de Table. Esse tipo de distinção faz parte de todo o sistema vinícola da Europa. Nos termos da União Europeia (UE), todo vinho é um Vin de Qualité Produit dans Une Région Determinée (VQPRD) ou um vin de table – por sinal, uma nomenclatura esquisita, pois quase todos os vinhos são feitos para ser tomados à mesa, de modo que um primoroso Château Lafite é um vinho de mesa. O próprio sistema francês se tornou mais elaborado. Com a exceção do *vin de consommation courante*, em que o preço é proporcional ao teor alcoólico, as três categorias para todos os vinhos da França são as descritas a seguir.

Appellation (d'Origine) Contrôlée (AC ou AOC)

É um controle mais ou menos estrito da origem, das variedades de uva e dos métodos utilizados, do teor alcoólico e da quantidade produzida. A maioria dos vinhos AOC é limitada a uma produção básica na região que varia aproximadamente de 2,5 mil litros a 5 mil litros por hectare, mas um complexo sistema de reavaliações anuais normalmente admite mais, às vezes consideravelmente mais. A natureza do controle de denominação de origem varia entre os 457 AOCs existentes. Em Bordeaux, a denominação de origem mais restrita e específica é um vilarejo inteiro, em que cada uma das propriedades individuais (os châteaux) tem liberdade de plantar onde e o que (de acordo com a tradição regional) desejar. Nos melhores locais de Borgonha, ao contrário, cada vinhedo tem sua própria denominação de origem. Em Champagne, a denominação de origem abarca toda a região e seu método de trabalho. Cada região tem sua própria lógica. O número de AOCs está constantemente se expandindo, conforme as regiões se subdividem e os produtores locais solicitam sua própria AOC, e às vezes conseguem. O sistema de AOC não foi instituído para oferecer um controle de qualidade; ele só garante a procedência e a autenticidade. Hoje, o controle de qualidade por meio de degustação obrigatória foi introduzido, ao menos em teoria. Na prática, 97% dos vinhos submetidos à degustação são aprovados: as relações entre os produtores e os inspetores são próximas demais para que o sistema funcione. Este é um problema do qual o INAO está ciente, mas tem sido lento para solucionar. A consequência é que todo o sistema de AOC é colocado em dúvida. Embora o sistema garanta a procedência e não mais que um nível elementar de qualidade, os consumidores – de modo compreensível, mas equivocado – assumem que um nome AOC no rótulo de fato implica um nível decente de qualidade, e muitas vezes se decepcionam.

Vins Délimités de Qualité Supérieure (VDQS)

A segunda classificação de denominações de origem foi instituída em 1945 para regiões com valiosa identidade e tradição que produzem vinhos "marginais". Possui sistemas de controle semelhantes, e, na prática, tornou-se uma espécie de campo de treinamento para os verdadeiros AOCs. Essa classificação se tornou de menor importância, e, em 2005, menos de 1% da produção francesa de vinhos era VDQS. As reformas na União Europeia levarão ao desaparecimento da categoria após 2011.

Vins de Pays

Vin de Pays é hoje, na realidade, a segunda categoria em uso depois da AOC. A noção de vin de pays foi consolidada em 1979, organizada, como as AOCs, em vários níveis, e o regional é o mais abrangente e o departamental é o mais preciso, normalmente com os padrões mais elevados. Há seis vins de pays regionais, entre os quais os mais conhecidos são o Jardin de la France para o vale do Loire, e o d'Oc, para toda a região do Midi. Cerca de cinquenta departamentos emprestam seu nome a vins de pays de videiras cultivadas dentro de suas fronteiras e (até certo ponto) de suas tradições de vinicultura. Cem distritos definidos, com grande concentração no Midi, produzem vins de pays de zone, a maior parte deles obscuros. No entanto, os tempos estão mudando rapidamente. Sob a égide da União Europeia, é provável que todo o sistema seja radicalmente revisto. Na França, a categoria das *vignobles de France* substituirá a do vin de table. Tais vinhos serão descaradamente tecnológicos, usando videiras extremamente produtivas, concentradores, aparas de carvalho, virão adoçados com suco de uva concentrado, e quaisquer outras técnicas que o produtor desejar. Isso permitirá que os fabricantes de vinhos europeus criem marcas para competir com as marcas mais conhecidas do Novo Mundo.

A segunda categoria será a IGP (Indication Géographique Protégée) –, que pretende ser uma substituição para o vin de pays e não colocará restrições às variedades plantadas, além de permitir a mescla entre regiões. A categoria superior, substituindo a AOC, será a AOP (Appellation d'Origine Protégée). Novas organizações chamadas Organismes de Défense et de Gestion substituirão os syndicats existentes e definirão as regras para cada AOP. Mudanças similares foram feitas em toda a Europa, com cada país relatando, desde 2009, seus novos códigos de produção à União Europeia.

Bem, essa é a teoria. Muitos produtores e regiões, com pouco apetite por reforma e por mais burocracia, parecem estar ficando em silêncio enquanto esperam que a coisa toda desapareça. A Alemanha propõe manter seu próprio sistema até 2011, pelo menos; os italianos se deparam com a redução de suas 470 denominações de origem (DOC, DOCG e IGT) a meras 182. Os levantamentos feitos com as organizações regulamentares nacionais, e há dúvidas sobre se o novo sistema será implementado com a rapidez que as autoridades da União Europeia gostariam de acreditar. Se de fato ocorrer como os administradores e políticos da UE pretendem, está longe de ser evidente que o novo modelo, além de permitir técnicas de produção em massa, corrigirá as deficiências do antigo. Quaisquer que sejam as complexidades dos sistemas regulamentares, presentes ou futuros, permanece o fato de que os melhores vinhos franceses são os modelos a que outros aspiram. Não haveria Rhône Rangers na Califórnia sem Côte-Rôtie e Hermitage, Screaming Eagle sem Mouton ou Margaux, Giaconda Chardonnay sem Corton-Charlemagne, Masseto sem Pétrus. Essa supremacia, baseada em séculos de experiência, está determinada a continuar

Bordeaux

Quatro fatores fazem de Bordeaux a mais importante de todas as regiões vinícolas: sua qualidade, extensão, variedade e unidade. As últimas duas não são contraditórias, e sim complementares. São o motivo pelo qual continuamos voltando em busca de mais. Embora a gama de estilos e tipos de Bordeaux seja aparentemente inesgotável, existe uma clara identidade entre todas elas, uma qualidade nítida, apetitosa, estimulante e facilmente digerível que só os Bordeaux oferecem.

A característica dos Bordeaux vem tanto das uvas e do clima quanto do solo (que varia de cascalho a argila, passando por pedra calcária). E, é claro, vem das tradições de fabricar, manusear e desfrutar o vinho de certa maneira, um amálgama dos paladares dos franceses e de seus vizinhos do norte, os britânicos, belgas, alemães e escandinavos, que desde a Idade Média dão o tom à produção vinícola da região.

No início dos anos 2000, concordou-se que em Bordeaux se estava produzindo uma grande quantidade de vinho, em sua maioria de qualidade medíocre; os preços muito baixos, sobretudo para vinhos brancos simples, convenceram as autoridades de que os vinhedos menos valorizados deveriam ser eliminados, pagando-se indenização aos viticultores. Em consequência, a área total de videiras diminuiu, embora muito menos que o previsto, e, em 2006, havia 121.496 hectares de vinhedos (2 mil a menos que no ano anterior).

Em 2007, 32% da produção de Bordeaux foi exportada. Mas, nos melhores cultivos (Pauillac, Graves e Margaux, por exemplo), a proporção é consideravelmente maior. Mais do que nunca, Bordeaux é uma região dominada por uvas tintas, e as brancas representam apenas 11% das plantações. Bordeaux fornece quatro estilos básicos de vinho: tinto leve, para o dia a dia; tinto fino; branco seco; e branco doce, "licoroso". Não há muito a ser dito sobre o primeiro, exceto que há um grande fornecimento, variando daqueles que são saborosíssimos aos meramente passáveis ou, às vezes, insípidos e insatisfatórios. Podem ser oferecidos sob o nome de uma marca ou como a produção de um petit château.

Há um grau de coincidência entre o vinho tinto para o dia a dia e o vinho "fino", em que o primeiro supera a si mesmo e o último decepciona. Mas o tinto fino é mesmo um produto distinto – um vinho mais denso, envelhecido em carvalho e planejado para ser armazenado por alguns anos até alcançar a maturidade. É aí que a distinção entre diferentes solos e situações produz diferenças notáveis no sabor e nas qualidades retidas, o que se reflete mais ou menos no sistema de denominação de origem e de classificação em tais denominações. A quantidade total disponível nessa categoria é ainda mais impressionante para essa classe de vinho: fica em torno de uma garrafa a cada duas de vinho para o dia a dia.

Os brancos secos estão, principalmente, ao lado dos tintos leves. Mas um número crescente, sobretudo da região de Pessac-Léognan, logo ao sul da cidade de Bordeaux, chega ao nível dos brancos finos da Borgonha. A vinicultura exigente está obtendo ótimas características das uvas brancas tradicionais de Bordeaux, e a fermentação em carvalho vem lhe conferindo maior estatura. Os brancos doces são uma gota no oceano, apenas cerca de uma garrafa em cada sessenta, mas uma especialidade preciosa capaz de qualidades superlativas, e muito apreciada em Bordeaux, mesmo em nível humilde como um aperitivo. Embora a diferença de preço entre os Bordeaux requintados e os mais simples pareça ser maior a cada ano, a diferença de qualidade entre esses dois polos está certamente diminuindo. As mesmas técnicas de vinicultura e de fabricação de vinho que elevaram os padrões dos melhores vinhos de Bordeaux estão sendo empregadas atualmente a denominações de origem mais modestas. Os amantes de Bordeaux consternados com os preços sempre crescentes devem voltar sua atenção para sub-regiões promissoras como Côtes de Castillon, Fronsac, Lalande-de-Pomerol e Graves, que podem oferecer excelente qualidade a preços cada vez mais acessíveis. Toda safra de Bordeaux está sujeita a um clima extremamente instável. Mais importantes que todas as outras considerações são as condições meteorológicas marítimas imprevisíveis. Uma ótima safra, como a de 2005, confere até mesmo aos vinhos mais comuns uma rara vitalidade; mas, por outro lado, a categoria de vinhos finos pode tristemente dar lugar a uma de fato ruim, e os vinhos brancos doces podem ser completamente eliminados. Esse padrão variante de safras, no já complexo contexto de denominações de origem e propriedades, e a longa expectativa de vida dos bons vinhos, fazem da apreciação de um Bordeaux uma busca irresistivelmente fascinante.

Classificações

As denominações de origem de Bordeaux são, em si mesmas, uma espécie de classificação preliminar de seus vinhos de acordo com

---

BORDEAUX EM NÚMEROS

Durante trinta anos, de 1963 a 1993, a área total de vinhedos de *appellation contrôlée* em Bordeaux diminuiu, e recentemente começou a aumentar. Em 2007, chegou a 123.334 hectares, produzindo 5,7 milhões de hectolitros. (Este crescimento ocorreu apesar dos planos de eliminar os vinhedos situados em regiões piores, que não eram economicamente viáveis.) O vinho tinto representa 89% da produção de Bordeaux, ao passo que o vinho branco caiu drasticamente com relação ao total – de 60% nos anos 1950 a 11% em 2007. Cerca de 25% de toda a produção de vinho foi assumida por 52 cooperativas. Enquanto isso, o número de propriedades individuais diminui gradualmente. Em 1950, o total era de 60.327 e, em 1994, apenas 13.957: uma queda de 77%. Em 2007, havia diminuído para cerca de 10 mil. Com essa concentração de propriedade, aumentou a eficiência. As safras dos anos 1950 (incluindo uma geada desastrosa em 1956) produziram uma colheita média de 3 mil litros por hectare; a década de 1985 a 1994, uma média de 5,2 mil litros por hectare. Mas anos desastrosos ainda podem ocorrer, como em 1991, quando as geadas de primavera eliminaram cerca de dois terços da colheita. Em vinhedos saudáveis, os viticultores têm como meta a produção de 4 mil a 5 mil litros por hectare em locais de mais prestígio, e entre 5 mil a 6 mil litros por hectare em locais que produzem vinho de menor qualidade.

sua qualidade, com base no fato de que quanto mais estritamente elas são definidas, maior o nível geral do distrito. Isso é o mais longe que a classificação geral já chegou oficialmente. As classificações mais precisas são todas restritas a uma única área, sem referências cruzadas.

A forma mais eficaz de comparar a posição dos châteaux de diferentes áreas é pelo preço – o método usado pela primeira e mais famosa de todas as classificações, aquela feita para a região de Médoc para a Exposição de Paris de 1855.

Em 1855, o critério era o preço que cada vinho alcançava, em média, durante um longo período, de até cem anos, mas levando em consideração sua posição recente e a situação atual da propriedade. A lista continua sendo tão amplamente usada que é essencial como referência, mais de 150 anos depois.

Alguns poucos châteaux caíram no esquecimento; a maioria aproveitou sua notoriedade para expandir seus vinhedos, engolindo os vizinhos menores. É certo que a classificação original situava a maioria das melhores terras no Médoc e dava crédito aos proprietários que as cultivavam.

O que eles fizeram depois tem se mostrado menos importante do que a superioridade natural dos bancos de cascalho onde escolheram plantar.

O conceito de château

A unidade de classificação em Bordeaux não é a terra (como em Borgonha), e sim a propriedade sobre a terra, o château. É o château que é classificado como *premier cru* ou *quatrième cru*, ou ainda como *cru bourgeois*. Um proprietário pode comprar terras de um vizinho em posição superior ou inferior, incorporá-las a suas próprias terras e, conforme o caso, assumir seu *status*. Os vinhedos sobem ou descem na escala de acordo com quem os possui.

Um exemplo. O Château Gloria é uma propriedade de alta qualidade em Saint-Julien, formada desde a Segunda Guerra Mundial comprando-se pedaços de terra *crus classés* das redondezas. Quando a terra mudou de mãos, era "classificada", mas, uma vez que o comprador não possuía um château classificado, as videiras foram rebaixadas a *cru bourgeois*.

Por outro lado, muitos *crus classés* (cultivos classificados) aumentaram suas terras comprando videiras *cru bourgeois* da vizinhança. Quando os Rothschild do Château Lafite compraram o Château Duhart-Milon, adjacente, eles, em teoria, podiam produzir todos os seus vinhos como Lafite.

A justificativa para essa aparente injustiça é que um château é considerado mais uma marca do que um pedaço de terra. Sua identidade e continuidade dependem tanto das repetidas escolhas que o proprietário tem de fazer – precisamente de quando e como desempenhar cada operação, do plantio ao engarrafamento –, que cabe a ele a decisão final acerca do que consiste o vinho do château. Um sinal recente de como os proprietários levam isso a sério é a proliferação de "segundos rótulos" para lotes de vinho que não conseguem alcançar os padrões que eles próprios impõem. Apenas o Médoc, ao lado do Château Haut-Brion em Graves, era classificado em 1855.

A lista é dividida em cinco classes, mas ressalta que a ordem de cada classe não deve ser considerada importante. Desde então, foi feita apenas uma mudança oficial: a promoção, em 1973, do Château Mouton-Rothschild de *deuxième* a *cinquième cru*.

Esse é o método Médoc. O Saint-Émilion é diferente. Alguns de seus châteaux, os *grands crus classés*, incluindo os *premiers grands crus*, superiores, têm uma classificação quase permanente, revisada a cada dez anos – e revisada pela última vez em 2006. Alguns donos de propriedades rebaixadas contestaram a nova classificação nos tribunais, o que levou à sua suspensão, até que foi restabelecida alguns meses mais tarde.

Crus bourgeois e *petits* châteaux

As melhores propriedades não classificadas na região do Médoc foram agrupadas em *crus bourgeois*. Com o passar das décadas, sua classificação foi engolida e as palavras *crus bourgeois* em um rótulo deixaram de ser um guia confiável para o nível de qualidade. O mesmo é válido para os termos *cru artisan* e *cru paysan*, às vezes usados para propriedades inferiores em tamanho ou qualidade ao *crus bourgeois*.

No início dos anos 2000, todo o conceito de *crus bourgeois* estava sendo reexaminado, e uma comissão composta de vários setores do comércio de vinhos de Bordeaux tratou de determinar quais dos 419 *crus bourgeois* eram realmente merecedores desse *status*. Em 2001, o Ministério da Agricultura decretou que deveria haver três categorias: *crus bourgeois*, *crus bourgeois supérieurs* e *crus bourgeois exceptionnels*, e a pertença a cada uma delas estaria sujeita à revisão a cada dez anos.

A comissão anunciou a nova classificação em 2003. Seu corte fora severo, e apenas 240 propriedades foram aprovadas como *crus bourgeois*, das quais 86 eram *crus bourgeois supérieurs*, e um seleto grupo de nove propriedades (Chasse-Spleen, Haut-Marbuzet, Labégorce-Zédé, Ormes de Pez, Phélan Segur, Potensac, Poujeaux e Siran) foi considerado *crus bourgeois exceptionnels*. Algumas das propriedades rejeitadas reclamaram que a comissão não havia seguido os procedimentos corretos e contestaram o parecer na Justiça. Depois de muitas idas e vindas nos tribunais, realizou-se um julgamento em 2007 que derrubou toda a classificação de 2003 e, com efeito, restabeleceu a classificação de 1932.

As propriedades *crus bourgeois* formaram uma organização chamada Alliance, que tratou de estabelecer novas regras que, esperava-se, levaria a uma nova classificação em 2009. Para muitos mercados, pouco interessa se um vinho é classificado como *cru bourgeois* ou não. A maioria dos compradores do Château Potensac compra o vinho por seu excelente histórico, e não porque é, ou foi, um *cru bourgeois exceptionnel*. Mas em outros mercados, inclusive na França, essas palavras ainda têm certa importância, o que explica por que muitos proprietários estão tão ávidos por ver uma nova classificação no lugar. Para aumentar a confusão, uma série de propriedades em Côtes de Bourg e Côtes de Blaye também usaram o termo *cru*

Portões do Château Cos d'Estournel, Saint-Estèphe.

bourgeois, sobre o qual os produtores do Médoc sempre presumiram ter exclusividade. Eles levaram o assunto aos tribunais, e perderam.

Um grande número dos milhares de châteaux menores que costumavam existir são hoje aliados às *caves coopératives*, mas mais e mais são procurados por comerciantes de vinhos e têm a dignidade de ter seu próprio rótulo. Não há nenhuma objeção a listar seus nomes infinitos, embora evocativos, mas para o amante de clarete com uma mente aberta sempre vale a pena explorá-los, encontrando algumas das melhores barganhas da França. Em boas safras, degustadas após não mais que três ou quatro anos, eles podem ser deliciosos e ter preços razoáveis. O sistema continua florescendo, com ligeiras modificações. Hoje, a maioria dos châteaux engarrafa seus próprios vinhos, e tem havido um crescimento na venda direta ao consumidor, sobretudo em regiões menos prestigiadas, como Côtes de Bourg e os distritos satélite de Saint-Émilion. Entretanto, os descendentes daquelas antigas famílias – os Lawton, os Schyler e muitos outros – continuam profundamente envolvidos no comércio de vinhos de Bordeaux. Nos bons tempos, todos lucram, e paga o consumidor final.

As uvas tintas de Bordeaux

Os detalhes encontrados nas páginas seguintes de cada um dos principais châteaux de Bordeaux incluem as proporções das diferentes variedades de uvas em seus vinhedos, até onde são conhecidas. As variedades clássicas de vinho tinto de Bordeaux estão todas relacionadas, e provavelmente descendem da antiga Biturica. Antes de a filoxera destruir a maioria dos vinhedos de Bordeaux, inúmeras variedades eram cultivadas, muitas vezes em uma mistura mais ou menos aleatória, mas pouquíssimas foram escolhidas para o replantio épico que se seguiu à calamidade. Cinco variedades principais foram selecionadas para lograr uma combinação de fertilidade, resistência a doenças, sabor e adaptabilidade aos solos de Bordeaux.

A Cabernet Sauvignon é dominante na região do Médoc. É a variedade com sabor mais acentuado, e suas pequenas bagas produzem vinhos escuros e tânicos que demandam envelhecimento, mas têm sabor complexo e marcante. Floresce bem e de maneira uniforme, e uma colheita modesta amadurece relativamente tarde, apresentando maior resistência ao apodrecimento do que variedades mais suaves e de casca mais fina. Sendo de maturação tardia, precisa de um solo quente. O cascalho de Pomerol é adequado, mas sua argila, mais fria, é insatisfatória.

Sua prima próxima, a Cabernet Franc, é uma uva maior e mais suculenta. Antes da introdução da Cabernet Sauvignon no século XVIII, a Cabernet Franc era a principal variedade de Bordeaux, e ainda é muito cultivada, sobretudo em Pomerol e Saint-Émilion, onde é por vezes conhecida como Bouchet. Os vinhos Cabernet Franc têm deliciosos sabores frutados (que também são vividamente observados nos Chinon e nos Bourgueil, vinhos feitos desta uva na região do Loire), mas possuem menos tanino e complexidade. Suas desvantagens são a floração menos regular, uma casca mais fina e algumas seleções clonais insatisfatórias, ao menos na região do Médoc. Mais importante hoje é a Merlot, uma uva precoce que germina, floresce e amadurece cedo, o que a torna mais vulnerável na primavera, mas mais rapidamente pronta para a colheita, com um grau extra de álcool graças à maior concentração de açúcar. Infelizmente, na colheita, seus cachos apertados só precisam de um pouco de chuva para começar a apodrecer.

O vinho Merlot tem boa cor e seu sabor é similar ao do Cabernet Sauvignon, porém mais suave, sendo um vinho de maturação mais rápida. No Médoc, uma proporção criteriosa, mas em constante crescimento – às vezes de até 50% – é usada; mais ainda em Graves; e em Saint-Émilion e Pomerol chega a 100%. Esta é a uva que dá ao Château Pétrus textura e sabor opulentos.

Uma quarta uva tinta que continua sendo usada em pequenas quantidades no Médoc é a Petit Verdot, outra prima da Cabernet. Amadurece tarde e tem bom sabor e qualidades de envelhecimento, mas floresce irregularmente e apresenta outras oscilações. No entanto, um pouco dessa uva no vinhedo é fonte de maior complexidade e "corpo" ao vinho. Seu cultivo é muito difundido na sub-região de Margaux. E uma quinta variedade, que um dia foi importante, mas

---

O INIGUALÁVEL MERCADO DE VINHOS DE BORDEAUX

Com raras exceções, não se pode comprar uma garrafa de vinho diretamente de uma importante propriedade de Bordeaux. (Propriedades de menos prestígio podem ser diferentes.) Não há nada parecido com as salas de degustação e as mesas de piquenique tão típicas das regiões vinícolas da Califórnia e da Austrália. Isso porque, durante mais de dois séculos, os proprietários de Bordeaux não quiseram se envolver em assuntos menores como o comércio. Eles preferiam confiar a venda de seus vinhos a comerciantes especializados (*négociants*), com sede na própria cidade de Bordeaux.

O sistema se manteve mais ou menos intacto até os dias de hoje. Em muitos casos, os proprietários eram políticos, banqueiros ou homens nobres que não possuíam ou desprezavam os contatos comerciais que facilitariam a venda de grandes quantidades de vinho. As casas de comércio, quase sempre fundadas por ingleses ou irlandeses, holandeses ou alemães, tinham acesso a redes de distribuição por toda a Europa e estavam preparadas para assumir a tarefa em nome dos proprietários dos châteaux. Elas também cultivavam o vinho jovem em barris em seus próprios armazéns, e então os engarrafavam.

Hoje, séculos depois, o proprietário decide, na primavera após a safra, qual será o preço inicial para o novo vinho. Um corretor, conhecido na França como *courtier*, atua como intermediário para proprietários e comerciantes e negocia a transação. O comerciante, então, venderá sua porção a uma rede de importadores, varejistas, donos de restaurantes e assim por diante.

Na maior parte do tempo, o sistema funciona bem. Os proprietários logo ganham uma boa quantia de dinheiro e têm certa segurança de que seu vinho será amplamente distribuído; além disso, eles podem se eximir de uma equipe de vendas e das pesadas despesas que isso implica. O *courtier* embolsa sua comissão de 2% por fazer... na verdade, não muita coisa. E os comerciantes ganham tanto dinheiro quanto puderem.

O equilíbrio de poderes muda de tempos em tempos; às vezes os comerciantes têm o controle, às vezes os proprietários. A vantagem do sistema é que o comerciante normalmente se compromete a comprar vinhos de todas as safras, boas ou ruins. Se ele não cumprir com esse compromisso, poderá ser punido pelo proprietário, que poderá negar ao comerciante acesso à próxima safra realmente boa.

hoje é encontrada principalmente em Saint-Émilion e nos Côtes de Bourg, é a Malbec (também conhecida como Pressac), uma uva grande, suculenta e de maturação precoce, que tem graves problemas de floração (*coulure*; ver Glossário). É cultivada na Gironda, mais por sua produção local propícia do que por sua qualidade. Paradoxalmente, sob seu sinônimo Auxerrois (ou Côt), é a uva dos historicamente famosos "vinhos negros" de Cahors. O clima árido dos Andes argentinos é o mais adequado de todos. A longo prazo, o dono de um château projeta seu vinho pela escolha e proporção de variedades que ele planta – embora continue sendo verdade que algumas safras favoreçam uma variedade e outras favoreçam outra, independentemente do gosto do proprietário.

As uvas brancas de Bordeaux

Em Bordeaux, o clássico vinhedo de vinho branco é uma mistura de duas variedades principais, e uma ou duas secundárias, cuja proporção é tão variada quanto a das uvas tintas.

A Sauvignon Blanc e a Sémillon compõem ao menos 90% dos melhores vinhedos; a Sauvignon por seu sabor distinto e incisivo e boa acidez, a Sémillon por sua riqueza e sua suscetibilidade à podridão nobre. Assim, os vinhedos de vinho doce de Sauternes tendem a ter mais Sémillon, e muitas vezes uma pequena área de Muscadelle, de sabor mais intenso.

Infelizmente, a Sauvignon Blanc tem problemas de floração em Bordeaux, o que faz da região uma produtora irregular dessa variedade; manter uma proporção constante de suas uvas significa ter um número desproporcional de videiras. Uma variante conhecida como Sauvignon Gris também é interessante, e tem sido cultivada em algumas das propriedades mais importantes, como Pessac-Léognan e Graves. Nos últimos anos, alguns excelentes vinhos brancos secos e frescos foram produzidos inteiramente de Sémillon. Outras uvas brancas incluem Ugni Blanc, Folle Blanche e Colombard.

O comércio de vinho em Bordeaux

Desde os tempos dos romanos, quando um "*negotiator britannicus*", segundo relatos, comprou vinho na então Burdigala, o comércio ultramarino de Bordeaux tem sido um dos alicerces da vida na cidade. Na Idade Média, os principais clientes eram os ingleses. A partir do século XVII, passaram a ser os holandeses, e mais tarde os alemães, e então os ingleses novamente, e nos últimos tempos os norte-americanos. Nos anos 1980, os japoneses se somaram, seguidos, atualmente, pelos chineses e indianos. Entretanto, o norte da França e, sobretudo, a Bélgica mantêm a maior fatia, em geral pelas vendas diretas.

Por dois séculos até os anos 1960, grande parte do comércio esteve nas mãos de um grupo de *négociants*, quase todos de origem estrangeira, com seus escritórios e adegas no Quai des Chartrons, no rio logo ao norte do centro da cidade. A antiga firma ainda em atividade é a Dutch Beyermann, fundada em 1620. As famílias "Chartronnais", incluindo Cruse, Calvet, Barton & Guestier, Johnston e Eschenauer, eram nomes domésticos, e seu poder era considerável.

A maioria dessas empresas foi vendida ou teve seus nomes incorporados às novas empresas, tendo diminuída sua importância com o

---

A CLASSIFICAÇÃO DE BORDEAUX DE 1855

Premiers crus (primeiros cultivos)
Château Lafite-Rothschild, Pauillac
Château Latour, Pauillac
Château Margaux, Margaux
Château Haut-Brion, Pessac-Léognan
Château Mouton-Rothschild, Pauillac
　(elevado a *premier cru* em 1973)

Deuxièmes crus (segundos cultivos)
Château Rauzan-Ségla, Margaux
Château Rauzan-Gassies, Margaux
Château Léoville-Las-Cases, Saint-Julien
Château Léoville-Poyferré, Saint-Julien
Château Léoville-Barton, Saint-Julien
Château Durfort-Vivens, Margaux
Château Lascombes, Margaux
Château Gruaud-Larose, Saint-Julien
Château Brane-Cantenac, Cantenac-Margaux
Château Pichon-Longueville, Pauillac
Château Pichon-Lalande, Pauillac
Château Ducru-Beaucaillou, Saint-Julien
　Château
Cos d'Estournel, Saint-Estèphe
Château Montrose, Saint-Estèphe

Troisièmes crus (terceiros cultivos)
Château Giscours, Labarde-Margaux
Château Kirwan, Cantenac-Margaux
Château d'Issan, Cantenac-Margaux
Château Lagrange, Saint-Julien
Château Langoa-Barton, Saint-Julien
Château Malescot-Saint-Exupéry, Margaux
Château Cantenac-Brown, Cantenac-Margaux
Château Palmer, Cantenac-Margaux
Château La Lagune, Ludon
Château Desmirail, Margaux
Château Calon-Ségur, Saint-Estèphe
Château Ferrière, Margaux
Château Marquis d'Alesme Becker, Margaux
Château Boyd-Cantenac, Cantenac-Margaux

Quatrièmes crus (quartos cultivos)
Château Saint-Pierre, Saint-Julien
Château Branaire, Saint-Julien
Château Talbot, Saint-Julien
Château Duhart-Milon-Rothschild, Pauillac
Château Pouget, Cantenac-Margaux
Château La Tour-Carnet, Saint-Laurent
Château Lafon-Rochet, Saint-Estèphe

Château Beychevelle, Saint-Julien
Château Prieuré-Lichine, Cantenac-Margaux
Château Marquis-de-Terme, Margaux

Cinquièmes crus (quintos cultivos)
Château Pontet-Canet, Pauillac
Château Batailley, Pauillac
Château Grand-Puy-Lacoste, Pauillac
Château Grand-Puy-Ducasse, Pauillac
Château Haut-Batailley, Pauillac
Château Lynch-Bages, Pauillac
Château Lynch-Moussas, Pauillac
Château Dauzac, Labarde-Margaux
Château d'Armailhac, Pauillac (antes
　conhecido como Mouton d'Armailhacq e
　Mouton Baronne-Philippe)
Château du Tertre, Arsac-Margaux
Château Haut-Bages-Libéral, Pauillac
Château Pedesclaux, Pauillac
Château Belgrave, Saint-Laurent
Château de Camensac, Saint-Laurent
Château Cos-Labory, Saint-Estèphe
Château Clerc-Milon-Rothschild, Pauillac
Château Croizet-Bages, Pauillac
Château Cantemerle, Macau

crescimento das vendas diretas de châteaux menores, do engarrafamento nos próprios châteaux, e, acima de tudo, em razão do custo de manter o estoque. As novas formas de vender novas marcas de vinho a menos varejistas, porém mais poderosos, criaram um novo tipo de comércio. A maioria deles também se mudou para depósitos mais acessíveis fora de Bordeaux. Muitos dos comerciantes mais importantes não lidam diretamente com o consumidor, e por isso seus nomes são praticamente desconhecidos fora do negócio de vinhos. Os seguintes desfrutam de certo reconhecimento público.

Barton et Guestier
Blanquefort. Vinicultor: Laurent Prada.
www.barton-guestier.com
Pertencente a Diageo. Somente um terço do negócio atualmente é de Bordeaux, e a relação com a empresa original, fundada em 1725 por um irlandês cujos descendentes ainda possuem o Château Langoa-Barton, restringe-se ao nome.

Borie-Manoux
Bordeaux. Diretor: Philippe Castéja
Importante fornecedor de Bordeaux para hotéis, restaurantes e varejistas especialistas no mercado local. Proprietário da Beau Rivage, popular marca de Bordeaux; controla mais de 240 hectares de videiras nas principais denominações de origem: Châteaux Batailley, Lynch-Moussas, Haut-Bages-Monpelou, Beau-Site, Trottevieille, Bergat, Domaine de l'Eglise.

Calvet S. A.
Bordeaux. www.calvet.com
Fundada em 1870, e conhecida por numerosas marcas de toda a França. Seu engarrafamento mais popular de Bordeaux é o Réserve Rouge. Após alguns anos difíceis, a empresa foi comprada em 2006 por Grands Chais de France.

Castel Frères
Blanquefort. Diretor: Pierre Castel.
www.groupe-castel.com
Transportadora com enorme movimento de vendas. Porém seu comércio de vinhos é obscurecido pelo de cerveja e água. Castel possui, entre muitas outras propriedades, o Château d'Arcins, em Haut-Médoc, e os Domaines Virginie, em Languedoc. Também é dono da Malesan, marca líder de Bordeaux, e do importante varejista Nicolas.

Cheval Quancard
Carbon Blanc. Diretor: Roland Quancard.
www.chevalquancard.com
Empresa familiar, proprietária da marca Le Chai de Bordes; possui 15 *petits* châteaux em Bordeaux e exporta para sessenta países.

Cordier-Mestrezat
Diretor: Claude Marsolat Bordeaux.
www.cordier-wines.com
Numerosas mudanças levaram à venda dos prestigiosos châteaux que um dia pertenceram à família Cordier. Marcas como Prestige e Collection Privée continuam sendo produzidas e distribuídas a 120 países. A antiga produtora de vinhos Calvet, Paz Espejo, é responsável pela produção.

Consortium Vinicole de Bordeaux et de Gironde (CVBG)
Parempuyre. Diretor: Patrick Jestin. www.cvbg.com
Incluindo Dourthe e Kressmann, esse importante protagonista no cenário dos Bordeaux é proprietário dos Châteaux Pey La Tour, Belgrave e La Garde, e construiu marcas de sucesso como Beau Mayne, Dourthe Numéro Un e Essence.

Dulong
Floirac. Diretor: Eric Dulong.
www.dulong.com
Empresa familiar, fundada em 1873, que exporta quantidades significativas de vinhos de mesa e marcas de Bordeaux.

Robert Giraud
Saint-André de Cubzac. Diretor: Philippe Giraud.
www.robertgiraud.com
Importante protagonista no mercado francês com sua marca Blason Timberlay. É proprietário de 150 hectares de vinhedos em Bordeaux.

Nathaniel Johnston & Fils
Bordeaux. www.nath-johnston.com
Empresa familiar fundada em 1734. Denis e Archibald Johnston são a nona geração. Comercializa principalmente vinhos finos, mas também produz marcas como Reserve Claret.

Mähler-Besse
Bordeaux. Diretor: Franck Mähler-Besse.
www.mahler-besse.com
Empresa familiar de origem holandesa, com participação importante no Château Palmer e um estoque formidável de antigas safras. As marcas incluem Cheval Noir e Le Vieux Moulin.

Yvon Mau
Gironde sur Dropt. Diretor: Jean-Francois Mau.
www.ymau.com
Dinâmico fabricante de vinhos, adquirida em 2001 pela Freixenet, gigante no mercado espanhol de bebidas. A política comercialmente astuta de exclusividade de marca e de château trouxe sucesso com importantes varejistas. Yvescourt e Premius são marcas de boa qualidade. Também é proprietária dos Châteaux Preuillac e Brown.

Millésima
Bordeaux. Diretor: Patrick Bernard. www.millesima.com
Comerciante atípico, especializado na venda de *crus classés* por catálogo, diretamente ao consumidor.

J.-P. Moueix
Libourne. Diretor: Christian Moueix. www.moueix.com
Casa de comércio líder na margem direita do Gironda e mais conhecida como sócia-proprietária do Château Pétrus e dona de numerosas outras propriedades de prestígio em Pomerol e Saint-Émilion. Em 2000, Moueix vendeu todas as propriedades que possuía em Fronsac para investir em compras em Pomerol.

Baron Philippe de Rothschild S. A.
Pauillac. Diretor: Baronesa Philippine de Rothschild.
www.bpdr.com
Com sede no Médoc, a empresa comercializa as marcas mais conhecidas de Bordeaux, Mouton Cadet e a linha Baron Philippe, e tem uma propriedade no Languedoc. É coproprietária do vinho Opus One, do vale do Napa, e do chileno Almaviva.

Schröder & Schÿler
Bordeaux. Diretor: Yann Schÿler.
www.schroder-schyler.com
Fundado em 1739, este é um primoroso e versátil *négociant*, proprietário do Château Kirwan e distribuidor de muitos e excelentes vinhos, bem como de suas próprias marcas, Signatures de Bordeaux e Private Reserve.

Sichel
Bordeaux. Diretor: Allan Sichel. www.sichel.fr
Sócio-proprietário do Château Palmer, e único dono do Château d'Angludet. Sua vinícola própria produz claretes modernos frutados e Sirius, marca de excelentes Bordeaux brancos fermentados em barril e tintos envelhecidos em carvalho.

Thunevin
Saint-Émilion. Diretor: Jean-Luc Thunevin
Um recém-chegado a Bordeaux, vinte anos atrás, Thunevin é dono do Château Valandraud e de outras propriedades, consultor do grupo Fayat, distribuidor francês de vinhos como Pingus e Harlan Estate, e atualmente criador de uma marca dominada por Merlot chamada Bad Boy.

Médoc

O Médoc é toda a faixa de terra ao norte de Bordeaux entre o Atlântico e o grande estuário da Gironda, a união dos rios Garonne e Dordogne. Todos os seus vinhedos residem a poucos quilômetros a leste da margem do estuário, em uma série de montes baixos, planaltos, de solo mais ou menos pedregoso, separado por riachos conhecidos como *jalles*, cujo leito é cheio de aluvião. No século XVII, engenheiros holandeses cortaram esses *jalles* para drenar os novos vinhedos. Seu papel é vital na manutenção do lençol freático sob as terras do interior.

A proporção de pedras (cascalhos grandes ou pequenos seixos) no solo é mais alta na região de Graves, ao sul de Bordeaux, e gradualmente diminui conforme o rio Garonne avança pelo Médoc. Mas tais depósitos são sempre desiguais, e o solo e o subsolo têm proporções variadas de areia, cascalho e argila. O limite setentrional do Haut-Médoc é onde o conteúdo de argila realmente começa a dominar o cascalho, ao norte de Saint-Estèphe.

O plantio dos *croupes*, os planaltos de cascalho, aconteceu em um século de grande prosperidade para Bordeaux sob seu *parlement*, cujos membros nobres são lembrados em muitas das propriedades que eles cultivaram entre 1650 e 1750. O Médoc era o vale do Napa da época, e os Pichon, Rauzan, Ségur e Léoville eram os Krug, Martini, de la Tour, e Beringer de peruca.

O estilo e a importância do vinho desses grandes não tiveram paralelos em nenhuma outra parte. De alguma forma maravilhosa, a pobreza do solo, o vigor das vinhas, a brandura do ar e até mesmo a luz perolada beira-mar pareciam estar envolvidos. É claro, é coincidência (além de um terrível trocadilho) que a palavra "claridade" seja tão próxima de "clarete", mas parece se adequar à cor, ao cheiro, à textura, ao corpo e ao sabor do Médoc.

Os séculos só confirmaram o que os primeiros investidores aparentemente sabiam por instinto: que os bancos de cascalho à margem do rio produzem os melhores vinhos. Os nomes que surgi-

ram primeiro sempre estiveram à frente. A noção de *"premiers crus"* é tão antiga quanto as próprias terras.

Hoje, o Médoc é dividido em oito denominações de origem: cinco delas limitadas a uma única comuna (Saint-Estèphe, Pauillac, Moulis, Listrac e Saint-Julien); uma (Margaux) a um grupo de cinco pequenas comunas; outra (Haut-Médoc) à combinação de partes de igual mérito fora das seis primeiras; e a última, Médoc, para a extremidade norte do promontório.

Margaux

A denominação de origem de Margaux abrange uma área muito mais ampla que o vilarejo: os vinhedos na comuna de Margaux, mais as comunas vizinhas de Cantenac, Labarde, Arsac e Soussans – uma área total de 1.408 hectares, muito mais que Pauillac ou Saint-Estèphe, com mais *crus classés* que qualquer outra, e muitas outras de categoria superior. No fim do século XX, muitos desses *crus* tinham desempenho claramente inferior, decepcionando porém cada vez menos, atualmente, a cada nova safra.

Margaux é um vilarejo grande e silencioso, com uma pequena *maison du vin* para atrair turistas. O vinho de Margaux vem das terras mais leves (arenosas e calcárias) e mais pedregosas do Médoc, e é considerado possivelmente o mais fino e o mais aromático de todos. Os da comuna de Cantenac, em teoria, são um pouco mais encorpados, e os da comuna de Soussans, nas terras marginais mais pesadas e situadas em altitudes mais baixas rumo ao norte, são de qualidade inferior. Os châteaux de Margaux tendem a se agrupar no vilarejo, com suas terras muito divididas em terrenos dispersos pela área.

Premier Cru de Margaux

Château Margaux ☆☆☆☆
Proprietário: Corinne Mentzelopoulos. 78 ha, dos quais 12 ha são de uvas brancas. Uvas tintas: Cab. Sauv. 75%, Merlot 20%, Petit Verdot e Cab. Fr. 5%. Uvas brancas: Sauv. 100%. www.chateau-margaux.com

Ao lado do Château Lafite, é o mais estiloso e, obviamente, aristocrático dos *premiers crus*, tanto por seu vinho quanto por suas terras nobres. O vinho nunca é duro ou robusto, mesmo nos melhores anos; em sua melhor forma, é fluido e encorpado como um cavalo de corrida, e doce e perfumado como qualquer clarete – o sabor e o aroma da elegância.

Assim como o Lafite, o Margaux surgiu no final dos anos 1970, depois de uns quinze anos de safras ruins. O último André Mentzelopoulos, cuja filha Corinne dirige a propriedade atualmente, comprou a propriedade (por 60 milhões de francos) em 1977, e investiu grandes somas em uma recuperação total do château, dos vinhedos e das instalações da vinícola. Sua ambição de perfeição se fez notar de imediato, com a excelente safra de 1978. O professor Peynaud recomendou as grandes mudanças que levaram o Château Margaux de volta ao topo. Em 1983, o jovem Paul Pontallier se tornou gerente geral da propriedade, uma nomeação inspiradora que assegurou aos Margaux estar sempre entre os melhores vinhos, independentemente da safra.

O château é uma mansão com pórtico, do primeiro império, única no Médoc; os *chais* e os porões, grandiosos e sustentados por pilares, estão conservados. Magníficas avenidas de plátanos conduzem o visitante pela propriedade. Alguns vinhedos no interior são cultivados com uvas brancas (Sauvignon) para produzir um vinho seco forte, mas aveludado, o Pavillon Blanc. O segundo rótulo para os tintos é o Pavillon Rouge.

Crus Classés de Margaux

Châteaux Boyd-Cantenac ☆☆
3ème Cru Classé. Proprietário: Lucien Guillemet. 17 ha. Uvas: Cab. Sauv. 60%, Cab. Fr. 8%, Merlot 25%, Petit Verdot 7%. www.boyd-cantenac.fr

O nome estranho, assim como o de Cantenac-Brown, vem de um proprietário inglês do século XIX. Uma pequena propriedade, pouco visitada e pouco aclamada, que produz vinhos muito saborosos e com longo fim de boca, mas que carecem de complexidade e maciez. As safras recentes demonstram que a qualidade está melhorando.

Château Brane-Cantenac ☆☆–☆☆☆☆
2ème Cru Classé. Proprietário: Henri Lurton. 90 ha. Uvas: Cab. Sauv. 65%, Cab. Fr. 5%, Merlot 30%. www.brane-cantenac.com

Propriedade muito grande e bem administrada em um claro e distinto planalto de cascalho. O vinho é geralmente suave e agradável já no início, mas aguenta boa guarda. As safras dos anos 1980 estão entre os bons segundos cultivos, e, desde 1995, têm se tornado ainda melhores. Depois que Lucien Lurton entregou a propriedade a seu filho Henri em 1992, ele retornou à colheita manual e aprimorou a *cuverie*. O segundo rótulo é Baron de Brane.

Château Cantenac-Brown ☆☆–☆☆☆☆
3ème Cru Classé. Proprietário: Simon Halabi. 42 ha. Uvas: Cab. Sauv. 65%, Cab. Fr. 5%, Merlot 30%. www.cantenacbrown.com

Magnífico e formal bloco de edifícios, como uma escola pública inglesa, na estrada ao sul de Margaux. Vinhos conservadores capazes de lograr sabores incríveis. Passou por um período ruim, até que, em 1987, um novo dono, AXA Millesimes, investiu pesado nos vinhedos e na adega. Os vinhedos dispersos explicam algumas inconsistências. Sua compra de 2006 por um rico homem de negócios pode sinalizar uma nova era. O segundo rótulo é Brio du Château Cantenac-Brown.

Château Dauzac ☆☆–☆☆☆
5ème Cru Classé. Proprietário: empresa de seguros MAIF. 40 ha. Uvas: Cab. Sauv. 58%, Cab. Fr. 5%, Merlot 37%. www.andrelurton.com

Em 1992, a MAIF trouxe André Lurton de La Louvière como consultor, e uma nova adega foi construída em 1994. Seus vinhos costumam ser suaves, mas pouco inspiradores. No entanto, as safras recentes têm presenciado uma surpreendente melhoria na qualidade, e os vinhos continuam tendo preços razoáveis. Christine, filha de Lurton, é quem hoje administra a propriedade. O segundo rótulo é La Bastide Dauzac.

Château Desmirail ☆☆
3ème Cru Classé. Proprietário: Denis Lurton. 32 ha. Uvas: Cab. Sauv. 60% Cab. Fr. 1%, Merlot 39%. www.chateau-desmirail.com

Um *troisième cru* que desapareceu por muitos anos nos vinhedos e tonéis dos Châteaux Palmer e Brane-Cantenac. Renasceu em 1981. Lurton está em busca de perfume e elegância, mas ainda falta distinção ao Desmirail. Segundo rótulo: Initial de Desmirail.

Château Durfort-Vivens ☆☆
2ème Cru Classé. Proprietário: Gonzague Lurton. 30 ha. Uvas: Cab. Sauv. 65%, Cab. Fr.12%, Merlot 23%. www.durfort-vivens.com

O nome de Durfort, sugerindo dureza e força, costumava resumir o caráter deste vinho – que parecia querer durar para sempre. A nova geração assumiu em 1992 e aumentou a

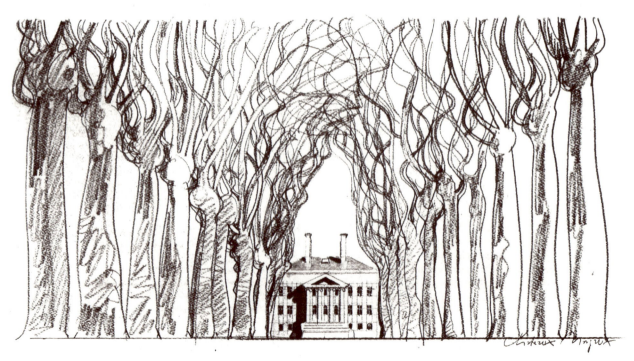

A avenida, Château Margaux, Margaux.

proporção de Merlot. Lurton procura elegância, mais do que corpo ou textura, mas o Durfort ainda pode parecer delgado. O segundo rótulo é Le Second de Durfort.

Château Ferrière ☆☆−☆☆☆

3ème Cru Classé. Proprietários: família Merlaut/Claire Villars. 8 ha. Uvas: Cab. Sauv. 75%, Merlot 20%, Petit Verdot 5%. www.ferriere.com

De 1952 a 1991, Ferrière foi alugado a Lascombes. Hoje, está nas mesmas mãos competentes que o Haut-Bages-Libéral. Desde 1995, um vinho instigante com a firme qualidade proporcionada pelas antigas videiras.

Château Giscours ☆☆−☆☆☆

3ème Cru Classé. Proprietário: Eric Albada Jelgersma. 80 ha. Uvas: Cab. Sauv. 53%, Cab. Fr. e Petit Verdot 5%, Merlot 42%. www.chateau-giscours.fr

Uma história de sucesso da década de 1970, quando produziu uma excelente safra de 1970 e uma das melhores de 1975. Os anos 1980 foram definitivamente instáveis. A vasta propriedade vitoriana foi praticamente refeita desde a década de 1950 pela família Tari, incluindo a construção de um grande lago para alterar o microclima. Ao criar turbulência entre as videiras e a floresta dos arredores, ajuda a evitar as geadas de primavera. Os vinhos são tânicos, robustamente frutados, quase sempre secos, mas, quando muito, cheios da energia contida, característica dos claretes de primeira linha – não o estilo suavemente delicado de Margaux. Desde 1995, sob a direção de novos donos holandeses, o vinho tem se tornado mais consistente. Segundo rótulo: Sirène de Giscours.

Château d'Issan ☆☆−☆☆☆

3ème Cru Classé. Proprietário: Emmanuel Cruse. 30 ha. Uvas: Cab. Sauv. 65%, Merlot 35%. www.chateau-issan.com

Um dos (poucos) locais mágicos do Médoc: uma mansão cercada por fossos, datada do século XVII, em meio a álamos, onde a encosta do vinhedo encontra as campinas ribeirinhas. Issan nunca é um grande vinho, mas as velhas safras apresentam um fim de boca excelente e aveludado. Os anos 1980 foram decepcionantes, e os 1990 instáveis, mas as safras recentes têm sido mais concentradas e refinadas.

Château Kirwan ☆☆☆

3ème Cru Classé. Proprietários: família Schÿler e sócios. 35 ha. Uvas: Cab. Sauv. 40%, Cab. Fr. 20%, Merlot 30%, Petit Verdot 10%. www.chateau-kirwan.com

O *troisième cru* vizinho do Brane-Cantenac. Até recentemente, Kirwan tinha poucos amigos entre os críticos, embora fosse administrado de forma cuidadosa e produzisse claretes elegantes e femininos. Michel Rolland foi consultor deste château de 1992 a 2005, e o vinho se tornou mais frutado, robusto e amadeirado. As últimas safras foram exemplares.

Château Lascombes ☆☆

2ème Cru Classé. Proprietário: Colony Capital. 83 ha. Uvas: Merlot 50%, Cab. Sauv. 45%, Petit Verdot 5%. www.chateau-lascombes.com

Uma propriedade potencialmente maravilhosa (uma das maiores no Médoc), recuperada pela energia de Alexis Lichine nos anos 1950 para produzir claretes saborosos, suaves e agradáveis. Alguns dos vinhedos que Lichine arquitetou estavam longe dos padrões de *deuxième cru*. Mudanças nos consultores e a estipulação de preços demasiado ambiciosos levaram a inconsistências no estilo e na qualidade que não foram totalmente resolvidas. O segundo rótulo é Chevalier de Lascombes.

Château Malescot-Saint-Exupéry ☆☆−☆☆☆

3ème Cru Classé. Proprietário: Jean-Luc Zuger. 24 ha. Uvas: Cab. Sauv. 50%, Cab. Fr. 10%, Merlot 35%, Petit Verdot 5%. www.malescot.com

Uma bela casa na principal rua de Margaux, com vinhedos espalhados pelo norte da cidade. Firmemente administrada pelo proprietário, com consultoria de Michel Rolland, Malescot opta por um estilo elaborado, amadeirado e envolvente. Vinho fino, mas nem sempre tão típico de Margaux.

Château Marquis d'Alesme Becker ☆☆

3ème Cru Classé. Proprietário: família Perrodo. 16 ha. Uvas: Cab. Sauv. 30%, Cab. Fr. 15%, Merlot 45%, Petit Verdot 10%.

Pequeno vinhedo em Soussans que, até 2006, pertenceu à mesma família como Château Malescot (verbete anterior), mas hoje é do mesmo proprietário que o Château Labégorce. Os Zugers produziam vinhos ásperos e até mesmo grosseiros, mas os Perrodo estão determinados a mudar para melhor.

Château Marquis de Terme ☆☆

4ème Cru Classé. Proprietário: Philippe Sénéclauze. 38 ha. Uvas: Cab. Sauv. 55%, Cab. Fr. 3%, Merlot 35%, Petit Verdot 7%. www.chateau-marquis-de-terme.com

Um velho nome respeitado, popular entre os consumidores franceses. Seus vinhos são notadamente tânicos para uma longa vida, embora desde 2000 apresentem um aspecto visivelmente mais frutado.

Château Palmer ☆☆☆☆

3ème Cru Classé. Proprietário: Société Civile du Château Palmer. 52 ha. Uvas: Cab. Sauv. 46%, Merlot 46%, Petit Verdot 8%. www.chateau-palmer.com

Em qualidade, fica logo atrás do Château Margaux. As melhores safras (1961, 1966, 1970, 1983, 1986, 1988, 1990, 1995, 1996, 2000, 2005) determinam os parâmetros para todo o Médoc. Elas combinam delicadeza com um amadurecimento mais voluptuoso, o resultado de uma localização excelente, na encosta de cascalho logo acima do Château Margaux, e de uma habilidosa seleção e fabricação de vinho, com o uso sensato de novos barris. O segundo rótulo, Alter Ego, produzido pela primeira vez em 1998, construiu sua própria identidade como um clarete de estilo moderno

Château Pouget ☆

4ème Cru Classé. Proprietário: Pierre Guillemet. 10 ha. Uvas: Cab. Sauv. 60%, Merlot 30%, Cab. Fr. 10%. www.chateau-pouget.com

Dos mesmos proprietários do Boyd-Cantenac, e com os mesmos resultados medíocres.

Château Prieuré-Lichine ☆☆−☆☆☆

4ème Cru Classé. Proprietário: grupo Ballande. 70 ha, dos quais 2 ha são de uvas brancas. Uvas tintas: Cab. Sauv. 50%, Merlot 45%, Petit Verdot 5%. Uvas brancas: Sauv. 80%, Sém. 20%.

Conquista pessoal do último Alexis Lichine, que reuniu uma vasta dispersão de pequenos pedaços de terra ao redor de Margaux nos anos 1950 e criou um Margaux moderno, confiável e agradável. E aí as coisas tomaram outro rumo. Sacha Lichine vendeu a propriedade em 1999, e hoje a consultora Stéphane Derenoncourt, instalada em Saint-Émilion, supervisiona a produção de vinho. Um novo estilo bem definido ainda está por surgir, já que o vinho muitas vezes carece das características típicas de Margaux.

Château Rauzan-Gassies ☆–☆☆
2ème Cru Classé. Proprietário: Jean-Michel Quié. 30 ha. Uvas: Cab. Sauv. 65%, Cab. Fr. 10%, Merlot 25%.
Decepcionante por décadas, mas com sinais de melhora desde 1996. Os proprietários parecem gostar do vinho tal como é, mas a chegada de uma nova geração pode anunciar uma mudança para melhor.

Château Rauzan-Ségla ☆☆☆
2ème Cru Classé. Proprietário: família Wertheimer (Chanel). 51 ha. Uvas: Cab. Sauv. 54%, Merlot 41%, Cab. Fr. 1%, Petit Verdot 4%. www.rauzan-segla.com
A maior das duas partes da propriedade que costumava perder apenas para o Château Margaux, mas, dos anos 1950 aos 1990, ficou para trás. Os novos donos (desde 1994) restauraram a propriedade e melhoraram muitíssimo a qualidade, em um estilo elegante que visa agradar todos os paladares. O segundo rótulo é Ségla.

Château du Tertre
5ème Cru Classé. Proprietário: Eric Albada Jelgersma. 52 ha. Uvas: Cab. Sauv. 40%, Cab. Fr. 20%, Merlot 35%, Petit Verdot 5%.
Este vinhedo afastado em Arsac teve um desempenho instável no passado, mas, desde 1997, os novos proprietários fizeram grandes investimentos, com resultados palpáveis. Entrou para a lista de Margaux a seguir.

Outros châteaux de Margaux

Château d'Angludet
Cantenac. Proprietário: Benjamin Sichel. 34 ha. www.chateau-angludet.fr
Localizado no limite ocidental da denominação de origem, Angludet produz vinhos firmes que levam tempo para revelar sua classe e elegância inquestionáveis.

Château d'Arsac ☆
Arsac. Proprietário: Philippe Raoux. 112 ha. www.chateau-arsac.com
Raoux conseguiu que 40 hectares desta grande propriedade no interior fossem reclassificados como Margaux, mas os vinhos parecem demasiado densos e amadeirados.

Clos des Quatre Vents ☆☆–☆☆☆
Soussans. Proprietário: Luc Thienpont. 2 ha.
Agora que deixou o Château Labégorce-Zédé, Thienpont está se dedicando a esta propriedade minúscula, rica em velhas videiras. Vinhos densos e exuberantes.

Château Deyrem-Valentin ☆☆
Soussans. Proprietário: Jean Sorge. 14 ha.
Margaux elegante e ligeiramente encorpado. Vinhos muito consistentes para ser consumidos a médio prazo.

Château la Gurgue ☆☆
Margaux. Proprietários: família Merlaut/Claire Villars. 10 ha. www.lagurgue.com
Propriedade com vinhedos bem localizados, que já esteve abandonada. Desde 1979, pertence aos mesmos donos do Château

Chasse-Spleen. Vinhos maduros e frutados, mas também bem estruturados.

Château Labégorce ☆–☆☆
Margaux. Proprietário: família Perrodo. 36 ha. www.chateau-labegorce.fr
Vinhos diretos sem a elegância dos Margaux, mas com claros sinais de melhora desde a excelente safra de 2000.

Château Labégorce-Zéde ☆☆
Soussans. Proprietário: família Perrodo. 36 ha. www.labegorce-zede.com
Muito bem administrado por Luc Thienpont até 2005, quando foi comprado por vizinhos ricos do Château Labégorce. As duas propriedades talvez ainda sejam unificadas.

Château Marojallia ☆☆–☆☆☆
Arsac. Proprietário: Philippe Porcheron. 2,5 ha. www.marojallia.com
Primeiro *vin de garage* de Margaux. Invenção de Jean-Luc Thunevin, com consultoria de Michel Rolland. Vinhos bons, embora atípicos. O segundo rótulo é Clos Margalaine.

Château Monbrison ☆☆
Arsac. Proprietário: família Vonderheyden. 21 ha.
Jean-Luc Vonderheyden, que morreu jovem demais, construiu a reputação desta propriedade nos anos 1980 com vinhos densos e elegantes. Seu irmão mantém a tradição.

Château Paveil de Luze ☆–☆☆
Soussans. Proprietário: Barão Frédéric de Luze. 32 ha. www.chateaupaveildeluze.com
Uma propriedade cavalheiresca, com vinhos suaves e elegantes para combinar. Adequados para ser consumidos relativamente jovens.

Château Siran ☆☆–☆☆☆
Labarde. Proprietário: William Alain Miailhe. 24 ha. www.chateausiran.com
Excelente propriedade que produz, em sua maioria, vinhos atraentes e consistentes, que invariavelmente gozam de *status* de cultivo classificado. Com a consultoria de Michel Rolland, o vinho Siran era encorpado e bem estruturado; com o novo consultor, Denis Dubourdieu (desde 2004), passou a apresentar mais delicadeza e elegância.

Château La Tour de Bessan ☆–☆☆
Soussans. Proprietário: Marie-Laure Lurton. 19 ha. www.vignobles-marielaurelurton.com
Próxima do Château du Tertre, esta propriedade produz Margaux charmosos e elegantes.

Château la Tour de Mons ☆–☆☆
Soussans. Proprietário: consórcio de investidores. 43 ha.
Propriedade romântica e *démodé* que produz vinhos redondos com muito Merlot. É confiável, mas não entusiasma.

Moulis & Listrac

Moulis e Listrac são duas comunas do Haut-Médoc central, cujas denominações de origem (cada comuna possui sua própria denominação) possuem mais vigor do que charme. Entre Margaux e Saint-Julien, os principais bancos de cascalho ficam bem afastados do rio, com solo mais pesado. Nenhum château aqui era classificado em 1855, mas uma dúzia de *crus bourgeois* produz vinhos admiráveis de tipo mais austero, apropriado para certos paladares talvez um pouco antiquados – inclusive o meu. O melhor solo é em uma excelente duna de cascalho que se estende de Grand Poujeaux, no interior da comuna de Moulis (onde estão os Châteaux Chasse-Spleen e Poujeaux, entre os mais valiosos do Haut-Médoc), até Listrac. A área total de videiras é de 635 hectares em Moulis e 670 hectares em Listrac. Ambas viram a rápida expansão na atmosfera emocionante dos anos 1980. Os anos enxutos podem ser um duro campo de exprementação para esses châteaux no interior do Médoc, onde as uvas Cabernet amadurecem mais tarde do que nos vinhedos próximos a Gironda, mas as boas safras recentes produziram alguns vinhos mais elaborados. Mais próximos do rio, os vilarejos de Arcins, Lamarque e Cussac só têm a denominação de origem de Haut-Médoc.

Châteaux de Moulis e Listrac

Château Anthonic ☆–☆☆
Moulis. Proprietário: família Cordonnier. 29 ha.
Vinhos tradicionais do planalto de Grand Poujeaux e outros terrenos, em um estilo leve e refrescante.

Château Baudan ☆☆
Listrac. Proprietário: Alain Blasquez. 6 ha.
Pequena propriedade que vende vinhos densos diretamente a restaurantes e varejistas.

Château Biston-Brillette ☆☆–☆☆☆
Moulis. Proprietário: Michel Barbarin. 25 ha.
www.chateaubistonbrillette.com
Vinho elegante e ligeiramente encorpado, de grande qualidade e consistência.

Château Branas Grand Poujeaux ☆☆–☆☆☆
Moulis. Proprietário: Justin Onclin. 12 ha.
www.branasgrandpoujeaux.com
O novo dono, desde 2002, reduziu a produção para fabricar vinhos elaborados, robustos e amadeirados, em um estilo *vin de garage*.

Château Brillette ☆☆
Moulis. Proprietário: Jean-Louis Flageul. 40 ha.
www.chateau-brillette.fr
Localizado no planalto próximo aos vários Poujeaux, o vinho de Brillette é suave e levemente amadeirado. Apresenta mais corpo desde 2001.

Château Cap Léon Veyrin ☆–☆☆
Listrac. Proprietário: Alain Meyre. 23 ha.
Propriedade aperfeiçoada, ostentando vinhedos que têm, em média, 25 anos de idade.

Château Chasse-Spleen ☆☆–☆☆☆
Moulis. Proprietário: família Merlaut. 113 ha.
www.chasse-spleen.com
Grande propriedade, e ainda maior após a compra do Château Gressier-Grand-Poujeaux, em 2003. Seus vinhos costumam ser comparados com os *crus classés* por seu estilo e longevidade. Produzidos com maestria e extremamente consistentes, para ser consumidos após dez anos.

Château Clarke ☆☆
Listrac. Proprietário: Barão Benjamin de Rothschild. 55 ha. www.lcf-rothschild.com
Completamente replantado no final da década de 1970, Clarke,

apesar do investimento, tem enfrentado dificuldades para produzir vinhos consistentes. Em algumas safras, são deliciosos; em outras, ásperos e tânicos. Desde 1999, a consultoria de Michel Rolland os têm tornado mais amigáveis.

Château Ducluzeau ☆☆
Listrac. Proprietário: família Borie. 5 ha.
Produção minúscula, mas admirável. Noventa por cento de vinhos Merlot, produzidos pelos proprietários do Ducru-Beaucaillou.

Château Duplessis ☆
Moulis. Proprietário: Marie-Laure Lurton-Roux. 20 ha.
Vinho mais leve e mais suave do que a maioria dos mencionados aqui.

Château Dutruch Grand Poujeaux ☆☆
Moulis. Proprietário: François Cordonnier. 25 ha.
Pertencente ao mesmo dono que o Château Anthonic, produz vinhos bem estruturados típicos de Moulis para uma maturação lenta.

Château Fonréaud ☆–☆☆
Listrac. Proprietário: Jean Chanfreau. 3 ha.
www.chateau-fonreaud.com
A propriedade é reconhecida, mas os vinhos costumam ser adstringentes e sem charme. As safras de 2004 e 2005 são mais frutadas e carnosas. O Fonréaud's Le Cygne é um dos melhores vinhos brancos do Médoc.

Château Fourcas-Dupré ☆☆
Listrac (parte do vinhedo fica em Moulis). Proprietário: Patrice Pagès. 47 ha. www.chateaufourcasdupre.com
Vinho honesto, normalmente com frutas encorpadas, mas às vezes prejudicado por taninos ásperos.

Château Fourcas-Hosten ☆☆
Listrac. Proprietários: Laurent e Rénaud Momméja. 44 ha. www.chateaufourcashosten.com
Marcado por cassis e carvalho, mas tende à austeridade. Precisa envelhecer na garrafa para que os taninos se tornem mais macios. Desde 2006, os novos donos, graças à sua empresa Hermès, têm os recursos necessários para fazer desta uma propriedade líder em Listrac.

Château Lestage ☆
Listrac. Proprietário: família Chanfreau. 44 ha.
www.chateau-fonreaud.com
Pertencente aos mesmos donos que o Château Fonréaud. Reconhecido e memorável.

Château Maucaillou ☆☆–☆☆☆
Moulis. Proprietário: Philippe Dourthe. 68 ha.
www.chateau-maucaillou.com
Importante propriedade com um museu da vinicultura. Vinhos bons e complexos: aveludados, envolventes e essencialmente frutados.

Château Mayne-Lalande ☆☆
Listrac. Proprietário: Bernard Lartigue. 16 ha.
Vinho encorpado e um Grande Réserve por vezes excepcional, com mais tempo de envelhecimento em barril.

Château Moulin à Vent ☆–☆☆
Moulis. Proprietário: Dominique Hessel. 25 ha.
www.moulin-a-vent.com
Vinho frutado e honesto, constantemente aprimorado.

Château Peyre-Lebade ☆–☆☆
Listrac. Proprietário: Barão Benjamin de Rothschild. 56 ha.
Este château foi a casa do pintor Odilon Redon, replantado em 1989. É vizinho do Château Clarke.

Château Poujeaux ☆☆☆
Moulis. Proprietário: Philippe Cuvelier. 52 ha.
www.chateaupoujeaux.com
Principal propriedade do planalto de Poujeaux. Compete com o Chasse-Spleen como o vinho mais importante da comuna. As safras recentes são cada vez melhores. Comprado em 2008 pelo dono do Château Clos Fourtet, em Saint-Émilion.

Château Ruat-Petit-Poujeaux ☆
Moulis. Proprietário: Pierre Goffre-Viaud. 16 ha.
Vinhos um tanto rústicos.

Château Saransot-Dupré ☆–☆☆
Listrac. Proprietário: Yves Raymond. 17 ha.
www.saransot-dupre.com
Encorpado, feito predominantemente de Merlot. Dois hectares são de Bordeaux Blanc.

Château Sémeillan Mazeau ☆
Listrac. Proprietário: família Jander. 8 ha.
www.vignobles-jander.com
Vinho forte e elaborado, que precisa de alguns anos para se tornar acessível.

Saint-Julien

Saint-Julien, com uma grande proporção de *crus classés*, é a menor entre as denominações de origem de alto nível do Médoc. Tem apenas 910 hectares, mas 80% deles são classificados como *deuxième*, *troisième* ou *quatrième cru* (nenhum *premier* e nenhum *cinquième*, e muito poucos *cru bourgeois*). Seu proeminente planalto de cascalho à beira do rio se anuncia como uma das principais localidades de Bordeaux.

Saint-Julien harmoniza vigor e aroma com singular suavidade para criar o parâmetro de excelência de todos os tintos de Bordeaux. Mais para o interior, em direção ao vilarejo seguinte, Saint-Laurent, o vinho é menos harmônico. Os dois vilarejos de Saint-Julien e Beychevelle quase não são grandes o suficiente para fazer o visitante diminuir a velocidade do carro.

Crus Classés de Saint-Julien

Château Beychevelle ☆☆☆
4ème Cru Classé. Proprietários: Grands Millésimes de France e Suntory. 75 ha. Uvas: Cab. Sauv. 62%, Merlot 31%, Cab. Fr. 5%, Petit Verdot 2%. www.beychevelle.com
Um château real construído no século XVII, com vinhedos ribeirinhos na encosta que vai até Saint-Julien, desde o sul. Seu vinho sedoso e suave é aquele que eu mais associo com a melhor classe de casas de campo inglesas; o castelo de Blandings devia estar abarrotado de vinhos como este. As famosas safras dos anos 1950 e 1960 estabeleceram patamares que a propriedade corporativa de hoje não consegue alcançar. O curioso barco no rótulo é uma homenagem ao seu fundador almirante, a quem os barcos que passavam pelo Gironda costumavam *baisser les voiles* – daí, segundo dizem, o nome. Desde 1995, o diretor Philippe Blanc tem reduzido a produção e feito seleções mais estritas, e os compradores são recompensados com vinhos mais carnosos, densos e refinados. O segundo rótulo é Amiral de Beychevelle.

Château Branaire-Ducru ☆☆☆
4ème Cru Classé. Proprietário: Patrick Maroteau. 50 ha. Uvas: Cab. Sauv. 70%, Cab. Fr. 5%, Merlot 22%, Petit Verdot 3%. www.branaire.com
Vinhedos em diversas partes da comuna; o château fica em frente ao Beychevelle. Modelo Saint-Julien, apoiando-se mais em sabor que em vigor; um vinho notadamente atraente e aromático, com um histórico de confiança. O antigo gerente, Philippe Dhalluin, até ser levado pela Mouton-Rothschild, elevou de forma significativa a qualidade de seus vinhos, excepcionalmente puros e honrados. Jean-Dominique Videau continua o bom trabalho. O segundo rótulo é Château Duluc.

Château Ducru-Beaucaillou ☆☆☆–☆☆☆☆
2ème Cru Classé. Proprietário: Bruno Borie. 72 ha. Uvas: Cab. Sauv. 70%, Merlot 30%.
www.chateau-ducru-beaucaillou.com
Vizinho ribeirinho do Château Beychevelle, com um château quase rivalizando em grandeza, se não em beleza. A família Borie também possui os Châteaux Grand-Puy-Lacoste e Haut-Batailley, em Pauillac. Após um período ruim no início dos anos 1990, a propriedade está de volta ao topo desde 1995, com o sabor firme mas sedutor dos melhores Saint-Julien

Château Gruaud-Larose ☆☆☆–☆☆☆☆
2ème Cru Classé. Proprietário: Jean Merlaut. 82 ha. Uvas: Cab. Sauv. 57%, Cab. Fr. 7%, Merlot 32%, Petit Verdot 4%. www.gruaud-larose.com
Este magnífico vinhedo na encosta ao sul de Saint-Julien foi por muito tempo o orgulho da casa de comércio Cordier, até sua venda em 1997. O gerente Georges Pauli continua sendo o responsável. Consistentemente um dos mais frutados, suaves e fáceis de degustar de toda a região de Bordeaux, embora tão longevo quanto a maioria,

---

COMMANDERIE DU BONTEMPS DE MÉDOC ET DES GRAVES

O Médoc se une ao Graves em sua organização cerimonial e promocional, a Commanderie du Bontemps du Médoc et des Graves. Em sua forma atual, data de 1950, quando um enérgico grupo de proprietários de châteaux, por iniciativa do representante regional, Emile Liquard, vestiu esplêndidos mantos de veludo vermelho e começou a "coroar" dignatários e celebridades, comerciantes de vinhos e jornalistas em uma série de longos banquetes alegres servidos nos *chais* dos châteaux maiores. A Commanderie afirma descender de uma organização dos Templários da Ordem de Malta em Saint-Laurent, no Médoc em 1154 – um vínculo um pouco frágil. Seus três banquetes anuais são os festivais de Saint Vincent (o padroeiro do vinho) em janeiro, a Fête de la Fleur (quando as videiras florescem) em junho, e o Ban des Vendanges, a proclamação oficial da abertura da safra, em setembro. Os homens convocados à Commanderie são normalmente intitulados Commandeur d'Honneur, e as mulheres, Gourmettes – um trocadilho que significa tanto uma mulher especialista em gastronomia quanto a correntinha de prata usada para prender a rolha em torno do gargalo de uma garrafa. Habilmente, a Commanderie une seu talento especial para a promoção do vinho com sua recusa em levar a si mesma, ou a seus membros, a sério demais.

MÉDOC | BORDEAUX | **FRANÇA** | 47

e mais valioso que quase todos. Sua alta qualidade atrai investidores desde 1995. Segundo rótulo: Sarget de Gruaud-Larose.

Château Lagrange ☆☆–☆☆☆
3ème Cru Classé. Proprietário: Suntory. 113 ha, dos quais 4 de uvas brancas. Uvas tintas: Cab. Sauv. 67%, Merlot 26%, Petit Verdot 7%. Uvas brancas: Sauv. 60%, Sém. 30%, Muscadelle 10%. www.chateau-lagrange.com

Magnífica propriedade coberta de árvores no interior de Saint-Julien. Os donos japoneses assumiram em 1983 e começaram a se expandir e a se reequipar. Hoje, é o maior produtor Saint-local. Vinhos discretos e suaves, sempre agradáveis, mas raramente entusiasmantes. As safras recentes apresentam mais estrutura. O segundo rótulo é Les Fiefs-de-Lagrange.

Château Langoa-Barton ☆☆☆
3ème Cru Classé. Proprietário: família Barton. 17 ha. Uvas: Cab. Sauv. 72%, Cab. Fr. 8%, Merlot 20%. www.leoville-barton.com

Irmão nobre do château de Léoville-Barton e residência dos Barton. Vinho similar e excelente, embora sempre um pouco atrás do Léoville. Mas é reconhecidamente valioso, e envelhece bem.

Château Léoville-Barton
☆☆☆–☆☆☆☆
2ème Cru Classé. Proprietário: família Barton. 45 ha. Uvas: Cab. Sauv. 72%, Cab. Fr. 8%, Merlot 20%. www.leoville-barton.com

O terço original da propriedade de Léoville, pertencente à família irlandesa Barton desde 1821. Um dos vinhos mais finos e típicos de Saint-Julien, robusto mas nunca excessivamente tânico, produzido por um irlandês franco e de princípios, em tonéis de carvalho envelhecido no esplêndido Château Langoa, do século XVIII. Absolutamente confiável e muitíssimo consistente. Uma pedra angular da adega anglo-saxônica.

Château Léoville-Las-Cases ☆☆☆☆
2ème Cru Classé. Proprietário: Jean-Hubert Delon. 97 ha. Uvas: Cab. Sauv. 65%, Cab. Fr. 12%, Merlot 20%, Petit Verdot 3%. www.leoville-las-cases.com

O terço maior da antiga propriedade de Léoville, na fronteira com Pauillac, adjacente ao Château Latour. Um *deuxième cru* de primeira classe e um favorito dos críticos, produzindo de forma consistente claretes para *connoisseur*. Estes, extremamente saborosos e secos para um Saint-Julien, requerem maturação mais lenta e tendem à austeridade. O portão de pedra do vinhedo é uma marca registrada, mas os *chais* ficam no centro de Saint-Julien ao lado do château, que pertence a Léoville-Poyferré. A seleção rígida significa que o *grand vin* muitas vezes representa menos de metade do total. O segundo rótulo é Clos du Marquis. Ver também Château Potensac (Médoc).

Château Léoville-Poyferre ☆☆☆
2ème Cru Classé. Proprietário: família Cuvelier. 80 ha. Uvas: Cab. Sauv. 65%, Merlot 25%, Petit Verdot 8%, Cab. Fr. 2%. www.leoville-poyferre.fr

A porção central da propriedade de Léoville, incluindo o château. Potencialmente um vinho tão bom quanto o Léoville-Las-Cases, e Didier Cuvelier está determinado a competir com seu vizinho, com a ajuda do enólogo Michel Rolland. O vinho resultante é voluptuoso e amadeirado. O segundo rótulo leva o nome de um cru *bourgeois*, Château Moulin-Riche.

Château Saint-Pierre ☆☆
4ème Cru Classé. Proprietário: Francoise Triaud. 17 ha. Uvas: Cab. Sauv. 65%, Cab. Fr. 10%, Merlot 25%.

O menor e menos conhecido *classé cru* de Saint-Julien. A propriedade foi comprada em 1982 por Henri Martin do Château Gloria (ver nesta página), que então comprou os vinhedos históricos e reconstituiu grande parte da propriedade original. Atualmente, é administrado por seu genro, Jean-Louis Triaud. Vinhos um tanto delgados, de velhas videiras

Château Talbot ☆☆☆
4ème Cru Classé. Proprietários: Nancy Bignon e Lorraine Rustmann. 107 ha, dos quais 5 ha são de uvas brancas. Uvas tintas: Cab. Sauv. 66%, Cab. Fr. 3%, Merlot 24%, Petit Verdot 5%, Malbec 2%. Uvas brancas: Sauv. 80%, Sém. 20%. www.chateau-talbot.com

Um dos maiores e mais produtivos vinhedos de Bordeaux, logo após os Léovilles em direção ao interior. Apesar da venda da maioria das propriedades dos Cordier, Talbot continua nas mãos das filhas de Jean Cordier. Assim como o Gruaud-Larose, um vinho elaborado, frutado e suave, mas sem o mesmo vigor ou estrutura. O branco seco Caillou Blanc, outrora medíocre, melhorou muito e apresenta bom envelhecimento durante quatro ou cinco anos. O segundo rótulo é Connétable de Talbot.

Outros châteaux de Saint-Julien

Château La Bridane ☆☆
Proprietário: Bruno Saintout. 15 ha. www.vignobles-saintout.com

Vinho sólido, com notas de cassis. Muito atraente para ser consumido a médio prazo.

Château du Glana ☆☆
Proprietário: Vignobles Meffre. 43 ha. www.chateau-du-glana.com

Château que goza de certo reconhecimento, apesar de ser um dos dois únicos grandes cultivos não classificados de Saint-Julien. O proprietário é um comerciante de vinhos com várias propriedades, que construiu um *chai* gigante que mais parece um armazém. Seus vinhedos esplendidamente bem localizados produzem vinhos respeitáveis de uvas colhidas sobretudo por máquinas.

Château Gloria ☆☆–☆☆☆
Proprietário: Francoise Triaud. 44 ha. www.chateaugloria.com

O exemplo clássico do château não classificado de qualidade excepcional, criação do ilustre prefeito de Saint-Julien, Henri Martin, que montou o vinhedo na década de 1940 com trechos de terra dos *crus classés* da vizinhança. O vinho é elaborado e persistente, mas notadamente tânico.

Leão esculpido no Château Léoville-Las-Cases, em Saint-Julien.

Château Lalande Borie ☆☆
Proprietário: família Borie. 18 ha.
Vinhedo criado a partir do antigo Château Lagrange, em 1970, pelo proprietário do Château Ducru-Beaucaillou, onde o vinho é produzido. Com efeito, é o irmão caçula do Château Ducru.

Château Moulin de la Rose ☆☆
Proprietário: Guy Delon. 4,5 ha.
Propriedade pouco conhecida cercada por vinhedos *crus classé*. Vinhos bem produzidos.

Château Terrey-Gros-Caillou e Château Hortevie ☆☆
Proprietário: família Borie. 14 ha.
União de duas pequenas propriedades, produzindo vinhos Saint--Julien muito confiáveis. Comprado em 2005 pelos donos do Ducru-Beaucaillou.

Pauillac

Pauillac é uma cidadezinha bastante silenciosa às margens do Gironda. A maioria dos poucos hotéis e restaurantes da cidade fica de frente para o estuário, diante de um cais cercado de árvores e de uma modesta marina. Só a *maison du vin* (digna de uma visita) no cais dá indício do renome mundial dessa cidade. Isso, e os nomes famosos nas placas que estão por toda parte na vasta planície dos vinhedos.

O vinho de Pauillac resume as qualidades de todos os tintos de Bordeaux. É o esteta vigoroso, uma combinação encantadora de força e delicadeza. Pode tender a um ou outro extremo (Latour e Lafite representam os polos), mas, em sua melhor forma, evidencia um equilíbrio tão perfeito que não há noite longa o bastante para lhe fazer justiça. Há 1.215 hectares de vinhedos com mais *crus classés* que qualquer outra comuna, com a exceção de Margaux. Gozam, em sua maioria, da surpreendente classificação de *cinquième cru* – alguns merecem muito mais do que isso.

Pauillac recebeu um novo sopro de vida do infatigável Jean--Michel Cazes, que restaurou o pequeno vilarejo moribundo de Bages, logo ao sul da cidade, e criou uma padaria e um bistrô de excelente qualidade para complementar o hotel e o restaurante mais luxuoso no Château Cordeillan-Bages, perto dali.

Premiers Crus de Pauillac

Château Lafite-Rothschild ☆☆☆☆
Proprietário: Domaines Baron de Rothschild. 100 ha. Uvas: Cab. Sauv. 70%, Cab. Fr. 3%, Merlot 25%, Petit Verdot 2%. www.lafite.com
Ver "A produção de um grande clarete", p. 51.

Château Latour ☆☆☆☆
Proprietário: Francois Pinault. 66 ha. Uvas: Cab. Sauv. 78%, Cab. Fr. 4%, Merlot 16%, Petit Verdot 2%. www.chateau-latour.com
O Château Latour é, em todos os aspectos, complementar ao Château Lafite. Eles produzem seus vinhos em diferentes solos e de distintas maneiras; a qualidade de cada um deles é ressaltada pelas qualidades muito diferentes do outro. Lafite é um tenor; Latour, um baixo. Lafite é um lírico; Latour, um épico. Lafite é uma dança; Latour, um desfile.

Latour fica na parte sul da comuna, na divisa com Saint-Julien, no último monte baixo de cascalho depositado pelo rio, antes da planície alagada e do riacho que divide as duas áreas. O antigo vinhedo, cujo nome vem de uma fortaleza ribeirinha da Idade Média, cerca a mansão modesta, sua famosa torre convexa de pedra e o bloco grande e quadrado, similar a um estábulo, de seus *chais*. Duas outras pequenas áreas de vinhedo ficam no interior, perto do Château Batailley.

Por quase três séculos, a propriedade pertenceu à mesma família (e, até 1760, esteve relacionada com os Lafite). Sua história atual começou em 1963, quando os de Beaumont venderam a parte majoritária a um grupo inglês liderado pelo banqueiro Lord Cowdray, e incluindo o comerciante de vinhos Harveys of Bristol. Eles conduziram uma modernização total, começando com tonéis de aço inoxidável e temperatura controlada no lugar do antigo carvalho. Desde então, o talento inglês e francês combinados racionalizaram e aperfeiçoaram cada centímetro da propriedade, estabelecendo tais parâmetros que Latour, de maneira um tanto injusta, tornou-se quase mais famoso pela qualidade de suas safras inferiores do que pelo esplendor de anos como 1961, 1966, 1970, 1978, 1982, 1986, 1990, 1995, 1996, 2000 e 2005. Sua consistência e seu estilo complexo e ressonante se estendem a seu segundo rótulo, Les Forts de Latour, que atinge um preço comparável a um château de *deuxième cru*.

Les Forts vem parcialmente de tonéis de padrão inferior ao do *grand vin*, mas principalmente de dois vinhedos pequenos (18 hectares) situados bem mais no interior, em direção a Batailley. Esses vinhedos foram replantados em 1966, e seu vinho foi usado pela primeira vez no corte do início dos anos 1970. Existe também (de modo pouco usual) um terceiro vinho, modestamente rotulado "Pauillac", que de forma alguma envergonha seus irmãos maiores.

Em 1989, a Allied-Lyons Ltd (proprietária da Harveys) comprou ações da Cowdray-Pearson, mas a ocupação inglesa de 30 anos terminou quando a Allied-Lyons vendeu o Château Latour ao empreendedor francês François Pinault, em 1994. O substituto de Pinault, Frédéric Engerer, supervisionou outra reconstrução e modernização completa das instalações da vinícola, concluídas em 2002. Ele também está exercendo um papel importante no processo de fabricação do vinho, o que é pouco comum para o diretor de uma propriedade. Não há nenhum sinal de condescendência

Château Mouton-Rothschild ☆☆☆☆
Proprietário: Baronesa Philippine de Rothschild. 82 ha, dos quais 5 ha são de uvas brancas. Uvas tintas: Cab. Sauv. 80%, Cab. Fr. 10%, Merlot 8%, Petit Verdot 2%. Uvas brancas: Sém. 50%, Sauv. 48%, Muscadelle 2%. www.bpdr.com
Em termos geográficos, o Château Mouton-Rothschild é vizinho do Lafite, mas, em termos gastronômicos, é mais próximo do Latour. Sua marca registrada é uma profunda concentração do sabor de Cabernet Sauvignon, muitas vezes descrito como com notas de cassis; é como se seus taninos estivessem entre os polos de um ímã, em permanente tensão – um ato de equilíbrio que pode continuar por décadas, exercendo cada vez mais encanto e fascinação. Em 1976, escrevi sobre o Mouton de 1949: "Tinto complexo e de buquê intenso; aroma envolvente, quase ao estilo californiano; notas de resina e especiarias; ainda carregado de tanino, mas irresistível em sua suculência e doçura. Em todos os aspectos, magnífico." Mais do que qualquer outro château, o Mouton-Rothschild é identificado com um único homem, o último Barão Philippe de Rothschild, que veio para assumi-lo como uma propriedade negligenciada de seu ramo (o inglês) da

família Rothschild em 1922, e morreu em 1989. Esse homem memorável, de muitos talentos (entre os quais poeta, dramaturgo e automobilista), determinado a elevar o Mouton, primeiro na lista de *deuxièmes crus* de 1855, à altura do Lafite. Foram 51 anos de esforço, argumentação, divulgação e, acima de tudo, vinicultura perfeccionista. Ele obteve promoção oficial em 1973, a única mudança já feita à classificação de 1855.

O Barão Philippe e sua esposa norte-americana, Pauline, criaram uma casa completamente nova nos estábulos de pedra e reuniram, no mesmo edifício, um excelente museu de obras de arte relacionadas com o vinho, exibidas com elegância sem igual (aberto ao público com hora marcada). Ele foi sucedido, em 1989, por sua filha Philippine, que herdou do pai o entusiasmo insaciável pela vida e nutriu, de forma brilhante, o império do Novo Mundo que ele inaugurou com Robert Mondavi nos anos 1980.

O amor do Barão pela arte (e seu talento para a publicidade) o levaram a encarregar um artista famoso diferente para desenhar a parte superior do rótulo do Mouton todos os anos desde 1945. Consequentemente, algumas safras são procuradas tanto por seus rótulos quanto por seu conteúdo. O domínio de Bordeaux do Barão se expandiu com o passar dos anos para incluir os Châteaux d'Armailhac e Clerc-Milon, e la Baronnie, a empresa que produz e comercializa o Mouton-Cadet, a celebrada marca de Bordeaux. O próprio Mouton não tinha segundo rótulo até o lançamento do Le Petit Mouton, em 1994. Desde 1991, tem-se produzido uma pequena quantidade de um vinho branco seco e intenso, o Aile d'Argent. Ainda precisa mostrar a que veio.

Em 2003, Philippe Dhalluin, modesto mas extremamente capaz, foi contratado como diretor técnico das três propriedades de Pauillac, e os resultados foram imediatos: o Mouton de 2006 é um dos melhores vinhos de uma safra difícil.

Crus Classés de Pauillac

Château d'Armailhac ☆☆–☆☆☆
5ème Cru Classé. Proprietário: Baronesa Philippine de Rothschild. 50 ha. Uvas: Cab. Sauv. 52%, Cab. Fr. 20%, Merlot 26%, Petit Vedot 2%. www.bpdr.com
Originalmente, chamava-se Mouton-d'Armailhacq. Foi comprado em 1933 pelo Barão Philippe de Rothschild e renomeado duas vezes. O vinhedo fica ao sul do Mouton, próximo do Pontet--Canet, em solos mais leves e até mesmo mais arenosos, que, com uma proporção maior de Cabernet Franc e de Merlot, resulta em um vinho mais leve e de maturação mais rápida, mas ainda assim uma estrela, feito de acordo com os padrões usuais da Mouton.

Château Batailley ☆☆–☆☆☆
5ème Cru Classé. Proprietário: família Castéja. 55 ha. Uvas: Cab. Sauv. 70%, Cab. Fr. 3%, Merlot 25%, Petit Verdot 2%.
O nome da propriedade, mais uma daquelas divididas em partes confundíveis, vem de um desacordo anglo-francês no século XV. O comerciante de vinhos favorito de Carlos II chamava-se Joseph Batailhé – gosto de pensar que ele era filho deste solo, a parte florestada no interior de Pauillac. Batailley é a maior propriedade e retém o adorável château de meados do século XIX em seu parque "inglês". Seu vinho é tânico, nunca gracioso, mas equilibra austeridade e doçura; as garrafas mais antigas (com cerca de 20 anos) mantêm grande audácia e vigor. Esses são os Pauillacs que se aproximam do Saint-Estèphe em estilo. O vinho normalmente vale o preço.

Château Clerc-Milon ☆☆☆
5ème Cru Classé. Proprietário: Baronesa Philippine de Rothschild. 32 ha. Uvas: Cab. Sauv. 46%, Cab. Fr 15%, Merlot 35%, Petit Verdot 3%, Carmenère 1%. www.bpdr.com
Uma pequena propriedade obscura conhecida como Clerc-Milon--Mondon até 1970, quando foi comprada pelo Barão Philippe de Rothschild. Os vinhedos dispersos são promissoramente situados perto dos Châteax Lafite e Mouton-Rothschild. O perfeccionismo, a energia e o investimento típicos de Rothschild resultaram em uma série de boas safras, a começar pela excelente safra de 1970. Após um período instável, Clerc-Milon tem sido clássico e consistente desde 2000.

Château Croizet-Bages ☆–☆☆
5ème Cru Classé. Proprietário: Jean-Michel Quié. 28 ha. Uvas: Cab. Sauv. 58%, Cab. Fr. 7%, Merlot 35%.
Pertencente aos donos do Château Rauzan-Gassies, em Margaux (ver p. 41). Não há um château, apenas vinhedos no planalto de Bages, entre Lynch-Bages e Grand-Puy-Lacoste. As safras das décadas de 1980 e 1990 foram mais delgadas, mas finalmente há sinais de maior suculência e consistência nos anos 2000.

Château Duhart-Milon-Rothschild ☆☆☆
4ème Cru Classé. Proprietário: Domaines Baron de Rothschild. 67 ha. Uvas: Cab. Sauv. 70%, Merlot 30%. www.lafite.com
O irmão menor do Château Lafite, na próxima elevação rumo ao interior, conhecida como Carruades. Comprado pelos Rothschild em 1964 e desde então completamente replantado e ampliado. Seu histórico era de vinhos duros e pouco sutis, mas, conforme as jovens videiras envelhecem, está se tornando um grande château novamente, produzindo claretes longevos. O segundo rótulo é Moulin de Duhart.

Château Grand-Puy-Ducasse ☆☆
5ème Cru Classé. Proprietário: Crédit Agricole Grands Crus. 40 ha. Uvas: Cab. Sauv. 60%, Merlot 40%.
Três vinhedos bastante separados, um deles próximo do Château Grand-Puy-Lacoste, outro do Pontet-Canet, e o terceiro mais perto do Batailley. Os *chais* e o château ficam na área litorânea de Pauillac. Muito replantado e renovado, mas já conhecido por grandes vinhos estruturados e duradouros (a exemplo das safras de 1961, 1964, 1966, 1967 e 1970). As safras de 1986 e 1989 foram destaques dos anos 1980, mas os vinhos muitas vezes carecem de elegância. As de 1996 e 2000 são exceções bem-vindas.

Château Grand-Puy-Lacoste ☆☆☆–☆☆☆☆
5ème Cru Classé. Proprietário: família Borie. 55 ha. Uvas: Cab. Sauv. 70%, Cab. Fr. 5%, Merlot 25%.
Vendido em 1978 pelo maior gastrônomo do Médoc, Raymond Dupin, a um de seus proprietários mais dedicados, Jean-Eugène Borie (de Ducru-Beaucaillou, Haut-Batailley, etc.), cujo filho, François-Xavier, vive no château e o gerencia. Propriedade um tanto remota, mas atraente e com um jardim incrivelmente romântico; a milhares de quilômetros do Médoc em espírito, na próxima "colina" rumo ao interior a partir do planalto de Bages. O vinho tem tremendo ataque, cor, estrutura e classe. O segundo rótulo é Lacoste-Borie.

Château Haut-Bages-Libéral ☆☆–☆☆☆☆
5ème Cru Classé. Proprietários: família Merlaut/Claire Villars. 28 ha. Uvas: Cab. Sauv. 80%, Merlot 17%, Petit Verdot 3%. www.hautbagesliberal.com

Vinhedo que faz divisa com o norte do Château Latour. A família Merlaut fez grandes investimentos na propriedade, que está produzindo um vinho muito melhor do que sugere sua reputação um tanto limitada. É um verdadeiro Pauillac: correto, tânico e duradouro. O segundo rótulo é Chapelle de Bages.

Château Haut-Batailley ☆☆–☆☆☆☆
5ème Cru Classé. Proprietário: família Borie. 22 ha. Uvas: Cab. Sauv. 65%, Cab. Fr. 10%, Merlot 25%.

Vinho que tem mais charme do que corpo, cujo estilo lembra tanto um Saint-Julien quanto um Pauillac. Sinônimo de bom gosto absoluto, há poucos vinhos que se pode escolher com tanta segurança. O segundo rótulo é La Tour l'Aspic.

Château Lynch-Bages ☆☆☆–☆☆☆☆☆
5ème Cru Classé. Proprietário: família Cazes. 100 ha, dos quais 5 ha são de uvas brancas. Uvas tintas: Cab. Sauv. 75%, Cab. Fr. 10%, Merlot 15%. Uvas brancas: Sauv. 45%, Sém. 40%, Muscadelle 15%. www.lynchbages.com

Propriedade importante, carinhosamente conhecida por seus muitos amigos ingleses como "*lunch-bags*"; sempre um favorito para vinhos doces e carnosos com sabor acentuado de Cabernet, condensando o mais puro Pauillac. O planalto de Bages, ao sul da cidade, tem um solo relativamente forte sobre um subsolo argiloso. As melhores safras (1982, 1985, 1986, 1988, 1989, 1990 e todas de 1995 em diante) são bem duradouras. Jean-Michel Cazes, que também era o principal corretor de seguros de Pauillac, reconstruiu o château em ruínas e os sombrios *chais* nos anos 1980 e elevou o nome da propriedade a novos patamares. Foi também o diretor fundador das propriedades do vinho AXA, até que se aposentou em 2001. As outras propriedades de sua família incluem o Les Ormes-de-Pez em Saint-Estèphe. O segundo rótulo é Haut-Bages-Averous.

Château Lynch-Moussas ☆–☆☆
5ème Cru Classé. Proprietário: família Castéja. 55 ha. Uvas: Cab. Sauv. 75%, Merlot 25%.

Desde 1969, pertence ao mesmo dono que seu vizinho Château Batailley. Leve e herbáceo nos anos 1980 e 1990, este vinho apimentado, sob o olhar atento de Philippe Castéja, ganhou mais concentração e seriedade.

Château Pedesclaux ☆☆
5ème Cru Classé. Proprietário: família Jugla. 12 ha. Uvas: Cab. Sauv. 50%, Cab. Fr. 5%, Merlot 45%. www.chateau-pedesclaux.com

Até recentemente, o menos renomado *cru classé* de Pauillac, disperso pela comuna como o Grand-Puy-Ducasse. Complacentemente de mau desempenho e turvo, até que no fim da década de 1990 uma nova equipe familiar, Denis e Brigitte Jugla, tomou as rédeas, renovou a vinícola e melhorou a seleção. Hoje é novamente digno de seu *status*, com uma safra de 2005 excepcional.

Château Pichon-Longueville ☆☆☆–☆☆☆☆☆
2ème Cru Classé. Proprietário: AXA Millésimes. 70 ha. Uvas: Cab. Sauv. 60%, Cab. Fr. 4%, Merlot 35%, Petit Verdot 1%. www.pichonlongueville.com

A entrada a seguir dá o contexto para o nome incômodo. Desde 1987, um novo proprietário (a empresa de seguros AXA) se empenha vigorosamente em competir com o Comtesse do outro lado da estrada, que durante anos produziu vinhos muito melhores. Com Jean-Michel Cazes (ver Château Lynch-Bages nesta página) como diretor, e recursos aparentemente infindáveis, um agressivo programa de construção transformou o lugar. De 1988 em diante, o vinho se tornou um forte rival de seu vizinho, com o estilo mais encorpado característico dos Pauillac, com sua preponderância de Cabernet. O segundo rótulo é Les Tourelles de Longueville.

Château Pichon-Longueville, Comtesse de Lalande ☆☆☆–☆☆☆☆☆
2ème Cru Classé. Proprietário: Champagne Louis Roederer. 84 ha. Uvas: Cab. Sauv. 45%, Cab. Fr. 12%, Merlot 35%, Petit Verdot 8%. www.pichon-lalande.com

Dois châteaux compartilham a esplêndida propriedade que foi plantada no século XVII pelo mesmo pioneiro que cultivou a propriedade Rauzan em Margaux. Durante muito tempo, os châteaux pertenceram a seus descendentes, os vários filhos e filhas dos Barões de Pichon-Longueville. Dois terços da propriedade finalmente caíram nas mãos de uma filha que era Condessa de Lalande – daí o nome comprido, que é normalmente encurtado para Pichon-Lalande. A mansão fica nos vinhedos do Château Latour, mas a maior parte de seu vinhedo fica do outro lado da estrada, num solo argiloso coberto de cascalho, cercado pelas videiras do outro château de Pichon e partes dos vinhedos dos Châteaux Latour, Ducru-Beaucaillou e Léoville-Las-Cases. A porção meridional do vinhedo fica de fato em Saint-Julien. Com sua proporção relativamente generosa de Merlot, o vinho carece do vigor concentrado do Château Latour, mas agrega uma suavidade perfumada e persuasiva que o torna um dos mais modernos *deuxièmes crus*.

Nas mãos da antiga dona, May-Eliane de Lencquesaing, a propriedade produzia vinhos de qualidade fabulosa, do tipo que todos desejam: Pauillac estiloso à maneira de um Saint-Julien, não tão rígido com tanino e extrato que precise de décadas para amadurecer. Desde 1975, suas safras estão entre as melhores do ano. A pressão dos acionistas levou à incansável octogenária Mme. de Lencquesaing a colocar o Pichon-Lalande no mercado, onde foi adquirido por um digno sucessor. O segundo rótulo é Réserve de la Comtesse.

Château Pontet-Canet ☆☆☆–☆☆☆☆
5ème Cru Classé. Proprietário: Alfred Tesseron. 79 ha. Uvas: Cab. Sauv. 62%, Cab. Fr. 6%, Merlot 32%. www.pontet-canet.com

A Tour d'Aspic, Château Haut-Batailley, Pauillac.

Dimensão que ajudou o Pontet-Canet a se tornar um dos nomes mais familiares de Bordeaux. Isso e mais de um século de pertença às transportadoras Cruse & Fils Frères. Sua localização próxima a Mouton promete qualidade superior; a safra de 1929 foi considerada melhor que o Mouton daquele grande ano. Mas após 1961 a qualidade caiu, e, em 1975, a propriedade foi vendida a Guy Tesseron, um produtor de Cognac. Os anos 1980 presenciaram melhorias constantes e, no final dos 1990, a seleção fanática havia

CHÂTEAU LAFITE-ROTHSCHILD – A PRODUÇÃO DE UM GRANDE CLARETE

Este é o lugar para avaliar se o autor é capaz de controlar seus superlativos. Esta propriedade tem produzido vinho para milionários inteligentes por bem mais de duzentos anos, e, quando recentemente, bebeu-se e comparou-se uma seleção aleatória de 36 safras, remontando a 1799, a empresa foi admirada pela consistência de seu desempenho. Por trás das diferenças de qualidade, estilo e maturidade das safras, havia uma misteriosa semelhança entre os vinhos fabricados até mesmo com um século e meio de intervalo. É fácil duvidar, porque é difícil compreender o conceito de um *cru* Bordeaux. Como uma amálgama de solo e localização com tradição e profissionalismo, sua estabilidade depende muitíssimo do fator humano. Às vezes, até mesmo Homer concorda. Lafite teve seus anos ruins durante os anos 1960 e início dos 1970. Desde 1976, voltou a simbolizar o tradicional château de Bordeaux em sua melhor forma.

Como uma mansão, Lafite, mais que majestosa, é impecavelmente elegante; uma substancial, mas nada clássica, vila do século XVIII, em um terraço sobre o melhor e mais sistemático jardim de hortaliças do Médoc. Não há salas incríveis; o salão vermelho, a sala de jantar azul clara e a livraria verde-escura são confortavelmente desordenadas e pessoais. A família Rothschild do banco de Paris comprou a propriedade em 1868. Desde então, tem sido a menina dos olhos da corporação. Em 1974, o Barão Eric de Rothschild, de 34 anos, assumiu a responsabilidade pelo château.

A grandeza começa no *cuvier* – a casa de tonéis – e nos celeiros baixos dos *chais*, onde os barris compõem perspectivas admiráveis de aros diminuindo aparentemente para sempre. Em 1989, foi inaugurado um novo *chai* circular, único e espetacular, escavado sob os vinhedos e sustentado por colunas para colocar Sansão à prova. A história é mais evidente nas adegas escuras e incrustadas de musgo, onde a coleção vai até 1797 – provavelmente o primeiro Bordeaux a ser engarrafado em um château, ainda em sua caixa original.

A qualidade começa com o solo: dunas profundas de cascalho sobre pedra calcária. Depende da idade das videiras: em Lafite,

uma média de quarenta anos. Depende ainda mais do quão restrita é a produção: a cifra de 4 mil a 4,5 mil litros é alcançada por meio de podas severas. A safra no Médoc começa a qualquer momento entre o início de setembro e o final de outubro. As equipes coletoras, algumas compostas de 250 homens, começam com o Merlot, que amadurece primeiro, e se movem o mais rápido que podem.

O trabalho vital de seleção começa no vinhedo, descartando cachos que tenham amadurecido de forma desigual ou que estejam apodrecidos. Continua no *cuvier*, onde eles são inspecionados antes de ser entornados na máquina de tirar pedúnculos. As uvas esmagadas, cada variedade separadamente, passam para tanques de aço ou para grandes tonéis perpendiculares de carvalho para fermentação, normalmente com as leveduras naturais do vinhedo ou do lagar. Se as uvas não tiverem açúcar natural suficiente, o mosto será chaptalizado. A temperatura da fermentação é controlada para se elevar a não mais que 30 ºC (85 ºF) – o suficiente para extrair o máximo de cor das cascas, mas não o bastante para inibir as leveduras e interromper uma fermentação estável.

A fermentação pode levar de uma a três semanas, dependendo das leveduras, da maturidade das uvas e do clima. O vinho pode ser deixado com as cascas por até 21 dias, se necessário, para alcançar o máximo de cor e de sabor. O suco é extraído em novas barricas de 225 litros feitas no château de carvalho da floresta de Tronçais no Allier, na França central. Os restos de cascas e sementes é pressionado em uma prensa hidráulica. Parte deste, exageradamente tânico, pode ser misturada se necessário, normalmente entre zero e 10%.

As barricas, até 1.100 delas em um ano abundante, ficam enfileiradas no *chai*, tampadas de forma imprecisa, enquanto termina a fermentação malolática. No início do novo ano, o proprietário, seu gerente, o *maître de chai*, e o enólogo consultor (Jacques Boissenot) provam o novo vinho tintado e picante para fazer a seleção essencial: quais barris são bons o suficiente para o *grand vin* do château, quais são

adequados para o segundo rótulo, Carruades de Lafite, e quais serão engarrafados como meros Pauillac. Esse é o momento para a *assemblage* dos vinhos das quatro variedades diferentes, que até agora ainda estavam separados. Uma vez misturados, os vinhos são colocados de volta em barris limpos.

Durante mais um ano eles permanecem com tampas frouxas, sendo arejados semanalmente para permitir qualquer "*ullage*", ou perda por evaporação. Durante esse ano, eles serão armazenados em barris limpos duas ou três vezes e refinados com claras de ovos batidas. A espuma branca vertida na superfície coagula e afunda, levando junto, para o fundo, quaisquer partículas flutuantes. Quando o ano chega ao fim, os barris são bem vedados e virados *bondes de côte* – com as tampas para o lado. De agora em diante, a única forma de obter uma amostra deles é por meio de uma minúscula torneira tampada com madeira na extremidade do barril.

No Lafite, o vinho é mantido no barril por mais doze meses, até o segundo verão ou outono após a safra, e então armazenado em um tonel, que alimenta a engarrafadora.

Assim como é complicado para contar, não há forma mais simples ou mais natural de fabricar vinho. A equipe do Lafite é desconfiada das últimas novidades tecnológicas ou dos métodos da moda, embora muitos deles sejam experimentados com rigor, para verificar se podem ser vantajosos. Os fatores que distinguem a vinificação de um *premier cru* de empreendimentos mais modestos são o tempo que leva, o número de manobras e a seleção criteriosa.

Nos últimos anos, a iniciativa dos Rothschild tem atuado para usar a vantagem técnica (bem como financeira) do Lafite em novos campos próximos e distantes. O vizinho Château Duhart-Milon foi comprado e renovado; o Château Rieussec, em Sauternes e o importante Château L'Evangile, em Pomerol, foram adquiridos, bem como uma grande propriedade no Languedoc; e empreendimentos conjuntos foram iniciados no Chile (1988), em Portugal (1992), e na Argentina (1999).

trazido os vinhos a um novo patamar impressionante. Eles têm opulência, vigor e concentração, e as últimas safras foram de excelente qualidade. O *cuvier* de dois andares, os *chais* e os porões são de escala monumental, até mesmo para os padrões do Médoc. O segundo rótulo é Les Hauts de Pontet.

Outros châteaux de Pauillac

Château la Bécasse ☆–☆☆
Proprietário: Roland Fonteneau. 4,2 ha.
Propriedade minúscula, mas admirável que, nos bons anos, produz vinhos Pauillac de sabor intenso.

Château Bellegrave ☆☆
Proprietário: Jean-Paul Meffre. 7 ha.
www.chateau-bellegrave.fr
Mesma propriedade que o Château du Glana em Saint-Julien, mas os vinhos têm mais corpo.

Château Colombier Monpelou ☆
Proprietário: Bernard Jugla. 24 ha.
Vinhos leves com desempenho evidentemente ruim, de videiras bem localizadas.

Château Cordeillan Bages ☆☆
Proprietário: J. M. Cazes. 2 ha.
www.cordeillanbages.com
Cerca de apenas mil caixas do vinhedo do hotel do château.

Château La Fleur Peyrabon ☆–☆☆
Proprietário: Patrick Bernard. 5 ha.
A propriedade do *négociant* Bernard, Château Peyrabon, de Haut--Médoc, contém um setor em Pauillac, engarrafado separadamente.

Château Fonbadet ☆☆–☆☆☆
Proprietário: Pierre Peyronie. 20 ha.
www.chateaufonbadet.com
Um bom cultivo, produzindo vinhos robustos, densos e tradicionais de videiras muito antigas. Pode ser excelente nos melhores anos.

Les Forts de Latour ☆☆☆
Ver Château Latour.
O primeiro dos "segundos" rótulos do Médoc, e ainda assim o melhor.

Château Haut-Bages Monpelou ☆–☆☆
Proprietário: família Castéja. 15 ha.
Até 1948, parte do Château Duhart-Milon, hoje nas mesmas mãos que o Château Batailley e, com efeito, seu segundo rótulo.

Château Pibran ☆☆–☆☆☆
Propriedade: AXA Millésimes. 17 ha.
Vinho carnoso, robusto e às vezes opulento. Em 2001, o vizinho Château Tour Pibran foi comprado e incorporado.

Cave Coopérative la Rose Pauillac ☆–☆☆
www.la-rose-pauillac.com
Cooperativa de produtores em declínio, cultivando 60 ha. Pauillac bem feito, embora rústico.

Saint-Estèphe

Saint-Estèphe é mais agradavelmente rural que Pauillac; seis pequenos vilarejos dispersos com algumas encostas íngremes e (em Marbuzet) parques florestais. Tem 1.255 hectares de vinhedos, a maioria *crus bourgeois*, em solos mais pesados, em que se cultiva, via de regra, uma proporção maior de Merlot com relação ao Cabernet do que nas comunas do sul. O Saint-Estèphe típico mantém uma cor intensa por um bom tempo, demora para mostrar suas virtudes, e tem menos perfume, e um sabor mais áspero e mais forte que o Pauillac, com menos da vitalidade pungente que marca os melhores Médoc. Com algumas brilhantes exceções, os Saint-Estèphe são os soldados rasos desse exército aristocrático.

Crus Classes de Saint-Estèphe

Château Calon-Ségur ☆☆☆
3ème Cru Classé. Proprietário: Mme. Denise Capbern--Gasqueton. 55 ha. Uvas: Cab. Sauv. 65%, Cab. Fr. 15%, Merlot 20%.
O *cru classé* mais ao norte do Médoc, cujo nome é uma homenagem ao Conde de Ségur, do século XVIII, que também foi dono do Lafite e do Latour, mas cujo "coração estava em Calon" – e é lembrado por um coração vermelho no rótulo. Depois de anos, quando o vinho ficou um pouco austero e tânico, a qualidade deu um salto em meados da década de 1990, e o Calon-Ségur é hoje, indiscutivelmente, um dos melhores vinhos da região. O vinhedo murado circunda o elegante château.

Château Cos d'Estournel ☆☆☆–☆☆☆☆
2ème Cru Classé. Proprietário: Michel Reybier. 64 ha. Uvas: Cab. Sauv. 58%, Cab. Fr. 2%, Merlot 38%, Petit Verdot 2%. www.cosdestournel.com
Vinhedo magnificamente localizado em uma encosta ao norte do Château Lafite. Nenhuma casa, mas um estranho *chai* em estilo "chinês". O mais (e talvez o único) encantador dos Saint-Estèphe, um dos principais *deuxièmes crus* com a estrutura dos grandes claretes e um excelente histórico de consistência. Apesar das mudanças de propriedade desde 1998, Jean-Guillaume Prats, o filho do dono anterior, permanece no comando. Este é um dos claretes modernos mais elegantes, e a propriedade usa toda a tecnologia à sua disposição para enfocar na qualidade. Continua sendo um vinho poderoso e duradouro, com abundância de fruta e carvalho. Bom para ser consumido após quinze anos. O segundo rótulo é Les Pagodes de Cos (o "s" de Cos é pronunciado, como a maioria das consoantes finais no sudoeste da França).

Château Cos-Labory ☆☆–☆☆☆☆
5ème Cru Classé. Proprietário: Bernard Audoy. 18 ha. Uvas: Cab. Sauv. 55%, Cab. Fr. 10%, Merlot 35%
Um pequeno e profissional *cru classé*, vizinho do Cos d'Estournel, mas só em termos geográficos. Os vinhedos um tanto dispersos produzem um Saint-Estèphe firme e honesto, relativamente suave e frutado, para ser consumido em quatro ou cinco anos. O que falta ao vinho é elegância.

Château Lafon-Rochet ☆☆☆
4ème Cru Classé. Proprietário: Michel Tesseron. 45 ha. Uvas: Cab. Sauv. 55%, Merlot 41%, Cab. Fr. 4%. www.lafon-rochet.com.
Um único bloco de vinhedo situado em uma encosta ao norte do Château Lafite, na margem sul de Saint-Estèphe. O château foi reconstruído nos anos 1960 pelo comerciante de Cognac, Guy Tesseron, cujo filho, Michel (irmão de Alfred Tesseron, do

Château Pontet-Canet), não poupa gastos para produzir bons vinhos, e melhorou muitíssimo a propriedade. Produz vinhos encorpados, exuberantes e fortes, que valem por sua textura sedosa, mas não parecem alcançar grande elegância. As safras recentes, mesmo a de 2006, apresentam uma progressão constante na qualidade.

Château Montrose ☆☆☆–☆☆☆☆
2ème Cru Classé. Proprietário: Martin Bouygues. 95 ha. Uvas: Cab. Sauv. 65%, Cab. Fr. 10%, Merlot 25%.
www.chateau-montrose.com

Propriedade isolada e aparentemente remota, de onde se avista o estuário da Gironda ao norte de Saint-Estèphe. Seus vinhos têm um estilo próprio: tradicionalmente, estão entre os mais firmes de todos os Bordeaux, duros e severos por um bom tempo, de sabor notadamente acentuado, mesmo quando maduros. A cor e o sabor intensos do vinho provavelmente vêm do subsolo argiloso sob o carvalho avermelhado e rico em ferro. Estar bem à margem do rio também ajuda as uvas a amadurecer mais rápido. Os vinhos de 1978-1985 deixaram o padrão cair, mas no início dos anos 1990 assumiram um aspecto mais austero outra vez, tentando alguns a chamarem Montrose de "Latour de Saint-Estèphe" (sua localização com vista para o rio encoraja a comparação.) Magnífico nas safras de 1990, 1995, 1996, 2000, 2003 e 2005. Em 2006, a família Charmolüe, dona do Montrose desde 1896, vendeu a propriedade para um magnata da construção, que imediatamente a expandiu. O segundo rótulo é La Dame de Montrose.

Château Cos d'Estournel, Saint-Estèphe.

Outros châteaux em Saint-Estèphe

Château Andron-Blanquet ☆
Proprietário: Bernard Audoy. 16 ha.
Produzido em Cos-Labory (ver p. 52). Preço acessível, mas a qualidade é medíocre.

Château Beau-Site ☆☆
Proprietário: família Castéja. 35 ha.
Excelente localização, próxima do Calon-Ségur. Vinhos bons e robustos, mas mais palatáveis quando consumidos bem jovens.

Château le Boscq ☆☆
Proprietário: Union Francaise de Gestion. 18 ha.
Vinhos muito bons e flexíveis para ser consumidos a médio prazo, embora a safra de 1996 continue apropriada em 2008.

Château Capbern-Gasqueton ☆–☆☆
Proprietário: Mme. Denise Capbern-Gasqueton. 41 ha.
Vinho robusto e encorpado, pertencente aos mesmos donos que o Château Calon-Ségur.

Château Chambert-Marbuzet ☆–☆☆
Ver Château Haut-Marbuzet nesta página.

Château Clauzet
Proprietário: Barão Maurice Velge. 28 ha.
www.chateauclauzet.com
Em 1997, o novo proprietário belga comprou o Clauzet e o Château de Côme, que fica próximo, e está produzindo vinhos honestos, embora um tanto densos.

Château Coutelin-Merville ☆–☆☆
Proprietário: Bernard Estager. 23 ha.
Vinhos leves, ainda que um pouco rústicos; a safra de 2003, no entanto, é suntuosa.

Château le Crock ☆☆
Proprietário: família Cuvelier. 33 ha.
www.cuvelier-bordeaux.com
Mansão clássica, dos mesmos proprietários do Château Léoville-Poyferré (ver Saint-Julien). Vinhos consistentes e bem feitos, extremamente frutados e densos. Podem ser consumidos bem jovens.

Château Haut-Beauséjour ☆☆
Proprietário: Champagne Louis Roederer. 20 ha.
Propriedade recriada em 1992 por Jean-Claude Rouzaud, que também é dono do Château de Pez (ver p. 54).

Château Haut-Marbuzet ☆☆☆
Proprietário: Henri Duboscq. 58 ha.
Hoje o excelente *cru bourgeois* de Saint-Estèphe: amadeirado, carnoso, exuberante e instantaneamente tentador. Os Châteaux Chambert-Marbuzet e Tour de Marbuzet são vinhos menores, mas ainda assim atraentes, dos mesmos proprietários.

Château Lilian Ladouys ☆☆
Proprietário: Martin Bouygues. 45 ha.
www.chateau-lilian-ladouys.com
Os novos donos fizeram, em 1989, investimentos vultosos, e as primeiras safras foram esplêndidas, embora muito amadeiradas. Composta de vários terrenos dispersos, a propriedade se mostrou difícil de gerenciar e passou por dificuldades financeiras, aliviadas em 2006 por sua venda ao proprietário do Château Montrose.

Château Marbuzet ☆☆
Proprietário: Michel Reybier. 11 ha.
www.cosestournel.com

Até 1995, o segundo rótulo do Cos d'Estournel (ver p. 52), posteriormente lançado como um vinho independente produzido pela mesma equipe.

Château Meyney ☆☆
Proprietário: Crédit Agricole Grands Crus. 51 ha.
Um dos mais bem situados e mais duradouros dos muitos *cru bourgeois* confiáveis em Saint-Estèphe. Vinho firme e escuro, muitas vezes duro, e nunca completamente à altura do potencial do vinhedo.

Château Les Ormes-de-Pez ☆☆–☆☆☆
Proprietário: família Cazes family. 33 ha.
www.ormesdepez.com
Propriedade extremamente popular e de grande prestígio. Faz por merecer, já que seu vinho é robusto, carnoso, elegante e belamente equilibrado.

Chateau Petit Bocq
Proprietário: Dr Gaëtan Lagneaux. 15 ha.
www.chateau-petit-bocq.com
Vinhos robustos, aromáticos e amadeirados produzidos desde 1993 por um médico belga.

Château de Pez ☆☆
Proprietário: Champagne Louis Roederer. 26 ha.
Vinho muito duradouro e potencialmente nobre, que às vezes alcança o padrão de *cru classé*. Após vinte anos, a safra de 1970 era magnífica. Desde que Roederer comprou a propriedade em 1995, o vinho se tornou mais suave e mais elegante.

Château Phélan-Ségur ☆☆–☆☆☆
Proprietário: Thierry Gardinier. 90 ha.
www.phelansegur.com
Propriedade importante, totalmente reconstruída, e cheia de ambição desde que os Gardinier (antigos donos do Pommery) a compraram em 1985. Às vezes, recebe uma classificação inferior à merecida, já que o vinho é elegante, em vez de forte ou surpreendente. Mais saboroso se consumido após dez anos.

Château Pomys ☆
Proprietário: François Arnaud. 12 ha.
www.chateaupomys.com
Propriedade reconhecida, bem como o hotel contíguo, produzindo Saint-Estèphe clássicos, mas muito monótonos.

Château Ségur de Cabanac ☆☆
Proprietário: Guy Delon. 7 ha.
Apenas 3 mil caixas de excelente qualidade.

Château Sérilhan ☆☆
Proprietário: Didier Marcelis. 20 ha.
www.chateau-serilhan.com
Marcelis foi resgatado de uma carreira em setores de alta tecnologia para administrar as propriedades da família, o que está fazendo com talento, inteligência e determinação.

Château Tour de Pez ☆–☆☆
Proprietário: Philippe Bouchara. 30 ha.
A propriedade tem se aperfeiçoado e produzido vinhos bem frutados e de intensidade razoável.

Château Tour des Termes ☆
Proprietário: Christophe Anney. 16 ha.
www.chateautourdestermes.com
Excelentes vinhos maduros, incisivos e palatáveis.

Château Tronquoy-Lalande ☆☆
Proprietário: Martin Bouygues. 17 ha.

Antes escuro e tânico, o vinho se tornou mais flexível nos anos 1990 – uma mudança de estilo e não de qualidade. Hoje pertence ao mesmo dono que o Château Montrose, e sua direção futura é incerta.

Haut-Médoc

Haut-Médoc é a denominação genérica para a área que encapsula as comunas mais famosas. Seus vinhos variam em qualidade: alguns são equivalentes aos melhores do extremo sul, onde se destacam o Château la Laguna, em Ludon, e o Château Cantemerle; outros são, apenas em teoria, superiores aos melhores vinhos da parte baixa do Médoc, no extremo norte. Parte dessas terras mais baixas fica às margens do rio, no meio da região, nas comunas de Arcins, Lamarque e Lussac – que também, deve-se dizer, têm ótimos solos de cascalho. Algumas ficam mais para o interior, no limite com a floresta de pinheiros.

Com um total de 4.380 hectares, a denominação de origem de Haut-Médoc é apenas um indicativo de alta qualidade – não uma garantia.

Crus Classés do Haut-Médoc

Château Belgrave ☆☆–☆☆☆
5ème Cru Classé. Proprietário: consórcio privado, mas gerenciado pelo CVBG. 60 ha. Uvas: Cab. Sauv. 45%, Cab. Fr. 8%, Merlot 42%, Petit Verdot 5%.
www.cvbg.com
Propriedade perdida até 1980, e desde então tem uma produção constante de vinhos atraentes. No final da década de 1990, a qualidade melhorou ainda mais, e o vinho ganhou muito mais classe e intensidade.

Château de Camensac ☆
5ème Cru Classé. Proprietários: Jean Merlaut e Céline Villars-Foubet. 70 ha. Uvas: Cab. Sauv. 60%, Cab. Fr. 5%, Merlot 35%.
Vizinho dos Châteaux Belgrave, la Tour-Carnet e Lagrange (ver p. 47) na comuna de Saint-Laurent, a oeste de Saint-Julien. Nas mãos dos antigos proprietários, a família Forner, produzia vinhos insípidos, mas a compra em 2005 pelo experiente Merlaut deve trazer as tão esperadas melhorias.

Château Cantemerle ☆☆
5ème Cru Classé. Proprietário: grupo SMABTP. 90 ha. Uvas: Cab. Sauv. 50%, Cab. Fr. 5%, Merlot 40%, Petit Verdot 5%. www.cantemerle.com
O próximo château ao norte de La Lagune, em um parque florestado de misteriosa beleza. A árvore ao lado da casa no belo rótulo é um plátano que hoje domina completamente a casa – um monstro. Os vinhedos, com solo leve e uma boa quantidade de Merlot, produzem vinhos charmosos e formidavelmente estáveis. As safras dos anos 1950 e 1960 foram maravilhosas; as dos anos 1970 não são tão boas, mas a qualidade foi recuperada nos anos 1980. Hoje, seus vinhos são bastante desiguais e carecem de estrutura e delicadeza. Segundo rótulo: Les Allées de Cantemerle.

Château la Lagune ☆☆–☆☆☆
3ème Cru Classé. Proprietário: Jean-Jacques Frey. 75 ha. Uvas: Cab. Sauv. 60%, Merlot 30%, Petit Verdot 10%. www.chateau-lalagune.com
Dentre os *châteax* importantes do Médoc, este é o mais próximo de Bordeaux, e uma charmosa vila do século XVIII. O vinhedo havia quase desaparecido nos anos 1950, quando foram totalmente

replantados e equipados com os mais modernos tonéis e tubulações de aço. No decorrer de numerosas mudanças de propriedade, o vinho manteve suas características adocicadas, apimentadas e carnosas. Desde 1999, o novo proprietário, também um importante dono da Champagne, investiu maciçamente (o novo *cuvier* é magnífico), e sua filha Caroline, treinada por Denis Dubourdieu, produz o vinho cada vez mais refinado.

Château la Tour-Carnet ☆☆–☆☆☆
4ème Cru Classé. Proprietário: Bernard Magrez. 65 ha, dos quais 1 branco. Uvas tintas: Cab. Sauv. 40%, Cab. Fr. 7%, Merlot 50%, Petit Verdot 3%. Uvas brancas: Sauv. 35%, Sém. 35%, Sauv. Gris 30%. www.latour-carnet.com
Um castelo medieval cercado de fossos na área rural florestada e relativamente ondulada de Saint-Laurent, mas o *négociant* Bernard Magrez adquiriu a propriedade em 1997 e logo a mudou para melhorar a qualidade no vinhedo. Excelente qualidade desde 1998, e um novo vinho branco a partir de 2003.

Outros châteaux do Haut-Médoc

Château d'Agassac ☆☆
Ludon. Proprietário: Groupama. 38 ha. www.agassac.com
O château mais romântico do Médoc, medieval, cercado de fossos e bem no meio da floresta. A companhia de seguros Groupama comprou o Agassac em 1996 e fez investimentos vultosos. Os vinhos são "gordos", mas frescos e equilibrados.

Château d'Arche ☆–☆☆
**Ludon. Proprietário: Mähler-Besse.
9 ha. www.mahler-besse.com**
Um bom vinho, com pura fruta e carvalho suave.

Château Arnauld ☆–☆☆
Arcins. Proprietário: Nathalie Roggy e Rrancois Theil. 38 ha.
Um vinho bom, mas inconsistente.

Château Beaumont ☆–☆☆
**Cussac. Proprietário: GMF. 105 ha.
www.chateau-beaumont.com**
Nobre château no planalto de Cussac, em algumas das mesmas mãos que o Beychevelle (ver p. 46), produzindo clarete estiloso para ser consumido logo, que faz jus ao preço.

Château Belle-Vue
**Proprietário: Vincent Mulliez. 10 ha.
www.chateau-belle-vue.com**
Clarete maduro, viscoso e moderno, proveniente dos vinhedos próximos a Giscours.

Château Bel-Orme-Tronquoy-de-Lalande ☆
Saint-Seurin. Proprietário: Jean-Michel Quié. 28 ha.
Propriedade bem localizada, pertencente à família que também é dona dos Châteaux Rauzan-Gassies e Croizet-Bages (ver p. 49). Vinho duro e tânico nos anos 1970 e 1980; mais flexível desde meados da década de 1990.

Château Bernardotte ☆☆
**Proprietário: Champagne Louis Roederer. 39 ha.
www.chateau-bernadotte.com**
Propriedade na periferia de Pauillac, adquirida pelo Château Pichon-Lalande em 1997; a partir de então, a qualidade, já legítima, melhorou ainda mais. Hoje pertence ao mesmo novo dono que o Pichon-Lalande.

Château Cambon-la-Pelouse ☆☆
**Macau. Proprietário: Jean-Pierre Marie. 65 ha.
www.cambon-la-pelouse.com**
Grande propriedade entre Cantemerle e Giscours (ver p. 43), com 50% do vinhedo plantado com Merlot. Vinhos cada vez mais vigorosos para ser consumidos a médio prazo.

Château Caronne-Ste-Gemme ☆–☆☆
**Saint-Laurent. Proprietário: François Nony. 45 ha.
www.chateau-caronne-ste-gemme.com**
Propriedade cada vez mais importante produzindo vinhos bem feitos e um pouco magros, capazes de charme com o tempo.

Château Charmail ☆☆
Saint-Seurin. Proprietário: Olivier Sèze. 22 ha.
Clarete robusto e frutado, com uma textura sedosa e bom potencial de envelhecimento.

Château Cissac ☆–☆☆
**Cissac. Proprietário: Louis Vialard. 50 ha.
www.chateau-cissac.com**
Um pilar da burguesia. Médoc confiável e robusto, embora antiquado; melhor depois de uns dez anos (costumava levar vinte), graças à preponderância de Cabernet Sauvignon no vinho.

Château Citran ☆☆
**Avensan. Proprietário: Antoine Merlaut. 90 ha.
www.citran.com**
Vinho redondo e encorpado (42% de Merlot), com potencial de guarda, que se beneficiou dos investimentos japoneses de 1987 até ser comprado por Merlaut (do grupo Taillan) em 1996.

Château Clément Pichon ☆–☆☆
**Parempuyre. Proprietário: Clément Fayat. 25 ha.
www.vignobles.fayat.com**
Antes tinha um estilo insípido e direto, mas, desde os anos 1990, ganhou corpo e complexidade. Deliciosa safra de 2005.

Château Coufran ☆☆
**Saint-Seurin. Proprietário: família Miailhe. 75 ha.
www.chateau-coufran.com**
A propriedade mais ao norte do Alto Médoc. É incomum por ser composta de 85% de Merlot para produzir vinhos mais suaves e "gordos" que seu irmão das redondezas – o Château Verdignan (ver p. 57).

Château Fontesteau ☆
Saint-Sauveur. Proprietários: Dominique Fouin e sócios. 32 ha. www.fontesteau.com
Vinho conservador no estilo clássico do Médoc para ser guardado por um bom tempo; mas as últimas safras foram inconsistentes.

Château de Gironville ☆
**Macau. Proprietário: Vincent Mulliez. 10 ha.
www.scgironville.com**
Replantado em 1987, e hoje nas mãos do mesmo dono que o Belle--Vue (ver nesta página) e produzido em estilo similar.

Château Hanteillan ☆–☆☆
**Cissac. Proprietária: Catherine Blasco. 82 ha.
www.chateau-hanteillan.com**
Antiga propriedade, abundantemente restaurada e replantada desde 1973. Vinho tranquilo e equilibrado para ser consumido logo.

Château Lachesnaye ☆–☆☆
Proprietário: família Bouteiller. 20 ha.
www.lachesnaye.com
Vizinho do mais conhecido Château Lanessan (ver nesta página) e pertencente ao mesmo dono. Vinhos robustos com bom envelhecimento.

Château de Lamarque ☆☆
Lamarque. Proprietário: Pierre-Gilles Gromand. 35 ha.
www.chateaudelamarque.com
A mais bela fortaleza medieval remanescente no Médoc, na vila em que a balsa parte para Blaye. O vinho é flexível e apimentado, com sabor de amoras silvestres; determina o potencial do Médoc central. Mas não espere elegância.

Château Lamothe-Bergeron ☆–☆☆
Cussac. Proprietário: Crédit Agricole Grands Crus. 66 ha.
Vinho levemente herbáceo, com predominância de Merlot, para ser consumido ainda jovem.

Château Lamothe-Cissac ☆
Cissac. Proprietário: Vincent Fabre. 33 ha.
Um vinho corretamente austero, que carece de elegância. O engarrafamento das *Vieilles Vignes* é superior.

Château Lanessan ☆☆–☆☆☆
Cussac. Proprietário: família Bouteiller. 40 ha.
www.lanessan.com
Extravagante mansão e parque vitorianos com um popular museu de carruagens. A propriedade mais conhecida em Cussac, que ocasionalmente alcança qualidade de *cru classé*. Vinho mais refinado que entusiasmante. Envelhece bem.

Château Larose-Trintaudon ☆
Saint-Laurent. Proprietário: Assurances Générales de France. 175 ha. www.larose-trintaudon.com
A maior propriedade no Médoc, plantada desde 1965, construída pela família espanhola Forner até sua venda em 1986. A quantidade não parece impedir a qualidade constante e aprazível, embora o vinho seja essencialmente suave. A seleção superior é engarrafada como Château Larose-Perganson.

Château Lestage Simon ☆–☆☆
Saint-Seurin. Proprietário: Vignobles Leprince. 40 ha
Vinho concentrado, frutado e confiável.

Château Lieujean ☆
Saint-Sauveur. Proprietário: Jean-Michel Lapalu e Patrice Ricard. 38 ha. www.domaines-lapalu.com
Vinho simples, mas atraente, do mesmo proprietário que o Lapalu.

Château Liversan ☆–☆☆
Saint-Sauveur. Proprietário: Domaines Lapalu. 40 ha.
www.domaines-lapalu.com
Charmosa propriedade que inclui o Château Fonpiqueyre. Vinificação consciente apoiada por novos investimentos.

Château Magnol ☆
Blanquefort. Proprietário: Barton et Guestier. 17 ha.
www.barton-guestier.com
Metade Cabernet, metade Merlot; flexível e ligeiramente encorpado.

Château Malescasse ☆☆
Lamarque. Proprietário: Alcatel Alsthom. 37 ha.
www.malescasse.com

Replantado nos anos 1970 pela família de Tesseron, que vendeu a propriedade em 1992. Vinhos baratos mas bem feitos, embora careçam de personalidade.

Château de Malleret ☆
Le Pian. Proprietário: Não divulgado. 50 ha.
Vinhos delgados e indistinguíveis, mas um novo dono em 2006 pode trazer mudanças.

Château Maucamps ☆–☆☆
Macau. Proprietário: Alain Tessandier. 14 ha.
Vinho macio, com certa fineza, para ser consumido a médio prazo.

Château le Meynieu ☆
Vertheuil. Proprietário: Jacques Pédro. 20 ha.
Vinho encorpado, marcadamente tânico e amadeirado, pouco elegante.

Château Meyre ☆–☆☆
Avensan. Proprietário: Corinne Bonne. 18 ha.
Vinho honesto, mas obscurecido pelo *cuvée* especial chamado Optima.

Château Mille Roses ☆–☆☆
Macau. Proprietário: David Faure. 10 ha.
Nova propriedade, produzindo vinhos vigorosos que até agora carecem de elegância.

Château du Moulin Rouge ☆
Cussac. Proprietário: Guy Pelon. 16 ha.
Vinho corpulento e bem estruturado.

Château Paloumey ☆☆
Ludon. Proprietário: Martine Cazeneuve. 32 ha.
www.chateaupaloumey.com
Uma de um grupo de propriedades pertencente à ambiciosa Mme. Cazeneuve. Produz bons vinhos de maneira consistente desde 2001.

Château Peyrabon ☆–☆☆
Saint-Sauveur. Proprietário: Patrick Bernard. 50 ha.
www.chateaupeyrabon.com
Comprado em 1998 por Patrick Bernard da Millésima, o vinho ainda precisa se livrar de sua deselegância característica. A propriedade também lança uma pequena quantidade de Pauillac chamada Château La Fleur Peyrabon (ver p. 52).

Château Puy-Castéra ☆
Cissac. Proprietário: Alix Marès. 28 ha.
www.puycastera.com
Após a completa renovação em 1973, a propriedade vem produzindo de forma constante vinhos honestos mas simples.

Château Ramage la Batisse ☆
Saint-Sauveur. Proprietário: MACIF. 66 ha.
Vinhedo cultivado desde 1961. A propriedade emprega métodos modernos para produzir um estilo de vinho tradicional, porém de maturação rápida.

Château de Retout ☆–☆☆
Cussac. Proprietário: Gérard Kopp. 33 ha.
www.chateau-de-retout.com
Claretes robustos e encorpados, longe no entanto de ser elegantes.

Château Reysson ✩
Vertheuil. Proprietário: Mercian Corporation. 70 ha.
Proprietários japoneses, desde 1987, favorecem um estilo "tranquilo", leve, para ser consumido rápido, embora o engarrafamento Réserve tenha mais corpo.

Château Saint-Ahon ✩
Blanquefort. Proprietário: Conde Bernard de Colbert. 31 ha. www.saintahon.com
Vinho acetinado e afável; com pouco extrato.

Château St-Paul ✩–✩✩
Saint-Seurin. Proprietário: consórcio de investidores. 20 ha.
No passado, produzia vinhos rústicos, mas melhorou desde que Olivier Sèze, dono do vizinho Château Charmail (ver p. 55), ficou a cargo da produção.

Château Sénéjac ✩✩
Le Pian. Proprietário: Thierry Rustmann. 40 ha.
Sénéjac tinha uma boa reputação por seu vinho branco, mas essas videiras foram eliminadas pelo novo dono em 1999. O prestigiado *cuvée* Karolus foi descontinuado após 2004, já que se tornara apenas marginalmente superior ao Sénéjac regular.

Château Senilhac ✩
Saint-Seurin. Proprietário: Jean-Luc Grassin. 23 ha.
Vinho direto e, às vezes, adstringente para consumo rápido.

Château Sociando-Mallet ✩✩✩
Saint-Seurin. Proprietário: Jean Gautreau. 74 ha.
Comprado por Jean Gautreau, em 1969, e um grande sucesso no início dos anos 1980, graças à excelente localização dos vinhedos e da vinificação exigente. As safras recentes, necessitando longa maturação, obscureceram muitos *crus classés*. Segundo rótulo: Demoiselle de Sociando-Mallet.

Château Soudars ✩–✩✩
Saint-Seurin. Proprietário: Eric Miailhe. 23 ha. www.chateausoudars.com
Essencialmente uma nova propriedade, criada pelo filho de Jean Miailhe desde 1973. Vinho flexível e bem produzido, com abundância de frutas maduras.

Château Tour du Haut Moulin ✩–✩✩
Cussac. Proprietário: Lionel Poitou. 32 ha.
Vinho de sabor intenso e agradável (50% de Merlot), de uma propriedade perto de Beaumont; merecidamente, possui muitos seguidores.

Château la Tour St-Joseph ✩
Cissac. Proprietário: família Quancard. 10 ha. www.chevalquancard.com
Vinho robusto, com notas acentuadas de carvalho.

Château Verdignan ✩–✩✩
Saint-Seurin. Proprietário: família Miailhe. 60 ha.
Ao contrário de seu irmão, o Château Coufran (ver p. 55), Verdignan tem a proporção de Cabernet típica dos Médoc e precisa de mais dois ou três anos de guarda.

Château de Villegeorge ✩–✩✩
Avensan. Proprietário: Marie-Laure Lurton-Roux. 20 ha. www.vignobles-marielurtonroux.com
Outra propriedade de Lurton. Vinhos delgados que muitas vezes não conseguem manter sua reputação anterior.

Denominação de origem Médoc

O Baixo Médoc (localizado mais ao norte, seguindo o Gironda) era antes chamado de Bas-Médoc, o que deixava claro que era esta área, e não toda a península, que estava em discussão. Os solos, e portanto os vinhos, são considerados inferiores aqui. O último dos cascalhos de grande calibre foram depositados por geleiras entre Graves e Saint-Estèphe.

Embora o solo continue a se elevar gentilmente, as corcovas se tornam mais espaçadas e o solo muito mais pesado, com uma grande proporção de argila pálida e fria, mais adequada ao Merlot que ao Cabernet (embora persistam faixas de solo mais arenoso).

Notadamente, o vinho tem menos delicadeza e perfume, mas bom corpo e estrutura com alguns dos "cortes" tânicos que tornam todos os vinhos do Médoc tão bons à mesa. As boas safras duram bem nas garrafas, sem desenvolver as complexidades adocicadas do Alto Médoc em sua melhor forma. A última década viu um grande ressurgimento de interesse por esta área produtiva. Algumas grandes propriedades já se prepararam e hoje oferecem um bom negócio, embora não uma completa barganha. Em 1972, havia 1.836 hectares em produção na denominação do Médoc. Em 2006, esse número havia subido para 5.580 hectares.

A comuna mais importante é Bégadan, com várias das propriedades mais proeminentes. Cerca de um terço da produção de toda a denominação vem dessa única área. Em seguida, em ordem de produção, estão Saint-Yzans, Prignac, Ordonnac, Blaignan, Saint-Christoly e Saint Saint-Germain.

Os principais produtores são apresentados aqui em ordem alfabética, seguidos pelo nome da comuna em que se encontram. A cidade central de toda a área é Lesparre.

Uso de prensa manual tradicional para esmagar as uvas

Principais châteaux do Baixo Médoc

Château Blaignan ☆
Blaignan. Proprietário: Crédit Agricole Grands Crus. 87 ha.
O maior vinhedo de Blaignan, produzindo vinhos serenos para consumo imediato.

Château Bournac ☆
Civrac. Proprietário: Bruno Secret. 14 ha.
Vinhos sólidos e até mesmo rústicos.

Château La Breuil-Renaissance ☆–☆☆
Blaignan. Proprietário: Philippe Bérard. 27 ha.
www.lebreuil-renaissance.com
Vinhos densos e untuosos, especialmente o *prestige cuvée*.

Château la Cardonne ☆☆
Blaignan. Proprietário: Guy Charloux. 86 ha.
www.domaines-cgr.com
Esta propriedade foi restruturada, no início dos anos 1970, pelos Rothschild. Isso deu enorme impulso ao Baixo Médoc com seus vinhos prestigiados e previsivelmente bem feitos. No entanto, a propriedade mudou de mãos repetidas vezes e hoje está agrupada com os Châteaux Ramafort e Grivière (ver pp. 58 e 59). Francamente comercial: seus cultivos são colhidos à máquina e nunca vendidos *en primeur*. Apesar disso, produz vinhos bem focados e impecáveis.

Château la Clare ☆☆
Bégadan. Proprietário: Jean Guyon. 20 ha.
www.rollandeby.com
Vinhos enérgicos e amadeirados, do mesmo dono que o Château Rollan de By (ver p. 59).

Château d'Escurac ☆☆–☆☆☆
Civrac. Proprietário: Jean-Marc Landureau. 18 ha.
Começou a engarrafar seus vinhos nos anos 1990. A safra de 1996 foi brilhante, e desde então o padrão foi mantido.

Château Fontis ☆
Ordonnac. Proprietário: Vincent Boivert. 10 ha.
A propriedade dos pais é o Château Les Ormes-Sorbet (ver a seguir), e estes vinhos, embora leves, são produzidos com talento semelhante.

Château La Gorce
Blaignan. Proprietário: Denis Fabre. 44 ha.
www.chateaulagorce.com
Vinho tradicional do Médoc, robusto e aprazível.

Château les Grands Chênes ☆☆
St. Christoly. Proprietário: Bernard Magrez. 11 ha.
Desde 1998, Magrez e sua equipe esbanjaram recursos e talento neste vinho já elegante. O *prestige cuvée* foi descontinuado, uma vez que já não marca melhoria significativa sobre o vinho regular.

Château Greysac ☆☆
Bégadan. Proprietário: Domaines Codem. 60 ha.
www.greysac.com
Propriedade grande e eficiente que produz vinhos honestos e bem conhecidos nos Estados Unidos. O Greysac pode ser consumido jovem, mas é capaz de envelhecimento.

Château Grivière ☆–☆☆
Blaignan. Proprietário: Guy Charloux. 18 ha.
www.domaines-cgr.com
(Ver Château la Cardonne nesta página). Vinho redondo e frutado, com quase 60% de Merlot.

Haut-Condissas ☆☆–☆☆☆
Bégadan. Proprietário: Jean Guyon. 5 ha.
www.rollandeby.com
Terreno em Rollan de By, que recebe tratamento de luxo e um preço muito alto.

Château Haut-Maurac ☆☆
St Yzans. Proprietário: Olivier Decelle. 28 ha.
Decelle, um magnata da indústria de congelados, é dono do Mas Amiel em Roussillon e de outras propriedades em Bordeaux. Aqui, o excelente *terroir* de cascalho resulta em vinhos estilosos.

Château Laujac ☆
Bégadan. Proprietário: Bernard Cruse. 30 ha.
Residência da famosa família de transportadores, daí ser mais conhecida no exterior antes que a maioria dos outros châteaux no distrito. O vinho é direto, mas lhe falta concentração.

Château Loudenne ☆☆
Saint-Yzans. Proprietário: Jean-Paul Lafragette. 65 ha.
www.lafragette.com
Château baixo de cor rosa-claro em uma colina de solo argiloso e coberto de cascalho, com vista para o rio. Loudenne esteve em mãos inglesas (foi a sede francesa da Gilbey's) por mais de um século, um clube informal para jornalistas e comerciantes convidados. A propriedade produziu vinhos bem equilibrados e longevos, até que mudou de mãos em 1999. Sob o novo proprietário, Loudenne se tornou mais refinado, e foi lançado o Hippocampus, um *cuvée* de prestígio, envelhecido em barrica de carvalho novo.

Château Lousteauneuf ☆☆
Valeyrac. Proprietário: Bruno Segond. 22 ha.
www.chateau-lousteauneuf.com
Vinho impressionante, de estilo moderno, com considerável vigor em seus melhores anos.

Château Les-Ormes-Sorbet ☆☆
Couquèques. Proprietário: Hélène Boivert. 22 ha.
Vinhos elaborados, com notas acentuadas de carvalho e um intenso sabor frutado.

Transvasamento de vinho em chai vitoriano, Château Loudenne, Médoc.

Château Patache d'Aux ☆☆
Bégadan. Proprietário: Jean-Michel Lapalu. 43 ha. www.domaines-lapalu.com
Médoc popular e de sabor intenso, com 60% de Cabernet Sauvignon, hoje associado com o aristocrático Château Liversan (ver p. 56).

Château Potensac ☆☆☆
Ordonnac. Proprietário: Jean-Hubert Delon. 67 ha. www.chateau-potensac.com
Empreendimento muito bem-sucedido da família Delon, do Château Léoville-Las-Cases, que é proprietária do Potensac há dois séculos. Clarete bem feito, frutado e estruturado, com um sabor estiloso de carvalho e longevidade surpreendente.

Château Preuillac ☆☆
Lesparre. Proprietário: Yvon Mau e Dirkzwager Company. 30 ha. www.chateau-preuillac.com
Adquirido pela empresa négociant de Mau em 1998. O terroir não é excepcional, mas o trabalho meticuloso no vinhedo e na vinícola está dando resultados cada vez melhores.

Château Ramafort ☆☆
Blaignan. Proprietário: Guy Charloux. 20 ha. www.domaines-cgr.com
Outra propriedade do grupo com sede em La Cardonne (ver p. 58). Vinhos estilosos com certa complexidade.

Château Rolland de By ☆☆–☆☆☆
Bégadan. Proprietário: Jean Guyon. 44 ha. www.rollandeby.com
A determinação de Guyon em produzir algo excepcional no Médoc se faz notar neste vinho firmemente estruturado e amadeirado. Ver também Haut-Condissas.

Château Le Temple ☆–☆☆
Valeyrac. Proprietário: Denis Bergey. 18 ha.
Vinhos sólidos e carnudos; um *prestige cuvée* nos melhores anos.

Château Tour-Blanche ☆
Saint-Christoly. Proprietário: Bernard Magrez. 39 ha. www.bernard-magrez.com
O novo dono trouxe os serviços do enólogo Michel Rolland, promessa de melhor qualidade.

Château La Tour-de-By ☆☆
Bégadan. Proprietário: Marc Pagés. 74 ha. www.la-tour-de-by.com
Propriedade extremamente bem-sucedida, com ótima reputação por seu vinho aprazível e durável, embora não literalmente fino.

Château Tour-Haut-Caussan ☆☆–☆☆☆
Blaignan. Proprietário: Philippe Courrian. 17 ha.
Os excelentes vinhos fora de safra conferem a esta propriedade um dos melhores históricos do Médoc. Vinificação extremamente tradicional, com resultados que sempre agradam.

Vieux-Château Landon ☆☆
Bégadan. Proprietário: Cyril Gillet. 38 ha. www.vieux-chateau-landon.com
Proprietário enérgico e com ambições. Vinho honesto e espirituoso.

Château Vieux-Robin ☆☆
Bégadan. Proprietário: Maryse Roba. 18 ha. www.chateau-vieux-robin.com
O *cuvée* Bois de Lunier, envelhecido em carvalho parcialmente novo, é melhor do que o vinho regular. Vinificação consciente, com resultados muitas vezes impressionantes.

Graves

O vinho começou a ser produzido em Bordeaux na área em que hoje se encontram a cidade e seus subúrbios, imediatamente do outro lado do rio e em direção ao sul. Graves foi o nome dado a toda a margem (urbana) esquerda do rio Garonne que se estende por 65% (40 milhas) rumo ao sul, ultrapassando a cidadezinha de Langon, e se afasta do rio em direção à floresta de pinheiros do Landes – uma área de tamanho não muito diferente da região de cultivo de vinho do Médoc, mas mais entrecortada por florestas e fazendas e com poucos vinhedos extensos ou grandes châteaux.

A característica distintiva de Graves (daí o nome) é seu solo aberto e empedrado, formado por resíduos das geleiras dos Pirineus, nas eras glaciais. De fato, o solo dessa região é tão variado quanto no Médoc. Areia é comum. Tanto a argila clara quanto a vermelha estão presentes. Mas, assim como no Médoc, é quase

---

VISITANDO OS CHÂTEAUX

Os visitantes do Médoc não terão dificuldade em encontrar châteaux dispostos a lhes mostrar como o vinho é fabricado e a permitir que seja degustado diretamente do barril. Uma forma de agendar visita a um château é telefonar para uma das agências chamadas *maison du vin*.

A principal delas fica no centro de Bordeaux, próxima do Grand Théâtre. Margaux, Pauillac, Saint-Estèphe e vários outros vilarejos têm agências locais. Elas irão sugerir um itinerário e, se necessário, fazer contatos. Este é o melhor método de agendar uma visita, pois se pode ter certeza de que será recebido adequadamente quando chegar. Um método ainda mais simples, mas só praticável para aqueles que falam francês, é parar em qualquer um dos muitos châteaux que anunciam "*dégustation*" (degustação) e "*vente direct*" (venda direta) nas placas da estrada. Estes incluem alguns châteaux importantes, bem como muitos outros modestos, e quanto menos prestigiada a região, maiores as oportunidades de visitar e degustar. Você será mais bem servido em Fronsac ou Entre-Deux-Mers que em Saint-Julien. A qualquer momento razoável (isto é, nem durante a colheita e nem no meio-dia às duas da tarde), pode-se esperar uma recepção mais ou menos amável. Claramente, a ideia da *vente directe* é que você deve comprar uma ou duas garrafas, mas não precisa se sentir obrigado a fazê-lo. Em resposta à reclamação de que os châteaux do Médoc em particular são relutantes em receber visitas, mais e mais propriedades as estão oferecendo.

Normalmente se cobra uma taxa que inclui a degustação, bem como a visita guiada, com frequência no idioma de sua escolha. Propriedades como Mouton-Rothschild, Lynch-Bages e Pichon-Longueville, todas elas oferecem esse tipo de visita.

Vale a pena contatar uma propriedade para marcar um horário, sobretudo se seus vinhos forem muito procurados. As vinícolas de Bordeaux não estão preparadas para receber visitantes que estão de passagem, mas uma carta, um fax ou um telefonema educados podem garantir um horário até mesmo nos châteaux mais importantes. Não espere uma degustação profusa: os profissionais do vinho raramente são servidos com mais de uma amostra de barril ou do último lançamento.

certo que, atualmente, a maior parte das terras potencialmente boas para vinhedos estão sendo bem aproveitadas. Ao todo, há cerca de 5.040 hectares de vinhedos. Em 1983, eram 1.494. Mas Graves é demasiado dispersa para se conhecer facilmente.

Há sub-regiões. No norte, onde todos os *crus classés* estão situados, a AOC Pessac-Léognan foi estabelecida após anos de intensas pressões. Apesar de Graves ser um nome tenebroso a região e seus vinhos têm se mostrado um sucesso. Menos satisfeitos estavam os produtores ao sul, cujos vinhos só recebem a denominação de origem de Graves. Uma terra encravada no sul da região tem estilo muito diferente de paisagem, propriedade e vinho. É a sub-região de Sauternes.

Embora Graves seja dividida entre dois terços de vinho tinto e um terço de vinho branco, a maioria dos vinhos de qualidade superior são tintos. As palavras comumente usadas para explicar como os tintos de Graves diferem dos de Médoc o fazem soar menos fino: "terroso", "suave" e "de maturação mais rápida" são termos que soam mais caseiros que inspiradores. O falecido Maurice Healey tinha razão quando disse que Médoc e Graves eram como uma mesma fotografia em versão brilhante e fosca. A imagem fosca pode ser igualmente bonita, mas tem menos nitidez e definição, com menos cores deslumbrantes.

Os Graves brancos, em sua melhor forma, são uma experiência rara – e cara. Muito poucas propriedades aspiram à combinação única de corpo e vivacidade que os Graves brancos adquirem com o tempo. Os melhores se equiparam em qualidade aos grandes brancos da Borgonha. As opiniões se dividem até mesmo quanto às uvas usadas em sua produção. Alguns defendem o uso exclusivo de Sémillon, outros de Sauvignon Blanc, e alguns uma mistura das duas, em proporções variadas. Nos últimos quinze anos, uma variante da Sauvignon Blanc, chamada Sauvignon Gris, foi plantada em toda parte para dar mais condimento à mistura.

Alguns produzem o vinho em aço inoxidável e o engarrafam no início da primavera. Outros (incluindo os melhores) o produzem e o envelhecem, ao menos por um breve período, em barris de carvalho novo. A tendência entre os cultivos inferiores na produção de vinho seco tem sido colher bem cedo para conseguir maturação plena, uma vez que a Sauvignon Blanc tende a amadurecer de maneira desigual nessa região. Hoje, os melhores produtores se concentram na obtenção de maturação plena e fermentação completa para conseguir vinhos claros e secos com muito sabor.

As comunas do norte de Graves são as seguintes, a começar pelo norte, na entrada de Bordeaux: Pessac e Talence (nos subúrbios); Gradignan e Villenave-d'Ornon (com muito pouco vinho atualmente); Léognan, o mais abrangente, com seis *crus* classés; Cadaujac, Saint-Médard d'Eyrans, Canéjan, Mérignac e Martillac. Até 1987, todos compartilhavam a mesma denominação de origem, simplesmente Graves. Naquele ano, foi criada a nova AOC Pessac-Léognan, que passou a incluir 55 châteaux e domínios em dez comunas; um total de cerca de 1.500 hectares. Ao sul do distrito, mas cada vez mais importante para vinhos similares, fica Portets. Cérons, no limite entre Barsac e Sauternes, fabrica bons vinhos brancos, tanto doces quanto secos, e estes últimos estão ganhando qualidade e popularidade. Os tintos têm aumentado constantemente à custa dos brancos, quer sejam secos ou doces.

Os châteaux de Graves foram classificados pela primeira vez em 1953 e 1959 de maneira confusa ("sim ou não"), o que é de pouca ajuda. O Château Haut-Brion havia sido incluído na classificação do Médoc, cem anos antes (em 1855), e outros doze châteaux foram designados como *crus classés* por seus vinhos tintos, em ordem alfabética.

Em 1959, seis deles, e dois outros, foram designados como *crus classés* por seus vinhos brancos. Falou-se de uma revisão regular da classificação, mas após os fiascos dos *crus bourgeois* e da classificação de Saint-Émilion, há alguns anos, o plano foi postergado por tempo indefinido.

Premier cru de Graves

Château Haut-Brion ☆☆☆☆
Pessac. Proprietário: Domaine Clarence Dillon. AOC: Pessac-Léognan. 46 ha, dos quais 43 ha são de uvas brancas. Uvas tintas: Cab. Sauv. 45%, Cab. Fr. 18%, Merlot 37%. Uvas brancas: Sém. 60%, Sauv. 40%. www.haut-brion.com

O primeiro château vinícola a ser conhecido pelo nome, no fim do século XVII, e embora hoje esteja circundado pelos subúrbios de Bordeaux, continua sendo um dos melhores, e regularmente conquista seu lugar oficial ao lado dos quatro *premiers crus* do Médoc.

A localização do solar do século XVI já não é particularmente impressionante, mas seu solo de cascalho com 9 metros (30 pés) de profundidade produz vinhos de sabor intenso que há décadas apresentam um notável equilíbrio entre sabores frutados e terrosos. Mouton tem ressonância, Margaux tem coloratura; Haut-Brion tem apenas harmonia – entre vigor e elegância, firmeza e doçura. Eu nunca vou me esquecer do sabor de um Impériale de 1899 – o clarete mais encantador que já tomei.

Os donos atuais, descendentes do banqueiro norte-americano Clarence Dillon, compraram a propriedade em situação quase de abandono em 1935. Em 1983, anexaram a propriedade vizinha, o Château La Mission-Haut-Brion (ver p. 62). O presidente atual é o bisneto de Dillon, o príncipe Roberto de Luxemburgo.

A propriedade teve a sorte de ser conduzida, desde os anos 1960, por Jean-Bernard Delmas. Foi ele quem surpreendeu os vizinhos sendo um dos primeiros a instalar tonéis de aço inoxidável para possibilitar uma fermentação rápida e relativamente amena. Delmas também conduziu um longo projeto de pesquisa para determinar os melhores porta-enxertos e clones, que contribuem com o vinho por sua diversidade e sutileza. Isso, e a proporção suficientemente alta de Cabernet Franc, conferem mais complexidade e harmonia. Delmas se aposentou em 2004, mas foi sucedido por seu filho Jean-Philippe.

Quanto ao envelhecimento, o Haut-Brion demanda. As boas safras dos anos 1970 – 1971, 1975, 1978, 1979 – só recentemente alcançaram o pico; o apogeu dos anos 1980 ainda está aguardando alguns anos. O Haut-Brion de 1989 já é uma lenda. Uma minúscula quantidade de brancos excelentes de Graves também é produzida e vendida a preços extravagantes. O segundo rótulo do Haut-Brion passou por uma mudança de nome em 2007, quando o Bahans-Haut-Brion, difícil de pronunciar, foi substituído por Clarence de Haut-Brion.

Crus classés de Graves

Château Bouscaut ☆☆
Cadaujac. Proprietário: Sophie Lurton. AOC: Pessac-Léognan. 47 ha, dos quais 7 ha são de uvas brancas. Uvas tintas: Merlot 55%, Cab. Sauv. 40%, Malbec 5%. Uvas brancas: Sém. 50%, Sauv. 50%. www.chateau-bouscaut.com
Uma casa bonita (reconstruída) do século XVIII, com vinhedos em terras muito baixas, que foram comprados de seus donos norte-americanos em 1979 por Lucien, da onipresente família Lurton. O estilo é bastante discreto e havia uma tendência à superprodução,

mas as últimas safras foram muito melhores, embora os vinhos brancos ainda tenham acentuada acidez.

Château Carbonnieux ☆☆–☆☆☆

Léognan. Proprietário: Antony Perrin. AOC: Pessac-Léognan. 90 ha, dos quais 43 ha são de uvas brancas. Uvas tintas: Cab. Sauv. 60%, Merlot 30%, Cab. Fr. 7%, Malbec 2%, Petit Verdot 1%. Uvas brancas: Sauv. 65%, Sém. 35%. www.carbonnieux.com

Um antigo mosteiro fortificado em torno de um pátio, restaurado e dirigido por uma família que deixou a Argélia na década de 1950. Maior e, portanto, mais conhecido do que a maioria das propriedades de Graves, principalmente por seu vinho branco, um dos porta-bandeiras dos vinhos brancos de Graves. O branco é envelhecido por dez meses em barricas de carvalho parcialmente novas; engarrafado jovem, mantém o frescor e ganha um pouco do sabor próprio do carvalho. A qualidade deu um passo marcante no final dos anos 1980. Três ou quatro anos em garrafa são necessários para aperfeiçoá-lo. O tinto enfrenta mais concorrência, mas é um típico Graves, bem elaborado, seco e persistente. O Château Le Sartre (ver p. 65) é uma das várias propriedades em Graves nas mãos do Perrins. O Tour Léognan é seu segundo rótulo.

Domaine de Chevalier ☆☆☆–☆☆☆☆

Léognan. Proprietário: Olivier Bernard. AOC: Pessac-Léognan. 40 ha, dos quais 5 ha são de uvas brancas. Uvas tintas: Cab. Sauv. 64%, Cab. Fr. 3%, Merlot 30%, Petit Verdot 3%. Uvas brancas: Sauv. 70%, Sém. 30%. www.domainedechevalier.com

Este é um lugar um tanto estranho para encontrar um vinhedo, no meio de um bosque propenso a congelar. A reconstrução total, no entanto, revolucionou este lugar que, nos anos 1980, era velho e sombrio. O solo e o estilo de seu vinho tinto são semelhantes aos do vizinho Haut-Bailly (ver nesta página); começo severo, maturação densa e saborosa, e capaz de envelhecer durante um longo período. O tinto é símbolo de requinte; não é gordo, e muitas vezes obtém maus resultados em degustações às cegas. Mas é difícil pensar em um vinho que dê mais prazer à mesa de jantar.

O vinho branco só perde em qualidade para o Laville-Haut-Brion e é elaborado para uma incrível longevidade. É feito com o cuidado dos grandes Sauternes, fermentado e envelhecido em barris. Bebê-lo antes dos cinco anos é um desperdício, e os sabores de uma garrafa de quinze anos podem ser de tirar o fôlego.

Château Couhins ☆–☆☆

Villenave-d'Ornon. Proprietário: Institut National de la Recherche Agronomique (INRA). 24 ha, dos quais 7 ha são de uvas brancas. Uvas tintas: Cab. Sauv. 50%, Cab. Fr. 10%, Merlot 40%. Uvas brancas: Sauv. 84%, Sém. 15%, Sauv. Gris 1%. www.chateau-couhins.fr

O Institut National de la Recherche Agronomique comprou o terreno em 1968 para desenvolver pesquisas em viticultura, e o primeiro vinho foi produzido em 1981. Os brancos são muito mais interessantes do que os tintos, que costumam ser austeros.

Château Couhins-Lurton ☆☆–☆☆☆

Léognan. Proprietário: André Lurton. AOC: Pessac-Léognan. 25 ha, dos quais 7 ha são de uvas brancas. Uvas tintas: Merlot 77%, Cab. Sauv. 23%. Uvas brancas: Sauv. 100%. www.andrelurton.com

Em 1970, André Lurton comprou seis hectares desse *cru classé* que ele vinha cultivando desde 1967. O vinho, de forma inusitada, é pura Sauvignon, fermentada e envelhecida em carvalho. Vale a pena conservá-lo por um período de cinco a dez anos. Os Lurton também compraram o château e a adega originais em 1992. O tinto, com uma proporção excepcionalmente elevada de Merlot, foi introduzido em 2002.

Château de Fieuzal ☆☆–☆☆☆

Léognan. Proprietário: Lochlann Quinn. AOC: Pessac-Léognan. 48 ha, dos quais 8 ha são de uvas brancas. Uvas tintas: Cab. Sauv. 48%, Cab. Fr. 2.5%, Merlot 48%, Petit Verdot 1,5%. Uvas brancas: Sauv. 50%, Sém. 50%. www.fieuzal.com

Até sua venda em 2001, o Fieuzal foi cultivado por Gérard Gribelin para afinar o estilo masculino, tânico e terroso da região, logrando excelente harmonia; desde meados dos anos 1980, apresenta constante desempenho superior. A produção do branco não é tecnicamente "*classé*", mas é melhor do que alguns que são. A qualidade oscilou nos últimos anos, mas um novo diretor está determinado a desenvolver plenamente seu potencial extraordinário.

Château Haut-Bailly ☆☆☆

Léognan. Proprietário: Robert Wilmers. AOC: Pessac-Léognan. 28 ha. Uvas: Cab. Sauv. 65%, Cab. Fr. 10%, Merlot 25%. www.chateau-haut-bailly.com

Até 1998, pertenceu à família belga Sanders, e é geralmente considerado um dos cinco melhores châteaux (tintos) do Graves. Não elabora vinhos brancos. Um quarto do vinhedo é uma plantação mista de vinhas muito antigas. O solo rochoso e relativamente plano sobre a argila dura é um local incomum para um grande vinhedo, o que pode causar problemas durante a seca.

Quanto às grandes safras (1966, 1970, 1978, 1979, 1986, 1988, 1989, 1990, 1996, 1998, 2000, 2005), posso melhor descrevê-las como nutritivas, como um caldo que se cozinha em fogo lento; vinhos profundos, terrosos e redondos. Eu os adoro. O segundo rótulo é o La Parde de Haut Bailly. Apesar da mudança de donos, a família Sanders, que cuidara dessa propriedade com tanto afinco, continua a administrá-la. Véronique Sanders, a neta de Jean, é competente e comprometida com a produção.

Château Latour-Martillac ☆☆–☆☆☆

Martillac. Proprietário: família Kressmann. AOC: Pessac-Léognan. 45 ha, dos quais 9 ha são de uvas brancas. Uvas tintas: Cab. Sauv. 60%, Merlot 35%, Petit Verdot 5%. Uvas brancas: Sém. 55%, Sauv. 40%, Muscadelle 5%. www.latour-martillac.com

Propriedade que pertencera à família Montesquieu (que possuía o magnífico Château la Brède, cercado de fossos, situado nas proximidades). Os Kressmann, uma família négociant de Bordeaux, cultivou pacientemente as antigas videiras em busca de

Château Bouscaut, Pessac-Léognan.

qualidade. O vinho branco, vigoroso e torrado, é um clássico de Graves, e melhor com maturação em garrafa; o tinto é um bom exemplo do estilo robusto e saboroso da região.

Château Laville-Haut-Brion ☆☆☆☆
Talence. Proprietário: Domaine Clarence Dillon. AOC: Pessac-Léognan. 3,5 ha. Uvas: Sém. 70%, Sauv. 27%, Muscadelle 3%. www.haut-brion.com
O vinho branco de La Mission-Haut-Brion (ver nesta página), produzido pela primeira vez em 1928 numa área em que o antigo proprietário, M. Woltner, decidiu que o solo era muito pesado para o tinto. Os melhores vinhos brancos secos de Bordeaux. Se consumidos jovens, suas qualidades podem passar despercebidas – e o preço certamente parecerá excessivo. O vinho é fermentado em barricas novas de carvalho e engarrafado na primavera seguinte. Suas qualidades – além de um sabor cada vez mais persistente com o passar dos anos – são a concentração e o mesmo caráter, ao mesmo tempo seco e complexo, que costumava ter o "Ygrec", o vinho seco de Château d'Yquem, mas com mais charme. Qualidade formidável desde 1985. Não pode haver pressa para beber: as safras de 1966 e de 1975 atingiram o auge em 2008.

Château Malartic-Lagravière ☆☆☆
Léognan. Proprietário: Alfred-Alexandre Bonnie. 53 ha, dos quais 7 ha são de uvas brancas. Uvas tintas: Cab. Sauv. 45%, Cab. Fr. 8%, Merlot 45%, Petit Verdot 2%. Uvas brancas: Sauv. 80%, Sém. 20%. www.malartic-lagraviere.com
Casa quadrada de pedra que dobrou de tamanho nas mãos do novo dono. Localizada numa típica paisagem de Graves, com bosques e vinhedos gentilmente inclinados. O tinto é um *vin de garde* firme, austero e de coloração escura, com um final de boca mais requintado do que carnoso, embora desde 1994 o estilo pareça mais redondo.

O branco (predominantemente Sauvignon) é deslumbrante quando jovem, mas se torna ainda melhor – e mais típico de Graves – após cinco ou dez anos na garrafa. Os enormes investimentos realizados pelo Monsieur Bonnie já estão dando resultados, com vinhos de ainda mais qualidade e requinte.

Château La Mission-Haut-Brion ☆☆☆☆
Talence. Proprietário: Domaine Clarence Dillon. AOC: Pessac- Léognan. 21 ha. Uvas: Cab. Sauv. 48%, Cab. Fr. 7%, Merlot 45%. www.haut-brion.com
O vizinho imediato e ex-rival de Haut-Brion, também situado em Bordeaux, nos subúrbios de Pessac e Talence, com a estrada de ferro Paris-Madri atravessando o vinhedo (o que facilita o escoamento da produção). Desde 1983, pertence aos mesmos donos que o Haut-Brion, e é administrado tão meticulosamente quanto um *premier cru*. A alegação é que o ambiente urbano dá a vantagem de um grau centígrado a mais de temperatura do que o campo aberto, e também mão de obra prontamente disponível para a colheita.

Os vinhos mostram o efeito do clima quente e seco: concentração e força. Ao lado do Haut-Brion, que não é fraco, eles podem parecer quase viris. Michael Broadbent faz uso das palavras "ferro", "terra", "carne" e "pimenta" em suas notas sobre diferentes safras. Após o devido tempo (geralmente vinte anos ou mais), eles são uma combinação harmônica de generosidade e doçura, o que lhes confere a qualidade de um "super segundo rótulo". Uma degustação de mais de cinquenta safras, em 2008, ultrapassou as (altas) expectativas e, como só acontece com os

melhores cultivos, La Mission muitas vezes se destacou em anos difíceis. O vinho branco, Laville Haut-Brion, é discutido separadamente.

Château Olivier ☆☆–☆☆☆
Léognan. Proprietário: Jean-Jacques de Bethmann. AOC: Pessac-Léognan. 55 ha, dos quais 9 ha são uvas brancas. Uvas tintas: Cab. Sauv. 45%, Cab. Fr. 5%, Merlot 50%. Uvas brancas: Sém. 50%, Sauv. 50%. www.chateau-olivier.com
Fortaleza cercada de fossos, cujos vinhedos foram administrados para o proprietário, até 1981, pela transportadora Eschenauer & Co, mas agora voltaram ao controle da família. Até o final dos anos 1990, o vinho era feito sem inspiração, e nada mesmo inspirava; mas, com base em custosas análises dos vinhedos, decidiu-se arrancar as videiras em setores pobres e replantá-las em lugares com melhor potencial. Os resultados já se fazem notar: brancos mais picantes e de acidez acentuada, e tintos mais suculentos.

Château Pape-Clément ☆☆☆
Pessac. Proprietário: Bernard Magrez. AOC: Pessac--Léognan. 33 ha, dos quais 3 ha são de uvas brancas. Uvas tintas: Cab. Sauv. 60%, Merlot 40%. Uvas brancas: Sém. 45%, Sauv. 45%, Muscadelle 10%. www.pape-clement.com
Esta propriedade um dia pertenceu a Bertrand de Goth, o Bispo de Bordeaux (século XIV), quem, sendo o Papa Clemente V, levou o papado para Avignon. O vinhedo fica nos subúrbios de Bordeaux e está plantado em solos muito variados, embora o cascalho predomine. Não há Cabernet Franc no vinhedo, mas há uma grande proporção de Merlot. As barricas novas são usadas para 70% a 95% da colheita, dependendo da safra. Os vinhos costumavam ser medíocres, mas a partir dos 1990 a qualidade melhorou muitíssimo, e as safras de 2000, 2005 e 2006 são magníficas. A propriedade também produz uma quantidade minúscula de um branco picante e amadeirado.

Château Smith-Haut-Lafitte ☆☆☆
Martillac. Proprietários: Florence e Daniel Cathiard. AOC: Pessac-Léognan. 55 ha, dos quais 10 são de uvas brancas. Uvas tintas: Cab. Sauv. 55%, Cab. Fr. 10%, Merlot 33%, Petit Verdot 2%. Uvas brancas: Sauv. 90%, Sém. 5%, Sauv. Gris 5%. www.smith-haut-lafitte.com
Com o dinheiro de seu negócio de roupas esportivas e seu considerável talento e entusiasmo, os Cathiard têm, desde 1990, transformado a reputação de sua famosa e antiga propriedade, com a modernização do vinhedo, da adega, do château e do vinho. O branco, mesmo não sendo um *cru classé*, é um dos melhores (e mais francamente amadeirados) da região, e o tinto melhora progressivamente. O segundo rótulo, Les Hauts de Smith, vale o preço. A propriedade inclui hotel, restaurante e um *spa* de luxo.

Château la Tour-Haut-Brion ☆☆–☆☆☆
Talence. Proprietário: Domaine Clarence Dillon. AOC: Pessac-Léognan. 5 ha. Uvas: Cab. Sauv. 42%, Cab. Fr. 35%, Merlot 23%. www.haut-brion.com
Antigamente o segundo rótulo do Château La Mission-Haut--Brion (ver nesta página), a propriedade era então administrada como um vinhedo separado. Mas, a partir de 2006, o rótulo foi descontinuado, e o vinho, embora suficientemente bom, foi misturado com o La Mission.

Outros châteaux de Graves

Château d'Archambeau ☆
Illats. Proprietário: Jean-Philippe Dubourdieu. 28 ha.
Vinhos brancos secos tranquilos e tintos aromáticos envelhecidos em carvalho.

Château L'Avocat ☆☆
Cérons. Proprietários: Robert e Susan Watts. 8 ha. www.chateauduseuil.com
Dos mesmos proprietários do Château du Seuil (ver p. 65) e de qualidade similar, embora os brancos possam ser muito amadeirados para alguns paladares.

Château Baret ☆☆
Villenave-d'Ornon. Proprietário: família Ballande. AOC: Pessac-Léognan. 22 ha.
Propriedade logo ao sul do anel viário de Bordeaux. Produz tintos de qualidade instável, mas brancos confiáveis. Uma exclusividade de Borie-Manoux.

Château Branon ☆☆–☆☆☆
Léognan. Proprietário: Sylviane Garcin-Cathiard. AOC Pessac-Léognan. 6 ha.
Do mesmo dono do Château Haut-Bergey, mas com um estilo muito diferente: formidáveis tintos espessos e concentrados. Um *garagiste* de Graves.

Château Brondelle ☆☆
Langon. Proprietário: Jean-Noël Belloc e Philippe Rochet. 40 ha. www.chateaubrondelle.com
Uma das propriedades mais sérias de Graves, com *cuvées* especiais para o envelhecimento em carvalho de brancos e tintos. O branco Cuvée Anais tem complexidade e mineralidade.

Château Brown ☆☆
Léognan. Proprietários: Yvon Mau e Dirkzwager Company. AOC: Pessac-Léognan. 28 ha. www.chateau-brown.com
Vinhos brancos e tintos elegantes e bem equilibrados, mas o novo gerente Jean-Christophe Mau e o consultor Stéphane Derenoncourt estão empenhados em elevar a qualidade.

Château Cabannieux ☆–☆☆
Porets. Proprietário: Régine Dudignac. 22 ha. www.chateaucabannieux.com
Vinho tradicionalíssimo de Graves, despretensioso e honestamente prazeroso.

Château Cantelys ☆☆
Martillac. Proprietários: Florence e Daniel Cathiard. AOC: Pessac-Léognan. 30 ha. www.smith-haut-lafitte.com
Desde 1994 pertence aos Cathiard, que fazem o vinho no Château Smith-Haut-Lafitte (ver p. 62). Menos complexo do que o *cru classé*, mas bem feito e bom para ser consumido a médio prazo.

Château les Carmes Haut-Brion ☆☆
Pessac. Proprietário: Didier Furt. AOC: Pessac-Léognan. 5 ha. www.les-carmes-haut-brion.com
Diminuto vizinho do Haut-Brion com um novo sopro de vida desde que Furt assumiu em 1986. Um vinho bom e saboroso, que ainda precisa alcançar requinte.

Château de Castres ☆☆
Castres. Proprietário: José Rodriguez-Lalande. 30 ha.
Renovado em 1996 pelo novo proprietário, um enólogo ambicioso que já produz vinhos tintos sedosos e saborosos, e brancos exuberantes.

Château de Chantegrive ☆☆–☆☆☆
Podensac. Proprietários: Henri e Françoise Lévêque. 90 ha. www.chantegrive.com
Propriedade considerável, que utiliza métodos modernos. Vinhos confiáveis, especialmente o branco profusamente amadeirado Cuvée Caroline.

Château Crabitey ☆☆–☆☆☆
Portets. Proprietário: Amis de la Chartreuse de Seillon. 27 ha. www.vignobles-seillon.com
Propriedade monástica, habilidosamente administrada por Arnaud de Butler. Produz vinhos tintos opulentos.

Château de Cruzeau ☆☆
Saint-Médard-d'Eyrans. Proprietário: André Lurton. AOC: Pessac-Léognan. 60 ha. www.andrelurton.com
Uma propriedade de Lurton comprada e replantada em 1973. O tinto é moderadamente encorpado, e o branco, redondo e com notas de especiarias. Ambos são melhores se consumidos jovens.

Château d'Eck ☆–☆☆
Martillac. Proprietário: Michel Gonet. AOC: Pessac-Léognan. 5 ha.
Videiras jovens perto da autoestrada. Produzem vinhos tintos ostentosos.

Château Ferran ☆☆
Martillac. Proprietário: Hervé Béraud-Sudreau. AOC: Pessac-Léognan. 22 ha. www.chateauferran.com
Vinho típico de Graves, levemente herbáceo, mais maduro e elegante a partir de 2000.

Château Ferrande ☆–☆☆
Castres. Proprietário: Castel Frères. 86 ha.
Grande propriedade logo ao norte de Portets. Elabora vinhos tintos e brancos para ser consumidos jovens.

Clos Floridène ☆☆–☆☆☆
Bequey. Proprietário: Denis e Florence Dubourdieu. 30 ha. www.denisdubourdieu.com
Vinho branco original, complexo e cheio de caráter, elaborado por Denis Dubourdieu, que fez pelos brancos de Bordeaux o que Emile Peynaud fez pelos tintos. Envelhecido por cinco anos. O tinto também é interessante.

Château de France ☆☆–☆☆☆
Léognan. Proprietário: Bernard Thomassin. AOC: Pessac-Léognan. 38 ha. www.chateau-de-france.com
Propriedade grande e muitas vezes subestimada. Uma das melhores do distrito, modernizada e ampliada desde 1971. Os investimentos deram frutos no final dos anos 1990, quando os vinhos, tanto os tintos quanto os brancos, ganharam corpo e complexidade.

Domaine de Gaillat ☆
Langon. Proprietário: Hélène Bertrand-Coste. 8 ha.
Um tinto encorpado e saboroso para ser consumido ainda jovem. As últimas safras foram bastante espirituosas.

Château la Garde ☆☆–☆☆☆
Martillac. Proprietário: Dourthe-Kressman. AOC: Pessac-Léognan. 59 ha. www.cvbg.com
O tinto, em boas safras, é robusto e saboroso. O branco é frutado, com sabor a uvas frescas, e amadeirado. A qualidade melhorou muito desde meados dos anos 1990.

Château Gazin-Rocquencourt ☆
Léognan. Proprietário: Alfred-Alexandre Bonnie. AOC: Pessac-Léognan. 22 ha.
Desde 2006 pertence aos mesmos donos do Malartic-Lagravière. Portanto, a qualidade certamente irá melhorar. Sem dúvida, precisa.

Château Grandmaison ☆–☆☆
Léognan. Proprietário: Jean Bouquier. AOC: Pessac-Léognan. 19 ha. www.domaine-de-grandmaison.fr
Propriedade pouco conhecida que faz vinhos atraentes e, às vezes, notáveis.

Château du Grand Abord ☆–☆☆
Portets. Proprietário: Marc Dugoua. 20 ha.
Vinho tinto suculento, quase puro Merlot, e um vinho branco cítrico perfumado.

Grand Enclos du Château de Cérons ☆☆
Cérons. Proprietário: Giorgio Cavanna. 26 ha.
Uma antiga propriedade agora em mãos toscanas, que produz vinhos brancos elaborados e com notas de especiarias, e tintos aromáticos.

Château Haut-Bergey ☆☆
Léognan. Proprietário: Sylviane Garcin-Cathiard. AOC: Pessac-Léognan. 26 ha. www.chateau-haut-bergey.com
A irmã de Daniel Cathiard, do Château Smith-Haut-Lafitte (ver p. 62) comprou esta propriedade em 1991. Tintos atabacados e brancos com notas de toranja, cada vez melhores.

Château Haut-Gardère ☆☆
Léognan. Proprietário: Lachlann Quinn. AOC: Pessac-Léognan. 25 ha.
Renascida em 1979, esta propriedade adjacente a Fieuzal, e pertencente aos mesmos donos, produz tintos honestos e amadeirados, e brancos tostados.

Château Haut-Lagrange ☆☆
Léognan. Proprietário: Francis Boutemy. AOC: Pessac-Léognan. 20 ha. www.hautlagrange.com
Foi completamente replantada no início dos anos 1990, e seu potencial máximo ainda está por ser alcançado. Boutemy desafia as tendências modernas envelhecendo seus vinhos principalmente em tanques. Os tintos são flexíveis, e os brancos, marcadamente cítricos.

Château Haut-Nouchet ☆
Martillac. Proprietário: Louis Lurton. AOC: Pessac-Léognan. 38 ha. www.louis-lurton.fr
Vinhos agradáveis e baratos, provenientes de videiras bastante novas. Cultivo orgânico e vinificação excêntrica, nem sempre bem-sucedida.

Château Haut-Selve ☆–☆☆
Saint-Selve. Proprietário: Laubade et Domaines Associés. 42 ha. www.voignobles-lesgourgues.com.
Grande propriedade que produz vinhos algo encorpados; o branco é mais refrescante e mais vivaz que o tinto, forte e áspero.

Château de l'Hospital ☆☆
Portets. Proprietário: M. Lafragette. 20 ha. www.lafragette.com
Vinhos brancos em que domina a Sémillon e tintos com predominância de Merlot nesta propriedade que, de 1998 a 2008, pertenceu ao dono do La Loudenne, no Médoc.

Château Lafont-Menaut ☆–☆☆
Martillac. Proprietário: Philibert Perrin. 10 ha. www.carbonnieux.com
Vinhos baratos, mas bem elaborados nesta propriedade do mesmo grupo do Carbonnieux.

Château Larrivet-Haut-Brion ☆☆
Léognan. Proprietário: Philippe Gervoson. AOC: Pessac-Léognan. 56 ha.
Propriedade administrada incansavelmente por Christine Gervoson, com respaldo de Michel Rolland, como consultor. Brancos delgados e incisivos, e tintos razoavelmente tânicos e com notas de chocolate.

Château Léhoul ☆☆
Langon. Proprietário: Eric Fonta. 10 ha.
Vinhos ambiciosos e concentrados do sul de Graves.

Château la Louvière ☆☆–☆☆☆
Léognan. Proprietário: André Lurton. AOC: Pessac-Léognan. 48 ha. www.andrewlurton.com
Local de exibição das consideráveis propriedades de Lurton, uma nobre mansão do século XVIII onde ele elabora um vinho branco seco de vanguarda, dominado pela Sauvignon, com o frescor dos vinhos do Loire; e um tinto tipicamente masculino, terroso, de padrão *cru classé*.

Château Luchey-Halde ☆–☆☆
Mérignac. Proprietário: Mérignac Agricultural College. AOC: Pessac-Leognan. 22 ha. www.luchey-halde.com
Um vinhedo histórico que, após ser abandonado, foi convertido em um campo esportivo militar. Foi revivido e replantado em 2000. Vinhos caros, dada a adolescência das videiras.

Château Magneau ☆☆
La Brède. Proprietário: Henri Ardurats. 41 ha. www.chateau-magneau.com
Vinhos muito consistentes e de preço justo, dos quais o melhor é o branco envelhecido em barrica Cuvée Julien.

Château Le Pape ☆☆
Léognan. Proprietário: Patrick Monjanel. AOC: Pessac-Léognan. 6 ha. www.chateaulepape.com
Vinhos tintos encorpados de uma propriedade pequena, mas que pode alcançar grande requinte.

Château Pique-Caillou ☆☆
Mérignac. Proprietário: Isabelle e Paulin Calvet. AOC: Pessac-Léognan. 20 ha.
Propriedade suburbana, recentemente dividida por uma nova estrada. Vinhos tintos bastante tânicos, com sabor de cerejas negras, e vinhos brancos refrescantes.

Château la Louvière, Pessac-Léognan.

Château de Portets ☆
Portets. Proprietário: Jean-Pierre Théron. 25 ha.
www.chateau-de-portets.com
Propriedade com uma bela localização às margens do rio, mas com vinhos muitas vezes magros e verdes.

Château Rahoul ☆☆
Portets. Proprietário: Alain Thienot. 40 ha.
www.thienot.com
Propriedade com merecida reputação pela produção de vinhos tintos envelhecidos em madeira e brancos frescos jovens e de boa acidez.

Château de Respide ☆☆
Langon. Proprietário: Franck Bonnet. 35 ha.
www.chateau-de-respide.com
Vinhedos antigos sobre o solo arenoso de Langon produzem vinhos de alguma complexidade, especialmente o Cuvée Callipyge, envelhecido em barrica.

Château Respide-Médeville ☆☆
Toulenne. Proprietário: Christian Médeville. 15 ha.
www.respide-medeville.com
Pequena propriedade que, há muitos anos, vem produzindo vinhos tintos complexos e concentrados, e brancos com características cítricas pronunciadas. Para beber em até cinco anos.

Château de Rochemorin ☆☆
Martillac. Proprietário: André Lurton. AOC: Pessac--Léognan. 60 ha. www.andrelurton.com
Uma antiga e importante propriedade, abandonada nos anos 1930 e replantada por Lurton desde 1973. Tintos modernos e frutados, brancos secos e perfumados.

Château Roquetaillade la Grange ☆–☆☆
Mazères. Proprietário: família Guignard. 75 ha.
Propriedade muito confiável, estabelecida há muitos anos. Vinhos simples, mas bem feitos.

Château de Rouillac ☆☆
Canéjan. Proprietário: M. Lafragette. 19 ha.
www.lafragette.com
Uma bela propriedade, mas negligenciada até 1996, quando foi comprada por Lafragette. Foi revitalizada com consultoria de Michel Rolland, mas em 2008 foi colocada à venda. Vinhos tintos e brancos poderosos e condimentados.

Château St-Robert ☆☆–☆☆☆
Pujols. Proprietário: Crédit Foncier de France. 40 ha.
www.saint-robert.com
Do mesmo dono dos Chateaux Bastor-Lamontagne, na comuna vizinha de Sauternes, o Saint-Robert é uma propriedade confiável, e seu *cuvée* superior, o Poncet Deville, tanto o tinto quanto o branco, é certamente amadeirado.

Château le Sartre ☆☆
Léognan. Proprietário: Marie-Josée Lariche. AOC: Pessac-Léognan. 35 ha. www.chateau-le-sartre.com
Pertencente à filha de Antony Perrin, do Château Carbonnieux. Vinho feito num estilo similar, porém mais leve. Aprimorado desde 2004.

Château du Seuil ☆☆–☆☆☆
Cérons. Proprietários: Robert e Susan Watts. 15 ha.
www.chateauduseuil.com
Donos britânicos, vinicultor neozelandês. Vinhos com estilo e ambição. Ver também Château L'Avocat.

Domaine de la Solitude ☆☆
Martillac. Proprietário: Soeurs de la Sainte-Famille. AOC: Pessac-Léognan. 30 ha.
www.domainedelasolitude.com
Propriedade monástica alugada a Olivier Bernard, do Domaine de Chevalier, que ainda está lutando para restaurar as videiras negligenciadas. Vinhos robustos, mas inconsistentes.

Château Le Thil-Comte Clary ☆☆
Léognan. Proprietários: Jean de Laitre e Guillaume de Tastes. AOC: Pessac-Léognan. 17 ha.
www.chateau-le-thil.com
Replantada desde 1990, Le Thil teve uma história complexa. Seu solo é composto principalmente de argila e calcário, em vez de cascalho. Até agora, os brancos tiveram mais sucesso do que os tintos.

Château Tourteau-Chollet ☆–☆☆
Arbanats. Proprietário: Maxime Bontoux. 55 ha.
Grande propriedade, que costumava produzir vinhos brancos e tintos comerciais agradáveis. Desde 2001, o novo dono, Bontoux tem feito grandes investimentos, e os brancos melhoraram muito.

Château le Tuquet ☆☆
Beautiran. Proprietário: Paul Ragon. 56 ha.
Esta é a propriedade mais importante de Beautiran na principal estrada de Bordeaux a Langon. Nos melhores anos, o tinto é macio e charmoso.

Vieux-Château Gaubert ☆☆–☆☆☆
Portets. Proprietário: Dominique Haverlan. 34 ha.
Desde que Haverlan comprou esta propriedade em 1988, ele produziu excelentes vinhos, tanto brancos quanto tintos, e ambos extraordinariamente intensos e complexos.

Villa Bel Air ☆☆
Saint-Morillon. Proprietário: Jean-Michel Cazes. 46 ha.
www.villabelair.com
São vinhos concebidos para o prazer imediato: tintos moderadamente encorpados e brancos maduros e fermentados em barrica.

Sauternes

Rumo ao sul da região de Bordeaux, a produção de vinho tinto se torna praticamente insignificante em comparação com a de vinho branco. Um clima um pouco mais quente e mais seco, e o solo muito calcário, são ideais para as uvas brancas. O vinho tem, naturalmente, o que os franceses chamam de ótima *sève* – seiva – uma combinação de corpo e de vitalidade.

O melhor da região é o lado relativamente montanhoso de Sauternes, uma denominação de origem que se aplica a quatro vilarejos ao sul de um pequeno riacho chamado Ciron. Do outro lado do Ciron, em terras mais planas, fica Barsac, que também tem o direito à denominação de Sauternes. No total, são 2.300 hectares. Conforme as águas frias do Ciron encontram as mais quentes do Garonne, formam-se as neblinas de outono: são as condições que dão origem à famosa podridão nobre, e a possibilidade do vinho licoroso. Durante os últimos 250 anos, Sauternes tem se especializado nesse vinho dourado de sobremesa, extraordinariamente concentrado. No entanto, a podridão nobre é inconstante, e os bons vinhos não podem ser produzidos todo ano. O início dos 1990 foi desastroso, mas desde 1995 as condições têm sido excelentes.

Ao contrário da maioria da região de Graves, Sauternes tem grandes propriedades, como no Médoc. Historicamente, sua posição sobre

66 | FRANÇA | BORDEAUX | SAUTERNES

a rota de navegação do Garonne deu à região importância militar. Mais tarde, seu clima agradável e seus bons vinhos a tornaram um lugar conveniente para substituir castelos por mansões. Uma porção delas já era famosa por seus vinhos brancos "seivosos" quando, em 1855, foi feita a classificação para a Exposição de Paris. Eles foram classificados em três categorias, com Château d'Yquem sozinho na primeira, nove classificados como *premiers crus*, e outros nove como *deuxièmes crus* – o que, em linhas gerais, ainda hoje poderia ser considerada uma classificação justa, exceto que as divisões de terras aumentaram os *premiers crus* para onze e os *deuxièmes* para quatorze.

O procedimento trabalhoso para fazer grandes Sauternes é descrito na página ao lado. Com os vinhos doces fora de moda nos anos 1960 e 1970, tornou-se irrealista para a maioria dos proprietários, que não podiam pagar o trabalho necessário para colher as uvas de uma em uma, ou os novos barris, ou os anos de espera. Mas a moda e, aparentemente, o clima, mudaram de forma tão radical nos últimos tempos que Sauternes entrou numa nova era de ouro.

O último atalho que pegam muitos dos agricultores mais humildes é simplesmente aguardar que todas as uvas amadureçam (na esperança de que pelo menos algumas apresentem "podridão nobre"), colhê-las todas ao mesmo tempo, acrescentar um pouco de açúcar para elevar o álcool potencial até cerca de dezoito graus, e então interromper a fermentação com SO_2, quando ela tiver alcançado treze ou quatorze graus, deixando o vinho doce. É uma forma espúria de vinificação, com resultados previsivelmente medíocres. O vinho não possui o sabor clássico dos Sauternes e, com justiça, deveria ter outro nome.

Qual é o sabor clássico? Depende da safra. Em algumas, ele é vigoroso, quente e pegajoso. Em outras, é rico e intenso, mas quase literalmente seivoso e não doce. Em seu melhor, com todas as uvas acometidas por podridão nobre, é espessamente açucarado, mas gentil, cremoso, melado e com um toque de nozes. Os Barsac tendem a ser um pouco menos elaborados que os Sauternes, mas podem produzir seu próprio equilíbrio fascinante, ricos e refrescantes. As garrafas podem ser melhores do que nunca após quarenta ou cinquenta anos.

Os rendimentos do Sauternes variam preocupantemente de acordo com o tempo. Uma colheita média, mesmo em um ano bom, pode render trinta dúzias de garrafas por hectare, enquanto um *cru classé* de Saint-Julien, por exemplo, produz cerca de 95 dúzias por hectare com muito menos dificuldade.

Premier cru supérieur de Sauternes

Château d'Yquem ☆☆☆☆
Sauternes. Proprietário: LVMH. 103 ha. Uvas: Sém. 80%, Sauv. 20%. www.yquem.fr

Indiscutivelmente o melhor vinho doce da França, mas também reconhecido como o melhor vinho branco de Bordeaux muito antes da moda do vinho doce ter início no século XIX. As extremas dificuldades que fazem parte do seu processo de fabricação são descritas em pormenor na página anterior.

Depois de séculos pertencendo à família Lur-Saluces, a propriedade foi vendida para o grupo de bens de luxo LVMH em 1999. A luta pelo controle era acirrada, mas foi resolvida amigavelmente: o conde Alexandre de Lur-Saluces continuou administrando a propriedade até 2004, quando foi substituído por Pierre Lurton, que também dirige o Cheval Blanc. Ver também a p. 71.

Em determinadas safras, o Château d'Yquem também faz o Y (que se pronuncia "igrec"), seu raro vinho seco. Tem parte da concentração do Yquem, e o mesmo teor alcoólico, mas somente um traço de doçura para dar equilíbrio.

Premiers crus de Sauternes

Château Climens ☆☆☆☆
Barsac. Proprietário: Bérénice Lurton. 30 ha. Uvas: Sém. 100%. www.chateau-climens.fr

O vinho mais complexo e doce de Barsac, elaborado meticulosamente a partir de uma colheita quase tão risível quanto a utilizada no Yquem, dando-lhe uma concentração parcialmente caramelada à medida que envelhece, mas com uma textura leve e elegante típica do melhor Barsac. Muitas vezes, supera a si próprio em safras como a de 1991, quando os outros se esforçam para produzir um vinho bebível. Os nativos pronunciam o "ns" final enfaticamente, com uma espécie de efeito ressonante. O segundo rótulo é o Les Cyprès de Climens.

Château Coutet ☆☆☆–☆☆☆☆
Barsac. Proprietário: família Baly. 39 ha. Uvas: Sém. 75%, Sauv. 23%, Muscadelle 2%. www.chateaucoutet.com

Junto com o Château Climens, o cultivo líder de Barsac. Utiliza fermentação tradicional em barril para produzir um vinho excepcionalmente requintado e elegante. A antiga mansão remonta à época do domínio inglês da Aquitânia. Nos melhores anos, uma seleção dos vinhos mais complexos é rotulada como Cuvée Madame, mas a produção raramente ultrapassa as 1.500 caixas.

Château Guiraud ☆☆☆
Sauternes. Proprietário: Xavier Planty, Stefan von Neipperg, Olivier Bernard, e Robert Peugeot. 83 ha. Uvas: Sém. 65%, Sauv. 35%. www.chateau-guiraud.fr

A propriedade vizinha ao sul de Yquem, mas distinta por ter uma proporção alta de Sauvignon no vinhedo. As safras dos anos 1980 tiveram relativo sucesso: às vezes fortes em detrimento do requinte. Guiraud está dando seu máximo nas mãos do experiente vinicultor Xavier Planty, que conseguiu reunir alguns coinvestidores de renome para comprar a propriedade em 2006.

Château Clos Haut-Peyraguey ☆☆☆
Bommes. Proprietário: Martine Langlais-Pauly. 12 ha. Uvas: Sém. 90%, Sauv. 10%. www.closhautpeyraguey.com

Antigamente era a parte superior da mesma propriedade como Château Laufaurie-Peyraguey; foi separado em 1879 e está nas mãos da família Pauly desde 1914. Uma propriedade modesta, que produz vinhos um tanto leves, mas extremamente elegantes. O Château Haut-Bommes pertence ao mesmo dono e, com efeito, tornou-se o segundo rótulo.

Château Lafaurie-Peyraguey ☆☆☆–☆☆☆☆
Bommes. Proprietário: Suez Company. 40 ha. Uvas: Sém. 90%, Sauv. 8%, Muscadelle 2%.

Uma fortaleza para desafiar Yquem – isto é, militarmente –, com uma boa reputação por seus Sauternes longevos e belamente estruturados, sobretudo desde 1979. A de 1983 foi a primeira grande safra.

Château Rabaud-Promis ☆☆–☆☆☆
Bommes. Proprietário: Philippe Dejean. 33 ha. Uvas: Sém. 80%, Sauv. 18%, Muscadelle 2%.

A maior parte da propriedade, outrora importante, de Rabaud. Produz vinhos complexos, gordos sem ser pesados. Desde 1986, uma propriedade confiável para acompanhar, mas raramente excepcional.

Château Rayne-Vigneau ☆☆–☆☆☆
Bommes. Proprietário: Crédit Agricole Grands Crus. 80 ha. Uvas: Sém. 80%, Sauv. 20%.

Uma grande propriedade, agora separada do château, mas celebrada historicamente por seu solo cheio de pedras preciosas. O afortunado Visconde de Roton (um Pontac, cujos descendentes ainda têm o château) se surpreendeu recolhendo safiras, topázios, ametistas e opalas aos milhares. (O restante do solo é calcário). Os métodos modernos levaram à produção de Sauternes elaborados e complexos, mas não os mais ambiciosos, e pouco Rayne-Vigneau Sec.

CHÂTEAU D'YQUEM – A ELABORAÇÃO DE UM BOM SAUTERNES

O vinho tem poucas lendas mais impressionantes do que a da colina fortificada de Yquem e seu néctar dourado. Só a França poderia produzir tal monumento à arte aristocrática.

Em 1785, Josephine Sauvage d'Yquem, cuja família manteria a propriedade por mais de duzentos anos, casou-se com o conde de Lur Saluces. Dois anos mais tarde, Thomas Jefferson fez uma visita ao famoso castelo e gostou tanto dos vinhos que solicitou uma remessa para os Estados Unidos. Se o vinho que ele tanto admirou era tão licoroso e intensamente doce quanto o Yquem, é algo que continua sendo um mistério. Foi, certamente, o mais doce possível. A questão é quando passaram a ter valor os esforços e a paciência que agora tornam esse vinho tão extraordinário. Hoje, é difícil exagerar o cuidado meticuloso que há no Yquem. Uma descrição de seus métodos é uma descrição do ideal – do qual outros châteaux se aproximam em maior ou menor medida.

Primeiro, é preciso entender o princípio. Sob certas condições outonais de manhãs enevoadas e tardes de sol, uma das formas comuns de mofo (*Botrytis cinerea*) em vinhedos inverte seu papel: em vez de estragar as uvas, é totalmente benéfica. Em uma colheita saudável, madura e sem danos, sem outras infecções por fungos, *botrytis* começa a se alimentar do açúcar e do ácido tartárico de cada uva, penetrando, com suas raízes muito finas, os poros microscópicos da casca. As uvas murcham rapidamente; primeiro, tornam-se cinzas com os esporos do fungo e, em seguida, esquentam, viram castanho-violeta, e suas cascas simplesmente se reduzem à polpa. A essa altura, as uvas perderam mais de metade de seu peso, mas menos da metade do açúcar. Seu suco é concentrado, extremamente doce e rico em glicerina. Se as condições forem perfeitas (como em 1967, 1989 e 2001), o processo é súbito e completo: nenhuma uva no cacho é reconhecível. Elas são um espetáculo repulsivo.

Infelizmente, na maioria dos anos o processo é gradual; as bagas apodrecem de modo pouco uniforme – até mesmo de uma em uma. Em Yquem, os colhedores, 140 pessoas, movimentam-se lentamente pelas videiras recolhendo as uvas, se necessário, uma de cada vez, e então voltam às mesmas videiras uma e outra vez, até dez (em outras épocas, até onze) vezes. A colheita final rende cerca de um copo de vinho por videira.

No *cuvier*, as uvas são levemente sulfuradas, submetidas a uma delicada fouloir (prensa) de madeira, e em seguida pressionadas três vezes nas antigas prensas verticais; o "bolo" é cortado com pás e jogado no moinho para remover os engaços entre uma prensa e outra. O total da colheita do dia – até quarenta barris – é reunido em um único tonel, e depois colocado diretamente em barricas de carvalho novo, enchendo-os até três quartos da capacidade, para fermentar. Enquanto acontece a fermentação e, depois, o envelhecimento, cada barril é provado repetidas vezes para se constatar se ele adquiriu as qualidades do *grand vin*. Se isso não acontecer, será vendido como Sauternes anônimo. Em Yquem, não há tribunal de apelação, nem segundo rótulo.

Quando o vinho atinge cerca de quatorze graus de álcool, as leveduras pouco a pouco param de agir, deixando até 120 gramas de açúcar por litro. As somas são fundamentais aqui. O ideal é que 20% do total de açúcar ("álcool potencial") esteja presente no suco. Com 25%, a fermentação pode parar entre 9 e 10 graus – como no Trockenbeerenauslese. (O exemplo extremo é o Tokaji Essencia, com tanto açúcar que o teor alcoólico em potencial é de 35 graus, com a fermentação mal começada.)

O Château d'Yquem costumava ser guardado por não menos de três anos e meio em barril, mas sob Pierre Lurton e o professor e consultor Denis Dubourdieu esse período está sendo um pouco encurtado. O "novo" Yquem pode ser um pouco diferente do Lur-Saluces Yquem, mas até agora não há nenhum sinal de que os padrões possam estar decaindo.

Château d'Yquem, Sauternes.

Château Rieussec ★★★★
Fargues. Proprietário: Domaines Barons de Rothschild. 90 ha. Uvas: Sém. 90%, Sauv. 8%, Muscadelle, 2%. www.lafite.com

O vizinho do leste de Yquem, em uma terra ainda mais elevada na mesma linha de colinas. O Rieussec, tradicionalmente aromático, elegante e forte, mudou significativamente nos anos 1970 nas mãos do antigo proprietário, quando se tornou mais escuro e mais elaborado, com a característica botrítica do mel. O branco seco, inspirado no Y de Yquem, é chamado de R.

Os Lafite-Rothschild compraram a propriedade em 1985, e o estilo se tornou mais clássico e menos alquitranado. Desde o final da década de 1990, as safras têm sido incríveis. O segundo rótulo é o Carmes de Rieussec.

Château Sigalas Rabaud ★★★
Bommes. Proprietário: Conde Gérard de Lambert des Granges. 14 ha. Uvas: Sém. 80%, Sauv. 20%.

Um terço da antiga propriedade de Rabaud, descendentes por mais de meio século da família Sigalas. Até 1988, o vinho era feito e envelhecido principalmente em tanques, para evitar o sabor de carvalho; a partir de então, passou-se a usar mais carvalho, mantendo, porém, a ênfase de frescor e sabor frutado do vinho.

Em 1994, os donos do Château Lafaurie-Peyraguey (ver p. 66) alugaram a propriedade, e o vinho ganhou complexidade, mas sem perder seu caráter único.

Château Suduiraut ★★★☆–★★★★
Preignac. Proprietário: AXA Millésimes. 92 ha. Uvas: Sém. 90%, Sauv. 10%. www.suduiraut.com

Um château de grande esplendor dentro de um parque igualmente esplêndido, e o próximo vinhedo depois de Yquem, rumo ao norte. Um dos nomes mais respeitados, apesar de um período de relativa negligência no início dos anos 1970. AXA converteu os edifícios em uma espécie de hotel corporativo, mas o foco total na produção de vinho permanece, agora sob a direção de Pierre Montegut.

Os melhores Suduiraut (1967, 1976, 1982, 1988, 1990, 1997, 1999 e 2001) são redondos e untuosos, verdadeiramente *liquoreux* (licorosos) – o "Yquem dos pobres". Segundo rótulo desde 1993: Castelnau de Suduiraut.

Château la Tour Blanche ★★★
Bommes. Proprietário: Ministère de l'Agriculture. 37 ha. Uvas: Sém. 80%, Sauv. 15%, Muscadelle 5%. www.tourblanche.com

Provavelmente, a primeira propriedade em que o Sauternes foi elaborado, ficando logo abaixo do Château Yquem na classificação de 1855. Legada ao Estado francês em 1912 por Monsieur Osiris (um grande magnata), cujo nome ainda aparece no rótulo. O vinhedo se encontra na encosta íngreme voltada para o oeste, em direção ao rio Ciron.

Desde 1989, toda a colheita é fermentada em carvalho novo – antes de 1983 a fermentação era feita em tanques de aço. Aqui funciona uma faculdade de viticultura, mas independente da vinícola. O estilo do vinho está cada vez mais untuoso.

Deuxièmes crus de Sauternes

Château d'Arche ★★☆–★★★★
Sauternes. Proprietário: consórcio de investidores. 27 ha. Uvas: Sém. 90%, Sauv. 10%. www.chateaudarche-sauternes.com

Sauternes às vezes pesados e extremamente sedutores em seus melhores anos (1983, 1990 e 2001). Jean Perromat foi diretor de 1980 a 2003, quando entregou as rédeas ao genro, Jérôme Cosson.

Château Broustet ★★
Barsac. Proprietário: Didier Laulan. 16 ha. Uvas: Sém. 80%, Sauv. 16%, Muscadelle 4%.

Por muitos anos nas mãos da família Fournier, que também possuía o grande Château Canon, de Saint-Émilion. Mas eles produziam um vinho bastante grosseiro no Broustet. Didier Laulan tirou proveito da sequência de boas safras desde 1996 para melhorar consideravelmente a qualidade, embora o vinho ainda precise ser mais concentrado.

Château Caillou ☆–★★★★
Barsac. Proprietário: Marie-Josée Pierre. 13 ha. Uvas: Sém. 90%, Sauv. 10%. www.chateaucaillou.fr

Propriedade muito eficiente no terreno mais elevado do "Alto" Barsac, perto de Château Climens. Uma pequena quantidade do Cuvée Prestige superior (conhecido até 2001 como Private Cuvée) é produzida nos melhores anos, bem como o ainda mais restrito e caro Cuvée Reine. A qualidade medíocre nos anos 1980 e uma série de disputas familiares explicam o mau desempenho que esta propriedade teve durante muitos anos, mas desde meados da década de 1990 houve uma melhoria bem-vinda, embora a produção básica talvez não cause entusiasmo.

Château Doisy-Daëne ★★★
Barsac. Proprietário: Denis Dubourdieu. 15 ha. Uvas: Sém. 80%, Sauv. 20%.

O Doisy-Daëne está na vanguarda da vinificação moderna, com uso sofisticado de aço e madeira de carvalho novo para fazer vinhos alegres, refrescantes, doces e de muita classe. Nas melhores safras, são produzidas ínfimas quantidades de um vinho muito especial, apropriadamente chamado L'Extravagante, e com preços correspondentes. A propriedade também produz excelentes vinhos secos de Graves.

Château Doisy-Dubroca ☆–★☆
Barsac. Proprietário: Louis Lurton. 4 ha. Uvas: Sém. 100%. www.louis-lurton.fr

Pequena propriedade, ligada por um século ao vizinho Château Climens. Com Louis Lurton, o vinho se tornou inconsistente. As safras são guardadas por alguns anos antes do lançamento.

Château Doisy-Védrines ★★★
Barsac. Proprietário: Olivier Castéja. 30 ha. Uvas: Sém. 80%, Sauv. 15%, Muscadelle 5%.

Um dos Barsac mais elaborados, fermentado em barricas e produzido para uma longa e boa vida.

Château Filhot ☆–★☆
Sauternes. Proprietário: Gabriel de Vaucelles. 62 ha. Uvas: Sém. 60%, Sauv. 35%, Muscadelle 5%. www.filhot.com

Um palácio, ou quase isso, construído pela família Lur Saluces no início do século XIX à beira dos bosques ao sul de Sauternes. O vinhedo grande em solo arenoso produz vinhos que se distinguem, pela leveza, dos padrões clássicos de Sauternes. Uma relutância a envelhecer o vinho em madeira reduziu sua complexidade, mas, em meados dos anos 1990, isso começou a mudar. No entanto, os vinhos ainda carecem de concentração e suculência.

Château Lamothe ☆
Sauternes. Proprietário: Guy Despujols. 7.5 ha. Uvas: Sém. 85%, Sauv. 10%, Muscadelle 5%. www.guy-despujols.free.fr

Um Sauternes menor, para ser consumido ainda jovem. Em seus melhores anos, uma cara Sélection Exceptionelle é produzida.

Château Lamothe Guignard ☆–☆☆

Sauternes. Proprietário: Philippe e Jacques Guignard. 19 ha. Uvas: Sém. 90%, Sauv. Gris 5%, Muscadelle 5%.

Os Guignard, uma família vinícola de Graves, comprou esta parte do vinhedo do titular do Château d'Arche (ver p. 68) em 1981. Eles logo estavam produzindo um excelente Sauternes – apimentado, frutado e sedutor – a preço justo; mas, por alguma razão, a qualidade, infelizmente, caiu durante os anos 1990. Mas o 2001 é excelente.

Château de Malle ☆☆–☆☆☆

Preignac. Proprietário: Condessa Nancy de Bournazel. 27 ha. Uvas brancas: Sém. 75%, Sauv. 23%, Muscadelle 2%. www.chateau-de-malle.fr

A casa e o jardim mais bonitos de Sauternes – possivelmente de Bordeaux – e muito apreciados pelos turistas. Construídos para a família da proprietária (que tem vínculos com os Lur Saluce) por volta de 1600. Os jardins italianos foram agregados cem anos depois. O vinhedo, em solo arenoso ensolarado, fica em Sauternes e Graves, e produz quantidades quase iguais de branco doce e tinto. Até o final dos anos 1980, a qualidade era boa, mais que notável, mas o vinho ganhou riqueza e complexidade ao longo da década de 1990. O segundo rótulo é o Château de Sainte-Hélène, e o excelente branco Graves é M de Malle.

Château de Myrat ☆–☆☆

Barsac. Proprietário: família de Pontac. 22 ha. Uvas: Sém. 88%, Sauv. 8%, Muscadelle 4%.

O pai dos atuais proprietários arrancou todas as videiras em 1976. O vinhedo foi replantado em 1988, mas as primeiras colheitas foram os desastrosos anos do início da década de 1990. As melhores safras dos anos 1990 produziram vinhos bons, mas inconsistentes.

Château Nairac ☆☆☆

Barsac. Proprietário: Nicolas Heeter-Tari. 16 ha. Uvas: Sém. 90%, Sauv. 6%, Muscadelle 4%. www.chateau-nairac.com

Um jovem americano, Tom Heeter, fez desta propriedade antiga e degradada uma das líderes do distrito, com vinhos ao estilo do Barsac – mais picante e menos viscoso –, que podem ser guardados por dez anos ou mais. Hoje a vinificação está nas mãos de seu filho, perfeccionista, que colhe apenas uvas realmente botrificadas, e vende a preços impiedosamente baixos os barris que não o agradam. O vinho resultante é altamente concentrado e de qualidade imponente.

Château Romer ☆–☆☆

Fargues. Proprietário: Anne Farges. 6,5 ha. www.chateau-romer.com

Alugado pelo Château Romer-du-Hayot (ver nesta página) até 2002. A safra de 2003 foi impressionante.

Château Romer-du-Hayot ☆–☆☆

Fargues. Proprietário: Markus de Hayot. 11 ha. Uvas: Sém. 75%, Sauv. 25%.

O château foi demolido para construção da autoestrada, e o vinho passou a ser feito no Château Guiteronde, em Barsac, do mesmo proprietário. Por muitos anos, o vinho foi simples, envelhecido somente em tanques, mas atualmente a maturação em barrica lhe deu maior complexidade, embora os vinhos talvez careçam de frescor.

Château Suau ☆

Barsac. Proprietário: Corinne Dubourdieu. 8 ha. Uvas: Sém. 80%, Sauv. 10%, Muscadelle 10%.

A relíquia de uma propriedade mais importante, perto do Garonne, situada em solos mais pesados do que os dos melhores cultivos. A qualidade foi descuidada até 2002, quando uma nova geração assumiu o controle e logo fez as mudanças que, com o tempo, certamente resultarão em vinhos melhores.

Outros produtores de Sauternes

Château d'Armajan des Ormes ☆

Preignac. Proprietário: família Perromat. 15 ha.

Um vinho com notas de damasco, mas não surpreendente, e um engarrafamento *crème de tête* ("de primeira") em seus melhores anos.

Château Bastor-Lamontagne ☆☆

Preignac. Proprietário: Crédit Foncier. 58 ha. www.bastor-lamontagne.com

Apesar de a propriedade estar em mãos de corporações, tem sido bem administrada por Michel Garat, com um histórico de boas safras para justificar sua reivindicação de ser "tão bom quanto um *deuxième cru*". Em 2000, o vinhedo único Cru Bordenave foi adicionado à gama.

Château Cantegril ☆–☆☆

Barsac. Proprietário: Denis Dubourdieu. 18 ha. www.denisdubourdieu.com

Parte do vinhedo do antigo Château de Myrat (ver p. 69). Bem conservado, mas pouco ambicioso até 1988. Um vinho charmoso, ainda que de pouca complexidade.

Clos Dady ☆☆–☆☆☆

Preignac. Proprietário: Catherine e Christophe Gachet. 6 ha. www.clos-dady.com

As antigas videiras e a vinificação meticulosa resultam em vinhos elaborados e ostentosos. Há um *cuvée prestige* chamado Dolce Vita, insuficientemente superior ao vinho regular para justificar seu tão elevado preço.

Château Closiot ☆–☆☆☆

Barsac. Proprietário: Francoise Sirot-Soizeau. 5 ha.

Barsac estruturado e muitas vezes exuberante, mas o Cuvée Passion, envelhecido em carvalhos novos, é mais célebre.

Château La Clotte-Cazalis ☆☆

Barsac. Proprietário: Bernadette Lacoste. 5 ha. www.laclotte.com

O nome é deselegante, mas os vinhos são deliciosos. Elaborados pela primeira vez em 2001, quando a propriedade ainda era alugada.

Cru Barréjats ☆☆☆

Barsac. Proprietário: Dr. Mireille Daret. 5 ha. www.cru-barrejats.com

Propriedade diminuta e de alta qualidade, situada entre Climens e Caillou, que entrou em funcionamento em 1990.

Château de Fargues ☆☆☆–☆☆☆☆

Fargues. Proprietário: Conde Alexandre de Lur Saluces. 15 ha. www.chateau-de-fargues.com

Um orgulhoso castelo em ruínas, com um vinhedo diminuto, mas nos padrões perfeccionistas de Yquem. Qualidade gloriosa e consistente do vinicultor Francois Amirault.

Château Gilette ☆–☆☆☆
Preignac. Proprietário: Christian Médeville. 5 ha.
Um exclusivo produtor de Sauternes de guarda de grande esplendor, envelhecido em grandes tanques e não engarrafado até que seu dono, idealista, considere que está pronto para beber – em 25 anos ou mais. Monsieur Médeville também produz o muito mais convencional Château les Justices.

Château Haut-Bergeron ☆☆–☆☆☆
Preignac. Proprietário: Robert Lamothe. 16 ha.
Vinhos suntuosos com notas de pêssego, com a qualidade dos *crus classés*.

Château Liot ☆
Barsac. Proprietário: Jean Gérard David. 20 ha.
Grande propriedade nas melhores encostas de Barsac. O nível geral é "um bom comercial", sempre satisfatório, mas nunca cativante.

Château Massereau ☆☆–☆☆☆
Barsac. Proprietário: Jean-Francois e Philippe Chaigneau. 1,2 ha.
Um Barsac *garagiste*, feito pela primeira vez em 2000, de qualidade impressionante, mas absurdamente caro.

Château Piada ☆–☆☆
Barsac. Proprietário: Frédéric Lalande. 10 ha.
Um dos mais conhecidos entre os Barsac menores: confiável, mas sem ambição.

Château Raymond-Lafon ☆☆☆
Sauternes. Proprietário: família Meslier. 16 ha.
www.chateau-raymond-lafon.fr
Comprado em 1972 pelo então gerente do Château d'Yquem. Seus vinhos são feitos com cuidados semelhantes e envelhecido por três anos em carvalho. Suntuosos, majestosos e longevos.

Château de Rolland ☆–☆☆
Barsac. Proprietário: Francois Guignard. 18 ha.
www.chateauderolland.com
Vinhos atraentes, com notas de mel, mas que carecem um pouco de elegância e complexidade.

Château Roumieu-Lacoste ☆–☆☆
Barsac. Proprietário: Hervé Dubourdieu. 12 ha.
Aqui o sobrinho do proprietário do excelente Doisy-Daene produz um vinho bom e bem elaborado.

Château St-Amand ☆–☆☆
Preignac. Proprietário: Anne-Marie Facchetti-Ricard. 20 ha.
Qualidade admirável no estilo de Barsac, com ênfase na fruta, em vez de no carvalho ou na complexidade. Vendido por Sichel como La Chartreuse.

Saint-Émilion

Como cidade, é a ideia do paraíso de todo amante do vinho. Como denominação de origem controlada, de longe a maior para os vinhos de alta qualidade da França, produzindo não muito menos do que todo a Côte d'Or da Borgonha. Em nenhum outro lugar, a vida civil ou até mesmo espiritual de uma pequena cidade está tão profundamente imbuída da paixão por fazer bom vinho.

Saint-Émilion, resguardada no canto protegido de seu morro, não tem como se expandir. Enquanto outras cidades espalharam suas ruas indistintas sobre o campo, em torno de Saint-Émilion há vinhedos de valor inestimável, e muitos de seus melhores chegam até seus muros, que impedem qualquer expansão. Ela escava seu calcário para encontrar blocos de construção e armazenar seu vinho – e até mesmo para celebrar seus ritos. Sua antiga igreja é uma caverna com uma grande abóbada, usada agora para a reunião do Jurade, organização cerimonial de Saint-Émilion (ver a seguir).

Os vinhedos englobam vários solos e aspectos distintos, mantendo certo caráter comum. Os vinhos de Saint-Émilion são um grau mais fortes do que os do Médoc, com menos taninos. Sua marca é seu sabor sólido e acessível; com a maturação, resultam em vinhos calorosos e de gratificante doçura. Quando jovens, são menos intrigantes que os Médoc, e amadurecem mais rápido, mas são igualmente indecifráveis à medida que envelhecem.

Os melhores Saint-Émilion vêm das côtes relativamente íngremes – vinhedos da encosta e do topo das escarpas ao redor da cidade –, e de um terreno isolado de solo de cascalho no planalto que fica cerca de 1,5 quilômetro ao noroeste, quase em Pomerol. Os vinhos de côtes são os mais espirituosos, e vão de enigmáticos a radiantes; os vinhos do solo de cascalho são mais sérios e incisivos. Michael Broadbent define a diferença como "abertos" (vinhos de côtes) e "firmes" (vinhos de cascalho). Mas eles podem facilmente ser confundidos uns com os outros, com os Médoc, com os Graves, e mesmo com os Borgonha. E algumas das mesmas qualidades são encontradas em vinhedos em solos muito diferentes, tanto descendo para a região arenosa no vale do Dordogne, abaixo da própria cidade de Saint-Émilion, quanto nos cinco vilarejos "satélites" ao norte e ao leste.

A classificação de Saint-Émilion segue um padrão próprio. Foi estabelecida em 1954 e é a única revista regularmente; a última revisão foi realizada em 2006.

Há agora, desde a safra de 1985, duas denominações de origem controlada, simplesmente AOC Saint-Émilion e AOC Saint-Émilion Grand Cru. As *crus classés* vêm em duas classes: *premier grand classé* e *grand cru classé*. A classe superior é dividida em dois: "A" e "B". A classificação atual denomina dois châteaux (Cheval Blanc e Ausone) como *premiers grands crus classés* "A" e treze como "B". Os "B" são o equivalente aproximado à classificação que em Médoc designa os *deuxièmes crus* e os *troisièmes crus*. Depois, seguem-se 46 *grands crus classés*.

Obviamente, Saint-Émilion não é uma área de grandes propriedades. Elas têm, em média, cerca de oito hectares; a maior delas não tem muito mais do que quarenta, e muitas têm não mais do que dois ou três hectares, produzindo algumas poucas centenas de caixas. De fato, o *"grand cru"* de Saint-Émilion, não classificado, equivale à mesma categoria ampla dos *crus bourgeois* no Médoc.

Desde o início dos anos 1990, houve uma transformação pouco sutil no estilo de muitos vinhos de Saint-Émilion. Em nenhum outro lugar de Bordeaux técnicas como a concentração de mosto e a micro-oxigenação são adotadas com tanto entusiasmo.

Aplicadas aos vinhos com rendimentos muito baixos, os resultados são uma cor opaca, imensa concentração e força, elevado teor alcoólico, e sabores frutados. Não há dúvida de que esses vinhos têm muitos seguidores, especialmente entre os críticos norte-americanos, mas outros podem argumentar que Saint-Émilion está em perigo de perder não só a elegância, como também sua *typicité*.

Premiers grands crus de Saint-Émilion

Château Ausone ☆☆☆☆
Proprietário: Alain Vauthier. 7 ha. Uvas: Merlot 45%, Cab. Fr. 55%. www.chateau-ausone.com

Se você estivesse procurando o vinhedo nitidamente mais promissor em toda a região de Bordeaux, esta seria a primeira escolha. Não surpreende o fato de que seu nome está associado com o poeta romano Ausônio (também conhecedor do Mosela). Os vinhedos se inclinam ao sul e ao leste da borda da escarpa de Saint-Émilion, que forneceu as pedras para a construção das adegas espaçosas e de temperatura ideal. O solo é composto de uma camada superficial de argila pálida alcalina sobre calcário permeável (que as raízes da videira adoram).

Ausone passou por um longo eclipse, durante o qual seu vinho foi bom, mas não o suficiente. Seus vizinhos pareciam perder o brilho ao mesmo tempo. Diferentes ramos da família proprietária disputavam tão intensamente que até mesmo decisões como quando começar a colheita tinham de ser resolvidas nos tribunais locais. Em tais condições, os investimentos na propriedade estagnaram.

Em 1995, um dos protagonistas, Alain Vauthier, assumiu a propriedade, e desde então a qualidade aumentou. Hoje, os vinhos de Ausone são elaborados e sedutores, com densidade e complexidade reveladoras, repetidas em cada safra, resultando nos excelentes 2000 e 2005.

A vinificação aqui segue os mesmos princípios que a do Médoc. Novos barris são usados para toda a colheita, ridiculamente pequena. O processo completo, até que o vinho esteja pronto para ser consumido, é um pouco mais rápido que nos melhores Médoc, mas sua expectativa de vida em potencial, a julgar pelas raras garrafas antigas, não é mais curta. O resultado final é a pura magia do clarete: doce, alegremente harmônico e com profundidade insondável.

Château Cheval Blanc ☆☆☆☆
Proprietários: Bernard Arnault e Albert Frère. 37 ha. Uvas: Cab. Fr. 58%, Merlot 42%. www.chateau-cheval-blanc.com

Embora compartilhe o primeiro lugar em Saint-Émilion com o Ausone, o solo e a localização (e tradição) do Cheval Blanc são totalmente diferentes. Encontra-se no planalto próximo ao limite com Pomerol, em solo muito mais profundo, uma mistura irregular de areia, cascalho e argila, com argila no subsolo. A uva principal é a Cabernet Franc (conhecida nessa região como Bouchet).

Não há nenhum cavalo branco aqui, e o château é uma residência sem extravagâncias, pintada em cor creme, que por alguma razão sempre me lembra a Virginia. Os novos *chais* deixaram o edifício mais imponente. A mesma família foi dona da propriedade desde o início do século XIX, mas, em 1998, uma parceria privada de dois executivos muito ricos mudou tudo isso.

Cheval Blanc é o Mouton de Saint-Émilion: o sucesso de vendas que, de alguma forma, remete diretamente às suas uvas. O de 1947 é uma lenda, um vinho de estilo e proporções heroicos, com as qualidades combinadas do clarete, do Porto, de esculturas, e de Hermès ou Gucci – ou isso é *lèse-majesté*? O de 1961 se mostrou um pedaço de carne dura que precisou ser marinado por anos. Nem todas as safras são tão inspiradoras, mas as de 1975, 1982, 1983, 1989, 1990, 1995, 1998, 2000 e 2005 seguem a grandiosa tradição. Pierre Lurton está a cargo da propriedade desde 1991 e não deu um passo em falso sequer. O segundo rótulo é o Le Petit Cheval.

Vinhedos próximos a Saint-Émilion.

FRANÇA | BORDEAUX | SAINT-ÉMILION

Château Angélus ☆☆☆☆
Proprietário: família Boüard de Laforest. 23 ha. Uvas: Merlot 50%, Cab. Fr. 47%, Cab. Sauv. 3%. www.angelus.com

Propriedade situada na encosta abaixo do Château Beauséjour onde o solo é mais pesado. A busca apaixonada do proprietário por excelência fez com que o Angélus fosse promovido em 1996, após uma série de safras de qualidade superior na segunda metade dos anos 1980 e no início, mais difícil, da década de 1990. O vinho é tão opulento e explosivo quanto qualquer Bordeaux.

Château Beau-Séjour-Bécot ☆☆☆
Proprietários: Gérard e Dominique Bécot. 17 ha. Uvas: Merlot 70%, Cab. Fr. 24%, Cab. Sauv. 6%. www.beausejour-becot.com

Dois terços de um imóvel que foi dividido em 1869 (a parte menor ficou com a casa). O vinhedo está situado na encosta oeste do morro atrás do Château Ausone. Desde 1969, a propriedade foi modernizada, com um *cuvier* completamente novo, e sua débil reputação cedeu lugar a uma posição de liderança no estrito círculo das côtes de Saint-Émilion, produzindo o tipo de vinho ideal para ser consumido a médio prazo (digamos, dez anos) que torna Saint-Émilion tão popular. Sua classificação foi rebaixada em 1985, porque o Monsieur Bécot havia ampliado a propriedade com a compra de outros dois vinhedos, mas foi devidamente restituída em 1996. Os sabores são exuberantes, com notas de ameixas maduras, e todas as safras recentes foram excelentes.

Château Beauséjour (Duffau-Lagarrosse) ☆☆–☆☆☆
Proprietário: Jean Duffau-Lagarrosse. 7 ha. Uvas: Merlot 70%, Cab. Fr. 20%, Cab. Sauv. 10%.

A menor parte do Beauséjour, mas com a charmosa casa e jardim. Administrada no estilo tradicional de pequeno château familiar; vinho encorpado, bem concentrado, mas que tende a carecer de elegância, embora a safra de 1990 tenha uma excelente reputação. As de 1995, 2000 e 2004 são todas muito boas.

Château Bélair ☆☆–☆☆☆
Proprietário: Etablissements Jean-Pierre Moueix. 12,5 ha. Uvas: Merlot 80%, Cab. Fr. 20%. www.chateaubelair.com

Até 1995, o irmão maior, embora mais novo, do Château Ausone, do mesmo proprietário. Parte do mesmo vinhedo na encosta, mais uma área no planalto da colina situada logo atrás. O vinicultor Pascal Delbeck Bélair herdou a propriedade em 2003, mas os impostos e outros problemas o forçaram a vendê-la em 2008. Depois de quase 25 anos com Delbeck no comando, o Bélair tornou-se um vinho controverso: leve, elegante, mas muitas vezes sem substância. No entanto, as boas safras envelhecem muito bem.

Château Canon ☆☆–☆☆☆
Proprietário: família Wertheimer (Chanel). 18 ha. Uvas: Merlot 75%, Cab. Fr. 25%. 65%, Cab. Fr. 35%. www.chateau-canon.com

Meu instinto me leva a soletrar o nome com dois "n": um grande cano de canhão de bronze (em vez de um elegante clérigo) expressa perfeitamente o estilo do Canon: generoso, masculino, não muito agressivo quando jovem, mas magnífico com vinte anos em garrafa.

A família Fournier vendeu a propriedade aos Wertheimer, da Chanel – que também são proprietários do Château Rauzan-Ségla (ver p. 44) –, em 1997. Grande parte do vinhedo precisava ser replantado e, assim, para surpresa de alguns em Saint-Émilion, o Institut National des Appellations d'Origine (INAO) permitiu que os vinhedos do Château Curé-Bon, outra propriedade adquirida pelos Wertheimer, tivessem seu *status* promovido e fossem incorporados a Canon. Com tantas mudanças, ainda é difícil discernir o verdadeiro estilo Canon do presente século.

Château Figeac ☆☆☆–☆☆☆☆
Proprietário: Thierry Manoncourt. 40 ha. Uvas: Cab. Sauv. 35%, Cab. Fr. 35%, Merlot 30%. www.chateau-figeac.com

O Château Figeac tem o ar aristocrático do *cru classé* do Médoc e um dia teve uma propriedade comparável às grandes do Médoc, incluindo aquele que é hoje o Château Cheval Blanc. A casa poderia ser chamada de mansão e o parque tem uma sensibilidade senhorial ausente na maioria dos Libournais. O vinhedo atual, ainda entre os maiores de Saint-Émilion, tem solo mais rochoso e maior proporção de Cabernet Sauvignon que os demais – o que pode explicar seu estilo diferente daquele do Cheval Blanc. O

OS CONSULTORES

Poucos châteaux de Bordeaux, até mesmo os maiores, prescindem de um enólogo consultor. O *maître de chai* é o homem, ou a mulher, que supervisiona as operações diárias da vinícola. O consultor contribui com um ponto de vista externo, muitas vezes aconselhando sobre viticultura, e também sobre vinificação e corte. O primeiro desses consultores, dos anos 1950 aos 1990, foi Émile Peynaud. Ex-diretor da Station Oenologique da Universidade de Bordeaux, ele adquiriu uma lista impressionante de clientes entre os châteaux de Bordeaux.

Peynaud incentivou seus clientes a ser seletivos na colheita, que só deve começar quando as uvas estiverem o mais maduras possível, e adicionar ao vinho de gota pelo menos uma parte de vinho prensado, mais tânico, para que ele adquira uma estrutura tânica e firme. Ele foi também o primeiro enólogo a compreender as complexidades da fermentação malolática. Seus conselhos se baseavam em sólidas pesquisas realizadas na universidade. Outros seguiram seus passos, como Pascal Ribéreau-Gayon e Denis Dubourdieu. Dubourdieu é o mestre da fermentação de vinho branco, e realizou projetos de investigação sobre contato com a casca da uva, aroma, e agitação de sedimentos.

Bordeaux como um todo – e, de fato, todo o mundo do vinho – tem se beneficiado imensamente das contribuições de seus enólogos acadêmicos, alguns dos quais desenvolveram técnicas, como a concentração do mosto, que mantiveram Bordeaux na vanguarda da inovação enológica. Os proprietários de Bordeaux gostam de fingir certo desdém para com vinhos "tecnológicos" (leia-se australianos), mas nenhuma região é mais adepta da tecnologia do que a própria Bordeaux. Outros enólogos consultores são quase tão influentes quanto estes, embora não sejam titulares de cargos acadêmicos. Michel Rolland é mundialmente conhecido e assessora vinícolas em todo o mundo, além das de Bordeaux. Outros, como Jacques Boissenot e Pauquet Gilles, ficam mais perto de casa. Stéphane Derenoncourt, autodidata e simpático à biodinâmica, tornou-se, com Rolland, o consultor escolhido da *Rive Droite*, embora tenha ampliado sua lista de clientes no Médoc e em lugares mais afastados. Hubert de Boüard, dono do Château Angélus, e Jean-Luc Thunevin, dono do Château Valandraud, também começaram a dar consultoria para algumas propriedades importantes. Esses enólogos mais conceituados não são teóricos negligentes. Sua compreensão da vinificação está enraizada no *terroir* de Bordeaux e é refinada no laboratório.

Figeac é mais acolhedor, menos denso e compacto; aproxima-se mais de um Médoc (novamente), com estrutura firme e corpo adocicado. É encorpado, mas não robusto; amadurece relativamente cedo e, então, apresenta uma agradável doçura. Enganosamente fácil de beber quando jovem, o Figeac mostra seu verdadeiro requinte depois de dez anos ou mais. O 1950 foi aplaudido de pé quando servido em um jantar de Saint-Émilion, em 2007.

Clos Fourtet ☆☆–☆☆☆
Proprietário: Philippe Cuvelier. 20 ha. Uvas: Merlot 85%, Cab. Fr. 5%, Cab. Sauv. 10%. www.closfourtet.com
O primeiro *cru classé* com que os visitantes se deparam assim que saem da encantadora cidade murada rumo aos vinhedos. Um local modesto, mas com um aglomerado de adegas de calcário. (Segundo se afirma, as antigas adegas subterrâneas se estendem por quilômetros, e as adegas de um château estão conectadas às de outro. Paraíso para um invasor enoespeleólogo). As antigas safras do Clos Fourtet foram mal durante muitos anos. Mais recentemente, o vinho começou a ser feito com um pouco mais de delicadeza, mas sem atingir o pico de qualidade ou preço. O ano em que a propriedade foi vendida pela família Lurton a um genial homem de negócios, Philippe Cuvelier – 2000 –, acabou sendo de uma safra magnífica.

Château la Gaffelière ☆☆☆
Proprietário: Comte Léo de Malet-Roquefort. 22 ha. Uvas: Merlot 80%, Cab. Fr. 10%, Cab. Sauv. 10%. www.chateau-la-gaffeliere.com
O alto edifício gótico no sopé do morro que chega a Saint--Émilion, com vinhedos no sopé de Ausone e Pavie. Três séculos se passaram na família Malte-Roquefort, um histórico de safras nobres que envelheceram bem e elegantemente (a de 1955 era uma das favoritas). A experiência recente tem sido menos constante, mas o de 1982 e o de 1983 são vinhos finos. A partir de 1995, quando Michel Rolland foi contratado como consultor, o vinho passou a ter notas mais perceptíveis de cassis e de amora, mas, em 2000, Rolland já não estava mais envolvido. Stéphane Derenoncourt assumiu como consultor em 2004 e obteve nesse ano uma safra de muito sucesso.

Château Magdelaine ☆☆☆
Proprietário: Etablissements Jean-Pierre Moueix. 11 ha. Uvas: Merlot 95%, Cab. Fr. 5%.
Propriedade pequena, impecável, situada ao lado do Château Belair, com um vinhedo no planalto e outro na encosta sul. Seu elevado percentual de Merlot o torna quase um Pomerol, mas com menos sabor de ameixas, com o corpo de um Saint-Émilion e grande elegância. Dificilmente pode haver um Saint-Émilion mais confiável ou fascinante para acompanhar a cada safra. Precisa, porém, de uma década para se desenvolver.

Château Pavie ☆☆☆
Proprietário: Gérard Perse. 42 ha. Uvas: Merlot 60%, Cab. Fr. 30%, Cab. Sauv. 10%. www.vignobles-perse.com
Um local de valor inestimável, toda a encosta em direção ao sul a partir do oeste das côtes centrais de Saint-Émilion; o maior na colina, com a vantagem de incluir também o topo e o sopé. O Pavie era conhecido por ser um clarete redondo e delicado, meio encorpado, mais delicioso do que realmente sério. Desde que o magnata dos supermercados Gérard Perse comprou a propriedade (e seu vizinho Château Pavie-Decesse), as mudanças foram radicais. Um esplêndido novo *chai* foi construído, mas – o que é

mais importante – Perse optou por baixos rendimentos e máxima maturação e concentração. No decorrer de umas poucas safras, o preço triplicou. O mundo do vinho tem hoje opiniões divididas. De modo geral, os norte-americanos adoram e os ingleses lamentam sua gordura atípica.

Château Pavie-Macquin ☆☆☆
Proprietário: família Corre-Macquin. 15 ha. Uvas: Merlot 70%, Cab. Fr. 25%, Cab. Sauv. 5%.
Cultivado organicamente e elaborado de forma elegante por Nicolas Thienpont e Stéphane Derenoncourt. Um vinho suntuoso e altamente concentrado, produzido para um longo envelhecimento. Promovido em 2006.

Château Troplong-Mondot ☆☆☆
Proprietário: Christine Valette. 30 ha. Uvas: Merlot 90%, Cab. Fr. 5%, Cab. Sauv. 5%. www.chateau-troplong-mondot.com
Um vinhedo famoso no topo das encostas ao leste da cidade, acima do Château Pavie. Seu vinho era confiavelmente bom nos anos 1980 e, desde 1988, fortemente concentrado e amadeirado. Tem seguidores entusiastas. Como era de se prever, foi promovido em 2006.

Château Trottevieille ☆☆–☆☆☆
Proprietário: família Castéja. 10 ha. Uvas: Merlot 55%, Cab. Fr. 35%, Cab. Sauv. 10%.
Isolada do bloco dos *crus classés* ao longo das encostas, no planalto a leste da cidade, em solo aparentemente mais rico em argila, mas ainda raso, com pedregulho sobre pedra calcária. Vinho cheio de sabor e com muita personalidade, e melhor desde 2000, como resultado de uma seleção mais rigorosa no vinhedo e na adega. Philippe Castéja sabe que o vinho, no passado, não tinha talento, e está usando Denis Dubourdieu e Gilles Pauquet para recuperar sua reputação. Os resultados estão começando a aparecer.

Grands crus classés de Saint-Émilion

Château L'Arrosée ☆☆–☆☆☆
Proprietário: Roger Caille. 9 ha. Uvas: Merlot 60%, Cab. Sauv. 20%, Cab. Fr. 20%. www.chateaularrosee.com
No sopé das colinas, perto da cidade. O nome "l'Arrosée" significa "regado" (por mananciais). O vinho em si, ao contrário, é meio encorpado, mas concentrado e sério, se não de todo consistente. O novo lagar e os investimentos vultosos em tecnologia de ponta estão dando ao vinho mais corpo e opulência.

Château Balestard la Tonnelle ☆☆
Proprietários: família Capdemourlin. 11 ha. Uvas: Merlot 70%, Cab. Fr. 25%, Cab. Sauv. 5%. www.vignoblescapdemourlin.com
A família Capdemourlin é dona dessa propriedade desde o século XVII, quando o poeta Villon descreveu seus vinhos como *"le divin néctar"*. Eu me senti mais prosaicamente satisfeito com este vinho muito encorpado e carnoso. É robusto, mas nem sempre elegante.

Château Bellefont-Belcier ☆☆–☆☆☆
Proprietários: um trio de investidores. 13 ha. Uvas: Merlot 70%, Cab. Fr. 20%, Cab. Sauv. 10%. www.bellefont-belcier.com
Os vinhedos abaixo Pavie-Decesse e Troplong-Mondot são bem localizados. Essa promessa vem sendo cumprida desde o final dos anos 1990, com vinhos de opulência e ocasional exotismo. Promovido em 2006.

FRANÇA | BORDEAUX | SAINT-ÉMILION

Château Bergat ☆–☆☆
Proprietário: família Castéja. 4 ha. Uvas: Merlot 50%, Cab. Fr. 40%, Cab. Sauv. 10%.
Minúsculo vinhedo no pequeno vale resguardado ao leste da cidade, pertencente ao mesmo dono do Château Trottevieille (ver p. 73).

Château Berliquet ☆☆–☆☆☆
Proprietário: Visconde Patrick de Lesquen. 9 ha. Uvas: Merlot 72%, Cab. Fr. 20%, Cab. Sauv. 8%.
Antiga propriedade modernizada nos anos 1970, cujo vinho foi promovido em 1985. Era produzido e comercializado pela cooperativa de Saint-Émilion até o começo da década de 1990. Desde 1997, o consultor Patrick Valette tem dado a ele mais carvalho e concentração.

Château Cadet-Piola ☆☆
Proprietário: Alain Jabiol. 7 ha. Uvas: Merlot 51%, Cab. Sauv. 28%, Cab. Fr. 18%, Malbec 3%.
www.chateaucadetpiola.com
Memorável por ser o único rótulo de Bordeaux a retratar (belamente) o seio da mulher. Mas um vinho robusto, até mesmo masculino.

Château Canon-La-Gaffelière ☆☆☆
Proprietário: Graf Stephan von Neipperg. 19 ha. Uvas: Merlot 55%, Cab. Fr. 40%, Cab. Sauv. 5%.
www.neipperg.com
Propriedade pertencente a alemães, situada em solo arenoso à margem da estrada de ferro no sopé das colinas. Uma renovação total em 1985 trouxe alguns vinhos surpreendentemente bons. O gerente Stephan von Neipperg e seu enólogo, Stéphane Derenoncourt, estão na vanguarda da vinificação moderna em Saint-Émilion, favorecendo a produtividade muito baixa e as colheitas de maturação ideal; também são crentes fervorosos nas virtudes da micro--oxigenação. Os vinhos são ricos, gordos, aveludados e suntuosos, mas possivelmente um pouco voluptuosos demais para proporcionar prazer até a última gota. Ver também La Mondotte.

Château Cap-de-Mourlin ☆☆
Proprietário: família Capdemourlin (ver Château Balestard). 14 ha. Uvas: Merlot 65%, Cab. Fr. 25%, Cab. Sauv. 10%. www.vignoblescapdemourlin.com
Situado aproximadamente a meio quilômetro ao norte da cidade, sobre um solo argiloso. Durante vários anos, até 1982, esta propriedade foi dividida, mas agora foi unificada novamente, e está produzindo vinhos muito saborosos que podem ser austeros quando jovens.

Château Chauvin ☆☆–☆☆☆
Proprietários: Marie-France Février e Béatrice Ondet. 15 ha. Uvas: Merlot 75%, Cab. Fr. 20%, Cab. Sauv. 5%. www.chateauchauvin.com
Propriedade fragmentada, mas com algumas videiras muito antigas. Muito melhorada a partir de 1995, embora ainda bastante inconsistente.

Château Clos des Jacobins ☆☆
Proprietário: Bernard Decoster. 8.5 ha. Uvas: Merlot 75%, Cab. Fr. 23%, Cab. Sauv. 2%.
Localizada no centro da comuna, onde os côtes se misturam aos cascalhos. Depois de anos pertencendo à casa de Cordier, o Clos foi vendido em 2001, e novamente em 2004. Hubert de Bouard, do Château Ângelus, supervisiona a vinificação, e o estilo, portanto, pode mudar. Excelente vinho em 2005.

Clos de l'Oratoire ☆☆–☆☆☆
Proprietário: Graf Stephan von Neipperg. 10 ha. Uvas: Merlot 90%, Cab. Sauv. 5%, Cab. Fr. 5%.
www.neipperg.com
Adquirido pelo proprietário do Château Canon La-Gaffelière em 1991. A elevada proporção de Merlot resulta em um vinho suntuoso, atrevido e hedonista.

Clos St Martin ☆☆–☆☆☆
Proprietário: família Reiffers. 1.3 ha. Uvas: Merlot 70%, Cab. Fr. 20%, Cab. Sauv. 10%. www.vignoblesreiffers.com
O menor dos *grands crus classés*. Produção diminuta: essencialmente um *vin de garage*, elaborado por Sophie Fourcade.

Château la Clotte ☆☆–☆☆☆
Proprietário: Nelly Moulierac. 4 ha. Uvas: Merlot 80%, Cab. Fr. 15%, Cab. Sauv. 5%. www.chateaulaclotte.com
Maravilhosamente situado na dobra do morro a leste da cidade. Deliciosos vinhos desde 2001.

Château la Clusière ☆☆
Proprietário: Gérard Perse. 2,5 ha. Uvas: Merlot 100%.
Este pequeno vinhedo é contíguo ao Château Pavie (ver p. 73), e, desde 2002, Perse integrou sua colheita ao Pavie. Portanto, La Clusière não existe mais.

Château Corbin ☆☆
Proprietários: Annabelle Cruse Bardinet e irmãs. 13 ha. Uvas: Merlot 80%, Cab. Fr. 20%.
Corbin é o vilarejo ao norte de Saint--Émilion, perto da fronteira com Pomerol, situado em uma encosta que se inclina gentilmente para o nordeste. Vinhos amáveis, melhorados desde 2001.

Château Corbin-Michotte ☆☆
Proprietário: Jean Noël Boidron. 7 ha. Uvas: Merlot 65%, Cab. Fr. 30%, Cab. Sauv. 5%.
Vinhos picantes e amadeirados para ser consumidos a médio prazo.

Château la Couspaude ☆☆–☆☆☆
Proprietário: Jean-Claude Aubert. 7 ha. Uvas: Merlot 70%, Cab. Fr. 20%, Cab. Sauv. 10%.
www.la-couspaude.com
Restabelecida na classificação em 1996. Aubert trabalha em estreita colaboração com Michel Rolland e, portanto, não surpreende o fato de que se trata de um vinho elaborado, com notas de carvalho e ameixas, com muito peso e preço bastante elevado.

Château Couvent-des-Jacobins ☆☆
Proprietário: família Joinaud-Borde. 11 ha. Uvas: Merlot 75%, Cab. Fr. 25%.
Excelente vinhedo nas encostas logo abaixo dos muros ao leste da cidade, com adegas respeitáveis no centro da cidade. O vinho é bem estruturado, maduro e suculento, embora inflexível em safras difíceis.

Tanques de fermentação, Château Bellefont-Belcier, Saint-Émilion.

Château Dassault ☆☆–☆☆☆
Proprietário: Laurent Dassault. 24 ha. Uvas: Merlot 70%, Cab.Fr 25%, Cab. Sauv. 5%. www.chateaudassault.com
Um dos maiores vinhedos dos planaltos de cascalho, ao nordeste da cidade. Vinhos mais firmes que notáveis, embora desde 1995 demonstrem mais concentração e elegância.

Château Destieux ☆☆☆
Proprietário: Christian Dauriac. 8 ha. Uvas: Merlot 70%, Cab. Fr. 15%, Cab. Sauv. 15%. www.vignobles-dauriac.com
O paramédico Dauriac é um enólogo fanático e manhoso, guiado por seu colega de escola Michel Rolland. Riqueza, concentração e até mesmo esplendor (em 2005) garantiram sua merecida promoção em 2006.

Château la Dominique ☆☆–☆☆☆
Proprietário: Clément Fayat. 23 ha. Uvas: Merlot 86%, Cab. Fr. 12%, Cab. Sauv 2%. www.vignobles-fayat.com
Este é o vizinho do Château Cheval Blanc (ver p. 71), refletindo sua posição privilegiada em uma sequência quase ininterrupta de vinhos concentrados, carnosos, com o toque de Michel Rolland. Em 2006, Jean-Luc Thunevin foi trazido para administrar La Dominique e outras propriedades de Fayat em Pomerol e no Médoc.

Château Fleur-Cardinale ☆☆–☆☆☆
Proprietário: Dominique Decoster. 18 ha. Uvas: Merlot 70%, Cab. Fr. 20%, Cab. Sauv. 10%. www.chateau-fleurcardinale.com
A partir do momento em que Decoster comprou esta propriedade em 2001, ele esteve determinado, com a ajuda de Michel Rolland, a conquistar a promoção para *grand cru classé*. Conseguiu merecidamente cinco anos depois. Vinhos firmes, mas suculentos, provenientes de um lugar que proporciona maturação tardia.

Château Fonplégade ☆☆–☆☆☆
Proprietário: Stephen Adams. 18 ha. Uvas: Merlot 91%, Cab. Fr. 7%, Cab. Sauv. 2%
Um dos châteaux mais majestosos, entre os melhores das côtes, mas nunca um dos grandes nomes. Desde 2004, um novo proprietário norte-americano tem investido maciçamente na produção de vinhos encorpados, vibrantes e de estilo moderno.

Château Fonroque ☆☆
Proprietário: Alain Moueix. 18 ha. Uvas: Merlot 88%, Cab. Fr. 12%. www.chateaufonroque.com
Alain Moueix assumiu esta propriedade em 2001, e fez a transposição para a agricultura biodinâmica. Fonroque é um vinho firme, escuro, por vezes duro, mas que envelhece bem.

Château Franc-Mayne ☆☆
Proprietários: Hervé e Griet Laviale. 7 ha. Uvas: Merlot 90%, Cab. Sauv. 10%. www.chateaufrancmayne.com
Uma pequena propriedade, séria, com um pequeno hotel, nas colinas ocidentais. Os novos jovens proprietários, desde 2005, têm os recursos e a energia para trazer mais distinção ao vinho, que certamente tem considerável potencial.

Château Grand Corbin ☆–☆☆
Proprietário: família Giraud. 15 ha. Uvas: Merlot 68%, Cab. Fr. 27%, Cab. Sauv. 5%. www.grand-corbin.com
Vinhos um tanto modestos da área de Corbin, mas que conseguiram promoção em 2006.

Château Grand-Corbin-Despagne ☆☆–☆☆☆
Proprietário: Francois Despagne. 27 ha. Uvas: Merlot 75%, Cab. Fr. 25%. www.grand-corbin-despagne.com
Merecidamente rebaixado em 1996, mas depois disso assumiu Despagne, determinado a conquistar a antiga posição. Conseguiu, em 2006. Vinhos bem elaborados que sempre refletem a safra.

Château Grand Mayne ☆☆☆
Proprietário: Marie-Francoise Nony. 17 ha. Uvas: Merlot 76%, Cab. Fr. 13%, Cab. Sauv. 11%. www.chateau-grand-mayne.com
Propriedade bem localizada que está percebendo seu considerável potencial para claretes sérios e saborosos.

Château Grand-Pontet ☆☆–☆☆☆
Proprietário: Sylvie Pourquet. 14 ha. Uvas: Merlot 75%, Cab. Fr. 15%, Cab. Sauv. 10%.
Próximo do Beau-Séjour Becot e, como ele, revitalizado a partir de 1985. Vinho pomposo, às vezes demasiado concentrado. No entanto, é subestimado.

Château Les Grandes Murailles ☆☆
Proprietário: família Reiffers. 2 ha. Uvas: Merlot 100%. www.vignoblesreiffers.com
Vinhos um tanto laboriosos de um pequeno terreno abaixo da parede em ruínas da igreja dominicana do século XIII, um ponto de referência bem conhecido fora da cidade.

Château Haut-Corbin ☆–☆☆
Proprietário: empresa de seguros SMABTP. 6 ha. Uvas: Merlot 65%, Cab. Sauv. 25%, Cab. Fr. 10%. www.hautcorbin.com
O menor dos Corbins perto da fronteira com Pomerol, muitas vezes grosseiro e insípido.

Château Haut-Sarpe ☆–☆☆
Proprietário: Jean-Francois Janoueix. 21 ha. Uvas: Merlot 70%, Cab. Fr. 30%. www.j-janoueix-bordeaux.com
Os membros da família Janoueix são comerciantes em Libourne, com propriedades em Pomerol. Haut-Sarpe fica a leste de Saint--Émilion. Sua mansão é mais impressionante do que o vinho, que pode ser magro. O de 2005 foi uma ótima exceção.

Château Laniote ☆–☆☆
Proprietários: Arnaud de la Filolie. 5 ha. Uvas: Merlot 75%, Cab. Fr. 20%, Cab. Sauv. 5%. www.laniote.com
Uma das muitas pequenas propriedades tão apreciadas na Bélgica que são desconhecidas em outros lugares. O vinho é algo rústico, mas o château é acolhedor, e o dono costuma cantar.

Château Larcis-Ducasse ☆☆–☆☆☆
Proprietário: Jacques-Olivier Gratiot. 11 ha. Uvas: Merlot 75%, Cab. Fr. 20%, Cab. Sauv. 5%. www.larcis-ducasse.com
O melhor vinhedo de Saint-Laurent-des-Combes, magnificamente situado nas encostas a leste do Château Pavie (ver p. 73). Vinho elegante, que requer paciência antes de mostrar sua complexidade. Excepcionais em 2000 e 2005, graças ao envolvimento do gerente Nicolas Thienpont e do enólogo Stéphane Derenoncourt. Uma propriedade para se observar.

FRANÇA | BORDEAUX | SAINT-ÉMILION

Château Larmande ☆☆
Proprietário: Groupe d'Assurance la Mondiale. 25 ha. Uvas: Merlot 65%, Cab. Fr. 30%, Cab. Sauv. 5%. www.chateau-larmande.com
Vinhos adoráveis na década de 1980 (1983, 1985, 1986 e 1988) construíram sua reputação, que foi depois reforçada pelos novos proprietários em 1991. No final dos anos 1990 e no início dos 2000, os vinhos pareciam muito tânicos e concentrados, mas podem muito bem se tornar harmoniosos com o tempo.

Château Laroque ☆☆
Proprietário: família Beaumartin. 61 ha. Uvas: Merlot 87%, Cab. Fr. 11%, Cab. Sauv. 2%. www.chateau-laroque.com
Uma propriedade considerável nos côtes de Saint-Émilion, em Saint-Christophe. Vinho confiável e moderadamente encorpado.

Château Laroze ☆☆–☆☆☆
Proprietário: Guy Meslin. 27 ha. Uvas: Merlot 68%, Cab. Fr. 26%, Cab. Sauv. 6%. www.laroze.com
Fica em terras baixas nas colinas ocidentais, em solo arenoso. Não é um dos vinhedos mais destacados, mas é moderno e bem administrado, e capaz de um bom vinho clássico para ser desfrutado a médio prazo.

Château Matras ☆–☆☆
Proprietário: Véronique Gaboriaud-Bernard. 8 ha. Uvas: Merlot 34%, Cab. Fr. 33%, Cab. Sauv. 33%.
Château maravilhosamente localizado ao pé das encostas do oeste, perto do Château Angélus (ver p. 72). Vinhos vigorosos, com boa concentração de sabor.

Château Monbousquet ☆☆–☆☆☆
Proprietário: Gérard Perse. 31 ha. Uvas: Merlot 70%, Cab. Fr. 20%, Cab. Sauv. 10%. www.vignobles-perse.com
Todo mundo reconhece que a maior parte do vinhedo fica em terras medíocres perto do rio, mas depois que Gérard Perse comprou a propriedade em 1993, a qualidade aumentou, graças, em grande parte, aos conselhos de Michel Rolland e às produções muito baixas. Promovido em 2006.

Château Moulin du Cadet ☆☆
Proprietário: Isabelle Blois Moueix. 5 ha. Uvas: Merlot 100%.
Cultivo biodinâmico de Alain Moueix, do château vizinho, Fonroque (ver p. 75). Uma combinação de solo argiloso e localização em encostas confere a seus vinhos solidez e doçura.

Château Pavie-Decesse ☆☆☆
Proprietário: Gérard Perse. 3.5 ha. Uvas: Merlot 90%, Cab. Fr. 10%. www.vignobles-perse.com
O sócio minoritário do Château Pavie, na terra plana na parte superior das colinas. O terreno foi comprado por Perse em 1997, e agora é trabalhado da mesma forma que o Pavie, com os mesmos resultados controversos.

Château Petit-Faurie-de-Soutard ☆–☆☆
Proprietário: família Capdemourlin. 8 ha. Uvas: Merlot 65%, Cab. Fr. 30%, Cab. Sauv. 5%. www.vignoblescapdemourlin.com
Vizinho do Cap-de-Mourlin. Facilmente confundido com seu vizinho imediato, Faurie-de-Souchard. Produz, tecnicamente, vins de côtes, mas, assim como o Château Soutard (do qual já foi parte), mais difíceis de decifrar.

Château le Prieuré ☆☆
Proprietário: família Guichard. 6 ha. Uvas: Merlot 90%, Cab. Fr. 10%.
Fica nas colinas ao leste, uma localização ideal. Seus vinhos têm sido muito aprimorados desde 2001, e a partir de 2006 contam com a assessoria de Stéphane Derenoncourt.

Château Ripeau ☆☆
Proprietário: Françoise de Wilde. 15 ha. Uvas: Merlot 60%, Cab. Fr. 30%, Cab. Sauv. 10%.
Um château situado no planalto de cascalho, muito conhecido no passado, e considerado no mesmo nível que o Château la Dominique (ver p. 75). Nos últimos tempos, tem recebido menos destaque, mas se dirige a um processo de revitalização, embora ainda seja um vinho inconsistente.

Château St-Georges (Côte-Pavie) ☆☆
Proprietário: Jacques Masson. 5,5 ha. Uvas: Merlot 80%, Cab. Fr. 20%.
Um terreno invejável entre o Châteaux Pavie e o la Gaffelière. Em 2004, o proprietário confiou a administração à casa négociant Milhade, e a qualidade melhorou da noite para o dia.

Château la Serre ☆☆
Proprietário: Luc d'Arfeuille. 7 ha. Uvas: Merlot 80%, Cab. Fr. 20%.
Logo saindo da cidade, nas colinas ao leste. Apesar de seu percentual surpreendentemente alto de Merlot, faltava-lhe charme; mas, desde 2001, as coisas parecem estar melhorando.

Château Soutard
Proprietário: Groupe d'Assurance la Mondiale. 22 ha. Uvas: Merlot 70%, Cab. Fr. 30%.
Importante propriedade situada em um afloramento rochoso ao nordeste da cidade. O vinho pode ser bem elaborado, caloroso e potente. As grandes safras são clássicos de longa guarda. O château foi vendido em 2006, mas ainda é muito cedo para ver qualquer resultado.

Château la Tour Figeac ☆☆–☆☆☆
Proprietário: Otto Rettenmaier. 15 ha. Uvas: Merlot 65%, Cab. Fr. 35%. www.latourfigeac.com
Antigamente, parte do Château Figeac, hoje, sob o novo dono, é administrado segundo os princípios da biodinâmica, com a ajuda de Stéphane Derenoncourt. Vinho digno, voluptuoso e concentrado.

Grands crus e outros châteaux de Saint-Émilion

A qualidade de tal número de châteaux, obviamente, varia muito. Apenas aqueles com um nível particularmente alto e consistente são listados, com alguns dos *vins de garage* que estão em voga desde meados da década de 1990.

Château Barde-Haute ☆☆–☆☆☆
Proprietário: Sylviane Garcin-Cathiard. 17 ha.
Propriedade próxima ao Château Troplong-Mondot. Adquirida em 2000 pelo dono do Château Haut-Bergey, em Graves. Vinhos desfrutáveis e energéticos.

Château Bellevue ☆☆
Proprietário: Hubert de Boüard. 6 ha. Uvas: Merlot 80%, Cab. Fr. 20%.

Bem conhecido por sua localização elevada nas encostas a oeste das colinas. Em 2000, Stéphane Derenoncourt (ver Château Canon-la-Gaffalière) e Nicolas Thienpont (ver Château Pavie-Macquin) se tornaram enólogos consultores. Houve drástica mudança, para melhor, do leve e frutado de 1999 ao escuro, denso e exótico de 2000. No entanto, Bellevue perdeu seu *status* de *grand cru classé* em 2006. Hubert de Boüard não se deixou intimidar ao assumir o controle acionário em 2008.

Château Bellevue-Mondotte ☆☆–☆☆☆
Proprietário: Gérard Perse. 2,5 ha.
www.vignobles-perse.com
Em 2001 foi comprado por Perse; as antigas videiras bem localizadas e a produção extremamente baixa resultam num vinho mais denso do que palatável.

Château Boutisse ☆–☆☆
Proprietário: família Milhade. 24 ha.
Grande propriedade em St. Christophe, e de maturação tardia. Vinhos honestos e frutados, com poucas pretensões.

Château Cadet-Bon ☆☆
Proprietário: Guy Richard. 6 ha. Uvas: Merlot 70%, Cab. Fr. 30%. www.cadet-bon.com
O *terroir* aqui não permite grande complexidade, mas as safras recentes têm demonstrado boa fruta e generosa delicadeza. A propriedade mudou de mãos em 2001, e o novo dono fez grandes investimentos, mas com poucos resultados. Ele foi punido por safras que não estiveram sob sua responsabilidade, e o Cadet-Bon foi rebaixado em 2006.

Château Carteau-Côtes-Daugay ☆–☆☆
Proprietário: Jacques Bertrand. 16 ha.
Um vinho tradicional, no entanto maleável e acessível.

Cave Coopérative: Union des Producteurs de St-Émilion ☆–☆☆
Cooperativa muito bem administrada e um lagar admiravelmente equipado, embora um pouco feio. Os *cuvées* superiores incluem o Galius e o Aurélius.

Clos Badon Thunevin ☆☆
Proprietário: Jean-Luc Thunevin. 6,5 ha.
www.thunevin.com
Vinhos amadeirados, de maturação esplêndida, para consumo relativamente rápido.

Clos St Julien ☆☆
Proprietário: Catherine Papon-Nouvelle. 1,2 ha.
Pequena propriedade nos arredores da cidade. Metade Merlot, metade Cabernet Franc, e envelhecimento em carvalho novo. Vinhos intensos, às vezes um pouco exagerados.

Le Dôme ☆☆☆
Proprietário: Jonathan Maltus. 3 ha. www.teyssier.fr
Vinho caro, envelhecido em carvalho novo, produzido em sua maioria por videiras de Cabernet Franc plantadas próximas ao Angélus.

Château Faugères ☆☆
Proprietário: Silvio Denz. 49 ha.
www.chateau-faugeres.com
Propriedade complexa, já que aproximadamente metade da mesma fica dentro da Côte de Castillon. Um pequeno setor do vinhedo de Saint-Émilion é usado para fazer o ultraconcentrado Péby-Faugères. A propriedade mudou de mãos em 2005, e o novo dono encomendou um lagar ao renomado arquiteto Mario Botta, e planeja lançar um vinho branco.

Château Faurie-de-Souchard ☆☆
Proprietário: Francoise Sciard. 11 ha. Uvas: Merlot 65%, Cab. Fr. 26%, Cab. Sauv. 9%.
www.chateau-faurie-de-souchard.net
Vizinho do Petit-Faurie-de-Soutard (ver p. 76), com o qual é confundido. Vinho robusto, muitas vezes demasiado tânico. Rebaixado em 2006, pediu a contratação do consultor Stéphane Derenoncourt para implementar mudanças.

Château de Ferrand ☆–☆☆
Proprietário: família Bich. 30 ha.
www.chateauferrand.com
Uma bela propriedade – o vinho é mais modesto, porém bem feito.

Château La Fleur ☆☆
Proprietário: Laurent Dassault. 6 ha.
Pequena propriedade contígua ao Château Dassault (ver p. 75). Vinhos muito maduros, com boa dose de carvalho.

Château La Fleur Morange ☆–☆☆☆
Proprietário: Jean-Francois Julien. 3,5 ha.
Videiras muito antigas alimentam esta vinícola *garagiste*. Vinhos impressionantes, mas excessivamente tânicos.

Château Fombrauge ☆☆–☆☆☆
Proprietário: Bernard Magrez. 52 ha.
www.fombrauge.com
Fombrauge é uma grande propriedade que mudou de mãos em 1999. A qualidade anteriormente era trivial, mas Magrez e Michel Rolland investiram pesadamente, com alguns resultados impressionantes. Hoje, é produzida uma pequena quantidade de *vin de garage*, Magrez-Fombrauge, embora a preço muito alto. As garrafas comuns são mais equilibradas.

Chateau de Fonbel ☆–☆☆
Proprietário: Alain Vauthier. 19 ha.
www.chateau-ausone.com
Um Ausone é caro demais para o seu bolso? Este vem dos mesmos donos, mas é um vinho simples e acessível, e tem muito charme.

Château La Gomerie ☆☆☆
Proprietários: Gérard e Dominique Bécot. 2,5 ha.
Um vinho sem restrições, produzido desde 1995 pelos donos do château vizinho, Beau-Séjour-Bécot. Voluptuoso, e, desde 2000, de uma qualidade surpreendente. Caro.

Château Gracia ☆☆–☆☆☆
Proprietário: Michel Gracia. 2,6 ha.
Vinhos *garagistes* – "Angelots" é outro rótulo do Gracia – produzidos no coração do vilarejo pelo construtor Gracia e suas filhas, muito bem preparadas. Vinhos exuberantes e bem equilibrados.

Château Guadet ☆☆
Proprietário: Guy-Pétrus Lignac. 6 ha. Uvas: Merlot 75%, Cab. Fr. 25%. www.guadet.com
Vinhedo muito próximo da cidade, ao norte. Vinhos delicados e elegantes. Rebaixado em 2006 para exasperação do dono.

Château Haut Brisson ☆☆
Proprietário: Peter Kwok. 13 ha.

Sob nova gestão, o vinho está se tornando mais carnudo e concentrado.

Château Haut-Rocher ☆–☆☆
Proprietário: Jean de Monteil. 9 ha. www.vins-jean-de-monteil.com
Antiga propriedade no leste de Saint-Émilion. Vinhos amáveis.

Château Jean Faure ☆☆
Proprietário: Olivier Decelle. 18 ha.
Propriedade bem localizada perto do Château la Dominique, agora sendo revivida pelo empresário da indústria de alimentos Decelle, com assessoria de Michel Rolland.

Château Laforge ☆☆–☆☆☆
Proprietário: Jonathan Maltus. 4,5 ha. www.teyssier.fr
Vinho *garagiste*, com predomínio de Merlot, envelhecido em uma boa dose de carvalho novo. Maduro e concentrado, mas menos peculiar do que o Le Dôme (ver p. 77), do mesmo proprietário.

La Mondotte ☆☆☆–☆☆☆☆
Proprietário: Graf Stephan von Neipperg. 4,5 ha. www.neipperg.com
O Institut National des Appellations d'Origine (INAO) recusou a solicitação de Neipperg para incorporar estes poucos hectares de videiras bem localizadas no Château Canon-la-Gaffelière. Então, em 1996, ele criou uma espécie de *vin de garage* com sua produção. Vinhos sedutores e escuros, que às vezes experimentam uma excessiva maturação. Os de 2001 e 2005 foram magníficos.

Château Moulin St-Georges ☆☆–☆☆☆
Proprietário: Alain Vauthier. 8 ha.
Excelentes vinhos elaborados em carvalho novo, de uma pequena propriedade do mesmo dono do Château Ausone (ver p. 71), que fica do outro lado do vale.

Château de Pressac ☆☆
Proprietário: Jean-Francois Quenin. 36 ha.
Localizados em uma colina perto do Château Faugères, os vinhedos desta imponente propriedade têm sido extensivamente renovados pelo novo proprietário desde 1997. Noir de Pressac é sinônimo de Malbec, que foi plantada aí nos anos 1730. Quenin prestou homenagem ao passado ao replantá-la. Esta região é fria e, portanto, as uvas precisam se esforçar para amadurecer, mas se nota constante progresso.

Château Quinault ☆☆
Proprietário: Bernard Arnault e Albert Frère. 15 ha. www.chateau-quinault.com
Desde 1997, o dr. Alain Raynaud vinha conduzindo esta propriedade em Libournecom com alguns elogios da crítica. O vinho era feito no estilo de *garagiste*, que procurava a máxima concentração. Em 2008, por falta de meios para obter a classificação da propriedade, Raynaud a vendeu aos donos do Cheval Blanc.

Château Rochebelle ☆☆–☆☆☆
Proprietário: Philippe Faniest. 3 ha.
Uma estrela em ascensão desde os excelentes 1998 e 2001. Vinhos carnudos de impressionante sensualidade.

Château Rol Valentin ☆☆–☆☆☆☆
Proprietário: Eric Prissette. 8 ha. www.rolvalentin.com
Pequena propriedade perto do Cheval Blanc, vinificada por Stéphane Derenoncourt com especial atenção aos detalhes. Deve sua notoriedade tanto a seu dono (um jogador de futebol famoso) quanto à sua inquestionável qualidade.

Château Sansonnet ☆–☆☆
Proprietário: François d'Aulan. 7,5 ha. www.edoniawines.com
Uma propriedade perto de Château Trottevieille (ver p. 73), sob nova direção desde 1999. Apesar da grande atenção dada aos vinhedos, os vinhos continuam opacos.

Château Tertre-Daugay ☆☆
Proprietário: Comte Léo de Malet- Roquefort. 16 ha. www.chateau-tertre-daugay.com
Espetacularmente bem situado na última elevação das colinas a oeste do Château Ausone. Esteve em desordem por alguns anos, mas desde 1978 está nas mesmas mãos do Château la Gaffelière, e voltou a ser cultivado. Algumas safras recentes têm demonstrado a verdadeira classe desta propriedade – seu rebaixamento em 2006 foi imerecido.

Château Tertre-Rôteboeuf ☆☆☆
Proprietário: François Mitjaville. 6 ha. www.tertre-roteboeuf.com
Como um pioneiro da colheita muito tardia e opositor da safra verde, Mitjaville segue seu próprio caminho. Os vinhos são amadeirados, densos e exóticos, em uma categoria própria. Preços altos.

Château Teyssier ☆–☆☆
Proprietário: Jonathan Maltus. 21 ha. www.teyssier.fr
Situado na planície perto de Vignonet, Teyssier produz um vinho sem pretensões e fácil de beber. Maltus possui terrenos em outros lugares em Saint-Émilion, dos quais fabrica dois vinhos muito caros e admirados: Laforge e Le Dôme (ver p. 77) e, desde 2004, o Château Grand Destieu na planície arenosa.

Château la Tour-du-Pin-Figeac
Proprietários: Bernard Arnault e Albert Frère. 9 ha.
Vinhos insossos, provenientes de um château com localização privilegiada, entre os grandes vinhedos do planalto. Rebaixado em 2006 e logo depois adquirido pelos donos do vizinho Château Cheval Blanc.

Château la Tour-du-Pin-Figeac (Giraud-Bélivier) ☆
Proprietário: André Giraud. 11 ha. www.vins.giraud-belivier.com
Um vinhedo, ao lado do Cheval Blanc, mas os vinhos são pouco promissores. Rebaixado em 2006.

Chateau Trianon ☆☆
Proprietário: trio de investidores. 10 ha. www.chateau-trianon.com
Do mesmo proprietário do Château Bellefont-Belcier, e administrado com talento por Dominique Hébrard. Antigas videiras de Carmenère dão a este vinho sua peculiaridade. Vinhos maleáveis e medianamente encorpados.

Château de Pressac, Saint-Émilion.

Château Valandraud ☆☆☆
Proprietário: Jean-Luc Thunevin. 8 ha.
www.thunevin.com
O típico *vin de garage*: alguns terrenos pouco respeitáveis (e outros em solos bem melhores), com rendimento muito reduzido e vinificados para a máxima suntuosidade. Mas seu preço é demasiado alto.

Château Vieux Fortin ☆☆
Proprietário: Claude Sellan. 5,5 ha.
Propriedade obscura, mas com videiras antigas e bem localizadas, perto do Château La Dominique. Vinhos exuberantes e revigorantes, envelhecidos em carvalho novo.

Château Villemaurine ☆
Proprietário: Justin Onclin. 7 ha.
Às portas da cidade, um vinhedo de côtes com adegas esplêndidas, mas vinhos realmente decepcionantes. Rebaixado em 2006, logo após ter sido comprado pelo novo proprietário.

Château Yon-Figeac ☆☆
Proprietário: Alain Chateau. 25 ha.
Durante vinte anos, foi dirigido por Bernard Gemain – que também possui propriedades em Bordeaux e Anjou –, até que, em 2005, foi vendido a um magnata da indústria do papel. Os vinhos de Gemain eram agradáveis a médio prazo.

Os satélites de Saint-Émilion

Além dos cinco vilarejos que levam nomes de santos (Saint-Émilion, Saint-Laurent, Saint-Christophe, Saint-Étienne e Saint-Hippolyte), que são considerados parte da denominação de origem controlada de Saint-Émilion, mais quatro ao norte e ao leste têm o privilégio dessa denominação. Eles são conhecidos como satélites.

Encontram-se ao norte do pequeno rio Barbanne, que constitui a fronteira norte da glória e da fama. Seus habitantes argumentam que a formação do vale dá a dois deles, Saint-Georges (170) e Montagne (1.064), uma localização mais privilegiada que a de alguns Saint-Émilion.

Seja como for, esses dois, mais Puisseguin (725) e Lussac (1.440), são apreciados. Os proprietários em Saint-Georges podem chamar seus vinhos de Montagne Saint-Émilion, se assim o desejarem. Saint-Georges tem um esplêndido château que é motivo de orgulho por si só. Seu vinho é, de fato, como um Saint-Émilion, e pode ser quase tão carnudo e longevo quanto um deles. Mais viticultores, no entanto, preferem usar uma boa dose de Merlot e tornar mais suave (mas ainda forte) o vinho, que pode ser delicioso em dois ou três anos. Infelizmente, muitas propriedades ainda estão produzindo vinhos decididamente rústicos.

Principais châteaux de Puisseguin-Saint-Émilion

Château Branda ☆☆
Proprietário: Arnaud Delaire e Yves Blanc. 10 ha.
Vinhos amadeirados e concentrados, elegantes nas boas safras.

Château des Laurets ☆
Proprietário: Baron Benjamin de Rothschild. 86 ha.
O château passou por vários donos, até a chegada dos Rothschild, em 2003. A equipe ainda está tentando se ajustar a este vinhedo grande e complexo, parte do qual se encontra em Montagne.

La Mauriane ☆☆–☆☆☆
Proprietário: Pierre Taix. 3,5 ha. www.lamauriane.com
Vin de garage de vinhas muito antigas. A seleção cuidadosa levou o vinho a um alto padrão: generoso e desafiador.

Château Rigaud ☆☆
Proprietário: Pierre Taix. 8 ha. www.lamauriane.com
Do mesmo proprietário do La Mauriane (ver verbete anterior), um vinho mais convencional e menos amadeirado.

Château Soleil
Proprietário: Graf Stephan von Neipperg. 20 ha.
www.neipperg.com
Localizado num planalto de solo calcário, o Soleil foi adquirido por Neipperg e outros investidores em 2005.

Principais châteaux de Lussac-Saint-Émilion

Château de Barbe Blanche ☆–☆☆
Proprietário: André Lurton. 28 ha. www.andrelurton.com
O rótulo comum, estranhamente chamado Réserve, mostra a influência dos carvalhos novos. Progresso contínuo, agora que os vinhedos foram restaurados.

Château Bel-Air ☆☆
Proprietário: Jean-Noel Roi. 21 ha.
Metade do vinho é envelhecida em antigos barris de carvalho; mas, em 1998, Roi lançou seu Cuvée Jean-Gabriel, envelhecido unicamente em barricas novas.

Château de Bellevue ☆
Proprietário: André Chatenoud. 12 ha.
www.chateau-de-bellevue.com
Chatenoud trabalhou na Austrália e no Napa, mas os vinhos Bellevue são heterogêneos.

O JURADE DE SAINT-ÉMILION

A organização das cerimônias e da divulgação em Saint-Émilion é provavelmente a mais antiga da França. O Jurade de Saint-Émilion foi formalmente instituído pelo Rei João da Inglaterra e da França em 1199, como o corpo de anciãos para governar a pequena cidade e seu distrito – uma dignidade concedida a poucas regiões naquele momento. Ninguém pretende seriamente que a instituição moderna seja um descendente direto, mas suas impressionantes procissões à missa na grande igreja paroquial e suas próprias solenidades à luz de velas nos mosteiros no centro da cidade, entalhados na pedra calcária sólida, são cheias de dignidade e bom humor. O Jurade também desempenhou importante papel no controle de qualidade e na administração das diversas categorias de châteaux. Suas degustações anuais dão um estímulo à qualidade dos Saint-Émilion, da mesma forma que o *tastevinage* realizado pelos Chevaliers Tastevin na Borgonha. Em um memorável fim de semana de outono em 1981, o Jurade visitou a grande cidade medieval de York, chegando pelo rio em uma barcaça da propriedade, para fazer uma procissão até a Catedral para assistir a uma cerimônia conduzida pelo arcebispo, e para jantar no esplendor do Castle Howard. Eles fazem essas coisas com estilo.

Château du Courlat ☆☆
Proprietário: Pierre Bourotte. 17 ha.
Nesta propriedade, o melhor vinho é o Cuvée Jean-Baptiste, elaborado com antigas videiras de Merlot.

Château La Grande Clotte ☆☆
Proprietário: família Malaterre, mas alugado a Michel Rolland. 8,5 ha. www.rollandcollection.com
O tinto não passa por carvalho e é simples, mas os Rolland deleitam com o vinho branco (AOC Bordeaux) envelhecido em carvalho novo, que é delicioso e estruturado.

Château Lucas ☆–☆☆
Proprietário: Frédéric Vauthier. 19 ha.
Uma antiga propriedade monástica com videiras no planalto de pedra calcária. Dois rótulos especiais: o Cuvée Prestige e o L'Esprit, envelhecido em carvalho novo e feito somente nos melhores anos. O vinho regular e o Prestige são bastante simples; o L'Esprit é muito amadeirado.

Château de Lussac ☆☆
Proprietário: Hervé e Griet Laviale. 23 ha. www.chateaudelussac.com
Desde 2000, pertence ao mesmo dono do Château Franc-Mayne (ver p. 75) em Saint-Émilion. Vinhos bons e picantes, graças à seleção estrita.

Château Lyonnat ☆–☆☆
Proprietário: família Milhade. 52 ha. www.milhade.com
Grande propriedade e vinhos, até recentemente, não memoráveis. Com a assessoria de um vinicultor do Rhône, Jean-Luc Colombo, a qualidade tem melhorado, sobretudo no Réserve, produzido a partir de videiras antigas.

Château Mayne-Blanc ☆–☆☆
Proprietário: Jean Boncheau. 17 ha.
O Cuvée Tradition é envelhecido em barris usados; o Cuvée Saint-Vincent (de vinhas antigas), quase sempre em barricas novas; e o L'Essentiel provém das videiras mais velhas. Todos eles, vinhos honestos.

Principais châteaux de Montagne--Saint-Émilion

Château Beauséjour ☆☆
Proprietário: Pierre Bernault. 12 ha. www.chateau-beausejour.com
Sob novo proprietário desde 2004, e com a consultoria de Stéphane Derenoncourt. O Clos de l'Eglise é um vinho em que predomina o Merlot de velhas videiras.

Château Calon ☆
Proprietário: Jean-Noël Boidron. 28 ha.
Vinhas antigas e vinificação natural, mas os vinhos não chamam a atenção.

Château de la Couronne ☆☆–☆☆☆
Proprietário: Thomas Thiou. 11 ha.
Thiou é um vinicultor autodidata que acredita em uma intervenção mínima. O *cuvée* superior é o Reclos, concentrado e poderoso.

Château Faizeau ☆☆
Proprietário: Chantal Lebreton. 12 ha. www.chateau-faizeau.com
Do mesmo proprietário que o Château la Croix de Gay em Pomerol (ver p. 82). Envelhecido em 50% de carvalho novo, é um vinho maduro e com notas de ameixas, em que se percebe a abundância de velhas videiras de Merlot.

Château Maison Blanche ☆☆
Proprietário: Nicolas Despagne. 32 ha.
A maioria dos vinhos é envelhecida em antigos barris, mas o Cuvée Louis Rapin é maturado em barricas de carvalho novo. Vinhos bem encorpados, de muita qualidade.

Château Messile Aubert ☆☆
Proprietário: Jean-Claude Aubert. 10 ha. www.la-couspaude.com
Vinhos potentes e amadeirados que se beneficiam do envelhecimento em garrafa.

Château Montaiguillon ☆–☆☆
Proprietário: Chantal Amart Ternault. 28 ha. www.montaiguillon.com
Uma propriedade bem conhecida, que produz bons vinhos com notas de especiarias para ser consumidos a médio prazo.

Château Roc de Calon ☆–☆☆
Proprietário: Bernard Laydis. 24 ha.
O melhor vinho da propriedade é o elegante Cuvée Prestige.

Château Roudier ☆–☆☆
Proprietário: Jacques Capdemourlin. 30 ha. www.vignoblescapdemourlin.com
Vinho tradicional, de vida longa. As melhores uvas compõem o *cuvée* chamado L'As de Roudier.

Vieux-Château St-André ☆☆
Proprietário: Jean-Claude Berrouet. 10 ha.
A propriedade pessoal do vinicultor recentemente aposentado em Pétrus. Vinhos frutados, bem equilibrados.

Principais châteaux de Saint--Georges-Saint-Émilion

Château Belair St Georges ☆–☆☆
Proprietário: Nadine Pocci. 10 ha.
Vinhos sem complexidade, mas bem elaborados.

Château Macquin ☆☆
Proprietário: Denis Corre-Macquin. 31 ha.
Vinhedos em terras baixas, perto do rio Barbanne. Vinhos suculentos e vigorosos.

Château St Georges ☆–☆☆
Proprietário: Georges Desbois. 45 ha. www.chateau-saint-georges.com
A mansão do século XVIII é uma das atrações turísticas da região. Os vinhos não coincidem com a grandeza da casa, embora em suas melhores safras possam ser elegantes e longevos.

Château Tour du Pas St-Georges ☆☆
Proprietário: Pascal Delbeck. 15 ha.
Um vinho agradável, antiquado e sóbrio, e ocasionalmente um Cuvée Eugenie de puro Merlot. Envelhecem bem.

Pomerol

Se houver céticos (e há) quanto às diferenças que os solos podem imprimir ao vinho, eles devem prestar atenção a Pomerol. Nesta pequena área na margem norte do Dordogne – quase uma horta de Libourne –, flanqueada pela grande difusão de Saint-Émilion, há vinhos tão potentes e majestosos como em qualquer região da França, lado a lado com vinhos ralos, sem fruta nem elegância – e também sem caráter.

Os solos são de seixo e areia em torno da cidade de Libourne e vão se tornando cada vez mais pesados até chegar ao planalto, onde o subsolo argiloso está muito próximo da superfície. Um metro abaixo, a argila é quase sólida e cheia de pepitas de ferro. Isso, uns quinze vertiginosos metros acima da área que o rodeia, é, em todos os sentidos, o cume de Pomerol. Mas aqui também há cascalho, o que contribui para a elegância de vinhos como o La Conseillante e o La Fleur Pétrus. Mesmo o melhor de Pomerol está longe de ser uniforme.

Apesar de seu renome internacional, Pomerol será sempre um canto obscuro e de descobertas no mundo do vinho. Sua área total de 780 hectares de vinhedos não é maior que a de Saint-Julien, a menor das grandes comunas do Médoc. Talvez metade de Pomerol (contra dois terços de Saint-Julien) alcance um padrão de *crus classés* verdadeiramente distintos.

O tamanho das propriedades é igualmente diminuto: a maior delas tem menos de 50 hectares. A produção anual total é de cerca de 350 mil caixas com direito à denominação. Não há nenhuma cooperativa; os pequenos produtores tendem a fabricar seus vinhos e vendê-los diretamente aos consumidores em toda a França e, em particular, na Bélgica.

Faz apenas cem anos que o nome de Pomerol foi ouvido pela primeira vez fora de sua área imediata, mas a tradição já lhe conferiu uma identidade bem definida. Seu melhor solo é de argila e, portanto, frio. O Merlot de curta maturação é melhor do que o Cabernet tardio, e, dos Cabernets, o Franc (conhecido como Bouchet) supera o Sauvignon. O Merlot suave e o Bouchet espirituoso, ambos com notas de frutas vermelhas, absorvem o ferro da argila, são envelhecidos em carvalho novo – e *voilà*, você tem uma receita extremamente simplificada de Pomerol.

De onde vem sua singular textura de veludo, seu corpo consistente, seu cheiro de ameixas maduras e até mesmo de creme e de mel? De onde quer que seja, é mais que um decreto burocrático estipulando as denominações de origem. As autoridades situam o estilo de Pomerol entre o de Saint-Émilion e o do Médoc. Para mim, está mais perto dos Saint-Émilion: mais amplo, mais saboroso e menos "nervoso" do que os Médoc da mesma faixa de preço, envelhecendo em cinco anos o que um Médoc envelhece em dez. Portanto, tende a superá-los em degustações, como os vinhos da Califórnia fazem com os franceses. Os grandes Pomerol, no entanto, não mostram nenhum sinal de vida curta.

Nunca houve classificação oficial no Pomerol. Se houvesse uma, as muitas vinícolas com mau desempenho teriam um incentivo para melhorar. Mas as melhores propriedades são bem conhecidas, e os preços estabelecem uma hierarquia rudimentar, mas surpreendentemente confiável, encabeçada, sem dúvida, pelo Pétrus.

Os primeiros cultivos do Pomerol

Château Pétrus ☆☆☆☆
Proprietário: Ets. J.-P. Moueix. 11 ha. Uvas: Merlot 95%, Cab. Fr. 5%.
Ver Château Pétrus, Premier cru do Pomerol, p. 84.

Os principais châteaux do Pomerol

Château Beauregard ☆☆–☆☆☆
Proprietário: Credit Foncier. 17 ha. Uvas: Merlot 70%, Cab. Fr. 30%. www.chateau-beauregard.com
Em contraste com a maioria dos châteaux modestos do Pomerol, o Château Beauregard do século XVII é tão desejável que a senhora Daniel Guggenheim o copiou, pedra por pedra, em Long Island. Vinhos elaborados, frutados e elegantes desde 1998, e cada vez mais leais e confiantes.

Château Bellegrave ☆☆
Proprietário: Jean-Marie Bouldy. 8 ha. Uvas: Merlot 75%, Cab. Fr. 25%.
Solos de argila e cascalho, mas não na melhor área. No entanto, Bouldy produz um vinho honesto, às vezes excelente, porém subestimado.

Château Bonalgue ☆☆–☆☆☆
Proprietário: Pierre Bourotte. 6,5 ha. Uvas: Merlot 90%, Cab. Fr. 10%.
Vinhos bem encorpados e com boa consistência, e possivelmente dos mais elegantes de Pomerol.

Château le Bon-Pasteur ☆☆☆
Proprietário: Michel Rolland. 7 ha. Uvas: Merlot 80%, Cab. Fr. 20%. www.rollandcollection.com
Em sua propriedade no setor do Maillet, Michel Rolland demonstra o estilo ricamente sensual dos vinhos à base de Merlot que ele ajudou tantas outras propriedades de *Rive Droite* a elaborar.

Château Bourgneuf-Vayron ☆☆–☆☆☆
Proprietário: Xavier Vayron. 9 ha. Uvas: Merlot 90%, Cab. Fr. 10%.
Situado no coração de Pomerol, entre Trotanoy e Latour. Vinho potente, com notas de ameixa; não o mais requintado, embora apresente sinais de mais elegância e harmonia no final dos anos 1990. Envelhece muito bem.

Château la Cabanne ☆☆
Proprietário: Jean-Pierre Estager. 10 ha. Uvas: Merlot 92%, Cab. Fr. 8%. www.estager.com
O nome significa "a cabana", o que parece demasiado modesto para uma propriedade situada no coração de Pomerol, com Trotanoy como vizinho. O solo é de cascalho e argila. O vinho não é notável e pode ser rústico.

Château Cantelauze ☆☆–☆☆☆
Proprietário: Jean-Noel Boidron. 1,5 ha. Uvas: Merlot 90%, Cab. Fr. 10%.
Vinhedo minúsculo, produção minúscula, mas um vinho elegante e equilibrado.

Château Certan de May ☆☆☆
Proprietário: Mme. Barreau-Badar. 5 ha. Uvas: Merlot 70%, Cab. Fr. 25%, Cab. Sauv. 5%.

82 | FRANÇA | BORDEAUX | POMEROL

Antigamente chamado Château Certan. Sua localização é perfeita, junto ao Vieux-Château-Certan e ao Pétrus (ver pp. 84 e 85), mas tende mais para o Pétrus quanto à riqueza e à concentração de seus vinhos. As últimas safras foram inconsistentes, mas a qualidade tem sido impecável desde 2004.

Château Certan-Giraud
Ver Hosanna (ver p. 83).

Château Certan-Marzelle ☆☆–☆☆☆
Proprietário: Etablissements J. P. Moueix. 3,3 ha. Uvas: Merlot 100%.
Fazia parte do Château Certan-Giraud até ser adquirido e rebatizado por Christian Moueix em 1998. Vinhos suaves e acessíveis a partir de 2001.

La Clémence ☆☆–☆☆☆
Proprietário: Christian Dauriac. 3 ha. Uvas: Merlot 85%, Cab. Fr. 15%.
O dr. Dauriac, dono do Château Destieux (ver p. 75) em Saint-Émilion, tem seis terrenos em Pomerol, dos quais ele produz um único vinho de corte. Um estilo ultramaduro, opulento, envelhecido em carvalho novo, que reflete muito bem a filosofia do consultor Michel Rolland. Mas o vinho é muito caro.

Château Clinet ☆☆☆
Proprietário: Jean-Louis Laborde. 9 ha. Uvas: Merlot 85%, Cab. Sauv. 10%, Cab. Fr. 5%. www.chateauclinet.com
Perto do Pétrus e do Lafleur. Seus vinhos costumavam ser finos, quase no estilo dos Médoc, mas têm se tornado mais pesados nos últimos anos. Colheita tardia que produz vinhos potentes e elaborados, em busca de certo requinte.

Clos du Clocher ☆☆–☆☆☆
Proprietário: Pierre Bourotte. 6 ha. Uvas: Merlot 75%, Cab. Fr. 25%.
Vinhedo central, perto do Trotanoy, que produz um vinho bem equilibrado, meio encorpado e extremamente saboroso.

Clos L'Eglise ☆☆☆
Proprietário: Sylviane Garcin-Cathiard. 6 ha. Uvas: Merlot 70%, Cab. Fr. 30%. www.vignoblesgarcin.com
Um pequeno e excelente vinhedo, situado na margem norte do planalto, adquirido em 1997 como parte de um *boom* de compras que aconteceu em Graves e em Saint-Émilion. As velhas safras do Clos l'Eglise eram vinhos austeros e longevos. O novo estilo é muito concentrado, exuberante e amadeirado.

Clos René ☆☆
Proprietário: Jean-Marie Garde. 18 ha. Uvas: Merlot 70%, Cab. Fr. 20%, Malbec 10%.
Despretensioso e situado na zona oeste da comuna (a menos prestigiada), mas ainda assim um bom Pomerol e muitas vezes de longa vida, embora tendendo mais para leve.

Château la Conseillante ☆☆☆–☆☆☆☆
Proprietários: família Nicolas. 12 ha. Uvas: Merlot 80%, Cab. Fr. 20%.

O esplêndido rótulo com gravura prateada sobre um fundo branco está desenhado em torno de um N que simboliza a família que é proprietária do château há mais de um século. Coincidentemente, o Café Royal de Londres tem o mesmo desenho, e pela mesma razão. La Conseillante situa-se entre Pétrus e Cheval Blanc, mas faz um vinho mais delicado e incisivo – às vezes tão fino e perfumado quanto qualquer Pomerol, porém menos encorpado e com menos sabor de ameixas. As safras recentes são de primeira classe.

Château la Croix ☆–☆☆
Proprietário: família J. Janoueix. 10 ha. Uvas: Merlot 60%, Cab. Sauv. 20%, Cab. Fr. 20%. www.j-janoueix.bordeaux.com
Outros 2 hectares no Château La Croix--Toulifaut, que produz um vinho mais leve. A propriedade está no sul da comuna, em solo relativamente leve, com alta concentração de ferro, e não deve ser confundida com La Croix-de-Gay, na ribeira norte. Vinho robusto e generoso; sua falta de elegância é compensada com o envelhecimento em garrafa. A mesma empresa é dona dos quatro hectares do Château la Croix-Saint-Geo.

Château la Croix-du-Casse ☆☆
Proprietário: Philippe Castéja. 9 ha. Uvas: Merlot 90%, Cab. Fr. 10%.
Cultivado em solos leves, este é um vinho maduro e carnudo, elaborado por Jean--Michel Arcaute, do Château Clinet, até seu falecimento em 2001.

Château la Croix-de-Gay ☆☆–☆☆☆
Proprietário: Chantal Lebreton. 10 ha. Uvas: Merlot 95%, Cab. Fr. 5%. www.chateaulacroixdegay.com
Um vinhedo bem administrado, na encosta de argila e cascalho voltada para o rio Barbanne, ao norte. Como em tantas propriedades de Pomerol, seus vinhos são feitos com mais cuidado para um mercado mais exigente. Desde 1982, é fabricado o Fleur du Gay, um caro cuvée *prestige* 100% Merlot, que é a melhor parte do cultivo (cerca de 1.200 caixas). Pelo visto, o vinho regular sofre as consequências.

Château du Domaine de l'Eglise ☆☆
Proprietário: família Castéja. 7 ha. Uvas: Merlot 95%, Cab. Fr. 5%.
Vinho meio encorpado com acentuado sabor de carvalho. Mas melhorou muito desde 2001.

Château L'Eglise-Clinet ☆☆☆–☆☆☆☆
Proprietário: Denis Durantou. 6 ha. Uvas: Merlot 75%, Cab. Fr. 20%, Malbec 5%. www.durantou.com
Geralmente considerado superior ao Clinet. Uma produção mais robusta e até mesmo vigorosa, com grande concentração de taninos. Recentemente, melhorou muito: vinhos sedutores e complexos, de classe superior. O segundo rótulo, La Petite Eglise, é proveniente de videiras jovens, algumas das quais se encontram em outras propriedades.

Estátua de São Pedro, Château Pétrus, Pomerol.

Château l'Enclos ☆☆
Proprietário: Stephen Adams. 9 ha. Uvas: Merlot 82%, Cab. Fr. 17%, Malbec 1%. www.chateau-lenclos.com

Ao lado do Clos René, um dos châteaux mais respeitados da metade oeste de Pomerol, com o tipo de vinho gratificante e extremamente frutado, que impressiona quando jovem, mas que também envelhece bem. Comprado em 2006 pelo dono do Château Fonplégade em Saint-Émilion, o que indica que provavelmente haverá mudanças.

Château l'Evangile ☆☆☆
Proprietário: Domaines Baron de Rothschild. 14 ha. Uvas: Merlot 70%, Cab. Fr. 30%. www.lafite.com

Entre os dez mais importantes de Pomerol, por sua qualidade e seu tamanho. Nas melhores safras (por exemplo, 1990, 1995, 1998, 2001 e 2005), é um vinho voluptuoso e concentrado para uma vida longa. Os (Lafite) Rothschild compraram uma participação majoritária em 1990, mas só obtiveram o controle total da propriedade depois de 2000. Sua localização entre o Pétrus e o Cheval Blanc é propícia, e o novo lagar é impressionante.

Château Feytit-Clinet ☆☆–☆☆☆
Proprietário: Jérémy Chasseuil. 6 ha. Uvas: Merlot 90%, Cab. Fr. 10%.

Experimentei alguns maravilhosos vinhos envelhecidos neste pequeno château, situado em frente ao ilustre Château Latour à Pomerol (ver p. 81), do outro lado da estrada. Decaiu sob a administração de Moueix de 1966 em diante, mas a família voltou ao controle em 2000, e a qualidade está sendo recuperada. Já a safra de 2002 foi excepcional.

Château la Fleur-Pétrus ☆☆☆
Proprietário: Etablissements J. P. Moueix. 12 ha. Uvas: Merlot 80%, Cab. Fr. 20%.

O terceiro melhor Moueix em Pomerol – o que, de fato, é uma grande honra. O vinhedo tem mais cascalho do que o Pétrus e o Trotanoy; o vinho é menos pesado e carnudo, com taninos mais óbvios no começo; firme, estável, pedindo para ser envelhecido. Ampliado em 1985 para incluir mais quatro hectares que pertenceram a seu vizinho, Le Gay, plantado com videiras muito antigas.

Château Franc-Maillet ☆☆
Proprietário: Gérard Arpin. 6 ha. Uvas: Merlot 80%, Cab. Fr. 20%. www.vignobles-arpin.com

Pertencente à família Arpin desde 1919; é um vinho sólido e tânico. O Cuvée Jean-Baptiste é envelhecido em carvalho novo. Não é um grande Pomerol, mas tem um preço justo.

Château le Gay ☆☆–☆☆☆
Proprietário: Catherine Péré-Vergé. 10 ha. Uvas: Merlot 90%, Cab. Fr. 10%. www.montviel.com

Durante sessenta anos, as irmãs Robin foram as proprietárias do imóvel, cujo vinho é elaborado e comercializado por Moueix. Em 2002, ele foi vendido ao atual dono, que investiu uma fortuna na propriedade e em suas instalações. Com a assessoria de Michel Rolland, Le Gay foi transformado em um vinho moderno, exuberante, com notas de carvalho e um forte apelo hedonista. Foi só a partir de 2005 que o vinho pareceu digno de sua reputação e seu preço.

Château Gazin ☆☆☆
Proprietário: família De Bailliencourt. 24 ha. Uvas: Merlot 90%, Cab. Fr. 3%, Cab. Sauv. 7%. www.chateau-gazin.com

Uma das maiores propriedades de Pomerol, apesar de ter vendido uma parte ao vizinho, o Château Pétrus, em 1970. A qualidade costumava ser desigual; em sua melhor forma, os vinhos são concentrados e frutados, mas na maioria das vezes são completamente obscuros. Então, em 1987, a colheitadeira foi abandonada e as uvas começaram a ser colhidas mais maduras. O ano de 1989 parece ter sido o ano da virada para um excelente vinho de longa guarda, e as duas últimas décadas foram excelentes. O preço também não é tão elevado quanto se poderia supor ao julgar pela sua qualidade.

Château Gombaude-Guillot ☆☆
Proprietário: família Laval. 7 ha. Uvas: Merlot 80%, Cab. Fr. 20%.

Propriedade cultivada de forma orgânica, situada bem no centro, perto da igreja. O vinho costumava ser fino, embora harmonioso, mas as safras recentes mostram mais robustez e complexidade.

Château La Grave à Pomerol ☆☆–☆☆☆
Proprietário: Etablissements J. P. Moueix. 9 ha. Uvas: Merlot 90%, Cab. Fr. 10%.

Um vinho fabuloso nos anos 1920, mas a família Moueix adquiriu alguns dos melhores terrenos para o La Fleur Pétrus e outras propriedades. Hoje, não é o mais encorpado dos Pomerol, mas é particularmente bem equilibrado e elegante, com taninos que encorajam seu longo desenvolvimento. O solo aqui é de cascalho, não de argila – e, portanto, confere mais requinte do que corpo.

Château Hosanna ☆☆☆
Proprietário: Etablissements J. P. Moueix. 4,5 ha. Uvas: Merlot 70%, Cab. Fr. 30%.

É parte do antigo Château Certan-Giraud, que Moueix comprou em 1999, reestruturou e rebatizou. O *terroir* maravilhoso próximo ao Lafleur produz um vinho sedoso, ao qual as velhas videiras de Cabernet Franc conferem intensidade.

Château Lafleur ☆☆☆☆
Proprietário: Jacques e Sylvie Guinadeau. 4,5 ha. Uvas: Merlot 50%, Cab. Fr. 50%.

Lafleur (ao lado do La Fleur-Pétrus, ver nesta página) é um modelo de equilíbrio entre corpo e elegância, e tem grande estilo. Os solos, muito complexos, lhe conferem tal característica; o Cabernet Franc lhe dá sustentação e frescor, e o todo harmonioso envelhece de forma tão sublime quanto qualquer Pomerol. O segundo rótulo é o Les Pensées de Lafleur.

MEDIDAS COMERCIAIS DE BORDEAUX

Para fins oficiais e estatísticos, toda a produção de vinho francês é medida em hectolitros, mas cada região tem suas medidas tradicionais para o amadurecimento e a venda de seus vinhos. Em Bordeaux, a medida é o *tonneau* (espécie de tonel, pipa), um recipiente fictício, uma vez que esses grandes barris já não são fabricados.

Um *tonneau* consiste de quatro barricas – os barris utilizados nos châteaux, e às vezes também para o transporte. Por lei, uma barrica *bordelaise* deve conter 225 litros, que equivalem a 25 caixas com 12 garrafas de 750 mililitros cada. O *tonneau* é, portanto, uma medida simples e fácil de memorizar: 100 caixas de vinho.

Château Lafleur-Gazin ☆☆
Proprietário: Mme. Delfour Borderie. 8 ha. Uvas: Merlot 80%, Cab. Fr. 20%.
O vizinho do norte do Château Gazin. Elabora um vinho elegante, suave e requintado. A propriedade é administrada por J. P. Moueix, que é também seu vinicultor.

Château Latour à Pomerol ☆☆☆
Proprietário: Foyer de Charité Châteauneuf de Galaure. 8 ha. Uvas: Merlot 90%, Cab. Fr. 10%.
A propriedade é administrada pela casa de Moueix. Apresenta um estilo mais pleno e mais frutado que o La Fleur-Pétrus: mais pesado, menos agressivo – as palavras podem ser muito enganosas. Paradoxalmente, é um vinho de cascalho, a oeste da fértil faixa de argila. Muito longevo.

Château Mazeyres ☆☆
Proprietário: Société Générale. 22 ha. Uvas: Merlot 80%, Cab. Fr. 20%. www.mazeyres.com
Localizada perto de Libourne, a grande propriedade é administrada por Alain Moueix (ver Château Fonroque em Saint-Émilion). Os solos arenosos e de cascalho produzem vinhos mais elegantes que potentes.

Château Montviel ☆☆
Proprietário: Catherine Péré-Vergé. 5 ha. Uvas: Merlot 80%, Cab. Fr. 20%.
Um vinho modesto de vinhedos dispersos, mas bem elaborado, prazeroso e consistente. Para beber a médio prazo.

Château Le Moulin ☆☆
Proprietário: Michel Querre. 2,4 ha. Uvas: Merlot 20%, Cab. Fr. 20%.
Um vinho *garagiste* de modestos solos arenosos de cascalho. O rendimento muito baixo, a seleção rigorosa e uma boa dose de carvalho novo resultam em um vinho doce, opulento e generoso.

Château Moulinet ☆–☆☆
Proprietário: Marie-José Moueix. 18 ha. Uvas: Merlot 70%, Cab. Sauv. 20%, Cab. Fr. 10%.

CHÂTEAU PÉTRUS – *PREMIER CRU* DO POMEROL

O Château d'Yquem é para Sauternes o que o Château Pétrus é para Pomerol: o modelo perfeito a que aspira a região. Assim como Pomerol, Pétrus é uma miniatura: produz 3 mil caixas em um ano bom, e muitas vezes menos. Entre os *premiers crus*, é o único que nunca foi oficialmente classificado, e seu prestígio não tem muito mais de um século. A família Loubat foi a promotora de sua qualidade e *status*, e, a partir de 1943, o négociant Etablissements J. P. Moueix tornou-se seu único agente. Em 1969, Moueix se tornou acionista majoritário, embora isso tenha permanecido em segredo até o final dos anos 1990. De 1964 até sua aposentadoria em 2007, Jean-Claude Berrouet foi o vinicultor, muitíssimo respeitado, não só do Pétrus, mas das outras propriedades de Moueix.

Pétrus é o carro-chefe. Externamente é um lugar modesto, embora, há pouco tempo, tenha sido enfeitado por Christian Moueix. O *cuvier* é um espaço apertado entre as estreitas cubas de concreto. Os *chais*, recentemente reconstruídos, são mais espaçosos, mas não grandes.

O segredo está no solo. Nem um campo de golfe ou de críquete é tão meticulosamente cuidado. Quando uma porção de videiras antigas (que têm, em média, quarenta anos de idade) estava sendo substituída, fiquei surpreso ao ver o solo raso ser terraplenado à parte do total da superfície do terreno e o subsolo ser cuidadosamente inclinado, de forma quase imperceptível, para possibilitar mais drenagem. Foi uma oportunidade única de compreender como essa famosa argila é tão pouco convidativa.

O princípio da vinificação em Pétrus é a maturação perfeita, seguida de uma seleção rigorosa. Se o sol de outubro é amável, a Merlot é deixada para "cozinhar" sob ele. Nunca é colhida antes do almoço, para evitar que o suco seja diluído pelo orvalho. A colheita é pequena; o vinho novo é tão escuro e concentrado que o carvalho novo, com todo o seu cheiro forte, parece não ter nenhum efeito sobre ele. Depois de um ano, o vinho adquire cheiro de groselha. Nos dois, insinuam-se notas de tabaco. Mas qualquer referência exata é uma simplificação enganosa. O motivo pelo qual o Pétrus (ou qualquer grande vinho) chama a atenção é por sua estrutura, quase arquitetônica, de pesos contrapostos e forças combinadas. Como pode haver tanto tanino e, ainda assim, tanta delicadeza?

Como o Pétrus é carnudo, não rigoroso e penetrante como um Médoc, mas sua textura é densa como a de um Cabernet de Napa, ele parece estar "pronto" em dez anos ou menos. Os fumantes de charuto provavelmente devem bebê-lo enquanto está em pleno vigor. Em minha opinião, ele leva mais tempo para se tornar um clarete. De certo modo, as grandes safras nunca o fazem.

Checagem dos premiers crus de Pomerol.

Propriedade isolada no extremo norte de Pomerol, onde o solo e o vinho são mais leves; contudo, o vinho é elegante. Os investimentos recentes podem levar a melhorias.

Château Nénin ☆☆
Proprietário: Jean-Hubert Delon. 32 ha. Uvas: Merlot 70%, Cab. Fr. 30%.
Uma das maiores propriedades, situada entre os Châteaux Trotanoy e La Pointe (ver nesta página), mas que, durante muitos anos, não chamou a atenção. Os Delon, do Château Léoville-Las--Cases, compraram o Château Nenin em 1997 e restauraram os vinhedos negligenciados. A qualidade certamente irá melhorar, mas o progresso tem sido lento.

Château Petit-Village ☆☆–☆☆☆
Proprietário: AXA Millésimes. 11 ha. Uvas: Merlot 75%, Cab. Sauv. 17%, Cab. Fr. 8%.
www.petit-village.com
Um Pomerol da zona do Cheval-Blanc. Levou alguns anos para que a equipe da AXA – mais experiente na *Rive Gauche* do que na *Rive Droite* – aprendesse a lidar com a propriedade. Porém, desde 2004 o vinho tem estilo e causa boa impressão.

Le Pin ☆☆☆–☆☆☆☆
Proprietário: Jacques Thienpont. 2,3 ha. Uvas: Merlot 88%, Cab. Fr. 12%.
Em 1979, os Thienpont, percebendo a qualidade do *terroir*, compraram esta minúscula propriedade no topo do planalto de Pomerol, ao lado do Certan de May, e têm conseguido excelentes resultados. O de 1982 é o melhor vinho da vindima, e as safras recentes são vendidas por preços inacreditáveis, principalmente na Ásia. Suntuoso, o vinho tem cor de café e um sedutor caráter da Borgonha.

Château Plince ☆–☆☆
Proprietário: Michel Moreau. 9 ha. Uvas: Merlot 70%, Cab. Fr. 30%. www.chateauplince.com
Um vinho frutado e suave que agrada de imediato, embora apresente pouca complexidade.

Château la Pointe ☆☆
Proprietário: empresa de seguros Generali (Itália). 22 ha. Uvas: Merlot 80%, Cab. Fr. 15%, Cab. Sauv. 5%.
O vinhedo está no umbral de Libourne, em solo de cascalho e areia sobre a famosa argila ferrosa. Muito melhorado durante os anos 1990, mas passou para mãos corporativas em 2007.

Château Providence ☆☆–☆☆☆
Proprietário: Etablissements J. P. Moueix. 2,7 ha. Uvas: Merlot, 98%, Cab. Fr. 2%.
Sócio desde 1999, e proprietário desde 2002, Moueix rapidamente transformou o vinho um tanto rústico de uma excelente localização em um vinho elegante e sensual, ainda que vigoroso.

Château Rouget ☆☆–☆☆☆
Proprietário: Jean-Pierre Labruyère. 17,5 ha. Uvas: Merlot 85%, Cab. Fr. 15%. www.chateau-rouget.com
Cada vez que passo pelo Château Rouget, lanço meu olhar invejoso; tem a localização mais linda de Pomerol, num bosque de árvores que descem para o rio Barbanne. Desde 1997, Michel Rolland ajuda a tornar o vinho maduro e opulento, com densidade considerável.

Château de Sales ☆–☆☆
Proprietário: Bruno de Lambert. 47 ha. Uvas: Merlot 70%, Cab. Fr. 15%, Cab. Sauv. 15%.
www.chateau-de-sales.com
O único château nobre de Pomerol, situado em uma zona remota no noroeste da comuna, distante das longas avenidas. De modo um tanto perturbador, uma estrada de ferro atravessa seu jardim. O grande vinhedo é muito bem administrado e o vinho cada vez mais bem produzido, ainda que sem a concentração e a absoluta personalidade dos grandes Pomerol.

Château du Tailhas ☆–☆☆
Proprietário: Luc Nebout. 11 ha. Uvas: Merlot 80%, Cab. Fr. 10%, Cab. Sauv. 10%. www.tailhas.com
Este é o vinhedo mais ao sul de Pomerol, a poucos passos dos bancos de areia de Saint-Émilion. Ainda possui o subsolo de argila rica em ferro característico da região, mas o vinho é um tanto leve e sem estrutura.

Château Taillefer ☆☆
Proprietário: Catherine Moueix. 12 ha. Uvas: Merlot 75%, Cab. Fr. 25%. www.chateautaillefer.com
Pertencente à família Moueix desde 1923. Durante longos anos foi um vinho sem características marcantes, mas, desde o final da década de 1990, e com a consultoria de Denis Dubourdieu, o Taillefer apresenta muito mais requinte.

Château Trotanoy ☆☆☆☆
Proprietário: Etablissements J. P. Moueix. 7,5 ha. Uvas: Merlot 90%, Cab. Fr. 10%.
Geralmente se considera que ele perde para o Château Pétrus, feito pelas mesmas mãos e pelos mesmos padrões Rolls-Royce. O pequeno vinhedo fica na encosta oeste do planalto central. As videiras são velhas, a produção é baixa, o vinho escuro e concentrado é amadurecido em barricas novas (que lhe conferem um aroma similar ao dos vinhos do Médoc quando jovens). Por dez anos ou mais, as melhores safras têm uma textura espessa em boca, quase de um Cabernet da Califórnia. Taninos e ferro em luva de pelica.

Vieux-Château-Certan ☆☆☆–☆☆☆☆
Proprietário: Alexandre Thienpont. 14 ha. Uvas: Merlot 60%, Cab. Fr. 30%, Cab. Sauv. 10%.
www.vieux-chateau-certan.com
O primeiro grande nome de Pomerol, embora, nos últimos trinta ou quarenta anos, tenha sido ultrapassado sem esforço pelo Pétrus. O estilo é bem diferente: mais seco e menos carnudo, mas equilibrado à maneira dos Médoc ou dos Graves. No início, pode dar a impressão de que lhe falta corpo, mas depois emerge triunfante. O belo e antigo château fica a meio caminho entre o Pétrus e o Cheval Blanc. Seus proprietários belgas têm um orgulho imenso (e totalmente justificado) de sua personalidade inigualável.

Château Vieux Maillet ☆☆
Proprietário: Hervé e Griet Laviale. 7 ha. Uvas: Merlot 90%, Cab. Fr. 10%. www.chateauvieuxmaillet.com
Os donos do Château Franc-Mayne em Saint-Émilion compraram e expandiram a propriedade em 2003. Vinhos ricamente frutados, com um futuro promissor.

Château La Violette ☆☆–☆☆☆
Proprietário: Catherine Péré-Vergé. 2 ha. Uvas: Merlot 100%.
Uma micropropriedade perto do Trotanoy, adquirida em 2006 pelo dono do Château Le Gay (ver p. 83). É este o primeiro vinho de Pomerol fermentado em barril? Suas primeiras safras foram, sem dúvida, impressionantes.

86 | **FRANÇA** | BORDEAUX | POMEROL

Château Vray-Croix-de-Gay ☆☆
Proprietário: família Guichard. 3,2 ha. Uvas: Merlot 90%, Cab. Fr. 10%. www.baronneguichard.com
O nome significa "o autêntico Croix-de-Gay", indicando que os vizinhos roubaram o nome. Disputar uma posição parece adequado aqui, na beira norte do precioso planalto. Nos últimos anos, consideráveis esforços e investimentos foram feitos na propriedade, inclusive a contratação de Stéphane Derenoncourt como consultor. E os vinhos, a partir de 2004, mostram muito mais entusiasmo.

Lalande-de-Pomerol

Na fronteira norte de Pomerol está o pequeno rio Barbanne. As duas comunas em sua outra margem, Lalande e Néac, compartilham o direito ao nome Lalande-de-Pomerol para o vinho tinto, que, em sua melhor forma, certamente é da categoria de um jovem Pomerol. Tradicionalmente, cultiva-se mais Malbec (ou Pressac), uma uva difícil, que agora está saindo de moda. Mas o solo de cascalho sobre argila em certas regiões é bom, e alguns châteaux têm grande reputação. Ao todo são 1.120 hectares de videiras nas mãos de 180 produtores (sem uma cooperativa), que produzem um total de 600 mil caixas.

Os principais châteaux Lalande-de--Pomerol

Château de Bel-Air ☆–☆☆
Lalande-de-Pomerol. Proprietário: Stephen Adams. 15 ha.
É um vinho bastante tânico, que requer alguns anos de envelhecimento para se tornar harmonioso. Perdeu o rumo nos últimos anos, mas é provável que o novo proprietário norte--americano consiga tirar o máximo desta propriedade com ótimo potencial.

Château Bertineau St-Vincent ☆☆
Néac. Proprietário: Michel Rolland. 6 ha.
Vinhos elegantes que são produzidos na principal propriedade de Michel Rolland, o Château Le Bon-Pasteur, em Pomerol (ver p. 81).

Château La Borderie-Mondésir ☆–☆☆
Lalande-de-Pomerol. Proprietário: Laurent Rousseau. 2,2 ha.
Videiras velhas em solo pedregoso, mas os vinhos – incluindo o Cuvée Excellence, que passa por carvalho novo – parecem bastante concentrados.

Château de Chambrun ☆☆
Néac. Proprietário: Silvio Denz. 1,7 ha.
Vin de garage pertencente à família Janoueix até 2008, ano em que foi vendido para seu dono atual, o mesmo proprietário do Château Faugères em Saint-Émilion.

Château de Cruzelles ☆☆
Lalande-de-Pomerol. Proprietário: Christian Pichon. 10 ha.
Alugado por Denis Durantou, do Château Clinet (ver p. 82), em Pomerol. Vinhos estruturados para os padrões da região.

Château la Fleur de Boüard ☆☆–☆☆☆
Néac. Proprietário: Hubert de Boüard de Laforest. 20 ha. www.lafleurdebouard.com
De Boüard, do Château Angélus, comprou esta propriedade em 1998 e lhe deu o nome atual. Vinho escuro e complexo que estabelece um novo padrão para a denominação de origem. Le Plus é o cuvée especial, mas o vinho regular apresenta melhor equilíbrio.

Château Garraud ☆☆
Néac. Proprietário: Jean-Marc Nony. 19 ha. www.vln.fr
O baixo rendimento e a vinificação meticulosa garantiram um alto padrão durante alguns anos.

Château Grand Ormeau ☆☆
Lalande-de-Pomerol. Proprietário: Jean-Claude Beton. 14 ha.
Desde os anos 1980, esta propriedade produz vinhos ricos e bem estruturados, especialmente os elaborados com uvas de videiras antigas, os Cuvée Madeleine.

Château La Gravière ☆☆
Néac. Proprietário: Catherine Péré-Vergé. 7 ha. www.montviel.com
Vinhos de estilo atual, com notas de tabaco, do mesmo dono do Château le Gay (ver p. 83), em Pomerol.

Château Haut-Chaigneau ☆☆
Néac. Proprietário: André Chatonnet. 28 ha.
Chatonnet é um produtor especializado, e ele o demonstra neste vinho flexível e extremamente frutado.

Château les Hauts-Conseillants ☆☆
Néac. Lalande-de-Pomerol. Proprietário: Pierre Bourotte. 10 ha.
Vinho amadeirado, mas flexível e equilibrado, do mesmo dono do Château Bonalgue (ver p. 81), em Pomerol.

Château Jean de Gué ☆☆
Musset. Proprietário: Jean-Claude Aubert. 10 ha. www.la-couspaude.com
Vinhos maduros e tânicos, que se beneficiam de um pouco de envelhecimento em garrafa.

Château Pavillon Bel-Air ☆–☆☆
Néac. Proprietário: Crédit Foncier. 8 ha.
Desde 2003, pertence ao mesmo dono do Château Beauregard (ver p. 81), em Pomerol. Vinhos sedutores e bem elaborados, sobretudo o *cuvée* especial, chamado Le Chapelain.

Château Perron
Lalande. Proprietário: Bertrand Massonie. 15 ha.
Vinhos bem elaborados e com preços razoáveis. Desde 1997, fabricam um *cuvée* mais complexo, chamado La Fleur.

Château la Sergue ☆☆
Néac. Proprietário: André Chatonnet. 5 ha.
Elaborado principalmente com uva Merlot, vinificado em cubas de madeiras, e envelhecido em carvalho novo. Vinho intenso.

Château Siaurac ☆–☆☆
Néac. Proprietário: família Guichard. 59 ha. www.baronneguichard.com
Lar da família Guichard, que possui várias propriedades em Libournais. Vinhos de boa qualidade mas não extraordinários; a nova geração está determinada a melhorá-los.

Château Tournefeuille ☆☆–☆☆☆
Néac. Proprietário: Francois Petit. 15 ha. www.chateau-tournefeuille.com
Esplendidamente localizado perto da igreja, no planalto, e, desde 2001, os vinhos estão entre os melhores da denominação.

Château de Viaud ☆–☆☆
Lalande-de-Pomerol. Proprietário: Philippe Raoux. 21 ha.
Vinhos confiáveis, bem equilibrados, do mesmo dono do Château d'Arsac (ver p. 44).

As regiões menores de Bordeaux

Você começa a perceber a vasta extensão dos vinhedos da Gironda quando observa o número e tamanho das adegas cooperativas de viticultores espalhadas pelo *département*. A maioria das comunas tem um ou dois châteaux bem estabelecidos: velhas mansões cujos vinhos há tempos são feitos à maneira de uma empresa familiar não muito ambiciosa. Em muitos casos, o pequeno agricultor vendeu seu vinhedo para o produtor maior em vez de aderir à cooperativa. Assim, uma série de châteaux maiores, bem administrados, está ampliando sua área e buscando produzir vinhos com mais personalidade e, sem dúvida, apelo comercial. Hoje, vários oferecem uma parte de seus melhores tonéis como vinhos *cuvée* superiores – envelhecidos em carvalho e com um preço mais elevado do que seu vinho regular. Inquestionavelmente, uma nova compreensão das técnicas de vinificação e uma geração de compradores e de apreciadores muito mais exigente estão transformando essas regiões periféricas. Investidores amantes do vinho encontraram imóveis a preços acessíveis aqui, e muitas pequenas propriedades que costumavam vender a uva para as cooperativas estão agora produzindo um vinho de melhor qualidade sob seu próprio rótulo. Esses vinhos são pouco conhecidos, já que nem o produtor nem a região têm recursos para promovê-los adequadamente, e não é difícil encontrar pechinchas.

Fronsac e Canon-Fronsac

A cidade de Libourne está à beira do Dordogne, na foz de seu pequeno afluente do norte, o Isle. Tem Pomerol como seu quintal, Saint-Émilion como seu vizinho ao leste, e a apenas meio quilômetro para o oeste outra pequena área vinícola, surpreendentemente distinta.

Fronsac é um vilarejo às margens do Dordogne, ao pé de uma série de saliências íngremes e depressões, e de uma cadeia em miniatura de colinas de até 90 metros de altura. Vários dos châteaux foram construídos, é claro, como casas de campo em vez de fazendas simples. Sob eles, um solo de calcário. As videiras são quase todas de uvas tintas, as variedades usuais de Bordeaux, e, tradicionalmente, certa ênfase na Malbec, macia e suculenta, é maior aqui do que em outros lugares. A Merlot, no entanto, domina, com 78% das plantações. Tendo muita cor e álcool, o vinho Fronsac foi muito utilizado no passado como *vin médecin* para as pessoas de saúde debilitada de lugares mais famosos.

Historicamente, Fronsac precede Pomerol. Durante o século XVIII, seus vinhos eram bebidos até mesmo na corte. As circunstâncias deram a Pomerol uma vantagem que a região soube explorar bem, e foi somente nos últimos vinte anos que Fronsac começou a se destacar outra vez – e só nos últimos quinze anos que investimentos importantes têm sido capazes de transformar sua imagem.

Existem 1.130 hectares de vinhedos. Mais de dois terços dos morros (as partes mais baixas) são AOC Fronsac; o restante, onde o solo é mais fino, com mais cal, é AOC Canon-Fronsac. Seus vinhos podem ser deliciosos, cheios de vigor e com notas de especiarias, tânicos o suficiente para se assemelharem mais aos de Graves ou de Saint-Émilion que aos de Pomerol, e vale a pena envelhecê-los durante pelo menos cinco anos. O estilo foi mudando, levando esses vinhos a se alinhar com a tendência dominante na *Rive Droite*: vinhos mais pesados, cheios e amadeirados – às vezes em detrimento da acidez e do requinte.

Principais châteaux Fronsac e Canon-Fronsac

Château Barrabaque ☆☆
Canon-Fronsac. Proprietário: Bernard Noel. 9 ha.
Vinhos agradáveis, arredondados e harmoniosos, e um *cuvée prestige* mais amadeirado.

Château Canon-de-Brem ☆–☆☆
Canon-Fronsac. Proprietário: Jean Halley. 4,5 ha.
www.chateau-dauphine.com
Desde 2006, sua colheita é incluída no corte do Château de La Dauphine (ver p. 88).

Château de Carles ☆☆–☆☆☆
Saillans. Proprietário: Constance Droulers. 20 ha.
Vinhos flexíveis e agradáveis, embora as melhores frutas sejam destinadas ao Château Haut Carles, mais viçoso e instigante.

Château Cassagne-Haut-Canon ☆–☆☆
Saint-Michel de Fronsac. Proprietário: Jean-Jacques Dubois. 13 ha.
Vinhos macios, amadeirados e maduros, mas que carecem de vigor. La Truffière é o *cuvée* especial.

VIN DE GARAGE

No início dos anos 1990 ocorreu um novo fenômeno: o *vin de garage*. Como o próprio nome indica, esses vinhos eram feitos de forma artesanal em pequenas quantidades. A escala da operação permitia uma atenção fanática aos detalhes – rendimento muito baixo, seleção exaustiva, colheita à mão, e assim por diante –, o que supostamente resultava em vinhos de qualidade excepcional.

Le Pin, em Poremol, muitas vezes é descrito como o primeiro *vin de garage* de Bordeaux. Apesar de ser uma pequena propriedade, com uma vinícola rudimentar, Le Pin é correto e razoavelmente homogêneo. O protótipo de um *vin de garage* é certamente o Valandraud (ver p. 79), de Saint-Émilion, que era feito, como seu criador alegremente confessa, de videiras plantadas em *terroir* medíocre. Uma mistura de extrema concentração e abundância de carvalho novo ajudou o vinho a ganhar reconhecimento e, como o Le Pin, foi vendido por preços elevadíssimos. Isso criou uma tendência. Mais e mais produtores separariam uma pequena parte de seu vinhedo, ou comprariam um pequeno terreno indistinto, colhendo e vinificando à maneira *garagiste*. Quantidades minúsculas eram usadas para justificar um preço muito alto. Em 2000, no entanto, havia pelo menos sessenta *vins de garage*, e a novidade foi se dissipando. Eles também contradiziam o próprio fundamento do Bordeaux: a noção de que um *terroir* excepcional produz, necessariamente, um vinho excepcional.

Vins de garage são uma especialidade da *Rive Droite*. Os proprietários das fazendas muito maiores do Médoc e de Graves se opõem à ideia. No fim das contas, cabe ao consumidor decidir se os vinhos valem o preço demandado por eles.

Chateau Chadenne ☆
Saint-Aignan. Proprietário: Philippe Jean. 5 ha.
As videiras antigas e uma boa dose de carvalho novo caracterizam os vinhos, mas as últimas safras não entusiasmam.

Château Coustolle ☆–☆☆
Canon-Fronsac. Proprietário: Alain Roux. 20 ha.
www.chateaup-coustolle.com
Grande propriedade que produz vinhos com certa aderência tânica.

Château Dalem ☆☆
Saillans. Proprietário: Michel Rullier. 14 ha.
Vinhos macios, suculentos, aveludados e moderadamente concentrados.

Château de la Dauphine ☆–☆☆
Fronsac. Proprietário: Jean Halley. 18 ha.
www.chateau-dauphine.com
Antes pertencente a Moueix, mas vendida em 2000. Vinhos meio encorpados, com textura suave.

Château Fontenil ☆☆–☆☆☆
Saillans. Proprietário: Michel Rolland. 9 ha.
www.rollandcollection.com
Vinhos sedutores, frutados e às vezes com notas de geleia, envelhecidos em 60% de carvalho novo. O vinho regular é mais equilibrado que o *cuvée* especial Le Défi, que costuma ser excessivamente maduro.

Château du Gaby ☆☆
Canon-Fronsac. Proprietário: David Curl. 11 ha. www.chateau-du-gaby.com
Nas mãos de um novo proprietário desde 2006, que deve continuar a produzir vinhos finos em uma localização privilegiada.

Château Grand Renouil ☆☆
Canon-Fronsac. Proprietário: Michel Ponty. 11 ha.
Vinhos bem encorpados, de considerável complexidade. Também fabricam um dos poucos vinhos brancos da região.

Château Mayne-Vieil ☆–☆☆
Saillans. Proprietário: família Sèze. 32 ha.
Dois *cuvées*, dos quais Aliénor é o melhor.

Château Mazeris-Bellevue ☆
Saint-Michel-de-Fronsac. Proprietário: Jacques Bussier. 9 ha.
Vinhos algo leves, com notas suaves de amora.

Château Moulin Haut Laroque ☆☆–☆☆☆
Saillans. Proprietário: Jean-Noël Hervé. 15 ha.
www.moulinhautlaroque.com
Os vinhedos situados no planalto e a cuidadosa seleção resultam em vinhos impecavelmente elaborados, com frutas abundantes e estrutura discreta.

Château Moulin Pey-Labrie ☆☆–☆☆☆
Fronsac. Proprietário: Grégoire Hubau. 6,5 ha.
www.moulinpeylabrie.com
Vinhos ricos e amadeirados, de qualidade consistente.

Château du Pavillon ☆☆
Canon-Fronsac. Proprietário: Michel Ponty. 4 ha.
Do mesmo dono do Château Grand Renouil (ver nesta página) e com qualidade e consistência similares.

Château Richelieu ☆☆
Fronsac. Proprietário: Arjen Pen. 12 ha.
www.chateau-richelieu.com
Stéphane Derenoncourt foi convocado pelo novo dono para melhorar a qualidade, e parece estar tendo sucesso.

Château de la Rivière ☆☆
La Rivière. Proprietário: James Grégoire. 59 ha.
www.chateau-de-la-riviere.com
A propriedade mais importante da região. Seu château, que parece um palco de ópera, produz vinhos bem equilibrados que envelhecem bem. As várias mudanças de dono têm afetado o estilo, mas Grégoire reconhece que o pleno potencial desta excelente propriedade ainda está para ser desenvolvido.

Château la Rousselle ☆–☆☆
La Rivière. Proprietário: Jacques Davau. 4,5 ha.
Vinhos amadeirados e encorpados para ser consumidos relativamente novos.

Château Tour du Moulin ☆☆
Saillans. Proprietário: Vincent Dupuch. 7 ha.
Vinhos vigorosos, especialmente o Cuvée Particulière com seus carvalhos bem integrados.

Château les Trois Croix ☆☆–☆☆☆
Fronsac. Proprietário: Patrick Léon. 14 ha.
Propriedade pessoal do antigo vinicultor do Château Mouton-Rothschild. Vinhos completos e bem estruturados.

Château la Vieille Cure ☆–☆☆
Saillans. Proprietário: Colin Ferenbach e associados. 18 ha.
Pertencente a norte-americanos, produz vinhos muito maduros com boa concentração e potencial de envelhecimento.

Château Villars ☆☆–☆☆☆
Saillans. Proprietário: Jean-Claude Gaudrie. 30 ha.
Alguns vinhos impressionantes, cujo sabor tostado e maduro é equilibrado com taninos delicados.

Côtes de Castillon e Côtes de Francs

Duas áreas adjacentes aos satélites de Saint-Émilion, ao leste, ainda dentro da área de denominação geral de Bordeaux, às quais foram concedidas suas próprias denominações de origem controlada em 1989. A maior é Côtes de Castillon, nas colinas ao norte do vale do Dordogne, com vista para Castillon-la-Bataille, onde os franceses derrotaram as forças inglesas em 1452 e acabaram com o regime inglês em Aquitânia. Cerca de 3 mil hectares de videiras são cultivados em dez comunas. Ao norte, as Côtes de Francs são muito menores com 512 hectares de vinhas e uma produção anual de quase 4 milhões de garrafas. A denominação abarca parte das comunas de Francs, Les Salles, Saint-Cibard, e Tayac; território tranquilo e remoto, há muito conhecido como um bom produtor de Bordeaux Supérieur, mas somente agora reconhecido por seus próprios méritos. Em geral, os vinhos Côtes de Castillon e Côtes de Francs são

Château Villars, Salinas.

AS REGIÕES MENORES DE BORDEAUX | BORDEAUX | **FRANÇA** | 89

leves como os Saint-Émilion, especialmente nos anos frios, em que as uvas podem ter dificuldades para amadurecer. Muitos vinhos continuaram rústicos simplesmente porque os proprietários não podiam pagar os investimentos necessários. Mas essas regiões não devem ser descartadas de imediato. Vários châteaux, muitos pertencentes a estrangeiros astutos como Stephan von Neipperg e à família Bécot, de Saint-Émilion, estão começando a demonstrar verdadeira ambição, produzindo vinhos para envelhecer por cinco anos ou mais.

Principais châteaux Côtes de Castillon

Château d'Aiguilhe ☆☆–☆☆☆
Saint-Philippe-d'Aiguilhe. Proprietário: Stephan von Neipperg. 50 ha. www.neipperg.com
Do mesmo proprietário do Château Canon-La-Gaffelière (ver p. 74). Vai de vento em popa.

Château d'Ampélia ☆☆
Saint-Philippe d'Aiguille. Proprietário: François Despagne. 5 ha.
Vinhos um pouco tânicos, robustos, com menos requinte que o Château Grand-Corbin-Despagne (ver p. 75) de Saint-Émilion, do mesmo dono.

Château Cap de Faugères ☆☆
Sainte-Colombe. Proprietário: Silvio Denz. 31 ha.
A extensão do Château Faugères em Saint-Émilion (ver p. 79). Vinhos sedutores, para ser consumidos a médio prazo.

Château la Clarière-Laithwaite ☆☆–☆☆☆
Sainte-Colombe. Proprietário: Tony Laithwaite. 5 ha.
Vinhos perfeccionistas desde 1998, vendidos quase exclusivamente pela empresa britânica Direct Wines, de Laithwaite. Le Presbytère é um esplêndido *cuvée* de velhas videiras.

Clos Puy-Arnaud ☆☆–☆☆☆
Belvès. Proprietário: Thierry Valette. 12 ha.
Os Valette são os antigos donos do Château Pavie em Saint-Émilion. Thierry Valette comprou esta propriedade em 1999 e hoje produz alguns dos vinhos mais requintados da região. O Château Pervenche Puy Arnaud é o confiável segundo rótulo.

Château Côte Montpezat ☆
Belvès. Proprietário: Dominique Bessineau. 30 ha. www.cote-montpezat.com
Vinhos charmosos e fáceis de beber.

Château Joanin-Bécot ☆☆–☆☆☆
Saint-Philippe d'Aiguilhe. Proprietário: família Bécot. 5 ha. www.beausejour-becot.com
A filha de Gérard Bécot, Juliette, está à frente desta propriedade, comprada em 2001. Vinhos atrevidos e muito saborosos.

Château Lapeyronie ☆–☆☆
Sainte-Colombe. Proprietário: Jean-Frédéric Lapeyronie. 8 ha.
Vinhos flexíveis e elaborados, de qualidade consistente.

Château Pervenche Puy Arnaud ☆
Belvès-de-Castillon. Proprietário: Thierry Valette. 8 ha.
Produção orgânica, que tem Stéphane Derenoncourt como consultor da propriedade.

Château Peyrou ☆☆
Saint-Magne. Proprietário: Catherine Papon-Nouvel. 4,5 ha.
Velhas videiras na fronteira com Saint-Émilion. Vinhos frutados mas refinados.

Château de Pitray ☆☆
Gardegan. Proprietário: Condessa de Boigne. 31 ha. www.pitray.com
Vinhos poderosos, com aroma de cerejas. O rótulo comum é envelhecido em tanques; o Premier Vin, em barris.

Château Veyry ☆☆–☆☆☆
Castillon. Proprietário: Christian Veyry. 4 ha.
Veyry é consultor de várias propriedades nas regiões de Saint-Émilion e Fronsac. Sua propriedade produz vinhos concentrados, um pouco caros, porém de boa qualidade.

Domaine de l'A ☆☆–☆☆☆
Sainte-Colombe. Proprietário: Stéphane Derenoncourt. 8 ha. www.vigneronsconsultants.com
A propriedade pessoal de um dos vinicultores mais importantes de Bordeaux, de cultivo biodinâmico. De fato, é uma estação de experimentação para Derenoncourt testar suas ideias.

COMPRA DE VINHOS "*EN PRIMEUR*"

Nos anos 1980, uma nova maneira de comprar vinho virou moda. Em vez de comprar vinhos em garrafas, era possível comprá-los cerca de seis meses após a safra, e muitos meses antes de ser engarrafado. A vantagem para o consumidor era, supostamente, uma oportunidade de comprar o vinho por preço mais barato, e – tão importante quanto isso – garantir uma caixa ou duas de um vinho raro (por exemplo, Pomerol), que pode ser mais difícil ou impossível de encontrar após seu lançamento. Para o proprietário do château e para o négociant, a vantagem era o fluxo de caixa: em vez de esperar dois ou três anos pelo

dinheiro, eles podiam depositar os cheques em seis meses. Em algumas safras, o sistema funcionou bem. Quem comprou a safra de 1995 *en primeur* (ou pré-venda) garantiu algumas pechinchas. Em outros anos, como 1997, quando a qualidade foi modesta, mas os preços muito altos, o consumidor perdeu.

Bordeaux adora o sistema *en primeur*, que cria certo furor em torno de quase toda nova safra. No entanto, todas as avaliações – quer do comércio, quer da imprensa – sobre os novos vinhos devem ser baseadas em amostras que saem da barrica sem qualquer monitoramento ou controle. A maioria dos proprietários é

honesta, mas a tentação de mostrar o melhor barril, ou o mais completo, é sem dúvida enorme. Comprar *en primeur* é arriscado, até porque o vinho ainda está em estado inacabado quando avaliado e adquirido. Só faz sentido quando o vinho é bom e oferecido a um preço atraente. Em anos como o 2007, quando a qualidade era mais modesta, mas os preços estavam altos, não havia nenhuma razão real para o consumidor se desfazer de seu dinheiro antes que o vinho fosse engarrafado e devidamente avaliado.

Vieux-Château-Champs de Mars ☆–☆☆☆

Les Salles de Castillon. Proprietário: Régis Moro. 17 ha.
Não há nenhuma rusticidade neste vinho perfumado. De bom preço, com exceção do Cuvée Johanna. Também produz o Côtes de Francs (Château Pelan Bellevue).

Principais châteaux Côtes de Francs

Château les Charmes-Godard ☆–☆☆

Saint-Cibard. Proprietário: Nicolas Thienpont. 14,5 ha, dos quais 1,5 h são de uvas brancas.
www.nicolas-thienpont.com
Pequena propriedade, produzindo bons brancos e tintos elaborados. Thienpont, que gerencia algumas das propriedades mais importantes de Saint-Émilion, possui algumas nesta região.

Château Franc-Cardinal ☆

Tayac. Proprietário: Philip Holzberg. 10 ha.
Vinhos atraentes à base de Merlot.

Château de Francs ☆☆

Francs. Proprietários: famílias Hébrard e de Boüard. 35 ha.
Vinhos suntuosos para ser consumidos a médio prazo. O rótulo superior é o Les Cerisiers, mais amadeirado.

Château Marsau ☆–☆☆

Francs. Proprietário: Jean-Marie Chadronnier. 15 ha.
Nesta propriedade, pertencente ao ex-chefe do Consortium Vinicole de Bordeaux et de Gironde (CVBG), cultiva-se exclusivamente Merlot.

Château La Prade ☆–☆☆

Saint-Cibard. Proprietário: Nicolas Thienpont. 4,5 ha.
www.nicolas-thienpont.com
Vinhos amadeirados, provenientes de velhas videiras plantadas sobre o solo calcário do planalto.

Château Puyguéraud ☆☆

Saint-Cibard. Proprietário: Nicolas Thienpont. 35 ha.
www.nicolas-thienpont.com
Vinhos robustos, mas sem carecer de elegância, estão entre os melhores da região. O rótulo principal é o Cuvée George.

Côtes de Bourg

A margem direita do Gironda era um vinhedo próspero muito antes de o Médoc – do outro lado do rio – ser cultivado. Bourg, situada ao norte do Dordogne, onde se une ao Garonne para formar o Gironda, é como outro Fronsac, porém maior: as colinas se elevam abruptamente sobre a água uns sessenta metros ou mais, mas, ao contrário das colinas de Fronsac, estão quase completamente cobertas de videiras. As Côtes de Bourg (3 mil hectares) faz tanto vinho quanto o baixo Médoc – assim como seu vizinho imediato, ao norte, as Côtes de Blaye (5.600 hectares). Bourg é especializada em vinho tinto de padrão respeitável: feito, em grande parte, de Merlot e Cabernet Franc, é redondo, encorpado e está pronto para beber em quatro ou cinco anos – mas, certamente, não com urgência. Os châteaux à margem do rio têm, ao que tudo indica, uma localização perfeita. O potencial é considerável e está, aos poucos, sendo desenvolvido.

Principais châteaux Côtes de Bourg

Château Brûlesécaille ☆☆

Tauriac. Proprietário: Jacques Rodet. 25 ha.
www.brulesecaille.com
Vinhos tintos honestos para ser bebidos a médio prazo, e uma pequena quantidade de Sauvignon Blanc bem encorpado.

Château Le Clos du Notaire ☆☆

Bourg. Proprietário: Roland Charbonnier. 20 ha.
www.clos-du-notaire.com
Sim, este château um dia pertenceu a um notário, e seu dono atual é um descendente. Dois vinhos: o Tradition, que se explica por si só, e o Notaris, muito amadeirado.

Château Falfas ☆☆

Bayon. Proprietário: John Cochrane. 22 ha.
Vinhos um pouco tânicos dessa propriedade de cultivo biodinâmico. O rótulo superior, o Cuvée Chevalier, é feito com uvas de videiras de setenta anos de idade e envelhecido em carvalho novo.

Château Fougas ☆☆–☆☆☆

Lansac. Proprietário: Jean-Yves Béchet. 13 ha.
www.vignoblesbechet.com
A impecável viticultura e vinificação, nesta propriedade orgânica, resulta em alguns dos vinhos mais estilosos e confiáveis das Côtes. O Cuvée Maldoror é especialmente elegante.

Château de la Grave ☆–☆☆

Bourg. Proprietário: Philippe Bassereau. 45 ha.
www.chateaudelagrave.com
Esta propriedade faz vinhos muito elegantes – e um *cuvée* especial, ambiciosamente chamado Nectar.

Château Guerry ☆☆

Tauriac. Proprietário: Bernard Magrez. 22 ha.
Vinhos robustos e aromáticos, de qualidade consistente, com uma boa proporção de Malbec.

Château Guionne ☆–☆☆

Lansac. Proprietário: Alain Fabre. 21 ha.
www.chateauguionne.com
Três rótulos: um deles não passa por carvalho. O mais interessante é o Cuvée Renaissance, que é 50% Malbec.

Château Labadie ☆

Mombrier. Proprietário: Joel Dupuy. 42 ha.
Grande propriedade comercial, com colheita mecanizada. Vários *cuvées*, todos de qualidade confiável.

Château Martinat ☆☆

Lansac. Proprietário: Stéphane Donze. 10 ha.
Nesta ambiciosa propriedade são produzidos dois *cuvées*: o rótulo regular e o Epicuréa, envelhecido em carvalho novo. A diferença é mais no estilo do que na qualidade.

Château Nodoz ☆–☆☆

Tauriac. Proprietário: Jean-Louis Magdeleine. 42 ha.
Três vinhos tintos com estilos variados quanto à concentração e ao envelhecimento em carvalho, mas todos eles bem elaborados.

Château Peychaud ☆☆

Teuillac. Proprietário: Bernard Germain. 29 ha.
www.germain-saincrit.com
O Cuvée Maisonneuve é carnudo e amadeirado.

Château le Roc des Cambes ☆☆☆
Bourg. Proprietário: Francois Mitjaville. 10 ha.
O melhor e mais barato vinho da região, do mesmo dono do Château Tertre-Rôteboeuf (ver p. 78). Denso e concentrado.

Château Tayac ☆☆–☆☆☆
Bourg. Proprietário: Pierre Saturny. 30 ha. www.chateau-tayac
Propriedade à beira do rio, com excelentes vinhedos e vários *cuvées*. Vinhos tânicos e vigorosos, que se beneficiam da guarda.

Premières Côtes de Blaye

Três quilômetros de água, o vasto Gironda, separam Blaye do coração do Médoc. Blaye é o vinhedo mais setentrional da *Rive Droite*; o último lugar, rio acima, onde é elaborado um bom vinho tinto. Ao norte, a região é de vinho branco, na fronteira com Cognac. Blaye já produz cerca de um terço de vinho branco, incluindo alguns vinhos deliciosos, mas de vida curta, cuja variedade principal é a Colombard. Premières Côtes de Blaye é a denominação reservada para os melhores vinhedos, quase todos tintos, cujo vinho é para todos os efeitos como os de Bourg – embora, em geral, não seja considerado tão bom ou tão encorpado quanto estes. Uma nova AOC Blaye foi criada em 2000, exigindo um nível mínimo de maturação um pouco mais elevado e controles de qualidade mais rigorosos. Infelizmente, o nome dá a impressão de que esta é uma denominação de origem para vinhos regulares, em vez de superiores, e nem todas as propriedades o adotam.

Principais châteaux Premières Côtes de Blaye

Château Bel Air La Royère ☆☆–☆☆☆
Cars. Proprietários: Xavier e Corinne Loriaud. 23 ha.
Vinhos de alta qualidade, graças a uma vinificação especializada e a algumas videiras antigas de Malbec que outorgam caráter e sabor.

Château Bellevue-Gazin ☆☆
Plassac. Proprietário: Alain Lancereau-Burthey. 15 ha. www.chateau-bellevue-gazin.com
Novatos cultivando videiras antigas em solo de argila e cascalho. Vinhos tintos elegantes e um clarete encantador.

Châteaux Bertinerie and Haut-Bertinerie ☆☆
Cubnezais. Proprietário: Família Bantegnies. 58 ha. www.chateaubertinerie.com
Propriedade muito bem administrada, com vinhos brancos e tintos que seduzem imediatamente. O rótulo Haut-Bertinerie é usado para os melhores vinhos, e os preços são justos.

Château les Bertrands ☆
Reignac. Proprietário: Laurent Dubois. 86 ha. www.chateau-les-bertrands.com
Grande propriedade comercial em que a colheita é totalmente mecanizada. Os vinhos são elaborados com esmero, mas costumam ser aguados, com a exceção do *cuvée* prestige Nectar.

Château Cantinot ☆–☆☆
Cars. Proprietário: Yann Bouscasse. 12 ha. www.chateaucantinot.com
Em 2002, foi adquirida pelos novos donos, que estão restaurando ativamente os vinhedos para alcançar boa qualidade.

Château Charron ☆☆
Saint-Martin-Lacaussade. Proprietário: Bernard Germain. 18 ha. www.germain-saincrit.com

Muitas videiras velhas na propriedade dão vinhos, brancos e tintos, de considerável corpo e riqueza. O Cuvée Acacia é o melhor branco; o Les Gruppes, o tinto mais impressionante.

Château Gigault ☆☆
Proprietário: Christophe Reboul-Salze. 14 ha. www.the-wine-merchant.com
O Cuvée Viva é o melhor vinho desta propriedade. O *négociant* Reboul-Salze é também sócio no Château Grands Maréchaux (ver verbete nesta página).

Château du Grand Barrail ☆–☆☆
Plassac. Proprietário: Denis Lafon. 35 ha.
Desde 1998, Lafon produz, com as uvas das videiras mais antigas, o Cuvée Renaissance, envelhecido – talvez excessivamente – em carvalho novo.

Château Grands Maréchaux ☆☆
Saint-Grions d'Aiguevives. Proprietário: Christophe Reboul-Salze. 20 ha. www.the-wine-mechant.com
Vinhos concentrados e de coloração escura, produzidos com assessoria de Stéphane Derenoncourt.

Domaine des Graves d'Ardonneau ☆–☆☆
Saint-Mariens. Proprietário: Christian Rey. 34 ha.
Propriedade no interior que produz tintos sedutores – especialmente o Grand Vin – e brancos cuja relação entre fruta e acidez é equilibrada.

Château les Jonqueyres ☆☆
Saint-Paul. Proprietário: Pascal Montaut. 15 ha. www.chateaulesjonqueres.com
O ressurgimento da qualidade em Blaye se deve a Montaut, e seus próprios vinhos são medianamente encorpados e bem equilibrados.

Château Monconseil-Gazin ☆–☆☆
Plassac. Proprietário: Jean-Michel Baudet. 24 ha.
Bons vinhos AOC Blaye.

Château Mondésir-Gazin ☆☆–☆☆☆
Plassac. Proprietário: Marc Pasquet. 14 ha. www.mondesir-gazin.com
Um estabelecimento sério, administrado por um homem igualmente sério. Aqui se produzem vinhos concentrados e um bom Côtes de Bourg.

Château Pérenne ☆☆
Saint-Genès. Proprietário: Bernard Magrez. 70 ha. www.bernardmagrez.com
Grande propriedade que fabrica vinhos brancos e tintos muito bons. O *cuvée* superior, La Croix de Pérenne, pode ser excessivamente amadeirado e alcoólico.

Château Peyredoulle ☆–☆☆
Berson. Proprietário: Josette Germain. 22 ha. www.germain-saincrit.com
O melhor vinho, de um terreno de dois hectares, é o Maine Criquau.

Château Puynard ☆–☆☆
Berson. Proprietário: Nicolas Grégoire. 16 ha.
O vinho era vendido a granel até a chegada do novo dono, em 2002. Vinhos tintos maduros e um clarete delicado.

Château Roland la Garde ☆☆–☆☆☆
Saint-Seurin. Proprietário: Bruno Martin. 28 ha. www.chateau-roland-la-garde.com
Martin produz três vinhos, incluindo o majestoso Grand Vin.

Château La Rose Bellevue ☆–☆☆
Saint-Palais. Proprietário: Jérôme Eymas. 45 ha.
www.chateau-larosebellevue.com
Vinhos bem elaborados e com preço justo.

Château Segonzac ☆–☆☆
Saint-Genès. Proprietário: Jacques Marmet. 33 ha.
www.chateau-segonzac.com
O proprietário suíço adquiriu o château em 1990. O vinho
superior é o Héritage, envelhecido em carvalho novo.

Château des Tourtes ☆–☆☆
Saint-Caprais. Proprietário: família Raguenot. 47 ha.
Os *cuvée prestige* brancos e tintos são excelentes para ser
consumidos a curto prazo.

Premières Côtes de Bordeaux

Uma faixa longa e estreita na margem leste do Garonne, de frente
para Graves, goza do prestígio duvidoso desta denominação. Em seu
interior está Entre-Deux-Mers. No extremo norte ficavam alguns
dos vinhedos romanos e medievais de Bordeaux – hoje enterrados
sob as casas. Na extremidade sul, em Cadillac e em direção a Sainte-
-Croix-du-Mont, a região é famosa por seus vinhos doces, que, em
sua melhor forma, são comparáveis aos Sauternes. Ao longo do
caminho, a proporção é de aproximadamente 80% de uvas tintas e
20% de brancas; os vinhos brancos são hoje muito mais secos e mais
frescos do que antigamente. (Château Reynon talvez seja o melhor
exemplo.) Os vinhos tintos *premières côtes* são potencialmente muito
melhores do que os Bordeaux Supérieur regulares de vinhedos não
tão bem situados, e isso está começando a ser reconhecido. Algumas
das melhores propriedades adotam uma política sensata de produzir
vinhos agradáveis e equilibrados para ser consumidos relativamente
jovens, um estilo de vinho que pode e deve competir com vinhos
mais simples do Novo Mundo, que muitas vezes são mais caros e
menos interessantes. Em geral, estes 3.400 hectares de vinhedos não
produzem vinhos potentes e estruturados.

Os principais châteaux Premières Côtes

Château Carignan ☆☆–☆☆☆
Carignan. Proprietário: Philippe Pieraerts. 67 ha.
www.chateau-carignan.com
Uma enorme propriedade nos arredores da cidade. O vinho
regular pode ser austero, e as melhores uvas são utilizadas para o
Prima, que, desde 2006, é feito exclusivamente de Merlot.

Château Carsin ☆–☆☆
Rions. Proprietário: Juha Berglund. 27 ha.
www.carsin.com
Esta propriedade de donos finlandeses produz bons vinhos de
estilo moderno, embora as safras recentes tenham apresentado
certa inconsistência.

Clos Ste-Anne ☆☆
Capian. Proprietário: Sylvie e Marie Courselle. 7,5 ha.
As filhas do dono do Château Thieuley são proprietárias deste
imóvel que produz vinhos tintos suculentos e alguns Cadillac.

Château Le Doyenné ☆–☆☆
Saint-Caprais. Proprietário: Domonique Watrin. 9 ha.
www.chateauledoyenne.fr
Vinhos tintos firmes com algo de austeridade e preços moderados.

Château Fayau ☆–☆☆
Cadillac. Proprietário: Jean Médeville. 140 ha.
Esta imensa propriedade administrada em família oferece uma
ampla gama de vinhos, entre os quais um Cadillac de longa guarda.

Château Haut-Rian ☆
Rions. Proprietário: Michel Dietrich. 76 ha.
Vinhos modernos e frescos; e também Cadillac.

Château Lagarosse ☆–☆☆
Tabanac. Proprietário: Stephen Adams. 25 ha.
Vinhos bem elaborados, com predominância de Merlot.

Château Lamothe de Haux ☆–☆☆
Haux. Proprietário: Fabrice Néel. 80 ha.
www.chateau-lamothe.com
Os Cuvée Valentine, tinto e branco, são os melhores vinhos nesta
propriedade bem administrada.

Château Lezongars ☆☆
Villenave de Rions. Proprietário: Russell Iles. 48 ha.
www.chateau-lezongars.com
Os proprietários britânicos produzem uma gama de vinhos
agradáveis, com diferentes níveis de qualidade.

Château Plaisance ☆☆–☆☆☆
Capian. Proprietário: Patrick Bayle. 25 ha.
www.chateauplaisance.com
Vinhos sérios, tintos e brancos, alguns com notas acentuadas de
carvalho, sobretudo o excelente Cuvée Alix.

Château Reynon ☆☆
**Béguey. Proprietário: Denis e Florence Dubourdieu.
35 ha. www.denisdubourdieu.com**
Tintos leves e honestos, e brancos muito bons, especialmente o
"Cuvée Vieilles Vignes".

Château Suau ☆☆
Capian. Proprietário: Monique Bonnet. 60 ha.
www.chateausuau.com.
Propriedade bem administrada, que produz uma gama de vinhos
com apelo comercial. O Prestige envelhecido em carvalho novo é
admirável.

Entre-Deux-Mers

Os dois "mares" em questão são os rios Dordogne e Garonne, cujos
cursos convergentes definem mais ou menos os limites dessa grande
região em forma de cunha; a mais difundida, e territorialmente, a mais
importante de Bordeaux, com cerca de 23 mil hectares de vinhedos. A
denominação Entre-Deux-Mers agora é exclusiva para os vinhos
brancos secos, embora haja movimentos para permitir seu uso para os
tintos também. Os viticultores tendem a denominar seus melhores
vinhos brancos como Entre-Deux-Mers, ao passo que os outros
vinhos que eles produzem recebem as denominações Bordeaux ou
Bordeaux Supérieur, que são, é claro, comuns a toda a região de
Bordeaux. Três quartos da produção são de vinho tinto, também vendido sob as denominações Bordeaux ou Bordeaux Supérieur.

O sul da região é uma tranquila paisagem rural, com tantos bosques e pastagens quanto vinhedos. O norte é quase uma monocultura de videira. Sua maior cooperativa, na Rauzan, produz 1,2
milhão de caixas de vinho (doze garrafas cada uma) por ano. As quatorze cooperativas são responsáveis por um terço da produção do
vinho branco seco de Bordeaux.

Entre-Deux-Mers é o único vinho de Bordeaux que conseguiu se reformular no que diz respeito a *marketing* moderno. A região estava abarrotada de vinho doce e barato que ninguém mais queria. Alguém perspicaz pensou no *slogan* "Entre deux huitres, Entre-Deux-Mers" ("Entre duas ostras, entre dois mares") e um belo futuro se abriu diante dos brancos secos: o Muscadet do sudoeste. Eu ainda tenho que experimentar um Entre-Deux-Mers do tipo de qualidade que ganharia medalhas na Califórnia – mas o mundo precisa desse seu "feijão com arroz". Seu estilo varia do vivamente apetitoso ao completamente monótono, mas de formas que são difíceis de prever. Uma boa cooperativa tem tanta probabilidade de produzir um exemplo de vigor e frescor quanto uma propriedade de renome. Um punhado de viticultores privados, como Francis Courselle, do Thieuley, e Jean-Louis Despagne, do Tour de Mirambeau (ver p. 94) estabeleceram um padrão que outros imitam.

Assim que os viticultores habilidosamente replantaram seus vinhedos com variedades de uvas brancas, surgiu o "paradoxo francês", e em todo o mundo a demanda por vinhos passou de brancos a tintos. Isso levou à estranha situação em que Bordeaux produz alguns dos vinhos tintos mais caros do mundo, e alguns dos brancos mais baratos. As denominações Bordeaux e Bordeaux Supérieur, subjacente a todas as denominações mais específicas e mais grandiosas de Bordeaux, estão disponíveis para qualquer vinho que utilize as uvas aprovadas, alcance certo grau de álcool e limite a colheita a um máximo regulamentado (que varia de um ano para outro). Os Bordeaux Supérieur devem ser cultivados com rendimentos inferiores aos AOC Bordeaux, e devem ser um pouco mais alcoólicos – e, portanto, mais encorpados. Muitos desses vinhos são produzidos em Entre-Deux-Mers, bem como nos distritos adjacentes.

Principais châteaux Entre-Deux-Mers

(e propriedades que utilizam a denominação Bordeaux)

Château L'Abbaye der Ste-Ferme ☆☆
Sainte-Ferme. Proprietário: Baron Arnaud de Raignac. 50 ha.
O proprietário visa produzir vinhos tintos intensos e de bom gosto.

Château Bauduc ☆–☆☆
Créon. Proprietário: Gavin Quinney. 30 ha. www.bauduc.com
Encantadores vinhos brancos florais, e tintos que estão melhorando, especialmente o Clos des Quinze. Os preços atraentes garantiram um sucesso comercial considerável, sobretudo na Inglaterra.

Château Beaulieu ☆☆
Salignac. Proprietário: Comte Guillaume de Tastes. 15 ha.
Bordeaux Supérieur amadeirado de vinhedos ao norte de Libourne.

Château Bel-Air Perponcher ☆☆
Naujan et Postiac. Proprietário: Jean-Louis Despagne. 61 ha. www.despagne.fr
Excelentes vinhos brancos, com uma complexidade incomum para a região. O tinto Grande Cuvée é intensamente perfumado.

Château Bonnet ☆☆
Grézillac. Proprietário: André Lurton. 250 ha. www.andrelurton.com
André Lurton tem demonstrado há muitos anos que os vinhedos de Entre-Deux-Mers podem produzir vinhos brancos e tintos simples, mas deliciosos. Em 2000, ele lançou um *cuvée* especial, chamado Divinus.

Château de Camarsac ☆–☆☆
Camarsac. Proprietário: Thierry Lurton. 60 ha.
Vinhos delicados dos vinhedos desta fortaleza medieval.

Château Chapelle Maracan ☆☆
Mouliets-et-Villemartin. Proprietário: Alexandre de Malet Roquefort. 15 ha. www.malet-roquefort.com
Adquirida em 2000, esta bela propriedade perto de Castillon produz o La Chapelle d'Aliénor, um condimentado e suculento Bordeaux Supérieur.

Clos Nardian ☆☆
Saint-Aubin-de-Branne. Proprietário: Jonathan Maltus. 1 ha. www.teyssier.fr
Logo em frente à sua base no Château Teyssier, em Saint-Émilion, há velhas videiras de uvas brancas que Maltus traduz em um corte imenso e viscoso, no estilo do Novo Mundo. Caro.

Château Dubois-Challon ☆☆
Baigneaux. Proprietário: Pascal Delbeck. 11 ha.
Mais conhecido por seu amável vinho branco floral, o Fleur Amandine.

Château Ducla ☆–☆☆
Gironde-sur-Dropt. Proprietário: Yvon Mau. 80 ha. www.chateau-ducla.com
Vinhos honestos, embora pouco entusiasmantes, de uma meticulosa casa négociant.

Château de Fontenille ☆–☆☆
La Sauve Majeure. Proprietário: Stéphane Defraine. 42 ha. www.chateau-fontenille.com
Fontenille produz um vinho branco redondo, um tinto fácil de beber e um clarete elegante, de um vinhedo com maioria de uvas Cabernet Franc.

Girolate ☆☆–☆☆☆
Naujan et Postiac. Proprietário: Jean-Louis Despagne. 10 ha. www.girolate.com
O cavalo de batalha, alguns diriam *garagiste*, do grupo Despagne: puro Merlot, elaborado de forma artesanal.

Château Grée Larroque ☆☆–☆☆☆
Saint-Ciers d'Abzac. Proprietário: Arnaud Benoit de Nyvenheim. 2 ha.
Delicioso Bordeaux Supérieur de vinhedos ao norte de Libourne.

Château Launay ☆–☆☆
Soussac. Proprietário: Baron Arnaud de Raignac. 60 ha.
Comprado em 1999 pelo proprietário do Château L'Abbaye de Ste-Ferme (ver verbete nesta página). Brancos pesados, e tintos com muito extrato – modernos, mas difíceis de desfrutar.

Château Bonnet, Grézillac.

Château Marjosse ☆
Tizac de Curton. Proprietário: Pierre Lurton. 37 ha.
Quando não está fazendo um vinho fabuloso no Château Cheval Blanc (ver p. 71), Lurton relaxa produzindo um vinho fresco e simples na sua propriedade.

Château Pénin ☆☆
Génissac. Proprietário: Patrick Carteyron. 40 ha.
www.chateaupenin.com
Vários *cuvées*, dos quais o Grande Sélection é fresco, frutado e equilibrado.

Château Pey La Tour ☆–☆☆
Salleboeuf. Proprietário: Dourthe-Kressmann. 142 ha.
www.cvbg.com
Uma imensa propriedade que produz tintos Réserve no estilo clássico, a um preço justo.

Château Rauzan-Despagne ☆☆
Naujan-et-Postiac. Proprietário: Jean-Louis. Despagne. 64 ha. www.despagne.fr
Aqui são produzidos vinhos tintos excelentes, notadamente o Grande Réserve, que é feito com uvas de videiras antigas e é um vinho de guarda. Também são elaborados um Sauvignon Blanc e um clarete deliciosos.

Château de Reignac ☆☆–☆☆☆
Saint-Loubès. Proprietário: Yves Vatelot. 80 ha.
www.reignac.com
Vatelot às vezes faz com que os convidados do almoço degustem seus vinhos, às cegas, em comparação com os *premier crus* do Médoc. Isso é buscar problemas, mas seus melhores vinhos tintos – Reignac e Balthus – têm notável complexidade e grande final de boca. Vatelot dá o crédito aos solos que beneficiam tanto a Merlot quanto a Cabernet.

Château Sainte-Marie ☆☆
Targon. Proprietário: Gilles Dupuch. 80 ha.
www.chateau.sainte.marie.com
Dois vinhos brancos finos: um (Madlys) envelhecido em carvalho; o outro, não. Os tintos, dos quais três *cuvées*, são desfrutáveis, mas têm menos personalidade.

Château de Seguin ☆
Lignan. Proprietário: Michael Carl. 121 ha.
www.chateau-seguin.com
Propriedade vasta e muito expandida, cultivada por uma família dinamarquesa. Vinhos bons, mas pouco atraentes.

Château Thieuley ☆☆–☆☆☆
La Sauve. Proprietário: Francis Courselle. 83 ha.
www.thieuley.com
Um dos produtores destacados da região. O vinho branco superior é o Cuvée Francis Courselle, fermentado e envelhecido em barricas novas; o melhor tinto é o Réserve. Um *cuvée* especial chamado Héritage parece mais adequado para a degustação do que para a mesa de jantar.

Château Tour de Mirambeau ☆☆
Naujan-et-Postiac. Proprietário: Jean-Louis Despagne. 88 ha. www.despagne.fr
Uma enorme oferta de vinhos tintos e brancos muito consistentes. A British Airways os compra há anos.

Sainte-Croix-du-Mont e Loupiac

O extremo sul dos *premières côtes* de Bordeaux fica em frente a Sauternes e Barsac, atravessando o Garonne. De Cadillac para o sul, a especialidade é o vinho branco doce, cada vez mais "licoroso" conforme se aproxima de Sauternes. Das encostas mais altas de Sainte-Croix-du-Mont é possível avistar, em frente, as colinas de Sauternes, que no outono costumam ter as mesmas condições que levam à podridão nobre e possibilitam os vinhos mais licorosos. Não contando com a perfeição do solo ou o orgulho da tradição de Sauternes, a região não consegue arcar com o enorme investimento em trabalho necessário para fazer os melhores vinhos, mas tem excelentes resultados na produção de vinhos ao menos tão bons quanto um Sauternes comum, e muitas vezes melhores. E seus preços são muito mais acessíveis.

A única diferença nas regras entre os Sauternes e estes vinhos da *Rive Droite* é a quantidade permitida. São requeridas as mesmas uvas e o mesmo teor alcoólico, mas aqui é permitido produzir até 4 mil litros por hectare, e em Sauternes, apenas 25. Isso não quer dizer que os viticultores perfeccionistas produzam todo o permitido. Eles também fazem vinhos secos, de qualidade potencialmente boa, e tintos um pouco leves que são vendidos como Bordeaux. Há 429 hectares de vinhedos em cerca de cem propriedades, mas, em 2004, apenas 324 hectares foram declarados Sainte-Croix-du-Mont, e Loupiac não está tão bem situada, e produz vinhos um pouco menos licorosos em 330 hectares. Cerca de 58 propriedades produzem Loupiac, embora nem todas engarrafem sua própria produção. Os viticultores produzem vinhos secos: tintos e brancos.

Principais châteaux Sainte-Croix-du-Mont

Château Bel-Air ☆–☆☆
Proprietário: Jean-Guy Méric. 25 ha.
Uma propriedade antiga, na qual Méric elabora três vinhos doces. O melhor é o Prestige, feito somente nas melhores safras.

Château Crabitan-Bellevue ☆
Proprietário: Bernard Solane. 22 ha.
Vinhos com aromas cítricos, que lembram laranjas, mas sem corpo, e nas safras superiores, um excelente Cuvée Spéciale envelhecido em carvalho.

Château la Grave ☆☆
Proprietário: Jean-Marie Tinon. 15 ha.
Aqui se produzem vinhos com e sem envelhecimento em carvalho, e, de um solo diferente, o Château Grand Peyrot.

Château Loubens ☆☆–☆☆☆
Proprietário: Arnaud de Sèze. 16 ha.
Vinhos extremamente elaborados, às vezes um tanto alcoólicos, que não passam por carvalho.

Château Lousteau-Vieil ☆
Proprietário: Martine Sessacq. 17 ha.
Propriedade estabelecida há muito tempo. Os vinhos carecem de concentração.

Château des Mailles ☆–☆☆
Proprietário: Daniel Larrieu. 2 ha.
Muitas videiras velhas contribuem para este vinho exuberante. Nas melhores safras se produz um *cuvée* envelhecido em carvalho.

Château du Mont ☆☆
Proprietário: Hervé Chouvac. 14 ha.
Vinhos sedutores, de boa qualidade, especialmente o Cuvée Pierre.

Château du Pavillon ☆☆
Proprietário: Alain Fertal. 8 ha.
Propriedade ambiciosa que, sempre que possível, visa produzir vinhos totalmente botritizados.

Château la Rame ☆☆–☆☆☆
Proprietário: Yves Armand. 40 ha (20 ha em Sainte-Croix).
O maior produtor nesta região. O Resérve, amadeirado e com notas de mel, pode ser facilmente confundido com um elegante Barsac.

Principais châteaux Loupiac

Clos Jean ☆
Proprietário: Lionel Bord. 11 ha. www.vignoblesbord.com
Propriedade bem conhecida que produz vinhos comerciais com um leve traço de podridão nobre.

Château du Cros ☆☆
Proprietário: Michel Boyer. 35 ha.
www.chateauducros.com
Um produtor entusiasta de Loupiac de boa qualidade, parcialmente envelhecido em barril. Em 2004, ele começou a produzir, usando videiras centenárias, o Cuvée Tradition.

Château Grand Peyruchet ☆
Proprietário: Bernard Queyrens. 8 ha.
Metade do vinho é envelhecido em carvalho. Tem notas de damascos frescos.

Château Loupiac-Gaudet ☆☆
Proprietário: Marc Ducau. 26 ha.
www.chateau-loupiacguadet.com
Vinho bom, direto, prestes a se tornar mais complexo, uma vez que o envelhecimento em barril foi adotado em 1998.

Domaine de Noble ☆☆–☆☆☆
Proprietário: Patrick Dejean. 17 ha.
Principal produtor da região. Fabrica vinhos com e sem envelhecimento em carvalho; ambos apresentam boa concentração e acidez cítrica.

Château de Ricaud ☆
Proprietário: Alain Thiénot. 70 ha (20 ha em Loupiac).
Vinhos com algo de corpo, de uma propriedade pertencente a um importante produtor de Champagne.

Château les Roques ☆☆
Proprietário: Alain Fertal. 4 ha.
Do mesmo dono do Château du Pavillon em Sainte-Croix (ver p. 88). O Cuvée Frantz é produzido a partir das videiras mais antigas.

Graves de Vayres & Sainte-Foy-Bordeaux

Dentro do mesmo bloco de vinhedos, duas zonas menores têm denominações de origem separadas, definidas com precisão gaulesa: uma com base em seu solo e em seu potencial para algo fora da rotina; a outra, eu suspeito, por razões políticas.

Graves de Vayres (700 hectares), atravessando o rio, em frente a Libourne, tem mais cascalho do que seus arredores. Infelizmente, seu nome leva a comparações com Graves, às quais não resiste. Os brancos são às vezes mais doces que os Entre-Deux-Mers. Os tintos, que amadurecem rápido, foram comparados, em um momento de caridade, com os Pomerol menos importantes. A outra denominação de origem, Sainte-Foy-Bordeaux (400 hectares), parece uma parte natural da região de Bergerac fincada em Bordeaux. Seus vinhos não são notavelmente distintos dos vinhos de Bergerac, e sua história é idêntica. Durante séculos, os holandeses vieram em busca das duas mercadorias de maior demanda: o vinho doce e o vinho para destilação. Mas a região abriga algumas propriedades sérias.

Principais châteaux

Château Champ des Treilles ☆☆–☆☆☆
Margueron (Sainte-Foy). Proprietário: Jean-Michel e Corinne Comme. 10 ha. www.champdestreilles.com
Comme é o vinicultor do Château Pontet-Canet e, portanto, entende do assunto, embora esta propriedade de cultivo biodinâmico seja administrada por sua esposa Corinne. Produz vários vinhos, alguns de qualidade excepcional.

Château des Chapelains ☆–☆☆
Saint-André-et-Appelles (Sainte-Foy). Proprietário: Pierre Charlot. 35 ha.
www.chateaudeschapelains.com
Vinhos baratos, mas um pouco inconsistentes. Les Temps Modernes costuma ser o melhor tinto.

Château Goudichaud ☆
Saint-Germain-du-Puch (Graves de Vayres). Proprietário: Yves Glotin. 48 ha.
Vinhos leves, para ser consumidos jovens.

Château Hostens-Picant ☆☆
Les Lèves (Sainte-Foy). Proprietário: Yves Picant. 42 ha.
www.chateauhostens-picant.fr
Vinhos tintos e brancos suaves, especialmente os *cuvées* amadeirados. Consultoria de Stéphane Derenoncourt.

Château Lesparre ☆
Beychau et Caillou (Graves de Vayres). Proprietário: Michel Gonet. 180 ha. www.chateaulesparre.com
Comercial, simples, confiável.

Côtes de Bordeaux Saint-Macaire

Dez vilarejos depois de Sainte-Croix-du-Mont possuem esta denominação de origem para vinhos meio doces, dos quais uma pequena parte escoa para a Bélgica. Os tintos vendidos como Bordeaux ou Bordeaux Supérieur são muito mais importantes.

Cérons

Cérons se aplica aos três vilarejos de Graves (Podensac e Illats são os outros dois) que fazem fronteira com Barsac ao norte e têm uma tendência natural a fazer vinhos doces. Seus vinhos costumam ser *moelleux*, a área intermediária que é doce, mas não *liquoreux*. Ocasionalmente, atingem a viscosidade licorosa. Tudo depende do outono e da vinificação, que antes utilizava enxofre como muleta e deixava muito a desejar. Os métodos modernos podem significar um vinho muito mais limpo e melhor, como indica a reputação crescente de algumas das propriedades.

A produção de Cérons esteve em declínio, já que os viticultores têm a opção de produzir vinho branco seco (Graves) dos mesmos vinhedos, sem todos os riscos presentes na produção de vinho doce e com rendimentos mais elevados. Em 2005, apenas 41 hectares denominaram sua produção como Cérons. Somente vinte produtores engarrafaram Cérons; até mesmo bons exemplares só alcançam um preço moderado. A França consome quase toda a produção.

Principais châteaux de Cérons

Château de Cérons ☆☆–☆☆☆
Cérons. Proprietário: Jean Perromat. 12 ha.
www.chateaudecerons.com
Jean Perromat é um defensor apaixonado da denominação e produz um de seus melhores vinhos, com notas pronunciadas de damascos ou um caráter cítrico. O envelhecimento lhe faz tão bem quanto a um bom Sauternes.

Château de Chantegrive ☆☆
Podensac (ver Graves).
Não são produzidos todo ano. Vinhos elegantes e concentrados.

Château Haura ☆☆
Illats. Proprietário: Bernard Leppert. 2 ha.
www.denisdubourdieu.com.
Alugado por Denis Dubourdieu, que produz vinhos untuosos nesta propriedade.

Grand Enclos du Château de Cérons ☆☆–☆☆☆
Cérons (ver Graves).
Excelente qualidade, mas não é produzido todo ano.

Borgonha

A Borgonha tem a vitrine mais bem localizada da França, se não da Europa. Os poderosos, os influentes, os empreendedores e os curiosos afluem, há dois milênios, pela rodovia central da França, de Paris a Lyon, e ao sul, do Reno e dos Países Baixos à Itália. Todo príncipe, comerciante, soldado ou erudito visitou Côte d'Or, descansou em Beaune ou em Dijon, degustou e ouviu lendas sobre o fabuloso vinho desta encosta estreita e coberta de arbustos.

Se alguma outra encosta poderia fazer o que faz a Côte d'Or é algo que é objeto de uma fascinante especulação – sem resposta. Esta região proporciona pedaços de terra e incidentes climáticos esporádicos que levam duas variedades de uva a uma perfeição não encontrada em nenhum outro lugar. Apenas em determinados locais e em determinados anos, a Pinot Noir e a Chardonnay alcançam sabores valorizados como nenhum outro.

As áreas e as condições necessárias são tão específicas que as probabilidades se acumulam contra elas. É uma maneira incerta de ganhar a vida. Por isso, a Borgonha se organizou em um sistema que oferece subsídios – para colheitas perdidas, para erros humanos, para fragilidades de todo tipo. Sua legislação é uma estrutura delicada que tenta manter os borgonheses um passo à frente de seus clientes sem que eles percebam o fato.

No entanto, é mais do que mera jurisprudência. A triagem dos vinhedos da Borgonha reflete a sabedoria acumulada de pelo menos mil anos de viticultura, estabelecida por gerações de monges pacientes que vieram a compreender cada nuance do declive e da exposição no meio ambiente, da brisa e do solo. Nenhum fator isolado pode explicar a supremacia de um vinhedo ou a inferioridade de seu vizinho.

A classificação da Borgonha

Bordeaux classifica suas propriedades; Borgonha classifica seus vinhedos individualmente. Cada vinhedo na Côte d'Or e em Chablis (embora não em Beaujolais e Mâconnais) é classificado, de modo preciso, por sua denominação. Começando pelos superiores, há mais de quarenta *grands crus* que têm suas próprias denominações individuais. Com a exceção de Chablis, eles não usam os nomes de suas comunas. São, simples e grandiosamente, Le Corton, Le Musigny, Le Montrachet. No século XIX, os vilarejos que eram os donos orgulhosos desta terra, acrescentaram o nome *grand cru* ao próprio nome, de modo que Aloxe se tornou Aloxe-Corton; Chambolle, Chambolle-Musigny; Puligny e Chassagne agregaram a seus nomes Montrachet. Daí a aparente anomalia de que, em geral, quanto mais curto o nome, melhor o vinho.

Deve-se comentar que as decisões sobre os locais são antigas e, em alguns casos, injustas. Elas foram tomadas com base em observações de desempenho ao longo de muitos anos. Seu solo, de diferentes maneiras, é ideal. São geralmente os lugares que sofrem menos com geadas na primavera, granizo no verão e podridão no outono. Mas podem ser bem ou mal cultivadas. Há, certamente, algumas com classificação *premier cru* que atingem ou ultrapassam o nível de vários *grands crus*. Tal classificação, *premier cru*, é concedida, com muita deliberação sobre os detalhes, a 562 lotes onde se encontram os melhores vinhedos de todas as melhores comunas que não são classificados como *grand cru*. Por vários anos, esteve em andamento uma avaliação que implicava a crítica minuciosa de terrenos minúsculos. Só foi finalmente concluída em 1984. O resultado é, por exemplo, que no vinhedo (ou *climat*) de Pommard, os terrenos 2 a 8 e 13 a 29 de Les Petits Epenots são classificados como *premier cru*, ao passo que os lotes 9 a 12, não. Dou esse exemplo não para confundir, mas para mostrar como as autoridades levam extremamente a sério o assunto.

As políticas também desempenharam seu papel. Alguns vilarejos, como Nuits-Saint-Georges, decidiram não apresentar um pedido para que os seus melhores vinhedos fossem classificados como *grand crus*. Poucos viticultores se lembram do motivo, mas parece estar vinculado à possibilidade indesejada de que fossem cobrados impostos mais altos dos *grands crus*. Então ficamos com a anomalia em que todos concordam que vinhedos como Les Saint-Georges, em Nuits, ou Clos des Chênes, em Volnay, podem produzir vinhos de qualidade *grand cru*, mas eles continuam classificados como *premiers crus*.

Os maiores e melhores *premiers crus* têm sua própria reputação, especialmente na Côte de Beaune (onde Le Corton é o único tinto *grand cru*). Em condições favoráveis, vinhedos como Volnay Caillerets e Pommard Rugiens podem produzir vinhos fabulosos. Nesses casos, o produtor utiliza com orgulho o nome do vinhedo. As leis permitem que o nome do vinhedo seja impresso no rótulo em letras com o mesmo tamanho das letras do nome da comuna. No entanto, há *premiers crus* menores, sem os meios necessários para construir reputação, e cujos vinhos são chamados simplesmente, por exemplo, Volnay *premier cru*. Muitas vezes, as terras de um viticultor em alguns vinhedos são tão pequenas que ele é obrigado a misturar uvas de vários vinhedos em que possui terras para poder conseguir encher uma cuba para fermentar. Esse vinho terá de se contentar com um nome não especificado.

Os *grands crus* e *premiers crus* formam uma faixa quase ininterrupta de vinhedos que ocupam a maior parte da encosta leste da Côte d'Or, perfeitamente expostos ao sol da manhã. Os vilarejos, com seus nomes sugestivos – Gevrey-Chambertin, Aloxe-Corton, Pommard –, geralmente se situam ao pé da encosta, abrangendo em seus limites distritais tanto as melhores terras (superiores), quanto outras não tão boas (ou mesmo nitidamente inferiores) que ficam nas terras planas da parte inferior ou nos ângulos das colinas que estão voltados para o lado "errado". Esses últimos também são classificados. O melhor deles, mas que não atinge o padrão *premier cru*, tem direito a usar o nome do vilarejo e do vinhedo. Na prática, quase nenhum vinhedo inferior aos *premiers crus* é citado nos rótulos. A lei, neste caso, exige que o nome do vinhedo seja impresso em caracteres com apenas metade do tamanho dos do nome do município. Isso permite uma distinção nos rótulos de um produtor como, por exemplo, Denis Mortet, entre o Gevrey-Chambertin Champeaux de sua propriedade (um *premier cru*) e o Gevrey-Chambertin Matrot (um vinhedo *village* ou *lieu-dit*). Aqui, a *appellation contrôlée* (origem controlada) se aplica ao nome do vilarejo, e não do vinhedo. Nas descrições das propriedades que se seguem, eu me refiro às mesmas como vinhos "*village*". Às terras inferiores dentro de um vilarejo não é permitido sequer o nome do vilarejo. Elas se enquadram na categoria das *appellations régionales*: o nome mais específico que podem ter é Bourgogne (quando são feitas de uvas clássicas – tintas e brancas – da região), Bourgogne Passe-tout-grain, Bourgogne Aligoté ou Bourgogne Grand Ordinaire. Esses termos estão explicados na página 100.

Uvas e vinho

O vinho de Borgonha é mais fácil de degustar que o de Bordeaux, mas é mais difícil de avaliar e compreender. A Pinot Noir, que produz todos os bons tintos da Côte d'Or, tem gosto e aroma singulares e memoráveis, às vezes descritos como mentolados, às vezes como apresentando notas de amoras ou violetas, embora terrosos, como beterraba, e calorosos, como álcool – mas, de qualquer forma, além do alcance do meu vocabulário. Uma uva singular, a Pinot Noir é uma das uvas que mais variam de tom conforme o local e a safra. Nos anos em que não madura, seu cheiro é medíocre, restrito e aguado (os vinhos tintos alemães da velha escola dão boa ideia do efeito). No outro extremo, ela esturrica com características de uva passa, como aconteceu na tórrida safra de 2003, quando os locais mais ensolarados (geralmente os *grands crus*) foram os mais afetados.

O tinto Borgonha jovem e ideal tem o cheiro de uvas maduras sem nenhum desses defeitos, e nele é possível reconhecer, ainda que de leve, o cheiro de carvalho. E o sabor é muito similar ao cheiro: um pouco adstringente para proporcionar puro prazer, mas sem os taninos impenetráveis dos grandes Bordeaux jovens. Os bons Borgonhas são bons desde o nascimento.

O objetivo de manter o vinho em barris não é simplesmente agregar sabor de carvalho, mas também reforçar os taninos, incentivar uma oxidação suave e permitir que o vinho se estabilize naturalmente. O objetivo do envelhecimento em garrafa é obter uma textura suave e uma complexa aliança de sabores que surgem da uva, embora pareçam ter pouco a ver com ela. Os elegantes vinhos tintos envelhecidos da Borgonha chegam a um vermelho intenso, com tons de laranja (a cor "borgonha" dos decoradores é a do vinho jovem). Ele acaricia a boca com um toque aveludado que não perde nada do vigor por ser suave. E tem o cheiro e o sabor de um momento de primavera ou de outono que insiste em escapar à memória.

O rigoroso estilo internacional de vinificação promovido pelas revistas norte-americanas teve menor impacto na Borgonha do que em muitas outras regiões. De fato, pode ter provocado uma reação, levando os produtores e os consumidores a apreciar o requinte que é a verdadeira glória da Borgonha.

Estranho dizer, o Borgonha branco pode ter uma nítida semelhança com o tinto – não exatamente no cheiro ou no sabor, mas em sua textura e peso, e na maneira como evolui.

O vinho Chardonnay não é marcadamente perfumado quando novo: apenas fresco e, quando muito, com notas de maçã. O método tradicional borgonhês de fermentação em barris pequenos acrescenta o cheiro de carvalho imediatamente, mas um vinicultor especializado garantirá que a influência do carvalho

Igreja e vinhedos, Domaine Brocard, Chablis.

seja integrada e harmoniosa, e não esmagadora. Posteriormente, a forma como o vinho se desenvolve no barril e na garrafa depende muito do distrito de origem e da proporção entre acidez e álcool da safra em questão.

Uma safra idealmente equilibrada (como as de 1990, 1995, 1999 ou 2002) mantém, ano após ano, uma tensão entre os sabores cada vez mais ricos da maturação e uma estrutura acerada. Uma safra como a de 1987, de frutos acres que não maduraram corretamente, inclina-se demasiado para o aço – um aço não muito dúctil. Safras muito maduras, como a de 1992 ou a de 2005, produzem vinhos muito gordos e sem acidez. Contudo, a taxa de sucesso de safras de brancos da Borgonha é muito maior do que a de tintos.

Como é feito o Borgonha

Assim que as uvas chegam ao lagar, são classificadas com diferentes graus de rigorosidade, dependendo de como elas se apresentam, se com podridão ou amadurecimento desigual. Em seguida, são levemente esmagadas e muitas vezes desengaçadas, antes de ser dispensadas dentro de uma cuba cilíndrica, com o tampo aberto, que será preenchida até cerca de dois terços de sua capacidade. Cada produtor tem sua própria teoria sobre quanto dos engaços deve ser incluído, dependendo da maturação das uvas (e dos talos), e de se o produtor quer fazer um *vin de garde* (vinho e guarda) tânico ou um vinho suave que envelheça mais rapidamente. Os produtores ultraconservadores ainda tendem a incluir a totalidade ou a maioria dos engaços.

Hoje, muitos viticultores defendem a "maceração a frio" – manter a casca no suco a uma temperatura baixa, que evita a fermentação durante alguns dias, mas extrai sabores frutados e cor.

Para começar a fermentar a massa polpuda, às vezes é necessário adicionar uma medida de vinho em fermentação ativa, proveniente de outro tonel, com uma população de levedura abundante – conhecida como *pied de cuve* (pé de cuba). Num relato sobre a Côte d'Or, em 1862, Agoston Haraszthy, reportando-se ao governo da Califórnia, escreveu: "Cinco dias costumam ser suficientes para a fermentação do vinho neste lugar, a menos que o clima esteja frio, quando o capataz manda seus homens mais algumas vezes, vestidos a *l'Adam*, para gerar o calor necessário", e acrescenta: "isso, a meu ver, é um procedimento um tanto sujo que poderia ser evitado mediante a utilização de pedras aquecidas ou tubos cheios de vapor ou água quente". E de fato é assim. A Pinot Noir precisa de uma fermentação morna para extrair toda a cor e o sabor da casca.

A operação de *pigeage*, ou mistura da camada flutuante das cascas com o suco em fermentação, ainda é, às vezes, realizada em pequenas adegas pelo *vigneron* ou por seus filhos, escrupulosamente asseados, e vestindo traje de banho, mas os estabelecimentos mais modernos usam um pistão manual ou mecânico para realizar a operação. Além disso, ou como alternativa, alguns produtores bombeiam o suco do fundo da cuba sobre o *chapeau (remontage)* ou usam uma grade que impede que a camada flutue na superfície (*chapeau immergé*). Segundo me disseram os profissionais, definitivamente é a fricção física do *marc* (bagaço) exercida pelo *pigeage* que é importante. Ela libera elementos que não é possível obter com a *remontage* ou o *chapeau immergé*.

As ideias de cada indivíduo sobre o tempo correto de duração da maceração dos bagaços nas cubas varia de poucos dias a quase três semanas, dependendo, em grande medida, do grau e tipo de extração pretendidos pelo produtor. O vinho de gota é então drenado e o bagaço prensado. O vinho de primeira prensagem é geralmente adicionado ao suco de gota e a mistura é vertida em barris, novos ou velhos, de acordo com os meios e os motivos do proprietário para descansar e passar por sua segunda fermentação – malolática. A fermentação malolática é muitas vezes incentivada pelo aumento da temperatura da adega, mas muitos produtores não têm pressa, e não é raro só ouvir o vinho borbulhar na primavera posterior à vindima. Depois de terminada essa agitação inicial, o vinho é armazenado, sem os sedimentos, em barricas limpas.

Os vinhos tintos finos da Borgonha geralmente são mantidos em barrica por um período de doze a dezoito meses. Ao contrário dos Bordeaux, os sedimentos são separados o mínimo possível para evitar o contato do vinho com o ar. Dois meses antes de ser engarrafados, eles podem precisar ser refinados para eliminar o menor aspecto turvo. Algumas adegas usam filtros para purificar o vinho, mas outros produtores o evitam.

Elaboração do Borgonha branco

O procedimento para a elaboração de todos os brancos secos, inclusive o Borgonha, está hoje praticamente padronizado (ver pp. 96-97). O objetivo é o máximo frescor, alcançado pelo mínimo de contato com o ar. O manuseio cuidadoso, limpo e fresco das uvas é seguido de rápida prensagem e lenta fermentação a frio.

O Chablis e o Mâcon costumam ser fermentados de forma eficiente em tanques de aço inoxidável. O Chablis, com mais acidez e um sabor mais característico, pode se beneficiar do envelhecimento em contato com seus sedimentos em cubas de aço ou concreto e depois em garrafa por um tempo considerável. O gosto mais simples e mais redondo dos vinhos Mâcon tem pouco a ganhar com o envelhecimento.

Mas os clássicos brancos da Côte d'Or da Borgonha são outra questão. Eles são fermentados em pequenas barricas de carvalho. Um *grand cru* ou os melhores *premier crus* costumam ser envelhecidos em alta proporção de carvalho novo, mas não há regras rígidas. O cheiro pungente de carvalho novo é parte da personalidade do vinho desde o início, mas deve ficar mais

Forma tradicional de aquecer o mosto.

moderado com a idade. A maioria dos produtores, aqueles com boas terras, mas não as melhores, optam por barris mais velhos, talvez substituindo alguns a cada ano. Nesse caso, o carvalho tem menos do claro efeito "marcenaria" sobre o vinho; o barril é simplesmente o recipiente de forma e tamanho ideais para manter a fermentação a uma temperatura baixa e constante, resfriado pelo ambiente úmido da adega. Maior volume de vinho geraria muito calor conforme progredisse a fermentação.

Quando a fermentação termina, o vinho permanece no barril, sobre sua borra ou sedimento fermentado. A tradição na Borgonha manda agitar os sedimentos regularmente para que o vinho possa se "alimentar" dos nutrientes que contêm e ganhar corpo e riqueza. Quando o vinicultor julgar conveniente, este é então decantado e colocado em barris limpos, onde é mantido até que o fabricante considere que está pronto para ser engarrafado. O que ele está fazendo é permitir uma oxidação suave e controlada do vinho para introduzir nuances e amplitude de sabor que de outra forma não surgiriam. Então o vinho está pronto para beber – a menos que o comprador deseje continuar o processo de envelhecimento em garrafa. Para mim, a possibilidade deste envelhecimento redutor é a verdadeira razão para comprar os grandes Borgonha brancos. Nenhum outro vinho branco (com a exceção do Riesling) compensa tanto a espera paciente.

Adição de açúcar

É uma prática comum na Borgonha, assim como na maior parte da França, acrescentar açúcar ao suco de uva não fermentado. A longa experiência dos produtores tem mostrado que uma concentração um pouco maior de açúcar do que a natural pode produzir melhor fermentação e um vinho mais satisfatório. Segundo afirmam, as vantagens são não só os um ou dois graus

extras de álcool, como também a evolução e o equilíbrio final do vinho. As mudanças climáticas nos últimos anos reduziram a necessidade da chaptalização de rotina, mas esta continua sendo a regra e não a exceção. Toda chaptalização é estritamente controlada por lei. Ninguém, em nenhuma denominação de origem, pode adicionar mais de dois graus de álcool a qualquer vinho mediante a adição de açúcar. (Há uma tentação de acrescentar o máximo; o açúcar torna o vinho mais fácil de vender. O álcool extra deixa o gosto mais impressionante e lisonjeiro quando o vinho é novo e os compradores vêm à adega para experimentar.)

Sempre foi ilegal adicionar acidez a um vinho chaptalizado. É permitido seguir um dos procedimentos, mas não os dois ao mesmo tempo. No entanto, não é nenhum segredo que a maioria dos vinicultores da Borgonha muitas vezes utiliza ambos os procedimentos, não para economizar, e sim para produzir um vinho mais equilibrado. Quando um dos enólogos mais famosos da Borgonha admitiu a prática no final dos anos 1990, foi um caos, mas ele ganhou o argumento moral simplesmente por admitir um processo amplamente praticado. (Os vinicultores podem legalmente chaptalizar uma cuba, e adicionar acidez a outra, e depois misturar as duas – o que demonstra que a lei é burra.)

A revolução da Borgonha

Esse ajuste fino durante a vinificação e o envelhecimento empalidecem diante das grandes mudanças ocorridas na viticultura na última década. Houve reconhecimento generalizado de que, durante os anos 1960 e 1970, graves erros foram cometidos: usaram-se fertilizantes em excesso e plantaram-se clones adaptados para a produtividade e não para a qualidade. Hoje, entre os produtores que priorizam a qualidade, são poucos os que não admitem que a escolha do material vegetal – seleção massal ou clonal – é de fundamental importância.

A BIODINÂMICA

Foi o produtor do Loire, Nicolas Joly, quem pela primeira vez se convenceu de que as ideias do educador e teórico Rudolf Steiner poderiam ser aplicadas à agricultura da uva. A biodinâmica é difícil de explicar em razão de seus elementos místicos. Ela recomenda uma abordagem essencialmente orgânica à viticultura, mas inclui outros ingredientes. A biodinâmica argumenta que as forças cósmicas, tais como as posições da Lua, têm influência direta sobre as estações do ano em que acontecem o crescimento natural aqui na Terra. Esta não é uma ideia descabida, uma vez que processos como a decantação e o engarrafamento eram tradicionalmente realizados de acordo com a posição da Lua, que os produtores sabiam que poderia afetar a turvação do vinho.

A biodinâmica também exige retorno à aragem do solo, o uso de adubo, composto orgânico, com precisão e a adição de doses homeopáticas de minerais ou materiais tais como o estrume enterrado dentro de um chifre de vaca por tempo determinado. Os

tratamentos são dissolvidos em uma solução e ritualmente agitados (ou "dinamizados") antes de ser aplicados no momento exato do dia (ou da noite) e do mês. Esse é o aspecto supersticioso da biodinâmica que muitos produtores conscientes desacreditam. No entanto, alguns dos mais prestigiados (e cabeças duras) dos viticultores da Borgonha – incluindo Leflaive, Leroy e Lafon – adotaram fervorosamente o sistema. Alguns deles admitem que não entendem exatamente como funciona, mas consideram que seus vinhedos estão mais saudáveis. Com a prática, os micro-organismos e demais nutrientes começam a se multiplicar no solo, e uma vez desfrutando o solo de ótima saúde, os defensores da biodinâmica argumentam que o fruto também será mais saudável e de sabor mais intenso. Em algumas safras, os vinhedos biodinâmicos podem ser mais suscetíveis a doenças como o oídio; em outros anos, eles parecem resistir melhor a doenças do que as vinhas cultivadas de modo convencional. Borgonha representa um desafio único para os praticantes da

biodinâmica, visto que as terras de uma propriedade não são, como na Califórnia, um vinhedo inteiro, mas, em alguns casos, apenas algumas fileiras. Parece difícil entender como a biodinâmica pode triunfar em apenas algumas fileiras, quando as videiras logo ao lado são cultivadas de modo convencional (ou seja, quimicamente). A biodinâmica está rapidamente ganhando adeptos, não só na Borgonha, mas em toda a França. Os praticantes podem ser divididos em três escolas. Primeiro estão os verdadeiros adeptos, cujo objetivo é criar um ecossistema harmonioso e natural, regido pelos princípios biodinâmicos. Depois vêm aqueles que admitem que não conseguem compreender facilmente os elementos místicos inerentes ao sistema, mas consideram que a prática beneficia suas videiras e seus vinhos. Finalmente, há aqueles para quem o rótulo "biodinâmica" é uma ferramenta de marketing. A última categoria é pequena, em virtude dos custos e da complexidade da aplicação das regras.

100 | **FRANÇA** | BORGONHA | CHABLIS

O uso rotineiro de herbicidas também diminuiu, a poda severa ou a colheita verde (ou ambos) são empregados para manter o baixo rendimento, e a seleção das uvas na chegada ao lagar, considerada uma novidade no final dos anos 1980, é agora comum.

Muitas das principais propriedades também adotaram a biodinâmica (ver boxe). A consequência de toda essa evolução é que a qualidade geral dos vinhos da Borgonha aumentou acentuadamente nos últimos anos, e já não está confinada a um punhado de propriedades de vanguarda.

Denominações gerais

Existem quatro denominações de origem que estão disponíveis para os produtores em toda a Borgonha com certas ressalvas:

Bourgogne

Vinhos tintos, brancos ou rosés. Os brancos devem ser Chardonnay ou Pinot Beurot. Os tintos devem ser Pinot Noir, exceto no Yonne, onde o César e o Tressot são tradicionais e estão permitidos, e os *crus* de Beaujolais, cujo Gamay pode ser vendido como Bourgogne. Alguns vilarejos, como Epineuil e Chitry, têm o direito de acrescentar seu nome à Borgonha no rótulo. Há também denominações distintas para Bourgogne Côte Chalonnaise e Bourgogne Côte du Couchois.

A safra máxima é de 5,5 mil litros por hectare para tintos e rosés e 60 para os brancos. Mínimo de graduação natural: 10 graus para o tinto e o rosé, 10,5 graus para o branco. Vale a pena envelhecer o Bourgogne Rouge por no mínimo dois anos. Os vinhos AOC Bourgogne, elaborados pelos principais produtores dos vilarejos mais importantes, com as uvas das videiras cultivadas logo após suas fronteiras, representam o melhor vinho com relação ao preço. Na Borgonha, o nome do produtor é tudo.

Bourgogne Passe-tout-grains

São todos os vinhos tintos ou rosés de qualquer região, elaborados com até dois terços de Gamay e pelo menos um terço de Pinot Noir fermentadas juntas. Rendimento máximo: 5,5 mil litros por hectare. Mínimo de graduação natural: 9,5 graus. Os Bourgogne Passe-tout-grains podem ser deliciosos depois de pelo menos um ano de envelhecimento, e não são tão embriagantes quanto os Beaujolais. Às vezes, também produzem bons rosés, mas estes raramente são encontrados atualmente.

Bourgogne Aligoté

É o vinho branco de uvas Aligoté, com até 15% de Chardonnay, de qualquer lugar na Borgonha. O máximo de rendimento permitido na cultura é 6 mil litros por hectare. O mínimo de graduação natural é 9,5 graus. Uma comuna (Bouzeron, na Côte Chalonnaise) ganhou sua própria denominação para Aligoté; a safra máxima permitida é de 4,5 mil litros por hectare. A Aligoté muitas vezes produz vinhos tânicos e ácidos, com considerável caráter local quando jovens – a base clássica para um vinho branco cassis, ou Kir.

Bourgogne Grand Ordinaire (or Bourgogne Ordinaire)

Tinto, branco ou rosé de qualquer uma das variedades de uvas permitidas na Borgonha. A cultura máxima permitida é de 5,5 mil litros por hectare para o tinto ou o rosé, e 60 para o branco. A graduação natural mínima é de 9 graus para tintos e rosés e 9,5 graus para os brancos. Esta denominação não é usada com frequência nos dias de hoje.

Uma nova AOC, Saint-Bris, foi aprovada em 2002. Essa é uma raridade entre as denominações da Borgonha, uma vez que seus 106 hectares são dedicados à Sauvignon Blanc e não à Chardonnay. Seus vinhedos e produtores estão localizados em cinco vilarejos do Yonne: Saint-Bris, Chitry, Irancy, Quenne e Vincelottes.

Borgonha em números

"A Grande Borgonha", a região que inclui não só a Côte d'Or como também Beaujolais, os Mâconnais, Mercurey, e o Yonne (Chablis), hoje produz 15% de todos os vinhos de origem controlada. Em Borgonha (com a exceção de Beaujolais), há aproximadamente 29.500 hectares de vinhedos AOC, e mais uns 22.500 em Beaujolais. Embora a produção de vinho tinto continue razoavelmente estável, a produção de vinho branco tem se expandido, especialmente em Chablis e nos Mâconnais.

A tendência, na Borgonha, assim como em Bordeaux e no resto da França, tem sido de maior especialização, maiores propriedades e em menor número. Hoje, a produção total na região, incluindo Beaujolais, é de 2,9 milhões de hectolitros (o equivalente a quase 30 milhões de caixas de vinhos). A média anual de produção para os cinco anos de 2003 a 2007 é resumida a seguir para os principais grupos de denominações da Borgonha.

Vinhos brancos	Hectolitros	Caixas
Côte d'Or *grands crus*	3.745	41.570
Côte d'Or *premiers crus*	23.522	261.090
Côte d'Or other (*village*) wines	62.455	693.200
Chablis	263.800	2.927.330
Côte Chalonnaise	38.840	430.735
Mâcon *Villages*	197.926	2.195.000
Mâcon Blanc (outro)	108.155	1.199.450
Crémant	104.485	1.158.740
Beaujolais	13.119	142.000
Denominações regionais (Bourgogne, etc.)	188.325	2.088.525
Produção total de vinhos brancos	1.004.400	11.138.500

Vinhos tintos	Hectolitros	Caixas
Côte d'Or *grands crus*	12.037	133.490
Côte d'Or *premiers crus*	56.076	621.880
Côte d'Or outros vinhos (*village*)	162.960	1.807.230
Côte Chalonnaise	38.495	426.900
Mâcon	36.691	406.900
Beaujolais e Beaujolais-*Villages*	754.574	8.358.300
Beaujolais *crus* (ex. Fleurie)	324.800	3.562.500
Denominações regionais (Bourgogne, etc.)	218.020	2.417.800
Produção total de vinhos tintos	1.603.650	17.784.500
Produção total de vinhos tintos e brancos	2.608.050	28.923.270

Chablis

Chablis e os poucos outros vinhedos dispersos do *département* de Yonne são um minúsculo remanescente daquela que foi um dia a maior área de vinhedos da França. Eram os 40 mil hectares do Yonne, em torno da cidade de Auxerre, que forneciam o vinho diário à população de Paris até que a construção das estradas de ferro lhes trouxe a competição imbatível do Midi. É difícil dizer se é possível tirar alguma conclusão do fato de que seus melhores vinhedos eram chamados La Migraine.

Todo vinhedo situado tão ao norte é um empreendimento de alto risco. Quando, às vendas em queda, seguiu-se o desastre da filoxera, Auxerre buscou outras formas de agricultura. Chablis definhou, mas se manteve. Quando foi delineada como denominação de origem controlada pela primeira vez nos anos 1930, havia não muito mais de 400 hectares, mas estes incluíam as encostas dos sete *grands crus*. Ninguém podia ignorar a qualidade de seus vinhos. Eu me lembro de uma garrafa de Les Clos 1923, com 45 anos de idade, como um dos melhores vinhos brancos que já tomei.

Foram os comerciantes de Beaune que tornaram Chablis famosa. Na simplicidade dos velhos tempos, quando Beaune, um nome bom e fácil de lembrar, significava borgonha tinto, Chablis significava branco. O nome foi adotado e ecoou pelo mundo do vinho como sinônimo de vinho branco seco. Mas o vinho propriamente dito continuou sendo uma raridade. Ano após ano, as geadas de primavera devastavam os vinhedos de Chablis e desencorajavam o replantio. Foi só nos anos 1960 que novos métodos de controle de geadas mudaram a situação.

A introdução de sistemas de irrigação para substituir os aquecedores entre as videiras nas noites frias de primavera finalmente tornou Chablis rentável. Em uma década, a área cultivada dobrou de tamanho, e cada hectare produzia muito mais vinho do que antes, e de modo muito mais confiável. A produção continua a crescer. Hoje, são cerca de 4.500 hectares. Como era de esperar, a velha guarda resistiu firmemente à concessão da denominação de origem controlada a tantas novas terras, sobretudo desde que a área de *premiers crus* também se expandiu. Hoje, no entanto, os *grands* e *premiers crus* são quase sacrossantos. O que caracteriza o melhor *terroir* de Chablis é o chamado solo kimmeridgiano, uma mistura de calcário e argila com conchas fossilizadas. Os vinhedos de Chablis cultivados em solos inferiores, após a expansão, podem produzir vinhos atraentes, mas sem o estilo pungente e incisivo do verdadeiro Chablis.

O Chablis não classificado, como é geralmente produzido hoje em dia, é tânico, seco e limpo. Um bom exemplar é notadamente frutado, com uma qualidade só proporcionada pela Chardonnay. Um insatisfatório é simplesmente neutro e demasiado ácido ou demasiado débil. Uma pequena quantidade de vinho proveniente de terrenos inferiores só tem direito à denominação Petit Chablis. Um bom Petit Chablis tem o estilo da região, e pode até mesmo ser suave e suculento; mas você precisa encontrar um produtor de primeira classe. Muitos afirmam que não deveria ser chamado de Chablis.

Os Chablis *premier cru* e *grand cru* são vinhos diferentes; há vários patamares quanto a corpo, sabor e individualidade. Algumas pessoas consideram que os melhores *premiers crus* são os mais satisfatoriamente típicos, cheios de sabor e com um "corte" de acidez característico. Os *grands crus* agregam vigor e riqueza, tornando-os mais redondos; ocasionalmente, redondos até demais. Para alcançar sua melhor forma, os *grands crus* precisam de pelo menos quatro anos – e, às vezes, dez – de envelhecimento em garrafa.

Na década de 1980, a moda do envelhecimento em carvalho novo chegou a Chablis. As opiniões eram extremamente divididas, tanto entre produtores quanto entre consumidores. Felizmente, a tendência está passando, e as propriedades que envelheciam seus *grands crus* em carvalho totalmente novo são hoje mais sensatas. Sem dúvida, o uso habilidoso de barricas, incluindo uma proporção de novos barris, pode agregar complexidade e estrutura ao vinho. O truque é não acabar produzindo um vinho que, por mais que seja esplêndido e chame a atenção, perdeu sua *typicité chablisienne*.

Muitos viticultores ignoraram totalmente a tendência e ainda vinificam e envelhecem o vinho em tanques de aço, sem nenhum sinal de perda de qualidade.

A fragrância e o sabor que surgem são a quintessência de um caráter evasivo que você pode perder se só tomar um Chablis jovem. Eu só consigo defini-lo como a combinação dos perfumes de maçãs e de feno com um sabor de balas caramelizadas e uma nota mineral subjacente que parece ter minado das entranhas da terra. Uma boa safra no momento correto adquire uma riqueza dourada que me faz lembrar um Sauternes. O preço do Chablis não acompanhou seu valor. O Chablis *grand cru*, embora consideravelmente mais caro do que no passado, é, felizmente, muito mais acessível que um Bâtard-Montrachet. Do contrário, poderia muito bem atingir um preço igualmente alto. O Chablis *premier cru* de um bom produtor é o mais bem avaliado entre os Borgonhas brancos. Em 2001, dezoito dos viticultores mais importantes formaram uma associação chamada Union des *grands crus*. A ideia era impor controles mais estritos do que aqueles exigidos pelas regras da AOC, e, assim, melhorar a imagem e a qualidade (e, sem dúvida, o preço) do Chablis *grand cru*. Após muita discussão, os membros da Union concordaram em proibir a colheita mecânica nos vinhedos *grand cru*, e a maior surpresa é que essa prática tenha sido permitida algum dia. (A colheita mecânica continua sendo comum nas denominações inferiores.)

Principais produtores de Chablis

Barat ☆–☆☆
Milly.
Vinho não amadeirado, engarrafado ainda jovem, de um pequeno grupo de *premiers crus*: puro, fresco e espirituoso, embora não especialmente complexo.

Jean-Claude Bessin ☆☆–☆☆☆
La Chapelle Vaupelteigne.
Pequena propriedade com vinhos excelentes dos *premiers crus* Fourchaume e Montmains.

Billaud-Simon ☆☆☆
Chablis. www.billaud-simon.com
A maior parte dos vinte hectares da propriedade é *premier* ou *grand cru*, este último incluindo 1,7 hectare em Les Clos, Les Preuses e Vaudésir. Muitos dos vinhos não são amadeirados, passam um bom tempo em tonel ou barril antes de ser engarrafados, e têm um esplendor acerado.

Pascal Bouchard ☆☆–☆☆☆
Chablis. www.pascalbouchard.com
Um grande domaine e uma casa négociant, Bouchard mantém altos padrões, equilibrando riqueza e mineralidade.

Jean-Marc Brocard ☆☆–☆☆☆
Préhy. www.brocard.fr
Brocard é um *self-made man* que construiu um grande domaine de 135 hectares, parcialmente biodinâmico. Ele é também um négociant, comprando cerca de dois terços de sua demanda. A gama de vinhos é muito ampla e geralmente é confiável e vale o preço. Além de Chablis, ele produz alguns fascinantes Bourgogne Blancs, cada um de um solo diferente e rotulado conforme corresponde. Os vinhos Chablis não são amadeirados, mas os vinhos superiores podem envelhecer muito bem, embora sejam feitos para ser desfrutados jovens.

Cave Coopérative la Chablisienne ☆☆–☆☆☆
Chablis. www.chablisienne.com
Um quarto de todos os vinhos Chablis provém desta cooperativa, fundada em 1923. Dos vinhedos *grands crus*, os mais importantes são os 3,3 hectares de Les Preuses, e o *monopole* de 7,2 hectares conhecido como Château Grenouille, pertencente à cooperativa desde 2000. Fourchaume é seu mais importante *premier cru*. Seus métodos são modernos e seu vinho é bem feito, puro e surpreendentemente sofisticado. A vinificação e o envelhecimento são adaptados aos *crus* e à qualidade frutada, sem regras rígidas sobre o envelhecimento em barricas. Os fãs de carvalho devem experimentar o Grande Cuvée, um corte *premier cru* que é fermentado em barril. Também é o caso do *grand cru* Château Grenouille.

Daniel Dampt ☆☆
Milly. www.dampt-defaix.com
Chablis clássico e não amadeirado, com notas de especiarias e minérios.

Vincent Dauvissat ☆☆☆☆
Chablis.
O trisavô de Vincent Dauvissat era um toneleiro, e não é nenhuma surpresa que suas adegas, ao contrário de muitas em Chablis nos dias de hoje, continuem repletas de barris, incluindo os tradicionais *feuillettes*, que são menores que os barris borgonheses comuns. Dauvissat envelhece o vinho de seus doze hectares por cerca de oito meses, à moda antiga, na maioria das vezes em madeira mais velha. Seus melhores vinhos são os *grands crus* Les Clos e Les Preuses. Seus vinhedos restantes são predominantemente *premier cru*. Esta é uma fonte extremamente confiável de um Chablis excepcional.

Etienne Defaix ☆☆
Château de Milly. www.chablisdefaix.com
Aproximadamente metade desta propriedade, 26 hectares, fica em locais *premier cru*, com muitos terrenos de velhas videiras. Os *premiers crus*, de forma pouco usual, são envelhecidos em tanques por até três anos, agitando-se os sedimentos para enriquecer o vinho. A família Defaix insiste que este é um método tradicional.

Curiosamente, confere ao vinho um caráter similar ao do envelhecimento em carvalho.

Jean-Paul Droin ☆☆–☆☆☆☆
Chablis. www.jeanpaul-droin.fr
O bisavô de Droin apresentou seus vinhos a Napoleão III quando visitou Auxerre em 1866. Suas adegas não mudaram muito. Droin, hoje trabalhando com o filho Benoit, tem a sorte de possuir onze hectares de *premiers crus* (principalmente Vaillons), bem como terrenos em cinco *grands crus*. Outrora campeão de fermentação e envelhecimento em carvalho novo, ele moderou suas visões, e, desde meados dos anos 1990, os vinhos são muito mais equilibrados, e compreendem alguns dos melhores Chablis.

Joseph Drouhin ☆☆☆
Beaune. www.drouhin.com
Dos *grands crus* Vaudésir, Les Clos e Les Preuses, o famoso *négociant* de Beaune produz vinhos aristocráticos, refinados e macios; e, de uma série de outros terrenos, produz *premiers crus* vividamente característicos.

Jean Durup ☆☆–☆☆☆
Maligny.
A enorme propriedade de Jean Durup, presidente do *lobby* que favorece a expansão da denominação de origem controlada de Chablis. Ele possui 180 hectares, dos quais 35 estão situados em *premiers crus* (principalmente Fourchaume e Vau de Vey). Nenhum dos vinhos é envelhecido em carvalho. Um lagar impecável e moderno aparece sob os nomes Domaine de l'Eglantière e Château de Maligny.

William Fèvre ☆☆☆☆
Chablis. www.williamfevre.com
Fèvre foi o maior proprietário de *grands crus* e fervoroso defensor da fermentação em carvalho novo. Os dezesseis hectares de *grands crus* da propriedade incluem quatro de Les Clos, seis de Bougros e três de Les Preuses, com terrenos menores, mas importantes, em Valmur, Vaudésir e Grenouilles. Há uma quantidade similar de *premiers crus*, divididos em sete vinhedos, e vinte hectares de

---

OS VINHEDOS DE CHABLIS

Chablis vem em quatro categorias: a AOC Chablis (também conhecida como *village*; 3.077 hectares), Petit Chablis (680), *premier cru* (760), e *grand cru* (102). Os nomes dos vinhedos *premier cru* (listados aqui) são, às vezes, usados em conjunto com os nomes *premier cru*.

Nos anos 1990, novas videiras foram plantadas em tal ritmo que, em 2006, a área excedia 4.620 hectares (em 1988, havia apenas 2.280). A produção total é de cerca de 30 milhões de garrafas.

Premiers Crus
O *premier cru* Chablis pode ser vendido com os nomes de vinhedos individuais ou os de certos vinhedos agrupados. O último caso é o mais comum, e, na prática, há apenas um pequeno número de nomes. Em ordem alfabética, com os nomes dos vinhedos que têm o direito de usar o nome em questão (desde 1986): Les Beauregards (Côte de Cuissy); Beauroy (Troesmes, Côte de Savant); Berdiot; Chaume de Talvat; Fourchaume (Vaupulent, Côte de Fontenay, L'Homme Mort, Vaulorent); Les Fourneaux (Morein, Côte des Près-Girots); Côte de Jouan; Les Landes et Verjuts; Côte de Léchet; Mont de Milieu; Montée de Tonnerre (Chapelot, Pied d'Aloup, Côte de Bréchain); Montmains (Forêts, Butteaux); Vaillons (Châtains, Séchet, Beugnons, Les Lys, Mélinots, Roncières, les Epinottes); Côtes de

Vaubarousse; Vaucoupin; Vau de Vey (Vaux Ragons); Vau Ligneau; e Vosgros (Vaugiraut).

Grands Crus
Blanchot (13 hectares); Bougros (16); Les Clos (27); Grenouilles (10); Preuses (11.5); Valmur (13); e Vaudésir (16 hectares). La Moutonne é um vinhedo de 2,5 hectares em Vaudésir e Les Preuses. Entender as diferenças entre eles é um dos constantes prazeres da vida.

Chablis "simples". Em 1998, a propriedade foi comprada por Bouchard Père et Fils de Beaune (ver p. 117). A partir de 1999, o rendimento foi limitado, a colheita manual se tornou a regra, e a quantidade de carvalho novo foi drasticamente reduzida. Os vinhos dificilmente poderiam ser melhores.

Alain Geoffroy ☆☆
Beines. www.chablis-geoffroy.com
Um terço do domaine de 45 hectares é *premier cru*, principalmente Beauroy (sete hectares), bem como as videiras nos *grands crus* Les Clos e Vaudésir. Geoffroy não é nenhum fã de madeira, e gosta de engarrafar o vinho ainda jovem, para preservar seu frescor e sua tipicidade.

Jean-Pierre & Corinne Grossot ☆☆–☆☆☆
Fleys.
Viticultores entusiastas com dezoito hectares, incluindo terras nos *premiers crus* Fourchaume, Vaucoupin, Mont de Milieu, e no raramente encontrado Côte de Troemes. A vinificação é quase toda feita em aço inoxidável, embora se use algum carvalho para os melhores vinhos.

Domaine Laroche ☆☆–☆☆☆☆
Chablis. www.larochewines.com
Michel Laroche é a quinta geração proprietária deste imóvel de 130 hectares. Há seis hectares de Chablis *grand cru*, notadamente Les Blanchots, e trinta de *premier cru*. Equipamentos modernos produzem Chablis em um estilo austero e vigoroso, embora se utilize um pouco de carvalho novo para os *grands* e *premiers crus*. Os *grands crus* devem ser guardados por um período de três a oito anos. O vinho superior é uma seleção de velhas videiras Blanchot, rotulado Réserve de l'Obédiencerie. O nome Laroche também aparece em ampla gama de vinhos sem domaine, inclusive um bom rótulo de Chablis simples, o Saint-Martin. Laroche continua sendo um grande defensor da denominação de origem e foi a força motriz por trás da nova Union des *grands crus*.

Long-Depaquit ☆☆☆
Chablis. www.albertbichot.com
Esta propriedade familiar foi comprada em 1967 pelo négociant Bichot (ver p. 116) de Beaune. De seus 65 hectares, vinte são *premiers crus* e nove são *grands crus*, incluindo mais de dois de Vaudésir. A propriedade mais famosa é o vinhedo de Moutonne, de dois hectares, que é parte dos *grands crus* Vaudésir e Les Preuses, cuja história remonta à Abadia de Pontigny e seus monges, que aparentemente escaparam como um jovem rebanho sob sua inspiração. Os vinhos de Long-Depaquit são produzidos com métodos modernos e muito cuidado e profissionalismo, mas não para ser consumidos imediatamente. Desde 1993, tem havido uso bastante criterioso do envelhecimento em carvalho para os *grands crus*.

Domaine des Malandes ☆☆–☆☆☆
Chablis. www.domainedesmalandes.com
Domaine de 25 hectares, com 0,9 hectare no *grand cru* Vaudésir, e sete hectares de *premiers crus*, incluindo Fourchaume e Montmains. Chablis em estilo moderno: límpido, fresco e intocado por carvalho.

Louis Michel & Fils ☆☆–☆☆☆
Chablis. www.louismicheletfils.com
O falecido Louis Michele e seu filho Jean-Loup começaram pequenos e construíram uma propriedade de tamanho considerável. Jean-Loup hoje possui vinte hectares, treze em *premiers crus* (alguns em Montmains e em Montée de Tonnerre) e dois em *grands crus* (Vaudésir, Grenouilles e Les Clos). Ele é adepto de deixar o vinho em guarda o maior tempo possível. Ele não usa barris, mas, com produções modestas e cuidadoso manuseio, produz vinhos concentrados que retribuem os anos de envelhecimento em garrafa.

Christian Moreau ☆☆–☆☆☆
Chablis. www.domainechristianmoreau.com
Após perder o controle da empresa para o négociant Boisset, Christian Moreau e seu filho Fabien conseguiram recuperar seus vinhedos em 2002. O envelhecimento mínimo em carvalho resulta em vinhos de grande precisão e vigor.

Louis Moreau ☆☆–☆☆☆
Beines. www.louismoreau.com
A antiga propriedade de Jean-Claude Dauvissat. *Grands crus* de concentração impressionante.

Pinson ☆☆
Chablis. www.domaine-pinson.com
Produtor tradicional, com doze hectares bem localizados. A qualidade caiu nos anos 1990, mas os irmãos Pinson estão em forma novamente.

Jean-Marie Raveneau ☆☆☆☆
Chablis.
Domaine de 7,5 hectares inteiramente composto de *grands crus* (Blanchots, Valmur, Les Clos) e *premiers crus*, considerado, por alguns, o melhor em Chablis. Os vinhos são fermentados em tanques, mas envelhecidos em barris de vários tamanhos e idades, por no mínimo um ano.
Eles podem ser austeros e minerais quando jovens, mas envelhecem admiravelmente, chegando a conclusões imprevistas e fascinantes.

Olivier Savary ☆☆
Chablis. www.chablis-savary.com
Entre seus vinhos predominantemente não amadeirados, estão um rótulo exemplar, Chablis *Village*, e um puro e elegante *premier cru*, Fourchaume.

Simonnet-Febvre & Fils ☆☆
Chablis. www.simmonet-febvre.com
Este pequeno domaine de quatro hectares é mais conhecido como um négociant de cinco gerações. O *grand cru* Preuses e uma gama de *premiers crus* são envelhecidos em carvalho. Comprado por Louis Latour, négociant de Beaune, em 2003.

Robert Vocoret ☆☆
Chablis. www.vocoret.com
Domaine familiar centenário, de cinquenta hectares, quatro em *grands crus* (Les Clos, Valmur, Blanchots) e quinze em *premiers crus*. Alguns dos melhores vinhos são envelhecidos em grandes barris, mas engarrafados bastante jovens. O resultado é um vinho com menos da fruta imediatamente cativante, mas uma textura firme que compensa a guarda.

Château Long-Depaquit, Chablis.

Outros produtores de Chablis

Outros produtores importantes de Chablis incluem: Domaine du Chardonnay, Jean Collet, Gérard Duplessis, Nathalie e Gilles Fèvre, Lamblin, Bernard Legland, Sylvain Mosnier, Gilbert Picq, Denis Race, Servin, Gérard Tremblay, Tribut-Dauvissat, Domaine de Vauroux e Château de Viviers.

O Côte d'Or – Côte de Nuits

O coração da Borgonha é a linha de 48 quilômetros de colinas que se estende ao sul de Marsannay nos arredores meridionais de Dijon, inclinando-se para oeste conforme avança e apresentando uma faixa cada vez mais larga de encostas voltadas para o sudeste, até que termina em Santenay. Os oito vilarejos do setor norte, terminando em Prémeaux, são a Côte de Nuits. Os vinte vilarejos ao sul de Aloxe-Corton são a Côte de Beaune. A Côte de Nuits dedica-se quase exclusivamente ao vinho tinto – praticamente tudo Pinot Noir. Nessas encostas íngremes, mais particularmente em suas curvas intermediárias, são produzidos os vinhos mais saborosos, concentrados, suaves e perfumados.

Os vilarejos são listados aqui de norte a sul. Cada um deles é descrito de forma suscinta com uma avaliação de seu vinho e uma lista de seus *grands crus* (se houver) e *premiers crus*. Os viticultores já não são listados sob a entrada de cada vilarejo, uma vez que se tornaram demasiado numerosos, mas há uma seção expandida listando os viticultores da importante Côte d'Or, começando na página 115.

(Observação: todas as entradas de *grands/premiers crus* incluem a quantidade de hectares entre parênteses.)

Marsannay-la-Côte

Antes conhecido apenas por seu excelente Rosé de Marsannay, este vilarejo hoje possui, unicamente em Borgonha, uma denominação para todas as três cores. Os brancos são muitíssimo aprimorados, os rosés são deliciosamente perfumados e elegantes, os tintos são às vezes leves, às vezes estruturados e dignos de envelhecimento. Marsannay, com um total de 250 hectares, também abarca os poucos vinhedos remanescentes (por exemplo, Clos du Roy) de Chenove, que é hoje um subúrbio industrial de Dijon. Em 2005, o Syndicat encomendou um estudo geológico detalhado dos vinhedos para corroborar sua solicitação de promover os melhores locais a *premier cru*.

Fixin

Os *premiers crus* têm localização esplêndida e são capazes de vinhos tão bons quanto os de Gevrey-Chambertin. Até mesmo os vinhos *village* são vigorosos e longevos. A comuna tem 109 hectares de videiras. Entre Fixin e Gevrey-Chambertin, o vilarejo de Brochon não possui nenhuma denominação de origem própria. Seus melhores vinhedos são incluídos em Gevrey-Chambertin. Os inferiores são simples Côte de Nuits-*Village*s.

Premiers Crus

Arvelets (5)	Clos de la Perrière (4,5)
Clos du Chapitre (4,8)	Hervelets (5)
Clos Napoléon (1,8)	

Gevrey-Chambertin

Há uma amplíssima gama de qualidade na produção de Gevrey – o maior de todos os vilarejos da Côte d'Or. Alguns de seus vinhedos na planície após a estrada do vale são apenas de qualidade mediana. Mas há, sem dúvida, o potencial de sua constelação de *grands crus*. Chamberlin e Clos de Bèze são reconhecidos como líderes da região; uma dose extra de concentração ardente lhes dá a vantagem. Os sete outros devem sempre manter Chambertin após o nome; Clos de Bèze pode colocá-lo antes do nome, ou, de fato, rotular seus vinhos simplesmente como Chambertin. Eles são todos vinhos austeros, essencialmente masculinos (já que tudo na França tem gênero), e não consigo imaginar nem mesmo o próprio Astérix virando um copo (Obélix, talvez). Os críticos franceses reivindicam para Chambertin a delicadeza do Musigny aliada à força de um Corton, a textura aveludada de um Romanée e o perfume do Clos Vougeot. Eu certamente identifiquei fabulosa complexidade, mas delicadeza não é a palavra que eu escolheria. O segredo é, provavelmente, uma idade excelente. Entre os *premiers crus* na colina atrás do vilarejo, Clos Saint-Jacques é amplamente considerado no mesmo nível de qualidade que os demais rótulos com afixo Chambertin.

Grands Crus

Chambertin (12,9)	Griotte-Chambertin (2,7)
Chambertin Clos de Bèze (15,4)	Latricières-Chambertin (7,4)
Chapelle-Chambertin (5,4)	Mazis-Chambertin (9)
Charmes-(e/ou Mazoyères) Chambertin (30,7)	Ruchottes-Chambertin (3,3)

Premiers Crus

Bel Air (2,6)	Corbeaux (3,2)
La Boissière (0,45)	Craipillot (2,7)
Cazetiers (9)	Ergot (1,2)
Champeaux (6,7)	Estournelles St Jacques (2,3)
Champitonnois (também chamado Petit Chapelle) (4)	Fonteny (3,6)
Champonnets (3,4)	Goulots (1,8)
Cherbaudes (2,2)	Issarts (0,6)
Clos du Chapitre (1)	Lavaux St Jacques (9,5)
Clos Prieur (part) (2)	Petits Cazetiers (0,95)
Clos St-Jacques (6,7)	Poissenot (2,2)
Clos des Varoilles (6)	Clos Prieur-Haut (2)
Closeau (0,5)	La Romanée (1)
Combe-aux-Moines (4,7)	**Appellation communale:**
Combottes (4,5)	**330 hectares**

Morey-St-Denis

Embora não esteja entre os vilarejos mais reconhecidos do Côte de Nuits, Morey tem quatro sob seu nome e parte de um quinto. Clos de la Roche é capaz de produzir vinho com a mesma determinação de um Chambertin; Clos Saint-Denis também, ainda que em menor grau; Clos des Lambrays é atipicamente opulento; Clos de Tart era muito mais leve, mas adquiriu corpo, bem como uma fragrância adorável, nas últimas safras. Todos os vinhos merecem ser estudados, em busca de autenticidade e, com a exceção dos *grands crus*, oportunidade de barganha. Apenas 95 hectares ao todo.

Grands Crus

Bonnes Mares (uma pequena parte) (1,5)
Clos des Lambrays (8,6)

Clos de la Roche 17
Clos St-Denis (6,6)
Clos de Tart (7,5)

Premiers Crus

Blanchards (2)
Chaffots (2,6)
Charmes (1,2)
Charrières (2,3)
Chénevery (3)
Chéseaux (1,5)
Clos Baulet (0,9)
Clos de la Bussière (2,6)
Clos des Ormes (3,2)
Clos Sorbé (3,5)
Côte Rôtie (1,2)

Façonnières (1,7)
Genavrières (1,2)
Gruenchers (0,5)
Les Millandes (4,2)
Monts-Luisants (5,4)
Riotte (2,5)
Ruchots (2,6)
Les Sorbès (2,6)
Le *Village* (0,9)
Denominação comunal:
   53 hectares

Chambolle-Musigny

A cadência do nome é perfeitamente apropriada para os vinhos desta área – assim como a visível evocação da musa. É difícil evitar competir em comparações com os tão citados sábios de Borgonha, mas Gaston Roupnel parece ser extremamente preciso ao declarar que Musigny "tem o perfume de um jardim orvalhado... da rosa e da violeta ao amanhecer". Le Musigny é o meu favorito entre os tintos borgonheses, e logo em seguida vêm os *premiers crus* Les Amoureuses e Les Charmes, e o outro *grand cru*, Bonnes Mares. Mais um motivo é que esta terra pertence a vinicultores particularmente bons.

Grands Crus

Bonnes Mares (13,5)
(ver também Morey-Saint-Denis)

Musigny (10,7)

Premiers Crus

Amoureuses (5,4)
Les Baudes (3,4)
Aux Beaux Bruns (1,5)
Borniques (1,4)
Carrières
Chabiots (1,5)
Charmes (9,5)
Châtelots (3)
Combe d'Orveau (2,4)
Combottes (1,6)
Aux Combottes (2)
Cras (3,4)
Derrière la Grange (0,4)

Echanges
Feusselottes (4,5)
Fuées (4,4)
Groseilles (1,3)
Gruenchers (2,8)
Hauts Doix
Lavrottes (0,9)
Noirots (2,8)
Plantes (2,6)
Sentiers (4,9)
Véroilles (0,37)
Denominação comunal:
   98 hectares

Vougeot

O excelente vinhedo de Clos (de) Vougeot é o de maior reputação na Borgonha. Cinquenta hectares cercados por um muro construído pelos monges de Cîteaux no século XIV agregam certa presença. A terra no topo da encosta, perto de Musigny e Grands-Echézeaux, equivale às melhores da Borgonha, mas, estando fragmentada entre oitenta viticultores, não é fácil encontrar uma garrafa que corresponda a essa descrição. As referências clássicas sempre enfatizam seu perfume. Minha impressão é de um vinho mais carnoso e extremamente agradável, mas menos exótico que os de seus grandes vizinhos.

Grand Cru

Clos de Vougeot (50)

Premiers Crus Red

Clos de la Perrière (2,2)
Cras (3)

Petits Vougeots (3,5)
La Vigne Blanche

Premier Cru White

Clos Blanc (3)
Denominação comunal:
   4 hectares

Flagey-Echézeaux

Existe como um vilarejo, mas não como uma denominação de origem controlada, apesar de haver dois *grands crus* na região. Com efeito, eles são tratados como se estivessem em Vosne-Romanée, tendo o direito de desclassificar seu vinho sob o nome Vosne. Na realidade, o Grands-Echézeaux está no nível de um *grand cru* – uma localização ideal adjacente à melhor parte do Clos Vougeot. Seus vinhos podem ter toda a elegância e complexidade persuasiva dos melhores Borgonha. Mas o enorme Les Echézeaux, com 34 hectares, seria mais realisticamente classificado como um ou vários *premiers crus*. A falta de uma identidade prontamente reconhecível e o nome aparentemente impronunciável se traduzem em preços razoáveis. A leveza de toque, a doçura gentil e a alegre fragrância de um bom Echézeaux fazem deste um vinho menos desafiador que os maiores Borgonha.

Vosne-Romanée

Se Chambertin tem a dignidade, o nome de Romanée tem o glamour. Só os muito ricos e seus convidados já chegaram a degustar um La Romanée-Conti. O Domaine de la Romanée-Conti, único proprietário daquele vinhedo e do segundo mais importante, La Tâche, lança igualmente sua aura exótica sobre Richebourg, Romanée-Saint-Vivant e Grands-Echézeaux, onde também tem propriedades. Os vinhos do domaine são marcados por um caráter que parece ser próprio, e não do Vosne-Romanée como um todo. Da torrente de palavras que há séculos são derramadas em torno de Vosne e de seu solo sagrado, eu escolheria três: fogo, veludo e equilíbrio.

No entusiasmo dos *grands crus*, os *premiers crus* de Vosne-Romanée podem ser insensatamente ignorados: eles podem estar entre os mais complexos e longevos de todos os Borgonha.

Grands Crus

Echézeaux (37,7)
Grande Rue (1,6)
Grands-Echézeaux (9)
Richebourg (8)

La Romanée (1,8)
Romanée-Conti (1,8)
Romanée-St-Vivant (9,3)
La Tâche (6)

Premiers Crus

Beaux Monts (11,4)	En Orveaux (1,8)
Aux Brûlées (4,5)	Petits Monts (3,7)
Chaumes (6,5)	Reignots (1,6)
Clos de Réas (2,1)	Rouges (2,6)
Croix Rameau (0,6)	Suchots (13)
Cros Parantoux (1)	**Denominação comunal:**
Gaudichots (1)	**97 hectares, dos quais 13,3**
Malconsorts (7)	**ficam em Flagey-Echézeaux**

Nuits-Saint-Georges

Como cidade, Nuits-Saint-Georges não resiste a uma comparação com a encantadora Beaune; seus muros há muito se foram, e ela não tem nenhum grande monumento público. Mas é o centro comercial do Côte de Nuits, a sede de uma porção de négociants, e em suas incontáveis adegas silenciosas amadurece um sem-número de reconchudas barricas. Também de outra maneira ecoa Beaune: sua comprida colina de videiras produz vinhos famosos e extremamente prestigiados sem um único cume. Se Nuits tivesse um *grand cru*, seria Les Saint-Georges, e possivelmente Les Vaucrains, Les Cailles, e Les Porrets na encosta acima e ao lado. Mas nenhum desses vinhedos convenceu o mundo de que seu vinho, sozinho, emerge de modo consistente acima do nível do *premier cru*.

Em comparação com os vinhos de Beaune, os de Nuits-Saint-Georges são mais duros e menos frutados e generosos em sua juventude – com frequência, por muitos anos. É difícil compreender por que eles devem ser tão populares em países anglo-saxões, já que normalmente são necessários dez anos para que sua aspereza dê lugar a um sabor agradável. Os melhores Nuits têm reservas admiráveis de um caráter evasivo que deve ser investigado sem pressa.

Prémeaux, o vilarejo ao sul, é parte da denominação Nuits-Saint-Georges e tem uma série de *premiers crus* de igual mérito, espremidos em uma encosta íngreme e estreita entre a estrada e os bosques.

Premiers Crus

Aux Argillas (3)	Damodes (8,5)
Les Argillières e Clos des Argillières Prémeaux (4,2)	Didiers, Prémeaux (2,5)
	Haut-Pruliers (0,4)
Boudots (6,2)	Murgers (5)
Bousselots (5)	Aux Perdrix, Prémeaux (3,5)
Cailles (7)	Perrières (2,5)
Chaboeufs (3)	Perrière-Noblot (0,3)
Chaignots (5,8)	Porrets e Clos des Porrets (7,3)
Chaines-Carteaux (2)	
Champs Perdrix (0,7)	Poulettes (2)
Château Gris (3,5)	Procès (1,4)
Clos de l'Arlot, Prémeaux (5,4)	Pruliers (7)
	Richemone (2)
Clos des Forêts Saint-Georges, Prémeaux (7)	Roncières (1)
	Rue de Chaux (2)
Clos des Grandes Vignes, Prémeaux (2,1)	Les St-Georges (7,5)
	Aux Thorey and Clos de Thorey (5)
Clos de la Maréchale, Prémeaux (9,5)	
	Terres Blanches, Prémeaux (0,9)
Clos St Marc, Prémeaux (3,5)	
Corvées and Clos des Corvées, Prémeaux (5,1)	Vallerots (0,8)
	Vaucrains (6)
Corvées Pagets, Prémeaux (2,3)	Vignes Rondes (3,8)
	Appellation communale:
Cras (3)	**163 hectares**
Crots (1,2)	

Prensa de madeira e tonéis cilíndricos em um lagar da Borgonha.

Côte de Nuits-Villages

Esta denominação de origem é um prêmio de consolação para as áreas em uma e outra extremidade das principais côtes: Prissey, Comblznchien e Corgoloin, perto de Prémeaux na estrada ao sul, e Fixin, Brochon e Marsannay na estrada para Dijon após Gevrey-Chambertin. Fixin e Marsannay têm suas próprias denominações.

Para os outros, esta é a máxima aspiração. Na estrada para Beaune, as pedreiras estão mais em evidência que os vinhedos. O mármore da colina aqui é um dos melhores da França. Somente um vinhedo importante se destaca como *premier cru*: o Clos des Langres, propriedade da Reine Pédauque, no extremo sul do Côte de Nuits.

A Côte d'Or – Côte de Beaune

O coração do grande Borgonha branco, lar dos fabulosos vinhedos de Corton-Charlemagne, Meursault e Montrachet. Mas seus vinhos tintos também se destacam dos vinhos potentes de Pomar, dos refinados Volnays, e dos vinhedos constantemente subestimados em torno da própria Beaune. É também uma boa região para ser explorada pelos caçadores de barganhas, com vinhos cada vez mais elegantes e substanciais de vilarejos menos conhecidos como Savigny, Monthelie e Saint-Aubin.

Entretanto, é provável que seus vinhos mais valorizados continuem sendo os Meursault, ricos e amanteigados, os vinhos enérgicos de Puligny e Chassagne, os brancos mineralmente vigorosos de Corton, e os poderosos *grands crus* de Bâtard-Montrachet e da própria Montrachet.

Ladoix-Serrigny

A Côte de Beaune começa com seu marco mais famoso, a cabeça oval da colina de Corton. A cabeça veste uma boina de bosques, mas seus flancos sul, leste e oeste são todos videiras, formando parte de três localidades diferentes (em ordem, a partir do norte): Ladoix-Serrigny, Aloxe-Corton e – escondido no canto fora do alcance da vista – Pernand-Vergelesses. Os melhores vinhedos de todas as três áreas são aqueles nas encostas intermediárias e superiores da colina, que compartilham a denominação de origem Corton *Grand Cru* (o único *grand cru* tinto do Côte de Beaune), e, em partes, para vinho branco, Corton-Charlemagne.

Ladoix-Serrigny possui a menor parte de Corton, e não a melhor, em seus vinhedos de Rognet-Corton e Les Vergennes, nomes que raramente são encontrados, mas muitas vezes incluídos no título geral de Corton, como pode ser todo o território *grand*

ROMANÉE-CONTI – UMA GRANDE PROPRIEDADE DA BORGONHA

Todos os enigmas de vinhos vêm à cabeça nesta extraordinária propriedade. Tem-se aceito por pelo menos três séculos que o vinho de estilo e fascinação inimitáveis vem de uma pequena área de colina, e que o vinho diferente, marginal, mas sistematicamente menos fascinante, vem dos terrenos ao redor. Romanée-Conti parece uma prática muitíssimo bem-sucedida de relações públicas. Em certos aspectos, é até mesmo organizado como tal. Mas não há nenhum truque. Em uma escala tão pequena, e com milionários ávidos por cada gota, é possível exercer o perfeccionismo total. Sem o solo e a localização, a oportunidade não estaria lá; e, sem a busca laboriosa por perfeição, ela seria desperdiçada.

Um grande vinhedo como este é, em grande parte, feito pelo homem, a prática comum no século XVIII. O Príncipe de Conti, que lhe deu o nome, trouxe marga (solo argiloso com carbonato de cálcio) fresca dos pastos do vale do Saône em carregamentos de carruagem para dar nova vida ao solo. Ironicamente, hoje as autoridades proibiriam até mesmo uma baciada de fora da denominação. Isso condena o grande vinhedo a um declínio gradual? Atualmente, os coproprietários do domaine são as famílias Leroy e de Villaine. Aubert de Villaine gerencia a propriedade; sua residência fica em

Bouzeron, perto de Chagny, onde ele produz Aligoté particularmente bons. Após uma espetacular disputa doméstica e nos tribunais em 1992, Mme. Bize-Leroy foi removida de seu papel na empresa e substituída pelo sobrinho Henry-Frédéric Roch. Pierre de Benoist, que é sobrinho de Aubert de Villaine, entrou para a equipe administrativa após a aposentadoria de Villaine em 2009.

Os vinhedos são cultivados de forma orgânica, com experiências biodinâmicas em alguns terrenos. Novos materiais vegetais são selecionados com cuidado das videiras existentes para preservar sua marca única. A política do domaine é postergar a colheita até que as uvas estejam consumadamente maduras, submetendo-se às tempestades de outono e correndo o risco de apodrecimento, simplesmente rejeitando todas as uvas que sucumbiram. A proporção de engaços no tonel depende da estação. A fermentação é muito longa: de três semanas a um mês. Todo o vinho é amadurecido em barris novos a cada ano. Há um mínimo de decantação e filtração. De fato, são as uvas que fazem isso. Como os preços dos vinhos do domaine são altíssimos, espera-se que eles tenham um caráter excepcional e estejam em perfeitas condições. Eles são, essencialmente, vinhos de longa guarda.

É quase a marca registrada dos vinhos DRC o fato de que sua exótica opulência permite reconhecê-los de imediato. As garrafas costumavam ser enchidas direto de cada barril, o que levava a inconsistências e a algumas garrafas francamente insatisfatórias. Esses erros foram corrigidos e, desde 1993, o domaine dificilmente dá um passo em falso. As propriedades, e as cifras da produção média, do domaine são as seguintes:

La Romanée-Conti
1,8 hectare, 6 mil garrafas

La Tâche
6 hectares, 17 mil garrafas

Richebourg
3,5 hectares, 13 mil garrafas

Grands-Echézeaux
3,5 hectares, 13 mil garrafas

Echézeaux
4,67 hectares, 19 mil garrafas

Romanée-St-Vivant
5,28 hectares, 21 mil garrafas

Le Montrachet
0,67 hectare, 3,5 mil garrafas

cru. De maneira similar, os vinhos *village* de Ladoix, do qual poucas pessoas já ouviram falar, muitas vezes tiram vantagem da denominação Côte de Beaune-*Villages*.

Grands Crus

Corton-Charlemagne
  apenas vinhos brancos:
Basses Mourottes (1)

Hautes-Mourottes (1,8)
Le Rognet-et-Corton (3,2)

Corton red and white:

Les Carrières (0,4)	Le Rognet et Corton (8,4)
Les Grandes Lolières (3)	La Toppe au Vert (0,1)
Les Moutottes (0,8)	Les Vergennes (3,4)

Premiers Crus

Total area 25 hectares:

Basses Mourottes (0,9)	Les Joyeuses (0,8)
Bois Roussot (1,8)	Petites Lolières
Les Buis	La Micaude (1,6)
Le Clou d'Orge (1,6)	En Naget
La Corvée (7)	Le Rognet et Corton
Les Grêchons et Foutrières	**Denominação comunal:**
Hautes-Mourottes (0,6)	**98 hectares**

Aloxe-Corton

A maior parte dos *grands crus* Corton e Corton-Charlemagne domina esta área, mas ainda deixa uma quantidade significativa de terras baixas para a denominação Aloxe-Corton, tanto *premier cru* quanto *village*. É importante lembrar que Corton *tout-court* é sempre uma denominação superior a Aloxe-Corton.

É quase impossível (e, de todo modo, não exatamente essencial) compreender as legalidades dos *grands crus* aqui. -Corton engloba uma série de vinhedos adjacentes distintos, e o mais importante deles é de fato chamado Le Corton. Os outros podem ser rotulados como Corton, ou, por exemplo, Corton--Clos du Roi, Corton-Bressandes. Em uma encosta tão grande, há, inevitavelmente, uma ampla gama de estilos e qualidades. Considera-se que Bressandes, o mais inferior dos *grands crus*, produz vinhos mais elaborados (de solos mais ricos) que o Clos du Roi acima dele... e assim por diante. Há 120 hectares de *grand cru* em Aloxe-Corton, dos quais 49 são designados a produzir Corton--Charlemagne. Mas os viticultores têm o direito de plantar uvas tintas em Corton-Charlemagne se desejarem, embora poucos o façam. Isso torna impossível fornecer números precisos para as áreas plantadas, como fizemos para outras comunas. Mas pode ser útil saber que cerca de dois terços dos vinhedos *grand cru* são lançados como Corton tinto (inclusive subvinhedos como Les Bressandes), cerca de um terço como Corton-Charlemagne, e apenas pouco mais de 1%, como Corton branco.

Corton-Charlemagne é um *grand cru* branco de alguns dos mesmos vinhedos que o Corton tinto: aqueles na encosta sul e nas encostas superiores onde o solo é mais pálido e mais impregnado de cal. De modo um tanto impróprio, há também uma denominação para o Corton *grand cru* branco, embora seja raramente encontrada.

Seguindo suas inclinações nacionais, os franceses classificam seu Corton tinto como o melhor vinho da colina, comparando-o, por sua força absoluta de caráter, ao Chambertin, ao passo que os

britânicos falam do Corton-Charlemagne com o mesmo entusiasmo que do Le Montrachet. Expressa grande vigor de um tipo mais próximo de um *grand cru* Chablis feito em carvalho, embora seja mais condimentado, e até mesmo mais terroso, e – por isso mesmo – apresente menos da magia simples da fruta madura. Uma vez que o *terroir* é tão variado, assim como a competência dos viticultores nesta região, não deve nos surpreender o fato de que, enquanto os melhores Corton-Charlemagne são magníficos e longevos como nenhum outro Borgonha branco, há também alguns exemplares medíocres e desalentadores.

É parte da natureza do Corton-Charlemagne esconder suas qualidades e mostrar apenas seu poder, como fazem os vinhos tintos, por até sete ou oito anos. O Corton tinto precisa de guarda tão longa quanto os *grands crus* da Côte de Nuits.

O nome dominante entre os viticultores de Corton, tanto tintos quanto brancos, é o de Louis Latour, cujas adegas e prensas estão bem ao pé da colina e que dá o nome de seu château, Grancey, a uma seleção de Corton de poder ainda maior que o usual.

Grands Crus

Lieu-dits for red Corton (7)	Perrières (10)
Bressandes (17,4)	Renardes (14,3)
Maréchaudes (4,2)	Clos du Roi (10,7)

Partes (menos de 4 hectares) de Chaumes e Voirosses, Combes, Fiètres, Grèves, Meix, Meix Lallemand, Pauland, Le *Village* e La Vigne au Saint em Aloxe-Corton.

Premiers Crus

Chaillots (4,6)	Paulands (1,6)
Clos des Maréchaudes (1,4)	Les Valozières (6,6)
Clos du Chapitre	Les Vercots (4,2)
Les Fournières (5,5)	**Denominação comunal:**
Les Guérets (2,5)	**84 hectares**
Les Maréchaudes (2,3)	

Pernand-Vergelesses

O *grand cru* de Pernand-Vergelesses é Corton-Charlemagne; não há nenhum Corton tinto na encosta ocidental da colina (a única encosta ocidental em todo a Côte d'Or). Mas seus *premiers crus* estão situados em local completamente distinto, voltados diretamente para Corton-Charlemagne, do outro lado do vale estreito que leva a seu vilarejo escondido. Os *premiers crus* são tintos; eles continuam os melhores vinhedos da vizinha Savigny, e, em certo sentido, os de Beaune.

Grand Cru

Charlemagne (somente brancos) e Corton (somente tintos) estão ambos no mesmo terreno.

Premiers Crus

Caradeux (14,4)	Ile des Vergelesses (9)
Clos Berthet (1,5)	Sous Frétille
Clos Le *Village*	Les Vergelesses (18)
Creux de la Net (3,4)	**Denominação comunal:**
Fichots (11)	**74 hectares**

Savigny-lès-Beaune

Savigny, assim como Pernand-Vergelesses, fica na cabeceira de um pequeno vale que adentra a encosta e cultiva videiras de ambos os lados. Do lado de Pernand, elas estão voltadas para o sul; do lado de Beaune, para o nordeste. As melhores ficam nas extremidades da área, onde, de ambos os lados, elas se inclinam mais para o leste: respectivamente, Les Vergelesses e Lavières, e La Dominode e Marconnets.

Savigny tem um château importante, um grande número de bons viticultores, e – o melhor de tudo – uma tendência a preços mais moderados que seus vizinhos. Seus vinhos poderiam ser chamados de clássicos leves, aptos para envelhecer, ainda que apenas por alguns anos, mas nunca ultrassofisticados. Precisam de uma boa safra para trazê-los a pleno vigor, mas que vinho não precisa?

Premiers Crus

Bas Marconnets (3)
Basses Vergelesses (1,7)
Bataillere (1,8)
Champ-Chevrey (1,5)
Charmières (2)
Clous (10)
Dominode (8)
Fourneaux (6,4)
Gravains (6)
Guettes (14)
Hauts-Jarrons (4,5)
Hauts-Marconnets (5,4)
Jarrons (1,4)
Lavières (17)
Narbantons (9,5)
Petits Godeaux (0,7)
Peuillets (16)
Redrescul (0,5)
Rouvrettes (2,8)
Serpentières (12)
Talmettes (3)
Aux Vergelesses (15)

Denominações comunais
212 hectares

Beaune

Beaune oferece mais tentações do que qualquer outra cidade para transformar uma enciclopédia de vinhos em um guia. Pede para ser visitada. Caminhar por suas ruas confusas e suas adegas reconfortantes é um dos maiores prazeres. Os négociants mais antigos, maiores, melhores e mais importantes têm sua morada aqui. Eles também possuem a maior parte de seus muitos vinhedos. Não vá para Beaune em busca dos vinhos mais majestosos ou mais excêntricos. "Franc de out" é a descrição clássica, que é quase impossível de traduzir. Franc significa franco, cândido, aberto, real, claro, direto e correto. Mas não insípido. O jovem Beaune já é bom de beber; conforme envelhece, torna-se mais suave e amplia seu *bouquet*.

Se existe uma hierarquia entre os *premiers crus*, os seguintes estão entre os mais importantes: Les Grèves, Fèves, Cras, Teurons, Marconnets e Clos des Mouches (que também produz um excelente vinho branco). Mas ninguém afirmaria ser capaz de distinguir todos eles, e depende mais do produtor que do terreno.

Adegas abobadadas de Beaune, datam da Idade Média.

Por esta razão, os vários *monopoles* dos négociants normalmente valem a recompensa. Seus nomes costumam ser prefixados com a palavra *clos*. Os três maiores proprietários de terras são Bouchard Père et Fils, Chanson, e os Hospícios de Beaune.

Premiers Crus

Aigrots (18 ha)	Fèves (4,5)
Avaux (11,5)	En Genèt (4,5)
Bas Teurons (6,3)	Grèves (32)
Bélissand (5)	Marconnets (9,5)
Blanches Fleurs (0,4)	Mignotte (2,4)
Boucherottes (8,5)	Montée Rouge (3,7)
Bressandes (17)	Montrevenots (8)
Cent Vignes (24)	En l'Orme (2)
Champs Pimont (16)	Perrières (3,2)
Chouacheux (5)	Pertuisots (5,2)
Clos des Avaux (3,7)	Reversées (4,8)
Clos de l'Ecu (2,4)	Sceaux
Clos de la Féguine (1,9)	Sizies (8,6)
Clos St-Landry (2)	Sur les Grèves (3)
Clos des Mouches (25)	Sur Les Grèves Clos Sainte
Clos de la Mousse (3,4)	Anne (0,7)
Clos du Roi (8,4)	Teurons (21)
Clos des Ursules (2.7)	Toussaints (6,5)
Coucherias (7,7)	Tuvilains (9)
Cras (5)	Vignes Franches (10)
A l'Ecu (2,6)	**Denominação comunal:**
Epenottes (8)	**95 hectares**

Chorey-lès-Beaune

A pequena denominação Chorey-lès-Beaune foge do mapa, em direção à planície. Os vinhos podem ser deliciosos (alguns produtores excelentes vivem aqui), mas devem ser consumidos jovens.

Côte de Beaune

Esta denominação foi instituída, ao que parece, para revelar quem estava cochilando durante as dificuldades da Côte de Beaune--*Villages* (ver p. 114). Aplica-se apenas ao vinho produzido ao longo das encostas da Montagne de Beaune, logo acima dos *premiers crus*. Existem apenas 33 hectares dedicados à produção de vinhos brancos e tintos e, por isso, não são encontrados com frequência.

Pommard

Na guerra de palavras que continuamente tenta distinguir um vilarejo de outro, os vinhos de Pommard parecem ter sido rotulados como "*loyaux et marchands*", que se traduz como "leais e comerciais". A insinuação não é mera poética. Pommard produz vinhos sólidos, densos, de cor intensa, agressivos no início, cedendo pouco, mesmo com a idade. Les Rugiens, com seu solo ferroso vermelho, é o vinhedo que reúne a maioria dessas qualidades, considerado o melhor do vilarejo. Les Epenots, na orla de Beaune, produz vinhos bem mais tranquilos. Há alguns produtores orgulhosos e decididamente fiéis na freguesia, mas poucos deles dominam a arte de domar os taninos de Pommard.

Premiers Crus

Arvelets (8,5)	Fremiers (5)
Bertins (3,5)	Grands-Epenots (10)
Boucherottes (1,5)	Les Jarollières (3,2)
Chanière (2,8)	En Largillière (4)
Chanlins Bas (4,4)	Petits Epenots (15)
Chaponnières (2,8)	Pézerolles (6)
Charmots (9,7)	Platière (2,5)
Clos Blanc (4,2)	Poutures (4,1)
Clos de la Commaraine (3,8)	Refène (2,3)
Clos des Epeneaux (5,2)	Rugiens-Bas (5,8)
Clos Micot (or Micault) (2,8)	Rugiens-Hauts (6,8)
Clos de Verger (2)	Saussilles (ou Saucilles) (3,9)
Combes-Dessus (2,7)	**Denominação comunal:**
Croix Noires (1,3)	**206 hectares**
Derrière Saint-Jean (0,3)	

Volnay

Corton e Volnay são os extremos do estilo da Côte de Beaune: o primeiro régio, robusto, de cor intensa e destinado a dominar; o segundo idealmente macio, "diáfano", um tinto mais leve com aroma suave de fruta, todo harmonia e prazer. O ditado diz que Volnay é o Chambolle-Musigny da Côte de Beaune. Em minha opinião, é perfeito: cada um deles é o meu favorito em sua região. Para mudar a premissa, o Château Latour é uma resposta a Corton; os amantes do Lafite vão querer o Volnay – embora alguns produtores de Volnay atualmente se deixem levar pela busca de poder e extrato. É uma pena.

O pequeno e adorável vilarejo está situado mais acima nas colinas que seus vizinhos, e seus 135 hectares de *premiers crus* ficam nas encostas abaixo. A longa rampa de videiras que leva a Meursault contém Les Caillerets, provavelmente o mais próximo da qualidade de um *grand cru* que um *premier cru* Volnay consegue chegar.

DESFRUTANDO UM BORGONHA

O Borgonha branco é incomparável como vinho para acompanhar o primeiro prato de uma refeição formal e pavimentar o caminho para um tinto elegante – de Borgonha ou de Bordeaux. Os vinhos mais leves e mais ácidos são excelentes na harmonização com embutidos; os mais maduros e encorpados são igualmente gratificantes com aves ou vitela. O Borgonha tinto pode ser tão delicado que pede para ser apreciado sozinho. Em contrapartida, também pode apresentar sabor e vinosidade tão marcantes que a pungência das carnes de caça bem maturadas não é demais para ele. Os vinhos mais leves se beneficiam ao serem servidos frios. Só os Borgonha de grande escala, bem amadurecidos, devem ser servidos à temperatura ambiente de Bordeaux. Na Borgonha, o vinho tinto raramente é decantado. O hábito borgonhês de servir os melhores vinhos tintos com queijos fortes, até mesmo com Epoisses, parece francamente excêntrico.

O Champans, ao lado dele abaixo do vilarejo, tem a mesma categoria, assim como o Clos des Chênes. Não há uma divisão clara entre Volnay e seus vizinhos do sul – Meursault, no vale, e Monthélie, na colina. O mesmo estilo de vinho e até mesmo os nomes dos vinhedos permanecem. A Meursault é permitido usar o nome de Volnay para o vinho tinto cujas uvas são cultivadas em parte de Santenots, Plures, e Les Vignes Blanches (desde que use Pinot Noir). Degustá-los ao lado dos *premiers crus* brancos de Meursault é descobrir que o vinho tinto e o branco não são, de forma alguma, a noite e o dia.

Premiers Crus

Angles (3,4)	Clos du Château des Ducs (0,6)
Aussy (1,7) Desde 2007	Clos des Chênes (15)
faz parte do Ronceret	Clos de la Cave des Ducs (0,6)
Brouillards (5,6)	Clos des Ducs (2,4)
Caillerets (14,4)	Clos de la Rougeotte (0,5)
Carelle Sous la Chapelle (3,7)	Clos du Verseuil (0,7)
Desde 2007 faz parte do	En l'Ormeau (4,3) Desde 2007
Carelles-Dessous	faz parte do Mitans
La Chapelle	Frémiets (7,4)
Carelles Dessous (1,5)	Gigotte (0,5)
Desde 2007 faz parte do	Grand-Champs (0,2)
Carelles-Dessous	Lassolle (0,2)
La Chapelle	Lurets (2)
Carelles-Dessous La	Mitans (8)
Chapelle (5,2)	Pitures (7)
Champans (11)	Pointes d'Angles (1,2)
Chanlins (2,9) Desde 2007	Robardelle (3)
faz parte do Pitures	Ronceret (3,6)
Chevret (6,4)	Santenots (22)
Clos de l'Audignac (1,1)	Taille Pieds (7)
Clos de la Barre (1,3)	Le *Village* (2,9)
Clos de la Bousse d'Or (2,2)	**Denominação comunal:**
Clos de la Chapelle (0,57)	**92 hectares**

Monthélie

Assim como Corton-Charlemagne chega a Pernand-Vergelesses, os melhores vinhedos de Volnay estão na menos conhecida Monthélie. Muda seu nome para Les Champs Fulliot. O centro de interesse no vilarejo de Monthélie é seu château, a propriedade de um de seus produtores mais destacados: Eric de Suremain. O bom Monthélie tem o encanto dos Volnay, mas é menos estruturado e longevo.

Premiers Crus

Les Barbières (1)	Meix-Bataille (2,3)
Cas Rougeot (0,6)	Riottes (0,7)
Champs Fulliot (8)	Sur la Velle (6)
Château Gaillard (0,5)	Taupine (1,5)
Clos Gauthey (1,8)	Vignes Rondes (2,7)
Clos des Toisières (0,43)	Le *Village* (0,2)
Le Clou des Chênes (1,5)	**Denominação comunal:**
Les Cloux (3)	**106 hectares**
Duresses (6,7)	

Meursault

Se Meursault se convenceu de que é uma cidade, não consegue convencer os visitantes que procuram conforto – ainda menos ação. Suas ruas são uma floresta confusa de obstáculos para convencer os turistas, com bajulações, a entrar nas adegas, que são toda sua *raison d'être*.

Há muitos e variados Meursault. Seu modelo é uma bebida que me dá sede só de pensar: um encontro de maciez e suculência, com precisão e "corte" para saciar a sede. O Meursault *village* será suave, e quanto mais você subir a colina, mais autoridade e corte o vinho terá. Com a idade, o vinho se torna redondo, e surgem sabores que as pessoas descrevem como de aveia, avelã, manteiga – coisas de sabor marcante mas suave.

Os vinhedos de vinho branco de Meursault são os que continuam ininterruptamente até Puligny-Montrachet, ao sul, e os melhores são aqueles que estão mais próximos do vilarejo: Les Perrières, Les Charmes, Les Genevrières. O povoado de Blagny, mais acima na mesma colina, também contém *premiers Crus* de Meursault de primeira qualidade: Sous le Dos d'Ane e La Pièce Sous le Bois – nomes que parecem expressar uma crueza rústica, que está longe de ser o caso. A elevação de Blagny resulta em vinhos com mais austeridade e acidez do que os dos terrenos mais baixos. O mesmo é válido para os vinhos *village* no alto da colina (Les Tillets, Les Narvaux). Eles podem ser excelentes, com acidez mais acentuada e, como o Blagny, são lentos para se desenvolver. Os melhores tintos de Meursault são vendidos como Volnay--Santenots.

Premiers Crus

Bouchères (4,4)	La Pièce Sous le Bois (11)
Caillerets (1)	Plures (10,5)
Charmes (31)	Poruzots (11,4)
Clos des Perrières (1)	Ravelles (1,3)
Cras (3,5)	Santenots (22)
Genevrières (16,5)	Sous Blagny (2,2)
Gouttes d'Or (5,4)	Sous le Dos d'Ane (5)
Jeunelotte (5)	**Denominação comunal:**
Perrières (Dessous and	**288 hectares**
Dessus) (13,7)	

Blagny

Blagny não tem denominação própria, mas possui vinhedos excelentes em Meursault e em Puligny-Montrachet.

Puligny-Montrachet Premiers Crus

La Garenne (10)	**Denominação comunal:**
Hameau de Blagny (4,2)	**8 hectares**
Sous le Puits (6,8)	

Meursault Premiers Crus

La Jeunelotte (5)	Sous le Dos d'Ane (5)
La Pièce Sous le Bois (11)	**Denominação comunal:**
Sous Blagny (2,2)	**2 hectares**

Auxey-Duresses

Este é o vilarejo acima e atrás de Meursault, onde um vale, perpendicular ao côte, fornece uma encosta sul, no ponto médio exato da colina, para uma faixa restrita de vinhedos *premier cru*, a maior parte plantada com Pinot Noir. O branco pode se assemelhar a um Meursault bem enérgico, em minha opinião mais interessante do que o Auxey tinto, que pode ser um tanto rústico. O vilarejo também abriga as reservas fabulosas da Mme. Bize-Leroy, o "Gardienne des Grands Millésimes" (ver Maison Leroy).

Premiers Crus
Bas des Duresses (2,4)
Bréterins (1,7)
Chapelle (1,3)
Climat du Val (8,4)
Clos du Val (1)
Duresses (8)
Ecusseaux (3,1)
Grands Champs (4)
Reugne (2)
**Denominação comunal:
102 hectares**

St-Romain

Um belo vilarejo escondido no segundo cordão de colinas, atrás de Auxey-Duresses. Localizado muito alto nas colinas, não tem terras *premier cru*, e de seus cem hectares produz mais e melhor vinho branco do que tinto. Nos anos frios, o vinho pode ser ácido demais.

Puligny-Montrachet

Puligny e Chassagne parecem, à primeira vista, gêmeos siameses unidos por seu *grand cru* compartilhado, Le Montrachet. Mas a impressão é falsa. Puligny é uma dedicada área de vinhos brancos. Chassagne, apesar do Montrachet no nome, costumava tirar a maior parte de seu sustento dos vinhos tintos; cerca de 30% dos vinhedos ainda estão plantados com Pinot Noir.

Não há nenhuma mágica que leve o vinho branco de Meursault Charmes a ter gosto diferente do Les Puligny Combettes, com o qual faz fronteira. No entanto, eu esperaria do Puligny-Montrachet um sabor frutado um pouco mais intenso, um pouco mais de acidez, e talvez notas florais que não são características do Meursault. Pilhas de velhas notas de degustação tendem a se contradizer, e, sendo assim, minha descrição é puro impressionismo – toda essa metáfora aérea em pinceladas de tinta representando pomares de fato parece ter algo que ver com o sabor que eu não sou capaz de descrever.

O que é mais palpável é a superioridade dos *premiers crus*. Pode-se esperar que aqueles de Combettes e Champs Canet no final de Meursault em Puligny e da parte de Blagny situada nesta área com a denominação Blagny *premier cru* estejam mais próximos do estilo de Meursault. Um destaque ligeiramente superior é normalmente dado aos que estão na fronteira com os *grands crus*: Cailleret e Pucelles.

Dois dos *grands crus* que são o ápice do vinho branco da Borgonha estão inteiramente em Puligny-Montrachet: Chevalier-Montrachet (a faixa de morro acima de Montrachet) e Bienvenues-Bâtard-Montrachet: metade da encosta mais plana, abaixo. A apreciação aceita sobre o

Château de Meursault, Beaune.

Chevalier é que ele tem o sabor refinado do Montrachet, mas de forma menos concentrada (a concentração é a marca registrada deste que é o mais grandioso de todos os vinhos brancos). Os críticos não costumam distinguir entre Bienvenues e Bâtard (para encurtar os seus nomes "desajeitados"). Qualquer generalização é inevitavelmente derrubada pela próxima degustação de um vinho de uma safra diferente ou de um produtor diferente.

Quanto ao vinho *village* do Puligny-Montrachet: ainda é caro. Vale mais do que um Meursault? Provavelmente não, já que os melhores vinhos *village* de Meursault causam mais entusiasmo. É provável que o Puligny-Montrachet seja o mais caro dos dois.

Grands Crus

Bâtard-Montrachet (6)	Chevalier-Montrachet (7,36)
Bienvenues-Bâtard--Montrachet (3,6)	Montrachet (4)

Premiers Crus

Caillerets (3,4)	Folatières (17,7)
Chalumeaux (5,8)	Garenne (10)
Champs Canet (4)	Hameau de Blagny (4,3)
Champ Gain (10,7)	Perrières (8,4)
Clavoillon (5,6)	Pucelles (5,1)
Clos de la Garenne (1,5)	Referts (5,5)
Clos de la Mouchère Combettes (6,8)	Sous le Puits (6,8)
	Truffière (2,5)
Demoiselles (0,6)	**Denominação comunal: 114 hectares**

Chassagne-Montrachet

Quase metade dos *grands crus* Le Montrachet e Bâtard-Montrachet e todos os Criots-Bâtard-Montrachet ocupam o canto da colina que fica no limite norte da região. Infelizmente, a íngreme encosta virada a sul, que corre perpendicular a elas, nas colinas ao longo da estrada para Saint-Aubin, não tem terra suficiente para as videiras. Se este fosse o Douro, haveria terraços. Entre esta região e o vilarejo, há alguns terrenos *premier cru*, mas os vinhos famosos recomeçam onde a encosta, o côte, ganha impulso e inclina no Clos Saint-Jean acima da cidadezinha. Caillerets, Ruchottes e Morgeot são nomes vistos nas garrafas de vinho branco, caras e memoráveis. Outros vinhedos, tais como o Clos Saint-Jean, dão ênfase ao tinto.

Qualquer associação de ideias que insinue que os tintos Chassagne devem ser vinhos leves é completamente equivocada. Longe de ser um suave e tênue Volnay, o Chassagne retorna à carne e à musculatura dos Corton ou dos Côte de Nuits. O tinto Chassagne, além disso, é vendido ao preço dos *village* menos conhecidos – muito mais barato do que os grandes nomes do Côte de Nuits. Às vezes, cada gota pode ser gratificante. Os exemplos inferiores podem ser rústicos.

Muitos dos *premiers crus* podem ser engarrafados sob os nomes dos *premiers* mais conhecidos, razão pela qual alguns dos nomes raramente, ou nunca, são vistos nos rótulos.

Quando a área não está especificada na lista abaixo, é porque não foi possível fornecer um número definitivo.

Grands Crus

Bâtard-Montrachet (6)	Montrachet (4)
Criots-Bâtard-Montrachet (1,6)	

Premiers Crus

Abbaye de Morgeot (4)	Dents de Chien (0,65)
Baudines (3,6) (parte do Bois des Chassagne)	Embrazées/Embazées (5,2) (parte do Bois de Chassagne)
Blanchot Dessus (1,2)	Fairendes (7,2) (parte do Morgeot)
Bois de Chassagne (4,8)	
Bondues (1,7) (parte do Chenevottes)	Francemont (2,4) (parte do Morgeot)
Boudriotte (parte do Morgeots) (2,2)	Grande Borne (1,7)
Brussonnes (parte do Morgeots) (2,9)	Grande Montagne (2,8)
	Grandes Ruchottes (2,1) (parte do Grande Montagne)
Caillerets (6,1)	
Cardeuse (1) (parte do Morgeot)	Grands Clos (4) (parte do Morgeot)
Champs Gains (4,6)	
Champs Jendreau (2,1) (parte do Morgeot)	Guerchères (2,2) (parte do Morgeot)
La Chapelle (4,6) (parte do Morgeot)	Macherelles (5,2)
	Maltroie (4)
Chassagne (1,1) (parte do Cailleret)	Morgeot (54)
Chassagne (2,9) (parte do Maltroie)	Murées (1,6) (parte do Clos St Jean)
Chassagne du Clos St Jean (2) (parte do Clos St Jean)	Pasquelles (2,4) (parte do Vergers)
Chaumées (7,5)	Petingerets (1,7) (parte do Vergers)
Chaumes (2,7) (parte do Morgeot)	Petits Clos (5) (parte do Morgeot)
Chenevottes (8,2)	Petits Fairendes (0,8) (parte do Morgeot)
Clos Chareau (2) (parte do Morgeot)	Les Places (2,4) (parte do Maltroie)
Clos du Château (3)	Les Rebichets (5,5) (parte do Clos St Jean)
Clos de la Chapelle (parte do Morgeot)	En Remilly (1,6)
Clos de la Maltroie (parte do Maltroie)	Romanée (3,4) (parte do Grande Montagne)
Clos des Murées (parte do Clos St Jean)	Roquemaure (0,6) (parte do Morgeot)
Clos Pitois (3) (parte do Morgeot)	Tête du Clos (2,1) (parte do Morgeot)
Clos St Jean (5)	Vergers (5,2)
Combards (0,65) (parte do Caillerets)	Vide-Bourse (1,2)
Commes (1) (parte do Chenevottes)	Vigne Blanche (2,2) (parte do Morgeot)
Ez Crets (2,3) (parte do Maltroie)	Vigne Derrière (3,7) (parte do Cailleret)
Ez Crottes (2,3) (parte do Morgeot)	En Virondot (2,3) (parte do Grande Montagne)

Denominação comunal: 157 hectares

Saint-Aubin

Saint-Aubin é gêmeo de Saint-Romain, um vilarejo escondido no primeiro vale atrás da côte, mas com uma pequena vantagem na localização que lhe dá alguns *premiers crus*, embora não muito mais do que o *terroir* garante. O vilarejo de Gamay (suposta fonte da uva com que se elabora o Beaujolais, que é uma mácula para a Côte d'Or) fornece cerca de metade das terras nesta denominação. Os brancos mostram mais talento do que os tintos. Eles exibem um estilo sub-Puligny (ou é sub-Meursault?), e a maioria dos melhores terrenos (En Remilly, Murgers des Dents de Chien, Chatenière e Charmots) fazem fronteira com os de Puligny e Chassagne. Os vinhos melhoraram muitíssimo nos últimos anos e podem ser uma excelente opção de compra. A área com videiras é de 161 hectares, dos quais doze são *premiers crus*.

Quando a área não está especificada na lista abaixo, é porque não foi possível fornecer um número definitivo.

Premiers Crus

Les Castets
Champlots
Charmois (15)
Chatenière
Les Combes
Les Cortons
En Créot
Derrière Chez Edouard
Derrière la Tour
Frionnes
Sur Gamay

En Montceau
Les Murgers des Dents
de Chien (16)
Perrieres
Pitangeret
Le Puits
En Remilly (22)
Sous Roche Dumay
Sur le Sentier du Clou
Vignes Moingeon
Le *Village*

Santenay

É uma ideia extravagante, eu sei, mas eu sempre considerei os nomes dos vilarejos da Borgonha uma pista útil para o caráter de seus vinhos. Chambertin tem som de rufar de tambores, Chambolle-Musigny, uma nota lírica; Pommard soa perfeitamente bem para seus tintos fortes, assim como Volnay para seus vinhos mais sedosos. Santenay soa como boa saúde. (Curiosamente, ele tem um *spa* nada moderno para tratamento de reumatismo e gota.)
Saúde parece ser o tipo exato de imagem para ser associada com os vinhos de Santenay. Eles são bastante simples, com sabor uniforme, sem perfume marcante ou grandes emoções, mas bons para beber regularmente.
Em sua melhor forma, em Les Gravières, Comme La e Le Clos de Tavannes, eles estão na mesma classe dos Chassagne-Montrachet: encorpados e longevos. Outras partes da região, com solo mais calcário e pedregoso, têm tintos mais pálidos e um pouco de vinho branco de crescente interesse.

Premiers Crus

Beauregard (18)
Beaurepaire (15,5)
Clos Faubard (5,2)
Clos des Mouches (1,5)
Clos Rousseau (10)
Clos de Tavannes (5,3)
Comme (22)

Fourneaux (6)
Grand Clos Rousseau (7,7)
Gravières (24)
Maladière (13,5)
Passe Temps (11,5)
**Denominação comunal:
203 hectares**

Maranges

Esta nova (1989) denominação abrange os três vilarejos, desolados, que compartilham o vinhedo Les Maranges, ao longo da colina a oeste de Santenay epesar, logo acima da fronteira do *département* de Cote d'Or, na penumbra distante de Saône-et-Loire, Seus nomes são Sampigny, Dezize e Cheilly. Os vinhos são bem estruturados, de cor intensa e geralmente muito tânicos. Envelhecem bem e são esplêndidos para beber após oito anos de guarda, conforme tem demonstrado repetidas vezes a clientela local de compra direta. Há 82 hectares de *premiers crus*.

Cheilly-les-Maranges Premiers Crus
Boutières, Fussière, e Clos Roussots

Dezize-les-Maranges Premier Cru
Fussière, Clos de la Fussière, Croix aux Moines

Sampigny-les-Maranges Premiers Crus
Clos Roussots, Clos des Rois, Clos des Loyères

Côte de Beaune-*Villages*

Todos os vilarejos do Côte de Beaune, com exceção de Beaune, Pommard, Volnay e Aloxe-Corton, têm esta como uma denominação de apoio, somente para vinhos tintos.

Principais produtores de Côte d'Or

O terreno quase literalmente impagável da Côte d'Or é dividido em inúmeras pequenas propriedades, cuja extensão é expressa em ares (um centésimo de hectare) ou *ouvrées* (uma medida antiga que equivale a 1/24 de um hectare, ou cerca de um décimo de um acre). Essas pequenas divisões de terra surgiram por causa do sistema francês de herança, ao montante de capital necessário para comprar mais e ao temor aos desastres locais, que insinuam que não é recomendável apostar todas as fichas no mesmo número. Isso significa que um produtor que tem, digamos, dez hectares, pode muito bem tê-los em trinta locais diferentes – muitas vezes apenas algumas fileiras de videiras separadas de seus vizinhos no mesmo vinhedo.

LE MONTRACHET

Todos os críticos concordam que o melhor Montrachet é o melhor vinho branco da Borgonha. Nele, todas as propriedades que dão água na boca ao lembrar e antecipar a sensação de degustá-los são levadas à máxima potência. Em comparação com seus vizinhos, a primeira qualidade que se destaca numa degustação é a concentração de sabor. Fico imaginando quanto isso se deve a seu solo e localização singulares e quanto se deve à regulamentação (e ao bom senso) que mantêm a colheita em rendimentos mínimos. Não há dúvidas de que outros bons vinhedos poderiam ter mais repercussão, se seus detentores mantivessem as videiras bem podadas e adubadas, colhessem mais tarde e utilizassem somente os melhores cachos. Essa economia só funciona para um vinhedo cujo vinho é tão bom que pode ser vendido antes de sua elaboração, a qualquer preço. Os principais proprietários do Le Montrachet são o Marquis de Laguiche (cujo vinho é comercializado por Drouhin), Comtes Lafon, Baron Thénard, Bouchard Père & Fils, Jacques Prieur, Ramonet, e o Domaine de la Romanée-Conti.

A terra preciosa também está dividida, por costumes antigos, em um quebra-cabeças de *climats*, ou campos, às vezes com limites naturais óbvios, às vezes aparentemente ao acaso. Cada *climat* é uma característica local conhecida, com um significado e um valor para os agricultores que são difíceis de entender para um estrangeiro.

O resultado da combinação desses fatores é a fragmentação de propriedades que importuna os compradores da Borgonha. Considerando que, em Bordeaux um château é uma unidade coerente fazendo uma ou, no máximo, duas coisas em uma escala razoavelmente grande, um domaine na Borgonha é muitas vezes um homem e sua família lidando com uma dúzia ou mais de vinhos diferentes, com diferentes necessidades e problemas. Se ele é um bom lavrador das videiras, seu talento não necessariamente se estende ao manuseio do lagar – ou vice-versa. Por uma série de razões, a inconsistência é quase inevitável.

Há importantes exceções, com vinhedos maiores e proprietários mais ricos. Mas o conceito do homem sozinho, tentando fazer tudo, é fundamental. Isso explica a importância dos négociants ou distribuidores, cujo papel é o de comprar uvas ou vinhos novos do produtor, envelhecê-los, e misturá-los com outros do mesmo vinhedo ou vilarejo ou distrito para produzir quantidades comercializáveis de algo consistente.

Requer pouca imaginação ver que, nessas condições, um comerciante inescrupuloso poderia ficar com quase tudo. As coisas estavam piores quatro anos atrás, quando se podia presumir, sem medo de errar, que alguns comerciantes misturavam vinhos de fora da região – algo em parte legal, em parte fraudulento, que hoje é estritamente proibido. Mas ainda há muita margem de manobra no quesito qualidade. Existem inspeções, mas ninguém supõe que sejam abrangentes ou eficazes.

Quando a maioria dos consumidores escuta que os comerciantes são corruptos, sua reação é procurar diretamente a autenticidade dos produtores. O engarrafamento no domaine tem sido apresentado como resposta. Isso, no entanto, traz de volta a pergunta básica: quem é mais competente e mais consciente? Ser proprietário de uma porção de um terreno famoso e de qualidade não é garantia de formação técnica em enologia ou *élevage* – a criação de um vinho na adega – ou engarrafamento. É por isso que é essencial saber quem está fazendo o melhor vinho. Felizmente, a lista está crescendo em vez de diminuir, graças à competência cada vez maior de uma nova geração de produtores, bem instruídos e inovadores, que, com frequência, produzem um vinho muito melhor do que os que a Borgonha já deu. Eles são mais conscientes do que muitos de seus pais da necessidade de retornar a uma viticultura equilibrada, livre da dependência de fertilizantes, clones produtivos e rendimentos elevados ao máximo.

Ambroise ☆☆–☆☆☆
Nuits-St-Georges. www.ambroise.com
O exuberante Bertrand Ambroise aborda a vinificação com entusiasmo. Dez dos trinta hectares que ele cultiva são alugados, e ele também compra uvas. Há vinhos densos, com notas de cereja, provenientes de Nuits – especialmente os esplêndidos vieilles

vignes –, bem como *grands crus*, brancos e tintos, de Corton. Ambroise envelhece quase todos os seus vinhos em barricas de carvalho novo, mas agora está usando barris de 400 litros, para diminuir o carvalho manifestado nos vinhos.

Guy Amiot ☆☆–☆☆☆
Chassagne-Montrachet.
www.grands-crus-amiot-et-fils.com
Esta propriedade pouco conhecida possui doze hectares de vários *premiers crus* de Chassagne. A maioria das videiras tem mais de trinta anos. O estilo é sólido, amadeirado, vigoroso e mineral, com Baudines e Caillerets muitas vezes entre os melhores *crus*.

Pierre Amiot ☆☆
Morey-St-Denis.
Viticultor tradicionalista com pequenos terrenos, totalizando 8,5 hectares nos *grands crus* Clos de la Roche e Clos Saint-Denis, bem como em Gevrey-Chambertin Les Combottes e Chambolle-Musigny. Atualmente, os dois filhos de Pierre administram a propriedade, e a qualidade vem melhorando desde o final dos anos 1990.

Robert Ampeau ☆☆–☆☆☆
Meursault.
Incrível domaine de dez hectares, respeitado especialmente por seus vinhos brancos. Os mais conhecidos são de Meursault Perrières, Charmes e La Pièce Sous le Bois (parte em Blagny), e um terreno em Puligny Combettes. Os tintos, que são menos consistentes, incluem Beaune Clos du Roi, Savigny *premier cru* (Lavières e Fourneaux), Pommard e Volnay Santenots.

Excepcionalmente, só vende vinhos de guarda, bem engarrafados em sua própria adega. Desde a morte de Ampeau em 2004, seu filho Michel cuida da propriedade.

Corton André ☆–☆☆
Aloxe-Corton. www.corton-andre.com
Négociant e produtor em grande escala. Pierre André fundou La Reine Pédauque. Seu château em Corton é o centro da propriedade, que inclui seis hectares de Corton. Estes Corton são, de longe, os melhores vinhos. A empresa foi comprada pelo grupo Ballande, em 2002, e vende os vinhos sob os rótulos Corton André e Reine Pédauque.

Marquis d'Angerville ☆☆☆
Volnay. www.domainedangerville.fr
Um domaine impecável de quinze hectares, majoritariamente em Volnay. O avô do atual Marquês foi um dos pioneiros do engarrafamento no domaine, como uma forma de combater as práticas fraudulentas dos négociants que abusavam do bom nome de Volnay.

O *monopole* Clos des Ducs é um vinhedo incomum, íngreme e calcário, de 2,4 hectares, cujo vinho tende a perder o veludo dos melhores Volnay, mas pode envelhecer magnificamente. Eu prefiro o Champans, mais suntuoso (produzido com uvas provenientes de quatro hectares), e o Caillerets. Depois de algumas safras decepcionantes, a propriedade voltou à forma em 2004.

Clos de la Roche, Morey-St-Denis.

FRANÇA | BORGONHA | CÔTE D'OR

Domaine d'Ardhuy ☆☆
Corgoloin. www.ardhuy.com
Os antigos donos do Reine Pédauque e do Corton André (ver p. 115) mantiveram alguns vinhedos importantes. Bons Cortons, e um excelente Clos des Langres em Côte de Nuits-*Villages*.

Hervé Arlaud ☆☆–☆☆☆
Morey-St-Denis. www.domainearlaud.com
Desde 1998, Cyprien Arlaud é o vinicultor nesta propriedade de quinze hectares, que tinha por objetivo um estilo frutado e maleável, sem muito extrato. Ele alcançou o equilíbrio certo: frutos voluptuosos e taninos maduros.

Domaine de l'Arlot ☆☆–☆☆☆
Nuits-St-Georges.
A companhia de seguros AXA é dona desta terra em Prémeaux, mas quem a administra é seu coproprietário, Jean-Pierre de Smet, há mais de quinze anos. Olivier Leriche é o enólogo. O Clos de l'Arlot, de quatro hectares, é um *monopole*, assim como os sete hectares do Clos des Forêts Saint-Georges. Os vinhos são elegantes e aparentam um toque suave. E mantêm a pose, e o sabor frutado, por muitos anos.

Comte Armand ☆☆☆
Pommard. www.domaines-comte-armand.com
   Este domaine, que possui o excelente vinhedo *monopole* Clos des Epeneaux, ganhou nova vida quando, em 1985, passou para as mãos do jovem Pascal Marchand, de Québec.
   Desde 1995, o domaine adquire vinhedos em Auxey-Duresses (tintos e brancos), Volnay e Meursault por meio de acordos de cultivo compartilhado. Em 1999, Marchand se mudou e seu lugar foi ocupado pelo jovem Benjamin Leroux, que parece igualmente competente. Desde 2002, a propriedade adotou o cultivo biodinâmico. São vinhos enérgicos, de cor intensa, que requerem considerável envelhecimento.

Robert Arnoux ☆☆☆–☆☆☆☆
Vosne-Romanée.
Arnoux morreu em 1995, mas seu genro, Pascal Lachaux, administra esta propriedade de quatorze hectares, que conta com dois *grands crus* de Echézeaux, o Romanée-Saint-Vivant e o Clos de Vougeot, além de uma série de *premiers crus* em Nuits e Vosne. Os melhores vinhos são geralmente o Vosne Suchots e o Romanée-Saint-Vivant. O estilo é elegante e amadeirado e, embora os vinhos sejam extremamente caros, estão certamente entre os melhores do vilarejo.

Domaine d'Auvenay ☆☆☆☆
Auxey-Duresses.
Este pequeno domaine de quatro hectares é propriedade pessoal da família Leroy, e é separado do mais recente Domaine Leroy (ver p. 124). Mas os vinhos são feitos da mesma maneira, com produções diminutas, sobretudo os *grands crus*, como o Chevalier-Montrachet. Os vinhos são todos excelentes, mas impossíveis de conseguir, e muito caros.

Denis Bachelet ☆☆☆
Gevrey-Chambertin.
Minúsculo empreendimento individual em Gevrey-Chambertin, no *premier cru* Les Corbeaux e no Charmes-Chambertin. Mas os vinhos são incrivelmente elegantes.

Ghislaine Barthod ☆☆☆
Chambolle-Musigny.
De sete hectares, a maioria *premiers crus*, Ghislaine Barthod elabora uma excelente gama de vinhos que alcança o perfeito equilíbrio entre estrutura e poder de sedução. O carvalho novo é bem controlado, raramente excedendo os 30%. Les Cras e Charmes costumam ser os melhores *crus*.

Domaine des Beaumont ☆☆
Morey-St-Denis. www.domaine-des-beaumont.com
Uma raridade na Borgonha, uma propriedade nova, cujas primeiras safras são de 1999, provenientes de cinco hectares, em sua maioria *premiers crus*, em Morey e Chambolle. O estilo é maduro, amadeirado e esbelto.

Roger Belland ☆
Santenay. www.domaine-belland-roger.com
Belland oferece uma vasta gama de vinhos de todo o Côte de Beaune. É melhor prestar atenção aos vinhos de Santenay e Maranges, que são ricos sem nunca ser rústicos.

Domaine Bertagna ☆☆☆
Vougeot. www.domainebertagna.com
Os proprietários de alguns *premiers crus* Vougeot (brancos e tintos), incluindo o *monopole* Clos de la Perrière (dois hectares), a colina logo abaixo de Le Musigny. Bertagna tem um total de 21 hectares, com uma bela seleção de *grands crus*, como Chambertin, Clos Saint-Denis, Corton e Corton-Charlemagne. A qualidade, que já foi irregular, ganhou rigor e coerência.

Albert Bichot ☆–☆☆☆
Beaune. www.albert-bichot.com
Fundado em Beaune, em 1831. Como produtor, Bichot possui três domaines: Domaine du Pavillon, em Pommard, Clos Frantin, em Nuits e Long-Depaquit (ver p. 103), em Chablis. Nos níveis superiores, sobretudo de seus próprios domaines, a qualidade chega a ser alta.

Simon Bize ☆☆–☆☆☆
Savigny.
Um domaine de 22 hectares, quase totalmente em Savigny (também há terrenos de Chevalier-Montrachet e Corton-Charlemagne), com participações nos *premiers crus* Vergelesses, Guettes e Marconnets. São vinhos perfumados de grande pureza.

Blain-Gagnard ☆☆☆
Chassagne-Montrachet.
Jean-Marc Blain é um produtor extremamente confiável e todos os seus Chassagne *premiers Crus* são envelhecidos em cerca de 30% de carvalho novo. O Boudriottes e o Cailleret podem ser excepcionais. Blain também tem pedaços de terra do Bâtard-Montrachet e do Criots e, desde 2000, do próprio Montrachet.

Henri Boillot ☆☆–☆☆☆
Volnay.
Até 2005, este importante domaine era conhecido como Jean Boillot. Henri Boillot possui terras não só em Volnay, como também em Puligny-Montrachet (quatro hectares, incluindo o *monopole* Clos de la Mouchère), nos *premiers crus* Beaune e no Pommard. Os Volnays são excepcionalmente opulentos. O empreendimento négociant Boillot usa o nome Maison Henri Boillot.

Jean-Marc Boillot ☆☆–☆☆☆☆
Pommard.
Jean-Marc, o irmão de Henri Boillot (ver nesta página), assumiu sua herança em 1988. Ele também se sente em casa ao produzir

vinhos brancos extremamente amadeirados com uvas de diferentes vinhedos, em sua maioria em Puligny-Montrachet, ou tintos bem definidos de Volnay e Pommard. Ele também é négociant; os rótulos desses vinhos omitem a palavra *propriétaire*.

Lucien Boillot ☆☆
Gevrey-Chambertin.
Dois netos de Henri Boillot, Louis e Pierre, herdaram esse próspero domaine de quatorze hectares, com terras dispersas em Gevrey, Nuits e Volnay. Mais tarde, a propriedade foi dividida e hoje pertence exclusivamente a Pierre.

Jean-Claude Boisset ☆–☆☆☆
Nuits-St-Georges. www.boisset.com
Um estabelecimento recente (para os padrões da Borgonha – 1961), que desde então tem engolido vários nomes há muito consolidados, entre os quais Charles Vienot, Aîné Bouchard, Ponnelle Pierre, Jaffelin, Ropiteau, J. Moreau em Chablis, e Cellier des Samson em Beaujolais. Boisset foi mais elogiado por sua competência comercial e seu tino para marketing do que por alcançar picos de qualidade com seus vinhos. No entanto, o dinâmico Jean-Charles Boisset desenvolveu dois novos empreendimentos de alta qualidade: as terras familiares em Domaine de la Vougeraie (ver p. 130) e os vinhos J. C. Boisset, elaborados com uvas compradas e seguindo os mesmos rigorosos padrões.

Bonneau du Martray ☆☆☆☆
Pernand-Vergelesses. www.bonneaudumartray.com
O maior produtor do inimitável Corton-Charlemagne, com um bloco sólido de 9,5 hectares de videiras antigas, e 1,5 hectares adjacentes, em Corton (tinto). O famoso Cuvée François de Salins, o vinho mais caro dos Hospícios de Beaune, vem do mesmo canto privilegiado da colina. Esta é a única propriedade na Borgonha, além do Domaine de la Romanée-Conti, a ter somente vinhedos *grands crus*. Em 1994, Jean-Charles Le Bault de la Morinière sucedeu seu pai e elevou ainda mais os altos padrões. O Corton-Charlemagne se comporta mais como um tinto, envelhecendo majestosamente. Atinge seu ápice sublime em dez anos, mas pode ser guardado por mais tempo. Depois de muitos anos sendo superado pelo vinho branco, o tinto Corton agora também é tentador.

Bouchard Père & Fils ☆☆–☆☆☆☆
Beaune. www.bouchard-pereetfils.com
O maior domaine na Borgonha, com 130 hectares somente na Côte d'Or, e um dos melhores négociants, dirigido pelos Bouchard de pai para filho desde 1731, até que a empresa foi vendida para Henriot (da famosa Champagne) em 1995. Joseph Henriot imediatamente pôs em marcha uma série de medidas para elevar o prestígio dos vinhos, incluindo a desclassificação de algumas unidades *grand cru* que, segundo ele, não alcançavam os padrões esperados – um movimento típico do caráter complexo de um homem que é, ao mesmo tempo, empresário ágil e guardião apaixonado da qualidade.

As maiores propriedades de Bouchard estão em Beaune, onde seus *premiers crus* incluem os *monopoles* dos famosos quatro hectares Grèves Vigne de l'Enfant Jésus, os 3,5 hectares de Clos de la Mousse e os dois hectares de Clos St. Landry. É também o maior proprietário de vinhedos em Meursault. Inevitavelmente, tem alguns *grands crus* impressionantes em seu portfólio: Montrachet, é claro, mas também dois hectares de Chevalier-Montrachet, e terrenos importantes em Corton. Outros vinhos notáveis são os Volnay Caillerets rotulados como Ancienne Cuvée Carnot, os

Volnay atipicamente francos e longevos, elaborados com uvas de videiras muito antigas.

No início de 1990, a empresa estava passando por uma fase muito ruim, acossada por escândalos e uma reputação decadente. Em poucos anos, Henriot restaurou este grande nome, e os prestigiosos vinhos continuam a demonstrar todo o seu potencial. Henriot também adquiriu o Domaine William Fèvre (ver p. 102), em Chablis, e supervisionou uma transformação milagrosa semelhante.

René Bouvier ☆☆
Marsannay.
Os destaques incluem o delicioso branco Le Clos e o vibrante tinto Ouzeloy. Os Gevreys também são excelentes.

Michel Bouzereau ☆☆☆
Meursault.
Michel e seu filho, Jean-Baptiste, produzem *premiers crus* suntuosos e picantes de Genevrières e Charmes, mas os vinhos *village* de Teurons e Limozins também podem ser muito elegantes, com discreto aroma de carvalho. Até mesmo seu Aligoté é notável.

Alain Burguet ☆☆
Gevrey-Chambertin.
Oito hectares de videiras predominantemente *village*, notáveis pelo fato de sua idade média ser de cinquenta anos. O Cuvée Vieilles Vignes é tão bom quanto alguns *premiers crus* do vilarejo. O único *premier cru* de Burguet em Gevrey é o Champeaux. Burguet também dirige um pequeno empreendimento négociant e compra uvas de Clos de Bèze e de outros vinhedos.

Louis Carillon ☆☆
Puligny-Montrachet. www.louis-carillon.com
Glorioso domaine familiar de doze hectares, que tem 350 anos de história e hoje é dirigido por Louis e seus dois filhos. Os vinhedos incluem uma pequena área de Bienvenues-Bâtard-Montrachet. Os Pulignys têm uma qualidade cítrica atrativa e abundância de sabor. Pouco carvalho novo é usado, destacando-se, portanto, o sabor da fruta.

Carré-Courbin ☆☆
Volnay.
Pequena propriedade de 4,5 hectares, mas com excelentes vinhedos *premiers crus* em Volnay e em Pommard. Os vinhos passam cuidadosamente por carvalho e são bem equilibrados e suculentos.

Sylvain Cathiard ☆☆☆
Vosne-Romanée.
Pequena propriedade de cinco hectares com excelentes terras em Nuits-Saint-Georges e Chambolle, bem como em Vosne Malconsorts. Vinhos magníficos nas safras recentes: vigorosos, picantes e profusamente amadeirados. Com preços incríveis.

Champy ☆☆–☆☆☆
Beaune. www.champy.com
Provavelmente a mais antiga casa négociant de Beaune, fundada em 1720, Champy foi vendida em 1990 ao respeitado corretor de vinhos Henri Meurgey e seu filho, Pierre. Eles agora possuem dezessete hectares, mas ainda compram a maior parte de sua demanda e oferecem cerca de sessenta vinhos diferentes. A qualidade é alta, do nível de muitos domaines destacados.

Domaine Chandon de Briailles ☆☆–☆☆☆
Savigny-lès-Beaune. www.chandondebriailles.com

Importante propriedade de treze hectares, predominantemente nos melhores vinhedos de vinho tinto de Savigny (Les Lavières) e na vizinha Île des Vergelesses, em Pernand, dirigido por mãe e filha com um padrão muito alto. Também são proprietários de destaque em Corton, com 1,7 hectares em Bressandes, além do Clos du Roi e uma pequena parte de Corton Blanc. Estes são vinhos discretos, ultrarrefinados, equilibrados e elegantes. Propriedade biodinâmica desde 2005.

Chanson Père & Fils ☆–☆☆☆
Beaune. www.vins-chanson.com
Négociant e produtor (fundado em 1750) com um requintado domaine de 45 hectares, muitos deles em terras *premiers crus* de Beaune, e terras importantes em Savigny e Pernand-Vergelesses. Seus melhores vinhos são, possivelmente, o Beaune Clos des Fèves (3,8 hectares) e o Clos des Mouches. Vinhos degustados em 2002, datados das primeiras décadas do século XX, mostraram como os supostos vinhos leves de Beaune podem envelhecer maravilhosamente. No entanto, no final do século, a qualidade caiu e, em 1999, a empresa foi comprada pela Bollinger. A nova equipe logo adotou rendimentos mais baixos e eliminou práticas como a colheita mecânica. Os vinhos mostraram melhora imediata, que depois foi mantida. Os brancos em particular (por exemplo, Auxey--Duresses) são modelos.

Philippe Charlopin ☆☆☆
Gevrey-Chambertin.
O grande sucesso do Charlopin com vinhos de Gevrey e Marsannay lhe permitiu expandir seu domaine de dezesseis hectares, já dotado de Clos Saint-Denis e Chambertin, com pequenos terrenos em Charmes--Chambertin e Clos Vougeot. Charlopin colhe o mais tarde possível e produz vinhos ricos, carnudos e até mesmo voluptuosos.

Chauvenet ☆☆
Nuits-St-Georges.
Christophe Drag elabora os vinhos desta propriedade desde 1994, tendo uma boa coleção de *premiers crus* com a qual trabalha. Todos são ricos e firmes, sem ser agressivos, e o Vaucrains costuma ser o melhor deles.

Alain Chavy ☆☆
Puligny-Montrachet.
O famoso domaine de Gérard Chavy foi dividido em 2003 entre os irmãos Alain e Jean-Louis. Ambos herdaram a habilidade do pai, mas os *premiers crus* de Alain são especialmente elegantes.

Chevalier Père et Fils ☆☆
Buisson. www.domaine-chevalier.com
Vinhos brancos Ladoix espirituosos e Cortons mais imponentes.

Robert Chevillon ☆☆☆
Nuits-St-Georges.
Típica propriedade familiar, de treze hectares, com uma parte própria e outra alugada. Videiras muito antigas e excelente vinificação produzem um esplêndido *premier cru* Nuits-Saint--Georges (especialmente) de Les Cailles, Les Saint-Georges, Les Vaucrains, etc. E um pouco de vinho branco Nuits.

Bruno Clair ☆☆–☆☆☆☆
Marsannay. www.bruno-clair.com
Este domaine foi criado depois que o Domaine Clair Dau foi dividido, em 1985. Bruno Clair recebeu 21 hectares muito dispersos. Ele tem pouco menos de um hectare de Chambertin Clos de Bèze, com algumas videiras de noventa anos, e 3,5 hectares de *premiers crus* em Gevrey-Chambertin (incluindo Clos Saint--Jacques) e Savigny-lès-Beaune (o excelente Les Dominodes). Há também 5,5 hectares de uva tinta Marsannay, das quais ele produz três vinhos de vinhedo único que estão entre os melhores do vilarejo. Ele também aluga alguns vinhedos em Corton--Charlemagne. É uma fonte muito confiável em tudo o que produz.

Denis Clair ☆☆
Santenay.
Embora a sede fique em Santenay, a maioria dos onze hectares de vinhedos de Clair está situada em bons terrenos em Saint-Aubin. Produz excelentes vinhos, com a rica mineralidade dos bons brancos da Borgonha e preço atraente.

Bruno Clavelier ☆☆
Vosne-Romanée.
Clavelier cultiva seis hectares de vinhedos orgânicos em Vosne, Chambolle e Gevrey--Chambertin. Os vinhos são encorpados e bem estruturados, às vezes deselegantes, mas ricos e cheios de fruta.

Christian Clerget ☆☆–☆☆☆
Vougeot.
Um pequeno domaine de seis hectares com algumas videiras muito velhas em Chambolle, Echézeaux e Vougeot. O amadurecimento e taninos podem travar uma guerra quando os vinhos são jovens, mas este é um tinto Borgonha com considerável densidade e corpo.

Yves Clerget ☆☆–☆☆☆
Volnay. www.domaine-clerget.com
Domaine de seis hectares, com uma história incrivelmente longa: os Clerget fazem vinho em Volnay supostamente desde 1268. O orgulho da casa é seu inequívoco Pommard Rugiens. As terras em Volnay estão nos *premiers Crus* Carelle Sous la Chapelle, o *monopole* Clos du Verseuil e Caillerets. Por alguma razão, esta propriedade é extremamente subestimada.

Domaine des Clos ☆☆
Beaune.
Fundada em 1995 e agora com produção biodinâmica, esta é uma nova fonte de vinhos bem feitos de Beaune e Nuits-Saint-Georges.

Clos de Tart ☆☆☆☆
Morey-St-Denis. www.closdetart.com
Este famoso *monopole grand cru* de 7,5 hectares pertence desde 1932 aos produtores Mommessin, de Beaujolais. A qualidade era decepcionante até Sylvain Pitiot ser nomeado diretor em 1995. As videiras são cultivadas organicamente e os rendimentos são mantidos baixos; o vinho é envelhecido em carvalho novo durante, pelo menos, dezoito meses. Os métodos de Pitiot deram resultado, e o vinho é suntuoso e concentrado, ainda que muito amadeirado quando jovem.

Antiga prensa de madeira e vinhedos premiers crus, Chassagne-Montrachet.

Jean-François Coche-Dury ☆☆☆–☆☆☆☆
Meursault.
Jean-François é a terceira geração a possuir este domaine de onze hectares que tem vinhedos em Meursault e em Corton--Charlemagne. Seus poderosos vinhos brancos – até mesmo de seus Bourgogne Blanc – têm seguidores quase fanáticos. O Corton-Charlemagnes alcança preços extravagantes em leilões. Excelente qualidade, mas em outros lugares é possível encontrar vinhos tão bons quanto este por preços melhores.

Marc Colin ☆☆–☆☆☆
Saint-Aubin.
Metade dos dezessete hectares de vinhedos de Colin estão em Saint-Aubin, onde ele elabora vinhos brancos firmes, bem estruturados, mas ainda assim frutados. Também há videiras *premiers crus* em Chassagne-Montrachet e em Puligny--Montrachet, e uma pequena área em Montrachet – a cereja do bolo. Atualmente, a propriedade é administrada por seus filhos.

Jean-Jacques Confuron ☆☆–☆☆☆
Nuits-St-Georges. www.jjconfuron.com
Uma filha de Confuron se casou com Alain Meunier, que administra a propriedade desde 1988. Os vinhos são expressivos e muito bem-feitos. O domaine de oito hectares possui duas áreas de *grands crus*: Romanée-Saint-Vivant e Clos de Vougeot.

Confuron-Coteditot ☆☆–☆☆☆
Vosne-Romanée.
Este domaine de onze hectares abrange uma vasta gama de denominações, de Chambolle a Charmes-Chambertin. Os vinhos não são tão densos ou concentrados, mas têm uma facilidade natural de expressão que é muito gratificante. Qualidade confiável.

Coste-Caumartin ☆–☆☆
Pommard. www.costecaumartin.neuf.fr
Uma boa fonte de Pommard bem encorpado mas não muito tânico, especialmente do *monopole premier cru* Clos des Boucherottes.

Domaine de Courcel ☆☆–☆☆☆
Pommard. www.domaine-de-courcel.com
Os Courcel fabricam Pommard aqui há 400 anos. Seu domaine de oito hectares inclui os cinco hectares Grand Clos des Epenots no *premier cru* Epenots e um hectare de Rugiens. Estes *premiers crus* requerem uma década de guarda para lançar seus taninos rebeldes e suas frutas suaves. Em grandes safras, como a de 2005, os vinhos são impressionantes, mas em anos fracos, podem ser demasiado concentrados.

Pierre Damoy ☆☆–☆☆☆
Gevrey-Chambertin. www.domaine-pierre-damoy.com

A maior participação individual de Chambertin e Clos de Bèze (seis hectares) pertence à família Damoy. No entanto, os vinhos eram indiferentes até que Pierre Damoy assumiu em 1992 e colocou fim à fase do domaine Rip van Winkel. Ele impiedosamente cortou os rendimentos e mudou para a cultura biodinâmica. O resultado foram vinhos densos e tânicos, impressionantes, porém duros. Com o passar dos anos, o estilo foi sendo moderado e hoje tem mais vigor, embora alguns 2004 e 2005 tenham sido arruinados pelo álcool perceptível. Além de uma série de *grands crus*, Damoy produz um excelente vinho *village* com uvas de seu *monopole* Clos du Tamisot.

Vincent Dancer ☆☆–☆☆☆
Chassagne-Montrachet. www.vincentdancer.com
Os vinhedos de Dancer estão divididos por igual entre Chassagne, Meursault e Pommard – e ele é igualmente hábil em todos os três. Uma ótima fonte.

Deux Montille ☆☆–☆☆☆
Volnay.
Casa négociant criada em 2003 por Etienne de Montille (ver Domaine de Montille) e sua irmã Alix. Vinhos intensos e concentrados, a maioria Côte de Beaune.

Doudet-Naudin ☆☆
Savigny. www.doudet-naudin.com
Casa associada com a moda antiga dos vinhos muito escuros, concentrados, quase com notas de geleia de frutas, que, no passado, teve grande repercussão na Grã-Bretanha. Eles envelhecem bem, e garrafas de vinte anos de idade podem ser ricamente aveludadas e cheias de personalidade. Ultimamente, o estilo tem estado mais em sintonia com o gosto de hoje, buscando mais frescor. Seu domaine orgânico de doze hectares inclui *premiers crus* em Savigny e Beaune Clos du Roi e *grands crus* em Corton-Charlemagne e Corton-Maréchaudes.

Joseph Drouhin ☆☆–☆☆☆☆
Beaune. www.drouhin.com
Importante casa négociant (fundada em 1880) com um dos maiores domaines na Borgonha, com 31 hectares de *grands crus* e *premiers crus* na Côte d'Or e mais 38 hectares em Chablis. Em 2007, todos, com a exceção de alguns poucos vinhedos em Chablis, estavam sendo cultivados de forma biodinâmica. Robert Drouhin agora cedeu o controle a seus filhos, muito capazes. Toda a gama de vinhos Drouhin é feita com muita consciência, chegando aos esperados picos de qualidade nos melhores anos e nunca deixando de alcançar excelente qualidade nos *grands crus*. A especialidade da casa é o admirável Beaune Clos des Mouches: vinhos tintos e brancos encorpados, de longa guarda. Drouhin também tem direitos exclusivos sobre o esplêndido Montrachet de Marquis de Laguiche.

MARC DE BOURGOGNE E CASSIS

O resíduo polpudo de cascas, sementes e engaços deixado na prensa após a extração do suco muitas vezes é destilado para produzir uma aguardente conhecida como *marc*. A aguardente clara é amadurecida em carvalho para ganhar cor e, com sorte, um pouco de requinte. A maioria é feita pelos produtores para consumo privado. Algumas das casas maiores, como Bouchard Père & Fils e Louis Latour, elaboram versões cuidadosamente envelhecidas para comercializar. Há também versões de preço elevado, envelhecidas por muitos anos em barricas de carvalho novo, de domaines de prestígio como o de Vogüé. O cassis é um licor alcoólico de groselha preta que suaviza a acidez do vinho branco – na Borgonha, geralmente Aligoté – na proporção de uma medida de cassis para três ou quatro de vinho. A bebida resultante é muitas vezes chamada Kir em virtude de uma marca de cassis criada por Canon Félix Kir, outrora prefeito de Dijon.

Os Drouhin são cautelosos quanto ao excesso de carvalho novo e levam muito a sério o *élevage*, secando ao ar sua própria madeira antes de fabricar os tonéis. O estilo da casa dá preferência à sutileza, e aqueles mais acostumados aos tintos gordos e concentrados da Borgonha às vezes se decepcionam com os vinhos Drouhin. Mas eles envelhecem muito bem e adquirem complexidade, como pode confirmar qualquer um que tenha degustado um Griottes-Chambertin ou um Musigny envelhecido. Drouhin foi o primeiro borgonhês a plantar Pinot Noir nos Estados Unidos – no vale de Willamette, no Oregon (ver p. 523).

Drouhin-Laroze ☆☆☆
Gevrey-Chambertin. www.drouhin-laroze.com
Desde 2001, Philippe Drouhin produz a maioria de uma grande coleção de *grands crus*, incluindo Clos de Bèze, Clos de Vougeot, Bonnes Mares e Chapelle-Chambertin.

David Duband ☆☆
Chavannes.
Vinhos ambiciosos e amadeirados de uma série de vinhedos de Côte de Nuits.

Robert Dubois ☆
Nuits-St-Georges.
Propriedade familiar com 22 hectares, incluindo Clos de Vougeot e os *premiers crus* Les Porêts e Clos des Argillières. Os vinhos podem ser robustos e duros.

Dubreuil-Fontaine ☆–☆☆
Pernand-Vergelesses. www.dubreuil-fontaine.com
Os Dubreuil administram esta propriedade familiar de vinte hectares há gerações, e Christine Gruère-Dubreuil é a última. Rica em Corton *grands crus* (brancos e tintos), também possui terras no vinhedo de Pommard Epenots e o *monopole* Clos Berthet, de um hectare, no vilarejo de Pernand-Vergelesses.

Claude Dugat ☆☆☆
Gevrey-Chambertin.
Claude Dugat tem um domaine de 3,5 hectares e elabora vinhos da mais alta classe. Os *premiers* e *grands crus* (Griottes-Chambertin, Charmes-Chambertin) são envelhecidos totalmente em carvalho novo.

Dugat-Py ☆☆☆☆
Gevrey-Chambertin. www.dugat-py.com
Bernard Dugat faz um vinho impressionante com uvas que, em sua maioria, provêm de sete hectares de videiras muito antigas de Vosne-Romanée a Gevrey, onde ele tem *grands crus* em Mazis e em Charmes-Chambertin. Assim como seu primo Claude, ele envelhece seus melhores vinhos totalmente em carvalho novo.

Dujac ☆☆☆–☆☆☆☆
Morey-St-Denis. www.dujac.com
Jacques Seysses é o "Jac" do nome. Para sua surpresa – visto que ele é um ex-banqueiro que se tornou produtor em 1969 –, muitos dos melhores viticultores da Borgonha o consideram um mentor. Clos de la Roche, onde possui dois hectares, é geralmente o melhor vinho, mas Bonnes Mares está se tornando melhor a cada ano, conforme as videiras envelhecem. Há também *premiers crus* de Chambolle e Gevrey-Chambertin, além dos *grands crus* Charmes-Chambertin e Echézeaux. Em 2005, foram comprados terrenos em Vosne Malconsorts, Romanée-Saint-Vivant e Clos Bèze. Há também uma quantidade ínfima do raro branco Morey Monts Luisants.

Seysses sempre experimentou incansavelmente, no vinhedo e no lagar, e tem poucas ideias preconcebidas. Seus métodos são essencialmente de não intervenção: manter os engaços na maioria das safras, usar barricas novas, nunca filtrar. O resultado é elegância com profundidade, como o tinto da Borgonha deve ser. Os vinhos de Dujac nunca são abertamente tânicos ou escuros, já que Seysses privilegia a elegância em detrimento da concentração. Os vinhos parecem demasiado requintados para envelhecer bem, mas as garrafas de trinta anos de idade se mantiveram frescas e deliciosas. Atualmente, os filhos de Seysses dão continuidade à meticulosa tradição estabelecida há quase quarenta anos.

René Engel
Ver Domaine d'Eugénie nesta página.

Sylvie Esmonin ☆☆–☆☆☆
Gevrey-Chambertin.
Esta propriedade só começou a engarrafar em 1989, depois que Sylvie concluiu seus estudos e retornou ao domaine familiar. O vinho superior é o Clos Saint-Jacques, onde ela possui 1,6 hectare.

Domaine d'Eugénie
Vosne-Romanée.
Antigo Domaine Engel até a morte inesperada de Philippe Engel, em 2005. Um ano depois, a propriedade foi comprada por François Pinault do Château Latour. O domaine de sete hectares inclui 1,5 em Clos Vougeot e terrenos de Grands-Echézeaux, Echézeaux e Rosne-Romanée. Os vinhos Engel eram muito bons, masculinos e poderosos; os Eugénie ainda precisam ser degustados.

Faiveley ☆☆–☆☆☆☆
Nuits-St-Georges. www.bourgognes-faiveley.com
Faiveley, uma sucessão familiar ininterrupta desde 1825, é proprietário de um dos maiores domaines da Borgonha: cerca de 130 hectares, divididos entre 35 denominações somente na Côte d'Or. Setenta e cinco hectares estão em Rully e Mercurey, onde o *monopole* Clos des Myglands, de 6,3 hectares, é seu vinho mais conhecido, e o Clos du Roi é geralmente o melhor. Quanto aos *grands crus*, Faiveley pode se orgulhar de possuir terras consideráveis em Mazis, Latricières e Clos Bèze, bem como em Clos Vougeot, Corton-Charlemagne e Corton. As aquisições recentes deram a Faiveley participações importantes em Puligny--Montrachet, mas o ramo négociant da empresa continua a florescer. Durante os primeiros anos da década de 1990, os vinhos pareciam quase demasiado densos e solidamente estruturados, mas hoje o equilíbrio é muito mais elegante. São vinhos feitos para envelhecer, e o fazem muito bem. Em 2006, François Faiveley entregou o domaine a seu filho Erwan.

Jean-Philippe Fichet ☆☆–☆☆☆
Meursault.
Em sua maioria vinhos *village*, mas feitos com intransigente pureza e concentração. Tesson costuma ser o melhor vinho.

Fougeray de Beauclair ☆
Marsannay.
Embora situada muito mais ao norte, esta propriedade possui 1,5 hectare de Bonnes Mares, dos quais produz um vinho bom, mas normalmente não extraordinário, imbuído de carvalho novo.

Jean-Marie Fourrier ☆☆–☆☆☆
Gevrey-Chambertin.
Uma mudança de gerações em 1997 levou a uma perceptível melhoria neste domaine de dez hectares. O único *grand cru* (Griottes-Chambertin, com videiras de noventa anos) é muitas vezes desafiado pelo Clos Saint-Jacques, afável e concentrado. As safras recentes foram primorosas, intensamente frutadas.

Jean-Noël Gagnard ☆☆☆–☆☆☆☆
Chassagne-Montrachet. www.domaine-gagnard.com
A filha de Gagnard, Caroline Lestimé, produz os vinhos aqui, em 7,5 hectares de esplêndidos vinhedos Chassagne, incluindo um excelente terreno de Bâtard. Os vinhos são muito consistentes, com um caráter britânico e vigoroso, jovem e atraente, e envelhecem muito bem. Excelentes produtores.

Alex Gambal ☆☆
Beaune. www.alexgambal.com
Gambal, de Washington DC, veio à Borgonha no início dos anos 1990 e, em 1996, abriu seu próprio empreendimento négociant que está florescendo. Atualmente, seus melhores vinhos tendem a ser de Chassagne-Montrachet.

Jean-Michel Gaunoux ☆☆
Meursault. www.gaunoux.com
O domaine de dez hectares de Jean-Michel inclui o *premier cru* Goutte d'Or, bem como o Volnay Clos des Chênes. Os Meursault são puros e não muito amadeirados.

Michel Gaunoux ☆☆
Pommard.
Metade dos dez hectares de Gaunoux ficam em *premiers crus* de Pommard, com a maior parte em Epenots e a melhor em Rugiens. O vinho é firme, robusto e longevo.

Géantet-Pansiot ☆☆☆
Gevrey-Chambertin. www.geantet-pansiot.com
Vincent Géantet administra um domaine de quinze hectares com muitas videiras bem antigas. Ele não vê muito sentido em usar uma grande proporção de carvalho novo para envelhecer o vinho, que é maduro e carnoso; o único *grand cru*, Charmes-Chambertin, mostra mais elegância e sabor.

Pierre Gelin ☆
Fixin. www.domaine-pierregelin.com
Gelin é proprietário de terrenos em Clos de Bèze e Mazis-Chambertin, bem como no *monopole* Clos Napoleon, em Fixin. Nas últimas safras, a qualidade foi regular.

Germain Père et Fils ☆☆–☆☆☆
Chorey-lès-Beaune. www.chateau-de-chorey.com
O château medieval torreado de Benoit Germain, logo ao norte de Beaune, tem cinco hectares em Chorey e sete em *premiers crus* de Beaune, onde alguns terrenos datam de 1948. Seu Beaune inclui Teurons, Cent Vignes, Vignes Franches, Cras e Boucherottes. Há vinhos surpreendentemente sérios e longevos, provenientes desses lugares muitas vezes negligenciados. A proporção de carvalho novo é alta, mesmo para o Chorey. O Cuvée Tante Berthe é uma seleção de velhas videiras dos *premiers crus*, envelhecido totalmente em carvalho novo.

Vincent Girardin ☆☆–☆☆☆
Santenay. www.vincentgirardin.com
Girardin possui dezoito hectares em denominações tão variadas quanto Rully, Echézeaux e Corton-Charlemagne, bem como na própria Santenay. Além disso, ele compra uvas para seu empreendimento négociant, que está crescendo. Estes são Borgonha modernos, com uma boa dose de carvalho novo, mesmo para vinhos mais simples como o Bourgogne Blanc. Mas Girardin é um vinicultor habilidoso e seus vinhos agradam muitíssimo.

Camille Giroud ☆☆☆
Beaune. www.camillegiroud.com
Uma casa extraordinária fundada em Beaune em 1865 e especializada em vinhos que se prestam à guarda prolongada. Em 2002, a empresa foi comprada por um grupo de investidores norte-americanos, com David Croix como seu talentoso vinicultor.
A gama foi expandida para incluir *grands crus* como o Corton Clos du Roi e o Chambertin. Excelente qualidade desde 2004.

Henri Gouges ☆☆☆–☆☆☆☆
Nuits-St-Georges. www.gouges.com
Na opinião de muitos, e há vários anos, este é o produtor mais importante de Nuits, com quase todos os seus quinze hectares nos *premiers crus*, incluindo todo o Clos des Porrets. Durante os anos 1980, a propriedade passou por uma fase ruim, mas foi totalmente recuperada, com frequência produzindo vinhos cuja qualidade se aproxima de um *grand cru*: vigoroso, lento para se desenvolver, e com um longo final de boca. Há também um raro Pinot Noir branco, proveniente das videiras que sofreram mutação no vinhedo.

Alain Gras ☆
St-Romain.
Em seu domaine de doze hectares, Alain Gras produz alguns dos melhores vinhos – brancos e tintos – deste vilarejo muitas vezes esquecido.

Albert Grivault ☆☆☆
Meursault.
Pequeno domaine de cinco hectares centrado no *monopole* Clos des Perrières, que produz vinhos elaborados, mas picantes, com forte personalidade.

Jean Grivot ☆☆☆–☆☆☆☆
Vosne-Romanée. www.domainegrivot.fr
Etienne Grivot, filho de Jean, é um produtor extremamente dedicado, com uma série de pequenos pedaços de terra excepcionalmente boa: dezesseis hectares em 21 denominações de origem. As propriedades incluem 1,9 hectare em Clos Vougeot e quatro em Vosne-Romanée, notadamente o excelente *premier cru* Beaumonts e porções de Suchots e Brûlées, situadas entre os *grands crus* Richebourg e Echézeaux.
No final da década de 1980, os vinhos eram demasiado densos e concentrados e até mesmo careciam de *typicité*, mas Etienne Grivot corrigiu isso, e hoje eles são magníficos; muito concentrados, mas não pesados ou densos demais. A qualidade frutada é vívida sem ser ostentosa e certamente esses vinhos envelhecerão bem.

Robert Groffier ☆☆☆
Morey-St-Denis.
Excelente domaine de oito hectares nos melhores locais de Bonnes Mares, Clos de Bèze, e – acima de tudo – o favorito do proprietário: Chambolle-Musigny Les Amoureuses e Les Sentiers. Vinhos deliciosos, mas muito caros.

FRANÇA | BORGONHA | CÔTE D'OR

Anne Gros ☆☆☆–☆☆☆☆

Vosne-Romanée. www.anne-gros.com

Pequeno domaine de apenas seis hectares, mas os vinhedos são fabulosos: 0,6 hectare de Richebourg, 0,9 hectare de Clos Vougeot, e um pouco de Echézeaux e Chambolle-Musigny. Assim são os vinhos, untuosos e tostados e inerentemente elegantes.

Michel Gros ☆☆☆

Vosne-Romanée. www.domaine-michel-gros.com

Depois que Jean Gros se aposentou em 1995, seu filho Michel assumiu o controle do domaine. Ao mesmo tempo, outro filho, Bernard, tornou-se responsável pelo Domaine Gros Frère et Soeur, enquanto a filha Anne-Françoise (no Domaine A-F Gros) e a sobrinha Anne (ver verbete anterior) começaram a produzir vinhos excelentes em sua porção do domaine. Aqui, o vinho mais reconhecido é o do *monopole* Clos des Réas, um vinhedo murado com mais de dois hectares. Vinhos com amadurecimento e charme, mais que vigor.

Antonin Guyon ☆–☆☆

Savigny-lès-Beaune. www.guyon-bourgogne.com

Um domaine considerável, de cinquenta hectares, com uma gama notável de bons terrenos, e é estranho o fato de não ter mais renome. Os Corton são seu maior orgulho. Os vinhos podem ser ásperos quando jovens, mas envelhecem bem.

Hudelot-Noëllat ☆☆–☆☆☆☆

Chambolle-Musigny.

Propriedade de onze hectares com boa reputação, com terrenos em Clos Vougeot, Richebourg e Romanée-Saint-Vivant, e *premiers crus* em Chambolle-Musigny e Nuits. Vinhos fragrantes, concentrados e harmoniosos.

Louis Jadot ☆☆–☆☆☆☆

Beaune. www.louisjadot.com

Embora esta propriedade pertença à empresa comercial norte--americana Kobrand, os antigos donos, a família Gagey, continuam a administrá-la. O domaine de Louis Jadot hoje abarca 78 hectares, incluindo as terras originais, os 2,7 hectares de Clos des Ursules, em Les Vignes Franches.

Em Beaune, também possui propriedades importantes em vários outros *premiers crus*. Em Aloxe-Corton possui vinhedos em Corton-Pougets (*grand cru*) e Corton-Charlemagne; em Puligny--Montrachet, terrenos em Les Folatières e Chevalier- Montrachet. Jadot também controla setenta hectares em Beaujolais, produzindo vinhos de excelente qualidade, inclusive exemplares envelhecidos em carvalho. Desde 1985, a empresa compra as uvas Chassagne do

Domaine du Duc de Magenta e o vinho é vendido sob esse rótulo. Os incríveis vinhos brancos são seu maior orgulho, sobretudo o Corton-Charlemagne e o Chevalier-Montrachet.

Os tintos de Jadot são igualmente confiáveis, graças, desde 1970, ao cuidado apaixonado do vinicultor Jacques Lardière, exemplo brilhante de uma combinação de viticultor e négociant.

Patrick Javillier ☆☆

Meursault. www.patrickjavillier.com

Dez hectares de vinhos predominantemente *village* e Corton--Charlemagne impressionantes. Os vários vinhos Bourgogne Blanc têm muita personalidade e não devem ser ignorados.

Jayer-Gilles ☆☆–☆☆☆☆

Magny-les-Villers.

Gilles Jayer é o viticultor mais aclamado dos Hautes-Côtes, com uma queda por carvalho novo.

Jessiaume ☆

Santenay. www.domaine-jessiaume.com

Propriedade de quatorze hectares com videiras em premiers *crus* em Volnay e Beaune, bem como em Santenay. Em 2006, a propriedade foi comprada por Scotsman Sir David Murray, e a safra de 2007 é viçosa e singular.

François Jobard ☆☆☆

Meursault.

Todos em Meursault têm enorme respeito por François Jobard, um viticultor calmo, diligente e meticuloso como nenhum outro. Excelentes Meursault de vinhedos como Poruzots, Charmes e Genevrières. Os vinhos têm alto nível de acidez natural e as adegas são incrivelmente frescas, o que significa que essas garrafas envelhecem devagar e, sem dúvida, compensam a guarda.

Rémi Jobard ☆☆☆

Meursault.

Desde que o sobrinho de François, Rémi, assumiu em 1997, a qualidade melhorou muitíssimo, com brilhantes *premiers Crus* Meursault de Genevrières e Charmes. Está rapidamente se tornando um produtor de vinhos longevos tão confiável quanto François Jobard (ver verbete anterior).

Vincent and Francois Jouard ☆☆

Chassagne-Montrachet.

Onze hectares de vinhedos selecionados, dos quais os melhores são Clos de la Truffière e Bâtard-Montrachet.

DOMAINES *VERSUS* NÉGOCIANTS

Propriedades ambiciosas e bem-sucedidas se encontram em um dilema. A procura hoje excede a oferta, uma vez que as terras de um domaine são finitas e é difícil expandir a produção para atender à demanda cada vez maior. O preço da terra é, há muito tempo, alto demais para que as propriedades possam adquirir mais do que os poucos terrenos ocasionais. E tampouco há propriedades disponíveis no mercado.

A solução é comprar uvas de outros viticultores e abrir um pequeno empreendimento négociant paralelamente à produção engarrafada na propriedade do domaine. Não há nada de errado com isso, exceto que pode ser difícil para um consumidor saber se ele está comprando, ou bebendo, o vinho de uma propriedade ou o vinho de um négociant. Alguns produtores criaram um rótulo separado para seus vinhos de négociant. Morey Blanc é o

rótulo négociant para o Pierre Morey em Meursault, e Dujac Père et Fils é o equivalente para o Domaine Dujac. No entanto, algumas propriedades simplesmente integram as uvas compradas à produção do domaine. Isso pode não afetar a qualidade do vinho, mas como procedimento comercial carece de transparência.

Labouré-Roi ☆–☆☆
Nuits-St-Georges.
Négociant com reputação de ser um dos mais consistentes e confiáveis, a preços um tanto modestos. Os vinhos, porém, não impressionam.

Michel Lafarge ☆☆☆☆
Volnay.
Antiga propriedade familiar que sobreviveu às crises da Borgonha em meados da década de 1930 graças à iniciativa do avô de Michel Lafarge, que engarrafou seus vinhos e, com eles, atacou pessoalmente o mercado parisiense. Dos doze hectares de vinhedos, a maior parte fica em Volnay, mas há também alguns em Meursault e em Beaune Grèves. Os *premiers crus* incluem o Clos des Chênes (sempre excelente) e o terreno *monopole* Clos du Château des Ducs. A viticultura e a vinificação cuidadosas e o uso criterioso de um terço de novos barris produzem vinhos elegantes e longevos, certamente os melhores em Volnay. Desde 2000, a propriedade tornou-se biodinâmica, e hoje é administrada pelo filho de Michel, Frédéric.

Comtes Lafon ☆☆☆☆
Meursault. www.comtes-lafon.fr
Um dos raros produtores a se sobressair tanto com vinhos brancos quanto com tintos. Dominique Lafon assumiu como vinicultor em tempo integral em 1984, produzindo Meursault sublimes com uvas provenientes dos vinhedos *premiers crus* Charmes, Genevrières e Perrières, além de seu próprio "quintal dos fundos", Clos de la Barre, e uma minúscula quantidade de *grand cru* Montrachet.

Desde 1999, todos os vinhedos são cultivados segundo princípios biodinâmicos. Seus vinhos tintos provêm principalmente de Volnay: Champans, Clos des Chênes e, sobretudo, um grande lote em Santenots-du-Milieu, ao qual foram agregados alguns Monthélie. Outros Borgonhas tintos podem se equiparar, e até mesmo superar, os de Lafon, por mais excelentes que estes sejam, mas quando se trata de brancos, sem dúvida nenhum outro se compara ao Dominique Lafon.

Laleure Piot ☆–☆☆
Pernand-Vergelesses. www.laleure-piot.com
Os melhores vinhos deste domaine de dez hectares são normalmente os Cortons, brancos e tintos.

Lamarche ☆☆–☆☆☆
Vosne-Romanée. www.domaine-lamarche.com
Há quatro gerações, o domaine está nas mãos desta família, que tem a sorte de possuir o *monopole* de La Grande Rue, uma estreita faixa de 1,6 hectare subindo a colina entre Romanée-Conti e La Tâche. Aos 21 anos de idade, uma garrafa da safra de 1961 era um milagre de sensualidade sutil: ao lado de La Tâche, recebe pouco destaque, mas, à sua maneira mais quieta, está entre um dos melhores rótulos que já degustei. O restante da propriedade de onze hectares inclui terrenos de Clos de Vougeot, Grands-Echézeaux e os *prémiers crus* de Vosne-Romanée, Malconsorts e Suchots. Vinhos insípidos até meados dos anos 1990, quando, talvez estimulados pela promoção do La Grande Rue ao *status* de *grand cru* em 1990, a qualidade melhorou significativamente.

Domaine des Lambrays ☆☆☆☆
Morey-St-Denis. www.lambrays.com
O domaine possui quase a totalidade do *grand cru* Clos des Lambrays. Thierry Brouin produz o vinho, encorajado pelo magnata alemão Gunter Freund, que comprou a propriedade em 1996. Desde então, a qualidade tem sido exemplar. O domaine também produz pequenas quantidades de Puligny Folatières e Cailleret, excelentes, mas caros.

Hubert and Olivier Lamy ☆☆–☆☆☆
St-Aubin. www.domainehubertlamy.com
Desde que Olivier Lamy assumiu este domaine familiar em 1995, a qualidade melhorou muitíssimo. Até mesmo os vinhos tintos de Saint-Aubin, raramente excepcionais, são muito bons aqui, embora não cheguem ao nível dos deliciosos prémiers *crus* brancos. Utiliza-se cerca de 30% de carvalho novo.

Louis Latour ☆–☆☆☆
Beaune. www.louislatour.com
Um dos nomes da Borgonha a ser lembrados, foi fundado em 1797, e desde 1867 pertence e é dirigido, de pai para filho, por um Latour de nome Louis.

O centro de seu domaine é o Château de Grancey em Aloxe-Corton, uma das primeiras vinícolas em grande escala na França. O domaine tem, ao todo, cinquenta hectares, dos quais 35 ficam em Corton e Aloxe-Corton, incluindo dez em Corton-Charlemagne e um *monopole* de dois hectares no *grand cru* Clos de la Vigne au Saint. Outros *grands crus* incluem Romanée-Saint-Vivant e 0,5 hectare do Chevalier-Montrachet Les Demoiselles.

Latour é mais celebrado por seus vinhos brancos, sobretudo o Corton-Charlemagne. São vinhos potentes, que devem ser guardados. Aqui, insiste-se em empregar um método pouco usual de vinificação para os tintos, em que, por um breve período, submete-se o mosto a uma forma de pasteurização relâmpago. Isso pode explicar o fato de que os vinhos tintos são consideravelmente mais leves e menos complexos que os esplêndidos brancos.

Os vinhos do domaine representam um décimo de sua produção. Suas seleções de outros vinhos, sobretudo brancos, são confiáveis. Montagny é uma especialidade que merece atenção, e o Chardonnay Vin de Pays de l'Ardèche é memorável em caráter e volume.

Dominique Laurent ☆☆☆
Nuits-St-Georges.
Este antigo *pâtissier* é apaixonado por aquilo que ele considera um autêntico Borgonha: vinhos feitos com uvas de videiras antigas e improdutivas. Com esse propósito, este négociant pouco usual trabalha em estrita parceria com proprietários de terrenos excepcionais e paga os preços mais altos. Embora Laurent tenha começado a participar da vinificação em algumas propriedades, seu verdadeiro dom é como *éleveur*. Ele tem sua própria *cooperage*, e seus vinhos passam ao menos dezoito meses em barril em contato com os sedimentos, com alto percentual de carvalho novo. A bebida é engarrafada diretamente do barril.

Vinhedo Romanée-Conti, Vosne Romanée.

Isso é vinificação à moda antiga no que ela tem de melhor, e os resultados são impressionantes: vinhos concentrados, ricos e densos, com uma série de *cuvées* que demonstram a variedade a ser encontrada em uma única comuna como Nuits-Saint-Georges.

A produção de cada vinho tende a ser minúscula. Laurent conquistou seguidores devotos e, embora se tenha lançado certa dúvida sobre o potencial de envelhecimento de alguns dos vinhos, eles são manifestações ousadas e pessoais do vinho borgonhês.

Domaine Leflaive ☆☆☆☆
Puligny-Montrachet. www.leflaive.fr

Vincent Leflaive, o veterano de Puligny-Montrachet, construiu uma reputação fabulosa para seu Puligny-Montrachet com base em vinhedos como Clavoillons, Combettes e Pucelles, além dos *grands crus* Bâtard-, Bienvenue-Bâtard-, e Chevalier-Montrachet. Recentemente agregou-se Le Montrachet, a cereja do bolo.

Nos últimos dias de Vincent a qualidade decaiu, mas sua filha, Anne-Claude, auxiliada por uma equipe revitalizada e firme crença nos métodos biodinâmicos, rapidamente restaurou a imagem deste grande domaine. Sendo uma das líderes do movimento biodinâmico, ela emprestou seu nome a alguns dos exemplos atípicos do credo – até mesmo Muscadet. Vale a pena experimentar todos eles.

Olivier Leflaive ☆☆–☆☆☆
Puligny-Montrachet. www.olivier-leflaive.com

Sobrinho de Vincent Leflaive, Olivier é hoje o négociant de maior prestígio na área, graças ao vinicultor Franck Grux, com brilhante Pulignys e excelentes Saint-Romain, Saint-Aubin, Auxey-Duresses, etc. – vinhos exemplares do Côte de Beaune. Leflaive é mais reconhecido por seus elegantes vinhos brancos, e com razão, mas os tintos, encontrados, sobretudo no mercado interno, também podem ser bons.

Domaine Leroy ☆☆☆☆
Vosne-Romanée. www.domaineleroy.com

Mme. Lalou Bize-Leroy, uma mulher incansável e ambiciosa de extraordinária energia, já estava codirigindo o Domaine de la Romanée-Conti, além de administrar o empreendimento négociant de sua família, Maison Leroy (ver nesta página), quando começou a adquirir excelentes vinhedos ao comprar domaines moribundos, tais como o Charles Noëllat.

A expansão de seu domaine (que hoje compreende 22,5 hectares) foi um fator que contribuiu para seu desentendimento e eventual demissão do Domaine de la Romanée Conti (DRC) em 1992. Inabalada, ela prosseguiu em seu propósito de construir um grande domaine.

Hoje possui uma gama de *grands crus* dificilmente equiparados por qualquer outra propriedade na Borgonha, além de excelentes *premiers crus*. Desde o início da década de 1990, ela adotou a biodinâmica com paixão e insiste em rendimentos tão baixos que mal são economicamente viáveis. A maioria dos vinhos são envelhecidos por dezoito meses em carvalho novo, mas eles são tão concentrados que o toque amadeirado deixa de ser uma característica óbvia.

Algumas horas degustando toda a variedade em suas adegas, um privilégio concedido a poucos, é uma experiência fascinante e aviltante: uma sucessão de vinhos perfeitos. Se o Domaine Leroy está hoje entre os mais importantes da França, pode-se ter certeza de que os preços refletem isso.

Maison Leroy ☆☆☆
Auxey-Duresses.

A Mme. Lalou Bize-Leroy herdou este empreendimento négociant familiar em 1955, e se especializou em lançar vinhos apenas quando estejam plenamente amadurecidos. Eles requerem paciência e custam uma fortuna. Acredita-se que o Gardienne des Grands Millésimes, de estilo próprio, tem um estoque de 2,5 milhões de garrafas. A variação de uma garrafa para outra pode levar a algumas decepções.

Chantal Lescure ☆☆–☆☆☆
Nuits-St-Georges. www.domaine-lescure.com

Esta propriedade foi fundada em 1975 e possui dezoito hectares de vinhedos de Chambolle a Volnay. Costumava ser aliada à casa négociant Labouré-Roi, mas o acordo cessou em 1996, quando uma nova equipe assumiu. Em 1999, construiu-se um novo lagar. Os investimentos valeram a pena, e os vinhos são hoje impressionantes, com o Vosne Suchots muitas vezes superando o Clos Vougeot.

Domaine du Comte Liger-Belair ☆☆☆
Vosne-Romanée. www.liger-belair.fr

Até 2000, os vinhos desta propriedade eram comercializados por Bouchard Père et Fils (ver p. 117), mas hoje o domaine está produzindo e distribuindo os próprios vinhos. Os nove hectares de vinhedos ficam predominantemente em Vosne e incluem um terreno *monopole*, o Clos du Château. Magníficos *grands crus* La Romanée e Echézeaux, mas absurdamente caros.

Thibault Liger-Belair ☆☆–☆☆☆
Nuits-St-Georges. www.domaine-liger-belair.com

Não deve ser confundido com o Domaine du Comte Liger-Belair (ver verbete anterior), mais importante, que pertence a um parente distante. Mas, a cada safra, estes vinhos – produzidos em cultura biodinâmica – ganham confiança e personalidade. Esplêndido Richebourg.

Hubert Lignier
Morey-St-Denis.

Até sua morte prematura em 2003, Romain, o filho de Hubert Lignier, fez grandes progressos, produzindo vinhos que eram ricos e concentrados e que tinham por base uma boa dose de carvalho novo. Antes que se possa avaliar novamente a propriedade, os desentendimentos entre Hubert e a viúva de Romain precisarão ser resolvidos.

Château de la Maltroye ☆☆☆
Chassagne-Montrachet.

Fonte de alguns excelentes Chassagne brancos sob o rótulo *monopole* do château. Além disso, a propriedade de quinze hectares tem uma pequena parte de Bâtard-Montrachet, bem como vinhedos de uvas tintas em Chassagne Clos Saint-Jean.

Matrot ☆☆–☆☆☆
Meursault. www.matrot.com

Domaine de dezenove hectares hoje administrado por Thierry Matrot. É mais reconhecido por seus vinhos brancos, da seção de Blagny que fica em Meursault, e pelos *premiers crus* Charmes e Perrières, também em Meursault, e pelos Combettes e Chalumeaux, em Puligny. Há também 1,5 hectare de tintos Volnay-Santenots e um atípico tinto Blagny de La Pièce Sous le Bois, que produz um vinho vívido e às vezes áspero, à diferença do Volnay, mais suave.

Os brancos podem ser austeros quando jovens, mas com o tempo se tornam harmoniosos e complexos.

Louis Max ☆–☆☆☆
Nuits-St-Georges. www.louismax.com
Casa négociant fundada, em 1859, pelo imigrante russo Louis Max e hoje administrada por seu descendente Laurent Max. Nos anos 1990, a empresa melhorou seu desempenho e suas embalagens e começou a construir um portfólio de seus próprios vinhedos. *grands crus* como o Charmes-Chambertin podem ser impressionantes.

Méo-Camuzet ☆☆☆–☆☆☆☆
Vosne-Romanée. www.meo-camuzet.com
Durante muitos anos, Jean Méo arrendou seus vinhedos, mas desde 1993 eles estão de volta às mãos da família, e seu filho, Jean-Nicolas, no início assessorado pelo lendário vinicultor Henri Jayer, tem produzido vinhos majestosos e muito ricos com uvas de alguns vinhedos excelentes.

Os *grands crus* são Richebourg, Echézeaux, Clos Vougeot e Corton. Há dois *prémiers crus* em Nuits, e três em Vosne, entre os quais o raro e impressionante Cros Parantoux. Desde os anos 1980, inúmeras degustações têm demonstrado quão bem esses vinhos são capazes de envelhecer e quão complexos eles se tornam.

Prince Florent de Mérode ☆☆
Ladoix-Serrigny.
Embora tenha sede em Serrigny, a maior parte das terras deste domaine fica em Corton, com cerca de quatro hectares de *grands crus*. Após muitos anos de mediocridade, esses vinhos são hoje produzidos em um estilo rico e encorpado.

Château de Meursault ☆☆
Meursault. www.meursault.com
Domaine de sessenta hectares comprado, em 1973, pelo négociant Patriarche de Beaune e transformado em uma atração turística. Os *premiers crus* de Meursault são misturados e vendidos como Château de Meursault. Há também vinhos tintos de *premiers crus* em Pommard, Savigny e Beaune. Os preços são elevados.

Moillard
Nuits-St-Georges.
Esta empresa respeitável passou por mudanças complexas nos últimos anos, com a venda de alguns de seus excelentes vinhedos e, posteriormente, em 2008, a venda do empreendimento négociant a Vincent Sauvestre.

Mongeard-Mugneret ☆☆–☆☆☆
Vosne-Romanée. www.mongeard.com
Esta propriedade de trinta hectares produz vinhos honestos e longevos com uvas provenientes de Vosne Suchots, Echézeaux, Grands-Echézeaux, Vougeot e Richebourg, bem como de uma lista de *premiers crus* de Vosne, Nuits, Vougeot e Savigny.

René Monnier ☆☆
Meursault.
A família Monnier possui terras consideráveis em Meursault Chevalières e nos *premiers crus* Charmes, Beaune Cent Vignes, Toussaints e Puligny Folatières. Em geral, os brancos têm mais impacto e caráter que os tintos.

Hubert de Montille ☆☆☆
Volnay.
Pertencente a um advogado de Dijon, esta propriedade de quinze hectares é hoje administrada por seu filho Etienne. As vinhas estão dispersas entre os melhores vinhedos de Volnay (Champans, Taille-Pieds, Mitans), Pommard (Epenots, Rugiens, Pézerolles), Corton e Puligny-Montrachet. Tanto os vinhos de Pommard quanto os de Volnay são saborosos, de cor intensa e envelhecem bem.

De Montille é contra a chaptalização e, por isso, o caráter dos vinhos pode ser magro e um tanto duro na juventude. Mais que qualquer outro Volnay, eles precisam de dez anos em garrafa para desenvolver sua notável complexidade – uma lição útil.

O vigor não se iguala à longevidade. Sob o comando de Etienne de Montille, o cultivo é biodinâmico e o estilo dos vinhos se tornou menos austero, mas não menos saboroso e elegante.

Bernard Morey ☆☆
Chassagne-Montrachet.
Antigo domaine familiar de quinze hectares, predominantemente em Chassagne e dividido em proporções quase iguais entre uvas brancas e tintas. Os vinhos são frutados e confiáveis, mas não os mais elegantes.

Marc Morey ☆☆–☆☆☆
Chassagne-Montrachet.
O genro de Morey, Bernard Mollard, vem produzindo os vinhos aqui há quinze anos. Há uma série de *premiers crus* e pequenos terrenos em Bâtard-Montrachet e Chevalier-Montrachet. Em geral, o estilo dos vinhos é frutado e harmonioso, e com preço acessível.

Pierre Morey ☆☆☆
Meursault. www.morey-meursault.com
Morey é o vinicultor do Domaine Leflaive (ver p. 124) desde 1989 e produz excelentes Meursault e Bâtard-Montrachet em seus onze hectares cultivados biodinamicamente. Ele também compra uvas para seu rótulo négociant, Morey Blanc.

Albert Morot ☆☆–☆☆☆
Beaune.
Sete hectares de *premiers crus* de Beaune em Teurons, Grèves, Cent Vignes, Toussaints, Bressandes e Marconnets e dois em Savigny-Vergelesses Clos la Bataillère. Desde 2000, a qualidade tem melhorado, com maior seleção na colheita e o uso de até 50% de carvalho novo. Uma propriedade excelente para descobrir o caráter dos melhores Beaune.

Denis Mortet ☆☆☆–☆☆☆☆
Gevrey-Chambertin. www.denis-mortet.com
Denis Mortet foi provavelmente o mais inovador dos produtores do vilarejo, praticando essencialmente viticultura orgânica, colhendo apenas uvas muito maduras e usando uma boa dose de carvalho novo. Os vinhos eram ricos, escuros, concentrados e perfeitamente equilibrados, e se beneficiavam do envelhecimento em adega. Mortet cometeu suicídio em 2006, mas seu filho Arnaud está mantendo os altos padrões.

Thierry Mortet ☆☆
Gevrey-Chambertin. www.domainethierrymortet.fr
Thierry tem sido um pouco obscurecido pelo sucesso de seu irmão mais velho, Denis (o domaine da família foi dividido em 1992). Os vinhos são bons, agradavelmente frutados e condimentados.

Mugneret-Gibourg ☆☆☆
Vosne-Romanée. www.mugneret-gibourg.com
Das sete propriedades Mugneret em Vosne, esta é provavelmente a melhor. Após a morte de Georges Mugneret (alguns vinhos ainda

aparecem sob seu rótulo), a propriedade passou a ser gerenciada pela viúva Jacqueline e as duas filhas. O rendimento é baixo neste domaine de nove hectares, e a proporção de barris de carvalho novo varia. Seus vinhos são suculentos: Vosne firme, Feussellottes delicioso com todo o charme de Chambolle, Echézeaux exótico, Clos Vougeot mais tânico, e alguns ricos Ruchottes-Chambertin. Um produtor impecável.

Lucien Muzard ☆–☆☆
Santenay. www.domainemuzard.com
Esta propriedade familiar de dezesseis hectares produz vinhos esplêndidos e levemente amadeirados a um preço justo.

Michel Niellon ☆☆–☆☆☆
Chassagne-Montrachet.
Propriedade pequena, mas de grande reputação, muito procurada nos Estados Unidos. O estilo é maduro e redondo, mas, além dos *grands crus*, estes raramente são vinhos de longa guarda.

Domaine Parent ☆☆
Pommard. www.parent-pommard.com
Domaine de quinze hectares fundado em 1750 e mais famoso por seus Pommards firmes e por seus vinhos meio encorpados de Volnay e Beaune. Em 1999, o domaine foi dividido, e François Parent passou a vinificar separadamente o terço que lhe corresponde. Ele também produz os vinhos do domaine de sua esposa, A-F Gros, em Vosne-Romanée.

Patriarche ☆–☆☆
Beaune. www.patriarche.com
Possivelmente a maior empresa na Borgonha (afirma ter as maiores adegas), com um histórico que remonta a 1780 e uma produção anual de 20 milhões de garrafas. Patriarche tem uma imagem paradoxal: por um lado, proprietária do Château de Meursault (ver p. 122) e do Château de Marsannay, domaines que totalizam 110 hectares, e regularmente um importante comprador nos leilões dos Hospícios de Beaune; e, por outro lado, uma marca que meu lado esnobe descreveria como definitivamente popular.

Seu maior sucesso deve ser Kriter Brut de Brut, criado no início dos anos 1960 como um espumante de alta qualidade e sem denominação de origem. Suas marcas incluem Père Patriarche e Cuvée Jean Baptiste.

Pavelot ☆☆
Savigny. www.domainepavelot.com
Os Pavelot são viticultores em Savigny desde o século XVIII. Seu domaine compreende doze hectares, situando-se um pouco menos de metade deles nos vinhedos *premiers crus* das encostas, com as videiras muito antigas em Dominode. Os vinhos são honestos e consistentes, mas lhes falta certo entusiasmo.

Domaine des Perdrix ☆☆–☆☆☆
Nuits-St-Georges. www.domaines-devillard.com
Vinhos ricos, voluptuosos e muitas vezes concentrados neste domaine de doze hectares. Inclui o *monopole* Aux Perdrix e Echézeaux.

Domaine de la Perrière ☆☆
Fixin.
Domaine de cinco hectares que produz um único vinho: o famoso Fixin Clos de la Perrière, estabelecido pelos monges cistercianos no século XII. A mansão original, suas adegas, e a incrível prensa, de 700 anos, continuam lá. Desde 2005, o proprietário Bénigne Joliet se esforça para reduzir a produção e alcançar o pleno potencial de um vinhedo considerado equivalente a um *grand cru* Gevrey-Chambertin.

Perrot-Minot ☆☆–☆☆☆☆
Morey-St-Denis. www.perrot-minot.com
O melhor lugar deste domaine de quatorze hectares é o terreno de 1,5 hectare em Charmes-Chambertin, e há dois *premiers crus* em Chambolle-Musigny: Fuées e Combe d'Orveau. Christophe Perrot-Minot é um inovador, e seus vinhos são carnosos e hedonistas – talvez não muito sutis, mas sem dúvida concentrados.

Château de Pommard ☆–☆☆
Pommard. www.chateaudepommard.com
Desde 2003, a propriedade, com seu famoso vinhedo murado de vinte hectares, pertence a Maurice Giraud. Ele contratou Philippe Charlopin de Gevrey-Chambertin como enólogo consultor.

Ponsot ☆☆–☆☆☆☆
Morey-St-Denis. www.domaine-ponsot.com
Assim como os melhores lugares de Morey-Saint-Denis, este domaine de doze hectares tem terrenos em Chambertin, Charmes-Chambertin e Clos de Vougeot. O vinho mais importante é o esplêndido Clos de la Roche, concentrado e longevo, sem recorrer a carvalho novo. O *premier cru* branco Morey Monts-Luisants é a outra especialidade de Ponsot, produzido principalmente à base das veneráveis videiras Aligoté. Sua alta acidez requer envelhecimento em garrafa. Em sua melhor forma, os vinhos de Ponsot são memoráveis, mas podem também ser terrivelmente inconsistentes.

Nicolas Potel ☆☆–☆☆☆☆
Nuits-St-Georges.
www.nicolas-potel.fr
Nicolas Potel cresceu em Volnay como o herdeiro aparente do Domaine de la Pousse d'Or (ver nesta página). Porém, a morte prematura do pai e a venda da propriedade em 1997 levaram à sua partida. Com uma reserva de boa vontade entre os viticultores da Borgonha e a confiança depositada por eles em suas raras qualidades como vinicultor com experiência internacional, Potel se estabeleceu como négociant. Em 2003, o négociant Labouré-Roi comprou a empresa, mas deixou Potel como responsável. A vinificação é não intervencionista; ele procura terrenos com antigas videiras sempre que possível, pagando bons preços. Uma enorme gama de vinhos significa que a qualidade pode variar, mas, em seu melhor, Potel proporciona vinhos maduros e sensuais a preço justo.

Domaine de la Pousse d'Or ☆☆
Volnay. www.la-pousse-d-or.fr
Domaine de quinze hectares focado nos *premiers crus* de Volnay, Pommard e Santenay; recentemente suplementados com *grands*

Tradicional barril de vinho, Château de Pommard, Pommard.

crus tintos em Corton. Sua reputação, à qual não se equipara a de nenhum outro domaine no Côte de Beaune, foi construída por Gérard Potel. Em 1997, Potel morreu inesperadamente e o domaine foi vendido. Possui três *monopoles* em Volnay: Clos de la Bousse d'Or, Clos des 60 Ouvrées e Clos d'Audignac. O novo proprietário, Patrick Landanger, sabia desde o início que Potel seria um modelo difícil de ser seguido; suas primeiras safras foram decepcionantes. Mas a qualidade está melhorando, embora ainda não chegue ao nível sumamente elegante estabelecido por Potel.

Jacques Prieur ☆☆☆
Meursault. www.prieur.com
Uma das propriedades mais notáveis da Borgonha, com quase todos os seus 21 hectares em grandes vinhedos. Em 1988, o neto de Jacques Prieur, Martin, associou-se com Maison Rodet para reviver a propriedade. Mas, no início dos anos 2000, Jean-Pierre Labruyère assumiu o controle, mantendo o talentoso vinicultor Nadine Gublin. O domaine está profusamente dotado de vinhedos em Clos Vougeot, Echezeaux, Chambertin, Musigny, Chevalier Montrachet e até mesmo em Le Montrachet. O estilo de Gublin é de tintos potentes e concentrados, e brancos de intensidade impressionante.

Château de Puligny-Montrachet ☆☆–☆☆☆
Puligny-Montrachet. www.chateaudepuligny.com
Desde 2001, Etienne de Montille (do Domaine de Montille) tem carta branca para administrar esta bela propriedade de vinte hectares com 23 denominações de origem. O Clos du Château, murado, é um mero Bourgogne Blanc, mas de excelente qualidade, embora inevitavelmente superado pelos *premiers crus* e pelo Chevalier-Montrachet.

Ramonet ☆☆☆
Chassagne-Montrachet.
Um nome tradicional em Chassagne. Este domaine de dezessete hectares produz longevos Bâtard, Bienvenues-Bâtard-Montrachet e Le Montrachet, um enérgico *premier cru* Chassagne de Les Ruchottes e de outros lugares, e Chassagne *village*. Os vinhos tintos são menos conhecidos mas excelentes; o Clos de la Boudriotte, o Clos Saint-Jean e o Chassagne *village* estão entre os melhores tintos do sul do Côte de Beaune. O veterano, Pierre Ramonet, morreu em 1995, e hoje o vinho é produzido por seus netos Noël e Jean-Claude.

Rapet ☆
Pernand-Vergelesses. www.domaine-rapet.com
Com dezoito hectares, este domaine de grande reputação inclui os terrenos de Corton-Charlemagne e o *grand cru* Corton (tinto), e o *prémier cru* Pernand-Vergelesses. Vinhos mais confiáveis que brilhantes.

Remoissenet ☆☆
Beaune. www.remoissenet.com
Fundada em 1877, uma casa négociant com reputação mista – os brancos geralmente são melhores que os tintos – e vendida a novos proprietários norte-americanos em 2005. O vinho mais apreciado é o Montrachet, confiado à Remoissenet pelo Barão Thénard, o segundo maior proprietário de terras neste excelente lugar.

Remoriquet ☆☆
Nuits-St-Georges. www.domaine-remoriquet.fr
Os Remoriquet são uma família estabelecida de viticultores (hoje encabeçada por Gilles Remoriquet) em Nuits, com *premiers crus* Les Saint-Georges, Rue de Chaux, Les Bousselots e Les Damodes. Este é um domaine conservador, usando pouco carvalho novo; mas os vinhos são robustos e envelhecem bem.

Daniel Rion ☆☆
Nuits-St-Georges. www.domaine-daniel-rion.com
Domaine de dezenove hectares e sólida reputação, com vinhedos em Vosne-Romanée, Chambolle-Musigny e Clos Vougeot, bem como em Nuits.

CRÉMANT

Três regiões francesas de vinho branco de alta qualidade instauraram, com sucesso, uma nova denominação de origem controlada para seu espumante de melhor qualidade. O termo crémant, originalmente usado na Champagne para vinhos produzidos a cerca de metade da pressão do verdadeiro espumante, de modo que efervesce gentilmente em vez de espumar na taça, foi tomado emprestado (com o consentimento da Champagne, onde o termo caiu em desuso) como um termo controlado para esses espumantes de alta qualidade.
Um novo termo era necessário porque o antigo, *mousseux*, adquirira uma conotação pejorativa, podendo ser usada por qualquer bebida efervescente produzida por métodos industriais. Já os crémant da Borgonha, do Loire e da Alsácia devem ser produzidos com os controles do tipo da Champagne. Especificamente, eles se preocupam com a variedade de uva utilizada, o tamanho da colheita, o modo como é entregue à casa de prensagem com os cachos intactos, e a pressão que deve ser aplicada (com um limite de dois terços do peso das uvas sendo extraídos como suco). Desse ponto em diante, são usadas as regras do método da Champagne, sendo o tempo mínimo na garrafa em contato com as leveduras especificado como nove meses na Borgonha e na Alsácia e doze no Loire.
O resultado desses controles é uma categoria de vinho espumante de boa qualidade, embora raramente excepcional. Os vinhos tendem a ser feitos com uvas de qualidade inferior para alcançar um preço decente para vinhos não espumantes tais como o Bourgogne Blanc. O crémant do sul da Borgonha tende a ser mais cheio e mais rico que exemplares de regiões ao norte, tais como o Yonne, assim como o Montagny é mais amplo que o Chablis. Em 2005, a produção total do Crémant de Bourgogne superou os 12 milhões de garrafas: confirmação de que o termo crémant, em seu novo significado, é bem compreendido. A qualidade varia de insosso a elegante, passando por rústico, e uma série de produtores, tais como Albert Sounit em Rully, está produzindo *cuvées* mais sérios.
Dentre os cerca de cem produtores de Crémant de Bourgogne estão: Ambroise, Nuits-Saint-Georges; Blason de Bourgogne, Beaune; André Bonhomme, Mâcon; Louis Bouillot, Nuits-Saint-Georges; Cave d'Azé, Azé; Caves de Bailly, Saint-Bris-le-Vineux; Cave de Lugny, Lugny; Cave de Viré, Viré; Paul Chollet, Savigny; Bernard Cros, Cercot; Deliance; André Delorme, Rully; Roger Luquet, Fuissé; Moingeon, Beaune; Picamelot, Rully; Simonnet-Febvre, Chablis; Albert Sounit, Rully; Verret, Saint-Bris-le-Vineux; Veuve Ambal, Beaune; e Vitteaut-Alberti, Rully.

Patrice Rion ☆☆–☆☆☆☆
Nuits-St-Georges. www.patricerion.com
Estabelecida em 2001, quando Rion vendeu aos irmãos sua parte da propriedade familiar Daniel Rion (ver p. 127) e inaugurou seu próprio negócio. Os seis hectares de videiras são suplementados por um empreendimento négociant.

Domaine de la Romanée-Conti ☆☆☆☆
Vosne-Romanée.
Ver Romanée-Conti – Uma grande propriedade da Borgonha, página 107.

Nicolas Rossignol ☆☆–☆☆☆☆
Volnay. www.nicolas-rossignol.com

OS HOSPÍCIOS DE BEAUNE

Os hospícios de Beaune têm um papel único como símbolo da continuidade, da riqueza e da benevolência geral da Borgonha. Foram fundados como um hospital para os doentes, pobres e idosos de Beaune em 1443 pelo chanceler do Duque de Borgonha, Nicolas Rolin, e sua esposa Guigone de Salins. Eles os mantinham com os rendimentos provenientes de terras no Côte de Beaune; uma prática que é seguida desde então por viticultores, comerciantes e outros cidadãos ricos. Os hospícios têm hoje 62 hectares de vinhedos e muito mais terras cultiváveis. O vinho de seus vinhedos dispersos é produzido em *cuvées*, e não necessariamente consiste do vinho de um único *climat*, mas é planejado para ser viável de produzir e agradável de beber. Cada *cuvée* recebe o nome de um benfeitor importante dos hospícios.

Há 38 *cuvées* e somente um deles não fica em Côte de Beaune. O vinho é vendido, *cuvée* a *cuvée* e barril a barril, em um leilão público no terceiro domingo de novembro no mercado em frente aos hospícios. Os lucros são gastos na administração do hospital, que hoje conta com todo tipo de equipamento moderno. Suas obras de arte, capela e enfermarias originais estão abertas ao público.

Entre os compradores há comerciantes, restaurantes, indivíduos e sindicatos de todo o mundo, que são atraídos pela ideia de apoiar esta antiga instituição de caridade, e pela publicidade que a acompanha. A vinificação dos hospícios foi muito criticada no início da década de 1990, mas hoje retomou o rumo. No entanto, é extremamente difícil avaliar os vinhos logo após a colheita, quando os compradores têm de fazer sua escolha. Depois da venda, o vinho passa às mãos dos comerciantes locais, que são responsáveis por seu *élevage*. Não é de surpreender que o cuidado do vinho na adega seja um fator tão importante em sua qualidade final.

O terceiro fim de semana de novembro é a data mais importante no calendário da Borgonha, conhecida como Les Trois Glorieuses em razão das três festas que são um árduo teste de resistência. No sábado, os Chevaliers de Tastevin concedem um jantar de gala no Clos de Vougeot. No domingo, após o leilão, o jantar é nos hospícios, e o almoço da segunda-feira é uma festa de vinicultores conhecida como a Paulée em Meursault: esta última, uma grande celebração em que se espera que até mesmo os convidados tragam uma bebida interessante para compartilhar com os demais.

Hospícios de Beaune, Beaune.

CÔTE D'OR | BORGONHA | **FRANÇA** | 129

Um novo astro em Volnay, com doze hectares de terrenos excelentes. Uma coleção maravilhosamente vibrante em 2006.

Rossignol-Trapet ☆☆
Gevrey-Chambertin. www.rossignol-trapet.com
Quando o Domaine Trapet (ver nesta página) foi dividido em 1990, os Rossignol mantiveram quatorze hectares de vinhedos magníficos, incluindo 1,6 hectare em Chambertin. Vinhos honestos e elegantes, embora nunca pareçam fazer justiça ao esplendor dos *grands crus* do domaine.

Joseph Roty ☆☆☆
Gevrey-Chambertin

Seus proprietários, reclusos e pouco comunicativos, produzem vinhos profusos e encorpados em oito hectares de videiras muito antigas, quase todas em Gevrey. Todos os *grands crus* são envelhecidos em carvalho novo.

Emmanuel Rouget ☆☆☆
Flagey-Echézeaux
O sobrinho e herdeiro da propriedade lendária de Henri Jayer, incluindo o *grand cru* Echézeaux, os *premiers crus* Beaumonts e Cros Parantoux, em Vosne-Romanée, e Nuits-Saint-Georges. Vinhos esplêndidos (sobretudo o Cros Parantoux) e muito caros.

Guy Roulot ☆☆–☆☆☆
Meursault. www.domaineroulot.com
Domaine familiar de doze hectares, a maior parte em Meursault, incluindo os *premiers crus* Charmes e Perrières, mas também vinhos *village* de terrenos excelentes, tais como Tessons, Luchets e Les Meix Chavaux. Há também vinhedos em Auxey-Duresses e Monthélie. Vinhos sérios e bem avaliados, produzidos por Jean-Marc Roulot desde 1989, com cada vez mais confiança e excelência.

Georges Roumier ☆☆☆–☆☆☆☆
Chambolle-Musigny. www.roumier.com
Christophe Roumier assumiu a propriedade familiar em 1982 e a elevou ao nível mais alto. São doze hectares, a maioria em Chambolle, mas há também um *premier cru monopole* (Clos de la Bussière) em Morey-Saint-Denis, e alguns pequenos terrenos em Ruchottes- e Charmes-Chambertin. Embora todos os seus vinhos sejam clássicos de complexidade e harmonia, seu esforço mais admirável é invariavelmente o Bonnes Mares, onde ele possui vários terrenos que totalizam 1,45 hectare.

Armand Rousseau ☆☆☆☆
Gevrey-Chambertin. www.domaine-rousseau.com
Charles Rousseau é inquestionavelmente o viticultor mais respeitado de Chambertin. A propriedade de quatorze hectares, hoje administrada por seu filho Eric, inclui 2,2 hectares em Chambertin e 1,5 hectare sem Clos de Bèze, além de terrenos em Mazis e Charmes-Chambertin e no Clos de la Roche em Morey, e (seu maior orgulho) 2,2 hectares em Gevrey Clos Saint-Jacques. Os vinhos podem não ser os mais vigorosos da Borgonha, mas seu perfume e requinte são incomparáveis.

Etienne Sauzet ☆☆–☆☆☆☆
Puligny-Montrachet. www.etienne-sauzet.com
Etienne Sauzet morreu em 1975 e, durante quase trinta anos, este domaine de nove hectares foi administrado pelo genro Gérard Boudot. Disputas familiares entre os netos de Sauzet levaram o domaine original a ser dividido, e Boudot teve de comprar uvas para compensar a perda de alguns vinhedos.

O estilo da casa é manter os vinhos em contato com os sedimentos durante um ano para ganhar corpo e sabor. A terra mais importante fica nos premieres *crus* de Puligny, cada um deles com cerca de 1,5 hectare de Combettes (o vinho mais famoso) e Champ-Canet, e um pequeno lote de Bâtard-Montrachet. Embora seja desfrutável quando jovem, o Sauzet Puligny é ainda melhor após cinco ou mais anos de guarda.

Comte Senard ☆☆
Beaune. www.domainesenard.com
O domaine de nove hectares de Philippe Senard inclui terras consideráveis nos *grands crus* Corton, Clos du Roi e Bressandes, em Corton, e todos os dois hectares do Clos Meix. Após uma fase ruim no início dos anos 1990, hoje os vinhos são frescos e vigorosos, beneficiando-se de um novo lagar moderno.

Château de Monthelie ☆
Monthelie.
Propriedade pequena e antiquada mas famosa, cujos onze hectares de antigas videiras em Monthélie, há muito cultivadas segundo princípios biodinâmicos, produzem um vinho tinto comparável aos bons Volnay. Em sua melhor forma, são perfumados e elegantes.

Tollot-Beaut ☆☆
Chorey-lès-Beaune.
Propriedade familiar com padrões impecáveis desde 1880. De um total de 24 hectares, um terço em Chorey e o restante dividido entre vários *premiers crus* de Beaune, Savigny e Aloxe-Corton, com *grands crus* de Corton-Bressandes, Le Corton e Corton-Charlemagne. Não há segredos aqui: apenas uma vinificação cuidadosa e tradicional. Os maiores orgulhos da casa são o Corton-Bressandes e o Beaune Clos du Roi. Os vinhos podem parecer leves no início, mas envelhecem bem.

Château de la Tour ☆☆–☆☆☆
Vougeot. www.chateaudelatour.com

Com seis hectares em Clos de Vougeot, François Labet é, de longe, seu maior proprietário. Além do rótulo regular, há um Cuvée Vieilles Vignes produzido com uvas de videiras plantadas em 1910. Muitas vezes, o vinho regular é menos denso e concentrado.

Trapet ☆☆–☆☆☆
Gevrey-Chambertin. www.domaine-trapet.com
Jean Trapet e o filho Jean-Louis possuem hoje metade do domaine original Louis Trapet, que foi dividido em 1990. A viticultura é biodinâmica desde 1997. O orgulho da casa continua sendo seu Chambertin, produzido à maneira tradicional e mostrando grande delicadeza e requinte.

Domaine des Varoilles ☆☆–☆☆☆
Gevrey-Chambertin. www.domaine-varoilles.com
Um domaine de dez hectares, outrora conhecido por *vins de guarde* sérios que realmente precisam ser amadurecidos. O nome vem de seu *premier cru* Clos des Varoilles, plantado por monges na colina acima de Gevrey, voltada para o sul. Os Clos du Couvent, Clos du Meix des Ouches e La Romanée são outros *monopoles* em Gevrey, além de terrenos em Charmes- e Mazoyères-Chambertin, Bonnes Mares e Clos de Vougeot. Nas safras recentes, os vinhos adquiriram um aspecto mais suculento, para equilibrar com os taninos firmes.

Michel Voarick ☆
Aloxe-Corton.
www.domaine-michel-voarick.com

Domaine familiar de nove hectares que cultiva o famoso Corton Cuvée Dr. Peste para os Hospícios de Beaune. Voarick possui 2,5 hectares de *grand cru* Corton (Clos du Roi, Bressandes, Languettes, Renardes) e um de Corton-Charlemagne, além de vinhedos em Pernand-Vergelesses e Aloxe-Corton. Vinhos robustos porém rústicos, que muitas vezes carecem de requinte.

Domaine Comte Georges de Vogüé ☆☆☆☆
Chambolle-Musigny.

Este antigo domaine passou de geração em geração desde 1450. O nome "de Vogüé" aparece em 1766. As esplêndidas adegas abobadadas sob a casa do século XV armazenam a produção de doze hectares, dos quais 7,2 hectares ficam em Musigny, 2,7 hectares em Bonnes Mares, 0,6 hectare no *premier cru* Les Amoureuses, e dois hectares na denominação de origem Chambolle-Musigny. Cerca de 3 mil videiras Chardonnay em Musigny produzem uma minúscula quantidade de um Musigny Blanc sem igual.

A propriedade replantou essas videiras em 1994 e está vendendo o vinho como um custoso Bourgogne Blanc até que as vinhas estejam velhas o suficiente para merecer a denominação *grand cru*. Não há nenhuma denominação que permita que o branco seja desclassificado a *premier cru*, motivo pelo qual ele é hoje lançado como um humilde Bourgogne. Após uma fase morna nos anos 1970 e 1980, os vinhos voltam a impressionar. O Amoureuses é o vinho mais sedutor, mas o melhor é o sublime Musigny Vieilles Vignes. Um indicativo dos padrões exigentes desta propriedade é o fato de que as videiras Musigny com menos de vinte anos de idade são engarrafadas como Chambolle *premier cru*.

Domaine de la Vougeraie ☆☆–☆☆☆
Nuits-St-Georges.
www.domainedelavougeraie.com

Este novo domaine foi fundado pela casa négociant Boisset (ver p. 117) como uma forma de unificar os substanciais 34 hectares de vinhedos acumulados no decorrer dos anos. O vinicultor Pascal Marchand determinou o estilo, que é direto, e seu sucessor Pierre Vincent está mantendo a qualidade.

O domaine oferece uma esplêndida gama de vinhedos orgânicos, de antigas videiras em denominações *village* aos mais nobres dos *grands crus*, tais como Corton-Charlemagne e Musigny.

Côte Chalonnaise

Santenay coloca um ponto final na Côte d'Or em sua extremidade sul. Mal há tempo para o explorador de vinhos almoçar no luxuoso Lameloise em Chagny, devendo estar alerta novamente para os cinco vilarejos que compõem a Côte Chalonnaise. Chalon-sur-Saône tem pouco que ver com o distrito hoje, mas antigamente era um dos grandes portos vinícolas do império. Era o ponto em que o vinho que chegava ou saía para o norte, vindo ou indo para Paris ou o Moselle, tinha de ser baldeado do rio à estrada – 25 mil ânforas foram encontradas em uma única escavação no rio Saône, em Chalon.

Uma nova denominação de origem, Bourgogne Côte Chalonnaise, foi introduzida em 1990, que distingue os vinhos do Côte Chalonnaise da denominação de Bourgogne propriamente dita – um tanto ampla e indefinida. A Côte de Chagny, em direção ao sul, é menos distinta e consistente que a de Santenay, rumo ao norte. Assim também é seu vinho. A demanda crescente e os preços cada vez mais altos só recentemente tornaram a vinificação rentável e encorajaram o replantio de terras abandonadas após a filoxera. Cerca de 1.600 hectares são cultivados, embora a denominação de origem autorize o plantio de uma extensão de terra consideravelmente maior. A Pinot Noir domina, mas há vilarejos tais como Montagny ou Bouzeron onde as uvas brancas são mais importantes. Embora seus melhores vinhos estejam à altura dos padrões inferiores da Côte de Beaune, é difícil identificar neles um caráter regional. Eles variam muitíssimo de um vilarejo para outro.

Mercurey e Givry dedicam-se 90% ao vinho tinto, um firme e saboroso Pinot Noir à altura de, por exemplo, um bom Côte de Beaune-*Villages*; quando muito, são mais duros e magros, e Givry, tradicionalmente o mais robusto, requer guarda mais longa. Os taninos, sobretudo em Mercurey, podem ser marcadamente mais terrosos, mas as técnicas de vinificação mais modernas vêm produzindo vinhos bem menos rústicos do que no passado.

Atualmente, dois terços dos vinhedos de Rully produzem vinho branco, que, em sua melhor forma, é maravilhosamente refrescante, com um toque de verdadeira elegância. O tinto, ao menos do modo como é feito hoje pela maioria dos produtores, pode ser um tanto magro em comparação com o Mercurey. O alto nível de acidez nos brancos Rully os torna ideais para espumantes.

Montagny é uma denominação de origem inteiramente de vinho branco, com a peculiaridade de que dois terços de seus vinhedos têm o direito de ser rotulados *premier cru* – o que parece quase injusto para com os *premiers crus* cuidadosamente limitados dos outros vilarejos. Os brancos de Montagny tendem a ter um pouco mais de corpo e menos requinte que os de Rully. Sem dúvida, estão mais em voga.

A quinta denominação de origem do Côte Chalonnaise é a única específica da uva Aligoté na Borgonha. O vilarejo de Bouzeron, entre Rully e Chagny, transformou em especialidade aquele que, em outros lugares, é um vinho comum e picante. Em 1979, foi-lhe concedida a denominação de origem Bourgogne Aligoté de Bouzeron.

A outra especialidade regional é o Crémant de Bourgogne, vinho espumante que vem ganhando cada vez mais importância comercial.

Degustando direto do barril.

(Ver boxe na página 127.) Três produtores de tamanho considerável representam a maior parte da produção crémant. Eles são Delorme em Rully, R. Chevillard em La Rochepot, na estrada para Paris, e Parigot-Richard, em Savigny-lès-Beaune.

A região em números

Denominação de origem	Em hectolitros (hl)	Produção média anual	Em cor
Bouzeron	2.790 hl	30.100 caixas	(branco)
Rully	10.500 hl	116.500 caixas	(branco)
	5.300 hl	60.000 caixas	(tinto)
Mercurey	23.800 hl	264.000 caixas	(tinto)
	3.600 hl	40.000 caixas	(branco)
Givry	10.400 hl	115.000 caixas	(tinto)
	2.250 hl	25.000 caixas	(branco)
Montagny	17.000 hl	190.000 caixas	(branco)

Principais produtores de Côte Chalonnaise

Brintet ☆
Mercurey. www.domaine-brintet.com
Esta propriedade produz tintos bons e sólidos de uma ampla gama de vinhedos, incluindo o *monopole premier cru* La Levrière.

Château de Chamirey ☆☆
Mercurey. www.chamirey.com
Antes distribuído por Rodet (ver nesta página), visto que o coproprietário Betrand Devillard era o presidente da empresa. Um grande domaine de 37 hectares, antes conhecido por vinhos robustos com mais substância que refinamento, hoje, porém, mais harmonioso e cheio de nuanças.

Clos Salomon ☆☆
Givry
Um dos vinhedos mais famosos e históricos de Givry, tendo seu renome recuperado pela família Gardin. Brancos com toques de toranja e tintos firmes.

Domaine de la Renarde (Jean-François Delorme) ☆–☆☆
Rully. www.domaineanneetjeanfrancoisdelorme.com
O empreendimento mais notável da região: uma propriedade de 65 hectares construída do zero no decorrer das últimas décadas, em grande parte reivindicando vinhedos abandonados há muito tempo. Delome é igualmente famoso como um dos maiores especialistas em vinho espumante na Borgonha. O *monopole* Varot, em Rully, é o vinhedo de dezessete hectares que dá seu melhor branco, notadamente por seu vigor e requinte.

Dureuil-Janthial ☆–☆☆
Rully.
Este é um domaine orgânico de dezessete hectares que produz tanto vinhos brancos quanto tintos em quantidades mais ou menos iguais. A qualidade dos vinhos é honesta.

Domaine de la Folie ☆–☆☆
Rully. www.domainedelafolie.com
Importante propriedade com mil anos de história. Os dezoito hectares estão em um bloco ao redor da casa, com predominância de Chardonnay, produzindo Rully Blanc Clos Saint-Jacques, além de Rully Rouge Clos de Bellecroix e uma porção menor de Aligoté. Os vinhos, especialmente os brancos, têm boa reputação.

Michel Goubard ☆
St-Désert.
Um exemplo de quão bom pode ser um Bourgogne Côte Chalonnaise sem denominação de origem específica nesta parte das côtes.

Paul & Henri Jacqueson ☆☆–☆☆☆
Rully.
Pai e filho juntos têm grande orgulho deste domaine de onze hectares. Os melhores vinhos são os *premiers crus*, notadamente o Les Pucelles (branco) e o Les Clous (tinto). Aqui, não se poupam esforços: por exemplo, as ripas de carvalho para a confecção de seus barris são secas no lagar para garantir a qualidade ideal. Valem o preço.

Joblot ☆☆–☆☆☆
Givry.
Os treze hectares de Jean-Marc Joblot, com nove de *premiers crus*, produzem alguns dos melhores e mais concentrados vinhos da Côte Chalonnaise.

Michel Juillot ☆☆
Mercurey. www.domaine-michel-juillot.fr
Há muitos anos, Juillot é um dos melhores vinicultores de Mercurey, sendo aplaudido por seus tintos Clos des Barraults e Champs Martin, elaborados com uvas cultivadas em seus trinta hectares. Ele também produz o Corton Perrières e o Corton-Charlemagne. Atualmente, o filho de Michel, Laurent, está no comando.

Lorenzon ☆–☆☆
Mercurey.
Vinhos esplêndidos, embora um pouco amadeirados, de Champs Martin, o *cuvée* mais importante deste domaine de cinco hectares.

Lumpp ☆–☆☆
Givry. www.francoislumpp.com
Vinhos brancos e tintos pouco encorpados, mas impecavelmente equilibrados.

Jean Maréchal ☆
Mercurey. www.jeanmarechal.fr
Maréchals produziu Mercurey por trezentos anos. A maioria de seus dez hectares são *premiers crus*, quase todos tintos e longevos.

Ragot ☆☆
Givry. www.domaine-ragot.com
Domaine de nove hectares com um majestoso château. A proporção de brancos é atipicamente alta para Givry, e as qualidades de guarda do vinho são memoráveis – sobretudo em anos de acidez elevada. Os tintos têm mais charme que corpo.

Francois Raquillet ☆☆–☆☆☆
Mercurey. www.domaineraquillet.free.fr
Vinhos robustos de vários *crus*. Clos l'Eveque é geralmente o melhor deles.

Antonin Rodet ☆☆–☆☆☆
Mercurey. www.rodet.com
Négociant que alcançou um alto nível de qualidade nas mãos de Bertrand Devillard. Hoje pertencente a novos donos, já não têm o controle acionário do Château de Chamirey (ver nesta página) ou do Domaine Jacques Prieur (ver p. 127), mas ainda possui o Château de Rully e o Château de Mercey. Também comprou a casa

négociant de Dufouleur em Nuits-Saint-Georges. Rodet negocia vinhos de todas as partes da Borgonha, tendo especial orgulho de seus Bourgogne Rodet, Mercurey, Meursault e Gevrey-Chambertin. Os melhores vinhos de qualquer denominação são rotulados Cave Privé.

Domaine de Suremain ☆☆
Mercurey. www.domaine-de-suremain.com
Yves de Suremain é um importante proprietário cujos vinte hectares, todos em Mercurey, produzem vinhos concentrados e dignos de guarda.

Caves des Vignerons de Buxy ☆–☆☆
Buxy. www.vigneronsdebuxy.com
Importante e moderna cooperativa de viticultores para Buxy e Montagny, fundada em 1931. Seus 120 membros possuem 750 hectares de videiras, menos da metade com denominações genéricas (Bourgogne Rouge, Passe-tout-grains e Aligoté estão entre suas principais produções). O restante inclui brancos Montagny e Rully, tintos Côte Chalonnaise e Crémant de Bourgogne.

A & P de Villaine ☆☆–☆☆☆☆
Bouzeron. www.de-villaine.com
Aubert de Villaine, mais conhecido como coproprietário do Domaine de la Romanée-Conti, também se orgulha de ter ajudado a conquistar para a antes obscura Bouzeron sua própria denominação de origem para a uva Aligoté em 1979. Este vinho sem rodeios continua sendo o estandarte desta propriedade cultivada organicamente, mas há, ainda, um excepcional Bourgogne Côte Chalonnaise chamado La Digoine, um Rully branco e um Mercurey tinto.

Mâconnais

Diga Mâconnais à maioria dos apreciadores de vinho e sua resposta automática será "*blanc*". A região está desfrutando o sucesso da confiabilidade e do prazer descomplicado de seus Chardonnay brancos. Eles têm a vantagem de ser reconhecidamente Borgonha brancos, mas muito mais baratos que os vinhos da Côte d'Or, e maravilhosamente fáceis de escolher – já que, em sua maioria, são produzidos por cooperativas habilidosas que acolhem os visitantes.

Mâconnais é uma região dispersa e descontínua, cujo nome vem da importante cidade comercial às margens do Saône, logo após sua fronteira oriental. Tem pouco da monocultura de Beaujolais; seu cultivo misto é mais atraente e, em certos lugares, geologicamente espetacular. Pouilly-Fuissé é sua única denominação de origem controlada com aspirações de um *grand vin*.

A maioria dos vinhos de Mâcon costumavam ser tintos, feitos de uva Gamay, mas o solo calcário e pesado em que era cultivada a impedia de amadurecer a ponto de adquirir a suavidade e a vitalidade da Gamay plantada em Beaujolais. Mâcon Rouge era, de fato, meramente *vin ordinaire* com uma denominação de origem controlada, até que os métodos de fermentação de Beaujolais foram introduzidos. Recentemente, tem havido alguns vinhos muito melhores, que alcançam os padrões Beaujolais-Villages. A Pinot Noir Mâconnais pode aspirar não mais que a denominação Bourgogne Rouge ou (misturada com a Gamay) Passe-tout-grains. Os altos rendimentos são comuns e grande parte do vinho é magra

e insípida. A tentação de todo viticultor, com a exceção dos mais conscientes, é colher quando as uvas estejam minimamente maduras e chapitalizar ao máximo – o que não é uma fórmula de boa vinificação.

A Chardonnay hoje ocupa pelo menos três quartos dos vinhedos, incluindo (particularmente nas comunas mais ao norte) uma variedade de Chardonnay conhecida como "Musqué" por seu sabor definitivamente mais rico com notas de melão e de almíscar. Usada em excesso, pode produzir um vinho tostado e pouco sutil. Em suas devidas proporções, confere certa riqueza a vinhos brancos que, do contrário, seriam diretos e secos: sem dúvida, um elemento na popularidade do Mâcon-*Village*s ou do Mâcon com o nome de um vilarejo em particular.

Pouilly-Fuissé consegue alcançar qualidade mais elevada por razões locais de solo e localização – mas nem sempre tão elevada quanto seu preço implica. Os quatro vilarejos na área da denominação de origem têm sido proeminentes com o passar dos séculos, em parte por sua proximidade de Mâcon, em parte como atração turística por causa das imensas escarpas de calcário que dominam sua paisagem e dos vestígios pré-históricos que abarrotam o distrito, em parte em razão da argila calcária e das encostas ensolaradas que tornam seu vinho ao menos tão bom quanto um branco do sul da Borgonha. Generalizações sobre o Pouilly-Fuissé são arriscadas, já que o vinho varia muitíssimo de acordo com a localização precisa do vinhedo em uma região que é toda acidentada.

O fato de que vinhos de mais ou menos igual valor são produzidos na área ao redor levou ao surgimento de duas outras denominações de origem controlada. A menor, Pouilly-Vinzelles (que inclui Pouilly-Loché), de alguma forma foi incapaz de atrair a atenção do público. A muito maior, Saint-Véran, que se estende por sete comunas, incluindo a extremidade norte da região de Beaujolais, foi agregada em 1971 e hoje oferece vinhos que realmente valem o preço.

No decorrer da década de 1990, houve perceptível mudança no estilo. Enquanto a maioria dos Mâcon eram viçosos e despretensiosos, alguns viticultores em denominações de maior prestígio hoje colhem suas uvas o mais tarde possível, para obter alto potencial de nível alcoólico, e envelhecem o vinho em barris de carvalho novo com *batônnage* (movimentação das borras que se depositam no fundo da barrica ou tanque). O resultado é um vinho gordo e opulento, certamente rico, mas às vezes vulgar e pesado. Tais vinhos podem ser excelentes, mas costumam carecer da acidez prolongada que sustenta a riqueza de um branco Côte de Beaune de primeira classe. Entretanto, os principais viticultores da região atuaram como locomotivas, trazendo consigo propriedades ambiciosas, incentivando a melhoria da qualidade e da concentração dos vinhos. O resultado é uma oferta ainda mais ampla de bons produtos a preço justo.

As denominações de Mâconnais

Mâconnais tem sete denominações de origem exclusivas e compartilha o direito a outras cinco com o resto da Borgonha. Suas próprias denominações são:

Para vinhos brancos
Mâcon Blanc. Vinho Chardonnay proveniente de doze comunas não situadas na zona *Village*s.
Mâcon-Villages (ou Mâcon- seguido pelo nome de um dos 26 vilarejos na metade oriental da região). Os mais famosos – Clessé e Viré – receberam sua própria AOC em 1999: Viré-Clessé, com

quase 400 hectares em produção. O grau mínimo de álcool é onze, assim como para o Mâcon Supérieur. Juntas, todas as denominações de Mâcon totalizam 3.330 hectares.

St-Véran. 660 hectares. O mesmo que para Mâcon-*Village*s, mas proveniente de sete das comunas mais meridionais, coincidindo com Beaujolais em Saint-Amour: Chânes, Chasselas, Davayé, Leynes, Prissé, Solutré-Pouilly e Saint-Vérand. Davayé e Prissé ficam ao norte e se baseiam no clássico calcário borgonhês, que dá aos vinhos corpo e concentração; o resto fica ao sul de Pouilly-Fuissé, na areia granítica de Beaujolais, que é muito menos apropriada para a produção de vinho branco. Produzem vinhos mais leves e mais magros, que também podem ser vendidos como Beaujolais Blanc, Mâcon-*Village*s ou Bourgogne Blanc, se o cliente preferir um desses nomes. Se determinado vinhedo for especificado no rótulo, o grau mínimo de álcool é doze, com a implicação de que o vinho seja melhor e mais concentrado.

Pouilly-Fuissé. 767 hectares. Chardonnay proveniente de partes específicas dos vilarejos de Pouilly, Fuissé, Solutré, Vergisson e Chaintré. Se o nome de um vinhedo for usado, deve ter doze graus de álcool.

Pouilly-Loché. 32 hectares. Pode ser vendido sob seu próprio nome ou ser rotulado como…

Pouilly-Vinzelles. 53 hectares. As mesmas regras que para o Pouilly-Fuissé, mas para vinhos dos dois vilarejos de Vinzelles e Loché, ao leste – não tão bons quanto aqueles, mas muito mais baratos.

Para vinhos tintos

Mâcon Rouge. De Gamay ou Pinot Noir. Também pode ser produzido rosado e oferecido como Mâcon Rosé.

Mâcon- (seguido por um dos vinte nomes de vilarejos). As duas denominações juntas somam 580 hectares.

General Appellations

Aligoté. Como no resto da Borgonha.

Bourgogne. Para Chardonnay brancos e Pinot Noir tintos.

Crémant de Bourgogne. Como no resto da Borgonha.

Passe-tout-grains. Para tintos Gamay e Pinot Noir (2:1).

Principais produtores de Mâconnais

O grande volume de Mâcon, tanto de brancos quanto de tintos, é produzido pelas dezoito cooperativas de viticultores da região. As mais famosas são as de Chaintré (para Pouilly-Fuissé), Lugny (para Mâcon-Lugny e Mâcon Rouge Supérieur), Mancey (Mâcon branco e tinto), Prissé (Mâcon-Prissé e Saint-Véran) e Viré (Viré-Clessé). A seguir estão os poucos produtores individuais cuja reputação extrapola os limites locais.

Auvigue ☆☆–☆☆☆
Charnay.
Vários rótulos deste domaine de cinco hectares. Os Pouilly-Fuissés são excepcionalmente elegantes e bem equilibrados.

Daniel Barraud ☆☆
Vergisson. www.domainebarraud.com
Vários *cuvées*, alguns deles fermentados em barrica. Vinhos sedosos e concentrados, com vigor e vivacidade.

Domaine de la Bongran
Ver Jean Thévenet.

André Bonhomme ☆☆
Viré.
Produtor confiável, oferecendo três *cuvées* de Viré-Clessé.

Christophe Cordier ☆☆–☆☆☆
Fuissé.
Os melhores vinhos vêm de seus vinhedos em Pouilly-Fuissé e Milly-Lamartine, todos respeitáveis e fermentados em barril.

Cornin ☆☆
Chaintré. www.cornin.net
Os vinhos de Mâcon são superados pelo opulento mas vigoroso Pouilly-Fuissés.

Domaine Corsin ☆–☆☆
Davayé. www.domaine-corsin.com
Vinhos exuberantes de Saint-Véran e Pouilly-Fuissé.

Domaine de la Croix Senaillet ☆☆
Davayé. www.domainecroixsenaillet.com
Vinhedos orgânicos fornecem deliciosos Saint-Vérans.

Domaine des Deux Roches ☆☆
Davayé. www.collovrayterrier.com
Esta grande propriedade produz Pouilly-Fuissés discretamente amadeirados e Saint-Véran refrescantes.

Ferret ☆☆☆
Fuissé. www.louisjadot.com
Quinze hectares predominantemente de videiras antigas permitem aos Ferret produzir vários *cuvées* de Pouilly-Fuissé com diferentes níveis de envelhecimento em carvalho novo. Comprado por Jadot, um négociant de Beaune, em 2008.

Château de Fuissé ☆☆–☆☆☆
Fuissé. www.chateau-fuisse.fr
Propriedade familiar há muito estabelecida, produzindo uma gama complexa de Pouilly-Fuissé. Excelente qualidade, mas enfrentando a competição cada vez mais acirrada dos vizinhos.

Guffens-Heynen ☆☆–☆☆☆
Vergisson. www.verget-sa.com
Vinhos corretos e minerais, de Mâcon-Pierreclos e Pouilly-Fuissé.

Domaine des Heritiers des Comtes Lafon ☆☆–☆☆☆
Milly-Lamartine.
Dominique Lafon adquiriu um domaine aqui, onde ele produz uma gama crescente de vinhos. A primeira safra foi a de 2001. Alta qualidade e preços razoáveis.

Lassarat ☆☆
Vergisson. www.roger-lassarat.com
Chardonnays exuberantes de Saint-Véran e Pouilly-Fuissé.

Olivier Merlin ☆–☆☆
La Roche Vineuse
Doze hectares, meticulosamente cuidados e vinificados. Alguns excelentes Pouilly-Fuissé, também.

Domaine Rijckaert ☆☆
Viré-Clessé
Vinhos esbeltos e elegantes, cujo estilo é bem diferente do estilo do Mâcon meridional, às vezes inflado. O vinho do domaine tem rótulo verde. Rijkaert também compra frutas.

Saumaize-Michelin ☆☆–☆☆☆
Vergisson.
Vinhos biodinâmicos de grande riqueza. Os Pouilly-Fuissés são os melhores e os Mâcon-*Village*s chegam perto.

Robert-Denogent ☆☆
Fuissé. www.robert-denogent.com
Pouilly-Fuissé com "esteroides", embora não deselegantes.

Domaine de la Soufrandière ☆☆
Davayé. www.bretbrothers.com
Oferta de vinhos biodinâmicos de várias denominações.

Domaine de la Soufrandise ☆–☆☆
Fuissé.
Pequena propriedade que também produz um raro vinho de colheita tardia.

Jean Thévenet ☆☆☆
Quintaine-Clessé. www.bongran.com
Também produz memoráveis vinhos doces de uvas Chardonnay botritizadas. Seus rótulos incluem Domaine Emilian Gillet e Domaine de la Bongran.

Domaine Valette ☆☆–☆☆☆
Chaintré
Esplêndida oferta de vinhos de alguns dos melhores terrenos da denominação.

Verget ☆☆–☆☆☆
Sologny. www.verget-sa.com
Fundado, em 1991, pelo corretor belga Jean-Marie Guffens, como uma casa négociant de alta qualidade. Ver também Guffens-Heynlen.

Beaujolais

A região de Beaujolais não é mais complexa que seu vinho jovial. Doze denominações de origem controlada tomam conta dos 22.500 hectares. Eles poderiam realmente ser reduzidos a meia dúzia sem ofender muito a ninguém além dos gastrônomos de Lyon. Tudo o que é preciso é compreender os níveis essenciais de qualidade e estar munido de uma boa lista de endereços – que não precisa ser longa. A grande maioria dos Beaujolais é feita por uma cooperativa de produtores ou por propriedades minúsculas. Há quase 3 mil propriedades, cujos terrenos variam de cinco a dez hectares. Inevitavelmente, só algumas delas conseguem engarrafar e comercializar seus próprios vinhos, de modo que elas ganham a vida vendendo uvas ou vinhos às muitas casas de comércio da região. Não mais que 17% do cultivo é engarrafado no domaine; o resto é engarrafado e comercializado por comerciantes e dezoito cooperativas.

A percepção que o mundo tem hoje de Beaujolais é muito diferente daquela de trinta anos atrás. Além de sua própria região e de Paris, onde era o vinho dos cafés, o Beaujolais costumava ser comercializado como um Borgonha de preço reduzido, imitando o corpo dos Pinot Noirs da Côte d'Or, à custa de colher as uvas as mais maduras possível e adicionar muito açúcar, o que resulta num vinho potente, mas sem charme. Eu sempre fiquei intrigado com os números de meados do século XIX mostrando Beaujolais *crus* com quinze graus de álcool (enquanto os Médoc tinham nove ou dez graus). Muito poucos vinhos precisam de algo parecido com esse vigor, e menos ainda os Gamay, que carecem do sabor para sustentá-lo. O Gamay de Beaujolais não tem grande sabor frutado; bem elaborado e à maneira moderna, ele seduz com seu perfume pujante e uma combinação de suculência suave e leve adstringência – a receita perfeita para matar a sede.

Beaujolais, ou sua imagem, perdeu muito de seu brilho nos últimos anos, e a antiga moda por estilos *noveau* produzidos industrialmente, embora continue forte no Japão, tem decaído, o que não é nada mal. Hoje há uma abundância de produção, e algumas importantes mudanças na estrutura dos vinhedos da região podem ser iminentes. Em 2002, mais de 10 millhões de litros foram solicitados para ser enviados para destilação a fim de estabilizar os preços, já que muito vinho das duas safras anteriores continuava sem vender. Nas safras seguintes, uma proporção da colheita foi despachada para as destilarias. Os produtores rotineiramente produziam os rendimentos máximos à custa de vinosidade e qualidade, e muitos deles, complacentes, continuavam sem saber que o mercado para tintos Beaujolais diluídos e de envelhecimento rápido estava diminuindo. Há, certamente, declínio na quantidade de vinho produzida por maceração carbônica (ver p. 30), conforme os principais viticultores têm feito o melhor que podem para mostrar que, nessas encostas, a uva Gamay é capaz de produzir vinhos tintos respeitáveis. Investimentos recentes, feitos por nomes importantes da Cote d'Or, entre os quais Jadot e Latour, também elevaram o moral e os padrões.

Como é elaborado o Beaujolais

O segredo do caráter frutado e viçoso do Beaujolais reside no modo como a uva Gamay – uma variedade de pretensões modestas de qualidade – é manuseada e fermentada. A vinificação em Beaujolais combina o método clássico de fazer um Borgonha com a *macération carbonique*: a atividade de enzimas dentro de uma uva não esmagada, que, conquanto esteja envolta em CO_2, causa uma fermentação interna e a extração de cor e sabor da parte interna da casca. O truque é encher a cuba de fermentação com cachos inteiros, engaços e tudo, com a menor quantidade possível de uvas esmagadas e danificadas. O peso das uvas no topo esmaga as que estão por baixo, o que dá início a uma fermentação normal com suas leveduras naturais. O CO_2 liberado nesse processo (auxiliado pelo gás de uma garrafa, se necessário) cobre as camadas superiores não esmagadas, privando-as de contato com o ar. Aqui, as uvas calmamente consomem a si mesmas, e muitas delas se partem no processo. Após seis ou sete dias de fermentação espontânea, cerca de um terço da cuba está preenchido com suco, conhecido como mosto de gota. Este é drenado e a matéria sólida é pressionada para extrair o suco restante. Os dois produtos são misturados, e a fermentação continua até o fim. Na produção normal do vinho tinto, o *vin de presse* é minoria (e pode nem mesmo ser usado). No método Beaujolais, representa de dois terços a três quartos do total, e os vinhos resultantes tendem a ser mais suaves e menos adstringentes do que aqueles fermentados do modo tradicional.

Nessa etapa, o suco ainda contém açúcar não fermentado. A fermentação deve terminar antes que o suco esteja estável o suficiente para ser chamado de vinho. Segundo a lei que regulamenta o Beaujolais Nouveau, isso deve acontecer antes da terceira quinta-feira de novembro, mas em anos com uma colheita tardia são necessários alguns métodos brutais de estabilização para "concluir" o vinho a tempo. Nem todos os produtores aceitam este método. Alguns recorrem a uma tradição diferente, que requer métodos mais antiquados, quase não distinguíveis daqueles usados mais ao norte na Côte d'Or.

Os vinhos resultantes têm mais estrutura e complexidade, sobretudo se envelhecidos em barrica, mas carecem da tipicidade exuberante de um Beaujolais-Villages jovem e viçoso. No entanto, estes métodos borgonheses estão sendo cada vez mais adotados entre os principais viticultores. Ambas as abordagens têm seus partidários. Se o Gamay feito por maceração carbônica pode, às vezes, parecer hedonista demais para os apreciadores de vinho que valorizam a seriedade e a extração, o método borgonhês pode parecer excessivamente elaborado e solene para uma uva jovial como a Gamay.

As denominações de origem de Beaujolais

O Beaujolais mais básico é proveniente da metade sul da região, o sul de Villefranche, onde a Gamay é induzida a produzir grandes quantidades em solo pesado (embora não haja nada capaz de impedir os viticultores de toda parte em Beaujolais de usar a denominação). Este é um vinho do tipo "agora ou nunca", originalmente destinado a ser vendido direto do barril nos cafés locais e em jarras nos restaurantes. É melhor se consumido o mais jovem possível. O termo *nouveau* na verdade só significa o vinho da última colheita até a seguinte. A graduação alcoólica mínima é nove, mas é regularmente excedida, quer seja por fatores naturais ou pela chapitalização. "Beaujolais" se aplica a tintos, brancos ou rosés, mas só 1% são brancos. A área total é de 9.100 hectares.

Beaujolais-Villages

A AOC Beaujolais-Villages tem um total de 6.300 hectares. A metade norte da região, ou Haut-Beaujolais, tem colinas mais íngremes, solo mais quente (porque é mais leve e mais arenoso) e produz melhor vinho. Beaujolais-Villages é a denominação que abrange toda essa área, 38 vilarejos ao todo, mas há dez pequenas zonas no norte, identificadas por combinações de encostas e solos que lhes são peculiares, que são destacadas como Beaujolais *crus* – as aristocratas.

Beaujolais-Villages produz melhor *vin de primeur* que o Beaujolais comum, exceto em safras atipicamente quentes. Tem o mínimo de dez graus de álcool e conta com mais estrutura e corpo – mais sabor, de fato – para complementar a aspereza do suco de fruta nova. Quase sempre, é francamente uma recompensa modesta *en primeur*, e ainda mais quando foi ou será guardado. Um bom Beaujolais-Villages atinge seu auge no verão após a safra, e pode ser guardado por mais um ano. Além dos *crus*, a região como um todo tem alguns produtores cujos vinhos costumam estar à altura dos padrões de um *cru*.

Os Beaujolais *crus*

Entre a ferrovia ao longo do vale do Saône e a linha de 450 metros que contorna as montanhas Beaujolais para o oeste, indo do sul de Belleville à fronteira com Mâconnais, a videira domina a paisagem. Os solos sem cal, arenosos, pedregosos ou xistosos à base de granito, dão à Gamay uma redondeza e uma profundidade de sabor não encontradas em nenhuma outra região. Aqui, a poda é rigorosa, e as plantas são aparadas individualmente. A graduação alcoólica natural dos vinhos é de dez graus, no entanto, quando são vendidos com o nome de um vinhedo, o mínimo requerido é um grau acima. Quase sempre, são chapitalizados até treze graus ou mais.

O *Cru* Beaujolais pode ser oferecido *en primeur*, mas não antes de um mês após o Beaujolais e o Beaujolais-Villages, a partir de 15 de dezembro. Seria uma pena impedir que fosse servido para o Natal. Os melhores *crus* nunca são tratados dessa maneira; eles são mantidos em barris ou tonéis no mínimo até o mês de março após a safra. Sua completa individualidade e sua suavidade doce e suculenta levam algo entre seis meses e seis anos em garrafa para se manifestar. Três dos *crus* – Morgon, Chénas e, acima de tudo, Moulin-à-Vent – são considerados vins de guarde, ao menos segundo os padrões de Beaujolais.

Brouilly 1.300 hectares. O mais meridional e maior dos *crus*, incluindo áreas em seis vilarejos (Odenas, Saint-Lager, Cercié, Charentay, Saint-Etienne-la-Varenne e Quincié) agrupados em torno do isolado Mont de Brouilly (ver Côtes de Brouilly). A palavra "típico" é usada com mais frequência para Brouilly – o que não é nenhuma surpresa, já que este é o *cru* de maior produção situado bem no centro da região. Isso significa que o vinho é cheio de vigor e sabor frutado, sem ser agressivo em seu primeiro ano.

Chénas 285 hectares. O menor dos *crus*, abrigado do oeste por uma colina florestada (Chénas deriva de *chêne*, que significa carvalho) e incluindo parte da comuna de La Chapelle-de-Guinchay. Certos vinhos Chénas alcançam graduações formidáveis, mas seus vinhedos são variados demais para que se possa identificar prontamente a denominação ou confiar em seu estilo.

Chiroubles 358 hectares. Todos os vinhedos estão voltados para o sul nas encostas mais altas, produzindo, em quantidades limitadas, alguns dos Beaujolais mais apreciados e bem equilibrados. Em alguns anos, a elevação pode significar que as videiras têm dificuldade para amadurecer por completo. Este é o primeiro *cru* a ser "delicado e maleável" para os ávidos *restaurateurs* de Paris.

Côte de Brouilly 312 hectares. As encostas do Mont de Brouilly dão um vinho mais forte e mais concentrado do que o da vizinha Brouilly, mas em menores quantidades. Aqui, o grau alcoólico mínimo é 10,5 – o mais elevado em Beaujolais. Afirma-se que, após dois ou três anos em garrafa, os vinhos apresentam a fragrância pomposa das violetas. Em safras de anos quentes, eles se beneficiam de uma longa guarda.

Fleurie 875 hectares. O belo nome, a considerável versatilidade e o sabor fresco singular contribuem para fazer deste o Beaujolais *cru* mais memorável e popular emanando de solos vermelhos, graníticos e de arenito. Fleurie costuma ser irresistível em seu primeiro ano e, por esse motivo, seu caráter pleno e docemente sedoso na maturidade – aos três ou quatro anos – é pouco conhecido.

Juliénas 578 hectares. Com Saint-Amour, o *cru* mais ao norte (a fronteira entre os *départements* de Rhône e Saône-et-Loire passa por ele). A concentração, a cor intensa, o vigor e até mesmo os taninos pronunciados significam que Juliénas precisa de dois anos ou mais para envelhecer. É geralmente considerado um Beaujolais mais adequado para acompanhar as refeições, e não para matar a sede.

Morgon 1.115 hectares. Os vinhedos espalhados em torno de Villié-Morgon, entre os *crus* Brouilly e Fleurie, têm um caráter tão peculiar que *morgonner* se tornou um verbo para o modo como outros vinhos às vezes (quando estão com sorte) se comportam. O solo é xistoso, e a peculiaridade é descrita como um sabor de cerejas silvestres. Eu não os considero tão distintos, mas estão entre os mais robustos e longevos de Beaujolais.

Moulin-à-Vent 655 hectares. Não há nenhum vilarejo chamado Moulin-à-Vent, mas um moinho de vento sem hélices em meio aos pequenos vilarejos entre Romanèche-Thorins e Chénas dá nome à denominação de origem controlada mais "séria" e cara de Beaujolais. Moulin-à-Vent *en primeur* são quase termos contraditórios. Deve ser um vinho firme, carnoso e saboroso, que tem menos da fragrância marcante de Beaujolais em seu primeiro ano, mas revela um *bouquet* que lembra um Borgonha em garrafa. Algumas autoridades atribuem seu poder à presença de manganês no solo. Alguns produtores o envelhecem por um breve período em pequenos barris de carvalho para lhe conferir mais estrutura e longevidade. Moulin-à-Vent sempre é servido por último em uma refeição em Beaujolais, geralmente com os queijos, quando se destacam os vinhos mais leves.

Régnié 393 hectares. O mais novo Beaujolais *cru*, a oeste de Brouilly e Morgon a partir da comuna de Régnié-Durette. Embora apresente uma particular semelhança com Brouilly, tem personalidade própria, com um aroma bem definido de frutas vermelhas. Os solos de Régnié são mais arenosos que os do outros *crus*. O *cru* tem tido dificuldade de construir uma reputação própria; seus preços no atacado às vezes são inferiores aos dos Beaujolais-Villages.

Saint-Amour 323 hectares. A única denominação Beaujolais no Mâconnais – seu vinho branco recebe a denominação Saint-Véran. O poder da sugestão é forte. Seu nome deve ter certa influência em minha predileção por este vinho. Eu o considero comparável com o Fleurie e o Chiroubles em doçura e delicadeza – pede para ser consumido jovem, mas seu sabor é ainda melhor após dois ou três anos em garrafa. Como esta é uma das menores áreas, o vinho não é encontrado com frequência.

Desfrutando um Beaujolais

O Beaujolais Nouveau costuma ser servido sozinho, um pouco refrigerado, como um vinho de festa, mas pode ser muito fatigante e provocar sede – sobretudo quando sua graduação alcoólica é muito alta. Suas propriedades agradáveis são mais bem apreciadas com queijos ou *terrines*, comidas de piquenique ou de *buffet*. Os Beaujolais *crus* de boas safras, envelhecidos em garrafa durante três ou quatro anos, muitas vezes começam a lembrar excelentes vinhos do Rhône ou, o que é mais raro, da Côte d'Or. Recomenda-se servi-los à mesma temperatura que os Borgonhas tintos, e com comidas similares. Um número cada vez maior desses vinhos está sendo envelhecido em barricas. Eles podem receber ótimas avaliações dos críticos de vinhos e são capazes de alcançar preços elevados. É uma questão de gosto pessoal apreciar ou não a combinação de barris de carvalho novo com o caráter frutado da Gamay.

Principais produtores de Beaujolais

Domaine Noël Aucoeur ☆–☆☆

Villié-Morgon. www.domaineaucoeur.com
Boa propriedade em Morgon, com um bom Beaujolais-Villages e um Cuvée Jean-Claude Aucoeur amadeirado, de Morgon. A propriedade também oferece vinhos de outros *crus*.

Paul Beaudet ☆–☆☆

La Chapelle-de-Guinchay.
Empresa négociant bem conhecida nos melhores restaurantes e nos Estados Unidos por seus cerca de dez rótulos *crus* e outros bons vinhos.

Christian Bernard ☆–☆☆

Fleurie.
Vinhos exuberantes, muito acessíveis, elaborados com uvas de Moulin-à-Vent e Fleurie.

Daniel Bouland ☆☆–☆☆☆

Villie-Morgon. 6 ha.
Vinhos Morgon e Côte de Brouilly exemplares, elaborados a partir de videiras muito antigas, são a marca registrada desta propriedade perfeccionista.

Jean-Marc Burgaud ☆☆

Villié-Morgon. 17 ha. www.jean-marc-burgaud.com
Burgaud tem sede em Morgon, onde produz vinhos fortes da Côtes du Puy. Mas ele tem mais a oferecer: um Morgon Charmes redondo, um Beaujolais-Villages frutado e um impressionante vinho complexo de Régnié.

F & J Calot ☆☆

Villié-Morgon. 10 ha.
Jean Calot tem pouco tempo para a maceração carbônica, declarando que seu objetivo é fazer vinhos estruturados. Ele conta com a ajuda de algumas videiras muito velhas que possui, e seu Cuvée Vieilles Vignes é feito com uvas de videiras de no mínimo setenta anos de idade. É um vinho saboroso e concentrado, com aromas de amoras. Também memorável é o apetitoso Cuvée Jeanne, cujas uvas são colhidas um pouco maduras demais.

Château de la Chaize ☆

Odenas. 99 ha. www.chateaudelachaize.com
Esta é a maior propriedade privada do Beaujolais, com um château e jardins que atraem muitos visitantes. Os vinhos Brouilly, embora corretos, não combinam muito bem com a grandeza dos arredores.

Emile Cheysson ☆☆

Chiroubles. 26 ha
Extensos vinhedos que permitem a Jean-Pierre Large compor seus cortes Chiroubles com cuidado. O vinho de base mostra ao máximo o encanto de que Chiroubles é capaz, enquanto o Prestige, envelhecido em carvalho, tem mais corpo e complexidade, talvez em razão de sua tipicidade.

Michel Chignard ☆☆
Fleurie. 8 ha.
Vinhos ricos e sedutores, entre os mais finos deste *cru* popular. O Cuvée Spéciale será amadeirado demais para muitos entusiastas de Beaujolais. Os preços são relativamente elevados.

Clos de la Roilette ☆☆–☆☆☆
Fleurie. 9 ha.
A família Coudert produz Fleurie exuberantes, de videiras muito velhas.

Louis-Claude Desvignes ☆☆–☆☆☆
Villié-Morgon. 13 ha. www.louis-claude-desvignes.com
Este tradicional e respeitado produtor de Morgon produz vinhos intensos e frutados, sobretudo o Côtes du Py. Invariavelmente, eles se beneficiam de alguns anos em garrafa.

Bernard Diochon ☆☆
Romanèche-Thorins.
Uma pequena propriedade centrada em videiras muito velhas, em Moulin-à-Vent.

Jean Foillard ☆☆
Villié-Morgon. 11 ha.
Um pequeno domaine, mas Foillard tem a sorte de possuir videiras em Côte du Puy, um dos melhores vinhedos da região. Este é um vinho feito com uvas colhidas no ponto ideal de maturação e envelhecido em velhos barris que não aportam nada de sabor de carvalho, e compensa a guarda.

Domaine du Granit ☆–☆☆
Chénas. 8 ha.
Uma pequena propriedade em Chénas, que produz um robusto Moulin-à-Vent.

Château des Jacques ☆☆☆
Romanèche-Thorins. 41 ha. www.louis-jadot.com
O négociant Jadot, da Borgonha, comprou esta grande propriedade Moulin-à-Vent em 1996. Está dividida em cinco áreas (além de vinhedos em Mâcon-Villages e Beaujolais-Villages) que são vinificadas e às vezes comercializadas separadamente. A vinificação é essencialmente borgonhesa, e as uvas são utilizadas sem engaços. São vinhos densos e complexos que, quando jovens, revelam o sabor essencial da uva e, portanto, precisam de tempo para envelhecer. O melhor *cru*, Clos des Rochegrès, é um vinho para apreciar depois de sete ou oito anos.

Paul and Eric Janin ☆☆–☆☆☆
Romanèche-Thorins. 12 ha.
Um terço desta propriedade está em Beaujolais-Villages, e o restante em Moulin-à-Vent. Parte da mesma é cultivada biodinamicamente. Janin fermenta seus vinhos a alta temperatura e os envelhece em tanques ou grandes barris. O resultado são vinhos densos com aromas variados de cereja e alcaçuz, e os melhores são o Clos du Tremblay ou o novo *prestige cuvée* chamado Séduction. As videiras Beaujolais-Villages ficam logo após a fronteira com o *cru* e dão vinhos de surpreendente garra e estrutura.

Jean-Claude Lapalu ☆☆
St-Etienne-la-Varenne. 12 ha.
Brouilly e Beaujolais-Villages de grande elegância e pureza, especialmente o Broullly Croix des Rameaux, elaborado com uvas de videiras muito antigas.

As colinas de Beaujolais se erguem da planície de Saône até uma altura superior a quinhentos metros.

Hubert Lapierre ☆☆
La Chapelle-de-Guinchay. 7,5 ha.
www.domaine-lapierre.com
A propriedade de Lapierre é dividida em partes quase iguais entre Chénas e Moulin-à-Vent. Os vinhos são submetidos a uma fermentação realmente longa e envelhecidos em tanques, com a exceção de um cuvée de Chénas, que é envelhecido em carvalho por dez meses. É discutível se ele é de fato superior aos vinhos que não passam por carvalho. Todos os vinhos, oriundos de videiras muito antigas, envelhecem bem.

Marcel Lapierre ☆☆
La Chapelle-de-Guinchay. 11 ha.
www.marcel-lapierre.com
Vinhos intensos, embora extremamente frutados, elaborados com uvas de seus vinhedos orgânicos em Morgon.

Domaine de la Madone ☆–☆☆
Fleurie. 13 ha. www.domaine-de-la-madone.com
Jean-Marc Desprès, do domaine de la Madone, produz um vinho Fleurie regular e um Cuvée Vieilles Vignes, que tem uma concentração consideravelmente maior. O Cuvée Prestige combina videiras muito antigas e envelhecimento em barricas. A propriedade não tem pressa em lançar seus vinhos, e os compradores são beneficiados com no mínimo um ano de envelhecimento em garrafa.

Domaine des Marrans ☆☆
Fleurie. 10 ha.
A família Mélinand tem videiras com uma média de quarenta anos de idade. Eles também produzem Chiroubles e Juliénas, e seus melhores vinhos têm sabores ricos e densos, com notas de frutas negras.

Dominique Piron ☆☆–☆☆☆
Villié-Morgon. 26 ha. www.domaines-piron.fr
Além de seus próprios vinhedos, Dominique Piron cultiva pequenas terras que pertencem a proprietários com outras profissões, e depois ele compra suas uvas; isso lhe dá acesso a cerca de sessenta hectares. Seus *crus* incluem Morgon, Chénas e Moulin-à-Vent.

Jean-Charles Pivot ☆☆
Quincié. 4 ha.
Um bom produtor no Côte de Brouilly, que também é conhecido por seus Beaujolais-Villages. Este é o mais hedonista de todos os Beaujolais.

Domaine des Terres Dorées ☆☆☆
Crière. 17 ha.
Jean-Paul Brun é, sem dúvida, o vinicultor mais original e criativo da região, embora alguns possam considerá-lo simplesmente um excêntrico. Foi ele quem propôs algo que hoje virou moda: um retorno aos métodos tradicionais de vinificação, distantes da maceração carbônica e do caráter ostentosamente frutado da maior parte da produção de Beaujolais. Portanto, muito do vinho que Brun produz não tem direito à denominação, o que parece não incomodá-lo.

Ele também produz vinhos brancos de peso, com e sem passagem por carvalho, de Chardonnay, e excelentes de Morgon e Moulin-à-Vent, de vinhedos recém-adquiridos. Todos os seus vinhos têm notável concentração e *finesse* que os caracterizam como dos mais interessantes e característicos de todos os vinhos de Beaujolais.

Michel Tête ☆☆–☆☆☆
Juliénas. 13 ha.
Metade da propriedade fica em Juliénas e o resto em Saint-Amour e Beaujolais-Villages. A última é plantada em solos graníticos e, por isso, o vinho tem algo de corpo. Em 1990, ele introduziu um Juliénas Cuvée Prestige, metade do qual é envelhecido em carvalho. O Saint-Amour, fresco e com notas de cereja, é sempre bom.

Château Thivin ☆☆–☆☆☆
Odenas. 26 ha. www.chateau-thivin.com
O Beaujolais-Villages é o negócio aqui, mas os melhores vinhos são, sem dúvida, os impressionantes *cuveés* do Côte Brouilly, que têm profundidade de sabor, sem concentração excessiva. Cuvée Zacharie é envelhecido em barricas.

Domaine du Vissoux ☆☆–☆☆☆
Fleurie. 30 ha. www.chermette.fr
Pierre-Marie Chermette vinifica seus vinhos com manipulação mínima, evitando a *chaptalização* e a adição de leveduras cultivadas sempre que possível. Ele produz dois rótulos de Fleurie e um bom Moulin-à-Vent. Os vários vinhos *cuveés*, de Beaujolais simples, são pechinchas, para ser consumidos jovens.

Principais comerciantes de Beaujolais

Georges Duboeuf ☆–☆☆☆
Romanèche-Thorin. www.duboeuf.com
A família de Duboeuf está integrada na região há quatro séculos. Beaujolais está em seu sangue. No início dos anos 1950, ele produzia vinhos com uvas dos vinhedos de seu irmão e os vendia para restaurantes locais. O *chef*, Georges Blanc, comprou o vinho com entusiasmo e, ao longo das décadas, sua pequena vinícola se expandiu para uma empresa extremamente auspiciosa e bem-sucedida, que compra vinhos de quatrocentos produtores e quinze cooperativas, principalmente de Beaujolais e Mâconnais, mas também do Rhône.

Agora, aos seus setenta anos, Georges, auxiliado por seu filho Franck, combina sem esforço excelente vinificação e cortes com marketing de primeira linha. Seu Hameau du Vin, em Romanèche-Thorin, é um dos museus de vinhos mais encantadores da França.

Eventail de Vignerons Producteurs
Corcelles.
Um grupo de marketing, trabalhando com a produção de um grande número de propriedades independentes, a maioria de boa qualidade. Não foi avaliado como um grupo de produtores.

Henry Fessy ☆–☆☆
St-Jean-d'Ardières. 11 ha. www.vins-henry-fessy.com
Fessy produz uma ampla gama de vinhos de toda a região de Beaujolais, e em todos os níveis de qualidade. Os rótulos mais simples de Beaujolais têm energia e frutos excelentes, os *crus* são mais sutis e inevitavelmente mais variáveis quanto à qualidade. Todos os vinhos são vinificados pela equipe de Fessy; sua produção está em torno de 2 milhões de garrafas. Em 2008, a casa foi comprada pelo négociant borgonhês Louis Latour.

Loron & Fils ☆–☆☆
Fleurie. www.loron-et-fils.com
Esta grande empresa familiar de alta qualidade vendia principalmente em tonéis, mas agora vende cada vez mais em

garrafas, sob várias marcas. Oferece alguns bons vinhos do domaine e uma série de Crémant de Bourgogne.

Mommessin ☆–☆☆
Quincié. www.mommessin.com
Até recentemente, esta era uma tradicionalíssima empresa familiar. Agora se diversificou e passou a incluir *vins de marque* e do Rhône, bem como de Beaujolais, onde tem acordos exclusivos com vários domaines de qualidade.

Potel-Aviron ☆☆
La Chapelle de Guinchay. www.nicolas-potel.fr
Uma *joint venture* incomum entre Nicolas Potel, um négociant da Borgonha, e Stéphane Aviron, de uma família de corretagem de vinhos de Beaujolais. Seu objetivo é produzir vinhos feitos à verdadeira moda borgonhesa. Embora sejam estes vinhos de singular estrutura e marcadamente frutados, alguns argumentam que os dez meses em carvalho lhes roubam a tipicidade.

Louis Tête ☆☆
St-Didier sur Beaujeu. 16 ha. www.tete-beaujolais.com
Especialista em negociar com restaurantes de alta classe, muito conhecido na Grã-Bretanha e na Suíça. As propriedades que comercializa incluem o Château des Alouettes, em Beaujolais-Villages, e o Domaine de la Chapelle, em Brouilly.

Jura

Cada *connoisseur* do interior francês tem sua própria região favorita. Espero nunca ser forçado a fazer uma escolha definitiva, mas tenho preparada uma breve lista, da qual Jura faz parte. Essas montanhas calcárias (cujo nome retoma toda uma época geológica, o Jurássico) se erguem das planícies do Saône, na Borgonha, em direção à Suíça. A meio caminho, em uma linha reta de Beaune a Genebra, você chega à deliciosa cidadezinha de Arbois (onde viveu Pasteur), com suas construções de madeira e ladrilhos, depois Poligny e, enfim, Château-Chalon, o centro de uma região vinícola completamente original. Os vinhedos de Jura são pequenos (muito menores do que foram um dia; atualmente, totalizam 1.800 hectares), mas suas origens são tão antigas quanto os de Borgonha, e seu clima e solo são únicos, assim como suas uvas.

Os produtores de Jura gostam de produzir uma ampla gama de vinhos, dos espumantes *méthode traditionnelle* ao singular vin jaune, induzido pela flor, a mesma levedura que atua na fermentação do Jerez. A denominação geral é Côtes du Jura. Essa denominação se estende por uma longa faixa de campos do norte de Arbois ao sul de Cousance. Arbois é outra AOC geral com uma graduação alcoólica mais alta estipulada. L'Etoile inclui vinhos brancos e *vins de paille* do vale ao redor do vilarejo de L'Etoile até o sul. Como uma AOC, o Château-Chalon, de 48 hectares, é exclusivamente para vin jaune.

O vinhedo se situa em uma faixa de argila pesada, rica em calcário, exposta ao longo das encostas da montanha entre 275 e 410 metros de altura. Bosques, pastos bovinos e penhascos de calcário constantemente interrompem a continuidade das videiras. À diferença dos vinhedos da Alsácia, voltados para o norte, que ficam na sombra dos Vosges, os de Jura, voltados para o oeste, são muitas vezes inundados pelas chuvas de verão. O granizo é um problema frequente nessa região, mas setembro e outubro costumam ser ensolarados. As uvas de Jura foram selecionadas porque prosperam em solos profundos e úmidos, desde que cultivadas em uma encosta

favorável, aquecida pelo sol. A mais disseminada é a Poulsard (chamada de Plousard na região de Pupillin, o que pode causar confusão): uma tinta pálida, que é a que mais se aproxima de uma uva rosé. Outra uva tinta escura, a tânica Trousseau, é cultivada com ela, para endurecer seu vinho "maleável" demais. A Pinot Noir é cada vez mais agregada para acentuar a cor e a estrutura do vinho tinto – mas os tintos são uma minoria aqui; a maior parte do vinho é rosé, fermentado em contato com suas cascas pálidas como se o propósito fosse produzir tintos. Hoje em dia, a Chardonnay é a uva padrão para os vinhos brancos leves; tem um desempenho bom (às vezes sob o pseudônimo de Melon d'Arbois ou Gamay Blanc), mas certamente não espetacular. Grande parte delas é usada na produção de espumante. Mas a verdadeira especialidade é a Savagnin ou Naturé. A Savagnin é o mesmo que a uva Heida, de Valais, na Suíça. Afirma-se que ela é parente da Traminer, da Alsácia, mas o sabor não é muito parecido. Amadurece tarde e seu cultivo é pequeno; seus vinhos são muito alcoólicos e saborosos. Usada meramente para cobrir barris de Chardonnay, confere aos vinhos, conforme eles envelhecem, um maravilhoso estilo rústico, às vezes descrito como *vin typé*. Vinificadas isoladamente, dão um vinho picante com notas de nozes, de grande personalidade. Os puristas, no entanto, insistem que a Savagnin pura como um vinho seco de mesa não é um estilo tradicional de Jura.

O verdadeiro destino da Savagnin é produzir um vinho estranho que lembra muitíssimo um Jerez fino. Ele é o oxidativo vin jaune, que só pode ser elaborado com uvas de videiras cultivadas a não mais de 2 mil litros por hectare. O vinho jovem é mantido em velhos barris com um histórico de produção de vin jaune, não cheios até a borda, e sim no estado normalmente perigoso de "ullage". A flor, levedura que supostamente se encontra na madeira do barril, logo cresce como um véu sobre a superfície do vinho, eliminando o contato direto com o oxigênio. O vinho é guardado, então, por um mínimo estabelecido de seis anos e três meses, sem ser coberto. Ao final desse período de envelhecimento, perdeu 30% de seu volume, mas uma miraculosa estabilidade tomou conta dele. Um vin jaune concluído é um aperitivo impressionante, de sabor intenso e, é claro, levemente oxidado (não há a espessa camada de flor presente no Jerez), mas é um vinho fino com final de boca prolongado, e absolutamente compensador. O vilarejo (e não château) de Château-Chalon e algumas comunas adjacentes são famosos por produzir os melhores vins jaunes, mas bons exemplares são encontrados em toda a região.

Um vinho produzido em quantidades tão limitadas (e, de forma alguma, todos os anos) e por métodos tão demorados é inevitavelmente caro. Como o Tokaji, o vin jaune vem em garrafas menores que o padrão, que ajudam a disfarçar o preço. (O *clavelin* do Jura, de pescoço comprido e ombros largos, tem 62 centilitros.) Não consigo fingir que minimamente vale o preço, ou que é tão confiável ou mesmo tão delicioso quanto um Jerez fino de primeira classe. Mas, como amantes de vinhos, devemos ser gratos pela variedade e apoiá-la, sobretudo em formas tão consagradas com esta. Outra especialidade regional de grande tradição, o vin de paille, estava sob ameaça de extinção, mas foi revivida. Para elaborá-lo, os cachos de uva são pendurados em vigas (ou deitados sobre tapetes de palha – *paille*) para secar e concentrar sua doçura, à maneira do *vin santo* italiano. A secagem requer pelo menos dois meses e então o vinho deve ser envelhecido em barril por no mínimo três anos; costumavam ser dez. O resultado é um vinho com 15,5 a 16 graus de álcool, e cerca de cem gramas de açúcar residual. O vinhedo de Jura foi dizimado pela filoxera e levou muitos anos para se recuperar. Hoje prospera – em grande parte, graças ao turismo e aos fiéis clientes particulares na França. Há 230 produtores, mas poucos cultivam mais de treze hectares. Um dos maiores é o produtor e comerciante Henri Mair; as propagandas para seu Vin Fou adornam milhares de cabanas à beira da estrada.

Uma especialidade local é o MacVin, que não é um desdobramento de uma famosa rede de *fast food* e sim uma mistura de dois terços de suco de uva com um terço de *marc*, envelhecido por até trinta meses em barris. Desde 1991, esse produto tem sua própria AOC (apesar da singularidade dos vinhos de Jura, ou talvez por causa dela, muitos jovens produtores fundaram pequenas propriedades nos últimos anos, possivelmente garantindo o futuro dessa fascinante região). Tais vinhos, porém, devem continuar sendo obtidos dos melhores produtores. Aqueles colocados como isca para os esquiadores sedentos no caminho dos *resorts* alpinos raramente trazem grande mérito à região.

Principais produtores de Jura

Château d'Arlay ☆–☆☆
Arlay. 30 ha. www.arlay.com
A única propriedade senhoril de Jura, descendente da mesma família desde o século XII, quando era um reduto dos Habsburgo. O atual proprietário, Comte Alain de Laguiche, tem laços familiares com o Marquês de Laguiche de Montrachet, os de Vogüés de Champagne e Chambolle-Musigny, e os Ladoucette de Pouilly-Fumé. Château d'Arlay utiliza variedades tradicionais de Jura para produzir uma excelente gama de vinhos, incluindo o Corail, um tinto raro e de cor escura cujo corte inclui Poulsard, Trousseau e Pinot Noir, e um excelente vin jaune com notas de nozes e pimenta, assim como um vin de paille.

Berthet-Bondet ☆–☆☆
Château-Chalon. 10 ha. www.berthet-bondet.net
Este domaine só foi criado em 1985. Produz um Chardonnay terroso e um tanto austero Savagnin, além de um vin jaune atipicamente elegante.

Jean Bourdy ☆☆
Arlay. 10 ha
Um dos pilares da indústria do vinho de Jura, que remonta ao século XVI, com garrafas de vinhos centenários que ainda são oferecidas para venda. Jean Bourdy se aposentou, em 1979, após 52 anos de atividade. Hoje a propriedade é administrada por seu neto Jean-Philippe. Seus vinhos típicos de Jura vêm de cultivos de Savagnin em Château-Chalon e Arlay, onde são elaborados vinhos tintos, rosés e branco Chardonnay, bem como um supremo vin jaune.

Caveau des Jacobins ☆–☆☆
Poligny. 35 ha.
Pequena cooperativa produzindo uma gama de vinhos Côtes du Jura e um bom crémant. Seu tradicional Poulsard tem um bom número de seguidores. Também produz um bom Chardonnay envelhecido em barricas.

Château de l'Etoile ☆–☆☆
L'Etoile. 25 ha. www.chateau-etoile.com
O Château de l'Etoile não existe mais, mas o nome é usado pela família Vendelle desde 1883. Famoso por seus crémant, seu vin jaune com tremendo ataque e seu Côtes du Jura branco, também produz uma pequena quantidade de tinto.

Fruitière Vinicole d'Arbois ☆–☆☆☆
Arbois. 210 ha. www.chateau-bethanie.com
Fundada em 1906, tem 120 membros, o que a torna a maior e mais antiga cooperativa de Jura, produzindo vinhos tintos, brancos e jaune, todos AOC, espumantes e não espumantes. Bom Savagnin e Chardonnay e um Cuvée Bethanie que mistura os dois. Sendo a maior produtora de vin jaune, a cooperativa também começou a fazer vin de paille em 1989.

Fruitière Vinicole de Pupillin ☆☆
Pupillin. 28 ha. www.pupillin.com
Uma pequena cooperativa que produz principalmente interessantes vinhos brancos; também é conhecida por barris especiais de um aromático vin jaune. Pupillin é um exemplo perfeito de um vilarejo de Jura, com cerca de duzentos habitantes, todos vivendo de e para a vinha.

Ganevat ☆☆
Rotalier. 8 ha.
Um bom produtor de Pinot Noir, mas é o Chardonnay, rotundo e com notas de especiarias, que causa maior impacto.

Michel Geneletti ☆–☆☆
L'Etoile. 13 ha. www.domaine-geneletti.net
O domaine produz principalmente Chardonnay tostados e com notas de pimenta. Mas os crémant, Savagnin e vin jaune também são excelentes.

Julien Labet ☆☆–☆☆☆
Rotalier. 3 ha.
Em 2003, Alain Labet deu alguns de seus vinhedos para o filho Julien, que agora utiliza seu próprio nome. Ele é especialista em Côtes du Jura muito ricos, especialmente o Chardonnay, de vinhedo único.

Jean Macle ☆☆–☆☆☆
Château-Chalon. 12 ha.
Produz, principalmente, Château-Chalon de excepcional qualidade e um elegante Côtes du Jura branco.

Henri Maire ☆–☆☆
Château-Montfort, Arbois. 300 ha. www.henri-maire.fr
De longe, o maior produtor de vinhos Jura, com seis domaines à sua disposição, que fornecem todas as denominações de Jura. A criativa e agressiva estratégia de vendas fez de Maire um nome muito conhecido. Seus domaines modernos produzem uma variedade de vinhos em todas as denominações de Jura, além de muitos outros vinhos. O espumante Vin Fou é talvez o mais famoso, embora não o mais notável. Alguns dos vinhos tintos são marcadamente doces – não para o meu gosto.

François Mossu ☆☆
Voiteur, Château-Chalon. 4 ha.
Este produtor apaixonadamente comprometido elabora um vin jaune bem equilibrado, com marcante aroma de mar e um vin de paille um tanto alcoólico, com toques de iodo, caramelo e laranja cristalizada.

Pierre Overnoy ☆
Pupillin. 7 ha
Propriedade orgânica, produzindo excelentes Chardonnay e aromáticos Savagnin. Mas os tintos, feitos sem SO_2, podem ser estranhos. Overnoy se aposentou em 2001 e hoje os vinhos são feitos por Emanuel Houillon.

JURA | **FRANÇA** | 141

Désiré Petit ☆
Pupillin. 12 ha.
Antiga propriedade familiar espalhada pelo estreito vale de Pupillin, produzindo tintos, brancos e rosés que, com a exceção do Chardonnay mineral, são apropriados para ser consumidos jovens.

Pignier ☆–☆☆
Montaigu. 15 ha. www.domaine-pignier.com
Desde 2002, os vinhedos de Pignier são cultivados segundo princípios biodinâmicos, e os vinhos são esplendidamente abrigados em um antigo mosteiro cartusiano. A maioria dos vinhos são varietais, e os brancos, que passam um bom tempo em barris, podem ser bem mais pesados e oleosos. Vin jaune muito cítrico.

Domaine de la Pinte ☆–☆☆☆
Arbois. 34 ha. www.lapinte.fr
Uma propriedade grande e moderna criada em 1955 por Roger Martin, em vinhedos abandonados. O solo de argila calcária é perfeito para a Savagnin, que ocupa metade dos vinhedos. Este domaine orgânico, que ocupa alguns dos melhores *terroir* em Arboisand, produz uma gama completa de vinhos Arbois, e tanto o vin jaune quanto o vin de paille são excepcionais.

Jacques Puffeney ☆☆–☆☆☆
Montigny-lès-Arsures. 7,5 ha.
Excelente branco Arbois com toques de nozes; e os tintos são muito aprimorados. O vin jaune pode apresentar considerável riqueza.

Domaine de la Renardière ☆☆
Pupillin. 6 ha.
Jean-Michel Petit, que trabalhou no vale do Napa, criou este pequeno domaine, em 1990, e se mostrou tão versado em vinhos tintos quanto em brancos.

Xavier Reverchon ☆–☆☆☆
Poligny. 6 ha.
Xavier Reverchon produz uma gama tipicamente ampla de vinhos artesanais em pequenas quantidades – incluindo intensos vins jaunes, *méthode traditionnelle* e MacVin (brancos e tintos), bem como muitos pequenos lotes de tinto, branco e rosé. Chardonnay um tanto amadeirado, mas Savagnin deliciosamente puro, que, por tradição, é elaborado e envelhecido sem adicionar mais vinho para preencher o que foi evaporado. Uma especialidade da casa é o Les Freins, produzido de barris destinados a vin jaune mas nos quais a flor não levedou: assim, seu estilo fica no meio do caminho entre o Savagnin puro e o vin jaune oxidado.

Domaine Rijckaert ☆☆
Leynes. 5 ha.
Jean Rijckaert é mais conhecido por sua propriedade em Viré-Clessé, nos Mâconnais, mas aqui em Arbois ele se volta para a Chardonnay local, com grande sucesso. Estes são vinhos de pureza e foco memoráveis, já que ele evita deliberadamente um estilo oxidado.

Cidade de Arbois, onde morou Louis Pasteur.

Domaine Rolet ☆☆–☆☆☆
Arbois. 65 ha. www.rolet-arbois.com

Um dos produtores mais importantes na região de Jura depois de Henri Maire (ver p. 140), sempre fabricando vinhos excelentes em todas as grandes denominações de origem controlada. Concentra-se em vinhos elaborados à base de uma única variedade de uva, incluindo Chardonnay, Poulsard e um Trousseau feito para durar. Experimentos com um período de vinificação mais breve para o Poulsard produziram um rosé viçoso e frutado, um pouco distante do estilo tradicional de Jura. Os vinhos Tradition misturam Savagnin e Chardonnay e são envelhecidos em barril durante até 36 meses; o resultado é um vinho mineral e aromático. Também produz um vin jaune forte.

Stéphane Tissot ☆☆–☆☆☆
Montigny-lès-Arsures. 37 ha. www.stephane-tissot.com

Domaine familiar orgânico, que produz vinhos Arbois e Côtes de todas as cores – excepcionais, mas muito caros –, incluindo um vin jaune com toque de nozes e um suntuoso e melado vin de paille de todas as quatro variedades tradicionais. Os brancos, sobretudo o Arbois Chardonnay, são exemplares.

Jacques Tissot ☆–☆☆
Arbois. 30 ha. www.domaine-jacques-tissot.fr

Louis Pasteur fez alguns de seus experimentos de fermentação neste *chai* no centro de Arbois. Todos os vinhos de Jacques Tissot são bem feitos, mas seu Trousseau com fragrância de frutas vermelhas é especialmente bom. Vin jaune rico e encorpado, com um sedutor aroma de manga.

Domaine de la Tournelle ☆☆
Arbois. 6 ha. www.domainedelatournelle.com

Pascal Clairet trabalhou durante anos como o enólogo da câmara de comércio e, em 1991, fundou sua própria propriedade. Os vinhos incluem um Savagnin muito potente e Poulsard gentis, com aroma de morango, bem como vin jaune e vin de paille.

Savoie

A região vinícola de Savoie segue o rio Rhône ao sul do lago de Genebra, então contorna o Lac du Bourget (o maior lago da França) nos arredores de Aix-les-Bains e depois abraça as margens do vale ao sul de Chambéry e dobra a esquina em direção ao leste, rumo ao Val d'Isère. Toda a zona vinícola é afetada pela proximidade dos Alpes. É mais uma região oportunista entre quatro *départements* do que como um vinhedo coeso. Suas denominações de origem controlada, abarcando 1.800 hectares de vinhedos, têm uma complexidade assustadora – em nítido contraste com seu vinho simples, fresco e revigorante.

Mais de três quartos dos vinhos de Savoie são brancos, à base de meia dúzia de uvas diferentes. Ao longo da costa sul do lago de Genebra (Haute-Savoie) está a Chasselas, a uva que os suíços conhecem como Fendant. Crépy é o *cru* mais famoso, com Marignan, Ripaille e Marin, todos vinhos leves e muitas vezes ácidos. Crépy é uma denominação exclusiva para vinhos brancos que poderia ter desaparecido se não fosse pelos esforços de Léon Mercier e seu filho Louis. Os melhores vinhos são engarrafados *sur lie* (com os sedimentos), o que lhes confere uma leve efervescência. Ayze também tem um nome para seu pétillant de pronunciada acidez.

Seyssel é sua chance de ganhar uma aposta. Poucas pessoas percebem ou recordam que este é o vinho do Rhône produzido mais ao norte na França. As uvas aqui são Roussette (também chamada Altesse) para vinhos não espumantes e Molette para frisantes. Roussette, a aristocrata, alcança um nível relativamente alto de açúcar, corpo e sabor; Molette é muito mais branda. Seyssel construiu uma reputação internacional por transformar sua tendência naturalmente frisante em espumantes plenamente desenvolvidos, produzidos à maneira clássica. O especialista é Varichon & Clerc. Pétillant ou não, secos ou às vezes um pouco doces, os vinhos Roussette com reputação local são produzidos ao longo do vale do Rhône e do Lac du Bourget em Frangy, Marestel, Monterminod e Monthoux. Ocasionalmente, safras de qualidade superior os colocam à altura do Vouvray.

A terceira principal uva branca, e a mais comum da região, é a Jacquère. Ao sul de Seyssel, ainda no Rhône, o distrito de Chautagne, centrado em sua cooperativa em Ruffieux, produz Jacquère brancos; a uva domina os vinhedos ao sul de Chambéry: Chignin, Apremont, Abymes e Montmélian. Chignin tem as melhores encostas com exposição do lado sul. Seus Jacquère faturam um ou dois francos (lembra deles?) a mais por garrafa em comparação com os de seus vizinhos, Apremont e Les Abymes. A Gamay tinta, a Pinot Noir e a Mondeuse também são importantes.

Suburbia está rapidamente invadindo estes vinhedos adoráveis. Montmélian, há alguns anos um pequeno vilarejo alpino, hoje está infestada de conjuntos habitacionais. Até agora, os vinhedos de vinho tinto nas encostas do Val d'Isère estão quase intactos, mas por quanto tempo? Seu centro é a *cave coopérative* em *Cru*et, servindo *Cru*et, Arbin, Montmélian e Saint-Jean de la Porte. Seu melhor vinho, em minha opinião, é o Mondeuse (especialmente o de Arbin). O Gamay custa um pouco mais, e o Pinot Noir mais ainda. Mas Mondeuse tem caráter: um vinho escuro, levemente tânico, macio, mas cheio de vida, que me faz lembrar Chinon, o tinto com notas de framboesa produzido no Loire.

Há também outras especialidades locais: Roussette é o branco mais caro da cooperativa de *Cru*et; um vinho amarelo, muito encorpado e ligeiramente amargo, que poderia ser confundido com um italiano. E Chignin cultiva a Bergeron, uma rara uva local ou, muitos afirmam, a Roussanne do (baixo) Rhône. Este é o único vinho branco de Savoie que envelhece com distinção.

As AOCs de Savoie são obscurecidas pelo VDQS (Vins Délimités de Qualité Supérieure) Bugey, a oeste, a caminho de Lyon, meros 240 hectares com um conjunto de nomes ainda mais complexos, o que, na realidade, é difícil de justificar. O VDQS branco é o Roussette de Bugey, que, desde 2008, deve ser puro Roussette, sem uvas adicionais tais como a Chardonnay. Jacquère, Aligoté e Chardonnay são permitidas no Vin de Bugey Blanc. O VDQS Vin de Bugey é tinto, rosé ou branco e também possui *crus*: Virieu-Le-Grand, Montagnieu, Manicle, Machuraz e Cerdon. Cerdon, por sua vez, também é um VDQS individual para *mousseux*, incluindo um rosé e um pétillant meramente frisante.

Principais produtores de Savoie
Abymes

Cave Coopérative le Vigneron Savoyard ☆
Apremont.

Uma pequena cooperativa com oito membros. (Também para Apremont, Gamay, Mondeuse, Vin de Pays de Grésivaudan.)

Pierre Boniface ☆☆
Les Marches. 7 ha.
Boa reputação para vinhos espumantes e Jacquère.

Michel Magne ☆☆
Chapareillan.
Exuberantes Apremont Tête de Cuvée.

Jean Perrier ☆–☆☆
Apremont. 23 ha. www.vins-perrier.com
Vinhos de Apremont que valem o preço.

Gilbert Tardy ☆–☆☆
Apremont.
Vinhos com toques florais.

Ayze

Domaine Belluard ☆–☆☆
Ayze. 13 ha.
Propriedade biodinâmica especializada no *méthode traditionnelle* e em um vinho branco raro feito com a uva Gringet, que, segundo se afirma, é parente da Savagnin de Jura. Dominique Belluard tem oito hectares da variedade, que você dificilmente encontrará em outro lugar em Savoie.

Chautagne

Cave Coopérative de Chautagne ☆
Ruffieux. 185 ha.
www.cave-de-chautagne.com
Esta cooperativa, unindo 130 produtores, especializa-se em vinhos tintos de Mondeuse, Pinot Noir e Gamay, embora um quarto da produção seja de vinhos brancos.

Chignin and Chignin-Bergeron

Domaine La Combe des Grand' Vignes ☆–☆☆
Chignon. 8 ha. www.chignin.com
Os irmãos Denis e Didier Berthollier são conhecidos por seu excelente Chignin Bergeron.

The Quénard Family ☆☆
Chignin.
(Cinco filiais separadas: André e o filho Michel; Claude; Jean-Pierre e Jean-Francois; Raymond e o filho Pascal; e René.) Pascal, com seis hectares, é muitas vezes considerado o melhor, com André e Michel (22 hectares) logo atrás. No entanto, todas as filiais mantêm altos padrões.

Crépy

Domaine de la Grande Cave de Crépy ☆–☆☆
Douvaine.
Aqui, as especialidades incluem vinhos de videiras com mais de quarenta anos de idade e um raro Chasselas de colheita tardia.

Cruet

Cave des Vins Fins ☆
Cruet. 360 ha. www.cavedecruet.com
Fundada em 1939, esta cooperativa é responsável por um quinto de todo o vinho de Savoie, e oferece uma gama de 35 rótulos diferentes.

Domaine de l'Idylle ☆–☆☆
Cruet. 18 ha.
Bons Jacquère e Mondeuse produzidos pelos irmãos Tiollier.

Frangy

Domaine Dupasquier "Aimavigne" ☆☆–☆☆☆
Jongieux. 12 ha.
Excelentes Roussette e outros vinhos, que são envelhecidos em garrafa antes de ser vendidos.

Monthoux

Michel Millon Rousseau ☆☆
St-Jean-de-Chevelu. 2 ha.
Excelentes vinhos brancos, sobretudo o Jacquère, no Coteau de Monthoux.

Montmélian

Louis Magnin ☆☆–☆☆☆
Arbin. 6 ha. www.domainelouismagnin.fr
Excelentes Roussanne e Mondeuse, este último capaz de envelhecimento. Até mesmo o mais modesto Gamay é muito bem feito.

Charles Trosset ☆☆
Arbin. 4 ha.
Dois irmãos, Joseph e Louis, administram esta pequena propriedade, que se especializa em Mondeuse.

Ripaille

Château de Ripaille ☆–☆☆
Thonon-les-Bains. 22 ha. www.ripaille.fr
Bons Chasselas e nada além de Chasselas.

Seyssel

Maison Mollex ☆☆
Corbonod. 25 ha. www.maison-mollex.com
Esta propriedade é um importante produtor na denominação, fabricando excelentes espumantes pelo *méthode traditionnelle*, bem como uma ampla gama de vinhos de Apremont e de outras regiões.

Varichon & Clerc ☆
Seyssel. www.boisset.com
Pertencente ao borgonhês Boisset; um négociant geral para vinhos espumantes de Savoie.

Pesando uvas de uma adega cooperativada, Savoie.

Vale do Loire

É maravilhoso com que talento, com que *savoir-vivre* gastronômico, os rios Rhône e Loire se equilibram mutuamente em sua passagem pela França. Por cerca de 160 km, eles chegam a correr paralelos, fluindo em direções opostas a 48 km de distância.

Eles derrubam a noção de rivalidade: em todos os aspectos, são complementares. O Rhône dá à França seus vinhos reconfortantes, calorosos e gratificantes, cujo corpo é apropriado para o inverno. O Loire proporciona a bebida do verão.

O Loire nasce a 160 km do Mediterrâneo. O vinho é produzido com seriedade ao longo dos cerca de 400 km de seu curso e às margens de seus afluentes mais baixos. É uma grande região, com enorme variedade de vinhos. Sua extensa lista de denominações de origem controlada (há 63 AOCs) dá essa ideia, que pode ser simplificada em meia dúzia de estilos dominantes com base em suas principais uvas.

Três delas são brancas e duas são uvas tintas (mas só uma que proporciona vinhos finos). Entre as brancas, o destaque é a Chenin Blanc (também conhecida como Pineau de la Loire). É dominante em Touraine, e ainda mais em Anjou, e produz desde uma base neutra ou ácida para o espumante Saumur até deliciosos vinhos de sobremesa com notas de *toffee* e aparentemente imortais. Tal versatilidade advém de sabores sutis (marmelo, frutas cítricas, maçãs verdes) e suas qualidades residem mais no equilíbrio e na vitalidade. Mantém alta acidez até mesmo quando amadurece a ponto de alcançar níveis extremamente elevados de açúcar. Quanto ao aroma, é indefinido – até amadurecer. Seu repertório inclui salada de frutas e *crème brûlée*.

Depois de Anjou, rio abaixo, a uva branca dominante é a Muscadet – mais uma vez, uma variedade discreta. O amadurecimento precoce e (por outro lado) a baixa acidez, no lugar de um grande aroma, fazem deste um vinho ideal para ser consumido imediatamente com frutos do mar.

Rio acima, em Touraine, a leste de Vouvray-Montlouis e também em Pouilly e Sancerre, é a região da Sauvignon Blanc. Clima que favorece que as uvas mais intensamente aromáticas da França.

A Cabernet Franc é a uva tinta de qualidade do Loire, alcançando seu auge em Chinon, Touraine, e sucesso quase equivalente em certos locais de Anjou. Em toda parte, é ofuscada pela Gamay, que dá tintos frescos e suculentos, de corpo leve a moderado, que podem ser deliciosos. Ambas, bem como a Grolleau, são responsáveis por grandes quantidades de um rosé mais ou menos agradável, um dos mais lucrativos da região.

Uma série de uvas são nomeadas nos rótulos do Loire: a branca Gros Plant da região de Muscadet (uma uva de acidez pronunciada, que poderia ser descrita como sua Aligoté); a Pinot Noir, cultivada para produzir vinhos tintos em Sancerre; e a Chardonnay em Haut-Poitou. Algumas são tradicionais e aceitas; uma variedade branca chamada Romorantin produz o vinho magro de Cheverny. Costumava-se cultivar um grande número de plantas inferiores, mas, nos últimos trinta anos, elas têm sido lentamente eliminadas dos vinhedos em favor das variedades mais importantes e de uma casta substituta da Cabernet Sauvignon, a Malbec (aqui chamada de Cot, embora, desde 2006, os produtores possam usar o nome Malbec no rótulo). Também se cultivam a Pinot Meunier e variedades locais tais como a Arbois (hoje conhecida como Orbois, para evitar confusão com o vinho de Jura) e a Pineau d'Aunis, e até mesmo a Furmint da Hungria e a Verdelho da Ilha da Madeira.

Tanto com suas uvas quanto com suas regiões, o Loire pode ser dividido de forma simples entre suas águas superiores, acima de Orléans, que – com as terras do interior, perto de Bourges – são mais conhecidas por produzir brancos de Sauvignon Blanc; seu famoso centro menos movimentado, por onde o rio passa em procissão infinita em meio aos muitos châteaux de Touraine e de Anjou; e seus grandes braços marítimos, por onde o vento carrega, para o interior, o cheiro de camarão.

Áreas vinícolas do vale do Loire

Todos os vinhos Appellation d'Origine Contrôlée (AOC) e Vins Délimités de Qualité Supérieure (VDQS) do Loire estão listados a seguir. (Lembre-se de que a categoria VDQS será desativada no final de 2011. A maioria se candidatará ao *status* de AOP – Appellation d'Origine Protégée, com a exceção de Gros Plant, que está feliz em ser traduzida para uma IGP – Indication Géographique Protégée, o que lhe permite manter rendimentos mais altos e a possibilidade de misturar com outras variedades.) A área total de vinhedos tem 73 mil hectares, cultivados por 13 mil viticultores. Os números de produção fornecidos se referem à safra de 2000.

Coteaux d'Ancenis (tintos, brancos e rosés) VDQS. Baixo Loire. 262 ha. Tintos e rosés leves, feitos de Gamay e, ocasionalmente, de Cabernet, e, da margem norte em frente, de Muscadet. O branco tem menor importância, elaborado com Chenin Blanc e uma minúscula quantidade de Malvoisie (Pinot Gris).

Anjou (tintos e brancos) AOC. Centro-oeste. Tintos leves, sobretudo de Cabernet Franc, de uma grande área (uma alternativa a Saumur). A produção de brancos é um pouco menor: principalmente Chenin Blanc, e muitas vezes um pouco doce. Não há nenhuma qualidade especial.

Anjou-Coteaux de la Loire (brancos) AOC. Centro-oeste. 120 ha. Uma área limitada ao longo de ambas as margens do rio, a oeste de Angers. Chenin Blanc de qualidade variável, mas vinhos doces ou meio doces quase sempre deliciosos. Apenas um punhado de produtores.

Anjou Gamay (tintos) AOC. Centro-oeste. 320 ha. Tintos leves mas saborosos, para ser consumidos no primeiro ano, que, com frequência, podem ter mais caráter que muitos Beaujolais.

Anjou Mousseux (brancos e rosés) AOC. Centro-oeste. Produzidos em toda a zona de Anjou. A Chenin Blanc é a base dos brancos, embora Cabernet, Cot, Gamay, Grolleau e Pineau d'Aunis sejam permitidas (até o máximo de 60%). Uma pequena quantidade de rosé é feita de Cabernet, Cot, Gamay, Grolleau e Pineau d'Aunis.

Anjou-Villages (tintos) AOC. Centro-oeste. 270 ha. Há 46 comunas com direito a essa denominação de origem controlada para a produção de Cabernet Franc e Cabernet Sauvignon. Os vinhos não podem ser vendidos antes do mês de setembro após a colheita. Desde 1998, cerca de uma dúzia de produtores (85 hectares) podem usar a denominação Anjou-Villages Brissac, cujo nome vem de um dos vilarejos mais famosos.

Cabernet d'Anjou (rosés) AOC. Centro-oeste. 2.600 ha. O rosé de melhor qualidade, normalmente um tanto doce. Destacam-se os de Martigné-Briand, Tigné e La Fosse-Tigné, nas Coteaux du Layon.

Rosé d'Anjou (rosés) AOC. Centro-oeste. 2.200 ha. Rosé doce e pálido, principalmente de Grolleau.

Coteaux de l'Aubance (brancos) AOC. Centro-oeste. 160 ha. Chenin Blanc, em uma gama de estilos que vão do meio doce ao doce, provenientes de solos rasos e xistosos na margem sul em frente a Argens, ao norte das (nem sempre superiores) Coteaux du Layon. A qualidade vem melhorando aos poucos.

Côtes d'Auvergne (tintos, brancos e rosés) VDQS. Extremo do Alto Loire. 1.000 ha, dos quais apenas 400 são cultivados para fins comerciais, sendo o restante para consumo familiar. Perto de Clermont-Ferrand. Chanturgues, Châteaugay, Corent, Boudes e Madargues são considerados *crus*, e seus nomes são usados nos rótulos. Vinhos fáceis de beber, feitos principalmente de Gamay e Pinot Noir. O branco tem, relativamente, pouca importância: um Chardonnay muito leve.

Bonnezeaux (brancos) AOC. Centro-oeste. 120 ha. Excelente *cru* de Chenin Blanc das Coteaux du Layon, em Anjou. Nos melhores anos, quando a podridão nobre é abundante, dá um ótimo vinho doce com concentração similar à de um Sauternes, visto que as produções são restritas ao máximo de 2,5 mil litros por hectare.

Bourgueil (brancos e rosés) AOC. Centro. 1.400 ha. Excelente tinto de Cabernet Franc (até 10% de Cabernet Sauvignon é permitido, mas seu uso é raro) da margem norte voltada para Chinon, Touraine. Para ser consumido jovem e frio, ou maduro como Bordeaux.

Châteaumeillant (tintos e rosés) VDQS. Alto Loire. 98 ha. Área marginal de Gamay e Pinot Noir ao sul de Bourges. Tintos leves ou *gris* rosés muito pálidos.

Chaume (brancos) AOC. Centro-oeste. 70 ha. Denominação superior para Coteaux du Layon, de um *terroir* excepcional, pois requer um grau extra de amadurecimento.

Cheverny (tintos, brancos e rosés) AOC. Centro-leste. 490 ha. Oferta pequena mas crescente de cortes leves de Gamay e Pinot Noir com até 15% de Cabernet ou Cot para o tinto, e Gamay puro ou misturado para o rosé. O branco é quase sempre de Sauvignon um tanto ácida, com um traço de Chardonnay do sul de Blois.

Chinon (tintos, brancos e rosés) AOC. Centro. 2.100 ha. Tinto fino Cabernet Franc, às vezes excelente e capaz de envelhecer por muitos anos, mas geralmente consumido jovem e frio. O tinto mais importante do Loire. Uma pequena quantidade de branco é produzida com Chenin Blanc.

Cour-Cheverny (brancos) AOC. 45 ha. Vinho pungentemente vinoso, feito da uva local Romorantin, no coração da zona de Cheverny.

Fiefs Vendéens (tintos, brancos e rosés) VDQS. Oeste. 380 ha. Tintos leves e rosés feitos principalmente de Gamay, Pinot Noir e Cabernet. Cerca de um quarto da produção é de brancos, quase sempre agradáveis Chenin Blanc.

Côtes du Forez (tintos e rosés) AOC. Extremo Alto Loire. 200 ha. Os vinhedos mais meridionais do Loire, ao sul de Lyon: Gamay no estilo Beaujolais.

Coteaux du Giennois (tintos, brancos e rosés) AOC. Alto Loire. 191 ha. Tintos leves e meio encorpados da região logo após Pouilly/Sancerre, seguindo o curso do rio em direção a Gien. Bem elaborados, podem ser deliciosos. Uma regulamentação recente determina que devem ser feitos de um corte de Pinot Noir e Gamay. Metade da produção é de brancos, unicamente de Sauvignon.

Haut-Poitou (Vin du) (tintos, brancos e rosés) VDQS. Centro-sul. 700 ha. Vinhedo próspero ao sul de Anjou, predominantemente de Gamay e Cabernet Sauvignon, com algum Merlot, Pinot Noir, Cot e Grolleau. A produção de Sauvignon Blanc, Chardonnay, Chenin Blanc e Pinot Blanc vem se expandindo.

Jasnières (brancos) AOC. Centro-norte. 60 ha. Um *cru* em Coteaux du Loir. Pequena área de Chenin Blanc ao norte de Tours. Vinho similar ao Vouvray, embora não tão rico. Envelhece muito bem.

Coteaux du Layon (brancos) AOC. Centro-oeste. 1.350 ha. A maior área de Chenin Blanc de qualidade, ao sul de Angers, em geral completamente doce, moelleux ou liquoreux; inclui os *grands crus* Quarts de Chaume e Bonnezeaux.

Coteaux du Layon-Villages deve ter um grau extra de amadurecimento e ser proveniente de 350 hectares distribuídos em seis comunas: Beaulieu-sur-Layon, Faye-d'Anjou, Rochefort-sur-Loire, Rablay-sur-Layon, Saint-Aubin-de-Luigné e Saint-Lambert-du-Lattay.

Coteaux du Loir (tintos, brancos e rosés) AOC. Centro-norte. 78 ha. Pequena área de Pineau d'Aunis e Gamay e alguma Cot e Cabernet ao norte de Tours on the Loir, um afluente do Loire. Cerca de um terço da produção é de brancos feitos de Chenin Blanc.

Crémant de Loire (brancos e rosés) AOC. Anjou-Saumur-Touraine. 550 ha. Denominação para vinhos espumantes de alta qualidade, que devem envelhecer por no mínimo doze meses em contato com as leveduras.

Rosé de Loire (rosés) AOC. Anjou-Saumur-Touraine. 750 ha. Denominação para rosés secos com 30% de Cabernet – não muito usada, mas pode ser boa.

Menetou-Salon (tintos, brancos e rosés) AOC. Alto Loire. 458 ha. Tintos e rosés concorrentes do Sancerre, com Pinot Noir leves similares. A produção de brancos mais importante é Sauvignon, como em Sancerre.

Montlouis (brancos) AOC. Centro-leste. 350 ha. A imagem refletida de Vouvray do outro lado do Loire: vinhos secos, meio doces e, ocasionalmente, doces. Também produzidos como vinhos espumantes mousseux e pétillant.

Muscadet (brancos) AOC. Baixo Loire. 3.424 ha. Uma grande área, mas pequena produção de Muscadet (ver Muscadet de Sèvre-et-Maine).

Muscadet Coteaux de la Loire (brancos) AOC. Baixo Loire. 200 ha. A menor área de Muscadet, situada rio acima após Muscadet de Sèvre-et-Maine.

Muscadet Côtes de Grand Lieu (brancos) AOC. Baixo Loire. 290 ha. A mais nova sub-região de Muscadet se estende a oeste do aeroporto de Nantes.

Muscadet de Sèvre-et-Maine (brancos) AOC. Baixo Loire. 8.217 ha. De longe, a maior AOC do Loire: a melhor parte de Muscadet, a leste e ao sul de Nantes.

Gros Plant du Pays Nantais (brancos) VDQS. Baixo Loire. 2.000 ha. Vinho branco feito de Gros Plant (ou Folle Blanche), de acidez pronunciada, proveniente da região de Muscadet.

Orléanais (Vin de l') (tintos, brancos e rosés) VDQS. Alto Loire. 150 ha. Tintos muito leves de Pinot Meunier, Cabernet Franc e Pinot Noir. O vinho branco é um Chardonnay de estilo leve.

Pouilly-Fumé (brancos) AOC. Alto Loire. 1.200 ha. Situada em frente Sancerre, produz um Sauvignon Blanc forte e aromático.

Pouilly-sur-Loire (brancos) AOC. Alto Loire. 40 ha. Branco neutro de Chasselas, dos mesmos vinhedos que Pouilly-Fumé – deve ser consumido jovem.

Quarts de Chaume (brancos) AOC. Centro-oeste. 50 ha. *Grand cru* das Coteaux du Layon, com rendimentos máximos estabelecidos em 2 mil litros por hectare. Em certos anos, vinhos ricos e gloriosos de Chenin Blanc.

Quincy (brancos) AOC. Alto Loire. 175 ha. Pequena fonte de um atraente Sauvignon Blanc a oeste de Bourges.

Reuilly (tintos, brancos e rosés) AOC. Alto Loire. 160 ha. Branco de Sauvignon Blanc; tintos e rosés de Pinot Noir e Pinot Gris.

Côte Roannaise (tintos e rosés) AOC. Extremo Alto Loire. 180 ha. Região produtora de Gamay (aos poucos se expandindo) não muito longe de Beaujolais, nem em distância nem em estilo. Cerca de trinta produtores.

St-Nicolas-de-Bourgueil (tintos e rosés) AOC. Central. 1.000 ha. Vizinha de Bourgueil, com excelente similar Cabernet Franc.

St-Pourçain-sur-Sioule (tintos, brancos e rosés) VDQS. Extremo alto Loire. 600 ha. O famoso vinho local de Vichy: Gamay e Pinot Noir de solo calcário – bom vinho de café. Um ótimo negócio é o rosé, bem pálido. O branco, que pode ser melhor, é feito de Tressallier, Chardonnay e Sauvignon. Recomendáveis vinhos de região.

Sancerre (tintos, brancos e rosés) AOC. Alto Loire. 2.500 ha. Provenientes de solos calcários, os Pinot Noirs leves, tintos e rosés têm seus seguidores, mas a área é mais reconhecida por seus vinhos brancos. Está fazendo verdadeiro progresso: os melhores vinhos são mais ricos e mais longevos. Os brancos, de Sauvignon Blanc, são viçosos e eminentemente frutados e aromáticos, e a quantidade produzida é cerca de cinco vezes a de tintos e rosés.

Saumur (tintos e brancos) AOC. Centro-oeste. 1.450 ha. Cabernet tintos leves do sul de Saumur – também podem ser vendidos como Anjou. O branco é feito da revigorante Chenin Blanc com até 20% de Chardonnay e/ou Sauvignon. Cerca de um terço das uvas são usadas na produção de espumantes.

Cabernet de Saumur (rosés) AOC. Centro-oeste. 75 ha. Produzido rio acima, um pouco mais seco, equivalente ao Cabernet d'Anjou. Os vinhos devem ser vinificados por um método de prensagem voltado para consumo imediato.

Saumur-Champigny (tintos) AOC. Centro-oeste. 1.400 ha. Possivelmente os melhores Cabernet tintos de Anjou, provenientes da zona norte de Saumur, logo a leste da cidade.

Coteaux de Saumur (brancos) AOC. Centro-oeste. 12 ha. Quase extinto Chenin Blanc, geralmente meio doce, às vezes moelleux, de uma área similar a Saumur-Champigny, mas um pouco mais extensa.

Saumur Mousseux AOC. Centro-oeste. 1.285 ha. Rosé *méthode traditionnelle* de Cabernet, Gamay, Grolleau, Pinot Noir e d'Aunis. O branco é principalmente de Chenin Blanc (embora se permita até 60% de Grolleau, Pinots Noir e d'Aunis). Cada vez mais popular e, às vezes, excelente.

Savennières (branco) AOC. Centro-oeste. 124 ha. Às vezes produz um esplêndido Chenin Blanc seco, longevo e potente com uvas provenientes do oeste de Angers. Inclui os Grands *crus* Roche aux Moines (dezessete hectares) e Coulée de Serrant (6,8 hectares).

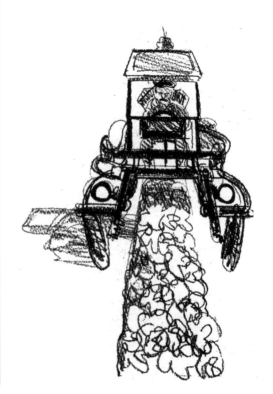

A colheita mecanizada é utilizada em alguns vinhedos desde os anos 1960.

Vins de Thouarsais (tintos, brancos e rosés) VDQS. Centro-oeste. 20 ha. Vinhedos no vale de Thouet ao sul de Saumur fazem tintos e rosés de Gamay, e brancos de Chenin Blanc.

Touraine (tintos, brancos e rosés) AOC. Centro-leste. 5.500 ha. As principais uvas para tintos e rosés são a Gamay, a Cabernet e a Cot (o rótulo dará nome à uva). Os Gamay podem superar muitos Beaujolais – pelo menos em anos quentes. No oeste de Touraine, normalmente é engarrafado puro Cabernet; no leste, as autoridades estão incentivando os cortes. Para os rosés, também podem ser usadas Pineau d'Aunis e Grolleau. O branco costuma ser de Sauvignon Blanc, em uma imitação tolerada do Sancerre. Chenin Blanc, Menu Pineau (também conhecida como Arbois) e Chardonnay hoje exercem um papel auxiliar. Versões frisantes e espumantes têm certa importância. Os brancos são à base de Chenin Blanc com até 30% de uvas tintas, dentre as quais Cabernet, Pinot Noir, Pinot Gris e Pinot Meunier, Pineau d'Aunis, Cot e Grolleau. Tintos de Cabernet Franc; rosés de Cabernet Franc, Cot, Gamay e Grolleau.

Touraine-Amboise (tintos, brancos e rosés) AOC. Centro-leste. 220 ha. Tintos leves feitos de Gamay, Cabernet e Cot logo a leste de Vouvray. O branco é de Chenin Blanc, às vezes capaz de alcançar qualidade similar à de Vouvray.

Touraine-Azay-Le-Rideau (brancos e rosés) AOC. Centro-leste. 90 ha. Pequena área de Chenin Blanc que ocasionalmente produz vinhos tão ricos quanto os de Vouvray. O rosé é feito de Grolleau com um pouco de Gamay, Cot ou Cabernet, produzido entre Tours e Chinon.

Touraine-Mesland (tintos, brancos e rosés) AOC. Centro-leste. 110 ha. Cortes muito bons de Gamay, Cabernet Franc e Cot para o tinto, e 80% de Gamay para o rosé, provenientes da margem norte do Loire, em frente a Chaumont. Menos importante é o branco seco, feito principalmente de Chenin Blanc, às vezes misturado com Chardonnay e Sauvignon.

Touraine Noble Joué (rosés) AOC. Centro-leste. 24 ha. Denominação histórica quase extinta, recentemente revivida. Pequena produção de rosé de Pinot Meunier, Pinot Noir e/ou Pinot Gris.

Valençay (tintos, brancos e rosés) VDQS. Alto Loire. 150 ha. Branco seco de Chenin Blanc, Sauvignon e outras uvas. Os tintos e rosés vêm de um cultivo periférico de Gamay na fronteira oriental de Touraine.

Coteaux du Vendômois (tintos, brancos e rosés) AOC. Centro-norte. 152 ha. Os vinhos, particularmente os rosés, são feitos principalmente de Pineau d'Aunis complementada com Gamay, Cabernet e Pinot Noir. O branco é de Chenin Blanc, pura ou misturada com Chardonnay.

Vouvray (brancos) AOC. Centro-leste. 2.000 ha. Chenin Blanc seco, meio doce ou doce, de qualidade potencialmente sublime, conforme a safra. Há também versões espumantes.

Muscadet

É difícil resistir à noção de Muscadet como o próprio vinhedo de Netuno. Em nenhum outro lugar, a equação gastronômica é tão simples e clara – ou apetitosa. A Bretanha fornece os frutos do mar; os vinhedos agrupados no sul e no leste de Nantes fornecem oceanos do vinho branco ideal.

Muscadet é tanto a uva como o vinho e também a região. A uva veio da Borgonha (onde é encontrada, às vezes, como Melon de Bourgogne) e tem como característica a maturação precoce, satisfazendo-se com solo fino e pedregoso. Seu amadurecimento (por volta de 15 de setembro) ocorre antes da chuva de outono neste vinhedo geralmente nublado e exposto ao vento. A Muscadet (ou Melon) tem pouca acidez natural, o que a torna particularmente vulnerável em contato com o ar. Para evitar a oxidação e engarrafar o vinho o mais fresco e saboroso possível, a tradição local é deixar o novo vinho em seus tanques ou barris ao final da fermentação, em contato com seu próprio sedimento levedado (*sur lie*, "sobre a borra") e engarrafá-lo em março ou abril diretamente do barril – decantá-lo direto para as garrafas, sem refinar ou filtrar. Certa quantidade de CO_2 continua dissolvida no vinho e ajuda a torná-lo fresco e, às vezes, um pouco efervescente ao paladar.

Com a economia e as quantidades atuais, tal engarrafamento barril a barril está se tornando raro, mas o objetivo continua sendo o mesmo – exceto entre certos produtores que almejam um vinho mais plenamente desenvolvido para envelhecimento futuro. Com efeito, as mudanças na regulamentação fizeram do engarrafamento *sur lie* uma denominação em si mesma: hoje há Muscadets genéricos e Muscadets genéricos *sur lie*, Muscadets de Sèvre-et-Maine e Muscadets de Sèvre-et-Maine *sur lie*, etc. As diferenças essenciais relacionam-se ao rendimento e à época de engarrafamento após a colheita. Os rendimentos para os vinhos *sur lie*, por exemplo, não podem exceder 5,5 mil litros por hectare (para Muscadets genéricos, aceita-se até 6,5 mil litros por hectare). Desde 1997, o vinho *sur lie* deve ser engarrafado na própria adega em que foi vinificado.

Assim, há diferentes estilos de Muscadet, mas é difícil identificá-los com exatidão, a não ser degustando os produtos de cada vinicultor. Os extremos são um vinho leve e frutado, mas essencialmente suave, ou, ao contrário, um sabor vegetal pungente e um pouco "silvestre", bastante interessante para, possivelmente, acompanhar ostras ou moluscos. O último estilo pode amadurecer surpreendentemente bem: eu tive uma garrafa de cinco anos que alcançara uma espécie de secura suave perfeita, que achei deliciosa harmonizada com linguado. Os vinhos que foram envelhecidos em garrafa podem ser comercializados por seus produtores com as palavras Muscadet Haute Expression no rótulo.

A maior concentração de vinhedos de Muscadet fica logo a leste de Nantes e ao sul do Loire, na área que recebe o nome dos rios Sèvre e Maine. Cerca de 75% dos 12 mil hectares de vinhedos são Sèvre-et-Maine; o restante é dividido entre os Coteaux de la Loire espalhados para o leste em direção a Anjou, Côtes de Grand Lieu, e Muscadet comum com mais de 3.400 hectares salpicados por uma vasta área ao sul de Nantes.

Todas as quatro denominações de origem controlada são intercaladas com 2 mil hectares plantados com a uva branca secundária da região, a Gros Plant ou Folle Blanche, que é para a Muscadet o que a Aligoté é para a Chardonnay: uma relação reconhecidamente desfavorável, mas com seus próprios seguidores fiéis. Gros Plant du Pays Nantais é sempre ácida, frequentemente "verde", às vezes áspera, mas, nas mãos de um produtor sensível, pode ser transformada em um vinho muito fresco, ainda que frágil. Para os bretões, seria uma sequência natural tomar uma garrafa de Gros Plant com ostras e então Muscadet com linguado. Gros Plant tem no máximo 11 graus de álcool; Muscadet, no máximo doze. Controlar a graduação máxima é pouco comum, mas particularmente necessário em uma região em que a chaptalização é normal e a acidez natural, baixa. Um Muscadet excessivamente açucarado seria como um *brut* sem graça.

Por isso, afirmam alguns, o Muscadet é envelhecido em carvalho novo. Essa mania ganhou certo terreno no fim da década de 1990, mas acabou não pegando. Não deve ser descartado logo de cara como uma aberração, mas de fato parece um embelezamento desnecessário para um vinho que conquistou adeptos com seu charme descomplicado. Uma tendência mais sutil entre alguns produtores é engarrafar o vinho deliberadamente com um pouco de açúcar residual.

Mas o Muscadet não está prosperando. Houve uma época, há cerca de trinta anos, em que esse vinho era um item essencial em toda taverna britânica: barato, descomplicado, refrescante. Mas os bebedores de hoje procuram um caráter mais abertamente frutado do que o Muscadet clássico consegue oferecer. Além disso, a expansão da área de videiras cultivadas durante esses anos de crescimento possibilitou que muitos vinhos de má qualidade alcançassem os mercados internacionais – sendo incapazes de encontrar adeptos. As vendas despencaram e as autoridades locais foram obrigadas a ordenar, logo de início, que, nos vinhedos menos populares, as videiras de Gros Plant fossem arrancadas. É uma pena: um autêntico Muscadet tem seu lugar, tanto como aperitivo quanto como um vinho gratificante para acompanhar peixes e frutos do mar frescos e preparados com simplicidade.

Para vinhos tintos, a região tem pouco a oferecer: 262 hectares em meio aos vinhedos de Muscadet das Coteaux de la Loire, ao redor da cidade de Ancenis, cultivam Gamay e um pouco de Cabernet para tintos leves e rosés, vendidos como VDQS Coteaux d'Ancenis. Há também Malvoisie (Pinot Gris), uma especialidade meio doce de Ancenis, que pode dar um excelente aperitivo. Cortes de Cabernet, Gamay e Pinot Noir são usados nos promissores vinhos VDQS conhecidos como Fiefs-Vendéens, da região de La Vendée, na costa atlântica, logo ao sul de Muscadet.

O nome Vin de Pays du Val de Loire (costumava ser chamado Vin de Pays du Jardin de la France) é cada vez mais usado para vinhos como Chardonnay e Gamay de uma vasta área, que abrange treze *départements*. Outros vin de pays podem colocar o nome da região no rótulo, incluindo Marches de Bretagne, Retz, ou o nome do *département*, tal como Vin de Pays de Loire-Atlantique.

Principais produtores de Muscadet

Domaine du Bois-Joly ☆☆
Le Pallet. 30 ha. www.domaineduboisjoly.com
A família Bouchard produz vinhos revigorantes *sur lie*, especialmente o *cuvée* Harmonie e um *cuvée* comercializado depois de até sete anos de envelhecimento em garrafa. Esta é também uma fonte confiável de Gros Plant e de um leve rosé Gamay.

Boullault & Fils ☆–☆☆
Château La Touche, Vallet. 40 ha. www.boullault-fils.com
Um excelente vinhedo de encosta, administrado com grande dedicação pela família Boullault desde 1930. Os vinhos são vendidos sob os rótulos Domaine des Dorices ou Château la Touche, dependendo do mercado. Não há nenhuma diferença entre eles. Mas o domaine distingue três *cuvées*. O primeiro,

Cuvée Choisie, que representa a maior parte da produção, é feito para ser bebido jovem. O Hermine d'Or Selection e, nas grandes safras, o Cuvée Grande Garde (que é mantido sobre a borra – *sur lie* – por até vinte meses), que fica melhor quando envelhecido em adega por três anos ou mais.

Château de Briacé ☆–☆☆
Le Landreau. 15 ha. www.chateau-briace.com
O château é uma faculdade privada de vinho, na qual os estudantes de viticultura e enologia trabalham as videiras. O Muscadet de Sèvre-et-Maine, o Gros Plant e vários Vins de Pays varietais são invariavelmente limpos, corretos e bem feitos.

Chéreau-Carré ☆☆
St Fiacre-sur-Maine. 120 ha. www.chereau-carre.fr
A família Chéreau é uma das maiores proprietárias do Muscadet, bem como uma casa négociant importante especializada em vinhos do Loire. Comercializa 4 milhões de garrafas por ano, das quais metade são vinhos comprados e metade são elaborados nas propriedades pertencentes a vários membros da família. Os domaines incluem o Château de Chasseloir, que serve de sede para o Chéreau-Carré. A propriedade de 25 hectares nas margens do rio Maine inclui uma área de três hectares de videiras centenárias, que são vinificadas separadamente sob o nome de Comte Leloup de Chasseloir.

Domaine du Bois Bruley é um vinhedo de treze hectares em Basse Goulaine. Esta propriedade fornece vinhos Chéreau Gros Plant du Pays Nantais, além de Muscadet de Sèvre-et-Maine *sur lie*. O Château de l'Oiselinière de la Ramée é um vinhedo de dez hectares em Vertou. O *cuvée* elaborado com uvas de videiras antigas é chamado L'Aigle d'Or. Ver também Domaines V. Günther-Chéreau.

Xavier Coirier ☆
Pissote. 20 ha.
Um produtor dedicado ao VDQS Fiefs-Vendéens. Produz vinhos brancos, rosés e tintos frescos e perfumados, para degustar no verão.

Donatien-Bahuaud ☆–☆☆
La Chapelle-Heulin. 12 ha. www.donatien-bahuaud.fr
Grande produtor e négociant, Donatien-Bahuaud comercializa 10 milhões de garrafas de vinho do Loire por ano, das quais 25% são Muscadet. O Muscadet mais famoso da empresa é o Le Master de Donatien, que representa os *cuvées* selecionados após degustações às cegas por profissionais da gastronomia e da enologia. Os vinhos selecionados são engarrafados na propriedade dos produtores individuais e são apresentados em garrafas serigrafadas.

Donatien-Bahuaud também produz Muscadet de suas próprias vinhas no Château de la Cassemichère, assim como outros Muscadet, entre os quais o Fringant, um vinho para ser consumido jovem. Em 2007, a empresa foi adquirida pelo négociant do Rhône, Gabriel Meffre, e a oferta de vinhos, antes variada, foi um pouco reduzida.

Domaine de l'Ecu ☆☆☆
La Bretonnière, Le Landreau. 21 ha.
A propriedade de Guy Bossard é pioneira no cultivo orgânico e biodinâmico na região de Sèvre-et-Maine. Bossard produz uma ampla gama de vinhos em seu domaine de porte médio. Uma aposta recente foi a produção de cuvées distintos e notáveis com base em diferentes tipos de solo: gnaisse, ortognaisse e granito. O Hermine d'Or, um *cuvée* mineral e com boa textura, mostra a capacidade de seus vinhos para o desenvolvimento em garrafa.

Outros vinhos incluem um excelente Gros Plant du Pays Nantais e um *méthode traditionnelle* cheio de nuances, feito principalmente de Gros Plant.

Domaine de la Foliette ☆☆
La Haye-Fouassière. 38 ha.
Grande propriedade tradicional que produz um rico Muscadet de Sèvre-et-Maine *sur lie* com notas de maçã.

Marquis de Goulaine ☆–☆☆
Château de Goulaine, Basse-Goulaine. 50 ha.
www.chateau.goulaine.online.fr
A vitrine de Muscadet; a extremo oeste dos grandes châteaux renascentistas do Loire. O Château de Goulaine, habitado pela mesma família há mais de mil anos, é hoje um exemplo eficaz do negócio no castelo. As uvas cultivadas na propriedade, assim como o vinho comprado, oferecem uma ampla variedade de vinhos: Gros Plant e Chardonnay e três Muscadet diferentes, todos engarrafados *sur lie*. O Cuvée du Millénaire, o melhor vinho do domaine, é um Muscadet elaborado com uvas das videiras de cinquenta anos de idade, cultivadas nos quatro hectares do Clos la Tache (pertencente aos Goulaine), e misturado com vinhos de vários produtores.

Guilbaud Frères ☆–☆☆
Gorges. 30 ha. www.guilbaud-muscadet.com
Empresa négociant fundada em 1927, produzindo 3 milhões de garrafas de Muscadet de qualidade acima da média, sob vários nomes, incluindo seus próprios vinhos do Domaine de la Moutonnière e do Château de la Pingossière. O Clos du Pont, de La Moutonnière, é o melhor vinho de Guilbaud; o Château de la Pingossière também é recomendável. Le Soleil Nantais, o vinho négociant de primeiríssima qualidade de Guilbaud, também mantém bom nível.

Domaine Guindon ☆☆
St-Géréon. 28 ha.
Pierre Guindon oferece três qualidades de Muscadet des Coteaux de la Loire, além de Gros Plant e Coteaux d'Ancenis (Gamay tinto e rosé) e um raro Malvoisie meio doce (Pinot Gris). A especialidade aqui é um Muscadet que fica em contato com a casca durante um longo período antes da fermentação.

Transportando a colheita para o Château de Chasseloir.

Domaines V. Günther-Chéreau ☆☆
Château du Coing, St-Fiacre-sur-Maine. 65 ha.
www.chateau-du-coing.com
Esta ramificação da Maison Chereau-Carré (ver p. 148) pertence à filha de Bernard Chéreau, Véronique. Château du Coing é uma propriedade de cinquenta hectares na confluência do Sèvre e do Maine. O *cuvée* mais impressionante é chamado L'Ancestrale, que é guardado por mais de dois anos *sur lie*. Para viciados em carvalho novo, há também um *cuvée* de videiras muito antigas fermentado em barris novos. Ela possui ainda duas outras propriedades. Grand Fief de la Cormeraie é um vinhedo de cinco hectares na comuna de Monnière. Commandeur é o nome de um rótulo esplêndido elaborado com uvas de videiras antigas. Château de la Gravelle é um vinhedo de doze hectares em Gorges. Seus dois *cuvées* de Muscadet de Sèvre-et-Maine incluem um vinho produzido com uvas de videiras antigas, rotulado como Don Quichotte.

Domaine de la Haute-Févrie ☆☆
La Févrie, Maisdon-sur-Sèvre. 26 ha.
Sebastien Branger produz um elegante Muscadet de Sèvre-et-Maine *sur lie*. L'Excellence é o nome de suas garrafas produzidas com uvas de videiras antigas, de, no mínimo, cinquenta anos de idade. Clos Joubert é envelhecido em barricas. Um novo vinho incluído na coleção é o Fiefs du Pagatine, de videiras de 55 anos e envelhecido *sur lie* por quatorze meses. Estes são Muscadet clássicos, bem secos.

Domaine des Herbauges ☆☆
Bouaye. 40 ha. www.domaine-des-herbauges.com
Jérôme Choblet produz o Muscadet Côtes de Grand Lieu superior, proveniente de vinhedos a oeste do aeroporto de Nantes. Clos de la Sénaigerie e Clos de la Fine são dois rótulos notáveis, de vinhedo único. Choblet também produz um agradável Gros Plant du Pays Nantais e um Vin de Pays de Chardonnay e Gamay.

Domaine de la Louvetrie ☆☆–☆☆☆
Les Brandières, La Haye-Fouassière. 45 ha.
www.domaines-landron.com
Joseph Landron é um entusiasta produtor orgânico que engarrafa seus vinhos de acordo com o tipo de solo. Seu *cuvée* mais suave, o Amphibolite, recebe o nome de seu solo e é feito para ser consumido no primeiro ano após a safra. O Hermine d'Or e o Fief du Breil provêm de vinhedos de solos mais duros – ortognaisse com faixas de sílica – e se beneficiam de uma guarda de um ano ou mais. O último, o rótulo mais prestigiado do domaine, é produzido com uvas de videiras velhas, situadas em uma encosta com boa exposição para o sul.

Pierre Luneau-Papin ☆☆–☆☆☆
Le Landreau. 35 ha.
Enólogo talentoso e produtor dedicado, Pierre Luneau produz uma gama de Muscadet *sur lie*: o Muscadet des Coteaux de la Loire, delicado e elegante, e vários Muscadet Sèvre-et-Maine *sur lie*, incluindo dois rótulos de vinhedo único, o Les Allées, elaborado com uvas de videiras velhas, e o Les Pierres Blanches, de videiras ainda mais antigas, de sessenta anos. Há também um vinho fermentado em barril, o Manoir de la Grange, e um *cuvée* guardado em carvalho novo, o Le L d'Or.

Louis Métaireau ☆☆–☆☆☆
La Févrie, Maisdon-sur-Sèvre. 29 ha.
www.muscadet-grandmouton.com
Todos os vinhos Métaireau são Muscadets clássicos, frescos, sem sabor exagerado. Ele insiste na elegância. Os dois rótulos de luxo, Cuvée LM e Number One, exemplificam seu estilo. Métaireau também é coproprietário do Domaine du Grand Mouton, de 23 hectares. As uvas desta propriedade são colhidas um pouco antes de amadurecer, os vinhos são très sauvage nos primeiros um ou dois anos (quando vão bem com mariscos). Com três ou quatro anos, eles estão maduros o suficiente para ser apreciados sem companhia. Métaireau engarrafa cerca de 10% da produção do Grand Mouton sem filtrar.

Incansável inovador, ele introduziu dois Vin de Pays de Loire-Atlantique, feitos de uvas Melon, bem como dois Muscadet de Sèvre-et Maine *sur lie* – Premier Jour e "10.5". O primeiro é feito de uvas colhidas no primeiro dia da colheita; o segundo é baixo em álcool. Hoje a empresa é administrada por sua filha Marie-Luce.

Château la Noë ☆–☆☆☆
Vallet. 100 ha.
Um domaine senhoril, incomum em Muscadet, com uma imponente mansão neoclássica. A família do Conde de Malestroit o possui desde 1740. Produz um Muscadet bem encorpado em vinhedos de baixa produção.

Henri Poiron & Fils ☆☆
Les Quatre Routes, Maisdon-sur-Sèvre. 36 ha.
Um produtor com duas propriedades, que fabrica três rótulos de Muscadet de Sèvre-et-Maine *sur lie*, todos carnosos: Domaine des Quatre Routes, Domaine du Manoir e Château des Grandes Noëlles. O du Pays Nantais (de Gros Plant), o Vin de Pays du Jardin de la France (de Cabernet e Gamay) e um *méthode traditionnelle* completam a seleção.

Château de la Ragotière ☆☆
La-Regrippière. 68 ha. www.freres-coulliaud.com
Esta propriedade, que remonta aos tempos medievais, foi adquirida pelos irmãos Coulliaud em 1979. Em seus 28 hectares, produzem uma gama de Muscadet, dos quais o mais complexo costuma ser o Vieilles Vignes, e alguns vinhos varietais, como o Chardonnay. Os irmãos também são donos do Château de la Morinière, de quarenta hectares.

Marcel Sautejeau ☆–☆☆☆
Domaine de l'Hyvernière, Le Pallet. 150 ha.
www.marcel-sautejeau.fr
Um dos grandes négociants familiares de Loire-Atlantique. O Domaine de l'Hyvernière pertence a Marcel Sautejeau, e o Château de la Botinière é de propriedade do sócio, Jean Beauquin. A Muscadet é colhida mecanicamente e o vinho é engarrafado *sur lie* para ser consumido em até dois anos. O Clos des Orfeuilles vem de um terreno em L'Hyvernière. L'Exceptionnel é o rótulo négociant de luxo da empresa. O volume total de vendas em todo o vale do Loire supera os 17 milhões de garrafas por ano.

Sauvion & Fils ☆☆
Château du Cléray, Vallet. 38 ha. www.sauvion.fr
Uma próspera empresa familiar de produtores e négociants, com sede no histórico Château du Cléray. O vinho *sur lie* do domaine é leve e sedutor, mas os rótulos especiais da empresa, agrupados na coleção Haute Culture, costumam ofuscá-lo. O Muscadet Allégorie du Cléray é fermentado e envelhecido em barris de carvalho novo. Cardinal Richard é o nome registrado que Sauvion dá ao vinho do produtor que ficou em primeiro lugar nas degustações de vários júris.

Les Vignerons de la Noëlle ☆–☆☆
Ancenis. 600 ha. www.vignerons-de-la-noelle.com
Fundada em 1955, esta cooperativa tem 150 produtores com vinhedos que se estendem dos Nantais à fronteira oeste de Anjou. A maior parte da produção é de Muscadet, tanto Sèvre-et-Maine quanto Coteaux de la Loire, incluindo vinhos engarrafados na origem em cada denominação: Domaine de la Mallonière e Domaine des Hautes-Noëlles, em Sèvre-et-Maine, e um Muscadet de Coteaux la Loire. Também produz Gros Plant du Pays Nantais, Gamay-Coteaux d'Ancenis (tinto e rosé), Anjou Coteaux de la Loire, Anjou-Rouge e Villages e Crémant de Loire.

Daniel & Gérard Vinet ☆☆
La Quilla, La Haye-Fouassière. 60 ha. www.muscadet-vinet.fr
Os irmãos Vinet são jovens viticultores ambiciosos que produzem excelentes Muscadet de Sèvre-et-Maine *sur lie*. O Domaine de la Quilla é seu elegante Muscadet base; o Clos de la Houssaie vem de uma pequena área de 0,7 hectare de onde saem 5 mil garrafas por ano. O *cuvée* prestige, Le Muscadet, é um *assemblage* dos melhores *cuvées* de Vinets, selecionados após inúmeras degustações e comercializado após cinco anos de guarda em garrafa.

Anjou-Saumur

Muscadet é o mais obstinado de todos os vinhedos franceses. Anjou, seu vizinho a leste, tem uma oferta de vinhos mais completa que a de qualquer outra região na França. Seu maior movimento de vendas costumava ser de rosés, antes de as geadas de primavera causarem estragos. No entanto, a indústria de espumantes de Anjou, em Saumur, só perde em tamanho para a de Champagne; seus melhores tintos são Cabernet consideráveis, e seus vinhos mais finos de todos, os Chenin Blanc doces e secos, estão entre os grandes vinhos de aperitivo e de sobremesa da França.

O Rosé d'Anjou é um vinho doce e de cor rosa claro, do qual ninguém espera muito – um corte de maioria Grolleau com Cabernet, Cot, Gamay e a local Pineau d'Aunis. Não recuperou seu antigo controle do mercado exportador, mas parece se sair bem nos supermercados franceses. O Cabernet d'Anjou, cujo mercado é primordialmente nacional, está reagindo. Também é rosé (e não tinto), mas uma denominação a ser tratada com mais respeito. O ressurgimento de vinhos rosés em toda a Europa desde 2003 não ajudou muito esses vinhos de Anjou, já que a competição, sobretudo para os vinhos mais secos e refrescantes, tornou-se acirrada. A Cabernet Franc (aqui muitas vezes chamada de Breton) é a melhor uva do Loire para vinho tinto; seu rosé é seco e também pode estar repleto de seu sabor que evoca framboesas. Os melhores exemplos vêm de Martigné-Briand, Tigné e La Fosse-Tigné naquele que é conhecido como Haut-Layon – parte dos Coteaux du Layon –, que é também o distrito mais importante para vinhos brancos Chenin Blanc tendendo mais para doces.

Com uma única exceção, todos os vinhedos consideráveis de Anjou ficam ao longo da margem sul do Loire e atravessando seus afluentes, o Layon, o Aubance e o Thouet. A exceção é Savennières, o vinhedo local da cidade de Angers, que interpreta o Chenin Blanc à sua própria maneira: como um vinho branco forte e intenso. Savennières contém dois pequenos *grands crus*: La Roche aux Moines e La Coulée de Serrant. Os vinhos destes produtores, ou de qualquer um dos melhores produtores de Savennières, são deselegantes e rígidos no início, com alta acidez e picante concentração de sabor. Quando jovens, eles podem parecer duros e austeros. Precisam envelhecer, às vezes até quinze anos, para desenvolver seu potencial com fragrância de mel. Consumidos jovens, precisam acompanhar comida. De fato, parece que hoje muitos estão produzindo Savennières em um estilo mais acessível – uma necessidade comercial, talvez, mas que coloca em risco sua tipicidade.

Savennières fica de frente para Rochefort-sur-Loire, do outro lado do rio largo e permeado de ilhas. Rochefort é a porta de entrada para o longo vale do Layon, onde o Chenin Blanc pode ser seco (além de ácido e pernicioso), mas onde todos os vinhos finos têm, no mínimo, a doçura fresca da maçã, e os melhores são intensa e cremosamente doces com a suculência do Sauternes.

O distrito de Coteaux de Layon contém dois *grands crus* importantes, Quarts de Chaume e Bonnezeaux, onde a podridão nobre é bastante frequente (embora nem tanto quanto em Sauternes) e a concentração extrema eleva a graduação alcoólica do vinho a treze ou quatorze graus. Também se produzem alguns excelentes Layons quando as uvas são colhidas *passerillés* (murchas), ou excessivamente maduras. Há um retorno à colheita seletiva de uvas, e aqueles do Layon e do Aubance que atendem a certos critérios podem usar a designação Sélection de Grains Nobles em seus rótulos. Alguns desses vinhos doces, mas nunca todos, são envelhecidos em barril. Eles são, em certo sentido, o Porto Vintage dos vinhos brancos: assim

DESFRUTANDO OS VINHOS DO LOIRE

A ampla gama de vinhos do Loire cobre quase todo acontecimento gastronômico. Para aperitivos, há os excelentes espumantes, e os ainda melhores crémants de Saumur e Vouvray (um meio doce ou um jovem moelleux também são servidos como aperitivo), ou os secos e pungentes Chenin Blanc de Savennières. O moelleux maduro pode ser rico o suficiente para acompanhar *foie gras*.

Para frutos do mar, há a combinação incomparável do Muscadet; para embutidos, Gros Plant du Pays Nantais, um jovem Pouilly-Fumé, Chenin Blanc, um tinto leve frio, ou um rosé seco a meio doce; para pratos mais elaborados de pescados com molho, mais e melhor Muscadet ou um Sancerre ou Pouilly-Fumé com dois ou três anos de guarda.

Para pratos principais, Chinon, Bourgueil e Saumur-Champigny fornecem vinhos jovens, frescos e frutados ao estilo de Beaujolais, ou então o corpo de safras mais maduras, com cinco ou seis anos de envelhecimento. Os Savennières ou Vouvray maduros, secos ou meio doces, podem ser uma alternativa interessante ao Borgonha branco para certos pratos com molhos cremosos.

Sancerre é a inevitável escolha local para acompanhar queijos fortes; com os queijos mais suaves, os vinhos doces das Coteaux du Layon podem ser excelentes. Jovens, leves, com notas de maçã, doces e bem refrigerados, os Coteaux du Layon podem ser memoráveis para um piquenique.

Os vinhos doces botritizados de Bonnezeaux e Quarts de Chaume são alguns dos melhores vinhos de sobremesa da França. Assim como os grandes vinhos doces alemães, eles bastam a si mesmos – talvez sejam melhores sozinhos do que com alguma comida.

como este, são engarrafados jovens para passar por todo o seu desenvolvimento com o menor acesso possível a oxigênio. Em consequência, o *bouquet* é puro, floral e frescamente frutado como a própria uva, com a ressonância e a cordialidade meliflua da idade. Um excelente velho Vouvray é tão similar que é preciso ter coragem (ou ser um nativo) para afirmar ser capaz de distingui-los. Assim como os vinhos alemães das melhores safras, eles conciliam doçura e acidez. Mas, nos dias de hoje, poucos vinhos alemães são capazes de manter esse equilíbrio sequer por metade do tempo.

As tendências na indústria do vinho doce estão sendo acompanhadas pelo progresso na produção de outros estilos de vinho fabricados em Anjou. Os vinhos brancos secos (Anjou Blanc) e os vinhos tintos (Anjou Rouge e Anjou-Villages) estão demonstrando uma verdadeira melhoria na qualidade. Anjou-Villages é a denominação que as 48 mais importantes comunas produtoras de vinho tinto têm o direito de usar.

Saumur fica no centro de Anjou oriental, com um conjunto próprio de denominações de origem controlada para vinhos brancos secos ou meio doces, feitos de Chenin Blanc (que, cada vez mais, é engarrafada pura, embora ainda possa ser misturada com até 20% de Chardonnay e/ou Sauvignon), e para suas versões mousseux. A indústria de espumantes de Saumur é sustentada pela Chenin Blanc, que tem a acidez necessária para produzir bons vinhos *méthode traditionnelle*. Os principais produtores, muitos dos quais são também *négociants* comercializando uma gama de vinhos do Loire, estão listados nas páginas a seguir. Muitas uvas são permitidas em crémants, incluindo uma série de uvas tintas, mas não a Sauvignon Blanc. Há, também, denominações em Saumur para vinhos tintos e rosés de Cabernet Franc e Pineau d'Aunis. Os vinhedos de vinho tinto estão espalhados ao sul da cidade. Recentemente, Saumur-Champigny entrou em voga e se tornou famoso, com seus tintos leves, herbáceos e saborosos. Eles são excelentes nas safras mais maduras; em anos piores, pode ser difícil obter concentração e complexidade.

Principais produtores de Anjou-Saumur

Domaine de Bablut ☆☆–☆☆☆
Brissac-Quincé. 50 ha. www.vignobles-daviau.fr
Sob a curadoria de Christophe Daviau, esta propriedade familiar há muito estabelecida está tomando novos rumos interessantes, especialmente na produção de Coteaux de l'Aubance e na dedicação à viticultura biodinâmica. Os rótulos superiores são o Vin Nobre e o Grandpierre, elaborados com uvas botritizadas e parcialmente fermentados e envelhecidos em barris de carvalho novo. São tão deliciosos quanto complexos. O domaine produz, ainda, o restante do elenco de vinhos Anjou – o Cabernet Franc puro chamado Pietra Alba é um vinho imponente – e os do vizinho Château de Brissac.

Domaine des Baumard ☆☆–☆☆☆
Rochefort-sur-Loire. 37 ha. www.baumard.fr
Jean Baumard é um veterano do Loire e ex-professor de viticultura em Angers. Seu filho Florent assumiu o domaine há vinte anos.

Vinhedos dispersos, com terras importantes em Quarts de Chaume, Savennières (incluindo parte do Clos du Papillon) e Coteaux du Layon (Clos de Ste-Catherine). Cinco hectares de Cabernet Franc e cinco de Cabernet Sauvignon produzem o Anjou Rouge Logis de la Giraudière. A Chardonnay é cultivada com a Chenin para fazer o Crémant de Loire, e uma especialidade da casa é o Vert de l'Or, um Verdelho oferecido nas versões seco e suave. Os Baumard não usam madeira, pois preferem um estilo oxidativo. O Clos de Sainte-Catherine é difícil de classificar: nem doce nem seco, mas muito vívido – recomendado com frutas de verão ou como aperitivo. O melhor vinho é, certamente, o Quarts de Chaume, nobre e elegante.

Château de Bellerive ☆☆–☆☆☆
Rochefort-sur-Loire. 22 ha. www.vignobles-alainchateau.fr
Importante propriedade do Grand *Cru* Quarts de Chaume, que mudou de mãos com frequência nos últimos anos. Alain Château, atual proprietário, comprou uma série de propriedades na região do Loire e em Bordeaux. Os métodos adotados são quase iguais aos de Yquem, o que significa aceitar uma safra minúscula, de videiras antigas e, em sucessivas *tris* (triagens) pelo vinhedo, colher somente as uvas botritizadas. A fermentação, que ocorre em barris, acontece durante quase todo o inverno.

A grande diferença entre este vinho e o Sauternes (além das uvas) é que o engarrafamento é feito no final de abril, "quando a lua é crescente", e toda a maturação ocorre em garrafa, em vez de tonel. O vinho só pode ser apreciado após cinco ou dez anos de guarda – e dura cinquenta.

Château du Breuil ☆☆
Beaulieu-sur-Layon. 24 ha.
Boa fonte de Coteaux du Layon-Beaulieu, cujo rótulo de luxo é o Vieilles Vignes, envelhecido em barricas novas de carvalho. No entanto, a propriedade foi vendida em 2006.

Domaine de Brizé ☆☆
Martigné-Briand. 40 ha. www.domainedebrize.free.fr
Excelente vinícola familiar, administrada pela quinta geração dos Delhumeaus. Todos os vinhos de Anjou são produzidos, entre eles um robusto Anjou-Villages chamado Clos Médecin, um clássico Layon, um deslumbrante Anjou-Gamay e um premiado Crémant de Loire.

Philippe Cady ☆☆–☆☆☆
St-Aubin-de-Luigné. 20 ha. www.domainecady.fr
Produz um Coteaux du Layon-Saint-Aubin delicioso e com notas de mel, e também alguns Chaume. Os *cuvées* mais complexos são chamados Volupté, e o mais concentrado, em geral, é o Cuvée Eléonore.

Cave des Vignerons de Saumur ☆
St-Cyr-en-Bourg. 1.400 ha.
A *cave coopérative*, com 300 membros, elabora toda a gama de vinhos espumantes de Saumur, incluindo Saumur Brut (sob uma diversidade de rótulos), Saumur Rosé Brut, Crémant de Loire

O Château de Saumur, no Loire.

Cuvée de la Chevalerie Brut e Rosé e um Rouge Mousseux meio doce. Ao todo, isso representa em torno de 30% da produção de cada denominação. O Saumur branco também tem boa reputação.

Château de Chaintres ☆☆
Dampierre-sur-Loire. 20 ha. www.chaintres.com
Pertencente ao Barão de Gaël Tigny, esta é uma charmosa casa de campo antiga. Um dia foi um convento, e de seus vinhedos murados se produz um notável Saumur-Champigny. O Oratoriens Cuvée é o único vinho que é envelhecido em carvalho.

Clos de Coulaine ☆☆
Savennières. 7 ha.
Respeitado produtor de Savennières frescos e florais e sedosos Anjou Rouge e Anjou-Villages. Desde 1992, o domaine é administrado por Claude Papin, um dos produtores mais importantes de Coteaux du Layon (ver Château Pierre-Bise).

Clos Rougeard ☆☆☆
Chacé. 10 ha.
A família Foucault, já em sua oitava geração aqui, produz três *cuvées* de Saumur-Champigny. Les Poyeux é um excelente vinhedo, e o vinho é envelhecido em barris com um ano de uso; Le Bourg, em contrapartida, é envelhecido em carvalho novo. Há também uma diminuta produção dos quase extintos vinhos doces de Coteaux de Saumur. Vinhos profundos e longevos.

Domaine du Closel ☆☆
Savennières. 16 ha. www.savenieres-closel.com
Uma propriedade há muito administrada por mulheres, produzindo brancos Savennières clássicos, concentrados, fermentados sobretudo em tanques, e depois envelhecidos em madeira (com a exceção de alguns *cuvées*, como o Clos du Papillon, que ainda é fermentado em barris), e um pouco de Cabernet para o Anjou ou o Anjou-Villages. Les Caillardières é um Savennières feito em estilo meio doce.

Château de la Coulée de Serrant ☆☆–☆☆☆☆
Château de la Roche-aux-Moines, Savennières. 15 ha. www.coulee-de-serrant.com
Pequena bela propriedade em uma localização excepcional, escolhida por monges no século XII. O vinhedo principal é o Clos de La Coulée de Serrant, dirigido por Nicolas Joly, cujos métodos muito particulares de cultivar as videiras e elaborar o vinho se baseiam na teoria biodinâmica, da qual é considerado sumo sacerdote por inúmeros seguidores. Ele não usa fertilizantes nem pesticidas artificiais, e também nenhum equipamento tecnológico moderno; os resultados são vinhos com extraordinária capacidade de envelhecimento. Joly também possui três hectares de La Roche aux Moines chamados Clos de la Bergerie, e alguns lotes de Cabernet para o Château de la Roche. Outro *cuvée* de Savennières, Les Vieux Clos, foi recentemente adicionado à coleção. A Chenin Blanc, aqui, serve para elaborar alguns de seus vinhos secos (ou meio doces) mais intensos, de extraordinário sabor e longevidade. Com um rendimento de apenas 1.700 caixas, os melhores vinhos são oferecidos a um preço alto. Ninguém questiona o zelo de Nicolas Joly, mas algumas questões têm sido levantadas quanto ao caráter oxidativo que algumas safras adquirem com o envelhecimento. Joly, no entanto, insiste que o vinho deve ser decantado por 24 horas para atingir sua plena grandeza e complexidade, e que, uma vez aberto, continua a evoluir de forma positiva por muitos dias.

Philippe Delesvaux ☆☆–☆☆☆☆
St-Aubin-de-Luigné. 15 ha.
Um produtor ambicioso que viveu em Paris até chegar aqui em 1983. Ele produz um agradável Anjou Blanc seco e um saboroso Anjou Rouge, mas dá o melhor de si com seus Layon, notadamente os *cuvées* dos *lieux-dits* La Moque e Clos du Pavillon, e o delicioso Sélection de Grains Nobles. Estes estão entre os mais concentrados de todos os vinhos doces da França, elaborados por um produtor que tem a paciência e a coragem para esperar a concentração máxima a cada ano.

Château de Fesles ☆☆–☆☆☆☆
Thouarcé. 35 ha. www.fesles.com
Uma propriedade histórica, conhecida por seu notável Bonnezeaux de quatorze hectares. Durante muito tempo, pertenceu à família Boivin que, quase literalmente, criou a denominação; depois passou por diferentes mãos na década de 1990, e hoje é uma das muitas propriedades de Bernard Germain em Bordeaux e Anjou. Todos os vinhos brancos, secos e doces, são fermentados em barris de 400 litros. Embora a propriedade produza uma série de vinhos de Anjou, o Bonnezeaux é o mais procurado: suntuoso e aveludado, e marcado pela botrytis, permanece fresco por décadas, graças à sua acidez vibrante, mas madura.

Domaine des Forges ☆☆–☆☆☆☆
St-Aubin-de-Luigné. 42 ha.
Claude Branchereau produz toda a gama de vinhos de Anjou e acrescentou alguns Savennières ao seu portfólio, mas seu coração está em seu Coteaux du Layon, do qual ele faz vários *cuvées* maravilhosos, incluindo um rótulo de uvas de videiras velhas do Chaume *lieu-dit* Les Onnis (também escrito "Aunis"). Os vinhos mais ricos são os vários Sélections de Grains Nobles, mas os mais simples podem ser igualmente agradáveis com seu frescor e brilho frutado de maçãs.

Château de la Genaiserie ☆☆–☆☆☆☆
St-Aubin-de-Luigné. 24 ha. www.genaiserie.com
Em 1990, Yves Soulez comprou um intrincado château antigo com excelentes vinhedos Layon, após vender sua parte do domaine familiar em Savennières. Dos seus muitos *cuvées* de Layon, os mais complexos, concentrados e elegantes provêm de uvas de baixo rendimento dos *lieux-dits* Les Petits Houx, Les Simonelles e La Roche. Em 2003, Soulez vendeu a propriedade para Frédéric Julia, que até agora tem mantido os padrões de seu antecessor.

Domaine aux Moines ☆☆
Savennières. 8 ha.
Este domaine é um importante proprietário dos melhores *crus* de Savennières de La Roche-aux-Moines. Os vinhos secos são tradicionais e longevos. Em safras adequadas, o domaine produz vinhos com uma doçura notável, chamados Cuvée des Nonnes ou Cuvée de l'Abbesse.

Domaine des Petits Quarts ☆☆–☆☆☆☆
Faye. 60 ha.
Jean-Pascal Godineau elabora um vasto leque de vinhos, mas seu orgulho e alegria são o Bonnezeaux, produzindo cinco *cuvées* diferentes, três dos quais de um único vinhedo. Em algumas safras, ele é capaz de produzir um *cuvée* surpreendentemente doce e concentrado, chamado Quintessence.

Château Pierre-Bise ☆☆☆
Beaulieu-sur-Layon. 53 ha.
Um dos maiores produtores de Coteaux du Layon, Claude Papin é fascinado pela noção de *terroir* e engarrafa os Layon segundo o tipo de solo, oferecendo muitos *cuvées* diferentes, entre os quais o Layon-Chaume e o Quarts de Chaume. Papin também produz excelentes Anjou Blanc, Anjou-Aldeias e Anjou-Gamay, bem como Savennières de Clos de Coulaine (ver p. 153).

Domaine des Rochelles ☆☆
St Jean des Mauvets. 52 ha. www.domainedesrochelles.com
O Lebreton merecidamente desfruta de boa reputação, sobretudo por seus vinhos tintos de Brissac. O Cuvée Croix du Mission tem uma proporção atipicamente elevada de Cabernet Sauvignon.

Domaine des Roches Neuves ☆☆–☆☆☆
Varrains. 22 ha. www.rochesneuves.com
Thierry Germain, um jovem de Bordeaux, de uma família bem estabelecida de produtores e comerciantes, comprou esta propriedade em 1991 e, desde então, vem produzindo um saboroso Saumur-Champigny. Os dois *cuvées* mais concentrados são o Cuvée Vieilles Vignes Terres Chaudes e o Cuvée Marginale; este último envelhecido em carvalho novo. Também produz um branco impressionante chamado L'Insolite, com Chenin Blanc de videiras muito antigas.

Domaine de la Sansonnière ☆☆☆
Thouarcé. 8 ha.
Mark Angeli trilha seu próprio caminho. Adepto convicto da viticultura bionâmica e do plantio de alta densidade, ele produz principalmente vinhos brancos, dos quais os mais marcantes são os Anjou, riquíssimos, e, em safras adequadas, o Bonnezeaux.

Château Soucherie ☆–☆☆
Beaulieu-sur-Layon. 30 ha. www.soucherie.com
Propriedade da família Tijou, de 1952 a 2007, quando Pierre-Yves Tijou se aposentou e a vendeu para o empresário Roger Beguinot. Um novo vinicultor foi nomeado com o objetivo de melhorar a qualidade, que havia caído nos últimos anos. A maioria da propriedade está em Coteaux du Layon plantada com Chenin Blanc, Sauvignon e Gamay para vinhos tintos e rosés. Os melhores Layon costumam ser os Vieilles Vignes, o Chaume e o Beaulieu Cuvée de la Tour, feito com uvas de videiras de noventa anos de idade. Desde 1991, a propriedade incluiu dois hectares em Savennières, chamadas Clos des Perrières.

Domaine Pierre Soulez ☆☆–☆☆☆
Château de Chamboureau, Savennières. 18 ha.
Importante produtor de Savennières, seco e moelleux. O melhor deles costuma ser o produzido com uvas do terreno em Roche-aux-Moines. Os tintos e rosés são de menor interesse. Em 2006, Soulez, já pensando na aposentadoria, vendeu alguns lotes para Philippe Fournier, que é também o novo proprietário do Domaine Jo Pithon (ver p. 156). É provável que a variedade de vinhos produzidos diminua ainda mais.

Château de Suronde ☆☆☆
Rochefort-sur-Loire. 8 ha. www.suronde.fr
Em 1995, Francis Poirel, economista marítimo, adquiriu esta propriedade e se tornou um produtor apaixonado do excelente Quarts de Chaume. Os rendimentos de seus vinhedos orgânicos eram diminutos, e em alguns anos o *cuvée* superior foi feito

selecionando uma a uma as bagas botritizadas. Porém, em 2005, ele vendeu a propriedade, ainda que a safra daquele ano não tenha sinalizado nenhuma mudança de direção.

Château de Targé ☆☆
Parnay. 25 ha. www.chateaudetarge.fr
Um solar com quatro torres, nas mãos da família Pisani-Ferry desde 1655, produzindo aclamados Saumur-Champigny, especialmente o Cuvée Ferry e o Quintessence.

Château la Varière ☆☆–☆☆☆
Brissac. 95 ha. www.chateaulavariere.com
Jacques Beaujeau é reconhecido por seu robusto Anjou-Villages, mas também produz suntuosos Bonnezeaux e Quarts de Chaume nas melhores safras, como a de 1997.

Château de Villeneuve ☆☆☆
Souzay-Champigny. 28 ha. www.chateau-de-villeneuve.com
Excelente domaine familiar administrado por Jean-Pierre Chevallier. O mais potente dos *cuvées* Saumur-Champigny é o produzido com uvas de videiras antigas do *lieu-dit* Le Grand Clos, envelhecido em barrica. Há dois cuvées de Saumur Blanc, um deles é o Les Cormiers, que é fermentado e envelhecido em barris de carvalho novo.

Château Yvonne ☆☆
Parnay. 5 ha.
Esta é uma propriedade atípica, já que possui tantas videiras de uvas tintas quanto de brancas. Hoje em dia, as primeiras são mais valorizadas do que as segundas.

Espumantes de Saumur

A acidez inerente à Chenin Blanc é a razão de ser da indústria de vinho espumante de Saumur, que tem sede nas cavernas de calcário de Saint-Hilaire-Saint-Florent, a oeste de Saumur. Utiliza-se o método clássico para produzir vinhos limpos, frutados, geralmente muito secos, a preços muito mais baixos que os da Champagne, menos característicos e complexos, mas quase tão estimulantes quanto estes. No entanto, um número crescente de vinicultores produz hoje o Crémant de Loire, e há equivalente número de *cuvées* de luxo. Alguns desses começam a se aproximar dos preços e, às vezes, da qualidade do Champagne (em termos relativos).

Principais produtores de espumantes de Saumur

Ackerman-Laurance ☆–☆☆
Saumur. www.ackerman-remypannier.com
Esta é a empresa original, fundada em 1811 quando o belga Ackerman introduziu o *méthode traditionnelle* no Loire. Continua na liderança com seu novo Crémant de Loire de qualidade superior. A empresa também oferece uma ampla gama de vinhos tranquilos. Rémy Pannier é o dono atual.

Bouvet-Ladubay ☆☆–☆☆☆
St-Hilaire-St-Florent, Saumur. www.bouvet-ladubay.fr
A segunda mais antiga casa de vinho espumante (1851), Bouvet-Ladubay fez parte do grupo Taittinger de 1974 a 2006, quando foi

ANJOU-SAUMUR | VALE DO LOIRE | **FRANÇA** | 155

vendida para a United Breweries da Índia. Os excelentes espumantes Saumurs incluem o Bouvet Brut, o Saphir (um vintage *brut*), o Rubis (um tinto meio doce à base de Cabernet) e três *cuvées* de luxo, parcialmente ou totalmente fermentados em barril: Trésor, Trésor Rosé e um Grand Vin de Dessert meio doce.

Uma novidade interessante é a linha Nonpareils, séria e concentrada, mas controversa em razão do uso de carvalho novo. Ao todo, a produção anual supera os 3 milhões de garrafas.

Gratien & Meyer ☆–☆☆
Saumur. 20 ha. www.gratienmeyer.com
Uma empresa idêntica à casa de Champagne de Alfred Gratien. Vinte hectares de vinhedos (Ctop-drawerenin Blanc e Cabernet) podem ser encontrados sobre as adegas. Os produtos incluem Saumur Brut, Brut Rosé Saumur, Blanc de Noirs, Crémant de Loire Brut e Flamme d'Or – o Saumur Brut superior.

Langlois-Château ☆☆
St-Hilaire-St-Florent, Saumur. 73 ha.
www.langlois-chateau.com
Esta antiga casa foi comprada pela Bollinger em 1973. Produz principalmente espumantes finos Crémant de Loire (branco, rosé e vintage) – incluindo um elaborado rótulo prestige chamado Quadrille –, mas também vinhos tranquilos de Muscadet a Sancerre.

Os melhores provêm dos próprios vinhedos da empresa, o Château de Fontaine Audon, em Sancerre, e o Domaine Langlois-Château, para Saumurs tintos e brancos. O Château de Varrains é um Saumur-Champigny envelhecido em barricas de carvalho novo.

De Neuville ☆
St-Hilaire-St-Florent.
www.ackermanremypannier.com
Uma empresa que produz espumantes Saumur e Crémant de Loire. Hoje pertence a Rémy Pannier (ver p. 154).

Outros produtores de Anjou-Saumur

Veuve Amiot ☆
St-Hilaire-St-Florent. www.veuve-amiot.com
Fundada em 1884, hoje pertencente a Martini & Rossi, é um importante produtor de espumantes Saumur, Anjou e Crémant de Loire.

Patrick Baudouin ☆☆☆
Chaudefonds-sur-Layon. 8 ha.
www.patrick-baudouin-layon.com
Produz Coteaux du Layon de vinhedos com rendimento muito baixo. Os cuvées superiores são o Maria Juby e o Après Minuit: vinhos muito intensos, muito doces e muito caros.

Château d'Epiré ☆☆–☆☆☆
St-Georges-sur-Loire. 9 ha. www.chateau-epire.com
Esta propriedade pertence à mesma família desde 1749, e hoje é dirigida por Luc Bizard. O objetivo é o Savennières feito para envelhecimento prolongado, e a propriedade também é pioneira no estilo meio doce.

Domaine Filliatreau ☆☆
Chaintres. 45 ha.
Paul Filliatreau foi o produtor que colocou Saumur-Champigny no mapa, mas, nos últimos anos, a qualidade foi superada pela de outras propriedades. No entanto, o Cuvée Vieilles Vignes e o Cuvée des Douze continuam sendo vinhos impressionantes.

Domaine les Grandes Vignes ☆–☆☆
Thouarcé. 51 ha. www.domainelesgrandesvignes.com
Propriedade grande e confiável, que elabora bons vinhos secos Anjou em todos os estilos. Suas terras incluem 1,5 hectare para Bonnezeaux.

Château de la Guimonière ☆☆–☆☆☆
Rochefort-sur-Loire. 23 ha.
Bernard Germain comprou esta propriedade em 1996, junto com o Château de Fesles (ver p. 153), mas a vendeu em 2005 para Alain Château, o dono do Château Bellerive. Com quinze hectares em Chaume, são produzidos vinhos cremosos, doces e redondos, em umas das melhores propriedades da região.

Domaine de Haute-Perche ☆–☆☆
St-Melaine-sur-Aubance. 34 ha.
www.domainehauteperche.com
A propriedade de Christian Papin se expandiu nos últimos anos. Ele produz todos os tipos de vinhos Anjou. Os melhores costumam ser o Anjou-Villages, caloroso e versátil, o Coteaux de l'Aubance, com notas de mel, e o Anjou-Gamay, delicioso.

Château du Hureau ☆☆–☆☆☆
Dampierre-sur-Loire. 19 ha.
www.domaine-hureau.fr
Philippe Vatan produz cinco *cuvées* exemplares de Saumur-Champigny, elegantemente equilibrados entre fruta e madeira, e um suntuoso Coteaux de Saumur doce.

Domaine de Juchepie ☆☆
Faye. 7 ha. www.juchepie.com
Esta propriedade biodinâmica elabora vinhos secos elegantes e vinhos doces nobres em Coteaux du Layon.

Domaine de Montgilet ☆☆
Juigné-sur-Loire. 37 ha.
www.montgilet.com
Vincent e Victor Lebreton são muito bons produtores de Coteaux de l'Aubance. Os melhores cuvées são o Le Tertereaux e o Les Trois Schistes.

Domaine Musset-Rouillier ☆–☆☆
Le Pelican, La Pommeraye. 28 ha.
Gilles Musset, um produtor sério, uniu esforços com Serge Rouillier, outro bom produtor jovem, em 1994. Eles fabricam Anjou Coteaux de la Loire exemplares, bem como admiráveis Anjou Blanc *sec* e Anjou-Villages.

Domaine Ogereau ☆☆
St-Lambert-du-Lattay. 20 ha. www.domaineogereau.com
Coteaux du Layon-Saint-Lambert meio encorpado, feito, de forma deliberada, sem concentração extrema. O melhor é o Clos des Bonnes Blanches de vinhedo único. Os Anjou brancos, tintos e

Vinho espumante nas adegas de Saumur.

rosés também são de qualidade impressionante, e o mais novo item da coleção é um Savennières de Clos du Grand Beaupréau.

Château de Passavant ☆
Passavant-sur-Layon. 42 ha. www.passavant.net
Um produtor tradicional de Anjou brancos, tintos e rosés, e também de Coteaux du Layon. Produção orgânica desde 1998.

Domaine du Petit Métris ☆
St Aubin. 30 ha. www.domaine-petit-metris.com
Os irmãos Renou têm videiras em Chaume e dois terrenos, geralmente vendidos como dois *cuvées* diferentes, em Savennières. Vinhos de boa qualidade, mais do que instigantes.

Domaine du Petit Val ☆☆
Chavagnes. 44 ha. www.domainedupetitval.com
Denis Goizil produz a gama completa de vinhos Anjou em todas as cores, e um Bonnezeaux que às vezes é arruinado pelo elevado álcool.

Jo Pithon ☆☆–☆☆☆
**St-Lambert-du-Lattay. 27 ha.
www.domaine-jopithon.com**
Entusiasta dos ultraconcentrados Coteaux du Layon e Quarts de Chaume, mas também faz brancos secos finos Savennières e Anjou. Em 2005, Philippe Fournier, um empresário de Angers, comprou a propriedade e a expandiu com a aquisição de novos vinhedos. Ele também trouxe de Bordeaux o consultor Stéphane Derenoncourt para assessorar, excepcionalmente, a produção de vinho branco.

Château de Plaisance ☆☆
Rochefort. 20 ha. www.chateaudeplaisance.com
Guy Rochais produz dois *cuvées* de Savennières, mas é mais conhecido por seus vinhos finos de Chaume e Quarts de Chaume.

René Renou ☆–☆☆☆
Thouarcé. 10 ha
Até sua morte prematura em 2006, René Renou foi presidente do Institut National des Appellations d'Origine (INAO), encarregado de defender a tipicidade das regiões vinícolas da França. Sua propriedade é especializada na produção de vinhos Bonnezeaux. Os *cuvées* básicos são insípidos, mas Anne e Zenith são sedosos e elegantes. Sua viúva e o filho estão administrando a propriedade.

Domaine Richou ☆–☆☆☆
Mozé-sur-Louet. 30 ha. www.domainerichou.fr
Um bom Coteaux de l'Aubance, especialmente o Trois Demoiselles e o Pavillon, os dois de videiras antigas. E exemplares muito bons de crémant, Anjou Gamay e Anjou-Villages.

Château de la Roulerie ☆☆
St-Aubin. 21 ha. www.vgas.com
Como o Château de Fesles, pertence a Bernard Germain desde 1996, e seus vinhos são produzidos da mesma forma que no Fesles (ver p. 153). Bons Chaume e Anjou Sec.

Domaine de St-Just ☆–☆☆☆
St Just-sur-Dive. 40 ha. www.st-just.net
Bons Saumur-Champigny e Saumur branco, de estilo moderno e marcadamente frutados.

Domaine du Sauveroy ☆–☆☆☆
**St-Lambert-du-Lattay. 26 ha.
www.sauveroy.com**
Pascal Cailleau é o vinicultor nesta propriedade familiar e utiliza

técnicas modernas de vinificação para produzir tintos Anjou e um Coteaux du Layon-Saint-Lambert Cuvée Néctar, que costuma ser extraordinário.

Château de Tigné ☆☆
Tigné. 50 ha. www.chateaudetigne.com
Importante propriedade orgânica pertencente ao ator Gérard Depardieu. Os melhores *cuvées* são o Vieilles Vignes e o Cyrano.

Château de Varennes ☆☆
Savennières. 7 ha. www.vignobles-alainchateau.com
Propriedade de Bernard Germain de 1996 a 2005, quando foi vendida ao magnata do papel Alain Château, que também é dono do Château Bellerive (ver p. 152). O Savennières é atípico, elaborado em um estilo que lhe permite ser apreciado bastante jovem.

Domaine des Varinelles ☆–☆☆
Varrains. 42 ha. www.daheuiller.com
Os Daheuiller são uma família tradicional que produz principalmente vinhos tintos em Saumur-Champigny. O Cuvée Larivale é envelhecido em carvalho novo.

Touraine

É difícil definir Touraine de modo mais preciso do que como a metade leste do Loire central, com a cidade de Tours em seu centro e um trio de belos rios – o Cher, o Indre e o Vienne – unindo-se ao majestoso curso principal que vem do sul. Quase em sua fronteira com Anjou, produz os melhores vinhos tintos do Loire. Chinon e Bourgueil ficam na latitude do Côte de Beaune e na longitude de Saint-Emilion – uma localização que produz um tipo de clarete capaz de impressionantes charme e vitalidade. O Cabernet Franc, com pouquíssimo ou nada de Cabernet Sauvignon, alcança uma espécie de esboço em aquarela de um grande Médoc, com aromas de framboesas, pedindo para ser bebido à temperatura resfriada da adega em seu primeiro verão, leve e, às vezes, adstringente, embora surpreendentemente sólido: as safras maduras envelhecem quase como um Bordeaux, por, no mínimo, sete a oito anos.

Muito depende do solo. A areia e o cascalho perto do rio produzem vinhos mais leves e de amadurecimento mais rápido do que a argila sobre calcário *tuffeau* nas encostas (coteaux). Essas diferenças parecem maiores do que aquelas entre Chinon e Bourgueil e, sem dúvida, maiores do que qualquer diferença entre Bourgueil e seu vizinho imediato na margem norte, Saint-Nicolas-de-Bourgueil, embora esta seja uma denominação de origem separada. O outro vinho famoso de Touraine é Vouvray, possivelmente o mais sedutor e longevo de todos os Chenin Blanc doces, ainda que, como muitos vinhos alemães, ele dependa mais da safra do que do terreno para o grau decisivo de açúcar que determina seu caráter. Os melhores vinhedos ficam nas encostas quentes de calcário *tuffeau* perto do rio em cantos abrigados de vales transversais. Um outono quente e seco (1989, 1997 e 2005 foram ideais) pode fazer com que as uvas amadureçam em excesso por causa do calor extremo; um quente e nublado pode levar a podridão nobre a murchá-las. Em qualquer um dos casos, um excelente Vouvray doce será possível, com ou sem o sabor e o aroma peculiares da *Botrytis cinerea*.

Os anos frios produzem vinhos de uma doçura leve e indefinida (mas geralmente muito suaves e agradáveis), ou vinhos secos – todos com a acidez inerente que sempre mantém o Chenin Blanc cheio de vida (embora nem sempre fácil de beber). Uma solução para os vinhos ácidos demais, assim como em Saumur, é torná-los espumantes pelo *méthode traditionnelle*. A outra é a produção de um estilo conhecido como *sec tendre*, que na prática significa um vinho intermediário entre o meio doce e o completamente seco.

É uma estranha coincidência que cada um dos grandes vinhos do Loire tenha seu correspondente do outro lado do rio: Savennières com Coteaux du Layon, Bourgueil com Chinon, Sancerre com Pouilly e Vouvray com Montlouis. Montlouis, espremido entre a margem sul do Loire e a margem norte do Cher, não é considerado – exceto por seus produtores – um vinho com a autoridade e o "ataque" de um grande Vouvray. Seus terrenos são menos favorecidos e seus vinhos são mais suaves e mais hesitantes. No entanto, eles podem dar espumantes igualmente frescos e ser tão doces quanto aqueles ao amadurecer.

Situada fora dessas quatro denominações, a região, com sua simples, mas versátil AOC Touraine, tem uma reputação apenas modesta, porém seus vinhos continuam a melhorar.

Meu palpite é que o futuro pertence à Sauvignon e à Gamay genéricas (e autoexplicativas) de Touraine; alguns dos melhores *cuvées* de Sauvignon e Gamay podem ser páreo para os de Sancerre e Beaujolais, respectivamente. Eles não são tão elegantes quanto estes, mas muitíssimo mais baratos. Cada vez mais, as autoridades do vinho estão encorajando (de fato, no caso da Touraine-Mesland, exigindo) cortes de Gamay, Cabernet e Cot.

Principais produtores de Touraine

Domaine Philippe Alliet ☆☆☆
Cravant-les-Côteaux. 17 ha.
Os rendimentos baixos são a chave para o impressionante histórico desta pequena propriedade de Chinon, onde as videiras são plantadas em solos profundos de cascalho. Os três *cuvées* resultam em vinhos complexos, todos eles macerados por muito tempo e então envelhecidos em barricas e engarrafados sem filtragem; mostram texturas suaves e uma atípica intensidade de fruta.

Domaine Yannick Amirault ☆☆–☆☆☆
Bourgueil. 19 ha.
Amirault produz Saint-Nicolas-de-Bourgueil, bem como três *cuvées* de Bourgueil. Todos os vinhos são confiáveis, mas variam em corpo e estilo. O mais concentrado é normalmente o esplêndido Bourgueil La Petite Cave, de velhas videiras, mas o Le Grand Clos e o Les Quartiers, e também o de Bourgueil, muitas vezes disputam com ele. Quase todos os vinhos compensam o envelhecimento de três a cinco anos.

Domaine des Aubuisières ☆☆–☆☆☆
Vouvray. 25 ha. www.vouvrayfouquet.com
Bernard Fouquet produz secos, meio doces e moelleux sublimes de três vinhedos diferentes: Le Marigny, Les Girardières e Le Bouchet. Em certas safras, é elaborado um moelleux seleção extremamente rico, chamado Cuvée Alexandre. Seu espumante Vouvray é muito encorpado e saboroso.

Audebert & Fils ☆☆–☆☆
Bourgueil. 42 ha. www.audebert.fr
Um dos maiores produtores e négociants em Bourgueil, Saint-Nicolas-de-Bourgueil e Chinon. Domaine du Grand Clos e La Marquise são *cuvées* especiais de vinhedos específicos – vinhos fáceis para ser consumidos refrigerados na flor de sua juventude, embora o Grand Clos tenha certa estrutura tânica e possa ser guardado.

Bernard Baudry ☆☆–☆☆☆
Cravant-les-Côteaux. 30 ha.
Baudry e seu filho Mathieu comercializam até cinco *cuvées* diferentes de Chinon segundo a procedência do vinho. Assim, Les Granges e Haies Martels provêm de vinhas jovens, ao passo que Les Grézeaux é produzido com uvas de videiras velhas em solos de argila e cascalho. O rótulo superior é o Cuvée Croix Boissée, vigoroso e longevo. Baudry também produz um branco Chinon sedutor.

Domaine Catherine & Pierre Breton ☆☆
Restigné. 15 ha. www.domainebreton.net
Fundada em 1982, esta propriedade orgânica é, desde o início, líder em Bourgueil. Existem vários *cuvées*, e todos os vinhos – unicamente tintos – advêm de videiras cultivadas com rendimentos que não superam quarenta hectolitros por hectare. Clos Sénéchal costuma ser o mais elegante, e o Les Perrières, envelhecido em carvalho, o mais viçoso.

Cave du Haut-Poitou ☆–☆☆
Neuville de Poitou. 900 ha. www.cavehautpoitou.free.fr
A zona VDQS de Haut-Poitou fica bem ao sul do Loire, na estrada para Poitiers, onde 47 comunas sobre o solo calcário de um platô costumam fornecer vinho destilado a Cognac. Em 1948, fundou-se uma cooperativa que conseguiu elevar os padrões a tal ponto que, em 1970, a região foi promovida a VDQS.

Em setembro de 1995, Georges Duboeuf de Beaujolais adquiriu 40% do negócio, deixou de participar da cooperativa e comprou uma fonte valiosa de vinhos varietais – Sauvignon Blanc, Chardonnay, Gamay e Cabernet. Mais recentes, incluiu no leque um Pinot Noir e um Chardonnay envelhecido em carvalho. Noventa por cento do vinho da denominação é produzido pela *cave*.

Cave des Producteurs la Vallée Coquette ☆–☆☆
Vouvray. 400 ha. www.cp-vouvray.com
Fundada em 1953, esta cooperativa vinifica cerca de 15% da denominação. É especializada em espumantes Vouvray, pétillant e *méthode traditionnelle*, mas o moelleux pode ser muito bom.

Domaine Champalou ☆☆–☆☆☆
Vouvray. 20 ha.
Dider e Catherine Champalou, ambos enólogos, criaram esta propriedade em 1985. Seus vinhos, secos, *sec tendre* e doces, são consistentemente bons, e nas melhores safras eles produzem um Trie de Vendange das uvas botritizadas mais maduras. O resultado é um vinho cremoso e intenso, e provavelmente indestrutível.

Domaine de la Chevalerie ☆–☆☆
Restigné. 33 ha. www.domaine-de-la-chevalerie.com
Pierre Caslot é a décima terceira geração de sua família a cultivar videiras Cabernet, das quais ele elabora vários *cuvées* Bourgueil firmes e de tonalidade intensa, envelhecidos por até dezoito meses em madeira. O Cuvée des Busardières é feito com uvas de viderias de cinquenta anos de idade a fim de ser envelhecido por cinco ou mais anos.

François Chidaine ☆☆–☆☆☆
Husseau, Montlouis. 30 ha.
www.cave-insolite-chidaine.com
Um dos melhores produtores de Montlouis, cujos cultivos biodinâmicos aumentaram em 2002 com a aquisição do vinhedo Clos Baudouin, em Vouvray, que pertenceu ao príncipe

Poniatowski. Seu excelente Montlouis doce, Les Lys, é feito de uvas colhidas uma a uma de videiras que têm entre sessenta e noventa anos. Produz também vinhos brancos secos consistentes.

Clos Baudoin
Vallée de Nouy, Vouvray. 14 ha.
Durante muitas décadas, o príncipe Poniatowski produziu alguns notáveis Vouvrays de longa guarda, de três terrenos diferentes. Em 2003, ele alugou toda a propriedade a François Chidaine (ver verbete anterior).

Clos Naudin ☆☆–☆☆☆
Vouvray. 12 ha.
Philippe Foreau é um perfeccionista: sem herbicidas, rendimentos muito baixos, sem adição de fermentos, sem chaptalização, e todos os vinhos são fermentados em tonéis de 300 litros, mas não de carvalho novo. Os vinhos secos podem ser muito bons, mas são os moelleux supremamente elegantes que são realmente memoráveis, com seus sabores de damasco, pera e frutas secas. A palavra *réserve* no rótulo significa que as uvas são botritizadas. Os de 2005 são de uma qualidade espetacular.

Couly-Dutheil ☆☆–☆☆☆
Chinon. 97 ha.
www.coulydutheil-chinon.com
Produtora de Chinon e Saumur-Champigny e négociant de outros vinhos do Loire, fundada em 1910 por B. Dutheil, desenvolvida por René Couly, e agora administrada pelos filhos e netos de René. Seus vinhedos estão divididos entre vinhos de planície e de platô, vendidos como Les Gravières (os mais leves) e Domaine René Couly, e os (melhores) vinhos de *coteaux*, o Clos de l'Echo e o Clos de l'Olive. La Diligence é um novo rótulo de um vinhedo recém-adquirido e voltado para o sul – para ser consumido a médio prazo. Outro vinho superior é uma seleção chamada Baronnie Madeleine, embora os dois vinhos Clos costumem ser melhores. A maioria dos *cuvées* podem ser bebidos jovens, mas os *coteaux* podem envelhecer por anos, revelando uma suculência harmoniosa.

Pierre-Jacques Druet ☆☆☆
Benais. 22 ha.
Um dos produtores mais competentes e cuidadosos de Bourgueil, Druet oferece vários cuvées de Bourgueil e dois Chinon, incluindo o Clos du Danzay. Em Bourgueil, ele produz um rosé carnudo, fermentado em barrica, e, em ordem crescente, os dignos de guarda Les Cents Boissellées, Beauvais, Le Grand Mont e o quase sempre magnífico Vaumoreau.

Domaine du Four à Chaux ☆☆
Thoré la Rochette. 29 ha.
www.domaine-four-a-chaux.com
Dominique Norguet elabora o melhor vinho no VDQS Coteaux du Vendômois, particularmente *vin gris* de Pineau d'Aunis e vinhos tintos de corte elaborados com Gamay e Pineau d'Aunis ou com Pinot Noir e Pineau d'Aunis.

Château Gaudrelle ☆–☆☆☆
Vouvray. www.chateaugaudrelle.com
Alexandre Monmousseau produz uma variedade de Vouvrays: *sec tendre*, espumantes e moelleux. O Moelleux Réserve Spéciale tem um estilo menos concentrado que o Réserve Personnelle, que é feito de uvas colhidas com níveis de açúcar ao estilo Sauternes.

Domaine Guiberteau ☆☆
St Just-dur-Divey. 9 ha.
Pequena propriedade orgânica em Saumur, cujas videiras, em sua maioria, ficam nos excelentes solos da colina Brézé. Além de dois *cuvées* de tintos, é produzido um branco Saumur vigoroso e bem encorpado.

Domaine des Huards ☆☆
Cour-Cheverny. 34 ha. www.gendrier.com
Os vinhedos da família Gendrier estão na AOC Cheverny e na AOC Cour-Cheverny. Na primeira, eles produzem um apreciável branco seco à base de Sauvignon e tintos e rosés Gamay e Cabernet; na segunda, produzem alguns dos melhores exemplos de vinhos secos brancos da uva local, Romorantin.

Domaine Huet ☆☆☆–☆☆☆☆
Vouvray. 35 ha.
www.huet-echansonne.com
Gaston Huet foi, talvez, o nome mais respeitado de Vouvray. Em 1997, alguns anos antes de sua morte, ele ainda estava servindo seus 1937 para admiradores. Huet veio de uma família de produtores que, há gerações, vinha fazendo vinhos de altíssima qualidade de uvas cultivadas em três vinhedos: Le Haut-Lieu, Le Mont e Le Clos du Bourg – doces ou secos, tranquilos ou espumantes –, de acordo com a estação. O genro, Noël Pinguet, é o vinicultor, e levou o domaine à viticultura biodinâmica. Em 2003, a propriedade foi comprada por um investidor norte-americano, Anthony Hwang, que também tem ações em Tokaj.

Charles Joguet ☆–☆☆☆
Sazilly. 40 ha. www.charlesjoguet.com
Um artista, e um dos melhores produtores de Chinon, Joguet se retirou da participação ativa no domaine em 1997. As melhores videiras de Joguet, de mais de oitenta anos, estão nos dois hectares de Clos de la Dioterie. Clos du Chêne Vert, também de dois hectares, é outro vinhedo notável. Vale a pena pagar a pequena diferença pelos cuvées superiores, já que os outros rótulos podem ser leves. Embora a qualidade tenha decaído no final dos anos 1990, as safras recentes lembram mais as melhores safras de Joguet.

Domaine Frédéric Mabileau ☆☆
St-Nicolas-de-Bourgueil. 27 ha. www.fredericmabileau.com
Mabileau administra este domaine familiar desde 1991, tendo os vinhos ganhado em qualidade. Em 2007, os vinhedos se tornaram totalmente orgânicos. Dos quatro *cuvées* de Saint-Nicolas, somente o Cuvée Eclipse é guardado em carvalho novo. O único Bourgueil, Racines, é envelhecido em barricas maiores. Com a idade, os vinhos adquirem um aroma sedutor de carnes de caça.

Fermentação e guarda em tonel de carvalho, Domaine Huet, Vouvray.

Domaine Henry Marionnet ☆☆☆
Soings en Sologne. 60 ha. www.henry-marionnet.com
Henry Marionnet, no Domaine de la Charmoise, é um viticultor moderno que mostrou o verdadeiro potencial da Gamay e da Sauvignon Blanc em Touraine. Ao mesmo tempo, ele reviveu variedades autóctones quase extintas, como a Romoranin e a Gamay de Bouze, e experimentou com videiras não enxertadas. Os rótulos especiais incluem o Première Vendange, um Gamay de uvas colhidas manualmente e sem adição de açúcar, enxofre ou leveduras, e o Provignage, com notas de toranja, um rótulo muito raro de videiras de Romorantin plantadas em 1850.

Domaine Jacky Marteau ☆☆
Pouillé. 25 ha. www.domainejackymarteau.free.fr
Marteau é um produtor confiável de excelentes Crémant de Loire e Gamay de Touraine, mas também produz finos Sauvignon de Touraine, Cabernet e rosé de Pineau d'Aunis.

Domaine des Ouches ☆☆–☆☆☆
Ingrandes-de-Touraine. 16 ha. www.domainedesouches.com
A família Gambier vem produzindo, há décadas, excelentes vinhos nesta propriedade. O rótulo superior é geralmente o Vieilles Vignes, envelhecido, como a maioria dos outros vinhos, em velhos tonéis. São vinhos que podem ser um tanto austeros em sua juventude e que se beneficiam de alguns anos em garrafa.

Jean-Maurice Raffault ☆☆
Savigny-en-Véron. 55 ha.
Os Raffault expandiram gradualmente seu domaine com terras em sete comunas, todas em Chinon. Rodolphe Raffault elabora os vinhos dos diferentes solos separadamente. Les Galluches, um Chinon leve, vem de solos arenosos; e seus Chinons mais longevos vêm dos *lieux-dits* Les Picasses e Isoré.

Olga Raffault ☆☆
Savigny-en-Véron. 25 ha. www.olga-raffault.com
Um dos vários Raffault, não necessariamente aparentados, dentro e ao redor deste vilarejo no extremo oeste da denominação Chinon. (Outro, Raymond, é dono do Domaine du Raffault). A propriedade, hoje administrada pela neta de Olga, Sylvie de la Vigerie, mantém separados os vinhos dos diferentes terrenos.

Os clientes podem escolher entre uma gama de vinhos frutados e bastante encorpados, da qual o *cuvée* mais longevo é o Les Picasses Vieilles Vignes. Raffault também produz uma pequena quantidade de Chinon Blanc.

Domaine de la Taille aux Loups ☆☆☆
Husseau, Montlouis. 25 ha. www.jackyblot.fr
Jacky Blot fundou esta propriedade em 1988 e colhe seletivamente a rendimentos muito baixos. Ele gosta de utilizar carvalho novo em certos vinhos, como o seco Cuvée Remus. Sua contraparte doce é o Cuvée Romulus, um grande bocado de maçãs e mel com um final picante. Uma pequena quantidade de Vouvray seco e doce é produzido no Clos des Venise, e o pétillant Triple Zero, feito sem adição de *liqueur d'expédition* (licor de expedição), também é interessante. Todos os vinhos, de qualquer estilo, podem ser recomendados com entusiasmo como entre os mais característicos da região.

Domaine Taluau & Foltzenlogel ☆☆
Chevrette, St-Nicolas-de-Bourgueil. 27 ha. www.vins-taluau-foltzenlogel.com
Joel Taluau aliou-se a Thierry Foltzenlogel e, assim, expandiu sua produção. Os vinhedos em Saint-Nicolas e alguns em Bourgueil produzem tintos leves, perfumados e encantadores. Taluau costumava fermentar tudo em aço inoxidável, mas hoje produz um pequeno *cuvée* chamado l'Insoumise, um lote de Cuvée Vieilles Vignes envelhecido em carvalho mais velho. O frescor e o encanto prevalecem sobre a força e a intensidade.

Vigneau-Chevreau ☆☆–☆☆☆
Chancay. 28 ha. www.vigneau-chevreau.com
Propriedade biodinâmica, em que metade da produção é de vinho espumante. O meio doce geralmente é mais harmonioso que o seco, austero, e o moelleux é intenso, sofisticado e penetrante.

Outros Produtores de Touraine

Ampelidae ☆–☆☆
Marigny-Brizay. 41 ha. www.ampelidae.com
Esta propriedade Poitou dispensa denominação e vende seu vasto leque de vinhos – em sua maioria varietais – como Vin de Pays de la Vienne. Mas o modo de produção é sério, com colheita manual e sem chaptalização.

Baudry-Dutour ☆☆–☆☆☆
Panzoult. 86 ha. www.baudry-dutour.fr
Empresa criada em 2004, quando Christophe Baudry, do Domaine de la Perrière, fez parceria com Jean-Martin Dutour, do Domaine du Roncée. A variedade é a mesma que antes, com rótulos básicos de boa qualidade e um punhado de vinhos de vinhedo único de maior complexidade, e com preços bem razoáveis para a qualidade.

Domaine de Bellivière ☆☆
Lhomme. 13 ha. www.belliviere.com
Excelente fonte de Jasnières e Coteaux du Loir. O rendimento muito baixo justifica os preços elevados, mas os tintos são austeros na juventude.

Bourillon Dorleans ☆–☆☆
Vouvray. 26 ha. www.bourillon.com
Frédéric Bourillon experimentou a fermentação malolática para dar a seus vinhos secos maior suavidade – talvez uma direção não recomendável. Bons vinhos moelleux, especialmente o *cuvée* superior Coulée d'Or.

Marc Brédif ☆
Rochecorbon. 20 ha.
Négociant e produtor com adegas hospitaleiras nas cavernas de rochas sob Rochecorbon. A empresa pertence ao negócio da família Ladoucette, de Pouilly, e oferece uma gama completa de Vouvray tranquilos e espumantes. Brédif inventou o Vouvray pétillant nos anos 1920. Também são produzidos alguns Chinon.

Domaine de Cézin ☆☆
Marçon. 12 ha. www.fresneau.fr
A família Fresnau tem vinhedos em Jasnières e terras de maior porte em Coteaux du Loir. O Jasnières e o Pineau d'Aunis Rouge são rústicos e personalizados, e muitíssimo sedutores.

Château de Chenonceaux ☆
Chenonceaux. 35 ha.
A propriedade pertence àquele que é provavelmente o mais bonito dos châteaux turísticos do Loire, complementado com uma adega pequena e bem equipada no pátio. Produz uma grande variedade de vinhos Touraine.

Clos de la Briderie ☆–☆☆
Monteaux. 10 ha.
Vincent Girault elabora alguns dos vinhos mais sedutores de Touraine-Mesland, entre os quais um branco fermentado em barril.

Clos de Nouys ☆☆
Vouvray. 25 ha. ww.closdenouys.com
Todos excelentes vinhos, elaborados com uvas de vinhedos antigos e muito bem cuidados. O moelleux superior é o Grains Dorés.

Clos des Quarterons ☆–☆☆
St-Nicolas-de-Bourgueil. 29 ha
A propriedade de Thierry Amirault está bem distribuída nos solos leves de Saint-Nicolas. Os vinhos são frutados, sem influência de madeira, com a exceção do Cuvée Vieilles Vignes.

Clos Roche Blanche ☆☆
Mareuil-sur-Cher. 18 ha.
Não é fácil ser um produtor de sucesso na denominação básica de Touraine, já que os preços baixos não incentivam a alta qualidade. Esta propriedade, com produção orgânica, é uma das exceções, lançando elegantes vinhos varietais, como Sauvignon e Cot.

Lydie et Max Cognard ☆–☆☆
St-Nicolas-de-Bourgueil. 12 ha.
www.vins-stnicolas-bourgueil-cognard.com
Bons vinhos, com a delicadeza e o equilíbrio esperados de Saint-Nicolas-de-Bourgueil.

Château de Coulaine ☆–☆☆
Beaumont-en-Véron, Chinon. 18 ha.
Etienne de Bonnaventure presta muita atenção às nuances do *terroir* em seus vários *cuvées*, dos quais o mais impressionante costuma ser o Les Picasses, envelhecido em barricas.

Deletang ☆
Montlouis. 17 ha. www.domaine-deletang.com
Bons Montlouis e Chenin Blancs *méthode traditionnelle*.

Domaine Dutertre ☆–☆☆
Limeray. 37 ha.
Propriedade familiar que produz Cabernet, Malbec e Gamay para Touraine-Amboise tintos e rosés. Os Dutertre também elaboram brancos secos espumantes e tranquilos em sua adega cravada na rocha.

Domaine de la Fontainerie ☆☆
Vouvray. 6 ha.
Catherine Dhoye-Deruet imprime sua personalidade em seus vinhos, que são feitos sem leveduras adicionadas e sem chaptalização. Secos sólidos e uma série de moelleux e vinhos espumantes.

Château Gaillard ☆–☆☆
Mesland. 45 ha.
Vincent Girault há tempos cultiva suas videiras de acordo com os princípios da biodinâmica. Vinhos simples mas bem feitos, que valem o preço. Girault assumiu recentemente a propriedade de seus pais em Clos de la Briderie (ver nesta página).

Domaine de la Garrelière ☆
Razines. 20 ha. www.garreliere.com
Esta propriedade biodinâmica produz excelentes Sauvignon, e os tintos são, sem dúvida, interessantes.

Domaine des Geslets ☆☆
Bourgueil. 16 ha.
Boa fonte de Cabernets elegantes de Bourgueil e Saint-Nicolas-de-Bourgueil.

Domaine La Grange Tiphaine ☆☆
Amboise. 11 ha. www.lagrangetiphaine.com
A propriedade de Damien Delecheneau tem dupla identidade, com videiras em Touraine-Amboise e também em Montlouis. Os últimos são feitos em estilos diferentes, enquanto os de Amboise são focados, de modo atípico, em variedades de uvas tintas, como a Malbec e a Cabernet Franc.

Jean-Pierre Laisement ☆–☆☆
Vouvray. 13 ha.
Todos os vinhos são feitos em barris de 600 litros e armazenados em suas frias adegas. O moelleux é bom, às vezes com um toque inusitado de austeridade.

Domaine Levasseur-Alex Mathur ☆☆
Montlouis. 13 ha.
Em 1998, Claude Levasseur vendeu sua propriedade para o atual dono, Eric Gougeat, que produz um seco amadeirado, chamado, perturbadoramente, Requiem. Aqui também é produzido o Amadeus, um suculento moelleux com sabor de maçã e marmelo.

Domaine des Liards ☆
Montlouis. 19 ha.
Nesta propriedade administrada pela família Berger há três gerações, 80% do terreno é plantado com Chenin Blanc para a produção de Montlouis tranquilos, espumantes, e pétillant; o restante, é feito com Sauvignon, para Touraine Blanc, e Cabernet Franc, para Touraine Rouge.

Dominique Moyer ☆☆
Husseau, Montlouis. 12 ha. www.domaine-moyer.com
Antiga família (desde 1830) de produtores respeitados, com videiras muito velhas (30% acima dos setenta anos). Os Moyer chegam a ponto de realizar sucessivas colheitas para pisar nada mais que uvas maduras, produzindo um vinho seco e um meio doce tão maduros e redondos quanto possível. Produzem hoje também um pouco de espumante.

Domaine Pichot ☆☆
Vouvray. 27 ha.
Christophe e Jean-Claude Pichot garantiram boa reputação para seus vinhos, que têm sucesso em todos os estilos, do seco ao ultraconcentrado Les Larmes de Bacchus.

François Pinon ☆–☆☆
Vallée de Cousse, Vernou-sur-Brenne. 13 ha.
Pinon é rigoroso no vinhedo e na adega, produzindo Vouvray de alta qualidade em todos os estilos. Seu rótulo regular, o Cuvée Tradition, é um meio doce. O moelleux é muito elegante, com notas de maçã, mas carece de intensidade.

Alto Loire

Os vitivinicultores de Sancerre e Pouilly – entre os principais vinhedos, os mais próximos da cabeceira do Loire – poderiam muito bem se surpreender ao saber da profunda influência que sua produção teve na formação das preferências atuais de vinho branco. Seu estilo é fácil de reconhecer, pungente e incisivo, com o cheiro e a acidez da

Sauvignon Blanc cultivada em clima fresco. Embora a Sauvignon seja plantada em uma escala muito maior em Bordeaux, seu vinho nunca teve sabor e aroma tão poderosamente característicos quanto os do Loire, já que a tradição em Bordeaux era (hoje, nem tanto) misturá-la com a Sémillon, mais suave e mais neutra. Pode-se dizer que o mundo descobriu a Sauvignon Blanc e seu sabor singular através dos vinhedos de Sancerre e Pouilly-sur-Loire. Que sabor é esse? Começa com o aroma marcante, prontamente identificável. O cheiro de sílex quando em atrito com o metal para produzir fagulha é uma forma de caracterizá-lo. Em safras imaturas, os degustadores o relacionam ao xixi de gato; para mim, lembra lã molhada.

Bons Sancerres e Pouilly-Fumés têm cheiro e atraente sabor de cassis fresco, com folhas e tudo, e alta acidez natural, que os torna nitidamente estimulantes. O Sancerre costuma ter mais corpo e "impulso" (e acidez) que o Pouilly-Fumé; em consequência, pode se beneficiar de dois ou três anos de envelhecimento. O Pouilly só precisa de um ano, mas há exceções. Embora não haja nenhuma classificação formal dos vinhedos em Sancerre, alguns lugares são amplamente reconhecidos como excepcionais, e seu nome às vezes aparece nos rótulos. Os mais famosos são o Le Chêne Marchand e o Monts Damnés.

Por questões de tradição, os vinhedos de Pouilly também contêm algumas videiras da uva Chasselas, neutra, cujos vinhos não podem ser vendidos como Fumé, só como Pouilly-sur-Loire: são vinhos pálidos, adequados e um tanto supérfluos, e devem ser consumidos muito jovens. Sancerre, por outro lado, é quase tão orgulhosa de seus Pinot Noir tintos e rosés quanto de seus Sauvignon brancos. Eles nunca alcançam o sabor e a textura dos grandes Borgonha, embora os que são elaborados pelos melhores produtores possam se equiparar aos Borgonhas tintos mais leves. Na maioria das vezes, eles têm o estilo um pouco aguado do alemão Spätburgunder (da mesma uva). Tampouco envelhecem de forma tão satisfatória – quando muito, de cinco a dez anos. Mas são muitíssimo apreciados na origem.

Principais produtores de Sancerre

Bailly-Reverdy ☆☆
Bué. 20 ha.
Um notável viticultor tradicional, com vinhedos em nada menos que quinze terrenos. O vinho engarrafado do famoso Clos du Chêne Marchand hoje se chama Caillottes. O branco de outros vinhedos é o Domaine de la Mercy Dieu; há também um rótulo de Monts Damnés. Ele procura (e encontra) um equilíbrio entre fruta e requinte, particularmente em seus brancos. O Sancerre tinto, que é suculento e com sabor a cerejas, representa cerca de um terço da produção.

Joseph Balland-Chapuis ☆–☆☆
Bué. 34 ha. www.balland-chapuis.com
Uma propriedade reconhecida, pertencente, desde 1997, ao grupo Guy Saget, que controla sete importantes domaines no Loire. As videiras estão principalmente em Sancerre, mas também no VDQS Coteaux du Giennois e em um pequeno terreno em Pouilly. Produz muitos *cuvées* de Sancerre, entre os quais dois brancos excelentes, o Chêne Marchand (envelhecido em cerca de 50% de carvalho novo) e o Thibault Comte. O tinto de luxo, Comte Thibault Vieilles Vignes, amadurece em carvalho novo. Os Cuvée Pierre e Cuvée Marguerite Marceau (um Giennois) são Sauvignon de colheita tardia, adocicados em diferentes graus e fermentados em carvalho novo.

Henri Bourgeois ☆☆–☆☆☆☆
Bué. 69 ha. www.bourgeois-sancerre.com
Um dos mais importantes produtores e négociants de Sancerre. Além de seus vinhedos, a empresa atua como négociant em Sancerre, Pouilly, Menetou-Salon e Quincy. Bourgeois oferece inúmeros *cuvées*, incluindo os La Bourgeoise (tinto e branco), o Grande Réserve, o Henri Etienne, e o Les Monts Damnés, todos de excelente qualidade. Em geral, estes são vinhos deliciosos, variando de *cuvée* para *cuvée*, mas todos indiscutivelmente Sancerre. A família Bourgeois também enfrenta a oposição desenvolvendo um vinhedo na Nova Zelândia, o Clos Henri.

Cave Coopérative des Vins de Sancerre ☆
Sancerre. 200 ha. www.vins-sancerre.com
Fundada em 1963 e produzindo nada mais que Sancerre. Oito por cento da produção é de vinho branco e o restante é dividido entre tinto e rosé. A cooperativa, que reúne 110 produtores, se mudou para novas adegas em 2001. Um produtor sério de típico Sancerre sob uma variedade de rótulos, dos quais o mais prestigioso é o Le Duc de Tarente.

François Cotat ☆☆☆
Chavignol. 4 ha.
Produtor muito pequeno, totalmente tradicional e de muito prestígio. François Cotat faz tudo sozinho, usa uma velha prensa de gaiola, fermenta em barricas com leveduras naturais, e não refina nem filtra o vinho. Seus vinhedos estão próximos aos de seu primo Pascal (ver a seguir) e são tão notáveis quanto aqueles.

Pascal Cotat ☆☆
Chavignol. 2 ha.
Uma minúscula propriedade nas encostas do Monts Damnés. A ênfase é decididamente na qualidade, mas a busca de maturação máxima significa que, em alguns anos, os vinhos mantêm algum açúcar residual. Por outro lado, eles envelhecem muito melhor do que a maioria dos Sancerres.

Francois Crochet ☆☆
Bué. 11 ha.
Um jovem viticultor que se destaca tanto com Sancerre tinto quanto com branco. O Sauvignon superior é de Chêne Marchand.

Domaine Lucien Crochet ☆☆–☆☆☆☆
Bué. 39 ha. www.lucien-crochet.fr
Uma propriedade familiar, com três quartos de Sauvignon e o restante de Pinot Noir. Com métodos clássicos, produzem vinhos excelentes, sobretudo seu Clos du Chêne Marchand, provenientes de seus cinco hectares nessas terras. Os rótulos incluem La Croix du Roy (tinto e branco) e o Cuvée Prestige LC (idem), e rótulos de vinhos elaborados com uvas de videiras velhas, geralmente lançadas após alguns anos. O Cuvée Prestige é envelhecido em carvalho.

Domaine Vincent Delaporte ☆–☆☆
Chavignol. 23 ha. www.domaine-vincent-delaporte.com
Cerca de um quinto da produção de Delaporte e seu filho Jean--Yves é Pinot Noir. A maioria dos vinhos são fermentados em tanques de aço inoxidável, mas o Cuvée Maxime é um Sancerre de produção limitada, envelhecido em carvalho e proveniente das videiras mais antigas. Os tintos envelhecem em carvalho.

André Dezat ☆☆
Verdigny. 38 ha.
Simon e Louis, filhos do tradicional produtor André Dezat, têm vinhas em Pouilly e Sancerre. Seus brancos são extremamente puros e elegantes, e o tinto e o rosé também têm um público fiel.

162 | FRANÇA | VALE DO LOIRE | ALTO LOIRE

Gitton Père & Fils ☆☆

Ménétréol. 27 ha. www.gitton.fr

Uma propriedade familiar em Sancerre, complementada por vinhedos em Pouilly, Coteaux du Giennois e Côtes de Duras. Os vinhos são feitos em muitos lotes diferentes, de acordo com o tipo de solo: no mínimo quinze *cuvées* Sancerre com diferentes rótulos – Les Belles Dames, Le Gelinot, Les Romains, etc. – e cinco Pouilly-Fumés. Uma casa totalmente original, com estilo próprio, rico e complacente.

Pascal Jolivet ☆☆–☆☆☆

Sancerre. 30 ha. www.pascal-jolivet.com

Produtor e négociant dinâmico, com vinhedos divididos entre Sancerre e Pouilly (ver p. 163), Jolivet compra uvas e vinho, mas coloca no mercado uma série de rótulos do domaine. Em Sancerre, estes incluem o Le Chêne Marchand e o La Grande Cuvée, um rótulo feito de videiras velhas, apenas em boas safras. O carvalho não é usado para os vinhos brancos. Em 2006, Jolivet apresentou seu Sauvage, elaborado a partir de videiras orgânicas; sua contraparte tinta é envelhecida em um terço de carvalho novo.

Château de Maimbray ☆

Sury-en-Vaux. 7 ha.

Matthias Roblin produz Sancerres honestos e robustos, cujas uvas crescem em solos muito argilosos, o que faz com que sejam mais ricos e encorpados do que a maioria.

Alphonse Mellot ☆☆☆

Sancerre. 48 ha. www.mellot.com

Produtores, négociants e propagandistas de Sancerre com posses importantes em boas terras, principalmente em La Moussière. A família Mellot remonta ao século XVI, e há dezenove gerações segue a tradição de que o chefe da família se chame Alphonse, nome do atual proprietário.

Os rendimentos são modestos e todos os seus vinhos são impecáveis, embora talvez estejam entre os mais caros da região. Seus rótulos de luxo são o Cuvée Edmon, envelhecido parcialmente em carvalho novo, e o Génération XIX, que aparece nas versões tinto e branco; este último com notas de tostadas. Mellot pretende produzir vinhos que são capazes de envelhecer, mas que também podem ser apreciados quando jovens. A empresa também cultivou um vinhedo nos Coteaux Charitois chamado Les Pénitents, que é plantado com Chardonnay e Pinot Noir.

Thierry Merlin-Cherrier ☆☆

Bué. 13 ha.

Os brancos são encorpados, especialmente de Chêne Marchand, e seu vigor é equilibrado por uma vívida acidez.

Henry Natter ☆☆

Montigny. 20 ha. www.henrynatter.fr

Fundada em 1974, a propriedade logo adquiriu boa reputação graças a seus vinhos frutados e esguios, especialmente os saborosos brancos. Seu melhor vinho é feito de velhas videiras e chamado Cuvée François de la Grange; e, para aqueles em clima de celebração, Natter produz o L'Expression de Cécile, engarrafados unicamente em vasilhames magnum.

Vincent Pinard ☆☆–☆☆☆

Bué. 15 ha.

Pequena propriedade que produz uma série de *cuvées* diferentes, todos à base de frutas cuidadosamente selecionadas. Há forte ênfase nos vinhos tintos, mas os brancos são ricos e elegantes.

Pierre Prieur & Fils ☆☆

Verdigny. 20 ha.

Proeminente família de viticultores que há gerações possui várias terras boas, incluindo Les Monts-Damnés (de argila branca) e o mais pedregoso Pichon, onde uma proporção atipicamente elevada da propriedade é cultivada com Pinot Noir. O branco é feito para envelhecer por dois ou três anos; o rosé de Pinot Noir misteriosamente parece compartilhar sua qualidade – e até mesmo seu sabor de Sauvignon. O tinto, que é envelhecido metade em tanques, metade em carvalho, lembra os Borgonha muito leves.

Jean Reverdy & Fils ☆–☆☆

Verdigny. 12 ha.

Uma sucessão de Reverdy cultiva estas terras desde 1646. Eles fazem vinhos finos clássicos, especialmente o branco Clos de la Reine Blanche, que pode amadurar por três a quatro anos.

Pascal & Nicolas Reverdy ☆☆

Maimbray. 14 ha.

Pequena propriedade que produz Sancerres elegantes e cítricos. O Cuvée Angelots (que era conhecido como Vieilles Vignes) é feito de uvas de velhas videiras – com mais de sessenta anos – e engarrafado sem filtrar. O tinto é de uma riqueza pouco usual para um Sancerre. Lamentavelmente, Nicolas Reverdy morreu num acidente em 2007.

Claude Riffault ☆–☆☆

Sury-en-Vaux. 13 ha.

O filho de Claude, Stéphane, elabora vinhos saborosos para ser bebidos relativamente jovens. O *cuvée* mais impressionante é o Les Pierrottes, de videiras cultivadas em solo silicioso.

Jean-Max Roger ☆☆

Bué. 27 ha. www.jean-max-roger.fr

Jean-Max Roger é um importante produtor e négociant, com vinhedos em Sancerre e em Menetou-Salon. Há muito tempo ele vem se especializando em *cuvées* de alguns dos melhores vinhedos da região, como o Clos Derveau, o Marchand Chêne, e, ainda mais importante, o Grand Chemarin, onde possui seis hectares. Roger, agora auxiliado por seus filhos Etienne e Thibault, não é partidário de Sancerres amadeirados, embora seu Vieilles Vignes seja parcialmente fermentado em barris de carvalho de 400 litros.

Domaine Vacheron ☆☆☆

Sancerre. 43 ha.

Uma família de viticultores particularmente acolhedora, cujos vinhos podem ser degustados no verão, no centro de Sancerre, em Le Grenier à Sel. Eles oferecem o branco Le Paradis, o tinto Belle Dame, e o rosé Les Romains. Desde 2004, os vinhedos são cultivados segundo os princípios biodinâmicos. Seus equipamentos e suas ideias são modernas, mas o tinto envelhece por um ano em barricas de Borgonha e é engarrafado sem refinar nem filtrar. As produções são limitadas, e o Sancerre tinto, em especial, é um dos mais concentrados e complexos da região.

André Vatan ☆☆

Verdigny. 10 ha.

Vinhos Sancerre brancos com aromas florais, e delicados tintos e rosés deste produtor consagrado.

Principais produtores de Pouilly

Chatelain ☆–☆☆
St-Andelain. 30 ha. www.domaine-chatelain.fr
Um dos principais produtores e négociants, que lança no mercado vários rótulos, inclusive Saint-Laurent-l'Abbaye, Les Chailloux, Prestige (de videiras velhas) e o colheita tardia, mas seco, Pilou, que é fermentado em barris. Jean-Claude Chatelain e seu filho Vincent são também acionistas em um novo vinhedo em La Charité-sur-Loire, no sul de Pouilly, onde produzem Chardonnay e Pinot Noir.

Didier Dagueneau ☆☆☆☆
St-Andelain. 12 ha.

De longe, o melhor vinicultor da denominação, embora sua brilhante carreira tenha sido interrompida pela morte em um acidente de avião em 2008. O apaixonado Dagueneau fez quatro *cuvées* decisivos de Pouilly-Fumé: Blanc Fumé de Pouilly (ex-En Chailloux), Buisson Ménard, Pur Sang e Silex. Os dois últimos fermentados e envelhecidos em barris de carvalho novo de tamanhos variados. Há também *mini-cuvées*: Clos du Calvaire de vinhas plantadas a uma densidade de 11 mil videiras por hectare, e o L'Asteroide colheita tardia, de videiras não enxertadas.

Impressionado, há muitos anos, pela qualidade de garrafas veneráveis de Pouilly em adegas privadas, ele mudou seu estilo de vinificação de um branco para consumo imediato, fácil de beber, para um vinho bem estruturado, envelhecido em carvalho e capaz de evoluir incrivelmente bem por muitos anos. O estilo ainda é controverso, mas Dagueneau foi seu mestre, e nenhum outro produtor pode competir com a elegância e o poder de seus vinhos. Eles combinam de forma brilhante riqueza e mineralidade.

Serge Dagueneau & Filles ☆☆
St-Andelain. 15 ha. www.s-dagueneau-filles.fr
Um vinhedo de grande reputação por seus vinhos Pouilly-Fumé e Pouilly-sur-Loire, tipicamente frutados e saborosos. Seu *cuvée* de videiras velhas é o Clos des Chaudoux, envelhecido durante dezoito meses sobre suas borras finas. Ele também tem uma propriedade na obscura Coteaux Charitois, onde produz Chardonnay, Pinot Noir e Gamay.

Pascal Jolivet ☆☆
Sancerre. 20 ha. www.pascal-jolivet.com
Pascal Jolivet tem sua sede central em Sancerre, mas também possui videiras em Pouilly, das quais ele produz vários rótulos, como Les Griottes e La Grande Cuvée, feitos em boas safras com uvas de videiras antigas..

Domaine Masson-Blondelet ☆☆–☆☆☆
Pouilly-sur-Loire. 21 ha. www.masson-blondelet.com
As famílias Masson e Blondelet (unidas por casamento em 1974) cultivam principalmente Sauvignon e uma pequena quantidade de Chasselas e Sancerre. Suas videiras das melhores terras são vinificadas separadamente: Les Angelots de calcário, Villa Paulus de marna e, das videiras mais velhas, o Tradition Cullus. A partir de 2004, foi agregado um *cuvée*, Les Pierres de Pierre de solos de argila e sílica.

Château du Nozet ☆☆
Pouilly-sur-Loire. 65 ha.

O maior produtor e promotor dos vinhos finos de Pouilly, provenientes tanto de vinhedos próprios quanto de vinhos comprados. O barão Patrick de Ladoucette é o chefe da empresa familiar, que tem três rótulos: Pouilly-Fumé de Ladoucette,

Transportando a colheita a cavalo, Pouilly-sur-Loire: algo raro de se ver nos dias atuais.

Comte Lafond Sancerre (de uvas compradas), e o *cuvée* prestige Pouilly-Fumé Baron de L.

O barão também possui vinhedos em La Poussie, em Sancerre. Os vinhos Pouilly-Fumé são, e sempre foram, inexplicavelmente caros.

Michel Redde ☆–☆☆☆
La Moynerie, St-Andelain. 40 ha.
www.michel-redde.fr
Um dos produtores mais conhecidos de Pouilly-Fumé, agora em sua sétima geração e administrado por Thierry Redde. Há nada menos que seis *cuvées* – que refletem os diferentes tipos de solos – e dois Sancerres. O Cuvée Majorum é o melhor vinho, de videiras antigas, mas Redde é irredutivelmente contra o envelhecimento em carvalho. Também produz Pouilly-sur-Loire.

Guy Saget ☆–☆☆
Pouilly-sur-Loire. 10 ha. www.guy-saget.com
Um negócio familiar dedicado à vinificação que se expandiu ao ramo négociant em 1976, e que hoje, em sua quinta geração, é administrado pelos irmãos Saget. Atualmente vende 4 milhões de garrafas de vinho do Loire por ano, de 25 denominações diferentes. Sua técnica é a fermentação a frio prolongada, mexendo o vinho o mínimo possível e sem fermentação malolática que reduza a alta acidez frutada natural. Ver também Balland-Chapuis.

Château de Tracy ☆☆
Tracy-sur-Loire. 31 ha.
www.chateau-de-tracy.com
A família do conde d'Estutt d'Assay é proprietária do Château, logo após Pouilly, seguindo o curso do Loire, desde o século XVI. O estilo é bastante arredondado e os vinhos são mais bem desfrutados quando jovens. Depois de um período de vinhos insípidos, os produzidos do fim da década de 1990 mostram maior concentração e precisão.

As regiões periféricas

O sucesso de Sancerre e Pouilly encorajou alguns vinhedos decadentes, situados em terras menos favorecidas a oeste do Loire, a expandir seus cultivos. Hoje os nomes Menetou-Salon (465 hectares), Quincy (224 hectares) e Reuilly (186 hectares) são aceitos como substitutos de Sancerre a preços um pouco mais baixos (mas menores probabilidades de uma garrafa madura e de qualidade). Três outras regiões do Alto Loire adquiriram *status* VDQS: Coteaux du Giennois, o minúsculo Châteaumeillant (bom por seu rosé) e o Vins de l'Orléanais.

Muito mais acima, onde o rio atravessa o Massif Central, vários vinhedos dispersos têm menos relação com o Loire do que com alguns vinhos da Borgonha e do Rhône. O mais famoso é o Saint-Pourçain-sur-Sioule (650 hectares), antigamente um vinhedo monástico. Hoje, seu vinho é quase todo consumido para mitigar os efeitos do tratamento no *spa* de Vichy – mas é difícil entender como pode ter conseguido mais do que alguns adeptos locais. O preço continua sendo o principal fator a favor das áreas restantes nas alturas do Loire, mas a qualidade está melhorando. O Côte Roannaises (hoje uma AOC), a AOC Côtes du Forez e o VDQS Côtes d'Auvergne cultivam as uvas certas para obter qualidade – Gamay, Chardonnay, um pouco de Pinot Noir e Syrah.

Reuilly

Henri Beurdin ☆
Reuilly. 16 ha.
Jean-Louis Beurdin produz um Sauvignon clássico que é cítrico, ultrasseco e equilibrado.

Claude Lafond ☆☆
Le Bois St-Denis, Reuilly. 15 ha.
www.claudelafond.com
Um produtor jovem e enérgico, Lafond produz alguns dos melhores vinhos da denominação, incluindo um branco seco Clos des Messiers, um seco rosé La Grande Pièce e um Pinot Noir leve, chamado Les Grandes Vignes. Ele também dirige o Domaine des Seigneurs, de treze hectares, que reúne mais de cem acionistas, e é coproprietário do Château Gaillard, de dois hectares.

Menetou-Salon

Domaine de Chatenoy ☆–☆☆☆
Menetou-Salon. 60 ha. www.clement-chatenoy.com
Os ancestrais de Pierre Clément são donos desta propriedade desde 1560, e hoje ele produz brancos, tintos e rosés. O Cuvée Pierre Alexandre é fermentado e envelhecido em 50% de carvalho novo.

Philippe Gilbert ☆☆
Les Faucards. 27 ha. www.domainephilippegilbert.fr
Uma propriedade relativamente nova, biodinâmica desde 2006. Além do clássico Menetou-Salon não amadeirado, Philippe Gilbert também produz os Renardières envelhecidos em barril, brancos e tintos.

Henry Pellé ☆–☆☆☆
Morogues. 40 ha. www.henry-pelle.com
Uma vinícola familiar que produz brancos vigorosos e tintos leves e agradáveis. O *cuvée* branco superior é o Clos des Blanchais, feito com uvas de velhas videiras. Morogues, que se encontra na zona de

AS REGIÕES PERIFÉRICAS | VALE DO LOIRE | **FRANÇA** | 165

Sancerre, é a única comuna que pode vincular seu nome ao de Menetou-Salon no rótulo. O domaine também produz alguns vinhos négociant, e para estes o nome Morogues é suprimido. Há também uma pequena produção de Sancerre.

La Tour Saint-Martin ☆☆
Crosses. 16 ha.
Nos últimos vinte anos, Bertrand Minchin vem melhorando constantemente a qualidade de seus vinhos, e tem demonstrado particular interesse pela Pinot Noir, cujo cultivo ocupa quase metade da propriedade. O Cuvée Célestin é o Pinot superior, surpreendentemente estruturado.

Quincy

Domaine Mardon ☆–☆☆
Quincy. 14 ha. www.domainemardon.com
Excelente vinícola familiar que produz brancos refrescantes – entre os melhores da denominação – e uma pequena quantidade de tintos Reuilly.

Coteaux du Giennois

Alain Paulat ☆☆
Villemoison. 5 ha.
Alain Paulat é um jovem produtor apaixonado que cultiva suas videiras organicamente. Ele fabrica tintos leves e agradáveis de Gamay e Pinot Noir.

Balland-Chapuis & Gitton (ver p. 232) ☆☆
Sancerre.
Também produz Coteaux du Giennois confiáveis.

Vin de l'Orléanais

Clos St-Fiacre ☆
Mareau-aux-Près. 18 ha.
Tintos leves encantadores de Pinot Meunier e Pinot Noir, além de Chardonnays leves e Cabernets um pouco herbáceo.

Châteaumeillant

Domaine du Chaillot ☆
Dun-sur-Auron. 7 ha.
www.domaine.du.chaillot.free.fr
Pierre Picot produz apenas um vinho por safra: um Gamay frutado mas sutil.

Patrick Lanoix ☆
Châteaumeillant. 19 ha.
Produz agradáveis tintos e rosés (predominantemente de Gamay) sob dois rótulos: Domaine du Feuillat e Cellier du Chêne Combeau.

Côtes d'Auvergne

Cave St-Verny ☆
Veyre-Monton. www.saint-verny.com
Fundada em 1950 como uma cooperativa, a cave foi comprada em 1991 pela Limagrain, a maior especialista em sementes da Europa. Produz cerca de metade do vinho da denominação em adegas ultramodernas, fornecendo brancos e rosés macios (os de Corent são particularmente dignos de nota) e tintos leves à base de Gamay e Pinot Noir. O rótulo de luxo é o Première Cuvée, ao passo que os vinhos envelhecidos em carvalho são chamados de Privilège.

Côtes du Forez

les Vignerons Foreziens ☆
Trelins. 200 ha. www.vigneronsforeziens.fr
A cooperativa produz 98% de AOC Côtes du Forez e 70% do Vin de Pays d'Urfe. O primeiro é de Gamay; o segundo é predominantemente de Chardonnay.

Côte Roannaise

Paul Lapandéry & Fils ☆–☆☆
St-Haon-le-Vieux. 8 ha.
Uma vinícola familiar, com vinhedos inclinados a um vertiginoso ângulo de 72 graus. Os tintos leves de Lapandéry, de grande personalidade – feitos de Gamay e Pinot Noir –, baseiam-se em produções muito baixas e no envelhecimento prolongado em barril.

Domaine de la Perrière ☆–☆☆
Ambierle. 5 ha.
Pertencente a Alain Demon até 2003, esta propriedade, com seus vinhedos íngremes acima do Loire, é hoje propriedade de Philippe Peulet. Os vinhos são Gamay de caráter, e o Réserve é feito de videiras com mais de cinquenta anos.

St-Pourçain

Union des Vignerons ☆
St-Pourçain-sur-Sioule. 300 ha.
www.vignerons-saintpourcain.com
A cooperativa (fundada em 1952), com 160 membros, lida com dois terços da produção de seu vinhedo central, outrora famoso, uma ex-fortaleza monástica. As principais variedades cultivadas são Chardonnay e Tresallier para brancos, e Pinot Noir e Gamay para tintos. Os rótulos especiais incluem o popular Ficelle, um Gamay fácil de beber; o Réserve Spéciale (branco e tinto); vinhos brancos e tintos de duas propriedades; e o Domaine de Chinière e o Domaine de la Croix d'Or. Uma série de produtores independentes também vem fazendo grandes esforços e algum progresso.

Champagne

Champagne é o vinho produzido nos vinhedos mais ao norte da França: o vinho local de Paris. O método champagne (ou método tradicional/*méthode traditionnelle*, como o acordo de Bruxelas agora insiste, porque méthode champenoise é reivindicado para produção da região de Champagne somente) é algo que é feito com o vinho para que ele vire espumante – e pode ser feito com qualquer vinho. Aqueles que produzem espumantes em outras regiões gostariam que acreditássemos que o método é tudo o que importa. O que realmente importa é o vinho. Era um dos melhores da França muito antes de o método ser inventado. A diferença entre o melhor Champagne e o apenas bom é quase totalmente uma questão de escolha e tratamento das uvas, sua variedade, sua madurez, seu manuseio e o solo que as sustenta.

Fora da França, o mercado do Champagne é, em grande medida, controlado pelas Grandes Marques: as cerca de vinte grandes firmas com a maior distribuição. De fato, esses grandes comerciantes só possuem um pequeno percentual dos vinhedos e têm de contar com aproximadamente 15 mil pequenos viticultores que lhes proporcionam as uvas. Muitos produtores na região de Champagne também vendem seu cultivo a cooperativas, embora alguns – os *récoltants-manipulants* – produzam pequenas quantidades de Champagne por conta própria. Dito isso, os viticultores são responsáveis por 5 mil marcas, mas estas não necessariamente são vinificadas por eles. Os melhores desses viticultores independentes são descritos em detalhes aqui.

Qualquer comerciante pode dar nome e imprimir um rótulo para o champagne que compra; portanto, não há limite para o número de marcas. Isso, por si só, fortalece as Grandes Marques com os nomes mais conhecidos, que muitas vezes têm suas bebidas compradas simplesmente como apostas seguras. Mas a reputação e a prosperidade também permitem que eles comprem os melhores materiais, empreguem os melhores funcionários e guardem seu vinho por mais tempo. (O tempo é vital para que os sabores se manifestem.) As grandes casas levam ao limite o aperfeiçoamento desse produto agrícola.

O "método" começou há duzentos anos com a genialidade de um monge beneditino, Dom Pérignon de Hautvillers, aparentemente o primeiro homem a "projetar" um vinho misturando as qualidades de diferentes uvas, de diferentes variedades e vinhedos, para fazer um todo melhor, mais sutil e mais gratificante que qualquer uma de suas partes. Essa mistura, conhecida como *cuvée*, é tradicionalmente a patente secreta de todo produtor, embora hoje em dia os mestres das adegas às vezes convidem os clientes e a imprensa para observar em primeira mão o processo de mistura.

Os melhores cortes são incrivelmente complexos, incluindo até trinta ou quarenta vinhos de diferentes origens e idades, selecionados apenas pelo olfato e pelo paladar. As casas com seus próprios vinhedos enfatizam o caráter das uvas que elas mesmas cultivam; a Pinot Noir mais pesada de Montagne de Reims ou a Chardonnay mais leve de Côte des Blancs – cada vilarejo é sutilmente distinto. Mas poucos têm o suficiente para atender a suas próprias necessidades. Os preços das uvas são estabelecidos por um sistema de porcentagem.

Não foi Dom Pérignon, e sim seus contemporâneos, que descobriram como transformar o vinho em espumante por meio de uma segunda fermentação em uma garrafa firmemente arrolhada – um processo com riscos e complicações que levou mais um século para ser dominado por completo. O princípio da produção de Champagne é detalhado na página 33. A efervescência é causada pela grande quantidade de CO_2 dissolvida no vinho. A "mousse", ou espuma na taça, é apenas parte dela – você engole a maior parte. O CO_2 é instantaneamente absorvido pela parede do estômago. Ao chegar à corrente sanguínea, acelera a circulação, e com ela o movimento de álcool para o cérebro. É aí que o Champagne adquire sua reputação como o vinho da espirituosidade e a escolha certa para as celebrações. Outros vinhos espumantes feitos pelo mesmo método podem afirmar ter o mesmo efeito, mas raramente o mesmo gosto.

Principais produtores de Champagne

Besserat de Bellefon ☆☆
Epernay. Proprietário: grupo Boizel Chanoine. Visitas: somente agendadas. NV: Grande Tradition. NV Cuvée des Moines: Brut, Brut Rosé, Blanc de Blancs. Vintage: Clos des Moines. www.besseratdebellefon.com
Um negócio familiar até 1959. Desde então, a empresa pertenceu a várias corporações, e a mais recente é o dinâmico grupo Boizel Chanoine. O estilo da casa Besserat é a busca por vinhos elegantes e leves, muito apreciados nos melhores restaurantes franceses. O Cuvée des Moines Blanc de Blancs, com sua espuma suave e seu sabor cremoso, é um bom aperitivo, enquanto o Cuvée des Moines Rosé possui uma grande *finesse*.

Billecart-Salmon ☆☆☆
Mareuil-sur-Aÿ. Proprietário: família Roland-Billecart. 6 ha. Visitas: somente agendadas. NV: Brut Réserve, Brut Rosé, Demi-Sec. Vintage: Cuvée Nicolas-François Billecart, Blanc de Blancs, Cuvée Elisabeth Salmon Rosé, Grande Cuvée, Clos Saint-Hilaire Blanc de Noirs.
www.champagne-billecart.fr
Pequena e altamente respeitada Grand Marque, esta empresa familiar atualmente produz Champagne do tipo leve e elegante. Embora sempre respeitando a composição tradicional de seus *cuvées*, Billecart utiliza técnicas de vinificação modernas, que envolvem uma estabilização natural do mosto a frio e longas fermentações a frio. O resultado é um vinho de aromas florais e sabores delicados, que ocultam a sua capacidade de viver uma vida longa e distinta. O Brut Réserve é absolutamente excepcional; embora dominado pelas duas Pinots, seus 30% de Chardonnay lhe conferem uma dimensão extra de sofisticação e elegância.

Os excelentes vinhos vintage têm um perfeito equilíbrio de frescor e maturidade, especialmente o Grande Cuvée de *dégorgement* (expulsão dos sedimentos acumulados no gargalo da garrafa) tardia: o mesmo vinho que o vintage, mas com dez anos de envelhecimento em contato com suas leveduras. Uma inovação recente é Clos

Misturando o liqueur d'expédition para fazer Champagne.

CHAMPAGNE | **FRANÇA** | 167

Saint-Hilaire, um Blanc de Noirs de um terreno de um hectare perto da casa; a produção é diminuta, o preço é elevado.

Bollinger ☆☆–☆☆☆☆

Aÿ. Proprietário: família Bizot. Empresas associadas: Ayala, Langlois-Château (Loire), Chanson (Borgonha). 160 ha. Visitas: somente agendadas. NV: Special Cuvée Brut. Vintage: Grande Année Brut e Rosé, RD, Vieilles Vignes Françaises. Vinhos tranquilos: Aÿ, Côte aux Enfants. www.champagne-bollinger.fr

Um dos "grandes" da Champagne, uma casa tradicionalista que elabora vinhos musculosos, encorpados, longos, profundos, e com todas as outras dimensões. Grande parte da colheita é fermentada em barril e os vinhos são mantidos em contato com a levedura o máximo possível; no caso dos RD (*récemment dégorgé*), por cerca de dez anos, o que lhe confere maior amplitude de sabor.

Uma pequena área de videiras Pinot Noir pré-filoxera e não enxertadas, em Aÿ e Bouzy, é utilizada para a produção de Vieilles Vignes Françaises: muito raro e caro, "que combina o poder do Novo Mundo com a elegância do Velho", nas palavras de Guy Bizot, sobrinho-neto de Madame Lily Bollinger. Sessenta por cento das uvas vêm dos próprios vinhedos dos Bollinger, e o restante é comprado de Côte des Blancs e de Verteuil, no vale do Marne. Os vinhos vintage certamente se beneficiam do envelhecimento em garrafa, mas o mesmo é válido para os vinhos non-vintage durante dois ou três anos.

Delamotte ☆☆–☆☆☆

Le Mesnil-sur-Oger. Proprietário: Laurent-Perrier. 11 ha. Visitas: somente agendadas. NV: Brut, Blanc de Blancs, Rosé. Vintage: Blanc de Blancs Vintage. www.salondelamotte.com

A sexta casa mais antiga da Champagne, fundada em 1760. Desde que Laurent-Perrier comprou a Salon (ver p. 173) em 1989, as duas empresas, com sede em instalações adjacentes do século XVIII, são administradas conjuntamente. A empresa tem alguns *grands crus* de Chardonnay em Le Mesnil, que, apesar de produzir somente cerca de 25% das necessidades da empresa, certamente molda o estilo dos Champagne, marcado por Chardonnay: frescos, perfumados e longevos. O vintage blanc de blancs é o mais interessante: rico, com notas de pêssego e uma persistência de sabor fresco e elegante.

Deutz ☆☆☆

Aÿ. Proprietário: Louis Roederer. 42 ha. Visitas: somente agendadas. NV: Brut Classic. Vintages: Brut, Blanc de Blancs, Rosé. Prestige: Cuvée William Deutz Brut e Rosé, Amour de Deutz. www.champagne-deutz.com

Como muitas grandes empresas da Champagne, essa casa foi fundada por imigrantes alemães. Embora a família Lallier-Deutz ainda tenha participação no negócio, a maior parte foi adquirida por Roederer em 1993, e desde então a qualidade aumentou.

O investimento de Roederer demonstra um efeito positivo no novo Brut Classic, um *cuvée* non-vintage de primeira qualidade, cremoso, rico, mas decididamente seco, conforme a tradição de Deutz. Feito de uvas grands crus, o vintage blanc de blancs Amour de Deutz é requintado, assim como o Cuvée William Deutz, um corte de prestígio, com excelente corpo e sutileza vinosa.

Drappier ☆☆–☆☆☆

Urville. Proprietário: família Drappier. 75 ha. Visitas: somente agendadas. NV: Brut Nature, Carte d'Or Brut, Carte Blanche, Dry Nature, Rosé Brut, Signature Blanc de Blancs.

ESCOLHENDO UM CHAMPAGNE

O conhecimento essencial para comprar um Champagne de sua preferência é o estilo e *status* da casa e a oferta de seus vinhos. As maiores casas têm confiança e qualidade consideradas, mas os vinhos variam de triviais a excepcionais. Os produtores menores podem oferecer vinhos característicos de um único vilarejo de prestígio como Mesnil ou Aÿ, mas alguns não são tão exigentes em seus métodos de produção. Elementos que afetam o estilo e o gosto do Champagne – a composição do corte, a riqueza da dosagem, a data de *dégorgement* – raramente são revelados no rótulo.

A maioria das casas oferece vinhos nas seguintes categorias:

Non-vintage Um *cuvée* mantido, o mais próximo possível, de um padrão exigente ano após ano: normalmente bastante jovem. Indicador do "estilo da casa". Em essência, são vinhos de aperitivo.

Vintage Os vinhos de melhor qualidade de uma safra cuja qualidade intrínseca é considerada boa demais para ser escondida em um *cuvée*

non-vintage. Normalmente são envelhecidos por mais tempo em contato com a levedura do que os non-vintage, e também mais encorpados e saborosos, com potencial para melhorar por vários anos. Por ter mais corpo, são melhores para acompanhar refeições.

Rosé Uma pequena quantidade de tinto tranquilo de um dos vilarejos da Pinot Noir (geralmente Aÿ ou Bouzy) é misturada com branco tranquilo. Essa mistura passa por uma segunda fermentação, o que cria as borbulhas. Pouquíssimos produtores, como é o caso de Krug, elaboram rosés com breve maceração das uvas, o que é muito mais difícil de controlar do que a mistura com vinho tinto. Em muitos casos, é encantadoramente frutado e elegante, e um dos melhores *cuvée* da casa.

Blanc de blancs Um *cuvée* exclusivamente de uvas Chardonnay, com grande charme e menos peso que o Champagne tradicional, mas carecendo da harmonia de um corte clássico.

Blanc de noirs Um *cuvée* exclusivamente de uvas negras, às vezes levemente rosado ou cinzento, e sempre rico e saboroso.

Cuvée de prestige (sob muitos nomes) Um super-Champagne que pretende ser tão cobiçado a ponto de que se deseje comprá-lo a qualquer preço. O Moët de Dom Pérignon foi o primeiro; hoje a maioria das casas têm um. Por mais fabulosos que sejam, há forte argumento a favor de duas garrafas de *non-vintage* pelo preço de um *cuvée* prestige. (Ver p. 170.)

Coteaux Champenois Vinho tranquilo ou tinto dos vinhedos de Champagne, produzido em quantidades limitadas quando a oferta de uvas permite. Apresenta alta acidez natural, mas pode ser extremamente elegante.

Brut, extra dry, etc. Ver p. 180 para saber sobre a falta de consistência dessas indicações de doçura ou secura.

Vintage: Grande Sendrée Brut.
www.champagne-drappier.com

Viticultores em Aube desde os tempos de Napoleão, uma dinâmica casa comerciante e produtora, que fabrica Champagne hedonistas de grande caráter. A essência do negócio é o domaine plantado principalmente com Pinot Noir sobre o solo calcário das encostas sul de Urville.

A vinificação meticulosa, realizada na *cuverie* que fica acima das adegas cistercienses do século XII, resulta em algumas garrafas memoráveis: o Carte d'Or Brut, repleto de aromas e sabores de frutos vermelhos (ao estilo Drappier); o impressionante Brut Nature – vigoroso, despretensioso e ultrasseco, mas de forma alguma adstringente ou amargo; o prestige Grande Sendrée – cheio, magnífico e marcadamente Pinot, mas com a quantidade exata de Chardonnay para conferir um toque extra de definição e refinamento.

Duval-Leroy ☆–☆☆☆

Vertus. Proprietário: Carol Duval. 190 ha. Visitas: somente agendadas. NV: Fleur de Champagne Brut, Rosé de Saignée, Lady Rose, Demi-Sec. Vintage: Femme de Champagne, Extra Brut, Blanc de Chardonnay, Cuvée Leroy Neiman, Authentis. www.duval-leroy.com

Empresa familiar preocupada com a qualidade, que se beneficiou enormemente da aquisição de excelentes vinhedos Chardonnay, sobretudo no Côte des Blancs. Até recentemente, grande parte dos negócios de exportação da empresa consistia em fornecer Champagne a comerciantes na Grã-Bretanha, Bélgica e Alemanha, que os rotulavam com suas próprias marcas. Mas, no final da década de 1990, a estratégia de *marketing* visou consolidar a marca nos mercados mundiais, e sob a liderança da atual presidente da empresa, Carol Duval, uma viúva formidavelmente obstinada, essa ambição foi plenamente realizada.

O estilo do vinho é delicado, fresco, aromático e bem ilustrado pelo Fleur de Champagne, com predominância de Chardonnay. O sublime blanc de blancs é um vinho vintage, e o de 1990 é um clássico. As últimas incorporações à variedade de ofertas são os três Authentis, oriundos de vinhedo único. A casa também ganha elogios por ser uma das poucas que ainda fabricam garrafas de meio litro (estranhamente ilegais na União Europeia, mas não nos Estados Unidos) – em minha opinião, uma grande falta em outros lugares.

Gosset ☆☆–☆☆☆

Aÿ. Proprietário: Frapin Cognac. 100 ha. Visitas: somente agendadas. NV: Brut Excellence, Grande Réserve, Grand Rosé. Vintage: Grand Millésime. Prestige: Célebris Brut, Blanc de Blancs e Rosé. Vinho tranquilo: Bouzy Rouge. www.champagne-gosset.com

Fundada em 1584, Gosset é considerada por muitos a casa de vinhos mais antiga do Marne, embora Ruinart (ver p. 172) tenha sido o primeiro a fazer Champagne espumante em escala respeitável. Depois de 410 anos nas mãos de Ruinart, o controle da Gosset passou, em 1994, para a família Cointreau de Frapin Cognac, que zela pela qualidade.

O novo Brut Excellence é um vinho fresco e enérgico, dominado pela Chardonnay (61%), e é ideal como aperitivo. Os verdadeiros astros da série são os florais, ricos e complexos Grande Réserve, um corte clássico de Pinot e Chardonnay, e o brilhante rosé, cheio, aveludado e muito elegante. Os Champagne Gosset são feitos para durar: a fermentação malolática é deliberadamente evitada para assegurar uma vida longa. Normalmente ricos e gratificantes, às vezes podem pecar por excesso de peso.

Alfred Gratien ☆☆–☆☆☆

Epernay. Proprietário: família Seydoux de Gratien & Meyer (Saumur). Nenhum vinhedo. Visitas: somente agendadas. NV: Brut, Brut Rosé, Blanc de Blancs. Vintage: Brut. Prestige: Cuvée Paradis Brut, Cuvée Paradis Rosé. www.alfredgratien.com

Uma pequena casa tradicionalista, que elabora 250 mil garrafas por ano de excelentes vinhos, muito secos, vinificados em pequenos barris; a fermentação malolática é evitada para garantir o máximo de vitalidade e longevidade. Os vinhos vintage têm um atípico teor elevado de Chardonnay, embora o estilo da casa também favoreça uma quantidade significativa de Pinot Meunier nos cortes a fim de adicionar notas de especiarias e frutos abundantes. O Paradis Cuvée é considerado um dos melhores Champagne, ao mesmo tempo elegante e exótico; ao contrário de muitos prestige, ele é um corte non-vintage proveniente dos melhores vinhedos.

Charles Heidsieck ☆☆☆

Reims. Proprietário: Rémy-Cointreau. 70 ha (em sociedade com Piper-Heidsieck). Visitas: somente agendadas. NV: Brut Réserve, Mis en Cave. Vintage: Brut e Rosé. Prestige: Blanc de Millénaire, Oenothéque. www.charlesheidsieck.com

O Charles Heidsieck original era o "Champagne Charlie" da canção, que fez fortuna nos Estados Unidos, mas quase perdeu tudo durante a Guerra Civil. O falecido Daniel Thibault foi nomeado vinicultor em 1985 e, em poucos anos, a qualidade dos vinhos havia melhorado bastante, especialmente o Réserve Brut. Seu caráter excepcional deve tudo à vinificação natural, praticamente não utilizando tratamentos técnicos no vinho, e à complexidade da mistura, que é composta por 300 componentes com pelo menos 40% de vinhos reserva. Com notas de mel, carnudo, mas com uma discreta vinosidade, este é, por excelência, um Champagne para acompanhar a boa cozinha.

O prestige Blanc des Millénaires é um magnífico blanc de blancs, um ato de equilibrismo entre sabores de Chardonnay maduro, nitidamente definido, e frutas exóticas. Uma iniciativa interessante foi o programa "mis en cave" ("engarrafado em adega"), lançado com a safra de 1992. São vinhos non-vintage, e a data se refere ao ano em que cada garrafa começou seu processo de envelhecimento em adega. O envelhecimento adicional em garrafa e, talvez, um corte superior, apresentam sabores redondos e tostados.

Henriot ☆☆–☆☆☆

Reims. Proprietário: Joseph Henriot. Empresas associadas: Bouchard Père et Fils, William Fèvre. Visitas: somente agendadas. NV: Brut Souverain, Brut Souverain Pure Chardonnay, Rosé. Vintage: Brut. Prestige: Cuvée des Enchanteleurs. www.champagne-henriot.com

Comerciantes de Reims e viticultores desde o século XVII, os Henriot são tão Champenois como o moinho de vento de Verzenay. Em 1994, Joseph Henriot retomou para a família a propriedade da empresa. O preço da independência do grupo LVMH foi a perda de um excelente vinhedo de cem hectares, da família, localizados principalmente no Côte des Blancs, embora as uvas ainda provenham desses terrenos excepcionais graças a um arrendamento de longa duração.

Os Champagnes Henriot são muito secos, de sabor puro, feitos exclusivamente de Pinot Noir e Chardonnay, esta última aparentemente, ou de fato, dominante. O Pure Chardonnay é um Champagne de sabores Chardonnay incisivos, mas persistentes. O Cuvée des Enchanteleurs é um *cuvée* prestige que envelhece maravilhosamente bem. Em 1995, Joseph Henriot comprou a casa borgonhesa de Bouchard Père & Fils (ver p. 117).

Jacquesson ☆☆–☆☆☆

Dizy. Proprietário: família Chiquet. 26 ha. Visitas: somente agendadas. NV: Cuvée 731, Rosé. Vintage: Brut, Rosé, Avize Grand Cru, vários rótulos de vinhedos únicos. www.champagnejacquesson.com

Johann Joseph Krug, fundador da *ne plus ultra* das casas de Champagne, aprendeu a misturar em Jacquesson. Empresa discreta que continua sendo um dos maiores expoentes do modo clássico de fazer Champagne.

Vinhos reserva sutilmente envelhecidos em barril contribuem de forma significativa para lograr o estilo rico e flexível, mas ainda assim estruturado, dos Champagne produzidos na casa. A família Chiquet possui 95% de seus vinhedos classificados, em Dizy, Aÿ, Hautvillers e Avize, os quais suprem 40% das necessidades da vinícola. O tão adorado Perfection Brut foi substituído pela série Cuvée; os números sucessivos refletem a safra na qual o vinho é baseado. A linha Signature também não existe mais, e foi substituída pelo magnífico vintage Grand Cru de Avize (Chardonnay puro), e por uma gama sedutora de raros vinhos de vinhedo único de Aÿ e Dizy. A qualidade nunca foi maior do que agora, e Jacquesson ascendeu ao *ranking* das melhores casas de Champagne.

Krug ☆☆☆☆

Reims. Proprietário: grupo Moët Hennessy-Louis Vuitton (LVMH). 20 ha. Visitas: somente agendadas. NV: Grande Cuvée, Rosé. Vintage: Clos du Mesnil, Clos d'Ambonnay. www.krug.com

A casa Krug vê a si própria como algo à parte das outras casas de Champagne; e, sem dúvida, seus vinhos são bem diferentes de qualquer outro. Todos são fermentados em barricas de carvalho e depois envelhecidos em garrafas por um tempo muito prolongado antes de ser colocados à venda.

O Grande Cuvée tem uma elevada proporção de Chardonnay brilhantemente misturado com Pinot Noir e Pinot Meunier em um corte magistral composto de até sete a dez safras e vinte a 25 cultivos diferentes. Tem boas razões para estar entre os melhores de todos os Champagne: muito seco, evasivamente frutado, gentil e incisivo ao mesmo tempo. O Rosé Krug, produzido pela primeira vez em 1983, é outra obra-prima de fruta e aroma e se destina a acompanhar as melhores criações culinárias.

O vintage geralmente não é comercializado até chegar aos nove anos de idade; estes vinhos precisam de envelhecimento longo, às vezes quinze, vinte ou até 25 anos para alcançar o seu auge. Isso é especialmente verdadeiro para o vintage de vinhedo único Clos du Mesnil, um Champagne puro Chardonnay, austero quando jovem, mas com potencial para ter o sabor de um Corton Charlemagne com borbulhas após um quarto de século em garrafa. Os Krug valorizam o Clos porque ele reflete um *terroir* marcante; eles não afirmam que é sempre superior ao vintage. Em 2007, Krug lançou outro Clos, de Ambonnay, um Blanc de Noirs 1995, a um preço que faz o Clos du Mesnil parecer barato.

Lanson ☆–☆☆☆

Reims. Proprietário: grupo Boizel Chanoine. Sem vinhedos. Visitas: somente agendadas. NV: Black Label Brut, Demi-Sec, Rosé, Noble Cuvée Rose. Vintage: Brut, Blanc de Blancs. Prestige: Noble Cuvée. www.lanson.fr

Esta antiga casa passou por tempos tumultuados, mas seu futuro deve estar garantido, agora que foi adquirida por Bruno Paillard e seu grupo Boizel Chanoine. A variedade continua quase a mesma, embora um rosé tenha sido adicionado à linha Noble Cuvée. O estilo vívido e borbulhante do Black Label é obtido com uma grande proporção (50%) de Pinot Noir na mistura e a supressão da fermentação malolática, aumentando assim o caráter frutado do vinho. O Lanson vintage, dominado pela Pinot Noir, é robusto e de sabor complexo. A Chardonnay (70%) é o motor do Noble Cuvée: floral, extremamente elegante, mas com uma estrutura firme e duradoura.

Laurent-Perrier ☆☆–☆☆☆

Tours-sur-Marne. Proprietário: família Nonancourt. 154 ha. Empresas associadas: Salon, Delamotte, de Castellane. Visitas: em horário comercial. NV: Brut, Ultra Brut, Rosé Brut, Demi-Sec. Vintage: Brut. Prestige: Grand Siècle NV e Vintage, Grand Siècle Alexandra Rosé. www.laurent-perrier.co.uk

O Laurent-Perrier non-vintage *brut* é hoje um Champagne consistente, fresco, picante, com um carácter que lembra o do Chablis. O Ultra Brut é um vinho seco, sem açúcar, mas sem nenhum indício de silício, uma vez que é sempre feito com uvas de uma safra madura. O rosé, de um enorme sucesso, é feito da maneira mais difícil: colocando as cascas das uvas Pinot Noir em contato com o suco para obter a cor certa, e então envelhecendo o vinho por quatro anos.

O verdadeiro triunfo da casa, porém, é o Cuvée Grand Siècle. Suntuoso, elegante e de longa maturação, é uma mistura de três safras, apesar de ocasionalmente ter sido vendido com um rótulo vintage até 1997. Os vinhedos, próprios ou alugados por contrato de longo prazo, estão nos melhores terrenos da Montagne de Reims, do Côte des Blancs, e do vale do Marne.

Mercier ☆

Epernay. Fundada em 1858. Proprietário: grupo LVMH. 218 ha. Visitas: em horário comercial. NV: Brut, Rosé, Demi-Sec. Vintage: Brut Millésimé. www.champagnemercier.fr

Mercier, como o restante do grupo Moët, tem a virtude do tamanho e do fornecimento constantes, o que significa confiabilidade. A ênfase é dada ao Champagne brut, seco, em um estilo suave de uvas pretas. A qualidade, embora honesta, está longe de impressionar.

Eugène Mercier, o fundador, foi um pioneiro em trazer Champagne aos franceses comuns durante o século XIX. Para a Exposição Universal, realizada em Paris em 1889, ele construiu um enorme barril de vinho; foi preciso uma equipe de 24 bois, e três semanas, para rebocar o barril até a capital. Mas seu monumento mais duradouro é o labirinto de adegas sob o topo da colina na Avenue de Champagne de Epernay – 16 km de extensão conectados por um trem elétrico em miniatura.

Moët & Chandon ☆☆–☆☆☆

Epernay. Proprietário: grupo LVMH. 630 ha. Empresas associadas: Mercier, Ruinart, Domaine Chandon na Califórnia, Austrália, Espanha, Argentina, e Brasil. Visitas: em

A ASCENSÃO DO *CUVÉE* PRESTIGE

O sucesso do Champagne sempre se baseou em *marketing* astuto, assegurando sua reputação em todo o mundo como o único vinho adequado para qualquer celebração. Cada uma das casas de Champagne faz de tudo para consolidar sua própria imagem. A Veuve Clicquot patrocina eventos de moda na temporada inglesa; a Krug, por sua vez, organiza festas profusas e com muita publicidade.

Quando uma casa de Champagne precisa de uma injeção de ânimo, uma forma de obter isso é criar um novo produto. O Dom Pérignon foi lançado pela Moët & Chandon em 1936, embora tenha sido elaborado com a safra de 1921. Seu sucesso foi colossal, mas totalmente justificado pela qualidade do vinho.

Onde vai a Moët, outros logo vão atrás. Nos anos 1950, a Taittinger criou um luxuoso blanc de blancs, o Comtes de Champagne, e a Laurent-Perrier lançou seu Grand Siècle. Os anos 1960 viram a introdução do Belle Epoque, de Perrier-Jouët, em sua inconfundível garrafa decorada, e o Grande Dame, da Veuve Clicquot. Extremamente elegante, o Cristal, da Roederer, foi criado nos anos 1870 pela corte russa, e pode reivindicar, de modo plausível, a condição de avô de todos eles.

Um *cuvée* prestige, por definição, está associado com luxo e raridade e, por isso, o preço é alto. Com raras exceções, tais como o Grand Siècle, da Laurent-Perrier, e o Cuvée Paradis, da Gratien, os vinhos são de uma única safra, levantando a questão de que se há alguma diferença significativa entre a safra e os *cuvées* prestige. Normalmente, a resposta é sim. Algumas casas visam a um estilo ultrarrico. O Blancs de Millenaires de Charles Heidsieck, por exemplo, tem um estilo marcadamente tostado.

Outros produtores almejam o máximo requinte. Isso costuma ser válido para o Grande Dame e até mesmo o Dom Pérignon. A Veuve Clicquot e a Moët trabalham duro para assegurar que há clara distinção estilística entre seus excelentes Champagne vintage e seus *cuvées* prestige. Mas até mesmo elas admitiriam que, em certos anos excepcionais, tais como 1988 e 1990, a diferença de qualidade entre os dois é muito pequena, ainda que a diferença de estilo permaneça.

A Krug argumentaria que seu Champagne básico é o melhor corte multissafras possível e, portanto, um *cuvée* prestige por definição – e preço. Quando a Krug decidiu lançar novos produtos, optou por vinhos de vinhedo único provenientes do Clos du Mesnil e do Clos d'Ambonnay. Pouquíssimos outros produtores optaram por vinhos de vinhedo único, embora o Clos des Goisses, da Philipponnat, seja uma nobre exceção, e o Leclerc-Briant tenha mantido esse modelo. Recentemente, a Jacquesson começou a seguir a mesma direção. A grande maioria dos produtores, no entanto, permanece fiel ao conceito de Champagne como um vinho baseado na arte de misturar. Embora alguns desses *cuvées* de fato sejam produzidos em quantidades muito pequenas, baseando-se na mais rígida seleção de uvas provenientes dos melhores terrenos grands crus, outros, notadamente o Dom Pérignon, são produzidos em quantidades surpreendentes. Esses Champagne nem sempre são tão raros quanto seus produtores gostariam que acreditássemos. Durante a última década, as exportações de *cuvées* prestige representaram de 5% a 6% do total de exportações de Champagne, a maior parte para os Estados Unidos.

Não se pode negar que muitos *cuvées* prestige são Champagne excepcionais. Outros, entretanto, substituem qualidade real por embalagens vulgares e persuasão. A fronteira entre verdadeira excelência e mero *marketing* é, na Champagne, muito tênue.

A igreja em Villedommage, na montagne de Reims.

horário comercial. **NV: Brut Impérial, Rosé Impérial, Nectar Impériale. Vintage: Grand Vintage, Grand Vintage Rosé. Prestige: Dom Pérignon Blanc e Rosé. www.moet.com**

O estilo tradicional da Moët é elegante, leve e fácil de apreciar; mas arredonda bem, com o tempo. Grandes fontes de abastecimento asseguram a qualidade das enormes quantidades de Brut Impérial. O vintage é um verdadeiro corte *champenois* composto das três principais uvas e, desde a safra de 2000, destina-se a ser uma expressão extrema e ousada do ano. O non-vintage, de acordo com o *chef de caves* da Moët, também pode se tornar mais característico no futuro.

A vinificação excepcional de Richard Geoffroy, um ex-médico, significa que o Dom Pérignon foi tão bom quanto sua reputação nas últimas safras, distintamente luxuoso, mas também discreto e elegante. O Dom Pérignon Rosé – de cor pêssego, sutil e *nuancé* – é excelente. O grupo Moët possui terrenos em dez dos dezessete vinhedos *grands crus*. As uvas provenientes desses vinhedos abastecem tanto a Ruinart (ver p. 172) quanto a Moët.

Mumm ☆–☆☆

Reims. Proprietário: Pernod Ricard. 218 ha. Visitas: em horário comercial. NV: Cordon Rouge, Rosé. Demi-Sec, Mumm de Cramant. Vintage: Brut. Prestige: Grand Cru, Cuvée R. Lalou. www.mumm.com

É difícil ser categórico quanto à qualidade e ao estilo dos Champagne Mumm, já que a variedade é muito ampla e houve uma série de mudanças de donos nos últimos anos. Os vinhos, feitos predominantemente de uvas Pinot Noir, são quase sempre sólidos e francos. O Cordon Rouge non-vintage continua brando, carecendo um pouco de caráter. O Mumm de Cramant, levemente espumante, feito de uvas Chardonnay provenientes do vilarejo de Cramant, é excelente. Desde 1998, os *cuvées* prestige René Lalou e Grand Cordon foram substituídos pelo Cuvée R. Lalou, um corte metade Pinot Noir e metade Chardonnay. Seus vinhedos produzem 20% das necessidades da casa. A produção anual é de cerca de 9 milhões de garrafas. Desde 1971, Mumm tem sido líder da pesquisa vitícola na Champagne.

Bruno Paillard ☆☆–☆☆☆

Reims. Proprietário: família Paillard. 25 ha. Visitas: somente agendadas. Empresas associadas: Boizel, De Venoge, Lanson, Philipponnat, Chanoine, Alexandre Bonnet. NV: Première Cuvée, Première Cuvée Rosé, Blanc de Blancs Réserve Privée. Vintage: Brut. Prestige: Ne Plus Ultra. www.mumm.com

A casa clássica mais jovem de Champagne, fundada, em 1981, pelo perfeccionista Paillard, um corretor com profundas raízes na indústria. Seus vinhos são modelos consistentes de elegância e requinte, muito secos, quase austeros, feitos para durar. O Première Cuvée de primeira classe é hoje parcialmente fermentado em madeira; o Réserve Privée, feito pelo antigo método para crémant (Champagne levemente espumante). Os vinhos Paillard vintage têm um rótulo belíssimo e devem ser aplaudidos por sempre especificar a data de *dégorgement*. Em 2000, a Paillard lançou um vinho prestige chamado Ne Plus Ultra, de uvas *grands crus* fermentadas em barril, envelhecido por oito anos antes do *dégorgement*. As vendas giram em torno de 600 mil garrafas por ano.

Joseph Perrier ☆☆–☆☆☆

Châlons-en-Champagne. Proprietário: Alain Thiénot. 21 ha. Visitas: somente agendadas. NV: Cuvée Royale, Blanc de Blancs, Cuvée Royale Rosé, Demi-Sec. Vintage: Cuvée Royale. Prestige: Cuvée Joséphine. www.joseph-perrier.com

Os vinhos elegantes e carregados de frutas da única Grande Marque em Châlons vão de vento em popa. O Cuvée Royale non-vintage é uma referência de Pinots suculentas e maduras (tanto a Noir quanto a Meunier), brilhantemente misturadas com 35% de Chardonnay. O prestige Cuvée Joséphine, com prevalência de Chardonnay, costuma ser uma garrafa memorável. Seus vinhedos em Cumières, Damery, Hautvillers e Verneuil suprem um terço das necessidades da empresa. As vendas ficam em torno de 650 mil garrafas por ano. Os vinhos vintage só são comercializados após sete ou oito anos de envelhecimento.

Perrier-Jouët ☆☆–☆☆☆

Epernay. Proprietário: Pernod Ricard. 66 ha. Visitas: somente agendadas. NV: Brut. Vintage: Brut, Rosé. Prestige: NV Blason de France Blanc e Rosé, Belle Epoque Blanc e Rosé, By & For. www.perrier-jouet.com

Muito respeitado por seus non-vintage de primeira categoria, frescos e secos (mas de forma alguma leves) e luxuosos *cuvées* com plenitude de sabor. O Blason de France, um corte de boas safras, é seu vinho mais raro, complexo e digno de guarda. O muito mais conhecido Belle Époque, em sua garrafa de flores pintadas, é o carro-chefe da casa: um *cuvée* prestige de estilo quase sempre rico e harmonioso. Em 2008, foi lançado um *cuvée* especial, By & For: cem caixas de Champagne "sob medida", adaptadas ao gosto do comprador, e custando em torno de meros 93 mil reais cada caixa.

Os vinhedos seletos incluem ótimos terrenos plantados com Chardonnay, em Cramant e Avize, e com Pinot, em Aÿ. São estes que determinam os sabores cremosos com toques de avelã dos excelentes vinhos vintage. As uvas também provêm de outros trinta *crus*. As vendas, em média, atingem 3,3 milhões de garrafas, de um

---

SERVINDO E DESFRUTANDO CHAMPAGNE

Quando
Para celebrações a qualquer momento, como aperitivo, ocasionalmente com refeições leves, com sobremesas (doces ou meio doces, sozinhos), em emergências, como um tônico.

Como
A 7 °C-10 °C, mais frio para os Champagne baratos, até 13 °C para os bem maduros e elegantes.

Em uma taça transparente, fina e comprida, e não larga e rasa. Para preservar as borbulhas, sirva-o devagar em uma taça levemente inclinada.

Quanto
Considere meia garrafa (três taças) por pessoa em uma festa onde se servirá exclusivamente Champagne; e metade dessa quantidade quando servido como aperitivo antes de outro vinho.

O que observar
Muita pressão atrás da rolha, clareza total, abundância de borbulhas delicadas com duração indefinida, sabor e fim de boca potentes mas limpos, e equilíbrio – nem seco ou ácido a ponto de ser adstringente ao paladar, nem enjoativamente doce. Acima de tudo, deve ser apetitoso.

estoque de aproximadamente 10 milhões. Em 2005, a Perrier--Jouët, com a Mumm, dos mesmos donos, foi comprada por Pernod Ricard.

Piper-Heidsieck ☆–☆☆

Reims. Proprietário: Rémy-Cointreau. 70 ha (em sociedade com Charles-Heidsieck). Visitas: em horário comercial. NV: Brut, Brut Divin (Blanc de Blancs), Rosé Sauvage, Cuvée Sublime Demi-Sec. Vintage: Brut. Prestige: Cuvée Rare. www.piper-heidsieck.com

Estes vinhos muito secos e de boa reputação mudaram um pouco de estilo desde que a empresa foi comprada por Rémy-Cointreau, em 1989. Apesar de ainda muito frescos, têm agora uma dimensão extra de aromas florais e de sabor a frutas. O Brut Sauvage, um estilo muito seco, com praticamente nenhum *liqueur d'expédition*, deixou de ser produzido. O Cuvée Rare, à base de Chardonnay, é excepcional, com sabores cítricos longos e potencial para evoluir em garrafa por até quinze anos.

Pol Roger ☆☆☆

Epernay. Proprietário: família Pol Roger. 85 ha. Visitas: somente agendadas. NV: Brut Réserve, Pure, Rich. Vintage: Brut, Blanc de Blancs, Rosé. Prestige: Sir Winston Churchill, Réserve Spéciale PR. www.polroger.co.uk

Uma Grande Marque um tanto pequena, quase sempre considerada entre as seis melhores, e uma das minhas favoritas há cerca de cinquenta anos. Non-vintage excepcionalmente limpos, frescos e florais; vintage elegantes e longevos; um dos melhores rosés; e um fragrante e delicado *blanc de blancs*. O vinho Sir Winston Churchill (em homenagem a um amigo da família), com predominância de Pinot, é descaradamente suntuoso, com perfume exótico e textura acetinada.

O Réserve Spéciale PR é muitíssimo elegante, feito com 50% de uvas Chardonnay, oriundas de vinhedos *grands crus*. O Pure é um *cuvée* sem adição de *liqueur d'expédition*, feito de proporções iguais de Chardonnay, Pinot Noir e Pinot Meunier. As adegas são tidas como as mais profundas e mais frias da região. Os vinhedos da empresa estão principalmente no Côte des Blancs.

Pommery ☆–☆☆

Reims. Proprietário: Vranken. Visitas: em horário comercial. NV: Brut Royal, Brut Apanage, Brut Rosé, Wintertime (Blanc de Noirs), Springtime (Rosé), Summertime (Blanc de Blancs, Falltime (Blanc de Blancs), Dry Elixir Demi-Sec. Vintage: Brut. Prestige: Louise Brut e Rosé, Flacons d'Exception. www.pommery.fr

Em 2002, esta casa histórica foi vendida para o grupo Vranken, não exatamente conhecido por qualidade excepcional. Além disso, os donos anteriores, a LVMH, mantiveram os vinhedos Pommery,

aliás magnificamente localizados. O *chef de cave* Thierry Gasco permaneceu no local, garantindo, de certa forma, a qualidade.

O Champagne mais famoso é o Brut Royal, um vinho elegante e de sabor puro, com baixa adição de açúcar. A delicadeza e o requinte são a marca registrada dos vinhos vintage. O Louise Pommery (desde 1979) tem sido uma revelação da qualidade dos Pommery: elegante, fresco, extremamente avinhado, e bem estruturado. Desde 1996, o Flacons d'Exception, um Champagne vintage maduro, em garrafas Magnum, é comercializado em pequenas quantidades para os *connoisseurs*. Ao receber o pedido, o vinho passa pelo *dégorgement* e é entregue no endereço do destinatário no prazo de um mês, garantindo um frescor ideal.

Louis Roederer ☆☆☆–☆☆☆☆

Reims. Proprietário: Frédéric Rouzaud. 210 ha. Empresas associadas: Roederer Estate, California, Ramos Pinto, Portugal, Château Pichon-Lalande e Château de Pez (Bordeaux), Delas (Rhône). Visitas: somente agendadas. NV: Brut Premier, Rich. Vintage: Brut, Blanc de Blancs, Rosé. Prestige: Cristal Brut, Cristal Rosé. www.champagne-roederer.com

Esta propriedade familiar é uma importante casa de Champagne, cuja inigualável reputação se apoia em seus maravilhosos vinhedos (que suprem 70% de suas necessidades) e em uma coleção de vinhos reserva – que dificilmente encontra rivais à altura – para manter os altíssimos padrões do Brut Premier. O estilo da casa é notadamente suave e maduro, simbolizado pelo excelente Brut Premier, encorpado, e pelo fabuloso Cristal, um dos Champagnes mais sedutores, ao mesmo tempo picante e extremamente saboroso. Os de safras recentes, como 1985, 1989, 1990, 1995 e 2000, estão entre os melhores Cristal da história.

Ruinart ☆☆☆

Reims. Proprietário: grupo LVMH. 17 ha. Visitas: somente agendadas. NV: R de Ruinart Brut, Blanc de Blancs, e Rosé. Prestige: Dom Ruinart Blanc de Blancs, Dom Ruinart Rosé. www.ruinart.com

Fundada em 1729, o que faz desta a empresa produtora de Champagne mais antiga de que se tem registro. Josephine, esposa de Napoleão, gostava de Ruinart – mas, infelizmente, depois de seu divórcio, ela se recusou a honrar as dívidas que acumulou enquanto foi imperatriz. Extremamente sofisticado, está entre os Champagnes mais leves, tanto non-vintage quanto vintage. O luxuoso Dom Ruinart é um dos blanc de blancs mais notáveis: carnudo e arredondado como nenhum outro, devido às uvas Chardonnay da montanha de Reims que compõem o corte, e a uma série de boas safras recentes (1982, 1985, 1988, 1989, 1993,

---

DOSAGEM, SECURA E DOÇURA

Quando o Champagne passa pelo *degórgement*, a perda da tampa de sedimentos congelados precisa ser compensada para que a garrafa volte a estar cheia. Nessa etapa, a doçura do vinho é ajustada por meio do atesto (dosagem) com um liqueur d'expédition de vinho misturado com açúcar e, às vezes, aguardente de uva. Algumas

empresas fazem um vinho totalmente seco, dosado apenas com vinho, e conhecido por nomes como Brut Nature ou Brut Intégral. A grande maioria tem adição de açúcar. A seguir estão as quantidades comuns (g/l) de açúcar na dosagem para cada estilo (mas podem variar de uma casa para outra): Extra brut: 0-6 g/l,

ultrasseco. Brut: 3-15 g/l, muito seco. Extra sec: 12-20 g/l, seco. Sec: 17-35 g/l, levemente doce. Demi-sec: 33-50 g/l, marcadamente doce. Doux: mais de 50 g/l, muito doce. Vinhos com dégorgement tardio, tais como o RD da Bollinger, normalmente precisam de não mais que uma quantidade mínima de *liqueur d'expédition*.

1996). O Dom Ruinart Rosé é igualmente extraordinário. A empresa possui videiras Chardonnay nos *grand crus* Sillery e Puisieulx de Montagne; as uvas são reservadas para os *cuvées* Dom Ruinart.

Salon ☆☆☆☆
Le Mesnil-sur-Oger. Owner: Laurent-Perrier. 1 ha. www.salondelamotte.com

Esta casa singular só produz Champagne vintage blanc de blancs do vilarejo de Mesnil. Desde 1920, os vintage são declarados cerca de três vezes por década. A Salon é pioneira em vinhos blanc de blancs e ainda lidera em qualidade, embora não em quantidade, já que sua produção por safra nunca ultrapassa as 80 mil garrafas. Vinhos sutilmente ricos e muito secos, artesanais e comparáveis em corpo e complexidade aos *grands crus* da Borgonha. Não são para quem gosta de vinhos jovens e frescos. Quinze anos é uma boa idade para eles. Poucos outros Champagne são envelhecidos por tanto tempo antes do lançamento: o de 1990 só chegou ao mercado em 2001.

O único hectare de videiras de Salon supre cerca de 10% de suas necessidades; o restante das uvas são compradas de produtores que possuem vinhedos *grands crus* Mesnil no vilarejo. Esses fornecedores são praticamente os mesmos desde a década de 1920. Salon só comercializa cerca de trinta mil garrafas por ano, mas seu estoque é de quase 270 mil garrafas (o suficiente para nove anos), o que significa que possui um dos maiores estoques da Champagne com relação às vendas.

Jacques Selosse ☆☆–☆☆☆☆
Avize. Proprietário: Anselme Selosse. 6 ha. Visitas: somente agendadas. NV: Initial, Version Original, Substance, Exquise (Sec), Contraste (Blanc de Noirs), Rosé. Vintage: Brut.

Um produtor original, que cultiva de forma biodinâmica e fermenta todos os seus vinhos em madeira, em alguns casos madeira nova. Alguns vinhos, como o destacado Substance, são produzidos usando um complexo sistema de *solera* (ver glossário). Somente leveduras naturais são utilizadas na fermentação, e a adição de *liqueur d'expédition* é muito baixa. As opiniões a respeito desses Champagnes costumavam se dividir: alguns o consideravam ótimos; outros, simplesmente estranhos. Hoje, no entanto, a balança pende decididamente a favor de Selosse. Não mais de 55 mil garrafas são produzidas por ano, e por isso os preços são altos.

Taittinger ☆☆–☆☆☆
Reims. Proprietário: família Taittinger. 289 ha. Visitas: em horário comercial. Empresas associadas: Domaine Carneros. NV: Brut Réserve, Demi-Sec, Prestige Rosé, Nocturne Sec, Prélude Grand Cru. Vintage: Brut. Prestige: Comtes de Champagne, Comtes de Champagne Rosé, Collection. www.taittinger.com

Uma força importante no mundo do Champagne desde 1945, e controlada por um consórcio de investidores, no qual a família é a maior acionista. O estilo dos vinhos brut deriva da predominância de Chardonnay no corte. Um envelhecimento extra em garrafa melhorou consideravelmente o non-vintage no final dos anos 1990, embora a dosagem possa ser um pouco elevada. O Comtes de Champagne, deliciosamente exuberante, é um dos *cuvées* prestige que melhor envelhecem.

A Taittinger Collection, uma linha comercializada em garrafas criadas por *designers*, é essencialmente o mesmo vinho que o vintage, mas lançado como um item de colecionador. Metade dos vinhedos é plantada com Chardonnay e supre em torno de 50% das necessidades da casa. As uvas provêm principalmente de Avize, Chouilly, Cramant, Mesnil e Oger.

Veuve Clicquot-Ponsardin ☆☆☆
Reims. Proprietário: grupo LVMH. 286 ha. Visitas: somente agendadas. Empresas vinícolas associadas: Cape Mentelle, Cloudy Bay. NV: Yellow Label Brut, Demi-Sec, Rosé. Vintage: Gold Label, Rosé, Rich Réserve. Prestige: La Grande Dame, La Grande Dame Rosé. www.veuve-clicquot.com

Uma casa grande, prestigiosa e influente, que produz excelentes Champagnes clássicos, com um estilo firme, rico, cheio de sabor e relativamente pesado. O sucesso da companhia foi fundado pela "viúva" Clicquot, que assumiu o negócio em 1805, aos 27 anos de idade, após perder o marido. Ela inventou o sistema *remuage*, agora universal, para clarificar o vinho, e produziu o primeiro Champagne Rosé. Desde 1928, houve apenas cinco vinicultores, e o atual *chef de cave* é Dominique Demarville (desde 2006). Apesar de seu respeito pela tradição, a vinificação é completamente moderna, não se utilizando madeira a partir de 1961. O prestige La Grande Dame Rosé é uma obra-prima de corpo equilibrado e *finesse* e, desde sua primeira versão, em 1996, este vinho é louvado como um dos melhores Champagnes rosé. Os vinhedos estão uniformemente distribuídos nos distritos clássicos.

CHAMPAGNE: UM RECOMEÇO

No início dos anos 1990, a indústria de Champagne foi acometida pela pior crise econômica desde a década de 1930. A queda vertiginosa nas vendas levou a um colapso nos preços e a abrupto aumento dos estoques, agravado por colheitas abundantes entre 1989 e 1996. Todos os tipos de produtores de Champagne – casas, cooperativas, viticultores – foram duramente atingidos e sofreram enormes perdas.

Quando a década chegou ao fim, o pior havia passado. A catástrofe foi evitada graças a medidas cruéis, iniciadas pelas autoridades de Champagne em 1992, que estipulavam a redução das produções nos vinhedos e a melhoria dos procedimentos para a prensagem da colheita – uma etapa crucial na produção de Champagne. Hoje, apenas duas prensagens das uvas (o *cuvée* e o *taille*) são permitidas. Uma terceira prensagem foi eficientemente abolida, e com razão, já que a cada prensagem a qualidade do suco diminui. Os vinhos passaram a ser envelhecidos por mais tempo em contato com as leveduras (três anos para um non-vintage de uma boa casa); o resultado é um salto de qualidade no produto final.

Essa ênfase em qualidade teve recompensas comerciais. Até mesmo em meados de 2008, quando o temor de uma crise global iminente levou à redução de gastos, a demanda por Champagne de primeira classe continuou mais firme do que nunca.

Outros produtores de Champagne

Inclui vitivinicultores de Champagne, cooperativas e casas de comércio.

Agrapart ☆☆
Avize. 10 ha. www.champagne-agrapart.com
Muitos dos Champagnes Agrapart são parcial ou totalmente fermentados em barris. O blanc de blancs é a especialidade de casa, um vinho de elegância e vivacidade. Um ótimo rosé também é produzido.

Aubry ☆☆
Jouy lès Reims.
Casa familiar que cultiva velhas variedades de uvas não utilizadas por outros produtores, obtendo assim um efeito único; também produz um belo rosé.

Ayala ☆☆–☆☆☆
Aÿ. 51 ha. www.champagne-ayala.com
Mudanças de propriedade nos últimos anos deixaram Bollinger como titular desde 2005. As especialidades incluem dois Champagnes sem adição de *liqueur d'expédition*. O *cuvée* prestige Perle usa a mesma base que os vinhos blanc de blancs, mas acrescenta 20% de Pinot Noir. A qualidade geral está melhorando rapidamente.

Paul Bara ☆☆
Bouzy. 11 ha. www.champagnepaulbara.com
Importante *récoltant-manipulant* (veja boxe "Os mistérios do rótulo" nesta página) em Bouzy que produz Champagnes amplos, com predominância de Pinot. O Grand Rosé é excepcional.

Edmond Barnaut ☆–☆☆☆
Bouzy. 18 ha. www.champagne-barnaut.com
Secondé, o proprietário da quinta geração, desenvolveu um sistema de solera incomum para seus vinhos non-vintage: engarrafa dois terços do vinho novo e adiciona o restante à solera depois de um terço ter sido retirado e engarrafado. Também produz Bouzy Rouge e um raro Bouzy Rosé.

Beaumont des Crayères ☆–☆☆☆
Mardeuil. 80 ha. www.beaumont-des-crayeres.com
Pequena cooperativa logo a oeste de Epernay. Produz bom Champagne a preços razoáveis. Fresco e frutado, e dominado pela Pinot Meunier.

Boizel ☆☆
Epernay. www.champagne-boizel.fr
Negócio familiar fundado em 1834, e, desde 1994, parte do grupo Boizel-Chanoine pertence a Bruno Paillard. Vinhos bem elaborados e frutados, com preços gentis.

Alexandre Bonnet ☆☆
Les Riceys. 65 ha. www.alexandrebonnet.com
Produtor de Champagne e vinificador do raro Rosé des Riceys. A família se tornou comerciante em 1932, e, desde 1998, esta casa que zela pela qualidade (e por preços justos), pertence a Bruno Paillard (ver p. 171). As uvas provêm de vinhedos próprios na região dos melhores cultivos de Les Riceys e Marne, em especial no Côte des Blancs. O vintage Cuvée Madrigal pode ser suntuoso.

Bricout ☆–☆☆
Avize.
Em 2003, esta pequena casa, conhecida por seus Champagnes leves e vívidos, foi adquirida conjuntamente pela Vranken e pela LVMH. A Chardonnay predomina no *cuvée* prestige Arthur Bricout, que é de longe o melhor vinho.

Canard-Duchêne ☆–☆☆
Ludes. www.canard-duchene.fr
Uma das Grandes Marques menos empolgantes, mas comercialmente importante, especializada em non-vintage com prevalência de Pinot, com delicadas notas frutais, e no rico prestige Charles VII. Pertenceu à LVMH até 2003, quando foi vendida para Alain Thiénot.

de Castellane ☆
Epernay. www.castellane.com
Uma antiga casa com um passado grandioso, simbolizado por sua torre com ameias extravagantes. Hoje pertence à Laurent-Perrier. Produz um non-vintage honesto e um tanto leve, e um vintage mais substancial, o Cuvée Commodore.

Delbeck ☆☆
Reims.
Pequena e excelente casa de Champagne que, assim como a Champagne Bricout, foi comprada em 2003 pela Vranken e pela LVMH. Os Champagnes *grand cru* são produzidos com uvas provenientes de diferentes vilarejos, como Aÿ e Cramant. Também elabora bons vinhos vintage.

Dehours ☆☆
Cerseuil.
Pequena casa especializada em vinhos de vinhedo único e fermentados em barril, verdadeiramente notáveis, sobretudo o puro Pinot Noir.

Daniel Dumont ☆–☆☆
Rilly-la-Montagne. 10 ha.
Champagne excelentes, especialmente o Grande Réserve, de longa guarda e com predominância de Pinot, e o ótimo meio doce.

OS MISTÉRIOS DO RÓTULO

A indústria de Champagne usa uma série de códigos no rótulo para identificar a origem do vinho:
NM *négociant-manipulant* Produtor que elabora Champagne com uvas compradas.
RM *récoltant-manipulant* Produtor que elabora Champagne com suas próprias uvas.
CM *coopérative-manipulant* Produtor cooperado.
ND *négociant-distributeur* Empresa que vende, mas não produz Champagne.
SR *société de récoltants* Uma sociedade, normalmente entre membros de uma família.
MA *marque d'achateur* Champagne vendido sob o nome do vendedor, normalmente um supermercado, como uma marca própria – a chamada "buyer's own brand" (BOB).

Egly-Ouriet ☆☆–☆☆☆
Ambonnay. Owner: Francis Egly. 12 ha.
A maioria dos vinhedos de Egly fica em áreas *grand cru*, e as uvas têm altos níveis naturais de açúcar quando são colhidas. Vinhos previsivelmente ricos, com predomínio da Pinot Noir. Uma curiosidade: o Les Vignes de Vrigny, um Champagne totalmente Pinot Meunier.

Nicolas Feuillatte ☆–☆☆
Chouilly. www.feuillatte.com
Esta marca foi criada em 1976 pelo epônimo M Feuillate, um promotor muito viajado, e vendida por ele em 1986 para o Centre Vinicole de la Champagne (CVC), a maior cooperativa da região. Uma vinificação muito moderna e de qualidade "correta", com *cuvées* às vezes excepcionais, tais como o vintage Palme d'Or. Em 2001, lançou rótulos de quatro diferentes terrenos *grand cru*.

Georges Gardet ☆–☆☆
Chigny-les-Roses. 7 ha.
www.chateau-gardet.com
Uma empresa familiar que produz vinhos de guarda feitos principalmente com uvas Pinot Noir da Montanha de Reims. Todos os Champagnes são identificados com a data de *dégorgement*.

Gatinois ☆☆–☆☆☆
Aÿ. 7 ha.
Um viticultor que produz pequenas quantidades de um Champagne concentrado à base de Pinot Noir, de terrenos *grand cru* e, em anos bons, o tinto tranquilo Coteaux Champenois. Alta qualidade.

René Geoffroy ☆☆
Cumières. 13 ha.
www.champagnegeoffroy.com
Jean-Baptiste Geoffroy, como seu pai René, personifica da melhor forma o produtor independente, oferecendo uma variedade muito pessoal de Champagne bem elaborados, parcialmente fermentados em barril, e um bom Coteaux Champenois de uvas Pinot Noir.

Pierre Gimonnet & Fils ☆☆–☆☆☆
Cuis. 26 ha.
www.champagne-gimonnet.com

Os Gimonnet cultivam uvas em Cuis há 250 anos, e seus vinhedos são cheios de videiras antigas – todas Chardonnay. O *extra brut*, muito seco e vívido, sem dosagem para disfarçar eventuais falhas, é uma prova vitoriosa da habilidade da casa.

Emile Hamm ☆–☆☆
Aÿ. www.champagne-hamm-ay.com
Antigamente, uma casa produtora e comerciante de Aÿ desde 1930. Excelente Champagne, muito seco. O Prestige Signature é o melhor vinho.

Heidsieck Monopole ☆
Epernay. www.vranken.fr
Umas das mais antigas casas de Champagne (fundada em 1777), esta Grande Marque foi vendida por Mumm ao grupo Vranken em 1996. Os *cuvées* são nomeados de modo que lembra as garrafas de leite da Inglaterra: o non-vintage é Blue Top, o vintage é Gold Top. Estilisticamente brandos.

Jacquart ☆–☆☆
Reims. www.jacquart-champagne.fr
Esta cooperativa que virou comerciante é de propriedade da Alliance Champagne, o que lhe dá acesso a 2.600 hectares, e vende 10 milhões de garrafas por ano. O fresco e incisivo Brut Mosaique (com 50% de Chardonnay) é uma pechincha. A linha superior é chamada Nominée.

Larmandier-Bernier ☆☆–☆☆☆
Vertus. 15 ha. www.larmandier.com
Os excelentes terrenos Chardonnay no Côte des Blancs, cultivados organicamente, e o talento do próprio Pierre Larmandier se combinam para criar alguns dos mais saborosos blanc de blancs. Cramant Grand Cru excepcional e Vertus Premier Cru ultrasseco, sem adição de açúcar.

Leclerc-Briant ☆☆
Epernay. 30 ha. www.leclercbriant.com
Nos anos 1990, esta empresa tomou a decisão inovadora de produzir Les Authentiques: quatro Champagnes de vinhedo único de terrenos *premier cru*. Também está aderindo à viticultura biodinâmica.

ROSÉ DES RICEYS

Dentro das fronteiras da Champagne está uma das mais recônditas pequenas denominações da França, especialmente por seu Pinot Noir Rosé digno de guarda. Les Riceys fica no extremo sul de Champagne. A maior parte de sua produção é Champagne, mas, em safras boas e maduras, selecionam-se as melhores uvas Pinot Noir de uma área autorizada de cem hectares e fazem esse rosé. O processo: Primeiro, cobre-se o fundo de um tonel de madeira com uvas pisadas. Então, o tonel é enchido com cachos inteiros. A fermentação começa no fundo e o suco fermentado é bombeado sobre as uvas inteiras. Em um momento habilidosamente determinado, o suco é extraído, as uvas são prensadas, e os resultados são "reunidos" para produzir um rosé escuro de um inigualável matiz de pôr do sol e, como descrevem seus produtores, um sabor de frutas silvestres.

O principal especialista costumava ser Alexandre Bonnet (ver p. 174); hoje, seu filho continua a tradição. Também elaborado por Defrance e Henri Abelé.

Recolhendo a safra na região de Champagne.

R & L Legras ☆☆
Chouilly. 40 ha. www.champagne-legras.fr
Produtores desde o século XVIII, e agora uma pequena casa moderna, com um nicho de mercado entre os restaurantes franceses reconhecidos pelo guia Michelin, graças ao seu maravilhoso *grand cru* blanc de blancs.

A R Lenoble ☆–☆☆
Damery. 18 ha. www.champagne-lenoble.com
Empresa familiar que utiliza alguma fermentação em barril desde 2000. Excelente blanc de blancs.

Mailly Grand Cru ☆☆
Mailly. 70 ha. www.chateau-mailly.com
Cooperativa pequena e exclusiva. Cada um dos seus setenta membros produtores possui vinhedos *grand cru* em Mailly, na Montanha de Reims. Champagnes cheios e musculosos (com pelo menos 75% de Pinot Noir), que necessitam de um mínimo de quatro anos em garrafa para mostrar suas virtudes.

Serge Mathieu ☆☆–☆☆☆
Avirey-Ligney. 11 ha.
www.champagne-serge-mathieu.com
Excelente produtor de Aube, que elabora Champagnes ricos e muito elegantes. Um rosé sublime.

Pierre Moncuit ☆☆–☆☆☆
Le Mesnil-sur-Oger. 19 ha. www.pierre-moncuit.fr
Blanc de blancs de primeira classe, de um dos melhores vilarejos no Côte des Blancs.

Philipponnat ☆☆–☆☆☆
Mareuil-sur-Aÿ. 17 ha. www.philipponnat.com
Uma pequena casa tradicionalista, agora parte do grupo Bruno Paillard (ver p. 171), que produz vinhos bem constituídos, feitos para durar. Especialmente fino e encorpado é o vinho de vinhedo único, dos 5,5 hectares de Clos des Goisses: maravilhosa concentração de Pinot Noir, feito apenas nas melhores safras, como as de 1988, 1989, 1990, 1995, 1996 e 1999.

Alain Robert ☆–☆☆☆
Le Mesnil-sur-Oger. 10 ha.
Destacado viticultor de Mesnil e um perfeccionista na produção do Champagne. Seu Mesnil Sélection, nunca envelhecido por menos de doze anos, é um excelente blanc de blancs. Muito de seus vinhos só são *dégorge* mediante recebimento de pedidos. Não deve ser confundido com o Champagne A Robert, da Fossoy.

Tarlant ☆☆
Oeuilly. 13 ha. www.tarlant.com
Um produtor de excelência, que fermenta cada vinho de vinhedo único separadamente em madeira para obter a melhor expressão dos respectivos solos. Os Cuvées Louis, que lembram os Krug, são incríveis.

Alain Thiénot ☆☆–☆☆☆
Reims. 14 ha. Associated wine companies: Champagnes Joseph Perrier and Marie Stuart. www.thienot.com
Antigamente era um corretor de uma velha família *champenois*, Alain Thiénot é um comerciante de Champagne em movimento, que adquiriu outras casas, como a Joseph Perrier (ver p. 171). O non-vintage é fresco e jovial, mas com um bom toque de maturidade. O excepcional Grande Cuvée alia a beleza de sutis notas frutadas à boa complexidade.

de Venoge ☆–☆☆
Epernay. www.champagnedevenoge.com
Atualmente controlada pelo grupo Bruno Paillard (ver p. 171), uma casa de tamanho considerável que produz Champagnes agradáveis, macios e flexíveis em uma ampla gama de estilos. Um muito bom vintage blanc de blancs. A qualidade pode ser inconsistente.

Vilmart ☆☆–☆☆☆
Rilly-la-Montagne. 11 ha. www.champagnevilmart.fr
Uma pequena empresa que produz 100 mil garrafas por ano de vinhos de altíssima qualidade, fermentados em madeira e envelhecidos por muito tempo em garrafa. O melhor vinho costuma ser o Coeur de Cuvée, de videiras muito antigas.

Vrancken ☆
Epernay. www.vranken.fr
Demoiselle é a marca líder deste grupo de Champagne, que foi criado em 1976 pelo belga Paul-François Vranken, um homem do *marketing*. Os vinhos leves, com prevalência de Chardonnay, são de qualidade razoável. Veuve Monnier e Charles Lafitte são outros rótulos. O grupo adquiriu o controle da Barancourt em 1994, da Heidsieck Monopole em 1996, e da Pommery em 2002 (ver p. 172).

CHAMPAGNE E COMIDA

Não existe um único prato clássico para acompanhar Champagne, mas seus produtores gostam de disseminar a ideia de que seu vinho vai bem com quase qualquer prato (até mesmo queijo e carnes de caça). O Champagne vintage certamente tem a intensidade de sabor adequada para acompanhar a maioria das comidas – mas muitas pessoas consideram os espumantes indigestos nas refeições. Champagne é o vinho aperitivo por excelência, mas pode ser maravilhosamente refrescante após uma refeição elaborada. Como uma alternativa ao espumante, os Coteaux Champenois tranquilos, brancos ou tintos (notadamente o Bouzy Rouge) podem oferecer o refinamento do Champagne em uma apresentação não espumante.

Alsácia

Depois de todas as regiões da França cujos sistemas de denominação de origem controlada parecem ter sido inventados por teólogos medievais, Alsácia é um simples conto de fadas. Uma única denominação, Alsace, dá conta de toda a região. Alsace *grand cru* é para os terrenos selecionados.

Tampouco há as complicações germânicas acerca do grau de amadurecimento com que se preocupar. O rótulo da Alsácia é simples como os da Califórnia: o nome do produtor e a variedade da uva são o essencial. A diferença é que, na Alsácia, um conjunto de leis aplicadas de forma rigorosa significa que há poucas surpresas. Os vinhos varietais devem ser feitos unicamente da variedade identificada no rótulo. Os vinhos são, portanto, previsíveis e confiáveis. Seus produtores gostariam que eles fossem considerados mais glamourosos. Para ter seus vinhos nomeados entre os "grandes", eles colocam cada vez mais ênfase na colheita tardia e em vinhos de terrenos selecionados e *grands crus*.

Para a maioria dos consumidores, o que mais importa é que a Alsácia garante certa qualidade e estilo com mais segurança do que praticamente qualquer outra região vinícola. Produz vinhos magnificamente apresentáveis, apetitosos e aromáticos para acompanhar as refeições, e a preço razoável. A única incerteza com que o comprador tem de lidar é com o grau de doçura. O que poderiam ser vinhos ideais para a comida, enérgicos e com acentuado sabor de uvas, são, com demasiada frequência, excessivamente doces e pesados. As colheitas tardias são identificadas nos rótulos, mas muitos produtores têm o hábito de colher mais tarde do que de costume, com resultados às vezes confusos.

A região tem 113 km de comprimento por 2 km ou 3 km de largura. Forma a orla oriental das montanhas Vosges nos *départements* do Haut-Rhin e do Bas-Rhin, onde os sopés das montanhas, com 180 m a 360 m de altura, fornecem declives bem drenados e voltados para o sul, protegidos pelos picos e pelas florestas. Toda a região está em sua "sombra de chuvas", o que confere uma das menores precipitações pluviométricas da França e maiores exposições à luz solar.

Segundo o princípio de que as bacias hidrográficas são fronteiras naturais, a Alsácia deveria pertencer à Alemanha. Já foi assim, mas quando a fronteira passou a ser o Reno, a região se tornou francesa. Sua língua e arquitetura continuam sendo alemãs. Suas variedades de uva também – mas, tratadas à maneira francesa, elas produzem uma bebida distinta. Qual é a diferença? Os vinhedos do outro lado do rio, na Alemanha, podem produzir vinhos similares de variedades similares, mas eles têm, em geral, uma estrutura diferente.

Os Baden Rieslings são mais enérgicos que ricos, e o Pinot Gris geralmente é sufocado pelo carvalho em vez de poder expressar suas gloriosas e almiscaradas notas de especiarias sem a distração da madeira. O Pinot Blanc alemão também costuma ser envelhecido em barril. Embora muitos dos melhores vinhos da Alsácia continuem sendo fermentados em carvalho, os barris são antigos, revestidos com uma espessa camada de cristais de tartarato que evitam qualquer sabor de madeira ou de oxidação. Assim, o caráter aromático (ou não) de suas uvas se destaca de forma pura e clara. Os vinhos da Alsácia são engarrafados assim que possível na primavera (ou, no máximo, no outono) após a safra. A maioria deles são bebidos jovens – o que é uma pena. O envelhecimento em garrafa introduz os elementos de complexidade, que, do contrário, não estariam presentes. Um bom Riesling ou Gewurztraminer (sem trema, na Alsácia) ou Pinot Gris recompensa a guarda de pelo menos quatro anos em garrafa, e muitas vezes até dez. Isso é especialmente válido para os vinhos mais doces que estão sendo produzidos em quantidades ainda maiores (ver página 186). Os vinhos doces alcançam preços mais altos, mas eles não substituem a combinação de sabores completos e frescos que os melhores vinhos secos da região são capazes de oferecer.

O centro da melhor área na Alsácia é o Haut-Rhin, no grupo de vilarejos ao norte e ao sul de Colmar, e Riquewihr, uma cidadezinha extravagantemente construída em estilo enxaimel e enfeitada com flores, é sua capital do vinho por natureza: uma espécie de Saint-Émilion de Vosges. O clima é o mais quente e mais seco do sul, mas não diferente o bastante para justificar a inferência popular de que o Haut-Rhin é paralelo a, digamos, Haut-Médoc. Não há nenhum indício de qualidade mais baixa no nome Bas-Rhin (simplesmente se refere à sua localização mais baixa ao longo do rio Reno). Ainda mais baixos, seguindo para o norte, estão os vinhedos do Palatinado alemão, que produzem alguns dos melhores e mais ricos de todos os Rieslings daquele país.

Mais importantes são os vinhedos individuais com os melhores solos e microclimas. Cada uma das trinta ou quarenta encostas de Vosges tem sua própria reputação, que na Borgonha há muito tempo teria sido preservada por lei, algo que na Alsácia só aconteceu em 1983. Após estar prestes a listar certos vinhedos como *grands crus* por muitos anos, em meados dos anos 1970 muitos viticultores sentiram que havia chegado o momento de fazer uma classificação adequada das grandes encostas da Alsácia. Uma lista de 94 *lieux-dits*, ou que podem ser utilizados, foi esboçada e, destes, os primeiros 25 receberam o *status* de *grand cru* em 1983, seguidos por outros 23 em 1985, e depois por outros três, a última promoção sendo a de Kaefferkopf em 2007. Essa soma de 51 provavelmente não será excedida por algum tempo. Os *grands crus* representam 5,5% do total da área de vinhedos da Alsácia, mas só 4% da produção. Isso se deve aos baixos níveis de rendimento impostos aos *grands crus* e ao fato de que alguns produtores misturam seus *grands crus* e não os declaram como tal.

Alguns dos nomes *grand cru* são consagrados nos rótulos. Schoenenbourg, em Riquewihr, é particularmente notável por seu Riesling; o Schlossberg, de Kaysersberg, o Kitterlé, de Guebwiller, o Eichberg e o Brand, de Turckheim, e o Rangen, de Thann, são outros exemplos. Os proprietários desses vinhedos estão indicados na lista de produtores a seguir.

Os vinhos *grand crus* devem ser provenientes de encostas especificamente delimitadas e devem ser varietais de uvas "nobres" – Riesling, Gewurztraminer, Pinot Gris, Muscat e (desde 2001) Sylvaner. O rendimento permitido para esses vinhos é mais baixo, e a graduação alcoólica mínima exigida, mais alta do que os de outros vinhos da Alsácia. Desde 2001, os proprietários de qualquer *grand cru* têm o direito de estabelecer suas próprias regras e regulamentações mais estritas do que os requisitos básicos da AOC. Os produtores afirmam que a legislação dos *grands crus* lhes dá a chance de demonstrar o caráter do *terroir* de seus melhores vinhos, mas nem todas as melhores casas concordam com isso, e algumas (Trimbach, Beyer, Hugel) escolhem não usar os nomes *grand cru* em seus rótulos. A Trimbach, no entanto, está fazendo uma exceção para o vinho do *grand cru* Geisberg, de 2,7 hectares, que aluga do Couvent de Ribeauvillé.

Outra história de sucesso na Alsácia tem sido o notável crescimento na popularidade do Crémant d'Alsace, produzido desde a virada do século, mas que só recentemente teve certo êxito. Crémant é um vinho espumante *méthode traditionnelle* que pode ser feito de qualquer uva da Alsácia – mas, na prática, a Muscat e a Gewurztraminer são consideradas excessivamente aromáticas. A Pinot Blanc é a mais usada, e um pouco de Chardonnay também pode ser incluído (embora isso não seja permitido para os vinhos tranquilos).

O crémant rosé é totalmente Pinot Noir. Os últimos dez anos também presenciaram o ressurgimento dos vinhos tintos. Cruelmente, eles significam mais para os produtores e consumidores da Alsácia do que, talvez, para os estrangeiros que podem escolher entre os tintos do mundo inteiro. A Pinot Noir é a uva preferida. No passado, aqui era difícil obter cor e substância, mas a seleção cuidadosa de clones de Pinot Noir, combinada com a extração meticulosa de cor e sabor, está produzindo tintos mais completos e mais característicos. Em certas ocasiões, de fato, algo parecidos com os finos da Borgonha.

Produtores e cooperativas

Quanto à propriedade, os vinhedos da Alsácia são ainda mais fragmentados do que os do resto da França. Com 5.150 produtores compartilhando o total de 15.450 hectares, cada um deles tem, em média, apenas três hectares. (Embora, na verdade, 90% do volume produzido sejam comercializados por 220 produtores ou empresas.)

Os acasos da história estabeleceram vinte ou mais famílias dominantes com propriedades maiores – as quais, ainda assim, raramente chegam a quarenta hectares. Com o que parece uma regularidade improvável, suas origens remontam ao século XVII, quando a Guerra dos Trinta Anos dividiu a província. Na reestruturação da indústria no século passado, após as duas guerras mundiais, essas famílias agruparam produtores menores em torno de si, em um padrão peculiar consistindo de seu próprio domaine mais uma empresa de vinificação e comercialização. Elas fecham um acordo para comprar as uvas de pequenos produtores e fabricar seus vinhos – e, na maioria das vezes, usam os vinhos produzidos com uvas de seu próprio domaine como a linha de qualidade superior. A alternativa do pequeno produtor a um contrato com um produtor-négociant (ou apenas négociant) é entrar para a cooperativa local. A Alsácia estabeleceu o primeiro grupo na França, na virada do século, e hoje tem um dos movimentos de cooperativas vinícolas mais fortes do mundo. Seus padrões podem ser extremamente elevados, e elas costumam oferecer as melhores oportunidades de negócio da região. No entanto, assim como em outros lugares da França, cada vez mais produtores estão engarrafando seus próprios vinhos.

Principais produtores da Alsácia

Domaine Agapé ☆–☆☆
Riquewihr. 9 ha. www.alsace-agape.fr
Vincent Sipp montou sua própria vinícola em 2007, e oferece uma gama completa de vinhos frutados de acidez bem equilibrada, sendo os melhores os *grands crus* Riesling.

Lucien Albrecht ☆☆
Orschwihr. 30 ha. www.lucien-albrecht.fr
Jean Albrecht é o principal proprietário do *grand cru* Pfingstberg, do qual ele produz impressionantes Riesling, Pinot Gris e Gewurztraminer. Os vinhos mais básicos são bons e frutados, e sempre com preços justos.

VENDANGE TARDIVE

A colheita tardia, ou Vendange Tardive, é o meio pelo qual os viticultores da Alsácia vêm conquistando o prestígio que, até agora, tem sido monopolizado pelas regiões de Borgonha e Bordeaux. Verões e outonos quentes (1989, 1990, 1994, 1998, 2002 e 2005) fornecem índices de açúcar tão altos às uvas que a fermentação pode cessar quando ainda resta doçura natural considerável. Os vinhos atingem um nível alcoólico normalmente mais elevado que o de um alemão Auslese. A combinação resultante de força, doçura e sabor frutado e concentrado ainda é peculiar à Alsácia.

Os Hugel, de Riquewihr, contribuíram para criar aquela que se tornou a legislação da Vendange Tardive. Uvas muito maduras com concentração de açúcar excepcionalmente alta, em geral obtidas com a ajuda da podridão nobre, produzem vinhos de enorme vigor, que são classificados como Sélection de Grains Nobles (SGN).

Em 2001, as regras se tornaram mais estritas, e o potencial mínimo de álcool para cada variedade de uva foi elevado. Para a elaboração de um Vendange Tardive, a Muscat e a Riesling devem ser colhidas com um potencial alcoólico de, no mínimo, quatorze graus (antes eram 13,1), a Pinot Gris e a Gewurztraminer, no mínimo 15,3 graus (antes, 14,4). Para os SGNs, a Muscat e a Riesling devem ser colhidas com no mínimo 16,4 graus, e a Pinot Gris e a Gewurztraminer com no mínimo 18,2. Tais mudanças há muito se faziam necessárias. Com a redução das colheitas e o fenômeno do aquecimento global, não era difícil para os viticultores obter mostos com concentração elevada de açúcar. Em suma, eles estavam produzindo uma quantidade excessiva de Vendange Tardive e até mesmo de SGN. Os melhores viticultores sempre excederam os requisitos legais e focaram a qualidade; mas algumas cooperativas e casas de comércio simplesmente obedeciam a lei ao pé da letra e produziam vinhos que ficavam muito aquém dos padrões originalmente estabelecidos pelos Hugel e por outros.

Assim, é provável que os vinhos se tornem mais ricos e mais doces, e haverá um contraste maior entre um Pinot Gris *grand cru* e um Pinot Gris Vendange Tardive do futuro. Será uma pena se os viticultores levarem sua paixão por colheita tardia a ponto de seus vinhos secos se tornarem os segundos melhores.

Placa de vinicultor, Ribbeauville, Alsácia.

ALSÁCIA | **FRANÇA** | 179

Jean Becker ☆–☆☆
Zellenberg. 18 ha.
Os Becker são comerciantes e produtores em Riquewihr desde 1618. Um quarto de seus vinhedos é *grand cru* (Froehn, em Zellenberg, e Sonnenglanz, em Beblenheim), com outros vinhedos em Riquewihr, Ribbeauville e Hunnawihr. Os Becker parecem ter um talento especial para o excelente Gewurztraminer.

Léon Beyer ☆☆–☆☆☆
Eguisheim. 21 ha. www.leonbeyer.fr
Empresa familiar fundada em 1867, embora o Beyer produza vinho na Alsácia desde 1580. Suas videiras ficam todas em Eguisheim. Os melhores vinhos da Beyer são encorpados, poderosos e secos, claramente concebidos para acompanhar a comida, e muitas vezes vistos nos melhores restaurantes da França. Seus vinhos mais finos são engarrafados sob o rótulo Cuvée des Comtes d'Eguisheim, e envelhecem muito bem.

Domaine Paul Blanck & Fils ☆☆☆
Kientzheim. 38 ha. www.blanck.com
Uma propriedade de qualidade superior fundada em 1922. Possui terras nos *grands crus* Furstentum, Schlossberg – do qual os Blanck constam como proprietários desde 1620 –, Winneck-Schlossberg, Sommerberg e Mambourg. De cultura praticamente orgânica, todas as uvas são colhidas à mão. A fermentação é em aço inoxidável e a temperatura controlada, com resultados esplêndidos. Furstentum tende a dar os vinhos mais ricos, e muitos deles contêm açúcar residual. Schlossberg, ao contrário, tem um caráter mais mineral, e o gosto geralmente é mais seco. Todos os vinhos Blanck são muito bem feitos.

Léon Boesch ☆–☆☆
Westhalten. 13 ha. www.domaine-boesch.com
O jovem Mathieu Boesch administra esta propriedade orgânica; seu único *grand cru*, e fonte dos melhores vinhos, é Zinnkoepfle. O Riesling é honesto, e o Gewurztraminer pode ser excepcional.

Bott-Geyl ☆☆
Beblenheim. 14 ha. www.bott-geyl.com
Esta propriedade biodinâmica é dirigida por Jean-Christophe Bott e produz uma boa gama de vinhos ricos, ultramaduros e picantes, embora ocasionalmente flácidos, de todas as principais variedades. As terras *grand cru* aqui são Furstentum e Sonnenglanz, que proporcionam um Pinot Gris muito exótico.

Albert Boxler ☆☆–☆☆☆
Niedermorschwihr. 13 ha.
A menina dos olhos de Jean Boxler são os *grands crus* Sommerberg e Brand, dos quais ele produz principalmente Rieslings, de grande complexidade e *finesse*. De forma um tanto confusa, ele costuma engarrafar separadamente diferentes áreas de Sommerberg para mostrar a característica do *terroir* dentro do *grand cru*.

Ernest Burn ☆☆–☆☆☆
Gueberschwihr. 10 ha. www.domaine-burn.fr
Francis e Joseph Burn administram esta excelente propriedade. Metade dos vinhedos está em Clos Saint-Imer, no *grand cru* Goldert, que pertence à família desde 1934. O Pinot Gris pode ser notável, com abundância de especiarias e mel, mas nunca em excesso; e o Muscat do *clos* pode ser atipicamente elegante.

Cave de Cleebourg ☆
Cleebourg. Founded in 1946. 192 members with 180 ha. www.cave-cleebourg.com
Esta cooperativa se especializa em Pinots, principalmente Auxerrois, mas todas as outras variedades também são oferecidas.

Marcel Deiss ☆☆☆–☆☆☆☆
Bergheim. 27 ha. www.marceldeiss.com
Deiss é uma família de *vignerons* na Alsácia desde 1744, e fundou o atual domaine em 1949. Suas melhores terras incluem 2,5 hectares do *grand cru* Altenberg, em Bergheim, e terrenos nos *grands crus* Schoenenbourg e, desde 1998, Mambourg. Desde 1998, a propriedade tornou-se totalmente biodinâmica.

Jean-Michel Deiss está convencido de que seus vinhos devem, acima de tudo, refletir o *terroir*, que ele considera muito mais importante do que o mero caráter varietal. Assim, seus melhores vinhos são de fato misturas, ignorando as práticas costumeiras da Alsácia. O baixo rendimento e a colheita tardia significam, porém, que muitos de seus vinhos são marcadamente doces – até demais para alguns degustadores.

Dirler-Cadé ☆☆–☆☆☆
Bergholz. 18 ha.
Bem como com Schlumberger (ver p. 182), uma das melhores propriedades (biodinâmica desde 1998) do sul da Alsácia, com terras nos *grands crus* Saering, Spiegel, Kitterlé e Kessler. Jean Dirler elabora vinhos varietais de todos eles, tornando possível comparar suas diferentes características. São vinhos muito respeitáveis, essencialmente secos, calorosos e concentrados.

Dopff & Irion ☆
Riquewihr. 32 ha. www.dopff-irion.com
Um dos maiores produtores e comerciantes da Alsácia, mas hoje parte da cooperativa Pfaffenheim. Os melhores vinhos costumam ser os Riesling de Schoenenbourg e, em um estilo mais encorpado, Vorbourg.

Dopff au Moulin ☆
Riquewihr. 76 ha. www.dopff-au-moulin.fr
Uma empresa familiar cujas origens remontam ao século XVII, com terras em vinhedos importantes, principalmente Schoenenbourg, em Riquewihr, onde cultiva Riesling, e Eichberg, em Turckheim, com uvas Gewurztraminer. A Pinot Blanc é cultivada perto de Colmar especificamente para a elaboração do Crémant d'Alsace, na qual Dopff foi pioneiro em 1900. O crémant continua sendo a especialidade da casa. O Riesling de Schoenenbourg pode ser excelente, mas a qualidade geral é irregular.

Caves d'Eguisheim ☆
Eguisheim. Fundada em 1902. 750 membros, com 1.350 ha. www.wolfberger.com
A maior cooperativa da Alsácia vende seus vinhos sob a marca Wolfberger. Confiáveis mas não inspiradores.

Paul Ginglinger ☆☆
Eguisheim. 12 ha. www.paul-ginglinger.fr
O filho de Paul, Michel, com experiência na África do Sul e na Austrália, manteve o foco do domaine em vinhos saborosos e incisivos de cultivos com maioria de videiras antigas.

Willy Gisselbrecht
Dambach. 17 ha. www.vins-gisselbrecht.com
Especializada em Riesling, esta empresa familiar de comerciantes produz ainda uma gama completa de vinhos confiáveis, embora não cheguem a ser excepcionais.

FRANÇA | ALSÁCIA

Rémy Gresser ☆☆
Andlau. 10 ha. www.gresser.fr
As Riesling de três *grands crus* (Moenchberg, Kastelberg, Wiebelsberg) dominam esta propriedade biodinâmica. O Kastelberg é geralmente o mais complexo, mas todos os vinhos são bem elaborados.

Hugel & Fils ☆–☆☆☆
Riquewihr. 126 ha. www.hugel.fr
O rótulo mais conhecido da Alsácia no mundo anglo-saxão. Uma família que combina, desde 1639, a produção e a comercialização de uvas, cujos melhores vinhos provêm de seus vinhedos em Riquewihr, principalmente os *grands crus* Schoenenbourg e Sporen. Os Hugel, no entanto, não rotulam nenhum de seus vinhos como *grands crus*. O estilo da casa é cheio, redondo e flexível; e – ainda que, em comparação com outros vinhos, não deixe transparecer – é fermentado seco. Os Hugel são pioneiros em vinhos de colheita tardia, que ganharam reconhecimento internacional pela primeira vez em 1976.

Em ordem crescente de qualidade para os Riesling, os Gewurztraminer e outros estão: Tradição, Regular, Jubileu, Vendange Tardive e, em certos anos, SGN. Para os vinhos de corte, produzidos com uvas compradas, Hugel utiliza nomes registrados como Fleur d'Alsace e Gentil d'Alsace, que é um revival do corte tradicional Edelzwicker, elaborado com uvas de qualidade. A empresa produz cerca de 100 mil caixas por ano.

Cave Vinicole de Hunawihr ☆
Hunawihr. Fundada em 1954. 110 membros, com 200 ha, incluindo 10 ha de *grands crus*. www.cave-hunawihr.com
Especialidades: Riesling e Gewurztraminer do *lieu-dit* Muehlforst, do qual a casa, especialmente, se orgulha, e os Rieslings *grand cru* de Schoenenbourg e Rosacker.

Josmeyer ☆☆
Wintzenheim. 25 ha. www.josmeyer.com
Produtor e négociant desde 1854, com vinhedos em Wintzenheim e Turkheim (incluindo cinco hectares dos *grands crus* Hengst e Brand), cultivados de forma biodinâmica. Os Gewurztraminer cheios de sabor e os Riesling vigorosos são particularmente bem-sucedidos, mas esta casa é mais conhecida por sua grande variedade de uvas, incluindo Pinot Blanc, esta sem chaptalização, para produzir um vinho leve e refrescante.

Cave de Kientzheim-Kaysersberg ☆–☆☆
Kientzheim. Fundada em 1955. 150 membros, com 180 ha, incluindo 20 ha de *grands crus*. 140 mil caixas. www.vinsalsacekaysersberg.com
As especialidades incluem crémant, Riesling Kaefferkopf, Gewurztraminer Altenberg e Riesling de Furstentum e Schlossberg.

André Kientzler ☆☆–☆☆☆
Ribeauvillé. 13 ha. www.vinskientzler.com
Quatro hectares se encontram nos *grands crus* de Geisberg,

UVAS DA ALSÁCIA

A área de uvas ocupadas é expressa como um percentual do total de vinhedos da Alsácia.
Auxerrois Esta uva é um membro da família Pinot, mas sua identidade precisa é desconhecida. Os vinhos feitos de Auxerrois são mais ricos e mais amplos que os de sua prima Pinot Blanc. A área plantada com Auxerrois na Alsácia não está especificada nas estatísticas oficiais, mas é menos de 1%.
Chasselas (9%) (Na Alemanha, Gutedel; na Suíça, Fendant.) Antigamente uma das uvas mais comuns, raramente – se é que alguma vez – nomeada em um rótulo, mas usada, por sua maciez, nos cortes cotidianos, inclusive no chamado Edelzwicker "nobre".
Clevner or Klevner Um nome local para a Pinot Blanc (ver neste boxe).
Gewurztraminer (18,6%) De longe, a mais facilmente reconhecida de todas as uvas da região, com especial aroma de especiarias e pronunciada acidez, que simbolizam o vinho da Alsácia. Aqui, os vinhos Gewurztraminer são, em sua maioria, meio doces e intensamente frutados, tendo, até mesmo, uma leve agressividade quando jovens. Com a idade, intensificam-se perfumes marcantes de pétalas de rosas e frutas cítricas, geralmente insinuando toranja e lichia. O Gewurztraminer de uma boa safra, quer seja elaborado seco ou no estilo doce da Vendange Tardive, é digno de uma guarda quase tão prolongada quanto a do Riesling. Os defeitos de um Gewurztraminer insatisfatório são a suavidade e a falta de

definição, ou então um peso embriagante e sem elegância. Em um conjunto de vinhos da Alsácia, o Gewurztraminer deve ser servido por último, após os Riesling e os Pinot.
Pinot Blanc (21,1%) Uma uva cada vez mais popular, que dá o mais leve dos vinhos "nobres"; simplesmente fresco e apetitoso, sem grande complexidade. Hoje vista como uma resposta da Alsácia à Chardonnay. É o vinho de base para a maioria dos Crémant d'Alsace.
Pinot Gris, antes Tokay d'Alsace (14,7%) Após a Riesling e a Gewurztraminer, potencialmente a terceira melhor uva da região. A Pinot Gris de primeira classe tem cheiro e sabor densos, fortes e intrigantes – o exato oposto da Pinot Blanc, fresca e frutada. É quase frustrante degustá-la, como se estivesse escondendo um sabor secreto que nunca se pode identificar exatamente. As Pinot Gris amadurecem de modo magnífico em vinhos amplos, ricos e voluptuosos, cujo único defeito é não ser refrescantes. Os cultivos têm aumentado em resposta à grande demanda. O nome Tokay foi reivindicado pela Hungria por seu nobre vinho doce. A grafia do vinho húngaro é Tokaji, mas a pronúncia é a mesma.
Pinot Noir (9,6%) Uma uva que é usada na elaboração de tintos e rosés na Alsácia, mas às vezes é necessário ler o rótulo para saber qual é qual. O mosto geralmente é aquecido para extrair cor, mas, no passado, o resultado raramente era mais do que um vinho leve, sem o sabor clássico de Pinot encontrado, por

exemplo, no Bouzy Rouge da Champagne. Um número cada vez maior de exemplares encorpados está surgindo, inclusive alguns vinhos concentrados envelhecidos em barricas.
Riesling (21,8%) A melhor uva vinífera da Alsácia, assim como da Alemanha, mas aqui interpretada de uma forma totalmente distinta. Os Riesling são completamente amadurecidos e têm uma estrutura mais firme que os vinhos alemães. A secura e a intensidade de seu sabor frutado fazem que pareçam um tanto ásperos para algumas pessoas. De fato, eles variam de um leve refresco em certas safras aos mais aromáticos, confiáveis e longevos de todos os vinhos brancos. Nos últimos anos, tem havido uma tendência lamentável a deixar açúcar residual no Riesling, mas os melhores produtores, tais como Trimbach e Beyer, estão resistindo firmemente.
Muscat (2,3%) Até pouco tempo atrás, a Alsácia era a única região a usar uvas Muscat para fazer vinho branco. O aroma ainda é extremamente doce, mas o sabor é fresco e muito limpo, às vezes com um toque de nozes. É leve o bastante para produzir um excelente vinho de aperitivo.
Sylvaner (9,3%) Pouco a pouco cede terreno à Pinot Noir e à Pinot Blanc, mas em sua melhor forma (no Mittelbergheim, por exemplo) dá um vinho elegante, levemente pétillant, com sabor um pouco vegetal, mas saboroso, que envelhece bem.

Osterberg e Kirchberg. Osterberg dá os Riesling mais secos e pungentes; os de Geisberg são mais ricos. O Auxerrois e o Chasselas deste domaine estão entre os melhores da Alsácia, sendo também de alta qualidade o Pinot Gris e o Muscat.

Marc Kreydenweiss ☆☆–☆☆☆
Andlau. 13 ha. www.kreydenweiss.com
De suas terras nos *grands crus* Wiebelsberg, Kastelberg e Moenchber, Kreydenweiss produz vinhos concentrados e magnificamente elaborados. Os Riesling de velhas videiras, nos terrenos íngremes de Kastelberg, são feitos para durar. De forma inusual, o domaine produz um Pinot Blanc de colheita tardia, oferecido sob o nome do vinhedo, Kritt, e um corte, Clos du Val d'Eleon, de 70% Riesling e 30% Pinot Gris. Nos anos 1980, os vinhos eram muito austeros, mas desde que Kreydenweiss adotou a viticultura biodinâmica, em 1989, eles ganharam em corpo, em parte porque alguns deles passam por fermentação malolática.

Kuentz-Bas ☆–☆☆☆
Husseren-les-Châteaux. 11 ha. www.kuentz-bas.fr
Empresa familiar de produtores e négociants, com vinhedos em Husseren, Eguisheim e Obermorschwihr. Possui terras nos *grands crus* Eichberg e Pfersigberg, em Eguisheim. Vinhos firmes, secos, bem equilibrados e elegantes, com excelente acidez; os Vendange Tardive são sublimes. Na Kuentz-Bas, os vinhos Vendange Tardive são rotulados como Cuvée Caroline, e os SGNs, como Cuvée Jeremy. Os rótulos Collection Rare são provenientes de videiras antigas e terrenos especiais que não são *grand cru*.

Seppi Landmann ☆☆
Soultzmatt. 8 ha. www.seppi-landmann.fr
A menina dos olhos desta pequena propriedade são os terrenos no *grand cru* Zinnkoepflé, que têm solos de calcário e dá vinhos que envelhecem muito bem. Landmann é um dos raros especialistas na subestimada Sylvaner, produzindo a variedade em todos os estilos concebíveis, com ou sem autorização legal.

Albert Mann ☆☆–☆☆☆
Wettolsheim. 22 ha. www.albertmann.com
Maurice e Jacky Barthelmé administram esta excelente propriedade, com vinhedos *grands crus* em Furstentum, Schlossberg e Altenberg. Eles se destacam com Vendange Tardive exuberantes, ultramaduros, e SGN de Gewurztraminer e de Pinot Gris e, às vezes, de Riesling. Nos últimos anos, a Pinot Noir, da qual fazem numerosos *cuvées*, também passou a fazer parte de suas especialidades.

Meyer-Fonné ☆☆
Katzenthal. 10 ha.
Riesling e Pinot Gris costumam ser os melhores vinhos produzidos na propriedade, em melhoria constante, de Felix Meyer. Os rótulos mais básicos são excelentes, mas os *grands crus* (Kaefferkopf, Winneck-Schlossberg) têm muito mais personalidade.

Muré ☆☆–☆☆☆
Rouffach. 22 ha. www.mure.com
Uma família de viticultores agora em sua décima segunda geração. O coração deste domaine orgânico é o monástico Clos Saint--Landelin, um terreno de quinze hectares no *grand cru*

Transportando a safra em Hunawihr.

Vorbourg, que os Muré compraram em 1935. O *clos* tem solo calcário, quente e pedregoso, e índice pluviométrico bastante baixo; seus rendimentos são mantidos muito baixos e os vinhos são cheios em caráter e redondos em estilo, concebidos como vinhos de guarda.

O Pinot Noir e o Muscat estão entre os mais complexos e encorpados da Alsácia; o Riesling e o Gewurztraminer são extremamente ricos, embora um pouco amplos. Como Jean-Michel Deiss (ver Marcel Deiss), René Muré acredita que o *terroir* importa mais do que a variedade da uva e, por isso, desde 1998 o domaine desenvolve um vinho de corte do clos. Vinhos elaborados com uvas compradas são engarrafados sob o rótulo Côte de Rouffach.

Domaine Ostertag ☆☆
Epfig. 14 ha.
Propriedade biodinâmica com dois hectares de terras no vinhedo *grand cru* Muenchberg (Riesling e Pinot Gris). A peculiaridade da propriedade é que alguns de seus Pinot Blanc e Gris são envelhecidos em barricas (algumas delas novas), desafiando a prática usual da Alsácia. Os resultados, como era de prever, se mostraram controversos, mas André Ostertag corajosamente se mantém firme. Outras especialidades são o *Sylvaner vieilles* vignes (videiras velhas) e o Riesling de Muenchberg.

Cave Vinicole de Pfaffenheim ☆–☆☆
Pfaffenheim. Fundada em 1957. 200 membros com 240 ha. www.pfaffenheim.com
As especialidades incluem Pinot Noir, Cuvée Rabelais Pinot Gris, Cuvée Lafayette Chasselas, e um Gewurztraminer do *grand cru* Goldert. Os vinhos são secos, com razoável concentração de taninos.

Cave Vinicole de Ribeauvillé ☆–☆☆
Ribeauvillé. Fundada em 1895. 40 membros com 262 ha. www.cave-ribeauville.com
A mais antiga cooperativa de produtores da França. Sua especialidades são o Le Clos du Zahnacker (um corte de Riesling, Gewurztraminer e Pinot Gris em iguais proporções), e Rieslings de Altenberg, Schlossberg e Osterberg.

Rolly Gassmann ☆
Fundada em 1676, esta propriedade tem a maioria de suas terras em Rorschwihr, e também algumas em Bergheim e Rodern.
Muitos dos vinhos são arredondados, com açúcar residual, até em excesso às vezes.

Martin Schaetzel ☆☆–☆☆☆
Ammerschwihr. 7,5 ha.
Uma bela propriedade, rica em *grands crus*, que encolheu em consequência do divórcio dos proprietários. O Riesling de Schlossberg e o Gewurztraminer de Kaefferkopf são excelentes, mas o vinho mais imponente é o Riesling de Rangen.

Domaines Schlumberger ☆–☆☆☆
Guebwiller. 140 ha. www.domaines-schlumberger.com
O maior domaine da Alsácia, familiar, com vinhedos em Guebwiller e Rouffach no extremo sul da região. Metade da propriedade é de vinhedos *grand crus*: Kitterlé, Saering e Kessler. O clima quente de Guebwiller, o solo arenoso, e os locais abrigados, aliados a métodos antigos, cultivos relativamente pequenos e envelhecimento em madeira, produzem alguns dos vinhos Schlumberger mais ricos e mais redondos da Alsácia, com seus inconfundíveis sabores doces e terrosos.

Os melhores são do vinhedo Kitterlé e compensam vários anos de envelhecimento em garrafa. Os rótulos Vendange Tardive e SGN são chamados Anne, Christine e Clarice, em homenagem a vários membros da família, e estão entre os exemplos mais refinados desses estilos na Alsácia.

Schoffit ☆☆☆
Colmar. 16 ha.
O terreno mais importante de Bernard Schoffit é o Clos Saint-Théobald, no *grand cru* Rangen, em Thann. Os vinhos são ricos e sedosos e, em razão dos níveis altos de maturação dos terrenos mais favorecidos, às vezes contêm açúcar residual. Riesling incrível de Rangen, Chasselas de velhas videiras, e Pinot Gris picante e concentrado, de excepcional persistência. Feito de Gewurztraminer e Pinot Gris, o Sélection de Grains Nobles, também de Rangen, é deslumbrante, e muito caro.

Bruno Sorg ☆☆
Eguisheim. 10 ha. www.domaine-bruno-sorg.com
François Sorg é um produtor exemplar, que se esforça para alcançar um equilíbrio ideal entre maturação e níveis de álcool sensatos. Os vinhos básicos, tais como Sylvaner e Muscat, são deliciosos, mas, previsivelmente, os vinhos mais nobres são os Riesling e os Pinot Gris dos *grands crus* Florimont e Pfersigberg.

Spielmann ☆–☆☆
Bergheim. 8 ha. www.sylviespielmann.com
Sylvie Spielmann trabalhou na Borgonha, na Califórnia e na Austrália antes de retornar para a propriedade da família em

---

GUERRAS DE ESTILO

Há algumas décadas, era possível ter certeza de que um Riesling da Alsácia teria gosto seco. Este já não é mais o caso. É bem comum que muitos Riesling, especialmente de *grands crus*, tenham um pouco de açúcar residual e sabor marcadamente doce. *Grands crus* como o Altenberg em Bergheim facilmente sucumbem à *botrytis* e, por isso, é difícil evitar o açúcar residual; outros lugares, tais como Schlossberg, tendem a produzir Riesling que fermentam até a completa secura.

Infelizmente, é raro que haja alguma informação no rótulo para guiar o consumidor. As autoridades recomendam que os produtores indiquem no rótulo os níveis de açúcar em uma escala de um a dez, mas poucos lhes dão ouvidos. Os viticultores explicam que, com rendimentos reduzidos e outonos quentes e longos, as uvas atingem níveis excepcionais de maturação, de modo que a fermentação é interrompida enquanto o vinho ainda contém açúcar não fermentado. O resultado: vinte

gramas de açúcar perceptível. Alguns produtores, notadamente Trimbach, interferem na vinificação para garantir que seus vinhos sejam completamente secos. Outros, tais como Zind-Humbrecht, Deiss ou Muré, preferem deixar a natureza atuar e viver com os resultados. A consequência é que muitos vinhos que são tecnicamente Vendange Tardive são hoje vendidos como Riesling regulares, mas sem explicar aos consumidores o estilo do vinho dentro da garrafa.

Bergheim, em 1988. O Pinot Gris de Blosenberg é exuberante e o Riesling do *grand cru* Kanzlerberg, refinado.

Marc Tempé ☆–☆☆
Zellenberg. 8 ha.
A primeira safra aqui foi em 1995, e a propriedade se tornou biodinâmica no ano seguinte. Todos os vinhos são vinificados em barris, e a maioria deles permanece na borra, sem decantação, por até dois anos. Tempé, um ex-técnico do Institut National des Appellations d'Origine (INAO), tornou-se um produtor moderno, mas seus vinhos são irregulares.

F E Trimbach ☆☆☆–☆☆☆☆
Ribeauvillé. 25 ha. www.maison-trimbach.fr
Histórico domaine e casa négociant familiar (1626), com excelente reputação por seus vinhos secos particularmente sofisticados e picantes. Seu grande orgulho é o Hunawihr Riesling Clos Sainte--Hune, indiscutivelmente o melhor Riesling produzido na Alsácia. Infelizmente, eles não produzem mais do que 7 mil garrafas.

Uma degustação fascinante de safras antigas mostrou o seu melhor após cerca de sete anos. Cada variedade é feita na adega recentemente modernizada, em três níveis de qualidade: padrão (vintage), Réserve e Réserve Personnelle; este último sempre vindo de seus próprios vinhedos. O glorioso Riesling Cuvée Frédéric Émile provém de Osterberg e Eichberg, embora Trimbach não utilize o termo *grand cru* no rótulo. O Cuvée des Seigneurs de Ribeaupierre, de uvas Gewurztraminer, está no mesmo nível de qualidade.

Cave Vinicole de Turckheim ☆☆
Turckheim. 340 ha, incluindo 18 ha de *grands crus*.
www.cave-turckheim.com
Fundada em 1955, suas especialidades são o Gewurztraminer Baron de Turckheim, a linha varietal Terroirs d'Alsace, o Pinot Noir Fut de Chêne e o Crémant Meyerling. A cooperativa resiste à tentação de vinificar em grandes lotes, e produz muitos vinhos varietais de *lieux-dits* e *grands crus* específicos, dos quais o melhor é o Brand.

Domaine Weinbach ☆☆☆–☆☆☆☆
Kaysersberg. 28 ha. www.domaineweinbach.com
Um célebre domaine de uma terra anteriormente monástica, o Clos des Capucins, fundado em 1898. Hoje administrado pela viúva e filhas do falecido Théo Faller, que está enterrado sob suas vinhas. Laurence Faller é responsável pela vinificação, e Catherine cuida do *marketing*. A política da família é colher o mais tarde possível e se valer da maturidade plena para dar o máximo de caráter, estrutura, persistência no palato e potencial de guarda ao

vinho. Dez anos não é demais para os Riesling. O Réserve Particulière é a etiqueta padrão para o Riesling e o Gewurztraminer, e vários *cuvées* recebem o nome de um membro da família para dar destaque a colheitas seletas ou estilos especiais.

O Riesling do *grand cru* Schlossberg é frequentemente visto como o epítome da elegância. Não contente com o Vendange Tardive e o SGN em safras adequadas, o domaine, desde 1989, produz também um super-SGN chamado Quintessence, cuja uva é literalmente colhida baga por baga.

Domaine Zind-Humbrecht ☆☆☆☆
Turckheim. 40 ha. www.zind-humbrecht.fr
Os domaines dos Humbrecht de Gueberschwihr (desde 1620) e dos Zind de Wintzenheim se uniram em 1959. Léonard Humbrecht fazia Riesling maravilhosos até o início dos anos 1990, quando seu filho Olivier, um Master of Wine – título concedido pelo Institute of Masters of Wine, do Reino Unido –, assumiu a propriedade. Olivier é um fanático pela individualidade de cada vinhedo. Ele faz vinhos distintos de quatro vinhedos *grand cru*: Brand em Turckheim (Riesling opulento e às vezes exótico), Goldert em Gueberschwihr (Gewurztraminer encorpado), Hengst em Wintzenheim (vinho de guarda mais encorpado), e Rangen em Thann, onde seus quatro hectares Clos Saint-Urbain dão Riesling magníficos.

Mais de trinta vinhos são elaborados para capturar os melhores aspectos do *terroir*, todos com uvas provenientes de *lieux-dits* específicos, como Clos Windsbuhl e Clos Jebsal. Humbrecht insiste na maturação ideal e na fermentação natural em grandes tonéis. Consequentemente, alguns dos vinhos têm açúcar residual, mas muitas vezes possuem tanto poder e concentração que a doçura não é perceptível.

Valentin Zusslin
Orschwihr. 13 ha. www.zusslin.com
Riesling elegante e condimentado do *grand cru* Pfingstberg, mas *lieux-dits* como Clos Liebenberg e Bollenberg podem se aproximar em qualidade. Propriedade biodinâmica desde 1997.

DENOMINAÇÕES DA ALSÁCIA

O nome da uva, ou o termo "Edelzwicker", que significa um corte de uvas diferentes, costuma ser a palavra mais destacada nos rótulos da Alsácia. Hoje em dia, no entanto, Edelzwicker é cada vez menos encontrada: em parte, isso é resultado da tendência de maior qualidade; em parte porque, ao menos no exterior, nomes familiares de uva ajudam a vender.

Denominação Alsace (incluindo Crémant d'Alsace)
Vinho de qualquer variedade de uva permitida, com uma colheita máxima de 8 mil litros por hectare.

Denominação Alsace Grand Cru
Vinho de uma das variedades de uva nobre (Riesling, Gewurztraminer, Pinot Gris ou Muscat), cultivadas em um terreno *grand cru* designado, com rendimento máximo de 5,5 mil litros por hectare (mas com um Plafond Limite de Classement (PLC) –, ver glossário, que permite um máximo de 66!) e um potencial alcoólico natural de, no mínimo, dez para a Riesling e a Muscat, e doze para a Gewurztraminer e a Pinot Gris.

Vale do Rhône

No final dos anos 1980, depois de muitos anos praticamente ignorando o vale do Rhône e seus vinhos, a indústria do vinho começou a descobrir nele todos os tipos de virtudes. Mais, talvez, do que se revelou em uma análise desapaixonada. Os dois grandes vinhedos clássicos do norte do Rhône, Hermitage e Côte-Rôtie, cujas qualidades extraordinárias eram o segredo bem guardado de alguns poucos, foram "descobertos" por Robert Parker. Suas virtudes foram então imputadas a todos os tipos de vinhos do Rhône (tanto do sul como do norte) que mantinham com eles pouca ou nenhuma relação. Na década seguinte, uma grande quantidade daqueles que eram pouco mais do que vinhos de mesa extremamente alcoólicos atingiu os preços de Bordeaux, e até mais altos. É verdade que alguns tinham a escassez a seu favor: denominações inteiras, tais como Côte-Rôtie e Cornas mal chegam ao tamanho de um *cru classé* do Médoc. O lado positivo desse aumento nos preços é que ele facilitou o tão necessário investimento na região, sobretudo no norte do Rhône.

Mais exposição levou a mais oportunidades e ao questionamento das uvas comuns em uso e das produções extravagantes que os agricultores esperavam. Agora que o mundo voltou sua atenção para elas, as coisas estão muito melhores. Em sua melhor forma, as uvas são cultivadas em solos que exaltam suas qualidades, por homens de bom gosto, que têm plena consciência dos sabores que estão produzindo. Onde as batidas descrições de fragrâncias de trufas e bosques, violetas e framboesas costumavam ser mera ilusão, vinhos verdadeiramente vigorosos estão oferecendo ao mundo uma alternativa que vale a pena explorar. Os padrões estão se elevando rapidamente. É comum encontrar vinhos robustos, terrosos e agradavelmente calorosos – e, procurando, você encontrará ainda mais. Até mesmo solos de bosques repletos de trufas.

Norte do Rhône

A característica do norte do Rhône é a obstinação pertinaz: uma única uva tinta, a nobre Syrah, variedade extremamente tânica, com sabor frutado e concentrado, cultivada em encostas rochosas que precisam de terraços para segurar o solo. Alcança seu ápice em Côte-Rôtie.

Côte-Rôtie costumavam ser meros cem hectares de colina escalonada acima do vilarejo de Ampuis. Não sem controvérsia, a denominação de origem foi ampliada para incluir mais de cem hectares de terras do planalto atrás da côte. Côte-Rôtie significa "colina tostada"; duas seções da colina, uma com solo mais pálido (mais calcário), e outra com solo bem mais escuro, são conhecidas, respectivamente, como "Côte Blonde" e "Côte Brune". Seus vinhos costumam ser misturados por produtores que têm apenas alguns hectares no total. Há muito mais vinhos rotulados "côte" do que em teoria se pode produzir – alguns produtores parecem estar usando os termos *blonde* e *brune* como indicadores de estilos mais leves ou mais pesados, já que não há nenhuma restrição legal ao seu uso.

Aqui, a Syrah era cultivada e misturada com até 20% (mas normalmente menos e, às vezes, nada) de Viognier. A delicadeza que vem, em parte, dessa componente aromática, mas principalmente dos solos singulares ou do microclima mais frio da colina, faz do Côte-Rôtie o vinho mais elegante, embora não o mais potente. Esta

é a região mais setentrional em que a Syrah amadurece e, assim como ocorre com outras uvas em outras regiões, essa marginalidade dá vinhos complexos, nervosos e condimentados. Uma explicação para a presença da Viognier em alguns vinhedos aqui, além da probabilidade de que algumas videiras migraram da vizinha Condrieu, é que a uva branca costuma amadurecer até no mínimo treze graus de álcool em potencial, onde a Syrah geralmente se esforçava para ultrapassar os doze. Em suma, a Viognier fornece uma forma natural de chaptalização nas safras difíceis.

Entre dez e vinte anos de idade, o Côte-Rôtie fica mais próximo de um grande Bordeaux do que qualquer outro vinho francês, com um *bouquet* aberto, suave, frutado, talvez com notas de framboesas, que lembra o Médoc, mas com uma textura mais agradável. Entre as novas tendências está, talvez, maior ênfase em sabores de carvalho novo do que o vinho é capaz de tolerar.

Condrieu, onde a antes rara Viognier é usada na elaboração de vinhos brancos, fica a apenas 5 km depois de Ampuis, seguindo o curso do rio, na mesma margem direita voltada para o sul. A clonagem aprimorou muitíssimo esta uva temperamental, que hoje é muito mais confiável. Está, portanto, gozando de um renascimento no Rhône (e ganhando fama no sul da França, na Califórnia, na Austrália e em outras partes).

Saint-Joseph ocupa uma faixa de 50 km na mesma ribeira e em seu interior imediato, com alguns terrenos muito bons, mas nenhuma consistência. Em cerca de mil hectares, cultiva-se um pouco de Roussanne e Marsanne, além de Syrah. De fato, é permitido incluir até 15% de uvas brancas no vinho tinto, embora a maioria dos tintos de Saint-Joseph tenda a ser puro Syrah. Em 1992, a legislação mudou o território abrangido pela denominação de origem para forçar a uma mudança do planalto e do vale de volta às encostas – mas os viticultores têm até 2022 para se mudar! Um bom exemplar é um Syrah limpo, escuro e suficientemente frutado, sem a firmeza ou a complexidade do Hermitage: vinho para ser consumido em quatro ou cinco anos. Os vinhedos da metade sul da região tendem a dar vinhos mais picantes e estruturados do que os do norte.

Em geral, o mesmo é válido para o Crozes-Hermitage, a denominação de origem controlada que abrange a margem leste ao redor de Tain-l'Hermitage, sem a vantagem da grande massa vertical de granito para ajudar a tostar suas uvas. É a maior AOC do norte do Rhône, com 1.400 hectares sob cultivo de Syrah, e a mais barata, motivo pelo qual costuma ser o ponto de partida do consumidor para os vinhos do Rhône. Produtores como Jaboulet e Graillot mostraram o que pode ser alcançado aqui.

Poucos vinhedos famosos são tão consistentes quanto o Hermitage. Toda a sua superfície de 130 hectares está voltada para o sul, a um ângulo que maximiza o calor proporcionado pelo sol. Quatro quintos são plantados com Syrah e o restante com duas uvas brancas, Roussanne e Marsanne, que produzem um vinho tão esplêndido quanto o tinto. Há um século, o Hermitage branco (na época, puro Roussanne) era considerado o melhor e mais longevo vinho branco da França, mantendo suas qualidades, segundo registros, "por muito mais tempo que o tinto – até mesmo por um século". Já é surpreendente encontrar um vinho branco de baixa acidez com boa guarda. Mas, aos dez anos (uma boa idade para os produzidos atualmente), tem uma combinação impressionante de amplitude e complexidade com um delicado e intrigante sabor limonado.

Saint-Joseph e Crozes-Hermitage, coincidentemente, também fazem vinhos brancos que podem ser excelentes, embora não tenham a longevidade do Hermitage branco. O Hermitage tinto tem o ataque mais franco, direto e certeiro de todos os vinhos do Rhône. Jovem, é muito escuro, com tons violáceos, muitas vezes simplificado pelas fragrâncias de carvalho novo, extremamente frutado, quase doce, sob um véu de tanino, e leva anos para perder sua opacidade. Muitas pessoas o desfrutam nesse estado – pelo menos, é o que parece, porque as garrafas maduras são raras.

Com Cornas, concluímos as denominações do norte do Rhône para vinhos tintos, com uma espécie de primo do Hermitage – outro vinho escuro de Syrah, de um vigor másculo que só é capaz de agradar a paladares exigentes depois de anos em garrafa. Atualmente, apenas 110 hectares são cultivados, quase todos nas encostas íngremes atrás do vilarejo. Ao sul de Cornas, a denominação Saint-Péray é surpreendente para um vinho espumante *méthode traditionnelle*, feito de uvas Marsanne e Roussanne, do qual – conquanto você esqueça o requinte do Champagne ou dos crémants do norte da França – há muito a ser dito. É um espumante resistente e de textura quase pegajosa, mesmo quando é seco. Com a idade, manifesta um sabor muito agradável com um toque de nozes. Há também um Saint-Péray tranquilo.

Principais produtores do norte do Rhône

Thierry Allemand ☆☆–☆☆☆
Cornas. 3,5 ha.
O melhor vinho de Allemand é o Cuvée Reynard, feito de videiras de mais de trinta anos. Pequena produção, alta qualidade.

Gilles Barge ☆☆
Ampuis. 7 ha.
Um produtor vanguardista de um elegante Côte-Rôtie e um pouco de Condrieu. Vinhos bons, às vezes excelentes, que requerem dez anos ou mais em garrafa. A qualidade vem melhorando continuamente, e os vinhos estão se tornando mais sofisticados. O vinho superior é seu Cuvée du Plessy.

Bernard Burgaud ☆☆☆
Ampuis. 4 ha.
Burgaud, um vinicultor franco e direto, acredita em vinhos robustos e bem estruturados, desprezando a inclusão de Viognier e a mania de vários cuvées. Ele usa 20% de carvalho novo a cada ano, e os vinhos não são refinados, nem filtrados. Qualidade impecável.

Caves de Tain-l'Hermitage ☆–☆☆☆
Tain-l'Hermitage. 1.120 ha.
www.cavedetain.com
Uma cooperativa muito grande, mas de alta qualidade, que oferece os excelentes Crozes-Hermitage, Hermitage, Saint-Joseph e Cornas. Em 2001, um novo diretor ordenou enormes investimentos no lagar para melhorar ainda mais a qualidade. Alguns dos *cuvées* superiores, como o Crozes Les Hauts de Fief e o Hermitage Gombert de Loche, estão entre os melhores em suas denominações.

Emile Champet ☆–☆☆
Ampuis. 2 ha.
Uma propriedade antiquada que produz um Côte-Rôtie um pouco fora de moda, tânico e muitas vezes rústico.

Chapoutier ☆☆–☆☆☆☆
Tain l'Hermitage. 300 ha (85 ha in Northern Rhône).
www.chapoutier.com
Fundado em 1808, este é um dos nomes mais ilustres do Rhône, tanto como produtor quanto como négociant. É o maior proprietário de Hermitage, com 35 hectares, e possui terras significativas em Côte-Rôtie, Crozes-Ermidas, Saint-Joseph e Châteauneauf-du-Pape.

Quando Michel Chapoutier assumiu a empresa da família no final dos anos 1980, ele refutou, com audácia, os hábitos de décadas. Barris velhos de castanheiro foram substituídos por barricas; os rendimentos foram reduzidos de forma tão drástica que a produção caiu mais da metade. Grande parte do domaine foi convertida para a viticultura biodinâmica. Novos *cuvées* de luxo foram introduzidos em cada denominação, mantendo as marcas pelas quais Chapoutier era mais conhecido, como Crozes Meysonniers e o branco Hermitage Chante Alouette.

Enquanto todas essas mudanças ocorriam em casa, Chapoutier comprava e remodelava propriedades na Provença, em Roussillon e na Austrália. Alguns dos avanços em Chapoutier foram controversos, mas é impossível questionar a dedicação à qualidade, a atenção meticulosa ao *terroir* e o *marketing* brilhante da casa, que estivera descansando sobre os louros por tempo demais.

Gérard Chave ☆☆☆☆
Mauves. 20 ha.
Em 1981, Gérard Chave comemorou quinhentos anos de sucessão direta em Hermitage, hoje nas mãos da geração seguinte – seu talentoso filho Jean-Louis. Os Chave tintos e brancos estão entre os melhores e mais longevos vinhos da França, compostos de uvas de sete *terroirs* diferentes em Hermitage, de modo que cada safra exige uma mistura cuidadosa para alcançar os melhores resultados. Na década de 1980, um *cuvée* especial foi introduzido, o Cuvée Cathelin, mas o Hermitage "padrão" é tão requintado que raramente vale a pena pagar a considerável diferença pelo Cathelin. Há também modesta produção de um Saint-Joseph, mais acessível. J. L. Selections é sua pequena empresa négociant.

Auguste Clape ☆☆–☆☆☆
Cornas. 7 ha.
O Pierre-Marie Clape Cornas é de cor púrpura muito escura, quase preta, e intensamente tânico. As técnicas são muito tradicionais: envelhecimento em velhos barris, sem refinação e sem filtragem. Os vinhos são muito longevos. Também há um Côtes du Rhône que é um excelente negócio; um puro Syrah, proveniente de videiras situadas logo após os limites da denominação; e um puro Marsanne Saint-Péray.

Clusel-Roch ☆☆
Verenay, Ampuis. 5 ha.
www.domaine-clusel-roch.fr
Esta excelente propriedade tem três *cuvées* de Côte-Rôtie, dos quais o melhor é o Les Grandes Places. Não há exagero aqui: sem álcool excessivo, sem abuso de carvalho novo. Os vinhos são tânicos, equilibrados e elegantes.

Vinhedo Chapoutier, abaixo da capela na colina de Hermitage.

FRANÇA | VALE DO RHÔNE | NORTE DO RHÔNE

Domaine du Colombier ☆☆
Mercurol. 15 ha.
Florent Viale faz vinhos deliciosos com uvas de velhos terrenos de videiras em Crozes-Hermitage. O *cuvée* superior é o Gaby, envelhecido em velhos barris de quinhentos litros. São vinhos bastante tânicos, que lembram carnes de caça e, com o tempo, adquirem mais complexidade; e o branco é exótico e com notas de pêssego. Há também uma pequena quantidade de Hermitage.

Jean-Luc Colombo ☆☆–☆☆☆
Cornas. 110 ha. www.vinsjlcolombo.com
Um enólogo consultor de muitos grandes nomes no sul da França, o apaixonado Jean-Luc Colombo faz Cornas robustos, com notas de ameixa, produzidos para longa guarda (Les Ruchets é o *cuvée* superior), de seu próprio domaine. Sob seu rótulo négociant, ele produz uma gama de vinhos interessantes de todas as denominações do norte do Rhône, incluindo o Hermitage, bem como Côtes du Rhône, e vinhos de um domaine perto de Marselha chamado Côte Bleue. Todos os seus vinhos têm certas características em comum: maturação completa, desengaço total e uma generosa proporção de carvalho novo.

Domaine Combier ☆☆–☆☆☆
Pont de l'Isère. 20 ha.
Laurent Combier é também produtor de frutas e são elas a marca registrada de seus Crozes-Hermitage, tintos e brancos. O *cuvée* superior é o Clos des Grives, que revela maravilhosamente a pura fruta Syrah e é um dos mais hedonistas de todos os vinhos Crozes-Hermitage. O branco Clos des Grives é feito à base de Roussanne e é atipicamente picante.

Courbis ☆☆–☆☆☆
Châteaubourg. 32 ha. www.vins-courbis-rhone.com
Esta propriedade respeitável vinifica separadamente, e de modo meticuloso, as uvas de seus terrenos em Saint-Joseph e Cornas. Dominique Courbis consegue dar a seus vinhos densidade e poder consideráveis, sem perda de requinte. O rótulo superior, de Saint-Joseph, é Les Royes.

Pierre and Jérôme Coursodon ☆–☆☆
Mauves. 15 ha.
Propriedade familiar com videiras muito antigas nas melhores encostas de Saint-Joseph. Tanto os tintos quanto os brancos requerem envelhecimento. A chegada do jovem Jérôme Coursodon em 1998 deu à propriedade uma injeção de ânimo.

Yves Cuilleron ☆☆–☆☆☆
Chavanay. 46 ha. www.cuilleron.com
Desde que Yves assumiu o domaine de seu pai em 1986, ele fez melhorias espetaculares. Melhores práticas de cultivo, colheita seletiva e vinificação cuidadosa resultaram em Condrieus sublimes – particularmente seu raro Ayguets, de colheita tardia. Ele também faz três *cuvée* de Saint-Joseph, dos quais o mais intenso é o Les Serines, que provém de videiras de sessenta anos de idade, e uma pequena quantidade de Côte-Rôtie. Nos últimos anos, Cuilleron ampliou consideravelmente sua propriedade, sem deixar cair a qualidade.

Delas Frères ☆–☆☆☆
St-Jean-de-Muzols. 30 ha. www.delas.com
Casa produtora e négociant consolidada, hoje nas mãos da Deutz Champagne (de Louis Roederer). Tem dez hectares em Hermitage (uvas tintas e brancas), e compra de produtores na maioria das denominações. A mudança de propriedade revitalizou a empresa, e novas ideias, com novos investimentos, têm aumentado nitidamente a qualidade desde o fim dos anos 1990. Os vinhos tintos, em particular, tornaram-se deliciosamente frutados, sem perder sua capacidade de envelhecer e evoluir.

Ferraton ☆☆–☆☆☆
Tain l'Hermitage. 7 ha.
Quatro hectares de Hermitage, além de videiras em Crozes e Saint-Joseph, produzindo vinhos sólidos e tradicionais. O Hermitage tinto passa pelo menos dois anos em madeira. Há alguns anos, o domaine trabalha em estreita colaboração com Chapoutier (ver p. 185), adotando a viticultura biodinâmica e produzindo vinhos mais elegantes.

Pierre Gaillard ☆☆☆
Malleval. 21 ha.
Gaillard tem sede em Saint-Joseph, mas também possui terrenos em Côte-Rôtie e Condrieu. Faz vinhos excelentes, bastante amadeirados, de todas essas denominações. Ao vender a granel os vinhos que, segundo ele, não alcançaram o padrão, Gaillard mantém sempre elevado seu nível de qualidade.

Gerin ☆☆☆
Verenay, Ampuis. 10 ha. www.domaine-gerin.fr
Jean-Michel Gerin fundou seu domaine em 1990, e vai de vento em popa. São produzidos três *cuvées* de Côte-Rôtie, dois deles – o Les Grandes Places e o La Landonne – envelhecidos totalmente em carvalho novo. Vinhos modernos, pulcros, elegantes, no estilo Guigal, têm fregueses devotos. Seu Condrieu também pode ser excelente. Em 2002, Gerin iniciou um empreendimento conjunto em Priorat chamado Trio Infernal.

Alain Graillot ☆☆–☆☆☆
La Roche de Glun. 20 ha.
Poucos produtores do norte do Rhône são tão consistentes quanto Graillot, cujo Crozes-Hermitage (tinto e branco) rotineiramente estabelece um alto padrão. Os rendimentos são deliberadamente baixos e as uvas colhidas quando atingem a plena maturação para produzir vinhos brancos muito elegantes e tintos que se beneficiam de algum envelhecimento em garrafa, em especial o *cuvée* tinto superior La Guiraude. Também são produzidas pequenas quantidades de Saint-Joseph e Hermitage.

Château Grillet ☆☆–☆☆☆
Verin. 3,8 ha.
A menor propriedade na França com sua própria *appellation contrôlee*, pertencente à família Neyret-Gachet desde 1840. O vinhedo é composto por terraços perigosos formando um solário, 150 m acima da margem do Rhône. Cerca de 22 mil videiras Viognier rendem, em média, 800 caixas por ano de um vinho muito aromático, envelhecido em carvalho durante pelo menos dezoito meses. As opiniões estão divididas sobre se o envelhecimento de qualquer tipo melhora o vinho de Viognier, mas esta parece ser uma exceção. Por algum tempo, a reputação do Château Grillet oscilou, embora os preços tenham se mantido muito elevados. A qualidade certamente melhorou desde que o enólogo Denis Dubourdieu, de Bordeaux, foi contratado como consultor.

Bernard Gripa ☆–☆☆
Mauves. 14 ha.
Produtor tradicionalista de Saint-Joseph, parcialmente

fermentados com os engaços e envelhecidos em madeira durante um ano. Os vinhos resultantes são densos e bem estruturados. Seus brancos são 90% Marsanne.

Guigal ☆☆☆☆
Ampuis. 56 ha. www.guigal.com
Os Guigal são os principais produtores de Côte-Rôtie, que eles mesmos cultivam em vinte hectares, e também compram uvas de muitos outros pequenos produtores. Eles envelhecem em carvalho novo seus Côte-Rôties de vinhedo único durante três anos, evitando a refinação e a filtragem sempre que possível. O objetivo é um vinho de extrema longevidade. Desde 2003, os barris vêm de sua própria tanoaria.

O rótulo simples é o Côtes Brune et Blonde; além disso, são produzidos quatro *crus*: La Mouline, La Landonne, La Turque, e (desde 1995) Château d'Ampuis. Se o estilo amadeirado de Guigal é fiel à natureza e às tradições do Côte-Rôtie é uma questão sobre a qual eu penso diferente da maioria. Ele certamente atrai elogios extravagantes, demanda mundial e preços estonteantes. Em 1985, os Guigal compraram a empresa de Vidal-Fleury (ver p. 188) e, desde então, têm absorvido De Vallouit e Jean-Louis Grippat, incorporando à empresa os tão desejados terrenos de Saint-Joseph e Hermitage. Guigal também produz um Condrieu suntuoso e um Hermitage robusto, além de bons Gigondas e alguns dos melhores Côtes du Rhône.

Paul Jaboulet Aîné ☆☆–☆☆☆
Tain l'Hermitage. 100 ha. www.jaboulet.com
Após 170 anos de existência como uma importante família de produtores e négociants, a empresa foi vendida para o investidor suíço Jean-Jacques Frey, cuja filha Caroline é hoje responsável pelo processo de vinificação, assim como é encarregada em sua outra propriedade, Château la Lagune (ver p. 54), no Médoc. Em ambas as propriedades, ela é assessorada por seu ex-professor, Denis Dubourdieu. Poucos negariam que a qualidade caiu muito na década de 1990 e que a empresa precisava de uma injeção de ânimo. O domaine se dedica ao Hermitage e ao Crozes--Hermitage, e produz uma série de *cuvée* de cada um deles.

Em grandes colheitas, o Hermitage tinto La Chapelle é um dos melhores vinhos da França, envelhecendo 25 anos ou mais. O Hermitage branco Le Chevalier, de Sterimberg, também é memorável. O Crozes-Hermitage Domaine, de Thalabert, é fino como nenhum outro vinho da denominação; o mesmo é válido para o Crozes Mule Blanche branco.

Outros vinhos excelentes são o Saint-Joseph Le Grand Pompée, o Côte-Rôtie Les Jumelles, o Cornas Saint-Pierre, o Châteauneuf--du-Pape Les Cèdres e o Côtes du Rhône Parallèle 45, muito encorpado e frutado. No final da década de 1990, Jaboulet comprou o Domaine Roure, em Crozes, adquirindo, assim, algumas das melhores terras dessa denominação.

Joseph Jamet ☆☆☆
Ampuis. 7 ha.
Este domaine, dos irmãos Jean-Paul e Jean-Luc, é composto por 25 lotes separados em Côte-Rôtie. Seus vinhos exibem frutas delicadas e boa estrutura, mesmo nas safras difíceis. A qualidade, alta e consistente, tem aumentado muito nos últimos anos.

Robert Jasmin ☆☆
Ampuis. 5 ha.
Um nome famoso, apesar de uma pequena propriedade, com videiras que, em média, têm trinta anos de idade. Desde a morte de

Robert Jasmin em 1999, a propriedade é administrada pelo filho Patrick. Mantém um estilo muito tradicional de vinificação, adicionando 5% de Viognier à Syrah negra e descansando em velhos barris por um período de doze a dezoito meses. Os vinhos não são especialmente estruturados; costumam ser mais apreciados após cinco anos em garrafa.

Ogier ☆☆–☆☆☆
Ampuis. 11 ha.
Esta propriedade familiar em Côte-Rôtie é administrada com muita energia pelo jovem Stéphane Ogier. O rótulo simples é um vinho esplêndido, com notas de frutas vermelhas e alcaçuz. Envelhecido em carvalho novo, o *cuvée* superior Belle Hélène é muito mais robusto; se é melhor, é outra questão.

Vincent Paris ☆☆–☆☆☆
Cornas. 4 ha.
Paris é sobrinho de Robert Michel, cujos vinhos eram bem conhecidos nos anos 1980 e 1990. Em 2007, ele se aposentou, e Paris assumiu. As versões iniciais de seus dois *cuvées*, Granit 30 e Granit 60, foram muito impressionantes.

Pochon ☆☆
Château de Curson, Chanos-Curson. 15 ha.
Existem duas linhas de Crozes-Hermitage nesta propriedade muito confiável: o vinho regular, sob o rótulo Pochon, e as melhores seleções, sob o rótulo Château de Curson. O último é, sem dúvida, o vinho mais interessante, com atraente riqueza suculenta. Brancos deliciosos, com mais personalidade do que a maioria dos Crozes brancos.

Gilles Robin ☆☆
Mercurol. 11 ha.
Um astro em ascensão em Crozes-Hermitage, com sua primeira safra em 1996. Robin quer fazer vinhos da mesma forma que seu avô fazia: lavrar as vinhas, usar tratamentos mínimos e fermentações longas. Os resultados são vinhos suntuosos e frutados, com um toque característico de carne de caça proporcionado pela Syrah.

René Rostaing ☆☆☆
Ampuis. 8 ha.
Uma propriedade excelente com alguns dos melhores vinhedos em Côte-Rôtie (La Viallière, La Landonne). René Rostaing produz vinhos elegantes e de cor intensa, como fizeram seu sogro (Albert Dervieux-Thaize) e seu tio (Marius Gentaz-Dervieux), que, ao se aposentarem – em 1990 e 1993, respectivamente –, deixaram a ele o cuidado de principais vinhedos. Condrieu de primeira linha.

Marc Sorrel ☆☆–☆☆☆
Tain l'Hermitage. 4 ha. www.marcsorrel.com
O branco Hermitage Les Rocoules e o tinto *cuvée* superior Hermitage Le Gréal, de Marc Sorrel, costumam estar entre os melhores e mais longevos da comuna. O Crozes-Hermitage é mais modesto.

Georges Vernay ☆☆☆
Condrieu. 16 ha. www.georges-vernay.fr
A principal figura em Condrieu, com vinhedos plantados principalmente em terraços abandonados recuperados. Seu vinho é engarrafado na primeira primavera (ou mesmo no inverno) após a safra, para lograr frescor – e porque a procura é maior do que a oferta. Uma pequena quantidade, das videiras mais antigas, passa

mais tempo em madeira e se torna Les Terrasses de l'Empire, Coteau de Vernon e Chaillées de l'Enfer, vinhos distintamente superiores. Ele também possui dois hectares de Côte-Rôtie e pequenos vinhedos em Saint-Joseph e Côtes du Rhône. Há dois vinhos Côte-Rôtie: o rótulo simples e o Cuvée Maison Rouge, que é amadeirado e apimentado. Desde 1997, a propriedade é dirigida por sua filha Christine.

J. Vidal-Fleury ☆–☆☆
Ampuis. 12 ha.
O mais antigo (fundado em 1781) e maior domaine dos terraços de Côte-Rôtie, comprado em 1985 pela família Guigal (ver p. 187), mas administrado de forma independente. A linha é forte em vinhos do sul do Rhône, embora o Côte-Rôtie esteja longe de ser desprezível.

François Villard ☆☆–☆☆☆
St-Michel-sur-Rhône. 25 ha.
Este ex-*chef* tem causado tumulto com seus vinhos opulentos de Condrieu, Saint-Joseph tintos e brancos, e dois Côte-Rôties, incluindo o La Brocarde, às vezes espetacular. Ele seguiu a tendência de produzir Condrieu de colheita tardia e sua versão impressionante é chamada Quintessence. Também é sócio da Vins de Vienne (ver próximo verbete).

Vins de Vienne ☆☆–☆☆☆
Seyssuel. 25 ha.
Um empreendimento conjunto entre três produtores de Saint--Joseph: François Villard, Yves Cuilleron e Pierre Gaillard (ver p. 186). Essencialmente uma empresa négociant, mas eles também plantaram vinhedos perto de Vienne, com Syrah e Viognier. Os vinhos, feitos pela primeira vez em 1999, provêm da maioria das principais denominações do Rhône, e são amadeirados e caros.

Alain Voge ☆–☆☆
Cornas. 7 ha.
A família Voge, em sua quarta geração, produz Cornas vinificado pelo modo tradicional e espumantes Saint-Péray pelo clássico.

Outros produtores do norte do Rhône

Franck Balthazar ☆☆
Cornas. 4 ha.
Videiras muito antigas, com vinificação e guarda tradicionais, em grandes barris, resultam em Cornas de densidade e impulso.

Albert Belle ☆☆
Larnage. 24 ha.
Philippe Belle é um produtor responsável de Crozes-Hermitage e Saint-Joseph que também elabora pequeníssima quantidade de Hermitage tinto.

Bonnefond ☆☆
Ampuis. 7 ha.
Patrick e Christophe Bonnefond só começaram a engarrafar Côte--Rôtie e Condrieu nos anos 1990 – e, com eles, conquistaram excelente reputação.

J. F. Chaboud ☆
St-Péray. 13 ha
Quase toda a produção aqui é de Saint-Péray, elaborada pelo método clássico.

Yann Chave ☆☆
Mercurol. 16 ha.
Um confiável produtor de Crozes-Hermitage tinto com notas de ameixa, e um branco de uvas ultramaduras. Vinhos muito bons, de estilo moderno.

Collonge ☆
Mercurol. 30 ha.
Antigamente, um produtor confiável de Crozes-Hermitage e Saint-Joseph, tintos e brancos. Foi comprado, em 2006, por Philippe e Vincent Jaboulet.

Domaine de la Côte Ste-Epine ☆–☆☆
St Jean de Muzols. 6 ha.
As uvas destas videiras muito antigas de Saint-Joseph costumavam ser vendidas a Guigal, mas há alguns anos o domaine lançou seus próprios vinhos, tanto tintos quanto brancos. Esta é uma propriedade em ascensão.

Duclaux ☆☆
Tupin-et-Semons. 5,5 ha.
www.coterotie-duclaux.com
Os irmãos Benjamin e David Duclaux assumiram o domaine da família em Côte Blonde e estão produzindo vinhos requintados sem recorrer muito a carvalho novo.

Durand ☆–☆☆
Châteaubourg. 12 ha.
Os irmãos Eric e Joël ganharam reputação não só pelo Saint--Joseph como também pelo Cornas, do qual eles produzem três *cuvées*.

Domaine des Entrefaux ☆–☆☆
Chanos-Curson. 26 ha.
Alguns anos atrás, disputas familiares turvaram as águas nesta propriedade Crozes-Hermitage. Hoje, porém, a estabilidade está de volta. O melhor vinho é o tinto Les Machonnières, com notas frutadas de amora.

Garon ☆☆
Ampuis. 2,5 ha.
Até 1995, os Garon vendiam suas uvas Côte-Rôtie para Guigal, mas atualmente produzem pequenas quantidades de um vinho brilhante, condimentado e com notas de ameixa.

Gonon ☆–☆☆
Mauves. 10 ha.
Pierre Gonon, agora com a ajuda do filho Pierre, fez progressos nesta propriedade em Saint-Joseph, e os vinhos ganharam em densidade.

Domaine des Hautes-Chassis ☆☆
La Roche de Glun. 14 ha.
Franck Faugier produz três cuvées de Crozes-Hermitage, dos quais o Galets e o Les Chassis são o melhores. Todos vinhos são muito bem feitos e têm preços razoáveis.

Lionnet ☆–☆☆
Cornas. 8 ha.
Jean Lionnet se aposentou em 2005, quando terminou seu contrato de locação no Domaine de Rochepertuis, seu carro-chefe. As videiras remanescentes são cultivadas e vinificadas por sua filha Corinne, e a primeira safra foi em 2003.

Niero-Pinchon ☆☆
Condrieu. 5 ha.
Uma pequena propriedade, da qual Robert Niero obtém dois rótulos de Condrieu e um de Côte-Rôtie.

André Perret ☆–☆☆
Chavanay. 11 ha.
Um produtor confiável de Saint-Joseph e de ricos *cuvées* de Condrieu.

Domaine des Remizières ☆–☆☆
Mercurol. 30 ha.
Domaine consolidado, pertencente à família Desmeure. Vários *cuvées* Crozes-Hermitage e Saint-Joseph, com certa rusticidade. Também produz um pouco de Hermitage.

Jean-Michel Stephan ☆☆–☆☆☆
Ampuis. 4,5 ha.
A primeira safra aqui foi em 1994, e hoje os pequenos terrenos com videiras Côte-Rôtie são cultivados biodinamicamente. O rótulo Vieilles Vignes inclui vinho de videiras centenárias.

Domaine du Tunnel ☆☆
St-Péray. 7 ha.
Stéphane Robert fundou esta propriedade em 1994 e fez um rápido progresso, especialmente com seu opulento Cornas.

Sul do Rhône

A denominação geral para a ampla gama de vinhedos do sul do Rhône é a Côtes du Rhône. Não é um título muito exigente – equivale à AOC Bordeaux Rouge. A área abrange um total de 49 mil hectares de vinhedos em 171 comunas ao norte de Avignon, esboçando um círculo em meio às colinas baixas ao redor do vasto Rhône. Só deixa de fora o solo aluvial em torno do próprio rio. Em ano regular, produz o dobro da quantidade de vinho produzida pelas denominações de Beaujolais – de fato, não muito menos que toda a área da Borgonha –, sendo 90% tintos e rosés.

Em tal oceano de vinhos há várias propriedades que determinam seus próprios padrões, e bons négociants escolhem bem e fazem bons cortes. O que se deve ter em mente é que a maioria dos Côtes du Rhône devem ser consumidos jovens, enquanto são razoavelmente frutados.

Côtes du Rhône-Villages é o círculo interior. Há mais de quarenta anos, os viticultores em duas comunas a leste do vale, Gigondas e Cairanne, e duas a oeste, Chusclan e Laudun, ambicionaram produzir vinhos de guarda mais fortes e concentrados, inspirando-se nos *crus* do sul do Rhône (base de Grenache mais Syrah, Mourvèdre e Cinsault). Limitando sua produção a 3,8 mil litros por hectare (mais PLC, como sempre; ver glossário) e amadurecendo suas uvas para chegar a doze graus de álcool, eles produziram vinhos melhores e obtiveram melhores preços.

Muitos de seus vizinhos os seguiram. Em 1967, a denominação Côtes du Rhône-Villages foi decretada para um grupo que hoje chega a dezoito comunas, totalizando 6.600 hectares. Para este grupo, o nome do vilarejo é permitido no rótulo, mas um total de 76 vilarejos, abrangendo 3 mil hectares, ainda tem o direito de usar Côtes du Rhône-Villages onde o vinho não provém exclusivamente do vilarejo nomeado. Gigondas, Vacqueyras, Beaumes-de-Venise, Vinsobres e Rasteau (para seus vinhos fortificados) têm *status* AOC, e parece provável que isso aconteça com outros no grupo conforme eles consolidam sua identidade e constroem seu mercado. Sem dúvida, Vacqueyras mereceu sua promoção a AOC. Como exemplo do estilo da área, poderia ser comparado com o Gigondas. Degustados juntos, o Gigondas é mais redondo e mais encorpado, com mais "recheio"; o Vacqueyras é mais "nervoso": áspero no início, mas depois revela um *bouquet* muito agradável, levemente terroso e com notas sutis de especiarias. Os vinhos dos melhores produtores tanto em Vacqueyras quanto em Gigondas são enfaticamente vinhos de guarda; aos cinco ou seis anos, eles ainda precisam ser decantados – ou guardados por outros três.

Há regiões remotas que pertencem administrativamente ao Rhône, embora algumas sejam um tanto distantes do vale propriamente dito. São elas: Coteaux du Tricastin, Côtes du Ventoux, Côtes du Vivarais, Côtes du Luberon e Costières de Nîmes. Muitas dessas regiões ficam em terras mais altas, e seus vinhos tendem a ser mais leves do que os musculosos Côtes du Rhône. Eles são discutidos em mais detalhes posteriormente neste capítulo, bem como os Châteauneuf-du-Pape, vinhos muito diferentes. Com a exceção do Costières de Nîmes, que, de todo modo, tem mais em comum com o Languedoc do que com o vale do Rhône, essas grandes denominações são dominadas por cooperativas, embora algumas propriedades tenham construído sua própria reputação ao produzir vinhos mais individuais e concentrados do que a norma medíocre.

Há uma pequena produção de vinhos fortificados nas Côtes du Rhône, dos quais, de longe, o mais conhecido é o delicioso Muscat de Beaumes-de-Venise, que é capaz de reter notável frescor e delicadeza apesar de sua elevada graduação alcoólica. O vinho, sobretudo alguns exemplares da cooperativa e de négociants tais como Jaboulet, foi muitíssimo popular nos anos 1980, mas a mania desapareceu misteriosamente, embora o vinho continue deleitável como sempre. Há também alguns excelentes vins doux naturels em Rasteau, com predominância de Grenache.

Principais produtores do sul do Rhône

Daniel & Denis Alary ☆☆
Cairanne. 25 St Péray
Aqui são feitos excelentes vinhos tintos, em especial o Cuvée Font d'Estévenas.

Pierre Amadieu ☆
Gigondas. 140 ha. www.pierre-amadieu.com
A maior propriedade da região, produzindo vinhos de uma variedade de denominações. O Gigondas Grande-Romane, a especialidade da casa, é um pouco tânico e apresenta notas de couro.

Domaine des Bernardins ☆
Beaumes-de-Venise. 22 ha.
Bom produtor de um Beaumes-de-Venise franco, mas o elegante Muscat é o vinho que vale a pena buscar aqui.

Domaine Brusset ☆☆
Cairanne. 86 ha. www.domainebrusset.fr
O Cuvée des Templiers de Daniel Brusset é um tradicional Cairanne e um dos melhores do vilarejo, feito apenas nas melhores safras. Esta propriedade também tem ótima reputação por seu Gigondas, especialmente Les Hauts de Montmirail, que é envelhecido, em parte, em barricas novas.

Domaine de Cabasse ☆☆
Séguret. 20 ha. www.domaine-de-cabasse.fr
Este domaine de proprietário suíço produz Gigondas modernos e sedosos e Côtes du Rhône Séguret. O rosé também é ótimo.

Cave de Cairanne ☆☆
Cairanne. 1.250 ha. www.cave-cairanne.fr
Fundada em 1929, esta cooperativa de oitenta membros oferece uma vasta gama de vinhos, em constante mudança. Mas dois vinhos tintos se tornaram clássicos de Cairanne: o Cuvée Antique, feito de uvas de videiras com oitenta anos de idade, e o Réserve des Voconces, defumado e concentrado.

Domaine du Cayron ☆☆☆
Gigondas. 16 ha. www.domaine-cayron.com
De videiras de 45 anos de idade espalhadas por toda a denominação, Michel Faraud e suas três filhas fazem um dos melhores Gigondas. A vinificação é completamente tradicional: as uvas não são desengaçadas, não há adição de leveduras, o envelhecimento é feito em barris e o vinho é engarrafado sem refinar ou filtrar.

Didier Charavin ☆–☆☆
Rasteau. 50 ha.
Propriedade familiar que remonta aos anos da Revolução Francesa. Produz o clássico Rasteau, doce, inteiramente de Grenache, e um tinto ao velho estilo, de Grenache, Syrah e Carignan, envelhecido por um ano em barris de carvalho. O vinho superior é geralmente o vigoroso Cuvée Parpaïouns.

Clos des Cazaux ☆☆–☆☆☆
Vacqueyras. 40 ha. www.closdescazaux.fr
Administrada com entusiasmo pela família Archimbaud-Vache, esta propriedade produz uma gama de excelentes Vacqueyras. Saint-Roch tem um estilo tradicional, com sabor de cerejas negras; Cuvée des Templiers é quase puro Syrah – menos típico, mas delicioso. O Gigondas, esmagadoramente Grenache de videiras velhas, é lançado sob o rótulo Tour Sarrazine e costuma ser elegante e complexo.

Vignerons de Chusclan ☆–☆☆
Chusclan. www.vigneronsdechusclan.com
Esta é a região dos rosés, e a cooperativa produz ótimos exemplos, assim como confiáveis vinhos tintos com uvas Grenache de velhas videiras.

Domaine Le Couroulu ☆☆
Vacqueyras. 20 ha.
Guy Ricard faz alguns esplêndidos Vieilles Vignes Vacqueyras com uvas Grenache provenientes de videiras de sessenta anos de idade, revigorados com um pouco de Syrah de videiras quase tão antigas quanto aquelas.

Domaine de Deurre ☆–☆☆
Vinsobres. 50 ha. www.domaine-de-deurre.com
Estes vinhos Côtes du Rhône têm uma marcada estrutura ácida. Nenhum deles passa por carvalho, exceto o Cuvée Jean-Marie Valayer. Hubert Valayer também produz vinhos de Saint-Maurice.

Domaine de Durban ☆–☆☆
Beaumes-de-Venise. 57 ha.
Os Leydier são excelentes produtores de Muscat e Beaumes-de-Venise, e também de Côtes du Rhône-Villages tintos.

Domaine des Escaravailles ☆☆–☆☆☆
Rasteau. 65 ha.
A propriedade de Gilles Ferran está dividida entre Rasteau e Cairanne. A qualidade, aqui, é muito alta, e os melhores *cuvées* incluem Cairanne Ventabren e Rasteau La Ponce, ambos elegantes e com sabor persistente.

Domaine La Fourmone ☆–☆☆
Vacqueyras. 37 ha. www.domaine-la-fourmone.com
Pertencente à família Combe, este domaine é um produtor confiável de Vacqueyras e Gigondas (sob o rótulo Oustau Fouquet) para beber a médio prazo.

Domaine les Goubert ☆–☆☆
Gigondas. 23 ha. www.lesgoubert.fr
Os vinhedos de Jean-Pierre Cartier estão espalhados por várias denominações. Seu Beaumes-de-Venise sempre vale o preço, mas seu melhor vinho é o Gigondas, que vem em duas versões: a primeira, tradicional; e a segunda, o Cuvée Florença, envelhecida em barricas. E foi um dos primeiros vinhos envelhecidos em carvalho em Gigondas, um estilo que permanece controverso, embora muito bem-sucedido no mercado norte-americano.

Domaine du Gour de Chaulé ☆☆
Gigondas. 10 ha.
A proprietária, Mme. Aline Bonfils, produz vinhos robustos, mas elegantes para ser consumidos a médio prazo.

Domaine Gourt de Mautens ☆☆–☆☆☆
Rasteau. 14 ha. www.gourtdemautens.com
Jérôme Bressy é um astro em ascensão em Rasteau, onde ele produz vinhos tintos e brancos atipicamente concentrados, vendidos a preços um tanto elevados.

Domaine Gramenon ☆☆–☆☆☆
Monbrison-sur-Lez. 29 ha.
Côtes du Rhône magníficos da região de Drôme, principalmente de Grenache e Syrah de videiras muito antigas. O Viognier também é delicioso.

Um négociant avalia a colheita.

Domaine du Grand Montmirail ☆–☆☆
Gigondas. 35 ha.
Propriedade em Gigondas pertencente a Yves Cheron. O cultivo de velhas videiras de Grenach, que costumava ter baixo rendimento, foi adaptado com mais Syrah, e hoje também se utiliza Mourvèdre para fazer vinhos mais incisivos. Cheron também produz Vacqueyras.

Château du Grand Moulas ☆–☆☆
Mornas. 34 ha. www.grand-moulas.com
De seus vinhedos nas Côtes du Rhône, Marc Ryckwaert e seu filho Nicolas produzem três tintos (o rótulo superior, Cuvée de l'Ecu, tem predominância de Syrah) e um branco, todos exemplos muito bons da denominação.

Domaine du Grapillon d'Or ☆☆
Gigondas. 20 ha. www.domainegrapillondor.com
Gigondas corpulentos, com mais vigor que requinte, e Vacqueyras apimentados e com notas de ameixa. Uma inovação recente é o Cuvée Excellence, um Gigondas das videiras mais antigas.

Domaine Les Hautes Cances ☆☆
Cairanne. 16 ha. www.hautescances.9business.fr
Propriedade orgânica, que fez seu primeiro vinho em 1995. Videiras antigas e baixos rendimentos garantem alta qualidade, e o Vieilles Vignes pode ser excepcional.

Gabriel Meffre ☆☆
Gigondas. 71 ha. www.gabriel-meffre.fr
Em 1936, Meffre fundou um domaine que cresceu para se tornar o maior da França, com oitocentos hectares de vinhedos. Após sua morte, a propriedade passou por inúmeras mudanças. Desde 1997, pertence ao ex-gerente geral da Bertrand Bonnet, com um grupo de outros investidores.

Os vinhedos (Domaines des Bosquets, Raspail, e la Daysse em Gigondas) permaneceram com a família Meffre. Portanto, a companhia hoje compra as uvas. No entanto, ela também é dona do Château de Longue Toque, em Gigondas, e do Château Grand Escalion, em Costières de Nîmes. A marca principal da empresa é Laurus, produzido à base de uvas provenientes das principais denominações do vale do Rhône.

Domaine de la Monardière ☆☆
Vacqueyras. 20 ha.
Christian Vache assumiu esta propriedade em 1987 e, após reestruturá-la, começou a produzir bons vinhos, bem encorpados e frutados. O Vieilles Vignes, de videiras de sessenta anos de idade, pode ser excepcional.

Domaine de l'Oratoire St-Martin ☆☆–☆☆☆
Cairanne. 25 ha. www.oratoirestmartin.fr
Frédéric e François Alary administram uma das melhores propriedades nesta denominação cada vez mais valorizada, e a cultivam organicamente há alguns anos. Seus melhores vinhos são os Cuvée Prestige de velhas videiras, que não passam por carvalho, e o amadeirado Cuvée Haut-Coustias (tinto e branco). São vinhos modernos, com taninos elegantes e pureza de fruta.

Domaine Les Pallières ☆☆
Gigondas. 25 ha. www.vignoblesbrunier.fr
A família Roux fez vinhos no estilo Châteauneuf-du-Pape em Gigondas durante quinhentos anos. Sem herdeiros, foi vendida em 1998 a Bruniers de Vieux Télégraphe (ver p. 197). Sua versão do vinho é menos rústica, mas talvez menos pessoal, do que a dos Roux.

Domaine Pelaquié ☆
Laudun. 70 ha. www.domaine-pelaquie.com
Grande propriedade que produz vinhos bons, mas sem inspiração, deste vilarejo em Côtes du Rhône e também de Lirac e Tavel, que ficam logo ao sul.

Maison Perrin ☆☆
Orange. 85 ha. www.domaineperrin.com
La Vieille Ferme é a reconhecida marca négociant da família Perrin, famosa por seu Châteauneuf-du-Pape Château de Beaucastel. O excelente tinto é feito como vinho de guarda, das Côtes du Ventoux, e o branco, delicado e fresco, de vinhedos no alto da Montagne de Lubéron. Ambos são investimentos excepcionais. Recentemente, a gama foi ampliada para incluir vinhos mais sérios de Gigondas, Vacqueyras e outras denominações.

Domaine du Pesquier ☆☆–☆☆☆
Gigondas. 16 ha.
Vinificação tradicional em tanques e tonéis grandes, e sem filtração, dando Gigondas suntuosos, que lembram carnes de caça, e com textura sedosa.

Domaine de Piaugier ☆☆
Sablet. 30 ha.
Jean-Marc Autran faz Sablet e Gigondas respeitáveis de vinhedos únicos. Alguns deles são bastante incomuns, como o Cuvée Ténébi, que tem no corte pelo menos 50% da rara variedade Counoise.

Domaine Rabasse-Charavin ☆☆
Cairanne. 68 ha.
Um dos principais produtores de Cairanne, Corinne Couturier faz diversos vinhos, incluindo um Syrah direto e o Cuvée d'Estevenas, de videiras muito velhas de Grenache.

Domaine Raspail-Ay ☆☆☆
Gigondas. 18 ha.
Um dos melhores domaines em Gigondas. Dominique Ay produz um vinho bem estruturado e frutado, de uvas de sua propriedade, onde a média de idade das videiras é de trinta anos. Este é um Gigondas como deve ser: feito para durar.

Domaine La Réméjeanne ☆–☆☆
Cadignac. 38 ha. www.laremejeanne.com
Vinhos frescos desta região nos arredores de Bagnols, nas Côtes du Rhône. Os vários *cuvées* incluem um Syrah particularmente interessante chamado Les Eglantiers.

Domaine Richaud ☆☆☆
Cairanne. 46 ha.
Marcel Richaud pode muito bem ser o melhor produtor em Cairanne. O tinto simples é vívido e fresco, e um de seus melhores vinhos é o Cuvée L'Ebrescade, de videiras centenárias de Mourvèdre, Syrah e Grenache. O outro tinto é o Les Estrambords, que ele escolhe como o melhor vinho da safra, geralmente um Grenache puro ou um Mourvèdre puro.

Château de Rouanne ☆☆
Vinsobres. 85 ha.
Marc Ferrentino só começou a engarrafar vinhos desta vasta propriedade em 1998, e continua vendendo a maior parte da produção a granel. Ele mantém os melhores lotes para dois excelentes vinhos: Côtes du Rhône Villages: Vinsobres e Plan de Dieu.

Château de St-Cosme ☆☆☆
Gigondas. 15 ha. www.saintcosme.com
Louis Barruol tem a sorte de possuir vinhedos de, em média, sessenta anos de idade. O Gigondas padrão é maduro e flexível, e nos melhores anos Barruol elabora o Cuvée Valbelle, envelhecido 50% em carvalho novo, magnífico na safra de 1998. Há também um pequeno empreendimento négociant de alta qualidade.

Château St-Estève d'Uchaux ☆–☆☆
Uchaux. 60 ha. www.chateau-st-esteve-d-uchaux.com
A família Français-Monier possuiu esta propriedade desde 1809. Uchaux fica em uma cumeeira arenosa ao norte de Orange, que dá vinhos maduros, calorosos, com corpo e caráter. A propriedade produz três vinhos tintos, e nada menos que três Viogniers, incluindo o raro Cuvée Thérèse.

Domaine St-Gayan ☆☆–☆☆☆
Gigondas. 38 ha. ww.saintgayan.com
Jean-Pierre Meffre tem quatrocentos anos de antepassados vinicultores de Gigondas. Ele produz um Gigondas muito apreciado, tânico, com até 14,5 graus de álcool, cheirando à fruta esmagada, feito com uvas de videiras antigas. Também produz Côtes du Rhône-Villages em grande escala, em Sablet e Rasteau. Além disso, há um Gigondas amadeirado chamado Fontmaria, feito em resposta à demanda norte-americana por esse estilo.

Domaine Sainte-Anne ☆–☆☆
St-Gervais. 33 ha.
A família Steinmaier produz Côtes du Rhône e Côtes du Rhône-Villages concentrados, tintos e brancos, e um bom Viognier.

Domaine Le Sang des Cailloux ☆☆
Sarrians. 17 ha. www.sangdescailloux.com
Comprada por Serge Férigoule em 1990, esta é uma fonte de bons Vacqueyras, especialmente o rico Cuvée Lopy, feito de uvas Grenache de videiras com oitenta anos de idade e envelhecido em barris de 450 litros. Vinhos que se beneficiam da guarda em garrafa.

Domaine de Santa Duc ☆☆☆
Gigondas. 21 ha. www.santaduc.fr
Yves Gras faz Gigondas superlativos de vinhedos dispersos, cultivados de forma essencialmente orgânica. O rótulo superior é o Cuvée Hautes Garrigues, uma mistura de Grenache e Mourvèdre. Gras usa uma boa dose de carvalho novo, mas ele não gosta do culto aos vinhos abertamente amadeirados, e insiste que barricas são uma ferramenta para dar maior complexidade e textura.

Château La Soumade ☆☆–☆☆☆
Rasteau. 26 ha.
André Romero é o mais dinâmico dos produtores de Rasteau. Ele faz vinhos para longo envelhecimento, e tanto o Cuvée Fleur quanto o raro Cuvée Confiance são de videiras Grenache muito velhas. O Rasteau Doux é um vinho vintage, 90% Grenache. Todos os vinhos de Romero têm álcool elevado – não são para os covardes. No entanto, desde que Stéphane Derenoncourt entrou como consultor, os vinhos ganharam mais requinte.

Tardieu-Laurent ☆☆☆
Lourmarin. (sem vinhedos)
www.tardieu-laurent.com
Esta empresa négociant é um empreendimento conjunto entre Dominique Laurent (ver p. 123) de Nuits-Saint-Georges, e Michel Tardieu. Eles compram o vinho de produtores com videiras muito velhas, e então o envelhecem em suas próprias adegas. Usam carvalho novo para os vinhos com prevalência de Syrah e barris de um ano de idade para os vinhos à base de Grenache. Vinhos densos e ricos, do norte do Rhône e de todas as denominações do sul, concentrados e agressivos demais para alguns paladares, mas inegavelmente impressionantes. Caros.

Château des Tours ☆
Sarrians. 39 ha.
Esta propriedade pertence a Emmanuel Reynaud, proprietário do Château Rayas em Châteauneuf (ver p. 196). Aqui, a Grenache também reina, dando Côtes du Rhône e Vacqueyras elegantes.

Domaine du Trapadis ☆–☆☆
Rasteau. 23 ha. www.domainedutrapadis.com
Vinhos tintos robustos que, às vezes, lembram o Vinho do Porto, são o ponto forte desta propriedade, e o vinho fortificado também é muito bem-sucedido.

Château du Trignon ☆☆
Sablet. 68 ha.
Uma antiga propriedade familiar (1898) com ideias modernas, produzindo vinhos excelentes. Os vinhedos estão divididos entre Gigondas, Sablet e Rateau. Em 2006, Charles Roux, o proprietário, vendeu o château para Jérôme Quiot, podendo, portanto, o estilo mudar no futuro.

Domaine Viret ☆☆
St Maurice sur Eygues. 30 ha.
www.domaine-viret.com
Apesar de sua devoção a um sistema que os Viret chamam de "cosmocultura", que abrange elementos da cultura asteca e da biodinâmica, os vinhos são ricos e cheios de fruta.

Tavel & Lirac

Uma área similar ao Châteauneuf-du-Pape alguns quilômetros a oeste, do outro lado do Rhône, é tradicionalmente famosa por seu Tavel Rosé. Tavel tem uma reputação única por seu rosé seco e encorpado, elaborado não pela breve fermentação do vinho em contato com as cascas (tintas) da uva, como ocorre com a maioria dos rosés, mas por um período de até dois dias de maceração antes de a fermentação começar. (As leveduras têm de ser inibidas por dióxido de enxofre, SO_2, ou, nas adegas modernas, por resfriamento.) O vinho é, então, prensado e fermentado como um vinho branco.

Eu nunca fui mais atraído por esse vinho potente e seco, de cor rosa-alaranjada, do que por rosés similares da Provença. No entanto, é considerado um dos clássicos. Assim como Racine, deve ser reavaliado de tempos em tempos. Lirac, vizinha de Tavel ao norte, recentemente especializou-se em vinhos tintos, que, em sua melhor forma, podem ser agradavelmente frutados e cheios de vida; quando não, podem ser fortes e insípidos.

Principais produtores de Tavel e Lirac
Château d'Aquéria ☆–☆☆
Tavel. 65 ha. www.aqueria.com
Imensa propriedade do século XVII, que oferece um Lirac frutado e exuberante, e também um Tavel clássico.

Domaine Lafond-Roc-Epine ☆–☆☆
Tavel. 75 ha. www.roc-epine.com
Vinhos de boa qualidade, frutados, nas três cores, e também uma produção significativa de Châteauneuf-du-Pape.

Domaine Maby ☆–☆☆
Tavel. 60 ha. www.domainemaby.fr
Uma grande propriedade familiar bem estabelecida em Tavel e Lirac. Os Lirac, brancos e tintos, são especialmente bons. O tinto La Fermade tem cerca de 45% de uvas Mourvèdre, que são a espinha dorsal do vinho.

Domaine de la Mordorée ☆☆–☆☆☆
Lirac. 55 ha. www.domaine-mordoree.com
Esta propriedade orgânica e vanguardista produz brancos aromáticos e gentis, bem como Lirac e Tavel robustos. Seu vinho mais famoso, no entanto, é provavelmente o Châteauneuf Cuvée Reine des Bois.

Château St-Roch ☆☆
Roquemaure. 45 ha. www.chateau-saint-roch.com
Esta importante propriedade Lirac, que pertencia a Antoine Verda, mudou de dono em 1998, quando foi adquirida pelo Château de la Gardine (ver p. 195), de Châteauneuf-du-Pape. Apesar da afeição de La Gardine por barricas, os vinhos Saint-Roch continuam tradicionais e sem passar por carvalho.

Château de Trinquevedel ☆☆
Tavel. 31 ha.
François Demoulin é um dos principais produtores de Tavel, com ideias interessantes sobre a adaptação de seus métodos ao estado do cultivo, utilizando, em parte, as técnicas antigas e, em parte, as novas (refrigeração e maceração carbônica). Ele acredita que um pouco de envelhecimento em garrafa melhora seu Tavel, que, para um rosé, é escuro e robusto.

Ventoux e Lubéron

Onde o vale do Rhône se mescla com Provença para o leste, a denominação Côtes du Ventoux avança rapidamente em volume, e hoje supera com folga a produção de todos os Côtes du Rhône-Villages. Dentre alguns tintos de qualidade razoável, um dos vinhos destacados é o La Vieille Ferme / Maison Perrin (ver p. 191) de Jean-Pierre Perrin, irmão do proprietário do Château de Beaucastel (ver p. 194). Há não muito tempo, Ventoux era, em grande medida, o reduto de cooperativas e alguns négociants, mas hoje há um número cada vez maior de propriedades privadas empreendedoras.

O mesmo é válido para as Côtes du Lubéron, as colinas ao longo do norte do vale do Durance (famoso em toda a França por seu aspargo). Seus tintos – nos quais predominam a Grenache e a Syrah – e brancos podem seduzir mais por seus sabores frescos e bem definidos do que por alguns dos esforços mais corriqueiros do Rhône.

O ar frio dos Alpes proporciona vinhos relativamente pouco encorpados, mas que podem ter considerável requinte. Mais ao norte, entreas Côtes du Rhône e a cidade de Montélimar, fica Coteaux du Tricastin, uma região fria e com ventanias, que também produz vinhos leves.

Principais produtores de Ventoux & Lubéron

Domaine des Anges ☆–☆☆☆
Mormoiron. 18 ha. www.domainedesanges.com
O irlandês Gay McGuinness é dono desta propriedade que produz um Côtes du Ventoux frutado, de Grenache, e um Syrah para ser especialmente bebido jovem. O branco é feito principalmente de Marsanne e Roussanne. Os melhores vinhos são engarrafados com o nome Archanges: um tinto com predominância de Syrah e um branco que é puro Roussanne.

Domaine de la Citadelle ☆–☆☆
Ménerbes. 40 ha. www.domaine-citadelle.com
Uma propriedade séria nas Côtes du Lubéron, que oferece uma grande variedade de vinhos. O melhor é o Cuvée Le Gouverneur, envelhecido em barricas, um corte de Syrah e Grenache.

Château de Clapier ☆–☆☆
Mirabeau. 40 ha. www.chateau-de-clapier.com
Esta propriedade em Côtes du Lubéron pertence à mesma família desde 1880. Em vez de tentar produzir vinhos robustos e concentrados, Thomas Montagne foca o frescor e a acessibilidade, e tem sucesso. Vale a pena pagar um pouco mais pelo Cuvée Soprano, tinto e branco.

Domaine de Fondrèche ☆–☆☆
Mazan. 35 ha. www.fondreche.com
O dono Sébastien Vincenti produz um vasto leque de vinhos Côtes du Ventoux ambiciosos, tanto tintos quanto brancos. Os tintos consistem de uma variedade de cortes de Grenache, Syrah e Mourvèdre, com generoso uso de carvalho, às vezes aparentemente excessivo.

Château Pesquié ☆☆
Mormoiron. 72 ha. www.chateaupesquie.com
Os irmãos Chaudière oferecem dois estilos diferentes nesta imensa propriedade em Côtes du Ventoux: vinhos frescos e frutados na linha Terrasses e, sob o rótulo Quintessence, tintos num estilo mais denso, envelhecido em carvalho e com predominância de Syrah. A qualidade é consistente.

Château Valcombe ☆☆
St-Pierre-de-Vassols. 23 ha. www.vignobles-paul-jeune.com
Propriedade com vinhos de alta qualidade em Côtes du Ventoux. O branco La Sereine é suntuoso e amadeirado, feito de Grenache Blanc e Roussanne; sua contraparte tinta tem predominância de Syrah e pode apresentar uma notável densidade de fruta.

Châteauneuf-du-Pape

Châteauneuf-du-Pape é, de longe, a maior e mais importante denominação específica do sul do Rhône. Se seus 3.150 hectares de vinhedos produzissem tão profusamente quanto seus vizinhos, haveria quase tanto Châteauneuf-du-Pape quanto Côtes du Rhône-Villages. Mas as pequenas produções são um imperativo: os cultivos de Châteauneuf--du-Pape rendem, em média, 3,3 mil litros por hectare; os de Côtes du Rhône-Villages podem render até 4,2 mil litros por hectare. A concentração é a própria essência deste vinho. Suas videiras crescem no que parece uma praia de seixos grandes, lisos e ovais – conhecidos como *galets* – que, geralmente, cobrem toda a superfície do vinhedo. Cada videira é um arbusto baixo individual.

FRANÇA | VALE DO RHÔNE | SUL DO RHÔNE

Onde todas as outras denominações francesas especificam uma ou duas, ou no máximo quatro, variedades de uvas de caráter similar, a tradição em Châteauneuf-du-Pape é cultivar até treze com características muito distintas. Não está claro se isso é primordialmente uma apólice de seguros ou mera tradição acumulada. Alguns viticultores afirmam que cada uma delas, até mesmo as ásperas ou simplesmente neutras, agrega complexidade ao vinho.

As novas plantações, entretanto, estão tendendo a reduzir o número a quatro ou cinco. A base, sempre a maioria e às vezes alcançando de 80% a 100%, é a Grenache. Cinsault, Syrah e Mourvèdre também são importantes. Variedades que podem ser descritas como opcionais são Counoise, Muscardin, Vaccarèse e Terret Noir (tintas) e Picardan, Clairette, Picpoul, Roussanne e Bourboulenc (brancas). As variedades brancas um dia foram usadas na produção de vinhos tintos, além de Châteauneuf-du-Pape brancos; hoje em dia, há uma nova demanda pela versão branca.

Considera-se que a Grenache e a Cinsault proporcionam vinhos fortes, calorosos e suaves; ao passo que a Mourvèdre, a Syrah, a Muscardin e a Vaccarèse conferem estrutura, cor, "pungência" e frescor ao sabor, bem como capacidade de durar o suficiente para revelar certo *bouquet*. Embora o mínimo estipulado por lei sejam 12,5 graus de álcool, para os melhores produtores o mínimo aceitável é de 13,5, e não é raro encontrar 14,5 graus ou mais.

E o resultado? Todos nós já tomamos vinhos excelentes, insípidos e pesados chamados Châteauneuf-du-Pape. Não existe nenhum toque varietal característico que permita apreender o aroma ou o sabor. As melhores propriedades, no entanto, produzem magníficos vinhos de guarda que começam a se revelar depois de cinco anos, e a evoluir após dez anos ou mais. Quando um *bouquet* começa a se pronunciar, ainda é indefinido. É, antes, parte de uma calidez resplandecente de castanhas torradas que envolve todo o vinho. Com a maturidade, aromas de tabaco, couro e especiarias exóticas passam a caracterizá-lo. Finalmente, nos melhores exemplares, emergirão o requinte latente e a doçura essencial de um grande vinho. O melhor que já tomei foi um de 1937, ainda em perfeito estado em 1997.

As últimas safras, prontas para envelhecer esplendidamente, incluem a de 1990, 1998 e 2005. Mas cuidado: os melhores anos do Châteauneuf são, quase sempre, os anos muito maduros, levando, por vezes, os níveis de álcool às alturas. O Châteauneuf-du-Pape branco, antes um vinho longevo, é rico e elusivo, hoje costuma ser feito para ser consumido em no máximo três anos. Ainda assim, os provenientes de certas propriedades podem envelhecer por dez anos ou mais. Como isso é possível? Um mistério, considerando-se a baixa acidez do vinho.

Principais produtores de Châteauneuf-du-Pape

Château de Beaucastel ☆☆☆–☆☆☆☆
Courthézon. 100 ha. www.beaucastel.com
Os irmãos Jean-Pierre e François, a quarta geração da família Perrin, produzem um dos melhores vinhos da região nesta grande propriedade, que remonta ao século XVII. O vinhedos Châteauneuf são complementados com Côtes du Rhône localizados logo após os limites da denominação.

Todas as treze variedades autorizadas – com proporções relativamente altas de Grenache e Mourvèdre –, combinadas com rendimentos baixos, quinze dias de fermentação em tanques quadrados de pedra e dezoito meses de envelhecimento em carvalho, dão um vinho complexo e longevo. Os vinhedos são cultivados por métodos orgânicos, e o vinho é engarrafado sem filtração, o que resulta em algumas garrafas gloriosas, mas também, ocasionalmente, em outras que cheiram a curral. Nas melhores safras, a propriedade comercializa um *cuvée* especial chamado Hommage à Jacques Perrin, com todas as qualidades de um grande Beaucastel levadas a nível mais alto ainda.

Uma pequena quantidade do delicioso Châteauneuf branco é elaborada com 85% de Roussanne e 15% de Grenache Blanc. Ainda melhor é o magnífico Cuvée Roussanne Vieilles Vignes, um dos grandes vinhos brancos da França. Seu Côtes du Rhône (uma verdadeira pechincha para esta qualidade) é chamado Cru de Coudoulet de Beaucastel. Também vale procurar o Côtes du Ventoux La Vieille Ferme.

Domaine de Beaurenard ☆☆
Châteauneuf-du-Pape. 32 ha. www.beaurenard.fr
Paul Coulon representa a sétima geração da família nesta propriedade. Ele também é dono de 25 hectares de Côtes du Rhône, em Rasteau. Ambas as terras são plantadas com a mesma mistura de 70% de Grenache e 10% de cada uma das demais: Syrah, Cinsault e Mourvèdre. Coulon enfatiza a seleção cuidadosa no vinhedo, cacho a cacho, e a *cuvaison à l'ancienne* – fermentação em cubas, longa e controlada – na adega. Por um tempo, ele preferiu a maceração carbônica, mas mudou. O *cuvée* superior se chama Boisrenard: rico e robusto, às vezes, porém, desajeitado.

Domaine Bois de Boursan ☆☆☆
Châteauneuf-du-Pape. 15 ha.
Jean-Paul Versino vem desfrutando de enorme sucesso com esta propriedade, fundada por seu pai piemontês em 1955 e plantada

---

CLAIRETTE DE DIE

Clairette de Die, uma região de 1.500 hectares a leste de Valence, é como um *sorbet* entre os importantes pratos principais do norte e do sul do Rhône. A energia da cooperativa local reviveu uma denominação moribunda. Os melhores Clairette de Die são espumantes, mas um ou dois produtores tradicionais fazem um agradável vinho tranquilo com notas de nozes. O Clairette espumante deve ter 75% de Muscat, ao passo que o Crémant de Die, que já foi de pura Clairette, hoje pode incluir Aligoté e

Muscat. Há também um vinho seco tranquilo feito de Clairette, chamado Coteaux de Die.

Cave de Die Jalliance

Grande parte da denominação está nas mãos dos 232 membros dessa cooperativa vanguardista, que também oferece crémants de Bordeaux e da Borgonha graças a relações com essas regiões. Há também uma nova gama de vinhos cultivados de forma orgânica.

O *brut* é um vinho espumante seco com um aroma floral de lilás e lavanda, segundo se afirma. Tradition é um frisante doce, feito de Muscat de Frontignan. O método envolve a fermentação em garrafa (mas, diferentemente do Champagne, é a fermentação do açúcar original da uva), seguida de filtração e decantação para outra garrafa sob pressão.

SUL DO RHÔNE | VALE DO RHÔNE | **FRANÇA** | 195

com as treze variedades autorizadas. Nos melhores anos, ele produz o Cuvée des Félix, que é envelhecido em velhas barricas e resulta num vinho maduro, intenso, com mais sabores a fruta do que a carne ou couro.

Henri Bonneau ☆☆☆
Châteauneuf-du-Pape. 6 ha.
Num labirinto de adegas no vilarejo, Bonneau, um tradicionalista resoluto, produz o Cuvée Marie Beurier e o Réserve des Célestins, tintos sólidos, picantes, geralmente robustos, que são envelhecidos por muitos anos em velhos barris. O estilo é, em geral, vigoroso e concentrado, às vezes extravagante. Os preços são excessivamente altos.

Domaine Bosquet des Papes ☆☆–☆☆☆
Châteauneuf-du-Pape. 27 ha.
Maurice Boiron e o filho Nicolas produzem vinho tradicional de videiras muito velhas. Desde 1990, eles também elaboram o Cuvée Chante Le Merle, de videiras de noventa anos, um vinho esplêndido com matizes de café e de couro.

Domaine Chante-Cigale ☆☆–☆☆☆
Châteauneuf-du-Pape. 46 ha. www.chantecigale.com
O nome significa "o canto da cigarra" – se é que canto é o termo apropriado. Uma propriedade tradicional pertencente a Christian Favier e o filho Alexandre, que, desde 2006, produz os vinhos. A vinificação à moda antiga e a guarda em tonel por até dois anos resultam em vinhos de guarda respeitáveis, especialmente o Cuvée Vieilles Vignes, feito de videiras de oitenta a cem anos de idade.

Domaine Chante-Perdrix ☆☆
Châteauneuf-du-Pape. 18 ha. www.chante-perdrix.com
Propriedade ao sul de Châteauneuf, não distante do rio Rhône. Vinhos meio encorpados que apresentam mais *finesse* que vigor.

Domaine de la Charbonnière ☆☆
Châteauneuf-du-Pape. 24 ha.
Michel Maret produz vinhos cada vez melhores nesta propriedade. Seu rótulo Vieilles Vignes é uma expressão particularmente pura da Grenache de velhas videiras.

Domaine Les Clefs d'Or ☆–☆☆
Châteauneuf-du-Pape. 26 ha. www.lesclefsdor.fr
Os Deydier são uma família modesta e não querem saber dessa mania de vários *cuvées*. Em vez disso, eles oferecem um Châteauneuf honesto, totalmente típico e a preço moderado. Em safras inferiores, os vinhos podem ser inconsistentes.

Domaine Clos du Caillou ☆☆–☆☆☆
Courthézon. 53 ha.
A propriedade de Sylvie Vacheron é dividida entre setores arenosos e encostas cheias de cascalho. Os vinhos resultantes são macios e frutados, com um toque distinto de carvalho que os consolida entre os modernos.

Clos du Mont Olivet ☆☆–☆☆☆
Châteauneuf-du-Pape. 40 ha.
Os três filhos de Joseph Sabon são a quarta geração a fazer vinhos totalmente tradicionais. O *cuvée* superior, feito somente em safras notáveis, é chamado Papet, de videiras antigas, com rendimentos muito baixos. Os vinhos são tânicos e requerem longa guarda. Oito hectares em Bollène (Vaucluse) produzem Côtes du Rhône.

Clos des Papes ☆☆☆–☆☆☆☆
Châteauneuf-du-Pape. 32 ha. www.closdespapes.fr
Uma propriedade em descendência direta de pai para filho há mais de trezentos anos. Os vinhedos são plantados com 65% de Grenache e 20% de Mourvèdre, além de Syrah, Muscardin e Vaccarese. Vincent Avril faz vinhos que equilibram poder e estrutura com *finesse*. Não só os tintos, como também os brancos são capazes de ter longa vida em garrafa.

Domaine Font de Michelle ☆☆
Bedarrides. 48 ha. www.font-de-michelle.com
Châteauneuf-du-Pape tinto e branco são produzidos neste domaine, pertencente aos irmãos Gonnet. O tinto é mais elegante do que poderoso; o branco, fresco e atraente. O *cuvée* superior é chamado Etienne Gonnet, em homenagem ao pai.

Château Fortia ☆
Châteauneuf-du-Pape. 30 ha. www.chateau-fortia.com
A propriedade familiar do fomentador do sistema *appellations contrôlées*, Barão Le Roy, que, em 1923, definiu, pela primeira vez, os melhores vinhedos da região com base em plantas silvestres, tomilho e lavanda crescendo juntos: um ecologista antes do tempo. Apesar da reputação do domaine, a qualidade caiu muito na década de 1990, mas as safras recentes mostraram mais concentração e estilo.

Château de la Gardine ☆☆–☆☆☆
Châteauneuf-du-Pape. 54 ha. www.gardine.com
Os Brunel almejam um vinho razoavelmente frutado e elegante, em vez de um pugilista. O melhor vinho é o Cuvée des Générations, envelhecido parcialmente em barricas de carvalho novo. A família vem utilizando essa técnica desde 1980, o que faz moderar a influência ostensiva do carvalho. De todo modo, o branco Générations é excessivamente amadeirado, e o *cuvée* comum, que é delicioso, é sem dúvida preferível. Os Brunel também possuem o Château St-Roch, em Lirac (ver p. 193).

Domaine Grand Veneur ☆☆☆
Châteauneuf-du-Pape. 55 ha. www.domaine-grand-veneur.com
Uma grande propriedade, com a maioria de seus vinhedos em Côtes du Rhône e Lirac. Nos últimos anos, a família Jaume se empenhou muitíssimo aqui, especialmente com o Cuvée les Origines, rico e amadeirado, com notas de chocolate e frutas vermelhas. Também é produzido um branco varietal Roussanne, vigoroso mas suave, chamado La Fontaine.

Domaine de la Janasse ☆☆☆
Courthézon. 50 ha. www.lajanasse.com
Christophe Sabon produz Côtes du Rhône e Châteauneuf-du-Pape com uvas de seu domaine, plantado na maior parte com videiras velhas (algumas de oitenta a cem anos, em Châteauneuf). Produção baixa e longa *cuvaison* garantem vinhos muito poderosos, atualmente entre os melhores da denominação. Os vinhos superiores são o Cuvée Chaupin (geralmente 100% Grenache) e o Vieilles Vignes (85% Grenache). Também excepcionais são o vinho branco e, desde 1996, um *cuvée* prestige envelhecido predominantemente em carvalho novo e contendo 70% de Roussanne.

Domaine de Marcoux ☆–☆☆☆
Châteauneuf-du-Pape. 18 ha.
Esta é a primeira propriedade biodinâmica da região e ganhou seguidores fiéis, mas os vinhos nunca foram sistematicamente convincentes. No entanto, o Cuvée Vieilles Vignes tem sido mais impressionante nas últimas safras.

Château Mont-Redon ☆☆

Châteauneuf-du-Pape. 145 ha. www.chateaumontredon.fr
O maior vinhedo único em Châteauneuf, com uma longa história ("Mourredon", parte da propriedade episcopal, tinha videiras em 1334), comprado, em 1921, por Henri Plantin e hoje administrado pelos netos Jean Abeille e Didier Fabre. Seu solo imensamente pedregoso costumava produzir um Châteauneuf que é referência, feito para durar indefinidamente. Hoje é um bom vinho de corpo mediano. Mont-Redon é o maior produtor de Châteauneuf branco, vinho para ser apreciado jovem, quando revela seu frescor de nozes. A propriedade também inclui vinhedos em Lirac e nas Côtes du Rhône, em Roquemaure.

Domaine de Nalys ☆

Châteauneuf-du-Pape. 50 ha. www.domainedenalys.com
Nalys, que pertence à companhia de seguros francesa Groupama, faz um dos exemplos mais frescos de Châteauneuf, usando a maceração carbônica e, ao mesmo tempo, envelhecendo o vinho em madeira por apenas um ano antes de engarrafá-lo. O tinto continua medíocre, mas a propriedade também elabora um notável vinho branco, sem envelhecimento em carvalho, para ser bebido quando bem novo.

Château de la Nerthe ☆☆☆

Châteauneuf-du-Pape. 90 ha. www.chateaulanerthe.fr
Um dos grandes nomes de Châteauneuf, citado no século XIX como sendo um vinho diferente e um pouco melhor do que o próprio Châteauneuf. Todas as treze variedades autorizadas são plantadas em seus vinhedos. O diretor Alain Dugas combina rigor científico com profunda compreensão de seus vinhedos, e os vinhos vêm ganhando, de forma constante, complexidade e sofisticação – e, infelizmente, preços mais altos também. Os *cuvées* superiores, chamados Cadettes (tinto) e Beauvenir (branco), têm sido excelentes, apesar do uso generoso de carvalho novo. O La Nerthe é capaz de atingir a maturação completa sem álcool excessivo.

Domaine du Pegaü ☆☆

Châteauneuf-du-Pape. 22 ha. www.pegau.com
Paul Féraud fundou o domaine em 1987, e a aclamação repentina parece ter-lhe subido à cabeça. Além de um bom vinho básico, com um toque de couro, há uma infinidade de *cuvées* especiais, a maioria envelhecidos em barricas e vendidos a preços extremamente elevados. No entanto, em minha opinião, os vinhos podem beirar perigosamente à oxidação.

Château Rayas ☆☆☆

Châteauneuf-du-Pape. 13 ha.
Um estabelecimento pequeno, mas excelente, que muitas vezes é citado como o melhor de Châteauneuf. A propriedade de Emmanuel Reynaud está em solos argilosos um pouco atípicos, e plantada quase exclusivamente com velhas videiras de Grenache. Ele envelhece o tinto por dois ou três anos, dependendo da safra,

Château des Fines-Roches, Châteauneuf-du-Pape.

em velhos barris. Embora tenha havido safras de Rayas profundos e ricos – tanto brancos quanto tintos – ao longo de muitas décadas, a qualidade pode oscilar. Contudo, desde que Emmanuel Reynaud assumiu o lugar de seu reservado tio Jacques, em 1997, a mão no leme tem sido firme. O vinho geralmente decepciona quando jovem, mas ganha em complexidade e profundidade à medida que envelhece. Reynaud usa Pignan como um segundo rótulo. O Château Fonsalette (um Côtes du Rhône superior) é feito em Rayas, mas o Fonsalette Cuvée Syrah, muitas vezes delicioso, deixou de ser produzido.

Domaine Roger Sabon ☆–☆☆☆
Châteauneuf-du-Pape. 17 ha. www.roger-sabon.com
Quatro Châteauneufs diferentes são produzidos e, inevitavelmente, o mais básico, Les Olivets, carece de peso. O melhor vinho é o escasso Les Secrets de Sabon, de videiras centenárias.

Pierre Usseglio ☆☆
Châteauneuf-du-Pape. 23 ha. www.domaine-usseglio.com
Thierry Usseglio ganhou elogios por seus melhores vinhos, Mon Aeuil e Deux Frères, mas eles podem padecer de álcool elevado e taninos robustos.

Domaine de la Vieille Julienne ☆☆–☆☆☆
Les Grès, Orange. 32 ha. www.vieillejulienne.com
Os vinhedos de Jean-Paul Daumen ficam na parte norte da região e são dominados pela Grenache. O seu Cuvée Réservé superior, produzido pela primeira vez em 1994, não é feito todo ano, mas é um vinho essencialmente tradicional, que apresenta magnífica concentração e fruta densa. Em algumas safras, no entanto, pode ser arruinado pelo álcool elevado.

Vieux Donjon ☆☆–☆☆☆
Châteauneuf-du-Pape. 14 ha.
Uma propriedade clássica, que produz um vinho branco maduro, um pouco atabacado, e um singular vinho tinto robusto de 80% de uvas Grenache. Os tintos são firmes e tânicos, mas sempre parecem ter uma essência de frutas maduras. Embora os vinhos tenham sabor um pouco agressivo quando são degustados jovens, eles envelhecem muito bem, revelando doçura e notas frutais de amoras silvestres.

Domaine du Vieux Télégraphe ☆☆☆
Bédarrides. 70 ha. www.vignoblesbrunier.fr
Uma propriedade de longa data, cujo nome vem da velha torre de telégrafos que ficava sobre a colina. É trabalhada por dois irmãos da família Brunier que fazem um Châteauneuf bastante conservador, apimentado, escuro e intenso. As videiras são 65% Grenache, 15% Syrah e 15% Mourvèdre. O solo pedregoso, os baixos rendimentos e a fermentação longa dos cachos inteiros contribuem para um vinho extremamente concentrado. Eles também são proprietários de outro imóvel, o Domaine de la Roquette.

Domaine de Villeneuve ☆☆
Courthézon. 9 ha. www.domainedevilleneuve.com
Uma estrela em ascensão desde que os novos donos assumiram o domaine em 1993 e passaram a trabalhar seus vinhedos de forma biodinâmica. A idade das videiras varia entre trinta e cem anos, e os vinhos têm requinte, bem como concentração de frutas. Não mais do que 20% do vinho é envelhecido em madeira.

Provença

Os tempos mudaram na Provença, e continuam a mudar. Agora que o vinho rosé está na moda, Provença quer estar lá mostrando ao mundo o que é capaz de fazer; mais de dois terços de seus vinhos são rosés, tipicamente de cor muito clara, com um bom equilíbrio e firmeza de sabor muitas vezes inesperada. De fato, aqui a delicadeza da cor não é um guia para o sabor: estas taças espectrais têm o devido gosto de vinho. Os produtores almejam sabores minerais, marcados pelo *terroir*, em vez do gosto frívolo de geleia de frutas; e produzir rosés é o principal objetivo em uma adega, não meramente um subproduto do tinto ou um modo rápido e cínico de tirar dinheiro dos turistas cheios da grana.

Mas sem turistas, onde estaria o rosé da Provença? Os preços, comparados aos de outros rosés, podem ser de encher os olhos. Sim, existe uma diferença, hoje em dia, entre o rosé para consumo imediato (geralmente feito de Cinsault e Syrah) e os vinhos mais potentes (quase sempre de Mourvèdre ou Cabernet Sauvignon), e até mesmo uma pequena tendência a um rosé envelhecido em carvalho para ir melhor com a comida. Os vinhos podem ser deliciosos, mas os preços ainda requerem certo deslumbramento por parte do comprador. O incentivo para parte dessa mudança veio de fora. Provença tem novos colonos e muitos deles são astros em outras esferas. Replantar as videiras e reconstruir o *chai* é uma bagatela quando se está restaurando um château considerável – e é fácil encontrar um consultor talentoso. O resultado são não só rosés muito aprimorados, como também um número muito maior de tintos respeitáveis e brancos mais bem feitos. Há, às vezes, aromas de ervas e de pinheiros: o cheiro inebriante da terra queimada pelo sol. Os produtores individuais souberam aproveitar o clima similar ao californiano e a maior disponibilidade de variedades de uvas clássicas.

Na Provença, o nome da propriedade ou do produtor é tudo. Além disso, hoje as denominações são um guia muito mais confiável de qualidade; Coteaux d'Aix-en-Provence e especialmente Les Baux-de-Provence se tornaram fortes candidatas na corrida pela qualidade. Áreas das Côtes de Provence, tais como o Mont Sainte-Victoire, hoje também têm uma série de bons produtores, sobretudo de vinhos tintos. A extensão ocidental das Côtes de Provence tem sua própria denominação de origem controlada: Coteaux Varois, terrenos mais elevados em que a época de maturação é tardia e o clima é mais frio. Brancas e Syrah se saem bem aqui, mas a Cabernet Sauvignon pode chegar ao fim da estação com gosto ainda verde. Nas Côtes, os vinhos de Sainte-Victoire hoje possuem sua própria AOC. De fato, o número de denominações de origem controlada parece estar crescendo exponencialmente, em direção oposta à racionalização prometida pelo novo regime vinícola da União Europeia. Fréjus tem sua própria AOC, assim como La Londe, e a partir de 2010 Saint-Tropez e Vallée seguem o mesmo caminho.

As velhas Côtes de Provence era uma área assustadoramente grande para uma única denominação, incluindo a costa de Saint-Tropez até depois de Toulon a oeste, e uma grande faixa de terras no interior, ao norte do Massif des Maures, recuando até Draguignan e os primeiros sopés dos Alpes. Aqui houve, há muito tempo, quatro pequenas denominações locais onde o vinho era quase sempre considerado acima da média. O maior e, inquestionavelmente, o melhor – de fato, deve ser incluído entre os tintos mais esplêndidos da França – vem de Bandol, uma faixa de 16 km de costa e seu interior logo a oeste de Toulon, com 1.500 hectares de vinhedos. Um bom tinto Bandol tem uma qualidade que, tradicionalmente, é rara na Provença: a firmeza tânica que o torna um vinho com, no mínimo, três anos de guarda, que envelhece bem, alcançando seu esplendor em dez ou mais anos. A lei requer que as videiras de Bandol tenham pelo menos oito anos de idade para que o vinho se qualifique ao *status* da denominação, e a bebida deve ser envelhecida por, no mínimo, dezoito meses em barril. O motivo é uma alta proporção (o mínimo estipulado por lei é 50%, mas muitas das melhores propriedades hoje usam 100%) de Mourvèdre, que aprecia o calor dos terraços rochosos. Reza a sabedoria local que o Bandol que provém de terrenos mais próximos do mar e, por isso, com certa nebulosidade, é mais elegante do que o do interior. Há também um excelente Bandol rosé, predominantemente de Mourvèdre, e um branco menos consistente. Mais a oeste ao longo da costa, quase na periferia de Marselha, o porto de pesca e destino turístico de Cassis, com 165 hectares de videiras, é conhecido por seu branco aromático e (relativamente) vivaz, pelo qual os restaurantes de Marselha, onde se pode comer uma *bouillabaisse* – sopa típica local, bastante encorpada –, consideram adequado cobrar preços de *grand vin*.

Os vinhos do distrito de Aix-en-Provence, ao norte de Marselha, vêm sob a denominação AOC Coteaux d'Aix-en-Provence (3.500 hectares). Com quarenta hectares, o microscópico enclave de Palette, uma denominação logo a leste de Aix, é dominado pelo Château Simone (ver p. 202). Les Baux, com 325 hectares de videiras, conquistou o *status* de denominação de origem controlada para seus tintos e rosés: Les Baux-de-Provence (atualmente, os brancos permanecem sob a denominação mais geral Coteaux d'Aix). Muitos dos melhores produtores de Les Baux estão usando um pouco de Cabernet Sauvignon, e a maioria adota métodos orgânicos para cultivar suas vinhas. Atrás de Nice, nas colinas no outro extremo da Provença, a denominação de Bellet, de quarenta hectares, é justificada por um vinho que é bem melhor do que o padrão prevalente – em geral, um tanto ordinário – de seus vizinhos; e os brancos são melhores do que os tintos. A Côte d'Azur parece refutar a teoria de que uma clientela sofisticada incita os vinicultores a produzir vinhos finos. Cerca de vinte propriedades na Provença usam o título *cru classé*. Este data dos anos 1950 e de uma tentativa de elevar os padrões de qualidade locais. Originalmente, foi usado por produtores que eram os primeiros a engarrafar seus vinhos na propriedade. O termo não deve ser levado muito a sério. Alguns vinhos das propriedades, por outro lado, são capazes de resistir à minuciosa avaliação nos dias atuais.

Principais produtores da Provença
Bandol

Domaine La Bastide Blanche ☆☆
Le Castellet. 28 ha.
A propriedade produz três *cuvées* diferentes de vinhedos biodinâmicos dispersos. Os vinhos mostram aromas complexos e são muito vigorosos e robustos.

Domaine de la Bégude ☆☆
Le Camp-du-Castellet. 15 ha.
Bégude pertence à família Tari, antigos donos do Château Giscours em Margaux. Estes são os vinhedos mais altos de Bandol, o que dá aos vinhos frescor e aroma, sem perda alguma de tipicidade. A propriedade é também muito admirada por seu rosé.

Domaines Bunan ☆☆–☆☆☆
La Cadière d'Azur. 67 ha. www.bunan.com
Os irmãos Bunan, Paul e Pierre, e o filho de Paul, Laurent, possuem vinhedos íngremes em La Cadière (Moulin des Costes) e nas proximidades de Le Castellet (Mas de la Rouvière).

São produzidos alguns tintos excelentes e longevos, cada vez mais importantes (principalmente de Mourvèdre, Grenache e um pouco de Syrah). Em anos excepcionais, é feito um *cuvée* especial, puro Mourvèdre, lançado sob o rótulo Château de la Rouvière. O vinho superior de Moulin des Costes é o Cuvée Charriage, envelhecido em carvalho. Os Bunan também alugam doze hectares do Domaine de Bélouvé, nas Côtes de Provence.

Jean-Pierre Gaussen ☆☆
La Cadière d'Azur. 14 ha.
A Mourvèdre manda nesta propriedade, especialmente no Cuvée Longue Garde que, como o nome sugere, é concebido para evoluir e se tornar mais suave com considerável envelhecimento em garrafa. (Até o ano 2000, a propriedade era conhecida como Domaine de la Noblesse.)

Domaine du Gros'Noré ☆–☆☆☆
La Cadière d'Azur. 9 ha. www.gros-nore.com
Alain Pascal, um antigo boxeador, utiliza 80% de uvas Mourvèdre em seu tinto Bandol, que, como ele, sabe como atingir em cheio.

Domaine Lafran-Veyrolles ☆☆
La Cadière d'Azur. 10 ha.
Tintos e rosés confiáveis de Bandol e um Cuvée Spéciale geralmente excepcional.

Domaine de Pibarnon ☆☆☆
La Cadière d'Azur. 48 ha. www.pibarnon.fr
Em 1977, o conde Henri de Saint-Victor abandonou o emprego em Paris e comprou esta propriedade abandonada que, em dez anos, passou a ser uma das melhores de Bandol. Hoje é dirigida por seu filho Eric. O tinto é quase puro Mourvèdre, e o rosé, que é 50% Mourvèdre, pode ser surpreendentemente longevo. Quando jovem, o Pibarnon tem aromas de violetas e amoras; com a idade, assim como outros Bandol, revela notas de tabaco e de trufas.

Domaine Pradeaux ☆☆–☆☆☆☆
St-Cyr. 26 ha.
Esta tradicional propriedade de Bandol elabora vinhos robustos que, com a idade, podem lembrar os bons Bordeaux, mas com mais gosto de carnes de caça. As videiras têm cerca de cinquenta anos, e os baixos rendimentos dão aos vinhos vigor e complexidade. Mas, em sua juventude, eles muitas vezes parecem duros e austeros, requerendo, portanto, paciência, que normalmente é recompensada.

Château Romassan ☆–☆☆
Le Castellet. 66 ha. www.domaines-ott.com
Em 2004, esta grande propriedade foi adquirida pela casa de Champagne Louis Roederer, que trouxe Denis Dubourdieu como consultor. Atualmente, a gama elaborada pela família Ott é mantida, assim como os preços elevados – e dificilmente justificáveis – para todos os vinhos. Nas melhores safras, o Cuvée Longue Garde tinto pode ser impressionante.

Domaine Tempier ☆☆☆–☆☆☆☆
Le Plan-du-Castellet. 29 ha. www.domainetempier.com
Lucien Peyraud é considerado por muitos o "pai da denominação Bandol", por seu papel ao resgatá-lo do declínio. Seus filhos e neto, com o auxílio do vinicultor Daniel Ravier, produzem os melhores vinhos de Bandol e, consequentemente, de Provence: tintos e rosés magnificamente saborosos e longevos.

Muitas das videiras têm até setenta anos de idade, e a idade média é 35 anos. O tinto (dois terços da produção) tem pelo menos 60% de Mourvèdre, e o restante de Grenache, Syrah, Cinsault, e um pouco de Carignan de videiras muito velhas. O excelente Cuvée Cabassaou é 100% Mourvèdre, e os dois vinhos de vinhedo único, La Tourtine e Le Migoua, são de qualidade comparável.

Domaine de la Tour du Bon ☆☆
Le Brûlat-du-Castellet. 12 ha. www.tourdubon.com
Agnès Henri-Hocquard administra este ótimo domaine, que produz um rosé redondo e um tinto rico com 70% de Mourvèdre. O Cuvée Saint-Ferréol é puro Mourvèdre, parcialmente envelhecido em carvalho novo.

Château Vannières ☆☆–☆☆☆
La Cadière d'Azur. 31 ha. www.chateauvannieres.com
Um dos principais produtores de Bandol, numa propriedade que remonta a 1532. O tinto, elegante e meio encorpado, é feito com 90% de Mourvèdre e passa por um longo envelhecimento em grandes barris.

Domaine de la Vivonne ☆☆–☆☆☆
Le Castellet. 15 ha. www.vivonne.com
Um dos protagonistas na denominação de Bandol, Walter Gilpin elabora vinhos robustos no estilo tradicional, embora às vezes algumas barricas novas complementem os tonéis. Os vinhos são de cor muito intensa, e ricos em suculência de cerejas pretas.

Les Baux-de-Provence

Mas de la Dame ☆☆
Maussanne. 57 ha. www.masdeladame.com
Em sua propriedade orgânica, as madames Poniatowski e Missoffe produzem um dos melhores vinhos em Les Baux. Desde o fim da década de 1990, o enólogo consultor Jean-Luc Colombo reformulou a produção de vinho, lançando como *cuvée* superior, o Coin Caché, de Grenache e Syrah: em sua juventude, um tinto duro e amadeirado. Ele se junta a outro tinto concentrado, La Estela. Um novo *cuvée*, Le Vallon des Amants, é uma curiosidade, sendo quase puro Mourvèdre.

Domaine d'Eole ☆☆
Eygalières. 16 ha. www.domainedeole.com
Uma propriedade orgânica vanguardista, que produz vinhos brancos sob o rótulo Vin de Pays des Alpilles, assim como uma gama de três vinhos tintos, dos quais o *cuvée* superior é o Léa, que apresenta discretas notas de carvalho.

Château d'Estoublon ☆–☆☆
Fontvieille. 17 ha. www.estoublon.com
Estoublon produzia vinhos muito insípidos e diluídos, até que foi comprada pela família Schneider, em 1999. Eles, astutamente, contrataram Eloi Durrbach de Trévallon para assessorar o vinicultor Rémy Reboul. A propriedade foi transformada. Foram descartadas, por exemplo, a Grenache Blanc e a Ugni e, em seu lugar, entraram a Marsanne e a Roussanne. As videiras começaram a ser cultivadas de forma orgânica. A qualidade, tanto do tinto quanto do branco, tem aumentado bastante.

Mas de la Gourgonnier ☆
Mouriès. 45 ha. www.gourgonnier.com

Uma propriedade tradicional e orgânica, administrada ao longo de décadas pela família Cartier, no coração das montanhas de Les Baux. Tanto os rosés quanto os tintos são robustos, ricos em frutas e especiarias. Não há grande sofisticação aqui, mas os vinhos são honestos e consistentes.

Domaine Hauvette ☆
St-Rémy-de-Provence. 17 ha.
Uma propriedade individual, orgânica, trabalhada com rigor pela ex-instrutora de esqui Dominique Hauvette. O tinto carece de consistência: carnudo, mas requintado, em algumas safras; em outras, queimado e insosso.

Domaine de Lauzières ☆–☆☆
Mouriès. 32 ha. www.lauzieres.com
Os vinhos Lauzières eram rústicos nos anos 1980, mas em 1993 a propriedade foi comprada com um dinâmico advogado suíço, que converteu as videiras à cultura orgânica e, estranhamente, plantou uma boa quantidade de Petit Verdot. Esta é misturada com Grenache para produzir um vinho de mesa chamado Sine Nomine. A tradição é retomada para fazer dois vinhos Baux, o Solstice e o Equinoxe.

Château Romanin ☆☆
St-Rémy. 55 ha. www.romanin.com
Romanin começou como um empreendimento conjunto entre o investidor Jean-Pierre Reynaud e Jean-Andre Charial, dono de dois dos melhores restaurantes de Les Baux. A propriedade é biodinâmica desde a sua fundação, e o lagar é concebido como uma catedral dos princípios da biodinâmica. Mas os vinhos nem sempre satisfazem as ambições. Em 2006, a propriedade foi comprada por Jean-Louis Charmolüe, depois de ele ter vendido o Château Montrose, em Saint-Estèphe.

Domaine de Trévallon ☆☆☆–☆☆☆☆
St Etienne-des-Grès. 17 ha. www.domainedetrevallon.com
Vinho rico e intenso, metade Cabernet Sauvignon e metade Syrah, e o melhor da comuna de Les Baux, mas sem direito à denominação, porque o Institut National des Appellations d'Origine (INAO) permite apenas 20% de Cabernet Sauvignon. Em consequência, desde 1994, Eloi Durrbach produz seu incrível vinho como um tinto Vin de Pays des Bouches-du-Rhône, e também faz uma minúscula quantidade de um branco suntuoso com 70% de Marsanne e quarenta de Roussanne. Neste caso, a lei é inegavelmente burra.

Outros produtores da Provença

Château L'Arnaude ☆
Lorgues. 30 ha. www.chataudarnaude.com
Durante vinte anos, esta propriedade em Côtes de Provence foi bem administrada pela família Knapp, e então vendida, em 2005, a Mats Wallin, que imediatamente investiu em mesas de classificação, novos tanques, e barris de 300 litros para os melhores vinhos. A qualidade tende a subir, embora 70% da produção continue sendo de vinho rosé.

Domaine du Bagnol ☆–☆☆
Cassis. 7 ha.
A pequena propriedade de Michelle Génovési produz um branco bom, com predominância de Marsanne, e um excelente rosé.

Château Bas ☆☆
Vernègues. 72 ha. www.chateaubas.com
Uma nova equipe assumiu o comando desta propriedade Coteaux d'Aix, no final da década de 1990, com o objetivo de melhorar a qualidade. O rótulo superior é o Cuvée du Temple: um branco encorpado com maioria Rolle, e um tinto Syrah, às vezes concentrado.

Domaine les Bastides ☆☆–☆☆☆
Le Puy-Ste-Réparade. 30 ha.
Jean Salen e a filha Carole produzem um esplêndido Cuvée Valéria de uvas Cabernet Sauvignon e Grenache, um vinho complexo, feito sem recorrer a barricas de carvalho. O rosé é inusitadamente encorpado.

Domaine des Béates ☆☆–☆☆☆☆
Lambesc. 52 ha. www.domaine-des-beates.com
Uma propriedade biodinâmica Coteaux d'Aix, pertencente, desde 1996, à família Chapoutier de Rhône. O vinho regular é um corte escuro, rico, e vigoroso de Cabernet, Syrah e Grenache, e o Cuvée Terra d'Or, superior (e extremamente caro), é um corte de Cabernet e Syrah, envelhecido em barricas e concebido para longa guarda.

Château du Beaupré ☆
St-Cannat. 36 ha. www.beaupre.fr
Desde meados dos anos 1990, a família Double vem melhorando a qualidade de seus vinhos, utilizando mais barricas para os melhores, que são comercializados sob o rótulo Collection. No entanto, os vinhos, apesar de confiáveis, podem carecer de concentração.

Château de Bellet ☆–☆☆
Nice. 8 ha.
A propriedade de Ghislain de Charnacé é uma das únicas três na minúscula AOC Bellet. As outras são Château de Crémat e Clos Saint-Vincent (ver nesta página). O branco é quase puro Rolle (Vermentino), e o tinto, um corte das variedades locais Folle Noir e Braquet. Os melhores vinhos são engarrafados sob o rótulo Cuvée Baron Glabel.

Château de Berne ☆
Lorgues. 80 ha. www.chateauberne.com
Apesar da semelhança inicial com Hollywood, entre os pinheiros provençais, este imóvel de proprietários britânicos está produzindo alguns Côtes de Provence de boa qualidade e estilo moderno.

Mas de Cadenet ☆☆
Trets. 45 ha. www.masdecadenet.com
Excelente propriedade na AOC Sainte-Victoire. O vinho superior, das videiras mais velhas, é o picante e concentrado Mas Négrel, de Grenache e Syrah, e também é produzido um vinho doce tradicional da Provença, um *vin cuit*.

Château Calissanne ☆☆–☆☆☆☆
Lançonde Provence. 100 ha. www.calissanne.fr
Esta grande propriedade foi comprada em 2001 pelo industrial Philippe Kessler. Ele faleceu em 2008, mas sua viúva deu continuidade ao bom trabalho. São produzidos dois rótulos excelentes: a linha château, e o Clos Victoire, que é envelhecido em barris de diferentes idades e tamanhos. O tinto Victoire é um elegante corte de velhas videiras de Cabernet Sauvignon e Syrah, e o rosé uma vívida mistura de Syrah e Grenache.

Clos Ste-Magdelaine ☆☆
Cassis. 12 ha.
Com vista para o Mediterrâneo, confiável propriedade de produção de vinho branco. Provavelmente, a melhor em Cassis, com vinhos maduros, florais e cheios de vida.

Clos St-Vincent ☆☆–☆☆☆☆
Nice. 5 ha.
Minúscula propriedade orgânica na AOC Bellet. Os vinhos são suntuosos em todas as três cores – branco, tinto e rosé. O branco é elaborado principalmente de uvas Rolle; o tinto, de Folle Noire. Mas os preços são claramente destinados aos moradores da Côte d'Azur.

Clos Val Bruyère ☆
Cassis. 7.5 ha. www.chateau-barbanau.com
Vinhos brancos frutados de Clairette, Marsanne e Ugni Blanc. Uma propriedade similar é o Château Barbanau, nas Côtes de Provence.

Commanderie de Peyrassol ☆–☆☆
Flassans-sur-Issole. 65 ha. www.peyrassol.com
Fundada pelos templários em 1204, adquirida pela família Rigord em 1790, e então vendida, em 2001, a Philippe Austruy. O novo dono simplificou a variedade da oferta: os vinhos básicos, sob o rótulo Commanderie; os superiores, envelhecidos em carvalho novo, sob o rótulo Château Peyrassol. Os dois tintos são cortes de Cabernet Sauvignon, Syrah e Grenache.

Château la Coste ☆☆
Le Puy-Ste-Réparade. 148 ha.
www.chateau-la-coste.com
Umas das maiores propriedades da Provença. Matthieu Coste renovou a propriedade, convertendo-a em biodinâmica, e construiu um novo lagar. Há uma série de rótulos, e a linha superior é Cuvée Premium: o tinto, de Grenache e Syrah; o branco, de Chardonnay e Vermentino. A qualidade é constante, mas os preços, que já foram uma pechincha, aumentaram.

Domaine de la Courtade ☆☆–☆☆☆☆
Ile de Porquerolles. 30 ha. www.lacourtade.com
Um posto avançado de experimentação em uma ilha maravilhosamente ensolarada a oeste de Toulon, iniciado em 1983. Os tintos, concentrados, são quase puro Mourvèdre; os brancos, envelhecidos em barrica, são de uvas Rolle. A qualidade é muito alta, assim como os preços. O segundo rótulo é L'Alycastre.

Château de Crémat ☆☆
Nice. 12 ha. www.chateau-cremat.com
Esta é uma importante propriedade na pequena denominação Bellet, nas colinas acima de Nice, bem conhecida dos *habitués* da Côte d'Azur. O dono anterior, Jean-Pierre Pisoni, fez grandes investimentos nos vinhedos negligenciados antes de vender a propriedade para o dono atual, Cornelis Kamerbeek.

Domaine de la Cressonnière ☆–☆☆
Pignans. 25 ha. www.cressonniere.com
Vinhos tintos robustos, às vezes tânicos, misturados em diferentes *cuvées*. Carignanne, como era de esperar, tem predominância de Carignan, feito por maceração carbônica. Mataro é mais estruturado e, embora Mataro seja sinônimo de Mourvèdre, o vinho é em sua maioria Syrah, envelhecido em carvalho novo.

Domaine du Deffends ☆☆
St-Maximin. 14 ha. www.deffends.com
Uma das melhores propriedades nas – por vezes ignoradas – Coteaux Varois. Um vin de pays branco é feito de Rolle e Viognier, mas o tinto domina a produção. O *cuvée* superior é o Clos de la Truffière: um corte de Cabernet e Syrah, com aromas de trufas e frutas vermelhas.

Château d'Esclans ☆☆–☆☆☆
La Motte. 35 ha. www.chateaudesclans.com
Uma empresa ousada, uma vez que, em 2006, esta bela propriedade foi comprada por Sasha Lichine, filha do falecido Alexis, que contratou o ex-vinicultor de Mouton-Rothschild, Patrick Léon, para elaborar os vinhos. Incomum, quase toda a gama é rosé, e os *cuvées* superiores, especialmente o Garrus, são fermentados e envelhecidos em carvalho novo. Os preços fazem o rosé Ott parecer barato, mas estes são rosés maravilhosamente perfumados, de extremo requinte e vigor.

Domaine Ferme Blanche ☆
Cassis. 20 ha.
Uma das principais propriedades neste moderno vilarejo; produz brancos relativamente florais e um rosé seco e leve.

Château de Fonscolombe ☆
Le Puy-Ste-Réparade. 144 ha.
A aristocrática família Saporta tem duas propriedades Coteaux d'Aix ao norte de Aix: este nobre château renascentista (88 hectares) e o Domaine de la Crémade (59 hectares). Os vinhos são bem feitos, empregando técnicas modernas nos brancos e rosés, e vinificação tradicional em carvalho nos tintos. O Cuvée Spéciale tinto tem 15% a 20% de Cabernet. Em geral, os vinhos carecem de concentração, mas são muito agradáveis.

Château du Galoupet ☆
La Londe-les-Maures. 72 ha.
www.galoupet.com
Uma propriedade que busca combinar as variedades tradicionais de uvas da região de Côtes de Provence com técnicas modernas de vinificação. O château remonta a Luís XIV, e a parte mais antiga da adega é romana.

Château Gassier ☆–☆☆
Puyloubier. 40 ha.
Esta propriedade do *négociant* Jeanjean produz alguns tintos e um belo rosé, mineral e equilibrado.

Domaine Gavoty ☆☆☆
Cabasse. 25 ha. www.gavoty.com
Bernard Gavoty foi o crítico de música do jornal *Le Figaro* nos anos 1970. Hoje, esta propriedade, uma excelente produtora de Côtes de Provence, é dirigida por Roselyne Gavoty. O pseudônimo de Bernard era Clarendon, e o *cuvée* superior, Cuvée Clarendon, quase sempre suntuoso, é um tributo adequado. O tinto tem mais Syrah; o rosé, mais Grenache.

Château la Gordonne ☆
Pierrefeu du Var. 180 ha. www.listel.fr
Esta enorme propriedade pertencente a Domaines Listel produz tintos, brancos e rosés Côtes de Provence com uvas de videiras em solo xistoso no sopé dos Maures.

Château Léoube ☆–☆☆☆
Bormes-les-Mimosas. 62 ha.
Administrado por Romain Ott, filho da família original do Domaines Ott (ver nesta página), esta propriedade pertence aos mesmos donos da Daylesford Organic, que, por sua vez, pertence ao homem que fundou a empresa de equipamentos para construção JCB. O vinhedo é parte de uma fazenda de 560 hectares à beira-mar, e almeja a certificação orgânica. Os vinhos têm baixa acidez, são elegantes e únicos.

Les Maîtres Vignerons de la Presqu'île de St-Tropez ☆☆
Gassin. 750 ha. www.mavigne.com
Esta empresa incomum reúne nove domaines. Cada domaine vinifica seus próprios vinhos, que depois são engarrafados e comercializados pelos viniculttores, que, desde 2001, aliaram-se a outras vinícolas para formar um grupo de *marketing* mais eficiente, o Terres de Mer. O Château de Pampelonne é o rótulo superior. Os tintos e rosés valem o preço, e são engarrafados como Cuvée du Chasseur, Carte Noire e outros rótulos.

Château Minuty ☆
Gassin. 65 ha.
Jean-Etienne Matton administra esta considerável propriedade, perto de Saint-Tropez, que tem respeitável reputação por seus rosés.

Domaines Ott ☆☆
Le Castellet. 156 ha. www.domaines-ott.com
Fundada em 1896 por um nativo da Alsácia, os antigos domaines Ott são composto por três propriedades que produzem bons vinhos na Provença – apesar de caros –, com métodos tradicionais e orgânicos: rendimentos limitados, envelhecimento em carvalho e ausência de enxofre. As propriedades são: Clos Mireille (Côtes de Provence, somente vinhos brancos), Château Romassan (Bandol, ver p. 198), e Château de Selle (Côtes de Provence). Por alguns anos, os vinhos pareciam estar se aproveitando de sua reputação, mas, em 2004, todas as três propriedades foram vendidas para a casa de Champagne Louis Roederer, e as melhorias estão a caminho, tanto nos vinhedos quanto nas adegas.

Domaine Rabiega ☆☆
Flayosc. 10 ha. www.rabiega.com
Pequena propriedade, de donos suecos, que produz impressionantes vinhos maduros e amadeirados: Clos d'Ière no 1 (principalmente Syrah) e no 2 (um corte de Grenache, Carignan e Cabernet Sauvignon).

Château Réal Martin ☆☆
Le Val. 37 ha. www.chateau-real-martin.com
Esta é uma propriedade sempre confiável para vinhos brancos e tintos Côtes de Provence. Mudou de mãos em 2001, quando foi

Adegas abobadadas, Château Romanin, Saint-Rémy.

comprada pelo executivo Jean-Marie Paul. A linha superior agora é chamada Prestige, e Paul plantou algumas videiras de Cabernet Sauvignon, às quais os antigos donos se opunham firmemente.

Château Revelette ☆☆
Jouques. 25 ha. www.revelette.fr
O proprietário, Peter Fischer, estudou na Universidade da Califórnia em Davis antes de adquirir, em 1985, esta propriedade, que agora é orgânica. Ela fica nas Coteaux d'Aix a 400 m de altitude; isso significa que os vinhos podem ter certa austeridade quando jovens; no entanto, seu Chardonnay tem frescor, bem como notas de carvalho. O tinto Grand Vin, de Cabernet Sauvignon e Syrah, tem sabor intenso de frutas vermelhas.

Domaine Richeaume ☆☆
Puyloubier. 25 ha.
O proprietário alemão Henning Hoesch, agora sucedido por seu filho Sylvain, elabora um tinto de Cabernet Sauvignon e Syrah que é envelhecido por dois anos em madeira, e assegura que mesmo seus brancos e rosés são vinhos de guarda. Hoesch também produz vinho varietal de Syrah e um rosé de *saignée* de Grenache.

Domaine de Rimauresq ☆☆
Pignans. 57 ha. www.rimauresq.fr
Esta propriedade tem donos escoceses desde 1988 e possui algumas videiras com até setenta anos de idade, que são utilizadas para fazer o especial Cuvée R. Nas melhores safras, o vinicultor Pierre Duffort cria um super-*cuvée* chamado Quintessence du R.

Château Routas ☆☆
Bras, Coteaux Varois, 44 ha. www.chateauroutas.com
Os tintos e rosés desta propriedade eram famosos nos Estados Unidos antes de ela ser comprada pelo magnata escocês Sir David Murray em 2005. A nova política é produzir vinhos de Syrah, Cabernet, Viognier e Chardonnay provenientes de terrenos específicos de solo calcário com grande exposição ao sol; os vinhos estão cada vez mais elegantes.

Domaine de St-André de Figuière ☆☆
La Londe-les-Maures. 42 ha.
www.figuiere-provence.com
A propriedade orgânica de Alain Combard fica entre Saint-Tropez e Toulon, produzindo bons tintos e rosés de seu solo xistoso. Há vários níveis de qualidade. O melhor é o Vieilles Vignes, seguido de perto pelo Reserve tinto, que é um vinho com predominância de Mourvèdre e envelhecido em barricas. O rosé também é bom.

Château de St-Martin ☆
Taradeau. 40 ha. www.chateaudesaintmartin.com
Uma bela casa antiga com adegas profundas, nas mãos da mesma família desde o século XVII. A proprietária, Madame du Barry, produz Côtes de Provence confiáveis e faz estoque de safras mais antigas para venda.

Château Ste-Roseline ☆☆
Les Arcs-sur-Argens. 108 ha. www.sainte-roseline.com
Em 1994, o empreendedor imobiliário Bernard Teillaud comprou e reformou esta antiga propriedade monástica, replantando e expandindo muitos dos vinhedos. O tinto Cuvée Prieure, com predominância de Mourvèdre, é o melhor vinho Côtes de Provence nela produzido, havendo ainda uma vasta gama de rosés, feitos de Tibouren, Mourvèdre e Syrah. Os melhores vinhos não são baratos.

Château du Seuil ☆☆
Puyricard. 55 ha. www.chateauduseuil.fr
Uma grande propriedade bastante elevada nas Coteaux d'Aix e propensa a geadas de primavera. Os melhores vinhos são os da linha Grand Seuil. A qualidade melhorou nitidamente no final dos anos 1990.

Château Simone ☆☆
Palette, Meyreuil. 17 ha. www.chateau-simone.fr
Uma das duas propriedades na minúscula AOC Palette e pertencente à sexta geração da família Rougier. Fornece aos restaurantes locais uma especialidade muito satisfatória: vinhos leves mas agradavelmente rústicos, que realmente têm o gosto das ervas e dos pinheiros da região.

Em média, as videiras têm sessenta anos de idade. O tinto envelhece bem; o branco, com predominância de Clairette, poderia ser considerado um gosto adquirido, mas muitas vezes ganha em grandeza depois de alguns anos em garrafa. O rosé é adorável.

Châteaux Elie Sumeire ☆
Trets. 140 ha. www.chateaux-elie-sumeire.fr
A família Sumeire possui três propriedades (Château Coussin Sainte-Victoire, Château de Maupague, e Château l'Afrique) em diferentes partes da denominação Côtes de Provence, o que a torna uma das maiores proprietárias de terras da denominação. Os brancos e rosés são vendidos novos, mas os tintos costumam ser envelhecidos por um período de seis meses a dois anos.

Domaine de Triennes ☆–☆☆
Nans-les-Pins. 44 ha. www.triennes.com
Esta propriedade em Coteaux Varois pertence a duas empresas notáveis da Borgonha: a de Villaines, de Romanée-Conti, e a Seysses, de Domaine Dujac. Uma vez que Dujac envelhece seus vinhos em carvalho novo, o domaine fornece uma saída útil para os barris usados, mas de boa qualidade. Viognier e Syrah são os melhores vinhos aqui, junto com o Saint-Auguste, corte de Cabernet, Merlot e Syrah.

Château Les Valentines ☆–☆☆
La Londes-les-Maures. 40 ha.
www.lesvalentines.com
Até 1997, a colheita deste domaine, entre Toulon e Saint-Tropez, era vendida à cooperativa local. O *cuvée* superior Les Bagnards tem uma boa dose de carvalho, e muitos consumidores preferem os cortes mais simples e mais frutados.

Château Vignelaure ☆
Rians. 60 ha. www.vignelaure.com
A primeira propriedade a mostrar que o interior de Provença poderia produzir vinhos muito bons, de interesse mais que local. Georges Brunet chegou do Médoc na década de 1960 e plantou Cabernet próximo às videiras locais. Embora visto como produzindo o melhor vinho de Coteaux d'Aix, Brunet vendeu a propriedade em meados dos anos 1980 e, depois disso, a qualidade caiu em consequência de uma sucessão de novos proprietários.

Em 1998, a família O'Brien, da Irlanda, tornou-se a única proprietária, não sem antes se beneficiar da assessoria de Hugh Ryman, vinicultor itinerante que fora sócio da família. A seleção rigorosa restaurou a qualidade, e O'Brien introduziu La Colline de Vignelaure, um Merlot complexo e envelhecido em carvalho novo. No entanto, em 2008 a propriedade foi vendida para um novo proprietário sueco, Bengt Sundström.

O Midi

O arco de terras que vai da fronteira com a Espanha à foz do Rhône pode muito bem ser o vinhedo mais antigo da França. É certamente o maior. Até cerca de quinze anos atrás, uma enorme quantidade de vinho não desejado jorrava de suas planícies, para o desespero dos políticos de toda a Europa. As tradições de uma vinificação melhor persistiram nas colinas, mas diante de tais desvantagens econômicas parecia haver pouco futuro para elas.

Os tempos, porém, mudaram. As melhores tradições – e variedades – locais foram mantidas com o advento de novas técnicas de produção, enfim, de alguns vinhos memoráveis do Midi. Os interesses e investimentos australianos, entre outros, levaram os locais a abrir os olhos. A região está ganhando vida novamente: as colinas de Languedoc, Corbières e Minervois, e também de Roussillon.

Foi só nos anos 1960 que os viticultores e investidores perspicazes se deram conta de que os solos e o clima dessas encostas ensolaradas tinham enorme potencial. A ficha caiu ao mesmo tempo em que a Califórnia se levantou de seu descanso. No Midi, a baixa moral, a burocracia, o conservadorismo camponês e a propriedade de terra tipicamente complicada são fatores que têm freado o progresso. O estilo francês é avançar com cautela por caminhos já traçados: melhorar os vinhos, e não mudá-los. Um grande entrave às melhorias tem sido o poder, hoje em declínio, das cooperativas. Seus membros estavam acostumados a colher o mais cedo possível, rebocando as uvas até a cooperativa, e então ir caçar durante o resto do ano. O fato de que suas uvas eram ruins e seus vinhos invendáveis não os incomodava nem um pouco. Até hoje, esses viticultores teimosos se recusam a reconhecer a realidade da competição de regiões e vinícolas mais dinâmicas, especialmente de sua vizinha ao sul: a Espanha.

A modernização começou com o processo de vinificação, e então passou à comercialização dos produtos. A introdução da maceração carbônica foi o primeiro passo vital. Essa técnica extraiu de uvas insípidas, tais como a Carignan, sabores suculentos que ninguém sabia que estavam lá. Hoje o processo está muito avançado, fazendo surgir uma bela lista de propriedades e cooperativas com bons vinhos a oferecer, das uvas "aromáticas" que o público deseja. Agora, são as empresas, e não as cooperativas, que lideram em qualidade, embora as melhores cooperativas estejam adaptando sua produção e suas embalagens a uma geração de consumidores à procura de vinhos bons e frutados a preços justos.

O Midi de vinhos de qualidade se divide em quatro regiões distintas. Seguindo a curva direita da costa ao norte da fronteira com a Espanha, são elas: Rouxinol, no sopé dos Pirineus, outrora famosa por vinhos doces de sobremesa e de aperitivo, mas hoje ganhando reputação por alguns tintos vigorosos e impressionantes; Corbières, região de vinho tinto; Minervois, nos sopés mais ao sul das Cévennes, também famosa por vinhos tintos; e a dispersa Coteaux du Languedoc, produzindo tintos, brancos e rosés com qualidade variável, do horrível *vin ordinaire* a vinhos magníficos.

Precisamente o que constitui uma boa área de qualidade e quais são as uvas "certas" para ela são estudados aqui com tanta precisão gaulesa quanto nas encostas de Beaune. Há não muito tempo, o Vins Délimités de Qualité Supérieure (VDQS) era a principal classificação nessas partes. Hoje, muitas áreas vêm sendo promovidas a AOC, conforme se revela seu verdadeiro potencial. Infelizmente, a desvantagem é que essa proliferação de denominações e subdenominações confunde até mesmo os profissionais do vinho, o que dirá os consumidores. Esta também é a região do *vin de pays*. As páginas 238-241 fornecem detalhes sobre os incontáveis distritos de "vinhos de região".

Mas vender o vinho como um *vin de pays* também é uma alternativa interessante para viticultores que consideram a armadura da denominação demasiado opressora. Está surgindo o perigo da localização, que a Itália já conhece, em que o pioneiro perspicaz acredita (e com razão) que seu vinho é mais importante que seu rótulo. Alguns dos melhores vinhos do Midi são vendidos como *vin de pays* simplesmente porque a Cabernet ou a Merlot não são permitidas na legislação existente. Muitas propriedades procuram um meio termo, mantendo a identificação da AOC nos rótulos de seus vinhos tradicionais, mas optando por vinhos varietais mais comerciais, colhidos a rendimentos mais altos, para suas gamas de *vin de pays*.

Roussillon

Os vinhos da tórrida região de Roussillon desfrutam do prestígio de um produto antigo e único, *seu vin doux naturel*, praticamente desconhecido fora da França, mas tão orgulhoso de suas origens que vê o vinho do porto (seu equivalente) como um impostor. Infelizmente, é difícil vender essa imensa quantidade de Muscat e Grenache fortificado. Até mesmo os vinhos mantidos em grandes barris por vinte anos ou mais para atingir a agradável maturidade têm de ser oferecidos a preços ridiculamente baixos. O que tem atraído novos investidores, e não só da França, a Roussillon é seu enorme potencial para vinhos tintos. Os solos, muitas vezes xistosos, são excelentes, proporcionando vinhos de grande virilidade e caráter.

As colinas abrigadas nos arredores de Perpignan, à beira-mar, e também as do interior, nos vales do Agly e do Tet, produzem alguns tintos formidáveis. Os melhores exemplos, à base de Grenache, Syrah, Mourvèdre e da antiga Carignan, podem ter algo da estrutura de um Châteauneuf-du-Pape, porém mais redondos e com uma textura mais suave. Cada vez mais viticultores estão deliberadamente envelhecendo em carvalho e às vezes também em garrafa, para agregar complexidade ao vinho.

Os melhores vinhos têm direito à AOC Côtes du Roussillon (5.745 hectares) ou à Côtes du Roussillon-Villages (2.190 hectares divididos entre 32 comunas). Os rosés continuam comercialmente importantes – surpreendentes 60% da produção de Côtes du Roussillon é de rosés tranquilos –, ainda que a qualidade frequentemente deixe muito a desejar. Ao mesmo tempo, viticultores como Gérard Gauby (ver p. 205) e o Domaine des Chênes estão mostrando o que pode ser feito com uvas brancas, mesmo nessa região tão quente. Os últimos anos testemunharam um crescimento de subdenominações, em grande medida a pedido de cooperativas. Os seguintes vilarejos hoje têm o direito de vincular seu nome a Côtes du Roussillon-Villages: Aspres, Caramany, Latour de France, Lesquerde e Tautavel. Cada um deles vem com um complexo conjunto de regras e regulamentações. Isso pode explicar por que tantas propriedades importantes hoje estão escolhendo engarrafar seus vinhos como Vin de Pays Côtes Catalanes.

Uma pequena área de vinho tinto na área turística de Collioure (600 hectares), à beira-mar, na fronteira com a Espanha, tem sua própria denominação de origem controlada desde 1949 para um vinho único e concentrado em que a Carignan exerce um papel pequeno: um corte composto principalmente de Mourvèdre e

Grenache Noir, com sabores intensos diferentes de tudo o que se produz na região. Desde 2003, o Institut National des Appellations d'Origine (INAO) autorizou a inclusão de vinhos brancos na AOC.

Os vins doux naturels aparentemente devem sua origem à figura reverenciada de Arnaldo da Villanova, o sábio e médico de Montpellier do século XIII, que trouxe a destilação da Espanha moura à França. Foi ele que primeiro adicionou *eau de vie* a vinhos naturalmente fortes para interromper a fermentação e manter um alto nível de açúcar natural – daí a assepção "doux naturels". Mas enquanto, no vinho do Porto, a *eau de vie* representa um quinto do volume e mais de metade da graduação alcoólica, nos vins *doux naturels* ela é limitada a 10% do volume, ao passo que a graduação alcoólica natural do vinho deve, por lei, atingir não menos de quinze graus. Não compete a um estrangeiro, com o privilégio de uma educação em vinho do porto, discorrer sobre as qualidades dos vins *doux naturels*. Envelhecidos, eles adquirem um sabor oxidado conhecido pelo termo espanhol *rancio*. Os produtores tradicionais os envelhecem em recipientes de vidro de trinta litros, em forma de pera, conhecidos como *bonbonnes* (mais uma vez, do espanhol: *bombonas*). O vin doux naturel é feito em muitos estilos diferentes e graus variados de doçura e idade. Alguns exemplos estimados podem ser envelhecidos por até vinte anos ou mais em grandes barris. Além dos cortes de Grenache vendidos como Rivesaltes (5.590 hectares), Banyuls (1.173 hectares) ou Maury (507 hectares), e do varietal Muscat de Rivesaltes (5.117 hectares), há uma moda crescente por estilos "vintage", feitos ao estilo do Porto vintage. Estes são muitas vezes chamados *rimage*.

Principais produtores de Roussillon

Cave de l'Abbé Rous ☆–☆☆☆
Banyuls-sur-Mer. www.abberous.com
Uma cooperativa similar à Cellier des Templiers (ver p. 207) que se especializa em Collioure e Banyuls de alta qualidade em uma gama completa de estilos. O principal mercado são varejistas e restaurantes, ao passo que o Cellier atende aos consumidores privados.

Agly Brothers ☆☆
Latour de France. 7 ha.
Uma colaboração que começou em 2003 entre Michel Chapoutier, do Rhône, e Ron Laughton, da Jasper Hill (ver p. 560), em Victoria. A espinha dorsal do único vinho é a Carignan plantada em 1902, mais Grenache e Syrah. Causa furor com seus aromas finos de frutas vermelhas e taninos elegantes.

Mas Amiel ☆☆☆
Maury. 155 ha.
O melhor produtor da denominação, oferecendo Maury tradicional envelhecido em barril, bem como o moderno estilo vintage. Sob Charles Dupuy, a qualidade melhorou gradativamente durante toda a década de 1990. Após sua morte em 1999, Mas Amiel foi comprada por Olivier Decelle, um magnata da indústria de congelados que também possui uma série de propriedades em Bordeaux. Em Mas Amiel, ele expandiu a gama sem comprometer a qualidade. Além dos sublimes vinhos fortificados, ele está produzindo agora excelentes Côtes du Roussillon, brancos e tintos, incluindo o Cuvée Carérades, vigoroso e envelhecido em carvalho.

Cave des Vignerons de Baixas ☆–☆☆☆
Baixas. 2.100 ha. www.dom-brial.com
Fundada em 1923, esta é uma importante cooperativa, produzindo uma gama abrangente de vinhos de todos os estilos permitidos, tranquilos e fortificados. Dom Brial é sua marca; Château Les Pins, seu rótulo superior. De longe, a maior produtora de Muscat de Rivesaltes.

Mas Baux ☆
Canet-en-Roussillon. 12 ha. www.mas-baux.com
Quase totalmente replantada em 1999, esta propriedade relativamente nova mantém as produções baixas para compensar a juventude da maioria das videiras. Vinhos complacentes para ser consumidos a médio prazo. Soleil Rouge é o melhor Côtes du Roussillon, envelhecido em barris de 500 litros durante um ano.

Domaine Bila-Haut ☆☆
Latour de France. 65 ha.
A propriedade biodinâmica de Michel Chapoutier produz dois Côtes du Roussillon-Villages que valem o preço: um não amadeirado e o outro, Occultus Lapidem, um corte de Grenache, Carignan e Syrah, parcialmente envelhecido em carvalho.

Domaine Boudau ☆–☆☆
Rivesaltes. 52 ha. www.domaineboudau.fr
Enorme propriedade, mais famosa por seus Muscat e Rivesaltes, embora, nos últimos anos, a gama de Côtes du Roussillon esteja se expandindo. Qualidade confiável.

Château de Caladroy ☆
Bélesta. 130 ha. www.caladroy.com
Esta grande propriedade, com um belo castelo do século XII, produziu vinhos insípidos até o fim dos anos 1990, quando a qualidade mudou para melhor, inclusive com a introdução de um pouco de envelhecimento em carvalho.

Domaine Calvet-Thunevin ☆☆–☆☆☆☆
Maury. 16 ha. www.thunevin.com
Em 2000, Jean-Luc Thunevin, de Saint-Émilion, aliou-se com o produtor local Jean-Roger Calvet para adquirir alguns vinhedos em excelentes solos xistosos. A qualidade é alta, mas os preços também. A maioria dos vinhos são Côtes du Roussillon-Villages, extremamente concentrados.

Château de Casenove ☆☆–☆☆☆☆
Trouillas. 50 ha.
Pertencente ao ex-fotojornalista Etienne Montès, que trabalhou em estrita parceria com o enólogo Jean-Luc Colombo para melhorar a qualidade da produção do château. O branco Côtes du Roussillon é bom, embora não especialmente aromático, e se beneficia do envelhecimento em garrafa. O tinto superior é normalmente o Cuvée Jaubert: um puro Syrah, parcialmente envelhecido em barrica.

Domaine Tour Vieille, Collioure.

Domaine Cazes ☆☆–☆☆☆

Rivesaltes. 160 ha. www.cazes-rivesaltes.com

Os irmãos Cazes, produtores importantes há décadas, continuaram a modernizar seu lagar e a replantar seus vinhedos substanciais com Grenache, Syrah, Mourvèdre e Malvoisie. Seus Rivesaltes e Muscat de Rivesaltes são totalmente confiáveis; e os rótulos envelhecidos em barris antigos, tais como o Cuvée Aimé Cazes, valem cada centavo.

Nos últimos anos, os Cazes fizeram grande progresso com os tintos Côtes du Roussillon e Côtes du Roussillon-Villages. Em 1993, eles lançaram o Credo, um vin de pays de Cabernet Sauvignon e Merlot, cujo propósito, alcançado com sucesso, era mostrar como as uvas de Bordeaux podem funcionar bem na região. Entretanto, este continua sendo um endereço melhor para vin doux naturel do que para vinhos tintos.

Domaine des Chênes ☆☆–☆☆☆

Vingrau. 30 ha.

Alain Razungles é professor de enologia em Montpellier; dele se espera que produza bons vinhos no domaine da família. E, de fato, produz, com alguns ricos *cuvées* de Côtes du Roussillon-Villages e alguns brancos excelentes à base de Grenache Blanc. Uma gama elegante e consistente de vins doux naturels confirma a versatilidade de Razungles.

Domaine du Clos des Fées ☆☆–☆☆☆

Vingrau. 25 ha. www.closdesfees.com

Esta propriedade ambiciosa e recentemente expandida foca em Côtes du Roussillon-Villages tintos intensos e muito amadeirados, usando técnicas modernas tais como a agitação dos sedimentos e a micro-oxigenação. O proprietário, Hervé Bizeuil, já foi *sommelier*, e claramente sua intenção é vender a restaurantes de primeira classe. Excelente qualidade a preços altos. Os colecionadores de vinhos de culto talvez se interessem pelo Petite Sibérie, um Grenache de velhas videiras que custa mais de €200.

Coume del Mas ☆–☆☆☆

Banyuls-sur-Mer. 10 ha.

Desde 2000, a propriedade pessoal do viticultor Philippe Gard. Os vinhos incluem um Banyuls ultramaduro, envelhecido em 50% de carvalho novo, chamado Quintessence, e um Collioure chamado Quadratura, proveniente do melhor vinhedo de Gard.

Domaine de la Coume du Roy ☆☆–☆☆☆

Maury. 25 ha. www.lacoumeduroy.com

Uma velha propriedade que se especializa em vins doux naturels concentrados e ainda oferece vintage que remontam aos anos 1920.

L'Etoile ☆–☆☆☆

Banyuls-sur-Mer. 152 ha.

Esta cooperativa foi fundada em 1921 e produz uma enorme variedade de Banyuls e de Collioure tinto e rosé. A maioria dos vinhos é envelhecida em barril; os exemplares mais antigos são aromáticos e sutis, com ecos de laranja, café e caramelo. Também se produzem estilos vintage, mas não todos os anos.

Domaine Ferrer-Ribière ☆–☆☆

Terrats. 44 ha.

Uma grande propriedade produzindo uma gama muito completa de vinhos, sendo os tintos, de longe, mais convincentes do que os brancos. Os vinhos superiores são os mais tradicionais, elaborados com uvas de velhas videiras de Grenache e Carignan.

Domaine Fontanel ☆–☆☆

Tautavel. 35 ha.

Esta propriedade ambiciosa produz, com muita competência, uma ampla gama de vinhos. O Le Prieuré é particularmente elegante, combinando Syrah e Grenache e sendo envelhecido em carvalho novo por dezoito meses.

Domaine Força-Réal ☆☆

Millas. 40 ha. www.forca-real.com

Em um cenário espetacular ao lado da montanha, Jean-Paul Henríques produz Côtes du Roussillon e Rivesaltes brancos e tintos de um vinhedo que ele recuperou e replantou a partir de 1989.

O segundo vinho da propriedade é o Mas de la Garrigue, fácil de beber, ao passo que o rótulo superior é o Les Hauts de Força--Réal, envelhecido em madeira. Seu orgulho é um Rivesaltes Hors d'Age com sabor de caramelo e café.

Domaine Gardiès ☆☆–☆☆☆

Vingrau. 30 ha. www.domaine-gardies.fr

Desde o início da década de 1990, Jean Gardiès produziu alguns deliciosos Côtes du Roussillon-Villages, especialmente o Tautavel, com predominância de Grenache. A propriedade se orgulha de seu Cuvée La Torre, cuja estrutura tânica é obtida com a alta proporção de Mourvèdre.

Domaine Gauby ☆☆☆–☆☆☆☆

Calce. 42 ha.

Gérard Gauby produz uma coleção fascinante de vinhos que inclui Côtes du Roussillon tintos e brancos em vários cortes, bem como vins de pays, alguns dos quais parcialmente envelhecidos em novas barricas. O branco Vin de Pays des Côtes Catalanes (um corte de Carignan Blanc, Grenache Blanc e Maccabéo) alcança preço mais alto que o Côtes du Roussillon.

O Vieilles Vignes é produzido com videiras de cinquenta anos. Muntada é o Syrah mais memorável de Roussillon, com sabores de frutas vermelhas. A produção é limitada a cerca de 7 mil caixas, já que a política de seleção de Gauby despacha 60% da colheita para a cooperativa local.

Château de Jau ☆☆

Cases de Péné. 134 ha.

A família Dauré possui um trio de excelentes propriedades na região. Em Jau, eles produzem alguns dos melhores Côtes du Roussillon, além de um Muscat excelente e bons brancos de Malvoisie e Maccabéo. O Côtes du Roussillon-Villages é um corte dominado por Syrah e Mourvèdre. Suas outras propriedades são Clos des Paulilles, de oitenta hectares, que produz Collioure e Banyuls, e Mas Cristine, que se dedica a Rivesaltes.

Domaine de Madeloc ☆☆

Banyuls-sur-Mer. 24 ha.

O posto avançado do vinicultor Pierre Gaillard, do norte do Rhône, em Roussillon. Embora produza um pouco de Banyuls, o foco aqui são diferentes *cuvées* de Collioure, brancos e tintos.

Domaine du Mas Blanc ☆☆☆

Banyuls-sur-Mer. 21 ha. www.domainedumasblanc.com

O falecido dr. André Parcé foi, durante muitos anos, o principal produtor de Banyuls e Collioure (e em seu papel como membro do círculo restrito do Institut National des Appellations d'Origine (INAO), notório por sua oposição à promoção do Château Mouton-Rothschild ao *status* de *premier cru*). A propriedade é hoje administrada por seu filho, Jean-Michel. Sua gama de vinhos ainda é tradicional e inclui estilos raros, tais como Banyuls Blanc, Banyuls Dry e um vinho envelhecido segundo o método solera. Nos anos 1980, o dr. Parcé reconstruiu os terraços de seus vinhedos de Collioure a um enorme custo, e a propriedade produz uma série de *cuvées* diferentes desse tinto vigoroso.

Domaine du Mas Crémat ☆☆–☆☆☆
Espira de l'Agly. 30 ha. www.mascremat.com
Pertencente à família borgonhesa Jeannin-Mongeard desde 1990, esta propriedade produz brancos e tintos Côtes du Roussillon de solos escuros de xisto e calcário. O Grenache Blanc, fermentado em barrica, é memorável.

Domaine Matassa ☆☆
Fenouillèdes. 16 ha.
O neozelandês Sam Harrop, um consultor em vinicultura, e o sul-africano Tom Lubbe, que trabalhou no Domaine Gauby (ver p. 205) e hoje é genro do proprietário, uniram-se para produzir vinhos de vários terrenos de videiras, que eles cultivam de forma biodinâmica. Tanto os brancos quanto os tintos são vendidos como vin de pays: o tinto, principalmente de Grenache; o branco, um corte de Grenache Blanc e Maccabéo. Os vinicultores limitam o uso de carvalho novo de modo a permitir que os esplêndidos vinhedos brilhem através de seus vinhos.

Vignerons de Maury ☆–☆☆
Maury. 400 ha.
www.vigneronsdemaury.com
Fundada em 1910, esta importante cooperativa produz grande parte da produção de Maury, introduzindo o estilo vintage de Maury em 1982. O *cuvées* superior Chabert vintage é predominantemente Grenache. Um grande volume de Côtes du Roussillon e vins de pays também é produzido.

Vignerons de Pézilla ☆
Pézilla-La-Rivière. 600 ha.
www.vins-roussillon-pezilla.com
Uma das cooperativas mais dinâmicas da região, produzindo uma fascinante seleção de vins de pays (inclusive Chardonnay e Viognier), bem como Côtes du Roussillon e uma gama de Rivesaltes a preços bem modestos.

Domaine Piétri-Géraud ☆☆
Collioure. 28 ha.
Pequena propriedade administrada por mãe e filha que produz Collioure não filtrado de Grenache e Syrah, além de Banyuls e Muscat de Rivesaltes envelhecidos em barril.

Domaine Piquemal ☆–☆☆
Espira de l'Agly. 50 ha.
www.domaine-piquemal.com
Em uma série de adegas no centro de Espira de l'Agly, Pierre Piquemal produz uma ampla gama de vinhos, entre os quais um tinto e um rosé à base de Merlot e um Muscat Sec. As safras recentes do Côtes du Roussillon foram vinificadas em madeira e enfatizam taninos suaves e fruta madura, mas alguns vinhos carecem de caráter. Também produz Rivesaltes.

Olivier Pithon ☆☆
Calce. 15 ha. www.domaineolivierpithon.com
Desde o fim dos anos 1990, Pithon adquire vinhedos próximos dos de seu amigo e mentor Gérard Gauby. Aqui, o sistema de rótulos, tanto para os vins de pays quanto para os Côtes du Roussillon, é desnecessariamente complicado, mas os vinhos são de primeira

classe graças às produções excepcionalmente baixas e a um estilo de vinificação que evita os excessos.

Domaine La Pleiade ☆☆
St Paul de Fenouillet. 12 ha. www.domaine.la.pleiade.free.fr
Uma pequena propriedade pertencente ao ex-diretor da cooperativa de Maury. Além de Maury de pura Grenache Noir, há um pouco de Côtes du Roussillon-Villages.

Domaine Pouderoux ☆☆
Maury. 16 ha.
Propriedade consolidada que demonstra maestria na elaboração de Maury de vários estilos, tanto vintage quanto envelhecidos tradicionalmente.

La Préceptorie de Centernach ☆☆–☆☆☆
St-Arnac. 28 ha. www.la-rectorie.com
Um empreendimento conjunto entre o viticultor local Vincent Legrand e a La Rectorie (ver verbete a seguir), o que possibilita à última trabalhar com os excelentes vinhedos de Maury, bem como com seus solos locais de Collioure. O Maury vintage, Aurélie Pereira, é sublime: sua robustez é moderada por um vigor apimentado; e os Côtes du Roussillon brancos e tintos também alcançam excelentes padrões.

Domaine de la Rectorie ☆☆–☆☆☆
Banyuls-sur-Mer. 25 ha.
www.la-rectorie.com
Marc e Thierry Parcé administram esta ótima propriedade que produz alguns dos melhores Collioure e uma gama de Banyuls. Há também alguns vins de pays usando variedades e cortes não autorizados para vinhos AOC. Dois vinhos raros são o l'Oriental, de uvas ultramaduras, sem adição de álcool, e o Fleur de Pierre, um estilo seco e *rancio* feito por sistema solera.

Domaine Sarda-Malet ☆☆–☆☆☆
Perpignan. 50 ha.
www.sarda-malet.com
Esta propriedade, administrada pela dinâmica Suzy Malet e por seu filho Jérôme, é especializada em vin doux naturel Rivesaltes e Côtes du Roussillon. Há dois Côtes du Roussillon brancos, feitos de uma mistura de uvas Grenache, Roussanne, Marsanne, Malvoisie e Maccabéo – um deles é fermentado em tanques e o outro (*terroir* Mailloles) é vinificado em madeira. O vinho superior é um corte de Syrah e Mourvèdre, também chamado *terroir* Mailloles, envelhecido em carvalho novo. Os Rivesaltes incluem um excelente Rivesaltes vintage, La Carbasse e Muscat de Rivesaltes.

Domaine des Schistes ☆☆
Estagel. 45 ha. www.domaine-des-schistes.com
Jacques Sire deixou a cooperativa local em 1989. Desde que começou a trabalhar sozinho, ele produziu alguns vinhos tintos verdadeiramente memoráveis, provenientes de seus solos xistosos. O melhor é o Les Terrasses de 60% de Syrah, mais Carignan e Grenache, que é envelhecido em 30% de carvalho novo.

Domaine Le Soula ☆☆–☆☆☆
St Martin-de-Fenouillet. 19 ha.
Um empreendimento conjunto entre Gérard Gauby (ver p. 205) e sócios que incluem o comerciante de vinhos britânico Roy Richards. A oferta é simples: dois vins de pays, branco e tinto, de vinhedos orgânicos. Estes são vinhos de montanha, de colinas íngremes, de videiras cultivadas biodinamicamente. Embora sejam

envelhecidos em 50% de carvalho novo, a madeira é quase imperceptível graças à concentração e intensidade da fruta.

Les Maîtres Vignerons de Tautavel ☆
Tautavel. 330 ha.
www.vignerons-tautavel.com
Fundada em 1927, esta cooperativa produz, entre outros vinhos, excelentes Côtes du Roussillon-Villages tintos, incluindo uma versão envelhecida em carvalho e um rico Rivesaltes.

Cellier des Templiers ☆–☆☆☆
Banyuls-sur-Mer. 1.200 ha. www.banyuls.com
Esta é uma operação em grande escala, unindo oito cooperativas. Em consequência, domina as áreas de Collioure e Banyuls. Junto com outro empreendimento similar, Abbé Rous (ver p. 204), produz e comercializa cerca de 80% das duas denominações. À diferença de Abbé Rous, a Cellier comercializa seus vinhos primordialmente para clientes particulares. Houve investimentos consideráveis em equipamentos e a qualidade geral é boa. Há dezenove estilos diferentes de Banyuls disponíveis, em sua maioria tradicionais, mas também *rimage*, e quinze Collioures.

Domaine Tour Vieille ☆☆–☆☆☆
Collioure. 13 ha.
Christine Campadieu e Vincent Cantié construíram, juntos, uma das melhores propriedades da região. Normalmente há dois *cuvées* de Collioure: o primeiro, um corte de Grenache e Syrah; o segundo, de Grenache e Mourvèdre. Uma especialidade é o Cap de Creus, um estilo seco e *rancio* que, segundo a Madame Campadieu, é um dos vinhos tradicionais da região: seco e muito forte.

Domaine Vaquer ☆–☆☆
Tresserre. 30 ha.
A especialidade rara aqui é um Maccabéo branco capaz de envelhecer, sem dificuldade, por quinze anos. Os tintos superiores são o L'Exception e o Cuvée Fernand Vaquer, que é principalmente Carignan de velhas videiras, envelhecido durante dois anos em carvalho. Todos são vins de pays.

Domaine des Vents ☆☆
St Paul-de-Fenouillet. 16 ha.
Embora só tenha sido fundado em 2004, este domaine já conquistou grande aprovação para seu Côtes du Roussillon Clos des Vents, um corte envelhecido em carvalho de Grenache e Carignan, com um traço de Syrah.

Domaine Vial Magnères ☆☆
Banyuls-sur-Mer. 10 ha.
Esta pequena propriedade é administrada por um ex-químico de alimentos, Bernard Sapéras, e seu filho Olivier. Produz bons Collioure, bem como vários estilos de Banyuls. Seu melhor vinho costuma ser o Al Tragou, um vinho *rancio* de Grenache Noir, feito por método parcialmente solera.

Corbières

Corbières é uma região enorme, abarcando o interior de Narbonne quase até Carcassonne, e a mesma distância ao sul até a divisa com Roussillon. Ergue-se e se estende em colinas áridas de um calcário pálido, subitamente bordado com os pontos verdes de videiras, que formam estampas ousadas. A uva Carignan, neutra, há muito é dominante, mas não deve exceder 50% da mistura. A Syrah, a Mourvèdre e a Grenache são misturadas com ela.

Um bom terreno, combinado com a imposição de limites à colheita e uma vinificação cuidadosa, produz vinhos suficientemente sólidos, mas que, com demasiada frequência, carecem de sabor e elegância. As melhorias vêm na forma da vinificação com maceração carbônica, para obter ao menos uma ilusão do sabor frutado das uvas, e do – mais radical – replantio com variedades de mais personalidade que a Carignan. (O Carignan de antigas videiras, no entanto, é muito apreciado.) Há também maior uso de madeira (na fermentação e maturação) para conferir um componente extra de sabor e estrutura aos vinhos. Destaca-se, na região, um cultivo pequeno mas importante de vinho branco, parte dele fermentado em barril e envelhecido em carvalho. No entanto, o vinho tinto ainda representa 95% da produção, com 3% de rosé e outros 2% de branco.

Existem algumas grandes propriedades, bem como milhares de viticultores que contribuem com as cooperativas. Duas áreas na extremidade sudoeste de Corbières, uma região predominantemente de cooperativas, há muito desfrutam da AOC Fitou para seus tintos, pois eles envelhecem melhor do que o resto. Há 2.600 hectares com direito à AOC Fitou, embora os vinhos possam ser rotulados Corbières se os produtores assim o desejarem.

Também houve uma divisão mais recente da denominação Cobrires em onze zonas diferentes para salientar o *terroir* variado; o clima vai de marítimo a árido. São elas Montagne d'Alaric, Saint-Victor, Fontfroide, Queribus, Boutenac, Termenès, Lézignan, Lagrasse, Sigean, Durban e Serviès.

O principal desafio para os produtores é combater a rusticidade. Embora a região seja vasta e variada, grande parte dela é seca e áspera, e pode ser difícil produzir vinhos sofisticados. É claro que há exceções, e um número cada vez maior delas, mas ainda parece que Corbières como um todo fica atrás de Roussillon, Saint-Chinian e parte de Coteaux du Languedoc. Por outro lado, os viticultores resistiram à tentação de produzir microcuveés a preços inflados, e os vinhos estão entre os de preço mais razoável do sul da França.

Principais produtores de Corbières

Château Aiguilloux ☆–☆☆
Thézan-des-Corbières. 38 ha.
www.chateau-aiguillou.com
O autodidata François Lemarié administra esta propriedade, empregando maceração carbônica para produzir tintos tânicos e estruturados e rosés frescos e frutados.

Château d'Aussières ☆–☆☆
Narbonne. 158 ha. www.lafite.com
Os Rothschild, do Château Lafite, são donos desta imensa propriedade, que eles replantaram a partir de 1999. Estes são vinhos atraentes e com certa elegância para ser consumidos a médio prazo, e o vin de pays branco, não amadeirado, é puro Chardonnay.

Domaine Bertrand-Bergé ☆☆
Paziols. 33 ha. www.bertrand-berge.com
Esta propriedade, que goza da AOC Fitou, já estava comercializando seus vinhos no século XIX; portanto, não é de surpreender que suas videiras tenham, em média, sessenta anos. São produzidos quatro *cuvées* diferentes, do Tradition, não amadeirado, ao excelente Jean Sirven, envelhecido em barricas, que é metade composto de velhas videiras de Carignan.

Château Borde-Rouge ☆☆
Lagrasse. 23 ha. www.borde-rouge.com
Esta propriedade, que sempre almejou a alta qualidade, mudou de mãos em 2005 e a oferta de vinhos foi remodelada. Os básicos são chamados Rubellis; a linha prestige, Carminal; e o vinho superior é o Ange, introduzido em 2002 e bem recebido.

Cave des Vignerons de Camplong ☆–☆☆
Camplong-d'Aude. 300 ha. www.camplong.com
Uma cooperativa, há muitos anos administrada de modo inteligente por Odile Denat, que faz o melhor uso das videiras de seus membros – em sua maioria Grenache e Carignan, talentosamente complementadas com Syrah e Mourvèdre. Peyres Nobles é a coleção principal, feita nas três cores e vendida a preço bem razoável.

Château de Caraguilhes ☆☆
St-Laurent-de-la-Cabrerisse. 135 ha. www.caraguilhes.fr
Grande propriedade orgânica, comprada em 2005 por Pierre Gabison. Além de Corbières padrão, fabrica dois *cuvées* especiais: o Prestige e o Solus. O Prestige passa nove meses em barricas; o Solus é uma seleção especial, metade dele de Carignan. Os *cuvées* superiores costumavam ser excessivamente amadeirados, mas as safras recentes mostram mais fruta.

Château Cascadais ☆☆
St-Laurent-de-la-Cabrerisse. 34 ha.
Esta propriedade pertence a Philippe Courrian, do Château Tour--Haut-Caussan (ver p. 59), no Médoc. O tinto é submetido a envelhecimento cauteloso em carvalho novo.

Clos de l'Anhel ☆☆
Lagrasse. 10 ha. www.anhel.fr
Philippe Matthias é o vinicultor do Château Pech Latt (ver p. 209) e, desde 2000, esta é sua propriedade pessoal. Anhel, casualmente, é o dialeto local para "agneau" ou cordeiro. Os vários *cuvées* são sofisticados e evitam as armadilhas da extração excessiva. Matthias é adepto da micro-oxigenação durante a vinificação, utilizando pouco carvalho novo, exceto para uma proporção do *cuvée* superior Les Dimanches.

Cave d'Embres et Castelmaure ☆–☆☆
Embres-et-Castelmaure. 340 ha.
Cooperativa bem administrada, que usa técnicas modernas como a micro-oxigenação para moderar a rusticidade da Carignan. Os melhores vinhos incluem o Cuvée Pompadour, envelhecido em barrica, mas sem carvalho novo, e o Grande Cuvée de Syrah e Grenache. Em uma iniciativa ousada, a cooperativa contratou Michel Tardieu, do Tardieu-Laurent (ver p. 192), como consultor.

Château Etang des Colombes ☆☆
Lézignan. 77 ha. www.etangdescolombes.com
Em uma propriedade bem equipada com velhas videiras, Christophe Gualco produz uma variedade de vinhos, dos quais o melhor é o Cuvée Bois des Dames, envelhecido em barrica.

Domaine de Fontsainte ☆☆–☆☆☆
Boutenac. 45 ha. www.fontsainte.com
Yves Laboucarié foi um dos mais dedicados e meticulosos vinicultores da região, beneficiando-se de vinhedos excelentes e variados. Hoje ele é sucedido por seu filho Bruno. O vinho Domaine passa por um breve período em carvalho, e o Réserve La Demoiselle é feito de videiras centenárias e envelhecido em barricas mais velhas durante doze meses. Em 1999, ele introduziu o Clos du Centurion, feito principalmente de Carignan provenientes de videiras antigas e envelhecido também em barricas.

Château Gléon-Montanié ☆☆–☆☆☆
Villesèque-des-Corbières. 50 ha. www.gleon-montanie.com
Os vinhos da família Montanié são marcados por seu vigor e vivacidade. O Cuvée Gascon Bonnes, superior, é mais concentrado, com taninos densos e ricamente frutado. Mas é difícil superar o Corbières comum com seu caráter vívido e apimentado.

Domaine du Grand Arc ☆☆–☆☆☆
Padern. 14 ha. www.domaine-grand-arc.com
O proprietário e vinicultor Bruno Schenk é proveniente da Alsácia, que dificilmente poderia ser mais diferente desta região. Ele oferece uma série de rótulos. O Réserve não passa por madeira, e tampouco o La Fleurine, que contém 65% de Carignan; o Cuvée des Quarante é principalmente de Grenache e Syrah, envelhecido em carvalho. Seu vinho de guarda é Aux Temps d'Histoire, um puro Carignan opulento.

Château du Grand Caumont ☆☆
Lézignan. 100 ha. www.grandcaumont.com
A velha propriedade da família Rigal perto do rio Orbieu foi energicamente modernizada. O Cuvée Tradition é feito por maceração carbônica, e o Saint-Paul Cuvée Prestige é feito à base de uma seleção de velhas videiras de Carignan.

Domaine du Grand Crès ☆☆–☆☆☆
Ferrals. 15 ha.
Hervé Leferrer não é nenhum fã da maceração carbônica, e todas as suas uvas tintas são desengaçadas. O Cuvée Classique é envelhecido em barris mais velhos. O Cuvée Majeureis, maduro e carnudo, é feito de Syrah e Grenache provenientes de cultivos de baixo rendimento e envelhecido em 25% de carvalho novo, o que lhe confere um caráter discreto e elegante dessa madeira. A propriedade também elabora um dos melhores vinhos brancos de Corbières, um vin de pays não amadeirado de Viognier e Roussanne.

Château Grand Moulin ☆☆–☆☆☆
Lézignan. 60 ha. www.chateau-grand-moulim.com
Jean-Noel Bousquet começou a engarrafar seus próprios vinhos em 1988. Todos os tintos são desengaçados. Os dois tintos superiores são o Fûts de Chêne Vieilles Vignes e o Terres Rouges, este com uma proporção maior de Syrah na mistura. Ambos são envelhecidos em até 50% de carvalho novo. O resultado são tintos flexíveis, mas defumados e com notas de pimenta, com grande caráter e concentração. O branco, amadeirado, é pesado.

Château Haut-Gléon ☆☆–☆☆☆
Villesèque-des-Corbières. 29 ha. www.hautgleon.com
A família Duhamel é adepta do envelhecimento em carvalho novo para seus melhores vinhos. O resultado é um branco um tanto

deselegante de Bourboulenc e Roussanne, mas o Cuvée Cairo, com predominância de Syrah, é muito sofisticado: tem um leve aroma de carnes de caça, mas um sabor insinuante de frutas vermelhas. As instalações da propriedade incluem uma capela do século XII; o lagar propriamente dito, porém, é totalmente moderno.

Château Hélène ☆☆
Barbaira. 40 ha.
Marie-Hélène Gau foi uma produtora confiável de Corbières por muitos anos. Seus vinhos recebiam nomes de heróis e heroínas gregos: o Cuvée Penelope tinha boa dose de Syrah; o Cuvée Ulysse era um corte mais tradicional, envelhecido em barricas mais velhas; e o Cuvée Hélène de Troie era predominantemente Syrah, envelhecido em carvalho novo. Havia também um Hélène de Troie branco, feito de Grenache Blanc e Roussanne. Em 2001, Madame Gau vendeu a propriedade a Robert Baudoin, que manteve a linha clássica.

Château de Lastours ☆☆–☆☆☆
Portel-des-Corbières. 100 ha.
www.chateaudelastours.com
Esta extraordinária propriedade tem sua sede perto de um centro para deficientes mentais, muitos dos quais empregados na vinícola. As videiras são cultivadas em uma espécie de bacia cercada por colinas pedregosas que proporcionavam ao antigo diretor pistas de corrida para veículos 4 x 4. Mas os vinhos são sérios. O Cuvée Simone Descamps e o Arnaud de Berre são tintos complexos, com potencial de envelhecimento. Nas melhores safras, produz um tinto muito vigoroso, envelhecido em barrica, chamado simplesmente de Château de Lastours. Em 2004, a propriedade foi comprada pelo grupo de seguros Filhet-Allard, que investiu em novos equipamentos, mas, até agora, manteve inalteradas a gama e a qualidade dos vinhos produzidos.

Château Mansenoble ☆☆☆
Moux. 20 ha. www.mansenoble.com
Guido Jansegers abandonou sua carreira como jornalista na Bélgica, em 1992, para se dedicar a seu amor pelo vinho. Mansenoble é hoje uma das propriedades mais importantes da região, o que Jansegers atribui à sua fanática colheita seletiva, garantindo que somente uvas totalmente maduras sejam colhidas. Aqui não se usa maceração carbônica. O Cuvée Marie-Annick é feito à base de Grenache e Syrah com boa dose de Mourvèdre no corte. Muitos dos vinhos passam por breve envelhecimento em carvalho, mas Jansegers tem o cuidado de reter uma proporção em tanques, para preservar o frescor.

Domaine de Montjoie ☆
St-André-de-la-Cabrerisse. 40 ha.
O replantio melhorou os vinhedos, que fornecem um tinto elegante e cheio de sabor e um rosé leve.

Château de Nouvelles ☆
Tuchan. 76 ha. www.chateaudenouvelles.com
Esta propriedade de Fitou, metade da qual é plantada com Carignan, foi um dia conhecida por vinhos sólidos e um tanto rústicos. Uma nova geração deu novo frescor à coleção, incluindo um Cuvée Gabrielle envelhecido em carvalho novo, embora ainda exista uma produção significativa de Muscat e também de Rivesaltes.

Château les Ollieux Romanis ☆–☆☆
Boutenac. 95 ha. www.chateaudesollieux.com
Esta propriedade cresceu ao incorporar seu vizinho, o Château des Ollieux, em 2006. Seus vinhos são bem clássicos, com um rótulo Classique, sem carvalho, e um Cuvée d'Or amadeirado, com uma gama de vinhos intermediários. Mas a qualidade está determinada a melhorar.

Château les Palais ☆–☆☆
St-Laurent-de-la-Cabrerisse. 100 ha.
Esta propriedade construiu uma reputação ao ser pioneira no uso de maceração carbônica para o Corbières nos anos 1960. Continua a produzir vinhos suaves, frescos e frutados com predominância de Carignan, que a converteram em um dos nomes mais familiares de Corbières.

Château Pech Latt ☆☆
Lagrasse. 120 ha.
Antiga propriedade monástica, magnífica, pertencente ao négociant borgonhês Louis Max, com uma ampla gama de vinhos tintos, brancos e rosés. O branco básico é puro Marsanne e lhe falta entusiasmo. Entre os tintos, o melhor é o Cuvée Alix, proveniente de videiras de cinquenta anos, com sua riqueza suave de frutas negras. No entanto, o confiável Vieilles Vignes, envelhecido em carvalho, vale o preço.

Domaine des Pensées Sauvages
Albas. 11 ha.
Esta propriedade, comprada em 1989 pelo antropólogo inglês Nick Bradford, centrou-se principalmente em um vinho: um Corbières tinto, envelhecido em barricas e barris maiores. Em 2008, ele se aposentou, e o futuro da propriedade é incerto.

Roque Sestiére ☆–☆☆
Luc-sur-Orbieu. 10 ha.
Roland Lagarde se dedica principalmente a vinhos brancos bem elaborados de variedades locais, tais como Grenache Blanc Malvoisie e Maccabéo.

Château St-Auriol ☆☆–☆☆☆
Lagrasse. 40 ha. www.saint-auriol.com
O Corbières tinto é o principal vinho desta propriedade de excelente reputação administrada por Claude Vialade. Ela é uma grande defensora dos diferentes *terroirs* de Corbières, já que possui três outras propriedades na região. Os vinhos são generosos e frutados, sem nenhuma rusticidade. No fim dos anos 1990, foi lançado um novo *cuvée*: La Folie de Saint-Auriol, envelhecido principalmente em carvalho novo, mas equilibrado por uma acidez refrescante.

Château de Vaugelas ☆
Camplong. 110 ha. www.chateauvaugelas.com
Propriedade importante pertencente à família Bonfils. O vinho superior, envelhecido em carvalho por doze meses, chama-se simplesmente V.

Château la Voulte-Gasparets, Boutenac.

Les Vignerons du Mont Tauch ☆☆–☆☆☆

Tuchan. 1.950 ha. www.mont-tauch.com

Esta cooperativa muito bem-sucedida recentemente engoliu algumas das cooperativas vizinhas, tais como Paziols e Fitou. A qualidade é garantida pela seleção incansável assim que as uvas chegam ao lagar. Há muitos vinhos exclusivos de algum domaine, tais como o excelente Château de Segures, e *cuvées* prestige impressionantes, tais como o L'Exception, envelhecido por 21 meses em carvalho. Uma gama de vinhos de vinhedos e vilarejos específicos foi agregada a uma lista já extensa.

Domaine de Villemajou ☆–☆☆

Boutenac. 140 ha. www.gerard-bertrand.com

Uma das muitas propriedades pertencentes ao empreendedor Gérard Bertrand. Seu carro-chefe é o tinto flexível e agradável, mas Bertrand introduziu um vinho *garagiste*, caro, chamado La Forge, para aqueles à procura de um estilo mais concentrado.

Château la Voulte-Gasparets ☆☆☆

Boutenac. 56 ha.

O solo ideal, bem como o uso de maceração carbônica e envelhecimento em madeira, resulta em vinhos ricos e complacentes. O Cuvée Romain Pauc é o melhor e mais elegante, feito principalmente de Carignan de videiras antigas, e com um mero toque de envelhecimento em carvalho novo. Nesta admirável propriedade, administrada por Patrick Reverdy e o filho Laurent, a qualidade é, há muitos anos, extremamente consistente.

Crémant de Limoux

O mais inesperado e original de todos os vinhos do Midi é seu excelente vinho espumante de Limoux, escondida atrás de Corbières no curso superior do rio Aude acima de Carcassonne. Há indícios importantes de que essa área solitária de cultivos montanhosos produziu o primeiro vinho espumante da França, cerca de duzentos anos antes da Champagne. Reza a sabedoria local que sua origem remonta a 1531. O vinho costumava ser chamado de Blanquette de Limoux – Blanquette não devido à cor do vinho, mas da penugem branca que cobre o lado de baixo das folhas da uva Mauzac (também chamada Blanquette).

Mauzac é a uva branca com um leve cheiro de cidra e é a base do espumante rústico de Gaillac. (Gaillac era uma cidade vinícola romana; sua antiguidade pode ser imensa.) Qualquer que seja sua origem, a fórmula tradicional de Limoux era uma mistura de Mauzac para dar vivacidade e Clairette para dar suavidade. No início, só era produzido ao estilo pétillant, mas hoje é elaborado pelo *méthode traditionnelle* para obter pressão total e alcançar padrões altíssimos de mistura delicada. A Clairette foi eliminada do corte, dando lugar à Chenin Blanc e, principalmente, à Chardonnay. A uva borgonhesa contribui, com seu sabor pleno, para os melhores *cuvées*; se o Blanquette tem um defeito, é sua magreza cítrica e levemente incisiva, que pode se beneficiar com um pouco mais de corpo.

Há uma série de estilos diferentes em Limoux. O Crémant de Limoux é uma versão espumante, que deve ter 90% de Chenin e Chardonnay; um traço de Mauzac ou Pinot Noir também é permitido, mas raro. O vinho deve ser envelhecido por no mínimo quinze meses em contato com seus sedimentos. O Blanquette deve ter no mínimo 90% de Mauzac, com até 10% de Chardonnay; o Blanquette *méthode ancestrale*, encontrado com menos frequência, é pura Mauzac.

Finalmente, vinhos tranquilos são permitidos sob a AOC Limoux, que foi criada em 1993; em 2003, o Limoux Rouge também recebeu uma categoria AOC, e deve conter no mínimo 50% de Merlot. À diferença dos vinhos da Champagne e da Borgonha, os de Limoux são mais apreciados um ou dois anos após sua elaboração.

Setenta por cento de toda a produção dos 2.800 hectares de videiras está nas mãos da vasta e moderna Caves du Sieur d'Arques. Fundada em 1946, essa cooperativa hoje possui cerca de quatrocentos membros. Além de vinhos espumantes, lança uma série de Chardonnays de diferentes *terroirs* e diferentes vinhedos, assim como o Occursus, um corte tinto de variedades mediterrâneas e de Bordeaux. Essa dinâmica cooperativa vende em torno de 14 milhões de garrafas por ano. Há também uma série de bons produtores individuais, tais como o Domaine de l'Aigle, Château d'Autugnac, Domaine Collin, Jean-Louis Denois e Domaine Mouscaillo.

Minervois

O rio Aude separa as últimas dobras dos Perineus das primeiras do Massif Central, e Corbières de Minervois. Minervois é uma faixa de 65 km em sua margem norte, abarcando tanto as planícies de cascalho ao longo do rio quanto as colinas muito diferentes atrás, sobre as quais se encontra um platô aos 180 m de altura. Os rios talharam ravinas profundas em sua rocha marrom e macia, deixando uma ilha no meio para a minúscula cidade de Minerve. O platô é uma *garrigue* (charneca) seca e sem árvores onde a videira prospera com esforço, e até mesmo a Carignan dá vinhos com nervos e músculos.

A vinificação moderna no alto Minervois produziu alguns vinhos bem elaborados e deliciosamente vigorosos, com uma estrutura não de velhas vigas de carvalho, como a palavra *charpente* parece implicar, e sim parecida com a estrutura de um avião: delicadamente robusta. Alguns vinhos brancos são feitos aqui com variedades do sul da França, mas eles representam apenas 2% da produção. O centro comercial da região fica abaixo, na planície.

O *status* AOC foi concedido a Minervois em 1985, e se estabeleceram regras complexas definindo a composição varietal de seus vinhos. Mais recentemente, em 1998, Minervois La Livinière recebeu sua própria AOC, somente para vinhos tintos. A área definida abrange 2.600 hectares, mas hoje só duzentos são cultivados; o vinho deve ser envelhecido por, no mínimo, quinze meses antes de ser comercializado.

Área total: 18 mil hectares (dos quais 5 mil estão em produção), com cerca de 220 produtores privados e trinta cooperativas. Também produzido no Minervois é o deliciosamente doce *vin doux naturel* da AOC Muscat de Saint-Jean-de-Minervois, de 195 hectares.

Principais produtores de Minervois

Domaine des Aires Hautes ☆☆

Siran. 27 ha.

O vinhedo foi consideravelmente replantado nos anos 1970, mas só começou a engarrafar seus vinhos em 1991. Syrah é a variedade dominante nos dois *cuvées* superiores: o Sélection e o Clos de l'Escandil, com toques de ameixa, que é envelhecido em 30% de carvalho novo. Uma especialidade da casa é um puro Malbec.

Domaine de Barroubio ☆☆

St-Jean-de-Minervois. 27 ha. www.barroubio.fr

A propriedade elabora um Minervois simples, mas é mais famosa por seus Muscat esplêndidos, sobretudo o Cuvée Nicolas, muito rico e com notas de uvas passas, envelhecido por dois anos em madeira.

Château Borie du Maurel ☆☆–☆☆☆
Félines-Minervois. 30 ha. www.boriedumaurel.com
O proprietário Michel Escande é adepto de manter os rendimentos abaixo de 3 mil litros por hectare. As uvas, que são plantadas em uma espécie de anfiteatro, são colhidas ao atingir a maturação ideal e, por isso, os brancos podem ser alcoólicos e um pouco doces. O Minervois comum é suave e simples; o Cuvée la Féline, um vinho insinuante, com 70% de Syrah. O Cuvée Sylla é puro Syrah em estilo um tanto austero e vendido a preço alto.

Château Cesseras ☆–☆☆
Cesseras. 65 ha.
Os irmãos Ournac produzem duas linhas de vinhos nesta importante propriedade: vins de pays sob o rótulo Domaine Coudoulet, e Minervois, rico em Syrah, sob o nome do château. Seu La Livinière tem o delicioso frescor da fruta. Estranhamente, algumas Sangiovese foram plantadas aqui.

Clos Centeilles ☆☆–☆☆☆
Siran. 15 ha. www.clos-centeilles.fr
Patricia Boyer-Domergue é apaixonadamente comprometida com esta atípica propriedade, que produz, segundo ela, vinhos muito tradicionais. O Carignanissime é puro Carignan de velhas videiras; o Cuvée Capitell, um raro Cinsault com notas de ameixa, proveniente de cultivos de baixo rendimento. O Clos Centeilles propriamente dito é um vinhedo murado com videiras antigas de Carignan, Syrah, Grenache e Mourvèdre; seu vinho é envelhecido por dois anos em barris mais velhos. Às vezes ela produz um Pinot Noir, e um vinho de Grenache Gris botritizada chamado Erme de Centeilles.

Clos du Gravillas ☆☆–☆☆☆
St-Jean-de-Minervois. 6,5 ha.
www.closdugravillas.com
John Bojanowski é do Kentucky e, desde 1999, lançou-se com grande entusiasmo ao cultivo desta propriedade orgânica. Ele é fã de Carignan de velhas videiras, que é usada para dois de seus vinhos; já seu branco l'Innattendu é um Grenache Gris, parcialmente fermentado em carvalho novo. Nem tudo prospera aqui, mas os Carignan, assim como o corte de antigas videiras chamado Le Rendez-Vous du Soleil, são suculentos e concentrados.

Château Coupe-Roses ☆☆
La Caunette. 32 ha. www.coupe-roses.com
Françoise Le Calvez é proprietária e vinicultora desta propriedade situada do lado ensolarado da colina de La Caunette. Ela produz quatro cuvées de Minervois, entre os quais dois vinhos com predominância de Grenache, o Cuvée Granaxa e o suntuoso Cuvée Prestige. Seu Cuvée Orience é um vinho mais esbelto e mais elegante, majoritariamente de Syrah.

Château du Donjon ☆–☆☆
Bagnoles. 45 ha. www.chateau-du-donjon.com
Uma velha propriedade familiar, hoje administrada por Jean Panis. O melhor vinho é o Cuvée Prestige, com notas de cereja, e um corte de Syrah e Grenache envelhecido em barrica. Sob o rótulo La Gardinière, ele engarrafa vinhos varietais de Carignan, Merlot e Cabernet Sauvignon.

Château de Fabas ☆☆
Laure-Minervois. 55 ha. www.chateaufabas.com
Roland Augustin comprou esta honrada propriedade em 1996.

Syrah e Mourvèdre são componentes essenciais na maioria dos cuvées. O rótulo superior, Alexandre, com predominância de Mourvèdre, foi substituído pelo Le Mourral, que é Syrah e Grenache, e também envelhecido em carvalho. O branco Seigneur Blanc é um corte carnoso de Vermentino e Roussanne.

Château Faîteau ☆☆
La Livinière. 7 ha. www.chateau-faiteau.leminervois.com
Propriedade administrada por Jean-Michel Arnaud, que zela pela qualidade, cujo La Livinière, com predominância de Syrah e envelhecido em barrica, é excepcionalmente equilibrado.

Château de Gourgazaud ☆–☆☆
La Livinière. 90 ha. www.gourgazaud.com
Propriedade muitíssimo influente que foi pioneira em maceração carbônica na região. A Carignan praticamente desapareceu dos vinhedos e foi substituída pela Syrah e pela Mourvèdre. O Cuvée Mathilde tem 80% de Syrah; o Réserve é o mesmo vinho, mas envelhecido em carvalho novo. Há também uma ampla gama de vins de pays de Cabernet, Chardonnay, Viognier e outras variedades. Roger Piquet faleceu em 2005, e hoje a propriedade é administrada por suas filhas, que estão determinadas a manter o dinamismo do pai.

Château la Grave ☆
Badens. 45 ha. www.chateau-la-grave.net
Grande propriedade pertencente à família Orosquette, produzindo cortes flexíveis, marcados por Syrah, e brancos aromáticos. Uma inovação recente foi o Marie, que é quase puro Grenache.

Domaine Lignon ☆
Aigues-Vives. 26 ha.
O vinho mais importante é um Syrah redondo chamado Les Vignes d'Antan, feito por maceração carbônica.

Château Maris ☆☆–☆☆☆
La Livinière. 40 ha. www.mariswine.com
Esta importante e ambiciosa propriedade pertence a Bertie Eden, um entusiasta da agricultura biodinâmica. Além de um elegante La Livinière de Syrah e Grenache, Eden produz dois excelentes rótulos Vieilles Vignes; um de Carignan, e o outro, envelhecido em carvalho novo, de Syrah.

L'Ostal Cazes ☆☆
La Livinière. 55 ha.
Jean-Michel Cazes, do Château-Bages, vem construindo esta importante propriedade desde sua primeira safra em 2003. Além do La Livinière, marcado por Syrah, há um Minervois menos complexo e ambicioso, o Estibals, com Grenache e Carignan. Varietais e vins de pays são engarrafados sob a marca Circus.

Château d'Oupia ☆☆
Oupia. 40 ha.
André Iche e sua filha Marie criaram uma gama de vinhos tintos com mais estrutura do que a maioria, bem como um bom branco de Marsanne e Roussanne. O Cuvée Nobilis, metade Syrah e o restante Grenache e Carignan, é particularmente bem-sucedido e envelhece bem.

Domaine L'Oustal Blanc ☆☆
Creissan. 10 ha.
Vinhos robustos e surpreendentes de Claude Fonquerle, que trabalhou em Côtes du Ventoux durante alguns anos. Ele é particularmente admirado por seus vinhos brancos, que podem ser um pouco enjoativos. Os preços são altos.

Domaine Piccinini ☆☆
La Livinière. 35 ha. www.domaine-piccinini.com
Maurice Piccinini teve um importante papel na consolidação da AOC La Livinière. Sua propriedade é hoje administrada pelo filho Jean--Christophe. O Minervois comum é confiável e frutado, mas o melhor vinho é o Cuvée Line et Laetitia, com predominância de Syrah.

Domaine La Rouviole ☆–☆☆
Siran. 24 ha.
Vinhos tintos exclusivamente desta propriedade de Siran, dos quais se destaca o rótulo La Livinière, metade Grenache e metade Syrah, por seu requinte singular.

Château Ste-Eulalie ☆☆
La Livinière. 34 ha.
www.chateausainteeulalie.com
Comprada e administrada por um casal de enólogos desde 1996, esta excelente propriedade, com seus solos particularmente pedregosos, produz o enérgico Cuvée Cantilène, envelhecido em 40% de carvalho novo e concebido para ser consumido a médio prazo.

Jean-Baptiste Senat ☆☆
Trausse-Minervois. 16 ha.
Senat só produz vinhos tintos nesta propriedade que ele administra desde 1996. La Nine é um corte de Grenache e Carignan que não passa por carvalho; e seu vinho superior, Le Bois des Merveilles, mistura Grenache e Mourvèdre e é sutilmente envelhecido em barris de quinhentos litros.

Domaine la Tour Boisée ☆☆
Laure-Minervois. 84 ha.
www.domainelatourboisee.com
O enérgico Jean-Louis Poudou divide a produção entre seus vinhos AOC e seus vins de pays varietais, dirigidos sobretudo para o mercado externo. O mais vigoroso dos brancos é o Cuvée Marie--Claude, proveniente de velhas videiras de variedades locais. Seu equivalente tinto é um corte de Carignan e Syrah, redondo e com um toque de compota de frutas maduras.

Château de Villerambert-Julien ☆☆–☆☆☆
Caunes-Minervois. 75 ha.
www.villerambert-julien.com
A família Julien cultiva esta propriedade desde 1852, e é uma promotora apaixonada de vinhos AOC. O uso de maceração carbônica foi eliminado há alguns anos, e a maioria dos vinhos são envelhecidos em barricas, embora os Julien sejam parcimoniosos em seu uso de carvalho novo.

A linha básica, que vale o preço, chama-se Opéra; o tinto é caloroso e flexível; o rosé, extraordinariamente fresco e cheio de vida. O *cuvée* superior, antes chamado Trianon, hoje leva o nome do château, e normalmente é feito à base de Syrah. O novo *cuvée*, Ourdivieille, é pura Grenache.

Languedoc

A AOC Languedoc, criada em 2007, inclui toda a região de Roussillon. Esta seção trata da antiga Coteaux du Languedoc, que desapareceu e foi substituída pela denominação mais ampla de Languedoc (tão vasta que há não mais do que um indicador geográfico), ou por uma série de denominações regionais. Estas últimas pertencem aos vilarejos nas encostas, onde ficam os melhores vinhedos. As planícies do Languedoc, entre Narbonne e Montpellier, têm sido uma fonte notória de quantidades desastrosas de vinho de corte de baixo teor alcoólico. A área, no entanto, vem encolhendo conforme os viticultores começam a perceber que a Europa já não vê utilidade em um poço sem fundo de vinho. Mas algumas de suas encostas têm um potencial de qualidade comparável ao de Corbières e Roussillon. Uma dúzia de áreas, que – de modo um tanto confuso – estão espalhadas pelo mapa, produzem vinhos dignos de nota. Nos anos 1980, um domaine mostrou que era possível alcançar qualidade extraordinária: o Mas de Daumas Gassac, com um estilo todo seu, em Aniane. Hoje, muitas outras propriedades são concorrentes à altura de Daumas Gassac quanto a reputação, qualidade e preço. A região é vasta, com cerca de 45 mil hectares na antiga Coteaux du Languedoc.

Embora a Coteaux já não exista como entidade oficial, suas várias subdenominações continuam existindo. Entende-se que certos vilarejos têm uma identidade própria suficiente (em teoria) para justificar a inclusão de seu nome ao rótulo Languedoc. São eles: Cabrières, La Méjanelle, Montpeyroux, Picpoul de Pinet, Quatourze, Saint--Christol, Saint-Drézéry, Saint-Georges-d'Orques, Saint-Saturnin e Vérargues. Alguns destes estão hoje pressionando por um *status* AOC independente, comparável com o desfrutado por Faugères, Saint--Chinian e Clairette du Languedoc. Além disso, as regulamentações reconhecem, com pouca clareza, "regiões climáticas", tais como Terres de Sommières, Terrasses du Larzac, Pézenas, La Clape, Terrasses de Béziers, Pic-Saint-Loup e Grès de Montpellier.

A principal concentração de vinhedos fica ao norte de Béziers, no início do sopé das Cévennes onde o rio Hérault deixa suas torrentes para se tornar calmo e margeado de álamos. Cabrières, Faugères e Saint-Saturnin são alguns desses vinhedos. Os mais famosos são Faugères e Saint-Chinian, nas colinas a oeste, em direção a Minervois. Seus vinhos tintos podem ser encorpados e notadamente saborosos. Saint-Chinian, situado, em parte, em solo de argila calcária e, em parte, em solo xistoso de cor púrpura--escura rico em manganês, merece um estudo minucioso.

A variedade de solos nessas colinas dá caráter a seus vinhos. O vale do Berlou, nos solos xistosos, é extraordinário para vinhos mais redondos e mais maduros do que o resto da região. A mais peculiar, e uma área com grande potencial, é La Clape, o isolado *massif* de calcário que parece uma ilha cercada de praias na foz do rio Aude, entre Narbonne e o mar. O solo e as condições climáticas em La Clape mostraram que são capazes de produzir vinhos brancos sem igual. A brisa fresca do mar dá às montanhas um microclima próprio. Vários domaines plantaram Chardonnay.

Saint-Saturnin também produz vinhos estilosos, geralmente com uma proporção significativa de Syrah. Hoje, muitos viticultores na Coteaux usam as regulamentações do vin de pays para produzir vinhos como Merlot e Chardonnay – que podem ser excelentes: procure, nos rótulos, por nomes de domaines idênticos aos de respeitáveis châteaux (por lei, "château" não deve aparecer no rótulo de um vin de pays). As antigas esperanças de que tais vinhos varietais ofereceriam um verdadeiro desafio a vinhos similares do Novo Mundo ainda estão por se concretizar, em parte porque as regulamentações permitem altos rendimentos, dando origem a um mar de vinhos frutados, mas comerciais, com pouca persistência. As propriedades listadas a seguir são organizadas, primeiro, conforme as regiões AOC; e, em segundo lugar, de acordo com as subdenominações do Languedoc.

Principais produtores de Faugères

Este que é o mais ocidental dos distritos ao pé das Cévennes tem alguns produtores muito competentes de tintos e rosés. É uma AOC desde 1982, abrangendo 2 mil hectares. As regras insistem em o mínimo de 20% de Syrah ou Mourvèdre e o máximo de 40% de Carignan. As propriedades privadas são importantes aqui, e só cerca de metade da produção vem das duas cooperativas. Nas propriedades mais importantes, a qualidade é alta, mas Faugères continua se esforçando para definir sua própria identidade na região como um todo.

Abbaye de Sylva Plana ☆☆
Laurens. 54 ha.
www.vignoblesbouchard.com
Desde 2000, um excelente Cuvée Songe d'Abbé de velhas videiras de Syrah em Faugères.

Domaine Jean-Michel Alquier ☆☆☆
Faugères. 27 ha.
Jean-Michel Alquier administra esta impecável propriedade, fundada por seu pai nos anos 1950. (Não se deve confundi-la com o Domaine Gilbert Alquier, que é administrado por seu irmão Frédéric.) Dois *cuvées*, Maison Jaune e Les Bastides (este último, com predominância de Syrah), são cuidadosamente envelhecidos em até 50% de carvalho novo. Nada é exagerado nesses vinhos, que estão entre os mais elegantes do Languedoc. Os brancos e rosés também são esplêndidos.

Domaine Léon Barral ☆☆–☆☆☆
Lentheric. 30 ha.
Didier Barral administra este domaine familiar desde o início dos anos 1990 e dá grande atenção a seus vinhedos, apoiando-se em práticas biodinâmicas, mas sem optar pela certificação. A Syrah e a Mourvèdre são a base de seus melhores vinhos, embora a Grenache e a Carignan também façam sua parte. Seu Faugères básico é feito para ser bebido jovem, ao passo que os *cuvées* Jadis e, principalmente, Valinière são estruturados e robustos, e concebidos para o envelhecimento.

Château des Estanilles ☆☆☆
Lenthéric. 35 ha.
Michel Louison é uma espécie de dissidente, produzindo os vinhos que lhe agradam, sem se importar muito com as sutilezas das regulamentações da AOC. Embora seus rótulos regulares de Faugères sejam ótimos, ele é famoso – e com razão – por seu puro Syrah, e por um memorável rosé de Mourvèdre fermentado em barrica. Sua filha, Sophie, participa cada vez mais desse empreendimento.

Château Grézan ☆–☆☆
Laurens. 10 ha. www.chateau-grezan.fr
Propriedade muito grande que produz uma série de *cuvées* diferentes, em sua maioria envelhecidos em carvalho. Les Schistes Dorés tem predominância de Syrah e é envelhecido por dois anos em carvalho, mas o Cuvée Vieilles Vignes, que é metade Grenache, mostra um toque mais leve.

Château la Liquière ☆–☆☆☆
Cabrerolles. 60 ha. www.chateaulaliquiere.com
A família Vidal vem produzindo vinhos de alta qualidade há muitos anos. Bernard Vidal é fã de Carignan de velhas videiras, mas só quando vinificadas por maceração carbônica. Seu melhor vinho, com uma proporção elevada de Syrah, é o Cuvée Cistus, concentrado e quase com sabor a geleia. Hoje é desafiado pelo Tucade, no qual se destaca a Mourvèdre.

Domaine de Météore ☆☆
Cabrerolles. 20 ha.
Com todas as suas videiras plantadas em solos xistosos, Météore faz vinhos com sabor de especiarias e aroma de alcaçuz, enfatizando a fruta e o vigor em vez de buscar complexidade. Syrah e Mourvèdre predominam nos vários *cuvées*.

Château Moulin de Ciffre ☆☆
Autignac. 40 ha.
A família Lésineau era proprietária em Pessac-Léognan antes de se mudar para cá em 1998. Desde o início, eles foram capazes de produzir um Faugères esbelto e elegante, com um toque de eucalipto; e um *cuvée* especial ainda mais estiloso e concentrado, chamado Eole.

St-Chinian

No sopé das Cévennes, para oeste, fica uma zona importante promovida a AOC em 1982. São 3.300 hectares, cultivados por 104 empresas privadas e nove cooperativas. A qualidade vem melhorando pouco a pouco, e algumas das melhores propriedades do Languedoc estão situadas aqui. Noventa por cento dos vinhos são tintos, e o restante rosé. Desde 2004, o Institut National des Appellations d'Origine (INAO) concedeu *status* de AOC aos vinhos brancos da região (de Roussanne, Marsanne, Grenache e Vermentino), e, portanto, sua proporção tende a aumentar nos próximos anos. Naquele mesmo ano, subdenominações foram concedidas a Berlou e Roquebrun. Ambas as regiões têm cerca de 250 hectares plantados em solos xistosos com direito à denominação.

Principais produtores de St-Chinian

Château Borie La Vitarèle ☆–☆☆
Causses et Veyran. 15 ha. www.borielavitarele.fr
Jean-François Izarn cultiva seus St-Chinian em solo xistoso e seus Coteaux em solo calcário. Dois vinhos se destacam: o Les Schistes, um corte de Grenache e Syrah, e o Cuvée Les Crès, que é raro, já que o vinhedo é excepcionalmente pedregoso. Os vinhos são ricos, mas terrosos, e envelhecem muito bem por alguns anos.

Domaine Canet Valette ☆☆–☆☆☆
Cessenon. 18 ha. www.canetvalette.com
Propriedade orgânica administrada pelo perfeccionista Marc Valette. Mille et Une Nuits é um corte de variedades tradicionais, com toques de carnes de caça; Maghani, um corte de Grenache e

St-Chinian, região de Herault.

Syrah provenientes de cultivos de baixo rendimento; e Les Galejades, um tinto memorável, colheita tardia, com sabores de compota de cereja. Todos eles, vinhos muito peculiares.

Cave Les Vins de Roquebrun ☆☆
Roquebrun. 500 ha. www.cave-roquebrun.fr
A melhor das cooperativas de St-Chinian, com alguns excelentes brancos de Roussanne e tintos com predominância de Mourvèdre.

Château Cazal-Viel ☆☆–☆☆☆
Cessenon. 150 ha. www.laurent-miquel.com
Uma propriedade importante, administrada pela família Miquel. A Syrah é maioria em todos os vinhos tintos. O principal branco é o Finesse, um corte de Sauvignon Blanc, Chardonnay, Viognier e Muscat. O sucessor Laurent Miquel vem desenvolvendo, há alguns anos, sua própria gama de vinhos provenientes dos mesmos vinhedos. Assim, o Larmes des Fées, envelhecido em carvalho novo, que costumava ser lançado sob o rótulo Cazal-Viel, agora aparece sob seu próprio rótulo. Em consequência, a linha de vinhos Cazal--Viel foi reduzida. Mas a qualidade continua alta.

Mas Champart ☆☆☆
Bramefan. 12 ha.
Aqui, os vários tipos de solo definem os *cuvées*. Todos os vinhos são excelentes, inclusive o branco com notas florais, mas a estrela é Clos de la Simonette, feito apenas nas melhores safras e contendo 70% de Mourvèdre – um vinho corpulento, feito para uma vida longa. O Causse du *Bouquet*, com proporção similar de Syrah, também é digno de nota.

Clos Bagatelle ☆☆
St-Chinian. 45 ha. www.closbagatelle.com
Bons vinhos St-Chinian, especialmente o esbelto Cuvée Gloire de Mon Père, envelhecido em carvalho novo.

Château Coujan ☆–☆☆
Murviel. 100 ha. www.chateau-coujan.com
Florence Guy administra este grande domaine em St-Chinian. O melhor St-Chinian é o Cuvée Gabrielle de Spinola, com 50% de Mourvèdre. A propriedade é ainda mais famosa por sua ampla gama de vinhos varietais.

Domaine Fontaine Marcousse ☆☆
Puisserguier. 10 ha.
www.domaine-fontainemarcousse.com
O domaine só começou a engarrafar seus vinhos St-Chinian em 1999. O Cuvée Quercus é o vinho mais concentrado, envelhecido em 50% de carvalho novo, e os fãs de Carignan devem atentar para o complacente Cuvée Capellou.

Domaine des Jougla ☆
Prades-sur-Vernasobres. 27 ha.
Uma propriedade familiar fundada há séculos no sopé das Cévennes. St-Chinian honestos, que provêm principalmente de solos xistosos.

Domaine La Madura ☆☆
St-Chinian. 14 ha. www.lamadura.com
Cyril Bourgne foi *chef de cave* no Château Fieuzal, em Bordeaux, antes de iniciar seu empreendimento em St-Chinian. A gama é simples: um Tradition não amadeirado, e um Grand Vin, com corte musculoso de Syrah e Mouvèdre e um traço de Grenache, envelhecido em carvalho. Os brancos também são exuberantes.

Château Maurel Fonsalade ☆☆
Causses et Veyran. 27 ha.
Uma propriedade belíssima em St-Chinian, produzindo vinhos sedosos, sem nenhum vestígio de rusticidade. O Cuvée Vieilles Vignes, com notas de frutas vermelhas, feito de Syrah, Grenache e um pouco de Mourvèdre, é o vinho mais consistente.

Laurent Miquel
See Château Cazal-Viel.

Domaine Moulinier ☆☆–☆☆☆
Pierrerue. 24 ha.
Pascal Moulinier afirma que Pierrerue é uma das áreas mais quentes de St-Chinian e, por isso, ele toma cuidado para não colher as uvas quando estejam maduras demais. Seu Terrasses Grillées, principalmente de Syrah e envelhecido em uma boa dose de carvalho novo, costuma ser delicioso.

Vignoble de Berlou ☆–☆☆
Berlou. 590 ha. www.berloup.com
Esta cooperativa bem administrada domina completamente a região de Berlou. Quase metade dos vinhedos são plantados com Carignan, e a cooperativa produz uma série de versões, tais como o Calisso, de velhas videiras, feito com maceração carbônica. Schisteil é o vinho básico, quase sempre frutado e agradável.

Distritos de Coteaux du Languedoc
Cabardès

Esta área foi promovida a AOC em 1999: 400 hectares, cultivados por 25 propriedades privadas e pelos membros de cinco cooperativas. Os vinhos são engenhosamente divididos conforme o estilo: Vent d'Est (de variedades mediterrâneas, tais como Syrah e Grenache) e Vent d'Ouest (variedades atlânticas, tais como Cabernet e Merlot). As regras da AOC requerem o uso de 40% de cada família de variedades de uvas.

Domaine de Cabrol ☆☆
Aragon. 21 ha. www.domaine-le-cabrol.com
Dos vinhedos mais altos em Cabardès, Claude Carayol produz o Vent d'Est e o Vent d'Ouest – este, mais suculento –, além do La Dérive, um corte de todas as quatro variedades, envelhecido por dois anos em barris de quinhentos litros. Vinhos robustos que se beneficiam de certa guarda.

Château de Pennautier ☆☆
Pennautier. 146 ha. www.vignobles-lorgeril.com
Pennautier, com um suntuoso château construído na época de Louis XIII, é apenas uma das três propriedades do Languedoc pertencentes aos Lorgeril. Como é de se prever, a gama de vinhos é vasta, e inclui vins de pays e Cabardès. O vinho superior é o L'Esprit de Pennautier, com predominância de Syrah e envelhecido em carvalho novo. Os Lorgeril também são donos do Château La Bastide Rougepeyre, também em Cabardès.

Cabrières

Na região de Clermont l'Hérault, no sopé das Cévennes, perto de Faugères. Mais conhecida por seus rosés leves, feitos sem prensa na região de Clermont l'Hérault, no sopé das Cévennes, perto de Faugères. Mais conhecida por seus rosés leves, feitos sem prensagem, mas os solos xistosos também são adequados para a produção de tintos condimentados de Syrah. Cerca de quatrocentos hectares estão sendo cultivados, em sua maior parte vinificados pela cooperativa.

Société Coopérative Agricole des Vins de Cabrières ☆
Clermont-l'Hérault. 400 ha. www.cabrieres.com
De longe a produtora mais importante, esta cooperativa faz Cabrières e Clairette du Languedoc. A linha superior se chama Variations.

Clairette du Languedoc

Uma *appellation contrôlée* quase não merecedora, reunindo 275 hectares para produzir um branco seco que geralmente é insípido e desanimador, feito de uvas Clairette em várias comunas ao longo do Hérault. Grande parte do vinho é fortificada como um aperitivo barato e vendida sob nomes tais como "Amber Dry". Mas alguns produtores estão tentando tirar o melhor do que a Clairette é capaz de oferecer, e algumas versões doces também são produzidas. Os melhores produtores incluem o Domaine de Clovallon (ver p. 218), em Coteaux du Languedoc, e o Château Saint-André, em Pézenas, sendo o mais importante deles, inevitavelmente, a cooperativa a Caves Coopérative de La Clairette d'Adissan at Adissan.

La Clape

Uma área litorânea de mil hectares de colinas calcárias entre Narbonne e a costa. A elevação e o vento constante propiciam brancos refrescantes e de boa acidez, mas os tintos estão melhorando rápido – e ainda bem, porque eles representam 80% da produção. As regras da AOC são complexas, mas focam as variedades típicas do sul da França. A região tem 36 produtores privados e quatro cooperativas.

Château d'Angles ☆☆
St Pierre-la-Mer. 36 ha. www.chateaudangles.com
Eric Fabre já foi diretor técnico do Château Lafite e traz sua experiência para esta propriedade, com solos variados. O branco La Clape é principalmente de Bourboulenc; o tinto mistura Syrah, Carignan, Mourvèdre e Grenache. Estes estão entre os vinhos mais requintados da região.

Château Camplazens ☆☆
Armissan. 39 ha. www.camplazens.com
A propriedade passou por muitas mudanças de dono, mas parece ter se estabilizado desde 2002 nas mãos de Peter Close, da Bretanha. Os vinhos tintos são adequadamente fortes, e, além de cortes das variedades tradicionais, há também vinhos varietais de Viognier, Syrah e Grenache. Os vinhos são bons, com notas menos pronunciadas de carvalho do que nos anos 1990.

Château de Capitoul ☆☆–☆☆☆
Narbonne. 64 ha. www.chateau-capitoul.com
Charles Mock administra uma das maiores propriedades da região. Na década de 1990, ele reestruturou os vinhedos e modernizou o lagar. A linha padrão se chama Lavandines; e Les Rocailles é uma seleção de vinhos de velhas videiras. Ambas as linhas são muito bem elaboradas, principalmente os brancos, cremosos e com notas de damascos. O vin de pays Viognier é um dos melhores do sul da França, e em algumas safras há uma versão de colheita tardia um tanto oxidativa. Um novo *cuvée* prestige, Maelma, é uma seleção dos melhores lotes e envelhecido por dois anos em barricas.

La Clape, o famoso cartão-postal de Languedoc.

Domaine de l'Hospitalet ✩–✩✩

Narbonne. 82 ha.

www.gerard-bertrand.com

Não apenas uma propriedade vinícola, mas sim um complexo turístico, com restaurantes e museus. Fundada pela família Ribourel, foi vendida em 2002 ao négociant Gérard Bertrand, com sede em Corbières, que tem propriedades em toda a região do Languedoc. Levou certo tempo para que Bertrand encontrasse um lugar para o Hospitalet em seu imenso portfólio, mas hoje os vinhos são de boa qualidade, especialmente os brancos.

Château de la Négly ✩✩–✩✩✩

Fleury d'Aude. 66 ha.

Até 1992, os vinhos eram vendidos a uma cooperativa. Após um replantio considerável, Jean-Paul Rosset começou a engarrafar seus vinhos em 1997. Ele lançou vários rótulos, dos quais o melhor parece ser o La Falaise, feito de Syrah e Grenache. Rosset atraiu grande notoriedade ao produzir alguns vinhos de vinhedo único em quantidades diminutas, a cujos preços os *grands crus* da Borgonha podem no máximo aspirar. No entanto, seu vinho tinto básico, o La Côte, é um bom investimento.

Château Pech-Celeyran ✩✩

Salles d'Aude. 95 ha. www.pech-celeyran.com

Grande propriedade, há gerações nas mãos da família Saint-Exupéry, dividida entre terrenos vin de pays e La Clape. Conhecida por seus Viognier e Chardonnay, e tintos envelhecidos em barrica. Os vinhos amadeirados são lançados sob o rótulo Céleste.

Domaine de Pech-Redon ✩–✩✩✩

Narbonne. 42 ha.

Antiga propriedade restaurada, orgânica, em uma adorável localização no alto das colinas em La Clape, perto do mar. Christophe Bousquet a administra com vigor. Além de bons vinhos AOC, há ofertas atípicas tais como um Alicante não amadeirado, e um Mourvèdre e Cabernet Sauvignon (um tanto seco). O melhor vinho costuma ser o La Centaurée, com predominância de Syrah, produzido pela primeira vez em 1998.

Château Ricardelle ✩✩–✩✩✩

Narbonne. 43 ha.

www.chateau-ricardelle.com

Bruno Pellgrini fez grandes esforços para melhorar a qualidade nesta propriedade. Dois tintos finos: o Blason, bem amadeirado, e o Closablières, que parece mais vigoroso e mais bem equilibrado.

Château de Rouquette-sur-Mer ✩✩–✩✩✩

Narbonne. 55 ha. www.chateaurouquette.com

Um lugar memorável, que já foi uma reserva de caça, situado nas colinas rochosas de La Clape, perto do mar. A vinificação moderna resulta em tintos, brancos e rosés frescos e bem elaborados. Cuvée Henri Lapierre é o rótulo superior, sendo o branco um Bourboulenc tradicional. Dois vinhos envelhecidos em carvalho, produzidos em pequena quantidade, foram adicionados à linha: Clos de la Tour e L'Absolu, ambos encontram-se entre os melhores tintos de La Clape.

Montpeyroux

O distrito setentrional para vinhos muito encorpados e pesados provenientes do sopé das montanhas Larzac, perto do famoso Gorges de l'Hérault. O solo argiloso, conhecido como *marne bleu*, explica, segundo se afirma, o peso e o vigor de muitos dos vinhos.

Domaine de l'Aiguilière ✩✩✩

Montpeyroux. 25 ha.

O domaine produz dois tintos excepcionalmente ricos e opulentos: o Côte Dorée e o Côte Rousse – o primeiro, mais estruturado; o segundo, mais sedutor.

Domaine d'Aupilhac ✩✩✩

Montpeyroux. 25 ha. www.aupilhac.com

Sylvain Fadat é um dos viniculores mais respeitados do Languedoc. Seu Montpeyroux padrão é um vinho de grande tradição, com boa estrutura tânica, mas Fadat adora variedade e produz também um puro Carignan com tons escuros de amoras silvestres; um puro Cinsault de videiras centenárias, chamado Les Servières; e um vin de pays Plôs de Baumes, de variedades de Bordeaux. Talvez o melhor vinho de todos seja um Montpeyroux chamado Le Boda, novo e extremamente estruturado, um corte de Mourvèdre e Syrah envelhecido em barris de trezentos litros durante dois anos.

Domaine Alain Chabanon ✩✩–✩✩✩

Lagamas. 20 ha. www.domainechabanon.com

Alan Chabanon vende um terço de sua colheita à cooperativa para manter a qualidade. O Montpeyroux não tem rusticidade, e ele também produz *cuvées* especiais, tais como um puro Merlot (Le Petit Merle) e um Chenin doce (Le Villard). Em 2002, a propriedade se tornou oficialmente biodinâmica.

Domaine des Grécaux ✩–✩✩

St Jean-de-Fos. 11 ha.

A primeira safra de Alain Caujolle-Gazet foi em 1999. Ele produz dois vinhos: o Terra Solis, para ser bebido jovem; e o L'Hêméra, mais estruturado.

Pic-St-Loup

Um pico de seiscentos metros exatamente ao norte de Montpellier. Aqui, a AOC requer que pelo menos duas das variedades principais – Grenache, Syrah e Mourvèdre – estejam presentes no corte. Na prática, a Syrah e a Mourvèdre são as variedades utilizadas. Há 1.500 hectares plantados com videiras. Só 9% da produção é de brancos, que devem ser vendidos como Coteaux du Languedoc.

Mas Bruguière ✩✩

Valflaunès. 20 ha. www.mas-bruguiere.com

Plantados perto do Domaine de l'Hortus (ver p. 217) em um vale estreito, os vinhedos bem drenados se mantêm frescos e saudáveis graças às brisas constantes. O L'Arbouse, envelhecido em tanques, é um corte de Grenache e Syrah, bem encorpado e com notas de especiarias. La Grenadière é a versão amadeirada: elegante, revela com a idade aromas de carne de caça. Em 2003, Guihem Bruguière fez a primeira safra de um puro Syrah chamado Le Septième, vendido a um preço muito alto.

Château de Cazeneuve ✩✩

Lauret. 25 ha. www.cazeneuve.net

Belgian André Leenhardt comprou esta propriedade em 1988, e sua primeira safra foi em 1992. Há alguns anos, é uma das propriedades mais confiáveis da região. O branco, de maioria Roussanne, tornou-se rico e complexo. O melhor *cuvée*, Roc des Mates, é principalmente de Syrah, envelhecido em 40% de carvalho novo. Les Calcaires tem menos corpo, mas, às vezes, é mais harmonioso. Recentemente, Leenhardt lançou o Le Sang du Calcaire, um novo corte com predominância de Syrah.

Clos Marie ☆☆–☆☆☆
Lauret. 20 ha.
Carvalho impertinente e taninos agressivos por vezes arruinavam os vinhos desta ambiciosa propriedade; porém, eles se tornaram muito mais harmoniosos. Os *cuvées* superiores, Simon e Les Glorieuses, são suntuosos, mas o preço é tão ambicioso quanto os vinhos.

L'Ermitage du Pic-St-Loup ☆☆–☆☆☆
St Mathieu-de-Treviers. 44 ha.
Os *cuvées* Tradition e Saint-Agnès são sínteses deliciosas de frutas vermelhas, que para alguns podem ser preferíveis ao Guilhem Gaucelm, intensamente amadeirado.

Château L'Euzière ☆☆
Fontanès. 23 ha. www.chateauleuziere.fr
Michel Causse produz uma gama de vinhos, da qual o mais sedutor é o perfumado e elegante Les Escarbouches, com predominância de Syrah.

Domaine de l'Hortus ☆☆☆
Valflaunès. 55 ha. ww.vignobles-orliac.com
Foi Jean Orliac quem colocou esta região no mapa. Desde os anos 1980, ele produz vinhos excelentes, principalmente tintos. Tanto o básico Bergerie de l'Hortus quanto o amadeirado Grande Cuvée são exemplares. O uso do carvalho é extremamente criterioso, e os vinhos são sempre equilibrados. Os brancos são cortes não amadeirados de Chardonnay, Viognier e Roussanne.

Château de Lancyre ☆–☆☆
Valflaunès. 80 ha. www.chateaudelancyre.com
A maior propriedade em Pic-Saint-Loup produz vinhos honestos – especialmente o Grande Cuvée e o Vieilles Vignes – a um preço justo.

Château de Lascaux ☆–☆☆
Vacquières. 45 ha. www.chateau-lascaux.com
Os vinhedos de Jean-Benoît Cavalier se abrigam no sopé das Cévennes. O vinho superior Nobles Pierres é relativamente leve, com aroma de cerejas (à base de Syrah), e seu equivalente branco, Les Pierres d'Argent, tem tendência a ser sobrepujado pelo carvalho; de fato, a versão não amadeirada, também de Roussanne, Marsanne e Vermentino, é muitas vezes preferida. Em geral, os preços são razoáveis e os vinhos, consistentes; mas podem carecer de concentração.

Mas de Mortiès ☆☆
St-Jean-de-Cuculles. 23 ha. www.morties.com
Um Pic-Saint-Loup bom e robusto, um Coteaux du Languedoc tinto mais flexível, mas muito agradável, e um irresistível *cuvée* prestige chamado Jamais Content, com aroma doce e amadeirado e taninos bem integrados.

Château La Roque ☆☆
Fontanès. 32 ha. www.chateau-laroque.eu
Esta antiga propriedade beneditina foi comprada por Jack Boutin em 1985, e então vendida, em 2007, ao industrial normando Jacques Figuette, que continuou os investimentos na propriedade. Vinhos honestos, que em sua maioria não passam por carvalho, entre os quais um sólido Cuvée Tradition com notas de couro. O vinho superior Cupa Numismae é de Mourvèdre e Syrah, envelhecido em 50% de barricas novas: mentol, cerejas e taninos robustos.

Château de Valflaunès ☆☆–☆☆☆
Valflaunès. 13 ha. www.chateaudevalflaunes.com
Vários *cuvées* são produzidos com diferentes proporções de Grenache e Syrah e, no caso do Un Peu de Toi, 75% de Carignan. Tem Tem é um Syrah com traço de Grenache. Apesar do ar de excentricidade, estes são vinhos sérios, com rara intensidade e elegância para o Languedoc.

Picpoul de Pinet

As videiras de Pinet, com vista para o Etang de Thau, produzem as uvas Picpoul para a elaboração de um agradável vinho branco seco, com 12% de álcool e um toque de frescor. Intencionalmente ou por acaso, estes vinhos são o acompanhamento ideal para as ostras cultivadas nas lagunas das redondezas: de fato, são o Muscadet do Midi. Há 1.300 hectares, explorados por cerca de 25 empresas privadas e cooperativas. Estas últimas continuam importantes, sendo responsáveis por 82% da produção. Uma mania lamentável por versões amadeiradas, fomentada pelos visitantes estrangeiros, felizmente tem demorado a pegar.

Cave de l'Ormarine ☆–☆☆
Pinet. 910 ha. www.cave-ormarine.com
Esta cooperativa representa metade das vendas da região. O *cuvée* básico é o Carte Noire, com seu perfume fresco de capim-limão. No entanto, o rótulo Duc de Morny, mais seletivo, é melhor.

Domaine Félines Jourdan ☆–☆☆
Mèze. 110 ha. www.felines-jourdan.com
Um bom produtor de Picpoul, com vinhos frescos e vibrantes.

Domaine Gaujal ☆
Pinet. 45 ha. www.gaujal.fr
Além de um Picpoul fresco e aromático, esta propriedade produz varietais Chardonnay e Merlot.

Outros produtores de Coteaux du Languedoc (e Vin de Pays)

Abbaye de Valmagne ☆–☆☆
Villeveyrac. 75 ha. www.valmagne.com
Uma espetacular abadia cisterciense, cuja nave é repleta de barris enormes, e um vinhedo mais moderno de Coteaux du Languedoc, produzindo ricos vinhos brancos de Roussanne e Viognier, e tintos condimentados do distrito de Grès de Montpellier.

Bessière ☆–☆☆
Mèze. www.bessiere.fr
Fundada em 1902, uma escrupulosa casa négociant familiar que trabalha com cerca de trinta domaines diferentes em todo o Languedoc.

Château Capion ☆☆
Gignac. 45 ha. www.chateaucapion.com
Pertencente a Adrian Buhrer, que também é dono da Saxenburg, na África do Sul. Tanto o vinho do château, com predominância de Syrah, quanto o Le Juge, um corte ao estilo do Rhône, são envelhecidos principalmente em carvalho novo.

Cave Coopérative de St-Saturnin ☆–☆☆
St-Saturnin. 650 ha.
www.vins-saint-saturnin.com
Vinhedos na *garrigue* do sopé das Cévennes, cujo *cuvée* Seigneur des Deux Vierges tem cor de cereja e notas de carne de caça.

218 | FRANÇA | O MIDI | LANGUEDOC

Mas la Chevalière ☆–☆☆

Béziers. 42 ha. www.mas-la-chevaliere.com

Uma propriedade replantada, adquirida, em 1997, por M. Laroche, um produtor de Chablis. A maioria dos vinhos são feitos de uvas compradas. O corte superior, só produzido em safras excepcionais, é o La Croix Chevalière.

Mas de Chimères ☆–☆☆

Octon. 18 ha.

Vinhos do Terrasse du Larzac que valem o preço: expressões fragrantes e carnudas de Grenache e Syrah.

Domaine Clavel ☆☆–☆☆☆

Assas. 44 ha. www.vins-clavel.fr

Jean Clavel teve importante papel na criação da AOC Coteaux, e seu filho Pierre continua a dedicação do pai à qualidade. Seu rótulo regular é o suculento Les Garrigues, de Syrah e Grenache, mas Clavel ganhou mais elogios por seu Copa Santa, um corte de Syrah e Mourvèdre, envelhecido em carvalho por quinze meses e engarrafado sem filtrar. Robusto e maduro, o vinho tem aromas defumados e notável persistência de sabor.

Domaine de Clovallon ☆–☆☆

Bédarieux. 10 ha.

Catherine Roque produz uma ampla gama de vinhos, incluindo o raro Clairette du Languedoc.

Mas de Daumas Gassac ☆☆☆

Aniane. 50 ha. www.daumas-gassac.com

É justo dizer que Aimé Guibert, o único criador desta propriedade de grande inspiração, foi quem trouxe orgulho ao Languedoc pela primeira vez. Depois que ele comprou a propriedade oscilante em terreno vulcânico, consultores de Bordeaux vibraram com a qualidade do solo. Eles estavam certos. O Cabernet Sauvignon de Guibert é um vinho robusto e longevo, com a estrutura de Bordeaux e a excelente qualidade da *garrigue* de Languedoc.

O branco é um corte de Chardonnay e Viognier, um vinho de aromas abundantes. Guibert também trabalhou em estrita colaboração com as cooperativas locais para produzir vinhos de boa qualidade em grande quantidade e a preços justos. Em 2003, ele entregou a propriedade a três de seus filhos, que estão mantendo os padrões altíssimos estabelecidos pelo pai.

Mas de l'Ecriture ☆☆–☆☆☆

Jonquières. 13 ha. www.masdelecriture.com

Desde 1999, Pascal Fulla vem produzindo vinhos suntuosos, sobretudo o L'Ecriture, rico em Syrah, dos Terrasses du Larzac. Mas os preços são altos.

Château de Flaugergues ☆–☆☆

Montpellier. 30 ha. www.flaugergues.com

A melhor propriedade na pequena região cascalhosa de Méjanelle, nas mãos dos condes de Colbert há três séculos. Bons cortes de Grenache e Syrah.

Foncalieu ☆–☆☆

Arzens. www.foncalieuvignobles.com

Uma empresa fundada em 1967 para comercializar a produção de dezoito cooperativas cultivando 9 mil hectares. A maioria dos vinhos são vendidos como vin de pays, e a empresa tem uma variedade de marcas e uma produção anual de 2 milhões de caixas.

Domaine de la Garance ☆☆☆

Caux. 8 ha.

O proprietário e vinicultor Pierre Quinonero obtém um maravilhoso sabor frutado de sua Carignan e de outras variedades, algumas das quais têm mais de um século. O branco pode ser oxidativo, mas os tintos Les Claviers Carignan e A Coline Grenache mostram o esplêndido potencial dessas variedades quando plantadas no habitat adequado.

Domaine Les Grandes Costes ☆–☆☆

Vacquières. 10 ha. www.grandes-costes.com

As videiras ficam próximas de Pic-Saint-Loup, e os vinhos têm a fragrância e a elegância dos daquela região. O Cuvée Grandes Costes também tem corpo e concentração.

Domaine La Grange des Pères ☆☆☆

Aniane. 14 ha.

Laurent Vallié trabalhou em algumas das propriedades mais importantes do sul da França antes de plantar seus próprios vinhedos, que entraram em atividade em 1992. As produções são diminutas, e, portanto, o nível de maturação é alto. Os vinhos, vendidos como vin de pays, são envelhecidos em madeira por no mínimo dois anos, partilham do vigor de seu vizinho em Daumas Gassac, e excedem em muito seus preços. O tinto é de Cabernet, Syrah e Mourvèdre; o branco é principalmente de Roussanne e Chardonnay.

Domaine La Grange de Quatre Sous ☆☆

Assignan. 8 ha.

Uma ampla gama de vinhos de uma pequena propriedade. Ao lançá-los como vin de pays, o proprietário suíço Hildegard Horat pôde usar variedades tais como Chardonnay, Cabernet Sauvignon e Cabernet Franc.

Domaine Henry ☆–☆☆

St-Georges-d'Orques. 15 ha. www.domaine-henry.com

O vinho superior deste domaine é o Cuvée Saint-Georges- -d'Orques. Tem surpreendente delicadeza, com sabores de morangos e cerejas.

Maison Jeanjean ☆

St-Felix-de-Lodez. 300 ha. www.jeanjean.fr

Uma enorme casa négociant familiar, com vinhos provenientes de todo o sul da França.

Château de Jonquières ☆☆

Jonquières. 9 ha. www.chateau-jonquieres.com

Este château medieval no platô de Larzac produz vinhos excelentes em pequena quantidade. Os tintos são cortes tradicionais de Syrah, Grenache, Mourvèdre e Carignan, e a melhor fruta é preservada para o elegante La Naronnie.

Mas Jullien ☆☆–☆☆☆

Jonquières. 16 ha.

Olivier Jullien administra esta inovadora propriedade biodinâmica nos Terrasses du Larzac. Ele combina experimentação com um respeito pela tradição, usando variedades locais, apesar das dificuldades comerciais em vendê-las.

A gama de vinhos costumava ser vasta, mas nos últimos anos Jullien optou por simplicidade. Seu principal tinto é um corte de Syrah e Carignan, e há também um tinto mais leve chamado Etats d'Ame; e um par de brancos elegantes.

Domaine Lacroix-Vanel ☆☆–☆☆☆
Caux. 11 ha.
Uma propriedade séria perto de Pézenas, que aspira a produzir vinhos estruturados e longevos, principalmente de Syrah e Mourvèdre.

Listel ☆
Sète. 1.800 ha.
Uma grande empresa que, além de ser produtora de sal, fabrica vinhos que valem o preço. Hoje pertence ao produtor de Champagne Vranken. É mais conhecida por seu rosé ou Gris de Gris.

Domaine de Montcalmès ☆☆
Puéchabon. 20 ha.
Desde 1999, Frédéric Pourtalié se dedica à produção de um único corte, com predominância de Syrah e complementado com Grenache e Mourvèdre. O vinho é envelhecido em carvalho durante dois anos.

Domaine de Nizas ☆–☆☆
Caux. 44 ha.
www.domainedenizas
Uma grande propriedade, comprada em 1998 por John Goelet, o proprietário do Clos du Val (ver p. 491), no Napa. A gama inclui um puro Carignan de velhas videiras e um raro Réserve de Petit Verdot, Cabernet Sauvignon e Syrah.

Château Notre Dame du Quatourze ☆
Narbonne. 32 ha.
A principal propriedade em Quatourze, perto de Narbonne. Carignans plenamente encorpados prosperam nos solos de quartzo.

Domaine Peyre Rose ☆☆☆
St-Pargoire. 25 ha.
Em um local remoto na *garrigue*, Marlène Soria produz apenas dois vinhos tintos, ambos com predominância de Syrah, mas de vinhedos diferentes: Clos Léone e Clos des Cistes. Os rendimentos são extremamente baixos, cerca de 2 mil litros por hectare, e os vinhos são envelhecidos em tanques e em grandes barris, uma mudança bem-vinda com relação à tendência dominante de usar carvalho novo em tudo.

(Um problema na adega, hoje resolvido, significou que as safras de 1999 a 2001 não foram engarrafadas.) Ambos os vinhos são opulentos, vigorosos e longevos – o Clos des Cistes, mais denso e tânico; o Léone, com notas de frutas vermelhas imediatamente convidativas. Há também uma minúscula produção de um vinho branco chamado Oro.

Prieuré de St-Jean-de-Bébian ☆☆–☆☆☆
Pézenas. 33 ha. www.bebian.com
O antigo dono, Alain Roux, trouxe para cá mudas das melhores propriedades do Rhône, e, conforme as videiras amadureciam, ele começou a elaborar seus próprios vinhos, robustos e longevos. Em 1994, a propriedade foi comprada pela crítica de vinhos Chantel Lecouty e seu marido, Jean-Claude Le Brun.

Juntos, eles modificaram a vinificação e introduziram o envelhecimento em barricas. Embora o vinho tenha se tornado, talvez, mais elegante, parece, infelizmente, ter perdido parte de sua sensacional individualidade. Caro.

Domaine de la Prose ☆☆–☆☆☆
Pignan. 18 ha. www.domainedelaprose.com
Alexandre de Mortillet comprou esta propriedade em 1990, e construiu adegas modernas em 2000. O tinto é puro Syrah, submetido a envelhecimento prolongado em novos barris; o branco, de Vermentino e Grenache Blanc, é fermentado em barril e se revela um tanto pesado. Mas o Grande Cuvée tinto e seu equivalente menos amadeirado, o Cuvée d'Embruns, fazem muito sucesso.

Château Puech-Haut ☆☆–☆☆☆
St-Drézery. 100 ha. www.chateau-puech-haut.com
Desde 1995, esta propriedade vem produzindo vinhos realmente excelentes. O tinto Prestige tem predominância de Grenache e, para ser sincero, é um pouco terroso, mas o rótulo superior, o Tête de Cuvée, envelhecido em carvalho novo e com 60% de Syrah, é extremamente intenso. Os vinhos brancos também são muito bons, à base de Roussanne e Marsanne.

Domaine Roc d'Anglade ☆☆
Langlade. 8 ha.
Embora Rémy Pedreno prefira lançar seus vinhos um tanto caros como vin de pays, visto que isso lhe dá mais liberdade, isso não significa que ele opte por altos rendimentos ou cortes excêntricos. O tinto é um corte sólido e levemente amadeirado de Syrah, Grenache e Carignan; e o branco é condimentado e vivaz.

Château St-Martin-de-la--Garrigue ☆☆
Montagnac. 60 ha.
Há dezessete variedades plantadas na propriedade de Jean-Claude Zabalia; portanto, a gama de vinhos é considerável. Tanto o Cuvée Saint-Martin, de Syrah e Mourvèdre, quanto o Cuvée Bronzinelle (um corte ao estilo do Rhône) são excelentes.

Skalli ☆–☆☆☆
Sète. www.vinsfamilleskalli.com. 250 ha.
Os Skalli mostraram ser produtores revolucionários de vins de pays de variedades internacionais. Fortant de France é a marca mais famosa, mas a gama é vasta. A empresa também é ativa em Córsega e no vale do Napa, onde é dona do Chateau Saint-Supéry.

Domaine de Terre Mégère ☆–☆☆
Cournonsec. 22 ha.
Uma propriedade com uma reputação cada vez maior a oeste de Montpellier. Bom corte branco La Galopine, de Viognier e Chardonnay, e vins de pays tintos confiáveis.

Os Muscats de Languedoc

Três pequenas zonas ao longo da costa do centro-sul, entre o porto vinícola de Sète e os pântanos de Camargue, têm denominações (e uma antiga reputação) por vins doux naturels de Muscat – 1.380 hectares ao todo. Frontignan, com 800 hectares, é a maior e a mais conhecida. Seus vinhedos se estendem pela costa, passando por Mireval (a segunda denominação, com 260 hectares), em direção a Montpellier. A única uva permitida é a Muscat à Petits Grains; seu vinho é intensamente aromático, dourado e viscoso, mas lhe faltam

Château de Jonquières, Jonquières.

220 | FRANÇA | O MIDI | LANGUEDOC

(ao menos da forma como é feito hoje) o frescor e a elegância do Muscat de Beaumes-de-Venise. Desde o começo da década de 1980, um produtor independente, Yves Pastourel, do Château de la Peyrade, trabalhou para melhorar a situação e conseguiu produzir um vinho mais leve e refinado. A terceira área, com 320 hectares, é Lunel, a meio caminho entre Montpellier e Nîmes, na região interiorana próxima ao porto de Camargue.

As cooperativas de Frontignan e Lunel são os principais produtores, e a cooperativa em Vérargues também produz Muscat. Os estabelecimentos privados de alta qualidade são escassos. Além de La Peyrade, há o Mas de Bellevue, em Lunel, e o Domaine Lacoste, também em Lunel, com sua rara versão de colheita tardia feita de uvas passas, que assim ficaram na videira.

Costières de Nîmes

Esta região, que está melhorando rapidamente, sofreu, por algum tempo, uma crise de identidade, incapaz de decidir se faz parte de Languedoc ou de Provença. Sua localização, logo ao sul de Nîmes, em encostas ondulantes com vista para o Mediterrâneo, sugere a última, mas geralmente se considera que pertence à primeira. É uma região quente, pedregosa, com leve influência marítima. Também é grande, declarando uma produção de 4.185 hectares, cultivados por quase cem propriedades privadas e dezessete cooperativas.

As variedades tradicionais aqui são as costumeiras do Midi – de qualidade duvidosa –, mas nos últimos anos se plantou muito mais Syrah, e com bons resultados. A Syrah aqui dá vinhos intensos, puros, de grande encanto. Charme e flexibilidade são hoje as marcas registradas dos Costières. Esta não é uma região que dê forma a vinhos de grande profundidade ou complexidade, mas alguns produtores não veem razão para que tais estilos não venham a surgir no futuro.

Há outra AOC escondida em Costières: a obscura Clairette de Bellegarde, de quarenta hectares. Por que estes vinhos, que devem ser bebidos jovens, antes de seus frutos desvanecerem, precisam ter sua própria AOC é um mistério. Os brancos mais atraentes estão sendo feitos de Viognier, Marsanne e Roussanne, não necessariamente como vinhos AOC. Cerca de um quarto da produção é de rosés. As propriedades tendem a ser grandes, e muitos vinhedos são colhidos mecanicamente. Assim, os custos são relativamente baixos, e isso se reflete nos preços, razoáveis até mesmo para os melhores vinhos.

Château Beaubois ☆☆
Franquevaux. 55 ha. www.chateau-beaubois.com
A família Boyer assumiu esta propriedade em 1985 e produz um Cuvée Tradition bem equilibrado e, em certas safras, um Cuvée Elegance envelhecido em carvalho. Inicialmente com excesso de madeira, o Elegance é hoje mais harmonioso. Há também um branco aromático de Roussanne e Viognier.

Château de Beck ☆–☆☆
Vauvert. 50 ha. www.chateaudebeck.com
O industrial Jean-Francois Herbinger revitalizou esta excelente propriedade, com todas as videiras plantadas em um único bloco orientado para o sul. Tanto os brancos quanto os tintos são feitos de variedades tradicionais, com a exceção de um vin de pays Viognier.

Château de Belle Coste ☆☆
Caissargues. 65 ha.

Esta propriedade respeitável fica nos arredores de Nîmes. O tinto comum é feito de Grenache e Syrah; o superior, Cuvée Saint-Marc, tem Mourvèdre para proporcionar mais estrutura ao corte. O branco sempre contém uma boa porção de Viognier, que foi permitida aqui para "experimentação", no final da década de 1980, e permanece até hoje.

Mas de Bressades ☆☆–☆☆☆☆
Manduel. 25 ha. www.masdebressades.com
A produção aqui se divide entre o Cuvée Tradition e o Cuvée Excellence. O branco Excellence, com predominância de Roussanne, é fermentado em carvalho novo e tem um caráter picante e cítrico. O tinto é principalmente Syrah com algo de Grenache e pode, em certas safras, ser um vinho tânico. O rosé é excelente.

Château de Campuget ☆☆
Manduel. 160 ha. www.campuget.com
A família Dalle possui duas boas propriedades: Campuget e Château L'Amarine, a poucos quilômetros uma da outra. O lagar é moderno e bem equipado. Os *cuvées* padrão podem carecer de extrato. O rótulo Prestige é melhor, e o Cuvée Sommelière, um puro Syrah envelhecido em barris novos de quinhentos litros, é de primeira qualidade, com agradáveis notas de frutas vermelhas e delicada persistência em boca.

Mas Carlot ☆
Bellegarde. 72 ha.
Pertencente a Mas Carlot, um *restaurateur* parisiense, e administrada por sua filha Natalie. A propriedade engarrafa seus vinhos envelhecidos em carvalho sob o nome Château Paul Blanc, e também é uma importante produtora de Clairette de Bellegarde.

Château Grande Cassagne ☆☆–☆☆☆☆
St-Gilles. 32 ha.
Desde 1994, os irmãos Dardé fazem tintos, brancos e rosés deliciosamente frutados. O rápido sucesso comercial possibilitou que eles fossem mais seletivos, introduzindo, nos últimos anos, alguns novos *cuvées*. O Hippolyte branco é principalmente de Roussanne, vinificado em carvalho, e o Hippolyte tinto é uma seleção de seus melhores Syrah, envelhecidos em barricas novas. Já o Cuvée Civette tem predominância de Grenache.

Domaine des Grimaudes ☆☆
Manduel. 6 ha.
Desde 1999, este tem sido o refúgio do alsaciano Marc Kreydenweiss (ver p. 181) no sul da França, e é administrado por sua filha Emmanuelle. Aqui também a agricultura é biodinâmica.

Château Masneuf ☆☆–☆☆☆☆
Vauvert. 62 ha. www.chateau-mas-neuf.com
O dono anterior, Olivier Gibelin, era uma pessoa entusiástica, mas seus vinhos eram inconsistentes. Desde 2000, o novo proprietário, Luc Baudet, aperfeiçoou a gama, acrescentando alguns rótulos de altíssima qualidade produzidos em pequena quantidade, entre os quais o Aves des Si, de Syrah, e um corte de Mourvèdre e Grenache sob o rótulo, um tanto previsível, Mourvache.

Château Mourgues du Grès ☆☆–☆☆☆☆
Beaucaire. 55 ha. www.mourguesdugres.com
François Collard prefere um estilo bem maduro para seus Costière tintos. Às vezes, o sabor lembra geleia de uva, mas geralmente tem a pureza encantadora da fruta, refletindo a alta proporção de Syrah que ele privilegia. Suas melhores seleções são engarrafadas como

Terre d'Argence, e há também um *cuvée* amadeirado, Les Capitelles, que oferece uma interpretação diferente do mesmo excelente fruto. O rosé é um dos mais finos da região, com aromas delicados de morangos. Há também o Capitelles, um rosé com predominância de Mourvèdre. Desde 1999, Collard produz dois vinhos brancos de qualidade.

Mas de Tourelles ☆
Beaucaire. 90 ha. www.tourelles.com
A propriedade de Hervé Durand é menos notável por seus vinhos Costières do que por sua meticulosa recriação de um lagar romano, com vinhos ao estilo romano, aromatizados com mel e água do mar.

Château de la Tuilerie ☆–☆☆
Route de St-Gilles, Nîmes. 98 ha. www.chateautuilerie.com
Uma grande propriedade imaculadamente preservada, pertencente à Mme. Chantal Comte. Ela produz muitos rótulos aqui. O Vieilles Vignes é muito confiável, mas os vinhos Cuvée Eole, tanto brancos quanto tintos, embora também envelhecidos em carvalho, mostram maior concentração. Ocasionalmente, ela produz o L'Un de Sens, um puro Syrah envelhecido em barricas novas. Estes são alguns dos vinhos mais caros da região.

Córsega

A importância da ilha francesa de Córsega, extremamente montanhosa, costumava residir, quase que exclusivamente, em sua produção em larga escala de cortes de vinhos de mesa e de rosés robustos para saciar a sede dos que estavam de férias. Quando a França perdeu a Argélia, seus viticultores invadiram a ilha para plantar nas planícies da costa leste as uvas mais comuns da Argélia e do Midi: Carignan, Grenache e Cinsault. Na década de 1960, os vinhedos da ilha cresceram de 8 mil para 31 mil hectares. Um escândalo explodiu em 1974, com acusações de fraude e práticas ilegais, e isso resultou em um período de retração. Posteriormente, os vinhedos foram reestruturados: muitas pequenas propriedades desapareceram e cresceram as propriedades já relativamente grandes, cujos cultivos visavam quantidade em vez de qualidade.

A denominação Vin de Corse foi instituída em 1976 como um incentivo à limitação das colheitas. No entanto, apenas 31% dos vinhos de Córsega são AOC. Há mais oito AOCs específicas, a maioria relativas a regiões: Ajaccio, Patrimonio, Calvi, Sartène, Figari, Porto Vecchio, e Coteaux du Cap Corse. Além disso, existe uma denominação para o Muscat du Cap Corse. As denominações regionais mantêm as variedades tradicionais, que incluem as uvas tintas Nielluccio (a Sangiovese da Itália) e Sciaccarello (possivelmente exclusiva da Córsega) e a branca Vermentino. (O dialeto local opta por grafias diferentes, que podem ser vistas em alguns rótulos: Niellucciu, Sciaccarellu e Vermentinu). Dos atuais 7 mil hectares em produção na ilha, pouco mais da metade são destinados ao vinho rosé, 40% ao tinto e apenas 10% ao branco.

A preferência local é beber rosé, em vez de branco, acompanhando peixe. Variedades do sul da França como Syrah e Mourvèdre

Córsega: conhecida como L'Île de Beauté.

também foram plantadas, juntamente com Chardonnay e Merlot, que florescem nos vinhedos Vins de Corse ao longo da costa.

Patrimonio, em La Conca d'Oro, ao norte da ilha, tem certa tradição na produção de rosés e tintos feitos à base de Nielluccio e brancos de Vermentino, com graduação alcoólica mínima de 12,5 – um grau a mais que o restante dos vinhos da ilha. Ajaccio, a capital, tem Sciaccarello tinto e rosé e Vermentino branco. Calvi e a região de Balagne, no noroeste, têm uma proporção relativamente alta de vinhos AOC. Cap Corse se especializa em vinhos de sobremesa, incluindo o Muscat doce.

Porto-Vecchio e Figari, no sudeste plano, têm mais vinhedos, mas com uma boa proporção de Nielluccio. Sartène, perto de Propriano, no sudoeste, é a área com a maior proporção de vinhos AOC de uvas típicas de Córsega (principalmente a Sciaccarello) e de pequenos viticultores tradicionais cultivando boas encostas. As plantações de Cabernet Sauvignon, Merlot, Chardonnay e Chenin Blanc, na planície oriental ao sul de Bastia, são incluídas na cada vez mais interessante Vin de Pays de L'Île de Beauté. A produção é dominada por duas grandes cooperativas: Union des Vignerons Associés du Levant – Les vignerons corsicans (UVAL) e Union des Vignerons de l'Île de Beauté (UVIB), e por grandes empresas como a Skalli, que usa o rótulo Coteaux de Diana.

Os principais domaines focados em qualidade estão listados a seguir. Em Ajaccio, outros produtores de interesse são Clos d'Alzeto, Alain Courreges, Domaine de Peraldi (bons Sciaccarello) e Domaine de Pratavone (tintos com notas de couro e tons de framboesa; brancos florais). Em Calvi, as principais propriedades incluem o Domaine d'Alzipratu e o Clos Culumbu (as duas produzindo rosés apimentados), e o Domaine Maestracci. Em Figari, as mais importantes incluem Domaine de la Murta (rico rosé), Domaine Petra Bianca e Domaine de Tanella (especialmente o Cuvée Alexandra).

Patrimonio tem um bom número de propriedades comprometidas com a qualidade: Antoine Arena (tintos sérios, e Vermentino colheita tardia), Clos de Bernardi, Domaine du Catarelli, Clos Marfisi, Domaine San Quilico, e Domaine de Pastricciola.

Principais produtores de Córsega

Comte Abbatucci ☆☆
Casalabriva, Ajaccio. 18 ha.
www.domaine-come-abbatucci.com
Umas das poucas propriedades biodinâmicas de Córsega, Abbatucci está plantada com variedades locais, e se destaca por seus vinhos brancos.

Antoine Aréna ☆☆–☆☆☆
Morta Maïo, Patrimonio. 13 ha.
O loquaz e inteligente Aréna é um dos melhores produtores da ilha. Vinhedos de cultivo biodinâmico. Ampla gama de produção, mas se dedica especialmente a variedades nativas, incluindo um excelente Muscat du Cap Corse e um branco feito da rara uva Bianco Gentile.

Clos d'Alzeto ☆–☆☆☆
Sari d'Orcino. 43 ha. www.closdalzeto.com
Fundada em 1800, esta propriedade em Ajaccio, a mais alta de Córsega, permanece convictamente tradicional em sua escolha de variedades de uvas. Graças à localização elevada, os vinhos têm perfume e *finesse* em vez de corpo ou vigor.

Clos Capitoro ☆–☆☆☆
Pisciatella, Ajaccio. 50 ha. www.clos-capitoro.com
Esta propriedade familiar foi fundada em 1856. A Sciaccarello predomina nos tintos e rosés. Jacques Bianchetti não é fã do envelhecimento em carvalho, mas, mesmo assim, produz alguns vinhos, brancos e tintos, que passam algum tempo em madeira.

Domaine d'E Croce ☆☆
Poggio d'Oletta. 15 ha. www.yves-leccia.com
Yves Leccia, um vinicultor reconhecido, deixou o domaine da família em 2005 para fundar sua própria vinícola em Patrimonio. O branco é um vivaz Vermentino; o tinto, um saboroso Nielluccio. São vinhos que não passam por madeira, assim como o Cuvée YL, que é feito principalmente de Grenache.

Domaine Fiumicicoli ☆☆
Sartène. 70 ha. www.domaine-fiumicicoli.com
Esta grande propriedade ao sul se destaca em toda a gama: um branco floral, um firme rosé de Sciaccarello, e um Cuvée Vassilla tinto, com predominância de Niellucciodo e envelhecido em barris com um ano de uso.

Domaine Gentile ☆–☆☆☆
St Florent, Patrimonio. 30 ha.
www.domaine-gentile.com
Uma propriedade orgânica, conhecida por seus Muscat e também pelo Rappu, um vinho doce que revive uma antiga tradição, feito de uma mistura levemente fortificada de Nielluccio, Vermentino e Muscat.

Domaine Leccia ☆–☆☆☆
Poggio d'Oletta. 10 ha.
www.domaine-leccia.com
Desde que Yves Leccia saiu para criar seu próprio domaine, a propriedade da família é administrada por Annette Leccia. Os tintos, rosés e Muscat são de boa qualidade, produzidos com variedades tradicionais.

Domaine Orenga de Gaffory ☆–☆☆
Patrimonio. 60 ha.
www.domaine-orengadegoffroy.com
Umas das maiores propriedades em Patrimonio, mais conhecida por seu Cuvée des Gouveneurs, envelhecido em carvalho, e um excelente Muscat.

Domaine de Torraccia ☆–☆☆☆
Porto Vecchio. 25 ha.
Christian Imbert é um defensor apaixonado dos vinhos tradicionais de Córsega. Seu próprio domaine é orgânico, e se destaca por seus vinhos tintos, especialmente o Cuvée Oriu, feito à base de uvas Nielluccio. O estilo é robusto, e algumas safras requerem envelhecimento em garrafa para que os taninos se tornem mais suaves.

O sudoeste

O sudoeste da França vive em calma autossuficiência. Sua rica culinária e seus vinhos notáveis parecem ser, assim como sua beleza e tranquilidade, assunto particular. A leste estão os grandes vinhedos do Languedoc; ao norte fica Bordeaux; ao sul, a Espanha, do outro lado dos grandiosos Pirineus. Em seu sopé e nos vales dos rios Tarn, Garonne, Lot, Gers, Adour e Gave, um tipo diferente de vinhos é produzido, sem relação com os do Midi e, com raras exceções, notadamente distinto dos de Bordeaux. Historicamente, alguns desses vinhos, em especial Cahors e Gaillac, foram exportados através de Bordeaux e conhecidos como os vinhos do Hauts-Pays: a região elevada. Uma variedade de uvas com extraordinários nomes locais, alguns deles bascos, oferece uma gama de sabores não encontrados em nenhum outro lugar. Na década de 1990, o mundo começou a descobri-los e a incentivar a expansão daquele que era um vinhedo exaurido.

Regiões como Madiran, um dia reconhecidas pela severa rusticidade de seus vinhos, aprenderam a domar os taninos naturais sem perder a tipicidade. Gaillac redescobriu suas variedades antigas. Idiossincrasias florescem no sudoeste, embora o público consumidor internacional esteja demorando para captar o que a região tem a oferecer.

Bergerac

Os vinhedos de Bergerac beiram o rio Dordogne, que encontra o Garonne abaixo de Bordeaux. Os produtores conseguiam, assim, escapar das garras gananciosas dos comerciantes de Bordeaux, que controlavam a passagem dos vinhos provenientes de outros Hauts-Pays, tais como Cahors e Gaillac. Bergerac tinha livre acesso aos mercados ultramarinos – sobretudo ao próspero mercado holandês. A devoção da região ao protestantismo levou muitos huguenotes a fugir para a Holanda quando a reforma religiosa foi suprimida em 1698. Com isso, aumentaram as exportações de Bergerac para aquele país. Os holandeses preferiam os vinhos brancos doces, que desse modo se tornaram – e continuam a ser – o orgulho da região de Bergerac. Monbazillac é seu nome mais famoso. Mas, no século XX, esse estilo de vinho era difícil de vender. Por isso, os *bergeraçois* tentaram com o tinto. A demanda oscilava entre tinto e branco, e Bergerac parecia estar sempre um passo atrás.

As variedades plantadas são as uvas tintas de Bordeaux, que têm um desempenho excelente aqui, sendo em sua maioria Merlot. Chamar seus vinhos de clarete é ignorar os limites históricos e políticos, mas não os gastronômicos. As uvas brancas também se dão bem aqui, e hoje quase 40% da produção é de vinhos brancos. A presença de uma próspera comunidade de expatriados e o fato de que o *foie gras* pode ser considerado o "esporte" local devem ser incentivos para que a região adquira mais notoriedade. No entanto, ela continua sob a sombra de Bordeaux, com apenas um pequeno punhado de fazendas com alguma fama fora da região. Bergerac não é uma única denominação simples, mas, assim como Bordeaux, é abrangente. São treze subseções determinadas por encostas, solos, microclimas e estilos de vinho.

O tinto Bergerac sem classificação é leve e, por natureza, nitidamente parecido com o clarete: um perfeito substituto para muitos Bordeaux tintos leves, a um preço significativamente menor. Os Côtes de Bergerac são mais encorpados, e mais ainda os vinhos da parte leste da região, de solo calcário. Estes têm sua própria denominação, Pécharmant (390 hectares), e, assim como o clarete, melhoram com a idade. O branco seco é vendido como Bergerac Sec. Alguns produtores optam por incluir o sabor da Sauvignon no vinho, que ainda é predominantemente Sémillon e, em menor medida, Muscadelle. Na verdade, os varietais brancos não são permitidos pelas regras locais. Uma nova geração de vinicultores vem adotando o envelhecimento em barrica para seus vinhos mais ricos, mas alguns têm uma predileção genuína pelo meio doce, e são capazes de produzir vinhos de grande encanto para os ecléticos, ainda que os rendimentos excessivos e a vinificação deselegante possam comprometer seriamente o potencial de um Côtes de Bergerac *moelleux*.

Não menos de cinco regiões em Bergerac possuem denominações para brancos doces e meio doces (que recorrem à Sémillon na esperança de encontrar certo grau de "podridão nobre"). Logo ao sul da cidade de Bergerac, Monbazillac (3.600 hectares – só em teoria, já que nem todos os terrenos da denominação oferecem vinhos doces de qualidade), com seu château de ópera (a propriedade da cooperativa local), é capaz de vinhos realmente robustos e deliciosos ao estilo de Sauternes. Hoje, os melhores apresentam a mesma harmonia miraculosa entre acidez e fruta que caracteriza um grande Sauternes – e sua longevidade também é similar. Eu me entretive por muito tempo com um Monbazillac de quarenta anos que havia adquirido uma elegante cor de tabaco. Saussignac é uma denominação pequena (900 hectares no total, embora, na prática, menos de cem sejam usados para vinhos doces) para vinhos que vão de meio doces a um punhado de vinhos tão ricos quanto os de Monbazillac, ainda que muitas vezes com acidez mais fresca. Os vinhos secos de Saussignac são vendidos como Bergerac Sec, ao passo que a AOC Saussignac é reservada para *moelleux* ou vinhos doces de uvas botritizadas.

Ao norte do Dordogne fica Montravel. Cerca de 1.747 hectares de videiras tintas e 1.463 de brancas têm, em teoria, direito a esta denominação, que, na prática, só é reivindicada por vinhos provenientes de menos de quatrocentos hectares. O Montravel básico é um branco seco que mal pode ser distinguido do Bergerac Sec. No entanto, as distinções entre as denominações Côtes de Montravel (*moelleux*) e Haut-Montravel (completamente doce) complicam a já complexa situação para os produtores de Montravel, cujos vinhos tintos antes não podiam ser chamados de Montravel (tinham de ser chamados de Bergerac). As regras mudaram em 2001, quando os produtores finalmente conquistaram o direito de uma AOC própria para os Montravel Rouge. Rosette, uma denominação quase extinta, é outra denominação para vinhos brancos meio doces, produzidos nas colinas a noroeste da cidade de Bergerac.

Finalmente, Côtes de Bergerac, quando aplicada a vinhos brancos, denota um estilo *moelleux* com níveis de doçura que vão de 4 a 54 gramas de açúcar residual. A qualidade raramente é especial.

Principais produtores de Bergerac, Pécharmant e Monbazillac

Domaine de l'Ancienne Cure ☆☆–☆☆☆
Colombier. 42 ha. www.domaine-anciennecure.fr
O dono e vinicultor desta propriedade, Christian Roche, reformulou sua gama já extensa de Bergerac e Monbazillac. O vinho mais simples é sem pretensões. Muito mais interessante é o Cuvée Abbaye, de uvas cuidadosamente selecionadas e um pouco

de envelhecimento em carvalho. Em anos excepcionais, ele também produz L'Extase, que inclui um raro Bergerac Sec feito de uvas muito maduras e envelhecido em 60% de carvalho novo. Muitos dos vinhos brancos, doces e secos, contêm em torno de um terço de uvas Muscadelle, o que os diferencia de estilos comparáveis em Bordeaux.

Château Beauportail ☆☆
Pécharmant, Bergerac. 10 ha.
A pequena propriedade de Fabrice Feytout, nos arredores da cidade, produz um vinho rico e discretamente amadeirado, que deve envelhecer bem.

Château Bélingard ☆–☆☆
Pomport. 90 ha. www.chateaubelingard.com
Laurent de Bosredon é um produtor entusiasta de Bergerac brancos e tintos de qualidade confiável, embora não impressionante, e de alguns Monbazillac ricos e finos chamados Blanche de Bosredon. Ele prefere um estilo vívido e elegante de Monbazillac, em vez de um vinho pesado e persistente.

Domaine de Bertranoux ☆☆
Pécharmant. 5 ha.
Propriedade de Daniel Hecquet, do Château Puy-Servain (ver p. 226), em Montravel, Bertranoux produz dois *cuvées* Pécharmant envelhecidos em barricas.

Château la Borderie ☆–☆☆☆
Sigoulès. 70 ha.
Armand Vidal foi, por décadas, um importante produtor de Monbazillac e Bergerac, e a propriedade é hoje administrada por sua filha Elisabeth. O Monbazillac é da melhor qualidade, especialmente o Cuvée Prestige, que é envelhecido em tonéis por dezoito meses. Os Vidal também são proprietários do château vizinho Treuil de Nailhac, uma propriedade menor e mais antiga. Treuil de Nailhac tem um sabor marcante de Muscat, em razão de alta proporção de uvas Muscadelle.

Château Caillavel ☆–☆☆
Pomport. 19 ha.
Desde 1996, M. Lacoste, dono do Caillavel, fermenta seus vinhos doces em carvalho novo, e a madeira confere ao vinho certa cremosidade. Um Monbazillac mais barato e mais comercial é vendido sob o rótulo de outra de suas propriedades, o Château Haut-Theulet.

Château Champarel ☆
Pécharmant. 8 ha.
Um vinho bom e robusto, que precisa de alguns anos para que seus taninos e frutas se integrem.

Clos des Terrasses ☆☆
Sigoulès. 15 ha. www.closdesterrraces.com
A colheita desta propriedade era vendida para a cooperativa até 2001, quando foi comprada por Fabrice de Suyrot. Ele trouxe boas práticas à viticultura, e logo estava produzindo vinhos de boa qualidade. O tinto regular, composto em sua maioria por Merlot, é envelhecido por doze meses em carvalho, o Cuvée Le Clos provém das videiras mais antigas e passa cerca de quinze meses em barris novos.

Château de la Colline ☆☆
Thénac. 18 ha. www.la-colline.com
Uma nova propriedade, de donos ingleses, fundada em 1994. O tinto tem predominância de Merlot e é devidamente suculento. É envelhecido por dezoito meses em barricas, assim como o branco, dominado pela Sémillon. Martin também produz dois varietais, um puro Sémillon e um puro Merlot, para serem bebidos jovens.

Cave Coopérative de Monbazillac ☆
Sigoulès. 800 ha. www.chateau-monbazillac.com
Cerca de metade da produção da cooperativa é de vinhos doces. O melhor costuma vir dos 22 hectares do Château de Monbazillac, mas outras propriedades incluem o Châteaux Septy e o Versant du Haut-Poulvère. Nos anos 2000, os esforços estiveram direcionados para a melhoria da qualidade, inclusive a decisão de fermentar o prestigioso Château de Monbazillac em carvalho.

Château le Fagé ☆–☆☆
Pomport. 40 ha. www.chateau-le-fage.com
Embora François Gérardin goste de pensar em si mesmo como alguém com vários talentos, é seu Monbazillac que atrai os aplausos, feito com 90% de Sémillon, fermentação a baixa temperatura e um longo envelhecimento em cimento esmaltado. Nas melhores safras, ele produz um Grande Réserve, que é envelhecido por mais de dois anos em barris.

Château Fonmourgues ☆☆–☆☆☆☆
Monbazillac. 19 ha.
Dominique Vidal elabora vinhos Monbazillac num estilo mais rico e mais opulento que o seguido por seu pai no Château La Borderie (ver nesta página). Ele também produz tintos e brancos secos Bergerac de boa qualidade.

Château de Panisseau, Thénac.

Domaine Grande Maison ☆☆☆
Monbazillac. 20 ha.
Thierry Després assumiu esta propriedade em 1990 e logo replantou a maioria dos vinhedos, tornando o cultivo orgânico. Ele utiliza técnicas próprias, tais como a refrigeração dos cachos botritizados antes da fermentação. O vinho básico é o Cuvée des Anges; há um atípico Monbazillac de Sauvignon Gris e Sauvignon Blanc, chamado Cuvée Exotique; e o vinho superior, envelhecido em carvalho, recebe o estranho nome de Les Monstres e é vendido por um preço muito alto, pois é produzido a partir de cultivos com rendimentos ínfimos.

Château Grinou ☆☆
Monestier. 35 ha.
Guy Cuisset é um produtor de vários talentos que elabora bons Bergerac tintos, especialmente o Réserve, um puro Merlot envelhecido em carvalho; bem como um Bergerac branco seco e um excelente Saussignac.

Château Haut-Bernasse ☆☆–☆☆☆
Monbazillac. 27 ha. www.haut-bernasse.com
Jacques Blais é violoncelista e vinicultor autodidata, cujos vinhos melhoraram continuamente durante os anos 1990. Em 2002, ele vendeu a propriedade para Jules Villette, que mantém os padrões para o elegante Monbazillac, envelhecido em carvalho, e um rico (embora amadeirado) Côtes de Bergerac tinto.

Domaine du Haut-Pécharmant ☆☆
Bergerac. 23 ha. www.haut-pecharmant.com
O segundo maior vinhedo Pécharmant. O dono, Michel Roches, produz seus vinhos longevos à maneira tradicional, e somente o Cuvée Prestige é envelhecido em carvalho. Seu vinho mais notável é o Cuvée Veuve Roches, feito com 70% de Cabernet Franc.

Domaine de la Jaubertie
Colombier. 52 ha.
Uma esplêndida propriedade, descuidada por muitos anos. Nick Ryman desenvolveu a propriedade na década de 1970, e seu filho Hugh, que viria a se tornar o mais famoso de todos os enólogos, produz tintos equilibrados e elegantes e brancos deliciosos, incluindo um raro Muscadelle puro. Hugh Ryman vendeu a Jaubertie em 2000; e, embora a propriedade continue produzindo vinhos, eles raramente são encontrados.

Château Masburel ☆☆
Fougueyrolles. 23 ha. www.chateau-masburel.com
Neil e Olivia Donnan optaram por um estilo rico e vigoroso para o Bergerac tinto. Lady Masburel é uma linha mais leve, e os Donnan também elaboram um Montravel fermentado em barril que tem predominância de Sauvignon Blanc.

Domaine la Métairie ☆
Creyssensac-et-Pissot. 6 ha.
Um Pécharmant envelhecido em carvalho, o que contribui para a qualidade do vinho. Nos últimos anos, a proporção de Merlot na mistura tem aumentado. Em 2005, a propriedade foi comprada por Daniel Hecquet.

Château Monestier La Tour ☆☆
Monestier. 34 ha. www.chateaumonestierlatour.com
Philip de Haseth-Möller comprou e reciclou esta bela casa e seus vinhedos. Hoje, com assessoria de Stéphane Derenoncourt, ele produz toda uma gama de brancos e tintos Bergerac, e um pouco de Saussignac para fechar com chave de ouro.

Château Poulvère ☆
Sigoulès. 86 ha. www.poulvere.com
Grande propriedade que produz uma gama completa de estilos Bergerac, incluindo um Pécharmant não amadeirado, sob o rótulo Domaine les Grangettes. O Monbazillac é bom, mas não excepcional.

Château La Robertie ☆–☆☆
Rouffignac-des-Sigoulès. 16 ha. www.chateau-larobertie.com
Jean-Philippe Soulier comprou esta propriedade descuidada em 1999, e progrediu rápido. O vinho superior é o La Robertie Haute, um tinto do melhor setor do vinhedo, envelhecido em carvalho. O domaine também produz um par de Monbazillacs, dos quais o mais concentrado é o Vendanges de Brumaire, também envelhecido em carvalho.

Château Thénac
Thénac. 80 ha. www.chateau-thenac.com
Uma grande propriedade logo a leste de Bergerac, que foi restaurada e renovada pelo dono Eugene Shvidler. Ludwig Vanneron, o antigo assistente de Michel Rolland, é o vinicultor. Os melhores vinhos são comercializados sob o rótulo do château, e também é produzido um estilo mais fácil de beber, chamado Fleur du Périgord.

Château Theulet ☆–☆☆
Monbazillac. 50 ha.
Propriedade que remonta ao tempo da relação especial com a Holanda. O dono, Pierre Alard, produz Bergerac tintos flexíveis, leves, muito fáceis de beber, e um bom Monbazillac Cuvée Prestige, envelhecido em 50% de carvalho novo.

Château Tirecul la Gravière ☆☆☆–☆☆☆☆
Monbazillac. 9 ha. www.vinibilancini.com
Esta propriedade perfeccionista pertence ao enólogo Bruno Bilancini. A propriedade é incomum pelo fato de que metade das videiras é de Muscadelle. Bilancini a trabalha como se fosse uma das melhores propriedades de Sauternes: colheita seletiva, níveis de açúcar elevados e uma boa dose de carvalho novo para a fermentação em barris. Os vinhos são marcados por sua riqueza e intensidade. O melhor *cuvée*, quase madura, é chamado Cuvée Madame. É muito mais caro do que o Monbazillac regular, que está entre os melhores da região.

Château Tiregand ☆☆
Creysse. 43 ha. www.chateau-de-tiregand.com
A maior propriedade Pécharmant, replantada pela família Saint-Exupéry depois das geadas de 1956. O ferro presente no solo propicia ao vinho uma estrutura que pede o envelhecimento em garrafa. O vinho de videiras jovens é muito mais leve e é vendido como Clos de la Montalbanie; já os que provêm dos melhores terrenos são envelhecidos em 50% de carvalho novo e vendidos como Grand Millésime.

Château la Tour des Gendres ☆☆☆
Ribagnac. 50 ha.
De vinhedos em sua maioria biodinâmicos, em solos diversos logo ao sul de Monbazillac, Luc de Conti produz vinhos requintados e distintos. Assim como o Bergerac branco, chamado Moulin des Dames, o Cuvée des Conti é predominantemente de Sémillon, envelhecido em carvalho novo por um breve período. O vinho tem marcante sabor de frutas cítricas. Um *cuvée* especial chamado

Anthologia, envelhecido em carvalho, é feito de Sauvignon de colheita tardia. Em 2005, um raro Muscadelle puro foi adicionado à coleção. O tinto Anthologia é feito seguindo o método estritamente artesanal de fermentação em barris de quinhentos litros. Os vinhos tintos, envelhecidos sobre suas borras, são os mais caros de Bergerac: especialmente o Anthologia. Melhor negócio são os excelentes Gloire de Mon Père, habilidosamente amadeirados.

Domaine les Verdots ☆☆–☆☆☆
Conne-de-Labarde. 35 ha. www.verdots.com
Nesta propriedade totalmente equipada, David Fourtout produz uma gama impressionante de vinhos, sob uma variedade de rótulos. Os vinhos da linha intermediária são chamados Les Tour des Verdots, e os superiores confirmam o orgulho do proprietário: Selon David Fourtout. Há também uma pequena quantidade de Monbazillac feita com uvas produzidas em vinhedos alugados, e que deve ser o único Bergerac *moelleux* envelhecido parcialmente em carvalho novo.

Saussignac

Clos d'Yvigne ☆☆–☆☆☆
Gageac-et-Rouillac. 20 ha. www.cdywine.com
Metade da produção aqui é de vinho tinto, e um pouco de um bom Merlot rosé, mas fica atrás do magnífico Saussignac. A proprietária, Patricia Atkinson, costuma esperar até meados de novembro para a colheita, de modo a garantir que as uvas estejam o mais botritizadas e concentradas possível. O vinho é 90% Sémillon e envelhecido em carvalho novo. Tem sabor de mel e damascos secos, e alcança bom preço.

Château Court-les-Mûts ☆–☆☆
Razac. 68 ha.
Pierre-Jean Sadoux é um enólogo que se empenhou muito para manter acesa a chama de Saussignac depois que os viticultores abandonaram sua produção. Ele também produz toda uma gama de Bergerac – notadamente, um dos melhores tintos de Bergerac, com 50% Merlot e as duas Cabernet.

Château la Maurigne ☆☆–☆☆☆
Razac de Saussignac. 7 ha. www.chateaulamaurigne.com
Patrick e Chantal Gérardin compraram esta propriedade em 1996 e trabalharam duro para fazer vinhos de alta qualidade. Eles produzem Bergerac tinto e branco de boa qualidade, mas o foco principal é o Saussignac. São produzidas três versões, refletindo a seleção cada vez mais rigorosa. O vinho superior é o Florilège, que passa anos em carvalho novo antes de ser engarrafado.

Château les Miaudoux ☆☆
Saussignac. 26 ha.
Gérard Cuisset foi um dos pioneiros do novo estilo, ultradoce, dos vinhos Saussignac brancos, seguindo o exemplo dos vizinhos de Monbazillac. O vinho é fermentado e envelhecido em cerca de um terço de carvalho novo. Cuisset também produz a gama completa de Bergeracs, todos a preços razoáveis.

Domaine Richard ☆☆–☆☆☆
Monestier. 18 ha.
O dono é Richard Doughty. Sim, um inglês, também apaixonado pelo licoroso Saussignac. Assim como Gérard Cuisset em les Miaudoux, ele confia em seus brancos secos Bergerac para seu sustento, mas seu coração pertence aos vinhos doces. A propriedade é cultivada organicamente.

Montravel

Château Jonc-Blanc ☆–☆☆☆
Velines. 13 ha.
Um importante produtor de um tinto Montravel chamado Les Rubis, e também de um tinto Bergerac frutado.

Château Moulin Caresse ☆–☆☆☆
St Antoine-de-Breuilh. 27 ha.
Além de alguns Bergeracs simples, o foco aqui são o Montravel e o Haut-Montravel. A gama superior, chamada Cent pour 100, é composta de vinhos tintos e brancos secos envelhecidos em tonéis.

Château Pique-Segue ☆☆
Port Ste-Foy. 76 ha.
Uma grande propriedade, e alguns dos vinhos envelhecidos em carvalho aparecem sob o rótulo Dauzan La Vergne, que inclui um Merlot muito amadeirado. O Dauzan La Vergne Haut-Montravel é quase pura Sémillon, fermentado em barril, e envelhecido por cerca de oito meses. O vinho é atraente e equilibrado, mas não muito concentrado.

Château Puy-Servain ☆☆
Port Ste-Foy. 20 ha. www.puy-servain.com
O proprietário, Daniel Hecquet, tem sido o principal produtor pressionando por maior qualidade e mudança para um estilo mais doce e mais ricamente licoroso. Os brancos são a questão. Os vinhos de outra propriedade de Hecquet, o Château Calabre, são feitos sem madeira, enquanto o Puy-Servain é envelhecido em carvalho. O branco seco é muito seco; a versão amadeirada (chamada Marjolaine) é muito pesada e encorpada. Os vinhos doces Haut-Montravel refletem os estilos atuais de Monbazillac e Saussignac, mas ainda não atingiram o nível dos melhores daquelas regiões.

Rosette

Muito poucas propriedades ainda produzem este vinho aperitivo. Sendo mais um *moelleux* que um liquoreux, compete com dificuldade com os vinhos de Monbazillac e Saussignac, muito mais ricos. Entre as propriedades que produzem versões aceitáveis estão o Château Monplaisir e o Domaine de Coutancie.

Cahors

Cahors é, certamente, o vinho tinto mais célebre das regiões dispersas do sudoeste. A antiga cidade à margem do rio Lot, com sua famosa ponte fortificada, está associada, na mente do público, à sonoridade dramática das palavras "vinho negro". Isso porque grande parte do vinho produzido em Bordeaux era magra e não resistia ao transporte, e os comerciantes precisavam de algo para dar força e corpo às suas exportações. Sua posição privilegiada na foz do Garonne lhes permitiu ditar o ritmo em Cahors, cujos produtores eram encorajados a fabricar uma bebida espessa e escura, fervendo alguns de seus vinhos e até mesmo fortificando-os. Esse foi o famoso "vinho negro", tão celebrado, pelo menos no mito, que os vinicultores da Crimeia produziram um "Cahorski" em sua homenagem.

O verdadeiro vinho Cahors sempre foi bem diferente, embora os métodos tradicionais de longa fermentação e a utilização universal da uva Malbec (que em Cahors se chama Auxerrois) sempre tenham produzido um vinho mais escuro e mais rústico que os claretes. Talvez isso explique por que Cahors ainda está tentando esquecer a reputação que adquiriu com seu "vinho negro". Cahors foi destruída pela filoxera em 1880, e quase uma segunda vez pela grande geada de 1956. Esforçou-se muito lentamente para se recuperar até as décadas de 1960 e 1970, quando uma cooperativa e alguns antigos produtores tornaram próspera a região. Foi promovida ao status de denominação em 1971 – não pelo ressurgimento de seu "vinho negro", mas pelos seus tintos bem equilibrados, vigorosos e agradáveis. Um mínimo de 70% de Auxerrois pode agora ser misturado ao Merlot suave, assim como à Tannat (a uva de Madiran). Nenhuma outra variedade é permitida atualmente.

A maior parte dos 4.100 hectares está agora sobre a terra do vale aluvial, que tem muito cascalho em alguns lugares, apesar de existirem algumas plantações em expansão nos *causses*, os planaltos de calcário acima do rio. Apesar da diferença entre os dois terrenos, há menos diferença do que se poderia imaginar entre os estilos de vinhos de *causses* e do vale. Os produtores locais sugerem que o planalto rende vinhos mais elegantes, e que as vinhas aluviais são mais variáveis em termos de qualidade. O contraste real é entre os métodos tradicionais de vinificação e os adotados pelos recém-chegados, os comerciantes que se tornaram donos dos estabelecimentos vinícolas e os empresários financeiros que gastaram fortunas na criação de vinícolas modernas. Frequentemente, esses fornecem exemplos típicos da lei dos rendimentos decrescentes. Os melhores Cahors de hoje ainda são produzidos principalmente pelos produtores de longa data e alguns poucos jovens da região que, como os seus homólogos de Madiran, compreendem a importância de manter a tipicidade de seus próprios vinhos. Essa tipicidade inclui certa robustez e vigor, força, mas não necessariamente peso, e uma pitada de audácia à medida que o vinho amadurece.

A popularidade e a qualidade dos Malbec da Argentina parecem ter provocado os produtores de Cahors a terem ambições maiores e melhores. Nos últimos dez anos, houve um salto surpreendente em termos de qualidade, confirmando que os plantios pós-filoxera de Malbec aqui (em contraste com as estacas pré-filoxera levadas para a Argentina) são totalmente capazes de fazer excelentes vinhos. Além disso, as novas gerações de produtores e enólogos vêm aperfeiçoando suas habilidades de vinificação e os vinhos rústicos e grosseiros da década de 1970 e 1980 agora parecem coisa do passado. Há uma tendência de presumir que os vinhos envelhecidos em carvalho novo são intrinsecamente superiores àqueles envelhecidos em tanques ou barris mais velhos. Na verdade, há lugar para todos os estilos de Cahors. Um vinho frutado, envelhecido em tanque, pode dar prazer a um preço modesto por alguns anos, enquanto os vinhos mais caros, envelhecidos em carvalho, irão satisfazer aqueles que buscam um estilo mais internacional. Isso não é para desmerecer os melhores Cahors acarvalhados, que podem ser de tremenda qualidade.

Principais produtores de Cahors

Château de la Bérangeraie ☆☆
Grezels. 28 ha.
Situada no planalto de pedra calcária, esta é uma ótima fonte de Cahors não acarvalhados e baratos. Cuvée Maurin é direto e frutado, enquanto os devotos de Cahors envelhecidos em barril podem encontrar um exemplo suntuoso no Matthis Bacchus.

Domaine Le Bout du Lieu ☆☆
St Vincent-Rive-d'Olt. 17 ha.
Uma família produzindo três interpretações de Malbec puro. Embora envelhecido em barricas novas, seu Cuvée Empyrée é bem equilibrado, com toques de especiarias, cereja e final persistente.

Château la Caminade ☆☆
Parnac. 35 ha. www.chateau-caminade.com
A propriedade da família Ressès vale uma visita só por sua arquitetura, um bom exemplo de um presbitério Quercynois, com

Ponte sobre o rio Lot em Cahors.

torres e tudo mais, agora voltados à viticultura de alta classe. Além de seu vinho principal, o Château produz um vinho fino acarvalhado chamado La Commendary, bem como um vinho de estilo mais leve e não amadeirado chamado Coste Peyrouse. Há também um engarrafamento de pura Malbec madura, recém-envelhecido em carvalho, chamado L'Esprit; mas, em geral, La Commendary parece mais equilibrado e satisfatório.

Cave Coopérative les Côtes d'Olt ☆–☆☆
Parnac. 900 ha.
Cooperativa progressista, com 250 produtores. A gama de vinhos é grande, e as normas gerais são sólidas. Os vinhos não amadeirados incluem o Comte André der Monpezat e o Château Vignals. Os *cuvées* são o Impernal e o Château Les Bouysses. O primeiro é de pura Malbec, e o segundo tem 20% de Merlot. Ambos são envelhecidos em carvalho 50% novo. O Impernal é o mais discreto e estruturado dos dois.

Château du Cèdre ☆☆☆
Vire-sur-Lot. 27 ha.
Pascal e Jean-Marc Verhaeghe estão certamente entre os melhores produtores de vinho na denominação. Com mais Malbec em seus vinhedos que a maioria, o vinho de base tem um pouco de Merlot no fim, enquanto no Cuvée Prestige o Merlot é substituído por Tannat. Ambos os vinhos são feitos com micro-oxigenação, e o Prestige é envelhecido em carvalho 30% novo. Há também um *cuvée* de luxo recém-acarvalhado, chamado, simplesmente, Le Cèdre; em 2000, foi introduzido outro *cuvée*: GC. Este é um vinho maciço, feito para impressionar, e muitos apreciadores vão preferir o Prestige, mais leve, ou o Le Cèdre.

Château de Chambert ☆–☆☆
Floressas. 62 ha. www.chateaudechambert.com
Havia vinhas aqui no século XVIII, mas toda a propriedade foi replantada em 1974. Em 2007, a propriedade, que até então tinha produzido vinhos elegantes e meio encorpados foi vendida a um jovem empresário, Philippe Lejeune, que contratou o consultor Stéphane Derenoncourt para elevar o nível dos vinhos.

Clos la Coutale ☆–☆☆
Vire. 55 ha.
Os Bernèdes fazem vinho aqui desde antes da Revolução. Hoje, o vinho é conhecido por seus frutos ricos, sustentado por taninos firmes; muitas vezes bem-sucedido em anos difíceis. Estilo antigo com uma ligeira rusticidade, mas pode envelhecer bem.

Clos de Gamot & Château de Cayrou ☆☆
Prayssac and Puy l'Evêque. 40 ha.
É difícil continuar o legado exuberante de Jean Jouffreau, que morreu em 1996, nessas duas propriedades, mas seu genro, Yves Hermann-Jouffreau, está determinado a manter os padrões. Clos de Gamot está com a família desde 1610 e é plantada exclusivamente com Malbec. Château de Cayrou foi comprada em 1971 e é plantada com uma mistura mais moderna que inclui um pouco de Merlot e Tannat. Os vinhos de ambas as propriedades desfrutam de produção ultratradicional de uma vinícola moderna. O Gamot, um vinho concentrado e pesado, pode durar tanto quanto um clarete em um bom ano. Cayrou é de um estilo um pouco mais leve, com elegância considerável.

Clos Triguedina ☆☆☆
Vire. 65 ha. www.jlbaldes.com
Desde 1830, essa grande propriedade de Jean-Luc Baldes, faz

vinhos que precisam de algum envelhecimento. Além do seu vinho principal (80% de Malbec), há um *cuvée* especial de vinhas velhas chamado Prince Probus, que é generosamente acarvalhado, e outro vinho mais leve, vendido como Domaine Labrande, para consumo rápido. Em meados da década de 1990, a vinícola recriou o vinho negro de Cahors, aquecendo o mosto em tanques por trinta minutos e envelhecendo o vinho em carvalho novo. O resultado é tânico e viçoso, e nunca preferível ao esplêndido Probus.

Clos d'Un Jour ☆☆–☆☆☆
Duravel. 7 ha.
O proprietário/produtor Stéphane Azemar permite comparar dois estilos de Cahors. Un Jour é pura Malbec, envelhecido em carvalho 50% novo; Un Jour Sur Terre é semelhante, mas envelhecido em jarros de terracota. Provados lado a lado, o primeiro parece ter mais brio e intensidade, mas ambos são de qualidade excepcional.

Domaine Cosse Maisonneuve ☆☆
Fargues. 20 ha.
Matthieu Cosse e Catherine Maisonneuve se uniram em 1999 para criar um novo domaine, de cultivado biodinâmico, com plantios de alta densidade. Eles produzem cinco vinhos, brincando com combinações de *terroir* e estilo de vinificação. O melhor é provavelmente o Les Laquets, que tem densidade suficiente para poder ser envelhecido prolongadamente em barris. É claramente um domaine em ascensão.

Domaine du Garinet ☆–☆☆
Le Boulvé. 3 ha. www.domainedugarinet.moncuq.com
Essa pequena fazenda de propriedade britânica produz dois vinhos: o Classique, sem carvalho, e, usando o mesmo vinho básico, o Fûts de Chêne, envelhecido em carvalho. O primeiro costuma ter grande vitalidade, mas ambos são vibrantes e suculentos.

Château de Gaudou ☆☆
Vire. 35 ha. www.chateaudegaudou.com
Quatro *cuvées* são produzidos a partir de solos variados: o Tradition, envelhecido em grandes barris; o Grande Lignée, 85% Malbec, envelhecido em barricas; o acarvalhado, porém vigoroso Malbec puro, Renaissance; e uma recente adição: o Réserve de Caillou, de estilo descaradamente *garagiste* e arrogante.

Château Haut-Monplaisir ☆☆–☆☆☆
Lacapelle-Cabanac. 27 ha.
Os Fournié possuem excelentes vinhedos em terraços de cascalho altos, e contrataram Pascal Verhaeghe, do Château du Cèdre (ver nesta página) como consultor. Como muitas outras propriedades progressistas em Cahors, produzem três versões do vinho: um não acarvalhado, um Prestige envelhecido parcialmente em carvalho novo, e o Pur Plaisir, envelhecido em barris novos de 500 litros. Todos os três são excelentes, sendo marcados por grande vivacidade e frescor.

Château de Haute-Serre ☆–☆☆
Cieurac. 66 ha. www.g-vigouroux.fr
Essas são as vinhas mais altas em Cahors, localizadas no planalto em um único terreno rochoso. Propriedade bem conhecida já no século XIX, segundo o proprietário Georges Vigouroux, mas foi totalmente replantada em 1972. Apenas um terço do vinho é envelhecido em barris para evitar sabores abertamente acarvalhados. Há também uma seleção especial, Geron Dadine,

envelhecida em barris de 400 litros, mostrando porém muitas vezes acentuado sabor de groselha negra.

Château d'Homs ☆☆
Saux. 10 ha. www.domainedhoms-cahors.fr
Pequena propriedade que produz vários *cuvées*; os melhores derivam de vinhas mais velhas. O Prestige é marcado por sabores de frutas vermelhas, enquanto o Chevalier d'Homs tem mais tempero e é caracterizado por frutas pretas. Vinhos muito bem feitos.

Château Lagrézette ☆☆–☆☆☆
Caillac. 65 ha. www.chateau-lagrezette.tm.fr
Esta é a propriedade que levou ao renascimento da região na década de 1980. O proprietário, Alain-Dominique Perrin, é o chefe da Cartier e não economizou para fazer um vinho que é ao mesmo tempo concentrado e elegante. Os produtores de vinho, supervisionados pelo consultor Michel Rolland, empregam técnicas modernas, tais como maceração a frio e micro-oxigenação, para obter os resultados desejados. Os carros-chefes são o Le Pigeonnier, um Auxerrois puro que rende 2 mil litros por hectare e passa por prolongado envelhecimento em carvalho, e o Dame Honneur. São vinhos ricos e suntuosos, não totalmente típicos de Cahors, e preços ambiciosos.

Château Lamartine ☆☆
Soturac. 30 ha. www.cahorslamartine.com
Uma propriedade de longa data que utiliza técnicas muito modernas para a produção de vinhos acarvalhados flexíveis, que propiciam um grande prazer, assim como o mais rico e mais extraído Cuvée Expression.

Château de Mercuès ☆–☆☆
Mercuès. 40 ha. www.g-vigouroux.fr
Um hotel de luxo, bem como uma propriedade vinícola, de posse da prestigiosa família Vigouroux. Vinhos flexíveis e ligeiramente achocolatados, além do encorpado e especial Cuvée 6666 – o número refere-se à densidade de vinhas por hectare –, totalmente envelhecido em carvalho novo.

Château Pineraie ☆☆☆
Puy-l'Evêque. www.chateaupineraie.com
A família Burc possui essa propriedade desde 1456. Seu melhor vinho, o Cuvée Authentique, é só de Malbec da terra que sobe em direção aos *causses*. Embora envelhecido em carvalho novo, este vinho tem fruta e estrutura excelentes, que amenizam o sabor da madeira.

Prieuré de Cénac ☆☆–☆☆☆
Parnac. 35 ha. www.rigal.fr
Propriedade da família Rigal desde 1979, possui solos variados, com cerca de 80% de Auxerrois e baixo rendimento. Depois de uma fase maçante, essa propriedade está novamente em forma, com o elegante e supermaduro Cuvée La Vierge.

Château La Reyne ☆☆–☆☆☆
Leygues. 20 ha.
Johan Vidal produz quatro vinhos em La Reyne, dos quais o mais sensacional é o Vent d'Anges, picante, acarvalhado e com sabor de amora.

Aveyron & Lot Superior

Cento e doze quilômetros (setenta milhas) acima de Cahors, os *causses*, planaltos de calcário, dão lugar ao sopé do Maciço Central, e a paisagem começa a fechar-se sobre o rio Lot. O vinho tem sido feito nessa área há séculos, a partir de uvas cultivadas em encostas quase perpendiculares, escalonadas e emparedadas com um esforço extenuante. Em Marcillac, os burgueses ricos de Rodez tinham casas de campo, onde empregavam enólogos residentes para suprir suas necessidades. Mais tarde, após a epidemia da filoxera, o vinho era feito para saciar a sede dos mineiros de Decazeville.

Quando as minas foram fechadas na década de 1950, os produtores de Marcillac formaram uma cooperativa para elevar os padrões de produção e encontrar um novo mercado para seus vinhos, altamente originais, feitos quase inteiramente da uva Fer Servadou, localmente chamada Mansois. Tem uma ligeira semelhança com o Cabernet Franc: o mesmo sabor de relva e suave gosto de frutas vermelhas, framboesas, groselhas e, às vezes, amoras. Há apenas Marcillac tinto e rosé. Os 180 hectares gozam de *status* de *appellation contrôlée* desde 1990. O vinho branco local vem de mais acima do rio a partir de nove hectares em Entraygues, onde o rio Lot se junta ao Truyère e em Estaing (apenas sete hectares). Aqui a uva Chenin Blanc é usada para fazer um vinho extremamente seco, elegante e surpreendente moderno. Em Estaing, um pouco de Mauzac também é utilizada. A produção é muito pequena, mas importante localmente. Os vinhos são raramente vistos fora da área, mas estão nas listas de todos os restaurantes da região.

Vinho tinto também é feito em ambas as cidades. Entraygues e Estaing gozam de estatuto Vinhos Delimitados de Qualidade Superior (VDQS), assim como os vinhos cultivados no alto vale do rio Tarn, nos arredores da cidade de Millau. Entraygues não tem cooperativa, e apenas seis produtores, mas Estaing e Côtes de Millau têm pequenas cooperativas, além de alguns produtores privados. Entraygues estaria caminhando para a extinção se não fosse a perseverança de um punhado de produtores como François Avallon e Jean-Marc Viguier e a lealdade de alguns restaurantes locais. O mesmo pode ser dito de Estaing, que é dominada – se essa é a palavra certa para uma região tão pequena – por Les Vignerons d'Olt.

Em Millau, os únicos produtores importantes são Cave des Vignerons des Gorges du Tarn e Domaine du Vieux Noyer.

Principais produtores de Aveyron
Marcillac

Cave des Vignerons du Vallon ☆☆
Valady. 110 ha. www.vigneronsduvallon.com
De longe o maior produtor, responsável por mais de metade da produção do vinho de Marcillac. A maioria dos vinhos não passa por carvalho e seja qual for o estilo, a qualidade é elevada, demonstrando também delicadeza e persistência. O Cuvée Exception, que é acarvalhado, tem surpreendente requinte.

Domaine du Cros ☆–☆☆
Goutrens. 26 ha. www.domaine-du-cros.com
Philippe Teulier tem expandido sua participação obstinadamente. Vinhos substanciosos, especialmente o Cuvée Vieilles Vignes.

Domaine Laurens ☆
Clairvaux d'Aveyron. 21 ha. www.domaine-laurens.com
Um produtor local de *eau-de-vie*, bem como de tintos e rosés sem carvalho e meio encorpados.

Jean-Luc Matha ☆–☆☆
Bruéjouls. 13 ha.
Dois vinhos principais, um deles o Cuvée Speciale envelhecido em barril. Mas ambos têm charme e discreta mineralidade.

Gaillac

A Gaillac é uma das mais produtivas e economicamente importantes vinhas espalhadas do sudoeste. Historicamente, tem suprido não só Albi, a capital do seu *départament*, Tam, mas lugares muito mais distantes – seus tintos são famosos pela facilidade de serem transportados e longevidade surpreendentes. Foi estabelecida como uma vinha durante o primeiro século depois de Cristo, durante a ocupação romana do Midi, e muito antes de as vinhas serem plantadas em Bordeaux.

Suas variedades de uvas autóctones sem precedentes, a ruína de alguns produtores modernos, mas o orgulho e a alegria de outros, fomentam a ideia de extrema antiguidade. Seus tintos são o Duras (nada a ver com a área vinícola de mesmo nome) e o Braucol, o nome local para Fer Servadou. Seus brancos são o Mauzac, o Len de l'El (ou Loin de l'Oeil), e o Ondenc. A Ondenc tinha desaparecido quase completamente, até que foi revivida por Robert Plageoles, que replantou dois hectares em 1983.

Um século atrás, pouco antes da epidemia de filoxera, a produção de Gaillac era quase inteiramente de vinho tinto. O pouco branco feito era ou suave ou espumante, ou ambos, ou então de um estilo não muito diferente de um Jerez leve. Os tintos eram grandes e fortes, vendidos principalmente rio abaixo em Bordeaux para mistura. Quando a vinha foi replantada, a ênfase mudou para o vinho branco, em razão de concorrência com os tintos do Midi.

A uva Gaillac branca tradicional, Mauzac, era explorada para a produção de vinhos suaves com notas de maçã. A condição de DOC foi concedida para os vinhos brancos em 1938. Os vinhos tintos só foram reconhecidos em 1970, em grande parte porque os produtores não conseguiram replantar variedades de boa qualidade depois da epidemia de filoxera, e ficaram presos às antigas e comuns. A moderna reconstrução do setor, desencadeada pelas grandes cooperativas, optou por uma produção mais padronizada. A tradição de engarrafamento de vinho branco antes de sua primeira fermentação foi abandonada em favor do método de Champagne, apesar do fato de que o processo de Gaillac é muitos séculos mais antigo que a técnica de Champagne. Sauvignon, Merlot, Gamay e Syrah foram trazidas, e onde são usadas, os vinhos são mais leves e mais neutros que costumavam ser.

Além das três cooperativas, existem hoje cerca de 100 produtores privados, que é dez vezes mais do que havia em 1970. Cerca de 2.500 hectares são de vinhas. A maioria dos melhores produtores está voltando para as velhas uvas Gaillac em busca de tipicidade e distinção. A gama moderna de Gaillac é, portanto, confusa. Há simples vinhos brancos secos, ou *perlé* – isto é, secos, levemente picantes por serem mantidos em suas borras. Há vinhos espumantes secos e meio secos, e há vinhos mais ou menos suaves. Há tintos acarvalhados e não acarvalhados e um *vin de l'année* no estilo do Beaujolais Nouveau, e muitas vezes muito melhor que ele. Há também vinhos rosé, é claro. Em termos de qualidade, existem variações acentuadas, a situação é complicada pelo fato de que alguns produtores, inevitavelmente, esmeram-se em alguns estilos mais que outros.

Principais produtores de Gaillac

Domaine de Balagès ☆–☆☆
Lagrave. 14 ha.
Propriedade atípica, onde apenas vinhos tintos são produzidos, principalmente o Cuvée Rêveline, envelhecido em barril.

Domaine de Causse-Marines ☆☆–☆☆☆
Vieux. 15 ha. www.causse-marines.com
Patrice Lescarret é conhecido por seus excepcionais vinhos suaves, que recebem nomes patenteados, como Délires d'Automne (um estilo oxidativo) e Grain de Folie, têm graus variados de intensidade e se baseiam em diferentes misturas. Ele também faz um vinho sob uma camada de levedura que ele chama de Mystère e que lembra *vin jaune*. São vinhos fascinantes e, às vezes, estranhos.

Domaine d'Escausses ☆☆
Ste Croix. 34 ha. www.domainedescausses.com
Jean-Marc Balaran oferece a habitual gama eclética de Gaillac: um Sauvignon fermentado em barril e um Mauzac (Vigne de l'oubli), uma mistura de Fer Servadou, Syrah e Cabernet Sauvignon (La Croix Petite), e um magnífico Fer Servadou envelhecido em carvalho (La Vigne Mythique). Tudo a preços modestos.

Domaine de Gineste ☆–☆☆
Técou. 16 ha.
www.domainededineste.com
Esta propriedade, que agora pertence a Emmanuel Maugeais, é mais conhecida por um vinho chamado La Coulée d'Or. Apesar da confusão sobre as regras da denominação Gaillac, este vinho não se qualifica, pois é uma mistura de colheita tardia de Chardonnay e Mauzac. Os vinhos secos tintos e brancos não têm o mesmo nível.

Domaine de Labarthe ☆☆
Castanet. 48 ha.
Jean-Paul Albert não decepciona. São recomendados o seu *perlé* branco de Mauzac, o branco suave de Len de l'El, chamado Grains d'Or, o vinho de base vermelha, e um tinto de primeiríssima qualidade Cuvée Guillaume, acentuadamente acarvalhado.

Mas Pignou ☆
Laborie. 35 ha.
Uma propriedade com uma gama completa de vinhos, bem como a melhor vista da cidade de Gaillac e do vale do Tarn. Seu branco seco (50% Sauvignon, 50% Len de l'EL) envelhece bem. O tinto prestige é o Cuvée Mélanie, mas o tinto básico também é excelente.

Estátua de Baco, Palácio de Berbie, Albi.

Domaine de Mazou ☆–☆☆☆
Lisle sur Tarn. 35 ha. www.mazou.com
Jean-Marc Boyals destaca-se com os vinhos tintos. Apesar do nome, o Tradition é envelhecido em carvalho, e é um vinho com peso, frescura e persistência.

Robert Plageoles ☆☆☆
Cahuzac-sur-Vere. 20 ha
Em Domaine des Très Cantous, Robert Plageoles e seu filho Bernard produzem uma surpreendente gama de vinhos varietais. Quase todos são das variedades tradicionais de Gaillac: um Duras 100%; um Gamay, brancos secos e suaves exclusivamente a partir de Mauzac; um espumante seco feito de acordo com o antigo método Gaillac; vinhos suaves totalmente de Ondenc; e outro de Muscadelle. Os vinhos muito suaves e doces Vin d'Autan e Grão d'Autan são feitos a partir de Ondenc colhida tardiamente, o último é produzido de uvas atacadas por *botrytis*. A gama é completada pelo Vin de Voile, muito semelhante no caráter a um *vin jaune* do Jura, embora feito de Mauzac. Toda a região deve muito à família Plageoles.

Domaine Rotier ☆☆–☆☆☆
Cadalen. 36 ha. www.domaine-rotier.com
Os Rotier têm consciência de qualidade e fazem uma boa variedade de vinhos em todos os principais estilos encontrados em Gaillac: tintos, brancos envelhecidos em barril, e, claro, vinhos suaves. Os melhores são rotulados Renaissance, e o Doux envelhecido em barrica, feito de Loin d'Oeil atacada por *botrytis*, é embalado com deliciosos marmelos.

Cave Coopérative de Técou ☆
Técou. 850 ha. www.cavedetecou.fr
A mais versátil das três cooperativas. Os 220 membros não têm o melhor terreno. A maioria dos vinhedos está na margem sul da planície. Mas a qualidade do processo de vinificação é ainda mais notável por isso. O melhor tinto é o Gaillac Passion: uma mistura de Braucol e Merlot, envelhecido, em sua maioria, em carvalho novo.

Fronton

As encostas de Fronton e Villaudric, 24 km (quinze milhas) ao norte de Toulouse e 32 km (vinte milhas) ao oeste de Gaillac, alcançaram a certificação DOC em 1975 por seu tinto frutado maduro e seus vinhos rosés, que até então tinham sido um segredo guardado pelo povo de Toulouse. A uva local é a Négrette, trazida do Chipre na época das Cruzadas pela Ordem dos Templários, que possuía grande parte das terras cobertas hoje pelas vinhas em Fronton. Para aqueles que não conseguem resistir à complexidade da ampelografia, devo acrescentar que a Négrette transforma-se na Charente (de todos os lugares) como o Petit Noir. Sua única aparência de denominação é, no entanto, no Frontonnais. Em 2005, o nome da denominação foi alterada de Côtes du Frontonnais para Fronton. Cerca de 2.300 hectares são cultivados.

A Négrette, que por lei deve constituir, pelo menos, 50% de cada vinhedo Fronton, tem, como o próprio nome indica, a casca bem escura e o suco também. As uvas são pequenas e as cascas finas, o que tem incentivado, pelo menos, um bom produtor a vinificar por maceração carbônica. Dizem que o buquê de Négrette sugere violetas, frutas vermelhas, e/ou alcaçuz; o sabor, muitas vezes, traz à mente cerejas e amêndoas.

O problema com a uva Négrette, porém, é que é suscetível à praga cinzenta; mas dado que o clima de Toulouse é quente e seco durante a estação de crescimento, ela floresce bem lá. É uma uva muito adaptável. Sozinha, seu baixo tanino e acidez podem proporcionar um estilo de vinho leve, de caráter considerável, e misturado com as duas Cabernet, Gamay e/ou Syrah, pode fazer um grande vinho, capaz de quatro ou cinco anos de envelhecimento.

Principais produtores de Frontonnais

Château Baudare ☆–☆☆☆
Labastide-St-Pierre. 35 ha. www.chateaubaudare.com
Além da Négrette, uvas como Gamay e Syrah também são plantadas nos vinhedos de Claude e David Vigouroux. O resultado é uma gama de vinhos agradáveis e meio encorpados, para serem bebidos jovens, complementados por vins de pays. O Cuvée Prestige tem 50% Cabernet Sauvignon e é envelhecido em barricas de grande porte.

Château Bellevue-la-Forêt ☆–☆☆☆
Fronton. 115 ha. www.chateaubellevuelaforet.com
Patrick Germain é um dos maiores produtores privados do sudoeste. Ele começou do zero em 1975, com conselhos de Émile Peynaud. Seus vinhos incluem um totalmente Négrette leve, chamado Ce Vin, originalmente concebido pelo *restaurateur* local André Daguin, e um tinto tradicional, seu vinho mais vendido, bem como alguns vinhos prestige acarvalhados como o Optimum, que, raramente, tem mais Syrah que Négrette. (O carvalho é controverso em Fronton. A maioria dos produtores acredita que ele não condiz com a variedade da uva.) O rosé desta propriedade é muito apreciado e muito bom.

Château Cahuzac ☆
Fabas. 55 ha.
Propriedade da família Ferran há muito estabelecida. Seu vinho mais caro, o Fleuron de Guillaume, segue o método de envelhecimento em carvalho novo e não é necessariamente superior ao seu tinto sedoso, o L'Authentique.

Domaine de Callory ☆
Labastide-St-Pierre. 27 ha.
Uma propriedade tradicional que evita o envelhecimento em madeira, e faz uma boa mistura de Négrette, Syrah e Cabernet Sauvignon.

Château Clamens ☆–☆☆☆
Fronton. 20 ha. www.chateau-clamens.fr
Propriedade que fez sua estreia em 1998. O proprietário Jean-Michel Begue utiliza o envelhecimento em carvalho para os seus principais vinhos. O Cuvée Julie tem 70% de Cabernet Sauvignon.

Château la Colombière ☆☆
Villaudric. 20 ha. www.chateaulacolombiere.com
Uma série bem trabalhada de vinhos da propriedade biodinâmica de Philip Cauvin, incluindo o Coste Rouge, um Négrette puro, e o misturado Baron de D, feito de vinhas com cinquenta anos de idade.

Château Coutinel ☆
Labastide-St-Pierre. 44 ha. www.arbeau.com
Uma grande propriedade bem administrada. Os *cuvées* envelhecidos em carvalho, como o Elixir, parecem menos bem-sucedidos que os flexíveis frutados padrão.

Château Cransac ☆
Fronton. 40 ha. www.chateaucransac.com
O Tradition não acarvalhado tem suave sabor de cereja, enquanto o Renaissance envelhecido em carvalho é incomum pelo fato de conter 50% de Cabernet Franc.

Château Joliet ☆–☆☆
Fronton. 20 ha. wwwchateau-joliet.com
Os proprietários François e Marie-Claire Daubert têm se especializado em um tinto, todo Négrette, o Fantaisie, que está entre os melhores de seu estilo na região. Não existe Fronton branco, mas os Daubert fazem um delicioso vin de pays doce da uva Mauzac.

Château Marguerite ☆
Campsas. 75 ha.
Uma propriedade muito grande produzindo vinhos tintos meio encorpados e um rosé surpreendentemente rico.

Château Montauriol ☆–☆☆
Villematiuer. 35 ha. www.vignobles-nicolasgelis.com
A mudança de donos, em 1998, levou à melhoria da qualidade dos vinhos de estilo tradicional, feitos com pelo menos 50% de Négrette.

Château Plaisance ☆☆
Vacquiers. 24 ha. www.chateau-plaisance.fr
Marc Pénavayre faz quatro estilos de Fronton, além de um bom vinho rosé: um chamado Vin de Printemps, cujo estilo fala por si só; um excelente tinto principal; um *cuvée* acarvalhado, Thibault de Plaisance, que tem 40% de Syrah na mistura; e o surpreendentemente bem equilibrado Tot co ou Cal, que é feito somente em anos excepcionais e envelhecido em carvalho novo.

Château le Roc ☆☆
Fronton. 25 ha. www.leroc-fronton.com
Frédéric Ribes faz vinhos que são mais estruturados que a maioria, e precisam de certo tempo de armazenamento em adega. Desde 1995, ele escolheu as melhores uvas Négrette e Syrah para seu Cuvée Don Quichotte, que tem alta qualidade e preço justo.

Château St-Louis ☆
Labastide-St-Pierre. 35 ha. www.chateausaintlouis.fr
Vinhos bons e harmoniosos, e o encorpado Cuvée l'Esprit, feito principalmente de Négrette e envelhecido em carvalho.

Satélites de Bordeaux

Côtes de Duras

Côtes de Duras tem a infelicidade de, como o Bergerac, estar um pouco além da fronteira departamental de Bordeaux – mais especificamente a partir de Entre-Deux-Mers. O clima é ligeiramente mais quente e seco do que o de Bordeaux. Seu vinho está em todas as formas comparáveis: o branco seco é feito cada vez mais de Sauvignon, embora a Sémillon e a Muscadelle sejam amplamente cultivadas. Os vinhos tintos têm 60% de Cabernet Sauvignon, 30% de Merlot e um pouco de Cabernet Franc e Malbec. As cooperativas são importantes aqui, mas os melhores vinhos são provenientes de cerca de cinquenta produtores independentes. Há pouco menos de 2 mil hectares de vinhas, dois terços dos quais são plantados com uvas tintas.

Principais produtores de Côtes de Duras

Domaine Amblard ☆
St-Sernin-de-Duras. 120 ha.
Guy Pauvert administra uma grande propriedade produtora de bons vinhos, todos envelhecidos em tanques.

Vignerons Landerrouat-Duras Berticot ☆
Duras. 1.000 ha. www.cave-landerrouat-duras.com
Provavelmente a melhor das cooperativas, fazendo uma enorme variedade de vinhos bastante básicos.

Château la Grave-Béchade ☆☆
Baleyssagues. 64 ha. www.lagravebechade.fr
A confortável *gentilhommière* de Daniel Amar é a única propriedade de vinificação na região que aspira ao *status* de um verdadeiro château. Equipada com tecnologia ultramoderna, está fazendo vinhos dignos da qualidade do *bourgeois-château* em termos de Bordeaux. Uma propriedade de vinho tinto, tanto acarvalhado quanto não acarvalhado, de Cabernet e Merlot.

Domaine Lafon ☆☆
Loubès-Bernac. 13 ha. www.gitton.fr
Vinhas bem expostas dão vinhos muito maduros, muitas vezes lançados como varietais de Merlot e até mesmo de Malbec. Há também uma pequena produção de vinho *moelleux*. Os Gitton também possuem propriedades em Sancerre e Pouilly-Fumé.

Domaine de Laulan ☆–☆☆
Duras. 35 ha. www.domainelaulan.com
Os Geoffroy são originalmente de Chablis, mas estão bem instalados agora em Duras. Os vinhos brancos e tintos são feitos em versões não amadeiradas e acarvalhadas. O Sauvignon é deliciosamente frutado, demonstrando assim o quão diferente essa uva pode ser numa latitude sul.

Domaine Mouthes Le Bihan ☆☆
St Jean-de-Duras. 12 ha.
Vinícola orgânica que produz vinhos tintos e brancos de considerável sofisticação.

Côtes du Marmandais

Os 1.320 hectares das Côtes du Marmandais situam-se na periferia de Bordeaux. Seu tinto leve (seu principal produto) poderia, por muitos anos, vir com o título de "claret" e seu branco Sauvignon/Semillon é comparável ao Bordeaux Blanc comum. A caminho da qualidade AC, concedida em 1990, os produtores precisavam, para assegurar a tipicidade para os Marmandais, cultivar o que pudessem escolher de uma lista de uvas específicas para o sudoeste, incluindo Malbec, Fer Servadou, e, particularmente, de uma rara especialidade local chamada Abouriou. Dessa forma, o vinho Marmande começou a adquirir personalidade própria, enquanto mantinha um estilo fresco e frutado. Duas cooperativas rivais de tamanhos aproximadamente iguais costumavam fazer quase todo o vinho, uma para representar os produtores da margem direita, em Beaupuy, o outra da margem esquerda, em Cocumont. Elas posteriormente se fundiram para formar a Cave du Marmandais. Existem onze vinícolas privadas.

Principais produtores de Marmandais

Château de Beaulieu ☆☆
St-Sauveur-de-Meilhan. 29 ha. www.chateaudebeaulieu.net
As variedades plantadas aqui são Bordelais (com a adição de Syrah) e, assim, em geral, é o estilo do vinho. A qualidade é consistentemente boa. Há o Cuvée de l'Oratoire, mais rico e muito acarvalhado.

Cave du Marmandais ☆
Cocumont. 1.260 ha. www.origine-marmandais.fr
Depois que a Vignerons de Beaupuy se fundiu com o Cave de Cocumont, a recém-formada megacooperativa estava produzindo 92% dos vinhos Marmandais. As melhores variedades, cada uma de uma margem diferente do rio, são a Béroy e a Confidentiel.

Elian Da Ros ☆–☆☆☆
Cocumont. 21 ha.
Da Ros trabalhou por alguns anos no Domaine Zind-Humbrecht na Alsácia, o que pode explicar sua mania por vinhos ricos e totalmente aromatizados que, certamente, destacam-se dos vinhos frequentemente inócuos da região. Até agora os tintos se destacam mais que os brancos.

Buzet

Quando Bordeaux estava firmemente limitada ao *département* de Gironde, uma das fontes de clarete no interior do país a serem mais atingidas foram as colinas ao sul de Garonne, ao norte de Armagnac, o Buzet. Felizmente, o vinho branco para destilação era de uma safra alternativa, mas o barro de cascalho e calcário nas boas encostas ao sudeste há muito tempo produzia vinho tinto muito satisfatório. Nos últimos trinta anos, eles vêm sendo reconstituídos e estão se saindo melhor do que nunca.

A cooperativa Vignerons de Buzet domina a área de 2 mil hectares, fazendo vinho tinto nos bons padrões de Bordeaux. Há, porém, um punhado de excelentes produtores privados, continuando a contribuir com concorrência benéfica.

Principais produtores de Buzet

Domaine du Pech ☆–☆☆
Ste-Colombe-en-Bruilhois. 17 ha. www.chateaudupech.com
Magali Tissot converteu seu domaine para a cultura biodinâmica em 2004. O vinho não acarvalhado é fresco e simples, e o acarvalhado La Badinerie tem mais estrutura, mas nenhum dos dois se destina a longo envelhecimento.

Château Sauvagnères ☆
Ste-Colombe-en-Bruilhois. 20 ha.
Vinhos tintos das três principais variedades de Bordeaux bons, mas não excitantes.

Les Vignerons de Buzet ☆☆
Buzet-sur-Baise. 1.600 ha. www.vignerons-buzet.fr
A esmagadora maioria dos Buzet vem desta cooperativa modelo (com o seu próprio construtor de barris), que expandiu firmemente e melhorou as vinhas da região desde 1955, e pode levar o crédito por sua promoção à denominação de origem em 1973.

Os vinhos tintos são envelhecidos em barris caseiros; a linha superior, chamada Baron d'Ardeuil, em madeira nova. A linha menos cara é chamada de Tradition, e pequenas quantidades de vinhos brancos e rosés complementam a gama.

A cooperativa também faz vinhos para um número de propriedades individuais, incluindo Domaine Padère e os oitenta hectares de Château de Gueyze (o melhor vinho desta cooperativa), e Châteaux du Bouchet, de Pils, Balesté, Mazelière e Tauzia. Há uma tensão entre a cooperativa e alguns produtores privados. A primeira não faz segredo do seu objetivo de estabelecer um monopólio, o que é uma pena, porque os últimos estão fazendo vinhos com mais personalidade local.

Côtes du Brulhois

Essa área VDQS de 312 hectares liga Buzet ao leste, mas torna os vinhos mais rústicos. Brulhois pode, por exemplo, conter Tannat, Malbec e Fer Servadou além dos dois Cabernet e Merlot. Alguns produtores locais têm uvas ainda mais rústicas, mas não estão autorizados a mantê-las em área VDQS; então, muitos desistiram completamente de cultivá-las. A produção tem estado quase inteiramente nas mãos de duas cooperativas que agora se juntaram: a Vignerons du Brulhois e a Cave de Donzac.

Madiran & Pacherenc

Madiran é o vinho que voltou dos mortos. Em 1948, os vinhedos plantados nas colinas de Vic-Bilh, no extremo sul do interior de Armagnac, 40 km (25 milhas) ao norte de Pau, tinha diminuído consideravelmente para cinquenta hectares. Hoje existem 1.400 hectares e alguns diriam que Madiran é o melhor tinto do sudoeste, Cahors inclusive.

Se lhe faltaram as vantagens de Cahors (fama e acessibilidade), o Madiran também evitou a crise de identidade que até recentemente ameaçava o vinho mais conhecido. Mas não é um vinho fácil de se entender e de se beber. Seus taninos podem ser punitivos, sua densidade opressiva. No entanto, um bom Madiran, depois de alguns anos em garrafa, desenvolve o mesmo tipo de complexidade que um Bandol maduro ou, atrevo-me a dizer, um Médoc. Sua qualidade peculiar é começar a vida com uma ardência desconcertante, então suavizar-se muito rapidamente, tornando-se um vinho com estilo e textura mais singulares. Quando eu estava procurando a palavra certa para descrever um vinho de nove anos da principal cooperativa da região, fiquei tão impressionado com a sua suavidade na língua que hesitei um pouco em dizer simplesmente "líquido", em seguida, tentei "límpido". Mais tarde, procurei por Madiran em *Vinhos Franceses* de Paul de Cassagnac, uma obra pouco conhecida, mas extremamente gratificante de 1936. "Um sabor infinitamente fluido" foram as primeiras palavras que me atingiram. Então, o Madiran é consistente, apesar do seu quase desaparecimento; através de 55 anos ele ainda acaricia o paladar de uma forma sedutoramente agradável. O mais estranho é que Cassagnac fulmina "o Tannat inferior", uma "uva comum" a ser introduzida para substituir o Cabernet na região por conta de sua maior safra. Todo Madiran verdadeiro, diz ele, é Cabernet. Ainda hoje seus produtores nos contam que o segredo de sua personalidade é a uva que parece com tanino e dá toda a aspereza que o seu nome sugere; uma prima da Malbec com menos bagas. Alta proporção de Tannat, dizem eles, é essencial. Muitos plantadores usam

Tannat sozinho, pelo menos para os seus *cuvées* superiores. O produtor mais conhecido na região, Alain Brumont, vai um estágio além e acredita que todas as outras variedades deveriam ser banidas da denominação.

A técnica conhecida como micro-oxigenação – a injeção de doses controladas de oxigênio no vinho durante a fermentação ou o envelhecimento – foi desenvolvida aqui por Patrick Ducournau. Originou-se como um meio de moderar os taninos ferozes do vinho de Tannat. Parece que funciona bem, e permite que o vinho seja aberto e bebido mais cedo que antes. (Quando aplicada a variedades menos robustas como a Merlot em Saint-Émilion, a técnica é mais controversa.)

As colinas Vic-Bilh, uma espécie de ensaio para os altivos Pireneus, que correm paralelamente ao sul, dão seu nome ao vinho branco chamado Pacherenc: equivalente no dialeto a *piquets en rangs* em francês, ou "estacas em fileiras". Às vezes Pacherenc presta-se como um título alternativo para a uva Arrufiac, tradicionalmente um elemento importante no vinho. Gros e Petit Manseng e Petit Courbu são outras uvas utilizadas. Tradicionalmente, como o Vouvray, era um vinho tão doce quanto o outono permitia, mas hoje muitos produtores tentam fazer uma versão seca e uma doce através da adoção de diferentes proporções de variedades de uvas. O Pacherenc sempre teve uma pequena produção local, mas hoje muitos produtores de Madiran gostam de fazer um pouco. A área plantada com uvas brancas é agora de 280 hectares.

Principais produtores de Madiran & Pacherenc

Château d'Aydie (Domaines Laplace) ☆–☆☆☆
Aydie. 65 ha.
A família Laplace é uma das poucas que nunca desistiu do Madiran, e ainda existem algumas vinhas pré-filoxera para provar isso. Château d'Aydie é onde a família vive agora, e dá o nome aos seus vinhos prestige, de Tannat puro, envelhecido em carvalho 50% novo. Um tinto menos estruturado é o nomeado em homenagem ao avô Frédéric Laplace e tem 60% de Tannat com quantidades iguais das duas Cabernet. De estilo intermediário entre os dois está Odé d'Aydie, que tem 80% de Tannat e está longe de ser tímido e reservado. Todos esses vinhos são completamente fiéis à tipicidade da Tannat e, portanto, de Madiran. A família pensa alto para o futuro do Pacherenc, e sua própria versão magnífica de um estilo mais doce é feita com uvas colhidas geralmente em novembro e fermentada em carvalho novo.

Château Barréjat ☆☆☆
Maumusson. 16 ha.
Denis Capmartin é o dono dessa propriedade desde 1992, e tem entusiasticamente adotado a técnica de micro-oxigenação. Até recentemente, seu melhor vinho *cuvée* era o Vieux Ceps, 80% Tannat; a maioria das videiras são extremamente velhas. O estilo geral é complacente com uma impressionante e cativante profundidade de amoras. Capmartin também introduziu um Tannat puro, envelhecido em barricas novas, apropriadamente chamado Extrême. Felizmente, o vinho é menos intimidante que o seu nome, e tem uma volúpia e delicadeza rara em Madiran.

Domaine Berthoumieu ☆☆–☆☆☆
Viella. 24 ha. www.domaine-berthoumieu.com
Há algo imediatamente atraente sobre os Madiran de Didier Barre. Eles são muito menos severos e ameaçadores que alguns, e parece que se restabelecem mais rápido que muitos, apesar do tinto prestige Charles de Batz conter 90% de Tannat e ser envelhecido em carvalho novo. Barré seletivamente colhe suas uvas brancas três vezes, e seu Pacherenc doce é feito das últimas três colheitas.

Domaine des Bories ☆–☆☆
Crouseilles. 15 ha.
Dois *cuvées*: um flexível e acessível Tradition e o mais extraído e não necessariamente preferível Vieilles Vignes, que é 80% Tannat e envelhecido em carvalho novo.

Domaine Guy Capmartin ☆☆
Maumusson. 16 ha.
Propriedade de Guy, irmão de Denis Capmartin (ver Château Barréjat, nesta página). O Cuvée Tradition é relativamente acessível, quando jovem, mas o mais acarvalhado e mais estruturado Cuvée du Couvent beneficia-se de cinco anos em garrafa. É um vinho sólido e robusto, que alcança harmonia e textura com a idade.

Chapelle Lenclos ☆☆
Maumusson-Laguian. 23 ha.
Patrick Ducournau é o pesquisador de Madiran, muito admirado como uma das esperanças mais brilhantes e novas do sudoeste. Embora um devoto de vinhos 100% Tannat – como seu vinho premium Chapelle Lenclos, por exemplo –, ele também está ansioso para suavizar seus taninos e arredondar as suas bordas. E faz isso aplicando a técnica de micro-oxigenação, na qual foi pioneiro. Seus vinhos são muito agradáveis, mas talvez não tenham a tipicidade intransigente daqueles de Brumont e outros.

O problema de Ducournau é que ele é tão procurado por ser um técnico de vinho brilhante que tem pouco tempo para cuidar de suas

---

GERS: INTERIOR DE ARMAGNAC

Apesar de uma vasta gama de vinhos ser hoje feita na área de Armagnac, foram os vinhos brancos secos, principalmente da uva Colombard, que lhe renderam muita popularidade. São típicos exemplos baratos produzidos em cooperativas, tais como o Condom e o Nogaro, assim como o trio Plaimont, embora nenhum mereça atenção especial. A maioria é vendida como vin de pays Côtes de Gascogne. No entanto, alguns produtores independentes estão produzindo vinhos de melhor classe, do tipo que um comprador provavelmente encontrará em uma boa adega. Os cultivadores são: Família Grassa; Château de Tariquet; Domaine de Rieux; Domaine de Planterieu; Château d'Aydie; Domaine de la Jalousie; Domaine de Pagny; Domaine Mesté-Duran; Domaine de Lahitte; Domaine le Puts; Domaine de Bergerayre.

duas propriedades, sendo Domaine Mouréou a segunda e menos importante delas. Em 2002, ele nomeou um enólogo e deu-lhe total liberdade, mas alguns anos mais tarde, entregou a responsabilidade da viticultura e vinificação para a família Laplace de Château d'Aydie (ver p. 234).

Clos Basté ☆☆–☆☆☆
Moncaup. 10 ha.
Ex-produtor de vinho em Château L'Aydie, Philippe Mur montou o próprio domaine em 1998. Seu principal Madiran é de pura Tannat, envelhecido em carvalho 50%. É rico em frutas tintas, ainda assim não falta tempero e vigor. O Pacherenc *Moelleux* é um triunfo.

Domaine du Crampilh ☆☆
Aurions-Idernes. 30 ha.
Famosa propriedade que melhorou de qualidade durante a década de 1990. Alain Oulié emprega micro-oxigenação para produzir uma gama de vinhos aromáticos, dos quais o mais concentrado é o inteiramente Tannat Vieilles Vignes.

La Cave de Crouseilles ☆–☆☆
Crouseilles. 600 ha.
Uma cooperativa de primeira classe, cujo vinho, Château de Crouseilles (uma propriedade pertencente a eles), pode estar entre os melhores da região. Os principais Madiran e Pacherenc são bons também.

Domaine Damiens ☆–☆☆
Aydie. 15 ha.
Os vinhos aqui costumavam ser bastante rústicos, e ainda guardam certa falta de graça, mas nos últimos anos o melhor *cuvée*, o Saint--Jean, tem sido rico, suave e com gosto de ameixa.

Domaine Labranche-Laffont ☆☆
Maumusson. 20 ha.
A família Dupuy, ou pelo menos as mulheres da família, estão rapidamente fazendo nome nesse meio dominado por homens. O Cuvée Vieilles Vignes vem de uma pequena parcela de vinhas pré--filoxera. São vinhos ricos e totalmente encorpados, sutilmente atenuados pela micro-oxigenação.

Château Laffitte-Teston ☆☆
Maumusson. 40 ha.
www.chateau-laffitte-teston.com
Os Madiran tintos de Jean-Marc Laffitte estão entre os melhores que a região tem para oferecer, e incluem um vinho 100% Tannat, o Vieilles Vignes. Ambos os seus Pacherenc são consistentemente deliciosos também. Laffitte orgulha-se do fato de que seus vinhos são flexíveis e podem ser abordados jovens, mas o preço a ser pago por essa acessibilidade admirável podem torná-los, às vezes, sem "recheio".

Château Montus and Domaine Bouscassé ☆☆–☆☆☆☆
Maumusson. 140 ha.
Alain Brumont é o papa da uva Tannat. Os vinhos premium de suas duas propriedades (Montus Prestige e Bouscassé Vieilles Vignes) são ambos inteiramente de Tannat e vinificados por cinco semanas antes de serem envelhecidos em barricas novas. Não é surpresa que eles levem vários anos para amadurecer.

No solo de cascalho de Montus, o vinho principal é 80% de Tannat e 20% de Cabernet Sauvignon, enquanto em Bouscassé, onde o solo é de argila e calcário, é 65% é Tannat é complementado com 25% de Cabernet Sauvignon e 10% de Cabernet Franc. Um terceiro vinho, Domaine Meinjarre, é metade Tannat e metade Cabernet Franc e tem um preço baixo, e um quarto, Torus, descrito como "*denso, profundo, iridescente, com notas de groselha negra e amora*" (mas não muito caro) foi introduzido com a vindima de 2000.

Há uma série de Pacherenc, também, em diferentes graus de doçura, dependendo da data da colheita. Brumont faz um bom vin de pays e lançou uma gama de vinhos varietais, muitos deles de variedades locais desconhecidas, em meados da década de 1990. No outro extremo, ele está sempre buscando ampliar os limites de seu Madiran. O Montus la Tyre é um Tannat peso pesado cultivado nos vinhedos mais altos da região, e em 1994 e 2000 ele passou a envelhecer alguns de seus Tannat por 2 mil dias em barricas. Apesar da popularidade da micro-oxigenação em Madiran, Brumont não usa a técnica. A empresa passou por grandes dificuldades financeiras em 2004 e foi reestruturada, embora permaneça sob seu controle. Alguns dos vinhos mais básicos foram excluídos do portfólio, mas essa decisão pode vir a não ser permanente.

Domaine Laougué ☆☆–☆☆☆
Viella. 17 ha. www.domaine-laougue.fr
Três *cuvées* de Madiran de Pierre Dabadie: o Clos Camy não acarvalhado, o fresco e não acarvalhado Excellence de Marty com 80% Tannat e envelhecido em carvalho 50% novo, e o puro Tannat, todo em carvalho novo, Pasion Charles Clément. Provados lado a lado, o maravilhosamente complexo Excellence causa a impressão mais profunda.

Château Peyros ☆–☆☆
Lembeye. 20 ha. www.vignobles-lesgourgues.com
Uma propriedade alinhada comercialmente, com, por exemplo, colheita maquinada. E embora, em alguns anos, existam também sinais de taninos verdes, a qualidade pode ser boa. O Vieilles Vignes é, em geral, preferível ao mais envelhecido Cuvée Greenwich.

Domaine Tailleurguet ☆☆
Maumusson. 9 ha.
Uma vinícola emergindo agora da obscuridade sob as mãos hábeis de François Bouby. Ambos o *cuvée* e o mais assertivo Fûts de Chêne têm frutas opulentas, grande concentração e nenhum vestígio de extração excessiva. Uma propriedade promissora.

Côtes de Saint-Mont & Produtor Principal

Em 1974, André Dubosc criou uma cooperativa de plantadores no vale de Adour, ao norte de Madiran e ao sul de Armagnac. Há três filiais em Plaisance, Saint-Aignan e Saint-Mont. A cooperativa é, portanto, chamada Plaimont. O objetivo era encontrar um mercado alternativo para o vinho branco seco produzido localmente por destilação em Armagnac, porque a demanda por Armagnac começou a declinar. Dubosc atingiu em um vencedor, porque não demorou muito (1981) antes de ele ter criado praticamente sozinho a seu próprio VDQS sob o nome de Côtes de Saint-Mont, para vinhos das três cores. Ele também atraiu membros para o Côtes de Gascogne, a quem persuadiu a melhorar os padrões com a uva Colombard. Atraiu produtores, também, da parte norte de Madiran AC. Outra cooperativa, a Vignoble de Gascogne em Riscle, seguiu o exemplo da Plaimont.

Producteurs Plaimont ☆☆
Saint-Mont. 2.500 ha (dos quais 1.000 são Saint-Mont). www.plaimont.com

Hoje a cooperativa produz Madiran e Pacherenc, ambos de excelente qualidade; Saint-Mont tintos e brancos, basicamente das mesmas uvas que o Madiran e o Pacherenc; e uma gama completa de vins de pays Côtes de Gascogne, que se tornou extremamente popular: um tipo de estilo sub-Sauvignon a bom preço.

Na década de 1990, Dubosc desenvolveu novas gamas de vinhos Saint-Mont, tais como Le Faite de Saint-Mont, apenas de variedades locais, incluindo algumas que estavam em perigo de extinção, tal como Pinenc. Um entusiasmo semelhante por inovação levou à criação de vinhos mais originais: um Madiran leve e fácil de beber chamado Rive-Haute, um vinho de estilo mais poderoso, de uvas levemente sobreamadurecidas, chamado Plénitude, e um bom Madiran de vinhas velhas chamado Arte Benedicte.

Tursan & Produtor Principal

A vinha líder do *département* de Landes. Quase toda a produção vem da cooperativa em Geaune, Les Vignerons Landais, que tem 250 membros que possuem cerca de 350 hectares de uma área total de 460 hectares de vinhedos. Os vinhos ganharam *status* VDQS em 1958, apesar de metade da produção ser ainda de Vin de Pays des Landes. Os tintos são principalmente Cabernet Franc com um pouco de Tannat, enquanto os brancos são feitos principalmente a partir de uma variedade local obscura, chamada Baroque, com um pouco de tempero de Sauvignon e Gros Manseng. Há rosés baseados em Cabernet também. O estilo visa aos veranistas da costa do Atlântico: leve, frutado e fácil de beber, *cuvaison* curta a uma temperatura não muito alta para os tintos, enquanto os brancos recebem fermentação fria. A produção total não excede 1,5 milhão de garrafas.

Outros produtores de Tursan

Château de Bachen ☆☆
Duhort-Bachen. 17 ha.
O celebrado chef Michel Guérard tem a sua elegante casa aqui desde 1983, e construiu sua vinícola projetada por um arquiteto. Muitos dos vinhos são vendidos em seus restaurantes em Eugénie-lès-Bains. Ele se especializou em vinho branco e a vinha é de 50% Baroque, além de Gros Manseng, Petit Manseng, Sauvignon e Sémillon. Existem dois tipos de branco seco, o Château de Bachen e Baron de Bachen, este último bem acarvalhado. Os vinhos são de alta classe, mas dificilmente típicos da denominação Tursan. Os tintos são muito simples.

Domaine de Perchade ☆
Payros-Cazautets. 20 ha.
Alain Dulucq produz um vinho branco que é de 90% a 100% Baroque; um rosé principalmente de Cabernet Franc; e um tinto da mistura de Tannat e das duas Cabernet.

Béarn & Pirineus

Béarn

Vinhos de estilo campestre têm sido feitos no distrito de Béarn há séculos.

Recentemente eles alcançaram a fama em grande parte por causa do rosé, que se tornou moda em toda a França em meados do século XX. Hoje, os vinhos tintos são ofuscados pelo Madiran e pelo Irouléguy, e os brancos pelo Jurançon, mas bons vinhos em toda a gama são feitos a partir de 160 hectares de vinhedos na cooperativa em Bellocq perto da bonita cidade de Salies-de-Béarn. Os tintos são de antigas variedades locais, além de Tannat e das Cabernet. Cultivadores em Madiran vendem seu rosé como Béarn AC, enquanto os de Jurançon, como Clos Guirouilh, vendem tinto Béarn. Apenas uma vinícola independente de Béarn faz um vinho muito bom: o Domaine Lapeyre na periferia de Salies. Também usa o nome Domaine Guilhémas. A cooperativa Jurançon em Gan também faz Béarn.

Jurançon

Todas as referências a Jurançon começam com a história do infante Rei Henrique IV, cujos lábios ao nascimento foram escovados com um dente de alho e embebidos em vinho Jurançon – um costume que dizem ainda ser seguido na família Bourbon, embora sem resultados tão espetaculares. O ponto é que o Jurançon é forte, não apenas em álcool, mas em personalidade. Suas uvas altamente aromáticas amadurecem, no sopé dos Pirineus ao sul de Pau nos outonos aquecidos pelos ventos sul vindos da Espanha. Seu aroma é realçado por pequenas safras, em especial para os vinhos doces. Esses devem ser feitos por colheita muito tardia, em novembro, quando os dias quentes e noites geladas encolhem as uvas (*passerillage*) e concentram seu suco.

As duas principais variedades de uva são a Gros e a Petit Manseng, esta última não apenas menor, mas com um teor de açúcar muito mais alto. Ambas dão vinhos de grau elevado de álcool, com uma notável rigidez e uma estrutura positiva na boca, quase feroz quando jovem, mas ao amadurecer, ganha aromas e sabores diversos de frutas e especiarias, como manga, goiaba e canela. Os melhores vinhos doces são feitos de pura Petit Manseng, enquanto a Gros Manseng é mais comumente usada para os vinhos secos. Alguns produtores também usam um pouco de Petit Courbu em seus vinhos secos para dar-lhes um tom picante. Colette forneceu notas sobre o sabor que eu não me atreveria a contrariar: "Eu era uma menina quando conheci esse príncipe; excitado, imperioso, traiçoeiro como todos os grandes sedutores – Jurançon".

Existem duas denominações: Jurançon Sec e Jurançon, a última aplicável apenas aos vinhos que vão desde o meio doce até o licoroso. Existe uma importante cooperativa em Gan, e cerca de sessenta produtores privados. Geralmente fazem três tipos de vinho: seco, *moelleux* e ultradoce, às vezes acarvalhado. Os vinhos secos costumavam ser distintamente acres. A elevada acidez que dá essa verve para o vinho doce pode ser escaldante em uma versão seca. Ao longo dos últimos dez anos, os produtores aprenderam a manter esse frescor essencial no vinho seco enquanto usam uma colheita tardia para dar mais corpo e fruta. Essa mesma acidez nos vinhos doces significa que as versões menos concentradas fazem *apéritifs* excelentes nos restaurantes locais. Muitos produtores fazem colheitas repetidas e, consequentemente, uma sucessão de vinhos de uvas colhidas em outubro, novembro e dezembro com níveis até mais altos de doçura.

Na década de 1980, a produção caiu e o vinho tornou-se pouco conhecido. Felizmente, alguns enérgicos produtores impulsionaram a região, e as plantações duplicaram em cerca de quinze anos para pouco mais de mil hectares. Hoje, os melhores vinhos são muito admirados e têm grande demanda. Muitos apreciadores de vinho que consideram os vinhos doces de Sauternes e da Sélection de Grains Nobles da Alsácia simplesmente ricos e suntuosos demais têm especial prazer no frescor picante dos melhores Jurançon.

Principais produtores de Jurançon

Domaine Bellegarde ☆–☆☆☆
Monein. 18 ha.
Pascal Labasse é o protótipo de uma nova onda de produtores de Jurançon, permanecendo de cabeça aberta sobre a utilização de madeira nova. Ele faz um ultrasseco que envelhece bem, um *moelleux* de Petit Manseng chamado Cuvée Thibault, e uma ultradoce Sélection, a partir de uvas colhidas em dezembro; envelhecido em carvalho novo, é feito somente em safras surpreendentes.

Domaine Bordenave ☆–☆☆
Monein. 8 ha.
Essa antiga propriedade começou o engarrafamento dos seus vinhos em 1993. O melhor vinho é o Cercle des Amis de pura Petit Manseng, envelhecido em carvalho. Outros *cuvées* doces são feitos de Gros Manseng, menos satisfatórios.

Domaine Bru-Baché ☆☆–☆☆☆
Monein. 10 ha.
Claude Loustalot assumiu o lugar de seu tio Georges Bru-Baché, em 1994 e continua com a mesma abordagem excêntrica ao Jurançon doce, produzindo *cuvées* de intensidade crescente. Quintessence é Petit Manseng envelhecido em carvalho 50% novo, exibindo aromas adoráveis de damasco e marmelo. L'Eminence, feito pela primeira vez em 1991, é Petit Manseng colhida em dezembro e envelhecido totalmente em carvalho novo.

Domaine Camin Larrédya ☆☆–☆☆☆
La Chapelle-de-Rousse. 10 ha.
www.caminlarredya.com
Jean-Marc Grussaute administra sua propriedade com muita energia, apesar de sua ligação com o *patois* local leve realmente a marcas impronunciáveis. O seco não é acarvalhado, mas todos os três níveis de vinho doce recebem diferentes graus de envelhecimento em carvalho. Os melhores vinhos doces são pura Petit Manseng. Au Capcèu é o vinho de nível intermediário,

delicioso e estimulante. O melhor é um Sólhevat (anteriormente conhecido como François), elaborado somente nos melhores anos e envelhecido por dois anos em barricas: picante e muito concentrado, com forte aroma de maracujá.

Domaine Cauhapé ☆☆–☆☆☆☆
Monein. 40 ha. www.cauhape.com
Henri Ramonteu é o produtor privado mais conhecido de Jurançon, com o segundo maior vinhedo. Ele produz três vinhos secos, dos quais o melhor é La Canopée, feito de Petit Manseng e envelhecido em carvalho. Há três vinhos *moelleux* muito bons, mas Ramonteu assume riscos extremos com dois *cuvées* prestige. Quintessence du Petit Manseng é feito cortando cachos de passas e pendurando-os em varais na vinha, o que lhes permite atingir concentração ainda maior. É um vinho de intensidade extraordinária, com aromas de frutas secas e um discreto caráter fumegante. Folie de Janvier é produzido em parte com uvas colhidas em janeiro; o vinho passa dois anos em barricas de carvalho novo. Esses dois *cuvées* de primeira linha são extremamente caros, mas os *moelleux* menos importantes têm preços mais razoáveis e alta qualidade.

Cave des Producteurs de Jurançon ☆–☆☆
Gan. 750 ha. www.cavedejurancon.com
A maioria da produção nessa cooperativa é de vinho seco, dos quais existem três classes. Há três *moelleux* não acarvalhados também; um deles, o Prestige d'Automne, é excelente.

Clos Guirouilh ☆☆
Lasseube. 10 ha.
O seco de Jean Guirouilh tem tremendo estilo e elegância, com o sabor de maçãs e peras dando lugar a frutas cítricas com o envelhecimento. O *moelleux* é feito de partes aproximadamente iguais de cada uma das Manseng; a Petit recebe um pouco de carvalho novo. Nos anos bons, ele faz um licoroso inteiramente de Petit Manseng.

Clos Lapeyre ☆☆–☆☆☆☆
La Chapelle-de-Rousse. 17 ha. www.jurancon-lapeyre.com
Assim como o seco habitual, Jean-Bernard Larrieu produz um *cuvée* especial seco de Gros Manseng de vinhas antigas, com o diferente nome Vitatge Vielh, mantido um ano em madeira e precisando de algum envelhecimento. Mais incomum, e não feito todo ano, é o seco Mantoulan, que contém a rara variedade nativa Camaralet. O melhor dos vinhos doces é La Magendia, um soberbo Petit Manseng com agradáveis aromas de manga e limão.

Clos Uroulat ☆☆–☆☆☆
Monein. 16 ha.
Charles Hours sempre foi um entusiasta dos vinhos da região. Ele próprio é produtor de vinhos elegantes e cheios de estilo, em vez de vinhos gordos e atraentes. Seu soberbo seco Cuvée Marie tem tanto vivacidade quanto peso. Hours usa um pouco de madeira nova para o vinho doce de Petit Manseng. Em 2007, lançou uma série alegremente embalada e curiosamente chamada Trendy Happy Hours, na tentativa de conquistar consumidores mais jovens, afastando-os da cerveja e da coca-cola.

Château Jolys ☆–☆☆
La Chapelle-de-Rousse. 36 ha.
Pierre-Yves Latrille ajudou a revitalizar a região na década de 1980. Os vinhedos de La Chapelle-de-Rousse estão em terrenos muito acima dos de Monein, dispostos a maioria nas curvas em

degraus, em forma de anfiteatro entre os morros, chamados de *cirques*. Latrille plantou em curvas de nível, em vez de platôs. Seus vinhos são bons Jurançon de meio termo, o seco de Gros Manseng, o *moelleux*, 50% Gros e 50% Petit, e seu licoroso Vendanges Tardives, todos do Petit.

Cru Lamouroux ☆–☆☆
La Chapelle-de-Rousse. 6 ha.
Richard Ziemeck-Chigé, que agora faz os vinhos na propriedade de seu antigo sogro, não acredita em Jurançon Sec. Seus melhores *cuvées* são chamados Amélie-Jean e Nathalie, ambos de Petit Manseng e envelhecidos, respectivamente, por dois e quatro anos em carvalho.

Domaine de Souch ☆☆–☆☆☆
Laroin. 7 ha.
Vinicultura biodinâmica pertencente à Yvonne Hégoburu. O *moelleux* básico é delicioso e fresco, embora não especialmente complexo, e o melhor vinho é o Marie-Kattalin, um puro Petit Manseng delicado e intenso. Em safras superiores, ela também produz um Vendange Tardive de preço alto, de uvas colhidas extremamente tarde. Muitos vinhos diferentes fazem a seleção difícil, mas a maioria deles é florada, com boa acidez e duração.

Irouléguy

Os produtores bascos fazem vinhos para combinar com o gosto de seus conterrâneos pelo rugby e as touradas; vinhos intensos e robustos, tentando superar o Madiran, que combinam perfeitamente com a culinária local. Eles são baseados, como o Madiran, na uva Tannat, além das duas Cabernet. As videiras são plantadas em platôs íngremes de até quatrocentos metros (1.300 pés), portanto toda a colheita é feita manualmente. Os rendimentos são pequenos e os vinhos precisam de tempo em garrafa. O rosé é excelente, e tem havido pequeno renascimento do vinho branco, com base nas variedades de castas de Jurançon. Por muitos anos, a excelente cooperativa tinha tudo à sua própria maneira, mas agora existem alguns bons produtores independentes. Com 250 hectares plantados, essa é uma denominação que merece atenção.

Principais produtores de Irouléguy

Domaine Arretxea ☆☆
Irouléguy. 8 ha.
Uma pequena vinícola biodinâmica, com um poderoso e acarvalhado Cuvée Haitza, quase totalmente de Tannat. É preciso ser envelhecido para que surjam seus aromas condimentados e de bagas. O excelente branco a partir das variedades Jurançon é chamado Hegoxuri.

Domaine Brana ☆☆
St-Jean Pied-de-Port. 23 ha. www.brana.fr
Os Brana foram os primeiros cultivadores a introduzir os vinhos brancos na região. Seus vinhos são baseados em Gros Manseng e não passam por carvalho. Num cenário magnífico, a esplêndida vinícola é moldada na montanha, com vistas deslumbrantes, as vinhas são plantadas em fileiras de degraus em encostas quase verticais. Os rendimentos são minúsculos e o vinho caro. Há apenas 30% de Tannat, o restante do vinhedo vinha sendo dividido mais ou menos igualmente entre as duas Cabernet. Os vinhos são fáceis de beber quando jovens. O Axeria é pura Cabernet Franc, mas com acabamento mais precário que seus similares de Touraine.

Domaine Etxegaraya ☆☆
St-Etienne-de-Baïgorry. 7 ha.
A família Hillau começou a engarrafar seus vinhos, que não passam por carvalho, em 1994. O tinto padrão é muito bom, até mesmo exuberante, e o notável Cuvée Lehengoa é feito de videiras velhíssimas de Tannat, com cerca de 100 anos de idade.

Domaine Ilarria ☆–☆☆
Irouléguy. 10 ha.
Estes vinhos provenientes de vinhedos orgânicos são um ponto de referência para o verdadeiro Irouléguy. O tinto básico é dominado por Cabernet, enquanto o Bixintxo tem 55% de Tannat, além de mais tempero e vigor. Dois tintos, feitos de 80% e 100% de Tannat, são propostas sérias. O último é chamado Cuvée Bixintxo (nome basco para São Vicente). A *cuvaison* é longa, e os vinhos envelhecidos durante dezoito meses em uma mistura de madeiras novas e velhas.

La Cave Irouléguy ☆–☆☆
St-Etienne-de-Baïgorry. 150 ha.
www.cave-irouleguy.com
Cooperativa fundada em 1952 com 140 membros; muitas das propriedades associadas são minúsculas. Grande parte da produção é de rosé, a versão básica se alegra com o nome basco Argi d'Ansa; a melhor versão, contendo metade Tannat e metade Cabernet, é chamada Axeridoy. O tinto básico é o Gorri d'Ansa, mas há *cuvées* especiais: Domaine de Mignaberry (de vinhas velhas) e Omenaldi mais acarvalhado e estruturado.

Vins de Pays

No início da década de 1980, as regras e os regulamentos para o recém-criado vin de pays foram definidos. O objetivo era dar orgulho para a produção local que até então não tinha identidade. Desde aquela época, a jovem classificação de vinhos do interior francês sofreu nada menos do que uma revolução. Os vinhos que anteriormente eram utilizados exclusivamente para misturas ou despachados sem rótulo para os bares locais, agora são feitos com padrões mínimos e em quantidades reguladas. No final, cerca de 140 vins de pays foram criados, embora alguns ainda permaneçam obscuros. Além do interesse e dos investimentos de países vitivinícolas do Novo Mundo, jovens produtores e compradores de vinhos para grandes mercados estrangeiros elevaram os padrões e romperam com o molde de gerações de donos de vinícolas cautelosos. Os resultados são que muitos dos melhores vinhos da França tem atualmente boa relação custo-benefício. Alguns produtores, entretanto, aproveitaram-se dos regulamentos para produzir gamas de vinhos diluídos e sem personalidade, mas que têm grande saída em supermercados para um nicho de consumidores não criteriosos. A categoria pode ser confusa, uma vez que os vins de pays variam enormemente em produção e importância. Alguns são locais, de apenas três ou quatro comunidades. Alguns são departamentais (Vins de Pays de Loire Atlantique, por exemplo). Outros são tão abrangentes que cobrem a totalidade do Midi (Vins de Pays d'Oc) ou do Vale do Loire (Vins de Pays du Jardin de la France). Os últimos vins de pays regionais, dos quais há quatro, tinham a intenção de dar nova vida a zonas tradicionais de vinificação e serem utilizados como veículo para experimentação e novas ideias – o que conseguiram.

O segundo controle é sobre as variedades de uvas a serem cultivadas. Em alguns casos, uma ou mais uvas clássicas são prescritas como obrigatórias, enquanto várias outras são toleradas até certa percentagem. Algumas áreas não especificam variedades de forma alguma. Os novos vins de pays mais bem-sucedidos permitem produções de uma única casta – 85% do Midi – e são geralmente vistos como a réplica da França para os varietais do Novo Mundo. As regras especificam as quantidades a serem produzidas, que tendem a ser muito mais generosas que as dos vinhos AC ou VDQS. Com a iminente reestruturação das denominações de vinhos de toda a Europa, toda a categoria vin de pays pode desaparecer, ou renascer com outra aparência. Abaixo, apenas os vins de pays mais importantes estão listados.

Rhône & Provence

A maioria das áreas vinícolas do Rhône e da Provença têm direito às amplas denominações de Côtes du Rhône e de Provence. Os vins de pays cobrem distritos periféricos, muitas vezes interessantes, e uma ou duas zonas dentro de áreas AC. Os vinhos, sobretudo os tintos, geralmente são misturas de uvas tradicionais do sul, mas, progressivamente, têm sido incorporadas variedades de Bordeaux.

Alpes-de-Haute-Provence Provença. Principalmente tintos de uvas cultivadas no Vale do Durance. Também alguns rosés.

l'Ardèche Quatorze comunas nos vales de Ardèche e Chassezac. Principalmente tintos de variedades locais e internacionais, e os brancos de variedades do sul da França, além de Chardonnay.

Bouches-du-Rhône Os vinhos provêm de três zonas distintas, mas muito grandes: a área de Aix-en-Provence, as principais vinhas de Côtes de Provence ao leste do *département*, e Camargue. Muitos são tintos, feitos de variedades de uvas do sul, com um pouco de Cabernet.

Collines Rhodaniennes Inclui todo o norte do Rhône.

Comtés Rhodaniens Uma das quatro designações vin de pays regionais abrangendo oito *départements* (Ain, Ardèche, Drôme, Isère, Loire, Rhône, Saboia e Alta Saboia).

Coteaux du Verdon Provença. Do norte de Var e, principalmente, tinto e rosé de variedades locais e/ou Cabernet Sauvignon.

Drôme A parte oriental do Vale do Rhône, sul de Valence e leste de Montélimar. Mais de 80% é tinto, feito de Carignan, Cinsault e Syrah, complementada por Gamay, Cabernet Sauvignon e Merlot.

Mont-Caume Provença. Doze comunas em torno de Bandol. Um dos melhores vinhos é o puro Cabernet Sauvignon de Bunan.

Principauté d'Orange Em torno de Bollène, Orange, Vaison-la-Romaine, e Valréas, a leste do Rhône, nas aldeias de Côtes du Rhône e Châteauneuf-du-Pape. Muitos tintos dominados por Grenache são produzidos.

Var A mais importante região de vins de pays da Provença, abrangendo todo o *département* de Var. Muitos rosés e tintos feitos aqui são de Grenache, Cinsault, Carignan, Syrah, e outras variedades, incluindo Cabernet Sauvignon.

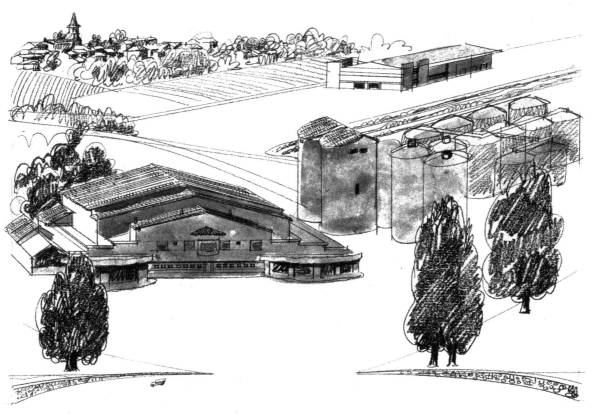

Cooperativa de produtores em região de vins de pays.

240 | **FRANÇA** | VINS DE PAYS

Vaucluse Inclui a parte oriental de Côtes du Rhône e Côtes du Ventoux. Tintos parecidos com Côtes du Rhône, embora a mistura inclua Cabernet Sauvignon. O branco imemorável é de Ugni Blanc.

The Gard

O *département* de Gard se estende desde o Rhône, a oeste de Avignon, até as montanhas de Cévennes. A cidade principal é Nîmes. A maior parte do *département* é região vinícola, e há um vin de pays para toda a área: Vin de Pays du Gard. Outros vins de pays, abrangendo áreas de tamanhos variados, estão listados abaixo. Não existem variedades de uvas especificadas.

Coteaux du Pont-du-Gard Dezenove comunas em Remoulins, entre Nîmes e Avignon.

Sables-du-Golfe-du-Lion Dunas de areia e faixas costeiras em partes de doze comunas em Camargue, a oeste da foz do Rhône.

Hérault

Este é o maior *département* produtor de vinho da França. Vin de Pays de l'Hérault abrange toda a área. Vinte e sete distritos locais têm seu próprio conjunto de regulamentos. Algumas áreas cobrem terras em Saint-Chinian e Minervois ACs. Outras incluem comunas que têm direito à Coteaux du Languedoc AC. A presença de uma das melhores propriedades do Midi, a Mas, de Daumas Gassac, prova que essa não é apenas uma área de vinhos baratos.

Côtes du Brian Treze comunas no leste de Minervois. O produtor mais conhecido é Clos des Centeilles por alguns vinhos mais ousados.

Collines de la Moure Vinte e sete comunas em Frontagnan e Mireval. Amplamente utilizado por propriedades privadas e cooperativas.

Coteaux de Murviel Parte leste de Saint-Chinian, onde se encontra o Château Coujan, o produtor mais conhecido.

Côtes de Thongue Tinto e branco. Quatorze comunas em Pézenas e Béziers. Vins de pays bastante fáceis de encontrar.

Aude

Todo o *département* de Aude, que se estende para o interior a partir de Narbonne, tem o direito de chamar os vinhos produzidos de Vin de Pays de l'Aude.

Coteaux de Miramont Nove comunas em torno de Capendu, a leste de Carcassone.

Val d'Orbieu Consiste de doze comunas no Vale do Orbieu, situadas a oeste de Narbonne. Uvas tintas e rosé: Carignan, Cinsault, Grenache, Alicante-Bouschet, Picpoul e Terret Noir. Uvas brancas: Clairette, Macabeu, Blanc, Bourboulenc Carignan Blanc e Grenache Blanc.

Coteaux de Peyriac Dezessete comunas no oeste de Minervois.

Roussillon & Corbières

Vins de Pays des Pyrénées-Orientales é o nome usado para os vinhos predominantemente tintos, produzidos em quase todo o *département*, com exceção do sudeste. A província ao sul, formada por planícies e os sopés dos Pirineus, usa o nome Catalan para seus dois distritos definidos.

Catalan Roussillon Área que se estende para o interior a partir de Perpignan e de Argelès.

Côtes Catalanes Roussillon Norte e oeste de Perpignan.

Côte Vermeille Roussillon. Área em torno Banyuls e Collioure, ao longo da costa do Mediterrâneo.

O sudoeste

Quase todo o sudoeste está incluído em um ou outro dos muitos vins de pays que proliferam atualmente. Os melhores tendem a vir de produtores para os quais seus vinhos são os primeiros e únicos, não importando sua ligação a qualquer denominação superior.

l'Agenais cobre todo o *département* de Lot-et-Garonne, de Armagnac aos limites de Cahors. Principalmente vinhos tintos feitos por cooperativas.

Bigorre Hautes-Pyrénées. Algumas comunas em torno de Madiran e Vic-de-Bigorre ao sul. A Plaimont Producteurs e a Brumont em Madiran (ver p. 235) também usam Bigorre para descrever alguns vinhos varietais.

Charentais Charente e Charente-Maritime. Todos os *départements*. Normalmente, vins de pays magros e rústicos.

Côtes de Gascogne Quase todo o *département* de Gers (Armagnac). Ampla gama de variedades de castas tradicionais e de qualidade.

Gers Abrange todo o départament, sobrepondo Côtes de Gascogne. Muitos brancos de Ugni Blanc e Colombard.

Coteaux du Quercy A área costumava ser chamada de Bas-Quercy, com solos calcários estendendo-se até o sul de Cahors. No norte dominam as uvas Cahors, Malbec, Merlot, Tannat; mais ao sul, Cabernet Franc, Gamay e Cabernet Sauvignon também são utilizadas.

Côtes du Tarn Abrange a área Gaillac AC e a terra para o sul até o rio Agout. Grande e importante produção de vinho branco seco, rosé e tinto.

Comté Tolosan Capaz de designar a maioria do sudoeste, mas, na prática, mais utilizada para a área de Toulouse, ao norte de Montauban, e sul em direção a Pamiers. Pode ser qualquer coisa.

Pyrénées-Atlantiques Abrange o *département* inteiro, mas principalmente para os vinhos cultivados nas áreas de Béarn e Jurançon. Principalmente, tintos e rosés.

Terroirs Landais Todo o *département* de Landes. Principalmente vinhos do estilo Gascon (Colombard e Ugni Blanc para os brancos,

Tannat e as Cabernet para os tintos), produzidos ao longo da fronteira de Gers; também produções menores no oeste do *département*, com predominância de Cabernet Franc, cultivada próximo à costa Atlântica.

Loire

Coteaux Charitois Área ao redor de Charité-sur-Loire, no sul de Pouilly-sur-Loire. Sauvignon Blanc, principalmente.

Jardin de la France Maior parte da bacia baixa e média do Loire. A vasta zona abrange treze *départements*. Bem-sucedida denominação, geralmente usada para vinhos Chardonnay simples, embora Chenin e Sauvignon também sejam permitidas.

Loire-Atlantique Da região de Muscadet. Tintos e rosés de Gamay e Grolleau; brancos de Muscadet, Gros Plant e Chardonnay.

Borgonha

l'Yonne Normalmente Chardonnay nos trechos ao norte da Borgonha, ao redor de Auxerre. Este é o único vin de pays da Borgonha que se pode encontrar.

Midi & Córsega

Pays d'Oc Abrange todo o território de Languedoc-Roussillon. Este vin de pays é usado para os vinhos feitos de variedades não tradicionais para a região. Setenta por cento da produção é de varietais. Muitos dos mais interessantes vinhos da nova onda do sul da França estão sendo feitos com este nome de vin de pays. Os melhores produtores incluem Skalli Fortant de France e La Baume.

L'Ile de Beauté Córsega. Principalmente vinhos tintos originados de ampla gama de variedades. Carignan e Cinsault não podem exceder 25% e 50%, respectivamente, da área plantada. Compreende bons vinhos.

Alemanha

A qualidade dos principais vinhos alemães é hoje melhor que nunca. Isso se deve ao país ter reforçado o foco em suas uvas tradicionalmente surpreendentes, principalmente a Riesling, de maior expressividade e complexidade que qualquer outra branca, e ter insistido na importância do *terroir*, fatos que elevaram o prestígio de seus vinhos às alturas, ao menos na Alemanha. Nos Estados Unidos, também, a estrela da Alemanha sobe. Mas, na Grã-Bretanha, outrora o mais leal dos seus mercados, as lembranças dos vinhos baratos da década de 1970 e 1980 ainda permanecem.

Até os anos 1970, era geralmente aceito que a Alemanha fazia os melhores vinhos brancos do mundo, com o Burgundy branco como seu único rival. Nenhum grande jantar poderia começar sem seu Mosel (então conhecido como Moselle) ou Rhine Spätlese. A Riesling foi universalmente aclamada como a rainha das uvas brancas (embora poucas pessoas, acreditem ou não, tenham sequer ouvido falar de Chardonnay). No entanto, enquanto a reputação internacional ou o renome de cada um dos países produtores de vinho melhorou, a da Alemanha manteve-se na monotonia, embora a qualidade dos vinhos de primeira linha nunca tenha sido melhor. A queda começou com a Lei do Vinho Alemão de 1971, ironicamente, coincidindo com uma vindima realmente magnífica. A lei favoreceu firmemente os menores, os membros das cooperativas – cujo voto, alguém pode ser perdoado por pensar, os políticos estavam ansiosos para atrair. A nova lei permitiu-lhe rotular seus vinhos com nomes pomposos, que traziam quase nenhuma relação com sua origem. Permitiu o uso da palavra "qualidade" onde significava o oposto, enquanto simplificava termos descritivos vitais tais como Auslese (seleção) a uma mera questão de gramas de açúcar. Não colocou restrição alguma sobre as produções, com a consequência de que muitos vinhos logo viessem a ter gosto de água com açúcar (com a ênfase na água). Todos os vinhedos foram considerados como de igual qualidade, desafiando séculos de apreciação ao estilo borgonhês das diferenças de caráter e de qualidade entre determinado local e seu vizinho. A queda de qualidade, por sua vez, fez com que o preço do vinho alemão ficasse entre os mais baixos da Europa.

Os melhores produtores alemães, e as prestigiosas associações de produtores tais como a Verband Deutscher Prädikats und Qualitätsweingüter (VDP) – Associação dos Produtores de Vinhos de Qualidade Superior, se conscientizaram da situação deplorável em que se encontravam por muitos anos e passaram a adotar uma atitude independente, ultrapassando na prática os padrões mínimos legais, que consideravam terrivelmente permissivos. A VDP, bem como muitos produtores independentes e conscientes da qualidade têm feito grandes progressos no restabelecimento da outrora gloriosa reputação dos vinhos alemães, muitas vezes recebendo acusações de elitismo. Mas como não há enquadramento jurídico, como nas denominações de origem controlada, DOC italiana ou AC francesa, que possa estabelecer regras e regulamentos que se apliquem a todos, eles não tiveram escolha. Poucos hoje contestam que a qualidade dos vinhos alemães no nível superior é excelente, mesmo que alguns mercados, incluindo o britânico, pareçam determinados a ignorar o fato.

Muitos vinhedos alemães estão em partes do norte da Europa e isso torna a localização dos vinhedos absolutamente crucial. Pense nas grandes curvas do rio Mosel, onde a luz do sol sobre as plantações varia de acordo com a forma, o declive e a exposição mais do que em qualquer outro lugar do planeta. A drenagem livre da ardósia ou do xisto é vital para o amadurecimento da Riesling aqui; as qualidades das melhores vinhas são conhecidas por todos, assim como a impossibilidade de se fazer um bom vinho nas encostas voltadas para o norte ou em terra plana aluvial.

Compare com a Côte d'Or da Borgonha. Ao longo dos séculos, tem sido minuciosamente dividida em *grands crus*, *premiers crus* e aldeias. Sua fama mundial repousa sobre essa classificação, simples e funcional. O pensamento oficial alemão é de que essa identificação de qualidade natural é "elitista" e antidemocrática. Além disso, apesar de a Alemanha ter um coringa para jogar com a sua fabulosamente versátil Riesling, as autoridades têm sido coniventes com os produtores e as cooperativas de grande escala, permitindo que vinhos rotulados com nomes históricos como Bernkasteler ou Piesporter sejam feitos de variedades inferiores, como Müller-Thurgau, e nenhuma gota de Riesling. Se uma região não protege seu próprio nome, bom, ninguém mais irá fazê-lo. Qualquer associação francesa tem claramente definido o seu papel de proteger a respectiva denominação. Na Alemanha, infelizmente, não existe denominação para proteger. Daí a ruína por que tem passado. Por outro lado, o que é verdadeiro para o Mosel ou para o Rheingau, regiões onde a uva Riesling é a uva clássica essencial, não é necessariamente verdadeiro, ou não é verdade em absoluto para Pfalz ou Baden, no sul, ou para a Francônia, onde a Silvaner tem seu melhor desempenho. Diferentes solos e tradições, sem falar em períodos de crescimento mais longos, já em si possibilitariam um pensamento mais abrangente dos vitivinicultores alemães.

Mas para eles o que sobressai, e por razões até compreensíveis, é a questão da maturidade da uva. Todos os critérios de qualidade alemães (pelo menos aqueles regulamentados pelo governo) baseiam-se nos teores de açúcares nas uvas no momento da colheita. Com a única exceção de Rheingau, não há *ranking* oficial das vinhas como na França, não há receitas específicas para as variedades de uvas como na Itália. As marcas alemãs, pelo menos aquelas de vinhos de qualidade, fazem afirmações inequívocas, apesar de a sobrecarga de informação poder, às vezes, ser mais confusa que esclarecedora.

Desde 1971, as leis do vinho têm sido sujeitas a constantes revisões. Mas sua estratégia permanece inalterada. Eles dividem toda a produção do vinho alemão em três estratos. O inferior, Tafelwein (vinho de mesa), sujeito a controle irrisório, não é obrigado a declarar qualquer origem específica. Presume-se ser uma mistura de vinhos que requerem açúcar adicional. O único ponto técnico a lembrar nessa categoria é a diferença entre o deutscher Tafelwein, que deve ser de origem alemã, e Tafelwein sem qualificação, que pode conter vinho de outros países europeus (anteriormente da Itália, agora, com mais frequência, do leste europeu). Um vinho de base neutra e de pouca força é facilmente limpo e dado a ele algumas características alemãs superficiais adicionando-se Süssreserve muito aromático ("reserva doce": suco de uva não fermentado que pode, legalmente, ser adicionado ao vinho acabado). A intensa utilização de rótulos góticos demonstra, obviamente, a intenção de induzir consumidores incautos a acreditar que o vinho seja de fato alemão. Uma nova categoria de Tafelwein, chamada Landwein ("vinho da terra" ou da "região"), com regras mais rigorosas, foi introduzida em 1982 como uma espécie de *vin de pays* alemão. Mas Landwein está longe de se igualar a seu congênere francês em popularidade ou empreendimento. Mais significativo é o uso rebelde da denominação Tafelwein por um punhado de produtores arrogantes que perderam a esperança nas categorias oficiais e acreditam que têm a liberdade de considerar seu próprio julgamento mais importante que o reconhecimento oficial.

A segunda categoria de vinho alemão foi batizada de Qualitätswein bestimmter Anbaugebiete Vinho de Qualidade de Região Designada (QbA). O uso da palavra "qualidade", neste caso, realmente não confere. No entanto, para um alemão, a diferença entre esse e a principal categoria de vinho, Qualitätswein mit Prädikat Vinho de Qualidade Superior (QmP) é, sem dúvida, clara e simples. Infelizmente, os legisladores não levam em conta os não alemães, os consumidores que não sabem que as duas classes de Qualitätswein são bem distantes e distintas por uma diferença básica fundamental.

Distinções de qualidade

Os vinhos QbA podem ser chaptalizados (receber açúcar) durante a fermentação, o que aumentará seu nível de álcool; os vinhos QmP são o que eram chamados (antes de 1971), muito mais direta e sucintamente, Natur ou Naturrein; em outras palavras as uvas tinham açúcar natural suficiente para se fazer o vinho. "Mit Prädikat" é difícil de se traduzir. "Com atributos especiais" é a versão pomposa oficial. Certamente não reflete a condição dos vinhos QmP como a melhor categoria, na qual, quase sem exceção, todos os melhores vinhos da Alemanha estão incluídos. (As exceções ocorrem em vindimas onde as uvas não amadurecem totalmente; nesses casos a adição de açúcar – chaptalização – pode melhorar um vinho que, caso contrário, poderia quase não ter gosto e corpo.) Qualitätswein mit Prädikat carrega uma denominação de maturidade de suas uvas como parte de seus nomes completos, na seguinte ordem: uvas simplesmente maduras da safra normal são Kabinett; colhidas tardiamente (portanto, mais maduras) são

Spätlese; uvas selecionadas muito maduras são Auslese. O teor de açúcar preciso (ou "peso do mosto") e, portanto, o álcool potencial necessário para cada categoria, em cada região, está estipulado nos regulamentos.

Nesse ponto, muitos vinhos começam a guardar uma doçura natural singular. Se um Auslese é fermentado completamente seco, será notavelmente alto em álcool – perdendo, muitas vezes, o equilíbrio. Dois níveis de maturação e seletividade além de Auslese permanecem: Beerenauslese (BA), em que as bagas individuais são selecionadas para maturação e concentração extremas e Trockenbeerenauslese (TBA), em que apenas bagas secas e enrugadas pela podridão nobre (ocasionalmente pelo calor fora de época) são selecionadas. Os níveis de açúcar em tais vinhos são comumente tão altos que a fermentação é seriamente prejudicada, podendo levar meses para atingir um grau modesto de álcool. TBAs são normalmente uma conjunção estável de um nível muito modesto de álcool (geralmente em torno de 5,5%) e de açúcar surpreendentemente elevado. Eles têm menos da metade do álcool que um Château d'Yquem, que é feito quase da mesma maneira e, correspondentemente, duas vezes mais doce (apesar de bons TBAs poderem ser ainda mais concentrados e intensos que um Yquem – mas não necessariamente melhores).

Uma nova categoria de vinho QmP merece ser considerada separadamente por causa da forma como o vinho é feito – o Eiswein: por esmagamento de uvas que congelaram na videira. Esmagando-as antes que descongelem significa que a água plena pura, que constitui o gelo, é separada do açúcar, ácidos e outros constituintes, que têm um ponto de congelamento menor. O resultado, como num TBA, é intensamente concentrado, mas geralmente muito menos maduro e, invariavelmente, mais ácido. Isso pode ser extraordinário, uma vez que sua elevada acidez lhe dará potencial de envelhecimento quase ilimitado.

O nome e a classificação de um QmP é convencionalmente estabelecido em seu rótulo na mesma ordem. Primeiro é o nome da Gemeinde (cidade ou vila); depois do vinhedo; em seguida, da uva; então, vem a categoria de maturação – Kabinett, Spätlese e assim por diante. Além disso, pode haver também um guia de estilo: trocken (seco) ou halbtrocken (meio doce), que são explicados abaixo.

Um fator que complica ainda mais, e a maior falha na lei alemã de 1971, impede que essa fórmula seja totalmente clara. É o conceito de Grosslage, ou "vinhedo estendido". Infelizmente, os rótulos não distinguem, nem lhes é permitido distinguir, entre um local de vinhedo único, conhecido como Einzellage, e um conjunto de vinhedos praticamente inespecíficos: Grosslage. Agrupamentos Grosslage foram feitos com a ideia de simplificar as vendas de vinhos Einzellage menos conhecidos. Notoriedade vem mais facilmente para unidades maiores. Mas os nomes deles não são de forma alguma distinguíveis de nomes Einzellage e eu nunca encontrei uma pessoa que alegue tê-los memorizado. O consumidor é, portanto, privado de uma informação vital. Para confundir ainda mais, em algumas áreas, Einzellage são também grupos de vinhedos separados, que julgam ter uma personalidade comum. Assim, não há uma distinção realmente clara entre essas categorias. Nos piores casos, nomes Grosslage são um engodo. Dois exemplos bem conhecidos são Gutes Domtal de Nierstein e Michelsberg de Piesport. Em ambos os casos, esses Grosslage não precisam conter uma gota sequer de vinho do local identificado no rótulo; na verdade, é quase certo que um Gutes Domtal irá conter nada mais do que Müller-Thurgau cultivada em terreno plano mais adequado para a cultura de batata. Um paralelo exato francês seria de que qualquer Médoc poderia ser vendido como Margaux.

A regra de ouro frequentemente citada, com base na escala Kabinett-Spätlese-Auslese, é "quanto mais doce o vinho, maior será sua qualidade". Embora ainda seja verdade dizer que a qualidade está diretamente relacionada à maturação, a questão da doçura fica agora muito a critério do produtor (e do consumidor). Tornou-se fácil para os produtores plantar cruzamentos modernos, tais como Albalonga e Optima, que irão dar vinhos muito doces quase todos os anos. No entanto, esses vinhos são geralmente deficientes em acidez e enjoativos. Felizmente, a moda dessas misturas doces definhou. A sua existência não favoreceu muitos vinhos de Mosel e Nahe, entre outras regiões, em que a doçura era natural e pura e em perfeito equilíbrio com a acidez refrescante dos vinhos. A grande mudança na moda do vinho da Alemanha nos últimos vinte anos foi a demanda por vinhos totalmente secos, sem açúcar, para acompanhar refeições. Para ser assim descrito como trocken no rótulo, o vinho deve conter menos de nove gramas de açúcar por litro. O gosto por vinhos secos cresceu e por sua vez impulsionou o uso de castas tipicamente francesas, principalmente da família Pinot, para fazer verdadeiros vinhos de "mesa" ou "comida" de um tipo que a Alemanha tradicionalmente não tinha. Isso mudou fundamentalmente a ênfase para o sul dos vinhedos mais ao norte, onde reina a Riesling, para regiões como Pfalz e Baden, onde as Pinot e uvas semelhantes estão totalmente em casa. Em provas de vinhos trocken de Riesling, logo se torna claro quanto um pouco de doçura natural contribui para o charme, equilíbrio e a facilidade de beber da maioria dos vinhos alemães; eles têm que ter números extraordinariamente bons para sobreviver a tal escrutínio. Por outro lado, essa é a área em que o maior progresso foi feito recentemente por produtores mais ambiciosos, sobretudo em regiões Riesling mais quentes, como Pfalz. Uma categoria intermediária, halbtrocken, com até dezoito gramas de açúcar por litro, mais frequentemente atinge o equilíbrio certo de plenitude e de pungência para ser um vinho satisfatório para refeição. A tendência incontestável de aquecimento global tornou mais fácil que no passado produzir estilos mais secos bem equilibrados de Riesling, em particular. Não só a VDP, mas também os produtores líderes de Rheingau trabalharam arduamente para assegurar que os vinhos secos, especialmente Riesling, sejam feitos apenas a partir de frutos adequadamente maduros. Consequentemente, os vinhos acres e ferozes que passavam por "secos" na década de 1980 são hoje praticamente uma coisa do passado. A VDP estabelece parâmetros estilísticos explícitos para os seus vinhos Grosses Gewächs provenientes de vinhedos excelentes. Em Rheingau, o sistema Erstes Gewächs, que está consagrado na lei dos vinhos regionais, estabelece níveis mínimos de maturação de locais específicos, mas não impõe regras estilísticas.

Os cultivadores alemães produzem quantidades surpreendentes. A França, a Itália e outros países fazem das baixas safras uma precondição para suas melhores denominações. Na Alemanha, apenas os níveis de açúcar contam. As safras médias cresceram de 2,5 mil litros por hectare em 1900, para 4 mil litros por hectare em 1939, e, na década de 1970, estavam acima de 10 mil litros por hectare. O ano de 1982 bateu recorde: média de 17,3 mil litros por hectare, com máximo próximo a 400. Mas essa é a média nacional, incluindo as cooperativas, onde tudo vale. Desde 1989, tem havido maior rigor da lei para evitar tais safras ridiculamente altas, embora os regulamentos continuem a ser muito generosos e dificilmente sejam compatíveis com a produção de vinho de boa qualidade. Em 2006, a safra média na região de Rheingau era de 7,2 mil litros por hectare, e em Württemberg, 10,5 mil litros por hectare. Por outro lado, muitos têm duvidado da intenção séria de uma lei que permite que a superprodução em uma vindima seja adiada para a próxima. Parece que a vontade política de frustrar a superprodução está longe de ser resoluta. Enquanto isso, todos os produtores sérios que tentam fazer vinhos de alta qualidade impõem seus próprios limites em nível bem abaixo do máximo legal. O valor médio para Maximin Grünhaus e Robert Weil, por exemplo, é de 5,5 mil litros por hectare; as colheitas de dr. Loosen são de 5 mil litros por hectare; de Egon Müller e Schlossgut Diel de 4,5 mil litros por hectare.

Outra séria preocupação é que a lei atual, na definição de simples padrões de maturação mínima para Auslese e outras categorias melhores, simplesmente convida os produtores a atingirem esse mínimo e nada mais. As regras antigas permitiam que viticultores ávidos diferenciassem entre o Auslese padrão e o melhor do que o padrão. Termos como Feine ou Auslese Feinste carregavam prêmios consideráveis. Se os termos eram susceptíveis a abuso, eles também premiavam o perfeccionista paciente e ambicioso. Hoje ele ainda sinaliza para seus clientes quais são seus melhores barris de vinho, mas muitas vezes por um sinalizador obscuro de cápsulas de ouro e longas cápsulas de ouro, não menos vulnerável a abusos, pois está fechado para os não iniciados. A resposta oficial a qualquer dúvida sobre os padrões ou a autenticidade dos vinhos alemães QbA e QmP é que cada vinho é tanto analisado quanto provado oficialmente antes de ser emitido um único Amtliche Prüfungsnummer (AP: "número de inspeção oficial"), que aparece em todo rótulo. O mínimo exigido para qualquer vinho na prova AP é 1,5 de 5, o que sugere que o exame está longe de ser rigoroso. Todas as provas oficiais empregam um esquema de pontos, que também é usado para a atribuição de medalhas de ouro, prata e bronze, tanto em níveis nacionais (DLG) quanto regionais.

Mas aqui, novamente, são os critérios autoimpostos dos maiores produtores que realmente definem o padrão. É aqui que a VDP tem se firmado e tomado a liderança na definição de critérios de qualidade muito mais rigorosos que os do governo. A VDP é aberta à associação de produtores (existem cerca de duzentos atualmente) que se inscrevem por autodisciplina. Seus padrões são bem policiados e os desleixados perdem a adesão. A VDP impõe limites máximos de produção e mínimos de peso muito mais rigorosos que os decretados por lei. A VDP também apoiou uma classificação há muito esperada, embora ainda não oficial, dos vinhedos alemães (ver quadro "A nova classificação"). O futuro da indústria alemã de vinhos de alta qualidade depende da VDP e da altivez de seus associados.

Regiões vinícolas alemãs

Os melhores vinhos da Alemanha vêm de vinhas de encosta voltadas para o sul. Nesse clima setentrional, a radiação extra sobre a terra inclinada em direção ao sol é muitas vezes essencial para a maturação. Outros fatores também entram em consideração: a presença da

---

A NOVA CLASSIFICAÇÃO

Na década de 1980, produtores progressistas, especialmente na região de Rheingau, tentaram desfazer alguns dos danos causados pela lei do vinho de 1971, restaurando a noção de hierarquia de vinhedos. Argumentou-se que ninguém poderia memorizar 3 mil localidades individuais. O ideal seria destacar os melhores locais e suprimir os nomes dos outros de menor importância, misturando suas produções como um vilarejo ou propriedade vinícola. A base para a classificação de vinhedos em toda a Alemanha seriam os mapas do século XIX mostrando a faixa de imposto para cada local: quanto melhor o vinhedo, maior o imposto. Não era um guia infalível, mas um ponto de partida sólido para a classificação.

As propostas de Rheingau faziam sentido, mas encontraram compreensível oposição, especialmente dos bons produtores não abençoados com locais produtivos. No entanto, no fim da década de 1990, Rheingau evoluiu no sistema de classificação de vinhedos (Erstes Gewächs, primeiro crescimento), legalmente autorizado. Infelizmente, esse sistema resultou em cerca de um terço de Rheingau ser certificado como primeiro crescimento, o que é claramente elevado demais. O erro fatal consiste em aplicar uma fórmula complicada aos vinhedos com base na maturação normalmente alcançada por eles, o que tendeu a beneficiar locais mais quentes e mais precoces perto de rios, e a penalizar os mais interiores e elevados. Para desânimo de alguns produtores, lugarejos comuns emergiram como Erstes Gewächs, enquanto outros, com um histórico melhor, foram omitidos.

Até agora, apenas uma pequena porcentagem de vinhas com direito a serem rotuladas Erstes Gewächs são engarrafadas como tal. Na prática, as propriedades estão usando a marca como um tipo de sinal para identificar seus vinhos superiores, produzidos de acordo com as regras e regulamentos Erstes Gewächs. Alguns dos melhores produtores protestam que não há definição estilística anexada a Erstes Gewächs e que a chaptalização é permitida no que se destina a ser um ótimo vinho.

Em outras regiões – especialmente Pfalz, Rheinhessen e Nahe – diferentes critérios foram adotados, em 2002, para uma iniciativa da VDP de classificar os vinhos secos de determinados locais como primeiro crescimento (neste caso, denominado Grosses Gewächs). Parece provável que estes sejam os critérios a serem adotados em quase todas as regiões produtoras de vinho alemão nos próximos anos, excluindo-se apenas aquelas, como o Mosel, onde os vinhos secos são exceção e não regra. Os critérios variam ligeiramente de região para região. Para Grosses Gewächs são os seguintes:

• Os vinhos devem ser secos (até oito gramas de açúcar). Vinhos doces nobres, como BA ou TBA, são reconhecidos como de alta qualidade, mas não podem ser rotulados como Grosses Gewächs.

• As variedades de castas devem ser tradicionais da região.

• Rendimento máximo de 5 mil litros por hectare.

• Teor de açúcar das uvas na colheita deve ter, pelo menos, nível Spätlese.

• Vinhedos classificados devem ser inspecionados regularmente e os vinhos submetidos a um júri de degustadores para aprovação.

• Garrafa e logotipo especiais.

Um segundo nível de vinhedos é reconhecido como Klassifizierte Lagenweine. Estes não são primeiro crescimento, mas são aceitos como locais de alta qualidade. A principal diferença de Grosses Gewächs é que os rendimentos podem ser de 6,5 mil litros por hectare. Todos os demais vinhos devem ser vendidos como de propriedades ou vilarejos sem quaisquer designação de vinhedo no rótulo. Embora esta seja uma iniciativa da VDP, a ideia é de que o sistema seja aberto a todos os produtores que aceitarem ter critérios mais rigorosos de qualidade.

ALEMANHA | MOSEL

água que regula o clima; abrigo contra o vento; e a rápida drenagem e retenção de calor do solo. Ótimos vinhos alemães, na verdade, vêm de quase todos os tipos de solo, de ardósia a calcário, de argila a areia – tendo em conta outras condições ideais. Os efeitos de diferentes solos sobre o caráter dos vinhos de uma uva, como a Riesling, por exemplo, é um fascinante subenredo da enologia alemã. Mas clima e microclima, orientação e ângulo da colina vêm em primeiro lugar.

As treze principais regiões vinícolas são classificadas em cinco grandes divisões. A mais importante é o vale do Reno, incluindo seus afluentes menores, a partir de Pfalz, no sul, passando por Rheinhessen, Hessische Bergstrasse, Rheingau e Nahe, Mittelrhein, e finalmente o pequeno afluente Ahr, perto de Bonn, no norte. Em segundo lugar, vem o Mosel, fluindo para o norte, com seus afluentes, o Saar e o Ruwer, para encontrar o Reno em Koblenz. Em terceiro, vem a vasta, mas dispersa região de Baden, no sul, de Heidelberg até a fronteira com a Suíça. Em quarto lugar, vem Francônia, os vinhedos do vale principal no norte da Baviera. Em quinto, e raramente falada fora da Alemanha, vem a região deslocada e diversificada de Württemberg.

Os estrangeiros tendem a achar que o vinho alemão é uma mistura comercial (como o Liebfraumilch) ou o produto de uma das muitas propriedades históricas do Reno ou do Mosel. (Liebfraumilch é uma categoria confusa, que deve ter apenas entre dezoito e quarenta gramas de açúcar residual e ser feito a partir de certas variedades de uvas das regiões vinícolas mais produtivas da Alemanha.) Os vinhos de pequenos produtores locais, muitas vezes feitos apenas para abastecer a família e amigos e ter alguns copos para convidados em sua própria pequena e alegre Weinstube (taverna), raramente são vendidos fora da região, mas podem resumir o estilo e a vitalidade locais. Seus vinhos geralmente não são tão finos quanto os das propriedades sofisticadas e nobres. Mas têm caráter e, frequentemente, charme e, às vezes, traços de brilho e ardor.

Mosel

O Mosel é um rio que dá voltas e reviravoltas por mais de 193 quilômetros (120 milhas), desde a fronteira germano-franco-luxemburguesa até sua confluência com o Reno em Koblenz. Ele corta a região montanhosa de Eifel e Hunsrück; uma enorme massa de ardósia de 400 milhões de anos, que resiste para dar o solo cinza de pedra. Nas encostas íngremes de seu estreito vale, e de seus afluentes, o Saar e o Ruwer, crescem as mais brilhantes, refrescantes, aromáticas e incrivelmente sutis de todas as Riesling alemãs. Essa é uma região essencialmente Riesling, e nenhum solo ou situação traz à tona a personalidade emocionante e fascinante das melhores de todas as uvas brancas com o melhor efeito.

A topografia complexa e o clima fresco, setentrional, resultam em enormes variações microclimáticas entre os vinhedos que se localizam a apenas dois passos uns dos outros. Os flancos íngremes, virados para sul, em posições abrigadas, dão Riesling nobres que são expressivas e elegantes, enquanto os vinhedos planos em solo pesado produzem vinhos ruins e aguados de variedades de uvas de alto rendimento, como Müller-Thurgau e Kerner. Infelizmente, a lei alemã do vinho nada faz para diferenciar entre estes dois mundos; na verdade, ela confunde os dois. Vinhos baratos e genéricos são vendidos sob nomes Grosslage bastante plausíveis como Piesporter Michelsberg e Ürziger Schwarzlay, apesar de quase nenhum deles engarrafados se originem das cidades citadas. São vinhos que estão a um mundo de distância das Riesling cultivadas em Piesporter Goldtröpfchen e Ürziger Würzgarten.

O Mosel encontra seus primeiros poucos vinhedos experimentais na França, percorre Luxemburgo, e então entra na Alemanha, perto de Trier, outrora eficaz capital do Império Romano. De cada lado da cidade, juntam-se ao Mosel os rios Saar e Ruwer.

A ALEMANHA EM NÚMEROS REDONDOS

A área total de vinhedos da Alemanha é de 102.000 hectares, dispersos entre treze regiões que diferem enormemente em tamanho. Os dados a seguir mostram a área de vinhedos em hectares por região e, na linha abaixo, a variedade mais importante de uva local e a proporção da área que ocupa.

Mosel	9.080
Riesling (58%)	
Ahr	544
Pinot Noir (62%)	
Mittelrhein	465
Riesling (68%)	
Rheingau	3.106
Riesling (78%)	
Nahe	4.199
Riesling (25%)	

Rheinhessen	26.327
Müller-Thurgau (16%)	
Pfalz	23.363
Riesling (21%)	
Hessische Bergstrasse	436
Riesling (50%)	
Franken	6.072
Müller-Thurgau (32%)	
Württemberg	11.515
Trollinger (22%)	
Baden	16.000
Pinot Noir (36%)	
Saale-Unstrut	658
Müller-Thurgau (20%)	
Sachsen	411
Müller-Thurgau (20%)	

A lista seguinte é de castas de uva mais plantadas de toda a Alemanha e a porcentagem das plantações.

Riesling	20,8%
Müller-Thurgau	13,7%
Pinot Noir	11,6%
Dornfelder	8,1%
Silvaner	5,2%
Portugieser	4,6%
Kerner	3,9%
Pinot Gris	4,3%
Pinot Blanc	3,4%
Bacchus	2,9%
Trollinger	2,5%
Pinot Meunier	2,4%
Regent	2,1%
Scheurebe	1,7%
Lemberger	1,6%
Chardonnay	1,1%
Other	10%

São em seus vales laterais, em vez de ao lado do curso principal do rio, que são cultivados os primeiros grandes vinhedos do Mosel. Os vinhos do Alto Mosel (Obermosel) são, no seu melhor, leves e refrescantes. A antiga uva Elbling predominava aqui, dando vinhos secos e agradavelmente ácidos. O amadurecimento da Riesling também tem dificuldades no Saar e no Ruwer, embora o aquecimento global o tenha tornado mais fácil que no passado. Mas quando ela amadurece nas encostas mais propícias, os resultados são melhores que em qualquer outro lugar do mundo: Riesling perfeita, limpa como aço, com as qualidades evocativas de lembranças de aromas ou música distante.

O vale do Mosel abaixo de Trier divide-se em duas sub-regiões, o Médio Mosel, com sua sucessão de famosos vinhedos alinhados ao curso do rio como pérolas em um colar. Os vinhos são um pouco mais encorpados e mais efusivamente aromáticos que os do Saar e do Ruwer, mas são igualmente de longa vida. A fronteira entre o Médio Mosel e o Terrassen Mosel ("Mosel escalonado" ou Untermosel) tem sido há muito contestada, mas Zell é a linha divisória lógica. Abaixo disso, as videiras tendem a ser plantadas em terrenos estreitos, em vez de subir diretamente as encostas íngremes como no restante da região (embora haja algumas exceções significativas, como o Bremmer Calmont). Aqui crescem as mais cheias e mais flexíveis Riesling do Mosel, resultando em um número crescente e convincente de vinhos secos. Em 2007, o nome da região foi simplificado do antigo nome Mosel-Saar-Ruwer.

Vinhedos do Saar

Ayler Kupp Alguns dos vinhos do Saar mais charmosos e atraentes. Proprietários mais importantes: Bischöfliche Weingüter, Peter Lauer, Johann Peter Reinert, dr. Wagner.

Filzener Pulchen Vinhos lisos, acerados, com delicados aromas de maçã e frutas silvestres. Proprietário mais importante: Piedmont.

Kanzemer Altenberg Vinhos Saar Riesling muito clássicos; sutileza e refinamento casados com acidez picante. Proprietários mais importantes: Bischöfliche Weingüter, von Othegraven, Vereinigte Hospitien.

Oberemmeler Hütte Monopólio da vinícola von Hövel. Vinhos elegantes e de longa vida, com fortes aromas florais.

Ockfener Bockstein Bastante ampliado recentemente, infelizmente. Riesling que combinam os francos aromas do Mosel com o acerado do Saar. Proprietários mais importantes: dr. Fischer, von Kesselstatt, von Othegraven, Sankt Urbanshof, dr. Wagner, Zilliken.

Saarburger Rausch Vinhos de lento desenvolvimento e longa vida com caracteres cítrico e mineral pronunciados. Proprietários mais importantes: dr. Wagner, Zilliken.

Scharzhofberg O maior e mais famoso vinhedo do Saar, originando vinhos de altíssima elegância e nobreza, em safras de qualidade superior. Seu potencial de envelhecimento é lendário,

A paisagem de Mosel.

até mesmo vinhos Kabinett podem ser mantidos por 25 anos ou mais. Essa condição não foi ignorada pela lei de 1971, que alçou o vinhedo de 28 hectares, em virtude de sua importância, em um Ortsteil (subúrbio) de Wiltingen; daí o nome Wiltingen não aparecer na etiqueta e sim Scharzhofberg. Proprietários mais importantes: Bischöfliche Weingüter (Hohe Domkirche), von Hövel, von Kesselstatt, Egon Müller-Scharzhof, van Volxem, Vereinigte Hospitien.

Serriger Schloss Saarstein Monopólio da vinícola Schloss Saarstein Schloss. Acidez aguda e um aroma de cassis tornam esses vinhos do Saar muito distintos e duradouros.

Wiltinger Gottesfüß Um pequeno local de safra intensa, vinhos suculentos com notas de abacaxi que ocorrem em safras boas. Proprietários mais importantes: van Volxem, von Kesselstatt, Reverchon.

Wiltinger Braune Kupp Local de cultivo exclusivo de Riesling da vinícola Le Gallais, produzindo vinhos substanciais que muitas vezes apresentam um caráter de ervas. Somente vinhos QmP são vendidos como Braune Kupp; o nome Grosslage Scharzberg é para vinhos QbA, alguns dos quais são da propriedade de Egon Müller. Os Kabinett são leves; os de qualidade mais alta, aromáticos e picantes.

Vinhedos do Ruwer

Eitelsbacher Karthäuserhofberg Local exclusivo da família Tyrell, anteriormente uma propriedade monástica, Karthäuserhof. São produzidos aqui vinhos quase explosivamente aromáticos, que têm uma combinação positivamente picante de fruta e acidez.

Kaseler Kehrnagel Mais elegante que os vinhos Nies'chen, mas com caráter semelhante. Proprietários mais importantes: Bischöfliche Weingüter, Karlsmühle.

Kaseler Nies'chen Vinhos complexos com pronunciado aroma de cassis e mais corpo que a maioria dos Ruwer Riesling. Proprietários mais importantes: Bischöfliche Weingüter, Karlsmühle, Kesselstatt von, von Beulwitz.

Maximin Grünhäuser Abtsberg Esse local é o coração dos vinhedos da propriedade do famoso Grünhaus. Como o Herrenberg, é um monopólio da família von Schubert. Os vinhos são excepcionalmente elegantes e refinados, possuindo décadas de potencial envelhecimento.

Maximin Grünhäuser Herrenberg O solo de ardósia vermelha desse famoso local produz vinhos um pouco mais magros e mais aromáticos do que os vinhos do seu grande vizinho, o Abtsberg. Os nomes dos locais Grünhäuser lembram o passado monástico da vinícola; vinhos Herrenberg foram feitos para o Senhor, enquanto os de Abtsberg, como o nome sugere, foram reservados para o abade. Os monges substituíram com vinhos de Brudersberg.

Vinhedos do Médio Mosel

Bernkasteler Badstube (Alte Badstube am Doctorberg, Bratenhöfchen, Graben, Lay) Grosslage pequena composta apenas de locais superiores. Geralmente, vinhos elegantes e atrevidos que são o epítome do Mosel Riesling. Em vindimas superiores o Lay e Graben podem dar magníficos vinhos. Proprietários mais importantes: dr. Pauly Bergweiler, dr. Loosen, dr. Thanisch, Heribert Kerpen, Joh. Jos Prüm, S. A. Prüm, Selbach-Oster, Studert-Prüm, J. Wegeler, dr. Weins-Prüm.

Bernkasteler Doctor Local pequeno e lendário de 3,26 hectares, que se eleva acima dos telhados da antiga Bernkastel. Vinhos intensos e elegantes, capazes de grande sutileza. Muitos especialistas afirmam detectar aroma fumegante. Proprietários mais importantes: Von Kesselstatt, dr. Thanisch, Wegeler J. (Deinhard).

Brauneberger Juffer Grande local em torno do grande Juffer-Sonnenuhr, dando vinhos um pouco menos refinados com corpo similar e de caráter mineral. Proprietários mais importantes: Fritz Haag, Haag Willi, Paulinshof, Max Ferd. Richter.

Brauneberger Juffer-Sonnenuhr Durante séculos, a combinação de poder mineral e elegância atrevida faz os vinhos dos melhores locais de Brauneberg os mais procurados Mosel Riesling. Sua reputação está novamente em ascensão. Proprietários mais importantes: Fritz Haag, Willi Haag, Paulinshof, Max Ferd. Richter, dr. Thanisch.

Dhroner Hofberg Local pouco conhecido, cuja melhor parte produz vinhos muito suculentos e atraentes que se mostram bem a partir de uma idade precoce. Proprietários mais importantes: A. J. Adam, Clüsserath, Bischöfliche Weingüter.

Erdener Prälat Aninhada entre enormes penhascos de ardósia vermelha e a margem do rio, a pequena Prälat goza do microclima mais quente de toda a região do Mosel. O resultado é um vinho rico, com luxuosos aromas de amêndoa, damasco e de frutas exóticas, e grande potencial de envelhecimento. Proprietários mais importantes: Bischöfliche Weingüter, Jos. Christoffel, dr. Loosen, Mönchhof, dr. Weins-Prüm.

Erdener Treppchen Os vinhos Treppchen trazem uma semelhança com os vinhos de Prälat, mas são mais contidos e estimulantes; muitos diriam: mais clássicos. A parte oriental desse local é a melhor. Proprietários mais importantes: Bischöfliche Weingüter, Joh. Jos. Christoffel, Jos. Christoffel, Erbes, dr. Loosen, Merkelbach, Meulenhof, Mönchhof, Peter Nicolay, Schmitges.

Graacher Domprobst O profundo solo de ardósia do melhor vinhedo de Graach dá um Riesling firme e intensamente mineralizado, com pronunciado aroma de cassis. Os anos quentes propiciam vinhos de vida extremamente longa. Proprietários mais

Egon Müller.

importantes: Friedrich-Wilhelm-Gymnasium, Kees Kieren, Heribert Kerpen, Markus Molitor, S. A. Prüm, Max Ferd. Richter, Schaefer Willi, Selbach-Oster, dr. Weins-Prüm.

Graacher Himmelreich Grande local abrangendo vinhas de qualidade variável. Vinhos mais encantadores e flexíveis do que os da vizinha Domprobst. Proprietários mais importantes: dr. Pauly--Bergweiler, Friedrich-Wilhelm Gymnasium, Kees-Kieren, dr. Loosen, Markus Molitor, Joh. Jos. Prüm, S. A. Prüm, Max. Ferd. Richter, Willi Schaefer, Studert-Prüm, dr. Weins-Prüm.

Josephshöfer Monopólio de 4,7 hectares da vinícola Kesselstatt produzindo Riesling substanciais, com acentuada nota terrosa e excelente potencial de envelhecimento.

Leiwener Laurentiuslay Com o renascimento da qualidade em Leiwen, as habilidades desse local para dar Mosel Riesling, ao mesmo tempo ricas e refinadas, tornaram-se mais amplamente apreciadas. Muitas vinhas velhas. Proprietários mais importantes: Grans-Fassian, Carl Loewen, Rosch, Sankt Urbans-Hof.

Lieserer Niederberg-Helden Esse local outrora famoso dá vinhos com forte semelhança com os vinhos das proximidades de Brauneberg. Proprietários mais importantes: Sybille Kuntz, Schloss Lieser.

Piesporter Domherr Esse pequeno local dentro da famosa Goldtröpfchen faz Riesling mais delicados, mas igualmente grandes, que demonstram sua classe quando jovens e maduros. Proprietários mais importantes: Von Kesselstatt, Reinhold Haart, Kurt Hain.

Piesporter Goldtröpfchen Os solos de ardósia extremamente profundos desse local produzem o mais barroco de todos os Mosel Riesling. Quando jovem, seus aromas explosivos de cassis, frutas cítricas e de pêssego podem ser muito exóticos para alguns, mas, com o envelhecimento, adquirem grande elegância. Nos anos quentes, muitos dos melhores vinhos do Mosel vêm daqui. Proprietários mais importantes: Von Kesselstatt, Joh. Haart, Reinhold Haart, Kurt Hain, Lehnert-Veit, Reuscher-Haart, Sankt Urbans-Hof, Vereinigte Hospitien.

Pündericher Marienburg As encostas íngremes abaixo do castelo de Marienburg dão os melhores e mais ricos Riesling neste trecho do Vale do Mosel. Proprietário mais importante: Clemens Busch.

Thörnicher Ritsch Local pouco conhecido, com exposição solar excelente, capaz de produzir Riesling com a pureza do Saar e intensidade acerada. Proprietário mais importante: Carl Loewen.

Trittenheimer Apotheke As melhores partes desse local são drasticamente íngremes, com solo de ardósia e pedregoso, originando vinhos de considerável elegância e sutileza. Proprietários mais importantes: Ansgar Clüsserath, Ernst Clüsserath, Clüsserath-Eifel, Clüsserath-Weiler, F. J. Eifel, Grans--Fassian, Milz, Rosch.

Trittenheimer Leiterchen Pequena propriedade de um hectare da vinícola Milz, no coração de Apotheke. O solo muito rochoso muitas vezes dá vinhos com uma nota de ervas.

Urziger Würzgarten Seus solos de arenito vermelho resultam em Mosel Riesling surpreendentemente poderosos e picantes, que precisam de muitos anos de envelhecimento para chegar ao seu auge. Somente o coração deste local é classificado como de primeira classe. Proprietários mais importantes: Bischöfliche Weingüter, Joh. Jos. Christoffel, Karl Erbes, dr. Loosen, Merkelbach, Mönchhof, dr. Pauly-Bergweiler, dr. Weins-Prüm.

EGON MÜLLER – UMA GRANDE VINÍCOLA DO SAAR

A vinicultura alemã em seu mais alto nível pode ser descrita como fazer vinho pelo próprio bem do vinho. Em uma boa vindima, o produtor precisa agir apenas como um pintor diante de um pôr do sol. Em vez de tentar moldar a safra de acordo com seu ideal preconcebido, ele se dedica a interpretar o que a natureza proporciona. Se há uma propriedade que incorpora essa abordagem em seu vinho é a de Egon Müller--Scharzhof. A família de Egon Müller IV possui a mansão Scharzhof em Wiltingen no Saar, e oito hectares da íngreme Scharzhofberg acima, desde 1797. Seus vinhos de colheita tardia frequentemente atingem recordes mundiais de preços no leilão anual do Grosser Ring (Grande Círculo) dos principais produtores do Mosel, em Trier.

O tetravô de Egon Müller comprou a propriedade, anteriormente terra da igreja, como grande parte das melhores terras da Alemanha, depois de ter sido secularizada por Napoleão. É uma antiga casa de família, sua sala forrada de troféus de caça, e sua biblioteca cheia de livros com capas de couro. Uma degustação da nova safra com Egon Müller ocorre na meia-luz do salão, em uma mesa-redonda de mármore negro com um círculo de garrafas verdes e copos elegantes. A Riesling que ele cultiva na ardósia cinza de Scharzhofberg é Riesling na sua pureza nua. À medida que a colheita prossegue, cada seleção é fermentada separadamente em seu próprio barril. As amostras na prova são de barris diferentes. Quando se aproxima o fim da colheita, as diferenças entre os barris aumentam. Os Kabinett são frequentemente engarrados como um vinho, mas os Spätlese são em geral mantidos em lotes separados, e os Auslese podem ter cinco ou seis variações (conforme o amadurecimento da fruta que intensifica o açúcar). A Gold Cap Auslese (que substitui as palavras Aulese Feinste) de Egon Müller possui aroma penetrante, vitalidade e "criação", como qualquer vinho na Alemanha. Seu sabor adocicado é compensado pela marcante acidez; um vinho jovem pode até fazer você fazer careta. Mas o tempo harmoniza os extremos em uma unidade perfeitamente afinada, com uma doçura sedutora e picante que apenas a Riesling, somente o Saar e só Scharzhofberg podem alcançar. Quanto ao raro TBA, sua qualidade e raridade são tais que só os mais ricos colecionadores podem adquiri-lo. Uma caixa de TBA 1994 alcançou o equivalente a 42 mil dólares quando leiloada em 2001, enquanto uma única garrafa de Eiswein 2002 foi vendida por 1.715 euros.

Egon Müller é coproprietário (com Gerard Villanova) de uma segunda propriedade no Saar, a Le Gallais, de quatro hectares, que compõe toda a propriedade Wiltinger Braune Kupp. Seus vinhos, vinificados nas adegas de Scharzhof, são bem mais ricos, mas menos finos que os de Scharzhofberg. Ele também dirige o Château Belá, na Eslováquia, de propriedade de sua esposa.

ALEMANHA | MOSEL

Wehlener Sonnenuhr O solo rochoso de ardósia da mais famosa de todas as vinhas Mosel resulta em vinhos de graça quase sobrenatural e delicadeza. Normalmente são extremamente encantadores desde tenra idade, ainda que de vida longa. As partes mais altas desse grande local são as melhores. Proprietários mais importantes: dr. Pauly-Bergweiler, Heribert Kerpen, dr. Loosen, Joh. Jos. Prüm, S. A. Prüm, Max Ferd. Prüm, Selbach-Oster, Studert-Prüm, J. Wegeler, dr. Weins-Prüm.

Zeltinger Sonnenuhr Os melhores cantos deste local são páreo para a vizinha mais próxima e mais famosa, a vinha Sonnenuhr de Wehlen. No entanto, solos um pouco mais ricos resultam em vinhos mais pesados e mais firmes. Proprietários mais importantes: Markus Molitor, Joh. Jos. Prüm, Selbach-Oster.

Vinhedos do Terrassen Mosel

Bremmer Calmont Esse grande anfiteatro de vinhas é o mais íngreme vinhedo em toda a Europa. Os seus terrenos estreitos produzem Riesling firmemente estruturados, com acentuado caráter mineralizado. Proprietário mais importante: Reinhold Franzen.

Neefer Frauenberg Vinhos muito mais florados que Calmont. Proprietário mais importante: Reinhold Franzen.

Winninger Röttgen Os vinhos aromáticos e sedosos deste local, rio abaixo de Winningen, são famosos há séculos. Proprietários mais importantes: von Heddesdorf, Heymann-Löwenstein, Knebel, R. Richter.

Winninger Uhlen A alta e estreita parede de videiras em socalco que constituem o Uhlen é um dos vinhedos mais imponentes de todo o Mosel – uma vista impressionante da ponte da estrada que cruza o rio aqui. Seus Riesling firmemente estruturados e mineralizados são razoavelmente os melhores de Terrassen Mosel. Proprietários mais importantes: von Heddesdorf, Heymann--Löwenstein, Knebel.

Principais produtores de Mosel

Bastgen ☆☆
Kesten. www.weingut-bastgen.de
Desde que Mona Bastgen e Armin Vogel assumiram essa minúscula propriedade de cinco hectares, ela começou a provar o verdadeiro potencial de locais como Kestener Paulinshofberg. São vinhos substanciais, com suficiente fruta e caráter.

Von Beulwitz ☆☆–☆☆☆☆
Mertesdorf
Em 1982, Herbert Weis comprou um hotel e uma vinícola de seis hectares no Ruwer e continua a administrar ambos. Seus melhores vinhos são provenientes de videiras não enxertadas em Kaseler Nies'chen e são intensamente frutados, embora possa lhes faltar certa vivacidade.

Bischöfliche Weingüter ☆–☆☆
Trier. www.bwgtrier.de
A maior vinícola sob única gestão de Mosel foi formada pela união em 1966 de três diferentes propriedades beneficentes: as vinícolas Priesterseminar (Seminário do Bispo) e Domkirche (Catedral de Trier); o Konvikt Bischöfliches (Albergue do Bispo). Em 2003, adquiriu outra dessas propriedades, o Friedrich-Wilhelm Gymnasium, mas vendeu muitos de seus vinhedos.

Ao todo, a propriedade consiste de 107 hectares, com excelentes vinhedos em Scharzhofberg, Kaseler Nies'chen e Trittenheimer Apotheke. As casas de prensagem são separadas; mas, após a prensagem, todo o suco é reunido na venerável adega central em Trier para fermentação e envelhecimento em barril. Noventa e oito por cento do total da vinícola é Riesling, principalmente vinificadas em estilo *trocken* ou *halbtrocken*. Após um período de desempenho desestimulante durante a década de 1980, a qualidade melhorou durante o começo da década de 1990, mas parecia sem brilho, dados os recursos à disposição das vinícolas.

Clemens Busch ☆☆–☆☆☆☆
Pünderich. www.clemens-busch.de
Busch, que assumiu a vinícola familiar de sete hectares em 1991, introduziu a cultura orgânica e tem validado triunfantemente a qualidade do esplêndido Pündericher Marienburg. Muitos dos vinhos têm aroma de limão, revigorantes e secos, embora às vezes seu álcool seja um tanto evidente demais. Em determinadas vindimas, os Auslese são notáveis.

Joh. Jos. Christoffel ☆☆☆
Ürzig.
Em 2001, Hans-Leo Christoffel, proprietário desta pequena propriedade, mas muito respeitada, aposentou-se, arrendando seus vinhedos ao seu vizinho em Mönchhof (ver p. 252). Os vinhos continuam a ser lançados sob o rótulo Christoffel e estão há tempos entre os mais polidos e elegantes Riesling do Médio Mosel. Estrelas no rótulo (de uma e cinco; quanto mais, indicam melhor qualidade) são usadas para diferenciar entre os diferentes envasamentos Würzgarten Auslese em ótimas safras.

Ansgar Clüsserath ☆–☆☆
Trittenheim.
Ansgar é o mais recente dos muitos Clüsserath que instalaram uma loja aqui. A Apotheke é a fonte de seus melhores vinhos, que podem ser minerais ao ponto de serem terrosos.

Ernst Clüsserath ☆☆
Trittenheim. www.weingut-ernst-cluesserath.de
Uma pequena propriedade de três hectares, cujos vinhos já deram ao jovem e sério proprietário/viticultor Ernst Clüsserath muitos elogios. As produções são muito pequenas e os vinhos, secos ou naturalmente doces, são delicados e penetrantes.

Clüsserath-Weiler ☆☆☆
Trittenheim. www.cluesserath-weiler.de
Metade das vinhas de Helmut Clüsserath está no Apotheke, e ele tem especial orgulho de uma pequena parte plantada com videiras de 100 anos de idade, chamada Fährfels, que é engarrafada separadamente. Todos os vinhos são elegantes, mineralizados e meio encorpados, e um sistema de estrelas diferencia as diferentes qualidades Auslese.

Reinhold Franzen ☆☆
Bremm. www.weingut-franzen.de
Essa seria uma propriedade célebre simplesmente porque Bremmer Calmont é o vinhedo mais íngreme da Europa. No entanto, Franzen também produz vinhos muito bons, principalmente secos, de suas encostas íngremes.

Friedrich-Wilhelm Gymnasium
Ver Weingüter Bischöfliche nesta página.

MOSEL | ALEMANHA | 251

Grans-Fassian ☆☆☆
Leiwen. www.grans-fassian.de
O urbano Gerhard Grans tem administrado a propriedade familiar de nove hectares já há um quarto de século e sempre insistiu em baixas produções para dar a seus vinhos um caráter cristalino. Ele é afortunado por ter excelentes plantações não apenas em Leiwen, mas em Trittenheimer Apotheke e Piesporter Goldtröpfchen. Infalível qualidade em toda a gama e um dos melhores Eiswein da região.

Fritz Haag ☆☆☆–☆☆☆☆
Brauneberg.
www.weingut-fritz-haag.de
Esta propriedade distinta pode traçar a sua história de volta até 1605. Ela tem sido um dos principais endereços para vinhos Riesling feitos perfeitamente, elegantes e amadurecidos em barril, especialmente de Juffer-Sonnenuhr. Wilhelm Haag reconstruiu a sua outrora suprema reputação, embora replantações no início da década de 1990 tenham perturbado o habitual equilíbrio da vinícola pelo grande número de videiras jovens. No seu melhor, os vinhos têm uma mineralidade saudável e força, sem traços de peso. Das safras de 2005 e 2007, ele liberou inúmeros *cuvées* entre Auslese e TBA (sublime).

Willi Haag ☆☆
Brauneberg. www.willi-haag.de
Problemas familiares causaram declínio de qualidade; mas esta propriedade está de volta à forma sob a direção de Markus Haag, produzindo Riesling atraentes e límpidos dos melhores locais em Brauneberg.

Reinhold Haart ☆☆☆–☆☆☆☆
Piesport. www.haart.de
O reservado e determinado Theo Haart administra a propriedade líder de Piesport, produzindo vinhos que combinam a personalidade extravagante desses vinhedos superiores com charme e sensibilidade. Ele também faz vinhos impressionantes de videiras na região não classificada de Wintricher Ohligsberg, que ele comprou em 1990. Seu Gutsriesling é rotulado Haart to Heart (De Haart para o coração).

Kurt Hain ☆☆–☆☆☆
Piesport. www.piesportergoldtroepfchen.de
Gernot Hain assumiu esta bem estabelecida propriedade de cinco hectares em 1988, e faz deliciosos vinhos, secos e naturalmente doces, de Goldtröpfchen.

Heymann-Löwenstein ☆☆–☆☆☆☆
Winningen. www.heymann-loewenstein.com
A fama de rebelde de Reinhard Löwenstein é bem merecida, não menos pelo fanatismo com que persegue qualidade superior, em uma área onde a mediocridade permanece a regra. Ele também despreza o uso de artifícios de vinificação tais como as leveduras cultivadas, enzimas e bentonita. Seus invulgares Riesling secos, encorpados, ricos em peso e sabor por causa do envelhecimento prolongado nas borras, estão entre os melhores exemplos desse estilo na região. Assim como os vinhos bem valorizados de vinhedo único, há atraentes misturas de solos de ardósia chamadas Schiefferterrassen e Vom Blauen Schieffer. Ele também produz alguns vinhos imponentes, porém caros, de colheita tardia.

Von Hövel ☆☆
Konz-Oberemmel. www.weingut-vonhoevel.de
A Jovial Eherhard von Kunow faz alguns dos Riesling do Saar mais imediatamente atraentes. Ricos e aromáticos quando jovens, eles ganham elegância ao envelhecer. Os vinhos Scharzhofberg são ligeiramente mais opulentos que os da propriedade Hütte, da qual saem muitos soberbos vinhos Auslese e Prädikat de alto padrão. Ao nível de Kabinett e de Spätlese, os vinhos da vinícola oferecerem excelente valor.

Immich-Batterieberg ☆☆
Enkirch. www.batterieberg.de
Gert Basten comprou esta propriedade, incluindo uma mansão que data do século IX, em 1989. O monopólio Batterieberg foi criado dinamitando as encostas de ardósia em 1844. As safras são baixas, assim as uvas atingem altos níveis de maturação propícios à produção de vinho seco, que pode ser notável.

Albert Kallfelz ☆–☆☆
Zell-Merl. www.kallfelz.de
Esta propriedade, na fronteira entre o Médio Mosel e o Terrassen Mosel, expandiu-se rapidamente para os seus atuais 43 hectares. Seus melhores vinhos provêm de Merler Königslay-Terrassen, dois terços da qual são de propriedade da vinícola. Quase todos os vinhos são *trocken* ou *halbtrocken*.

Karlsmühle ☆☆
Mertesdorf. www.weingut-karlsmuehle.de
Peter Geiben abandonou sua antiga profissão de hoteleiro para dedicar todo seu tempo a seus vinhedos em Kasel e seu monopólio de vinhedos Lorenzhöfer. Ele faz vinhos do Ruwer de personalidade tremenda, secos e picantes ou doces e estimulantes.

Karthäuserhof ☆☆☆–☆☆☆☆
Trier-Eitelsbach. www.karthaeuserhof.com
Uma bela mansão antiga dos monges cartusianos em um vale lateral do Ruwer, comprada em 1811 pelo antepassado do atual proprietário, quando Napoleão secularizou a terra da igreja. Localiza-se aos pés da íngreme vinha Eitelsbacher Karthäuserhofberg, totalmente pertencente à vinícola. Desde que Christoph Tyrell assumiu o controle da propriedade em 1986, a qualidade melhorou a passos largos. Hoje, os Riesling secos e naturalmente doces da vinícola estão entre as melhores do Mosel. Aromas intensos de cassis e de pêssego e acidez estimulante são sua marca. A garrafa é inconfundível, com apenas um rótulo estreito no gargalo e nenhum no corpo.

Heribert Kerpen ☆☆
Wehlen. www.weingut-kerpen.de
Martin Kerpen é afortunado o bastante por possuir três hectares de videiras, na maioria não exertadas, em Wehlener Sonnenuhr. Ele foi um pioneiro dos vinhos secos no Mosel, mas o seu elegante Spätlese florado e os seus vinhos Auslese com doçura natural são consistentemente impressionantes.

Cena de consumo de vinho decora uma fonte, Bernkastel.

Reichsgraf von Kesselstatt ☆☆–☆☆☆
Morscheid. www.kesselstatt.com
Esta era a maior propriedade particular do Mosel-Saar-Ruwer quando foi comprada em 1978 por Günther Reh. Desde 1983, é dirigida pela filha Annegret. A propriedade toda abrange alguns dos melhores locais da região: Scharzhofberg, Piesporter Goldtröpfchen, Kaseler Nies'chen e Josephshöfer, em Graach, e é totalmente plantada com Riesling. A estratégia de Annegret Reh--Gartner foi vender ou arrendar os locais piores e focar nos vinhedos de melhor qualidade. Muitos dos vinhos são *trocken* ou *halbtrocken*, incluindo a propriedade de alta qualidade Riesling chamada Palais Kesselstatt. Independentemente do estilo, os vinhos são embalados com frutas e tem uma vibrante, mas não dominante, acidez.

Reinhard Knebel ☆☆☆
Winningen.
Uma separação familiar levou à criação desta excelente propriedade em Terrassen Mosel em 1990. A tragédia abateu-se sobre a família em 2004, com o suicídio de Reinhard Knebel, mas sua viúva Beate não permitiu que a qualidade decaísse. Os vinhos Riesling *halbtrocken* são muito bons, e os Auslese de Uhlen são excepcionais. Knebel também faz alguns fabulos TBAs de Röttgen, mas em quantidades ínfimas.

Sybille Kuntz ☆☆
Lieser. www.sybillekuntz.de
Muitos dos vinhos Kuntz são secos e fortes para os padrões Mosel, e o melhor deles é geralmente o *cuvée* Gold-Quadrat, feito de videiras não enxertadas. Não há Kabinett ou Spätlese, mas quando as condições permitirem, Kuntz também gosta de produzir vinhos botritizados ultradoces.

Peter Lauer ☆☆
Ayl. www.riesling-weine.de
Uma sequência numerada de vinhos explora todas as nuances e expressões do grande vinhedo Ayler Kupp.

Schloss Lieser ☆☆☆
Lieser. www.weingut-schloss-lieser.de
Thomas Haag, filho de Wilhelm Haag de Brauneberg, mudou-se para a aldeia mais próxima, em 1992, para administrar a antiga propriedade Freiherr von Schorlemer. Em 1997, ele comprou a propriedade, da qual produz vinhos concentrados de vida longa. Não são vinhos de enorme poder, mas têm charme, determinação e aroma excepcionalmente extenso. As safras de 2005 e 2007 aumentaram ainda mais a qualidade, que já era muito boa.

Carl Loewen ☆☆
Leiwen. www.weingut-loewen.de
Karl-Josef Loewen é um visionário que resgata videiras esquecidas como a Thörnicher Ritsch. Os vinhos trocken e halbtrocken são bons, mas, de longe, os melhores vinhos são os Auslese de Leiwener Laurentiuslay.

Dr. Loosen ☆☆☆☆
Bernkastel. www.drloosen.de
De velhas videiras não enxertadas em grandes vinhedos de Bernkastel a Erden, o dinâmico Ernst Loosen produz alguns dos melhores Riesling feitos no Mosel – e na Alemanha – atualmente. Suas principais características são concentração, mineralidade complexa, ervas e sabores condimentados, e um equilíbrio distintamente mais seco que o padrão da região. O caráter de cada local é extremamente distinto. A glória suprema na vasta gama da propriedade são os magistrais vinhos Auslese de Erdener Prälat. Seus vinhos padrão também são plenamente representativos e de bom valor (ver J. L. Wolf, em Pfalz, p. 272).

Alfred Merkelbach ☆–☆☆
Ürzig.
Uma propriedade minúscula, mas uma fonte confiável de vinhos a preços modestos de Urziger Würzgarten.

Milz ☆–☆☆
Trittenheim.
Fundada no século XVII, esta propriedade é abençoada, não apenas com bons campos no Apotheke, mas com dois monopólios em Trittenheim: Felsenkopf e Leiterchen. A qualidade varia de boa a excelente.

Markus Molitor ☆☆☆
Wehlen. www.markusmolitor.com
Com 38 hectares, esta é a maior propriedade do Médio Mosel. Nem todos os locais são excelentes, mas Markus Molitor tem campos ótimos em Zeltinger Sonnenuhr. Cerca de metade da produção é de vinhos secos, mas para muitos amantes de vinho, o requintado Auslese de Wehlener Klosterberg e o Sonnenuhr são os mais atraentes. Fique atento, também, para vinhos sensacionais e muito caros, nobremente doces.

Mönchhof ☆☆
Urzig. www.moenchhof.de
A antiga mansão de Mönchhof é um marco em Urzig e nas suas adegas do século XVI repousam Riesling clássicos de Urzig e Erden. Muito pouco vinho seco é feito. Qualidade confiável, mas nem sempre emocionante, a partir de meados da década de 1990, faz com que seja uma excelente fonte desses vinhos. Em 2001, o proprietário, Robert Eymael, arrendou a propriedade vizinha Joh. Jos. Christoffel (ver p. 249).

Egon Müller – Scharzhof ☆☆☆☆
Ver boxe p. 249.

Von Othegraven ☆☆–☆☆☆
Kanzem. www.von-othegraven.de
Desde que a dra. Heidi Kegel assumiu o controle desta propriedade histórica no final da década de 1990, a qualidade aumentou, com vinhos requintados de Ockfener Bockstein e, principalmente, Kanzemer Altenberg. Ela restaurou a notoriedade de um dos maiores vinhedos do Saar.

Paulinshof ☆☆–☆☆☆
Kesten. www.paulinshof.de
Esta antiga propriedade monástica pertence à família Jüngling desde 1969. Klaus Jüngling e o filho Oliver especializaram-se em vinhos secos, colhendo o mais tarde possível, de modo a ter níveis mais baixos de acidez. Estes vinhos secos e meio doces, especialmente de Brauneberger Juffer-Sonnenuhr e seu monopólio Brauneberger Kammer, são de primeira qualidade. Como, aliás, são seus vinhos doces nobres.

Dr. Pauly-Bergweiler & Peter Nicolay ☆☆–☆☆☆
Bernkastel-Kues. www.pauly-bergweiler.com

O casamento entre o dr. Peter Pauly e Helga Pauly-Berres reuniu alguns dos melhores vinhedos do Médio Mosel, incluindo Bernkasteler Alte Badstube am Doctorberg, Graacher Domprobst e Graacher Himmelreich, Wehlener Sonnenuhr, Erdener Prälat e Ürziger Goldwingert (monopólio). Em safras superiores, Stefan Pauly, que dirige a propriedade, produz vinhos doces fabulosos, como os TBAs suntuosos de Ürziger Würzgarten e Eiswein de Bernkasteler Lay. As estrelas da série Nicolay são geralmente os vinhos ricos do Urziger Goldwingert.

J. J. Prüm ☆☆☆☆
Wehlen. www.jjpruem.com

A propriedade mais conhecida das muitas pertencentes à família mais famosa de produtores do Médio Mosel. A casa da propriedade, às margens do rio, fica oposta ao grande vinhedo Sonnenuhr do outro lado do rio, onde tem uma das maiores propriedades. Os relógios de sol enormes entre as vinhas aqui e em Zeltingen foram construídos por um antigo membro da família Prüm. A assinatura da propriedade é o vinho frutado de maturação gloriosa, tem o aroma requintado de Riesling cultivada em ardósia, com notas de fundo de especiarias e mel.

Quando muito jovens, os vinhos em geral mantêm um aroma de levedura da fermentação, mas isso rapidamente se dispersa. Seu potencial de envelhecimento é lendário: Spätlese e Auslese muitas vezes necessitam de dez anos ou mais para chegar ao auge. Um Auslese e um Feinste Auslese de 1949 estavam ainda frescos e persistentes em 2008. Prüm Riesling é um bom vinho para envelhecer por vários anos. A filha do dr. Manfred Prüm, Katharina, está agora a seu lado.

S. A. Prüm ☆☆
Wehlen. www.sapruem.com

Parte da grande propriedade Prüm, que era originalmente dividida entre sete filhos, em 1911. Desde 1971, Raimund Prüm faz vinhos vigorosos, especialmente de Wehlener Sonnenuhr. Os Prüm, no geral, são viticultores muito conservadores, mas Raimund Prüm não teve escrúpulos em utilizar rótulos brilhantemente desenhados para combinar com o frescor dos seus vinhos. Dependendo da safra, até 70% dos seus vinhos são *trocken* ou *halbtrocken*.

Johann Peter Reinert ☆
Kanzem. www.weingut-reinert.de

Johann Peter Reinert faz vinhos frutados de considerável encanto desta propriedade de quatro hectares. O melhor destes vem de Kanzemer Altenberg.

Max Ferd. Richter ☆☆–☆☆☆
Mülheim. www.maxferdrichter.com

Esta próspera propriedade, com terras espalhadas pelo Médio Mosel, produz Mosel Riesling clássicos extremamente consistentes nos estilos seco e naturalmente doce. Os melhores vinhos de Dirk Richter são os poderosos, mineralizados Riesling dos principais locais de Brauneberg, enquanto Eiswein é feito quase todos os anos a partir de seu monopólio, o Mülheimer Helenenkloster. Dr. Richter também dirige uma loja; a vinificação é igualmente tradicional e escrupulosa, a única diferença é que as uvas são compradas mais dos produtores com quem ele tem contratos a longo prazo.

Josef Rosch ☆☆–☆☆☆
Leiwen.

Werner Rosch faz parte de um grupo de produtores por trás do renascimento dos vinhedos de Leiwein e Trittenheim. Embora muitos de seus vinhos sejam secos e um pouco austeros, ele também produz bons vinhos naturalmente doces, especialmente Auslese de grande elegância.

Sankt Urbans-Hof ☆☆☆
Leiwen. www.weingut-st-urbans-hof.de

Hermann Weis é um viveirista que, com seu filho Nik, dirige a terceira maior propriedade privada no Mosel. Os Riesling secos de Leiwener Laurentiuslay são muito bons, mas superados pelos vinhos naturalmente doces de Piesporter Goldtröpfchen e Bockstein Ockfener, que dão água na boca.

Schloss Saarstein ☆☆
Serrig. www.saarstein.de

Os charmosos e dedicados Christian e Andrea Ebert dirigem uma das propriedades produtoras de vinho mais consistentes no Saar. Muitos dos vinhos provêm de seu monopólio de Serriger Schloss Saarstein. Absoluta pureza de aroma e intensidade acerada são as qualidades que tipificam tanto os vinhos secos quanto os com doçura natural. BA, TBA e Eiswein estão entre os melhores de todo o Mosel, com enorme potencial de envelhecimento.

Willi Schaefer ☆☆☆–☆☆☆☆
Graach.

Pequena propriedade no Médio Mosel, com um vinhedo de 2,7 hectares, regularmente produz os melhores Riesling dos vinhedos mais excelentes de Graach. Esta combinação de produção extremamente limitada e demanda alta significa que os vinhos Auslese e Prädikat superiores são vendidos quase instantaneamente. Seria difícil encontrar Mosel com melhor potencial de envelhecimento que esses vinhos muito bem trabalhados, elegantes e estimulantes.

C. von Schubert, Maximin Grünhaus ☆☆☆☆
Grünhaus/Trier. www.vonschubert.com

Esta notável propriedade do Ruwer é também uma das melhores da Alemanha. Adquiridas pelos antepassados do dr. Carl von Schubert em 1882, os vinhedos consistem de uma única colina não dividida, que domina a bela mansão, antiga propriedade beneditina, com as suas adegas que remontam à época romana. Os três vinhedos da propriedade, Herrenberg, Abtsberg e o menos bem exposto Bruderberg, produzem vinhos distintamente diferentes.

Desde o início do século XX, os vinhos milagrosamente delicados da propriedade são vendidos com um extravagante rótulo *art nouveau*. Apesar de sua leveza de corpo, mesmo "os mais simples" Grünhaus Riesling envelhecem magnificamente – o epítome do grande Riesling alemão. O Auslese naturalmente doce de boas safras é sublime: infinitamente sutil, mas surpreendentemente picante e forte, envelhecendo vinte anos ou mais. A propriedade é também uma das produtoras mais confiáveis de Riesling seco na região do Mosel.

Selbach-Oster ☆☆☆
Zeltingen. www.selbach-oster.de

Johannes Selbach segue os passos de seu falecido pai, Hans, fazendo Mosel Riesling muito bem trabalhados de dezesseis hectares. Abaixo do nível Auslese, os vinhos têm acabamento distintamente seco. Os melhores vinhos vêm quase invariavelmente de Zeltinger Sonnenuhr, e combinam riqueza com grande sutileza, e possuem excelente potencial de envelhecimento. A família também dirige uma loja de alta qualidade sob o nome de J. & H. Selbach.

Studert-Prüm ☆☆
Wehlen.
www.weingut-studert-pruem.de
A família Studert, que vem cultivando uvas desde o século XVI, adquiriu as ações da vinha Wehlen da abadia beneditina Saint--Maximin em Trier em 1805. Desde o início da década de 1990, houve um salto significativo na qualidade. Os vinhos secos podem ser azedos, mas os vinhos Wehlener Sonnenuhr, naturalmente doces, são deliciosos e compõem a maior parte da produção.

Wwe dr. H Thanisch – Erben Müller-Burggraef ☆☆
Bernkastel.
A propriedade Thanisch, que produzia o lendário TBA 1921 de Bernkasteler Doctor, foi dividida entre dois ramos da família no final da década de 1980. Esta é a maior das duas. Apesar das propriedades vinícolas excelentes em Brauneberg e Wehlen bem como em Bernkastel, a qualidade era desinteressante até o final dos anos 1990, quando começou a produzir alguns excelentes vinhos doces. Eles têm exuberância em vez de sutileza.

Wwe dr. H Thanisch – Erben Thanisch ☆☆–☆☆☆
Bernkastel.
Esta é a menor das propriedades Thanisch, e pode ser distinguida da outra pelo logotipo VDP. Quase todos os vinhos são naturalmente doces, com algumas variações soberbas do vinhedo Doctor. Sua notoriedade significa que eles são muito caros, mas os vinhos de outros locais, tais como Bernkasteler Badstube, são muito bons e bem mais baratos.

Vereinigte Hospitien ☆
Trier. www.weingut.vereinigtehospitien.de
Esta é uma das grandes instituições beneficentes de Trier, ocupando as mais antigas adegas da Alemanha, construída como um entreposto romano. Eles ainda administram um hospital livre, em grande parte financiado pelos vinhedos e outras propriedades importantes. Embora o Hospitien possua excelentes locais em Scharzhofberg e Goldtröpfchen e em todo o Saar, os vinhos são decepcionantes.

Van Volxem ☆☆☆
Wiltingen. www.vanvolxem.de
Em 2000, essa problemática propriedade foi comprada por Roman Niewodniczanski, herdeiro da fortuna de uma cervejaria. Sua missão foi resgatar a tradição dos grandes Riesling secos de Saar. Ele ignora o sistema Prädikat, adequando o estilo do vinho ao vinhedo e às uvas que o produziram. Esses vinhos, de uma coleção crescente dos melhores locais, como Scharzhofberg e Wiltinger Gottesfüss, não são ultrassecos, mas têm gosto seco graças à acidez natural elevada.

Niewodniczański também faz alguns vinhos doces resplandecentes. Impõe safras extremamente baixas, que explicam a força e a concentração dos vinhos.

Dr. Heinz Wagner ☆☆–☆☆☆
Saarburg. www.weingutdrwagner.de
Nas profundas adegas sob sua imponente mansão do século XIX, próxima da estação ferroviária de Saarburg, Heinz Wagner produz vinhos do Saar extraordinariamente substanciais. Os vinhos da Bockstein são ao mesmo tempo sutis e sedutores, enquanto os vinhos de Rausch são profundos e de longa vida. Uma confiante fonte de vinho seco também.

J. Wegeler ☆☆–☆☆☆
Bernkastel. www.wegeler.com
A propriedade Mosel, dos outrora famosos comerciantes de vinho de Koblenz, começou em 1900 com a compra sensacional de parte do vinhedo Doctor. Hoje, possui quatorze hectares, principalmente em locais proeminentes. Em 2001, Oliver Haag, irmão de Thomas Haag de Schloss Lieser (ver p. 252), assumiu o controle da propriedade, e vindimas recentes mostraram melhora acentuada da qualidade.

Dr. F Weins-Prüm ☆☆☆
Wehlen
O tímido Bert Selbach faz Mosel Riesling leves mas vívidos de um conjunto completo de excelentes vinhedos. Quase todos os vinhos são naturalmente doces e tem clássico equilíbrio de fruta e acidez. Os de Erdener Prälat e Wehlener Sonnenuhr geralmente têm mais caráter. Eles se beneficiam substancialmente com envelhecimento de cinco anos ou mais.

Forstmeister Geltz Zilliken ☆☆☆
Saarburg. www.zilliken-vdp.de
A propriedade familiar do muito respeitado Ferdinand Geltz (1851-1925), mestre silvicultor do rei da Prússia, é dirigida por seu bisneto, Hans-Joachim Zilliken. Os vinhos são feitos muito tradicionalmente em barris e são projetados para longa vida em garrafa. Os exemplares intensamente mineralizados e estimulantes de Rausch estão entre os melhores de todo o Saar. O Eiswein pode ser especialmente brilhante.

Estátua de Santiago de Compostela, Vereinigte Hospitien, Trier.

Ahr & Mittelrhein

Ahr

Por mais estranho que possa parecer, uma das regiões mais setentrionais da Alemanha é a especializada em vinhos tintos. O vale do Ahr é uma paisagem atraente de vinhedos em socalcos íngremes, montanhas arborizadas e terreno rochoso. O Ahr é um afluente ocidental do Mittelrhein que fica próximo de Bonn, ao sul. As encostas do vale estão cobertas quase continuamente por 16 km (dez milhas) de vinhas: 540 hectares, dos quais cerca de dois terços são Spätburgunder (Pinot Noir), Portugieser e outras uvas tintas. O restante é plantado com uvas brancas – Riesling e Müller-Thurgau são as mais importantes. Em seus cantos mais protegidos, as temperaturas sobem quando o sol brilha em um bom verão e as Spätburgunder amadurecem totalmente. Os vinhos pálidos, magros, agridoces do passado vinham principalmente da vinificação errada. Desde o fim da década de 1980, um punhado de pioneiros, trabalhando com técnicas de maceração adequadas e hábil envelhecimento em barricas, provaram que vinhos tintos "verdadeiros" também podem ser feitos. Perfume e graça, em vez de força e riqueza, são seus pontos fortes. Os brancos da região são geralmente secos e raramente capazes de competir com os de Mittelrhein ou do Mosel.

Principais produtores de Ahr

J. J. Adeneuer ☆☆
Ahrweiler. www.adeneuer.de
Os Adeneuer são relativamente recém-chegados à produção de vinho tinto de alta qualidade, mas aprenderam rápido. Muitos dos vinhos são envelhecidos em barricas grandes, mas os melhores *cuvées* são passam por até um terço do tempo em barricas novas. Seu melhor local é Walporzheimer Gärkammer, cujo vinho é engarrafado separadamente. Outro vinho proeminente é o Spätburgunder Nº 1. São vinhos para serem apreciados bastante jovens, entre três e cinco anos.

Deutzerhof ☆☆☆
Mayschoss. www.deutzerhof.de
Em nenhuma outra propriedade do Ahr a qualidade melhorou tão substancialmente durante a última década como nesta. São Spätburgunder escuros, com criterioso toque de carvalho novo. Os melhores vinhos provêm de Altenahrer Eck, mas há também misturas excepcionais, tais como Caspar C e Grand Duc. Alguns vinhos brancos, especialmente os Riesling de colheita tardia, também são notáveis, mas os tintos são os vinhos que mais merecem atenção.

Winzergenossenschaft Mayschoss-Altenahr I-II
Mayschoss. www.winzergnossenschaft-mayschoss.de
Esta cooperativa controla quase um quarto das vinhas do vale, portanto, é um produtor importante. Os vinhos estão melhorarando constantemente e incluem uma série de Frühburgunder, assim como vinhos Spätburgunder.

Weingut Meyer-Näkel ☆☆☆
Dernau. www.meyer-naekel.de
O ex-professor de ensino médio e produtor autodidata, Werner Näkel, foi o dínamo da revolução da produção de tintos na década de 1980. Ele faz os tintos Spätburgunder mais elegantes e sofisticados da região, e também faz excelentes vinhos da rara variedade Frühburgunder. Seu uso sutil de carvalho novo é cauteloso e precisamente julgado. Os vinhos de Näkel deveriam ter dissipado qualquer ceticismo remanescente sobre a necessidade de levar o Ahr a sério.

Nelles ☆
Bad Neuenahr. www.weingut-nelles.de
Thomas Nelles gosta de fazer uma vasta gama de vinhos de variedades como Domina, Riesling e Grauburgunder, o que pode explicar o porquê, exceto no nível superior, de o Spätburgunder parecer um pouco superficial.

Jean Stodden ☆☆–☆☆☆
Rech. www.stodden.de
A maior parte da propriedade de seis hectares de Gerhard Stodden é plantada em terrenos íngremes. Os melhores vinhos, de locais Grosses Gewächs em Rech e Bad Neuenahr, são envelhecidos em barricas e tendem a ser muito tânicos. São muito caros, mas gozam de entusiamados seguidores na Alemanha.

Principais vinhedos de Mittelrhein

Pense no Reno e imagens vêm imediatamente à mente do rio correndo pelo desfiladeiro estreito entre Bingen e Koblenz, com seus castelos e vinhedos precariamente agarrados às encostas íngremes. Isso e os vinhedos espalhados entre Koblenz e Bonn compõem a pouco conhecida região de Mittelrhein. Em termos de vinho, o "Baixo Reno" pode ser um nome mais apropriado, uma vez que estes são os últimos vinhedos ao longo do curso do rio.

Desde 1950, a área de vinhedo encolheu de 1.200 hectares para meros 465 hectares. Ela continua a diminuir a um ritmo alarmante, o que é muito lamentável, porque as uvas mais favorecidas nessa região dão Riesling que são páreo para os do Rheingau ocidental, e tem acontecido de ser, em geral, as melhores plantações e mais íngremes as abandonadas. 68% dos vinhedos locais são de Riesling nobre. Os Riesling elegantes, meio encorpados, secos e naturalmente doces, feitos pelos principais produtores nos últimos anos, resultaram em um renascimento do interesse pelos vinhos Mittelrhein. Até agora, isso se concentra em torno de Bacharach, no sul, mas a concorrência também está começando a esquentar mais ao norte, em torno de Boppard.

Bacharacher Hahn Comprovadamente o melhor local no sul de Mittelrhein. Seu solo pedroso e de ardósia dá Riesling totalmente encorpados, com ricos toques de pêssego. O Hahn é praticamente um monopólio da propriedade Toni Jost.

Bacharacher Posten Como Hahn, Posten goza do calor do Reno e pode mostrar riqueza e requinte. Proprietários mais importantes: Fritz Bastian, Mades, Ratzenberger.

Bacharacher Wolfshöhle Arquetípica Bacharach Riesling: vinhos elegantes, estimulantes com um forte caráter mineralizado do solo de ardósia. Proprietários mais importantes: Fritz Bastian, Kauer, Mades, Ratzenberger.

Bopparder Hamm Este gigante anfiteatro de vinhedos divide-se em cinco locais. Deles, Feuerlay, Mandelstein e Ohlenberg podem dar Riesling magníficos, mas apenas uns poucos produtores conseguem concretizar esse potencial regularmente. Proprietários mais importantes: Didinger, Lorenz, Müller, August Perll, Walter Perll, Weingart.

Steeger St Jost Este local produz Riesling acerados com o mais intenso bouquet de todos os vinhos Mittelrhein. Proprietários mais importantes: Mades, Ratzenberger.

Principais produtores de Mittelrhein

Bastian ☆☆
Bacharach. www.weingut-bastian.de
Pequena propriedade especializada em vinhos Riesling acerados dos melhores locais do vilarejo. Vinhos Grosses Gewächs muito expressivos de Posten e Wolfshöhle.

Didinger ☆–☆☆
Osterspai. www.weingut-didinger.de
Jens Didinger produz grande quantidade de vinhos secos e meio doces, mas a qualidade é constante em toda a linha. Os vinhos são pouco conhecidos, mas podem ser degustados na pousada da propriedade.

Toni Jost ☆☆
Bacharach. www.tonijost.de
Os Riesling de Peter Jost, ricamente frutados, secos e naturalmente doces, são realmente encantadores. A exuberância de seus vinhos parece combinar com a do próprio Peter Jost. Os melhores são os vinhos concentrados de colheita tardia de Hahn, um soberbo local. Podem oferecer os melhores vinhos de Rheingau apesar da concorrência.

Dr. Randolf Kauer ☆
Bacharach. www.weingut-dr-kauer.de
Dr. Kauer é professor na faculdade de vinho Geisenheim. Sua propriedade orgânica de três hectares faz estimulantes Riesling como os do Mosel, que precisam de tempo para mostrar o seu melhor. Poucas vinha Kauer estão em locais célebres, mas o padrão é alto, exceto em anos frios, quando as uvas nem sempre amadurecem totalmente.

Lanius-Knab ☆☆–☆☆☆
Oberwesel. www.lanius-knab.de
Até o renascimento da qualidade dessa propriedade durante o começo da década de 1990, os vinhos de Oberwesel eram completamente ofuscados pelos da vizinha Bacharach. Os vinhos de Jörg Lanius (secos e naturalmente doces) são Mittelrhein Riesling vigorosos e de pureza cristalina.

Matthias Müller ☆☆
Spay. www.weingut-matthiasmueller.de
O jovem Matthias Müller já provou que pode fazer vinhos que refletem a verdadeira classe dos vinhedos Bopparder Hamm. A ênfase aqui é sempre na fruta madura, frescor e acidez harmoniosa.

August Perll ☆
Boppard. www.perll.de
Thomas Perll faz vinhos surpreendentemente ricos, com um toque exótico, tendo mais fruta que frescor.

Ratzenberger ☆☆–☆☆☆
Bacharach. www.weingut-ratzenberger.de
Jochen Ratzenberger mantém os altos padrões que seu pai estabeleceu. As produções aqui são baixas, graças à colheita seletiva. São Mittelrhein Riesling clássicos e estimulantes, com mineralidade cantante, e notavelmente duradouros. Seu Sekt, envelhecido por três anos em levedura, é excelente.

Weingart ☆☆
Spay. www.weingut-weingart.de
Os vinhos Weingart costumavam ser bastante leves, mas vindimas recentes tiveram mais peso e complexidade, graças a produções mais baixas.

Rheingau

Rheingau é a região que estabeleceu a reputação da Alemanha pelos vinhos brancos de classe mundial no início do século XIX. Uma região compacta, que se situa na margem direita do rio Reno ao longo dos 32 quilômetors (vinte milhas) em que ele corre de leste a oeste, de Wiesbaden a Bingen. A maioria dos vinhedos fica em encostas suaves, voltadas para o sul, que estão

---

SEKT

A Alemanha encontrou uma maneira de transformar seu deselegante excesso de vinhos imaturos e o resultado inevitável de sua localização ao norte em prazer e lucro. Eles são transformados no vinho espumante nacional: o Sekt. O Sekt é fermentado em garrafa ou tanque, pode ser feito de qualquer uva de qualquer região e até mesmo incluir vinhos importados. O vinho só pode ser rotulado como Deutscher Sekt se as uvas forem totalmente cultivadas na Alemanha. Muitos dos melhores especificam

que são vinhos inteiramente Riesling, e alguns especificam sua origem exata. Há, no entanto, um número crescente de Sekt finos sendo produzidos de variedades de Pinot no sul da Alemanha.

A grau de qualidade varia enormemente, já que 95% dos Sekt são produzidos pelo método charmat e são vulgares. Os melhores exemplos não têm nada em comum com Champagne, exceto as bolhas: seu sabor é essencialmente florido e frutado, com o inimitável aroma de Riesling no lugar de

Champagne, maior profundidade de fruta e fermentação. Principais especialistas: Heymann-Lowenstein, Kesselstatt, Selbach Oster, Dr. Wagner (Mosel); Ratzenberger (Mittelrhein); Diel (Nahe); Hans Barth, Georg Breuer, Johannishof, Schloss Reinhartshausen (Rheingau); Raumland (Rheinhessen); Bergdolt, von Buhl, Koehler Ruprecht, Rebholz, Wilhelmshof (Pfalz); Schloss Sommerhausen (Francônia), Bernhard Huber, Franz Keller, Schloss Neuweier (Baden).

bem protegidas de correntes de ar do norte pelas montanhas Taunus. Aqui, em solos que variam de ardósia a *Loess* e marga, a videira Riesling pode produzir vinhos que são tão nobres quanto os das propriedades mais famosas da região. É responsável por 78% da área vinícola; em seguida vem Spätburgunder com 13%.

Essa combinação única de fatores naturais e humanos faz com que os recentes problemas da região sejam difíceis de entender. Desde meados da década de 1980, várias propriedades famosas, com gloriosas tradições, tiveram dificuldades, muitas sendo vendidas e uma fechando suas portas para sempre (Schloss Groenesteyn). A má qualidade tem sido o principal problema das grandes propriedades, a maioria das quais têm sido ultrapassada por um punhado de jovens produtores ambiciosos à frente de pequenas propriedades familiares. Felizmente, a combinação de críticas da imprensa e a concorrência de vizinhos menos famosos abalaram o repouso da maioria das grandes propriedades da região. Lenta mas seguramente, o Rheingau está começando a provar mais uma vez que seus vinhos brancos podem estar entre os melhores em qualquer lugar no mundo.

O Rheingau liderou a iniciativa de classificação dos vinhedos, mas, lamentavelmente, realizou um trabalho malfeito, fazendo com que um terço dos vinhedos tivessem direito de produzir, sujeitos a várias condições, como Erstes Gewächs. Na prática, a proporção é muito menor quando as propriedades percebem que o reconhecimento de mérito de primeiro crescimento só deve ser concedido a vinhos verdadeiramente notáveis.

A região pode ser dividida em várias subáreas. A primeira delas é a ilha de vinhas em Hochheim sobre o rio Meno, entre Wiesbaden e Frankfurt, de cujas plantações saem vinhos grandes e intensos. Os solos relativamente férteis dos vilarejos que ficam perto da margem do Reno, entre Walluf e Winkel dão, aos mais típicos vinhos Rheingau, elegância e sutileza, a ponto de certa austeridade. Mais acima, perto da floresta Taunus, os vinhos são mais estimulantes, com um acentuado caráter mineralizado do solo. Os vinhos da Johannisberg e Rüdesheim a oeste compartilham esse caráter geral, porém mais encorpados. Assmannshausen é famosa por seus vinhos Spätburgunder tintos.

Principais vinhedos de Rheingau

Assmannshauser Höllenberg O solo pedregoso de ardósia, de 55 hectares de Hollenberg, produz tintos Spätburgunder leves, elegantes e perfumados que, todavia, podem ter vida longa. Proprietários mais importantes: August Kesseler, König, Hotel Krone, Staatsweingut.

Eltville Sonnenberg Riesling meio encorpados com fruta ampla e acidez suave, que se bebem bem desde a mais tenra idade, mas também quando maduros. Proprietário mais importante: Langwerth von Simmern.

Erbacher Hohenrain/Steinmorgen Riesling estimulantes com acidez firme, que necessitam de vários anos para revelar sua classe. Proprietários mais importantes: Jakob Jung, von Knyphausen.

Erbacher Marcobrunn/Schlossberg/Siegelsberg O famoso Marcobrunn dá o mais poderoso de todos os Rheingau Riesling; seu solo pesado de marga proporciona uma fruta rica, estrutura firme e longo potencial de envelhecimento. Os locais vizinhos

produzem vinhos um pouco mais leves, com um caráter semelhante. Proprietários mais importantes: August Eser, Schloss Reinhartshausen (monopólio de Schlossberg), Schloss Schönborn, Langwerth von Simmern, Staatsweingüter.

Geisenheimer Fuchsberg/Kläuserweg Com seus pesados solos de marga, estes dois locais dão Riesling substanciais com acidez firme, que necessitam de vários anos de envelhecimento para revelar toda sua profundidade. Proprietários mais importantes: H. H. Eser, Johannishof, Wegeler.

Geisenheimer Rothenberg Há um século, um dos vinhedos mais conhecidos de Rheingau. Seu solo de ardósia vermelha dá vinhos aromáticos prodigamente, muitas vezes com aromas de frutas exóticas e um belo equilíbrio fruta-acidez. Proprietário mais importante: Wegeler.

Hallgartener Schönhell O mais completo e harmonioso dos vinhos Hallgarten vem deste local. Mesmo assim, a acidez pode ser pronunciada em vinhos jovens. Proprietários mais importantes: Fürst Löwenstein, Prinz, Querbach.

Hattenheimer Nussbrunnen/Wisselbrunnen/Mannberg O famoso Nussbrunnen produz vinhos aromáticos e completos, cujo amplo fruto muitas vezes mascara a acidez, enquanto os vinhos do precoce Wisselbrunnen são mais finos e mais elegantes. Mannberg dá vinhos estimulantes mais leves. Proprietários mais importantes: August Eser, Schloss Reinhartshausen, Ress, Schloss Schönborn, Langerth von Simmern.

Hattenheimer Pfaffenberg Monopólio de Schloss Schönborn. Seu solo claro e arenoso produz Riesling aromáticos e cheios, com uma acidez particularmente elegante.

Hochheimer Domdechaney/ Kirchenstück Os dois mais famosos vinhedos de Hochheim produzem vinhos dramaticamente contrastantes. A pesada marga de Domdechaney dá vinhos fortes e terrosos; enquanto os solos mais leves de Kirchenstück produzem vinhos elegantes e refinados. Proprietários mais importantes: Künstler, Schloss Schönborn, Staatsweingüter, Domdechant Werner.

Hochheimer Hölle/Königin-Victoria-Berg Situado diretamente na margem do rio Meno, esses locais possuem um microclima excepcional e solos profundos de argila e marga. Essa combinação dá poderosos Riesling altamente estruturados. Proprietários mais importantes: Hupfeld (monopólio Königin--Victoria-Berg), Künstler, Domdechant Werner.

Johannisberger Hölle/Klaus O solo fundo e pedregoso de Hölle produz vinhos firmes e substanciais, com excelente potencial de envelhecimento; os vinhos de Klaus são mais elegantes. Proprietários mais importantes: Prinz von Hessen, Hupfeld, Johannishof, von Mumm, Trenz.

Kiedricher Gräfenberg/Wasseros Os solos pedregosos, de filito e ardósia desses locais inclinados e íngremes dão vinhos ricos e aromáticos, com acidez elegante e de enorme potencial de envelhecimento. Proprietário mais importante: Weil.

Martinsthaler Este local tem solo e exposição semelhantes a Rauenthal. Vinhos elegantes e estimulantes que devem ser bebidos jovens.

Mittelheimer St Nikolaus A situação de solo claro e à margem de rio deste local resulta em vinhos maduros e suculentos, com muito encanto. Proprietários mais importantes: Kühn, Schönleber.

Oestricher Doosberg/Lenchen Os solos profundos de *Loess* de Oestrich resultam em vinhos encorpados e suculentos, com acidez firme; os vinhos Lenchen são ligeiramente mais leves e mais elegantes; os vinhos Doosberg são os mais poderosos, e muitas vezes melhores que os Lenchen em anos secos. Proprietários mais importantes: Eser, Hupfeld, Kühn, Querbach, Spreitzer, Wegeler.

Rauenthaler Baiken/Gehrn/Nonnenberg/ Rothenberg/Wulfen Os Riesling de Rauenthaler Berg estão entre os mais procurados de todos os Rheingau. A ardósia e o filito e a excelente exposição bem acima no rio têm resultado em vinhos extremamente elegantes e estimulantes com "tempero" pronunciado e grande potencial de envelhecimento. O melhor de todos os de Baiken; os mais vivazes são os de Rothenberg. Proprietários mais importantes: Breuer (monopólio de Nonnenberg), Eser, von Simmern, Staatsweingüter.

Rüdesheimer Berg-Rottland/ Roseneck/Schlossberg Os vinhedos íngremes de Rüdesheimer Berg sobem dramaticamente da margem do Reno, onde seu curso vira para o norte novamente. Aqui a uva Riesling dá vinhos ricos e flexíveis, que, no entanto, precisam de envelhecimento longo para mostrar o seu melhor. Proprietários mais importantes: Breuer, Johannishof, Kesseler, Leitz, Ress, Schloss Schönborn, Staatsweingüter, Wegeler.

Schloss Johannisberg Monopólio da propriedade de mesmo nome. Um dos maiores vinhedos em todo o curso do Reno. Seus vinhos podem não ser os mais ricos, mas em sua melhor forma, possuem uma elegância sublime.

Schloss Vollrads Situado bem longe do rio Reno, este monopólio da propriedade de mesmo nome tem tido um desempenho fraco há muitos anos. Com uma nova equipe desde 1999, há sinais bem-vindos de melhora.

Steinberg Plantada no século XII, pelos monges de Eberbach, esta lendária vinha murada em Hattenheim é comparável a Clos Vougeot da Borgonha. Na melhor das hipóteses, seus vinhos são estimulantes, intensos e refinados. É um monopólio de Staatsweingüter.

Wallufer Walkenberg Este local pouco conhecido, dá vinhos potentes e firmes que precisam de muitos anos de envelhecimento para mostrar o seu melhor. Proprietários mais importantes: J. B. Becker, Toni Jost.

Winkeler Hasensprung/Jesuitengarten Diretamente ao lado dos vinhedos de Schloss Johannisberg, o Hasensprung dá vinhos semelhantes, mas muito mais suculentos que se desenvolvem mais rapidamente. Os vinhos Jesuitengarten de vinhedos perto da margem do rio são mais finos e mais estimulantes. Proprietários mais importantes: Allendorf, August Eser, Hamm, Hupfeld, Johannishof, Wegeler.

Principais produtores de Rheingau

Fritz Allendorf ☆
Winkel. www.allendorf.de
Importante propriedade com 58 hectares em produção, incluindo respeitável participação em Winkeler Jesuitengarten. Os vinhos são leves e geralmente secos ou meio doces. Eles podem ser assertivos e visivelmente elevados em acidez.

Hans Barth ☆☆
Hattenheim. www.weingut-barth.de
Esta propriedade de doze hectares é mais conhecida pelo seu Sekt, incluindo o excelente Ultra. Os Riesling não espumantes, geralmente secos, são mais variáveis; produzem porém alguns excelentes vinhos doces nobres.

J. B. Becker ☆☆–☆☆☆
Walluf.
A propriedade Becker foi fundada em 1893 e, desde 1971, é gerida pelo extravagante, mas ponderado Hans-Josef e sua irmã Maria. As suas vinhas incluem participações importantes no excelente Wallufer Walkenberg, de onde ele faz fortes vinhos secos. De fato, o seco é muitas vezes demasiado forte. Ele também produz Spätburgunder de boa qualidade, que foi plantada em Walkenberg em 1903. Este é um gosto adquirido.

Georg Breuer ☆☆☆☆
Rüdesheim. www.georg-breuer.com
Durante a década de 1990, o produtor Hermann Schmoranz e o diretor Bernhard Breuer transformaram esta propriedade em uma das principais produtoras de vinho Rheingau, e ela permanece no alto. Um dos sócios fundadores da associação Charta das propriedades Rheingau, Bernhard Breuer, foi defensor aberto da classificação de vinhedo para o Rheingau.

Na sua propriedade, uma classificação interna foi introduzida há muito tempo; só os melhores vinhos secos e de sobremesa dos melhores locais (Berg Schlossberg e o monopólio Rauenthaler Nonnenberg) são vendidos com uma denominação do vinhedo. Excelentes vinhos também são vendidos sob os nomes de Rüdesheim e Rauenthal. O Sekt é sério e caro; o Pinot Noir, bastante áspero. Embora ainda na casa dos cinquenta, Breuer morreu inesperadamente em 2004, mas a propriedade continua nas boas mãos de seu irmão Heinrich e do mestre de adegas Schmoranz.

August Eser ☆–☆☆
Oestrich. www.eser-wein.de
Nesta propriedade de dez hectares, pertencente à família desde 1759, Joachim Eser produz uma gama completa, de seco a doce. Ele mantém um padrão geral elevado em todos os estilos, mas a propriedade precisa de uma safra superior para realmente brilhar.

Joachim Flick ☆☆
Flörsheim-Wicke. www.flick-wein.de
Flick Reiner faz alguns dos melhores vinhos da extremidade leste de Rheingau, embora possua poucas vinhas em locais superiores

Schloss Vollrads, Oestrich-Winkel.

RHEINGAU | **ALEMANHA** | 259

além de Hochheimer Hölle. A ênfase está nos Riesling encorpados e acessíveis, principalmente secos, mas é possível haver TBAs espetaculares em safras adequadas, tais como a de 2003.

Prinz von Hessen ☆☆
Geisenheim. www.prinz-von-hessen.com
O nobre Landgraf de Hessen comprou esta grande propriedade em 1958. O diretor Markus Sieben melhorou a qualidade de forma convincente na década de 1990, e seu sucessor, Clemens Kiefer, está seguindo o mesmo caminho, concentrando-se principalmente nos melhores locais. Muitos dos vinhos são secos, e há também, excepcionalmente, alguns Merlot.

Hupfeld ☆
Oestrich-Winkel. www.weingut-hupfeld.de
A família Hupfeld é mais conhecida por ser a proprietária do famoso vinhedo Königin Victoriaberg, em Hochheim, onde a Rainha Vitória parou para assistir à vindima em 1850. Proprietária original, a família Pabstmann, rapidamente celebrou a visita, obtendo a permissão da rainha para mudar o nome da vinha em homenagem a ela, erigindo um monumento de estilo gótico e desenhando o rótulo mais cintilante (agora completamente irresistível). Não é dos melhores Hochheim, mas é cheio, macio e florido, e justamente o que a rainha Vitória deve ter apreciado. A família também possui vinhedos em Oestrich-Winkel.

Schloss Johannisberg ☆☆–☆☆☆
Johannisberg. www.schloss-johannisberg.de
Esta propriedade maravilhosamente localizada certamente é a mais famosa do Reno, seu nome é quase sinônimo da verdadeira videira Riesling. O primeiro mosteiro foi construído sobre este morro comandando o Reno em 1100; o pleno florescimento veio no século XVIII com o príncipe-abade de Fulda. Sua safra de 1775 foi a primeira a ser recolhida sobreamadurecida (o mensageiro do abade chegou tarde com a permissão para colher). Dizem que o termo Spätlese e a apreciação da podridão nobre começaram com esse incidente, embora esses vinhos já fossem bem conhecidos em outras partes da Europa.

A propriedade foi secularizada por Napoleão e, em 1816, foi presenteada pelo imperador austríaco a seu chanceler, o príncipe Metternich, por seus serviços diplomáticos. Em 1942, o mosteiro-castelo Johannisberg (mas não a sua adega) foi destruído em um ataque aéreo, e desde então foi totalmente reconstruído. O vinhedo, em um bloco nas encostas idealmente inclinadas do monte do castelo, tem sido plantado inteiramente com Riesling por 250 anos. Tecnicamente é uma Ortsteil – uma localidade independente, que não precisa de nome Einzellage.

No seu melhor, os vinhos de Schloss Johannisberg são extraordinariamente firmes na estrutura, concentrados e de longa vida, com toda a qualidade de Riesling clássico cultivado em um local excepcional. Um TBA 1862, provado em 2001, ainda era notavelmente fresco e persistente. No entanto, em 1992, a propriedade foi adquirida pela enorme companhia de vinho Henkell e Söhnlein, e os vinhos, exceto nos níveis Prädikat mais altos, perderam muito de seu talento. No entanto, safras recentes mostraram mais concentração e estilo, especialmente nas categorias doce e nobremente doce.

Johannishof ☆☆–☆☆☆
Johannisberg. www.weingut-johannishof.de
Johannes Eser vem de uma antiga família de cultivadores e fez a reputação dos vinhos estimulantes e cheios de aroma, incluindo os melhores Johannisberg Riesling. As profundas adegas, a nove metros (trinta pés) abaixo da colina, são tradicionais: frias e úmidas com barris ovais escuros para a maturação de vinho de caráter. Aumentada, há alguns anos em seis hectares em Rüdesheim, Johannishof, tem a matéria-prima para produzir vinhos cada vez mais impressionantes.

Jakob Jung ☆☆–☆☆☆
Erbach. www.weingut-jakob-jung.de
Os Riesling geralmente secos de Ludwig Jung oferecem rara importância para o dinheiro em uma região cara. Os melhores são os elegantes vinhos Erstes Gewächs de Erbacher Hohenrain e Steinmorgen.

Graf von Kanitz ☆☆–☆☆☆
Lorch. www.weingut-graf-von-kanitz.de
A nobre família von Kanitz passou a ser dona desta propriedade em 1926. Os vinhedos são plantados em encostas íngremes no extremo nordeste da região. Vinhos cheios de vida e assertivos, com fruta suficiente; envelhecem bem. O Kapellenberg Erstes Gewächs tem condição excepcional e pureza em safras boas.

August Kesseler ☆☆☆
Assmannshausen. www.august-kesseler.de
Uma notável propriedade jovem, que está produzindo um excepcional Assmannshausen Spätburgunder, profundamente colorido, amadurecido em barricas, e um sofisticado Rüdesheim Riesling, ambos Erstes Gewächs e com doçura natural. Os preços são altos, mas os vinhos são adotados com entusiasmo por restaurantes de alta qualidade e consumidores particulares.

Baron Knyphausen ☆☆
Erbach. www.knyphausen.de
Esta antiga propriedade monástica foi comprada em 1818 por antepassados do barão. A propriedade é dirigida em linhas tradicionais, fazendo vinhos cheios de sabor, 70% secos ou meio doces. A qualidade aqui é consistente, mas em alguns vinhos falta a aderência e a concentração dos melhores do Rheingau.

Robert König ☆☆
Assmannshausen.
www.weingut-robert-koenig.de
Uma raridade em Rheingau: uma propriedade quase inteiramente dedicada ao vinho tinto, de Spätburgunder e Frühburgunder. São vinhos amadurecidos em barris, de estilo tradicional, e com muita personalidade.

Krone ☆☆–☆☆☆
Assmannshausen. www.weingut-krone.de
Esta é a propriedade do hotel que é provavelmente o mais famoso do Reno, o Krone. Desde a chegada do jovem viticultor Peter Perabo, em 1995, os Spätburgunder começaram a desafiar os do vizinho August Kesseler (ver nesta página). Há inúmeros *cuvées* que podem ser provados no restaurante do hotel, que tem 1.300 vinhos em sua lista.

Peter Jakob Kühn ☆☆–☆☆☆☆
Oestrich. www.weingutpjkuehn.de
Oestricher Lennchen e Doosberg podem não ser os locais mais famosos de Rheingau, mas Peter Kuhn faz vinhos maravilhosos, 80% deles secos, de videiras cultivadas biodinamicamente desde 2005. Kühn é um pesquisador incansável, adotando e adaptando

técnicas que observa em suas viagens. Fruta encorpada e acidez harmoniosa são as qualidades encontradas em toda a seleção. Os Lennchen TBAs podem ser sensacionais.

Franz Künstler ☆☆☆–☆☆☆☆
Hochheim. www.weingut-kuenstler.de
Gunter Künstler é um dos mais talentosos jovens viticultores de todo o Reno. Seus Riesling fortes, mineralizados e secos catapultaram-no para a fama durante o fim dos anos 1980 e continuam a ganhar provas cegas. No entanto, seu Auslese menos conhecido e os vinhos de sobremesa Prädikat superiores também merecem os maiores elogios. Em 1996, Künstler quase triplicou sua participação através da compra da renomada propriedade Aschrott em Hochheim, dando-lhe acesso a mais locais de destaque. Seu Spätburgunder pode ser impressionante, embora tenha um preço ambicioso demais.

Hans Lang ☆☆
Hattenheim. www.lang-wein.com
Este produtor versátil produz Riesling leves mas elegantes, e uma gama de outros vinhos: um ótimo Silvaner, e o Weisser Burgunder, fermentado em barril. Há o Spätburgunder também, mas pode ser muito extraído. Os Riesling são os melhores vinhos, com grande personalidade e acidez.

Freiherr Langwerth von Simmern ☆☆–☆☆☆
Eltville. www.weingut-langwerth-von-simmern.de
Esta propriedade aristocrática, que data de 1464, baseia-se na bela Renaissance Langwerther Hof no centro antigo de Eltville – um dos mais belos lugares do Rheingau. O rótulo vermelho, ricamente heráldico (talvez pouco legível), costumava ser um dos mais confiáveis na Alemanha para Riesling clássico, mas os padrões derraparam feio na década de 1990. No final dessa década, um membro da família assumiu o comando, um produtor novo, Dirk Roth, foi nomeado, e qualidade está crescendo rapidamente.

Josef Leitz ☆☆☆–☆☆☆☆
Rüdesheim. www.leitz-wein.de
Quando Johannes Leitz começou a fazer vinho aqui em meados dos anos 1980, seguiu o modelo de alta tecnologia da época. Mas ele estava descontente com os resultados e, na década de 1990, optou por baixas produções, leveduras naturais e envelhecer o vinho nas borras depois de uma fermentação lenta. A melhora na qualidade foi imediata. Leitz agora está entre os melhores produtores de Rheingau, fazendo Riesling de grande individualidade e elegância. Leitz é adepto igualmente de vinhos secos e nobremente doces.

Fürst Löwenstein ☆☆
Hallgarten. www.loewenstein.de
Esta propriedade nobre está dividida entre Francônia e Rheingau. Se ela é menos conhecida do que merece, pode ser porque, até 1997, era arrendada a Graf Matuschka de Schloss Vollrads (ver p. 261). Os vinhos secos, especialmente os Erstes Gewächs, são nervosos e estimulantes, mas lhes falta alguma profundidade.

Prinz ☆☆
Hallgarten.
Em seis hectares, Fred Prinz, ex-gerente de produção da Staatsweingüter, faz Riesling secos impressionantes e naturalmente doces.

Querbach ☆☆
Winkel. www.querbach.com
Em 1998, o Querbach lançou seu próprio sistema de classificação bastante bizarro: Nº 2 para Kabinett chaptalizado, Nº 1 para Spätlese Trocken; há também um Erstes Gewächs de Oestricher Doosberg. Eles também abandonaram bravamente o uso de rolhas de cortiça para os seus vinhos. Todas as variedades possuem boa qualidade, além de possuir um bom preço.

Schloss Reinhartshausen ☆☆☆
Erbach. www.schloss-reinhartshausen.de
Por mais de um século, e até 1988, esta grande propriedade de 76 hectares pertenceu à família real da Prússia. Hoje o dono é um consórcio. Apesar do tamanho da propriedade, a qualidade em geral é de confiança. Os melhores são os vinhos aristocráticos fortes de Erbacher Marcobrun e os estimulantes de Hattenheimer Wisselbrunnen. A desvantagem deles é o preço elevado. O Sekt é uma especialidade muito importante aqui, está entre os melhores de Rheingau. A qualidade melhorou significativamente após a nomeação de Walter Bibo como diretor em 2003, e os TBAs de 2005 são de qualidade impressionante.

Balthasar Ress ☆☆
Hattenheim. www.ress-wine.com
Stefan Ress, agora assistido pelo filho Christian, é um comerciante e produtor bem estabelecido, produzindo ampla gama de vinhos de toda a região. Em 1978, ele arrendou os quatro hectares da Schloss Reichartshausen, originalmente uma propriedade cisterciense, mas ultimamente bastante negligenciada. Seus vinhos têm estilo descaradamente moderno, vinificados em aço inox e engarrafados cedo para máxima frescor. Qualidade bastante variável; a maioria dos vinhos é melhor quando bebida ainda jovem.

Schloss Schönborn ☆☆–☆☆☆
Hattenheim. www.schoenborn.de
Desde 1349, esta vasta propriedade privada na região de Rheingau, cinquenta hectares de locais excelentes na maioria, está nas mãos de uma família de grande influência política e cultural. As críticas estão divididas sobre o desempenho recente dos vinhos Schönborn. Alguns os descreveram como o "Rubens do Rheingau", enquanto outros os consideraram muito pesados e desajeitados. Eles vêm em grande variedade, desde Marcobrunn central ao Lorch, no extremo oeste da região, e Hochheim no extremo leste. O problema foi de inconsistência e, apesar de que ainda não ter sido completamente corrigido, os vinhos parecem estar em constante melhora.

Josef Spreitzer ☆☆☆
Oestrich. www.weingut-spreitzer.de
Os irmãos Andreas e Bernd cuidam dessa propriedade familiar de onze hectares com talento e competência. Bons vinhos doces vêm principalmente de Lennchen, que, com Hattenheimer Wisselbrunnen, é também a fonte de seus elegantes vinhos Erstes Gewächs. Equilíbrio é sua marca registrada.

Staatsweingüter Kloster Erbach ☆–☆☆☆☆
Eltville. www.staatsweingueterhessen.de
O domínio do Estado de Hessen, em Eltville, está baseado em vinhas monásticas cedidas ao Duque de Nassau na época de Napoleão. Em seguida, eles passaram para o reino da Prússia e, posteriormente, para o Estado de Hessen, cuja capital é a cidade próxima de Wiesbaden. Sua sede é a magnífica e perfeitamente

preservada abadia cisterciense de Kloster Eberbach (1135) em um vale arborizado atrás de Hattenheim, e os mais famosos de seus vinhedos, o Steinberg, compara-se a um *clos* fortificado da Borgonha. Kloster Eberbach é também o cenário dos prestigiosos leilões anuais de vinhos. Foi aqui que a palavra "Kabinett" foi usada pela primeira vez (para a vindima de 1712) para designar os vinhos de reserva de qualidade – um sentido completamente alterado pelas leis modernas. O patrimônio, de 193 hectares no total, inclui propriedades em Assmannshausen e o Hessische Bergstrasse, que são discutidas separadamente. Apesar do peso da tradição, os vinhos são feitos agora em uma nova brilhante propriedade no vinhedo de Steinberg, que tem uma capacidade de mais de 2 milhões de litros de vinho, armazenados, principalmente, em tanques de aço, além de tonéis de madeira. A partir de meados da década de 1970, o grande desempenho desta propriedade sofreu constante declínio, apesar de possuir alguns dos melhores locais da região. O diretor, desde 2000, Dieter Greiner, entende exatamente o que precisa ser feito para devolver o domínio à sua excelência anterior. Se os políticos, que são os seus mestres, lhe permitirem continuar com o trabalho que ainda está por se ver. Pode ainda haver desanimadora incoerência, com ambos Erstes Gewächs, medíocres e maravilhosos, e vinhos nobremente doces da mesma safra.

Schloss Vollrads ☆☆–☆☆☆
Oestrich-Winkel. www.schlossvollrads.com
Poucos homens fizeram mais para promover o Rheingau e seus vinhos que Graf Erwein Matuschka-Greiffenclau, que presidiu esta magnífica propriedade antiga nas colinas acima de Winkel, o último de uma longa linhagem de aristocratas que têm habitado Winkel desde 1100, pelo menos. Seus vinhedos foram aceitos como um Ortsteil, não necessitando usar nenhum nome Einzellage ou de comuna, mas o da localização do próprio vinhedo: Schloss Vollrads, que se especializou em vinhos secos, com açúcar residual mínimo. Graf Matuschka também arrendou o Weingut Fürst Löwenstein (ver p. 275) em Hallgarten.

Vinhos tão bons, como deveriam ser, que práticas como colheita com máquina foram toleradas em Vollrads. A dedicação de Graf Matuschka aos organismos oficiais, como a VDP, pode ter permitido que ele ignorasse a qualidade indiferente dos seus próprios vinhos. Crescentes dificuldades financeiras na década de 1990 culminaram com seu suicídio em 1997. A propriedade passou para as mãos de seus banqueiros, mas depois de alguns anos de ansiedade, quando se temia que Vollrads pudesse ser dividida, a Sparkasse Nassauische decidiu mantê-la intacta e contratou o experiente dr. Rowald Hepp para geri-la. Desde 1999, houve nítida melhoria na qualidade, mas os vinhos ainda não concretizaram todo o potencial da propriedade.

J Wegeler ☆☆
Oestrich-Winkel. www.wegeler.com
Na década de 1990, esta importante propriedade de 48 hectares, outrora ligada à casa de comércio Koblenz de Deinhard, mantinha a sua antiga reputação. Os vinhedos de Wegeler são excelentes: Oestricher Lenchen, Winkeler Hasensprung, Geisenheimer Rothenberg e o Rüdesheimer Berg. Uma nova equipe de gestão transformou as coisas, e embora o foco seja nos estilos mais secos de Riesling, safras como a de 2005 produziram também um maravilhoso conjunto de vinhos nobremente doces.

Weingut Robert Weil ☆☆☆–☆☆☆☆☆
Kiedrich.
www.weingut-robert-weil.com
A histórica propriedade Weil pertence, desde 1988, à gigante de bebidas japonesa Suntory, que fez enormes investimentos, mais que duplicando a área de vinhedos da propriedade e construindo as mais modernas instalações de vinificação da região. Tão importante quanto os investimentos citados, é o trabalho do diretor Wilhelm Weil, que foi decisivo para colocar a propriedade de volta à vanguarda da região. Seu Riesling Auslese de colheita tardia, BA, TBA e Eiswein de Kiedricher Gräfenberg estão entre os melhores vinhos deste estilo feitos na Alemanha.

As uvas são colhidas com seleções repetidas e os pesos de mosto excedem em muito os mínimos legais, levando algumas pessoas a sugerir que os vinhos Weil, apesar de esplêndidos, são exagerados. A constante demanda por eles, apesar dos preços elevados, sugere que o consumidor está satisfeito assim mesmo como são. Embora os vinhos secos sejam de boa qualidade, não chegam à mesma altura.

Domdechant Werner'sches Weingut ☆☆–☆☆☆
Hochheim. www.domdechantwerner.com
A família Werner comprou esta mansão maravilhosamente localizada, com vista para a junção dos rios Reno e Meno, do Duque de York, em 1780. O filho do comprador, o Dr. Franz Werner, foi o famoso diácono (Domdechant) de Mainz, que salvou a catedral de ser destruída pelos franceses.

A mesma família (agora chamada Michel) ainda gere a propriedade, fazendo sóbrios Hochheimer cheios de sabor de alguns dos seus melhores vinhedos. O tradicional envelhecimento em barril é empregado para ambos os vinhos secos e doces naturais, que são saborosos e duradouros.

Provando do barril.

Nahe

O rio Nahe é um afluente secundário do Reno, que flui para o norte, até juntar-se a ele em Bingen, com locais ideais para a Riesling em sua margem ocidental. Os melhores vinhos de seus 4.120 hectares de vinhedos têm a mesma qualidade que os bons vinhos da Alemanha. No entanto, a região é relativamente desconhecida, fora e dentro do próprio país.

Como os vinhedos do Nahe situam-se entre o Mosel e Rheingau, a forma convencional de descrever seus vinhos Nahe é algo como "de transição entre Mosel e Reno"; alguns dizem especificamente entre Saar e Rheingau. E isso é verdade para o peso e equilíbrio, corpo e estrutura dos vinhos finos do Médio Nahe. Eles têm a "ânimo", a coluna vertebral do Saar, que faz parte da essência do mais pesado e mais densamente aromatizado Rheingau. O solo vulcânico, no entanto, acrescenta algo bastante único; para mim, os grandes vinhos do Nahe muitas vezes têm uma nota delicada de cassis, com nuances minerais deliciosas e fascinantes. Com sua delicadeza, apesar da integridade, eles são bebidas hipnóticas.

Os melhores e mais renomados vinhedos do Nahe encontram-se no trecho rochoso e sinuoso do vale do rio acima da sua capital, a estância termal de Bad Kreuznach, particularmente os de Niederhausen, Norheim, Traisen e Schlossböckelheim. Seus vinhos frequentemente alcançam esse equilíbrio miraculoso entre maturação e frescor do qual somente a uva Riesling é capaz. Mais acima, onde o vale é mais amplo e suavemente ondulado, Monzingen tem os melhores locais. Os vinhos ruins de Kreuznach vêm de solos mais pesados e mais férteis e são, consequentemente, mais generosos e suculentos. Em anos com verões quentes, eles podem ser bombásticos; em anos menos extremos, sinônimo de charme e harmonia. Rio abaixo, em direção à confluência do Nahe com o Reno, a paisagem torna-se novamente pontuada de penhascos com face para o sul e encostas íngremes nos vales secundários. Aqui, de aldeias no Baixo Nahe, tais como Münster-Sarmsheim e Dorsheim, os vinhos têm caráter de minerais semelhantes aos do Médio Nahe, mas são mais cheios e mais imponentes.

Principais vinhedos de Nahe

Dorsheimer Burgberg/Goldloch/Pittermännchen O solo de ardósia avermelhada de Goldloch e Burgberg dá Riesling cheio de frutos de damasco e uma estrutura firme, enquanto o solo de ardósia cinza do Pittermännchen produz vinhos elegantes e estimulantes, que possuem extraordinária semelhança com Mosel Riesling finos. Proprietário mais importante: Diel.

Kreuznacher Brückes/Kahlenberg/Krotenpfühl Os melhores vinhedos de Bad Kreuznach gozam todos de posições abrigadas na periferia da cidade. Os solos de marga profundos, que cobrem ardósia avermelhada, resultam em vinhos ricos e encorpados. Proprietários mais importantes: von Plettenberg, Staatsweingut Bad Kreuznach.

Langenlonsheimer Rothenberg/Löhrer Berg Os solos de marga e ardósia avermelhada aqui produzem Riesling meio encorpados, cheios de fruta madura, que são bem apreciados desde a mais tenra idade. Proprietários mais importantes: Schweinhardt, Wilhelm Sitzius, Tesch.

Laubenheimer Karthäuser/St Remigiusberg No norte de Langenlonsheim, esses vinhedos têm mais solos de marga, nos quais a Riesling atinge níveis de maturidade elevado, tornando-o um excelente local para vinhos secos. Proprietário mais importante: Tesch.

Monzinger Frühlingsplätzchen/Halenberg Esses locais de declive acentuado têm solos contrastantes. O Frühlingsplätzchen é de ardósia avermelhada, dando vinhos mais imediatamente atraentes e flexíveis, enquanto a ardósia azul do Halenberg dá Riesling muito elegantes e estimulantes. Proprietários mais importantes: Emrich-Schönleber, Schäfer-Frohlich, Udo Weber.

Münsterer Dautenpflänzer/Kapellenberg/Pittersberg A paisagem graciosa desses vinhedos excelentes pode ser vista a partir da *autobahn* A61, no ponto em que a rodovia cruza o Nahe. A ardósia sobre os subsolos de marga e *Loess* nesses locais dá Riesling intensamente aromáticos e estimulantes; os de Dautenpflänzer têm a maior força e os vinhos Pittersberg são os mais elegantes. Proprietários mais importantes: Göttelmann, Kruger Rumpf.

Niederhäuser Hermannsberg/Oberhäuser Brücke Estes locais cobrem um único declive com exposição sudoeste e solo pedregoso de base de pórfiro. Eles são famosos por Riesling intensos e mineralizados. Proprietários mais importantes: Dönnhoff (monopólio Brücke), Gutsverwaltung Niederhausen-Schlossböckelheim (monopólio Hermmansberg).

Niederhäuser Hermannshöhle Desde a classificação da Prússia dos vinhedos do Nahe (publicado em forma de mapa em 1901), este tem sido considerado o melhor vinhedo. Exposição perfeita e um solo extremamente pedregoso, composto de uma mistura complexa de todos os tipos de solo locais, resultam em vinhos Riesling com muita elegância e complexidade aromática. Proprietários mais importantes: Dönnhoff, Mathern, Jakob Schneider, Wilhelm Sitzius, Gutsverwaltung Niederhausen-Schlossböckelheim.

Niederhäuser Kertz/Klamm/Rosenheck Embora estes não sejam os melhores vinhedos de Niederhausen, ainda assim eles dão Riesling sofisticados e estimulantes, com forte caráter de minerais do solo de pórfiro. Proprietários mais importantes: Mathern, Jakob Schneider.

Norheimer Dellchen/Kafels/Kirschheck Vinhedos em socalcos extremamente íngremes, com solo pedregoso e de pórfiro, estes são os menos conhecidos dos melhores locais do Médio Nahe, ainda que tenham potencial para desafiar Niederhausen e Schlossböckelheim. Proprietários mais importantes: Crusius, Dönnhoff, Mathern, Jakob Schneider, Staatsweingut Bad Kreuznach.

Roxheimer Berg/Birkenberg/Höllenpfad/ Hüttenberg/Mühlenberg A noroeste de Bad Kreuznach, os melhores locais de Roxheim estão fora do vale do Nahe, mas a combinação de uma exposição meridional e os solos de ardósia avermelhada dão vinhos aromáticos e maduros, de acidez elegante. Proprietário mais importante: Prinz zu Salm-Dalberg (Schloss Wallhausen).

Schlossböckelheimer Felsenberg/Kupfergrube Os dois grandes locais Schlossböckelheim ficam lado a lado, mas produzem vinhos contrastantes. Felsenberg é cultivado há séculos; o solo muito pedregoso produz Riesling ricamente aromáticos com uma sedosa acidez. O Kupfergrube foi criado a partir de uma antiga mina de cobre, em 1902, e produz vinhos elegantes e estimulantes que têm notável potencial de envelhecimento. Proprietários mais importantes: Crusius, Dönnhoff, Gutsverwaltung Niederhausen-Schlossböckelheim.

Schlossböckelheimer In den Felsen/Königsfels Os vinhos raramente se equiparam aos dos melhores locais de Schlossböckelheim, mas também dão Riesling estimulantes com caráter extremamente acentuado de minerais. Proprietários mais importantes: Hexamer, Korrell.

Traiser Bastei/Rotenfels O famoso vinhedo Bastei fica entre a margem do Nahe e os enormes penhascos Rotenfels de 180 metros (600 pés) de altura. Solo extremamente pedregoso de pórfiro produz vinhos fortes, pungentemente mineralizados. Os locais vizinhos de Rotenfels dão vinhos semelhantes, mas menos extremos. Proprietários mais importantes: Crusius, Gutsverwaltung Niederhausen-Schlossböckelheim.

Wallhäuser Felseneck/ Johannisberg/Pastorenberg Comandando uma posição abrigada no alto do vale Gräfenbach, estes vinhedos íngremes, com seus solos ricos em ardósia, dão notáveis Riesling semelhantes aos do Mosel. Proprietário mais importante: Schloss Wallhausen.

Principais produtores do Nahe

Hans Crusius ☆☆–☆☆☆
Traisen. www.weingut-crusius.de
Hans Crusius fez maravilhas para o perfil dos vinhos do Nahe, e sua propriedade de dezessete hectares agora é administrada pelo filho, dr. Peter Crusius. Os Riesling são muito claros e lindamente trabalhados e os de Traiser Bastei e Rotenfels têm força e personalidade.

Schlossgut Diel ☆☆☆
Burg Layen. www.schlossgut-diel.com
Viticultor, jornalista de vinhos, crítico de restaurante e apresentador de televisão, o multitalentoso Armin Diel é uma das personalidades de destaque no cenário do vinho alemão atualmente. Sua grande participação nos três melhores vinhedos de Dorsheim tornam esta propriedade a principal do Baixo Nahe.

Riesling secos de colheita tardia, com doçura natural, constituem a maior parte da produção, embora o Weisser Burgunder envelhecido em carvalho novo, o Grauer Burgunder e o Victor (uma poderosa mistura dos dois) também gozem de grande reputação, assim como o Sekt. Degustações, muitas vezes cegas, de cada safra desde 2004 confirmam que os vinhos de Diel estão hoje melhores do que nunca. A filha de Diel, Caroline, vem assumindo maior papel na gestão da propriedade.

Hermann Dönnhoff ☆☆☆☆
Oberhausen. www.doennhoff.com
Os Riesling de Helmut Dönnhoff são as expressões mais perfeitas dos grandes vinhedos do Médio Nahe. Por trás de sua forma reservada, encontra-se um fanático compromisso com a qualidade e um notável talento natural para a vinificação. Praticamente todo barril desta adega (e a madeira é um artigo de fé para Dönnhoff) é

engarrafado separadamente, resultando em uma gama confusamente ampla. No entanto, a consistência e a qualidade são tão grandes que isso pouco importa. Os vinhos mais fortes são aqueles a partir de Oberhäuser Brücke, enquanto os de Hermannshöhle representam o máximo em elegância e complexidade. O Eiswein de Dönnhoff está regularmente entre os melhores da Alemanha.

Emrich-Schönleber ☆☆☆
Monzingen. www.emrich-schoenleber.com
Desde o fim da década de 1980, a propriedade de Schönlebers pulou para as primeiras posições da lista dos produtores do Nahe. Seus Riesling, em ambos os estilos seco e naturalmente doce, são muito puros e expressivos, com fruta vibrante e acidez estimulante. Os vinhos da Halenberg são os mais refinados, os do Frühlingsplätzchen, mais generosos. O Eiswein de Schönleber muitas vezes desafia os de Dönnhoff pelo esplendor e intensidade.

Göttelmann ☆–☆☆
Münster-Sarmsheim.
Götz Blessing entrou na família Göttelmann pelo casamento e, desde 1984, passou a dirigir a propriedade e os vinhos nela feitos. O Riesling seco e o Grauer Burgunder são muitas vezes melhores do que os vinhos naturalmente doces, que podem mostrar alguma instabilidade. A qualidade é variável, mas os melhores vinhos são de fato muito bons.

Hahnmühle ☆
Mannweiler-Cölln. www.weingut-hahnmuehle.de
Peter Linxweiler é mais conhecido por Riesling elegantes, acerados e secos das vinhas rochosas do Vale do Alsenz. Apenas metade do campo é plantado com Riesling, portanto Linxweiler também pode oferecer vinhos de Silvaner, Traminer e Chardonnay.

Korrell ☆☆
Bad Kreuznach. www.korrell.com
Martin Korrell transformou a propriedade, outrora obscura, na melhor de Bad Kreuznach. Apenas metade das videiras são de Riesling; portanto, a gama inclui Gelber Muskateller seco, Weissburgunder e Chardonnay. Mas os Riesling de Schlossböckelheim, bem como os Kreuznach, são muito bons, tanto os secos quanto os doces.

Weingut Kruger-Rumpf ☆☆–☆☆☆
Münster-Sarmsheim. www.kruger-rumpf.com
Esta propriedade, com muitos dos seus melhores locais em Münster-Sarmsheim entre os seus dezenove hectares, é merecidamente admirada por seus vinhos firmes e secos, de grande estilo a partir de Riesling, Silvaner, Weisser Burgunder e Spätburgunder. Em 2001, Stefan Rumpf atravessou a fronteira para Rheinhessen e adquiriu vinhedos em Binger Scharlachberg. Todos os vinhos podem ser degustados no excelente restaurante da propriedade, que oferece um pouco da melhor culinária regional no Nahe.

Mathern ☆
Niederhausen. www.mathernweine.de
A propriedade é dotada de excelente seleção de locais íngremes em Niederhausen e Norheim e, até sua morte prematura, em 2002, Helmuth Mathern estava tirando o máximo delas. Safras recentes mostraram menor concentração e talento.

Gutsverwaltung Niederhausen-Schlossböckelheim ☆☆
Niederhausen. www.riesling-domaene.de
A antiga propriedade do Estado de Nahe, outrora considerada a melhor da Alemanha, foi fundada em 1902 pelo Kaiser Wilhelm II. Sua fundação foi pioneira da viticultura nas encostas íngremes acima do local agora famoso de uma antiga mina de cobre (Kupfergrube) para cultivar Riesling. Em 1920, seus vinhos foram considerados excelentes e assim permaneceram até a década de 1980.

Após um período de desempenho um tanto irregular no início da década de 1990, toda a propriedade foi comprada pelo fabricante de produtos agrícolas Erich Maurer. Apesar de suas boas intenções, os vinhos ainda têm de alcançar a grandeza do passado; e os vinhos secos, em particular, podem ser muito austeros. No seu melhor, os Schlossböckelheimer são os mais elegantes e delicados; os Niederhäuser são mais encorpados e mais sedutores; os Traiser, grandes, maduros e duradouros. Os vinhos a partir de 2005 em diante mostram mais sutileza.

Prinz zu Salm-Dalberg'sches Weingut Schloss Wallhausen ☆
Wallhausen. www.salm-salm.de
A propriedade orgânica pertencente a Michael Prinz zu Salm-Salm, ex-presidente da VDP, importante associação de produtores de vinhos, encontra-se em um canto pouco conhecido e intocado da região do Nahe. Os vinhos de vinhedo único são os mais sérios da propriedade. Os Riesling secos têm uma sutileza austera, embora possa faltar concentração aos estilos mais doces.

J. B. Schäfer ☆☆
Burg Layen. www.jbs-wein.de
O jovem Sebastian Schäfer investiu consideravelmente na propriedade que está em funcionamento desde 1997, e agora estamos vendo os resultados. Auxiliado por vinhas em alguns dos melhores locais em Dorsheim, Goldloch e Pittermännchen, ele produz bons vinhos secos e alguns doces excepcionais.

Schäfer-Fröhlich ☆☆☆
Bockenau. www.weingut-schaefer-froehlich.de
Tim Fröhlich assumiu o controle da propriedade da família em 1995 e sua ascensão para o topo da lista dos vinhos do Nahe foi rápida. Os vinhos nobremente doces, especialmente a série de TBAs criados por Fröhlich, são simplesmente deslumbrantes, mas ele parece igualmente em casa com Grosses Gewächs secos de locais incluindo o grande Kupfergrube.

Willi Schweinhardt ☆☆
Langenlonsheim. www.schweinhardt.de
Esta família de cultivadores há muito estabelecida produz Riesling meio doces e Scheurebe, assim como Chardonnay seco totalmente encorpado, Weisser Burgunder e Grauer Burgunder. Os vinhos leves e encantadores são mais bem apreciados bastante jovens. Esta é uma fonte confiável de Riesling Auslese com preços acessíveis.

Sitzius ☆–☆☆
Langenlonsheim. www.sitzius.de
Apenas pouco mais da metade dos vinhedos aqui é plantada com Riesling. Aos vinhos básicos falta entusiasmo, mas os melhores vinhos secos podem ser bons, especialmente os de Niederhäuser Hermannshöhle. O Spätburgunder, envelhecido em carvalho alemão, pode ser muito atraente.

Tesch ☆☆–☆☆☆
Langenlonsheim. www.weingut-tesch.de
Fundada em 1723, costumava ser uma propriedade altamente considerada, e a nova geração, representada pelo dr. Martin Tesch, restaurou sua reputação com sucesso. Os melhores vinhos aqui são os Riesling secos de Langenlonsheim e Laubenheim, locais que dão bons níveis de maturação. Os vinhos são generosos, frutados e amplamente estruturados, mas isso também significa que eles podem ser bebidos jovens. Os melhores vinhos doces de Tesch vêm de Laubenheimer Saint-Remigiusberg.

Rheinhessen

Atrás do conhecido Liebfraumilch e outras misturas desbotadas, o anonimato é o destino da maioria dos vinhos Rheinhessen. Em termos de volume, a produção é dominada por Müller-Thurgau brando e delicadamente florido; Silvaner sem corte e rústico; e vinhos picantes e superficiais de novas variedades.

Apenas 10% dos 26.230 hectares de vinhedos são de Riesling, concentrados em alguns locais proeminentes. Os mais importantes ficam perto de Nackenheim, Nierstein e Oppenheim, ao sul de Mainz; com o nome infeliz de "Rhine Front". Os vinhedos íngremes daqui dão alguns dos mais ricos Riesling da Alemanha, vinhos com o corpo e tempero para rivalizar com os melhores da Alsácia, França, e da Áustria. Em Bingen, no extremo noroeste da região, vinhedos com semelhante potencial de qualidade – nem sempre percebido – produzem Riesling mais contidos e clássicos. Entre o mar de vinhas que cobre a região montanhosa que forma o grosso do Rheinhessen, estão vinhedos que podem render bons Riesling secos, Weisser Burgunder, Grauer Burgunder e Silvaner seco tradicional. Pode haver algumas surpresas agradáveis de Gewürztraminer, Scheurebe e Auxerrois, embora menos consistentes. Os esforços para dar um perfil melhor aos vinhos do Rheinhessen foram acelerados com a introdução da classificação de vinhedos Grosses Gewächs. No entanto, o sucesso de um punhado de produtores dedicados ao Rhine Front e ao "Hinterland" está fazendo o suficiente para mudar a imagem da região.

Há um longo caminho a percorrer. Até mesmo os produtores que estão ansiosos para melhorar os seus vinhos e elevarem-se no mercado acham que são prejudicados pelos baixos preços que os vinhos Rheinhessen alcançam, o que significa que eles não podem arcar com os investimentos necessários para melhorar seus padrões de viticultura e vinificação. Felizmente, o sucesso de alguns produtores, como Keller e Wittmann, mostra o que pode ser alcançado – o que inclui preços mais elevados – por isso, com sorte, a melhoria contínua parece inevitável.

Um refratômetro sendo usado para medir os níveis de açúcar de uvas em maturação.

Principais vinhedos de Rheinhessen

Binger Scharlachberg Scharlachberg Riesling refinados e elegantes do solo de sílex de Taunus dessa propriedade de 27 hectares em socalcos voltados para o sul. O centro histórico do vinhedo foi arrancado na década de 1980 e não foi replantado. Proprietários mais importantes: Kruger-Rumpf (Nahe), Riffel, Villa Sachsen.

Dalsheimer Bürgel Um local de trinta hectares, com um pouco de solo de calcário e plantado com boa quantidade de Spätburgunder. Keller possui dois hectares aqui.

Dalsheimer Hubacker Argila com um pouco de calcário. O melhor lote dá Riesling excelentes a Keller.

Nackenheimer Rothenberg Extremo norte do "Roter Hang", local extremamente íngreme com solo pedregoso de ardósia avermelhada e excelente exposição, dá alguns dos Riesling mais sedutoramente aromáticos e de maior longevidade em todo o Reno. Praticamente um monopólio da propriedade Gunderloch, embora Kühling-Gillot e Heyl zu Herrnsheim produzam um Grosses Gewächs daqui.

Niersteiner Brudersberg Pequeno monopólio de Heyl zu Herrnsheim. Encostas íngremes, solo de ardósia avermelhada, perfeita exposição ao sul para fazer Riesling ricos e elegantes.

Niersteiner Heiligenbaum Apenas uma pequena parte deste local é bem considerada em virtude da prevalência de solo argiloso comum. Proprietários mais importantes: Schätzel, Seebrich.

Niersteiner Hipping Discussões acirradas ocorrem sobre os méritos deste local. No entanto, todos concordam que o aroma de abacaxi maduro típico de seus vinhos torna-os extremamente atraentes desde tenra idade. Proprietários mais importantes: Braun, Gehring, Gunderloch, Schneider, Seebrich, Strub.

Niersteiner Oelberg Com o solo mais profundo de todos os principais locais de Nierstein, Oelberg dá vinhos fortes que necessitam de um tempo para revelar suas profundezas, mas também são muito duradouros. Proprietários mais importantes: Heinrich Braun, Gehring, Guntrum, Heyl zu Herrnsheim, Kühling-Gillot, Schneider, Seebrich, Strub.

Niersteiner Orbel Este vinhedo em solo pedregoso e em declive extremamente íngreme, a oeste de Nierstein, produz vinhos que combinam intensidade mineral com acidez estimulante. Proprietários mais importantes: Schneider, Strub.

Niersteiner Pettenthal Apesar de desfrutar de exposição idêntica a Nackenheimer Rothenberg, o solo superficial de Pettenthal resulta em Riesling de rápido desenvolvimento, com pronunciado caráter mineralizado. Proprietários mais importantes: Braun, Gehring, Gunderloch, Heyl zu Herrnsheim, Kühling-Gillot, Schätzel.

Oppenheimer Herrenberg/Kreuz/Sackträger O solo pesado de marga desses locais dá vinhos completamente diferentes dos principais locais de Nierstein. Aqui, mesmo a Riesling dá vinhos pesados e encorpados, com firme acidez de fundo. Eles podem ser pesados e monótonos se não forem habilmente vinificados. Proprietários mais importantes: Braun, Guntrum, Kissinger, Kühling-Gillot, Manz.

Westhofener Morstein Marga-argila sobre um subsolo de calcário. Boa exposição que dá vinhos bastante mineralizados. Proprietários mais importantes: Groebe, Wittmann.

Principais produtores de Rheinhessen

Brüder dr. Becker ☆☆
Ludwigshöhe. www.brueder-dr-becker.de
Esta propriedade orgânica, dirigida por Lotte Pfeffer-Müller, merecidamente goza de boa reputação por seus Riesling e Silvaner secos de estilo tradicional, amadurecidos em barris, e o Scheurebe vibrantemente frutado, de estilo moderno e com doçura natural. Alguns dos vinhos vêm da marga calcária de Dienheimer Tafelstein.

Groebe ☆☆
Biebesheim. www.weingut-k-f-groebe.de
A qualidade pode ser inconsistente nesta propriedade, mas sete hectares de Friedrich Groebe incluem campos em alguns dos melhores vinhedos de Westhofen, e seus vinhos Grosses Gewächs em particular podem ser muito bons, com mineralidade marcante.

Gunderloch ☆☆☆☆
Nackenheim. www.gunderloch.de
Desde o final da década de 1980, os Riesling concentrados e explosivamente aromáticos de Fritz Hasselbach, do excelente vinhedo Nackenheimer Rothenberg, o lançaram para a fama internacional. Seu Auslese de colheita tardia e vinhos Prädikat superiores são também excepcionais. O Riesling Kabinett quase seco Jean Baptiste é um modelo exemplar deste clássico estilo de vinho alemão. No estilo seco, seu vinho básico, Gunderloch Riesling, também define um padrão elevado.

Ambos são vinhos excelentes para refeição. Com a aquisição da propriedade Balbach em 1996, a empresa dobrou de tamanho. Vinhos mais simples que visavam a um mercado mais jovem são embalados em rótulos brilhantemente coloridos sob o nome de Balbach, enquanto o rótulo do Gunderloch permanece dedicado aos estilos clássicos.

Louis Guntrum ☆
Nierstein. www.guntrum.de
Esse negócio de família começou em 1648, e agora é dirigida pela décima-primeira geração. Os vinhos da propriedade podem ser maduros e vigorosos, com grande variedade de sabores, cada variedade e local são engarrafados individualmente. Uma degustação abrangente da safra de 2007 revelou vinhos com maior claridade e fruta que no passado. Acima de tudo, eles oferecem confiabilidade em vez de excitação.

Gutzler ☆☆
Gundheim. www.gutzler.de
Os treze hectares de Gutzler estão dispersos entre várias aldeias do sul de Rheinhessen; por isso, a maioria dos vinhos não carrega uma denominação de vinhedo. Muitos dos vinhos brancos, a partir de uma ampla gama de variedades, são secos e o melhor deles é geralmente o Riesling Grosses Gewächs de Liebfrauenstift. Os tintos são muito extraídos e, por vezes excessivamente acarvalhados, mas o Spätburgunder, de Westhofener Morstein, é promissor.

Freiherr Heyl zu Herrnsheim ☆☆–☆☆☆
Nierstein. www.heyl-zu-herrnsheim.de
Algumas mudanças na posse e gestão desde meados da década de 1990 fizeram favores a esta propriedade, que, sob o dono anterior, Peter von Weymarn, foi uma pioneira dos Riesling secos na região. O atual proprietário, Detlev Meyer, simplificou a gama, introduzindo uma série de Rotschiefer (ardósia vermelha) para Silvaner, Weisser Burgunder e Riesling; e impôs os vinhos de

ALEMANHA | RHEINHESSEN

vinhedo único do monopólio de Brudersberg e do Pettenthal e Rothenberg. Embora muitos dos vinhos sejam secos, há também alguns BAs e TBAs raros e caros. Safras recentes produziram alguns Grosses Gewächs Riesling fortes, mas sem brilho.

Keller ☆☆☆☆
Flörsheim-Dalsheim. www.keller-wein.de
Esta propriedade de doze hectares fixou novos padrões de qualidade na região montanhosa de Rheinhessen ao sul. Seus Riesling e Rieslaners são vinhos notáveis, considerando que Flörsheim--Dalsheim não possui vinhedos célebres. Mas Klaus Keller e o filho Klaus-Peter identificaram os melhores campos em vinhedos como Bürgel e Hubacker, com resultados maravilhosos. As safras são incrivelmente baixas, permitindo que os Keller façam vinhos secos, de maturação completa e intensidade. Claridade, frutas efusivas e acidez estimulante são as características de seus vinhos, quer seco, com um toque de doçura natural, quer vinhos de sobremesa Rieslaner completamente maduros. O Spätburgunder, feito em pequenas quantidades, é tão bom quanto qualquer outro na Alemanha.

Klaus Knobloch ☆☆
Ober-Flörsheim. www.weingut-klausknobloch.de
Esta propriedade de trinta hectares tem sido cultivada organicamente desde 1988. Knobloch produz um conjunto interessante de vinhos tintos de variedades tais como Saint--Laurent e Lemberger, bem como Spätburgunder. Entre os vinhos brancos, o melhor, em geral, é o rico Weisser Burgunder.

Kühling-Gillot ☆–☆☆
Bodenheim. www.kuehling-gillot.com
Roland Gillot é mais conhecido por seus fortes e opulentos vinhos de sobremesa, que podem estar entre os melhores de Rheinhessen. Seus Riesling secos são menos notáveis, tendendo a ser muito corpulentos, uma vez que os vinhedos em Bodenheim e Oppenheim estão em solos pesados.

Michel-Pfannebecker ☆☆
Flomborn. www.michel-pfannebecker.de
Os irmãos Pfannebecker eliminaram cruzamentos de uvas inferiores de sua propriedade de doze hectares e, agora, focam em Riesling, Silvaner e Spätburgunder, e um pingo de Merlot. Os Riesling, principalmente secos, têm elegância e extensão, mas os Silvaner têm mais personalidade. O Grauer Burgunder e o Chardonnay podem ser picantes e complexos.

Rappenhof ☆
Alsheim. www.weingut-rappenhof.de
Com cinquenta hectares de vinhedos, esta propriedade familiar muito antiga é uma das maiores da região. Embora Klaus Muth tenha investido muita energia em experimentos com Chardonnay, vinhos tintos estilo *nouveau* e envelhecimento em barrica, a qualidade é frequentemente desinteressante.

Raumland ☆☆
Flörsheim-Dalsheim. www.raumland.de
Embora esta propriedade orgânica de dez hectares produza um pouco de vinho tinto e branco secos, a ênfase principal está no Sekt de método clássico, de Riesling e de Chardonnay. Eles são amplamente classificados como entre os melhores vinhos espumantes da Alemanha.

St Antony ☆☆☆
Nierstein. www.st-antony.com
Esta importante propriedade Nierstein foi comprada em 2005 por Detlev Meyer, proprietário da Heyl zu Herrnsheim (ver p. 265e nesta página), e, em 2008, ele decidiu juntar as duas propriedades, então a marca de Saint-Anthony desaparecerá.

Schales ☆–☆☆
Flörsheim-Dalsheim. www.schales.de
Propriedade familiar há muito estabelecida, que produz ampla variedade de vinhos do solo de calcário de Dalsheim, embora alguns deles sejam designados por vinhedo. Os fortes e secos Grauer Burgunder e Weisser Burgunder podem ser impressionantes, mesmo que, tintos e brancos, sejam feitos em um estilo que agrada as multidões, mas não são nada piores por isso. Os doces suntuosos e bastante pesados são geralmente feitos de variedades como Huxelrebe e Siegerrebe, embora não falte Riesling.

Georg Albrecht Schneider ☆☆
Nierstein. www.schneider-nierstein.de
Albrecht Schneider confessa, sem se autopromover ou vender, que faz elegantes Riesling otimamente trabalhados dos melhores locais de Nierstein. Atenção conscienciosa aos detalhes do vinhedo e da adega é o segredo dos altos padrões estabelecidos por esta propriedade pouco conhecida. Em contraste, os vinhos tintos de Dornfelder e St-Laurent são de pouco interesse.

J. & H. A. Strub ☆
Nierstein. www.strub-nierstein.de
Esta é uma antiga propriedade familiar que tem um bom nome por produzir vinhos suaves e maduros de alguns dos principais locais de Nierstein. Eles são agradáveis, mas não propriamente memoráveis.

Villa Sachsen
Bingen. www.villa-sachsen.com
Após um período de instabilidade no final da década de 1980 e início dos anos 1990, esta propriedade renomada foi comprada por um consórcio liderado por Michael Prinz zu Salm-Salm de Wallhausen no Nahe. Muitos dos vinhos brancos são secos; Grosses Gewächs de Binger Scharlachberg é o melhor deles. Os vinhos doces tendem a ser demasiadamente amplos.

Wagner-Stempel ☆☆☆
Siefersheim. www.wagner-stempel.de
Siefersheim não é uma aldeia célebre, mas, desde o início dos anos 2000, Daniel Wagner tem produzido alguns Riesling emocionantes de locais de primeira, tais como Höllberg e Heerkretz. Vinhos secos mais simples de ampla gama de variedades, tintos e brancos, são engarrafados sem denominação de vinhedo. Mesmo na safra muito difícil de 2006, os Grosses Gewächs Riesling são de primeira linha, assim como os vinhos nobremente doces.

Wittmann ☆☆☆–☆☆☆☆
Westhofen. www.wittmannweingut.com
Juntamente com Weingut Keller, Wittmann é a propriedade líder do interior de Rheinhessen. Houve algumas decepções em 2004, mas as safras de 2005 e 2006 produziram Grosses Gewächs soberbos dos três principais locais: Morstein, Aulerde e Kirchspiel. Philip Wittmann, que administra a propriedade desde 1998 e a converteu para biodinâmica em 2003, é responsável pela consistência dos vinhos, mas uma degustação recente de um magnífico Morstein Spätlese Trocken 1993 demonstrou que a alta qualidade não é nada nova nesta ótima propriedade progressista. Os Riesling são as estrelas, mas o Silvaner seco e o Weissburgunder são geralmente excepcionais, também.

Pfalz

Nenhuma região vinícola na Alemanha tem clima mais generoso que o de Pfalz. Na verdade, nenhum lugar do país é mais quente e mais seco do que na faixa de vinhedos que se estende por 80 km (cinquenta milhas) ao longo do flanco oriental das montanhas Haardt, da fronteira sul de Rheinhessen até a fronteira francesa, onde as montanhas Haardt se tornam os Vosges.

A combinação das vantagens climáticas e dos solos geralmente leves e arenosos resulta em vários dos melhores vinhos secos alemães e alguns vinhos de sobremesa notáveis também. Apesar da proximidade com a Alsácia, na França, eles têm um estilo completamente diferente dos vinhos daquela região. Aqui, a ênfase é nos aromas frescos e na acidez revigorante, em vez da vinosidade saborosa da Alsácia – não que vinosidade saborosa esteja fora de alcance. Com quase 23.360 hectares de vinhedos, Pfalz é superado em tamanho apenas por Rheinhessen, embora muitas vezes produza um pouco mais de vinho em razão da viticultura intensa e altamente mecanizada praticada nas vinhas da planície do Reno. Aqui é possível produzir vinhos encorpados mais eficientemente que em qualquer outro lugar da Alemanha. No entanto, é com vinhos no extremo oposto da escala de qualidade que Pfalz vem atraindo as atenções nos últimos tempos.

Tradicionalmente, a produção de vinho de qualidade estava associada à área de Mittelhaardt de Pfalz, em torno da cidade de Bad Dürkheim. Aqui, "as três Bs" – as grandes propriedades do dr. Von Bassermann-Jordan, Reichsrat von Buhl, e dr. Bürklin-Wolf – e um punhado de propriedades menores, estabeleceram a reputação da região pelos Riesling nobres durante o século XIX e início do século XX. Neste momento, o restante da região, principalmente Südliche Weinstrasse ao sul, era vista como adequada para a produção de nada além de vinhos degustáveis.

A nova geração quebrou este molde, provando que o norte e o sul da região podem produzir impressionantes vinhos brancos. Muitos dos melhores exemplos vêm de variedades que são lançamentos relativamente recentes: os cruzamentos de Riesling, Rieslaner e Scheurebe; a Pinot branca (Weisser Burgunder e Grauer Burgunder); e as tintas Spätburgunder, Saint-Laurent e Dornfelder. Felizmente, os principais produtores do Mittelhaardt responderam a este desafio, redobrando os seus esforços e a competição de qualidade agora é intensa.

A iniciativa dos melhores jovens produtores de Weinstrasse Südliche fez os donos das grandes propriedades do Mittelhaardt perceberem que os vinhos não eram tão bons como deveriam ser. Em meados da década de 1990, tudo isso começou a mudar, à medida que a complacência deu lugar à energia e a um claro compromisso com a qualidade. A classificação de vinhedo VDP foi abraçada com fervor por quase todas as principais propriedades, e os Gewächs Grosses Riesling e Pinot Noir, e não apenas de Mittelhaardt, estão agora entre os melhores vinhos alemães. De fato, em nenhum outro lugar da Alemanha Riesling secos poderosos podem ser produzidos com tal consistência.

Pode faltar ao Pfalz o cenário dramático do Mosel, Rheingau ou Mittelrhein, mas seu interior suavemente ondulado e verdejante torna-o uma das mais charmosas de todas as regiões vinícolas do país. Os habitantes do Pfalz são famosos por seu amor pela comida e bebida. Isso encontra sua expressão mais completa na famosa Wurstmarkt ("feira da salsicha") de Bad Durkheim em setembro, quando viticultores líderes se encontram com agricultores locais, enquanto saboreiam um schoppen (copo de meio litro) de vinho.

Principais vinhedos de Pfalz

Birkweiler Kastanienbusch O único local de Pfalz com solo pedregoso e avermelhado que retém calor e dá Riesling sutilmente aromáticos, com uma acidez sedosa. Proprietários mais importantes: Gies-Düppel, Kleinmann, Rebholz, Siener, Wehrheim.

Burrweiler Schäwer O Schäwer é a única vinhedo na região em solo de ardósia como no Mosel. Isso resulta em Riesling excepcionalmente refinados e aveludados, atípicos para a região. Proprietários mais importantes: Messmer, Sauer.

Deidesheimer Grainhübel/Hohenmorgen/Kalkofen/Kieselberg/Langenmorgen/Leinhöhle/Maushöhle Este aglomerado de pequenos locais garante a excelente reputação de Deidesheim como produtor de Riesling ricos e suculentos. Tradicionalmente, Grainhübel é considerado o maior deles. Como Kalkofen, ele tem um subsolo de calcário. Os vinhos desse vinhedo são de desenvolvimento lento, mas de longa duração. Com seu solo arenoso e muito claro, Leinhöhle é particularmente sensível à seca nos anos quentes. Proprietários mais importantes: Bassermann-Jordan, Josef Biffar, Von Buhl, Bürklin-Wolf, Deinhard, Mosbacher, Georg Siben, J. L. Wolf.

Dürkheimer Michelsberg/Spielberg/Ungsteiner Herrenberg Estes três ótimos vinhedos ocupam as faces sul, leste e oeste de uma colina logo ao norte de Bad Dürkheim. O solo rochoso de calcário e a excelente exposição resultam em Riesling intensos e maravilhosamente equilibrados, particularmente bem adaptados à vinificação em estilo seco. Proprietários mais importantes: Darting, Pfeffingen, Fitz-Ritter, Karl Schaefer, Egon Schmitt.

Duttweiler Kalkberg Aos sudeste de Neustadt, este local de areia clara e marga pode dar Riesling e Pinot Noir excelentes. Proprietário mais importante: Bergdolt.

Forster Freundstück/Jesuitengarten/Kirchenstück/Pechstein/Ungeheuer Os ótimos vinhedos de Forst ocupam uma das posições mais abrigadas da região. Isto, combinado com um solo de superfície clara, rapidamente aquecida, e um subsolo profundo, com retenção de água, resulta em Riesling notáveis. Os vinhos de Pechstein (assim chamados por causa da abundância de basalto nos seus melhores solos) são os mais estimulantes; os de Ungeheuer são ricos e encorpados; enquanto o Jesuitengarten e o Kirchenstück dão vinhos com maior elegância.

Eles são reconhecidos como os mais nobres locais de Pfalz desde pelo menos a primeira metade do século XIX. Proprietários mais importantes: Acham-Magin, Bassermann-Jordan, Von Buhl, Bürklin-Wolf, Lucashof, Mosbacher, Eugen Müller, Karl Schaefer, Spindler, Deinhard, J. L. Wolf.

Gimmeldinger Mandelgarten Ao norte de Neustadt, o vinhedo é de arenito desgastado. Proprietários mais importantes: Christmann, Müller-Catoir.

Haardter Bürgergarten/Herrenletten/Herzog Os melhores locais de Haardt, perto de Neustadt, têm solos incomumente profundos e pesados para o Pfalz, que produzem vinhos potentes, passíveis de longo envelhecimento, com estrutura firme e ácida. Com altos níveis de maturação, eles podem adquirir um bouquet arrebatador de damasco e abacaxi. Proprietários mais importantes: Müller-Catoir, Weegmüller.

Kallstadter Annaberg/Saumagen O solo de calcário de Saumagen e a exposição para o sul na melhor parte deste local tornam os vinhos extremamente poderosos e altamente estruturados, que precisam de anos de envelhecimento para o aroma característico de maracujá desenvolver-se plenamente. O Saumagen reside numa espécie de anfiteatro e é um local extremamente quente. Os vinhos Annaberg são menos expansivos, mas, nos anos quentes, eles podem possuir uma elegância maravilhosa, ressaltando seu aroma mineral de pederneira. Proprietários mais importantes: Henninger IV, Koehler-Ruprecht.

Königsbacher Idig Vinhos meio encorpados, assemelhando-se aos de Ruppertsberg, porém com estrutura um pouco mais firme. Proprietário mais importante: Christmann.

Mussbacher Eselshaut O solo arenoso muito claro aqui dá vinhos totalmente encorpados, com aromas extravagantes, incluindo notas de frutas exóticas. Proprietário mais importante: Müller-Catoir.

Ruppertsberger Gaisböhl/Nussbien/Reiterpfad A grande área de bons vinhedos no lado ocidental de Ruppertsberg geralmente produz Riesling com pronunciados aromas florais, que são encantadores desde muito jovens. Os de Reiterpfad e Nussbien tendem a ser mais profundos e complexos. Proprietários mais importantes: Acham-Magin, Bassermann--Jordan, Bergdolt, Biffar, Von Buhl, Bürklin-Wolf, Christmann, Deinhard.

Siebeldinger im Sonnenschein O nome diz tudo: um local pedregoso e arenoso banhado pelo sol. Um vinhedo de primeira para Rebholz e Wilhelmshof.

Ungsteiner Weilberg Este local bem exposto dá Riesling Pfalz extremamente típicos, suculentos e aromáticos, que aparecem bem desde bem jovens, mas também envelhecem bem. Proprietário mais importante: Pfeffingen.

Wachenheimer Belz/Goldbächel/Gerümpel/ Rechbächel Os melhores vinhedos de Wachenheim produzem Riesling que combinam a elegância estimulante do Rheingau com a riqueza do Pfalz. Os vinhos secos Wachenheimer são tão impressionantes quanto os famosos vinhos de sobremesa. Proprietários mais importantes: Biffar, Bürklin-Wolf (incluindo o monopólio Rechbächel), J. L. Wolf, Zimmermann.

Principais produtores de Pfalz

Acham-Magin ☆
Forst. www.acham-magin.de
Esta pequena propriedade sempre se especializou em vinhos secos e está no seu auge, agora que esses vinhos se tornaram moda. Com uma coleção de vinhedos de primeira em Forst, Deidesheim e Ruppertsberg, há potencial para futuro aperfeiçoamento.

Dr. von Bassermann-Jordan ☆☆☆
Deidesheim. www.bassermann-jordan.de
Após o falecimento do dr. Ludwig von Basserman-Jordan em 1995, esta famosa e histórica propriedade passou para a filha e a viúva. Desde o início do século XVIII, quando seu fundador, Andreas Jordan, fez os primeiros vinhos com vinhedo designado e o primeiro Auslese na região, a família é uma das produtoras mais consistentes de ótimos Riesling Pfalz de vinhedos soberbos em Deidesheim, Forst e Ruppertsberg.

Depois de um período irregular durante os últimos anos de vida do dr. von Basserman-Jordan, a nomeação do talentoso viticultor Ulrich Mell, que fez seu nome na Biffar (ver nesta página e p. 269), promoveu um retorno dramático para sua melhor forma. Ele colocou um fim a práticas tais como centrifugação do mosto e da colheita com máquina e reduziu drasticamente a produção, que era muitíssimo elevada. As estrelas tendem a ser os Riesling secos dos melhores vinhedos e os vinhos excessivamente concentrados e nobremente doces.

Além do vinho, vale uma visita (apenas com agendamento) à propriedade pela magnífica coleção de artefatos romanos dispostos em suas adegas em cavernas entre os tonéis de madeira ainda utilizados para os vinhos lá produzidos.

Friedrich Becker ☆☆–☆☆☆
Schweigen. www.weingut-friedrich-becker.de
Becker é mais conhecido pelo alto padrão dos seus vinhos tintos, principalmente Spätburgunder. Existem três níveis de qualidade, o primeiro sendo imensamente – a verdade, excessivamente – caro. Os brancos são mais variáveis, mas os Chardonnay secos, Weisser Burgunder, Grauer Burgunder e Gewürztraminer muitas vezes têm a mesma combinação de riqueza inebriante e frutos maduros dos vinhos tintos.

Bergdolt ☆☆–☆☆☆
Duttweiler. www.weingut-bergdolt.de
Os solos de *Loess* e marga dos vinhedos de Rainer Bergdolt delimitam o que ele tem obtido com a uva Riesling, que pode ter um toque neutro aqui, mas seus Weisser Burgunder secos estão entre os melhores vinhos feitos com esta uva subestimada em toda a Alemanha. Os Spätlese secos são sempre agradavelmente equilibrados; o Auslese Trocken, no entanto, tende a ser desagradavelmente alcoólico. Nos últimos anos, os Spätburgunder de Bergdolt deram um grande salto adiante. Eles são feitos em um estilo robusto, mas ganharam imensamente em delicadeza desde o fim da década de 1990.

Bernhart ☆☆
Schweigen. www.weingut-bernhart.de
Juntamente com Becker (ver p. 532), esta propriedade no extremo sul de Pfalz é a líder de Schweigen. O Spätburgunder Grosses Gewächs é modesto, porém encantador, enquanto os Grosses Gewächs de Weissburgunder e Riesling são mais opulentos.

Josef Biffar ☆☆–☆☆☆
Deidesheim. www.biffar.com
Esta propriedade de doze hectares e a companhia de frutas cristalizadas da família são codirigidas por Gerhard Biffar e a filha Lilli. Com uma linha de Riesling concentrados, agradavelmente refinados, secos e naturalmente doces das melhores vinhas de Deidesheim, Wachenheim e Ruppertsberg, Biffar foi elevada à primeira linha de produtores do Pfalz no início da década de 1990,

depois de Ulrich Mell ser contratado como mestre de adega. Houve muitas mudanças de viticultor no final da década de 1990 e início dos anos 2000 que desestabilizaram um pouco a qualidade, mas a propriedade parece estar de volta ao curso.

Reichsrat von Buhl ☆☆☆☆
Deidesheim. www.reichsrat-von-buhl.de
Na década de 1980, esta famosa propriedade passou por uma fase ruim; as uvas eram colhidas cedo para evitar riscos, e as produções eram altas. No final da década de 1980, o proprietário, Freiherr von und zu Gutenberg, que tinha pouco interesse em vinho, arrendou a propriedade para um grupo de investidores japoneses. Até o início dos anos 1990, era claro que von Buhl tinha um desempenho ruim, considerando a sua coleção de vinhedos magníficos e, em 1994, um novo viticultor foi contratado. Frank John já trabalhara na Müller-Catoir (ver p. 270-271), e seguiu seu estilo não intervencionista. Ele também reduziu drasticamente as produções.

Houve outras alterações de pessoal depois que Achim Niederberger comprou a propriedade em 2005, mas a qualidade parece inalterada. A Riesling continua a dominar as plantações, mas Grauer Burgunder, Spätburgunder e Scheurebe também estão presentes. Os melhores vinhos são os secos Grosses Gewächs de Forster Kirchenstuck e Pechstein. Em anos adequados, vinhos doces espetaculares de Rieslaner e de Riesling são também produzidos, notavelmente a partir de Ungeheuer.

Dr. Bürklin-Wolf ☆☆☆
Wachenheim. www.buerklin-wolf.de
Com 86 hectares de vinhedos, esta famosa propriedade é uma das maiores da Alemanha em propriedade privada. Depois de assumir a direção da Bürklin-Wolf em 1992, Christian von Guradze, que era então casado com a proprietária Bettina Bürklin, instituiu um programa de mudanças radicais que rapidamente restaurou a propriedade para o primeiro escalão dos produtores de vinho do Pfalz. Ele também converteu a propriedade para a viticultura biodinâmica em 2005.

Hoje, apenas os vinhos de locais muito bons são vendidos com denominações de vinhedo, e rotulagem (e preço) sutil diferencia locais considerados *grand cru* dos considerados *premier cru*. Embora Bürklin-Wolf tenha outrora gozado da mais elevada reputação por seus Auslese e TBAs, ela perdeu um pouco o interesse no estilo, preferindo em vez disso concentrar-se sobretudo em poderosos Riesling secos.

Christmann ☆☆☆–☆☆☆☆
Gimmeldingen. www.weingut-christmann.de
Em 1994, Steffen Christmann assumiu a propriedade da família em Mittelhaardt e, rapidamente, instituiu uma hierarquia de vinhos ao estilo de Borgonha e também introduziu a agricultura orgânica. Há muito ele é um defensor ardoroso da classificação no Pfalz e sucedeu Prinz Salm no comando da VDP. Christmann selecionou seus melhores locais – Ruppertberger Reiterpfad, Königsbacher Idig e Oelberg – para seus Grosses Gewächs. Os Riesling são principalmente secos, embora Christmann faça Auslese e vinhos de qualidade superior, geralmente de Idig, quando as condições o permitem. Christmann também produz Spätburgunder ricos e elegantes, mas as produções são tão baixas que mal são viáveis economicamente.

Darting ☆–☆☆
Bad Dürkheim. www.darting.de
Os Darting criaram um nicho para os vinhos feitos em um estilo exuberantemente frutado, muito acessível e com preços razoáveis. Pode lhes faltar sofisticação, mas eles invariavelmente dão prazer, embora, às vezes, mostrem descuido. Em 1989, os Darting deixaram a cooperativa local e estabeleceram sua própria propriedade. Os melhores são os Riesling de Ungsteiner Herrenberg, mas há também Scheurebe excelentes e vinhos doces de Rieslaner e Muskateller.

Dr. Deinhard ☆–☆☆
Deidesheim. www.dr-deinhard.de
Uma propriedade bem conhecida, fundada em 1849, pela famosa família Deinhard, produtora de vinho de Koblenz. Embora a propriedade inclua vinhedos excelentes em Deidesheim e Ruppertsberg, os vinhos são um pouco sem brilho.

Fitz-Ritter ☆☆
Bad Dürkheim. www.fitz-ritter.com
Johann Fitz é a nona geração da família a administrar esta propriedade, que, com a sua ótima mansão clássica do século XVIII (1785), situada num parque, contém a maior árvore de *Ginkgo biloba* da Alemanha. A família Fitz também começou aqui (em 1837) um dos mais antigos negócios de Sekt na Alemanha, que funciona até hoje. Há dois Grosses Gewächs Riesling, de Dürkheimer Michelsberg e Ungsteiner Herrenberg.

Gies-Düppel ☆☆
Birkweiler. www.gies-dueppel.de
Durante a última década, Volker Gies trabalhou duro para melhorar a qualidade da propriedade de sua família, e conseguiu com Weisser Burgunder de primeira e um elegante Riesling de Kastanienbusch.

Knipser ☆☆–☆☆☆☆
Laumersheim. www.weingut-knipser.de
Os irmãos Knipser estiveram entre as principais figuras da revolução do vinho tinto de Pfalz. Desde o fim da década de 1980, eles produzem uma linha de vinhos tintos Spätburgunder, Saint-Laurent e Dornfelder impressionantemente ricos e tânicos, de vinhedos pouco conhecidos de Grosskarlbach e Laumersheim. Cabernet Sauvignon e Merlot foram plantadas aqui em 1991, seguidas de Syrah e Cabernet Franc. Em geral, o Spätburgunder é o melhor da série de tintos, embora inconsistente, e pode faltar tipicidade às variedades de Bordeaux e Rhône. Seus poderosos vinhos brancos, envelhecidos em carvalho, dividem a opinião crítica e Silvaner e Sauvignon Gris envelhecidos em barricas serão sempre o gosto de uma minoria. No entanto, os Riesling secos são muito bons, embora seu Auslese seco seja excessivamente alcoólico.

Prensa de vinho abandonada, Schweigen.

ALEMANHA | PFALZ

Koehler-Ruprecht ☆☆☆–☆☆☆☆
Kallstadt.

Koehler-Ruprecht especializa-se em dois estilos de vinho muito contrastantes. Os Riesling secos vendidos sob o rótulo Koehler--Ruprecht são talvez os vinhos mais tradicionalmente vinificados na região, passando um ou dois anos em tonéis de madeira. Os do Saumagen possuem extraordinária força e potencial de envelhecimento, e estão entre os melhores vinhos secos produzidos na Alemanha.

Os vinhos vendidos sob o rótulo Philippi são vinificados em alta proporção de barricas novas, estilo este deliberadamente internacional. Entre eles, os tintos Spätburgunder e os brancos Weisser Burgunder e Grauer Burgunder são frequentemente muito concentrados e bem feitos. O vinho de sobremesa Elysium, feito a partir de uma gama de variedades de uvas e envelhecido em barricas novas por anos, é a exata duplicata do Sauternes francês, bastante alcoólico.

Lingenfelder ☆–☆☆
Grosskarlbach. www.lingenfelder.com

Esta propriedade familiar de quinze hectares produz Riesling e Scheurebe ricos e flexíveis num estilo bastante amplo que apela para os mercados de exportação, que Rainer Lingenfelder há muito cultivou. Ele foi um dos pioneiros do Spätburgunder envelhecido em barrica no Pfalz, mas uma vinificação hábil não pode disfarçar o fato de que o material clonado não foi de primeira. A propriedade teve merecidamente muito sucesso com seu suculento e enérgico Dornfelder, que, nos melhores anos, é envelhecido em barrica e engarrafado sob o rótulo Onyx.

Lucashof ☆☆
Forst. www.lucashof.de

Klaus Lucas faz Riesling, limpo e fresco, com muita personalidade. A ênfase está nos secos, o melhor vindo dos locais de primeira classe Pechstein e Ungeheuer de Forst.

Herbert Messmer ☆☆–☆☆☆
Burrweiler. www.weingut-messmer.de

Fundada em 1960, e com 26 hectares, esta é uma das poucas propriedades dinâmicas que tirou a imagem de Südliche Weinstrasse de ser apenas um produtor de vinho a granel. Gregor Messmer é um jovem produtor talentoso, com alguns vinhedos notáveis à sua disposição, incluindo o de primeira classe Burrweiler Schäwer, o único vinhedo do Pfalz com solo de ardósia como do Mosel. Seus Riesling elegantes, travosos, secos e de colheita tardia encontram-se frequentemente entre os melhores vinhos feitos com essa uva em toda a região. Os secos Weisser Burgunder e Grauer Burgunder são muito mais típicos do Pfalz, mas igualmente bem trabalhados. O Spätburgunder de Messmer adquiriu delicadeza e equilíbrio em safras recentes. Os melhores vinhos são rotulados como "Selection", que não estão de acordo com a categoria do Instituto do Vinho introduzida em 2001.

Theo Minges ☆☆
Flemlingen. www.weingut-minges.com

Minges é típica de Südliche Weinstrasse na produção de uma vasta gama de vinhos de diversas variedades, incluindo Chardonnay, Weisser Burgunder, Riesling e Gewürztraminer. O carvalho, às vezes, pode ser muito proeminente no em geral equilibrado Spätburgunder.

Georg Mosbacher ☆☆☆–☆☆☆☆
Forst. www.georg-mosbacher.de

Há tempos, esta propriedade é uma das principais produtoras de Riesling de famosos vinhedos de Forst. Ricos aromas, frutas suculentas e acidez brilhante são as características dos vinhos Mosbacher. As safras de 2002, 2004 e 2005 mostraram um completo domínio dos Riesling secos dos quatro locais de Grosses Gewächs.

Eugen Müller ☆☆–☆☆☆
Forst. www.weingut-eugen-mueller.de

Kurt Müller possui, entre seus dezessete hectares, as únicas videiras antigas, nos melhores locais de Forst, que sobreviveram à reestruturação dos vinhedos da aldeia. Os vinhos resultantes são grandes, ricos e musculosos. O filho de Müller, Stephan, que passou um tempo trabalhando no Vale de Barossa na Austrália, está agora ao lado do pai neste empreendimento.

Müller-Catoir ☆☆☆☆
Neustadt. www.mueller-catoir.de

Duas personalidades complexas, o proprietário Heinrich Catoir e o viticultor Hans-Günther Schwarz, transformaram esta propriedade na líder indiscutível no Pfalz. (Ver boxe, p. 271: "Müller-Catoir – uma grande propriedade do Pfalz.")

Münzberg ☆☆–☆☆☆
Godramstein. www.weingut-muenzberg.de

A propriedade da família Kessler, perto de Landau, faz alguns dos melhores Weisser Burgunder secos, Chardonnay (o único branco fermentado em barril) e Grauer Burgunder do Pfalz. Os solos são bastante pesados para Riesling, mas esta variedade pode ser surpreendentemente fresca nas mãos dos Kessler. Seus vinhos tintos também melhoraram muito nos últimos anos. O envelhecimento em barrica foi introduzido em 1989, e, em 2004, os Spätburgunder de Grosses Gewächs Schlangenpfiff estavam atingindo a sua verdadeira estatura.

Karl Pfaffmann ☆☆–☆☆☆
Walsheim. www.weingut-karl-pfaffmann.de

Markus Pfaffmann graduou-se, em 1999, na Geisenheim – importante instituição de ensino superior alemã voltada ao conhecimento sobre o mundo do vinho. Então, Markus juntou-se ao pai, Helmut, nesta propriedade de trinta hectares – moderna, comercial, com colheita mecânica na maioria dos vinhedos e as uvas vinificadas em aço inoxidável. Os vinhos são muito bem feitos: os Riesling são revigorantes, os Weisser Burgunder, cheios e frutados, e os Grauer Burgunder mostram pureza e delicadeza.

Pfeffingen ☆☆☆
Bad Dürkheim-Pfeffingen. www.pfeffingen.de

Esta propriedade altamente considerada ganhou a sua reputação com Karl Fuhrmann de 1950 a 1970. Atualmente é administrada pela filha Doris. A Riesling domina os vinhedos, notavelmente o Ungsteiner Herrenberg, mas a Scheurebe é importante também e produz vinhos ricos e suculentos. Os Pfeffingen Riesling, secos ou naturalmente doces, têm delicadeza considerável. Mesmo os vinhos de safras mais baixas envelhecem por muito tempo e graciosamente, enquanto em ótimos anos, tais como 2004 e 2005, oferecem vinhos de brilho e distinção.

Ökonomierat Rebholz ☆☆☆–☆☆☆☆
Sielbeldingen. www.oekonomierat-rebholz.de

A família Rebholz foi a pioneira dos vinhos de qualidade em

Südliche Weinstrasse, fazendo os primeiros vinhos BA e TBA na área, quando tais raridades foram consideradas a reserva exclusiva dos Mittelhaardt. Eles são muito mais conhecidos, no entanto, pelos seus vinhos secos intensos. No início da década de 1990, os Riesling de Hans-Jörg Rebholz poderiam ser muito austeros, mas safras mais recentes foram brilhantes, mesmo na complicada safra de 2006. Dos dois Grosses Gewächs, o Kastanienbusch tem aromas de anis, enquanto o Sonnenschein é mais adamascado e opulento. Embora a Riesling domine os vinhedos, Rebholz também se destaca com vinhos brancos Weisser Burgunder, Chardonnay, Gewürztraminer e Muskateller, bem como tintos Spätburgunder, com ou sem envelhecimento em carvalho novo. Todos os vinhos beneficiam-se de um ou dois anos de envelhecimento em garrafa para perderem sua assertividade juvenil. Os melhores vinhos são designados como "R" no rótulo.

Karl Schaefer ☆–☆☆
Bad Dürkheim. www.weingutschaefer.de
Propriedade familiar estabelecida em 1843, dirigida em linhas tradicionais. A Riesling domina os vinhedos e os vinhos são fermentados lentamente em barris de carvalho. Após a morte do dono, dr. Wolf Fleischmann, sua filha, Gerda Lehmeyer, assumiu a direção da propriedade. Depois de algumas safras decepcionantes, a qualidade tem melhorado desde 2004.

Schneider ☆☆
Ellerstadt. www.weingutschneider.de
Markus Schneider é hoje o principal cultivador desta aldeia a leste de Bad Dürkheim. Ele descartou os nomes de vinhedo, que têm pouca ressonância nesta área, e o sistema Prädikat, portanto todos os vinhos são engarrafados como QbA. O preço indica qualidade. Embora os Riesling sejam bons, Schneider parece mais dominado por vinhos tintos, de videiras velhas de Portugieser, bem como misturas de estilo Spätburgunder e Bordeaux. Esses tintos são envelhecidos em barricas e tem um peso considerável.

Georg Siben Erben ☆–☆☆
Deidesheim. www.siben-weingut.de
Wolfgang Siben foi um dos primeiros cultivadores do Pfalz a se especializar em Riesling secos. Em 1997, ele se aposentou, entregando os negócios para o filho Andreas, a décima geração de Sibens fazendo vinho aqui. Provenientes de videiras de cultivo orgânico, os vinhos são assertivos e menos opulentos que muitos Pfalz Riesling. Os Grosses Gewächs Riesling de 2005 mostraram acentuada melhora; os vinhos de categoria mais baixa permanecem menos convincentes.

Thomas Siegrist ☆☆
Leinsweiler. www.weingut-siegrist.de
Thomas Siegrist foi um pioneiro de vinhos tintos envelhecidos em barrica no Pfalz, produzindo sua primeira safra em 1985. Hoje, ele é assistido de perto pelo genro Bruno Schimpf. Eles criaram algumas misturas de tinto, tais como Johann Adam Hausch (75% Spätburgunder e 25% Dornfelder) e Bergacker (Spätburgunder / Dornfelder / Cabernet Sauvignon), mas, em geral, esses não são tão bem-sucedidos quanto os complexos Spätburgunder. São

---

MÜLLER-CATOIR – UMA GRANDE PROPRIEDADE DO PFALZ

A reputação do Pfalz como a região vinícola mais dinâmica da Alemanha seria impensável sem a propriedade Müller-Catoir. Fundada em 1744 pela família Huguenote Catoir, só recentemente ela tem feito história.

A propriedade fica em Haardt, um subúrbio de Neustadt an der Weinstrasse. Nenhum dos vinhedos do Haardt atraía atenção até a chegada, em 1962, do tímido proprietário de Müller-Catoir, Heinrich Catoir, e seu entusiasmado enólogo, Hans-Günther Schwarz. Juntos, eles desenvolveram e aperfeiçoaram um novo e marcante estilo de vinho alemão a partir de um conjunto de variedades de uvas, transformando os vinhos da propriedade nos mais emocionantes do Pfalz. O que é mais notável sobre essa conquista é que a propriedade não possui vinhedos nas aldeias mais prestigiadas como Deidesheim e Forst. Em vez disso, eles se encontram perto de Neustadt in Haardt and Gimmeldingen, e nunca foram muito considerados. No entanto, todos os vinhos Müller-Catoir, secos ou doces, exibem uma personalidade forte. Os melhores são expressões únicas do clima generoso da região.

A Riesling representa 60% da propriedade de vinte hectares de vinhedos e dá alguns dos vinhos secos mais saborosos e mais aromáticos feitos dessa uva nobre em toda a Alemanha. Foi, no entanto, com uvas raras, tais como a Rieslaner e a fora de moda Scheurebe (ambos cruzamentos de Silvaner e Riesling) que Catoir e Schwarz fizeram seus nomes. Nas suas mãos, a Rieslaner dá um frescor cintilante e um sabor suntuoso aos Auslese e vinhos de alta qualidade, enquanto os seus Scheurebe são opulentos e exóticos, porém sedosos e elegantes. Cada uma delas representa quase 10% dos vinhedos da propriedade. Em safras superiores, Grauer Burgunder e Weisser Burgunder dão vinhos secos tão bombásticos quanto a fachada de pedra com a qual a casa barroca foi feita na virada do século. O Muskateller é um vinho seco perfumado, feito apenas quando a natureza sorri para essa uva inconstante.

Se o brilho dos vinhos aqui não é essencialmente uma expressão do *terroir*, então, deve-se dar crédito às habilidades do produtor. Ainda assim, Schwarz não era um manipulador. Em vez disso, enquanto a maioria das vinícolas alemãs estavam se tornando cada vez mais cheias da tecnologia e filtros mais modernos, Schwarz defendeu e intervenção mínima. Ele não tinha centrífugas, ou desacidificação, ou leveduras cultivadas e, se possível, a refinação era evitada também. Schwarz era igualmente exigente no vinhedo: eliminando fertilizantes, arando o solo, podando drasticamente a fim de limitar a produtividade. Ele teve a sorte de Heinrich Catoir estar disposto a apoiar esta campanha de qualidade com o seu talão de cheques.

O estilo de vinho de Müller-Catoir e seu compromisso com a qualidade tem inspirado toda uma geração de jovens viticultores do Pfalz. Muitos dos jovens produtores líderes da região já trabalharam na Müller-Catoir ou foram aconselhados por Schwarz. Sem ele, o renascimento de qualidade da região das ultimas três décadas teria sido impensável. Ele se aposentou em 2002 e seu sucessor, Martin Franzen, deve ter assumido o seu lugar com certa hesitação. Ele tem se saído bem até agora. Os vinhos estão mantendo o padrão e os vinhos nobremente doces são deslumbrantes como sempre.

ALEMANHA | PFALZ / HESSISCHE BERGSTRASSE

classificados de acordo com um sistema de estrelas da casa. Os vinhos brancos secos, de Grauer Burgunder, Weisser Burgunder, e Riesling, ganharam peso e opulência nos últimos anos.

Weegmüller ☆–☆☆
Neustadt. www.weegmueller-weine.de
O entusiástico Stephanie Weegmüller é o viticultor daqui; ele produz inúmeros vinhos de diversas variedades de uva. Isso torna difícil discernir um estilo consistente, e, para alguns vinhos, parece faltar vitalidade. Haardter Herrenletten produz alguns muito bons Riesling secos, bem como Grauer Burgunder. Os vinhos doces são opulentos mas um pouco pesados.

Dr. Wehrheim ☆☆☆
Birkweiler. www.weingut-wehrheim.de
Karl-Heinz Wehrheim faz alguns dos melhores vinhos Riesling secos, Weisser Burgunder e Grauer Burgunder no Pfalz meridional. Ricos e elegantes, os melhores vinhos vêm das encostas íngremes e do solo pedregoso e avermelhado de Birkweiler Kastanienbusch, e de seus outros Grosses Gewächs, Birkweiler Mandelberg.

Somente os vinhos destes locais têm denominação de vinhedo. O Weisser Burgunder é particularmente bem-sucedido, e os tintos são de interesse também. A Saint-Laurent foi plantada aqui em 1974, e há uma mistura de Cabernet e Merlot chamada Carolus, feita pela primeira vez em meados da década de 1990. Ainda não alcançou a elegância do Spätburgunder Kastanienbusch.

Wilhelmshof ☆☆
Siebeldingen. www.wilhelmshof.de
A família Roth especializou-se na produção de Sekt, e faz alguns desses melhores espumantes em todo o Pfalz. Há também tintos interessantes e alguns Weisser Burgunder e Grauer Burgunder, completamente encorpados, da vinha Im Sonnenschein.

J. L. Wolf ☆☆☆
Wachenheim. www.drloosen.de
Em 1996, esta propriedade pobre e de desempenho insatisfatório foi assumida por um consórcio liderado pelo empresário local Christoph Hindenfeld e Ernst Loosen da propriedade dr. Loosen em Bernkastel, Mosel (ver p. 252). Não demorou muito tempo para Loosen demonstrar que é tão hábil em produzir Riesling deliciosamente secos como também vem produzindo Mosel Riesling tradicionais e naturalmente doces. Os vinhos, dos melhores locais em Wachenheim, Forst e Deidesheim, têm pureza e acidez, e até mesmo os mais básicos Riesling são excelentes.

Hessische Bergstrasse

Com seus 436 hectares de vinhedos, a metade deles de Riesling, nos montes com socalcos ao norte de Heidelberg, Hessische Bergstrasse é uma das mais belas regiões vinícolas da Alemanha. No entanto, como a maioria de sua produção é bebida na região ou vendida a visitantes de final de semana das muitas cidades grandes próximas, ela é pouco conhecido fora dessa área. O que é uma pena, porque aqui os melhores locais são capazes de dar elegantes e sofisticados Riesling de excelente qualidade.

As encostas íngremes de Heppenheimer Steinkopf, Bensheimer Kalkgasse e Bensheimer Streichling são os três principais locais de Hessische Bergstrasse. O solo pobre de arenito de Steinkopf dá muitos vinhos mineralizados e estimulantes; o calcário de Kalkgasse produz vinhos mais substanciais e mais redondos; Streichling é famoso por produzir um bouquet delicado e sutil. Em solos de *Loess* e marga dos vinhedos de menor altitude são cultivadas Weisser Burgunder e Grauer Burgunder, produzindo vinhos secos meio encorpados comparáveis com os do norte de Baden. Aliás, a região é uma continuação dos vinhedos do norte de Baden.

Principais produtores de Hessische Bergstrasse

Weingut der Stadt Bensheim ☆
Bensheim. www.weingut-der-stadt-bensheim.de
A cidade de Bensheim tem uma pequena propriedade de aproximadamente treze hectares, principalmente Riesling. Axel Seiberth foi o diretor aqui por mais de vinte anos, e imprimiu seu estilo na vinícola.

Os Riesling são surpreendentemente suaves em razão da sistemática fermentação malolática à qual o vinho é submetido, o que é incomum na Alemanha para o Riesling. Isso resulta em vinhos flexíveis para consumo imediato, e apresentam falta de vitalidade e tipicidade. A propriedade também faz alguns agradáveis Spätburgunder envelhecidos em antigas barricas.

Staatsweingut Bergstrasse ☆–☆☆☆☆
Bensheim.
www.weingut-kloster-eberbach.de
Oficialmente, esta propriedade é parte do vasto domínio do estado de Hessen, com base no Kloster Eberbach, mas sempre gozou de alto grau de autonomia. A vinícola se orgulha do fato de que produziu os primeiros TBAs na história da região em 1971, e seu primeiro Eiswein no ano seguinte. Hoje são os Riesling secos Weisser Burgunder e Grauer Burgunder que dominam a produção, mas o Eiswein ainda pode ser excepcional. Em linhas gerais, esta é a melhor propriedade da região.

Simon-Bürkle ☆☆
Zwingenberg. www.simon-buerkle.de
Esta propriedade de doze hectares foi criada por dois ambiciosos jovens graduados na escola de vinho Weinsberg, no início da década de 1990. Um deles, Kurt Simon, morreu em 2003, mas sua viúva, Dagmar, tomou seu lugar. Embora a qualidade ainda seja um pouco irregular, esse produtor continua a ser um dos líderes de qualidade na região, tanto para Riesling quanto para Spätburgunder.

Francônia

O rio Meno flui para o oeste, desenhando um grande e sinuoso W até encontrar o Reno além da cidade de Frankfurt, 80 km (cinquenta milhas) ao leste de Rheingau. Seu curso percorre o solo de pedra calcária irregular e as colinas de marga vermelha de Francônia, a extremidade norte da Baviera.

O centro de Francônia é a cidade barroca de Würzburg. Seu vinhedo mais famoso, o Würzburger Stein, desce para o centro da cidade a partir de uma colina íngreme acima do rio. O nome Stein era outrora tradicionalmente usado por estrangeiros para designar vinhos de Francônia genericamente (como o inglês Hochheim encurtado para "hock" para todos os vinhos Rhein). "Steinwein" vem em garrafões gordos e troncudos chamados *Bocksbeutel*, distinguindo-se de quase todos os outros vinhos alemães, que vêm em garrafas elegantes (esta é provavelmente a visão popular sobre o assunto).

O vinho de Francônia goza de popularidade local, e sua consistência e qualidade são de tal ordem que os apreciadores não reclamam de pagar altos preços pelos vinhos. Isso impediu que os vinhos de Franken se tornassem mais conhecidos fora da Alemanha.

A área, que se estende por 6 mil hectares, é extremamente difusa e difícil de compreender. Os vinhedos são encontrados apenas em encostas excepcionais voltadas para o sul. O setor mais importante fica em torno de Würzburg, e é conhecido como Maindreieck (triângulo do Meno). Mais a leste fica o Steigerwald, que tem solos mais pesados, e o setor oeste, em torno de Bürgstadt tem reputação cada vez maior pelos vinhos tintos. O clima da Francônia é adverso, e graves geadas são comuns. A temporada é curta demais para que se alcance sucesso regular com a Riesling, embora as mudanças climáticas nos últimos anos tenham resultado em crescente número de vinhos excelentes dessa variedade. Tradicionalmente, no entanto, o melhor vinho da Francônia é feito de Silvaner. Só aqui e, ocasionalmente, em Rheinfront em Rheinhessen, essa variedade faz vinho de qualidade interessante. A Silvaner cultivada na Francônia pode produzir vinhos secos (e mais raramente doces) encorpados com nobre largura e substância. Por vezes, são comparados com o Burgundy branco, não pelo sabor, mas sua vinosidade e capacidade de acompanhar alimentos saborosos à mesa.

Infelizmente, a Müller-Thurgau agora tem a vantagem, sendo plantada em 32% dos vinhedos. Ela pode funcionar bem, quando não plantada em excesso, e fazer vinhos saborosos e complacentes, embora raramente se compare à notável elegância discreta da Silvaner. A Scheurebe pode fazer melhor. A Bacchus, ainda plantada em 12% dos vinhedos, tende a ser agressivamente aromática, mas desfruta de seguidores locais.

Em ano de boa maturação, a Rieslaner produz um Auslese excelente, com a amplitude de um Silvaner e a profundidade de um Riesling. Pode ainda a Rieslaner fazer vinhos secos emocionantes. Cerca de metade do vinho é produzido por cooperativas.

Würzburg, no entanto, conta com três das mais antigas, maiores e melhores propriedades vinícolas na Alemanha: Bürgerspital, Juliusspital e Hofkeller Staatlicher. Mas esse trio poderoso está sendo cada vez mais desafiado pelo crescente número de pequenas propriedades que têm por objetivo, muitas vezes alcançando, a mais alta qualidade.

Principais vinhedos da Francônia

Bürgstadter Centgrafenberg O vinhedo de primeira classe que se localiza mais a oeste da Francônia é também o mais quente, sobre uma encosta abrigada voltada para o sul, na pequena bacia em torno da cidade de Miltenberg. O solo de arenito vermelho também entra em cena para produzir vinhos de Franken extraordinariamente aromáticos e picantes. A uva Spätburgunder desempenha papel tão importante quanto a Riesling.

Casteller Schlossberg Essa encosta abruptamente íngreme acima da aldeia de Castell, documentada pela primeira vez em 1258, é um dos principais locais de Steigerwald. A combinação de exposição excelente e solo pesado de gesso e marga resulta em vinhos fortes e vigorosos. Rieslaner, assim como Riesling e Silvaner, chegam às alturas aqui em mais de um sentido.

Escherndorfer Lump O "vagabundo" de Escherndorf é um dos vinhedos mais imponentes da Francônia, um grande anfiteatro de videiras em uma das curvas mais drásticas do rio Meno. É particularmente conhecido por Silvaner secos, saborosos e suculentos, embora a Riesling também dê excelentes resultados.

Frickenhäuser Kapellenberg O melhor vinhedo de Frickenhausen também é um dos locais de primeira linha menos conhecidos da Francônia. A encosta voltada para a sul situa-se próxima à margem do rio Meno. Embora os vinhos que produz possam não ser os mais poderosos na área, eles têm fruta ampla e equilíbrio encantador.

Homburger Kallmuth O muro imponente de vinhas que forma o famoso Kallmuth é um dos poucos vinhedos de primeira linha da Francônia que não foram *Flurbereinigt*, isto é, reorganizados pelo paisagismo. Sua flora silvestre, com um marcado caráter do sul, é famosa. Foi documentado pela primeira vez em 1102. O solo de arenito avermelhado dá vinhos saborosamente frutados com um poderoso caráter mineralizado.

Iphöfer Julius-Echter-Berg/Kronsberg O vinhedo batizado em homenagem ao príncipe-bispo do final do século XVI, Julius Echter Mespelbrunn, é indiscutivelmente um dos melhores da Francônia. Situado no extremo sudoeste de Steigerwald, ele goza de excelente exposição, que, com o solo de gesso e marga, dá vinhos de enorme poder, com forte caráter terroso. Os vinhos da vizinha Kronsberg são muito menos imponentes.

Randersackerer Marsberg/Pfülben/Sonnenstuhl/ Teufelskeller A antiga cidade de Randersacker é abençoada com

Deusa do vinho e Pã, Würzburg.

mais vinhedos finos que qualquer outra na Francônia. No entanto, embora esses vinhos tenham muito corpo e riqueza, eles são menos vigorosos que outros vinhos da Francônia. Bom equilíbrio e sutil caráter picante são suas marcas registradas. As diferenças entre esses vinhedos, todos de solo calcário, são essencialmente de exposição. O melhor de todos é o Pfülben, de quinze hectares.

Rödelseer Küchenmeister A cidade de Rödelseer encontra-se ao norte de Iphofen, e seu melhor local, Küchenmeister, situa-se próximo aos principais locais daquela cidade. Os vinhos são semelhantes em caráter, mas um pouco mais leves.

Volkacher Ratsherr Este imponente vinhedo de encosta está situado a apenas 8 km (cinco milhas) ao norte do famoso Escherndorfer Lump e goza de uma localização favorecida de forma semelhante, bem ao lado do rio Meno. Ele dá vinhos saborosos e substanciais com uma boa estrutura picante. Karthäuser é outro local de primeira linha aqui.

Würzburger Abtsleite/Innere Leiste Embora menos famoso que Würzburger Stein, ambos os locais gozam de excelentes localizações e são capazes de produzir vinhos Riesling e Silvaner de primeira classe. Na verdade, o Innere Leiste, situado imediatamente abaixo da fortaleza Marienburg, rende os vinhos mais importantes da cidade. O que pode faltar aos vinhos Abtsleite em teor alcoólico eles mais do que compensam em vigorosa elegância.

Würzburger Stein/Stein-Harfe O Stein e seu local secundário, o Stein-Harfe (de propriedade exclusiva da Bürgerspital – ver nesta página) cobrem uma encosta que se estende por mais de 8 km (cinco milhas) diretamente a noroeste de Würzburg. Por muito tempo, a nota fumarenta distintiva destes vinhos foi explicada pela proximidade com a linha ferroviária principal, mas desde a electrificação, ficou óbvio que esse caráter vem, na verdade, do solo calcário. Nenhum vinho da Francônia pode superar os melhores Riesling e Silvaner desse lugar em elegância e sutileza de fruto, muitas vezes nitidamente cítrico e até mesmo ligeiramente tropical.

Principais produtores da Francônia

Bickel-Stumpf ☆☆
Frickenhausen. www.bickel-stumpf.de
Os vinhos secos, até mesmo Kabinett simples de Silvaner e Müller--Thurgau, tendem a ser deliciosos aqui, geralmente melhores que os de estilo mais doce. Por outro lado, os vinhos nobremente doces de Traminer e Rieslaner podem ser excelentes. Uma novidade de 2005 se chama Crossover, um Silvaner envelhecido em barrica, desenvolvido pelo filho de Reimund Stump, Mathias.

Bürgerspital zum Heiligen Geist ☆☆
Würzburg. www.buergerspital.de
Uma instituição de caridade esplêndida, fundada em 1319 para os idosos de Würzburg por Johannes von Steren, é agora um pouco ofuscada pela fundação eclesiástica ainda mais rica, a Juliusspital (ver p. 274-275). É proprietária de 110 hectares, e tem mais Riesling plantada do que qualquer outra propriedade importante de Franken. Ela também usufrui da maior parte do famoso Stein de Würzburg, e outras boas encostas voltadas para o sul. Os vinhedos são 33% Riesling, 29% Silvaner e 12% Müller-Thurgau. O restante inclui Weisser Burgunder, Scheurebe, Spätburgunder, e diversas novas variedades. As especialidades da casa incluem

Silvaner, claro, seco e em estilo meio doce menos bem-sucedido, chamado Feinherb; Riesling do Stein, que se mostrou excelente em 2005, mas menos em 2006; Weisser Burgunder amplo e saboroso, também do Stein. Os vinhos podem ser degustados na enorme *Weinstube* (taverna) de 500 lugares nas veneráveis instalações do hospital. A qualidade tem sido confusa nos últimos anos, mas há sinais de melhora.

Fürstlich Castell'sches Domänenamt ☆☆–☆☆☆
Castell. www.castell.de
Castell é um minúsculo principado, ainda com seu próprio príncipe no palácio, e os vinhedos e uma cadeia de bancos e outras propriedades permanecem sob propriedade familiar. Até 1806, os Castell ainda tinham seu próprio exército particular. Os vinhedos sobem a encosta até bosques de carvalho perfeitamente conservados – outro orgulho do príncipe.

Em 1997, o filho do atual príncipe, Ferdinand, assumiu o controle da propriedade, e instalou uma nova equipe que apresentou resultados excelentes. Müller-Thurgau e Silvaner são as variedades mais importantes, bem como Riesling e Rieslaner, esta última produzindo vinhos doces poderosos, exuberantes e picantes. Os Schloss Castell citam apenas a variedade e a safra no rótulo. São vinhos atraentes para consumo rápido.

Muito superiores são os vinhos de vinhedo único e o melhor deles é invariavelmente o Schlossberg, um Grosses Gewächs. Os vinhos doces podem ser excepcionais também: Silvaner Eiswein e BA e TBA de Riesling e Rieslaner.

Michael Fröhlich ☆–☆☆
Escherndorf. www.weingut-michael-froehlich.de
Os vinhos frescos e limpos de Michael Fröhlich estão entre os melhores nesta parte do vale do Meno. Os Riesling são particularmente louváveis. O Muskateller, uma pechincha.

Fürst ☆☆☆–☆☆☆☆
Bürgstadt. www.weingut-rudolf-fuerst.de
Paul Fürst é um dos produtores de vinho mais talentosos na Alemanha. Além de produzir impressionantes Riesling secos, porém austeros, ele também faz um poderoso Weisser Burgunder. Mas ele é mais, e merecidamente, conhecido por seus vinhos tintos majestosos: o concentrado Spätburgunder e o saborosamente aveludado Frühburgunder.

Os melhores são rotulados com "R", presumivelmente de "Reserva". Há também uma mistura de Spätburgunder e Domina chamado Parzifal. Esta gama contém os melhores vinhos tintos de Franken.

Glaser-Himmelstoss ☆☆
Nordheim. www.weingut-glaser-himmelstoss.de
Doze hectares de vinhedos em Dettelbach e Nordheim, ao sul de Escherndorf, fornecem as uvas para esta propriedade clássica, com sua coleção Riesling e Silvaner secos e suaves, às vezes, nobremente doces. O Spätburgunder envelhecido em barricas é identificado como Rebell no rótulo. Os preços são razoáveis tratando-se de vinhos de Franken.

Juliusspital-Weingut ☆☆☆
Würzburg. www.juliusspital.de
Esta fundação beneficente, em uma escala ainda maior que os Hospícios de Beaune na Borgonha, foi fundada em 1576 pelo príncipe-bispo Julius Echter von Mespelbrunn. Com 170 hectares,

é hoje uma das maiores propriedades vinícolas da Alemanha, mantendo um hospital magnífico e outras instituições de caridade para as pessoas de Würzburg. Sua adega abobadada baixa, com 243 metros (800 pés) de comprimento, foi construída em 1699 e ainda abriga barris cheios de vinho. Os vinhedos são 41% Silvaner, 20% Riesling, 16% Müller-Thurgau. O restante inclui Gewürztraminer, Ruländer, Weisser Burgunder, Muskateller, Scheurebe e Spätburgunder (em Bürgstadt). Hoje, a propriedade, dirigida por Horst Kolesch, é considerada por muitos a melhor das grandes propriedades de Würzburg, com vinhedos em vários locais Grosses Gewächs. Silvaner aparece de várias formas, principalmente em vinhos de vinhedo único, e dá exemplares elegantes, vibrantemente frutados, enquanto o Riesling seco mostra do que esta uva é capaz nesta região. Há deliciosos Rieslaner secos e doces, e raros BA e TBA de Stein.

Fürst Löwenstein ☆☆–☆☆☆
Kreuzwertheim. www.loewenstein.de
Após um período de estagnação, esta famosa propriedade nobre, que pertence ao mesmo proprietário de Hallgarten no Rheingau (ver p. 256), tem passado por um renascimento. Os vinhos mais interessantes são os impressionantes Silvaner e Riesling de estilo tradicional das encostas íngremes do excepcional local Homburger Kallmuth. O Spätburgunder de Bürgstadter Centgrafenberg pode ser picante e elegante.

Roth ☆–☆☆
Wiesenbronn. www.weingut-roth.de
A propriedade orgânica de Gerhard Roth no Steigerwald é mais conhecida por seus tintos acarvalhados tânicos de Spätburgunder, Lemberger e Domina, mas os seus Riesling secos, frutados e substanciais, merecem ser levados a sério também.

Johann Ruck ☆☆☆
Iphofen. www.ruckwein.de
Desde o fim da década de 1980, Johann Ruck tem produzido esplêndidos vinhos da Francônia, feitos de forma meticulosa. Eles casam muito bem as qualidades terrosas e de ervas típicas dos vinhos dos famosos vinhedos de Iphofen com grande frescor e uma acidez picante. Além de ótimo Riesling e Silvaner secos, Herr Ruck também faz o mais concentrado Grauer Burgunder seco da região, a partir de velhas videiras em Rödelsee, e um delicioso Rieslaner doce. Todos os seus vinhos podem ser degustados na casa da propriedade histórica no centro de Iphofen.

Horst Sauer ☆☆☆–☆☆☆☆
Escherndorf. www.weingut-horst-sauer.de
Esta propriedade de quatorze hectares tem melhorado rapidamente para tornar-se um dos produtores mais consistentes de Franken. O segredo do sucesso da Sauer é a colheita seletiva do excelente vinhedo Lump. Os Silvaner são nítidos e mineralizados, e os Riesling são atrevidos e pungentes. A Sauer é extremamente proficiente em vinhos nobremente doces, e frequentemente bem-sucedida em obter Silvaner Eiswein e Silvaner ou Riesling TBAs do Lump. Sejam secos ou ultradoces, são vinhos de qualidade exemplar.

Egon Schäffer ☆
Escherndorf. www.weingut-schaeffer.de
Depois de algumas safras decepcionantes, esta minúscula propriedade de três hectares volta à boa forma com alguns Silvaner secos e sedutoramente ricos, das encostas do famoso vinhedo Lump.

Schmitt's Kinder ☆☆
Randersacker. www.schmitts-kinder.de
Esta propriedade, fundada em 1710, foi herdada por seis irmãs e um filho em 1917, e em vez de dividi-la, eles concordaram em trabalhar juntos: daí o nome incomum desta propriedade de dezoito hectares. Karl Martin Schmitt produz vinhos de estilo moderno e não tem medo de usar a mais moderna tecnologia para garantir mostos limpos.

Os Silvaner e Riesling Grosses Gewächs de Pfülben são repletos de frutas e aromas, muito limpos e puros em sabor. Em 2005, Schmitt surpreendeu com alguns BAs impressionantes.

Graf von Schönborn ☆–☆☆
Volkach. www.schoenborn.de
A família Schönborn, que possui uma grande propriedade na região de Rheingau, também tem esta aqui de trinta hectares em Franken, que está na família desde 1806. Durante alguns anos, os vinhos têm sido tímidos, os vinhos secos um pouco terrosos, os estilos mais doces um pouco ásperos, mas a nomeação de um novo mestre de adega em 2003 está gradualmente rendendo vinhos mais consistentes.

Schloss Sommerhausen ☆☆
Sommerhausen. www.weingut-schloss-sommerhausen.de
Os Steinmann já foram gerentes hereditários dessa propriedade pertencente ao castelo em Sommerhausen, e, em 1968, se tornaram os donos de seus 28 hectares. Os Riesling e Silvaner secos do vinhedo Steinbach Grosses Gewächs são vibrantes e mineralizados, mas Sommerhausen também é conhecida por seus vinhos da família Pinot de uvas brancas (Weisser Burgunder, Grauer Burgunder, Auxerrois) e Chardonnay. Além desses, produz uma linha de vinhos espumantes, dos quais o Auxerrois vintage é geralmente o mais interessante, e, em safras adequadas, como a de 2005, alguns TBAs emocionantes.

Staatlicher Hofkeller ☆–☆☆
Würzburg. www.hofkeller.de
As vinhas superlativas do nobre príncipe-bispo de Würzburg, originárias do século XII, são agora (desde 1816) um domínio do Estado da Baviera. Embora o palácio do príncipe, a *Residenz* barroca, tenha sido em grande parte destruído durante a Segunda Guerra Mundial, a grande adega subterrânea sobreviveu, e continua sendo um dos pontos turísticos mais empolgantes do mundo do vinho. (O maravilhoso teto da *Residenz*, coberto por afrescos de Tiepolo, também sobreviveu, e é um dos pontos turísticos mais emocionantes do mundo.) Houve mudanças frequentes na gestão nos últimos anos, então a qualidade tem sido um pouco irregular, o que é lamentável, dada a excelente variedade de vinhedos à disposição da vinícola.

No entanto, alguns dos Riesling secos e dos Rieslaners são lições do estilo de Franken, equilibrando alta acidez com aromas poderosos. Hofkeller se orgulha muito de seus vinhos tintos, de Domina e Frühburgunder, assim como de Spätburgunder, mas pode lhes faltar elegância. Infelizmente, Hofkeller continua a ficar atrás das duas outras grandes propriedades de Würzburg.

Josef Störrlein ☆☆–☆☆☆
Randersacker. www.stoerrlein.de
Esta pequena propriedade tem desfrutado de rápida ascensão desde

ALEMANHA | FRANCÔNIA / WÜRTTEMBERG

que foi criada do nada por Armin Störrlein em 1970. Störrlein sabe precisamente o estilo de vinho de que gosta: completamente seco, mas não muito ácido. Esta abordagem parece funcionar melhor com variedades como Weisser Burgunder que com Silvaner. O Spätburgunder superior é excessivamente acarvalhado, mas há uma mistura tinta (de Domina, Spätburgunder e Pinot Meunier) mais macia e frutada, chamada Casparus.

Hans Wirsching ☆☆–☆☆☆
Iphofen. www.wirsching.de
Empresa familiar desde 1630, agora gerida pela sua décima-quarta geração; é a maior propriedade de Iphofen, com 72 hectares de vinhedos. Silvaner é a variedade principal, e os melhores vinhos, sempre secos, recebem a designação "S". Os Riesling são picantes, e os vinhos superiores têm forte tom mineral. Há bons vinhos de Scheurebe, Gewürztraminer e Rieslaner, que, nas melhores safras, como a de 2005, é usada para produzir vinhos doces sauntosos. Os tintos são de estilo surpreeendentemente despojado. Depois de uma série maçante, a Wirsching está agora produzindo vinhos Grosses Gewächs bastante satisfatórios e equilibrados de Julius Echter Berg e Kronsberg.

Zehnthof ☆☆–☆☆☆
Sulzfeld. www.weingut-zehnthof.de
Wolfgang Luckert faz vinhos secos elegantes e flexíveis de uma grande variedade de uvas brancas (as mais importantes: Silvaner, Chardonnay, Riesling e Weisser Burgunder) e vinhos de sobremesa soberbos quando as condições são adequadas. Luckert favorece a fermentação natural e o envelhecimento em barris tradicionais. A seleção de vinhos tintos tem sido ampliada nos últimos anos, com Cabernet e Merlot bastante caros na carteira, além de Spätburgunder e Frühburgunder encorpados.

Württemberg

Três séculos atrás, Württemberg era, de longe, a maior região vinícola da Alemanha. Mas as guerras e as doenças de videira fizeram com que muitos locais fossem abandonados, e, em 1963, havia apenas 7 mil hectares em produção. Hoje esse número subiu para 11.500. Como na Francônia, seus vinhedos estão muito dispersos, mas se concentram entre as cidades de Heilbronn e Stuttgart. A identidade da região deriva do fato de ser, além do Ahr, a única na Alemanha onde as uvas tintas predominam. Em Württemberg, elas ocupam 71% dos vinhedos. Infelizmente, a uva tinta de escolha aqui, com mais de 20% das plantações, é a medíocre Trollinger. Os visitantes têm dificuldade para enxergar o encanto desse tinto pálido e leve, mas ele tem sido parte vital da dieta local de Schwaben, sendo consumido em quantidades heroicas nos bares e restaurantes de Stuttgart. No entanto, há outras uvas tintas capazes de produzir vinhos mais interessantes. Schwarzriesling é o mesmo que Pinot Meunier e, como seria de esperar, não costuma alçar grande voos; mas vinhos mais sérios são feitos de Lemberger, Spätburgunder e Samtrot (uma mutação da Pinot Meunier).

A Riesling é a mais importante uva de vinho branco, mas dá resultados completamente diferentes comparados aos dos vales do Reno e do Mosel. O clima continental e os solos de gesso e marga, que são extremamente proprícios à uva tinta, produzem vinhos brancos que são encorpados, amplos e terrosos. O desafio para os produtores de vinho é lhes dar um toque de elegância. Os melhores vêm dos vinhedos em socalcos íngremes do Vale do Neckar.

Infelizmente, no momento, nenhuma região vinícola na Alemanha tem mais potencial não concretizado que Württemberg. A facilidade com que vinhos de qualidade, sólida e cotidianamente podem ser vendidos dentro da região parece fazer com que apenas um punhado de viticultores se esforcem para alcançar qualidade superior e reconhecimento. Mas suas fileiras estão crescendo, e as melhores propriedades estão adquirindo sólida reputação na Alemanha, embora quase nenhum vinho seja exportado.

O instituto de pesquisa do vinho em Weinsberg tem se ocupado da criação de novos cruzamentos de uvas tintas que vão dar mais corpo e cor aos vinhos de Württemberg. Atualmente, elas têm sido plantadas com cuidado, em Pfalz e em Rheinhessen, assim como aqui, e são usadas quase exclusivamente como componentes de misturas. As melhores propriedades de vinho tinto de Württemberg obtêm bons resultados com a colheita prematura para garantir a maturidade ideal, e vêm dominando os mistérios do envelhecimento em barrica. No início da década de 1990, muitos tintos de Württemberg eram tânicos e acarvalhados demais, mas, por votla de 2005, muitas propriedades tinham corrigido os excessos de entusiasmo do passado e estavam fazendo vinhos bem equilibrados, com caráter e elegância.

A região é dividida em três sub-regiões. Remstal-Stuttgart tem alguns dos melhores locais, mas Unterland Württembergisches, que se espalha por todo o norte do vale do Neckar, do norte de Stuttgart até o vale do Bottwar no leste, é de longe o maior. E o menor fica na zona norte de Kocher-Jagst-Tauber, que, atipicamente, é especializada em vinho branco.

Principais produtores de Württemberg

Graf Adelmann ☆☆☆
Kleinbottwar. www.graf-adelmann.com
Uma das propriedades mais famosas em Württemberg, cujas garrafas são instantaneamente reconhecíveis pelos rótulos "rendilhados" em azul-claro e vermelho, com o nome Brüssele (em homenagem a um ex-proprietário). O castelo Burg Schaubeck é uma fortaleza encantadora e venerável, aparentemente de origem romana, pertencente à família Adelmann desde 1914. A propriedade, agora dirigida por Graf Michael Adelmann, é mais conhecida por seus vinhos tintos, que, em uma boa safra, podem estar entre os melhores da Alemanha. Os mais poderosos são os Lemberger e o Cuvée Vignette, uma mistura de Lemberger, Cabernet Sauvignon e Pinot. Outros *cuvées* incluem o Herbst im Park, envelhecido em barris de múltiplas variedades. Depois de alguns Riesling decepcionantes durante a década de 1990, mudanças significativas foram feitas na vinificação dos vinhos brancos em favor de mais fruta e frescor. Alguns Auslese são marcados por elevado álcool e, consequentemente, menos açúcar residual, um estilo que é um gosto adquirido.

Adelmann também criou o *cuvée* branco Der Loewe von Schaubeck, que une Riesling, Weisser Burgunder e Grauburgunder. Na década de 1990, alguns dos vinhos eram acarvalhados demais, mas hoje o envelhecimento em barril é mais habilmente monitorado e a sutileza é mais valorizada que a força.

Gerhard Aldinger ✩✩✩
Fellbach. www.weingut-aldinger.de
Esta propriedade de 22 hectares perto de Stuttgart é mais conhecida por seus tintos sérios, dos quais a mistura Cuvée C e o Merlot são frequentemente os mais impressionantes. Este é um vinho picante, estilo Bordeaux, envelhecido por dezesseis meses em barricas novas. Os seus equivalentes brancos são o Cuvée S; o Sauvignon Blanc, fermentado em barrica do monopólio de Aldinger, Untertürkheimer Gips; e o Cuvée A, inicialmente, uma bizarra mistura acarvalhada de Riesling e Gewürztraminer, mas agora uma mistura de Weisser Burgunder e Chardonnay. Mas foram os tintos cheios de estilo que fizeram a reputação de Aldinger.

Amalienhof ✩
Heilbronn. www.weingut-amalienhof.de
Desde que assumiu a propriedade, com seu monopólio Beilsteiner Steinberg em 1969, a família Strecker construiu uma propriedade muito bem-sucedida. Os Riesling são feitos de forma limpa, mas melhores ainda são o Lemberger tradicionalmente vinificado e os vinhos tintos Samtrot, e seus próprios cruzamentos estranhos de Muskat e Lemberger que chamam de Wildmuskat. No final da década de 1990, os Strecker introduziram um novo *cuvée* estilo Bordeaux, chamado Bariton.

Graf von Bentzel-Sturmfeder ✩
Schozach. www.sturmfeder.de
Esta é uma propriedade com origens no século XIV e adegas do século XVIII. Dois terços da produção aqui são de vinho tinto, que passa por um prolongado envelhecimento em barril. O Lemberger e o Samtrot geralmente são os mais impressionantes. Os Riesling são bastante amplos e sem acidez. Os vinhos duram bem, mesmo quando a acidez é relativamente baixa, com o envelhecimento em barril dando-lhes estabilidade, mas pode lhes faltar sutileza.

Dautel ✩✩–✩✩✩
Bönnigheim. www.weingut-dautel.de
   Os Dautels são cultivadores de uvas desde o século XVI, mas foi somente em 1978 que Ernst Dautel retirou-se da cooperativa local e começou a produzir seus próprios vinhos. Ao longo dos anos, ele se estabeleceu como um dos principais produtores de vinho tinto da região, que representa 60% de sua produção.
   Dautel está usando pequenos barris de carvalho desde 1986, empregando madeira de vários países. Os Spätburgunder mais simples são desinteressantes, mas no nível superior, especialmente o reserva rotulado S, o vinho é verdadeiramente suntuoso, com um final firme e tânico. Em 1995, Dautel introduziu uma mistura chamada Kreation de Merlot, Cabernet Sauvignon e Lemberger, esta última contribuindo com uma boa acidez básica ao vinho. O Lemberger puro é ótimo também. Os Riesling são surpreendentemente vigorosos, e o Weisser Burgunder é preferível ao Chardonnay, acarvalhado demais.

Drautz-Able ✩✩
Heilbronn.
A propriedade de dezessete hectares de Richard Drautz produz uma enorme variedade de vinhos, dois terços dos quais são tintos. Apesar de Riesling e Trollinger representarem mais de metade da produção, é o poderoso Lemberger, envelhecido em carvalho novo, que chamou mais a atenção. Há também uma mistura complexa e merecidamente elogiada chamada Jodokus, formada de Cabernet Sauvignon e Lemberger, e envelhecida em carvalho novo por dois anos. Os vinhos brancos são bons, não espetaculares.

Jürgen Ellwanger ✩✩–✩✩✩
Winterbach. www.weingut-ellwanger.de
Nesta propriedade, a leste de Stuttgart, Jürgen Ellwanger e seus filhos, Jörg e Andreas, cultivam 21 hectares, plantados com uma ampla gama de variedades, 60% delas tintas. Eles são fãs de carvalho novo, tanto alemão quanto francês, mas os vinhos como o Nicodemus, um Kerner envelhecido em barrica, são apenas para os devotos do amadeiramento. Os tintos são mais impressionantes, especialmente o frutado e tânico Zweigelt; um Merlot acarvalhado; e o apimentado Lemberger envelhecido em carvalho. Os Riesling da propriedade são bem menos marcantes.

Weingärtnergenossenschaft Grantschen ✩–✩✩
Grantschen. www.grantschen.de
Esta impressionante cooperativa tem 195 membros e oferece uma vasta gama de vinhos. Os brancos são decepcionantes, mas dois terços da produção são de vinho tinto. Há um ótimo Lemberger, bem estruturado, envelhecido em barrica; tintos menos satisfatórios de novos cruzamentos, como Cabernet Cubin; mas o melhor vinho é o Grandor, um Lemberger envelhecido em carvalho novo – vinho denso, apimentado e com excelentes frutos.

Karl Haidle ✩✩–✩✩✩
Kernen-Stetten. www.weingut-karl-haidle.de
Se a propriedade de Hans Haidle não é tão conhecida em Württemberg, é porque ele é um especialista em vinho branco em

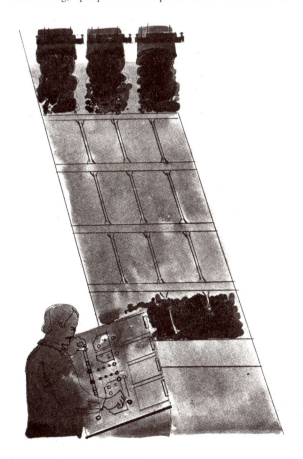

Cooperativa do sul da Alemanha.

uma região onde os vinhos tintos são as grandes estrelas. Seus Riesling secos e, de forma ocasional, nobremente doces estão entre os melhores da região. Os tintos não são, de forma alguma, de menor qualidade. Eles incluem um Zweigelt ameixado, um Lemberger de ervas envelhecido em barrica, um *cuvée* consistentemente bom chamado Ypsilon e alguns elegantes Spätburgunder.

Heinrich ☆–☆☆

Heilbronn. www.weingut-heinrich.de
Os vinhos tintos acarvalhados de Martin Heinrich têm atraído muita atenção. No topo da gama estão os Lemberger e o poderoso Wollendieb *cuvée*, que é 50% Lemberger. Vale a pena experimentar o Trollinger de videiras velhas.

Schlossgut Hohenbeilstein ☆

Beilstein. www.schlossgut-hohenbeilstein.de
Hartmann Dippon assumiu a propriedade da família em 1987, e prontamente a converteu para a cultura orgânica. O vinho tinto continua a ser o coração da grande gama, os melhores exemplos são feitos de Spätburgunder e Lemberger. No entanto, a muitos dos tintos parece que falta a fruta necessária para suportar o envelhecimento em barrica.

Fürst zu Hohenlohe-Oehringen ☆–☆☆ ?☆☆

Oehringen. www.verrenberg.de
Uma propriedade nobre desde o século XIV, com adegas do século XVII, que ainda possui um barril datado de 1702. O monopólio Verrenberg é incomum por ser um único conjunto de vinhas produzindo principalmente brancos secos. Mas a propriedade é mais conhecida por seus tintos, e as barricas foram utilizadas pela primeira vez aqui em 1983. Há vinhos varietais de Lemberger, Zweigelt e Merlot, mas a propriedade é mais bem conhecida por seus *cuvées*, dos quais o mais conhecido é o ocasionalmente gelatinoso Ex Flammis Orior, uma mistura de Lemberger, Spätburgunder e Cabernet Sauvignon, que passa dois anos em barrica.

Weingut des Grafen Neipperg ☆☆–☆☆☆

Schwaigern.
Documentos provam que a família Neipperg tem feito vinho aqui desde 1248, logo após a construção de Burg Neipperg, o castelo original. Dois locais são vinhedos monopolizados: Schwaigener Ruthe, que é de socalco; e Neipperger Schlossberg ao redor do castelo em ruínas. Diz a lenda que foram os Neipperg que começaram a usar a Lemberger para fazer vinho tinto com cor e tanino. Graf von Neipperg não acredita que isso seja verdade, mas certo é que a Lemberger veio para cá da Áustria, onde é conhecida como Blaufränkisch, desde o século XVII. Continua a ser uma especialidade da propriedade.

Sua outra especialidade é o Traminer picante. Os Riesling, que têm alta acidez, são bem trabalhados, e há um delicioso Gelber Muskateller. Quanto aos tintos, Graf prefere focar nas variedades tradicionais, já que ele não acredita que Württemberg possa competir facilmente no mercado internacional com variedades como Merlot ou Syrah. Lemberger, especialmente de Schlossberg, pode ser excelente, e o Samtrot acarvalhado é roliço e atraente. Os vinhos nobremente doces são raros, mas ocasionalmente Graf von Neipperg faz TBA de Gelber Muskateller. Os Neipperg são também os donos de propriedades em Saint-Émilion, notadamente Château Canon-la-Gaffelière e La Mondotte, que são administradas por Stephan von Neipperg.

Schnaitmann ☆☆–☆☆☆

Fellbach. www.weingut-schnaitmann.de
Agora indiscutivelmente entre as melhores da região, a propriedade de Rainer Schnaitmann produziu sua primeira safra, em 1997, de quatro hectares, agora ampliados para onze. Com poucas exceções, ele evita vinhos de vinhedo designado e prefere rotular de maneira variada, diferenciando as qualidades com um sistema de estrelas.

O Frühburgunder, o Spätburgunder e o Lemberger são muitas vezes excelentes, e o Riesling e o Sauvignon Blanc (Schnaitmann trabalhou na Nova Zelândia) são ambos deliciosos. "Simonroth" no rótulo indica um vinho envelhecido em barris de 300 litros. Schnaitmann tem mão firme, produzindo a cada ano vinhos de alta qualidade de cabo a rabo – inclusive Trollinger.

VINHOS TINTOS ALEMÃES

A Alemanha é mais conhecida por sua inigualável Riesling, algo bastante justo. Mas grande parte do sul da Alemanha goza de um clima quente, propiciando não apenas a produção de vinhos brancos secos, mas de vinhos tintos também. A Pinot Noir, que prospera nesse tipo de clima, é obviamente a variedade mais adequada e popular, mas os produtores de vinho alemães anseiam por vinhos com mais riqueza e profundidade de cor. Há alguns vinhos feitos das variedades de Bordeaux, mas há poucos lugares onde a Cabernet Sauvignon amadurece regularmente, e a Merlot se adaptou em poucos locais.

A solução alemã para isso foi inventar novas variedades, especialmente no Instituto do Vinho de Weinsberg, em Württemberg. Novas variedades, tais como Dornfelder, Regent e Domina tornaram-se populares e, por vezes, comercialmente bem-sucedidas, à medida que uma onda totalmente nova de cruzamentos densos e de cor escura entraram em cena. O problema é que contribuem com cor e taninos, mas lhes falta elegância. É por isso que a maioria dos produtores que plantaram uvas como a Domina e a Cabernet Cubin tendem a usá-las para misturas. No entanto, o sul da Alemanha tem variedades autóctones que sozinhas podem dar vinhos tintos perfeitamente aceitáveis. A Trollinger de Württemberg produz vinhos pálidos sem nenhum apelo internacional, mas a Lemberger, a Schwarzriesling (Pinot Meunier) e a Samtrot são capazes de dar vinhos tintos vigorosos e cheios de caráter. Se os produtores de vinho tinto californianos têm de lutar com a "administração dos taninos", seus equivalentes alemães têm de dominar a "administração da acidez", mas escolhendo a maturação ideal é perfeitamente possível, como os melhores viticultores têm mostrado, produzir tintos bem equilibrados, com profundidade de sabor e personalidade. Mas é mais que uma questão apenas de clima, como os tintos do Ahr, perto de Bonn, podem testemunhar.

As organizações que têm ajudado a promover os melhores tintos alemães são a Barrique Forum e, em Württemberg, o grupo Hades que une certos vinhos envelhecidos em barrica.

Schwegler ☆☆–☆☆☆
Korb. www.albrecht-schwegler.de
Seria ridículo incluir uma propriedade de tão minúsculo tamanho (1,5 hectare) em um trabalho como este, se não fosse pelo fato de o rico Granat concentrado de Albrecht Schwegler ser um dos melhores vinhos tintos de Württemberg.

É, sobretudo, Merlot. Outros *cuvées* são o Beryll (Lemberger e Zweigelt) e o Saphir (Merlot e Zweigelt). Quando, em 2000, as condições permitiram que um TBA fosse feito de uvas colhidas em 316 Oechsle, Schwegler devidamente engarrafou-o sob o nome de Monster.

Sonnenhof ☆☆
Vaihingen-Enz. www.weingutsonnenhof.de
Os 34 hectares de vinhedos desta propriedade ficam em sua maioria em encostas íngremes ao norte de Stuttgart. A maioria dos vinhos é tinto, e a gama inclui um elegante Lemberger acarvalhado e um Spätburgunder surpreendentemente poderoso.

Wachtstetter ☆☆
Pfaffenhofen. www.wachtstetter.de
Os vinhos tintos dominam a produção aqui, alguns envelhecidos em barricas, outros em tonéis grandes tradicionais. O Lemberger pode estar entre os melhores da região.

Staatsweingut Weinsberg ☆
Weinsberg. www.lwvo-weinsberg.de
Fundada, em 1868, por Karl von Württemberg como a Escola Real de Vinho, esta propriedade de quarenta hectares está ainda ligada a uma das principais faculdades de vinho da Alemanha. A Riesling é a uva mais importante, com 20% da área do vinhedo, mas a Weinsberg é mais conhecida por seus vinhos tintos, que são feitos em estilo tanto tradicional quanto envelhecido em carvalho. Muitos novos cruzamentos foram desenvolvidos aqui e alguns deles são engarrafados pela faculdade como vinhos varietais. Entre os mais atraentes dos tintos tradicionais estão o Clevner (Frühburgunder) e o Lemberger.

Wöhrwag ☆☆☆
Untertürkheim. www.woehrwag.de
Com todo o vinhedo Untertürkheimer Herzogenberg à sua disposição, Hans-Peter Wöhrwag tem consistentemente feito alguns dos melhores Riesling em Württemberg nos últimos anos. Eles são atípicos no sentido de que são magros e estimulantes em vez de amplos. Eles combinam sutileza e força. Wöhrwag tenta fazer Eiswein ou TBA todos os anos, e geralmente é bem--sucedido. Há dois *cuvées* tintos, dos quais o melhor é o Philipp, uma mistura de Lemberger e Spätburgunder. Wöhrwag é um dos poucos produtores de vinho na Alemanha que usa concentração de mosto – e admiti isso.

Herzog von Württemberg ☆☆
Ludwigsburg. www.weingut-wuerttemberg.de
Fundada em 1677, esta propriedade de quarenta hectares ainda está nas mãos dos duques de Württemberg. Eles possuem alguns bons locais, como Stettner Brotwasser (excelente para Riesling) e Untertürkheimner Mönchberg, onde ótimas Lemberger e Spätburgunder são cultivadas.

Baden

Como Pfalz, Baden é dotado de um clima relativamente ameno, que torna o território ideal para uma vasta gama de vinhos, especialmente as variedades de Pinot. Por direito, ele deveria estar gozando de renome internacional – mas não está. Seus 16 mil hectares de vinhedos, divididos da Alsácia pelo Reno, passaram por nada mais do que uma revolução nos últimos anos: foram quase totalmente racionalizados e remodelados e crescerem consideravelmente em tamanho.

É a região vinícola mais quente da Alemanha (embora não necessariamente a mais ensolarada), com vinhos correspondentemente maduros, de álcool elevado e baixa acidez; na verdade, totalmente o oposto dos Mosel em estilo e função. Baden produz bons vinhos de refeição que têm uma vinosidade quente que se aproxima do estilo francês, e certamente não é por acaso que alguns dos melhores restaurantes da Alemanha estão localizados aqui. No entanto, o clima é um pouco menos favorável que o do sopé dos Vosges na Alsácia.

Oitenta por cento das vinhas de Baden encontram-se em uma faixa de 130 km (oitenta milhas) do nordeste para o sudoeste, de Baden-Baden até Basileia, no sopé da Floresta Negra, onde ela encontra o vale do Reno. Aqui, as sub-regiões mais importantes, de norte a sul, são Ortenau (da qual um quarto é plantado com Riesling), Breisgau, a ensolarada e vulcânica Kaiserstuhl, Tuniberg, e Markgräflerland dominada por Chasselas (Gutedel). O restante é de importância puramente local. Outros vinhedos ficam distantes a sudeste, nas margens do Bodensee (lago de Constança), ao norte de Baden, nas regiões menores de Kraichgau e Badischer Bergstrasse, respectivamente ao sul e ao norte de Heidelberg (mas agora unidas em uma sub-região com ambos os nomes), e mais ao norte na fronteira com a Francônia, uma pequena região conhecida logicamente como Bereich Badisches Frankenland. A principal zona de viticultura de Baden é, portanto, ao longo do Reno, de onde ele sai do Bodensee até o ponto onde entra no Pfalz.

Baden é, ainda mais que o sul do Pfalz, a terra das cooperativas. Cerca de 100 delas processam aproximadamente 80% da colheita. Nada menos que 38 dessas cooperativas dirigem toda a sua produção para a enorme adega central da Badischer Winzerkeller em Breisach, no Reno. Esta megacooperativa engarrafa cerca de 400 a 500 tipos diferentes de vinho. Embora alguns dos vinhos sejam bem feitos, a dominação da região por um único produtor não a ajudou a ganhar uma reputação de qualidade e individualidade. Baden não tem uma preferência poderosa por uma variedade de uva, mas a Müller-Thurgau provou ser o burro de carga, com 19% da área de vinhedo. Talvez surpreendentemente, a Spätburgunder para tinto e leve rosé (Weissherbst) agora é a variedade mais plantada, com 29%. Em seguida vêm Ruländer/Grauer Burgunder (Pinot Gris), Gutedel (Chasselas), Riesling, Silvaner, Weisser Burgunder e Gewürztraminer. O gosto de Baden claramente não é para as novas variedades altamente aromáticas; a grande maioria dos seus vinhos brancos é feita de uvas relativamente neutras. O melhor vinho, porém, é feito de Riesling, Weisser Burgunder e Grauer Burgunder. Dois fatores são a causa do fracasso de Baden em mostrar o seu peso, especialmente no mercado internacional. O primeiro é o domínio das cooperativas, a maioria das quais atendem a um mercado local bastante tradicional, e relutam em criar produtos que possam desfrutar de maior atração. Em segundo lugar, há enorme proliferação de estilos de vinho. Não é incomum para uma cooperativa oferecer dez ou mais Spätburgunder diferentes – seco, levemente adocicado, rosé, envelhecido em barrica e diferentes níveis de qualidade de cada estilo –, o que resulta em um pesadelo para a comercialização, seja qual for a qualidade do vinho. Esses produtores, como Johner e Huber, que reduziram a gama e comprometeram-se com a alta qualidade – justificadamente cobram preços elevados, que o mercado interno, mas não o internacional, está preparado para pagar.

Principais vinhedos de Baden

Achkarrer Schlossberg As encostas íngremes e o solo pedregoso e de rocha vulcânica deste local resultam em vinhos secos Weisser Burgunder e Grauer Burgunder que combinam poder e elegância perfeitamente.

Durbacher Plauelrain/Kapellenberg/Olberg/ Schlossberg/ Schloss Grohl/Steinberg Os vinhedos voltados para o sul do vale de Durbach são alguns dos mais íngremes de toda a região de Baden, e seu solo granítico é ideal para Riesling, Scheurebe e Gewürztraminer. Plauelrain é o maior e mais bem conhecido desses excelentes locais.

Ihringer Winklerberg O vinhedo íngreme e escalonado de Winklerberg na ponta sudoeste da Kaiserstuhl é o mais quente da Alemanha. O solo de rocha vulcânica dá Grauer Burgunder seco, totalmente encorpado e mineralizado, e Spätburgunder tinto que são exemplos do melhor que Baden tem a oferecer. O vinhedo foi triplicado para os seus atuais 150 hectares em 1971. A qualidade pode ser inconsistente.

Neuweier Mauerberg/Schlossberg Perto de Baden-Baden, na extremidade norte de Ortenau estendem-se as colinas em socalcos que formam esses ótimos locais voltados para o sul. Os Riesling são intensos e elegantes, necessitando de vários anos de envelhecimento para mostrar o seu melhor.

Oberrotweiler Eichberg/Henkenberg/Kirchberg A cidade de Oberrotweil, situada no flanco ocidental da Kaiserstuhl, ostenta três locais de primeira classe, que dão vinhos Weisser Burgunder e Grauer Burgunder secos impressionantemente ricos e solidamente estruturados.

Ortenberger Schlossberg Os socalcos estreitos deste local pequeno, com solo granítico pobre, produzem talvez os mais intensos Riesling mineralizados de Ortenau. Propriedade exclusiva de Schloss Ortenberg.

Zell-Weierbacher Abtsberg O melhor dos vinhedos a leste da cidade de Offenburg, o Abtsberg produz alguns dos vinhos mais ricos no Ortenau. Riesling, Grauer Burgunder e Gewürztraminer dão os melhores resultados.

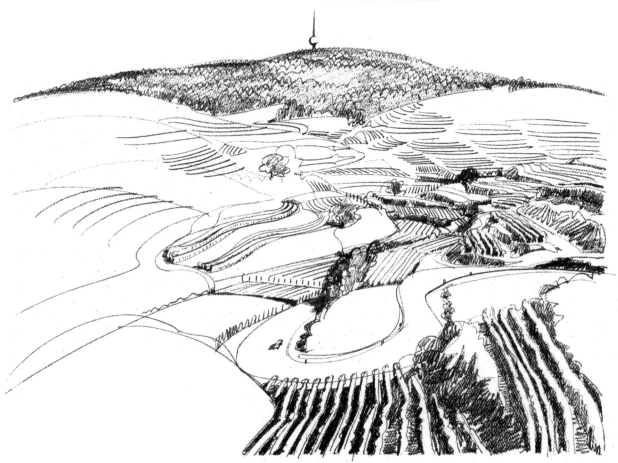

A Kaiserstuhl.

Principais produtores de Baden

Abril ☆
Bischoffingen. www.abril.de

A propriedade de sete hectares de Hans Friedrich Abril é uma fonte confiável de vinhos Weisser Burgunder e Grauer Burgunder totalmente encorpados e secos. Spätburgunder interessante, às vezes, opressor também.

Winzergenossenschaft Achkarren ☆
Achkarren. www.achkarrer-wein.com

Os 320 produtores dessa cooperativa produzem, de 150 hectares, uma vasta gama de alguns dos melhores locais de Kaiserstuhl. Grauer Burgunder pode ser bastante bom, mesmo que, por vezes, com um teor preocupantemente alto de álcool.

Bercher ☆☆☆
Burkheim. www.weingutbercher.de

Eckhardt Bercher e seu irmão, Rainer, administram uma das melhores propriedades de Baden de uma casa imponente do século XVII, na antiga cidade maravilhosamente preservada de Burkheim. Quer se trate de um simples e elegante Müller-Thurgau, um Riesling Kabinett seco, ou um sólido Weisser Burgunder Grosses Gewächs, os seus vinhos brancos são de um padrão uniformemente elevado. Desde a década de 1980, eles também fazem excelentes Spätburgunder envelhecidos em carvalho que estão entre os melhores vinhos tintos da Alemanha. Embora a maioria dos vinhos da propriedade sejam bebidos logo após o lançamento, tudo de Spätlese ou de qualidade superior vai beneficiar-se com pelo menos cinco anos de envelhecimento. Esta é uma propriedade onde é realmente possível falar de um casamento bem-sucedido entre tradição e inovação. Os Bercher são mestres na sua profissão, portanto seus vinhos podem ser comprados e apreciados com total confiança.

Bercher-Schmidt ☆–☆☆
Oberrotweil. www.bercher-schmidt.de

Franz Schmidt fez questão de localizar os campos originais e melhores dos vinhedos muito ampliados da Kaiserstuhl. Vinhos provenientes deles são identificados com um sistema de estrelas nos seus rótulos. Os vinhos brancos são frescos e atraentes, e não passam por carvalho. Schmidt fez grandes avanços com a Spätburgunder e plantou clones franceses para aumentar ainda mais a qualidade.

Blankenhorn ☆
Schliengen. www.gutedel.de

Desde que assumiu a propriedade da família em 1989, Rosemarie Blankenhorn reestruturou-a e passou à cultura orgânica. A propriedade é mais conhecida por seu Gutedel, mas há também bons brancos secos de Grauer Burgunder e Weisser Burgunder. Os vinhos tintos, de variedades de Spätburgunder e Bordeaux, melhoraram consideravelmente nos últimos anos.

Duijn ☆☆–☆☆☆
Bühl-Kappelwindeck www.duijn.de

O holandês Jacob Duijn, um ex-sommelier, especializa-se quase exclusivamente em Pinot Noir caro, envelhecido em barricas novas por até 21 meses e engarrafado sem clarificação ou filtração. A partir de 2006, ele limitou seus vinhos a três de vinhedo único. Bons clones, baixas produções e vinificação cuidadosa têm assegurado qualidade consistentemente alta aqui.

Winzergenossenschaft Durbach ☆☆
Durbach. www.durbacher.de

Uma das melhores cooperativas na Alemanha, WG Durbach especializa-se em Riesling secos e Spätburgunder. As encostas de Durbach são o território ideal para Riesling, e a maioria delas é cultivada pela cooperativa de 300 associados. Sauvignon Blanc, uma raridade em Baden, é uma especialidade aqui, e pode ser muito bom.

Freiherr von und zu Franckenstein ☆
Offenburg.

Esta propriedade do diretor/viticultor, Hubert Doll, produz Riesling secos suculentos e elegantes, Grauer Burgunder e Gewürztraminer de quatorze hectares de vinhedos nas encostas graníticas de Zell-Weierbach e Berghaupten, em Ortenau. O Spätburgunder, envelhecido principalmente em barril, é muito mais elegante e concentrado que no passado.

Freiherr von Gleichenstein ☆☆
Oberrotweil. www.gleichenstein.de

Essa propriedade de 24 hectares concentra-se em vinhos brancos secos da família Pinot, que são totalmente encorpados e ricos. A qualidade, sempre boa, aumentou após a contratação, em 1999, de um novo mestre de adega, Odin Bauer. Os excelentes 2005s, de Spätburgunder, bem como as variedades de brancos, confirmam que essa nomeação foi uma escolha sábia.

Dr. Heger ☆☆☆☆
Ihringen. www.heger-weine.de

Fundada em 1935 pelo médico Max Heger, esta propriedade cresceu rapidamente em extensão e reputação. Graças aos esforços, desde 1992, do neto do dr. Heger, o dinâmico Joachim Heger, tornou-se a propriedade mais conhecida em Baden. Tal fama se deve principalmente aos brancos fortes e secos Weisser Burgunder e Grauer Burgunder, os melhores dos quais têm apenas um vestígio de carvalho novo. Outras variedades brancas, como Muskateller e Silvaner, até mesmo Riesling, podem ser extremamente boas aqui. Os Spätburgunder de alto preço, envelhecidos em barricas, podem não ser os Pinot Noirs mais sedosos ou mais elegantes da Alemanha, mas sua concentração é difícil de ser superada.

Em 1997, Heger comprou a propriedade Fischer em Bottingen, o que na prática duplicou os vinhedos à sua disposição. Vinhos superiores carregarm o rótulo dr. Heger; os de vinhedos menores ou arrendados são engarrafados como Weinhaus Joachim Heger e podem ter excelente qualidade. De alguma forma, Joachim Heger também encontra tempo para colher e produzir TBAs em safras adequadas, tais como a de 2005.

Reichsgraf und Marquis zu Hoensbroech ☆–☆☆
Angelbachtal-Michelfeld. www.hoensbroech.eu

De origem flamenga, os Hoensbroech estão na Alemanha desde o século XVII, embora esta propriedade ao sul de Heidelberg seja de origem muito mais recente. Seu melhor vinho é geralmente o poderoso Weisser Burgunder seco. A propriedade também tem algumas variedades tintas, notavelmente Lemberger e Schwarzriesling, mais comumente encontrados em Württemberg.

Bernhard Huber ☆☆☆
Malterdingen. www.weingut-huber.com

Depois de sair da cooperativa local, em 1987, Bernhard Huber rapidamente adquiriu uma reputação inabalável por seu

282 | ALEMANHA | BADEN

Spätburgunder. Existem muitos *cuvées*, e o melhor deles – o "R" para vinhos Reserva – estão entre os melhores tintos da Alemanha. Por muitos anos, os tintos eram misturas; mas, em safras recentes, Huber lançou três vinhos de vinhedo único, incluindo um de Hecklinger Schlossberg, que é plantada com uma elevada densidade de 13 mil videiras por hectare. Para os brancos, seu Malterer envelhecido em carvalho novo é uma idiossincrática mistura de Pinot Blanc e o obscuro cruzamento local Freisamer com caráter considerável – mais do que o Chardonnay muito poderoso, mas muito acarvalhado.

Karl H. Johner ☆☆☆
Bischoffingen. www.johner.de
Karl Heinz Johner construiu sua propriedade a partir do zero e decidiu, desde o início, não empregar nomes de vinhedos. Quase todos os vinhos são varietais secos, envelhecidos em carvalho, e os melhores deles são Reserva denominados "S J" (Selektion Johner). Os melhores vinhos são geralmente brancos secos Weisser Burgunder e Spätburgunder tintos. As produções são mantidas muito baixas, assim os vinhos são concentrados e poderosos, com estrutura suficiente para absorver o envelhecimento em carvalho. Johner usa menos carvalho novo que no passado, embora o Spätburgunder "S J" ainda seja envelhecido em barris novos. Johner, assistido há alguns anos pelo filho Patrick, é indiscutivelmente o mais bem-sucedido dos produtores de estilo internacional de Baden.

Weingut Franz Keller/Schwarzer Adler ☆☆–☆☆☆
Oberbergen. www.franz-keller.de
Com cinquenta hectares à sua disposição, Fritz Keller é capaz de produzir uma vasta gama de vinhos. Ele é defensor do envelhecimento em barris há muitos anos, e alguns dos seus melhores vinhos, como o Weisser Burgunder A, são envelhecidos em barris novos de 500 litros. Ao contrário de vinhedos únicos, Keller usa letras para indicar a qualidade, A para os mais concentrados e S para a segunda camada. Os Spätburgunder estão entre os mais intensos e alcoólicos de Baden. O melhor lugar para provar os vinhos é no restaurante da família Schwarzer Adler, um dos melhores em Baden, embora a sua magnífica lista de vinhos franceses seja tentadora demais.

Knab ☆☆
Endingen. www.knabweingut.de
Quase todas as vinhas desta propriedade de quinze hectares são plantadas em Endinger Engelsberg, no lado oriental da Kaiserstuhl. Todas as variedades de Borgonha prosperam aqui e esta tem se tornado uma excelente fonte de vinhos robustos, bem equilibrados a preços sensatos.

Winzergenossenschaft Königsschaffhausen ☆–☆☆
Königsschaffhausen. www.koenigsschaffhauser-wein.de
Na década de 1990, esta cooperativa da Kaiserstuhl ganhou excelente reputação por seus vinhos. Os vinhos doces, como o majestoso Ruländer TBA, eram uma especialidade particular, mas nenhum produtor pode sobreviver apenas com base nos vinhos doces. Königsschaffhausen também recebeu elogios por seus vinhos secos de Weisser Burgunder, Grauer Burgunder e Spätburgunder, alguns deles envelhecidos em barricas.

Andreas Laible ☆☆☆–☆☆☆☆☆
Durbach. www.weingut-laible.de
Sem se autopromover, o talento de Andreas Laible para fazer vinhos só se tornou conhecido pelo grande público na década de 1990. Seus Riesling elegantes, intensamente frutados, secos e naturalmente doces têm caráter parecido com os do Mosel, sendo intensos e estimulantes. O melhor Riesling seco é rotulado Achat. Igualmente impressionantes são os seus poderosos Scheurebe e Traminer Auslese, e os vinhos de sobremesa Prädikat de qualidade superior, que estão entre os melhores de Baden.

Lämmlin-Schindler ☆☆
Mauchen. www.laemmlin-schindler.de
Propriedade orgânica de um produtor líder de vinhos de qualidade Markgräflerland. Seus elegantes Weisser Burgunder e Grauer

---

O ENVELHECIMENTO DOS VINHOS ALEMÃES

Os vinhos alemães de boa qualidade têm uma longevidade muito maior e se beneficiam muito mais ao serem mantidos em garrafa do que a moda sugere ou a maioria das pessoas supõe. Isso não se aplica, naturalmente, às misturas baratas e às marcas principais que são especificamente destinadas a estarem prontas para serem bebidas poucos meses após serem engarrafadas. Com as colheitas enormes (e, consequentemente, o alto teor de água) destes vinhos, não há, de fato, ganho algum em se manter garrafas por mais do que alguns meses.

Mas quase todos os Riesling de nível superior (QmP), por mais deliciosos que possam ser em sua juventude florida e frutada, têm o potencial de ganhar outra dimensão de sabor com a maturidade. Quando são colocados à venda, são mais enérgicos e vigorosos, com acidez e fruta que muitas vezes tendem a anular uma à outra em um efeito geralmente picante e excitante. Alguns vinhos finos (particularmente Riesling) nessa fase têm notavelmente pouco aroma. Às vezes, após um ou dois anos em garrafa, o arrebatamento inicial desaparece sem que sabores mais maduros tomem o seu lugar. O vinho que você comprou com entusiasmo parece desapontá-lo. Tenha paciência. A alquimia sutil demora mais tempo para acontecer. Pode levar quatro ou cinco anos para que a mistura de sabores de frutas cítricas, especiarias e óleo apareça.
A cor pálida de um Riesling jovem evoluirá para um brilhante amarelo-ouro, e os aromas tornar-se-ão mais doces e complexos.

Cada safra tem sua própria expectativa de vida, mas de forma geral, os vinhos Kabinett de um produtor de primeira linha, precisam de, pelo menos, três anos em garrafa, e podem melhorar por sete ou oito. Os vinhos Spätlese melhoram por cerca de quatro a dez anos. E os vinhos Auslese e superiores se beneficiam de cinco a seis, até vinte anos ou mais. Os vinhos doces altamente concentrados – Eiswein, BA e TBA – são mais ou menos indestrutíveis, mas geralmente atingem o seu auge aos 25 anos. Os Riesling são os vinhos alemães que melhoram mais com a idade, mas variedades como a Scheurebe e a Rieslaner também melhoram com o tempo em garrafa.

Até a década de 1980, os vinhos tintos eram quase sempre feitos para o consumo imediato, mas com a adoção de técnicas de Borgonha, como baixos rendimentos, longa maceração sobre as cascas, e uma maior estrutura dada aos melhores vinhos, envelhecendo-os em barricas, um bom Spätburgunder de Pfalz, de Franken ou Baden pode envelhecer por até dez anos.

Burgunder estão entre os mais sofisticados vinhos brancos secos feitos em Baden, e até mesmo o simples Gutedel é extremamente bem trabalhado. Gerd Schindler foi lento em se familiarizar com a produção de vinho tinto; mas, desde 2003, a qualidade tem melhorado bastante.

Markgraf von Baden: Schloss Staufenberg ☆☆
Durbach. www.markgraf-von-baden.de
Esta velha mansão familiar em uma colina, rodeada por vinhedos, é um lugar de grande encanto, produzindo Riesling secos delicados e, às vezes, distintos. Riesling e Traminer foram plantadas aqui no século XVIII, por isso esta é uma propriedade rica em tradição. Os vinhos tintos perdem para os brancos em qualidade. Markgraf também possui uma propriedade muito grande no Bodensee, mas os vinhos de Durbach são consideravelmente mais interessantes.

Staatsweingut Meersburg ☆
Meersburg. www.staatsweingut-meersburg.de
Antiga propriedade do príncipe-bispo de Meersburg, em 1802, esta propriedade tornou-se o primeiro domínio de Estado da Alemanha, com suas terras em grande parte em Meersburg, às margens do Bodensee (lago de Constança). As especialidades são Müller-Thurgau do tipo suave, Weisser Burgunder e Spätburgunder vigoroso.

Gebrüder Müller ☆
Breisach. www.weingut-gebr-mueller.de
A propriedade de dez hectares de Peter Bercher orgulha-se de uma participação considerável no grande vinhedo Winklerberg Ihringer, em Kaiserstuhl, e pode reivindicar ter feito a reputação deste local durante a primeira metade do século XIX. Tão bons quanto os vinhos brancos secos são os substanciais tintos Spätburgunder, que merecidamente atraem muita atenção.

Nägelsförst ☆–☆☆
Baden-Baden. www.naegelsfoerst.de
Esta antiga propriedade monástica foi ressuscitada por Reinhard Strickler, que se concentrou em vinhos varietais em vez de destacar vinhedos individuais, embora o renomado Neuweier Mauerberg desponte por seu ótimo Riesling seco. Quase todos os vinhos, tanto os brancos como os tintos, são envelhecidos em barris.

Schloss Neuweier ☆☆☆
Neuweier. www.weingut-schloss-neuweier.de
Desde a compra da propriedade decadente Schloss Neuweier em 1992, Gisela Joos e seu produtor, Alexander Spinner, colocaram-na de volta à primeira fila de produtores de vinho de qualidade de Baden. A grande maioria da produção é de Riesling seco de sofisticação considerável, capaz de longo envelhecimento. Os do vinhedo Mauerberg são distintamente mineralizados; os do Schlossberg são um pouco mais pesados.

Schloss Ortenberg ☆–☆☆
Ortenberg. www.weingut-schloss-ortenberg.de
O castelo de Schloss Ortenberg pertence à associação alemã de albergues da juventude, e os seus vinhedos foram comprados para ela, em 1950, pelo conselho regional. A fusão com outra propriedade em 1997 aumentou a área total de seus vinhedos para 46 hectares. Desde que Winfried Köninger foi nomeado diretor em 1991, os padrões têm melhorado consideravelmente. Uma grande variedade de uvas é cultivada, sendo os melhores resultados provenientes de uvas Riesling e Spätburgunder, embora a Sauvignon Blanc também seja digna de nota.

Salwey ☆☆☆
Oberrotweil. www.salwey.de
Além de produzir um conhaque frutado, maravilhosamente perfumado, Wolf-Dietrich Salwey e o filho Konrad fazem alguns dos melhores vinhos brancos de Kaiserstuhl. Embora muitos dos vinhos brancos ainda sejam vinificados tradicionalmente, Konrad introduziu o envelhecimento em barrica para os vinhos Reserva denominados "RS". Os secos Weisser Burgunder e Grauer Burgunder ricos mas elegantes têm excelente potencial de envelhecimento. Quase metade dos vinhedos é plantada com Spätburgunder, que agora é a fonte de três magníficos vinhos Grosses Gewächs. Seus vinhos secos Spätburgunder Weissherbst do Glottertal estão entre os melhores rosés alemães. Os ocasionais vinhos de sobremesa da propriedade também são impressionantes. Somente os vinhos tintos ainda não alcançaram os mais altos padrões.

Hartmut Schlumberger ☆☆
Laufen. www.schlumbergerwein.de
Esta antiga mansão familiar, entre Freiburg e Basel no coração de Markgräflerland, é na maior parte plantada com Spätburgunder, Weisser Burgunder e Gutedel. Hartmut Schlumberger entregou a gestão da propriedade ao genro, Ulrich Bernhart, que continua a produzir vinhos secos brancos e tintos vigorosos de variedades de Pinot.

Reinhold und Cornelia Schneider ☆☆–☆☆☆
Endingen. www.weingutschneider.com
Reinhold Schneider dirige sua propriedade de oito hectares em linhas mais ou menos orgânicas. Seus solos são variados, embora não sejam excepcionais; então, em vez de identificar locais individualizados no rótulo, ele desenvolveu um código para indicar o tipo de solo: vulcânico, *Loess* ou marga. Os vinhos rotulados como "Trio" são uma mistura dos três. Os vinhos mostram qualidade muito elevada, embora algumas safras recentes tenham apresentado níveis punitivos de álcool.

Seeger ☆☆–☆☆☆
Leimen. www.seegerweingut.de
Localizada ao sul de Heidelberg, esta pequena propriedade, que comemorou seu aniversário de 300 anos em 2007, melhorou muito em qualidade nos últimos anos. Os Spätburgunder de Thomas Seeger, envelhecidos em muito carvalho novo, estão entre os melhores de Baden, embora possam ser muito extraídos e sejam decididamente caros. Há também uma mistura chamada Cuvée Anna, de Spätburgunder, Lemberger e Portugieser, que é envelhecida por vinte meses – tempo demais – em barricas. Os Weisser Burgunder, Grauer Burgunder e Riesling da propriedade também merecem ser levados a sério.

Rudolf Stigler ☆☆–☆☆☆
Ihringen. www.weingut-stigler.de
Uma das melhores propriedades privadas na Kaiserstuhl, conhecida particularmente por seus Riesling e Spätburgunder de Winklerberg. São vinhos com peso, mineralidade e grande extensão de sabor. O estilo de Andreas Stigler é deliberadamente tradicional, para não dizer à moda antiga, enfatizando corpo e extrato em vez de fruta.

Fritz Wassmer ☆☆–☆☆☆
Bad Krozingen. www.weingut-wassmer-schlatt.de
Wassmer tem a Borgonha em vista, tendo plantado clones

franceses em uma densidade muito alta em alguns de seus dezoito hectares de vinhedo, dos quais dois terços são plantados com Spätburgunder. Estes são, provavelmente, os melhores vinhos de Wassmer, mas ele corajosamente experimenta com variedades atípicas para Baden, como Viognier, Syrah e Cabernet Franc. Apesar de ser uma propriedade relativamente nova, sua ascensão foi rápida.

Graf Wolff Metternich ☆–☆☆

Durbach. www.weingut-metternich.de
No final da década de 1990, esta propriedade nobre de 36 hectares foi vendida para a família Hurrle. Mas o mestre de adega, Franz Schwörer, permanece no posto, elaborando ótimo Riesling dos melhores locais de Durbach. Uma especialidade da casa é Sauvignon Blanc, feito de cortes aparentemente trazidos para cá de Château d'Yquem, em 1830. Os vinhos beneficiam-se de envelhecimento em garrafa.

Ziereisen ☆–☆☆

Efringen. www.ziereisen.de
Hanspeter Ziereisen dispensa as denominações de vinhedo e oferece uma vasta gama de vinhos varietais de sua propriedade de dez hectares. Gutedel é a principal uva branca, mas os vinhos tintos são a especialidade. Além de um Spätburgunder extraído e acarvalhado, Ziereisen experimenta com um Syrah, que pode ser muito verde.

Saale-Unstrut

A curta distância do sul de Halle e a oeste de Leipzig estendem-se os 658 hectares de vinhedos que formam a região de Saale-Unstrut (até 1989 eles estavam dentro da Alemanha Oriental). O nome vem dos dois idílicos vales de rios que oferecem abrigo a alguns dos vinhedos mais ao leste e ao norte da Alemanha. A região em si é centrada em torno da histórica cidade de Naumburg, que abriga uma esplêndida catedral no estilo gótico-romanesco. Foi, de fato, a igreja que trouxe uma séria viticultura para a região quando o mosteiro cisterciense de Pforta foi fundado em 1137.

Ainda hoje, Saale-Unstrut sofre com a ressaca do período comunista. Quase metade dos vinhos da região é feita pela cooperativa Freyburg em um padrão bastante baixo. Mas há sinais claros de que isso está agora se reestruturando. A área de vinhedos dobrou desde 1990, e hoje existem cerca de cinquenta propriedades privadas, mas apenas algumas fazendo vinhos dignos de nota em quantidades razoáveis. Eles agora estão conseguindo começar a demonstrar que os solos de calcário dos melhores locais são de fato capazes de produzir Weisser Burgunder, Riesling e Traminer secos, sutilmente aromáticos e de peso médio, apesar de Müller-Thurgau ser a variedade mais amplamente plantada. A Pinot Noir costumava ser uma uva muito comum aqui há um século, mas caiu em desgraça na década de 1960 em razão das dificuldades com o amadurecimento e vinificação, que não se encaixavam na padronização industrial da Alemanha Oriental comunista. Hoje, no entanto, está sendo ressuscitada e o cultivo da Riesling também está crescendo.

Principais produtores de Saale-Unstrut

Klaus Böhme ☆

Naumburg. www.weingut-klaus-boehme.de
Böhme foi um dos primeiros produtores na região a retomar a produção de vinho, e, em 1994, tinha reunido terra suficiente para lançar sua gama. Hoje ele tem mais sucesso com Riesling e Weisser Burgunder.

Gussek ☆–☆☆

Naumburg. www.winzerhof-gussek.de
André Gussek era o mestre de adega em Kloster Pforta (ver verbete a seguir), mas foi lentamente estabelecendo sua própria propriedade de seis hectares. Ele se interessa por vinhos tintos, que representam um quarto da produção, e o melhor deles é geralmente o Zweigelt. O Silvaner é bom e o Weisser Burgunder surpreendentemente rico em álcool.

Landesweingut Kloster Pforta ☆

Bad Kösen. www.kloster-pforta.de
Esta propriedade foi criada em 1899 pelo Estado Prussiano, e dotada de excelentes vinhas ao longo do rio Saale. Houve um período de instabilidade, com mudanças frequentes na gestão, o que afetou a consistência e a qualidade. A propriedade tem uma proporção de Riesling maior do que qualquer outra na região. O Riesling e o Weisser Burgunder podem ter uma qualidade firme e mineral. Em geral, a qualidade é decepcionante, considerando as vinhas à disposição da propriedade.

Lützkendorf ☆☆

Bad Kösen. www.weingut-luetzkendorf.de
Ao deixar de ser diretor da Landesweingut Kloster Pforta após a reunificação alemã em 1989, Udo Lützkendorf fundou sua própria propriedade. Agora é administrada por seu filho, Uwe, que já está estabelecendo padrões exemplares: os seus Weisser Burgunder, Riesling e Silvaner secos são claramente os melhores vinhos feitos na região. Cheios de fruta, acidez crocante e vigor suficiente para melhorar com até cinco anos de envelhecimento em garrafa, eles provam o que a bonita região de Saale-Unstrut é capaz de produzir.

Pawis ☆☆

Freyburg. www.weingut-pawis.de
O Riesling e o Weisser Burgunder tendem a ser os melhores vinhos desta propriedade de dez hectares. Ambas as variedades encontram sua melhor expressão como Grosses Gewächs de Freyburger Edelacker, embora a acidez desses vinhos possa ser bastante acentuada.

Saxônia

Os 411 hectares de vinhedos pontilhados ao longo do vale do rio Elba, em torno das cidades históricas de Dresden e Meissen, formam a menor região vinícola da Alemanha. Durante o reinado do poderoso governante da Saxônia, Augusto, o forte, na primeira metade do século XVIII, a área de vinhedo era muito maior do que é hoje, e os registros indicam que os vinhos dos melhores locais da Saxônia eram considerados os melhores da Alemanha. Desde então, a praga de filoxera no final do século XIX, crises econômicas, guerra e ditadura quase erradicaram a grande cultura de vinho da região. Como em Saale-Unstrut, a estrutura da indústria de vinho é dominada por apenas dois produtores: a cooperativa de Meissen, que responde por um terço da produção da região, e a Sächsisches Winzergenossenschaft, que representa quase o outro terço.

No entanto, um crescente número de viticultores independentes agora está fazendo vinhos secos de um punhado de variedades de uvas cada vez mais sofisticados, o que sugere que a Saxônia possa mais uma vez começar a produzir vinhos de distinção. Traminer, Riesling, Weisser Burgunder e Grauer Burgunder têm o maior potencial. Os solos de granito e rochas ígneas antigas resultam em vinhos que são mais estimulantes e mineralizados que os de Saale-Unstrut.

Principais produtores da Saxônia

Schloss Proschwitz ☆☆
Zadel über Meissen. www.schloss-proschwitz.de
Em 1991, o dr. Georg Prinz zur Lippe comprou de volta os vinhedos de sua família em Meissen para recriar a antiga propriedade Proschwitz. Ele também expandiu a propriedade de modo que agora conta com surpreendentes setenta hectares. Proschwitz é bem-sucedido com Riesling, Scheurebe, Weisser Burgunder e Grauer Burgunder, que são limpos, apertados e polidos. Os vinhos tintos continuam bastante finos, exceto em anos de sobreamadurecimento como 2003.

Vincenz Richter ☆
Meissen. www.vincenz-richter.de
Thomas Herrlich suplementa sua propriedade de oito hectares com compras de outros vinhedos. Os vinhos de Riesling, Weisser Burgunder e Traminer são na sua maioria secos e meio doces.

Schloss Wackerbarth ☆–☆☆
Radebeul. www.schloss-wackerbarth.de
Os melhores locais pertencentes a esta propriedade de noventa hectares estendem-se em vinhedos em socalcos subindo atrás da mansão barroca nos arredores de Dresden. Em 1989, a propriedade estava em péssimo estado, e muito esforço foi despendido pelo banco local que possui a propriedade, renovando os vinhedos e a viticultura. O ponto crítico foi 1999, quando vinhos flácidos e sem brio foram substituídos por outros com mais vivacidade. Uma grande parte da produção é de vinhos espumantes, a maioria dela um pouco doce e desinteressante. Há bons Riesling (da vinha de Radebeuler Wagen Goldener) e Weisser Burgunder, mas com os recursos à sua disposição, ainda há espaço para melhorias.

Klaus Zimmerling ☆☆
Pillnitz.
A propriedade de vinho mais intrigante da Saxônia veio à existência em 1987, quando Klaus Zimmerling começou a limpar e replantar socalcos com vinhas antigas, com a ajuda de amigos. Apesar do clima, ele optou por viticultura orgânica, e as produções são extremamente baixas. Hoje, ele tem crescente reputação por sofisticados Riesling, Traminer e Grauer Burgunder secos. Os rótulos são adornados com exemplos das esculturas de sua esposa, tornando as embalagens as mais cheias de estilo entre as vinícolas da antiga Alemanha Oriental.

Luxemburgo

Luxemburgo tem cerca de 1.250 hectares de vinhedos ao longo do Alto Mosel, acima de Trier. Há cerca de mil pequenos produtores, mas 65% do vinho do país é feito em cooperativas. A indústria é muito organizada e controlada. Desde 1985, todos os vinhos são classificados pelo Institut Viti-Vinicole em uma das cinco qualidades: *non admis* (não aprovado), *marque nationale*, *vin classé*, *premier cru* e *grand premier cru*. Em 1991, uma nova denominação para o Crémant du Luxembourg foi criada, complementando a denominação única anterior, Moselle Luxembourgeoise. Estes vinhos espumantes ultrafrescos podem ser bem baratos.

As variedades de uvas cultivadas em Luxemburgo são: Rivaner (Müller-Thurgau), Elbling, Riesling, Auxerrois, e, em menores quantidades, Gewürztraminer, Pinot Gris, Pinot Blanc e Pinot Noir. No entanto, as muito empregadas uvas Müller-Thurgau e Elbling estão em declínio, e mais Chardonnay, principalmente para uso em vinhos espumantes, está sendo plantada. As produções podem facilmente chegar a 14 mil litros por hectare, o que faz sua vizinha Alemanha parecer magnânima na comparação. Elbling produz um suco muito fraco, mas consideráveis quantidades de vinhos refrescantes, leves e muitas vezes efervescentes são feitos de uma mistura de Elbling e Rivaner. O Rivaner é confiável; Auxerrois, ocasionalmente bastante charmoso – uma especialidade original sem nenhum equivalente verdadeiro – especialmente de Wasserbillig; Riesling sempre despojado, mas às vezes clássico. Pinot Noir faz vinhos muito pálidos, mas agradáveis. A associação de propriedades Domaine et Tradition, fundada em 1988 por sete vinícolas, promove a qualidade das variedades nobres, principalmente por restringir a produção a 7 mil litros por hectare. Os principais produtores são a Caves Bernard-Massard em Grevenmacher (bom espumante Cuvée de l'Ecusson feito pelo método clássico) e Les Domaines de Vinsmoselles em Stadtbredimus (a organização de cooperativas). Outros são Cep d'Or em Hëttermillen (ótimo crémant e Pinot Blanc); Alice Hartmann no Wormeldange (Riesling elegante); Kohll-Reuland em Ehnen (crémant bom); Abi Duhr na Ahn (Pinot Blanc com nozes, envelhecido em carvalho); Mathis Bastian, Caves Krier Frères, Caves Gales e Caves St Rémy em Remich (também a sede da Estação Vitivinícola do Governo); e Henri Ruppert (Auxerrois bom) e Thill Frères em Schengen. Outros bons vinhos de Gloden, Schumacher-Knepper (Riesling sedoso), Charles Decker (*vin de glace*), e Schmit-Fohl (Pinot Gris). Surpreendentemente, por causa do clima, alguns vins de paille (vinhos de palha) muito bons estão sendo feitos, geralmente de Auxerrois.

Bélgica

Os belgas alegam que produzem vinho desde o século XIII, embora Napoleão tenha imposto um fim à indústria ao decretar que os vinhedos deveriam ser arrancados. No entanto, na década de 1960 houve uma tentativa de retorno à vinicultura. Hoje cerca de doze propriedades cultivam Müller-Thurgau, Kerner, todas as três variedades de Pinot, Chardonnay, Riesling e Auxerrois. Duas das maiores propriedades são Clos des Agaises e Genoels Elderen.

Itália

Existe um país vitícola mais anárquico, inventivo e fascinante que a Itália? Os grandes vinhos da França têm sido pautados pelos mercados de exportação. A Itália, por anos, manteve a maioria de seus vinhos para si mesma. Localidades abraçaram as suas próprias especialidades: até mesmo hoje, a Itália parece ser um país frouxamente unido. Mas com uma surpreendente gama de sabores de vinho, derivada de grande variedade de videiras autóctones. A coleção é extraordinária, com cerca de mil variedades de uvas sendo cultivadas. Mesmo que metade delas seja meras curiosidades locais, ainda temos 500 de interesse real.

Não deveria ser surpresa alguma que alguns dos melhores vinhos do mundo venham da Itália, e ainda assim muitas pessoas estão céticas quanto a ela. Ao contrário da França que, durante dois séculos e meio, foi construindo sua formidável estrutura e reputação na fabricação de vinho de qualidade e propagando seus vinhos superlativos, a Itália manteve à parte. O vinho, como a lealdade, permaneceu muito mais como um negócio local, até mesmo de família. Como o pão, não era considerado de menor importância. Mas não era controlado por normas nacionais, muito menos internacionais, até este século. E quando começou a ser, a Itália foi inevitavelmente julgada como uma fonte de vinhos de baixo preço ou de menor importância. Até hoje, uma quantidade quase inacreditável sai anonimamente do país em navios-tanques para outras regiões da União Europeia, e até mesmo dentro do país, e misturas ilegais e inter-regionais não ajudam nem um pouco a reputação do vinho italiano. O vinho de alta qualidade depende inteiramente da demanda, e ninguém o demandava da Itália.

Os italianos não têm se ajudado contentando-se com rótulos cada vez mais complicados de vinhos. Os não italianos, mesmo os mais interessados, são frequentemente bloqueados por uma alegre ladainha de polissílabos melódicos na qual não apenas o nome do vinho e seu criador, mas o da propriedade – e muitas vezes um nome fantasia adicional – parecem igualmente importantes.

Nos últimos anos, temos visto algumas mudanças dramáticas na atitude e na prática, à medida que produtores alegremente experimentam ideias, variedades de uvas e técnicas não tradicionais. Infelizmente, o resultado geralmente consiste em vinhos com rótulos (e garrafas) de *designer* distintos e preços altos nem sempre justificados pela sua qualidade. Essa revolução dos produtores contorna, ou até mesmo ignora, as regras consagradas do sistema DOC descrito abaixo. Por outro lado, esta abordagem libertária à produção de vinho também resultou, em alguns casos, nos vinhos verdadeiramente emocionantes que se tornaram os porta-estandartes da nova Itália.

Novos desenvolvimentos em nível oficial foram igualmente importantes. A Lei do Vinho de 1992 introduziu a filosofia da pirâmide de qualidade. No seu topo estão os vinhos que sujeitos aos controles mais rigorosos: Denominazione di Origine Controllata e Garantita (DOCG) e Denominazione di Origine Controllata (DOC). Existem mais de 325 deles e representam 20% da produção de vinho italiano. A meio caminho entre os vinhos DOC e o próximo nível, vini da tavola (vinhos de mesa), estão os vinhos Indicação Geografica Tipica (IGT). São vinhos com nomes de castas de uva, a partir de uma maior área de produção e com critérios de qualidade mais tolerantes que os vinhos DOC. A IGT fornece uma identidade mais clara para muito do que foi a inundação de vinhos de mesa. Também permite maior controle da produção, porque os vinhos IGTs, ao contrário dos vini da tavola, estão sujeitos às limitações de culturas máximas. No entanto, o consumidor pode ainda se encontrar perdido, porque a categoria IGT inclui tanto vinhos de pouco caráter e substância quanto vinhos de qualidade excepcional, que, por acaso, não se encaixaram nos critérios do sistema DOC/DOCG.

A DOC foi instituída em 1963 como um sistema de regulação necessário para os vinhos italianos de qualidade – quase um equivalente da Appellation Contrôlée (AC) francesa. A DOC é uma condição legal muito detalhada quanto ao caráter preciso, origem, uvas, níveis de cultura, força, métodos e envelhecimento de um vinho em particular ou de um grupo de vinhos, acordada entre o consórcio de produtores e uma comissão de peritos em Roma. As edições anteriores deste livro listaram os regulamentos individuais de DOC em detalhes consideráveis. Na prática, porém, a maioria dos produtores bons obedece às regras que acreditam que contribuam para a qualidade e a tipicidade do vinho, ignorando aquelas (tais como o tradicional envelhecimento em madeira excessivo) que são, na sua opinião, prejudiciais à qualidade. Por exemplo, até alguns anos atrás, era obrigatório incluir uma proporção de uvas brancas no Chianti Clássico. Essa regra absurda beneficiava os produtores que tinham muita uva Trebbiano em seus vinhedos. Mas é evidente que não poderia melhorar a qualidade de um vinho baseado em Sangiovese, por isso os melhores cultivadores a ignoravam em silêncio. Assim, as listas de DOC abaixo agora enfocam as características mais importantes de cada DOC em vez de uma lista de regulamentos detalhados. Além disso, a grande revisão das categorias de vinho e denominações previstas pela União Europeia para 2009 pode muito bem tornar muitas, senão todas, as DOCs existentes obsoletas. Teremos de esperar para ver como os italianos vão reagir.

É o grande paradoxo dos vinhos italianos hoje em dia que uma DOC congele um tipo de vinho em um momento histórico. Uma DOC é essencialmente a definição de uma tradição – no exato momento em que a tecnologia do vinho atingiu um ponto antes inimaginável, quando a Califórnia (o exemplo notável) está usando sua liberdade para experimentar a produção de vinhos mais emocionantes a cada ano. O leitor deste livro, portanto, não deve fazer qualquer distinção qualitativa absoluta entre DOC e outros vinhos, além do que uma DOC é "tradicional" e sujeita à regulamentação oficial. Outro passo na regulação de certas DOCs foi instigado com a criação de uma categoria adicional: DOCG. O "G" significa garantia; isso implica que os vinhos são garantidos como os melhores da Itália. Eles são, de fato, os melhores vinhos geograficamente controlados. As quatro primeiras DOCGs foram Barbaresco, Barolo, Brunello di Montalcino e Vino Nobile di Montepulciano. Albana di Romagna foi a próxima a ser acrescentada à lista, embora qualquer pessoa que o prove pode ser perdoada por perguntar o quão a sério o "G" é para ser levado. Algumas adições mais recentes também sugerem que a promoção para DOCG é tanto uma questão política como um reconhecimento para impor qualidade. É difícil resumir o estado atual da viticultura italiana. Os recentes investimentos em equipamentos modernos e novas ideias têm produzido alguns resultados maravilhosos, mas também despojado velhos amigos de seu caráter. Até agora, o movimento moderno foi capaz de fazer tanto os vinhos mais maçantes quanto os mais brilhantes. Está provado que aqueles que temiam que a Itália fosse afogada por uma maré de variedades internacionais estavam enganados. Embora os produtores italianos estejam experimentando com Cabernet Sauvignon, Merlot, Chardonnay e Syrah (e porque não?), eles também têm se mantido fiéis às suas variedades tradicionais. Há um equilíbrio a ser estabelecido entre a tradição e a tecnologia (quanto às uvas, ao envelhecimento em adega, e a todos os aspectos da vinificação) e a Itália tem-se ocupado dessa busca.

Enquanto o atual sistema DOC/DOCG reforça a tradição, os critérios mais amplos da designação IGT incentivam a inovação. Assim, proprietários e produtores estão livres, como o narrador de Proust, para escolher entre dois caminhos, ou ambos. Ninguém nega que o resultado tem sido bastante positivo. Em regiões com uma longa história, como o Piemonte ou a Toscana, a qualidade no nível superior nunca foi tão elevada. Nas regiões que antes eram sinônimos de mediocridade, como a Sicília, o pleno potencial das encostas ensolaradas está finalmente se concretizando. Os vinhos brancos, que nunca foram o forte da Itália, agora alcançam altos padrões internacionais no Friuli e no Alto Ádige, enquanto regiões mais novas, como a Campânia estão quase chegando lá. A única mancha na paisagem é a tendência italiana de alterar as regras: às vezes, por uma boa causa, como quando vinicultores talentosos ignoram os regulamentos do sistema DOC que prejudicam a qualidade, e, outras vezes, por uma causa ruim, quando misturas ilegais são praticadas apenas para aumentar as margens de lucro. No geral, porém, é evidente que a Itália, bem como a Espanha, tornou-se o país vitivinícola mais dinâmico da Europa no século atual.

O método de acesso aos princípios básicos nas páginas a seguir tenta fazer com que os problemas de se identificar e julgar os vinhos da Itália sejam o mais simples possíveis. É assim que funciona. O país está dividido em vinte regiões. Cada uma é tratada separadamente, em duas partes. Primeiro vêm os nomes e as descrições dos vinhos, depois uma vasta seleção dos melhores e maiores produtores de vinho, com um breve relato de suas capacidades, seus métodos, seu tamanho e uma lista dos vinhos que eles oferecem. Se você souber o nome do vinho ou o fabricante, mas não a região, consulte o índice. Se você sabe a região, vá direto para o vinho ou o fabricante. A referência cruzada vai de fabricante a vinho, mas não (para evitar uma lista repetitiva) o inverso. A única lista de produtores, por exemplo, de Chianti Classico é a lista de vinicultores da Toscana, em que você vai descobrir que muitos fabricantes de Chianti também fazem outros vinhos.

Piemonte

Pela desinibida exploração de variedades de uvas, e pelo que é possível fazer a partir delas, nenhuma parte da Europa pode ser comparada com Piemonte. Suas colinas íngremes oferecem tal variedade de uvas autóctones que as variedades internacionais têm sido muito pouco plantadas. Cada uma das uvas locais é um personagem com algo a oferecer. Cada uma faz vinhos sem mistura, geralmente em vários estilos, e também como partes de misturas que podem ser tradicionais ou experimentais, convencionais ou idiossincráticas. Os primeiros são frequentemente abençoados com DOCs e DOCGs, os segundos não – mas isso não tem influência sobre suas respectivas qualidades.

A ênfase é dada principalmente ao vinho tinto, embora o Moscato tenha uma longa história na região, presente em vários aspectos, mas nenhum mais conhecido do que Asti Spumante. A Cortese também é uma boa uva branca, provando-se agora no Gavi, e o Arneis é como que uma moda na região de Langhe, mas o catecismo dos vinhos importantes de Piemonte deve começar com uma lista de uvas tintas que gostam do clima rigoroso desta região subalpina.

Nebbiolo vem em primeiro lugar em qualidade. Leva o nome por causa da neblina (*nebbia*) que caracteriza o outono daqui, e não só fecha o aeroporto de Milão com regularidade, mas também cria vinhas com folhas amarelo-ouro, perfeitamente maduras e cheias de fruta, que sobem as encostas das colinas cinzas até as aldeias que repousam nos topos. As montanhas do Langhe de 490 metros (1.592 pés) ao sul de Alba no rio Tanaro fornece as encostas, o abrigo, o solo, a luz do sol e a umidade que leva a Nebbiolo à perfeição em Barolo (sudoeste de Alba) e Barbaresco (a leste). O estilo de Barolo, um vinho de concentração, tanino e álcool máximos, não tem uma história muito antiga, mas tem convicção e os paladares de seus produtores estão prontos para tanto poder quanto as suas vinhas lhes puderem dar. Os inexperientes, os tímidos, e os amantes de vinho clarete devem começar com o Nebbiolo nas suas manifestações mais leves e menos explosivas, como o Nebbiolo d'Alba ou o Roero. O Barbera vem em primeiro lugar em quantidade. Mas também carrega convicção. Pode ser pesado, mas um bom Barbera – o que quer dizer um Barbera que não tenha sido semeado em excesso – tem aroma de ameixa e é adstringente na medida certa, sua acidez refrescante o torna um vinho admirável com comida substancial, mas sem pretensões.

Já Dolcetto é bastante diferente. Nenhuma outra uva tinta consegue transmitir sua impressão de suavidade, sendo por vezes surpreendentemente seca. Parece estranho, mas com alimentos de sabor marcante, abre muito bem uma refeição, complementando maravilhosamente antepastos, especialmente frios. O Dolcetto normalmente não é envelhecido. A aldeia de Dogliani é o seu coração, e alguns produtores de lá estão fazendo o possível para dar ao vinho uma seriedade obstinada pelo envelhecimento em carvalho novo, uma experiência que raramente melhora o conceito original do Dolcetto, de vinho suculento acima de tudo frutado.

Em completo contraste, o Freisa inclina-se a ser efervescente e, às vezes, até doce, e, novamente em contraste, o Grignolino tende para o estilo de vinho claro, leve, mas provocantemente amargo, que é comum no noroeste da Itália. No entanto, alguns produtores, como Vajra, fazem um Freisa seco, impressionante e poderoso, que pode envelhecer bem. Adicione o enérgico e leve Bonarda, e o Croatina e o Vespolina e a variedade de coquetéis possíveis é quase ilimitada. A seguinte lista reflete a complexidade da região, com mais DOCs e DOCGs que qualquer outra – e muitos vinhos de mesa não oficiais. DOCs regionais como Langhe, Monferratoce e Piemonte não servem apenas para dar uma casa legal para grandes quantidades de vinhos que ainda não são DOC, mas também para legalizar a mistura de duas ou mais variedades, criando novas denominações para esses vinhos.

Em nenhum lugar na Itália, o uso de carvalho francês é tão polêmico quanto aqui. Os tradicionalistas sempre envelheceram vinhos como o Barolo, o Barbera e o Dolcetto em grandes barris, ao passo que os modernistas, como Elio Altare e Angelo Gaja, começaram a envelhecer os seus vinhos em barris na década de 1980. Não vale a pena criticar um lado ou outro. Existem grandes vinhos "tradicionais" de Piemonte, e ótimos vinhos "modernistas", e, hoje em dia, a maioria dos produtores adota as melhores práticas de ambas as abordagens. A qualidade dos frutos colhidos é geralmente muito mais importante que o recipiente usado para envelhecer o vinho.

Oxalá houvesse espaço aqui para mostrarmos o melhor da Itália: as trufas, a *fonduta*, os jogos, e todas as coisas simples, porém sensuais que dão a esses vinhos o seu contexto próprio.

A ITÁLIA EM NÚMEROS REDONDOS

1 Produção por região em hectolitros (2006-2007)
2 Percentagem de produção registrada como DOC

	1	2
Piemonte	2.724.000	84
Vale d'Aosta	18.000	23
Lombardia	1.080.000	47
Trentino-Alto Ádige	1.220.000	85
Vêneto	7.500.000	42
Friuli	1.020.000	65
Ligúria	89.000	14
Emília-Romanha	6.500.000	35
Toscana	2.800.000	57
Úmbria	998.000	31
Marches	1.256.000	48
Lácio	2.310.000	7
Abruzzo	3.800.000	8,5
Molise	319.000	4
Campânia	1.800.000	44
Apúlia	6.500.000	15
Basilicata	221.000	1,6
Calábria	406.100	21
Sicília	6.500.000	4
Sardenha	859.000	15
Itália	**48.000.000**	

DOC & Outros Vinhos

Albugnano DOC. Vinho tinto e rosé. Província: Asti. Localidades: quatro no distrito de Monferrato. Casta: Nebbiolo (mínimo de 85%). Obscura denominação de Nebbiolo relativamente leve.

Barbaresco DOCG. Vinho tinto. Província: Cuneo. Localidades: Barbaresco, Treiso, Neive. Casta: Nebbiolo.

O vizinho imediato do Barolo, compartilhando a maioria das suas qualidades de força e profundidade, vigor juvenil, e eventual doçura perfumada. O grande Barbaresco tem estilo e elegância difíceis de definir. É tentador, embora impreciso, chamá-lo de Côte-Rôtie para o Hermitage de Barolo. Não vive tanto e nem se desenvolve tão esplendidamente como os melhores vinhos do Rhône, mas muitos vinhos (especialmente os de Gaja, embora não sejam os únicos) adicionaram novos superlativos ao vocabulário do vinho da Itália: o mais luxuoso, o mais vigoroso, sedoso, incisivo e memorável.

Barbera d'Alba DOC. Vinho tinto. Província: Cuneo. Localidades: muitas ao redor de Alba. Casta: Barbera.

Os vinhos Barbera são onipresentes em Piemonte, mas os melhores deles caem em um dos três DOCs. Alba é considerada a melhor área para Barbera encorpado apto para o envelhecimento – embora o estilo seja inteiramente a critério do produtor. É também verdade que os melhores locais de Alba são dedicados a Nebbiolo, e a Barbera é plantada naqueles bem menos expostos ao sol.

Barbera d'Asti DOC Vinho tinto. Províncias: Asti, Alessandria. Localidades: de Casale Monferrato até Acqui Terme. Casta: Barbera.

Os críticos discordam se é este local ou Alba que dá o melhor Barbera. Durante a última década, a Barbera tem geralmente sido plantada nos melhores locais, já que Asti não é primariamente uma zona Nebbiolo, rendendo excelentes resultados aqui.

Barbera del Monferrato DOC. Vinho tinto. Províncias: Asti, Alessandria. Localidades: um grande número de localidades nas províncias acima. Castas: Barbera (85-90%), Freisa, Grignolino, Dolcetto (10-15%).

A adição opcional de outras uvas e uma aceitação de maiores rendimentos do que para as outras denominações de Barbera fazem deste o menos sério dos Barbera DOC, apesar de existirem algumas boas garrafas.

Barolo DOCG. Vinho tinto. Província: Cuneo. Localidades: Barolo, Castiglione Falletto, Serralunga d'Alba, La Morra, Monforte d'Alba, Verduno, partes de outras comunas. Casta: Nebbiolo.

O Barolo significa uma luta para o paladar, mas isso torna o prazer ainda mais gratificante. É preciso prática para entender este vinho poderoso e adstringente. Durante vários anos, todo o sabor e perfume ficam mascarados e inacessíveis. O que está escondido é um espectro extraordinário de aromas (alcatrão, trufas, violetas, rosas murchas, incenso, ameixas e framboesas). Nos Barolo tradicionais, a maturidade vem repentinamente por volta de dez anos e pouco se ganha com garrafas mantidas por mais de quinze anos. A tendência, porém, é para vinhos mais generosos, mas de forma alguma fáceis, geralmente envelhecidos em barricas, cujos taninos suaves os tornam acessíveis mais cedo, sem diminuir o seu potencial de duração. Em algumas poucas áreas, tem uma filosofia moderna incorporada, com êxito, de um clássico natural.

Os melhores vinhedos são frequentemente sinalizados nos rótulos com a palavra em dialeto *sori* (significando uma encosta íngreme e protegida) ou *bricco/bric* (cadeia de montanhas). La Morra faz os vinhos de desenvolvimento mais rápido e, possivelmente, mais elegantes, o Monforte e o Serralunga são os mais lentos.

Barolo Chinato Uma tradição doméstica entre os produtores de Barolo é fazer aperitivos e bebidas refrescantes com os seus vinhos.

Castelo de Cavour do século XIV, Piemonte.

O *amaro* mais conhecido, é feito amargo com uma infusão de quinino. Outra receita inclui nozes verdes, atanásia, alho, cravo e canela.

Boca DOC. Vinho tinto. Província: Novara. Localidades: Boca e partes de outras quatro. Castas: Nebbiolo (Spanna, 45-70%), Vespolina, Bonarda Novarese (Uva Rara).

Um dos vários tintos secos das colinas ao norte de Novara, onde a Nebbiolo é chamada Spanna. A mistura com outras uvas ilumina este vinho. Produção minúscula.

Bonarda Piemontese Bonarda é uma uva "luz vermelha" cultivada principalmente na região de Piemonte Norte para a mistura. Pode ser um vinho fresco e agradável sozinho. Sua própria DOC é a Bonarda Piemonte DOC.

Brachetto d'Acqui DOCG. Vinho tinto. Província: Asti, Alessandria. Localidades: Acqui Terme, Nizza Monferrato e outras 24. Casta: Brachetto.

Tinto leve, doce e efervescente, com mais de um toque de Muscat no aroma. Os melhores têm delicadeza e charme, como o Moscato d'Asti, com teor de álcool muito baixo.

Bramaterra DOC. Vinho tinto. Província: Vercelli. Localidades: Massarano, Brusnengo, Cruino Roasio, Villa del Bosco, Sostegno, Lozzolo. Castas: Nebbiolo (Spanna, 50-70%), Croatina, Bonarda e/ou Vespolina.

Uma mistura tinta grande e sólida das colinas Vercelli, que melhora com a idade. Vendido em garrafas de estilo Bordeaux. Apenas 28 hectares permanecem.

Canavese DOC. Vinho tinto, branco e rosé. Província: Turim, Vercelli, Biella. Numerosas aldeias. Castas: Nebbiolo, Barbera, Freisa, Croatina, Neretto, Erbaluce.

Vinhos bastante leves da fronteira com Vale d'Aosta. Apenas 53 hectares produzem o vinho. A DOC foi criada em 1996.

Carema DOC. Vinho tinto. Província: Turim. Localidade: Carema. Casta: Nebbiolo.

Um vinho da fronteira de Piemonte com o Vale d'Aosta; um Nebbiolo (mínimo de 85%) relativamente leve, que pode ganhar em sutileza o que perde em força. O terreno é íngreme e em socalcos. O clima é frio, e os preços (especialmente nos resorts de esqui) pode ser excessivo.

Colli Tortonesi DOC. Vinho tinto e branco. Província: Alessandria. Localidades: Tortona e outras 29. Castas: Barbera (100%), Freisa (máximo de 15%), Bonarda, Dolcetto, Cortese, Timorasso.

Uma mistura de Barbera de boa qualidade com potencial de envelhecimento, e um branco Cortese muito leve e seco, tendendo a ser sutil e, às vezes, espumante. Vinho mais sério feito por Martinetti usando a interessante, e rara, uva Timorasso.

Cortese DOC. Vinho branco. Províncias: Asti, Cuneo, Alessandria. Localidades: Uma grande parte das províncias acima. Casta: Cortese (85%).

Uma DOC cada vez mais popular para Cortese seco, frisante ou não, em um nível mais humilde que o de Gavi (ver p. 293).

Dolcetto d'Acqui DOC. Vinho tinto. Província: Alessandria. Localidades: Acqui Terme e outras 24. Casta: Dolcetto.

Um tinto leve, para todos os dias, de boa cor e certo caráter.

Dolcetto d'Alba DOC. Vinho tinto. Província: Cuneo. Localidades: Alba, Barolo, Barbaresco, La Morra e outras trinta. Casta: Dolcetto.

Tal como acontece com Barbera d'Alba, a Dolcetto não é plantada nas melhores encostas daqui, mas a habilidade e o renome dos produtores pode compensar e render um vinho de primeira. O estilo varia desde o tradicional, suave mas seco, até algo o mais frutado e refrescante. Na maioria dos casos, a juventude é uma virtude.

Dolcetto d'Asti DOC. Vinho tinto. Província: Asti. Localidades: Calamandrana, Canelli, Nizza Monferrato e outras 21. Casta: Dolcetto.

Menos visto, mas semelhante ao Dolcetto d'Acqui.

Dolcetto delle Langhe Monregalesi DOC. Vinho tinto. Província: Cuneo. Localidades: Briaglia e muitas outras. Casta: Dolcetto.

Uma DOC raramente usada, criada em 1974 para um Dolcetto de peso leve, que dizem ter mais aroma que a maioria.

Dolcetto di Diano d'Alba or Diano d'Alba DOC. Vinho tinto. Província: Cuneo. Localidade: Diano d'Alba. Casta: Dolcetto.

Um Dolcetto excelente, geralmente mais forte e mais focado que o Dolcetto d'Alba.

Dolcetto di Dogliani DOCG. Vinho tinto. Província: Cuneo. Localidades: Dogliani, Monchiero, entre outras. Casta: Dolcetto.

Possivelmente, o Dolcetto original. Geralmente bom, com mais "grip" (ou menos suave) que alguns. Alguns produtores estão tentando fazer um estilo mais denso e saboroso, envelhecido em barricas. Um grupo de produtores que trabalham com vinhos envelhecidos em barricas fizeram pressão para criar uma denominação DOCG distinta para o Dogliani, e a conseguiram em 1995.

Dolcetto di Ovada DOC. Vinho tinto. Província: Alessandria. Localidade: Ovada e outras 21. Casta: Dolcetto.

Os melhores produtores fazem um vinho muito vigoroso, com o aroma frutado que todo Dolcetto é capaz de desenvolver em garrafa como um bom Beaujolais cru.

Erbaluce di Caluso, Caluso DOC. Vinho branco. Província: Turim e Vercelli. Localidades: Caluso e outras 35. Casta: Erbaluce.

Normalmente vinificado seco, mas um excelente passito também é feito.

Fara DOC. Vinho tinto. Província: Novara. Localidades: Fara, Briona. Castas: Nebbiolo (30-50%), Vespolina, Bonarda Novarese (uva rara).

Fara, Boca, e seu vizinho Sizzano, tintos semelhantes da mesma qualidade, todos DOCs, mas ainda de produção limitada. Apenas 22 hectares produzem Fara.

Favorita Vinho branco seco da variedade de uva do mesmo nome, cultivada nas colinas de Roero e Langhe, que foi revivido recentemente. Melhor se consumido jovem.

Freisa d'Asti DOC. Vinho tinto. Província: Asti. Localidades: 118 nas colinas de Asti. Casta: Freisa.

Um tinto vigoroso de sabor acre e frutado, às vezes doce e geralmente espumante. Pode ser muito apetitoso, embora o não DOC Freisa d'Alba é, em geral, mais bem feito, às vezes como um tinto encorpado. Também como Langhe e Monferrato DOCs.

Freisa di Chieri DOC. Vinho tinto. Província: Turim. Localidades: Chieri e outras onze. Casta: Freisa.

Chieri, nos arredores de Turim, se especializa no estilo mais doce de Freisa, muitas vezes espumante. Também capaz de tintos mais sérios.

Gabiano DOC. Vinho tinto. Província: Alessandria. Localidades: Gabiano, Montecestino. Castas: Barbera (90-95%), Freisa e/ou Grignolino.

Da aldeia Gabiano, ao norte de Asti. Barbera de vida muito longa. Produção pequena.

Gattinara DOCG. Vinho tinto. Província: Vercelli. Localidade: Gattinara. Castas: Nebbiolo (Spanna), Bonarda (no máximo 10%).

O Spanna (Nebbiolo) mais conhecido das colinas ao norte de Novara, um enclave totalmente distinto do Barolo e do Langhe, com um estilo de vinho mais amplo e suculento, menos austero. Poucos Gattinara alcançam os altos padrões do Barolo, mas ambos esplêndidos e fáceis de gostar. Cem hectares permanecem.

Gavi or Cortese di Gavi. DOCG. Vinho branco. Província: Alessandria. Localidades: Gavi e outras três. Casta: Cortese.

O Gavi não chega a atingir os padrões de acidez e sabor que dizem que o "Burgundy branco" atinge, muitas vezes os seus sabores são castrados por fermentação fria demais. Mas a uva Cortese pode crescer extremamente bem nesta área.

Ghemme. DOCG. Vinho tinto. Província: Novara. Localidades: Ghemme, parte de Romagnano Sesia. Castas: Nebbiolo 75-100%, Vespolina, Bonarda Novarese (uva rara).

Um vinho muito semelhante ao Gattinara, geralmente considerado um pouco inferior, embora alguns (como eu) possam preferir um estilo mais fino, menos vigoroso. As melhores garrafas, com cinco ou seis anos, tendem a ter uma textura parecida com a de um clarete.

Grignolino d'Asti DDOC. Vinho tinto. Província: Asti. Localidades: 35 comunas em Asti. Castas: Grignolino (100%), Freisa (no máximo 10%).

O bom Grignolino é refrescante e vigoroso, ligeiramente amargo e claro, mas não pálido. Tem perdido terreno para Barbera.

Grignolino del Monferrato Casalese DOC. Vinho tinto. Província: Alessandria. Localidades: 35 comunas (em Monferrato Casalese). Castas: Grignolino (100%), Freisa (no máximo 10%).

Uma área Grignolino adicional ao norte, ganhou *status* de DOC um ano após Grignolino d'Asti.

Langhe DOC. Vinho tinto e branco. Província: Cuneo. Castas: quase todas as uvas cultivadas nesta província.

DOC introduzida recentemente para englobar vinhos de Langhe desclassificados ou ainda não classificados como DOC: Langhe Bianco, Rosso L., L. Nebbiolo, Freisa L., Dolcetto L., Arneis L., L. Favorita e L. Chardonnay.

Lessona DOC. Vinho tinto. Província: Vercelli. Localidade: Lessona. Castas: Nebbiolo (Spanna), Vespolina (no máximo 25%), Bonarda.

Esta mistura de Nebbiolo notavelmente fina, com o peso de um clarete, é rara, uma vez que existem apenas dez hectares em produção. Seis anos é uma boa idade para ele.

Loazzolo DOC. Vinho Branco. Província: Asti. Localidade: Loazzolo. Casta: Moscato.

Um passito Moscato, com história. Pode ser um sonho doce e lascivo. Redescoberto em 1980 por Giancarlo Scaglione e Giacomo Bologna, é produzido apenas em quantidades ínfimas. O Forteto della Luja é o melhor.

Malvasia di Castelnuovo Don Bosco DOC. Vinho tinto. Província: Asti. Localidades: Castelnuovo Don Bosco e outras cinco. Castas: Malvasia di Schierano (100%), Freisa (no máximo 15%).

Um vinho espumante leve, doce e perfumado, suavemente borbulhante ou totalmente frisante. O Malvasia di Casorzo é muito semelhante.

Monferrato DOC. Vinho tinto, branco e rosé. Província: Alessandria, Asti. Castas: quase todas as uvas cultivadas na região.

DOC criado em meados da década de 1990 para dar maior respeitabilidade a muitos antigos vinhos de mesa das colinas entre o rio Pó e os Apeninos: Monferrato Rosso, M. Bianco, M. Chiaretto, M. Dolcetto, M. Freisa, M. Casalese (um branco a partir de uvas Cortese).

Moscato d'Asti and Asti DOCG. Vinho branco, geralmente espumante (mas nem sempre). Província: Asti, Cuneo, Alessandria. Localidades: todas as comunas.

O Moscato d'Asti e o Asti são basicamente os mesmos, mas os regulamentos permitem que o primeiro seja ligeiramente mais doce e tenha menos álcool. Em geral, o Moscato d'Asti é melhor do que o Asti, muitas vezes feito com grande cuidado para ser estonteantemente aromático, doce e levemente efervescente. Deve ser bebido o mais jovem possível. O Asti em si é um dos clássicos inimitáveis da Itália: doce, fartamente frutado, mas femininamente gracioso com sua espuma perfumada. Uma grande indústria dominada por nomes de peso no campo do vermute, produzido normalmente em tanques, daí o preço moderado.

Nebbiolo or **Nebbiolo del Piemonte** Um título alternativo para qualquer vinho Nebbiolo.
Não classificado como DOC ou DOCG. De vinhos ordinários a excelentes.

Nebbiolo d'Alba DOC. Vinho tinto. Província: Cuneo. Localidades: Alba e outras 16. Casta: Nebbiolo.
Para aqueles que podem abrir mão da majestade austera do Barolo, mas amam os sabores de sua uva, esta é a DOC a procurar. Quatro anos são geralmente o suficiente para desenvolver um delicioso buquê de frutas que variam de framboesas a ameixas e, com sorte, trufas.

Piemonte DOC. Vinho tinto, branco e rosé. Províncias: Alessandria, Asti, Cuneo. Castas: Barbera, Bonarda, Grignolino, Brachetto, Cortese, Chardonnay, Moscato, Pinot Bianco, Pinot Grigio e Pinot Nero também para espumantes ("Piemonte DOC").

Uma nova DOC abrangente para toda a região de Piemonte. Inclui Piemonte Barbera, P. Bonarda, P. Brachetto, P. Cortese, P. Grignolino, P. Chardonnay e P. Spumante.

P Moscato. Inclui uma DOC para espumante de *metodo tradizionale* ou charmat.

Pinerolese DOC. Vinho tinto. Províncias: Turim, Cuneo. Localidades: 32 na área.

Denominação profundamente obscura para dois vinhos idiossincráticos. O primeiro é o Doux d'Henry, supostamente a partir de uma variedade de uva deixada pelo rei francês no início de 1600. O segundo é o Ramie, cultivado em pequenos vinhedos em socalcos. Apenas poucos milhares de garrafas são feitas.

Roero. Vinho tinto DOCG. Província: Cuneo. Localidades: 19 nesta província. Castas: Nebbiolo (95-98%), Arneis (2-5%).

Uma DOCG recentemente promovida para tinto de Nebbiolo cultivada nas colinas Roero, ao norte de Alba, mas os produtores ainda podem optar por produzir Nebbiolo d'Alba ou Roero. Esta zona faz vinhos tintos atraentes, muito mais acessíveis jovens que o Barolo ou o Barbaresco, mas, às vezes, capazes de serem envelhecidos de cinco a seis anos ou mais.

Roero Arneis DOCG. Vinho branco. Província: Cuneo. Localidades: 19 nesta província. Casta: Arneis.

A uva Arneis cresce nas colinas Roero. Macios, ricamente texturizados com amêndoa amarga no fim são seus vinhos. Cada vez mais popular, especialmente o *best-seller* Blangè de Ceretto. Para ser bebido jovem. Promovido a DOCG em 2006.

Ruchè di Castagnole Monferrato DOC. Vinho tinto. Província: Asti. Localidades: Castagnole Monferrato e outras seis. Casta: Ruchè (90%).

A uva tinta rara, às vezes escrita "Rouchet", encontrada apenas abaixo dos Alpes e acima de Castagnole Monferrato, onde se faz um vinho tânico que envelhece para algo perfumado e fino.

Sizzano DOC. Vinho tinto. Província: Novara. Localidades: Sizzano. Castas: Nebbiolo (Spanna, 40-60%), Vespolina, Bonarda Novarese (Uva Rara).

Considerado por muitos como uma das melhores misturas de Spanna (Nebbiolo) do norte de Piemonte, comparável com Boca e Fara. Têm potencial para ser um vinho de dez anos. Não é um recém-chegado, era um vinho muito admirado pelo estadista italiano Cavour.

Spanna O apelido da uva Nebbiolo nas colinas Novara e Vercelli no norte de Piemonte, também usado como um nome para vinhos de estilo Gattinara.

Strevi DOC. Vinho Branco. Província: Alessandria. Localidade: Strevi. Casta: Moscato Bianco.

Criado em 2005, DOC para vinhos passito.

Valsusa DOC. Vinho tinto. Província: Turim. Localidades: 19 no Valle di Susa. Castas: Avana, Barbera, Dolcetto, Neretto (até 60% no total) e outras (40%).

Tinto perfumado das montanhas, promovido a DOC em 1997.

Verduno Pelaverga DOC. Província: Cuneo. Localidades: Verduno, La Morra, Roddi. Casta: Pelaverga.

Foi somente na década de 1990 que a identidade desta uva rara foi definitivamente comprovada, e o *status* DOC seguiu-se rapidamente em 1995. Um tinto relativamente leve, para ser bebido jovem.

Principais produtores de Piemonte

Anna Maria Abbona ☆☆–☆☆☆
Farigliano. 8 ha.
Um produtor ambicioso de Dolcetto di Dogliani, sendo Maioli o melhor, sutilmente acarvalhado.

Orlando Abrigo ☆☆–☆☆☆
Treiso. 15 ha. www.orlandoabrigo.it
Giovanni Abrigo faz dois Barbarescos *cru* de qualidade consistente: Montersino e Rongallo.

Cascina Adelaide ☆☆
Barolo. 8 ha. www.cascinaadelaide.com
Nova vinícola moderna, com Barolo de bom nível. Cannubi é o melhor vinho.

Alario ☆☆
Diano d'Alba. 12 ha.
Um cultivador entusiástico de delicioso Dolcetto, bem como de Barbera fresco e Barolo Riva concentrado.

Gianfranco Alessandria ☆☆–☆☆☆
Monforte d'Alba. 6 ha.
www.gianfrancoalessandria.com
Um discípulo de Elio Altare (ver nesta página), Alexandria tem uma abordagem moderna, favorecendo o envelhecimento em barrica para o seu *cru* Barolo superior, San Giovanni, e seu fino Barbera Vittoria.

Elio Altare ☆☆☆☆
La Morra. 10 ha. www.elioaltare.com
Apesar do pequeno tamanho desse vinhedo, os vinhos têm tido impacto internacional. Em 1978, Altare chocou a família e os vizinhos colhendo verde para reduzir o rendimento e agravou o pecado pelo envelhecimento de alguns de seus vinhos em barricas, dizendo: "Todos os grandes vinhos são feitos em barricas". Em suma, ele foi o pioneiro corajoso que ajudou a criar o Barolo de estilo moderno e o Barbera de qualidade superior.

ANGELO GAJA

Angelo Gaja de Barbaresco tem o melhor perfil entre os produtores de Piemonte hoje, agressivamente assumindo sua própria linha nas técnicas, castas, estilo e preços. Os 101 hectares de vinhedos de Gaja produzem cerca de 25 mil caixas de vinho por ano, de Barbaresco e outros vinhos de Alba, incluindo um Barolo, um Cabernet Sauvignon chamado Darmagi, dois Chardonnay chamados Gaia e Rey, e um Sauvignon Blanc surpreendentemente duradouro. Os vinhos que sempre receberam maiores elogios são os seus Barbaresco de vinhedo único como o

Sori San Lorenzo, o Costa Russi e o Sori Tildin, extremamente maduro e saboroso. Então, houve espanto quando ele anunciou em 2000 que ia desclassificá-los para Langhe Rosso.

Ele explicou que queria chamar a atenção de volta para seu Barbaresco regular, mas admitiu que a decisão permitiria que ele, se desejasse, misturasse uma pequena proporção de Barbera com esses crus, uma prática proibida pelas regras do Barbaresco DOC, mas permitida pelas regras de Langhe. Fora de Piemonte, ele adquiriu a propriedade

Brunello, em Pieve di Santa Restituta, na Toscana, e criou um novo vinhedo na costa da Toscana, o Ca' Marcanda (ver p. 344), de onde saíram, em 2002, os primeiros vinhos de estilo Bordeaux.

O mais dinâmico e inovador dos produtores italianos de vinho ainda está no seu auge, sem ser perturbado por qualquer controvérsia que ele atice, e apaixonado como sempre na sua busca pela melhor qualidade, tanto para os seus próprios vinhos quanto para a Itália em geral.

Anselma ☆☆–☆☆☆

Barolo. 8 ha. www.anselma.it

Só a Nebbiolo é cultivada nesta propriedade, e a variedade alcança qualidade superior no poderoso *cru* Adasi.

Antichi Vigneti di Cantalupo ☆☆

Ghemme. 34 ha. www.cantalupovigneti.it

Este domaine é um dos melhores produtores do norte do Piemonte, especializado em Ghemme.

Antoniolo ☆☆–☆☆☆

Gattinara. 15 ha.

Um dos principais nomes de Gattinara, que tem melhorado nos últimos anos após mudança de geração no comando.

Ascheri ☆☆–☆☆☆

Brà. 36 ha. www.ascherivini.it

Fundada em 1880 e ainda na família, esta propriedade faz Barolo muito confiável e uma vasta gama de vinhos, incluindo um Viognier e um Syrah, ambos chamados Montalupa.

Azelia ☆☆–☆☆☆

Castiglione Falletto. 12 ha. www.azelia.it

Bom Barbera acarvalhado e um excelente Barolo envelhecido em barricas de Bricco Fiaco.

Ballarin ☆–☆☆

La Morra. 7 ha. www.cascinaballarin.com

Erros e acertos no passado, mas safras recentes resultaram em Barolo elegantes de Bricco Ricca e Bussia.

Cascina La Barbatella ☆☆

Nizza Monferrato. 5 ha.

Uma fonte confiável de Barbera e Monferrato.

Batasiolo ☆–☆☆

La Morra. 105 ha. www.batasiolo.com

Esta vinícola muito grande está melhorando rapidamente. Barolo e Dolcetto bons, apesar de os vinhos serem menos consistentes do que deveriam ser.

Bava ☆☆–☆☆☆

Cocconato d'Asti. 57 ha. www.bava.com

Grande propriedade, com uma vasta gama de vinhos. Barbera d'Asti Stradivario é rico e complexo; o Chardonnay, cheio de carácter; e os Barolo, melhores que no passado.

Bel Colle ☆–☆☆

Verduno. 10 ha. www.belcolle.it

Um produtor tradicional, com uma gama de vinhos de Barolo, Barbaresco e Roero, sempre confiáveis, raramente emocionantes.

Bera ☆☆

Neviglie. 20 ha. www.bera.it

Uma estrela em ascensão com Moscato d'Asti e Barbera, mas a empresa oferece uma vasta gama de vinhos.

Nicola Bergaglio ☆☆

Rovereto di Gavi. 15 ha.

Um admirado produtor de Gavi DOC, o melhor de *cru* Minaia.

Bersano & Riccadonna ☆–☆☆

Nizza Monferrato. 240 ha. www.bersano.it

O segundo maior produtor na região de Piemonte, suas 300 mil caixas são provenientes de vinhedos próprios e também de uvas compradas. Excelente Barbera, mas os outros são corriqueiros. O museu do vinho criado pelo falecido Arturo Bersano abre cinco dias por semana.

A. Bertelli ☆☆☆

Costigliole d'Asti. 11 ha.

Bertelli produz uma gama de Barbera intensos e vinhos excelentes e incomuns de Merlot e variedades do Rhône.

Alfiero Boffa ☆☆☆

San Marzano Oliveto. 25 ha. www.alfieroboffa.com

Boffa é apaixonado por velhas vinhas Barbera, das quais ele faz uma série de vinhos excelentes, a maioria envelhecida em grandes barris à moda tradicional.

Enzo Boglietti ☆☆–☆☆☆

La Morra. 21 ha. www.enzoboglietti.com

Embora os três *cru* Barolo, especialmente o Brunate, geralmente sejam os melhores vinhos aqui, os Barbera maravilhosamente intensos são quase tão notáveis.

Giacomo Borgogno & Figli ☆☆

Barolo. 14 ha. www.borgogno-wine.com

Não há Barolo mais tradicional do que o da Borgogno, uma adega fundada em 1761 e que continua a produzir vinhos vigorosos e de vida longa.

Boroli ☆☆

Alba. 32 ha. www.boroli.it

Não é um dos nomes mais conhecidos em Alba, mas estes Barolo essencialmente tradicionais, com notas de frutas vermelhas e estrutura elegante, são muito satisfatórios.

Gianfranco Bovio ☆☆–☆☆☆

La Morra 12 ha. www.boviogianfranco.com

É melhor degustar os excelentes vinhos de Bovio em seu famoso restaurante em La Morra, Belvedere.

Braida-Giacomo Bologna ☆☆☆–☆☆☆☆

Rocchetta Tanaro. 50 ha. www.braida.it

Mais do que apenas um produtor talentoso, o saudoso Giacomo Bologna foi uma figura proeminente no vinho italiano. Ele criou um novo estilo de Barbera moderno, muito concentrado e de longa vida, bem exemplificado por seus Bricco dell'Uccellone e Bricco della Bigotta. O Ai Suma é um poderoso Barbera de colheita tardia, feito somente quando as condições climáticas permitem. Bolonha morreu jovem, em 1990, mas seus padrões são mantidos pela viúva e pelos filhos.

Colheita de uvas na região de Piemonte.

Brema ☆☆–☆☆☆
Incisa Scapaccino. 18 ha.
Pequenas quantidades de Barbera excepcional.

Brezza ☆☆ ☆☆
Barolo. 16 ha. www.brezza.it
Barolo Sarmassa é grandiosamente antiquado e de longa duração.

Bricco Maiolica ☆☆–☆☆☆
Diano d'Alba. 20 ha. www.briccomaiolica.it
Excelente gama de vinhos: Dolcetto exuberante, Barbera requintado e Nebbiolo acarvalhado.

Bricco Mondalino ☆☆
Vignale Monferrato. 13 ha. www.briccomandolino.it
Renomada pelos excelentes Barbera d'Asti e Grignolino.

Brovia ☆☆
Castiglione Falletto. 15 ha. www.brovia.net
Barolo altamente consistente, embora ocasionalmente extraído, e Dolcetto invulgarmente elegante também.

Buganza ☆–☆☆
Piobesi d'Alba. 10 ha. www.renatobuganza.it
Roero muito agradável e simples.

Burlotto ☆–☆☆
Verduno. 12 ha. www.burlotto.com
Bom Barbera, Barolo geralmente excelente, especialmente *cru* Gli Acclivi.

Piero Busso ☆☆☆
Neive. 8 ha. www.bussopiero.com
Vinhos Barbaresco de vinhedo único consistentemente bons, envelhecidos em grandes barris e barricas franceses, dependendo da estrutura do fruto.

Ca' Bianca ☆–☆☆
Alice Bel Colle. 42 ha. www.giv.it
Barbera d'Asti e Gavi bons de uma vinícola que faz parte do enorme Gruppo Italiano Vini.

Ca' d'Carussin ☆–☆☆
San Marzano Oliveto. 13 ha. www.carussin.it
Bruna Ferro faz Barbera d'Asti atraente e de bom valor, e um raro Barbera passito.

Ca' Romé ☆☆–☆☆☆
Barbaresco. 7 ha. www.carome.com
Barbaresco complexo e essencialmente tradicional, especialmente o Maria di Brun.

Ca' Viola ☆☆–☆☆☆
Montelupo. 11 ha. www.caviola.com
Propriedade do respeitado enólogo Giuseppe Caviola; campo de testes para suas ideias. Excelente Dolcetto e um Langhe Rosso Bric du Luv com predominância de Barbera.

Castellari Bergaglio ☆☆
Roverato di Gavi. 12 ha. www.castellaribergaglio.it
Um produtor líder de Gavi. Fundada em 1890, esta propriedade só produz Gavi.

Castello di Neive ☆☆
Neive. 26 ha. www.castellodineive.it

Um vinho destaca-se aqui: o bem equilibrado e estimulante Barbaresco Santo Stefano.

Cascina Castlet ☆☆–☆☆☆
Costigliole d'Asti. 18 ha. www.cascinacastlet.com
Mariuccia Borio produz um Moscato delicioso e uma gama de Barbera d'Asti, incluindo o Passum de colheita tardia de uvas semissecas.

Caudrina ☆☆☆
Castiglione Tinella. 30 ha. www.caudrina.it
A família Dogliotti está entre os melhores produtores de Moscato.

Cavallotto ☆☆–☆☆☆
Castiglione Falletto. 23 ha. www.cavallotto.com
Um produtor altamente tradicional de Barolo de longa duração, embora alguns envasamentos de certas safras possam ser grosseiros.

Ceretto ☆☆☆
Alba. 90 ha. www.ceretto.com
Os irmãos Ceretto, agora auxiliados por seus filhos, ampliaram a empresa familiar para incluir vinícolas modelo de Bricco Asili em Barbaresco, Rocche Bricco em Barolo, e a propriedade Blangè em Roero, onde fazem Arneis elegante.

Eles também são donos de parte do Vignaioli di Santo Stefano (para Asti e Moscato d'Asti) e a propriedade Cornarea novo. Seu Barolo e Barbaresco são exemplos de primeira de Nebbiolo envelhecido em barricas.

Michele Chiarlo ☆☆–☆☆☆
Calamandrana. 100 ha. www.chiarlo.it
Vinhos bons, às vezes excelentes, especialmente de Barolo e Barbaresco de um conjunto de vinhedos em expansão. Também uma fonte confiável de Moscato, Gavi e Barbera.

Chionetti ☆☆☆
Dogliani. 14 ha.
Notável produtor de Dolcetto di Dogliani profundo, saboroso e suculento.

Ciabot Berton ☆–☆☆
La Morra. 12 ha. www.ciabotberton.it
O Barolo Roggeri é sempre um vinho com peso e pungência, tornando-o de longe o melhor da gama.

Cigliuti ☆☆☆
Neive. 7 ha.
Nova estrela em Barbaresco, fazendo também Barbera d'Alba excelente. O Serraboella Barbaresco é envelhecido parcialmente em barris, parcialmente em barricas.

Clerico ☆☆☆☆
Monforte d'Alba. 21 ha.
Domenico Clerico é um produtor progressista que, desde 1980, vem lançando uma gama de excelentes Barolo voltados para o *terroir*, Dolcetto flexível, e uma mistura envelhecida em barricas chamada Arte.

Cogno ☆☆
Novello. 9 ha. www.elviocogno.com
Barolo enérgico, Barbera forte e Dolcetto delicioso.

Poderi Colla ☆☆

San Rocco Seno d'Elvio. 30 ha. www.podericolla.it

Produtor tradicional, oferecendo Barolo e Barbaresco de boa qualidade, e uma mistura de Dolcetto e Nebbiolo chamada Bricco del Drago. O Barolo vem da propriedade Dardi Le Rose de Tino Colla, em Monforte, e é um excelente exemplo de Barolo tradicional e confiável.

La Contea ☆–☆☆

Neive. 15 ha. www.la-contea.it

Admirado, ocasionalmente impassível, Barbaresco de um *restaurateur* líder local.

Aldo Conterno ☆☆☆–☆☆☆☆

Monforte d'Alba. 25 ha. www.poderialdoconterno.com

As habilidades de Conterno como produtor e enólogo derivam de cinco gerações de antepassados, e seu filho Franco lidera a sexta. O Dolcetto de Conterno é suave, seu Barbera é picante, e seus Barolo de vinhedo único também contêm a assinatura de Conterno: nomeadamente harmoniosos, apesar de sua enorme base de taninos.

Giacomo Conterno ☆☆☆–☆☆☆☆☆

Monforte d'Alba. 14 ha.

Irmão de Aldo (ver nesta página), Giovanni Conterno foi o defensor determinado das mais antigas tradições de Barolo. Após sua morte, em 2004, seu lugar foi ocupado pelo filho Roberto.

A propriedade é particularmente notada por seu magnífico Barolo Monfortino, escolhido entre as melhores safras e envelhecido oito anos em barris. Todos os seus vinhos são fortes e ousados e estão entre as melhores expressões da região cujo estilo é ultratradicional. Mas nem todos os apreciadores de vinho ficam confortáveis com os intransigentes taninos.

Conterno Fantino ☆☆☆–☆☆☆☆☆

Monforte d'Alba. 25 ha. www.conternofantino.it

Produtor muito consistente de Barolo de estilo moderno de Ginestra e Vigna del Gris, bem como uma mistura de Nebbiolo e Barbera chamada Monprà, envelhecida em carvalho novo.

Giuseppe Contratto ☆☆–☆☆☆

Canelli. 55 ha. www.contratto.it

Fundada em 1867, a empresa atualmente pertence à produtora de grappa Bocchino. Excelente Asti e vinhos espumantes de método tradicional, assim como Barolo Cerequio de primeira.

Coppo ☆☆–☆☆☆

Canelli. 56 ha. www.coppo.it

Uma casa de espumante estabelecida, agora tornando-se conhecida pelos seus esplêndidos e vigorosos Barbera (Pomorosso é consistentemente excelente) e um intrigante Freisa envelhecido em barricas.

Cordero di Montezemolo ☆☆☆

La Morra. 32 ha. www.corderodimontezemolo.com

Esta propriedade permanece nas mãos da mesma família nobre desde 1300, e os atuais proprietários, Giovanni e Enrico Cordero, também são descendentes. Eles produzem, em particular, um fino Barolo acarvalhado, Enrico VI.

Giovanni Corino ☆☆☆

La Morra. 16 ha.

Desde 1995, todos os vinhos desta propriedade são envelhecidos em barricas. Os Barolo de vinhedo único são magníficos, tânicos, mas opulentos. O Barbera Pozzo é feito na mesma escala maciça e certamente não é para os tímidos.

Renato Corino ☆☆–☆☆☆

La Morra. 6 ha.

Renato Corino e seu irmão Giuliano (ver Giovanni Corino nesta página) amigavelmente dividiram a propriedade em 2006, e no começo foi Giuliano quem saiu na frente. Mas os vinhos de Renato são quase tão bons, e em um estilo similar.

Correggia ☆☆☆

Canale. 20 ha. www.matteocorreggia.com

Em 2001, um trágico acidente privou a região de Roero de seu jovem produtor mais talentoso, que tinha rapidamente estabelecido uma excelente reputação por seu Barbera delicioso e seu magnífico Roero de vinhedo único, envelhecidos em barricas. Sua viúva, Ornella, mantém os padrões que ele definiu com determinação.

Giuseppe Cortese ☆☆

Barbaresco. 8 ha. www.cortesegiuseppe.it

Barbaresco de Rabajà estruturado e vigoroso.

Deltetto ☆☆

Canale. 20 ha. www.deltetto.com

Uma das propriedades mais dinâmicas de Roero, com uma vasta gama de vinhos. Exuberante Roero Braja e finos Barbera e Arneis.

Dessilani ☆–☆☆☆

Fara. 40 ha. www.dessilani.it

Uma excelente fonte de vinhos de denominações pouco conhecidas: Fara Caramino, Ghemme e Sizzano.

Dezzani ☆–☆☆

Cocconato. 50 ha. www.dezzani.it

Esta propriedade é uma grande produtora de bons Barbera e Dolcetto d'Ovada.

Einaudi ☆☆☆

Dogliani. 50 ha. www.podereieinaudi.com

Fundada em 1897 por Luigi Einaudi, que mais tarde se tornou presidente da Itália, a propriedade permanece nas mãos da família. A partir de extensos vinhedos, produz Dolcetto di Dogliani de primeira, Barolo Cannubi saboroso e intenso, e uma mistura fina de variedades de Bordeaux e de Piemonte, conhecida como Langhe Rosso Luigi Einaudi.

Giacomo Fenocchio ☆

Monforte d'Alba. 12 ha.
www.giacomofenocchio.com

Nem todo mundo vai gostar do estilo austeramente tradicionalista destes Barolo, mas eles têm autenticidade sólida.

Ferrando ☆☆–☆☆☆

Ivrea. 7 ha. www.ferrandovini.it

Carema de qualidade, engarrafado com um rótulo negro para os vinhos de safras especiais, e pequenas quantidades de vinhos doces, como o seu Caluso passito e seu Solativa envelhecido em barricas, também da zona de Caluso.

Fontanabianca ☆☆☆

Neive. 14 ha. www.fontanabianca.it

Aldo Pola construiu uma excelente reputação por seu aveludado Barbaresco Sori Burdin, envelhecido em barricas.

Fontanafredda ☆–☆☆☆
Serralunga d'Alba. 90 ha. www.fontanafredda.it
A propriedade de vinho mais impressionante de Piemonte, fundada em 1878 por Conte Emanuele Guerrieri, filho do rei Vítor Emanuel II, e com sede em uma mansão real em Serralunga.

Um grande produtor de Barolo e Asti, mas a qualidade era irregular até 1999, quando um novo vinhateiro, Danilo Drocco, chegou e rapidamente colocou as coisas no lugar. Vinhos finos em toda a gama, de um poderoso Barolo de vinhedo único a um suculento Dolcetto, e vinhos espumantes característicos.

Forteto della Luja ☆☆☆
Loazzolo. 8 ha. www.fortetodellaluja.it
Aclamado passito Moscato doce de Giancarlo Scaglione sob a Loazzolo DOC.

Angelo Gaja ☆☆☆☆
Barbaresco. www.gajawines.com
Ver p. 294.

Fratelli Gancia ☆
Canelli. 2,000 ha. www.gancia.it
Uma grande empresa familiar que foi pioneira no método (Champagne) tradicional na Itália. Também um produtor de vermute e destilados, a Gancia continua a ser líder em vinho espumante.

Gastaldi ☆–☆☆
Neive. 14 ha.
Mais conhecido por Dolcetto e por seu impressionante Langhe Rosso. O uso extensivo de Langhe DOC, branco e tinto, lhe permite variar a mistura.

Gatti ☆☆
Santo Stefano Belbo. 7 ha. www.vinigatti.it
Moscato e Brachetto d'Asti deliciosos.

Ettore Germano ☆☆
Serralunga. 13 ha. www.germanoettore.com
Opulentos e tânicos, são perfeitos Barolo Serralunga. Sergio Gemano também tem uma interessante linha de vinhos brancos.

Attilio Ghisolfi ☆☆
Monforte. 6,5 ha.
Relativamente um recém-chegado ao Barolo, Ghisolfi faz um Barolo Visette poderoso, e, em completo contraste, um Pinot Nero chamado Pinay.

Fratelli Giacosa ☆☆–☆☆☆
Neive. 40 ha. www.giacosa.it
Barolo e Barbaresco muito bons e modernos.

Bruno Giacosa ☆☆☆–☆☆☆☆
Neive. 20 ha. www.brunogiacosa.it
Bruno Giacosa é um dos melhores produtores de vinho de Piemonte, admirado por tintos Alba potentes (especialmente os Red Label Riserva feitos apenas em safras superiores) que envelhecem com graça, e um *tradizionale* excelente feito de Pinot Nero (embora com uvas provenientes de Oltropò Pavese). Seu Barolo e Barbaresco são prova, embora não seja necessário, que Nebbiolo grande e complexo pode ser feito sem recurso de carvalho francês. Seus melhores vinhos aparecem sob o rótulo Falletto. Problemas de saúde têm feito com que Giacosa se envolva menos que no passado, mas o estilo e a qualidade permanecem os mesmos.

Gillardi ☆☆–☆☆☆
Farigliano. 7 ha. www.gillardi.it
Idiossincrático produtor, especializado em Dolcetto di Dogliani e um Syrah fino chamado Harys.

La Giustiniana ☆–☆☆
Rovereto di Gavi. 40 ha. www.lagiustiniana.it
Famoso produtor de Gavi e Monferrato.

Cantina del Glicine ☆☆
Neive. 5 ha. www.cantinadelglicine.it
Uma casa de vinho minúscula, produzindo consistentemente Barbaresco de boa qualidade e bem estruturado.

Elio Grasso ☆☆☆
Monforte d'Alba. 14 ha. www.eliograsso.it
A qualidade raramente oscila nesta propriedade. Os Barolo de vinhedo único são excepcionais (o Chiniera é feito no estilo tradicional, o Runcot, envelhecido em barricas novas), e o Dolcetto e o Barbera são também saborosos e satisfatórios.

Silvio Grasso ☆☆–☆☆☆
La Morra. 7 ha.
Grasso, que não é parente de Elio (ver acima), faz dois Barolo concentrados e persistentes, de vinhedo único de Ciabot Manzoni e Liuciani Bricco.

Marchesi di Gresy ☆☆
Barbaresco. 35 ha. www.marchesidigresy.com
Fundada no século passado no local de uma vila romana: Alberto di Grésy tem produzido vinho aqui desde 1973, e desde 1998 com o vinhateiro da Nova Zelândia Jeffrey Chilcott no leme. A partir de uvas plantadas nos valorizados vinhedos Martinenga e Rabajà, di Grésy faz Barbaresco meio encorpados excepcionalmente elegantes, embora o Camp Gros tenha mais corpo e peso que o Martinenga ou o Gaiun.

Giacomo Grimaldi ☆☆
Barolo. 8 ha.
Ferruccio Grimaldi produz dois Barolo frescos e persistentes e dois Barbera.

Luisin ☆☆☆
Barbaresco. 7 ha.
Esplêndido Barbaresco tradicional de um dos principais locais da região, Rabajà, além de outros dois vinhos de vinhedo único. Barbera excepcionais também.

Castelo de Serralunga d'Alba, Serralunga.

Malvirà ☆☆
Canale. 40 ha. www.malvira.com
Uma ótima fonte de Roero sério e digno de envelhecimento, e Arneis fresco.

Giovanni Manzone ☆☆–☆☆☆
Monforte d'Alba. 7,5 ha. www.manzonegiovanni.com
O Barolo vem da obscura Gramolere *cru*, mas é sempre bom: perfumado, poderoso e de vida longa.

Marcarini ☆☆–☆☆☆
La Morra. 17 ha. www.marcarini.it
Barolo meio encorpado e elegante, mas nas melhores safras o Brunate alcança qualidade bastante alta.

Marchesi di Barolo ☆–☆☆
Barolo. 120 ha. www.marchesidibarolo.com
Uma das maiores casas de Barolo, fundada em 1861, e agora produzindo 1,5 milhão de garrafas de todas as principais variedades de Piemonte. O melhor vinho é o Barolo Cannubi.

Marengo ☆☆
La Morra. 4 ha.
O Barolo Brunate é o principal vinho desta pequena propriedade; envelhecido em barricas, tem notas de ameixa e notável elegância.

Martinetti ☆☆☆
Torino.
Franco Martinetti é publicitário e produtor em tempo parcial, agora assistido pelo filho Guido. Não possui vinhedos, compra as uvas de vinhedos terceirizados. Ele é mais conhecido por um Barolo e seus três Barbera, incluindo o magnífico Sulbric, que contém um pouco de Cabernet. Mas os seus vinhos brancos encorpados, Minaia (um Cortese) e Martin (da rara uva Timorasso), são muito originais e igualmente brilhantes.

Bartolo Mascarello ☆☆
Barolo. 5 ha.
Um pequeno produtor de Barolo que se baseia em métodos mais tradicionais para produzir cuidadosamente 2 mil caixas de um único vinho todos os anos. Mascarello morreu em 2005, mas a filha Maria Teresa continua seu legado da mesma forma.

Giuseppe Mascarello ☆☆☆
Monchiero. 12 ha. www.mascarello1881.com
O Monprivato, o Barolo excelente e muito tradicional de Mauro Mascarello, é austero na sua juventude, mas desenvolve perfume e requinte maravilhosos com a idade. Um esplêndido Dolcetto também.

Moccagatta ☆☆☆
Barbaresco. 11 ha.
Barbaresco excelente com estilo moderno de três vinhedos únicos e Barbera soberbamente envelhecido em barrica.

Mauro Molino ☆☆☆–☆☆☆☆
La Morra. 12 ha.
Dois Barolo de vinhedo único. O Conca, envelhecido 60% em carvalho novo, é mais conceituado que o Gancia, mas ambos são excelentes e extremamente consistentes. O Barbera Gattera, concentrado e acarvalhado, é um dos melhores da região de Alba.

Mossio ☆☆–☆☆☆
Rodello. 10 ha. www.mossio.com
Dolcetto delicioso, de vinhas velhas. O Caramelli é o melhor *cru*.

Ada Nada ☆–☆☆
Treiso. 10 ha. www.adanada.it
Uma propriedade sem grandes pretensões, mas que produz Barbaresco puros e estruturados a partir de dois *crus*.

Angelo Negro ☆☆–☆☆☆
Monteu Roero. 54 ha. www.negroangelo.it
Uma propriedade grande e dinâmica, que faz alguns dos melhores Roeros na região.

Nervi ☆☆
Gattinara. 33 ha. www.gattinara-nervi.it
O melhor vinho é o Gattinara de Molsino de vinhedo único.

Fratelli Oddero ☆☆
La Morra. 35 ha. www.oddero.it
Respeitada vinícola familiar que oferece Barolo de vinhedo único bem trabalhados e feitos à moda tradicional. O Vigna Rionda é quase sempre o melhor deles, mas são vinhos que precisam de idade para mostrar a sua verdadeira complexidade.

Orsolina ☆☆
San Giorgio Canavese. 20 ha. www.orsolani.it
Reconhecida pelo consistente Erbaluce di Caluso e o intenso passito Caluso em quantidades muito pequenas.

Pace ☆
Canale. 19 ha.
Roero e Arneis meio encorpados e atraentes; o primeiro para ser bebido a médio prazo.

Armando Parusso ☆☆☆
Monforte d'Alba. 23 ha. www.parusso.com
Marco Parusso é um produtor modernista, que vem se destacando com seus excelentes Barolo de vinhedo único. No entanto, ele não é escravo do dogma, e a vinificação é adaptada à qualidade do fruto. Bom Barbera e Sauvignon Blanc fermentado em barris também.

Pecchenino ☆☆☆
Dogliani. 24 ha. www.pecchenino.com
Orlando Pecchenino é um produtor com uma única ideia: liderar o renascimento do Dolcetto di Dogliani como um vinho sério. Seu entusiasmo por envelhecimento em barrica e micro-oxigenação está provando ser controverso, mas os vinhos são de qualidade excepcional.

Pelissero ☆☆☆
Treiso. 35 ha. www.pelissero.com
Um dos mais talentosos da nova geração de produtores modernistas de mente aberta, Giorgio Pelissero produz o saboroso Barbaresco Vanotu e um suntuoso Barbera envelhecido em barricas.

I Vignaioli Elvio Pertinace ☆–☆☆☆
Treiso. 70 ha. www.pertinace.it
Cooperativa privada que produz um bom Barbaresco de aromas fortes. O Nervo é geralmente o melhor vinhedo.

Cantina del Pino ☆☆–☆☆☆
Barbaresco. 7 ha. www.cantinadelpino.com
Desde 1997, Renato Vacca vem produzindo um excelente Barbaresco envelhecido em barricas, de Ovello *cru*.

Pio Cesare ☆☆–☆☆☆

Alba. 52 ha. www.piocesare.it

Um dos pilares da tradição na região de Alba, fundada em 1881 por Pio Cesare, bisavô de Pio Boffa, que deu um toque moderno à vinícola. Pio Cesare possui vinhedos em Barolo e Barbaresco, e também seleciona uvas provenientes de fornecedores regulares para fazer excelentes vinhos de Piemonte.

E. Pira ☆☆☆

Barolo. 3,5 ha.

Esta pequena propriedade, dirigida pela dra. Chiara Boschis, concentra-se no Barolo Cannubi de estilo moderno, poderoso e frutado, apesar de ser totalmente envelhecido em barricas novas.

Produttori del Barbaresco ☆☆–☆☆☆

Barbaresco. 96 ha. www.produttoridelbarbaresco.it

Esta cooperativa excepcional, unindo 56 produtores com vinhedos excelentes, produz uma série de Barbaresco de vinhedo único, feitos com grande cuidado em um estilo totalmente tradicional.

Prunotto ☆☆☆

Alba. 55 ha. www.prunotto.it

Fundada em 1904 como uma cooperativa, adquirida por Alfredo Prunotto em 1920, a empresa pertence a Piero Antinori desde 1990. Uma vinificação tradicional muito cuidadosa produz vinhos Alba de referência: o Nebbiolo suave e com toques de ameixa; o Barolo complexo; e os vibrantes Barbera de vinhedo único são de primeira classe.

Punset ☆☆–☆☆☆

Neive. 40 ha. www.punset.com

Uma propriedade orgânica substancial. A personalidade forte da proprietária Marina Marcarino transborda em seus vinhos, que possuem grande intensidade, assim como pureza e uma panóplia de aromas de frutas vermelhas, especialmente o *cru* Barbaresco Campo Quadro.

Renato Ratti ☆☆

La Morra. 35 ha. www.renatoratti.com

O fundador, o saudoso Renato Ratti, foi presidente do consórcio de Asti, e um respeitado escritor e historiador local. Seus filhos e sobrinho continuam a fazer vinhos que são sólidos, mas podem ser insípidos e com falta de peso em certas safras.

Fratelli Revello ☆☆–☆☆☆

La Morra. 12 ha.

Impressionantes Barolo de vinhedo único, envelhecidos grande parte em carvalho novo, mas elegantes também.

Roagna ☆☆

Barbaresco. 6,5 ha. www.roagna.com

Melhora constante no Barbaresco de vinhedo único de Luca Roagna, que só libera os seus vinhos quando considera que estão prontos para serem bebidos.

Rizzi ☆–☆☆

Treiso. 36 ha. www.cantinarizzi.it

Enrico Dellapiana procura elegância mais que força ou carvalho evidente em seus Barbarescos. Ele está fazendo progressos.

Albino Rocca ☆–☆☆☆

Barbaresco. 15 ha. www.roccaalbino.com

Barbera Gepin delicioso, e os Barbaresco de vinhedo único, outrora inconsistentes, estão agora muito melhores.

Bruno Rocca ☆☆☆

Barbaresco. 15 ha. www.brunorocca.it

Barbaresco de estilo imponente e moderno de Rabajà *crus* e Coparossa, e uma poderosa, embora extraída, mistura de Cabernet, Nebbiolo e Barbera, chamada Langhe Rabajolo. Os Dolcetto e Barbera suculentos são mais equilibrados.

Rocche Costamagna ☆–☆☆

La Morra. 15 ha. www.rocchecostamagna.it

Esta é uma propriedade tradicional que produz Barolo um pouco difíceis.

Rocche dei Manzoni ☆☆☆

Monforte d'Alba. 40 ha. www.rocchedeimanzoni.it

O inovador Valentino Migliorini faz Barolo esplêndidos, além de seu excelente Bricco Manzoni, uma mistura Nebbiolo e Barbera envelhecida em barricas.

Gigi Rosso ☆–☆☆

Castiglione Falletto. 30 ha. www.gigirossso.com

Empresa familiar que produz uma ampla gama de vinhos Alba. Confiável, porém raramente excepcional.

Luciano Sandrone ☆☆☆–☆☆☆☆☆

Barolo. 25 ha. www.sandroneluciano.com

O proprietário e seu irmão Luca produzem o melhor classificado Barolo e Barbera e admirado Dolcetto. Os preços são altos, mas a qualidade é absolutamente confiável, e o Barolo Le Vigne é geralmente um dos melhores vinhos da safra.

Saracco ☆☆

Castiglione Tinella. 35 ha. www.paolosaracco.it

Um especialista em vinhos brancos. Moscato excelente, é claro, mas também Chardonnay bom.

Scarpa ☆☆–☆☆☆

Nizza Monferrato. 50 ha. www.scarpavini.it

Uma notável empresa familiar do Piemonte, fundada em 1854. Os vinhos da Scarpa são todos modelos de seus gêneros. Bem como Barolo bom, há Brachetto e Barbera finos, um saboroso Rouchet tinto, raro e notável, e um Nebbiolo suave.

Paolo Scavino ☆☆☆–☆☆☆☆

Castiglione Falletto. 20 ha. www.paoloscavino.com

Seu Barolo Bric del Fiasc é sempre excelente, de estilo moderno, mas não internacional. Em algumas safras, é superado pelo Rocche dell'Annunziata, mas as quantidades são mínimas. Enrico Scavino é também um mestre de Barbera e Dolcetto.

La Scolca ☆☆

Rovereto di Gavi. 50 ha. www.scolca.it

Esta propriedade é administrada por Giorgio Soldati, filho de seu fundador, cujo Gavi di Gavi fez o mundo levar a uva Cortese a sério. É também uma boa fonte de vinhos espumantes.

Scrimaglio ☆–☆☆

Nizza Monferrato. 18 ha. www.scrimaglio.it

Produtor confiável de Barbera d'Asti.

Mauro Sebaste ☆–☆☆

Alba. 18 ha. www.maurosebaste.it

Vinhos elegantes, com o foco em Arneis, Barbera, e outras variedades, bem como Barolo.

Sella ☆☆
Lessona. 20 ha.
Desde o século XIX a família Sella tem sido uma das principais produtoras de vinhos raros de Bramaterra e Lessona.

Sottimano ☆☆☆
Neive. 13 ha. www.sottimano.it
Andrea Sottimano produz quatro Barbaresco de vinhedo único, cada um com um caráter claramente distinto de ano para ano, apesar de uma elevada proporção de carvalho novo. Currà e o Cottà tendem a se destacar.

La Spinetta-Rivetti ☆☆☆☆
Castagnole Lanze. 100 ha. www.la-spinetta.com
A família Rivetti construiu sua reputação com Barbera d'Asti e Moscato d'Asti, e, na última década, o dinâmico Giorgio Rivetti elevou os vinhos a outro nível de qualidade. Em 2003, ele construiu uma nova vinícola em Barolo, sinalizando o crescente enfoque nos vinhos Nebbiolo. Os vinhos são envelhecidos principalmente em barricas novas, mas a fruta intensamente concentrada não é sobrepujada pela madeira. Os Barbera são esplêndidos, assim como os deslumbrantes Barbaresco de vinhedo único.

Terre del Barolo ☆–☆☆
Castiglione Falletto. 610 ha. www.terredelbarolo.com
Uma grande cooperativa com padrões sólidos, graças aos imensos vinhedos que são a fonte de seus vinhos.

Terre da Vino ☆
Moriondo. 4.500 ha. www.terradavino.it
Pertencente a um grupo de cooperativas e propriedades em um empreendimento conjunto. Barolo e Barbera de qualidade surpreendentemente boa para uma empresa tão grande.

Travaglini ☆☆–☆☆☆
Gattinara. 42 ha. www.travaglinigattinara.it
Gattinara perfumado e estruturado de qualidade exemplar.

Vajra ☆☆☆
Barolo. 25 ha. www.gdvajra.it
O modesto, mas perfeccionista, Aldo Vajra faz Barolo excelente, mas os seus outros vinhos são igualmente bons: Dolcetto de vinhedo único e Barbera d'Alba, e um Freisa complexo e pesado.

Vallana ☆–☆☆
Maggiora.
Produtor de Spanna de longa duração e Boca de confiança.

Mauro Veglio ☆☆☆
La Morra. 11 ha. www.mauroveglio.com
Veglio produz quatro Barolo diferentes. O Rocche é construído para longo prazo, enquanto o Casteletto é opulento, apesar de ter taninos muito firmes. Estes vinhos precisam de tempo para atingir sua majestosa harmonia. Excelente Barbera d'Alba também.

Castello di Verduno ☆☆
Verduno. 7,5 ha. www.castellodiverduno.com
Outrora pertencente à casa real italiana, esta propriedade da família Burlotto produz Barolo e Barbaresco Rabajà bons e tradicionais, e um raro Pelaverga.

Vietti ☆☆–☆☆☆
Castiglione Falletto. 35 ha. www.vietti.com
Luca Currado preside uma propriedade substancial que parecia mergulhada no passado, mas há alguns anos vem produzindo Barolo e Barbera exemplares. Currado não é nem tradicional nem modernista, mas adapta a sua vinificação à qualidade e ao estilo da fruta.

Degustadores do sistema DOC.

ITÁLIA | PIEMONTE / VALLE D'AOSTA

Vigna Rionda – Massolino ☆☆–☆☆☆
Serralunga d'Alba. 18 ha. www.massolino.it
Uma estrela em ascensão, oferecendo uma gama impecável de bem estruturados Barolo de vinhedo único, e um intenso Barbera d'Alba.

Virna ☆☆
Barolo. 12 ha. www.virnabarolo.it
Conhecido até 2001 como Lodovico Borgogno, esta propriedade é agora gerida pela filha de Borgogno sob seu próprio nome. O melhor dos Barolo é o Cannubi Boschis.

Gianni Voerzio ☆☆☆
La Morra. 12 ha.
Após a saída de seu irmão mais ilustre Roberto (ver abaixo), Gianni assumiu a vinícola da família. Além do fino Barolo La Serra, há uma vasta gama de outras variedades de Piemonte.

Roberto Voerzio ☆☆☆☆
La Morra. 17 ha.
Muitos anos atrás, Roberto deixou a vinícola da família (agora dirigida por Gianni Voerzio, seu irmão) para abrir sua própria operação, que agora é uma das melhores propriedades de Barolo. Os rendimentos são muito baixos e os melhores vinhos são envelhecidos em barricas. A qualidade é impressionante, e os preços são elevados.

Valle d'Aosta

O Vale d'Aosta é o cordão umbilical que liga a França à Itália (e vice-versa). Seus limites estreitos levam ao túnel de Mont Blanc e passa Saint-Bernard. Pequenas vinhas empoleiradas, em fendas no sul ao longo do vale, carrega uma corajosa produção por quase todo o caminho de Piemonte a Saboia, reunindo suas respectivas uvas.

Nebbiolo e Barbera do sul juntam Gamay e Petit Rouge (de gosto suspeito como Mondeuse) a partir do norte, com a Swiss Petite Arvine, alguns Moscato e Malvasia (Pinot Gris) e duas uvas autóctones: Blanc de Valdigne e o tinto Vien de Nus. As quantidades são muito pequenas, mas, apesar de serem muito consumidas pelos esquiadores de Courmayeur e pelos habitantes da cidade de Aosta, esses vinhos singulares agora estão sendo cada vez mais exportados. Em 1986, a região DOC mais abrangente da Itália foi estabelecida. Valle d'Aosta ou Vallée d'Aoste engloba dezoito tipos de vinho com seu nome em duas línguas. É preciso ser um verdadeiro entusiasta para dominar as diferenças entre Torrette, Fumin e Chambave Rouge.

Principais produtores do Vale d'Aosta

Anselmet ☆☆–☆☆☆
Villeneuve. 5 ha. www.maisonanselmet.vievini.it
Esta pequena propriedade produz um elogiado Chardonnay acarvalhado, bem como Pinot Noir, Syrah, e misturas tintas.

Caves Coopératives de Donnas ☆
Donnas. 25 ha. www.donnasvini.com
Uma pequena cooperativa especializada em vinhos tintos com predominância de Nebbiolo.

Cave du Vin Blanc de Morgex et de la Salle ☆–☆☆
Morgex. 20 ha. www.caveduvinblanc.com
Uma cooperativa especializada em Blanc de Morgex e Blanc de la Salle. Plantados em altitude de até 1.040 metros (3.400 pés), seus vinhedos são alguns dos mais elevados da Europa. O vinho é leve e pode ser picante. Novas edições são um vinho do gelo, feito pelo esmagamento de uvas congeladas pela neve na videira chamado Chaudelune e pelos vinhos espumantes.

Cave des Onze Communes ☆
Aymavilles. 50 ha. www.caveonzecommunes.it
Uma cooperativa com mais de 200 produtores. Vinhos frescos e limpos para consumo rápido.

Coopérative de l'Enfer d'Arvier ☆
Arvier. www.coenfer.it
Cooperativa muito pequena, com 130 produtores com parcelas minúsculas. O único vinho é um tinto levemente acarvalhado, com predominância de Petit Rouge.

Les Crêtes ☆☆–☆☆☆
Aymavilles. 25 ha. www.lescretesvins.it
Costantino Charrère se especializa em pequenas quantidades de vinhos feitos a partir de variedades locais obscuras e de rendimento baixo, muitas vezes combinadas em misturas, bem como vinhos varietais de Petite Arvine, Pinot Gris e Syrah. O La Sabla é um tinto não acarvalhado, feito aqui de Petit Rouge, Fumin e Barbera, e o branco mais impressionante é geralmente o Chardonnay acarvalhado.

La Crotta di Vegneron ☆☆
Chambave. 37 ha. www.lacrotta.it
Esta cooperativa oferece bons Fumin, Muscat e Pinot Gris, e exuberantes vinhos passito de Moscato e Pinot Gris.

Di Barrò ☆
Villeneuve 2,5 ha. www.dibarro.vievini.it
Chardonnay e Pinot Noir frescos e limpos, e um passito Moscato desagradavelmente chamado Lo Flapi.

Grosjean ☆–☆☆
Quart. 7 ha. www.grosjean.vievini.it
A família Grosjean especializa-se em vinhos varietais de Gamay, Fumin e Petite Arvine, e Pinot Noir envelhecido em barricas.

Institut Agricole Régional ☆☆–☆☆☆
Aosta. www.iaraosta.it
Adegas experimentais da escola agrícola regional, fundadas em 1969 e durante muitos anos dirigidas por Joseph Vaudan, um sacerdote. Alguns dos melhores vinhos de Aosta são produzidos aqui. Existem duas linhas. Uma para se beber cedo a partir de castas como Müller-Thurgau, Petite Arvine e Pinot Gris. A outra, de estilo mais internacional e envelhecida em barris, inclui um Chardonnay, um Pinot Noir chamado Sang des Salasses, uma mistura de Bordeaux chamada Vin du Prévot e um Syrah (Trésor du Caveau).

La Kiuva ☆
Arnad. 12,5 ha.
Cooperativa que produz apenas 3 mil caixas de Chardonnay acarvalhado e não acarvalhado.

Lo Triolet ☆–☆☆
Introd. 3 ha. www.lotriolet.vievini.it
Marco Martin se especializa em Pinot Gris e um tinto baseado em Syrah, chamado Coteau Barrage.

Albert Vevey ☆
Morgex. 1 ha.
Mario Vevey continua a tradição familiar, produzindo um único vinho: um Blanc de Morgex fresco e aromático.

Ligúria

A Ligúria, uma faixa de costa em formato de meia lua, que liga a França e a Toscana, é pouco considerada como uma região vinícola e nunca foi uma região exportadora. Mas, no centro dessa meia lua, se localiza o maior porto da Itália, e uma das suas cidades mais cosmopolitas: Gênova. Gênova exige, e recebe, vinhos brancos de vinhedos espalhados pelo litoral montanhoso muito melhores do que os brancos ordinários para acompanhar seu peixe e os tintos para a carne. Muito mais branco do que tinto é produzido.

A uva que tem o melhor desempenho na Ligúria é a Vermentino, tanto aqui como na Córsega. É a uva branca mais comum do litoral, cultivada especialmente a oeste de Gênova. Os padrões variam, mas o seu vinho deve ser fracamente aromático e seco: o melhor vinho local para peixes. DOC em Riviera di Ponente, Colli di Luni, e na mistura Cinqueterre.

DOC & Outros Vinhos

Cinqueterre DOC. Vinho Branco. Província: La Spezia. Localidades: Riomaggiore, Vernazza, Monterosso, La Spezia. Envelhecido um ano para Sciacchetrà. Produção muito limitada.

O lendário branco seco (principalmente Bosco, além de Albarola e Vermentino) da bela costa da Ligúria, ao sudeste de Gênova. Deve ser limpo frutado. Sciacchetrà é a especialidade mais conhecida, feito em pequenas quantidades a partir de uvas de mesmo nome, murchas pelo sol para atingir a concentração, a doçura e formidáveis dezesseis graus ou mais de álcool. Os vinhedos estão nas bordas do costão rochoso, por vezes acessíveis apenas por barco. Se um podador solta a sua tesoura, ela cai na água. Quanto tempo eles irão sobreviver?

Colline di Levanto DOC. Vinho tinto e branco. Província: La Spezia. Localidades: Levanto, Bonasola, Framura e Deiva Marina.

Tinto e branco das montanhas atrás de La Spezia.

Colli di Luni DOC. Vinho tinto e branco. Província: La Spezia, Massa e Carrara. Localidades: dezoito comunas em La Spezia, Massa e Carrara.

O vinho é feito nesta área desde os tempos romanos, mas somente em 1989 foi elevado ao *status* de DOC. Bons tintos de misturas à base de Sangiovese e brancos que quase podem rivalizar com os da Riviera di Ponente, predominantemente de Vermentino e uma pitada de Trebbiano. Os produtores líderes da zona estão investindo fortemente em novos equipamentos e conhecimentos em busca de futuro respeito.

Golfo del Tigullio DOC. Província: La Spezia. Vinhedos em torno de Portofino produzindo todas as cores e estilos de Bianchetta, Ciliegiolo, Genovese, Vermentino e Moscato.

Pornassio DOC. Vinho tinto. Província: Imperia. Promovido em 2003, e exclusivamente para os vinhos da uva Ormeasco, cultivadas em Riviera del Ponente.

Riviera Ligure di Ponente DOC. Vinho tinto e branco. Província: Savona, Imperia. Localidades: 67 comunas em Imperia, 46 em Savona e duas em Gênova.

Os vinhos brancos e tintos são produzidos a oeste de Gênova, entre Savona e Imperia. As principais variedades tintas são o Rossese e o Ormeasco, este último se assemelha ao Dolcetto. Os brancos, de Vermentino e Pigato, são melhores se consumidos jovens. Os tintos podem se aprimorar com a idade.

Rossese di Dolceacqua or Dolceacqua DOC. Vinho tinto. Província: Imperia. Localidades: Dolceacqua, Ventimiglia e outras treze.

O clarete da costa, perto da fronteira com a França – um vinho campestre de Rossese com bom equilíbrio de fruta e picância, melhor depois de dois a cinco anos, quando pode desenvolver um buquê verdadeiro e duradouro.

Val Polcevera DOC. Vinho tinto, branco e rosé. Província: Gênova.

Branco, rosé e tinto de um vale a noroeste de Gênova.

Principais produtores da Ligúria

Laura Aschero ☆–☆☆
Pontedassio, Imperia. 3 ha.
A Signora Aschero morreu em 2006, mas seu filho Marco tomou o seu lugar, portanto a propriedade continua a produzir Vermentino maduro e fresco e Pigato encorpado.

Walter de Batté ☆☆–☆☆☆
Riomaggiore, La Spezia. 1 ha.
Provavelmente o melhor produtor de Cinqueterre e Schiacchetrà, advindos de vinhedos minúsculos.

Maria Donata Bianchi ☆☆
Diano Castello, Imperia. 4,5 ha.
O Vermentino é de primeira aqui, e há um tinto intrigante, chamado La Mattana, de Syrah e Grenache.

Bisson ☆☆
Chiavari, Genoa. 10 ha. www.bissonvini.it
Propriedade de Piero Lugano, que produz Vermentino e Bianchetta agradáveis, e uma mistura de tinto chamada Il Musaico, de Dolcetto e Barbera. Uma boa fonte de Schiacchetrà del Cinqueterre e outros vinhos passito, embora em quantidades minúsculas.

Lunae Bosoni ☆
Ortonovo, La Spezia.
Uma vasta gama de brancos e tintos de Colli di Luni.

Riccardo Bruna ☆☆
Ranzo, Imperia. 6 ha.
Alguns dos melhores Pigato da região, mas infelizmente só produzido em pequenas quantidades.

Cane ☆☆
Dolceacqua, Imperia. 1 ha.
Pequena produção do admirado Rossese di Dolceacqua.

Cantina Cinque Terre ☆–☆☆
Riomaggiore, La Spezia. www.cantinacinqueterre.com
Cooperativa com 300 produtores, produzindo uma gama consistente de bom DOC Cinqueterre branco seco, sendo o Sciacchetrà o melhor vinho.

Colle dei Bardellini ☆–☆☆
Sant'Agata, Imperia. 5 ha. www.colledeibardellini.it
Vinhos picantes de Vermentino, Pigato e Rossese.

Durin ☆–☆☆
Ortovero, Savona. 15 ha.
www.durin.it
Entre uma vasta gama de vinhos, procure o raro Granaccia, que Antonio Basso ajudou a reviver da quase extinção. Com seus sabores de cereja azeda e amora, é um tinto ideal para o verão.

Fèipu dei Massaretti ☆–☆☆
Albenga, Savona. 6 ha. www.aziendamassaretti.it
Pigato e Rossese bons, e uma mistura (Rossese, Sangiovese e Brachetto) chamada Russu du Fèipu.

Foresti ☆☆
Camporosso, Imperia. 20 ha. www.forestiwine.it
A família Foresti faz uma impressionante gama de Rossese di Dolceacqua de vinhedo único.

Forlini Capellini ☆
Manarola, La Spezia.
Um vinhedo familiar que produz Cinqueterre e Sciacchetrà bons e encorpados.

Giuncheo ☆☆
Camporosso, Imperia. 7 ha.
www.tenutagiuncheo.it
Vermentino e Rossese di Dolceacqua excelentes, e um Syrah com notas de ervas, chamado Sirius.

Enzo Guglielmi ☆
Soldano, Imperia. www.enzoguglielmi.it
O Rossese di Dolceacqua de Guiglielmi é sempre bom.

Ottaviano Lambruschi ☆☆
Castelnuovo Magra, La Spezia. 5 ha.
Colli di Luni Vermentino confiável e aromático.

Lupi ☆☆
Pieve di Teco, Imperia. 10 ha. www.vinilupi.it
A família Lupi, competentemente aconselhada pelo enólogo Donato Lanati, está entre os melhores produtores da região. Seu Ormeasco, feito de uvas cultivadas em vinhedos nas montanhas, mostra elegância incomum e envelhece até mais de seis anos. Pigato e Vermentino bons também.

Cascina delle Terre Rosse ☆☆–☆☆☆
Finale Ligure, Savona. 6 ha.
Excelente Pigato Riviera Ligure di Ponente, e Solitário, um tinto que é mistura de Grenache, Barbera e Rossese.

Vecchia Cantina ☆☆
Albenga, Savona. 4 ha.
Especialista em Pigato e Vermentino saborosos de Riviera Ligure di Ponente. Bom passito também.

Lombardia

A Lombardia sempre manteve um perfil discreto no mundo do vinho. Não tem nomes famosos mundialmente. Oltrepò Pavese, seu coração vitícola produtivo e rentável, é um nome pouco conhecido. O Valtellina, o último vale alpino antes da Suíça, é mais respeitado por seus elegantes tintos Nebbiolo. Franciacorta também está fazendo nome com vinhos espumantes elegantes de *metodo tradizionale*, mas alguns deles, apesar da linda embalagem, exigem um preço alto que nem sempre se justifica pela qualidade que traz dentro da garrafa. As uvas de Piemonte e as uvas da região Nordeste são cultivadas aqui, e muitas vezes misturadas. Trata-se inevitavelmente de uma zona de transição, com ricas possibilidades, mas sem identidade clara. Os produtores não se incomodam muito por isso, uma vez que têm um mercado pronto em Milão e outras cidades do Norte, mas há, portanto, pouco incentivo para eles elevarem a qualidade dos vinhos, como o Oltrepò Pavese.

DOC & outros vinhos

Barbera Uma das uvas tintas mais comuns da Lombardia, usada tanto misturada quanto sozinha. Em Pavese Oltrepò pode ser DOC.

Bonarda Outra uva tinta com direito a DOC em Oltrepò Pavese. Vinho escuro, suave e amargo no fim.

Botticino DOC. Vinho tinto. Província: Brescia. Localidades: Botticino, Brescia, Rezzato. Castas: Barbera, Gentile Schiava, Marzemino, Sangiovese (10-20%).
Um tinto poderoso e bastante adocicado, o tinto de carne vermelha local, melhor com três a quatro anos de maturidade.

Buttafuoco Um tinto forte e concentrado, mistura de Barbera, Uva Rara e Croatina produzido perto de Castana (sob a DOC Oltrepò Pavese).

Capriano del Colle DOC. Vinho tinto e branco. Província: Brescia. Localidade: Capriano del Colle Poncarale. Castas: Sangiovese, Marzemino, Barbera, Merlot e Trebbiano. DOC para vinhos locais leves.

Cellatica DOC. Vinho tinto. Província: Brescia. Localidades: oeste de Brescia. Castas: Schiava Gentile, Barbera, Marzemino, Incrocio Terzi No 1 (Barbera e Cabernet Franc).

A colheita das uvas, Ligúria.

Um tinto ameno e respeitável, melhor dentro de dois a quatro anos. Tem sido apreciado na área desde o século XVI.

Curtefranca DOC. Vinho tinto e branco. Província: Brescia. Localidades: 23 comunas ao sul do Lago de Iseo. Castas: Cabernet Franc, Barbera, Nebbiolo, Merlot (no máximo 15%), Chardonnay e/ou Pinot Bianco.

Desde 1995, esta é a DOC para a ex-"Franciacorta", já que Franciacorta DOCG agora é só para vinhos espumantes. Em 2000, o nome foi mudado para Terre di Franciacorta.

Franciacorta DOCG. Criada em 1995. Vinho branco e rosé. Localidades: como acima. Castas: Chardonnay e/ou Pinot Bianco e/ou Pinot Nero e/ou Pinot Grigio.

Vinho espumante Franciacorta de método tradicional nos estilos branco e rosé. Da mesma província e aldeias de Terre di Franciacorta. Uma subcategoria especial é a Satèn, um blanc de blancs em estilo crémant com dosagem máxima de quinze gramas de açúcar por litro.

Garda and Garda Classico Recent DOC para os vinhos provenientes das províncias de Brescia e Mântua, feitos de variedades locais e internacionais de boa qualidade. DOC genérica demais para ter uma identidade verdadeira. Compartilhada com o Vêneto.

Garda Bresciano DOC. Vinho tinto e rosé. Província: Brescia. Localidades: trinta comunas do litoral oeste e sudoeste do Lago de Garda. Castas: Groppello, Sangiovese Barbera, Marzemino.

Equivalente do Valpolicella e Bardolino do outro lado do lago. As qualidades comerciais, pelo menos, são semelhantes, embora o Valpolicella clássico seja muito mais profundo no sabor. A aldeia de Moniga del Garda faz um Chiaretto pálido que é vigoroso e bom quando muito jovem.

Garda Colli Mantovani Mantovani DOC. Vinho tinto, branco e rosé. Província: Mântua. Castas: Garganega, Trebbiano Giallo e/ou Trebbiano Toscano e/ou Pinot Bianco; Rossanella (Molinara), Sangiovese e Negrara.

Vinhos locais leves, embora com uma longa história; o poeta Virgílio mencionou-os. O branco lembra Soave.

Groppello Uma uva tinta local do sudoeste de Garda.

Grumello Sub-região de Valtellina Superiore (ver p. 306).

Inferno A subregion of Valtellina Superiore (ver p. 306).

Lambrusco Mantovano DOC. Vinho tinto. Província: Mântua. Região: zonas em torno do rio Pó e da fronteira com a região de Emília-Romanha. Castas: Lambrusco Viadanese e outras sub-variedades.

DOC criada em 1987 para um Lambrusco da sub-variedade local Viadanese. Robusto no oeste, mais leve para o leste da zona. Vinho seco e normalmente frisante, que pode competir com os seus equivalentes da Emília.

Lugana DOC. Vinho Branco. Província: Brescia, Verona. Região: o extremo sul do Lago de Garda, entre Desenzano e Peschiera. Castas: Trebbiano di Lugano (100%), até 10% de uvas claras.

Anteriormente uma raridade glamorosa para ser procurada em locais encantadores como Sirmione. Agora um vinho muito agradável, leve, branco seco, dificilmente distinguível de um bom Soave.

Merlot cada vez mais cultivada como um vinho varietal na Lombardia. Muito satisfatório, embora não incluídos em uma DOC. Parte da mistura em Franciacorta e Valcalepio.

Moscato di Scanzo Passito DOC. Uma grande raridade de Bérgamo: um excelente Muscat tawny de sobremesa de uma sub-zona de Valcalepio.

Müller-Thurgau uva alemã, cultivada com sucesso em Oltrepò Pavese, mas não admitida na sua DOC.

Oltrepò Pavese DOC. Vinho tinto e branco. Província: Pavia. Localidade: Oltrepò Pavese. Castas: Barbera, Croatina, Uva Rara e/ou Ughetta, Pinot Grigio e Riesling Renano, e até 15% de outras.

DOC para grandes volumes de vinhos tintos e brancos a partir dos 2 mil hectares de Oltrepò Pavese. A maioria dos vinhos mais distintos da área, quer especificamente nomeados (ex.: Barbacarlo, Buttafuoco), ou com uma casta dominante especificada (ex.: Barbera, Pinot, Chardonnay e Sauvignon).

Oltrepò Pavese DOCG. Vinho tinto e rosé. Província: Pavia. Localidade: Oltrepò Pavese. Castas: Pino Nero, e/ou Pinot Bianco, Chardonnay, Pinot Grigio.

Criada em 2007, esta DOCG só se aplica a vinho espumante de método clássico com, pelo menos, 70% de Pinot Nero, sendo o restante de Pinot Bianco, Chardonnay ou Pinot Grigio.

Pinot Pinot Nero, Grigio e Bianco são amplamente cultivadas na Lombardia. O Oltrepò Pavese é um dos principais fornecedores de vinhos base de Pinot para espumantes feitos em Piemonte e outros lugares.

Riesling Oltrepò DOC inclui tanto Riesling italianos e alemães do Reno, sem distingui-los. Ambos crescem bem aqui.

San Colombano al Lambro or San Colombano DOC. Vinho tinto. Província: Milão, Pavia. Localidades: San Colombano al Lambro, Graffignana, S. Angelo Lodigiano. Castas: Croatina, Barbera, Uva Rara, e até 15% de outras tintas.

Vinhos tintos encorpados das encostas ao redor de San Colombano. Melhores se bebidos depois de dois a quatro anos.

San Martino della Battaglia DOC. Vinho Branco. Província: Brescia, Verona. Localidades: Sirmione, Desanzano, Lonato, Pozzolengo, Peschiera. Casta: Tocai Friulano.

Um caráter distintivo entre vinhos Garda: seco, amarelo e saboroso, com algo da amargura local típica no fim. É melhor se bebido tão jovem quanto possível. Também é feito como um vinho fortificado licoroso.

Sangue di Giuda Um tinto efervescente, muitas vezes doce chamado Sangue de Judas é o tipo de vinho que faz enófilos "sérios" voltarem seus olhos para o céu. Geralmente é feito de uvas locais Croatina e Uva Rara. Deve ser provado sem preconceito. Há bons deles.

Sassella Uma sub-região de Valtellina Superiore (ver p. 306).

Sfursat or Sfurzat or Sforzato DOCG. Equivalente de Valtellina do Recioto de Valpolicella no Vêneto, um tinto forte

306 | **ITÁLIA** | LOMBARDIA

(14,5 graus) feito de uvas semissecas, neste caso, Nebbiolo. Certamente melhora com a idade à medida que se transforma em tawny, mas se o resultado final agrada o não é uma questão pessoal.

Valcalepio DOC. Vinho tinto e branco. Província: Bérgamo. Localidades: quinze no vale Calepio. Castas: Pinot Bianco, Chardonnay e Pinot Grigio, Cabernet Sauvignon, Merlot.

Uma pequena produção de vinhos leves, principalmente tintos, com um nome antigo, mas de castas modernas. Há também um passito Moscato de Valcalepio.

Valgella Uma sub-região de Valtellina Superiore (ver a seguir).

Valtellina (DOC) e **Valtellina Superiore** (DOCG). Vinho tinto. Província: Sondrio. Sub-distritos: Sassella, Grumello, Inferno, Valgella para o Superiore, doze comunas para o Valtellina. Castas: Nebbiolo (chamado Chiavennasca, 70%), Pinot Nero, Merlot, Rossola, Brugnola ou Pignola valtellinese. Superiore Nebbiolo é de 95%. Envelhecido durante pelo menos dois anos, dos quais um é em madeira, e quatro anos para o reserva.

A excursão de maior sucesso de Nebbiolo fora de sua região de origem, o Piemonte. Podemos esperar que o Valtellina simples seja um tinto leve bastante "duro". Os chamados Superiores desenvolvem caráter considerável como vinho seco, com o peso de um clarete, com toques de suavidade de outono. Frescura e elegância devem ser as características de um bom Valtellina. É difícil discernir diferenças consistentes entre Sassella, Inferno, etc., mas o primeiro é geralmente considerado o melhor. A Suíça (Saint-Moritz fica do outro lado da montanha) é o principal consumidor. Veja também Sfursat.

Principais produtores da Lombardia

Agnes ☆☆
Rovescala, Pavia. 16 ha. www.fratelliagnes.it
O Bonarda é a especialidade deste conceituado produtor de Oltrepò Pavese. O Cresta del Ghiffi é uma versão interessante, feita a partir de uvas de colheita tardia, e o Millennium, ao contrário da maioria dos Bonarda, destina-se ao envelhecimento.

Riccardo Albani ☆–☆☆
Casteggio, Pavia. 20 ha. www.vinialbani.it
Riesling Renano e Bonarda frescos, bem-feitos, e uma mistura tinta fina chamada Vigna della Casona de Barbera, Croatina, Uva Rara e Pinot Noir.

Anteo ☆☆
Rocca de'Giorgi, Pavia. 26 ha. www.anteovini.it
Maior produtor de vinho espumante método tradicional em Oltrepò Pavese, principalmente de Chardonnay e Pinot Nero.

Balgera ☆
Chiuro, Sondrio. www.vinibalgera.it
Bom Valtellina, embora sólido em vez de sofisticado.

Bellavista ☆☆☆
Erbusco, Brescia. 190 ha. www.bellavistawine.it
A celebrada propriedade de Vittorio Moretti foi por algum tempo um dos melhores produtores de Franciacorta. São vinhos elegantes e muito conceituados, nomeadamente o Gran *Cuvée* Brut e o Rosé. Os vinhos ainda são muito bons, especialmente o Pinot Noir. Esta propriedade é a concorrente mais próxima de Ca' del Bosco. Os preços são elevados.

Guido Berlucchi ☆☆
Borgonato di Cortefranca, Brescia. 580 ha. www.berlucchi.it
Desde 1962, esta empresa tem crescido para ser um dos maiores produtores de vinhos de método clássico da Itália – mais de 400 mil caixas. O Cuvée Imperiale, de Pinot Nero e Chardonnay, é geralmente o seu melhor vinho. Berlucchi também possui a Antica Fratta, outra propriedade de Franciacorta.

Fratelli Berlucchi ☆
Borgonato di Cortefranca, Brescia. 70 ha.
www.berlucchifranciacorta.it
Franciacorta Brut, Satèn e Rose bons.

Tenuta Il Bosco ☆–☆☆
Zenevredo, Pavia. 152 ha. www.ilbosco.com
Grande propriedade em Oltropò Pavese pertencente a Zonin, que, com a San Zeno em Stradella, são a base de uma grande operação de espumante. Também produz Bonarda, Barbera e Pinot Nero não espumantes.

La Brugherata ☆–☆☆
Scanzorosciate, Bergamo. 10 ha.
www.labrugherata.it
Líder na produção de Valcalepio, branco e tinto. Também uma boa fonte do raro Moscato di Scanzo.

Ca' del Bosco ☆☆☆–☆☆☆☆
Erbusco, Brescia. 146 ha. www.cadelbosco.it
Maurizio Zanella vem de uma família rica, mas ele não é amador e dedicou todas as suas consideráveis energias à criação da propriedade que é, provavelmente, a mais notável da Lombardia. Se o Pinot Noir Pinero não justifica o seu preço elevado, os vinhos espumantes Franciacorta são excelentes, assim como o Chardonnay e a mistura Cabernet com Merlot, audaciosamente chamada Maurizio Zanella. O melhor vinho espumante costumava ser o Dosage Zéro, mas agora foi ultrapassado pelo magnífico Annamaria Clementi, que é fermentado por seis anos e tem enorme profundidade de sabor.

Ca' dei Frati ☆☆–☆☆☆
Lugana, Brescia. 68 ha. www.cadeifrati.it
Maior produtor de Lugana e um vinho passito exuberante, feito de Trebbiano e Chardonnay, chamado Tre Filer.

Cavalleri ☆☆☆
Erbusco, Brescia. 43 ha. www.cavalleri.it
Uma boa fonte de Franciacorta, especialmente o Collezione Brut, e o austero Pas Dosé Brut. Além disso, uma mistura de estilo francês de Cabernet/Merlot, o Tajardino.

Contadi Castaldi ☆☆☆
Adro, Brescia. 100 ha. www.contadicastaldi.it
Excelente produtor de Franciacorta, também de propriedade de Vittorio Moretti de Bellavista (ver nesta página). Os vinhos de topo incluem o Soul blanc de blancs, com seis anos de fermentação, o elegante Satèn, e o austero Brut Zero.

Cornaleto ☆–☆☆
Adro, Brescia. 18 ha. www.cornaleto.it
Luigi Lancini produz Franciacorta muito elegante, assim como Curtefranca.

Costaripa ☆☆–☆☆☆

Moniga del Garda, Brescia. 36 ha. www.costaripa.it
Mattia Vezzola, também o produtor de Bellavista (ver p. 306), usa a nova DOC Garda Classico aqui para uma vasta gama de vinhos, alguns deles envelhecidos em barricas. Pradamonte é de Cabernet Sauvignon, Maim um Groppello puro.

Doria ☆☆

Montalto Pavese, Pavia. 30 ha. www.vinidoria.com
Adriano Doria produz uma gama de vinhos de Oltrepò Pavese: Pinot Nero envelhecido em barricas, o Roncorosso com predominância de Barbera, e Bonarda. D. Bianco é um dos melhores vinhos Moscato passito da região.

Lorenzo Faccoli ☆–☆☆

Coccaglio, Brescia. 10 ha.
Uma boa fonte de vinhos espumantes de Franciacorta.

Sandro Fay ☆☆–☆☆☆

San Giacomo di Teglio, Sondrio. 13 ha.
Bons vinhos, incluindo Valgella Ca' Moreí e Valgella Carteria, envelhecido em barricas. O Sforzato Rinco del Picchio é excelente: com características de passas e contundente, mas com elegância.

Ferghettina ☆☆–☆☆☆

Erbusco, Brescia. 100 ha. www.ferghettina.it
Embora esta casa produza Franciacorta Satèn de primeira linha, também é conhecida por seu Merlot Baladello e Chardonnay Favento.

Le Fracce ☆☆

Casteggio, Pavia. 40 ha. www.le-fracce.it
Gama varietal muito confiável de Oltrepò Pavese.

Frecciarossa ☆☆–☆☆☆

Casteggio, Pavia. 20 ha. www.frecciarossa.com
Bom Oltrepò Pavese, especialmente de Pinot Nero, e a mistura tinta tradicional Francigeno, de Merlot, Croatina e Barbera.

Lantieri de Paratico ☆☆

Capriolo, Brescia. 17 ha. www.lantierideparatico.it
Franciacorta cada vez melhor, especialmente o Satèn e o Brut Arcadia.

Majolini ☆☆

Ome, Brescia. 20 ha. www.majolini.it
Uma estrela em ascensão, com Franciacorta cada vez mais ambicioso. O Electo Brut com predominância de Chardonnay geralmente é o melhor vinho.

Mamete Prevostini ☆☆

Mese, Sondrio. 7 ha. www.mameteprevostini.com
Estes são *crus* Valtellina de intensidade notável, e o Sforzato evita qualquer sugestão de peso.

Mazzolino ☆☆

Corvino San Quirico, Pavia. 22 ha.
www.tenuta-mazzolino.com
Uma excelente gama de vinhos de Oltrepò, com ênfase em vinhos envelhecidos em barricas a partir de Pinot Noir e Chardonnay.

Monsupello ☆☆

Torricello Verzate, Pavia. 50 ha. www.monsupello.it

Fundada em 1893, esta é uma fonte respeitada de vinhos varietais de Oltrepò Pavese, e de excelentes vinhos espumantes de Pinot Nero. O Pinot Nero não espumante pode ser um tanto confeitado.

Monte Rossa ☆☆☆

Cazzago San Martino, Brescia. 50 ha. www.monterossa.com
A família Rabotti produz uma gama de Franciacorta excelente, especialmente os de longa duração Brut Cabochão.

Montelio ☆–☆☆

Codevilla, Pavia. 27 ha.
Bons vinhos varietais de Oltrepò Pavese, que, às vezes, podem carecer de profundidade.

Mosnel ☆☆–☆☆☆

Camignone di Passirano, Brescia. 40 ha. www.ilmosnel.com
Franciacorta excelente. Pinot Nero elegante e envelhecido em carvalho.

Nino Negri ☆☆☆

Chiuro, Sondrio. 36 ha. www.giv.it
Fundada em 1897, mas agora parte do Gruppo Italiano Vini. Maiores adegas da região de Valtellina, beneficiando a tecnologia avançada e a direção do experiente enólogo Casimiro Maule, ele ainda continua sendo uma força motriz. Excelente, sutil, elegante e vinhos de todos os *crus* regionais, e maravilhoso Sfursat 5 Stelle. A produção está se aproximando de 1 milhão de garrafas.

Nera ☆☆

Chiuro, Sondrio. 40 ha. www.neravini.com
Um bom produtor de *crus* Valtellina e Sforzato.

Pasini ☆☆

Raffa di Puegnago, Brescia. 40 ha. www.pasiniproduttori.it
Garda Classico Montezalto é um Cabernet Sauvignon envelhecido em barricas, e os Groppello também são recomendados, bem como um refrescante Lugana.

Pelizzatti Perego ☆–☆☆

Sondrio, Sondrio. 12 ha.
Produtor antiquado de delicados *crus* Valtellina.

Cascina La Pertica ☆☆–☆☆☆

Polpenazze, Brescia. 16 ha. www.cascinalapertica.it
O melhor vinho de Ruggero Brunori desta propriedade orgânica é geralmente o tinto de estilo Bordeaux Le Zalte, feito com o conselho do enólogo Franco Bernabei.

Barone Pizzini ☆☆–☆☆☆

Cortefranca, Brescia. 40 ha. www.baronepizzini.it
Respeitado produtor de Franciacorta, especialmente o exuberante Satèn.

Aldo Rainoldi ☆☆☆

Chiuro, Sondrio. 10 ha. www.rainoldi.com
Vinhos elegantes e confiáveis de todos os grandes *crus* Valtellina. Rainoldi domina o uso de barricas, especialmente no extremamente elegante Sfursat Fruttaio.

Ricci Curbastro ☆☆

Capriolo, Brescia. 30 ha. www.riccicurbastro.it
Saboroso Franciacorta Extra Brut, e um Pinot Nero não espumante acarvalhado.

Conti Sertoli Salis ☆☆–☆☆☆
Tirano, Sondrio. 7 ha. www.sertolisalis.com
Outrora a melhor casa da região, ambiciosamente reavivada com a safra de 1989. Uma excelente gama de vinhos, usando barris grandes e barricas para o envelhecimento. Excelente Sforzato Canua.

Travaglino ☆–☆☆
Calvignano, Pavia. 80 ha. www.travaglino.it
Uma boa fonte de Oltrepò Pavese de Riesling e Pinot Noir.

Triacca ☆☆☆
Villa di Tirano, Sondrio. 47 ha. www.triacca.com
Domenico Triacca fez enormes investimentos para selecionar os melhores clones de Nebbiolo e garantir que sejam habilmente vinificados. O Prestigio é um vinho muito elogiado, mas apenas para os aficionados em carvalho novo. Outros podem preferir o elegante Riserva. Bom Sforzato também.

Uberti ☆☆☆
Erbusco, Brescia. 24 ha. www.ubertivini.it
Impressionantes, embora caros, os *cuvées* de Franciacorta com predominância de Chardonnay Extra Brut Comarì e Satèn Magnificentia.

Bruno Verdi ☆☆
Canneto Pavese, Pavia. 9 ha. www.verdibruno.it
Fonte confiável de Oltrepò Pavese de Bonarda, Pinot Grigio e outras variedades. Você encontra Sangue di Giuda Dolce aqui também.

Cantina Sociale La Versa ☆–☆☆
Sta Maria della Versa, Pavia. 1.300 ha. www.laversa.it
Uma cooperativa respeitada em Oltropò Pavese, cujos 720 membros produzem 6 milhões de garrafas por ano. Eles vendem uma fração da produção sob o próprio rótulo, mais notavelmente Bonarda frisante e Pinot Nero.

Virgili ☆
Mantova. 10 ha. www.cantinevirgili.com
Um dos principais produtores de Lambrusco Mantovano DOC.

Trentino-Alto Ádige

O vale do rio Adige é corredor da Itália para o mundo germânico e vice-versa: uma vala estreita com paredes de pedra, mas com o fundo surpreendentemente achatado e reto entre picos elevados, que serviu para o tráfego de milênios sobre a Passagem de Brenner, a partir da terra das azeitonas até a terra dos abetos e vice-versa.

A metade norte do Alto Ádige é tão germânica que seus habitantes de língua alemã o conhecem como Südtirol e pensam na Itália como um país estrangeiro. Uma grande parte da sua produção de vinho é exportada para ser vendida no norte com garrafas rotuladas em alemão. O Trentino possui uma cultura mais sulista, mas até mesmo Trento parece apenas a meio caminho da Itália. Os vinhos da região são correspondentemente cosmopolitas, usando a maioria das conhecidas castas internacionais.

O Alto Ádige faz interpretações cada vez mais bem-sucedidas dos clássicos brancos. O abrigo e o calor de suas melhores encostas, contrapostos pela sua altitude, dão um excelente equilíbrio de maturação e acidez. Há quinze importantes cooperativas na região produzindo 70% do vinho, e algumas delas perseguem os mesmos padrões elevados das melhores propriedades privadas.

Mais ao sul, na região de Trentino, a tendência é também para os brancos. Mas, felizmente, o gosto local ainda mantém a sobrevivência dos tintos da região. O Schiava, o Lagrein e o Teroldego, todos parecem ser versões de montanha das uvas de Valpolicella, embora Lagrein possa produzir vinhos de peso e complexidade surpreendentes. De forma ligeiramente diferente, todos eles compartilham o início suave e convidativo e o fim amargo e persistente que você poderia chamar a *goût de terroir* do Nordeste da Itália. Uma especialidade local é bastante diferente é o Moscato Rosa, um sublime Muscat que remete à rosa perfumada, possivelmente de origem siciliana, e que milagrosamente combina intenso aroma e delicadeza com altos níveis de álcool natural.

Os vinhos diferem daqueles produzidos na maioria das outras regiões vinícolas italianas por ser rotulado varietal, com apenas algumas exceções que estão listadas abaixo.

DOCs compartilhadas por Trentino e Alto Ádige

Caldaro or Lago di Caldaro or Kalterersee DOC. Vinho tinto. Província: Bolzano e Trento. Localidades: nove comunas em Bolzano, oito em Trento. Castas: Schiava (85-100%), Pinot Nero e Lagrein (15%).

O nome alemão Kalterersee é mais comum do que o italiano para este tinto leve e muitas vezes adocicado, originalmente cultivado em todo o sudoeste do lago de Bolzano (agora designado nos rótulos como *classico*). A área do lago possui um microclima excepcional para a vinicultura. Como todos os Schiava, aprende-se a gostar dessa bebida aos poucos, pois tem um acento amargo, que contribui para torná-lo refrescante, embora algumas das garrafas enviadas para a Alemanha sejam tão revoltantemente doces e enjoativas que colocá-las no freezer é a única maneira de torná-las bebíveis.

Valdadige or Etschtaler DOC. Vinho tinto e branco. Província: Trento, Bolzano, Verona. Localidades: 38 comunas em Trento, 33 em Bolzano, quatro em Verona. Castas: Schiava e/ou Lambrusco (30%), Merlot, Pinot Nero, Lagrein, Teroldego e/ou Negrara (no máximo 70%), Pinot Bianco, Pinot Grigio, Riesling Itálico e Müller-Thurgau (20%), Bianchetta Trevigiana, Trebbiano Toscano, Nosiola, Vernaccia (no máximo 80%). DOC genérica para a maioria do vale do Ádige, de Merano a Verona.

Alto Ádige DOC & Outros Vinhos

Alto Adige (Südtirol) DOC. Vinho tinto, branco e rosé. Província: Bolzano. Localidades: 33 comunas com vinhas em até 700 metros (2.275 pés) de altura para as uvas vermelhas e 1.000 metros (3.280 pés) para brancas. Castas: 95% de qualquer uma das seguintes: Moscato Giallo (Goldenmuskateller), Pinot Bianco (Weissburgunder), Pinot Grigio (Ruländer), Riesling Itálico (Welschriesling), Müller-Thurgau, Riesling Renano (Rhein Riesling), Sylvaner, Sauvignon, Traminer Aromático (Gewürztraminer), Cabernet, Lagrein Rosato (L. Kretzer), Lagrein Scuro (L. Dunkel), Malvasia (Malvasier), Merlot,

Moscato Rosa (Rosenmuskateller), Pinot Nero (Blauburgunder), Schiava (Vernatsch), Chardonnay, 5% de outras; Schiava (85%), 15% de outras.

DOC geral de uma grande zona, seguindo os vales do Ádige e do Isario pelas montanhas, e incluindo a bacia de Bolzano. Das variedades admitidas, as uvas clássicas internacionais constituem a maioria, muitas delas vão tão bem aqui como em qualquer outro lugar da Itália. Cabernet, Gewürztraminer, Pinot Bianco, Sauvignon Blanc, Riesling e Rhein podem ser excelentes. Os destaques locais são o Lagrei, tinto ou rosé, que faz um vinho frutado, saboroso, suave e fluente com um toque amargo, e o Schiava, que poderia ser descrito como uma versão jovem e alegre da mesma coisa, refrescante no seu melhor, pálido no pior. O Traminer também é uma figura local, tendo a sua terra natal em Termeno, ao sul de Bolzano. A mesma área geográfica tem várias DOCs mais restritivas (Santa Maddalena, ou Saint Magdalener, por exemplo), mas não são necessariamente de qualidade superior.

Adige Meranese di Collina or Südtiroler Meraner Hügel DOC. Vinho tinto. Província: Bolzano. Localidades: ao redor de Merano, em ambos os lados do rio Ádige. Casta: Schiava (Vernatsch). O vinho local, um tinto leve de Merano é para se beber jovem e gelado. Meraner Hügel faz parte da DOC Südtiroler.

Santa Maddalena or St Magdalener DOC. Vinho tinto. Província: Bolzano. Localidades: as colinas ao norte, acima de Bolzano (Classico é de Santa Maddalena em si). Castas: Schiava, até 10% de Lagrein e/ou Pinot Nero.

Uma relação óbvia com o Caldaro, mas originário de vinhedos melhores, mais concentrado e mais forte. Na época de Mussolini, foi absurdamente considerado um dos três melhores vinhos da Itália (Barolo e Barbaresco foram os outros). Esta e Lagrein Dunkel devem ser consideradas as primeiras escolhas entre os vinhos tintos típicos de Bolzano.

Südtiroler Terlaner DOC. Era Terlano ou Terlaner, mas desde 1993 parte de Alto Adige/Südtiroler DOC. Vinho Branco. Província: Bolzano. Localidades: Terlano, Meltina, Nalles, Andriano, Appiano, Caldaro (Terlano e Nalles são clássicos). Castas: Chardonnay 90%, Müller-Thurgau, Pinot Bianco, Riesling (Itálica e Renana), Sauvignon e Silvaner.

Os melhores brancos do Alto Ádige são cultivados nesta parte do vale, sobretudo a oeste de Bolzano, onde Terlano tem excelentes encostas voltadas para o sudoeste. Pinot Bianco, Riesling Renano, Sauvignon, e às vezes Silvaner podem fazer vinhos de corpo e equilíbrio reais, muitas vezes, de classe internacional. Terlano sem nome de casta inclui, pelo menos, 50% de Pinot Bianco ou Chardonnay, e pode incluir ambas. É muitas vezes uma boa compra.

Südtiroler Eisacktaler DOC. (Era Valle Isarco ou Eisacktaler; desde 1993, parte de Alto Adige/Südtiroler DOC). Vinho Branco. Província: Bolzano. Localidades: partes de doze comunas no nordeste do Vale do Isarco, de Bolzano a Bressanone (Brixen). Castas: Traminer Aromatico, Pinot Grigio, Veltliner, Silvaner ou Müller-Thurgau.

Os vinhos brancos deste vale alpino são leves e delicados, em contraste com os vinhos de Terlano "mais duros", a oeste. Localização norte e altitude dão a alguns dos vinhos pronunciada acidez, portanto variações de safra são comuns.

Trentino DOC & Outros Vinhos

Casteller DOC. Vinho tinto. Província: Trento. Localidades: 27 comunas, encostas não superiores a 600 metros (1.950 pés). Castas: Schiava (30-100%), Lambrusco (no máximo 60%), Merlot, Lagrein ou Teroldego (no máximo 20%).

O tinto leve, seco, "de todo dia", da metade sul da região de Trento até o Lago de Garda, mas raramente visto em outros lugares.

Nosiola Uva branca nativa de Trentino. O vinho é frutado, seco, e (surpresa!) termina com uma nota amarga. Tem um perfume característico de avelã (*nosiola* no dialeto trentino significa "avelã"). É também a base de um vin santo delicioso.

San Leonardo O tinto Cabernet/Merlot mais admirado do Trentino. Ver San Leonardo (Gonzaga).

Trento DOC. Vinho branco e rosé. Província: Trento. Castas: Chardonnay, e/ou Pinot Bianco e/ou Pinot Nero e/ou Pinot Meunier. Espumante de método clássico e obrigatórios quinze meses de envelhecimento em leveduras em garrafa (36 meses para reserva).

DOC para vinho espumante de método tradicional local. Um dos vinhos mais bem-sucedidos do Trentino.

Teroldego Rotaliano DOC. Vinho tinto. Província: Trento. Localidades: Mezzocorona, Mezzolombardo, S Michel all'Adige. Casta: Teroldego.

Vinhas Teroldego treinadas por Pergola, sobre o cascalho aluvial depositado pelo rio Noce no Campo Rotaliano, dá o melhor dos tintos suaves e vigorosos típicos da região, com um fim de boca caracteristicamente amargo. Os vinhos são atraentes quando jovens, mas também têm potencial para envelhecer bem.

Trentino DOC. Vinho tinto e branco. Província: Trento. Localidades: uma zona longa que se estende de Mezzocorona, ao norte de Trento, até 24 km (quinze milhas) ao norte de Verona. Castas: Trentino DOC significa 25 tipos diferentes de vinho: Kretzer, Cabernet Franc, Cabernet Sauvignon, Chardonnay, Lagrein, Marzemino, Merlot, Moscato Giallo, Moscato Rosa, Rebo, Müller-Thurgau, Nosiola, Pinot Bianco, Pinot Grigio, Pinot Nero, Riesling Itálico, Riesling Renano, Sauvignon, Traminer Aromatico, Rosso, Bianco, Vin Santo, Sorni Bianco, Sorni Rosso. O Trentino Rosso é uma mistura Cabernet e Merlot. O Trentino Bianco é principalmente Chardonnay e Pinot Bianco.

A primeira prensagem, Trentino-Alto Ádige.

O equivalente do sul de Alto Adige DOC, com uma gama de vinhos quase tão bons, mas com mais ênfase nos tintos. A Cabernet está bem estabelecida aqui, com excelentes resultados. A Lagrein dá alguns dos melhores exemplos do estilo regional. O Merlot é comum – melhor quando misturado com o Cabernet. Pinot Bianco e Traminer são os melhores dos brancos secos, enquanto Moscato produz um vinho de sobremesa potencialmente excelente.

Principais produtores de Trentino

Nicola Balter ☆☆
Rovereto. 10 ha. www.balter.it
Mais conhecido por sua exuberante mistura picante de Lagrein, Cabernet Sauvignon e Merlot, chamado Barbanico. Bom espumante com base em Chardonnay também.

Bolognani ☆☆
Lavis, Trento. www.bolognani.com
Um produtor de qualidade de Nosiola branco, Müller-Thurgau e Chardonnay. Também ganhou reputação por uma mistura tinta meio encorpada de Bordeaux.

Castel Noarna ☆☆
Nogaredo. 7 ha. www.castelnoarna.com
As vinhas se amontoam ao redor da base desse impressionante castelo antigo. Sua força reside nos vinhos brancos, especialmente o aromático Bianco di Castelnuovo, que mistura Riesling, Gewürztraminer, Chardonnay e Sauvignon Blanc. Vinicultura biodinâmica desde 2007.

Ca' Vit (Cantina Viticoltori Trento) ☆–☆☆☆
Ravina. 5.700 ha. www.cavit.it
Fundado em 1950, este consórcio de onze cooperativas reúne 4.500 produtores, responsáveis por 65% do vinho da província de Trento. Apenas uma parte selecionada é lançada sob o rótulo Ca' Vit. Além de vinhos varietais produzidos em grandes quantidades a partir de diferentes sub-regiões, há pequenos lotes de vinhos excepcionais, como um vin santo de Nosiola, uma mistura de Bordeaux chamada 4 Vicariati, e brancos sob o rótulo Maso Toresella. Outra gama de boa qualidade digna de atenção é a Bottega Vinai. Este imenso empreendimento oferece boa qualidade a preços razoáveis.

Cesconi ☆☆
Lavis. 15 ha. www.cesconi.it
Um Merlot criteriosamente envelhecido, o Pivier é a estrela da gama, mas alguns dos vinhos brancos, especialmente o Nosiola, podem ser fascinantes também.

Barone de Cles ☆–☆☆
Mezzolombardo. 35 ha. www.baronedecles.it
Uma propriedade histórica que produz Teroldego Rotaliano e Lagrein muito bons.

Concilio ☆–☆☆
Volano. 500 ha. www.concilio.it
Fundada em 1972, uma união de três vinícolas antigas, e agora fazendo vinhos varietais muito confiáveis, especialmente Chardonnay e Merlot.

Donati ☆☆–☆☆☆
Mezzocorona. 20 ha.
Marco Donati é um notável produtor de Teroldego, especialmente o vinho concentrado chamado Sangue del Drago.

Dorigati ☆☆
Mezzocorona. 13 ha. www.dorigati.it
A família Dorigati está intimamente envolvida na direção desta vinícola que produz um excelente Teroldego, e, em Methius, um dos melhores espumantes de Trentino, envelhecido até cinco anos nas leveduras.

Endrizzi ☆–☆☆☆
San Michele all'Adige, Trento. www.endrizzi.it
Bons brancos e tintos varietais, e misturas interessantes, chamados Masetto, bem como um Teroldego envelhecido em barrica, o Gran Masetto.

Giuseppe Fanti ☆☆–☆☆☆
Pressano, Lavis.
Os vinhos de topo desta vinícola de Trentino geralmente são o Chardonnay e o inusitado branco de Incrocio Manzoni (um cruzamento de Riesling x Pinot Blanc), mas o Nosiola é bom também.

Ferrari ☆☆–☆☆☆
Trento. 120 ha. www.cantineferrari.it
Uma empresa fundada em 1902 no coração de Trento. Por muitos anos, o principal nome em vinhos espumantes italianos de método clássico, a vinícola é agora gerida pela família Lunelli. O carro-chefe é o vinho consistentemente excepcional Giulio Ferrari Riserva del Fondatore blanc de blancs, que passa dez anos sobre as borras.

Foradori ☆☆☆
Mezzolombardo. 15 ha. www.elisabettaforadori.com
Fundada em 1930, esta propriedade importante dirigida por Elisabetta Foradori, há muito tempo abraçou a causa do Teroldego, e faz alguns dos melhores vinhos de Trentino, principalmente o Granato envelhecido em barrica.

Gaierhof ☆☆
Roverè della Luna. 30 ha. www.gaierhof.com
Proprietário Luigi Togn produz vinhos brancos, principalmente Chardonnay, e um bom Teroldego Rotaliano. Alguns vinhos têm a etiqueta de sua outra propriedade em Maso Poli (ver p. 311).

Istituto Agrario Provinciale San Michele all'Adige ☆☆
San Michele all'Adige. 50 ha. www.ismaa.it
A faculdade agrícola construída em torno do castelo San Michele é líder nacional em pesquisa vitivinícola. A partir de vinhedos próprios, a faculdade faz vários vinhos, tanto para experimentar quanto comercializar, incluindo o excelente Castel San Michele (uma mistura Cabernet e Merlot) e muitos vinhos brancos atraentes.

Letrari ☆☆
Rovereto. 23 ha. www.letrari.it
Além de vinhos espumantes, Letrari produz ótimo Marzemino, Moscato Rosa e uma boa mistura de Bordeaux chamada Ballistarius.

Longariva ☆☆–☆☆☆
Rovereto. 20 ha. www.longariva.it
Vinhos tintos admiráveis de Pinot Nero (Zinzèle), Merlot (Tovi), e outras variedades de baixa colheita. Elegante Chardonnay envelhecido em barrica também.

Lunelli ☆☆
Ravina, 30 ha. www.cantineferrari.it
A filial de vinho não espumante da Ferrari (ver p. 310). Bons Chardonnay e Pinot Noir de vinhedo único, e uma mistura de Bordeaux chamada Maso Le Viane. Os vinhos tintos estão sendo gradualmente eliminados.

Maso Furli ☆☆
Lavis. 4 ha.
Brancos deliciosos, especialmente Traminer e Chardonnay. Infelizmente, a produção é muito limitada.

Maso Poli ☆☆
San Michele all'Adige. 15 ha. www.masopoli.com
Pertencente a Luigi Togn, esta é uma antiga propriedade que faz bons Sorni Bianco de Chardonnay e Nosiola e Pinot Nero.

MezzaCorona ☆☆
Mezzocorona. www.mezzacorona.it
Esta grande empresa hoje produz cerca de 30 milhões de garrafas por ano, mas apenas uma pequena parte vem do Trentino. Teroldego e vinhos espumantes bons.

Pisoni ☆☆
Lasino. 12 ha. www.pisoni.net
Saboroso vinho espumante Extra Brut e, principalmente, um suntuoso vin santo Nosiola envelhecido em barris por dez anos.

Pojer & Sandri ☆☆☆
Faedo, Trento. www.pojeresandri.it
Mario Pojer é o enólogo, Fiorentino Sandri, o viticultor. Eles produzem alguns dos brancos mais brilhantes de Trentino, incluindo Chardonnay, Müller-Thurgau, Nosiola e Pinot Nero agradável. Os vinhos têm delicado aroma floral e vivacidade frutada.

Giovanni Poli ☆☆
Santa Messenza. 5 ha. www.poligiovanni.it
Mais conhecida como produtora de grappa, a Poli também faz ótimo vin santo de Nosiola.

Pravis ☆☆–☆☆☆
Lasino. 32 hectares. www.pravis.it
Pequena e inovadora propriedade que produz uma mistura branca fina de Nosiola, o Stravino di Stravino, e Syrah que promete.

San Leonardo ☆☆☆☆
Avio. 20 ha. www.sanleonardo.it
O proprietário, Marchese Carlo Gonzaga, usa barricas para trazer requinte às variedades de Bordeaux, nomeadamente o seu Merlot e San Leonardo, uma mistura que se tornou um clássico de Trentino. Uma recente adição à sua gama é o Villa Gresti, uma mistura de Merlot e Carmenère.

Armando Simoncelli ☆☆
Rovereto. 12 ha.
Propriedade líder, com uma ótima mistura de Marzemino e Bordeaux, chamada Navesèl.

De Tarczal ☆☆
Marano d'Isera. 18 ha. www.detarczal.com
Uma gama admirável, com um Marzemino exemplar e uma mistura de Bordeaux feita somente em safras superiores, denominada Pragiara.

Vallarom ☆–☆☆
Avio. 8 ha. www.vallarom.com
A família Scienza produz bons Pinot Nero e Syrah, e uma mistura branca suave, chamada Vadum Caesaris.

La Vis ☆–☆☆☆
Lavis. 1.350 ha. www.la-vis.com
Uma cooperativa importante, que produz 13% de todo o vinho DOC de Trentino. O topo são Ritratti, de *terroirs* que se destacam, assim como a coleção *cru* de vinhos de vinhedo único.

Zeni ☆☆–☆☆☆
Grumo di San Michele all'Adige, Trento. 15 ha. www.zeni.tn.it
Roberto Zeni dirige, desde 1975, esta propriedade líder (que não deve ser confundida com a propriedade de mesmo nome do Vêneto). Ele é um grande produtor de vinho. Seus Chardonnay e Pinot Bianco são perfumados, o Teroldego, harmonioso. A especialidade é o Ororosso, um raro Teroldego passito.

Principais produtores do Alto Ádige

Abbazia di Novacella (Stiftskellerei Neustift) ☆☆
Varna. 20 ha. www.kloster-neustift.it
Um adorável mosteiro do século XII que produz Valle Isarco DOC, embora a maioria dos vinhedos do domaine estejam localizados ao sul de Bolzano. Os melhores vinhos de Pinot Nero e outras variedades são designados Praepositus.

Arunda Vivaldi ☆☆–☆☆☆
Meltina. Sem vinhedos. www.arundavivaldi.it
Josef Reiterer faz vinhos espumantes de método clássico exemplares, que passam muito tempo nas leveduras. O resultado são vinhos de poder e intensidade excepcionais.

Cantina Produttori Bolzano ☆–☆☆☆
Bolzano. 300 ha. www.kellereibozen.com
Em 2001, a Santa Maddalena e as cooperativas Greis se fundiram. Apesar de uma vasta gama de vinhos do Alto Adige ser produzida, a especialidade aqui é o Lagrein, que está entre os melhores da região.

Cantina Produttori Colterenzio (Schreckbichl) ☆–☆☆☆
Cornaiano/Girlan. 300 ha. www.colterenzio.com
Um ambicioso grupo de 290 produtores com uma gama de Alto Adige, Tèrlano, Saint Magdalener e Kalterersee DOCs, com alguns vinhos de vinhedo único. O rótulo Cornell é usado para vinhos selecionados, nomeadamente Chardonnay envelhecido em barricas; e Praedium é o rótulo que designa um vinho de um local de destaque.

Cantina Cornaiano (Girlan) ☆☆
Cornaiano. 205 ha. www.girlan.it
Bons vinhos varietais de uma boa cooperativa, incluindo alguns tintos sérios sob o rótulo Optimum. Seu Schiava também é muito elogiado.

Erste & Neue ☆–☆☆
Kaltern/Caldaro. 280 ha. www.erste-neue.it
Cooperativa há muito estabelecida, com mais de 500 membros, a Erste & Neue produz uma boa gama de vinhos varietais, mas apenas a série superior, chamada Puntay, tem personalidade verdadeira. Excelente Gewürztraminer.

Gojer-Glögglhof ☆☆
Bolzano. 4,5 ha. www.gojer.it
Bons Saint Magdalener e Lagrein Dunkel tinto, envelhecido em barricas.

Franz Haas ☆☆–☆☆☆
Montagna. 28 ha. www.franz-haas.it
Pequena propriedade que faz vinhos brancos elegantes, incluindo uma mistura aromática, chamada Manna, uma mistura de Bordeaux fina, chamada Istante, e Moscato Rosa delicioso.

Haderburg ☆☆
Salorno. 11 ha. www.haderburg.it
A família Ochsenreiter produz bons vinhos espumantes, e a qualidade do Chardonnay e do Pinot Nero não espumantes está aumentando. Nenhum vinho é acarvalhado.

J. Hofstätter ☆☆–☆☆☆
Termeno/Tramin. 50 ha. www.hofstatter.com
Fundada em 1907, esta empresa familiar é agora gerida por Martin Foradori. Há décadas, ele oferece uma excelente variedade de vinhos do Tirol Meridional de diferentes áreas. O Pinot Nero tinto de Barthenau é notável, assim como o Gewürztraminer Kolbenhof.

Kettmeir ☆–☆☆
Caldaro/Kaltern. www.kettmeir.com
Uma grande empresa há muito estabelecida, vendida na década de 1990 à vinícola Santa Margherita do Vêneto. Bons vinhos brancos e também um espumante.

Alois Lageder ☆☆☆–☆☆☆☆
Magrè. 60 ha. www.aloislageder.eu
Esta famosa vinícola familiar suplementa a produção de seus vinhedos próprios comprando de mais de 100 hectares. A qualidade é excelente em todos os níveis, mas os vinhos geralmente mais deslumbrantes são o Chardonnay Löwengang, o Pinot Grigio Benefizium e o Cabernet Sauvignon Römigberg. Misturas brancas e tintas são produzidas a partir de Casòn Hirschprunn, uma propriedade que a Lageder adquiriu em 1991.

Lentsch ☆☆
Branzoll/Bronzolo. 14 ha. www.lentsch.it
Klaus Lentsch combina fruta madura e uma textura suave de Lagrein, que ele envelhece em grandes barris. Bom Gelbermuskateller também.

Loacker ☆☆–☆☆☆
Bolzano. 11 ha. ww.loacker.net
A família Loacker possui propriedades importantes na Toscana. Esta aqui, também conhecida como Schwarhof, é cultivada organicamente. Sua força reside nos vinhos tintos, sobretudo Merlot, Cabernet Sauvignon e Pinot Nero. Os vinhos brancos provêm essencialmente de Valle Isarco.

Manincor ☆☆
Kaltern/Caldaro. 48 ha. www.manincor.com
A produção de vinho nesta propriedade nobre só começou em 1996 e, desde 2006, passou à agricultura biodinâmica. Manincor tornou-se conhecida pelo Mason, seu Pinot Nero envelhecido em barrica, e, em safras de topo, o prestige *cuvée* Mason di Mason. Outra especialidade da casa é um vinho doce delicado, o Petit Manincor, de Petit Manseng.

K. Martini & Sohn ☆☆
Cornaiano/Girlan. 30 ha. www.martini-sohn.it
O Sohn é Gabriele Martini, que elevou muito a qualidade. Sauvignon Blanc e Chardonnay muito bons.

Klosterkellerei Muri-Gries ☆☆–☆☆☆
Bolzano. 30 ha. www.muri-gries.com
As antigas adegas desse mosteiro beneditino (que merecem uma visita) produzem uma grande variedade de vinhos varietais típicos sob várias DOCs Alto Adige. O Lagrein, em todas as suas formas, é a especialidade. E um delicioso Moscato Rosa.

Niedermayr ☆☆☆
Cornaiano/Girlan. 15 ha. www.niedermayr.it
Josef Niedermayr incorporou a sua propriedade uvas compradas, o que lhe permite fazer uma enorme variedade de vinhos. O Pinot Nero é flexível e texturizado, e o Euforius combina Lagrein com Cabernet e Merlot de forma bem-sucedida. Seu vinho mais notável é o Aureus, um passito de Sauvignon, Chardonnay e Gewürztraminer, mas feito com um toque leve.

Niedrist ☆☆–☆☆☆
Cornaiano/Girlan. 7 ha.
Brancos minerais e Lagrein e Pinot Nero suculentos de um pequeno produtor artesanal que estabelece padrões elevados.

Schloss Rametz ☆
Merano. 10 ha. www.rametz.com
Chardonnay e Riesling bons.

Hans Rottensteiner ☆–☆☆
Bolzano. 10 ha.
www.rottensteiner-weine.com
Ótima gama de vinhos, incluindo Saint Magdalener e Lagrein.

Heinrich Rottensteiner ☆
Rencio, Bolzano. 4 ha. www.obermoser.it
Um produtor dedicado que faz um excelente Saint Magdalener e uma mistura picante de Cabernet e Merlot – infelizmente chamada Putz.

Schloss Sallegg ☆–☆☆☆
Caldaro/Kaltern 30 ha. www.castelsallegg.it
Moscato Rosa de colheita tardia de primeira classe, com força e densidade excepcionais, e uma boa gama de vinhos brancos.

Cantina Produttori San Michele Appiano ☆☆
San Michele Appiano. 370 ha. www.stmichael.it

Cantina Produttori San Michele Appiano.

Uma cooperativa excelente, oferecendo uma gama muito boa de brancos cristalinos. A linha superior é o Sanct Valentin de vinhedos únicos.

Castel Schwanburg ☆☆
Nalles. 27 ha. www.schwanburg.com
De origem renascentista, esta propriedade tem desenvolvido boa reputação por seu Cabernet Sauvignon.

Cantina Terlano ☆☆–☆☆☆
Terlano. 150 ha. www.cantina-terlano.com
Vinhos brancos elegantes e caros, em ordem crescente de qualidade: I Classici, I Vigneti e Le Selezioni. Provas demonstram que estes vinhos, cultivados em solos vulcânicos, muitas vezes podem envelhecer vinte anos ou mais, embora a maioria das pessoas os prefira numa fase mais jovem.

Cantina Produttori Termeno (Tramin) ☆–☆☆☆
Termeno. 230 ha. www.tramin-wine.it
Gewürztraminer é, certamente, a especialidade aqui, incluindo uma notável versão passito. Em geral os vinhos brancos são melhores que os tintos.

Tiefenbrunner (Castel Turmhoff) ☆☆
Cortaccia/Kurtatsch. 20 ha. www.tiefenbrunner.com
Há muito tempo estabelecida, a vinícola da família Herbert e Christof Tiefenbrunner produz alguns dos brancos mais interessantes do Tirol do Sul. O Feldmarschall (um Müller--Thurgau) é proveniente de vinhedos 990 metros (3.250 pés) acima do nível do mar: os mais altos da região. Os vinhos reserva são chamados Linticlarus.

Cantina Produttori Valle Isarco (Eisacktaler) ☆
Chiusa. 90 ha. www.cantinavalleisarco.it
Uma respeitada cooperativa que produz confiáveis vinhos brancos de Kerner e Silvaner, e outras especialidades de Villa Isarco.

Elena Walch ☆☆☆
Termeno/Tramin. 25 ha. www.elenawalch.com
Elena Walch complementa suas vinhas comprando uvas provenientes de produtores locais. Seus vinhos brancos varietais são frescos e equilibrados; ela também faz um incrível Lagrein de sua propriedade Castel Ringberg.

Vêneto

O interior de Veneza é um terço de montanha e dois terços de planície. Ao norte faz fronteira com a Áustria, no alto das Dolomitas; ao sul, com o vale plano do rio Pó. Todos os vinhos importantes de 90 mil hectares de vinhedos do Vêneto são cultivados no sopé vacilante dos Alpes e ocasionais cordilheiras, em uma linha a leste do Lago de Garda a Conegliano. Verona, perto do Lago de Garda, é a capital do vinho, com uma maior produção de vinhos DOC, de vinhedos de Soave, Valpolicella e Bardolino, que qualquer outra região italiana. As três são tão importantes no mercado de exportação que Verona reivindica ser a capital internacional do vinho de toda a Itália. A maior feira do vinho do país, Vinitaly, ocorre nesta cidade todo mês de abril. Para o leste, Conegliano tem outra reivindicação: ser o centro do país em tecnologia e pesquisa vitícola.

As áreas de Verona e Conegliano têm forte tradição na utilização de variedades de uvas que lhes são peculiares: Garganega (a uva Soave), a Corvina de Valpolicella, e a Prosecco, que faz vinho espumante admirável em Conegliano, são desconhecidas em outros lugares. Mas áreas menos estabelecidas e com sem tradição, como as colinas Berici e Euganei e o Piave, vinhas de planícies prolíficas nas fronteiras da região de Friul-Veneza Júlia, a leste, tentam a sorte com uma variedade de castas internacionais: variedades Pinot, Cabernet, e suas semelhantes. Merlot é o tinto de reserva da região e está melhorando rapidamente de aceitável a delicioso.

Por muitos anos, uma luta titânica está em andamento nas regiões mais conhecidas, como Soave e Valpolicella. Aqui as cooperativas são todo-poderosas, e continuam pressionando as autoridades para permitir maiores rendimentos, como se não fossem altos o suficiente. Ao mesmo tempo, um grupo crescente de produtores preocupados com a qualidade está tentando resistir a essas propostas, e também se impondo restrições ainda mais severas para garantir a máxima qualidade. Assim, essas DOCs incluem tanto vinhos de insipidez absoluta quanto alguns dos melhores da Itália.

DOC & Outros Vinhos

Amarone Ver Valpolicella.

Arcole DOC. A nova denominação, criada em 2000, para videiras cultivadas em duas áreas ao sudeste de Verona: solos planos e aluviais para as misturas, e terras mais altas para vinhos varietais de Chardonnay, Sauvignon, Garganega, Merlot, Cabernet Franc, Cabernet Sauvignon, Raboso e Corvina.

Bagnoli di Sopra DOC. Abrange quinze comunidades em Pádua. Principalmente vinhos de mistura, além de Raboso.

Bardolino DOC. Vinho tinto e rosé. Província: Verona. Localidades: Bardolino e quinze outras. Castas: Corvina Veronese (35-65%), Rondinella (10-40%), Molinara (10-20%) e até 15% de outras.

Um tinto pálido e um Chiaretto ainda mais pálido; uma versão mais leve de Valpolicella com a mesma qualidade (em um bom exemplo) de vivacidade. Bardolino está sobre depósitos glaciais que não aquecem como o calcário de Valpolicella. É mais enérgico e melhor no ano após a vindima. Há também uma DOC distinta para os vinhos liberados logo após a colheita: Bardolino Novello. Desde 2001, o Bardolino Superiore (rendimento máximo 6,3 mil litros por hectare) é DOCG.

Bianco di Custoza DOC. Vinho Branco. Província: Verona. Localidades: margem sul do Lago de Garda. Castas: Trebbiano Toscano (35-45%), Garganega (20-40%), Tocai Friulano (5-30%), Cortese, Riesling Itálico e Malvasia Toscano (20-30%).

O vizinho do sul de Soave é um vinho ligeiramente menor. Também um espumante (em geral pelo método Charmat).

Breganze DOC. Vinho tinto e branco. Província: Vicenza. Localidades: Breganze e Maróstica, partes de outras treze comunas. Castas: Breganze Bianco – Friulano (mínimo de 85%), Pinot Bianco, Pinot Grigio, Riesling Itálico, Sauvignon, vinho Vespaiolo (máximo de 15%); Breganze Rosso – Merlot, até 15% Marzemino, Groppello, Cabernet Franc, Cabernet Sauvignon, Pinot Nero, Freisa; mais vinhos varietais de Cabernet Sauvignon,

314 | ITÁLIA | VÊNETO

Cabernet Franc, Pinot Nero, Pinot Bianco, Pinot Grigio, vinho Vespaiolo (mínimo de 85%).

Vinhos varietais leves e agradáveis da terra natal do grande arquiteto Palladio. Pinot Bianco, Cabernet e Vespaiolo de colheita tardia são os melhores (ver Maculan, p. 317).

Campo Fiorin uma interpretação extraordinariamente séria de Valpolicella, por Masi (ver p. 317). O vinho é macerado com cascas de Recioto Amarone (ver p. 315) após a prensagem. O protótipo para os vinhos ripasso.

Colli Berici DOC. Vinho tinto e branco. Província: Vicenza. Localidades: 28 comunas ao sul de Vicenza. Castas: sete variedades, com mistura limitada (10-15%) de outras uvas locais. A linha é composta por Garganega, Tocai Bianco, Sauvignon, Pinot Bianco, Merlot, Tocai Rosso (tinto acentuado frutado, jovem) e Cabernet. Estas montanhas vulcânicas entre Verona e Pádua têm claro potencial de qualidade, demonstrada pelo seu Cabernet.

Colli di Conegliano DOC. Das encostas em torno de Conegliano. Brancos de Incrocio Manzoni, Riesling e outras variedades; tintos de Cabernet Sauvignon, Merlot e Marzemino.

Colli di Conegliano Refrontolo Passito DOC. Um vinho passito de Marzemino.

Colli di Conegliano Torchiato di Fregona DOC. Os vinhos brancos de Prosecco, Verdiso e Boschera.

Colli Euganei DOC. Vinho tinto e branco. Província: Pádua. Localidades: dezessete comunidades ao sul de Pádua. Castas: Merlot (60-80%), Cabernet Franc, Cabernet Sauvignon, Barbera, Raboso Veronese (20-40%); Garganega (30-50%), Serprina (10-30%), Tocai e/ou Sauvignon (20-40 %), Pinella, Pinot Bianco, Riesling Itálico (no máximo 20%). Moscato Bianco pode ser com ou sem gás.

O vinho Euganei, apesar da sua longa história, costumava ser um pouco maçante, mas agora está sendo levado mais a sério, com os produtores lucrando com o clima agradável de outono e longos períodos de crescimento.

Corti Benedettine del Padovano DOC. Vinho tinto e branco. Província: Pádua. Localidades: Entre os rios Brenta e Adige e o Mar Adriático. Castas: vinhos varietais de Cabernet Sauvignon, Raboso, Refosco Peduncolo del Rosso, Bianco Pinot, Pinot Grigio, Chardonnay, Sauvignon, Friulano. Também espumantes Moscato e Moscato passito.

Gambellara DOC. Vinho branco. Província: Vicenza. Localidades: Gambellara, Montebello Vicentino, Montorso, Zermeghedo. Castas: Garganega (80-90%), Trebbiano di Soave (no máximo 20%). Também é feito como um Recioto di Gambellara e como Vin Santo di Gambellara.

Vizinho a leste de Soave, vale experimentar como alternativa. Sua versão Recioto é suave (e, às vezes, com gás).

Garda DOC. Província: Verona.

Uma DOC genérica, com produtividades máximas muito elevadas.

Lessini Durello DOC. Vinho branco. Província: Verona, Vicenza. Localidades: sete comunidadesem Verona, 21 em Vicenza. Castas: Durello (mínimo de 85%); Garganega, Trebbiano di Soave, Chardonnay, Pinot Nero (no máximo 15%).

Vinhos secos e acerados, com e sem gás.

Lison-Pramaggiore DOC. Vinho tinto e branco. Província: Veneza, Pordenone, Treviso. Localidades: onze comunidades em Veneza, duas em Treviso, cinco em Pordenone. Castas: Chardonnay, Pinot (Bianco e Grigio), Riesling Itálico, Sauvignon, Tocai Itálico, Verduzzo, Cabernet (Sauvignon e Franc), Merlot, Refosco del Peduncolo Rosso.

DOC abrangendo as antigas áreas que produziam Tocai di Lison Cabernet e Merlot di Pramaggiore. A lista inclui doze tipos de vinho, o Pinot Bianco e o Riesling Itálico também podem ser espumantes.

Merlara DOC. Vinho tinto e branco. Província: Pádua (seis aldeias), Verona (três aldeias).

O tinto é uma mistura de Cabernet Sauvignon e Cabernet Franc, Merlot e Marzemino. O branco é de Friulano e Malvasia.

Merlot A principal uva vermelha do Vêneto Oriental, incluída nas principais zonas DOC, mas muitas vezes encontrada como um vinho de mesa, que pode ser o sinal de um produto de qualidade única. Seus melhores vinhos são escuros e bem frutados, muitas vezes terminando com uma nota adstringente. Outros são leves e com sabor de grama.

Montello e Colli Asolani DOC. Vinho tinto e branco. Província: Treviso. Localidades: dezessete comunidades. Castas: Prosecco para os brancos; Cabernet ou Merlot para os tintos (mistura de até 15% permitida).

As colinas em torno de Asolo eram um *resort* durante o Renascimento, famoso por villas de Palladio. A propriedade vinícola mais famosa da região é Venegazzù (ver p. 315).

Piave or Vini del Piave DOC. Vinho tinto e branco. Província: Veneza, Treviso. Localidades: de Conegliano ao mar Adriático, 50 comunidades em Treviso, 12 em Veneza. Castas: Cabernet, Merlot, Pinot Bianco, Pinot Grigio, Pinot Nero, Raboso, Tocai, ou Verduzzo.

Uma grande área, cobrindo o caminho do rio Piave pela região plana até o mar ao norte de Veneza (em Jesolo). Cabernet e Merlot prosperam bem aqui, fazendo os vinhos secos, que certamente se beneficiam com o envelhecimento. Os brancos, porém, devem ser bebidos jovens.

Pramaggiore Ver Lison-Pramaggiore nesta página.

Prosecco di Conegliano-Valdobbiadene DOC. Vinho Branco. Província: Treviso. Localidades: Valdobbiadene, Conegliano, Vittorio Veneto e outras doze. Castas: Prosecco (85-100%), Verdiso, Pinot Bianco, Pinot Grigio, Chardonnay (máximo de 15%), ou Verdiso (só até 10%). Mínimo de álcool: 10,5 graus *frizzante*, 11 graus *espumante*.

A uva Prosecco nativa dá um vinho mais austero e monótono, amarelado, seco, mas responde bem para se fazer frisante ou espumante, seja seco ou suave. Dentro de Valdobbiadene, há uma zona restrita de 107 hectares, onde os vinhos têm uma textura mais fina, maior duração no palato, bem como o direito ao título Superiore di Cartizze. Alegres consumidores, por toda a Itália, costumam usar o termo "Prosecco" como uma forma de pedir um copo de qualquer espumante ou frisante.

VÊNETO | **ITÁLIA** | 315

Raboso del Piave A uva Raboso local faz um vinho tinto adstringente, que vale a pena provar, especialmente com idade de quatro ou cinco anos de garrafa. Ver Piave.

Recioto Ver Valpolicella nesta página.

Ripasso Ver Valpolicella nesta página.

San Martino della Battaglia-Lugana DOC. Vinho branco e fortificado. Província: Verona, mas também inclui parte da Província de Brescia, dentro da Lombardia. Localidades: pequena zona na margem sul do Lago de Garda. Castas: Friulano e até 20% de outras. Também permitido como licoroso.

Soave DOC, **Soave Superiore** DOCG, **Recioto di Soave** DOCG Vinho Branco. Província: Verona. Localidades: Soave e doze outras. Castas: Garganega (70-90%), Chardonnay, Pinot Bianco, Trebbiano di Soave, Trebbiano Toscano (no máximo 30%).

Os mais populares de todos os vinhos brancos italianos, originário de 5.500 hectares de vinhedos. Seu nome simples parece expressar sua natureza simples: macio, leve e fácil de beber. Quando é bem-feito e, acima de tudo, fresco, é extremamente tentador. A zona fica imediatamente a leste de Valpolicella, tornando Verona uma cidade singularmente bem regada.

A zona central e montanhosa de Soave, com 1.700 hectares plantados, tem direito ao termo *classico*. Rendimentos muito altos são permitidos, desde que 2 mil litros por hectare sejam declarados como IGT – ignorando o fato de que a proporção declarada como Soave DOC é igualmente diluída ou medíocre. Recioto di Soave é um vinho concentrado, meio doce e uma versão de rica textura, feito de uvas secas.

Tocai di Lison Ver Lison-Pramaggiore.

Valpolicella DOC, **Recioto/Amarone della Valpolicella** DOCG. Vinho tinto. Província: Verona. Localidades: dezenove comunidades nas colinas ao norte de Verona, as cinco mais ocidentais delas são a zona *classico*; 5.840 ha. Castas: Corvina Veronese (40-70%), Rondinella (20-40%), Molinara (5-25%), Cabernet Sauvignon, até 15% de Merlot, Rossignola, Negrara, Barbera, Sangiovese.

O Valpolicella como o Chianti têm muitas qualidades, sendo difícil resumi-las. Na melhor das hipóteses, é um dos tintos leves mais tentadores da Itália, sempre lembrando cerejas, combinando o fim suave e vivaz com a marca de amêndoa amarga de quase todos os tintos do Nordeste italiano. No comércio, pode ser um tipo de vinho pobre, pálido e apático. Classico é melhor; os vinhedos pontilhados por *villas* ficam nas colinas contornadas pelo rio Adige a sul e a oeste, divididas pelo rio a partir de Bardolino. Muito Valpolicella é feito pelo método Ripasso, o que significa maceração do vinho sobre as borras de Amarone. Isto encorpa e dá cerca de um grau a mais de álcool ao final. Os resultados podem ser esplêndidos, embora alguns puristas temam que isso seja uma forma de reforçar os vinhos ralos que deveriam ter sido feitos corretamente, em primeiro lugar. Alguns produtores preferem adicionar uvas secas, em vez de borras, ao vinho novo, argumentando que borras são, por definição, sobras. Em qualquer reunião de Verona, a última garrafa a ser servida é um Recioto, tanto em sua forma doce quanto em sua versão poderosa e aveludada, seca, mas por vezes adstringente, conhecida como Amarone. O Recioto é feito por secagem de uvas selecionadas para concentrar os seus açúcares, dando-lhes em seguida um longo tempo de fermentação no ano seguinte. Se permite-se que ele

fermente até ficar amargo, o resultado é o Amarone. Uma vez marginal, o Amarone está apreciando um renascimento espirituoso e novos estilos têm riqueza sem adstringência. O Recioto também é feito como efervescente.

Este renascimento não é, porém, saudado por todos. Entre 2000 e 2003, a produção do Amarone dobrou, e, em 2006, mais de um terço das uvas Valpolicella estavam sendo usados para fazer esse estilo. Então o Amarone deixou de ser um vinho excepcional para ocasiões especiais e tornou-se um produto comercial, de todos os dias, embora muitas vezes de tremenda qualidade. Alguns críticos se queixam de que a inclusão de variedades francesas (como no Valpolicella regular) roubou do vinho a sua tipicidade, como fez o uso entusiástico de carvalho francês novo. Além disso, o açúcar residual, outrora o caráter definidor do Recioto, é agora cada vez mais encontrado no Amarone também, porque os produtores querem lucros maiores.

Venegazzù della Casa A propriedade de Conte Loredan (ver p. 319) na Montello-Colli Asolani DOC, mas mais famosa por sua mistura não DOC de Cabernet e Merlot ao estilo de Bordeaux, comparável talvez a um Saint-Émilion poderoso e rústico, e seu espumante método tradicional.

Vicenza DOC Vinho tinto e branco. DOC genérica desde 2000 para os vinhos da província de Vicenza.

Principais produtores de Vêneto

Accordini ☆☆
Pedemonte. 10 ha. www.accordinistefano.it
Stefano Accordini é um devoto de carvalho francês novo, o que certamente caracteriza seus vinhos, desde o rico ripasso até o Amarone. São vinhos densos e poderosos que podem não agradar aos tradicionalistas.

Adami ☆–☆☆
Colbertaldo di Vidor. 12 ha. www.adamispumante.it
Produtores confiáveis de Prosecco e Cartizze, tanto frisante quanto espumante.

Allegrini ☆☆☆–☆☆☆☆
Fumane di Valpolicella. 70 ha. www.allegrini.it
Franco e Marilisa Allegrini administram esta propriedade magnífica, que tem parcelas escolhidas em Valpolicella Classico. Palazzo della Torre é feito pelo método ripasso. La Grola é um Valpolicella envelhecido em barril sem ripasso. La Poja vem de um ponto do alto da colina plantado exclusivamente com Corvina, e é um dos mais elegantes vinhos tintos da Itália. Excelente Recioto e Amarone, também.

Anselmi ☆☆–☆☆☆☆
Monteforte d'Alpone. 70 ha. www.robertoanselmi.com
Roberto Anselmi foi um pioneiro do Soave de alta qualidade, sendo um dos primeiros a usar o envelhecimento em barris (para o Capital Croce de vinhedo único) e para criar I Capitelli, um Recioto di Soave tão rico quanto um Sauternes. Desde 1986, ele tem feito um bom Cabernet Sauvignon chamado Realdà. Em 1999, Anselmi deixou o Consorzio, preferindo declarar seus vinhos como IGTs, mesmo que eles representem o melhor de Soave.

Bertani ☆☆–☆☆☆☆
Grezzana. 195 ha. www.bertani.net
Fundada em 1857, esta respeitada empresa familiar produz uma grande variedade de vinhos nos distritos em torno de Verona,

316 | ITÁLIA | VÊNETO

utilizando os seus vinhedos próprios e uvas compradas. Seus vinhos incluem o modelo Valpolicella, o Albion Cabernet de sua propriedade Villa Novare, e Amarone clássico, de equilíbrio e qualidade excepcionais.

Bisol ☆☆
Santo Stefano di Valdobbiadene. 60 ha. www.bisol.it
Um produtor de Cartizze e Prosecco di Valdobbiadene merecidamente conhecido.

Bolla ☆–☆☆
Verona. www.bolla.it
Fundada em Soave, em 1883, a empresa foi comprada pela companhia americana Brown-Formann em 1999 e, em 2006, pelo grande grupo italiano GIV. Uvas adquiridas de mais de 400 produtores são processadas em sistema ultramoderno na área de Verona, para fazer milhões de caixas. Bolla foi uma das primeiras empresas a produzir vinhos de vinhedo único, que são de qualidade muito superior aos engarrafamentos genéricos. Seus Amarone são impressionantes também.

Brigaldara ☆☆–☆☆☆
San Pietro in Cariano. 20 ha. www.brigaldara.it
Stefano Cesari é um especialista qualificado em Amarone e Recioto.

Brunelli ☆☆–☆☆☆
San Pietro in Cariano. 12 ha. www.brunelliwine.com
Luigi Brunelli faz Valpolicella superior, em todos os estilos. O Amarone Campo del Titari, de vinhedo único e envelhecido por três anos em barricas novas, é, invariavelmente, seu melhor vinho.

Tommaso Bussola ☆☆☆
Negrar. 16 ha. www.bussolavini.com
Uma fonte impecável de Recioto di Valpolicella – mais até do que para Amarone – e os vinhos ripasso também são excelentes.

Ca' La Bionda ☆☆
Valgatara di Marano. 29 ha. www.calabionda.it
Menos célebre que algumas outras propriedades Valpolicella, mas fonte de vinhos bem feitos em todos os estilos, com um Amarone bem equilibrado.

Ca' Lustra ☆
Cinto Euganeo, Padua. www.calustra.it
Um bom endereço para os vinhos varietais de Colli Euganei. Cabernet Sauvignon e Merlot confiáveis e meio encorpados.

Ca' Rugate ☆☆–☆☆☆
Montecchia di Crosara. 48 ha. www.carugate.it
Desde 1986, os Tessari se tornaram a vanguarda como produtores de Soave clássico. Recentes aquisições de vinhas em Valpolicella lhes permitiram expandir a produção de vinhos tintos, mas, apesar de serem bons, eles ainda deixam a dever à consistência dos Soave.

Canevel ☆
Valdobbiadene. 25 ha. www.canevel.it
Prosecco e Cartizze confiáveis, mas no final mais doce do espectro.

La Cappuccina ☆☆–☆☆☆
Monteforte d'Alpone. 30 ha. www.lacappuccina.it
Uma série de Soave exemplar, e uma curiosidade real: Carmenère Campo Buri, envelhecido em barricas novas.

Case Bianche ☆
Pieve di Soligo. 32 ha. www.martinozanetti.com
O empresário Zanetti comprou esta propriedade em 1997. Ele usa o rótulo Case Bianche para o Prosecco, e o Col Sandago para os vinhos tintos, especialmente da uva Wildbacher, da Estíria.

Castellani ☆☆–☆☆☆
Marano di Valpolicella. 63 ha. www.castellanimichele.it
Sergio Castellani produz bons ripasso Valpolicella e um Recioto suntuoso.

Cantina del Castello ☆☆
Soave. www.cantinacastello.it
Os Soave de Arturo Stocchetti são feitos com grande cuidado, especialmente o Acini Soavi envelhecido em barril, que tem uma textura licorosa, mas menos elegância que outros *cuvées*.

Cavalchina ☆–☆☆
Sommacampagna. 25 ha. www.cavalchina.com
Bons Bianco di Custoza e Merlot do Lago de Garda.

Coffele ☆☆
Soave. 30 ha. www.coffele.it
Produtores de médio porte de Soave e Recioto confiáveis.

Col Vetoraz ☆
Santo Stefano di Valdobbiadene. 12 ha. www.colvetoraz.it
Prosecco e Cartizze muito confiáveis, equilibrando crocância e doçura.

Corte Sant'Alda ☆☆☆
Mezzane di Sotto. 15 ha. www.santalda.it
Esta propriedade tem sido gerida desde 1978 por Marinella Camerani. Ela faz Valpolicella envelhecido em barris muito bom, Amarone suntuoso e Recioto bom. Mas os preços são elevados.

Romano dal Forno ☆☆–☆☆☆☆
Illasi. 12 ha. www.dalforno.net
Desde 1983, Dal Forno estabeleceu-se como um dos produtores mais dedicados de Valpolicella e Amarone, tendo o grande Quintarelli (ver p. 318) como modelo. A produção é pequena, e a maioria dos vinhos é envelhecida em carvalho novo. Com até mesmo o Valpolicella comum sendo feito com cachos secos, não é de estranhar que os vinhos sejam controversos (assim como caros).

Aqueles que procuram Valpolicella pelo frescor e encanto devem procurar em outro lugar. Aqueles que querem Valpolicella ou Amarone que sejam vinho de guarda ficarão encantados com estes vinhos.

Fraccaroli ☆
Peschiera del Garda. 50 ha. www.fraccarolivini.it
Bom Lugana de todos os estilos.

Le Fraghe ☆☆
Cavaion Veronese. www.fraghe.it
Pequena propriedade produzindo Bardolino agradável e um poderoso Cabernet (Sauvignon e Franc) chamado Quaiare.

Nino Franco ☆☆
Valdobbiadene. 2,5 ha. www.ninofranco.it
Fundada em 1919, esta empresa produz Cartizze excelente e um Prosecco di Valdobbiadene doce, topo de linha, chamado Primo Franco.

Gini ☆☆☆
Monteforte d'Alpone. 28 ha. www.ginivini.com
A família Gini produz uma variedade de Soave frescos, cremosos, incluindo o Recioto, com uvas seletivamente colhidas e os vinhos envelhecidos em tanques ou barris. O vinho principal é, invariavelmente, de uma antiga videira, chamada Contrada Salvarenza, e é envelhecido por nove meses em barricas.

Guerrieri-Rizzardi ☆☆–☆☆☆☆
Bardolino. 82 ha. www.guerrieri-rizzardi.it
Propriedade familiar que remonta ao século XVII, com um pequeno museu, mas interessante. Embora seja mais conhecida pelo seu Bardolino, também tem propriedades em outros lugares do Vêneto, onde produz excelentes Valpolicella, Amarone e Soave. O Bardolino é admiravelmente vívido – um dos melhores da casta pálida.

Inama ☆☆–☆☆☆☆
San Bonifacio. 30 ha. www.inamaaziendaagricola.it
Stefano Inama rapidamente se juntou às fileiras dos maiores produtores de Soave, e é igualmente bem-sucedido com Sauvignon e Chardonnay varietais. Curiosamente, o seu principal vinho, o Vigneto du Lot, é feito de um vinhedo de alto rendimento, plantado pelo guru do vinho, o australiano Richard Smart.

Os vinhos tintos são provenientes de vinhedos de Inama em Colli Berici, e o Bradisisimo é uma robusta mistura de Cabernet Sauvignon e Carmenère.

Lonardi ☆
Marano di Valpolicella. 7 ha. www.lonardivini.it
Uma minifazenda que produz bons e tradicionais Valpolicella e Amarone.

Maculan ☆☆☆☆
Breganze. 40 ha. www.maculan.net
Fausto Maculan deve ser o mais versátil produtor de vinho do Vêneto. Ele tem mão segura com Cabernet Sauvignon (o engarrafamento Fratta é excelente), Crosara Merlot e Chardonnay Ferrata acarvalhado, mas também faz impecáveis vinhos varietais de Pinot Grigio, Pinot Nero, e da uva Vespaiolo local.

Vespaiolo também é a principal variedade utilizada para o seu famoso vinho doce Torcolato, envelhecido em barris, e os totalmente atacados por *botrytis*, Acini Nobili. Maculan não descansa sobre os louros, e introduziu um novo vinho passito, Madoro, de Marzemina e Cabernet Sauvignon.

Marion ☆☆
San Martino Buon Albergo. 6 ha. www.marionvini.it
Desde o final dos anos 1990, Stefano Campedelli vem crescendo rapidamente no *ranking* dos produtores de Valpolicella. Ele também produz IGTs de Teroldego e de Cabernet Sauvignon.

Masi ☆☆☆
Gargagnago. 160 ha. www.masi.it
O acadêmico Sandro Boscaini dirige este produtor esplêndido. Por muitos anos, Campo Fiorin tem sido um excelente exemplo de um Valpolicella ripasso, e os Recioto e Amarone de vinhedo único têm sido sempre excepcionais.

Boscaini realizou uma pesquisa com variedades locais, muitas quase extintas, e as ressuscitou em vinhos como o dominado por Oseleta Osar e Grandarella de Refosco semisseco e de outras uvas. Seu tinto profundo Toar é uma interpretação ao estilo ripasso da tradição Valpolicella. A empresa também supervisiona a comercialização dos excelentes vinhos da propriedade Serego Alighieri, e mantém propriedades em Grosseto, na Toscana, e na Argentina.

Masottina ☆
Castello Roganzuolo. 44 ha. www.masottina.it
Bom Prosecco e misturas tintas e brancas de Colli di Conegliano. Esta grande empresa também vende vinhos de Friuli e Trentino.

Roberto Mazzi ☆☆
San Pietro di Negrar. 8 ha. www.robertomazzi.it
O Amarone é geralmente o vinho principal nesta pequena propriedade.

Merotto ☆☆–☆☆☆☆
Col San Martino. 12 ha. www.merotto.it
Prosecco e Cartizze dominam a produção aqui, mas há também um Cabernet encorpado, chamado Rossodogato.

La Montecchia ☆☆
Selvazzano Dentro. 45 ha. www.lamontecchia.it
Bons vinhos de Colli Euganei, e os raros Fior d'Arancio passito e espumante.

Montresor ☆–☆☆
Verona. 152 ha. www.vinimontresor.it
Uma empresa grande e bem estabelecida, que oferece uma vasta gama de vinhos do Vêneto, alguns corriqueiros, outros, como o Amarone, de altíssima qualidade.

Musella ☆☆
San Martino Buon Albergo. 27 ha. www.musella.it
Além de ripasso e Amarone bons, a Musella é mais conhecida pela mistura Corvina e Cabernet, chamada Monte del Drago.

Angelo Nicolis ☆☆
San Pietro in Cariano. 42 ha. www.vininicolis.com
Empresa familiar firmemente focada em Amarone de boa qualidade.

Pasqua ☆–☆☆
Verona. 60 ha. www.pasqua.it
Produz 20 milhões de garrafas de vinhos Valpolicella e outros, sempre de confiança, raramente excepcionais, embora os vinhos de nível superior tenham melhorado consideravelmente.

Pieropan ☆☆☆–☆☆☆☆☆
Soave. 45 ha. www.pieropan.it
Leonildo Pieropan é inabalável na sua dedicação à boa viticultura e vinificação escrupulosa. Seu Soave superior, La Rocca, é um

A propriedade Serego Alighieri, Verona.

318 | ITÁLIA | VÊNETO

exemplo do melhor que se pode obter de Soave, e seu Calvarino não fica muito atrás. O excelente Recioto di Soave e outros vinhos de colheita tardia completam a gama.

Piovene ☆☆
Villaga. 28 ha. www.piovene.com
Um pequeno produtor de consistentes e saborosos vinhos tintos e brancos varietais de Colli Berici. Esta é uma fonte da rara variedade Tocai Rosso.

Umberto Portinari ☆☆–☆☆☆
Monteforte d'Alpone. 4 ha.
Soave proeminente, especialmente o Albare de vinhedo único.

Prà ☆☆–☆☆☆
Monteforte d'Alpone. 20 ha.
Excelente Soave, especialmente o Monte Grande de vinhedo único.

Quintarelli ☆☆☆☆
Negrar. 12 ha.
Ninguém faz Recioto e Amarone mais profundo e sutil que o modesto Giuseppe Quintarelli. A qualidade começa nas vinhas com uvas ricas o suficiente para absorver o processo de secagem, seguido de fermentação prolongada e anos de envelhecimento em barris de grande porte. O mais individual dos seus vinhos artesanais é Amarone Alzero, de Cabernet Franc, mas mesmo seu vinho menos estrelado tem forte personalidade.

Le Ragose ☆☆–☆☆☆
Arbizzano. 15 ha. www.leragose.com
Paolo e Marco Galli fazem vinhos impressionantes e muito consistentes. Eles são mais conhecidos por seu soberbo Amarone, mas o Valpolicella Classico é soberamente equilibrado e agradável.

Castello di Roncade ☆
Roncade. 40 ha. www.castellodironcade.com
Uma impressionante fortaleza que produz um Bordeaux digno, chamado Villa Giustinian.

Ruggeri ☆☆
Valdobbiadene. 16 ha. www.ruggeri.it
A empresa trabalha em estreita colaboração com os produtores locais para produzir cerca de 1 milhão de garrafas de ótimo Prosecco e Cartizze.

Le Salette ☆☆
Fumane. 35 ha. www.lesalette.it
A família Scamperle tem sido uma fonte confiável de Valpolicella, Amarone e Recioto, em estilo exuberante e encorpado.

Le Vigne di San Pietro ☆☆
Sommacampagna. 10 ha. www.levignedisanpietro.it
O proprietário, Carlo Nerozzi, costumava produzir Bardolino, mas parou, se voltando para vinhos IGTs tintos, da uva Corvina. No entanto, ele continua a fazer um bom Bianco di Custoza e um Cabernet Sauvignon envelhecido em barril de carvalho: Refolà.

La Sansonina ☆☆–☆☆☆
Peschiera del Garda. 13 ha. www.sansonina.it
Esta é uma atípica propriedade do Lago de Garda, em que a proprietária, Carla Prospero, desde que adquiriu a vinha em 1997, concentra-se inteiramente em Merlot. O vinho é feito meticulosamente e envelhecido em carvalho novo apenas levemente tostado.

Tenuta Sant' Antonio ☆☆–☆☆☆
Mezzane di Sotto. 50 ha. www.tenutasantantonio.it
Os quatro irmãos Castagnedi são estrelas em ascensão em Valpolicella, com Recioto delicioso, intenso Cabernet Sauvignon, e um raro Chardonnay passito.

Santa Margherita ☆
Fossalta di Portogruaro. www.santamargherita.com
Uma empresa muito grande, que produz vinhos por todo o Norte e Nordeste da Itália. Outrora um dos principais produtores de Pinot Grigio, Santa Margherita perdeu sua vantagem. Um dos seus vinhos mais incomuns é um Malbec frutado.

Santa Sofia ☆–☆☆
Pedemonte. 35 ha. www.santasofia.com
Esta propriedade oferece uma grande variedade de vinhos – Valpolicella, Soave e Bardolino – de qualidade confiável. O Amarone pode ser excepcional.

Santi ☆☆
Illasi. 70 ha. www.giv.it
Fundada em 1843, a vinícola há muito faz parte do complexo do Gruppo Italiano Vini. Bom Soave e Lugana, mas a estrela é o Amarone.

Sartori ☆–☆☆
Negrar. www.sartorinet.com
Apesar de uma produção de quase 1 milhão de caixas, os vinhos, principalmente o Amarone, podem ser impressionantes e firmemente estruturados. Os Valpolicella normais também melhoraram muito nos últimos anos.

Serafini & Vidotto ☆☆–☆☆☆
Nervesa della Battaglia. 20 ha.
Um dos principais produtores de DOC Montello e Colli Asolani, mais conhecido pela vibrante mistura de Bordeaux Rosso del'Abbazia.

Cantina di Soave ☆–☆☆
Soave. 3.500 ha. www.cantinasoave.it
Este é sem dúvida o maior produtor de Soave, ainda longe de ser sinônimo de qualidade, apesar de os vinhos principais poderem ser bons. Fusões com outras cooperativas têm expandido o seu alcance e, surpreendentemente, é uma boa fonte de Valpolicella grave. Mas, no geral, muitas vezes falta personalidade aos vinhos.

Speri ☆☆–☆☆☆
Pedemonte. 60 ha. www.speri.com
Esta empresa, criada no século XIX, continuou a evoluir e aperfeiçoar os seus vinhos. Muito bom Valpolicella e Recioto e Amarone de primeira, especialmente da região de Monte Sant'Urbano.

Suavia ☆☆–☆☆☆
Soave. 12 ha. www.suavia.it
As quatro irmãs Tessari produzem Soave consistentemente delicioso, de suas vinhas maduras, que são plantadas apenas com Garganega e Trebbiano di Soave.

Tedeschi ☆☆☆
Pedemonte. 100 ha. www.tedeschiwines.com
Renzo Tedeschi e sua família são mestres em todos os estilos que Valpolicella pode produzir. Seus melhores vinhos contêm Corvinone bem como Corvina, distinguindo-os da maioria das

outras expressões de Valpolicella. Seu Valpolicella ripasso, Capitel San Rocco, e o Rosso della Fabriseria, com base em Corvina, também são deliciosos.

Tommasi ☆☆
Pedemonte. 135 ha. www.tommasiwine.it
Uma companhia familiar muito grande, com a maioria das suas propriedades em Valpolicella, mas também com vinhas substanciais em Bardolino, Soave e outras regiões. A qualidade pode ser irregular, mas os vinhos Valpolicella são confiáveis.

Valdo ☆
Valdobbiadene. www.valdo.com
Pertencente à Bolla (ver p. 316), este é um confiável produtor de Prosecco.

Venegazzù-Conte Loredan-Gasparini ☆☆
Volpago del Montello. 80 ha. www.venegazzu.com
A fazenda foi fundada em 1950 por Piero Loredan, descendente de doges de Veneza, e foi comprada por Giancarlo Palla em 1974. Os vinhos tintos finos incluem Venegazzù della Casa e Capo di Stato, combina estilo Bordeaux de grande caráter e classe, como um grande, não exatamente gentil, Saint-Émilion. Depois de uma prolongada má fase, há sinais de recuperação.

Venturini ☆☆
San Floriano. 110 ha. www.viniventurini.com
Bom Valpolicella e Amarone, que por vezes podem mostrar sinais de adstringência.

Vignalta ☆☆–☆☆☆
Torreglia. 55 ha. www.vignalta.it
Excelentes vinhos de Colli Euganei. Particularmente bem-sucedido é o Gemola, um vinho dominado por Merlot, e um delicioso vinho passito Fior d'Arancio é outra especialidade.

Viviani ☆☆☆
Negrar. 14 ha. www.cantinaviviani.com
Produção em pequena escala muito difícil de encontrar, mas o Recioto e o Amarone são excelentes. O Valpolicella também é muito impressionante.

Zenato ☆–☆☆☆
Peschiera del Garda. 70 ha. www.zenato.it
Bem como extensas vinhas nas margens do Lago de Garda, esta conhecida propriedade possui vinte hectares em Valpolicella, de onde produz vinhos ripasso muito bons e Amarone clássico.

Zonin ☆–☆☆☆
Gambellara. www.zonin.it
A empresa da família Zonin, fundada em 1821, afirma ser a maior vinícola privada da Itália com 1.800 hectares de vinhedos. O Vêneto é a base da empresa, mas as suas propriedades se espalham pelo Norte da Itália, as mais conhecidas: Castello d'Albola em Chianti Classico, Ca' Bolani na região de Friuli, e Feudi Principi di Butera na Sicília. Um dos poucos produtores de Recioto di Gambellara.

Friuli-Veneza Júlia

Friuli-Veneza Júlia é incomum entre as regiões vinícolas italianas que não seja o Alto Ádige, uma vez que organiza os seus vinhos de acordo com as variedades de uva. A complicação inevitável é que as sub-regiões dentro desta área também reivindicam serem identificadas. Assim, com seis zonas e algumas dezenas de variedades, as combinações ainda alcançam um número estonteante. Ajuda a distingui-las se estiver claro que existe uma DOC muito grande que abrange a maior parte da região, duas zonas de montanha superior com Colli em seus nomes, e três DOCs menores e mais novas de menor importância, em uma linha ao longo da planície costeira.

A grande zona é Grave del Friuli, DOC para todo o interior vitícola desde a fronteira leste do Vêneto até além de Udine, onde os Alpes descem para Trieste. Nas colinas de Gorizia, bem na fronteira com a Eslovênia, estão as vinhas mais antigas e as melhores da região. Hoje, esta zona é conhecida simplesmente como "Collio". Para o norte, é a DOC separada de Colli Orientali del Friuli (Colinas de Friuli Orientais) com as mesmas condições de crescimento.

As DOCs costeiras do oeste para o leste são Aquileia, Latisana e Isonzo. A última, ao lado das colinas Gorizian, certamente tem o maior potencial relacionado à qualidade. Essas vinhas costeiras tendem a enfatizar o vinho tinto, ao passo que a reputação dos morros é baseada principalmente no branco – sejam produzidos a partir de castas tradicionais, tais como Friulano (anteriormente conhecido como Tocai), Malvasia, Picolit ou Verduzzo ou importações mais recentes: o Pinot Bianco ou Grigio, Sauvignon Blanc e Riesling Renano.

Juntamente com o Alto Ádige, esta é provavelmente a região italiana de melhor vinho branco, principalmente mais afastado da costa mais quente. O envelhecimento em barricas tornou-se moda, inevitavelmente, no final de 1980, mas os vinhos brancos Friuli têm tanta pureza de sabor, no seu melhor, que o envelhecimento em barril muitas vezes parece supérfluo. A região também é conhecida por seus delicados vinhos doces, e tem uma reputação crescente de vinhos tintos com base em Merlot e variedades locais, tais como Refosco e Schioppettino. A qualidade é extraordinariamente alta além da fronteira nas zonas de colinas, e os vinhos conseguem bons preços.

DOC & Outros Vinhos

Friuli Aquileia DOC. Vinho tinto e branco. Província: Udine. Localidades: Aquileia, dezessete outras. Castas: Merlot, Cabernet, Refosco, Tocai Friulano, Pinot Bianco, Pinot Grigio, Riesling Renano, Sauvignon, Traminer Aromatico, Verduzzo.

Batizada com o nome de uma cidade romana, esta DOC de cerca de 900 hectares abrange a produção variada da cooperativa na Cervignano e em outras propriedades. A terra é plana, o clima temperado e os esforços de produção de qualidade bastante recentes. Tintos leves, frutados, como Cabernet e Merlot, são os mais promissores.

Carso DOC. Vinho tinto e branco. Província: Trieste, Gorizia. Localidades: seis comunidades em Gorizia, seis no Trieste. Castas: Terrano (70%) e até 15% de Pinot Nero e Piccola Nera; Malvasia Istriana, Vitovska, ou outras uvas autorizadas.

Uma pequena região de colinas dominada pelo calcário. Os Carso e Carso Terrano são praticamente os mesmos, ambos baseados na uva Terrano (semelhante à Refosco).

Collio (or Collio Goriziano) DOC. Vinho tinto e branco. Província: Gorizia. Localidades: oeste de Gorizia. Cerca de 1.410 ha. Castas: Riesling Itálico, Sauvignon, Tocai Friulano, Traminer Aromatico, Malvasia Istriana, Merlot, Pinot Bianco, Pinot Grigio, Pinot Nero, Cabernet Franc, Cabernet Sauvignon, Chardonnay, Müller-Thurgau, Picolit Ribolla Giall, Riesling Renano.

Uma DOC de tal diversidade de vinhos e estilos que lembra a Califórnia. Tintos frutados desenvolvidos a partir das variedades de Bordeaux são menos interessantes que as especialidades de brancos, particularmente os aromáticos Friulano e Pinot Bianco e Grigio, que, nos melhores, equilibram o estilo húngaro de "rigidez" e força com verdadeira delicadeza. Solos argilo-calcários predominam. Collio sem um nome varietal é um seco leve e branco de Ribolla e outras uvas locais.

Colli Orientali del Friuli DOC. Vinho tinto e branco. Província: Udine. Localidades: quatorze comunidades na província. 2.300 ha. Castas: Tocai Friulano, Verduzzo, Ribolla, Pinot Bianco, Pinot Grigio, Sauvignon, Riesling Renano, Picolit, Merlot, Cabernet, Pinot Nero, Refosco, Malvasia Istriana, Ramandolo (Classico); Rosé, Schiopettino.

A DOC vizinha a Collio, com vinhos brancos semelhantes, é talvez um pouco menos prestigiada, exceto em sua nativa Verduzzo (ver nesta página) e seu raro vinho branco de sobremesa, o Picolit (ver nesta página). Merlot e Tocai são as principais variedades plantadas. Os esplêndidos tintos rústicos Refosco e Cabernet são melhores que os vinhos tintos Collio. Existem duas sub-denominações: Cialla e Rosazzo.

Friuli-Annia DOC. Vinho tinto, branco e rosé. Localidades: oito da província de Udine, na costa sul. Castas: Cabernet Franc, Cabernet Sauvignon, Refosco, Tocai, Pinot Bianco, Pinot Grigio, Verduzzo, Traminer, Sauvignon, Chardonnay, Malvasia.

DOC introduzida em 1995. Ainda não brilha tanto quanto Aquileia ou Latisana, e provavelmente se tornará melhor para brancos e tintos de consumo precoce.

Friuli-Grave DOC. Vinho tinto e branco. Província: Udine, Pordenone. Localidades: Udine, Pordenone. 6.700 ha. Castas: Merlot, Cabernet, Refosco, Tocai, Pinot Bianco, Pinot Grigio, Verduzzo, Riesling Renano, Pinot Nero, Sauvignon, Traminer Aromatico, Chardonnay.

Esta é a maior DOC da região e Merlot é responsável por metade de sua produção. O Grave Merlot é suave, escuro e seco, com uma pitada de grama – não tão bom quanto o seu Cabernet Sauvignon, que tem mais personalidade e vida, nem tão memorável quanto o seu Refosco frutado e amargo. Grave Pinot Bianco (Chardonnay, às vezes) e Tocai podem ser tão bons quanto os equivalentes Collio.

Isonzo DOC. Vinho tinto e branco. Província: Gorizia. Localidades: vinte comunidades em torno de Gradisca d'Isonzo. 1.000 ha. Castas: Tocai, Sauvignon, Malvasia Istriana, Pinot Bianco, Pinot Grigio, Verduzzo Friulano, Traminer Aromatico, Riesling Renano, Merlot, Cabernet, Chardonnay, Franconia, Pinot Nero, Refosco dal Peduncolo Rosso, além de Bianco, Rosso e Pinot espumante.

A zona DOC entre o Collio e o Golfo de Trieste também é especializada em Merlot, que pode ser melhor que o Grave del Friuli, e Cabernet para se beber jovem. Seus brancos são leves e agradáveis, mas raramente seguem as normas Collio, embora algumas propriedades agora estejam trabalhando para elevar o nível. Há duas subdenominações: Rive Alte e Rive di Giare.

Friuli Latisana DOC. Vinho tinto e branco. Província: Udine. Localidades: doze comunidades na província. Castas: Merlot, Cabernet Refosco, Tocai Friulano, Pinot Bianco, Pinot Grigio, Traminer Aromatico, Chardonnay, Verduzzo Friulano.

Esta DOC é dominada por Merlot, Cabernet Sauvignon e Tocai, mas o Refosco é mais robusto e durável.

Lison-Pramaggiore DOC. Compartilhados com o Vêneto (ver p. 313).

Picolit. Uva nativa do Colli Orientali del Friuli. Seu vinho de sobremesa, o Picolit, é uma das lendas quase perdidas do século XIX, com o (realmente perdido) Constantia of the Cape. Ela produz um vinho poderoso, bom, com textura densa, não necessariamente muito doce, com acabamento levemente amargo ao estilo regional. As garrafas do vinho que provei eram claramente muito jovens para terem desenvolvido o buquê glorioso e o sabor que outros relataram. É raro, extremamente caro, em parte por causa de seus rendimentos muito baixos.

Pignolo Uma variedade de tinto tânico, popular no século XVIII e muito estimado pelos produtores, que o reviveu na década de 1980.

Ramandolo DOCG. Verduzzo produzido numa subzona de Colli Orientali.

Schioppettino Uva tinta nativa do Colli Orientali del Friuli, dando ao vinho um toque frutado de um bom Barbera de Piemonte.

Tazzelenghe Uva tinta, traduzível como "corta a língua". O vinho pode ser azedo, mas bons exemplares envelhecem bem.

Tocai Uva branca clássica de Friuli, agora rebatizada como "Friulano" para evitar confusão com os vinhos da Hungria ou mesmo da Alsácia.

Verduzzo Uva nativa branca, tanto para um vinho branco fresco e seco para acompanhar peixes quanto para um tipo de Recioto de uvas parcialmente secas – ver Ramandolo e Colli Orientali nesta página. NB: Verdiso é uma uva branca diferente, cultivada principalmente no Vêneto.

Vinícola Josko Gravner, Collio.

Principais produtores de Friuli-Veneza Júlia

Angoris ☆☆
Cormòns. 130 ha. www.angoris.com
A família Locatelli produz bons vinhos brancos em sua propriedade do século XVII, que é baseada em Colli Orientali, mas tem vinhedos em várias regiões. Os vinhos têm melhorado muito nos últimos anos, com assessoria de Riccardo Cotarella e uma variação principal, denominada Vôs de Vigne.

Conti Attems ☆
Lucinico. 55 ha. www.attems.it
Propriedade que remonta aos tempos medievais, e agora colaborando com uma empresa da Toscana chamada Frescobaldi. Ribolla e Merlot de confiança, mas de alguma forma não tão emocionantes quanto poderiam ser.

Bastianich ☆–☆☆☆
Premiaracco. 28 ha. www.bastianich.com
Uma propriedade Colli Orientali comprada pelo *restaurateur* ítalo-americano Joe Bastianich e amplamente replantada. Vinhos varietais de confiança, mas o vinho que se destaca é o branco misturado, Vespa Bianco, feito principalmente a partir de Sauvignon e Chardonnay, com envelhecimento em madeira cuidadosamente avaliado. Uma curiosidade aqui é Calabrone, feito de uvas Merlot parcialmente secas e uvas Refosco com, às vezes, resultado gelatinoso.

Beltrame ☆☆
Bagnaria Arsa. 40 ha. www.tenutabeltrame.it
Propriedade líder na região de Friuli-Aquileia, com atraentes tintos de Merlot e de Tazzelenghe, assim como brancos frutados.

Borgo Conventi ☆–☆☆
Farra d'Isonzo. 40 ha. www.borgoconventi.it
O antigo convento murado foi desenvolvido por Gianni Vescovo até sua venda em 2002 para Ruffino, produtor de vinho da Toscana. Os vinhedos estão divididos entre Collio e Isonzo, o último com o rótulo I Fiori del Borgo. Os vinhos brancos são confiáveis, e o melhor tinto, o Braida Nuova, tem sido há muito tempo uma combinação baseada em Merlot.

Borgo Magredo ☆
Tauriano di Spilimbergo. 87 ha. www.borgomagredo.it
Parte do grande grupo agrícola Genagricola, esta propriedade Grave faz uma ampla gama de vinhos varietais acessíveis e faz também espumantes.

Borgo San Daniele ☆☆☆
Cormòns. 16 ha. www.borgosandaniele.it
Brancos ricos Isonzo, envelhecidos em borras finas, e as misturas de branco e tinto chamadas Arbis, o tinto combinando Cabernet e o raro Pignolo.

Borgo del Tiglio ☆–☆☆☆
Brazzano di Cormòns. 8 ha.
Nicola Manferrari é um filósofo de vinificação, muito influenciado por seus estudos em Montpellier, o que o levou, estranhamente, a tentar reproduzir aromas mediterrâneos em seus vinhos adriáticos. Uma de suas gamas é chamada Studio, refletindo o seu sentido de vinificação como um trabalho contínuo em andamento. Seus Chardonnay e Friulano têm grande reputação, mas podem ser preocupantes pelo alto teor alcoólico, tornando os vinhos Tiglio uma bebida que se aprecia aos poucos.

Rosa Bosco ☆☆–☆☆☆
Moimacco. 3 ha.
Apenas dois vinhos desta pequena propriedade Colli Orientali: o suntuoso Sauvignon Blanc envelhecido em barris e um delicioso Boscorosso baseado em Merlot.

Branko ☆☆–☆☆☆
Cormòns. 6 ha.
Igor Erzetic faz apenas 2 mil caixas, incluindo os brancos Collio, bem acarvalhados, e um Merlot prestativamente chamado Red Branko.

Buzzinelli ☆–☆☆☆
Cormòns. 24 ha. www.buzzinelli.com
Bons brancos Collio e tintos Isonzo; Friulano e Ribolla Gialla particularmente agradáveis.

Ca' Bolani ☆
Cervignano del Friuli. 550 ha. www.cabolani.it
Uma de muitas propriedades de Friuli pertencentes a Zonin (ver p. 319) do Vêneto. Ca' Bolani produz principalmente vinhos Aquileia elegantes e de qualidade razoável.

Ca' Ronesca ☆☆
Dolegna del Collio. 52 ha. www.caronesca.it
O novo proprietário, Davide Setten, manteve os padrões produzindo uma vasta gama de vinhos varietais Collio, e o agradável Picolit.

Il Carpino ☆☆
San Floriano del Collio. 15 ha. www.ilcarpino.com
As vinhas se situam ao longo da fronteira com a Eslovênia em Collio, com outras parcelas em Isonzo. Existem dois estilos distintos: Vigna Runc, não acarvalhado, e os vinhos Carpino, envelhecidos criteriosamente em barris que são mais provavelmente barris eslavos ou barricas francesas.

La Castellada ☆☆☆–☆☆☆☆
Oslavia. 7,5 ha.
Giorgio e Nicolò Bensa produzem pequenas quantidades de brancos finos Collio, que generosamente envelhecem em garrafas para garantir que estão bebendo bem no lançamento. Além de vinhos varietais, há uma mistura Bianco e um Rosso baseado em Merlot, ambos de qualidade excepcional.

Castelvecchio ☆
Sagrado. 40 ha. www.castelvecchio.com
Os tintos são os principais vinhos na propriedade Carso da família Terraneo, e, em certas vindimas, os taninos podem ser bastante duros.

Collavini ☆–☆☆
Corno di Rosazzo. 170 ha. www.collavini.it
Manlio Collavini é a terceira geração de produtor desta grande e bem conhecida propriedade, que se baseia principalmente na região de Friuli para as suas uvas. A qualidade é confiável, mas com potencial para melhorar. O melhor vinho branco é o Bianco Broy, uma mistura de Chardonnay, Friulano e Sauvignon.

Dario Coos ☆☆–☆☆☆
Ramandolo. 5 ha. www.dariocoos.it
Notável pelo Ramandolo e Picolit elegantes.

Girolamo Dorigo ☆☆–☆☆☆
Buttrio. 40 ha. www.montsclapade.com

Esta propriedade Colli Orientali líder, produz dezoito vinhos diferentes, por isso a qualidade pode variar. Os tintos – Refosco, Tazzelenghe, e acima de tudo, Pignolo – são muito bem-sucedidos: pesados e tânicos, sem serem extraídos demais. O Chardonnay gentilmente envelhecido em barris de carvalho e o Verduzzo exuberante, mas picante, também são notáveis.

Giovanni Dri ☆☆☆–☆☆☆☆
Ramandolo. 9 ha. www.drironcat.com
Com trinta vindimas, Dri tem dominado a produção de excelentes vinhos doces: não só o Picolit, mas também o intenso Ramandolo. Seu melhor Ramandolo, Uve Decembrine, é feito através do corte do tronco para incentivar a dessecação do cacho, uma técnica também usada em Jurançon e na Austrália, onde é conhecida como "corte de cordão".

Le Due Terre ☆☆☆
Prepotto. 4 ha.
Ao contrário da maioria das propriedades Colli Orientali del Friuli, esta centra-se em misturas de tinto e branco Sacrisassi. O branco combina Friulano e Ribolla, o tinto é um casamento muito bem equilibrado de Schioppettino e Refosco. Há também um Merlot puro, um dos melhores de Friuli.

Fantinel ☆
Spilimbergo. 250 ha. www.fantinel.com
Fundada em 1969, esta propriedade se expandiu rapidamente e hoje produz uma enorme variedade de vinhos de qualidade comercial confiável.

Livio Felluga ☆☆☆
Brazzano di Cormòns. 150 ha. www.liviofelluga.it
Esta empresa familiar de longa data é dona de quatro fazendas diferentes em Collio e Colli Orientali. Livio Felluga, o irmão mais velho de Marco, começou a comprar vinhedos em 1950 e, em 2008, ainda estava presidindo a empresa de 100 anos. Os brancos envelhecidos em barril, Terre de Alte Friulano, Pinot Bianco e Sauvignon Blanc, são justamente estimados, e os Picolit geralmente magníficos, porém muito caros. Na verdade, toda a gama é de altíssima qualidade.

Marco Felluga-Russiz Superiore ☆☆
Gradisca d'Isonzo. 120 ha (Felluga), 60 ha (Russiz). www.marcofelluga.it

Marco Felluga, irmão de Livio Felluga (ver nesta página), fundou a sua casa de vinhos em 1956 e a propriedade Russiz Superiore em 1967. Além disso, ele possui duas outras propriedades, das quais a mais conhecida é Castello di Buttrio.

O rótulo Marco Felluga consiste das variedades Collio de costume, principalmente a partir de uvas compradas de fornecedores regulares. Vinhos varietais, bem como misturas como Molamatta, dominam a coleção. Russiz Superiore, um modelo desse tipo, consiste em sessenta hectares de vinhedos em terraços. Aqui, os vinhos tintos, como Cabernet Franc e o Riserva degli Orzoni, dominado por Cabernet Sauvignon, tomam os seus lugares ao lado dos brancos clássicos.

Conti Formentini ☆–☆☆
San Floriano del Collio. Sem vinhedos. www.giv.it
O castelo do século XVI e a propriedade por muito tempo pertenceu à família Formentini, mas, desde 1996, a vinícola pertence ao Gruppo Italiano Vini e oferece confiáveis vinhos varietais Collio. O castelo contém uma enoteca, um restaurante e um museu do vinho.

Villa Frattina ☆☆
Prata di Pordenone. 60 ha. www.villafrattina.it
Propriedade líder em Lison Pramaggiore, com melhoria constante da qualidade. Cerca de 1 milhão de garrafas são produzidas a cada ano.

Friulvini ☆
Zoppola. 2.200 ha. www.friulvini.it
Uma empresa conjunta de cinco cooperativas em Friuli-Grave. Vinhos suaves e descontraídos e alguns tintos envelhecidos em barricas.

Gravner ☆☆–☆☆☆☆
Oslavia. 18 ha.
Ver o quadro "Josko Gravner" nesta página.

Isola Augusta ☆☆
Palazzolo della Stella. 42 ha. www.isolaugusta.com
Chardonnay frutado, Cabernet e outros vinhos de Latisana.

Jermann ☆☆☆☆
Villanova di Farra. 130 ha. www.jermann.it
Propriedade familiar fundada em 1880, e dirigida há muitos anos por Silvio Jermann. Mesmo sendo muito jovem, Jermann mostrou

---

JOSKO GRAVNER

Josko Gravner, agora com quase sessenta anos de idade e assistido pelo filho Miha, sempre foi um criador de tendências em Friuli. Na década de 1980, ele não se preocupava com rendimentos baixos e foi um pioneiro dos vinhos envelhecidos em barrica, embora nem sempre de forma bem-sucedida. Uma década mais tarde, Gravner foi considerado o melhor produtor de vinho Collio. Ao visitar a Geórgia no final dos anos 1990, viu como os vinhos ainda eram fermentados e envelhecidos em ânforas de argila. Ele adotou a ideia, despachou ânforas

para a Itália, e, em 2001, já tinha convertido completamente a sua vinícola.

Gravner fermenta seus vinhos brancos sobre as cascas, deixa-os lá durante aproximadamente sete meses, e envelhece todos os seus vinhos por cerca de cinco anos antes de liberá-los. Como consequência, seus vinhos brancos, em particular, são poderosamente terrosos, fato que, para seus admiradores, reflete profundamente o solo, enquanto seus detratores lamentam o caráter oxidativo inegável e a falta de sabor frutado evidente.

Ele atraiu admiradores dedicados em Collio e na Eslovénia, e sua produção de Ribolla e da mistura branca Breg é pequena o suficiente para garantir que estejam sempre esgotados. Ele continua serenamente inflexível, insistindo em basear-se em seus instintos em vez de análises para determinar decisões como escolher datas e períodos de maceração. Ele é um inimigo declarado da padronização, e, embora reconheça que seus vinhos não são para todos, está satisfeito em ter muitos seguidores fiéis em todo o mundo que os consideram verdadeiramente notáveis.

um toque certeiro com a vinificação de vinho branco. São vinhos com bastante fruta, mas perfeito equilíbrio. Seus vinhedos estão em Collio e Isonzo, mas Jermann deixou de usar rótulos DOC há muitos anos, e todos os seus vinhos são IGTs. Além de uma gama de vinhos varietais impecável, há misturas deliciosas, como o Vinnae dominado por Ribolla e o justamente celebrado Vintage Tunina (de Chardonnay, Sauvignon, Malvasia, Ribolla, Picolit) de dezesseis hectares de vinhas.

Prove o Tunina se você é cético quanto aos brancos italianos. Jermann sempre gostou de nomes enigmáticos para alguns de seus vinhos. Seu caro Chardonnay envelhecido em barril foi chamado de "Onde os sonhos não têm fim..." e agora se chama "Eram sonhos, agora é só vinho!". A mais recente adição à gama é o Capo Martino, uma mistura na maior parte de Friulano, além de Malvasia, Ribolla e Picolit, envelhecido em grandes tonéis, e atualmente o vinho branco mais caro de Jermann. Apesar das brincadeiras, os vinhos Jermann são sérios e nunca entediantes.

Kante ☆☆☆
Aurisina. 6 ha.
As vinhas de Edi Kante são plantadas em solos altos, sobre calcários rochosos, enquanto suas adegas ficam em túneis por baixo deles. Um dos principais produtores da região do Carso, seus vinhos são marcados por frescor e longevidade, o que explica o porquê de alguns deles serem lançados muito depois de engarrafados (usando apenas garrafas de um litro e de meio litro).

Edi Keber ☆☆☆
Cormòns. 10 ha.
Keber, agora com o auxílio de seu filho Kristjan, reduziu a gama de vinhos que produz, se focando no Friulano, uma mistura complexa de Bianco, e um Rosso frutado, que combina Merlot e Cabernet Franc.

Lis Neris ☆☆☆
San Lorenzo Isontino. 56 ha. www.lisneris.it
Alvaro Pecorari faz brilhantes vinhos brancos de Chardonnay e Pinot Grigio, e um notável vinho doce, o Confini, de Traminer e Pinot Grigio. Seu principal tinto, o Lis Neris, é ricamente acarvalhado, mas os principais brancos são envelhecidos em barris antigos para evitar qualquer acentuação exagerada de carvalho. Alguns vinhos de 2001 continuavam vibrantemente frutados em 2008, confirmando a afirmação de Pecorari de que estes são vinhos Isonzo que envelhecem bem.

Livon ☆–☆☆☆
San Giovanni al Natisone. 200 ha. www.livon.it
Esta adega familiar tem se expandido consideravelmente e opera a partir de quatro adegas em Friuli e também de duas propriedades na Toscana. A qualidade varia, mas na linha superior, a mistura Alte Braide (Chardonnay, Sauvignon, Picolit e Moscato) e Ribolla Ronc Alto são cremosos e deliciosos.

Masut da Rive ☆☆–☆☆☆
Mariano del Friuli. 20 ha. www.masutdarive.com
Esta propriedade fundada em 1995 pelos irmãos Gallo já é uma das melhores em Isonzo, com Friulano de primeira linha.

Miani ☆☆☆
Buttrio. 15 ha.
Propriedade de primeira, dirigida por Enzo Pontoni, com

destacados Refosco e Merlot, além de vinhos brancos; mas a produção é mínima e os preços astronômicos.

Vigneti le Monde ☆–☆☆
Prata di Pordenone. 25 ha. www.vignetilemonde.com
Propriedade da família Pistoni Salice, a fazenda produz atraentes vinhos varietais de Grave del Friuli, e o bastante tânico Cabernet Franc e Ca' Salice, uma mistura de Refosco e Cabernet.

Moschioni ☆☆–☆☆☆
Cividale del Friuli. 13 ha.
Variedades de uvas tintas locais, com um rendimento muito baixo, dão a esta propriedade a sua individualidade, tornando-se uma fonte admirável de Pignolo e Schioppettino envelhecidos em barricas.

Pierpaolo Pecorari ☆☆–☆☆☆
San Lorenzo Isontino. 30 ha. www.pierpaolopecorari.it
Vinho Isonzo de topo de uma propriedade de baixo rendimento, sendo o Merlot e o Refosco os tintos marcantes, e o Pinot Bianco o mais suculento.

Petrucco ☆
Buttrio. 25 ha. www.vinipetrucco.it.
Vinhos brancos varietais confiáveis de uma propriedade Colli Orientali bem localizada.

Pichéch ☆☆–☆☆☆
Cormòns. 7 ha. www.picech.it
Brancos encorpados, especialmente o Collio Bianco de Ribolla, Friulano e Malvasia.

Pighin ☆–☆☆
Risano. 30 ha. www.pighin.com
Conhecida empresa familiar que oferece mais de 1 milhão de garrafas de uma gama de vinhos de Collio e Grave. Qualidade mais que aceitável em toda a linha.

Vigneti Pittaro ☆☆
Codroipo. 85 ha. www.vignettipittaro.com
Piero Pittaro é ex-presidente da associação italiana de enólogos. Sua propriedade produz alguns varietais padrão, mas também uma gama de vinhos espumantes e especialidades incomuns, como Moscato Rosa e Ramandolo.

Plozner ☆☆
Spilimbergo. 60 ha. www.plozner.it
Vinhos varietais confiáveis, a partir de Grave del Friuli, recentemente renovado com vinificação mais exigente e embalagens inovadoras.

Isidoro Polencic ☆☆–☆☆☆
Cormòns. 25 ha. www.polencic.com
Brancos Collio impecáveis e altamente consistentes.

Primosic ☆☆
Madonnina di Oslavia. 26 ha. www.primosic.com
A excelente mistura de Bordeaux Metamorfosis, às vezes, ofusca os brancos Collio confiáveis, embora o Chardonnay seja quase sempre o melhor vinho.

Dario Princic ☆☆
Gorizia. 6 ha.
Princic pegou uma ou duas folhas do livro de Gravner,

fermentando seu Sauvignon e seu branco Trebež com cascas por mais de uma semana. Uma mistura de Chardonnay, Sauvignon Blanc e Pinot Grigio, com uma tonalidade alaranjada, textura granulada, mas nenhum indício de oxidação. Um vencedor com comida oriental.

Doro Princic ✩✩✩
Pradis di Cormòns. 11 ha.
Esta minúscula vinícola Collio faz esplêndidos Pinot Bianco e Friulano.

Puiatti ✩✩
Capriva del Friuli. 70 ha. www.puiatti.com
Giovanni Puiatti agora dirige a empresa fundada por seu respeitado pai Vittorio. Os vinhos são provenientes de vinhas em Collio e Isonzo e, recentemente, a gama foi reforçada com linhas de diferentes regiões, tais como Ruttar. O Puiatti são fiéis apaixonados por vinhos brancos não acarvalhados, e, para isso, eles produzem uma série de vinhos maduros, envelhecidos em garrafa, sob o rótulo Archétipi, para provar que vinhos brancos não amadeirados podem envelhecer muito bem – se forem feitos com o cuidado que é característico de todas as linhas Puiatti.

Dario Raccaro ✩✩✩
Cormòns. 5 ha.
Produção em pequena escala, muito difícil de encontrar, mas tanto o Friulano quanto o Merlot são excelentes.

Radikon ✩–✩✩
Oslavia. 12 ha.
Como Josko Gravner, Stanko Radikon mudou de ideia várias vezes antes de encontrar o estilo de vinificação não intervencionista que o agrada. Ele favorece plantios de alta densidade, agricultura biológica, maceração prolongada com cascas para os vinhos brancos e envelhecimento dos vinhos em barris grandes por cerca de três anos. Engarrafado sem dióxido de enxofre, os vinhos têm tido recepção mista.

Rocca Bernarda ✩✩–✩✩✩
Ipplis. 55 ha. www.roccabernarda.com
A família Perusini legou seus bens aos Cavaleiros de Malta. A propriedade passou por uma série de mudanças nos últimos anos, mas parece de volta aos trilhos como uma propriedade de destaque em Colli Orientali del Friuli. Bianco Vineis é uma excelente mistura de brancos, dominada por Friulano, mas Rocca Bernarda continua a ser mais conhecida por seu magnífico Picolit.

Rodaro ✩✩–✩✩✩
Spessa di Cividale. 45 ha.
Brancos clássicos de Colli Orientali e uma mistura exótica chamada Ronc (Pinot Bianco, Sauvignon e Tocai). Nos últimos anos, os vinhos tintos têm acompanhado a qualidade dos brancos.

Ronchi di Cialla ✩✩
Prepotto. 16 ha. www.ronchidicialla.com
A família Rapuzzi foi pioneira na produção de variedades locais anteriormente obscuras, como Schioppettino, Refosco dal Peduncolo Rosso e Verduzzo. Eles continuam a produzir versões exemplares.

Ronchi di Manzano ✩✩
Manzano. 55 ha. www.ronchidimanzano.com
Roberta Borghese produz uma enorme quantidade de vinhos em sua propriedade em Colli Oriental, mas entre os destaques estão os Chardonnay, Pinot Grigio e Merlot.

Ronco del Gelso ✩✩–✩✩✩
Cormòns. 25 ha. www.roncodelgelso.com
Giorgio Badin produz Isonzo de primeira linha em sua vinícola de energia solar: excelentes varietais brancos e Merlot muito bom. Badin é cuidadoso para não exagerar no uso de barricas e prefere envelhecer seus melhores vinhos em grandes tonéis ou barris de 500 litros. Em uma prova global em 2008, o Friulano, o Pinot Grigio, e a mistura Latimis de Friulano, Pinot Bianco e Riesling tardiamente colhidas, se destacaram.

Ronco del Gnemiz ✩✩
San Giovanni al Natisone. 17 ha.
O baixo rendimento caracteriza a propriedade de Serena Palazzolo em Colli Orientali del Friuli. O carro-chefe da propriedade é uma mistura de Cabernet e Merlot envelhecido em barricas, e envelhecido em garrafas antes da liberação.

Ronco dei Tassi ✩✩✩
Cormòns. 12 ha. www.roncodeitassi.it
Fundada em 1989, a pequena propriedade de Fabio Coser tem feito grandes progressos e produz brancos Collio totalmente confiáveis, especialmente a mistura Fosarin parcialmente acarvalhada, de Friulano, Malvasia e Pinot Bianco.

Roncùs ✩✩
Capriva del Friuli. 12 ha. www.roncus.it
Brancos Collio extraordinariamente ricos, em especial o esplêndido e cremoso Bianco Vecchie Vigne, que ousadamente privilegia Malvasia na mistura.

Russiz Superiore
Ver Marco Felluga.

Schiopetto ✩✩✩
Capriva del Friuli. 30 ha. www.schiopetto.it
Fundada em 1965 pelo falecido Mario Schiopetto, em uma propriedade Collio pertencente ao arcebispado de Gorizia. Ele foi sucedido pelo filho Giorgio, que reduziu o número de vinhos, mas manteve a qualidade.

Os elegantes Pinot Bianco, Pinot Grigio e o Sauvignon são notáveis, mas o vinho que se destaca é, apropriadamente, chamado Mario Schiopetto: uma mistura de Chardonnay e Friulano, com envelhecimento parcial em barricas; tem suave opulência raramente encontrada em brancos Collio.

Scubla ✩✩–✩✩✩
Premariacco. 12 ha. www.scubla.com
Roberto Scubla construiu sua reputação na mistura de primeira classe Pomèdes de Pinot Bianco, Friulano, Chardonnay e Riesling, amadurecido em carvalho 50% novo.

Skerk ✩✩–✩✩✩
Prepotto. 6 ha. www.skerk.com
Brancos Carso esplendidamente minerais de Sauvignon e Vitovska, com envelhecimento em carvalho que nunca parece intrusivo.

Specogna ✩–✩✩
Corno di Rosazzo. 16 ha. www.specogna.it
Leonardo Specogna é uma fonte confiável de vinhos Colli

Orientali del Friuli produzidos tradicionalmente. Os brancos são geralmente melhores que os tintos, embora o Pignolo seja atraente.

Castello di Spessa ☆–☆☆
Capriva del Friuli. 30 ha. www.paliwines.com
Embora esta propriedade Collio tenha boa reputação, suas vindimas recentes têm sido pouco impressionantes, com uma certa insipidez.

Franco Toros ☆☆
Cormòns. 10 ha. www.vinitoros.com
Vinhos brancos Collio de frescor e encanto, com o Pinot Bianco e o Friulano, por vezes mostrando mais riqueza e profundidade.

Torre Rosazza ☆
Oleis di Manzano, Udine. 110 ha.
www.torrerosazza.com
Esta propriedade em Colli Orientali tornou-se conhecida quando Walter Filiputti era o produtor. Hoje os vinhos são mais corriqueiros, apesar de a convocação de Donato Lanati como enólogo consultor sugerir que o proprietário, Genagricola, visa melhorar a qualidade. Ver também Borgo Magredo.

Venica & Venica ☆☆–☆☆☆
Dolegna del Collio. 34 ha. www.venica.it
Vigorosos brancos Collio dos irmãos Venica, e uma mistura substancial de Bordeaux chamada Rosso delle Cime.

La Viarte ☆☆
Prepotto. 25 ha.
www.laviarte.it
Além de vinhos varietais de Colli Orientali del Friuli, a família Ceschin oferece raridades, como um Tazzelenghe puro, e Siùm, uma mistura de Picolit e Verduzzo.

Vie di Romans ☆☆☆
Mariano del Friuli. 50 ha. www.viediromans.it
Gianfranco Gallo assumiu a gestão desta propriedade de Isonzo em 1978, e a transformou em uma das melhores de Friuli. (Originalmente com o seu próprio nome, Gallo teve de inventar o nome atual após um produtor californiano ter instituído um processo legal por, supõe-se, uso indevido de seu nome.) Os brancos são muito ricos e o Chardonnay vem em versões acarvalhadas ou envelhecidas em barricas. Sauvignon não acarvalhados de 1990 e 1996 ainda estavam bons para o consumo em 2008, embora não haja razão para se adiar a satisfação por tanto tempo.

Villa Russiz ☆☆
Capriva del Friuli. 41 ha. www.villarussiz.it
Fundada em 1869 por um nobre francês, Comte de la Tour, Villa Russiz tem sido dirigida pelo produtor Gianni Menotti há alguns anos. Uma excelente gama de vinhos Collio, com Sauvignon, Pinot Bianco e Friulano excepcionalmente elegantes. Os vinhos Chardonnay e Merlot acarvalhados são chamados De la Tour, mas o álcool é muitas vezes elevado e os vinhos podem perder sutileza.

Volpe Pasini ☆☆☆
Togliano di Cividale. 52 ha.
www.volpepasini.it
O cirurgião aposentado Emilio Rotolo comprou esta propriedade histórica em Colli Orientali em 1995, após quatro séculos nas mãos dos proprietários anteriores. A linha superior é chamada Zuc di Volpe e é dominada por animados vinhos brancos. No entanto, os tintos vibrantes são interessantes também: Zuc Refosco e Foco Merlot, ambos envelhecidos principalmente em barris de carvalho novo.

Zamò ☆☆☆–☆☆☆☆
Manzano. 67 ha. www.levignedizamo.com
Uma nova estrela em Colli Orientali, levada à celebridade pelo consultor Franco Bernabei. A família Zamò não conta com a propriedade para sua subsistência, então podem se dar ao luxo de perseguir a perfeição. De fato, é impossível encontrar um ponto fraco na coleção.

O Friulano é frequentemente o branco mais deslumbrante, mas o Ronco delle Acacie, dominado por Chardonnay, pode ser excelente. Merlot, Refosco e Pignolo lideram os tintos, e o Picolit é sensacional, mas quase impossível de encontrar.

Emilia-Romagna

É de se esperar que a mais voraz região de culinária da Itália, em todos os sentidos, deva colocar ênfase na quantidade em vez da qualidade em seus vinhos. Qualquer ambição de se produzir algo melhor que simples bebidas que matam a sede é recente e limitada a um grupo seleto. Bolonha, capital dos cozinheiros, é o centro da região e o local de encontro de seus dois componentes. A maioria de suas terras fica no plano vale do Pó, seguindo o rio para o mar Adriático, entre Ravena e Veneza. Todas as regiões vinícolas de interesse, embora experimentais, residem no sopé dos Apeninos ao sul, dividindo a província da Toscana. O espumante tinto Lambrusco lidera, não apenas na Emilia, mas em toda a Itália, por volume de produção de um tipo distinto de vinho. É uma maneira engenhosa e rentável de obter notoriedade em solos de vale profundo, onde qualidade mais convencional é improvável. Não que o Lambrusco deva ser desprezado, apesar de sua pobre reputação. Os melhores exemplos, muitas vezes feitos pelo método clássico, têm riqueza e profundidade e, acima de tudo, personalidade.

A Romagna não produz nada tão excepcional. Seu vinho mais conhecido é o branco Albana, que ainda tem de se distinguir. É em Colli Bolognesi e Piacentini, as áreas montanhosas mais próximas de Bolonha e Piacenza, que o progresso está sendo feito. Além de Lambrusco, a região tem algumas especialidades como Gutturnio e Pagadebit que trazem uma mudança bem-vinda dos oceanos de Lambrusco ou Trebbiano di Romagna.

DOC & Outros Vinhos

Albana di Romagna DOCG. Vinho Branco. Províncias: Ravena, Forlì, Bolonha. Castas: Albana. Pode ser feita nos estilos *secco* (seco), *amabile* (meio doce), *dolce* (doce), e passito.

O branco padrão de Bolonha e do leste para a costa. A Albana é uma uva leve, para não dizer neutra, cujos vinhos secos tendem à monotonia, dando acabamento amargo para satisfazer o gosto local. O vinho ganha mais personalidade quando meio doce e/ou espumante, ou até mesmo passito. Inexplicavelmente promovida a DOCG em 1987.

ITÁLIA | EMILIA-ROMAGNA

Barbarossa di Bertinoro Uma videira não encontrada em outros lugares, cultivada em pequena escala em Bertinoro, o centro das vinhas de Romanha para um tinto bom, cheio de sabor e com potencial de envelhecimento. Ver Fattoria Paradiso (p. 328).

Barbera A onipresente uva tinta é popular na área de Piacenza e em Colli Bolognesi e Colli d'Imola.

Bianco di Scandiano DOC. Vinho Branco. Emília. Localidades: município de Scandiano, outros cinco ao sudoeste de Reggio. Castas: Sauvignon (máximo de 85%), Malvasia di Candia e Trebbiano Romagnolo (máximo de 15%).

Uma alternativa branca para o Lambrusco (ver nesta página) produzida como meio doce ou distintamente doce, ora efervescente e, às vezes, totalmente espumoso.

Bosco Eliceo DOC. Vinho tinto e branco. Emília. Províncias: Ferrara, Ravena. Castas: Trebbiano Romagnolo, Sauvignon e Malvasia di Candia, Fortana Merlot, Sauvignon.

A Fortana é uma uva tinta rústica desta DOC, cultivada em pântanos aterrados em volta de Ravena.

Cagnina di Romagna DOC. Vinho tinto. Localidades: dezesseis comunidades em Forlì, cinco em Ravena. Castas: Cagnina e até 15% de outras variedades.

Um vinho tinto doce, apreciado localmente como acompanhamento de castanhas assadas. Produção muito pequena.

Colli Bolognesi DOC. Vinho tinto e branco. Emilia. Províncias: Bolonha, Modena. Castas: (branco) Albana (60-80%), Trebbiano Romagnolo (mínimo de 20%) e até 20% de outras brancas. Para as variedades com nome: Barbera, Merlot, Riesling Itálico, Pinot Bianco, Cabernet Sauvignon, Sauvignon Blanc (85%), 15% de uvas neutras permitidos.

Uma DOC abrangente para os vinhos de dia a dia de Bolonha. Vinhos mais notáveis estão sendo feitos nas mesmas vinhas pelos produtores, testando uvas de melhor qualidade, incluindo Sauvignon Blanc, Cabernet Sauvignon e Chardonnay. As condições de cultivo são excelentes.

Colli Bolognesi Classico Pignoletto Uma sub-DOC para a tradicional uva branca ácida da região.

Colli di Faenza Morros ao sul de Faenza. Trebbiano e Sangiovese são as castas principais.

Colli di Imola Morros ao sul de Ímola. Bianco e Rosso, além de vinhos varietais de Chardonnay, Pignoletto, Trebbiano, Barbera e Sangiovese.

Colli di Parma DOC. Vinho tinto e branco. Sopés de Parma. Castas: Barbera 60-75%, com Bonarda ou Croatina (25-40%) e até 15% de outras variedades; (Malvasia) Malvasia di Candia (85-100%), Moscato Bianco até 15%; Sauvignon Blanc 100%.

O tinto lembra Oltrepò Pavese Rosso, o Malvasia pode ser seco ou meio doce, normalmente frisante; o Sauvignon Blanc, em geral, não é frisante.

Colli Piacentini DOC. Vinho tinto e branco. As encostas sul da Piacenza. Castas: Chardonnay, Malvasia, Pinot Grigio, Cabernet, Trebbiano, Barbera, Bonarda, Cabernet Sauvignon, Gutturnio, Pino Nero.

A região é conhecida por uma série de vinhos de mistura, como os brancos Monterosso e o Trebbiano Val Trebbia e o Gutturnio: uma mistura de Barbera e Bonarda. Uma zona de volume alto, produzindo vinhos de inúmeras variedades em todos os estilos imagináveis.

Gutturnio dei Colli Piacentini Ver Colli Piacentini nesta página.

Lambrusco É simplesmente um tinto (ou rosé, ou ainda ocasionalmente branco) suave, meio doce, ou ocasionalmente seco, espumante, como qualquer produtor de vinhos pode produzir, tendo em vista a alta demanda. Para um amante de vinhos com discernimento, as qualidades comuns são pouco bebíveis, mas este não é o ponto. O mercado está em outro lugar. Paladares mais exigentes escolherão um vinho de uma região denominada, das quais a melhor é Sobarba. Um grupo seleto de produtores mostra verdadeira genialidade com este vinho.

Lambrusco Grasparossa di Castelvetro DOC. Vinho tinto e rosé. Emilia. Província: Modena.

De cor escura, tânico, bem forte, e sempre levemente doce, vem das colinas a sudoeste de Modena.

Lambrusco Reggiano DOC. Vinho tinto e rosé. Emilia. Província: Reggio Emilia.

O Lambrusco mais comum, mais leve e, geralmente, o mais espumante.

Lambrusco Salamino di Santa Croce DOC. Vinho tinto. Emilia. Província: Modena.

Salamino di Santa Croce é uma subvariedade local da uva Lambrusco, que dizem lembrar um pequeno salame. Escuro, suave, frutado, e no seu melhor quando seco.

Lambrusco di Sorbara DOC. Vinho tinto e rosé. Emilia. Província: Modena. Castas: Lambrusco di Sorbara (60%), Lambrusco Salamino (no máximo 40%).

Um bom Lambrusco di Sorbara é uma delícia: um vinho rosado, suculento, vigoroso, formigante e extraordinariamente bom de beber – um vinho infantil, talvez, mas maravilhoso para matar a sede acompanhado de comidas ricas. Na verdade, a espuma rosada é um prazer em si mesma. Infelizmente, sabores químicos irritantes são muito comuns, mesmo neste Lambrusco premium. Sob nenhuma circunstância, armazene garrafas deles.

Pagadebit di Romagna DOC. Vinho Branco. Províncias: Forlì, Ravena.

Pagadebit significa "pagador de dívida", graças aos rendimentos generosos. Uma videira branca, conhecida como Bombino na Apúlia, se beneficiando da revitalização e modernização ao redor de Bertinoro em Romagna. Vinificado suavemente seco ou meio doce. O município de Bertinoro é classificado como uma sub-denominação especial.

Reno DOC. Vinho Branco. Província: Bolonha. Castas: Albana, Trebbiano.

Cultivada entre Ímola e Modena, e em torno de Bolonha. Castas: Montuni e Pignoletto. O vinho pode ser seco ou meio doce e normalmente é frisante.

Romagna Albana Spumante DOC. Vinho Branco. Províncias: Ravena, Bolonha, Forlì. Casta: Albana. Espumante.

Sangiovese di Romagna DOC. Vinho tinto. Províncias: Ravena, Bolonha, Forlì. Casta: Sangiovese di Romagna.

A Romagna tem sua própria espécie da Sangiovese tinta, distinta e mais suave que a da Toscana, que é a base do Chianti. Faz tinto agradável, de leve a média gravidade, muitas vezes com um sabor levemente amargo. É produzido em quantidades enormes e degustado jovem, muitas vezes como o vinho de domingo da região.

Sauvignon Blanc Uva branca promissora nesta parte da Itália, possivelmente a melhor da DOC Colli Bolognesi e a maior parceira na DOC Bianco di Scandiano.

Trebbiano di Romagna DOC. Vinho Branco. Províncias: Bolonha, Forlì, Ravena. Casta: Trebbiano di Romagna.

O branco popular, pouco exigente de todos os dias nos resorts costeiros. Seu estilo é limpo e discreto.

Principais produtores de Emilia-Romagna

Conte Otto Barattieri ☆–☆☆☆
Vigolzone. 35 ha.
O confiável Gutturnio de Colli Piacentini é um raro vin santo de Malvasia di Candia envelhecido quase uma década em tonéis de pequeno porte.

Francesco Bellei ☆–☆☆
Bomporto. 15 ha. www.francescobellei.it
Lambrusco di Sorbara e Pinot/Chardonnay tradicional altamente conceituado desta propriedade orgânica. O Lambrusco Rifermentazione Ancestrale é liberado sem limpeza.

La Berta ☆–☆☆
Brisighella. 27 ha.
Sangiovese é o esteio desta propriedade perto de Faenza, mas você também pode encontrar Almante, um Alicante raro e um Cabernet Sauvignon envelhecido em barris de carvalho, chamado Ca di Berta.

Bonfiglio ☆
Monteveglio. 25 ha. www.bonfigliovini.it
Sério Pignoletto, frisante ou não, de Colli Bolognesi.

Bonzara ☆☆
Monte San Pietro. 16 ha. www.bonzara.it
Uma propriedade em melhoria constante, oferecendo uma boa variedade de vinhos Colli Bolognesi. O Sauvignon (passito e também seco) é excelente, como é o Bonzarone de Cabernet Sauvignon.

Ca' Lunga ☆☆
Imola. 19 ha. www.tenutacalunga.it
Com o conselho do consultor enólogo Lorenzo Landi, se tornou um dos principais produtores em Colli d'Imola.

Calonga ☆☆
Forlì. 10 ha. www.calonga.it
Sangiovese di Romagna e Michelangiolo muito maduros, e o atraente e herbático Pagadebit. Melhorou muito desde 2000.

Grande parte dos vinhos da Emilia-Romagna é vinho da casa - bebido onde é produzido.

Casali ☆–☆☆

Scandiano. 10 ha. ww.casalivini.it
Um dos melhores Lambrusco Reggianos é feito nesta propriedade. Também vinhos espumantes fermentados em garrafa e Bianco di Scandiano.

Castelluccio ☆☆☆

Modigliana. 12 ha. www.ronchidicastelluccio.it
Ronco dei Ciliegi e Ronco delle Ginestre de Sangiovese e Ronco del Re de Sauvignon Blanc são transformados em alguns dos melhores produtos da Romagna, sob o olhar experiente do proprietário e consultor de vinhos Vittorio Fiore e seu filho, Claudio.

Cavicchioli ☆–☆☆

San Prospero. 50 ha. www.cavicchioli.it
Sandro Cavicchioli produz 1 milhão de caixas de Lambrusco muito confiáveis de DOCs diferentes. O Sorbara principal é chamado Vigna del Cristo e leva o nome de um vinhedo de sete hectares.

Celli ☆☆

Bertinoro. 39 ha. www.celli-vini.com
Esta vinícola de porte médio leva Albana a sério e o produz em uma variedade de estilos. Outros vinhos incluem ricos Chardonnay e Sangiovese.

Cesari ☆☆–☆☆☆

A espinha dorsal desta grande propriedade são o Albana e o Sangiovese, especialmente o delicioso Sangiovese Reserva. Umberto Cesari é também um inovador inquieto, e criou o Moma, que combina Sangiovese com Cabernet Sauvignon e Merlot, e Liano de Sangiovese e Cabernet, ambos vinhos ricos e vigorosos, envelhecidos em barricas.

Cinti ☆☆

Sasso Marconi. 17 ha. www.collibolognesi.com
Vinhos varietais de Colli Bolognesi consistentemente confiáveis, incluindo um Pignoletto delicioso.

Drei Donà: Tenuta la Palazza ☆☆☆

Massa di Vecchiazzano, Forlì. 24 ha. www.dreidona.it
Esta é uma pequena vinícola com foco em vinhos varietais de alta qualidade, incluindo um rico Sangiovese envelhecido em barricas; Magnificat Cabernet Sauvignon concentrado; e um Chardonnay chamado Il Tornese. Franco Bernabei é o enólogo consultor.

Ferrucci ☆☆–☆☆☆

Castel Bolognese. 15 ha. www.stefanoferruci.it
Ilaria Ferrucci assumiu o lugar de seu falecido pai Stefano e a propriedade continua a fazer Albana e Sangiovese Riservas doces muito bons, e um Malvasia doce, chamado Stefano Ferrucci.

Vittorio Graziano ☆☆–☆☆☆

Castelvetro di Modena. 6 ha.
Um produtor de Lambrusco resolutamente tradicional, que envelhece seus vinhos revigorantes por mais tempo do que a maioria. Também faz um tinto envelhecido em barricas, chamado Sassoscuro, que combina Merlot, Syrah e a variedade local Malbo Gentile.

Luretta ☆☆–☆☆☆

Gazzola. 57 ha. www.luretta.com
Propriedade em Colli Piacentini que produz Chardonnay e Cabernet Sauvignon muito bons. Um bom vinho doce, Le Rane, é feito de pura Malvasia.

Madonia ☆☆–☆☆☆

Bertinoro. 12 ha. www.giovannamadonia.it
Pequena propriedade produzindo Albana passito, Merlot e Sangiovese Superiore consistentemente bons.

Medici Ermite ☆☆

Gaida, Reggio Emilia. 60 ha. www.medici.it
Fundada no início do século XX, a família Médici há muito se especializou em Lambrusco fino, espumante ou não. Seus melhores vinhos, como o Concerto, tem uma acidez limpa e um fim de boca refrescante e seco. Outra especialidade é o Malvasia de colheita tardia, que às vezes pode ser bastante pesado.

Moro ☆☆

Santo'Ilario d'Enza. 15 ha. www.rinaldinivini.it
Paola Rinaldini produz Chardonnay e Cabernet, mas é mais conhecida por sua gama de vinhos Lambrusco, incluindo a rara especialidade da casa: Pjcòl Ross.

Mossi ☆–☆☆

Ziano Piacentino. 60 ha. www.vinimossi.com
Luigi Mossi produz uma vasta gama de Colli Piacentini, especializada em Gutturnio. Infernotto é uma mistura incomum de Barbera, Pinot Nero, Cabernet e Bonarda.

Fattoria Paradiso ☆☆☆

Bertinoro. 60 ha. www.fattoriaparadiso.com
Uma propriedade que foi moldada em um paraíso vitícola por Mario Pezzi e seus descendentes. Jacopo Lupo Melia faz 50 mil caixas de vinho exemplar, incluindo o único tinto Barbarossa (de uma vinha que só ele cultiva), uma mistura de Cabernet, Merlot e Syrah, chamada Mito, Albana passito, e Pagadebit meio doce branco. Dois dos melhores produtores da Itália, Carlo Ferrini e Roberto Cipresso, prestam consultoria para a propriedade.

Pasolini Dall'Onda ☆☆

Montericco Imola. 22 ha. www.pasolinidallonda
Produzindo vinho desde o século XVI, a família Pasolini Dall' Onda possui propriedades na Romagna e na Toscana. Aqui produzem Chardonnay, Sangiovese e uma mistura de Bordeaux.

Poderi dal Nespoli ☆☆

Civitella di Romagna. 30 ha. www.poderidalnespoli.com
Bela propriedade, produzindo fino Albana passito e uma combinação de Sangiovese e Cabernet: Borgo dei Guidi.

Il Poggiarello ☆☆–☆☆☆

Travo. 13 ha. www.ilpoggiarellovini.it
Bons vinhos varietais, incluindo Pinot Nero de Colli Piacentini, espumantes ou não. O vinho principal é La Barbona, feito de Barbera e Bonarda.

Riunite ☆

Campegine. www.riunite.it
Fundada em 1950, Riunite é uma das maiores operações vinícolas do mundo. Lambrusco é o principal produto, mas há Merlot e Pinot Grigio para atender às expectativas mais modestas de vinho italiano.

Enormes quantidades de Lambrusco, na maioria medíocres, e vinhos rosés são enviados para os Estados Unidos. De fato, seu sucesso fez a fortuna de Villa Banfi, que, por sua vez, teve um efeito profundo sobre Montalcino, na Toscana.

San Patrignano ☆☆☆
Coriano. 100 ha. www.sanpatrignano.org
Um empreendimento notável localizado em um centro de
reabilitação de drogas. A qualidade tem melhorado drasticamente
desde que Riccardo Cotarella foi contratado como consultor em
1997. Os destaques são o Sangiovese Superiore chamado Avi, e
uma densa mistura de Bordeaux envelhecido em barricas, chamada
Montepirolo.

San Valentino ☆☆☆
Rimini. 28 ha. www.vinisanvalentino.com
Uma propriedade ambiciosa, lançando, entre muitos outros
vinhos, uma mistura de Bordeaux pesada, chamada Luna Nuova, e,
mais impressionante, um esplêndido Sangiovese Riserva
acarvalhado, chamado Terra di Covignano.

Spalletti ☆☆
**Savignano sul Rubicone. 75 ha.
www.spalletticolonnadadipaliano.com**
Esta vinícola está alojada no antigo Castello di Ribano. Produz
uma ampla gama de especialidades da Romagna, de Pagadebit e
Albana a Sangiovese. O Rocca di Ribano Riserva e o Villa Rasponi
são, ambos, excelentes Sangiovese di Romagna.

La Stoppa ☆☆–☆☆☆
Ancarano di Rivergaro. 30 ha. www.lastoppa.it
Líder em Colli Piacentini de propriedade de Elena Pantaleoni. Há
atraentes Cabernet Sauvignon, Barbera, Gutturnio e um Malvasia
doce. Em 2002, o Ageno foi introduzido, um branco seco
surpreendentemente rico, com base em Malvasia e outras
variedades locais.

Terre Rosse ☆☆
Zola Predosa. 25 ha. www.terrerosse.it
Fundada em 1965 pelo falecido médico Enrico Vallania, cuja
genialidade e tenacidade traçaram novos rumos para a viticultura
italiana. A variedade de Colli Bolognesi inclui excelentes
Sauvignon Blanc, Cabernet Sauvignon, Chardonnay e Malvasia.
Terre Rosse tem persistido com a sua política de envelhecimento
dos vinhos somente em tanques, provavelmente em detrimento da
complexidade, especialmente dos vinhos tintos.

La Tosa ☆☆–☆☆☆
Vigolzone. 16 ha. www.latosa.it
Emergente propriedade que faz vinhos Colli Piacentini muito bons
de Cabernet Sauvignon (Luna Selvatica), Sauvignon Blanc e
Malvasia suculenta a partir de uvas parcialmente secas.

Tre Monti ☆☆☆
Imola. 56 ha. www.tremonti.it
Uma propriedade importante, firmemente melhorando com a
ajuda do enólogo consultor Donato Lanati. Em geral os vinhos
brancos são os melhores: Albana, é claro, mas também
Chardonnay e Trebbiano.

Trerè ☆
Faenza. 30 ha. www.trere.com
Uma gama de vinhos Romagna confiáveis, de Albana e Sangiovese
ao frisante Pagadebit.

Uccellina ☆☆
Russi. 10 ha. www.tenutauccellina.com
A propriedade oferece a habitual gama de vinhos da Romagna,
com duas especialidades: Ruchetto de Pinot Noir e Burson feito da
rara variedade Longanesi. Também tem boa reputação por seu
passito Albana.

Vallona ☆☆–☆☆☆☆
Castello di Serravalle. 23 ha.
Importante propriedade em Colli Bolognesi que produz uma vasta
gama de vinhos, com Pignoletto e Cabernet Sauvignon
impressionantes.

Venturini Baldini ☆☆
Roncolo di Quattro Castella. 50 ha. www.venturinibaldini.it
Lambrusco Reggiano, Cuvée di Pinot tradicional e Il Grinto
Cabernet Sauvignon finos e encorpados.

Fattoria Zerbina ☆☆☆
Faenza. 40 ha. www.zerbina.com
A vinícola familiar dirigida por Maria Cristina Geminiani, e agora
uma das propriedades principais na Romagna. Seu Scacco Matto é
uma raridade: um Albana excepcional, feito apenas quando há
podridão nobre. Ela também faz suculentos Sangiovese,
Pietramora e Marzieno, de Sangiovese com um pouco de Cabernet
Sauvignon e Merlot.

Zerioli ☆☆
Ziano Piacentino. 60 ha. www.zeriolivini.com
A família Zerioli faz uma ampla gama de Colli Piacentini DOCs,
além de um bom vin santo de Malvasia.

Toscana

Encontrar uma identidade nacional, em uma federação de disparidades como a Itália, não é tão difícil quanto pode parecer. A resposta é a Toscana. Para os estrangeiros, pelo menos, o antigo interior toscano, de *villas* e ciprestes, bosques e vales, onde vinhas e oliveiras se misturam, é a Itália em poucas palavras.

E assim é o seu vinho. Se pedisse para dez pessoas nomearem um vinho italiano, nove diriam "Chianti". Elas teriam muitas ideias diferentes (caso tivessem alguma ao menos) do seu sabor – porque se há um vinho feito em todos os estilos e qualidades, do sublime ao tenebroso, ele é o Chianti – e isso apesar de ter sido o primeiro de toda a região, e possivelmente de toda a Europa, a começar a tentar definir e defender seu vinho. Certamente, nos tempos modernos, o consórcio dos seus produtores preparou o terreno na Itália para o sistema de DOC.

Chianti começou na Idade Média como uma pequena região de guerras constantes entre Florença e Siena. Os vinhedos eram principalmente propriedades da nobreza, e há apenas cinquenta anos, muitas dessas fazendas eram trabalhadas com um sistema de parceria que nada fazia pela qualidade. Só atrapalhavam também as normas antiquadas que regiam a produção de vinho. Após décadas de discórdias, um programa de pesquisa aprofundada finalmente (ou talvez provisoriamente, mas de forma convincente) identificou os melhores clones de Sangiovese, que foram então replantados, e, no final do século passado, Chianti tornou-se a maior e mais complexa DOCG na Itália. Há uma verdadeira unidade e identidade, apesar de seus solos, tradições e microclimas variados, porque todos eles cultivam a mesma uva tinta básica, ou versões dela.

A Sangiovese é o que mantém Chianti unida, mas isso não deve implicar monotonia. Inclinações individuais aparecem fortemente no equilíbrio da mistura, o tipo de fermentação, o uso ou negligência do "governo", o método e o tempo de envelhecimento.

Chianti tem muitos departamentos e sub-regiões, dos quais o mais destacado é Chianti Classico, a região entre Florença e Siena. Ela também tem vários vizinhos que afirmam a superioridade de seus vinhos, mais notavelmente, Brunello di Montalcino e Vino Nobile di Montepulciano. Acima de tudo, é o campo de tiro para o exército de produtores ambiciosos, que acreditam que uma dose de Cabernet, alguns barris de carvalho novo, uma garrafa e rótulo de design somam ao "grande novo vinho italiano". Seu marechal de campo, Piero Antinori, tem demonstrado, com sucesso, que pode. Ao mesmo tempo, muitos produtores de topo têm reafirmado seu orgulho pela Sangiovese e pela outrora chique Supertuscan, com suas vistas voltadas para o mercado de luxo internacional, que já não é tão valorizado como era na década de 1990. Hoje muitas propriedades importantes declaram que o seu melhor vinho é um Sangiovese puro.

O vinho branco é quase um estranho aqui. Não há Chianti branco. Mas vários pequenos pontos de abastecimento tradicionais estão se mantendo, e o mais importante é o popular Vernaccia di San Gimignano. O Vermentino está provando ser popular ao longo da costa da Toscana. De fato, a costa da Toscana, a Maremma, com suas sub-regiões (como Bolgheri, Montescuadaio e Scansano), recente e rapidamente tornou-se a área mais elegante da região para a produção de vinho.

Variedades de Bordeaux florescem aqui, e o caminho indicado por Sassicaia há décadas foi seguido por muitos, como Ornellaia, Guada al Tasso, e Tassinaia. Ninguém pode acusar a indústria do vinho toscana de descansar sobre os seus louros.

DOC & Outros Vinhos

Ansonica Costa dell'Argentario DOC. Vinho Branco. Província: Grosseto. Localidades: colinas costeiras ao sul de Grosseto perto da fronteira com o Lácio. Casta: Ansonica (85-100%).

Uma uva de origem obscura, outrora encontrada em muitas partes do Sul da Itália, agora só achada na Sicília e aqui.

Barco Reale DOC. Ver Carmignano.

Bianco dell'Empolese DOC. Vinho Branco. Província: Florença. Localidades: Empoli, seis comunidades vizinhas. Castas: Trebbiano Toscano (mínimo de 80%), até 20% de outras brancas. Também vin santo.

Raramente encontrado.

Bianco Pisano di San Torpè DOC. Vinho Branco. Províncias: Livorno, Pisa. Localidades: leste de Pisa. Casta: Trebbiano (75-100%). Também vin santo.

DOC com o nome de um mártir (muito) antigo, que foi decapitado no ano 68 em Pisa. Um vinho pálido seco com algum corpo e um toque de amargor.

Bianco di Pitigliano DOC. Vinho Branco. Província: Grosseto. Localidades: Pitigliano e outros povoados ao norte da fronteira do Lácio. Castas: Trebbiano (50-80%), proporções variáveis de Greco, Malvasia, Verdello, Grechetto, Sauvignon, Chardonnay, Pinot Bianco, Riesling Itálico. Normal e espumante.

Pitigliano fica no extremo sul da Toscana, perto do Lago Bolsena, a casa do Est! Est! Est!!! (ver Lácio). Seu vinho branco leve, seco, ligeiramente amargo, não tem distinção especial.

Bianco della Valdinievole DOC. Vinho Branco. Província: Pistoia. Localidades: oeste e sul de Pistoa. Castas: Trebbiano (70-100%), Malvasia del Chianti, Canaiolo Bianco, Vermentino (no máximo 25%) e até 5% de outras brancas. Também vin santo.

Uma pequena produção de branco simples seco, às vezes ligeiramente espumante, do oeste de Florença.

Bianco Vergine Valdichiana DOC. Ver Valdichiana.

Bolgheri DOC. Vinho tinto, branco e rosé. Província: Livorno. Castas: Rosso – Cabernet Sauvignon (10-80%), até 80% Merlot, até 70% Sangiovese, até 30% de outras. Bianco – Trebbiano Toscano (10-70%), Vermentino (10-70%), Sauvignon (10-70%), até 30% de outras. Também Vermentino varietal e Sauvignon Blanc.

Pequena região no sul da costa de Livorno. Até 1994, a DOC era só para branco e rosé. Agora abrange alguns dos tintos mais procurados e caros da Itália. Cerca de 1.300 hectares.

Brunello di Montalcino DOCG. Vinho tinto. Província: Siena. Localidade: Montalcino. Casta: Brunello di Montalcino.

Um tinto viril, seco, produzido por muitos anos pela família Biondi-Santi de acordo com "o princípio Pétrus" – de que nada é difícil demais. Mas vendeu mais no espírito de Romanée-Conti: nenhum preço é alto demais. Elevado a DOCG em 1980, o

Brunello é Sangiovese, que, nos melhores lugares aqui, pode ser disciplinada neste solo para dar vinhos escuros, profundamente concentrados.

A exigência anterior de envelhecimento prolongado em barril tem sido bastante modificada e a maioria dos vinhos agora passa cerca de dois anos em grandes tonéis ou barricas, ou uma mistura dos dois. Brunello ainda precisa de um longo envelhecimento em garrafa para adquirir um buquê marcante em sua profundidade rica e forte. Agora ele é feito por cerca de 200 produtores, com diversos padrões, inevitavelmente. Em seu melhor, é um dos grandes vinhos tintos da Europa.

Em 2008, alguns dos produtores mais importantes da região foram acusados de misturar variedades não autorizadas no seu Brunello. A maioria deles foi liberada pelas autoridades, mas as acusações provocaram um debate no qual as propriedades argumentaram que a regra de monovarietais era muito rigorosa. Vozes poderosas, como a de Angelo Gaja, brigaram para permitir que uma pequena percentagem de outras variedades fosse misturada. A proposta foi esmagadoramente rejeitada e Brunello e Rosso di Montalcino permanecem Sangiovese puros. O debate também destacou o fato de que a região muito expandida inclui algumas áreas onde é difícil para Sangiovese, sozinha, produzir vinhos que tenham a densidade e a estatura do Brunello.

Candia dei Colli Apuani DOC. Vinho Branco. Província: Massa-Carrara. Aldeias a noroeste de Pisa. Castas: Vermentino Bianco (70-80%), Trebbiano, Albarola e/ou Malvasia.

Um vinho branco DOC raramente visto fora da costa rochosa.

Capalbio DOC. Vinho tinto, branco e rosé. Província: Grosseto. Localidades: sul de Grosseto. Castas: Sangiovese (mínimo de 50%); Trebbiano (mínimo de 50%).

Outras variedades permitidas incluem Vermentino e Cabernet Sauvignon.

Carmignano DOCG. Vinho tinto. Província: Florença. Localidades: Carmignano, outras aldeias a noroeste de Florença. Castas: Sangiovese (mínimo de 50%), Canaiolo (no máximo 20%), Cabernet Franc/ Sauvignon (10-20%), até 10% de Trebbiano, Canaiolo Bianco, Malvasia e até 10% de outras variedades.

Melhor descrito como Chianti (de fato, a zona coincide com Chianti Montalbano DOCG) com grande quantidade de Cabernet, justificado às autoridades pelo fato de que a família Bonacossi o introduziu a partir de Bordeaux há gerações. Carmignano é sempre bem-feito e justificadamente confiável. A posteridade pode agradecer-lhe a inspiração de apontar todos os Chianti de qualidade neste sentido.

Uma versão de Carmignano mais jovem e fácil de se beber é Barco Reale (DOC) – feita das mesmas uvas de uma safra máxima de 7 mil litros por hectare (somente 56 são permitidos para o Carmignano). Há também um Carmignano Rosé DOC e um Carmignano Vin Santo DOC. Este último pode ser excelente.

Chianti DOCG. Vinho tinto. Províncias: Siena, Florença, Arezzo, Pistoia, Pisa. Localidades: 103 municípios. Castas: Sangiovese (75-100%), até 10% de Canaiolo; até 10% de Trebbiano, Malvasia. Safra máxima: 75 hl/ha.

Existem dois estilos básicos de Chianti: o feito tão frutado e fresco quanto possível para ser bebido em sua juventude; e um vinho mais seco, mais tânico e grave, envelhecido em barris ou tanques e destinado a envelhecimento em garrafa. A mistura de uvas tradicional é a mesma para ambos – basicamente Sangiovese, mas com acréscimos variáveis de quaisquer variedades locais ou internacionais.

Trebbiano branca e Malvasia são adicionadas para que os Chianti fiquem prontos para se beber mais rapidamente, mas produtores sérios trabalharam arduamente para eliminar a regra que exigia que um percentual de uvas brancas fosse incluído. O *governo* é uma tradição local de adição de mosto de uvas muito doces, secas (geralmente Colorino) ao vinho, após a fermentação, para fazer com que ele refermente, aumentando sua força, suavizando a adstringência e promovendo uma agradável espuma, que podem tornar um Chianti jovem delicioso. Poucos produtores agora utilizam o *governo* para o vinho que irá ser envelhecido antes do engarrafamento.

Um bom e velho Chianti Riserva tem muitas afinidades com um clarete, em especial na sua textura leve e adstringência definitivamente suave, que faz com que você o sinta muito vivo na boca. Seu cheiro e sabor são próprios, às vezes lembrando-me vagamente vinho quente com laranja e especiarias, castanha, borracha. Também encontrei um "toque" mentolado em seu sabor, como no vinho de Borgonha jovem. Quando maduro, tem uma cor distinta e brilhante de granada.

O futuro do Chianti está em debate construtivo. Muitos produtores estão sistematicamente adicionando um pouco de tempero de Cabernet ou Merlot, e envelhecendo os melhores vinhos em barris de carvalho novos, em vez de reutilizados. A região como um todo continua a se beneficiar da pesquisa vitícola que visa melhorar as seleções da Sangiovese plantadas e despedir-se dos clones extraprodutivos plantados décadas atrás. O Chianti soberbo será feito quando a cepa definitiva de Sangiovese for identificada (como foi em Montalcino), propagada, e seu uso dominado. Chianti está apostando seu futuro nas qualidades da sua casta ancestral.

As sete subzonas incluem:

Chianti Colli Aretini O interior ao leste, na província de Arezzo, uma boa fonte de vinhos frescos e jovens.

Chianti Colli Fiorentini A zona ao norte de Chianti Classico em torno de Florença, principalmente ao leste, ao longo do rio Arno. Várias propriedades aqui estão, pelo menos, no nível dos melhores clássicos.

Chianti Colline Pisane Uma área destacada ao sul de Pisa, produzindo vinho mais leve, geralmente menos substancial.

Barris de vinho Carmignano.

Chianti Colli Senesi Uma zona fragmentada e inconsistente, incluindo o flanco ocidental da zona Classico para o sul, a partir do Poggibonsi, as extremidades no sul ao redor de Siena, e as áreas afastadas de Montepulciano e Montalcino ao sul. Uma grande variedade de estilos e qualidades.

Chianti Montalbano O distrito a oeste de Florença, que inclui a DOC distinta de Carmignano. Também bons Chianti, embora menos conhecidos.

Chianti Montespertoli Criado em 1997, aparentemente para beneficiar uma propriedade única: Fattoria Sonnino.

Chianti Rufina Uma pequena área de 24 quilômetros (15 milhas) a leste de Florença. Rufina é uma aldeia no rio Sieve, um afluente do Arno. As colinas onde se esconde a abadia de nome mágico, a Vallombrosa, contêm alguns dos melhores vinhedos de Chianti (ver Frescobaldi e Selvapiana).

Chianti Classico DOCG. Vinho tinto. Províncias: Florença, Siena. Localidades: Radda, Gaiole, Greve, San Casciano, Castelnuovo Berardenga. Castas: Sangiovese (80-100%), até 20% de outras uvas tintas (como Cabernet ou Merlot).

Desde 1966, separada de "Chianti" e agora uma zona independente localizada entre Florença e Siena. A maioria dos produtores são membros muito ativos do Consorzio del Marchio Storico, baseado perto de San Casciano, e selam as garrafas com o seu emblema: um galo preto.

Os progressos do Chianti Classico durante os últimos quinze anos têm sido dos mais impressionantes em toda a Itália. Em 1930, quando foram introduzidas *vini tipici*, a zona Chianti original (que é hoje a região Classico) não foi capaz de satisfazer a enorme demanda pelo vinho Chianti. Assim, as subzonas vizinhas, que tradicionalmente copiavam o estilo de Chianti, ganharam oficialmente o direito de chamar seus vinhos de Chianti.

Em 1963, quando os documentos foram apresentados, quase metade da Toscana foi, consequentemente, incorporada em uma zona Chianti enorme. O estilo original foi, portanto, desfocado e grandes diferenças de caráter e de qualidade entre as sub-regiões e os produtores se perderam.

Desde 1966, Chianti Classico, com *status* independente, tem sido geralmente o vinho melhor e mais caro, mas Chianti muito bons também vêm das subzonas redefinidas, Rufina e Colli Fiorentini.

Colli dell'Etruria Centrale DOC. Vinho tinto, branco e rosé. Também *novello* e vin santo.

Vasta região de Arezzo até a costa. Regulamentação complexa, mas os vinhos são baseados em Trebbiano e Sangiovese, além de ser permitida a adição de variedades locais e internacionais. Essencialmente uma DOC genérica para tintos que não se qualificam em Chianti DOCG.

Colli di Luni DOC. Vinho tinto e branco. Províncias: La Spezia, Massa e Carrara.

DOC costeira do norte compartilhada com a Ligúria. O branco pode ser rotulado como Vermentino (mínimo de 90%), ou uma mistura de Vermentino, Trebbiano e outras variedades locais. O tinto é baseado em Sangiovese, além de outras variedades locais. Mais importante na Ligúria que na Toscana.

Colline Lucchesi DOC. Vinho tinto e branco. Província: Lucca. Localidades: Lucca, Capannori, Porcari. Castas: Bianco – Trebbiano (45-70%), muitas outras variedades admitidas; Rosso – Sangiovese (45-70%), Canaiolo, Ciliegiolo, Merlot e outras; mais vinhos varietais de Vermentino, Sauvignon, Sangiovese e Merlot. Também vin santo.

Cortona DOC. Vinho tinto, branco e rosé. Província: Arezzo. Castas: vinhos varietais de Chardonnay, Grechetto, Pinot Bianco, Riesling Itálico, Sauvignon, Sangiovese, Cabernet Sauvignon, Gamay, Merlot, Pinot Nero, Syrah. Também vin santo.

DOC criada em 1999 e aprovada com algum entusiasmo por uma série de produtores importantes.

Elba DOC. Vinho tinto, branco e rosé. Província: Ilha de Elba. Castas: Trebbiano Toscano (80-100%); Sangiovese (mínimo de 75%); mais Ansonica (mínimo de 85%), Aleatico (100%), Moscato Bianco (100%). Também vin santo.

ANTINORI – PROJETANDO O FUTURO DA TOSCANA

O Marchese Piero Antinori pode muito bem ser para o Chianti do século XXI o que o Barone Ricasoli foi para o Chianti dos séculos XIX e XX – o homem que escreveu a receita. Antinori é persuasivo com a eloquência de um aristocrata que não precisa erguer a voz.

Ele e seu ex-produtor, Giacomo Tachis, transformaram essa antiga casa florentina, com base no Palazzo Antinori, no coração da cidade, o marca-passo moderno não só para o Chianti exemplar, mas mais profeticamente para o Tignanello, que é Sangiovese misturado com Cabernet Sauvignon e envelhecido, ao estilo Bordeaux, em barricas de carvalho novo.

Isso estabeleceu a tendência para o que se tornou conhecido como o Supertoscano.

Desde então, a família Antinori avançou. Ela expandiu seus vinhedos para mais de 1.800 hectares na região da Toscana (Santa Cristina, Peppoli, Badia a Passignano, e Guado al Tasso, em Bolgheri), na Úmbria (Castello della Sala), Piemonte (Prunotto) e Apúlia. Uvas e vinhos suplementares são comprados sob contrato.

Renzo Cotarella supervisiona a produção de vinho neste império crescente. A vinícola ultramoderna fica em San Casciano (Perto de Santa Cristina) e o Palazzo Antinori, em Florença, dispõe de instalações de degustação. A esplêndida Villa Antinori, retratada em rótulos da safra de Chianti Classico, foi destruída na Segunda Guerra Mundial. O Marchese também possui uma propriedade em Montepulciano (Siena), La Braccesca.

A visão de Antinori tampouco é confinada à Itália. Houve investimentos substanciais em Atlas Peak, no Vale de Napa, onde Antica Cabernet Sauvignon, em vez de Sangiovese, está sendo produzido, um ousado empreendimento conjunto com a Château Sainte-Michelle em Washington para produzir uma mistura luxuosa de Bordeaux chamada Col Solare; e quintas ou empreendimentos na Hungria, em Malta e no Chile. Apesar das realizações surpreendentes da casa Antinori, Piero Antinori e seus filhos sabem muito bem que eles não podem se dar ao luxo de descansar sobre sua glória.

A ilha ao largo da costa sul da Toscana, onde Napoleão se exilou, como um trampolim para a Córsega, adequou vinhos brancos secos para acompanhar seus peixes, assim como vinhos tintos ao estilo Chianti cada vez mais estruturados por alguns produtores altamente competentes. A especialidade de Elba é o requintado passito tinto da uva Aleatico e, ocasionalmente, da variedade Ansonica.

Montecarlo DOC.Vinho tinto e branco. Província: Lucca. Localidades: montes de Montecarlo. Castas: Sangiovese (50-75%), proporções variáveis de Canaiolo, Ciliegiolo, Colorino, Malvasia Nera, Cabernet Sauvignon, Cabernet Franc, Merlot, Syrah, outros; Trebbiano (40-60%), proporções variáveis de Semillon, Pinot Gris, Pinot Bianco, Vermentino, Sauvignon, Roussanne e outras.

Um bom exemplo das melhorias possíveis aos vinhos toscanos, permitindo o uso de algumas uvas mais aromáticos para elaborar o essencialmente neutro Trebbiano. O branco suave, pouco agressivo, mas interessante de Montecarlo pode desenvolver um aroma muito agradável com dois ou três anos em garrafa.

Montecucco DOC. Vinho tinto e branco. Província: Grosseto.
Região sudoeste de Montalcino, produzindo vinhos mais rústicos que Brunello. O tinto é Sangiovese (mínimo de 85%) ou Rosso é Sangiovese (mínimo de 60%) e outras variedades; o branco é Vermentino (mínimo de 85%) ou Bianco é Trebbiano (mínimo de 60%) e outras variedades.

Monteregio di Massa Marittima DOC. Vinho tinto, branco e rosé. Província: Grosseto. Localidades: municípios de Massa Marittima e Monterotondo Marittima. Castas: Trebbiano (50%), Vermentino, Malvasia, Ansonica, outras variedades; Sangiovese (mínimo de 80%); mais Vermentino (mínimo de 90%). Também vin santo.

Uma denominação Maremma gradualmente assumindo importância. Castellare, produtor de Château Lafite e Chianti (ver p. 336) são os principais investidores aqui.

Montescudaio DOC. Vinho tinto e branco. Província: Pisa. Localidades: Montescudaio e seis outras. Castas: Trebbiano (mínimo de 50%) e outras variedades; Sangiovese (mínimo de 50%) e outras variedades. Também vinhos varietais de Chardonnay, Sauvignon, Vermentino, Sangiovese, Merlot, Cabernet Sauvignon. Também vin santo.

Vinhos de perto da costa oeste de Siena que vêm melhorando rapidamente, apesar de muitos produtores importantes dentro da zona preferirem engarrafar seus caros Cabernet e Merlot como IGT.

Morellino di Scansano DOCG. Vinho tinto. Província: Grosseto. Localidades: Scansano, outras seis comunidades no extremo sul da Toscana. Castas: Sangiovese e até 15% de outras uvas tintas.

DOCG desde 2006 para um vinho Sangiovese predominantemente tinto e cada vez mais admirado. Os vinhos, no seu melhor, são encorpados e ricos, assim como notavelmente delicados. Um número crescente de produtores de outras regiões da Toscana tem se juntado aos obstinados locais, produzindo vinhos extremamente suculentos e os envelhecendo em barricas. Muitos exageram nos barris inicialmente; no melhor Morellino, sua influência é quase imperceptível.

Moscadello di Montalcino DOC. Vinho Branco. Província: Siena. Localidade: Montalcino. Castas: Moscato Bianco.

Este Moscato doce foi revivido como uma DOC em grande parte graças à Banfi. Há também uma versão doce e licorosa, porém raramente encontradas.

Orcia DOC. Vinho tinto e branco. Província: Siena, sudeste de Montalcino. Castas: Sangiovese (mínimo de 60%), além de outras variedades; branco e vin santo são Trebbiano (mínimo de 50%), além de outras variedades. Também vin santo.

DOC concedida em 2000 para validar seus extensos vinhedos.

Parrina DOC. Vinho tinto, branco e rosé. Província: Grosseto. Aldeia: comuna de Orbetello. Castas: Sangiovese (no mínimo 70%) e outras variedades; Trebbiano (30-50%), Ansonica e/ou Chardonnay (30-50%) e até 20% de outras variedades.

Vinhos vivos, tanto tintos quanto brancos, de perto da península Argentario, no sul da Toscana. Parrina Bianco ainda jovem pode ser uma boa bebida acompanhado de frutos do mar.

Pietraviva DOC. Vinho tinto, branco e rosé. Província: Arezzo. Localidades: a oeste da Arezzo. Castas: Chardonnay (40-80%), Malvasia, Trebbiano e outras; Sangiovese (40-80%), Merlot, Cabernet Sauvignon e outras. Também vinhos varietais de Chardonnay, Malvasia, Sangiovese, Merlot, Canaiolo, Cabernet Sauvignon e Ciliegiolo.

Pomino DOC. Vinho tinto e branco. Província: Firenze. Localidade: Pomino na comuna de Rufina. Castas: Pinot Bianco e/ou Chardonnay e/ou Pinot Grigio (70-100%) e outras brancas; Sangiovese (50-100%), Pinot Nero, Merlot e outras. Também vin santo.

A mudança para esta DOC foi liderada pelos Frescobaldis. Em 1716, a zona foi citada pelo Grão-Ducado da Toscana, como uma das melhores áreas de vinho.

Rosso di Montalcino DOC. Vinho tinto. Província: Siena. Localidade: Montalcino. Casta: Brunello di Montalcino. Safra máxima: 70 hl/ha.

DOC de uvas Brunello em Montalcino não consideradas boas o suficiente para a produção de Brunello di Montalcino. O Rosso varia muito em qualidade. Alguns produtores utilizam o DOC como uma espécie de segundo vinho, outros levam a sério e reservam vinhedos específicos para sua produção. Em safras boas, pode envelhecer bem e alcançar razoável valor comercial.

Rosso di Montepulciano DOC. Vinho tinto. Província: Siena. Aldeia: comuna de Montepulciano. Castas: Sangiovese (Prugnolo Gentile, mínimo de 70%), até 20% de outras variedades, embora não mais de 10% de brancas. Safra máxima: 70 hl/ha.

DOC que está habilitando os produtores a fazer um melhor vino nobile, desclassificando alguns deles para Rosso. Geralmente, um vinho de bom valor, especialmente nos anos maduros.

San Gimignano DOC. Vinho tinto, branco e rosé. Província: Siena. Localidades: as comunas de San Gimignano. Sangiovese (50%, no mínimo, rosé mínimo de 60%); mais Sangiovese varietais. Também vin santo.

Com Vernaccia elevado a DOCG, esta DOC foi criada em 1996 para impulsionar os outros vinhos da região.

Sant' Antimo DOC. Vinho tinto e branco. Província: Siena. Localidade: Montalcino. DOC para uvas que não são a dominante da região, a Brunello. Bianco e Rosso um varietal livre para todos, sem restrições, além das varietais de Chardonnay, Sauvignon, Pinot Grigio, Cabernet Sauvignon, Merlot, Pinot Nero. Também vin santo.

DOC criada em 1996 para estabelecer uma denominação específica para os vinhos, por vezes inovadores e experimentais na sombra das grandes fazendas antigas de Brunello di Montalcino.

(Bolgheri) Sassicaia DOCG. Um vinho extraordinário que provou ser o mais influente de todos na elaboração de vinhos toscanos. O falecido Marchesi Incisa della Rocchetta cultivou Cabernet Sauvignon puro na costa de Bolgheri, ao sul de Livorno – fora de qualquer zona vitícola reconhecida. O que começou como um capricho tornou-se uma sensação. Ele o envelheceu em barricas como o Bordeaux e efetivamente fez claretes bons e maduros com um toque toscano. Classificado desde 1994 como DOC Bolgheri, agora tem sua própria DOCG.

Sovana DOC. Vinho tinto e rosé. Província: Grosseto. Sangiovese (mínimo de 50%), além de varietal Aleatico (seco ou doce), Cabernet Sauvignon, Merlot, Sangiovese.

Região montanhosa do interior de Morellino di Scansano.

Terratico di Bibbona DOC. Vinho tinto, branco e rosé. Província: Livorno. Sangiovese (35-65%), Merlot (30-65%), outras variedades; Vermentino (mínimo de 50%), acrescidos de varietal de Trebbiano, Vermentino, Sangiovese, Syrah, Cabernet Sauvignon, Merlot.

Vasta região costeira e do interior ao sul de Livorno. Criada em 2006 por iniciativa de Antinori.

Tignanello A empresa de Antinori foi pioneira do pensamento moderno sobre o Chianti com este vinho excepcional, vinificação estilo Bordeaux e envelhecimento utilizando barricas. Tignanello, uma mistura Sangiovese e Cabernet, é a ligação óbvia entre o Sassicaia altamente individual e o Chianti tradicional. Ele começou a revolução toscana durante a década de 1980.

Val d'Arbia DOC. Vinho Branco. Província: Siena. Localidades: doze ao longo do rio Arbia entre Radda in Chianti e Buonconvento. Castas: Trebbiano Toscano e/ou Malvasia (70-90%), Chardonnay (10-30%). Também vin santo.

Esta é uma DOC para um branco fresco, leve, tipicamente toscano, feito em Chianti Classico.

Val di Cornia DOC. Vinho tinto, branco e rosé. Províncias: Livorno, Pisa. Localidades: Campiglia Marittima, San Vincenzo, Piombino, Monteverdi Marittimo, Sassetta, Suvereto na Toscana sudoeste. Castas: Sangiovese (máximo de 50%), Cabernet Sauvignon e/ou Merlot (no máximo 50%) e outras variedades; Trebbiano (no máximo 60%), Vermentino (no máximo 50%) e outras variedades.

Como em Bolgheri, a Sangiovese só dá resultado médio, e muitas propriedades estão obtendo resultados notáveis com Cabernet e Merlot. Há também uma subdenominação para Suvereto, que deve ser uma combinação de Cabernet Sauvignon e Merlot, com até 10% de outras variedades.

Valdichiana DOC. Vinho tinto, branco e rosé. Províncias: Arezzo, Siena. Localidades: doze comunidades no vale de Chiana ao sul de Arezzo. Sangiovese (máximo de 50%) e qualquer combinação de até 50% de Sangiovese, Cabernet Sauvignon, Merlot ou Syrah, outras variedades até 15%; Bianco Vergine é de até 80% a partir de qualquer combinação de Chardonnay, Pinot Bianco, Pinot Grigio, ou Grechetto, até 20% Trebbiano, até 15% outros. Também Grechetto, Chardonnay e Sangiovese varietais. E espumantes e vin santo.

Bianco Vergine é um vinho branco satisfatório embora muito leve, meio doce, da Toscana Oriental, muitas vezes usado como aperitivo em Chianti. Um acabamento ligeiramente amargo dá-lhe alguma personalidade.

Vernaccia di San Gimignano DOCG. Vinho Branco. Província: Siena. Localidades: comunas de San Gimignano. Casta: Vernaccia di San Gimignano (90-100%).

Vernaccia em estilo antigo era produzido tão forte quanto possível, fermentado em suas cascas (douradas) e envelhecido em barris, para que sabores levemente oxidados surgissem. Este era o vinho que Michelangelo amava. Ele ainda pode ser encontrado como era, ou em uma versão modernizada, pálida, que pode ser boa, mas sem personalidade. Ver também San Gimignano DOC.

Vin Santo Vinho de uvas secas no sótão até o Natal ou data posterior (para murchá-las e adoçá-las) é encontrado em toda a Itália, mas principalmente em todas as fazendas na região de Toscana. Embora possa ser tinto ou branco, o branco é muito mais comum. Este é, pelo menos, 70% de Trebbiano ou Malvasia. O tinto, conhecido como Occhio di Pernice, é pelo menos 50% Sangiovese, além de outras variedades locais.

O vinho é fermentado em barris muito pequenos, chamados *caratelli*, que são então selados e colocados em um sótão para maturarem por até sete anos. Inevitavelmente, depois de tão longo envelhecimento, alguns se transformam em vinagre, alguns em néctar como o Madeira.

Tradicionalmente, o vin santo é doce, mas existem algumas versões secas também. Deve ter, pelo menos, três anos de idade. Chianti, Chianti Classico e Montepulciano têm todos um vin santo DOC.

Vino Nobile di Montepulciano DOCG. Vinho tinto. Província: Siena. Localidade: município de Montepulciano. Castas: Sangiovese (Prugnolo Gentile, 70-100%), Canaiolo (no máximo 20%), até 20% de outras variedades.

Montepulciano gostaria de rivalizar Brunello di Montalcino, também no sul da zona Chianti. É altamente discutível se tem algo tão excepcional para oferecer quanto Brunello. Trata-se essencialmente de Chianti um pouco mais encorpado, mas produtores de vinho profissionais tomaram a frente e a DOCG é justificada pelo número crescente de excelentes exemplares.

Principais produtores de Chianti

Consulte a página 343 para outros produtores de Toscana.

Castello d'Albola ☆☆–☆☆☆
Radda. 157 ha. www.albola.it
Uma villa renascentista venerável, que é a base de Zonin em Chianti Classico. A propriedade também produz Le Ellere, um Sangiovese puro de vinhedo único, e uma mistura de Sangiovese e Cabernet acarvalhada, chamada Accaiolo.

Castello di Ama ☆☆☆
Lecchi, Chianti. 90 ha. www.castellodiama.com
O produtor, dr. Marco Pallanti, trouxe esta propriedade para a linha de frente do Chianti Classico ao focar-se nos vinhos de primeira classe (e muito caros) de vinhedos únicos, como o Bellavista.

A propriedade trabalhou duro com variedades internacionais, como Chardonnay, Merlot (L'Apparita) e Pinot Noir (Il Chiuso), mas com pouco sucesso, e hoje o foco voltou a ser Chianti.

Tenuta di Arceno ☆☆–☆☆☆
Castelnuovo Berardenga. 92 ha. www.tenutadiarceno.com
Esta propriedade é o posto do magnata do vinho da Califórnia Jess Jackson na Toscana, e Pierre Seillan é o produtor. Não é de surpreender que os vinhos sejam ricos, acarvalhados e caros. Os Chianti têm tipicidade, mas o foco principal é a excelente mistura concentrada de Bordeaux chamada Arcanum, num estilo de vinho distintamente moderno.

Badia a Coltibuono ☆☆☆
Gaiole. 70 ha. www.coltibuono.com
Os monges deste mágico mosteiro do século XI oculto nos bosques podem ter sido os cultivadores originais de Chianti. Os edifícios, as adegas e os jardins (com um excelente restaurante) são perfeitamente conservados pela família Stucchi-Prinetti, proprietária desde 1846.

As montanhas aqui são muito altas para videiras. Os vinhedos, que são orgânicos desde 2000, ficam em Monti, ao sul. Há alguns poucos Chianti de primeira classe mais consistentes, como reservas, da prova de 1958. O vinho principal é geralmente o Sangioveto, um intransigente Sangiovese puro, envelhecido em barricas, que precisa de anos para perder a sua assertividade juvenil. Quando jovens, até os Chianti são crus e austeros e exigem paciência.

Fattoria di Basciano ☆☆–☆☆☆
Rufina. 35 ha. www.renzomasibasciano.it
Uma fonte confiável na zona de Chianti Rufina, com reservas finos e uma mistura Cabernet e Syrah chamada I Pini.

Tenuta di Bibbiano ☆☆
Castellina. 19 ha. www.tenutadibibbiano.com
Uma propriedade conservadora que não produz nada além de Chianti Classico. O melhor vinho é o Montornello, picante e tânico sem ser áspero.

Borgo Scopeto ☆–☆☆☆
Vagliagli. 67 ha. www.borgoscopeto.com
Do mesmo proprietário de Caparzo em Montalcino, esta antiga propriedade é também um hotel de luxo. Os Chianti são puros Sangiovese e o melhor deles é o Riserva Misciano, que é envelhecido em barricas. Tem sabor picante, complexidade e persistência.

Castello di Bossi ☆☆
Castelnuovo di Berardenga. 124 ha. www.castellodibossi.it
Uma grande fazenda produzindo uma gama de vinhos robustos dos vinhedos do sul. Além do Chianti Riserva, há uma impressionante mistura Sangiovese e Merlot chamada Cornaia, que tem força em vez de sutileza e precisa de tempo para amadurecer, e um suntuoso, um tanto inexpressivo Merlot, amadurecido em carvalho novo, chamado Girolamo.

Tenuta Bossi-Marchese Gondi ☆☆–☆☆☆
Pontassieve. 18 ha. www.gondi.com
A família Gondi possui esta bela propriedade desde 1592 e agora é dirigida por Bernardo Gondi e sua irmã Donatella. Três diferentes Chianti Rufinas são produzidos, geralmente com fruta o suficiente para compensar qualquer adstringência, e um vin santo esplêndido.

La Brancaia ☆☆☆
Radda. 25 ha. www.brancaia.it

Antiga propriedade monástica de La Badia a Coltibuono.

Pertencente à família Widmer, esta propriedade com vinte hectares produz Chianti delicioso de Sangiovese com uma pitada de Merlot, e o Supertoscano Il Blu de Sangiovese, Merlot e Cabernet. Os vinhos são ricos, concentrados e elegantes.

Castello di Brolio
Ver Ricasoli (p. 338).

Castello di Cacchiano ☆–☆☆
Monti. 30 ha.
Chianti Classico ligeiramente rústico e duro, mas o vin santo é soberbo e raramente apresenta oxidação.

Villa Cafaggio ☆☆☆
Panzano. 30 ha. www.villacafaggio.it
Propriedade da empresa de grande porte Casa Girelli até 2005, quando a vinícola Lavis de Trentino passou a controlá-la. Ótimo Chianti Classico Riserva; Sangiovese puro, chamado San Martino, e um Cabernet puro, chamado Cortaccio, ambos de alta qualidade.

Villa Calcinaia ☆
Greve. 30 ha. www.villacalcinaia.it
Pertencente à família Caponi desde 1523, a propriedade produz Chianti Classico confiável.

Capaccia ☆–☆☆
Radda. 3 ha. www.poderecapaccia.com
Além de bom Chianti, esta propriedade faz o Querciagrande, um Sangiovese puro envelhecido em barricas.

Caparsa ☆–☆☆
Radda. 11 ha. www.caparsa.it
Os vinhos desta propriedade orgânica podem ser inconsistentes, mas o Riserva Doccio a Matteo, envelhecido em barricas, é estruturado e vigoroso.

La Cappella ☆–☆☆
San Donato. 8 ha. ww.poderelacappella.it
Pequena propriedade orgânica com um brilhante e totalmente típico Riserva Querciolo.

Carpineto ☆–☆☆
Dudda, Greve. 8 ha. www.carpineto.com
Os sócios Antonio Zaccheo e Giovanni Sacchet desenvolveram um portfólio de propriedades na Toscana, e aqui eles fazem ótimos Chianti Riserva. Vino Nobile di Montepulciano Riserva é confiável também.

Casa Emma ☆☆
Castellina. 21 ha.
Reservas vigorosos, com tipicidade e concentração.

Casaloste ☆☆–☆☆☆
Panzano. 10 ha. www.casaloste.com
Chianti Riserva formidáveis de um *terroir* excepcional. Dom Vincenzo é um Sangiovese puro de um único vinhedo.

Castellare ☆☆☆
Castellina. 33 ha. www.castellare.it
O editor de jornais Paolo Panerai trabalhou durante décadas com o consultor Maurizio Castelli para desenvolver tanto um Chianti excelente quanto uma variedade de outros vinhos, incluindo um Cabernet puro (Coniale), um Merlot puro (Poggio ai Merli) e um Supertoscano envelhecido em barricas chamado I Sodi di San Niccolò.

Castelli del Grevepesa ☆–☆☆
Mercatale Val di Pesa. 1.000 ha. www.castellidigrevepesa.it
Esta cooperativa é a maior produtora de Chianti Classico, com 180 membros. Produz uma gama de Chianti, Morellino di Scansano e Vernaccia di San Gimignano. O melhor vinho é geralmente o Chianti Classico Riserva Clemente VII.

Cecchi & Villa Cerna ☆–☆☆
Castellina in Chianti. 300 ha (Cecchi), 80 ha (Villa Cerna). www.cecchi.net
Ambas propriedades da casa comercial de Luigi Cecchi. O foco principal está no Chianti Classico e no reserva excelente, além de uma variedade de vinhos de outras regiões, incluindo Scansano e San Gimignano.

Cennatoio ☆☆
Panzano. 43 ha. www.cennatoio.it
Propriedade orgânica, produzindo Chianti Classico e uma gama de vinhos varietais.

Villa Cilnia ☆
Montoncello. 12 ha. www.villacilnia.com
Fazenda produzindo Chianti Colli Aretini e uma mistura Sangiovese e Cabernet chamada Vocato.

Le Cinciole ☆☆
Panzano. 11 ha. www.lecinciole.it
Uma propriedade orgânica remota, com vinhos Chianti de Sangiovese puro, e um pesado IGT dominado por Cabernet, chamado Camalaione.

Colognole ☆–☆☆
Rufina. 30 ha. www.colognole.it
Pertencente à Contessa Spalletti, esta propriedade produz Chianti Rufina meio encorpado, puro Sangiovese.

Il Colombaio di Cencio ☆☆
Gaiole. 23 ha. www.ilcolombaiodicencio.com
O estilo exuberante, hedonista destes vinhos é bem adaptado aos vinhedos quentes do sul da propriedade, que são plantados com alta densidade. Chianti I Massi tem muito Merlot, enquanto vinhos IGT, como Il Futuro, são assumidamente misturas acarvalhadas de estilo moderno.

Le Corti
San Casciano. 49 ha. www.principecorsini.com
Propriedade da família Corsini desde 1420, Le Corti se beneficia da assessoria de Carlo Ferrini. O Merlot marca o Chianti Dom Tommaso, mas o básico Chianti Classico é delicioso. Le Corti também produz uma mistura substancial de Maremma chamada Marsiliana.

Dievole ☆☆–☆☆☆
Vagliagli. 96 ha. www.dievole.it
As vinhas Dievole correm ao longo de um vale ao norte de Siena. O Chianti Classico é chamado Vendemmia. Um Sangiovese de colheita tardia invulgar, chamado Novecento, e um sério IGT dominado por Sangiovese, chamado Broccato. Passeios imaginativos para os visitantes.

Fattoria di Felsina ☆☆☆☆
Castelnuovo Berardenga. 73 ha. www.felsina.it

Com a administração de Giuseppe Mazzocolin e do produtor Franco Bernabei, esta propriedade está no topo da lista dos produtores de Chianti, especialmente com seu reserva Vigneto Rancia. O Sangiovese Fontalloro é de primeira, assim como o Chardonnay I Sistri, fermentado em barril, e o vin santo.

Le Filigare ☆☆
Barberina Val d'Elsa. 10 ha. www.lefiligare.it
Três versões elegantes de Chianti Classico em diferentes estilos e uma equilibrada mistura Sangiovese/Cabernet, chamada Podere Le Rocce.

Castello di Fonterutoli ☆☆☆–☆☆☆☆
Castellina in Chianti. 117 ha. www.fonterutoli.it
Pertencente à família Mazzei desde 1435, a propriedade está apreciando um renascimento. Filippo e Francesco Mazzei, com o enólogo Carlo Ferrini, fazem, com notável consistência, um Chianti Classico profundamente frutado e o Chianti de estilo moderno, marcado por Cabernet, chamado Castello di Fonterutoli. Igualmente notável é o Siepi, uma mistura Sangiovese e Merlot de vinhedo único.

A qualidade é excelente. A família Mazzei também desenvolveu uma propriedade em Scansano chamada Belguardo, para produzir um delicioso e descomplicado Morellino.

Fontodi ☆☆☆–☆☆☆☆
Panzano. 67 ha. www.fontodi.com
A família Manetti fabrica azulejos desde o século XVIII, e possui esta propriedade desde 1969. Giovanni Manetti, assistido pelo enólogo Franco Bernabei, tem impulsionado a Fontodi para os altos escalões. O Chianti Classico é sempre bom, especialmente o Vigna del Sorbo. O Flaccianello envelhecido em barricas (Sangiovese puro) confirma essa posição da propriedade. O Syrah e o Pinot Noir prometem, mas ainda não estão no mesmo nível dos vinhos tradicionais.

Castello di Gabbiano ☆
Mercatale Val di Pesa. 65 ha. www.gabbiano.com
Propriedade em Chianti Clássico que, de maneira pouco lógica, faz parte do grupo vinícola Foster da Austrália. A produção de um Pinot Grigio nas colinas ao sul de Florença dá pouco crédito à empresa.

Agricoltori del Chianti Geografico ☆–☆☆
Gaiole. 550 ha. www.chiantigeografico.it
Uma cooperativa muito grande em toda a Toscana, fundada em 1961. O Chianti principal é o Riserva Montegiachi, que mantém um padrão muito elevado. Outros vinhos DOC incluem o Vernaccia di San Gimignano e o Bianco Val d'Arbia; os IGTs incluem um Merlot puro, chamado Pulleraia.

Fattoria di Grignano ☆–☆☆
Pontassieve. 47 ha. www.fattoriadigrignano.com
Pertencente a fabricantes de têxteis, esta propriedade é uma boa fonte de Chianti Rufina.

Isole e Olena ☆☆☆–☆☆☆☆
Barberino Val d'Elsa. 46 ha.
Nesta admirada fazenda, o proprietário/produtor Paolo de Marchi faz um Chianti Classico delicioso, o durável Sangiovese chamado Cepparello e um vin santo excelente. Sob o rótulo Collezione, de Marchi produz alguns vinhos não tradicionais, tais como Chardonnay, Cabernet Sauvignon e um Syrah promissor.

La Leccia ☆–☆☆
Castellina. 20 ha. www.castellolaleccia.com
Chianti Classicos firmes, condimentados, especialmente os Riserva Bruciagna.

Lilliano ☆–☆☆
Castellina. 45 ha. www.lilliano.com
Propriedade da família Ruspoli, que desde 2000 tem a consultoria de Lorenzo Landi. No entanto, os vinhos permanecem fortes, mas não inspirados e, em razão de sua leve rusticidade, precisam envelhecer em garrafa para ganhar viço e tanino.

Mannucci Droandi ☆☆–☆☆☆
Mercatale Valdarno. 6 ha.
Uma pequena propriedade produzindo Chianti Ceppeto e Riserva maravilhosamente típicos, com aromas de cerejas azedas e um paladar com peso e energia. A família Droandi produz um bom Chianti de uma propriedade em Colli Aretini.

La Massa ☆☆☆
Panzano. 23 ha.
Desde 1992, esta bela propriedade pertence ao produtor de couro napolitano, Giampaolo Motta. O vinho principal é o ricamente encorpado Giorgio Primo, um vinho delicioso, nem sempre fácil de se identificar como Chianti. A partir de 2004, Motta declarou o vinho como IGT, e agora metade da mistura é Merlot e Cabernet Sauvignon.

Castello di Meleto ☆☆
Gaiole. 140 ha. www.castellomeleto.it
Um antigo castelo e propriedade de Ricasoli que agora pertence à Viticola Toscana. O consultor Stefano Chioccioli renovou a linha, mas os vinhos, especialmente o Chianti Classico, permanecem em estilo tradicional, apesar de uma pequena quantidade de Merlot na mistura.

Melini ☆☆
Gaggiano di Poggibonsi. 160 ha. www.cantinemelini.it
Antiga propriedade, que agora pertence ao complexo do Gruppo Italiano Vini. Na década de 1860, Laborel Melini inventou o frasco reforçado de Chianti, o que permitiu o transporte do vinho, e consolidou o grupo de adeptos do Chianti internacional. Mais conhecido pelo excelente Chanti Classico Selvanella, o Vernaccia di San Gimignano e outros vinhos.

Il Molino di Grace ☆☆–☆☆☆
Panzano. 36 ha. www.ilmolinodigrace.it
O empresário de Chicago, Frank Grace, comprou esta propriedade em 1995. Anteriormente, as uvas eram vendidas para as cooperativas locais. Com a orientação de Franco Bernabei, Grace fez um bom trabalho, tanto com seus Chianti como com um IGT, o Gratius, um puro Sangiovese de videiras muito velhas.

Monsanto ☆☆–☆☆☆
Barberino Val d'Elsa. 72 ha. www.castellodimonsanto.it
A propriedade de Fabrizio Bianchi produz Chianti expressivos, especialmente a vinha única Il Poggio Riserva. Os vinhos IGT são impressionantes, também, especialmente o puro Cabernet preto com frutos, chamado Nemo, que é envelhecido em barris de carvalho novo.

Monte Bernardi ☆☆
Panzano. 6 ha. www.montebernardi.com
Pertencendo ao norte-americano Michael Schmelzer desde 2003 e agora uma propriedade biodinâmica. Além do elegante Chianti

Clássico, regular e 100% Sangiovese Sa'etta, a propriedade faz uma combinação elegante de Bordeaux chamada Tsingana.

Montevertine ☆☆☆
Radda. 13 ha. www.montevertine.it
Fundada por Sergio Manetti em 1967, e agora dirigida pelo genro Reimitz Klaus. Um pequeno vinhedo delicadamente cuidado, produzindo Le Pergole Torte, um IGT 100% Sangiovese, envelhecido em carvalho, de qualidade incomum, e Montevertine de um vinhedo diferente e envelhecido em grandes barris eslavos. Caro.

Nittardi ☆☆–☆☆☆
Castellina. 12 ha.
Peter Femfert, auxiliado pelo enólogo Carlo Ferrini, produz Chianti Classico extremamente confiável. Apesar de seu nome pretensioso, a mistura de Bordeaux de vinhedos Maremma, Nectar Dei, é elegante e equilibrada.

Il Palazzino ☆☆
Monti. 18 ha. www.podereilpalazzino.it
Exceto um vin santo sedoso, o Chianti Classico é o foco principal da propriedade de Alessandro Sderci. O Grosso Senese é feito em um estilo poderoso, e o La Pieve mostra mais sutilieza.

Fattoria di Petroio ☆☆
Quercegrossa. 15 ha. www.fattoriapetroio.it
A propriedade de Gian Luigi Lenzi produz Chianti Clássico de estilo moderno, que, às vezes, pode ser muito maduro e tostado.

Poggio al Sole ☆☆–☆☆☆
Tavernelle Val di Pesa. 10 ha. www.poggioalsole.com
Comprada em 1990, o proprietário/produtor Giovanni Davaz produz Chianti Classico excelente. O Chianti melhor e mais rico é chamado Casasilia. O Syrah é impressionante também.

Poggiopiano ☆☆–☆☆☆
San Casciano. 9 ha. www.fattoriapoggiopiano.it
Alessandro Bartoli tem objetivos elevados, insistindo em rendimentos muito baixos que dão ao Chianti e ao Rosso di Será, acarvalhado em madeira nova, concentração excepcional.

Castello di Poppiano ☆☆
Montespertoli1. 30 ha.
Esta propriedade imensa pertence à família Guicciardini desde 1199. Uma boa fonte de Chianti Colli Fiorentini; também produz Tricorno, uma mistura de Sangiovese, Cabernet e Merlot, além de Viognier e Syrah.

Castello di Querceto ☆☆–☆☆☆
Greve. 60 ha. www.castellodiquerceto.it
O proprietário/produtor Alessandro François produz uma variedade de vinhos, tanto Sangiovese puros, como misturas dominadas por Sangiovese, além de Cignale, um Cabernet com 15% de Merlot. O Chianti Riserva principal, com toques de cereja preta, é chamado Il Picchio.

Fattoria Querciabella ☆☆☆–☆☆☆☆☆
Greve. 61 ha. www.querciabella.com
A propriedade biodinâmica da família Castiglioni produz Chianti muito bom, mas o foco principal é no Supertoscano suculento, chamado Camartina e uma mistura Chardonnay e Pinot Bianco acarvalhada, chamada Batar. A qualidade é impecável, mas os preços são muito elevados.

Castello dei Rampolla ☆☆☆–☆☆☆☆
Panzano. 42 ha.
Uma linda propriedade agora biodinâmica, que pertence à família Di Napoli há três séculos. Chianti Classico muito bom, mas os vinhos mais famosos de Rampolla são o Sammarco dominado por Cabernet, que tem um histórico mais longo de excelência que a maioria, e o Vigna di Alceo, Cabernet novamente, mas com uma pitada de Petit Verdot, em vez de Sangiovese. Os vinhos Rampolla parecem perfeitos.

Barone Ricasoli ☆☆–☆☆☆
Gaiole. 227 ha. www.ricasoli.it
A propriedade tem estado na família Ricasoli desde 1141. A imensa e austera fortaleza é o local onde o grande e implacável Bettino Ricasoli, segundo o primeiro-ministro da Itália na década de 1850, "inventou" o Chianti, ou, pelo menos, a mistura de uvas e seu método de produção.

Em 1971, a família concedeu o controle da propriedade para a Seagram, mas não foi bem-sucedida. Em 1993, Francesco Ricasoli entrou em cena para reviver a herança histórica e restabelecer a sua reputação, jogando fora milhares de garrafas que considerava de qualidade insuficiente e replantando a maioria dos vinhedos. Ele teve sucesso considerável, especialmente com o seu principal Chianti Classico de nome Castello, e uma mistura Sangiovese Cabernet chamada Casalferro.

Riecine ☆☆
Gaiole. 30 ha. www.riecine.com
Fundada em 1971 pelo inglês John Dunkley, que morreu em 1999. O americano Gary Baumann comprou a propriedade e contratou os serviços do produtor Sean O'Callaghan, que manteve a qualidade, com Chianti Classico Riserva muito bom e um IGT baseado em Sangiovese, chamado La Gioia. Bauman também plantou vinhedos em Montecucco DOC.

Rocca di Castagnoli ☆☆
Giaole. 100 ha. www.roccadicastagnoli.it
Esta propriedade apenas engarrafa seus melhores vinhos, que incluem o Riserva Capraia, uma mistura Sangiovese e Cabernet chamada Stielle, e um IGT puro Cabernet, Buriano.

Rocca delle Macìe ☆–☆☆☆
Castellina. 220 ha. www.roccadellemacie.com
Fundada em 1970, a propriedade de Zingarellis é uma das maiores em Chianti Classico. Seus melhores vinhos são os reserva Chianti Fizzano, o IGT Cabernet e Sangiovese, chamado Roccato, e o Ser

Portões Palazzo, aldeia de Petrolo.

Gioveto, um Sangiovese amadurecido em carvalho novo, agora enriquecido com 10% de Cabernet Sauvignon e Merlot. Por causa de grande escala desta operação, os vinhos são muitas vezes subestimados, mas no *top* de linha são excelentes.

Rocca di Montegrossi ☆☆
Monti. 18 ha.
Uma propriedade alugada por Marco Ricasoli, com dois vinhos excelentes: o Chianti Riserva San Marcellino e a mistura de Bordeaux, Geremia.

Ruffino ☆☆–☆☆☆
Pontassieve. 600 ha. www.ruffino.com
Os Folonari possuem essa propriedade desde 1877, mas, em 2000, houve um rompimento na família e Ambrogio Folonari fundou outra empresa. No entanto, Ruffino mantém a sua enorme participação na Toscana, assim como a reputação estabelecida ao longo de muitas décadas por seu Riserva Ducale.

Um Pinot Nero, o Nero del Tondo, também é impressionante, assim como a combinação Sangiovese e Colorino, chamada Romitorio di Santedame. Ruffino também possui a propriedade Greppone Mazzi, em Montalcino (ver p. 341) e a Borgo Conventi em Friuli. Em 2004, o Constellation, vasto grupo vinícola americano, adquiriu 40% das ações da empresa.

San Fabiano Calcinaia ☆☆–☆☆☆
Castellina. 40 ha. www.sanfabianocalcinaia.com
Com a consultoria de Carlo Ferrini, esta bela propriedade faz vinhos muito consistentes: um Chianti Classico de estilo desejável, Cellole, e um Supertoscano, Cerviolo, envelhecido em barricas novas.

San Felice ☆☆☆
Castelnuovo Berardenga. 140 ha.
www.agricolasanfelice.it
Pertencente a uma grande companhia de seguros, San Felice não é apenas uma propriedade de vinho, mas um complexo turístico maravilhosamente restaurado, com um hotel elegante e um restaurante caro.

O produtor Leonardo Bellacini tem melhorado a qualidade dos seus vinhos desde que foi contratado em 1984. O Poggio Rosso, de vinhedo único, é um dos melhores reservas de Chianti Clássico, e o Vigorello é uma mistura Supertoscana tânica e assertiva de Sangiovese e Cabernet Sauvignon.

San Giusto a Rentennano ☆☆☆
Monti. 30 ha. www.fattoriasangiusto.it
O proprietário Francesco Martini e seu irmão fazem um Chianti bastante tradicional de seus vinhedos orgânicos, mas são mais conhecidos pelo caro Percarlo (Sangioveto puro e forte, envelhecido em barricas), um Merlot suntuoso, chamado La Ricolma, e um vin santo magnífico, que é envelhecido em barril por seis anos.

Selvapiana ☆☆☆
Pontassieve. 45 ha. www.selvapiana.it
Fundada em 1827 pela família de banqueiros florentinos Giuntini, ainda é propriedade de descendentes de Francesco Giuntini, agora assistido por Federico Masseti. Aconselhados pelo enólogo Franco Bernabei, eles produzem Chianti Rufina altamente tradicional e muito duradouro. Há dois Chianti de vinhedo único maravilhosamente estruturados, o Bucerchiale e o Fornace, e um vin santo glorioso.

Terrabianca ☆☆
Radda. 52 ha. www.terrabianca.com
O suíço Roberto Guldener comprou esta antiga propriedade em 1988. O Chianti Classico principal é o Vigna della Croce e a propriedade é também conhecida por seu Campaccio (Sangiovese e Cabernet) e o Cipresso (Sangiovese pura).

Vecchie Terre di Montefili ☆☆☆
Greve. 13 ha. www.vecchieterredimontefili.com
Roccaldo Acuti estabeleceu esta pequena propriedade em 1980. Além de bom Chianti Classico, produz um branco interessante, chamado Vigna Regis, feito de Chardonnay, Sauvignon Blanc e Traminer. O Chianti Riserva costumava ser chamado de Anfiteatro, mas agora é um IGT, embora permaneça Sangiovese pura. O Supertoscano Bruno di Rocca completa esta excelente gama.

Castello di Verrazzano ☆–☆☆
Greve. 42 ha. www.verrazzano.com
Os vinhedos cercam o castelo onde o explorador Giovanni da Verrazano nasceu em 1485. Hoje pertence a Luigi Cappellini. O Chianti Classico é bom, porém não excepcional, mas há uma excelente mistura de Sangiovese e Cabernet chamada Bottiglia Particolare.

Castello Vicchiomaggio ☆☆–☆☆☆
Greve. 33 ha. www.vicchiomaggio.it
Esta propriedade espetacular pertence à família Matta desde 1966, e agora é administrada por John Matta. Com seu restaurante e alojamento no castelo, é um destino turístico famoso, e seus vinhos estão cada vez mais impressionantes. Dos Chiantis Classicos, o mais elegante é normalmente o La Prima, envelhecido em barricas durante dezenove meses. Há dois IGTs: Ripa delle Mandorle, uma mistura Sangiovese e Cabernet desenvolvida para ser bebida bastante jovem; e Ripa delle More, uma mistura semelhante com mais tempo de envelhecimento em barricas e mais riqueza e força. Em geral, os vinhos são produzidos em um estilo amplo e acessível.

Villa Vignamaggio ☆☆☆
Greve. 52 ha. www.vignamaggio.com
A bela *villa* do século XV, onde Mona Lisa provavelmente viveu, lar do biógrafo de Michelangelo e um dos mais prestigiados Chianti. Sob a orientação do enólogo Franco Bernabei, o proprietário, o advogado romano Gianni Nunziante, fez melhorias substanciais nos vinhedos e nos vinhos. O Chianti Classico, especialmente o reserva, é rico e complexo, e há também IGTs como um Cabernet Franc e o Obsession, que soa como um perfume, mas é, na verdade, uma mistura de Merlot, Syrah e Cabernet Sauvignon, amadurecida em carvalho novo.

Vignole ☆☆
Panzano. 12 ha.
Chianti Classico bom e de preço razoável.

Viticcio ☆☆
Greve. 35 ha. www.fattoriaviticcio.com
Ótimo Chianti Classico, um IGT Sangiovese chamado Prunaio e um Cabernet, amadurecido em carvalho novo, impressionante, chamado Monile.

Castello di Volpaia ☆☆☆
Radda. 45 ha. www.volpaia.it

O castelo medieval e seu povoado estavam no topo da lista de *crus* do século XV, e a aldeia é agora tanto uma vinícola como um complexo turístico de alta classe, gerenciados por Giovanella Stianti Mascheroni. Os vinhedos estão entre os mais altos de Chianti Clássico, por isso tem-se um cuidado especial para garantir que as uvas amadureçam totalmente. O Chianti é sempre um vinho refinado que precisa de alguns anos para atingir o seu auge, especialmente os Riserva Coltassala, antes IGT, mas agora restaurados para as fileiras de DOCG.

Há também um impressionante Supertoscano, o Balifico, uma mistura de Sangiovese e Cabernet Sauvignon.

Principais produtores de Montalcino

Altesino ☆☆–☆☆☆
Montalcino. 27 ha. www.altesino.it
Esta propriedade altamente respeitada de pequeno porte, comprada em 2003 por Elisabetta Gnudi Angelini de Caparzo (ver nesta página), tem oscilado no direcionamento, ora favorecendo estilos Supertoscanos em detrimento de seu excelente Brunello, ora fazendo o oposto. Palazzo Altesi é um Sangiovese envelhecido em barricas para produzir a flexibilidade e a suculência de um Burgundy. O melhor Brunello é o Montosolide de vinhedo único, geralmente de qualidade excepcional.

Argiano ☆☆☆
Sant'Angelo in Colle. 48 ha. www.argiano.net
Desde 1980, esta antiga propriedade pertence a um membro da família Cinzano. Com o produtor de vinho Sebastiano Rosa, a qualidade melhorou bastante, e seu sucessor, Hans Vinding-Diers manteve os padrões. Todos os Brunellos são vinificados da mesma forma, então os menos satisfatórios são desclassificados como Rosso. O vinho engarrafado como Brunello é rico e forte.

Vinding-Diers também criou novos vinhos: o Sangiovese puro, Suolo, envelhecido em barricas novas e um substituto para o admirado Solengo, e dois Supertoscanos mais leves, o Non Confunditur e o L'O.

Castello Banfi ☆–☆☆☆
Sant'Angelo Scalo. 900 ha. www.castellobanfi
Fundada em 1977 por um grande importador de vinho americano que tinha saudades da terra de seus ancestrais, Banfi plantou imensos vinhedos a partir do nada e agora produz uma vasta gama de vinhos.

O melhor Brunello di Montalcino é o Poggio alla Mura, e há sérios vinhos varietais de Pinot Noir (Belnero), Cabernet Sauvignon (Tavernelle), Syrah (Colvecchio) e duas ricas misturas: Excelsus (uma mistura de Bordeaux) e o Summus, que passa pouco tempo em carvalho, de Sangiovese, Cabernet e Syrah. Há também grande produção de vinhos brancos, mas esses são em sua maioria desinteressantes. Possui uma vinícola irmã em Piemonte.

Fattoria dei Barbi ☆☆
Montalcino. 90 ha. www.fattoriadeibarbi.it
Há dois séculos pertencente à família Colombini Cinelli, a Barbi – que produz queijo, salame e azeite, assim como vinho – tem uma longa reputação.

Além de Brunello di Montalcino confiável, produz vinhos de consumo rápido, como o Brusco dei Barbi, um Sangiovese feito pelo método *governo*. A propriedade também tem desenvolvido vinhedos em Scansano.

Biondi Santi – Il Greppo ☆☆☆
Montalcino. 19 ha. www.biondisanti.it
Fundada em 1840 por Clemente Santi, cujo neto, Ferruccio Biondi Santi, é creditado com a criação de Brunello di Montalcino. Safras anteriores, ainda vivas na garrafa, estão entre os vinhos mais cobiçados da Itália. No entanto, na década de 1980, a qualidade caiu, e, nos anos 1990, problemas com fungos afetaram os vinhedos. Rixas familiares também não ajudaram.

No início dos anos 2000, a fazenda retornou ao curso. No entanto, a surpreendente melhora de qualidade em toda a região ofuscou o Biondi Santi, já não mais tão proeminente como era, exceto talvez no preço. A família adquiriu vinhedos ao longo da costa da Toscana, de onde está produzindo vinhos atraentes e relativamente baratos, como o Sassoalloro, um Sangiovese envelhecido em barricas.

Camigliano ☆☆
Montalcino. 80 ha. www.camigliano.it
A família Ghezzi produz Brunello e Rosso di Montalcino confiáveis, assim como um puro Cabernet Sauvignon, Campo ai Mori e um Moscadello delicado.

Campogiovanni ☆☆
Sant'Angelo in Colle. 20 ha. www.agricolasanfelice.it
Do mesmo proprietário de San Felice (ver p. 339) em Chianti, é uma fonte de Rosso e Brunello suaves.

Caparzo ☆☆
Montalcino. 80 ha. www.caparzo.com
Sob a direção de Nuccio Turone, Caparzo cresceu para se tornar uma das vinícolas mais consistentes de Montalcino. Um ótimo Brunello, é claro, especialmente o La Casa, de vinhedo único, mas também o delicioso Le Grance, dominado por Chardonnay, e um Brunello com Cabernet chamado Ca' del Pazzo.

No entanto, em 1999, a propriedade foi vendida a Elisabetta Gnudi. Ela também adquiriu a propriedade Borgo Scopeto em Castelnuovo Berardenga e Altesino em Montalcino (ver nesta página). Nos últimos anos, os Brunello Caparzo parecem ter perdido algum peso e distinção.

Casanuova delle Cerbaie ☆☆
Montalcino. 20 ha. www.casanuovadellacerbaie.com
Esta propriedade remota no norte de Montalcino também possui vinhedos no sul, que juntos fazem um Brunello muito harmonioso. Também uma mistura de Sangiovese e Merlot chamada Cerbaione.

Casanova di Neri ☆☆☆–☆☆☆☆
Montalcino. 35 ha. www.casanovadineri.com
Giacomo Neri faz um Brunello comum e dois excelentes vinhos de vinhedo único: o Cerretalto e o sensacional Tenuta Nuova. A Neri não aplica uma fórmula para os seus vinhos, adaptando o envelhecimento em madeira com a qualidade e o caráter de cada vindima. Há também um Cabernet puro, mas de preço exagerado, o Pietradonice.

Case Basse ☆☆☆–☆☆☆☆
Montalcino. 8 ha. www.casebasse.it
Gianfranco Soldera desafia todas as concepções modernas de

Brunello. Ele fermenta seus vinhos sem controle de temperatura, como o Barolo de estilo antigo, e os envelhece de quatro a seis anos em grandes tonéis. Com aromas de frutas vermelhas, taninos refinados, e elevada acidez, lembram às vezes o Nebbiolo. Mas são Brunello intransigentes, autênticos, ao estilo antigo, originários de dois vinhedos, Case Basse e Intistieti, com diferentes estruturas, que exibem uma nobreza que justifica seus preços muito elevados.

Castelgiocondo ☆☆☆
Montalcino. 235 ha. www.frescobaldi.it
Esta imensa propriedade pertence à família Frescobaldi. A produção, que começou com a vindima de 1975, inclui Brunello e Rosso di Montalcino, bem como o robusto Merlot Lamaïone.

Castiglion del Bosco ☆☆
Montalcino. 56 ha. www.castigliondelbosco.it
Propriedade desde 2003 da família Ferragamo, que desenvolveu a fazenda como um exclusivo clube privado. Mas a produção de vinho não tem sido negligenciada, e o melhor Brunello daqui, Campo del Drago, é tânico e estruturado.

Cerbaiona ☆☆☆
Montalcino. 3 ha.
A descontraída família Molinari, rodeada por seus quinze gatos e seus vinhedos, produz quantidades ínfimas de um glorioso Brunello, e uma mistura complexa chamada Cerbaiona.

Ciacci Piccolomini d'Aragona ☆☆–☆☆☆
Castelnuovo dell'Abate. 40 ha. www.ciaccipiccolomini.com
Antiga propriedade que ressurge com o ótimo Brunello di Montalcino e um Rosso invulgarmente rico. Plantações de outras uvas são usadas no Supertoscano Ateo e há o puro Syrah, Fabius.

Col d'Orcia ☆–☆☆☆
Sant'Angelo in Colle. 142 ha. www.coldorcia.it
Uma grande propriedade do sul comprada pela Cinzano, em 1973. A qualidade é elevada nos *top* de linha: o poderoso Brunello, o puro Cabernet chamado Olmaia, e Moscadello. Um maior volume de vinhos como Rosso são menos impressionantes.

Collemattoni ☆☆
Sant'Angelo in Colle. 7 ha. www.collemattoni.it
Vinhos tradicionalmente feitos com um caráter esfumaçado, picante, mas sem a doçura dos derivados de carvalho. O Riserva Fonteleotano é o melhor vinho, mas mesmo os Rosso podem ser vigorosos e cheios de personalidade.

Costanti ☆☆☆
Montalcino. 10 ha. www.costanti.it
Por muitos anos, a propriedade de Andrea Costanti, perto da cidade, tem sido uma fonte impecável de Brunello e Rosso di Montalcino duráveis. Eles são característicos da parte norte da região, mostrando elegância em vez de força. Na década de 1990, Costanti introduziu um vinho de vinhedo único, chamado Vermiglio, contendo Merlot, Cabernet e Sangiovese.

Fanti ☆–☆☆
Castelnuovo dell'Abate. 52 ha.
www.fantisanfilippo.com
A aclamação da crítica dos Estados Unidos ajudou Filippo Fanti a expandir sua propriedade rapidamente. Apreciadores europeus podem achar os vinhos maduros demais e docemente acarvalhados.

La Fiorita ☆☆–☆☆☆
Castelnuovo dell'Abate. 8 ha. www.fattorialafiorita.it
Roberto Cipresso é mundialmente conhecido como consultor de vinhos. Esta é a sua própria propriedade. Ele adota algumas técnicas de Borgonha para sua vinificação e isso dá aos vinhos uma atraente leveza de toque e surpreendente capacidade de envelhecimento; eles são envelhecidos em barris de 500 litros para evitar o gosto de carvalho excessivo.

Fossacolle ☆☆–☆☆☆
Tavernelle. 25 ha. www.fossacolle.it
Inicialmente Fossacolle fazia parte da vinícola Argiano e os vinhos eram feitos pelo mestre de adega de Argiano, tomando todos os cuidados para evitar sobreamadurecimento dessas vinhas quentes. O Brunello é elegante e tem estilo, nunca permitindo que seu poder intrínseco sobrepuje a fruta.

La Fuga ☆☆
Montalcino. 10 ha. www.tenutefolinari.com
Uma propriedade estabelecida que foi comprada por Ambrogio e Giovanni Folinari em 2000. A qualidade já era boa na década de 1990, e Giovanni Folinari trabalhou duro para melhorar ainda mais os vinhos e combater a falta de elegância que pode afetar certas vindimas.

Fuligni ☆☆☆
Montalcino. 4 ha.
Uma pequena vinícola com uma grande reputação por seus vinhos extremamente elegantes. Roberto Guerrini garante que a qualidade na propriedade de sua família é impecável, para o Rosso e o Brunello.

Greppone Mazzi ☆☆–☆☆☆
Montalcino. 14 ha. www.ruffino.com
De vinhedos a leste da cidade, Ruffino produz um Brunello complexo, com longo envelhecimento em grandes barris.

Lisini ☆☆–☆☆☆
Sant'Angelo in Colle. 18 ha. www.lisini.com
O consultor-produtor de vinho Franco Bernabei supervisiona a produção de rico e confiável Brunello e de delicioso Rosso. O suntuoso Ugolaia não é um reserva, mas é um vinho de vinhedo único.

Mastrojanni ☆☆☆
Castelnuovo dell'Abate. 20 ha. www.mastrojanni.com
Propriedade de qualidade esplêndida que tem sido aconselhada há muitos anos por Maurizio Castelli. Além do rico Brunello (Schiena d'Asino é o excelente vinho de vinhedo único, engarrafado somente em vindimas de primeira) e do Rosso di Montalcino, há um Sangiovese com Cabernet IGT fresco, chamado San Pio. Em 2008, a propriedade foi comprada por Francesco Illy, da empresa de café, e as indicações iniciais sugerem que a propriedade será administrada como antes.

Silvio Nardi ☆☆–☆☆☆
Montalcino. 80 ha. www.tenutenardi.com
Emilia Nardi supervisionou várias melhorias de qualidade nesta propriedade. Isso é particularmente evidente no Manachiara Brunello, que é envelhecido em grandes tonéis ou barricas, mas ela também está se voltando para uma nova direção com um Merlot puro, o Sant'Atimo DOC.

ITÁLIA | TOSCANA

Siro Pacenti ☆☆☆
Montalcino. 20 ha.
Poderosos Rosso e Brunello di Montalcino, que mistura a produção dos vinhedos de Giancarlo Pacenti no norte e no sul, mas pode mostrar uma mão pesada com o uso de barricas novas.

Pian del Vigne ☆☆
Montalcino. 60 ha. www.antinori.it
Não seria razoável esperar que a Antinoris tivesse sucesso em absolutamente tudo, mas desde o soberbo 1999, os Brunello têm sido um pouco decepcionantes.

Pieve Santa Restituta ☆☆☆
Montalcino. 16 ha.
Adquirida por Angelo Gaja em 1994, a fazenda produz dois Brunello principais: o Rennina e um vinho de vinhedo único chamado Sugarille. Eles são envelhecidos por dois anos em grandes tonéis, bem como em barricas, e estão melhorando ano a ano.

La Poderina ☆☆–☆☆☆
Castelnuovo dell'Abate. 23 ha. www.saiagricola.it
De propriedade da companhia de seguros SAI Agricola, esse vinhedo está fazendo Brunello di Montalcino e Moscadello cada vez mais elegantes. Ver também Fattoria del Cerro.

Poggio Antico ☆☆☆
Montalcino. 33 ha. www.poggioantico.com
A família bancária milanesa Gloder comprou esta propriedade em 1984 e logo começou a produzir Brunello de nível muito elevado. Além disso, há um estilo mais acessível de Sangiovese chamado Altero, que também pode envelhecer bem.

Poggio San Polo ☆☆–☆☆☆
Montalcino. 14 ha. www.poggiosanpolo.com
A família Fertonani administra essa pequena vinícola orgânica. O Brunello envelhecido em barrica é picante e traz boa dose de álcool com êxito considerável e há uma impressionante mistura de Sangiovese e Cabernet chamada Mezzopane.

I Poggiolo di Roberto Cosimi ☆☆☆
Montalcino. 7 ha. www.ilpoggiolomontalcino.com
A vinícola especializada de Rodolfo Cosimi produz um Brunello de primeira linha, especialmente o acarvalhado, mas concentrado Beato.

Il Poggione ☆☆
Sant'Angelo in Colle. 106 ha. www.tenutailpoggione.it
A família Francheschi deixou esta conhecida vinícola nas mãos experientes do produtor Fabrizio Bindocci. Seu Brunello di Montalcino é inegavelmente firme e estruturado, mas o vinho pode não ter a intensidade e a opulência dos outros. Para aqueles que preferem um estilo mais austero e tradicional de Brunello, Il Poggione é uma boa fonte.

Salicuti ☆☆☆
Montalcino. 3 ha. www.poderesalicutti.it
A propriedade de Brunello de Francesco Leanza é minúscula, mas a qualidade é bem alta.

Sesta di Sopra ☆☆
Castelnuovo dell'Abate. 4 ha. www.sestadisopra.it
A primeira vindima aqui foi em 1999, mas os vinhos, tanto o Rosso quanto o Brunello, têm muito entusiasmo, apesar da localização ao sul, em uma região quente.

Sesti ☆☆☆
Sant'Angelo in Colle. 8 ha.
Giuseppe Maria Sesti é astrônomo e escritor e observa as fases da lua em seu cultivo e vinificação. Adjacente ao Argiano, no castelo que antigamente tinha o mesmo nome, esse é um local quente, então Sesti se esforça para obter riqueza e concentração sem álcool excessivo. Ele tem tido sucesso.

Talenti ☆☆
Sant'Angelo in Colle. 20 ha. www.talentimontalcino.it
O respeitadíssimo Pierluigi Talenti, antigo produtor em Poggione, morreu em 1999, e sua vinícola é agora administrada pelo filho Riccardo, que produz um Brunello clássico, um pouco austero, e um Rosso di Montalcino.

Val di Suga ☆☆
Montalcino. 55 ha. www.tenimentiangelini.it
Propriedade da família Angelini, que também possui a Tenuta Trerose em Montepulciano e a San Leonino em Chianti Classico. Sua vinícola de Montalcino é dividida entre o norte e o sul da região, dando-lhes uma variedade de vinhas e uvas para trabalhar. Há dois únicos vinhos do vinhedo, ambos de qualidade exemplar: Vigna del Lagoand Spuntali e Brunello.

Principais produtores de Montepulciano

Avignonesi ☆☆–☆☆☆
Montepulciano. 109 ha. www.avignonesi.it
O Palazzo Avignonesi do século XVI, com suas adegas do século XIII no coração de Montepulciano, abriga o vino nobile, envelhecido em barril da família. A vinícola pertencia e era administrada pela família Falvo até sua venda, em 2008, para a empresária belga Virginie Saverys. O foco principal é o vino nobile, mas a empresa produz muitos vinhos, tais como o Cortona Desiderio Merlot DOC e o rico e acarvalhado Chardonnay Marzocco. Poucos discordariam que o melhor vin santo da Toscana é feito em Avignonesi, tanto o vinho regular quanto o raro e extremamente caro Occhio del Pernice. Na propriedade, recentemente adquirida, Sovana, perto de Pitigliano, também é feito um ótimo Aleatico suave.

Le Berne ☆☆
Montepulciano. 16 ha. www.leberne.it
Desde 1999, Andrea Natalini vem produzindo um vino nobile consistentemente melhor, tradicional em estilo, mas sem deixar de ser frutado.

Bindella ☆☆
Montepulciano. 30 ha. www.bindella.it
Fundada pelo importador suíço Rudolf Bindella, esta vinícola faz um ótimo vino nobile, especialmente o envelhecido em barrica I Quadri e uma mistura de Supertoscano chamada Vallocaia.

Boscarelli ☆☆–☆☆☆
Montepulciano. 18 ha. www.poderiboscarelli.com
Propriedade desde 1962 de Paola Ferrari de Corradi e agora administrada por seus filhos com conselhos de Maurizio Castelli, esta vinícola está entre as melhores em Montepulciano, produzindo um vino nobile com profundidade, tonalidade e força, e um Supertoscano concentrado e vigoroso, chamado Boscarelli di Boscarelli.

La Braccesca ☆☆

Montepulciano. 230 ha. www.antinori.it

Esta grande vinícola, que se estende na DOC Cortona, é propriedade de Antonori. São nobiles de estilo moderno, com variedades de Bordeaux consubstanciando o Sangiovese. O Bramasole é o excelente Cortona baseado em Syrah.

La Calonica ☆☆

Valiano di Montepulciano. 38 ha. www.lacalonica.com

A estável vinícola de Ferdinando Cattani oferece um vino nobile maduro e frutado e um agradável Cortona dominado por Sangiovese chamado Girifalco.

Le Casalte ☆

Sant'Albino. 8 ha.

A família Barioffi produz vino nobile que é mais confiável que emocionante.

Fattoria del Cerro ☆☆–☆☆☆

Montepulciano. 170 ha. www.saiagricola.it

Apesar das dimensões desta propriedade, a SAI Agricola, uma companhia de seguros que a detém, produz vino nobile de primeira (Antica Chiusina, de vinhedo único, envelhecido em barrica é especialmente voluptuoso) e um Merlot chamado Poggio Golo. Ver também La Poderina.

Dei ☆–☆☆

Montepulciano. 38 ha. www.cantinedei.com

Caterina Dei é uma produtora líder de vino nobile e um puro Sangiovese de vinhedo único, chamado Sancta Catharina. Taninos secos podem ser um problema em algumas safras.

Fassati ☆☆

Montepulciano. 85 ha. www.fazibattaglia.com

Propriedade de Fazi-Battaglia desde 1969 (ver Marches, p. 351). Um importante produtor de Chianti e, ocasionalmente, o austero Vino Nobile di Montepulciano. Também dono de Greto delle Fate, em Scansano.

Lodola Nuova ☆☆

Montepulciano. 132 ha. www.ruffino.com

Vino nobile flexível, encorpado e com certo vigor e complexidade, e Syrah de Cortona. Propriedade de Ruffino.

Poliziano ☆☆☆

Montepulciano. 120 ha. www.carlettipoliziano.com

Propriedade de Federico Carletti que, com a ajuda de Carlo Ferrini, faz Chianti suculento e vino nobile que é tão bom quanto qualquer outro na região. Outros vinhos expressivos incluem o Le Stanze, de Cabernet. O Asinone de vinhedo único alcança uma qualidade bem elevada. Também está produzindo um delicioso vinho chamado Lhosa, de vinhas em Scansano.

Romeo ☆☆

Gracciano di Montepulciano. 5 ha. www.massimoromeo.it

Uma vinícola butique, que produz vin nobile rico, solidamente estruturado e tradicional, de vinhedos orgânicos.

Valdipiatta ☆☆–☆☆☆

Montepulciano. 30 ha. www.valdipiatta.it

O Riserva e o Vigna d'Afiero, envelhecido em barrica, são os melhores desses vini nobiles suculentos.

Outros produtores da Toscana

Aia Vecchia ☆☆–☆☆☆

Bibbona. 38 ha.

Uma propriedade de Maremma em rápida expansão pertencente a Filippo Pellegrini. O delicioso vinho básico no momento é o IGT Lagone, ricamente acarvalhado, de Merlot, Cabernet e Sangiovese. A mistura de Bordeaux chamada Sor Ugo, de Bolgheri, é um triunfo.

Fattoria Ambra ☆–☆☆

Carmignano. 18 ha. www.fattoriaambra.it

A família Rigoli produz Carmignano atraente e tradicional da vinícola que possui desde 1870.

Ambrosini ☆☆–☆☆☆

Suvereto. 6 ha. www.ambrosinilorella.it

Uma pequena propriedade que produz uma vigorosa mistura acarvalhada de Sangiovese, Merlot e Syrah chamada Subertum, e um incomum Montepulciano IGT, chamado Riflesso Antico.

Marchesi Antinori ☆☆–☆☆☆☆

Firenze. www.antinori.it

O atual proprietário, Marchese Piero Antinori, é o último de uma linhagem que começou em 1385, e suas filhas estão prontas para continuar quando ele se aposentar. De sua extensa base na Toscana, Antinori ampliou sua participação em regiões tão diversas como Úmbria, Piemonte, Apúlia e a costa oeste dos Estados Unidos.

Ampeleia ☆–☆☆

Roccastrada. 50 ha. www.ampelaia.it

Elisabetta Foradori de Trentino adquiriu esta propriedade em Monteregio e faz o Ampeleia, uma mistura levemente austera de Cabernet Franc e Sangiovese, e o Kepos, uma incomum combinação não acarvalhada de variedades do sul da França.

Argentiera ☆☆

Donoratico. 60 ha. www.argentiera.eu

Um ambicioso empreendimento conjunto entre os empresários de Florença, Corrado e Marcello Fratini, e Piero Antinori, com consultoria de Stéphane Derenoncourt. A propriedade, no extremo sul em Bolgheri, é espetacular. Os primeiros lançamentos foram em 2003, então, está na fase inicial, mas os primeiros vinhos, misturas de Bordeaux, foram de excelente qualidade.

Erik Banti ☆☆

Scansano. 30 ha. www.erikbanti.com

Uma excelente fonte de Morellino di Scansano, bem estabelecida na região há quase trinta anos.

Igreja em Badia a Passignano.

ITÁLIA | TOSCANA

Il Borro ☆☆
Loro Ciufenna. 40 ha. www.ilborro.it
Esta propriedade em Colli Aretini tem os recursos da família Ferragamo por trás. O vinho de mesmo nome é uma mistura de Bordeaux, e o Pian di Nova é principalmente Syrah com uma pitada de Sangiovese. Vinhos muito maduros em um estilo descaradamente do Novo Mundo.

Fattoria del Buonamico ☆☆
Montecarlo. 24 ha. www.buonamico.it
A família Grassi produz Montecarlo Bianco e um Rosso baseado em Sangiovese, um Syrah às vezes sobreamadurecido, chamado Fortino, e uma mistura de Supertoscano chamada Cercatoja.

Bulichella ☆–☆☆
Suvereto. 12 ha. www.bulichella.it
Uma propriedade japonesa, cultivada biologicamente. Os vinhos podem ser irregulares, mas a linha superior Coldipetrerosse, principalmente Cabernet Sauvignon, é excelente.

Ca' Marcanda ☆☆–☆☆☆
Castegneto Carducci. 65 ha.
Angelo Gaja, bem estabelecido na Toscana, ampliou, na propriedade Montalcino, sua participação por meio da compra e plantação de um vinhedo no coração da Bolgheri, com variedades tintas de Bordeaux e Syrah. O primeiro lançamento foi um vinho chamado Magari: meio Merlot, meio Cabernet Sauvignon e Cabernet Franc.

O Ca' Marcanda em si é similar, mas com mais Cabernet Sauvignon. O potencial total da propriedade ainda não foi conseguido, embora os vinhos sejam indubitavelmente bons.

Caccia al Piano ☆☆
Castagneto Carducci. 20 ha. www.berlucchi.it
Uma nova propriedade fundada e plantada pelo professor Marianno Franzini em 1997, mas depois vendida, em 2003, para o produtor de Franciacorta, Guido Beluccio. Seus dois vinhos são o Levia Gravia, de predominância Merlot, e o Ruit Hora, dominado por Cabernet. Ambos são muito concentrados e mostram sinais de sobreamadurecimento.

Caiarossa ☆
Riparbella. 12 ha. www.caiarossa.it
Esta propriedade remota na DOC Montescudaio pertence, desde 2004, ao mesmo proprietário da Château Margaux em Giscours. A vinícola alimentada por gravidade é construída, para melhor ou para pior, de acordo com princípios do feng-shui. Os vinhos, que são misturas de Sangiovese com variedades de Bordeaux, até agora têm sido inconsistentes.

Campo al Mare ☆–☆☆
Bolgheri. 30 ha. www.tenutefolonari.com
Esta propriedade foi comprada por Ambrogio e Giovanni Folonari em 1999, e a primeira vindima foi difícil em 2003. Seu vinho é uma mistura de Bordeaux, e safras subsequentes têm demonstrado tempero, vigor e persistência.

Campo alla Sughera ☆–☆☆
Bolgheri. 20 ha. www.campoallasughera.com
Esta propriedade é de um magnata alemão da cerâmica e nenhuma despesa foi poupada nos vinhedos ou na vinícola. Os primeiros lançamentos eram muito insípidos, mas o Arnione, uma mistura de Bordeaux envelhecido em barricas novas, é exuberante e substancial.

Campo al Sasso ☆☆–☆☆☆
Bibbona. 90 ha. www.campodisasso.it
Os irmãos Piero e Lodovico Antinori sempre caminharam em direções diferentes. Por isso, foi uma surpresa, embora bem-vinda, quando se uniram para estabelecer esta bela propriedade ao norte de Bolgheri. Os vinhedos, principalmente variedades de Bordeaux e alguma quantidade de Syrah, foram plantados em 2002; então, é ainda um trabalho em progresso. O vinho de nível intermediário, Il Pino, é, sem dúvida delicioso, mas ainda estamos esperando a primeira colheita do *grand vin* Biserno.

Tenuta di Capezzana ☆☆☆
Carmignano. 100 ha. www.capezzana.it
Fundada no século XV, pertence e é administrada pelos filhos de Ugo Contini Bonacossi. A antiga *villa* Medici dos Bonacossis pode ter sido o primeiro lugar onde a Cabernet Sauvignon foi cultivada

---

A ASCENSÃO DOS CONSULTORES

Quase todas as propriedades importantes da Toscana agora têm um enólogo consultor que mantém um olhar atento sobre cada aspecto de suas práticas vitivinícolas. Até o final da década de 1960, a indústria de vinho dessa região era dominada por grandes empresas, mas com o "boom" da produção de vinho nas décadas seguintes, muitos cultivadores de uvas decidiram tornar-se produtores de vinho também. Na época, embora esses proprietários pudessem ter muito conhecimento sobre o cultivo da uva, eles provavelmente sabiam muito pouco sobre vinificação. Outras propriedades que já estavam produzindo vinho tinham, muitas vezes, equipamentos irremediavelmente

ultrapassados. Eles precisavam de conselhos. Havia produtores com conhecimentos profundos, mas eles geralmente estavam ligados a uma empresa: Antinori (Giacomo Tachis) e Banfi (Ezio Rivelles). Assim, uma nova geração de consultores surgiu. À medida que as vinícolas que eles aconselharam ganhavam prestígio, os consultores tornavam-se famosos. Enólogos como Maurizio Castelli, Franco Bernabei e Vittorio Fiore poderiam acrescentar brilho a uma propriedade vinícola, e os seus serviços, apesar de caros, eram muito procurados. Mais recentemente, uma geração mais jovem está gradualmente tomando seu lugar: Alberto Antonini, Riccardo Cotarella, Attilio Pagli, Lorenzo

Landi, Barbara Tamburini, Carlo Ferrini, Stefano Chioccioli e Luca d'Attoma.

É engraçado vê-los percorrerem a Toscana em seus carros velozes, com seus celulares que não param de tocar, mas eles têm dado uma contribuição inestimável para o sucesso dos vinhos locais. Eles sabem sobre vinificação, podem corrigir falhas, atualizar equipamentos, e também sabem sobre a concorrência e o mercado. Quaisquer temores de que a multiplicidade de clientes desses consultores poderia produzir vinhos padronizados são, na maioria, clara, e felizmente, improcedentes.

na Toscana. A excelência de seu Carmignano assegurou o estabelecimento do que parecia uma DOC alienígena no coração de Chianti. Outras inovações incluem o rosé Vin Ruspo e o tinto Barco Reale, uma mistura frutada de Cabernet e Merlot chamada Ghiaie della Furba; e, a partir de 2004, um Syrah puro. Seu melhor vinho continua a ser o Carmignano, firmemente estruturado e de longa duração, mas o vin santo também é da mais alta qualidade.

Chiappini ✩✩
Bolgheri. 7 ha. www.giovannichiappini.it
Giovanni Chiappini é um fazendeiro cuja terra está no coração de Bolgheri. Ele começou a fazer vinho aqui em 2000: o Felciaino, não acarvalhado e frutado, e o Gemoli Guado, uma rica mistura Cabernet e Merlot. Novas adições são o Merlot envelhecido em barrica e o Petit Verdot.

Villa Cusona ✩✩
San Gimignano. 35 ha. www.guicciardinistrozzi.it
Pertencente a Girolamo Strozzi e Guicciardini Roberto, essa propriedade data do século XVI. É um excelente produtor de Vernaccia di San Gimignano, e também faz Chianti dei Colli Senesi e o Sangiovese IGT, Sòdole.

Tenuta Farneta ✩✩
Sinalunga. 120 ha.
Esta vinícola é um dos maiores produtores de Chianti Colli Senesi, mas construiu sua reputação com um ótimo Sangiovese puro, chamado Bongoverno.

Marchesi de' Frescobaldi ✩✩–✩✩✩✩
Firenze. 1.000 ha. www.frescobaldi.it
Os Frescobaldi competem com os Antinori como a principal família aristocrática do vinho na Toscana, traçando sua ascendência até 1300, e produzindo vinhos de excelente qualidade, confiabilidade, valor e originalidade. Todos os vinhos Frescobaldi são provenientes de suas seis propriedades em toda a Toscana. O Castello di Nipozzano, de Rufina é o seu mais famoso tinto (uma seleção superior é chamada Montesodi). As outras propriedades são a Pomino e a Poggio a Remole.

O Pomino Bianco é um excelente branco temperado com Chardonnay. O Pomino Benefizio é quase Chardonnay puro. Os Frescobaldi também possuem o Castelgiocondo (ver p. 341) em Montalcino, e criaram um empreendimento conjunto com Robert Mondavi (mas agora sob o controle exclusivo dos Frescobaldi) para produzir o Luce, uma brilhante mistura de Sangiovese e Merlot, provenientes dos vinhedos de Castelgiocondo. Por último, mas não menos importante, os Frescobaldi tornaram-se proprietários de Ornellaia (ver p. 346).

Tenuta di Ghizzano ✩✩✩
Ghizzano di Peccioli. 18 ha. www.tenutadighizzano.com
Uma pequena propriedade orgânica nas mãos da família Veneroso Pesciolini desde o século XIV. Tintos IGT suntuosos: o Nambrot, que é principalmente Merlot, e o Veneroso, uma mistura Sangiovese, Cabernet e Merlot.

Castello Ginori di Querceto ✩–✩✩
Ponteginori. 15 ha. www.marchesiginorilisci.it
A família Ginori tem uma propriedade de 2 mil hectares localizada na vila remota de Querceto, no topo das colinas em Montescudaio. A produção de vinhos só começou em 2002, e o melhor deles é o Castello Ginori, dominado por Merlot.

I Giusti e Zanza ✩✩
Fauglia. 15 ha. www.igiustiezanza.it
A propriedade localiza-se no noroeste da Toscana, não muito longe do mar. Os vinhos – Nemorino, Belcore e Dulcamara – são nomes de personagens da ópera *L'Elisir d'Amore* (*O elixir de amor*) de Donizetti, mas estão longe de ser fúteis. Nemorino é o mais simples, Belcore é uma mistura de Sangiovese e Merlot, e Dulcamara, uma mistura de Bordeaux. E há o recente e impressionante PerBruno, um Syrah puro.

Grattamacco ✩✩–✩✩✩✩
Castagneto Carducci. 10 ha. www.collemassari.it
O proprietário Pier Mario Meletti Cavallari construiu uma excelente reputação com essa propriedade nas colinas atrás de Bolgheri. O seu sucesso foi baseado no Grattamacco Bianco dominado por Vermentino, envelhecido em barricas, e o suntuoso Grattamacco Rosso, feito de Cabernet, Sangiovese e Merlot. Em 2002, Cavallari arrendou a propriedade a um empresário suíço, Claudio Tipa, por doze anos. Tipa também produz excelente vinho de sua propriedade Colle Massari, na região de Montecucco. A qualidade dos vinhos Grattamacco tem sido mantida por Tipa.

Gualdo del Re ✩✩–✩✩✩
Suvereto. 23 ha. www.gualdodelre.it
A família Rossi começou a engarrafar em 1982, mas raramente alcançou o nível de qualidade de seus vizinhos ilustres. Em 2000, eles contrataram a enóloga Bárbara Tamburini para melhorar a qualidade, que ela vem conseguindo, apesar de os vinhos ainda serem inconsistentes. Agradáveis vinhos brancos, mas tintos melhores, como o substancial Gualdo Del Re Sangiovese, o Cabernet Federico Prima e o Merlot puro Rennero.

Guidalberto
Ver Sassicaia.

Le Macchiole ✩✩✩–✩✩✩✩
Bolgheri. 22 ha. www.lemacchiole.it
Após a morte prematura de Eugenio Campolmi em 2002, sua viúva continuou a produzir alguns dos melhores vinhos de Bolgheri, notadamente o Cabernet Franc chamado Paleo Rosso, e dois vinhos cultuados pouco encontrados: Messorio (Merlot) e Scrio (Syrah). Os vinhos são maravilhosos, com preços em conformidade.

Mantellassi ✩
Magliano in Toscana. 165 ha. www.fattoriamantellassi.it
Um produtor do saboroso Morellino di Scansano, bem como vinhos de Vermentino, Alicante, Ciliegiolo e outras variedades.

Mola ✩–✩✩✩
Porto Azzurro. 10 ha. www.tenutepavoletti.it
Uma excelente propriedade em Elba, produzindo um tinto acarvalhado, dominado por Sangiovese, e um rico Aleatico. A família Pavoletti também é proprietária de Poggio alle Querce, em Bolgheri.

Fattoria Montellori ✩✩
Fucecchio. 60 ha. www.fattoriamontellori.it
Esta grande propriedade a oeste de Florença produz uma vasta gama de vinhos, entre eles: um Syrah puro (Tuttosole), uma combinação de Cabernet e Merlot (Salamartino) e um Sauvignon puro. A ambição, por vezes, é maior que os resultados.

346 | ITÁLIA | TOSCANA

Montenidoli ☆☆
San Gimignano. 25 ha. www.montenidoli.com
A proprietário Elisabetta Fagiuoli produz o Vernaccia di San Gimignano, altamente bebível, e outros vinhos em uma ampla gama de estilos.

Montepoloso ☆☆–☆☆☆
Suvereto. 7 ha.
Propriedade suíça em Val di Cornia DOC, que tem melhorado rapidamente. O Gabro é principalmente Cabernet. O Nardo, um opulento Sangiovese enriquecido com um pouco de Cabernet Sauvignon.

Moris ☆☆–☆☆☆
Massa Marittima. 70 ha. www.morisfarms.it
Cada vez mais conhecida por seus vinhos tintos, especialmente o Morellino di Scansano e o Avvoltore, uma imponente mistura de Sangiovese, Cabernet Sauvignon e Syrah.

Ornellaia ☆☆☆☆
Bolgheri. 90 ha. www.ornellaia.com
Esta magnífica propriedade foi desenvolvida por Lodovico Antinori, com assessoria de André Tchelitscheff e Michel Rolland da Califórnia. Mondavi comprou o controle acionário, que passou para Frescobaldi após a venda de Mondavi. Apesar de todas essas mudanças, a qualidade manteve-se bastante elevada. Ornellaia é uma mistura de Cabernet Sauvignon, Merlot e Cabernet Franc – um vinho surpreendentemente voluptuoso com uma maravilhosa profundidade de sabor. O Masseto é Merlot puro, e geralmente mais vigoroso e poderoso que o Ornellaia. Ambos estão entre os melhores (e mais caros) vinhos tintos da Itália. Até mesmo vinhos menos importantes da propriedade, o La Serre Nuovo e o Le Volte, são deliciosos.

Panizzi ☆☆
San Gimignano. 30 ha. www.panizzi.it
Boa e variada gama de Vernaccia di San Gimignano, assim como o tinto San Gimignano.

La Parrina ☆☆
Albinia. 65 ha. www.parrina.it
Vinhos da costa, perto de Orbetello, que melhoram constantemente. Além do Parrina Reserva, baseado em Sangiovese, há um Merlot elegante, chamado Radaia, e o raro Ansonica Costa dell'Argentario.

Petra ☆–☆☆
Suvereto. 100 ha. www.petrawine.it
Criada pela família Moretti, que também possui a Bellavista (ver p. 306) em Franciacorta, a Petra tem sua base numa nova vinícola surpreendente em San Lorenzo, que se assemelha a uma antena parabólica inclinada. Ambição, dinheiro e os primeiros lançamentos de vinhos ricos e de estilo moderno sugerem que a Petra ainda está buscando seu caminho.

Fattoria Petrolo ☆☆☆
Mercatale Valdarno. 31 ha. www.petrolo.it
Impressionantes vinhos provenientes de vinhedos da família Sanjust, perto de Arezzo: Sangiovese puro (Torrione) e Merlot puro (Galatrona), ambos excelentes, mas caros.

Poggio Argentiera ☆☆
Banditella di Alberese. 70 ha. www.poggioargentieria.com
Uma grande vinícola que produz não apenas o muito confiável Morellino di Scansano, mas uma mistura incomum de Alicante e Syrah chamada Finisterre, que é saturada em frutos pretos.

Poggio Scalette ☆☆☆
Greve. 18 ha. www.poggioscalette.it
Esta é a propriedade do consultor Vittorio Fiore, e fez sua reputação com um vinho único, o Il Carbonaione, um Sangiovese de impecável pureza. No entanto, ele acrescentou o Piantonaia, um Merlot surpreendentemente mineral, à gama.

Fattoria Le Pupille ☆☆☆
Magliano. 70 ha. www.elisabettageppetti.com
Propriedade líder em Morellino di Scansano, que produz um notável vinho de vinhedo único de Poggio Valente. Saffredi é uma mistura de Bordeaux com uma incomum pitada de Alicante. Duas especialidades são o vin santo e um vinho doce de Sauvignon e Traminer chamado Solalto.

La Regola ☆☆
Riparbella. 20 ha. www.laregola.com
Propriedade da família Nuti, essa vinícola produz excelentes vinhos tintos como o Montescudaio DOC. La Regola é principalmente Cabernet Franc envelhecido em carvalho novo. O segundo vinho, Vallino delle Conche, é quase tão bom e de excelente valor.

Russo ☆☆
Suvereto. 11 ha.
Uma pequena propriedade familiar que começa a produzir vinhos tintos impressionantes: O Sassobucato, mistura igual de Merlot e Cabernet Sauvignon, e o Barbicone suave, de Sangiovese e outras variedades locais.

Poderi San Luigi ☆☆
Piombino. 4 ha.
Esta pequena propriedade produz uma mistura encantadora chamada Fidenzio, feita de Cabernet Sauvignon e Cabernet Franc.

San Michele ☆☆
San Vincenzo. 10 ha. www.poderesanmichele.it
Pequena propriedade de Maremma perto de Piombino, incomum na produção de um Viognier puro e uma suntuosa mistura de Sangiovese e Syrah chamada Allodio.

Santini ☆☆
Bolgheri. 13 ha.
Enrico Santini faz um delicioso tinto flexível para consumo rápido (Poggio al Moro), e uma mistura mais rica, acarvalhada, de Cabernet, Merlot e Syrah, chamada Monte Pergoli.

Sapaio ☆☆–☆☆☆
Castagneto Carducci. 22 ha. www.sapaio.it
Com a orientação de Carlo Ferrini, Massimo Piccin produz um excelente Bolgheri Superiore dominado por Cabernet, o Sapaio, e um segundo vinho, o Volpolo, que se aproxima do primeiro em estrutura e qualidade.

Vinícola Petra, San Lorenzo.

Tenuta San Guido-Sassicaia ☆☆☆☆
Bolgheri, Livorno. 90 ha. www.sassicaia.com

O falecido Marchese Mario Incisa della Rocchetta plantou Cabernet Sauvignon em sua propriedade de 2.500 hectares à beira-mar perto de Bolgheri, a Tenuta San Guido, em 1944. Inicialmente produzido apenas para uso familiar, o Sassicaia surgiu no final dos anos 1960 como o melhor Cabernet da Itália. O consultor Giacomo Tachis insistiu no envelhecimento do vinho em bom carvalho, em vez de barris de castanheira, e a qualidade melhorou sensivelmente. Desde a morte de Mario Incisa em 1983, seu filho Niccolò tomou o controle da propriedade. Desde 2000, o Marchese tem trabalhado com o genro, o produtor dr. Sebastiano Rosa, no Guidalberto, uma mistura de Cabernet e Merlot, que vem sendo considerada como o segundo vinho de Sassicaia, embora de vinhas separadas.

Michele Satta ☆☆–☆☆☆
Castagneto Carducci. 25 ha. www.michelesatta.com

Ao contrário de outros produtores da moda de Maremma, Satta se mantém fiel às tradições locais, fazendo o cremoso Viognier chamado Giovin Re, um Sangiovese puro chamado Cavaliere, bem como uma mistura de Bordeaux chamada Piastraia.

Sette Ponti ☆☆☆
San Giustino. 65 ha. www.tenutasetteponti.it

As vinhas de Antonio Moretti estão divididas: algumas perto de Arezzo, outras no distrito de Scansano. O Oreno, dominado por Sangiovese, é o melhor vinho, seguido pelo Crognolo, ligeiramente mais suave e menos encorpado. De Scansano vem um Morellino, um IGT dominado por Cabernet, chamado Poggio al Lupo, e uma exuberante mistura de Bordeaux chamada Orma. A qualidade é impressionante, mas os preços são elevados.

Castello del Terriccio ☆☆–☆☆☆☆
Castellina Marittima. 60 ha. www.terriccio.it

Gian Anibale Rossi di Medelana Serafini Ferri tem uma grande propriedade ao sul de Livorno. Ele somente começou a produzir vinho no início da década de 1990, com a orientação dos consultores enólogos Carlo Ferrini (tinto) e Hans Terzer (branco). Terriccio produz um Sauvignon fresco, o Con Vento, e um Chardonnay não acarvalhado, o Rondinaia. Mas os melhores vinhos são os tintos: o Tassinaia, uma mistura quase igual de Sangiovese, Cabernet e Merlot, o sedoso Lupicaia dominado por Cabernet, e o fino e elegante Castello del Terriccio, de Syrah, apoiado por Petit Verdot e outras variedades.

Teruzzi & Puthod ☆☆
San Gimignano. 90 ha.

Fundada em 1975 por Enrico Teruzzi e Carmen Puthod, esta propriedade está entre as primeiras a levar Vernaccia di San Gimignano a sério, produzindo um Vernaccia exemplar e também um reserva envelhecido em madeira, conhecido como Terra di Tufi. Em 2005, a propriedade foi comprada pela Campari.

Tenuta du Trinoro ☆☆☆
Sarteano. 25 ha. www.tenutaditrinoro.it

A propriedade de Andrea Franchetti se localiza ao sul de Montepulciano. Rendimentos baixíssimos e o máximo de carvalho novo produzem misturas altamente concentradas de Bordeaux, o incrivelmente caro Trinoro e o segundo vinho, mais acessível, o Cupole.

Tua Rita ☆☆☆
Suvereto. 18 ha. www.tuarita.it

A modesta família Besti parece espantada com a aclamação que seus vinhos recebem rotineiramente. Mas ela é uma excelente produtora de uvas, cultivando belos frutos. O Giustri di Notri é a sua mistura de Bordeaux, o Perlato del Bosco, um Sangiovese puro, e seu melhor vinho é o maravilhoso Merlot Redigaffi.

Úmbria

Se a Úmbria figurou em uma lista de compradores de vinho criteriosos no passado, foi puramente pelo Orvieto, sua especialidade dourada, delicadamente doce e, ocasionalmente, memorável. Em seguida, os holofotes voltaram-se para o Rubesco, o tinto nobre de Torgiano perto de Perúgia, um dos melhores vinhos e uma das melhores pechinchas da Itália.

Se Torgiano podia fazer vinho tão bom, outros morros da região também poderiam. Na verdade, Sagrantino tornou-se recentemente uma variedade local da moda, e com razão. Produz vinhos tintos ricos, encorpados e de longa duração, cujos melhores exemplos alcançam preços elevados. Agora, a região do Lago di Corbara está mostrando que outras partes da Úmbria também são capazes de produzir excelentes tintos. Sagrantino e Sangiovese são as únicas variedades tintas importantes, então é compreensível que em uma área como o Lago di Corbara, variedades internacionais estejam fazendo sucesso, e com alguma elegância.

DOC & Outros Vinhos

Assisi DOC. Vinho tinto, branco e rosé. Província: Perúgia. Localidades: partes de Assis, Perúgia, e Spello. Castas: Sangiovese e Merlot; Trebbiano (50-70%), Grechetto (10-30%) e até 40% de outras. DOC recente, criada em 1997, ainda não testada.

Colli Altotiberini DOC. Vinho tinto, branco e rosé. Província: Perúgia. Localidades: uma grande área no norte da Úmbria, incluindo Perúgia e outras oito comunas. Castas: Sangiovese (50-100%) e até 50% de outras variedades; Trebbiano (50-100%) e até 50% de outras variedades, além de vinhos varietais de Grechetto, Trebbiano, Merlot, Cabernet Sauvignon e Sangiovese.

DOC das colinas do Tibre superior. A produção na área está aumentando. Todos os seus vinhos são para beber jovem (consumo rápido). Produção limitada.

Colli Amerini DOC. Vinho tinto, branco e rosé. Província: Terni. Localidades: Amelia, Narni, onze outras ao longo dos vales do Tibre e Nera, entre Orvieto e Terni. Castas: Sangiovese (65-80%) e até 30% de Montepulciano, Ciliegiolo, Canaiolo; Trebbiano Toscano (70-85%) e até 30% de Grechetto, Verdello, Garganega e/ou Malvasia Toscana, além de varietais de Malvasia e Merlot. Também *novello*.

A produção começou somente em 1990, e os vinhos ainda têm que estabelecer uma identidade clara.

Colli Martani DOC. Vinho tinto e branco. Província: Perúgia. Localidades: de Bettona até Spoleto, no sul. Castas: vinhos varietais de Grechetto, Trebbiano e Sangiovese.

DOC consideravelmente recente e os vinhos, até agora, são promissores. Dos três varietais, o Grechetto parece oferecer as melhores perspectivas.

Colli Perugini DOC. Vinho tinto, branco e rosé. Províncias: Perúgia, Terni. Localidades: seis comunas em Perúgia, e San Vananzo em Terni. Castas: Sangiovese (mínimo de 50%) e outras variedades; Trebbiano (mínimo de 50%) e outras variedades.

Também Chardonnay, Trebbiano, Grechetto, Pinot Grigio, Merlot e Cabernet Sauvignon varietais. Também espumante.

Vinho DOC da região entre Perúgia e Todi.

Colli del Trasimeno DOC. Vinho tinto e branco. Província: Perúgia. Localidades: nove comunas em torno do lago Trasimeno. Castas: regras muito complexas, mas qualquer combinação de Sangiovese, Ciliegiolo, Gamay, Merlot, Cabernet Sauvignon e Pinot Noir; qualquer combinação de Trebbiano, Grechetto, Chardonnay, Pinot Bianco, Pinot Grigio, Vermentino, Sauvignon, Riesling Italico; mais varietais de Grechetto, Gamay, Merlot e Cabernet Sauvignon.

Tinto e branco de qualidade média desta zona na fronteira com a Toscana. Gamay e Ciliegiolo dão espírito ao tinto, e Grechetto dá ao branco uma ligeira ponta de acidez essencial para que tenha frescor.

Grechetto or Greco Uva branca "grega", que desempenha um papel cada vez mais importante. Sem mistura, seu vinho é um pouco mais frutado, firme e interessante do que o Trebbiano.

Lago di Corbara DOC. Vinho tinto. Província: Terni. Localidades: comunas de Baschi, Orvieto. Castas: até 70% de Cabernet Sauvignon, Merlot, Pinot Noir ou Sangiovese mais até 30% de outras variedades; mais varietais de Pinot Noir, Merlot e Cabernet Sauvignon.

DOC recente, criada em 1998, que está provando ser popular e bem-sucedida.

Montefalco Sagrantino and Montefalco Rosso DOC/DOCG. Vinho tinto e branco. Província: Perúgia. Localidades: comuna de Montefalco, partes de outras quatro.

Sagrantino di Montefalco DOCG. Casta: Sagrantino.

Montefalco Rosso DOC. Casta: Sangiovese (60-70%), Sagrantino (10-15%) e até 30% de outras uvas tintas.

Montefalco Bianco DOC. Grechetto (mínimo de 50%), Trebbiano Toscano (20-35%) e até 30% de outras uvas brancas.

DOC para uma pequena área ao sul de Assis, onde a uva local Sagrantino faz um vinho tinto muito escuro, com sabor de amoras. O desafio para os produtores de vinho é controlar os taninos naturalmente elevados da uva, mas quando têm sucesso, o resultado é um vinho rico, poderoso e opulento de grande esplendor. A verdadeira especialidade é o passito doce e forte, um vinho de sobremesa notável, envelhecido por um ano.

O tinto simples Montefalco usa Sagrantino como tempero de um vinho menos original, mas ainda é suave e agradável. O branco não se destaca.

Orvieto DOC. Vinho branco. Províncias: Orvieto, Terni. Localidades: Orvieto e arredores, onze comunas em Terni. "Classico" é de Orvieto. Castas: Trebbiano Toscano (Procanico, 40-50%), Verdello (15-25%) e até 20% de Grechetto, Canaiolo Bianco, Malvasia mais até 15% de outras variedades.

O nome simples e memorável que costumava significar um vinho dourado, mais ou menos doce, agora sofre da mesma crise de identidade de muitos brancos italianos. O gosto pelos vinhos altamente carregados, em seguida delicadamente oxidados, já passou. A vinificação moderna responde ao problema com vinhos pálidos, limpos, mas quase neutralizados. O Orvieto tradicional era laboriosamente fermentado seco, e, em seguida, readoçado com um passito de uvas secas para ser *abboccato*. Se você encontrasse um bom, ele era memoravelmente profundo e aveludado, mas provavelmente não muito estável – como o Frascati, não era bom para ser transportado.

O Orvieto moderno é quase todo pálido, mas ainda deve ter um toque de mel para ser verdadeiro. Muitos são secos e francamente sem graça, mas os melhores produtores lançam vinhos frescos e de caráter. Em 1997, um novo Orvieto Superiore foi lançado, necessitando menos investimentos e menor proporção de Trebbiano. É cada vez mais comum que Chardonnay seja utilizado como componente na mistura. Há também uma pequena produção de Orvieto botritizado, normalmente rotulado como "muffa nobile" ("podridão nobre").

Rosso Orvietano DOC. Vinho tinto. Província: Terni. Localidades: comunas de Allerona, Baschi, Fabro, Orvieto e outras. Castas: Aleatico, Cabernet Franc, Cabernet Sauvignon, Ciliegiolo, Canaiolo, Merlot, Montepulciano, Pinot Noir ou Sangiovese (70% de mistura) e até 30% de Barbera, Cesanese, Colorino, Dolcetto, mais versões varietais das uvas principais.

Esse é uma nova DOC genérica para o vinho tinto produzido perto de Orvieto.

Torgiano DOC. Vinho tinto, branco e rosé. Província: Perúgia. Localidades: Torgiano. Castas: Sangiovese (50-70%), Canaiolo (15-30%) e outras; Trebbiano (50-70%), Grechetto (15-40%) e até 15% de outras; mais vinhos varietais de Chardonnay, Pinot Grigio, Riesling Itálico, Cabernet Sauvignon e Pinot Noir.

Praticamente uma DOC de um único homem, a tradição local reformulada em termos modernos pelo dr. Giorgio Lungarotti (ver Produtores nesta página). Essa foi o primeiro DOC da Úmbria em 1968; sua reputação se deve às marcas de Lungarotti de Rubesco e Torre di Giano.

Torgiano Rosso Riserva tornou-se DOCG em 1990.

As uvas são as mesmas do Rosso di Torgiano, mas a safra máxima é de 6,5 mil litros por hectare, e o vinho deve ser envelhecido por três anos, com uma produção anual de até 8.800 caixas.

Principais produtores da Úmbria

Adanti ☆☆–☆☆☆☆
Arquata di Bevagna. 32 ha. www.cantineadanti.com
Essa vinícola é mais conhecida por seus vinhos tintos Montefalco (vinhos passito impressionantes), mas também produz bom Colli Martini Grechetto DOC.

Alzatura ☆☆
Montefalco. 18 ha. www.tenutaalzatura.it
Uma propriedade criada pela conhecida família Cecchi da Toscana. Um Sagrantino denso e com gosto de ameixa, e um Montefalco Rosso mais vigoroso e, sem dúvida, mais elegante.

Antonelli ☆☆☆
Montefalco. 40 ha. www.antonellisanmarco.it
Ninguém faz um Sagrantino mais elegante que Filippo Antonelli, cujos antepassados compraram a propriedade em 1881. Consciente de que o vinho pode ter muito álcool, ele trabalha duro nos vinhedos para atingir níveis de maturação completa sem excesso nos níveis de açúcar. Sagrantino de primeira classe e Grechetto delicioso.

Barberani-Vallesanta ☆☆–☆☆☆☆
Orvieto. 50 ha. www.barberani.it

Esta propriedade substancial produz uma ampla gama de excelentes vinhos Orvieto, incluindo um *muffa nobile* (botritizado) de pêssego e creme, chamado Calcaia. Estimulante e suculento, Grechetto IGT mineral, acarvalhado, do Lago de Corbara.

Paolo Bea ☆☆☆
Montefalco. 12 ha.
Giampiero Bea acredita na vinificação não intervencionista. Tanto o Sagrantino como o Montefalco são envelhecidos em tanques e tonéis. Eles são mais magros que a maioria dos vinhos de Montefalco, mas têm textura sedosa e bom toque de especiarias. O adorável passito também.

Luigi Bigi ☆☆
Ponte Giulio di Orvieto. www.cantinebigi.it
Fundada em 1881, e agora parte do complexo do Gruppo Italiano Vini. Esta grande empresa é mais conhecida por seu Torricella maduro, floral, de vinhedo único Orvieto, mas também produz alguns deliciosos vinhos Grechetto e tintos sérios, como o Vipra IGT, de Merlot e Sangiovese.

Arnaldo Caprai ☆☆☆–☆☆☆☆
Montefalco. 135 ha. www.arnaldocaprai.it
O produtor mais sofisticado da região de Montefalco, com um equilibrado e persistente Sagrantino, Collepiano, e o engarrafamento excepcional chamado 25 Anni, que tem densidade para sobreviver dois anos em barricas novas. Em 2001, Caprai iniciou a produção de um vinho chamado Outsider, uma mistura de Bordeaux convincente e elegante.

La Carraia ☆☆–☆☆☆
Orvieto. 120 ha.
Esta considerável propriedade pertence em parte ao consultor Riccardo Cotarella, e os vinhos, provenientes de várias partes da Úmbria, são bem trabalhados. O vinho mais emblemático é o Fobiano, e, em completo contraste, há um Montepulciano mais saboroso, Giro di Vite.

Cantina dei Colli Amerini ☆☆
Fornole di Amelia. 350 ha.
www.colliamerini.it
Uma boa fonte de vinhos tintos: Sangiovese, Ciliegiolo e Merlot, e uma combinação complexa, e nem por isso cara, chamada Carbio, além de Chardonnay e Grechetto.

Colpetrone ☆☆☆
Gualdo Cattaneo. 60 ha. www.saiagricola.it
Pertencente desde 1995 à companhia de seguros Saiagricola, Colpetrone faz um estilo denso e poderoso de Sagrantino e um passito aveludado.

Decugnano dei Barbi ☆☆–☆☆☆
Orvieto. 32 ha. www.deccugnanodeibarbi.com
Uma boa fonte de Orvieto e, ocasionalmente, a versão botritizada; e uma famosa e complexa mistura de tinto IL, envelhecido em barricas.

Duca della Corgna ☆–☆☆
Castiglione del Lago. 55 ha.
www.ducadellacorgna.it
Uma pequena cooperativa que produz uma gama típica de vinhos tintos e brancos da Colli del Trasimeno DOC.

Lamborghini ☆☆–☆☆☆
Panicale. 32 ha. www.lamborghinionline.it
Propriedade mais conhecida por sua complexa mistura Sangiovese e Merlot chamada Campoleone.

Lungarotti ☆☆–☆☆☆
Torgiano. 250 ha. www.lungarotti.it
Giorgio Lungarotti foi, até sua morte em 1999, uma personalidade líder em vinhos da Úmbria. Torgiano DOC, que representa cerca de metade da produção local, é um reconhecimento oficial da qualidade dos vinhos que ele fez neste vilarejo.

Hoje, a fazenda é administrada por suas filhas, Chiara e Teresa. A gama de vinhos é enorme. A estrela tem sido sempre o Rubesco Monticchio Riserva DOCG, que é envelhecido durante anos em garrafa antes da liberação. Torre di Giano é o equivalente branco. O Cabernet (base de uma excelente combinação chamada San Giorgio) e o Chardonnay são confiáveis e satisfatórios. Giubilante é uma mistura recente – uma fusão popular, mas deliciosa de Sangiovese, Cabernet Sauvignon, Montepulciano e outras variedades.

A qualidade global continua a ser elevada, mas talvez não tão estelar como quando Giorgio Lungarotti estava no auge. Talvez estejam produzindo vinhos em excesso. A propriedade inclui um museu do vinho popular e um hotel charmoso; além de outro museu dedicado aos frutos da oliveira e ao azeite.

Madonna Alta ☆☆
Montefalco. 22 ha. www.madonnalta.it
Vinícola moderna, que produz um Montefalco com características de frutas vermelhas e um exuberante Sagrantino acarvalhado, sem nenhum traço de rusticidade.

Milziade Antano ☆☆–☆☆☆
Bevagna. 10 ha.
Esta propriedade produz ótimos tintos Montefalco, especialmente o Colleallodole de vinhedo único e o voluptuoso passito Sagrantino.

La Palazzola ☆☆–☆☆☆
Stroncone. 18 ha.
Uma propriedade um pouco excêntrica, que oferece vinhos como o Riesling espumante Uva Muffate, de Merlot e Syrah atacadas por *botrytis*.

Palazzone ☆☆–☆☆☆
Orvieto. 27 ha. www.palazzone.com
Giovanni Dubini adquiriu esta propriedade em 1969. Um bom Orvieto, um Viognier, um *muffa nobile* (botritizado) suave, e uma mistura concentrada de Cabernet Sauvignon e Cabernet Franc chamada Armaleo.

Perticaia ☆☆
Gualdo Cattaneo. 14 ha. www.perticaia.it
Guido Gaudigli têm uma vasta experiência na área de produção de vinho e os resultados são altamente satisfatórios: um Montefalco fresco e vivaz e um Sagrantino acessível.

Castello delle Regine ☆☆–☆☆☆
Amelia. 80 ha. www.castellodelleregine.com
Os conselhos de Franco Bernabei têm impulsionado esta propriedade para as fileiras superiores dentro da Úmbria, especialmente pelo suntuoso Merlot e pelo Sangiovese flexível, chamado Podernovo.

Rocca di Fabri ☆☆

Montefalco. 60 ha. www.roccadifabri.com
Vinícola moderna, situada dentro das muralhas de uma fortaleza medieval, de produtor confiável de tintos Montefalco complexos, com damasco, alcaçuz e taninos robustos.

Castello della Sala ☆☆–☆☆☆☆

Ficulle. 160 ha. www.antinori.it
O castelo Antinori da Úmbria é justamente reconhecido pelo floral e, por vezes exótico, Cervaro della Sala (80% Chardonnay, 20% Grechetto) e pelo soberbo vinho suave, botritizado, Muffato della Sala. Os vinhos brancos básicos da propriedade são, naturalmente, o Orvieto e o Chardonnay, este confiável e com sabor de limão. Um Pinot Nero equilibrado e acarvalhado também é produzido aqui.

Scacciadiavoli ☆☆

Montefalco. 32 ha.
O esplendidamente chamado dr. Amilcare Pambuffetti administra esta antiga vinícola em Montefalco. O Sagrantino é habilidosamente feito, sem extração pesada ou rusticidade. O Montefalco Rosso também tem alto nível, mostrando frescor e charme.

Spoleoducale ☆☆–☆☆☆

Petrognano di Spoleto. 350 ha. www.spoletoducale.it
Uma cooperativa bem equipada e bem gerida, produzindo DOC Colle Martani e vinhos IGT, além de tintos Montefalco confiáveis. Seu Sagrantino superior é o Casale Triocco, uma seleção dos melhores produtores que aceitam ter rendimentos mais baixos.

Sportoletti ☆☆–☆☆☆

Spello. 20 ha. www.sportoletti.com
Com a orientação de Riccardo Cotarella, esta propriedade produz vinhos IGT interessantes: um Grechetto bom e o Villa Fidelia, uma mistura de Bordeaux envelhecido em carvalho novo.

Tabarrini ☆–☆☆

Montefalco. 11 ha. www.tabarrini.com
O jovem entusiasta Giampaolo Tabarrini toca esta propriedade com grande dinamismo, mas ambos os Montefalco Rosso e o Sagrantino podem, às vezes, ter gosto sobreamadurecido e sobrecarregado. Mas neles certamente não falta fruta.

Região de Marches

A fatia central da costa do Adriático, a partir da latitude de Florença à de Orvieto, é, provavelmente, ainda mais conhecida por seu branco seco Verdicchio do que pelas praias e barcos de pesca que dão ao vinho um contexto perfeito. As cidades históricas de Urbino, ao norte, e Ascoli Piceno, ao sul da região, atraem uma parte de seus visitantes para o interior, mas as costas orientais dos Apeninos dificilmente rivalizam com a qualidade cultural atrativa da Toscana. Os vinhos tintos da região são menos conhecidos do que deveriam. É a uva Montepulciano que lhes dá força e complexidade, e uma corpulência profunda que, quando em equilíbrio, pode ser muito atraente. Além disso, os preços, com exceção dos vinhos de maior prestígio, tendem a ser razoáveis.

DOC & Outros Vinhos

Bianchello del Metauro DOC. Vinho branco. Província: Pesaro Urbino. Localidades: dezoito no vale do rio Metauro. Castas: Biancame (Bianchello, mínimo de 95%) e até 5% de Malvasia.

Um branco simples, agradável, ácido, do norte da região, para ser bebido jovem, acompanhando pratos com peixes.

Colli Maceratesi DOC. Vinho tinto e branco. Províncias: Macerata, Ancona. Localidades: Loreto e todas de Macerata. Castas: Sangiovese (mínimo de 50%) e até 50% de qualquer combinação de Cabernet Sauvignon, Cabernet Franc, Ciliegiolo, Lacrima, Merlot Montepulciano, Malvasia Nera e até 5% de outras; Maceratino (mínimo de 70%) e até 30% de qualquer combinação de Trebbiano, Verdicchio, Malvasia, Chardonnay, Sauvignon Blanc, Incroci Bruni 54, Pecorino, Grechetto e até 15% de outras. O Maceratino é um clone do Verdicchio. Também passito.

A região de Macerata fica a meio caminho do sul de Ancona a Ascoli Piceno.

Colli Pesaresi DOC. Vinho tinto e branco. Província: Pesaro Urbino. Localidades: 33 em torno de Pesaro. Castas: Sangiovese (mínimo de 70%) e até 75% de qualquer combinação de Trebbiano, Verducchio, Bianchello, Pinot Grigio, Pinot Nero (sem cascas) ou Pinot Bianco, mais até 25% de outras. Também varietal Trebbiano, Sangiovese. Duas subdenominações – Focara Rosso deve ter o mínimo de 50% de qualquer combinação de Pinot Nero, Cabernet Franc, Cabernet Sauvignon ou Merlot e até 50% de outras variedades, além de uma casta Pinot Nero, Bianco Roncaglia de Trebbiano (mínimo de 85%), além de Pinot Nero (sem cascas).

Em geral, regulamentos desnecessariamente complexos para uma DOC pouco utilizada de caráter limitado.

Esino DOC. Vinho branco, tinto e rosé. Províncias: Ancona, Macerata. Localidades: sete. Castas: Sangiovese e/ou Montepulciano (mínimo de 60%); Verdicchio (mínimo de 50%).

Uma DOC recente, de 1995. O branco pode ser seco ou fisante; o tinto também pode ser feito em estilo *novello*.

Falerio dei Colli Ascolani DOC. Vinho branco, tinto e rosé. Províncias: Ancona, Macerata. Localidades: sete. Castas: Sangiovese e/ou Montepulciano (mínimo de 60%); Verdicchio (mínimo de 50%). Outro dos brancos locais secos, associados a restaurantes na praia.

Lacrima di Morro d'Alba DOC. Vinho tinto. Província: Ancona. Localidades: seis ao sul de Senigallia. Castas: Lacrima (mínimo de 85%), Montepulciano/Verdicchio (máximo de 15%).

Uma DOC em torno da cidade antiga de Morro d'Alba. A produção é pequena, mas estes são vinhos de caráter, embora os taninos tenham alta necessidade de vinificação cautelosa.

Montepulciano Importante na Região de Marches como uma uva constituinte dos melhores tintos, mas também usada para um vinho varietal.

Offida DOC em 2001, antes de 2001, parte de Rosso Piceno. Vinho tinto e branco. Província: Ascoli, Piceno. Localidades:

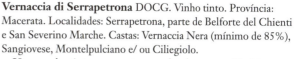

as colinas ao norte de Ascoli Piceno e sul do Rio Aso. Castas: Montepulciano (mínimo de 50%), Cabernet Sauvignon (mínimo de 30%) e até 20% de outras variedades, além de Pecorino varietal e Passerina. O Passerina pode ser seco, passito, vin santo ou espumante.

Pergola. DOC em 2005. Sul de Urbino. Seco e passito tinto 70-100% de Vernaccia di Pergola (um clone do Aleatico).

Rosso Cònero DOCG. Vinho tinto. Província: Ancona. Localidades: cinco em Ancona, parte de dois outros. Castas: Montepulciano (mínimo de 85%), Sangiovese (máximo de 15%). Um tinto forte e cheio de sabor de Monte Cònero, perto do Mar Adriático, ao sul de Ancona. Este é um dos DOCs mais florescentes da Itália central e oriental. O bom Rosso Cònero tem fruta para suavizá-lo e tanino para sustentá-lo.

Rosso Piceno DOC. Vinho tinto. Províncias: Ancona, Ascoli Piceno, Macerata. Localidades: grande número nessas províncias. Castas: Montepulciano (35-70%), Sangiovese (35-50%) e até 15% de outras variedades, incluindo algumas internacionais e Trebbiano e/ou Passerina.

O tinto padrão da metade sul da Região de Marches, variando amplamente em qualidade e em idade, tanto em barril quanto em garrafa. No seu melhor, tem peso e equilíbrio parecidos com os do Chianti.

Terreni di San Severino. DOC em 2006. Vinho tinto. Província: Macerata. Castas: Vernaccia (50-100%), Montepulciano ou Sangiovese. O Rosso Moro deve ter Montepulciano (60-100%) e até 40% de outras variedades. Também passito.

Verdicchio dei Castelli di Jesi DOC. Vinho branco. Províncias: Ancona, Macerata. Localidades: 26 em torno da cidade de Jesi. Castas: Verdicchio (mínimo de 85%) e até 15% de Trebbiano ou Malvasia.

Este é o grande sucesso comercial da Região de Marches. Direto, seco, bem equilibrado e limpo; um dos primeiros brancos italianos a ter sabor moderno e internacional, graças à habilidade de seus promotores, inicialmente a empresa de Fazi-Battaglia (ver p. 352). Seu talento de *marketing* produziu a distintiva garrafa em forma de ânfora vista dentro da rede de pesca em praticamente todos os restaurantes italianos no exterior – embora os vinhos de melhor qualidade sejam vendidos em garrafas de estilo Bordeaux normal. A Verdicchio é uma uva difícil de crescer, mas tem qualidade comprovada. A tendência atual de deixar um pouco de açúcar residual no vinho não deve ser incentivada. Há também uma versão espumante por método tradicional.

Verdicchio di Matelica DOC. Vinho branco. Províncias: Macerata, Ancona. Localidades: Matelica e sete outras. Castas: Verdicchio (mínimo de 85%) e até 15% Trebbiano ou Malvasia.

Verdicchio de terras mais altas mais para o interior, com um toque de acidez a mais, mas também riqueza e peso. Geralmente mais conceituado que o Verdicchio dei Castelli di Jesi. Outro (não DOC), com uma reputação semelhante é o Verdicchio di Montanello.

Vernaccia di Serrapetrona DOCG. Vinho tinto. Província: Macerata. Localidades: Serrapetrona, parte de Belforte del Chienti e San Severino Marche. Castas: Vernaccia Nera (mínimo de 85%), Sangiovese, Montelpulciano e/ ou Ciliegiolo.

Um popular tinto espumante suave local que tem sido feito desde o século XV.

Principais produtores da Região de Marches

Belisario ☆☆
Matelica. 300 ha. www.belsiario.it
O rótulo utilizado por uma boa cooperativa especializada em Verdicchio di Matelica. Cambrugiano é parcialmente acarvalhado, mas isso pode dar ao vinho um caráter rude que os vinhos de vinhedo único não costumam ter.

Boccadigabbia ☆☆–☆☆☆
Civitanova Marche. 35 ha. www.boccadigabbia.com
Uma pequena propriedade que dá ênfase à qualidade, especializada em tintos IGT caros de Cabernet (Akronte), Merlot (Pix), Sangiovese e Pinot Nero. O proprietário, Elvio Alessandria, não hesita em usar uma grande quantidade de carvalho novo.

Fratelli Bucci ☆☆–☆☆☆
Ostra Vetere. 26 ha. www.villabucci.com
O vinho concentrado, com notas de pêssego, Verdicchio dei Castelli di Jesi, especialmente o envelhecido em barril, Villa Bucci Riserva, que mostra que a idade pode fazer bem ao Verdicchio. E um bom Rosso Piceno chamado Tenuta Pongelli.

Le Caniette ☆☆–☆☆☆
Ripatransone. 15 ha. www.lecaniette.it
O rico, achocolatado, Rosso Piceno, o *cuvée*, *top* de linha, Nero di Vite é feito somente em safras ilustres e é envelhecido em barricas de carvalho novo. Muitos preferem o mais simples, mas esplendidamente frutado Morellone.

Casalfarneto ☆☆
Serra de' Conti. 30 ha. www.togni.it
Além de uma pequena quantidade de Rosso Piceno e outros tintos, o Verdicchio dei Castelli di Jesi é o foco principal aqui. Os melhores engarrafamentos são geralmente Grancasale.

Cocci grifoni ☆☆
San Savino di Ripatransone. 80 ha. www.tenutacoccogrifoni.it
O octogenário Guido Cocci Grifoni é um produtor admirável, cujo Rosso Piceno é um dos melhores, e cujo Falerio tem poucos rivais. Ele também produz uma variedade de vinhos Offida de Pecorino e Passerina.

Colonnara ☆☆
Cupramontana. 210 ha. www.colonnara.it
A cooperativa Cupramontana tem agora o nome Colonnara e está fazendo alguns excelentes e aromáticos Verdicchio, normais e espumantes, bem como Lacrima di Morro.

Piazza Arringo, Ascoli Piceno.

Coroncino ☆☆☆
Staffolo. 17 ha.
Minuciosa produção de excelente e complexo Verdicchio dei Castelli di Jesi, incluindo uma versão Fumé que é envelhecida em barris de carvalho.

De Angelis ☆☆–☆☆☆
Castel di Lama. 13 ha. www.tenutadeangelis.it
Um Rosso Piceno com aroma de cereja, mas a propriedade é mais conhecida por sua mistura intensamente frutada de Montepulciano e Cabernet IGT Anghelos.

Fazi-Battaglia ☆☆
Castelplanio. 350 ha. www.fazibattaglia.it
Fundada em 1949, esta empresa foi a primeira a ganhar reconhecimento internacional pelo Verdicchio dei Castelli di Jesi. Apesar de uma produção total de mais de 3 milhões de garrafas, os padrões continuam a ser muito elevados, não só para o Verdicchio seco, mas também para o maduro, com aroma de tabaco, Rosso Cònero, e um Verdicchio botritizado, chamado Arkezia.

Garofoli ☆☆☆
Loreto. 50 ha. www.garofolivini.it
Ainda nas mãos da família após um século de produção, a Garofoli, que também é negociante, produz um delicioso e refrescante Verdicchio dei Castelli di Jesi em padrões consistentemente elevados.

O Serra Fioresa, envelhecido em carvalho talvez seja o mais popular, mas o engarrafamento Podium é impecável. Garofoli também foi uma das pioneiras do Verdicchio espumante de safra especial.

Laila ☆☆
Mondavio. 40 ha. www.fattorialaila.it
É difícil dizer qual é melhor: os engarrafamentos finos de Verdicchio dei Castelli di Jesi ou os tintos como o Lailum, um Montepulciano puro e viril.

Lanari ☆☆–☆☆☆
Varano. 12 ha. www.lanarivini.it
Uma pequena propriedade que produz apenas Rosso Cònero de qualidade excepcional.

Mancinelli ☆☆
Morro d'Alba. 25 ha. www.mancinelli-wine.com
Esta propriedade tem feito muito para promover as virtudes do Lacrima di Morro d'Alba, experimentando diferentes técnicas, tais como maceração carbônica (Sensazioni di Frutto) ou o uso parcial de uvas secas (Terre dei Goti). Há também um Lacrima passito delicioso.

Mancini ☆☆
Pesaro. 34 ha. www.fattoriamancini.com
Uma propriedade atípica na Colli Pesaresi, mas perto do Mar Adriático, especializada em Pinot Nero, que, segundo Luigi Mancini, foi plantada aqui no século XIX pelos franceses.

Marchetti ☆–☆☆☆
Ancona. 19 ha. www.marchettiwines.it
Perfeitos Rosso Cònero e Verdicchio, mas as quantidades não passam de 50 mil garrafas.

Enzo Mecella ☆☆
Fabriano. 10 ha. www.enzomecella.com
A gama de Mecella é dividida entre Verdicchio di Matelica e tintos como a mistura incomum de Ciliegiolo e Merlot chamada Braccano.

La Monacesca ☆☆☆
Matelica. 20 ha. www.monacesca.it
O industrial Casimiro Cifola fez reviver esta propriedade no final de 1960, e a família continua a produzir deliciosos Verdicchio di Matelica de velhas videiras.

Monte Schiavo ☆☆
Maiolati Spontini. 115 ha. www.monteschiavo.it
Era originalmente uma cooperativa até ser adquirida pela Pieralisi, fabricante de máquinas agrícolas. Produz bons Verdicchio Classico, bem como Rosso Cònero. Seu tinto principal é o puro Montepulciano Adeodata, propenso porém a sobreamadurecimento.

Moroder ☆☆–☆☆☆
Montacuto. 27 ha. www.moroder-vini.it
Alessandro Moroder produz ricos Rosso Cònero Dorico e, às vezes, Oro, um Moscato com Trebbiano IGT suave de sua pequena propriedade.

Oasi degli Angeli ☆☆–☆☆☆
Cupora Marittima. 1,5 ha. www.kurni.it
Pequena propriedade, só um vinho: o lendário Montepulciano de estilo Amarone chamado Kurni, embebido em café e ameixas. Com uma produção máxima de 4 mil garrafas, é bem escasso.

Saladini Pilastri ☆☆
Spinetoli. 160 ha. www.saladinipilastri.it
Uma grande propriedade orgânica com Rosso Piceno flexível e com toque de ameixa.

San Lorenzo ☆☆
Montecarotto. 35 ha.
A especialidade aqui é o Verdicchio dei Castelli di Jesi, Vigna delle Oche, que é facilmente capaz de melhorar em garrafa por quinze anos, ampliando o sabor sem perder seu vigor.

Santa Barbara ☆☆
Barbara. 25 ha. www.vinisantabarbara.it
Um Verdicchio extraordinariamente poderoso em vários estilos e uma boa mistura de Cabernet, Merlot e Montepulciano chamada Stefano Antonucci Rosso.

Sartarelli ☆☆☆
Poggio San Marcello. 55 ha. www.sartarelli.it
Propriedade familiar que produz apenas vinhos Verdicchio altamente concentrados e minerais, incluindo um botritizado chamado Contrada Balciana.

Le Terrazze ☆☆–☆☆☆
Numana. 21 ha. www.fattorialeterrazze.it
Antonio Terni, que nomeia alguns dos seus vinhos a partir de canções de Bob Dylan, faz um bom Rosso Cònero, um impressionante método tradicional rosa Donna Giulia, de uvas Montepulciano, e um tinto caro mas aclamado, que combina Montepulciano, Merlot e Syrah, curiosamente chamado Chaos.

Terre Cortesi Moncaro ☆☆
Montecarotto. 1.550 ha. www.moncaro.com
Muito boa cooperativa que produz 4 milhões de garrafas. Um impressionante Verdicchio dei Castelli di Jesi, seco e passito, e um Rosso Cònero Riserva estruturado. Também produz IGT varietal.

Umani Ronchi ☆☆☆
Osimo. 200 ha. www.umanironchi.it
Fundada em 1960 por Gino Ronchi e agora propriedade da família Bernetti. Uma das marcas mais bem distribuídas do Marches, produzindo mais de 300 mil caixas de boa qualidade, Verdicchio *estate-bottled* e Rosso Cònero. Outros vinhos são feitos de uvas compradas.

A vinícola também oferece alguns tintos IGT convincentes – Cùmaro (Montepulciano) e Pelago (Cabernet Sauvignon/Montepulciano) – e um raro Sauvignon suave chamado Maximo. Mesmo os vinhos mais simples, como o Rosso Cònero San Lorenzo, são muito bem feitos.

Velenosi ☆☆
Ascoli Piceno. 105 ha. www.velenosivini.com
Uma grande variedade de vinhos de uma vinícola muito moderna: um Rosso Piceno poderoso, um Chardonnay intenso, e variedades locais, tais como Pecorino e Passerina.

Villa Pigna ☆☆
Offida. 130 ha. www.villapigna.com
A família Rozzi dirige uma fazenda modelo de grande escala. O Rosso Piceno Superiore se assemelha a um clarete, e há um admirável Montepulciano IGT, chamado Rozzano. Os Rozzi estão ansiosos para validar as novas DOCs, então o seu Cabernet Cabernasco, quer era IGT, agora é Offida DOC.

Zaccagnini ☆☆–☆☆☆
Staffolo. 30 ha. www.zaccagnini.it
A partir de uma série de Verdicchio dei Castelli di Jesi, o melhor é o Salmagina, com toque de pêssego e de único vinhedo.

Lácio

Roma pode ser comparada com Viena, como uma capital com tanto vinho em suas veias que obstáculos artificiais como garrafas e rolhas têm sido tradicionalmente alheios a ela. As tavernas de enólogos de Roma estão um pouco mais fora da cidade do que o Heurigen de Viena, mas são ainda mais tentadoras como um passeio de verão, talvez com o frio das arborizadas colinas Albanas, ou talvez do Castelli Romani, ao sul.

Frascati, o centro das colinas e dos seus vinhos, tem ares de um *resort*. A espetacular Villa Aldobrandini e seus belos jardins, no coração de Frascati mostram que o gosto é tanto aristocrático quanto popular.

Lácio, ao norte e ao sul de Roma, é crivada de crateras vulcânicas que são agora lagos plácidos. O rico solo vulcânico da região é muito adequado para o cultivo de videiras.

A escolha de variedades de uva, baseada presumivelmente no gosto romano para vinhos suaves e jovens, determinou que estes devam permanecer locais. A baixa acidez da Malvasia, a uva que dá caráter ao Frascati, o torna propenso à desastrosa oxidação, uma vez retirado do armazenamento em porão frio e úmido.

Estes eram os arquétipos dos vinhos que "não viajam". Agora, com processos como a pasteurização e, mais recentemente, tratamentos a frio, eles estão aptos à estrada, mesmo que ainda tenham melhor gosto em Roma. Apesar da dominação dos vinhos brancos, não há falta de produtores ambiciosos que acreditam que seus solos são capazes de produzir vinhos tintos de caráter, mesmo que, para isso, tenham de plantar castas internacionais e driblar as restrições do sistema DOC. Embora todos saibam que há DOCs o suficiente para que todos eles se ajustem.

DOC & Outros Vinhos

Aleatico di Gradoli DOC. Vinho tinto. Província: Viterbo. Localidades: Gradoli, Grotte di Castro, San Lorenzo Nuovo, Latera (nas colinas acima do Lago Bolsena). Casta: Aleatico (100%).

Produção muito limitada de uma especialidade local: o vinho tinto suave com um aroma levemente Muscat, tanto com força normal e licoroso (fortificado a 17,5 graus de álcool).

Aprilia DOC. Vinho tinto, branco e rosé. Províncias: Latina, Roma. Localidades: Aprilia, Cisterna, Nettuno. Castas: vinhos varietais de Trebbiano, Sangiovese e Merlot.

Uma área de vinhedos estabelecida por refugiados da Tunísia, após a Segunda Guerra Mundial. Merlot é considerado o seu melhor produto, com dois ou três anos de idade. Embora uma das primeiras DOCs, os vinhos quase não fazem jus à dignidade; no entanto, experiências recentes em vinhedos e caves têm o intuito de conseguir melhoras notáveis. Sangiovese faz um bom rosé.

Atina DOC. Vinho tinto. Província: Frosinone, no sudeste do Lácio. Localidades: Atina e outras doze. Castas: Cabernet Sauvignon (mínimo de 50%) e até 10% de Syrah, Merlot, Cabernet Franc e mais até 20% de outras variedades. Também varietais de Cabernet Franc e/ou Cabernet Sauvignon.

Bianco Capena DOC. Vinho branco. Província: Roma. Localidades: Capena, Fiano Romano, Morlupo, Castelnuovo di Porto. Castas: Malvasia di Candia (mínimo de 50%), Trebbiano e/ou Romagnolo e/ou Giallo (mínimo de 25%) e até 20% de Bellone e Bombino.

Vinho branco semelhante ao de Castelli Romani (como Frascati), mas do norte de Roma, em vez do sul.

Castelli Romani DOC. Províncias: Roma, Latina. Castas: tinto e rosé de uma vasta gama de varietais, principalmente locais, mas também Merlot, Malvasia e Trebbiano.

Nome da região verdejante, também conhecida como Colli Albani, onde a Malvasia e suas similares são cultivadas. Com ela, pode ser produzida uma variedade de estilos.

Cerveteri DOC. Vinho tinto e branco. Províncias: Roma, Viterbo. Localidades: oito a noroeste de Roma. Castas: Sangiovese e Montepulciano (mínimo de 60%), Cesanese Comune (25%) e até 30% de outras; Trebbiano (Toscano, Romagnolo e Giallo, mínimo de 50%), Malvasia (máximo de 35%) e até 15% de outras.

Vinhos secos padrão do interior, perto da costa noroeste de Roma.

354 | ITÁLIA | LÁCIO

Cesanese del Piglio DOCG. Vinho tinto. Província: Frosinone, Piglio. Localidades: Piglio e Acuto, Serrone, Paliano e Anagni. Castas: Cesanese varietal.

Seco ou suave, ou ainda espumante tinto de uma zona à esquerda da autoestrada del Sole, indo 65 quilômetros (40 milhas) em direção sudeste de Roma. Outros dois Cesanese DOCs existem: Cesanese di Olevano Romano (muito raro) e Cesanese di Affile (quase extinto, pois a produção total em 2005 era de 6 mil garrafas). Todos os três tornaram-se DOCs num excesso de entusiasmo burocrático em 1973, e Piglio misteriosamente promovido a DOCG em 2008.

Circeo DOC. Vinho branco, tinto e rosé. Província: Latina. Localidades: Latina, Sabaudia, San Felice, Circeo, Terracina. Castas: Merlot (mínimo de 85%), Malvasia Bianca, Trebbiano e outras, além de Trebbiano varietal e Sangiovese.

Colli Albani DOC. Vinho branco. Província: Roma. Localidades: Ariccia, Albano, parte de outras quatro. Castas: Malvasia Bianca di Candia (no máximo 60%), Trebbiano Toscano, Romagnolo di Soave e Giallo (25-50%), Malvasia del Lazio (5-45%) e até 10% de outras.

O branco local da moradia de verão do Papa, em Castelgandolfo. Seco ou suave, com ou sem gás.

Colli Etruschi Viterbesi DOC. Vinho branco e tinto. Província: Viterbo. Localidades: 38. Castas: Sangiovese, Montepulciano e outras; Malvasia, Trebbiano e outras, e mais varietais Trebbiano, Grechetto, Trebbiano Giallo, Moscato Bianco, Montepulciano e Canaiolo.

Grande zona nova, criada em 1996. Os vinhos podem ser secos, suaves ou frisantes.

Colli Lanuvini DOC. Vinho branco. Província: Roma. Localidades: Genzano, parte de Lanuvio. Castas: Malvasia Bianca di Candia, Puntinata (no máximo 70%), além de Trebbiano e outras.

Um seco menos conhecido, mas recomendado, e um branco levemente suave do Castelli Romani

Colli della Sabina DOC. Vinho branco, tinto e rosé. Províncias: Rieti, Roma. Localidades: 25. Castas: Sangiovese (40-70%), Montepulciano (15-40%) e outras (no máximo 30%); Trebbiano (mínimo de 40%), Malvasia (mínimo de 40%) e outras (no máximo 20%).

Grande DOC no interior do país, criada em 1996. Os vinhos podem ser secos, suaves, espumantes ou *novello*.

Cori DOC. Vinho tinto e branco. Província: Latina. Localidades: Cisterna, Cori. Castas: Montepulciano (40-60%), Nero Buono di Cori (20-40%), Cesanese (10-30%), Malvasia di Candia (no máximo 70%), Trebbiano Toscano (no máximo 40%) e até 10% de outras.

Cori fica ao sul do Castelli Romani, onde o país aplana em direção aos pântanos Pontine. O tinto é suave e agradável, mas, infelizmente, junto com o branco, é raramente visto.

Est! Est!! Est!!! di Montefiascone DOC. Vinho branco. Província: Viterbo. Castas: Trebbiano Toscano (mínimo de 65%), Malvasia (no máximo 20%) e Trebbiano Giallo (máximo de 15%).

Enorme quantidade de vinho; é imprevisível o proveito que se possa tirar disso; o exemplo mais antigo do que hoje é chamado de um nome fantasia. A enfática "É" foi a primeira classificação de três estrelas na história, anterior ao guia Michelin, por cerca de 800 anos. Inspetores mais recentes têm tido menos sorte, mas agora a modernização das técnicas e do gosto está produzindo um branco aceitável, geralmente seco.

Falerno or Falernum O vinho mais famoso da antiga Roma, a partir das fronteiras do Lácio e da Campânia, ao sul. Na época, suave e concentrado, com afinidades com o Madeira; hoje um tinto bom e forte de Aglianico e Barbera, e um branco agradável e de baixa acidez. O tinto tem uma DOC na Campânia.

Frascati DOC. Vinho branco. Província: Roma. Localidades: Frascati, Catone, Montecompatri Monteporzio, Colonna, Grottaferrata. Castas: Malvasia di Candia (mínimo de 50%), Trebbiano e Malvasia del Lazio (10-40%), Greco, Bellone, Bombino (no máximo 30%) e até 15% de outras.

Na lenda, e de fato em algumas ocasiões, o vinho branco italiano mais memorável, embora possivelmente um dos que originou a noção de vinhos que "não viajam", mesmo os 30 km (18 milhas) até Roma.

A Malvasia de solo vulcânico dá esplêndida sensação de maturação total da uva e um brilho dourado ao vinho, incentivado pela fermentação com a casca como no tinto. O seco deve ser brando, carregado porém de sabor, com um toque de nozes e até mesmo levemente salgadas. O (*amabile*, meio doce) mais suave e a versão (*cannellino*) ainda mais suave podem ser adocicadas também, mas eu não contaria com isso.

A melhor maneira de aprender a diferença entre o estilo antigo e novo de brancos italianos é ir a um restaurante em Frascati e pedir uma garrafa de boa marca e uma jarra de vinho da casa. Infelizmente, as qualidades deliciosas desses últimos são as que não viajam. A moderna tecnologia de vinificação garante que o Frascati mais moderno seja, pelo menos, bem feito e enérgico, e, às vezes, cheio de caráter.

Genazzano DOC. Vinho tinto e branco. Províncias: Roma, Frosinone. Localidades: comunas de Genzano, Romano Olevano, San Vito Romano, Cave, Paliano. Castas: Sangiovese (70-90%), Cesanese (10-30%) e outras variedades de tintos locais (no máximo 20%), Malvasia Bianca di Candia (50-70%), Bellone e/ou Bombino (10-30%) e até 40% de outras.

É uma DOC obscura, criada em 1992, que assegura altos rendimentos.

Marino DOC. Vinho branco. Província: Roma. Localidades: Marino, parte de Roma e de Castelgandolfo. Castas: Malvasia Bianca di Candia (no máximo 60%), Trebbiano (25-55%), Malvasia del Lazio (5-45%) e até 10% de outras.

Primo de primeiro-grau do Frascati. Muitos romanos que comem fora de casa em Marino preferem bebê-lo fresco e não engarrafado.

Montecompatri-Colonna DOC. Vinho branco. Província: Roma. Localidades: Colonna, parte de Montecompatri, Zagarolo, Rocca Priora. Castas: Malvasia (no máximo 70%), Trebbiano (no mínimo 30%), Bellone e/ou Bonvino (no máximo 10%). Outra alternativa para Frascati no Castelli Romani.

Nettuno. Vinho branco, tinto e rosé. Província: Roma. Castas: Malvasia (no máximo 70%), Trebbiano (no máximo 30%) e até 10% de Bellone e/ou Bombino.

Área costeira a leste de Anzio. Os vinhos podem ser secos, suaves ou frisantes.

Tarquinia DOC. Vinho branco, tinto e rosé. Províncias: Roma, Viterbo. Localidades: quinze em Roma e quinze em Viterbo. Castas: Sangiovese e Montepulciano (mínimo de 60%, com pelo menos 25% de cada), Cesanese (no máximo 25%) e até 30% de outras; Trebbiano (mínimo de 50%), Malvasia (máximo de 35%) e até 30% de outras.

Uma zona de grande porte, criada em 1996, com altos rendimentos.

Torre Ercolana A especialidade extremamente rebuscada de um produtor (ver Colacicchi, nesta página) em Anagni. Um tinto de Cesanese com Cabernet e Merlot, poderoso na personalidade e envelhecendo com excelente qualidade.

Velletri DOC. Vinho branco e tinto. Províncias: Latina, Roma. Localidades: Velletri, Lariano, parte da Cisterna di Latina. Castas: Sangiovese (10-45%), Montepulciano (30-50%), Cesanese (mínimo de 10%) e até 30% de outras variedades locais de tinto; Malvasia (máximo de 70%), Trebbiano (mínimo de 30%), Bellone e/ou Bonvino (no máximo 20%).

Ao sul da zona Frascati do Castelli Romani, Velletri tem uma DOC pelos seus brancos agradáveis e tintos suaves.

Vignanello DOC. Vinho branco e tinto. Província: Viterbo. Localidades: sete. Castas: Sangiovese, Ciliegiolo; Trebbiano, Malvasia, acrescido de Greco varietal e Greco espumante.

Vinhos frescos para consumo diário.

Zagarolo DOC. Vinho branco. Província: Roma. Localidades: Zagarolo, Gallicano. Castas: Malvasia e Trebbiano (70-90%), Bellone e/ou Bonvino (máximo de 10%).

A menor, de fato minúscula, DOC do grupo Frascati, com vinho branco semelhante.

Principais produtores do Lácio

Casale del Giglio ☆☆–☆☆☆
Le Ferriere. 150 ha. www.casaledelgiglio.it
De grandes vinhedos costeiros na baixada vêm uma gama eclética de IGT de Syrah, Cabernet Sauvignon, Petit Verdot, Manseng Petit e Chardonnay/Viognier (Antinoo), principalmente envelhecido em carvalho.

Castel de Paolis ☆☆–☆☆☆
Grottaferra. 12 ha. www.casteldepaolis.it
Esta pequena propriedade foi criada em 1993, e o enólogo consultor Franco Bernabei elevou seu Frascati aos mais altos padrões (e preços). O floral Vigna Adriana contém uma proporção de Sauvignon e Viognier. O Syrah mais Merlot IGT chamado Quattro Mori é um dos melhores tintos envelhecidos em barricas do Lácio.

Cantina Cerveteri ☆–☆☆
Cerveteri. 2.000 ha. www.cantinacerveteri.it
Esta cooperativa é uma grande produtora de Cerveteri e Tarquinia branco e tinto.

Cantina Sociale Cesanese del Piglio ☆
Piglio. 156 ha. www.cesanesedelpiglio.it
Perfeitos Cesanese del Piglio e Passerina.

Colacicchi ☆☆–☆☆☆
Anagni. 6 ha.
Esta vinícola familiar, que ficou famosa pelo falecido Luigi Colacicchi, é agora propriedade da família Trimani. Mais conhecida pelo tinto explêndido Torre Ercolana, um vinho muito raro de Cabernet, Merlot e Cesanese: intenso, de longa duração, e muito bom ao paladar. Apenas cerca de 700 caixas são feitas.

Colli di Catone ☆☆
Monteporzio Catone. 10 ha. www.collidicatone.it
Antonio Pulcini faz um bom Frascati Superiore sob rótulos diversos. Suas duas versões especiais de Frascati são vinhos oriundos de pura Malvasia; um deles de vinhedo único, Colle Gaio, é feito apenas em anos bons, de vinhas de baixa produção.

Falesco ☆☆☆
Montefiascone. 370 ha. www.falesco.it
Pertencente aos renomados enólogos Renzo e Riccardo Cotarella, do bom Est! Est! Est!!!, esta propriedade é especializada em tintos amadurecidos em carvalho novo IGT, de Merlot e Cabernet Sauvignon. O Montiano (Merlot) é extremamente complexo, com nuances de cassis e canela.

Alguns de seus vinhedos situam-se mais ao norte, na Úmbria, e são a fonte da excelente mistura de Cabernet Franc e Sauvignon chamada Marciliano. Grande negócio, de onde saem cerca de 3 milhões de garrafas.

Fontana Candida ☆–☆☆☆
Monteporzio Catone. 97 ha. www.fontanacandida.it
Parte do complexo Gruppa Italiano Vini, proprietário de extensos vinhedos, adegas e empresas de engarrafamento na zona de Frascati. Na produção de mais de 600 mil caixas estão inclusos o Vigneto Santa Teresa, um dos melhores de todos os Frascati, e o *cuvée* Luna Mater, oriundo de raras variedades autóctones.

Gotto d'Oro ☆–☆☆
Frattocchie di Marino. 1.800 ha. www.gottodoro.it
Este é o rótulo da cooperativa Marino, cujos membros têm 1.550 hectares de vinhedos. Além de Frascati, produz um Castelli Romani tinto, levemente efervescente.

Massimi Berucci ☆
Piglio. 30 ha. www.vignetimassimiberucci.it
Este produtor é uma boa fonte dos raros tintos Cesanese di Piglio, alguns provenientes de videiras com cerca de 50 anos, e dos brancos Passerina del Frusinato.

Catedral de Viterbo, Viterbo.

356 | ITÁLIA | LÁCIO / ABRUZZO

Paola di Mauro (Colle Picchioni) ☆☆–☆☆☆
Marino. 13 ha. www.collepicchioni.eu
Esta pequena propriedade é administrada por Paola di Mauro e o filho Armando, com assessoria de Riccardo Cotarella. Eles produzem um notável Marino tradicional e um dos mais raros tintos finos de Roma: uma mistura de Bordeaux chamada Vigna del Vassallo.

Mazziotti ☆☆
Bolsena. 31 ha. www.mazziottiwines.com
Esta é uma antiga vínicola familiar mais conhecida pelo Est! Est! Est!!! di Montefiascone, e um tinto suave, chamado Volgente, da combinação de Merlot, Sangiovese e Montepulciano.

Sergio Mottura ☆☆–☆☆☆
Civitella d'Agliano. 45 ha. www.motturasergio.it
No norte do Lácio, Mottura produz Grechetto IGT em estilos contrastantes: acarvalhado e não acarvalhado. A versão acarvalhada chama-se Latour, que parece ser presunçosa, mas é um simples agradecimento a Louis Latour de Beaune, que fornece os barris. Quando as condições permitem vintage, Mottura também faz um vinho fino chamado Botrytis Muffo.

L'Olivella ☆☆
Frascati. 12 ha. www.racemo.it
Embora localizada em Frascati, esta propriedade orgânica é mais conhecida por seus vinhos tintos, como o Racemo IGT, de Sangiovese e Cesanese, e uma mistura única de Shiraz e Cesanese.

Principe Pallavicini ☆–☆☆☆
Colonna. 70 ha. www.vinipallaviccini.it
Uma propriedade nobre que está nas mãos da família desde 1670. Ela produz um bom Frascati Superiore, um Malvasia de colheita tardia, chamado Stillato, e um agradável Cesanese floral.

Palombo ☆–☆☆☆
Atina. 10 ha. www.vinipalombo.it
Propriedade familiar especializada em Atina DOC Cabernet Sauvignon, e um encorpado Sauvignon Blanc chamado Somiglio.

Cantina Sant' Andrea ☆☆
Borgo Vodice. 43 ha. www.cantinasantandrea.it
Propriedade orgânica especializada tanto em Circeo DOC quanto em suaves finos Moscato di Terracina.

Villa Simone ☆☆
Monteporzio Catone. 30 ha. www.pierocostantini.it
Piero Costantini faz um impressionante Frascati Superiore de grande escala, incluindo o Vigneto Filonardi, de vinhedo único, e uma mistura suave de Sangiovese e Cesanese, sugestivamente chamada Ferro e Seta.

Trappolini ☆☆
Castiglione in Teverina. 20 ha.
Propriedade familiar de vinte hectares que produz Est! Est! Est!!! e, mais interessante, um Sangiovese chamado Paterno, e um tinto Aleatico, suave com aroma de rosas, chamado Idea.

Conte Zandotti ☆☆
Rome. 40 ha. www.cantinecontezandotti.it
Adquirida pela família em 1734, esta propriedade é agora gerida por Enrico Massimo Zandotti. As adegas são esculpidas em abóbadas de uma antiga cisterna de água romana sob a Villa San Paolo. Além de um bom Frascati Superiore seco, há um Malvasia IGT, com gosto de frutas tropicais.

Abruzzo

Os Apeninos têm seu clímax no Gran Sasso d'Italia de 2.700 metros (9 mil pés), que se eleva sobre L'Aquila (A Águia), a capital de Abruzzo. As montanhas só diminuem perto do mar, onde Pescara é a cidade principal. Embora seja próxima de Roma, Abruzzo tem sido uma região pouco sofisticada em termos de produção de vinho, graças ao enorme poder das cooperativas que controlam mais de 80% da produção e são orientadas a ter mais quantidade que qualidade.

Desde 1999 vem mudando, pois os produtores estão demonstrando o real potencial da uva Montepulciano tinta, especialmente nos setores mais montanhosos no norte da região. Os vinhos brancos têm ficado para trás. Onde a subvariedade local de Trebbiano d'Abruzzo sobrevive (como em Valentini), podem surgir vinhos surpreendentemente complexos e de vida longa. Mas a maior parte da região é plantada com clones de alta produtividade que produzem vinhos pouco interessantes. No entanto, há um renascimento das variedades brancas locais, como a Pecorino. A especialidade do Abruzzo é a Cerasuolo, uma uva *rosata* que sempre teve grande reputação por sua vinosidade.

DOC & Outros Vinhos

Cerasuolo ver Montepulciano d'Abruzzo.

Controguerra DOC. Vinho tinho, branco e rosé. Província: Teramo. Localidades: Controguerra e outras quatro. Castas: Montepulciano (mínimo de 60%), Merlot e/ou Cabernet (mínimo de 15%) e até 25% de outras; Trebbiano (mínimo de 80%), Passerina (mínimo de 15%) e até 25% de outras, além de varietais Chardonnay, Malvasia, Moscato Amabile, Passerina, Riesling, Ciliegiolo, Cabernet, Merlot e Pinot Nero. Também vinhos tintos e brancos, passito e espumantes.

Montepulciano d'Abruzzo DOC. Vinho tinto e rosé. Províncias: Chieti, Aquilia, Pescara, Teramo. Localidades: várias nas quatro províncias. Casta: Montepulciano (mínimo de 85%).

A zona de produção deste excelente tinto se estende ao longo do sopé das montanhas costeiras e volta para as montanhas ao longo do vale do rio Pescara, mas o Montepulciano mais complexo vem dos morros Teramo, no norte. Os padrões nesta grande área variam muito, mas o melhor Montepulciano é tão satisfatório, se não tão sutil, quanto qualquer tinto italiano: cheio de cor, vida e calor. Cerasuolo é o nome dessa DOC de rosé.

Montepulciano d'Abruzzo Colline Terramane DOCG. Localidades: trinta nas colinas ao norte de Pescara. Casta: Montepulciano (90%) de rendimento em torno de 15% inferior ao vinho DOC.

Considerado o centro de Montepulciano.

Trebbiano d'Abruzzo DOC. Vinho branco. Província: toda a região de Abruzzi. Localidades: não superiores a 500-600 metros (1.625-1.950 pés) em toda a região. Castas: Trebbiano d'Abruzzo (no mínimo 85%), e/ou Trebbiano Toscano e até 15% de outras.

Um branco básico frutado, exceto no caso de Valentini (ver p. 358).

Principais produtores de Abruzzo

Agriverde ☆☆
Ortona. 75 ha. www.agriverde.it
Uma propriedade progressista, que oferece Trebbiano e Montepulciano em diferentes estilos. O Montepulciano Plateo é envelhecido em barrica e tem concentração e persistência admiráveis.

Cataldi Madonna ☆☆–☆☆☆
Ofena. 27 ha.
Durante o dia, Luigi Cataldo Madonna ensina filosofia na Universidade de Áquila. A propriedade de sua família produz alguns dos melhores Cerasuolo de Abruzzo e três Montepulcianos de diferentes graus de concentração e força.

Barone Cornacchia ☆–☆☆
Torano Nuovo. 42 ha. www.baronecornacchia.it
Importante propriedade na região de Teramo. Uma nova geração reavivou a qualidade. Perfeitos Montepulciano e Trebbiano d'Abruzzo, e um Controguerra chamado Villa Torri, que combina Montepulciano com Cabernet e Merlot.

Farnese ☆☆–☆☆☆
Ortona. 50 ha. www.farnese-vini.com
Vinícola comercialmente orientada, que produz vinhos de 600 hectares, de vinhedos alugados principalmente. Trebbiano e Chardonnay agradáveis, mas o Montepulciano é seu melhor vinho, especialmente de Colline Teramane. O Casal Vecchio padrão oferece um vinho de bom valor. Os vinhos Edizione são mais ambiciosos.

Filomusi Guelfi ☆☆
Tocca da Causaria. 10 ha.
Pequena propriedade, fundada apenas em 1982, com Montepulciano de força e graça.

Dino Illuminati ☆☆–☆☆☆
Controguerra. 130 ha. www.illuminativini.it
Grande e altamente considerada propriedade, fundada em 1890. Existem numerosos brancos sob a Controguerra DOC, mas o real interesse aqui reside na gama de vinhos complexos com base em Montepulciano. O melhor é o Zanna, um Colline Teramane envelhecido em grandes tonéis. O Riparosso, um vinho muito mais básico, é a mostra ideal de um estilo despretensioso, mas satisfatório, feito de Montepulciano não acarvalhado.

Marramiero ☆☆–☆☆☆
Rosciano. 30 ha. www.marramiero.it
Embora estabelecida apenas em 1994, esta propriedade tem ocupado rapidamente as fileiras superiores com o Montepulciano Inferi envelhecido em barrica, um bom Trebbiano Altare, e um IGT de Chardonnay envelhecido em carvalho novo.

Masciarelli ☆☆☆
San Martino sulla Marrucina. 327 ha. www.masciarelli.it
O ambicioso Gianni Masciarelli começou com três hectares em 1981, e ainda planejava novos empreendimentos quando morreu de repente, e muito jovem, em 2008. Ele fez excelentes vinhos em várias categorias diferentes, tais como Marina Svetic (em homenagem a sua esposa croata) e Villa Gemma. Como o próprio Masciarelli era, os vinhos desta propriedade são poderosos e assertivos.

Antonio e Elio Monti ☆☆
Controguerra. 13 ha. www.vinimonti.it
Elio assumiu no lugar do pai Antonio, em 1990. Bom Montepulciano, especialmente o Pignotto de Colline Teramane, e tende a melhorar ainda mais agora que o famoso consultor Riccardo Cotarella foi contratado.

Camillo Montori ☆☆
Controguerra. 50 ha. www.montorivini.it
Bom Montepulciano, especialmente de Colline Teramane DOCG, que a vinícola ajudou a estabelecer, e o Trebbiano d'Abruzzo, além de vigorosos vinhos Controguerra, tintos e brancos.

Nicodemi ☆☆–☆☆☆
Notaresco. 30 ha. www.nicodemi.com
Uma nova geração tem gerido Nicodemi, com seus vinhos elegantes e de estilo moderno, desde 2000. Nemorino de Colli Teramane é o Montepulciano carro-chefe, com sabores de ameixa, tabaco e especiarias indianas; mas a gama Notari de Trebbiano e Montelpulciano indiscutivelmente oferece mais equilíbrio e frescor.

Orlandi Contucci ☆☆
Roseto degli Abruzzi. 30 ha. www.orlandicontucci.com
Embora esta propriedade faça um Montepulciano bom e flexível, há ênfase atípica em vinhos varietais de Chardonnay, Sauvignon e Cabernet Sauvignon. Donato Lanati é o consultor.

Pasetti ☆☆
Francavilla al Mare. 40 ha.
Um rico Montepulciano, um Cerasuolo picante e um Pecorino gordo e acarvalhado, chamado Testarossa. Embora Pasetti seja baseado na costa, seus vinhedos encontram-se a alguma distância no interior em alta altitude.

Talamonti ☆☆
Loreto Aprutino. 25 ha. www.cantinetalamonti.it
Fundada em 2001, Talamonti já desenvolveu uma vasta gama de produtos: o Montepulciano básico, mas com personalidade, é o Moda, mas o Tre saggi oferece mais peso, tanino e especiarias. Bom Trebbiano Aternum, parcialmente envelhecido em barril.

Cantina Tollo ☆–☆☆☆
Tollo, Chieti. 3.500 ha. www.cantinatollo.it
Esta cooperativa de grande porte produz 16 milhões de garrafas por ano. Seus Montepulciano e Trebbiano d'Abruzzo são excepcionais.

Torre dei Beati ☆☆–☆☆☆
Loreto Aprutino. 25 ha.
Criado em 2000, absorvendo vinhedos antigos e plantando novos, todos cultivados organicamente. Os Montepulciano superiores, ambos envelhecidos em barrica, são o Mazzomorello e o Cocciapazzo, em um estilo poderoso e voluptuoso.

La Valentina ☆☆☆
Spoltore. 64 ha. www.fattorialavalentina.it
Vinhos altamente concentrados de duas sub-regiões diferentes. Duas misturas de Montepulciano, envelhecidas em tonéis e barris, são de primeira linha: Espelta e Bellovedere.

ITÁLIA | ABRUZZO / CAMPÂNIA

Valentini ☆☆☆
Loreto Aprutino. 65 ha.
Edoardo Valentini morreu em 2006, e foi sucedido pelo filho Francesco, igualmente recluso. A maioria da sua produção de uvas é vendida para cooperativas. O que resta é vinificado por métodos totalmente artesanais, e em consequência, algumas safras nunca são liberadas. O Trebbiano, a partir da variedade de Abruzzo autêntica, tem vida extremamente longa. Em 1988, vinte anos depois, ainda era exótico e picante. O Montepulciano é perfumado, tânico e longo, o Cerasuolo é adequadamente refrescante. (Fabuloso azeite também.) Preços de tirar o fôlego.

Valle Reale ☆☆–☆☆☆
Popoli. 60 ha. www.vallereale.it
Um empreendimento muito interessante para o interior, onde as uvas amadurecem tarde e dão frutos intensos. Carlo Ferrini é o enólogo consultor. Três estilos de Montepulciano são feitos, todos bem-sucedidos dentro de seus próprios termos: os não acarvalhados Vigne Nuove, Valla Reale, e o São Calisto, envelhecido em barricas novas.

Villa Medoro ☆☆–☆☆☆
Atri. 60 ha. www.villamedoro.it
Federica Morricone faz uma deliciosa mistura de Trebbiano e Falanghina chamada Chimera, mas os melhores vinhos são os Montepulciano, especialmente o Adrano selvagem e terroso de Colline Teramane.

Ciccio Zaccagnani ☆☆
Bolognano. 80 ha.
www.cantinazaccagnani.it
Uma propriedade cada vez mais admirada por seu fino Montepulciano San Clemente, bem como vinhos eclécticos de Riesling, Pecorino e Cannonau passito.

Campânia

A região de Nápoles e da Península de Sorrento pode ter desprezado os gostos dos turistas no passado, deixando alguns visitantes com um gosto ruim na boca, mas, em muitos aspectos, é soberbamente adaptada para a viticultura. Solos vulcânicos, a influência temperada do mar e a altura de suas montanhas propiciam excelentes terrenos. Suas uvas próprias têm caráter e um bom desempenho. O tinto Aglianico (o nome vem de Hellenico) e o Greco branco referem-se ambos em seus nomes aos gregos que, presumivelmente, os importaram ou, pelo menos, os adotaram em épocas pré-romanas. A Fiano e a Falanghina são outras uvas brancas de alta qualidade específicas da Campânia. Vinhos de qualidade são feitos em Ravello, na península de Sorrento, na ilha de Ischia e, sobretudo, em Irpinia, ao norte de Avellino, a leste de Nápoles, onde a vinícola Mastroberardino fez mais do que ninguém pela reputação da região. A última década viu um número de vinícolas tirar máximo partido das castas soberbas e dos solos vulcânicos notáveis de Campânia.

DOC & Outros Vinhos

Aglianico del Taburno DOC. Vinho tinto e rosé. Província: Benevento. Localidades: quatorze. Casta: Aglianico (mínimo de 85%).
DOC recente em uma área onde as condições são particularmente adequadas para Aglianico. Os vinhos são ainda raros.

Asprino or Asprinio Um refrescante bem-vindo; efervescente e cítrico branco sem pretensões: vinho Nápoles café universal. A uva, exclusiva da região, é incomum, muitas vezes sendo cultivada em troncos de árvores, como se fazia antigamente.

Aversa DOC. Vinho branco. Províncias: Caserta, Nápoles. Localidades: Aversa e 21 outras. Casta: Asprinio (mínimo de 85%). Pode ser seco ou frisante.

Campi Flegrei DOC. Vinho tinto e branco. Província: Nápoles. Localidades: partes de Nápoles, seis outras comunas. Castas: Piedirosso (50-70%), Aglianico e/ou Scianscisino (10-30%) e até 10% de outras; Falanghina (50-70%), Biancolella e/ou Coda di Volpe (10-30%) e até 30% de outras.
Esta DOC, com invulgares solos arenosos e vulcânicos, também permite vinhos varietais de Piedirosso (seco e passito) e Falanghina.

Capri DOC. Vinho tinto e branco. Província: Nápoles. Localidade: ilha de Capri. Castas: Piedirosso (no mínimo 80%); Falanghina e Greco e até 20% de Biancolella.
Uma pequena oferta de branco seco adequado e um pequeno suprimento de um tinto leve para se beber jovem têm a sorte de ter esse nome romântico.

Castel San Lorenzo DOC. Vinho tinto, branco e rosé. Província: Salerno. Localidades: Castel San Lorenzo e sete outras. Castas: Barbera (60-80%), Sangiovese (20-30%) e até 20% outras; Trebbiano (50-60%), Malvasia Bianca (30-40%) e até 20% de outras.
A maior parte dos vinhos é sem graça; mas esta DOC também permite vinhos varietais de Barbera e Moscato.

Cilento DOC. Vinho tinto, branco e rosé. Província: Salerno. Localidades: Agropoli e sete outras. Casta: Aglianico (60-75%), Piedirosso/Primitivo (15-20%), Barbera (10-20%) e até 10% de outros tintos; (rosato) Sangiovese (70-80%), Aglianico (10-15%), Primitivo/Piedirosso 10-15% e até 10% de outras; Fiano (60-65%), Trebbiano (20-30%), Greco/Malvasia (10-15%) e até 10% de outras brancas, mais Aglianico, com no máximo 15% de Primitivo/Piedirosso.
Criada em 1989, a DOC está situada em algumas regiões excelentes e mostra uma grande promessa.

Costa d'Amalfi DOC. Vinho tinto, branco e rosé. Província: Salerno. Localidades: Amalfi e outras doze. Castas: Falanghina e/ou Biancolella (60%) e até 40% de outras; Piedirosso (mínimo de 40%), Aglianico e/ou Scianscisino (no máximo 60%) e até 40% de outras.

Vinícola Mastroberardino, Atripalda.

Uma DOC criada em 1995, que inclui, por uma complexidade adicional, três subzonas.

Falerno del Massico DOC. Vinho tinto e branco. Província: Caserta. Localidades: Mondragone e quatro outras. Castas: Aglianico (60-80%), Piedirosso (20-40%), Primitivo e/ou Barbera (no máximo 20%); Falanghina.

Estes vinhos são uma grande promessa. Reavivados em sua área original, trazem pouca semelhança com seus antecessores, mas valem a pena. As regras também permitem um Primitivo varietal.

Fiano di Avellino DOCG. Vinho branco. Província: Avellino. Localidades: Avellino e quatorze outras próximas. Castas: Fiano (mínimo 85%), Greco, Coda di Volpe Bianco, Trebbiano (até 15%).

Um dos melhores vinhos brancos do Sul, amarelo-claro e agradável no aroma e sabor, com vivacidade e comprimento. É também conhecido como Apianum, uma referência em latim às abelhas, que aparentemente apreciam tanto as suas flores como as uvas – ou suco.

Galluccio DOC. Vinho tinto, branco e rosé. Província: Caserta. Localidades: Galluccio e quatro outras. Castas: Falanghina (mínimo de 70%); Aglianico (mínimo de 70%).

Greco di Tufo DOCG. Vinho branco. Província: Avellino. Localidades: Tufo e sete outras. Castas: Greco di Tufo (mínimo de 85%), Coda di Volpe (no máximo 15%).

Vinho branco de caráter positivo, de buquê um pouco neutro, mas que enche a boca com um bom "cut" no sabor: muito satisfatório com comida saborosa. Desenvolve um pouco o aroma com dois a três anos de envelhecimento em garrafa, mas só os melhores exemplares, porque o vinho é propenso à oxidação. Também pode ser feito espumante (raro).

Guardia Sanframondi DOC. Vinho tinto, branco e rosé. Província: Benevento. Localidades: Guardia Sanframondi e três outras. Castas: Sangiovese (mínimo de 80%), Malvasia di Candia (50-70%), Falanghina (20-30%) e até 10% de outras, além de variedades Falanghina (seco e espumante) e Aglianico.

Ipernia DOC. Vinho tinto, branco e rosé. Grande área no centro-leste da Campânia. Castas: Aglianico (70-100%) e até 30% de outras; Fiano (40-50%), Greco (40-50%) e até 20% de outras, acrescidos de Aglianico varietal, Piedirosso, Sciascisino; Falanghina, Fiano, Coda di Volpe e Greco. Também passito e espumante.

Ischia DOC. Vinho tinto e branco. Província: a ilha de Ischia. Localidades: toda a ilha. Castas: Guarnaccia (40-50%), Piedirosso (40-50%) e até 15% de outras; Forastera (45-70%), Biancolella (30-55%) e até 15% de outras; mais Biancolella varietal, Forastera, Piedirosso.

Os tintos e brancos dessa ilha verde na baía de Nápoles são feitos para serem bebidos jovens e frescos – apesar de novos e ambiciosos produtores estarem tentando outras ideias. O branco deve ser robusto o suficiente para saciar a sede.

Lacrimarosa d'Irpinia Um rosé muito pálido e cúprico, de boa qualidade, aromático, de gosto levemente imaturo, feito de Aglianico por Mastroberardino (ver p. 361).

Per'e Palummo O nome alternativo da uva Piedirosso, que significa "pé de pombo", aplicado a um dos melhores vinhos tintos de Ischia, tânico e refrescante, com um tom de grama no aroma.

Penisola Sorrentina DOC. Vinho tinto e branco. Província: Nápoles. Localidades: Nápoles e doze outras. Castas: (tinto: normal e frisante) Piedirosso e/ou Sciascisino e/ou Aglianico (mínimo de 60%) e até 40% de outras; Falanghina e/ou Biancolella e/ou Greco (mínimo de 60%).

Pequena DOC cobrindo a Península de Sorrento, na baía de Nápoles.

Ravello Vinho tinto, branco e rosé. Localidade: Ravello. Tudo bom, desde os vinhedos escalonados até a encantadora cidade de Ravello no topo das colinas. As brumas do mar, eu suspeito, conservam os vinhos frescos.

Sannio DOC. Vinho tinto, branco e rosé. Província: Benevento. Localidades: todas da província. Castas: Sangiovese (mínimo de 50%); Trebbiano (mínimo de 50%).

Grande DOC genérica, permitindo igualmente numerosos vinhos varietais e espumantes pelo método clássico.

Sant' Agata dei Goti DOC. Vinho tinto, branco e rosé. Província: Benevento Localidade: Sant'Agata dei Goti. Castas: Aglianico (40-60%), Piedirosso (40-60%) e até 20% de outras; Falanghina (40-60%), Greco (40-60%) e até 20% de outras; mais Falanghina varietal, Greco, Aglianico, Piedirosso.

DOC obscura; Mustilli é o produtor mais importante (ver p. 361).

Solopaca DOC. Vinho tinto e branco. Província: Benevento. Localidades: Solopaca e onze outras vizinhas. Castas: Sangiovese (50-60%), Aglianico (20-40%) e até 30% de outras; Trebbiano (40-60%), Malvasia, Coda di Volpe, e/ou Falanghina (máximo de 60%) e até 20% de outras, mais Falanghina varietal, Aglianico. Espumante também é permitido.

Uma zona DOC pouco conhecida ao norte de Nápoles, com um tinto decente, mas um branco triste.

Taburno DOC. Vinho tinto e branco. Província: Benevento. Castas: Sangiovese (40-50%), Aglianico (30-40%) e até 30% de outras; Trebbiano (40-50%), Falanghina (30-40%) e até 30% de outras; (espumante) Coda di Volpe e/ou Falanghina (60%) e até 40% de outras, além de variedades Coda di Volpe, Falanghina, Grecoe Piedirosso.

Ver também Aglianico del Taburno DOC.

Taurasi DOCG. Vinho tinto. Província: Avellino. Localidades: Taurasi e 15 outras nas colinas de Irpinia, a leste de Nápoles. Casta: Aglianico (mínimo de 85%).

Entre os melhores vinhos tintos do Sul da Itália, famoso por seu Mastroberardino (ver p. 361). Aglianico amadurece tardiamente nestes vinhedos altos para fazer um vinho firme, de estrutura esplendidamente satisfatória, ainda de cor escura, mesmo quando amadurecido por cinco anos. Tem uma riqueza ligeiramente torrada, mas sem ter algo a ver com um vinho do Porto. De primeira classe, mas impossível de se classificar por meio de comparações.

Vesuvio (Lacryma Christi) DOC. Vinho branco, tinto e rosé. Província: Nápoles. Localidades: aldeias, na maioria a leste de

ITÁLIA | CAMPÂNIA

Nápoles. Castas: Piedirosso e/ou Sciascisinomin (80%), Aglianico (no máximo 20%), Coda di Volpe e/ou Verdeca (mínimo de 80%).

A designação Lacryma Christi del Vesuvio aplica-se a quatro versões superiores, capazes de envelhecimento de três a seis anos ou mais. O branco também pode ser espumante.

Principais produtores da Campânia

Alois ✫✫
Pontelatone. 13 ha. www.vinialois.it
Michele Alois faz um bom Aglianico, mas o interesse principal da propriedade é a sua determinação em revitalizar as variedades locais, tais como Casavecchia e Pallagrello.O consultor é Riccardo Cotarella.

D'Ambra ✫✫
Forio d'Ischia. 6 ha. www.dambravini.com
Fundada em 1888 por Francesco d'Ambra, este produtor de Ischia DOC é leal às variedades brancas locais, como Biancolella e Forestera.

Antonio Caggiano ✫✫✫
Taurasi. 20 ha. www.cantinecaggiano.it
Caggiano fundou esta propriedade em 1991, e tem decididamente focado nas excelentes variedades de uva da Campânia. O Taurasi é magnífico, bem estruturado, e com sabor de frutas vermelhas. O Fiagrè envelhecido em barrica mistura Fiano e Greco, assim como o suave Mel, de uvas tardiamente colhidas.

Colli di Lapio ✫✫
Lapio. 10 ha.
A propriedade de Clelia Romano se especializa em Fiano, que é encorpado, com toque de nozes e persistente. Ele também envelhece muito bem.

De Conciliis ✫✫–✫✫✫✫
Prignano Cilento. 26 ha.
Uma nova estrela na Campânia. Os vinhos são IGT, e verdadeiras tradições locais: Aglianico poderosos, envelhecido em barrica,

chamados Donnaluna e Naima, repletos de aromas de cereja e ameixa, bem como o enérgico Fiano.

Benito Ferrara ✫–✫✫✫
Tufo. 8 ha. www.benitoferrara.it
Esta pequena propriedade produz apenas o elegante e amendoado Greco, de vinhedos altos.

Feudi di San Gregorio ✫✫✫–✫✫✫✫✫
Sorbo Serpico. 300 ha. www.feudi.it
A grande história de sucesso da Campânia é a rápida ascensão desta grande propriedade ao topo da lista dos produtores do Sul da Itália. Os brancos são brilhantes – Campanaro e Privilegio, envelhecido em barrica e de colheita tardia (ambos Fiano) – e os tintos invulgarmente profundos – Taurasi, é claro, mas também um Aglianico com Merlot surpreendentemente voluptuoso, chamado Serpico, e um suculento Merlot novo, chamado Pàtrimo. (Os proprietários, os irmãos Ercolino, salientam que o Merlot é tradicional na região.) A empresa conseguiu crescer rapidamente sem perder a qualidade.

Galardi ✫✫✫
San Carlo di Sessa Aurunca. 10 ha. www.terradilavoro.com
Uma propriedade de apenas um vinho. Terra di Lavoro, como Montevetrano (ver p. 361), é feito por Riccardo Cotarella, mas é baseado em variedades locais de Aglianico e Piedirosso.

Gran Furor ✫✫–✫✫✫
Furore. 10 ha. www.granfuror.it
Uma excelente gama de vinhos da Costa d'Amalfi DOC, usando apenas as variedades autóctones.

De Lucia ✫✫
Guardia Sanframondi. 11 ha.
Excelente fonte de Falanghina e Aglianico de Sannio DOC.

Luigi Maffini ✫✫✫
Castellabate. 14 ha. www.maffini-vini.com
Fundada em 1996, este estabelecimento utiliza uvas locais, mas libera como IGT. Um Fiano surpreendente, chamado Kratos,

---

MOLISE

Molise, um pedaço da Itália central, que vai dos Apeninos ao Adriático, é um recém--chegado ao mapa de vinho da Itália. Garrafas com rótulos são uma novidade em uma terra de alta produção. Os primeiros Molise DOCs datam de 1983. São o Biferno, para os vinhos tintos e brancos da província de Campobasso, e o Pentro, para os tintos e brancos das colinas em torno de Isernia. Ambos especificam Montepulciano para os tintos. No Biferno, é a variedade dominante, mas misturada com Aglianico. No Pentro, é utilizada meio a meio com Sangiovese. Ambos os brancos são baseados em Trebbiano Toscano, o que não é uma fórmula para qualidade, e permitem a adição de Bombino.

Vinhos varietais, de variedades internacionais e locais, também são encontrados. Uma ótima vinícola Molise e uma das mais modernas da Itália é:

Di Majo Norante ✫✫✫
Campomarino. 85 ha.
www.dimajonorante.com
Uma propriedade familiar impecavelmente gerida, com Riccardo Cotarella como enólogo consultor. O Montepulciano Don Luigi é tão bom quanto o melhor de Abruzzo, e o doce Aglianico Contado frequentemente tem a mesma qualidade. Deliciosos brancos de Falanghina e Greco também.

Outros produtores de Molise

Borgo di Colloredo ✫✫–✫✫✫
Campomarino. 70 ha.
www.borgodicolloredo.com
Vinícola familiar dedicada às variedades de uvas locais, e que produz bom Aglianico, Montepulciano e Falanghina.

Fattoria di Vaira ✫✫
Petacciato. 70 ha.
Propriedade antiga revivida em 2002 e que produz Falanghina enxuto e Montepulciano Monsignore robusto.

quando vinificado em aço, e Pietraincatenata quando fermentado em carvalho novo.

Mastroberardino ☆☆–☆☆☆
Atripalda. 200 ha. www.mastroberardino.com
Fundada em 1878 como a continuação de uma empresa de longa data, agora dirigida por Piero Mastroberardino. As caves foram renovadas e ampliadas após serem destruídas no terremoto de 1980, e a posterior instalação dos equipamentos ultramodernos sinalizou uma nova abordagem ao estilo de seus brancos Fiano e Greco, agora feitos em tanques de aço inox, com temperatura controlada.

A empresa Mastroberardino foi dividida em duas em 1994, quando Walter Mastroberardino partiu para fundar seu próprio selo Terredora (ver nesta página). Posteriormente, a qualidade caiu por alguns anos, mas uma nova geração revitalizou a empresa. Os brancos são tão finos como sempre, e a linha superior, Radici, tem excitantes e estruturados Fiano e Taurasi pesados e corpulentos.

Di Meo ☆
Salza Irpinia. 25 ha. www.dimeo.it
Perfeitos Greco e Fiano que de alguma forma não têm talento.

Michele Moio ☆☆–☆☆☆
Mondragone 13 ha. www.cantinemoio.it
O substancial Primitivo é liberado como Falerno DOC.

Molettieri ☆☆–☆☆☆
Montemarano. 20 ha. www.salvatoremolettieri.it
Uma pequena propriedade, mas uma fonte impecável de um Taurasi poderoso, chamado Cinque Querce.

Montevetrano ☆☆–☆☆☆☆
San Cipriano Picentino. 5 ha. www.montevetrano.it
A fotógrafa Silvia Imparato produz, com assessoria de Riccardo Cotarella, um único vinho, Colli di Salerno, que se tornou *cult*, com preço condizente. Uma mistura de Cabernet, Merlot e uma pitada de Aglianico, envelhecida em barricas novas, não muito diferente de um Bordeaux fino.

Mustilli ☆
Sant' Agata de' Goti. 35 ha. www.mustilli.com
Vinhos bons a partir de castas típicas da Campânia: Aglianico, Falanghina e Greco.

Cantina del Taburno ☆☆–☆☆☆
Foglianise. 500 ha. www.cantinadeltaburno.it
Cooperativa de produtores conscientes da qualidade de seus Aglianico, Falanghina entre outros vinhos excelentes. Os engarrafamentos de Aglianico superiores, como o amadurecido em carvalho novo Bue Apis, são tão bons quanto qualquer outro na Campânia.

Terredora ☆☆–☆☆☆
Montefusco. 150 ha. www.terradora.net
A nova propriedade de Mastroberardino, agora completamente estabelecida em seu próprio direito, produz Taurasi muito bom e muitas vezes Fiano e Falanghina excepcionais.

Vadiaperti ☆☆
Montefredane. 8 ha. www.vadiaperti.it
Brancos Irpinia clássicos e enérgicos, de uma propriedade fundada em 1984.

Villa Matilde ☆☆☆
Cellole. 52 ha. www.villamatilde.com
Riccardo Cotarella orienta esta quinta orgânica e ajuda a produzir excelentes Falanghina e Aglianico de Falerno DOC e um Falanghina passito IGT cremoso, chamado Eleusi, com seus aromas de frutas secas. O melhor tinto é o Aglianico rico e concentrado de Vigna Camarato.

Puglia

O calcanhar e os tendões da Itália são as suas regiões de vinhos mais produtivas. A Puglia produz três vezes mais vinho que toda a Toscana. Seu papel histórico tem sido o de fornecer força e cor para os vinhos mais famosos, mas frágeis nas cubas de mistura mais ao norte. Os tintos são de fato muito vermelhos, muito fortes, e muitas vezes inclinados a parecerem vinhos do Porto, e os brancos podem sofrer de flacidez, embora a tecnologia de vinificação moderna permita que sejam feitos mais limpos e frescos.

A Península de Salento, o calcanhar a sudeste a partir de Taranto, é a região mais quente. Há poucos produtores aqui aprendendo a moderar a força e a densidade de seus tintos para fazer vinhos de boa qualidade para aquecerem o inverno – embora uma garrafa ainda leve um longo caminho. As suas uvas são a Primitivo (Zinfandel da Califórnia) e a Negroamaro: "preto amargo". A Uva di Troia desempenha forte papel de apoio. Ao norte de Taranto, as colinas têm DOCs bem estabelecidas para os brancos secos, originariamente destinados como vinhos base de vermutes, mas com técnicas modernas, cada vez mais bebíveis como vinhos de "peixe" em seu próprio direito. Como em toda a Itália, a existência de uma DOC é prova mais de tradição do que de qualidade. Há mais interesse no fato de que, mesmo nesta região destemperada, pontos bem-sucedidos têm sido encontrados recentemente para plantar uvas superiores do norte – até mesmo Chardonnay.

A DOC mais famosa é a Castel del Monte, e isso se deve em grande parte a seu rosé enérgico de Rivera. A lista de produtores mostra que as coisas estão mudando; tintos da Puglia não têm mais vergonha de sua origem. Muitos dos principais produtores italianos de vinho estão convencidos de que a Puglia é capaz de fazer vinhos de alta qualidade a preços moderados. Antinori, Pasqua, e até mesmo o californiano Kendall-Jackson têm investido fortemente na região.

DOC & Outros Vinhos
Aleatico di Puglia DOC. Vinho tinto. Distrito: toda a Puglia. Casta: Aleatico (mínimo de 85%).
Um vinho de sobremesa, aproximando-se do Porto rubi quando fortificado (licoroso). Pequena oferta, e apenas de interesse local.

Alezio DOC. Vinho tinto e rosé. Província: Lecce. Localidades: Alezio, Sannicola, além de partes de Gallipoli e Tuglie. Casta: Negroamaro (mínimo de 80%).

Uma DOC para o tinto e o rosé da ponta do calcanhar da Itália, e um legítimo tinto do Sul: escuro e poderoso. É discutível tentar o envelhecimento, ou aceitá-lo como ele é. Como muitos rosés da Puglia, o vinho mais pálido tem um apelo mais imediato.

Brindisi DOC. Vinho tinto e rosé. Província: Brindisi. Localidades: Brindisi, Mesagna, apenas no interior. Casta: Negroamaro (mínimo de 70%).

O tinto local de Brindisi pode envelhecer de cinco a dez anos ou mais. Também faz um rosé agradável. Há um exemplo notável de Brindisi DOC: o Patrigilione de Cosimo Taurino (ver p. 365).

Cacc'e Mmitte di Lucera DOC. Vinho tinto. Província: Foggia. Localidades: Lucera, Troia, Biccari. Castas: Uva di Troia (35-60%); Montepulciano, Sangiovese e Malvasia Nera (25-35%) e outras (15-30%).

Estudiosos dizem que o nome no dialeto se refere a uma forma local de *governo*, em que uvas frescas são adicionadas ao mosto em fermentação. Outros dizem que se refere à prática de encher uma taça do barril e tomá-la em apenas um gole. Os vinhos são menos interessantes que as lendas.

Castel del Monte DOC. Vinho tinto, branco e rosé. Província: Bari. Localidades: Minervino Murge e partes de nove outras. Castas: Uva di Troia (no máximo 65%), Sangiovese, Montepulciano, Aglianico, Pinot Nero (no máximo 35% de qualquer combinação); rosé é semelhante, exceto que Bombino Nero é a uva principal; Pampanuto e/ou Chardonnay e/ou Bombino Bianco (máximo de 65%) e até 35% de outras; mais varietal Bombino Bianco, Chardonnay, Pinot Bianco, Sauvignon, Aglianico, Bombino Nero, Pinot Nero e Uva di Troia.

Castel del Monte, a fortaleza octogonal da Hohenstaufens medieval, fica 48 quilômetros (30 milhas) a oeste de Bari, perto de Minervino Murge. A DOC líder da Puglia merece o seu nome por um tinto extraordinário e um rosé famoso. O tinto tem buquê encorpado e atraente, profundidade e vitalidade consideráveis, alguma picância e um fim de boca longo e com toque de ameixa. Il Falcone de Rivera é o melhor exemplo (ver p. 364). O rosé pálido é muito popular em toda a Itália pela força e frescura equilibradas.

Copertino DOC. Vinho tinto e rosé. Província: Lecce. Localidades: Copertino e outras cinco. Casta: Negroamaro (mínimo de 70%).

Um tinto recomendado vivamente, feito em quantidade no sul de Lecce, no calcanhar da Itália. O reserva é macio com muito sabor e um toque amargo.

Five Roses por um rosé poderoso e seco de Leone de Castris (ver p. 364), assim chamado pelos soldados americanos que lhe deram uma rosa a mais que um uísque Bourbon famoso.

Galatina DOC. Vinho tinto, branco e rosé. Província: Lecce. Localidades: Galatina e seis outras. Castas: Negroamaro (mínimo de 65%), Chardonnay (mínimo de 55%), acrescidos de vinhos varietais de Chardonnay e Negroamaro.

Pequena DOC marginal criada em 1997.

Gioia del Colle DOC. Vinho tinto, branco e rosé. Província: Bari. Localidades: Gioia del Colle e quinze comunidades vizinhas. Castas: Primitivo (50-60%); Trebbiano (50-70%).

Gioia fica na metade do caminho indo para o sul, de Bari para Tàranto. O Primitivo dá um tinto muito brutal nestes montes quentes. Com o envelhecimento se torna mais educadamente impressionante. As regras do sistema DOC também permitem um Primitivo varietal e o Aleatico suave possivelmente extinto.

Gravina DOC. Vinho branco. Província: Bari. Localidades: Aldeia, Gravina, Poggiorsini e partes de Altamura, Spinazzola. Casta: Malvasia Bianca (40-65%).

Branco seco ou suave de toda Gravina, melhor quando contém quantidades significativas de Greco. Um espumante também é permitido.

Leverano DOC. Vinho tinto, branco e rosé. Província: Lecce. Localidade: Leverano. Castas: Negroamaro (mínimo de 50%), Malvasia Nera e/ou Montepulciano e/ou Sangiovese (no máximo 40%) e até 30% de outras; Malvasia Bianca (mínimo de 50%), Bombino (máximo de 40%) e até 30% de outras; mais Malvasia Bianca varietal, Negroamaro.

O tinto e o rosé são os mais finos de Salento.

Lizzano DOC. Vinho tinto, branco e rosé. Província: Tàranto. Localidades: Lizzano, Faggiano e parte do Tàranto. Castas: Negroamaro (60-80%); Trebbiano Toscano (40-60%), Chardonnay e/ou Pinot Bianco (mínimo de 30%), Sauvignon e/ou Bianco di Alessano (no máximo 25%), Malvasia Bianca Lugna (máximo de 10%).

Salento DOC, raramente encontrado.

Locorotondo DOC. Vinho branco. Províncias: Bari, Brindisi. Localidades: Locorotondo, Cisternino e parte do Fasano. Castas: Verdeca (50-65%); Bianco di Alessano (35-50%). Também espumante.

Locorotondo é famosa por suas casas de pedras redondas. Com Martina Franca, que produz um vinho quase idêntico, que fica a leste de Bari, no gargalo da península de Salento. Sérios esforços são feitos para manter seu vinho branco fresco e enérgico.

Martina or Martina Franca DOC. Vinho branco. Províncias: Tàranto, Bari, Brindisi. Localidades: Martina Franca e partes de quatro outras comunidades. Castas: Verdeca (50-65%), Bianco di Alessano (35-50%). Também espumante.

Uvas e quantidade de vinho como Locorotondo.

Matino DOC. Vinho tinto e rosé. Província: Lecce. Localidades: Matino e parte de sete outras na Salentino Murge, na ponta do calcanhar da Itália. Castas: Negroamaro (mínimo de 65%), Sangiovese, Malvasia Nera (máximo de 35%).

Uma das primeiras DOC (1971), mas ainda obscura.

Moscato di Trani DOC. Vinho branco. Província: Bari. Localidades: Trani e onze outras. Casta: Moscato Bianco (mínimo de 85%). Suave ou licoroso.

Muscat de sobremesa suaves, dourados e de boa qualidade a partir da costa norte, a oeste de Bari. Outros Muscats da Puglia, particularmente aqueles de Salento, também podem ser muito apreciáveis.

Nardò DOC. Vinho tinto e *rosato*. Província: Lecce. Localidades: Nardò, Porto Cesareo. Castas: Negroamaro (mínimo de 80%), Malvasia Nera e/ou Montepulciano (no máximo 20%).

DOC recente para vinho tinto e rosé. O tinto é melhor depois de três a seis anos.

Orta Nova DOC. Vinho tinto e rosé. Província: Foggia. Localidades: Orta Nova e outras cinco. Castas: Sangiovese (mínimo de 60%), Uva di Troia e/ou Montepulciano (30-40%). Pequena produção.

Ostuni and Ottavianello di Ostuni DOC. Vinho tinto e branco. Província: Brindisi. Localidades: Ostuni e seis outras comunidades, incluindo Brindisi. Castas: Ottavianello; Impigno (50-85%), Francavilla (15-50%).

As uvas brancas incomuns dão um vinho, para acompanhar peixe, muito pálido, leve e seco. Ottavianello é um alegre vinho tinto com cor de cereja seco, agradável ao paladar, para ser bebido refrescado, o qual dizem estar relacionado ao Cinsault.

Primitivo di Manduria DOC. Vinho tinto. Províncias: Taranto, Brindisi. Localidades: Manduria e dezoito outras ao longo da costa sul de Salento. Casta: Primitivo (100%).

A variedade da uva Primitivo, agora conhecida por ser a mesma que a Zinfandel da Califórnia, faz tintos faixa preta aqui, alguns suaves e alguns até fortificados (licorosos), como se quatorze graus não bastassem, em primeiro lugar. Você pode envelhecê-los ou não, dependendo se você aprecia o sabor de fruta ou apenas o seu sabor.

Rosato del Salento Rosatos são talvez em geral os melhores produtos da península de Salento. Não é uma DOC, mas este nome é amplamente utilizado.

Rosso di Barletta DOC. Vinho tinto. Província: Bari, Foggia. Localidades: Barletta e outras quatro. Castas: Uva di Troia (70%) e até 30% de outras. Invecchiato se envelhecido por dois anos.

Alguns bebem esse tinto relativamente leve, jovem e fresco; outros o envelhecem moderadamente e o tratam como clarete.

Rosso Canosa DOC. Vinho tinto. Província: Bari. Localidade: Canosa. Castas: Uva di Troia (mínimo de 65%) e até 35% de outras.

Canosa, entre Bari e Foggia, era a romana Canusium (um nome alternativo para o vinho). Seu vinho tem um estilo similar ao Rosso di Barletta.

Rosso di Cerignola DOC. Vinho tinto. Província: Bari. Localidades: Cerignola e outras três. Castas: Uva di Troia (mínimo de 55%), Negroamaro (15-30%) e até 15% de outras.

Um tinto grande, seco e inebriante, com uma tênue amargura. Mas quase extinto.

Salice Salentino DOC. Vinho tinto, branco e rosé. Províncias: Brindisi, Lecce. Localidades: Salice Salentino e outras seis no centro da Península de Salento. Castas: Negroamaro (mínimo de 80%), Malvasia Nera (no máximo 20%). (Aleatico) Aleatico (mínimo de 85%), *dolce* 15 graus, *liquoroso* 18,5 graus, Chardonnay (mínimo de 70%), além de Pinot Bianco varietal.

Normalmente, em grande escala, os tintos do sul têm um tom de vinho do Porto acompanhado por uma medida equilibrada de adstringência. Eu o achei um vinho bastante pesado, mas estou preparado para acreditar que eu tenha tido azar. Outros tintos Salento são muitas vezes bem equilibrados, com um fim atraente e limpo. Os rosés podem ser frescos, florais e complexos com o tempo, e estão entre os que mais se destacam dos rosés italianos.

San Severo DOC. Vinho tinto, branco e rosé. Província: Foggia. Localidades: San Severo, Torremaggiore, San Paolo Civitate e grande parte dos cinco conselhos restantes ao norte de Foggia. Castas: Di Montepulciano de Abruzzo (mínimo de 70%), Sangiovese (no máximo 30%); Bombino Bianco (40-60%), Trebbiano Toscano (40-60%), Malvasia Bianca e/ou Verdeca (no máximo 20%).

Vinhos inofensivos, sem qualidades especiais, mas que oferecem um bom custo-benefício.

Squinzano DOC. Vinho tinto e rosé. Províncias: Lecce, Brindisi. Localidades: Squinzano e outras oito. Castas: Negroamaro (mínimo de 70%), Malvasia Nera e/ou Sangiovese (máximo de 30%).

Vinhos Salento de qualidade moderada. O rosé é muito menos cansativo do que o tinto.

Métodos de colheita primitivos na Puglia.

Principais produtores da Puglia

Antica Masseria del Sigillo ☆☆
Guagnano. 30 ha. www.vinisigillo.net
Propriedade de médio porte que produz Chardonnay e Salice Salentino atraentes, e uma mistura suculenta e vigorosa de Primitivo, Cabernet Sauvignon e Merlot, chamada Terre del Guiscardo.

Al Bano Carrisi ☆☆–☆☆☆
Cellino San Marco. 65 ha. www.albanocarrisi.com
Esta propriedade oferece uma vasta gama de vinhos, mas é mais conhecida por seu Don Carmelo Negroamaro, e ganhou elogios por sua opulenta mistura de Negroamaro e Primitivo chamada Platone.

Michele Calò & Figli ☆☆
Tuglie. 30 ha. www.michelecalo.it
Atrativo rosé de Alezio DOC, e um flexível Negroamaro Mjere.

Francesco Candido ☆☆–☆☆☆
San Donaci. 160 ha. www.candidowines.com
Grande propriedade que produz um robusto Salice Salentino, uma impressionante mistura de Negroamaro e Montepulciano chamada Duca d'Aragona, e outra de Negroamaro e Cabernet Sauvignon chamada Immensum.

Càntele ☆☆
Lecce. 30 ha. www.cantele.it
Uma vinícola de grande porte que compra uvas e produz vinhos brancos bastante pesados e está se saindo melhor com vinhos tradicionais, como o Salice Salentino e uma poderosa combinação de Primitivo e Negroamaro chamada Amativo.

Coppadoro ☆☆–☆☆☆
**San Severo. 120 ha.
www.tenutacoppadoro.it**
Coppadoro é uma espécie de cooperativa privada com vinte membros produzindo meio milhão de garrafas, sob a supervisão mais que competente do consultor Riccardo Cotarella. Dois vinhos sempre se destacam: o Montepulciano puro, chamado Radicosa, e o Cotinone, uma complexa mistura de Aglianco, Montepulciano e Cabernet Sauvignon.

Gianfranco Fino ☆☆
Taranto. 1 ha. www.gianfrancofino.com
Pequenina propriedade que produz o máximo de 10 mil garrafas, o que parece pouco para justificar sua menção, mas Fino vem de videiras muito velhas e tem produção irrisória; portanto, seus dois vinhos, Es de Primitivo e Jo de Negroamaro, são extraordinariamente concentrados, embora às vezes marcados por excesso de álcool.

Leone de Castris ☆☆–☆☆☆
Salice Salentino. 250 ha. www.leonedecastris.net
A propriedade da família Leone de Castris é antiga, mas a vinícola é ultramoderna, produzindo 200 mil caixas anualmente. Vinifica alguns dos melhores vinhos da Puglia: ricos e inebriantes, mas não tintos brutos de Salice Salentino e (entre outros) o primeiro rosé engarrafado na Itália, o Five Roses, que continua sendo um modelo do gênero.

Embora existam alguns vinhos varietais simples de Verdeca, Sauvignon e Aleatico, os *top* de linha são geralmente o Donna Lisa, um Negroamaro puro, e o Illemos, uma voluptuosa mistura de Primitivo, Montepulciano e outras variedades.

Masseria Li Veli ☆☆
Cellino San Marco. 32 ha. www.liveli.it
Esta propriedade Salice Salentino foi comprada e restaurada pela família Falvo, proprietários até recentemente, 1999, de Avignonesi (ver p. 342). Os vinhos principais são Pezzo Morgana, um Negroamaro, e o Morgana Alta, um Negroamaro mais concentrado, envelhecido em carvalho novo. Os vinhos são exuberantes e luxuosos, mas também bastante gelatinosos.

Cantina del Locorotondo ☆–☆☆
Locorotondo. 1.000 ha. www.locorotondodoc.com
Fundada em 1932, esta cooperativa não se concentra apenas no enérgico DOC Locorotondo, mas em IGTs de Fiano, Pinot Nero, e várias misturas de variedades locais.

Alberto Longo ☆–☆☆
Lucera. 35 ha. www.albertolonghi.it
Se você quer saber realmente o gosto do DOC Cacc'e Mmitte, a versão com toque de ameixa do Longo pode lhe dar uma boa ideia.

Mocavero ☆☆
**Monteroni di Lecce. 35 ha.
www.mocaverovini.it**
Esta empresa de médio porte promove mudanças no Negroamaro e no Primitivo. Os vinhos são bem equilibrados, e o Puteus, um DOC Salice Salentino, é ultraluxuoso.

Racemi ☆☆–☆☆☆
Manduria. 20 ha. www.racemi.it
Fundada em 1999, e conhecida até recentemente como a Accademia dei Racemi, é um agrupamento de seis empreendimentos essencialmente centrados em Primitivo da mais alta qualidade. Mas alguns dos outros vinhos de variedades locais são de grande interesse, como o Torre de Guaceto de Ottavianello.

Rivera ☆☆–☆☆☆
Andria. 95 ha. www.rivera.it
Fundada pela família De Corato, a fazenda começou a engarrafar seus vinhos no início de 1950, focando nos Castel de Monte dos vinhedos da família e de uvas provenientes de fornecedores regulares.

A popularidade do enérgico rosé ofusca a qualidade de Il Falcone Riserva, um dos melhores tintos da Puglia. A empresa Asti de Gancia comprou uma parte da vínicola, e incentivou a produção de vinhos varietais de Chardonnay, Sauvignon e Primitivo. O Chardonnay Preludio Nº 1 se tornou um dos vinhos mais conhecidos da Apúlia no mercado de exportação.

Telhados de casas "trullo", Alberobello.

Rosa del Golfo ☆☆
Alezio. 40 ha. www.rosadelgolfo.com
A família Calò tem vendido o vinho de sua propriedade perto de Gallipoli desde 1938. É mais conhecida por seu Rosa del Golfo, um dos rosés mais límpidos e encantadores da Itália, e produz outros vinhos de Verdeca e Negroamaro. Uma oferta mais inusitada é um rosé metodo clássico de Negroamaro e Chardonnay.

Rubino ☆☆–☆☆☆
Brindisi. 200 ha. www.tenuterubino.it
Esta é uma propriedade em expansão e com crescente reputação em razão de uma vasta gama de vinhos, tanto tradicionais quanto de estilo internacional. Torre Testa é o vinho mais intrigante, um Susumaniello puro, envelhecido em carvalho, com um frescor surpreendente para um vinho do Sul.

Santa Lucia ☆–☆☆
Corato. 15 ha. www.vinisantalucia.com
Pequena propriedade emergente com uma boa variedade de Castel del Monte, incluindo um rosé frutado.

Giovanni Soloperto ☆☆
Manduria. 50 ha. www.soloperto.it
Esta propriedade tem se concentrado há algum tempo em Primitivo, frutado e com alto teor alcoólico. Ao contrário de muitas propriedades que cada vez mais classificam os seus vinhos como IGT, a Soloperto também oferece DOCs como Locotrotono e Martina Franca.

Cosimo Taurino ☆☆☆
Guagnano. 150 ha. www.taurinovini.it
Depois que Cosimo Taurino morreu em 1999, seu filho Francesco tornou-se o vinicultor chefe. Ao lado do enólogo Severino Garofano, ele faz um admirável Salice Salentino. Merece atenção especial o famoso Patrigilione de Natal, um Negroamaro de uvas ultramaduras. Misturas Notarpanaro de Negroamaro e Malvasia Nera.

Tormaresca ☆☆
Minervino Murge. 300 ha. www.tormaresca.it
O posto avançado de Marchesi Antinori na região de Puglia. O Chardonnay é o destaque atualmente. O principal tinto é uma mistura de Aglianico e Cabernet, mas a gama está em expansão à medida que as videiras ficam maduras.

Torrevento ☆☆
Corato. 150 ha. www.torrevento.it
A vinícola adquire uvas de propriedades vizinhas para complementar a sua produção própria. A gama é eclética, com clássicos da Apúlia bem como especialidades, tais como o Vigna Pedale, um Uva di Troia picante e concentrado, e um passito Moscato.

Agricole Vallone ☆☆–☆☆☆
Lecce. 170 ha. www.agricolevallone.it
Uma propriedade de Vittoria e Maria Teresa Vallone. Elas produzem um bom Brindisi rosé, mas o vinho que as fez famosas é um esplêndido e perfumado Negroamaro IGT chamado Gratticcaia, que é fermentado apenas após a secagem das uvas durante algumas semanas em luz solar direta.

Conti Zecca ☆☆–☆☆☆
Leverano. 320 ha. www.contizecca.it
Vinhedos de propriedade da família Zecca em quatro propriedades em várias regiões, a partir dos quais produzem uma grande variedade de vinhos. A maioria de suas marcas, como o Santo Stefano e o Donna Marzia, é de vinhos destinados ao consumo quando jovens. O carro-chefe é o Nero, uma mistura de Negroamaro e Cabernet Sauvignon envelhecida em barrica.

Calábria

A vasta península montanhosa que forma o dedo do pé da Itália não tem vinhos famosos, a menos que Cirò, com sua reputação Atlético, possa ser assim chamado. Apenas cerca de 10% da região de 24.400 hectares de vinhedos produzem vinho que é engarrafado no local. O restante é enviado para misturas. A uva vermelha local é a Gaglioppo, uma variedade com cor profunda e com álcool potencialmente muito elevado, mas os terrenos onde são cultivadas com melhor efeito são (com exceção de Cirò) elevados o suficiente nas colinas da Calábria para esfriar seu temperamento impetuoso. A uva local para vinhos brancos é a Greco, que é usada no extremo sul em Gerace para fazer um vinho de sobremesa muito bom, que tem capacidade de envelhecer bem e atinge preço elevado.

Com pouca vinificação estabelecida, exceto do tipo mais primitivo, a Calábria, como a Sicília, está se modernizando rapidamente. Suas DOCs, embora pouco conhecidas, representam vinhos que atendem aos critérios atuais, mas representam apenas insignificantes 4% da produção. Como em outras regiões, algumas delas estão moribundas, e geram lucros para apenas um punhado de burocratas.

DOC & Outros Vinhos

Bivongi DOC. Vinho tinto, branco e rosé. Províncias: Reggio Calabria, Catanzaro. Localidades: Bivongi e outras oito. Castas: Gaglioppo e/ou Greco Nero (30-50%) Nocera, e/ou Calabrese e/ou Castiglione (30-50%); Greco, Mantonico, Malvasia, Guardavalle e Ansonica.
DOC litorânea ao sul de Catanzaro.

Cirò DOC. Vinho tinto, branco e rosé. Província: Crotone. Localidades: Cirò, Cirò Marina, parte de Melissa, Crucoli. Castas: Gaglioppo (mínimo de 95%); Greco Bianco (mínimo de 90%).

Cirò é um vinho completo, mas é soporífero em vez de estimulante. Técnicas de colheita anteriores e nova adega reduziram sua tendência de oxidar, embora apenas o reserva possa ser envelhecido além de três a quatro anos. O Cirò branco modernizado é um vinho branco seco padrão, digno para se beber jovem.

Donnici DOC. Vinho, tinto, branco e rosé. Província: Cosenza. Aldeias: dez em torno de Cosenza, incluindo a própria. Castas: Gaglioppo (mínimo de 50%); Mantonico (mínimo de 50%), Greco e/ou Pecorello e/ou Malvasia Bianca (máximo de 30%).

Este vinho é um tinto leve e frutado para se beber jovem e bastante refrescado, das colinas do centro-oeste do litoral da Calábria.

ITÁLIA | CALÁBRIA

Greco di Bianco DOC. Vinho branco. Província: Reggio Calabria. Localidades: Bianco, que faz parte da Casignana. Casta: Greco (mínimo de 95%).

Um vinho de sobremesa suave, suculento e com aroma intrigante de laranja, feito de uvas Greco em Bianco, onde alguns poucos vinhedos pequenos se especializam nela. Bianco fica na costa sul, na ponta da bota da Itália. Mais vinhedos estão expandindo a sua produção. Bianco também produz um branco de sobremesa ou de aperitivo mais seco, com toque de limão, envelhecido em barril, chamado (por causa de suas uvas) Mantonico.

Lamezia DOC. Vinho tinto, branco e rosé. Províncias: Catanzaro, Vibo Valentia. Localidades: parte de dez comunas em torno de Lamezia Terme. Castas: Nerello Mascalese e/ou Nerello Cappuccio (30-50%), Gaglioppo (conhecida localmente como Magliocco, 25-35%), Greco Nero (chamada localmente de Marsigliana, 25-35%) e até 20% outros; Greco (máximo de 50%), Trebbiano (máximo de 40%), Malvasia (mínimo de 20%) e até 30% de outras; além de Greco varietal.

Um tinto seco simples, bastante pálido, do Golfo de St--Eufemia, na costa oeste. Para ser bebido jovem e refrescado. Lametina é o nome do local não DOC suave ou branco seco.

Melissa DOC. Vinho tinto, branco e rosé. Província: Crotone. Localidades: Melissae treze outras. Castas: Gaglioppo (75-95%) e até 25% de outras; Greco 75-95% e até 20% de outras.

Um vinho leve, amarelo e seco, para acompanhar frutos do mar, feito no calcanhar da bota da Itália, em torno do porto de Crotone. Os vinhos se assemelham ao Cirò, mas não têm a mesma qualidade. A maior parte é bebida localmente, onde possui boa aceitação.

Moscato di Saracena. Antigo vinho, de Moscatello, Guarnaccia e Malvasia Bianco, feito com secagem das uvas e reduzindo o mosto pela fervura. Raro.

Pellaro Poderoso, porém leve tinto ou rosa de Alicante importado das vinhas plantadas na Península de Pellaro, no extremo sul.

Pollino DOC. Vinho tinto. Província: Cosenza. Localidades: Castrovillari, St Basile, Sarancena, Cassano Ionio, Civita, Frascineto. Castas: Gaglioppo (mínimo de 60%) e até 20% de qualquer combinação de Greco Nero, Malvasia, Mantonico, Garnaccia e até 20% de outras.

O Monte Pollino é um pico de 2.130 metros (6.922 pés) que divide o norte da Calabria da Basilicata. Suas encostas produzem um tinto pálido, mas poderoso, que raramente é visto.

San Vito di Luzzi DOC. Vinho tinto, branco e rosé. Província: Cosenza. Localidade: San Vito. Castas: Gaglioppo (no máximo 70%), até 30-40% de uma combinação de Greco Nero, Nerello Cappucciom Magliocco Ganino, Sangiovese e até 25% de outras; Malvasia Bianca (40-60%), Greco (20-30%) e até e 30% de outras.

Pequena DOC ao norte de Cosenza.

Sant' Anna di Isola di Capo Rizzuto DOC. Vinho tinto e rosé. Província: Crotone. Localidades: Isola di Capo Rizzuto, partes de Crotone, Cutro. Casta: Gaglioppo (40-60%).

Um tinto pálido/rosé para se beber jovem e fresco, do leste do Cabo (não uma ilha) da costa da Calábria. Quase extinto.

Savuto DOC. Vinho tinto e rosé. Províncias: Cosenza, Catanzaro. Localidades: quatorze em Cosenza, seis em Catanzaro. Castas: Gaglioppo (35-45%), 30-40% de uma combinação de Greco Nero, Cappuccio Nerello, Ganino Magliocco, Sangiovese, Malvasia Bianca e/ou pecorino (25% no máximo).

Um tinto recomendado de intensidade moderada e alguns perfumes. Odoardi, o principal produtor (ver p. 367).

Scavigna DOC. Vinho tinto, branco e rosé. Província: Catanzaro. Localidades: Nocera, Tirinese, Falerna. Castas: Gaglioppo (no máximo 60%), Nerello Cappuccio (no máximo 40%) e até 5% de outras; Trebbiano (no máximo 50%), Chardonnay (máximo de 30%), Greco (no máximo 20%) e outras.

DOC costa oeste de Catanzaro. Odoardi é o principal produtor também.

Verbicaro DOC. Vinho tinto, branco e rosé. Província: Cosenza. Localidades: Verbicaro e outras quatro. Castas: Gaglioppo e/ou Greco Nero (60-80%), Malvasia, Greco Bianco e outras; Greco Bianco e/ou Malvasia Bianca e/ou Guaranccia (70%) e até 30% de outras.

DOC norte, ao longo da costa, perto da Campânia.

Principais produtores da Calábria

Caparra & Siciliani ☆☆
Cirò Marina. 213 ha. www.caparraesiciliani.it
Pequena cooperativa, fundada em 1963, tendo Severino Garofano como enólogo consultor. A vinícola produz uma completa gama de vinhos de Cirò, rosé, branco e tinto. Os brancos são vinificados em aço; os tintos envelhecidos em cascos grandes e tradicionais; o Volvito em barricas.

Dattilo ☆☆
Marina di Strongoli. 20 ha.
Uma propriedade que melhora rapidamente, oferecendo um Chardonnay fresco e um corajoso Gaglioppo tinto, além de uma mistura de bases de Gaglioppo.

Cantine Enotria ☆
Cirò Marina. 50 ha.
Uma cooperativa com setenta produtores. Oferece completa linha de vinhos de Cirò; o tinto reserva é de grande qualidade.

Ippolito ☆–☆☆
Cirò Marina. 100 ha. www.ippolito1845.it
Fundada em 1845, esta empresa familiar produz uma grande variedade de vinhos, sendo o Cirò o melhor, especialmente o reserva que só é liberado depois de muitos anos em garrafa.

Cantine Lento ☆☆
Lamezia Terme. 82 ha. www.cantinelento.it
Vinhos brancos frescos e tintos flexíveis de vinhedos orgânicos em Lamezia DOC. Os melhores vinhos são rotulados Contessa Emburga (IGT) e incluem um Sauvignon exótico.

Librandi ☆☆☆
Cirò Marina. 230 ha. www.librandi.it
Fundada em 1950 por Antonio Cataldo Librandi, é a propriedade mais conhecida na Calábria. Sob a supervisão do enólogo Donato Lanati, Librandi faz Cirò tradicionais, utilizando técnicas

modernas (sendo o melhor o Riserva Duca San Felice com gosto de ameixa).

Os vinhos IGT incluem o bastante curtido Gravello, feito a partir de Cabernet e Gaglioppo; um Magliocco raro, um Chardonnay chamado Critone com toque de abacaxi e, ocasionalmente, um passito de Mantonico chamado Le Passule.

Eles não são baratos.

Odoardi ☆☆
Nocera Terinese. 95 ha.
Esta vinícola moderna é especializada em dois vinhos DOC: Savuto e Scavigna tinto, branco e rosé. Na verdade, eles são os únicos produtores significativos de Scavigna. O Scavigna branco é uma mistura aromática de Chardonnay, Pinot Bianco e Riesling, com um toque de luxo de frutas tropicais no palato.

San Francesco ☆☆
Cirò. 40 ha. www.fattoriasanfrancesco.it
A família Siciliani produz vinhos confiáveis de Cirò: tinto, branco e rosé.

O tinto picante Ronco dei Quattroventi tem uma complexidade incomum para a DOC.

Santa Venere ☆☆
Cirò. 25 ha. www.santavenere.com
O tinto Cirò robusto desta propriedade orgânica e o Greco varietal que mostra maior vigor e sutileza que o Cirò branco.

Vintripodi ☆☆
Archi. 15 ha. www.vintripodi.it
Esta pequena propriedade foi fundada em 1892 e está totalmente comprometida com variedades de uvas locais, principalmente Nerello e Alicante. Os tintos são apimentados e bem estruturados, e é uma boa fonte de Greco di Bianco, bem como de Mantonico passito.

Luigi Viola ☆☆–☆☆☆
Saracena. 3 ha. www.cantineviola.it
Temos de agradecer à Viola por reavivar o esplêndido Moscato di Saracena, bem como continuar a produzir o exuberante Moscato passito alaranjado.

Basilicata

Esta região montanhosa do centro-sul, quase totalmente sem litoral e cronicamente pobre, não constaria na lista de vinhos se não fosse por seu Aglianico del Vulture de nome romântico, estreitamente relacionado ao Taurasi e um dos melhores vinhos tintos do Sul da Itália.

DOC & Outros Vinhos

Aglianico dei Colli Lucani Uma pena vermelha, do lado do Puglia Basilicata. Vale a pena provar um vinho feito a partir desta uva.

Aglianico del Vulture DOC. Vinho tinto. Província: Potenza. Localidades: quinze ao norte de Potenza. Casta: Aglianico.

Monte Vulture, um vulcão extinto, encontra-se no extremo norte da Basilicata, não longe das montanhas da Irpinia, onde o esplêndido Taurasi da Campânia é feito. As mesmas uvas cultivadas em altitudes elevadas em solo vulcânico dão um vinho tinto bem equilibrado e de estrutura firme, que ocasionalmente é oferecido como um espumante jovem suave, mas mais frequentemente como um tinto maduro com real qualidade e caráter.

Matera DOC. Vinho tinto e branco. Província: Leste de Basilicata. Castas: Sangiovese (60-90%), Aglianico (10-40%) e até 20% de outras, Moro é Cabernet Sauvignon (60-70%), Primitivo (20-30%), Merlot (10-20%), até 10% de outras; Malvasia (70-100%), até 30% de outras; mais Greco varietal e Primitivo.

Estabelecida, em 2005, com vinhedos a mais de 700 metros (2.300 pés).

Terra d'Alta Val d'Agri DOC. Vinho tinto. Sul da Basilicata, perto da Campânia. Castas: Merlot (50-70%), Cabernet Sauvignon (30-50)% e até 15% de outras.

Principais produtores da Basilicata

Fratelli d'Angelo ☆☆☆
Rionero in Vulture. 50 ha. www.dangelowine.com
Fundada em 1930 e dirigida por Donato D'Angelo, esta é a propriedade mais conhecida da região. Famosa por seu consistentemente bom Aglianico del Vulture, eles também fazem um Aglianico envelhecido em barrica, chamado Canneto, que é igualmente bom, mas tem um toque a mais de elegância e sabores de carvalho não intrusivos.

Basilisco ☆☆☆
Rionero in Vulture. 10 ha.
Pequena propriedade localizada no alto da encosta do Monte Vulture, que, desde 1992, não produz nada além de duas versões do frutado escuro Aglianico del Vulture. Basilisco é o mais comemorado dos dois.

Basilium ☆☆
Acerenza. 350 ha. www.basilium.it
Uma cooperativa de médio porte, com boa reputação pelo vigoroso Aglianico del Vulture.

Bisceglia ☆☆
Lavello. 55 ha. www.agricolavisceglia.com
Embora esta propriedade orgânica, fundada em 2001, seja mais conhecida por seu Aglianico, parte de sua produção é dedicada a vinhos brancos de Fiano e Falanghina.

Eubea ☆☆–☆☆☆
Rionero. 15 ha.
Os vinhedos orgânicos de Eugenia Sasso rendem dois Aglianicos excelentes.

Vigne di Mezzo ☆☆
Barile. 32 ha. www.feudi.it
Um vilarejo da Basilicata dedicado ao Aglianico del Vulture, da principal propriedade da Campânia, Feudi di San Gregorio.

Cantina del Notaio ☆☆–☆☆☆
Rionero. 27 ha. www.cantinadelnotaio.com
Um recém-chegado, tendo sido criado apenas em 1998, mas o La Firma Aglianico já foi saudado como excelente. É envelhecido em barrica e, para aqueles que preferem um estilo mais tradicional, há outro rótulo chamado Il Repertorio.

Paternoster ☆☆–☆☆☆
Barile. 6 ha. www.paternostervini.it

Batizada com o nome dos proprietários, esta propriedade produz alguns vinhos diferentes de Aglianico del Vulture, bem como um Moscato chamado Clivus. O Don Anselmo Aglianico, de videira antiga, é o principal geralmente, embora o Rotondo, envelhecido em barris de 500 litros, tenha um estilo mais moderno.

Le Querce ☆☆
Barile, Potenza. 20 ha.

Uma propriedade que só foi fundada em 1997, mas já está produzindo Aglianico consistente e de muito boa qualidade.

Sicília

De todas as regiões da Itália, a ilha de Sicília foi a que mudou mais nas últimas décadas. Trinta anos atrás era uma terra quase medieval. O casamento da dignidade e da miséria era visível em toda parte. Suas inigualáveis ruínas gregas jaziam esquecidas. Siracusa era ainda uma pequena cidade comandando uma baía de incrível beleza e pureza onde você pode facilmente imaginar a derrota catastrófica da frota ateniense 2 mil anos antes. Palermo era uma cidade sonolenta, violenta, indigente, porém magnífica.

Com relação ao vinho, havia Marsala, um nome que todos conheciam, mas que ninguém bebia, e algumas pequenas propriedades aristocráticas – as mais conhecidas nas ideais encostas vulcânicas do Monte Etna, e nos arredores de Siracusa, de onde saía um lendário Moscato doce. Mas a maior parte do vinho era quase intragável. O melhor era exportado para o Norte para mistura.

Um programa de desenvolvimento regional aparentemente bem dirigido (pelo qual a Europa pagou milhões) mudou tudo isso, a indústria do vinho se tornou a maior da Itália, e uma das mais modernas. Vinhedos novos e enormes abastecem cooperativas automatizadas que produzem vinhos corretos, limpos e devidamente equilibrados e modernos. Setenta e cinco por cento dos vinhos da Sicília são brancos, a despeito do fato de que o clima da ilha é predominantemente mais adequado para o tinto. Oitenta por cento do total colossal são feitos nas cinquenta cooperativas.

DOCs são quase irrelevantes aqui, menos de cinco por cento se qualificam. Até recentemente era uma indústria de vinhos de mesa, com base no volume e não na individualidade. A palatabilidade de grande parte desse oceano de vinho se deve às técnicas do Novo Mundo, e aos enormes subsídios governamentais. No entanto, é evidente já há alguns anos que a Sicília é capaz de produzir vinho muito bom e até excelente. Algumas uvas vermelhas mostram verdadeira distinção, e produtores perspicazes de várias partes do mundo têm comprado vinhedos em Noto ou no Etna, para comprovarem o fato. Em termos de volume, a produção de vinho de qualidade é uma gota no oceano, mas não importa. Antigas tradições foram retomadas e têm mostrado seu valor, e o vinho siciliano está amadurecendo. Produtores, como Planeta (ver p. 372) mostraram que as variedades autóctones podem produzir vinhos de grande beleza, enquanto que, ao mesmo tempo, castas internacionais atuam aqui com facilidade.

DOC & Outros Vinhos

Alcamo or Bianco d'Alcamo DOC. Vinho branco. Províncias: Palermo, Trapani. Localidades: em torno da cidade de Alcamo. Castas: Nero d'Avola (mínimo de 60%) e até 40% de outras variedades; Catarratto Bianco Comune ou Lucido, qualquer combinação de Grecanico, Ansonica, Grillo, Chardonnay (máximo de 40%), além de uma gama de vinhos varietais.

O branco é simples e bastante encorpado.

Cerasuolo di Vittoria vinho tinto DOCG. Províncias: Ragusa, Caltanissetta, Catania. Localidades: dez no sudeste da Sicília. Castas: Nero d'Avola (50-70%), Frappato (30-50%).

Um incomum tinto pálido de cor cereja, de grande força e mais sério e envelhecível do que parece. Crescendo em notoriedade e popularidade.

MARSALA

Um inglês, John Woodhouse, iniciou a indústria do Marsala em 1773. Nelson estocou a sua frota com ele. Em certo sentido, é o Jerez da Itália, embora sem a sua brilhante sutileza ou capacidade de envelhecimento ilimitado. Sua fabricação envolve geralmente um mosto concentrado e/ou "mudo" (parado com álcool), conhecido como *cotto* e *sifone* – mas o melhor, o *vergine*, não usa nem um nem outro. Ele simplesmente é feito por um sistema de envelhecimento semelhante ao de soleras do Jerez. O *fine*, o estilo básico, normalmente é doce e um pouco desagradável; o *superiore* pode ser doce ou seco, com um forte sabor de caramelo; o *rubino* é uma inovação, mais seco que o *fine*; o *vergine* é seco, com mais sabor

de madeira de barril. O mais fino e raro de todos é o *vergine stravecchio* ou *riserva*, que deve ser envelhecido dez anos ou mais em barril e pode também ser vintage. O *speciali* costumava ser uma aberração – Marsala misturado com ovos, ou até café – mas não é mais permitido pelas regras da DOC. Outras mudanças recentes na DOC são as descrições *oro* (ouro), *ambra* (âmbar), e *rubino* (rubi); as duas primeiras referem-se aos vinhos à base de uvas brancas, enquanto o último refere-se às variedades mais escuras, vistas com menos frequência. Infelizmente, o Marsala foi muito abusado ao longo dos anos e chegou a ser considerado como pouco mais que um vinho de cozinha. Nem a proliferação de regras quase incompreensíveis na DOC ajudou a sua

reputação ou a sua popularidade. Foi necessária a obstinação de Marco de Bartoli (ver p. 370-371) para produzir um estilo bem envelhecido e não fortificado que mostrou muito mais complexidade e delicadeza que a maioria dos Marsala incrementados e "tradicionais". Para sua tristeza, a classificação DOC foi negada a seus vinhos. Marsala comerciais das melhores empresas podem, contudo, ser muito bons, especialmente nas versões mais secas. Com o Marsala, como com a maioria dos outros grandes vinhos, você recebe pelo que paga: os baratos muitas vezes podem ser desagradáveis, os caros podem ser excelente, quando não sublimes.

Contea di Sclafani DOC. Vinho tinto, branco e rosé. Províncias: Palermo, Caltanissetta, Agrigento. Castas: Nero d'Avola e/ou Perricone (50%) e até 50% de outras; Catarratto e/ou Insolia e/ou Grecanico (50%) e até 50% de outras, além de vinhos varietais.

Um grande distrito no centro da ilha que ganhou o *status* de DOC em 1996 e apresenta uma vasta gama de vinhos varietais, tanto de variedades locais quanto de internacionais.

Contessa Entellina DOC. Vinho tinto e branco. Província: Palermo Localidade: Contessa Entellina. Castas: Cabernet Sauvignon e/ou Syrah (50%) e até 50% de outras; Ansonica (50%) e até 50% de outras; DOC permite também vinhos varietais de Catarratto, Ansonica, Grecanico, Chardonnay, Sauvignon, Cabernet Sauvignon, Merlot, Pinot Nero.

O principal produtor é Donnafugata (ver p. 371).

Delia Nivolelli DOC. Vinho branco e tinto. Província: sudeste de Marsala. Castas: qualquer combinação de Nero d'Avola, Pignatello, Merlot, Cabernet Sauvignon, Syrah e Sangiovese (65%) e até 30% de outras; qualquer combinação de Grecanico, Insolia e Grillo (65%) e até 35% de outras, acrescidos de vinhos varietais.

Eloro DOC. Vinho tinto e rosé. Províncias: Ragusa, Siracusa. Localidades: Noto e quatro outras. Castas: Nero d'Avola, Frappato, Piganello (mínimo de 90%, isoladamente ou em mistura). Existem duas subdenominações; Pachino (Nero d'Avola 80%) e Pignatello (Pignatello 80%).

Região costeira ao sul de Ragusa.

Erice DOC. Vinho tinto e branco. Província: a leste de Trapani. Castas: Nero d'Avola (60-100%) e até 40% de outras; Catarratto (60-100%) e até 40% de outras, além de vinhos varietais. Também passito e espumante.

Etna DOC. Vinho tinto, branco e rosé. Província: Catania. Localidades: Milo e vinte outras nas encostas do lado leste do vulcão Etna. Castas: Nerello Mascalese, Nerello Cappuccio; Carricante (mínimo de 60%), Catarratto Bianco (no máximo 40%) e até 15% de outras.

Repentinamente na moda, está sendo resgatado do declínio por produtores entusiastas e dedicados, animados com as qualidades provenientes de vinhedos em solos vulcânicos em grandes altitudes. Os tintos envelhecem bem até obter uma consistência não muito longe de um clarete e os brancos jovens são enérgicos e saborosos. Um raro Bianco Superiore é feito somente em Milo e deve conter 80% de Carricante.

Faro DOC. Vinho tinto. Província: Messina. Localidade: Messina. Castas: Nerello Mascalese (45-60%), Nerello Cappuccio (15%), Nocera (5-10%) e até 15% de outras.

Produção limitada de um tinto nitidamente superior, melhor se envelhecido por cerca de três anos. Passando por um renascimento bem-sucedido.

Malvasia delle Lipari DOC. Vinho branco. Província: Messina. Localidades: ilhas do arquipélago das Eólias, especialmente Lipari. Castas: Malvasia delle Lipari (no máximo 95%), Corinto Nero (5%).

Bem conhecida, mas com poucos vinhos excepcionais (exceto em sua adorável terra natal), feita em ambos os estilos, passito e licoroso. Há muitos bons vinhos de sobremesa, na Sicília; Moscato é muito mais interessante do que Malvasia.

Mamertino di Milazzo DOC. Vinho tinto e branco. Província: a sudoeste de Messina. Castas: Nero d'Avola (60-90%), Nocera (10-40%) e até 30% de outras; Grillo e/ou Ansonica e/ou Inzolia (35-55%), Catarratto (45-65%) e outras (no máximo 20%), acrescidas de varietais Nero d'Avola, Grillo-Ansonica, Grillo-Inzolia.

Marsala DOC. Províncias: Trapani, Palermo, Agrigento. Localidades: em todas as províncias, mas, acima de tudo em Marsala. Castas: (*oro e ambra*) Catarratto e/ou Grillo, Inzolia (máximo de 15%); (*rubino*) Perricone, Calabrese, Nerello Mascalese, brancos (no máximo 30%). Mínimo de álcool: 17 graus em volume de *multa*; 18 graus com dois anos de *superiore*, 18 graus, em volume, com idade de cinco anos para *vergine*.

Ver também o boxe na p. 368.

Menfi DOC. Vinho tinto e branco. Províncias: Agrigento, Trapani. Localidades: Menfi, Sambuca Sciacca, Castelvetrano. Castas: qualquer combinação de Nero d'Avola, Sangiovese, Merlot, Cabernet Sauvignon, Syrah (mínimo de 70%); qualquer combinação de Inzolia, Catarratto, Grecanico, Chardonnay (mínimo de 75%), há duas subdenominações: Feudi dei Fiori (80% Chardonnay, Inzolia, Ansonica) e Bonera (85% Cabernet Sauvignon, a Nero d'Avola, Merlot, Sangiovese, Syrah), além de vinhos varietais.

Esta DOC fica ao lado de Sambuca no oeste da Sicília.

Moscato di Noto DOC. Vinho branco. Província: Siracusa. Localidades: Noto, Pachino Rosolini, Avola. Casta: Moscato Bianco.

Pouco deste Moscato delicioso e valorizado é feito, mas o licoroso é um bom exemplo desse gênero suntuoso. Os Gregos introduziram a uva Muscat aqui há 2.500 anos. Também é feito em estilo não fortificado e espumante.

Moscato and Passito di Pantelleria DOC. Vinho branco. Província: Trapani. Localidade: a ilha de Pantelária. Casta: Zibibbo.

A ilha de Pantelária fica mais perto da Tunísia que da Sicília. A uva Zibibbo é uma variante do Moscato com um perfume singular, seja como espumante, *naturale*, ou, melhor de tudo, passito (que também pode ser fortificado). Tornou-se *cult* e a sua produção dobrou na última década.

Moscato di Siracusa DOC. Vinho branco. Província: Siracusa. Localidade: Siracusa. Casta: Moscato Bianco.

A antiga e celebrada vinha Moscato de Siracusa, que já foi a maior cidade do mundo grego, a casa de Platão, Teócrito e Arquimedes, está aparentemente extinta, como a beleza incomparável da sua baía antes de a Sicília começar a se modernizar. Mas continua a ser feito por um pequeno grupo de produtores.

Salaparuta DOC. Vinho branco e tinto. Província: Trapani. Região de 1.500 hectares mais para o interior, ao sul de Alcamo. Castas: tinto com base no Nero d'Avola, branco com base na Catarratto; além de vinhos varietais.

DOC criada em 2006.

Sambuca di Sicilia DOC. Vinho tinto, branco e rosé. Províncias: Agrigento, Palermo. Localidades: Sambuca e sete outras. Castas: Nero d'Avola (20-50%), Sangiovese e/ou Cabernet Sauvignon (50-80%) e até 15% de outras; Ansonica (50-100%) e até 50% de outras, além de vinhos varietais de castas nacionais e internacionais.

Santa Margherita di Belice DOC. Vinho tinto e branco. Províncias: Agrigento, Palermo, Trapani. Localidades: Santa Margherita e outras oito. Castas: Sangiovese e/ou Cabernet Sauvignon (50-80%), o Nero d'Avola (20-50%) e até 15% de outras; Ansonica, Grecanico, Catarratto e outras, mais Ansonica varietal, Catarratto, Grecanico, Nero d'Avola, Sangiovese.

Uma pequena região ao norte de Menfi no oeste da Sicília.

Sciacca DOC. Vinho tinto, branco e rosé. Província: Agrigento. Castas: qualquer combinação de Merlot, Cabernet Sauvignon, Nero d'Avola, Sangiovese; qualquer combinação de Inzolia, Chardonnay, Grecanico, Catarratto. Há também uma subdenominação, Riserva Rayana: Catarratto e/ou Inzolia (80%) e até 20% de outras; mais Grecanico varietal, Inzolia, Cabernet Sauvignon, Merlot Nero d'Avola, Sangiovese.

Vittoria DOC. Vinho tinto e branco. Província: Ragusa. Castas: Nero d'Avola (60-100%), Frappato (30-50%), além de Ansonica, Inzolia, Nero d'Avola, Frappato varietais.

Uma nova DOC criada em 2005 para fornecer vinhos mais suaves e mais acessíveis do que o Cerasuola di Vittoria.

Principais produtores da Sicília

Abbazia Santa Anastasia ☆☆–☆☆☆☆
Castelbuono. 62 ha. www.abbaziasantanastasia.it
Um estabelecimento orgânico pequeno, mas ambicioso, produzindo tanto vinhos tradicionais de Nero d'Avola e um aclamado Cabernet chamado Litra como um Chardonnay chamado Gemelli. Alguns vinhos podem mostrar sinais de sobreamadurecimento, mas o estilo geral é exuberante e hedonista.

Ajello ☆–☆☆
Mazara del Vallo. 68 ha. www.ajello.info
As videiras foram plantadas primeiramente nesta propriedade familiar em 1860. Furat é uma mistura bem-sucedida de Nero d'Avola com castas francesas. Menos bem-sucedida é uma imitação de vinho de gelo, chamada Shams de Moscato, e variedades locais brancas.

Baglio di Pianetto ☆☆–☆☆☆☆
Santa Cristina Gela. 95 ha. www.bagliodipianetto.com
Uma vinícola de alta tecnologia, criada pelo empresário e ex-piloto de corrida Conte Paolo Marzotto, com a primeira vindima em 2000. Os vinhos são misturas hábeis de variedades locais e internacionais, incluindo Viognier e Petit Verdot.

Marco de Bartoli ☆☆☆
Marsala. 25 ha. www.marcodebartoli.com
Marco de Bartoli seleciona uvas para uma produção limitada de Vecchio de Samperi, sua expressão não fortificada de Marsala

Vinho sendo trasfegados em uma adega da Sicília.

Vergine; em suas versões mais secas, um composto inebriante de nozes e iodo. Mas ele irritou tanto as autoridades que a DOC foi negada a seus vinhos, e ele teve de rebater acusações forjadas contra ele que quase o tiraram do negócio. Teimosa e corajosamente, Bartoli persiste na produção de excelentes vinhos, dos quais o mais suntuoso é o quase melado Bukkuram passito, de Pantelleria. Os vinhos tintos, como o envelhecido em barrica Rosso di Marco, de Merlot e Syrah, são uma espécie de partida para esse resoluto produtor siciliano.

Benanti ☆☆–☆☆☆
Viagrande. 44 ha. www.vincolabenanti.it
Dr. Giuseppe Benanti fez um estudo cuidadoso dos solos do Etna antes de estabelecr sua propriedade. Os vinhos são, na maioria, misturas de Nerello Mascalese e Nerello Cappuccio, mas Benanti também tem uma propriedade no Sul da Itália onde está fazendo Nero d'Avola. A propriedade produz um dos brancos com mais personalidade da Sicília: Pietramarina, um Carricante cultivado a quase mil metros (3.280 pés).

Calatrasi ☆–☆☆
San Cipirello. 2.400 ha. www.calatrasi.it
Vasta propriedade com numerosos rótulos, incluindo o Terre di Ginestra e o mais básico D'Istinto. Os brancos misturam Catarratto e Chardonnay, enquanto tanto Nero d'Avola quanto variedades de Bordeaux desempenham o seu papel nos tintos.

Ceusi ☆–☆☆
Calatafimi. 50 ha. www.ceuso.it
A família Melia mistura Nero d'Avola com variedades internacionais para produzir misturas fáceis de beber.

COS ☆☆
Vittoria. 25 ha. www.cosvittoria.it
O nome soa como o de uma cooperativa, mas na verdade é composto pelas iniciais dos fundadores. Vinhos muito bons e tradicionais de Cerasuolo di Vittoria DOC, e um Nero d'Avola IGT muito maduro, chamado Scyri.

Cottanera ☆☆–☆☆☆
Castiglione di Sicilia. 50 ha. www.cottanera.it
Embora a propriedade da família Cambria seja extensa, a produção é mínima, e os vinhos, todos IGT, são caros e difíceis de encontrar. Os vinhos variam das variedades da moda, como Syrah e Merlot, aos menos usuais, como Nerello e Mondeuse. Todos são envelhecidos em barrica.

Cusumano ☆–☆☆☆
Partinico. 450 ha. www.cusumano.it
Os irmãos Cusumano têm construído uma excelente variedade de IGT, com vinhos não acarvalhados perfeitamente satisfatórios em uma extremidade da escala, e vinhos mais sofisticados e envelhecidos em cascos de vários tamanhos na outra. Noa, de Nero d'Avola, Cabernet e Merlot é, sem dúvida, o seu vinho de maior sucesso. Dada a escala de produção, a qualidade é alta.

Donnafugata ☆☆–☆☆☆
Marsala. 260 ha. www.donnafugata.it
Pertencente a Giacomo Rallo e família, é uma propriedade sofisticada e moderna, com vinhedos em diferentes áreas. Usando a Contessa Entellina DOC, eles produzem uma grande variedade de misturas, os tostados Nero d'Avola Mille e Una Notte, um bom

Ansonica branco, chamado Vigna di Gabri, e o rico Passito di Pantelleria, com gosto de damasco. Os vinhos são sempre bem feitos em todos os níveis.

Duca di Salaparuta (Corvo) ☆–☆☆☆
Casteldaccia. 140 ha. www.vinicorvo.it
A propriedade pode ter sido fundada em 1824 pelo Duca di Salaparuta, mas hoje é propriedade do grupo Saronno Illva, e possui uma vínicola ultramoderna. Por muitas décadas, Corvo tem sido a marca mais famosa de vinho da Sicília, embora não mais emblemática do que Mouton Cadet seria para Bordeaux.

Muito mais interessantes são os vinhos nos quais a empresa sempre buscou cuidado: o tinto Duca Enrico, um Nero d'Avola puro e envelhecido, e o Bianco di Valguarnera, de Inzolia e envelhecido em barris de carvalho.

Feudo Principi di Butera ☆☆
Butera. 180 ha. www.feudobutera.it
Esta propriedade ambiciosa foi criada em 1997 pela empresa de Veneto Zonin. Firmemente ignorando as tradições locais, produz vinhos varietais de padrão internacional – Chardonnay, Merlot, Cabernet – mas com um alto padrão.

Firriato ☆☆–☆☆☆
Paceco. 300 ha. www.firriato.it
Apesar de uma produção de mais de 4 milhões de garrafas, esta propriedade mantém elevados padrões de qualidade. Os vinhos são todos IGT, e muitos deles misturam variedades sicilianas e internacionais. O SantAgostino é um vinho picante, com tom de amora, mistura de Nero d'Avola e Syrah; o Harmonium é um Nero d'Avola superrico, envelhecido em carvalho; o Camelot, uma suave mistura de Bordeaux.

Florio ☆☆–☆☆☆
Marsala. www.cantineflorio.com
Fundada em 1883 por Vincenzo Florio, e agora pertencente ao Illva Saronno, um grupo que também possui Duca di Salaparuta (ver nesta página). Florio era conhecido em sua época como "o rei do Marsala histórico", hoje a empresa não tem vinhedos, mas ainda faz Marsala. Depois de uma passagem sem brilho, os vinhos melhoraram consideravelmente em qualidade. Há dois vinhos *vergine* finos, o Baglio Florio e o de nome infeliz Terre Arse. Além disso, Florio justamente ganhou grande aclamação por seu exuberante Pantelleria fortificado chamado Morso di Luce.

Gulfi ☆
Chiaramonte Gulfi. 70 ha. www.gulfi.it
O suntuoso, mas um tanto curtido, Nero d'Avola, das terras centrais da variedade em Ragusa.

Carlo Hauner ☆☆–☆☆☆
Salina. 40 ha.
Após a morte do famoso proprietário Carlo Hauner, que fez o Malvasia delle Lipari ficar conhecido no mundo inteiro, seus descendentes continuam administrando a propriedade. Com seus ricos tons de damasco e laranja, o passito continua sendo um vinho notável.

Maccari ☆☆
Noto. 50 ha. www.feudomaccari.it
Em 2000, Antonio Moretti, dono da Sette Ponti em Toscana, criou esta propriedade, em que Carlo Ferrini atua como consultor.

São poderosos vinhos acarvalhados, com base em uma potente combinação de Nero d'Avola, Cabernet Sauvignon e Syrah.

Morgante ☆☆–☆☆☆

Grotte. 60 ha. www.morgantevini.it

Com a ajuda do enólogo Riccardo Cotarella, a família Morgante têm, desde 1992, produzido excelentes vinhos de Nero d'Avola, dos quais o mais concentrado é o Don Antonio, com seus aromas de frutas vermelhas e café.

Salvatore Murana ☆☆☆

Pantelleria. 8 ha. www.salvatoremurana.com

Há vinte anos, Murana tem oferecido uma gama superlativa de Moscato di Pantelleria. Todos os vinhos são excelentes, mas o melhor, e mais caro, é geralmente o intenso Martingana, um passito com tempero incrivelmente complexo e sabor de raspas de laranja.

Palari ☆☆☆

Messina. 7 ha. www.palari.it

Uma vinícola butique, fundada em 1990, que rapidamente estabeleceu grande reputação por suas duas misturas de tinto, ambos baseados no Nerello: um Faro DOC, e o menos complexo Rosso del Soprano IGT.

Passopisciaro ☆☆☆

Passopisciaro. 26 ha. www.passopisciaro.com

Andrea Franchetti de Trinoro na Toscana (ver p. 347) embarcou em uma excêntrica empresa de mil metros (3.280 pés) nas encostas do Etna. Aqui ele faz Passopisciaro de Nerello Mascalese e uma estranha mistura de Petit Verdot e Cesanese, envelhecidos em carvalho novo e que levam o seu nome. A qualidade é impressionante e os preços são altos.

Carlo Pellegrino ☆☆–☆☆☆

Marsala. 300 ha. www.carlopellegrino.it

Fundado em 1880, Pellegrino continua sendo um grande produtor de Marsala de boa qualidade. A propriedade também oferece uma segunda gama de vinhos sob o rótulo Duca di Castelmonte. O catálogo é enorme, variando de Chardonnay de estilo internacional e Cabernet a suntuosos vinhos suaves de Pantelleria.

Planeta ☆☆☆–☆☆☆☆

Menfi. 350 ha. www.planeta.it

Embora tenha sido fundada recentemente, em 1995, a vinícola familiar Planeta já causou um enorme impacto, sobretudo fora da Itália. O falecido Carlo Corino, enólogo e consultor da vinícola, optou por vinhos ricos e frutados, essencialmente de estilo Novo Mundo, mas nem por isso piores.

Assim como Chardonnay, Merlot e Cabernet Sauvignon poderosos e acarvalhados, há também vinhos de uvas do Sul da Itália, como Nero d'Avola e Fiano. Na verdade, a Planeta é adepta dos vinhos tradicionais, como Cerasuola di Vittoria. Talvez os barris sejam, às vezes, aplicados com uma mão pesada, mas são vinhos impressionantes de consistente alta qualidade.

Rallo ☆☆

Marsala. 70 ha. www.cantinerallo.net

Rallo produz um ótimo Marsala, o *vergine* Riserva Solera. Hoje, a ênfase é nos vinhos de mesa, de Nero d'Avola, e variedades como Chardonnay, Syrah e Merlot.

Rapitalà ☆☆

Camporeale. 175 ha. www.rapitala.it

Esta propriedade faz parte do grupo GIV desde 1999. Seus vinhos mais conhecidos são o amendoado Alcamo DOC e o Nuhar, uma espirituosa mistura de Nero d'Avola e Pinot Nero. Mais recentemente incluiu o Syrah Solinero.

Settesoli ☆☆

Menfi. 6.500 ha. www.mandrarossa.it

Esta cooperativa foi fundada em 1958, e atualmente é uma das maiores vinícolas da Europa. Seus padrões foram estabelecidos pelo renomado enólogo Carlo Corino. O Syrah e o Nero d'Avola estão entre os melhores tintos e ambos oferecem excelente valor. Inycon, conhecida em alguns mercados como Mandrarossa, é a marca mais conhecida da cooperativa.

Spadafora ☆☆–☆☆☆

Palermo. 100 ha. www.spadafora.com

Desta propriedade remota do interior de Palermo vem um Cabernet Sauvignon IGT fino chamado Schietto. Nos últimos anos, esta vinícola tem se centrado mais intensamente no Syrah, do qual produz o excelente Sole dei Padre.

Tasca d'Almerita ☆☆☆

Sclafani Bagni. 460 ha. www.tascadalmerita.it

Uma propriedade familiar fundada em 1830 e hoje pertencente a Conte Lucio Tasca. Tem sido fonte de alguns dos melhores vinhos secos da Sicília, incluindo o excelente Rosso del Conte (principalmente Nero d'Avola) e Nozze d'Oro (um branco cuja mistura em maior parte é de Inzolia).

Se um olho é treinado na tradição, o outro é fixo na inovação. O Cabernet Sauvignon daqui é um dos melhores do Sul da Itália; o Chardonnay também é particularmente bom. A marca principal da vinícola é a Regaleali.

Terre di Ginestra

Ver Calatrasi, p. 371.

Terre Nere ☆☆–☆☆☆

Randazzo. 16 ha.

Marc di Grazia fez seu nome importando vinho italiano fino para os Estados Unidos, e, desde 2002, tem em sua própria vinícola orgânica no Etna. São intrigantes vinhos de vinhedo único, um de videiras pré-filoxera, só de Nerello Mascalese. Eles exalam uma fragrância de frutas vermelhas e um leve aroma de fumaça, enquanto a estrutura é mais delicada que poderosa.

Cantina Valle dell' Acate ☆☆

Acate. 100 ha. www.valledellacate.com

Esta propriedade, uma cooperativa familiar fundada em 1981, mantém a tradição de Cerasuolo di Vittoria DOC, e também faz vinho varietal de Frappato e uma mistura de Chardonnay e Inzolia.

Zenner ☆☆

Catania. 6 ha. www.terradellesirene.com

A partir de nada além de videiras antigas, cultivadas biodinamicamente, a família Zenner faz um estilo mais leve, mais perfumado e elegante de Nero d'Avola.

Sardenha

A Sardenha é uma ilha estranha, atemporal, à deriva no centro das coisas e ainda remota, sem o drama inato da Sicília, sem as majestosas montanhas da Córsega ou uma história social amarga. O mundo moderno vem e acampa na costa da Sardenha, o *jet-set* na Costa Smeralda, o mundo do vinho na costa oposta, em Alghero, onde uma das vinícolas mais sofisticadas e originais da Itália tira proveito de condições naturais ideais para quebrar todas as regras. Os vinhos originais da Sardenha são heroicamente fortes, projetados, ao que parece, por e para os super-homens que construíram as *nuraghe*, as fortalezas redondas das pedras colossais que salpicam na ilha. O vinho mais característico da ilha é o tinto feito de Cannonau, uma uva autóctone que agora se sabe ser a mesma Grenache.

A prática tradicional é evitar que todo o açúcar seja convertido em álcool: para equilibrar a força e a doçura de algo que lembra vagamente um vinho do Porto. O tinto suave é realmente o melhor: licoroso, fortificado com brandy, sendo um vinho de sobremesa ao estilo do Porto. O Anghelu Ruju of Sella & Mosca é a versão do Cannonau que mais provavelmente satisfaz gostos inexperientes. Duas outras uvas, Girò e Monica, fazem semelhantes tintos suaves e inebriantes. Também não é nem um pouco mais fácil de se lidar com os vinhos brancos ao estilo antigo da Sardenha. Nasco, Malvasia e Vernaccia são três uvas brancas que atingem graus de álcool formidáveis, muitas vezes temperados, como os tintos, com o açúcar não fermentado deixado para adoçá-los. O Malvasia doce é uma especialidade séria que pode atingir alta qualidade. O Vernaccia, por outro lado, é melhor se fermentado seco e envelhecido da mesma forma que um Jerez. (Ele ainda desenvolve a mesma levedura que o permite oxidar suavemente até a maturidade que remete a nozes.) O antigo Vernaccia seco não precisa de desculpas. Mas essas são especialidades em declínio. Os brancos são mais propensos a serem feitos a partir de Vermentino, que pode se dar tão bem aqui quanto na Córsega, proporcionando vinhos encorpados, mas frescos, que vão bem com os frutos do mar costeiro.

O movimento moderno na Sardenha é composto em grande parte por cooperativas. Foi conduzido pela vinícola Sella & Mosca em Alghero e ganhou maior credibilidade por causa do lendário Giacomo Tachis, enólogo de Antinori, que salientou ter o vinho da Sardenha sido utilizado para melhorar o da Toscana há milênios. Embora algumas das cooperativas estejam bem equipadas e sejam bem geridas, há crescente número de propriedades privadas aproveitando as excelentes condições da ilha para a viticultura.

DOC & Outros Vinhos

Alghero DOC. Vinho tinto, branco e rosé. Província: Sassari. Localidades: Alghero e sete outras. Castas: Torbato, Sauvignon, Chardonnay, Cabernet Sauvignon e Cabernet Franc, Sangiovese, Cagnulari, Vermentino.

Como as regras para esta DOC são flexíveis, muitos produtores têm tirado proveito disso, e agora é responsável por 40% de todos os vinhos DOC da Sardenha.

Arborea DOC. Vinho tinto, branco e rosé. Província: Oristano. Localidades: muitas em Oristano. Castas: Trebbiano ou Sangiovese varietais.

DOC recente com produção muito limitada, o branco também pode ser frisante ou meio doce.

Campidano di Terralba DOC. Vinho tinto. Províncias: Cagliari, Oristano. Localidades: 22 comunidades. Castas: Bovale (mínimo de 80%).

Um tinto leve e seco, agradavelmente macio, melhor jovem e refrescado. Pequena produção.

Cannonau di Sardegna DOC. Vinho tinto e rosé. Província: toda a Sardenha. Castas: Cannonau (mínimo de 90%). Pode ser seco, suave ou licoroso.

Cannonau (Grenache) é a uva tinta básica da Sardenha, tradicionalmente forte e suave – na realidade, apenas refrescante, porém rica (que é) em sabor. A Cannonau estilo antigo mais famosa é a de Oliena, perto de Nuoro, no centro leste da ilha, que pode ser chamada Nepente di Oliena.

Carignano del Sulcis DOC. Vinho tinto e rosé. Província: Cagliari. Localidades: dezoito na costa sudoeste. Casta: Carignano (no mínimo 85%).

Um tinto razoável e um rosé muito suave e frutado são feitos de Carignan nesta área montanhosa de ilhotas e lagoas, conhecida pelos antigos como Sulcis. O tinto deve ser envelhecido por um a dois anos.

Girò di Cagliari DOC. Vinho tinto. Províncias: Cagliari, Oristano. Localidades: 72 comunas. Casta: Girò. Girò, como Cannonau, é uma uva vermelha tradicional com alto teor de açúcar, na maioria das vezes tido como um vinho suave; quando vinificado seco, mais impressiona que atrai. Produção bastante limitada.

Malvasia di Bosa DOC. Vinho branco. Províncias: Nuoro, Oristano. Localidades: sete no Litoral Sul de Alghero. Casta: Malvasia di Sardegna.

Os mais valorizados dos vários brancos âmbar da Sardenha que podem ser comparados com um Jerez, pelo menos na função. Eles passam por um processo mais curto e simples de envelhecimento, mas adquirem suavidade e alguma profundidade de sabor, que termina em uma nota caracteristicamente italiana de amêndoa amarga. Versões secas, servidas frescas, são bons aperitivos. Agora raros.

Malvasia di Cagliari DOC. Vinho branco. Províncias: Cagliari, Oristano. Localidades: as mesmas 72 comunidades de Girò di Cagliari. Casta: Malvasia di Sardegna.

Vinhos parecidos com o último, mas de vinhedos menos exclusivos do sul.

Mandrolisai DOC. Vinho tinto e rosé. Províncias: Nuoro, Oristano. Localidades: Sorgono e seis outras. Castas: Bovale Sardo (mínimo de 35%), Cannonau (20-35%), Monica (20-35%) e até 10% de outras.

Uma nova DOC para os poderosos Cannonau e rosé de cooperativas modernizadas.

Monica di Cagliari DOC. Províncias: Cagliari e Oristano. Localidades: as mesmas 72 comunidades de Girò di Cagliari. Casta: Monica. Pode ser seco, suave ou licoroso.

Monica di Sardegna DOC. Vinho tinto. Província: toda a ilha. Castas: Monica (mínimo de 85%).

Um tinto seco padrão, às vezes, mais agradável se refrescado. Também frisante.

Moscato di Cagliari DOC. Vinho branco. Províncias: Cagliari, Oristano. Localidades: as mesmas 72 comunidades de Girò di Cagliari. Casta: Moscato Bianco.

A uva Muscat tem mais forte tradição na Sicília que na Sardenha. O feito aqui é suave ou licoroso para consumo local.

Moscato di Sardegna DOC. Vinho branco. Províncias: toda a ilha. Casta: Moscato Bianco (mínimo de 90%).

Uma DOC para um Muscat suave, espumante de baixa resistência, na verdade, o Asti da Sardenha. Ele pode usar o termo geográfico "Tempo Pausania" ou "Tempio Gallura" se as uvas são vinificadas em Gallura, na província de Sassari, na região noroeste.

Moscato di Sorso-Sennori DOC. Vinho branco. Província: Sassari. Localidades: Sorso, Sennori, ao norte de Sassari. Casta: Moscato Bianco.

A quase extinta Muscat DOC local (treze hectares sobreviveram), de um branco forte e suave, tem reputação melhor que a de Cagliari, no sul. Também na versão licorosa.

Nasco di Cagliari DOC. Vinho branco. Províncias: Cagliari, Oristano. Localidades: as mesmas 72 comunidades de Girò di Cagliari. Casta: Nasco.

Outro branco rústico da ilha, mais apreciado doce e forte pela população local, mas na sua versão modernizada para os visitantes, ele é mais leve e mais seco.

Nuragus di Cagliari DOC. Vinho branco. Províncias: Nuoro, Cagliari. Localidades: todas as comunidades em Cagliari, nove em Nuoro. Casta: Nuragus.

Um vinho branco seco leve e essencialmente neutro, o recurso padrão dos que ficam surpreendidos pelos produtos mais característicos da Sardenha. Pode ser suave ou frisante.

Sardegna Semidano DOC. Vinho branco. Província: toda a ilha. Casta: Semidano (mínimo de 85%).

Acredita-se que a Semidano seja uma variedade autóctone, e a melhor qualidade vem da subzona de Mogoro. Pode ser seco, espumante ou passito.

Vermentino di Gallura DOCG. Vinho branco. Províncias: Sassari, Nuoro. Localidades: dezenove no norte da ilha. Casta: Vermentino (mínimo de 95%).

Pode ser fresco e picante, mas se você busca um estilo mais tradicional – forte e que não sacie a sede –, procure o *superiore* de 14 graus. A única DOCG da Sardenha.

Vermentino di Sardegna DOC. Vinho branco. Província: toda a ilha. Casta: Vermentino (mínimo de 85%).

O vinho é branco e seco, também pode ser meio doce ou espumante. Os padrões estão melhorando, mas ficam atrás do Vermentino di Gallura.

Vernaccia di Oristano DOC. Vinho branco. Província: Oristano. Localidades: dezesseis no centro-oeste. Casta: Vernaccia di Oristano.

No primeiro encontro, achei este o mais atraente de todos os vinhos da Sardenha: uma espécie de primo natural do Montilla da Espanha, ou um Jerez não fortificado. As uvas são ligeiramente enrugadas antes da fermentação, a força natural diminui a oxidação enquanto sabores sutis e distintos se desenvolvem, como o característico amargor italiano remanescente no fim.

Principais produtores da Sardenha

Argiolas ☆☆☆
Serdiana. 230 ha. www.cantine-argiolas.com
Bons Cannonau e Vermentino, mas um Turriga IGT realmente excepcional: uma mistura, envelhecida em barrica, de Cannonau, Carignano, Bovale e Malvasia, e de Korem, também de variedades locais. Eles também fazem um Nasco suave, com sabor de pêssego, chamado Angialis.

Capichera ☆☆–☆☆☆
Arzachena. 60 ha. www.capichera.it
Uma fonte excelente, porém cara, de Vermentino. Embora tenham direito à Vermentino di Gallura DOCG, os proprietários, os irmãos Ragnedda, a rejeitam para seus vinhos de garrafa IGT. Em alguns anos, uma versão tardiamente colhida, mas ainda para vinho seco, também é produzida. Carignano constitui a base dos vinhos tintos desta propriedade menos impressionantes, que podem ser corpulentos e avassaladores.

Giovanni Cherchi ☆☆
Usini. 18 ha.
Produtores de um Vermentino di Sardegna fresco e floral, e um raro tinto Cagnulari, que tem frescor e charme.

Attilio Contini ☆☆–☆☆☆
Cabras. 70 ha. www.vinicontini.it
Fundada em 1898. A especialidade é o Vernaccia di Oristano, incluindo o Antico Gregori, uma versão inusitada e com sabor de nozes, envelhecido por muitos anos em um sistema de solera. Há também um Nieddera com sabor de cereja, produzido a partir desta casta pouco encontrada.

Dettori ☆☆
Sennori. 18 ha. www.tenutadettori.it
Vinhos extremos pelo menos quando comparados ao padrão de vinhos brancos da Sardenha. O Bianco é um Vermentino macerado nas cascas por muito tempo, enquanto o Cannonau tem poder e álcool. Grandes vinhos que alguns podem achar demasiadamente pesados.

Cantine Dolianova ☆
Dolianova. 1.200 ha. www.cantinedolianova.com
Uma grande cooperativa que produz vinhos confiáveis e baratos de Vermentino, Cannonau, Monica e de outras variedades.

Cantina Sociale di Dorgali ☆–☆☆☆
Dorgali. 60 ha. www.csdorgali.com
Pequena cooperativa especializada em Cannonau di Sardegna, a variedade que também domina sua IGT mistura Noriolo e Fùili.

Giuseppe Gabbas ☆☆
Nuoro. 13 ha.
Pequeno produtor com vinhedos em solos graníticos, fazendo bom Cannonau di Sardegna Lillovè para se beber jovem, e um Dule muito bom, uma mistura principalmente de Cannonau, Cabernet, Dolcetto e Sangiovese, envelhecida em barricas.

Cantina Sociale Gallura ☆☆
Tempio Pausania. 360 ha. www.cantinagallura.it
Uma boa fonte de Vermentino di Gallura e Moscato di Tempio
Pausania. Uma especialidade incomum aqui é o Nebbiolo.

Alberto Loi ☆☆
Cardedu. 63 ha.
Bom Cannonau e uma série de misturas usando apenas as
variedades locais. A qualidade é bem consistente.

Mesa ☆☆–☆☆☆☆
Sant'Anna Arresi. 50 ha. www.cantinamesa.it
Vinhos muito bons e bem embalados, de vinhos varietais não
acarvalhados, equilibrados para IGTs mais complexos, como o
Malombra, que é um Carignano com uma pitada de Syrah. Os
preços, no entanto, são elevados.

Pala ☆
Serdiana. 58 ha. www.pala.it
Bons Vermentino, Cannonau e Monica, e uma mistura um pouco
adstringente de variedades locais, chamada S'Arai.

Agricola Punica ☆☆–☆☆☆☆
Santadi. 30 ha.
Fundada em 2002 pelo enólogo da Toscana Sebastiano Rosa e a
família Incisa de Sassiscaia, com assessoria de Giacomo Tachis. O
único vinho é o Barrua, de Carignano, vivificado com Merlot e
Cabernet. Caro.

Cantina Sociale di Santadi ☆☆☆
Santadi. 600 ha. www.cantinasantadi.it
Esta cooperativa produz vinhos tão bons quanto os das melhores
propriedades privadas, graças à contribuição do grande Giacomo
Tachis. Muito bom Carignano del Sulcis, sendo os melhores o
Terre Brune e o Rocca Rubia, e brancos de Nasco e Vermentino.
Um desenvolvimento mais recente é o Nasço, de colheita tardia,
chamado Latinia.

Sardus Pater ☆
Sant' Antioco. 300 ha. www.cantinesarduspater.com
A cooperativa Sant'Antioco passou por uma reforma e está bem
focada em Carignano del Sulcis, nas versões tradicional e
envelhecido em barrica. Atrativo Vermentino também.

Sella e Mosca ☆☆–☆☆☆☆
Alghero. 500 ha. www.sellaemosca.com
Fundada em 1899 pelos piemonteses Emilio Sella e Edgardo
Mosca, agora pertencente ao grupo Invest. Esta propriedade muito
grande produz 500 mil caixas de vinhos consistentemente bem
feitos, concentrando-se resolutamente em variedades locais.

As principais linhas são Vermentino, Cannonau, Cabernet
Sauvignon (Marchese di Villamarina) com toque de chocolate,
utilizando a Alghero DOC, Torbato branco seco e o renomado
Anghelu Ruju ao estilo Porto, feito de uvas parcialmente secas e
envelhecido em barris por muitos anos.

Cantina del Vermentino ☆
Monti. 500 ha. www.vermentino monti.com
Há uma grande saída desta cooperativa, incluindo Vermentino di
Gallura DOC, um suculento Cannonau chamado Tamara, e o
Abbàia, uma mistura de variedades autóctones.

Espanha

Se tivessem me perguntado em meados da década de 2010 se Itália ou Espanha estavam à frente na qualidade do vinho e no gosto do estrangeiro, a resposta imediata seria Itália. Atualmente as diferenças deixaram de ser tão evidentes. A Itália ainda ganha na variedade, sua gama de uvas é imbatível. Mas desse tempo para cá, a Espanha vitícola vem se reinventando. Velhas atitudes foram mudando, novas ideias foram aceitas – às vezes, é claro, de má vontade – mas o resultado final é que a Espanha produz cada vez mais vinhos de melhor qualidade, com credibilidade mais regional, de ano para ano. E ela está fazendo isso sem depender excessivamente de castas internacionais.

Isso se deve em parte ao restabelecimento do real sentimento de identidade regional. Os anos de Franco colocaram a vinificação espanhola em uma espécie de colete de força estatal, da qual apenas os mais bem estabelecidos – notadamente Rioja e Jerez – conseguiram manifestar a sua individualidade. Uma vez que a nova Constituição tinha restaurado algum nível de autonomia às regiões, a Catalunha, o País Basco e a Galícia mais uma vez mostraram as suas aspirações nacionalistas, tanto nas garrafas quanto nas urnas, e outras regiões estão redescobrindo uma herança que havia secado com o conformismo e a falta de investimento que caracterizou a era Franco.

É claro que o clima espanhol é prodigiosamente propício à viticultura: solos pobres em que as vinhas podem desenvolver raízes para conseguir nutrientes e umidade, verões abrasantes para trazer as uvas à maturação, e, em muitas regiões, altitudes elevadas que propiciam o agradável frio noturno para preservar um pouco do frescor e da acidez das uvas e dos vinhos. Em certo sentido, era muito fácil fazer o vinho: a luz do sol fazia a maior parte do trabalho. Mas era difícil fazer um bom vinho: taninos, açúcares e álcool poderiam facilmente sair do controle. Vinhos desequilibrados rapidamente se deterioram após engarrafados, e os mercados de exportação não viam motivos para se interessar por eles. No entanto, o potencial era evidentemente enorme, e agora está sendo realizado. Os vinicultores espanhóis não são preguiçosos no que se trata de técnicas de vinificação moderna. Regiões prósperas como a Catalunha, La Rioja e Ribera del Diero são o lar de algumas vinícolas novas e surpreendentes, que combinam beleza visual com as últimas tecnologias. Regiões como o Toro são ricas em vinhas velhas de castas autóctones, de forma que enólogos bem treinados têm surpreendentes matérias-primas para trabalhar. Na verdade, você poderia argumentar que a Espanha é hoje o mais emocionante dos países de vinho da Europa. Isso não quer dizer que todos os seus vinhos são de alto padrão.

A última edição deste livro listava 59 áreas da Espanha tendo *Denominación de Origen* (DO). Hoje há muito mais. Agora os Viños de la Tierra fazem fila para serem promovidos. Sem mencionar os relativamente novos Viños de Pago, uma espécie superior de DO para vinhos de uma única propriedade com um histórico significativo. Muitas das DOs novas parecem entidades políticas em vez de celebrações de excelência, e a proliferação de novas regiões oficiais provavelmente confunde os consumidores mais do que os esclarece. No entanto, isso é testemunho da excitação dentro da indústria de vinho espanhola. A Espanha é o segundo maior país da Europa (depois da França), com 1,16 milhão de hectares de vinhedos, a maior da Europa. Contudo, o clima mais quente traz a necessidade de padrões mais escassos de plantios e rendimentos mais baixos, de modo que a França e a Itália continuam a fazer muito mais vinho. O mapa vinícola da Espanha é dominado por dois grandes rios, o Ebro e o Douro, e ambos encontram a sua fonte na Cordilheira Cantábrica que divide o noroeste frio e úmido do interior continental. O Ebro corre para o sudeste até o Mediterrâneo, na província de Tarragona, enquanto o Douro flui para o sudoeste, através de Portugal, e encontra o Atlântico no Porto. Estes dois rios, e a cordilheira onde se encontram as suas origens, são responsáveis pela maioria dos microclimas do norte da Espanha.

Ao sul de Madri, o sol é o rei; plantações mais amplas de variedades de uvas mais resistentes são a norma, e a água, quando vem, é gratamente recebida pelo subsolo esponjoso dos distritos produtores de vinho mais bem-sucedidos. Os principais rios da Espanha no centro-sul são o Guadiana, que rega a grande planície central de La Mancha (com parte do seu curso subterrânea) e flui para o oeste e, depois, para o sul até o golfo de Cádis, formando a fronteira entre a Espanha e Portugal no seu trecho final; o Tejo, que corre do planalto de Madri para o oeste através de Toledo e Extremadura até Portugal e, então, para o Atlântico, em Lisboa; o Júcar, que flui para o sul e para o leste a partir das montanhas de Guadalajara, através da vinícola do Levante, e desemboca no Mediterrâneo, na província de Valência; e o Guadalquivir, que corre para sudoeste da Meseta central para margear as terras do Jerez. Estes rios são a fonte de quase todas as irrigações que a maioria dos vinhedos no Sul do país recebe, apesar de as videiras jovens poderem agora ser irrigadas por gotejamento para ajudá-las a atingir a idade adulta.

As condições climáticas são diversificadas. A maioria das regiões tem um clima continental: invernos frios e verões quentes. Mas a elevação e a influência do mar moderam algumas regiões. Essa variação climática e a gama de variedades de uvas autóctones de cada região ajudam a explicar como um único país pode produzir vinhos que vão desde o enérgico Albariño e o salgado Manzanilla aos tintos poderosos de Ribera del Duero e Priorato.

O final dos anos 1990 e início de 2000, viu regiões antes julgadas medíocres emergirem como potencialmente esplêndidas, agora que os melhores produtores não estão mais fazendo vinhos sem graça. Cigales, Priorat, Bierzo e Toro são nomes que vêm à mente. Regiões bem estabelecidas, como Rioja, não descansam sobre os louros. Eles ouviram as queixas dos seus críticos e a indiferença crescente do mercado externo, e estão tomando medidas para melhorar a qualidade. Jerez manteve a sua coragem e continua produzindo vinhos fortificados gloriosos, desde o mais enérgico Manzanilla ao mais profundo *oloroso*.

Colheita das uvas em Jerez.

Regiões de vinho espanholas

Em razão de todas as inevitáveis complicações decorrentes do sistema de Denominación de Origen, ainda há uma lógica geográfica natural para os diferentes estilos de vinho da Espanha. Todo o país, continente e ilhas, divide-se em oito principais regiões vinícolas, cada uma das quais compartilha um patrimônio comum, a cultura gastronômica, e o clima. São esses fatores, evidentemente, que determinam a forma como o vinho tem evoluído ao longo dos anos, em qualquer lugar do Velho Mundo do vinho.

O Noroeste

Esta é a fatia de Espanha, no canto superior esquerdo, acima de Portugal, e ao longo da costa do Golfo de Biscaia em direção à França. Sua fronteira sul é a cordilheira Cantábrica, que protege o resto da Espanha dos excessos do clima atlântico. O clima é relativamente frio e úmido, a paisagem é exuberante e verde, e a cultura original não é espanhola. Influências celtas dominam na Galícia. As Astúrias são um principado separado sob a Coroa espanhola (exatamente como o País de Gales no Reino Unido), e o País Basco tem uma das mais antigas culturas pré-cristãs da Europa. Adicione a isso a cultura gastronômica local – peixe, peixe e mais peixe – e não é de estranhar que os vinhos produzidos aqui tenham evoluído para serem essencialmente leves, frescos, secos e predominantemente brancos.

As DOs são as seguintes:

Região	DO	Hectares
Galícia:	Monterrei	720
	Rías Baixas	3.650
	Ribeira Sacra	1.220
	Ribeiro	2.730
	Valdeorras	1.350
País Basco (norte):		
	Chacolí de Guetaria	327
	Chacolí de Vizcaya	240

O Alto Ebro

No abrigo da cordilheira Cantábrica, o clima é mais continental, com vinhedos mais altos apenas (Alavesa Rioja, Navarra Estella) ganhando algum benefício com as influências da baía de Biscaia. Politicamente, a área está situada entre o centro espanhol de Castilla y León e a região decididamente não espanhola da Catalunha, enquanto alguns dos vinhedos Rioja se situam em território basco.

Nos séculos XV e XVI, a casa real mudava de capital, passando por toda a região, à medida que monarcas castelhanos, catalães e aragoneses se casavam e uniam seus reinos, então sempre havia pessoas ricas e poderosas com o dinheiro disponível para consumir vinho de boa qualidade. A base da gastronomia local é a carne – seja proveniente da criação de rebanhos e bandos ou da caça nas florestas –, por isso, não é nenhuma surpresa que este país seja predominantemente de vinho tinto.

A qualidade final, o "polimento" foi dado por volta do final do século XIX, quando a filoxera (ver p. 18) devastou os vinhedos franceses, e propiciou a abertura dessa região – a mais próxima da fronteira francesa – para um grande mercado de exportação.

As DOs são as seguintes:

Região	DO	Hectares
La Rioja:	Rioja DOCa	63.500
Navarra:	Navarra	18.400
Aragão:	Calatayud	5.600
	Campo de Borja	7.400
	Cariñena	16.000
	Somontano	4.700

O Vale do Douro

Com uma exceção, esta área tem a maior parte dos atributos do Alto Ebro: clima continental – embora um pouco mais alta e mais fria aqui –, comida abundante nos campos e nas florestas, e uma população de pessoas ricas e influentes de Valladolid Zamora, onde cortes reais já se instalaram, a Salamanca, local da mais antiga universidade da Espanha. Assim, podemos esperar vinhos tintos de qualidade, que foram fornecidos aos príncipes, bispos e professores.

A diferença de estilo entre o Douro e o Alto Ebro deu-se por influência da exportação. No Alto Ebro fizeram vinho para agradar ao mercado francês, bem como a si mesmos; no Douro apenas a segunda opção: para agradar a si mesmos. O resultado eram vinhos tradicionalmente com mais frutas e mais álcool, no caso do Alto Ebro, algo que é evidente ainda hoje. Enquanto Rioja ainda era dedicada a longo envelhecimento em carvalho americano, o Douro era vendido em barricas novas francesas.

As DOs são as seguintes:

Região	DO	Hectares
Castile-León:	Arlanza	410
	Arribes	750
	Bierzo	4.000
	Cigales	2.550
	Ribera del Duero	20.700
	Rueda	8.075
	Tierra de León	1.500
	Tierra del Viño de Zamora	790
	Toro	6.100

Catalunha e Baleares

A cultura aqui sempre foi marcadamente independente. A Catalunha (bem como as ilhas Baleares e outros territórios) era uma potência do Mediterrâneo na Idade Média e, em seu pensamento, tradicionalmente virada para o mar em vez de em direção a Madri. Sua culinária tem forte caráter mediterrâneo – na verdade, muito semelhante ao de Roussillon, região francesa vizinha. A gastronomia inclina-se a favor do peixe, é claro, assim como as versões locais e muito sofisticadas de "surf and turf" (prato que leva camarão e carne); em consequência, para se adequar à culinária, os vinhos que evoluíram naturalmente na região foram em grande parte os brancos e os rosés simples.

O espírito autônomo da região, no entanto, incentivou os primeiros experimentos com variedades de uvas não espanholas, o que ocorre até hoje, e a Catalunha é tão forte na onda de novos vinhos varietais como em seu estilo tradicional. A maioria dos Cava – o melhor vinho espumante da Espanha – também é produzida aqui.

As DOs são as seguintes:

Região	DO	Hectares
Catalunha:	Alella	315
	Catalunha	54.500
	Conca de Barberà	5.800
	Costers del Segre	4.720
	Empordà-Costa Brava	2.000
	Montsant	2.050
	Penedès	26.170
	Pla de Bages	550
	Priorato	1.725
	Tarragona	7.250
	Terra Alta	6.380
	Cava	32.300
Balearics:	Binissalem (Mallorca)	600
	Plà i Llevant (Mallorca)	335

O Levante

A evidente cultura de exportação na Catalunha é ainda mais bem desenvolvida nesta região. O clima quente e marítimo do Mediterrâneo é ideal para a produção de vinho do dia a dia. O consumo local de pratos de peixes (a paella foi inventada aqui) resultou na evolução de uma oferta abundante de adequados e simples brancos e rosés, mas a fama da região se deve principalmente ao seu modo de ver o mundo pelas "lentes" do mar. Depois de ter adquirido a tecnologia moderna, o Levante se tornou a força motriz das exportações espanholas de vinhos de baixo custo. Valência é o maior porto de vinhos do país, despachando seus produtos para o mundo todo.

As DOs são as seguintes:

Região	DO	Hectares
Valência:	Alicante	13.200
	Manchuela	4.000
	Utiel-Requena	41.400
	Valência	15.000
Murcia:	Bullas	2.260
	Jumilla	30.000
	Yecla	7.200

A Meseta

A cultura vinícola aqui é baseada na sobrevivência. Não havia mercado para os vinhos do grande planalto central da Espanha até Madri ser fundada em 1561. Não havia nenhuma possibilidade de enviá-los para a costa levantina, porque no Sul os mouros (nominalmente abstêmios) governaram até 1492. Embora a comida fosse abundante, os métodos de cozimento eram simples, e o clima de calor abrasador no verão e frio extremo no inverno fazia com que apenas as vinhas mais resistentes conseguissem sobreviver. Como resultado desses fatores, o vinho era pobre e rústico, feito em material mais barato disponível (jarros de barro), pois o único mercado a prover era o local. Fazia-se o transporte de vinho, aqui e na maior parte da Espanha, em peles de animais. O principal contato com o mundo exterior se dava pela estrada real de Madri a Granada. Um dos locais de parada de comitivas oficiais era a cidade de Valdepeñas, e ela se tornou, e continua sendo, um mercado pronto para os vinhos de melhor qualidade. Esse isolamento e os consequentes preços baixos da terra levaram à reconstrução maciça da região nas décadas de 1970 e 1980, resultando que muitos dos vinhos diários de hoje têm La Mancha DO.

As DOs são as seguintes:

Região	DO	Hectares
Madri:	Vinos de Madrid	7.460
Castilla-La Mancha:	Almansa	7.600
	La Mancha	187.000
	Méntrida	9.050
	Mondéjar	1.100
	Ribera del Guadiana	26.000
	Uclés	1.500
	Valdepeñas	28.300

Andaluzia

Este é o cadinho da vinificação da Espanha e boa parte da Europa Ocidental. Os gregos e os outros produtores de vinho do Mediterrâneo oriental se instalaram aqui cerca de 3 mil anos atrás, e os vinhos eram feitos na tradição levantina ou grega: produtos de clima extremamente quente aperfeiçoados às influências de todo o litoral para atender às demandas do crescente mercado de exportação de todo o Mediterrâneo – especialmente durante o Império Romano – e da costa ocidental europeia. O gosto grego era por poderosos vinhos doces com muito álcool. Séculos mais tarde, se percebe o legado dos gregos nos vinhos fortificados da Andaluzia. Na época de Shakespeare, os vinhos do sul da Espanha, conhecidos então como "*sack*", a partir da palavra espanhola *saca* que significa "retirada" (ou seja, a partir da extremidade), eram famosos. Hoje, os vinhos desta região – o Jerez – encontram-se entre os melhores do mundo.

As DOs são as seguintes:

Região	DO	Hectares
Andaluzia:	Condado de Huelva	4.500
	Jerez/Xérès/Sherry	10.100
	Málaga	1.215
	Montilla-Moriles	7.000

As Ilhas Canárias

De certa forma, as Ilhas Canárias fornecem um retrato do que o vinho espanhol costumava ser há 500 anos, quando as ilhas foram redescobertas e reclamadas pela coroa espanhola. As variedades aqui cultivadas morreram na península séculos atrás, a produção é pequena, e o famoso Canary-sack de Shakespeare é agora um gosto de acesso à pequena minoria. A produção evoluiu para o consumo local e se desenvolveu para abastecer o próspero comércio voltado aos turistas, que podem ter agradáveis surpresas.

As DOs são as seguintes:

Região	DO	Hectares
Canárias:	Abona (Tenerife)	1.150
	La Gomera	180
	Gran Canaria	226
	El Hierro	200
	Lanzarote	2.000
	La Palma	775
	Tacoronte-Acentejo	1.150
	Valle de Güímar	640
	Valle de la Orotava	615
	Ycoden-Daute-Isora	310

Noroeste da Espanha

Galícia

A Galícia e as vinhas do litoral norte do Golfo de Biscaia desfrutam de um clima úmido, mais frio do que o restante da Espanha, e os vinhos são proporcionalmente mais leves e frescos. Predominam os brancos, embora tintos e rosés sejam amplamente produzidos. Na busca contínua pelo vinho branco definitivo da Espanha, esta área é uma das principais concorrentes.

Monterrei

Esta é uma região muito pequena de vinhos brancos das uvas Godello e Dona Blanca. A qualidade é potencialmente boa.

Rías Baixas

Na província de Pontevedra, na costa atlântica entre Santiago e a fronteira Portuguesa. Os vinhos brancos são os mais excelentes feitos com a uva Albariño, mas o plantio em encostas íngremes e em pequenas parcelas significa que há falta de economia de escala, sendo caros, portanto, os vinhos. A maioria dos brancos são vinificados em tanques, mas alguns produtores estão buscando maior complexidade, fazendo o vinho passar por fermentação malolática e, em alguns casos, maturação em pequenos barris de carvalho.

Ribeira Sacra

Uma bela área na confluência de dois rios, o Sil e o Minho. Grande parte da vinificação é simples e feita em pequena escala, mas alguns produtores têm investido em novas tecnologias. Os vinhos precisam mostrar mais concentração e sabor, mas há excelente Albariño e Godello. Embora a maioria dos produtores façam o vinho tinto de uma uva chamada Mencía, muito poucos o fazem bem.

Ribeiro

Uma antiga área estabelecida na província de Orense, situada a leste das Rías Baixas. Os vinhedos estão concentrados nos vales dos rios Minho, Avia e Arnoya. Ribeiro é famoso por sua luz, os vinhos brancos frutados. Novos empreendimentos, com algumas estrelas, têm sido feitos principalmente a partir da uva Albariño, e também da Treixadura, mais amplamente plantada (resultando em vinhos muito mais baratos). Caino é a variedade mais importante de tinto. De modo geral, seus valorosos brancos são considerados o "primo pobre" dos de Rías Baixas.

Valdeorras

Tanto brancos frescos e enérgicos quanto tintos leves são feitos: os brancos da excelente casta Godello, e os tintos de Mencía, potencialmente boa, mas em geral lhe falta boa finalização.

País Basco

Chacolí de Guetaria (Getariako Txakolina) e Chacolí de Vizcaya (Bizkaiko Txakolina) são os dois vinhos autóctones do País Basco. Principalmente vinho branco, feito a partir da uva local Ondarribi Zuri. Os garçons gostam de derramá-lo de certa altura para causar emoção. No seu melhor, é um vinho muito enérgico, frutado, para saciar a sede, mas a quantidade é tão pequena que praticamente inexiste sua exportação.

Principais produtores do Noroeste da Espanha

Dominio do Bibei ☆☆–☆☆☆

Manzaneda, Ribeira Sacra. www.dominiodobibei.com

Um projeto ambicioso de Javier Dominguez, que contratou os veteranos da Priorat René Barbier e Sara Perez para a produção de vinhos: o picante e intenso Lalama de Mencía, bem como uma mistura de tinto e um Godello puro. São caros, mas artesanais, feitos de velhas videiras cultivadas em altitudes elevadas.

Condes de Albarei ☆–☆☆

Cambados, Rías Baixas. 170 ha. www.salnesur.com

Uma cooperativa especializada em diferentes estilos de Albariño. A produção é significativa, em torno de 1,5 milhão de garrafas.

Fillaboa ☆☆–☆☆☆

Salvaterra do Miño, Rías Baixas. 70 ha. www.bodegasfillaboa.com

Um pioneiro na fermentação de Albariño em barris, bem como em manter o vinho em contato prolongado com as borras. Qualidade muito consistente. Em 2000, a vinícola apresentou um novo engarrafamento de prestígio, chamado Selección Finca Monte Alto.

Galegas ☆☆–☆☆☆

Salvaterra de Miño, Rías Baixas. 40 ha. www.galiciano.com

Esta vinícola relativamente nova, fundada em 1995, especializa-se em diferentes estilos de Albariño, incluindo o Veigadares e o Gran Veigadares envelhecidos em barris. O floral e cítrico Gran Veigadares, feito de uvas rigorosamente selecionadas, tem sido aclamado como um dos melhores vinhos brancos espanhóis.

Godeval ☆☆

O Barco. 17 ha. www.godeval.com

Uma pequena propriedade localizada no convento medieval de Xagoaza, produzindo excelentes Godello brancos.

Lagar de Fornelos ☆☆–☆☆☆

O Rosal, Rías Baixas. 75 ha. www.riojalta.com

Uma bodega perto da fronteira portuguesa, que produz um Albariño puro, enérgico e com gosto de maçã, chamado Lagar de Cervera. Em 1988, foi comprada por Bodegas La Rioja Alta (ver p. 386), que tem investido grandes somas de dinheiro, tornando este vinho um dos melhores da Galícia.

Martín Códax ☆

Cambados, Rías Baixas. 240 ha. www.martincodax.com

Oitenta e cinco produtores de uvas enviam seu Albariño para uma vinícola moderna no norte de Vigo que trabalha com tanques de aço inoxidável. Além de vinhos secos bons e aromáticos, há dois tintos provenientes de vinhedos de produtores em Bierzo.

Viña Mein ☆–☆☆

Leiro, Ribeiro. 16 ha. www.vinamein.com

Treixadura é a variedade principal aqui, e Mein produz uma versão fermentada em barril e um vinho não acarvalhado que é maravilhosamente floral e delicado.

Gerardo Méndez ☆☆–☆☆☆

Meaño, Rías Baixas. www.bodegasgerardomendez.com

Uma vinícola butique que produz excelente Albariño do Ferreiro, de sabor persistente, de videiras muito velhas.

Viña Nora ☆☆–☆☆☆

As Neves, Rías Baixas. 12 ha.
Puro Albariño com grande intensidade e cremosidade, e algum carvalho bem trabalhado.

Palacio de Fefiñanes ☆☆–☆☆☆

Cambados, Rías Baixas. www.fefinanes.com
O aristocrata do vinho da Galícia, produzindo na pequena e moderna bodega no palácio de Fefiñanes, de propriedade do Marquês de Figueroa. É 100% Albariño, mas alguns *cuvées* são envelhecidos por até trinta meses em carvalho. Eles não têm qualquer semelhança com o vinho verde, exceto em seu notável frescor.

Rafael Palacios ☆☆–☆☆

A Rúa, Valdeorras. 14 ha. www.rafaelpalacios.com
Uma vinícola ambiciosa, oferecendo o As Sortes, um exuberante Godello envelhecido em barrica, bem como um Louro do Bolos com gosto de limão e não acarvalhado.

Pazo de Señorans ☆☆–☆☆☆

Meis, Rías Baixas. 8 ha. www.pazodesenorans.com
Além de um Albariño padrão, a propriedade produz um notável Selección de Anada, que é envelhecido por três anos *sur lie* em tanques. Ele mantém a firmeza e o sabor da variedade, mas tem mais peso e tons de mel.

Rebolledo ☆–☆☆

A Rúa, Valdeorras. www.joaquinrebolledo.com
Produção de um tinto Mencía puro, em versões acarvalhadas ou não, e um bem-sucedido Cabernet com Merlot, abertamente frutado, o que sugere que ele seja mais bem apreciado jovem.

Vitivinícola del Ribeiro ☆–☆☆

Ribadavia, Ribeiro. 600 ha.
www.vinoribeiro.com
Cooperativa de 800 membros, preocupada com a qualidade. A linha básica é a Pazo, mas os vinhos mais interessantes, de Treixadura e Albariño, estão sob o rótulo Colección.

Santiago Ruiz ☆☆–☆☆☆

O Rosal, Rías Baixas. 38 ha.
www.bodegasantiagoruiz.com
Pequeno produtor de vinho branco de alta qualidade, que alcança elevado preço. A mistura incomum de Albariño, Loureira e três outras variedades faz um branco especialmente aromático, floral e seco.

A Tapada ☆☆

Rubía de Valdeorras. 11 ha.
Sob a marca Guitián, Tapada produz um Godello excelente, incluindo o exuberante e pesado Sobra Lias, envelhecido em borras finas.

Terras Gaudas ☆–☆☆

O Rosal, Rías Baixas. 87 ha. www.terrasgaudas.com
Desde 1990, esta propriedade tem se tornado uma das principais em Rías Baixas, produzindo um Albariño puro e uma complexa mistura mais dessa uva com Caiño e Loureira. O caro Black Label é envelhecido em carvalho novo – um gosto adquirido.

Valdesil ☆–☆☆

Vilamartín de Valdeorras. ww.valdesil.com
Propriedade orgânica, que produz o tinto com gosto de grama Mencía, e um Godello puro, chamado Valdesil.

O Alto Ebro

Apesar de compreensivelmente dominado por Rioja, desenvolvimentos recentes em Navarra e, particularmente, na região Somontano de Aragão, fizeram todo o Alto Ebro ficar na vanguarda da viticultura de qualidade na Espanha.

La Rioja

Sendo uma região de vinhos, La Rioja tem uma história mais antiga que Bordeaux. Alguns historiadores franceses acreditam que os romanos possam ter encontrado o ancestral da Cabernet nesta parte da Espanha, seguindo sua origem daqui até à Albânia. Certamente, os romanos percorreram o rio Ebro, a partir do Mediterrâneo, tanto quanto o Rhône, como um corredor do clima e das condições às quais estavam acostumados até uma terra mais fria e hostil. No alto das cabeceiras do rio Ebro, 600 metros acima (1.950 pés), em torno de seu pequeno afluente, o rio Oja, eles encontraram condições ideais para o vinho de boa qualidade.

A história pós-clássica de La Rioja é semelhante a de todas as regiões do vinho romano. Rápido declínio (acelerado na Espanha pela invasão dos mouros), o domínio da Igreja, um renascimento lento no século XVI, mas nenhuma mudança real até o século XVIII ou o começo do século XIX. Depois foi a influência de Bordeaux que chegou a La Rioja, a nova ideia de envelhecer os melhores vinhos em barril em vez de mantê-los em peles de animais. Isso foi primeiramente tentado em 1787, mas foi invalidado pela reação ludista e, finalmente, introduzido pela reforma dos proprietários aristocratas – em muito da mesma maneira e ao mesmo tempo que o Chianti foi "inventado" pelo barão Ricasoli.

As primeiras bodegas comerciais da era moderna de La Rioja foram fundadas em 1860 pelos marqués de Riscal e marqués de Murrieta, baseadas fundamentalmente no sistema de château de Bordeaux. Ambos usavam (e ainda usam) uvas de seus distritos imediatos. Eles vendiam seus vinhos em garrafas, e espalharam a fama da região em momento oportuno. A filoxera estava invadindo Bordeaux, e o capital e a tecnologia franceses passaram a procurar uma nova região para se estabelecerem. Antes do final do século, uma dúzia de bodegas muito maiores e novas haviam sido construídas, utilizando uvas de uma área muito maior, com as três regiões de La Rioja contribuindo para as misturas. No entorno do terminal da linha ferroviária em Haro formou-se o núcleo desse empreendimento, e as bodegas mantêm incorporadas física e espiritualmente a tecnologia vitoriana.

Protegendo o bocal das garrafas com cera.

O aglomerado de edifícios enormes, e um tanto descuidados, quase recordam Epernay, a capital de Champagne, que cresceu durante as mesmas décadas exuberantes. A filoxera atingiu Rioja nos primeiros anos do século XX. A interrupção, seguida pela Primeira Guerra Mundial, e depois pela Guerra Civil espanhola, impediu que as bodegas se capitalizassem nos mercados estrangeiros já abertos com sucesso, apesar de, em 1926, Rioja ter sido a primeira região de vinho da Espanha a estabelecer um Conselho Regulador para supervisionar tais assuntos. Durante esse período, a região estava produzindo e amadurecendo algumas vindimas superlativas (exemplos ainda podem ser ocasionalmente encontrados). No entanto, Rioja permaneceu sendo a base de conhecedores apenas na Espanha e na América Latina até o *boom* internacional do vinho na década de 1970, quando se testemunhou a fundação de uma nova onda de bodegas, muitas aquisições e grande aumento no plantio e na produção. Ela também viu alterações em técnicas de vinificação, que acrescentaram novos estilos para a já ampla gama produzida. Hoje existem cerca de 1.200 bodegas na região.

Rioja é, na verdade, formada por três sub-regiões, com uma área total de vinhedos de mais de 63.500 hectares, seguindo, de Conchas de Haro, o vale do rio Ebro, um desfiladeiro rochoso onde ele irrompe através da serra Cantábrica, e seu vale muito mais amplo em Alfaro, 95 quilômetros (60 milhas) ao leste e quase 300 metros (975 pés) abaixo em altitude. A região mais alta, La Rioja Alta, tem a cidade de Logroño como capital, embora a muito menor Haro seja a sua capital do vinho. Cenicero, Fuenmayor e Navarrete são as outras cidades com bodegas. Há 20.500 hectares de vinhedos. Os solos são uma mistura de argila calcária, argila rica em ferro e sedimentos aluviais. O clima é fresco aqui e as precipitações relativamente altas. Os vinhos de Rioja Alta têm maior acidez, mas também melhor sabor e estrutura, elegância, e firmeza que por vezes lhes permite envelhecer quase indefinidamente.

A Rioja Alavesa, ao norte do Ebro, na província basca de Alava, tem declives mais ao sul e um solo de argila mais consistente. Seus 11.500 hectares são cultivados largamente com Tempranillo, que aqui dá um vinho leve, particularmente perfumado, suave, quase exuberante, tendendo a ser claro e de amadurecimento rápido. Há doze bodegas baseadas em quatro aldeias: Labastida, Elciego, Laguardia, e Oyón. A Rioja Baja (Rioja Baixa), com 18 mil hectares, tem clima muito mais quente e seco. Seu solo é de sedimentos e argila rica em ferro, sua principal uva é a Garnacha Tinta, e seu vinho mais forte, mais amplo e menos fino. Embora concentre poucas vinícolas, quase todas as bodegas de Rioja compram parte de seu vinho aqui, e várias têm plantado uvas mais finas em locais mais altos da região. É provavelmente verdade que a maioria dos tintos de Rioja sejam misturas de vinhos de todas as três sub-regiões, embora as bodegas mais antigas atuem mais fortemente nas áreas em que foram fundadas, e algumas em Rioja Alavesa façam questão de produzir vinhos de estilo regional.

Rioja DOCa

Desde a vindima de 1991, Rioja foi elevada à nova "supercategoria" chamada Denominación de Origen Calificada. "Qualificada" neste contexto significa uma garantia de qualidade, em vez da interpretação "com reservas", corriqueira em inglês, e é uma tentativa de oferecer garantia extra para o consumidor, exatamente como os DOCG italianos. A principal consequência no exterior é que as vendas a granel foram interrompidas, e todos os vinhos de Rioja são engarrafados na região. O resultado, pelo menos a curto prazo, parece ter sido o de haver muito menos vinho de má qualidade sob o rótulo de Rioja. Longo envelhecimento em barris de tipo Bordeaux é a marca do Rioja tradicional. Ele dá ao vinho, seja tinto ou branco, uma fragrância facilmente reconhecível e um sabor de baunilha. Os melhores vinhos, com concentrado sabor de fruta madura, podem suportar surpreendente grau de envelhecimento em carvalho. Vinhos piores enfraquecem com ele, perdendo o sabor suave e frutado, tornando-se secos e sem graça. O gosto espanhol, tradicionalmente centrado no longo envelhecimento em carvalho, está se adaptando gradualmente. Os tintos mais tradicionais de Rioja ainda têm mercado, que está encolhendo; os consumidores jovens têm demonstrado preferência por vinhos mais ricos e robustos. Muitas bodegas tradicionais vêm se modernizando (vinhos com engarrafamento mais precoce e rotação mais rápida nos barris de carvalho) em silêncio, por medo de assustar seus clientes, introduzindo um novo estilo de *cuvées* na tentativa de agradar a todos. Beba um vinho de estilo tradicional com regularidade e você pode não perceber a diferença de ano para ano, mas compare vinhos com dez anos de diferença que você notará. Os tintos compõem três quartos da produção total da região. A gama oferecida por uma bodega Rioja típica inclui alguns ou todos os seguintes:

Vinos blancos

Vinhos brancos, normalmente muito secos, feitos principalmente da uva Viura (também conhecida como Macabeo), com ou sem Malvasia e/ou Garnacha Blanca. Eles têm boa acidez e são bem resistentes à oxidação. Feitos à moda antiga, têm pouco aroma de uvas, mas em geral têm estrutura e equilíbrio muito gratificantes. Os melhores brancos eram anteriormente todos envelhecidos em barris de carvalho por cerca de três até doze anos – quanto mais longo, melhor. Bons exemplos desses reservas permanecem amarelo-limão pálido e mantêm frescor, corpulência e vigor impressionantes, sob um grande dossel de fragrância de carvalho. Eles podem ser comparados às melhores vindimas de uvas branca antigas. Infelizmente, esse estilo altamente individual, reconhecidamente muito antiquado, tem perdido terreno para a moda dos vinhos brancos frescos e enérgicos. Poucos apreciadores têm ciência do quanto perderam.

Muitas bodegas agora fazem todos ou alguns de seus brancos por fermentação longa e lenta, seguido de engarrafamento quase imediato, sendo o objetivo capturar os aromas primários da uva em todo o seu frescor. A Viura faz vinho delicioso neste estilo, possivelmente beneficiando-se de alguns anos de garrafa. Muitas bodegas também fazem um branco semimoderno, fermentado a frio, e brevemente envelhecido em carvalho. Os Rioja brancos doces raramente são bem-sucedidos. A podridão nobre (*botrytis*) é muito rara na atmosfera seca das terras elevadas. As uvas sobreamadurecidas ficam simplesmente meio passas. Mas safras excepcionais têm produzido belos, delicados e aromáticos vinhos suaves, de aparentemente ilimitada e duradoura energia.

Vinos rosados

Vinhos rosés, feitos de maneira habitual, normalmente secos e pálidos e não envelhecidos em carvalho.

Vinos tintos

Muitas bodegas chamam todos os seus vinhos de tintos. O costume anterior era dividi-los em clarete, vinho de cor clara, tinto de força relativamente baixa, envasado em garrafas de Bordeaux, e tinto (às vezes, chamado de "Borgoña"), vendidos em garrafas de Burgundy. Tinto, nesse sentido, é muito mais escuro, mais frutado, mais cheio de corpo, e com mais álcool. Ambos são feitos de uma mistura de Tempranillo, a uva tinta dominante, com a deliciosa e aromática Graciano, e a alcóolica Garnacha Tinta (a Rhône Grenache), muitas vezes com um pouco de Mazuelo (ou Cariñena), a Carignan do Midi. A Cabernet Sauvignon é aceita como uma variedade "experimental", mas ocasionalmente é incluída. Há também os vinhos de Tempranillo puro. Todos os estilos são igualmente feitos até o nível de Reserva ou Gran Reserva, mas as glórias finais de Rioja tendem a ser do tipo tinto, que resiste ao envelhecimento em barril sem ficar ralo e (embora menos aromático) pode ficar maravilhosamente aveludado na garrafa.

Todos os vinhos podem ser vendidos como Joven, que significa "sem envelhecimento em carvalho", ou como Crianza. O vino de crianza deve passar pelo menos doze meses em barricas ou barris de 225 litros. Reserva são vinhos especialmente selecionados com, pelo menos, três anos de idade, dos quais um ano em barricas. No entanto, atualmente qualquer prazo legal pode ser substituído pelo dobro do tempo em garrafa. Brancos Reserva passam no mínimo seis meses em carvalho. Gran Reserva são vinhos de pelo menos cinco anos de idade e cerca de dois deles em barricas, ou o dobro do tempo em garrafa. Esses requisitos para o envelhecimento são muito menos do que eram alguns anos atrás. O motivo é a mudança de hábitos, embora os pontos de necessidade comercial vão na mesma direção.

Bodegas respeitáveis, evidentemente, selecionam apenas os vinhos de boa qualidade para amadurecer como Reserva, e de alta qualidade como Gran Reserva – mas isso só é implícito, não é exigido, pelos regulamentos. Embora algumas das bodegas grandes continuem com seus vinhos majestosamente bem feitos, mas um tanto ultrapassados, ideias que antes eram inovadoras tornaram-se normais. O carvalho francês fica ao lado do americano em muitas bodegas, e frequentemente alguns dos barris são barricas novas. O maior cuidado está sendo tomado com a qualidade dos frutos, também, com os vinhos feitos a partir de vinhedos de baixo rendimento e uvas mais maduras. Os consumidores tradicionalistas podem ficar preocupados com que esses suntuosos, e muitas vezes de alto preço, vinhos novos não tenham a tipicidade de Rioja, mas, atualmente, há variedade suficiente de estilo na região para agradar a todos. Outra evolução interessante foi o renascimento de variedades locais além da onipresente Tempranillo. Graciano, Mazuelo e Maturana podem ter seu espaço, como algumas bodegas estão demonstrando.

Principais produtores de Rioja

Finca Allende ☆☆☆
Briones. 42 ha. www.finca-allende.com
Pequena propriedade, dirigida por Miguel Angel de Gregorio, fanático pela qualidade das vinhas. Viura e Malvasia são utilizadas no branco envelhecido em barrica. O altamente aromático Calvario, com aroma de frutas vermelhas, vem de um único vinhedo plantado em 1945; e o Aurus é uma mistura superior, envelhecida, talvez excessivamente, por dois anos em barricas. Os preços são altos.

Alavesas ☆
Laguardia. 91 ha. www.solardesamaniego.com

Esta empresa faz normalmente vinhos Alavesa pálidos, leves, aromáticos, incluindo o Reserva Solar de Samaniego.

Artadi ☆☆–☆☆☆
Laguardia. 70 ha. www.artadi.com
Fundada em 1985 como uma cooperativa, a Artadi agora é uma empresa pública. Todos os vinhos são pura Tempranillo, e os melhores são envelhecidos principalmente em barricas de carvalho francês. Originam de vinhedo único ou de misturas de videiras muito velhas, e têm estrutura para absorver o carvalho. Os vinhos são de primeira, mas o seus tons tostados, com toques de chocolate podem parecer atípicos para muitos admiradores de Rioja.

Baigorri ☆☆
Samaniego. www.bodegasbaigorri.com
Vinícola moderna e séria voltada para os vinhos de estilo moderno. O branco bastante pesado é fermentado em barricas novas. Quanto aos tintos, além da habitual hierarquia Rioja de qualidade, existe um deles francamente chamado De Garagem, feito de Tempranillo de videiras velhas, fermentado em cubas de madeira e envelhecido ao ar livre em barricas novas. As qualidades mais elevadas parecem bastante esforçadas, mas o Crianza é sempre picante e fresco.

Baron de Ley ☆☆
Mendavia. 90 ha. www.barondeley.com
Bem como a confiável linha padrão, há um admirável Finca Monasterio de vinhedo único, envelhecido em carvalho francês novo – um bom exemplo da nova onda Rioja.

Beronia ☆
Ollauri. 20 ha. www.beronia.es
Vinhos bons e fáceis de beber, incluindo vinhos varietais de Viura, Tempranillo e Mazuelo.

Bilbaínas ☆–☆☆☆
Haro. 250 ha. www.bodegasbilbainas.com
Bodega fundada em 1901, e agora pertencente à empresa Cava, Codorníu. Os vinhedos estão plantados em Haro (Rioja Alta) e Elciego, Leza, e Laguardia, em Alavesa. O objetivo da empresa é uma vasta gama de vinhos, em vez de um estilo de casa forte, embora os principais vinhos sejam conservadores: bem austeros para os padrões modernos. Viña Zaco é um clarete de alta qualidade, e o Viña Pomal é o tinto mais encorpado. Pomal Reserva são os vinhos maiores e mais duradouros, mas Codorníu tem introduzido novos vinhos envelhecidos em barricas, tais como o La Vicalanda, de uma parcela de dez hectares, e o Vicuana, que contém 25% Graciano.

Ramón Bilbao ☆☆
Haro. 50 ha. www.bodegasramonbilbao.es
Fundada em 1924, esta empresa familiar compra a maioria dos seus vinhos e uvas de vinhedos privados. Os tintos são pura Tempranillo. Os brancos envelhecidos em barrica, pura Viura. Mirto é o vinho *top* de linha, envelhecido em barrica e um tanto exagerado.

Bretón ☆☆
Navarrete. 160 ha. www.bodegasbreton.com
Uma vinícola de grande porte, produzindo bons vinhos tintos, sob muitos rótulos: o Loriñón de bom valor, o Dominio de Comte, e o Alba de Bretón envelhecido em barrica.

Marqués de Cáceres ☆–☆☆

Cenicero. www.marquesdecaceres.com
Fundada em 1970 por Enrique Forner, planejada com a ajuda do professor Emile Peynaud, e agora uma das mais modernas vinícolas. As uvas são provenientes de dezenas de produtores locais, incluindo a cooperativa Cenicero. Vinhos feitos tradicionalmente, mas menos acarvalhados que o Rioja padrão, porém bem equilibrados e frutados. O branco é de estilo moderno e não acarvalhado, e um dos melhores. Como muitas outras vinícolas de Rioja, o Marqués de Cáceres apresentou um vinho emblemático chamado Gaudium: uma mistura rica e tânica de Garnacha, Graciano e Tempranillo, e um ainda mais exclusivo, *garagiste*, MC.

Campillo ☆–☆☆

Laguardia. 70 ha. www.bodegascampillo.com
Esta bodega do Sul se assemelha a um palácio presidencial da América do Sul, mas o interior é projetado com cuidado para assegurar a temperatura ideal e umidade controladas para os vinhos em envelhecimento. A empresa faz parte do grupo Faustino (ver nesta página), e os vinhos, embora solidamente feitos, são bastante desinteressantes, com exceção dos maduros e sedosos Gran Reserva.

Campo Viejo ☆–☆☆

Logroño. www.domecqbodegas.com
Uma das maiores bodegas, parte do grupo Juan Alcorta, pertencente a Pernod Ricard. A maioria dos frutos é extraída dos 2 mil hectares de vinhedos do grupo. Campo Viejo tem consistentemente bom valor entre os tintos Rioja menos etéreos. Marqués de Villamagna é Gran Reserva de topo da bodega, e há um branco de Viura, rico e fermentado em barril.

Luis Cañas ☆☆☆

Villabuena. 90 ha. www.luiscanas.com
Luis Cañas está agora na faixa dos oitenta anos, mas ainda verifica as uvas que chegam à vinícola durante a colheita. Seus descendentes conseguiram transformar a companhia em uma das melhores bodegas modernas. Os vinhos são excelentes em todos os níveis, desde o enérgico Crianza com toque de groselha, ao Reserva de la Família, com um quê de Cabernet, o Amaren de videiras antigas, e o *garagiste* Hiru 3 Racimos.

Contino ☆☆–☆☆☆

Laguardia. 62 ha. www.cvne.com
Uma propriedade única, com a CVNE encarregada da elaboração do vinho. O objetivo é produzir o Viña del Olivo, que é envelhecido por dezoito meses em barricas de pequeno porte, o que lhe dá tanto uma qualidade saborosa quanto uma sedosa textura. Há também um Graciano varietal pungente e emocionante. Quando as uvas não atingem o padrão exigido, elas são vendidas para a CVNE para mistura.

El Coto ☆–☆☆

Oyón. 150 ha. www.elcoto.com
Uma empresa que produz grandes volumes de vinhos comerciais suaves, mas os Reserva são de qualidade acima da média.

CVNE (Compañía Vinícola del Norte de España) ☆–☆☆☆

Haro. 560 ha. www.cvne.com
Uma das seis principais casas de Rioja, fundada, em 1879, pelos irmãos Real de Asúa, e ainda é propriedade da família. Seus próprios vinhedos fornecem metade das uvas necessárias para o vinho tinto; o restante são de vinhedos sob contrato. Os tintos incluem o excelente e vigoroso Cune, o elegante e aveludado Imperial (um Reserva de Rioja Alta), e nomeadamente o encorpado e picante Viña Real de Alavesa e, desde 1995, o opulento Pagos de Viña Real, de videiras velhas. Para os vinhos brancos, a CVNE costumava ser mais conhecida por seu Viura tradicional, com sabor de carvalho, chamado Monopole, mas hoje o vinho é apenas levemente acarvalhado, enquanto o Viña Real branco é fermentado em barris de carvalho novo. Dado que a produção é de cerca de 8 milhões de garrafas, até que a qualidade tem sido consistentemente alta.

Domecq ☆–☆☆

Elciego. www.domecqbodegas.com
Fundada no início de 1970 pela casa de Jerez de Pedro Domecq (ver p. 407) e a gigante de bebidas canadense Seagram. Quando a empresa se separou em 1974, Domecq construiu uma bodega moderna e começou a plantar novas vinhas e comprar outras antigas em Alavesa. A empresa emprega a marca Marqués de Arienzo, que é feito como Reserva, Gran Reserva e Reserva Especial.

Faustino ☆☆

Oyón. 650 ha. www.bodegasfaustino.com
Fundada em 1860 e ainda sob gestão familiar. Todas as uvas vêm da área ao redor de Oyón, em Rioja Alavesa. Faustino V, o Reserva tinto; Faustino I, o Gran Reserva, e o branco aromático e com toque de limão no novo estilo são feitos em grande parte de suas próprias uvas provenientes de vinhedos de primeira classe. Os tintos recebem envelhecimento extra em garrafa em vez de passar tempo demais em carvalho. A mais recente adição à gama é o Faustino de Autor, um Reserva de estilo novo, envelhecido dois anos em carvalho francês.

Viña Hermosa ☆–☆☆

Gimileo. 10 ha. www.santiagoijalba.com
Um recém-chegado, criado em 1998, e usando Viña Hermosa como sua marca principal. Em 2004, lançou um novo Reserva saboroso, levemente acarvalhado, chamado Ogga. Atualmente, os vinhos não são excitantes.

Ijalba ☆☆–☆☆☆

Logroño. 80 ha. www.ijalba.com
As vinhas Ijalba, agora principalmente orgânicas, estão em Rioja Alta. A empresa tem sua própria especialidade: uma gama de vinhos de variedades autóctones, exceto Tempranillo. Maturana (branco e tinto) e Graciano dão resultados impressionantes aqui, originando pesares de que essas variedades são obrigadas a permanecerem marginais dentro de Rioja como um todo. Maturana tem um toque rústico, mas tremenda personalidade, enquanto Graciano mostra consistente frescor e requinte.

LAN ☆–☆☆☆

Fuenmayor. 72 ha. www.bodegaslan.com
Esta grande empresa, fundada em 1974, mudou de mãos em 2002, quando foi adquirida pela Mercapita, uma instituição financeira com sede em Madri. Com uma produção anual de 3 milhões de garrafas, a LAN adquire a maioria de seus frutos de produtores terceirizados. Os vinhos básicos são de pouco interesse, mas os *top* de linha, tais como o frutado Lan a Mano e o poderoso e pouco acarvalhado Culmen, são de primeira qualidade.

Lopez de Heredia ☆☆☆–☆☆☆☆

Haro. 150 ha. www.lopezheredia.com

Um dos grandes baluartes da tradição de Rioja. Uma bodega familiar fundada por Don Rafael Lopez de Heredia y Landeta em 1877. Hoje o produtor é um descendente seu de quinta geração, Maria-José Lopez de Heredia. As instalações, em um desvio ferroviário em Haro, são uma maravilha do *design art nouveau*, com adegas wagnerianas em forma de túnel e, no seu esplendor, cheias de teias de aranha. (Em contraste total, a nova sala de provas é ultramoderna, projetada pelo arquiteto Zaha Hadid.)

Aproximadamente metade das uvas é proveniente de vinhedos próprios em Rioja Alta e o restante vem de pequenos produtores locais. Todos os vinhos são fermentados e envelhecidos em carvalho por muito tempo: no mínimo, três anos, e os Gran Reserva ainda passam pelo menos nove anos em barril. Na verdade, a empresa tem a sua própria tanoaria. Os vinhos incluem o pesado rosé Tondonia (tinto e branco bons com, pelo menos, quatro anos), o Bosconia (um tinto maior e, no seu melhor, suntuoso), o Gravonia (um branco acarvalhado) e o Cubillo (um tinto com três anos, o vinho mais novo). Um Bosconia Gran Reserva 1947 ainda estava intenso e persistente em 2008, e o branco Tondonia pode envelhecer quase tanto tempo, sempre mantendo o seu frescor.

Martínez Bujanda ☆☆–☆☆☆

Oyón. 400 ha.
www.familiamartinezbujanda.com

Essa antiga família tem interesses diversos na vinificação, produzindo uma vasta gama de vinhos, alguns deles varietais, sob o rótulo Valdemar. Em 1999, lançou um Rioja retumbante, de vinhedo único dos oitenta hectares de Finca Valpiedra.

Montecillo ☆☆

Fuenmayor. www.osborne.es

Parte do grupo de Jerez Osborne. Usando os rótulos Viña Monty e Viña Cumbrero, produz Rioja frutados, agradáveis, de pouca complexidade mas grande consistência.

Muga ☆☆☆

Haro. 150 ha. www.bodegasmuga.com

Pequena empresa familiar fundada em 1932 por Don Isaac Muga. Seu filho, Don Isaac Muga Caño, assumiu após a morte do pai em 1969, e dois anos depois mudou-se para uma nova bodega perto da famosa estação ferroviária Haro. Muga continua a ser muito tradicional, e seus vinhos são excelentes, mesmo o Crianza. O melhor deles, para o meu gosto, é o escuro e rico Gran Reserva Prado Enea, um vinho com um pouco da pungência aveludada do Burgundy. O lançamento de um *cuvée* prestige chamado Torre Muga tem feito muito para elevar o perfil da vinícola: rico, frutado, acarvalhado, construído para longo envelhecimento.

Marqués de Murrieta ☆☆☆–☆☆☆☆

Logroño. 300 ha. www.marquesdemurrieta.com

Ao lado do Marqués de Riscal, uma das duas casas nobres de La Rioja, as duas primeiras bodegas a serem fundadas, ainda com um prestígio especial, e extraordinariamente inalteradas pelo tempo.

Don Luciano de Murrieta y García-Lemoine fundou esta, a segunda mais antiga, em 1872. Em 1983, o controle passou para Vicente Cebrian, Conde de Creixell.

Seus vinhedos próprios em Ygay, perto de Logroño, fornecem a maioria das uvas. Os vinhos são feitos utilizando métodos totalmente tradicionais e mantêm um nível muito elevado. A pequena gama inclui o Capellanía, um branco denso, porém magnífico, um elegante Reserva, e o raro e caro Castillo Ygay – lançado com uma década ou mais de idade. O Creixells criaram também uma microvinícola chamada Dalmau, dedicada a vinhos de mesmo nome envelhecidos em barrica, ligeiramente gelatinosos, mas com imensa concentração.

Bodegas Olarra ☆☆

Logroño. www.bodegasolarra.es

A bodega mais elegante de Rioja, formada por três alas para simbolizar as três sub-regiões de Rioja; ficaria melhor no vale de Napa do que em uma propriedade industrial perto de Logroño. Não possui nenhum vinhedo, mas rapidamente fez nome com vinhos típicos e elegantes, tintos e brancos (os brancos, levemente acarvalhados, envelhecem muito bem em garrafa). Cerro Anon é o rótulo de Reserva de vinhos mais corpulentos e mais escuros. Reciente é um branco ao estilo novo. Añares Crianza tem sido um *best-seller* nos últimos anos. E, em anos excepcionais, como 1995, esta bodega produz uma rica e suave mistura (Tempranillo, Mazuelo e Graciano), chamada Summa. Bodegas Ondarre pertencem à mesma empresa.

Ontañón ☆☆☆

Logroño. 250 ha. www.ontanon.es

A família Pérez tem vinhedos nobres em Rioja Baja, mas envelhece seus vinhos em uma antiga fábrica de doces em Logroño. A maioria dos vinhos não se destaca, mas Arteso, de velhas videiras, é envelhecido, mas apenas brevemente, em carvalho novo, e mostra frutas vermelhas maduras e um excelente equilíbrio.

Palacio ☆–☆☆

Laguardia. www.bodegapalacio.es

Já pertenceu à Seagram, mas a Palacio agora faz parte do grupo Antonio Barceló. Todas as uvas são compradas. Há dois rótulos: o Glorioso e o Cosme Palácio, envelhecido em barrica e desenvolvido originalmente por Michel Rolland. Nenhum dos dois vinhos é excepcional, mas ambos são bem feitos e eminentemente bebíveis.

Palacios Remondo ☆☆☆

Alfaro. 100 ha. www.vinosherenciaremondo.com

Fundada por Don José Palacios Remondo, em 1947, e ainda na família. Após a morte de Don José, houve uma reorganização da empresa, e o brilhante enólogo Alvaro Palacios assumiu, insistindo em mudanças que iriam melhorar a qualidade. As marcas são o Herencia Remondo, o Plácet (um Viura branco envelhecido em barrica) e o elegante e concentrado La Montesa.

Vinícola Ysios, Laguardia.

Federico Paternina ☆
Haro. www.paternina.com
Uma das maiores adegas, agora uma empresa pública, a Paternina compra todas as uvas de cooperativas e produtores. Os vinhos incluem o Banda Azul (um tinto jovem variável, mas popular), o Viña Vial (um Reserva cheio e frutado), e um mais pesado, o Conde de los Andes.

Pujanza ☆☆–☆☆☆
Laguardia. www.bodegaspujanza.com
Embora tenha sido fundada recentemente, em 1998, a Pujanza tem exibido um toque de alta qualidade. Os vinhos regulares são ricos e frutados, enquanto o vinho *top* de linha, o Norte, é tostado e tem frescor e persistência.

Vinícola Real ☆☆–☆☆☆
Albelda de Iruega. www.vinicolareal.com
Uma nova estrela, ao sul de Logroño, especialmente pelo suave Reserva 200 Monges. A propriedade só foi fundada em 1989, e é um belo exemplo de bodega familiar de pequena escala, com foco na vinha, e ainda assim, moderna.

Remelluri ☆☆–☆☆☆
Labastida. 105 ha. www.remelluri.com
Uma propriedade orgânica incomum, plantada em uma altitude elevada, o que dá aos vinhos uma boa estrutura acetosa. Após a fermentação, os vinhos tintos são colocados em grandes tonéis, e após doze meses de envelhecimento, o processo de maturação continua em barris por dois anos; mesmo assim, os vinhos não são excessivamente acarvalhados. Em vez disso, eles têm cor profunda, são voluptuosamente frutados e com taninos suaves. Viognier e Chardonnay foram plantadas para produzir um barril heterodoxo, fermentado branco, que combina variedades locais e internacionais.

La Rioja Alta ☆–☆☆☆
Haro. 450 ha. www.riojalta.com
Uma das empresas de alta qualidade ao redor da estação de Haro. Foi fundada em 1890 e ainda tem descendentes da família na diretoria. É proprietária de vinhedos em diferentes locais de Rioja, e também compra uvas de produtores locais. Os vinhos brancos sempre foram sem graça, e, a partir de 2002, sua produção foi suspensa. O Viña Alberdi é um agradável tinto Crianza. O Viña Arana é um tinto leve e fino. O Viña Ardanza é um suntuoso Reserva integral com 20% de Garnacha, que vale a pena ser provado.

Os melhores vinhos são o Reserva 904 e o Reserva 890, selecionados por sua profundidade de cor e sabor para suportar, respectivamente, quatro e seis anos em barricas de carvalho americano e emergir em perfeito equilíbrio. Também possui uma bodega em Rías Baixas, a Lagar de Fornelos (ver p. 380).

Bodegas Riojanas ☆☆
Cenicero. 200 ha. www.bodegasriojanas.com
Importante e conservadora bodega em Rioja Alta, concebida em 1890 como uma espécie de château na Espanha, por famílias que ainda possuem a empresa. Algumas uvas são compradas, o restante vem de suas propriedades em Cenicero.

Métodos tradicionais são utilizados para produzir os Reserva Viña Albina e Monte Real, um tinto mais pungente e admirável que pode envelhecer muito bem. Puerta Vieja é outra marca, um *Crianza* envelhecido em carvalho americano.

Marqués de Riscal ☆☆–☆☆☆
Elciego. 202 ha. www.marquesderiscal.com
A mais antiga bodega de Rioja, fundada em 1860 por Don Camilo Hurtado de Amezaga, Marqués de Riscal, e ainda pertencente a seus descendentes. A bodega foi projetada por um fabricante de vinho de Bordeaux, e a maioria dos vinhos continua a ter caráter leve, elegante, quase de um clarete – o epítome do Rioja Alavesa. A Cabernet Sauvignon sempre desempenhou importante papel nas misturas destinadas a longo envelhecimento. Um Reserva de 1970 tinha 60% dela e um 1938 incrível, ainda vigoroso em 1999, tinha 80%. Os vinhos são envelhecidos em barris por até quatro anos, depois em garrafa por um período mínimo de três, e até dez anos. O Baron de Chirel, feito pela primeira vez em 1986, mistura algumas das antigas plantações de Cabernet exclusivas da bodega. Os vinhos brancos Riscal não são Rioja, mas provêm de Rueda.

A Riscal foi uma das primeiras grandes bodegas a responder às críticas cada vez maiores da queda dos padrões de Rioja. Começou a reduzir os rendimentos e a selecionar as uvas manualmente. Contratou Paul Pontallier, do Château Margaux, como consultor, e encomendou uma nova vinícola e hotel deslumbrantes ao arquiteto canadense Frank Gehry.

Roda ☆☆–☆☆☆
Haro. 120 ha. www.roda.es
Uma rara vinícola butique, de propriedade da família Rotllant e dedicada ao princípio de usar apenas frutos de videiras com mais de trinta anos. Os dois principais vinhos são o Roda I e o Roda II, ambos de videiras com cerca de cinquenta anos de idade, apesar de o Roda I ser pura Tempranillo, envelhecido por um longo período em barricas de carvalho novo principalmente.

Devotos do carvalho 100% novo devem observar o Cirsion, produzido de videiras velhas, mas feito apenas em quantidades ínfimas. Estes são em geral Rioja modernos muito bem-sucedidos, apesar da abundante utilização de carvalho francês novo e preços altos.

Benjamin Romeo ☆☆☆
San Vincente de la Sonsierra. 16 ha.
Romeo é um dos poucos produtores a abraçar a agricultura biodinâmica, o que pode explicar o grande poder e a densidade dos seus vinhos. Contador e La Viña de Andrés Romeo ganharam os maiores elogios, mas são produzidos em quantidades tão pequenas que são difíceis de encontrar.

Viña Salceda ☆☆
Elciego. 20 ha.
Uma bodega que produz apenas vinho tinto utilizando métodos modernos para fazer um bom produto com uma inclinação ao estilo suave do Alavesa. A expansão recente tem permitido que a produção aumente. O Viña Salceda tem qualidade regular; o Conde de la Salceda é um Reserva excelente.

Señorío de San Vicente ☆☆☆
San Vicente de la Sonsierra. 18 ha. www.eguren.com
Um luxuoso Tempranillo puro de vinhedos elevados, às vezes, com as uvas colhidas em novembro. Há apenas um vinho, e é envelhecido em barricas de carvalho novo, tanto francês quanto americano. Apesar de sua concentração, os vinhos têm frescor e elegância e uma gratificante generosidade de frutas. Sob a mesma propriedade como o Sierra Cantabria (ver p. 387).

Señorío de Villarrica ☆–☆☆
Hervías. 80 ha. www.villarrica.es
Um novo empreendimento que incorpora um clube de vinhos e um restaurante privativo. O branco Delícia, fermentado em barril de carvalho novo, é elegante e picante e carrega bem o carvalho, mas os tintos são gelatinosos e extraídos, parecendo mais o americano do vale do Napa do que o Rioja.

Sierra Cantabria ☆☆☆
San Vicente de la Sonsierra. 100 ha. www.eguren.com
A propriedade pertence à família Eguren desde 1870. Além dos vinhos Sierra Cantabria, que têm preços razoáveis e são de muito boa qualidade, há o espectacular Amancio, pouco acarvalhado e de pura Tempranillo.

Dinastía Vivanco ☆☆
Briones. 300 ha. www.dinastiavivanco.com
Em 2004, Rafael Vivanco e sua família criaram um complexo notável em torno de sua bodega moderna, incluindo um excelente restaurante, museu e jardins. Os vinhos são bons também, e os varietais sob o rótulo Colección expressam perfeitamente o carácter de Graciano e Garnacha.

Navarra

A leste fica a província de Navarra, que faz fronteira com Rioja e pode reivindicar alguns dos vinhedos da Rioja Baja. Seus limites são a Catalunha no leste, o rio Ebro no sul, e os Pireneus no norte. A província conta com 18.400 hectares de vinhedos, e utiliza as mesmas uvas de Rioja, porém com maior ênfase no pesado e alcoólico Garnacha, que ocupa mais da metade dos vinhedos. A região costumava ser mais conhecida por vinhos rosés, e depois se tornou uma fonte de versões menos sofisticadas e menos caras de Rioja. Agora está tentando definir sua própria identidade, incluindo variedades como Cabernet e Merlot.

Os melhores locais ficam ao sul da capital provincial, Pamplona, onde a influência fria dos Pireneus já pode ser sentida. Os 5.200 produtores estão sendo incentivados a replantar com Tempranillo, e alguns também estão experimentando o cultivo de pequenas quantidades de Cabernet Sauvignon.

O excelente trabalho dos laboratórios experimentais na Estación de Viticultura y Enologia de Navarra (Evena) em Olite tem feito Navarra tornar-se um dos líderes de pesquisa na Espanha; plantações experimentais de todas as castas principais são objeto de avaliação em toda a região. O novo pensamento incluiu a fermentação em barril de vinhos brancos como Chardonnay, misturas Tempranillo/ com Cabernet, e uma vontade de desafiar até mesmo o poderoso Rioja no ramo dos tintos de qualidade. No entanto, os vinhos rosés ainda representam um terço da produção. O número de cooperativas caiu pela metade em vinte anos, mas elas ainda representam 70% da produção.

Principais produtores de Navarra

Castillo de Monjardín ☆☆
Villamayor. 150 ha. www.monjardin.es
Próspera propriedade fundada em 1988. A especialidade é Chardonnay, tanto em versões acarvalhadas quanto não acarvalhadas. O rosé frutado é feito de Merlot, e além de tintos de novo estilo, que misturam Cabernet Sauvignon, Merlot e Tempranillo, há um pura Cabernet e um robusto Merlot chamado Deyo.

Julián Chivite ☆☆–☆☆☆
Cintruénigo. 550 ha. www.bodegaschivite.com
A maior empresa privada de vinho de Navarra, fundada em 1860 e ainda com gestão familiar. O Gran Fuedo Crianza e o Reserva são agradáveis, encorpados e acarvalhados. Vinhos lançados a preços acessíveis. O Gran Fuedo branco é Chardonnay sem carvalho.

Em 1988, a Chivite comprou uma propriedade perto de Estella, chamada Señorío de Arinzano, que tem sido a fonte para seus vinhos de nível superior, a fina Colección 125, envelhecida principalmente em barricas novas. O branco Colección é Chardonnay fermentado em carvalho novo, os tintos essencialmente Tempranillo. O soberbo Vendimia Tardia, embora seja de Moscatel, poderia facilmente ser confundido com um Semillon botritizado. Em 2007, a propriedade Señorío de Arinzano tornou-se uma propriedade da Pago.

Guelbenzu ☆–☆☆☆
Cascante. 80 ha. www.guelbenzu.es
Uma propriedade familiar gerida pelo advogado Ricardo Guelbenzu. Ele tomou a decisão de deixar o Consejo de Navarra para ficar livre para misturar uvas de seus vinhedos em outras regiões. O Evo Gran Reserva é uma suculenta mistura de Cabernet e Tempranillo, envelhecida em barricas. O elegante, porém caro Lautus, principalmente de Tempranillo, é o *top* de linha.

Trasfega em uma bodega de Rioja.

ESPANHA | O ALTO EBRO

Irache ☆☆
Ayegui. 150 ha. www.irache.com
Propriedade tradicional que faz uma ampla gama de vinhos tintos e rosés meio encorpados e frescos de vinhedos próprios em Tierra Estella e também de algumas uvas compradas.

Viña Magaña ☆☆
Barillas. 120 ha. www.vinamagana.com
Esta propriedade familiar foi mais longe do que qualquer outra em Navarra na substituição da Garnacha por Cabernet Sauvignon, Merlot, Cabernet Franc e Syrah. Os vinhos Magaña compartilham mais do que uma mera semelhança com os bons Bordeaux.

Vinícola Navarra ☆
Tiebas-Muruarte de Reta. www.domecqbodegas.com
Empresa centenária de origem francesa, e uma grande exportadora, agora propriedade da Allied-Domecq. Sem muito requinte, mas confiável e cada vez mais saborosos seus vinhos de melhor qualidade. Castillo de Javieris, o Reserva encorpado, com notas de carvalho como um Rioja.

Nekeas ☆–☆☆
Añorbe. 230 ha. www.nekeas.com
Uma cooperativa privada fundada por oito famílias em 1994. Chardonnay e Merlot são os principais vinhos, frutados e simples.

Ochoa ☆☆–☆☆☆
Olite. 143 ha. www.bodegasochoa.com
Uma famosa bodega local de propriedade privada em Olite, antiga capital dos reis de Navarra. Os tintos (incluindo um pura Tempranillo e outro Cabernet e Merlot envelhecido em barrica) e os rosés são bem feitos; o Viura branco e o Moscatel são excelentes. Javier Ochoa tem desempenhado importante papel no apoio à Evena e, portanto, tem contribuído muito para o ressurgimento da qualidade na região.

Otazu ☆☆
Echauri. 115 ha. www.otazu.com
Propriedade mais ao norte de Navarra, fundada, em 1989, por Carlos Biurrun. Os tintos envelhecidos em barrica são combinações de Cabernet e Merlot, e Tempranillo como apoio. O branco é puro Chardonnay não acarvalhado.

Pago de Cirsus ☆☆
Ablitas. 135 ha. www.pagodecirsus.com
Com exceção de Chardonnay, que vem em versões acarvalhadas ou não, os vinhos Pago tendem a ser misturas de variedades de Tempranillo e Bordeaux, das quais a mais impressionante é a tostada Selección de Familia.

Palacio de la Vega ☆–☆☆
Condesa de la Vega. 30 ha. www.palaciodelavega.com
Fundada em 1991, esta propriedade pertence à Pernod-Ricard. A vinícola compra a maioria de suas uvas e produz Tempranillo, Merlot e Cabernet frutados e a preços acessíveis.

Príncipe de Viana ☆–☆☆
Murchante. 400 ha. www.principedeviana.com
Fundada em 1983, com o apoio do governo regional, a Príncipe de Viana faz vinhos simples, mas bem feitos. Os Reserva envelhecidos em carvalho apresentam mais caráter.

Bodega de Sarría ☆☆
Puente la Reina. 210 ha. www.senoriosarria.com
Propriedade líder em Navarra, única na região (talvez, na Espanha) por sua abordagem em estilo château e resultados quase Bordeaux. Em 1981, a antiga propriedade foi adquirida por um banco e os vinhedos e as adegas foram completamente modificados.

Em 2001, uma nova equipe foi contratada para melhorar ainda mais a qualidade. Tempranillo e Cabernet Sauvignon predominam nos vinhedos. Seus melhores Reserva são páreo para muitos Rioja. Uma nova linha superior, a Viñedo, consiste de varietais envelhecidos em carvalho de vinhedos únicos.

Valcarlos ☆☆
Los Arcos. 180 ha.
www.bodegavalcarlos.com
Uma grande vinícola estabelecida em 2000 por Faustino (ver p. 384) de La Rioja. O Marqués de Valcarlos meio encorpado é pura Cabernet Sauvignon, envelhecido em carvalho americano novo. A gama de prestígio, essencialmente varietal e branco (Chardonnay), assim como o tinto, é Fortius, e a cereja do bolo é o Elite de Fortius, uma mistura de Bordeaux em estilo suculento e ousado.

Aragão

A sul e leste de Navarra, montada no Ebro, fica a província de Aragão, cujo clima tende mais para o mediterrâneo. A outrora conhecida *denominación* de Aragão, Cariñena, é sinônimo de um vinho tinto escuro, de alta resistência, com uma picância rústica, que vale a pena ser envelhecido em carvalho por dois anos para atingir uma textura agradável e suave. A uva predominante nesta região é novamente a Garnacha Tinta (Grenache Noir), apesar de ter sido a Cariñena nativa que deu nome à grande uva do Midi da França, a Carignan.

Cariñena fica no sul da província de Zaragoza, com 16 mil hectares de vinhedos. Uma DO pequena, Campo de Borja (com dezessete vinícolas e 7.400 hectares), fica a meio caminho entre Cariñena e Rioja Baja. Borja (a origem dos vinhos Borgia) faz um tinto mais rústico e alcoólico, principalmente de Garnacha e mais usado para misturas que para ser bebido. Calatayud, ao sul de Borja, faz vinhos semelhantes. Mais interessante, no entanto, é provavelmente a DO Somontano nos Pirineus, criada em 1985 e atualizada em 1993. Novos produtores na região descobriram que a quieta cooperativa local na verdade produzia alguns excelentes vinhos, e que os solos e microclimas eram perfeitos para a viticultura séria.

Hoje a região cultiva Macabeo, Garnacha Blanca e Chardonnay bem como a local – e excelente – Alcañón; tintos são de Tempranillo, Garnacha e Cabernet Sauvignon juntamente com as autóctones Parreleta e Moristel (não é Monastrell, apesar de muitas referências errôneas). A cooperativa se modernizou, e novas vinícolas estão agora experimentando tudo, de Pinot Noir a Gewürztraminer.

Principais produtores de Aragão

Viñedos del Alto Aragón ☆☆–☆☆☆
Salas Bajas, Somontano. 500 ha. www.enate.es
Uma vinícola fundada em 1991 pela família Nozaleda Arenas, utilizando o nome de marca Enate. O Chardonnay acarvalhado é bem magro e pungente. Os tintos são misturas complexas de Tempranillo com Cabernet e Merlot. O Cabernet e o Merlot Reserva Especial é envelhecido em carvalho novo, assim como os vinhos mais novos chamados Merlot-Merlot, que fala por si, e Syrah-Shiraz, que não. Os vinhos são ambiciosos, e vão indo de vento em popa. Os preços, contudo, são bastante elevados.

Aragonesas ☆☆
Fuendejalón, Campo de Borja. 3.500 ha.
www.bodegasaragonesas.com
Um produtor grande e tradicional, extraindo de vinhedos pertencentes a duas cooperativas locais. A vinícola oferece uma boa gama de vinhos sob o rótulo Coto de Hayas. Garnacha e Tempranillo predominam.

Alto Moncayo ☆☆–☆☆☆
Bulbuente, Campo de Borja.
Um empreendimento complexo que envolve a Bodegas Borsao, um importador americano, e o enólogo australiano Chris Ringland. A Garnacha é a especialidade e estes vinhos têm sido elogiados por críticos espanhóis e americanos. Mas a combinação Barossa-Espanha pode não agradar a todos.

Añadas ☆☆
Cariñena. 100 ha. www.carewines.com
Fundada em 2000, a bodega produz vinhos muito bons a partir de castas internacionais, e uma impressionante mistura chamada XCLNT, que combina Garnacha com Sauvignon e Syrah.

Otto Bestué ☆–☆☆
Enate, Somontano. 45 ha.
www.bodega-ottobestue.com
Fundada em 1999, a bodega tem se especializado em misturas requintadas e suculentas de Cabernet com Tempranillo.

Blecua ☆☆
Barbastro, Somontano. 11 ha.
www.bodegablecua.com
Esta vinícola butique, aliada à Viñas del Vero (ver nesta página) produz desde 2000 um vinho único: uma mistura de Cabernet, Garnacha e outras variedades escuras, com frutas negras. Muito rico, muito concentrado e muito caro.

Bodegas Borsao ☆–☆☆
Borja. 2.500 ha. www.bodegasborsao.com
Uma cooperativa de Campo de Borja que oferece vinhos tintos de 1 mil hectares de Cabernet Sauvignon, Garnacha e Tempranillo. Todos vinhos de valor, e o Garnacha Tres Picos é extraordinariamente enérgico e envolvente para uma variedade que é muitas vezes afogada em álcool.

Enate
Ver Viñedos del Alto Aragón.

Grandes Vinos y Viñedos ☆
Cariñena. 5.000 ha. www.grandesvinos.com
A maior vinícola em Aragón, fundada em 1997, depois de cinco cooperativas fundidas. Produz cerca de 1 milhão de caixas de DO Cariñena.

Pirineos ☆–☆☆
Barbastro, Somontano. 2.000 ha.
www.bodega-pirineos.com
Esta ex-cooperativa agrupa vinhedos de 200 produtores. A Pirineos, apesar de muito bem equipada, ainda é uma guardiã da tradição no trabalho com uvas Moristel e Parraleta, bem como Cabernet, Merlot e Tempranillo. Vários rótulos são usados: Montesierra e Señorío de Lazán.

San Alejandro ☆☆
Miedes de Aragón, Calatayud. www.san-alejandro.com
Excelentes vinhos com preços acessíveis, utilizando o rótulo Baltasar Gracián, principalmente de Garnacha e Tempranillo, vindas de uma ex-cooperativa.

Viñas del Vero ☆–☆☆
Barbastro, Somontano. 870 ha. www.vinasdelvero.es
Esta vinícola ultramoderna alimentada por gravidade foi construída em 1993 e comprada em 2008 por Gonzalez Byass. Como é geralmente o caso em Somontano, a gama de vinhos é muito diversificada. Alguns deles têm acidez muito elevada e se beneficiam de envelhecimento em garrafa.

Virgen de la Sierra ☆–☆☆
Villarroya de la Sierra, Calatayud. 700 ha.
www.bodegavirgendelasierra.com
A mais antiga vinícola da região permanece fiel às castas locais. Bons vinhos de valor sob o rótulo de Cruz de Piedra.

Vale do Douro

Castela e Leão

Surpreendentemente, é o coração do planalto de Castela-a-Velha, com alguns dos piores climas extremos da Espanha, que está agora produzindo vinhos de qualidade que desafiam Rioja seriamente. Grandes vinhos de clima quente, os vinhos de mesa tintos do Alto Douro Português e a Ribera del Duero espanhola parecem ser aparentados em sua fina engenharia. Eles têm a estrutura, a limpeza, e o "corte" de um grande Bordeaux – algo não encontrado (até onde eu sei) no restante da Espanha.

Alguns dos grandes tintos da Espanha, incluindo o seu mais caro de longe, são cultivados ao longo das margens do Douro, na Ribera del Duero, do leste de Valladolid até Peñafiel. Esta foi a descoberta da década de 1980, e se expandiu de forma constante durante a década de 1990 até o plantio total de 20.700 hectares. A variedade predominante é a Tempranillo, conhecida aqui como Tinto Fino. O Vega Sicilia, envelhecido em barril por dez anos, é a joia da coroa, mas excelentes vinhos, bem como medíocres, são encontrados por toda a região. A rápida expansão significa que muitos vinhos são, inevitavelmente, baseados em videiras jovens que nem sempre podem se apoiar em um regime prolongado de envelhecimento em barris e, portanto, nem todos os vinhos valem os preços geralmente elevados exigidos por eles. Além disso, muitas plantações recentes estão em terreno plano, em vez de encostas, assim, correm o risco de prejuízos com as geadas antes da colheita, como ocorreu em 2007 e 2008. Muitas vezes, os Crianza ricamente frutados oferecem mais prazer do que os tânicos, sobre-extraídos Gran Reserva.

É estranho encontrar uma DO de vinho branco promissora, a Rueda, a apenas 32 quilômetros (20 milhas) ao sul de Valladolid, perto do local que faz tintos tão encorpados. A moderna tecnologia de vinho branco revolucionou Rueda. Primeiro o Marquês de Riscal de Rioja; em seguida, outros investidores viram bastante potencial aqui para chamar os melhores consultores da França e inventar um novo Rueda: um vinho branco seco encorpado, vigoroso, do tipo que a Espanha cronicamente necessita. Aqui a Verdejo é a uva tradicional, e o vinho deve conter pelo menos 40% dela. Às vezes, é misturado com Sauvignon Blanc, mas a tendência é deixar a Verdejo sozinha, o que pode ser perfeito.

Todos os outros vinhos de Castela-a-Velha são tintos. Toro é o vizinho mais próximo de Rueda: um vinho maciço do poeirento Vale do Douro, entre Valladolid e Zamora. Outrora considerada como uma fonte de vinho para misturas, agora é o lar de vinícolas modernas que estão empurrando Toro para a elite das DOs espanholas. O seu segredo é uma fonte imensa de videiras muito velhas, principalmente de Tempranillo, que é conhecida localmente como Tinta de Toro. Cigales, ao norte de Valladolid, é outra região outrora conhecida por seu clarete áspero, mas cuja qualidade está melhorando constantemente, com quarenta vinícolas em operação.

Leão é o próprio centro comercial da província. Os seus vinhedos localizam-se a oeste, em Bierzo, sobre as montanhas da fronteira com a fria Galícia. Vilafranca del Bierzo é o centro de uma região de 4 mil hectares. Os vinhos Bierzo são proporcionalmente os mais leves de Leão, com boa acidez e não excessivamente fortes, mas a uva Mencía dá uma fragrância e uma estrutura que lembram um Pinot Noir fino. Produtores como Alvaro Palacios estão demonstrando o grande potencial do Bierzo.

Principais produtores de Ribera del Duero

Aalto ☆☆☆–☆☆☆☆

Quintanilla de Arriba. 70 ha. www.aalto.es
Duas figuras poderosas da região uniram-se em 1999 para a produção de Ribera del Duero de vinhas velhas. São Mariano Garcia, o ex-produtor de Vega Sicilia, e Javier Zaccagnini, o ex-presidente do Consejo. Não há segundo vinho, mas em anos excepcionais, um *cuvée* especial, chamado Pagos Seleccionadas é produzido. A maestria Garcia é evidente no estilo dos vinhos, que são poderosos e com alto teor alcoólico, mas infalivelmente elegantes e vigorosos.

Abadía de Acón ☆☆

Castrillo de la Vega. 36 ha. www.abadiadeacon.com
Um recém-chegado, que data de 2003, e com forte preferência para o envelhecimento de seus vinhos Tinto Fino puros em carvalho novo. Além da gama Acón, há um *cuvée* de luxo, chamado Targum.

Alión ☆☆☆

Peñafiel. 50 ha. www.bodegasalion.com
Esta propriedade derivou da Vega Sicilia (ver p. 392), que produz vinhos de estilo moderno totalmente diferentes dos vinhos da empresa-mãe. A equipe de produção é a mesma, dirigida pelo produtor da Vega Sicilia, Xavier Ausás. O vinho é pura Tinto Fino, mas envelhecido em barricas novas. A qualidade é muito elevada: acarvalhados, com certeza, mas com taninos finos e sabor de duração excepcional. Uma degustação em 2007 de todas as safras demonstrou o poder de permanência do vinho.

Alonso del Yerro ☆☆–☆☆☆☆

Aranda del Duero. 26 ha. www.vay.es
Javier Alonso comprou esta propriedade em 2002, e agora ela é cultivada biodinamicamente, com assessoria de Stéphane Derenoncourt. O vinho superior Maria de Alonso del Yerro é envelhecido em barricas de carvalho novo, mas o vinho regular, picante e elegante, é quase tão fino.

Arzuaga ☆☆

Quintenilla de Onesimo. 150 ha. www.arzuaganavarro.com
Fundada pelo magnata têxtil Florentino Arzuaga, esta propriedade produz um número considerável de vinhos, alguns deles de estilo *garagiste* e muito caros. Entre os melhores estão o Amaya, de videiras antigas, e o Reserva maduro e delicado. Com a direção do jovem e talentoso produtor Jorge Monzón, a vinícola ainda está encontrando o seu caminho, mas pode tornar-se uma das melhores.

Aster ☆–☆☆☆

Anguix. 95 ha. www.riojalta.com
Embora tenha sido fundada e plantada por Rioja Alta em 1990, a primeira safra foi apenas em 2000. Os vinhos são todos Tinto Fino – ricos e elegantes, mas lhes falta um pouco de vivacidade.

Dominio de Atauta ☆☆☆

Atauta. 20 ha.
No extremo leste da denominação fica esta pequena propriedade, que tira proveito dos minúsculos vinhedos pré-filoxera ao redor da aldeia. O gerente Bernard Sourdais, que também tem uma propriedade familiar em Chinon, pratica o cultivo biodinâmico e produz vinhos de força e intensidade. Uma nova estrela.

Felix Callejo ☆–☆☆☆

Sotillo. 110 ha. www.bodegascallejo.com
Vinhos acarvalhados de vinhedos excelentes e colhidos à mão, todos Tinto Fino. O estilo é bastante polido e confeitado.

Cillar de Silos ☆☆–☆☆☆

Quintana del Pidio. 53 ha. www.cillardesilos.es
Uma propriedade familiar confiante, que faz vinhos de alta qualidade, graças à triagem cuidadosa e ao bom uso de carvalho francês. Todos os vinhos, do Joven até o pouco acarvalhado Flor de Silos, valem ser experimentados.

Condado de Haza ☆☆–☆☆☆

Roa de Duero. 200 ha. www.condadodehaza.com
Alejandro Fernández de Pesquera (ver p. 391) fundou esta propriedade em 1993. Os vinhos, apenas de Tempranillo, são envelhecidos por quinze meses em carvalho americano e são exemplos exuberantemente frutados e apimentados do estilo menos extraído de Ribera del Duero. Em 1995, Fernández introduziu o Alenza, um estilo tradicional, evitando desengace.

Emina ☆☆

Valbuena. 450 ha. www.emina.es
Um ramo da Matarromera (ver p. 391), com uma nova vinícola, concluída em 2007, incluindo um centro educacional. Todos os vinhos são Tinto Fino, e o mais atraente é o Prestigio envelhecido em carvalho francês.

O Fournier ☆☆–☆☆☆

Berlanga de Roa. 65 ha. www.ofournier.com
Depois de estabelecer sua vinícola surpreendente na Argentina, o irreprimível José Manuel Ortega encontrou e comprou esta propriedade em 2002. A equipe argentina também supervisiona a produção aqui, aplicando os mesmos padrões elevados. O Spiga é feito a partir de velhas videiras e é envelhecido em barricas 80% novas. Em anos superiores, as melhores barricas são selecionadas para produzir o Alfa Spiga.

Fuentespina ☆☆
Fuentespina. 385 ha. www.avelinovegas.com
O entreposto do grupo Avelino Vegas de Ribera del Duero oferece uma ótima gama feita exclusivamente a partir de Tinto Fino. Corona de Castilla é uma marca subsidiária.

Hacienda Monasterio ☆☆☆
Pesquera de Duero. 70 ha. www.haciendamonasterio.com
Fundada em 1992, esta é uma propriedade orientada para a qualidade, onde Pedro Sisseck da Pingus (ver nesta página) atua como produtor-consultor. Os vinhos são envelhecidos em proporções variáveis de barricas novas com barris mais velhos, estes comprados do Château Margaux. Todos os vinhos contêm, além da básica Tinto Fino, uma pequena proporção de Cabernet, Merlot e Malbec. Após alguns anos de vinhos inconsistentes, a qualidade agora é impecável.

Matarromera ☆☆
Valbuena de Duero. 80 ha. www.matarromera.es
Pertencente a um grupo liderado por Carlos Moro, esta propriedade de oitenta hectares tem produzido vinhos robustos, ricos em fruta Tempranillo, e muito consistentes de ano a ano. Emina (ver p. 390) pertence ao mesmo proprietário.

Emilio Moro ☆☆☆
Pesquera de Duero. 200 ha. www.emiliomoro.com
Desde 1989, Moro vem produzindo Ribera del Duero tradicional de pura Tinto Fino. Os vinhos são esplêndidos em todos os níveis. Em 1998, ele apresentou dois vinhos emblemáticos, chamados Malleolus, envelhecidos, ao contrário de seus outros vinhos, totalmente em carvalho francês.

Pago de Los Capellanes ☆☆☆
Pedrosa. 100 ha. www.pagodeloscapellanes.com
Os Rodero cultivavam uvas até 1996, quando estabeleceram sua própria vinícola. Além do vibrante Crianza e do suntuoso Reserva, a Capellanes produz dois vinhos de vinhedo único de alta qualidade, o El Nogal e o El Picon. O primeiro, complexo e picante; o segundo, cheio de carvalho novo.

Pago de Carraovejas ☆☆–☆☆☆
Peñafiel. 100 ha. www.pagodecarraovejas.com
Uma propriedade bem-sucedida pertencente a um consórcio de *restaurateurs* de Madri. Os vinhedos, plantados em 1990, são bem drenados e raramente afetados pelas geadas da primavera, que podem danificar as vinhas de Ribera del Duero. Os vinhos de melhor qualidade são envelhecidos só em carvalho francês, e a maioria deles contém um pouco de Cabernet Sauvignon. A qualidade foi irregular no início, mas agora é muito mais consistente.

Viña Pedrosa ☆☆–☆☆☆
Pedrosa de Duero. 120 ha. www.vinapedrosa.com
Propriedade fundada pelos irmãos Pérez Pascuas. Produz vinhos que são Ribera del Duero clássicos, principalmente envelhecidos em carvalho americano mais velho por um período de 14 a 28 meses. A propriedade mantém muitos cultivos antigos, dos quais videiras de sessenta anos de idade são a fonte do excelente Gran Selección. Vinhos excelentes, ricos em frutas pretas, mas eles não são baratos.

Pesquera ☆☆–☆☆☆
Pesquera de Duero. 260 ha. www.grupopesquera.com
Fernández chegou ao estrelato em 1980 com o Pesquera, um vinho tinto feito com uvas Tinto Fino e envelhecido por dois anos em carvalho americano. Os críticos americanos são admiradores especiais de sua densa, pesada e tânica estrutura. Ele logo expandiu seus vinhedos e estabeleceu o Condado de Haza (ver p. 390) em 1993. Os vinhos não têm consistência regular, mas podem ser magníficos no nível superior. Seus Reserva são chamados Janus, e desviando de seu costume, ele produziu, em 1996 e 2002, apenas uma seleção denominada Millennium, envelhecida em carvalho francês.

Dominio de Pingus ☆☆☆–☆☆☆☆
Quintillana de Onesimo. 4,5 ha. www.pingus.es
Nascido na Dinamarca, Pedro Sisseck veio para Ribera del Duero em 1990 para ajudar a estabelecer a Hacienda Monasterio (ver nesta página), para a qual ele ainda atua como consultor. Também fundou a que viria a ser a primeira vinícola *garagiste* da região. Ele comprou quatro hectares de vinhedos Tempranillo com videiras muito velhas e de baixa produtividade, e envelheceu o vinho em barricas novas por até dois anos. Críticas entusiasmadas de Robert Parker elevaram, para a sua própria surpresa, os preços às alturas. O segundo vinho, ligeiramente mais acessível e também de alta qualidade, é o Flor de Pingus.

Protos ☆☆
Peñafiel. 700 ha. www.bodegasprotos.com
Uma ex-cooperativa há muito estabelecida (fundada em 1927), que produz vinhos tintos bem acima dos padrões normais de cooperativas em uma nova vinícola projetada por Norman Foster, a um custo considerável em 2007. Diferentemente da maioria das cooperativas, o mercado-alvo da Protos nunca foi a faixa mais baixa do mercado. Embora o Reserva e o Selección, envelhecido em barricas, tenham uma verdadeira distinção, o Crianza é um Ribera del Duero clássico, com aroma de frutas pretas, de excelente valor.

Rodero ☆☆–☆☆☆
Pedrosa de Duero. 90 ha. www.bodegasrodero.com
Desde 1991, a propriedade de Carmelo Rodero tem sido uma estrela em ascensão em Ribera del Duero. Seus vinhos são perfumados e sempre mantêm um sabor intrínseco de cereja. São tânicos também, mas nunca fora de equilíbrio.

Sastre ☆☆–☆☆☆
La Horra. 45 ha. www.vinesastre.com
Estes vinhedos orgânicos são plantados apenas com Tinto Fino, e mais da metade das videiras tem mais de sessenta anos de idade. O Crianza é excelente, mas a bodega se orgulha especialmente de seus vinhos especiais – Pago de Santa Cruz, Regina Vides, e o absurdamente caro Pesus – feitos das vinhas mais antigas.

Señorío de Nava ☆–☆☆
Nava de Roa. 140 ha. www.senoriodenava.es
A ex-cooperativa de Roa foi assumida pela VILE de León em 1986 e modernizada, e os vinhedos foram adaptados à colheita mecânica. São vinhos densos, robustos, de pouca sutileza, mas saborosos e com sabor a chocolate.

Valduero ☆☆
Gumiel del Mercado. 200 ha. www.valduero.com
Uma propriedade bem estabelecida, toda de Tinto Fino, produz vinhos deliciosos que nunca são sobrepujados pelo carvalho novo, sobretudo americano, utilizado para envelhecer o Reserva e o Gran Reserva.

Valtravieso
Piñel de Arriba. 73 ha.
www.valtravieso.com
Em 2001, a família Gonzalez comprou esta propriedade remota, com seus vinhedos visivelmente pedregosos, e construiu uma nova vinícola em 2005. Pablo Gonzalez está determinado a melhorar a qualidade ainda mais, e, desde 2008, só está usando carvalho francês. Embora os vinhos regulares sejam de alta qualidade, com um estilo moderno e frutado, os vinhos mais ambiciosos são rotulados VT, e envelhecidos em carvalho novo.

Vega Sicilia ☆☆☆☆
Valbuena de Duero. 140 ha.
www.vega-sicilia.com
A propriedade de vinho de maior prestígio na Espanha: uma lenda pela qualidade (e preço) dos seus vinhos. Foi fundada em 1864 nas colinas de pedra calcária a 730 metros (2.373 pés) acima do nível do mar, na margem sul do Douro. O fundador importa uvas Bordeaux (Cabernet Sauvignon, Merlot e Malbec) para adicionar às locais Tinto Fino, Garnacha e Albillo. O rendimento é muito baixo e a vinificação completamente tradicional. Somente *vin de goutte* não prensado é usado, fermentado por quinze dias e com maturação em barris de vários tamanhos e idades por até seis anos para o ótimo Reserva Unico (Vega Sicilia em si), e três ou cinco anos para o seu irmão mais novo, o Valbuena. O resultado é um vinho que combina poder imenso e "elegância" inconfundíveis. O vigor do sabor é surpreendente, e o perfume, inebriante. O Vega Sicilia é um dos vinhos excêntricos nobres da Europa, mas se fosse necessário provar o potencial de Ribera del Duero para tintos finos de um tipo mais convencional, Valbuena seria evidência suficiente.

A propriedade também produz um vinho raro chamado Reserva Especial, que é uma mistura de safras antigas de Unico e alguns vinhos mais jovens. Não se trata de um vinho de safra e apenas mil caixas são produzidas. Em 1998, o produtor de longa data Mariano García deixou para cuidar de sua propriedade Mauro (ver p. 394), portanto, Vega Sicilia vem passando por algumas mudanças. O novo produtor é o altamente capacitado e rigoroso Xavier Ausás. O consultor é Pascal Chatonnet. Um dos principais objetivos dos proprietários – a família Alvarez, desde 1982 – foi o de eliminar a inconsistência para que o vinho pudesse ser notório. O período de envelhecimento do vinho também tem sido ligeiramente mais curto do que costumava ser, com maior pureza e intensidade de fruta como resultado. Mas, como tantas vezes na Espanha, a velocidade da mudança é invisível a olho nu.

Finca Villacreces ☆☆–☆☆☆
Quintanilla de Onésimo. 48 ha.
www.villacreces.com
O projeto das horas vagas de Pedro Sisseck da Pingus (ver p. 391): uma propriedade ao lado de Vega Sicilia que produz dois vinhos (o Nebro, um pura Tinto Fino de videiras muito velhas), cheios de sabor de frutas vermelhas, mas encorpado o suficiente para garantir bom potencial de envelhecimento.

Zifar ☆☆
Peñafiel. 30 ha. www.zifar.com
Uma nova propriedade, fundada apenas em 2001, que fornece o seu vinho exuberante e elegante para restaurantes de primeira linha.

Principais produtores do Toro

Covitoro ☆
Toro. 1.000 ha. www.covitoro.com
Uma importante cooperativa que produz vinhos altamente comerciais sob os rótulos Cermeño e Baco. Em contraste, o Cañus Verus, feito de videiras de oitenta anos de idade e envelhecido principalmente em carvalho americano, é um vinho de qualidade a preço de banana.

Fariña ☆–☆☆
Toro. 300 ha. www.bodegasfarina.com
Foi Manuel Fariña que colocou Toro no mapa pela primeira vez, na década de 1980, com seus tintos de Tempranillo saborosos e vigorosos, chamados Gran Colegiata. No entanto, eles não têm a sutileza demonstrada por muitas outras propriedades da região.

Francois Lurton ☆☆–☆☆☆
Villafranca de Duero. 35 ha. www.jflurton.com
Os irmãos Lurton de Bordeaux foram os primeiros estrangeiros a perceber o potencial do Toro. Ao lado de Michel Rolland, eles produziram o caro e bastante extraído Campo Eliseo, e sozinhos fazem os deliciosos e frutados vinhos El Albar; e também um bom Rueda.

Matarredonda ☆☆
Toro. 20 ha. www.mattaredonda.com
A primeira safra foi em 2002, e todos os vinhos são pura Tinta de Toro. Em ordem crescente de seriedade, estão o Valdefama, o Juan Rojo e o Libranza. Vinhos bem feitos, brilhantemente embalados, e com preços atraentes.

Maurodos ☆☆☆
Pedrosa del Rey. 30 ha. www.bodegasmauro.com
Um empreendimento recente de Mariano Garcia da Mauro e Aalto (ver p. 390). O principal vinho é o San Román, denso, repleto de sabor de fruta, acarvalhado, de grande estatura e estrutura. Prima, o segundo vinho, é mais acessível e tem obtido grande popularidade.

Monte La Reina ☆–☆☆
Toro. 270 ha. www.montelareina.es
Uma nova empresa, que combina a produção de vinho com um hotel-restaurante e uma reserva de caça. Os primeiros lançamentos eram bastante gelatinosos e simples, mas os proprietários, a família Inaraja, têm recursos e vontade para melhorar.

Elías Mora ☆☆–☆☆☆
San Román. www.bodegaseliasmora.com
Fundada em 2000 e dirigida pela aclamada produtora Victoria Benavides. Os *top* de linha – o Gran Elías Mora e o 2V – ganharam merecidamente muitos elogios; e os vinhos mais simples são também muito bem feitos e equilibrados.

Numanthia Thermes ☆☆☆
Valdefinjas. 28 ha.
Fundada pelos irmãos Eguren, que também possuem propriedades de prestígio em Rioja, a vinícola foi vendida em 2008 para a Moët & Chandon Louis Vuitton (LVMH). Além do esplêndido Numanthia, de vinhas velhas, a propriedade produz 7 mil garrafas de um cuvée de vinhedos de 120 anos, chamado Termanthia.

Ambos tornaram-se *cult*: pesados, encorpados, potentes e caros. Contudo, por trás da badalação e dos elogios exagerados, há dois outros vinhos impressionantes que se tornaram os carros--chefe da região.

Pagos del Rey
Toro. 1.050 ha. www.pagosdelrey.com
Era conhecida como Viña Bajoz, uma imensa cooperativa, até sua aquisição pelo grupo Felix Solis em 2008. A nova produtora, Isabel Carvajal, está planejando modernizar a produção, concentrando-se em estilos de vinhos mais frutados, envelhecidos em maior proporção de carvalho francês.

Estancia Piedra ☆☆
Toro. 65 ha. www.estanciapiedra.com
Uma nova estrela em Toro, pertencente ao advogado das Ilhas Cayman, Grant Stein. A gama de vinhos é extensa, e o Paredinas, obtido de videiras centenárias e envelhecido em carvalho francês, consegue mostrar frescor e vigor. Mais surpreende é o Azul, seu vinho mais básico: muito vibrante e frutado.

Pintia ☆☆☆
San Román. 100 ha.
www.vega-sicilia.com
A Vega Sicilia possui extensos vinhedos aqui, mas como as videiras são jovens, compra de cultivadores as uvas de velhas videiras para o Pintia. A primeira safra foi em 2001 e o Pintia, feito com a máxima atenção aos detalhes, logo se estabeleceu como um dos melhores vinhos de Toro, tão notável pela sua pureza e elegância quanto por sua intensidade de sabor.

Quinta de la Quietud ☆☆
Toro. 22 ha. www.quintaquietud.com
Pertencente a empresários de Valladolid, esta propriedade faz jus ao nome e é administrada pelo francês Jean--François Hébrard. Corral de Campanas é um vinho Toro de videiras jovens, delicioso e frutado, e o La Mula, um *garagiste* vigoroso, de videiras mais velhas. Muito bem posicionado entre os dois está o Quinta, discretamente estruturado e frutado.

Rejadorada ☆☆–☆☆☆
Toro. 42 ha. www.rejadorada.com
O Novellum é o vinho de nível médio nesta propriedade consciensiosa, e completamente delicioso, com frutas negras à frente, e um frescor picante no final.

Sobreño ☆☆
Toro. 80 ha. www.sobreno.com
A família de San Ildefonso baseia-se em Rioja e aplica a hierarquia de Rioja a seus vinhos Toro, que são envelhecidos principalmente em carvalho americano de boa qualidade. Os Reserva são concentrados e ambiciosos, e o Crianza tem sabor de cereja elegante e radiante em abundância.

Vega Sauco ☆☆
Moales de Toro. 68 ha. www.vegasauco.com
Wenceslao Gil tem feito vinhos em Toro desde 1978, e fundou sua própria propriedade em 1991. O vinho mais conhecido leva o seu nome, Wences, um pura Tinta de Toro envelhecido em barricas por tempo prolongado. Sua filha Patricia dirige uma propriedade relacionada, chamada Gil Luna.

Outros produtores de Castela e Leão

As vinícolas abaixo vêm de uma região muito diversa, incluindo o enclave de vinho branco de Rueda, o Bierzo, que entrou na moda recentemente, Cigales, e as vinícolas nos arredores da DO Ribera del Duero.

Abadía Retuerta ☆☆–☆☆☆
Sardón de Duero. 210 ha. www.abadia-retuerta.com
Um projeto ambicioso, estabelecido fora da zona de Ribera del Duero em 1996, com consultoria do produtor de Saint-Émilion, Pascal Delbeck. A produção de milhões de garrafas inclui uma vasta gama de Tempranillo e Cabernet Sauvignon, oferecendo um bom valor de acordo com suas faixas de preço. Recentes adições à gama são vinhos varietais Pago de Tempranillo, Syrah e Petit Verdot, todos excepcionais e a preços muito elevados.

Belondrade ☆☆
Camino del Puerto. 25 ha.
www.belondradeylurton.com
Esta empresa foi fundada em 1994 e é fruto da imaginação de Didier Belondrade e Brigitte Lurton, da famosa família de Bordeaux, embora o divórcio posteriormente tenha levado à saída dela. O vinho principal é um Verdejo de Rueda, fermentado em barril, rico em corpo e decididamente tostado.

Castro Ventosa ☆☆
Valtuille de Abajo. 60 ha.
www.castroventosa.com
Vinhos Mencía de textura seca e aromáticos, de vinhedos biodinâmicos, que oferecem excelente valor.

Frutos Villar ☆–☆☆
Cigales and Toro. 400 ha.
www.bodegasfrutosvillar.com
Uma empresa importante, com vinhedos em Ribera del Duero e Toro (produzindo um vinho rotulado Muruve), além de Cigales, onde sua marca é Calderona. Vinhos simples e modernos de Tinto Fino.

Gótica ☆☆
Rueda. 90 ha. www.poligono10.com
Verdejo de riqueza invulgar e muito mais interessante que um Sauvignon.

Lezcano-Lacalle
Triqueros del Valle, Cigales. 15 ha. www.bodegaslezcano.es
Um produtor confiável de vinhos baseados em Tempranillo exuberantes e encorpados, cultivados em solos extremamente pedregosos.

Capela L'Ermita, vinhedo acima de Pesquera de Duero.

Mauro ☆☆☆
Tudela de Duero. 35 ha. www.bodegasmauro.com
Fora da DO Ribera del Duero, esta propriedade muito admirada pertence a Mariano Garcia, ex-Vega Sicilia. Os rendimentos são baixos, entre 2,5 mil e 4 mil litros por hectare. A gama inclui um Crianza, Vendimia Seleccionado e o prestige Terreus, proveniente de videiras com 100 anos de idade. Ver também Aalto e Pintia.

Naia ☆☆
La Seca, Rueda. 15 ha.
De videiras Verdejo muito velhas, Eulogio Calleja faz excelentes vinhos brancos em diferentes estilos.

Ossian ☆☆–☆☆☆
Nieva. 9 ha. www.ossian.es
Fundada em 2005, a Ossian produz um único Rueda exuberante de videiras com quinze anos de idade.

Pago de Vallegarcia ☆☆
Retuerta de Bullaque. 30 ha. www.vallegarcia.com
Nova propriedade concebida com a consultoria de Carlos Falco (da Pagos de Familia Marquès de Griñon) e do viticulturalista Richard Smart. Vinhos de estilo moderno de Viognier e Syrah, este último, o mais bem-sucedido dos dois atualmente.

Palacio de Bornos ☆☆–☆☆☆
Rueda. 200 ha. www.palaciodebornos.com
Pertencente a Antonio Sanz, esta vinícola é a antiga Bodegas de Crianza de Castilla la Vieja. Produz Rueda fermentado em barril de pura Verdejo, bem como um vigoroso Sauvignon Blanc não acarvalhado. Ocasionalmente, há também um Sauvignon de colheita tardia. De forma muito confusa, esta propriedade utiliza o rótulo Palacio de Bornos para seus vinhos.

Descendientes de J. Palacios ☆☆☆
Villafranca del Bierzo. 15 ha.
O famoso pordutor Alvaro Palacios e seu sobrinho Ricardo colocaram a região Bierzo no mapa, produzindo vinhos com notas de ameixas de vinhas Mencía muito velhas, especialmente o *cuvée* Corullon de alto preço.

Pittacum ☆☆–☆☆☆
El Bierzo. 15 ha. www.pittacum.com
O Mencía padrão é bem feito, mas o vinho superior é o Aurea, que vem de um único local e é envelhecido em carvalho novo para dar um estilo mais elegante.

Marqués de Riscal ☆☆
Rueda. 220 ha. www.marquesderiscal.com
Os pioneiros do Rueda moderno fazem também Verdejo exemplar e Sauvignon Blanc.

Viños Telmo Rodríguez ☆☆–☆☆☆
Logroño. www.telmorodriguez.com
Embora baseado em Logroño, este produtor brilhante e peripatético produz vinho em uma série de regiões. Matallana é a marca principal de Ribera del Duero. Ele também está produzindo excelentes vinhos em Toro, sob uma variedade de rótulos, incluindo Gago (Crianza) e o complexo e altamente concentrado Pago La Jara, envelhecido em barricas novas por dezessete meses. Em Valdeorras, seu rótulo para Godello fino é o Gaba do Xil.

Dominio de Tares ☆☆–☆☆☆
San Román de Bembibre, Bierzo. 60 ha. www.dominiodetares.com
Dois destaques em uma extensa gama de vinhos Mencía: o Bembibre de videiras muito velhas em solos de ardósia, e o Tares P3, com aroma de carvalho doce e um caráter seco de casca de uva.

Traslanzas ☆☆
Mucientes. 7 ha.
Uma vinícola butique que demonstra, desde 1998, o extraordinário potencial de Cigales DO.

Yllera ☆☆
Rueda. www.grupoyllera.com
Uma grande empresa com sede em Rueda, mas produz vinhos de Ribera del Duero e Toro também. O vinho de mesmo nome, um Tierra de León y Castillo, de pura Tempranillo, é rico e carnudo, e o branco principal é um Verdejo maduro, com aromas de frutas tropicais.

Catalunha e Ilhas Baleares

O catalão moderno orgulha-se da autonomia de sua província privilegiada. Ele se aquece em um clima temperado de inverno ameno, sem os extremos da maior parte da Espanha. A Catalunha encontra-se na mesma latitude da Toscana, abrigada do norte pelos Pirineus, voltada para o sudeste e para o Mediterrâneo. Pode ser considerada como uma extensão ao sul da área de melhor vinho de Côtes du Roussillon na França. Ambas têm capacidade para produzir tintos pesados e potentes – e também de surpreender com a qualidade das suas uvas brancas.

Os vinhos catalães surpreendem com a sua diversidade. De Priorato, um enclave no interior, vêm vinhos tintos de cor e força lendários, agora, merecidamente considerados como alguns dos melhores da Espanha. Em contrapartida, mais de um século atrás, a família Raventós de Penedès percebeu o potencial das suas uvas brancas autóctones, naturalmente ricas em ácido, para o tratamento do Champagne. Hoje a Penedès produz 90% do vinho espumante da Espanha. O mais recente desenvolvimento, e o mais importante de todos, tem sido a experiência de sucesso das uvas clássicas francesas e alemãs nas partes mais altas de Penedès. A família Torres, produtores de longa data na região, tem liderado o caminho com uma mistura judiciosa dessas espécies exóticas e o melhor das variedades experimentadas da Catalunha. Entre as uvas brancas autóctones, a Parellada e a Xarel-lo são vividamente ácidas e com baixo grau alcoólico; a Malvasia é bastante frutada, com baixa acidez; e a Macabeo (a Viura, de Rioja) é admiravelmente equilibrada e apta para amadurecer. A Catalunha tem as melhores uvas tintas da Espanha, sobretudo a Tempranillo (aqui muitas vezes chamada Ull de Llebre), a Garnacha Tinta e a Monastrell, profunda e tânica. A Cariñena (também chamada Carignan) não é mais distinta aqui que em outros lugares. Doze zonas da Catalunha têm agora *status* de Denominación de Origen, e das ilhas Baleares, Maiorca agora possui duas DOs.

Catalunha

Alella

Vale costeiro ao norte de Barcelona, agora reduzido a 315 hectares de vinhas em razão da expansão urbana – o que é uma pena, pois Alella tem solos maravilhosos para a viticultura. A maioria de seus muito pequenos produtores leva as uvas para a cooperativa. Costumava ser mais conhecida por um Xarel-lo levemente frutado meio doce, mas é pouco produzido hoje. Em vez disso, há algum bom Chardonnay seco. O tinto é aceitável; experiências com Cabernet Sauvignon e Pinot Noir têm sido feitas.

Catalunya

Este é uma DO genérica, criada em 1999, e muitas das vinícolas com direito a ela preferem rotular seus vinhos com DOs mais locais. O objetivo da DO Catalunya é permitir misturar vinhos de diferentes regiões da Catalunha.

Conca de Barberá

Esta DO abrange 5.800 hectares protegidos para o interior da DO Tarragona e Costers del Segre, no noroeste. Grande parte da produção de uva aqui é para a indústria de Cava, apesar de novas ideias estarem se tornando bem estabelecidas e de haver grandes plantações de Chardonnay – na verdade, este é o lugar onde Miguel Torres tem uvas para o seu carro-chefe Milmanda, fermentado em barris (que é, de forma bastante confusa, rotulado Penedès). Mas Macabeo e Parellada ainda são as castas dominantes. No entanto, esta é uma região promisssora, com crescente produção de vinhos tintos.

Empordà-Costa Brava

DO localizada mais ao norte, perto do centro de Perelada, na província de Gerona, e situada atrás das falésias e praias da Costa Brava e da vizinha Roussillon, na França. Os 2 mil hectares produzem principalmente Cariñena rosé e variedades internacionais, tais como Riesling e Syrah, bem como Tempranillo e Garnacha.

Costers del Segre

Esta DO foi ratificada em 1988 em virtude da grande influência de uma única vinícola: a Raïmat. Os vinhedos estão na áspera e fértil região oeste de Lleida (Lérida), região esta formada por quatro subzonas geográficas díspares: Raïmat, Artesa, Valls de Riu Corb e Les Garrigues. As castas são essencialmente tradicionais, mas Cabernet Sauvignon, Merlot e Chardonnay também são encontradas. A maioria dos vinhedos é de propriedade da cooperativa, dedicada a produzir o vinho branco e Cava tradicionais da área, apesar de métodos modernos e inovações tecnológicas estarem sendo introduzidos. Os vinhos são de qualidade variável, com Raïmat na liderança.

Montsant

Uma DO recente, que data apenas de 2001, e adjacente à Priorato. Ela costumava ser conhecida como a subzona Falset de Tarragona. Alguns setores se assemelham à Priorato, outros são menos íngremes. As principais variedades cultivadas são Cariñena, Garnacha e Syrah.

Penedès

A maior DO da Catalunha se estende da costa em Sitges até as colinas de calcário de 600 metros (2 mil pés). Seus centros são Vilafranca de Penedès, mais conhecido por suas bodegas de vinho de mesa (entre elas a Torres) e Sant Sadurní d'Anoia, 32 quilômetros (20 milhas) a oeste de Barcelona, a capital do vinho espumante espanhol e sede das grandes empresas Codorníu e Freixenet. Os vinhos de mesa de Penedès passaram por uma revolução nos últimos vinte anos. Os tintos são geralmente de cor mais escura e mais frutados que os Rioja tradicionais, mas acrescentam uma concentração que o Rioja normal-

---

A FAMÍLIA TORRES

Tamanha tem sido a contribuição desta família catalã para o vinho espanhol que o seu nome se tornou tão conhecido em alguns lugares quanto as mais famosas regiões produtoras de vinho da Espanha. Há duas razões para isso.

Primeiro, em 1950, com o mundo se recuperando após a guerra, o falecido Miguel Torres Carbó e sua esposa dona Margarita viajaram o mundo vendendo os vinhos Torres e promovendo o nome Torres em países tão díspares quanto a Bélgica e Bali. Miguel A. Torres, estudou química na Universidade de Barcelona e foi aprender a tecnologia de vinificação moderna em Montpellier, antes de assumir o papel de produtor em 1962.

A combinação de participação no mercado mundial e habilidades de vinificação modernas contribuíram para a famosa ocasião, em 1979, em que o vinho Torres Mas la Plana (então conhecido como Gran Coronas Black Label) venceu todos os candidatos (incluindo Château Latour) em uma degustação de vinhos produzidos principalmente a partir de Cabernet Sauvignon.

Atualmente Miguel Torres controla um império que inclui a propriedade Jean León, em Penedès, e sua grande propriedade em Curicó, Chile (sua irmã Marimar também tem os seus vinhedos próprios no Vale de Sonoma, Califórnia), mas seu coração permanece na Penedès natal, onde ele mantém um vinhedo com mais de 100 castas de variedades vinícolas da Catalunha, bem como as clássicas Cabernet, Merlot, Sauvignon e Chardonnay, que fizeram o nome de família no mercado internacional.

A família Torres está ciente de que apenas produzir um bom vinho não é o suficiente. Construir uma clientela fiel de apreciadores de vinho é igualmente importante. Para esse fim, Miguel Torres oferece excursões às adegas e fundou centros culturais e outros empreendimentos que informam a geração atual e educam a que vem a seguir. Em 2008, uma nova e magnífica bodega subterrânea foi inaugurada para os vinhos das propriedades da empresa espalhados em Penedès e em Priorato.

Miguel Torres, em sua modéstia, aprecia o tempo da colheita, quando ele pode provar os novos vinhos e dar suas impressões sobre as combinações. Ele agora está passando o bastão para os filhos, especialmente para Mireia, a filha que já lançou a própria gama.

Embora haja outros produtores que agora fazem vinhos caros no mesmo nível que os melhores Torres, ninguém pode rivalizar com a qualidade consistente dos seus vinhos, do mais barato ao mais caro. Isso não é um feito qualquer.

mente não tem. Vinhos excepcionais, especialmente os que têm uma proporção de Cabernet, que atingem os melhores padrões internacionais. Métodos modernos fizeram os vinhos brancos, que ainda representam 80% da produção, ficarem sob controle total. Há agora um vinho branco seco catalão padrão, que certamente é muito satisfatório, embora não seja exatamente emocionante. Ao contrário dos melhores brancos de Rioja, ele não envelhece bem (pelo menos para o meu gosto) em carvalho. Possivelmente pouca concentração de fruta, em parte resultado de colheitas maiores, seja a culpada.

Pla de Bages
Uma região cerca de 100 quilômetros (62 milhas) a noroeste de Barcelona, em torno de Manresa. A maior parte da produção acaba como Cava e poucas vinícolas operam aqui. Além de variedades autóctones, são cultivadas Cabernet e Merlot.

Priorato
Poderíamos dizer que o longo curso vitícola do rio Ebro, que começa perto de Haro em Rioja Alta, acaba orgulhosamente nas colinas ocidentais de Tarragona com este vinho memorável. Priorato se situa dentro da denominação muito maior de Tarragona, com seus 1.725 hectares de vinhedos nas encostas vulcânicas íngremes em torno do pequeno afluente do Ebro, o Montsant.

Sua fama se originou de um vinho tinto quase negro, tradicionalmente uma mistura esplendidamente encorpada de Garnacha e Cariñena, que chega a dezesseis graus de álcool ou mais, com cor de amoras esmagadas e um pouco de seu sabor.

Seu vinho e sua reputação começaram a mudar depois que alguns poucos produtores inovadores começaram a trabalhar na pequena aldeia de Gratallops no topo da colina. Cada um adquiriu sete hectares, e reconstruiu os socalcos dos vinhedos. O grupo trabalhava em conjunto, mas vendia os vinhos sob seus próprios rótulos. Logo, uma meia dúzia de vinícolas butiques com ideias afins estavam fazendo vinhos impressionantes de Garnacha, Cabernet Sauvignon, Merlot e, até mesmo, Syrah, de baixo rendimento, cultivadas em solo sobre a rocha xistosa. Seus nomes eram Clos Mogador, Clos de l'Obac, Clos Dofí, Clos Martinet e, o melhor de todos, Clos l'Ermita, que tem uma complexidade surpreendente. Em 1992, o grupo se desfez, mas a maioria dos vinicultores ainda está ativa na região. Eles foram unidos por um grande número de novos investidores, que compraram os vinhedos mais antigos e plantaram novos; alguns deles estão produzindo vinhos de classe mundial.

Tarragona
Os vinhos de mesa desta DO são normalmente misturas, sem a distinção extra de Priorato. Seus melhores produtos são os vinhos de sobremesa fortificados, de Garnacha e Moscatel, mas a grande maioria das exportações de Tarragona é de natureza mais humilde.

Terra Alta
DO que continua para o sul a partir de Tarragona além do Ebro. Mora e Gandesa são os principais centros para os 6.380 hectares de vinhedos nas colinas que se erguem na montanhosa província de Teruel. Muitas das uvas são utilizadas para Cava, mas o verdadeiro potencial da região, com seus solos finos e excelente drenagem, está lentamente sendo apreciado e explorado por um grupo crescente de pequenas vinícolas orientadas para a qualidade.

Cava
Embora seja tecnicamente uma DO, não é realmente uma região geográfica. Cava é o termo oficial para o vinho espumante de método tradicional, produzido predominantemente em Penedès, embora existam alguns poucos produtores no resto da Espanha. Pode ter sido a magreza característica do vinho branco catalão que inspirou a criação de Cava. Xarel-lo, Parellada e Viura (chamada localmente de Macabeo) produzem mostos de alta acidez e sabor leve – a matéria-prima ideal: o sabor da levedura de Champanhe é bem distinto em sua riqueza e suavidade. Os vinhos que eram armazenados em tonéis de madeira (alguns ainda são) também pegavam um gosto de piche muito fraco, que acrescentava caráter. Chardonnay é cada vez mais utilizada nas misturas e nos Cava "varietais" de série especial. Os Cava de Penedès hoje variam dos extremamente elegantes e delicados aos encorpados e desajeitados. Os melhores, com certeza, podem ser incluídos entre os melhores espumantes do mundo, com preços de acordo. É apenas na comparação inevitável com o Champagne que eles perdem. Onde o Champagne finalmente triunfa é no vigor dos sabores que reúne de forma tão harmoniosa.

Ilhas Baleares

Binissalem & Plà i Llevant
As Ilhas Baleares têm uma longa história vínica, apesar de Maiorca ser a única do grupo que mantém vinhedos. Binissalem, a primeira DO da Espanha fora do continente, foi a ela alçada em 1991, como resultado, em grande parte, da campanha da bodega Ferrer (ver p. 399) para o reconhecimento da qualidade de seus vinhos. Em 1999, uma nova DO foi criada, Plà i Llevant, no lado leste da ilha. Son Bordils, fundada em 1998, é outra que merece atenção. Os vinhos Maiorca são primitivos ou modernos.

Principais produtores de Priorato

Cal Grau ✩✩✩
El Molar. 40 ha. www.grupohebe.com
Todos os vinhos são imensamente ricos e concentrados. Há dois quase exclusivamente compostos de variedades tradicionais: o Les Uns e o Epíleg.

Cal Pla ✩✩–✩✩✩
Porrera. 20 ha. www.cellercalpla.com
Vinhos tintos muitos tradicionais sob dois rótulos: Cal Pla e Mas d'en Compte, dos quais o último é o mais intenso e estruturado. O Mas branco, feito de Garnacha, Piquepoul e Xarel-lo está entre os melhores Priorat brancos.

Rojões contendo produtos químicos são usados para dispersar nuvens de granizo.

CATALUNHA E ILHAS BALEARES | **ESPANHA** | 397

Cellers de la Cartoixa ☆☆
La Vilella Alta. www.cellerscartoixa.com
Dois vinhos tintos tradicionais aqui: Montgarnatx, principalmente Garnacha, e Montsalvat, principalmente Cariñena de velhas videiras. Eles são igualmente bons, mas podem mostrar muito álcool em certas safras.

Cims de Porrera ☆☆☆
Porrera. 54 ha.
Cims significa "cume" em catalão, e os 150 lotes que compõem esta ex-cooperativa estão espalhados em alguns declives muito elevados. A cooperativa foi adquirida pela família Pérez de Clos Martinet, em 1996, pelo simples expediente de concordar em comprar toda a produção. O vinho é 90% Cariñena e envelhecido em barricas. É repleto de frutas negras e alcaçuz, e sempre graciosamente equilibrado. O segundo vinho é o Solanes.

Clos Dominic ☆☆☆
Porrera.
Um casal que faz dois vinhos: Vinyes Altes, principalmente Cariñena de videiras centenárias, e o menos chamativo, mas mais exuberante e achocolatado, Vinyes Baixes, originário de uma encosta mais baixa com bastante Merlot.

Clos Erasmus ☆☆☆
Gratallops. 10 ha.
Esta era uma das propriedades originais do Piorat "novo" e pertence a Daphne Glorian. A maior parte do vinho vai para os Estados Unidos. É muito bem trabalhado, envelhecido em carvalho novo, e bem caro.

Clos Figueras ☆☆–☆☆☆
Gratallops. 12 ha.
Em 2000, o comerciante de vinhos Bordeaux, Christopher Cannan, começou a produzir vinho de um local que ele comprou em 1998, o qual reestruturou e replantou. René Barbier da Clos Mogador (ver nesta página) trata da elaboração do vinho. O vinho principal é Clos Figueres [sic], que é envelhecido em carvalho novo de vários tamanhos. O segundo vinho é o Font de la Figuera, que tem mais variedades francesas que o vinho Clos. Tintos irregulares e poderosos, e um bom branco herbáceo de Garnacha, com uma pitada de Viognier.

Clos Mogador ☆☆☆
Gratallops. 35 ha.
René Barbier, filho de René Barbier, que dirigia a bodega homônima agora pertencente à Freixenet, foi um dos principais causadores, ao lado de Alvaro Palácios, da regeneração de Priorato. Seu vinho continua sendo um dos melhores, uma mistura de Cabernet, Cariñena, Garnacha e Syrah embebida em aromas de frutas vermelhas e muito duradoura no palato. Ele tem algumas semelhanças com um Châteauneuf-du-Pape de primeira linha. O vinho branco com toques de pêssego, mas não excessivamente, Clos Nelin, é sobretudo Garnacha com um coquetel de variedades do sul da França.

Costers del Siurana ☆☆–☆☆☆
Gratallops. 50 ha. www.costersdelsiurana.com
Carles Pastrana fez pela primeira vez o famoso Clos de l'Obac em 1989, e ele continua sendo um exemplo impressionante de Priorato de estilo novo, misturando Cabernet e Merlot com as variedades tradicionais. Safras do final de 1990 mostraram-se um pouco inconsistentes. Pastrana continua a tradição local de vinhos fortificados, produzindo o Dolç de l'Obac, uma mistura excitante de Garnacha, Cabernet e Syrah.

Dits del Terra ☆☆☆
Torroja. 3,5 ha.
O brilhante produtor sul africano Eben Sadie sempre foi fascinado por Priorato, e sua versão intensamente elegante está entre as melhores.

Celler de l'Encastell ☆☆
Porrera. 7 ha. www.roquers.com
Ramon Castelvlei faz o excelente Roquers de Porrera de videiras mais velhas de Garnacha e Cariñena; mas o segundo vinho, o Marge, que inclui até 40% de variedades francesas, é quase tão concentrado quanto e vendido por um preço bem razoável.

Gran Clos ☆☆–☆☆☆
Bellmunt. 32 ha.
O importador de vinhos americano John Hunt comprou a propriedade do proprietário anterior, que a fundou em 1995. O Cartus, de videiras de oitenta a cem anos, é o melhor vinho, mas o Gran Clos não fica atrás.

Mas Doix ☆☆–☆☆☆
Poboleda. 12 ha. www.masdoix.com
A primeira safra de Ramon Llagostera foi em 1999, e, na década seguinte, ele transformou os seus vinhos em alguns dos melhores de Priorato. O Mas Doix é metade Garnacha, metade Cariñena e rico o suficiente para obscurecer o álcool elevado. Há também um Costes de Vinyes Velles com sabores de frutos silvestres e extraordinária persistência no palato.

Mas d'en Gil ☆☆–☆☆☆
Bellmunt. 45 ha. www.masdengil.com
Até 1998, esta propriedade era conhecida como Masia Barril, até ser rebatizada pelo seu novo proprietário, o comerciante de vinhos Pere Rovira. O Clos Fonta é o vinho principal, envelhecido em carvalho novo, mas o menos extraído Coma Vella mostra mais leveza. As videiras mais velhas são reservadas para o Gran Buig, um vinho excepcionalmente exuberante (e caro), feito apenas em safras extraordinárias.

Mas Martinet ☆☆☆
Falset. 15 ha. www.masmartinet.com
Outro Priorato de estilo novo desta casa fundada por José Luis Pérez, um dos pioneiros de Gratallops. Os vinhos são feitos por sua filha Sara, casada com René Barbier Jr. Mas Martinet é um dos vinhos mais elegantes de Priorato; o segundo vinho, Martinet Bru, é porém mais acessível, ainda que mostre considerável concentração. De vinhedos que adquiriu recentemente em outro setor, Pérez produz um vinho suntuoso e caro, chamado Cami Pesseroles.

Melis ☆☆
Les Fonts de Terrassa. 35 ha. www.melispriorat.com
O trabalho de Victor Gallegos durante o dia é dirigir a vinícola SeaSmoke no sul da Califórnia, mas ele também faz um Priorato sobreamadurecido, chamado Melis, e um segundo vinho mais equilibrado, o Elix. Ambos contêm boa quantidade de Cabernet Sauvignon.

ESPANHA | CATALUNHA E ILHAS BALEARES

Alvaro Palacios ☆☆☆–☆☆☆☆
Gratallops. 27 ha. www.alvaropalacios.com
Palacios é a força motriz por trás do renascimento de Priorato e o criador do seu vinho mais caro, o L'Ermita, uma intensa combinação principalmente de Garnacha com Cabernet, envelhecido por vinte meses em barricas novas. Felizmente, Palacios também faz vinhos que são mais acessíveis: o concentrado e persistente Finca Dofí, e o menos estruturado, mas muito agradável, Les Terrasses, que é essencialmente Garnacha e Cariñena, a partir de uvas compradas. Baixo rendimento e rigorosa seleção de uvas são o que está por trás do esplendor desses vinhos.

Rotllan Torra ☆☆
Torroja. 24 ha. www.rotllantorra.com
Jordi Rotllan faz vários *cuvées* de Priorato, dos quais os mais excitantes são o Amadis envelhecido em barricas e o Tirant. O Balandra, por uma fração do preço, é uma pechincha.

Cellers de Scala Dei ☆☆
Scala Dei. 90 ha. www.scaladei.org
Scala Dei foi um grande mosteiro cartuxo, agora em ruínas. A bodega, que desde 2002 pertence a Codorníu, está em um antigo edifício de pedra nas proximidades, fazendo Priorato envelhecido em carvalho de alta qualidade: profundo, escuro e forte, mas equilibrado, com sabores ricos de frutas vermelhas. Os rótulos incluem Cartoixa Scala Dei, outrora dominado por Garnacha, mas agora contendo até 40% de Syrah, e o menos esmagado Negre, que é envelhecido em barris por menos tempo.

Vall-Llach ☆☆–☆☆☆
Porrera. 42 ha. www.valllllach.com
Projeto dedicado do cantor catalão Lluis Llach, que produz vinhos notavelmente poderosos. Há três cuvées que contêm de 30% a 50% de variedades francesas, que contribuem com o sabor de cereja preta para a picância das variedades espanholas. Vall Llach é o vinho mais caro, embora possa ser muito denso e extraído; os cuvées regulares, Embruix e Idus, podem ser mais gratificantes. Há vinhos demais em Priorato para listarmos mais que uma seleção em todos os detalhes, especialmente porque muitos deles são feitos em quantidades ínfimas e difíceis de encontrar. Todos os rótulos seguintes valem a pena: Closa Batllet, Grata Vinum, Gueta-Lupia, Herencia del Padri, Los Manyetes, Mas Alta, Mas d'En Just, Mas Perinet, La Perla del Priorat, Celler del Pont, Salmos (Torres), Sine Nomine, Cellers Vilella de la Cartoixa e La Vinya del Vuit.

Principais produtores da Catalunha & Ilhas Baleares

Abadal ☆–☆☆
Avinyò, Pla de Bages. 120 ha. www.abadal.net
Vinhos de médio porte atraentes de Chardonnay e variedades de Bordeaux, todos com o nome de Abadal.

Albet i Noya ☆☆
Sant Pau d'Ordal, Penedès. 76 ha. www.albetinoya.com
Dois irmãos dirigem esta propriedade orgânica, mais conhecida por seu Cava e seu Tempranillo suculento e fresco, mas também produzindo o bom Núria, um Merlot envelhecido em barricas, e a gama Colecció, de vinhos varietais de Chardonnay, Cabernet, Tempranillo e Syrah.

Alta Alella ☆☆
Tiana, Alella. 18 ha.
Empresa criada em 2001, que produz vinhos varietais acessíveis de Chardonnay, Mataro e Syrah.

Cavas del Ampurdán ☆
Perelada, Catalunya. www.perelada.com
A empresa-irmã da Castillo de Perelada (ver p. 400); faz tintos, brancos e rosés agradáveis de uvas compradas. Os vinhos espumantes são produzidos em massa pelo método de *cuve close*. Os preços são baixos, mas a qualidade é corriqueira. Foi réu em um famoso caso do tribunal de Londres que aconteceu em 1960, quando as autoridades de Champagne conseguiram impedir que o termo "Champanhe da Espanha" fosse usado.

Joan d'Anguera ☆☆
Darmós, Montsant. www.cellerjoandanguera.com
Uma antiga propriedade que data de 1825 e pertence aos irmãos Anguera. Seu cartão de visita é o alto percentual de Syrah nos vinhos. O pouco acarvalhado El Bugader, com 70% de Syrah, é o melhor deles, e o Finca L'Argata também é recomendável.

An Negra ☆☆
Felanitx, Mallorca. www.annegra.com
Uma vinícola butique que produz um vinho estruturado, chamado Na, da variedade tinta local Callet, obtida de vinhedos arrendados.

René Barbier ☆–☆☆
Sant Sadurní d'Anoia, Penedès. 200 ha. www.renebarbier.es
Uma bodega há muito estabelecida, agora propriedade da Freixenet (ver p. 400), produzindo uma vasta gama de vinhos varietais de variedades da Catalunha e internacionais. O *top* de linha Selección Cabernet e Chardonnay pode ser impressionante.

Can Rafols del Caus ☆☆
Avinyonet del Penedès. 25 ha.
Uma pequena propriedade que tem optado principalmente por variedades francesas, e faz bons vinhos. Os melhores são o saboroso Merlot e um Chenin Blanc extraordinariamente tostado, chamado La Calma.

Celler de Capçanes ☆☆–☆☆☆
Capçanes. 300 ha. www.cellercapcanes.com
Cooperativa de Montsant com oitenta integrantes e reorganizada em uma vinícola privada moderna, que tira o máximo proveito das velhas videiras e dos excelentes vinhedos de seus antigos membros. Grande parte da safra é vendida, e apenas o melhor é envelhecido e engarrafado aqui. Muitos dos vinhos são misturas, mas o Mas Torto e o Mas Doinis são dominados por Garnacha. E o Collet pode facilmente ser confundido com um Priorato mais leve de boa qualidade.

Castell del Remei ☆☆–☆☆☆
Lleida (Lérida), Costers del Segre. 80 ha. www.castelldelremei.com
Uma empresa bem estabelecida em Costers del Segre. Os vinhos brancos e tintos, principalmente de misturas de variedades locais e internacionais, engarrafadas sob os rótulos Gotim Bru e Oda, são bem feitos e têm uma dimensão adocicada proveniente do carvalho americano.

Cérvoles ☆☆–☆☆☆
La Pobla de Cérvoles, Costers el Segre. www.cervoles.com
Fundada em 1997, esta excelente propriedade pertence ao mesmo

proprietário de Castell del Remei (ver p. 398). Produz misturas tintas imponentes – Estrats e Muntanya – de Cabernet Sauvignon, Tempranillo e Garnacha.

Clos Mont-Blanc ☆☆
Barberà, Conca de Barberà. 50 ha. www.closmontblanc.com
Esta vinícola moderna produz vinhos de boa qualidade: Sauvignon fresco, Chardonnay com mais peso e vinhos cremosos de Merlot e Syrah. Finca Carbonell é outro de seus rótulos.

Tomás Cusiné ☆☆–☆☆☆
El Vilosell, Costers del Segre. 30 ha. www.tomascusine.com
Cusiné demonstra o potencial considerável desta região com duas misturas excelentes: Geol, principalmente de variedades francesas; e Vilosell, maior parte de variedades locais, especialmente Tempranillo.

Espelt ☆–☆☆☆
**Vilajuiga, Empordà. 200 ha.
www.espeltviticultors.com**
Bons vinhos de uma grande propriedade dominada por Garnacha. A embalagem brilhante e alegre parece adaptada para atender aos turistas ao longo da costa.

José L. Ferrer ☆
Binissalem, Mallorca. 70 ha. www.vinosferrer.com
A bodega mais conhecida das ilhas Baleares, agora propriedade da empresa Franco Roja. Os vinhedos estão situados no centro da ilha. A uva local Manto Negro faz vinhos tintos vigorosos e os Reserva podem ser extremamente bons. Há também um vinho espumante seco blanc de blancs.

Cooperativa de Gandesa ☆
Gandesa, Terra Alta. www.coopgandesa.com
Cooperativa há muito estabelecida (1919) com 400 membros. Os vinhos mais simples e mais frutados são os melhores.

Laurona ☆☆
Falset, Montsant. 25 ha. www.cellerlaurona.com
Como Clos Figueras em Priorato (ver p. 397), esta é a criação dos comerciantes de Bordeaux Christophe Cannan e René Barbier. Laurona poderia ser confundido com um bom Côtes du Rhône, enquanto o 6 Vinyes, de Cariñena e Garnacha, está mais perto do Priorato em espírito e sabor.

Jean León ☆☆–☆☆☆
Torrelavit, Penedès. 100 ha. www.jeanleon.com
Em 1964, Jean León começou a plantar Cabernet e Chardonnay em Penedès. Os vinhos eram de primeira qualidade e excelente valor. Em 1993, a companhia foi comprada pela Torres, que dirige a propriedade separadamente, para manter a sua identidade. O Cabernet passa dois anos em barris, em seguida, três anos em garrafa, antes do lançamento. Com Torres, Merlot foi adicionado à gama. A qualidade tem melhorado ainda mais desde a aquisição da empresa pela Torres.

De Muller ☆☆
Reus, Tarragona. 150 ha. www.demuller.es
O grande nome da tradição clássica dos vinhos suaves Tarragona. Uma empresa familiar fundada em 1851. O orgulho da casa são os seus vinhos de altar, fornecidos para o Vaticano, e o seu Moscatel aveludado, envelhecido em soleira, Pajarete, e outros vinhos de sobremesa. Também produz vinhos em Priorato.

Naverán ☆☆
Torrelavit, Penedès. 100 ha. www.naveran.com
Propriedade de tamanho médio, muito focada em vinhos tintos de variedades de Bordeaux, além de Syrah. Cava também é produzido.

Parxet ☆☆
Tiana, Alella. 200 ha. www.parxet.es
O produtor líder em Alella, com 200 hectares de vinhedos. Apenas vinhos brancos, lançados sob o rótulo Marqués de Alella. O vinho mais vigoroso é feito exclusivamente a partir da uva Pansà. A casa também faz Cava de confiança a partir de castas autóctones.

Raïmat ☆–☆☆☆
Lleida (Lérida), Costers del Segre. 2.000 ha. www.raimat.com
A família Raventós de Codorníu tem replantado os vinhedos do Castelo de Raïmat, na árida região montanhosa de Lérida, em grande escala, e reabriu uma bodega magnífica construída no início do século XX e, posteriormente, abandonada. A propriedade é gerida de forma industrial, porém sofisticada, com as uvas colhidas durante a noite por uma máquina. Cabernet Sauvignon, Merlot e Chardonnay são misturados com uvas nativas, mas também feitos como vinhos varietais. Os resultados têm sido extremamente confiáveis, porém falta um pouco de personalidade, mas isso está sendo retificado à medida que vinhos especiais de Chardonnay e Cabernet estão chegando ao mercado.

Pedro Rovira ☆
Móra la Nova, Tarragona.
Uma antiga empresa familiar que produz vinho de sobremesa envelhecido em soleira de Tarragona de Pedro Ximénez, bem como vinhos para todos os dias.

Jaume Serra ☆
Vilanova i la Geltrú, Penedès. 76 ha.
Um produtor comedido, mas confiável de vinhos frescos Penedès e alguns Cavas.

Torres ☆☆–☆☆☆☆
Vilafranca del Penedès. 1.700 ha. www.torres.es
Uma antiga empresa familiar, fundada em 1870, que mudou o mapa do vinho da Espanha nos últimos trinta anos, e colocou a Catalunha em pé de igualdade com Rioja como produtora de vinhos de qualidade superior. Os vinhedos da família estão plantados com Chardonnay, Gewürztraminer, Riesling, Sauvignon Blanc, Cabernet Sauvignon, Merlot e Pinot Noir, bem como as variedades tradicionais Penedès, que Torres foi peremptório na preservação e propagação.

Viña Sol Parellada é um suave branco; Gran Viña Sol, uma mistura com o Chardonnay, Sauvignon Blanc Fransola principalmente; Milmanda, um excelente vinhedo único Chardonnay, fermentado em barril. Dos tintos, Tres Torres é um *blend* encorpado de Garnacha e Cariñena; Gran Sangre de Toro, um mais antigo Reserva do mesmo *blend*; Coronas, principalmente de Tempranillo, enquanto Gran Coronas Reserva é Tempranillo com algo de Cabernet Sauvignon. O Mas Borras é de Pinot Noir. O Atrium, de Merlot. Mas la Plana, o *top* de linha, é um Cabernet Sauvignon poderoso e de longa duração, anteriormente conhecido como Black Label. Miguel Torres está agora absorvido em sua missão de reavivar variedades ameaçadas da Catalunha. O fruto de sua pesquisa e trabalho duro é o excelente Grans Muralles de Conca de Barberá. As primeiras safras desse vinho rico, terroso, herbáceo, com taninos densos e suaves, prometem distinção real com a idade. As vendas totais são de cerca de 2,5 milhões de caixas por ano (ver p. 395).

Jané Ventura ☆☆–☆☆☆
El Vendrell, Penedès. www.janeventura.com
Uma pequena propriedade, mas definitivamente orientada para a qualidade, ainda leal às variedades espanholas brancas e tintas, embora também haja um Cabernet sob o rótulo Mas Vilella. Os vinhos de vinhedo único tendem a ser envelhecidos em carvalho e têm uma estrutura elegante e tânica. Bom Cava também.

Principais produtores de Cava

Castillo de Perelada ☆☆
Perelada, Empordà. www.castilloperelada.com
Célebre propriedade voltada à produção de Cava em um castelo pitoresco que remonta ao século XIV, hoje abrigando uma bela biblioteca, coleções de vidro e cerâmica, um museu de vinho e um cassino. O melhor vinho, o Gran Claustro, é um dos Cava mais gratificantes da Catalunha; e tem um tinto fino, sob o mesmo nome, misturando variedades Bordeaux e da Catalunha, envelhecido em barricas novas. Uma empresa irmã, a Cavas del Ampurdán, produz o barato e agradável *cuve close* espumante Perelada.

Codorníu ☆–☆☆☆
Sant Sadurní d'Anoia. 3.000 ha. www.codorniu.com
A primeira empresa espanhola a utilizar o método clássico, e agora a segunda maior casa de vinho espumante do mundo. A família Raventós faz vinho em Penedès desde o século XVI. Em 1872, Don José voltou de Champagne para imitar seus métodos. O estabelecimento hoje é monumental, seus vastos edifícios *fin-de-siècle* e 30 quilômetros (18 milhas) de adegas se encontram em um parque verde com cedros esplêndidos. Eles incluem um museu de vinho considerável e atraem enorme número de visitantes. Codorníu também possui outras propriedades na Espanha (Raïmat, Masía Bach) e no México, na Argentina e na Califórnia.

Os vinhos variam de simples e frutados (Anna de Codorníu) a altamente refinados. O Non Plus Ultra ocupa a faixa intermediária, e o *top* de linha é o vínico Jaume Codorníu, com 50% de Chardonnay, o que lhe confere maior elegância.

Conde de Caralt ☆–☆☆
Sant Sadurní d'Anoia. www.condedecaralt.com
Uma antiga e famosa bodega de vinho espumante, agora parte do grupo Freixenet (ver nesta página). Atualmente, o nome aparece em uma gama de vinhos simples não espumantes.

Freixenet ☆☆
Sant Sadurní d'Anoia. 1.000 ha. www.freixenet.com
A maior casa de Cava da Espanha, e agora o maior produtor de vinho espumante do mundo, ultrapassando a gigante Codorníu com uma produção anual de 200 milhões de garrafas. Os vinhos de topo da Freixenet são lançamentos especiais, como o Reserva Real. A Brut Nature é a melhor linha padrão, sendo levemente suave, e o Cordón Negro o mais vendido. Carta Nevada é uma marca mais barata, e um Brut Rosé também é feito. A Castellblanch, uma marca de confiança, também pertence à Freixenet.

Gramona ☆–☆☆☆
Sant Sadurní d'Anoia. 100 ha. www.gramona.com
Fundada em 1921, esta é uma casa de Cava familiar, que recentemente começou a produzir uma gama de vinhos de mesa incomuns, tais como um Sauvignon Blanc envelhecido em barricas, um Pinot Noir rosé e um vinho de gelo. Seus Cava vintage são de qualidade excepcional: o Batlle Celler e o III Lustros, ambos *cuvées* de Xarel-lo, e Macabeo tradicionais, envelhecidos em leveduras por muito tempo.

Cavas Hill ☆
Moja. 50 ha. www.cavashill.com
A família inglesa Hill chegou a Penedès em 1660. Em 1884, Don José Hill Ros estabeleceu esta bodega comercial, que produz tanto vinhos Cava quanto não espumantes. Os rótulos incluem o muito seco Brut de Brut. O tinto *top* de linha é o Gran Reserva.

Juvé y Camps ☆☆
Sant Sadurní d'Anoia. 470 ha. www.juveycamps.com
Empresa familiar de tamanho razoável, que faz Cava superior e caro de vinhedos próprios e de uvas compradas de produtores cuidadosamente selecionados. Os *cuvées* superiores são o Cava vintage e o Gran Juve y Camps. O grandiosamente chamado Reserva de la Familia é um Cava frutado, feito em quantidades substanciais. O Rosado Brut é de pura Pinot Noir. Alguns vinhos não espumantes também são produzidos.

Antonio Mascaró ☆
Vilafranca del Penedès. 40 ha. www.mascaro.es
Uma antiga bodega familiar, respeitada pelos seus vinhos Cava e conhaque fino, que também faz vinhos varietais simples como Sauvignon Blanc.

Marqués de Monistrol ☆
Sant Sadurní d'Anoia. www.arcobu.com
Esta é uma casa de Cava há muito estabelecida e de confiança, agora pertencente ao grupo Arco (que possui a Berberana em Rioja). Também produz bons vinhos Penedès não espumantes oriundos de castas francesas.

Segura Viudas ☆–☆☆
Sant Sadurní d'Anoia. 50 ha. www.seguraviudas.com
As três empresas de Cava de propriedade da Freixenet (ver nesta página) usam as mesmas adegas. Segura Viudas é a prestige marque. Seu melhor vinho é o Reserva Heredad, feito exclusivamente de castas da Catalunha e oferecido em uma garrafa vulgar com a base incorporada.

Levante & Meseta

De longe, a maior concentração de vinhedos da Espanha fica ao sul e sudeste de Madri, em um bloco grande que atinge o Mediterrâneo em Valência no norte e em Alicante no sul. Essa faixa central, com postos espalhados mais a oeste em direção a Portugal em Extremadura, não continha grandes nomes, nem propriedades nobres ou bolsões de perfeccionismo. Seus vinhos combinavam vários graus de força com diferentes graus de embotamento – mas, no geral, uma quantidade generosa de corpo.

Os últimos quinze anos viram mudanças. A adesão da Espanha à União Europeia tem exposto os produtores de cooperativas tradicionais da região à realidade da concorrência. Forças do mercado moderno levaram os produtores a investir na atualização da tecnologia. A Espanha Central, como o Vale Central da Califórnia, tem clima de extremos, mas extremos previsíveis. Isso permite que os enólogos "projetem" os vinhos, regulando as datas de colheita, e controlem a fermentação.

Embora as cooperativas de grande escala ainda façam a maior parte do vinho, quintas e adegas menores vão surgindo. Plantios experimentais estão introduzindo uvas francesas. Sabores insuspeitos estão sendo obtidos por produtores habilidosos utilizando variedades locais. A Espanha Central tem uma longa estrada pela frente, mas já não é um oceano de mediocridade.

A DO Ribera del Guadiana, com 26 mil hectares de vinhedos, é particularmente promissora, especialmente dentro da subzona conhecida como Tierra de Barros. As uvas brancas costumavam predominar aqui, mas os produtores estão confirmando que os solos e o clima são muito mais adequados para vinhos tintos, embora os produtores devam tomar cuidado quanto ao amadurecimento em excesso.

A província de Toledo, a sudoeste de Madri, contém a DO de Méntrida, uma extensão de 9 mil hectares, principalmente de Garnacha, que proporciona um vinho tinto forte. Até a década de 1980, o mínimo de álcool em seus vinhos tintos tinha de ser quatorze graus, e alguns transgressores chegavam a dezoito. Hoje, os vinhos são mais equilibrados, mas ainda há algum caminho a percorrer. De longe, a maior região vinícola de toda a Espanha, demarcada ou não, é a Mancha, a sombria planície de Dom Quixote. Têm 187 mil hectares de vinhedos, na maior parte plantados com uma variedade branca essencialmente sem sabor, chamada Airén; mas vinhedos recentes estão mais propensos ao cultivo da promissora Verdejo. O melhor enclave da Mancha é a DO Valdepeñas, com 160 quilômetros (100 milhas) ao sul de Madri. O antigo método de vinificação aqui era a fermentação em *tinajas* (ânforas) de argila altas, obviamente herança dos romanos ou de embarcações ancestrais. Os métodos modernos têm demonstrado claramente quão melhor o vinho pode ser. Produtores como Los Llanos e Felix Solin agora fermentam e envelhecem seus vinhos em carvalho, e os resultados têm sido agradáveis, embora falte a grandiosidade do melhor de Rioja e Ribera del Duero.

Com a DO de Manchuela, a leste da Mancha, se faz vinhos brancos e tintos de seus 4 mil hectares. A pequena DO de Almansa, em torno de Albacete, é a última da planície castelhana. Seus 7.600 hectares são plantados com uvas escuras, principalmente Garnacha e Monastrell.

O termo "Levante" abrange seis DOs de interesse muito moderado no momento, mas com potencial considerável à medida que os métodos modernos são introduzidos. Para o norte, na costa, fica Valência (e o que era anteriormente chamado Cheste), com produtores liberais de vinho branco alcóolico e, em menor grau, tinto, apesar de algumas propriedades estarem demonstrando o verdadeiro potencial da região para tintos saborosos a partir de boas variedades.

De Valência para o interior fica Utiel-Requena, uma região montanhosa de uvas pretas (a principal delas, a Bobal, é negra como a noite), utilizadas tempos atrás para colorir o vinho. A técnica local era fermentar cada lote de vinho com uma ração dupla de cascas para extrair o máximo de cor e taninos: uma bebida chamada *vino de doble pasta*. Seu subproduto, o sumo levemente esmagado com quase nenhum contato com a pele ou cor, o excedente para a fermentação dupla, faz a segunda especialidade da região: um rosé mais vigoroso e pálido, ao gosto moderno. Mas alguns produtores estão demonstrando que a Bobal, se tratada corretamente, pode fazer um vinho tinto interessante.

A DO Alicante abrange tanto os vinhedos costeiros, produzindo Moscatel doce, quanto os vinhedos nas montanhas para vinhos tintos, *vino de doble pasta* e rosés. Algum vinho branco local é (relativamente) muito valorizado. Atrás de Alicante, na província de Múrcia, há três DOs: Bullas (muito rosado), Yecla e Jumilla, cujas respectivas cooperativas estão se esforçando para modernizar seus vinhos escuros como tinta. Até agora, Jumilla parece ser marginalmente a mais avançada das três, com alguns vinhos mostrando potencial surpreendente para envelhecimento em garrafa.

As realizações marcantes do Marqués de Griñón em Castela-La Mancha deixaram as autoridades da DO embaraçadas; elas, então, resolveram o problema concedendo-lhe a sua própria denominação (ver Dominio de Valdepusa) em 2002.

Principais produtores de Levante & Meseta

Altolandon ☆☆
Landete, Manchula. 55 ha. www.altolandon.com
Um dos melhores produtores de Manchuela, ativo desde 2000, com vinhedos a mais de 1.000 metros. É especializada em misturas de castas internacionais.

Arrayán ☆☆
Santa Cruz del Retamar, Méntrida. 26 ha. www.arrayan.es
Uma bodega líder em Méntrida, cujos vinhedos foram plantados com consultoria do viticulturalista australiano dr. Richard Smart. Os vinhos vêm de variedades de Bordeaux e de Syrah, e há um Premium, que combina todas elas com grande convicção.

Ayuso ☆
Villarrobleda, La Mancha. 350 ha. www.bodegasayuso.es
Propriedade familiar desde 1947. Estes vinhos da Mancha, lançados sob o selo Estola, costumavam ser magros e fracos, mas têm ganhado corpo e fruta.

Rafael Cambra ☆☆
Onteniente, Valência.
Uma propriedade peculiar, com vinhos interessantes: o Uno é pura Monastrell; o Dos, uma mistura de Cabernet Franc e Sauvignon; e o Minimum, combina Monastrell e Cabernet Franc. Eles têm peso, frescor e sofisticação modernas.

Castela-La Mancha, Campo de Criptana.

Casa de la Viña ☆
Alhambra, Valdepeñas. 1.000 ha. www.domecqbodegas.com
Um grande produtor de agradável e meio encorpado Valdepeñas. A propriedade faz parte do grupo Bodegas y Bebidas, pertencente portanto à Allied-Domecq.

Casa Castillo ☆☆–☆☆☆
Jumilla. 174 ha. www.casacastillo.es
Esta propriedade tradicional foi reestruturada em 1990 e novas variedades foram plantadas, principalmente Monastrell, além de Cabernet Sauvignon e Syrah. O Pie Franco Monastrell mostra todo o potencial da variedade, e os vinhos tintos são também de alto padrão.

Castaño ☆☆
Yecla. 400 ha. www.bodegascastano.com
Um domaine líder de 350 hectares em Yecla, bem equipado e produzindo uma vasta gama de vinhos, principalmente Monastrell puro, mas também misturas com Syrah e Cabernet. A maioria dos vinhos não é acarvalhada. Alguns recebem uma dose de carvalho americano. Todos de excelente valor.

Vinícola de Castilla ☆☆
Manzanares, La Mancha. www.vinicoladecastilla.com
Esta é uma grande vinícola de alta tecnologia, produzindo 1 milhão de caixas, que pertencia à Rumasa. Os vinhos jovens simples são mais agradáveis no geral que os Gran Reserva, aos quais pode faltar fruta. Cabernet Sauvignon agradável e outros de rótulo Guadineja.

Centro-Españolas ☆
Tomelloso, La Mancha. 240 ha. www.allozo.com
Uma vinícola moderna e bem equipada, que trabalha quase exclusivamente com as variedades locais e engarrafa seus vinhos sob o rótulo Allozo.

Dehesa del Carrizal ☆☆
Retuerta del Bullaque, La Mancha. 28 ha. www.dehesadelcarrizal.com
Uma pequena propriedade promovida ao *status* de Pago em 2006. Variedades internacionais formam a base de todos os vinhos.

Gandía ☆–☆☆
Chiva, Valencia. 200 ha. www.vicentegandia.com
Este grande negócio tem feito sérios esforços para melhorar a qualidade desde que comprou a propriedade Hoya de Cadenas em 1992. Os vinhos de melhor valor são lançados sob o rótulo Castillo de Líria, e há uma mistura fina de Tempranillo e Cabernet chamada Ceremonia, engarrafada sob a DO Utiel Requena.

Juan Gil ☆☆–☆☆☆
Jumilla. 200 ha. www.juangil.es
Monastrell é o melhor vinho deste estabelecimento moderno e bem posicionado no mercado, embora o Petit Verdot seja muito bom também, com notas de ameixa e taninos assertivos.

Gutiérrez de la Vega ☆☆
Parcent, Alicante. www.castadiva.es
Pequena propriedade familiar fundada em 1978, que tem mostrado a excelente qualidade que poderá alcançar a partir de uvas autóctones, como Monastrell e Moscatel, tudo lançado com a marca Casta Diva.

Bodegas Huertas ☆
Jumilla. 80 ha. www.bodegashuertas.es
Tintos e rosés limpos e bem-feitos de uvas Monastrell, provando que o Jumilla não é necessariamente um vinho brutamontes.

Jesús del Perdón ☆
Manzanares, La Mancha. 3.600 ha. www.yuntero.com
Uma grande cooperativa particularmente conhecida por seu branco seco, mas o tinto tem melhorado consideravelmente nos últimos anos. O nome de marca é Yuntero, além de Mundo de Yuntero para Airen e Tempranillo cultivadas organicamente.

Jiménez-Landri ☆☆
Méntrida. 27 ha. www.bodegasjimenezlandi.com
Uma propriedade há muito estabelecida, produzindo vinhos de estilo moderno, principalmente o Piélago, uma mistura estruturada e elegante de Garnacha e Syrah.

Los Llanos ☆☆
Valdepeñas. 350 ha. www.gbvinartis.com
A primeira casa em Valdepeñas a engarrafar seus próprios vinhos. Os Reserva e Gran Reserva envelhecidos em carvalho estabelecem novos padrões para a região. Señorío de Los Llanos Gran Reserva é um vinho fino, aromático e sedoso, e o Pata Negra Gran Reserva, feito apenas em anos superiores, é ainda melhor. Em 2004, a bodega foi adquirida por uma empresa de capital de risco e agora faz parte do grupo Vinartis.

Finca Luzón ☆☆
Jumilla. 600 ha. www.bodegasluzon.com
Vinhos de estilo moderno de um novo empreendimento em Jumilla, que tem crescido rapidamente para uma produção de 1 milhão de garrafas por ano. A maioria dos tintos são de Monastrell, Tempranillo, Syrah e Cabernet Sauvignon, embora alguns dos vinhos varietais, especialmente Syrah, sejam promissores.

Manuel Manzaneque ☆☆
El Bonillo, Albacete, DO Finca Elez. 35 ha. www.manuelmanzaneque.com
A pequena propriedade na Meseta a 1.000 metros – são alguns dos vinhedos mais altos na Espanha. Os tintos misturam Cabernet e Tempranillo em proporções variáveis, e o melhor branco é um Chardonnay encorpado, envelhecido em carvalho. A propriedade foi promovida a Vino de Pago.

Enríque Mendoza ☆☆–☆☆☆
Alfás del Pí, Alicante. www.bodegasmendoza.com
Uma propriedade de tamanho médio, completamente internacional na sua abordagem aos tintos, produzindo Cabernet, Merlot, Shiraz e Petit Verdot encorpados e misturas de estilo francês. Além de Moscatel, claro.

Mustiguillo ☆☆–☆☆☆
La Cuevas de Utiel, Valencia. www.bodegamustiguillo.com
Bobal é a variedade que predomina nestes vinhos que são lançados como Viños de la Tierra. São vinhos ricos, com notas de ameixa e nenhum pouco rústicos.

Cooperativa Nuestra Señora del Rosario ☆
Bullas. www.bodegasdelrosario.es
Esta cooperativa de grande porte é bem equipada e faz brancos consistentemente frutados (Macabeo), e também

rosés e tintos, ambos de Monastrell. Quase todos os vinhos Bullas que são exportados vêm daqui.

Piqueras ☆
Almansa. 45 ha. www.bodegaspiqueras.es
Um grande produtor, e o único em Almansa com aspirações de qualidade. Uma nova vinícola foi construída em 2002. Os tintos são os melhores vinhos e combinam Monastrell, Tempranillo e Syrah. O Valcanto de pura Syrah é bastante gelatinoso.

Salvador Poveda ☆☆–☆☆☆
Monóvar, Alicante. www.salvadorpoveda.com
Uma extraordinária bodega de Alicante, conhecida especialmente por seu rico Fondillón de sobremesa, um Monastrell fortificado, envelhecido prolongadamente em barris.

Bodegas La Purísima ☆–☆☆
Yecla. 3.325 ha. www.bodegaslapurisima.com
Esta cooperativa imensa produz mais da metade do vinho de Yecla. A qualidade dos vinhos, principalmente de Monastrell, tem melhorado consideravelmente nos últimos anos. Trapío, de videiras velhas de baixo rendimento, é o melhor deles.

Bodegas Real ☆–☆☆
Valdepeñas. 350 ha. www.bodegas-real.com
Uma empresa de grande porte, produzindo Chardonnay e Tempranilho de bom valor. A marca de prestígio é Palacio de Ibor, um vinho mais estruturado para o envelhecimento a curto prazo.

El Regajal ☆☆
Aranjuez, Viños de Madrid. 12 ha.
Uma vinícola butique que produz um único vinho que combina Tempranillo, Cabernet Sauvignon, Merlot e Syrah. O resultado é exuberante, mas acarvalhado demais para alguns.

Agapito Rico ☆–☆☆
Jumilla. 100 ha.
Esta propriedade se afastou do estilo tradicional forte de Jumilla para produzir vinhos tintos simples e frutados, principalmente não acarvalhados, de variedades como Merlot e Syrah.

Bodegas San Isidro ☆
Jumilla. www.bsi.es
A maior cooperativa da região, processando a produção de milhares de hectares, muita da qual é vendida a granel. Mas os vinhos engarrafados com o rótulo Sabatcha podem ter boa qualidade.

Sandoval ☆☆–☆☆☆
Ledaña, Manchuela. 11 ha.
Fundada em 2001, esta propriedade, pertencente ao jornalista espanhol Victor de la Serna, combina com sucesso a Bobal local com Syrah e outras variedades, envelhecendo-as em carvalho francês.

Sierra Salinas ☆☆–☆☆☆
Yecla, Alicante. 50 ha. www.sierrasalinas.com
Fundada em 2000, a bodega se mantém fiel às variedades locais, tais como Garnacha e Monastrell, embora a Cabernet Sauvignon seja a espinha dorsal da maioria das misturas. Vinhos excelentes, embora de força alarmante algumas vezes.

Félix Solís ☆☆
Valdepeñas. 1.000 ha. www.felixsolis.com
Esta vinícola familiar possui extensos vinhedos, mas também compra uvas e mosto. É um fabricante em grande escala de tintos e rosés, com reputação adquirida por seus tintos envelhecidos em carvalho, especialmente o Viña Albali Reserva. A empresa é muito dinâmica e formou uma nova divisão, a Pagos del Rey, que adquiriu bodegas em Rioja, Rueda, Toro e Ribera del Duero.

Dominio de Valdepusa ☆☆☆
Malpica de Tajo, Toledo. 42 ha. www.pagosdefamilia.com
O Marqués de Griñón fundou esta propriedade em 1989 e plantou variedades de Bordeaux e Syrah. Os vinhos têm qualidade excepcional e são feitos em um estilo declaradamente francês, apesar de terem a sua própria personalidade, com mais vigor que a maioria dos vinhos de Bordeaux ou do Rhône. Hoje a propriedade faz parte do grupo Arco (ver Berberana), mas o Marqués continua plenamente envolvido.

Vegalfaro ☆☆
El Derramador-Requena, Utiel-Requena. www.vegalfaro.com
Fundada em 1999, esta bodega produz vinhos escuros e exuberantes de Tempranillo e variedades francesas, todos a preços justos.

El Vínculo ☆☆
Campo de Criptana, La Mancha. 30 ha. www.elvinculo.com
Alejandro Fernández, da Pesquera (ver p. 391), corajosamente se aventurou na Mancha, criando essa nova propriedade em 1999, apenas para provar o seu palpite de que a região era capaz de produzir vinhos finos. Vinhos ao estilo de Pesquera: ricos, tânicos e envelhecidos prolongadamente em carvalho americano.

Andaluzia

A grande fama e o sucesso do Jerez foi atingida de certa forma à custa das outras regiões da Andaluzia. A partir da sua base de negociação há muito estabelecida, os fabricantes de Jerez podiam comprar o melhor de seus vizinhos para adicionar ao próprio estoque. O Jerez pode ser o melhor vinho generoso da Andaluzia, mas não é o único. Montilla pode competir com vinhos muito semelhantes, e Málaga, com alternativas de estilo mais adocicado.

Málaga

Málaga, na Costa del Sol, é estritamente um entreposto em vez de um centro de vinhedos. As uvas que fazem os vinhos marrons doces (às vezes secos) são cultivadas tanto nas montanhas a quarenta quilômetros (25 milhas) a leste ou a mesma distância para o norte. No século XIX, seus vinhos eram conhecidos como "vinhos de montanha".

No leste, ficam os vinhedos costeiros de Axarquía, onde a uva é a Moscatel. No norte, em torno de Mollina (na verdade, na direção de Montilla), é cultivada a Pedro Ximénez (ou PX). As regras exigem que todas as uvas sejam trazidas para Málaga para serem maturadas nas bodegas. Vários métodos são usados para adoçar e concentrar os vinhos: de expor as uvas ao sol até ferver o mosto para se conseguir o *arrope* (suco de uva reduzido pela fervura), como em Jerez. Os estilos do vinho acabado variam de um branco seco de Pedro Ximénez, não muito diferente de um Montilla *amontillado*, ao comum escuro e pegajoso *dulce*, com grande adição de *arrope*. O de melhor qualidade, comparável em suas origens ao Essencia, de Tokaj, é o lágrima, as "lágrimas" de uvas não trituradas. A diferença é que a podridão nobre concentra o Tokaj. No Málaga, é o sol. Outros Málaga são o *pajarete*, um vinho escuro, meio doce, de estilo aperitivo, o mais pálido *semi-dulce*; e o Moscatel ricamente aromático. Os vinhos finos são feitos em um sistema de soleira como o Jerez, com os vinhos mais novos refrescando os mais velhos. Uma grande raridade, um Málaga vintage centenário da propriedade do Duque de Wellington, engarrafado em 1875, era um vinho de sobremesa superlativo, delicado, aromático e suave ainda em 1995.

Mas Málaga está em declínio. As grandes vinícolas comerciais se mantêm, mas os especialistas, tais como os irmãos Scholtz, com as suas magníficas soleiras antigas, têm sido forçados, pelo declínio da moda e das vendas, a fechar suas portas para sempre. A esperança vem de recém-chegados, como Telmo Rodríguez, que ressuscitou um antigo vinhedo de Moscatel para fazer "vinho da montanha" mais uma vez, com resultados maravilhosos.

Montilla-Moriles

Os vinhos Montilla estão próximos o suficiente do Jerez e são facilmente confundidos com (ou passam por) seus rivais. O solo é o mesmo albariza, mas o clima é mais severo e mais quente, e a Pedro Ximénez cultivada aqui, em vez da Palomino, rende colheitas menores, produzindo vinhos de maior grau alcoólico e acidez ligeiramente inferior. Os melhores vinhos são geralmente fermentados em *tinajas* altas de argila, como ânforas gigantes, e desenvolvem rapidamente a mesma levedura que o Jerez. Eles caem nas mesmas classificações: *fino*, *oloroso* ou *palo cortado* – sendo os finos oriundos da primeira prensagem leve. Com o tempo, o fino torna-se *amontillado*, "no estilo de Montilla". Infelizmente, porém, os exportadores de Jerez entraram com uma reivindicação legal na Grã-Bretanha (o maior mercado de exportação para Montilla) para usar os termos clássicos. Em vez de um Montilla *fino*, *amontillado* ou *oloroso*, uma descrição fiel e verdadeira, o rótulo deve usar "seco", "médio" ou "creme". Montilla tem muito para ser recomendado como uma alternativa ao Jerez. Seus finos em particular têm uma distinta suavidade seca de estilo, com menos "ataque", mas sem perder frescor. Uma garrafa de Montilla resfriado desaparece com rapidez gratificante.

Última das DOs da Andaluzia, e mais profundamente à sombra de Jerez, é a região costeira de Huelva, perto da fronteira portuguesa. O Condado de Huelva (conhecido no tempo de Chaucer como "Lepe") tem exportado seus vinhos brancos fortes da casta Zalema há 1.000 anos. O poder comercial de Jerez tem efetivamente mantido Huelva no anonimato. Até a década de 1960, o seu vinho era misturado e despachado como Jerez, mas poucas das antigas soleiras continuam sendo mantidas. Agora que tem de competir com seu antigo pagador, os tempos não são fáceis, e a região está cada vez mais fazendo vinhos brancos leves.

Principais produtores da Andaluzia

Alvear ☆☆–☆☆☆
Montilla. 200 ha. www.alvear.es
Uma empresa independente, fundada pela família Alvear, em 1729.

Hoje ainda pertence e é gerida por membros da família. A fermentação em *tinajas* e o envelhecimento pelo sistema de soleira são realizados de acordo com as tradições de Montilla, produzindo vinhos de alta qualidade. O Fino CB é o mais vendido. O CB é um fino um pouco mais encorpado, e outros nomes e estilos incluem o *amontillado* Carlos VII, o *oloroso* Assunção, e uma vasta gama de vinhos soberbos feitos de Pedro Ximénez, que diferem das versões de Jerez, uma vez que não são fortificados.

Cobos ☆
Montilla. www.navisa.es
Vinhos de qualidade variável, mas o Pompeyo fino e o Tres Pasa PX são confiáveis.

Gracia Hermanos ☆☆
Montilla. www.bodegasgracia.com
Uma bodega com padrões elevados, de propriedade de Pérez Barquero (ver nesta página). Seus melhores vinhos são lançados sob o rótulo Taromaquia e variam de um fino frutado a um elegante Pedro Ximénez.

Málaga Virgen ☆–☆☆☆
Málaga. 250 ha. www.bodegasmalagavirgen.com
Esta é agora a bodega líder em Málaga, tendo absorvido a antiga empresa dos irmãos López. O Trajinero é provavelmente o melhor Málaga seco. O Cartojal é um pálido "creme-claro", e o carro-chefe é o simples Málaga Virgen, envelhecido por dois anos em barris, sem complementos.

Jorge Ordóñez ☆☆☆
Málaga.
Uma nova empresa, fundada em 2003, que está revivendo Málaga magníficos de uvas Moscatel.

Bodegas Pérez Barquero ☆–☆☆☆
Montilla. www.perezbarquero.com
Vinícola bem equipada que produz uma gama confiável de estilos diferentes com a marca Gran Barquero. Seu melhor vinho é o magnífico Pedro Ximénez envelhecido por trinta anos, chamado La Cañada.

Viños Telmo Rodríguez ☆☆☆
Logroño. www.telmorodriguez.com
O onipresente produtor espanhol buscou vinhedos íngremes em Málaga para produzir o chamado "vinho de montanha", um estilo que era popular séculos atrás na Grã-Bretanha. É um Moscatel gorduroso, que ganha maior flexibilidade com envelhecimento prolongado em barril, e suscetível, eu suspeito, a anos de evolução em garrafa.

Toro Albala ☆☆–☆☆☆
Aguilar de la Frontera, Montilla. 70 ha. www.toroalbala.com
Vinhos notáveis, dos quais facilmente os melhores são os envelhecidos em soleiras, que produzem PX *amontillado* e de estilo muito doce, com grande concentração e elegância.

Bodegas Privilegio del Condado ☆
Bollullos del Condado. 1.600 ha. www.vinicoladelcondado.com
A principal cooperativa de Huelva, responsável por grande quantidade de conhaque, alguns vinhos de mesa, e alguns bons vinhos generosos envelhecidos em soleira, ao estilo de Jerez.

Jerez

O Jerez, como muitos vinhos do Mediterrâneo, foi primeiramente enviado para os países do norte da Europa onde era apreciado por sua força, doçura e durabilidade – todas as qualidades que o tornavam um produto radicalmente diferente do clarete medieval. Na época de Shakespeare, quando os destilados ainda eram desconhecidos, o "sack" (como era então chamado) era imensamente popular como a bebida mais forte disponível. O efeito de aquecimento de um "copo de sack", com talvez dezessete graus de álcool, era o vício não apenas de Sir John Falstaff, mas de todo frequentador de taverna. O sack vinha de Málaga, das Ilhas Canárias, e até mesmo da Grécia e do Chipre. Mas o príncipe dos sacks era o "sherris", batizado com o nome da cidade andaluza de Jerez de la Frontera.

Jerez tem uma comunidade de comércio internacional desde a Idade Média. Até a ascensão de Rioja, era única na Espanha por suas enormes bodegas cheias de estoque que valiam milhões. O refinamento do seu vinho a partir de um produto grosseiro, despachado sem envelhecimento, até a moderna gama elaborada de estilos, começou no século XVIII. Como o Champagne (ao qual se assemelha em mais de uma maneira), ele floresceu com a riqueza e tecnologia do século XIX. O que os seus criadores fizeram foi empurrar a adaptabilidade natural de um vinho branco forte, mas não extraordinário, aliás, muito liso e neutro, até o seu limite. Eles exploraram o seu potencial de envelhecimento em barril em contato com o oxigênio – a oxidação potencialmente desastrosa – para produzir sabores tão diferentes em sua maneira quanto o de um limão e de uma tâmara. E aperfeiçoaram a arte de misturar a partir do amplo espectro disponível para produzir todas as nuances possíveis entre eles – e para produzi-lo imutavelmente ano após ano.

A produção de Jerez hoje, folclore à parte, pouco difere da produção de qualquer vinho branco. Um vinho bastante leve é rapidamente pressionado e fermentado. Eventualmente, atinge uma força natural entre doze e dezesseis graus. Neste ponto, é enriquecido com destilado para ajustar a força para quinze ou dezoito graus, dependendo das suas qualidades e características. Aí é que o processo de envelhecimento exclusivo do Jerez começa.

É por causa da natureza rebelde do Jerez que diferentes barris (de 500 litros) de vinho, até mesmo do mesmo vinhedo, podem se desenvolver de diferentes maneiras. A distinção fundamental é entre aqueles que desenvolvem um vigoroso crescimento de levedura flutuante, chamada flor, e aqueles que não o fazem. Todos os vinhos jovens são mantidos no "berçário" em barris 80% cheios. Os vinhos mais finos e delicados, levemente enriquecidos para manter a sua sutileza, desenvolvem rapidamente uma espuma cremosa sobre a superfície, que engrossa na primavera até se tornar uma camada com vários centímetros de profundidade.

Esta levedura singular tem a propriedade de proteger o vinho da oxidação e, ao mesmo tempo, reagir com ela para dar dicas sutis de maturidade. Esses vinhos mais elegantes, ou finos, estão prontos para serem bebidos mais cedo que um Jerez mais pesado. Eles permanecem pálidos porque o oxigênio é excluído pela levedura flutuante. Podem estar perfeitos com cerca de cinco anos de idade. Mas a sua idade exata é irrelevante porque, como acontece com todo Jerez, são misturados para continuarem em uma soleira.

Vinhos jovens, de estilo mais pesado, desajeitado e mais pungente desenvolvem menos ou nenhuma flor. Uma dose mais forte de des-tilado para fortificar desencoraja qualquer flor que possa aparecer. Essa segunda vasta categoria de Jerez é conhecida, se mostrar potencial de qualidade, como *oloroso*. Esses vinhos são envelhecidos em barril sem o benefício da flor, em pleno contato com o ar. Sua maturação é, portanto, um processo oxidativo, escurecendo a cor e intensificando o sabor. Uma terceira e excêntrica classe de Jerez é encontrada também neste início de classificação da colheita – uma que combina a amplitude e a profundidade de um *oloroso* de primeira classe com a fragrância, sutileza e "corte" de um fino. Esta raridade é conhecida como *palo cortado*.

Esses três estilos são as matérias-primas da bodega – naturalmente diferentes desde o nascimento. O trabalho da bodega é criá-los para acentuar essas diferenças e usá-los em combinações para produzir uma gama muito maior de estilos. Um fino que é amadurecido além do ciclo de vida de sua flor geralmente começa a se aprofundar na cor e a ampliar o sabor, indo do palha ao âmbar e até (com bastante idade) a um rico castanho-escuro. Cada bodega tem uma ou mais soleiras de finos velhos que puderam se movimentar na escala de um fino fresco para um fino-*amontillado* mais rico e mais concentrado, até um *amontillado* poderoso e velho, com sabor intenso de nozes.

Comercialmente, porém, tais *amontillado*s verdadeiros e sem mistura são muito raros. De forma geral, o termo tem sido mais ou menos copiado para se referir a qualquer Jerez "médio", com estilo entre um fino seco e um *oloroso* velho e cremoso, mas raramente com a qualidade de ambos. Todo Jerez no seu estado natural, maturando na sua soleira, é extremamente seco. Ao contrário do vinho do Porto, o Jerez nunca é fortificado até a fermentação acabar – até todo açúcar ter acabado. O Jerez simples e sem mistura é, portanto, ascético e austero: uma raridade no comércio. A única exceção é o *dulce*: um vinho concentrado utilizado para adoçar misturas.

Como o Jerez é envelhecido na bodega, a evaporação aumenta tanto o teor de álcool quanto a proporção de elementos que dão sabor. Um Jerez muito antigo, ainda em madeira, muitas vezes torna-se literalmente intragável, mas de valor inestimável na profundidade de sabor que pode adicionar à mistura. A mistura clássica de Jerez é a arte do seu comerciante, mas qualquer um pode experimentar por si mesmo, adquirindo, por exemplo, uma garrafa de Jerez seco muito antigo, como o Río Viejo, da Domecq, ou o Duque, da González Byass, e simplesmente adicionar um copo pequeno dele a uma garrafa de Jerez médio comum. A imediata dimensão extra de sabor do vinho dia a dia é uma revelação.

Cada comerciante em Jerez cria e promove as suas próprias marcas. A melhor delas virá da produção de uma soleira única e premiada, geralmente levemente adoçado com *arrope*. Um toque de *vino de color* quase negro, mas praticamente sem gosto, pode ser necessário para ajustar a cor. Possivelmente um vinho um pouco mais jovem com o mesmo estilo é adicionado para dar-lhe frescor. Uma mistura comercial comum, por outro lado, é composta basicamente de *rayas* pouco envelhecidos ou *entre finos* (o termo usado para os vinhos de estilo fino de segunda classe). Uma pequena proporção de vinho de uma boa soleira é adicionada para melhorar o sabor, em seguida, uma boa dose de vinho edulcorante para mascarar as falhas do material de base. Foram, infelizmente, os vinhos feitos neste tipo de especificação que deram ao Jerez a imagem de uma bebida sem graça e sem estilo algum.

O triste resultado é que os vinhos de Jerez verdadeiramente grandes, os vinhos que podem ser comparados em sua classe com um grande Burgundy branco ou um Champagne, são absurdamente subestimados. Nos últimos anos, muitos dos grandes comerciantes têm lançado novos vinhos para estimular o interesse no Jerez como um todo. Portanto, Jerez "vintage" ou "age-dated" e pouquíssimas garrafas das soleiras mais antigas têm sido introduzidos no mercado, e, em 2000, o Jerez "age-dated" tornou-se uma categoria oficialmente reconhecida pela primeira vez. Para os conhecedores, eles são uma verdadeira delícia, mas têm tido pouco impacto sobre as vendas e o consumo de Jerez, que continua sofrendo com a sua imagem ruim.

A região de Jerez

Jerez encontra-se a dezesseis quilômetros (10 milhas) para o interior a partir da baía de Cádiz, no sudoeste da Espanha. Seus vinhedos a cercam por todos os lados, mas os melhores deles estão em afloramentos de solo calcário em uma série de ondas parecidas com dunas ao norte e ao oeste, entre os rios Guadalete e Guadalquivir.

O Guadalquivir, famoso como o rio de Sevilha, de onde Colombo partiu para descobrir a América, Magalhães para circunavegar, e Pizarro para conquistar o Peru, determina o limite norte da região de Jerez. Seu porto, Sanlúcar de Barrameda, Jerez e Puerto são as três cidades de Jerez. A terra entre elas é a região conhecida como Jerez Superior, o coração da melhor zona de Jerez.

Existem três tipos de solo na região de Jerez, mas apenas o intensamente branco albariza, uma argila composta por até 80% pura greda, faz o melhor vinho. Possui propriedade de alta retenção de água que resiste à seca do verão e o vento dessecante, o Levante, que sopra da África. Também reflete a luz solar para dentro das videiras baixas, aquecendo as uvas em um forno lento à medida que amadurecem. *Barro*, uma argila marrom cheia de calcário, é mais fértil, mas produz vinho mais pesado e mais grosso. *Arena*, ou areia, é pouco usada hoje nos vinhedos. Cada morro com vinhedos tem um nome: Carrascal, Macharnudo, Añina e Balbaina são os mais famosos dos *pagos*, como são chamados, em torno de Jerez em um arco de albariza para o norte e o oeste. Um bloco separado de solo excelente dá origem aos *pagos* ao sul e ao leste de Sanlúcar, a 22 quilômetros (14 milhas) a partir de Jerez, da qual o nome mais conhecido é Miraflores.

Desde que o mercado de exportação entrou em declínio em 1979, houve uma reconversão massiva da indústria de Jerez, com incentivos em dinheiro para arrancar vinhedos em excesso e uma onda de fusões e aquisições no negócio. O mercado de Jerez tinha crescido desde a Idade Média até 1979, e o plantio refletia a expectativa de todos de que iria continuar a fazê-lo. Em 1997, o trabalho foi concluído, e hoje os vinhedos ocupam 10.100 hectares.

Amostragem de Jerez numa bodega.

Principais produtores de Jerez

Antonio Barbadillo ☆☆–☆☆☆☆
Sanlúcar de Barrameda. 500 ha. www.barbadillo.com
A maior bodega em Sanlúcar, com grande participação no negócio de Manzanilla e alguns maravilhosos vinhos envelhecidos. Foi fundada em 1821 por Don Benigno Barbadillo. Cinco gerações depois, a empresa ainda é familiar, embora a Harvey tenha uma participação. Seus escritórios (no antigo palácio dos bispos) e suas bodegas originais ficam no centro da cidade.

Nas áreas circundantes de albariza de Cádiz, Balbaina, San Julian, Carrascal e Gibaldin, os vinhedos produzem uma grande variedade de Manzanilla e outros tipos de Jerez. A Barbadillo foi pioneira do Palomino branco seco (Castillo de San Diego) e tem tido um sucesso fenomenal no mercado interno. No final de 1990, lançou o Manzanilla En Rama, extraído diretamente do barril e engarrafado apenas com filtração mais leve, e o Reliquias, uma impressionante gama de Jerez extremamente velhos, raros e caros, de soleiras antigas.

John William Burdon ☆☆
Puerto de Santa María. www.caballero.es
Anteriormente uma bodega de propriedade inglesa, e uma das maiores da segunda metade do século XIX. Há muito tempo pertence a Luis Caballero (ver nesta página). Os vinhos são o Burdon Fino, um Puerto fino, o *amontillado* D. Luís, e o Heavenly Cream.

Luis Caballero ☆
Puerto de Santa María. 33 ha. www.caballero.es
Fundada em 1830, com um estoque de vinho dos duques de Medina, tem pertencido à família Caballero desde 1932, e agora é administrada por Don Luis Caballero. Todos os vinhos advêm de vinhedos próprios; as principais marcas incluem o fino Pavón e o *amontillado* Don Luis. O fino é a especialidade, feito da própria fórmula de Don Luis adicionando-se um pouco de vinho muito jovem ao vinho extraído da soleira. Don Luís é também o proprietário da Burdon e da Lustau (ver nesta página).

Croft ☆–☆☆☆
Jerez de la Frontera. 370 ha.
O comerciante (dessa empresa fundada em 1768) deu seu nome à divisão de Jerez da International Distillers e Vintners em 1970. Em 2001, a empresa foi adquirida pela González Byass (ver nesta página). O Rancho Croft, nos limites da cidade, é um imenso complexo de edifícios de estilo tradicional, que abriga a vinícola mais moderna e setenta mil barris. Uma pesquisa de mercado levou a empresa a lançar o primeiro Jerez creme, o Croft Original. O Croft Particular é um *amontillado* pálido, clássico e meio seco, e o Delicado, um fino verdadeiro.

Delgado Zuleta ☆☆–☆☆☆
Sanlúcar de Barrameda. www.delgadozuleta.com
Empresa familiar, fundada em 1744 e ainda independente. O vinho mais conhecido é o La Goya, um Manzanilla pasada. Outros vinhos incluem o *amontillado* Zuleta.

Pedro Domecq ☆☆–☆☆☆
Jerez de la Frontera. 1.050 ha. www.domecq.es
O mais antigo, maior, e um dos mais respeitados comerciantes, cuja empresa foi fundada em 1730 por famílias irlandesas e francesas, incluindo em sua história (como agente inglês) o pai de John Ruskin. Hoje é parte do império da Diageo. O falecido diretor da empresa, Don José Ignacio Domecq, é reconhecido no mundo inteiro, literal e figurativamente, como o "nariz" do Jerez. Os melhores vinhos são o fino suave La Ina; o Sibarita, um *palo cortado* velho, do qual menos de 400 caixas são lançadas a cada ano, e o Rio Viejo, um *oloroso* escuro, rico e seco. Pequenas quantidades de vinhos muito antigos são lançadas a cada ano, sob rótulos como o *Amontillado* 51-1A (idade média: 50 anos) e o Venerável PX.

Garvey ☆☆
Jerez de la Frontera. 500 ha. www.bodegasgarvey.com
Uma grande bodega, fundada em 1780 pelo irlandês William Garvey, que construiu o que por muitos anos se manteve como a maior bodega da Espanha: 170 metros (558 pés) de comprimento. É propriedade da família Ruiz-Mateos. Uma nova vinícola e novas bodegas foram construídas na periferia de Jerez. O San Patricio (em homenagem ao santo padroeiro da Irlanda), um fino cheio de sabor, é o seu Jerez mais conhecido. Outros incluem o *amontillado* Tío Guillermo, o *oloroso* seco Ochavico, e o Manzanilla La Lidia.

González Byass ☆☆–☆☆☆☆
Jerez de la Frontera. 820 ha. www.gonzalezbyass.es
Uma das maiores casas de Jerez, fundada em 1835 por Don Antonio González y Rodriguez, cujo agente de Londres, Robert Blake Byass, tornou-se seu sócio em 1863. A empresa ainda é dirigida quase totalmente pela família González. Seu Jerez mais conhecido é o fino mais vendido no mundo, o Tio Pepe, que é de excelente qualidade. La Concha *Amontillado*, os cremes São Domingos e Nectar são exportados para todo o mundo. Há uma gama de velhos Jerez gloriosos, incluindo o *Amontillado* del Duque e *oloroso* seco Apóstoles. Esta foi a primeira exportadora a liberar Jerez age-dated, começando em 1963. Faz também um dos vinhos Jerez de sobremesa, o Matusalém, e um surpreendente PX chamado Noë. Outros vinhos de interesse incluem o Jerez Croft (ver p. 422).

Harvey's ☆–☆☆
Jerez de la Frontera. 400 ha. www.domecq.es
A famosa exportadora Bristol foi fundada em 1796. Em 1822, o primeiro John Harvey ingressou na empresa. Agora faz parte da Allied-Domecq e, atualmente, Harvey trabalha em estreita colaboração com o seu parceiro de Jerez, Pedro Domecq (ver nesta página). A empresa tornou-se famosa como misturadores de Jerez "Bristol" doce, acima de tudo o Bristol Cream, agora a marca mais vendida do mundo, e um enorme negócio de exportação.

Hidalgo ☆☆☆
Sanlúcar de Barrameda. 200 ha. www.lagitana.es
Uma bodega pequena, fundada em 1792, ainda pertence e é gerida pela família Hidalgo. As principais marcas são o vibrante e espumoso Manzanilla La Gitana, o Jerez Cortado (um *palo cortado*), o *amontillado* seco Napoleon e o extraordinário Manzanilla Pasada Pastrana.

Emilio Lustau ☆☆–☆☆☆☆
Jerez de la Frontera. 170 ha. www.emilio-lustau.com
Fundada em 1896, e desde 1990 propriedade de Luis Caballero (ver nesta página), a companhia faz Jerez de boa qualidade sob o rótulo Solera Reserve. Eles incluem o raro *amontillado* Escuadrilla

e o *oloroso* seco Don Nuno. Todos os vinhos da própria bodega da Caballero são agora lançados sob o rótulo Lustau. Mas a glória da casa é a gama de raros vinhos Jerez *almacenistas*, de pequenos acionistas privados. Esses estoques foram desenvolvidos por famílias profissionais locais que vendiam seus vinhos a granel aos exportadores.

À medida que os exportadores implantaram seus próprios vinhedos, o papel dos *almacenistas* diminuiu, por isso foi uma ideia brilhante, por parte da Lustau em 1981, acondicionar e comercializar uma seleção desses vinhos artesanais excelentes. Eles vêm em todos os estilos, desde os mais delicados Manzanilla a uma gama de vinhos Jerez raros e envelhecidos, dos quais o Rare Dry *Oloroso* e o Amoroso são particularmente bons.

Marqués de Real Tesoro ☆☆
Jerez de la Frontera. www.grupoestevez.es
Uma empresa sonolenta que foi revigorada com novos investimentos em 1990. O novo proprietário, que também é o dono da Valdespino (ver nesta página), adquiriu a marca Tío Mateo dos Harveys e o desenvolveu em um fino de primeira classe. Bodega que merece atenção.

Osborne ☆☆–☆☆☆
Puerto de Santa Maria. 500 ha. www.osborne.es
Grande bodega familiar em expansão, que foi fundada em 1772, por Thomas Osborne Mann de Devon. A família hoje é totalmente espanhola e o título de Conde de Osborne foi criado pelo Papa Pio IX. Em 1872, Osborne assumiu a Duff-Gordon e ainda usa esse nome em determinados mercados. Entre suas marcas de Jerez estão o Quinta Fino, o Coquinero Fino *Amontillado* e o 10RF *Oloroso*. Os melhores vinhos Jerez são feitos pelo sistema de soleira e saem em número limitado sob o rótulo Rare, e como tal tem alto custo. Os Osborne são também grandes produtores de conhaque.

Rainera Pérez Marín ☆☆
Sanlúcar de Barrameda.
Pequena empresa, com Manzanilla de primeira classe, o La Guita, que é o primeiro Jerez neste estilo a imprimir a data de engarrafamento no contrarrótulo, um pedaço vital de informação para consumidores que procuram um vinho mais fresco.

Sanchez Romate ☆☆
Jerez de la Frontera. 60 ha. www.romate.com
Pequena e respeitada bodega, fundada em 1781 e ainda uma empresa independente. As marcas incluem o Fino Marizmeño, o *Amontillado* Non Plus Ultra (NPU) e Cardenal Cisneros PX.

Sandeman ☆☆–☆☆☆
Jerez de la Frontera. 360 ha.
www.sandeman.com
Grande comerciante de vinho do Porto e Jerez, fundada em Londres, em 1790, por George Sandeman, um escocês de Perth. Atualmente pertence à Sogrape, mas um descendente de David Sandeman é o presidente. Os métodos tradicionais usados produzem um bom Jerez fino, e a empresa mantém soleiras velhas para seus vinhos melhores, como o soberbo *palo cortado* Royal Ambrosante, e ultrarricos Royal Corregidor e Imperial Corregidor de sobremesa.

Terry ☆
Puerto de Santa María. www.domecq.es
Um nome que já foi famoso, agora pertencente à Harvey e, portanto, à Allied-Domecq. Terry ainda produz uma gama de Jerez padrão, mas hoje é mais conhecida por seus conhaques.

Valdespino ☆☆☆–☆☆☆☆
Jerez de la Frontera. www.grupoestevez.es
Muitos apreciadores de Jerez há muito consideram esta casa ultratradicional como a melhor produtora de Jerez de todas. Os vinhos eram inflexíveis, especialmente o *palo cortado* seco e rico (El Cardeal) e o *amontillado* (Tio Diego). O Coliseo era o *amontillado* dos aficionados: seco e adstringente, mas explosivo e intenso no sabor.

No entanto, em 1999, a empresa foi vendida ao Grupo Estevez. Nenhuma alteração foi feita na equipe de produção ou no estilo, e só podemos esperar que continue assim.

Valdivia ☆☆–☆☆☆
Jerez de la Frontera. 250 ha. www.bodegasvaldivia.com
Fundada, em 2003, por um magnata do cimento, a empresa foi vendida em 2008 para José Maria Ruiz-Mateos. Os Jerez, especialmente o *Oloroso* Sacramento, são de alta qualidade.

Williams & Humbert ☆☆–☆☆☆
Jerez de la Frontera. www.williams-humbert.com
Fundada em 1877 por Alexander Williams e o cunhado Arthur Humbert. Hoje a empresa faz parte do grupo Medina. Vinhedos em solos albariza em Carrascal, Balbaina e Los Tercios produzem bons vinhos. O mais conhecido é o Dry Sack, que tem o estilo de um *oloroso* leve e, apesar do nome, não é seco. Outras marcas são o Canasta Cream, o Walnut Brown, o A Winter's Tale, e o impressionante *palo cortado* Dos Cortados. No início de 2000, a empresa começou a liberar vinhos vintage raros e caros.

Wisdom & Warter ☆☆
Jerez de la Frontera. www.wisdomwarter.es
Wisdom e Warter, embora pareçam um atalho para Jerez barato, são os nomes dos dois ingleses que fundaram a companhia em 1854. Têm sido há muito uma subsidiária da González Byass, mas é administrada de forma independente. Os principais vinhos são o Fino Olivar, o *Amontillado* Palácio Real e o *palo cortado* Tizon.

As Ilhas Canárias

A produção de vinho varia de uma indústria caseira que despeja pequenas quantidades de excelente vinho feito de castas que já estão extintas há muito tempo na península, a vinícolas de grande escala com ambições reais no terreno das exportações. No entanto, mesmo a maior vinícola na maior DO (Bodegas Insulares em Tacoronte-Acentejo) admite que a falta de economia de escala nas ilhas, a sede eterna pelo comércio turístico, e o custo do transporte do vinho para a Europa continental estão dificultando os negócios no momento. Mas o mesmo costumava ser dito da Austrália e da Nova Zelândia, e têm havido grandes desenvolvimentos lá. Há sete ilhas principais e vinho DO é produzido em quatro delas, com vinhos campestres em algumas das outras. Três das DOs cobrem toda a ilha.

Abona (Tenerife) Zona DO no sudoeste da ilha, plantada com Listán Blanco, Listán Negro e Bastardo Negro. Vinhos leves em todas as três cores e de nenhuma importância para exportação.

El Hierro As primeiras videiras na ilha foram plantadas por um inglês, John Hill, em 1526. Hoje, existem três subzonas com vinhas plantadas em encostas íngremes de até 610 metros (2.000 pés) de altitude. Além de Listán, Negramoll, Pedro Ximénez e Verdello, também cultivam as raras Bujariego, Bremajuelo, Gual, Baboso e Mulata. Alguns vinhos de qualidade exemplar, especialmente os vinhos suaves e *rancios*, mas a quantidade é pequena demais para ser significativa.

La Gomera A mais recente das DOs, reconhecida em 2003, unindo doze bodegas. A principal uva branca é a Forastera, que predomina nos vinhedos. Seus vinhos têm potencial, com boa acidez. Eles raramente são vistos, já que a produção total é de cerca de 30 mil garrafas.

El Monte (Gran Canaria) A DO cobre toda a ilha, com produção concentrada no setor nordeste. Listán Negro é a variedade mais importante, embora uma ampla gama de outras variedades também seja cultivada. Gran Canaria é mais conhecida por seu vinho "tinto da montanha" de Listán.

Lanzarote Solos vulcânicos negros são a marca registrada desta ilha, com vinhas plantadas em buracos escavados para protegê-las dos ventos frequentes. A maior parte do cultivo é de Malvasia e o estilo doce, semifortificado é descendente do Canary-sack original, que ficou famoso na época de Shakespeare. Há vinhos secos feitos da mesma uva, bem como crescente produção de branco seco de Listán Blanco e Diego, e uma pequena quantidade de tinto e rosé.

La Palma A "Isla Bonita" é tão famosa por suas plantações de banana quanto pelo seu vinho. Suas três subzonas fazem desde vinhos rústicos e artesanais no norte até alguns exemplos respeitáveis no sul. As uvas são Malvasia, Listán, Bujariego, Gual, Verdello, Bastardo, Sabro e Negramoll e há vinhos nas três cores. Alguns envelhecidos em carvalho francês.

Tacoronte-Acentejo (Tenerife) A primeira e a maior DO das Ilhas Canárias abrange o noroeste de Tenerife e, entre todas as DOs das ilhas, é a que tem a maior chance de alcançar mercados de exportação. Há trinta bodegas na área fazendo bons tintos de Listán Negro e alguns brancos agradáveis, principalmente de Listán Blanco e Malvasia. A produção vem aumentando progressivamente desde que a DO foi concedida.

Valle de Güímar (Tenerife) É quase uma continuação dos vinhedos de Abona, chegando até a costa sudeste da ilha, principalmente com Listán Blanco para vinhos brancos de boa qualidade. Há uma pequena quantidade de rosé feito de Listán Negro e Moscatel doce.

Valle de la Orotava (Tenerife) Na costa noroeste, entre Tacoronte no norte e Ycod no sul, em um vale que corre do vulcão até o mar. Vinhos brancos e tintos leves e agradáveis são feitos aqui em quantidades mais ou menos semelhantes, com uma pequena quantidade de rosé. Castas: Listán Blanco e Negro.

Ycoden-Daute-Isora (Tenerife) Esta DO abrange o extremo oeste da ilha e leva o nome da cidade de Icod de los Vinos, local do famoso dragoeiro de 1.000 anos de idade. Principalmente Listán Blanco e Negro. Cerca de dois terços da produção são de vinho branco fresco e limpo. Há também tinto leve e rosé.

Principais produtores das Ilhas Canárias

El Grifo ☆☆
San Bartolomé, Lanzarote. 30 ha. www.elgrifo.com
A mais antiga bodega na ilha, fundada em 1775, e restabelecida em 1980. Os vinhos são principalmente brancos, incluindo um excelente Malvasía suave.

Viña Frontera ☆
Frontera. www.cooperativafrontera.com
Uma vinícola bem equipada, produzindo brancos frutados de Verijadiego e tintos de Listán Negro.

Bodegas Insulares Tenerife ☆☆
Tacoronte. www.bodegasinsularestenerife.es
Uma bodega com os mais modernos equipamentos e com espaço para expansão. Os melhores vinhos são o Viña Norte Tinto Maceración, feito de Listán Negro e Negramoll por maceração carbônica, e o Viña Norte Tinto Madera, feito das mesmas uvas, mas envelhecido em carvalho por quatro meses. Empresa líder de qualidade nas ilhas.

Cueva del Rey ☆☆
Icod de los Vinos.
Fascinante vinícola butique, dirigida por Fernando González, um professor de inglês com uma paixão pelos vinhos brancos. Ele tem uma pequena bodega equipada com tanques de fibra de vidro e diverte os visitantes com excelentes *tapas* e uma visita a seu museu. Seus vinhos, tanto os brancos quanto os tintos, estão entre os melhores da DO Ycoden.

Monje ☆☆
El Sauzal. 17 ha. www.bodegasmonje.com
Uma bodega pequena, porém admirada em Tacoronte-Acentejo. Os vinhos variam do Hollera Monje, obtido por maceração carbônica, ao Monje d'Autor, envelhecido em carvalho.

Portugal

Portugal, o país vinícola mais conservador da Europa, entrou decisivamente no Novo Mundo do vinho, felizmente sem abandonar seu estilo altamente original ou sua gama de castas autóctones. Portugal não faz Chardonnay e Cabernet. Você pode muito bem não ser capaz de pronunciar o que ele oferece, mas a cada ano que passa há mais razões para se investigar. Onde se costumava encontrar taninos duros e quase nenhuma fruta, produtores jovens com ideias modernas oferecem sabores de uva integrais e originais, em vinhos robustos e esplendidamente estruturados. As castas são um dos fatores que diferenciam Portugal da Espanha. O outro é o Atlântico. O clima português sente o mar ao seu lado.

Embora conservador, Portugal foi o primeiro país nos tempos modernos (e também nos antigos, quando pensamos no vinho do Porto) a inventar um novo estilo de vinho para exportação, e a conseguir isso de forma tão espetacular que se tornou uma das marcas mais vendidas do planeta. O vinho, se você não está lembrado, foi o Mateus Rosé. Com os seus concorrentes, este vinho ainda representa uma boa parte das exportações de vinhos de Portugal.

Em razão do tradicionalismo português, nem o estilo do Mateus e, de certa forma, nem o do Porto jamais se tornaram grandemente populares em seu país de origem. Com o rápido desenvolvimento de uma classe média urbana e uma sociedade de supermercado fora de Lisboa e Porto, o povo português está gradualmente passando para estilos mais internacionais de vinho. No entanto, isso não representa um atraso. Sua produção é grande o suficiente para colocá-lo em décimo lugar no *ranking* das nações produtoras de vinho, embora hoje menos vinho seja consumido no mercado doméstico. Os portugueses podem ser conservadores, mas foram os primeiros a estabelecerem o equivalente a um sistema nacional de *appellation contrôlée*: a primeira área a ser delimitada foi o Douro em 1756. Então, veio uma onda de demarcações, a partir de 1908, com o vinho verde. Portugal tinha limites, uvas, técnicas e normas legalmente definidos para todos os que eram então os seus melhores vinhos. Por vários anos, infelizmente, isso prejudicou muito o progresso, levando a uma imagem distorcida de onde os melhores vinhos estavam realmente sendo cultivados. Felizmente, grande parte da confusão sobre os limites regionais foi resolvida com a introdução da nova legislação, que coincide mais ou menos com a adesão de Portugal à União Europeia (UE). O país tem agora um sistema de denominações de quatro camadas, que é paralelo ao da França. Os melhores vinhos são classificados com o *status* de Denominação de Origem Controlada (DOC), das quais há trinta atualmente. Em seguida, há as quatro Indicações de Proveniência Regulamentada (IPR), que são as regiões que aguardam por um período de cinco anos antes de obterem a certificação DOC. Em 1992, oito vinhos regionais amplos foram introduzidos. A quarta distinção é a de vinhos de mesa, que cobre o resto. Durante o longo período em que o sistema regional estava desatualizado, muitas das melhores empresas de vinhos de Portugal passaram a usar nomes de marcas sem indicação de origem alguma. Hoje, os regulamentos insistem, no entanto, que todos os vinhos tenham a sua região de origem indicada no rótulo, a menos que sejam engarrafados como vinho de mesa, sem data de safra.

Outra peculiaridade portuguesa foi o predomínio de empresas comerciais sobre os produtores primários. Essa situação foi revertida. Incentivados pela disponibilidade de subsídios da UE, as propriedades individuais são agora as estrelas em ascensão. Os últimos 25 anos viram a ascensão das quintas: propriedades individuais que cultivam suas próprias uvas e fazem seu próprio vinho.

Embora costumasse haver relativamente poucas grandes propriedades produtoras de vinho fora do Douro, domaines cada vez maiores estão sendo criados, em especial nas regiões do sul, como Palmela, Alentejo e Ribatejo. Esporão é uma propriedade com 650 hectares de vinhedos. No entanto, Portugal ainda é uma terra de pequenas propriedades, com cerca de metade da sua produção levada para as inúmeras cooperativas do país. A maioria daqueles que tem vinho sobrando após fornecer para suas famílias e amigos, o vende a comerciantes. Muitos dos maiores e melhores comerciantes compram e engarrafam vinho de cada uma das principais áreas – mesmo assim, há pouca regionalidade nesse nível também.

Tradicionalmente, a prática portuguesa divide todos os vinhos em duas categorias: verde ou maduro, e estes nomes ainda são usados nas listas de vinhos de vários restaurantes. O vinho verde é vinho não envelhecido, e o uso do termo é agora legalmente limitado à província do Norte, o Minho. Os espumantes rosés logicamente se encaixariam nesta categoria. Maduro significa "envelhecido". Implica longo envelhecimento em barris (ou em cubas de cimento) e garrafas. Mas a divisão verde/maduro é cada vez mais tênue à medida que vinhos mais jovens, brancos e tintos, estão agora chegando ao mercado. A verdadeira virtude do vinho português feito à maneira tradicional é a sua estrutura, projetada para durar décadas, evoluindo do que poderia ser uma adstringência seca para uma textura mais satisfatória, quando a consistência é completada com uma suavidade aveludada, sem que a sensação de punho de ferro seja perdida. Seu defeito é a falta de sabor, e muitas vezes um aroma tímido demais para um vinho tão potente. Tais vinhos permanecem populares no mercado interno, mas a maioria das quintas e comerciantes mais arrojados está optando por um estilo mais moderno, que pode ser bebido jovem, mas que também é capaz de envelhecer em garrafa.

Um termo peculiar é usado para vinhos selecionados e prolongadamente envelhecidos. A palavra Garrafeira tem muito do significado de Reserva, mas com a implicação adicional de ser o melhor vinho "particular" do comerciante, envelhecido por alguns anos em barril e, posteriormente, em garrafa, para estar pronto para consumo imediato, quando vendido. O que é admirável sobre o cenário do vinho português é que os melhores produtores e cooperativas adotaram técnicas modernas de vinificação para garantir que os vinhos possam competir com o melhor do restante da Europa, enquanto permanece firmemente fiel às quinhentas variedades de uvas autóctones. Isso dá aos vinhos uma personalidade tremenda. Por outro lado, a combinação de regiões de origem obscura e variedades de uva desconhecidas tornou difícil a vida do apreciador de vinho moderno que não é português, e que tem enfrentado com algum sucesso sistemas semelhantes na França e na Itália, mas que tem tido um apetite limitado para enfrentar mais nomes e regiões de Portugal. Isso tem dificultado o desenvolvimento e a popularidade dos vinhos nos mercados internacionais.

Transportando vinho do Porto pelo rio Douro em um barco chato tradicional.

Regiões e estilos de vinho português

Os vinhos de Portugal (excluindo o Porto) estão descritos abaixo, progredindo geograficamente, tanto quanto possível, de norte a sul. Os títulos são os nomes das regiões reconhecidas oficialmente ou DOCs. Para vinho do Porto, ver pp. 419-425.

Vinho Verde & Minho

Esta região se estende até para o norte a partir da cidade do Porto, e para o leste, quase até Vila Real. Seu nome é sinônimo dos vinhos que produz: provavelmente a mais original e bem-sucedida contribuição de Portugal à adega de vinhos do mundo. O que é verde no vinho verde não é a sua cor (55% são tintos e o branco é que tem cor de água com limão), é o seu frescor absoluto, que parece brotar diretamente das pérgulas verdes onde cresce consorciado com milho e hortaliças.

Tradicionalmente, as videiras pendem em guirlandas de árvore em árvore, ou são dispostas sobre pérgulas de granito e vergas de castanheira. O cultivo de uvas bem acima do solo tem várias vantagens. Retarda o seu amadurecimento e produz o equilíbrio desejado entre doçura e acidez, neutraliza a tendência a doenças fúngicas em um clima frio e chuvoso e também possibilita o cultivo sob e entre as videiras. No entanto, os vinhedos modernos estão sendo dispostos em sistemas mais baixos (alguns dos melhores vinhos vêm de propriedades de vinhedo único), tornando a operação mais fácil de se mecanizar, bem como a produção de vinhos com maior maturidade e, portanto, maior apelo comercial no exterior.

O método tradicional de fazer o vinho verde é promover uma fermentação malolática ativa. O clima frio, as uvas cultivadas, e sua localização elevada resultam em níveis muito elevados de ácido málico. A conversão bacteriana natural do ácido málico em ácido lático tira a aspereza da acidez, e acrescenta a picância do seu subproduto, o CO_2. Em algumas pousadas, o vinho de garrafão não é diferente, muito seco, com gás, e com toques de cidra. Hoje, no entanto, apenas poucos vinhos são feitos à maneira tradicional, e quase nenhum vinho verde sofre fermentação malolática em garrafa, pois isso cria sedimentos. A grande maioria das vinícolas comerciais termina o vinho para completar a estabilidade das bactérias e, em seguida, o engarrafa com uma injeção de CO_2 para conseguir semelhante resultado. Este método também dá ao produtor a opção de adoçar o seu vinho (com mosto não fermentado), sem o perigo da refermentação. A secura total e sutileza distinta do "verdadeiro" vinho verde não é para todos os gostos, então muitos vinhos exportados são consideravelmente adocicados. Na versão tinta, fermentada com talos e tudo, ele adquire alto teor de taninos, fazendo uma bebida alarmantemente adstringente, que os estrangeiros raramente enfrentam uma segunda vez. As marcas dos comerciantes de vinho verde normalmente não especificam de qual parte da vasta região os vinhos são. Das nove sub-regiões, Amarante e Penafiel, na região do Porto, produzem a maior parte do vinho branco. Braga, o coração do Minho, tem tintos e brancos frescos de boa qualidade.

Lima, perto do rio de mesmo nome ao norte de Braga, especializa-se em tintos levemente mais encorpados. Melgaço e Monção, perto do rio Minho, na fronteira espanhola, no norte, são mais famosas por seu branco de variedade única, a Alvarinho, com o vinho mais caro (e mais alcoólico) da região, e apenas por cortesia, quando muito, fazem vinho verde. Alvarinho é suave e não espumante, por vezes, envelhecido em madeira e com suave perfume de damascos ou frésias, em vez de enérgico e picantemente frutado. É, em geral, engarrafado jovem, mas, ao contrário dos vinhos verdes comuns, ele pode ser envelhecido por dois a três anos em garrafa.

Transmontano

O Nordeste de Portugal, de Vila Real a Bragança, é em grande parte um planalto frio demais para a vinicultura prosperar. No entanto, os vinhos aqui são produzidos sob a DOC Trás-os-Montes. As uvas tintas são principalmente as encontradas no Douro. Vinho branco é minoria. A produção é dominada por co-operativas em Valpaços e Chaves, e os vinhos são raramente vistos fora de Portugal.

Douro

A mitologia do Douro relata que foi a qualidade terrível de seu vinho de mesa que obrigou os comerciantes a misturá-lo com conhaque e criar o vinho do Porto. Pode ter sido assim, mas, desde 1991, a região tem feito grandes progressos e hoje produz vinhos de mesa admiráveis, que, indiscutivelmente, estão entre os melhores de Portugal. A melhoria começou a acontecer quando os produtores perceberam que os bons vinhos de mesa precisavam ser feitos com uvas escolhidas, em vez de serem feitos com as uvas rejeitadas para o vinho do Porto. O Douro também fornece muitas famosas Garrafeira de comerciantes (reserva particular) e, no estilo do Barca Velha, um tinto à moda antiga, de estatura internacional, que é páreo para o Vega Sicilia da Espanha, de 160 km (100 milhas) mais acima no mesmo rio.

Beiras (Dão e Bairrada)

Beiras é uma região grande demais para possuir um caráter coeso. Por outro lado, contém duas DOCs que estão entre os vinhos mais conhecidos do país: Dão e Bairrada.

A região do Dão, centrada na antiga cidade de Viseu, a 80 km (50 milhas) ao sul do Douro, situa-se entre os campos com florestas de pinheiros nos vales de três rios, o Alva, o Mondego e o Dão, onde eles cortam montanhas de granito e solo arenoso. A grande maioria dos seus 20 mil hectares de vinhedos é plantada com uvas pretas (muitas das quais são comuns à região do Douro). Apesar do cuidado e da habilidade de vários comerciantes que o amadurecem, o perfil do tinto do Dão continua sendo o de um vinho muito seco, duro, e estranhamente desprovido de buquê ou persistência de doçura. Com as noites frias da região, nem sempre é fácil para as uvas atingirem a maturidade completa, de modo que os taninos podem ser bastante violentos. Mas os produtores e enólogos estão aprendendo a lidar com essas dificuldades, e a melhor seleção de locais e de uvas já está produzindo resultados impressionantes. A principal razão para a má imagem do Dão é que, até 1990, as cooperativas de dez locais tinham quase um monopólio sobre a produção. A União Europeia colocou um ponto final nisso. Houve, por muitos anos, apenas um vinho Dão que não era produzido por cooperativa no mercado, o Conde de

Santar. Ele já não goza da supremacia, porque agora há muitas quintas que fazem vinhos muito bons.

Depois que as cooperativas perderam o monopólio, vários produtores foram incentivados a comprar uvas e fazer seus próprios vinhos. A Sogrape está, provavelmente, na posição mais forte, tendo investido cerca de 4 milhões de libras em uma nova vinícola na Quinta dos Carvalhais. Os seus vinhos têm melhorado consistentemente. A substituição de variedades como a Tinta Roriz e a Baga por outras mais bem adaptadas, como a Touriga Nacional e a Alfrocheiro, também tem feito muito para melhorar a qualidade. No passado, o Dão era um vinho de mistura, mas hoje com um dos seus componentes, a Touriga Nacional, está sendo cada vez mais engarrafado como vinho varietal. Pode ser muito impressionante também.

Embora não tenha sido demarcado até 1979, cerca de setenta anos após a região do Dão, Bairrada é um rival real na qualidade de seus vinhos. O nome aplica-se a uma área entre o Dão e o Atlântico, ao norte de Coimbra, e ao sul do Porto, com os logradouros de Mealhada e Anadia como seus principais centros. Suas colinas baixas, de solo pesado, rico em calcário, têm quase a área de vinhedos que o Dão, e a mesma preponderância de uvas tintas (90%) sobre as brancas. Mas o clima é mais temperado, as variedades de uva são diferentes, e suas adegas mais individuais.

Duas uvas locais não encontradas em outros lugares têm qualidades extraordinárias. A Baga tinta é uma variedade de amadurecimento retardado, de tanino alto e ácida, que dá autoridade real e "corte" a uma mistura. Como a variedade dominante, ela precisa de envelhecimento de quinze a vinte anos, mas pode eventualmente atingir a fragrância de um clarete fino. A uva local branca aromática é a Bical, que parece ter um excepcional equilíbrio entre acidez e extrato, com notas de damascos, vigoroso e de sabor duradouro. Outra uva, a mais neutra Maria Gomes, constitui a base da indústria do vinho espumante de Bairrada, que agora tem alguns produtos muito saborosos.

Baga pode ser uma uva de excelente qualidade, mas não em toda a Bairrada. Desde 2003, as regras DOC foram alteradas para permitir que outras variedades sejam plantadas e empregadas nos vinhos. O mesmo acontece com os vinhos brancos, que agora podem conter variedades internacionais também. A consequência dessas mudanças é que, globalmente, a qualidade melhorou, mas à custa da perda de identidade regional. Os consumidores precisam saber aonde ir para encontrar um bom vinho Bairrada à base de Baga.

Outra DOC de interesse é a região de Lafões, no oeste mais úmido de Beira Alta. Ela só foi regulamentada recentemente e produz um vinho que é similar em estilo ao vinho verde.

Estremadura

A maior área de Lisboa, imediatamente ao norte da cidade, é a Estremadura, que, entre os seus 32 mil hectares, inclui três das quatro regiões vinícolas históricas. Carcavelos está mais próximo da extinção, com apenas um vinhedo remanescente: Quinta dos Pesos, que agora vende suas uvas para um padre local, que também trabalha como produtor de vinho; é um vinho de sobremesa, ou aperitivo leve, âmbar, aveludado, sem ser excessivamente doce, ligeiramente fortificado como um Verdelho ou um Bual Madeira com toques de nozes, macio e amanteigado.

Ouve-se falar mais de Bucelas, cujos 200 hectares de vinhedos de vinho branco localizam-se a 16 km (dez milhas) ao norte de Lisboa.

Apesar de sua proximidade com a capital, a região está vivendo um novo sopro de vida, produzindo alguns vinhos brancos secos vigorosos e perfumados da aromática casta Arinto.

Ainda mais se fala de Colares, não porque haja qualquer quantidade, mas sim porque é realmente original. Seus vinhedos são impossíveis de se mapear, espalhados pelas dunas de areia da costa atlântica a oeste de Lisboa, entre Sintra e o mar. Cultiva-se a casta Ramisco: uma pequena uva azul-escura, cuja casca grossa poderia tingir a pele de uma vaca. Cultivadas em areia pura (as plantas têm que ser plantadas no fundo de poços profundos, que são preenchidos progressivamente), faz um vinho extremamente escuro e adstringente. Há também um Colares branco baseado em Malvasia. A enxertia é desnecessária – a filoxera é anulada pela areia. A produção está diminuindo.

A Estremadura é o lar de algumas cooperativas gigantes, como a Arruda e a São Mamede de Ventosa, bem como produtores menores e de qualidade, incluindo a Quinta de Abrigada e a Quinta de Pancas, perto de Alenquer. Na verdade, Alenquer é a sub-região que atualmente mostra o maior potencial. Óbidos é mais conhecida por seus vinhos espumantes. Existe a probabilidade de que o nome da região seja alterado para Lisboa.

Ribatejo

A área a nordeste de Lisboa, onde Wellington realizou as famosas batalhas de Torres Vedras, é atualmente uma grande DOC. A partir daí para o leste até as margens do Tejo além de Santarém, o Ribatejo costumava ser vinho campestre popular. Por tudo isso, é uma boa fonte de vinho, e tem atraído o interesse de uma nova geração de vinicultores jovens. É também uma das poucas regiões em Portugal a cultivar quantidades comerciais de castas internacionais, incluindo Cabernet Sauvignon, Merlot e Chardonnay.

Terras do Sado

Do outro lado do Tejo, entre a ponte e Setúbal, no outro lado da península Arrábida, encontra-se uma região com cerca de 20 mil hectares de vinhedos, divididos entre vinho tinto simples e bom e o suntuosamente aromático Muscat de Setúbal, um vinho fortificado com dezessete graus de álcool no mínimo. Foi, aparentemente, a criação da firma de José María da Fonseca (ver p. 417) de Azeitão, que originalmente tinha um quase monopólio na área (agora existem outros produtores, entre os quais a JP Vinhos é a líder).

O Setúbal feito dessa forma é semelhante a um *vin doux naturel* (vinho naturalmente doce), sua fermentação é interrompida pela adição de destilado, em que as cascas das uvas Muscat, muito aromáticas, são maceradas para dar-lhe a fragrância precisa de um vinho de sobremesa maduro. O vinho é envelhecido em barris e bebido sem posterior envelhecimento em garrafa (embora isso não importe), ou com seis anos (quando ainda é incrivelmente fresco e frutado) ou com 25 ou mais (quando já assumiu notas mais picantes de fragrância – observei folhas de gerânio – e desenvolveu o tom de tabaco e a textura acetinada de um Porto tawny fino).

A DOC Setúbal mais ou menos se sobrepõe à DIC Palmela, que produz principalmente vinhos tintos da uva Castelão, e alguns brancos da uva Fernão Pires. O vinho regional permite maior flexibilidade e muitas variedades internacionais estão aparecendo.

Alentejo

A vasta área ao sul do Tejo foi "descoberta", no que se refere a vinho, recentemente, no início da década de 1990. Suas colinas marrons estão cobertas de sobreiros (*Quercus suber*) escuros que fornecem ao mundo as rolhas de cortiça de melhor qualidade. A região do Alentejo como um todo tem visto uma melhora muito marcante, desde a década de 1990, na qualidade dos seus vinhos, enquanto certas subáreas são agora reconhecidas por fazer os melhores vinhos, nomeadamente Reguengos (lar da Esporão e da José de Sousa), Redondo, Évora (Cartuxa é a líder) e Borba na direção de Elvas (famosa pelas conservas de ameixas). Borba tem uma boa cooperativa e a Quinta do Carmo fica dentro de seus limites.

A Herdade do Mouchão e a Tapada do Chaves em Portalegre estão fazendo vinhos que podem se sobressair. As variedades tradicionais, tais como a Aragonez e a Trincadeira são valorizadas aqui, e quase todos os bons vinhos são tintos: os verões aqui são escaldantes. O potencial do Alentejo também não se perdeu com os grandes comerciantes. A Caves Aliança tem investido em Borba, e a Sogrape, em Vidigueira. Estas regiões são praticamente vizinhas da Extremadura espanhola, e, como resultado, seus vinhos são proporcionalmente elevados em álcool.

Algarve

Os vinhos demarcados do Algarve na costa sul são igualmente ricos em álcool, única característica porém que esta região partilha com o Alentejo. As cooperativas costumavam dominar, mas apenas uma permanece no negócio. As poucas propriedades privadas estão se mostrando mais bem-sucedidas em agradar ao gosto dos golfistas e turistas da região. Há, surpreendentemente, quatro DOCs, mas elas são em sua maioria moribundas. No início de 2000, o cantor Cliff Richard procurou conferir o brilho muito necessário ao Algarve por meio de um vinho chamado Vida Nova de sua propriedade lá.

Rosé português

O sucesso fabuloso do Mateus e posteriormente dos rosés meio doces, meio frisantes, foi conseguido pela aplicação da ideia (não da técnica tradicional) do vinho verde nas uvas tintas de uma região onde o vinho não tinha reputação especial: as colinas ao norte do Douro em volta da cidade de Vila Real. Não importava que essa não fosse uma região demarcada, pelo contrário. Isso significava que quando as uvas locais acabavam, o suprimento podia ser encontrado em outras áreas. Hoje, os rosés são feitos de uvas de quase qualquer lugar de Portugal. As principais áreas produtoras de vinho rosé são a Bairrada e a península de Setúbal, ao sul de Lisboa. É um processo, então, e não uma identidade regional que caracteriza esses vinhos. Eles são feitos com um curto período de contato com a casca após o esmagamento para extrair o tom rosa necessário, e aí são fermentados como vinho branco. A fermentação é interrompida quando cerca de dezoito gramas de açúcar por litro da uva original permanecem intactos; neste ponto, é engarrafado, com a adição de CO_2 sob pressão.

Principais produtores do Minho

Quinta da Ameal ☆☆
Ponte de Lima. 12 ha. www.quintadoameal.pt
Uma propriedade orgânica escrupulosamente dirigida fazendo excelentes vinhos, acarvalhados e não acarvalhados, a partir da uva Loureiro. Arinto encorpado também.

Quinta da Aveleda ☆–☆☆☆
Penafiel. 160 ha. www.aveleda.pt
Anualmente, esta propriedade produz 1 milhão de caixas das marcas mais famosas de vinho verde: o Casal Garcia e o Aveleda são ambos meio secos. O Quinta da Aveleda é um vinho mais tradicional, totalmente seco. Há também vinhos de sucesso de Touriga Nacional, que aparecem sob o rótulo Aveleda, embora as uvas sejam provenientes da propriedade dos donos em Bairrada.

Adega Cooperativa Regional de Monção ☆☆
Mazedo. 1.000 ha. www.adegademoncao.com
Uma grande cooperativa que, todavia, mantém padrões elevados. É famosa por seu puro Alvarinho Deu La Deu, feito em duas versões, com ou sem carvalho.

Quinta de Covela ☆☆
São Tomé de Covelas. 30 ha. www.covela.pt
A propriedade biodinâmica de Nuno Araújo não produz vinho verde, mas concentra-se em intrigantes brancos a partir de Avesso e Chardonnay, e tintos que misturam Touriga Nacional e variedades de Bordeaux.

Paço de Teixeiró ☆
Teixeiró. 12 ha. www.pacodeteixeiro.pt
Miguel Champalimaud da Quinta do Côtto também possui esta pequena propriedade que produz um vinho branco de confiança de Avesso e Loureiro.

Quinta de Soalheiro ☆☆☆
Melgaço. 10 ha. www.soalheiro.com
Um pequeno, mas extraordinário produtor de um único vinho verde da uva Alvarinho.

Principais produtores do Transmontano

Casal de Valle Pradinhos ☆☆
Macedo de Cavaleiros. 30 ha.
O vinho superior aqui é o Valle Pradinhos, que mistura variedades tradicionais do Douro com Cabernet Sauvignon para dar um vinho rico, profundo e tânico.

Quinta do Sobreiró de Cima ☆
Valpaços. 40 ha. www.q-sobreirodecima.com
A produção só começou nesta propriedade em 2001. O vinho branco é principalmente Verdelho, enquanto os tintos são feitos de Touriga Nacional e outras variedades.

Principais produtores do Douro

Domingos Alves e Sousa ☆☆–☆☆☆☆
Santa Marta de Penaguião. 110 ha. www.alvesdesousa.com
Pequeno produtor treinado em Bordeaux, com cinco propriedades na sub-região de Baixo Corgo do Douro, que agora está fazendo alguns vinhos tintos (Porto) de primeira qualidade de uvas locais (Porto). O Quinta da Gaivosa envelhecido em carvalho é rico e concentrado para ser mantido; a Quinta do Vale da Raposa produz uma gama de vinhos de uma única variedade, bem como um Grande Escolha pouco acarvalhado, em safras excepcionais. A qualidade aqui é o resultado de vinificação escrupulosa e riqueza de recursos naturais – videiras muito velhas.

Chryseia ☆☆☆
Régua. www.chryseia.com
Um triunfante empreendimento conjunto entre Bruno Prats, antigo proprietário do Château Cos d'Estournel e a família Symington. A primeira vindima foi em 2000, e o vinho foi feito exclusivamente a partir de castas tradicionais do Douro. Força elegantemente equilibrada. O segundo rótulo é o Post Scriptum.

Quinta do Côtto ☆☆–☆☆☆
Cidadelha. 60 ha. www.quinta-do-cotto.pt
Baseada em uma magnífica mansão do século XVIII, esta propriedade era especializada em vinhos de mesa do Douro antes de se tornar moda fazer isso. Miguel Champalimaud, o proprietário, também produz Porto (ver p. 419), mas é menos consistente que o seu vinho tinto. O *cuvée* superior é o Grande Escolha.

Quinta do Crasto ☆☆–☆☆☆
Sabrosa. 70 ha. www.quintadocrasto.pt
Propriedade familiar bem localizada no Douro, fazendo alguns vinhos Douro não fortificados inspiradores, além de vinho do Porto. Ela conseguiu domar os taninos duros que estragam tantos vinhos tintos do Douro, e seu sucesso é visível em um vinho frutado jovem e também em um Reserva encorpado. Recentes adições à gama incluem um Touriga Nacional, o tremendo Vinha Maria Teresa pouco acarvalhado, e o Xisto, um vinho menos extraído feito em colaboração com Jean-Michel Cazes da Château Lynch-Bages.

A. A. Ferreira ☆☆
Vila Nova de Gaia. www.sogrape.pt
Barca Velha, lançado pelo produtor de Porto Ferreira na década de 1950, rapidamente se estabeleceu como o vinho tinto de maior prestígio de Portugal. As uvas, principalmente Tinta Roriz, eram cultivadas na Quinta do Vale do Meão (ver p. 416) e pisadas em lagares de pedra grande, rendendo cerca de 4 mil caixas por ano. O Barca Velha só era lançado nas melhores safras, enquanto safras inferiores eram desclassificadas para o Ferreirinha Reserva Especial. No entanto, em 1999, a quinta foi vendida, privando Ferreira de suas melhores uvas. Quinta de Leda é agora a principal fonte. Propriedade da Sogrape (ver p. 419) desde 1987.

Niepoort ☆☆☆–☆☆☆☆
Oporto. 43 ha. www.niepoort-vinhos.com
De origem holandesa, esta empresa familiar de comerciantes de vinho do Porto é dirigida por Dirk Niepoort. Redoma é o nome dado para o seu monumental tinto Douro, e para um poderoso branco acarvalhado de videiras velhas. Em 1999, Niepoort adicionou o Batuta, um tinto igualmente intenso de vinhas de muito baixo rendimento, e envelhecido principalmente em carvalho novo. Eles estão agora entre os vinhos secos mais impressionantes de Portugal. Com uma energia incansável, Niepoort continua adquirindo propriedades pequenas e parcelas a partir das quais ele produz um crescente portfólio de vinhos de mesa de caráter e individualidade extraordinários, e

geralmente evitando os estilos generalizadamente acarvalhados que estão dominando a região.

Pintas ☆☆☆
Pinhão. 2 ha.
Um casal de ilustres viticultores do Douro que têm, desde 2001, feito um vinho excelente e poderoso, com notas de ameixa, do vinhedo do Vale de Mendiz. Em 2004, eles adicionaram um vinho branco igualmente notável, chamado Guru, feito de variedades locais como Viosinho.

Quinta do Portal ☆☆
Sabrosa. 100 ha. www.quintadoportal.pt
Uma grande empresa produtora de vinho do Porto e de vinho de mesa a partir de várias quintas no Douro. O Reserva e Grande Reserva podem ser excelentes, e o Frontaria branco, de Gouveio e Malvasia, é barato e único, com enérgicas notas de damasco.

Ramos Pinto ☆☆–☆☆☆
Vila Nova da Gaia. 210 ha. www.ramospinto.pt
Sob a direção de João Nicolau d'Almeida, a Ramos Pinto foi uma das primeiras casas de vinho do Porto a lançar vinhos de mesa sob o rótulo Duas Quintas. Mistura proveniente de duas quintas, a Bom Retiro e a Ervamoira, os vinhos (especialmente os Reserva) são sólidos e atraentes. Um vinho de uma única propriedade, a Quinta dos Bons Ares, combina a uva local Touriga Nacional (80%) com Cabernet (20%). Embora a família continue a gerir a propriedade, ela agora pertence à Champagne Louis Roederer.

Quinta de Roriz ☆☆–☆☆☆
Pinhão. 42 ha. www.quintaderoriz.com
Uma propriedade de vinho do Porto venerável, agora em parceria com a família Symington. Além deste, eles fazem agora vinhos de mesa de primeira classe de uvas locais.

Quinta de la Rosa ☆☆
Pinhão. 55 ha. www.quintadelarosa.com
A família Bergqvist possuiu esta propriedade há mais de um século, e permanece no comando. Boa variedade de vinho do Porto é produzida e engarrafada na quinta, assim como vinhos do Douro – os melhores levam o nome da propriedade –, e uma segunda linha, Vale de Clara, a partir de uvas adquiridas.

Quinta do Vale Dona Maria ☆☆☆
Ervedosa do Douro. 21 ha. www.quintavaledonamaria.com
Cristiano van Zeller é um dos produtores mais dinâmicos e versáteis do Douro, e, depois que vendeu a Quinta da Noval, em 1993, revitalizou uma propriedade pertencente à família de sua esposa. Há bons Porto, é claro, mas o vinho de mesa é esplêndido: uma mistura poderosa e ricamente acarvalhada de castas do Douro. Alguns vinhos de vinhedo único, como o Casa de Casal de Loivos, vem sendo feitos em quantidades mínimas.

Barris de vinho do Porto, adega Niepoort, Vila Nova de Gaia.

Quinta do Vale Meão ☆☆☆–☆☆☆☆
Vila Nova de Foz Côa. 87 ha.
Esta propriedade histórica fazia parte dos vinhedos Ferreira até a sua venda, em 1999, para um ex-presidente da empresa, Francisco Olazabal. As uvas do lendário Barca Velha, de Ferreira, eram cultivadas aqui, mas agora elas são usadas para o próprio vinho tinto da Quinta, um superastro do Douro pouco acarvalhado. Outras propriedades incluem: Brunheda (Tua), Quinta do Fojo (Sabrosa), Lavradores do Feitoria (Sabrosa), Poeira (Pinhão) e Quinta do Vallado (Peso da Régua).

Principais produtores de Beiras

Boas Quintas ☆☆
Mortágua. 10 ha. www.boasquintas.com
Embora tenha sido fundada em 1991, a Boas Quintas tem uma abordagem tradicional, trabalhando apenas com variedades locais. Os melhores vinhos são engarrafados com o rótulo Quinta da Fonte de Ouro.

Palace Hotel do Buçaco ☆–☆☆
Mata do Bussaco. 3 ha. www.almeidahotels.com
Nas adegas desse hotel extravagante, amadurece um dos vinhos mais incomuns na Europa. Os vinhedos do hotel estão perto de Curia, na região da Bairrada, e uvas típicas são cultivadas. O tinto é pisado em lagares de pedra, enquanto o branco tornou-se mais moderno no estilo, sendo fermentado em barricas novas. Os vinhos, que estão disponíveis apenas para o grupo Almeida de hotéis, são oferecidos em safras com décadas de idade. As melhores safras (por exemplo, branco: 1985, 84, 66, 65, 56; tinto: 82, 78, 70, 63, 60, 58, 53) têm um lado requintado na qualidade; outras safras apresentam oxidação.

Dão Sul ☆☆
Carregal do Sal. 90 ha. www.daosul.com
Uma empresa que, embora baseada no Dão, trabalha em estreita colaboração com os produtores de outras regiões. Consequentemente, a gama é extremamente variada, mas a vinificação é perita, resultando em vinhos eminentemente bebíveis, modernos e equilibrados. Os rótulos incluem o Quinta de Cabriz e o Quinta do Encontro, em Bairrada.

Quinta da Foz de Arouce ☆☆–☆☆☆
Foz de Arouce. 15 ha. www.fozdearouce.com
O proprietário João Osório teve a sorte de sua filha casar com o perito produtor João Portugal Ramos (ver p. 418), que faz os seus vinhos. Apesar de não ser na Bairrada em si, a uva principal da propriedade é a Baga, que dá um vinho denso e profundo.

Filipa Pato ☆☆
Amoreira da Gândara. www.filipapato.net
A filha de Luis Pato (ver nesta página), Filipa Pato ganhou experiência internacional antes de retornar à sua região natal. Ela é especializada em intrigantes misturas de variedades portuguesas apenas, provenientes de regiões da Bairrada e do Dão, bem como vinhos de vinhedo único, na gama Lokal.

Luis Pato ☆☆☆
Amoreira da Gândara. 65 ha. www.luispato.com
Luis Pato começou a fazer seus próprios vinhos em 1980, e desde então se estabeleceu como um dos principais produtores independentes de Portugal. Ele depende muito da uva Baga local,

monitorando continuamente o seu desempenho em vários e diferentes solos. Isso resultou em dois excelentes vinhos de vinhedo único: O Vinha Pan e o Vinha Barrosa; este último feito de videiras muito antigas e de baixo rendimento. Todos os seus vinhos tintos superiores são envelhecidos em carvalho francês. Os altos taninos e a acidez os tornam candidatos a um longo envelhecimento.

Pato passou muitos anos experimentando no vinhedo e na vinícola, resultando em considerável variação no estilo de uma safra para outra. Em 1994, ele lançou o notável Quinta de Ribeirinho Pé Franco, um tinto de produção limitada feito a partir de vinhas Baga não enxertadas, de rendimento incrivelmente baixo. Seus atraentes vinhos brancos secos originam de variedades locais: Arinto, Cerceal e Cercealinho. Há também um branco de variedade única de Bical, chamado Vinha Formal. Pato tem também uma pequena quantidade de Cabernet Sauvignon e Touriga Nacional em seus vinhedos, que geralmente mistura com uvas Baga.

Em 2001, ele deixou formalmente a DOC Bairrada para se libertar de entraves burocráticos.

Quinta de Pellada.
Ver Quinta de Sães nesta página.

Quinta dos Roques ☆☆–☆☆☆
Abrunhosa do Mato. 75 ha.
Uma propriedade familiar que se concentra firmemente nas variedades locais, com o célebre consultor Rui Reguinga dando suporte à vinificação desde 2002. Tintos sérios de Touriga Nacional e Jaen têm definido o ritmo para o futuro da região do Dão. Em 1997, a família comprou uma segunda propriedade, cujo vinho é engarrafado separadamente, chamado Quinta das Maias.

Quinta de Sães ☆☆–☆☆☆
Seia. 45 ha.
Pequena propriedade na região do Dão, pertencente a Álvaro de Castro. Os tintos e brancos de uvas, na maioria locais, são refinados e sofisticados. O vinho superior é o Carrocel, que é envelhecido em barricas por até dezoito meses. Castro também possui outra propriedade no Dão, a Quinta de Pellada.

Casa de Saima ☆☆–☆☆☆
Sangalhos. 18 ha.
Uma propriedade tradicional na Bairrada, com o produtor Rui Moura Alves fazendo excelentes vinhos tintos e brancos, principalmente a partir das castas locais Baga e Bical, respectivamente. Seus Garrafeira tintos, pisados em lagares, são vinhos Baga clássicos que envelhecem bem.

Caves São João ☆☆
Avelás de Caminho. 25 ha. www.cavessojoao.pt
Família de produtores com propriedade no coração da região de Bairrada, usando uvas compradas de produtores locais, bem como de seus próprios vinhedos. Dois irmãos, Alberto e Luis Costa, envelhecem, misturam e engarrafam alguns dos vinhos tintos mais impressionantes de Bairrada e da região vizinha do Dão. Engarrafados, respectivamente, com os rótulos Frei João e Porta dos Cavaleiros, os Reserva, ostentando um rótulo de cortiça, têm grande profundidade e potencial de envelhecimento. A empresa lançou recentemente um vinho baseado em Cabernet chamado Quinta do Poço do Lobo, com uvas de seu próprio vinhedo. Seus Bairrada brancos estão entre os melhores da região.

Principais produtores de Estremadura

Fundação Oriente ☆–☆☆
Colares. 9 ha.
Uma fundação de caridade que assumiu o desafio corajoso de reviver os vinhos de Colares, tanto brancos como tintos. A primeira safra foi em 2004.

Quinta do Monte d'Oiro ☆☆–☆☆☆
Freixial de Cima, Alenquer. 15 ha.
www.quintadomontedoiro.com
José Bento dos Santos não acredita em fórmulas, e seus vinhedos contêm variedades do Rhône, bem como locais. Os vinhos combinam a intensidade do norte com o maior corpo do sul do Rhône.

Quinta de Pancas ☆☆–☆☆☆
Porto de Luz, Alenquer. 50 ha. www.quintadepancas.pt
Esplêndida quinta do século XVI ao norte de Lisboa. Algumas das primeiras vinhas Cabernet Sauvignon de Portugal foram plantadas e vinificadas aqui. Os brancos incluem um delicioso vinho feito da casta Arinto (Quinta de Dom Carlos) e um Chardonnay suave e tostado. Os melhores tintos são varietais caros de Cabernet Sauvignon, Tinta Roriz e Touriga Nacional.

Casa Santos Lima ☆–☆☆
Aldeia Galega da Merceana. 180 ha. www.casasantoslima.com
A propriedade está dentro da DOC Alenquer, mas os vinhos usam uma denominação regional. Com quase toda a produção exportada, a qualidade e o estilo variam de acordo com os importadores individuais. O vinho superior é o Touriz, facilmente decodificado como uma mistura das variedades Touriga e Roriz.

Caves Velhas ☆–☆☆
Bucelas. 10 ha. www.cavesvelhas.pt
Esta propriedade mantém viva a chama de Bucelas, oferecendo vinho em diversas manifestações, incluindo o Quinta da Boição pouco acarvalhado.

Principais produtores do Ribatejo

Quinta de Alorna ☆–☆☆
Almeirim. 200 ha. www.alorna.pt
Esta propriedade trabalha principalmente com variedades locais, embora a Cabernet Sauvignon também receba atenção. A maioria dos vinhedos são colhidos com máquinas e os vinhos são francamente comerciais, bem feitos, mas raramente atingindo grandes alturas.

Quinta do Casal Branco ☆☆
Almeirim. 140 ha. www.casalbranco.com
A primeira colheita engarrafada aqui foi em 1990, e, em 2003, a vinícola foi modernizada. Existem inúmeras gamas, como Cork Grove e Capucho, a última consistindo de variedades tintas de Bordeaux. Os melhores vinhos tintos e brancos aparecem sob o rótulo Falcoaria.

Falua ☆☆
Almeirim. 65 ha. www.falua.net
Desde 2000, Falua tem sido a base em Ribatejo do produtor do Alentejo João Portugal Ramos, em parceria com seu cunhado, Luís de Castro. As uvas são provenientes de seus vinhedos próprios, bem como de produtores terceirizados, e os vinhos, de variedades portugueses e franceses, são frescos e impecavelmente feitos. A gama principal é a Tagus Creek, e há um rótulo prestige chamado Conde de Vimioso.

Quinta da Lagoalva de Cima ☆☆
Alpiarça. 45 ha. www.lagoalva.pt
O avô dos irmãos Campilho, que possuem esta grandiosa propriedade em Ribatejo, já foi embaixador em Londres. Foi na Lagoalva que o primeiro Syrah de Portugal foi produzido, embora a maioria dos vinhos seja feita a partir de variedades locais, tais como Castelão, Touriga Nacional e a branca Arinto. A qualidade é boa, e os vinhos têm bem-vinda elegância.

Principais produtores das Terras do Sado

Adega Cooperativa de Palmela ☆
Palmela. 1.300 ha. www.acpalmela.pt
Uma cooperativa de grande porte que domina a região de Palmela. A gama é enorme, mas o melhor tinto de Palmela é engarrafado sob o rótulo Villa Palma.

José María da Fonseca ☆☆☆
Azeitão. 700 ha. www.jmf.pt
Fundada em 1834, esta é uma das principais empresas de vinhos em Portugal, dirigida por dois irmãos, Antônio e Domingos Soares Franco, descendentes do fundador. Fonseca é famoso por seu superlativo Setúbal fortificado, mas a quantidade produzida é mínima em comparação com a sua gama de vinhos tintos.

Periquita é o mais conhecido, feito de uma mistura de uvas locais de mesmo nome (agora conhecidas em Portugal como Castelão), Quinta da Camarate é uma mistura madura e com toques de cassis de Castelão, Cabernet e Touriga Nacional, e o José de Sousa Reserva do Alentejo é uma boa e picante mistura de uvas locais, fermentada em grandes ânforas de barro. Também possui uma vinícola no Dão, onde engarrafa a marca Terras Altas. Outros vinhos incluem Garrafeira, codificadas por letras (como RA ou TE) para indicar a origem ou a mistura de uvas, e uma gama de castas internacionais, como Sauvignon Blanc e Syrah, sob o rótulo Colleccion Privada.

Principais produtores do Alentejo

Azamor ☆
Ciladas. 27 ha. www.azamor.com
Propriedade pertencente a um casal, marido português e esposa inglesa, cuja primeira colheita foi em 2003, e que emprega o enólogo de Barossa, Tim Smith, como consultor. Os primeiros lançamentos eram um pouco gelatinosos, mas a propriedade promete.

Adega Cooperativa de Borba ☆–☆☆
Borba. 2.200 ha. www.adegaborba.pt
Uma das cooperativas mais progressistas de Portugal encontra-se nas proximidades da pequena cidade de Borba. Além de utilizar variedades locais, tais como Aragonez e Alicante Bouschet, a vinícola tem a felicidade de usar variedades não regionais, como Touriga Nacional e Syrah em suas misturas. Os vinhos são bem feitos, especialmente considerando-se as proporções da operação.

Quinta do Carmo ☆☆
Borba. 150 ha. www.quintadocarmo.pt
Esta propriedade do Alentejo, que já pertenceu à família Bastos, é agora propriedade dos Rothschild da Château Lafite-Rothschild e do magnata Português José Berardo. Os vinhedos utilizados são dominados por Alicante Bouschet, o que resultava em vinhos muito duradouros, mas os novos proprietários têm reduzido a proporção para produzir um vinho que pode ser mais elegante, mas que ainda não tem a solidez das safras do passado. Das propriedades famosas do Alentejo, esta é a que apresenta a menor tipicidade. Ver também Dona Maria nesta página.

Dona Maria ☆☆–☆☆☆☆
Estremoz. 72 ha. www.donamaria.pt
A propriedade ancestral de Júlio Bastos, a Quinta do Carmo, foi vendida ao grupo Lafite-Rothschild em 1988, mas depois de várias transações, ele foi capaz de retornar triunfantemente para casa e construir uma nova vinícola. Como a marca Carmo já não lhe pertence, ele escolheu um nome diferente para seus vinhos, que incluem misturas tradicionais sob o rótulo Dona Maria, e uma mistura de variedades francesas, chamada Amantis. Há também uma Garrafeira em homenagem aos grandes vinhos da Carmo no passado.

Fundação Eugenio de Almeida – Herdade de Cartuxa ☆–☆☆☆
Evora. 200 ha. www.cartuxa.pt
Esta imensa propriedade do Alentejo, gerida como um fundo de caridade, fica perto da cidade de Évora. A seleção bastante rigorosa faz com que o rótulo principal da fundação, o Cartuxa, seja um tinto sedoso, mas as melhores uvas Trincadeira e Aragonez são reservadas para o Pêra Manca, que rapidamente se estabeleceu como um dos principais vinhos de Portugal, lançado apenas em anos superiores. Tintos fazem muito mais sucesso do que os brancos, embora o Pêra Manca branco também possa ser magnífico. O restante da produção da propriedade é engarrafado como vinho regional, ou vendido a uma cooperativa local.

Cortes de Cima ☆☆–☆☆☆
Vidigueira. 105 ha. www.cortesdecima.pt
A primeira safra desta propriedade foi em 1996, e ela fez seu nome com a liberação de um Syrah não autorizado chamado, apropriadamente, Incognito. Ele continua sendo o vinho mais conhecido, mas o Reserva e Aragonez varietal são igualmente ricos e elegantes.

Herdade do Esporão ☆–☆☆☆
Reguengos de Monsaraz. 650 ha. www.esporao.com
A enorme propriedade Esporão, perto de Reguengos de Monsaraz, no Alentejo, pertence à empresa chamada Finagra. Plantados na década de 1970, os vinhedos são complementados por mais 500 hectares pertencentes a produtores terceirizados. A Esporão teve um começo de vida cheio de altos e baixos, mas sob a astuta gestão do proprietário, o financista José Roquette, o investimento agora está dando lucro. Esporão é o rótulo principal, mas Monte Velho é uma marca de enorme sucesso em Portugal. Os vinhos varietais Reserva e Private Selection são os mais excitantes. Muito do crédito pelo sucesso de Esporão é devido ao enólogo australiano David Baverstock.

Herdade dos Grous ☆☆
Beja. 70 ha. www.herdadedosgrous.com
Uma propriedade alemã que faz vinhos tintos muito elegantes de variedades portuguesas e uma pitada de Syrah.

Herdade do Mouchão ☆☆☆–☆☆☆☆
Sousel. 38 ha.
Propriedade muito incomum, cujos ótimos vinhos tintos dependem fortemente do baixo rendimento das uvas Alicante Bouschet para a cor e estrutura. Quando Mouchão está em forma, é o Alentejo no seu melhor: vinhos robustos, de longa duração, com um final longo e apimentado. Em safras excepcionais, um engarrafamento prestige chamado Tonel 3-4 é liberado – ainda mais imponente que o já pesado Mouchão regular.

João Portugal Ramos ☆☆–☆☆☆
Estremoz. 140 ha. www.jportugalramos.com
Este produtor dinâmico fez seu nome como consultor de muitas das melhores propriedades de Portugal, bem como para cooperativas interessadas em melhorar a qualidade de seus vinhos. Em 1999, ele construiu uma vinícola moderna, na qual produz sua própria gama de vinhos de seus próprios vinhedos e de outros terceirizados. Seus vinhos são marcados por fruta vibrante, carvalho delicado e equilíbrio impecável. Os mais atraentes são o Vila Santa, uma mistura de variedades locais, e o suntuoso Marqués de Borba Reserva. Há também vinhos varietais picantes, incluindo um esplêndido Syrah e um Trincadeira. Ver também Falua.

Adega Cooperativa de Redondo ☆–☆☆
Redondo. 3.000 ha. www.acr.com.pt
Como algumas outras cooperativas do Alentejo, a de Redondo está bem equipada e faz alguns vinhos excelentes, incluindo a sua mistura Anta da Serra e alguns tintos varietais exuberantes de Cabernet Sauvignon, bem como de variedades de portuguesas.

Quinta do Zambujeiro ☆☆–☆☆☆
Borba. 30 ha. www.zambujeiro.com
Comprado em 1998 por um empresário suíço, Zambujeiro é uma das poucas vinícolas butique no Alentejo. Os rendimentos são baixos e os níveis de concentração de fruta nos vinhos são elevados, assim como os preços. Entretanto, o vinho é de primeira: opulento e elegante, com apenas mero indício de álcool.

Principais produtores portugueses

Caves Aliança ☆–☆☆
Sangalhos. 400 ha. www.caves-alianca.pt
Um dos principais produtores de vinho espumante e não espumante de Portugal. Fundada em 1927, costumava pertencer a

Telhados e capela, Estremoz.

um consórcio de sócios, mas hoje o proprietário majoritário é José Berardo. Uma empresa pública controlada pela família Neves, com base em Bairrada, mas oferecendo vinho verde (o seco Casal Mendes), Dão e Douro rosé, bem como o admirável tinto Bairrada, Aliança Tinto Velho, e vinho espumante de método tradicional bem aceitáveis. A empresa também adquiriu mais de 100 hectares no Alentejo. Com a ajuda do enólogo francês Pascal Chatonnet, a Aliança lançou uma sofisticada gama de vinhos de propriedades individuais, como a Quinta da Terrugem, no Alentejo.

Bacalhôa Vinhos de Portugal ☆–☆☆☆
Azeitão. 400 ha. www.bacalhoa.com
Esta empresa enorme era conhecida como JP Vinhos até 2005, quando o nome foi mudado. Sob a direção do antigo produtor, Peter Bright, que era australiano, o vinho tornou-se muito conhecido e amplamente distribuído nos mercados de exportação. A influência do Novo Mundo é evidente no Cova da Ursa, um Chardonnay fermentado em barril, e no Quinta da Bacalhôa, dominado por Cabernet. Há também vinhos robustos de variedades portuguesas, incluindo um Touriga Nacional chamado Só, e o Tinto da Anfora, um tinto quente e picante do Alentejo. E é gratificante encontrar uma grande e excelente variedade de Moscatel de Setúbal.

D. F. J. Vinhos ☆
Valada. 300 ha. www.dfjvinhos.com
Esta empresa empreendedora é quase inteiramente voltada para o mercado de exportação. Embora baseada no Ribatejo, ela produz vinhos de todo Portugal, com exceção do Alentejo. O principal ativo da D. F. J. é o seu produtor, José Neiva, uma figura controversa que visa a vinhos ricos, gelatinosos, de alta tecnologia, com uma boa dose de álcool. A faixa superior é chamada Grand' Arte.

Caves Messias ☆
Mealhada. 260 ha. www.cavesmessias.pt
Uma casa comercial fundada em 1926. Baseada na Bairrada, onde é proprietária de 130 hectares da Quinta do Valdoeiro, ela também possui propriedades no Dão e no Douro. A última é a Quinta do Cachão, a partir da qual produz um vinho tinto do Douro completo e picante. Faz também a marca Santola de vinho verde, Bairrada robustos, tintos e brancos, e uma linha de vinhos espumantes.

Sogrape ☆–☆☆☆
Avintes. 800 ha. www.sogrape.pt
O maior produtor de vinho de Portugal, e do Mateus Rosé. Todos os outros vinhos são de uma qualidade impressionante. A família Guedes, que fundou a Sogrape em 1942, ainda controla a empresa, e também é proprietária da Ferreira e da Offley (ver pp. 422-423). Eles fizeram um grande investimento no Dão, na Quinta dos Carvalhais, e na Herdade do Peso, no Alentejo. Outros vinhos incluem o Grão Vasco, um bom Dão feito na vinícola da empresa perto de Viseu, o confiável Vinha do Monte do Alentejo, o Vila Régia, um tinto do Douro maduro, e o Terra Franca, um Bairrada suave e frutado. Novos empreendimentos incluem Touriga Nacional do Dão e vinhos varietais do Alentejo. A Sogrape também atua na Argentina.

Porto

O que os ingleses há muito tempo conhecem como *port*, e os portugueses e outros como Porto, pertence, com o Champanhe e o Jerez, à trindade original dos grandes vinhos "processados". Todos são uma elaboração sobre o produto natural da região, para melhorar a sua qualidade latente. Sendo de capital intensivo, exigindo a realização de grandes estoques por longos períodos, o seu comércio tornou-se concentrado nas mãos de exportadores. Vinhos do Porto de vinhedo único, e até mesmo de safra única, ainda são exceções em um setor que vive dia após dia de misturas consistentes e de longa data.

Ao contrário do Champanhe e do Jerez, o Porto foi filho da pressão política. No final do século XVII, os ingleses foram obrigados pelo governo a encontrar alternativas para os vinhos tintos franceses de sua preferência. Eles se voltaram para Portugal, um aliado antigo e útil, para encontrar um substituto conveniente para o clarete. Não encontrando nada do seu agrado nos vinhedos existentes (o que é surpreendente; Lisboa tinha bons vinhos, enquanto Porto não tinha), os comerciantes empreendedores foram para o interior a partir do Porto até o escarpado vale do Douro. O que eles provaram lá fez com que perseverassem é difícil imaginar. Dificilmente poderiam ter escolhido um lugar mais difícil e inacessível, com um clima mais extremo, para desenvolverem como uma nova área vinícola. Eles começaram em torno de Régua, a cerca de 96 km (60 milhas ou três dias de mula) rio acima a partir do Porto, onde o rio Corgo desemboca no Douro. Aos poucos, descobrindo que, quanto mais alto eles iam, melhor o vinho ficava, construíram socalcos nas montanhas íngremes em torno do Douro e seus afluentes: o Távora, o Torto, o Pinhão e o Tua. Eles pontilharam as encostas das montanhas com quintas muradas, ou fazendas, e demonstraram que, quando cultivado, o solo fino e árido de granito e xisto tornava-se extraordinariamente fértil. Hoje, não apenas as uvas, mas as nozes, as laranjas, as amêndoas e, até mesmo, os legumes do Vale do Douro são famosos.

O primeiro vinho do Porto era aparentemente um vinho tinto forte e seco, feito com "um balde ou dois" de conhaque para lhe dar estabilidade para o transporte. Os amantes britânicos do clarete o receberam muito mal e se queixaram amargamente. Os exportadores se esforçaram, e, em algum momento do século XVIII, tiveram a ideia de parar a fermentação com conhaque enquanto o vinho ainda estava doce e frutado. A história não é clara sobre quando isso se tornou a prática padrão, uma vez que, em 1840, o mais influente exportador de Porto britânico de todos os tempos, James Forrester (que foi transformado em barão português pelos seus serviços), estava pedindo um retorno aos vinhos não fortificados (e, portanto, secos). Ideias modernas fornecem uma surpreendente justificativa para as ideias de Forrester: hoje, o Douro fornece alguns dos melhores vinhos tintos de mesa secos de Portugal. Doce ou seco, o Porto foi o vinho mais bebido na Inglaterra do início do século XVIII ao começo do XX.

Hoje o Porto é um dos vinhos mais rigorosamente controlados de todos. Uma série de autoridades legais regula e fiscaliza todas as fases da sua elaboração. Todos os 26 mil hectares de vinhedos são classificados por qualidade em uma escala de oito pontos pelo cadastro de cada propriedade (existem dezenas de milhares de produtores), tendo em conta sua situação, altitude, solo, inclinação, castas, padrão de cultivo, fertilidade e idade das videiras. E então recebem uma quota anual. Apenas 40%, em média, da safra total do Douro pode ser transformada em Porto, o resto é transformado apenas em vinho tinto. A produção máxima permitida para vinhedos classificados como "A" na escala de oito pontos é de 700 litros por 1.000 vinhas.

No passado, inúmeras variedades locais eram plantadas juntas nos vinhedos, e foi necessária uma pesquisa considerável na década de 1970, a maioria realizada pela Ramos Pinto, para isolar as variedades mais importantes: Touriga Nacional, Touriga Francesa, Tinta Roriz, Tinta Barroca, Tinta Cão, além de Tinta Amarela e Sousão. Hoje elas são plantadas separadamente e depois misturadas. Na época da colheita, no final de setembro no Douro, a burocracia parece distante o suficiente. O difícil trabalho de colheita e transporte da safra dos socalcos íngremes até as casas de prensagem é realizado animada e harmoniosamente por grupos de aldeões. Em fazendas pequenas e remotas, e com uvas da melhor qualidade em algumas das maiores quintas, a colheita ainda é pisada em lagares de granito abertos, e depois o vinho é fermentado em lagares até que esteja pronto para ser "parado" com o conhaque. A maioria dos exportadores de vinho do Porto, no entanto, esmaga a maior parte da colheita mecanicamente, depois a fermenta em autovinificadores de aço inox que, como o nome pode sugerir, bombeiam o mosto automaticamente sobre as cascas das uvas. Esses autovinificadores foram o grande avanço da década de 1980. Mais recentemente, os exportadores voltaram a apreciar as virtudes do vinho pisado em lagares. Mas é mais difícil conseguir mão de obra hoje em dia, e um desenvolvimento técnico fascinante foi a invenção, em 1990, de "lagares robóticos", em que máquinas imitam o trabalho dos pés, permitindo que os trabalhadores cansados descansem mais cedo, em vez de pisar monotonamente até as primeiras horas da manhã. Com qualquer um desses métodos, o momento chega quando cerca de metade do açúcar da uva é fermentado em álcool. É aí que o vinho meio feito é colocado em barris com um quarto de conhaque. A fermentação para instantaneamente.

A grande maioria dos vinhos do Porto é removida, após a sua primeira trasfega, de suas borras grossas e transferida para os alojamentos dos exportadores para amadurecer. Esses alojamentos se agrupam do outro lado do rio Douro a partir do Porto, em Vila Nova de Gaia. No passado, os barris, conhecidos como pipas, eram transportados rio abaixo em belos barcos rabelos ao estilo viking. Mas depois que o rio foi represado para a energia hidrelétrica, isso não era mais viável. Costumava ser obrigatório para o Porto ser despachado pela Vila Nova de Gaia, mas não é mais. Uma exportadora importante, a Noval, agora move seu estoque para maturar em armazéns com ar-condicionado rio acima, enquanto a Sandeman e a Cockburn mantêm quantidades substanciais de seu Porto no Douro. Os produtores de boutique mais novos, de propriedade única, também mantêm os seus estoques no Douro, e agora a autarquia de Vila Nova de Gaia está incentivando os transportadores a se transferirem novamente das ruas estreitas e aglomeradas de Gaia para instalações mais amplas distantes do centro.

Quando chega ao alojamento do exportador, o Porto, como o Jerez, é classificado pelo sabor e seu destino é decidido pela sua qualidade e pelo potencial de melhoria. A maioria dos Porto participa de uma espécie de sistema de mistura perpétua, cujo objeto é um produto imutável. Vinhos simples, frutados e bastante leves, sem grande concentração, são destinados a se tornar Porto Ruby, envelhecido até cerca de dois anos em madeira e garrafa, enquanto seu tom vermelho-vivo e doçura plena não mostram nenhum sinal de maturidade. Esta é a categoria mais barata.

Vinhos jovens com caráter mais agressivo e com maior concentração – alguns excepcionalmente bons, alguns de qualidade apenas moderada – são reservados para se tornarem Tawny, assim chamados em razão de sua cor desbotada depois de muitos anos em madeira. Os Porto Tawny incluem alguns dos melhores de todos os Porto, mantidos por até quarenta anos em barril, em seguida (geralmente), refrescados com um pouco de vinho mais jovem da mais alta qualidade. Os Porto Tawny incluem também algumas combinações muito comuns com quase nenhum caráter de envelhecimento em barril, feitas misturando vinhos do Porto tintos e brancos jovens (muito popular na França como aperitivo). Seu preço varia de acordo com a qualidade. Os melhores Porto Tawny têm uma indicação da idade no rótulo; vinte anos é velho o suficiente para a maioria deles – os vinhos com trinta ou quarenta anos de idade são raros e o preço compensa. Os estilos de vinho do Porto Tawny de qualidade superior variam de intensamente doce (ex. Duque de Bragança da Ferreira) para os que têm um fim seco e refinado (ex. 20-year-old da Taylor). Não há exigência legal para que todo vinho contido em um Porto de dez anos de idade, por exemplo, tenha pelo menos essa idade. Em vez disso, o vinho precisa corresponder ao perfil de degustação para o estilo, determinado por uma equipe de degustadores. Embora o sistema seja vulnerável a abusos, os principais exportadores mantêm um nível elevado porque desejam preservar a sua reputação. A grande maioria dos vinhos do Porto cai em uma ou outra das categorias acima, que juntas são conhecidas como vinhos "Porto de madeira"; todo o seu processo de maturação ocorre em madeira.

O Porto Vintage, pelo contrário, é o produto de três ou quatro safras de uma década que se aproxima da ideia de perfeição do exportador, que tem tanto sabor e individualidade que torná-los anônimos, como parte de uma mistura, seria um desperdício de seu potencial. O fato de um exportador "declarar" vintage ou não é inteiramente de sua própria disposição. É muito raro que todos o façam no mesmo ano. O Douro é muito variado em sua topografia e condições.

O Porto Vintage é misturado ao estilo particular que o exportador desenvolveu ao longo de muitos anos, utilizando os melhores lotes de vinho dos seus fornecedores regulares – inclusive, invariavelmente, os seus próprios vinhedos. Eles são envelhecidos por um período de no mínimo 22 e no máximo de 31 meses em barris para que seus componentes "se casem" e, então, são engarrafados como jovens. Muitos Porto Vintage jovens podem ser realmente deliciosos nesta fase, mas em alguns anos, os vinhos se fecham e seu sabor torna-se insuportavelmente tânico, agressivo e concentrado. (Ultimamente desenvolveu-se uma moda nos Estados Unidos de se beber Porto Vintage muito jovens, e algumas novas misturas mais leves foram lançadas para atender a esse gosto.) Quase toda a maturação, portanto, acontece nas condições sem ar e restritivas de uma garrafa de vidro preto com uma rolha comprida, projetada para proteger o vinho ao longo de décadas, enquanto ele lentamente se alimenta de si mesmo. Os seus taninos e pigmentos reagem para formar uma crosta pesada, parecida com uma pele, que gruda nas laterais da garrafa. A sua cor desbota lentamente e seu sabor se desenvolve do violentamente doce e acre para o delicadamente doce, perfumado e suave. Entretanto, ainda que suave, o vinho do Porto Vintage é projetado para ter "firmeza": um ingrediente vital no vinho, que nunca deve perder a sua picância final, mesmo em idade avançada.

Entre os extremos bem definidos do Porto de madeira e do Porto Vintage há uma série de meio termos destinados a oferecer algo mais próximo de um Porto Vintage, sem a necessidade cada vez mais difícil de que o vinho seja armazenado em adega por um período de dez a trinta anos. Vintage Character (ou Vintage Reserve) é efetivamente um vinho do Porto Ruby de alta qualidade, cujos vinhos componentes quase alcançaram os padrões do vintage, mas mantido por quatro ou cinco anos em barril. Esses vinhos saborosos e potentes estão "prontos" quando engarrafados, mas continuam a se desenvolver, e podem até mesmo formar uma "crosta" leve na garrafa se forem mantidos por muito tempo. A expressão "Porto de crosta" ou "Porto crostado" é usada às vezes para o mesmo estilo (embora não reconhecido oficialmente em Portugal). Vintage engarrafado tardiamente (Late-bottled vintage, ou LBV) é semelhante, mas é feito de vinho de safra de um ano, mantido em barril pelo dobro do tempo que um vintage, ou seja, de 3,5 a seis anos. O rótulo LBV traz a data da colheita e do engarrafamento, e o vinho é muito mais leve na cor e no sabor que o vinho do Porto Vintage, mas deve ter um pouco de sua firmeza. Pode ou não formar um depósito em garrafa de acordo com a sua maturidade no engarrafamento, e do grau em que o exportador o tiver resfriado e filtrado para a estabilidade. Porto Vintage engarrafado tardiamente (LBV), que forma um depósito, é normalmente rotulado como "traditional". LBVs da Warre e Smith Woodhouse são geralmente não filtrados.

Um estilo raro, mas às vezes suculento de Porto é conhecido como "colheita". Depois de décadas em madeira, esses vinhos adquirem uma boa intensidade e elegância, mas cuidados devem ser tomados para evitar a oxidação. Com exceção dos mestres do estilo, como Cálem, Burmester, Andresen e Niepoort, eles são uma compra de risco, porque exemplos de menos qualidade podem ter um sabor cansado e adstringente.

O Porto branco é feito da mesma maneira que o Porto tinto, mas de uvas brancas, geralmente fermentado para ser seco antes de ser enriquecido com conhaque. Ele é feito para ser mais um aperitivo do que um vinho de sobremesa, mas nunca alcança a qualidade ou o requinte de, digamos, um Jerez fino. Seu peso subjacente precisa ser vivificado, e ele pode ser muito mais agradável como um *long drink* com água tônica, gelo e uma rodela de limão.

Algo cada vez mais comum é o de declarar um Porto Vintage de quinta única. Algumas propriedades, quintas únicas, em contraste com os exportadores que compram de uma variedade de fontes, estão declarando essa categoria quase todos os anos. (Eles geralmente também fazem vinho de mesa; ver páginas anteriores. Como eles não têm os anos de estoques dos grandes expedidores, vintage de quinta única e vinhos de mesa são as suas especialidades.) A Quinta de la Rosa é provavelmente o exemplo mais conhecido.

Mas há algum tempo, os exportadores importantes também declaram vinhos de quinta única em safras menores, quando não há vinho vintage declarado em seu próprio nome. Os principais exemplos incluem o Quinta de Vargellas da Taylor e o Quinta da Roêda da Croft. Eles podem fazer isso porque em anos de menos qualidade, suas melhores quintas podem ainda produzir vinho excepcional que, em anos superiores, seriam um dos principais contribuintes para o vinho vintage. Vinhos do Porto de quinta única amadurecem mais cedo do que vintage clássicos, mas muitas vezes têm caráter distinto e encantador. Por serem amadurecidos em garrafas, esses vinhos vão naturalmente formar uma crosta, e terão de ser decantados.

O número de vinhos de quinta única está crescendo a cada safra. Isso significa que a dominação do mercado por parte dos exportadores britânicos famosos está diminuindo, mesmo que apenas ligeiramente. Propriedades como a Quinta do Crasto e a Quinta de Roriz, que já forneceram para os grandes exportadores, agora estão produzindo e engarrafando seus próprios Porto Vintage. Embora existam alguns exemplos muito bons, neles podem faltar a consistência e a confiabilidade das marcas de renome.

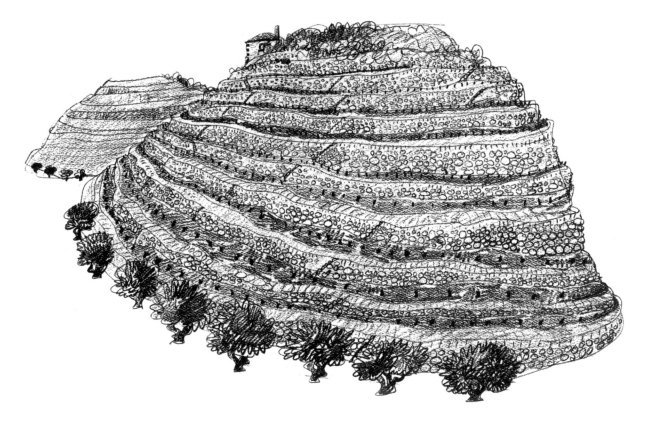

Vinhedos de Porto em socalcos no Alto Douro.

Principais produtores do Porto

Cálem ☆☆
Vila Nova de Gaia. Safras: 1935, 48, 55, 58, 60, 63, 66, 70, 75, 77, 80, 82, 83, 85, 91, 94, 97, 2000, 2003

Fundada em 1859 por uma família já há muito estabelecida no comércio portuário, a Cálem foi vendida, em 1989, para o grupo Sogevinus. A família manteve a excelente Quinta da Foz em Pinhão, para que os novos proprietários não pudessem fazer uso das melhores uvas da empresa. No entanto, a empresa vai produzir Porto de quinta única da Quinta do Arnozelo. A Cálem tinha uma boa reputação pelos seus vinhos colheita, mas pode faltar consistência a seus Porto Vintage.

Churchill ☆☆–☆☆☆
Vila Nova de Gaia. Safras: 1982, 85, 91, 94, 97, 2000, 2003. www.churchills-port.com

Fundada em 1981 por John Graham e batizada em homenagem à sua esposa, foi a primeira exportadora de Porto independente a se estabelecer nos últimos cinquenta anos. Ela tem ido de vento em popa, fazendo alguns vinhos esplendidamente concentrados, originários de uma série de quintas muito bem situadas, pertencentes à família Borges de Sousa.

Uma nova geração dessa família recuperou as suas quintas, mas Graham comprou outras propriedades para permanecer abastecido com boas uvas. O Quinta da Gricha é engarrafado por Churchill como um Porto de quinta única. A Churchill também faz bom LBV, um excelente Porto branco seco, envelhecido por cerca de dez anos em madeira, e é uma das poucas empresas exportadoras a ter bons estoques de delicioso Porto crostado maduro. Um vinho de mesa chamado Churchill Estates foi produzido pela primeira vez em 2002.

Cockburn ☆☆
Vila Nova de Gaia. Safras: 1900, 04, 08, 12, 27, 35, 45, 47, 50, 55, 60, 63, 67, 70, 75, 77, 83, 85, 91, 94, 97, 2000, 2003

Fundada em 1815, Cockburn é um dos maiores nomes do Porto, pertencente desde 2006 à família Symington. Suas propriedades são as Quintas do Tua (trinta hectares), da Santa Maria perto de Régua (dezoito hectares), do Val do Coelho, e do Atayde perto da Tua, e, desde 1989, a Quinta dos Canais de 300 hectares no Alto Douro, que é a fonte do seu vinho de quinta única. Os vinhos da Cockburn têm um fim seco, ou "firmeza", distinto e pode faltar suculência para os Porto Vintage.

Quinta do Côtto ☆
Cidadelha. www.quinta-do-cotto.pt

A família Champalimaud, que tem a sua propriedade perto de Régua desde o século XVII, é a mais conhecida da nova geração de produtores engarrafadores: seu Porto Vintage de quinta única é feito e amadurecido no Douro, e não é transferido para Vila Nova de Gaia para o engarrafamento. Vintage recentes têm sido menos doces do que se esperaria normalmente desse estilo. Eles fazem um dos melhores vinhos de mesa tintos do Douro (ver páginas anteriores).

Croft ☆☆–☆☆☆
Vila Nova de Gaia. Safras: Croft – 1900, 04, 08, 12, 17, 20, 22, 24, 27, 35, 42, 45, 50, 55, 60, 63, 66, 70, 75, 77, 82, 85, 91, 94, 2000, 03. Quinta Roêda – 1967, 70, 78, 80, 83, 87, 95, 97, 2005. www.croftport.com

Talvez a empresa mais antiga do Porto, fundada em 1678 e originalmente conhecida como Phayre e Bradley, a Croft foi comprada em 2001 pelo grupo Fladgate, que inclui a Taylor e a Fonseca, e que restabeleceu os lagares e melhorou a qualidade de forma geral.

A joia da sua coroa é a soberba Quinta da Roêda, com 63 hectares no Pinhão. As uvas desta quinta são responsáveis pela elegância de estilo distintiva dos vinhos vintage da Croft, que estão agora novamente entre os melhores de todos os Porto Vintage, de maturação precoce e de estilo bem equilibrado. Os puristas ficaram consternados quando em 2006 a empresa lançou um Porto rosé, o primeiro desse tipo. A Croft também é conhecida como produtora de Jerez (ver pp. 405-408), embora agora sob propriedade em separado.

Delaforce ☆☆
Vila Nova de Gaia. Safras: 1908, 17, 20, 21, 22, 27, 35, 45, 47, 50, 55, 58, 60, 63, 66, 70, 75, 77, 82, 85, 94, 2000, 03. Quinta da Corte – 78, 80, 84, 87, 92, 94, 95, 97

Fundada em 1868, esta empresa ainda é gerida pela Delaforce, mas em 2001 (como a Croft, ver verbete nesta página) ela foi comprada pelo grupo Fladgate. Os melhores vinhos da empresa, que têm grande frescor e elegância e são ligeiramente mais secos do que os Porto Croft, vêm dos vinhedos terceirizados da Quinta da Corte no vale do rio Torto. Os Porto Tawny são de excelente qualidade, assim como as raras colheitas.

Dow ☆☆☆☆
Vila Nova de Gaia. Safras: 1904, 08, 12, 20, 24, 27, 34, (42 e 44), 45, 47, 50, 55, 60, 63, 66 , 70, 72, 75, 77, 80, 83, 85, 91, 94, 97, 2000, 2003. www.dows-port.com

Desde 1961, a marca venerável tem sido gerida pela onipresente família Symington. O vinho que a empresa produz a partir dos 76 hectares da Quinta do Bomfim no Pinhão, às vezes, lançado como um Porto de quinta única, é um dos melhores do Douro. Apoiado pela Quinta da Senhora da Ribeira, Bomfim dá um vintage poderosamente tânico e concentrado, reconhecível pelo seu fim seco na maturidade. A Dow também vende uma ampla gama de Ruby, Tawny e Porto brancos.

A. A. Ferreira ☆☆–☆☆☆
Vila Nova de Gaia. Safras: 1945, 47, 50, 58, 60, 63, 66, 70, 75, 77, 78, 80, 82, 83, 85, 91, 94, 95, 97, 2000, 2003. www.sogrape.pt

Uma histórica casa portuguesa, a Ferreira era a mais rica do Douro em meados do século XIX, gerida pela famosa Dona Antónia, que construiu as magníficas Quintas do Vesúvio e do Vale de Meão, estabelecimentos colossais nas terras mais remotas do Alto Douro. Os membros da família ainda possuem muitos vinhedos, embora a empresa tenha sido vendida em 1987 à Sogrape (ver p. 419).

Hoje, a Ferreira vende mais Porto engarrafado em Portugal do que qualquer outra casa. Seus vintage são geralmente bastante leves em estilo, e são ultrapassados pelos soberbos Porto Tawny: Superior, Dona Antónia, e acima de tudo o superlativo Duque de Bragança de vinte anos. A Ferreira também foi pioneira nos vinhos de mesa do Douro, nomeadamente o lendário Barca Velha.

Fonseca Guimaraens ☆☆☆☆
Vila Nova de Gaia. Safras: 1904, 08, 12, 20, 22, 27, 34, 45, 48, 55, 60, 63, 66, 70, 75, 77, 80, 83, 85, 92, 94, 97, 2000, 2003. www.fonseca.pt

Apesar do nome, a Fonseca tem sido um negócio familiar inglês por mais de um século, e é associada à Taylor desde 1940. A empresa começou no século XVIII como Fonseca, e foi comprada por Manuel Pedro Guimaraens em 1822. Seus vinhedos da Quinta Cruzeiro (65 hectares) e da Quinta Santo António (40 hectares), ambas no Vale de Mendiz, perto de Alijo, são magnificamente localizados. Todos os seus melhores vinhos são feitos ainda por pisa. O Fonseca é regularmente um dos melhores e mais ricos Porto vintage, e vintage mais leves são engarrafados sob o rótulo Guimaraens. Seu Bin Nº 27 é um Premium Ruby admirável. Tem um LBV e o Quinta do Panascal de quinta única, e, desde 2002, um Porto orgânico, chamado Terra Prima.

Gould Campbell
Ver Smith Woodhouse.

W. & J. Graham ☆☆☆☆
Vila Nova de Gaia. Safras: 1904, 08, 12, 17, 20, 24, 27, 35, 42, 45, 48, 55, 60, 63, 66, 70, 75, 77, 80, 83, 85, 91, 94, 97, 2000, 2003. www.grahams-port.com
A Graham, agora parte do império da família Symington (com a Warre, a Dow, etc.), é conhecida por alguns dos mais ricos e mais doces Porto vintage. A Quinta dos Malvedos da Graham, no Douro, perto da Tua, fornece frutos excepcionalmente maduros para Porto vintage de cor, corpo e estrutura ótimos, que se torna um vinho singularmente suntuoso. Parte da colheita ainda é pisada. O Malvedos costumava ser o segundo vinho da empresa, mas agora também é lançado como um vinho de quinta única. O Tawny e o LBV seguem o estilo encorpado e delicioso. Particularmente bom é o Porto Ruby Premium, o Six Grapes.

Kopke ☆
Vila Nova de Gaia. Safras: 1934, 35, 42, 45, 52, 55, 58, 60, 63, 66, 70, 74, 75, 77, 78, 79, 80, 82, 83, 85, 87, 91, 92, 95, 2000, 03. www.kopkeports.com
Em nome, pelo menos, a mais antiga de todas as empresas de vinho do Porto, a Kopke foi fundada por um alemão em 1638 e possui sessenta hectares de vinhedos. Ela agora pertence ao grupo Sogevinus. O Porto vintage é confiável, mas a Kopke é mais conhecida, e com razão, por seus esplêndidos colheitas velhas.

Niepoort ☆☆☆
Porto. Safras: 1927, 45, 55, 60, 63, 66, 70, 75, 77, 78, 80, 82, 83, 85, 87, 91, 92, 94, 97, 2000, 2003, 2005. www.niepoort-vinhos.com
Pequena empresa familiar holandesa, fundada em 1842, agora gerida pela quinta geração dos Niepoort. Os vinhos Tawny são a especialidade da casa, incluindo colheitas e Garrafeira. São envelhecidos prolongadamente em garrafões de vidro. Mas os Porto vintage da Niepoort não devem ser subestimados, pois têm ido de vento em popa há algum tempo, assim como os seus vinhos de mesa (ver páginas anteriores).

Quinta do Noval ☆☆☆☆
Vila Nova de Gaia. Safras: 1904, 08, 12, 17, 20, 24, 27, 31, 34, (41 e 42), 45, 50, 55, 58, 60, 63, 66, 67, 70, 78, 80, 82, 83, 85, 87, 91, 94, 95, 97, 2000, 2003, 2004. www.quintadonoval.com
Talvez a mais famosa e uma das mais belas quintas do Douro, no Alto Pinhão. Pertencia à família van Zeller até 1993, quando foi vendida para a AXA-Millésimes. Um trágico incêndio em 1982 destruiu os registros históricos da empresa e parte do estoque. Os vintage Old Noval eram alguns dos mais magníficos de todos os Porto. O 31 (1931) é lendário e o 27 (1927) era ainda melhor. Algumas linhas de videiras enxertadas ainda fazem um Porto vintage surpreendentemente concentrado, o Nacional. Os novos proprietários melhoraram a qualidade ainda mais, e, em 1995, introduziram lagares robóticos. A Quinta do Silval é outra propriedade e a principal fonte para o segundo rótulo, o Silval Vintage.

Offley ☆
Vila Nova de Gaia. Safras: 1945, 50, 54, 60, 62, 63, 66, 67, 70, 72, 75, 77, 80, 82, 83, 85, 87, 94, 95, 97, 2000, 2003. www.sogrape.pt
Esta empresa foi fundada em 1737 por William Offley, e James Forrester juntou-se a ela em 1803. Seu sobrinho, o Barão Joseph James Forrester, ficou famoso por mapear o Alto Douro e salvar os vinhedos de uma doença fúngica na década de 1850. A empresa, anteriormente conhecida como Forrester & Co., foi vendida em 1929 e novamente em 1983 à Martini & Rossi – que já a vendeu à Sogrape. O vintage raramente é excepcional, sendo Baron Forrester Tawny o melhor vinho. O estilo é geralmente considerado para ser bebido jovem, quando está encorpado e harmonioso.

Poças ☆
Vila Nova de Gaia. Safras: 1960, 63, 70, 75, 85, 91, 94, 95, 97, 2000, 2003, 2004, 2005. www.pocas.pt
Empresa familiar independente, fundada em 1918, e que possui duas propriedades no Douro: as Quintas das Quartas e Santa Barbara, geridas de modo tradicional. Trata-se, relativamente falando, de uma recém-chegada aos Porto vintage, tendo feito a sua primeira declaração em 1960. São bons vinhos meio encorpados.

Quarles Harris ☆☆
Vila Nova de Gaia. Safras: 1908, 12, 20, 27, 34, 45, 47, 50, 55, 58, 60, 63, 66, 70, 75, 77, 80, 83, 85, 91, 94, 97, 2000, 03
Ao lado da Warre, a Graham, a Dow, etc. (ver nesta página e nas pp. 424 e 425, respectivamente), Quarles Harris faz parte agora do notável grupo da família Symington. Não há vinhedos, mas contratos de longa duração com produtores bons ao longo do rio Torto mantêm um estilo de Porto vintage muito intenso e encorpado, com poderoso buquê. Harris (não Quarles) é a marca para Tawny, Ruby e Porto branco.

Ramos Pinto ☆☆–☆☆☆
Vila Nova de Gaia. Safras: 1924, 27, 35, 45, 50, 52, 55, 60, 61, 70, 75, 80, 82, 83, 85, 91, 94, 95, 97, 2000, 2003, 2004. www.ramospinto.pt
Fundada em 1880, é uma das casas mais ilustres, que agora pertence à Champagne Louis Roederer. Suas propriedades incluem a famosa Quinta Bom Retiro, com 50 hectares no vale do Rio Torto, a Quinta dos Bons Ares e a Quinta de Ervamoira, a fonte de muitos de seus Porto Tawny finos.

Os Porto Tawny são sua especialidade, mas a empresa também produz dois outros Porto confiáveis. Também libera excelentes vinhos de mesa. Ver também as páginas anteriores.

Royal Oporto ☆

Vila Nova de Gaia. Safras: 1908, 41, 43, 44, 45, 47, 54, 55, 58, 60, 62, 63, 67, 70, 77, 78, 79, 80, 85, 87, 95, 97, 2000. www.realcompanhiavelha.pt

Royal Oporto é a famosa marca da Real Companhia Velha, que foi fundada em 1756 pelo Marquês de Pombal para controlar o comércio de vinho do Porto. A companhia é agora copropriedade da Casa do Douro (criada como organismo de controle para o comércio de vinho do Porto), resultado de um negócio agora infame. Seus interesses são hoje metade em vinho do Porto e metade em outros vinhos. A qualidade foi indigna de nota por muitos anos, mas desde 1990, tem havido significativos sinais de melhora.

Sandeman ☆☆

Vila Nova de Gaia. Safras: 1904, 08, 11, 12, 17, 20, 27, 34, 35, 42, 45, 47, 50, 55, 60, 63, 66, 67, 70, 75, 77, 80, 82, 85, 94, 97, 2000, 2003. www.sandeman.com

Fundada em 1790, a Sandeman está entre as maiores transportadoras de Porto e de Jerez. A empresa – conhecida por seu logotipo "The Don" – foi comprada pela Seagram em 1980, e depois vendida para a Sogrape em 2001. Mas ainda é presidida por George Sandeman, um descendente direto do fundador. Os vinhedos da empresa são as Quintas de Confradeiro e Casal em Celeirós (48 hectares às margens do rio Pinhão). A Quinta Laranjeira (214 hectares em Moncorvo) é um grande novo desenvolvimento no Alto Douro, perto da Espanha. Os vinhos vintage da Sandeman são frutados, embora não sejam especialmente ricos, e parecem destinados a consumo a médio prazo.

O ponto de quinta única é produzido de vinhedos da Quinta do Vao, perto do rio Pinhão, e é explicitamente destinado a ser bebido jovem, como se tornou moda nos Estados Unidos. Seus Porto Tawny têm atraentes notas de nozes, e a empresa oferece uma gama de vinhos de dez a quarenta anos de idade.

Smith Woodhouse ☆☆–☆☆☆

Vila Nova de Gaia. Safras: 1904, 08, 12, 17, 20, 24, 27, 35, 45, 47, 50, 55, 60, 63, 66, 70, 75, 77, 80, 83, 85, 91, 94, 97, 2000, 2003. www.smithwoodhouse.com

Ao lado da Graham, a Warre, etc. (ver pp. 423, 425, respectivamente), agora é propriedade da família Symington. A Smith Woodhouse também comercializa Porto vintage Gould Campbell. Ambos vêm principalmente do rio Torto. São vinhos grandes, escuros, poderosos e de duração muito longa. O estilo da Smith Woodhouse é mais perfumado e frutado, principalmente os seus Porto Tawny. Menos caros que os rótulos emblemáticos do império Symington, os vinhos podem ter excelente valor.

Taylor, Fladgate & Yeatman ☆☆☆–☆☆☆☆

Vila Nova de Gaia. Safras: 1904, 06, 08, 12, 17, 20, 24, 27, 35, 38, 40, 42, 45, 48, 55, 60, 63, 66, 70, 75, 77, 80, 83, 85, 92, 94, 97, 2000, 2003. www.taylor.pt

Fundada em 1692, a Taylor é uma das mais antigas e melhores comerciantes de vinho do Porto, ainda propriedade de descendentes da família Yeatman. O estilo dos tremendos vinhos vintage, de maturidade e profundidade ímpares, é em grande parte derivado da famosa Quinta de Vargellas (220 hectares), no Alto Douro, acima de São João de Pesqueira.

Em 1973, comprou a Quinta de Terra Feita (100 hectares) em Celeiros no vale do Pinhão, e, em 1998, adquiriu mais duas propriedades perto do rio Pinhão. Os Porto vintage ainda são pisados nos pés ou por lagares robóticos. O Vargellas e o Terra Feita, às vezes, são lançados como vintage de quinta única, e, muito ocasionalmente, há uma liberação do caro Vargellas Vinha Velha. A Fonseca (ver p. 417) é uma empresa associada. LBV da Taylor é o mais vendido no mercado. Seus Porto Tawny (especialmente os de vinte anos de idade) também são excepcionais.

A FAMÍLIA SYMINGTON

Com uma mistura de brilhantes habilidades de vinificação, boa capacidade de comunicação e tino comercial, a família Symington tornou-se a mais poderosa do Douro. Andrew James Symington navegou de Glasgow para o Porto em 1882, e logo se tornou sócio da Warre. Comparado com outras famílias britânicas já estabelecidas no Douro, Symington era relativamente um recém-chegado. Sua família também se envolveu com a Dow, mas foi somente em 1961 que os Symington começaram a acumular transportadoras e quintas que davam suporte umas às outras. A Warre foi comprada em 1961, a Graham e a Smith Woodhouse em 1970. O vinicultor Peter Symington manteve padrões impecáveis e, ao mesmo tempo, conservou os estilos distintos de cada casa. A Gould Campbell e

a Quarles Harris são as marcas menos caras do grupo Symington. Foi uma ideia inspirada adquirir a Quinta do Vesúvio em 1989 e administrar essa grande propriedade separadamente para produzir um notável Porto de quinta único. Praticamente ao mesmo tempo, a família expandiu seu império tornando-se sócia e, posteriormente, proprietária da Madeira Wine Company, dando-lhe controle da Blandy's, Cossart, Leacock, e Rutherford & Miles. Mais recentemente, em 2006, adquiriu a Cockburn's. Os exportadores britânicos demoraram a começar a fazer vinhos de mesa notáveis no Douro, mas quando a família Symington tomou a iniciativa, astutamente o fez em parceria com o ex-proprietário da Cos d'Estournel, Bruno Prats, e na Chryseia criou um dos melhores vinhos da região.

Membros da família desempenham os seguintes papéis:
Peter (nascido em 1944): vinicultor (semiaposentado)
Paul (1953): diretor de marketing
Dominic (1956): Madeira
John (1960): diretor de vendas na Europa
Rupert (1964): diretor de vendas na América do Norte
Charles (1969): vinhedos e vinicultura

Quinta do Vesuvio ☆☆☆
Vila Nova de Gaia. Safras: 1990, 91, 92, 94, 95, 96, 97, 98, 99, 2000, 2001, 2003, 2004, 2005. www.quintadovesuvio.com
Esta magnífica propriedade do Alto Douro costumava ser propriedade de A. A. Ferreira, mas foi adquirida pela família Symington em 1989. Apesar de ser tecnicamente um Porto de quinta única, é feito inteiramente em lagares e recebe o mesmo cuidado que todos os outros Porto vintage da Symington. A Vesuvio pretende lançar uma safra por ano, exceto quando as condições são ruins demais, como em 1993, para tornar isso impossível.

Warre ☆☆☆☆
Vila Nova de Gaia. Safras: 1904, 08, 12, 20, 22, 24, 27, 34, (42), 45, 47, 50, 55, 58, 60, 63, 66, 70, 75, 77, 80, 83, 85, 91, 94, 97, 2000, 2003. www.warre.com
Datada de 1670, a mais antiga empresa de Porto inglesa, a Warre é hoje uma das maiores empresas do grupo Symington. Os vinhos vintage são baseados nos quarenta hectares da Quinta da Cavadinha próximo ao Pinhão, a partir dos quais um vinho de quinta única também é produzido desde a década de 1970. Seu estilo de Porto vintage é extremamente frutado, com um buquê fresco, quase herbáceo, e firmeza no fim. Vintages recentes foram maravilhosamente equilibrados e persistentes. Warrior é um bom vinho vintage e a renovada gama de Tawny, sob o rótulo Ótima é bem embalada e de boa qualidade. O LBV envelhecido em garrafa, não filtrado, é um dos melhores vinhos neste estilo.

Outros produtores de Porto

Propriedades butique que produzem alguns Porto, mas mais de vinho de mesa, listados em "Produtores do Douro".

Andresen ☆☆–☆☆☆
Vila Nova. www.jhandresen.com
João Henrique Andresen deixou sua Dinamarca nativa e foi para Portugal quando ainda era adolescente; tinha apenas dezenove anos quando fundou a casa de Porto que ainda leva seu nome. Desde 1942, pertence à empresa Santos. A especialidade é Porto Tawny muito velhos, bem como Porto vintage, colheitas que datam de 1900, e um Porto branco incomum, envelhecido até dez anos em barris.

Barros Almeida ☆
Vila Nova de Gaia. www.porto-barros.pt
Este é um exportador de Porto de qualidade média. A empresa, fundada em 1913, agora pertencente ao grupo Sogevinus, que também adquiriu a Cálem (ver p. 422) e também possui a Kopke e a Burmester (ver nesta página e na p. 423). As colheitas podem ser notáveis.

J. W. Burmester ☆☆–☆☆☆
Porto. www.burmesterporto.com
Uma casa portuguesa, originalmente fundada por ingleses e alemães em 1750, e nas mãos da família até 1999, quando foi vendida para a Amorim, e depois para a Sogevinus. Uvas de seus próprios vinhedos e vinhos bem escolhidos da região do Pinhão fazem seus soberbos Porto Tawny e colheitas antigos.

Martinez ☆☆
Vila Nova de Gaia. www.martinez.pt
Uma antiga empresa fundada em 1790 e comprada pela Harvey's em 1961. Agora parte do grupo Symington. Os melhores vinhos sãs os Porto Tawny finos, e há um Porto de quinta única atraente da Quinta da Eira Velha.

Rebello Valente ☆
Vila Nova de Gaia. Safras: 1945, 47, 55, 63, 66, 67, 70, 72, 75, 77, 80, 83, 85
Agora uma subsidiária da Sandeman (ver p. 424), a empresa dos irmãos Robertson é a exportadora do Porto vintage Rebello Valente. Os vinhos são de qualidade média.

Quinta de la Rosa ☆☆
Pinhão. www.quintadelarosa.com
Esta propriedade charmosa próxima ao Pinhão produz uma pequena quantidade de Porto vintage elegante, ideal para se beber a médio prazo. Todos os Porto superiores são pisados. Ao contrário da maioria dos exportadores, a La Rosa pretende lançar um vinho vintage a cada ano, embora em 1993 isso tenha sido impossível.

Rozès ☆
Vila Nova de Gaia. www.rozes.pt
Um exportador, pertencente desde 1999 à casa de Champagne Vranken e vendendo principalmente para a França. Qualidade modesta, embora os Porto Tawny *top* de linha possam ser bons.

Barcos de fundo chato no Douro, Porto.

Madeira

Por um século e meio, o destino da ilha da Madeira foi incerto. Nenhuma outra região vinícola famosa sofreu tanto com o ataque combinado de pragas, doenças, produtores desiludidos e negligência pública. O que tem mantido viva a Madeira é a qualidade única dos seus vinhos velhos de ficarem cada vez melhores ao longo de décadas ou mesmo séculos. As garrafas de vinho Madeira que restaram de antes de seus problemas começarem são prova de que a ilha pode fazer os vinhos mais duradouros do mundo. Com um século de idade, seus sabores são concentrados em uma pungência que seria excessiva se não fosse tão fresca. Eles deixam a boca tão limpa e graciosa quando você engole, que a água não poderia ser tão revigorante quanto eles. A harmonia entre a doçura e a acidez não pode ir mais longe. (O outro vinho que pode fazer o mesmo truque é Tokaj).

Madeira é a maior ilha de um arquipélago que fica 643 km (400 milhas) a oeste da costa de Marrocos. No século XV, os portugueses que desembarcaram na ilha atearam fogo à mata densa que cobria suas encostas. O fogo queimou durante anos, as cinzas de uma floresta inteira enriqueceram os solos vulcânicos já férteis. A ilha da Madeira floresceu como uma colônia portuguesa. O infante d. Henrique de Avis ordenou que as uvas Malvasia doces da Grécia fossem plantadas, bem como a cana-de-açúcar da Sicília. Mais tarde, com a descoberta das Índias Ocidentais, a banana tornou-se parte importante das plantações da ilha. As colheitas eram, e ainda são, cultivadas em uma mistura como num jardim, em socalcos íngremes que se erguem até a metade das montanhas de 1.829 metros (6 mil pés) da ilha. Tal como no norte de Portugal, os vinhedos são colocados sobre pérgolas para permitir outras culturas por baixo. Com seu clima quente, a ilha era um produtor natural de "sack", como o Jerez e as Canárias. A legislação inglesa de 1665 estabeleceu seu destino, proibindo a exportação de vinhos europeus para as colônias britânicas, exceto por meio de Porto britânicos e em navios britânicos. Presumivelmente, achavam que a Madeira ficasse na África, e assim ela se tornou o fornecedor regular de navios americanos rumo ao oeste. Até o final do século XVII, os colonizadores britânicos da América e das Índias Ocidentais usavam o Madeira como seu único vinho. Em vez de ser estragado por uma viagem longa e quente pelo Atlântico, o vinho parecia melhorar. Mais tarde, com crescentes interesses britânicos no Extremo Oriente, descobriu-se que ele se beneficiava ainda mais de uma viagem à Índia. O Madeira amadurecido no mar era tão fino que barris eram enviados para a Índia como lastro para dar aos conhecedores na Europa um vinho ainda melhor. Foi durante o século XVIII que o conhaque foi adicionado, como era para o Porto, para adoçá-lo e estabilizá-lo. Na América, a apreciação do velho Madeira tornou-se *cult* – cavalheiros do sul se reuniam para jantar simplesmente tartaruga e pato, antes de "discutir" várias garrafas de vinho antigo, que levavam, às vezes, o nome de suas uvas ou do navio que os havia trazido, ou as famílias em cujos porões eles haviam descansado e se tornado relíquias de família. Portanto, um Bual poderia ser seguido por um Constitution, e este por um Francis, um Butler ou um Burd. Uma pálida mistura popular, ainda vista às vezes, é conhecida como Rainwater – porque, aparentemente, tem uma semelhança de gosto. Quase a mesma reverência foi prestada às suas qualidades na Inglaterra – e ainda é, pelos poucos que já provaram esses vinhos. As quantidades tornaram-se muito grandes para o transporte pelos trópicos por uma questão natural. Na década de 1790, a marinha de Napoleão também colocou dificuldades no caminho dos comerciantes.

Um substituto prático foi encontrado no aquecimento dos vinhos em estufas por vários meses, dependendo da qualidade. O pior vinho era o mais aquecido durante o menor período de tempo. O melhor, por períodos mais longos em temperaturas mais moderadas. (Os vinhos mais finos não recebiam calor artificial: em vez disso, de três a cinco anos em barril, em um depósito aquecido pelo sol.) As regras hoje estipulam 45 °C (113 °F) como a temperatura mínima a que os vinhos devem ser aquecidos. O resultado é uma estabilização do vinho que o torna quase indestrutível.

Quatro castas principais e três ou quatro outras eram cultivadas para diferentes estilos de vinho. A original, a Malvasia ou Malmsey, dava o mais rico. A Bual, um vinho menos rico, mais elegante, mas igualmente perfumado. A Verdelho, um vinho leve, muito mais seco, com um fim levemente amargo. A Sercial (a mesma uva que a Esgana Cão de Portugal continental), um vinho fino, leve, com um corte ácido distinto. A Tinta Negra Mole foi plantada para fazer o vinho tinto outrora conhecido como Tent. Bastardo, Terrantez e Moscatel também eram cultivadas em pequenas quantidades.

A ilha da Madeira estava no auge de sua prosperidade quando uma dupla catástrofe a atingiu. Na década de 1850, veio o oídio. Em 1873, chegou a filoxera; 2.400 hectares de vinhedos foram destruídos, e apenas 1.200 substituídos com verdadeiras castas locais. Para salvar a enxertia, o restante foi replantado com híbridos franco-americanos, cujos vinhos não podiam ser utilizados para o Madeira, nem exportados da ilha. Desde então, a ilha tem vivido da sua reputação, mantida viva por memórias, por um fio escasso de vinhos de alta qualidade, e pela conveniente convenção francesa de molho madère, que é facilmente satisfeita com qualquer vinho que tenha sido cozido. Metade do vinho nela produzido atualmente é destinada para a fabricação do molho sem perguntas. Infelizmente, mesmo a replantação das castas europeias originais, as quatro clássicas, foi negligenciada em favor da obrigação da Tinta Negra Mole.

Atualmente, mais de 85% da safra (híbridos à parte) são de Tinta Negra Mole. Até os regulamentos da União Europeia colocarem um fim à prática em 1993, muitos vinhos rotulados com as variedades clássicas da ilha da Madeira eram, de fato, de Tinta, que tinham sido manipulados até que algo semelhante ao estilo escolhido tivesse sido atingido. A regulamentação atual exige 85% de um vinho para ser nomeado com a casta. Malmsey já não pode ser simplesmente um estilo, mas tem de ser Malvasia genuíno. A idade do vinho também pode aparecer no rótulo: 3, 5, 10 ou 15 anos. Os de três e cinco são muitas vezes decepcionantes, uma vez que não são vinhos varietais, mas descritos com definições estilísticas no rótulo, como Finest Medium Rich ou Finest Dry. Invariavelmente, é melhor pagar o preço por um vinho de dez ou quinze anos.

Levando os regulamentos da União Europeia em consideração, os 2 mil produtores da ilha têm estado ocupados fazendo enxertos das variedades clássicas de videiras. É a sua única esperança. Eles não podem prosperar com preços baixos e baixa qualidade. Eles não faturam com um vinho de consumo "instantâneo". Todos precisam de envelhecimento. É caro usar estufas. Com a reputação da ilha e de seus vinhos em declínio constante, as autoridades tomaram a decisão radical de proibir todas as exportações de vinhos a granel a partir de 2002.

A manutenção da soleira (como em Jerez) costumava ser uma prática corrente, mas não é mais permitida. Velhos vinhos de soleira ainda aparecem em leilões e podem alcançar valores surpreendentes. Os exportadores de Madeira ainda ocasionalmente declaram um vintage – sempre uma ocorrência mais rara com o Madeira do que com o vinho do Porto, e não ocorrendo imediatamente após a colheita, mas cerca de trinta anos depois.

Madeira vintage é mantido em barril por um período mínimo de vinte anos, então pode passar um período em garrafões de vidro de vinte litros antes do engarrafamento final – quando é considerado pronto para ser bebido. Na realidade, ele ainda é um vinho jovem nessa fase. Necessita de mais vinte a cinquenta anos em garrafa para tornar-se sublime.

No início dos anos 2000, os exportadores introduziram um novo estilo de vinho: o colheita com safra datada. A Blandy tomou a iniciativa com um Malmsey de colheita única de 1994, e a Henriques & Henriques e a Justino Henriques logo seguiram o exemplo com vinhos de 1995. O falecido Noël Cossart, a quinta geração da antiga empresa de exportadores de Madeira Cossart Gordon, aconselhou: "Nunca compre um Sercial ou Malmsey mais barato. Estas uvas têm um crescimento tímido e os vinhos devem, portanto, ser caros, enquanto que a Bual e a Verdelho são prolíficas e se desenvolvem mais rapidamente e os vinhos podem ser mais baratos e bons."

Safras

As safras mais famosas de Madeira até 1900, cujas garrafas ainda são encontradas ocasionalmente, foram 1789, 1795 (especialmente Terrantez), 1806, 1808 (Malmsey), 1815 (especialmente Bual), 1822, 1836, 1844, 1846 (especialmente Terrantez e Verdelho), 1851, 1862, 1865, 1868, 1870 (Sercial), 1880 (especialmente Malmsey).

Desde 1900, mais de 24 safras foram enviadas: 1900 (último ano em que Moscatel foi feito), 1902 (especialmente Bual e Verdelho), 1905 (especialmente Sercial), 1906 (especialmente Malmsey), 1907 (especialmente Bual e Verdelho), 1910, 1914 (Bual), 1915 (Bual, Sercial), 1916, 1920, 1926 (especialmente Bual), 1934 (Verdelho), 1940, 1941 (especialmente Bual), 1950, 1954 (especialmente Bual), 1956, 1957, 1958, 1960 (Bual, Terrantez), 1965 (Bual), 1966 (Bual, Sercial), 1968 (Verdelho), 1969 (Terrantez), 1971, 1972 (Malmsey, Verdelho), 1973 (Verdelho) e 1974 (Terrantez), 1976 (Bual, Terrantez), 1977 (Bual, Verdelho), 1978 (Terrantez), 1981 (Verdelho).

Principais exportadores da Ilha da Madeira

Barbeito ☆☆
Funchal. www.vinhosbarbeito.com
Este produtor é 52% proprietário de uma empresa comercial japonesa. Uma impressionante variedade de safras é mantida em estoque, algumas das quais foram adquiridas após a fundação da empresa. A especialidade da casa é uma mistura 50/50 de Verdelho e Bual. A empresa também aceitou o novo estilo de "colheita única" com entusiasmo.

Artur de Barros e Sousa ☆☆
Funchal.
Pequeno produtor, conhecido até 1922 como Lomelino, e safras do século XIX ainda aparecem em leilões com este nome. Os

melhores vinhos são chamados de Reserva e são misturas de vinhos mais velhos não especificados, incluindo Bastardo e Terrantez.

H. M. Borges ☆–☆☆
Funchal. www.hmborges.com
Empresa nas mãos da mesma família desde 1870. Vinhos bons de dez e quinze anos de idade, e vinhos de colheita única ou "colheitas" ocasionais.

Justino Henriques ☆–☆☆
Caniço. www.justinosmadeira.com
A casa foi fundada em 1870 e hoje pertence à empresa francesa La Martiniquaise. Portanto, não é de se surpreender que Henriques seja um dos principais fornecedores de Madeira inócuo para cozinha. Mas também produz alguns estilos tradicionais, feitos em estufas, de Tinta Negra Mole, bem como de variedades nobres.

Henriques & Henriques ☆☆☆
Câmara de Lobos. www.henriqueshenriques.pt
A única exportadora a possuir vinhedos próprios (os maiores da ilha), a empresa é propriedade de um consórcio de diferentes famílias e foi controlada por John Cossart até sua morte prematura em 2008. As adegas são as mais bem equipadas tecnicamente da ilha. Produz uma vasta gama de vinhos bem estruturados, ricos e saborosos, incluindo antigos Reserve e vintage muito finos.

Madeira Wine Company ☆☆☆
Funchal. www.madeirawinecompany.com
Em 1913, por causa da crise no comércio de vinho Madeira, um grupo de exportadores formou a Madeira Wine Association para compartilhar os seus recursos e suas instalações. Reconstituída em 1981 como a Madeira Wine Company, o grupo (que pertence desde 1989 à Symington) controla 26 empresas e responde por cerca de 60% das vendas de Madeira.

A vinícola principal fica em um antigo quartel do exército. As misturas correspondentes aos seus 120 rótulos são feitas nas salas da empresa. Uma de suas antigas lojas, ao lado do escritório de turismo em Funchal, está aberta para visitas e degustação. Aqui você pode comprar vinhos vintage que remontam ao século XIX. Os vinhos são armazenados juntos, mas preservam os estilos da casa.

Os rótulos superiores incluem:
• Blandy's, a gama principal, é nomeada em homenagem a vários duques britânicos e consiste de vinhos de três anos de idade de Tinta Negra Mole. Os vinhos de cinco anos são varietais, assim como as misturas mais velhas. Uma novidade, lançada em 2000, é um 1994 Harvest Malmsey, uma espécie de declaração de vintage precoce. Há também gloriosos vintage antigos, vistos em leilões.
• A Cossart Gordon, criada em 1745, outrora a exportadora líder de Madeira. Vinhos ligeiramente menos ricos que os da Blandy's.
• A Leacock's e Miles (ex-Rutherford & Miles) de outras marcas, a meio caminho em doçura entre a Cossart Gordon e a Blandy.

Pereira D'Oliveira ☆☆–☆☆☆
Funchal.
A empresa familiar possui alguns vinhedos perto de Funchal, mas a maioria das suas uvas é comprada para produzir uma ampla gama de vinhos tradicionais.

Suíça

Tão raros são os vinhos suíços que fora do seu país é fácil supor que eles fiquem aquém dos padrões internacionais e mantenham o sabor especial de uma cultura fechada. Se isso foi outrora verdade, é hoje uma imagem enganosa. Muitos suíços são críticos e conscientes a respeito de vinhos, e a maioria tem dinheiro de sobra – o que é uma coisa boa, porque os vinhos suíços são caros para quase todos os padrões. Os preços da terra e os custos da cultura de seus vinhedos nos penhascos são surpreendentemente altos. Para justificar os preços inevitavelmente elevados, deve haver, em princípio, muita pressão sobre os produtores para concentrarem-se em alta qualidade. Na prática, os produtores eram, até muito recentemente, protegidos contra as forças do mercado por subsídios e medidas protecionistas.

Agora, porém, os ventos frios da concorrência estão soprando nos vinhedos, e as quotas de importação de vinho branco foram relaxadas. Os vinhos importados eram geralmente oferecidos a preços mais baixos que as versões nacionais. Exportações maiores podem suprir mercados em expansão que poderiam ajudar os produtores a sobreviver, mas seus preços excessivamente altos tornam os vinhos não competitivos. Apenas 1% do vinho suíço sai do país. No momento, a forte demanda doméstica e o consumo dos turistas de vinhos da casa em hotéis e restaurantes – embora geralmente um Fendant ou Dôle indiferentes, que dificilmente melhoram a imagem do vinho suíço – ajudam a indústria suíça a sobreviver. Os vinhedos suíços estão divididos em seis grandes regiões, com cerca de três quartos deles localizados na francófona Suisse Romande. O Cantão de Valais (5.113 ha) é o mais importante, seguido do Cantão de Vaud (3.838 ha), a parte suíço-alemã (2.593 ha), a área de Genebra (1.297 ha), o Cantão de Tessino italófono (1.065 ha) e a região dos Trois Lacs (Três Grandes Lagos) incluindo Neuchâtel, Lac de Bienne, Vully e Jura (940 ha). Na área da Suíça germanófona, os principais cantões são Zurique (613 ha), Schaffhausen (473 ha), Grisões (419 ha) e Argóvia (393 ha).

A ênfase era nos vinhos tintos há 150 anos, o melhor dos quais originavam do Cantão de Grisões, no leste germanófono. Os melhores brancos chegavam da costa norte do Lago de Genebra, entre Montreux e Lausanne no Cantão de Vaud, onde as encostas íngremes do sul amadureciam a Chasselas local à perfeição. Mais acima no vale do Rhône, no montanhoso Cantão de Valais, havia uma tradição vinícola sazonal. Os vinhedos eram plantados irregularmente com uvas obscuras escolhidas por sua doçura e força deslumbrantes no clima alpino seco e ensolarado.

A indústria moderna começou a tomar forma quando a Chasselas disseminou-se pelo vale do Rhône, à medida que a pressão pelas encostas ensolaradas do Lago de Genebra com terrenos para construção levou metade dos vinhedos para fora do Vaud, e quando as formas selecionadas de Pinot Noir e Gamay começaram a penetrar a partir da França, via Genebra e, em seguida, para o leste. Enquanto isso, a Müller-Thurgau, criada pelo cientista suíço homônimo um século atrás, em Geisenheim, começou a invadir os cantões do leste. Hoje em dia, na Suíça, este vinho é frequentemente encontrado sob o nome de Riesling-Sylvaner. Em 1945, o Cantão de Tessino italófono adotou a Merlot de Bordeaux como sua principal variedade de uva tinta, depois de plantada com sucesso pelo cientista Alderige Fantuzzi, que foi incumbido da replantação no Tessino após a destruição dos vinhedos pela filoxera. Embora, nos últimos 100 anos, a área global de vinhedos tenha diminuído consideravelmente, áreas selecionadas como a Suíça germanófona, Valais, Vaud, e Genebra aumentaram a área plantada. Plantios de variedades tintas também estão aumentando e agora respondem por 52% das plantações. No entanto, a Suíça continua a ser um peixe pequeno no esquema grande de vinho, com apenas 14.846 hectares de vinhedos, respondendo por apenas 0,2% da produção global. Plantios de variedades tintas estão aumentando e hoje respondem por 58% de todas as plantações. Pinot Noir representa 30% de todas as plantações com 4.450 hectares, seguido de Gamay (1.584 ha), Merlot (1.006 ha), os dois cruzamentos locais, Gamaret (351 ha) e Garanoir (189 ha), e, em seguida, Syrah (177 ha). Chasselas é a principal variedade branca (4.152 ha), seguida por Müller-Thurgau (502 ha), Chardonnay (314 ha), Sylvaner (235 ha) e Pinot Gris (208 ha).

A informação essencial dada nos geralmente taciturnos, embora com frequência altamente decorativos, rótulos de vinho suíço é prevista pelo governo federal. De modo geral, para os vinhos brancos, se não houver nenhuma outra indicação de casta, presume-se que seja Chasselas. Os vinhos tintos são, em grande parte, Pinot Noir e/ou Gamay. Alguns rótulos germano-suíços usam termos sem validade internacional – mas, além de não serem exportados, eles raramente deixam os confins do Cantão no qual foram feitos. Os rótulos de vinhos ítalo-suíços são a própria simplicidade, pois há, essencialmente, apenas dois tipos de vinho: Merlot e o quase não cultivado Nostrano, feito de um punhado de uvas híbridas. O nome do fabricante parece ser considerado de pouca importância para o consumidor e muitas vezes está escondido na parte inferior, em letras pequenas. O orgulho do lugar pode ser dado a um nome de

Château s'Aigle, distrito de Chablais, Cantão de Vaud.

marca (Les Murailles), nome da propriedade (Château d'Allaman), ou nome da aldeia (Saint-Saphorin). Nem sempre é fácil dizer qual é qual. Embora a chaptalização seja permitida, e mais comumente praticada nos níveis mais baixos de qualidade, podemos presumir que todos os vinhos suíços são secos a menos que uma especificação seja incluída no rótulo: mi-flétri ou flétri (literalmente "murcho") nos cantões francófonos, Spätlese onde o alemão é a língua franca. Houve crescimento dos vinhos de colheita tardia e enfaticamente dos vinhos flétri nos últimos anos, e muitos deles são de qualidade excepcional. Desde 1996, os mais ricos deles têm o direito, se atenderem a certos critérios (que incluem um nível Oechsle mínimo de 130 e um período obrigatório de envelhecimento em carvalho), a serem rotulados como Grains Nobles. Os suíços também fazem amplo uso de tampas de rosca em vez de rolhas para vinhos projetados para serem bebidos jovens – o que inclui a maioria dos Chasselas.

Os cantões francófonos

Todos os vinhedos principais dos cantões francófonos (Suisse Romande) se encontram ao longo da margem direita do Rhône, voltada para o sul, a partir de seu surgimento no Valais (uma faixa de terra abrigada em ambos os lados pelos imponentes Alpes), às margens do Lago de Genebra – simplesmente um alargamento do Rhône – até a sua partida através das plantações ondulantes do cantão de Genebra até a França. Também estão incluídos neste grupo os três lagos de Neuchâtel, Biel/Bienne e Morat, cada um dos quais goza de boas condições voltadas para o sul às margens do lago. Três quartos de todo o vinho suíço vêm de cultivos na Suisse Romande, a maioria para vinho branco.

O cantão de Valais (Wallis)

O cantão de Valais (que começa geograficamente em Grimselpass e termina em Saint-Maurice, na margem direita, e Saint-Gingolph, na esquerda) tem o clima mais seco e ensolarado da Suíça. Em seus vinhedos mais íngremes, em socalcos nas encostas das montanhas áridas, a irrigação por meio de canais de madeira conhecidos como *bisses* costumava ser prática comum. Atualmente, a irrigação é limitada aos períodos de seca severa, e apenas durante o período de crescimento.

A vinicultura séria começa em algum lugar entre Visp e Sierre, aumenta em torno de Sion, o coração (e a capital) do Valais, e gradualmente diminui após o Rhône executar sua curva acentuada à direita em Martigny. Em seus extremos superiores, a aldeia de Visperterminen, acima de Visp, tem os vinhedos que são registrados como os mais altos da Europa, a até 1.100 metros (3.600 pés) acima do nível do mar. No Alto Valais, as principais aldeias vinícolas são Salquenen/Salgesch, Sierre, e Saint–Léonard; e, no Baixo Valais, Vétroz, Ardon, Leytron, Chamoson, Saillon e Fully são os centros mais importantes. Ações foram finalmente tomadas no Valais, em resposta a uma consciência da urgente necessidade de alguma noção de *crus*. Por muito tempo, o Fendant (Chasselas), que representa a maior quantidade de vinho produzida no Valais, era vendido sem menção do nome da aldeia ou de vinhedo. Uma vez que muitos eram

de má qualidade (e que o consumidor não tinha nenhuma maneira de diferenciar), o resultado foi que todos os Fendant, sejam eles bons, ruins ou indiferentes, tendiam a ser tachados como de qualidade inferior. Hoje em dia, geralmente está expresso o nome de aldeia ou vinhedo. A denominação Fendant pode até ser omitida. A Sylvaner, conhecida aqui como Johannisberg (às vezes Rhin, Petit ou Gros), faz vinhos aromáticos, secos e encorpados. Quando de colheita tardia, eles podem ser realmente impressionantes.

Lakes of Chasselas são uma coisa. As chamadas "especialidades" brancas do cantão de Valais, geralmente consideradas o grande potencial desconhecido dos vinhos suíços, são outra completamente diferente. Primeiro vem a incomparável Petite Arvine, cujo nome dizem vir do latim, significando "amarelo-pálido". Distinguida pelo seu aroma fino e fim salgado típico, geralmente é vinificada como um vinho seco. Alguns produtores colhem uma pequena parte da safra tardiamente, para fazer um mi-flétri ou flétri. A Humagne Blanche ("vinha vigorosa" em latim) dá um vinho energético e estimulante, outrora prescrito como tônico pós-parto para jovens mães. Ela exige os melhores locais, tem desempenho bastante irregular e amadurece tardiamente, o que havia contribuído para um declínio gradual ao longo dos anos, declínio esse que, felizmente, já foi revertido.

A Amigne, cujos vinhedos privilegiados estão concentrados em torno de Vétroz, destina-se a quantidades extremamente limitadas (uma vez que apenas quarenta hectares permanecem), de um vinho branco rico e aveludado, quase sempre com algum açúcar residual, mas com acidez e estrutura suficientes para ter boas possibilidades de conservação.

Mais raras ainda são algumas variedades muito velhas e de nomes curiosos, encontradas principalmente no Alto Valais, nas redondezas de Visp. Em séculos passados, eram colhidas cedo para dar vinhos bastante picantes e para saciar a sede dos trabalhadores dos vinhedos depois de um dia de trabalho duro. Dessas, a melhor é a Heida (ou Païen), que pensam ser a mesma casta, ou aparentada com a Savagnin (a mesma uva utilizada no vin jaune), ou com a Traminer. A Himbertscha, cujo nome parece vagamente relacionado com framboesa, aparentemente significa "cultivada em treliça" no dialeto do Alto Valais, referindo-se ao método tradicional de cultivo dessa casta em especial, enquanto a Lafnetscha é a Blanchier de Savoie. Ambas dão vinhos de sabor limpo, bastante ácidos, que precisam de muito tempo para amadurecer. Finalmente vem a Gwass (Gouais Blanc), outra nativa do Jura, que lembra muito sidra quando jovem.

Das variedades não autóctones, mas bem estabelecidas, a uva Marsanne prospera aqui sob o nome de Ermitage, dando (especialmente em torno de Fully) um vinho encorpado com aroma marcante e sabor que lembra fumaça. A Malvoisie (também conhecida como Pinot Gris) pode ser feita como um vinho seco (caso em que é frequentemente rotulada Pinot Gris), ou colhida tardiamente e transformada em um vinho doce – e muitas vezes rotulado Malvoisie. A Muscat tem sido cultivada no Valais desde o século XVI, e é feita aqui com todo o açúcar residual fermentado, mais perto em estilo de um Muscat d'Alsace que de qualquer outro. Pequenas quantidades de Gewürztramier, Riesling, Aligoté, Chardonnay, Chenin e Pinot Blanc também são encontradas.

Mais de 50% dos vinhos do Valais são tintos, e dois terços desses são Pinot Noir, que dá vinhos um tanto distintos, especialmente em torno de Sierre. Os melhores produtores estão fazendo experiências com clones de Borgonha e proporções variáveis de carvalho novo. Pinot Noir também é misturado com Gamay e dá o chamado Dôle, que, em seus níveis mais baixos, é um bom vinho de almoço bebido por toda a Suíça em múltiplos de decilitros para acompanhar refeições simples. Para se qualificar para a denominação, um Dôle deve conter pelo menos 51% Pinot Noir e atingir certo nível Oechsle mínimo fixado pela Comissão de Vinho cantonal. Se não atingir, ele é rotulado Goron. A Gamay também é vinificada sozinha, especialmente nos vilarejos ao redor de Martigny.

Das antigas uvas tintas, há a Humagne Rouge (que não tem relação alguma com a branca Humagne Blanche, mas alguns acham que ela seja a Oriou, do Valle d'Aosta). Ela faz um vinho campestre robusto, agradavelmente tânico e apetitoso. Cornalin (também conhecida como Landroter ou Rouge du Pays) é uma variedade outrora rara que ganhou alguma merecida popularidade e agora ocupa mais de noventa hectares. Seu rendimento e desempenho irregulares a tornam uma proposição comercial complicada para a maioria dos produtores de vinho. Sua cor profunda, bons taninos e fruta excelente, no entanto, a tornam uma proposta extremamente interessante para certos apreciadores de vinhos. Finalmente, no Alto Valais, encontra-se a Eyholzer Roter (a Mondeuse de Haute-Savoie), que dá um vinho campestre marrom-avermelhado, bastante rude. Syrah, uma importação relativamente recente, merece destaque especial, particularmente em torno de Chamoson. Nebbiolo também está sendo cultivada.

Principais produtores do cantão de Valais

Charles Bonvin ☆–☆☆☆
Sion. Proprietário: Família Bonvin. 30 ha.
www.charlesbonvin.ch
Fundada em 1858, a Bonvin tem alguns de seus melhores vinhedos a 700 metros (2.275 pés), em solos de ardósia e greda. Três vinhos Chasselas são oferecidos. Seu vinho branco fermentado em barril é uma atraente combinação de Pinot Blanc, Chardonnay e Petite Arvine. Quando as condições climáticas são favoráveis, a Bonvin faz um notável vinho doce de Amigne e outras variedades, chamado Cuvée d'Or, que é envelhecido por dois anos em barricas.

Oskar Chanton ☆☆–☆☆☆
Visp. Proprietário: Josef-Marie Chanton. 9 ha.
www.chanton.ch
Mais de vinte vinhos podem ser degustados na velha adega da Chanton em Visp, incluindo raridades do Alto Valais como Heida, Himbertscha, Lafnetscha e Gwass, resgatada do esquecimento por Josef-Marie Chanton. O Arvine é excelente, assim como o Malvoisie de colheita tardia e o Gewürztraminer. Seu filho Mario tem feito mais inovações: vinhos doces de Heida e Hibou.

Marie-Thérèse Chappaz ☆☆–☆☆☆
Totalmente. Proprietário: Marie-Thérèse Chappaz. 8 ha.
www.chappaz.ch
Mme. Chappaz é mais conhecida por seus vinhos de colheita tardia, dos quais o melhor provavelmente é o apimentado Petite Arvine Grains Nobles.

Fernand Cina ☆☆
Salgesch / Salquenen. Proprietário: Manfred e Damian Cina. 10 ha. www.fernand-cina.ch
A empresa de cinquenta anos de idade tem uma propensão para vinhos envelhecidos em barricas, apesar de variedades como a

Cornalin e a Humagne não precisarem. A gama de Pinot Noir é particularmente impressionante. O Cabernet Franc também é bom.

Gérald Clavien ☆–☆☆
Miège / Sierre. Proprietário: Gérald Clavien. 5,4 ha.
www.clavien.ch
Os vinhos deste produtor jovem e dinâmico (que era um *chef* antes de assumir os vinhedos de seu pai) figuram nas listas de todos os restaurantes de topo da Suíça. Sierre é o centro da produção de vinho tinto no Valais. O puro Pinot Noir e Tête de Cuvée de Clavien são notáveis, assim como o Dôle Blanche (um rosé de Pinot Noir). Vinhos Humagne Blanc encorpados também são feitos.

Fabienne Cottagnoud ☆☆
Vétroz. Proprietário: Fabienne e Marc-Henri Cottagnoud. 3,5 ha. www.fabiennecottagnoud.ch
Uma vasta gama de vinhos desta pequena propriedade: Humagne Rouge picante e pungente, Pinot Noir esfumaçado, e Amigne Grains Nobles esplêndido.

Benoît Dorsaz ☆☆
Fully. Proprietário: Benoît Dorsaz. 4 ha.
www.benoit-dorsaz.ch
Os vinhos feijão com arroz aqui são o Fendant e o Gamay, mas muito mais gratificante é a linha Quintessence envelhecida em barrica, de Humagne, Syrah e Cornalin. Floral Viognier, também.

René Favre ☆–☆☆
Saint-Pierre-de-Clages. Proprietário: Mike Favre. 12 ha.
www.petite-arvine.com
É um mistério que uma propriedade de 12 ha possa produzir quase todos os estilos imagináveis do Valais, mas a Favre o faz. Alguns vinhos são excessivamente acarvalhados, mas o Petite Arvine e o Pinot Noir são estrelas.

Germanier-Balavaud ☆–☆☆☆
Vétroz. Proprietário: Família Germanier. 30 ha.
www.jrgermanier.ch
A Germanier produz uma vasta gama de vinhos de boa concentração e durabilidade. Assim como os vinhos Valais padrão, existem alguns Reserve fascinantes: um Amigne delicioso; um Syrah acarvalhado e elegante, chamado Cayas; e o soberbo Mitis, um Amigne de colheita tardia fermentado em carvalho novo. Hoje os vinhos são produzidos pelo sobrinho dos Germanier, Gilles Besse, e seu mais novo vinho é um puro Cornalin chamado Champmarais.

Labuthe ☆☆
Vétroz. Proprietário: Philippe Labuthe. 5 ha.
www.vins-labuthe.ch
Amigne encontra aqui duas expressões: seco, austero e poderoso, e meio doce, com aromas de damascos secos.

Adrian Mathier ☆☆–☆☆☆
Salgesch / Salquenen. Proprietário: Diego Mathier. 25 ha.
www.nouveau-salquenen.ch
Interessantes vinhos com personalidade, incluindo Pinot Noir sofisticados e concentrados, Marsanne exuberante, e ótimo Amigne de colheita tardia.

Simon Maye & Fils ☆–☆☆☆
Saint-Pierre-de-Clages. Proprietário: Família Maye. 11 ha. www.simonmaye.ch
Um agricultor pequeno de alta qualidade fazendo três Fendants altamente valorizados (Le Fauconnier, Trémazière e La Mouette), Johannisberg, Dole, Pinot Noir, Humagne Rouge, além de Chardonnay, Malvoisie e Petite Arvine seco e levemente doce. Seus Syrah ricamente picantes estão entre os melhores do país.

Denis Mercier ☆☆☆
Sierre. Proprietário: Denis Mercier. 6,3 ha.
Mercier tem *status* de *cult* na Suíça e os seus vinhos parecem justificá-lo, com Fendant perfeitamente equilibrados, Païen intenso e herbáceo, Cornalin picante e vigoroso, Ermitage flétri cremoso e doce.

Domaine du Mont d'Or ☆–☆☆☆
Pont de la Morge. Proprietário: Simon Lambiel. 21 ha. www.montdor-wine.ch
A propriedade mais famosa de Sion, fundada em 1847 em uma colina íngreme, seca e abrigada por um soldado do Vaud, que instalou o sistema de irrigação por *bisses* que ainda está em operação. As videiras são escalonadas, com 15 km (24 milhas) de muros de pedra seca. O Domaine é mais conhecido por seus Johannisbergs, tanto seco quanto de colheita tardia. Também produz um Malvoisie pesado e almiscarado, um Syrah bastante gelatinoso, um Petite Arvine maravilhosamente doce e um Dôle forte, tânico e alcoólico.

Caves Orsat ☆–☆☆☆
Martigny. Proprietário: Rouvinez. 30 ha. www.cavesorsat.ch
Uma grande vinícola fundada em 1874 e pertencente desde 1998 à importante empresa Rouvinez. O Fendant e o Dôle são bons, mas a gama superior se chama Primus Classicus, e inclui um Marsanne encorpado com toques de damasco, e um esplêndido Cornalin com notas de ameixa.

Provins Valais ☆–☆☆☆
Sion. 1.200 ha. www.provins.ch
Cooperativa altamente conceituada que produz cerca de 23% de todos os vinhos do Valais e, portanto, 10% de todos os vinhos suíços engarrafados. Sua vasta gama inclui os nomes de marcas famosas como Pierrafeu Fendant, Johannisberg Rhonegold, Pinot Noir Saint-Guérin, e Maître de Chais envelhecidos em barricas. Ao vasto espectro de variedades de uvas do Valais, Pinot Blanc, Chardonnay, Sauvignon Blanc e Syrah são acrescentadas. Seu Chasselas de Saint-Léonard, feito (excepcionalmente para a Suíça) sem fermentação malolática, é reservado para os melhores restaurantes. Mais recentemente, fez alguns vinhos doces extraordinários, tais como o Marsanne Grains de Malice. Outros vinhos que merecem atenção, e todos feitos por Madeleine Gay, são Domaine Evêché (Diolinoir), Domaine Tournelette (Pinot Noir) e Domaine du Chapitre (Petite Arvine, Amigne e Humagne Blanche).

Gérard Raymond ☆–☆☆
Saillon. Proprietário: Gérard. 5 ha. www.gerardraymond.ch
Pequena empresa familiar que produz Fendant superior, Johannisberg, Arvine (o orgulho da casa), Muscat, Malvoisie e Dôle Blanche. Seus tintos também são notáveis, especialmente Dôle e Pinot Noir. A Raymond é uma das poucas produtoras do Valais a fazer Nebbiolo.

Cave Rodeline ☆☆
Fully. Proprietário: Yvon e Claudine Roduit. 6,5 ha.
Uma pequena empresa familiar, administrada por um tio e um sobrinho, fazendo toda a gama de vinhos do Valais em alguns locais escalonados privilegiados. Merecem nota especial seus Ermitage e Petite Arvine (seco e flétri), Cornalin, Pinot Noir (do qual uma parte é de envelhecida em carvalho) e Syrah.

Serge Roh, Caves Les Ruinettes ☆☆
Vétroz. Proprietário: Serge Roh. 10 ha. www.vins-roh.com
Este produtor sólido oferece uma grande gama de vinhos de um simples Fendant de Vétroz a um excelente Syrah de Vétroz.

Bernard Rouvinez ☆☆
Sierre. Proprietário: Jean-Bernard e Dominique Rouvinez. 82 ha. www.rouvinez.ch
A propriedade desses irmãos fica ao lado de um convento. Eles são os únicos autorizados a entrar no terreno do convento para cuidar das videiras. Em sua propriedade, dois terços das uvas suas tintas, predominantemente Pinot Noir. Eles vinificam excelentes Pinot Noir e Chasselas varietais. No entanto, as suas criações mais notáveis são o Le Tourmentin, uma mistura Pinot Noir, Syrah, Cornalin e Humagne Rouge, e o Le Trémaille (Chardonnay e Petite Arvine). Estes vinhos elegantes e de apresentação atraente indicam uma nova visão e vontade de inovar – um sinal de esperança em uma região de tradição, às vezes, excessiva. Eles também possuem a propriedade de Château Lichten.

St Jodernkellerei ☆–☆☆
Visperterminen. Cooperativa. 50 ha. www.jodernkellerei.ch
O melhor lugar, além de Oskar Chanton (ver p. 431), para

Símbolos tradicionais da Suíça.

experimentar as especialidades raras de Visp, como Heida, em três versões diferentes.

Varone ☆–☆☆

Sion. Proprietário: Jean-Pierre e Philippe Varone. 12 ha.
www.varone.ch

Um produtor tradicional que complementa seus próprios frutos comprando de outros produtores. Seu melhor Chasselas vem do vinhedo Uvrier.

Maurice Zufferey ☆☆

Muraz sure Sierre. Proprietário: Maurice Zufferey. 8,5 ha.
www.maurice-zufferey-vins.ch

Sierre é a terra do vinho tinto e os de Zufferey são particularmente notáveis (embora ele também produza muitas outras especialidades). Dois Pinot Noir são feitos (um envelhecido em carvalho), Dôle, Syrah, um Humagne Rouge com cor profunda, e o complicado, mas infinitamente gratificante Cornalin, que Zufferey foi um dos primeiros a reviver no Valais.

Principais produtores do cantão de Valais

Philippoz Frères
Leytron. www.philippoz-freres.ch

Les Fils Maye
Riddes. www.maye.ch

Caveau de Salquenen
Salgesc. www.gregor-kuonen.ch

Cave du Rhodan
Salgesc. www.rhodan.ch

Madeleine & Jean-Yves Mabillard-Fuchs & Cave de la Madeleine
Vétroz & Venthône. www.fontannaz.ch

Didier Joris
Chamoson. www.didierjoris.ch

O cantão de Vaud

O cantão de Vaud inclui todos os vinhedos da margem norte do Lago de Genebra e do Rhône, até a fronteira com o Valais em Bex: um arco de 80 km (cinquenta milhas) de encostas voltadas para o sul. É dividido em três zonas principais: Chablais, na margem direita do Rhône, entre Ollon e o lago; Lavaux, a seção central, entre Montreux e Lausane; e La Côte, de Lausanne e até Nyon, na fronteira com Genebra. Mais ao norte, um pouco abaixo do lago Neuchâtel, ficam os pequenos enclaves de Côtes de l'Orbe e Bonvillars. Metade das aldeias no vinhedo Vully no lago Morat também pertencem ao Vaud. O cantão tem seus próprios sistemas de denominação, que controlam a origem, as variedades de uvas, e os níveis de Oechsle.

As denominações de Chablais incluem as aldeias de Villeneuve, Yvorne, Aigle, Ollon e Bex, todas com boas encostas voltadas para o sudoeste acima do Rhône. Yvorne, com o seu caráter mineral e picante, real vigor, amadurecimento e durabilidade, é geralmente considerado o melhor de todos os vinhos Chablais. No seu melhor é, sem dúvida, páreo para (embora sutilmente diferente) os vinhos de topo de Lavaux.

Lavaux é certamente o vinhedo mais belo da Suíça, empilhado em socalcos acima dos vilarejos à beira do lago. A visão a partir dele é soberba: as montanhas de Savoie, uma grande massa escura contra o sol do lado oposto, a superfície cinza brilhante do lago abaixo, enrugada por barcos a vapor brancos, deslizando de um cais de vilarejo a outro. A erosão é um problema sério: uma mancha marrom no lago depois de uma chuva pesada à noite é má notícia para um produtor de vinho. Lavaux ostenta o *crus* de Dézaley (durante séculos considerado o ponto alto do vinho branco suíço) e Calamin, nas proximidades, bem como seis das 26 denominações de Vaud. O Chasselas das encostas superiores assume uma vivacidade e uma qualidade quase aromáticas, que o distingue da secura mais austera dos vinhedos mais baixos. Cada aldeia, porém, tem defensores comprometidos e os nomes de Epesses, Saint-Saphorin, Rivaz, Cully, Villette, Lutry, Chardonne e outros são grafados correspondentemente grandes no rótulo.

La Côte, situada entre Lausanne e Nyon, tem doze denominações (as mais conhecidas são Féchy, Perroy, Montsur-Rolle, Tartegnin, Vinzel e Luins). La Côte é um vinhedo em encosta mais suave, muitas vezes inclinada ao sudeste, cujos vinhos têm raramente o vigor ou o sabor daqueles de Lavaux ou Chablais, mas proporcionam vinhos deliciosamente florais para serem bebidos antes das refeições. Por alguma razão desconhecida, o termo *grand cru* pode ser aplicado a qualquer vinho que venha de um vinhedo *clos* ou murado, independentemente da sua qualidade.

Chasselas domina os vinhedos do Vaud, embora uma parte mínima também seja dedicada a Pinot Gris, Pinot Blanc e Riesling/Sylvaner. Cerca de 25% dos vinhedos são plantados com uvas tintas, assim Pinot Noir e Gamay também são encontradas aqui, quer vinificadas isoladamente, ou misturadas e designadas Salvagnin (um "selo de qualidade" que tem caído um pouco em descrédito ao longo dos anos). A superprodução nesta área tem sido um problema sério há algum tempo, com os rendimentos médios frequentemente ultrapassando 10 mil litros por hectare, tanto para os vinhos tintos quanto para os brancos. Os vinhos – especialmente os feitos a partir de Chasselas – desfrutam de um grupo de seguidores locais entusiasmados, que podem confundir os mais acostumados com os sabores diretos da Alsácia ou da Austrália.

Principais produtores do cantão de Vaud

Henri Badoux ☆☆

Aigle. Proprietário: Henri Badoux Olivier. 55 ha.
www.badoux.com

Substancial empresa familiar de segunda geração, com vinhedos em Yvorne, Aigle, Ollon, Villeneuve, Saint-Saphorin, Féchy, Vinzel e Mont-sur-Rolle. Os dois vinhos principais são os famosos Aigle les Murailles (com o clássico rótulo de lagarto) e o Yvorne Petit Vignoble. O Aigle Pourpre Monseigneur da Badoux, uma mistura Pinot Noir e Gamay do distrito de Chablais, se beneficia de algum envelhecimento.

Louis Bovard ☆☆

Lavaux. Proprietário: Louis Bovard. 17 ha.
www.domainebovard.com

Esta próspera propriedade produz não só Chasselas dos melhores locais em Epesses, Saint-Saphorin e Dézaley, mas também um bom Sauvignon Blanc, Syrah e Merlot. Cerca de um terço dos vinhedos é cultivado biodinamicamente.

Jean-Michel Conne, Cave Champ de Clos ☆☆

Chexbres. Proprietário: Jean-Michel Conne. 12 ha. www.conne.ch

Em razão da sábia compra de vinhedos fora de Lavaux, e pela herança dos vinhedos da família, uma participação considerável de bons locais em torno do Lago de Genebra tem sido construída. Especialmente famoso é o Dézaley Plan Perdu, o Saint-Saphorin Le Sémillant (um engarrafamento *sur lie*) e o Ollon L'Oisement. Vários Pinot Noir (dos quais o envelhecido em carvalho é rotulado Cartige) também são produzidos.

Dubois Fils Vins ☆☆

Epesses. Owner: Jean-Daniel Dubois. 9 ha. www.dubois.ch

Os Dubois acreditam que devem permitir que o Chasselas passe por fermentação malolática. Eles oferecem uma ampla gama de *crus*, incluindo Epesses, Saint-Saphorin e Dézaley, que podem envelhecer por vinte anos, depois dos quais adquirem um ligeiro tom de mel.

Hammel ☆–☆☆

Rolle. Diretor: Martin Federer. 70 ha. www.hammel.ch

Este domaine é uma casa de comércio líder de La Côte, que produz Chasselas de vários vinhedos do cantão de Vaud: Domaine Les Pierrailles e La Bigaire (La Côte), Domaine de Riencourt (Bougy), Clos du Chatelard (Villeneuve), e Clos de la George (Yvorne).

Obrist ☆–☆☆

Vevey. Proprietários: Grupo Schenk (ver nesta página). 65 ha. www.obrist.ch

Um dos maiores produtores de Vaudois branco, com uma reputação especial por seus Yvornes: Clos du Rocher, Clos des Rennauds e Près-Roc. Também famosos são os seus Cure d'Attalens e Salvagnin Domaine du Manoir.

Gérard Pinget ☆☆

Rivaz. Administrador: C. Pinget. 10 ha.

Uma propriedade tradicional, cujos melhores vinhos incluem o acerado Dézaley Renard (seu rótulo ostenta uma raposa), o Saint-Saphorin e o Soleil de Lavaux.

Schenk ☆–☆☆

Rolle. Proprietário: Família Schenk. 37 ha. www.schenk.ch

Esta, a maior empresa de vinhos suíços, foi fundada em Rolle, em 1893, e está baseada lá desde então. Suas principais propriedades estão em Yvorne, Mont-sur-Rolle, Vinzel e Féchy. Suas subsidiárias na Suíça incluem Obrist (ver nesta página), Maurice Gay e a Gruta de Saint-Pierre no Valais.

J. & P. Testuz ☆☆

Treytorrens-Cully. Proprietário: Jean-Pierre Testuz. 60 ha. www.testuz.ch

A família Testuz faz vinho em Dézaley desde 1538. Em 1865, eles venderam o primeiro vinho engarrafado na Suíça. Seu Dézaley, L'Arbalète, é um dos melhores da região. Outros vinhos Lavaux incluem o fino Saint-Saphorin Roche Ronde e Epesses. Os vinhos Chablais incluem o Aigle Les Cigales e o Yvorne Haute-Combe.

Outros produtores do cantão de Vaud

Domaine Henri Cruchon

Echichens. www.henricruchon.com

Domaine La Colombe

Féchy. www.lacolombe.ch

Domaine de Maison Blanche

Mont-sur-Roll. www.domainemaisonblanche.ch

Cave Expérimentale Agroscope Changins-Wädenswil

Nyon. www.acw.admin.ch

Domaine Jean-François Neyroud-Fonjallaz

Chardonne. www.neyroud.ch

Genebra

O cantão está dividido em três distritos: o maior – Mandement – no norte, na margem direita do Rhône, inclui Dardagny, Russin e, acima de tudo, Satigny. Ao sul do rio (e da cidade) fica Arve-et-Rhône, centrada em torno de Lully-Bernex. A área que começa do outro lado do lago é chamada Arve-et-Lac. Como as encostas são suaves e as videiras são bem espaçadas, a colheita mecanizada é uma possibilidade, o que dá aos vinhos a vantagem de bons preços.

A área de vinhedos tem aumentado constantemente e, com 1.297 hectares plantados, agora é a terceira em importância após o Valais e o Vaud. A Chasselas (muitas vezes, mas não inevitavelmente, conhecida aqui como Perlan) já não é a variedade principal, seu lugar foi tomado pela Gamay. Chasselas muitas vezes é engarrafado com uma leve picância para compensar o caráter que lhe falta frequentemente. Riesling/Sylvaner, Pinot Gris, Pinot Blanc e Gewürztraminer também são encontradas. Resultados expressivos estão sendo alcançados com Aligoté e Chardonnay, bem como com o cruzamento tinto Gamaret.

Principais produtores de Genebra

Domaine du Centaure ☆–☆☆

Dardagny. Proprietário: Claude Ramu. 18 ha. www.domaine-du-centaure.ch

A gama de vinhos mitologicamente nomeados é produzida na região de Le Mandement, a oeste de Genebra. Apesar de Gamay ser importante aqui, a ênfase é nas variedades atípicas, tais como Kerner, Muscat, Scheurebe, Pinot Blanc e uma mistura de Cabernet com Merlot.

Domaine des Curiades ☆–☆☆

Lully. Proprietários: Jacques e Christophe Dupraz. 12,5 ha. www.curiades.ch

O domaine oferece cerca de vinte vinhos, varietais e misturas, com Sauvignon Blanc e Pinot Noir envelhecidos em barricas.

Charles Novelle & Fils ☆–☆☆

Satigny. Proprietário: Jean-Michel Novelle. 7 ha.

Quando Jean-Michel Novelle assumiu o controle do domaine na década de 1980, ele substituiu a maioria dos Chasselas por dezessete variedades, muitas delas internacionais, em vez de suíças. Sempre experimentando, Novelle faz vinhos doces de uvas Sauvignon e Petit Manseng secas artificialmente.

Bernard Rochaix ☆–☆☆

Peissy. Proprietário: Bernard Rochaix. 48 ha. www.lesperrieres.ch

Dois terços da produção são de vinhos brancos. Além de um

Chasselas perfumado e um Aligoté enérgico, Rochaix produz um Chardonnay não acarvalhado atraente, em geral mais agradável que sua versão fermentada em barril. Nem Pinot Noir nem Cabernet Sauvignon são bem sucedidas aqui.

Outros produtores de Genebra

Domaines Les Hutins
Dardagny.

Domaine des Balisiers
Satigny. www.balisiers.ch

Domaine du Paradis
Satigny. www.domaine-du-paradis.ch

Lagos Neuchâtel, Biel e Morat

Os vinhedos são cultivadas ao longo da costa norte dos três lagos, abrigados pela cadeia de montanhas do Jura, que constitui a espinha dorsal da rota de Genebra até Basileia. As aldeias mais conhecidas no lago Neuchâtel são Cortaillod, Auvernier, Boudry e Saint-Blaise. No lago Biel, os nomes de Schafis e Twann são famosos, enquanto no lago Morat, as aldeias de Fribourg Praz, Nant e Motier desfrutam de certo renome.

A Chasselas reina aqui mais uma vez, dando vinhos que são leves, secos e com certa picância natural ("*l'étoile*") – resultado de serem engarrafados principalmente *sur lie*. Não há Gamay ao norte de Genebra. Pinot Noir é a única variedade de tinto autorizada. As montanhas de pedra calcária a norte e a oeste do lago Neuchâtel e o clima temperado parecem trazer à tona a sutileza indescritível da uva Pinot Noir.

Podemos esperar que os Pinot de Neuchâtel de produtores de boa reputação tenham certa distinção. Em um bom ano podem ser considerados os melhores Pinot que a Suíça é capaz de produzir. O rosé pálido, Oeil-de-Perdrix ("olho de perdiz") – uma denominação nativa do Neuchâtel, agora amplamente utilizada em toda a Suíça – é um atraente Pinot Noir rosé.

Principais produtores do Neuchâtel

Château d'Auvernier ☆☆
Auvernier. Proprietário: Thierry Grosjean. 60 ha. www.chateau-auvernier.ch
Uma das casas mais antigas estabelecidas, pertencendo à mesma família desde 1603, fazendo Neuchâtel branco vigoroso, Oeil-de-Perdrix, Pinot Noir d'Auvernier, Pinot Gris envelhecido em barrica, e uma pequena quantidade de Chardonnay. Vinificação de alta qualidade.

Caves de la Béroche ☆☆
Saint-Aubin-Sauges. Proprietário: Albert Porret. 51 ha. www.caves-beroche.ch
Esta é a quarta geração da família fazendo Chasselas, Chardonnay, Viognier, um Oeil-de-Perdrix e um pouco de Pinot Gris. A propriedade também vinifica os vinhos orgânicos do Domaine des Coccinelles.

Châtenay-Bouvier ☆–☆☆
Boudry. Diretor: Janine Schaer. 30 ha. www.chatenay.ch

Esta propriedade faz uma grande quantidade de brancos, rosados e tintos, cujos melhores exemplos incluem Chasselas e Pinot Noir dos dezessete hectares do domaine Château Vaumarcus. O rótulo Bouvier Frères é utilizado para os seus vinhos espumantes, que foram os primeiros produzidos na Suíça.

Outros produtores do Neuchâtel

Grillette Domaine de Cressier
Cressier. www.grillette.ch

Charles Steiner
Ligerz. www.schernelz-village.ch

Os cantões germanófonos

Como os cantões germanófonos privilegiam as mesmas castas e usam, amplamente, as mesmas técnicas de vinificação, eles tendem a ser agrupados e chamados, por alguma razão obscura, Suíça oriental. Há as concentrações usuais em torno dos lagos (Constance, Zurique) e ao longo dos rios (Reno, Aar, Limmat), com o seu microclima estranho (nomeadamente as quatro aldeias do cantão de Grisões conhecidas como Bündner Herrschaft). O vinho é cultivado em oito dos cantões suíço-alemães: Grisões, Saint-Gallen, Turgóvia, Schaffhausen, Zurique, Argóvia, Basileia-Campo e Berna. Os cantões mais produtivos são hoje Zurique (espalhado entre Wädenswil, lar da Escola Federal de Enologia e Viticultura, Winterthur, e os vilarejos ao longo da costa norte do lago) e Schaffhausen, onde o vinhedo de Hallau é o maior da Suíça oriental. O consumo dos vinhos produzidos na Suíça germanófona é quase exclusivamente local.

Aqui, ao norte dos Alpes, o equilíbrio de cor muda e os vinhos tintos começam a predominar na forma da Pinot Noir (também chamada Blauburgunder, ou Clevner, no Lago de Zurique). Riesling/Sylvaner é a principal variedade branca, que funciona bem nas mãos certas para dar vinhos vigorosos surpreendentemente aromáticos, em geral mais interessantes que os Chasselas comuns do sul. A Pinot Noir se destaca no cantão de Grisões, cujo clima quente de outono a amadurece e a deixa com cor e um toque de veludo. Em outros lugares, os suíço-alemães demonstram uma misteriosa predileção por Blauburgunders ligeiramente efervescentes e pálidos, predileção essa que não é inevitavelmente compartilhada por outros.

Além dessas duas (e mais um pouco de Gewürztraminer, Pinot Blanc e Pinot Gris), existem algumas especialidades confinadas aos cantões da Suíça germanófona. Completer é uma especialidade extremamente rara, de amadurecimento e colheita tardios, encontrada em Grisões, onde é prolongadamente maturado e licoroso, e às margens do lago de Zurique, onde é mais austero. Seu nome está ligado ao ofício noturno de Completas, após o qual dizem que os monges tomam um copo ou dois de vinho com gratidão. Räuschling é uma variedade de Zurique há muito estabelecida, que faz vinhos brancos elegantes e frescos. Freisamer é um cruzamento potencialmente promissor entre Sylvaner e Pinot Gris.

Principais produtores suíço-alemães

Adank ☆☆
Fläsch. Proprietário: Hansruedi Adank. 5,5 ha.
www.adank-weine.ch
Embora Adank seja conhecido por seu Sauvignon Blanc e Pinot Gris, é o Pinot Noir que chama mais a atenção. Há também uma pequena quantidade de Syrah, uma raridade na região.

Schlossgut Bachtobel ☆☆–☆☆☆
Ottoberg. Proprietário: Hans-Ulrich Kesselring. 5,8 ha.
www.bachtobel.ch
Schlossgut Bachtobel, que cultiva seus vinhedos sem fertilizantes ou herbicidas, produz principalmente Pinot Noir, além de Riesling/Sylvaner e pequenas quantidades de Pinot Gris e Riesling. Há três Pinot Noir, cada *cuvée* com um número diferente. Hans-Ulrich Kesselring faleceu em 2008.

Donatsch ☆☆–☆☆☆
Malans. Proprietário: Thomas Donatsch. 4,5 ha.
www.donatsch-malans.ch
O belo e antigo restaurante Zum Ochsen, com painéis de madeira, no vilarejo aristocrático de Malans, pertence à família há mais de 150 anos. Este é o melhor lugar para provar os soberbos Pinot Noir e os Chardonnay muito bem estruturados de Thomas Donatsch, embora eles também sejam encontrados nas listas de vinhos dos melhores restaurantes suíços. Seu Pinot Noir e seu Chardonnay são envelhecidos em barricas. Pinot Blanc e Pinot Gris também são produzidas, e ele também tem experimentado Cabernet Sauvignon, que plantou em 1983.

Daniel Gantenbein ☆☆☆
Fläsch. Proprietário: Daniel Gantenbein. 4 ha.
Gantenbein é o produtor de Pinot Noir mais famoso da Suíça. Os clones que ele plantou vieram do Domaine de la Romanée-Conti. Exclusivo, também, é o seu Riesling (clones de dr. Loosen), que todos concordam ser o mais "germânico" Riesling que a Suíça tem a oferecer. O Chardonnay e os vinhos doces também são notáveis.

Andrea Lauber ☆☆
Malans. Proprietário: Andrea Lauber. 3 ha.
www.lauber-weine.ch
A bela Gut Plandaditsch, com cúpula em forma de bulbo, é um marco de Malans. Especialmente notáveis são o Pinot Noir rubi profundo, o Pinot Blanc fortemente aromático, o Freisamer de colheita tardia e o Completer envelhecido em carvalho. O Chardonnay potente, produzido em pequenas quantidades, passa até sete meses em carvalho novo.

Nussbaumer ☆–☆☆
Aesch. Proprietário: Nicolas Dolder. 7 ha.
www.domainenussbaumer.ch
Pequena empresa, adquirida pela família Dolder em 2004, que produz Riesling/Sylvaner, Chasselas, Pinot Gris, Gewürztraminer, Räuschling e Pinot Noir nos seus vinhedos Aesch e Arlesheim, a poucos passos da fronteira com a Alsácia. As especialidades da casa incluem o Chrachmost, um Chasselas espumante de método clássico, e um vin de paille feito com a uva Garanoir.

Weinkellerei Rahm ☆–☆☆
Hallau. Proprietário: Peter Rahm. 16 ha. www.rimuss.ch
Rahm é a maior empresa de vinhos em Schaffhausen, com uma produção de 1,5 milhão de garrafas. Muitos dos vinhos são comerciais, tais como a gama de frisantes, mas no nível superior o Pinot Noir pode ser muito bom.

Hermann Schwarzenbach ☆–☆☆☆
Meilen. Proprietário: Hermann Schwarzenbach. 7 ha.
www.reblaube.ch
Pequena casa antiga com uma gama de 23 vinhos, incluindo Riesling/Sylvaner (alguns de colhidos tardiamente como Beerenauslese), Freisamer, Sémillon, Räuschling, Chardonnay, Pinot Gris, e – o único produtor que ainda o faz no Lago de Zurique – Completer. Pinot Noir é produzido normalmente ou de colheita tardia, fermentado em tonéis de carvalho e recomendado como um vinho para ser guardado.

Outros produtores suíço-alemães

Buess Weinbau
Sissach. www.buessins.ch

Davaz Weine
Fläsch. www.davaz-wein.ch

Weingut Thomas Marugg
Fläsch. www.marugg-weine.ch

Weingut Eichholz, Jenins, Fromm Weine
Malans. www.fromm-weine.ch

Weinbau Toni Ottiger
Kastanienbaum. www.weingut-rosenau.ch

Baumann Weingut
Oberhallau. www.baumannweingut.ch

Weingut Pircher
Eglisau. www.weingut-pircher.ch

Schloss Salenegg
Maienfeld. www.schloss-salenegg.ch

Os cantões italófonos

O Tessino (em italiano *Ticino*) se divide em quatro áreas principais: ao norte e ao sul do Monte Céneri (Sopraceneri e Sottoceneri respectivamente), às margens do Lago de Lugano (Luganese) e nos distritos de Mendrisiotto. Há pouco mais de 1.000 hectares de vinhas cultivadas. É uma área deliciosamente simples, produzindo vinhos, principalmente tintos, onde a Merlot, ocupando 82% da superfície, predomina sobre um grupo de diversas uvas pretas (Bondola, Freisa, Barbera), misturadas em vinhos de mesa corriqueiros, rotulados Nostrano. O "rótulo de qualidade" VITI é atribuído por uma comissão de especialistas aos vinhos Merlot com um ano em garrafa, que passam por testes de análise química e gosto. Um pequeno número de produtores envelhece com êxito alguns Merlot em carvalho novo (muitas vezes chamando o resultado de "Riserva"). Isso lhes dá um caráter diferente do Merlot del Ticino típico, suave e unidimensional.

Pouco vinho branco é cultivado no Tessino: os solos são todos inapropriados e o clima benevolente demais, embora um pouco de Chardonnay e algumas outras variedades possam ser encontradas. A híbrida americana *Vitis labrusca*, de aroma desagradável, é cada vez menos vinificada. O que resta é geralmente feito em grappa.

Principais produtores do Tessino

Angelo Delea ☆–☆☆
Losone. Proprietário: Angelo Delea. 11 ha. www.delea.ch
Restaurateur que virou viticultor, Angelo Delea produz alguns Merlot poderosos e de longa maceração na região de Sopraceneri. Todo ano ele substitui 40% de seus barris por novos, para os quais vai o seu melhor Merlot (rotulado Riserva). O restante é envelhecido em barris usados. Delea também produz Chardonnay, Pinot Blanc e – por causa dos velhos tempos – branco, rosé e tinto americano.

Werner Stucky ☆☆–☆☆☆
Rivera. Proprietários: Werner e Lilo Stucky. 3 ha.
Um dos jovens suíço-alemães pioneiros da região, Werner Stucky produz pequenas quantidades de Merlot, para consumo imediato ou envelhecidos em carvalho, ambos esgotados no final do ano. Sua outra especialidade é o Conte di Luna, uma combinação de Merlot e Cabernet Sauvignon. São vinhos tânicos que ganham opulência com tempo de garrafa.

Eredi Carlo Tamborini ☆☆–☆☆☆
Lamone. Proprietário: Claudio Tamborini. 32 ha. www.tamborini-vini.ch
Uma casa importante do Tessino, cujo Merlot melhora constantemente. Vigna Vecchia é o seu melhor, envelhecido em carvalho a partir de vinhas entre trinta e sessenta anos de idade. O Comano Vigneto ai Brughi e o Castello di Morcote também são excelentes.

Fratelli Valsangiacomo ☆☆
Mendrisio. Proprietário: Uberto Valsangiacomo. 6 ha. www.valsangiacomo.ch
Uberto Valsangiacomo é a sexta geração dessa ilustre e antiga casa do Tessino, e produz algumas das garrafas mais respeitadas da região: Roncobello e L'Ariete, entre uma série de outros Merlot não acarvalhados e envelhecidos em barrica: Cagliostro (um Merlot rosé) e dois espumantes de Merlot. Um bandoleiro fanfarrão adorna o rótulo da frutada mistura de Chardonnay, Sémillon e Sauvignon de Valsangiacomo: Il Mattirolo.

Vinattieri Ticinesi ☆–☆☆
Ligornetto. Proprietário: Luigi Zanini. 50 ha. www.zanini.ch
Os membros da família Zanini têm investido fortemente no vinhedo e na adega. Garrafas de seus melhores Merlot têm nomes de vinhedos (às vezes completos, com mapas esquemáticos maravilhosamente contornados): o Ligornetto, o Vinattieri Rosso de videiras velhas, o Roncaia, todos são envelhecidos em carvalho, até certo ponto, e engarrafados sem filtragem. Seus demais vinhos tintos incluem Syrah e Pinot Noir.

Christian Zündel ☆☆
Beride. Proprietário: Christian Zündel. 4 ha.
Zündel produz apenas cerca de 7 mil garrafas por ano, mas ele alcançou uma excelente reputação por seu rico Orizzonte, que é Merlot com uma pitada de Cabernet Sauvignon.

Outros produtores de Tessino:

Daniel Huber
Monteggio. www.hubervini.ch

Adriano Kaufmann, Beride, Casa Vinicola Gialdi
Mendrisio. www.gialdi.ch

Ivini di Guido Brivio
Mendrisio. www.brivio.ch

Castelo Montebello, Bellinzona.

Áustria

A história do vinho austríaco começa há, pelo menos, 2 mil anos, pouco depois de os romanos conquistarem as províncias danubianas em 16 a.C. É uma questão interessante o porquê de a cultura do vinho moderno ter chegado aqui muito mais tarde que no resto da Europa Ocidental. Mesmo durante as décadas de 1920 e 1930, apenas os melhores vinhos austríacos eram vendidos em garrafas. Ainda hoje, significativa proporção de vinho austríaco é vendida em estalagens administradas por produtores de vinho (chamadas Heurigen ou Buschenschenken). O escândalo do dietilenoglicol em 1985 detém, por alguns anos, o sucesso comercial da indústria com vinhos brancos meio doces e doces nos moldes alemães (em 1972, uma lei dos vinhos semelhante à alemã havia sido regulamentada). O dietilenoglicol era adicionado aos vinhos por muitos grandes engarrafadores comerciais para simular os vinhos doces que eram muito apreciados pelo importante mercado alemão. Embora não haja nenhuma evidência de a saúde de alguém ter sido prejudicada por essa prática ilegal – em contraste com o escândalo do metanol italiano no ano seguinte – enorme dano foi causado ao bom nome do vinho austríaco.

As autoridades austríacas responderam criando leis para controlar mais a indústria do vinho. A lei de 1985 (alterada no ano seguinte) é complementada por um sistema de fiscalização que torna a indústria de vinho do país a mais rigorosamente controlada do mundo. O escândalo também teve consequências totalmente imprevisíveis. Em vez de afastar os consumidores domésticos dos vinhos de sua nação, eles passaram de vinhos produzidos em massa para artesanais, feitos por propriedades familiares. Isso coincidiu com um *boom* por vinhos brancos secos. O resultado foi o renascimento de regiões como Wachau e Kamptal, cujos produtores já haviam feito e vendido vinhos brancos secos de boa qualidade para clientes privados leais em relativa obscuridade. Na Estíria, uma cultura de vinho totalmente nova nasceu durante a década de 1980, quando uma série de produtores passou de vinhos para consumo corriqueiro em garrafas de dois litros para varietais de qualidade.

No início de 1990, isso foi seguido por uma "revolução do vinho tinto", durante a qual dezenas de jovens produtores austríacos, especialmente em Burgenland, dominaram a fabricação, em estilo internacional, desse tipo de vinho. Grande parte de sua inspiração veio do outro lado dos Alpes, da Itália. Embora a França seja a principal fonte de novas variedades de uva (Cabernet Sauvignon, Merlot e, em menor medida, Syrah), estas são geralmente misturadas com uvas autóctones para criar *cuvées* sofisticados, uma palavra do vocabulário de muitos jovens vitivinicultores austríacos. Diferente da maioria dos vinhos finos austríacos, que são vendidos sob nomes de vinhedo (ou *Ried*), eles tendem a ser vendidos sob nomes fantasia, como Comondor, Bella Rex ou Perwolff, nos moldes de vinhos italianos, como o Sassiscaia ou o Darmagi. Na década de 1990, muitos desses vinhos tintos eram fortemente acarvalhados, mas no começo dos anos 2000, a ênfase recaiu sobre a sobressalência da fruta e a elegância em vez de destacar o carvalho.

A Áustria continua a ser principalmente produtora de vinho branco e, nesse aspecto, a maioria dos vinicultores são leais às tradições de vinificação de seu país. Sua indústria de vinho é baseada em vinhos brancos secos de leves a encorpados, da casta autóctone Grüner Veltliner. Ela representa 36% dos 51 mil hectares de vinhedos do país, e dá vinhos com um aroma característico de pimenta branca, lentilhas e outras notas vegetais, mas em níveis elevados de maturação são substituídos por aromas de fumaça e, até mesmo, de frutas exóticas. A flexibilidade dessa uva – que produz vinhos secos com cerca de 10-15 graus de álcool natural, e vinhos de sobremesa impressionantes – é a sua maior força. Em degustações internacionais às cegas, colocando Grüner Veltliner contra alguns dos melhores Chardonnay do mundo, a uva austríaca teve um ótimo desempenho. No entanto, os vinhos brancos que têm atraído mais elogios internacionais têm sido os Riesling. A uva branca nobre da Alemanha parece ter chegado à Áustria no final do século XIX, mas há apenas 1.300 hectares de suas plantações. No entanto, nos principais solos rochosos de Wachau, o belo desfiladeiro rochoso através do qual o rio Danúbio flui entre Melk e Krems, ela produz grandes vinhos secos, que podem ser páreo para os melhores da Alsácia e da Alemanha. Tamanha é a força da demanda doméstica pelos melhores Riesling de Wachau que importadores de outros países têm de implorar por cada garrafa dos maiores produtores. Nomes como Franz Hirtzberger, Knoll Emmerich, F. X. Pichler e Franz Prager (ver p. 442) são mencionados pelos amantes do vinho austríaco em tom de reverência. Da mesma forma, Riesling secos e finos vindos de outras regiões da Baixa Áustria, principalmente Senftenberg e Stein, em Kremstal, e Langenlois-Zöbing, em Kamptal. Uma discrepância comparável entre oferta e demanda existe com os melhores Sauvignon e Morillon da Estíria (um sinônimo para Chardonnay, que chegaram à região durante o século XIX), onde produtores como Polz e Tement (ver p. 448) são quase perpetuamente esgotados

Colheita no Vale do Danúbio.

Apesar de terem sido quase exclusivamente os vinhos de sobremesa os afetados pelo escândalo de 1985, este campo também vem passando por uma evolução marcante nos últimos anos. A região Neusiedlersee-Hügelland, no estado de Burgenland, tem uma história registrada de produção sistemática de vinho de sobremesa que remonta a 1617. Durante a maior parte de sua história, fazia parte da Hungria. Essa tradição é centrada na cidade de Rust, na margem oriental do lago raso de Neusiedlersee, a fonte de névoas outonais que promovem o desenvolvimento da podridão nobre (botrytis). No entanto, durante a década de 1990, os vinhos de Illmitz, na margem oposta do lago, foram os que atraíram a atenção. Os nomes dos produtores de Illmitz Alois Kracher e Willi Opitz são agora conhecidos em todo o mundo. A maioria dos vinhos de sobremesa da Áustria são vendidos sob as marcas Trockenbeerenauslese e Beerenauslese, emprestadas dos alemães durante a década de 1960. Hoje, alguns são vinificados em barris de carvalho novo, como os melhores Sauternes. Rust tem sua própria tradição: um vinho doce a meio caminho em peso entre um BA e um TBA, e vinificado em um grau alcoólico mais elevado (e, consequentemente, menor nível de açúcar residual) que os vinhos comparáveis de Illmitz. No entanto, nos últimos anos, os melhores produtores de Rust tem seguido as normas estilísticas fixadas pelo Kracher para vinhos de grande intensidade e doçura. Assim, na prática, é difícil distinguir um moderno Ruster Ausbruch de um Illmitz TBA – mas não é pior por isso.

Infelizmente, a moda mundial de Chardonnay não deixou a Áustria intocada. Apesar de um punhado de vinicultores produzirem vinhos poderosos no estilo internacional (mais proeminentemente Velich e Kollwentz, (ver p. 445) em Burgenland), a maioria dos resultados fica muito aquém dos alcançados com uvas tradicionais como Weissburgunder (Pinot Blanc), Grauburgunder (Pinot Gris), ou castas aromáticas como Muskateller e Traminer. A maioria dos vinhos brancos secos e de sobremesa finos da Áustria continua a ser feita de castas como essas. Felizmente, o pêndulo começa a voltar a oscilar na direção da tradição. Até mesmo os *yuppies* conscientes do estilo de Viena se divertem num *happy-hour* em uma Heurige, bebendo um vinho local despretensioso em uma caneca de vidro (conhecida como Viertel porque contém um quarto de litro) enquanto escutam Schrammelmusik: música popular vienense. A revolução da qualidade do final dos anos 1980 e 1990 trouxe melhora e vinhos mais diversos, e os melhores produtores de Viena estão revivendo uma antiga tradição, a Gemischter Satz, onde os vinhedos eram plantados em um campo de mistura de inúmeras variedades, que são colhidas e vinificadas em conjunto.

As regiões vinícolas da Áustria são geralmente divididas em quatro áreas principais. Viena (com 680 hectares dentro dos limites da cidade), Burgenland (14.650 hectares), Steiermark (isto é, Estíria, com 3.270 hectares) e Baixa Áustria (33 mil hectares). Burgenland é dividida em quatro sub-regiões: Neusiedlersee (8.310 hectares), que concentra todos os vinhedos do norte e leste do lago; Neusiedlersee-Hügelland (3.910 hectares) a oeste do lago, com Rust e Eisenstadt como suas principais cidades; Mittelburgenland (1.880 hectares) e Südburgenland (450 hectares), as regiões de vinho tinto ao sul do lago e ao longo da fronteira húngara.

A Estíria é dividida em três sub-regiões, das quais a mais importante é a Südsteiermark (1.740 hectares), além da Süd--Oststeiermark (1.100 hectares) e da Weststeiermark (430 hectares). A Estíria é mais conhecida como uma região de vinho branco, mas Weststeiermark tem tradição de produzir Schilcher,

um rosé marcadamente ácido que tem seguidores ardentes na própria Áustria. A Baixa Áustria é a região mais complicada. Mais da metade da produção vem de Weinviertel (16 mil hectares) ao norte de Viena, que costumava ser medíocre, mas hoje um número crescente de produtores está se esforçando para melhorar a qualidade. Muito mais importante em termos de qualidade são as três sub-regiões perto do Danúbio, a oeste de Viena: Wachau (1.390 hectares), Kremstal (2.175 hectares) e Kamptal (3.870 hectares), a fonte dos melhores vinhos brancos da Áustria. Separando essas regiões de Viena, ficam as menos significativas Traisenthal (680 hectares) e Wagram (2.730 hectares), que, até 2008, era conhecida como Donauland. Imediatamente a sudeste de Viena fica Carnuntum (890 hectares), capaz de fornecer excelentes vinhos tintos, enquanto ao sul da capital, localiza-se a Thermenregion (2.330 hectares), que inclui os outrora famosos vinhos brancos pesados de Gumpoldskirchen.

As propriedades a seguir são divididas em quatro regiões principais, com sub-regiões indicadas em cada produtor.

Principais produtores da Baixa Áustria

Leo Alzinger ☆☆☆–☆☆☆☆
Unterloiben, Wachau. 9 ha. www.alzinger.at
Com Riesling e Grüner Veltliner em locais privilegiados de Dürnstein e Unterloiben, o autodidata Alzinger faz vinhos elegantes, com uma estrutura bem ácida, magros, porém frutados, vigorosos, e nunca duros. Invariavelmente, o envelhecimento dá bons resultados. Os vinhos Smaragd, a partir de 2007, são de qualidade quatro estrelas.

Bründlmayer ☆☆☆–☆☆☆☆
Langenlois, Kamptal. 75 ha. www.bruendlmayer.at
O tímido e cuidadoso Willi Bründlmayer administra uma das maiores e mais modernas propriedades de vinho austríacas. Embora seja admirado por seu Chardonnay fermentado em barril e por seu Pinot Noir inspirado em Burgundy, a maioria de sua produção é de brancos secos de estilo tradicional.

A qualidade de toda a gama é impressionante. Os sublimes Riesling de videiras velhas de Heiligenstein e magistrais Grüner Veltliner dos vinhedos Lamm e Käferberg estão entre os melhores vinhos da Áustria. O Sekt (espumante), também, com três anos nas leveduras, é um dos melhores do país.

Domäne Wachau ☆☆–☆☆☆☆
Dürnstein, Wachau. 420 ha.
www.domaene-wachau.at
Há muito uma das melhores cooperativas de vinificação da Europa, cuja qualidade deu um salto com a nomeação, em 1995, de Fritz Miesbauer e Willi Klinger como codiretores. Após a saída deles, no início de 2000, a qualidade despencou, mas safras recentes voltaram a ser boas novamente.

Em 2007, o nome foi mudado para Freie Weingärtner Wachau. Excelentes Riesling provenientes de vinhedos de primeira classe do Achleiten, em Weissenkirchen, e do Singerriedel, em Spitz, e Grüner Veltliner, do Kellerberg, em Dürnstein, são as estrelas dos vinhos produzidos. No entanto, até mesmo os vinhos mais simples, como a mistura Terrrassen Thal Wachau, são bem feitos e cheios de personalidade.

Schloss Gobelsburg ☆☆–☆☆☆

Gobelsburg, Kamptal. 35 ha. www.gobelsburg.at

Uma propriedade monástica, arrendada, em 1996, por Willi Bründlmayer (ver p. 440) e Michael Moosbrugger, onde cultivam vinhedos orgânicos. Há bom Riesling, de Heiligenstein e Gaisberg, e os outrora desconcertantemente alcoólicos Grüner Veltliner, de Ried Lamm e Ried Grub, estão mais comedidos. Moosbrugger também está fazendo alguns vinhos tintos sérios de Saint-Laurent e Pinot Noir.

Franz Hirtzberger ☆☆☆☆

Spitz, Wachau. 17 ha. www.hirtzberger.at

O otimismo e o talento naturais de Franz Hirtzberger para vencer os oponentes são os principais responsáveis pelo sucesso da associação de produtores de vinho Vinea Wachau, que criou os estilos e regulamentos para a região. Seus Riesling vêm dos grandes vinhedos Singerriedel e Hochrain, e seu Grüner Veltliner, do privilegiado Honivogl; estão entre os melhores e mais procurados vinhos da Áustria.

Josef Högl ☆☆–☆☆☆

Spitz, Wachau. 7,5 ha. www.weingut-hoegl.at

O modesto e tímido Josef Högl aprendeu rapidamente enquanto trabalhava para as propriedades Prager e F. X. Pichler (ver nesta página). Desde que começou a trabalhar sozinho, ele entrou para o primeiro posto de produtores de Wachau com brancos secos que combinam poder com clareza e elegância.

Josef Jamek ☆☆–☆☆☆

Joching, Wachau. 25 ha. www.weingut-jamek.at

Josef Jamek foi pioneiro de vinhos secos, não chaptalizados, em Wachau, na década de 1950, e permaneceu um dos principais produtores locais na década de 1980. Seu restaurante de mesmo nome trouxe cultura gastronômica à região e se tornou uma instituição. Em 1996, seu genro Hans Altmann e sua filha Jutta assumiram e uma nova era começou. Os melhores vinhos são os famosos Riesling do excelente vinhedo Klaus, de Weissenkirchen, e o seco Weissburgunder. Elegância, em vez de poder, sempre foi a marca registrada de Jamek. Depois de um período em que não tinham aderência e mineralidade, os vinhos já haviam, no fim de 1990, recuperado a qualidade.

Emmerich Knoll ☆☆☆☆

Unterloiben, Wachau. 15 ha.

Quatro gerações da família Knoll, todos os chamados Emmerich, são responsáveis pela produção dos vinhos exclusivos desta propriedade. Extremamente duradouros, eles precisam de anos de envelhecimento em garrafa para o seu caráter pleno e mineral surgir. Os Riesling secos dos locais Schütt, Loibenberg e Kellerberg estão entre os melhores vinhos brancos da Áustria. Em safras como a de 2007, quando o botrytis afeta os vinhedos, Knoll também produz vinhos doces suntuosos.

Malat ☆☆–☆☆☆

Palt, Kremstal. 48 ha. www.malat.at

Mais conhecido por vinhos brancos secos poderosos, mas o Sauvignon e o Pinot Noir também são promissores. O seu melhor Veltliner e Riesling da propriedade é engarrafado sob o confiante rótulo Das Beste (o melhor).

Mantlerhof ☆☆

Brunn im Felde, Kremstal. 14 ha. www.mantlerhof.com

Josef Mantler é mais conhecido pela rara uva branca Roter Veltliner, com a qual ele faz vinhos secos ricos e suaves. Seus Grüner Veltliner também são ótimos e de longa duração.

Markowitsch ☆☆☆

Göttlesbrunn, Carnuntum. 30 ha. www.markowitsch.at

Gerhard Markowitsch é o mais dinâmico dos produtores de Carnuntum, igualmente hábil com vinhos brancos e tintos. Seu Chardonnay é tostado e poderoso, e seu melhor tinto é o Cuvée Rosenberg: uma mistura intensa e profundamente estruturada de Zweigelt, Merlot e Cabernet Sauvignon. Markowitsch também está fazendo progresso com Pinot Noir.

Sepp Moser ☆☆

Rohrendorf, Kremstal. 50 ha. www.sepp-moser.at

As raízes desta propriedade remontam a 1848, mas na sua forma atual, ela data a partir da cisão da antiga companhia de Lenz Moser em 1986. Com a ajuda do filho Nikolaus, Sepp Moser rapidamente se tornou um dos principais produtores de vinho branco da nação.

Em 2000, Nikolaus Moser ficou com responsabilidade total pela vinificação, e, em 2006, converteu a cultura em biodinâmica. O Chardonnay fermentado em barril está entre os melhores da Áustria, mas é o exuberante, complexo e seco Riesling do fabuloso local Gebling que é a verdadeira estrela. Tintos Burgenland cada vez melhores também de sua propriedade Apetlon.

Nigl ☆☆☆

Senftenberg, Kremstal. 25 ha. www.weingutnigl.at

Os Riesling e Grüner Veltliner secos, minerais e elegantes de Martin Nigl fizeram a propriedade ser líder na região de Kremstal. Os melhores vinhos são os magníficos Riesling vindos de excelentes locais: Kremsleiten e Piri. Nigl geralmente rotula seus melhores vinhos como Privat.

Nikolaihof ☆☆☆

Mautern, Wachau and Kremstal. 18 ha. www.nikolaiho.at

Os registros da história da propriedade biodinâmica da família Saahs remontam a mais de um milênio, e os magníficos edifícios estão em fundações romanas. Os melhores Riesling secos são soberba e intensamente minerais, tanto os vinhos Kremstal, do vinhedo rochoso Steiner Hund, em Krems, quanto os Wachau, de Mautern. São vinhos que melhoram muito com o envelhecimento. Sua excelente Weinstube (bar) é o lugar perfeito para prová-los.

F. X. Pichler ☆☆☆☆

Oberloiben, Wachau. 14 ha. www.fx-pichler.at

Considerado o produtor número um da Áustria, Franz Xavier Pichler – frequentemente chamado simplesmente de "FX" – é um perfeccionista fanático. Seus grandes vinhos brancos secos são tão concentrados quanto individuais. Os Riesling e Grüner Veltliner mais espetaculares vêm do grande vinhedo Kellerberg, de Dürnstein. Os vinhos mais ricos são grandiosamente rotulados "M" ("Monumental") ou "U" ("Unendlich" – "interminável"; referência ao fim de boca prolongado). Estes vinhos podem parecer grandes demais, combinando álcool e extrato com um pouco de açúcar residual. Mas sua qualidade intrínseca e complexidade são inegáveis. A próxima geração está gradualmente assumindo a propriedade.

Rudi Pichler ☆☆☆
Wösendorf, Wachau. 12 ha. www.rudipichler.at
Rudi Pichler Jr. tem ido de vento em popa como uma das estrelas ascendentes de Wachau com exuberantes Riesling secos, potentes e aromáticos, de vinhedos em Achleiten e Kirchweg, e Grüner Veltliner minerais, de Hochrain. A magnífica safra de 2007 provou ser a melhor até agora.

Franz Prager ☆☆☆–☆☆☆☆
Weissenkirchen, Wachau. 15 ha. www.weingutprager.at
Desde que se casou com Ilse Prager, Toni Bodenstein consolidou a reputação deste excelente domaine, que tem locais excelentes (Achleiten, Klaus, Steinriegl) há mais de três séculos. Ele faz isso com uma meticulosa atenção aos detalhes. Os Riesling secos combinam frutas maduras e sedutoras com profundidade mineral, e os Grüner Veltliner compartilham sua elegância.

Reinisch ☆☆–☆☆☆
Tattendorf. 40 ha. www.j-rat.at
No início da década de 1980, Reinisch já estava fazendo vinhos tintos, mas fracos. As safras atuais estão totalmente diferentes, com Pinot Noir e Saint-Laurent intensos e elegantes. Os Grand Reserve são os vinhos mais concentrados, mas os reservas regulares chegam perto.

Outros produtores da Baixa Áustria

Angerer ☆–☆☆
Lengenfeld, Kamptal. 33 ha. www.kurt-angerer.at
Kurt Angerer batiza muitos dos seus vinhos brancos com os nomes dos solos em que são cultivados em vez de nomes de único vinhedo. O Grüner Veltliner Loam é particularmente bom. Nos últimos anos, Angerer tem se envolvido cada vez mais na produção de vinho tinto.

Peter Dolle ☆–☆☆
Strass, Kamptal. 32 ha. www.dolle.at
Propriedade dinâmica, produzindo uma vasta gama de vinhos brancos, nomeadamente Riesling, de Gaisberg e Heiligenstein.

Johann Donabaum ☆–☆☆
Spitz, Wachau. 5 ha. www.weingut-donabaum.at
Uma pequena propriedade, mas com excelentes vinhedos escalonados. Os vinhos brancos são cheios de fruta, mas com tendência a sobreamadurecimento.

Ludwig Ehn ☆☆
Langenlois, Kamptal. 15 ha. www.ehnwein.at
A Ehn é especializada em Riesling seco e exótico do ótimo vinhedo Heiligenstein, e em rico Ried Panzaun de um plantio misto de videiras antigas.

Christian Fischer ☆☆
Sooss, Thermenregion. 17 ha. www.weingut-fischer.at
Um especialista em vinho tinto em Thermenregion, elevando Merlot a alturas raras. Gradenthal é uma imponente mistura de Zweigelt, Cabernet e Merlot, envelhecida em alta proporção de carvalho novo.

Forstreiter ☆☆
Krems, Kremstal. 26 ha. www.forstreiter.at
Meinhard Forstreiter cultiva uma série de variedades, mas os seus melhores vinhos são os estimulantes Grüner Veltliner, principalmente o Alte Reben, o Exclusive, e, a partir de vinhas centenárias, o Tabor. Muskateller Gelber é charmoso também.

Fritsch ☆☆
Oberstockstall, Wagram. 19 ha. www.fritsch.cc
Um dos principais produtores de Grüner Veltliner vibrante e seco e uma mistura tinta com gosto de ameixas, chamada Foggathal, repleta de notas de amora.

Walter Glatzer ☆–☆☆
Göttlesbrunn, Carnuntum. 24 ha. www.weingutglatzer.at
Propriedade líder a leste de Viena, ainda fiel às variedades tintas austríacas. Seu melhor Zweigelt é chamado Dornenvogel, e há uma ótima mistura dominada por Zweigelt, chamada Cuvée Gotinsprun, envelhecida principalmente em barricas novas.

Graf Hardegg ☆☆
Seefeld-Kadolz, Weinviertel. 43 ha. www.grafhardegg.at
A proximidade da fronteira com a República Tcheca explica o nome do vinho mais vendido: Veltlinsky – um estimulante Grüner Veltliner. Destacam-se também o Pinot Noir e o exótico Viognier. Ocasionalmente, brilhante Riesling Eiswein (vinho de gelo) é produzido.

Hiedler ☆☆–☆☆☆
Langenlois, Kamptal. 26 ha. www.hiedler.at
Os vinhos brancos de Hiedler são feitos para serem envelhecidos e não para consumo imediato. Seu Riesling seco a partir do ótimo local Heiligenstein, seu poderoso Veltliner Maximum e o seu Chardonnay estão entre os melhores da região.

Hirsch ☆–☆☆
Kammern, Kamptal. 25 ha. www.weingut-hirsch.at
Johannes Hirsch pode se sobressair com Riesling de Heiligenstein. Seus outros vinhos são sempre bons, mas raramente emocionantes.

Markus Huber ☆☆
Reichersdorf, Traisental. 20 ha. www.weingut-huber.at
Huber é uma estrela em ascensão, já com muitos prêmios. Os melhores vinhos são o Riesling e o Grüner Veltliner, do vinhedo Berg.

Jurtschitsch ☆–☆☆☆
Langenlois, Kamptal. 74 ha. www.jurtschitsch.com
Produtor confiável de brancos superlimpos, modernos, de Langenlois. Bom Chardonnay e uma mistura tinta, chamada Rotspon; mas os Riesling e Grüner Veltliners são as estrelas.

Stift Klosterneuburg ☆☆
**Klosterneuburg, Wagram. 108 ha.
www.stift-klosterneuburg.at**
Frades Agostinianos de Klosterneuburg têm feito vinho há quase nove séculos, mas a operação é agora uma empresa comercial de propriedade do mosteiro. As uvas provenientes dos vinhedos, de Tattendorf ao sul de Viena até dentro dos limites da própria capital, são complementadas por pequenos produtores da região de Burgenland e Niederösterreich. Os melhores vinhos são provenientes de vinhedos únicos. Boa reputação também pelos vinhos brancos, como Weissburgunder, e mais recentemente por alguns tintos formidáveis, como o Saint-Laurent envelhecido em barrica. As adegas de quatro níveis têm 3 milhões de garrafas, incluindo o Arquivo de Vinhos do Estado Austríaco.

Krug ✩–✩✩
Gumpoldskirchen. 28 ha. www.krug.at
Conhecido por seu Cabernet Sauvignon docemente acarvalhado, Krug também se mantém fiel às tradições da aldeia, com Rotgipfler e Zierfandler bons e, às vezes, impassíveis.

Lagler ✩–✩✩
Spitz. 13 ha. www.weingut-lagler.at
Karl Lagler, pai e filho, gostam de colher tardiamente nos seus vinhedos, e os resultados são vinhos Smaragd encorpados, sem álcool excessivo, para se beber a médio prazo.

Leth ✩✩
Fels am Wagram, Wagram. 38 ha. www.weingut-leth.at
Brancos estimulantes, incluindo um exuberante Roter Veltliner. Videiras tintas estão em minoria aqui, mas o Gigama Zweigelt é suculento e muito bem apoiado por carvalho.

Loimer ✩✩✩
Langenlois, Kamptal. 28 ha. www.loimer.at
O dinâmico Fred Loimer produz uma gama de brancos de castas tradicionais. Seus melhores vinhos são o Grüner Veltliner de velhas videiras do local Spiegel, e o Riesling, de Steinmassl.

Ludwig Neumayer ✩✩–✩✩✩
Inzersdorf, Traisental. 8 ha. www.weinvomstein.at
Os vinhos que colocam esta região no mapa incluem os sofisticados Riesling, Weissburgunder e Grüner Veltliner secos de Neumayer de Traisental. A gama superior é rotulada Der Wein vom Stein.

Bernhard Ott ✩✩
Feuersbrunn, Wagram. 28 ha. www.ott.at
Falstaffian Ott oferece uma infinidade de Grüner Veltliner, todos picantes e vigorosos.

Pfaffl ✩✩–✩✩✩
Stetten, Weinviertel. 55 ha. www.pfaffl.at
Grüner Veltliner, Sauvignon Blanc, Chardonnay e Riesling secos de Roman Pfaffl do nordeste de Viena são indiscutivelmente os mais finos de Weinviertel.

Pitnauer ✩–✩✩
Göttlesbrunn, Carnuntum. 11 ha. www.pitnauer.com
Vinhos provenientes de vinhedos perto da fronteira eslovaca. A poderosa mistura de Zweigelt e Cabernet, de Franz Josef, é a melhor, e há um rico Pinot Blanc.

Proidl ✩✩
Senftenberg, Kremstal. 20 ha. www.proidl.com
Exemplares Riesling, estimulantes, fortes e elegantes, de vinhedos íngremes. Grüner Veltliner vem um segundo lugar.

O mosteiro barroco de Klosterneuburg.

Robert Schlumberger ☆

Bad Vöslau, Thermenregion. 10 ha. www.schlumberger.at
Robert Schlumberger, de um ramo da família Alsace, fez o primeiro Sekt (espumante) de *méthode traditionnelle* da Áustria em 1842. O lado Sekt do negócio tem agora sede em Viena, enquanto a empresa familiar tem focado a sua atenção em vinhos tintos ao estilo de Bordeaux.

Schmelz ☆☆–☆☆☆

Joching, Wachau. 8 ha. www.schmelzweine.at
Produtor confiável e em aprimoramento de Riesling e Grüner Veltliner secos, substanciais e suculentos.

Schmidl ☆☆–☆☆☆

Dürnstein, Wachau. 9 ha. www.weingut-schmidl.at
Franz Schmidl, que também é o padeiro local, tem a metade de seus vinhedos no renomado Kellerberg. Daí vem seus subestimados Riesling e Grüner Veltliner.

Stadlmann ☆–☆☆

**Traiskirchen, Thermenregion. 15 ha.
www.stadlmann-wein.at**
Alguns dos melhores vinhos de Thermenregion são de vinhedos ao sul de Gumpoldskirchen. Os melhores são os Weissburgunder e Zierfandler secos (ocasionalmente Zierfandler TBA).

Stadt Krems ☆☆

Krems, Kremstal. 31 ha. www.weingutstadtkrems.at
Depois que Fritz Miesbauer deixou a Freie Weingärtner, a propriedade Krems agarrou-o, em 2003, e lhe deu total liberdade de ação como produtor. As melhorias foram rápidas, com Grüner Veltliner, de Weinzielberg, frequentemente proeminente.

Hofkellerei Fürst Liechtenstein ☆

Wilfersdorf, Weinviertel. 38 ha. www.hofkellerei.at
Uma propriedade principesca, produzindo bons vinhos de Grüner Veltliner e Zweigelt. Destes, o Zweigelt Profundo, envelhecido em barrica.

Weingut Salomon/Undhof ☆☆–☆☆☆

Stein, Kremstal. 25 ha. www.salomonwines.com
Alguns dos melhores vinhos do vinhedo de primeira classe do subúrbio gótico e renascentista da Krems, em Stein. Os seus solos são quase idênticos aos da vizinha Wachau. A maioria da produção é de Riesling e Grüner Veltliner secos. O Gelber Traminer é quase tão fino.

Uibel ☆–☆☆

Ziersdorf, Weinviertel. 6 ha. www.uibel.at
Embora uma pequena propriedade, em boas safras seus Grüner Veltliner têm vigor e talento. Mais raro, mas excelente, também o Fruhroter Veltliner.

Petra Unger ☆☆

Furth, Kremstal. 10 ha. www.ungerwein.at
Em 2006, Petra Unger abriu e dirige o seu próprio negócio (antes ligada às vinhas de propriedade da família) com bons resultados, especialmente com Grüner Veltliner.

Weinrieder ☆☆

Kleinhadersdorf, Weinviertel. 20 ha. www.weinrieder.at
Grüner Veltliner extremamente confiável, mas a propriedade é mais conhecida por seus vinhos do gelo primorosamente equilibrados, originários de uma gama de variedades.

Principais produtores de Burgenland

Feiler-Artinger ☆☆☆

**Rust, Neusiedlersee-Hügelland. 26 ha.
www.feiler-artinger.at**
Ruster Ausbruch superlativo. O melhor é o intenso Essenz. Em contraste, há as misturas tintas fragrantes, de Cabernet e Merlot, e o Cuvée Solitaire, de variedades austríacas.

Gesellmann ☆☆–☆☆☆

Deutschkreutz, Mittelburgenland. 25 ha. www.gesellmann.at
Albert Gesellmann tem levado uma propriedade já admirada a novos níveis, com base na reputação de vinhos tintos estabelecida por seu pai. Duas misturas poderosas, a Opus Eximium (Blaufränkisch, Saint-Laurent e Blauburgunder) e a Bella Rex (Cabernet e Merlot), são as mais impressionantes.

Martin Haider ☆–☆☆☆

**Illmitz, Neusiedlersee. 12 ha.
www.weinguthaider.at**
O modesto Martin Haider se especializa em vinhos botritizados de uma gama de variedades. Os TBAs de uma gama de variedades brancas podem ser excepcionais. Os vinhos secos são menos bem-sucedidos.

Gernot Heinrich ☆☆☆

Gols, Neusiedlersee. 35 ha. www.heinrich.at
Gernot Heinrich é há muito tempo um dos maiores produtores de vinhos tintos ricos e estruturados de Burgenland. Ele demonstra notável fidelidade às variedades austríacas, embora um dos seus vinhos mais conhecidos, o Gabarinza, com notas de frutas negras, tem um pouco de Merlot na mistura. Seu Pannobile, uma mistura dominada por Zweigelt, que usa um nome compartilhado por certo número de produtores membros da associação Pannobile, é quase tão bom.

Juris (G. Stiegelmar) ☆☆☆

Gols, Neusiedlersee. 18 ha. www.juris.at
Esta propriedade é gerida pela incansável família Stiegelmar. Georg, praticamente aposentado agora, é um tradicionalista, ligado às antigas tradições húngaras de Burgenland, mas ele não se contrapõe ao trabalho do filho Axel, treinado na Califórnia. Os melhores vinhos são os tintos – Saint-Laurent, Ina'mera (Blaufränkisch com Cabernet e Merlot) e Saint-Georg (Saint-Laurent e Pinot Noir). O Cabernet puro tem um surpreendente sabor a ameixa e o Pinot Noir tem mais fruta que sutileza.

Ao contrário de muitos produtores de Burgenland, os Stiegelmar não enchem os seus vinhos com mais taninos do que a estrutura de fruta do vinho pode absorver, e lidam com envelhecimento em barrica com rara maestria. TBAs deliciosos também; são um dos pioneiros do vinho de palha (vin de paille) em Burgenland.

Kerschbaum ☆☆–☆☆☆

**Horitschon, Mittelburgenland. 30 ha.
www.kerschbaum.at**
Paul Kerschbaum é um mestre da Blaufränkisch e o excepcionalmente puro Ried Hochäcker geralmente é preferível ao Ried Dürrau, que pode ser oprimido pelo carvalho novo. O esplêndido Cuvée Impresario mistura Blaufränkisch com Zweigelt e Cabernet, e tem excepcional elegância.

Kollwentz ☆☆☆
Grosshöflein, Neusiedlersee-Hügelland. 20 ha.
www. kollwentz.at

Andi Kollwentz é um dos mais talentosos jovens produtores de vinho da Áustria, seguindo seu pai Anton como uma força motriz na criação de vinhos Burgenland que possam competir com os melhores. Ele desempenhou importante papel na recente revolução do vinho tinto. Os brancos secos são limpos e nítidos, mas menos excepcionais que os tintos. À gama que contém tintos admiráveis como o Eichkogel, uma agradável mistura de Blaufränkisch e Zweigelt, e o Steinzeiler, uma mistura semelhante, mas com uma pitada de Cabernet Sauvignon, Kollwentz adicionou um Pinot Noir e dois exaltados Chardonnay fermentados em barril: o Tatschler e o Gloria. Se isso não bastasse, os TBAs têm o mesmo excelente nível de qualidade.

Alois Kracher ☆☆☆☆
Illmitz, Neusiedlersee. 25 ha. www.kracher.at

Quando Alois Kracher morreu muito jovem em 2007, o presidente da Áustria foi ao seu funeral. Merecidamente, já que Kracher restabeleceu a reputação dos vinhos austríacos após o escândalo de 1985. Ele era um perfeccionista, com uma perspectiva cosmopolita, que se manteve fiel às suas raízes no solo arenoso do Illmitz. Nos últimos anos, os seus vinhos de sobremesa, soberbamente trabalhados, ganharam quase todos os elogios possíveis. Eles combinam deliciosa doçura com perfeito equilíbrio. Os vinhos Zwischen den Seen eram tradicionalmente feitos em tanques ou barris velhos; os vinhos Nouvelle Vague em barricas de carvalho novos, como Sauternes. Grand Cuvée é a designação que Kracher dá ao melhor, mas não necessariamente o vinho mais rico, em qualquer safra. Gerhard, o filho de Kracher, que trabalhou ao lado do pai, agora tomou o seu lugar.

Krutzler ☆☆☆
Deutsch-Schützen, Südburgenland. 11 ha.
www.krutzler.at

Os tintos sedosos de Reinhold Krutzler são os vinhos mais finos e mais elegantes de Südburgenland. Blaufränkisch é a casta dominante, e atinge a pureza incomum de amora e cereja. O melhor da gama é o sedutor Perwolff, que tem mais estrutura em razão de inclusão de um pouco de Cabernet.

Helmut Lang ☆☆☆
Illmitz, Neusiedlersee. 14 ha.

Lang é outro mestre de vinhos doces sofisticados de Burgenland. Chardonnay, Sauvignon e Welschriesling parecem dar os melhores resultados, apesar de Lang ser extremamente admirado por seu Scheurebe. Lang gosta de Pinot Noir, feito em um estilo denso, acarvalhado, distante de Borgonha, mas impressionante na sua condição.

Hans & Anita Nittnaus ☆☆
Gols, Neusiedlersee. 33 ha. www.nittnaus.at

Os tintos cada vez mais sofisticados que Hans Nittnaus tem feito desde o final dos anos 1980 resumem a revolução do vinho tinto que ocorre em Burgenland. Comondor rico e poderoso, feito principalmente de Zweigelt e Blaufränkisch, e seu pura Blaufränkisch de velhas videiras é uma expressão magistral das frutas de Burgenland.

Josef Pöckl ☆☆☆
Mönchhof, Neusiedlersee. 28 ha. www.poeckl.com

René Pöckl é um entusiasta de Zweigelt, que domina o seu Admiral, uma mistura soberba e consistente. O Rêve de Jeunesse é bastante diferente, combinando Syrah e Cabernet com Zweigelt para dar um vinho rico, ligeiramente confeitado. Pöckl é igualmente hábil com TBAs tradicionais, mas parece cada vez mais comprometido com seus vinhos tintos.

Engelbert Prieler ☆☆–☆☆☆
Schützen, Neusiedlersee-Hügelland. 20 ha. www.prieler.at

O Prieler fazem alguns dos melhores vinhos de Hügelland. O Pinot Blanc não acarvalhado tem mais entusiasmo e individualidade que o Chardonnay acarvalhado, de estilo internacional. O Blaufränkisch é delicioso, especialmente de Ried Goldberg. Prieler também faz pequenas quantidades de Cabernet Sauvignon com um tom ligeiramente herbáceo. Sua filha Silvia está desenvolvendo a própria linha de vinhos, com destaque para um Pinot Noir rico e bastante tânico.

Heidi Schröck ☆☆–☆☆☆
Rust, Neusiedlersee-Hügelland. 10 ha.
www.heidi-schroeck.com

Um entusiasta pelas tradições locais de Rust, Schröck faz Ausbruch exemplar. Ela ajudou a revitalizar a Furmint em Rust, embora o vinho seco seja muito austero e funcione melhor como Ausbruch Turner, um pura Furmint de vinhedo único. O melhor vinho tinto é o Blaufränkisch Kulm.

Ernst Triebaumer ☆☆☆
Rust, Neusiedlersee-Hügelland. 20 ha. www.triebaumer.com

Ernst Triebaumer tem demonstrado sozinho que a uva Blaufränkisch pode produzir grandes vinhos tintos se plantada no lugar certo. Seu Blaufränkisch Mariental escuro, rico e tânico, é um dos tintos mais procurados da Áustria. Os vinhos Ausbruch também são impressionantes, combinando riqueza e harmonia. E, em completo contraste, o seu Chardonnay e o seu Sauvignon Blanc estão entre os melhores do país.

Hans Tschida – Angerhof ☆☆☆
Illmitz, Neusiedlersee. 18 ha. www.angerhof-tschida.at

Um especialista em vinhos ricamente botritizados, Tschida mantém sua pureza e intensidade envelhecendo-os, com exceção de Chardonnay TBA, em aço inoxidável. Ele também produz Schilfwein, mas a este falta a complexidade dos vinhos botritizados.

Umathum ☆☆☆
Frauenkirchen, Neusiedlersee. 25 ha. www.umathum.at

Seria fácil confundir os tintos de Josef Umathum com vinhos franceses, embora ele trabalhe quase exclusivamente com castas tradicionais austríacas. O mais impressionante é o *cuvée* tinto do vinhedo Hallebühl, uma mistura poderosa e tânica dominada por Zweigelt. O *cuvée* de Haideboden (misturando Zweigelt, Blaufränkisch e Cabernet Sauvignon) é igualmente rico, mas mais flexível.

Velich ☆☆
Apetlon, Neusiedlersee. 10 ha. www.velich.at

Esta propriedade tem a reputação de um dos produtores de vinhos brancos líderes da Áustria. Toda a gama é impressionante, mas os Chardonnay Tiglat e Darscho, sedutoramente ricos e fermentados em barris, merecem ser apontados como excelentes, embora possam parecer excessivamente pesados para alguns paladares. Excelentes TBAs.

Outros produtores de Burgenland

Paul Achs ☆☆
Gols, Neusiedlersee. 25 ha. www.paul-achs.at
Tintos de estilo moderno, ricamente frutados, e bom Pinot Noir e Blaufränkisch.

Braunstein ☆
Purbach, Neusiedlersee-Hügelland. 22 ha. www.braunstein.at
Birgit Braunstein seleciona os melhores vinhos de qualquer safra e os envelhece em carvalho, rotulando-os como Oxhoft. O Chardonnay pode parecer exagerado, mas o Saint-Laurent e o Cuvée Oxhoft chegam a ser poderosos e encorpados.

Schlossweingut Esterházy ☆
Eisenstadt, Neusiedlersee-Hügelland. 65 ha. www.esterhazy.at
A antiga família nobre dos Esterházy, que foi patrona de Haydn e combateu os turcos, possui vinhedos espalhados em Rust, Saint--Georgen, Saint-Margaretten, Grosshöflein e Eisenstadt.

Embaixo do castelo, há 140 grandes barris nas adegas. Infelizmente, até o início de 2000, os vinhos eram medíocres. Mas uma nova vinícola foi construída em 2006 e a produção reestruturada: Vinhos Klassik para se beber no dia a dia; Estoras para misturas internacionais, com um caráter austríaco, vinhos de vinhedo único (geralmente envelhecidos em barrica); e Tesoro, uma mistura de Bordeaux pouco acarvalhada de primeira qualidade. Os vinhos doces são a cereja no bolo.

Gager ☆☆–☆☆☆
Deutschkreuz, Mittelburgenland. 35 ha. www.weingut-gager.at
As misturas tintas energéticas e ricamente acarvalhadas de Josef Gager, Cablot ao estilo de Bordeaux, Quattro de variedades austríacas, Tycoon um pouco de tudo, não são exatamente sutis, mas são bem feitas e concentradas.

Schloss Halbturn ☆–☆☆
Halbturn, Neusiedlersee. 65 ha. www.schlosshalbturn.com
A propriedade nobre era um sinônimo de mediocridade até 2002, quando um novo diretor chegou e começou a mudar as coisas.

Imperial, tinto e branco, é o rótulo para misturas envelhecidas em barrica, enquanto a Grand Vin é um TBA. Os vinhos estão muito melhores, mas a estratégia de *marketing*, com o uso de termos em francês e inglês, é confusa e desnorteia o consumidor.

Hans Igler ☆
Deutschkreuz, Mittelburgenland. 33 ha. www.weingut-igler.at
Hans Igler foi um dos pioneiros dos tintos sérios, envelhecidos em carvalho. Desde sua morte em 1994, a filha e o genro continuam o seu trabalho. O mais conhecido é o sutil e meio encorpado Blaufränkisch/Cabernet Sauvignon Cuvée Volcano. Em 1999, eles lançaram o Ab Ericio, uma mistura dominada por Merlot, em uma tentativa de devolver à propriedade Igler a estima que gozava uma década antes.

Münzenrieder ☆–☆☆
Apetlon, Neusiedlersee. 22 ha. www.muenzenrieder.at
Esta propriedade, que só começou a engarrafar em 1991, adquiriu uma reputação por TBAs ricos e encorpados.

Gerhard Nekowitsch ☆☆
Illmitz, Neusiedlersee. 4 ha. www.nekowitsch.at
Pequena propriedade que tem conquistado reputação como produtora de Schilfwein, de Neusiedlersee, feito de cachos deixados para secar em juncos. A versão Tradition, com notas de pêssego, é geralmente preferível à versão um pouco enjoativa da uva tinta chamada The Red One.

Willi Opitz ☆–☆☆☆
Illmitz, Neusiedlersee. 17 ha. www.willi-opitz.at
Willi Opitz, que sabe se autopromover, faz alguns vinhos de sobremesa marcantes e originais, mas falta estilo aos seus secos.

Pittnauer ☆☆
Gols, Neusiedlersee. 18 ha. www.pittnauer.com
Como membro do grupo Pannobile, Gerhard Pittnauer faz uma rica mistura dominada por Zweigelt com este nome. Mas o soberbo Saint-Laurent Alte Reben, com o incomum tom apimentado reminiscente de Syrah, é de qualidade comparável.

CLASSIFICAÇÃO DO VINHO AUSTRÍACO

TafelWein / Landwein No mínimo 13° KMW (63° Oechsle). Um *tafelwein* deve vir de uma única área vinícola, com nível máximo de álcool de 11,5%, e nível máximo de açúcar residual de 6 g/l.

Qualitätswein De uma única área vinícola, com no mínimo 15° KMW (73° Oechsle), enriquecido até o máximo de 19° KMW (94° Oechsle).

Kabinett No mínimo 17° KMW (83,5° Oechsle), no máximo 19° KMW (94° Oechsle), nível máximo de açúcar residual de 9 g/l, sem chaptalização.

Prädikatswein Qualitätswein "de maturidade ou safra excepcional": sem chaptalização. Os graus são: Spätlese, uvas colhidas tardiamente, com no mínimo 19° KMW (94° Oechsle).

Auslese Uvas selecionadas colhidas tardiamente, com no mínimo 21° KMW (105° Oechsle).

Eiswein Feito de uvas congeladas, com no mínimo 25° KMW (127° Oechsle).

Beerenauslese Uvas sobreamadurecidas selecionadas, colhidas tardiamente, com podridão nobre (botrytis), com no mínimo 25° KMW (127° Oechsle).

Ausbruch Uvas sobreamadurecidas, com podridão nobre, que secaram naturalmente. No mínimo 27° KMW (138° Oechsle).

Trockenbeerenauslese Uvas passas com podridão nobre (botrytis), com no mínimo 30° KMW (150° Oechsle).

O Wachau tem seu próprio conjunto de categorias. O vinho básico é o Steinfeder, essencialmente um Qualitätswein não chaptalizado, com até 10,7% de álcool. O próximo passo acima é o Federspiel, essencialmente um Kabinett seco, com nível máximo de álcool de 11,9%. Os vinhos mais maduros são chamados Smaragd, e são o equivalente de um Spätlese, ou mesmo um Auslese Trocken em outros lugares da Áustria.

Peter Schandl ☆☆
Rust, Neusiedlersee-Hügelland. 15 ha. www.schandlwein.com
Mais conhecido por Ausbruch ricos e tradicionais. Mas os vinhos brancos de Schandl (Chardonnay, Gelber Muskateller e Pinot Blanc) são muito agradáveis.

Tinhof ☆–☆☆
Eisenstadt. Neusiedlersee-Hügelland. 11 ha. www.tinhof.at
Erwin Tinhof, treinado na França, faz uma boa gama de vinhos secos, tintos e brancos, menos acarvalhados que no passado.

Wenzel ☆☆
Rust, Neusiedlersee-Hügelland. 11 ha.
Robert Wenzel era ultratradicionalista, mas seu filho Michael tem refrescado o estilo, introduzindo vinhos secos modernos, incluindo um Pinot Gris de estilo da Alsácia, envelhecido em carvalho austríaco, e um Pinot Noir denso e tânico. Ausbruch intenso também.

Zantho ☆
Andau, Neusiedlersee. 70 ha. www.zantho.com
Um insólito empreendimento conjunto entre Josef Umathum (ver p. 445) e a cooperativa Andau para produzir volumes consideráveis de tintos tradicionais austríacos, principalmente Zweigelt. O Reserve é uma delícia, mas o Zweigelt Classic oferece mais ousadia.

Principais produtores de Viena

Christ ☆☆
Jedlersdorf. 15 ha. www.weingut-christ.at
Uma coleção de vinhos empreendedora, forte em Grüner Veltliner, mas incluindo também um Weissburgunder Vollmondschein (colhido na lua cheia), e o Mephisto, uma mistura tinta convincente de Zweigelt, Cabernet e Merlot.

Cobenzl ☆☆
Am Cobenzl. 35 ha. www.weingutcobenzl.at
Esta grande propriedade pertence à cidade de Viena, e os vinhos estão melhorando gradualmente, em especial o Weissburgunder. Outras vinícolas vienenses se queixam de que os subsídios da prefeitura dão a Cobenzl uma vantagem comercial injusta.

Edlmoser ☆☆
Mauer. 9 ha. www.edlmoser.at
Michael Edlmoser trabalhou na Califórnia com Paul Draper na Ridge, e parece ter voltado com um sentido de equilíbrio que permeia todos os seus vinhos: Chardonnay delicioso, Riesling, Gelber Muskateller e Gemischter Satz.

Mayer am Pfarrplatz ☆☆
Heiligenstadt. 26 ha. www.mayer.pfarrplatz.at
Franz Mayer é o maior produtor de Viena e administra uma Heurige popular e autêntica. Sua adega moderna e bem gerida produz uma gama de vinhos, dos quais os melhores são o Riesling de Nussberg e um Grüner Veltliner picante. Do mesmo proprietário de Rotes Haus, uma propriedade de cinco hectares em Nussberg.

Schlumberger ☆
Bad Voslau. www.schlumberger.at
A melhor das casas de vinho espumante vienenses, que oferece um blanc de noirs especialmente frutado, apoiado por uma boa acidez.

Wieninger ☆☆–☆☆☆
Stammersdorf. 35 ha. www.wieninger.at
Propriedade líder em Viena que faz tudo de Riesling seco e tradicional a Chardonnay fermentado em barril e Cabernet/Merlot de cores fortes de vinhas extraordinárias, como as de Nussberg e Bisamberg. O Nussberg Alte Reben Gemischter Satz (um composto de grandes locais, velhas videiras e o típico estilo vienense) é irresistível.

Entradas de adegas com telhados triangulares, distrito de Falkenstein.

Outros produtores de Viena

A proliferação das Heurigen em todas as aldeias de vinho de Viena significa que uma vasta gama de vinhos é feita. A maior parte é consumida por clientes e turistas sedentos, mas as melhores Heurigen também engarrafam seus vinhos. Eles podem ser de alta qualidade e geralmente têm preços acessíveis. Uma seleção das melhores Heurigen de propriedades de Viena deve incluir: Hengl-Haselbrunner (Döbling), Reinprecht (Grinzing), Zahel (Mauer), Fuhrgassl-Huber (Neustift) e Schilling (Strebersdorf).

Principais produtores da Estíria

Gross ☆☆–☆☆☆
Ratsch, Südsteiermark. 36 ha. www.gross.at
Alois Gross é um dos produtores mais consistentes da Estíria, fazendo vinhos elegantes e aromáticos de uma ampla variedade de uvas. Os melhores são seus Sauvignon, Gewürztraminer e Grauburgunder de vinhedo único.

Erich & Walter Polz ☆☆☆
Spielfeld, Südsteiermark. 70 ha. www.polz.co.at
Os irmãos Polz são figuras importantes da revolução do vinho, que começou na Estíria em meados da década de 1980. Eles foram pioneiros no afastamento dos vinhos doces e da produção em massa em prol da qualidade dos vinhos secos. Produzem dois tipos de vinho: os vinhos Klassik, muito frescos e mais leves, e os vinhos mais ricos, de maturação mais lenta, com vinhedo designado. Melhor que estes são os Weissburgunder, Morillon e Sauvignon Blanc do vinhedo Hochgrassnitzberg, de primeira classe, na fronteira entre Áustria e Eslovênia.

Sattlerhof ☆☆☆
Gamlitz, Südsteiermark. 32 ha. www.sattlerhof.at
Wilhelm Sattler foi um dos líderes do movimento em prol do vinho seco na Estíria; ele próprio tinha alguns brancos maravilhosamente ricos. Hoje a sua propriedade é dirigida pelo filho Willi, que continua produzindo Sauvignon, Chardonnay e Grauburgunder de vida longa.

E. & M. Tement ☆☆☆
Berghausen, Südsteiermark. 65 ha. www.tement.at
O interior da adega de Manfred Tement pode parecer um pouco com um desenho de Heath Robinson, mas os vinhos brancos secos que saem dela são, com frequência, alguns dos melhores da Estíria. Nenhum outro produtor austríaco faz uso tão criterioso de barris de carvalho novo para fermentação e maturação dos vinhos brancos. Seus Sauvignon Blanc e Morillon do vinhedo de Zieregg, de primeira classe, são obras-primas deste estilo: ricos e refinados. Em contraste, os vinhos varietais Klassik são vividamente frutados, muito limpos e nítidos.

Outros produtores da Estíria

Erwin Sabathi ☆☆–☆☆☆
Leutschach, Südsteiermark. 19 ha. www.sabathi.com
Uma estrela em ascensão, com excelentes locais íngremes, como o Pössnitzberg. Delicioso Sauvignon e Chardonnay cremoso, com sutileza impressionante.

Lackner-Tinnacher ☆☆
Gamlitz, Südsteiermark. 18 ha. www.tinnacher.at
Casal que faz vinhos brancos Steiermark de estilo tradicional muito bem trabalhados, incluindo um Gelber Muskateller seco e um Grauburgunder rico, particularmente soberbos; seus demais vinhos são todos bons.

Domäne Müller ☆–☆☆
Gross St Florian, Sudsteiermark. 36 ha. www.mueller-wein.at
O domaine une duas propriedades, uma em Ehrenhausen e outra em Deutschlandsberg, em Weststeiermark. A gama é variada e irregular, e o melhor vinho parece ser o Deutsche Weingarten Sauvignon Blanc.

Skoff ☆☆
Gamlitz. 56 ha. www.skoff.com
Walter Skoff segue a hierarquia habitual de Klassik da Estíria, vinhos envelhecidos em barris de grande porte, e uma linha envelhecida em barricas, chamada Royal. Barricas raramente se adéquam à fruta acentuada dos brancos da Estíria, e aqui os melhores vinhos são o Sauvignon e o Chardonnay de vinhedo único, que conservam a sua vivacidade e pureza.

Winkler-Hamarden ☆☆
Kapfenstein, Süd-Oststeiermark. 34 ha. www.winkler-hamarden.at
Uma propriedade encantadora, localizada (com hotel e restaurante) em um antigo castelo. Os vinhedos encontram-se em encostas vulcânicas, e, embora a maioria da produção seja de vinhos brancos feitos tradicionalmente, a fazenda também é conhecida por seu Olivin, o melhor Zweigelt da Estíria.

Wohlmuth ☆☆
Fresing. 65 ha. www.wohlmuth.at
Esta propriedade em expansão tem causado furor nos círculos de vinho austríaco. A gama é complexa, mas são o Klassik e o Summus, parcialmente envelhecidos que impressionam mais. Gerhard Wohlmuth também experimenta com tintos envelhecidos em barricas.

Europa Central e Leste Europeu

O fim do comunismo no Leste Europeu teve, e continua a ter, efeitos profundos sobre sua indústria de vinho há décadas dirigidas pelo até então governo central. Seu mercado tinha sido quase exclusivamente o pouco exigente bloco soviético. Os canais de vendas existentes praticamente desapareceram do dia para a noite em 1989. Para a maioria deles (com exceção da Bulgária), as relações comerciais com os mercados ocidentais haviam se corroído. Era necessário começar do zero.

Hungria

A Hungria, sempre mais próxima do Ocidente, foi a primeira a pedir a ajuda ocidental e a lucrar com o uso de tecnologia vinícola. Mas em qualquer contexto, histórico ou cultural, a Hungria é incontestavelmente a líder regional. De fato, em toda a Europa, só França e Alemanha têm tradições de vitivinicultura de qualidade mais antigas e mais evoluídas que os vinhedos mais famosos da Hungria. A recuperação de sua posição anterior no mundo do vinho irá depender em parte de o mundo continuar a valorizar as castas "internacionais" mais que todas as outras, ou se, como na Itália, existir um lugar real para autênticas tradições étnicas. Ao final da década de 2000, a produção de vinho de mesa da Hungria estava focada resolutamente em vinhos varietais de marca – adeus Szürkebarát, olá "Pinot Grigio" –, destinados a supermercados e seus clientes. Muitos desses vinhos eram bem feitos e tinham preços bastante atraentes, mas pouca relação com os tradicionais vinhos húngaros. Reconhecidamente, a tradição nos tempos do comunismo, em geral, equivalia a vinho oxidado, mas talvez o pêndulo tenha oscilado muito energicamente na direção oposta.

As palavras húngaras de apreciação dos vinhos tradicionais do país resumem seu caráter e apelo. Os húngaros chamam um bom vinho branco de "quente" e "duro" – termos masculinos que prometem ser parceiro adequado para a páprica da sua culinária. Tais vinhos podem ainda ser encontrados nos lugares históricos da vinicultura húngara, regiões montanhosas que pontuam o país de sudoeste a norte, beiram o longo lago Balaton, então percorrem a fronteira com a Eslováquia, a partir das proximidades de Budapeste até Tokaji.

Apesar do incentivo do governo para a manutenção de velhas videiras e do plantio maciço de castas internacionais na década de 1960 e início da década de 1970, e da atual popularidade internacional de variedades e estilos, a Hungria continua a ser rica em uvas autóctones de caráter marcante, com potencial de contribuir com vinhos esplêndidos na cena mundial – uvas inclusive que simplesmente não têm sucesso em outros lugares. A mais notável de todas é a poderosa Furmint, a uva dominante de Tokaji, que, comumente atacada pela podridão nobre (botrytis), dá também um vigoroso e altamente saboroso vinho seco. A Hárslevel'ü, ou "folha de tília", é um pouco menos notável: uma uva excelente de clima seco e maturação tardia com colheitas abundantes e bons níveis de acidez, assim como resistência a doenças fúngicas.

Szürkebarát, ou "frade cinzento", é mais familiar do que parece. É uma forma de Pinot Gris cultivada com efeito esplêndido sobre o vulcânico monte Badacsonyi. Kéknyel'ü ("caule azul"), dos mesmos vinhedos ao norte do lago Balaton, é um produtor modesto de vinhos verdes concentrados e complexos para acompanhar pratos de peixes. Mais difundidos são outros três brancos húngaros: Ezerjó ("mil bênçãos"), que é um grande produtor da Grande Planície, fazendo um bom vinho só em Mór, no norte; Leányka ("menininha"), cujo branco seco delicado é provavelmente o melhor vinho de Eger, novamente nas colinas do norte, e Mézesfehér ("mel branco"), uma descrição arquetípica da visão nacional de um bom copo de vinho. Esta última é, infelizmente, menos cultivada agora. Mais difundida de todas é a Olaszrizling (a mesma Welschriesling austríaca). A Grande Planície faz a maioria de seus brancos dessa uva, e, no monte Badacsonyi, ela atinge o máximo de seu sabor e concentração.

A grande uva tinta Húngara é a Kadarka, que floresce também na Grande Planície, produzindo um vinho firme com pequena picância, mas convincente, e, em Eger, Kunság e Szekszárd, produz um tinto encorpado, vigoroso e picante para envelhecimento. Infelizmente, é uma variedade de maturação tardia, não confiável, e seu baixo rendimento fez com que a mais leve Kékfrankos (a mesma Blaufränkisch austríaca ou a Lemberger alemã) fosse plantada cada vez mais em seu lugar. A Zweigelt austríaca, por outro lado, é uma recém-chegada com diversas virtudes de suavidade, cor e um aroma agradavelmente doce. Há também uma longa tradição de cultivo de Pinot Noir no sul da Hungria, nas proximidades de Villány, e de Merlot perto de Eger, no norte.

Além dessas, há muitas uvas cuja identificação não causam problemas: Szilváni, Cabernet (Sauvignon e Franc), Sauvignon Blanc, Pinot Blanc, Rajnairizling, Tramini, Muskat Ottonel ou Muskotály. Cada um dos notáveis vinhos da Hungria é chamado por uma simples combinação de local e nome da uva. O nome do lugar tem o sufixo "i". Assim, Ezerjó de Mor é Ezerjó Mori.

A Hungria tem cerca de 70 mil hectares de vinhedos. Mesmo sob o antigo regime de governo, em Tokaji, a área mais importante e famosa de todas, muitos pequenos proprietários possuíam a posse da terra (um máximo de dez hectares), embora as suas uvas tivessem de ser vendidas para as fazendas do Estado para vinificação. Hoje, apesar de alguns vinhedos permanecerem na posse do Estado, a maioria já foi total ou parcialmente privatizada; áreas significativas são de propriedade de grandes produtores ou cooperativas, mas uma parte muito significativa está nas mãos de pequenos produtores que, muitas vezes, com o auxílio de parceira ou capital estrangeiro, têm investido em vinificação e instalações de engarrafamento próprias.

Atualmente, existem 22 regiões de vinho designadas (embora muito vinho bastante aceitável seja produzido fora delas). Há vinhedos e regiões em todas as partes do país, com exceção da grande área a oeste da fronteira com a Romênia.

A Grande Planície

O Danúbio divide a Hungria quase ao meio. A leste do rio, no sul da Hungria, fica a arenosa Panônia ou Grande Planície (Alföld): uma vasta extensão de campos estépicos com longa tradição de vinicultura, pois as vinhas ajudam a "amarrar" o solo.

A região de Csongrád abrange 2.840 hectares de vinhedos, produzindo vinhos quase inteiramente para o mercado interno. As variedades mais comuns cultivadas aqui são a Rajnairizling, a Zöldveltelini (Grüner Veltliner), e a Kékfrankos. A região quente de Hajós-Baja, com mais *loess* que areia, inclui pouco mais de 2 mil hectares que dão vinhos de alta qualidade. As principais uvas são: Chardonnay, Cabernet Sauvignon, Zweigelt e Kadarka. Cabernet Hajósi tem um nome particularmente bom. De longe, a maior região da Grande Planície é Kunság, que totaliza 28 mil hectares. A qualidade do solo e os níveis lençóis freáticos variam, os verões são secos, a precipitação é baixa, e os invernos gelados. Um quarto da produção total de vinho da Hungria vem desta região. Setenta por cento do vinho é branco e para ser bebido no dia a dia, apenas alguns deles são destinados à Europa Ocidental. Vinhos normais e espumantes, os últimos refletindo principalmente a preferência do mercado nacional por vinhos doces, são feitos de uvas autóctones e internacionais, incluindo Kadarka, Kövidinka, Ezerjó, Olaszrizling, Kékoporto, Kékfrankos, Cabernet Sauvignon e Franc, Zweigelt, Zöldveltelini e Ottonel Muskotály.

CLASSES DE VINHOS TRADICIONAIS DE TOKAJI

As categorias seguintes são as clássicas para os vinhos Tokaji, embora algumas, especialmente Szamorodni, estejam agora sendo substituídas por estilos de colheita tardia menos específicos.

Tokaji Szamorodni Este é Tokaji como vem – ou seja, os vinhos inferiores, doces (*édes*) ou secos (*száraz*), de acordo com a quantidade de uvas aszú (botritizadas) usadas.

Tokaji Aszú Como Tokaji Szamorodni, vinhos Aszú só podem ser feitos em anos nos quais há quantidade suficiente de uvas *aszú* de alta qualidade – ou seja, uvas infectadas com podridão nobre (*Botrytis cinerea*). Uvas *aszú* desengaçadas e colhidas à mão são armazenadas de seis a oito dias e então esmagadas e transformadas em uma polpa que é adicionada a um vinho Tokaji base, ou a

um mosto, pelo *puttony* (um recipiente de 20-25 quilos). A doçura final depende do número de *puttonyos* adicionados aos barris de 136-140 litros (chamados *gönci*) de vinho base de um ano ou mosto não fermentado ou em fermentação – geralmente 4, 5, ou 6 *puttonyos*; 6 é para os vinhos mais finos. (O sistema *puttony* descreve uma proporção de pasta para o vinho, mas hoje ninguém usa essas medidas específicas.) Em seguida, o vinho é macerado e misturado por até 48 horas, acomodado nas prateleiras, fermentado e então envelhecido em pequenos barris de carvalho por no mínimo dois anos e mais um ano em garrafa. As garrafas costumavam ser armazenadas na vertical nas caves excessivamente úmidas da região, mas hoje são mais comumente deitadas.

Tokaji Aszú Esszencia A colheita e a vinificação são a mesma do Tokaji Aszú, mas, para esse vinho, o teor de açúcar é superior a 6 *puttonyos*. A fermentação pode levar anos para ser concluída, e o vinho acabado é envelhecido por pelo menos três anos em carvalho e mais dois em garrafa.

Tokaji Esszencia Enquanto as uvas *aszú* são armazenadas antes de ser esmagadas, a pressão de seu próprio peso produz uma pequena quantidade de suco altamente concentrado no fundo do barril (um *puttony* rende apenas 142 mm dessa essência). Permite-se então que o suco fermente muito lentamente por muitos anos em barris de carvalho. Na prática, ele quase não fermenta e o nível de álcool raramente excede três graus. O teor de açúcar é alto demais.

Transdanúbia do Norte

A região Aszár-Neszmély, de 1.820 hectares, é dominada pela Hilltop Neszmély, uma vinícola remodelada dedicada exclusivamente ao mercado de exportação. O clima moderado e os solos bons produzem vinhos brancos perfumados, ricos em ácidos, encorpados, e de boa duração. As principais variedades de uva da região incluem Olaszrizling, Rizlingszilváni (também conhecida como Müller-Thurgau), Leányka, Sauvignon Blanc, Chardonnay, Irsai Oliver tipo Muscat e Tramini.

Semelhante em tamanho é a região de Badacsony, uma série de montanhas vulcânicas, viradas para o sul na costa norte do lago Balaton, com oitenta quilômetros (cinquenta milhas) de comprimento. Depois de Tokaji, esta região é a segunda favorita dos húngaros e os seus solos de basalto produzem vinhos brancos quentes, por vezes, ardentes, cheios de sabor e frutados. As uvas são cultivadas por cooperativas, bem como por pequenos produtores particulares, e os vinhos são, em grande parte, vendidos no mercado interno.

Há um crescente número de adegas que abrem suas portas para os muitos turistas que visitam o lago. Os melhores vinhos de Badacsony são de Olaszrizling, Szürkebarát (Pinot Gris) e uvas Kéknyel´ü secas, mas Rizlingszilváni e Ottonel Muskotály também são bastante plantadas. O melhor produtor é Huba Szeremley.

Mais ao leste, ao longo da margem norte do lago, encontra-se a região de Balatonfüred--Csopak, cerca de 2.270 hectares de solos de areia vermelha, menos acidentada que Badacsony, mas igualmente plantada por cooperativas e pequenos produtores independentes. Um microclima ligeiramente mais quente, que proporciona vinhos mais encorpados, menos vigorosos. Em geral, o estilo é mais suave do que os vinhos de Badacsony. Aqui Olaszrizling faz vinhos notáveis, mas Rizlingszilváni, Rajnairizling, Chardonnay, Sauvignon Blanc, Tramini e Ottonel Muskotály também são difundidas.

Quase atrás da região de Badacsony, em uma segunda linha de colinas ao norte do lago, fica a região de Balatonfelvidék, com 1.510 hectares. Aqui também as videiras estão viradas para o sul nas encostas vulcânicas, mas falta o benefício dos raios do sol refletidos na superfície do lago. Pequenos produtores principalmente fazem vinhos de Olaszrizling, Chardonnay, Pinot Gris e Rizlingszilváni excelentes, especialmente para o mercado doméstico.

Trinta e dois quilômetros (vinte milhas) ao oeste de Budapeste, está a região Etyek-Buda, de 2 mil hectares. Um século atrás, o potencial de seu clima e solos arenosos e de *loess* chamou a atenção do produtor treinado em Champagne, József Torley, para o cultivo de Chardonnay destinado a vinhos espumantes. O sucessor de Torley na região hoje é a Hungarovin (agora propriedade da grande empresa alemã Henkell & Söhnlein), além de alguns pequenos produtores que cultivam Sauvignon Blanc, Zenit, Rajnairizling, Pinot Blanc e Zeng'ö, entre outras variedades. Menor ainda é a região de Mór, uma faixa de 890 hectares conhecida principalmente por seu vinho Mori Ezerjó, distintivamente robusto, um dos melhores brancos secos do país, apesar de seus solos de calcário ricos em quartzo também propiciarem Sauvignon, Tramini e um Rajnairizling que dão vinhos com acidez e "fogo".

Mais ao norte e perto da fronteira com a Áustria, fica a região de Pannonhalma-Sokoróalja, de 750 hectares, situada no sopé das colinas Bakony, ao sul de Györ. Praticamente toda a sua produção é consumida no mercado interno. As principais uvas dessa região são: Olaszrizling, Rajnairizling, Chardonnay, Ottonel Muskotály, Rizlingszilváni e Tramini.

Somló é a menor região vinícola da Hungria, 690 hectares nas encostas de um único monte vulcânico. A vinicultura está em grande parte nas mãos de pequenos produtores, alguns com menos de um hectare de vinhedos, que vendem praticamente toda a produção para o mercado interno. Vinhos cheios de caráter são feitos de Olaszrizling, Furmint, Tramini, Hárslevel'ü e Chardonnay, e, a mais interessante de todas, a forte Juhfark. Béla Fekete e István Inhauser estão entre os melhores produtores daqui.

A última das regiões da Transdanúbia do Norte é Sopron, 1.880 hectares que correm até a fronteira com Burgenland, na Áustria. Clima mais ameno do que na maior parte da Hungria e a diversidade de solos favorecem a produção de vinho tinto. Aqui Kékfrankos é a uva principal, embora Zweigelt, Merlot e Cabernet também sejam cultivadas. Os melhores vinhos se comparam aos da Áustria, no outro lado da fronteira. Há brancos, também, feitos de Tramini, Leányka, Zöldveltelini e Chardonnay.

Transdanúbia do Sul

A área ao sul do lago Balaton e a oeste do Danúbio abriga quatro das regiões de vinho mais conhecidas da Hungria. Balatonmelléke fica a oeste do lago, e seus 1.170 hectares só se tornaram uma região vinícola reconhecida em 1998; as castas brancas predominam.

Igreja e vinhedo, lago Balaton.

Balatonboglár é a mais importante, 2.880 hectares de solos florestais marrons de *loess* e areia, com um clima submediterrânico, o que significa que as primaveras são precoces, com verões longos e quentes e geadas raras, apesar da chuva (e frequentemente granizo) ser abundante. Vinhos tintos e, principalmente, vinhos brancos são produzidos de Olaszrizling, Chardonnay, Sauvignon Blanc, Kiráylánky, Kékfrankos, Merlot e Cabernet Sauvignon. A maioria da área de vinhedos está sob o controle da Vinícola Balatonboglár (proprietária da marca de exportação Chapel Hill e propriedade de Henkell & Söhnlein), o restante está nas mãos de pequenos produtores.

Para o sul, ao redor da cidade de Pécs, fica Mecsekalja, uma região de 940 hectares. É a mais quente das regiões vinícolas da Hungria e o vinho produzido aqui é quase todo branco, originado de variedades locais e importadas, incluindo Olaszrizling meio doce muito respeitável, bom Pinot Blanc, Furmint, Cirfandli (uma especialidade), Chardonnay e Sauvignon.

Uma das regiões de vinho mais antigas e mais famosas da Hungria, Szekszárd fica na parte centro-sul do país, com 2.300 hectares de vinhedos. Produz alguns dos melhores tintos do país, em encostas suaves de *loess* arenoso, que seguem o curso do rio Danúbio. É a única região além de Eger autorizada a produzir Bikavér (Bull's Blood – Sangue de Touro). A reputação da região foi construída com os tintos (ao estilo de Bordeaux) da uva Kadarka, mas Szekszárd agora depende, principalmente, das variedades internacionais de Merlot e das duas Cabernet e da autóctone Kékfrankos. Os vinhos brancos são feitos de Chardonnay e Olaszrizling. Os investidores estrangeiros têm mostrado algum interesse na região. Os produtores mais conhecidos são Vesztergombi, Dúszi, Vida e Takler. Ao norte de Szekszárd, fica a grande (3.150 hectares) mas difusa região Tolna, que só recebeu uma identidade própria em 1998. Um verdadeiro arsenal de variedades é cultivado aqui.

Villány-Siklós (1.890 hectares) é o nome combinado para duas regiões vinícolas históricas em homenagem às suas principais cidades. Os vinhos tintos predominam na metade Villány onde, nas colinas de solo de *loess* rígido, a Kadarka deu lugar à Kékoportó (provavelmente a Blauer Portugieser), que aproveita ao máximo os invernos suaves e verões longos e quentes para produzir alguns vinhos encorpados que podem lidar bem com o carvalho. As duas Cabernet, Merlot, Pinot Noir (produzindo alguns dos vinhos da Borgonha inequivocamente), Zweigelt e a Kékfrankos nativa também são cultivadas na metade Villány. Parece haver pouca dúvida de que esta é a melhor região da Hungria para vinhos sérios, ao estilo de Bordeaux. Na parte Siklós da região, os pequenos produtores se concentram principalmente nas uvas brancas, nomeadamente Olaszrizling, Tramini, Chardonnay e Hárslevel'ü. Os melhores produtores de vinho tinto e, portanto, entre os melhores em toda a Hungria, são Bock, Attila Gere, Tamás Gere, Vylyan e Tiffan.

Norte da Hungria

As encostas mais baixas da serra de Bükk e as montanhas ao norte de Mátra abrigam os vinhedos de alguns dos vinhos mais conhecidos da Hungria. Entre Eger e a cidade industrial de Miskolc, os 1.590 hectares da região de Bükkalja (*-alja* significa "montes") se beneficiam de um bom microclima e solos fortalecidos por tufa subjacente – perfeitos para vinhas. Cabernet Sauvignon, Leányka, Olaszrizling, Zweigelt e Kékfrankos são as principais uvas. A maioria da produção é vinificada por grandes vinícolas em Eger ou Budapeste.

Ao sul da cidade barroca de Eger, fica a região de Eger, com 5.160 hectares de vinhedos. Eger é famosa por seu Egri Bikavér (Bull's Blood – Sangue de Touro), pelo qual ganhou a sua reputação de produtora de vinho tinto potente. Bikavér é de fato um estilo de vinho, não uma marca, feito de uma mistura de Kékfrankos, Merlot, Cabernet Franc, Cabernet Sauvignon e Kékoporto. Kadarka já não é a principal uva nativa na mistura. De fato, hoje há uma gama de Bikavér à medida que produtores independentes determinam a exata proporção de mistura e a quantidade de envelhecimento que melhor corresponda às suas vinhas. Depois de um longo período em adega, alguns vinhos extraordinariamente poderosos podem surgir, embora inevitavelmente, algumas versões de exportação sejam muito variáveis.

Além de Bikavér, Eger produz alguns vinhos brancos frescos muito bons também, o melhor de todos de Leányka, uma especialidade da região, mas também de Chardonnay, Riesling, Olaszrizling, Tramini e Ottonel Muskotály. A tufa subjacente ao solo pode ser o segredo da qualidade de Egri. O maior produtor, Egervin, privatizado em 1993,

mas sob a posse da Hungria, agora detém as impressionantes adegas em pedreiras de tufa na cidade, que são forradas de grandes barris com aros vermelhos. Os melhores produtores de Eger, com uma paleta cada vez maior de variedades de uvas e de misturas, são GIA (Tibor Gál), Thummerer e Béla Vincze.

Mais a oeste, perto da cidade de Gyöngyös, fica Mátraalja, uma região praticamente exclusiva de vinho branco, com cerca de 7 mil hectares. Hoje os maiores produtores locais são duas cooperativas: Nagyréde e Danubiana. A Nagyréde vende alguns de seus vinhos sob os rótulos de exportação Cool Ridge e Matra Mountain. Com novos proprietários alemães, na década de 1990, a Danubiana comprou e reequipou a enorme vinícola Gyöngyös, e contratou o principal produtor da Hungria, Hugh Ryman. Em seguida, vieram investimentos franceses e australianos. Metade da produção total da região é exportada. As castas principais incluem Olaszrizling, Pinot Gris e Blanc, Rizlingszilváni, Zöldveltelini, Leányka, Tramini, Hárslevel'ü (a mais famosa da cidade de Debr'ö), Chardonnay, Sauvignon Blanc e a fragrante Ottonel Muskotály, que produz a especialidade de Muscat seco da região.

A região final é a Tokajhegyalja, com 5.860 hectares, normalmente chamada abreviadamente de Tokaji, no extremo nordeste da Hungria, adjacente à fronteira eslovaca. Muitas vezes, pensa-se que Tokaji *Aszú* seja o único vinho de Tokaji (ver nesta página). Há, de fato, vários vinhos de mesa feitos de uma ou outra das quatro variedades de uvas permitidas nos "grandes" vinhos Tokaji: Furmint, Hárslevel'ü, Sargamuskotály (Muscat amarelo ou Muscat Lunel) e Oremus, um cruzamento entre as uvas Furmint e Bouvier, apenas admitido em Tokaji em 1994, e cujo nome da nova usa é Zéta. Um pouco de Chardonnay também é produzido.

Tokaji

Tokaji está muito acima das outras regiões vinícolas da Europa Central e do Leste Europeu, como produtora de vinho indiscutivelmente luxuoso e lendário. Tokaji (Tokay é a grafia ocidental do nome) de colheita tardia, suntuosamente rico era a escolha dos czares russos, os reis da Polônia, e dos imperadores da Áustria – até mesmo de Luís XIV da França. Foi quase certamente o primeiro vinho a ser feito propositadamente de uvas secas por botrytis. Acredita-se que tenha surgido em meados do século XVII, pelo menos um século antes dos vinhos doces similares começarem a ser feitos no Reno. O Sauternes doce também é mais recente em sua origem, embora sua data de início seja obscura.

Por volta de 1700, os vinhos de Tokaji eram tão importantes que seu soberano, o príncipe da Transilvânia (da família Rakoczi) criou a primeira classificação de vinhedo registrada, enquadrando os vinhedos de Tokaji em lotes "primae", "secundae" e "tertiae".

Em alguns aspectos, o Tokajhegyalya (montes Tokaji) compara-se com a Côte d'Or da Borgonha. Os vinhedos ocupam uma área semelhante na parte inferior e nos meios das encostas, apesar de seus morros serem muito mais altos. Os melhores locais tendem a ser nas encostas mais baixas, alguns em solo vulcânico puro, outros em *loess* morno e claro. Além disso, os crescimentos de primeira, segunda e terceira classes correspondem, até certo ponto, aos *grands* e *premiers crus* e vinhos de aldeias da Borgonha.

Como a Côte d'Or, Tokaji também tem adegas excelentes, mas aqui elas são túneis estreitos cravados na tufa vulcânica, por vezes, vagueando por um quilômetro ou mais, cheias de fungo preto e úmidas, abrigando linhas simples ou duplas de pequenos barris de 136 litros, ou *gönci*, geralmente enegrecidos pela idade. O tempo da colheita é muito tardio, atrasado, de preferência até que o sol, alternando com noites de neblina (os rios Bodrog e Tisza contornam as colinas), produzam uma grande infestação de botrytis. Mas, ao contrário de Sauternes, ou qualquer outro vinho, Tokaji *Aszú* é feito em duas fases: inicialmente, um vinho "base" totalmente fermentado; depois, uvas secas (*aszú*), murchas por botrytis ou simplesmente desidratadas, são colhidas e maceradas com o vinho base ou o mosto, refermentando tudo para absorver a sua doçura e seus aromas altamente concentrados. (Ver boxe p. 450).

Tais vinhos, com intensa e concentrada doçura, aromas de fruta seca, equilibrados em sua acidez marcante, podem ser extremamente penetrantes quando são jovens, deixando a boca com uma nitidez limpa apesar de seu alto teor de açúcar. Com a idade, eles ganham corpo e complexidade mágicos, sem perder sua característica limpa e fresca. Os vinhos mais ricos das melhores safras podem envelhecer tranquilamente por até um século ou mais. Mais importante como o grau de doçura é a qualidade singular do vinhedo. Um punhado de grandes locais são celebrados há séculos, e vinhos de vinhedo único deles oriundos estão sendo liberados agora. Dois locais na comuna de Tarcal têm sido historicamente considerados os melhores de todos: Szarvas (propriedade do Estado) e Mezés Mály.

Mas os Tokaji *Aszú* não podem mais ser o único produto da região como acontece com Auslesen na Alemanha. A bebida regular é um vinho de mesa seco, em grande parte feito de Furmint, que pode ser admiravelmente vivo e ardente. O aperitivo ou vinho de sobremesa menos luxuoso é o Tokaji Szamorodni – literalmente, "o que vier", o que significa que o vinhedo é todo colhido, sem qualquer seleção de uvas *aszú*. O Szamorodni seco pode ser semelhante ao xerez com a sua picância distinta. Há outro estilo de vinho feito por alguns produtores: Forditas – esmagando-se o bagaço de novo, depois que a mistura de *aszú* foi prensada e, em seguida, adicionando-se vinho seco para uma fermentação adicional. O resultado pouco satisfatório é um vinho de estilo entre Szamorodni e *Aszú*.

Para aqueles que não se contentam com o melhor, há uma categoria ainda mais rica que é o vinho de 6 *puttyonos*: Tokaji *Aszú* Esszencia (ou Essencia). Sua intensidade doce é esmagadora; anos de maturidade são necessários para domá-la. O teor de açúcar é tão alto (até 800 gramas por litro) que as leveduras não podem fazer qualquer impressão sobre ele. A fermentação interminavelmente longa era tradicionalmente finalizada com a adição discreta de um pouco de aguardente. Esszencia é o suco liberado por uma pilha de cachos *aszú*, pressionado por seu próprio peso para produzir quantidades ínfimas. Desde que uma pequena quantidade do elixir era, pelo que dizem, suficiente para converter um leito imperial em algo muito mais animado, o Esszencia há séculos tem sido o mais valorizado de todos os vinhos – e praticamente inalcançável.

O renascimento da região de Tokaji está agora em curso, com mais de uma dezena de empresas envolvidas, incluindo alguns dos principais investidores estrangeiros. Existe ainda algum debate sobre o estilo "autêntico" dos vinhos Tokaj *Aszú*. Durante a era comunista, os vinhos eram frequentemente pasteurizados e, às vezes, levemente enriquecidos: processos que (com as atitudes inevitáveis de uma economia planificada) tendem a oxidar, os vinhos prematuramente. Práticas modernas, incluindo o complemento regular dos barris, a substituição dos *gönci* por barris maiores, de tipo barrica de 500 litros, refermentar com mosto em vez de vinho

base, e engarrafamento precoce resultam em vinhos mais frescos, com menos do caráter de adega marcante de Tokaji. O debate e as mudanças têm sido bons para a região, e sempre haverá espaço para diferentes interpretações da tradição. Os grandes *Aszú*, como os grandes Sauternes, são vinhos para se guardar por vinte anos ou mais, então, o júri ainda vai aguardar por pelo menos mais uma década.

No entanto, os investidores e os produtores já aprenderam que não produzir nada além de vinho *Aszú* não é comercialmente viável, pois há algumas safras em que as condições tornam a sua produção praticamente impossível. Daí o ressurgimento do Furmint seco para fazer bom uso de uvas sadias, não adequadas para a produção de *Aszú*, e a criação de novos e controversos vinhos de colheita tardia. Eles não são definidos legalmente, mas tendem a ser vinhos doces feitos de uvas sobreamadurecidas, mas botritizadas. Eles também diferem de vinhos *Aszú* por serem, na sua maioria, não acarvalhados. Alguns críticos e produtores consideram esses vinhos um desvio e uma perturbação. Outros dizem que eles são um prolongamento necessário da gama de produtos e, além disso, se tornaram populares entre os consumidores.

Principais produtores de Tokaji

János Arvay ☆–☆☆☆
Tokaj. Proprietários: János Arvay e Christian Sauska. 81 ha. www.arvaybor.hu
O ex-produtor da Disznók (ver p. 454), criou uma *joint-venture* em 2000 com um húngaro agora residente nos Estados Unidos. Os vinhos *Aszú* que têm um mínimo de 5 *puttyonos* são comercializados sob o rótulo Hétfürtös. Arvay também produz uma ampla gama de outros vinhos, secos, meio doces e doces, mas os vinhos *Aszú* são de longe os melhores.

Grof Degenfeld ☆–☆☆☆
Tarcal. Proprietário: Família Degenfeld. 100 ha. www.grofdegenfeld.com
A nobre família Degenfeld vivia na Romênia em situação de pobreza na década de 1950, quando migrou para a Alemanha, onde a sua sorte mudou. Na sua nativa Tokaji, comprou e replantou grandes áreas de vinhedos, alguns deles locais de primeira classe, e readquiriu a mansão da família. Os vinhos *Aszú*, inicialmente oxidativos, são agora mais frescos e mais opulentos. Esses vinhos fazem parte de uma gama completa de outros estilos, incluindo um Furmint envelhecido em barril.

Zoltán Demeter ☆☆
Tokay. Proprietário: Zoltán Demeter. 5 ha.
Com uma década de experiência na Hetszolö, Degenfeld e Királyudvar, este talentoso produtor também produz sob seu próprio rótulo pequenas quantidades de Furmint seco, fermentado em barrica, e vinhos doces do vinhedo Lapis.

Chateau Dereszla ☆–☆☆
Bodrogkeresztúr. Proprietário: Edonia Group. 60 ha. www.dereszla.com
A família d'Aulan, que também possui a Château Sansonnet, em Saint-Émilion, e a Alta Vista, na Argentina, criou esta propriedade em 2000. Eles dão preferência a uma boa proporção de Hárslevelü nos vinhos *Aszú*, e não favorecem longo envelhecimento em barril.

As versões iniciais de *Aszú* eram de qualidade medíocre, e a adega parece colocar igual ênfase nos estilos de colheita tardia e seco, que são bem feitos.

Disznók ☆☆☆

Tokaj. Proprietário: AXA Millésimes. 100 ha. www.disznoko.hu

Uma das grandes propriedades antigas de Tokaji, comprada na privatização (1992) pelo grupo segurador francês AXA e dirigido inicialmente por Jean-Michel Cazes, de Bordeaux, e, desde 2001, por Christian Seely. A AXA realizou um grande investimento nos esplêndidos vinhedos de argila vulcânica e em uma nova vinícola. Sob a direção do atual produtor Lászlo Mészáros, uma gama completa de vinhos Szamorodni e *Aszú* é produzida em estilo moderno e picante. A equipe da AXA foi meticulosa na sua investigação sobre a vinificação de Tokaji, e os resultados têm sido compartilhados com outros produtores. Carvalho francês e húngaro é usado para envelhecer os seus vinhos, e, se ainda há quem critique os vinhos Disznókö como muito semelhantes aos Sauternes, outros os colocam entre os melhores da região. O tempo de garrafa reforça seu verdadeiro caráter Tokaji.

Dobogó ☆☆

Tokaj. Proprietário: Família Zwack. 6 ha. www.dobogo.hu

Não pode haver um húngaro que não reconheça o nome de Zwack como a família que criou o altamente popular Unicum, um digestivo incrivelmente amargo. Aqui em Tokaji, Isabella Zwack administra uma pequena propriedade que, desde 1997, produz *Aszú* fino de 6 *puttyonos* e Furmint seco com elegância.

Gundel ☆☆–☆☆☆

Mád. Proprietários: Ronald Lauder e George Lang. 26 ha. www.gundel.hu

O restaurante mais famoso de Budapeste, cuidadosamente restaurado na década de 1990, também produz seus próprios vinhos aqui (bem como em Eger). Alta qualidade, especialmente de seus *Aszú*.

Hétszol ☆☆

Tokaj. Proprietários: Grands Millésimes de France, Suntory, e outros investidores. 50 ha. www.tokaj-hetszolo.hu

Um grande investimento estrangeiro, com extensos vinhedos replantadas na encosta sul da serra de Tokaji. Infelizmente, os vinhos não têm cumprido seu elevado potencial, e o futuro é incerto.

Királyudvar ☆☆–☆☆☆

Tarcal. Proprietário: Anthony Hwang. 75 ha. www.kiralyudvar.com

Depois de o empresário sino-americano Anthony Hwang provar um vinho feito por István Szepsy (ver p. 455), ele correu para Tokaji falar com Szepsy e o persuadiu a supervisionar um novo empreendimento. Hwang comprou muitos vinhedos de primeira qualidade aqui, e restaurou uma antiga vinícola do século XVII em Tarcal. Szepsy não está mais intimamente envolvido com o projeto, e o muito capaz Zoltán Deméter é agora responsável pela produção de vinho. A gama usual de vinhos Tokaji típicos, dos quais o melhor é o Lapis *Aszú* de vinhedo único, desde 2005 é complementada por um fino (e caro) Furmint seco, e por uma gama de vinhos de colheita tardia.

Châteaux Megyer & Pajzos ☆–☆☆

Sárospatak. Proprietário: Jean-Louis Laborde. 140 ha.

Grande empreendimento conjunto, inicialmente entre a GAN (companhia de seguros francesa) e um consórcio liderado por franceses, mas comprado em 1998 por Jean-Louis Laborde, proprietário da Château Clinet em Pomerol. As duas propriedades são distintas, mas usam uma única fonte de uvas. Em geral, o Megyer é o vinho mais leve, mais comercial, com o Pajzos focando em níveis mais elevados de qualidade. A qualidade tem sido variável, apesar de alguns vinhos finos *Aszú* surgirem sob o rótulo Pajzos. Além disso, há Muscat e Furmint secos, Chardonnay (Megyer), e vinhos de colheita tardia e de variedade inigualável.

Oremus ☆☆–☆☆☆

Tolcsva. Proprietário: Bodegas Vega Sicilia. 115 ha. www.tokajoremus.com

O nome original do 1630 Tokaj *Aszú* foi comprado durante a privatização pela Vega Sicilia da Espanha em 1993. Originalmente baseada em Sarospatak, construiu uma nova vinícola em Tolcsva em 1999. Vinhos *Aszú* eram a princípio feitos em um estilo oxidativo, mas não demorou muito para que os vinhos se tornassem mais intensos e vigorosos. Um Furmint bom e seco, chamado Mandolás, e vinhos varietais de colheita tardia completam a produção. András Bacso é o gestor e produtor experiente.

Patricius ☆☆

Tokaj. Proprietário: Dezsó Kékessy. 80 ha. www.patricius.hu

Com raízes na região há muitos séculos, a família Kékessy estabeleceu a propriedade em 1999 e construiu uma vinícola alimentada por gravidade, onde produz uma gama completa de vinhos, desde Furmint seco, vinhos de colheita tardia e *Aszú*.

Pendits ☆☆☆

Abaújszántó. Proprietário: Márta Wille-Baumkauff. 10 ha. www.pendits.de

Na década de 1970, a sra. Wille-Baumkauff deixou a Hungria para se casar com um alemão, e voltou para lá em 1991 para desenvolver a sua propriedade em Mád. No início, o rótulo foi o anônimo MWB, mas ele foi mudado em homenagem ao seu melhor vinhedo de primeiro crescimento. Desde 2005, sua propriedade é cultivada organicamente. Mas já desde 1999, a qualidade tem sido excelente.

Royal Tokaji Wine Company

Mád. Proprietário: investidores particulares. 106 ha. www.royal-tokaji.com

Ambicioso empreendimento anglo-dinamarquês-húngaro criado em 1989 (o primeiro do "Renascimento de Tokaji") para se especializar em vinhos *Aszú*. Lotes em um local de segunda classe e quatro locais de primeira classe em Mád e Tarcal produzem Betsek, Birsalmás, Nyulászó, Szt Tamás e Mezés Mály, de vinhedo único. Blue Label (nos Estados Unidos, Red Label) é um *Aszú* vintage-dated de 5 *puttonyos*; Gold Label, uma mistura de 6 *puttonyos*. O objetivo é a intensidade máxima de caráter de vinhedo e adega, com teor alcoólico mais baixo que alguns *Aszú* de outros produtores e níveis mais elevados de doçura combinados com acidez correspondente. Em 2002, um Cuvée Ats, de colheita tardia (homenageando o mestre de adega Karoly Ats), e, em 2003, o primeiro Furmint seco fermentado em barril Royal foi produzido. (A qualidade não é avaliada aqui por causa da participação de Hugh Johnson na empresa.)

István Szepsy ☆☆–☆☆☆☆
Mád. Proprietário: István Szepsy. 46 ha. www.szepsy.hu

Os Szepsy têm feito Tokaji *Aszú* de Mád e Tàrcal desde o século XVI. Existe uma lenda que seu antepassado, Maté Szepsy, inventou o método *Aszú*, mas o modesto István Szepsy diz que não é verdade, embora Maté tenha realmente participado de sua criação.

Em 1980, ele percebeu que os Tokaji produzidos em massa a partir da propriedade do Estado eram uma paródia do Tokaji real, e, silenciosamente, continuou a produzir *Aszú* autêntico dos vinhedos da família. Ele foi o primeiro gerente da Royal Tokaji (ver p. 454), e fez sua primeira safra em 1993.

Desde o início, os seus vinhos têm atraído muita atenção internacional: até agora a produção não consegue atender à demanda. Para tanto, Szepsy introduziu vinhos de colheita tardia, engarrafados sem o habitual estágio em barricas. Szepsy é responsável pela qualidade com a sua prática de vinhedos: vinhas baixas, poda dura, colheita verde, e uma seleção rigorosa dos frutos apenas no pico da botrytis. O vinho base adicionado às uvas *aszú* é mosto do mesmo vinhedo. O vinho é envelhecido pelo tempo que julgar necessário em barris de carvalho húngaro. A princípio, os vinhos *Aszú* eram invariavelmente de 6 *puttonyos*, mas, desde 1998, ele produz um vinho *Aszú* único, sem especificar o nível de *puttonyos*, mas com até 230 gramas de açúcar residual.

Samuel Tinon ☆☆–☆☆☆
Olaszliszka. Proprietário: Samuel Tinon. 5 ha. www.samueltinon.com

Tinon veio para Tokaji de sua nativa Bordeaux no início de 1990, mas foi somente em 2000 que ele lançou sua própria linha de vinhos, incluindo luxuosos *Aszú* Eszencia.

Tokaj Kereskedöház/Tokaj Trading House Co ☆–☆☆
Sátoraljaújhely. 80 ha. www.crownestates-tokaji.hu

Antiga propriedade do Estado com vinhedos muito reduzidos de seu apogeu de 1.600 hectares, embora a empresa mantenha o vinhedo Szarvas da primeira classe e ainda compre uvas de 200 produtores que cultivam 1.000 hectares. Faz vinhos secos e doces (Furmint, Hárslevelü, Muscat Amarelo, Szamorodni, *Aszú*, e vinhos "museus", envelhecidos durante décadas antes do lançamento). A empresa faz seus vinhos *Aszú* de primeira linha em um estilo que não mudou muito desde os anos comunistas, mas seus melhores *Aszú* antigos mostram ter sido consistentes há um século. Na Inglaterra, os vinhos são lançados sob o rótulo não totalmente exato Crown Estates (Propriedades da Coroa), com os vinhos secos engarrafados sob a marca Castle Island.

Uri Borok ☆☆☆
Mád. Proprietário: Vince Gergely. 13 ha.

Embora toda a gama de vinhos de Gergely esteja entre os melhores de Tokaji, ele fez uma especialidade de Muskotály extraordinário, provenientes de videiras muito velhas do ótimo vinhedo Szent Tamás. Outros produtores dignos de nota incluem: Bene, Bodnàr Dusóczky, Evinor, Monyók, Tokaj Classic e Tolcsva-Bor.

Outros produtores da Hungria

Joszef Bock ☆–☆☆
Villány. 50 ha. www.bock.hu

Começando com pouco mais de um hectare em 1991, Bock construiu uma propriedade de cinquenta hectares e produz uma enorme variedade de vinhos. Mas sua especialidade são tintos envelhecidos em barrica, incluindo um raro Syrah húngaro e o Capella Cuvée, feito com as duas Cabernet.

Bela Fekete ☆☆–☆☆☆
Somló.

Um dos melhores produtores de Somló, com Juhfark fresco e ardente e Hárslevelü assertivo.

Attila Gere ☆☆–☆☆☆
Villány. www.gere.hu

Attila Gere começou a vida como silvicultor, mas, pelo final de 1970, compreendeu bem o potencial de Villány para vinhos tintos finos e fez seu primeiro engarrafamento próprio em 1986. Hoje ele também é especialista em Kekfránkos elegantes e tintos ao estilo de Bordeaux, especialmente o esplêndido Kopar Cuvée acarvalhado, feito apenas em safras superiores.

Tibor Gál ☆–☆☆
Eger. www.galtibor.com

Gál passou anos trabalhando para Lodovico Antinori na Toscana antes de retornar para a Hungria, em 1993, e estabelecer a sua própria vinícola, quando plantou mais de cinquenta hectares de vinhedos. Além de produzir Cabernet e Egri Bikaver, ele se concentrou em Pinot Noir, lançando três vinhos de vinhedo único bastante tânicos e envelhecidos em carvalho novo. Embora Gál tenha morrido em um acidente de carro em 2005, seus parceiros internacionais têm mantido o negócio.

Pannonhalmi Apátsági ☆☆
Pannonhalma. www.bences.hu

Vinhas eram aparentemente cultivados neste mosteiro beneditino no século X. A tradição foi retomada há poucos anos, e o primeiro vinho novo foi lançado em 2003. A gama inclui Sauvignon extremamente bem feito, Gewürztraminer, misturas brancas e Pinot Noir. Os vinhos têm uma sofisticação muitas vezes não encontrada na Hungria até mesmo atualmente.

Sandahl ☆☆
Badacsony. www.villasandahl.com

Um casal sueco que se instalou aqui para produzir nada além de Riesling seco. A safra de 2006 apresentou crocância, extrato e concentração.

Szerelmey ☆☆–☆☆☆
Badacsony.

Os vinhos brancos são a força desta grande propriedade privada, fundada por um *émigré* que fez fortuna na Nigéria antes de retornar para a Hungria. Os solos vulcânicos em que as uvas estão enraizadas dão aos vinhos considerável picância e vigor.

Portão de ferro forjado com motivo de videira, Tokaji.

Thummerer ☆–☆☆
Eger. www.thummerer.hu
Ex-produtor de flores, Vilmos Thummerer desde 1985 tem construído uma das maiores e mais importantes vinícolas de Eger, conhecida por Bikaver, por Vili Papa, uma mistura acarvalhada de Bordeaux, e pelo turismo do vinho.

Vesztergombi ☆☆
Szekszard.
Os irmãos Ferenc e Joszef são os principais produtores de Bikaver e do raro Kadarka, continuando uma tradição familiar que remonta ao século XVIII.

Weninger ☆☆
Sopron. www.weninger.com
Em 1997, Franz Weninger, que tem uma propriedade em Burgenland, desenvolveu vinhedos, atualmente de cultivo biodinâmico, do outro lado da fronteira, na cidade de Balf. Seu melhor vinho é Kékfrankos, especialmente do vinhedo Spern Steiner, com solos de gnaisse e xisto.

Wunderlich ☆☆
Villany. www.wunderlich.hu
Graças à confiança e ao dinheiro de novos investidores, Alajos Wunderlich foi capaz de construir uma nova e pródiga vinícola para abrigar seus equipamentos modernos e seus barris de carvalho, na maior parte da Hungria, nos quais quase todos os seus vinhos tintos são envelhecidos. De uma vasta gama, o Cabernet Franc se destaca.

República Tcheca e República Eslovaca

Ao contrário da Hungria, cuja qualidade de vinhos de topo era mundialmente famosa no passado, estas duas repúblicas têm tradicionalmente cultivado vinho para seu próprio uso, e não para exportação. Mesmo com o advento de regimes políticos menos repressivos, ainda cultivam e produzem para o mercado doméstico.

A antiga capital dos dois países, Praga, pode ser responsável por grande parte do consumo, mas as capitais de produção de vinho são Bratislava, na Eslováquia, e Mikulov e Znojmo, na Morávia. Bratislava situa-se no rio Danúbio praticamente na fronteira austro-húngara. As cidades da Morávia veem Weinviertel do outro lado da fronteira, na Áustria.

A Eslováquia é a principal produtora entre as duas repúblicas, com cerca de 12.900 hectares, uma queda brusca comparado à década anterior. As principais variedades brancas são Rhine Riesling, Pinot Blanc, Gewürztraminer, Sauvignon Blanc, Pinot Gris e Muscat Ottonel. Papéis coadjuvantes são desempenhados por Welschriesling, Grüner Veltliner e Müller-Thurgau. Apenas 20% é tinto, com Frankovka (Blaufränkisch austríaca, Kékfrankos húngara) e Svatovavrinecké (Saint-Laurent) como as castas principais. Há cerca de 600 hectares de Cabernet Sauvignon e algumas raras plantações de Pinot Noir nas colinas entre Bratislava e Pezinok. As grandes e velhas empresas estatais de engarrafamento de Raca (nos arredores de Bratislava), Pezinok, cerca de dezenove quilômetros (doze milhas) ao nordeste, e Nitra, a 64 quilômetros (quarenta milhas) adiante costumavam ser responsáveis pela grande maioria da produção do Estado.

Modra, ao norte de Pezinok, tem a sua própria escola de enologia e viticultura. Neninec, ao leste, ao longo da fronteira húngaro-eslovaca, está provavelmente à frente no que diz respeito à produção de qualidade no país. Kosice, no leste, também é cercada por vinhedos. Nomes das adegas separatistas, que deveriam ter se tornado conhecidas, mas se mantiveram um tanto obscuras, incluem Topolcany, Hurbanovo, Gbelce, Hlohovec e Trnava, as quais todas possuem ótimos vinhedos. Embora adegas privadas tenham se desenvolvido ao longo da década de 1990, elas tiveram impacto limitado fora das zonas de produção. Nas feiras de vinhos europeus, os vinhos da Eslováquia permanecem famosos por sua ausência.

O outro orgulho especial da Eslováquia é possuir um pequeno canto do vinhedo Tokaji, na fronteira com a Hungria, cultivando 65% de Furmint, 25% de Hárslevelü, e 10% de Muscat de Frontignan, e produzir seu próprio Tokaji. Infelizmente, os vinhos são uma pálida sombra do verdadeiro Tokaji, por isso a Eslováquia não possui mais de 10% dos vinhedos da região.

Os 17.841 hectares de vinhedos da Morávia situam-se entre Brno e a fronteira austríaca, e muitas das uvas são semelhantes às do país vizinho. A indústria está centrada nas cidades de Znojmo, Blatnice, Mikulov e Velké Pavlovice, que fazem vinhos regulares e espumantes. Muitos produtores expandiram a sua produção familiar para oferecer vinhos engarrafados de qualidade razoável para distribuição comercial. Os vinhos brancos, como Grüner Veltliner, Pinot Blanc e Gris e Riesling são muitas vezes vigorosos e fáceis de beber, a primeira escolha nos *vinarnas*, os bares de vinho de Praga, mas o padrão dos vinhos tintos de Saint-Laurent, Zweigelt e, até mesmo, Cabernet está melhorando gradualmente. Os vinhos da Morávia ganham pontos em termos de valor e de variedade.

A Boêmia, a província ocidental, com Praga em seu coração, tem meros 713 hectares, incluindo Riesling de qualidade razoável e alguns tintos intrigantes com base em Pinot Noir. Mas maturação completa não é fácil aqui, e o vinho eslovaco ou da Morávia é a escolha do povo. O retorno, desde 1989, de algumas famílias nobres para suas propriedades hereditárias (e vinhedos) vem dando impulso à indústria nacional, mas no momento a qualidade ainda é baixa.

Na Eslováquia, a única propriedade com reconhecimento internacional é a Kastiel Béla, perto do Danúbio e de propriedade da família da esposa de Egon Müller, da Scharzhof, no Sarre alemão. Com Müller supervisionando a produção de vinho, não é surpreendente que o Riesling seco da propriedade seja de alta qualidade. A maioria das adegas tchecas é pequena e atende à demanda local. As adegas comerciais maiores incluem a Bzenec, com uma produção anual de quase 1 milhão de caixas, mas os vinhos são comerciais, não têm personalidade, e são geralmente muito doces. O mesmo é verdadeiro para a Templárské, a maior vinícola da república, com 1.000 hectares ao seu dispor, e a grande empresa de vinhos espumantes Bohemia Sekt.

A ex-Iugoslávia

Quase todos os países que outrora constituíam a Iugoslávia estão no negócio do vinho, alguns de forma mais tradicional e interessante que outros. Só a produção da Bósnia e Herzegovina, montanhosa e sem saída para o mar, é desprezível. Poucos vinhos desses países tiveram muita impressão fora da região dos Bálcãs. Os orçamentos promocionais são magros, e os melhores vinhos facilmente encontram mercado local. No entanto, os vinhos da Eslovênia e da Croácia estão agora começando a fazer seu nome, ajudados pelo fato de que os melhores vinhos são de muito boa qualidade.

A ex-Iugoslávia ficou em décimo entre os países produtores de vinho do mundo e o décimo entre os exportadores: uma posição respeitável para um país que construiu a sua indústria do vinho quase do zero depois da Segunda Guerra Mundial. As raízes da indústria são tão antigas quanto as da Itália, mas a longa ocupação dos turcos na região leste do país retirou o sentido de continuidade. A reconstituição do pós-guerra da indústria combinou as tradições austro-húngaras do norte, a influência italiana ao longo da costa, e algumas tradições verdadeiramente balcânicas no leste e no sul. Em especial, a costa dálmata da Croácia, e de igual modo a Macedônia, têm boas variedades de uvas autóctones, cujas origens remontam aos tempos antigos, embora estas estejam ameaçadas pela tendência geral em todos esses países de adotarem as variedades internacionais testadas e confiáveis, como parte do esforço conjunto para recuperar uma fatia do mercado de exportação.

A velha indústria do vinho era controlada pelo Estado, mas sempre consistiu quase 50% de pequenos produtores independentes e de fazendas estatais. Os pequenos produtores (a lei permitia que possuíssem até dez hectares de terra) levavam suas culturas para as cooperativas gigantes locais. Essas, por sua vez, forneciam às grandes organizações regionais, que atuavam como negociantes, misturadoras e distribuidoras. A década de 1990 viu um crescimento de pequenas propriedades privadas e a privatização de grandes empresas que podiam se beneficiar de ganhos de eficiência de escala para abordar os mercados de exportação.

Eslovênia

A Eslovênia, enfiada no canto ítalo-austro-húngaro no noroeste do país, faz os melhores e mais caros vinhos dos países que outrora constituíam a Iugoslávia. Os 24.600 hectares de vinhedos dividem-se por uma tira de terra não habitada e sem videiras, a partir da fronteira alpina, passando pela capital, Liubliana, e chegando até a fronteira com a Croácia. Existem três regiões principais: Primorska, entre a Itália e a Croácia, ao longo da costa; Podravje, com cerca de 10 mil hectares, ao sul da fronteira com a Áustria e a Hungria e a leste de Liubliana, e Posavje, uma área quase exclusivamente de vinho branco. Os mais interessantes dos vinhos ao estilo germano-austríaco do norte vêm dos arredores de Maribor, Ptuj, Ljutomer (ou Lutomer) e Ormož, entre os vales do Mura (que faz em locais a fronteira com a Áustria e a Hungria), do Sava e do Drava, afluentes do Danúbio. Os brancos e tintos secos mais emocionantes produzidos na tradição italiana vêm do norte da península da Ístria e das montanhas ao lado da região fronteiriça de Friuli.

Hoje em dia, a Eslovênia está tomando muito cuidado na classificação de seus vinhos. Em 2007, cerca de metade da produção de vinho do país ainda estava nas mãos de cooperativas, mas o setor privado está crescendo, está cooperando para promover os seus vinhos e é muito consciente da necessidade de manter a alta qualidade. A Eslovênia está também rapidamente se tornando um país muito agradável e civilizado para o turista que o visita.

As influências combinadas do Adriático, dos Alpes, e da planície húngara tornam o clima moderado, enquanto o subsolo de calcário favorece o vinho branco. A influência do Adriático dá mais potencial de maturação para os vinhos secos sólidos e os melhores tintos. Os outonos longos e frios da região alpina de Maribor e as encostas apenas ligeiramente mais quentes ao sul da Hungria dão estilos mais leves, mais aromáticos e frutados, sendo os melhores deles muitas vezes vendidos como os equivalentes, na Eslovênia, dos alemães Kabinett, Spätlese, Auslese, Beerenauslese e da hierarquia TBA.

As colinas entre Ljutomer e Ormož, a apenas oitenta quilômetros (cinquenta milhas) da extremidade oeste do lago Balaton, têm um vinhedo quase tão famoso quanto o Monte Badacsonyi, conhecido pelo nome de Jerusalém, por suas conexões com as cruzadas. A maior parte das exportações desta região admirável costumava ser de Laski Rizling, que é, felizmente, cada vez mais deslocado pelos Pinot Blanc e Gris, Gewürztraminer, Sylvaner e Rhine Riesling saborosos. Parece uma pena desperdiçar um vinhedo de primeira linha no que é essencialmente uma uva de segunda classe, por mais satisfatório que seja o seu desempenho – e alguns vinhos de colheita tardia daqui são mais que satisfatórios.

Ao sul do rio Drava, as colinas Haloze produzem uma gama semelhante de vinhos brancos. Para o sul mais uma vez, o vale do rio Sava, entrando na Croácia e indo até a sua capital, Zagreb, faz vinho tinto Cviček leve de uvas locais. Na extremidade ocidental da Eslovênia, na fronteira com a Itália, quatro pequenas regiões vinícolas conhecidas coletivamente como Primorska têm um clima mediterrânico. O seu vinho mais conhecido é um tinto vigoroso, enérgico e picante, chamado Kraski Teran. Teran é a Refosco italiana, e Kraski significa que é cultivada no relevo cárstico acidentado que se estende até a costa. Merlot, ambas as Cabernet e Barbera podem ser encontradas, mas tendem a ser usadas para produzir vinhos de estilo italiano, relativamente ácidos, que anseiam pela companhia de pratos oleosos. No entanto, o peso e a qualidade dos melhores brancos secos, a partir de Sauvignon Blanc, Pinot Blanc e Pinot Gris até o terroso, ligeiramente cremoso, Ribolla ou Rebula amarelo, outra exportação italiana, merecem verdadeiro reconhecimento internacional. Nessa extremidade do país, nomes como Vipava, especialmente para brancos jovens, frescos e delicados, Brda,

Portões da Catedral de São Vito, Praga.

que tem alguns vinhedos particulares extraordinários, e Koper, ao sul de Trieste, são promessas para o futuro. Provas em 2008 confirmaram que há crescente número de pequenas propriedades claramente almejando alta qualidade em variados estilos, mesmo que, em muitos casos, a qualidade tenha sido acompanhada de elevado grau de álcool e longos períodos de envelhecimento em barricas de carvalho novo principalmente.

Principais produtores da Eslovênia

Batič ☆☆
Sempas, Vipava Valley.
Miha Batič está firmemente na *avant-garde* da Eslovênia, com agricultura orgânica, incentivando plantios de alta densidade, e produzindo misturas brancas após longas macerações das uvas, uma técnica revivida por Gravner na fronteira com o Friuli. Os vinhos brancos são mais bem-sucedidos que os tintos, embora o Cabernet Franc tenha personalidade.

Cotar ☆–☆☆
Gorjansko Kras.
Brnako Cotar tem apenas sete hectares, plantados em solos vermelhos, mas faz uma grande variedade de vinhos, principalmente tintos. Os vinhos tintos podem às vezes ser herbáceos, mas o Malvasia, o Chardonnay e o Sauvignon são admiráveis.

Dveri-Pax ☆–☆☆
Jarenina. www.dveri-pax.com
Possuída por um mosteiro beneditino, a empresa tem 68 hectares em três diferentes regiões de vinho. A gama é ampla e os brancos de Sauvignon e Gewürztraminer parecem particularmente bons.

Vinska Klet Goriška Brda ☆
Dobrovo, Goriška Brda. www.klet-brda.com
Esta cooperativa de 600 membros no oeste da Eslovênia ocidental, é a maior vinícola do país. Os melhores vinhos são liberados sob o rótulo Bagueri e recebem algum envelhecimento em carvalho, mas a gama mais visível é a Quercus, desenvolvida em conjunto com um consultor de vinhos britânico. O resultado é uma linha de vinhos levemente acarvalhados e ligeiramente insossos. Mas todos os vinhos são bem feitos, embora exista falta de maturação evidente em algumas variedades de Bordeaux tintas.

Jeruzalem Ormož ☆
Ormož. www.jeruzalem-ormoz.si
A terceira maior adega na Eslovênia, produzindo exclusivamente vinhos brancos. Os melhores são engarrafados como Gold Label, com rico Chardonnay e Sauvignon Blanc liderando-os; mas os outros vinhos tendem a ser insossos. Há Furmint também.

Joannes ☆☆
Malečnik, Podravje. www.joannes.si
Boa fonte de vinhos brancos, como as adoráveis notas de maçã da mistura de Pinot Blanc e Chardonnay e um emocionante Sauvignon Blanc.

Miro ☆☆
Jeruzalem.
Um empreendimento conjunto entre Miro Munda e os irmãos Polz da Estíria. Dez hectares de vinhedos produzem apenas vinhos brancos, com algumas misturas acarvalhadas generosas e Pinot Blanc e Sauvignon não acarvalhados, excepcionalmente brilhantes.

Movia ☆☆–☆☆☆
Dobrovo, Goriška Brda. www.movia.si
Aleš Kristančič tem um bom público para os vinhos que produz a partir de seus dezoito hectares de cultura biodinâmica. Somente os vinhos brancos são envelhecidos em barricas. Ele prefere grandes tonéis tradicionais da Eslovênia para seus tintos. Os brancos podem ser terrosos, mas também têm poder, extrato e personalidade, especialmente o Sauvignon e o Rebula.

Edi Simčič ☆☆–☆☆☆
Dobrovo, Goriška Brda.
Edi Simčičic e o filho Aleks buscam um estilo mais internacional, investindo pesadamente em pequenos barris de carvalho francês. Se esse tratamento é o ideal para Sauvignon Blanc ou Pinot Gris da Eslovênia, isso é motivo de debate, mas o envelhecimento em carvalho funciona bem com o Rebula e com a sua mistura de Bordeaux chamada Duet.

Sutor ☆☆
Vipava Valley. www.sutor.si
A família Lavrenčič tem estado na região de Vipava há mais de 500 anos. Desde 1991, os irmãos Primož e Mitja têm tocado essa pequena propriedade. Os solos de ardósia decomposta parecem dar intensidade e pureza aos vinhos brancos, dos quais o mais curioso é o Burja, uma mistura de Malvasia, Rebula e Welschriesling.

Vinakoper ☆–☆☆☆
Koper. www.vinakoper.si
Esta ex-cooperativa possui centenas de hectares, principalmente ao longo da costa da Ístria. A gama principal é chamada Capris, mas os melhores vinhos são engarrafados com o rótulo Capo d'Istria. Um Malvazija seco, não acarvalhado, é um triunfo, assim como o Refošk com notas de ameixa, mas o Capo Cabernet pode ser ligeiramente herbáceo.

Vipava ☆–☆☆
Vipava. www.vipava1894.si
Esta grande empresa privada produz grandes quantidades de vinho: a gama Ventus é essencialmente varietal e principalmente não acarvalhada; o Lanthieri parece mais envelhecido em barris; e as misturas Storia visam aos melhores restaurantes locais. O Zenen branco é de uma variedade local, mas é um pouco doce demais para quase todos os gostos. Mas a Malvazija é cremoso e exuberante, e o tinto Storia é uma mistura baseada em Cabernet densa e bastante extraída. Então, você precisa escolher.

Sérvia e Montenegro

A república da Sérvia era anteriormente toda a faixa leste sem litoral da Iugoslávia, da Hungria até a Macedônia. Agora a sua parte norte, ao norte do rio Danúbio, abrange a região de Voivodina. Costumava incluir dois enclaves agora independentes ao sul: Montenegro, na costa sudeste, e o Kosovo, espremido em um círculo de montanhas entre a Albânia, a Macedônia e a Sérvia. Perdeu, no entanto, uma fatia significativa no sul, adjacente à Albânia, cortada para se tornar a Macedônia. A indústria é dominada pela empresa Navip, que tem acesso a 1.700 hectares e numerosas vinícolas. Ela produz uma gama completa de vinhos, bem como outras bebidas. A Sérvia tem sido relativamente conservadora nas suas variedades de uva, com a Prokupac escura como a principal uva tinta e a Smederevka

(Smederevo é perto de Belgrado) como sua rara e empolgante branca, muitas vezes feita em um estilo meio seco.

Seu vinhedo mais antigo e mais famoso é o Zupa, a 129 quilômetros (oitenta milhas) ao sul da capital, entre Svetozarevo e Kruabzevac. Zupsko Crno ("Zupa vermelha") é uma mistura de Prokupac com a mais leve Plovdina. Prokupac também é amplamente utilizada para rosé (ruzica). Mais e mais Sauvignon Blanc, Chardonnay, Cabernet, Merlot, Gamay estão agora sendo plantadas.

Voivodina possui história de vinificação de tinto (Carlowitz foi um exemplo famoso). Hoje uma grande variedade, principalmente de uvas brancas, que torna os vinhos bem aromáticos e equilibrados; as melhores plantações estão nas montanhas Fruska Gora, ao longo do Danúbio, ao norte de Belgrado. Gewürztraminer e Sauvignon Blanc podem ser particularmente saborosas, mas receio que sejam menos amplamente plantadas que a Laski Rizling. Mais ao norte e ao leste, Subotica e Banat são as áreas que fazem fronteira com a Hungria e a Romênia, ambas com solos arenosos da Grande Planície e vinhos leves. Em Subotica, são cultivadas a tinta húngara Kadarka e a branca Ezerjó. Quanto ao Kosovo, a indústria do vinho estava em crise por conta da guerra e do período de instabilidade que se seguiu. Agora que está precariamente independente, há pelo menos a possibilidade de alguns novos investimentos.

Os vinhos tintos substanciais, baseados em Vranac, costumavam desaparecer para o mercado russo. Desde 1990, tem havido algumas tentativas ao acaso para que o ocidente se interesse por eles. Eles merecem ter sucesso, porque os vinhos podem ser equilibrados, maduros e bastante intensos, e também podem envelhecer bem em madeira. Há também uma branca autóctone chamada Krsta, que dá um vinho com bastante sabor de grama. A maioria das vinícolas de Montenegro não tem presença internacional, com excepção da Plantaže, de propriedade estatal, que produz uma gama de tintos Vranac em diferentes estilos, assim como algumas misturas robustas envelhecidas em barrica, com uma boa dose de Syrah.

Esta extremidade sul do país, ao longo da costa da Bósnia, conta com uma extraordinaria variedade branca desconhecida entre as suas potenciais surpresas. Eu encontrei um toque do aroma de damasco da uva Zilavka, que me faz pensar se a sua leveza vem de uma mistura inteligente.

Provas em 2008 revelaram um arsenal de vinhos um pouco grosseiros da Sérvia, dos quais os melhores tendiam a ser os despretensiosos brancos de Welschriesling, Sauvignon Blanc ou Chardonnay. Entre as vinícolas mais ativas estão a Aleksandrovič, Jelič, Kovačevič, Navip e um novo empreendimento chamado World of Wine (Mundo do Vinho) em Paliě que produz 3 milhões de garrafas de vinho sem inspiração.

Croácia

Os 52 mil hectares de vinhedos da Croácia são mais ou menos divididos igualmente entre duas partes distintas e bem diferentes: a Eslavônia, o norte continental entre a Eslovênia e a Sérvia, entre os rios Drava e Sava, e a costa, desde a península da Ístria no norte até o sul na Bósnia e Herzegovina, incluindo a costa da Dalmácia e suas belas ilhas.

Metade da área da Eslavônia é de cultivo de uvas, mas os seus vinhos não têm o apelo dos brancos da Eslovênia, por mais perto que esteja dela, nem de alguns dos novos vinhos a Voivodina, ao

leste. Uvas como a Traminer, a Riesling, a Welschriesling e a Zweigelt da Áustria são cultivadas aqui.

Os melhores vinhos da Croácia são provenientes das regiões da Istria e da Dalmácia. A Istria cultiva as mesmas uvas que a Eslovênia ocidental: Merlot, Cabernet, Pinot Noir e Teran para tintos – a Merlot é particularmente boa. Os vinhos brancos incluem ricos Muscat e Malvasia e Pinot Blanc, a base dos vinhos espumantes locais.

A Dalmácia tem a gama de caracteres originais mais rica da Iugoslávia – principalmente tintos. A Plavac Mali (a madrinha genética da Zinfandel da Califórnia) é a uva principal, apoiada pela Plavina, Vranac, Babi, Cabernet, Merlot e Modra Frankija (Blaufränkisch).

Plavac Mali é a mais importante e interessante dessas variedades. Rica em taninos, cor e álcool, também tem capacidade de envelhecimento a médio prazo. Os vinhos regulares são os tintos mais satisfatórios para se comprar na costa, e têm seus momentos de glória. Um deles é o Postup, um tinto doce, concentrado, envelhecido por anos em carvalho, produzido no norte da península de Peljesac, ao norte de Dubrovnik. O Postup, envelhecido quinze anos, é um tinto brilhante, uma estranha espécie de estilo meio Porto, com mais que uma pitada de retsina (vinho da Grécia), um grande teor de álcool (acima de 14 graus), é equilibrado e estruturado, passível de atrair aqueles que gostam de Recioto de Valpolicella. Dingač, feito também de uvas parcialmente secas, é muito semelhante, embora hoje em dia, os dois vinhos estejam mais propensos a serem secos que doces. Os tintos de qualidade regular do litoral são simplesmente chamados de Plavac. Alguns acham o Babič, quando envelhecido três ou quatro anos, um vinho melhor. A uva de que é feito cresce somente em pequenas parcelas de paredes de pedra próxima ao mar em Primosten, no norte da Dalmácia, e essa esquisitice vinícola é protegida pela condição de Patrimônio da Humanidade. Esse tinto brando tem nuances da Borgonha. O rosé seco da costa, feito de várias uvas, é chamado Opol.

Os vinhos brancos da Dalmácia são minoria, mas em maior variedade do que o tinto. A Marastina é a casta branca mais difundida e tem a sua própria denominação em Cara Smokvica. Grk é a especialidade, oxidada, parecida com xerez, da ilha de Korcula. Pošip (que alguns equiparam com Furmint) faz vinho pesado, mas não insípido. Como a Malvasia local, ela muitas vezes funciona melhor como um vinho não acarvalhado. Bogdanusa, especialmente nas ilhas de Hvar e Brac, pode dar um vinho surpreendentemente leve, fresco e aromático. Vugava, cultivada na remota ilha de Vis, é semelhante. Às vezes, tais vinhos são apresentados como variedades distintas, às vezes em misturas. É difícil descobrir, de fato, se alguns são nomes diferentes para a mesma uva. Os vinhos de sobremesa da Dalmácia, sejam de uvas tintas ou brancas, ou ambas, são conhecidos como Prošek. Os melhores tendem a ser um negócio de família, envelhecidos em um tonel pequeno e servidos aos convidados em um copo de vidro grosso com orgulho absolutamente apropriado.

Principais produtores da Croácia

Badel 1862 ☆–☆☆
Zagreb. www.badel1862.hr
Este é o maior produtor de vinhos e destilados da Croácia, com interesses em dez vinícolas dispersas, das quais possui três. Muitos de seus vinhos, como o Graševina (com ou sem carvalho), são simplesmente competentes; entre os destaques encontram-se o Plavac Mali a partir de Hvar, e o Dingač, muito encorpado e concentrado.

Degrassi ☆
Basanija.
Moreno Degrassi possui quinze hectares na região de Buje, a partir dos quais ele produz um Malvazija encorpado, um Chardonnay picante, um Refošk terroso e um Cabernet Sauvignon leve.

Enjingi ☆
Kutjevo.
O Graševina pode ser o esteio desta propriedade de 47 hectares, mas muito mais interessante é a mistura branca envelhecida em barrica, chamada Venje, de Graševina, Pinot Gris, Riesling e outras variedades.

Grgic Vina ☆☆
Trstenik, Pelješac.
Embora Mike Grgič tenha se tornado famoso como produtor de Napa (Estados Unidos), ele sempre teve muito orgulho das suas raízes croatas, e se concentrou aqui sobre as variedades autóctones, tais como a Plavac Mali e a branca Pošip. Mas a influência californiana é demonstrada pelo generoso uso de carvalho.

Katunar ☆–☆☆
Krk. www.katunar.com
Zlahtina é uma variedade branca, encontrada apenas na ilha de Krk, e a versão de Katunar é intensamente herbal e bem concentrada. O melhor tinto é o Nigra Riserva, com notas de couro e envelhecido em barrica, feito de três variedades locais, com uma pitada de Grenache.

Krauthaker ☆☆
Kutjevo. www.krauthaker.hr
Vlado Krauthaker é um dos produtores mais famosos da Croácia, com setenta hectares à sua disposição. Embora conhecido por seu Graševina, o Sauvignon, o Rosenberg Chardonnay de vinhedo único e o branco delicado Zelenac, com notas de damasco, são bem mais interessantes. Em anos excepcionais, Krauthaker produz um vinho estilo TBA alemão.

Kutjevo ☆
Kutjevo. www.kutjevo.com
A cooperativa anterior, privatizada em 2004, é a maior empresa da região. Degustação de seus vinhos brancos, realizada de 2006, não revelou nada acima do normal.

Zlatan Otok ☆☆
Hvar. www.zlatanotok.hr
Zlatan Plenkovi foi nomeado produtor croata no ano de 2007, e é mais conhecido por seu poderoso Plavac Mali. Ele também plantou uma ampla gama de castas brancas nativas em seus 75 hectares de vinhedos, e essas são a base para suas misturas brancas.

Macedônia

Vranac profundamente colorida predomina nos 22.400 hectares de uvas principalmente tintas. Seus vinhos tintos são bons e muitas vezes temperados com Cabernet e Merlot. Há um ou dois brancos bons em meio à pletora de Smederevka, cuja única salvação reside na água gaseificada sempre adicionada a ele. Alguns são bastante equilibrados e um Chardonnay intenso tem aparecido, e Zilavka pode produzir um vinho forte seco, com acidez refrescante. As vinícolas prósperas incluem a Bovin na região de Tikves, a Popovs Kula, perto de Skopje, e a reformada Skovin, em Skopje.

Romênia

A qualidade e individualidade do vinho da Romênia, há muito estabelecidas, sofreram bastante na época socialista. O país fala uma língua latina e tem muitas afinidades culturais e climáticas com a França. Os vinhos da Moldávia outrora eram bebidos em Paris. Grande parte do vinho branco da parte ocidental do país, especialmente o enclave montanhoso da Transilvânia, precisava de termos alemães nos rótulos para atender às necessidades do maior mercado ocidental da Romênia. Isso pouco contribuiu para o desenvolvimento ou entendimento deste país, não necessariamente pobre e desconhecido. E ainda assim a Romênia tem 180 mil hectares de vinhedos, que, desde a privatização, foram divididos em pequenas propriedades, o que, por sua vez, tornou difícil para os investidores ambiciosos adquirir vinhedos substanciais e cultivá-los com técnicas modernos.

Desde 1990, empresas como a importadora britânica Halewood International e a vinícola alemã Reh-Kendermann investiram e melhoraram vinícolas já existentes. Há alguns empreendimentos conjuntos franceses também, igualmente orientados para o mercado de exportação. Produtores estrangeiros têm sido contratados como consultores. O resultado tem sido a criação de marcas insonsas e descaracterizadas, exceto onde propriedades com reputação histórica foram devolvidas aos seus antigos donos anteriores ao regime comunista e desenvolvidas por seus herdeiros, tendo em vista a elaboração de vinhos finos. A qualidade vem melhorando à medida que as novas plantações e os vinhedos reestruturados entram em funcionamento. No entanto, as exportações continuam atormentadas pela suposição popular de que o vinho da Romênia é extremamente barato. Marcas baratas produzidas para supermercados europeus podem ser um caminho rentável para os investidores, mas não melhoram a imagem da Romênia como uma fonte de vinhos que são pechinchas.

As regiões vitícolas da Romênia cercam os Montes Cárpatos centrais. Os principais centros são Târnave, a 488 metros (1.600 pés) no planalto da Transilvânia ao norte; Cotnari a nordeste, na Moldávia; Vrancea (incluindo os outrora famosos Panciu, Odobeşti, Coteşti e Nicoreşti) a leste; Dealul Mare a sudeste; Murfatlar no extremo sudeste, perto do Mar Negro, e no sul, Stefâneşti, Drăgăşani e Segarcea. No oeste, parte da planície arenosa de Banat, a oeste de Timişoara (onde o movimento de independência de 1989 começou) continua a vinicultura e as tradições da Grande Planície húngara. Nas redondezas de Miniş, a leste de Arad, e Recaş, a leste de Timişoara, boas uvas tintas internacionais podem ser encontradas, incluindo Pinot Noir.

O restante dos vinhedos é plantado com uma mistura de variedades internacionais (Merlot e Sauvignon Blanc predominam) e uvas brancas nativas da Romênia, a Fetească Albă Regală e Tămâiosă e a tinta Băbească e a Fetească Neagră. Curiosamente, existe muito pouco Chardonnay. O que existe pode ser encontrado principalmente em Murfatlar, onde tem potencial soberbo, porém raramente concretizado. Cotnari produz o vinho mais individual, embora se tenha tornado bastante raro. Apesar de sua posição ao norte muito perto das fronteiras com a Ucrânia e com a Moldávia, o outono longo e enevoado permite que as uvas brancas sobreamadureçam e, até mesmo, desenvolvam a podridão nobre em alguns anos. As uvas nativas, Tămaîoșă, Românescă Grasă (semelhante à Furmint e, provavelmente, a melhor das duas), Feteáscă Albă e Francusa são usadas para produzir vinhos de sobremesa envelhecidos em velhos barris de carvalho.

Târnave produz uma razoável mistura branca chamada Perla de Tîrnave e Feteáscă e "Riesling" varietais (infelizmente a maioria Italian/Welsch/Laski, em vez de Rhein). Sem dúvida, os melhores brancos são feitos a partir das mais raras Pinot Gris e Gewürztraminer. Muscat Ottonel produz estilos de curta duração, porém muito perfumados, que podem ser adocicados. Entre muitos brancos bastante monótonos e algumas vezes bons (mas certifique-se de que é o menos usual vinho, *brut*, espumante de Panciu), o vinho mais notável da Vrancea é o tinto pálido, acídico e vigoroso Băbaescă de Nicoreşti.

O vinhedo Dealul Mare, de 64 quilômetros (40 milhas) com encostas voltadas para o sul, com vista para a planície de Bucareste, se especializa em Merlot, Cabernet Sauvignon, e a mais escassa, mas potencialmente boa, Pinot Noir. Urlat, Tohani e Săhăteni estão entre outros nomes por trás dos quais se encontra um grande potencial. Investidores britânicos criaram aqui a vinícola Prahova, que domina o mercado de exportação.

Murfatlar, no interior de Constanta, no Mar Negro, é tradicionalmente uma área de vinho branco e de sobremesa. Os rendimentos são baixos, a qualidade dos frutos é intensa, mas, muitas vezes, boas uvas brancas são deixadas para sobramadurecer e produzir um desajeitado vinho de sobremesa adocicado, ao estilo de Chardonnay e de Pinot Gris. Nesta área há também uvas tintas de excelente qualidade.

Nos vinhedos do sul ao longo dos afluentes do Danúbio, como a Olt, que desce desde os Cárpatos até o rio, Stefâneşti e Drăgăsani são mais conhecidas por brancos incluindo Sauvignon Blanc; e a Segarcea e a Sadova pelos tintos, incluindo Cabernet Sauvignon. Os vinhedos de Sâmbureşti estão entre os mais bem administrados e produzem todos os clássicos com exceção de Chardonnay. A entrada na União Europeia facilitou a injeção de subsídios destinados a modernizar os vinhedos e as vinícolas, mas também pôs fim aos novos plantios. O desafio para a indústria de vinhos da Romênia é saber se aponta para o mercado internacional barato, ou se concentra mais em suas variedades autóctones e particularidade histórica. Será que os dois podem ser realizados simultaneamente?

Principais produtores da Romênia

Cotnari ☆–☆☆
Cotnari. www.cotnari.ro
Fundada em 1948, a empresa foi privatizada em 2000 e controla 1.100 hectares. É especialista em vinhos doces e meio doces e mantém estoques de vinhos mais velhos à venda.

Davino ☆☆
Ceptura. www.davino.ro
Dan Balaban criou esse domaine de cinquenta hectares em 1992 e, embora tenha algumas castas internacionais, como Sauvignon Blanc, a ênfase principal é em excelentes misturas, tintas e brancas, com variedades locais, como a família Feteáscă. O vinho superior, produzido somente em safras superiores, é grandemente chamado

Flamboyant, e combina Feteáscă Neagră com Cabernet e Merlot, que mantém a delicadeza característica dos vinhos tintos mais refinados da Romênia.

Murfatlar ☆–☆☆
Basarabi. www.murfatlar.com
Esta cooperativa imensa, com 3 mil hectares, foi privatizada em 2001 e controla grande parte do mercado interno. A utilização de consultores franceses e britânicos melhorou a qualidade no segmento superior, com os melhores vinhos rotulados Trei Hectare, que inclui um Chardonnay fermentado em barril, cremoso e alegre, e um vibrante Feteáscă Neagră, com sabores pronunciados de cerejas ácidas.

Prahova Valley ☆
Prahova, Dealu Mare. www.prahova-wine.com
Marca principal da Halewood Internacional, empresa britânica envolvida na produção de vinho na Romênia há muitos anos. São 400 vinhedos distribuídos por várias regiões do país, enfocados em marcas varietais internacionais, como Prahova Valley e Cherry Tree Hill.

Recaş ☆
Recaş. www.recaswine.ro
Em 1998, o britânico Philip Cox fundou esta propriedade importante na Romênia ocidental, construindo novas adegas subterrâneas em 2003. Seus rótulos incluem La Putere e Castle Rock, mas Cox está muito interessado em novos clones de Pinot Noir, que podem proporcionar vinhos com mais caráter.

Carl Reh ☆–☆☆
Oprisor. www.carlreh.ro
A família Reh, de vinicultores da Alemanha, está ativa na Romênia há algum tempo, e agora possui 400 hectares, dos quais cerca de 100 são de produção orgânica. Suas marcas incluem River Route, Val Duna e La Cetate, o último feito exclusivamente de frutas cultivadas na propriedade. Os vinhos Cetate são ligeiramente acarvalhados e têm tipicidade varietal.

Serve ☆–☆☆
Ceptura, Dealu Mare. www.serve.ro
O produtor de vinho Comte Guy Tyrel de Poix, que possui a Comte Peraldi da sua Córsega natal, fundou esta empresa em 1994, embora ela só tenha começado a caminhar no início de 2000, depois que uma nova vinícola foi concluída. Terra Romana é a gama principal, apresentando variedades locais e internacionais. A qualidade é constante, e agora ultrapassa a produção de 1 milhão de garrafas.

Prince Stirbey ☆☆
Drăgăsani. www.stirbey.com
Ileana Kripp é a neta do último príncipe Stirbey e recuperou a propriedade que tem sido da família desde o século XVIII. A família também possui as maiores videiras do país, conservando assim muitas variedades autóctones, nas quais a propriedade se especializou. Com apenas 25 hectares de vinhedos, os Kripp podem manter o controle de todo o processo de produção do vinho, o que pode explicar porque a qualidade é bem acima da média.

Vinarte ☆☆
Bucharest. www.vinarte.com
Com 450 hectares em três regiões de vinho diferentes, o produtor da Toscana Fabio Abisetti, que fundou a Vinarte em 1998, pode oferecer grande variedade. A maioria dos vinhos é tinta, embora o Cabernet e o Merlot envelhecidos em barrica possam ser herbáceos e terrosos. Questões estilísticas à parte, o nível de vinificação é elevado, mas a Fetească Neagră fica atrás das variedades internacionais.

Bulgária

De todos os países da Europa Central e do Leste Europeu, a Bulgária foi o que mais se adequou a uma reprogramação da sua indústria de vinho para ganhar mercado ocidental. No final de 1970, o vinho da Bulgária tornou-se padrão em vários mercados ocidentais, já que 85% da produção era exportada. A indústria conseguiu oferecer, com a ajuda de generosos subsídios do governo, vinhos de excelente valor com sabores familiares – sobretudo Merlot e também Cabernet Sauvignon ricos, que satisfazem os paladares acostumados aos tintos de Bordeaux. A privatização pós-comunismo colocou um fim nisso, e frequentes mudanças de governo (e de orientação política) e o colapso do sistema bancário do país levaram ao declínio de sua indústria do vinho.

O vinho é uma das principais preocupações do país inteiro. Mais de 150 mil hectares são plantados com vinhedos, cerca de 60% dos quais com castas tintas. Porém, cerca de 35.000 hectares foram abandonados e não são mais apropriados para produção de vinho. Após a integração da Bulgária à União Europeia em 2007, a região de vinhedo foi limitada a 153 mil hectares. Cabernet Sauvignon (19.500 hectares) e Merlot (19.000 hectares) estão presentes na Bulgária há mais de um século e suas plantações estão em expansão. O restante é Pamid insípido, assim como outras variedades tradicionais, como Gamza (a Kadarka húngara), Melnik e Mavrud e um pouco de Pinot Noir e Gamay.

Os vinhedos brancos são mais voltados à produção de vinhos e destilados para consumo doméstico – quase a metade é da uva ligeiramente aveludada Rkatsiteli, da Geórgia, seguida da Ugni Blanc Rizling (muitas vezes confundida aqui com a Riesling), Red Misket, Dimiat (ou Smederevka) e Muscat Ottonel, além de crescentes plantações de Chardonnay, Riesling Renana, Sauvignon Blanc e Aligoté, ao lado de pequenas áreas de Tamianka e Gewürztraminer. Ultimamente, o progresso no controle do processo de vinificação tem demonstrado que as melhores variedades brancas vão tão bem aqui quanto as tintas. Chardonnay está começando a mostrar sua superioridade natural, com ou sem o uso de barricas de carvalho novo.

Há cinco regiões vinícolas principais. As três principais são agrupadas em torno da cordilheira de Stara Planina, que forma a espinha dorsal do centro do país, da Sérvia até o mar Negro. A quarta está em cima dos altos vales centrais. A quinta é uma pequena região escondida em torno de Melnik, na fronteira sudoeste. As condições são mais frias na região Norte, mas tanto o Norte quanto o Sul podem produzir boa matéria-prima madura. A União Europeia está em processo de reconhecimento de cerca de 51 denominações, mas até agora apenas duas sub-regiões conseguiram aprovação oficial. Consequentemente, o sistema de rotulagem e denominação para os vinhos da Bulgária ainda é um trabalho em andamento.

Uma consequência a longo prazo da privatização tem sido um colapso no sistema ordenado de fornecimento de uvas, que existia quando os vinhedos eram vinculados a uma adega específica. Existe agora uma espécie de vale-tudo no mercado de uva a cada outono. Um grande número de vinhedos está caindo de produção completamente. Muitas vinícolas, que podem arcar com o pagamento, têm de subsidiar os produtores ao longo do ano, para tentar assegurar o direito de comprar a safra resultante.

Muitos dos novos produtores de vinho da Bulgária são cooperativas reformadas ou grandes investimentos que visam produzir vinhos varietais de baixo custo ou misturas com pouco caráter nacional. No entanto, ao mesmo tempo, há um pequeno número crescente de produtores sérios começando vinícolas butique e plantando vinhedos orgânicos ou biodinâmicos. Isso não quer dizer que seus vinhos sejam tão bons quanto as suas aspirações, mas pelo menos isso oferece ao mundo uma razão para levar os vinhos búlgaros a sério.

Região Leste

Região fria, entre as montanhas e o mar Negro, é especializada em vinhos brancos, espumantes e conhaque. Ela inclui várias sub-regiões nomeadas Varna, Shumen, Preslav, Kahn Krum, Targovishte e Razgad. As uvas principais são Riesling, Rkatziteli, Aligoté, Chardonnay, Misket, Muscat Ottonel, Ugni Blanc, Dimiat e Fetiaska.

Região Norte

O rio Danúbio é a fronteira norte desta região. É conhecida por seus vinhos tintos de qualidade; as principais variedades são Gamza (a Kadarka da Hungria), Cabernet Sauvignon e Merlot.

A antiga vinícola estatal Russe (agora fundida com a Boyar), nas margens do Danúbio, controla grande quantidade de uvas tintas potencialmente boas de toda a região. Sub-regiões incluem Suhindol, mais conhecida por Merlot ou outros tintos, e Lyaskovets, que se mostra promissora para Chardonnay.

Região Sul

A região Sul cultiva Cabernet e um pouco de Pinot Noir e Merlot, mas também faz alguns afamados vinhos tradicionais, como o Mavrud, orgulho da Bulgária: um vinho ao estilo do Rhône, escuro e substancial, que muitas vezes precisa de longo envelhecimento. A região ao redor de Plovdiv tem a melhor reputação para essa variedade. Outra variedade tradicional, a Pamid, faz um vinho cotidiano bastante pálido. No entanto, o maior potencial da região está mais para os Merlot abundantemente maduros de Stambolovo, Liubimetz, e da região montanhosa de Sakar.

Região Sudoeste

Esta é uma região muito pequena e distinta na fronteira da Iugoslávia, ocupando as montanhas de Rhodope, no sudoeste do país. Mais conhecido é o vinho de Melnik, de Harsovo. Os búlgaros têm um grande respeito por Melnik. O vinho tinto, dizem, é tão concentrado que você pode carregá-lo em um lenço. Ele necessita de envelhecimento por cinco anos e dura quinze.

Sub-região dos Bálcãs

Esta é a estreita faixa ao sul dos Bálcãs, que inclui o famoso vale de Sungurlare, onde a Red Misket é cultivada, e o Vale das Rosas (a fonte de essência de rosas), especializado em Muscat. Boa parte de Rkatsiteli também é cultivada na região, onde é possível produzir brancos frescos, delicados, com aromas de pêssego.

Principais produtores da Bulgária

Belvedere ☆
Sofia. www.belvedere.bg
Esta empresa de propriedade francesa possui várias marcas, incluindo Menada Trinity, Oriahovitza, Sakar e Domaine Katarynza. Os vinhos podem ser bem feitos, mas lhes falta certa personalidade.

Boyar Estates ☆–☆☆
Sofia. www.domaineboyar.com
Esta empresa tem passado por muitas transformações ao longo dos anos, absorvendo vinícolas existentes e criando novas. A gama é inevitavelmente complexa, mas a Boyar tornou-se mais conhecida pela criação da marca Blueridge, embora os vinhos estejam longe de impressionar. Alguns Reserve, no entanto, incluindo o Domaine Boyar Merlot, são exuberantes e apimentados.

Damianitza ☆☆
Struma Valley. www.dimianitza.bg
Philip Harmandjiev, uma força para o progresso na Bulgária, é dono de uma adega que foi privatizada em 1997 e lida principalmente com frutas da região de Melnik. No Man's Land é a gama básica, relembrando as faixas de terra vazias que outrora separavam a Bulgária de seus vizinhos do sul. ReDark é uma mistura com base em Cabernet, que passa dez meses em barris de carvalho. Talvez os vinhos mais interessantes sejam aqueles sob o rótulo Uniqato, apenas de uvas locais e envelhecidos em carvalho búlgaro. A produção atual é de cerca de 2 milhões de garrafas.

Enira ☆☆
Plovdiv. www.bessavalley.com
Criação de Stephan von Neipperg, proprietário de Saint-Émilion, que ficou convencido do potencial desta área para vinhos de boa qualidade a preço moderado. Ao lado do gerente Marc Dworkin, plantou vinhedos a partir de 2001, obtendo a primeira colheita em 2004. Os vinhos são baseados em Merlot, mas Neipperg não exagera no carvalho novo.

As primeiras safras eram cheias de fruta, quase em excesso, mas com alto teor alcoólico. No entanto, são vinhos de estilo moderno, anos luz à frente das ofertas insípidas de vinte anos atrás.

Maxxima ☆☆
Bessa Valley.
Uma vinícola butique com uma reputação crescente por Chardonnay, Merlot, Cabernet Sauvignon e Gamza sofisticados.

Edoardo Miroglio ☆
Elenovo. www.emiroglio-wine.com
Um magnata têxtil piemontês fundou esta vinícola em 2002 e agora possui 250 hectares. A gama básica é a San'Illia, e os vinhos melhores levam as iniciais do proprietário, E. M. Lançamentos a partir de 2006 e de 2007 foram desajeitados, mas o empreendimento está apenas começando.

Santa Sarah ☆–☆☆
Nova Zagora.
Uma vinícola moderna no centro-sul da Bulgária, fundada pelo importador de vinhos baseado na Alemanha, Ivo Genowski. Os quarenta hectares de vinhedos estão sendo convertidos à biodinâmica e Genowski está ganhando boa reputação por Cabernet, Merlot e Mavrud.

Svishtov ☆
Svishtov. www.svishtov-winery.com
O motivo da fama da cooperativa privatizada Svishtov é o fato de que aproximadamente metade de seus 430 hectares de vinhedos é plantada com Cabernet Sauvignon. Infelizmente, o vinho tinto é herbáceo, enquanto o Cabernet Rosé, um campeão de vendas, é extremamente simples. Mas o Chardonnay pode ser bom.

Telish ☆–☆☆
Sofia. www.telishwinecellars.com
Privatizada em 1996, esta antiga vinícola conseguiu contratar Michel Rolland como consultor. Ela controla cerca de 550 hectares, e os melhores vinhos são varietais de Bordeaux provenientes de seus vinhedos do Sul, que são engarrafados com a rótulo Castra Rubra. Vinhos concentrados e suculentos, com bom potencial, justificam o interesse de Rolland na propriedade.

Terra Tangra ☆–☆☆
Sakar. www.terratangra.com
Vinhos de estilo moderno, com base principalmente em variedades francesas cultivadas perto da fronteira turca, com uso generoso de envelhecimento em barricas para os *top* de linha, como o Grand Reserva.

Vinícola Pulden, Perushtitsa.

Antigo Império Russo

A antiga União Soviética foi o terceiro maior produtor mundial de vinho, embora também importasse grandes quantidades de vinhos de baixo custo do Leste Europeu. Mas houve uma série de percalços na sua evolução. O primeiro chegou com Gorbachev, que em uma campanha contra o álcool acabou com metade dos vinhedos do país, terminou fazendo com que milhões de alcoólatras bebessem vodka. Depois, com a ruptura da União Soviética e o pós--comunismo, antigas repúblicas produtoras de vinho, como a Moldávia, a Armênia e a Geórgia se separaram.

Um vislumbre das glórias passadas apareceu em Londres, em 1990, em um leilão pela Sotheby's de vinhos de sobremesa das propriedades privadas do czar e de outras grandes famílias na Crimeia. Os vinhos Muscat da propriedade imperial Massandra eram excelentes entre uma grande variedade de antigos "Porto", "xerez", "Madeira" e até mesmo "Cahorski" muito bem feitos. Um Muscat branco de 1966 ainda era suntuoso e fresco em 2008.

Sob o governo de Vladimir Putin, a classe média da Rússia em rápida expansão (para não mencionar o oligarcas superricos e seus lacaios) mostraram mais interesse em elegantes vinhos importados do que em vinhos da Rússia, que eram, em sua maioria, de qualidade medíocre. O desejo por vinhos franceses, italianos e americanos era tão grande que, em 2006, quando Putin proibiu todas as importações de vinhos da Geórgia e da Moldávia – alegando motivos sanitários –, o público bebedor da Rússia não se intimidou.

No entanto, há um interesse lento, mas crescente, por vinhos nacionais. Com a perda dos vinhos das ex-repúblicas já mencionadas, e aqueles provenientes dos vinhedos surpreendentemente grandes das ex-repúblicas da Ásia Central, os investidores russos voltaram os olhos para regiões de cultivo promissoras, como Krasnodar e Rostov, onde as variedades francesas estão sendo plantadas para complementar as obscuras vinhas autóctones. Pode ser que valha a pena procurar por rótulos como Château Le Grand Vostock e Vina Vedernikoff no futuro.

Moldávia

O presidente Brezhnev passava os fins de semana na Moldávia não só entre os Cabernet Sauvignon locais envelhecidos, mas também entre alguns dos melhores Bordeaux capturados dos alemães durante a última guerra. Basta uma olhada para os vinhedos de solo escuro, sobre o subsolo de calcário fino, e um gole dos vinhos imaturos, para ver que este poderia ser um produtor de primeira classe.

O clima, moderado pela proximidade do Mar Negro, fornece condições quase ideais de cultivo em 147 mil hectares de vinhedos. (No entanto, em 2008, apenas 102 mil hectares estavam ainda em produção, e cerca de 15% deles eram plantados com híbridos indesejáveis.) Garrafas da fragrante mistura de Cabernet , "Negru de Purkar", não deixam ninguém em dúvida sobre o potencial da Moldávia. As castas nativas são semelhantes às da Romênia, e há plantações consideráveis de Aligoté, Rkatsiteli, Sauvignon Blanc, Chardonnay, Merlot, Cabernet Sauvignon e Pinot Noir. O vinho branco representa cerca de 70% da produção.

Tendo em conta a pobreza da região, a sua indústria de vinho é surpreendentemente energética. Mas a Moldávia sofreu um duro golpe quando, em 2006, os russos vingativamente proibiram as importações dos seus vinhos. Da noite para o dia, 75% da produção da Moldávia, reconhecidamente no final mais doce do espectro, perdeu o seu mercado tradicional. Os moldavos responderam encarando isso como um incentivo para intensificar os esforços para exportar seus vinhos; a luta continua a ser difícil, apesar de uma associação de *marketing* vigorosa e inteligente.

Principais produtores da Moldávia

Acorex ☆
Cahul. www.acorex.net
Fundada em 1999, esta empresa controla 3 mil hectares e lança vinhos sob vários rótulos de exportação, como Albastrela e Legenda. Sua linha mais promissora e bem embalada é uma gama de varietais baratos, chamada Taking Root.

Bostavan ☆
Chisinau. www.bostavan.md
Bostavan tem orgulho de seu tinto meio doce, envelhecido em barrica, chamado Black Doctor, uma combinação de Cabernet, Merlot e Saperavi, e mais gostoso e mais equilibrado do que se poderia esperar desse estilo.

Dionysus Mereni ☆
Merenii-Noi. www.dionysis-mereni.com
Os melhores vinhos, de uvas francesas, bem como de variedades locais, tais como Rara Neagra, são engarrafados com o rótulo Rariret. A qualidade é irregular, alguns vinhos com teor de álcool excessivo. O vinho do gelo de Riesling e um Riesling botritizado têm atraído atenção.

Lion Gri ☆
Chisinau. www.lion-gri.com
Fundada em 1997, os vinhos desta empresa, todas as 16 milhões de garrafas por ano, são destinados exclusivamente para o mercado de exportação.

Purcari ☆–☆☆
Purcari. www.purcari.md
Fundada em 1827, esta vinícola venerável foi comprada, em 2003, por Victor Bostan, o proprietário do Bostavan (ver nesta página). Seus trezentos hectares estão plantados em encostas escalonadas suaves, que são mais adequadas para vinhos tintos. O Chardonnay e o Cabernet envelhecidos em barrica podem ser bons, mas a Purcari é mais conhecida pelo fragrante Negru de Purcari, uma mistura tradicional de Cabernet, Rara Neagra e Saperavi, envelhecida em tonéis de carvalho de vários tamanhos.

Chateau Vartely ☆
Orhei. www.vartely.md
Os novos proprietários assumiram em 2004 e consolidaram uma impressionante gama de vinhos varietais principalmente. A qualidade é mais satisfatória que excitante, com exceções pontuais, como o exuberante vinho de gelo Muscat Ottonel, feito em 2006.

Armênia

Nos tempos da União Soviética, havia 37 mil hectares plantados aqui, com, pelo menos, 200 variedades de uva, muitas delas autóctones. Dessas, a mais apreciada era provavelmente a Areni, que cresce perto da aldeia de mesmo nome. Várias safras mais antigas provadas em meados dos anos 2000 eram indescritíveis ou cansadas, com exceção de alguns vinhos fortificados no estilo dos *vins doux naturels* franceses. A Armênia era, e provavelmente ainda é, mais conhecida por seus excelentes conhaques que por seus vinhos.

Geórgia

Apesar de pequena em relação à Rússia, a Geórgia tem uma cultura de vinho mais antiga e original, com pelo menos 500 castas autóctones. Sua região vinícola mais famosa é Kakhetia, a leste de Tbilisi, onde o clima é mais continental. A propriedade nobre de Tsinandali foi desenvolvida no século XIX para fazer os melhores vinhos Kakhetian, famosos por fragrância e picância – e preferido pelo poeta Pushkin ao Burgundy.

Hoje a área de vinhedos é de 61.500 hectares, o que soa impressionante, mas é, na verdade, metade da área de vinte anos atrás. Três quartos desses vinhedos estão dentro de Kakhetia, mas Imeretia, com um clima mais úmido, mais próximo da costa do Mar Negro, também tem tradições vinícolas importantes e veneráveis, com dezenas de variedades de uvas autóctones.

Por toda a Geórgia, é possível ainda encontrar propriedades particulares que usam métodos da antiguidade pré-clássica. A *kvevri*, uma jarra de fermentação em barro enterrada no chão, ainda é utilizada em muitas propriedades. Seu produto fortemente tânico não é para paladares finos. A Geórgia também é o lar de uma florescente indústria de vinho espumante. A maior parte do vinho é doce, a preferência nacional.

Os primeiros anos de independência não foram um bom momento para a indústria do vinho, embora a produção de aguardente tenha florescido. Sob o regime soviético, todo o engarrafamento era feito fora da república. Assim, a Geórgia ficou com alguns vinhedos excelentes, mas com instalações de produção muito limitadas. Tentativas de "*joint-ventures*" naufragaram, com a desistência dos investidores, dissuadidos por uma gestão incompetente e corrupção. A Rússia fornecia muitos consumidores dispostos, apesar do fato de que alguns vinhos georgianos, quando analisados no início de 2000, foram considerados fraudulentos. Então, em 2006, a Rússia impôs um embargo à importação de vinhos da Geórgia, um duro golpe para a indústria.

Apesar desses obstáculos, o setor continua a se modernizar, com a ajuda de grandes investidores externos como a Pernod-Ricard. Rótulos especiais são criados para os mercados ocidentais, o que levou a uma desconcertante profusão de marcas, muitas das quais produzidas pela mesma empresa. Alguns vinhos excelentes são feitos pela Teliani Valley, Telavi (incluindo um notável Saperavi fermentado em barro e envelhecido em barrica), Old Tbilisi e Tamada (ambos rótulos do vinho da Empresa de Vinhos e Destilados da Geórgia), Kindzmarauli, Orovela e Tblivino.

Mediterrâneo

Os verões quentes e invernos amenos do clima mediterrâneo oriental tornam a região ideal para a vinicultura, já praticada há séculos em vários países. Mas fatores culturais também entram em jogo, como a cultura islâmica, que pode ter tolerado, mas não estimulou ativamente o consumo de vinho. É por isso que a Grécia, por exemplo, tem suas castas autóctones e seus próprios estilos de vinho, diferentemente dos países do Norte da África em que, na maioria dos casos, a decisão sobre o que plantar e produzir foi imposta pelos senhores coloniais franceses.

Grécia

Esta edição reverencia a Grécia, que produz vinhos sérios, variados, bons de acordo com padrões, agradáveis de se beber, e não só quando se está lá. Sua lista de vinhos hoje está irreconhecível para visitantes ocasionais, que nunca passaram perto de um retsina antes.

Os gregos antigos foram responsáveis por colonizar o Mediterrâneo e o mar Negro com videiras, exportando seus vinhos em troca de grãos do Egito, prata espanhola e madeira do Cáucaso. Na Idade Média, o Peloponeso e Creta eram valiosas fontes de Malmsey sack para o norte da Europa. Sua indústria de vinho, porém, foi quase fechada pelos turcos que ocuparam o país por tanto tempo que não sobrava muito quando a Grécia foi libertada no século XIX – exceto algumas poucas variedades de uva interessantes.

Os solos, em grande parte alcalinos (vulcânicos em alguns lugares), e microclimas variados fazem da Grécia um país perfeito para as videiras. Seus cerca de 130 mil hectares de uvas (nem todas para o vinho), a tornam uma grande produtora. Após a Grécia aderir à União Europeia (com o que obteve doações generosas de Bruxelas), novos sistemas de regulamentação entraram em vigor, influindo positivamente na qualidade do vinho. Nas condições primitivas anteriores, com fermentações quentes, as melhores qualidades que poderiam ser produzidas eram apenas de vinhos doces. O gosto grego se manteve fiel ao que parece ser uma tradição antiga de adicionar resina de pinheiro durante a fermentação para fazer um retsina. Embora ele combine muito bem com a culinária grega para ser ignorado, a demanda por esse vinho está caindo, exceto entre os turistas, à medida que o paladar nacional passa cada vez mais para os bons vinhos gregos, principalmente a partir de castas autóctones, das quais existem 300. Alguns poucos produtores tentam fazer um retsina de alta qualidade, para mostrar que esse vinho pode resistir.

Atualmente, o vinho grego pode ser dividido em marcas nacionais (geralmente misturas); retsina e outros vinhos tradicionais para consumo corriqueiro no primeiro ano, e vinhos de áreas definidas, agora controlados por um sistema de denominações de acordo com a legislação da União Europeia. Há 28 dessas áreas. A indústria tem sido dominada por cooperativas e empresas de grande porte como a Boutari e a Tsantali, mas desde a década de 1990 tem havido um crescimento de pequenas propriedades de alta qualidade, dirigidas por proprietários e produtores com experiência internacional. Tudo isso é positivo, mas os produtores, grandes ou pequenos, têm de lidar com o declínio do consumo interno. O Peloponeso abarca mais de metade dos vinhedos da Grécia e produz mais de um terço do seu vinho.

Patras, na boca do golfo de Corinto, é o principal centro vinícola, com quatro designações: Muscat, Muscat do Rio, Mavrodaphne e Patras simples. Mavrodaphne pode ser o mais notável deles: um vinho tinto doce e escuro, com até 16 graus de álcool, algo no estilo de Recioto de Valpolicella, que melhora muito com um longo envelhecimento. (O excelente vinho de Spiliopoulos chamado Nyx tem uma forte semelhança com um velho Porto Tawny.) O Patras simples branco é para ser bebido jovem. Duas outras denominações do Peloponeso são interessantes: a região de Nemeia para o tinto forte, com real potencial de envelhecimento, feito da uva Agiorgitiko (Saint-George), e Mantineia para um branco delicado e picante.

Os vinhedos do norte da Grécia, da Trácia no leste, através da Macedônia até Épiro, parecem ter mais potencial para a qualidade. Suas denominações mais importantes são: Naoussa (a oeste de Tessalônica) para um tinto potente, mas equilibrado e bem tânico;

Amynteio, a 610 metros (2 mil pés) nas montanhas da Macedônia, produzindo um tinto mais claro; e Zitsa (perto Joannina em Épiro) para um branco de montanha, leve, feito da uva Debina. O progresso recente mais importante foi o plantio da península da Sithonia, o segundo dos três dedos da Calcídica, com Cabernet e outras uvas, pela empresa de Carras (ver p. 468). A ilha de Creta fica em segundo lugar, depois do Peloponeso, em hectares, e em terceiro em produção (Ática tem vinhedos muito mais produtivos). Creta tem quatro denominações locais, todas para vinhos tintos escuros, meio pesados e doces: Daphnes, Arhanes, Sitia e Peza – sendo Peza a sede do maior produtor da ilha, a sua cooperativa. As uvas são todas autóctones: Kotsifali, Mandelaria e Liatiko.

Ática (incluindo Boetia, no continente, e a ilha de Eubeia) é a área vinícola mais produtiva da Grécia, principalmente de retsina. Atualmente, há crescente número de propriedades de alta qualidade, entre elas: Hatzimichelalis, Evharis, Semeli e Strofilia. Savatiano é a principal das castas de que o retsina é feito. Outras importantes variedades cultivadas na região de Ática incluem Assyrtiko, Cabernet Sauvignon e Syrah.

A seguir em importância, pela área plantada e pela qualidade, vem Cefalônia, que, com as outras ilhas jônicas (ocidentais), conta com cerca de 10 mil hectares. A Cefalônia é conhecida por seu Robola branco seco, seu Mavrodaphne tinto e seu Muscat. Zaquintos, no sul, faz um Verdea branco. A região continental central da Tessália também possui 10 mil hectares de vinhedos, mas apenas uma denominação importante: Rapsani, um tinto de peso médio do Olimpo, mais os de Messenicola e Anchialos.

Os vinhos das ilhas do mar Egeu, do Dodecaneso e das Cíclades são os de maior notoriedade, em especial o Muscat pálido-dourado de Samos, o delicioso vin santo e o branco seco, fresco e vigoroso da vulcânica Santorini, das vinhas submetidas às condições climáticas mais extremas da Europa, a Muscat de Lemnos, a doce Malvasia e a Muscat de Rodes. A Malvasia é cultivada em muitas ilhas e é, geralmente, seu melhor produto. Outros vinhos das ilhas com reputação esotérica são o tinto muito escuro Páros e o Santa Mavra de Leucade, cuja uva, a Vertzani, é desconhecida em outros lugares. O vinho grego está avançando tão rapidamente que os visitantes devem aproveitar todas as oportunidades de experimentar os lançamentos mais recentes.

Cena em uma taverna grega.

Principais produtores da Grécia

Achaia-Clauss ☆

Patras.
Outrora uma das maiores e mais famosas casas de vinho da Grécia, mas hoje tem enfrentado forte concorrência de outros produtores em expansão. Produz uma grande variedade de vinhos secos e doces de vinhedos no Peloponeso, Creta e Mavrodaphne. Demestica é o vinho mais conhecido.

Alpha ☆☆–☆☆☆

Amyndeon, Macedonia. 33 ha. www.alpha-estate.gr
Os vinhedos, cultivados com variedades gregas e internacionais, ficam a 600 metros (1.950 pés) nos montes. Alpha One é uma combinação de Montepulciano e Mavrodaphne muito concentrada e tânica; enquanto Syrah, Xinomavro e Merlot é uma mistura da propriedade que funciona surpreendentemente bem. Alpha experimentou com Pinot Noir em 2005 e produziu um bom vinho picante que, todavia, ainda não tinha caráter varietal.

Antonopoulos ☆☆–☆☆☆

Patras. 23 ha. www.antonopoulos-vineyards.com
Fundada por Constantino Antonopoulos, que morreu em um acidente de carro em 1994, esta propriedade promissora agora é gerida por seus primos. A produção de seus próprios vinhedos é completada por uvas compradas de outros 50 hectares que são cultivados pela equipe de Antonopoulous. Vinhos brancos elegantes de Chardonnay e variedades locais, tais como Moschofilero. A vinícola também se destaca com Cabernet Sauvignon acarvalhado.

Biblia Hora ☆☆–☆☆☆

Kavala, Macedonia. 35 ha.
Uma empresa fundada em 2001 por dois dos melhores produtores da Grécia: Vassilis Tasktsarlis e Evanghelos Gerovassilou. A gama é eclética: delicioso Assyrtiko branco, assim como Assyrtiko com Sauvignon, um Agiorgitiko puro, envelhecido em carvalho, uma mistura de Cabernet e Merlot envelhecida em carvalho novo, um opulento Merlot puro e um Cabernet Sauvignon envelhecido em carvalho novo. Uma oferta convincente, com os tintos marginalmente mais bem-sucedidos que os brancos.

J. Boutari & Son ☆–☆☆☆

Naoussa, Thessaloniki. www.boutari.gr
Produtor há muito estabelecido que tem crescido rapidamente nos últimos anos, abrangendo várias denominações com novas vinícolas em cada localidade. A adega principal fica em Naoussa e é especializada em vinhos Naoussa e obtém bons resultados de Xinomavro.

Há cinco outras vinícolas, incluindo instalações em Santorini e Creta. A gama é enorme, com 40 vinhos diferentes, e, além do famoso tinto *top* de linha, Grande Réserve de Naoussa, há excelentes vinhos de Santorini, incluindo um maravilhoso vin santo e vinhos varietais de castas autóctones.

Cambas ☆☆

Kantza, near Athens.
Outro produtor há muito estabelecido, fundado em 1882, com vinícolas em Kantza e Mantineia. Produz vasta gama de vinhos de mesa e espumantes, além de ouzo e conhaque. Desde 1992, a Cambas pertence à Boutari, mas é dirigida de forma independente. O Mantinia com notas de flores é excelente, mas o Nemea Réserve pode ser tânico demais para alguns gostos modernos.

Domaine Carras ☆☆

Halkidiki, Macedonia. 475 ha. www.portocarraswines.gr
Desenvolvida principalmente na década de 1960, esta importante propriedade orgânica foi criada por John Carras, com o conselho do professor Émile Peynaud de Bordeaux. O famoso Château Carrasis, uma mistura de Cabernets Sauvignon e Franc com Merlot e Limnio, maturada em carvalho francês.

Existem também alguns vinhos varietais de Limnio e Syrah. Na década de 1990, esta propriedade enorme e complexo turístico entrou em dificuldades financeiras e foi vendida em 1999. A qualidade tem diminuído desde que a família abandonou o controle.

Driopi ☆☆

Koutsi, Nemea. 9 ha.
Do mesmo proprietário da Tselepos (ver p. 469), a primeira safra foi em 2003. Ricos tintos Agiorgitiko e um Reserve envelhecido em carvalho francês novo, que obscurece a fruta encorpada da versão regular.

Gaia ☆☆☆

Nemea. 7 ha. www.gaia-wines.gr
Fundada em 1994, esta propriedade adquiriu uma grande reputação por seu Thalassitis, um branco Santorini de videiras muito velhas, que vem nas versões acarvalhada e não acarvalhada (preferível). O rosé Agiorgitiko é maravilhosamente frutado, e há um excelente Nemeia chamado Gaia Estate, que precisa de tempo para perder os taninos da juventude. Uma nova adição à gama, desde 2006, é o "S", uma elegante e animada mescla de Agiorgitiko e Syrah.

Gentilini ☆☆

Minies, Cephalonia. www.gentilini.gr
Pequena propriedade familiar, pioneira da qualidade na ilha, de propriedade de Marianna Cosmetatos, produzindo vinhos finos da autóctone Robola. Um vinho de Sauvignon mais Chardonnay (Gentilini Fumé), envelhecido em barril também é produzido, e o tinto superior é uma mistura de Agiorgitiko e Syrah.

Gerovassiliou ☆☆☆

Epanomi, Macedonia. 40 ha. www.gerovassiliou.gr
O ex-enólogo da Carras tem a sua própria propriedade e faz brancos excelentes de Malagousia, Viognier e Chardonnay. Os tintos estão melhorando gradativamente, com várias misturas empregando Syrah, bem como um puro Syrah.

Hatzidakis ☆☆–☆☆☆

Pyrgos, Santorini. www.hatzidakiswines.gr
Pequena vinícola que produz Assyrtiko maravilhosamente picante de Santorini, bem como vin santo e um vinho raro tinto da uva da ilha Mavrotragano.

Hatzimichalis ☆☆

Atlantes, Athens-Lamia. 180 ha. www.hatzimichalis.gr
Uma propriedade de 80 hectares pertencente a Dimitri Hatzimichalis, que produz vinhos de uvas autóctones e de variedades internacionais. Usando uvas dos próprios vinhedos e compradas, Hatzimichalis hoje produz cerca de 1 milhão de

garrafas. Em geral, os tintos são melhores que os brancos, mas o Laas, de Athiri, Robola e Assyrtiko, tem frescura, vigor e duração.

Kir-Yanni ☆☆–☆☆☆
Naoussa. 50 ha. www.kiryanni.gr
Depois que Yannis Boutari deixou a vinícola de sua família em 1997, trouxe suas habilidades para esta propriedade, trabalhando com uvas como Xynomavro e Merlot. O Syrah com aroma de amora é um pouco austero, mas o Xynomavro é um vinho tânico, com notas de couro, com mais que uma semelhança passageira com o Nebbiolo. Particularmente bem-sucedido é o Dyo Elies, que combina Syrah, Merlot e Xinomavro em um todo estimulante e harmonioso.

Kourtakis ☆–☆☆
Markopoulo, Attica. Sem vinhedos. www.kourtakis.com
Uma casa comercial familiar que utiliza as marcas Kouros e Calligas e produz cerca de 3 milhões de caixas. Além de um bom Mavrodaphne de Patras, eles também fabricam grandes quantidades de retsina campeão de vendas internacionais, a partir da uva Savatiano da Ática. Considerando-se o volume produzido, até que qualidade é boa.

Domaine Costa Lazaridi ☆☆–☆☆☆
Drama, Macedonia. 200 ha. www.domaine-lazaridi.gr
O rótulo principal é o Amethystos, tinto, branco e rosé. O tinto tem um caráter saboroso e herbáceo que é muito individual. Existe também uma gama de varietais, gregos e internacionais, sob o rótulo Château Julia. Michel Rolland é consultor desta propriedade desde 2004.

Mercouri ☆–☆☆☆
Koralahori, Peloponeso ocidental. 18 ha. www.mercouri.gr
Uma antiga propriedade familiar com um museu do vinho interessante. A principal produção é de excelentes tintos feitos de Mavrodaphne e da uva Refosco, trazidas do Friul em 1870. Bom Roditis branco, também, e um Viognier bastante pesado.

Oenoforos ☆☆
Selinous, perto de Corinto. www.oenoforos.gr
Propriedade de pequeno porte, recentemente desenvolvida, agora parcialmente pertencente à Kourtakis (ver nesta página), com uma vinícola alimentada por gravidade, produzindo brancos frescos de longa duração (especialmente um Roditis chamado Asprolithi) a partir de vinhedos elevados, com vista para o golfo de Corinto. Muito diferente em estilo é o rico Chardonnay acarvalhado.

Pavlidis ☆☆
Drama. 60 ha. www.ktima-pavlidis.gr
Fundada em 1998, Pavlidis é mais conhecida por sua linha Thema (um bom tinto de Syrah e Agiorgitoko, e um Sauvignon com Assyrtiko branco picante), bem como vinhos varietais de Chardonnay, Assyrtiko e, extraordinariamente, Tempranillo.

Samos Cooperative ☆☆–☆☆☆
Malagari, Samos. www.samoswine.gr
Com duas vinícolas, esse grupo de cerca de 300 produtores faz vinhos Muscat notáveis, que são naturalmente doces ou fortificados, e amplamente exportados. O *top* de linha é o Samos Nectar, originado de uvas secas ao sol, rico e dourado, maturando continuamente e escurecendo em garrafa.

Semeli ☆☆
Stamata, Ática. 28 ha. ww.semeliwines.com
Esta pequena propriedade a nordeste de Atenas tem os seus vinhedos a 450 metros de altura, nas planícies da Ática. Brancos Savatiano e Roditi decentes, e tintos com aroma de tabaco de Agiorgitiko e Cabernet Sauvignon. O vinho emblemático, o Château Semeli, é um *blend* de Bordeaux.

Sigalas ☆☆☆
Santorini. 23 ha. www.sigalas-wine.gr
Assyrtiko delicioso e picante de velhas videiras, mas a versão envelhecida em barrica neutraliza a fruta. Sigalas também produz a especialidade tinta da ilha, Mavrotragano, assim como um magnífico vinho de uvas Mandilaria secas ao sol, e um vin santo suntuoso e altamente concentrado.

Skouras ☆☆☆
Ghymno, Nemea. www.skouras.gr
Pertencente a George Skouras, um produtor muito imaginativo e talentoso, formado na França, produzindo Agiorgitiko e Nemea magníficos, mas também experimentando com sucesso Cabernet, Chardonnay e Viognier. Seu tinto superior é geralmente o Megas Oenos, que é uma combinação de Agiorgitiko com Cabernet: um vinho com toques de cereja e com distinta influência de carvalho.

Strofilia ☆☆
Anavissos, Ática.
Emocionante tinto, branco e rosé de vinhedos de uma propriedade próxima ao cabo Súnion. Os três proprietários, todos engenheiros, possuem também um excelente bar de vinhos, o Strofilia, perto do centro de Atenas. Nos últimos anos, a produção expandiu-se consideravelmente e, com três vinícolas em diferentes regiões, a Strofilia já não é mais uma vinícola butique, mas a qualidade permanece alta.

Tsantali ☆☆
Aghios Pavlos, Calcídica. 200 ha. www.tsantali.gr
Casa comercial familiar da Macedônia, em sua segunda geração, que fez seu nome com o Olympic ouzo. Várias zonas de denominação fornecem ampla gama de vinhos, como o fino Rapsani e o Agiorgitiko de Nemea. Versões aceitáveis de variedades internacionais (Chardonnay, Merlot, Syrah) também estão sendo produzidas.

Tselepos ☆☆–☆☆☆
Riza Tegeas, Arcádia. 35 ha. www.tselepos.gr
Fundado em 1989, tem vinhedos plantados a mais de 750 metros (2.440 pés). Isso funciona bem com variedades como Chardonnay e Gewürztraminer. Surpreendentemente, Merlot e Cabernet também podem ser levados à maturidade com resultados impressionantes em garrafa. Mas o Mantinia Moschofilero é um lembrete útil de quão os vinhos brancos das variedades autóctones podem ser excelentes.

Vaeni Naoussa Cooperative ☆–☆☆
Naoussa. www.vaeni-naoussa.gr
Grande cooperativa na Macedônia ocidental, vinificando 50% da produção de Naoussa, principalmente vinhos tintos fortes, e acima da média, da uva Xynomavro. Outrora bastante grosseiros, nos últimos anos os vinhos vêm se tornando mais suaves e maduros.

Chipre

A vinicultura do Chipre, a mais oriental das ilhas do Mediterrâneo, sofreu mudanças sísmicas ao longo dos séculos. Os vinhos cipriotas eram famosos durante toda a época clássica, a era bizantina e o início da Idade Média. Em uma bizarra degustação internacional conhecida como a "Batalha dos Vinhos", na corte francesa, Chipre foi o grande vencedor. Depois vieram três séculos de domínio islâmico, e a produção entrou em dramático declínio. O governo britânico, a partir de 1878, trouxe estabilidade – e mercado. Posteriormente, Chipre se situou na extremidade mais baixa do mercado, realizando vendas expressivas para o bloco soviético e comercializando concentrado de uva para os britânicos. O fim desses mercados obrigou a indústria cipriota do vinho a se reformular.

Chipre não tem uma grande variedade de vinhos para oferecer hoje em dia, mas o que faz é benfeito, produzindo imitações de xerez seco e doce de baixo custo, inspirado no espanhol (o termo "Cyprus sherry" – "xerez de Chipre" não pode mais aparecer nos rótulos dos vinhos vendidos na União Europeia), vinhos de mesa suaves, secos, tintos e brancos, e seu próprio vinho licoroso, extremamente sedutor, o Commandaria, o sucessor moderno do clássico vinho Nama, feito de uvas secas na videira e tão valorizado mais de 2.500 anos atrás. O Commandaria é para o Chipre o que o Constantia é para a África do Sul, ou o Tokaji para a Hungria.

Chipre, até muito recentemente, foi profundamente conservador quanto a variedades de uva. Sem nunca ter sido atingido pela filoxera, e pretendendo permanecer imaculado, rejeitou novas introduções de moda e plantou apenas três uvas: a negra Mavro, a branca Xynisteri (que representa a grande maioria das plantações) e a Muscat de Alexandria. Hoje existe um volume pequeno, mas crescente, de vinho varietal elaborado com uvas internacionais, e vinhos de regiões específicas da ilha. Em 1990, após cerca de trinta anos de ensaios clínicos estritamente controlados com uvas não nativas, 12 foram disponibilizadas para cultivo comercial. Entre elas, Grenache, Carignan, Syrah, Merlot, Cabernet Franc e Cabernet Sauvignon agora produzem vinhos varietais; Malvasia Grossa e Palomino (de Jerez) são geralmente utilizadas em misturas com variedades autóctones brancas. A busca por vinho melhor tem um interesse renovado pelas variedades nativas menos plantadas na ilha, a negra Maratheftico e a menos interessante Ophtalmo: a primeira é difícil de cultivar, mas pode produzir vinhos excepcionais. As variedades tradicionais podem também produzir bons vinhos; a Mavro particularmente de locais de altitude elevada, desde que seu rendimento seja limitado. A Xynisteri tem de ser colhida com mais cuidado, já que as uvas são propensas à oxidação.

Todos os vinhedos da ilha ficam no sul, principalmente em solos de calcário e nas encostas das montanhas Troodos, entre 240 e cerca de 1.500 metros (800-5.000 pés); os melhores localizados acima de 990 metros (3.250 pés); e alguns em solos de origem ígnea. Desde 1990, a área total de videiras plantadas caiu de um pico de mais de 50 mil hectares para 15 mil, ao mesmo tempo que a indústria vem tentando acabar com a superprodução e o mercado de exportação para seus vinhos fortificados e vinhos de mesa básicos vem diminuindo.

A maioria dos vinhos do Chipre ainda é feita por um pequeno número de vinícolas muito grandes nas cidades costeiras de Limassol e Paphos (convenientes para a exportação), mas, como parte do esforço de qualidade, o governo cipriota tem apoiado a construção de pequenas vinícolas modernas nas próprias áreas de vinhedos.

O vinho mais distinto da ilha, o Commandaria, recebeu total proteção jurídica de origem e produção em 1993. A sua região demarcada abrange quatorze das aldeias de maior altitude, produtoras de vinho nas encostas Troodos. As mais famosas são Kalokhorio, Zoopiyi e Yerasa. O melhor Commandaria é feito de pura Xynisteri – um vinho de cor castanho-clara e de considerável sutileza, que pode ser bebido jovem.

Outros vinhos mais importantes comercialmente misturam Xynisteri com Mavro para fazer uma bebida marrom-amarelada escura que pode ser excelente após cinco anos ou mais em barril. As uvas são simplesmente secas ao sol por pelo menos uma semana no vinhedo, então prensadas e fermentadas. Muito antes de todos os açúcares da uva se transformarem em álcool, a fermentação para naturalmente, dando um vinho de pelo menos 10 graus de álcool. Quando a fermentação está completa, o vinho é fortificado – normalmente a 15 graus, embora o limite legal seja de 20 graus. A maturação ocorre em barris de carvalho em Limassol e Paphos, por um período mínimo de dois anos. Infelizmente, os preços – e, consequentemente, a qualidade – permanecem baixos.

Quatro empresas dominam o comércio de Chipre. A KEO produz o tinto Othello e o Commandaria Saint John, bem como um dos melhores vinhos "xerez" secos de Chipre, o Keo Fino, e vinhos de mesa leves, com o rótulo Laona. Seu Bellapais ligeiramente efervescente é um branco refrescante. A ETKO faz a gama Emva de vinhos licorosos, bem como um bom branco de Xynisteri chamado Nefeli e, possivelmente, o melhor tinto da ilha, o INO: um Cabernet de vinhedo único, produzido em quantidades minúsculas. A Loel tem um bom Hermes tinto, o Commandaria Alasia, e um branco seco da uva Palomino. Alguns dos melhores conhaques do Chipre também são destilados pela Loel. O carro-chefe da cooperativa Sodap, com 10 mil membros, é vinho tinto Afames. Ela também faz branco seco sob a marca Arsinoe e o Commandaria Saint Barnabas. Até em 2008, essas quatro empresas respondiam por 80% da produção.

Estes são produtos essencialmente do passado, e as grandes empresas de vinho sabem que devem mudar sua abordagem se quiserem sobreviver e prosperar em mercados internacionais. A KEO criou o projeto Mallia, que tem preservado e revivido variedades autóctones como a Maratheftiko. Ao mesmo tempo, a empresa está trabalhando mais estreitamente com os seu produtores contratados, pois sem boas uvas não pode haver bons vinhos. Como uma cooperativa, a Sodap está se movendo mais lentamente para a era moderna, mas criou uma gama para exportação bem-sucedida sob o rótulo Island Vines, e as outras duas empresas vão lançar novas gamas que, esperam, tenham um apelo mais amplo.

Pequenos produtores conscientes de qualidade, tais como Vouni Panayia, estão começando a oferecer forte concorrência para as quatro grandes empresas, mas, por enquanto, apenas no mercado interno. Outros nomes que merecem atenção incluem Aes Ambelis, Kalamos, Kyperounda – com vinhedos de 1.140 metros (3.075 pés), os mais altos da ilha –, Nicolaides, Tsiakkas, Vardalis, Vasa e Vlassides.

Turquia

Se o vinhedo de Noé, nas encostas do monte Ararat, foi realmente o primeiro, a Turquia pode reclamar o título de lar original do vinho. (Pesquisadores inconvenientes perguntam para onde Noé levou as mudas.) Arte hitita de 4.000 a.C. é prova possivelmente melhor de que o vinho era muito cultivado na Anatólia (Turquia central). Considerando-se esse período de tempo tão grande, a longa noite do Islã foi apenas uma interrupção comparada à Lei Seca dos Estados Unidos. Desde a década de 1920, a Turquia voltou a fazer bons vinhos: muito melhores do que a sua falta de reputação nos leva a esperar. Uma das mais surpreendentes garrafas de vinho fino que eu já bebi foi um tinto turco de 1929 na casa de um amigo em Bordeaux. Eu o confundi com um Bordeaux de safra famosa.

A Turquia tem 600 mil hectares de vinhedos, mas apenas 3% são transformados em vinho; o restante é de uvas de mesa. Kemal Atatürk fundou a indústria de vinho do século XX no seu esforço de modernização do país, mas é prejudicado pela falta de mercado interno: 99% da população é muçulmana. Muitos dos turcos que bebem preferem cerveja ou *raki* ao vinho, e outros são dissuadidos pela taxação imposta pelo governo.

O monopólio estatal, Tekel, é de longe o maior produtor, com seis vinícolas manipulando vinhos de todas as regiões e dominando as exportações, principalmente de vinhos populares a granel para a Escandinávia. Há ainda 25 vinícolas privadas, e duas delas, pelo menos, têm padrões muito elevados. A produção de vinho tem aumentado constantemente na última década; em 2008, situava-se em 275 milhões de litros.

As principais regiões vinícolas são a Trácia, a região do mar de Mármara, do lado europeu do Bósforo, a costa do mar Egeu em torno de Esmirna, a Anatólia central, em torno de Ancara, e a Anatólia oriental, na direção do monte Ararat. A maioria das uvas é de variedades locais (das quais existem mais de mil), cujos nomes são desconhecidos no Ocidente, exceto na Trácia, onde Cinsault, Gamay e Semillon (apoiada por Clairette) fazem os tintos e brancos mais conhecidos.

A empresa Doluca só começou a importar mudas de Chardonnay e Cabernet Sauvignon no início de 1990. Um tinto Gamay, chamado Hosbag (da Tekel), não é notável, mas o Trakya Kirmisi, feito das variedades turcas Papazharasi e Adakarasi, é um vinho bom e vigoroso. Em turco, Kirmisi é "tinto" e Beyaz é "branco", enquanto Sarap significa "vinho". Trakya Beyaz (um Semillon seco) é uma exportação popular. Entre as empresas privadas, a Doluca e a Kavaklidere são aos líderes. A Doluca, em Mürefte, no mar de Mármara, fundada em 1926, tem tintos benfeitos: o Villa Doluca de Cinsault e o Karasakiz. A Doluca também faz Riesling e Muscat, mas a maioria dos vinhos é composta de combinações de diferentes uvas e regiões. A Kavaklidere, a maior empresa independente, tem sede em Ancara, mas as suas uvas são provenientes de regiões distantes, como a Trácia e a Anatólia. Concentra-se nas uvas autóctones da Anatólia, produzindo Yakut e Dikmen, misturas tintas de Bogazkere, Kalecik Karese e Oküzgözü (embora o *best-seller* Yakut contenha também algumas variedades do sul da França), e brancos doces e secos de Narince, Emire, Sultanine (com um *primeur* muito fresco), e Cankaya.

A Anatólia oriental também é o lar do mais conhecido dos tintos turcos, o pesado e poderoso Buzbag, feito de Bogazkere, perto de Elazig. Ele é produzido pela Tekel, a empresa estatal, e continua sendo o vinho mais original e surpreendente da Turquia. A vinícola Turasan, baseada na Capadócia, produz principalmente misturas secas e doces.

A região do mar Egeu conta com Cabernet e Merlot (conhecido, creio eu, como "Bordo") entre os seus vinhos tintos, ao lado do Carignan e Calkarasi. A maioria dos brancos é feita de Sultanye, a uva de mesa sem sementes e sem potencial vinícola real. Um pouco de Semillon e Muscat é cultivado – o Muscat, provavelmente, é o melhor.

Vinícola do século III, vale de Kizilcalar, Capadócia.

O Levante

Líbano

Que vinho haveria no Levante, se não fosse pelos adeptos do Profeta, é um assunto instigante. Em 1840, Cyrus Redding ouviu falar (ele certamente não havia estado lá) que "a Síria faz vinho tinto e branco da qualidade de Bordeaux". Mas há evidências atuais de que o leste do Mediterrâneo pode fazer grandes vinhos. A Terra de Canaã – agora vale do Bekaa – surgiu na década de 1970 como um produtor que se compara a Bordeaux, tal como Redding relatou.

No início do século XIX, a sua reputação era pelo "vin d'or" seco e branco. Em 1857, jesuítas fundaram uma grande vinícola subterrânea em Ksara, a nordeste de Beirute, com mais de um quilômetro de túneis naturais cheios de barris. Ela ainda é a maior (e mais antiga) vinícola libanesa, produzindo um branco fresco muito bom. Mas a propriedade que agitou os pombais do comércio do vinho foi a Chateau Musar, em Ghazir, a 26 quilômetros (16 milhas) ao norte de Beirute. Foi fundada, em 1930, por Gaston Hochar, com vinhedos no vale do Bekaa. Em 1959, seu filho Serge, após a formação em Bordeaux, tornou-se produtor. Garrafas começaram a aparecer em Londres. Em 1982, ele mostrou uma gama de safras que remontavam à década de 1940, o que provou sem dúvida alguma que a região pode fazer extraordinários tintos finos e de longa duração com base em Cabernet Sauvignon com alguns Cinsault e Carignan, envelhecidos em barris – não muito diferentes dos grandes Bordeaux de safras maduras. Os brancos incluem uma versão acarvalhada da uva nativa Obaideh, semelhante à Chardonnay, que é surpreendentemente capaz de envelhecimento por uma década ou mais. Durante a guerra civil da década de 1980, Hochar, estoicamente continuando a produzir vinho fino em tanques sírios em seus vinhedos, se tornou uma figura lendária no mundo do vinho. Algumas safras recentes, no entanto, sugerem que o sucesso comercial está ampliando a oferta.

Outra empresa bem estabelecida no vale do Bekaa é a Château Kefraya. O final da guerra civil no Líbano persuadiu alguns empresários corajosos a criarem novas vinícolas. Uma das mais ambiciosas é a Massaya, fundada, em 1998, pelo arquiteto Sami Ghosn. Domaine Wardy seguiu em 2000. A área total de vinhas do Líbano é de cerca de 2 mil hectares, assim permanece pequena em termos de sua produção. No entanto, o país, com 120 produtores, agora tem futuro como uma fonte crescente de bom vinho, o que não era o caso no passado.

Principais produtores do Líbano

Clos St. Thomas ☆–☆☆

Chtaura, vale do Bekaa. 65 ha. www.clossthomas.com
Said Thoma, um produtor de *arak*, comprou a propriedade em 1990, mas a primeira colheita foi somente em 1998. As uvas são cultivadas sem irrigação e colhidas à mão. Les Gourmets é uma mistura surpreendentemente picante de Sauvignon, Chardonnay, e um pouco de Muscat. O melhor tinto, Château Saint Thomas, mescla Cabernet, Merlot e Syrah, e é envelhecido em carvalho novo. Grande e forte, tem mais poder que sutileza.

Château Ka ☆–☆☆

Chtaura, vale do Bekaa. 100 ha. www.chateauka.com
Embora tenha sido fundada em 1974, esta empresa, que produz suco de frutas e vinho, fechou durante a guerra civil e só reabriu em 2005. O vinho Château é uma mistura baseada em Cabernet de considerável sofisticação. Source de Rouge, seu irmão mais popular, tem uma pitada de Syrah.

Château Kefraya ☆☆

Kefraya, vale do Bekaa. 300 ha.
www.chateaukefraya.com
O proprietário Michel de Boustros trabalha com um produtor francês para fazer uma boa gama. Blanc de blancs não é um vinho espumante, mas uma mistura convincente de Sauvignon, Chardonnay e Viognier. O tinto superior é a mistura Comte de M, de Sauvignon e Syrah, envelhecida em barricas de carvalho novo. A qualidade tem melhorado desde 2000.

Cave Kouroum ☆☆

Kefraya, vale do Bekaa. 180 ha.
www.cavekouroum.com
Até poucos anos atrás, esta propriedade costumava vender uvas, o que explica as muitas variedades plantadas. O Syrah e a mistura Syrah com Cabernet são impressionantes: vinhos poderosos, com concentração e duração.

Château Ksara ☆–☆☆

Vale do Bekaa. 334 ha.
Os jesuítas fizeram vinho aqui de 1857 a 1973, mas nos últimos dez anos empregaram um produtor, que trabalhou anteriormente na Prieuré-Lichine, em Margaux. Cabernet Sauvignon tem um papel importante nas misturas, que, por vezes, mostram um ligeiro caráter herbáceo. A produção está perto de 2 milhões de garrafas.

Massaya ☆☆–☆☆☆

Chtaura, vale do Bekaa. 50 ha.
Fundada em 1998 pela família Ghosn, com conselhos de Dominique Hébrard, da Saint-Émilion, e Daniel Brunier, da Châteauneuf-du-Pape. Os vinhos, polidos e benfeitos, são classificados em três níveis: Classic, Silver e uma única mistura Gold de Cabernet e Mourvèdre, envelhecida em carvalho francês novo.

Château Musar ☆☆–☆☆☆

Ghazir, vale do Bekaa. 180 ha.
www.chateaumusar.com.lb
Serge Hochar agora está passando o negócio a seu filho Gaston, mas o estilo dos vinhos permanece inalterado. Os tintos são encorpados e de longa vida, e o vinho branco, embora feito de castas locais obscuras, podem, misteriosamente, envelhecer por vinte anos. Embora não seja o mais refinado dos vinhos, Musar exala caráter.

Domaine Wardy ☆–☆☆

Zahlé, vale do Bekaa. 45 ha.
www.domaine-wardy.com
Uma vinícola em rápida expansão, que deixou sua marca com Sauvignon Blanc e Chardonnay, e tintos de Merlot e Cabernet Sauvignon.

Israel

A vinificação em Israel remonta a tempos antigos, embora a indústria moderna tenha sido criada no final do século XIX, com um presente para o Estado do Barão Edmond de Rothschild: a fundação de vinícolas em Rishon le Zion, ao sul de Tel Aviv, e Zichron Ya'acov, ao sul de Haifa. Essas duas vinícolas, que continuam a ser as maiores em Israel, vendem seus vinhos com a marca Carmel.

Israel agora possui 4 mil hectares de vinhedos. Os primeiros a serem plantados se concentravam nas regiões costeiras quentes de Samson e Shomron (que ainda é a maior região vinícola), com predominância de Carignan, Grenache e uvas Semillon para fazer o vinho sacramental doce. O interesse era principalmente *kosher* (ver boxe p. 474). Em meados da década de 1970, o diretor da Universidade da Califórnia em Davis, Cornelius Ough, identificou o clima frio das colinas de Golã como um local ideal para as uvas viníferas. A melhora na qualidade foi considerável. Há agora vinhedos em até 1.100 metros (3.600 pés), sobre uma série de solos vulcânicos basálticos nas colinas de Golã e da Alta Galileia, produzindo as uvas dos melhores vinhos de Israel.

A introdução de variedades clássicas, primeiro Cabernet Sauvignon, em seguida, Merlot e Chardonnay, na década de 1980, marcou o início de uma indústria de vinho de qualidade e um movimento para a produção de vinhos de mesa secos e vinhos espumantes que podem competir internacionalmente. Em 2000, 80% de todos os vinhos de Israel eram secos. Embora as grandes empresas continuem a dominar a produção, tem havido uma explosão de vinícolas butique, muitas das quais começaram como *hobby*. Algumas delas produzem vinhos rústicos, outros são de alta qualidade. Essas pequenas vinícolas estão, na sua maioria, agrupadas nas colinas ao redor de Jerusalém, e se beneficiam da elevação. Há também um pequeno grupo de vinícolas *kosher* tradicionais, que também variam em qualidade. Uma tendência recente tem sido o aumento da produção de vinho *kosher*, embora os proprietários das vinícolas possam muito bem ser judeus seculares. A razão é que o principal mercado de exportação é os Estados Unidos, onde os judeus ortodoxos exigem vinhos *kosher*, mas procuram vinhos de estilo internacional de boa qualidade.

A vinícola Golan Heights, na pequena cidade de Katzrin, no alto das colinas de Golã, abriu o caminho, fazendo Chardonnay e Cabernet envelhecidos em carvalho (Yarden é o rótulo mais importante), vinhos espumantes pelo método clássico, e Merlot complexo. A Barkan, terceira maior vinícola de Israel, faz Sauvignon Blanc e Cabernet Sauvignon de qualidade aceitável. Sua produção está agora em torno de 4,5 milhões de garrafas por ano, e ela também criou um empreendimento conjunto com um kibutz para criar outra vinícola nas colinas de Golã, chamada Galil Mountain, com ênfase em variedades internacionais.

Entra as recém-chegadas, estão a Dalton, perto da fronteira libanesa, que está firmando reputação com Cabernet, Merlot e Chardonnay envelhecidos em barricas; a Tishbi, que é a vinícola do Barão renomeada e remodelada; a Recanati, em Emek Hefer, e CfaR Tabor, na Baixa Galiléia, e Domaine du Castel. Esta última é a mais ambiciosa de todas, envelhecendo os seus vinhos tintos por dois anos em carvalho francês novo. A desvantagem é o preço; mas o seu segundo vinho, o Petit Castel, é quase tão bom e menos abertamente acarvalhado.

Principais produtores de Israel

Barkan ☆–☆☆☆
Kibutz Hulda. 300 ha. www.barkan-winery.com
Esta vinícola de grande porte, produzindo 6 milhões de garrafas por ano, passou por várias encarnações e agora é propriedade de uma cervejaria israelense. Seus vinhedos estão localizados em todo o país. Os vinhos Reserve são maduros e acessíveis, e há um rótulo fascinante, chamado Altitude, exibindo três Cabernet de videiras cultivados em altitudes diferentes.

Binyamina ☆–☆☆
Zichron Ya'acov. Sem vinhedos. www.binyaminawines.com
A quarta maior vinícola de Israel, rebatizada após a sua venda, em 1992, para dois produtores de Hollywood, que investiram em equipamentos modernos. A gama Special Reserve é de boa qualidade, mas os vinhos em geral não sobem a grandes alturas.

Carmel ☆–☆☆☆
Rishon le Zion. 1.400 ha. www.carmelwines.co.il
A cooperativa Carmel costumava ser sinônimo de mediocridade, mas no final de 1990, ela passou por uma revolução. Seus vinhedos estavam todos em regiões quentes e costeiras, então, ela começou o plantio em locais de encosta mais frios e construiu uma nova vinícola na Alta Galileia. A seleção de frutas se tornou mais rigorosa, e a qualidade logo começou a melhorar. As gamas menos caras e mais simples são a Vineyards Selected e a Private Collection, mas os melhores vinhos aparecem sob os rótulos de denominação e de vinhedo único. De particular interesse são Petite Sirah e Carignan, mostrando que essas variedades tão abusadas – pelo menos em Israel – podem produzir vinhos suculentos.

Domaine du Castel ☆☆☆
Ramat Raziel. 15 ha. www.castel.co.il
Eli Ben-Zaken, ex-dono de restaurante, foi o primeiro produtor a demonstrar, em 1992, que Israel podia produzir vinhos clássicos de Chardonnay e Cabernet que eram capazes de competir com os melhores do Novo Mundo. Todos os vinhos são envelhecidos em carvalho francês e mostram excelente equilíbrio. O Grand Vin, uma mistura de Bordeaux dominada por Cabernet, envelhece bem. O segundo rótulo é o Petit Castel, que é menos acarvalhado. *Kosher*.

Chillag ☆☆
Yehud. 3 ha.
A proprietária/produtora Orna Chillag trabalhou para a Antinori, e foi por ela influenciada, já que ela usa terminologia italiana nos rótulos. A faixa superior é a Primo, com Cabernet e Merlot muito maduros e intensos.

Clos de Gat ☆☆–☆☆☆
Kibutz Harel. 14 ha. www.closdegat.com
Uma vinícola conceituada, com um produtor formado na Austrália. O Chardonnay fermentado em barril é rico e pesado, e a mistura da propriedade é um vinho estilo Bordeaux, envelhecido em barricas novas.

Dalton ☆–☆☆
Ranat Gan. 70 ha. www.dalton-winery.com
Uma vinícola em rápida expansão e bem equipada, que agora oferece vasta gama de produtos. Os melhores vinhos são os Reserve, com versões expressivas de Sauvignon, Syrah, Merlot e Cabernet. *Kosher*.

Ella Valley Vineyards ☆☆
Beit Shemesh. 80 ha. www.ellavalley.com

Com o nome do vale nos montes da Judeia onde Davi lutou com Golias, Ella Valley faz vinhos sofisticados, evitando o uso excessivo de carvalho novo. O Chardonnay é confiável, e o Cabernet Franc e uma mistura de Cabernet Sauvignon e Syrah são promissores.

Flam ☆☆
Ya'ar Ha'kdoshim. 12 ha. www.flamwinery.com

De vinhedos na Galileia e nas colinas da Judeia, Golan Flam, que trabalhou na Itália e na Austrália, faz vinhos ricos e com alto teor de álcool de variedades de Bordeaux, bem como Syrah e Chardonnay. Como é frequentemente o caso em Israel, os Merlot mostram menos caráter herbáceo que os dois Cabernet.

Galil Mountain Winery ☆☆
Kibbutz Yiron. 100 ha. www.galilmountain.co.il

Esta ramificação da vinícola Golan Heights (ver nesta página) é parcialmente propriedade do *kibutz* da Galileia do norte em que está localizada. A primeira safra foi em 2000. Em 2006, durante a guerra com o Líbano, o exército assumiu as intalações, mas deixou a tempo de a colheita ser concluída. O vinho emblemático é o Yiron, uma excelente e estruturada mescla de Cabernet e Merlot, que envelhece bem. Chardonnay e Viognier prometem; Pinot Noir, menos.

Golan Heights Winery ☆☆☆
Katzrin. 640 ha. www.golanwines.co.il

Know-how e produtores californianos têm dado bons resultados aqui desde o início, em 1982. E, desde 1991, outro americano, Victor Schoenfeld, tem mantido níveis muito elevados. A vinícola Golan Heights define o ritmo para outras vinícolas de Israel seguirem. Golan é a gama mais simples, Gamla a do meio, e Yarden a gama superior muito confiável. Agora que os vinhedos têm trinta anos de idade, tem sido possível fazer alguns vinhos de vinhedo único de qualidade excepcional. Merlot e Syrah mostram a maior promessa, mas todos os vinhos são benfeitos e equilibrados. *Kosher.*

Hevron Heights ☆–☆☆
Kiryat Arba.

De propriedade francesa, a vinícola foi fundada em 2000. A partir de uvas cultivadas nas colinas da Judeia, vêm alguns vinhos um pouco corpulentos e acarvalhados de Merlot, Cabernet e Syrah. *Kosher.*

Margalit ☆☆
Hadera. www.margalit-winery.com

Propriedade orgânica e primeira vinícola butique de Israel, fundada em 1989; produz apenas variedades de Bordeaux e Chardonnay. A produção permanece minúscula, 20 mil garrafas, portanto, os vinhos são muito difíceis de encontrar.

Recanati ☆☆
Emek Hefer. Sem vinhedos. www.recanati-winery.com

As vinícola de médio porte Recanati adquire suas uvas de vinhedos na Alta Galileia e nas colinas da Judeia. Os melhores vinhos são Reserve, incluindo um exuberante Sauvignon Blanc e até um Syrah elegante e uma mistura compacta e picante de Petite Sirah com Zinfandel.

Sea Horse ☆☆
Moshav Var-Giyora. 1 ha. www.seahorsewines.com

Ze'v Dunie é um conhecido cineasta que ficou interessado em vinho depois de fazer um documentário sobre o assunto. Zehe compra a maioria das uvas de que precisa, e simplesmente produz os vinhos dos quais ele mesmo gosta. O Chenin Blanc seco é esplêndido, e o Sauvignon, o Syrah e o Petite Sirah são todos robustos e concentrados.

Segal ☆–☆☆☆
Kibutz Hulda, Sorek. 50 ha. www.segalwines.co.il

Esta vinícola há muito estabelecida foi comprada pela Barkan (ver p. 473), mas é gerida de forma independente. O barato Segal Vermelho é um *best-seller* em Israel, mas os melhores vinhos são liberados sob o rótulo Merom Galil: tintos bastante acarvalhados, um Chardonnay elegante e um Muscat sedoso e doce.

Tanya ☆–☆☆
Ofra. 3 ha. www.tanyawinery.co.il

A primeira safra aqui foi em 2002, e o foco principal é nas variedades tintas de Bordeaux, puras ou combinadas. A qualidade flutua, mas o Reserve Cabernet e Red Blend Reserve são maduros e complexos. *Kosher.*

VINHOS *KOSHER*

Muito do vinho de Israel é *kosher*. Isso significa que é produzido sob rigorosa supervisão rabínica, o que pode ser um fator limitador, bem como um custo adicional. O processo começa no vinhedo, que deve ser deixado em pousio todo sétimo ano, porém, na prática, é normalmente vendido a um não judeu apenas por esse período de um ano. Observância do Sabbath é estritamente mantida. Na vinícola, apenas judeus ortodoxos podem entrar em contato direto com o vinho, pela manipulação de bombas e outros equipamentos. Certos produtos comumente utilizados na vinificação são proibidos, tais como cola de peixe, uma substância feita de esturjão não *kosher*.

Alguns rabinos insistem no *maaser*, uma cerimônia derivada do dízimo pago ao templo em Jerusalém nos dias bíblicos. Aqueles que seguem este preceito devem destruir 1% da sua produção anual. Uma forma ultrarrigorosa de vinho *kosher* é conhecida como *meshuval*, que exige que o vinho seja pasteurizado rapidamente, em obediência a um mandamento rabínico obscuro que, aparentemente, obriga que o vinho seja derramado por um judeu não ortodoxo para não perder seu *status* de *kosher*. Poucas vinícolas produzem vinhos *meshuval*, e aquelas que o fazem geralmente têm empresas de serviço de bufê *kosher* como seus clientes. Essas regras devem ser maçantes para os produtores, pois elas não têm nada a ver com a qualidade do vinho. No entanto, há uma crescente demanda por vinhos *kosher* proveniente de famílias ortodoxas que desejam beber vinhos de excelente qualidade, sem comprometer a sua obediência às leis judaicas. Isso explica por que propriedades como a Domaine du Castel, que não eram *kosher* no passado, mudaram de ideia e práticas em 2003.

Tishbi ☆–☆☆

Zichron Ya'acov. 100 ha. ww.tishbi.com

Os Tishbi são uma família vinícola bem conhecida em Israel. A sua propriedade era originalmente conhecida como Barão, mas o nome foi mudado em 2000. Eles têm vinhedos em várias regiões, de modo que a gama é ampla. A qualidade é corriqueira, mas há surpresas ocasionais, como um Cabernet Franc vibrante dos montes de Jerusalém.

Tulip ☆☆

Kfar Tikva. 5 ha. www.tulip-winery.co.il

Kfar Tikva é uma comunidade para deficientes, muitos dos quais trabalham na vinícola que foi criada em 2003. Cabernet Sauvignon, Cabernet Franc e Shiraz são as principais variedades. Os vinhos são intensos e acarvalhados, embora um pouco unidimensionais.

Vitkin ☆☆

Kfar Vitkin, Netanya. 5 ha. www.vitkin-winery.co.il

Doron Belogolovsky se interessa por variedades raramente vistas em Israel, como Barbera, Sangiovese e Tempranillo. A qualidade dos vinhos é aleatória, mas o Riesling é seco e picante, e o Petite Sirah e o Carignan, ambos de velhas videiras, são dramáticos e concentrados.

Yatir ☆☆

Beit Yatir. 30 ha. www.yatir.net

Vinícola líder na região de Negev, a Yatir faz parte do grupo de Carmel, mas é gerida de forma independente. O vinho de mesmo nome junta Cabernet, Syrah e Merlot, em um estilo exuberante e quase australiano. *Kosher.*

Norte da África

Quase meio século atrás, os países produtores de vinho do norte da África, Tunísia, Argélia e Marrocos, eram responsáveis por nada menos que dois terços de todo o comércio internacional de vinho. A Argélia era de longe o maior produtor dos três, com a maior parte da produção exportada para a Europa (principalmente a França) como vinho de mistura. A independência da França resultou em declínio imediato, pois não havia praticamente nenhum mercado interno. A instabilidade política e o fervor religioso inibiram o investimento na renovação tão necessária aos vinhedos e vinícolas, e a tendência tem sido ou arrancar ou negligenciar os vinhedos. A iniciativa atual, entretanto, é no sentido de melhorar a qualidade do vinho dos melhores locais para exportação.

Tunísia

A instituição de um "Office du Vin", em 1970, marcou o início do plano coordenado da Tunísia para fazer vinhos para exportação. Sua área de vinhedos dedicados à produção de vinho foi reduzida de 50 mil hectares, em seu auge, para cerca de 15 mil hectares nos arredores de Túnis (a antiga Cartago), na costa norte. Os Muscat são os vinhos mais característicos aqui, como são nas ilhas da Sicília, que não ficam muito longe da costa. Tintos, rosés e brancos são feitos de uvas francesas, em muitos casos por métodos modernos. Como na Argélia, os rosés pálidos são, em geral, os vinhos mais atraentes e constituem cerca de dois terços da produção. A Tunísia adotou o sistema AC francês (*appellation contrôlée*), e as denominações incluem: Mornag (a maior), Grand Cru Mornag, Coteaux d'Ultique (perto do mar ao norte de Túnis), Tébourba, Sidi Salem e Kelibia.

O maior produtor é a Union des Caves Coopératives Viticoles (UCCV em Djebel Djelloud, também conhecida como Vignerons de Cartago), que faz 65% do vinho tunisiano. A Union faz um incomum Muscat seco branco, o Muscat de Kelibia, proveniente de vinhedos na ponta do Cap Bon, no nordeste. É altamente aromático, não forte demais, mas ainda assim difícil de ser apreciado com uma refeição. O tinto de melhor qualidade da UCCV é o Magon, de Tébourba, no vale do Oued (rio) Medjerdah, a oeste de Tunis. Cinsault e Mourvèdre neste vinho lhe dão mais corpo e personalidade maior que os do padrão Coteaux de Carthage. Outros vinhos da união incluem o Château Mornag (tinto e rosé) das colinas Mornag a leste de Túnis. Um Gris d'Hammamet pálido e seco, uma mistura de Cinsault, Grenache e Carignan. E um rosé seco, com aroma de Muscat, chamado Sidi Rais.

Os vinhos mais notáveis da estatal Office des Terres Domaniales são os tintos terrosos de Domaine Thibar, das colinas a 137 quilômetros (85 milhas) a oeste de Túnis, até o vale do Medjerdah, e Sidi Selem de Kanguet, perto de Mornag. Outros produtores dignos de nota incluem a Société Lamblot por seu tinto Domaine Karim de Coteaux d'Ultique; a Domaine Magon, agora beneficiando-se de investimentos alemães; a Château Feriani, que faz um dos tintos mais saborosos da Tunísia; e a Héritiers René Lavau, por seu Koudiat, outro tinto forte de Tébourba. Melhores que esses são os Muscat de sobremesa fortes e doces, sob a denominação Vin Muscat de Tunisie.

A empresa alemã de Langguth tem produzido e exportado vinho aqui sob o rótulo Sidi Saad desde 1960, e mais recentemente a empresa siciliana Calatrasi tem investido em 200 hectares de vinhedos sul de Túnis. Sob o rótulo Selian, a Calatrasi produz Carignan e Syrah frutados e vigorosos. Esses empreendimentos devem dar à indústria do vinho tunisiano o tão necessário impulso. Um empreendimento mais recente é a Domaine Atlas, fundada em 2003, com 160 hectares de Carignan, Syrah e Cabernet Sauvignon. O seu vinho de melhor qualidade é o Ifrikia, uma mistura picante, mas bem confeccionada de Carignan e Cabernet. A Ceptunes, que é de propriedade suíça, produz a marca Didona (nomeadamente um Chardonnay enérgico) de uma vinícola concluída em 2002. Chardonnay é também o melhor vinho branco da empresa de propriedade francesa Kurubis, em Korba, e o Kurubis tinto picante é uma mistura de Syrah e Mourvèdre.

Argélia

A maior e mais intensamente plantada das ex-colônias francesas no norte da África sofreu uma redução em seus vinhedos de 365 mil hectares, o total dos anos 1960, quando a Argélia era o sexto maior produtor mundial de vinhos, para cerca de 35 mil hoje – e sua produtividade caiu em uma proporção ainda maior para apenas 1% dos níveis de antes de 1962. Vinícolas têm fechado suas portas aos milhares, muitas vezes sob ameaças violentas, diminuindo o número de 3 mil para apenas 50 em quarenta anos. Muitos dos vinhedos mais antigos nas planícies férteis, que nunca produziram bom vinho, foram convertidos para cereais, tendo a vinicultura se posicionado nas colinas, as que produziam vinho superior na época dos franceses. Doze *crus* de fato receberam *status* VDQS antes da independência. Destes, sete foram reconhecidos pelo Office Nationale de Commercialization des Produits Viticoles (ONCV) como zonas de qualidade. Elas estão todas localizadas nas colinas a cerca de oitenta quilômetros (cinquenta milhas) para o interior, nas duas províncias ocidentais de Oran e Argel. Das duas, Oran sempre foi a maior produtora, com três quartos dos vinhedos da Argélia. O ONCV, que é responsável pela maior parte da produção de vinho argelino, tem rótulos padronizados que nada revelam sobre a origem do vinho além de sua região – e, no caso de sua marca de prestígio, o Cuvée du Président, nem isso. Le Président é um tinto amadurecido, vagamente semelhante a um clarete que, quando o provei pela última vez, não achei tão bom quanto as melhores ofertas regionais. A zona de qualidade ocidental, a Coteaux de Tlemcen, fica perto da fronteira com o Marrocos, que cobre as colinas de arenito de 760 metros (2.500 pés) voltadas para o norte. Os vinhos tintos, rosé e brancos são benfeitos: fortes, muito secos, mas suaves no estilo que os argelinos dominam. Os rosés e os brancos, em particular, melhoraram muito com a fermentação fria.

O Monts du Tessalah em Sidi-bel-Abbès, no Nordeste, parecem um pouco menos distintos, certamente menos que os 3 mil hectares de Coteaux de Mascara, cujos vinhos tintos no período colonial eram frequentemente vendidos como Burgundy. Os Mascara tintos são fortes e escuros, com corpo real, riqueza de textura e, envelhecidos em madeira como são vendidos hoje, com considerável aroma de carvalho e especiarias. Uma certa crueza marca o fim de boca. Eu não encontrei isso no Mascara branco; seco como é, poderia ser um vinho do sul da França: agradavelmente frutado, aromático, mas suave e individual – talvez tão bom quanto qualquer vinho branco feito na África do Norte.

Em Dahra, as colinas se aproximam do mar. O antigos *crus* VDQS franceses de Robert, Rabelais e Rénault (agora conhecidos como Tanghrite, Aïn Merane e Mazouna) fazem tintos suaves, escuros e encorpados e um rosé notável, com um aroma fresco quase como de cereja, leve e refrescante de se beber – uma peça hábil de vinificação. Mais a leste e para o interior, na província de Al-Jazair (Argel), a capital, a Coteaux du Zaccar faz vinhos um pouco mais leves e menos frutados. Novamente, o rosé, embora seja menos frutado que o de Dahra, é bem elaborado. Ao sul do Zaccar e mais acima, a 1.220 metros (4.000 pés), as colinas Médéa são mais frias, e variedades mais finas são cultivadas junto com as típicas Cinsault, Carignan e Grenache. Cabernet e Pinot Noir entram nas misturas Médéa, que têm menos corpo e mais sutileza que Dahra ou Mascara. A mais oriental das zonas de qualidade é Aïn Bessem-Bouira, que faz tintos relativamente leves e que alguns consideram os melhores rosés da Argélia.

Marrocos

Os vinhedos do Marrocos dedicados à produção de vinho agora cobrem apenas onze mil hectares: um declínio acentuado desde a independência em 1956, quando havia 50 mil plantados. Este país tem uma organização mais rígida e os mais altos padrões entre os três países vitícolas do norte da África. Os poucos vinhos que são Appellation d'Origine Garantie (AOG) têm controles semelhantes às denominações de vinhos francesas, rigorosamente aplicadas. Eles são produzidos por uma organização central, Sodevi, e pela importante cooperativa Les Celliers de Meknès, que domina o mercado interno. A qualidade aqui tem melhorado nos últimos anos, com algumas misturas de Cabernet com Syrah e Cabernet com Merlot atraentes.

Quatro regiões do Marrocos produzem vinhos finos, mas, de longe, a melhor e maior é a área Meknès/Fès a 460-610 metros (1.500-2.000 pés) no sopé norte do Atlas Médio, onde as regiões de Saiss, Beni Sadden, Zerkhoune, Beni M'Tir e Guerrouane são designadas. As duas últimas têm feito tintos notáveis de Cinsaut, Carignan e Grenache, respectivamente vendidos no exterior como Tarik e Chantebled (e em Marrocos como Les Trois Domaines). Tarik é o maior e mais flexível dos dois, mas ambos são suaves, longos e impressionantes. Guerrouane, com 2.400 hectares, também é especializada em um *vin gris* AOG: um rosé seco muito pálido, de Cinsault e Carignan, que substitui os vinhos brancos que Marrocos não tinha até recentemente. Agora, um Sauvignon Blanc tolerável pressagia coisas melhores.

Um pouco de vinho, mas sem consequência alguma, é feito na área de Berkane/Oujda, no leste, perto da fronteira argelina. As outras áreas principais ficam em torno de Rabat, na planície costeira, nas regiões do Gharb, Chellah, Zemmour e Zaër. As marcas Dar Bel Amri, Roumi, e Sidi Larbi, anteriormente utilizadas para tintos agradáveis e suaves, a partir dessas zonas, foram abandonadas em favor dos nomes das regiões e das castas.

Mais ao sul, ao longo da costa, a região de Casablanca tem três zonas de vinho: Zenata, Sahel e Doukkala. A primeira produz um tinto sólido comercializado como Ourika. Ao sul de Casablanca, a empresa Sincomar faz vinho padrão para consumo diário dos visitantes com sede: o Gris de Boulaouane. Boulaouane é o vinho refrescante arquetípico do norte da África: muito pálido, ligeiramente laranja, ligeiramente frutado, seco, extremamente limpo, e totalmente adequado às noites vaporosas de Casablanca.

Outros rótulos que podem ser encontrados são Atlas Vineyards da Castel Frères, com mil hectares de vinhas e uma marca chamada Halana; Domaine Ain Amhajir, Domaines Delorme de propriedade francesa, e Domaine de Sahari, o último de propriedade do *négociant* de Bordeaux, Williams Pitters. Depois que vendeu William Pitters, Bernard Magrez estabeleceu uma propriedade chamada Kahina perto de Meknès e faz um vinho de butique de Grenache e Syrah. Tandem é a *joint-venture* do produtor do Rhône, Alain Graillot, e Jacques Poulain. A primeira safra foi 2005 e o vinho é baseado em velhas videiras de Syrah de Rommani e Benslimane.

Outros países

Egito Em 2008, o Egito produzia 8,5 milhões de garrafas de vinho, com nomes como Cru Cleopatra, principalmente para o consumo de turistas pouco exigentes.

Etiópia A empresa francesa Castel plantou 125 hectares de variedades nobres francesas ao sul de Adis Abeba.

Ásia

A uva para vinho tem sido cultivada no Oriente há séculos. Os jardineiros chineses do século II sabiam como fazer vinho, assim como os árabes, até que renunciaram ao álcool no século VIII, pelo menos em teoria. Os vinhedos afegãos forneciam à corte Mogol indiana no século XVI. Mas o vinho nunca se tornou parte do cotidiano desses países, ao contrário do Ocidente. A razão, talvez, seja a natureza de sua cozinha. Pratos fortemente condimentados são mais bem regados por um líquido simples e refrescante – mesmo que cada prato seja alegrado com o destilado local. Por tudo isso, há o início de uma indústria moderna em vários países asiáticos.

Vinhos do Japão, Índia e China alcançam os mercados ocidentais, mas a Tailândia, Coreia do Sul, Vietnã e Indonésia têm agora indústrias emergentes, principalmente para consumo interno. Até mesmo o Nepal tem dois hectares de viníferas – o vinhedo mais alto do mundo –, enquanto o pequeno reino himalaio do Butão se aventurou em vinificação sob o patrocínio de sua família real.

China

As videiras já eram cultivadas na China duzentos anos antes de chegarem à França. O vinho, muitas vezes doce e fortificado, tem sido consumido em banquetes chineses há séculos e é usado também para fins medicinais, em infusões com plantas, ervas e, mais raramente, órgãos de animais, roedores e répteis.

A viticultura espalhou-se ao longo dos séculos por todo o centro e noroeste da China. A região autônoma de Xinjiang, no extremo noroeste do país, é responsável por quase um quarto dos 70 mil hectares de vinhedos produtores da China. As principais regiões produtoras de vinho ficam no nordeste – em Shandong e Hebei (16 mil hectares) e nas províncias de Jiangsu, e também em torno de Pequim e Tianjin.

A indústria moderna é em grande parte produto da intervenção estrangeira. No âmbito do seu programa de "Quatro Modernizações", que teve início no final de 1970, o governo chinês procurava ativamente o interesse estrangeiro para a modernização de sua indústria do vinho. O primeiro a participar foi a Rémy Martin. Em 1980, Rémy fez uma parceria com uma agência de fazenda provincial para estabelecer uma vinícola moderna de grande escala em Tianjin. Seu rótulo Dynasty rapidamente rivalizou o já estabelecido Great Wall, agora também em uma *joint-venture* com um parceiro estrangeiro. Ele tornou-se posteriormente o líder entre os vinhos de estilo ocidental no mercado doméstico, com vendas de 13 milhões de garrafas por ano.

Em meados da década de 1980, duas novas *joint-ventures* estrangeiras estabeleceram plantações em larga escala de variedades europeias de primeira linha. O vinícola Huadong (leste da China), em Qingdao, na costa nordeste da província de Shandong, foi criada por investidores baseados em Hong Kong. A Allied-Domecq costumava ser, mas já não é mais, o sócio estrangeiro, e os vinhos podem ser de qualidade surpreendentemente boa. A Dragon Seal Wines começou como uma *joint-venture* com a Pernod-Ricard, que não está mais envolvida. Ela produz Chardonnay e Cabernet Sauvignon confiáveis. Huadong e Dragon Seal são agora marcas líderes. As empresas líderes, com uma fatia de mercado nacional combinada de 52%, são a Great Wall, a Chang Yu e a Dynasty. A vinícola Weilong sob intervenção. Em 2008, a China estava se afirmando como o sexto maior produtor mundial de vinhos, embora todas as estatísticas relativas à essa produção na China não sejam confiáveis. Suas 450 vinícolas, algumas delas muito pequenas, estão distribuídas por 26 províncias. Algumas poucas grandes vinícolas, estabelecidas há muito tempo, dominam o mercado. A vinícola Changu Yu de Yantai, em Shandong, é a maior, engarrafando os seus vinhos com diferentes rótulos, incluindo Noble Dragon, um empreendimento conjunto com o produtor austríaco Lenz Moser. Seu produto mais excêntrico é o vinho de gelo Vidal, que é surpreendentemente bom. As outras vinícolas líderes – Beijing Yeguangbei, Lianyungang (Jiangsu), Dynasty, Great Wall e Tong Hua (Jilin) – fazem quase o mesmo volume juntas. Algumas agora importam vinho a granel para misturas ou para engarrafar localmente.

Empreendimentos mais recentes incluem a Lou Lan, uma vinícola de 400 mil caixas no deserto de Gobi, gerida pelo francês Gregory Miche e financiada por investidores de Hong Kong. Mudas importadas foram plantadas em 1998. Cabernet, Merlot, Syrah, Chenin, Riesling e outras variedades. A gama de vinhos varietais superiores é lançada sob o selo Turpan Basin. Em 2002, a vinícola Maotai Changli lançou vinhos de Cabernet Franc e outras variedades. A família austríaca Swarovski, dona da Norton na Argentina, tem investido em Shang-Li, onde 300 hectares estão sendo plantados em Bodega Langes, principalmente com Merlot e Cabernet.

Catai é um empreendimento conjunto em Shandong, com a empresa Sella & Mosca da Sardenha, utilizando principalmente Chardonnay, Merlot e Cabernet Sauvignon. A vinícola Grace tem se dado bem com Chardonnay e Merlot e com a sua mistura superior de Merlot e Cabernet, chamada Chairman's Reserve. Feng Huang é um rótulo criado pelo grupo Taillan de Bordeaux e pelo ministério da agricultura chinês. A primeira colheita foi em 1999. Castas nativas são usadas para fazer a maior parte dos vinhos da China. A mais conhecida é a Dragon's Eye (Olho do Dragão), a uva utilizada para fazer o Great Wall. Beichun, um híbrido da espécie *Vitis amurensis*, nativa do norte da China, adapta-se ao clima rigoroso da sua região fronteiriça. Outras variedades estão sendo testadas, especialmente Rkatziteli, Muscat Hamburg (a espinha dorsal da operação Dynasty) e Riesling italiana. Os mais impressionantes de todos são os vinhos feitos das variedades clássicas introduzidas mais recentemente: Chardonnay, Riesling, Pinot Noir e Meunier, Cabernet Sauvignon e Gamay. Legalmente, o vinho da China precisa conter apenas setenta por cento de suco de uva fermentado, mas é praticamente certo que tais "vinhos" questionáveis sejam reservados para o mercado interno.

Índia

A primeira empresa moderna de vinificação da Índia, a vinícola e destilaria Andhra, foi criada em 1966 em Malkajgiri, Hyderabad, no estado de Andhra Pradesh. O problema da maioria dos vinhos indianos é que eles são feitos de uvas de mesa, embora, na década de 1990, o plantio de variedades internacionais tenha se tornado mais comum. Estima-se que haja cerca de 13 mil hectares em produção.

O primeiro vinho a causar alarde foi o lançamento em 1985, pela Chateau Indage, que começou como um empreendimento conjunto com a Piper Heidsieck, de Omar Khayyam, um vinho espumante com base em Chardonnay, feito perto de Poona, nos montes de Maharashtra, a sudeste de Bombaim. Um vinho mais doce, o Marquise de Pompadour, seguiu para o mercado doméstico, e há um vintage de *méthode traditionelle*, chamado Celèbre. O tinto seco da propriedade é feito da uva local Arkawati, o branco de Ugni e Chardonnay. Com 400 hectares de vinhedos, a Indage tem muitas uvas para utilizar. Na gama Ivy, inteligentemente embalada, ela oferece misturas de Sauvignon Blanc, Semillon e Chardonnay, um Viognier, e Malbec e Shiraz. Os vinhos dos vinhedos Grover de 150 hectares, na base das colinas Nandi, perto de Bangalore, estão amplamente disponíveis na Índia. Desde 1995, Michel Rolland tem atuado como consultor, e preparou uma mistura de Cabernet e Shiraz chamada La Réserve como seu carro-chefe. Vinhedos (Sauvignon, Chenin Blanc e Zinfandel) foram plantados no final da década de 1990, em 15 hectares na propriedade Sula, perto de Nasik, 193 quilômetros (120 milhas) a nordeste de Bombaim, por Rajiv Samant, que é formado nos Estados Unidos. Em 2008, ele tinha 650 hectares de vinhedos e três vinícolas em operação, produzindo, entre outros, vinhos de Sauvignon Blanc, Chenin, Shiraz e Zinfandel. A primeira colheita foi em 2000, e a produção atual é de cerca de 3 milhões de garrafas.

Indonésia

A única empresa da Indonésia, a Hatten Wines, foi fundada em 1994 e localiza-se em Bali. Ela se baseia nas uvas negras Isabella (*Vitis labrusca*) cultivadas em vinhedos a poucos quilômetros da cidade de Singaraja, no norte, onde as encostas proporcionam algum alívio do calor e da umidade dos trópicos. Uma gama completa de vinhos é produzida: branco, rosé, tinto e espumante, e até mesmo uma tentativa local de um Pineau de Charentes.

Japão

O Templo Daizenji em Katsunuma, na província central de Honshu, em Yamanashi, a oeste de Tóquio, é o lar espiritual da indústria de vinho japonesa. Diz a lenda que as primeiras vinhas foram plantadas aqui no século VIII por um homem santo, mas o interesse no início era provavelmente mais no valor medicinal da fruta.

A vinificação veio mais tarde, no século XIX, apesar de Yamanashi ter permanecido no centro, e abrigar mais de 30 empresas vinícolas modernas e sérias. Outras regiões produtoras de uvas são Nagano, uma província adjacente a oeste; Yamagata, mais ao norte, na ilha de Honshu, e Hokkaido, a grande ilha no extremo norte do Japão.

Os produtores têm de enfrentar condições de cultivo inadequadas – os padrões climáticos das monções (regiões central e sul), inverno longo e severo (no norte), problemas de drenagem e solos ácidos – e custos elevados. O foco principal da viticultura japonesa está no cultivo de uvas de mesa, em vez de criar matéria-prima de primeira para a produção de vinho. Isso se reflete nas variedades e nas práticas viticulturais. Variedades e híbridos de *Vitis labrusca*, introduzidos ao longo do século XIX, provenientes da América do Norte, representam quase 80% do total do Japão de cerca de 25 mil hectares de vinhedos. Kôshû, a uva branca local e as descendentes de *Vitis vinifera* das vinhas originais plantadas em Katsunuma no século VIII, constituem a espinha dorsal da identidade do setor vinícola, ou a maior parte do vinho produzido. É uma videira pesada, produzindo bagas grandes, redondas e rosadas, com as quais os produtores geralmente travam uma batalha para extrair cor, sabor e corpo. Castas europeias têm sido testadas desde 1960.

Seibel, uma variedade que parecia promissora nos experimentos, foi cruzada com êxito com a videira nativa para criar uma nova variedade, chamada Kiyomi. Ela produz um vinho convencional, embora fortemente ácido, com alguma semelhança com Pinot Noir. Em experimentos mais recentes, a Kiyomi foi cruzada novamente com a videira nativa para produzir um novo híbrido comercial, Kiyomai, que não precisa ser enterrado no solo para a proteção durante o inverno rigoroso, como é o caso de outras variedades, inclusive a Kiyomi. Variedades do norte da Europa, como Müller-Thurgau e Zweigelt podem muito bem vir a ser adaptadas às condições de inverno rigoroso de Hokkaido.

A surpresa é que há alguns vinhos de primeira linha locais (de Semillon, Chardonnay, Cabernet, Merlot e Kôshû) agora sendo feitos em uma tentativa de competir com as importações. Cinco enormes conglomerados de bebidas diversificadas, que juntos respondem por três quartos da produção total, dominam a indústria. A cervejaria Suntory produz uma aclamada mistura tinta chamada Tomi. Ela briga pela primeira posição com a gigante dos refrigerantes Sanraku, que vende Chardonnay, Merlot e Cabernet particularmente bons, sob o rótulo Mercian. O vinho Manns enfatiza as variedades locais Koshu, Dragon's Eye (Olho do Dragão), e cruzamentos de castas locais com europeias, adaptadas ao clima chuvoso do Japão, bem como Chardonnay, Merlot e um Cabernet envelhecido em carvalho francês. Outra cervejaria, a Sapporo (rótulo Grand Polaire) e a cervejaria Asahi (rótulo Sainte-Neige) são outros grandes concorrentes. Vinícolas menores e familiares são igualmente concentradas em Yamanashi, entre elas a Marufuji (rótulo Rubaiyat), Shirayuri (rótulo L'Orient), Maruki e a Château Lumière, que se preocupa com a qualidade. Esses vinhos de qualidade são, e devem continuar a ser, as exceções. A maioria do vinho rotulado como "japonês" é misturado com importações da América do Sul e leste europeu.

Mosteiro Chung Tai Chan e vinhedo, Taiwan.

Coreia do Sul

Com cerca de 600 hectares de vinhedos, a Coreia do Sul tem uma indústria de vinho de pouco valor. Majuang é o nome genérico para todos os vinhos locais, feitos principalmente de vinho a granel importado de baixa qualidade, misturado com uvas Seibel Muscat Hamburg, cultivadas localmente para dar "autenticidade". Entre os produtores, estão Comfe, Grand Coteau e Chateau Mani.

Tailândia

O crescente mercado para o vinho na Tailândia gerou alguns empreendimentos vinícolas locais. Château de Loei é um vinhedo de 100 hectares e vinícola em Phurua, no distrito mais frio do rio Loei, no norte da Tailândia. A Château de Loei usou Chenin Blanc como base para seu primeiro vinho comercial, lançado em 1995. Pequenas quantidades de vinho tinto, feito principalmente de Shiraz, estavam disponíveis a partir da segunda safra em 1996. Os impostos e as taxas proibitivos sobre os vinhos importados são um grande incentivo para se enfrentar o desafio de cultivar uvas nesta parte dos trópicos. A vinícola Siam produz uma vasta gama de vinhos, a maioria deles levemente adocicada, sob o rótulo Monsoon Valley.

Vietnã

Vinho de arroz é mais importante que vinho de uva no Vietnã, mas a empresa Dalat começou a produzir vinho em 1999. Suas uvas são provenientes de Phan Rang, a principal região de uvas de mesa do país, e a Cardinal é a variedade mais utilizada. Uma gama completa de vinhos, provada em 2008, não inspira muito entusiasmo. Vinho de cobra parece mais intrigante, e o produto da empresa Van Tranh tem um bônus: um escorpião preso às mandíbulas da cobra.

Estados Unidos

Seria difícil imaginar, diante do atual nível de entusiasmo e conhecimento vigente nos Estados Unidos, que até o final da década de 1960 a vinicultura fosse uma atividade exótica, capaz de abrir espaço somente às margens da economia norte-americana. A distribuição comercial de todo o vinho do país era regulada pela Comissão de Álcool, Tabaco e Armas, como se constituísse um produto incendiário, se não explosivo. Hoje, o controle cabe à Comissão de Tributação e Comércio de Álcool e Tabaco, mas seus poderes reguladores são praticamente iguais. O consumo de vinho era visto como algo raro, furtivo e mesmo suspeito. A Lei Seca quase suprimiu do horizonte a perspectiva de norte-americanos saudáveis, livres de neuroses, apreciando livremente o precioso legado da cultura mediterrânea.

Durante o último meio século, tanto a produção quanto o consumo de vinho aumentaram enormemente. No *ranking* da Associação Mundial de Produtores, os Estados Unidos ocupam o quarto lugar, produzindo quase a metade do total da França ou da Itália, os dois gigantes do mundo dos vinhos. As importações também se elevaram, e o consumo *per capita* agora se estabilizou em torno de nove litros por ano.

Posição ainda modesta, e a neurose antivinho não acabou totalmente, mas a bebida por fim veio a permear a alma norte-americana como fator essencial do bem-estar. Quase todos os estados possuem vinhedos; mais de vinte contam com uma indústria vinícola. No entanto, é a ênfase que tem sido dada ao vinho, em restaurantes e hotéis, em revistas e na publicidade, que prova ter havido uma grande mudança. Os Estados Unidos desenvolveram sua própria vinicultura, com valores peculiares, sistemas de plantio e de classificação e ideias próprias sobre o uso do vinho às refeições. Mais ainda, registrou-se uma bem-sucedida atividade exportadora desses aspectos relacionados ao vinho para o resto do mundo.

Califórnia

Agora soa natural incluir a Califórnia na curta lista de grandes centros vinícolas, reiterando-se que tal condição é relativamente nova. Embora o Napa Valley, em particular, tenha adquirido firme reputação por seus vinhedos durante o século XIX, os anos 1970 constituíram o decênio em que a Califórnia estabeleceu sua posição no universo do vinho. Até esse tempo, os Estados Unidos não estavam prontos para o que a região (e a fina bebida em geral) tinha a oferecer. Mas a geração de vitivinicultores que se seguiu à repressão da Lei Seca fez o necessário e o suficiente para impor uma indústria aparentemente inamistosa. Poucas pessoas estavam preparadas para o impacto do fim da década de 1960, quando os norte-americanos passaram a mudar seus hábitos, a desenvolver novos conceitos, a pensar melhor sobre seu meio ambiente, sua dieta alimentar e sua saúde, descobrindo que tinham um poço da bebida mais gratificante do mundo em seu próprio quintal.

A partir do começo dos anos 1970, o crescimento foi espantosamente rápido. Em 1970, existiam 240 vinícolas credenciadas (ou seja, com instalações licenciadas para a produção de vinhos). Por volta de 2000, o número delas crescera para 1.450, e, em 2007, para assombrosos 2.687, com 3.200 vinherias adicionais em outros estados. Em torno de 2006, as parreiras de uvas viníferas já cobriam 193 mil hectares do território; em 1990, eram 136 mil hectares. Por trás desses números, tão impressionantes, tudo borbulhava: uvas, homens, prioridades, terras, tonéis e... filosofia. Ainda fermentam.

Previsivelmente, os demais negócios de bebidas – cervejas, destilados e refrigerantes – agitaram-se para manter algum controle sobre o mercado de massa, com variados graus de sucesso. A duradoura dominação desse mercado pela empresa Gallo pode ser atribuída ao fato de que a companhia é até hoje gerida pelos familiares dos irmãos fundadores.

No extremo oposto, surgiu o que foi chamado maldosamente de "vinho de boutique", e a moda levava consumidores novatos de uma marca a outra, enquanto os fabricantes procuravam identificar do que eles de fato gostavam e se permaneceriam fiéis a determinado *blend* no ano seguinte. Em nenhum lugar o culto ao técnico em vinhos se desenvolveu tanto quanto na Califórnia. Um punhado deles (incluindo muitas mulheres) despertava tanta admiração e respeito que as vinícolas contratantes podiam cobrar altas somas por seus produtos. Tal comentário de modo algum coloca em dúvida as habilidades desses profissionais, sejam enólogos ou vinhateiros, mas reafirma que o prestígio de um especialista, mesmo no papel de consultor, conta bastante para o sucesso comercial de uma vinícola, mais do que, por exemplo, fatores impalpáveis como as videiras e o terreno.

Como em toda atividade humana, há mais areia nos olhos do que marcos duradouros na paisagem. Essencialmente, a vitivinicultura é uma indústria sem estrutura e dotada de poucas regras. Existem quatro elementos – e você precisará de todos eles – para saber o que deseja de um vinho da Califórnia. Impossível fugir da predominância da marca ou do nome da vinícola. A variedade da uva utilizada consiste no único dado disponível sobre o que vem dentro da garrafa. Por vezes, a área produtora é uma boa pista para o estilo da bebida, mas não, com frequência, para sua qualidade. Já o ano da vindima ou colheita atesta quanto a bebida é envelhecida – e, em geral – bem mais do que isso.

O acesso a esses elementos essenciais foi organizado, neste capítulo, em três listas: de vinícolas e marcas comerciais, de uvas e tipos de vinhos, e de áreas de cultivo. Quão bons são os vinhos californianos e como se saem numa comparação internacional?

Nos últimos e estranhos vinte anos, vinhos norte-americanos artesanais de primeira classe provaram, em degustação "cega", que podiam brilhar perante os melhores europeus que tentavam emular. Motivo? Previsível, porque inerente à própria natureza dessas bebidas. É a uva plenamente amadurecida que torna o vinho da Califórnia comparável aos dos melhores vinhedos e vindimas da Europa. Há que considerar, contudo, além do grau de amadurecimento da uva, a questão do tipo de solo. Ambos os detalhes influem mais a longo prazo na qualidade do vinho do que os produtores californianos gostam de admitir.

Assim, a desvantagem da uva supermadura está no forte e persistente sabor e aroma que proporciona. Como vigor e apetite combinam com os valores norte-americanos, ao menos os de hoje, tais vinhos veem-se apreciados nos Estados Unidos e por toda parte. A disposição de espírito do consumidor pode variar, aqui ou acolá, mas por breve tempo. Há poucos anos, os termos mais elogiosos com relação aos vinhos norte-americanos eram: "agradavelmente frutados", "assombrosos", "bastante intensidade", "traços perceptíveis de carvalho francês". Em um período posterior, porém efêmero, "delicadeza", "equilíbrio", "harmonia" e "elegância" se converteram nas palavras definidoras daqueles vinhos. Passados mais alguns anos, "intensidade" e "toque frutado" retornaram à moda com maior força do que antes.

A imprensa especializada dos Estados Unidos tem um papel desproporcional na decisão sobre a sorte e a fortuna material de uma vinícola. Apenas em Bordeaux, França, o veredito dos comentaristas de vinhos é tão aguardado quanto nos Estados Unidos. Com centenas de produtores fabricando dispendiosos Cabernet em Napa e Sonoma, o pobre consumidor precisa realmente de ajuda para fazer uma escolha. Ele pode ser perdoado por concluir que o vinho com maior pontuação nas colunas dos jornais é "o melhor" ou "o mais capitoso". A imprensa tende a premiar riqueza e poder acima de *finesse*. Vinhos erroneamente avaliados, como os produzidos pela Mondavi, ganham escores baixos porque provêm de uma empresa mais modesta (embora esmerada) do que suas rivais.

Os proprietários da maioria das vinícolas californianas são perspicazes quanto a causar impacto na sociedade. Constituindo em grande parte a primeira geração de investidores no ramo, esses homens ou mulheres e seus contratados costumam atentar aos relatórios de vendas, de preferência a ouvir os conselhos de seus pais ou festejar novas plantações de uvas. Se a sociedade deseja tamanho, ou seja, porte empresarial, é o que ela terá. No entanto, os vinhos

VARIETAIS E VARIEDADES

Útil, mas ausente dos dicionários, o termo "varietal" foi cunhado na Califórnia para designar um vinho que tenha sido feito inteiramente, ou com acentuada predominância, de uma só variedade de uva, devidamente expressa no rótulo. Até 1983, a lei requeria que a variedade dominante constituísse meros 51% do total. Daquele ano em diante, a percentagem inchou para 75%, e muitos varietais de alta qualidade se aproximaram dos 100%. Contudo, nada existe nas regras que impeça um produtor de misturar 20% de Syrah em um Pinot Noir, sem declarar essa mistura no rótulo.

recentes da Califórnia se tornaram mais densos ou pesados e mais alcoólicos do que nunca, além de atingir preços desconcertantes, dignos de um príncipe. Até o Pinot Noir carrega, às vezes, mais de 16% de teor de álcool.

No entanto, um crescente grupo de produtores, ainda em pequena escala, obteve uma ou duas safras de vinho em Gevrey-Chambertin e St.-Julien, possuidoras de tanta excelência quanto as mais luxuriantes cepas de uva da Califórnia. Mas não é fácil. Os cultivadores norte-americanos costumam falar de "clima frio", porém o clima californiano é mais mediterrâneo que o de Bordeaux ou da Borgonha.

O gosto pessoal é o árbitro definitivo, como este autor foi lembrado ao perguntar, numa reunião em Nova York, se os apreciadores ali presentes gostariam que todos os Bordeaux tintos tivessem o caráter da grande campeã das safras modernas, a de 1961. "Claro", afirmou um porta-voz. "Eu seria idiota se não ansiasse pelo mais denso, mais extraordinário sabor, ainda que pouco refrescante, entre todos os vinhos, em cada refeição." Talvez ele tivesse razão. Afinal, os claretes franceses de 1961 tornam-se bebidas tímidas diante dos descomunais esforços inovadores vigentes na Califórnia.

O clima

Desde quando terminou a Lei Seca, ou, mais precisamente, desde quando a Universidade da Califórnia no *campus* de Davis destacou-se em suas pesquisas, aquele estado norte-americano pareceu mais abençoado pelo sol do que pela composição das terras, como critério sobre onde plantar determinadas variedades de uvas. Entre 1940 e 1960, cientistas da universidade desenvolveram um mapa de cinco regiões climáticas que governaria o plantio das cepas por várias décadas (mas atualmente esse mapa está em desuso). O mapeamento se baseava no calor acumulado de 1º de abril a 31 de outubro de cada ano, fase de crescimento das plantas. A medida consistia nos "graus-dia de temperatura" (a média da temperatura diária menos 50).

As regiões se assemelhavam rudimentarmente a outras pelo mundo, por meio das quais eram nomeadas: Borgonha (região I, até 2.500 graus-dia); Bordeaux (região II, de 2.500 a 3.000 graus-dia); Rhône (região III, 3.000 a 3.500 graus-dia); Jerez (região IV, de 3.500 a 4.000 graus-dia); e Norte da África/Oriente Médio (região V, mais de 4.000 graus-dia).

Tal sistema funcionou bem para empurrar cultivadores de vinhedos a Monterey e Santa Maria Valley, em Santa Bárbara, na década de 1970, mas a experiência prática com as regiões climáticas revelou mais imperfeições do que virtudes. A famosa uva branca Chardonnay prosperou em lugares não previstos, enquanto a variedade tinta Cabernet se recusou a brotar nos pontos em que o calor recomendava seu plantio. A explicação está no fato de que o esquema acadêmico não conseguiu abranger fatores importantes como as horas de insolação, suscetibilidade das videiras à neblina e/ou ao vento, fertilidade do solo e relevo do terreno.

Os solos

Enquanto a noção de regiões climáticas regulava as atividades vinícolas na Califórnia, o solo só era considerado importante quando drenava (escoava as águas) muito bem ou muito mal. Embora certo número de plantadores suspeitasse de que o fator solo era mais importante do que se pensava, o trato das terras cultiváveis estava longe de rivalizar com os cuidados adotados na Europa. O progresso nesse ponto, infelizmente, foi bastante lento. Nas áreas litorâneas, onde os pontos turísticos importam mais que tudo, os solos são irregulares, erráticos, porque na Califórnia os arranjos naturais da área costeira, geologicamente jovem, encontram-se em contínua mudança.

Dois exemplos podem bastar. Em uma escala geológica maior, a Falha de San Andreas divide em duas partes a placa tectônica norte-americana. Os terrenos, nos lados opostos da tristemente célebre fonte de terremotos, podem não manter relação alguma entre si, mesmo a uma distância de centímetros – o que é mais notável nas montanhas de Santa Cruz.

Em menor dimensão, o agora chamado rio Russo, que escoava pelo Napa Valley até a baía de San Francisco, teve seu curso bloqueado pela atividade geológica resultante na elevação do monte Santa Helena. Naquele ponto, o rio desviou-se para oeste, correndo rumo ao oceano Pacífico, o que condenou o Napa Valley e o Alexander Valley a se desenvolverem em rumos diferentes.

Também deve ser lembrado que os vinicultores de St. Émilion, de Meursault, de Chianti, tiveram séculos para trabalhar, essencialmente pelo método da tentativa e erro, na melhor adaptação de cada espécie de uva a cada tipo de solo. Nos recantos da Califórnia que puderam cultivar uvas por um século ou mais, torna-se igualmente possível definir e apontar os melhores terrenos para determinada qualidade de videiras. Todavia, apenas dizer que Rutherford é a terra de uma magnífica cepa Cabernet elide a explicação disso. Na Europa, as propriedades vitivinícolas usualmente cultivam as uvas das quais necessitam e são demandadas pelo mercado. Na Califórnia, os fazendeiros dominam a indústria, e o vinho "de raiz" constitui exceção, mais que a regra. Os vinicultores são tentados a plantar a variedade que possa alcançar o melhor preço de mercado, no lugar de outra mais bem adaptada a um *terroir* ou gleba em particular.

Terroir é a palavra francesa, usada no mundo todo, que abrange uma miscelânea de fatores concernentes à produção de vinhos, incluindo clima, solo e subsolo, drenagem, força do vento, luminosidade natural, processos de clonagem e enxerto das sementes, e muitos outros, até mesmo as condições do ecossistema. O detalhe admirável consiste no quanto a Califórnia progrediu com tão modesto conhecimento inicial da arte e técnica do vinho. No decorrer das décadas, conforme a compreensão evoluir e for adotada na produção vinícola, o resultado pode ser ainda mais espetacular.

Áreas de Viticultura Americanas (AVAs)

Em decorrência das dificuldades com o clima e o solo, os cultivadores norte-americanos de uvas, liderados pelos californianos, persuadiram o governo federal a criar um sistema rudimentar de denominações de origem, que teve princípio no começo da década de 1970. As regulações de nome nada mais fizeram do que desenhar os limites em torno de áreas relativamente homogêneas entre si. Não implicavam um patamar de qualidade, nem impunham restrições às variedades plantadas ou métodos de cultivo, nem estabeleciam níveis ideais de rendimento na produção. Na verdade, permitiam que um vinho portasse o nome da área de origem quando até 15% das uvas utilizadas tivessem crescido em outras regiões.

A despeito disso, as mais de 100 AVAs californianas existentes hoje provaram-se úteis, ao menos em um ponto. Elas têm forçado os produtores a buscar as melhores (ou as mais viáveis quanto ao solo) variedades de uvas para compor seus vinhedos. Um caso em pauta é Carneros, com sua Chardonnay, e outro está na Pinot Noir, em Russian River Valley. Como resultado, as zonas de vinicultura se tornaram uma estrutura-símbolo da Califórnia contemporânea. As denominações a seguir indicam uma AVA importante, seguida de outras, subsidiárias.

Costa Norte (AVA). Abrange a maior parte do condado de Lake, incluindo Mendocino, Napa, Sonoma e Marin, que lideram as áreas vitivinícolas ao norte da baía de San Francisco.

• **Condado de Napa/Napa Valley (AVA).** É a mais concentrada e prestigiosa região, com 14.800 hectares de superfície e cerca de 400 vinhedos. A ponta sul (Carneros) tem clima fresco, ocupa uma vasta planície de 40 quilômetros e desemboca na baía de San Francisco. O lado norte (Calistoga) é mais quente e resguardado pelo monte Santa Helena.

As cidades de destaque, do sul para o norte, são Napa, Yountville, Oakville, Rutherford e Santa Helena. Solos e climas diversificados tornam a região versátil como produtora de uvas viníferas, mas a história e a tradição favorecem a uva tinta Cabernet Sauvignon (aliás, a mais difundida no mundo) acima de todas as demais variedades. Números recentes indicam, em hectares plantados: Cabernet Sauvignon (7.589), Merlot (2.775), Pinot Noir (1.100), Cabernet Franc (1.340), Syrah (1.400), Zinfandel (1.670), Chardonnay (9.850) e Sauvignon Blanc (4.000).

Atlas Peak (AVA). Este vale em terreno elevado, a leste de Stags Leap, sobressaiu-se com um Sangiovese ambicioso, mas não necessariamente o melhor.

Vinhedos do Napa Valley.

CALIFÓRNIA

Carneros (AVA). Localiza-se no extremo sul do vale, que divide com o condado de Sonoma. Foi planejada para produzir Pinot Noir, porém a Chardonnay constitui sua joia, enquanto Merlot e Syrah vão evoluindo. O vinho espumante tornou-se a força local.

Yountville (AVA). É o pavimento geográfico do sul do Napa Valley. Produz uma elegante, mas pouco rendosa, Cabernet e uma excelente Chardonnay.

Montanha Howell (AVA). Nas colinas a leste de Santa Helena, forma o lar histórico da Zinfandel, hoje em dia plantada com Cabernet.

Monte Veeder (AVA). Nos planaltos a oeste de Napa e Yountville, produz-se principalmente Cabernet.

Rutherford (AVA). O coração do vale, onde a Cabernet cresce há mais tempo e, segundo alguns, de acordo com a melhor qualidade.

UVAS E NOMES GENÉRICOS DE VINHOS

Alicante Bouschet. Vinho tinto de complemento à mesa, com densidade e cor, mas algumas vinícolas produzem simples versões varietais. 450 hectares.

Barbera. Tipo de uva altamente ácida, muito plantada no quente San Joaquin Valley, para mistura. A produção é promissora no sopé de Sierra. 3.450 hectares.

Cabernet Franc. Cultivo consistente, sobretudo na Costa Norte e em Santa Barbara. Principal destino: mistura com Cabernet Sauvignon e Merlot, mas o uso é crescente em varietais. 1.410 hectares.

Cabernet Sauvignon. Dá o melhor tinto da Califórnia: frutado, aromático, encorpado, rico em tanino. Exige maturação em tonéis de carvalho e ao menos quatro anos em garrafa. Os destaques vêm do vale central do Napa, partes de Sonoma e montanhas de Santa Cruz. 30.740 hectares.

Carignane (Carignan francesa; Cariñena espanhola). Antigo vinho que subsiste em misturas, em Sonoma e Mendocino, e em vinícolas de menor porte em San Joaquin Valley. Em declínio. 1.625 hectares.

Carnelian. Cruzamento tinto introduzido em 1973, destaca a cor, mas não o sabor nas misturas. Além disso, está em declínio. 390 hectares.

Charbono. Uva tinta de origem misteriosa, resulta em vinhos escuros, de textura grossa. Tem detratores e fãs, porém é difícil de encontrar, com apenas 30 hectares.

Chardonnay. A mais bem-sucedida uva branca da Califórnia, fonte de grandes vinhos na tradição da Borgonha, com fermentação em barris e sedimento denso. Requer bom senso para não se produzir demais, gerando vinhos pesados como os do Napa. Partes de Sonoma e da Costa Central (Monterey, Santa Bárbara) tendem a um toque mais leve. Com pontos altos em Carneros e Anderson Valley, brilha no Russian River Valleye, de modo sutil, no Edna Valley. É surpreendentemente boa em Ukiah e Lodi. Vastos vinhedos a tornaram a variedade mais plantada na Califórnia: 38.200 hectares.

Chenin Blanc. Uva branca popular, de qualidade duvidosa, apreciada pela safra abundante, correta acidez e aroma marcante. Agradável quando meio doce, melhor ainda quando ressecada. Boa para misturas que não exijam envelhecimento. Suas plantações bateram em 12.500 hectares em 1990, agora caíram para 4.600 hectares.

Dolcetto. Esta uva do Piemonte italiano foi experimentada por diversas vinícolas, mas os resultados guardam pouca semelhança com o sabor original. Meros 37 hectares.

French Colombard. Branca, altamente ácida, variedade para misturas, plantada nas regiões mais quentes de San Joaquin Valley, onde o bom rendimento a tornou popular. Mas os vinhedos desabaram do pico de 25.000 hectares para 11.700.

Fumé Blanc. Ver Sauvignon Blanc na p. 485.

Gamay Beaujolais. Não é a uva Beaujolais francesa, mas um tipo de Pinot Noir. Em processo de extinção, cobre 56 hectares.

Gewürztraminer. Após um começo hesitante, fez sucesso na Califórnia, onde seu vinho é mais suave e menos picante que o da Alsácia. Destaca-se em Anderson Valley, quase tão bom quanto o de Russian River Valley e partes de Salinas. 560 hectares.

Grenache. Fonte de bebida aromática, tinta ou rosada, nas zonas mais cálidas de Monterey. Suas parreiras predominam em San Joaquin e se destinam a vinhos estilo Porto. Considerada parte da retomada das variedades do Rhône. 3.000 hectares.

Johannisberg Riesling (ou Riesling Branco). Apesar dos bons resultados em colheitas precoces ou tardias, em Anderson Valley, montanha Spring e partes de Sonoma, o Riesling da Califórnia falhou em repetir o êxito dessa variedade no Oregon e em Washington. 800 hectares.

Malbec. Usada principalmente na Califórnia para misturas nos estilos Meritage (ver nesta página).

Malvasia Bianca. É a uva italiana comum, indicada para vinhos de sobremesa em zonas quentes como o sul de Monterey. Contudo, também produz agradáveis vinhos de mesa em áreas frias. 730 hectares.

Marsanne. Testada por viticultores de Mendocino a Santa Bárbara, mas até aqui nenhuma versão alcançou grande destaque. 28 hectares.

Meritage. Termo criado em concurso, em 1988, para descrever as misturas californianas tipo Bordeaux, mas jamais adotado universalmente nos rótulos.

Merlot. Esta uva, ex-coadjuvante nos grandes vinhos Bordeaux, tornou-se um êxito em varietais, sobretudo quando a bebida é suave e barata. Agora vem sendo destronada pela Pinot Noir. 21.700 hectares.

Mission. Velha e tosca uva local dos missionários franciscanos. Cerca de 240 hectares restaram nos entornos mais quentes do sopé de Sierra.

Mourvèdre/Mataro. Nenhum exemplo desta uva de origem provençal (Bandol) rivaliza em longevidade com os centenários vinhedos do condado de Contra Costa. Os poucos produtores com acesso a eles geram esplêndidos vinhos. 350 hectares.

Muscat (ou Moscatel). Os melhores são o Muscat de Frontignan e o Moscatel de Canelli, consagrados como vinhos

Oakville (AVA). Contígua a Rutherford, no sul, cultiva extensivamente Cabernet, mas ainda, e surpreendentemente bem, outras variedades, desde a Chardonnay à Zinfandel. Nenhuma uva branca é melhor do que sua Sauvignon Blanc.

Santa Helena (AVA). Limítrofe a Rutherford, ao norte, exibe sobretudo plantações de Cabernet Sauvignon.

Montanha Spring (AVA). As colinas a oeste de Santa Helena contêm Cabernet, Chardonnay e uma pitada de boa Riesling.

Diamond Mountain (AVA). Essas terras altas a oeste de Calistoga são excepcionais para uma robusta Cabernet.

Distrito de Stags Leap (AVA). Na parte sudeste da base do vale, é devotado quase totalmente à Cabernet Sauvignon, mais suave aqui do que no restante do Napa.

---

brancos de mesa em regiões frias, ou de sobremesa em áreas cálidas. Adocicada, de baixo teor alcoólico, é uma bebida tão instável que deve ser mantida refrigerada. 390 hectares estão na Califórnia, e a uva moscatel de Alexandria é mais cultivada para consumo direto.

Napa Gamay. Para evitar confusão com a Gamay Beaujolais (ver p. 484), esta variedade, aparentada com a própria Gamay, foi renomeada como Valdiguié. 215 hectares.

Nebbiolo. Uva nobre do Piemonte italiano, com 74 hectares na Califórnia. Evolui melhor sob neblina. Poucos resultados convincentes até agora.

Petit Verdot. Vem ganhando popularidade como vantajoso componente de misturas do tipo Bordeaux. 524 hectares.

Petite Sirah. Nome californiano para uma robusta e tânica uva francesa, a Durif, e outras cepas obscuras. Detalhe intrigante, especialmente em Sonoma, Napa e Mendocino: é utilizada para dar cor e tanino às *assemblage* estilo Rhône. 2.480 hectares.

Pinot Blanc. Similar a uma Chardonnay leve, corresponde à variedade Melon (a maior parte do total), ou seja, a autêntica Pinot Blanc. 195 hectares.

Pinot Gris. Cada vez mais popular na Alsácia e sobretudo nos vinhos italianos, mas até agora o Oregon obteve maior êxito com esta uva do que a Califórnia.

Pinot Noir. Uva tinta da Borgonha, vista como a última grande barreira dos produtores californianos. Resultados iniciais foram fortes, densos e monótonos. Em anos recentes, a popularidade e o sucesso aumentaram, sobretudo em Anderson Valley, Russian River Valley, Santa Bárbara, Carneros, Arroyo Grande e planalto de Santa Lúcia. Também compõe clássicos vinhos espumantes.

Port (Porto). Nome europeu "genérico" para vinhos licorosos que raramente lembram o original português, embora possam também ser finos e elegantes. A maioria provém da Zinfandel ou da Petite Sirah, enquanto um punhado de variedades do Douro fazem o verdadeiro Porto.

Roussanne. Muita gente se envergonhou quando soube que alguns deliciosos Roussanne dos anos 1990 eram, de fato, feitos com enganadoras vinhas Viognier. A autêntica Roussanne cresce em San Luís Obispo, com ótimo rendimento. 72 hectares.

Ruby Cabernet. Criada por H. P. Olmo em Davis, para balancear vinhos do tipo Cabernet, de climas quentes. Provou-se útil componente de misturas em San Joaquin Valley. 2.720 hectares.

Sangiovese. Nova esperança no final dos anos 1980, essa robusta uva tinta da Toscana mostrou-se muito promissora em Amador, bem como em Mendocino (Ukiah-Hopland), Sonoma (Alexander Valley) e Napa (Atlas Peak). Prestígio em declínio. 900 hectares.

Sauvignon Blanc. A empresa Mondavi criou o termo Fumé Blanc para o vinho de Sauvignon com aroma de carvalho, estilo popular até anos recentes, quando emergiu a preferência por versões mais frescas, sem tratamento em madeira com pretensões a um "Chardonnay dos pobres". Uma variação clonal, chamada Sauvignon Musqué (almiscarada), deu um toque tropical aos aromas e sabores das uvas empregadas, bem-aceito pelos produtores.

Sémillon. Vinho Bordeaux doce e uva vinífera seca da Austrália. Ainda pouco explorados na Califórnia, onde a produção rende bem. 465 hectares.

Sherry (ou Xerez). O "sherry" norte-americano nunca alcançou o padrão do original espanhol, já obtido, por exemplo, na África do Sul. É usualmente aquecido para imitar o caráter oxidativo do genuíno xerez.

Syrah (ou Shiraz). Em 1986, só havia 50 hectares plantados na Califórnia inteira; hoje, são 7.620. A uva Syrah floresce por toda parte: Napa, Sierra, Paso Robles e Santa Bárbara. Proporciona vinhos saborosos, picantes, cuja qualidade cresce dia a dia.

Thompson Seedless. Uva neutra, sem sementes, para sobremesa, e também fermentada como vinho. Nunca citada nos rótulos, mas presente em muitos brancos e nos espumantes Charmat. Seus 90 mil hectares geram sobretudo uvas-passas, mas cerca de um terço é esmagado para fazer uma espécie de xerez.

Valdiguié. Nova denominação para a Napa Gamay (ver nesta página).

Viognier. Exploradores do rio Rhône europeu descobriram (e aprovaram) esta uva de lida complicada, da qual certa porção vicejou na Califórnia. No entanto, a variedade é muito amadeirada ou muito alcoólica. 900 hectares.

Zinfandel. Uva tinta própria da Califórnia, de origem croata e idêntica à Primitiva italiana. Muito exitosa e popular para todos os níveis de vinho, das misturas baratas às versões finas e a verdadeiros melaços tão propagandeados. As melhores bebidas têm equilíbrio e um vivo aroma de framboesa. A Zinfandel "branca" é um sucesso comercial. 21 mil hectares.

Distrito de Oak Knoll (AVA). Ao sul de Yountville, é uma área de clima fresco, reconhecida por suas boas Cabernet, Merlot e Chardonnay.

Chiles Valley (AVA). Localizado a leste da Montanha Howell, constitui ótima fonte de Cabernet e Zinfandel.

Wild Horse Valley (AVA). A oeste de Carneros, é um vale elevado e relativamente frio. Apenas quarenta hectares plantados.

Outras AVAs se acham pendentes, sobretudo Calistoga e Pope Valley, em razão do fato de que o norte de Chiles, estendendo-se à fronteira do condado de Lake, é uma área esplêndida para a Sauvignon Blanc.

• **Condado de Sonoma.** É a maior rival do Napa, em termos de produção e prestígio. Sonoma jaz entre o Pacífico e o Napa, mas tem área bem maior e mais diversificada em termos geológicos e topográficos. O manto da AVA não cobre seus 14.600 hectares de vinhas e mais de 200 vinícolas, tampouco o nome do lugar se tornou sinônimo de uma cepa de uva. Maiores áreas plantadas: Cabernet Sauvignon (5.120), Merlot (3.050), Pinot Noir (4.470), Syrah (740), Zinfandel (2.440), Chardonnay (6.500) e Sauvignon Blanc (1.100).

Alexander Valley (AVA). Atinge o norte, de Healdsburg à borda do condado de Mendocino; vale quente, propicia boa qualidade em Cabernet Sauvignon e Zinfandel.

Bennett Valley (AVA). Região de 260 hectares criada em 2003, ao sul de Santa Rosa, e dominada pela fazenda Matanzas Creek.

Carneros (AVA). Mais da metade da superfície de Carneros situa-se em Sonoma, dividida com o Napa, mas os vinhedos ocupam bem menos do que isso. Ver Napa.

Dry Creek Valley (AVA). Cada vez mais quente ao avançar de Healdsburg rumo noroeste, é soberbamente apropriada para a Zinfandel e promissora de variedades brancas e tintas do Rhône.

Rockpile (AVA). Aprovada em 2002, zona de 65 hectares nas colinas costeiras do noroeste de Sonoma.

Knights Valley (AVA). Exatamente ao norte de Calistoga em Napa; cultiva sobretudo Cabernet, destinada às vinícolas fora dessa área pouco povoada.

Russian River Valley (AVA). Frio, coberto de neblina, estende-se por Healdsburg, sul de Santa Rosa, sudoeste de Forestville e Sebastopol. Dá-se melhor com a Pinot Noir e a Chardonnay, em vinhos espumantes ou não, mas também planta Zinfandel. O Green Valley (do espumante Chardonnay) é a subAVA mais fria da área do rio Russo; Colina Chalk (Chardonnay, Sauvignon), a mais quente. O vale como um todo ficou conhecido por seus saborosos Pinot Noir, produzidos há mais de vinte anos.

Sonoma Valley (AVA). Alonga-se do sul de Santa Rosa, através de Kenwood e Glen Ellen, até a cidade de Sonoma, onde se abre para a baía de San Francisco, sem timbrar uma variedade como principal. O monte Sonoma, uma subAVA, é dominado pela uva Cabernet. O Sonoma Valley ainda se sobrepõe a uma parte de Carneros.

Sonoma do Norte (AVA). Cobre todo o curso do rio Russo. A AVA costeira de Sonoma é outra "faz-tudo", mas inclui videiras, na linha do litoral, que dão excelentes Chardonnay e Pinot Noir. Produtores da costa pleiteiam sua própria AVA, provisoriamente chamada Fort Ross/Seaview.

• **Condado de Mendocino/AVA Mendocino.** Diretamente ao norte do condado de Sonoma, Mendocino e sua área de vinhedos são de certo modo esquizofrênicos. A região ao sul de Redwood Valley, através de Ukiah e Hopland, é mais quente e seca do que qualquer parte de Sonoma, mas por curto período anual. Há 56 vinícolas no condado. O Anderson Valley, beirando a costa, é frio e chuvoso como as plantações de uva da Califórnia gostam. Ao todo, cerca de 40 empresas semeiam 6.800 hectares de vinhas. Principais variedades: Cabernet Sauvignon (1.060 hectares), Chardonnay (1.750), Pinot Noir (770). Embora pouco plantadas, a Gewürztraminer e a Riesling são importantes em Anderson Valley.

Anderson Valley (AVA). Ancorado em Boonville, no frio lado oeste do país, este vale produziu um espetacular Gewürztraminer seco, um sofisticado Riesling, um tradicional Chardonnay, além de bons espumantes, desde seu revivescimento nos anos 1960.

ANDRÉ TCHELISTCHEFF & CONSULTORES

Bem antes de sua morte em 1994, aos 92 anos, o mundo do vinho da Califórnia havia por unanimidade atribuído a André Tchelistcheff o título de "reitor". Nascido na Rússia e treinado na França, sua carreira pontilhou a história da indústria vitivinícola norte-americana, da Lei Seca à década mais recente. Por 36 anos (1937 a 1973), viveu em Beaulieu e outros centros, como consultor das melhores vinícolas do mundo, incluindo as californianas. Tchelistcheff descartou equipamentos obsoletos, introduziu a fermentação a frio para vinhos brancos e a malolática para os tintos. No começo da década de 1940, teve a ideia de envelhecer vinho tinto em pequenos barris de carvalho.

Seu Cabernet Reserve, produzido em Rutherford e chamado pelo nome do dono, Georges de Latour, tornou-se o modelo dos produtores californianos. Entre os últimos com quem atuou, estão o falecido Joe Heltz, Mike Grgich (das Colinas Grgich) e Warren Winiarski (de Stags Leap). Hoje, uma nova geração de enólogos consultores confere fama e sucesso a cada vinho que ajudam a produzir. São peritos em cultivo de uvas e vinicultura, bem como em *marketing*. Alguns deles: Helen Turley, Heidi Peterson Barrett, Philippe Melka, Andrew Erickson e Marco diGiulio.

McDowell Valley (AVA). Pequena, compacta área de uma só vinícola no canto sudeste do país, que lida bem com variedades tintas e brancas do Rhône.

Potter Valley (AVA). Escassamente habitado, este lugar alto a nordeste de Ukiah vende para fora sua produção de uvas, com a liderança de Chardonnay.

Redwood Valley (AVA). Região quente ao norte de Ukiah, produtora de Cabernet e Petite Sirah.

Mendocino Ridge (AVA). Entre Anderson Valley e o Pacífico, é limitado a vinhedos nas montanhas costeiras.

Outras AVAs menores de Mendocino são Cole Ranch, Dos Rios e Planaltos de Yorkville.

• **Condado de Lake (AVA).** Ao norte de Napa e leste de Mendocino, constitui a mais quente e seca região viticultora da Costa Norte. Em seus 3.500 hectares de vinhedos destacam-se Cabernet Sauvignon (1.340) e, mais brilhante até agora, Sauvignon Blanc (730). São apenas 14 vinícolas, porém muitas grandes empresas compram a produção local. As AVAs secundárias do condado são Clear Lake (onde reina a Sauvignon Blanc), Red Hills e Benmore Valley, Guenov Valley e High Valley.

• **Costa Central.** Enquanto a Costa Norte é compactada num retângulo de 2 por 1, a Central imita a geografia do Chile, em faixa estreita e contínua de 560 km, correndo do sul da baía de San Francisco à região de Santa Bárbara. Inclui pontos de produção de uvas, como, do norte para o sul, Monterey, San Luís Obispo e Santa Bárbara, tendo os condados de Alameda e San Benito em papéis de apoio.

• **Condado de Santa Bárbara.** Uma viticultura significativa só se firmou aqui no início dos anos 1970, mas em curto tempo esta zona emergiu como conceituada produtora. Agora possui 100 vinícolas e 8.540 hectares de parreirais, em especial Chardonnay (2.900) e Pinot Noir (1.300). O condado também se mostra promissor para Syrah e Merlot.

Santa Maria Valley (AVA). Resfriado pela névoa marítima, é um autêntico vale leste-oeste, que se alonga a partir da cidade de Santa Maria. Memorável, sobretudo, por sua Pinot Noir.

Santa Ynez Valley (AVA). A Pinot Noir se destaca nesta faixa enevoada de Lompoc a Buellton. Cabernet Sauvignon, Sauvignon Blanc e (misteriosamente) Riesling prevalecem na zona mais quente e ensolarada em torno de Buellton e do condado de Los Olivos.

Santa Rita Hills (AVA). Aprovada em 2001, é uma área fria no extremo oeste de Santa Ynez Valley. Desenvolveu seu estilo de uma robusta Pinot Noir.

• **Condado de San Luís Obispo.** Palco de longa história vinífera, em especial com a Zinfandel, presença duradoura nas colinas a oeste de Paso Robles. A diversidade veio com o *boom* dos anos 1970, na forma de mais tipos de uvas e mais áreas produtoras, sobretudo para baixo da fria campina que começa ao sul da cidade de San Luís Obispo. São 110 vinícolas e mais de 11.200 hectares de vinhedos, com domínio de Cabernet Sauvignon (3.500 hectares) e de Merlot (1.700), mas a região se consagrou com as versáteis Syrah e Zinfandel. Além das AVAs listadas a seguir, há uma região de planalto chamada Montanha York.

Arroyo Grande (AVA). Copiando o nome da cidade no extremo sul do país, Arroyo Grande foi planejada para vinhos espumantes, mas Pinot Noir e Chardonnay agora dominam.

Edna Valley (AVA). Entre as cidades de San Luís Obispo e Arroyo Grande, esta área é plantada inteiramente com Chardonnay.

Paso Robles (AVA). Abrigada por montanhas, sempre ensolarada num vale alto do interior, suas colinas a oeste da cidade de Paso Robles continuam a produzir um inebriante Zinfandel e esplêndidos tintos no estilo Rhône. A planície a leste ficou famosa pelo suave Cabernet.

• **Condado de Monterey/Monterey AVA.** Floresceu no fim da década de 1960 como resposta às pressões urbanas sobre velhos vinhedos em Alameda e Santa Clara. Explodiu em área plantada no começo dos anos 1970, até o pico de 15 mil hectares. Hoje, o total chega a 16.200, com a maioria dos vinhedos situados em Salinas Valley, de Gonzales a Soledad e de Greenfield a King City. Grande parte das uvas cresce próximo ao solo, daí formarem a fonte de vinhos "costeiros", utilitários. Cepas líderes são a Chardonnay e a Cabernet Sauvignon, mas há outras variedades: Merlot, Pinot Noir, Syrah e Sauvignon Blanc.

Arroyo Seco (AVA). O solo de Salinas Valley entre Soledad e Greenfield oferece boas variedades brancas, em especial uma leve Chardonnay.

Carmel Valley (AVA). É a única parte de Monterey que dá para o mar, com videiras abrigadas que fornecem uma densa e intrigante Cabernet no solo mais alto, geralmente banhado pela cerração marítima.

Chalone (AVA). Montanhas Gavilan acima, sobre o lado leste de Salinas Valley em Soledad, este é um virtual monopólio dos vinhedos de Chalone.

Santa Lúcia Highlands (AVA). As colinas a oeste de Salinas Valley, de Gonzales até Greenfield, abaixo, foram recentemente plantadas e já produzem viçosas Pinot Noir e Syrah.

Outras AVAs menores são Hames Valley, San Bernabe e San Lucas.

• **Condado de Alameda.** A expansão urbana fez do histórico Livermore Valley o último reduto de videiras nesta região. Livermore é a principal cidade do vinho, e Pleasanton, sua cidade-satélite. Do total de 1.000 hectares, as variedades líderes são Chardonnay, Cabernet Sauvignon, Merlot e Sauvignon Blanc.

Baía de San Francisco (AVA). Repositório geral para o condado de Alameda e a área ao sul de San Francisco.

Livermore Valley (AVA). A leste da baía de San Francisco, fundeada na cidade de Livermore, produz inimitáveis vinhos de Sauvignon Blanc e Sémillon, que só não reinam porque o mercado é dominado por Chardonnay.

• **Condados de Santa Clara/Santa Cruz.** No século XIX, quando o Almadén e o Paul Masson eram poderosos, Santa Clara competia com o Napa, mas esses bons tempos deram lugar a *chips* de silício. O pouco que restou cai dentro da bem-vista AVA de Santa Cruz Mountains.

Santa Cruz Mountains (AVA). Abrange, de norte a sul, partes dos condados de San Mateo, Santa Clara e Santa Cruz. A área plantada, embora modesta, vem crescendo sem parar e já alcança 450 hectares, nas mãos de 60 produtores.

Outras AVAs menores: Santa Clara Valley; San Ysidro, a leste de Gilroy; e Ben Lomond.

• **Condado de San Benito.** Nos dias de apogeu, milhares de acres de uvas Almadén plantadas em San Benito ensejaram campanhas por novas AVAs na região, agora inativas. A maioria das AVAs (e alguns vinhedos) caiu em desuso. Apenas uma floresce atualmente: Mount Harlan. Outras são Cienega Valley, Lime Kiln Valley, Pacheco Pass e Paicines. A AVA das montanhas Gavilan e os domínios da vinícola de Calera em Mount Harlan se apoiam no feudo similar de Chalone (ver p. 487).

• **Costa Sul (AVA).** Cobre áreas subtropicais em zonas desertas ao sul das montanhas Techachapi, em especial Riverside, onde os 520 hectares de Temecula são dominantes. Plantios esparsos estão nos condados de Los Angeles, Orange e San Diego, e os maiores em San Bernardino. Mas nesta, a histórica Cucamonga, com 400 hectares e três vinícolas restantes, tende à extinção pela pressão urbana de Los Angeles.

San Pasqual (AVA). Uma só vinícola a leste de San Diego, com frequência assolada pela praga de Pierce.

Temecula (AVA). No canto sudoeste do condado de Riverside, ao longo da divisa norte com a de San Diego. Foi pioneira na década de 1960, além de versátil, com vários de seus 20 produtores passando a olhar, além da Chardonnay e da Sauvignon, para variedades francesas e italianas. A praga de Pierce destruiu muitos vinhedos desde os anos 1990.

• **O interior.** Designa o imenso San Joaquin Valley, completado com modéstia por Sacramento Valley. De norte a sul, grandes dimensões são a senha em San Joaquin, Stanislaus, Madera, Fresno e Kern (condados). Certas áreas em particular definem bem o local, tais como:

Lodi (AVA). Terra baixa, de solo rico, na parte ensolarada da zona de San Joaquin, em cuja entrada se situa. Famosa pela Zinfandel e, mais recentemente, uma fonte farta de fidedignas Chardonnay, Cabernet Sauvignon e Merlot, usadas em lucrativos *blendings*.

Clarksburg (AVA). De certo modo, uma extensão para oeste de Lodi ao delta do rio Sacramento. Colhe uma Chenin branca de mais distinção que a maioria na Califórnia. Os vinhedos, porém, vêm mudando para a Chardonnay por injunção do mercado.

Dunnigan Hills (AVA). O êxito da vinícola R. H. Phillips inspirou outros produtores nesta região que se expande abrigada do vento do litoral, perto da cidade de Woodside, em Sacramento. A Chardonnay se impõe pela área, a Sauvignon Blanc, pelo resultado.

• **Sierra Foothills (AVA).** Esta AVA rege quase todos os vinhedos de quatro condados: Amador, Calaveras, El Dorado, Yuba. A história de Amador, no centro da região, remonta à Corrida do Ouro. A área plantada é modesta (2.300 hectares), com predomínio da Zinfandel. Os vinhedos crescem em aclive de 300 metros a 900 metros. Poucas vinícolas em ação.

El Dorado (AVA). Cobre todos os vinhedos do condado. Um ponto de destaque está nas colinas ao norte e a leste de Placerville. Variedades italianas e do Rhône francês substituíram as Bordeaux em muitos parreirais. A maioria das demais videiras da região em torno de Somerset é virtual extensão das de Shenandoah Valley (Amador).

Shenandoah Valley – Califórnia (AVA). Coração histórico do vinho da Terra do Ouro. Espalha-se para leste, de Plymouth a Fiddletown. Fez fama por excelentes Zinfandel, e ainda por vinhos centenários. Também aqui a Syrah e a Sangiovese ganham espaço depressa.

Fiddletown AVA Ancorada na cidadezinha de Fiddletown, constitui uma extensão mais elevada e a leste de Shenandoah Valley.

Maiores produtores de Napa Valley

É sempre uma semana estranha, inusitada na Califórnia quando não se abre alguma vinícola nova. Isso requer apenas um ou dois hectares de videiras, uma prensa personalizada e demais instalações, uma marca, um vendedor e… uma boa resenha na imprensa do setor. Especificamente, a informação disponível em um *site* da internet abrange os proprietários, a localização da vinícola, o tamanho das plantações, uma breve descrição dos produtos e avaliação financeira para fins fiscais. É inevitável que haja omissões, mas os verbetes listados a seguir incluem os principais personagens, os produtores de alta qualidade e uma seleção de empresas menores, mas donas de marcas interessantes.

Acacia Vinícola ☆☆
Napa. Proprietário: Constellation. 60 ha.
www.acaciawinery.com
O Pinot Noir da Acacia tem fortes qualidades de frescor, aroma de frutas vermelhas e a textura suave do Borgonha – claro sinal, só reforçado, de que o distrito de Carneros ama tal variedade. Em 1999, a Acacia reviveu e renomeou as Pinot, prática abandonada anos antes em favor de misturas. A qualidade caiu um pouco, agora que a vinícola está sob propriedade coletiva.

Araujo ☆☆☆☆
Calistoga. Proprietário: Bart Araujo. 16 ha.
www.araujoestatewines.com
Nos anos 1990, Bart Araujo comprou uma das mais famosas vinícolas de Napa, a Eisele, e passou a produzir o vinho sob sua própria marca e a consultoria de Michel Rolland. Seu Cabernet continua um clássico da região e o Syrah é igualmente esplêndido. Biodinâmica desde 2000.

Artesa ☆☆
Napa. Proprietária: Codorníu S. A. 162 ha.
www.artesawinery.com
Segunda maior produtora de vinho espumante, estabelecida em Carneros por uma *cave* espanhola, a Codorníu de Napa é audaz na arquitetura (moderna, de vidro), mas cautelosa no estilo. No fim dos anos 1990, mudou o nome espanhol, enquanto decrescia a produção de espumantes em favor de vinhos normais à base de Chardonnay, Pinot Noir e Merlot. A posse de vinhedos expandiu-se até Alexander Valley e a costa de Sonoma, e com isso, a linha de vinhos reforçou-se simultaneamente.

Atlas Peak Vineyards ☆–☆☆
Napa. Proprietária: Fortune Brands. 200 ha.
www.atlaspeak.com
O primeiro esforço sério para fazer do Napa Valley, a terra da Cabernet, a terra também da Sangiovese, conforme idealizado por Piero Antinori e seus sócios. Antinori escolheu uma área a partir de Montalcino, porém levou anos para criar vinhos de qualidade, e nem sempre originários das reservas. Por consenso, o melhor é uma mistura de Sangiovese e Cabernet, sem prejuízo da série de Cabernet de outras AVAs sediadas nas "montanhas" de Napa.

Baldacci Vineyards ☆–☆☆
Stags Leap. Proprietário: Tom Baldacci. 15 ha.
www.baldaccivineyards.com
Um ambicioso, talvez demais, rol de vinhos, dos quais os melhores são os luxuriantes Cabernet, do vinhedo central da propriedade.

Beaulieu Vineyards ☆–☆☆☆
Rutherford. Proprietário: Diageo. 500 ha.
www.bvwines.com
Fundado por família francesa, os De Latour, a BV, como é conhecida, firmou-se em Napa Valley ao longo dos anos 1940, 1950 e 1960, sob a supervisão de um gênio dos vinhos, o já falecido russo André Tchelistcheff. Em Beaulieu, ele foi pioneiro no envelhecimento em pequenos barris, na fermentação malolática para tintos e na fermentação fria para brancos. Foi um dos primeiros a descobrir as virtudes da região de Carneros para variedades de clima frio. Após a venda à Heublein, em 1969, e a aposentadoria de Tchelistcheff em 1973, Beaulieu entrou em decadência por longo período, até renascer em fins da década de 1990, graças a diversas linhas de vinhos.

A "Casa do Reno" na vinícola Beringer/Los Hermanos.

ESTADOS UNIDOS | CALIFÓRNIA

No topo estão os da própria reserva, incluindo o Carneros Chardonnay, a mistura Tapestry Bordeaux e (legado do mestre russo) o Georges de Latour Private Reserve Cabernet Sauvignon. Também de interesse é a Signet Collection, produção limitada de vinhos com sinete no rótulo, a partir de cepas francesas e italianas. A extensa série de varietais do Napa é liderada por um vibrante Sauvignon Blanc, e a safra do litoral é barata.

Benessere ☆–☆☆
Santa Helena. Proprietário: John Benish. 20 ha. www.benesserevineyards.com

Pequena e sutil gleba com uma atípica (para Napa) tendência à Sangiovese e à Zinfandel.

Beringer Vineyards ☆☆–☆☆☆
Santa Helena. Proprietário: Foster's Wine Estates. 1.100 ha. www.beringer.com

Uma das grandes e velhas vinícolas de Napa, com túneis cavados sob as colinas como suas adegas originais. Sob os Beringer, declinou, e retomou o curso ascendente quando comprada pela Nestlé em 1969. O finado consultor Myron Nightingale impôs então um estilo discreto, focado no Sauvignon doce feito de uvas quimicamente robustecidas, ainda produzido em pequena escala.

Seu sucessor, Ed Sbragia, dirigiu a casa de 1984 a 2008 e estimulou a ousadia. Introduziu os excelentes Private Reserve envelhecidos em barricas, à base de Cabernet, Chardonnay e Merlot. Outro lance foi competir com os vinhos varietais de Napa e Knights Valley, aprimorando o produto com o timbre da Califórnia. A qualidade é consistente em todos os níveis.

Biale ☆☆☆
Napa. Proprietários: família Biale e sócios. 3 ha. www.robertbialevineyards.com

Esta pequena propriedade engarrafa nove Zinfandel um dos quais feito com uvas originais de seu vinhedo Aldo, plantadas em 1937. Os outros usam boa matéria-prima de Napa e Sonora. Todos muito respeitáveis.

Blankiet ☆☆☆
Youthville. Proprietário: Claude Blankiet. 6 ha. www.blankiet.com

Vinícola cultuada por abrigar um grupo de consultores que antes produziu Merlot e Cabernet artesanais, mas desde 2006 focaliza suntuosos e caros vinhos tintos com a marca do dono.

Bond ☆☆☆
Oakville. Proprietário: Bill Harlan. www.bondestates.com

Um conceito sábio foi adotado pelo dono da gleba Harlan: trabalhar em conjunto com os proprietários de diversos vinhedos da colina. Eles negociam os vinhos produzidos pela equipe de Harlan, sob o mesmo rótulo Bond, lindamente desenhado. Seus exuberantes Cabernet amadeirados atingem altos preços.

Bouchaine ☆
Napa. Proprietário: Gerret Copeland. 35 ha. www.bouchaine.com

Embora centrados na Pinot Noir, os produtos desta vinícola recebem uvas de muitas partes da Costa Norte, assim diluindo sua identidade.

Bryant Family Vineyard ☆☆☆
Calistoga. Proprietário: Don Bryant. 4 ha. www.bouchaine.com

Faz um Cabernet *cult* do Napa, doce e muito rico em sabor, vendido por cifras espantosamente altas. Mudanças recentes na equipe não alterou o estilo.

Burgess Cellars ☆☆–☆☆☆
Santa Helena. Proprietário: Tom Burgess. 40 ha. www.burgesscellars.com

Produtora e adega por vezes subestimada, célebre por seu robusto Cabernet Sauvignon e vibrante Zinfandel. Este, porém, desapareceu em 2003, pois todas as videiras foram enxertadas com Cabernet.

Cain Cellars ☆☆☆
Santa Helena. Proprietária: família Meadlock. 34 ha. www.cainfive.com

O Cain Five é uma ambiciosa e bem planejada combinação estilo Bordeaux, usando uvas próprias e da montanha Spring, próxima. O Cain Cuvée é seu irmão menos valioso. Das videiras de Monterey vem um exótico Sauvignon almiscarado.

Cakebread Cellars ☆☆–☆☆☆
Oakville. Proprietária: família Cakebread. 138 ha. www.cakebread.com

Esta adega ganhou boa reputação por seu denso e seco Sauvignon Blanc. Mas os Cabernet têm maior interesse, sobretudo os produzidos em lotes seletos: Rutherford Reserve, Three Sisters e Benchland Select. Alta qualidade, preço elevado. Outros vinhos saem de videiras situadas na Costa Norte.

Cardinale ☆☆☆
Oakville. Proprietário: Jess Jackson. 85 ha. www.cardinale.com

Marca de Jackson que usa videiras montanhosas em Napa e Sonoma. Deleitosas, e caras, mesclas de Cabernet com Merlot.

Caymus Vineyards ☆–☆☆☆
Rutherford. Proprietário: Chuck Wagner. 61 ha. www.caymus.com

A Caymus costumava produzir uma vasta gama de vinhos, mas em 2000 Wagner privilegiou o Cabernet, sobretudo o suave Special Selection. A exitosa mistura branca, Conundrum, é feita em outra instalação, em Monterey. Ver Mer Soleil.

Chappellet ☆☆☆
Santa Helena. Proprietário: Don Chappellet. 48 ha. www.chappellet.com

Depois de Robert Mondavi, Chappellet foi o segundo a construir uma nova vinícola em Napa. Ganhou fama por seu aromático, austero e duradouro Cabernet Sauvignon, vindo de camadas altas de seus vinhedos em forma de anfiteatro. Hoje há dois Cabernet. Um, subtitulado Pritchard Hill, é um tanto prematuro. O outro, com a assinatura de Don Chappellet, mantém a proposta original e preenche as expectativas.

A casa também é uma fonte confiável de Chenin Blanc: seco, firme, saboroso, tanto quanto um esplêndido *moelleux*, de tiragem reduzida. A notável lista inclui o Chardonnay, que envelhece bem e fácil, e um sedutor Cabernet Franc.

Chateau Montelena ☆☆–☆☆☆☆
Calistoga. Proprietário: Michel Reybier. 33 ha.
www.montelena.com
Casa de pedras, ao norte de Calistoga, no sopé do monte Santa Helena, que detém um recorde de trinta anos pelos melhores Chardonnay e Cabernet da Califórnia. Dois consultores deram o estilo: Mike Grgich até 1974, e Jerry Luper até 1981, quando Bo Barrett assumiu e manteve a alta qualidade. O Chardonnay, enxuto e algo acarvalhado, é atípico de Napa, pelo frescor marcante. O Napa Cabernet serve de opção mais barata aos produtos estelares da empresa, vendida em 2008 ao dono do Château Cos d'Estournel.

Chateau Potelle ☆–☆☆
Monte Veeder. Proprietário: Família Fourmeaux.
120 ha. www.chateaupotelle.com
Jean-Noël e Marketta Fourmeaux du Sartel vieram à Califórnia como agentes franceses para avaliar a indústria vinícola local. Decidiram ficar, começando como negociantes e depois comprando vinhedos e uma produtora de vinhos no monte Veeder. Ainda adquirem frutas de Paso Robles. Qualidade irregular, mas as melhores bebidas trazem o rótulo VGS.

Chimney Rock ☆☆–☆☆☆
Stags Leap. Proprietário: Telato Wine Group. 48 ha.
www.chimneyrock.com
O aveludado Cabernet do consultor Doug Fletcher sintetiza sua zona de origem, e novos donos deram exclusividade a variedades de Bordeaux, branco ou tinto. A arquitetura holandesa da vinícola, agradável, mas anômala, contrasta com o Silverado Trail que percorre o lado leste do vale.

Clos du Val ☆☆–☆☆☆
Stags Leap. Proprietário: John Goelet. 134 ha.
www.closduval.com
O consultor Bernard Portet cresceu na Château Lafite, onde seu pai era gerente. Como em Bordeaux, ele mistura Merlot com Cabernet, e seus vinhos, embora submissos aos padrões de Napa, têm cor acentuada, são suculentos e permanecem no paladar. Amadurecem bem. O Pinot Noir e o Chardonnay, ambos de Carneros, tendem a menor destaque. Taltarni, na Austrália, tem o mesmo dono.

Clos Pegase ☆☆
Calistoga. Proprietário: Jan Shrem. 185 ha.
www.clospegase.com
Um concurso de arquitetura vencido pelo norte-americano Michael Graves resultou na vinícola mais pós-modernista de Napa erguida até hoje, que abriga também a imponente coleção de arte de Shrem. A casa produz Chardonnay, Merlot, Pinot Noir e Cabernet em constante melhoria, com certo toque herbáceo.

Colgin ☆☆–☆☆☆
Oakville. Proprietária: Ann Colgin. 11 ha.
www.colgincellars.com
Renomada por seus caríssimos e acarvalhados Cabernet Sauvignon e Syrah. Estes resumem o recente estilo de Napa, com alto teor alcoólico (perto de 16 graus).

Corison ☆☆☆
Santa Helena. Proprietária: Cathy Corison. 3 ha.
www.corison.com
Como consultora na Chappellet de 1980 a 1989, Corison ajudou a firmar a reputação daqueles vinhedos, antes de se estabelecer. Faz apenas Cabernet Sauvignon (e um pouco de Gewürztraminer de Anderson Valley), em estilo rico e elegante. Em 2007, uma degustação vertical de cada safra revelou notável consistência.

Cosentino ☆
Yountville. Proprietário: Mike Cosentino. 51 ha.
www.cosentinowinery.com
O dono compra uvas em todas as partes da Costa Norte e oferece aos visitantes da sala de degustação um amplo catálogo de vinhos. Muitos são excelentes, mas tendem a ser heterogêneos.

Robert Craig Wine Cellars ☆☆–☆☆☆
Napa. Proprietário: Robert Craig. 16 ha.
www.robertcraigwine.com
Especialista em ricas misturas com predomínio das Cabernet, vindas das montanhas à volta do Napa Valley.

Cuvaison ☆☆
Calistoga. Proprietária: Família Schmidheiny. 182 ha.
www.cuvaison.com
Tomou a forma atual em 1979, quando essa família suíça comprou o negócio e desenvolveu uma vasta propriedade em Carneros. O Chardonnay ainda é o astro, sobretudo os reserva, mas a Cuvaison produz também esplêndidos Merlot e Pinot Noir.

Dalla Valle ☆☆☆–☆☆☆☆
Napa. Proprietária: Naoko Dalla Valle. 10 ha.
www.dallavallevineyards.com
Apesar da fama de "arrasa-quarteirão", o Cabernet Sauvignon e o Cabernet Franc desses vinhedos das encostas têm admirável intensidade e fineza. Recentes replantios reduziram a produção, mas em 2010 a safra voltaria ao normal. Desde 2006, Michel Rolland é o consultor.

Darioush ☆☆–☆☆☆
Napa. Proprietário: Darioush Khaledi. 40 ha.
www.darioush.com e www.darioushwinery.com
Flamejante construção em homenagem a Persépolis, com luxuoso centro de visitação. Os vinhos – sobretudo o Napa Cabernet e o Viognier, como o Chardonnay de Russian River Valley e o Pinot Noir – são suntuosos, por vezes fortes demais.

Diamond Creek Vineyards ☆☆☆
Calistoga. Proprietário: Boots Brounstein. 9 ha.
www.diamondcreekvineyards.com
O Cabernet destas quatro pequenas propriedades – Volcanic Hill, Red Rock Terrace, Gravelly Meadow e Lake – acusam quatro diferentes solos e situações, tema pouco estudado na Califórnia. Os vinhos são ambiciosos, persistentes e caros, projetados para longo amadurecimento. Cabernet Franc, Malbec e Merlot somam-se ao dominante Cabernet Sauvignon. O criador do belo cenário, Al Brounstein, morreu em 2006, e a viúva conserva seus altos padrões.

Domaine Carneros ☆☆

Carneros. Proprietários: Taittinger e Kobrand. 80 ha. www.domaine.com

Imitação do castelo francês de Taittinger, esta vinícola fez uma surpreendente intrusão em Carneros. Seus vinhos fundem o estilo de Taittinger com as uvas da região. A Pinot Noir, em especial, cresce em volume graças aos espumantes.

Domaine Chandon ☆☆

Yountville. Proprietária: LVMH. 445 ha. www.domainechandon.com

Ponta de lança da escalada francesa na Califórnia, exemplo vitorioso da diretriz atual da Moët, de Champagne. Vinícola e centro de lazer a um só tempo, possui um restaurante de primeira. Os vinhos são excelentes, e o Reserve *cuvée* supera qualquer elogio. O Etoile é uma curiosa mistura de vindimas passadas. Fora da Europa, o gosto frutado das uvas do Napa faz os vinhos um pouco doces, embora sejam bem mais secos do que a maioria dos champanhes *brut*. Há crescente lista de vinhos não espumantes.

Dominus ☆☆☆

Yountville. Proprietário: Christian Moueix. 42 ha. www.dominusestate.com

O fabricante do Pétrus achou em Napa seu vinhedo ideal (ex-Inglenook). Com técnicas de Bordeaux, obteve vinhos populares, mas de início pouco palatáveis. Desde 1991, a Dominus mudou e subiu para perto dos melhores Cabernet de Napa.

Duckhorn Vineyards ☆☆–☆☆☆

Santa Helena. Proprietários: GI Partners. 75 ha. www.duckhornvineyards.com

Mais conhecida por esplêndidos Merlot, produzidos bem antes de a variedade tornar-se moda. O Cabernet também é excelente, tal como o picante mistura de Zinfandel, Cabernet e Merlot, denominada Paraduxx. Em Mendocino, foi plantada uma gleba de Pinot Noir chamada Goldeneye (ver p. 508). Desde 2006, uma companhia de investimentos controla a marca.

Dunn Vineyards ☆☆☆–☆☆☆☆

Montanha Howell. Proprietário: Randal Dunn. 14 ha.

Em 1979, o ex-enólogo da Caymus lançou lotes pequenos de Cabernet escuro e rigoroso, com frutas de suas videiras na montanha ou compradas fora. Intensos, mas restritos no estilo, os vinhos envelhecem bem, como tenciona Dunn.

Etude

Napa. Proprietário: Foster's Wine Estates. Sem vinhedos. www.etudewines.com

O consultor Soter passou a fazer vinhos sob o rótulo Etude, para mostrar sua habilidade e por razões comerciais. Os mais estimados de seus produtos eram Pinot Noir de Carneros, com material clonado. Com a venda da empresa em 2001, Soter mudou-se para o Oregon, onde instalou vinhedos próprios.

Far Niente ☆☆☆

Oakville. Proprietária: Família Nickel. 100 ha. www.farniente.com

O nome vem de antes da Lei Seca e renasceu em seu prédio original de pedras. Replantado, o vinhedo já dá uvas. A partir de 1983, o consultor Dirk Hampson impôs o estilo daqui: extravagantes e tostados Chardonnay; suntuosos e amadeirados Cabernet; e o Dolce, vinho doce inspirado no Yquem. A atual enóloga é Stephanie Putnam.

Flora Springs ☆☆–☆☆☆

Santa Helena. Proprietárias: famílias Komes e Garvey. 264 ha. www.florasprings.com

Após anos cortejando a delicadeza, sobretudo nos Sauvignon, a casa se tornou ousada em todos os vinhos, em especial nos Reserve Cabernet de Rutherford e nas mesclas de Bordeaux nomeadas Trilogy. Outro vinho, Poggio del Papa, é preparado ao estilo toscano, e há também diversos Cabernet de um vinhedo especial.

Folie à Deux ☆

Santa Helena. Proprietária: Família Trinchero. 15 ha. www.folieadeux.com

Desde os anos 1990, a casa tem existência bipolar: misturas baratas de um lado, e sérios Napa Cabernet e Amador County Zinfandel de outro. Em 2004 foi comprada pelos Trinchero, que introduziram um rol comercial de três variedades de mesclas, chamadas Ménage à Trois, preservando os produtos menos burlescos.

Forman ☆☆☆

Santa Helena. Proprietário: Ric Forman. 34 ha. www.formanvineyard.net

Antigo vinhateiro da Sterling, Forman utiliza uvas de videiras próprias, na colina, e outras compradas em Rutherford, para fazer clássicos Chardonnay e Cabernet de caráter francês.

Franciscan ☆☆–☆☆☆

Rutherford. Proprietária: Constellalion. 105 ha. www.franciscan.com

Com excelentes vinhedos em Rutherford e Carneros, não surpreende que esta casa atinja o pico com seus tintos, sobretudo o Cabernet Sauvignon e a mistura de Bordeaux chamada Magnificat. A Franciscan é afamada ainda pelo Cuvée Sauvage Chardonnay, fermentado com leveduras naturais. Nova gestão empresarial manteve inalterada a qualidade.

Freemark Abbey ☆☆–☆☆☆

Santa Helena. Proprietário: Jackson Family Estates. 120 ha. www.freemarkabbey.com

Vinícola de Robert Mondavi, Oakville.

Estabelecida numa abandonada vinícola em pedras do século XIX, ao norte de Santa Helena, por um grupo de vitivinicultores de Napa. Um dos sócios (Brad Webb) fez história pelo pioneirismo no uso de barris pequenos em Hanzell, nos idos de 1950. A boa fama veio logo, graças ao Chardonnay e a ricos Cabernet, tanto quanto ao ótimo vinho, bem concentrado e equilibrado, de um plantador de Rutherford, chamado Bosché (e assim rotulado).

Em 1973, também de forma pioneira, surgiu um Riesling tratado com fungos, o Edelwein. Em 2001, idosos, os sócios venderam a Freemark, que, após uma fase de turbulência financeira, coube a Jess Jackson.

Frog's Leap ☆☆☆
Rutherford. Proprietário: John Williams. 80 ha. www.frogsleap.com
Originariamente, era uma fazenda de criação de rãs, em parceria. Agora com único dono, transferiu-se para terreno mais seco em Rutherford. Já os vinhos, como o Cabernet e o Zinfandel, permanecem tão bons quanto eram enquanto a empresa ganhava reputação.

Alheio ao charme de Napa, John Williams produz vinhos de vinhedos orgânicos e uvas secas. São balanceados e muito prazerosos. Nisso, talvez tenha ajudado o raro senso de humor de Williams. Prova: a mistura branca que denominou de Leapfrögmilch, sem falar da suculenta Frögenbeerenauslese.

Green and Red Vineyard ☆☆–☆☆☆
Santa Helena. Proprietário: Jay Heminway. 13 ha. www.greenandred.com
Modesta propriedade de Chiles Valley, especializada em intensos Zinfandel e Syrah, obtidos de altas encostas.

Grgich Hills Cellars ☆☆–☆☆☆
Rutherford. Proprietários: Austin Hills e Mike Grgich. 150 ha. www.grgich.com
De origem croata, Grgich fez vinhos em Napa desde o começo dos anos 1960, notadamente em Beaulieu e Chateau Montelena. Seu forte é o Chardonnay, mas o Cabernet e o Zinfandel também são bons. Desde 2006, a propriedade é biodinâmica. Agora octogenário, Grgich lidera o reviver do vinho na Croácia.

Hagafen Cellars ☆
Napa. Proprietário: Ernie Weir. 8 ha. www.hagafen.com
Produtores originais e ainda líderes dos vinhos *kosher*, dentro de variedades clássicas.

Harlan Estate ☆☆☆☆
Oakville. Proprietário: Bill Harlan. 16 ha. www.harlanestate.com
O dinâmico Bill Harlan fundou a vinícola Merryvale e estabeleceu sua gleba orgânica em 1987. O melhor vinho é um Cabernet amadeirado de impecável balanço e culto fiel. Ver também Bond.

Hartwell Vineyards ☆☆☆
Stags Leap. Proprietário: Bob Hartwell. 8 ha. www.hartwellvineyards.com
Vinhedos que fornecem excepcionais uvas Merlot e Cabernet Sauvignon.

Heitz ☆–☆☆☆
Santa Helena. Proprietária: Família Heitz. 140 ha. www.heitzcellar.com
Falecido em 2000, Joe Heitz era respeitado por seu Cabernet e, mais localmente, pelo Chardonnay e pelas especialidades como o "Porto" Grignolino. Vinicultor original, obtinha as melhores uvas de colegas como Martha May, depois lendária como dona do Martha's Vineyard. O Cabernet, bandeira de Heitz, é um vinho denso e audaz, com picante aroma de cedro e goma. Seu vinhedo Bella Oaks é de igual estatura, embora infestações por pragas tenham gerado safras decepcionantes nos anos 1990. Problema resolvido, vindimas recentes devolveram o prestígio da casa.

Hess ☆☆–☆☆☆
Napa. Proprietário: Donald Hess. 320 ha. www.hesscollection.com
Empresário suíço e colecionador de arte (a vinícola é de fato um museu), Hess joga alto com vinhos de cepas próprias em monte Veeder, montanha Howell e perto da baía San Pablo. A denominação com o timbre da Califórnia substituiu o nome próprio, na Seleção da casa.

Hundred Acre ☆☆☆
Santa Helena. Proprietário: Jayson Woodbridge. 11 ha. www.hundredacre.com
Canadense, o dono rendeu-se à lei, em 1999, para comprar e desenvolver vinhedos em Napa. Seus opulentos Cabernet, muito bem promovidos, atingem altos preços. Ultimamente, Woodbridge também produz Shiraz de Barossa Valley.

Judd's Hill ☆☆–☆☆☆
Santa Helena. Proprietário: Art Finkelstein. 6 ha. www.juddshill.com
Finkelstein vendeu o exitoso Whitehall Lane (ver p. 500) em 1988 e abriu nova empresa nas colinas do leste, produzindo um excepcional Cabernet. Adicionalmente, faz Zinfandel envelhecido e Petite Sirah.

Robert Keenan ☆
Santa Helena. Proprietário: Robert H. Keenan. 20 ha. www.keenanwinery.com
Altos e frios vinhedos na trilha da Montanha Spring geram Chardonnay e Cabernet Sauvignon, este misturado à Merlot de Napa e amadurecido em carvalho. Mesmo o Merlot, que consagrou o produtor, pode ser tânico e adstringente. O Zinfandel lançado em 1999 é bem mais palatável.

Charles Krug ☆☆
Santa Helena. Proprietário: Peter Mondavi e família. 345 ha. www.charleskrug.com
C. Mondavi & Filhos é o nome da mais antiga e histórica vinícola de Napa, agora dirigida pelo filho de Cesare Mondavi, Peter. O outro filho, Robert, iniciou negócio próprio em 1966, com enorme sucesso.

A Krug, às vezes subestimada, produz sólida linha de varietais de preço baixo para Napa. Os lotes do reserva são uma boa escolha. Chardonnay com uvas de Carneros e um Pinot Noir somam vigor à linha, mas seu ápice é um ótimo Vintage Selection Cabernet, só

ESTADOS UNIDOS | CALIFÓRNIA

lançado em anos especiais. Há ainda uma série de vinhos baratos (com uvas compradas) sob o rótulo C. K. Mondavi.

Kuleto ☆☆–☆☆☆
Santa Helena. Proprietário: Pat Kuleto. 50 ha.
www.kuletoestate.com
O *restaurateur* Pat Kuleto montou sua propriedade em área de rudes desfiladeiros perto da Colina Pritchard (primeira colheita em 2001). A altitude e as noites frias dão frescor e leveza aos vinhos.

Laird Family Estates ☆☆
Napa. Proprietária: Família Laird. 810 ha.
www.lairdfamilyestate.com
Vasta propriedade de vinhedos pelo Napa, que até há pouco vendia suas frutas. Em 1999, começou a produção de vinhos, centrada em esmerados Chardonnay, Cabernet e Syrah.

Cliff Lede ☆☆–☆☆☆
Yountville. Proprietário: Cliff Lede. 22 ha.
www.cliffledevineyards.com
Este canadense, magnata da construção civil, a partir de 2003 envolveu-se na criação desta vinícola, com sala de degustação, hotel e galeria de arte. O melhor vinho é o Poetry, uma mistura à base de Cabernet. A enóloga da casa, Michelle Edwards, ainda teve êxito com um sedoso e aromático Sauvignon.

Lewis Cellars ☆☆☆
Napa. Proprietário: Randy Lewis. Sem vinhedos.
www.lewiscellars.com
Lewis adquire Cabernet, Syrah e Merlot em Napa, e Chardonnay em rio Russo. O vinho dessa última pode resultar pesado, mas os tintos reserva são magníficos.

Livingston-Moffett ☆☆☆
Santa Helena. Proprietário: John Livingston. 4 ha.
www.livingstonwines.com
Um Cabernet envelhecido vem de videiras próprias, mas há outro, maduro, de uvas compradas, chamado Stanley's Selection.

Luna ☆☆
Napa. Proprietários: Mike Moone e sócios. 9 ha.
www.lunavineyards.com
Assim como os pilares de Napa são Cabernet e Merlot, a Luna privilegiou variedades italianas: Pinot Grigio, Sangiovese e Tocai Friulano. Benfeitos, mas de alto teor alcoólico.

Markham Vineyards ☆
Santa Helena. Proprietária: Mercian. 140 ha.
www.markhamvineyards.com
Uma das primeiras vinícolas a fazer Merlot seriamente. Markham, mesmo vendida a uma empresa japonesa em 1988, continuou a produzir diversos vinhos de qualidade que são confiáveis se não especialmente emocionantes.

Louis M Martini ☆–☆☆
St Helena. Proprietário: E. & J. Gallo. 240 ha.
www.louismartini.com
A Gallo comprou essa casa histórica em 2002. Três gerações de Martini têm o nome na lista de grandes produtores da Califórnia. Os Martini Cabernet da safra de 1960 se alinham com os Beaulieu em qualidade, mas em estilo diferente, mais leve, lembrando um clarete. Ao adquirir o negócio, a E. & J. Gallo manteve os melhores vinhos, feitos de uvas do monte Rosso.

Mayacamas ☆☆–☆☆☆
Napa. Proprietário: Robert Travers. 20 ha.
www.macayamas.com
O nome designa as montanhas entre Napa e Sonoma. Predecessores dos Travers, os Taylor plantaram Chardonnay e Cabernet nos anos 1940, num suntuoso anfiteatro natural de 610 m de altura. Sol, névoa, ventos, o frio e as rochas ali conspiram para concentrar o sabor da uva em algo quase mastigável.

Os Cabernet dos Travers são inspiradores, pela cor e por ficarem no paladar por longo tempo. Aqueles habituados aos espessos, mundanos Cabernet do vale consideram o estilo dos Mayacamas inaceitavelmente austero, mas outros não dispensam seu sabor, a lembrar os antigos produtos de Napa. O Chardonnay também é distinto: macio e marcante.

Merryvale ☆☆☆
Santa Helena. Proprietários: Jack Slatter e sócios. 30 ha.
www.merryvale.com
Dois dos melhores fazedores de vinho da Califórnia, Bob Levy e Steve Test, mantiveram Merryvale em alto padrão desde o final da década de 1980, e o australiano Larry Cherubino vem seguindo o nível. A maioria dos vinhos aparece sob o caro selo Starmont, mas no topo estão garrafas esmeradamente manufaturadas, tais como o Silhouette Chardonnay, a mistura de Bordeaux, o Profile e o admirável Rutherford Cabernet.

Miner Family Vineyards ☆☆–☆☆☆
Oakville. Proprietária: Família Miner. 35 ha.
www.minerwines.com
Uma atraente construção no Silverado Trail é a vitrine desta nova empresa, subscrita por um milionário dos *softwares*. Opulentos, com um toque de carvalho, os melhores são Cabernet de Napa e Pinot Noir dos Planaltos de Santa Lúcia.

Robert Mondavi ☆☆–☆☆☆☆
Oakville. Proprietário: Robert Mondavi e família.
386 ha em Napa. www.robertmondavi.com
A energia e a mente aguda de Mondavi o levaram a produzir, em menos de dez anos, o mais importante evento em Napa desde a Lei Seca. Chega a se encaixar na definição comum de gênio. Sua meta: atingir alta qualidade em vinhos, mas em escala industrial. Inspiração e suor o guiaram (ver boxe na p. 495).

A vinícola Mondavi corresponde aos mais modernos métodos e materiais, incluindo análise acurada e conhecimento pessoal de cada barril da concorrência. Em 2001, Mondavi construiu uma vinheria ainda mais esplêndida, com tonéis de madeira para fermentação, emulando as melhores *caves* de Bordeaux. Adquirida pelo grupo Constellation, os altos padrões foram mantidos pela enóloga Genevieve Janssens.

O melhor de seus vinhos é o Cabernet Sauvignon Reserve, um gentil titã que se pode tomar com prazer após o jantar, mas desejando guardar a garrafa por vinte anos. O Cabernet normal, modelo de equilíbrio entre frutas vermelhas e barris, inclui ótimas, embora caras, versões para Oakville e Stags Leap, esta mais graciosa. A cada vindima, o Pinot Noir Reserve mostra-se mais macio e satisfatório. Entre os brancos, o nome Fumé Blanc define uma mistura de Sauvignon e Semillon com o efeito de um Chardonnay de primeira. Já o próprio Chardonnay tem um toque opulento demais. Ver também Opus One nesta página.

Monticello Vineyards ☆–☆☆
Napa. Proprietário: Jay Corley. 59 ha.
www.corleyfamilynapavalley.com
Monticello é a marca da produção básica, e Corley abrange os vinhos reserva. Os tintos costumavam ser muito macios, mas safras recentes mostraram mais corpo e peso.

Mount Veeder ☆☆☆
Monte Veeder em Napa. Proprietária: Constellation. 25 ha.
www.franciscan.com
Vinhedo rochoso, conhecido por Cabernet concentrados, tânicos e terrosos.

Mumm ☆–☆☆
Rutherford. Proprietário: Pernod Ricard. 45 ha.
www.mummnapa.com
Parte do império Seagram por anos, a Mumm é centrada em vinhos espumantes, bastante frutados, que a tornaram popular na Califórnia e na Europa. O blanc de noirs serve de modelo; o luxuoso *cuvée* DVX visa à outra ponta do espectro estilístico. Mas o sempre confiável Cuvée Napa é o campeão de vendas que fez a fama da empresa.

Newton ☆☆☆
Santa Helena. Proprietária: LVMH. 42 ha.
www.newtonvineyard.com
O inglês Peter Newton fundou a Sterling Vineyards (ver p. 499) em 1964. Após vendê-la à Coca-Cola, instalou com sua mulher Su Hua este magnífico e exótico vinhedo no alto da Montanha Spring. Foram pioneiros do excelso Sauvignon Blanc no estilo Graves, já abolido, e do Napa Merlot.

Hoje, a ênfase é no Cabernet e no Chardonnay com uvas compradas. O grupo LVMH, de bens de luxo, adquiriu o controle em 2001, mas os Newton seguiram gerenciando a empresa até a morte de Peter em 2008.

Niebaum-Coppola ☆☆–☆☆☆
Ver Rubicon.

Opus One ☆☆☆☆
Oakville. Proprietários: Constellation e Philippe de Rothschild. 42 ha. www.opusonewinery.com
Negócio meio a meio iniciado em 1979 entre um finado Rothschild e Robert Mondavi. O Cabernet tinto, no começo uma espécie de "reserva das reservas" de Mondavi, agora tem endereço numa casa de bela arquitetura, no centro de um vinhedo plantado nas condições de densidade de Bordeaux. Em teoria, é definível como franco-americano, mas as uvas sazonadas de Napa dominam.

Pahlmeyer ☆☆☆
Napa. Proprietário: Jayson Pahlmeyer. 45 ha.
www.pahlmeyer.com
O dono contratou uma sucessão de afamados consultores (por último, Michel Rolland em 2003) para satisfazer seu gosto por vinhos densos e alcoólicos. Recentemente, adquiriu mais vinhedos em Atlas Peak e na Costa de Sonoma, o que somou o Pinot Noir à sua lista. O vinho mais consistente e conhecido é o tinto Proprietary Red.

Joseph Phelps ☆☆–☆☆☆☆
Santa Helena. Proprietário: Joseph Phelps. 264 ha.
www.jpwines.com
Ex-construtor civil com infalível senso de elegância, Phelps ergueu um bonito prédio de madeira vermelha ao pé das colinas a leste de Santa Helena. Nos anos 1980, já ofertava soberbos Napa Cabernet e (inéditos na Califórnia) nobres vinhos doces de estilo alemão. Sob o consultor Craig Williams, variedades do

---

ROBERT MONDAVI

Somente os irmãos Gallo rivalizaram com Robert Mondavi em poderio, na produção de vinhos na Califórnia, e eles não o batiam quando se tratava de alguma inovação.

Quando deixou sua empresa familiar, a Charles Krug, para lançar empresa própria em 1966, Mondavi criou a primeira vinheria dos tempos modernos em Napa. Sobrestimando sua coragem, ele chegou próximo da falência, até que um mandado judicial o favoreceu. Isso lhe permitiu colocar a vinícola em rumo mais seguro. Mondavi se destacou de imediato como um incansável experimentador, em todas as frentes, e foi o campeão do Napa Valley enquanto maior região do vinho do Novo Mundo.

Assim, as instalações corroídas da

Franciscan ainda abrigaram seus experimentos. Da imensa quantidade de vinho de Napa à venda sob o nome Robert Mondavi, os Cabernet Sauvignon (e agora os Pinot Noir) alardearam seu sucesso, não menos que os impressionantes Reserve. O Fumé Blanc (globalmente aceito como cunhagem do Sauvignon Blanc) foi criado por Mondavi quase individualmente.

Em 1979, ele trouxe ao Napa o prestígio de uma primeira safra de uvas do tipo Bordeaux, quando o barão Philippe de Rothschild tornou-se seu sócio na Opus One. Em 1995, em gesto reverso, Mondavi juntou seu nome ao dos Frescobaldi, na Toscana. No entretempo, transformou a Mondavi-woodbridge em gigante no segmento dos

vinhos baratos; adquiriu mais de 400 hectares de vinhedos e a vinícola Byron no condado de Santa Bárbara; abriu o capital de sua empresa; foi sócio numa vinheria do Chile; e comprou ainda outras vinícolas.

Todavia, desavenças familiares e a venda da Mondavi ao forte Grupo Constellation levou à saída dele da direção da companhia que portava seu nome. Quando Robert Mondavi morreu, em 2008, aos 94 anos, o mundo do vinho uniu-se inteiro em louvor ao homem que, como nenhum outro, foi o responsável pelo resgate da autoestima e de fortunas pessoais dos produtores da Califórnia.

Rhône foram acrescidas, mas, no início da década de 2000, o foco se concentrou em luxuosas misturas tipo Bordeaux, com uvas Insignia, Cabernet Sauvignon e Pinot Noir do novo vinhedo na Costa de Sonoma.

Pine Ridge Winery ☆☆–☆☆☆
Napa. Proprietária: Leucadia. 92 ha.
www.pineridgewinery.com
Embalados separadamente, seus Cabernet de Rutherford, Montanha Howell e Stags Leap ensinam deliciosas lições sobre diferenças de solo e clima em Napa. Os vinhos brancos podem ser um tanto pesados, mas o Malbec e uma mescla mais tânica dão "tempero" à seleção.

Plumpjack ☆☆☆
Napa. Proprietários: Gordon Getty e sócios. 21 ha.
www.plumpjack.com
Fundada em 1996, logo ganhou reputação pelo rico e acarvalhado Cabernet, principalmente os reserva. Causou sensação em 1997 por lançar garrafas com fecho de rosca metálica. O império Plumpjack hoje inclui restaurantes em San Francisco (onde um sócio foi prefeito), hotel de luxo em Carneros e outro vinhedo na Montanha Howell, que produz vinhos sob o nome de Cade.

Pride Mountain ☆☆☆–☆☆☆☆☆
Santa Helena. Proprietária: Família Pride. 32 ha.
www.pridewines.com
As videiras são altas na montanha Spring e os resultados são vinhos intensos à base de uvas Chardonnay, Cabernet, Merlot, Syrah e Viognier.

Provenance ☆☆
Rutherford. Proprietária: Constellation. 18 ha.
www.provenancevineyards.com
Estabelecida no fim dos anos 1990. Melhores vinhos: Cabernet Sauvignon e Merlot, abastecidos pelas videiras do caprichoso produtor Andy Beckstoffer.

Quintessa ☆☆☆
Napa. Proprietário: Augustin Huneeus. 68 ha.
www.quintessa.com
Após a venda da Franciscan (ver p. 492), Huneeus reteve o isolado vinhedo Quintessa, próximo à colina, como propriedade pessoal, abrindo nova vinícola em 2003. O único produto é uma polida e cara mistura tipo Bordeaux.

Raymond Vineyards ☆–☆☆
Santa Helena. Proprietários: Família Raymond e Kirin (cervejeiros japoneses). 260 ha. www.raymondwine.com
A linha Reserve do Napa Valley tem alta qualidade, é amadeirada e dá sequência ao trabalho da nova geração dos Raymond. Antigos moradores de Napa, eles são pioneiros da Chardonnay em Jameson Ridge (extremo sul de Napa), e arriscaram em Monterey um segmento menos caro da R. Collection.

Regusci ☆☆–☆☆☆
Napa. Proprietário: Jim Regusci. 26 ha.
www.regusciwinery.com
O ex-plantador Regusci tornou-se produtor de bebidas em 1996, tirando proveito de uma vistosa vinheria de pedras. Faz encorpados e picantes Cabernet e misturas de Bordeaux em estilo energético, algo rústico.

Vinhedo da Newton, montanha Spring.

Rocca ☆☆–☆☆☆
Yountville. Proprietária: Mary Ann Rocca. 9 ha.
www.roccawines.com

Apesar de a primeira colheita ser em 1999, a enóloga Celia Masyczek logo tirava o máximo de uvas Cabernet e Syrah, em vinhos generosos, sazonados, que evitam peso e doçura excessivos.

Rombauer Vineyards ☆
Santa Helena. Proprietára: Família Rombauer.
www.rombauervineyards.com

Seus vinhedos próprios cedem toda a produção a outras vinícolas, agradando-as com a compra de frutas para uma lista de varietais clássicos. Turistas em penca podem provar e comparar as bebidas.

Round Hill Cellars ☆
Santa Helena. Proprietário: Marko Zaninovitch. 15 ha.
www.roundhillwines.com

Desenvolvida pela família Van Asperen, abastece um vasto mercado com versões econômicas de variedades de caráter regional, notadamente o Napa Cabernet e o Merlot, sob os rótulos Round Hill e Rutherford Ranch.

Rubicon ☆☆–☆☆☆
Rutherford. Proprietário: Francis Ford Coppola. 100 ha.
www.rubicon-estate.com

O cineasta Coppola e sua vinícola já são poderosos no Napa Valley. Ele comprou a metade oculta da histórica propriedade Inglenook em 1979, a metade para exposições em 1995, e os 22 hectares próximos em 2002. A terra toda é cultivada organicamente. Após experiências, o Rubicon à base de Cabernet passou a impressionar bem, com menos tanino. O segundo vinho, mais acessível, é o Cask Cabernet. Variedades menos caras, em geral feitas com uvas de fora, são desequilibradas, e assim as bebidas próprias (Merlot, Viognier) é que merecem atenção.

Rudd ☆☆☆
Oakville. Proprietário: Leslie Rudd. 18 ha.
www.ruddwines.com

A empresa Girard foi comprada em 1996 pelo rei das *delicatessen* Rudd. O famoso vinhateiro David Ramey criou os primeiros lotes de Carneros Chardonnay e tintos de Napa, mas foi substituído por Charles Thomas. Os Cabernet recentes mostram-se palatáveis, porém muito fermentados.

Rutherford Hill Winery ☆
Santa Helena. Proprietário: Terlato Wine Group. 80 ha.
www.rutherfordhill.com

Fundada em 1976 por sócios da Freemark Abbey (ver p. 492), viu sua boa fama cair nos anos 1980, e em 1996 foi comprada pelos donos atuais. A qualidade ainda precisa voltar ao alto nível original, mas os brancos são atraentes.

St. Clement Vineyards ☆☆–☆☆☆
Santa Helena. Proprietário: Foster's Wine Estates. 8 ha.
www.stclement.com

A enóloga Danielle Cyrot segue a tática de suas predecessoras ao produzir excelentes Chardonnay e Merlot com material de Carneros, e a Syrah, de monte Veeder. A gama de Napa Cabernet causa boa impressão.

St. Supéry ☆☆
Rutherford. Proprietário: Robert Skalli. 217 ha.
www.stsupery.com

Dispendiosos Cabernet e Sauvignon Blanc vindos de Dollarhide Ranch revelam o que o planalto de Chiles, a leste de Napa, pode fazer com variedades de Bordeaux, tintas e brancas. Há um aprazível centro de visitação.

Saintsbury ☆☆☆
Napa. Proprietários: Richard Ward e David Graves. 22 ha.
www.saintsbury.com

De inspiração borgonhesa, Chardonnay e Pinot Noir são os únicos vinhos daqui. O Pinot é excepcional, sobretudo o reserva, mas o lote Brown Ranch pode ser atipicamente sobrecarregado. Nas colheitas recentes, expandiu-se a presença das uvas Pinot.

V. Sattui ☆
Santa Helena. Proprietário: Daryl Sattui. 120 ha.
www.vsattui.com

Bons Cabernet, Zinfandel e Riesling, assim como uma farta lista de bebidas menos prestigiadas, que levam milhares de clientes a uma confortável sala de degustação. Em anexo, há lanchonete e local de piqueniques.

Schramsberg ☆☆–☆☆☆
Calistoga. Proprietário: Hugh Davies. 26 ha.
www.schramsberg.com

O escritor Robert Louis Stevenson bebia "poesia engarrafada" na varanda desta casa, erguida por Jacob Schram em 1860. Sob a família Davies, este autor fez o mesmo. Refundada em 1966, a empresa produz vinhos espumantes de alta qualidade, em nível igual ao de seu fino *cuvée*, rotulado de J. Schram, que, em 1989, impôs novos padrões à Califórnia.

Em 1998, Jack Davies morreu, e a Duckhorn (ver p. 492) ficou com a parte minoritária. Desavenças internas amargaram os últimos anos de Jamie Davies, que faleceu em 2008. Hugh Davies incluiu no catálogo o J. Davies, uma ótima, não declarada, mistura de Cabernet.

Screaming Eagle ☆☆☆☆
Oakville. Proprietários: Charles Banks e Stanley Kroenke. 23 ha. www.screamingeagle.com

O mais caro Cabernet de Napa, um vinho denso e doce de sabor e aroma persistentes, de início feito por Heidi P. Barrett, agora por Andrew Erickson. Essa marca é encorpada e tem toque amadeirado, mas, ao contrário de outros cultuados Cabernet de Napa, revela pureza e finura exponenciais. Melhor vindima: a de 1995, com as de 1994 e 1998 bem próximas. Em 2006, a propriedade foi vendida a dois financistas por espantosos US$ 10 milhões.

Sequoia Grove ☆☆–☆☆☆
Napa. Proprietária: Família Allen. 10 ha.
www.sequoiagrove.com

O Cabernet Sauvignon é indubitavelmente o melhor vinho daqui, sobretudo o reserva.

Shafer ☆☆☆–☆☆☆☆
Napa. Proprietário: John Shafer. 80 ha.
www.shafervineyards.com
Desde 1978, John Shafer e seu filho Doug produzem imaculados Stags Leap Cabernet e Merlot, com Elias Fernandez como responsável a partir de 1984. O *top* de linha é o pouco acarvalhado Hillside Select Cabernet. O Syrah também é bom. O Sangiovese foi suspenso e o Carneros Chardonnay mostra-se exagerado.

Signorello ☆☆–☆☆☆
Napa. Proprietária: Família Signorello. 40 ha.
www.signorellovineyards.com
Fazendeiros de uvas que se tornaram produtores de vinho, os Signorello oferecem luxuosos e tostados brancos e tintos. O destaque vai para o opulento e poderoso Padrone, uma mescla de Bordeaux.

Silver Oak Cellars ☆☆
Oakville. Proprietário: Raymond Duncan. 136 ha.
www.silveroak.com
Fundada pelo finado Justin Meyer, que iniciou a vida adulta como clérigo, faz apenas Cabernet Sauvignon, engarrafado em Napa e no Alexander Valley. Diferem na estrutura (o de Napa é mais tânico), mas não no estilo, pois são envelhecidos apenas em carvalho norte-americano, criando vinhos bebíveis com prazer já no lançamento.

Silverado Vineyards ☆☆–☆☆☆
Napa. Proprietária: Família Disney. 162 ha.
www.silveradovineyards.com
Safras próprias de Chardonnay, Sauvignon Blanc e Cabernet Sauvignon são todas maduras, doces e sofisticadas, com fama crescente. O vinho mais provocante é o Solo, de videiras de Cabernet replantadas em Stags Leap.

Sinskey ☆☆
Napa. Proprietário: Rob Sinskey. 70 ha.
www.robertsinskey.com
Contra o costume de Napa, Sinskey atribui grande peso à viticultura orgânica, praticada em seus vinhedos de Stags Leap e Carneros. Por certo, os vinhos têm um refinado toque frutado. Os brancos no estilo da Alsácia são deliciosos, bem como o rol de Pinot Noir e de Cabernet Franc.

Schramsberg perto de Calistoga.

Smith-Madrone ☆–☆☆
Santa Helena. Proprietários: Stuart e Charles Smith. 14 ha.
www.smithmadrone.com

Vinhedos a 520 metros de altura na montanha Spring respondem por vinhos admiráveis numa única adega. Riesling doces ou secos (com traços de limão) são fáceis de apreciar, velhos ou novos. O Cabernet é escasso e bem amadurecido.

Spottswoode ☆☆☆
Santa Helena. Proprietária: Mary Novak. 15 ha.
www.spottswoode.com

Um dos mais finos e balanceados Cabernet da Califórnia vem da Spottswoode, bem na cidade de Santa Helena. Envelhece com consistência, mas também é notável quando novo. Há ainda um Sauvignon Blanc muito puro. Propriedade orgânica desde 1985.

Staglin ☆☆☆
Rutherford. Proprietária: Família Staglin. 20 ha.
www.staglinfamily.com

Favorecida por magníficos vinhedos em Rutherford, a Staglin produz esplêndido Cabernet e ótimo Sangiovese. Michel Rolland tornou-se o consultor em 1999, e desde então os vinhos ficaram mais fortes, mais alcoólicos e, para alguns, menos refinados.

Stag's Leap Wine Cellars ☆☆–☆☆☆☆
Napa. Proprietários: Marquese Antinori e Ste. Michelle Wine Estates. 91 ha. www.cask23.com

O fundador, Warren Winiarski, é um ex-professor de ciências políticas. Seu Cabernet alarmou os franceses pela semelhança com grandes Bordeaux. As referências falam de "harmonia, elegância, feminilidade, sutileza".

O Cask 23 é um Cabernet Reserve, sazonado, e o lote Fay Vineyard é quase tão sofisticado quanto. Ainda são bons os dois Chardonnay, de estilos contrastantes, embora o Cabernet tenha a preferência do autor. O mundo do vinho tremeu quando da venda desta propriedade, mas todos concordam que ela continua em boas mãos.

Stags' Leap Winery ☆☆
Napa. Proprietário: Foster's Wine Estates. 36 ha.
www.stagsleap.com

Exceção entre as vinherias de Napa, esta ganhou sólida fama por seu Petite Sirah.

Sterling ☆☆
Calistoga. Proprietário: Diageo. 485 ha.
www.sterlingvineyards.com

O grande prédio branco lembra um mosteiro grego, espetado no trecho alto de um vale, extenso o bastante para exigir transporte por teleférico. Capital inglês o ergueu nos anos 1960; a Coca-Cola o comprou em 1978; e a Seagram assumiu o comando em 1983. A linha superior da Sterling é benfeita, mas normal, vinho típico de Napa. Os melhores vêm de vinhedos exclusivos, sobretudo o Merlot (de Three Palms), Cabernet (da montanha Diamond), Chardonnay e Pinot Noir (de Winery Lake).

Stony Hill ☆☆
Santa Helena. Proprietário: Peter McCrea. 16 ha.
www.stonyhillvineyard.com

Fred McCrea foi o primeiro do fluxo de ocupados executivos que viram em Napa algo melhor para fazer. Plantou uvas brancas nos anos 1940 e fez 25 tiragens de seu mediano tipo de vinho. Nem a variedade nem a maturação agradaram; o problema parecia estar em certa falta de rumo e de vigor. Eleanor McCrea preservou os princípios do marido, após sua morte, mas também faleceu, e o filho Peter assumiu a empresa, sem compromissos. O estilo, dada a falta de carvalho novo no mercado, segue antiquado, mas é válido em termos, caso dos finos Riesling e Gewürztraminer.

Storybook Mountain Vineyards ☆☆–☆☆☆
Calistoga. Proprietário: dr. Jerry Seps. 17 ha.
www.storybookwines.com

Seps confia no Zinfandel e não faz outra variedade. Lançou cinco diferentes misturas, todas próximas do esplendor.

Sutter Home ☆
Santa Helena. Proprietária: Família Trinchero. 2.430 ha.
www.sutterhome.com

Operação familiar (o sobrenome remonta a antes da Lei Seca) que se especializou em pequenos lotes de Zinfandel tinto, depois em volumes maiores de Zinfandel branco, sustentados por imensos vinhedos no interior. A vinícola ainda oferece varietais, com o timbre da Califórnia, todos de baixo preço. Ver Trinchero.

Swanson Vineyards ☆☆–☆☆☆
Rutherford. Proprietário: W. Clarke Swanson. 56 ha.
www.swansonvineyards.com

Os vinhedos situam-se em Oakville, mas o estilo aposta pesadamente em barris de carvalho como *terroir*. Alguns dos melhores vinhos vêm de uvas Sangiovese e Syrah. O dono, magnata das refeições congeladas, também possui a Avery, de Bristol.

Terra Valentine ☆☆
Santa Helena. Proprietário: Angus Wurtele. 27 ha.
www.terravalentine.com

Negociante aposentado, Wurtele adquiriu em 1995 uma velha propriedade vinícola e replantou seu terreno. Concentra-se num intenso Cabernet da montanha Spring. Outros vinhos vêm de uvas do Russian River Valley.

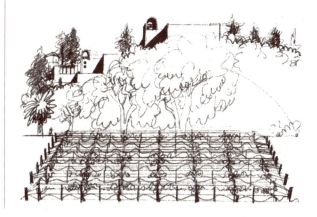

Vinhedo da Sterling, Calistoga.

Philip Togni ★★★
Santa Helena. Proprietário: Philip Togni. 10 ha.
www.philiptognivineyard.com
Do alto da montanha Spring, um veterano inglês treinado em Bordeaux fabrica tradicionais e suntuosos Cabernet, e modesta quantidade de um delicado vinho doce, o Ca' Togni, procedente de Black Hamburg.

Trefethen ★☆–★★★
Napa. Proprietária: Família Trefethen. 260 ha.
www.trefethenwines.com
Esse clã comprou em 1968 os antigos vinhedos de Eshcol, perto de Napa, que atenderam a todas as suas necessidades. O lugar é frio, bom para variedades como Riesling e Cabernet Franc. Todavia, em anos recentes, o Cabernet Sauvignon atingiu qualidade e elegância raramente vistos em Napa.

Trinchero ☆–☆☆
Santa Helena. Proprietária: Família Trinchero. 376 ha.
www.trincherowinery.com
Com o êxito do Sutter Home White Zinfandel, os Trinchero passaram a plantar, em seus oitenta hectares no Napa Valley, uvas para aquele vinho, adotando novo rótulo com o sobrenome próprio. Outra linha que ofertam provém de suas videiras nos condados de Lake e Santa Bárbara.

Turley ★★
Santa Helena. Proprietário: Larry Turley. 6 ha.
www.turleywinecellars.com
Ex-sócio de John Williams na Frog's Leap (ver p. 493), Turley tomou novo rumo em 1994, centrado em Zinfandel e Petite Sirah de vinhedos antigos. Os vinhos são ultra-amadurecidos e muito alcoólicos, o que os tornam controversos e, ao gosto de muitos, difíceis de engolir.

Turnbull ★★–★★★
Calistoga. Proprietário: Ray Duncan. 20 ha.
www.twomeycellars.com
Após adquirir esta propriedade de seus fundadores em 1993, O'Dell expandiu os vinhedos e mostrou vontade de inovar. Mas até agora seu Cabernet continua a competir em sabor e aroma com o de Martha's Vineyard. Outras ofertas: Syrah, Viognier e uma mescla tipo Rhône, chamada Old Bull Red.

Twomey ★★
Calistoga. Proprietário: Ray Duncan. 20 ha.
www.twomeycellars.com
Desde 1999, tem o mesmo dono que Silver Oak (ver p. 498). A especialidade aqui é um saboroso e encorpado Merlot, porém Sauvignon Blanc e Pinot também são produzidos.

Viader ★★★
Santa Helena. Proprietária: Delia Viader. 9 ha.
www.viader.com
A argentina Delia Viader no começo fez um só vinho de suas videiras orgânicas na colina: uma sedutora mescla de Cabernet Franc e Sauvignon. Isso foi suplementado por um Syrah, um V. (mistura tipo Bordeaux dominada pela uva Petit Verdot) e, desde 2003, alguns puros Cabernet Sauvignon, Cabernet Franc e Tempranillo do Napa Valley, sob o rótulo Dare. Ela é casada com Tim Mondavi, filho de Robert.

Vine Cliff ★★★
Napa. Proprietário: Charles Sweeney. 16 ha.
www.vinecliff.com
Importante propriedade nos anos 1880, reviveu em 1984, quando vinhedos orgânicos foram plantados em terraços altos. Primeiras amostras datam de 1993 e impõem alto padrão de qualidade.

Whitehall Lane Winery ★★
Santa Helena. Proprietário: Thomas Leonardini. 45 ha.
www.whitehalllane.com
Merlot é o expoente aqui, e outros vinhos da casa recebem altos elogios. Certas safras resultaram muito adocicadas.

Z. D. Wines ☆
Napa. Proprietária: família De Leuze. 16 ha.
www.zdwines.com
O Chardonnay de Carneros, envelhecido em carvalho norte--americano, é seu principal produto. Ainda há o Pinot Noir e o Cabernet Sauvignon, intensos, mas, em geral, monótonos.

Maiores produtores de Sonoma

Alderbrook Vineyards ☆–☆☆
Healdsburg. Proprietário: Terlato Wine Group. 26 ha.
www.alderbrook.com
Mudanças constantes de dono e consultor levaram a muitas oscilações de estilo. Em geral, Alderbrook cria brancos vigorosos e tintos semiencorpados. Os Zinfandel podem ser admiráveis.

Alexander Valley Vineyards ☆
Healdsburg. Proprietário: Hank Wetzel. 60 ha.
www.avvwine.com
O Chardonnay seco, ao estilo da Borgonha, é o melhor vinho daqui, mas há que lembrar o arredondado Cabernet Sauvignon e o charmoso Cabernet Franc, tudo produzido com frutas próprias.

Armida ☆–☆☆
Healdsburg. Proprietários: Steve e Bruce Cousins. Sem vinhedos. www.armida.com
O Russian River Valley fornece matéria-prima para a Armida, que subiu de prestígio em anos recentes. O Pinot Noir e o Zinfandel são as mais fortes demandas.

Arrowood ★★★
Glen Ellen. Proprietário: Jackson Family Estates. 12 ha.
www.arrowoodvineyards.com
Veterano vinhateiro do Château St. Jean, Richard Arrowood estabeleceu-se no fim dos anos 1980. Adquiriu uvas de eminentes vinhedos de Sonoma. Fez varietais normais, um soberbo Viognier (às vezes, de colheita tardia) e o bom Malbec. Em 2000, Mondavi comprou a marca, revendida a Jess Jackson em 2006, sem dano à qualidade.

Benziger ★★–★★★
Glen Ellen. Proprietária: Família Benziger. 15 ha.
www.benziger.com
O falecido Bruno Benziger e cinco filhos começaram por construir uma modesta vinícola com sede em Sonoma. Em uma

década, já vendiam mais de 1 milhão de caixas por ano, de um vinho popular sob o rótulo Glen Ellen. Em 1994, a família vendeu a marca e voltou à meta original: produzir vinhos com seu nome. Mike, filho de Bruno, apegou à biodinâmica, e em 2001 a gleba foi convertida. Na pequena quantidade lançada, brilham o Sauvignon Blanc e a mistura de Bordeaux. A Bezinger também distribui vinhos prontos de Sonoma, faz Pinot Noir de videiras novas perto da costa e produz variedades para a Imagery Series, de venda direta em salas de degustação.

Buena Vista ☆–☆☆
Sonoma. Owner: Ascentia Wine Estates. 400 ha.
www.buenavistacarneros.com
De importância histórica como a vinícola de Agoston Haraszthy, "o pai do vinho da Califórnia". Reiniciada em 1943 por Frank Bartholomew, foi vendida ao alemão Racke em 1979, e negociada de novo quatro vezes entre 2001 e 2008. A maioria das uvas vêm de Carneros, e a Chardonnay predomina. Melhores vinhos: Pinot Noir e Shiraz.

Chalk Hill ☆–☆☆
Healdsburg. Proprietário: Fred Furth. 142 ha.
www.chalkhill.com
Apesar de ser uma vinícola, Chalk Hill sempre buscou uma mensagem especial, mudando de nome (era Donna Maria até 1982) e de estilo. Os vinhedos parecem mais próprios à Sauvingon Blanc e à Chardonnay.

Chateau Souverain ☆☆–☆☆☆
Geyserville. Proprietário: Foster's Wine Estates. 132 ha.
www.souverain.com
Produz uvas tintas em Alexander Valley, mas ali é quente demais para a Chardonnay, em geral comprada em Russian River Valley. Os brancos podem ser macios, mas os tintos mostram-se opulentos e muito palatáveis. Todos, até os reserva, bastante caros. Em 2006, Francis Ford Coppola a adquiriu, montando ali um complexo de lazer, enquanto a Souverain mudou-se para outro terreno da Foster's.

Chateau St. Jean ☆☆–☆☆☆
Kenwood. Proprietário: Foster's Wine Estates. 100 ha.
www.chateaustjean.com
Vinheria-mostruário, especializada em brancos amadurecidos no estilo subtropical associado ao Napa Valley. Nos anos 1970 e começo dos 1980, Richard Arrowood (ver p. 500) sacudiu o mundo do vinho com numerosos brancos Sauvignon e Cabernet, de vinhedos exclusivos.

Após a saída de Arrowood em 1990, a lista foi enriquecida com excelentes tintos, nenhum melhor do que a mistura Cinq Cépages. O consultor ainda foi um mestre de formidáveis doces Riesling e Gewürztraminer de colheita tardia, não mais produzidos.

Cline ☆–☆☆☆
Sonoma. Proprietária: Família Cline. 60 ha.
www.clinecellars.com
Possui fabulosos vinhedos antigos no condado de Contra Costa, que geram intensos Zinfandel e Mourvèdres. No sul de Sonoma, foram plantadas variedades do Rhône. Os melhores vinhos são cheios de caráter e fulgor, mas as garrafas com rótulo da Califórnia têm menor interesse.

Vinícola Buena Vista, Sonoma.

ESTADOS UNIDOS | CALIFÓRNIA

Clos du Bois ☆–☆☆☆
Geyserville. Proprietária: Constellation. 365 ha.
www.closdubois.com
Os vinhos dessa marca já tinham boa fama antes de existir a vinícola própria. Os melhores levam o nome do proprietário, como o Marlstone de Alexander Valley (mistura à base de Merlot), o Briardcrest Alexander Valley Cabernet Sauvignon e o Calcaire Alexander Valley Chardonnay.

Cobb ☆☆–☆☆☆
Occidental. Proprietário: David Cobb. 6 ha.
www.cobbwines.com
De uvas costeiras, maduras e ásperas, os Cobb extraem um Pinot Noir de grande refinamento.

B. R. Cohn ☆☆
Glen Ellen. Proprietário: Bruce Cohn. 26 ha.
www.brcohn.com
Cohn transitou com facilidade de gerente de bandas de rock para fazendeiro de uvas, e hoje sua propriedade se dedica a Merlot e Cabernet Sauvignon. O Olive Oil Cabernet é o vinho que lhe deu renome.

La Crema ☆☆
Windsor. Proprietário: Jackson Family Estates. Sem vinhedos.
www.lacrema.com
Sentinela do império de Jess Jackson, é perita em Chardonnay e Pinot Noir originários de frios vinhedos litorâneos, indo de Anderson Valley à costa de Sonoma. Vinhos bons, preços atraentes.

Dashe ☆☆–☆☆☆
Alameda. Proprietário: Mike Dashe. Sem vinhedos.
www.dashecellars.com
Dashe treinou em Château Lafite e Cloudy Bay, passou dez anos como enólogo assistente na Ridge. Não admira que seus vinhos, sobretudo o Dry Creek e o Alexander Valley Zinfandel, sejam convincentes e inspirados.

Dehlinger ☆☆☆
Sebastopol. Proprietário: Tom Dehlinger. 18 ha.
www.dehlingerwinery.com
Devotada à Pinot Noir, produz variados lotes de diferentes parcelas de seus vinhedos. O estilo rico tem fãs. Ainda faz um pouco de Chardonnay, Syrah e outros. Vendidos por mala--direta, são difíceis de encontrar.

DeLoach ☆☆–☆☆☆
Santa Rosa. Proprietário: Boisset. 7 ha.
www.deloachvineyards.com
Após início modesto, Cecil DeLoach montou um negócio sólido, fazendo vinhos com gosto marcante de uvas naturais. A expansão rápida atraiu a compra da empresa por Boisset, comerciante da Borgonha, em 2003. O perito Greg La Folette tornou-se o consultor, e muitos vinhos têm fonte em notáveis vinhedos orgânicos ou biodinâmicos. Ótimos Zinfandel e Pinot Noir. Misturas trazem a misteriosa designação "OFS", mas no geral os produtos puros possuem mais personalidade.

Dry Creek Vineyard ☆☆–☆☆☆
Healdsburg. Proprietário: David Stare. 80 ha.
www.drycreekvineyard.com
Produtora de um dos melhores secos da Califórnia, o Sauvignon Blanc (Fumé Blanc), além de outros com o mesmo estilo antigo, balanceado, vital e sem exagero na secura. Os Reserve Chardonnay são fermentados em barris e envelhecidos rusticamente, enquanto os Chenin Blanc, sem qualquer uso de madeira, são igualmente deliciosos.

Dutton Estate ☆☆
Sebastopol. Proprietários: Joe e Tracy Dutton. 400 ha.
www.duttonestate.com
A família Dutton têm substanciais vinhedos em Russian River Valley e usa alguns deles para produzir os próprios vinhos. O Chardonnay e o Pinot Noir, em várias versões, são os mais bem-sucedidos.

RÓTULOS

Dados presentes no rótulo de muitos vinhos bons da Califórnia ajudam a definir o que devemos esperar de cada um deles.

O teor alcoólico é medido em graus ou percentagem por volume (resultado igual). Vinhos tradicionais variam entre 11,5 e 14 graus, o que faz diferença no gosto e no efeito, com alguns Zinfandel atingindo o absurdo nível de 16,5%. Mas a lei permite a margem de 1,5 grau com relação ao número exato. Como dica, se você abre um Napa Chardonnay, por exemplo, forte demais para você aos 14,5 graus de teor alcoólico, nada o impede de adicionar um pouco de água mineral.

Açúcar residual é mais citado em rótulos de Riesling e Gewürztraminer. Trata-se do açúcar não fermentado que restou (ou foi deixado) no vinho. Abaixo de 0,5% por peso, é raramente detectável, e o vinho será seco. Acima de 1,5%, seria descrito como meio seco; acima de 3%, como doce, e de 6%, como muito doce. Em um colheita tardia (equivalente a um BA germânico) esse percentual pode ser de 14%, e de 28% em um equivalente a um TBA alemão. A medição em gramas por 100 mililitros é igual à da percentagem.

O fator meia verdade. Quando determinada uva é especificada no rótulo, apenas 75% do vinho precisa ser feito dessa variedade. Se uma área como Sonoma for referida, 75% das uvas utilizadas deverão vir do lugar. Se uma AVA for mencionada no rótulo, até 85% do vinho serão da região. Quando um único vinhedo é identificado na etiqueta, 95% da bebida precisam proceder dele. E, se for citada uma safra, 95% do vinho deverão ser daquele ano. Já o termo "Reserve", sem definição legal, pode ser usado ao capricho do produtor.

CALIFÓRNIA | **ESTADOS UNIDOS** | 503

Dutton Goldfield ☆☆–☆☆☆
Sebastopol. Proprietários: Steve Dutton e Dan Goldfield. 400 ha. www.duttongoldfield.com
Outra propriedade separada da família Dutton, com Steve Dutton cuidando dos vinhedos, sobretudo no Green Valley, e Dan Goldfield fazendo vinhos sem mistura, como excelentes Chardonnay, Pinot Noir, Syrah e Zinfandel.

Duxoup Wine Works ☆
Healdsburg. Proprietário: Andrew Cutter. Sem vinhedos. www.duxoupwineworks.com
Nome inspirado em Groucho Marx e vibrantes vinhos tintos frutados, incluindo um Syrah que agrada aos degustadores, mais um agreste Charbono. Toda a uva vem das videiras de Dry Creek Valley.

Merry Edwards ☆☆–☆☆☆
Sebastopol. Proprietária: Merry Edwards. 14 ha. www.merryedwards.com
A veterana enóloga agora se concentrou em Sauvignon Blanc e Pinot Noir, de videiras próprias ou de uvas compradas. Embora envelhecidos com alta proporção de carvalho francês, os Pinot são perfumados e equilibrados.

Failla ☆☆–☆☆☆
Calistoga. Proprietário: Ehren Jordan. 4 ha. www.faillawines.com
Jordan é funcionário da Turley (ver p. 500), mas os vinhos que produz a partir de sua gleba orgânica e videiras próximas nas colinas da Costa de Sonoma não poderiam ser diferentes: intensos Pinot Noir e Syrah, de real pungência e vigor.

Gary Farrell ☆☆☆
Healdsburg. Proprietário: Ascentia Wine Estates. 20 ha. www.garyfarrell.com
Ex-vinhateiro para Davis Bynum, Farrell fez na empresa alguns vinhos próprios, até adquirir, em 2000, uma esplêndida nova vinícola em Russian River Valley, negócio vendido em 2005. Mestre no Pinot Noir, Farrell ficou até 2007, já não associado com a empresa que manteve seu nome. Lotes normais de Chardonnay e Pinot Noir são benfeitos, mas caros.

Ferrari-Carano ☆☆–☆☆☆
Healdsburg. Proprietários: Donald e Rhonda Carano. 490 ha. www.ferrari-carano.com
A sede em Dry Creek e seus jardins são explêndidos, tal qual o estilo dos vinhos. Os reserva porém excedem as expectativas, e o excesso de amadurecimento pode arruinar a pureza dos demais. Os tintos melhoram a cada ano, sobretudo o Siena no estilo toscano e o Trésor, que é uma mistura de Bordeaux.

Gloria Ferrer ☆☆–☆☆☆
Sonoma. Proprietária: Freixenet. 136 ha. www.gloriaferrer.com
A Catalunha, mais que o Champagne, é a mãe desta produtora de vinho espumante, batizada com o nome da esposa do presidente da Freixenet. Empreendimento competente e extensos vinhedos mostram intenções sérias. Assim, o Royal Cuvée, com o ano da vindima no rótulo, excede todo o resto pela profundidade e opulência; o Carneros Cuvée é mais

tostado após sete anos de fermentação. Um vinho espumante popular fracassou, daí o lançamento de vinhos finos suaves de mesa.

Fisher ☆☆
Santa Rosa. Proprietário: Fred Fisher. 25 ha. www.fishervineyards.com
Ricos e arrojados vinhos de Napa e Sonoma que beiram a majestade dos do Porto. O tinto exponencial é o Wedding Vineyard Cabernet, bem dispendioso.

Flowers ☆☆☆
Cazadero. Proprietários: Walt e Joan Flowers. 30 ha. www.flowerswinery.com
Vinícola líder entre as baseadas ao longo da costa de Sonoma. Microclima frio e luminosidade alta dão vinhos, Chardonnay e Pinot Noir, com pureza e intensidade.

Foppiano ☆
Healdsburg. Proprietário: Louis J. Foppiano. 80 ha. www.foppiano.com
Das mais antigas vinherias familiares, conserva seus respeitáveis padrões. Foppiano é o rótulo tradicional; Riverside (por Foppiano) é o segundo.

Fritz ☆–☆☆
Cloverdale. Proprietário: Donald Fritz. 36 ha. www.fritzwinery.com
Muito Chardonnay aqui, em parte desleixado de certo modo. Daí a qualidade inconstante, mas o Zinfandel impressiona bem, sobretudo o Rogers Reserve Zinfandel, de Dry Creek.

Gallo Family Vineyards ☆–☆☆
Healdsburg. Proprietária: Família Gallo. 900 ha. www.gallosonoma.com
No fim dos anos 1990, os Gallo, entrincheirados no Central Valley, passaram a comprar vinhedos em Sonoma, mais para alarmar os produtores dali. Não era um exercício comercial, e sim a afirmação da imagem da empresa Gallo. Deu certo, e desde 1991 as propriedades de Sonoma lançaram uma série de vinhos varietais, de videiras únicas, que se impuseram pela qualidade.

Geyser Peak Winery ☆☆
Geyserville. Proprietário: Ascentia Wine Estates. 485 ha. www.geyserpeakwinery.com
Velha propriedade que passou a fabricar vinagre voltou às origens em 1972. Seus vinhos ficaram populares durante o reinado do enólogo australiano Daryl Groom, que saiu após repetidas mudanças de dono.

No presente, o catálogo da Geyser repete seus melhores dias. Sauvignon Blanc e Shiraz estrelam uma lista de bebidas frutadas, e o Cuvée Alexandre é uma vigorosa mistura de Bordeaux. Segundo rótulo: Canyon Road.

Gundlach-Bundschu ☆☆
Sonoma. Proprietário: Jeff Bundschu. 122 ha. www.gunbun.com
Famosa casa de vinho em San Francisco, destruída pelo terremoto de 1906. Uvas dos velhos vinhedos foram vendidas até 1973, quando a vinícola reabriu. No excelente rol, destacam-se Cabernet, Merlot e um refrescante e vivaz Gewürztraminer

como um vinho da Alsácia. Chardonnay e Riesling também são admiráveis, versatilidade garantida pelo clima e pelas elevações do extremo sul de Sonoma Valley.

Hanna ☆☆
Santa Rosa. Proprietário: dr. Elias Hanna. 183 ha.
www.hannawinery.com
Depois do começo hesitante, esta casa ganhou prestígio nos anos 1990, sobretudo por seus brancos. Depois que o experiente consultor Jeff Hinchcliffe entrou na empresa, em 2000, a qualidade cresceu, justificando a reputação pelo Sauvignon Blanc e por robustos tintos das alturas do Bismark Ranch nas montanhas Mayacamas.

Hanzell ☆☆–☆☆☆
Sonoma. Proprietário: Alex de Brye. 17 ha.
www.hanzell.com
Produção revolucionária na década de 1950, quando James D. Zellerbach passou a fazer vinhos no estilo borgonhês em barricas francesas de carvalho. O íngreme vinhedo da face sul gera muito álcool, mas a percentagem balanceada no Chardonnay e no Pinot Noir (às vezes tímido) os coloca entre os melhores vinhos de longa maturação.

As instalações são uma vaga miniatura do Château du Clos de Vougeot. Bob Sessions, consultor de 1973 a 2001, aposentou-se e o solícito Michael Terrien o substituiu.

Hartford Court ☆☆☆
Forestville. Proprietário: Jackson Family Estates. 20 ha.
www.hartfordwines.com
Don Hartford, genro de Jess Jackson, supervisionou a produção de vinhos notáveis: Pinot Noir de videiras exclusivas, muitas nas geladas áreas costeiras de Sonoma; e o velho Zinfandel, de diferentes pontos de Russian River Valley.

Hirsch ☆☆☆
Cazadero. Proprietário: David Hirsch. 30 ha.
www.hirschvineyards.com
Os principais produtores de Pinot em Sonoma lutam por uvas da Hirsch, que nascem desde 1980 nos planaltos costeiros. Em 2002, surgiu a vinícola própria, e então a oferta de frutas virgens diminuiu.

Paul Hobbs ☆☆–☆☆☆
Sebastopol. Proprietário: Paul Hobbs. 8 ha.
www.paulhobbs.com
O ex-consultor Hobbs conseguiu seu rótulo pessoal, produzindo Chardonnay, Cabernet Sauvignon e Syrah a partir de uvas compradas dos melhores vinhedos de Napa e Sonoma. Seu estilo favorece a boa textura e o vigor.

Iron Horse ☆☆–☆☆☆
Sebastopol. Proprietária: Família Sterling. 65 ha.
www.ironhorsevineyards.com
O autor provou o Iron Horse Cabernet, tânico de início, doce e sazonado no fim, como os bons claretes. Isso sucedeu faz trinta anos, talvez. Desde então, o perfumado Pinot Noir, o vibrante Chardonnay e o correto espumante Iron Horse (dos mais borbulhantes da Califórnia) ganharam o palco.

Jordan Vineyard and Winery ☆☆
Healdsburg. Proprietário: Thomas Jordan. 112 ha.
www.jwine.com
Construído em 1972, era o mais excêntrico castelo de magnata na Califórnia. Hoje é uma mansão e vinícola ao estilo Bordeaux, criando claretes como o Médoc, entre carvalhos escuros e relva dourada, um belo cenário até para a região. O Cabernet e o Chardonnay ainda são vinhos elegantes, mas pode faltar-lhes personalidade. A empresa afiliada, J., produz um dos mais atraentes clássicos *brut* do Estado.

Keller ☆☆–☆☆☆☆
Petaluma. Proprietário: Arturo Keller. 35 ha.
www.kellerestate.com
O dono mexicano plantou videiras na região do frio desfiladeiro de Petaluma e, por anos, vendeu uvas a outras vinícolas. Em 2001, iniciou a produção própria de picantes, concentrados Pinot Noir e um exuberante Syrah.

Kenwood ☆☆
Kenwood. Proprietário: Gary Heck. 400 ha.
www.kenwoodvineyards.com
Ampla lista de varietais com uvas de Sonoma, que inclui o Jack London Vineyard e o Artist's Series Cabernet Sauvignon. Os tintos são cada vez mais refinados, e o tranquilo Sauvignon Blanc é muito bom.

Kistler ☆☆☆–☆☆☆☆
Sebastopol. Proprietários: Stephen Kistler e Mark Bixler. 50 ha. www.kistlervineyards.com
Vinhedos nas colinas litorâneas de Napa/Sonoma e novos sítios perto da orla do Pacífico, além de compras criteriosas, geram uvas Chardonnay para vinhos de tipo artesanal. O recluso Kistler, não intervencionista, assim produz um dos melhores Chardonnay da Califórnia. Colheitas recentes o apontam como adepto de um magnífico Pinot Noir.

Korbel ☆
Guerneville. Proprietário: Gary Heck. 800 ha. Próprios ou arrendados. www.korbel.com
Até o Domaine Chandon entrar em cena, esta era a primeira escolha entre os numerosos vinhos espumantes da Califórnia, livres da sedução dos produtores por Chardonnay ou Pinot Noir. Ainda é uma opção confiável, sobretudo o extrasseco Natural. O *top* de linha é o Le Premier Reserve, fermentado em barril. Korbel também faz *brandy* (conhaque norte-americano).

Kosta Browne ☆☆
Kenwood. Proprietários: Dan Kosta e Michael Browne. Sem vinhedos. www.kostabrowne.com
Fundada, em 1997, por dois *sommeliers* que se especializaram em varietais de Pinot Noir do rio Russo e costa de Sonoma. Os críticos se dividem: alguns os consideram entre os melhores da Califórnia, outros acham excessivos seu vigor e teor alcoólico.

Kunde ☆–☆☆☆
Kenwood. Proprietária: Família Kunde. 325 ha.
www.kunde.com
Plantadores veteranos em Sonoma Valley, os Kunde se tornaram fabricantes em 1990, com bebidas bem elaboradas e acessíveis. Sua lista é enorme e traz um admirável Zinfandel de videiras antigas.

Lancaster Estate ☆☆–☆☆☆
Healdsburg. Proprietário: Ted Simpkins. 22 ha.
www.lancaster-estate.com
Pouco conhecida, mas de alta qualidade, esta casa no sul de Alexander Valley produz vinhos bem estruturados e caros, de variedades de Bordeaux.

Landmark ☆☆
Kenwood. Proprietário: Damaris Ethridge. 8 ha.
www.landmark.com
Muito conceituada na Califórnia, costuma exagerar no estilo "tostado-amanteigado", bem claro nas garrafas do Damaris Reserve, um pouco menos na mistura Overlook. Ainda tenta abrir mercado com o Pinot Noir, cujos melhores lotes vêm de Kastania Vineyard.

Laurel Glen ☆☆☆
Glen Ellen. Proprietário: Patrick Campbell. 15 ha.
www.laurelglen.com
Campbell estudou filosofia em Harvard, depois cultivou vinhedos para um mosteiro zen budista, até abrir sua pequena vinícola de montanha em Sonoma, em 1981. Faz um muito consistente e durável Cabernet Sauvignon, e o segundo rótulo para uma boa escolha é o Counterpoint.

Limerick Lane ☆☆
Healdsburg. Proprietário: Michael Collins. 14 ha.
www.limericklanewines.com
Vinícola afamada pelo esplêndido Zinfandel, vende mais seu Dry Furmint e um vinho inspirado no Tokaji Aszú.

Littorai ☆☆☆
Santa Helena. Proprietário: Ted Lemon. 5 ha.
www.littorai.com
Ted Lemon foi o primeiro californiano contratado para fazer vinhos numa famosa empresa da Borgonha: Roulot, em Meursault. Aplicou sua habilidade com uvas em Sonoma e Mendocino, o que resultou em impressionantes, finos e quase etéreos Chardonnay e Pinot Noir. E, por diversão, um terrível e viscoso Chardonnay de colheita tardia, em 2006.

Lynmar ☆☆
Sebastopol. Proprietária: Família Fritz. 19 ha.
www.lynmarwinery.com
Em Russian River Valley, esta vinícola vai de sucesso em sucesso. Admiráveis em particular são os subestimados e elegantes Pinot Noir denominados Quail Hill.

Marcassin ☆☆
Calistoga. Proprietários: Helen Turley e John Wetlaufer. 4 ha.
A mais celebrada consultora e seu marido possuem este pequeno vinhedo nos planaltos costeiros. Fazem Chardonnay e Pinot Noir de estilo polêmico, tanto que ganharam aplausos de uns e críticas de outros.

Marimar Estate ☆☆☆
Sebastopol. Proprietária: Marimar Torres. 32 ha.
www.marimarestate.com
A individualista Torres usa todo o seu poder para substituir o teor frutado dos vinhos da Califórnia pelo refinamento, em seus Chardonnay e Pinot Noir. Os resultados podem ser assombrosos. Marimar é irmã do renomado Miguel Torres, da Espanha.

Martinelli ☆–☆☆☆
Windsor. Proprietário: Lee Martinelli. 122 ha.
www.martinelliwinery.com
Sitiantes em Russian River Valley desde 1870, os Martinelli se voltaram para as uvas um século depois. Hoje produzem uma vasta lista de vinhos, sobretudo os de videiras únicas, formulados pela enóloga e consultora Helen Turley.

A missão franciscana em Sonoma.

Matanzas Creek Winery ☆☆
Santa Rosa. Proprietário: Jackson Family Estates. 33 ha.
www.matanzascreek.com
Preços exagerados no fim dos anos 1990, com base na fama da casa pelo Merlot e Chardonnay, não foram seguidos de qualidade, e, em 2000, Jess Jackson comprou a propriedade, em Bennett Valley. O foco nos varietais abrange um confiável Sauvignon Blanc, que não muda, mas outros vinhos têm sido alterados por uma equipe de consultores franceses.

Mauritson ☆☆–☆☆☆
Healdsburg. Proprietário: Clay Mauritson. 122 ha.
www.mauritsonwinery.com
Mais um fazendeiro convertido em vinicultor, perito no aromático Dry Creek Zinfandel e em vigorosos Rockpille Syrah, Petite Sirah e Zinfandel.

Peter Michael ☆☆☆–☆☆☆☆
Calistoga. Proprietário: Sir Peter Michael. 52 ha.
www.petermichaelwinery.com
O magnata da mídia britânica Peter Michael desenvolveu, a custo alto, soberbos vinhedos acima de Knights Valley, com efeitos espetaculares: alguns dos melhores Chardonnay, Sauvignon e, em expansão, vinhos tintos também. Todos caríssimos.

Michel-Schlumberger ☆–☆☆
Healdsburg. Proprietário: Jacques Schlumberger. 40 ha.
www.michelschlumberger.com
De cultivo orgânico desde 2006, a bonita propriedade tem desempenho irregular, mas o Chardonnay, Pinot Blanc e Cabert Sauvignon são bem-aceitos.

Mill Creek ☆
Healdsburg. Proprietário: Bill Kreck. 30 ha.
www.mcvonline.com
Vinhos suaves e agradáveis, pouco competitivos, mas o Cabernet e o Merlot podem ser ótimos.

Murphy-Goode ☆–☆☆
Geyserville. Proprietário: Jackson Family Estates. 142 ha.
www.murphygoodewinery.com
De praxe, a casa produz três versões de Saugivnon Blanc, em grau ascendente de riqueza. Após a compra por Jesse Jackson em 2006, a lista foi restrita a simples ofertas de varietais.

Nalle ☆☆–☆☆☆
Healdsburg. Proprietário: Doug Nalle. Sem vinhedos.
www.nallewinery.com
Uma das poucas na Califórnia que busca mais do que adulações ao seu *terroir*. A Nalle produz um singelo vinho maduro Zinfandel, deixando óbvio que Dry Creek Valley deveria receber mais plantações dessa variedade. Bem equilibrados, tais vinhos contestam a ideia de que o Zinfandel deve ter 16 graus de álcool para ser palatável.

Pax Wine Cellars ☆☆
Santa Rosa. Proprietário: Joe Donelan. Sem vinhedos.
www.paxwines.com
A Pax existe desde a década de 2000, quando um negociante se dedicou a vinhedos únicos nas colinas, destinados a Syrah feitos pelo sócio Pax Mahle. Até quinze lotes por ano provaram a vantagem de canteiros individuais, mas o teor alcoólico tende a ser excessivo. Mahle saiu em 2008; o futuro é incerto.

Peay ☆–☆☆☆☆
Annapolis. Proprietários: Nick e Andy Peay. 20 ha.
www.peayvineyards.com
Das videiras nos planaltos costeiros de Sonoma, a mulher de Nick Peaky, Vanessa Wrong, extrai impecáveis Pinot Noir e Syrah, mais para grandes restaurantes.

J. Pedroncelli Winery ☆–☆☆
Geyserville. Proprietária: Família Pedroncelli. 42 ha.
www.pedroncelli.com
Antiga e confiável para vinhos locais, de jarra, agora faz Dry Creek Zinfandel, Gewürztraminer, Chardonnay e Cabernet Sauvignon em padrões mais altos, a preços razoáveis.

Preston ☆☆
Healdsburg. Proprietário: Lou Preston. 40 ha.
www.prestondrycreek.com
Plantador orgânico, depois negociante de vinhos, Lou Preston dotou sua empresa de Sauvignon e Zinfandel do Dry Creek Valley, além de investir em variedades italianas e francesas. Ele fartou-se de produzir grandes volumes e reduziu a oferta, para voltar à vida de fazendeiro.

Quivira ☆☆
Healdsburg. Proprietário: Henry Wendt. 40 ha.
www.quivirawine.com
Modelares Zinfandel de Dry Creek Valley e suculentos Sauvignon Blanc de vinhedos biodinâmicos. Novos donos a partir de 2006 sustentaram o nível.

Radio Coteau ☆☆–☆☆☆
Graton. Proprietário: Eric Sussman. Sem vinhedos.
www.radiocoteau.com
Com vasta experiência na Borgonha, Sussman instalou sua modesta vinícola em 2002, comprando frutas sobretudo de videiras orgânicas de Sonoma e Anderson Valley. Seu Pinot Noir é satisfatório, combina o vigor da Califórnia com o refinamento borgonhês.

A. Rafanelli ☆☆☆
Healdsburg. Proprietário: David Rafanelli. 20 ha.
arafanelliwinery.com
Rústica vinícola na área de Dry Creek, mas nada há de rústico em seus deliciosos Zinfandel e Cabernet.

Ravenswood ☆☆–☆☆☆
Sonoma. Proprietária: Constellation. 5 ha.
www.ravenswood-wine.com
Joel Peterson primeiro expressou sua paixão por Zinfandel e outros vinhos tintos de maneira anônima. Adquirindo pequenos lotes de uvas, antes da prática tornar-se moda, ele fez bebidas admiráveis.

Nos anos 1990, o negócio se expandiu muito, mas os vinhos de ponta permaneceram bons. Em 2002, Peterson vendeu a vinícola aos Ravenswood, cujo lema, "Sem vinhos débeis", não faz jus a alguns dos mais brilhantes e palatáveis Zinfandel do país.

J. Rochioli ☆☆–☆☆☆

Healdsburg. Proprietária: Família Rochioli. 52 ha.

Produtores de Pinot Noir em Sonoma faziam fila para comprar uvas de Rochioli. A demanda caiu porque Tom Rochioli lançou vinhos de sua lavra, caros e difíceis de encontrar, exceto em restaurantes de classe.

Roshambo ☆–☆☆

Healdsburg. Proprietária: Naomi Brilliant. 47 ha.
www.roshambowinery.com

Divertida vinheria de agenda popular e apelo jovem, fundada em 1999 pela neta do finado Frank Johnson, cujas afamadas videiras ainda abastecem a casa. Os vinhos podem ser esquecíveis, porém conduzem uma mensagem positiva.

St. Francis ☆☆–☆☆☆

Kenwood. Proprietário: Kobrand. 212 ha.
www.stfrancis.com

O Merlot costuma ser o melhor produto, mas os varietais Cabernet, Syrah e Zinfandel impressionam igualmente bem.

Sausal Winery ☆

Healdsburg. Proprietária: Família Demostene. 60 ha.
www.sausalwinery.com

Uma de suas plantações de uva Zinfandel data de 1877 e constitui a fonte do Century Zinfandel da casa. Outros vinhos são quase, ou por igual, tão veneráveis quanto esse.

Sbragia Family Vineyards ☆☆–☆☆☆

Geyserville. Proprietária: Família Sbragia. 18 ha.
www.sbragia.com

Ex-consultor da Beringer, o enólogo Sbragia montou empresa própria, onde os vinhos varietais têm a mesma generosidade e ebulição de seus reserva para a Beringer.

Scherrer ☆☆–☆☆☆

Sebastopol. Proprietário: Fred Scherrer. 20 ha.
www.scherrerwinery.com

Um intelectual entre os vinhateiros, Scherrer adaptou a safra e a fermentação às particularidades de cada colheita. Disso saíram vinhos finos, de seus velhos vinhedos de Zinfandel ou de novos plantios na Costa de Sonoma.

Schug ☆☆

Sonoma. Proprietário: Walter Schug. 17 ha.
www.schugwinery.com

De origem alemã, Walter Schug ganhou renome como consultor da Phelps. Desde 1990 com vinícola própria, ele privilegia subestimados, mas indeléveis Chardonnay e Pinot Noir, de videiras dispersas por Sonoma. O estilo é elegante.

Sebastiani ☆–☆☆

Sonoma. Proprietário: William Foley. 121 ha.
www.sebastiani.com

Nome intimamente ligado à histórica cidadezinha de Sonoma. Aos poucos, Sebastiani mudou de negociante a granel para produtor de vinhos de alta qualidade, mas, em 2000, alguns familiares incitaram a venda da maioria de suas marcas mais conhecidas, e William Foley arrematou a vinícola em 2008. Menor em escala, ela agora fornece

honestas garrafas de Sonoma e alguns vinhos excepcionais, como o Cherryblock Cabernet.

Seghesio ☆☆☆

Healdsburg. Proprietária: Família Seghesio. 162 ha.
www.seghesio.com

Antiga instalação que só começou a engarrafar os próprios vinhos em 1983. O Zinfandel tornou-se sua senha, com cinco variedades a escolher. Garrafas de Sangiovese, do venerável vinhedo familiar e de novos canteiros estão entre as melhores da Califórnia.

Simi ☆☆–☆☆☆

Healdsburg. Proprietária: Constellation. 244 ha.
www.simiwinery.com

Seguidas trocas de dono impediram que a histórica vinícola Simi mantivesse uma imagem contínua de qualidade. O Simi's Alexander Valley Cabernet e o Chardonnay Reserve fermentado em barril ainda são de primeira linha.

Sonoma-Cutrer ☆☆

Windsor. Proprietário: Brown-Forman. 445 ha.
www.sonomacutrer.com

Por anos, a vinícola assessorada por Brice Jones reinou na Califórnia como perita em uva Chardonnay, cultivada em vinhedos denominados Les Pierres (o melhor), Cutrer e Russian River Ranches. Em 1994, Jones rompeu a hegemonia do Chardonnay, adicionando o Pinot Noir. A qualidade manteve-se firme, mas outros Chardonnay de Sonoma por fim se igualaram ou até superaram os da Sonoma-Cutrer. Jones saiu da casa em 2001.

Stonestreet ☆☆☆

Healdsburg. Proprietário: Jackson Family Estates. 400 ha.
www.stonestreetwines.com

Esta empresa pode contar com os imensos vinhedos de Jackson em Alexander Valley. Qualidade excelente: um ótimo Chardonnay, a ainda melhor mescla de Bordeaux chamada Legacy, e o Christopher's Vineyard Cabernet.

Rodney Strong ☆

Healdsburg. Proprietária: Klein Foods. 365 ha.
www.rodneystrong.com

Já falecido, Strong era um veterano produtor de Sonoma, que se dedicou totalmente à propriedade que leva seu nome, embora o consultor Rick Sayre tenha dado continuidade. Falta excitação nos vinhos, exceto o Alexander's Crown Cabernet.

Stryker Sonoma ☆

Geyserville. Proprietário: Craig MacDonald. 11 ha.
www.strykersonoma.com

Obtendo frutas de toda Sonoma, esta estilosa e moderna vinícola produz uma longa lista de varietais. Os brancos desapontam, mas o Cabernet e o Zinfandel são sólidos.

Stuhlmuller ☆☆

Healdsburg. Proprietário: Fritz Stuhlmuller. 61 ha.

Outra tenaz família de cultivadores que, em 1996, passou a produzir pequenos volumes de Chardonnay, Cabernet e Zinfandel, todos vinhos de bom nível.

ESTADOS UNIDOS | CALIFÓRNIA

Joseph Swan ☆–☆☆
Forestville. Proprietário: Rod Berglund. 5 ha.
www.swanwinery.com
O finado Joseph Swan foi pioneiro do Dry Creek Zinfandel, e seu genro segue a rota, embora os Pinot Noir sejam tão variados quanto os Zinfandel. Qualidade inconstante.

Tandem ☆☆–☆☆
Sebastopol. Proprietário: Greg LaFollette. Sem vinhedos. www.tandemwinery.com
LaFollete, consultor da DeLoach, criou rótulo próprio em 2001 e produz bem elaborados, embora caros, Chardonnay e Pinot advindos das melhores videiras de Sonoma.

Trentadue ☆☆
Geyserville. Proprietária: Família Trenta Due. 100 ha.
www.trentadue.com
Eis um clã que vende suas uvas à Ridge e outros, mas também produz poderosos tintos de Zinfandel e Petite Sirah.

Unti ☆☆–☆☆☆
Healdsburg. Proprietária: Família Unti. 24 ha.
www.untivineyards.com
Zinfandel e Syrah são as estrelas aqui, mas Grenache e Barbera mostram-se igualmente vibrantes.

Vérité ☆☆–☆☆☆
Healdsburg. Proprietário: Jess Jackson.
www.veritewines.com
Vinícola conceitual, permitindo ao enólogo Pierre Seillan escolher entre as melhores videiras de Jess Jackson em Sonoma, para produzir dispendiosas reinterpretações do St. Émilion (Le Désir), Pomerol (La Muse) e Pauillac (La Joie). Vinhos capitosos e bem concentrados.

Viansa ☆–☆☆
Sonoma. Proprietário: 360 Global Wine Company. 36 ha.
www.viansa.com
Sam Sebastiani deixou a empresa da família e abriu a sua em 1986. Criou um largo espectro de vinhos em estilo italiano. Os menos ambiciosos, como os despojados Arneis e Pinot Grigio, têm maior êxito do que as elegantes misturas. Em 2005, Sebastiani vendeu a empresa e sua animada sala de degustação.

Williams & Selyem ☆☆–☆☆☆
Healdsburg. Proprietário: John Dyson. 21 ha.
www.williamsselyem.com
Artesanal ao extremo, mas nunca rústico, o empreendimento de Burt Williams e Ed Selyem valorizou o Pinot Noir da costa de Sonoma e do rio Russo, tomando por modelo o Domaine de la Romanée-Conti. Selyem retirou-se em 1998, por motivo de saúde, e a marca foi vendida ao viticultor Dyson. Bob Cabral faz os vinhos. Os Pinot são esplêndidos, e outras variedades, muito alcoólicas.

Maiores produtores de Mendocino

Claudia Springs ☆☆
Philo. Proprietário: Bob Klindt. 10 ha.
www.claudiasprings.com
Empreendimento modesto, mas os vinhos, sobretudo o Viognier e o Zinfandel, são bastante apreciáveis.

Edmeades ☆☆–☆☆☆
Philo. Proprietário: Jackson Family Estates. 25 ha.
www.kj.com
O dente de Mendocino na engrenagem da família Kendall-Jackson abrange vinhos de videiras nomeadas. Há Pinot Noir, Zinfandel e Petite Sirah, competentes e intensos.

Esterlina ☆
Philo. Proprietária: Família Sterling. 54 ha.
www.esterlinavineyards.com
Os Sterling detêm os únicos vinhedos dentro da AVA de Cole Ranch, suplementados por videiras em Anderson Valley e em Alexander Valley. O Pinot Noir de Anderson é bom; variedades de Bordeaux do Cole Ranch, menos.

Fetzer ☆☆–☆☆☆
Hopland. Proprietário: Brown-Forman. 800 ha.
www.fetzer.com
A Fetzer opera a partir de Mendocino, mas busca alvos mais além; foi das primeiras vinícolas da Califórnia a fazer bebidas excelentes em larga escala. Também inovou apontando diferentes níveis de preço ao rotular seus vinhos claramente. Nesse caso, o Reserve está no topo, o Barrel Select no meio (é o mais valioso), enquanto marcas de fantasia como o Sundial Chardonnay e o Eagle Peak Merlot estão na base da lista. A etiqueta Bonterra lidera o rol de vinhos orgânicos da Califórnia.

Goldeneye ☆☆–☆☆☆
Philo. Proprietários: GI Partners. 61 ha.
www.goldeneyewinery.com
Criada por Dan Duckhorn em 1997 como fornecedor de Pinot Noir. O projeto deu certo, com vinhos sazonais e fogosos que ajudaram a impor novos padrões para o Anderson Valley.

Greenwood Ridge ☆☆–☆☆☆
Philo. Proprietário: Allan Green. 6 ha.
www.greenwoodridge.com
Os melhores produtos vêm de altos vinhedos nas encostas de Mendocino, que suprem seus Riesling, Merlot e Cabernet. De outras áreas do condado procedem Chardonnay e Sauvignon. A robusta uva Zinfandel é comprada em Sonoma.

Handley Cellars ☆☆
Philo. Proprietária: Milla Handley. 20 ha.
www.handleycellars.com
Handley, ex-consultora do Château St. Jean, ganhou elogios por Chardonnay. Gewürztraminer, Pinot Noir e espumantes clássicos.

Husch ☆
Philo. Proprietário: Zac Robinson. 100 ha.
www.huschvineyards.com
Videiras em Anderson Valley e Ukiah fornecem uvas para os vinhos do catálogo, dos quais os melhores são Pinot Noir, Gewürztraminer e Chardonnay. A qualidade varia do sólido ao rústico.

Lazy Creek ☆☆
Philo. Proprietário: Josh Chandler. 8 ha.
O Gewürztraminer desta minúscula vinícola em Anderson Valley é dos melhores de Mendocino, sem prejuízo dos bons Chardonnay e Pinot Noir.

Lolonis ☆–☆☆
Redwood Valley. Proprietária: Família Lolonis. 73 ha. www.lolonis.com
A orgulhosa família greco-americana supre muitas vinícolas com suas uvas orgânicas e começou a produzir os próprios vinhos na década de 1990. De início rústicas, as bebidas estão se aprimorando.

McDowell Valley Vineyards ☆☆☆
Hopland. Proprietário: William Crawford. 135 ha. www.mcdowellsyrah.com
Esta gleba permanece fiel a uma causa: resgatar o esquecido McDowell Valley, ao sul de Mendocino, como fonte de vinhos de variedades do Rhône, sobretudo os Syrah de uvas plantadas em 1948 e 1959. Faz esplêndidos Viognier e revigorantes Grenache rosados.

Monte Volpe ☆☆
Redwood Valley. Proprietário: Greg Graziano. 8 ha. www.domainesaintgregory.com
O hábil Graziano faz um trabalho inteligente com variedades italianas, sobretudo Barbera. Outra marca, Enotria, é exclusiva de variedades do Piemonte. Vinhos tintos da vertente Pinot são rotulados como Domaine St. Gregory.

Navarro ☆☆☆
Philo. Proprietários: Edward T. Bennett e Deborah Cahn. 35 ha. www.navarrowine.com
Ted Bennett tira proveito de uma área enevoada para fazer vinhos especialmente duráveis, a saber: Chardonnay. Riesling e Gewurztraminer, doces e secos, no estilo da Alsácia. Há ainda um robusto Pinot Noir.

Parducci ☆
Ukiah. Proprietário: Mendocino Wine Group. 100 ha. www.parducci.com
A mais antiga propriedade de Mendocino, teve história conturbada até ser adquirida pelos atuais donos, um consórcio de cultivadores locais com o produtor Paul Dolan. Já transformaram a Parducci na primeira vinícola "carbono zero" das Américas.

Roederer Estate ☆☆☆
Philo. Proprietário: Champagne Roederer. 142 ha. www.roedererestate.net
Associação de vulto com vinhedos do frio Anderson Valley, impressionou desde a primeira colheita. A vindima *cuvée* deu o L'Ermitage, mas o *cuvée* padrão, Estate Brut, o iguala em qualidade.

Scharffenberger
Philo. Proprietário: Champagne Roederer. 50 ha.
John Scharffenberger foi pioneiro da produção de espumantes em Anderson Valley. Em 1989, a Pommery tornou-se sócia majoritária, e, em 1998, o nome mudou para Pacific Echo. Mas, em 2005, a Roederer comprou tudo e o nome reverteu a Scharffenberger, que guinou para o ramo dos chocolates. Os vinhos eram terrosos no passado e por certo vão melhorar sob a nova direção.

Maiores produtores da Baía de San Francisco

Ahlgren ☆☆
Boulder Creek. Proprietário: Dexter Ahlgren. 10 ha. www.ahlgrenvineyard.com
O extraordinário Cabernet da casa sai de frutas das montanhas Santa Cruz, mas os outros vinhos são supridos por várias partes da Costa Central.

Bargetto ☆
Soquel. Proprietária: Família Bargetto. 16 ha. www.bargetto.com
Os vinhos mais sérios (Chardonnay, Merlot, Cabernet) procedem das Montanhas Santa Cruz, e as variedades italianas, às quais a Bargetto cada vez mais se dedica, da Costa Central. Qualidade variável.

Bonny Doon ☆–☆☆☆
Santa Cruz. Proprietário: Randall Grahm. 56 ha. www.bonnydoonvineyard.com
Grahm, o mais arguto homem de negócios com vinhos de toda a Califórnia, tornou-se o primeiro dos "Rhône Rangers", enquanto administrava uma modesta adega nas montanhas Santa Cruz. Reinventa-se repetidamente e segue perseguindo vinhos tipo Rhône: um Mourvèdre chamado Old Telegram; o Grenache de nome Clos de Gilroy; a mistura de tintos estilo Châteauneuf, nomeada Le Cigare Volant; e o delicioso Marsanne/Roussane denominado Le Sophiste. Mas, em 2006, vendeu sua propriedade e as marcas Cardinal Zin, reduzindo seu raio de ação. Ainda assim, lançou nova sociedade para fazer Riesling no estado de Washington, chamada Pacific Rim. Seu futuro continua imprevisível.

David Bruce ☆–☆☆
Los Gatos. Proprietário: David Bruce. 10 ha. www.davidbrucewinery.com
Uma garrafa de Richebourg converteu o dermatologista David Bruce ao mundo dos vinhos, e ele se instalou no alto das

---

CORO MENDOCINO

Dez vinícolas de Mendocino juntaram forças para criar um mercado classe A para um vinho tinto mesclado que seria a bandeira da região e firmaria sua identidade. Cada vinícola geraria a mistura que achasse melhor, porém havia um protocolo: ao menos 40%, mas não mais de 70% da mistura teriam de ser da uva Zinfandel, com variedades italianas e do Rhône em segundo (ou terceiro) plano. O vinho resultante iria envelhecer no mínimo doze meses em barris de carvalho, os quais de 25% a 75% precisariam ser novos, e outros doze meses nas garrafas. Numerosos provadores checaram o nível do amadurecimento. Apesar do preço alto, o vinho foi bem-aceito.

montanhas Santa Cruz para fazer brilhantes Pinot Noir e Chardonnay. Mas uma praga nos vinhedos e disputas com a reguladora CTCA mancharam sua reputação. Hoje a lista é mais diversificada, graças a uvas compradas de bons vinhedos na Costa Central. O dr. Bruce aposentou-se, e a vinícola está nas mãos de Mitri Faravashi e seus assistentes.

Cinnabar ☆☆
Saratoga. Proprietário: Tom Mudd. 13 ha.
www.cinnabarwine.com
Elevados vinhedos geram clássicos vinhos das montanhas Santa Cruz, enquanto lotes mais comerciais são feitos de uvas compradas na Costa Central.

Clos La Chance ☆☆
San Martin. Proprietário: Bill Murphy. 60 ha.
www.closlachance.com
O catálogo eclético inclui Chardonnay fresco de Napa e Santa Cruz, e elegantes Cabernet Franc e Cabernet Sauvignon. A produção se expandiu, mas a qualidade continua convincente, sobretudo na área das uvas próprias.

Concannon ☆–☆☆
Livermore. Proprietária: Família Wente. 80 ha.
www.concannonvineyard.com
Foi fundada pelo coronel Joseph Concannon para fazer vinhos religiosos, no mesmo ano em que outra vinícola de Livermore Valley era comprada por membros da família Wente, mas gerida em separado. Um foco novo iluminou a produção: Petite Sirah, Sauvignon Blanc e Assemblage, nome dado pelo sócio a misturas de brancos e tintos tipo Bordeaux. Uvas para Chardonnay e outros varietais são adquiridos na Costa Central.

Thomas Fogarty ☆☆–☆☆☆
Portolla Valley. Proprietário: dr. Thomas Fogarty. 10 ha.
www.fogartywinery.com
O Gewurztraminer de Monterey é formidável, tal qual o Pinot Noir, o Chardonnay e as variedades tintas de Bordeaux, das montanhas Santa Cruz.

Kalin Cellars ☆☆
Novato. Proprietário: Terrance Leighton. Sem vinhedos.
Um vinhateiro cientista, no improvável condado de Marin, produz acarvalhados Chardonnay e Pinot Noir com frutas de Livermore e Sonoma, só postos à venda quando Leighton os julga prontos para beber.

Kathryn Kennedy ☆☆☆
Saratoga. Proprietária: Kathryn Kennedy. 3 ha. www.kathrynkennedywinery.com
Kennedy e seu filho Marty Mathis fazem apenas uma coisa, e bem: um rico e amadeirado Cabernet. Ainda há Syrah das montanhas Santa Cruz e uma mistura à base de Merlot. Preços extravagantes.

Mount Eden ☆☆☆
Saratoga. Proprietários: Jeff e Eleanor Patterson. 16 ha.
www.mounteden.com
Famosa propriedade fundada por Martin Ray, grande pioneiro, mas de caráter difícil, que perdeu o controle da vinícola nos anos 1970. Velhas videiras ainda geram baixo volume de prodigiosas Chardonnay, Pinot Noir e Cabernet, mas o produto-chave é um Chardonnay de Edna Valley.

Ridge ☆☆☆☆
Cupertino. Proprietária: Otsuka Co. 210 ha.
www.ridgewine.com
Aceito como uma das primeiras safras da Califórnia, o vinhedo Ridge's Montebello é isolado no topo de uma montanha, ao sul de São Francisco, perto de uma velha vinícola com paredes de pedra, refrescada por vento natural. Cabernet é o vinho principal saído daqui, mas as videiras de Ridge ainda fornecem um elegante Chardonnay.

O Cabernet tem fama pela intensidade e cor escuras. Com pouca gordura, vale-se do longo envelhecimento. Para Montebello, vinte anos não são demais. O Médoc é o ponto de referência. Quase tão célebres quanto o Cabernet são os soberbos Zinfandel de Napa Valley, Paso Robles e, sobretudo, Geyserville e Lytton Springs, em Sonoma.

Por trinta anos, Paul Draper foi o enólogo aqui. Ao contrário de outros, ele adaptou as técnicas de vinificação à natureza da fruta colhida. Também favoreceu o carvalho norte-americano acima de barricas francesas. Pela consistência e qualidade, Ridge é difícil de superar.

Santa Cruz Mountain Vineyard ☆☆
Santa Cruz. Proprietário: Jeff Emery. 6 ha.
www.santacruzmountainsvineyard.com
O *restaurateur* Ken Burnap criou este pequeno e excelente lugar em meados dos anos 1970, devotando-se a vigorosas uvas Pinot Noir e Cabernet, que às vezes têm muito álcool. Em 2004, vendeu o negócio a seu sucessor natural, o enólogo Jeff Emery.

Savannah-Chanelle ☆☆
Saratoga. Proprietário: Mike Ballard. 6 ha. www.savannahchanelle.com
Desde 1996, quando o atual dono comprou a propriedade, esta se fixou no Pinot Noir, ou de vinhedo próprio ou de várias fontes em Sonoma. Bom Cabernet Franc também.

Wente ☆☆
Livermore. Proprietária: Família Wente. 1.215 ha. www.wentevineyards.com
Os Wente formam uma das grandes dinastias do vinho nos Estados Unidos. O fundador, Carl, começou com Charles Krug no Napa Valley e mudou para o pedregoso Livermore Valley em 1883, onde a terra era barata. Os vinhos brancos deram fama aos Wente. No início dos anos 1960, o Sauvignon Blanc era o favorito deste autor: robusto, suculento, ao

Vinhedos Oakville, Villa Mount Eden.

velho estilo Bordeaux. Desde então, Riesling e Chardonnay tiveram brilhante ascensão, e os tintos se firmaram na lista da casa, em regra supridos por extensos vinhedos próprios em Monterey e Livermore. O espumante é de classe e passa cinco anos fermentando.

Maiores produtores do sopé de Sierra

Amador Foothill Winery ☆
Plymouth. Proprietários: Ben Zeitman e Katie Quinn. 4 ha. www.amadorfoothill.com
Este pequeno vinhedo de Shenandoah Valley, e outros vizinhos dos quais compra uvas, produz ásperos e tânicos Zinfandel, mais um suculento Sangiovese.

Boeger Winery ☆–☆☆
Placerville. Proprietário: Greg Boeger. 38 ha. www.boegerwinery.com
De videiras a 915 metros de altitude, Boeger faz numerosos vinhos, de qualidade variável. Os mais confiáveis, por vezes excelentes, são Zinfandel, Barbera, Viognier e combinações de tintos.

Ironstone ☆–☆☆
Murphys. Proprietária: Família Kautz. 1.780 ha. www.ironstonevineyards.com
Os Kautz possuem só 28 hectares nas encostas de Sierra, mas centenas de outros em Lodi e San Joaquin Valley. Eles geram vinhos varietais simples, frescos e baratos. O Cabernet Franc é a especialidade. Os menos singelos levam o nome de Reserve e o rótulo Christine Andrew. Vinícola mais pomposa dos contrafortes de Sierra, a Kautz explora um rendoso parque temático perto de suas instalações.

Karly ☆
Plymouth. Proprietário: Buck Cobb. 8 ha. www.karlywines.com
Pesados, adocicados Zinfandel são o forte da Karly, mas há ainda um delicioso Orange Muscat e uma boa lista de variedades do Rhône.

Lava Cap Winery ☆☆
Placerville. Proprietária: Família de David Jones. 24 ha. www.lavacap.com
Um dos mais estilosos produtores das encostas de Sierra. O *top* de linha chama-se Stromberg e vem de vinhedos elevados, plantados a 975 metros.

Madroña ☆☆
Camino. Proprietário: Dick Bush. 14 ha. www.madrona-wines.com
Bush começou plantando suas videiras a 915 metros de altitude em 1973. Em certos anos, as uvas não amadurecem por completo. Quando o fazem, porém, geram um fino rol de vinhos brancos e tintos.

Monteviña ☆
Plymouth. Proprietária: Família Trinchero. 160 ha. www.montevina.com
Em 1988, a família Trinchero de Sutter Home comprou Monteviña e semeou muitas variedades italianas. A despeito da dedicação, os vinhos raramente superam o nível do respeitável. Mas existem diversas bebidas excelentes sob o rótulo Terra d'Oro.

Renaissance ☆☆
Oregon House. Proprietária: Fellowship of Friends. 150 ha. www.renaissancewinery.com
Admirável gleba que produz vinhos também admiráveis: densos, saborosos e duráveis Cabernet e Zinfandel, bem como um sutil Sauvignon e variedades do Rhône em crescimento e ótimos vinhos de colheita tardia.

Renwood ☆–☆☆☆
Plymouth. Proprietário: Robert Smerling. 80 ha. www.renwood.com
Desde 1992, Smerling optou por fazer um Amador Zinfandel em pequena escala, com preços proporcionais à postura heroica. Existem mais de sete vinhos envelhecidos, sofisticados para a zona de Amador, como os Barberas. A produção subiu com o lançamento dos mais baratos Red Label.

Shenandoah Vineyards ☆–☆☆
Plymouth. Proprietário: Leon Sobon. 20 ha. www.sobonwine.com
Do mesmo dono de Sobon (ver nesta página), Shenandoah tem longa lista de marcas, embora apenas o Special Reserve rivalize em qualidade com os de Sobon. Excelentes vinhos fortificados.

Sierra Vista ☆☆–☆☆☆
Placerville. Proprietário: John MacReady. 13 ha. www.sierravistawinery.com
Produz alguns dos melhores Syrah das encostas de Sierrra, com uvas de Red Rock Ridge. Também um bom Viognier e um rosado tipo Tavel chamado Belle Rose. Cabernet e Zinfandel estão no lado tosco do rol.

Sobon ☆☆
Plymouth. Proprietário: Leon Sobon. 34 ha. www.sobonwine.com
Do mesmo dono de Shenandoah (ver nesta página), esta empresa é centrada em vigorosos Zinfandel de videiras únicas e muitas delas bastante antigas.

Domaine de la Terre Rouge ☆☆–☆☆☆
Fiddletown. Proprietário: William Easton. 28 ha. www.terrerougewines.com
O toque firme de Easton é mostrado desde 1987 nos Zinfandel, Syrah e Barbera. Os Carbernet Sauvignon, contudo, costumam ser supermaduros. Alguns vinhos portam o nome de Easton e a qualidade é excepcional, para tintos e brancos, exceto quando o gosto de carvalho ultrapassa o da fruta.

Villa Toscano ☆
Plymouth. Proprietário: Jerry Wright. 42 ha. www.villatoscano.com
Confunde destino turístico com vinícola, com jardins e uma imitação da arquitetura da Toscana. Mas seus varietais têm brilho, com os estilos Tempranillo e Rhône com padrões italianos.

Principais produtores de Monterey

Bernardus ☆☆–☆☆☆
**Carmel Valley. Proprietário: Bernardus Pon. 20 ha.
www.bernardus.com**
Vinícola bem capitalizada, pertence a um distribuidor holandês e mantém alta reputação por varietais de classe e boa feitura, a partir de uvas de Bordeaux e Borgonha, e pela esplêndida mistura de Bordeaux denominada Marinus.

Chalone ☆☆–☆☆☆
**Soledad. Proprietário: Diageo. 120 ha.
www.chalonevineyard.com**
Por cinquenta anos, foi um posto isolado de vinicultura num cume perto do Monumento Nacional de Pinnacles, onde toda a água teve de subir em caminhões-pipa. Então, Dick Graff (já falecido) surpreendeu a Califórnia com seu Chardonnay e Pinot Noir estilo Borgonha.

A Pinot Blanc cresce igualmente bem nestas alturas, e a Chenin Blanc de velhas videiras é das melhores uvas daqui. Viognier e Syrah foram acrescidos mais tarde. A qualidade caiu nos anos 1990, com infestação de bactérias que afetou muitos dos vinhos. A troca de dono e de consultor tirou-lhes um pouco de individualidade, mas as virtudes seguem grandes.

Heller Estate ☆☆
**Carmel Valley. Proprietário: Gilbert Heller. 50 ha.
www.hellerestate.com**
Primeiro vinhedo de Carmel, agora orgânico, nas íngremes encostas perto do mar. O Cabernet é maduro, profundo e causa boa impressão; o Merlot, mais acessível e opulento; e o agradável Chenin Blanc ainda não convenceu como discípulo de Vouvray. Em anos recentes, a lista incluiu Malbec, Cabernet Franc e misturas de Meritage.

Jekel Vineyards ☆
**Greenfield. Proprietário: Brown-Forman. 135 ha.
www.jekel.com**
Os brancos (sobretudo Riesling e Gravelstone Chardonnay) são maduros, mas leves; os tintos porém mostram-se menos convincentes. Faz pouco tempo, a qualidade derrapou e, em 2004, a vinícola foi fechada, transferindo a produção à Fetzer (ver p. 508).

Joullian ☆☆
**Carmel Valley. Proprietárias: Famílias Sias e Joullian. 16 ha.
www.joullian.com**
Por muitos anos, Ridge Watson gerenciou a propriedade em nome dos donos, de Oklahoma. Vinhedos próprios são a base de finos Semillon, Cabernet Sauvignon e Syrah. Há outras variedades feitas de uvas compradas em Monterey.

J. Lohr ☆☆
**San José. Proprietário: Jerry Lohr. 800 ha.
www.jlohr.com**
Deveria haver na Califórnia mais vinícolas como esta, focada em custos razoáveis para vinhos varietais bem-acabados e ricos em gosto frutado. A maioria das uvas vêm de Monterey e Paso Robles.

Meador Estate Wines ☆☆
**Monterey. Proprietário: Doug Meador. 120 ha.
www.meadorestates.com**
Excêntrico plantador e dono da Ventana (ver nesta página), Meador lançou alguns de seus vinhos mais individualistas, flutuando de uma vindima a outra, sob seu nome de família.

Mer Soleil ☆–☆☆☆
**Soledad. Proprietário: Charles Wagner. 158 ha.
www.mersoleilvineyard.com**
Wagner, da Caymus (ver p. 490), passou a plantar nos planaltos de Santa Lúcia em 1988 e desenvolveu sua marca de exóticos Chardonnay, tidos como magníficos por uns e excessivos por outros. Recentes acréscimos são o Silver, um Chardonnay mais áspero, e o Late, um Viognier quimicamente tratado.

Mirassou ☆
**San José. Proprietários: E. & J. Gallo. 400 ha.
www.mirassou.com**
Apesar da venda desta propriedade pioneira de Monterey, a sexta geração da família Mirassou segue envolvida. Os vinhos em oferta são varietais honestos, fáceis de beber e de nível mediano.

Monterra
Ver Delicato.

Morgan ☆☆–☆☆☆
**Salinas. Proprietário: Dan Lee. 26 ha.
www.morganwinery.com**
Erguida em 1992, faz vigorosos Chardonnay e Pinot Noir, de videiras próprias e orgânicas, além de frutas adquiridas fora da propriedade. Uvas muito puras caracterizam as melhores garrafas de Pinot Noir, talvez seu vinho mais sofisticado.

Paraiso Vineyards ☆–☆☆☆
**Soledad. Proprietário: Rich Smith. 730 ha.
www.paraisovineyards.com**
Rich Smith vende uvas a outros fabricantes, mas retém as necessárias para o próprio rótulo. Faz vinhos mais charmosos do que estruturados, ideais como bebida de verão. Chardonnay, Syrah e Pinot Noir têm melhor desempenho até agora.

Roar ☆☆–☆☆☆
Soledad. Proprietários: Adam Franscioni e Gary Pisoni. 57 ha. www.roarwines.com
Em 2001, dois cultivadores de Santa Lúcia uniram-se para produzir pequenos lotes de seu próprio Pinot Noir, feito em estilo exuberante por Adam Lee, da Siduri (ver p. 518).

Talbott ☆☆
**González. Proprietária: Família Talbott. 325 ha.
www.talbottvineyards.com**
A fortuna dos Talbott deriva da fabricação de gravatas. Vendem a maior parte das uvas, com grande demanda pelo vinhedo Sleepy Hollow. Seus Chardonnay são viçosos e amadeirados, com marcante toque de frutas tropicais.

Ventana Vineyard ☆☆–☆☆☆
**Soledad. Proprietário: Douglas Meador. 120 ha.
www.meadorestates.com**
Viticultor rebelde, Doug Meador julga que pode atingir grande produção sem comprometer a qualidade. Suas uvas Sauvignon e

Gewürztraminer são adquiridas por muitos fabricantes da região. A vinícola própria lança varietais padronizados, mas o topo de linha é vendido sob o rótulo Meador Estate (ver p. 512). Syrah e Riesling tendem a ser os melhores vinhos.

Principais produtores de San Luís Obispo

Adelaida ☆☆–☆☆☆
Paso Robles. Proprietária: família Van Steenwyck. 37 ha. www.adelaida.com
Esta refinada vinícola, embutida nas colinas, produz Pinot Noir de uvas com 45 anos de existência. O Cabernet Sauvignon costuma ser excelente, enquanto Syrah e outras variedades do Rhône, de videiras novas, estão surgindo. Depois de uma fase instável, Adelaida merece atenção.

Alban ☆☆☆–☆☆☆☆☆
Arroyo Grande. Proprietário: John Alban. 30 ha. www.albanvineyards.com
John Alban teve um ato de conversão em Condrieu, e em 1990 passou a semear o primeiro vinhedo norte-americano devotado apenas às variedades do Rhône francês. Sua experiência e capacidade garantem alguns dos melhores vinhos da Califórnia nesse estilo, poderosos e equilibrados.

Domaine Alfred ☆☆–☆☆☆
San Luis Obispo. Proprietário: Terry Speizer. 34 ha. www.domainealfred.com
Speizer comprou este vinhedo em 1994, o revitalizou e o converteu em biodinâmico. Especializou-se em ricas e tostadas Pinot Noir, bem como Chardonnay e Syrah.

L'Aventure ☆☆☆
Paso Robles. Proprietário: Stéphan Asséo. 24 ha. www.aventurewine.com
Asséo deixou sua St. Émilion natal com a finalidade de misturar variedades de uvas. Após muita busca, instalou-se no acidentado lado oeste de Paso Robles e plantou Cabernet Sauvignon e variedades do Rhône em solos desiguais. Deles vêm misturas de vigorosos e elegantes vinhos, que beiram a supermaturação mas nunca a tocam.

Baileyana ☆☆–☆☆☆
San Luis Obispo. Proprietário: Família Niven. 77 ha. www.baileyana.com
Cultivadores célebres em Edna Valley, os Niven usam cachos de sua cópia do vinhedo Firepeak para suprir o rótulo próprio. O Pinot Noir é o vinho mais gratificante, com aroma de frutas vermelhas e certa ardência.

Claiborne & Churchill ☆
San Luis Obispo. Proprietárias: Clay Thompson e Frederika Churchill. Sem vinhedos. www.clairbonechurchill.com
Fora da rotina, esta vinícola compra tudo de que precisa e tornou-se perita em vinhos no estilo da Alsácia, tanto quanto no exótico Chardonnay de Edna Valley.

Eberle ☆☆
Paso Robles. Proprietário: Gary Eberle. 16 ha. www.eberlewinery.com
Fiel a Paso Robles, mais dedicado a Cabernet Sauvignon e Syrah, Gary Eberle foi o primeiro a plantar Syrah na região, mas o vinhedo sucumbiu à praga da filoxera. Muitos dos enólogos de Paso Robles trabalharam e aprenderam com ele.

Edna Valley Vineyard ☆–☆☆
San Luis Obispo. Proprietário: Diageo. 44 ha. www.ednavalleyvineyard.com
Associação entre o grande grupo Diageo e os donos dos vinhedos Paragon, ocupando metade da AVA de Edna Valley. Faz um Chardonnay intenso, envelhecido, além de pequena quantidade de Pinot Noir, Syrah, Viognier e, se o clima permite, Riesling.

EOS ☆
Paso Robles. Proprietária: Família Arciero. 255 ha. www.eosvintage.com
Vultosa operação no platô a leste de Paso Robles. Vinhos válidos mas nunca emocionantes.

Garretson ☆–☆☆
Paso Robles. Proprietário: Mat Garretson. Sem vinhedos. www.garretsonwines.com
Entusiasta dos vinhos tipo Rhône, Garretson chegou a ser chamado de sr. Viognier. Foi o criador do esplendoroso festival Hospices du Rhône, levado todo ano em Paso Robles. Seus próprios vinhos são algo heterogêneos, mas podem ser muito bons apesar dos impronunciáveis nomes gaélicos.

Robert Hall ☆–☆☆
Paso Robles. Proprietário: Robert Hall. 100 ha. www.roberthallwinery.com
O cultivador Hall tornou-se produtor de vinhos em 1999, construiu uma bela vinícola e lançou corretos, mas não espetaculares, vinhos no estilo Rhône e Bordeaux.

Austin Hope ☆☆–☆☆☆
Paso Robles. Proprietário: Austin Hope. 57 ha. www.austinhope.com
Experiente semeador e enólogo, Hope registrou rótulo próprio em 2000, focalizando apenas varietais e misturas do Rhône. Poderosos no estilo, os vinhos são também equilibrados e revigorantes.

Justin ☆☆☆
Paso Robles. Proprietário: Justin Baldwin. 34 ha. www.justinwine.com
Banqueiro aposentado, Baldwin e sua esposa Deborah vieram a um local ermo na montanha em 1982, e fundaram uma das futuras expoentes da Costa Central. Todos os vinhos sob a etiqueta Justin são de primeira categoria: o vívido Sauvignon; os equilibrados Chardonnay e Viognier; os soberbos varietais de Bordeaux; e a mistura chamada Isosceles. Imutável qualidade, sobretudo nos tintos.

Laetitia ☆–☆☆
Arroyo Grande. Proprietário: Selim Zikha. 250 ha.
www.laetitiawine.com
O vinhedo original foi plantado por uma empresa de Champagne para fazer espumantes. Em 2001, a propriedade ganhou novo dono, que completou a lista de vinhos borbulhantes com caprichadas variedades de Chardonnay, Syrah e Pinot, brancas ou tintas.

Linne Calodo ☆☆–☆☆☆
Paso Robles. Proprietário: Matt Trevisan. 7 ha.
O nome vem de um tipo de solo local. Usando mais frutas compradas, Trevisan produz um rol de misturas no estilo do Rhône, etiquetadas como Sticks & Stones, Slacker e Rising Tides. Mas não há nada de esquisito quanto a seus intensos vinhos tintos, que despertaram o culto dos fãs.

Meridian ☆–☆☆
Paso Robles. Proprietário: Foster's Wine Estates. 2.835 ha.
www.meridianvineyards.com
Companhia grande, produtora de vinhos extremamente benfeitos, a preços moderados. Nem as garrafas do admirável Reserve são caras demais. Muitas das uvas procedem de vinhedos de Santa Bárbara e Paso Robles.

Peachy Canyon ☆–☆☆
Paso Robles. Proprietário: Doug Beckett. 50 ha.
www.peachycanyon.com
Nos anos 1990, os Beckett lançaram um respeitável conjunto de Zinfandel de diversos vinhedos, mas houve queda da qualidade na década passada

Saxum ☆☆☆
Paso Robles. Proprietário: Justin Smith. 8 ha.
www.saxumvineyards.com
Este jovem produtor faz um soberbo Syrah do vinhedo James Berry, de sua família, apesar dos difíceis solos de argila xistosa e pedra calcária.

Tablas Creek ☆☆
Paso Robles. Proprietárias: Famílias Perrin e Haas. 50 ha.
www.tablascreek.com
Os irmãos Perrin, donos do Beaucastel em Châteauneuf-du--Pape, uniram-se ao importador Robert Haas para trazer e plantar autêntico material plantável, que semeiam organicamente. Além de suprir de uvas outros fabricantes, passaram a fazer misturas brancas e tintas, tipo Rhône, e alguns vinhos diferenciados, como Picpoul e Counoise.

Talley ☆☆☆
Arroyo Grande. Proprietário: Brian Talley. 66 ha.
www.talleyvineyards.com
Talley descobriu que o Cabernet não amadurece aqui, mas as variedades da Borgonha, sim. Resultado: uma lista de finos e impecáveis Chardonnay e Pinot Noir.

VinaRobles ☆–☆☆
Paso Robles. Proprietário: Hans Nef. 77 ha.
www.vinarobles.com
Um *restarauter* suíço fomentou o vinhedo em 1996 e a primeira colheita deu-se em 1999. A gama é respeitável: Cabernet, Syrah, rosés, e primoroso Petite Sirah.

Windward ☆☆
Paso Robles. Proprietário: Marc Goldberg. 6 ha.
www.windwardvineyard.com
Apenas a Pinot Noir é colhida aqui, e gera um delicado e aromático vinho estilo Borgonha.

Principais produtores do condado de Santa Bárbara

Alma Rosa ☆☆
Buellton. Proprietário: Richard Sanford. 42 ha.
www.almarosawinery.com
Após deixar sua vinícola em 2005, Sanford abriu esta nova empresa, fornecedora de uvas dos vinhedos orgânicos que possui. Voltou a dias antigos, mas o Pinot Noir, sem surpresa, é o vinho mais atraente

Au Bon Climat ☆☆–☆☆☆☆
Santa Maria. Proprietário: Jim Clendenen. 36 ha.
www.aubonclimat.com
Poucos superaram Clendenen na percepção do potencial do nublado Santa Maria Valley para produzir intensos e duradouros Chardonnay e Pinot Noir. Enquanto os Pinot das singelas videiras de Santa Maria e Santa Ignez são em geral majestosos, os chamados La Bauge-au-Dessus, Knox Alexander e Isabelle tocam mais fundo na alma.
Borgonhês de coração, Clendenen visa ao equilíbrio e à elegância. Talvez por isso seja mais admirado na Europa do que em sua terra natal.

Babcock ☆☆–☆☆☆
Lompoc. Proprietário: Bryan Babcock. 35 ha.
www.babcockwinery.com
A fama deste vinicultor veio de seu consistente Sauvignon Blanc, porém os tintos ganharam renome, sobretudo o Black Label Syrah, a mistura de Bordeaux nomeada Fathom, e o Pinot Noir das colinas de Santa Rita.

Beckmen ☆☆–☆☆☆
Los Olivos. Proprietário: Tom Beckmen. 70 ha.
www.beckmenvineyards.com
Beckmen segue a crescente tendência de Santa Bárbara para variedades do Rhône, sem deixar de vender uvas e produzir um bom volume de vinhos próprios. O Syrah, fresco e vibrante, pode ser excepcional.

Brander ☆–☆☆
Los Olivos. Proprietário: Frederic Brander. 70 ha.
www.brander.com
Brander faz extraordinários Sauvignon Blancs, bem como lotes de Chardonnay, Syrah e Merlot.

Brewer Clifton ☆☆
Lompoc. Proprietários: Greg Brewer e Steve Clifton. Sem vinhedos. www.brewerclifton.com
Dois jovens enólogos se uniram em 1996 para lançar Pinot Noir de vinhedo único e Chardonnay dos altos de Santa Bárbara. O processo é idêntico para ambos, só os vinhedos de origem que diferem. Embora admirados, os vinhos podem ter excesso de álcool.

Byron Santa Maria

Santa Maria. Proprietário: Jackson Family Estates. 260 ha. www.byronwines.com

Um precursor em Santa Barbara, o enólogo Ken Brown vendeu a empresa que montou a Robert Mondavi, em 1990. Após várias trocas de dono, foi adquirida por Jess Jackson em 2007, e assim seu futuro é indefinido.

Cambria ☆☆–☆☆☆☆

Santa Maria. Proprietário: Jackson Family Estates. 565 ha. www.cambriawines.com

Jess Jackson comprou parte do vasto vinhedo Tepusquet, em 1987, e a utiliza como fonte maior deste rótulo de Santa Bárbara. O Reserve Chardonnay é um pouco pesado, e assim as marcas simples são preferíveis, ao lado dos charmosos Pinot Noir e Syrah.

Curtis ☆☆

Buellton. Proprietária: Kate Firestone. 26 ha. www.curtiswinery.com

A Curtis é perita em variedades do Rhône, e o Heritage Cuvée prova ser possível fazer vinhos altamente palatáveis ao estilo do sul da França e a preços sensatos.

Fiddlehead ☆☆

Lompoc. Proprietário: Kathy Joseph. 40 ha. www.fiddlehead.com

Kathy Joseph só faz vinhos que aprecia: Santa Barbara Sauvignon Blanc e Pinot Noir do Oregon ou das colinas de Santa Rita. A qualidade deu um salto a partir do uso de vinhedo próprio, o Fiddlestix.

Firestone Los Olivos.

Proprietário: William Foley. 216 ha. www.firestonewine.com

A Firestone (dos pneus) foi pioneira no lado climaticamente instável de Santa Ynez Valley, ao redor de Los Olivos. A família lançou bons, às vezes ótimos varietais a preços moderados. Em 2007, houve a venda da gleba e o novo dono expandiu a operação abrindo outra vinícola Firestone em Paso Robles. Para melhor ou pior, é cedo prever.

Foley ☆☆

Solvang. Proprietário: William Foley. 80 ha. www.foleywines.com

Era Carey Cellars até ser adquirida por Foley em 1997. A troca de consultores levou a variações de estilo, mas o atual enólogo Kris Curran, bem-sucedido na SeaSmoke (ver p. 516), tende a centrar-se em ricos e encorpados Pinot Noir e Syrah. Foley também é dono dos vinhedos LinCourt.

Foxen ☆–☆☆☆☆

Santa Maria. Proprietários: Richard Doré e Bill Wathen. 4 ha. www.foxenvineyard.com

Desde 1987, esta pequena propriedade melhorou ano a ano. Faz fortes mas sedosos Pinot, e Chardonnay de vinhedo único, com sabor marcante.

Jaffurs ☆☆

Santa Bárbara. Proprietário: Craig Jaffurs. Sem vinhedos. www.jaffurswine.com

A Jaffurs compra uvas de seletos vinhedos para manipular excepcionais Syrah e outros vinhos. Por vezes, o estilo opulento enfatiza o doce carvalho norte-americano.

Koehler ☆☆

Los Olivos. Proprietário: Kory Koehler. 27 ha. www.koehlerwinery.com

Bons e concentrados vinhos em uma vasta lista de variedades. Pinot Noir e Syrah são os mais promissores.

Richard Longoria ☆☆

Los Olivos. Proprietário: Richard Longoria. 3 ha. www.longoriawine.com

Veterano vinicultor de Santa Bárbara, Longoria faz uma ampla gama de vinhos com rótulo nominal, acentuando o sabor de fruta mais que o de carvalho.

Melville ☆☆

Lompoc. Proprietário: Ron Melville. 56 ha. www.melvillewinery.com

Greg Brewer, da Brewer-Clifton, faz os vinhos: tânicos Pinot, brilhantes Syrah e rijos Chardonnay livres do gosto de madeira.

Andrew Murray ☆☆–☆☆☆☆

Los Olivos. Proprietário: Andrew Murray. Sem vinhedos. www.andrewmurraywinery.com

James Murray plantou, desde 1990, variedades do Rhône em uma bela colina, e o filho Andrew as transformou em vinhos garbosos, fascinantes, sejam tintos ou brancos. A venda do negócio em 2006 deixou Andrew sem fonte própria de frutas. Por sorte, conseguiu uvas de bons vinhedos de Santa Bárbara e continuou seu hábil trabalho.

Fess Parker ☆☆

Los Olivos. Proprietário: Fess Parker. 285 ha. www.fessparker.com

Os mais velhos talvez se lembrem de Parker em seu mais famoso papel no cinema, como Davy Crockett. Hoje, seu filho Eli produz vinho. A lista básica tem o nome da Califórnia, mas há um rótulo próprio. O estilo, bem encorpado e acarvalhado, encontra aprovação dos turistas que afluem à vinícola e ao seu restaurante.

Qupé ☆☆☆

Santa Maria. Proprietário: Bob Lindquist. 5 ha. www.qupe.com

Dos primeiros a se especializar em variedades do Rhône, Lindquist fabrica Syrah, Roussane e Viognier que estão entre os melhores da Califórnia.

Prensa para vinho, Vinícola Fess Parker, Los Olivos.

Sanford ☆☆

Buellton. Proprietário: Terlato Wine Group. 145 ha.
Reconhecendo o potencial das atuais colinas de Santa Rita para o cultivo de Pinot Noir e Chardonnay, Sanford plantou seus vinhedos em 1971 e entrou em várias parcerias para erguer sua vinícola. Em 2005, ele desentendeu-se com a família Terlato, por causa de custos da lavoura orgânica. Saiu da empresa que leva seu nome para ter mais autonomia na Alma Rosa (ver p. 514).

SeaSmoke Cellars ☆☆–☆☆☆

Lompoc. Proprietário: Bob David. 40 ha. www.seasmokecellars.com
Fã dos vinhos da Borgonha, Bob David quis produzir apenas Pinot Noir, e semeou um ótimo terreno ondulado nas colinas de Santa Rita. Sob o consultor Kris Curran, agora da Foley (ver p. 515), e seu sucessor Victor Gallegos, o estilo dos vinhos seguiu sendo sério e vigoroso.

Stolpman ☆☆–☆☆☆

Lompoc. Proprietário: Tom Stolpman. 61 ha. www.stolpmanvineyards.com
O advogado Stolpman plantou impecáveis vinhedos, mantidos desde 1991, com o objetivo de vender as uvas, mas poucos anos depois estava fazendo seu vinho. Predominam variedades do Rhône, mas o enólogo Sashi Moorman ainda mostra um toque seguro no Angeli, uma mistura de Bordeaux, e nas variedades italianas.

Lane Tanner ☆☆–☆☆☆

Santa Maria. Proprietário: Lane Tanner. Sem vinhedos. www.lanetanner.com
Talentosa intérprete de Pinot Noir e Syrah de Santa Bárbara, sejam misturados ou de vinhedos famosos.

Kenneth Volk ☆☆

Santa Maria. Proprietário: Kenneth Volk. 2 ha. www.volkwines.com
Ken Wolk celebrizou-se pelo Wild Horse, em San Luís Obispo, mas saiu depois que uma corporação tomou o controle da empresa, dificultando sua pesquisa de variedades inusitadas. Montou esta vinícola própria, e marcas como Negrette voltaram ao cardápio.

Zaca Mesa ☆☆–☆☆☆

Los Olivos. Proprietário: John Cushman. 99 ha. www.zacamesa.com
Ao lado da Firestone (ver p. 515), foi das primeiras a plantar em Santa Ynez Valley: vinhedos a 457 metros de altitude, num morro de cume achatado (meseta). Centrou o foco em variedades do Rhône, e o vinho Syrah é sua bandeira. O Viognier mostrou rara adaptação à Califórnia e o Cuvée Z é a mistura típica da marca.

Outros produtores da Califórnia

Arcadian ☆☆☆

Santa Ygnez. Proprietário: Joseph Davis. Sem vinhedos. www.arcadianwinery.com
Davis treinou na Borgonha, e isso aparece em seus vinhos, feitos de uvas que ele arrenda ou cultiva sozinho. A produção é pouca e seus Chardonnay e Pinot Noir são finamente acabados e densos. O baixo teor alcoólico levanta críticas de alguns, mas os vinhos envelhecem bem.

Blackstone ☆–☆☆

González. Proprietário: Pacific Wine Partners. Sem vinhedos. www.blackstonewinery.com
Negócios de milhões destacam esta vinícola com bases em Monterey e Sonoma. Em seguidas degustações a cegas, seus produtos saíram-se bem, com admirável tipicidade.

Bogle ☆–☆☆

Clarksburg. Proprietário: Warren V. Bogle. 500 ha. www.boglewinery.com
Tem lista padrão de varietais, quase sempre sob a designação da Califórnia, o que permite misturas inter-regionais. Excelente Petite Sirah.

Calera ☆–☆☆☆

Hollister. Proprietário: Josh Jensen. 34 ha. www.calerawine.com
Para Jensen, o vinho da Borgonha é uma divindade, e as videiras em terras calcárias, o caminho até ela. Ele achou uma das poucas áreas adequadas da Califórnia e semeou a uva Pinot Noir. Faz vinhos interessantes por conta própria e ainda a baixo preço misturas regionais. Ótimo Viognier.

Callaway ☆

Temecula. Proprietária: Patricia Lin. 28 ha. www.callawaywinery.com
Nos anos 1980, a Callaway priorizou Chardonnay e Chenin Blanc, não amadeirados. Na década de 1990, uma peste atacou vários vinhedos, e a propriedade teve de comprar frutas de outros vinhedos para viabilizar sua produção. Novos donos desde 2005.

Delicato ☆–☆☆

Manteca. Proprietária: Família Delicato. 3.650 ha. www.delicato.com
Dona do colossal vinhedo San Bernabe no sul de Monterey. Há pouco tempo lançou seus próprios vinhos: a excelente lista de Monterras contém bebidas refinadas, a preço baixo.

Ficklin Vineyards ☆☆–☆☆☆

Madera. Proprietária: Família Ficklin. 14 ha. www.ficklin.com
A mais respeitada perita em vinho no estilo Porto, feito no sistema solera: envelhecimento com adição de aguardente para realçar aroma e sabor. Amadurece indefinidamente e requer cuidado na decantação. O mérito da Ficklin foi reviver a tradição dos vinhos de colheita tardia.

E. & J. Gallo ☆–☆☆☆

Modesto. Proprietárias: Famílias Gallo. 2.450 ha. www.gallo.com Ver p. 517.

Kendall-Jackson ☆☆–☆☆☆

Santa Rosa. Proprietário: Jackson Family Estates. 5.100 ha. www.kj.com
A partir de 1990, a Kendall-Jackson expandiu-se de empresa média, baseada no condado de Lake, para uma das maiores da Califórnia e, portanto, do mundo. Tem estrutura complexa, com propriedade fracionada de vinhedos, vinícolas subsidiárias e imóveis obtidos ao longo dos anos. Orgulha-se de usar apenas frutas "costeiras", em vez das uvas do tórrido San Joaquin Valley.

Seu rol Vintners' Reserve, de varietais frutados, provou ser um sucesso. Os vinhedos próprios foram apelidados de "domínio do sabor", em outras palavras, componentes de boas misturas.

A parte mais fascinante da história é recente. Jackson descobriu uma dúzia de pequenas propriedades e escolheu outras tantas para o patrimônio vinícola de sua família. Comprou Cambria, La Crema, Edmeades, Hartford Court, Pepi, Lokoya, Matanzas Creek e Stonestreet (ver p. 507). A produção restrita de vinhos estilizados, a preço alto, incluiu as marcas Cardinale (ver p. 490), Verité, Atalon e Carmel Road.

Langtry Estate ☆
Middletown. Proprietária: Família Magoon. 150 ha. www.langtryestate.com
Enorme gleba bordejando a divisa dos condados de Lake e Napa, onde Lillie Langtry plantou as primeiras uvas no século XIX. Em 2003, o lugar, antes conhecido como Guenoc, ganhou o nome dela. Qualidade variável.

Lucas ☆☆
Lodi. Proprietário e enólogo: David Lucas. 8 ha. www.lucaswinery.com
Produtora em primazia de Zinfandel, o melhor dos quais é feito de uvas com oitenta anos de vida.

Moraga ☆☆☆
Los Angeles. Proprietário: Tom Jones. 6 ha.
Pequena vinícola oculta nos desfiladeiros da rica região de Bel Air. Ali o microclima excepcional permite a produção de suntuosos e caríssimos Cabernet Sauvignon.

Ojai ☆☆–☆☆☆☆
Oak View. Proprietário: Adam Tolmach. Sem vinhedos. www.ojaivineyard.com
O mal de Pierce devastou o vinhedo da Ojai, restando-lhe comprar frutas de renomados produtores de Santa Bárbara e Ventura. O Syrah ultrapassou o Pinot Noir como o melhor vinho daqui, feito em estilo opulento e concentrado.

Orfila ☆–☆☆
Escondido. Proprietário: Alejandro Orfila. 25 ha. www.orfila.com
Desde 1994, um diplomata argentino é o dono desta vinícola líder em San Pasquale Valley, perto de San Diego. Faz marcantes Gewürztraminer e Merlot. Alguns dos vinhos são abastecidos de uvas por outros condados.

Patz & Hall ☆☆–☆☆☆☆
Sonoma. Proprietários: Donald Patz, James Hall e Ann Moses. Sem vinhedos. www.patzhall.com
Aclamada vinícola comercial, especializada em Pinot Noir e Chardonnay de vinhedos de alta qualidade na Costa Norte. Os vinhos são suntuosos: um tanto (por vezes, muito) alcoólicos e acarvalhados demais.

A FAMÍLIA GALLO

inguém fez mais que Ernest e o falecido Julio Gallo para definir a direção e a taxa de crescimento do amor ao vinho nos Estados Unidos, ou provavelmente no mundo todo. E. & J. Gallo ainda é uma empresa privada, sob a posse e administração da segunda e terceira gerações da família.

Filhos de um imigrante italiano plantador de uvas, os irmãos Gallo foram criados em Modesto, no vale central. Começaram a fazer vinho em 1933. Ernest tinha 24 anos e Julio, um a menos. Julio elaborava as bebidas, Ernest as vendia.

Ergueram sua primeira vinícola em 1935, no lugar onde a atual se destaca, e, em 1940, passaram a plantar videiras, em busca de melhores uvas. Notaram as limitações do vale central e compraram lotes de frutas em Napa e Sonoma. Sentiam-se prontos a desafiar rivais.

Nos anos 1950, os Gallo entraram na onda dos vinhos populares, de sabor acentuado, com o forte Thunderbird, seguido por uma série de produtos com vasta propaganda, como o efervescente Ripple e o Boone's. Em 1964, lançaram o Hearty Burgundy, que, com o Chablis Blanc, deu novos padrões aos vinhos norte-americanos a granel (por atacado).

Os Gallo visaram depois ao mercado mais exigente, e, em 1974, introduziram seus varietais, para, em meados dos anos 1980, comprar e semear extensas terras em Sonoma. Esse audaz empreendimento provou que eram capazes de produzir varietais de primeira, a partir de vinhedos únicos, situados em Sonoma. Isso ajudou os Gallo a mudar a imagem de provedores de vinhos populares: exportar tornou-se parte de sua estratégia. Tal campanha foi encabeçada pela terceira geração dos Gallo, como Gina e Matthew, que assumiram as operações na sede em Sonoma.

Carreira marcante, os Gallo seguem sendo um fenômeno californiano, um negócio familiar que produz tanto vinho quanto toda a Austrália.

R. H. Phillips ☆
Esparto. Proprietária: Constellation. 530 ha.
www.rhphillips.com
Antigo e único plantador nas colinas Dunnigan, a noroeste de Sacramento, Phillips agora tem companhia no local. Agradáveis, consistentes brancos e tintos de variedades do Rhône atraíram rivais.

Quady ☆☆
Madera. Proprietário: Andrew Quady. 6 ha.
www.quadywinery.com
No condado de Amador, faz um bom vinho estilo Porto da uva Zinfandel, mas sua estrela sempre foram os estilosos e lindamente embalados Moscatéis. O Essensia é de Orange Muscat; o Elysium, a versão tinta da Black Muscat.

Ramey ☆☆☆
Healdsburg. Proprietário: David Ramey. Sem vinhedos.
www.rameywine.com
Ex-enólogo de Matanzas Creek, Dominus e Rudd, David Ramey entrou no ramo da produção, sobretudo de Chardonnay, e usa rótulo próprio desde 1996. Os Cabernet, de uvas do norte de Napa, podem ser igualmente sofisticados.

Rosenblum ☆☆–☆☆☆
Alameda. Proprietário: Diageo. 14 ha.
www.rosenblumcellars.com
Kent Rosenblum é fã de Zinfandel, adquire diminutos lotes de uva na região e libera mais de dez versões do vinho a cada ano. Favorece a elegância, mas essa é a fórmula vencedora quanto ao Zinfandel. Em 2008, ele vendeu a marca.

Rosenthal ☆–☆☆
Malibu. Proprietário: George Rosenthal. 10 ha.
www.rosenthalestatewines.com
Em 1987, Rosenthal começou a plantar videiras no alto das colinas atrás de Malibu. Os resultados são mistos: alguns vinhos imperfeitos ao lado de indiscutíveis sucessos. Há um vivaz Chardonnay e um robusto tinto.

Siduri ☆☆–☆☆☆
Santa Rosa. Proprietário: Adam Lee. Sem vinhedos.
www.siduri.com
Lee compra uvas Pinot Noir do Oregon e da Califórnia, mantendo sob vigília os mais de vinte vinhedos fornecedores. Produz vinhos maduros e com estilo, apesar do eventual uso pródigo de carvalho jovem.

Sine Qua Non ☆☆–☆☆☆
Ventura. Proprietário: Manfred Krankl. Sem vinhedos
Empreendimento estranho, gerido por um *restaurateur* austríaco. Produz pequenos lotes de vinhos exóticos, vendidos sobretudo a conhecedores, por mala-direta. Krankl ajudou o finado magnata austríaco dos vinhos doces, Alois Kracher (ver p. 445), na implantação de bebidas de sobremesa. Exuberantes, como o Syrah e um vigoroso Pinot Noir, os produtos não justificam os elevados preços por eles pedidos.

Steele ☆☆
Kelseyville. Proprietário: Jed Steele. 26 ha.
www.steelewines.com
Jed Steele trabalhou para a Kendall-Jackson até uma grave desavença. Hoje compra a maioria das uvas para seu rótulo próprio, de preferência em seus adorados condados de Lake e Mendocino. Faz, no geral, acessíveis vinhos encorpados. Shooting Star é sua segunda marca.

Testarossa ☆☆☆
Los Gatos. Proprietários: Rob e Diana Jensen. Sem vinhedos. www.testarossa.com
Utilizando matéria-prima de Monterey e Santa Bárbara, os Jensen fazem uma série de vinhos acarvalhados, mas elegantes, que sempre exibem com clareza qual o vinhedo de origem. Variedades: Chardonnay, Pinot Noir e, agora, um Syrah em ascensão.

Sean Thackrey ☆☆–☆☆☆
Bolinas. Proprietário: Sean Thackrey. Sem vinhedos.
www.winemaker.net
Há duas décadas, o enólogo e negociante de arte Tackrey fez alguns extraordinários Syrah e misturas tipo Rhône. Infelizmente, tão logo um vinhedo fornecedor ganha prestígio, ele eleva o preço e atende a clientes mais ricos. Assim, o suprimento de uvas se torna um problema. Às vezes, os vinhos daqui são criticáveis, mas nunca enfadonhos.

O noroeste do Pacífico

Se, no começo da década de 1970 os Estados Unidos despertavam para a superlativa qualidade de Napa e Sonoma, no fim do decênio a vanguarda dos produtores proclamava o noroeste do Pacífico como a nova meca de vinhos, assemelhados aos da Europa: ou seja, menos sobrecarregados do que os campeões da Califórnia. Hoje, grande parte desse potencial foi concretizada.

Já no início dos anos 1960, um jovem de Salt Lake City, Utah, inscreveu-se num curso de viticultura na Universidade da Califórnia, em Davis. Seu nome: David Lett. Enamorou-se do Pinot Noir, mas sentiu que em muitos casos, na Califórnia, esse vinho não era feito corretamente. David estudou dados climáticos do vale de Willamette, no Oregon, e convenceu-se de que ali estava o melhor lugar, fora da Borgonha, para cultivar uvas Pinot Noir. Após se deslocar ao Oregon, em 1965, ele plantou um vinhedo: Eyrie Vineyards, que, em 1970, lançou seu primeiro vinho, ainda palatável em 2008.

Quase ao mesmo tempo, um grupo de professores universitários de Washington deu início a um projeto de fabricação de vinhos, como mero passatempo, numa garagem de Seatle. Em 1967, já contavam com diversos vinhos bastante saborosos, de uvas crescidas em Yakima Valley, parte central do estado de Washington. Quando o finado André Tchelistcheff, então enólogo dos vinhedos Beaulieu, no Napa Valley, experimentou as bebidas, encorajou os professores a produzir mais. Assim foi que nasceu a Associated Vintners (agora Columbia Winery).

Em 1979, o Pinot Noir do Oregon ganhou acolhida internacional, quando um exemplar de David Lett datado de 1975 ficou em segundo lugar num concurso de degustação cega, em Paris, organizado por Robert Drouhin, cujo Chambolle-Musigny venceu a competição. Impressionado, Drouhin, produtor em Beaune, visitou o Oregon várias vezes e, por fim, em 1988, estabeleceu vinhedo e vinícola perto da propriedade de David Lett.

Em menos de trinta anos, a indústria do vinho no noroeste do Pacífico explodiu. Os vinhedos se expandiram enormemente. Em Washington, existem hoje 370 vinícolas e mais de 7 mil hectares de vinhas, metade das quais semeadas com Pinot Noir. As duas atividades são distintas como a geografia que as separa. Ao norte da divisa da Califórnia, no oeste do Oregon, a cordilheira próxima da costa do Pacífico atua como um eficaz indutor de chuvas e fornece abrigo ao Umpqua Valley, ao sul, e depois mais ao norte, ao vale de Willamette, onde se localizam 70% dos vinhedos do Oregon. O Umpqua é mais seco e quente do que o Willamette; o vinho Cabernet usualmente amadurece aqui.

O índice pluviométrico anual do Oregon é razoável: de 75 a 100 centímetros de chuvas. E a latitude é igual à de Bordeaux, na França. Trata-se, em geral, de um clima marítimo, indicado para variedades de uva de tempo frio. Embora a estrela da região ainda seja Pinot Noir, os anos recentes viram crescentes plantações de Pinot Gris, Chardonnay e Pinot Blanc. A qualidade do Gewürztraminer é geralmente alta, e a área também fabrica bons espumantes. O vinho Riesling, em estilo seco, reviveu entre imprevistos elogios. Os eventuais problemas do Oregon derivam das chuvas de outono, antes ou durante as colheitas, o que pode causar grandes variações na vindima. Todavia, as práticas da vinicultura, ajudadas pelo aquecimento global, manipularam uvas até sua maturação mais cedo, ou seja, antes do início das precipitações outonais.

Um orgulho do Oregon consiste no fato de que o uso da denominação estadual no rótulo segue as regras mais rigorosas dos Estados Unidos. Se uma região ou subregião é mencionada na etiqueta, o vinho deve conter ao menos 95% de uvas daquela área. Cada varietal precisa trazer no mínimo 90% da variedade utilizada (com a única exceção do Cabernet Sauvignon, que raramente é produzido aqui).

Em absoluto contraste com o Oregon, os vinhedos de Washington foram plantados duas fileiras atrás da orla do Oceano Pacífico, a leste das altíssimas montanhas Cascade, em terras que recebem meros vinte centímetros de chuva por ano: precisamente, a bacia do rio Columbia e o interior dela, onde se situa Yakima Valley, específico para o cultivo de uvas. Ali, o solo profundo e arenoso, as longas horas com luz do dia e o sol quente revelaram-se ideais para a vinicultura.

A latitude – 160 quilômetros, afastada para o norte de Willamette – e os extremos de temperatura no continente (muito frio no inverno e surpreendentemente fresco nas noites de verão) resultaram favoráveis às variedades de Bordeaux: Semillon, Sauvignon Blanc, Cabernet Sauvignon, Cabernet Franc, Merlot e, particularmente Syrah, Chardonnay e Riesling também se dão bem no leste de Washington. As frutas são colhidas maduras, mantendo alta acidez, com a consequente intensidade no sabor.

As AVAs no Oregon têm proliferado em tempos recentes. A de Willamette Valley (160 quilômetros do sul de Portland a Eugene) é a principal do Norte. Todas as subregiões são AVAs: Chehalem Mountains, Dundee Hills, Eola-Amity Hills, McMinnville, Ribbon Ridge e Yamhill-Carlton. Não obstante as diferenças topográficas entre elas, o consumidor terá dificuldade em distingui-las, em termos de sabor do produto.

No sul, as AVAs encobrem a denominação de Oregon meridional. São as do Umpqua Valley (AVA do condado de Douglas, centralizada em Roseburg, mais 80 quilômetros para o sul); do Rogue Valley (condados de Jackson e de Josephine, com centro em Grant's Pass outros 80 quilômetros de distância); e de Applegate (subzona do Rogue Valley). Novas AVAs foram criadas ao longo do rio Columbia, que separa os estados de Oregon e Washington. Locais: Columbia Gorge, Columbia Valley e Walla Walla Valley (este, partilhado com Washington).

Os vinhedos de Washington concentram-se no Yakima Valley, mas as vinícolas se instalaram ao redor de Seattle, em subúrbios como Woodinville, ainda a fortaleza das maiores e mais prestigiadas vinícolas estaduais. As AVAs também cresceram rápido aqui, enquanto os cultivadores procuravam alguma identidade para suas subregiões. São elas: Puget Sound (na maior parte plantada com uvas híbridas), Columbia Valley e Columbia Gorge, Yakima Valley e Walla Walla Valley, colinas de Horse Heaven e de Rattlesnake, mais Wahluke Slope e Red Mountain. No passado, as uvas eram, em geral, transportadas por 240 quilômetros sobre as Cascades até Seattle, mas hoje diversas empresas construíram vinícolas próximas dos vinhedos.

Nos anos 1980, com seu clima que promovia alta acidez, Washington foi tida como melhor para uvas brancas do que tintas. Uma década depois, ficou patente que o Estado era capaz de produzir ricos e elegantes vinhos tintos, embora um modismo ulterior tenha devolvido popularidade aos brancos Chardonnay e Riesling. Entre as uvas tintas, Merlot e Cabernet Sauvignon rivalizam entre si, com 2.400 hectares cada, enquanto Syrah enfrenta o desafio de seus 1.150 hectares. Nas vizinhanças de Idaho, cujos vinhedos no leste do Oregon se estendem ao longo do Rio Snake, há 490 hectares de parreiras e 32 vinherias. Chardonnay é o nome mais promissor.

Oregon

Principais produtores do Willamette Valley

A to Z Wineworks ☆☆
Dundee. Proprietários: Bill e Debra Hatcher e sócios. Sem vinhedos.
www.atozwineworks.com
Conhecidos fabricantes se uniram em 2002 e criaram um negócio bem rendoso, com boas embalagens e lema atraente: "Vinhos aristocráticos a preços democráticos". O Night & Day é uma excelente mistura de Bordeaux, a preço irresistível.

Adelsheim ☆☆–☆☆☆
Newberg. Proprietário: David Adelsheim. 80 ha.
www.adelsheim.com
O pioneiro Adelsheim foi um dos maiores defensores das estritas regras de denominação do Oregon, e ainda vem crescendo. Seu foco está no fino Pinot Noir e nos vinhedos dos arredores. Também produz Chardonnay, Pinot Gris, Auxerrois e Syrah.

Amity Vineyards ☆–☆☆
Amity. Proprietário: Myron Redford. 6 ha.
www.amityvineyards.com.
Aberta em 1976, faz Pinot Noir envelhecido, de qualidade variável, e mais Gewürztraminer do que qualquer outra vinícola do Oregon. Pinot Blanc e Riesling são produzidos com igual devoção.

Anam Cara ☆☆
Newberg. Proprietários: Nick e Sheila Nicholas. 12 ha.
www.anamcaracellars.com.
A primeira colheita aqui foi em 2004. Delicados, quase etéreos, Pinot Noir, e Riesling voluptuosos.

Anna Amie ☆–☆☆
Carlton. Proprietário: dr. Robert Pamplin. 48 ha.
www.anneamie.com
Antes chamada de Château Benoit. Mudou de dono em 1999, os vinhedos foram replantados e um novo consultor assumiu em 2007. Ainda busca seu caminho, mas os vinhos lançados são frescos e cativantes.

Archery Summit ☆☆–☆☆☆
Dayton. Proprietária: Leucadia. 45 ha.
www.archerysummit.com
Erguida com alto custo, em 1992, pelo produtor Gary Andrus, de Napa, esta propriedade foi vendida em 2003 e optou por fazer unicamente diversas versões de um caro e acarvalhado Pinot Noir.

Argyle ☆☆☆
Dundee. Proprietário: Lion Nathan. 130 ha.
www.argylewinery.com
Esta vinícola, fundada, em 1987, por uma sociedade que incluiu Brian Croser e Bollinger, decidiu produzir vinhos espumantes por método tradicional, o que gerou ótimos negócios. Ainda faz excelentes Chardonnay, Pinot Noir (sobretudo as etiquetas Nuthouse e Spirithouse), e um delicioso Riesling seco.

Beaux Frères ☆☆☆
Newberg. Proprietários: Michael Etzel e Robert M. Parker. 10 ha. www.beauxfreres.com
Começou como elogiada produtora de baixos volumes de Pinot Noir intensos, amadeirados e caros. O sócio Parker é um famoso crítico de vinhos, e o vinicultor Etzel, seu cunhado. As primeiras ofertas lembravam muito um ponche, mas em seguida Etzel recuou desse estilo, reduzindo a proporção de carvalho jovem e convertendo os vinhedos à cultura biodinâmica. Resultado: os novos lançamentos mostram mais apuro e elegância.

Bergstrom ☆☆☆
Newberg. Proprietário: Josh Bergstrom. 18 ha.
www.bergstromwines.com
Treinado na Borgonha, Bergstrom sofisticou seus Pinot Noir desde a estreia em 1999, e hoje produz alguns dos mais completos e gratificantes Pinot do vale. Os vinhedos são biodinâmicos e os vinhos variam de acordo com a qualidade da fruta. Chardonnay e Riesling são extraordinários, mas nada baratos.

Bethel Heights ☆☆–☆☆☆
Salem. Proprietária: Família Casteel. 20 ha.
www.bethelheights.com
Desde 1984, Bethel Heights tem sido uma das mais consistentes produtoras de Pinot Noir do Oregon. É conhecida pelo esplêndido vinhedo nas colinas de Eola e pelo rol de vinhos finos, que abrangem Chardonnay, Pinot Gris e Pinot Blanc. Os gêmeos Ted e Terry Casteel passaram tudo à nova geração, que manteve a qualidade.

Brick House ☆☆
Newberg. Proprietário: Doug Tunnell. 11 ha.
www.brickhousewines.com
Doug Tunnell trocou a vida de correspondente estrangeiro pela de vinicultor. Faz baixas quantidades de um vigoroso Pinot Noir, saído de vinhedos biodinâmicos. Outra especialidade: o delicioso Gamay.

Broadley ☆☆☆
Monroe. Proprietária: Família Broadley. 12 ha.
www.broadleyvineyards.com
Especialistas em poderosos, pouco acarvalhados e não filtrados Pinot Noir, que, não raro, atingem excepcional qualidade. A hábil fabricação, com frutas de primeira, assegura que os vinhos, apesar da intensidade e do sabor torrado, sejam finamente equilibrados.

Brooks ☆–☆☆
Amity. Proprietário: Pascal Brooks. Sem vinhedos.
www.brookswine.com
O fundador, Jimi Brooks, morreu em 2005 aos 38 anos. Seu filho Pascal (nascido em 1996) tornou-se o mais jovem dono de vinícola do mundo. A família só utiliza frutas organicamente cultivadas e especializou-se em Riesling e Pinot Noir.

Chehalem ☆☆
Newberg. Proprietário: Harry Peterson-Nedry. 106 ha.
www.chehalemwines.com
Desde o primeiro êxito comercial em 1990, a Chehalem ficou conhecida por intensos Pinot Noir de uvas próprias. Mais que outros produtores do Oregon, Peterson-Nedry é devotado ao Riesling, que divide em vários estilos. Seu Chardonnay é tonificante e não acarvalhado.

Cristom ☆☆–☆☆☆
Salem. Proprietário: Paul Gerrie. 27 ha.
www.cristomwines.com
O atual dono adquiriu esta vinícola em 1992 e contratou um dos mais brilhantes enólogos da Califórnia – Steve Doerner, ex--Calera – como consultor. A Cristom produz por ano 7 mil caixas de saborosos Pinot Noir, Viognier e Syrah.

Dobbes ☆–☆☆☆
Dundee. Proprietário: Joe Dobbes. 87 ha.
www.dobbesfamilyestate.com
A Dobbes suplementa seus Pinot Noir de safras próprias, algumas excepcionais, com Viognier e Syrah de Rogue Valley. O frescor e a textura leve dos Pinot talvez reflita o fascínio do produtor pelos melhores cultivadores da Borgonha, como Roumier. Um segmento barato e prazeroso é o Wine by Joe.

Domaine Drouhin ☆☆☆
Dundee. Proprietária: Maison Drouhin. 41 ha.
www.domainedrouhin.com
É a única vanguarda da Borgonha no noroeste, criada em 1987. A filha de Robert Drouhin, Veronique, lançou vinhos finos e consistentes, de alto nível. Duas seleções de barris, chamadas Laurène e Louise, são ainda melhores. A mais borgonhesa das vinícolas do Oregon adicionou à lista um Chardonnay levemente amadeirado.

Elk Cove ☆☆–☆☆☆
Gaston. Proprietária: Família Campbell. 77 ha.
www.elkcove.com
O pioneiro Elk Cove fundou em 1977 esta produtora de Pinot Noir, de videiras exclusivas. O catálogo é flanqueado por vinhos brancos no estilo da Alsácia. Adam Campbell assumiu a propriedade em 1997, baniu o Chardonnay e empreendeu forte melhoria na qualidade.

Erath ☆☆–☆☆☆
Dundee. Proprietário: Ste. Michelle Wine Estates. 32 ha.
www.erath.com
A segunda mais antiga vinícola do Oregon, iniciada em 1968, foi comprada pela gigante de Washington em 2006. Os Pinot, afora o Pinot Noir básico do Estado, conservam boa qualidade, mas os brancos de Pinot Blanc e Pinot Gris ainda são pouco inspirados.

Evesham Wood ☆☆
Salem. Proprietário: Russell Raney. 5 ha.
Pequena empresa criada em 1986, hoje produz cerca de 4 mil caixas de vinhos orgânicos, inclusive dois perfumados, subestimados Pinot Noir, e dois Chardonnay, um deles não acarvalhado.

Eyrie Vineyards ☆–☆☆☆
Dundee. Proprietário: Jason Lett. 22 ha. www.eyrievineyards.com
Delicadas, bonitas Pinot Noir, amadeiradas Chardonnay e apetitosas Pinot Gris formam o estoque de uvas desta pioneira do Oregon. Desde a primeira vindima em 1970, David Lett foi rigoroso com o estilo, embora a indústria em torno dele tenha mudado. Alguns de seus vinhos provaram ser deliciosamente envelhecidos, mas também há um pálido Pinot Meunier. Degustação promovida em 2008 mostrou que muitos Pinot de 1970 ainda são apreciáveis, enquanto a lista mais recente contém vinhos mais secos, decepcionantes. Na década de 2000, o filho de David, Jason, assumiu a empresa após a morte do pai.

Four Graces ☆☆–☆☆☆
Dundee. Proprietário: Steve Black. 38 ha.
www.thefourgraces.com
"Quatro Graças" é um nome carinhoso, vindo das quatro filhas de Steve Black. Embora fundada em 2003, a vinícola já causou impacto com impressivos Reserve Pinot.

Patricia Green ☆☆
Newberg. Proprietária: Patricia Green. 21 ha.
www.patriciagreencellars.com
A animada Pat Green, experiente enóloga no Oregon, elabora até quinze canteiros exclusivos de Pinot Noir em cada colheita, de vinhedos próprios ou alheios. Sem surpresa, o estilo dos vinhos variam muito.

Vinícola Argyle, Dundee.

King Estate ☆☆
Eugene. Proprietária: Família King. 190 ha. www.kingestate.com
Negócio de vulto e bem financiado, gerido por Ed King III. Completa seu suprimento de uvas orgânicas comprando mais na região. A vinícola parece um castelo e é centrada em Pinot Gris, Pinot Noir e Chardonnay. Os vinhos com o rótulo Domaine podem ser excelentes, mas a fama ainda vem dos Pinot.

Lemelson ☆☆
Carlton. Proprietário: Eric Lemelson. 61 ha. www.lemelsonvineyards.com
O pai do dono, Jerome Lemelson, foi o inventor do código de barras. O próprio Eric é advogado ambientalista e assim seus diversos vinhedos adotaram a produção orgânica. A ultramoderna propriedade utiliza a força da gravidade e faz um rol de vigorosos e luxuriantes Pinot Noir, além de bons Riesling e Pinot Gris.

Maysara ☆☆
McMinnville. Proprietários: Moe e Flora Momtazi. 91 ha. www.maysara.com
Grande vinhedo biodinâmico plantado no fim dos anos 1990 (primeira vindima: 2001). Os Pinot daqui são bastante tânicos, mas têm intensidade e sabor.

Montinore ☆–☆☆
Forest Grove. Proprietário: Rudy Marchesi. 93 ha. www.montinore.com
Magnífica gleba, plantada na década de 1980 com uma dúzia de diferentes variedades de uva. Hoje segue o cultivo natural e é metade dedicada à Pinot Noir, por vezes menos rica do que a Pinot Gris.

Panther Creek ☆☆–☆☆☆
McMinnville. Proprietária: Liz Chambers. Sem vinhedos. www.panthercreekcellars.com
Ken Wright (ver p. 523) fazia os vinhos daqui, antes de ter rótulo próprio. O atual consultor, Michael Stevenson, compra boas uvas e produz atraentes e harmoniosas misturas com base em Pinot Noir, além de algum Chardonnay livre de carvalho.

Scott Paul ☆☆–☆☆☆
Carlton. Proprietário: Scott Paul Wright. 7 ha. www.scottpaul.com
Ex-produtor musical em Los Angeles e fã de vinhos da Borgonha, Wright veio ao Oregon em 2001 e produz misturas artesanais de Pinot Noir, sendo Audrey e La Paulée as marcas de destaque.

Ponzi ☆☆
Beaverton. Proprietária: Família Ponzi. Consultora: Luisa Ponzi. 49 ha. www.ponziwines.com
Outra vinícola pioneira passada à segunda geração, embora Dick e Nancy Ponzi sigam presentes. Três filhos controlam a operação, e Luisa formula os vinhos, ainda prestigiados: suntuosos Chardonnay e Pinot Gris, o suave Pinot Noir e o ousado Arneis.

Rex Hill ☆☆–☆☆☆
Newberg. Proprietários: Bill e Debra Hatcher. 53 ha. www.rexhill.com
Veterana propriedade que esteve em crise no começo dos anos 2000, até novos donos investirem na reforma da vinícola e revitalização dos vinhedos, passando ao cultivo orgânico. Os numerosos Pinot Noir melhoraram muito, todavia o não acarvalhado Chardonnay continua inócuo. Veja A to Z Wineworks.

St. Innocent ☆–☆☆
Salem. Proprietário: Mark Vlossak. Sem vinhedos. www.stinnocentwine.com
Este produtor estabelecido em 1988 compra frutas de várias fontes e as processa numa nova vinícola erguida em 2007. Qualidade instável.

Domaine Serene ☆☆☆–☆☆☆☆
Dayton. Proprietário: Ken Evenstad. 62 ha. www.domaineserene.com
Sempre criou agradáveis Pinot Noir. A nova fábrica, aberta em 2001, e o maior uso de clones de Dijon alavancaram ainda mais a qualidade. Os Chardonnay estão entre os mais finos e elegantes do Oregon.

Sokol Blosser ☆☆
Dundee. Proprietários: Alex e Alison Sokol Blosser. 35 ha. www.sokolblosser.com
Das maiores e mais experientes do Oregon, esmoreceu no fim da década de 1980, com troca de consultor e confusão geral. Hoje, sob a nova geração dos Sokol Blosser, reergueu-se e pôs Russ Rosner a produzir ótimos Pinot Noir. Para espanto da família, duas misturas de multivarietais, Evolution (branca) e Meditrina (tinta), comicamente embaladas e de baixo custo, alcançaram merecido sucesso.

Soter ☆☆☆
Yamhill. Proprietário: Tom Soter. 12 ha. www.sotervineyards.com
Soter foi um dos mais respeitados consultores de Napa, mas, em 1997, plantou vinhedos em seu Oregon natal e hoje retornou em tempo integral. Fiéis ao seu estilo, os Pinot Noir são graciosos e refinados. Ele também faz saborosos vinhos espumantes.

Stoller ☆–☆☆
Dayton. Proprietário: Bill Stoller. 72 ha. www.stollervineyards.com
A ancestral fazenda Stoller, criadora de perus, agora é um florescente vinhedo. Em 2006, a família construiu uma vinícola movida à energia solar e à gravidade natural. Bons, porém não excepcionais Chardonnay e Pinot Noir carecem de marcar melhor sua identidade.

R. Stuart & Co. ☆–☆☆
McMinnville. Proprietário: Rob Stuart. Sem vinhedos. www.rstuartandco.com
Ex-enólogo da Erath, Stuart instalou seu próprio negócio e, em 2006, exibiu uma lista de Pinot Noir suculentos e versáteis, embora falte brilho ao caráter de cada um.

Tunkalilla
Salem. Proprietário: Brian Coser. 3 ha.

Croser ajudou a montar a vinícola Argyle e agora está plantando de novo. O Riesling de 2008 foi a estreia, seguida de Pinot Noir.

Torii Mor ☆☆–☆☆☆
Dundee. Proprietário: Don Olson. 4 ha.
www.toriimorwinery.com

Os primeiros vinhos comerciais saíram em 1993, de uvas das colinas Dundee. À empresa não falta ambição: uma garrafa de Pinot Noir de videira única pode custar no varejo até 100 dólares, sob o pretexto de que alguns Pinot são feitos em volume restrito.

Westrey ☆☆–☆☆☆
Dundee. Proprietários: Amy Wesselman e David Autrey. 9 ha. www.estrey.com

A experiência com produção de vinhos na Borgonha moldou esta parceria. A primeira colheita deu-se em 1993, e desde 1998 os donos oferecem vinhos Pinot de vinhedo único, que somam o perfume de frutas vermelhas com a leveza do toque. Também fazem o Pinot Gris.

WillaKenzie Estate ☆☆–☆☆☆
Yamhill. Proprietário: Bernard Lacroute. 51 ha.
www.willakenzie.com

Desde 1995, o magnata francês Lacroute, dos computadores, investiu uma fortuna em sua bonita gleba e moderna vinícola. Já de início, preferiu lançar Pinot Noir de diferentes estrutura e caráter, dependendo do vinhedo de procedência das uvas. Outra aposta é no Pinot Gris, exótico e picante como deve ser.

Willamette Valley Vineyards ☆–☆☆
Turner. Proprietário: Jim Bernau. 20 ha.
www.wvv.com

Um dos grandes produtores do Oregon. A maioria dos vinhos é indistinta, mas no fim da lista surge algo de primeira: os suntuosos Pinot Noir feitos de uvas exclusivas.

Ken Wright ☆☆☆–☆☆☆☆
Carlton. Proprietário: Ken Wright. Sem vinhedos.
www.kenwrightcellars.com

Wright elabora doze versões separadas de Pinot Noir em cada vindima, de parcelas de uva que ele adquire alhures. Crente nos recursos do *terroir*, vem lutando pela aprovação de novas AVAs em Willamette. Seus vinhos concentrados, de muita fineza, acentuam sua fama como um dos mais inspirados enólogos do Oregon.

Principais produtores do Rogue Valley

Abacela ☆☆
Roseburg. Proprietário: Earl Jones. 24 ha.
www.abacela.com

Gleba intrigante, que planta tanto variedades espanholas e italianas quanto clássicas Bordeaux e uvas do Rhône. Produz um admirável Albariño picante.

Bridgeview ☆
Cave Junction. Proprietário: Robert Kerivan. 83 ha.
www.bridgeviewwine.com

Grande empreendimento comercial pelos padrões do Oregon, este desenvolveu uma sequência para sua linha Blue Moon, sobretudo um compensador Riesling.

Foris ☆☆
Cave Junction. Proprietário: Ted Gerber. 102 ha.
www.foriswine.com

A Foris nasceu comercialmente em 1987, e seu enólogo Bryan Wilson a colocou no topo em Rogue Valley, com uma fina série de varietais, notadamente Riesling e Cabernet Franc.

Valley View ☆
Jacksonville. Proprietária: Família Wisnovsky. 12 ha.
www.valleyviewwinery.com

A casa teve recente evolução, utilizando novas variedades, mas alguns vinhos foram prejudicados pela falta de aroma. O pioneiro Peter Britt plantou 200 tipos de uvas em vinhedos experimentais daqui, nos anos 1850.

Principal produtor do Umpqua Valley

Henry Estate ☆
Umpqua. Proprietário: Scott Henry. 18 ha.
www.henryestate.com

Scott Henry é mais conhecido como inventor do sistema de trepadeira, adotado no mundo todo. Sua propriedade, no fértil piso do vale, fornece agradáveis Chardonnay, Gewürztraminer, Pinot Gris e Pinot Noir. Os vinhos Barrel Fermented e Select têm pronunciado gosto de carvalho.

SUSTENTABILIDADE

Esse termo tão banalizado atualmente aplica-se aqui aos métodos usados por vinhedos sensíveis ao meio ambiente e à saúde de seus trabalhadores. Contudo, no Oregon, o conceito é tomado muito a sério: estima-se que 30% de todas as plantações de uvas mantêm diversos graus de sustentabilidade comprovada.

"Salmon Safe" (salmão em segurança) é um programa que garante nenhum dano seja causado à outra grande indústria estadual: a pesca e o consumo do salmão. "LIVE" é a sigla de Low Input Viticulture and Enology, esforço para reduzir o impacto dos vinhedos e das vinícolas na natureza, bem próximo da viticultura orgânica e da biodinâmica. Todo método promove a biodiversidade, com matas de fauna e flora preservadas pelo distanciamento dos vinhedos entre si.

Enquanto em países da Europa tal devoção em poupar as videiras de produtos químicos e fertilizantes artificiais é vista como uma excentricidade, no Oregon isso vem se tornando a norma, em benefício do meio ambiente, daqueles que fazem o vinho e, sem dúvida, daqueles que o ingerem.

Principais produtores do Columbia Valley

Cathedral Ridge ☆–☆☆☆
Hood River. Proprietário: Robb Bell. Sem vinhedos. www.cathedralridgewinery.com
Embora voltada ao turismo, esta vinícola produz esplêndidos e encorpados tintos de variedades de Bordeaux, além de Syrah e Zinfandel. O Rock Star Red é uma convincente mistura de Cabernet e Syrah.

Mount Defiance ☆
Hood River. Proprietário: Robert Morus. 12 ha. www.mtdefiancewines.com
Os nomes dos vinhos dizem tudo: Hellfire é a mescla de Gewürztraminer mais Pinot Gris e Chardonnay; Brimstone indica a de Sirah, Cabernet e Merlot tinto. Pouca sutileza aqui, mas o Brimstone é saboroso, bebível a grandes goles. A vinícola Phelps Creek é do mesmo dono.

Rockblock ☆☆☆
Dayton. Proprietário: Ken Evenstad. Sem vinhedos. www.rockblocksyrah.com
Este é o posto avançado do Domaine Serene (ver p. 522) no Columbia Valley e produz surpreendentes Syrah a partir de Walla Walla e Rogue Valley.

Washington

Principais produtores de Washington

Barnard Griffin ☆☆
Richland. Proprietários: Deborah Barnard e Rob Griffin. Sem vinhedos. www.barnardgriffin.com
Griffin trabalhou na Hogue Cellars (ver p. 525), mas sempre sonhou ter a própria e pequena vinícola para fazer bebidas experimentais. Conseguiu estabelecer-se em 1991 e logo preparou uma longa lista de vinhos, em estilo brando e frutado, dos quais os melhores são os reservas.

Betz Family Winery ☆☆☆
Redmond. Proprietária: Família Betz. Sem vinhedos. www.betzfamilywinery.com
Depois de anos no Château Ste. Michelle, Bob Betz conhecia como poucos a criação das melhores uvas em Washington. Em 1997, inaugurou sua própria vinícola, abastecida com frutas de excepcionais plantadores, para produzir intensas e encorpadas misturas de Syrah e Bordeaux.

Canoe Ridge ☆☆–☆☆☆
Walla Walla. Proprietário: Diageo. 58 ha. www.canoeridgevineyard.com
Plantado a partir de 1989 ao longo do rio Columbia, o vinhedo é confusamente próximo ao do Château Ste. Michelle (ver nesta página), chamado Canoe Ridge Estate. Mas a vinícola fica a 80 quilômetros, no centro de Walla Walla. O Cabernet, o Chardonnay e o John Tantalizing Merlot mantêm-se no topo da produção.

Cayuse ☆☆–☆☆☆
Walla Walla. Proprietário: Christophe Baron. 20 ha. www.cayusevineyards.com
Francês que trabalhou na Austrália como consultor autônomo, Baron fez fama aqui desde 1997, tendo descoberto solos pedregosos que lembram o Châteauneuf-du-Pape. Os Syrah são brilhantes. O Tempranillo e o suave Viognier merecem acompanhamento.

Chateau Ste. Michelle ☆☆–☆☆☆☆
Woodinville. Proprietário: Ch. Ste. Michelle Wines Estates. 1.420 ha. www.ste-michelle.com
Muito da preocupação do noroeste (1,7 milhão de caixas por ano) é colocar seus vinhos entre os melhores. Esta ampla vinícola-exposição em Woodinville, a 24 quilômetros a nordeste de Seattle, foi desativada em 1983, quando se ergueu a nova vinícola, três vezes maior, no rio Columbia, perto de Paterson. Os vinhos produzidos cobrem todo o espectro: Riesling, Chardonnay, Sauvignon Blanc, Gewürztraminer, Chenin Blanc, Sémillon, Merlot, Cabernet Sauvignon e tipo Porto – todos muito bem elaborados, com destaque para os brancos.

Em colheitas recentes, ênfase especial foi dada aos vinhedos designados para Chardonnay, Cabernet Sauvignons e Merlot, que contam entre os mais finos do noroeste. O Riesling seco oferece alta satisfação. No fim dos anos 1990, a empresa celebrou boas associações: com Antinori, para fazer uma cara mistura de tintos de um vinhedo da Col Solare (ver nesta página), e com Ernst Loosen na Alemanha, para lançar os sensacionais Riesling Eroica, incluindo o mais fino vinho estilo TBA dos Estados Unidos. O profissionalismo, o tamanho e o *marketing* habilidoso fizeram de Ste. Michelle bandeira de toda a indústria vinícola do noroeste do país.

Col Solare ☆☆☆
Benton City. Proprietários: Antinori e Ste. Michelle Wine States. 12 ha. www.colsolare.com
Após anos de dependência do vinhedo e recursos de produção da Ste. Michelle, esta parceria resultou numa singular mistura à base de Cabernet. A Col Solare já tem suas videiras Red Mountain e, desde 2007, vinícola própria. Vinhos de padrão internacional, a preços elevados.

Columbia Winery ☆☆–☆☆☆
Woodinville. Proprietário: Ascentia Wine Estates. 150 ha. www.columbiawinery.com
Pioneira do noroeste, fundada em 1962 por professores da Universidade de Washington e ainda uma das melhores da região. De 1976 a 2006, foi gerida por David Lake, mestre inglês dos vinhos. Produtos variados e excelentes: Gewürztraminer, Cabernet Sauvignon, Syrah, Merlot, Sémillon, Chardonnay e Riesling, garantidos por longos contratos com sérios fornecedores de uvas, sobretudo o Otis Vineyard e o Red Willow, do Yakima Valley.

Columbia Crest ☆–☆☆☆
Paterson. Proprietário: Ste. Michelle Wine Estates. 1.000 ha. www.columbia-crest.com

Por 25 anos, Columbia Crest focou em vinhos acessíveis da básica, mas benfeita série Two Vines ao mais ambiciosos Reserve e Grand Estate. Os tintos de Cabernet Saugivnon, Merlot e Syrah são um sucesso.

Covey Run ☆
Zillah. Proprietário: Ascentia Wine Estates. 100 ha.
www.coveyrun.com
Bem gerida vinícola, centrada numa lista de varietais a preços atrativos, sobretudo o Riesling.

DeLille Cellars ☆☆☆
Woodinville. Proprietários: Família Lille e sócios. 8 ha.
www.delillecellars.com
Bastou a primeira colheita em 1992, e a fama da casa estava feita. O enólogo Chris Upchurch optou por misturas brancas e tintas estilo Bordeaux, providas por videiras do leste de Washington.

O Chaleur Estate é uma complexa e capitosa mescla, selecionada dos melhores barris. O branco segue o padrão de Graves, o Doyenne se inspira no Rhône e o Grand Ciel é, desde 2004, um Cabernet Sauvignon de vinhedo próprio em Red Mountain.

DiStefano ☆☆
Woodinville. Proprietário: Mark Newton.
Sem vinhedos. www.distefanowinery.com
Na origem, um produtor de espumantes, Newton mudou a ênfase para ricos Cabernet Franc, Cabernet Sauvignon, Merlot e, mais tarde, Syrah e Viognier. O estilo varia de opulento a superprocessado.

Dunham ☆☆
Walla Walla. Proprietário: Eric Dunham. 37 ha.
www.dunhamcellars.com
Ex-consultor da L'École 41 (ver nesta página), Dunham lançou seu rótulo em 1995, ofertando uma linha de vigorosos vinhos acarvalhados, principalmente Cabernet Sauvignon e Syrah.

L'Ecole 41 ☆☆–☆☆☆
Lowden. Proprietário: Marty Clubb. 20 ha. www.lecole.com
Usando também uvas compradas em Walla Walla, esta vinícola, criada em 1983, no prédio de uma antiga escola, investe em opulentos, brilhantes Merlot e Cabernet, mais um poderoso Sémillon fermentado em barris. O Apogee, mistura de Bordeaux, e o Syrah Seven Hills melhoraram em qualidade.

Forgeron ☆–☆☆
Walla Walla. Proprietários: Marie-Eve Gilla e sócios.
Sem vinhedos. www.forgeroncellars.com
Gilla é francesa, treinada em Dijon, o que explica seu desejo de manter a tipicidade de conhecidos vinhedos dos quais obtém as frutas. O estilo é suave e viçoso, com o Merlot e o Syrah exibindo certa elegância.

Gordon Brothers ☆–☆☆☆
Pasco. Proprietária: Família Gordon. 40 ha.
www.gordonwines.com
Desde 1985 os Gordon fazem judiciosos vinhos varietais, de seus vinhedos à beira do rio Snake. O Syrah é o mais excitante produto do catálogo.

Hedges Cellars ☆☆☆
Benton City. Proprietários: Tom e Anne-Marie Hedges. 33 ha. www.hedgescellars.com
Fundada em 1990 por um dinâmico plantador de batatas, a Hedges ocupa um castelo próximo de seus vinhedos na Red Mountain. Por anos, os vinhos da casa demonstraram a excepcional qualidade das uvas dali. A mescla Cabernet com Syrah é agradável e de preço acessível, mas o *top* de linha está no rótulo Three Vineyards e nas misturas Red Mountain Reserve, muito bem estruturadas.

Hightower ☆☆–☆☆☆
Benton City. Proprietários: Tim e Kelly Hightower. 4 ha. www.hightowercellars.com
Esplêndidos Cabernet Sauvignon e Merlot, opulentos sem ser exagerados. As uvas são dos cumes do Columbia Valley, incluindo Red Mountain.

Hogue Cellars ☆–☆☆
Prosser. Proprietária: Constellation. Sem vinhedos.
www.hoguecellars.com
Erguida por família de veteranos fazendeiros, esta propriedade impressionou pelas vindimas precoces e pelo catálogo ambicioso. A compradora, Constellation, simplificou a lista: varietais básicos (de rótulo Genesis para os mais distintos), Reserve Chardonnay, Merlot e Cabernet Sauvignon. Em todos os níveis, os vinhos valem o que custam.

Isenhower ☆☆–☆☆☆
Walla Walla. Proprietário: Brett Isenhover.
1 ha. www.isenhowercellars.com
O dono, antigo farmacêutico, compra uvas de sete vinhedos e especializou-se em Syrah artesanais, surpreendentes, e no exótico Roussanne com Viognier. Misturas de Bordeaux e Cabernet Franc engrossaram a lista.

K. Vintners ☆☆–☆☆☆
Walla Walla. Proprietário: Charles Smith. 2 ha.
www.kvintners.com
Ex-gerente de banda de rock, Smith é enólogo autodidata. Parece uma fórmula de fracasso, porém seus Syrah de vinhedo único são concentrados e convincentes, embora estejam na ponta final do catálogo.

Instalações em Walla Walla.

Kiona ☆☆

Benton City. Proprietária: Família Williams. 18 ha. www.kionawine.com

Esta vinícola foi pioneira das frutas de Red Mountain e dedicou--se a densos e escuros Cabernet Sauvignon, Merlot e Syrah, e a deliciosos Gewürztraminer e Riesling de colheita tardia. Merece atenção o Lemberger.

Leonetti ☆☆☆

Walla Walla. Proprietário: Gary Figgins. 20 ha. www.leonetticellar.com

Figgins tornou-se lendário graças aos magistrais vinhos tintos que lançou nos anos 1980, alguns ainda presentes. Uvas seletas de vários vinhedos e grandes barris de carvalho jovem geram custos elevados, mas Merlot e Cabernet compensadores. Todos são vendidos por mala-direta, portanto quase inacessíveis.

Long Shadows ☆☆–☆☆☆

Walla Walla. Proprietário: Allen Shoup. Sem vinhedos. www.longshadows.com

Em 2002, o ex-chefe de Stimson Lane teve a feliz ideia de persuadir vinicultores globais a trabalhar com o enólogo--residente Gilles Nicault na fabricação de vinhos em Washington, com uvas de notáveis vinhedos. Entre os envolvidos estão Randy Dunn, de Napa; John Duval, do Barossa; Michel Rolland, de Pomerol; Armin Diel, do Nahe; e Folonari, da Toscana.

McCrea ☆☆–☆☆☆

Rainier. Proprietário: Doug McCrea. Sem vinhedos. www.mccreacellars.com

Lançadora do primeiro Viognier de Washington, conserva sua devoção a uma série de varietais tipo Rhône, inclusive Mourvèdre e Counoise, bem como Syrah e Grenache, providos por vinhedos de proa.

Northstar ☆☆

Walla Walla. Proprietário: Stimson Lane. Sem vinhedos. www.northstarmerlot.com

Merlot e mais nada é a regra aqui, e a abertura dessa aplicada vinícola, em 2002, confirmou a confiança de Stimson Lane no projeto. Contudo, variedades de Bordeaux, como o Petit Verdot, foram acrescidas à lista.

Pepper Bridge ☆☆–☆☆☆

Walla Walla. Proprietários: Norm McKibben e sócios. 162 ha. www.pepperbridge.com

McKibben cuidou de alguns dos melhores vinhedos de Walla Walla, e sua vinícola conta com dois deles: Pepper Bridge e Seven Hills. Um áspero mas estiloso Cabernet Sauvignon reina aqui, com o Merlot na disputa.

Quilceda Creek ☆☆☆–☆☆☆☆

Snohomish. Proprietário: Alex Golitzin. Sem vinhedos. www.quilcedacreek.com

Estabelecida em 1979. O consultor Paul Golitzin deu o parâmetro em Washington para amadeirados Cabernet e Merlot, na tradição do Médoc francês. Pouca produção e preço alto, porém o Cabernet da Columbia Valley não se comporta melhor.

Seven Hills ☆☆–☆☆☆☆

Walla Walla. Proprietário: Casey McClellan. 8 ha. www.sevenhillswinery.com

McClellan colhe uvas do célebre vinhedo da Seven Hills, mas ainda usa frutas de Red Mountain e Oregon. Ele tem uma vasta lista de varietais, porém os vinhos mais sérios são Cabernet Sauvignon, Merlot e a mistura chamada Pentad, de Walla Walla.

Tamarack ☆–☆☆

Walla Walla. Proprietário: Ron Coleman. Sem vinhedos. www.tamarackcellars.com

Elegantes e palatáveis vinhos extraídos de uvas Chardonnay, Cabernet Sauvignon, Merlot, Sangiovese e Syrah. Boa dose de carvalho jovem soma brilho e sofisticação.

Terra Blanca ☆–☆☆

Benton City. Proprietário: Keith Pilgrim. 33 ha. www.terrablanca.com

As melhores Cabernet Sauvignon, Merlot e Syrah vêm de Red Mountain, mas outras variedades são compradas das videiras do Yakima Valley. Vinhos competentes, envelhecidos somente em carvalho francês. Em destaque, a gama de colheita tardia e icewine (vinho de gelo).

Waterbrook

Walla Walla. Proprietária: Precept Brands. Sem vinhedos.

Eric Rindal criou um rol de vinhos a preços moderados, com sabor de varietais temperados com carvalho norte-americano. Em 2006 a propriedade foi adquirida por empresa de Seattle, e seu rumo tornou-se incerto.

Andrew Will ☆☆☆–☆☆☆☆

Vashon. Proprietário: Chris Camarda. 18 ha.

Pequena vinícola de alta reputação por ofertar Merlot de vinhedo único, depois suplementados por algum Cabernet Sauvignon e Sangiovese. Mas, no início de 2000, o autodidata Chris Camarda mudou de ideia e decidiu focar em misturas, dos principais vinhedos fornecedores. São vinhos bons, consistentes e satisfatórios.

Woodward Canyon ☆☆–☆☆☆

Lowden. Proprietário: Rick Small. 17 ha. www.woodwardcanyon.com

Os primeiros vinhos daqui datam de 1981, fazendo de Rick Small uma espécie de pioneiro de Walla Walla. Sua empresa é renomada pelos tostados Cabernet e Merlot, sobretudo o Old Vines Cabernet.

Idaho

Principais produtores de Idaho

Indian Creek Winery ☆–☆☆

Kuna. Proprietários: Bill Stowe e sócios. 6 ha. www.indiancreekwinery.com

Entre a meia dúzia de vinícolas agrupadas na área de Caldwell, a sudoeste de Boise, está o interessante empreendimento de Bill Stowe, que produz um Pinot Noir acima da média e sua versão branca e seca. Faz ainda lotes reduzidos de Riesling e Chardonnay. Primeira colheita: 1987.

Ste. Chapelle ☆☆
Caldwell. Proprietário: Ascentia Wine Estates. 150 ha.
www.stechapelle.com

Fundada em 1970, logo marcou presença com Riesling, Chardonnay, Gewürztraminer, e espumantes à base de Riesling, Chardonnay e Pinot Noir. A Ste. Chapelle é de longe a maior das 32 vinícolas de Idaho. Controla quase a metade dos 490 hectares de vinhedos do Estado, comprando frutas também em Washington e produzindo 150 mil caixas de vinhos. Seu estilo comporta bebidas vigorosas, levemente florais, ditadas mais pelo clima, que não amadurece bem as uvas.

Outros produtores de Idaho

Camas Winery ☆
Moscow. www.camasprairiewinery.com

Uma das mais antigas vinícolas de ponta do norte de Idaho. Oferece numerosos vinhos frutados e alguns de *vinifera*.

Cana Vineyards ☆–☆☆
Wilder.

Instalada em 1990 no lugar da anterior vinícola de Lou Facelli. Principalmente Cabernet e Merlot.

Carmela Vineyards ☆–☆☆
Glenns Ferry. www.carmelavineyards.com

Aproximadamente 12 hectares na área de viticultura Hagerman. Mais conhecida pela uva Cabernet Franc.

Hell's Canyon Winery ☆–☆☆
Caldwell. www.hellscanyonwinery.org

Possui as mais velhas videiras de Idaho, plantadas em 1981. Dos quinze hectares, extraem-se cerca de 3 mil caixas de variedades de Bordeaux, Syrah e Chardonnay.

Parma Ridge ☆–☆☆
Parma. www.parmaridge.com

Quatro hectares semeados em 1998 produzem Gewürztraminer, Viognier, Merlot e outras variedades.

Sawtooth ☆
Nampa. www.sawtoothwinery.com

Seis hectares plantados com Cabernet Sauvignon, Chardonnay e diversas designações do Rhône, capazes de amadurecer numa região das mais quentes de Idaho.

Vickers Vineyard ☆–☆☆
Caldwell.

No Snake River Valley, Kirby Vickers fermenta pequenos volumes de um bom Chardonnay.

Outras regiões dos Estados Unidos

Por séculos, a autêntica uva do vinho, *Vitis vinifera*, não podia ser cultivada com êxito sob o clima da maior parte da América do Norte. O problema residia nos extremos de frio no norte e no centro, e de calor e umidade no sul. O frio simplesmente mata as frutas durante o inverno. A umidade traz mofo ou bolor, e o calor dos verões sulinos causa malefícios às videiras: em vez de respirar à noite e formar açúcar, as plantas continuam a crescer; o açúcar causa excesso de folhagem, e as uvas, a despeito de meses de sol, continuam imaturas.

Duas regiões – o nordeste (liderado pelo estado de Nova York) e o sudeste (conduzido pela Virgínia) – têm fortes tradições quanto ao vinho, que agora desfrutam um renascimento. Michigan também começa a produzir bebidas de genuíno interesse e qualidade. Até recentemente, a indústria vinícola dessas áreas era baseada em uvas nativas, adaptadas ao clima local, mas hoje a maioria das vinícolas emprega a *Vitis vinifera*. No sul, a uva é a Muscadine, ou Scuppernong, planta diferente da fruta clássica do vinho: seus bagos são como bolas de gude, mas a pele rija se solta da polpa. O marcante sabor de seu vinho doce foi popular nos Estados Unidos, sob a famosa marca Virginia Dare. A Muscadine ainda floresce, sem relação com os vinhos do resto do mundo. Agora, no entanto, quase todo estado da União fora dessas zonas abriga enólogos esperançosos de fortalecer uma indústria tão jovem, vendo-se reconhecidos como fatores do *boom* norte-americano do vinho. Somente o Alasca, Dakota do Norte e Wyoming não possuem vinícolas.

Certo número de vinícolas veteranas, estabelecidas há longo tempo, contam com mercados locais e específicos. No passado, isso tendia a desestimular experiências com variedades novas. Quando se assumiu, há décadas, que a *vinifera* não servia, foi algum corajoso enólogo que testou um ou dois hectares com parreiras dessa uva. Com o conhecimento moderno, muitos outros estão experimentando e relatando sucessos. Com certeza, existem amplas áreas nas quais o microclima parece tornar viável a fruta-mãe. Também surgiram novos vinhos híbridos – dessa fruta com uvas nativas dos Estados Unidos –, a mostrar o vigor das nativas sem seus sabores peculiares, embora sua importância no mercado do leste do país tenha sido ofuscada pelos recentes êxitos da *Vitis vinifera*.

O surto do vinho nos Estados Unidos foi capitaneado por áreas metropolitanas, que apoiaram os varietais da Califórnia. Agora, Riesling, Chardonnay e Cabernet Sauvignon são nomes comuns. Os melhores híbridos (Seyval Blanc, Vidal Blanc, Chambourcin) ainda têm longo caminho a percorrer. De fato, no momento atual os cultivadores do leste e do centro estudam três opções: as velhas variedades americanas da *Vitis labrusca*, as excitantes, mas arriscadas *vinifera*, e os híbridos entre elas. No leste, talvez híbridos e labrusca sempre tenham destaque, mas a maioria dos plantadores apostam mesmo na *Vitis vinifera*.

Estado de Nova York

A indústria vinícola do Estado de Nova York, há muito fixada em torno dos Finger Lakes, ao sul do lago Ontário, foi tida como deficiente pelos amantes do vinho. Primeiramente baseadas em variedades e híbridos casuais da uva nativa, a *Vitis labrusca*, as bebidas se caracterizavam pelo peculiar cheiro azedo dessa fruta. De fato, havia alta acidez, em geral mascarada por excesso de açúcar. Na década de 1960, híbridas franco-americanas não azedas substituíram a labrusca até nas vinícolas mais conservadoras.

Embora aceitável e ocasionalmente muito bom, em geral o vinho norte-americano era desestimulante pelos padrões europeus (e mesmo os do estado da Califórnia). Algumas empresas de Nova York e outras partes do leste ainda veem a uva labrusca como confiável e bem adaptada aos choques do clima oriental, mas já são minoria. Essa variedade é usada hoje em geleias e sucos de fruta. Desde meados dos anos 1950, inconformistas liderados pelo dr. Konstantin Frank tentaram provar que a variedade *vinifera* podia medrar nas glebas de Finger Lakes. Seu êxito, ao menos com os vinhos brancos, convenceram muitos. Agora, a maioria dos vinhedos originais planta certo volume dela, e os novos a semeiam quase exclusivamente.

A onda do vinho norte-americano alcançou Nova York em meados dos anos 1970. No final dos 1980, estratagemas na indústria influenciariam o rumo da produção. A Seagram e a Coca-Cola decidiram-se pela expansão. A primeira comprou a Gold Seal, a segunda adquiriu a Taylor's e a Great Western, duas das mais importantes vinícolas regionais. Todas as três já fecharam, e ambos os investidores resolveram sair juntos do negócio em Finger Lakes. Hoje, uma nova geração de produtores (em regra, descendentes dos agricultores que supriram a Taylor's) concentram-se em tipos de *vinifera* que se dão bem em climas frios, tais como Riesling, Chardonnay e Pinot Noir.

Em 1976, a lei estadual mudou para estimular as "vinícolas caseiras" entre os fazendeiros, baixando a taxa de licenciamento para quem produzisse menos de 21 mil caixas de vinho por ano, e facilitando as vendas. Resultado: a rápida instalação de pequenas empresas com mente aberta, o que aprimorou a imagem do Estado. Dúzias de minivinícolas nasceram ou renasceram, nos Finger Lakes, em Hudson River Valley, acima da cidade de Nova York – que, aliás, tem longa história como quase um centro vinícola –, e em Long Island, com seu clima mais favorável. As produtoras pequenas obtiveram vinhos com bem dosada acidez em sua estrutura, impondo uma personalidade distinta daquela, digamos, do Napa Valley. Das seis regiões vinícolas do Estado, é Long Island que dispara, beneficiada por três AVAs: Hampton, North Fork e a própria Long Island. O início modesto em 1973, quando os Hargrave plantaram uvas em North Fork, gerou 28 vinícolas a pontilhar o mapa. Chardonnay e Merlot parecem ser os preferidos dos consumidores, mas os profissionais ainda tentam difundir Riesling, Gewürztraminer, Chenin Blanc e Cabernet Franc.

Outras regiões novaiorquinas são lago Eyrie/Chautauqua (imensa, com 8 mil hectares plantados, mas 90% de labrusca); Hudson River Valley (mais de 30 vinícolas); Nova York Central e Lago Ontário (sem AVAs); e Escarpas do Niagara (AVA desde 2005). Por volta de 2007, existiam 240 vinícolas no Estado de Nova York e 12.600 hectares de vinhedos.

Principais produtores do estado de Nova York

Finger Lakes

Anthony Road ☆–☆☆☆
Dresden. Proprietário: John Martini. 30 ha. www.anthonyroadwine.com
Martini plantou apenas híbridas em 1973, e só a Vignoles permanece. Hoje, dá ênfase a Riesling, Chardonnay não acarvalhado e Pinot Grigio.

Fox Run Vineyards ☆☆–☆☆☆☆
Penn Yan. Proprietários: Scott Osborne e Michael Lally. 22 ha. www.foxrunvineyards.com
Os donos compraram a empresa em 1990 e saíram-se bem com Riesling, Chardonnay e Merlot. A caminho estão Pinot Noir e Cabernet Sauvignon e Franc, enquanto é testada a malconhecida uva Lemberger.

Glenora Wine Cellars ☆–☆☆☆
Dundee. Proprietários: Gene Pierce e Scott Welliver. 6 ha. www.glenora.com
Das mais respeitadas minivinícolas da área, perita em espumantes. Mas ainda faz Chardonnay, um ótimo Riesling e tintos tipo Bordeaux.

Dr. Konstantin Frank's Vinifera Wine Cellars ☆☆
Hammondsport. Proprietário: Willy Frank. 33 ha. www.drfrankwines.com
Fundada pelo dr. Frank em 1962, hoje é gerida por seu neto Frederick. Já produziu bons, finos e por vezes brilhantes vinhos brancos, entre eles o Rkatsiteli e o Riesling de seletas colheitas tardias. Do Merlot ao Pinot Noir, os tintos evoluíram. Menos apreciáveis, os espumantes levam o rótulo Château Frank. A segunda etiqueta em uso é Salmon Run.

Knapp Vineyards ☆
Romulus. Proprietários: Gene Pierce e Scott Welliver. 40 ha. www.knappwine.com
Em 2000 esta bem instalada gleba foi adquirida pelos donos da Glenora (ver nesta página). Riesling e espumantes são bons, mas vinhos de híbridas podem ser pálidos e fortes demais.

Lamoreaux Landing ☆☆
Lodi. Proprietário: Mark Wagner. 48 ha. www.lamoureauxwine.com
Uma das melhores vinícolas dos Seneca Lakes. Vinhos híbridos foram descartados e a produção centra-se em Chardonnay,

Vinícola Lenz, Cutchogue.

Gewürztraminer, Cabernet Franc e Sauvignon, além de Pinot Noir.

Sheldrake Point ☆☆–☆☆☆
Ovid. Proprietários: Chuck Tauck, Bob Madill e outros. 17 ha. www.sheldrakepoint.com
Criada em 1998. Com vinhedos ainda jovens, a Sheldrake já brilha como produtora de um saboroso Cabernet Franc, finos Riesling e intenso vinho de gelo.

Standing Stone Vineyards ☆
Hector. Proprietário: Tom Macinski. 16 ha. www.standingstonewines.com
Secos, bem balanceados Riesling, Gewürztraminer e Vidal Icewine são as forças da casa. O futuro do Cabernet Franc e do Merlot também parece promissor.

Hermann J. Wiemer Vineyard ☆–☆☆
Dundee. Proprietário: Fred Merwarth. 70 ha. www.wiemer.com
Nascido em Bernkastel, este ex-consultor e enólogo teve marcante sucesso com o Riesling (vários estilos), e produz ainda meritórios Chardonnay, Merlot e espumantes. Em 2007, Wiemer vendeu a propriedade a ele.

Hudson River

Benmarl Wine Company ☆
Marlboro. Proprietário: Mark Miller. 15 ha. www.benmarl.com
Vinhedo histórico em Hudson River Valley, onde a híbrida Dutchess foi cultivada no século XIX. Restaurado por Mark Miller, o lugar funciona como cooperativa de quase mil fãs de vinho, a Societé des Vignerons. Eles financiam, colhem e bebem Frontenac e Baco Noir. Ultimamente, mais Merlot, Syrah, Pinot Noir e Zinfandel.

Millbrook ☆☆
Millbrook. Proprietário: John Dyson. 12 ha. www.millbrookwine.com
Hoje em dia, Dyson é mais conhecido como dono da Willians & Selyem em Sonoma (ver p. 508), mas trabalha aqui desde a década de 1980. Ele aprecia variedades como a Tocai Friulano e Zinfandel, porém seus vinhos bons são de Chardonnay, Cabernet Franc e Pinot Noir.

Long Island

Bedell ☆☆
Cutchogue. Proprietário: Michael Lynne. 32 ha. www.bedellcellars.com
Inaugurada, em 1980, por Kip Bedell, a empresa foi passada adiante em 2000, embora Bedell permanecesse como o enólogo. Atrás de rótulos modernos, os vinhos representam complexas e intrigantes mesclas de tintos ou brancos, bem como variedades padrão. A vinícola irmã é a Corel Creek.

Castello di Borghese ☆☆
Cutchogue. Proprietários: Marco e Anne Marie Borghese. 34 ha. www.castellodiborghese.com

A pioneira família Hargrave encontrou condições ideais para as uvas viníferas na forquilha norte de Long Island, a 113 quilômetros ao leste da cidade de Nova York, com mar fechado em três lados. Seus Chardonnay, Sauvignon Blanc e Pinot Noir competem sem desdouro com os afamados vinhos da Califórnia e Oregon. Novos donos, a partir de 1999, criaram um Meritage e planejam incluir variedades italianas nos vinhedos.

Channing Daughters ☆☆
Bridgehampton. Proprietários: Walter Channing e sócios. 11 ha. www.channingdaughters.com
Vinhedos ricos em variedades como Teroldego, Dornfelder, Lagrein, Malvasia, Merlot e Cabernet Sauvignon, a maioria usada em inusitadas misturas. Algumas são colhidas e fermentadas em homenagem a Jean-Michel Deiss, da Alsácia. Vinhos curiosos, benfeitos e bem embalados.

Lenz Winery ☆☆
Peconic, Long Island. Proprietário: Eric Fry. 28 ha. www.lenzwine.com
Escrupulosos cultivo e processamento resultam em ótimas garrafas de Merlot e Cabernet, envelhecidos somente em carvalho francês.

Macari ☆
Mattituck. Proprietário: Joseph T. Macari Jr. 74 ha. www.macariwines.com
Lançada em 1995, produz desconcertante variedade de vinhos, com resultado irregular. Brancos como Chardonnay e Sauvignon Blanc têm a dianteira.

Palmer ☆☆
Aquebogue. Proprietário: Robert Palmer. 16 ha. www.palmervineyards.com
Gleba formada em 1986, na vanguarda do que se pode chamar de clássico estilo Long Island: uvas limpas e possantes, sobretudo Chardonnay e Cabernet Franc tipo Loire.

Raphael ☆☆
Peconic. Proprietário: John Petrocelli. 20 ha. www.raphaelwine.com
Fundada em 1996, com a meta de produzir um fabuloso Merlot, completado por tiragens baixas de Sauvignon, Chardonnay e Cabernet Franc. Lotes iniciais do Merlot eram robustos e suntuosos. Paul Pontallier, do Château Margaux, serve de consultor.

Wölffer ☆–☆☆☆
Sagaponack. Proprietário: Christian Wölffer. 21 ha. www.wolffer.com
Wölffer é alemão, como seu enólogo Roman Roth, e investiu forte nesta propriedade. Chardonnay e Merlot são os vinhos principais, e o dono goza da dúbia fama de ter lançado o primeiro vinho de Long Island (o acarvalhado Premier Cru Merlot), na faixa dos US$ 100.

Nova Inglaterra

Na região da Nova Inglaterra (onde aportaram os puritanos ingleses, fundadores das primeiras colônias nos Estados Unidos), a produção de vinho ainda é reduzida e experimental. Durante os passos iniciais da indústria vinícola no nordeste dos Estados Unidos, acreditava-se que o caráter regional dependia do uso das melhores uvas híbridas. Como a comparação entre uma uva híbrida e outra *vinifera* pendeu para a segunda, as híbridas perderam terreno, também por causa das condições difíceis de cultivo.

Existem dezesseis vinícolas em Massachusetts, mas até as mais conhecidas, como a Chicama em Martha's Vineyard, completam seu suprimento com uvas ou vinhos trazidos da Califórnia. O Estado de Rhode Island, pleno de estreitos marítimos, possui seis modestos vinhedos, e o maior, Sakonnet, produz sobretudo a *vinifera*. As variedades Chardonnay, Gewürztraminer, Cabernet Franc e Vidal, cultivadas em Sakonnet, já são conhecidas em outras partes do leste do país e mesmo na Califórnia. A primeira vinícola de Connecticut, de nome Haight Vineyards, foi fundada em 1975 em Litchfield, a oeste de Hartford, e conseguiu semear *vinifera* (Chardonnay e Riesling) e a híbrida Seyval. Outras vinícolas e vinhedos seguiram o exemplo, sendo os mais promissores delas os vinhedos Chamard e Stonington, ambos ao longo da costa. Chamard só cultiva *vinifera* (Chardonnay, Cabernet Sauvignon, Pinot Noir e Merlot) em sua gleba de oito hectares e é popular por sua variedade Chardonnay, assim como Stonington, criado em 1987.

Atlântico Central

Há crescente convicção de que a Virgínia pode tornar-se o mais fértil estado produtor de vinhos do leste norte-americano. As outras terras do Atlântico central – Maryland, sul da Pensilvânia, Kentucky, Tennessee e talvez o cinturão que se estende até a Virgínia ocidental – guardam idêntico potencial. É verdade que antigos sonhadores não tiveram sorte, mas os vinhos modernos e seu *know-how* começaram a mudar a situação. Investidores globais confessam ter uma visão otimista do valor da região, e da Virgínia em particular.

Maryland & Pensilvânia

Nos anos 1940, nos vinhedos Boordy, perto de Rydewood em Maryland, Philip Wagner fez história ao plantar as primeiras uvas híbridas franco-americanas nos Estados Unidos. Tais sementes tinham servido para opor resistência à filoxera (ver p. 18), na França, mas ironicamente foram os Estados Unidos que mais apreciaram suas virtudes de dureza e vigor. A gleba Boordy então adicionou à lista a Chardonnay (no método para espumantes) e outras importantes variedades internacionais, mantendo alguma Seyval Blanc e Vidal. Por volta de 2009, havia 34 vinícolas no Estado, utilizando tanto híbridas quanto a *vinifera*. A Vinheria Basignani usa Cabernet, Chardonnay e Riesling, junto com Vidal e Seyval. A Elk Run têm mais uvas *vinifera* e um pouco de Sangiovese, também elaborando espumantes e vinhos de sobremesa.

O canto sudeste da Pensilvânia, estado com mais de 100 vinícolas ativas, parte delas como passatempo familiar, mostra muito em comum com Maryland. Solos e climas, bastante variáveis, incluem bons locais para as videiras. Os Vinhedos Mazza andam bem, no sul da Pensilvânia, com suas Chardonnay e Riesling, e ainda mais felizes com híbridas brancas. Já a empresa Twin Brook, no leste de Filadélfia, acertou com os canteiros de Pinot Grigio.

Eric Miller, da vizinha Chaddsford Winery, faz excelentes vinhos Chardonnay e Chambourcin, além de uma mistura tipo Bordeaux chamada Merican. A Crossing, no condado de Bucks, exibe um toque firme com vinhos brancos de *vinifera*. A Allegro, em York, produz uma confiável mistura de Bordeaux denominada Cadenza.

Virgínia

Assentada entre o extremo frio do Nordeste e o intenso calor e umidade do Sul (onde grassa o mal de Pierce), a Virgínia constitui a estrela em ascensão da área leste dos Estados Unidos. O estado possui 135 vinícolas, número expressivo considerando-se que os primeiros vinhos feitos com uva *vinifera* só surgiram vinte anos atrás. Em 2008, havia mais de mil hectares de vinhedos. Contribuíram para essa marca a amistosa legislação de suporte e a afluência de cultos clientes de Washington D. C., que apoiaram a indústria local do vinho.

Investidores estrangeiros foram os primeiros a mostrar confiança. Nos idos de 1976, a Zonin, gigante italiana dos vinhos, plantou 50 hectares em Barboursville, e o belga Patrick Duffeler veio em 1985. Hoje, Chardonnay é a variedade mais disseminada; entre as *viniferas* tintas, Cabernet Sauvignon e Cabernet Franc. O cultivo de uvas nem sempre é fácil por aqui, e doenças como o bolor são comuns. Mais ainda, muitas propriedades não encontram enólogos que possam explorar o potencial das frutas. De qualquer modo, poucos lugares dos Estados Unidos progrediram tanto em qualidade como a Virgínia.

Principais produtores da Virgínia

Barboursville ☆–☆☆
Barboursville. Proprietário: Gianni Zonin. 50 ha. www.barboursvillewine.com
Esta gleba italiana ainda não acertou com o Nebbiolo, apesar da presença de um enólogo piemontês. Mas vinhos como o Pinot Grigio e o Octagon, mistura de Bordeaux dominada por Merlot, são campeões.

Boxwood ☆☆
Middleburg. Proprietário: John Kent Cooke. 6,5 ha. www.boxwoodwinery.com
Bordeaux serve de modelo, pois aqui os dois vinhos de ponta são o Boxwood, mistura estilo Médoc, e o Topiary, versão do Saint-Émilion. Em 2006, a consultora francesa Stéphane Derenoncourt foi contratada.

Breaux ☆
Purcellville. Proprietário: Paul Breaux. 35 ha. www.breauxvineyards.com
Dezoito variedades crescem nestes vinhedos, mas os vinhos degustados, como Cabernet e Viognier, são um tanto herbáceos.

Horton ☆–☆☆
**Gordonsville. Proprietário: Dennis Horton. 30 ha.
www.hvwine.com**
Denis Horton faz mais de 30 vinhos a partir de variedades de Bordeaux, Rhône e portuguesas, e é mais renomado por seu Viognier.

Jefferson ☆☆
**Charlottesville. Proprietário: Stanley Woodward. 8 ha.
www.jeffersonvineyards.com**
Nos últimos vinte anos, a Jefferson privilegiou vinhos tipo Bordeaux e produz um excelente Meritage, bem como diversos varietais.

Kluge ☆☆
**Charlottesville. Proprietária: Patricia Kluge. 77 ha.
www.klugeestate.com**
À empresária Patricia Kluge, que fundou a casa em 1999, não faltam recursos nem ambição. Produz espumantes de caráter clássico, ao lado de vinhos estilo Bordeaux, com assessoria de Michel Roland.

Linden ☆☆
**Linden. Proprietário: Jim Law. 12 ha.
www.lindenvineyards.com**
Os vinhedos ficam em encostas da colina e geram vinhos que envelhecem bem. Chardonnay é a especialidade, e, em certas colheitas, Law chega a lançar quatro versões dele. Há ainda um Cabernet Franc vívido e picante.

Oasis ☆–☆☆
**Hume. Proprietário: Dirgham Salahi. 40 ha.
www.oasiswines.net**
Faz espumantes pelo método clássico, e mais alguns vinhos *cuvées* envelhecidos de cinco a quinze anos em leveduras.

Pearmund ☆☆–☆☆☆
**Broad Run. Proprietário: Christ Pearmund. 10 ha.
www.pearmundcellars.com**
Uvas Chardonnay foram plantadas aqui em 1976, embora a vinícola só fosse aberta em 2003. Faz opulentos, amanteigados Chardonnay, e alguns garbosos tintos tipo Bordeaux, incluindo um picante Petit Verdot.

Williamsburg Winery ☆☆
**Williamsburg. Proprietário: Patrick Duffeler. 20 ha.
www.williamsburgwinery.com**
Vinheria e *resort* de dono belga, produz quase um quarto de todo o vinho da Virgínia. O Chardonnay Acte 12, fermentado em barris, é merecidamente popular, e o Gabriel Archer Reserve (mistura de Bordeaux) matura bem.

O Meio-Oeste

Os lagos Michigan e Erie estocam o calor que nutre as uvas nos estados centro-ocidentais de Ohio e Michigan. Essas grandes, relativamente rasas, concentrações de água moderam as temperaturas e permitem o crescimento de numerosas famílias de uvas, das mais rijas variedades de *vinifera* às boas híbridas. As ilhas do lago Erie (conhecidas localmente como "ilhas do vinho") ficam a oeste da bacia lacustre e têm alta importância. Por doze anos, centenas de hectares de uvas para vinho, abrangendo Chardonnay, os dois Cabernet, Riesling, Pinot Noir e Gewürztraminer, cresceram com êxito nos solos calcários. Grande parte dessas frutas vão para a maior vinícola de Ohio, a Firelands, situada no continente, e a quase igual em tamanho Meier's Wine Cellars.

A bacia central do Erie, a leste de Cleveland, também gera microclimas hospitaleiros para uvas. Os Vinhedos Chalet Debonné, da cidade de Madison, faz vinhos tanto de *vinifera* nativa americana quanto de material híbrido. Em contraste, na direção da divisa com a Pensilvânia, os Vinhedos Markko, de Conneaut, faz vinho Chardonnay de qualidade, um Riesling estilo Mosel, e um Cabernet. Perto de Geneva, as vinícolas Ferrante e Harpersfield tiveram êxito escolhendo Chardonnay e Riesling.

Parte das melhores vinícolas de Michigan encontra-se nas recortadas penínsulas ao norte de Traverse City, na orla leste do lago Michigan. O estado conta quase 6 mil hectares de uvas plantadas, mas só 730 hectares com uvas para vinho. A rápida expansão da indústria somou cerca de 100 vinícolas em operação, ao redor de 2008. Os vinhedos e vinícolas de Michigan ficam perto de Chicago, no canto sudeste do lago. São notáveis: Black Star, Fenn Valley Vineyards, Peninsula Cellars, Shady Lane e, maior e mais longe, St. Julian. O Château Grand Traverse tem boa reputação por seus Riesling estilisticamente variados.

Existem vinícolas em outros estados setentrionais do Meio-Oeste: Indiana, Illinois, Wisconsin e até Minnesota, onde modestos vinhedos e dedicados cultivadores encaram, com frequência, temperaturas abaixo de zero e outras condições adversas. Muito da produção de Indiana e do sul de Ohio se localiza na AVA do Ohio River Valley, que margeia o rio desde a Virgínia Ocidental até sua junção com o Mississippi.

Missouri e Arkansas pareceriam locais improváveis para semear parreiras, mas os dois estados têm vinhedos formados há tempo. Na verdade, o Missouri foi distinguido com a primeira denominação oficial dada a uma área de vinicultura nos Estados Unidos: em 1980, a Comissão de Álcool, Tabaco e Armas declarou Augusta, próxima de St. Louis, região designada. Seus primeiros vinhedos surgiram nas colinas sobre o rio Missouri nos idos de 1830. Ambos os estados criaram, nas universidades públicas, sólidos projetos de pesquisa. Ali é frio para a maioria das uvas *vinifera*, mas as vinherias de Augusta, incluindo Stone Hill e Mount Pleasant, desenvolveram ótimas híbridas, como Seyval e Vidal, para gerar encorpados vinhos brancos e ainda produzir robustos, mesmo que rústicos ou medicinais, Norton tintos.

O Arkansas, mais ao sul, colheu uma imprevista safra de *vinifera*, crescida no peculiar microclima de um platô na montanha, chamado Altus, ocupado nos anos 1870 por imigrantes europeus que entendiam de terras altas. De acordo com Al Wiederkehr, cuja família suíça fundou sua vinícola em 1880, correntes de inversão térmica causam um clima bem tolerável, propício para Riesling, Chardonnay, Sauvignon Blanc, Muscat Ottonel, Cabernet, Pinot Noir e Gamay. A maior parte do platô está plantada com tais uvas, embora os produtores não ponham fogo em suas híbridas.

O sudoeste

Grande parte do sudoeste dos Estados Unidos é muito úmido e sujeito ao mal de Pierce, o que inviabiliza a região para o cultivo de videiras. No entanto, criar uvas e fazer vinho tornou-se um negócio aqui antes da Califórnia. O sul do Novo México e o oeste do Texas têm os mais antigos vinhedos comerciais do país. Em torno do ano 1600, padres católicos fundaram uma missão com videiras em El Paso, no Texas, para produzir vinho sacramental. Não obstante, apenas nas três últimas décadas houve gestões para se estabelecer uma indústria moderna, de certa qualidade.

Dos estados produtores, o Texas é o líder, com mais de 100 vinícolas e 1.380 hectares de vinhedos. O Novo México conta com 26 vinícolas; o Colorado, com 50; o Arizona, com 13; Oklahoma, 30; Utah, 5, e Nevada, com 3 vinícolas. Espalhados por área maior do que a França, os vinhedos do Texas variam de tamanho. O clima seco e frio do platô montanhoso ao redor de Lubbock responde pelas primeiras plantações bem-sucedidas. A atenção a essa zona cresceu com os vinhos *premium* da fazenda Llano Estacado, onde a família McPherson e os sócios cultivaram a *vinifera* em caráter pioneiro. No Novo México, ao norte de Santa Fé, a família Johnson utilizou principalmente essa uva em sua Chiripada Winery, na produção de vinhos aclamados. A Gruet representa a influência francesa no Novo México (vinícola perto de Albuquerque e vinhedos no sul do estado, a 1.200 metros de altitude), e vende oitenta mil caixas anuais de espumantes à base de Chardonnay e Pinot Noir. Um ótimo Chardonnay também é feito em La Viña, nas velhas videiras do sul do estado.

A capacidade de produção do Colorado vem aumentando. Dos 265 hectares plantados, 85% são de *Vitis vinifera*, com dominância de Chardonnay e Merlot, embora uvas para Cabernet, Pinot Noir, Riesling e Sauvignon estejam indo bem. Um produtor, Rio Grande Vineyards, celebrizou-se por suas brancas e tintas Meritage, e agora testa a Viognier. A Plum Creek Winery adicionou Sangiovese a seu rol de variedades francesas. A Callaghan Vineyards, do Arizona, ampliou o catálogo para incluir alguns vinhos tintos, de uvas da Califórnia, mas a mistura de Bordeaux chamada Buena Suerte ganhou elogios. A principal vinícola de Nevada, Pahrump Valley Vineyards, próxima a Las Vegas, produz Merlot e Chardonnay, bem como vinhos leves destinados ao fluxo de turistas.

Principais produtores do Texas

Becker ☆☆–☆☆☆
Stonewall. Proprietário: dr. Richard Becker. 20 ha. www.beckervineyards.com
Faz 35 mil caixas anuais de sóbrios Chardonnay Hill Country, Viognier e Cabernet, este último maturado em carvalho norte--americano e levemente herbáceo.

Fall Creek ☆☆
Tow. Proprietário: Ed Auler. 22 ha. www.fcv.com
Geada e mal de Pierce arruinaram as videiras de Auler, daí a compra de muita uva. Assim ele produz frescos Chardonnay e Chenin Blanc, mas o melhor vinho é o Meritus, baseado no Cabernet.

Flat Creek ☆
Marble Falls. Proprietário: Rick Naber. 8 ha.
O enólogo australiano Craig Parker injetou certa originalidade nesta vinícola de Hill Country, produzindo Primitiva e Sangiovese, mas sua saída, em 2006, causou disparidades na oferta, até que o novo consultor, Charlie Kidd, mostre presença.

Llano Estacado ☆–☆☆
Lubbock. Proprietários: 38 acionistas. 41 ha. www.llanowine.com
Aberta em 1976, em grande escala, teve sucesso inicial. Passou por várias mudanças, de donos e consultores, porém faz vigorosos vinhos varietais, até com frutas adquiridas em outros estados, e uma impecável mistura tipo Supertuscan, denominada Viviano.

McPherson ☆
Lubbock. Proprietário: Kim McPherson. Sem vinhedos.
McPherson, enólogo original da Llano Estacado, lançou rótulo próprio em 2000. Vinhos interessantes, de variedades italianas e do Rhône, em estilo leve e palatável.

Stonehouse ☆
Spicewood. Proprietários: Howard e Angela Moench. 2 ha. www.stonehousevineyard.com
Ex-radiologista, Howard planta e fermenta Norton como vinho de mesa, com caráter fortificado. Para justificar uma sala de degustação, Angela importa a série de vinhos The Lyre, de seu Barossa natal.

Canadá

O Canadá foi descoberto, em termos de vinhos finos, na década de 1970, quando se descartaram velhos temores e preconceitos sobre quais uvas poderiam vingar ali. O conhecimento acumulado em novas áreas vitivinícolas ao redor do mundo derrubou problemas que pareciam insuperáveis.

Um massivo programa de reforma agrícola em 1988, nas duas províncias mais importantes do Canadá (Ontário e Colúmbia Britânica), encorajou produtores a trocar suas plantações de híbridas pelas de *vinifera*. Hoje o país tem cerca de 10 mil hectares semeados com uvas para vinho, 80% das quais em Ontário. Todavia, parte do mercado interno canadense é controlada por monopolistas *liquor boards* que limitam a escolha dos vinhos disponíveis ao consumidor. Esse sistema anacrônico se baseia no desejo de manter restrições quanto à oferta de drinques com álcool, sobretudo aguardentes.

No século XXI, tal vontade soa totalmente inadequada, e uma reforma ou abolição estão em estudo, mas o processo é lento e doloroso. Algumas dessas "juntas" podem ser inescrupulosas ou pior do que isso, nas normas de rotulagem. Um vinho "Canadian", no caso, significa tão-somente "engarrafado no Canadá", embora feito, por exemplo, na América do Sul.

Ontário

Ontário destacou-se no rol de regiões vinícolas de clima frio nos anos 1980. No sul da província, a Península do Niagara, fechada por um lago e abrigada por escarpas montanhosas, tornou-se o vinhedo natural do Canadá, estando na mesma latitude do norte do Oregon. É uma das áreas nomeadas pela Vintner's Quality Alliance (VQA), entidade que impõe padrões aos quais as maiores propriedades aderem. Ali os invernos gelados formam as condições ideais para a produção de um dos melhores vinhos de gelo do mundo.

Antes raro, o vinho de gelo já alcança 5% de toda a oferta de vinho de Ontário. Como um todo, o Canadá é hoje o maior produtor mundial desse estilo. Tanto quanto tal especialidade, o Niagara produz Chardonnay, Riesling, Pinot Noir e alguns vinhos de uvas híbridas. A partir de agora, a região aprimora sua vocação, identifica os terrenos mais privilegiados e constrói uma reputação global. No presente, há 140 vinícolas em Ontário como um todo.

Principais produtores de Ontário

Cave Spring Cellars ☆☆–☆☆☆
Jordan. Proprietário: Leonard Pennachetti. 70 ha. www.cavespringcellars.com
Variedades de *vinifera* foram plantadas aqui em 1978, e a vinícola estreou em 1986. Conhecida por seus bons brancos, mas o enólogo Angelo Pavan obteve alguns excepcionais Riesling e Chardonnay, bem como vinhos de sobremesa e vinho de gelo.

Château des Charmes ☆☆
Saint-David's. Proprietário: Paul Bosc. 110 ha. www.chateaudescharmes.com
Paul Bosc é da quinta geração de um emigrante vinicultor. Tornou-se o primeiro a plantar um vinhedo inteiro de *vinifera*. Seus vinhos, premiados pela VQA, incluem vinho de gelo, os de colheita tardia, e impressiva lista de varietais brancos e tintos, além de espumantes clássicos. Fiel à origem francesa, Bosc semeou uvas como Auxerrois e Savagnin.

Clos Jordanne ☆☆☆
Península do Niagara. Proprietários: Constellation e Boisset. 55 ha. www.leclosjordanne.com
Ofuscante associação, caso o prédio encomendado ao famoso arquiteto Frank Gehry tivesse sido construído. As ofertas iniciais do Pinot Noir próprio, sobretudo o ambicioso Le Grand Clos, justificam a fama, como se o coro de aprovação estivesse perdendo a voz.

Creekside Estate ☆☆
Jordan Station. Proprietário: Peter Jensen. 40 ha. www.creeksideestate.com
Empresa em Annapolis Valley que também desenvolve a Paragon Estate na área do Niagara. Seu prestígio vem do Sauvignon Blanc, mas ainda produz bom Pinot Noir, misturas tipo Bordeaux, e Vidal Icewine.

Henry of Pelham Family Estate ☆–☆☆☆
St. Catharines. Proprietária: Família Speck. 70 ha. www.henryofpelham.com
Esta gleba ocupa terras dos descendentes de Henry Smith, que as ganhou da Coroa britânica após a Guerra de Independência norte-americana, por ser leal à Inglaterra. Por anos, o enólogo Ron Giesbrecht produziu marcantes varietais, dos vinhedos de Niagara Bench. O Cabernet/Merlot é dos melhores, e também há um admirável Baco Noir. Riesling Icewine é o vinho superior de sobremesa.

Hillebrand Estates ☆☆
Niagara-on-the-Lake. Proprietário: Peller Estates. 40 ha. www.hillebrand.com
As bebidas mais finas são lançadas como vinhos de mostruário, e a série Trius, que inclui uma mescla no estilo Bordeaux, também revela qualidade. Os vinhos de gelo, de Vidal ou de Riesling, são de primeira classe.

Inniskillin ☆☆–☆☆☆
Niagara-on-the-Lake. Proprietária: Constellation. 52 ha. www.inniskillin.com
Os fundadores Donald Ziraldo e Karl Kaiser, aposentados em 2006, lideraram o despertar da moderna indústria vinícola de Ontário. Desde seu início, Inniskillin concentrou-se em vinhos varietais de uvas criadas no Niagara. A vinícola agora é sediada num celeiro dos anos 1920, talvez projetado por Frank Lloyd Wright, na Brae Burn Estate. Todos os seus produtos ganharam reconhecimento nacional e internacional, sobretudo o ultradoce Icewine e o Vidal de vindima tardia. Em 1999, a empresa abriu cinco vinhedos só de Chardonnay. A marca mais bizarra é o caro Vidal Icewine espumante. Existe uma hierarquia de quatro etiquetas de qualidade: a série Varietal, Reserve, Single Vineyard e Founder's, produzidos apenas após fartas colheitas.

CANADÁ | ONTÁRIO / COLÚMBIA BRITÂNICA

Magnotta ☆–☆☆
Vaughan. Proprietários: Gabe e Rossana Magnotta. 73 ha. www.magnotta.com
Terceira maior vinícola de Ontário. Especialista em vinho de gelo a partir de Riesling e Vidal, como também de Cabernet Franc. Faz ainda vinho de gelo espumante. A qualidade geral é irregular.

Malivoire ☆☆–☆☆☆
Beamsville. Proprietário: Martin Malivoire. 26 ha. www.malivoirewineco.com
Produz um rico e caro Chardonnay, do Vinhedo Moira, e seu próprio Gewürztraminer, mais o excelente Maréchal Foch, de uvas bem maduras.

Pelee Island Winery ☆–☆☆
Kingsville. Proprietário: Walter Schmoranz. 220 ha. www.peleeisland.com
Muitos vinhos desta enorme vinícola são simples e despretensiosos, mas alguns, tal qual o Barrique Chardonnay e o Vidal Icewine, ficam acima da média.

Pillitteri Estates ☆☆
Niagara-on-the Lake. Proprietária: Família Pillitteri. 21 ha. www.pillitteri.com
Alguns dos vinhedos daqui têm cinquenta anos. Variedades tintas de Bordeaux crescem bem, mas o destaque nos vinhos são vinhos de gelo de Riesling e Vidal, e a surpresa pulsa nos Cabernet Franc e Savignon.

Thirty Bench Wines ☆☆
Beamsville. Proprietário: Andres Wines. 28 ha. www.thirtybench.com
Vinícola pequena, tipo butique, renomada por lavrar frutos em níveis baixos e colhê-los tão tarde quanto o clima permite. Isso resulta em vinhos muito concentrados, talvez com exageros. O novo dono, desde 2005, estabilizou a qualidade. Riesling e misturas de Bordeaux são os vinhos mais apreciáveis.

Vineland Estates ☆☆
Vineland. Proprietário: Allan Schmidt. 30 ha. www.vineland.com
Hermann Weis, do Mosel, plantou uvas puras e híbridas nas encostas do Niagara Escarpment em 1979. Os primeiros lotes de vinho datam de 1984. O produtor alega ter o melhor lugar para semear Riesling, mas fornece ampla gama de tintos e brancos, secos, meio-secos ou doces.

Colúmbia Britânica

Há duas regiões distintas de produção de vinho na Colúmbia Britânica: Okanagan Valley e Similkameen Valley, no centro-sul da província; e as áreas costeiras de Fraser Valley e Vancouver Island. Quase todo o rendimento vem dos 160 quilômetros de extensão do Okanagan Valley, que conta com 2.700 hectares de *vinifera*, beneficiárias de seu imenso lago. De modo geral, o Okanagan é árido; sua ponta sul é plantada com uvas tintas clássicas (Pinot Noir, Merlot e Cabernet Sauvignon), enquanto o norte menos seco favorece variedades brancas (Riesling, Chardonnay, Pinot Blanc, Pinot Gris, Gewürztraminer e Sémillon). Parece que o aquecimento global foi vantajoso aqui, pois menos frutas exigem longa maturação. A província soma, no presente, 120 vinícolas.

Principais produtores da Colúmbia Britânica

Blue Mountain ☆☆
Okanagan Falls. Proprietário: Ian Mavety. 31 ha. www.bluemountainwinery.com
Cultivadores desde os anos 1970, os Mavety passaram a fazer seus próprios vinhos, todos de uvas próprias, em 1991. O espumante tem liderado a venda, mas recentes lotes de Pinot Noir causaram boa impressão.

Burrowing Owl ☆☆
Oliver. Proprietário: Jim Wyse. 46 ha. www.bovwine.com
Movidas a gravidade, as instalações no sul de Okanagan datam de 1997. Ofertas iniciais: Chardonnay, Pinot Gris, Merlot e Cabernet, depois Syrah e Pinot Noir. Hoje, as versões de Bordeaux são extraordinárias.

Calona ☆–☆☆
Kelwona. Proprietário: Andres. Sem vinhedos. www.calonavineyards.com
A mais antiga vinícola de Okanagan começou com outro nome, em 1932. Howard Soon é o enólogo desde 1980. Os vinhos semiencorpados careceram de brilho, mas a troca de dono, em 2005, talvez possa aprimorar a lista.

CedarCreek ☆☆
Kelowna. Proprietário: Gordon Fitzpatrick. 60 ha. www.cedarcreek.bc.ca
Criada em 1987, CedarCreek teve acolhida não só por seus refinados Riesling e Gewürztraminer, mas ainda por garbosos tintos, em especial o Pinot Noir, da gama dos Platinum Reserve.

Gray Monk Estate ☆–☆☆
Okanagan Centre. Proprietária: Família Heiss. 20 ha. www.graymonk.com
Veterana propriedade familiar, à beira do lago Okanagan. O enólogo George Heiss Jr. se concentra apenas nos varietais, com foco nos brancos. O Pinot Gris e o Gewürztraminer são especialmente bons.

Inniskillin Okanagan ☆☆
Oliver. Proprietária: Constellation. 9 ha.
www.inniskillin.com

Os pioneiros da mesma empresa em Ontário (ver p. 533) estenderam a tradição até Okanagan. Os vinhedos se situam no sul do vale, logo ao norte da fronteira com os Estados Unidos, área chamada de Golden Mile. A hierarquia dos vinhos segue a de Ontário, exceto por trocar a série Founders' por outra, a Discovery, dedicada a novas variedades locais como Marsanne, Chenin e Malbec. Diferente das demais casas de Okanagan, esta investiu com êxito no Cabernet Sauvignon.

Jackson-Triggs ☆☆–☆☆☆
Oliver. Proprietária: Constellation. 173 ha.
www.jacksontriggswinery.com

Fundada em 1993, a empresa possui vinhedos em Niagara e também em Okanagan. Sendo uma das maiores vinícolas do Canadá, o padrão dos vinhos, do simples Sauvignon ao notável vinho de gelo, é elevado.

Mission Hill ☆☆–☆☆☆
Westbank. Proprietário: Anthony von Mandl. 360 ha.
www.missionhillwinery.com

Imensa, extravagante vinícola num dos sítios mais agradáveis da província. O consultor John Simes, ex-Montana da Nova Zelândia (ver p. 586), costuma fazer uso de fermentação em barris e amadurecimento em carvalho. Além dos soberbos vinhos de gelo, há vinhos impecáveis na lista Select Lot Collection (SLC), inclusive um saboroso Syrah e uma mistura à base de Merlot, chamada Oculus.

Osoyoos Larose ☆☆–☆☆☆
Oliver. Proprietários: Taillan e Constellation. 24 ha.

Ousada associação unindo vinhedos de Okanagan com a perícia do principal negociante de vinhos Bordeaux, dono também da Château Gruaud-Larose. Produz o Grand Vin, mistura de Bordeaux com dominância de Merlot e bem acarvalhado. É um vinho suntuoso, mas possui marcantes traços herbáceos.

Quails' Gate ☆☆
Kelowna. Proprietários: Ben e Tony Stewaart. 50 ha.
www.quailsgate.com

Também antiga produtora de uvas em Okanagan. Em 1961, os Stewart foram pioneiros na plantação de Chaselas, ainda semeada. Ao lado dos vinhos de gelo, os vinhos de ponta aqui são os Family Reserve. O consultor Grant Stanley crê no potencial para finos Pinot Noir.

Sumac Ridge ☆☆
Summerland. Proprietárias: Família McWatters e Constellation. 50 ha. www.sumacridge.com

Com colheita inaugural em 1980, esta casa suplementa seu estoque com frutas de outros vinhedos de Okanagan Valley e Similkameen Valley. Foi uma das primeiras na região a desenvolver vinho de gelo e vinhos no estilo Meritage, brancos ou tintos.

Tinhorn Creek ☆
Oliver. Proprietário: Kenn Oldfield. 51 ha.
www.tinhorn.com

Vinhos frutados na dianteira, e brancos (Pinot Gris, Chardonnay) em geral mais fortes do que os tintos.

América do Sul & Central

Apesar dos problemas econômicos que acuavam os países da América do Sul e da América Central no início do século XXI, a indústria do vinho dessas regiões continuou a florescer. O Chile permanece como uma fonte ainda inconsistente de vinhos de valor, e o grande potencial da Argentina é agora percebido, com número crescente de empresas produzindo vinhos de primeira classe. O Uruguai já aprende a aproveitar sua mais conhecida variedade, a Tannat, embora outras nações, como México, Brasil e Peru ainda precisem causar mais impacto no mercado. Não obstante, a América do Sul emerge como um continente altamente promissor, que pode nos surpreender em breve.

Chile

Após uma fase claudicante como exportador, nos anos 1980, o Chile amadureceu como produtor moderno na década de 1990. Novas áreas foram plantadas, aumentando a diversidade dos vinhos chilenos, e equipes de bem treinados consultores, muitos com experiência internacional, assumiram o leme de novas vinícolas. Nunca houve dúvidas sobre a qualidade das uvas chilenas, mas, por longo tempo, um mercado interno acrítico e uma aproximação ingênua da vinicultura avançada impediram a transição dos sabores, do vinhedo à garrafa. Agora, todavia, o Chile já se apresenta firme na cena mundial.

Faz-se vinho no país desde meados do século XVI, quando missionários trouxeram sementes de uvas. A evolução da qualidade só principiou, porém, no século XIX, graças a ricos proprietários de minas de cobre, que alardeavam sua fortuna comprando vinhedos. Mudas de uva francesa foram enviadas ao Chile em 1851, antes de a praga da filoxera (ver p. 18) atingir a Europa. Assim garantiram-se um estoque saudável e um singular lance de *marketing* para as gerações futuras. O grande salto ocorreu nos anos 1980: induzidos pelos esforços de vinicultores como Miguel Torres, fortes investimentos equiparam as vinícolas com instalações de ponta.

A área do vinho de qualidade, com 117 mil hectares plantados, espalha-se por três zonas principais: os vales do Aconcágua e do Casablanca, o vale central e a região sul. Aconcágua abrange o principal vale leste–oeste para o norte da capital, Santiago. O vale central, onde se concentram as vinícolas, é dividido (do norte para o sul) nos quatro vales de Maipo, Rapel, Curicó e Maule, cada qual banhado por rios que descem dos Andes, embora a irrigação por canais se veja substituída pelo método de gotejamento, mais controlável.

São regiões imensas, por isso diversificadas, mas Maipo e Rapel em geral se mostram mais quentes do que as outras duas. Com maior conhecimento de seus *terroirs*, os cultivadores chilenos delinearam sub-regiões. As mais agitadas são Apalta, em Rapel, e Colchágua.

Em anos recentes, as vinícolas se tornaram ousadas na escolha do terreno dos vinhedos. A poucos quilômetros do oceano, os frios vales de San Antonio e Leyda são hoje a fonte de inusitados vinhos nobres. O mais setentrional vale do Limari, também costeiro, é fértil em finas uvas Chardonnay. Nesse ponto, o clima chileno é perfeito: não se tem de lutar pelas frutas. A precipitação de chuva cresce no sentido sul, mas há pouca diferença de temperaturas médias em Maipo e Maule. Maiores variações estão na direção oeste-leste, de acordo com a posição relativa aos Andes e ao litoral. Assim é fácil encontrar diferentes estilos de vinho dentro do mesmo vale. Ao sul de Maule, lugares como Bio-Bio e Triaguén atraem interesse, sobretudo pela Chardonnay, mas tempestades podem arruinar a safra.

O fluxo de informação e tecnologia nos 4 mil quilômetros deste país comprido e estreito facilitou a alocação de recursos à vinicultura. A crença (errônea) de que o vinho de padrão internacional é feito simplesmente com aço inoxidável e carvalho jovem mudou para a filosofia do "vinhedo primeiro, vinícola depois". Entraram na rotina coisas como gerenciamento abrangente, irrigação, estudo de solos. Os plantadores estão atuando em declives bem expostos, de preferência ao pavimento plano do vale, e comemoram o resultado.

Entre as variedades tintas, a Merlot semeada em 15% dos vinhedos chilenos agora divide a cena com a Cabernet Sauvignon, matriz do vinho tradicionalmente mais exportado do país. Poucos produtores domaram a Pinot Noir, e a Malbec revela potencial, mas é improvável que supere a da Argentina. Nos vinhos brancos, são dominantes Chardonnay e Sauvignon Blanc, vindas sobretudo de Casablanca. Na década de 1990, ficou patente que boa parte do que se pensava ser Merlot era de fato Carmenère, já celebrada como variedade exclusiva do Chile (ver boxe p. 538). Outras uvas, como Syrah e Viognier, são uma boa promessa.

Apesar de tudo, a maioria dos vinhos é vendida no mercado interno em embalagens de papelão como as de leite, e a preço baixo. Em meados do ano 2000, muitas vinícolas perdiam dinheiro, boa parte delas pertencentes ou a grandes corporações ou a particulares milionários. Uma consolidação dos avanços já obtida parece inevitável, e mais do que nunca as empresas de porte precisam focar na exportação em ritmo intenso. É pouco provável que qualquer vinícola chilena possa sobreviver com a produção de menos de 100 mil caixas, detalhe diferencial entre a indústria do vinho do Chile e a de outros países do Novo Mundo. Ao mesmo tempo, surge um entrave ao crescimento: a abertura de crescente número daquilo que poderia ser descartado como "vinícolas de butique". Na prática, todavia, essas minivinícolas, adotando o perfeicionismo à frente dos critérios comerciais, elevaram o padrão dos vinhos finos do Chile, mantendo preços moderados.

Principais produtores do Chile

Almaviva ☆☆☆–☆☆☆☆

Maipo. Proprietários: Concha y Toro e baronesa Philippine de Rothschild. 70 ha. www.bpdr.com
Esta sedutora associação produz um só vinho, o Cabernet Sauvignon denominado Almaviva. Ele demonstra o potencial dos melhores vinhedos de Maipo – plantado há trinta anos –, mas é possível argumentar que o Almaviva está mais perto do Bordeaux, em estilo, do que se deveria esperar do Chile. Não obstante, sua excelente qualidade vem desde a primeira colheita em 1996, e as demais venceram o teste do tempo. Preço bastante elevado.

Anakena ☆☆

Cachapoal. Proprietários: Jorge Gutierrez e Felipe Ibañez. 400 ha. www.anakenawines.cl
Fundada em 1998, a empresa transmitiu pouca segurança, produzindo misturas experimentais nem sempre compensadoras e alguns varietais conforme o padrão. Vinhedos em várias regiões, incluindo Leyda, permitem vasta lista de ofertas. Riesling, Pinot Noir e Syrah causaram boa impressão.

Aquitania ☆☆–☆☆☆

Maipo. Proprietários: Paul Pontallier e Bruno Prats. 16 ha. www.aquitania.cl
O Chile parece ter facilidade em atrair investidores franceses qualificados. Aqui, a dupla do Médoc encontrou um bom terreno e lançou seu empreendimento. Os vinhos tintos são envelhecidos em barris de carvalho francês, de 300 litros, e a marca principal deles, Domaine Bruno, nunca preencheu as expectativas, daí ter cessado em 2000, ano da última vindima. Foi substituído por vinhos como o Lazuli, feito de pura Cabernet Sauvignon. O SoldeSol, rótulo associado, é um austero mas agradável Chardonnay, da fria e úmida área de Traiguén.

Araucano ☆–☆☆☆

Colchágua. Proprietário: François Lurton. 20 ha. www.jflurton.com
Os vinhos básicos da filial chilena da família Lurton não se mostram muito distintos, mas as garrafas do supermaduro Carmenère chamado Alka, bem como a mistura Carmenère e Cabernet, de nome Clos de Lolol, são luxuriosas.

Bisquertt ☆☆

Colchágua. Proprietária: Família Bisquertt. 700 ha. www.bisquertt.cl
Produtores de vinhos a granel por anos, os Bisquertt reequiparam sua vinícola em 1993, ganhando renome pela versão premium do rótulo Casa La Joya. A lista básica ainda decepciona, mas o Cabernet Casa La Joya Gran Reserve e o Carmenère são ricos e consistentes.

Chateau Los Boldos ☆

Requinoa. Proprietária: Sogrape. 285 ha. www.chateauboldos.com
Com origem no século XIX, esta empresa foi comprada em 1990 por uma família da Alsácia, depois vendida em 2008 à grande companhia portuguesa Sogrape, que já trata de aprimorar a qualidade geral.

Caliterra ☆–☆☆

Colchágua. Proprietária: Viña Errázuriz (ver p. 539). 250 ha. www.caliterra.com
Em 1995, a Mondavi da Califórnia associou-se em partes iguais a esta dinâmica vinícola, mas, em 2004, seu quinhão foi vendido à Errázuriz, que desenvolveu uma grande gleba (e rótulo) chamada Arboleda. Sauvignon Blanc e Chardonnay são confiáveis, se não primorosos, mas os tintos Arboleda têm mais distinção, como o macio Carmenère e o opulento Syrah.

Viña Canepa ☆☆–☆☆☆
Colchágua. Proprietária: Família Canepa. 550 ha.
www.canepawines.cl

O autor conheceu o primeiro Cabernet chileno em 1970, quando a fortuna dos Canepa crescia graças aos vinhedos (e à amizade com os Gallo da Califórnia), fazendo deles os mais modernos vinicultores do Chile. As plantações foram divididas em 1996 (ver TerraMater, p. 542), porém os descendentes de José Canepa mantiveram glebas substanciais, garantidas por longos contratos de fornecimento. Seus vinhos reserva beiram a excelência: suculento Syrah; aveludado Malbec; vigoroso Chardonnay de Casablanca. No topo estão o sofisticado Maipo Cabernet de nome Finisimo e o suntuoso, ultra-amadurecido Magnificum, cujas misturas com Cabernet, Merlot, Malbec e Carmenère podem ser impecáveis.

Carmen ☆☆–☆☆☆
Maipo. Proprietário: Grupo Claro. 525 ha.
www.carmen.com

A mais antiga marca chilena agora se gaba de possuir uma esplendorosa vinícola no vale de Maipo. É vizinha de sua coirmã Santa Rita, mas em termos de tecnologia e conceitos de trabalho são como primos distantes.

O ex-consultor Alvaro Espinoza foi pioneiro na produção de vinho orgânico e no reconhecimento do potencial da uva Carmenère. Desde 2002, cedeu seu posto a Maria del Pilar González. O orgânico Nativa Chardonnay é o melhor entre os vinhos brancos daqui; o Syrah e as misturas tintas sob a etiqueta Winemaker's Reserva são tânicos e bem estruturados. O *top* de linha, porém, é o voluptuoso e pujante Gold Reserve Cabernet Sauvignon.

Casablanca ☆–☆☆
Casablanca. Proprietário: Santa Carolina (ver p. 541).
280 ha. www.casablancawinery.com

Eis a vinícola que, a partir de 1992, pôs o frio vale de Casablanca no mapa da produção. O primeiro enólogo, Ignacio Recabarren, usou o pungente Sauvignon Blanc e o cítrico Chardonnay como passaporte para o aplauso internacional. A série Cefiro emprega frutas de várias regiões, mas as brancas de Casablanca são as campeãs, e a Merlot pode resultar excepcional. Nimbus é a nova gama de vinhos, porém lotes recentes decepcionaram, ao contrário do soberbo El Bosque Carmenère. A acarvalhada mescla Cabernet com Carmenère, de nome Nimbus, é o vinho ícone, por vezes com paladar de relva.

Concha y Toro ☆–☆☆☆
Santiago. Proprietárias: Famílias Larraín e Giulisasti.
4.700 ha. www.conchaytoro.com

Criada em 1883, foi por décadas a maior produtora do Chile, com uns 20% do mercado interno. Contando-se os vinhedos próprios, hoje controla 18 mil hectares. Sem surpresa, o rol de vinhos é extenso, indo do não acarvalhado Sunrise a marcas mais complexas, como os inovadores varietais Terruyno, tudo supervisionado por Ignacio Recabarren.

Por anos, a série Castillero del Diablo, com sete varietais, foi uma excelente escolha. Hoje o vinho de ponta é o Don Melchor, de ótimas frutas Cabernet de Maipo. Em adição a seus rótulos, a Concha y Toro mantém diversas subsidiárias, aqui citadas pelo nome particular.

Cono Sur ☆☆–☆☆☆
Chimbarongo. Proprietária: Concha y Toro. 940 ha.
www.conosur.com

Seria improvável que uma vinícola chilena forjasse seu prestígio com Pinot Noir. Mas o enólogo Adolfo Hurtado obteve esse varietal (de uvas de Casablanca e Bio-Bio) em quatro versões diferentes, sem carvalho: Reserve, Visión, 20 Barrels Limited Edition e o Ocio, feito somente com frutas de Casablanca.

A gama dos Visión inclui um fino Riesling, com matéria-prima de Bio-Bio, e talvez o melhor Viognier do Chile. Um orgânico Cabernet com Carmenère, de Colchágua, somou-se à lista.

Cousiño Macul ☆☆
Santiago. Proprietária: Família Cousiño. 420 ha.
www.cousinomacul.cl

Perigosamente perto dos subúrbios e da poluição de Santiago, a Cousiño Macul é um dos mais antigos e bonitos centros vinícolas do Chile. A pressão urbana levou à venda gradual de seus vinhedos, e novas glebas foram plantadas em Buin, ao sul da capital. O Finis Terrae, mescla com base em Cabernet, revelou um estilo mais moderno e aromático de vinho tinto, maturado em carvalho, em contraste com os aplaudidos, mas obsoletos Antiguas Reservas, que têm a capacidade de envelhecer por décadas.

CARMENÈRE

A obscura variedade de Bordeaux chamada Carmenère, praticamente varrida de sua terra nativa pela filoxera (ver p. 18), vicejou no Chile, onde a praga é desconhecida. Vigorosa, essa uva cresce diferentemente da Merlot e também tem outro gosto, mas por décadas acreditou-se que a Carmenère era de fato a Merlot, e como tal foi vendida. Só em 1993 especialistas de Montpellier restauraram a verdade. Algumas vinícolas fingiram não saber, mas outras, notadamente a Carmen, engarrafou Carmenère como vinho varietal.

Mais robusta, a Carmenère amadurece três semanas depois da Merlot. Suas safras tendem a ser reduzidas para garantir que, ao tempo da colheita, ela esteja bem madura. Todavia, exemplos de Carmenère imatura são comuns, podendo ser detectados pelo aroma de pimentão verde. Quando bem amadurecida, porém, a Carmenère pode gerar um vinho opulento, em tom de cereja com matizes de café e chocolate. De mera curiosidade, essa uva converteu-se na matriz de vinhos intensos (às vezes, intensos demais), que produtores chilenos tornaram amplamente acessíveis. As regiões mais promissoras são a ilha de Maipo e Apalta.

Alinhada com outras líderes de mercado, a empresa introduziu, em 2004, um vinho "ícone": a mistura Cabernet e Merlot, maturada em barris novos e chamada Lota. Exceto os vinhos de alto nível, os demais têm se tornado monótonos.

De Martino ☆☆–☆☆☆
Isla de Maipo. Proprietário: Família De Martino. 300 ha. www.demartino.cl
Lavoura tradicional, de cultivo orgânico desde 2002. Amadeirado e imponente, o estilo dos vinhos se distancia dos catálogos brandos de outras vinícolas chilenas. O principal é o balanceado Gran Familia Cabernet Sauvignon, porém mais pessoais (e esplêndidos) são os produtos de vinhedo exclusivo, lançados em 2003: Syrah, Carmenère e certas misturas com uvas de velhas videiras. Bebidas simples levam o rótulo Santa Inés.

Echeverría ☆☆–☆☆☆
Curicó. Proprietária: Família Echeverría. 80 ha. www.echewine.com
Desde que desviou o foco dos vinhos a granel para varietais de classe, Echeverría passou a liderar as "vinícolas de butique", pequena o bastante para a produção artesanal de suas melhores bebidas, grande o suficiente para ganhar força de mercado. O Cabernet Sauvignon é notável, sobretudo o Family Reserve e a luxuriante Limited Edition. O Sauvignon Blanc tem caráter, mas o Chardonnay Family Reserve mostra-se um tanto amanteigado. O estilo geral é suave, em vez de opulento, com vinhos concebidos para acompanhar refeições, daí o *marketing* dirigido a restaurantes.

Luís Felipé Edwards ☆–☆☆☆
Colchágua. Proprietário: Luís Felipé Edwards. 600 ha. www.lfewines.com
Bonita gleba, mais uma estrela emergente do vale de Colchágua. Criada em 1976, só engarrafou seus próprios vinhos em 1994. Varietais insípidos, embora o Syrah seja promissor, mas os reserva revelam-se ricos e sazonados. Na dianteira vem o Doña Bernarda, um Cabernet Sauvignon marcado por traços de carvalho jovem. Nos últimos anos, investiu-se na evolução dos vinhedos, com as encostas de Colchágua plantadas no sistema de terraços, e novas plantações em Leyda, prontas em 2010.

Emiliana ☆☆–☆☆☆
Colchágua. Proprietária: Concha y Toro. 595 ha. www.emiliana.cl
No final dos anos 1990, destacou-se como a vinícola orgânica de maior escala no Chile, com frutas vindas de Casablanca, Maipo e Colchágua. Novas é o nome da linha principal de vinhos, sob as vistas do enólogo Alvaro Espinoza. Mas os melhores são o Coyam, mistura concentrada de tintos, e o G., talvez o primeiro vinho de cultura biodinâmica do país.

Errázuriz ☆☆–☆☆☆
Aconcágua. Proprietário: Eduardo Chadwick. 595 ha. www.errazuriz.com
Fora de sua base, ao norte de Santiago, é conhecida pelo rigoroso e distinto Cabernet Sauvignon Don Maximiano. O enólogo Francisco Baettig vem estudando projetos como os vinhos Wild Ferment, que usam levedos silvestres, para exprimir um caráter local.

Vinhedos em Casablanca e no vale central dão uvas Chardonnay, Sauvignon Blanc e Merlot para ítens do catálogo, mas há vinhos de vinhedo único com mais estilo. Em 1999, Chadwick lançou um vinho de alto preço com seu nome, feito de frutas de Maipo. É mais rico, aromático e acarvalhado que o Don Maximiano. Apostas recentes são o Kai, um encorpado Carmenère com uvas de Aconcágua, e o Cumbre Shiraz, também vigoroso. Ver Seña, p. 541.

Fournier ☆☆
Maule. Proprietário: José Manuel Ortega. 50 ha. www.ofournier.com
Na trilha do sucesso de sua espetacular propriedade em Mendoza, o ex--banqueiro José Manuel Ortega criou outra no Chile em 2007, com vinhedos antigos em Maule e novos plantios em San Antonio. Como na Argentina, o principal vinho estava idealizado para chamar-se Alpha, uma densa mistura de tintos, de Centauri.

Gracia ☆☆
Cachapoal. Proprietário: Grupo Córpora. 1.000 ha. www.gracia.cl
Inaugurada em 1993, esta vinícola compra uvas de regiões tão diversas quanto Aconcágua, ao norte, e Bio-Bio, ao sul. Os melhores vinhos compõem a gama chamada Reserve Superior: o polpudo Merlot, o semiencorpado e charmoso Cabernet, o bem balanceado Chardonnay. Ao Pinot Noir, ainda falta regularidade qualitativa. O lançamento de Caminate de Aconcágua revelou-se superior: uma densa mistura de Cabernet, Merlot e Carmenère. O grupo Córpora também é dono da Viña Porta, produtora de excelente Merlot.

Haras de Pirque ☆☆☆
Pirque. Proprietário: Eduardo Matte. 145 ha. www.harasdepirque.com
Matte é dono de um haras e decidiu plantar vinhedos – em formato de pata de cavalo – nas encostas em torno de sua fazenda em Maipo. A espantosa vinícola, com o mesmo desenho, lembra a Opus One, de Napa, e estava pronta para processar a primeira vindima em 2000.

A série básica, Equus, tem maior nível de qualidade do que muitas chilenas equivalentes; a linha ultraconcentrada, de nome Character and Elegance, está entre os vinhos mais sérios do país. Uma novidade é a mescla Cabernet mais Carmenère, feita sob consultoria do italiano Renzo Cotarella.

Viña Taracapá, ilha de Maipo.

Casa Lapostolle ☆☆–☆☆☆☆
Colchágua. Proprietária: Família Marnier-Lapostolle. 350 ha. www.casalapostolle.com
Por obra do enólogo Michel Rolland, esta vinícola do vale de Rapel recebeu elogios desde a primeira colheita em 1994, e a qualidade se manteve em alto patamar. Na origem era uma associação com a rica família Rabat, mas desde 2003 os Marnier-Lapostolle são os únicos donos.

Como seria de esperar de Rolland, seu vinho carimbado é um Merlot (o Cuvée Alexandre), macerado por trinta dias e envelhecido em carvalho por dezesseis meses. Foi seguido pelo Cabernet Cuvée Alexandre.

Valendo-se de velhos cultivos em Apalta, a empresa lançou uma cara e tânica mistura, chamada Clos Apalta. Outras mesclas de tintos são Tanao e Borobo, às quais falta alcançar os demais vinhos premium em qualidade. No geral, estes possuem a fineza típica dos Bordeaux, rara no Chile.

Viña Leyda ☆☆
Leyda. Proprietária: Viña Tabalí. 217 ha. www.leyda.cl
A família Fernandez obteve a primeira colheita dessa região fria em 2001, mas, seis anos depois, vendeu a propriedade. O foco atual é Pinot Noir, em numerosas versões. A mais persuasiva delas consiste nos intensos tintos frutados de vinhedos únicos, de marcas Las Brisas e Cahuil.

Loma Larga ☆☆
Casablanca. Proprietária: Família Diaz. 35 ha. www.lomalarga.com
Com colheita inaugural em 2004, é cedo para avaliar esta "vinícola de butique". A rotulagem confusa pede uma reforma, mas a qualidade é animadora, graças ao bom Pinot Noir e ao convincente Cabernet Franc.

Los Maquis ☆☆–☆☆☆☆
Colchágua. Proprietário: Ricardo Rivadeneira. 124 ha. www.maquis.cl
Vinho a granel dá dinheiro, permitindo ao dono, enólogo daqui, concentrar-se desde 2003 numa fina mistura de tintos: a Lien. Variedades de Bordeaux (além de Cabernet Sauvignon) e Syrah são seus componentes, e em dois anos o resultado foi uma bebida deliciosa, levemente tânica. O Calcu, de uvas compradas, é quase tão bom quanto.

Casa Marin ☆☆–☆☆☆☆
San Antonio. Proprietária: Maria Luz Marin. 40 ha. www.casamarin.cl
Audaz empreendimento em San Antonio, com cultivo inicial em 2000. Audaz porque o clima nem sempre é ideal: infestações de *botrytis* e geadas devastam muitas plantações. Ainda assim, o Sauvignon conta entre os mais refinados do Chile; já os Pinot Noir são encorpados demais.

Matetic ☆☆–☆☆☆☆
San Antonio. Proprietário: Jorge Matetic. 90 ha. www.mateticvineyards.com
O dono e Maria Luz Marin justificaram as expectativas quanto ao local. Fundada em 1999, orgânica desde 2004, a Matetic exibe em seus melhores vinhos, sob o rótulo EQ, o equilíbrio e a intensidade da fruta, algo raro nas marcas populares do Chile. O Sauvignon Blanc e o Chardonnay são vivazes, de aroma e sabor penetrantes. O Pinot Noir é uma promessa, já ameaçada pelo excelente Syrah.

Maycas de Limarí ☆☆
Limarí. Proprietário: Concha y Toro. 320 ha. www.conchaytoro.com
Em 2005, a Concha y Toro comprou uma vinícola pronta para prover a base para um novo rótulo em Limarí, sob a direção do conceituado enólogo Marcelo Papa. Lotes iniciais de Chardonnay e Syrah foram muito bem recebidos, em razão de sua amistosa acidez natural.

Misiones de Rengo ☆☆
Rengo. Proprietária: Compania Chilena de Fosforos. 120 ha. www.misionesderengo.cl
Do mesmo dono de Viña Tarapacá (ver p. 542), esta nova empresa atingiu rápido êxito com seus vinhos benfeitos, a preço acessível. Os melhores têm a designação Cuvée, embora certos reservas, como o de Carmenère, ostentem alto nível.

Montes ☆☆–☆☆☆☆
Curicó. Proprietários: Aurelio Montes e sócios. 55 ha. www.monteswines.com
Aurelio Montes, dos mais talentosos enólogos do Chile, utiliza bastante suas finas frutas, de extenso vinhedo na região de Apalta. Por anos, seus Chardonnay e Cabernet Sauvignon Montes Alpha (além de Syrah, mais tarde) têm sido fantásticos. Não contente, o empresário lançou uma notável mescla de tintos, chamada Alpha M., e com certeza o mais poderoso Syrah do país: o caríssimo Folly, de Apalta, que se iguala ao grandioso Carmenère de nome Purple Angel.

Mont Gras ☆–☆☆☆
Colchágua. Proprietária: família Gras. 423 ha. www.montgras.cl
Os varietais clássicos e reservas daqui não diferem dos de dúzias de outras vinícolas chilenas, ainda que o Chardonnay de Casablanca e o Merlot Reserve mereçam destaque.

O orgulho de Mont Gras é o singular vinhedo Ninquén, 90 hectares plantados nas escarpas onduladas de um platô montanhoso. Essa é a fonte de seus principais vinhos: Cabernet Sauvignon e Syrah feitos em estilo macio e roliço. Inovação recente: a Soleus, gama de vinhos de uvas cultivadas organicamente em Maipo.

Morandé ☆☆
Casablanca. Proprietário: Pablo Morandé. 360 ha. www.morande.cl
Na Concha y Toro, Morandé foi o primeiro enólogo a perceber o potencial do vale de Casablanca. Hoje, sua própria vinícola está em Rapel, mas metade das videiras encontram-se em Casablanca. Elas é que fornecem uvas puras e viçosas para seus vinhos brancos, mas ainda há alguns Gran Reserva, sobretudo tintos, de frutas procedentes de Maipo. Os rótulos de primeira são o Cabernet Sauvignon House de Morandé e o suntuoso Sauvignon Blanc Golden Harvest, de uvas robustecidas por fungos (*botrytis*). Nos últimos anos, porém, a qualidade deixou a desejar, mesmo após a reformulação dos negócios.

Odjfell ☆☆
Maipo. Proprietário: Dan Odjfell. 100 ha.
www.odjfellvineyards.com
Magnata norueguês da navegação, Odjfell investiu na construção de uma vinícola movida à gravidade no fim dos anos 1990. Após anos de infestação das videiras por bolor, a qualidade voltou a firmar-se, em especial nos tintos de duas séries superiores, Armador e Orzada.

Pérez Cruz ☆☆☆
Maipo. Proprietária: Família Pérez Cruz. 140 ha.
www.perezcruz.com
Cercada por colinas dos Andes, eis uma das mais sensacionais vinícolas da América do Sul, em formato de barco. Produção exclusiva de tintos, em estilo arrojado e bem denso. Cabernet Sauvignon, Malbec, Syrah e Carmenère são os vinhos principais, além de duas misturas singulares: Quelen, com presença de Petit Verdot, e Liguai, dominada por Syrah.

Punto Alto ☆
Casablanca. Proprietário: Michel Laroche. 55 ha.
www.larochewines.com
Começou como associação entre Laroche, mestre em vinho Chablis, e Jorge Coderch, da Valdivieso. Em 2004, Laroche tornou-se o único dono. Até agora, os varietais da casa se mostraram corretos, mas pouco provocantes.

La Rosa ☆–☆☆
Cachapoal, Rapel. Proprietária: Família Ossa. 864 ha.
www.larosa.cl
Das mais antigas vinícolas do Chile, La Rosa emprega uvas de extensos vinhedos no vale de Cachapoal. Alguns dos melhores tintos vêm dos 145 hectares plantados na gleba de Palmeria, singular reunião de videiras com mais de mil palmeiras chilenas.

San Pedro ☆–☆☆
Curicó. Proprietária: Compania Cervecerias Unidas. 2.500 ha. www.sanpedro.cl
Desde 1994, San Pedro pertence à maior cervejaria do país, capaz de investir pesado em vinícolas de categoria. Nos arredores, 1.200 hectares de vinhedos formam uma das maiores glebas do vale central. No início dos anos 2000, a empresa adotou um programa de expansão, adquirindo a fazenda Finca La Celia, na Argentina, e criando a Tabalí em Limarí. Por ironia, o desempenho das subsidiárias às vezes superou o da empresa-mãe, apesar dos inquestionáveis dons da consultora-chefe Irene Paiva.

A despeito do porte industrial de San Pedro, sua bandeira ainda é o vinho Cabo de Hornos, um Cabernet Sauvignon feito de videiras idosas e no estilo antigo, o que resulta em bom envelhecimento e complexo sabor.

Santa Carolina ☆–☆☆
Santiago. Proprietária: Empresas Watts. 650 ha.
www.santacarolina.com
Belas instalações, perto de Santiago, recomendam uma visita, embora os grandes vinhedos internos tenham sido realocados. Contudo, a Santa Carolina plantou extensivamente nos vales principais, ganhando flexibilidade no acesso às frutas. Chardonnay, Malbec e Cabernet Sauvignon, por exemplo, vêm das proximidades de Maipo. Uma excelente Merlot cresce perto de San Fernando, e a Chardonnay também foi plantada em Casablanca.

Por alguma razão, a qualidade decaiu, e a nova equipe tratou de atualizar os vinhedos e aprimorar a elaboração dos vinhos, além da cooperação profissional. Os esforços valeram a pena, e bebidas como o Carmenère Barrica Selección, de videiras antigas, podem ser excepcionais.

Santa Helena ☆–☆☆
Colchágua. Proprietária: Compania Cervecerias Unidas. 1.100 ha. www.santahelena.cl
Dos mesmos donos de San Pedro (ver nesta página), esta grande vinícola conquistou autonomia em 2001, o que encorajou sua expansão. A série superior chama-se Selección del Directorio e oferece vinhos vigorosos, de alta qualidade, mas a introdução do DON, uma exemplar mistura à base de Cabernet, mostra marcante distinção das frutas de Colchágua.

Santa Inés
Ver De Martino.

Santa Rita, Viña ☆–☆☆☆
Buin, Maipo. Proprietário: Grupo Claro. 2.200 ha.
www.santarita.cl
A qualidade heterogênea derrubou esta veterana do setor, porém a expansão da gleba de Buin e uma ampla modernização da vinícola recolocaram as coisas no lugar. Aos vinhos brancos ainda falta apelo, mas existem os persuasivos e frutados tintos, sob o rótulo Medalla Real, além da excelente linha Floresta, tudo produzido em baixa quantidade.

O vinho de ponta é o macio e sensual Cabernet denominado Casa Real, e a nova série Triple C – de Cabernet Sauvignon, Cabernet Franc e Carmenère – resultou ainda mais rica e complexa. Novos plantios em áreas frias como Limarí devem amenizar o conteúdo das garrafas.

Seña ☆☆☆
Aconcágua. Proprietário: Eduardo Chadwick. 42 ha.
Duas famílias da costa do Pacífico, em diferentes continentes, uniram-se em 1995 para produzir um elegante Cabernet Sauvignon com toques de eucalipto, de uvas vindas da zona mais fria do vale do Aconcágua. Após a venda da Mondavi, Chadwick seguiu por conta própria e converteu a gleba à cultura biodinâmica. Ed Flaherty, da Errázuriz, supervisiona a produção, e os resultados têm sido coerentes.

Casa Silva ☆☆–☆☆☆☆
Colchágua. Proprietário: Mario Silva. 800 ha.
www.casasilva.cl
A família Silva lançou vinhos por encomenda, de seus variados vinhedos, a partir de 1977, e passou a fazer as próprias bebidas em 1997, com resultado positivo desde o início. Talvez seja a única no Chile a engarrafar um Sauvignon Gris, de uvas mais suculentas do que as do Sauvignon Blanc.

Os tintos de destaque são o suave Quinta Generación (Cabernet mais Carmenère) e outra fina mistura de Cabernet, Carmenère, e Merlot, chamada Altura. Como a casa vem analisando seus vinhedos, as lições absorvidas podem aumentar sua estatura em breve.

Tabalí ☆☆–☆☆☆
Limarí. Proprietários: Guillermo Luksic e Viña San Pedro. 180 ha. www.tabali.com
Dinâmica empresa fundada em 2003, conta com vinhedos plantados nos anos 1990 pelo consultor Jacques Lurton. O Chardonnay e os Carmenère Reserves estão entre os vinhos mais impressivos dos primeiros lotes, mas a qualidade é excelente em toda a gama.

Viña Tarapacá ☆–☆☆
Isla de Maipo. Proprietária: Compania Chilena de Fosforos. 600 ha. www.tarapaca.cl
Em 1996, esta velha vinícola transferiu sua atividade do oeste do vale para uma ilha, Maipo. Renovou o equipamento e adquiriu vinhedos em Casablanca. Os de Maipo são bem diversos em estrutura do solo e microclima, daí se tornarem a fonte de seis vinhos chamados Terroir, que ainda precisam justificar a ambição e o preço. De resto, qualidade sólida, mas não admirável.

TerraMater ☆–☆☆
Maipo. Proprietárias: Irmãs Canepa. 700 ha. www.terramater.cl
Após a partilha de Viña Canepa (ver p. 538), em 1996, três irmãs mantiveram os vinhedos em Maipo e outros locais de Curicó e Maule. Elas têm orgulho de seus Zinfandel, raridade no Chile, mas não competem com bons exemplares da Califórnia. O melhor dos vinhos daqui leva o timbre Altum. Os demais são macios e robustos, mas sem personalidade.

Terranoble ☆☆–☆☆☆
Talca. Proprietários: Mario Geisse, Patricio de Solminihac e outros investidores. 150 ha. www.terranoble.cl
Pequena vinícola criada em 1994, ganhou aplausos por seus bem concentrados Gran Reserva Cabernet e Merlot. Novos vinhedos em Casablanca e Colchágua devem expandir a lista.

Torreón de Paredes ☆☆
Rengo. Proprietária: Família Paredes. 150 ha. www.torreondeparedes.cl
Empresa familiar, com vinhedos no vale de Cachapoal. Os tintos (Merlot e Cabernet Sauvignon) agradam mais que o rol de brancos, embora haja um bom Sauvignon Blanc acarvalhado. Alvaro Paredes esbanja cuidado em melhorar a vinicultura, com efeitos cada vez mais positivos. O vinho de ponta é o Don Amado, nome do fundador.

Miguel Torres ☆☆☆
Curicó. Proprietária: Família Torres. 436 ha. www.migueltorres.cl
Ao instalar-se, nos anos 1980, Miguel Torres prenunciou uma nova era para a vinicultura chilena. Equipamento moderno – incluindo a fermentação em tanques de aço inoxidável – permitiu que os vinhos brancos fossem fermentados a frio, enquanto tonéis de carvalho importados substituíam velhos barris de rauli (madeira nativa do Chile).

Tais inovações despertaram os chilenos para o potencial de seus vinhedos. Sem descanso, a equipe de Torres procurou locais ideais para o cultivo de uvas (tal como o rochoso Vinhedo Empedrado, em Maule), no intento de elevar o padrão dos principais vinhos do país. O catálogo atual é respeitável e até a marca mais modesta mostra-se benfeita. Entre os vinhos superiores estão: Chardonnay Maqueha, fermentado em barris; Cabernet Manso de Velasco, robusto e maturado, de videiras antigas; e Cordillera, mistura com prevalência de Carignan.

Undurraga ☆☆
Tagalante. Proprietários: Família Piccioto e José Yuraszeck. 1.000 ha. www.undurraga.cl
Veterana e tradicional vinícola, que viveu uma espécie de renascimento, até que, em 2006, uma rusga levou a família fundadora a sair do negócio. Seus vinhedos se dividem entre Maipo e Colchágua, lavrando uvas Sauvignon Blanc, Chardonnay, Merlot, Cabernet Sauvignon e Pinot Noir. Os vinhos brancos desapontam, mas os reserva tintos são ricamente frutados, quase livres de carvalho. Os melhores: o Cabernet Founder's Collection, e o Altazor, feito de uvas Cabernet envelhecidas em carvalho jovem. É certo que, sem os Undurraga, haverá mudanças.

Valdivieso ☆☆
Curicó. Proprietário: Grupo Mitjans. 140 ha.www.valdiviesovineyard.com
Na origem, o maior produtor de espumantes chilenos, hoje mais conhecido por seus vinhos "tranquilos". A empresa possui seus vinhedos e ainda se abastece de videiras não irrigadas, perto das montanhas costeiras. Houve um salto de qualidade desde que o enólogo neozelandês Brett Jackson assumiu em 2001. A melhor mistura, Caballo Loco, é feita no sistema solera, e assim não traz a data da colheita; de praxe, contém uns cinquenta por cento da mescla do ano anterior. Recente presença encabeçando a lista é o Eclat, com odor de couro, à base de velhas videiras de Carignan, de Maule.

Los Vascos ☆☆
Colchágua. Proprietário: Domínios dos barões de Rothschild (Lafite) e Grupo Claro. 580 ha. www.vinalosvascos.com

Vinícola e vinhedos Unduragga, Talagante.

Esta é uma parceria franco-chilena, que tentou espremer uvas do Chile nos moldes de Bordeaux, mas ainda não alcançou o nível proposto. Todavia, seu produto máximo, o Le Dix, baseado em uvas Cabernet maduras, revelou um considerável aprimoramento em suas colheitas mais recentes, graças ao talento do novo enólogo Marco Puyo (que se engajou na San Pedro em 2006).

Ventisquero ☆–☆☆☆
Rancagua. Proprietário: Grupo Agrosuper. 1.600 ha. www.ventisquero.com

Com espantosa rapidez, o maior criador chileno de galinhas instalou vinhedos e lançou diversas séries de vinhos para mercados diferentes, sob etiquetas como Yali, Grey e Southern Wind. Aurelio Montes foi o enólogo principal, e, a partir de 2006, o enólogo John Duval, ex-Grange, ajudou a formatar o soberbo Syrah *top* de linha, denominado Pangea. Lotes iniciais em 2001 não passavam de vinhos viçosos e frutados, mas a empresa fez grandes avanços nos últimos anos, mesmo com seu melhor Pinot Noir, o Queulat.

Veramonte ☆☆
Casablanca. Proprietária: Constellation. 400 ha. www.veramonte.cl

Lançada, em 1996, por Augustín Huneeus (que permanece sócio), na parte quente do vale de Casablanca, a Veramonte cultiva até Cabernet e Merlot, embora compre uvas tintas de Maipo. Os vinhos brancos são frescos e cítricos; já os tintos têm melhorado, sobretudo o Merlot e a mescla, também tinta, chamada Primus.

Viu Manent ☆☆–☆☆☆
Colchágua. Proprietária: Família Viu. 374 ha. www.viumanent.cl

Amistosa com visitantes, esta casa faz honestos vinhos tintos, mas cabe menção honrosa aos Malbec. Nenhuma outra vinícola chilena produz uma gama de quatro Malbec, sendo dois extraordinários: o encorpado e picante Special Selection; e o intenso e acarvalhado Viu One.

A família Viu desenvolve novos vinhedos, virtualmente impecáveis, agora que um recém-chegado enólogo, o neozelandês Grant Phelps, está no comando, expandindo a gama com um Viognier e com vinhos brancos de uvas de Casablanca.

Argentina

A alma da Argentina seria espanhola ou italiana? Nenhuma das duas, óbvio, mas no passado seu vinho certamente tinha caráter italiano. Único país fora da Europa com queda natural para vinhos, é o quinto maior produtor e consumidor do mundo. Ainda que passando por entraves políticos nos últimos cinquenta anos, o mercado interno para vinhos foi tão entusiástico (noventa litros anuais por habitante, depois caindo a um terço desse nível, como em toda parte) que as exportações viram-se negligenciadas. O gosto local centrava-se no estilo italiano de vinhos (por vezes, vendidos em *fiaschi* como sucedeu com o Chianti) e nos "reservas" envelhecidos. Nos anos 1990, isso começou a mudar. A política oficial de atrelar o peso argentino ao dólar norte-americano ensejou uma fase de estabilidade. Investidores estrangeiros principiaram a comprar vinhedos e vinícolas, de olho nas exportações. Em 2000, existiam 1.200 vinícolas na Argentina, a maioria na região de Mendoza. Contudo, as vendas ao exterior nunca superaram 7% da produção total. Mas, no final de 2001, a economia entrou em colapso e o peso foi desvalorizado. Os mais pobres sofreram as consequências, porém os investidores, locais ou de fora, seguiram convencidos da qualidade e do potencial comercial dos vinhos argentinos. De fato, novos investidores vieram comprar terras e construir vinícolas.

Dos 212 mil hectares de vinhedos, cerca de 140 mil situam-se em Mendoza, cidade e região que também respondem por mais de 70% da produção. Outras áreas importantes de cultivo de uvas na Argentina são (de norte a sul): Salta, San Rafael e Patagônia, esta dividida em duas zonas, Neuquén e rio Negro. Os vinhedos de Salta alcançam 2 mil metros de altitude, partindo do sopé dos Andes, e o de Colomé é ainda mais alto: 3.100 metros. Dentro de Salta, a zona principal é o vale de Cafayate, que produz aromáticos vinhos brancos e notáveis tintos. A cidade de Mendoza dista pouco de Santiago do Chile, e, na fronteira, eleva-se o pico dos Andes, o monte Aconcágua. Vinhedos ao derredor variam da quente planície de Guaymallén, a leste, até à área central de Luján de Cuyo, logo ao sul de Mendoza, onde ficam as principais bodegas (vinícolas) do país. Elas se situam a 1.200-1.500 metros de altitude, no vale de Uco, em que as condições de clima frio causam impacto. Uco é dividido em três sub-regiões: San Carlos, Tunuyán e Tupungato.

Ainda na província de Mendoza, mas no longínquo deserto sulino, os vinhedos de San Rafael são irrigados pelos rios Atuel e Diamante. Ainda mais ao sul, no paralelo 39 e equivalente a baía Hawke na Nova Zelândia, surge a área de rio Negro, na qual a produção de vinho era secundária em relação à de fruta, mas dados recentes indicam progressiva ascensão. Perto da cidade de Neuquén, igualmente na Patagônia, técnicas de irrigação liberaram, no fim dos anos 1990, toda uma nova extensão para o cultivo.

A chuva é rara nesses locais. O ar rarefeito corta o bolor e afasta os insetos até um nível mínimo. Por outro lado, há frequentes catástrofes: inundações provocadas pela rede de canais de irrigação. No entanto, se usada com inteligência, essa rede ajuda a produzir uvas perfeitas (também livres da filoxera – ver p. 18), embora muitos cultivadores estejam instalando o método de gotejamento, para maior controle. Alguns vinhedos ainda acompanham o sistema de pérgola (aqui conhecido por *parral*), que, bem gerido, pode dar ótimos resultados. O plantador Zucardi, de Mendoza, é adepto inconteste do sistema, que raramente sucumbe a danos por geadas. A maioria, porém, prefere o uso de treliças na sustentação aérea das plantas.

Até hoje, os vinhos tintos são os que a Argentina faz melhor. Entre os brancos, uma contribuição singular: o Torrontés, variedade de uva muito aromática, parente da Moscatel e usualmente vinificada a seco, criando um vinho ideal como aperitivo. O país concentra grande volume de uvas para vinhos de mesa, entre as quais Bonarda, Barbera, Sangiovese e alguma Nebbiolo, mas as frutas que aumentarão o prestígio da vinicultura argentina são Cabernet, Syrah, Merlot e, sobretudo, Malbec. Ignora-se por que a Malbec, relegada em favor das Cabernet no século XIX, gera vinhos tão palatáveis, de textura suculenta. Talvez porque a Malbec foi implantada aqui nos anos 1850, antes da praga da filoxera na França, e a seleção de mudas pôde ser mais criteriosa. Na França, a Malbec por vezes amadurece com dificuldade, mas na Argentina sua maturação não é problema. Assim, essa variedade quase nunca tem gosto amargo e, a depender do processamento, exala aromas que vão de frutinhas vermelhas ao chocolate.

Os vinicultores da Argentina têm se surpreendido com a influência da altitude no cultivo de videiras e no caráter do vinho. Maior a altitude, menor a temperatura média do solo, com grande diferença entre dia e noite. O efeito consiste em maturação lenta, o que pode resultar em aromas e sabores mais intensos. Solos elevados também fortalecem a casca das uvas, entre outros benefícios. É deplorável, contudo, que certas variedades, como a Cabernet Sauvignon, não amadureçam bem em altitudes extremas. A vinícola Catena realizou experimentos controlados para comparar a qualidade de vinhas Malbec plantadas em alturas diversas. O futuro trará conclusões precisas em vez dos palpites em voga.

O poderio da Argentina reside na habilidade de produzir atraentes e bem elaborados vinhos comerciais, para exportação, assim como uma crescente faixa de bebidas saborosas, de êxito variável, mas todas visando ao *status* de vinhos ícones de cada vinícola. A melhor relação custo-benefício jaz em algum ponto entre essas duas instâncias. Pela qualidade e pelo estilo vibrantes, os vinhos argentinos podem vir a superar quase todos os melhores do Chile. Mas muitos deles ainda são monótonos e deficientes, geralmente disfarçados de "novas marcas", para mercados que privilegiam preços mais baixos. *Caveat emptor* ("o risco é do comprador").

Principais produtores argentinos

Achaval Ferrer ☆☆☆
Luján de Cuyo, Mendoza. Proprietários: Manuel Ferrer e Santiago Achaval. 36 ha. www.achaval-ferrer.com
Produz somente vinhos de uvas próprias, vindas de velhos plantios em Mendoza. Roberto Cipresso (de Montalcino) elabora as fórmulas, e ganhou adeptos por seus tintos altamente concentrados e caros, sobretudo de Malbec, da fazenda Altamira.

Alta Vista ☆☆☆
Luján de Cuyo, Mendoza. Proprietário: Família Aulan. 175 ha. www.altavistawines.com
Excelentes Malbec em várias versões, lançadas pelos donos franceses. O Alto é dos melhores do país: 80% Malbec, 20%

Cabernet Sauvignon, de videiras com sessenta anos e maturados em barris novos. Dispendioso, porém magistral.

Altos Las Hormigas ☆–☆☆
Mendoza. Proprietário: Antonio Morescalchi. 40 ha. www.altolashormigas.com
Médio produtor exclusivo de Malbec, oferece deliciosos vinhos, em especial o reserva matizado de vermelho. O nome da vinícola vem das formigas que, certa vez, devoraram as videiras.

Andeluna ☆☆–☆☆☆
Tupungato, Mendoza. Proprietário: Ward Lay. 70 ha. www.andeluna.com.
Um rico norte-americano, do ramo das batatinhas chips, está por trás desta casa no vale de Uco. Michel Rolland atua como consultor, por isso os vinhos são encorpados e densos, mas aos Malbec não falta distinção. A marca campeã é o Pasionado, mistura de Bordeaux envelhecida em tonéis novos.

Valentín Bianchi ☆–☆☆
San Rafael, Mendoza. Proprietária: Família Bianchi. 330 ha. www.vbianchi.com
Grande e destacado produtor, que usa numerosos rótulos, incluindo o Genesis e o Particular Famiglia Bianchi. Os melhores vinhos da lista abrangem o Cabernet Sauvignon Stradivarius, mas o Famiglia Bianchi detém maior mérito.

Luigi Bosca ☆☆
Luján de Cuyo. Proprietária: Família Arizú. 618 ha. www.luigibosca.com.ar
Bosca é um notável plantador, com vinhedos próximos do cultivo orgânico, agora flertando com a biodinâmica. A faixa barata é La Linda, mas os bons vinhos levam os rótulos Gala e Finca de los Nobles. Já o caro Icono, uma mescla de Malbec e Cabernet, carece de fineza.

Walter Bressia ☆☆–☆☆☆
Luján de Cuyo. Proprietário: Walter Bressia. Sem vinhedos. www.bressiabodega.com
Esse bem relacionado enólogo lançou rótulo próprio em 2001. O Conjuro, mistura de Bordeaux, é seu vinho mais caro, mas o jovem parente Profundo, apesar da pretensão do nome, o segue de perto.

Humberto Canale, ☆
Rio Negro, Patagônia. Proprietário: Giulio Canale. 150 ha. www.bodegahcanale.com
Vinícola líder de rio Negro, fundada em 1909. Exporta mais sob o rótulo Black River. Faz vinhos confiáveis e densos, mas sem personalidade.

Catena Zapata ☆☆☆
Agrelo, Mendoza. Proprietário: dr. Nicolás Catena. 425 ha. www.catenawines.com
Criada em 1902, tornou-se a maior produtora argentina de vinho para venda a granel. O dr. Catena, quando professor de economia em Berkeley, conheceu os melhores vinhos da Califórnia, e logo começou a desenvolver os próprios vinhedos. Precursor da pesquisa em vitivinicultura, identificou clones da uva Malbec e experimentou plantios densos em grandes altitudes.

A Catena passou a exportar em 1991 e logo foi vista como produtora líder de vinhos argentinos de alta qualidade; hoje, outras chegaram ao mesmo nível. Há três bodegas. Na de Agrelo, são feitos os vinhos denominados Alamos (esplêndido Chardonnay), Catena e Catena Alta. Da Esmeralda, sai o rótulo mais vendido, Argento. E La Rural produz marcas para os mercados interno e norte-americano, como Rutini e Trumpeter. Os dois vinhos de ponta são o Nicolás Catena, magnífico e suntuoso Cabernet no estilo de Napa, e o Caro, uma parceria com a Château Lafite francesa, lançado em 2000, mais suave e estruturado do que o Nicolás Catena. Projetos futuros incluem vários Malbec.

Finca La Celia ☆☆
San Carlos, Mendoza. Proprietária: San Pedro (Chile). 600 ha. www.fincalacelia.com
Uma nova vinícola desta empresa em ascensão abriu em 2002. Rico e suculento Reserve Malbec e mesclas de Malbec do vale de Uco, também a fonte de seu melhor vinho: o Supremo, versão do Bordeaux com um toque de Syrah.

Chacra ☆☆
Rio Negro, Patagônia. Proprietário: Piero Incisa della Rocchetta. 12 ha. www.bodegachacra.com
Hans Vinding-Diers, da Noemía (ver p. 547), apontou a seu amigo italiano um velho vinhedo de Pinot Noir em rio Negro, que agora forma a base da Chacra, apesar de novos plantios na região. O vinho é bem concentrado e aromático, mas, por causa do preço alto, só uma curiosidade.

Chakana ☆☆
Agrelo, Mendoza. Proprietário: Juan Pelizzatti. 100 ha. www.chakanawines.com.ar
Competentes vinhos comerciais, feitos por um ex-perito em *marketing*, que comprou a empresa em 2003. O Malbec e o Cabernet Sauvignon têm causado boa impressão.

Cheval des Andes ☆☆☆
Perdriel, Mendoza. Proprietária: LVMH. 38 ha. www.terrazasdelosandes.com
Em 1999, Pierre Lurton, diretor da Château Cheval Blanc em St.-Émilion, separou uma parcela de velhas videiras sem enxerto pertencentes à Terrazas, e usou-as como base de uma luxuriante e acarvalhada mistura com mais Cabernet do que Malbec. A proposta era combinar elementos do Novo Mundo com o equilíbrio europeu, e a ideia deu certo.

Clos de la Siete ☆☆–☆☆☆
Tunuyán, Mendoza. Proprietário: consórcio de investidores franceses. 400 ha. www.clos7.com.ar
Michel Rolland planejou este empreendimento, baseado em promissor *terroir* no vale de Uco. Os sócios produzem seus próprios vinhos, mas há um em conjunto: Clos de la Siete, que consome 80% da plantação total. Metade dele é feita de Malbec, de acordo com o estilo vigoroso que distingue Rolland.

Colomé ☆☆–☆☆☆
Molinos, Salta. Proprietário: Donald Hess (Califórnia). 30 ha. www.bodegacolome.com
De antigos vinhedos altos no vale de Calchaquies, área de Cafayate, Hess obteve, desde 2001, uma fina e complexa mistura de Malbec, Cabernet e Tannat. O segundo do *ranking* é o Amalaya.

Dominio del Plata ☆☆–☆☆☆
Agrelo, Mendoza. Proprietários: Pedro Marchevsky e Susana Balbo. 130 ha. www.dominiodelplata.com.ar
Faz uma boa gama de vinhos criados pelos donos, casal que está entre os mais experientes vinicultores da Argentina. Sob o amparo da marca Anubis, Balbo tem seu próprio vinho, enquanto Marchevsky usa o rótulo BenMarco. A mescla Brioso, com domínio de Cabernet, combina poder e estilo. Já o BenMarco é uma inusitada mistura de Malbec (sobretudo) e mais Bonarda, Syrah, Cabernet e Tannat. A lista básica, Crios, tem ótimos vinhos, em especial o perfumado Torrontés.

Eral Bravo ☆☆–☆☆☆
Agrelo, Mendoza. Proprietário: Matias Sánchez Nieto. 155 ha. www.eralbravo.com
De família há muito instalada em Mendoza, esta empresa utiliza seus excelentes vinhedos em Uco e Luján de Cuyo. O vinho superior chama-se YBS, que soa mais como um banco do que uma bebida, mas os varietais Cabernet e Malbec são igualmente bons.

Etchart ☆
Cafayate, Salta e Luján de Cuyo, Mendoza. Proprietário: Pernod Ricard. 450 ha.
Veneranda casa fundada em 1850, em anos recentes foi pioneira da irrigação por gotejamento no país. O catálogo de vinhos contém a linha Rio de la Plata, livre de carvalho, e a levemente amadeirada Privado.

Mas a Etchart vem perdendo terreno para competidores mais dinâmicos.

Fabre Montmayou ☆☆–☆☆☆
Vistalba, Mendoza. Proprietário: Hervé Joyaux. 87 ha. www.domainevistalba.com
Como Joyaux é ex-négociant de Bordeaux, a influência francesa mostra-se forte aqui. Faz excelente Malbec e o picante e acarvalhado Gran Vin, de uvas centenárias. A empresa tem ainda vinhedos em rio Negro, onde produz vinhos de qualidade ascendente, com Merlot e Malbec com Syrah, sob o rótulo Infinitus.

Vinícola Catena Zapata, Agrelo.

América do Sul & Central | Argentina

Bodega del Fin del Mundo ☆☆
Neuquén, Patagônia. Proprietários: Julio Viola e Grupo La Inversora. 850 ha. www.bodegadelfindelmundo.com
Julio Viola foi quem criou as camadas irrigadas que tornaram viável a viticultura no deserto próximo a Neuquén. A primeira vinícola foi completada em 2003. O Malbec Reserva tem sido o melhor vinho, com maior equilíbrio do que o caro e carregado Special Blend. Mais baratos, Postales e Ventus são uma boa escolha, mas a empresa ainda aguarda a carreira de seu Pinot Noir.

Flechas de los Andes ☆☆–☆☆☆
Tunuyán, Mendoza. Proprietários: Laurent Dassault e Benjamin de Rothschild. 115 ha.
Desdobramento da Clos de la Siete (ver p. 545), produz o Gran Corte, mescla de Malbec, Merlot e Syrah; o Gran Malbec, porém, é puro. Ambos são feitos sem floreios inúteis, em estilo poderoso que certamente agrada à mesa de refeições.

Finca Flichman ☆–☆☆☆
Maipú, Mendoza. Proprietária: Sogrape, Portugal. 300 ha. www.flichman.com.ar
Desde que a portuguesa Sogrape comprou esta antiga propriedade, em 1997, os enólogos supriram a lista de medíocres reservas com mais prestigiáveis *cuvées*.
O Dedicado, mistura de Cabernet e Syrah, é agora um vinho sem graça, bem como as duas homenagens às áreas de plantio: Paisajes de Barrancas e Paisajes de Tupungato. Todavia, a nova gama Espressiones atende com garbo à vibração contida nas boas frutas de Mendoza.

O Fournier ☆☆☆
La Consulta, Mendoza. Proprietário: José Manuel Ortega. 94 ha. www.ofournier.com
O Fournier paira como um disco voador sobre o vale de Uco, em singular arquitetura moderna para vinícolas. Ortega foi banqueiro e aplicou sua fortuna em glebas no Chile, na Espanha e na Argentina, mas nesta última ele produz os vinhos mais provocadores. Saindo da rotina em Mendoza, usa boa parte de uvas Tempranillo em sua melhor mescla, Alfa Crux, embora A Crux Malbec, de uvas compradas, seja por igual instigante. A barata faixa Urban visa a consumidores jovens.

Santiago Graffigna ☆☆
San Juan. Proprietário: Pernod Ricard. 200 ha. www.graffignawines.com
Situada no vale de Tulum desde 1870, esta grande empresa centra-se em Cabernet Sauvignon e Syrah. Por certo, os roliços tintos, sobretudo as misturas denominadas Santiago Graffigna, têm maior interesse do que o Torrontés ou o Pinot Grigio.

Infinitus
Ver Fabre Montmayou.

Kaiken ☆☆–☆☆☆
Luján de Cuyo. Proprietário: Aurelio Montes. 95 ha. www.kaikenwines.com
Quando Montes, um dos melhores vinicultores do Chile, pôs as mãos nas frutas de Mendoza, em 2002, as expectativas foram superadas. As séries Reserva e Ultra oferecem vinhos Malbec e Sauvignon cheios de fineza e complexidade.

Lagarde ☆–☆☆☆
Luján de Cuyo, Mendoza. Proprietária: Família Pescarmona. 227 ha. www.lagarde.com.ar
Faz Merlot e Malbec decentes, e um promissor Viognier, da variedade plantada primeiro nesta secular gleba. Uma ótima mistura de Malbec, de nome Guarda, elevou a qualidade geral.

Lavaque ☆
Cafayate, Salta. Proprietária: Família Lavaque. 464 ha. www.lavaque.com
Ex-plantadores, os Lavaque abriram vinícola própria em 2003. A ênfase é em vinhos baratos, feitos com tábuas de carvalho em curva no lugar de barris. Rótulos variados, como Inca e Finca de Altura; a linha Nanni emprega uvas orgânicas.

Bodega Lurton ☆☆
Tunuyán, Mendoza. Proprietário: François Lurton. 250 ha. www.jflurton.com
Dois irmãos bordeleses, Jacques e François Lurton, estão entre os primeiros estrangeiros a notar o potencial de Mendoza, embora hoje a empresa seja gerida só por François. Lista complexa, dirigida a mercados diversos, mas os vinhos de ponta são Piedra Negra, de Malbec de Uco, envelhecido em barris; a mistura de Cabernet de nome Gran Lurton; e a mescla de velhas videiras Malbec chamada Chacayes.

Masi Tupungato ☆☆
Tupungato, Mendoza. Proprietários: Masi (Itália). 70 ha.
A Masi é mestre em Corvina e Rondinella, em sua Valpolicella natal, e repetiu a experiência em terreno tão diverso do vale de Uco. Criou o Corbet e o Passo Doble, misturas de Malbec com variedades do Vêneto italiano; o segundo é feito pelo método de ripasso, que consagrou o empreendimento. São vinhos bons, mas paira sobre eles uma aura de excentricidade.

Mendel ☆☆☆
Luján de Cuyo. Proprietários: Roberto de la Mota e Santiago Mayorga. 17 ha. www.mendel-wines.com
Ex-enólogo da Terrazas (ver p. 548), De la Mota conta entre os mais talentosos profissionais de Mendoza. Em sua vinícola, ele lida com videiras de oitenta anos para criar um maravilhoso Malbec floral e uma densa, mais estruturada, mescla de Cabernet com Malbec, chamada Unus.

Monteviejo ☆☆–☆☆☆
Tunuyán, Mendoza. Proprietária: Catherine Péré-Vergé. 300 ha. www.monteviejo.com
A Clos de la Siete, de Michel Rolland, celebrou várias parcerias, mas nenhuma se compara à escala grandiosa da Monteviejo, que destoa das modestas estruturas envolvidas. Os vinhos têm o mesmo poderio: um puro Malbec, um Chardonnay rotulado de Lindaflor, e uma mescla opaca, supermaturada, à base de Malbec e chamada Monteviejo. Não é para corações fracos.

Las Moras ☆
Vale de Tulum, San Juan. Proprietário: Grupo Penaflor. 120 ha. www.fincalasmoras.com
Consultores australianos ajudaram, a partir de 2001, a focar esta empresa, antes voltada ao cultivo de uvas, em avanços positivos pelo mercado exportador. O vinho mais conhecido (e barato) é o Andean, além de uma opulenta mistura Malbec com Bonarda, batizada de Mora Negra.

Nieto Senetiner ☆☆–☆☆☆
Luján de Cuyo, Mendoza. Proprietária: Perez Companc (ramo de energia). 352 ha. www.nietosenetiner.com
Vinhos de qualidade em todo nível de preço. O melhor Malbec chama-se Cadus, e outro *top*, a mescla de Bordeaux Don Nicanor, é maduro, elegante e equilibrado.

Noemía ☆☆☆
Rio Negro, Patagônia. Proprietária: Noemía Marone Cinzano. 13 ha. www.bodeganoemia.com
A dona é conhecida como proprietária do Castelo di Argiano em Montalcino. Seu enólogo, Hans Vinding-Diers, trabalhou na Patagônia nos anos 1990 e a incentivou a comprar pequenos vinhedos, que deram frutos em 2001. Diante dos volumes modestos, Vinding-Diers adotou o perfeccionismo e a contenção de gastos. O vinho principal é magistralmente equilibrado e durável, mas aqueles com menos dinheiro podem optar pelo segundo, J. Alberto, de fineza semelhante.

Norton ☆☆–☆☆☆
Luján de Cuyo, Mendoza. Proprietário: Gernot Langes-Swarovski. 680 ha. www.norton.com.ar
Uma clássica bodega de Mendoza, adquirida em 1989 por austríacos. A faixa de varietais básicos é maçante, mas os acarvalhados reservas são confiáveis, sobretudo o vibrante e apetitoso Malbec. Misturas tintas, com a marca Privada, servem para um drinque rápido; o Perdriel, mescla com domínio de Merlot, é amadeirado. Todos estão entre os vinhos mais consistentes da região.

Bodega NQN ☆☆
Neuquén, Patagônia. Proprietário: Lucas Nemesio. 160 ha. www.bodeganqn.com.ar
Esta é uma sofisticada vinícola nova, perto de Neuquén, com produção e *marketing* conduzidos em estilo militar. Todavia, os vinhos são corretos, com a lista básica bem amadurecida, sob o rótulo Picada. Versões mais densas levam o nome Malma. Apenas o Pinot Noir desaponta.

Poesía ☆☆☆
Luján de Cuyo. Proprietária: Hélène Garcin-Lévêque. 13 ha. www.bodegapoesia.com
Os Garcin têm glebas em Pessac-Léognan, Saint-Émilion e Pomerol, mas nutrem especial afeto por sua parcela de velhas videiras de Cabernet e Malbec em Mendoza. O vinho superior é suntuoso, mas vívido; o segundo, Clos des Andes, o segue de perto.

Pulenta ☆☆–☆☆☆
Agrelo, Mendoza. Proprietária: Família Pulenta. 135 ha. www.pulentaestate.com
Até 2002, os irmãos Pulenta vendiam suas frutas à Trapiche, agora possuem rótulo próprio e vinícola moderna. Os varietais são benfeitos, e o Cabernet Franc ostenta muito charme. O vinho de ponta é a mistura Gran Corte, seleção dos melhores barris resultantes de cada colheita.

Carlos Pulenta/Vistalba ☆☆–☆☆☆
Luján de Cuyo. Proprietário: Carlos Pulenta. 58 ha. www.carlospulentawines.com
Presidente da Trapiche (ver p. 548), Carlos Pulenta ajudou a instalar a Salentein (ver nesta página), antes de abrir sua vinícola na gleba da família. Ele tem um toque de artista, evidente na beleza da vinheria e no esmero do restaurante anexo, um dos mais finos de Mendoza. Os vinhos são complexas mesclas com 40% de Malbec e formam uma linha de qualidade decrescente, com os nomes Corte A, B ou C. Bebidas feitas de uvas do vale de Uco, engarrafadas como Tomero, incluem um admirável Petit Verdot.

La Riojana ☆–☆☆
La Rioja, Salta. 4.000 ha. www.lariojana.com.ar
Enorme cooperativa com 600 membros. Graças à ajuda de enólogos, ganhou prestígio por seus vinhos, em especial o aromático Torrontés. A lista completa é desconcertante, com produtos até de vinhedos orgânicos. Melhor linha: Raza.

La Rural
Ver Catena Zapata.

Salentein ☆☆–☆☆☆
Tupungato, Mendoza. Proprietário: Mijndert Pons. 885 ha. Torrontés. www.bodegasalentein.com
Ambiciosa vinícola com vinhedos, fundada em 1998 por um empresário rural holandês. Teve rápido progresso, graças à vinheria portentosa, ao centro cultural e restaurante adjuntos, e, a partir de 2004, ao setor separado para a segunda gama de vinhos, chamado El Portillo. Na primeira lista, há bons varietais, e os melhores recebem a etiqueta Primus. De alto interesse são as videiras de Pinot Noir, plantadas a 1.500 metros. No estilo, trata-se de vinhos contidos e elegantes, provando os benefícios da vinicultura em grande altitude no vale de Uco.

Santa Julia
Ver Zuccardi.

Saurus ☆☆
Neuquén, Patagônia. Proprietária: Família Schroeder. 125 ha. www.familiaschroeder.com
Com a primeira colheita em 2003, este empreendimento faz parte do grupo que divide uma encosta com NQN e Fin del Mundo. Os melhores vinhos são embalados como Patagonia Select. Aqui, Cabernet e Malbec são bem resolvidos, e o Pinot Noir merece menção honrosa.

Finca Sophenia ☆–☆☆☆
Tupungato, Mendoza. Proprietário: Roberto Luka. 130 ha. www.sophenia.com.ar
Esta vinícola se abastece de videiras a 1.200 metros, no vale de Uco. Início modesto em 2002, mas depois a qualidade melhorou bastante. Altosur é a série básica, de bom desempenho. Vinhos sob o rótulo Sophenia mostram mais concentração; Cabernet e

Malbec são excelentes. Nos produtos de ponta, há uma impecável mistura de tintos, chamada Synthesis.

Terrazas ☆☆–☆☆☆
Perdriel, Mendoza. Proprietária: LVMH. 1.000 ha. www.terrazasdelosandes.com
De vinhedos a uma altitude de 750 a 1.200 metros, a equipe da Terrazas, liderada desde 2006 por Pablo Rodriguez, produz vinhos de grande qualidade. O nome Terrazas designa a lista básica, mas a linha dos reservas e dos *tops* Afincado, envelhecidos em carvalho francês, vale quanto custa. A empresa fez parceria com a Château Cheval Blanc, criando a Cheval des Andes (ver p. 545).

Michel Torino ☆–☆☆
Cafayate, Salta. Proprietária: Peñaflor. 420 ha. www.micheltorino.com.ar
Torino valeu-se dos investimentos feitos por sucessivos donos, culminando, em 1999, com a aquisição pela Peñaflor. Desde 2006, os vinhedos são considerados orgânicos. Apesar da fama por seu Torrontés, os tintos da Torino são hoje bem melhores do que os brancos. Collección é o nome da gama básica, pouco inspirada; os vinhos de ponta chamam-se Don David e incluem um Malbec picante e prazeroso. Altimus, o rótulo de exportação, baseia-se no Malbec com adição de Syrah e Cabernet.

Pascual Toso ☆☆
Guaymallén, Mendoza. Proprietária: J. Llorenta y Cía. 400 ha. www.bodegastoso.com
O agitado Enrique Toso permanece no leme de um negócio famoso por seus finos Cabernet, feitos de uvas supermaduras, e pela forte produção de espumantes, alguns seguindo o método clássico. O melhor é o Maddalena, à base de Merlot, elaborado com a consultoria do californiano Paul Hobbs.

Trapiche ☆–☆☆☆
Maipú, Mendoza. Proprietário: Grupo Peñaflor. 1.075 ha. www.trapiche.com.ar
A Trapiche preenche quase 3 milhões de caixas por ano, mas mantém níveis elevados. O ex-consultor Angel Mendoza deu o padrão, seguido pelo sucessor Daniel Pi. Entre os melhores vinhos daqui estão o difundido e saboroso Broquel Malbec, e a cara mistura de Malbec e Merlot de nome Iscay, desenvolvida na origem por Michel Rolland. Em 2003, a Trapiche lançou uma série restrita de cativantes Malbec de vinhedos únicos.

Trivento ☆–☆☆
Maipú, Mendoza. Proprietária: Concha y Toro (Chile). 460 ha. www.trivento.com
Esta vinícola segue o modelo chileno quanto à hierarquia de estilos e qualidades. A despeito dos recursos disponíveis, seus vinhos carecem de maior personalidade. Contudo, o Malbec

Argentinos em trajes típicos durante festival local.

Golden Reserve, de videiras bem antigas, tem concentração e peso. Há surpresas ocasionais, como o exótico Chardonnay e o vívido Viognier.

Domaine de Vistalba
Ver Fabre Montmayou

Weinert ☆–☆☆
Luján de Cuyo, Mendoza. Proprietária: Família Weinert. 40 ha. www.bodegaweinert.com

De porte médio, produz tintos à moda antiga, envelhecidos por anos em gastos barris. São vinhos que inspiram admiração e desapontamento em iguais proporções.

Yacochuya ☆☆
Cafayate, Salta. Proprietários: Michel Rolland e Arnaldo Etchart. 14 ha. www.sanpedrodeyacochuya.com

Rolland, dono da Pomerol e consultor festejado, há muito se devotou aos vinhos argentinos. Ficou encantado com este vinhedo, a 2.035 metros de altitude, do qual extrai uvas, sobretudo para o Malbec maturado em tonéis por doze meses. É um vinho denso e fortificado, com espantoso teor alcoólico em certas vindimas.

Zuccardi ☆☆
Maipú, Mendoza. Proprietária: Família Zuccardi. 650 ha. www.familiazuccardi.net

Propriedade instalada nos anos 1960 por Alberto Zuccardi, com vinícola nova construída em 1998. Um terço do espaço é de cultivo orgânico. Inovadores, testaram com êxito técnicas como a micro-oxigenação e a coleta mecanizada dos cachos.

A lista de vinhos é ampla, pois atende à exportação para diversos mercados (o Santa Julia é encontrado na Inglaterra, o Santa Rosa por toda parte). Os *tops* são lindamente embalados sob o rótulo Q. Trata-se de vinhos comerciais, que nem empolgam nem frustram o consumidor. O Tempranillo é um trunfo da casa e, a seu crédito, os Zuccardi emplacaram com a linha Innovación, de uvas incomuns como Verdelho, Marselan e Tannat.

México

Dada à produção maciça de seu vizinho do norte, seria surpreendente se o México se abstivesse de elaborar vinhos dignos de crédito. Na verdade, o país tem a mais antiga indústria vinícola das Américas, que está revivendo graças a investimentos do exterior e assessoria técnica da Universidade da Califórnia, em Davis. Hoje, o México faz 1,6 milhão de caixas de vinho. Vinhedos são parte da paisagem setentrional da Baixa Califórnia desde os anos 1880, quando as bodegas de Santo Tomás abriram as portas. A fabricação de bebida é ainda mais antiga, fincando raízes no vale de Parras, onde uma missão religiosa ergueu sua vinícola em 1597. Atualmente, ela continua a funcionar, sob o nome de Casa Madero.

Mas é a Baixa Califórnia, com 20 vinícolas operando por volta de 2008, que rouba a atenção. O vale de Guadalupe, ao norte de Ensenada, e San Vicente mais ao sul, possuem extensos vinhedos, com variedades europeias a expulsar as uvas da missão colonial e outras bem disseminadas, porém menos favorecidas, como Chenin Blanc e Grenache. A maior parte do vinho mexicano é exportada, por conta da baixa demanda interna: a burguesia do país prefere garrafas importadas. No entanto, algumas "rotas do vinho" se firmaram, atraindo para passeios visitantes do outro lado da fronteira, que se situa a apenas 13 quilômetros ao norte da região.

Os vinhedos Wente da Califórnia e a histórica bodega Santo Tomás juntaram esforços para produzir um Cabernet Sauvignon com partes iguais de vinho procedente dos dois lados da divisa, e se habituaram a fazer o Duetto, mistura de Bordeaux destinada à exportação. Outra pioneira é a L. A. Cetto (com quase 3 mil hectares plantados em duas áreas), bem-sucedida por vinhos com Chardonnay, Cabernet e Nebbiolo (Cetto era nativo do Piemonte). O melhor de todos consiste num superlativo Petite Sirah Private Reserve.

A indústria vinícola mexicana tomou novo rumo com os investimentos de Pedro Domecq, da Espanha, atual dono de vastos vinhedos no vale de Guadalupe. Seu *top* de linha, o Château Domecq, é uma mescla de tintos Nebbiolo e Merlot; e um Sauvignon Blanc é sua contraparte branca. A Freixenet, segunda aplicadora espanhola no México, tem vinhedos em grandes altitudes na região de Querétaro, e predileção por espumantes.

Duas notáveis vinícolas no vale de Guadalupe são a ambiciosa Monte Xanic, fundada em 1988, produtora de encorpados Cabernet e Merlot, além de ricos Chardonnay fermentados em barris, e a Château Camou, que, desde 1995, produz premiados Chardonnay e Fumé Blanc. Outras vinícolas mexicanas dignas de prêmio chamam-se Mogor Badan, de propriedade suíça, com uma mescla tânica de Bordeaux; e Cavas Valmar, empresa familiar fincada na orla de Ensenada, com um bom Cabernet Sauvignon; e ainda Casa de Pietra, que emplacou a venda de seus Cabernet Sauvignon e Tempranillo no mercado norte-americano de futuros.

Para o sul, perto da Cidade do México, Domecq e Freixenet seguiram a pioneira Caves de San Juan rumo às montanhas de Querétaro. É indubitável o potencial do país, ainda que o gosto local esteja atrasado com relação às propostas de suas modernas videiras e vinícolas.

Brasil

O imenso mercado interno do maior país da América do Sul, com cerca de 190 milhões de habitantes, levou grandes nomes – Cinzano, Domecq, Heublein, Martini & Rossi, Moët & Chandon, Suntory e National Distillers – a investir no Brasil.

De longe, a região vinicultora mais importante é o vale dos Vinhedos, a oeste de Bento Gonçalves, no Rio Grande do Sul. A 215 metros acima do nível do mar, essa área subtropical foi colonizada por italianos do norte, no século XIX. Cada família plantou um pequeno lote de videiras nas encostas íngremes de terras doadas pelo governo. Essas miniglebas ainda continuam essenciais, pois existem uns 16 mil plantadores a cultivar uvas. Outra vasta região é a do vale do rio São Francisco, no Nordeste. Aqui, o clima tropical torna irrelevante falar-se de plantio em estações delimitadas, pois as colheitas podem ser múltiplas. O Projeto ViniBrasil tem planos para cinco vindimas por ano! Muita luz solar e pouca chuva permite a eclosão de uvas de razoável qualidade, enquanto os vinhedos são controlados por investidores de Portugal e do Brasil.

A produção total gira ao redor de 400 milhões de garrafas anuais, mas cerca de 80% dos 60 mil hectares de parreiras consistem em variedades que não as viníferas (com mais resistência a pragas), usadas no mercado interno de vinhos. Hoje, os melhores produtores fazem vinhos clássicos aceitáveis, sobretudo Chardonnay, Cabernet e Merlot. Ainda testam novos clones e o sistema de treliças. Outros vinicultores, porém, contentam-se com o alto rendimento e perdem interesse na qualidade. O clima geralmente quente e ensolarado ajuda a uva, embora a chuva por vezes caia na forma de temporais. Colher cedo os cachos, para evitar o risco de doenças sob tais condições, resulta num vinho leve no corpo, mas forte em acidez.

A indústria brasileira do vinho tem a liderança da Vinícola Aurora, de Bento Gonçalves, imensa cooperativa que atrai 1.300 cultivadores em 1.350 hectares. O vinho espumante provou ser um sucesso, com a Salton, a De Lantier (propriedade da Martini & Rossi), e a Chandon do Brasil produzindo garrafas dignas de emborcar. A Lidio Carraro faz bons Tempranillo, Tannat e misturas de Bordeaux no vale dos Vinhedos. A Pizzato adota estratégia similar, mas sem o Tempranillo. De suas modernas instalações, a Miolo extrai um espumante, mais a mescla de variedades portuguesas chamada Quinta de Seival, e uma linha com uvas do São Francisco, de nome Terranova. Embora mais conhecida pelos espumantes, a Salton vem ganhando espaço com seus vinhos de mesa: honestos e afáveis Sauvignon Blanc, Teroldego, Merlot e Malbec.

Peru

Pode-se perdoar quem ignora a existência de uma indústria vinícola no Peru, porém a produção de vinho remonta a 1560, perto de Cuzco. As uvas foram introduzidas pelo conquistador espanhol marquês Francisco de Caravantes. No campo geográfico (somente dez graus até a linha do Equador) e no socioeconômico (tumulto político e um passado de hiperinflação), as condições do Peru não pareciam conduzir ao universo tão prazeroso do vinho.

A maioria dos 11 mil hectares de uvas do país vai para a destilação do pisco, a aguardente nacional, e para a elaboração do pisco sour, que combate o calor e a poeira (a região do vinho é árida, apesar da proximidade com o Equador). A paisagem lunar resulta de o Peru estar do lado errado dos Andes, e as uvas precisam de irrigação para vingar.

A duzentos e noventa quilômetros ao sul de Lima, surge a cidade de Ica, coração da área vinícola. A Viña Tacama é a maior e melhor vinícola do país. Fundada nos distantes anos 1540, chegou às mãos da família Olaechea em 1889. O enólogo francês Robert Niederman geriu a casa por várias décadas, produzindo um bom Chenin Blanc, Sauvignon, Malbec e até um espumante. O professor Émile Peynaud atuou aqui como consultor, e a Viña Tacama ainda busca conselhos da atual geração de peritos em Bordeaux. Outras vinícolas de categoria são Ocucaje, Tabernero e Vista Alegre.

Uruguai

Com frequência, o Uruguai é chamado de Bélgica da América do Sul: pequeno, plano, apenas 3 milhões de habitantes, ofuscado por vizinhos gigantescos (Brasil e Argentina) tanto física como enologicamente. Sua indústria vinícola é sustentada pelo público local, quase tão ávido por vinho quanto os argentinos. O consumo *per capita* chega a 32 litros anuais, embora só uma parcela disso possa ser considerada bebida fina.

O Uruguai faz vinho desde os anos 1700, influenciado pela França, Espanha, Alemanha e Itália. A presença basca é de particular importância: a variedade Tannat, do sudoeste francês, veio nas mãos de imigrantes bascos em 1874. O clima, de tipo mediterrâneo, favorece a obtenção de uvas de qualidade. Hoje, como as uvas de origem francesa predominam, Merlot e Tannat são fortes promessas. Adotou-se uma divisão do país em cinco zonas vinícolas, chamadas simplesmente de Sul, Sudoeste, Central, Noroeste e Norte. A que guarda mais potencial para a excelência também é a mais antiga e vasta: a zona Sul, abaixo da capital Montevidéu.

Atualmente, o Uruguai mostra-se ativo na exportação, pois seus robustos tintos e frutados brancos, a preços razoáveis, atraem crescente atenção. Como o país não pode competir com a Argentina e o Chile na ponta mais barata do espectro, voltou-se para os vinhos finos, feitos sem pretensão mas com bem-vinda sofisticação.

Maiores produtores do Uruguai

Ariano ✩–✩✩

Las Piedras. Proprietária: Elizabeth Ariano. 110 ha.
www.arianohermanos

Os vinhedos estão em duas áreas, e o foco da vinícola é o vinho fácil de beber, em geral sem carvalho. Nos anos melhores, a casa fabrica o Don Adelio Tannat, envelhecido em barris de carvalho norte-americano.

Bouza ✩✩–✩✩✩

Melilla. Proprietário: Juan Luis Bouza. 23 ha.
www.bodegabouza.com

Enriquecidos na indústria de massas comestíveis, os Bouza compraram esta empresa em 2001 e logo visaram à alta qualidade. Os Chardonnay, com ou sem carvalho, são elegantes, mas as várias versões do Tannat fazem grande sucesso, combinando densidade, vigor e ânimo aumentados no cliente.

Castillo Viejo ✩✩

Las Piedras. Proprietária: Família Etcheverry. 130 ha.
www.castilloviejo.com

Ex-fabricante de vinho a granel, a Castillo Viejo refinou sua atuação em anos recentes. Os brancos não veem carvalho, realçando o gosto das uvas Viognier e Sauvignon Blanc. Mas 70% da produção são de tintos, o melhor deles engarrafado como Reserve of the Family. Já o Cabernet Franc e o Tannat são os vinhos de maior venda.

Filgueira ✩–✩✩

Canelones. Proprietária: dra. Martha Chiossoni. 45 ha.
www.bodegafilgueira.com

Todos os vinhos daqui são de uvas próprias. Os vinhedos datam dos anos 1920 e foram remodelados por completo, replantados em densidades mais altas na década de 1990. A primeira linha chama-se Premium; os brancos são Sauvignon Blanc e Gris, mas os tintos, feitos de uvas Tannat e Merlot, possuem mais personalidade.

Juanicó ✩–✩✩

Canelones. Proprietária: Família Deicas. 240 ha.
www.juanico.com

Segunda maior vinícola do país. Até os anos 1970, os vinhedos eram projetados para a produção de conhaque. Na busca por excelência, a empresa contratou o consultor australiano Peter Bright e o francês Michel Rolland. Além disso, Bernard Magrez, de Bordeaux, ligou-se à Juanicó numa parceria, a Casa Magrez. O *top* de linha, uma mescla de tintos chamada Preludio, só é produzido em anos bons e agora já caminha para elevado padrão.

Marichal ✩–✩✩

Canelones. Proprietária: Família Marichal. 50 ha.
www.marichalwines.com

Empresa familiar focalizada no Tannat, que tem ímpeto e concentração, e no Pinot Noir, de certa rusticidade.

Pisano ✩✩–✩✩✩

Progreso. Proprietária: Família Pisano. 30 ha.
www.pisanowines.com

Na mais dinâmica vinícola do Uruguai, três irmãos dividem o trabalho. Todos os vinhos buscam alto nível, embora certos rótulos de maior prestígio, como a acarvalhada mistura Arretxea, podem ser irresistíveis pela fruta e pelo vigor.

A Reserve of the Pisano Family (RPF) é a série mais coerente, porém a faixa Rio de Los Pájaros, menos ambiciosa, mas muito atrativa, deve ser bebida quando jovem, com pouca maturação. Gustavo Pisano, o enólogo, diverte-se fazendo excentricidades como o Etxe Oneko, vinho fortificado, de Tannat de videiras com sessenta anos.

Pizzorno ✩–✩✩

Canelón Chico. Proprietário: Carlos Pizzorno. 20 ha.
www.pizzornowines.com

Criada em 1910, esta vinícola hoje evolui com firmeza para o setor de vinhos finos. O Tannat Reserva e a mescla tinta Pizzorno têm consistência e aceitação no mercado.

Toscanini ✩–✩✩

Canelón Chico. Proprietária: Família Toscanini. 110 ha.
www.toscaniniwines.com

Esta vinícola produz uma substancial faixa de vinhos modernos, amadeirados, apresentando Tannat, Syrah e variedades de Bordeaux em diversas versões.

Austrália

Houve espanto quando os modernos vinhos australianos entraram na Europa. Exuberantes sabores e frutas encorpadas propiciavam enlevo no ato de bebê-los: Chardonnay com sabor de creme e pinho, Cabernet com travo de amora-preta. Não admira que tenham sido adorados. Isso foi em meados dos anos 1980. Em retrospecto, a surpresa era descabida.

O vinho australiano caiu no gosto do público mundial na década de 1980, com assombrosa rapidez. Os consumidores não esperavam tamanha intensidade nos frutados Chardonnay e Cabernet, prodigamente envelhecidos em carvalho e a preços mais convidativos em relação aos dos vinhos da França ou Califórnia. Na verdade, o mundo havia ignorado, por gerações, a qualidade da bebida australiana. Tinha subestimado a importância do vinho na vida do país, onde são comuns as visitas a adegas ou a lojas internas das vinícolas para saborear, discutir e geralmente comprar. Os europeus raramente reconheceram o senso crítico dos australianos quanto ao assunto. Quantas áreas de vinhedos, vinícolas e "estilos" (palavra favorita na Austrália) o país, relativamente pouco populoso, poderia suportar?

No início do decênio de 1980, críticos estrangeiros de mente aberta já admitiam a excelência dos melhores vinhos australianos: diferentes em sabor dos da Califórnia, mas nem um pingo inferiores, e oferecendo uma gama bem maior de estilos. Na Austrália, a uva Shiraz (a Syrah do Rhône), a Sémillon e a Riesling foram competentemente cultivadas por décadas. Chardonnay e Cabernet de primeira classe surgiram nos anos 1970. Em torno de 1990, os vinicultores australianos faziam progressos com Pinot Noir e manifestavam interesse pelos vinhos no estilo do Rhône, à base de Grenache, Shiraz e Mourvèdre (às vezes chamado de Mataro, na Austrália). Já em 2000, muitos plantadores, sobretudo em Victoria, testavam seus dons com variedades italianas, não raro com notável sucesso.

Os cultivadores gostavam de inovar, mas a indústria de que participavam era caótica. Vinhedos e vinícolas familiares proliferavam, mas nem sempre era fácil a sobrevivência num mercado cada vez mais concorrido. O setor do vinho australiano é volátil, e os anos 1990 viram muitas vinícolas médias, mas de sucesso, ser adquiridas por um punhado de grandes companhias que dominavam a produção: Penfold, Hardy, Orlando Wyndham. Em curto tempo, algumas empresas de porte, a exemplo da Rosemount, desapareceram no moinho acionado pelo que é hoje a Foster's. O setor em que as maiores empresas se superavam era a criação de marcas. A Austrália perdeu a inibição quanto a misturas de vinhos de diferentes regiões – às vezes distantes 1.600 quilômetros entre si. Dentro delas, até o recente *boom*, os quatro principais vinhedos possuíam apenas meia dúzia de áreas de interesse ou importância. Nova Gales do Sul abrangia o Hunter Valley, quase agonizante, ao norte de Sydney; o restante do país contava com Barossa Valley, as planícies do sul, a zona de Clare em torno de Adelaide e Coonawarra, na remota ponta meridional. A oeste, o país tem Swan Valley, em Perth. O rio Murray, fluindo entre os três estados australianos do leste, irriga vastas áreas produtoras de uvas e vinhos de baixa qualidade (muitos deles, destilados).

Grandes empresas se tornaram peritas em misturar e combinar, lidando com frutas de regiões e até estados diversos, para compor mesclas em estilos consistentes, perfeitamente aceitas pelos consumidores. Não apenas na Austrália, mas também nos mercados importadores, os clientes logo descobriram o que podiam esperar de um Show Reserve Rosemount ou um Penfold Bin 707. Isso prova a enorme força do setor. Tornou-se dispensável preocupar-se com as nuances da vindima e da denominação: a marca do vinho dizia tudo. Esse desenvolvimento deve muito à tendência australiana de promover espetáculos, nos quais cada região enfrenta uma ou mais competições, julgadas por fabricantes de vinhos. Claro que as medalhas concedidas pelos jurados transformavam-se em ferramentas de *marketing*, porém muitos produtores submetiam seus vinhos ao concurso porque queriam saber, legitimamente, se eram de alto nível. Uma vinícola da cidade de Bendigo pode ser popular entre os locais, mas, se desejar expandir-se ou exportar, é necessário conhecer se os seus vinhos continuam tendo apelo de consumo fora da vizinhança. O veredito de profissionais do ramo garante orientações úteis e, com frequência, identificam falhas na produção. Alguns criticam os "festivais do vinho" como máquinas de fazer dinheiro ou como tentativas dos juízes, normalmente indicados pelas grandes companhias, de impor padrões de estilo capazes de inibir os vinhateiros mais talentosos. Deve haver alguma verdade nessas alegações conflitantes, mas o sistema de *shows* fez mais bem do que mal à vinicultura australiana.

Na década de 1990, novas regiões se desenvolveram: Tasmânia, Orange e rio Margaret. Em acréscimo, um público cada vez mais informado conseguiu sentir o mérito do regionalismo. O atual australiano fanático por vinho (e suas contrapartes no exterior) consegue discutir apaixonadamente sobre, por exemplo, as melhores áreas para se cultivar Pinot Noir. Com o novo interesse pela regionalidade, vieram as primeiras etapas da criação de um sistema de denominação para os vinhos da Austrália (naturalmente, são fatos interligados). Propostas de apelativos formais (conhecidos de modo tosco como Indicações Geográficas) converteram-se em atoleiros conforme os indispensáveis ajustamentos das leis, já que os vitivinicultores lutavam por boas posições, desejando ser lembrados por um nome prestigioso em vez de esquecidos do outro lado da fronteira jurídica.

A despeito do imenso fascínio dos vinhos, a indústria vinícola australiana passou por problemas no presente século. Mercados antes fiéis a seus produtos, como a Inglaterra, iniciaram um flerte com bebidas alheias, como as do Chile e da África do Sul, que trazem o mesmo culto às marcas adotado pelos australianos. Pode-se confiar nos bons recursos deles para resolver meras questões de *marketing*. Menos confiável, contudo, é a mãe natureza. Seca ou estiagem não são novidades em algumas partes da Austrália, mas a escassez de água tornou-se um tema político. Vinhedos dependentes de generosa irrigação descobrem que seu suprimento de água ou diminuiu ou corre o risco de acabar. Isso afeta tanto a quantidade de vinho elaborado quanto a qualidade das uvas que restam para ser colhidas. Resultado: não só competição entre cultivadores, mas fazendeiros entrando em filas para pleitear recursos, já em decréscimo. Queimadas irresponsáveis no campo também prejudicam os vinhos. Em 2008, vinicultores experientes falavam de "envenenamento por fumaça" como novo defeito detectado nos vinhos, originário de vinhedos em risco. Aconteceu em Yarra, em 2007, e outra vez em 2009; as plantações mergulharam em fumaça vinda de fogo na vegetação. (Falando sério, só o mais sensível paladar australiano perceberia tal falha num vinho.)

Os cidadãos da Austrália são, de hábito, flexíveis e otimistas, portanto é provável que esses problemas se resolvam. Se a imagem global do vinho australiano ainda é muito influenciada pelas marcas, os visitantes do país tomarão ciência da assombrosa diversidade de suas vinícolas e de seus vinicultores. Falta agora à indústria encontrar caminhos para reviver o interesse internacional pela excelência dos produtos.

As regiões do vinho australiano

Nova Gales do Sul

Camberra. A capital tem 350 hectares com 35 pequenas vinícolas, apinhadas em torno do Australian Capital Territory (ACT, espécie de distrito federal). Muitas ocupam locais frios e elevados.

Hunter Valley. A zona mais antiga da Austrália. O Baixo Hunter, perto de Pokolbin, ao norte de Sydney, é veterano produtor de honesto Shiraz e bem maturado Sémillon. O céu nublado alivia o calor extremo do verão, mas a chuva pode inundar as safras. Chardonnay e Cabernet têm tido êxito nos últimos vinte anos. O Alto Hunter, desde os anos 1960, é área preferencial de vinho branco, amistosa para Chardonnay.

Mudgee. Pequena, antiga zona 160 quilômetros, a oeste do Hunter Valley e 365 metros mais alta, com clima bem ensolarado. Os vinhos daqui têm sabor marcante e, não raro, o Chardonnay é o melhor.

Orange. Dista 2.750 quilômetros de Sydney. Os solos vulcânicos foram plantados desde 1980 em elevações acima de 365 metros. A maturação é problemática nos pontos mais altos. A região ganhou fama por seus Shiraz, Chardonnay e Riesling. Cerca de 1.400 hectares.

Riverina. Fértil região plana em torno de Griffith, a 480 quilômetros da capital. Mais conhecida por neutros vinhos a granel até meados dos anos 1980, quando uma notável uva Sémillon afetada por fungo *botrytis* emergiu como trunfo local. A moderna irrigação vem alavancando a lista de vinhos, embora a escassez de mananciais ponha freios na expansão.

Outras áreas. Há um punhado de novas regiões de vinho, através de Nova Gales do Sul, surgidas nos últimos vinte anos.

Incluem o quente Hastings Valley, ao norte, e as frias zonas de Cowra e Hilltops, no centro do estado. A sudoeste de Camberra, Tumbarumba provou ser amigável com a Chardonnay e outras uvas destinadas a espumantes.

Victoria

Victoria Central. Região difusa, espalhada desde Bendigo e Ballarat, velhos centros de mineiração de ouro, até a área de Heathcote. Vinícolas quase todas novas e alguns vinhos excelentes, com o estilo singular, mentolado e intenso do Shiraz.

Geelong. Local frio a sudoeste de Melbourne, foi um dos mais promissores de Victoria, mas caiu vítima da filoxera (ver p. 18). Revitalizado nos anos 1960, faz um Pinot Noir muito bem--aceito. O Shiraz, um pouco menos.

Goulburn Valley. Área pequena e histórica, 160 quilômetros ao norte de Melbourne. O Marsanne é a especialidade regional.

Grampians Region. A 225 quilômetros a oeste de Melbourne, abriga honestas vinícolas novas, acotoveladas com antigas, em locais como Great Western. Seu Shiraz é rico e saboroso.

Macedon Ranges. Pequena, fria e escarpada zona ao norte de Melbourne, com presença crescente de vinícolas. Espumantes e variedades de Borgonha daqui são realmente ótimos. Sunbury, para o sul, é mais quente e talvez mais indicada para vinhos tintos.

Mornington Peninsula. Fria, charmosa região ao sul de Melbourne, com influência marítima. Possui um número surpreendente de pequenas vinícolas.

Northeast Victoria. Área ilustre, na fronteira de Nova Gales do Sul, famosa por soberbos vinhos de sobremesa, sobretudo o Moscatel. O progresso recente trouxe novos e vastos vinhedos

---

PRINCIPAIS VARIEDADES DE UVAS

Chardonnay A mais popular uva branca da Austrália, plantada por toda parte e usada em estilos variados, do vinho matizado de verde ou bebidas leves e frescas, até vinhos fermentados em barris, que são doces e cremosos. Continuará assim.

Shiraz. A quinta-essência da uva tinta australiana, consumida dentro e fora do país. Estilos: ricos e densos vinhos achocolatados, em climas quentes como Barossa Valley e McLaren Vale; suaves e delicados no Hunter Valley; finos e picantes em áreas frias como o sul de Victoria e oeste da Austrália. A mistura Shiraz mais Viognier (no modelo de Côte--Rôtie), às vezes um pouco carregada, tem forte demanda, e também pode resultar em bebida sedosa e branda.

Cabernet Sauvignon. Como a Chardonnay, muito difundida e relativamente exitosa em áreas propícias como a do rio Margaret, Coonawarra e Yarra Valley. De hábito, é mesclada em várias proporções com Merlot e Cabernet Franc, para gerar "misturas de Bordeaux" de pouca semelhança com o original francês.

Pinot Noir. Após anos promissores ou até brilhantes, plantadores de Pinot Noir passaram a esmagá-la no começo dos anos 1990. Os estilos variam, mas certos vinhos empolgantes, de primeira classe, emergem de regiões como Victoria e Tasmânia.

Sémillon. Um total triunfo (por vezes subestimado) no Baixo Hunter, em vinhos brancos secos e leves, no Chablis verde, de uva jovem, e em magistrais lotes

envelhecidos por mais de vinte anos. Ainda é gordurosa no rio Margaret, mas em Barossa ou Clare isso é mascarado por pesada maturação em carvalho. Bastante útil em espumantes baratos e misturas com Chardonnay.

Riesling. Fonte de alguns dos melhores brancos australianos – perfumados, vivamente secos e capazes de envelhecer muito bem. É dominante em Clare e Eden Valley. Preço bom.

ao King Valley, e menores para Ovens Valley, Beechworth e Alpes de Victoria.

Northwest Victoria. De longa existência, uma área bem irrigada ao longo do rio Murray, que possui grandes vinhedos em Mildura e Robinvale, através de Swan Hill e abaixo para Echuca. Fonte de bons vinhos comerciais.

Pyrenees. Zona montanhosa em torno da cidade de Avoca, 193 quilômetros a noroeste de Melbourne. Um punhado de vinícolas faz aqui vinhos firmes e corretos.

Strathbogie Ranges. Cerca de 1.500 hectares plantados acima cerca de 365 metros, em solos graníticos. Bons para Riesling e Chardonnay, mas com potencial também para Pinot Noir.

Yarra Valley. Esta região cultiva uvas desde o século XIX e fica 48 quilômetros a leste de Melbourne. Reformada, agora concretiza sua vocação. Pequenas vinícolas competem com algumas das maiores para produzir excepcionais vinhos de clima frio, entre os melhores do país, além de finos espumantes.

Outras áreas. Sejam as vinícolas esparsas, desconectadas entre si, de Gippsland, no sudeste de Melbourne, ou as alinhadas ao longo da Great Dividing Range (que forma uma faixa através de Victoria Central e sobe Nova Gales do Sul adentro), há numerosas regiões que concorrem para o colorido da vinicultura estadual.

Sul da Austrália

Adelaide Hills (colinas). Mais uma das renomadas regiões de clima ameno, ao redor das colinas do Mount Lofty, a sudeste de Adelaide. Produz alguns admiráveis Sauvignon Blanc, Pinot Noir e Chardonnay.

Adelaide Plains (planície). Importante área de cultivo, que inclui a recém-restaurada propriedade Penfold's Magill, já engolida pelos subúrbios da cidade.

Barossa Valley Mais velha e mais destacada região, 56 quilômetros a nordeste de Adelaide, fixada por alemães nos anos 1840. É a casa de produtores versáteis e o lar de muitas das maiores vinícolas australianas. Famosa por seu vigoroso (às vezes demais) Shiraz.

Clare Área modesta, 64 quilômetros ao norte de Barossa, com uma história tão longa quanto a desse vale. Colinas altas de 396 metros propiciam tempo frio, no qual a Riesling se sai bem, embora Sémillon, Shiraz e Cabernet também possam originar vinhos primorosos.

Coonawarra. A remotos 400 quilômetros no nordeste de Adelaide, é um curioso terreno plano de terra vermelha sobre pedra calcária, dotado de minas de água. Pela latitude, faz frio, e o solo é incrivelmente fértil. Disso resultam vinhos dos melhores da Austrália, embora Cabernet Sauvignon custe a amadurecer. Já em boas colheitas, o Cabernet pode ser longevo.

VARIEDADES SECUNDÁRIAS DE UVAS

Cabernet Franc. De início, plantada e usada mais em mesclas com Cabernet Sauvignon, já surge como um cheiroso varietal violáceo.

Chenin Blanc. Sobretudo material de misturas, em ocasiões aparece puro, como fresco vinho branco.

Durif. Semelhante à Shiraz, usada eventualmente no nordeste de Victoria em interessante vinho escuro. No geral, é uma uva melhor que sua fama.

Gewürztraminer. Mais utilizada na produção de vinhos brancos adocicados e baratos, em mistura com Riesling. Alguns produtores tratam essa uva a sério, e com grande êxito.

Grenache. Ofuscada pela Shiraz, mas, plantada a seco em velhos vinhedos de Barossa e de McLaren, produz vigorosos e suculentos tintos do tipo Rhône.

Marsanne. Antes confinada às videiras de Tahbilk, gerando admiráveis brancos aromáticos e consistentes, já se beneficia do interesse por vinhos

no estilo do Rhône e floresce em toda parte.

Merlot. À beira de entrar na lista das principais, essa variedade tinta começou na Austrália como base de misturas. O plantio cresceu desde 1998, mas ótimas versões monovarietais estão pouco disponíveis.

Mourvèdre. Outra redescoberta com caráter do Rhône, a Mourvèdre (ou

Mataro, como é mais conhecida aqui) é frequente em mesclas com Shiraz e Grenache.

Muscadelle. Por vezes usada em misturas de brancos secos, agrada mais na forma escura (chamada Tokay), em vinhos de mesa feitos no nordeste de Victoria.

Muscat Brown. É a Moscatel de Victoria, origem de soberbos e saborosos vinhos de sobremesa. A variedade inferior, Muscat Gordo Blanco (ou Lexia), serve para vinhos doces e frutados em áreas irrigadas.

Pinot Gris. Plantações em alta nas áreas mais frias, porém ainda lhe falta captar o entusiasmo do público.

Pinot Meunier. Variedade significativa para vinhos espumantes, mas ainda escassamente cultivada.

Sauvignon Blanc. Menos bem-sucedida aqui do que na Nova Zelândia. Todavia, em Adelaide Hills, Victoria Central, rio Margaret e Coonawarra, produz vinhos pungentes e estimulantes.

Verdelho. Boa, delicada e aromática variedade branca, encontrada no Hunter e no oeste do país. Às vezes desprezada, pode ser deliciosa.

Outras. Em geral produzidas em escala mínima, ainda assim fornecem incitantes vislumbres do futuro. Incluem: Barbera, Dolcetto, Nebbiolo, Malbec, Tempranillo, Roussanne, Petit Verdot, Sangiovese, Viognier, Fiano, Arneis, Albariño, Vermentino e Zinfandel.

Eden Valley. Região gélida ao sul de Barossa, sede de vinícolas de alta qualidade e fonte de magníficas uvas para compradores. Riesling brilha aqui.

Langhorne Creek. Delgada área histórica, 75 quilômetros a sudeste de Adelaide, em rico solo de aluvião. Os vinhos tintos daqui são macios e generosos.

McLaren Vale. Espaço quente logo ao sul de Adelaide. Combinação de vinícolas tradicionais e outras modernas, produzindo sobretudo bons tintos, plenos de riqueza e intensidade.

Riverland. O rio Murray ultrapassa a divisa de Victoria e a região ficou conhecida como Riverland. A maior parte da produção australiana a granel vem de seus imensos vinhedos e vinícolas, bem como alguns vantajosos vinhos engarrafados.

Outras áreas. Coonawarra não é a única boa hospedeira de uvas nas vastas terras ao sul de Adelaide. A vizinha Wrattonbully tem solo similar, e Padthaway serve há muito de fonte para boas frutas de clima frio. Agora existem novos vinhedos em Koppamurra, ao norte de Coonawarra, e em Mount Benson, sobre a costa calcária do sul da Austrália.

Oeste da Austrália

Geographe. Novo nome da longa planície costeira entre Perth e o rio Margaret, endereço de muitas e variadas vinícolas.

Great Southern. Região bem espraiada, de topografia e solo diversos. Inclui as áreas de Mount Barker e Frankland River. Crescente número de vinícolas, atraídas pelas condições de frio e maturação lenta dos vinhos.

Margaret River. Zona de vinhos de alta qualidade, 322 quilômetros ao sul de Perth, num promontório com acentuado clima oceânico. Amigável para vários vinhos, sobretudo sensacionais Cabernet e Chardonnay.

Pemberton. Nova, aclamada região de grande potencial. O clima frio propicia excepcionais Pinot Noir e Chardonnay, e as frutas daqui são disputadas por vinícolas do leste.

Swan Valley Área tradicional e quente de cultivo nas bordas de Perth, conhecida por doces vinhos tintos de sobremesa e pelo famoso "Borgonha branco" de Houghton.

Château Tahbilk, estabelecido em 1860.

Queensland

Estado de menor produção vinícola. As uvas crescem no local chamado "cinturão de granito", logo após a fronteira com Nova Gales do Sul. Embora Queensland mereça seu apelido de "Estado do sol", as melhores vinícolas ficam a altitude elevada, com um pouco de frio.

Tasmânia

Na busca por clima menos quentes, para aproveitamento, certo número de vinícolas se lançaram à Tasmânia, perto de Launceston, ao norte da ilha, e de Hobart, ao sul. Como se poderia esperar do tempo um tanto frio, os vinhos espumantes daqui são muito bons, assim como Pinot Noir, Riesling e Chardonnay.

Território do Norte

Orgulhoso possuidor de uma única vinícola, a Château Hornsby, em Alice Springs, faz da irrigação uma bandeira em meio ao forte calor, e também produz vinhos medianos.

Principais produtores de Nova Gales do Sul

A posse de um vinhedo é de certo modo ilusória, já que as propriedades de hábito suplementam sua safra comprando frutas de vizinhos ou mesmo de outras regiões. Mais ainda, com a recente onda de fusões e aquisições, o capital social de um vinhedo se torna algo confuso, porque partilhado entre várias vinícolas dentro do grupo.

Camberra

Clonakilla ☆☆
Murrambateman. Proprietário: Tim Kirk. 8 ha. www.clonakilla.com.au
Uma das primeiras (e melhores) produtoras do distrito de Camberra. Excelentes Riesling e Viognier, mas a vinícola é mais conhecida pelo pioneirismo no estilo Shiraz/Viognier, introduzido em 1992. Nesse vinho, Clonakilla segue brilhante.

APERA E TOPAQUE

Não está claro que tipo de conceito transmitem esses dois nomes, mas eles designam o *sherry* ou xerez e o Tokay, respectivamente. Vinhos fortificados nasceram com a própria indústria vinícola australiana e, ainda que a moda tenha tomado outra direção, continuam magníficos. Os Tokay em particular, escuros e muito doces, são feitos de uva Muscadelle e com frequência vêm de produtores de licor de moscatel, mantendo a qualidade estelar. Os Estados Unidos ignoram esses nomes, porque "sherry" ainda é exclusivo da Espanha, e Tokay por causa do húngaro Tokaji. Houve acordo, porém, para a Austrália denominar de Apera o seu xerez fortificado, a partir de 2010, e o nome Tokay seria descartado no prazo de dez anos. Talvez então os dois pareçam menos esquisitos

Lark Hill ☆☆–☆☆☆
Bungendore. Proprietário: David Carpenter. 10 ha. www.larkhillwine.com.au
A vinícola mais alta e das mais importantes na região. Os vinhos da consultora Sue Carpenter incluem Chardonnay, Cabernet e Merlot, o delicado Germanie Riesling e um notável Pinot Noir. Biodinâmica desde 2008.

Hunter Valley

Arrowfield ☆
Jerrys Plain. Proprietário: Hokuriku. 60 ha. www.arrowfieldwines.com.au
Esta empresa do Alto Hunter criou boa reputação pelos preços compensadores. Incorporada à Red Hill na Península Mornington, desistiu de pretensões estilísticas e se abastece de uvas de outras regiões ou províncias.

Bimbadgen ☆–☆☆
Pokolbin. 40 ha. www.bimbadgen.com.au
Os vinhos daqui gozam de boa reputação, mas os brancos são decididamente doces. Mas o Shiraz e o Sémillon Botrytis têm viço e intensidade.

Brokenwood ☆☆☆
Pokolbin. Proprietários: Iain Riggs e sócios. 15 ha. www.brokenwood.com.au
Na origem montada por uma parceria de amantes do vinho de Sydney, incluindo o autor James Halliday, de livros sobre a bebida, hoje é comandada pelo fleumático Iain Riggs. Ele produz mesclas multirregionais, porém os vinhos puros – em particular o soberbo e cítrico ILR Reserve Sémillon e o Shiraz Graveyard Vineyard, atípico para a região – impressionam mais. De longe, o produto mais popular é o maduro e levemente acarvalhado Sauvignon/Sémillon Cricket Pitch.

Drayton's Family Wines ☆–☆☆☆
Cessnock. Proprietária: Família Drayton. 55 ha. www.draytonswines.com.au
Antiga empresa familiar, faz vinhos desde os anos 1850. Os estilos tradicionais do Hunter predominam. O Shiraz William Pokolbin foi retido por cinco anos, para ser lançado no seu pico de demanda.

Hope Estate ☆☆
Broke. Proprietário: Michael Hope. 100 ha. www.hopeestate.com.au
Produz varietais no padrão do Hunter, e ainda frescos vinhos Merlot não muito carregados. A vinícola mudou-se para as instalações da antiga Rothbury e também adquiriu vinhedos na região oeste do país.

Hungerford Hill ☆☆
Pokolbin. Proprietário: James Kirby. Sem vinhedos. www.hungerfordhill.com.au
Parte do grupo Southcorp por anos, esta vinícola foi vendida em 2002 a um empresário que lhe deu novo sopro de vida. Sob as vistas do enólogo Phillip John, a Hungerford Hill elabora vinhos lindamente embalados, apenas com frutas das áreas central e sulina de Nova Gales do Sul, como Tumbarumba e

Cowra. Marcou êxitos com o Sauvignon de Tumbarumba, Riesling de Clare e Cabernet de Hilltops.

Lake's Folly ☆☆☆
Pokolbin. Proprietário: Peter Fogarty. 12 ha.
www.lakesfolly.com.au
O hobby inicial tornou-se a paixão de Max Lake, destacado cirurgião de Sydney. Ele abriu a primeira vinícola nova do Hunter em quarenta anos e ignorou a tradição, para provar que o Cabernet pode ser magnífico também sob os céus do Hunter. Fez o mesmo com relação ao Chardonnay. Em 2000, vendeu a empresa para um negociante de Perth. A qualidade manteve-se alta, e a produção, pequena.

McGuigan Simeon ☆–☆☆
Pokolbin. Proprietário: Empresa pública. 5.200 ha.
(gerenciados e controlados) www.mcguiganwines.com.au
Após passarem Wyndham Estate (ver p. 559) ao grupo Orlando, os irmãos McGuigan instalaram sua vinícola em 1992 e começaram um novo império. A produção expandiu-se quando Brian McGuigan comprou as propriedades da vinícola Simeon em Mildura e Miranda, beirando agora 1 milhão de caixas, mas a longa lista de vinhos tem estilo pouco claro. Alguns vinhos feitos no Hunter são vendidos sob o rótulo Personal Reserve.

McWilliam's ☆☆–☆☆☆☆
Pokolbin. Proprietária: Família McWilliam. 70 ha.
www.mcwilliams.com.au
Embora as principais instalações vinícolas estejam na Hanwood, em Riverina, o Baixo Hunter continua sendo o corpo e a alma da empresa. Entre os vinhos de ponta estão os extraordinários e bem maturados Sémillon de nome Elizabeth e Lovedale, mais alguns Shiraz elaborados na já lendária vinícola de Mount Pleasant, em Hunter Valley.

A produção massiva concentra-se em Hanwood, e uma nova fábrica em Barwang, na área de Hilltops, lançou promissores vinhos de clima frio, bastante aromáticos. Nos anos recentes, os McWilliam compraram outras vinícolas: Evans & Tate, no Oeste da Austrália, e Brand's Laira, em Coonawarra. Os velhos vinhos fortificados tipo xerez são pouco difundidos, mas merecem atenção.

Meerea Park ☆☆
Pokolbin. Proprietária: Rhys Eather. Sem vinhedos.
www.meereapark.com.au
Os Eather eram fazendeiros e venderam seus vinhedos para financiar a vinícola. O enólogo Rhys Eather adquire uvas sobretudo de Orange e do Hunter Valley. Dos vinhos brancos, destacam-se o fresco e límpido Verdello, o concentrado Sémillon e o Viognier com traços de damasco. Entre os tintos, os melhores são: Terracotta, fermentado com o Viognier; e o Munro, de velhas videiras, envelhecido na garrafa antes da distribuição. Ambos surpreendentes para um Shiraz do Hunter.

Petersons ☆–☆☆
Mount View. Proprietário: Colin Peterson. 100 ha.
www.petersonswines.com.au
Pequena vinícola bem montada, com primeiros lançamentos em 1981. A linha-mestra se compõe de excepcionais Shiraz e

Chardonny, bons Sémillon e Cabernet. Muitas das uvas vêm de vinhedo próprio em Mudgee.

Poole's Rock ☆☆
Pokolbin. Proprietário: David Clarke. 92 ha.
www.poolesrock.com.au
Sediada no Baixo Hunter, esta casa, como tantas outras, traz uvas de diversas regiões. O rótulo Poole's Rock é restrito às bebidas feitas com uvas dos vinhedos do Hunter, enquanto o Cookfighter's Ghost usa matéria-prima do sul da Austrália e da Tasmânia. Qualidade mediana, mas pode ser alta como no caso do Tasmania Pinot Noir.

Rosemount Estate ☆–☆☆☆
Denman. Proprietário: Foster's Wine Group. 1.500 ha.
www.rosemountestate.com
Foi uma das mais confiáveis vinícolas do país, dona dos mais populares vinhos no mercado exportador. Nesta vinícola no Alto Hunter (onde se situa o famoso vinhedo Roxburgh Chardonnay), o consultor Philip Shaw manipula uvas compradas para fazer um desconcertante conjunto de boas marcas. Em 2001, o Southcorp associou-se à Rosemount, mas o casamento durou pouco.

Hoje a lista tem menor coerência. As linhas padrão, como os agradáveis e bem-aceitos varietais Diamond, além dos vinhos Show Reserve (que abrangem o Sauvignon Blanc chamado Marlborough), seguem no lugar, tal qual o Roxburgh Chardonnay e o Balmoral Shiraz.

Rothbury Estate ☆–☆☆
Pokolbin. Proprietário: Foster's Wine Group.
www.fosters.com.au
O vinho Sémillon longamente maturado, no genuíno estilo do Hunter, fez a fama desta vinícola quando pertencente a Len Evans e aos sócios. O Syrah o desbancou. Mudanças de dono principiaram em 1995, e hoje Rothbury tornou-se só mais uma marca no catálogo da Foster's. Não obstante, alguns vinhos típicos do Hunter continuam palatáveis.

Saddler's Creek ☆–☆☆
Pokolbin. Proprietário: John Johnstone. 12 ha.
www.saddlerscreekwines.com.au
Criador de cavalos, Johnstone assumiu a casa e passou a comprar uvas do McLaren Vale e do Hunter. A marca mais difundida é a mescla Bluegrass Shiraz e Cabernet Sauvignon. Seus vinhos têm uma doçura acarvalhada que os torna acessíveis já quando jovens. São comerciais, mas sofisticados, embora os tintos possam cair na monotonia.

Scarborough ☆☆
Pokolbin. Proprietária: Família Scarborough. 40 ha.
www.scarboroughwine.com.au
Exceção nesta área, o foco principal daqui é o Chardonnay, ainda que o Sémillon também seja bom. A família dos donos adquiriu e replantou o ex-Lindeman Sunshine Vineyard, o que lhes deu autonomia e uma ótima fonte de matéria-prima.

Tempus Two ☆–☆☆☆
Pokolbin. Proprietária: Família McGuigan.
www.tempustwowinery.com.au
Rótulo subsidiário da McGuigan (ver nesta página), mas com vinícola própria e, aliás, imponente. Como parte do negócio,

abastece de vinho toda a Austrália. A qualidade varia, porém a faixa chamada Copper tende a um alto nível.

Tower ☆☆☆
Pokolbin. Proprietários: Família Evans e sócios. Sem vinhedos. www.towerestatewines.com.au
O finado Len Evans fundou a Tower em 1999 e escolheu parcelas das melhores frutas de Hunter, Clare, Adelaide Hills, Tasmânia e outras regiões. A meta era produzir vinhos extremamente bons, em lotes de no máximo mil caixas cada. O projeto continuou após a morte de Evans. A Tower ainda possui o melhor hotel de Hunter Valley.

Tyrrell's ☆☆–☆☆☆
Pokolbin. Proprietário: Bruce Tyrrell. 370 ha. www.tyrrells.com.au
Murray Tyrrell foi um dos ativistas do renascer do Hunter nos anos 1970, elaborando tradicionais Sémillon e Shiraz. Espantou o país com seu bem-estruturado Chardonnay Vat 47, o vinho que de fato abriu caminho para a diversidade na Austrália. Apesar do sucesso do envelhecido Pinot Noir Vat 9, a força de Tyrrell voltou-se para o Shiraz (Vat 9), além de vinhos de fontes indivualizadas, como o Sémillon dos vinhedos Stevens e Belford, e os de sua fidedigna faixa Old Winery. A aquisição de vinhedos em Heathcote e outras áreas alavancou a expansão do negócio.

Wyndham Estate ☆–☆☆☆
Dalwood. Proprietário: Orlando Wyndham. 150 ha. www.wyndhamestate.com.au
Uma das mais veteranas vinícolas da Austrália, parte do enorme grupo de Orlando Wyndham. Em consequência, a base original no Hunter já não é o centro de operações. Qualidade confiável, mas raramente empolgante. A série Bin é uma boa e acessível escolha, mas os Show Reserve têm mais conteúdo.

Mudgee

Botobolar ☆–☆☆
Mudgee. Proprietários: Kevin e Trina Karstrom. 22 ha. www.botobolar.com
Fiel aos princípios do cultivo orgânico, esta casa faz vários dos mais cativantes vinhos do Mudgee, em especial o Shiraz.

Huntington Estate ☆☆–☆☆☆
Mudgee. Proprietário: Tom Stevens. 40 ha. www.huntingtonestate.com.au
Nome sério na preocupação com qualidade, esta vinícola foi vendida em 2006, mas segue produzindo refinadas e substanciais mesclas de Cabernet, além de Shiraz.

Miramar ☆
Mudgee. Proprietário: Ian MacRae. 35 ha. www.miramarwines.com.au
Vinícola das mais competentes, revelando os traços característicos de cada variedade, sobretudo Chardonnay com Sémillon, Cabernet e Shiraz.

Orange

Bloodwood Estate ☆☆
Orange. Proprietário: Stephen Doyle. 8 ha. www.bloodwood.com.au
Stephen e Rhonda Doyle foram precursores na região alta de Orange. Fazem um cálido Chardonnay, um exótico Riesling, um picante Cabernet e um Malbec rosé demasiado suculento, chamado Big Men in Tights.

Brangayne ☆–☆☆☆
Orange. Proprietário: Don Hoskins. 25 ha. www.brangayne.com
Modesta propriedade da família Hoskins, com vinhedos distantes Orange acima. Faz um pesado e tostado Chardonnay (Isolde), mas se redime com o elegante e semiencorpado Pinot Noir, e com a mescla Cabernet e Shiraz (Tristan), produzida sob contrato por Simon Gilbert.

Cumulus ☆☆
Cudal. Proprietária: Assentinsure. 509 ha. www.cumuluswines.com.au
O ex-consultor da Rosemount, Philip Shaw, e seus sócios gerenciam esta antiga propriedade dos Reynold, dando-lhe sem demora um extenso rol de variedades. Existem duas linhas: Rolling (de uvas das encostas da região central) e Climbing (de vinhedos próprios plantados a 600 metros). A segunda exibe a tipicidade dos varietais, mas ainda não um caráter marcante.

Logan ☆
Apple Tree Flat. Proprietário: Peter Logan. 14 ha. www.loganwines.com.au
Fundada em 1997, especializou-se em vinhos com uvas de Orange, mas há faixas (como a Weemala) que também usa as de Mudgee.

Riverina

Casella ☆–☆☆☆
Yenda. Proprietária: Família Casella. www.casellawines.com.au
História de um forte sucesso na indústria australiana do vinho, graças à criação da marca popular Yellow Tail, que engolfou os Estados Unidos. Vinhos francamente comerciais, mas nem sempre medíocres. Alguns têm excesso de açúcar (para agrado das multidões); outros saem-se bem em degustações "cegas". A Casella já produz 12 milhões de caixas.

Nugan ☆–☆☆☆
Griffith. Proprietário: Nugan Group. 600 ha. www.nuganestate.com.au
Nem toda a safra de seus extensos vinhedos chega aos vinhos da Nugan; boa parte é vendida a casas que fazem vinho a granel. A Riesling vem do King Valley, a Shiraz do MacLaren Valley, alguma Cabernet de Coonawarra. A despeito da rápida expansão, a casa produz vários vinhos de qualidade; os de Shiraz e Durif comportam-se muito bem.

Outras áreas

Cassegrain ☆–☆☆☆
Port Macquarie. Proprietário: Simon Gilbert. 154 ha. www.cassegrainwines.com.au
Fascinante projeto na região quente do Hastings Valley, no norte do estado. Em 2005, a propriedade foi passada a Simon Gilbert, mas Gerard Cassegrain continuou envolvido. Parte dos vinhedos segue os princípios da biodinâmica, e as uvas ainda são

providas por plantações alheias. Seus vinhos podem ser bastante marcantes – sobretudo um generoso Merlot, levemente picante, e um raro e vibrante Chambourcin de cor violácea.

Trentham Estate ☆–☆☆

Trentham Cliffs. Mildura. Proprietários: Anthony e Patrick Murphy. 60 ha. www.trenthamestate.com.au
Um peixinho, se comparado aos grandes vinhedos próximos, mas um produtor confiável e popular. São brancos limpos, saborosos, e tintos caracterizados por suave gosto frutado, em especial os bons Shiraz e Merlot. La Famiglia consiste numa faixa devotada a variedades italianas, incluindo um rico e suculento Vermentino.

Principais produtores de Victoria

Por causa da abundância de regiões dentro de Victoria, as referências ao estado foram assim organizadas:
Central: Ballarat, Bendigo, Goulburn Valley, Heatcote, Strathbogie Ranges, Upper Goulburn.
Nordeste: Alpine Valleys, Beechworth, Glenrowan, King Valley, Rutherglen.
Noroeste: Murray Darling, Swan Hill.
Sul: Geelong, Mornington Península.
Oeste: Grampians, Henty, Pyrenees (Pireneus australianos).
Melbourne: Macedon Ranges, Sunbury, Yarra.

Victoria Central

Balgownie ☆☆–☆☆☆

Maiden Gully. Proprietária: Família Forrester. 42 ha. www.balgownieestate.com.au
A Mildara comprou esta empresa de Bendigo em 1986, que foi vendida novamente em 2001. O fundador, Stuart Anderson, construiu um dos melhores selos da Austrália para Cabernet Sauvignon. A aquisição de vinhedos em 2002, no Yarra Valley, supriram a casa de Chardonnay e Pinot Noir. Após improvisos, o vinhos melhoraram muito neste século, embora ainda não se igualem ao Bendigo Shiraz e ao Cabernet demais sofisticado.

BlackJack ☆☆☆

Harcourt. Proprietárias: Famílias McKenzie e Pollock. 6 ha. www.blackjackwines.net.au
Plantado em 1988, este vinhedo de Bendigo tornou-se a fonte de um exuberante Shiraz com leve gosto de ameixa.

Delatite ☆–☆☆☆

Mansfield. Owner: Ritchie family. 25 ha. www.delatitewinery.com.au
Ros Ritchie produz notáveis vinhos brancos e característicos tintos mentolados das vinícolas bem frias de Upper Goulburn. Riesling e Gewürztraminer estão entre os melhores. Também produzem Sauvignon Blanc, Pinot Gris e Tempranillo.

Heathcote Estate ☆☆

Heathcote. Proprietárias: Famílias Bialkower e Kirby. 30 ha. www.heathcoteestate.com
Sociedade nova, trouxe da Nova Zelândia o consultor Larry McKenna. Um dos donos ainda controla a Yabby Lake (ver p. 565), cujo enólogo, Tom Carson, também projeta vinhos aqui.

As bebidas são jovens no mercado, mas sem dúvida os participantes da empresa têm vontade de vencer.

Heathcote Winery ☆☆

Heathcote. Proprietários: Stephen Wilkins e sócios. 18 ha. www.heathcotewinery.com.au
O Shiraz, sobretudo no rótulo de ponta Curagee, é o que se espera de um vinho de Heathcote: encorpado e elegante.

Jasper Hill ☆☆☆☆

Heathcote. Proprietário: Ron Laughton. 24 ha. www.jasperhill.com.au
Vinhos admiráveis de uma gleba biodinâmica em Victoria Central. Ron Laughton a comprou em 1979 porque desejava fazer Shiraz pelo método de *dry-farming* (cultura seca) e sem enxertos. Encontrou o solo perfeito e venceu o desafio.

Seu Riesling tem fragrância envolvente. Os tintos (Georgia's Paddock, um de pura Shiraz; Emily's Paddock, mescla Shiraz com Cabernet Franc) são fortemente estruturados, sem prejuízo do toque alegre, mas demandam suprimento externo.

Mitchelton ☆☆

Mitchellstown, Nagambie. Proprietário: Lion Nathan. 150 ha. www.mitchelton.com.au
Construção incomum, lembrando um mosteiro moderno às margens do encantador rio Goulburn, dotado de torre de vigia, aviário e restaurante que atraem turistas. Já os vinhos são respeitáveis. O rótulo Michelton é usado nas bebidas de uvas próprias: o Marsanne maturado na garrafa, com traços de pêssego e mais aromático do que a uva; um benfeito Riesling; o pesado Chardonnay; e um excelente Print Shiraz. Outras etiquetas: Blackwood Park e Preece.

Sutton Grange ☆☆–☆☆☆☆

Sutton Grange. Proprietário: Peter Sidwell. 13 ha. www.suttongrangewinery.com
Estrela em ascensão na área de Bendigo. O consultor francês Gilles Lapalus impôs o cultivo biodinâmico nos vinhedos e procura obter uvas sem demasiado açúcar e álcool. Disso resultam o excelente Viognier, o persuasivo Fiano e o surpreendente Shiraz floral.

Tahbilk ☆☆–☆☆☆☆

Tahbilk. Proprietária: Família Purbrick. 200 ha. www.tahbilk.com.au
A mais atraente e histórica vinícola de Victoria é ainda uma das melhores do país. A velha fazenda com grandes árvores se estende à margem do rio Goulburn, em local adorável, com estábulos e celeiros, que parece um set de filmagem da Austrália antiga.

Seu Marsanne branco e seco é bastante forte, mas envelhece até uma sutil delicadeza; o vigoroso Riesling também matura com propriedade, pleno de sabor. O Shiraz constitui uma escolha sábia entre os vinhos australianos, e o Shiraz 1860 Vine (dos canteiros restantes do vinhedo original) recorda o estilo europeu. O Cabernet Sauvignon da Tahbilk é mais terroso, mas também duradouro.

Nordeste de Victoria

All Saints ☆–☆☆☆
Wahgunyah. Proprietária: Família Brown.
65 ha. www.allsaintswine.com.au
Tradicional vinícola de Rutherglen (nascida em 1864), produz vinhos de mesa, vinhos fortificados e espumantes. Comprada em 1991 pelos irmãos Brown, foi majestosamente reformada. Em 1998, Peter Brown tornou-se o único dono, mas morreu em 2005. A fabulosa linha Museum surge das velhas soleras de Muscat e Tokay. Os demais vinhos raramente passam do normal.

Bailey's ☆☆–☆☆☆
Glenrowan. Proprietário: Foster's Wine Group. 143 ha.
www.baileysofglenrowan.com.au
Célebres criadores de um heroico Shiraz, caricatura de vinho australiano com rótulo preto e vermelho, em sinal de perigo. Levemente frutado, esse vinho envelhece vinte anos, visando a uma improvável sutileza. Bons e baratos também são os Muscat e os Tokay de sobremesa, intensamente doces, frutados e aveludados. Dez anos atrás, parecia que velhos estoques de vinhos de sobremesa iriam perder-se nos depósitos, mas foram feitos esforços no sentido de refrescá-los, e agora eles se ombreiam com os melhores de Rutherglen.

Brown Brothers ☆☆
Milawa. Proprietária: Família Brown. 400 ha.
www.brown-brothers.com.au
Esta veterana vinícola familiar, com vinhedos espalhados pelo norte de Victoria, parece gozar de contínua expansão e inovação. Além de manter uma linha confiável de vinhos normais, entre eles os merecidamente populares Orange Muscat, os irmãos Brown experimentam novas variedades e estilos (de praxe, só vendidos na adega interna), como o excelente Sauvignon Blanc de clima frio e varietais italianos. Vinhos de topo chamam-se Patricia, em honra à matriarca da família.

Bullers ☆–☆☆☆
Rutherglen. Proprietário: Andrew Buller. 50 ha.
www.buller.com.au
Outra empresa familiar, produtora de bem fortificados Muscat e Tokay, em Rutherglen, além de alguns superaromáticos – e de alto teor alcoólico – vinhos tintos, como o Durif, feitos em Beverford.

Campbells of Rutherglen ☆☆–☆☆☆
Rutherglen. Proprietário: Colin Campbell. 64 ha.
www.campbellswines.com.au
Sob Colin Campbell, esta tradicional vinícola lapidou sua imagem e modernizou seus conceitos. Faz superlativos Muscat e Tokay (rótulos Merchant Prince e Isabella), que são a espinha dorsal da empresa, mas o bem condimentado Shiraz Bobbie Burns e o marcante Durif chamado The Barkly Durif também são muito bons.

Castagna ☆☆☆
Beechworth. Proprietário: Julian Castagna.
4 ha. www.castagna.com.au
Cultivo biodinâmico e fabricação não danosa ao meio ambiente resultam no complexo Genesis Syrah (o dono insiste na grafia francesa) e na saborosa mescla San Giovese mais Syrah chamada Un Segreto. Tornaram-se vinhos *cult*.

Chambers Rosewood ☆–☆☆☆☆
Rutherglen. Proprietária: Família Chambers. 50 ha.
www.chambersrosewood.com.au
Excêntrico, Bill Chambers é veterano vinicultor, respeitado por seus Liqueur Muscat e Tokay, sendo os melhores, os mais admiráveis pelo tempo de envelhecimento. A linha Rare contém vinhos de mais de noventa anos. Os secos são bizarros, mas valem uma visita à adega.

Giaconda ☆☆☆–☆☆☆☆
Beechworth. Proprietário: Rick Kinzbrunner. 12 ha.
www.giaconda.com.au
Algum vinhedo australiano lavra melhores uvas Chardonnay que o de Giaconda? Elas têm um caráter mineral que é raro fora da Borgonha, bem como grande longevidade e gosto profundo. Perfeccionista, o dono ainda elabora um saboroso e penetrante Shiraz, um bom Pinot Noir e um pura Roussanne denominado Aeolia. Pequenas quantidades, vendidas por correio a devotos e a restaurantes finos.

Morris Wines ☆☆☆☆
Rutherglen. Proprietário: Orlando Windham. 80 ha.
www.morriswines.com
O Liqueur Muscat David Morris é uma espécie de arma secreta da Austrália: aromático, é um sedoso xarope que deixa arfantes até os céticos. O velho prédio da empresa, em latão, guarda caixas de Muscat e Tokay superconcentrados pela evaporação, a ponto de exigirem refrescamento com vinho jovem antes de irem às garrafas. Tão magnífico quanto outros vinhos fortificados de Rutherglen, o Morris Old Premium merece medalha de ouro em qualquer competição.

Pfeiffer ☆–☆☆
Wahgunyah. Proprietário: Chris Pfeiffer. 32 ha.
www.pfeifferwines.com.au
Pfeiffer divide suas energias entre zelar pelos estoques de velhos e fortalecidos Tokay e Muscat de Rutherglen, e produzir vinhos de mesa (Riesling, Marsanne, Shiraz). Os antigos fazem mais sucesso.

Stanton & Killeen ☆☆–☆☆☆
Rutherglen. Proprietário: Chris Killeen. 45 ha.
www.stantonandkilleen.com.au
Pequena propriedade familiar, que cresceu na oferta de vinhos e nos volumes produzidos. Seus Cabernet, Shiraz e Durif estão

Vinícola Tahbilk, Goulbourn.

Noroeste de Victoria

Lindemans ☆–☆☆☆
Karadoc. Proprietário: Foster's Wine Group. Vinhedos em Hunter Valley, Sunraysia, Coonawarra e Padthaway. www.lindemans.com.au
Ex-grande empresa, agora é parte da Foster's. Começou no Hunter Valley e destacou-se por especiais vinhos Bin nos anos 1960-1970, muitos palatáveis ainda hoje. Como megamarca, a Lindeman utiliza variadas fontes de matéria--prima. A vinícola do Hunter decaiu e a maioria dos produtos tem base em Victoria, de onde sai a força da empresa: o Chardonnay Bin 65, um dos brancos mais fáceis de reconhecer em todo o mundo. Outros vinhos incluem uma sólida linha com origem nas uvas de Padthaway, mais os tintos de Coonawarra, a saber: Limestone Ridge (Shiraz mais Cabernet), Cabernet Saint--George e a mescla Pyrus.

Sul de Victoria

Bannockburn ☆☆☆
Bannockburn. Proprietária: Família Hooper. 27 ha. www.bannockburnvineyards.com
Teve problemas por alguns anos. Stuart Hooper faleceu em 2001 e o fiel enólogo Gary Farr deixou a casa, para abrir a By Farr. Seu substituto, Michael Glover, não só manteve como aprimorou a qualidade de intensos Chardonnay e Pinot Noir, todos de vinhedos próprios. Mas eles não saem baratos.

By Farr ☆☆☆
Bannockburn. Proprietário: Gary Farr. 17 ha. www.byfarr.com.au
Gary Farr, antigo consultor da Bannockburn, lançou seu rótulo em 1999. Individualista, Farr mudou de conduta com a idade, talvez pela presença do filho Nick neste empreendimento do Geelong. Produção restrita, mas os Chardonnay, Pinot Noir e Vioginer da casa são esplêndidos.

Del Rios ☆☆
Anakie. Proprietário: Família Del Rios. 15 ha. www.delrios.com.au
Pequena propriedade que distribui seus vinhos desde 2000. São adocicados e cremosos Chardonnay e Pinot Noir envelhecidos e corpulentos.

Dromana Estate ☆–☆☆☆
Dromana. Empresa pública. 23 ha. www.dromanaestate.com.au
Gloriosos Pinot Noir e Chardonnay são elaborados por Duncan Buchanan nesta casa da Península Mornington. A fama do lugar remonta ao consultor Garry Crittenden, pioneiro das variedades italianas na Austrália, mas que deixou a empresa.

Elgee Park ☆☆
Merricks North. Proprietário: Baillieu Myer. 5 ha. www.elgeeparkwines.com.au
Possui o mais antigo vinhedo da Península Mornington e produz bebidas muito boas, em quantidade frustrante de tão diminuta.

Kooyong ☆–☆☆☆
Red Hill South. Proprietário: Giorgio Gjergja. 34 ha. www.kooyong.com
Destacada vinheria da região, que estreou em 2001. Fazer Pinot Noir cada vez mais elegantes é a meta do consultor Sandro Mosele. Dos outros numerosos vinhos, o melhor costuma ser o Haven.

Lethbridge ☆☆–☆☆☆
Lethbridge. Proprietários: Ray Nadeson e sócios. 10 ha. www.lethbridgewines.com
Excelentes resultados de seu vinhedo orgânico no Geelong: um cítrico e tostado Alegra Chardonnay e o suntuoso Indra Shiraz.

Paringa Estate ☆☆☆
Red Hill South. Proprietário: Lindsay McCall. 22 ha. www.paringaestate.com.au
A fama e o sucesso desta vinícola na Península Mornington são desproporcionais a seu reduzido tamanho. Bem localizados, vinhedos treliçados produzem uvas excepcionais. O Chardonnay daqui é intenso; o Pinot, rude e picante; o Shiraz, terroso e apimentado. Todavia, a supermaturação de certas safras causa alto teor alcoólico, sobretudo no Pinot.

Scotchmans Hill ☆☆–☆☆☆
Drysdale. Proprietário: David Browne. 75 ha. www.scotchmanshill.com.au
Empresa que trouxe à tona a Península Bellarine , ao sul do Geelong. O paladar forte dos Chardonnay e Pinot formulados por Robin Brockett lhes assegurou rápida ascensão. Vinhos secundários recebem o rótulo Swan Bay.

Stonier ☆☆–☆☆☆
Merricks. Proprietário: Lion Nathan. 20 ha. www.stoniers.com.au
Produtora bastante regular, a despeito de frequentes mudanças de consultoria. Fabrica complexos e caprichados Chardonnay, além de Pinot com um toque de framboesa. Sem surpresa, a linha Reserve é bastante superior aos vinhos padrão, que já se mostram bons.

T'Gallant ☆☆–☆☆☆
Main Ridge. Proprietário: Foster's Wine Group. 25 ha. www.tgallant.com.au
Kevin McCarthy criou esta inovadora vinícola que distribui inusitadas e belas garrafas de um bem maturado e aromático Pinot Gris; de um vivaz e não amadeirado Chardonnay; e do

Vinícola Lindeman, Karadoc.

agradável rosado seco de nome Holystone. Sob propriedade corporativa desde 2003, a casa agora focaliza versões de Pinot Noir e Gris.

Oeste de Victoria

Best's Wines ☆☆–☆☆☆
Great Western. Proprietária: Família Thomson. 50 ha.
www.bestswines.com
Nome famoso em Victoria, ocupa sede pitoresca e original nos Grampians do oeste. Seu Bin O' Shiraz é bom, confiável, inesperadamente sedoso e elegante. O Shiraz Thomson Family (de videiras únicas com 130 anos) é ainda mais louvável: escuro, denso, glorioso, em suma.

Blue Pyreenes ☆–☆☆
Avoca. Proprietários: John Ellis e sócios. 177 ha.
www.bluepyrenees.com.au
Com novo dono desde 2002, esta empresa oferece ampla lista de varietais e reservas. Vinhos espumantes (em especial o Midnight Cuvée, um blanc de blancs de uvas colhidas à mão e à noite, sob luz de refletores) evoluíram bastante. O Richardson Cabernet Sauvignon é o produto melhor, de velhas videiras a 600 metros de altitude.

Crawford River ☆☆–☆☆☆
Condah. Proprietário: John Thomson. 21 ha.
www.crawfordriverwines.com
Pequena, mas admirável propriedade na área de Henry. Plantada em 1975, é por décadas a fonte de um magnífico Riesling que pode ser guardado por mais de vinte anos. O Cabernet Sauvignon, de menos êxito, costuma ter um traço de verdor.

Dalwhinnie ☆☆☆–☆☆☆☆
Moonambel. Proprietário: David Jones. 18 ha.
www.dalwhinnie.com.au
Talvez a melhor vinícola da região dos Pyrenees, com um vigoroso e sensível Chardonnay amadeirado; um áspero e negro Cabernet; e um vibrante e resinoso Shiraz. Em 2000, um elegante Pinot Noir foi acrescido à surpreendente lista, mas suspenso após 2007.

Mount Langi Ghiran ☆☆–☆☆☆
Buangor. Proprietária: Família Rathbone. 95 ha.
www.langi.com.au
Gleba de cultivo orgânico e expoente em matéria de ricos e condimentados Shiraz tipo Rhône. Também produz discretos Chardonnay, Pinot Gris e Riesling. Adquirida em 2002 pelos donos da Yering Staton, no Yarra Valley, conservou sua qualidade impecável.

Seppelt Great Western ☆☆–☆☆☆
Great Western. Proprietário: Foster's Wine Group.
www.seppelt.com.au
Antes do Southcorp, agora do Foster's, a Seppelt tem nos espumantes sua razão de ser. Suas velhas adegas viram novos desdobramentos, que puseram a distribuição de espumantes nas mãos do Southcorp. O Shiraz borbulhante é do tipo "ame-o ou deixe-o". Uma remodelada linha de vinhos de mesa, todos de uvas de Victoria, ajudou a projetar a imagem da empresa. Ver também Seppeltsfield (Barossa).

Taltarni ☆☆–☆☆☆☆
Moonambel. Proprietário: John Goelet. 132 ha.
www.taltarni.com.au
Empresa-irmã da Clos du Val, de Napa (ver p. 491), é moderna e superequipada. O primeiro enólogo, Dominique Portet, fez vigorosos Cabernet Sauvignon e Shiraz em estilo tânico, e todos os vinhos daqui envelhecem bem.

Uvas Merlot e Cabernet Franc, colhidas em recentes vindimas, deram sutileza extra às bebidas, e um Shiraz Heathcote, de canteiros próprios, somou-se à lista. Brancos são menos firmes, mas o Sauvignon Blanc beira a excelência. A saída de Portet, que montou sua própria vinícola (ver p. 564), não influiu no estilo impositivo e ácido daqui. Ver também Clover Hill (Tasmânia).

Melbourne

Bindi ☆☆☆
Gisborne. Proprietária: Família Dhillon. 6 ha.
Esta casa nos Macedon Ranges produz volumes restritos de Chardonnay e Pinot Noir muito demandados. Lucros baixos porque o foco é concentrado nas frutas, embora os vinhos, mesmo longamente maturados em barris de carvalho, fiquem livres de peso ou densidade excessivos. Duas tiragens especiais (Block 5 e Original Vineyard) quase se igualam na qualidade.

Coldstream Hills ☆☆–☆☆☆☆
Coldstream. Proprietário: Foster's Wine Group. 180 ha.
www.coldstreamhills.com.au
Fundada pelo maior crítico de vinhos do país, James Halliday, esta empresa na região de Yarra sucumbiu à aquisição pelo Southcorp (hoje da Foster's). A produção cresceu, Merlot e Sauvignon foram introduzidos. Na verdade, daqui saem Pinot Noir e Chardonnay dos mais estilosos, bem como finos Cabernet Sauvignon e Merlot. Andrew Fleming é o vinicultor, e James Halliday, o enólogo.

Cope-Williams ☆☆
Romsey. Proprietária: Família Cope-Williams. 20 ha.
www.cope-williams.com.au
Em cenário que lembra um jardim interiorano no Sussex inglês, a família Cope-Williams (vinda da metrópole europeia) elabora encorpados vinhos espumantes com uvas dos Macedon Ranges.

Craiglee ☆☆☆
Sunbury. Proprietária: Família Carmody. 10 ha.
www.craiglee.com.au
Os modos discretos de Pat Carmody escondem um cultivador e enólogo de primeira. Seu Chardonnay, levemente tostado, tem valor, mas é o provocante e bem temperado Shiraz que de fato brilha nesta vinícola tradicional.

De Bortoli (Yarra Valley) ☆–☆☆☆
Dixons Creek. Proprietária: Família De Bortoli. 300 ha.
www.debortoli.com.au
É o dinâmico braço vitoriano da bem-sucedida família de Nova Gales do Sul. Alguns vinhos, compensadores, utilizam uvas de Victoria e surgem sob os rótulos de Windy Peak e Gulf Station. Os de vinhedos do Yarra Valley têm mais qualidade, sobretudo o cítrico Chardonnay e o frutado Cabernet.

AUSTRÁLIA | VICTORIA

A faixa de produtos é imensa, pelo fato de a família possuir mais glebas e vinícolas em Riverina. Desde 1982, daqui saem pesados mas deliciosos Sémillon botritizados, da linha Noble One, e outros sob a etiqueta Sacred Hill.

Diamond Valley ☆☆☆
Croydon Hills. Proprietário: Graeme Rathbone. 4 ha.
Apesar da troca de dono, o anterior, David Lance, continua a fazer aqui admiráveis Yarra Pinot Noir, Cabernet e Chardonnay. Ele foi aclamado por seu poderoso e complexo Close-Planted Pinot Noir, com aromas terrosos e sabores de ameixa. Vinhos de uvas compradas fora levam o rótulo Blue Label.

Domaine Chandon ☆☆☆
Coldstream. Proprietária: LVMH. 100 ha.
www.domainechandon.com.au
Instigante reduto estabelecido em 1986, em Yarra Valley, com a assessoria externa da Moët & Chandon francesa e interna do renomado consultor Tony Jordan. Os vinhos são feitos de uvas próprias ou adquiridas, e fermentam por dois anos. O primeiro espumante, lançado em 1989, logo subiu ao topo do *ranking* dos borbulhantes australianos.

Reduzidos lotes de blanc de blancs, blanc de noirs e um *cuvée* prestige (de colheita tardia e maturado por seis anos) trazem qualidade excepcional. Sob o rótulo Green Point, a Domaine Chandon faz progressos com Chardonnay normal, Sauvignon e Pinot Noir.

Giant Steps ☆☆–☆☆☆
Healesville. Proprietário: Phil Sexton. 35 ha.
www.innocentbystander.com.au
Phil Sexton cedeu sua vinheria Devil's Lair ao Southcorp e abriu esta nova, no Yarra Valley. Frutas de vinhedos locais suprem a faixa de bebidas Innocent Bystander, enquanto as uvas da fazenda Tarraford ganharam fama por sérios Pinot Noir e robustos Chardonnay.

Hanging Rock ☆☆
Newham. Proprietária: Família Ellis. 6 ha.
www.hangingrock.com.au
Vinhos corretos, dos Macedon Ranges e outras partes de Victoria, usam o barato rótulo Rock, mas o alto nível se encontra nas bebidas de vinhedos próprios. O Jim Jim Sauvigon Blanc pode ser quase ardente na sua intensidade de relva; e o Heathcote Shiraz é a poderosa expressão acarvalhada dessa fruta.

Mount Mary ☆☆☆
Lilydale. Proprietário: Dr. David Middleton. 13 ha.
www.mountmary.com.au
O passatempo de um médico tornou-se bastante sério. Sua mescla de Cabernet chamada John Middleton Quintet é como um Bordeaux clássico: de peso mediano, complexo, intensamente frutado. Os ricos Chardonnay são fortes e dourados, curtidos em carvalho jovem e, tal qual os Cabernet, podem durar dez anos. Um sensacional Pinot Noir também é feito aqui, mas não todos os anos.

O dr. Middleton era indiferente à moda e à crítica. Muitos consideram seus vinhos como fracos e herbáceos, mas não cai a demanda por eles, embora caros. O médico morreu em 2006, e seu filho herdou a vinícola.

Oakridge Estate ☆☆☆
Coldstream. Proprietários: David Bicknell e sócios. 10 ha.
www.oakridgewines.com.au
Ainda que esta vinícola do Yarra Valley faça bons Shiraz, Merlot e Chardonnay, seus problemas financeiros levaram a várias mudanças de dono. Hoje, pertence em parte ao hábil vinhateiro David Bicknell, que levou a qualidade às alturas. O renovado Chardonnay é o vinho de maior sucesso, e Bicknell decidiu evitar qualquer fórmula pronta de fabricação, adaptando-se às exigências de cada colheita.

Dominique Portet ☆☆
Coldstream. Proprietário: Dominique Portet. 1,5 ha.
www.dominiqueportet.com
Após sair da Taltarni (ver p. 563), Portet passou algum tempo fora, antes de fincar o pé no Yarra Valley. Obteve rápido sucesso com seu revigorante Sauvignon Blanc e um suculento Heathcote Shiraz.

St. Huberts ☆☆
Coldstream. Proprietário: Foster's Wine Group. 35 ha.
www.fosters.com.au
Moderna reencarnação de uma vinícola do Yarra, datada do século XIX. Após a entrada da Foster's, a qualidade permaneceu boa, mesmo com o grande aumento da produção. Faz-se aqui um palatável, embora duro, Cabernet, o que é raro no vale.

Seville Estate ☆☆☆
Seville. Proprietário: Graham van der Meulen. 8 ha.
www.sevilleestate.com.au
Modestos vinhedo e vinheria no sul do Yarra Valley. Comprada pela Brokenwood do Hunter Valley, a empresa passou, em 2005, ao atual proprietário. São produzidos vinhos elegantes, a exemplo do suculento Cabernet, do picante Shiraz e do discreto, mas muito aromático Chardonnay.

Tarrawarra ☆☆☆
Yarra Glen. Proprietária: Família Besen. 29 ha.
www.tarrawarra.com.au
Uma singular vinícola que com determinação se esforça por produzir os melhores (e caros) Chardonnay e Pinot Noir da região. Ocasionalmente, chega perto dessa meta. A assessora Clare Halloran tem buscado fazer vinhos elegantes e equilibrados, e seu Pinot Noir mostra admirável complexidade. Tin Cowds é o segundo rótulo, de preço mais acessível.

Wantirna Estate ☆☆
Wantirna South. Proprietário: Reg Egan. 4 ha.
www.wantirnaestate.com.au
Outra pequena propriedade situada nos arredores de Melbourne, onde Egan faz um ótimo Pinot Noir e também uma mais suave e cavalheiresca mistura de Cabernet e Merlot, além de lotes reduzidos de outros vinhos benfeitos, de uvas de Yarra.

Yabby Lake ☆☆
Tuerong. Proprietário: Kirby Group. 45 ha.
www.yabbylake.com
Do mesmo dono de Heathcote Estate e de Escarpment, na Nova Zelândia, Yabby Lake empregou um dos melhores vinhateiros do país, Tom Carson, ex-Yering Station (ver p. 565). Seu Pinot Noir, em especial, tornou-se altamente promissor.

Yarra Burn ☆☆–☆☆☆☆

Yarra Junction. Proprietária: Constellation. 10 ha.
www.yarraburn.com.au

Honesta produtora de Yarra, usada pelo grupo BRL Hardy como base para seu escarpado vinhedo de clima frio, Hoddles Creek. Lugar tão hostil que inspirou uma nova faixa de vinhos, chamada com humor de Bastard Hill. Pois o Bastard Hill Chardonnay é de primeira classe: tostado, mas vigoroso. Há ainda um bom Pinot Noir.

Yarra Ridge ☆

Yarra Glen. Proprietário: Foster's Wine Group. 80 ha.
www.fosters.com.au

Mais uma propriedade do Foster's, capaz de elaborar vinhos semiencorpados, benfeitos, mas para consumo rápido e voltados ao público jovem.

Yarra Yarra ☆☆–☆☆☆☆

Steels Creek. Proprietário: Ian Maclean. 9 ha.
www.yarrayarravineyard.com.au

O nome merece ser repetido? A empresa tem tamanho modesto e prefere misturas de Sauvigon com Sémillon que maturam surpreendentemente bem. Também faz uma mescla chamada Cabernet, de Franc e Savignon, envelhecida em carvalho francês, que é semiencorpada e elegante, mas subavaliada.

Yarra Yering ☆☆☆

Coldstream. Proprietária: Família Carrodus. 36 ha.
www.yarrayering.com

O arredio dr. Bailey Carrodus, falecido em 2008, iniciou o *revival* do vinho no Yarra Valley com um vinhedo não irrigado que produziu lotes de uvas excelentes, base para bons vinhos. Mas ele não era perspicaz quanto a nomes de varietais. Chamou uma mistura tipo Bordeaux de Dry Red nº 1, outra, estilo Rhône, de Dry Red nº 2. Ambas são corretas, inegavelmente australianas em sua abundância de fruta. Depois Carrodus acrescentou Pinot Noir, Viognier, Sangiovese e uma versão de "Porto". Todos os vinhos se caracterizam por sua vibração e aromática pungência, porém o futuro do negócio ainda é incerto.

Yeringberg ☆☆–☆☆☆☆

Coldstream. Proprietário: Guillaume de Pury. 20 ha.
www.yeringberg.com

Remanescente de uma maravilhosa propriedade perto de Melbourne, produtora de esplêndidos vinhos, e ainda nas mãos da família suíça que a ergueu. Na lista, Chardonnay, Pinot Noir, mescla de Marsanne com Roussanne, Cabernet e Merlot – delicados e charmosos. Apesar da pequena produção, a velha vinícola exibe muito potencial.

Yering Station ☆☆–☆☆☆☆

Yarra Glen. Proprietária: Família Rathbone. 115 ha.
www.yering.com

Lugar histórico, já modernizado, uma das primeiras vinherias de Victoria. Seu renascimento, em meados dos anos 1990, foi comovente, enquanto a qualidade não primasse pela constância. Expandiu-se sob os Rathbone, e uma parceria com a Devaux, de Champagne, resultou num espumante

denominado Yarrabank. Os vinhos reserva que resistiram são excepcionais, mas todas as bebidas mostram-se dotadas de esmero e equilíbrio.

Outras áreas

Bass Phillip ☆☆☆

Leongatha South. Proprietário: Phillip Jones. 15 ha.

Esta compacta vinícola em Gippsland lembra de perto algum pequeno domínio da Borgonha – em tamanho, na dedicação apaixonada e, mais que de modo eventual, no copo. Poucas outras vinherias da Austrália fazem um Pinot Noir tão bom quanto o de Phillip Jones.

Os três graus de qualidade sempre são avidamente disputados, mesmo que os vinhos daqui por vezes bordejem a mera perfeição técnica, tão prezada pela maioria dos vinicultores australianos.

Principais produtores do Sul da Austrália

Adelaide Hills e Adelaide Plains

Ashton Hills ☆

Ashton. Proprietário: Stephen George. 3,5 ha.

O mais antigo vinhedo de Pinot Noir na região, com primeira colheita em 1987. Todavia, os vinhos impressionam menos do que o currículo da gleba.

Bird in Hand ☆☆

Woodside. Proprietária: Família Nugent. 100 ha.
www.birdinhand.com.au

Desde 1999, os Nugent produzem tintos elegantes, de uvas de Adelaide, e excelentes Shiraz e Riesling, de Clare Valley.

Chain of Ponds ☆☆

Gumeracha. Proprietário: Honi Dolling. 220 ha.

Vende a maior parte de suas frutas, mas estabeleceu boa reputação graças a uma eclética linha de vinhos, sob o rótulo próprio da casa.

The Lane ☆☆

Hahndorf. Proprietário: John Edwards. 63 ha.
www.thelane.com.au

Edwards costumava fornecer uvas à Hardys, mas, em 2001, passou a fazer vinhos com seu timbre, numa bem equipada instalação. São vivos, alegres Viognier e Pinot Gris, mais um vigoroso e condimentado Cabernet Sauvignon.

Leabrook ☆☆–☆☆☆☆

Leabrook. Proprietário: Colin Best. 3 ha.
www.leabrookestate.com

Plantações com alta densidade geram vinhos intensos, incomuns, de uvas Pinot Noir, Cabernet Franc e Merlot.

Longview ☆–☆☆☆

Macclesfield. Proprietário: Duncan MacGillivray. 80 ha.
www.longviewvineyard.com.au

A partir da primeira colheita, em 2001, a Longview liberou uma diversificada linha de vinhos, de qualidade variável. O Yakka Shiraz tem sido o mais consistente e aceito.

Nepenthe ☆☆–☆☆☆

Lenswood. Proprietário: McGuigan Simeon. 110 ha. www.nepenthe.com.au
Peter Lenske, vinicultor com larga experiência na Borgonha, levou esta empresa, nos anos 1990, à lista das melhores. No entanto, Lenske não está mais no negócio – em 2007, a Nepenthe foi, inesperadamente, comprada pelo rico industrial McGuigan Simeon.

Os refrescantes Riesling e Sauvingon Blanc se destacam entre os vinhos brancos. Suas contrapartes tintas – o leve Pinot Noir e a mistura Cabernet com Merlot chamada The Fugue – frequentam o topo dos *rankings* de qualidade. O estilo firme e requintado se beneficia da maturação das bebidas na própria garrafa.

Petaluma ☆☆☆–☆☆☆☆

Piccadilly. Proprietário: Lion Nathan. 500 ha. Em Adelaide Hills, Coonawarra e Clare. www.petaluma.com.au
Magnífica propriedade que, mesmo adquirida por um cervejeiro da Nova Zelândia, permanece como uma das vinícolas líderes da Austrália. Todos os produtos trazem o selo do brilhante consultor Brian Croser, que ficou na casa até 2005, quando se transferiu para a Tapanappa (ver p. 574), e deu o posto a Andrew Hardy.

O catálogo abrange um notável Riesling de Clare Valley, com paladar de lima, e o bem amadurecido Chardonnay do Piccadilly Valley. A mescla de Cabernet, de nome Coonawarra, é límpida, firme, e demora a ser processada. Foram acrescidos Viognier, Shiraz e o complexo (mas caro) Tiers Chardonnay, de videiras exclusivas. A segunda marca, Bridgewater Mill, comporta vinhos mais acessíveis.

Primo Estate ☆☆–☆☆☆

Virginia. Proprietário: Joe Grilli. 40 ha. www.primoestate.com.au
Joe Grilli fala manso, mas é um inovador: seus vinhos simplesmente gritam seus sabores e aromas. O delicioso e frutado Colombard, o sedoso Shiraz, o corajoso Nebbiolo e o Sparkling Red (tinto espumante), com seu toque final seco, dividem o palco com um sério Cabernet. Instalado em Adelaide Plains, Grilli também compra uvas de prestigiosos vinhedos.

Shaw & Smith ☆☆☆

Balhannah. Proprietários: Martin Shaw e Michael Hill-Smith. 80 ha. www.shawandsmith.com
A parceria entre o vinicultor Shaw e o *restaurateur*, primo e enólogo, Hill-Smith, redundou numa das melhores vinícolas da região. O Chardonnay não amadeirado é destaque no país todo: tem frescor e paladar de maçã. Já outro Chardonnay, o M3, ocupa a ponta oposta: é forte, cremoso e tratado em barris de carvalho. O Sauvignon Blanc ombreia com os principais de Marlborough e dá água na boca com seu caráter frutado. Quanto aos tintos, o Shiraz mostrou-se superlativo.

Geoff Weaver ☆☆☆

Lenswood. Proprietário: Geoff Weaver. 11 ha. www.geoffweaver.com.au
Ex-consultor chefe da Hardys, Weaver pôs-se à frente de sua vinícola própria em Adelaide Hills, onde produz fabulosos vinhos de alta classe. O Sauvignon é bem frutado; o Chardonnay, sempre brilhante; o Riesling, floral e com traços de lima; o Pinot Noir, superelegante. Sem exceção, constituem bebidas de impecável equilíbrio e clareza.

Barossa Valley e Eden Valley

Barossa Valley Estates ☆☆–☆☆☆

Marananga. Proprietária: Hardys. Vinhedos: 65 plantadores em Barossa Valley. www.bve.com.au
Cooperativa com prevalência da Hardys, renomada por seus vinhos bastante fortes, de rótulo E. & E. Faz ainda o Typical Barossa Shiraz, adocidado e espesso, caráter propiciado por carvalho norte-americano. As marcas de topo são o E. & E. Black Pepper e os Ebenezer Shiraz.

Basedow ☆

Tanunda. Proprietário: James Estate. Sem vinhedos. www.basedow.com.au.
Ocasionalmente, surpreende como ótima produtora. Compra todas as uvas que utiliza, após a venda de seus vinhedos em 1982. No fim dos anos 1970, o Shiraz alcançou elevados níveis de riqueza e complexidade. Hoje, a maioria das bebidas daqui são medianas.

Bethany ☆☆

Tanunda. Proprietária: Família Schrapel. 46 ha. www.bethany.com.au
Tradicionais plantadores e vinicultores, com um estilo discreto que procura evitar a falsa imponência em seus tintos. Há um bom Riesling de Eden Valley, um intenso Shiraz Reserve e uma opulenta uva Grenache com sabor de cereja e tabaco quando envelhece.

Rolf Binder ☆☆–☆☆☆

Tanunda. Proprietário: Rolf Binder. 28 ha. www.rolfbinder.com
Antes chamada Veritas, esta vinícola alterou o nome em 2004, para evitar a confusão com uma marca norte-americana. As origens austro-húngaras de Rolf Binder se refletem na denominação de seus vinhos. Para todos os efeitos, porém, são típicas bebidas de Barossa, à base de uvas Grenache e Shiraz cultivadas em vinhedos próprios, tidos como magníficos. Em iniciativa ousada, a maioria dos vinhos daqui são disponíveis em volumes restritos, o que ajudou alguns a firmar prestígio nos Estados Unidos.

Wolf Blass ☆–☆☆☆

Nuriootpa. Proprietário: Foster's Wine Group. 140 ha. www.wolfblass.com.au
O buliçoso Wolf Blass chegou à Austrália faz trinta anos e pôs em uso suas habilidades de enólogo e homem de *marketing*, construindo depressa um vasto império no setor vinícola. Se houve um pioneiro no que se tornou conhecido como "vinhos com pendor para frutado", ele se chama Wolf Blass. Uma série de fusões e aquisições o conduziu à incorporação pelo Grupo Foster's.

O excesso de confiança no carvalho norte-americano e de doçura nas frutas usadas abriram uma fase em que os vinhos de Blass se tornaram caricaturas dos estilos australianos. Mas uma nova equipe, chefiada por Chris Hatcher, devolveu-lhes a sensualidade e o fácil desfrute, aumentando sua fineza. O Shiraz e o Riesling ainda brilham.

Grant Burge ☆☆–☆☆☆
Tanunda. Proprietário: Grant Burge. 440 ha.
www.grantburgewines.com.au
Depois que sua vinícola em Krondorf foi engolida pela Mildara, em 1986, Burge retomou a carreira por conta própria, comprando frutas, mas também plantando substanciais vinhedos. Bons Riesling e Chardonnay procedem de Eden Valley, porém o vinho mais conhecido de Burge é a excelente mescla de Grenache, Shiraz e Mourvèdre, de nome Holy Trinity e lançada em 1995. Pela textura e pelo gosto, lembra um semiencorpado Zinfandel, mas o bem requisitado Meshach Shiraz também merece atenção.

Burge Family Winemakers ☆☆–☆☆☆☆
Lyndoch. Proprietário: Rick Burge. 10 ha.
www.burgefamily.com.au
O dono adora vinhos do Rhône e imita tal estilo em seus apimentados Old Vine Grenache e Shiraz, ambos capazes de tontear o consumidor.

Leo Buring ☆☆☆
Nuriootpa. Proprietário: Foster's Wine Group.
www.leoburing.com.au
Embora a vinícola original de Leo Buring em Barossa tenha se convertido na Richmond Grove (ver p. 569), bebidas com seu rótulo ainda são produzidas na Penfolds, dobrando a esquina. Ele próprio elaborou espetaculares Riesling, de uvas de Eden Valley, que resistem como especialidades, mas hoje dependem de frutas de vários pontos do país.

Colonial Estate ☆–☆☆☆
Lights Pass. Proprietário: Jonathan Maltus. 45 ha.
www.colonialwine.com.au
Não contente em criar uma ambiciosa e bem-sucedida coleção de vinhos, a partir de glebas de Saint-Émilion, Maltus inventou uma penca de rótulos nesta nova propriedade, baseada em lotes de uvas de velhas videiras de vinhedos que comprou ou arrendou. Seus produtos, sobretudo Shiraz, visam ao mercado externo e não renegam carvalho e álcool.

Dutschke ☆–☆☆
Lyndoch. Proprietário: Wayne Dutschke. 18 ha.
www.dutschkewines.com
Só para fãs de Shiraz denso e acarvalhado.

John Duval ☆☆☆
Tanunda. Proprietário: John Duval. Sem vinhedos.
www.johnduvalwines.com
Assessor-chefe da Penfolds (e portanto da Grange) por três décadas, Duval lançou rótulo próprio, sabendo onde encontrar as melhores uvas em Barossa. Seus vinhos são refinados e estilosos.

Elderton ☆☆
Nuriootpa. Proprietária: Família Ashmead. 60 ha.
www.uldertonwines.com.au
Grande empresa cujos tintos adocidadas e alcoólicos levaram

muitos prêmios em festivais, entre eles o troféu Jimmy Watson, por um Caberbet demasiado licoroso. O Shiraz Command, vinho amadeirado feito de uvas plantadas entre 1895 e 1905, é tão rico e doce quanto se poderia esperar.

Glaetzer ☆☆–☆☆☆
Tanunda. Proprietária: Família Glaetzer.
www.glaetzer.com
Sem vinhedos próprios, Ben Glaetzer adquire frutas em boas fontes do Barossa e faz surpreendentes Shiraz. No topo está o Amon-Ra, mas alguns irão preferir o menos flamejante (e menos caro) Godolphin.

Greenock Creek ☆☆–☆☆☆
Seppeltsfield. Proprietários: Michael e Annabelle. Waugh. 22 ha.
Empolgadas resenhas na imprensa norte-americana para o Shiraz desta vinícola desencadearam um verdadeiro culto. Vinhedos em *dry-farming* e de baixo custo garantem bebidas de incomum concentração e força. Numerosos *cuvées* de Shiraz e Cabernet são produzidos. Testado com outros Shiraz de Greenock Creek, o 7 Acre pareceu o mais completo.

Haan ☆☆
Nuriootpa. Proprietário: Hans Haan 36 ha.
www.haanwines.com.au
Ambiciosa produtora de Barossa Valley, dona de brilhantes e doces Merlot Prestige e de uma mistura de Bordeaux chamada Wilhelmus, concentrada e provocante.

Henschke ☆☆☆–☆☆☆☆
Keyneton. Proprietária: Família Henschke. 110 ha.
www.henschke.com.au
A quinta geração do clã rege esta empresa, com apenas duas marcas famosas de Shiraz: Hill of Grace (profundo, de videiras antigas) e Mount Edelston (tinto leve, mais elegante). Mas sua lista inclui um seco e delicado Riesling, além de finas mesclas como o Keyneton Estate (Shiraz, Cabernet e Malbec) e o Johann's Garden (Grenache, Mourvèdre e Shiraz).

A origem do intenso Cabernet Cyril Henschke não está em Barossa, mas em Eden Valley. E os melhores tintos podem envelhecer por quinze anos ou mais. A dupla de ouro, com o vinhateiro Stephen e o viticultor Prue (ambos da família), pôs o pé na estrada há dez anos e nunca esmoreceu. A gleba foi cultivada organicamente por determinado período, e ensaios biodinâmicos hoje estão a caminho.

Kaesler ☆☆
Nuriootpa. Proprietário: Reid Bosward. 37 ha.
www.kaesler.com.au
Faz poderosa faixa de Shiraz, o melhor deles designado de Old Vine. O vinho mais envolvente é o Old Bastard Shiraz, de uvas plantadas em 1893. Reid Bosward, o enólogo, mantém os níveis de tanino sob controle, e, com a idade, os tintos adquirem um calor que lembra couro.

Langmeil ☆☆–☆☆☆
Tanunda. Proprietárias: Famílias Lindner e Bitter. 20 ha.
www.langmeilwinery.com.au
Nenhuma outra vinícola de Barossa desafia Langmeil quanto à antiguidade das uvas: 1,5 hectare de Shiraz data de 1843. É dessa

parcela que Paul Lindner extrai o glorioso, nada carregado, Freedom Shiraz. Outras versões repetem o alto padrão, mas os brancos daqui desapontam.

Peter Lehmann ☆☆–☆☆☆
Tanunda. Proprietário: Hess Group. 50 ha.
www.peterlehmannwines.com.au
Lehmann é um dos grandes artífices e pilares de Barossa, tendo fundado sua vinheria em 1978, quando o mercado para uvas declinou. Desde 2003, o real dono é o magnata suíço Donald Hess, mas a família Lehmann segue envolvida de perto. Os vinhos, em sua maioria supridos por mais de cem vinhedos locais, valem-se da boa localização. Os Riesling de Eden Valley podem ser fantásticos; os Cabernet e Shiraz, igualmente ricos e plenos. No topo de linha estão o Mentor (mistura de Cabernet), o Stonewell e uma legião de deliciosos Shirazes – novatos no panteão das lendas de Barossa.

Charles Melton ☆☆☆
Tanunda. Proprietário: Charlie Melton. 20 ha.
www.charlesmeltonwines.com.au
Um dos mais simpáticos empresários da região, Melton produz vinhos de merecido destaque: Cabernet recheado de uvas veteranas; Rosé of Virginia, intrigante fusão de rosé pesado e leve tinto; e uma superaromática mistura Shiraz, Grenache e Mataro chamada Nine Popes, catalisadora do interesse por estilos do Rhône.

Mountadam ☆☆–☆☆☆
High Eden Ridge. Proprietário: David Brown. 80 ha.
www.mountadam.com.au
Adam Wynn treinou em Bordeaux e abriu esta vinícola, em altitude, com a ajuda do pai, David. Após a morte dele, a empresa mudou de mãos duas vezes e hoje pertence a um empresário de Adelaide, que trouxe Con Moshos, ex-vinhateiro da Petaluma. Vinhos Chardonnay e Shiraz consagram a nova direção, seguidos de perto por um austero Riesling. Uvas próprias do lugar vão para a linha de varietais clássicos da Mountadam.

Murray Street ☆☆–☆☆☆
Greenock. Proprietário: Andrew Seppelt. 46 ha.
www.murraystreet.com.au
Fundada em 2001, esta vinheria tipo butique não tardou a agradar. O Greenock Shiraz possui esplêndido caráter de amora. Já o carro-chefe, Benno, é uma mescla de Shiraz e Mataro que, por vezes, sai um tanto melada.

Orlando ☆–☆☆☆
Rowland Flat. Proprietário: Pernod Ricard.
www.jacobscreek.com
Das mais fortes companhias australianas, conhecida no mundo pelo sucesso fenomenal de seu vinho Jacob's Creek, formulado pelo consultor Philip Laffer e equipe. Às vezes difamada, a linha Jacob's Creek, em especial no nível reserva, pode fazer mais bem do que ofertar grandes vinhos a preço justo.

Há outras faixas: a Gramp's, de bebidas finamente frutadas; a Steingarten Riesling, de um exclusivo vinhedo rochoso, que traz vinhos robustos, de sabor algo metálico. A gama de Coonawarra Cabernets, tais como Saint Hugo e Jacaranda Ridge, mesmo acarvalhada, mostra-se agradável. Outros rótulos: Morris of Rutherglen, Richmond Grove e Wyndham Estate.

Penfolds ☆☆–☆☆☆☆
Nuriootpa. Proprietário: Foster's Wine Group. 8.000 ha.
www.penfolds.com
Talvez Grange não seja a única plantação pioneira de uvas no hemisfério sul, desde que a Henschke reivindicou o título. De qualquer modo, a Penfolds ainda é a mais estimada vinícola da Austrália (ver boxe nesta página). Os produtos clássicos da casa abrangem Kallimna Shiraz, Magill Estate, RWT Barossa Shiraz e Bin 707 Cabernet Sauvignon. Os do tipo Porto, fortificados,

---

PENFOLDS

Poucas vinícolas, em qualquer parte do mundo, podem gabar-se de ser a número 1 em seu país, mas a Penfolds sem dúvida ocupa essa invejável posição na Austrália.

Desde 1844, quando Christopher Rawson Penfold e sua mulher, Mary, instalaram um vinhedo em Magill, próximo de Adelaide, o sobrenome tornou-se sinônimo de qualidade. De início, e até a metade do século XX, após a mudança de endereço para a atual e enorme vinícola em Barossa Valley, a maioria de seus vinhos era fortificada.

A partir dos anos 1950, porém, o enólogo Max Schubert elaborou seu Grange Hermitage para um mercado imprevisto. Os Penfold ganharam uma bandeira: a quinta-essência dos vinhos tintos australianos. Recentemente, os brancos passaram a mostrar a mesma finura e consistência, mas os tintos continuam mais associados ao nome da vinícola.

A pedra angular do sucesso da Penfolds consiste na fácil escolha entre os vinhedos – por vezes velhos e pouco produtivos –, que a empresa acumulou no passar dos anos. Tal recurso permite grande flexibilidade quanto às misturas (a alma da Penfolds e da vinicultura australiana) e garante admirável coerência de estilo, ano após ano. Esse apego à consistência foi propiciado pelo toque típico da marca: o uso pródigo do carvalho norte-americano na fermentação de alguns de seus vinhos, mas não de todos.

Sem surpresa, a Penfolds foi cobiçada por muitos investidores, movendo-se de um império familiar para as mãos de diversos donos, até terminar como estandarte do gigantesco Foster's Wine Group. Aposentado como enólogo--chefe em 2002, John Duval (ver p. 567) fez seu sucessor, o insinuante Peter Gago. A empresa tem a autoconfiança e os registros suficientes para editar, a cada cinco anos, um livro inteiro sobre seus vinhos, com comentários independentes de degustadores.

são excelentes, com o lendário Grandfather à frente, e os brancos vêm se aprimorando. A bandeira deles no mercado, o vigoroso e cítrico Yattarna Chardonnay, ganhou fartos elogios, mas poucos fãs se conformam com seu preço elevado.

Richmond Grove ☆☆–☆☆☆
Tanunda. Proprietário: Orlando Wyndham. www.richmondgrovewines.com
Agora instalada no coração de Barossa, na velha vinheria Château Leonay, desenvolvida por Leo Buring no final do século XIX, tem na sua equipe o enólogo John Vickery, que sob o rótulo da Leo Burning elaborou inestimáveis, talvez imortais, Riesling durante os anos de 1960 a 1980. O melhor vinho daqui é o Watervale Riesling, de dar água na boca, mas ele convive com deliciosos Pinot Gris e Noir de uvas de Adelaide Hills.

Rockford ☆☆☆
Tanunda. Proprietário: Robert O'Callaghan. Sem vinhedos. www.rockfordwines.com.au
Pequena vinícola de Barossa, gerida por uma personalidade da região, o reticente Rocky O'Callaghan. Os estilos são particularmente regionais e seguem a tradição: Grenache e Basket Press Shiraz intensos, sedutores, assim como o raro (mas de busca compensadora) Sparkling Black Shiraz, que desencadeou um verdadeiro culto por parte dos apreciadores.

St. Hallett ☆☆–☆☆☆
Tanunda. Proprietário: Lion Nathan. 40 ha. www.sthallett.com.au
Em matéria de vendas e aceitação, a grande variedade de estilos produzida aqui, com o toque do consultor Stuart Blackwell, é bastante boa. Mas o Old Black Shiraz (um dos primeiros vinhos a explorar o potencial de *marketing* da herança viticultural de Barossa Valley) está no topo da lista. Também há o agradável Eden Valley Riesling e uma real pechincha, o branco Poacher's Blend.

Saltram ☆☆–☆☆☆
Angaston. Proprietário: Foster's Wine Group. 120 ha. www.saltramwines.com.au
Por certo período, nos anos 1960 e 1970, quando Peter Lehman era o enólogo-chefe, a Saltram produziu tintos clássicos, como o Mamre Brook Cabernet e o Metala, de Shiraz e Cabernet. Já na década de 1980, sob a propriedade da Seagram, a qualidade permaneceu confiável, porém descuidada. Após sua aquisição pelo que hoje é o Grupo Foster's, o futuro tornou-se incerto, mas o consultor Nigel Dolan devolveu a Saltram à antiga posição, graças ao Shiraz. Outro rótulo, Pepperjack, é vantajoso.

Seppeltsfield ☆☆–☆☆☆☆
Nuriootpa. Proprietária: Família Holmes à Court e Kevin Mitchell.
O destino dessa vinícola singular, dona de grande estoque de vinhos robustecidos, causou dúvidas por algum tempo, até ela ser comprada por gente de recursos, disposta a manter a empresa.

Com refinados Tokai e Muscat, a lista se completa com soberbos "Portos" Tawny (morenos), como o secular Para, candidato a imortal.

Spinifex ☆☆
Nuriootpa. Proprietários: Peter Schell e Magali Gely. Sem vinhedos. www.spinifex.com.au
Schell se abastece em pequenos vinhedos de Barossa Valley e de Eden Valley, enquanto amplia instalações para suas esmeradas misturas. A produção é artesanal e os resultados, cheios de personalidade, ainda que às vezes imprevisíveis.

Thorn-Clarke ☆–☆☆☆
Angaston. Proprietária: Família Clarke. 270 ha. www.thornclarkewines.com
Vinheria interessante, bem dirigida, que estreou em 2002. O básico Sandpiper oferece boa relação custo-benefício, enquanto as melhores uvas nutrem a linha Shotfire Ridge e o poderoso Shiraz William Randell. A produção exala competência.

Torbreck ☆☆☆
Tanunda. Proprietário: David Powell. 36 ha. www.torbreck.com
Desde 1995, é especializada em pequenas quantidades de vinhos, com diversas mesclas de Shiraz com Viognier. Por exceção, o The Steading mistura Grenache e Mourvèdre. Há um dispendioso *cuvée* chamado Factor, mas o Run Big, de uvas Shiraz de videiras com 120 anos, é bom por igual. Trata-se de vinhos escuros e tânicos, como deve ser o Shiraz de velhas videiras, porém não existe exagero e o toque de carvalho é magistral. Em 2002, credores obtiveram o embargo da empresa irmã, mas Powell retomou o controle seis anos depois.

Turkey Flat ☆☆☆
Tanunda. Proprietário: Peter Schulz. 55 ha. www.turkeyflat.com.au
Schultz zela por um magnífico vinhedo de uvas Shiraz, semeadas em 1847, e algumas Grenache, que já completaram noventa anos. Esses e outros canteiros mais jovens são a fonte de modelares Shiraz e da mistura Grenache, Mataro e Shiraz, cinicamente chamada Butchers Block.

Veritas
Ver Rolf Binder.

Yalumba ☆☆☆
Angaston. Proprietária: Família Hill-Smith. Vinhedos em Coonawarra, Koppamurra e Oxford Landing no Rio Murray. Tem outros três: Heggies, Pewsey Valley e gleba Hill-Smith, todos em Eden Valley. www.yalumba.com
A sexta geração dos Hill-Smith cuida desta vinícola diferenciada, que tem o ar da vegetação em torno dela. No passado, seus melhores vinhos eram "Porto", porém essa linha foi

Antiga prensa para uvas, Rutherglen.

AUSTRÁLIA | SUL DA AUSTRÁLIA

posteriormente repassada à Mildara Blass. Desde a lavra de terras altas e frescas, nos anos 1960, os brancos secos se tornaram populares (e bons).

Os produtos da Yalumba vão do barato e borbulhante Angas Brut aos finos Signature Cabernet e Shiraz, passando por robustos Cabernet The Menzies, de Coonawarra. O atual topo da lista é o Shiraz Octavius, maturado em barris de 90 litros.

Vinhos dos canteiros mais frios da Hill-Smith também são ótimos: o vivaz Sauvignon Blanc, com aroma de relva; o Riesling Pewsey Valley, de estilo clássico, maturado e doce. A consultora-chefe Louisa Rose provou ainda ser uma grande formuladora de Viogners.

Clare

Tim Adams ☆☆
Clare. Proprietário: Tim Adams. 25 ha.
www.timadamswines.com.au
Todo vinho feito pelo talentoso Adams exibe um sólido caráter regional. Seu Riesling é revigorante, com leve sabor de lima; o Sémillon, também frutado (limão) e balanceado com carvalho de primeira; o Aberfeldy Shiraz, quase pastoso, bem provido de frutas vermelhas. Por fim, o Fergus (85% Grenache) beira o sublime. Recente acréscimo à lista: Tempranillo, de uvas próprias.

Jim Barry ☆☆–☆☆☆
Clare. Proprietária: Família Barry. 247 ha.
www.jmbarry.com
De uma das maiores vinherias de Clare, Jum Barry extrai um amplo catálogo. Vinhos brancos incluem Chardonnay, Cabernet, doces e secos Riesling, dos quais o melhor é La Fiorita, de Watervale. Entre os tintos surge o elegante McCrae Wood Cabernet e o admirável Shiraz, espesso e picante, denominado The Armagh, oriundo de vinhedo exclusivo.

Grosset ☆☆☆–☆☆☆☆
Auburn. Proprietário: Jeffrey Grosset. 22 ha.
www.grosset.com.au
Das melhores da Austrália, entre as pequenas. Grosset é teimoso, mas tem cabeça e produz saborosos Riesling (de Watervale, para beber jovem; ou de Polish Hill, para envelhecimento). Há ainda uma mescla de Cabernet, de nome Gaia, e um descontraído Pinot, originário dos vinhedos de Adelaide.

Stephen John ☆☆
Watervale. Proprietária: Família John. 6 ha.
www.stephenjohnwines.com
Boas bebidas, a maioria com uvas de Clare. Suculentos Riesling e Merlot.

Kilikanoon ☆☆–☆☆☆
Penwortham. Proprietário: Kevin Mitchell. 300 ha.
www.kilikanoon.com.au
O dinâmico Mitchell prepara mais de 20 vinhos com uvas de várias partes do sul da Austrália. Há pouco tempo associou--se à Seppeltsfield (ver p. 569). Seu estilo é forte, impositivo, e algumas linhas têm álcool demais, mas o excelente Mort's Reserve Riesling mostra um toque mais leve, digno de apreciação.

Knappstein Wines ☆☆–☆☆☆
Clare. Proprietário: Lion Nathan. 115 ha.
www.knappsteinwines.com.au
Conceituada vinheria de Clare, como sua parente Petaluma (ver p. 566), agora nas mãos de Lion Nathan. O vinho branco de sua linha de frente é o Ackland Vineyard Riesling, mas a casa também se esmera em veementes tintos, sobretudo no rótulo Enterprise.

Leasingham ☆☆–☆☆☆
Clare. Proprietária: Hardys. 260 ha.
www.leasingham-wines.com.au
A nova direção remoçou esta antiga e famosa vinícola. Renasceram rótulos como o Bin 56 Cabernet/Malbec e o Bin 7 Riesling. Uma faixa de primeira categoria, Classic Clare, foi introduzida. O Riesling daqui é esplêndido, sem desdouro para o Cabernet e o Shiraz, sobretudo o resinoso Classic Clare, de textura densa.

Mitchell ☆☆–☆☆☆
Sevenhill. Proprietária: Andrew Mitchell. 75 ha.
www.mitchellwines.com.au
Confiável vinícola da região, conhecida por um memorável Watervale Riesling, com aroma de lima, mais um bom Sémillon e vigorosos Peppertree Shiraz e Cabernet. Estão todos entre os melhores de Clare.

Mount Horrocks ☆☆–☆☆☆
Auburn. Proprietária: Stephanie Toole. 10 ha.
www.mounthorrocks.com
Como se no papel de embaixadora internacional de Clare, esta vivaz produtora faz um impecável Riesling tradicional e um fascinante Cordon Cut Riesling, no qual os talos das uvas foram cortados, mas deixando ramos para sofrerem ressecamento. Os tintos melhoram sem parar, em especial o arredondado da mescla Cabernet e Merlot com sutil perfume de amora. Detalhe: Stephanie e seu sócio Jeffrey Grossett dividem as instalações industriais, mantendo rótulos distintos.

Neagles Rock ☆☆–☆☆☆
Clare. Proprietários: Steven Wiblin e Jane Wilson. 26 ha.
www.neaglesrock.com
A dupla começou a produzir em 1997 e logo estabeleceu alto nível de qualidade com as variedades clássicas da região e um convincente Sangiovese para rematar.

Pikes ☆☆
Sevenhill. Proprietária: Família Pike. 60 ha.
www.pikeswines.com.au
Andrew Pike foi o principal viticultor da Penfolds, por isso entende de vinhedos, os próprios ou aqueles dos quais adquire uvas. Ótimos Riesling lideram o catálogo, e a maioria dos vinhos tintos são misturas.

Sevenhill Cellars ☆☆
Sevenhill. Proprietária: Manresa Society. 70 ha.
www.sevenhillcellars.com.au
Velho mosteiro e vinícola dos jesuítas, que se tornou atração turística em Clare. Os vinhos elaborados pelos padres são um tanto defasados, mas ainda dentro dos melhores da região. De caráter monumental, picante e pleno de traços da fruta, a mescla

tinta Saint Ignatius, à base de Shiraz, Cabernet, Malbec e Grenache, é altamente palatável quando jovem, mas capaz de envelhecer por anos e anos. Os aromáticos Riesling e o macio Inigo Shiraz também merecem aplausos.

Skillogalee ☆☆
Sevenhill. Proprietário: David Palmer. 60 ha.
www.skillogalee.com
Simpática gleba que se beneficia de vinhedos plantados em 1970, ainda ativos. Dão origem a um concentrado Riesling e uma rica mistura de Cabernet.

Taylors ☆–☆☆☆
Auburn. Proprietária: Família Taylor. 600 ha.
www.taylorwines.com.au
Imenso vinhedo e igualmente grande vinícola, localizada em região na qual são raras as instalações desse porte. Os Taylor fabricam substanciais volumes de vinhos de qualidade mediana, embora o Riesling possa ser excepcional.

Desde 1999, os melhores levam o rótulo Saint Andrews, destacando-se Cabernet e Shiraz como os mais instigantes. A curva qualitativa sobe com a linha Saint Andrews, mas em alguns mercados esses vinhos são vendidos como "Wakefield" para evitar conflito com conhecida fábrica de "Porto".

Wendouree ☆☆☆–☆☆☆☆
Clare. Proprietário: Tony Brady, 12 ha.
Pequena e antiga vinícola que produziu alguns dos mais concentrados vinhos tintos da Austrália por décadas. Felizmente, pouco mudou, pois Tony Brady, ardente patriota, vê-se como sentinela da tradição e não interfere na passagem das uvas, do vinhedo à garrafa. Mas isso também significa que seus produtos são quase impossíveis de se achar.

Coonawarra

Balnaves ☆☆☆–☆☆☆☆
Coonawarra. Proprietário: Doug Balnaves. 52 ha.
www.balnaves.com.au
Os Cabernet Sauvigon daqui, extraídos pelo vinhateiro Pete Bisell de primorosas plantações, já são um trunfo de Coonawarra, em especial a seleção de ponta chamada The Tally. O picante Shiraz, envelhecido em carvalho francês, também é muito bom.

Bowen Estate ☆☆–☆☆☆
Coonawarra. Proprietário: Doug Bowen. 33 ha.
www.bowenestate.com
Ex-consultor da Lindemans, Doug Bowen propõe um suave Coonawarra Cabernet, capaz de maturar bem. Seu Ampelon Shiraz é exemplo de vinho opulento, incomum na área, feito só em anos de colheita farta. Emma Bowen agora trabalha ao lado do pai.

Brand's ☆☆
Coonawarra. Proprietária: Família McWilliams. 300 ha.
www.mcwilliams.com.au
Já inteiramente sob a posse e o comando dos McWilliams, a Brand se aprimorou e oferece cremosos e roliços vinhos tintos. O Stentiford Shiraz vem de velhas videiras de Coonawarra.

Hollick ☆☆
Coonawarra. Proprietários: Ian e Wendy Hollick. 150 ha.
www.hollick.com
Esta produtora em expansão faz bem-sucedida faixa de varietais e, inusitada em Coonawarra, uma mistura de Sangiovese com Cabernet, denominada Hollaia em reverência à Toscana. O Cabernet principal da lista chama-se Ravenswood.

Katnook Estate ☆☆–☆☆☆
Coonawarra. Proprietária: Freixenet. 330 ha.
www.katnookestate.com.au
Vinícola das mais originais de Coonawarra, em virtude de que seus melhores vinhos não costumam ser tintos, mas brancos. Sauvignon Blanc e Chardonnay são sempre suculentos e equilibrados. Os brancos mostram-se muito melados para certos gostos. O segundo rótulo dessa empresa veste vinhos menos carregados, a preço amigo.

Leconfield ☆☆
Coonawarra. Proprietária: Família Hamilton. 44 ha.
www.leconfieldwines.com
A etiqueta do Cabernet de 1980 revela que as uvas de origem foram "colhidas por moças experientes". Isso diverte o vinhateiro Paul Gordon, portador de igual cordialidade em seus produtos, jamais pesados ou exagerados. O Cabernet Sauvignon é, de longe, o mais envolvente deles.

Majella ☆☆
Coonawarra. Proprietária: Família Lynn. 60 ha.
www.majellawines.com.au
Vinheria muito bem cotada, distribui uma acarvalhada, mas fina mescla de Shiraz com Cabernet de nome Mallea, e um ainda mais seleto Cabernet Sauvignon com traços de amora.

Parker Estate ☆☆☆
Coonawarra. Proprietária: Família Rathbone. 20 ha.
www.parkercoonawarraestate.com.au
Ambiciosos, os donos designaram como de "primeira colheita" seu mais rico e maturado Cabernet Sauvignon. Felizmente, a qualidade era grande e justificou o apelido. Aqui se produz ainda um Merlot de mais personalidade que a maioria. Em 2004, a vinícola foi para os proprietários de Yering Station e Mount Langi Ghiran (ver p. 563).

Penley Estate ☆☆–☆☆☆
Coonawarra. Proprietário: Kym Tolley. 90 ha.
www.penley.com.au
Nascido de uma família com vinho no sangue, Kym Tolley fez seu aprendizado na Penfolds (ver p. 568), antes de instalar-se sozinho. Já produz sérios e agradáveis vinhos, sobretudo um escuro e denso Cabernet de múltiplas camadas.

Reschke ☆–☆☆
Coonawarra. Proprietário: Burke Reschke. 145 ha.
www.reschke.com.au
Um secular clã de fazendeiros iniciou a produção de vinho em 1998. Eclética, sua faixa inclui um delicado Sauvignon Blanc e um picante Vitulus CS.

Rymill ☆–☆☆

Coonawarra. Proprietários: Peter e Judy Rymill. 100 ha. www.rymill.com.au

De extensos e ótimos vinhedos, a assessora Sandrine Gimon consegue formular excelentes Cabernet, a preços relativamente baixos. Sala de mostruário no prédio da vinícola e belas embalagens completam o cenário.

Wynns ☆☆–☆☆☆

Coonawarra. Proprietário: Foster's Wine Group. 900 ha. www.wynns.com.au

Os Wynns, importante família de vinicultores em Melbourne, causaram bastante impacto no Sul da Austrália. Assumiram a velha vinícola Riddoch em Coonawarra e logo subiram a fama da região com um espetacular Shiraz e um envelhecido Cabernet. Ambos continuam brilhantes (e a preços módicos) e foram seguidos por Chardonnay, Riesling e mescla de Cabernet, Merlot e Shiraz.

A casa conta com duas bandeiras: os vinhos John Riddoch Cabernet e Michael Shiraz, opulentos, muito estruturados e fortemente amadurecidos. Dada a escala de produção (250 mil caixas), o nível surpreende pela regularidade.

Zema Estate ☆☆–☆☆☆

Coonawarra. Proprietária: Família Zema. 65 ha. www.zema.com.au

A família Zema e seu enólogo Greg Clayfield liberam Shiraz e Cabernet encorpados, tânicos e de firme estrutura. O Family Selection é o mais fino da linha, sendo feito somente em vindimas excepcionais. Degustações em 2007 provaram que esses vinhos podem maturar por duas décadas.

Langhorne Creek

Bleasdale Vineyard ☆☆

Langhorne Creek. Proprietário: Michael Potts. 64 ha. www.bleasdale.com.au

A quinta geração dos pioneiros Potts trabalha neste pedaço da história australiana, que guarda a velha prensa revestida de goma vegetal vermelha. O solo árido exige irrigação por meio de enchentes artificiais no rio Bremer, com uso de comportas. Os vinhos resultam leves (inclusive para o bolso) e o Frank Potts Cabernet Sauvignon tem certa distinção.

Bremerton ☆☆

Langhorne Creek. Proprietária: Família Wilson. 120 ha. www.bremerton.com.au

Fundada em 1985 por Craig Wilson, agora está nas mãos competentes da filha, Rebecca. Sem surpresa, os melhores vinhos são os tintos: Tamblyn, fina mescla de Bordeaux; e o doce e espesso Old Adam.

Gotham

Mona Vale ☆☆–☆☆☆

Proprietário: Bruce Clugston. Sem vinhedos.

Pequena produção de excelente Shiraz.

Lake Breeze ☆☆–☆☆☆

Langhorne Creek. Proprietário: Greg Follett. 75 ha. www.lakebreeze.com.au

Os Follett cultivam uvas há setenta anos, mas só fazem vinho nos vinte últimos. Valem a pena seus Cabernet Sauvignon, de toque leve mas com abundantes traços de fruta e quase nenhum carvalho.

McLaren Vale

Anvers ☆☆

Kanganilla. Proprietário: Wayne Keoghan. 16 ha. www.anvers.com.au

Em Adelaide Hills, esta vinheria colheu pela primeira vez em 1998, e além de uvas próprias usa boa parte de frutas de outras áreas. Faz corretos e macios Cabernet e Shiraz.

Battle of Bosworth ☆

Willunga. Proprietário: Joch Bosworth. 75 ha. www.battleofbosworth.com.au

Essa propriedade produz bons Cabernet e Syrah orgânicos, mas os vinhos frequentemente apresentam considerável quantidade de açúcar.

Chapel Hill ☆☆

McLaren Vale. Proprietária: Família Schmidheiny. 44 ha. www.chapelhillwine.com.au

Data de 2000 a venda desta empresa ao dono suíço da Cuvaison, de Napa (ver p. 491). Sob a supervisão de Michael Fragos, precedido por Pat Dunsford, Chapel Hill vem produzindo vinhos atraentes e acessíveis. Riesling e Albariño são bons; o Chardonnay, ótimo, amadeirado ou não. Mas os tintos, sobretudo os densos e suaves Shiraz, chegam a ser excepcionais.

Clarendon Hills ☆☆–☆☆☆

Blewitt Springs. Proprietário: Roman Bratasiuk.

O ex-farmacêutico Bratasiuk consegue uvas em velhos vinhedos de cultivo a seco e baixo custo em McLaren Vale. Utiliza técnicas limpas como fermentação natural e um mínimo de enxofre, obtendo vinhos intensos. Poderosos Shiraz, Grenache e Merlot ganharam aplausos nos Estados Unidos, mas são pouco reconhecidos na própria Austrália.

Coriole ☆☆☆

McLaren Vale. Proprietária: Família Lloyd. 33 ha. www.colriole.com

Um Shiraz maravilhosamente maturado é o campeão daqui, mas Sémillon ou Chenin Blanc costumam ser refrescantes, e o Sangiovese, promissor. No topo da linha Shiraz está o suntuoso, mentolado Lloyd Reserve, com o sabor e a densidade esperados de McLaren Vale.

Antiga prensa com alavanca, revestida de goma vermelha, Bleadsdale Winery.

D'Arenberg ☆☆–☆☆☆

McLaren Vale. Proprietária: Família Osborn. 160 ha.
www.darenberg.com.au

Com o excêntrico, mas inspirado Chester Osborn à frente, essa empresa familiar ficou mais inovadora, com sugestivas misturas brancas e tintas, na maioria de variedades do Rhône.

Os destaques vão para os vigorosos Dead Arm Shiraz e Magpie Shiraz/Viognier. Em certas vindimas, a casa engarrafa um estimulante Noble Riesling. Tantos vinhos juntos causam alguma inevitável inconsistência, mas o selo D'Arenberg sempre merece uma tentativa.

Dowie Doole ☆☆

McLaren Vale. Proprietários: três donos de
vinhedos. 37 ha. www.dowiedoole.com

Três diletantes se reuniram nesta vinícola. Até agora, o Shiraz tem sido seu melhor vinho.

Foster's Wine Group

O renomado grupo cervejeiro absorveu o Southcorp e a Beringer Blass, para montar um extraordinário leque de vinícolas, pequenas ou grandes. Nomes e marcas principais: Lindemans, Beringer, Penfolds, Rosemount, Wynn, Seppelt, Devils Lair, Coldstream Hills, Saint Huberts, Buring, Tollana, Yarra Ridge, T'Gallant, Baileys, Annie's Lane, Rothbury, Maglieri, Saltram, Wolf Blass, Pepperjack, Mamre Brook, Mildara e Jamiesons Run. A lista pode encolher se, como se espera, e a Fostger's desativar algumas unidades.

Fox Creek ☆–☆☆

Willunga. Proprietária: Família Watts.
www.foxcreekwineds.com

Relativamente novata, com primeiras vendas em 1995, a Fox Creek conquistou fama rápida por ricas e potentes garrafas de Cabernet e Shiraz Reserve. Os brancos têm mais simplicidade.

Gemtree ☆–☆☆

McLaren Vale. Proprietária: Família Buttery. 138 ha.
www.gemtreevineyards.com.au

Um experiente grupo de cultivadores e vinhateiros dirige esta importante propriedade, que elabora vasta gama de bebidas; as melhores são os Shirazes. Com primeira colheita em 1998, a Gemtree ainda precisa mostrar a que veio.

Hardys ☆–☆☆☆

Reynella. Proprietária: Constellation. 1.200 ha.
www.brlhardy.com.au

Tradicional, grande dinastia do vinho em Adelaide, agora é parte do maior grupo mundial do setor. A família Hardy originou-se em McLaren Vale, onde tintos frutados ainda são feitos, incluindo rótulos top de linha como o Eileen Hardy Shiraz e o Thomas Hardy Cabernet. Todavia, vinhedos pioneiros em Padthaway e outras regiões do Sul da Austrália propiciaram uvas para outros conhecidos vinhos, a exemplo dos varietais Nottage Hill e Banrock Staton, a linha do Starvedog Lane e a Stamp Series.

O nível de qualidade é encorajador. E a Hardys absorveu várias vinícolas importantes, como Houghton, Leasingham, Yarra Burn e Château Reynolds.

Geoff Merrill Wines ☆☆–☆☆☆

Woodcroft. Proprietária: Geoff Merrill. 60 ha.
geoffmerrillwines.com

Geoff Merril é um dos personagens emblemáticos da vinicultura australiana: o ex-jovem rebelde que conserva a energia e o dinamismo da mocidade. Daí os sérios e elegantes vinhos (por vezes subestimados) que estão no mercado com o seu nome no rótulo. Vinhos frutados, mais acessíveis, saem com a etiqueta Mount Hurtle. O Shiraz é a especialidade da casa, além dos robustos mas sofisticados Reserves. No topo, brilha o Henley Shiraz, de alto preço.

Mitolo ☆☆–☆☆☆

Virginia. Proprietário: Frank Mitolo.
www.mitolowines.com.au

O fazendeiro Frank Mitolo teve a iniciativa de contratar Ben Glaetez para criar seus vinhos, e o resultado é uma fina coleção de Shiraz e Cabernet, plena de consistência e gosto.

S. C. Pannell ☆☆–☆☆☆

Wayville. Proprietário: Stephen Pannell. Sem vinhedos.

Stephen Pannell respondeu pelos melhores vinhos da Hardys, durante muitos anos, e enfim abriu sua própria empresa, mais artesanal, adepta de reduzidos lotes de vinhos varietais, bem realizados com uvas de McLaren Vale e em Adelaide Hills.

Penny's Hill ☆–☆☆

McLaren Vale. Proprietário: Tony Parkinson. 44 ha.
www.pennyshill.com.au

Distribui sólida lista de varietais frutados, algo gelatinosos e inclinados a serem frouxos na estrutura.

Pertaringa ☆–☆☆

McLaren Vale. Proprietários: Geoff Hardy e Ian Leask.
32 ha. www.pertaringa.com.au

Parceria empresarial entre um afamado produtor, Geoff Hardy, e o vinicultor Ian Leask. O Shiraz que fazem "arranha" um pouco, mas Cabernet, Grenache, Sauvignon e Sémillon compensam a escolha.

Pirramimma ☆–☆☆

McLaren Vale. Proprietária: Família Johnston. 180 ha.
www.pirramimma.com.au

De longa trajetória, essa empresa ainda faz vinho a granel, mas também cola seu próprio rótulo em um limpo Cabernet com toques de amora, um denso Shiraz e um vibrante e achocolatado Petit Verdot.

Chateau Reynella ☆☆☆

Reynella. Proprietária: Hardys. 180 ha. www.hardys.com.au

Adquirida por Thomas Hardy em 1982, possui uma adega histórica e um vinhedo logo ao sul de Adelaide. Stephen Pannell resgatou a boa reputação dos vinhos daqui, com ênfase em magníficos Shiraz e Cabernet, conforme a linha Basket Pressed.

Serafino ☆☆

McLaren Vale. Proprietário: Steve Maglieri. 125 ha.
www.mclarensonthelake.com

Nunca exagerado, o Shiraz é de alta qualidade. Desde sua compra em 1998, as instalações foram bastante reformadas, seja para o turismo ou para a fabricação de vinhos.

Shingleback ☆☆–☆☆☆

McLaren Vale. Proprietário: John Davey. 128 ha.
www.shingleback.com.au
A uva Shiraz domina os vinhedos e sua bebida é a estrela dessa produtora familiar, fundada em 1998.

Tatachilla ☆–☆☆

McLaren Vale. Proprietário: Lion Nathan.
www.tatachillawinery.com.au
Qualidade marcante sob o enólogo Michael Fragos, mas em declínio desde que ele se transferiu para a Chapel Hill em 2004. Ainda assim, os Shiraz de ponta são ricos e bem formulados.

Wirra Wirra ☆☆☆

McLaren Vale. Proprietário: Roger Trott. 25 ha.
www.wirrawirra.com
A ressurreição desta vistosa vinícola resultou na produção de vinhos mais elegantes do que os de estilo viril comumente produzidos em McLaren Vale. A consultora Samantha Connew amealhou boa reputação para os seus tintos.

O Church Block é uma mescla de Cabernet, Merlot e Shiraz. Já o RSW Shiraz é escuro e resinoso, enquanto as misturas de Cabernet de Coonawarra e do próprio McLaren, com o nome Angelus, alcança admirável harmonia, graças ao conteúdo frutado e, depois, à densidade achocolatada.

Woodstock ☆–☆☆

McLaren Flat. Proprietário: Scott Collett. 32 ha.
www.woodstockwine.com.au
O início da produção data de 1982. Hoje existe uma larga faixa de varietais, incluindo Cabernet, Shiraz e Chardonnay, bem como excelentes "Porto" Tawny e Sémillon adocicado naturalmente pelo fungo *botrytis*.

Outros produtores do Sul

Angove's ☆

Renmark. Proprietária: Família Angove. 480 ha.
www.angoves.com.au
Empresa conservadora, dentro da área irrigada de Riverland, conhecida pela multiplicidade de seus varietais (a preço vantajoso) e vinhos no estilo xerez.

Henry's Drive ☆

Padthaway. Proprietário: Brian Longbottom. 300 ha.
www.henrysdrive.com
Com primeira safra em 1998, tem o Shiraz curtido em carvalho como vinho-líder. A produção bateu rapidamente nas 100 mil caixas anuais.

Hewitson ☆☆–☆☆☆

Mile End. Proprietário: Dean Hewitson. Sem vinhedos.
www.hewitson.com.au
O dono era vinhateiro na Petaluma antes de abrir negócio próprio perto de Adelaide. Acesso a ótimos vinhedos do Sul da Austrália garantiu a qualidade de sua ampla gama de vinhos.

Stonehaven ☆☆–☆☆☆

Padthaway. Proprietária: Hardys. 900 ha.
www.stonehavenvineyards.com.au
Criada em 1998, esta vinheria ambiciosa conta com recursos dos imensos vinhedos de sua companhia matriz para apresentar esplêndidos Chardonnay, Cabernet e Shiraz, sob os rótulos Stepping Stone ou Hidden Sea.

Tapanappa ☆☆☆

Wrattonbully. Proprietários: Brian Croser, Jean-Michel Cazes e Maison Bollinger. 11 ha.
www.tapanappawines.com.au
A associação de três louvados investidores deu a Brian Coser, desde que saiu da Petaluma, a liberdade de perseguir seu refinado estilo de fazer vinhos. Embora limitados, os vinhedos atuais incorporam um setor do Tiers Vineyard, em Adelaide Hills, que Coser tornou famoso por sua Chardonnay. Nível alto, conforme o previsto, mas ainda é cedo. Em 2007, a Tapanappa lançou o Foggy Hill Pinot Noir, da costa de Adelaide – um vinho de adorável pureza. Muito mais deve vir.

Two Hands ☆☆–☆☆☆

Marananga. Proprietários: Michael Twelftree e Richard Monz. Sem vinhedos. www.twohandswines.com
O estilo pastoso, sensual dos Shiraz daqui, supridos por frutas do Sul da Austrália, conquistou aplausos, sobretudo nos Estados Unidos. Mas sua escassez e o preço elevado ajudaram a esfriar o entusiasmo.

Principais produtores do Oeste
Great Southern

Alkoomi ☆☆–☆☆☆

Frankland. Proprietários: Mervyn e Judith Lange. 102 ha.
www.alkoomiwines.com.au
Bem instalada vinícola, exemplo de eficiência na nova área de Frankland, saudada por um limpo e tânico Shiraz, e vigorosos e intensos Riesling e Sauvignon Blanc.

Castle Rock ☆☆

Porongurup. Proprietária: Família Diletti. 40 ha.
www.castlerockestate.com.au
Vinhedos caprichados e fabricação movida à gravidade ajudaram a produzir elegantes vinhos de uvas Sauvignon Blanc e Riesling, além do sedoso Pinot Noit, quase sempre superlativo.

Ferngrove Vineyards ☆

Frankland. Proprietário: Murray Burton. 415 ha.
www.ferngrove.com.au
O dono desenvolveu vinhedos em várias partes do Great Southern e construiu uma vinícola nova, com atrações turísticas, em 2000, ano da colheita inaugural. Cabernet Sauvignon e Shiraz com Viognier são refinados, e os brancos, suculentos. Falta mais consistência à lista.

Forest Hill ☆☆☆

Denmark. Proprietário: Tim Lyons. 25 ha.
www.foresthillwines.com.au
Plantadas desde 1965, são as mais antigas videiras no Oeste da Austrália, mas ainda a base da produção desta "vinícola de butique". O consultor é Larry Cherubino, ex-Houghton, e os vinhos de topo vêm de canteiros individuais de Chardonnay, Riesling, Cabernet e Shiraz.

Frankland Estate ☆☆
Frankland. Proprietários: Judi Cullam e Barrie Smith. 30 ha. www.franklandestate.com.au
Por muitos anos, os donos apoiaram a causa da expansão do Riesling no Oeste da Austrália, e seu Isolate Ridge Riesling forma entre os melhores: leve sabor cítrico e traços minerais. O Olmo's Reward (mistura de Bordeaux) é inicialmente firme e bastante austero.

Goundrey ☆–☆☆
Mount Barker. Proprietária: Vincor. 185 ha. www.goundreywines.com.au
Uma das vinícolas mais ambiciosas da região. Forte investimento e rigorosa supervisão resultaram em alguns bons vinhos, sobretudo a prolífica linha Reserve Shiraz. No geral, falta-lhes personalidade, mas pode haver boas surpresas como a vigorosa mescla de Cabernet e Tempranilho.

Howard Park ☆☆–☆☆☆
Denmark. Proprietários: Jeff e Amy Burch. 230 ha. www.howardparkwines.com.au
Park emprega uvas próprias e as de sitiantes contratados para fazer misturas que reúnem as maiores virtudes de várias regiões do oeste. Produz perfumados, às vezes austeros Riesling e Chardonnay; intenso Shiraz e um firme, maturado Cabernet. Variações na safra são importantes aqui, pois o grau de acidez pode tornar-se alto em certos anos. Para vinhos simples, o rótulo é Madfish.

Plantagenet Wines ☆☆–☆☆☆
Denmark. Proprietários: Jeff e Amy Burch. 230 ha. www.howardparkwines.com.au
Antiga vinícola situada em Mount Baker, com John Durham, ex--Cape Mentelle, a cargo da formulação dos produtos desde 2007. O Chardonnay (ou o ótimo, não amadeirado, Omrah, ou o picante e acarvalhado Plantagenet) faz sucesso entre os brancos, ao lado do aromático Shiraz, que lembra seus modelos do Rhône. O Carbenet Sauvignon, algo rígido quando jovem, desabrocha após oito anos em garrafa. Intenso também é o Pinot Noir, com fragância de framboesa.

West Cape Howe ☆☆
Denmark. Proprietários: Gavin Berry e Rob Quenby. 80 ha. www.westcapehowe.com.au
Respeitável lista de vinhos varietais, brancos e tintos, feitos de frutas do próprio Great Southern.

Wignalls ☆–☆☆
Albany. Proprietária: Família Wignall. 16 ha. www.wignallswines.com.au
Espetada em isolamento na remota cidade de Albany, forjou sua boa fama com alguns dos melhores Pinot Noirs do estado. O Shiraz é promissor.

Geographe
Capel Vale ☆☆–☆☆☆
Capel. Proprietário: dr. Peter Pratten. 220 ha. www.capelvale.com
Coroada de êxito, esta vinícola utiliza uvas de todas as principais regiões. O dono, veterano radiologista, confessa que deseja fazer vinhos típicos da Europa com frutas do Novo Mundo. A produção multiplicou-se, e a faixa do palatável Debut cumpre o prometido. No entanto, as bebidas mais distintas são os vinhos regionais (como o Margaret River Cabernet e o Mount Barker Shiraz), mais os de vinhedos exclusivos, timbrados de Whispering Hills.

Peel Estate ☆☆
Baldivis. Proprietários: Will Nairn e sócios. 16 ha. www.peelwines.com.au
Florescente empresa fundada em 1979, com forte influência da Califórnia. O Chenin Blanc envelhecido em carvalho espelha-se no Chappellet de Napa. O Zinfandel é claro e aromático, enquanto o Shiraz, com quinze anos de maturação em barris de madeira, beneficia-se do longo envelhecimento.

Willow Bridge ☆☆
Dardanup. Proprietária: Família Dewar. 70 ha. www.willowbridgeestate.com
Aberta em 1997, rapidamente firmou reputação por seus suaves tintos, como o Shiraz, e intensos brancos frutados, de uvas Sémillon e Sauvignon.

Margaret River
Amberley Estate ☆☆
Yallingup. Proprietária: Vincor. 32 ha.
Esta empresa de médio porte criou nome por si mesma, graças a vinhos limpos, confiáveis, por vezes ótimos, como o fresco, seco e frutado Chenin Blanc, o envolvente Shiraz e as semiencorpadas misturas de Cabernet.

Ashbrook Estate ☆☆☆
Willyabrup. Proprietários: Brian e Tony Devitt. 12 ha.
A família Devitt controla esta vinheria no meio de um bosque de árvores altas. Os esplêndidos e disputados vinhos daqui incluem o Riesling com traços de frutas tropicais, o rico Sémillon, o vivaz Sauvignon Blanc e o intenso Chardonnay. Vendidos por mala-direta, são difíceis de encontrar.

Brookland Valley ☆☆–☆☆☆
Williyabrup. Proprietária: Hardys. 16 ha. www.brooklandvalley.com.au
Recente história de sucesso em Margaret River, a Brookland une uma produção popular ao turismo do vinho em seu restaurante, com livre degustação de deliciosas amostras.

A ótima, não acarvalhada mescla de Sauvignon e Sémillon tem aroma intenso; a de Cabernet e Merlot e o Reserve Cabernet são notavelmente picantes e bem estruturados. Ao lado dos vinhos principais, surge a faixa mais barata, chamada Verse I, iniciada em 1998.

Cape Mentelle ☆☆☆
Margaret River. Proprietária: LVMH. 200 ha. www.capementelle.com.au
Grande história de sucesso na região de Margaret River. David Hohnen, o fundador e enólogo original, estudou na Califórnia e manteve padrão elevado até sua partida em 2003. A Cape Mentelle popularizou a mescla de Sémillon com Sauvignon nesta área e produz esplêndidos Chardonnay, Shiraz e Zinfandel, este algo temperamental. Hohnen ainda montou a notável Cloudy Bay na Nova Zelândia e, mais recentemente, a McHenry-Hohnen (ver p. 576).

Clairault ☆☆

Willyabrup. Proprietário: Bill Martin. 50 ha.
www.clairautwines.com.au
A Clairaut elabora excelentes Cabernet Sauvignon e Sémillon com Shiraz, em estilo cada vez mais identificado como próprio da região. No passado, alguns lotes de Cabernet apresentaram caráter herbáceo, que já desapareceu.

Cullen ☆☆–☆☆☆☆

Cowaramup. Proprietária: Família Cullen. 30 ha.
www.cullenwines.com.au
A fama da Cullen apoiou-se na mescla de Cabernet com Merlot, em especial na brilhante linha Diana Madeline Reserve. Mas essa célula da biodinâmica produz ainda o excelente e incrivelmente perfumado Chardonnay e o maturado Sauvignon com Sémillon, sob as vistas da enóloga Vanya Cullen. Recente adição à lista é o delicioso Mangan, incomum mistura de Malbec e Petit Verdot. Há um pequeno e bom restaurante no local.

Devil's Lair ☆☆–☆☆☆

Margaret River. Proprietário: Foster's Wine Group. 87 ha.
www.devils-lair.com
Embalagens esmeradas para vinhos excelentes: o cítrico e prazeroso Chardonnay e o aromático e amadeirado Cabernet. Apesar de sua aquisição pelo Southcorp (depois Foster's), a qualidade manteve-se alta, enquanto a produção disparou. O segundo rótulo, Fifth Leg, é compensador.

Edwards Vineyard ☆☆–☆☆☆

Cowaramup. Proprietária: Família Edwards. 48 ha.
www.edwardsvineyard.com.au
Esta propriedade familiar oferece estilos que vêm se tornando clássicos na região vinícola: a cítrica mistura de Sémillon e Sauvignon, o elegante Shiraz e o robusto Cabernet Sauvignon de uvas pretas.

Evans & Tate ☆–☆☆

Willyabrup. Proprietário: McWilliam Wines. 85 ha.
www.evansandtate.com.au
De "vinícola de butique", cresceu até ser a maior propriedade do Oeste da Austrália. Depois, novas expansões e fusões levaram a empresa ao colapso e à compra por McWilliams em 2007.

Perto da falência, a Evans & Tate logrou manter o nível, mas não está clara qual posição será tomada agora. Por certo, o Reserve Shiraz 2007 é um vinho primoroso.

Leeuwin Estate ☆☆☆–☆☆☆☆

Margaret River. Proprietária: Família Horgan. 130 ha.
www.leeuwinestate.com.au
Moderna vinícola construída com aconselhamento de Robert Mondavi. Situa-se nas colinas verdes e nos bosques de Margaret River, embora o mar esteja perto. Os Chardonnay daqui são sensacionais: aroma, gosto, vivacidade e riqueza para desbancar qualquer similar da Austrália e alguns da Califórnia. Os Riesling variam de um traço metálico ao leve sabor de melão. Os Cabernet mostram-se densos, mas nunca demais.

A estrela de Leeuwin cintila forte após uma fase de incerteza. Nova mistura de Sauvignon e Sémillon, filtrada, foi lançada em 2008. O segundo rótulo, Prelude, não abriga vinhos medíocres.

Um bom restaurante, galeria de arte e área externa de verão, destinada a concertos, ajudam a abrir para Leeuwin um futuro brilhante.

Lenton Brae ☆☆–☆☆☆

Williabrup. Proprietária: Família Tomlinson. 15 ha.
www.lentonbrae.com
Vinheria pequena, erguida em 1982. Produz um arrebatador Chardonnay e elegantes Cabernet e Cabernet com Merlot.

McHenry Hohnen ☆☆–☆☆☆

Margaret River. Proprietárias: Famílias Hohnen e McHenry. 120 ha. www.mchv.com.au
Vinhedos próprios em quatro distritos dão a David Hohnen e sua filha Freya ampla escolha de matéria-prima. Isso explica o ecletismo da lista: brancos no estilo Rhône, uma mescla tipo sul do Rhône, chamada 3 Amigos, e um Zinfandel que remete aos dias de Hohnen na Cape Mentelle. É o caráter de Margaret River em sua máxima fineza.

Moss Wood ☆☆☆

Willyabrup. Proprietário: Ken Mugford. 18 ha.
www.mosswood.com.au
Eis a vinícola que pôs Margaret River no pódio das áreas de alto nível na Austrália. O Moss Wood Cabernet define o estilo da região: docemente claro, intensamente profundo, um travo de relva e textura compacta, quase espessa, mas sem desabono à elegância – vinho que comporta longo envelhecimento. Há também um bom e cítrico Chardonnay e um neutro Pinot Noir, mas o Cabernet, incluindo lotes separados de nome Glenmore, é que carrega todos os outros.

Pierro ☆☆–☆☆☆

Margaret River. Proprietário: dr. Michael Peterkin. 18 ha.
www.pierro.com.au
Alta qualidade, pequena quantidade. Vinhos de boa acolhida, como o Chardonnay fermentado em barris, dos melhores da região. O Sauvignon com Sémillon, produzido aqui primeiro pelo dr. Peterkin, pode ser herbáceo. Entre os tintos, destaca-se a amadeirada mistura de Cabernet e Merlot.

Rosily ☆☆

Willyabrup. Proprietárias: Famílias Scott e Allan. 12 ha. www.rosily.com.au
De início era fornecedora de uvas para terceiros, agora faz delicados (e subestimados) vinhos a partir de Cabernet e Shiraz, além de variedades brancas.

Stellabella ☆☆–☆☆☆

Margaret River. Proprietários: Janice McDonald, Stuart Pym e sócios. 95 ha. www.stellabella.com.au
Uma parceria com senso de humor, fundada em 1997 e regida por dois assessores célebres: Janice McDonald e Stuart Pym. Três séries de vinhos focam em diferentes versões dos clássicos da região: fino e acarvalhado Sémillon com Sauvignon, mais o denso Cabernet Sauvignon.

Com seu engarrafamento refinado e *marketing* astuto, o Stellabella, o Suckfizzle e o Skuttlebutt fizeram sucesso e expandiram a produção.

Vasse Felix ☆☆–☆☆☆

Cowaramup. Proprietária: Família Holmes à Court. 120 ha. www.vassefelix.com.au
Pioneira do Margaret River, rivaliza com as melhores da região. A linha básica, a preço bom, chama-se Classic Dry White and Red. O Chardonnay, sobretudo da etiqueta Heytesbury, pode ser muito acarvalhado. Já a mescla Cabernet com Merlot é mais substanciosa, mas não se iguala aos Cabernet puros, de sabor voluptuoso, levemente mentolado.

Voyager ☆☆☆–☆☆☆☆

Margaret River. Proprietário: Michael Wright. 110 ha. www.voyagerestate.com.au
Aqui o vinhateiro Cliff Royle faz um admirável Chardonnay, tostado porém compensado por boa acidez. O Shiraz é mais ao estilo Rhône que de Barossa, e a opulenta mistura de Cabernet e Merlot traz aroma de cassis e paladar terroso. O melhor *cuvée*, selecionado dos barris, chama-se Tom Price, e o branco, ao contrário de um Chardonnay, é mesclado no estilo Graves. São vinhos que procuram impressionar, e geralmente conseguem.

Xanadu ☆☆

Margaret River. Proprietário: Rathbone Group. 130 ha. www.xanaduwines.com.au
Esta vinheria, de nome inspirado no poema de Coleridge, andou bem nos anos 1990, mas a ambição e a expansão desmedida a conduziram à ruína. Em 2005, foi adquirida pelo grupo Rathbone, dono de vinícolas como Yerring Station e outras. Os vinhos da Xanadu são firmes, judiciosos, e a segunda faixa, Dragon, é bem acessível.

Pemberton

Picardy ☆☆–☆☆☆

Pemberton. Proprietária: Família Pannell. 7 ha. www.picardy.com.au
Os Pannell, criadores da Moss Wood (ver p. 576), têm neste projeto sua meta para aposentadoria: produzir intensos vinhos Pinot Noir e Chardonnay estilo Borgonha, embora o Shiraz também possa ser esplêndido. Primeiras entregas: 1997. Vinhos mais finos recebem o rótulo Tête de Cuvée, sendo liberados em volume reduzido.

Smithbrook ☆☆

Pemberton. Proprietário: Lion Nathan. 60 ha. www.smithbrook.com.au
O Yilgarn, mistura de Cabernet, Merlot e Petit Verdot, em estilo Bordeaux, é o carro-chefe desta vinheria.

Swan Valley

Paul Conti ☆–☆☆

Woodvale. Proprietária: Família Conti. www.paulcontiwines.com.au
No estilo, é o produtor líder de Swan Valley, com vinhedos bem localizados (Marginup, Yanchep). Faz um elegante Shiraz e um limpo e balanceado Chardonnay.

Houghton ☆☆–☆☆☆

Middle Swan. Proprietária: Hardys. 500 ha. www.houjghtonwines.com.au
O nome mais conceituado do oeste da Austrália. Por 50 vindimas, os vinhos daqui foram feitos pelo legendário Jack Mann. Hoje, graças a novos vinhedos em pontos mais frescos do estado, como Margaret River, Pemberton e Frankland, o brilho da Houghton reviveu.

A linha básica é Moondah Brook, de uvas do próprio sul; a faixa Crofters introduz vinhedos de clima frio. Em 1999, o proprietário enfatizou os vinhos regionais, como o fino Frankland River Shiraz; o sensual e concentrado Margaret River Cabernet; e o Gladstones Shiraz, algo achocolatado. A mescla tinta de Cabernet e Merlot de nome Jack Mann segue no topo: opaco e levemente amargo.

Muitos associam a Houghton à mistura White Classic, lançada em 1937 e por anos a campeã de vendas na Austrália, como "borgonha branco". Um teste de degustação mostrou que esse modesto vinho envelhece de modo gratificante por mais de uma década.

Sandalford ☆☆

Caversham. Proprietária: Família Prendiville. 144 ha. www.sandalford.com
Antiga vinheria em Swan River, a Sandalford depende quase por inteiro de uvas de suas plantações mais ao sul, com as quais elabora excelentes vinhos. Chardonnay e Verdelho despontam no topo dos brancos. Um provocante Shiraz e o firme Cabernet Sauvignon dividem as honras entre os tintos. A linha menos cara, Element, vale a pena. O Sandalera é um ótimo, sazonado vinho de sobremesa, no estilo espanhol. Após um declínio nos anos 1990, o consultor Paul Boulden fez progressos na melhoria da qualidade.

Principal produtor de Queensland

Ballandean Estate ☆

Ballandean. Proprietários: Angelo e Mary Puglisi. 18 ha. www.ballandeanestate.com
Angelo Puglisi é tido como padrinho da vinicultura em Queensland. E a Ballandean, além de primeira vinheria na região, constitui ainda uma das melhores na área do "cinturão de granito". A eclética lista abrange Shiraz e Merlot, vinhos fortificados e um branco da rara (na Austrália) variedade Silvaner.

Vinhedo da Vasse Felix, Cowaramup.

Principais produtores da Tasmânia

Domaine A ☆☆
Campania. Proprietário: Peter Althaus. 20 ha.
www.domaine-a.com.au
O engenheiro suíço Peter Althaus é fã de Bordeaux e, apesar do clima desfavorável para tais variedades, logrou fazer um intenso, acarvalhado Cabernet tipo francês, adotando uma baixa fermentação. Em contraste, também produz um picante Sauvignon livre de carvalho, e um Pinot Noir melhorado. Segundo rótulo: Stoney Vineyard.

Bay of Fires ☆☆
Pipers Rives. Proprietária: Hardys.
www.bayoffireswines.com.au
O Pinot Noir daqui pode ser bom, mas a especialidade é vinho espumante. Envelhecido quatro anos no levedo, o Arras é um dos mais finos borbulhantes clássicos da Tasmânia.

Clover Hill ☆☆
Lebrina. Owner: Taltarni Wines. 66 ha.
www.taltarni.com.au
Lançado em 1986, esse rótulo atende a vinhos espumantes. A mescla tinta padrão, com uvas de diversas safras, sempre foi ótima, porém ultimamente o blanc des blancs exibe real classe e distinção.

Dalrymple ☆
Pipers Brook. Proprietária: Yalumba Wines. 12 ha.
www.dalrymplevineyards.com.au
Qualidade aqui é apenas ocasional, mas a venda em 2007 para a Yalumba sugere que melhorias são prováveis.

Freycinet ☆☆–☆☆☆☆
Tasman Highway. Proprietária: Família Bull. 10 ha.
www.freycinetvineyard.com.au
Superlativa vinheria situada perto do oceano, na costa leste da Tasmânia. Produz refrescantes Riesling e Chardonnay, assim como um magnífico Pinot Noir condimentado, com leve gosto de beterraba.

Frogmore Creek ☆☆
Richmond. Proprietários: Jack Kidwiler e Tony Scherer. 18 ha. www.frogmorecreek.com.au
Operação complexa, fundada e logo vendida por Andrew Hood, consultor responsável por incontáveis vinherias pequenas da Tasmânia. É gerida pelo francês Alain Rousseau, que formula ótimos Riesling em vários estilos. O segundo rótulo, vantajoso, denomina-se 40 Degrees South.

Stefano Lubiana ☆☆
Granton. Proprietário: Steve Lubiana. 18 ha.
www.slw.com.au
De vinhedos modestos, a Lubiana extrai vasta lista de bebidas, desde o tradicional espumante *brut* até Pinot Noir, Riesling e Pinot Grigio – vinhos benfeitos, mas de pouca personalidade.

Moorilla Estate ☆☆–☆☆☆☆
Berriedale. Proprietário: David Walsh. 20 ha.
www.moorilla.com.au
Uma das primeiras a privilegiar a qualidade, desde 1958, num recanto gelado da Tasmânia. O clima, os pássaros e o fraco amadurecimento das uvas eram problemas, até que melhores vinhedos fossem plantados perto do rio Tamar. Enquanto David Walsh instalava museu e restaurante, para turistas, os vinhos se tornaram estilosos, com rótulos chocantes na visão dos mais conservadores cidadãos de Hobart. Riesling, Chardonnay e Pinot Noir são deliciosos; o Syrah precisa evoluir.

Piper's Brook ☆☆
Piper's Brook. Proprietário: Kreglinger. 200 ha.
www.kreglingerwineestates.com
Sólida empresa, criada com o objetivo de encontrar condições ideais em lugar frio, mas não gelado. O enólogo Andrew Pirie plantou vinhedos no topo de colinas, à vista do litoral norte da ilha e ao alcance dos ventos marítimos. Obteve um soberbo Riesling seco e um Chardonnay austero, além de Pinot Noir e Cabernet diferenciados, com sabores intensos e vívidos. Também faz um dos mais complexos espumantes australianos.

O segundo rótulo, Ninth Island, traz vinhos de menor intensidade, mas ainda envolventes. A empresa foi vendida em 2001, e Pirie partiu para novos projetos. A qualidade continuou boa, mas sem a energia anterior.

Pirie ☆☆–☆☆☆☆
Launceston. Proprietário: dr. Andrew Pirie. Sem vinhedos.
www.andrewpirie.com
Pirie trouxe os mesmos esmero, competência e paladar impecável de seus feitos anteriores à vinheria própria, cuja primeira colheita deu-se em 2004. Um ano depois, o ousado projeto da Tamar Ridge (ver nesta página) contratou Pirie como vinhateiro-chefe, tornando incerto o destino de sua marca pessoal.

Spring Vale ☆☆
Cranbrook, Costa Leste. Proprietária: Família Lyne. 7 ha.
www.springvalewines.com
Esta vinícola confirma a costa leste da Tasmânia como excelente local para cultivar uvas Pinot Noir. O delicioso vinho delas resultante é roliço, terroso e picante, enquanto o Gewürztraminer é adoravelmente floral.

Tamar Ridge ☆–☆☆☆
Kayena. Proprietária: Gunns Ltd. 140 ha.
www.tamarridge.com.au
Na ilha em que numerosas vinícolas têm o tamanho de um jardim, a Piper's Brook e agora a Tamar Ridge são exceções, com terrenos grandes. Pertence a uma madeireira que realizou plantações pretensiosas, assessorada pelo dr. Richard Smart. A produção de vinhos ficou sob o leme do dr. Andrew Pirie, e por isso não admira o avanço rápido dos vinhos daqui, mais equilibrados do que provocantes.

"Vinícolas de butique" proliferaram na Tasmânia, com produção tão limitada que suas bebidas nunca chegaram ao continente, quanto menos ao exterior.

No entanto, existem nomes a ser lembrados: Best Fine Wine, Bream Creek, Chromy, Derwent, Meadowbank, Morningside, Pressing Matters, Roslyn, Silk Hill e Winstead.

Principal produtor do Território do Norte

Château Hornsby ☆
Alice Springs. Proprietários: Denis e Miranda Hornsby. 3 ha.
Original empreendimento sob o forte calor do interior, voltado ao turismo e à produção de vinhos tintos despojados e saborosos. Nos canteiros, a ceifa se dá de madrugada, para proteger os coletores e as uvas.

Nova Zelândia

A transformação sofrida pelo vinho neozelandês nas últimas décadas tem sido espantosa. Nem tanto mudança, e sim invenção. Isso nos deu alguns dos mais vívidos sabores já contidos numa garrafa de vinho.

Parece que quase todos os colonos australianos plantaram uvas para vinho, mas os modernos neozelandeses pouco fizeram na exploração do clima moderado e do solo fértil de suas ilhas. Inexistiu uma indústria vinícola, exceto missões isoladas e propriedades particulares, até que trabalhadores da Dalmácia e imigrantes libaneses, instalados na área de Auckland, passassem a cuidar das próprias necessidades, no começo do século XX. Obtiveram vinhos rústicos, de uvas frágeis em razão de umidade quente do lugar. A praga da filoxera os forçou a plantarem híbridas, e os vinhos fortificados provavelmente mereceram chacotas. Mas a unida comunidade anglo-saxã do país, que resmungava contra a Lei Seca, constituía um mercado encorajador. Até 1961, era ilegal beber álcool em bares e restaurantes, havendo outras aborrecidas restrições ao consumo.

As mudanças começaram velozes no final dos anos 1960, enquanto a Nova Zelândia desenvolvia tentativas de exportação do vinho para a Austrália e a Grã-Bretanha e, mais importante, o gosto pela bebida. Em 1960, quase metade do total de 390 hectares de vinhedos estava na região de Auckland, e o restante em Hawke's Bay, no centro-leste da costa da North Island. O decênio assistiu ao declínio da metragem plantada em Auckland e a ascensão de Waikato, 65 quilômetros ao sul; os vinhedos de Hawke's Bay dobraram de tamanho e um novo núcleo importante surgiu na Poverty Bay, perto de Gisborne.

Os resultados foram estimulantes, ainda que as primeiras plantações em massa tivessem pouca pretensão. O interesse do mercado interno recaía sobre os vinhos fortificados – baratos por causa da adição ilegal de água. No tocante aos vinhos de mesa, a uva Müller-Thurgau foi considerada o marco daquilo que o país podia vantajosamente alcançar. Plantadores pioneiros ouviram conselhos de alemães sobre o clima dominante na Nova Zelândia, que seria mais próximo daquele da Alemanha, e não do da França. Contudo, experimentos recentes com Sauvignon Blanc e Chardonnay provaram que tempo e temperatura, nas regiões de cultivo, eram favoráveis a essas uvas. Assim, nos anos 1970, os vinhedos da costa leste quintuplicaram em número, enquanto Auckland encolhia. Mas no mesmo decênio, a viticultura neozelandesa moveu-se para a South Island; por volta de 1980, Marlborough somava 800 hectares, e as glebas experimentais se deslocaram ao extremo sul (Canterbury, Central Otago).

O verdadeiro potencial da Nova Zelândia como produtor explodiu em meados dos anos 1980, precisamente em fevereiro de 1985, quando jornalistas, consumidores comuns e críticos de vinhos participaram de uma degustação na Casa da Nova Zelândia em Londres. Poucos deles irão esquecer a vibração e o excitamento provocados naquela manhã pelos expositores. Ficou claro que uma dúzia de diferentes vinícolas podia fazer vinhos brancos de sabor frutado e competitiva vitalidade. Os mais memoráveis eram os Sauvignon Blanc, dando uma dimensão nova a bebidas tidas como de segunda linha. Veredito unânime: a Nova Zelândia havia subido à primeira categoria dos produtores mundiais de brancos.

Testes subsequentes ratificaram o feito, que comportava ainda vinhos Chardonnay de sólida qualidade, alguns Riesling, Gewürztraminer de bom padrão sob qualquer critério e promissores tintos (a queda de seu nível original deveu-se mais à inexperiência do que a problemas com as uvas). Evoluções significativas alcançaram a Pinot Noir, favorecida pelo clima fresco do sul de Martinborough, e avanços nas técnicas de vinificação atestaram seu valor. Misturas de Cabernet Sauvignon com Merlot, em especial na Hawke's Bay, foram reconhecidas como interessantes, mais uma vez em virtude de melhor processamento, melhor vinicultura e a descoberta de solos excepcionais. Várias vinícolas agora produzem ótimo Syrah; o Zinfandel saiu da quarentena, e o Pinot Gris tem belo futuro.

Um enorme crescimento dos vinhedos mudou o quadro. Vinícolas já existentes investiram em plantações, as novas recorreram a equipamento moderno. Ensaiaram-se mais áreas de lavra, com vinícolas isoladas ocupando lugares imprevisíveis. Tal expansão embutia um risco: certos vales agricultáveis em Marlborough e Hawke's Bay, por exemplo, revelaram-se suscetíveis a geadas.

No final dos anos 1990, os melhores consultores e vinhateiros tinham aprendido a dosar o caráter vegetal ou muito herbáceo de seus produtos, sobretudo Cabernet e Merlot; eles também identificaram áreas mais quentes para plantar essas variedades. Tornou-se patente que a menina dos olhos da Nova Zelândia, entre os vinhos tintos, iria ser o Pinot Noir. Por volta de 2007, existiam 4.400 hectares semeados dessa uva, sendo 42% deles em Central Orago. Hoje, não obstante, o país continua conquistando mercados com os brancos. Se o gosto internacional cansar-se dos aromáticos Sauvignon de Marlborough (a variedade Sauvignon Blanc cobre mais da metade dos vinhedos neozelandeses), há estoques fartos de soberbos Riesling e Chardonnay.

O dom natural da Nova Zelândia é o que os profissionais da Austrália e Califórnia lutam por obter: condições de coletar frutas amadurecidas aos poucos e altamente aromáticas. Em geral, os vinhos enfatizam o vigor, a estrutura e, às vezes, a sutil delicadeza das uvas empregadas (por exemplo) no Loire, na Alsácia, talvez no Médoc e em Champagne – com um frescor e energia próprios da Nova Zelândia.

O potencial do país para espumantes tem sido alimentado, com o uso de métodos clássicos e, quase sempre, de uvas Pinot Noir e Chardonnay. Visitantes podem atestar a impecável qualidade de vinhos neozelandeses feitos de Riesling ou Sémillon, robustecidos por investidas do fungo *botrytis*.

Regiões de North Island

Auckland

500 hectares. Até 1970, era a região do país mais plantada com uvas, mas seu clima quase subtropical, nublado e chuvoso no outono, nunca foi propício às videiras. Foi eclipsada (em quantidade e qualidade) por áreas sulinas como Gisborne, Hawke's Bay, Marlborough e outras. Em Auckland, muitos vinhedos deram lugar a *shoppings*, mas importantes produtoras de vinhos continuam baseadas ali. Ao norte da cidade, está a pequena sub-região de Matakana, onde algumas vinícolas se espremem atrás das praias. Ver também Waiheke Island.

Algumas vinícolas: Awa Valley, Babich, Coopers Creek, Delegat's. Kumeau River, Lincoln Vineyards, Matua Valley, Nobilo, Soljans, Villa Maria e West Brook.

Gisborne

1.190 hectares. Região fértil e ensolarada na costa leste de North Island, favorável a variedades brancas, embora sofra com chuvas de outono que atrasam a colheita e com ataques de filoxera que exigem replantio quase total. Poucas vinícolas, enquanto a maior parte das uvas vai para os principais elaboradores de misturas em Auckland.

Algumas vinícolas: Bushmere, Milton e T. W. Wines.

Hawke's Bay

4.340 hectares. Das áreas estabelecidas, esta é mais promissora. Localiza-se na costa leste, ao sul de Gisborne, sujeita às chuvas do maciço montanhoso e vulcânico da ilha. O sol forte e a gloriosa mistura de solos – aluvião, cascalho grosso e argila – garantem imenso potencial para uvas brancas ou tintas, daí o crescimento do número de vinícolas. Ao lado de Waiheke Island, esta é uma das raras regiões em que variedades de Bordeaux têm plena maturação. Cultivadores já atentam para as melhores subzonas, como Gimblett Gravels e Ngatarawa Triangle.

Algumas vinícolas: Alpha Doms, Brookfields, Craggy Range, Kim Crawford, Esk Valley, Kemblefield, Natgariki, Mission, Church Road, Ngatarawa, C. J. Park, Sacred Hill, Silent, Te Mata, Trinity Hill e Vidal.

Northland

Área úmida no extremo norte da ilha, local do primeiro vinhedo da Nova Zelândia, em 1819, mas pouco indicada para o cultivo de uvas. Crescente número de vinícolas tentam (e conseguem) provar sua adequação, sobretudo em Matakana Valley. Podem dar-se bem aqui a Chardonnay, a Pinot Gris e a Syrah. Agora já existem algumas vinícolas um pouco mais ao norte: Longview, em Whangarei, e Okahu, em Kaitaia.

Algumas vinícolas: Ake Ake, Karikari e Marsden.

Waikato Bay of Plenty

150 hectares. A baía da Abundância é pequena e chuvosa, espraiando-se a leste de Waikato, cerca de 72 quilômetros de Auckland. A maioria das grandes vinícolas se abastece de frutas em Hawke's Bay, Gisborne e outros centros.

Algumas vinícolas: Mills Reef, Morton e Vilagrad.

Wairarapa

770 hectares. Situa-se na ponta sul da North Island, a nordeste de Wellington, com a cidadezinha de Martinborough no centro da região. Esta é uma combinação de bom solo, baixa pluviosidade e sol outonal, que abrigou os primeiros vinhedos em 1978. Quatro vinícolas passaram a colher em 1984, e três delas – Martinborough Vineyards, Dry River e Ata Rangi – ganharam prestígio por um Pinot Noir de baixa fermentação.

Desde 2000, tem havido substanciais plantações em Tè Muna, a curta distância de Martinborough. Vinhos Chardonnay e Sauvignon são bons, mas as variedades tintas de Bordeaux deixam a desejar.

Algumas vinícolas: Alana, Ata Rangi, Dry River, Escarpment, Gladstone, Martinborough Vineyards e Te Kairanga.

Waiheke Island

216 hectares. Fica no golfo de Hauraki, a curta travessia por balsa partindo-se de Auckland. Tem clima mais seco que o da capital (30% a menos de chuva) e solo melhor (leve, permite drenagem natural). Parreiras foram plantadas primeiro pela família Goldwater, em 1978, e depois por Stephen White em Stonyridge. Outros se seguiram, focados em variedades de Bordeaux.

Algumas vinícolas: Cable Bay, Goldwater Estate, Miro, Mudbrick, Stonyridge e Te Wau.

Regiões de South Island

Canterbury

925 hectares. Uma das novas regiões de vinho na parte sul da Nova Zelândia, em torno da cidade de Christchurch no litoral nordeste. O clima um tanto frio e pouco chuvoso atraiu numerosas pequenas vinícolas durante os anos 1980, resultando na produção de alguns Riesling e Pinot Noir que causaram boa impressão. As planícies que cercam Christchurch tendem a sofrer geada, trazendo problemas às plantações.

Algumas vinícolas: Larcomb, Saint Helena e Tressilan.

Central Otago

1.250 hectares. Os mais sulinos vinhedos do mundo, no paralelo 45, um cenário de cinema próximo a Gibbston Valley, perto de Queenstown. Outros olham do alto as praias de Lake Wanaka e se encolhem próximos a plantações em torno da cidade de Alexandra. Otago é a terra de vinhedos que mais cresce na Nova Zelândia, sobretudo ao redor de Cromwell. Houve a correspondente eclosão de pequenas vinícolas.

De clima mais continental, esta região propicia colheitas variadas, enquanto prova ser um local extraordinário para a produção de ricos e saborosos Pinot Noir, além de bons Chardonnay e Riesling.

Algumas vinícolas: Akarua, Black Ridge, Carrick, Chard Farm, Felton Road, Gibbston Valley, Mount Difficulty, Mount Edward, Peregrine, Quartz Reef, Rippon e Waitiri Creek.

Marlborough

11.500 hectares. Sol abundante e solo rochoso distinguem esta região no entorno da cidade de Blenheim, na ponta nordeste de South Island. Experimentou o despertar da indústria neozelandesa do vinho. Desde o pioneirismo da vinícola Montana, em 1973, produziu alguns dos melhores Sauvignon Blanc do mundo e é a maior área cultivada de uvas do país.

Solo excelente, outono frio e baixa pluviosidade (a irrigação é essencial aqui, ao menos para videiras jovens), combinados com sua posição no mais ensolarado canto da Nova Zelândia, deram a Marlborough parâmetros ideais para o cultivo de frutas finas, em especial às destinadas a vinhos brancos: Sauvignon Blanc, Chardonnay e Riesling foram bem-sucedidos, ao lado de um delicioso Pinot Noir. O vento e, em certos vales, a geada preocupam os empreendedores. Planícies recentemente plantadas são suscetíveis às quedas de granizo.

Algumas vinícolas: Cloudy Bay, Forrest, Framingham, Fromm, Herzog, Highfield, Huia, Hunter's, Isabel, Jackson Estate, Lawson's Dry Hills, Montana, Mount Riley, Nautilus, Saint Clair, Allan Scott, Seresin, Wairau River e Whiter Hills.

Nelson

700 hectares. Região de tamanho reduzido e acesso difícil, a oeste de Marlborough, com a qual divide certos benefícios naturais, mas sofre por igual com as chuvas de outono. Plantações em terreno ondulado abastecem de uvas grande número de "vinícolas de butique", mais do que empresas de porte. A qualidade dos vinhos permanece alta.

Algumas vinícolas: Grenhough, Neudorf, Seifried Estate e Te Mania.

Waipara

1.200 hectares. O considerável potencial da pequena região de Waipara, ao norte de Christchurch, já foi percebido por fazendeiros que expandem suas plantações. Comparado ao de Canterbury, o clima local é quente; o terreno, de pedra calcária. Ambos convenientes à Pinot Noir e à Chardonnay, atraindo crescente número de vinícolas.

Algumas vinícolas: Daniel Schuster, Mud House, Pegasus Bay e Waipara Springs.

Tempo de colheita, Nova Zelândia.

Principais produtores de North Island

Hawke's Bay

Alpha Domus ☆☆
Hastings. Proprietária: Família Ham. 35 ha.
www.alphadomus.co.nz
Honestos, ainda que carregados, tintos com uvas de Hawke's Bay: mesclas de Bordeaux sob os rótulos Aviator e Navigator. Qualidade variável, mas o Sémillon é um sucesso.

Brookfields ☆☆
Taradale. Proprietário: Peter Robertson. 24 ha.
www.brookfieldsvineyards.co.nz
Ênfase nos tintos para envelhecimento em garrafa: um Cabernet puro, uma mescla de Cabernet e Merlot e um primoroso Shiraz. O acarvalhado Marshall Bank Chardonnay é fermentado e maturado em barris.

Craggy Range ☆☆☆
Havelock North. Proprietário: Terry Peabody. 272 ha.
www.craggyrange.co.nz
O forte investimento de Peabody, empresário de Brisbane, e o talento do consultor Steve Smith fundiram-se nesta nova vinícola, com expressivos lançamentos desde o início. São várias versões de Sauvignon, Chardonnay, Riesling e Merlot, a refletir diferentes origens da matéria-prima (Te Muna, Hawke's Bay). No mercado desde 2001, o Syrah e o Cabernet Sauvignon mostram admirável concentração e esmero. Em 2007, um Pinot Noir (de Central Otago) somou-se à lista.

Kim Crawford ☆☆
Hastings. Proprietária: Constellation.
www.kimcrawfordwines.co.nz
Ex-enólogo da Coopers Creek, Crawford fundou sua marca em 1996, com grande êxito. Em 2003, porém, ela foi comprada pela Vincor e agora faz parte do grupo Constellation. Cinco anos depois, Crawford saiu da empresa que leva seu nome. Suprida por fontes de diversas regiões, a lista abrange varietais clássicos, Viognier e Arneis.

Esk Valley ☆☆–☆☆☆☆
Napier. Proprietária: Villa Maria (vinhedos divididos com esta). www.eskvalley.co.nz
Antes uma empresa familiar, Esk Valley produz alguns dos melhores tintos do país, com assessoria de Gordon Russell. Todos os vinhos vêm de uvas de Hawke's Bay e compõem um vasto catálogo. Na faixa básica, estão os Black Label; as superlativas garrafas de Reserve; e o notável The Terraces, escassa mescla de Bordeaux, produzida apenas em safras especiais.

Kemblefield ☆☆
Hastings. Proprietários: John Kemble e Kaar Field. 90 ha.
www.kemblefield.co.nz
John Kemble, já envolvido com a Ravenswood de Sonoma, ganhou crédito por introduzir a Zinfandel no país. Os melhores vinhos daqui são conhecidos por The Distintion, mas ainda há reservas vendidos somente após vindimas superiores. Os brancos são ótimos, com a eventual exceção do Reserve Cabernet, sem profundidade.

Matariki ☆☆☆
Hastings. Proprietário: John O'Connor. 68 ha.
www.matarikiwines.co.nz
Localizada no coração da área de Gimblett Gravels, onde O'Connor tem a maioria de seus vinhedos. Até 1997, ele produziu vinhos a granel; depois, tratou de aprimorar a lista com ricos e aromáticos varietais. O prazeroso Chardonnay é melhor do que os amadeirados Reserve, embora as garrafas Reserve de Merlot e Syrah sejam excelentes, e um novo Sangiovese parece ter futuro. Especialidade da casa: Quintology, mescla de Bordeaux, concentrada e vibrante. O segundo rótulo, Stony Bay, abriga um delicioso Chardonnay.

Mission ☆☆
Napier. Proprietária: Catholic Society of Mary. 50 ha.
www.missionestate.co.nz
É a mais antiga vinícola de Hawke's Bay, fundada em 1851, num bonito cenário nos sopés de colinas gramadas. A faixa Reserve é acessível e os produtos de ponta levam o rótulo Jewelstone: Chardonnay, Cabernet mais Merlot e um jovem Syrah.

Ngatarawa ☆–☆☆☆☆
Hastings. Proprietários: Alwyn e Brian Corban. 25 ha.
www.ngatarawa.co.nz
Há mais de um século os Corban vêm fazendo vinho na Nova Zelândia, embora a vinícola com seu nome pertença agora à Montana. Instalações bonitas, em torno de velhas estrebarias. O vinho de ponta é o Alwyn Reserve; dispendiosos Chardonnay, Cabernet e Botrytis Riesling aparecem somente após excelentes colheitas. A alta qualidade também distingue o rótulo Glazebrook, que consiste em vinhos originários de diferentes regiões. A faixa Stables é mais afável no estilo.

C. J. Pask ☆☆
Hastings. Proprietários: Chris Pask, John Benton e Kate Radburn (também a enóloga). 90 ha.
www.cjpaskwinery.co.nz
Chris Pask, piloto convertido em vitivinicultor, foi o primeiro a plantar vinhedos na agora conceituada área de Gimblett Road – com culturas ao lado de limo sobre pedras na margem de um rio. Ele concentra-se em variedades de Bordeaux, mais Chardonnay e Syrah. Suas bandeiras são os Declarations, que incluem uma mescla de Bordeaux, além de Chardonnay, Malbec, Merlot e Syrah. Qualidade mais irregular do que o desejável.

Sacred Hill ☆☆☆
Napier. Proprietária: Família Mason. 125 ha.
www.sacredhill.com
De um conjunto de vinhedos em Hawke's Bay e Marlborough (foi adquirida a antiga gleba Cairnbrae na região), o enólogo Tony Bish extrai bons vinhos sob o rótulo Special Selection. Este abrange o elegante Savage Sauvignon, fermentado em barricas com leveduras nativas; o tostado e apessegado Rifleman's Chardonnay; a forte, mas harmoniosa mistura de Bordeaux chamada Helmsman's; o Deer Stalker's Syrah; e o defumado e opulento Merlot.

Sileni ☆☆
Hastings. Proprietários: Graeme Avery e sócios. 160 ha.
www.sileni.co.nz

Ao lado de Craggy Range (ver p. 583), é a mais formidável instalação de Hawke's Bay. Gastos excessivos e sucessivas geadas nos vinhedos causaram problemas. A Sileni produz vinhos limpos e bem balanceados, com foco incomum no Sémillon, seco ou suave.

Stonecroft ☆☆
Hastings. Proprietário: dr. Alan Limmer. 10 ha.
www.stonecroft.co.nz

Precursor da uva Syrah na Nova Zelândia, o dr. Limmer colheu pela primeira vez em 1987 e estreou seus produtos em 1990, com sucesso extensivo aos anos seguintes. Hábil em testar variedades de uvas, sobretudo do Rhône francês, ele ainda compra Zinfandel da Kemblefield (ver p. 583). O Gewürztraminer daqui costuma ser excelente.

Te Mata ☆☆☆–☆☆☆☆
Havelock North. Proprietários: John Buck, Michael Morris e sócios. 120 ha.
www.temata.co.nz

Veterana vinícola restaurada e conhecida por seu Coleraine, uma das melhores misturas neozelandesas de Cabernet com Merlot. As reformas deram sedução ao complexo, agora dotado de uma adega com barris que não faria má figura no Médoc.

O enólogo Peter Cowley busca fazer vinhos envelhecidos, de caráter ácido, e criou um catálogo confiável, em que a superioridade tende para o Cape Crest Sauvignon, o Coleraine Cabernet com Merlot, os mais leves Awatea Cabernet com Merlot, Bullnose Syrah e Elston Chardonnay.

Desde 1996, outros vinhos saíram dessa empresa em expansão, também presente na Hawke's Bay sob o nome Woodthrope. Poucas vinícolas do país têm uma trajetória comparável à da Te Mata.

Trinity Hill ☆☆–☆☆☆
Hastings. Proprietários: Jolhn Hancock e sócios. 40 ha.
www.trinityhill.co.nz

John Hancock tem prestígio como enólogo, pelo desempenho na Morton Estate (ver p. 586) antes de abrir sua própria empresa, em 1993. Seus vinhos de proa vêm de vinhedos na área de Gimblett Road, mas ele adora variedades obscuras (para os padrões da Nova Zelândia), tais como Arneis e Alvarinho, Montepulciano e Tempranillo. Os mais extraordinários, da cara faixa Homage, são: Chadonnay, Syrah e The Gimblett Merlot com Cabernet.

Vidal ☆☆–☆☆☆
Hastings. Proprietária: Villa Maria. 45 ha.
www.vidal.co.nz

Outra veterana da Hawke's Bay, datada de 1905. Vidal faz parte do grupo Villa Maria e apresenta finos vinhos brancos, porém os melhores são os encorpados tintos de uvas Cabernet Sauvignon e Syrah, procedentes de vinhedos orgânicos em Gimblett Gravels.

Wairarapa

Alana ☆–☆☆☆
Martinborough. Proprietário: Ian Smart. 17 ha.
www.alana.co.nz

Primeira colheita: 1997. Os brancos, sejam Chardonnay ou Sauvignon, dão água na boca de tão frescos, e o leve Pinot Noir possui grande charme.

Ata Rangi ☆☆☆
Martinborough. Proprietários: Clive e Alison Paton, Oliver Masters. 40 ha. www.atarangi.co.nz

Admiráveis Pinot Noir de Martinborough, com textura sedosa e intensidade. A empresa também produz Chardonnay de Hawke's Bay e o Celebre, mescla de Cabernet, Merlot e Syrah em proporções variáveis, conforme a safra. O Syrah, lançado em 2001, foi suspenso, mas o Pinot Gris e o *Botrytis* Riesling são acréscimos valiosos à lista.

Burnt Spur ☆☆
Martinborough. Proprietária: Martinborough Vineyard. 32 ha. www.burntspur.co.nz

Pertence ao mesmo dono da gleba de vinicultura, mas os vinhedos ficam 8 quilômetros ao sul da cidade. O Pinot Noir, a preços moderados, é maduro e substancioso, sem prejuízo dos atraentes Sauvignon Blanc e Pinot Gris.

Dry River ☆☆☆–☆☆☆☆
Martinborough. Proprietários: Julian Robertson e Reg Oliver. www.dryriver.co.nz

Pequena empresa com bem elaborados e convincentes vinhos, anteriormente sob o comando do ex-pesquisador químico Neil McCallum. Em 2002, ele a vendeu aos atuais donos norte-americanos, porém permanece como vinhateiro. Em destaque, um complexo Pinot Noir resultante do emprego de diferentes técnicas e barris, além de apreciáveis Riesling e Gewürztraminer. Estes contam com volumosa demanda no país, e tal procura, exacerbada, se reflete em preços elevados.

Escarpment ☆☆–☆☆☆
Martinborough. Proprietário: Kirby Group. 24 ha.
www.escarpment.co.nz

Larry McKenna deixou Martinborough Vineyards (ver nesta página) em 2001 para montar o próprio negócio, em parceria com um grupo australiano de Victoria. Seus vinhedos ficam no distrito de Te Muna e os primeiros lançamentos remontam à vindima de 2001. Cinco anos depois, McKenna adicionou ao rol um trio de Pinot Noir, de vinhedos únicos. No geral, o estilo é rico e denso.

Gladstone ☆☆
Carteton, Wairarapa. Proprietários: Christine e David Kernohan. 14 ha. www.gladstone.co.nz

Os vinhos brancos são o forte daqui, em especial o estimulante Sauvignon e o vívido Pinot Gris. Colheitas recentes ensejaram a melhoria de seu tostado, mas fresco Pinot Noir.

Martinborough Vineyard ☆☆☆
Martinborough. Proprietários: Duncan e Derek Milne. 22 ha. www.martinborough.co.nz

Uma das primeiras vinícolas nesta região inaugurou suas instalações em 1980. O enólogo Larry McKenna, com passagem pela Borgonha, produziu finas bebidas de estilo borgonhês, intensas, mas delicadas. Ao sair, para voo próprio na Escarpment (ver p. 584), foi substituído por Claire Mulholland e depois por Paul Mason.

A fama da vinícola deve-se ao Pinot Noir (embora as uvas tenham amadurecido menos do que o previsto), e seus esplêndidos Chardonnay, Riesling e Pinot Gris, este fermentado em barris, são subestimados. Em 2003, a novidade foi um Pinot Noir chamado Marie Zelie, na época o vinho mais caro da Nova Zelândia.

Matawihi ☆☆
Masterson. Proprietário: Alastair Scott. 75 ha. www.matawihi.co.nz
Com primeira colheita em 2004, desde o começo os Pinot Noir daqui têm sido vigorosos e refrescantes. Sauvignon Blanc também é produzido.

Murdoch James ☆–☆☆
Martinborough. Proprietário: Roger Fraser. 20 ha. www.murdochjames.co.nz
Faz vinhos desde 1986 e durante toda a época pioneira desta região. Pinot Noir é o foco principal, mas Pinot Gris e Sauvignon Blanc são bons por igual, com envolventes traços de frutas tropicais.

Palliser ☆☆–☆☆☆
Martinborough. Empresa pública. 85 ha. www.palliser.co.nz
Líder entre as vinícolas da região. Fonte de deliciosos Riesling e de Pinot Noir louvados pelo sabor. Ambos receberam prestigiosos prêmios.

Te Kairanga ☆☆–☆☆☆
Martinborough. Proprietários: numerosos acionistas. 100 ha. www.tekairanga.co.nz
Tanto quanto uma dispendiosa faixa de varietais e reservas, a Te Kairanga, em firme expansão, produz vinhos mais baratos sob o rótulo Runholder. Deve sua reputação ao técnico australiano Chris Buring, depois trocado por Wendy Potts. Qualidade marcante, sobretudo no Pinot Noir, do qual existem diversos *cuvées*.

Outros produtores de North Island

Babich ☆☆–☆☆☆
Henderson, Auckland. Proprietária: Família Babich. 225 ha. www.babichwines.co.nz
Grande e tradicional vinícola familiar, respeitada pela consistente qualidade e preço. Desenvolveu vinhedos em mais de uma região, em busca do melhor nível para cada tipo de uva. Sua lista de vinhos tem o prestígio baseado no Chardonnay, notadamente o Irongate Vineyard.

Há também a mistura Irongate de Cabernet e Merlot e dois destaques na faixa Patriarch: Cabernet Sauvignon e Chardonnay. Outras variedades: Sauvignon Blanc, Syrah e Pinotage, engarrafadas com o rótulo Winemaker's Reserve.

Cable Bay ☆–☆☆☆
Waiheke Island. Proprietário: Neill Culley. 26 ha. www.cablebayvineyards.co.nz
Neill Culley elaborou vinhos na Babich (ver nesta página), antes de constituir vinícola pessoal em 1996. Como outros produtores instalados na Ilha de Waiheke, possui vinhedos próprios em Marlborough, para suprimento de uvas Pinot Noir, Sauvignon Blanc e Riesling. O melhor vinho tem sido o aveludado Waiheke Chardonnay.

Coopers Creek ☆☆
Huapai, Auckland. Proprietários: Andrew e Cynthia Hendry. www.cooperscreek.co.nz
Fundada em 1980, esta companhia progrediu depressa. Agora se abastece em seus novos vinhedos em Gisborne e outros, contratados, nas áreas de Marlborough e Hawke's Bay. Tais condições permitem ao consultor-chefe, Simon Nunns, ofertar ampla gama de vinhos, que do topo à base têm boa qualidade.

Delegat's ☆☆
Henderson, Auckland. Proprietários: Jim e Rosemary Delegat. 1.200 ha. www.delegatwines.com
Modelo de produção eficiente, em meados da década de 1980, e de escolha de hábeis profissionais da vinicultura (antes Brent Marris, hoje Michael Ivicevich), o que levou a significativos avanços. Esta é uma vinícola familiar, a única no país comandada por irmão e irmã. Vinhos mais marcantes: os Reserve de Hawke's Bay e os de Marlborough em geral, vendidos sob o muito bem-sucedido timbre Oyster Bay.

Goldwater Estate ☆☆
Waiheke Island. Proprietário: New Zealand Wine Fund. 52 ha. www.goldwater.co.nz
Os Goldwater lavraram as primeiras videiras em Waiheke nos idos de 1978, numa ilha favorecida por microclima quente e seco. Concentram-se em fragrantes e delicadas misturas de Bordeaux e nos puros Sauvignon e Chardonnay.

Alguns lotes de uvas para ambos procedem de Marlborough, e esses vinhos representam a maior parte da produção. Em 2006, a empresa incorporou a Vavasour, também sediada em Marlborough.

Heron's Flight ☆☆
Matakana. Proprietários: David Hoskins e Mary Evans. 6 ha. www.heronsflight.co.nz
David Hoskins muito fez para contestar a visão de que a região norte era úmida demais para vinhos. Já elaborou Chardonnay e a mescla Cabernet com Merlot, mas hoje foca tão-somente variedades italianas, como Sangiovese e Dolcetto.

Kumeu River ☆☆☆
Humeu, Auckland. Proprietária: Família Brajkovich. 25 ha. www.kumeuriver.co.nz
Esta vinícola especializou-se em sérios Chardonnay, com o Maté Vineyard ajudando a dar-lhes um tratamento borgonhês. O produtor Michael Brajkovich é versado ainda em outras variedades, como Pinot Blanc e Gris, daí ter lançado uma mistura estilo Bordeaux chamada Melba, de Merlot e Malbec.

Expoente do setor de cultivo de uvas na área de Auckland, ele apresentou dois novos Chardonnay de vinhedo exclusivo para estreitar os laços com a Maté.

Lincoln Vineyards ☆–☆☆
Henderson, Auckland. Proprietário: Peter Fredatovich. Sem vinhedos. www.lincolnwines.co.nz
Sem fontes próprias de matéria-prima, a Lincoln adquire uvas em Auckland, Marlborough e Gisborne. As faixas Heritage Collection têm vinhos envelhecidos em carvalho norte--americano; os Reserve, em madeira francesa. Conhecida por bebidas fortificadas, a Lincoln usa o venerável rótulo Archive para os "Porto" não menos do que esplêndidos, mas os estoques declinantes podem riscá-los da lista.

Matawhero ☆–☆☆
Gisborne. Proprietário: Denis Irwin. 30 ha.
Operação familiar de pequena escala, cujos vinhos artesanais obtiveram elogios, sobretudo o seco e aromático Gewürztraminer, o discreto Chardonnay e mesclas de Bordeaux. O desempenho pode ser errático.

Matua Valley ☆–☆☆☆
Waimauku, Auckland. Proprietário: Foster's Wine Group. 148 ha. www.matua.co.nz
Produtos no estilo da Califórnia logo ao norte de Auckland, lançados, em 1974, por Ross e Bill Spence. Foi Ross quem isolou e propagou o clone da uva Sauvignon, plantado na Nova Zelândia pelos últimos vinte anos.

O timbre máximo da Matua é o Ararimu, que cobre Chardonnay e Merlot, mas há outros vinhos também excelentes sob o rótulo Matheson Vineyard, de frutas de Hawke's Bay. Bebidas com origem em Marlborough recebem a etiqueta Shingle Peak. A série Innovator está reservada a lotes especiais de Viognier, Pinot Noir e Syrah.

Mills Reef ☆☆–☆☆☆
Tauranga, Bay of Plenty. Proprietária: Família Preston. 34 ha. www.millsreef.co.nz
Faz ótimos vinhos rotulados de Elspeth, com destaque para o luxuriante Syrah, os densos Merlot e Malbec, e uma singular mescla de Cabernet com Merlot, a sugerir sabores de ameixas e amoras.

Millton ☆☆☆
Manutuke, Gisborne. Proprietários: James e Annie Millton. 30 ha. www.milton.co.nz
Requer-se uma pessoa corajosa para abrir um negócio de cultivo orgânico, em parte biodinâmico, em pleno Gisborne. Mas James Millton estudou bem a tática e não duvida de sua eficácia. Consegue interessante variedade de estilos a partir de vinhedos protegidos por escarpas íngremes. Isso inclui um refrescante Viognier, o sensual e amadeirado Chenin, o robusto Riesling botritizado. Finos Chardonnay e Pinot Noir justificam a fé de Millton.

Montana Wines ☆–☆☆☆
Auckland. Proprietário: Pernod Ricard. 3.000 ha. www.montanawines.com
Já por muitos anos, a maior vinícola da Nova Zelândia. Cresceu ainda mais adquirindo a Cooks e a Corban. Teve influente papel como pioneira da nova área de Marlborough, onde há uma vinícola para visitação e um centro para turistas.

A Montana possui outras vinícolas em Auckland, Gisborne e Hawke's Bay. Vinhos de uvas de Marlborough comportam um supersseco Sauvignon Blanc, o levemente picante Riesling e um ótimo Chardonnay. Na Montana's Church Road em Hawk's Bay, o foco vai para Chardonnay e variedades tintas, sobretudo misturas de Bordeaux.

Por certo tempo, a empresa teve sociedade com a Deutz, da Champanhe francesa, para produzirem juntas o Deutz Cuvée Marlborough, de nível superior ao conhecido espumante Lindauer.

Os vinhos daqui se dividem por numerosas marcas, distinguindo-se Brancott, Church Road, Longridge e Stoneleigh. Alguns, de vinhedo único, surgem na série Terroir. Apesar da grandiosa escala produtiva, a qualidade geral mantém-se alta.

Morton Estate ☆–☆☆☆
Katikati, Bay of Plenty. Proprietário: John Coney. 420 ha. www.mortonestatewines.co.nz
Esta casa, de fachada em estilo holandês, beneficiou-se nos anos 1990 do talento de John Hancock, um dos melhores enólogos do país, agora dirigindo a Trinity Hill (ver p. 584). A boa reputação apoia-se no Chardonnay Black Label (rótulo preto) e na série Coniglio, no topo da lista, seguidos pelos Reserve e White Label, e ainda pela mescla Bordeaux chamada The Regent.

Mudbrick ☆☆–☆☆☆
Waiheke Island. Proprietário: Nick Jones. 10 ha. www.mudbrick.co.nz
Boa parte das uvas procede de Marlborough, mas os tintos da Mudbrick usam frutas de vinhedo próprio, dentro da ilha. O Syrah é intenso, apimentado, e o Shepherds Point, de Cabernet e Merlot, mostra-se macio, denso e acarvalhado.

Nobilo ☆☆
Kumeu, Auckland. Proprietária: Constellation. 670 ha. www.nobilo.co.nz
Originário da Dalmácia, o clã Nobilo trabalhou bastante em variedades tintas que maturam bem no clima quente e úmido de Auckland. Desde sua aquisição pela gigante do vinho Hardy e sua coligada Constellation, a empresa cresceu a ponto de tornar-se a terceira maior vinícola da Nova Zelândia.

O catálogo é farto, tal como a qualidade. Alguns dos melhores vinhos vêm das empresas irmãs da Nobilo: Drylands, em Marlborough, e Selak's.

Selak's
Anexada à Nobilo.

Stonyridge ☆☆☆
Waiheke Island. Proprietário: Stephen White. 6 ha. www.stonyridge.co.nz
A Stonyridge tem o foco principal em variedades de Bordeaux, e seu melhor vinho é a magnífica (e cara) mistura de Cabernet chamada Larose. Às uvas de fora de Waiheke reservou-se a linha Fallen Angel. Uma postura técnica, perfeccionista, rege a elaboração das bebidas, com atenção aos detalhes e ao compromisso de qualidade.

Te Whau ☆☆☆
Waiheke Island. Proprietários: Tony e Moira Forsyth. 3 ha. www.tewhau.co.nz
Pequena vinícola com um restaurante receptivo, no rochedo acima do Hauraki Gulf.

Villa Maria ☆☆☆
Mangere, Auckland. Proprietário: George Fistonich. 1.150 ha. www.villamaria.co.nz
Villa Maria é a maior vinícola de propriedade privada da Nova Zelândia. Em ordem decrescente de qualidade e volume, suas faixas de vinhos são: Reserve, Cellar Selection, Private Bin. Os grandes fornecedores de frutas estão em Gisborne, Hawke's Bay (para bons tintos) e Marlborough.

Em razão da enorme produção, a qualidade surpreende, sobretudo nos nichos Cellar Selection e Reserve, mas os preços acompanham o alto nível. Sauvignon Blanc, Riesling, Pinot Noir e Brotytis Riesling são de praxe admiráveis. O Pinot Noir excede, em todos os detalhes.

Nova sede e centro de visitação foram abertos próximos ao aeroporto de Auckland, em 2004. Há ainda uma segunda vinícola em Marlborough, que se destaca. Esk Valley e Vidal (ver p. 584) fazem parte do grupo.

West Brook ☆
Waimaku, Auckland. Proprietário: Anthony Ivicevich. 8 ha. www.westbrook.co.nz
Diante do irreversível declínio dos vinhedos de Auckland, Ivicevich teve de trazer uvas de Marlborough e Hawke's Bay. O resultado é uma ampla lista de vinhos, que devem ser bebidos quando jovens.

Maiores produtores de Marlborough

Churton ☆☆–☆☆☆
Renwick. Proprietário: Sam Weaver. 12 ha. www.churton-wines.co.nz
Incentivando práticas orgânicas e da Biodynamic, onde fosse possível, o ex-negociante de vinho Sam Weaver criou bebidas mais do que corretas: um bem estruturado Pinot Noir e o bom Sauvignon Blanc, de canteiros próprios ou outras fontes, relacionando-se pessoalmente com os cultivadores.

Clos Henri ☆☆
Blenheim. Proprietário: Jean-Marie Bourgeois. 36 ha. www.clos-henri.com
Merece um voto de confiança o vitorioso produtor de Sancerre que escolheu montar um vinhedo na região de Marlborough. Primeira colheita: 2003. Lançamentos: Sauvignon Blanc e Pinot Noir, ambos apreciáveis.

Cloudy Bay ☆☆☆
Blenheim. Proprietária: LVMH. 700 ha. www.cloudybay.co.nz
Fundada em 1985 pelo australiano David Hohnen, cuja produtora Cape Mentelle (oeste da Austrália) já recebeu grandes louvores. Cloudy Bay logo tornou-se a ponta-de-lança da incursão neozelandesa pelo mercado internacional do vinho, no fim dos anos 1980. Seu pungente e áspero Sauvingon Blanc feito de uvas crescidas no solo pedregoso de Marlborough, sob clima quase ideal para vinhos brancos, foi um marco da mais fina expressão do caráter varietal daquela cepa. É produto que se esgota no mundo inteiro, semanas após o lançamento – e ele inclui algum Sémillon adicionado e mínima participação de carvalho.

O vinhateiro-chefe Kevin Judd, que saiu em 2009, aos poucos introduziu o Sauvignon fermentado em barris (nome: Te Koko), um excelente Chardonnay amadeirado, o luxuriante Gewürztraminer e o Pinot Noir. Outros acréscimos à lista abrangem o espumante Pelorus e o Late Harvest Riesling, de primeira classe.

Dog Point ☆☆☆
Renwick. Proprietárias: Famílias Sutherland e Healy. 80 ha. www.dogpoint.co.nz
James Healy (vinhateiro) e Ivan Sutherland (viticultor) ficaram célebres na Cloudy Bay, depois partiram rumo à companhia própria em 2002. Preferem Sauvignon, Chardonnay e Pinot Noir, feitos conforme elevado padrão. Nem todos gostam do acarvalhado Marlborough Sauvignon; já o Section 94 Sauvignon, fermentado e envelhecido em velhos barris, despertou aclamação geral.

Fairhall Downs ☆☆
Blenheim. Proprietário: Ken Small. 32 ha. www.fairhalldowns.co.nz
De vinhedos do Brancott Valley, Small e seu genro Stuart Smith produzem um ótimo Sauvignon Blanc e um provocante Pinot Gris. O escuro e frutado Pinot Noir também é agradável.

Forrest ☆☆
Renwick. Proprietário: dr. John Forrest. 130 ha. www.forrest.co.nz
Respeitada fabricante de vinhos típicos da região: Riesling, Gewürztraminer, Sauvignon e, desde 2000, Pinot Noir. Mais tarde entraram na lista da casa o Arneis e os robustecidos por fungos Chenin e Riesling.

Framingham ☆–☆☆
Renwick. Proprietária: Sogrape. 30 ha. www.framingham.co.nz
Possuidora das mais antigas uvas Riesling na região, elabora finas expressões dessa variedade. Contudo, a outros vinhos brancos e ao Pinot Noir pode faltar concentração.

O Montepulciano (ignora-se como essa cepa foi parar em Marlborough) é suculento e envolvente. Em 2007 a portuguesa Sogrape arrematou a propriedade.

Vinícola Highfield, Blenheim.

Fromm ☆☆–☆☆☆

Blenheim. Proprietários: Pol Lenzinger e George Walliser. 21 ha. www.frommwineries.com

Fato incomum entre as vinícolas da área, a Fromm privilegiou o Pinot Noir desde 1992, e sua marca Clayvin Vineyard pode ser extraordinária. Vinhos macios e elegantes, que envelhecem bem, contrastam com o Chardonnay Reserve, de forte travo de carvalho, mas o Riesling ainda é vigoroso e arredondado.

A empresa retornou a seus vinhedos de feição suíça e cultivo orgânico, pertencendo a amigos também da Suíça. O veterano vinhateiro Hatsch Kalberger permanece a postos.

Grove Mill ☆–☆☆☆

Renwick. Proprietários: investidores locais. 185 ha. (a maioria arrendados). www.grovemill.co.nz

De começo modesto, a Grove Hill evoluiu para uma substancial operação, com vinícola nova. Seu Pinot Noir costuma ser severo demais, porém o Sauvignon e o Reserve Riesling mostram-se exemplares. Preços acessíveis distinguem as garrafas de rótulos Sancturay e Frog Haven.

Hans Herzog ☆☆–☆☆☆

Blenheim. Proprietário: Hans Herzog. 11 ha. www.herzog.co.nz

Hans Herzog, *restaurateur* suíço, veio para Marlborough na década de 1990. Hoje dirige sua vinícola e um restaurante de luxo lado a lado. Ao contrário de tantas vinícolas da região, oferece extensa gama de variedades, incluindo Montepulciano, Nebbiolo e Viognier.

Highfield ☆–☆☆

Blenheim. Proprietários: Tom Tenuwera e Shin Yokoi. 2 ha. www.highfield.co.nz

Bons e corretos varietais, sobretudo o Chardonnay. O Elstree Brut é um rico e tostado espumante feito por método tradicional, e dos melhores do país. Quase todas as uvas utilizadas são adquiridas fora da propriedade.

Huia ☆☆–☆☆☆

Blenheim. Proprietários: Claire e Mike Allan. 16 ha. www.huia.net.nz

Fundada em 1996, Huia é uma opção de qualidade, graças ao emprego de fermentação natural. Todos os seus vinhos têm impecáveis acabamento e equilíbrio, com destaque para fidedignos Sauvignon Blanc e Pinot Noir.

Hunter's ☆☆–☆☆☆

Blenheim. Proprietária: Jane Hunter. 37 ha. www.hunters.co.nz

Após a morte do pioneiro Ernie Hunter em 1987, sua viúva Jane manteve a vinícola familiar como uma das melhores de South Island. A faixa de varietais abrange bons Chardonnay fermentados em barris, além do maduro e frutado Sauvignon Blanc, do Riesling e do Pinot Noir, este acarvalhado. Exclusivo para exportação, o espumante Miru chega a ser excelente.

Isabel Estate ☆☆☆

Renwick. Proprietários: Michael e Robyn Tiller. www.isabelestate.com

Os vinhedos da Isabel são plantados em alta densidade, algo incomum nas glebas da Nova Zelândia. A enóloga Patricia Miranda usa levedos nativos sempre que possível. Os vinhos resultantes são concentrados e deliciosos, tendo como estrelas o Chardonnay e o picante e complexo Pinot Noir.

Jackson Estate ☆☆–☆☆☆

Blenheim. Proprietário: John Stichbury. 100 ha. www.jacksonestate.co.nz

Mais conhecido por seu incisivo Sauvignon Blanc, pelo cítrico e mordente Chardonnay, e pelo virtuoso Riesling, seja nos estilos seco ou botritizados.

Lake Chalice ☆☆

Renwick. Proprietário: Phil Binnie. 70 ha. www.lakechalice.com

Produz um cáustico Sauvignon, um delicado Chardonnay livre de carvalho e um Pinot Noir em constante aprimoramento, todos de fermentação natural. Os melhores vinhos, em geral de canteiros exclusivos, portam o rótulo Platinum.

Lawson's Dry Hills ☆☆–☆☆☆

Blenheim, Marlborough. Proprietária: Barbara Lawson. 44 ha. www.lawsondryhills.co.nz

O falecido Ross Lawson e sua mulher Barbara principiaram por fornecer uvas a terceiros, e, em 1992, abriram a própria vinícola, que hoje libera 50 mil caixas anuais. Os brancos daqui são os mais satisfatórios: o opulento Gewürztraminer, o marcante Sauvignon e o Chardonnay com leve traço de maçãs. Já o Pinot Noir de 2007 é, sem dúvida, extraordinário.

Mount Riley ☆☆

Blenheim. Proprietária: Família Buchanan. 120 ha. www.mountriley.co.nz

Primeiras entregas datam de 1996, com vinhos consistentes, frescos e até elegantes. Estão no topo da lista os rótulos 17 Valley Chardonnay e 17 Valley Pinot Noir, ambos bem balanceados e muito desfrutáveis.

Nautilus ☆☆–☆☆☆

Renwick. Proprietária: Yalumba. 80 ha. www.nautilusestate.com

Propriedade em rápida expansão, assina Chardonnay, Sauvignon e Pinot Noir em firme melhoria ano a ano, mas já entre os melhores da região.

The Ned ☆☆

Brancott. Proprietário: Brent Marris. www.thened.co.nz

Depois de vender Wither Hills em 2002 (ver p. 589), Marris poderia se aposentar, mas decidiu adquirir e desenvolver uma grande propriedade em Wairau Valley. Agora produz ótimos Sauvignon, Pinot Gris e Pinot Noir.

Nº 1 Family Estate ☆☆

Renwick. Proprietário: Daniel Le Brun. www.no1familyestate.com

Le Brun, criado na região de Champagne, vendeu o negócio com seu nome em 1997 e montou um novo, para a produção de vinhos espumantes pelo método tradicional. Oferece ainda diversos *cuvées*, numerados, à base de Chardonnay e Pinot Noir.

Saint Clair ☆☆–☆☆☆
Blenheim. Proprietário: Neal Ibbotson. 200 ha.
www.saintclair.co.nz
Ambiciosa produtora de três faixas de vinhos: garrafas típicas de Marlborough, bebidas feitas de vinhedo único e os reservas. Os de vinhedo único revelam claramente o caráter diferenciado das cada vez mais difundidas plantações de Marlborough.

Todas as marcas são benfeitas (desde 1996 por Mart Thomson), e as melhores incluem o Fairhall Riesling, o Wairau Reserve Sauvignon, o Pinot e demais variedades, com embalagens personalizadas.

Allan Scott ☆☆–☆☆☆
Blenheim. Proprietário: Allan Scott. 80 ha.
www.allanscott.com
Experiente vinicultor, Scott estabeleceu-se no ramo da fabricação em 1990. Progrediu até tornar-se um dos maiores empresários privados da região, e hoje oferece vinhos de vinhedos únicos, além do rol básico. São bebidas consistentes, plenas de estilo, exemplos das frutas de Marlborough e sua refrescante acidez. O Sauvignon Blanc sempre foi impecável.

Seresin ☆☆☆
Blenheim. Proprietário: Michael Seresin. 111 ha.
www.seresin.co.nz
Cineasta com raízes em Londres, Seresin orienta sua vinícola para altos ideais: cultivo orgânico, biodinâmico desde 2001, e uso maciço (quando possível) de leveduras de origem nativa. Saborosos vinhos brancos, como os estimulantes Riesling e Sauvignon, o seco e refinado Pinot Gris, o Chardonnay em versões com e sem traços de carvalho.

Staete Landt ☆☆
Blenheim. Proprietários: Ruud Maasdam e Dorien Vermaas. 21 ha. www.staetelandt.com
A dinâmica dupla holandesa busca perfeição em seus vinhos, adotando rigorosa análise do solo e seleção durante a colheita. O Sauvignon Blanc tem estilo roliço, o Pinot Gris revela peso e frescor, e o Pinot Noir exibe rara precisão.

Wairau River ☆☆
Blenheim. Proprietários: Chris e Phil Rose. 200 ha.
www.wairauriverwines.com
Phil Rose, fazendeiro dedicado à plantação de videiras, de início forneceu bastante material à Montana. Como produtor de vinhos, focaliza Sauvignon e Chardonnay ultratípicos de Marlborough, e acaba de somar Pinot Noir e Gris à lista. Seus brancos levam o rótulo Home Block.

Winegrowers of Ara ☆–☆☆
Renwick. Proprietários: dr. Damian Martin e sócios.
385 ha. www.winegrowersofara
Projeto obstinado por plantar cerca de 1.600 hectares de vinhedos, com a primeira vindima em 2005. Na produção, a linha de topo chama-se Resolute, logo abaixo vem a Composite.

Suas garrafas iniciais não corresponderam aos elogios pela fundação da vinícola, mas isso é passado.

Wither Hills ☆☆
Blenheim. Proprietário: Lion Nathan. 300 ha.
www.witherhill.co.nz
Em 2002, o grupo cervejeiro Lion Nathan pagou uma fortuna pela empresa de Brent Marris, desenvolvida por seu pai John em apenas oito anos. Ninguém reconheceu o sucesso deles, enquanto construíam um dos mais fortes complexos da Nova Zelândia, com trabalho duro e visão, sobretudo quanto ao vinhedo.

A fórmula era simples: vinhos varietais (Sauvignon, Chardonnay, Pinot Noir) de modelares pureza e equilíbrio. O consultor Ben Glover manteve tal estilo, mas sem a chama do período Marris.

Maiores produtores de Nelson

Greenhough ☆☆–☆☆☆
Hope, Nelson. Proprietários: Andrew Greenhough e Jennifer Wheeler. 11 ha. www.greenhough.co.nz
Estrela em ascensão na área, com apreciáveis Chardonnay e um (por vezes) marcante e picante Pinot Noir.

Neudorf ☆☆☆
Upper Moutere. Proprietários: Tim e Judy Finn. 23 ha.
www.neudorf.co.nz
Uma das vinícolas líderes em Nelson, pertencente ao casal Finn e instalada em prédio secular de madeira. O Chardonnay curtido em carvalho jovem tende a ser o melhor produto daqui, bastante complexo, que muitos consideram o vinho mais fino da Nova Zelândia. Há também bons Riesling e Sauvignon, em especial os do vinhedo Moutere, aprimorados com constância.

Seifried Estate ☆☆
Appleby. Proprietários: Hermann e Agnes Seifried.
195 ha. www.seifried.co.nz
Empresa de veloz crescimento, com nova vinícola, restaurante e centro de convenções. O filho do patriarca dos Seifried, Chris, é quem responde pela elaboração das bebidas. Vinhos básicos trazem o rótulo Old Coach Road, enquanto os mais sofisticados saem com a etiqueta Winemaker's Collection.

São destaques: o Riesling seco, de colheita tardia; o bons Chardonnay, Gewürztraminer e Pinot Noir. Uma nova vinícola foi erguida no solo rochoso de Brightwater, e dela se esperam vinhos tintos de excepcional qualidade.

Te Mania ☆–☆☆☆
Richmond. Proprietário: Jon Harrey. 8 ha.
www.temaniawines.co.nz
Esta pequena vinheria gaba-se do vasto rol de bebidas. O Chardonnay é cítrico e penetrante; o Pinot Noir Reserve surpreende na riqueza e concentração.

Principais produtores de Central Otago

Akarua ☆☆–☆☆☆
Bannockburn. Proprietário: Sir Clifford Skeggs. 47 ha.
www.akarua.com
O principal interesse aqui é Pinot Noir. Baixa produção e alto esmero resultam em vinhos que ganham corpo e alma conforme as videiras envelhecem.

Amisfield ☆–☆☆☆

Lake Hayes. Proprietários: John Darby e sócios. 60 ha. www.amisfield.co.nz

Não admira que Claire Mulholland, ex-assessora no Marlborough Vineyard, formule aqui Pinot Noir de primeira classe. O Gris é suave, mas o Riesling seco é mais bem balanceado.

Black Ridge ☆☆

Alexandra. Proprietários: Sue Edwards e Verdun Burgess. 7 ha. www.blackridge.co.nz

Pioneiro numa área de rochedos e solo difícil, Burgess focou em maturados Riesling secos, Chardonnay frescos e Pinot Noir suaves.

Carrick ☆☆

Bannockburn. Proprietário: Steven Green. 25 ha. www.carrick.co.nz

Instalada em 2000, produz brancos de alta acidez e um macio Pinot Noir acarvalhado.

Chard Farm ☆☆

Gibbston. Proprietário: Rob Hay. 27 ha. www.chardfarm.co.nz

O nome refere-se à família Chard, que veio da vila epônima do Somerset. As opções aqui são Riesling e Pinot Noir; o primeiro levemente amargo, o outro macio e perfumado. Dois Pinot de vinhedo único, The Tiger e The Viper, refinaram a lista.

Felton Road ☆☆☆

Bannockburn. Proprietário: Nigel Greening. 30 ha. www.feltonroad.com

Embora os vinhos da Felton Road estejam entre os mais consumidos no país, o lançamento tem data recente: 1997. Consultor desde o princípio, Blair Walter elabora dois Riesling (um seco, outro menos); dois Chardonnay (sem carvalho, fermentados em barris); e a gama de soberbos Pinot Noir, feitos em estilo não intervencionista.

Gibbston Valley ☆☆–☆☆☆

Gibbston. Proprietário: Mike Stone. 60 ha. www.gwines.co.nz

Alan Brady, criado no Ulster, foi precursor da vinicultura no Central Otago, em 1981, mas vendeu sua propriedade em 1997, para implantar uma vinícola artesanal na Mount Edward (ver nesta página). O Riesling pode ser saboroso e o Chardonnay, marcante, mas o melhor vinho daqui é o Pinot Noir, sobretudo na tiragem Reserve, de estilo borgonhês e envelhecido em carvalho. O consultor Christopher Keys ofertou produtos de vinhedo único: Pinot Noir Le Maître, Riesling e Pinot Gris.

Hawkshead ☆☆

Gibbston. Proprietários: Denis Marsahll e Ulrike Kurenbach. 5 ha. www.hawksheadwine.com

Egresso da política, Marshall começou a plantar em 2001 e fez a primeira colheita em 2005. Todavia, seu Pinot Noir já é notável: macio e perfumado.

Kawarau ☆☆–☆☆☆

Cromwell. Proprietários: Charles Finny e Wendy Hinton. 15 ha. www.kawaruestate.co.nz

Vinhedo orgânico que passou a produzir um soberbo Pinot Noir, de impecável equilíbrio, em especial no nicho Reserve. Há ainda dois bons Chardonnay.

Mount Difficulty ☆☆☆

Bannockburn. Proprietários de quatro vinhedos. 40 ha. www.mtdifficulty.co.nz

Desde a vindima inaugural em 1998, Matt Dicey obtém saborosos vinhos de Chardonnay e Pinot Noir: belas bebidas, com muito estilo e confiança.

Com as videiras mais maduras, Dicey programou vinhos de canteiros exclusivos, sutis como o elegante Pinot Long Gully Vineyard. O segundo rótulo, Roaring Meg, não abriga bebidas frágeis ou de classe inferior.

Mount Edward ☆☆–☆☆☆

Gibbston. Proprietários: Alan Brady e sócios. 14 ha. www.mountedward.co.nz

Fundador da Gibbston Valley (ver nesta página), Alan Brady vendeu a vinícola quando ela ficou grande demais para seu conforto. No lugar, abriu uma "vinícola de butique", onde podia controlar todo o processo. Com equipamento mínimo e pouca intervenção, ele produz um concentrado, mas macio, Pinot Noir, de vinhedos orgânicos próprios ou de terceiros.

Olssens ☆☆

Bannockburn. Proprietário: John Olssen. 10 ha. www.olssens.co.nz

Frescos, versáteis e bem balanceados vinhos de Chardonnay e Merlot. O Reserve Pinot, chamado Slapjack Creek, tem bastante peso e concentração.

Peregrine ☆☆–☆☆☆

Queenstown. Proprietário: Greg Hay. 50 ha. www.peregrinewines.co.nz

Empresa grande para os padrões locais, oferece amplo rol que comporta Gewürztraminer e Sauvignon Blanc. O trunfo da casa, todavia, reside no sério Pinot Gris, no vermelho-cereja e picante Pinot Noir, e no vigoroso e vibrante Riesling seco.

Pisa Range ☆☆–☆☆☆

Cromwell. Proprietários: Warwick e Jenny Hawker. 33 ha. www.pisarangeestate.co.nz

O técnico austríaco Rudy Bauer fez alguns dos melhores vinhos saídos de Central Otago, e responde pelo excelente Pinot Noir daqui, sobretudo na versão Poplar Block, de admiráveis charme e complexidade.

Vinhedo e vinícola Gibbston Valley, Gibbston.

Quartz Reef ☆☆–☆☆☆
Cromwell. Proprietários: Rudi Bauer e sócios. 15 ha. www.quartzreef.co.nz
Rudi Bauer trabalhou vinte anos na Nova Zelândia antes de se instalar por conta própria. A Quartz Reef abriu em 1998 e produz um delicioso Chauver espumante, em parceria com a empresa de mesmo nome sediada em Champagne. Vale a pena experimentar.

Rippon ☆☆☆
Wanaka. Proprietário: Lois Mills. 15 ha. www.rippon.co.nz
Exceto os colonos do século XIX, Rolfe Mills foi o primeiro a semear uvas na região, escolhendo um estranho local às margens do lago Wanaka. Vinhos a destacar aqui são os Riesling e Pinot Noir, este de frutas jovens, usando o rótulo Jeunesse. O Pinot de topo é delicado, embora envelhecido. O mesmo vale para o bem seco Riesling.

Após a morte de Rolfe Mills, o filho Nick, que esbanjou habilidades de vinhateiro na Borgonha, retornou, em 2002, para assumir a empresa. Os vinhedos então passaram ao cultivo biodinâmico.

Valli ☆☆☆
Gibbston. Proprietário: Grant Taylor. 6 ha.
Grant Taylor, ex-enólogo da Gibbston Valley (ver p. 590), manipula três Pinot Noir de vinhedos exclusivos dessa uva. Artesanais e deliciosos.

Waitiri Creek ☆☆
Gibbston. Proprietários: Paula Ramage e Alistair Ward. 8 ha. www.waitiricreek.co.nz
O vinhateiro Matt Connell faz aqui bons Pinot Noir e Pinot Gris, providos por dois vinhedos.

Wild Earth ☆☆
Bannockburn. Proprietário: Quintin Quider. 35 ha. www.wildearthwines.co.nz
Esta sólida propriedade possui um par de vinhedos: um de uvas precocemente amadurecidas, outro normal. Isso dá ao assessor Grant Taylor duas opções contrastantes de material de trabalho. Já na primeira safra, em 2004, o sedoso Pinot Noir mereceu aplausos.

Outros produtores de South Island

Giesen ☆☆
Sockburn, Christchurch. Proprietários: Marcel, Alex e Theo Giesen. 200 ha. www.giesen.co.nz
Os irmãos Giesen cresceram no Palatinate, onde seu pai mantinha um modesto hectare de videiras como passatempo. Depois, desenvolveram esta que é a maior vinícola de Canterbury, com quase todos os vinhedos em Marlborough. Na verdade, em 2006, ela era a sexta maior do país.

Geradores de um correto Riesling seco, que se desenvolve com o envelhecimento em garrafa, em certos anos fazem ainda adoráveis vinhos de colheita tardia. Seguem de perto seus Sauvignon e Chardonnay, já lançados, e preparam com cuidado um Pinot Noir e um vinho espumante.

Mud House ☆☆
Waipara. Proprietário: New Zealand Vineyard Estates. 212 ha. www.mudhouse.co.nz
Apesar de sediada em Waipara, a Mud House tem extensos vinhedos em Marlborough e Central Otago. A boa qualidade é atributo da lista de vinhos, em especial na Swan, gama nobre que, por ironia, não utiliza frutas da própria Waipara.

Pegasus Bay ☆☆–☆☆☆
Amberley, Waipara. Proprietária: Família Donaldson. 40 ha. www.pegasusbay.com
Os peritos Matt Donaldson e Lynette Hudson fizeram maravilhas por esta vinícola, a primeira de Waipara, iniciada por seus pais. Vinhos brancos daqui, mesmo o Sauvignon Blanc, surpreendem pela cremosidade e exuberância.

Ainda há excepcionais bebidas de uvas Riesling e Chardonnay, ambas de colheita tardia, e também um vigoroso Riesling seco. No topo dos Pinot Noir encontra-se o chamado Prima Donna. Vinhos feitos de frutas externas a Waipara recebem o rótulo Main Divide.

Pyramid Valley ☆☆
Waipara. Proprietários: Mike e Claudia Weersing. 19 ha. (próprios ou não). www.piramydvalley.co.nz
Pequena gleba semeada com Chardonnay e Pinot Noir no ano de 2000, em alta densidade para aproveitamento do espaço, e cultivada pelo método biodinâmico. A marca Growers Collection nomeou finos Riesling e outras variedades, feitas de uvas compradas até que o primeiro vinhedo próprio se tornou ativo em 2006.

Waipara Springs ☆☆
Waipara. Proprietárias: Famílias Moore e Grant. 26 ha. www.waiparasprings.co.nz
A Waipara Springs é uma das precursoras nesta área, concentrando-se em Pinot Noir, Merlot, Chardonnay e Gewürztraminer. A faixa *top* recebeu a designação Premo.

África do Sul

A África do Sul ingressou no mundo do vinho ainda sob os colonizadores holandeses, nos anos 1600. Dois séculos depois, tornou-se conhecida por palatáveis vinhos doces. No século XX, foi uma popular fornecedora de "sherries" e baratos vinhos brancos. Mas só ganhou projeção mundial, passando a rivalizar com Austrália e Califórnia após o fim do *apartheid* (política oficial de segregação da maioria negra, literalmente "desenvolvimento em separado").

Em larga medida, as razões do atraso do país em matéria de vitivinicultura tiveram o dedo do governo, que limitou o suprimento de boas uvas e a própria terra para semeá-las. Depois, o bem-vindo advento do sistema Wine of Origin (Vinho de Origem) em 1973 representou progresso, diante do isolamento da África do Sul durante o regime de *apartheid*. Sanções econômicas internacionais inibiam a importação de mudas das melhores uvas viníferas, e os produtores sul-africanos, apesar da capacidade profissional, não podiam competir com o resto do mundo. Hoje, livre da condição de pária entre as nações, o pleno potencial de seus vinhedos vem sendo aos poucos concretizado.

Pode-se argumentar que as boas condições de clima e solo da região ajudaram, e bons vinhos surgiram a partir de 1998. As variedades principais de uvas, plantadas nos simpáticos estados de Stellenbosch e Franschhoek, bem como nas remotas zonas de Robertson e Swartland, além das frescas áreas de Walker Bay e Elgin, já se destacam na indústria vitivinícola. As vantagens naturais do litoral do Cabo são visíveis, mas existem encostas ideais em qualquer ponto da bússola. O período de crescimento das videiras não ultrapassa oito meses; nunca caem geadas e as chuvas de outono são raras; poucas pragas ou doenças afetam as lavouras.

Chega a ser um fator de qualidade a coexistência de climas diversos: dias quentes e noites frias, típicas da região, reduzem a respiração noturna das folhas das videiras. A planta, incapaz de consumir os açúcares acumulados no período diurno, armazena a maior parte deles. Nenhuma dessas condições garante um bom vinho, mas todas juntas e com eficaz manuseio encorajam o otimismo.

Do lado negativo, não só os vinhedos da região costeira necessitam de correção da acidez do terreno, como as sementes plantadas por vezes careciam de qualidade. Somente em meados dos anos 1980 as autoridades amenizaram as normas para importação de mudas. Isso ocorreu em seguida ao "escândalo do Chardonnay", no qual ficou claro que a rígida legislação agrícola impedia o acesso de fazendeiros às melhores variedades de uvas. Pior: vinhedos muito produtivos foram infectados por um vírus que obstruía o amadurecimento, tornando os vinhos severamente tânicos. Lavras mais recentes estão livres de doenças e têm viveiros de plantas capazes de atender à demanda dos cultivadores.

Muitos fazendeiros, porém, não eram bebedores de vinhos. Por longo tempo, a África do Sul reverenciou o conhaque.

A proibição à feitura de vinhos brancos cessou em 1962, mas sua venda nas mercearias teve de esperar até 1979. Estimulada, cresceu a plantação de uvas para destilados e para a produção de vinhos baratos, fortificados. Ao emergir do pesadelo da discriminação racial, o país viu seus vinhedos dominados por uvas como Chenin Blanc e Colombard, não associados à produção de bebidas finas. Essas frutas prevalecem ainda hoje, porém variedades de maior

Habitações na típica arquitetura "Cape Dutch" em diversos estados.

apelo comercial, a exemplo de Sauvignon Blanc e Chardonnay, ganharam rápido impulso.

Em tal cenário, espanta como o avanço do vinho de categoria na África do Sul foi veloz. Agora há farta produção interna, com a substituição de videiras pobres por modernos e bons clones, em terrenos seletos. O bastião do conservadorismo – a KWV (de Koöperatieve Wijnbouwers Vereniging van Zuid-Afrika, ou "Cooperativa dos Produtores de Vinho da África do Sul"), entidade fundada em 1918 com o objetivo de proteger viticultores das cotações demasiado baixas, fixando um preço mínimo e promovendo a destilação dos excedentes das safras – teve seus poderes encolhidos na década de 1990. Isso liberou a indústria vinícola para desenvolver-se em sintonia com o mercado global. Marcas de sucesso foram criadas para fornecer vinhos de sólida qualidade, a preços acessíveis. Na outra ponta, novas vinícolas brotaram como cogumelos.

Por volta de 2002, abria-se uma adega por semana, mesmo que se tratasse de pequenas "vinícolas de butique". Simultaneamente, projetos de dinamização das velhas fábricas pipocavam, a começar pela melhoria das condições de trabalho e vida dos lavradores, na maioria negros, e por seu envolvimento mais ativo no negócio.

A uva timbrada da África do Sul era a Steen, nome local para a Chenin Blanc, utilizada em tudo, desde vinhos refrescantes (a alta acidez podia torná-los prazerosos) a "sherry" fortificado, que veio a ser um êxito internacional. Se havia um equivalente tinto, era o Pinotage, estranha combinação da uva Pinot Noir com a Cinsault, peculiar à região do Cabo, não para todos os paladares. Mas esse produto, escuro e perfumado, teve papel primordial na criação do chamado Cape Blend, estilo oficialmente reconhecido que mistura Pinotage com variedades de Bordeaux. Alguns o consideram, aliás, um trunfo exclusivo do país africano. Outros, um subterfúgio destinado a dar à Pinotage mais prestígio do que o merecido.

Atualmente, o vinho Sauvignon Blanc é a estrela, com forte demanda doméstica ou do exterior, enquanto o Chardonnay (ausente do Cabo até meados dos anos 1970) melhora de modo constante. Chenin e Sémillon, revividos, podem ser excelentes quando em baixa fermentação. Entre os tintos, Cabernet e Shiraz se converteram em atrações, mas há um Pinot Noir de uvas de Walker Bay, cada vez mais elegante, e um sensual Merlot de Stellenbosch.

Dúzias de jovens vinhateiros, na casa dos vinte e poucos anos, cuidam do processamento, de volta à África do Sul após estágios no exterior, em regiões tão diversas quanto Priorat (Espanha) e Borgonha (França). Talvez o nível real dos vinhos sul-africanos seja atualmente menos superlativo do que querem nos fazer acreditar, mas, acima de qualquer dúvida razoável, estão em bom caminho.

Regiões de origem

O sistema Vinho de Origem, introduzido em 1973, dividiu as áreas de produção vinícola da África do Sul em quatro grandes regiões: Breed River Valley, Coast, Olifants River e Little Karoo. Cada qual abrange numerosos "distritos" e "alas", numa ordenação que poucos consumidores compreendem com facilidade. Sem levar em conta sua categoria oficial, eis as unidades mais importantes.

Breede River Valley Imensa região que comporta Swellendam e os destacados distritos de Worcester e Robertson. Tem quase 13 mil hectares plantados, com produção voltada mais para destilação em forma de conhaque.

Cape Point Área fria, com uma única vinícola, do outro lado das montanhas de Constantia. Sauvignon e Sémillon são as melhores uvas daqui.

Coastal Region Fonte e repositório de vinhos feitos de frutas das seguintes regiões: Stellenbosch, Durbanville, Swartland, Paarl, Constantia e alguns distritos de Tulbagh.

Constantia Foi a mais famosa produtora mundial de Moscatel, com material vindo da região do Cabo. A ala em que se encontra produz agora uvas de clima frio. Poucas glebas, a maioria cercada de pobreza urbana, mas todas mantendo a qualidade.

Darling A noroeste de Cidade do Cabo, a capital legislativa do país, é prestigiada pela Sauvignon Blanc. Outras variedades, tintas ou brancas, começam a ser testadas.

Durbanville Pequeno distrito nas colinas ao norte da Cidade do Cabo. Essas Durbanville Hills formam a área mais produtiva instalada em clima frio. Sauvigon e Merlot têm melhor desempenho.

Elgin Região de clima moderado, a leste da capital, com solos de argila e xisto. Embora disputada pela Neil Ellis, a Paul Cluver foi por tempos a única vinícola. Hoje há outras, e algumas de Stellenbosch se abastecem aqui.

Elim Diminuta, a leste de Walker Bay, é a mais sulina região produtora do país, com crescente reputação por seu Sauvignon e outros vinhos de clima frio.

Franschhoek Bonito e estreito vale a leste de Stellenbosch, de nome inspirado nos colonizadores huguenotes. Autoproclamado centro gastronômico da África do Sul, é a sede de muitas glebas de grande categoria.

Klein (Little) Karoo O mais oriental dos distritos Vinho de Origem, com pouca chuva e vinhedos irrigados. Área vasta, alongada, de produção melhor para vinhos de sobremesa e conhaque, embora elabore apreciável Chenin Blanc.

Olifants River Zona setentrional, de clima seco e quente, mais conceituada por frutas para destilação, de vinhedos irrigados. Já produz também vinhos de preço bom.

ÁFRICA DO SUL EM NÚMEROS

Com 102 mil hectares de vinhedos, a África do Sul constitui o nono maior produtor mundial de vinhos (3% do total global). Mais da metade das uvas colhidas são brancas. A Chenin Blanc, embora declinante, ainda representa 19% das plantações, com a Colombard em segundo lugar, beirando 18% do espaço. A Cabernet Sauvignon, com 13%, é a fruta líder entre as tintas, seguida da Shiraz com 10%.

Vinhos fortificados ocupam cerca de 7% do mercado interno. Há 59 cooperativas e 481 vinherias ou adegas privadas. O consumo doméstico permanece firme, ao redor de 7,5 litros por habitante.

Paarl Região de crescente importância, 80 quilômetros a nordeste da capital. Gaba-se de possuir alguns dos melhores vinhedos do país, com uvas tintas ou brancas. Inclui as alas de Franschhoek (ver p. 601) e Wellington, esta tendendo a temperaturas mais altas.

Robertson No interior, a leste da Cidade do Cabo. Vinhedos irrigados, de solo calcário ou de aluvião ao longo do rio Breede, fornecem ótimas uvas brancas, sobretudo Chardonnay, e aprimorados vinhos tintos de mesa, além de espumantes.

Stellenbosch Engloba a antiga e bela Cape Dutch e a área demarcada 50 quilômetros a leste da capital. Estende-se ao sul até o oceano em False Bay. Reúne os melhores vinhedos para vinho tinto, no sopé das montanhas. Suas alas são: Bottelary, Devon Alley, Johnkershoek Valley, Papegaaiberg e Simonsberg.

Swartland Quente distrito de Vinho de Origem no entorno de Malmesbury, entre Tulbagh e a costa oeste. Muitos dos produtores daqui abastecem cooperativas, mas as excelentes condições locais para variedades mediterrâneas os têm encorajado a abrir seus próprios negócios. O envelhecido Swartland Chenin Blanc tem adquirido crescente valor.

Tulbagh Distrito confinado às colinas ao norte da cidade de Paarl, antes admirado por seus vinhos brancos, mas extraordinários vinhos no estilo de Bordeaux e outros tintos ampliaram tal percepção.

Walker Bay A sudeste da Cidade do Cabo e próxima à cidade costeira de Hermanus (incluindo o vale Hemel-em-Aarde), é a região que atingiu boa reputação por suas variedades da Borgonha.

Worcester Imensa região de vinho em torno dos vales dos rios Breede e Hex, margeando Robertson no lado leste e com chuva suficiente para bons vinhos de mesa; já o sudeste de Swellendam exige irrigação. Seus vinhedos fornecem 22% de toda a produção sul-africana.

LIGA DOS VINICULTORES DA REGIÃO DO CABO

Algo indefinida quando de sua criação em 1983, esta associação de 37 profissionais do vinho – Cape Winemaker's Guild, ou CWG – hoje representa um "quem é quem" dos mais renomados produtores e consultores da África do Sul. Em 1985, a CWG lançou um leilão anual, no qual os sócios – filiados só a convite – põem à venda amostras de seus mais finos produtos, em geral limitadas a um só barril. Havia o risco de que "degustações cegas" dos vinhos selecionados pelos critérios da CWG consagrassem apenas os mais maduros e encorpados. Isso foi corrigido, e os leilões agora são testes para os estilos mais elegantes ou as misturas mais originais.

Esses itens especiais revelam o potencial dos vinhos do Cabo, propondo novos parâmetros de qualidade e caráter. O leilão similar da cidade de Nederburg é exclusivo para comerciantes; o do Cabo é aberto a todos.

Principais produtores de Stellenbosch

Alto ☆☆
Proprietários: Distell e Lusan Premium Wines. 76 ha. www.alto.co.za
Com soberba localização a 300 metros de altitude, numa granítica encosta montanhosa perto do mar (dista menos de 3 quilômetros), fornece Cabernet envelhecido e a mistura tinta chamada Alto Rouge.

L'Avenir ☆☆–☆☆☆
Proprietário: Michel Laroch. 60 ha.
Começou em 1992 com a estranha sociedade entre uma empresa açucareira das Ilhas Maurício e o enólogo François Naudé. Ganhou fama graças ao Chardonnay, ao aveludado Pinotage e ao Cabernet Sauvignon com traços de cassis. Acabou vendida em 2005 à Laroche, produtora de Chablis, e Naudé retirou-se. Parte do vinhedo foi replantada.

Beyerskloof ☆☆–☆☆☆
Proprietários: Beyers Truter e Simon Halliday. 70 ha. www.beyerskloof.com.za
Beyers Truter passou de respeitado consultor a dono desta marca especializada em tânicas e bem estruturadas mesclas de Bordeaux, e num viçoso Pinotage. Em 2001, introduziu a mistura Sinergy, de vinhedos do Cabo.

Le Bonheur ☆☆
Proprietários: Distell e Lusan Premium Wines. 54 ha. www.lebonheur.co.za
Os vinhedos desta empresa, no lado norte das escarpas da montanha Klapmutskop, foram extensamente replantados nos últimos vinte anos. Deles saem um fino Cabernet; a mistura tipo Bordeaux chamada Prima; e um bom, livre de madeira, Sauvignon Blanc.

J. P. Bredell ☆–☆☆☆
Proprietário: Anton Bredell. 95 ha. www.bredellwines.co.za
Desde 1991, alguns dos melhores "Porto" do Cabo são elaborados aqui. Os tintos crescem em qualidade.

Clos Malverne ☆☆
Proprietário: Seymour Pritchard. 27 ha. www.closalverne.co.za
Atraentes Sauvignon e Pinotage, e mais a mistura denominada Auret, do Cabo, com paladar de amora-preta.

Cordoba ☆☆
Proprietário: Jannie Jooste. 36 ha. www.cordobawines.co.za
Pequena vinícola em Heldelberg, produz de preferência uma robusta e acarvalhada mescla de Cabernet Franc com Merlot, de nome Crescendo. Produção interrompida enquanto os vinhedos eram replantados.

Dalla Cia ☆☆–☆☆☆
Proprietário: Giorgio Dalla Cia. Sem vinhedos. www.dallacia.com
Aposentado da Meerlust, o irrepreensível enólogo Dalla Cia seguiu fazendo vinhos sob rótulo próprio: um picante e amadeirado Cabernet, e a mistura de Bordeaux, que ele chamou, naturalmente, de Giorgio.

Delaire
Proprietário: Laurence Graff. 22 ha.
www.delairewinery.co.za
Esta problemática vinícola foi adquirida pelo joalheiro Graff, que gastou fortunas renovando as instalações e adicionando restaurante e hotel. Um novo consultor está a postos, e não há motivo para que a Delaire não venha a fazer vinhos excepcionais.

Delheim ☆☆
Simonsberg. Proprietária: Família Sperling. 150 ha.
www.delheim.com
Há longo tempo, a Delheim produz tradicionais tintos no estilo do Cabo, tânicos e pouco frutados, bem como brancos secos de Riesling e Gewürztraminer. Safras recentes revelaram ótimo amadurecimento, sobretudo no Shiraz Vera Cruz e no Riesling botritizado.

De Toren ☆☆☆
Proprietário: Emil den Dulk. 20 ha. www.de-toren.com
Nova estrela na praça, o único vinho da De Toren é uma densa e voluptuosa mescla de Bordeaux, designada Fusion V, lançada em 1999. Esse vinho sensacional é feito por Albie Koch, que, ainda jovem, conta com grande experiência profissional na Califórnia e na França.

De Trafford ☆☆☆
Proprietário: David Trafford. 5 ha. www.detrafford.co.za
Ex-arquiteto, Trafford utiliza uvas compradas e fermentação à base de levedos naturais. Ao lado de ricos e vigorosos Cabernet, Merlot e Shiraz, prepara um luxuriante Chenin Blanc, com aroma de maçãs cozidas. Seu "vinho de palha" (amarelado) também é feito de Chenin.

De Waal ☆–☆☆
Proprietária: Família de Waal. 120 ha. www.uiterwyk.co.za
Bela e discreta propriedade, que engarrafa pequenos lotes de bons vinhos numa adega tradicional. Antes conhecida como Uiterwyk, alterou o nome em 2001. Seu Pinotage é destaque, sobretudo o de videiras antigas, chamado Top of the Hill.

Distell
www.distell.co.za
Empresa *holding* de porte, formada por destiladores e fazendeiros de Stellenbosch. Principais empresas pertencentes: Alto, Le Bonheur, Uitiky, Stellenzicht. Outras parcerias incluem Nederburg, Plaisir de Merle, Fleur du Cap, Le Roux e Durbanville Hills. Tudo somado, a Distell controla uns 30% de toda a produção do Cabo.

Eikendal ☆–☆☆
Proprietária: Cia. Substantia. 65 ha. www.eikendal.com
Os vinhos desta companhia suíça têm se mostrado sólidos, se não empolgantes, mas os investimentos em qualidade continuam. Opulentos Chardonnay e Sémillon.

Neil Ellis ☆☆☆
Proprietários: Neil Ellis e Hans Peter Schoeder.
www.neilellis.com
Vinicultor e négociant desde 1988, Ellis é quase um mito na região do Cabo. Traz uvas de diferentes microclimas para elaborar fina gama de vinhos, cada qual com estrita individualidade. A série Premium é fidedigna e a faixa Vineyard Selection, embora cara, beira o extraordinário. Vários *cuvées* de Sauvignon Blanc, alguns com traços de relva, e Cabernet de classe confirmaram o prestígio do dono.

Ernie Els ☆☆–☆☆☆
Proprietários: Ernie Els e Jean Engelbrecht. 72 ha.
www.ernieelswines.com
Embora a caríssima mescla de Bordeaux ostente o nome do famoso jogador de golfe, a matéria-prima vem de Rust-en-Vrede (ver p. 597), onde essa bebida também é feita. Dela resulta um tinto de estilo internacional, macio e amadeirado. A vinícola ainda produz um Syrah, o Cirrus, em colaboração com a Silver Oak, empresa de Napa (Estados Unidos). Como todos os produtos da Silver Oak, é envelhecido em carvalho norte--americano.

Ken Forrester ☆☆☆
Proprietário: Ken Forrester. 33 ha.
www.kenforrestwines.com
Antigo dono de restaurantes, Forrester é um ardente fã de impopulares varietais, no caso Chenin Blanc e Grenache. O consultor-chefe é Martin Meinert (ver p. 598), e seus secos Chenin estão entre os melhores do Cabo, como a versão fortificada de nome T, gloriosa bebida a evocar abricó e creme. Dignos de nota são o delicado Sauvignon Blanc e a refrescante mescla Grenache mais Syrah.

The Foundry ☆☆☆
Proprietários: Chris Williams e James Reid.
Sem vinhedos. www.thefoundry.co.za
Densos e sofisticados Syrah e Viognier são o foco desta minúscula vinícola, fundada pelo ex-enólogo da Meerlust, Chris Williams.

Glenelly ☆☆
Proprietário: May-Eliane de Lencquesaing. 57 ha.
Em meados dos anos 1970, a então dona da Château Pichon--Lalande decidiu explorar esta propriedade perto de Rustenberg.

Da renovada safra colhida em 2003, nasceu uma mistura de Shiraz com variedades de Bordeaux, de bom equilíbrio e peso, crescentes conforme a idade das videiras. O perfeccionismo da proprietária promete grandes conquistas.

Grangehurst ☆☆–☆☆☆
Proprietário: Jeremy Walker. 14 ha.
www.grangehurst.co.za
O talentoso Walker focou, de início, em apenas dois vinhos: um elegante Pinotage e uma apreciável mescla de Cabernet e Merlot. A partir da década de 1990, incluiu a Nikela, concentrada, mas palatável, mistura típica do Cabo, e um Cabernet puro e marcante.

Hartenberg ☆☆
Proprietária: Hartenberg Holdings. 95 ha.
www.hartenbergestate.com
Um programa de investimento maciço contribuiu para melhorias nos vinhos daqui, até então rústicos. O Shiraz em várias embalagens (sobretudo The Stork) impressiona bastante bem, e seus Chardonnay e Merlot são vivazes e convidativos.

Hidden Valley ☆–☆☆

Proprietário: David Hidden. 44 ha.
www.hiddenvalley.com

Empresário do setor petroleiro, Hidden adquiriu esta gleba em 1998 e ergueu uma vinícola em meio às rochas. Dez anos depois, convenceu o vinhateiro Louis Nel, da Warwick, a comandar o negócio. A lista de vinhos, ainda em evolução, traz dois Sauvignon, um de uvas próprias, outro de vinhedos de Elim. Pode-se compará-los no restaurante da propriedade.

Ingwe ☆☆

Proprietário: Alain Moueix. 24 ha. www.ingweewines.co.za
O dono possui várias empresas em Saint-Émilion e Pomerol, na França, portanto o estilo Bordeaux reina aqui. Os vinhos básicos não têm muito interesse, mas a mistura acarvalhada Ingwee Bordeaux é elegante.

Jordan ☆☆☆

Proprietários: Gary e Kate Jordan. 105 ha.
www.jordanwines.com

Na sequência de carreiras de sucesso, a economista Kathy e o geólogo Gary voltaram à fazenda familiar e logo a converteram numa produtora de vanguarda. Saudáveis vinhedos livres de doenças e meticuloso processamento pavimentaram o êxito do casal. O vinho de topo consiste no denso e achocolatado Cobbler's Hill Reserve, que é uma mescla com predomínio de Cabernet maturado em carvalho jovem. Contudo, a lista inteira demonstra qualidade. O Nine Yards Chardonnay incorpora bem o toque de madeira, e o Syrah é vívido e brilhante.

Kanonkop ☆☆☆

Proprietária: Família Krige. 100 ha. www.kanonkop.co.za
O vinhateiro daqui, Beyers Truter, é devotado ao Pinotage, e produz regularmente um dos mais ricos e finos da região do Cabo. Também admirável é a envelhecida mistura tipo Bordeaux, chamada Paul Sauer: rústica no bom sentido, pois nunca falta o sabor frutado que ameniza seu vigor. Antigos vinhedos e técnicas clássicas, como a fermentação dos vinhos em recipientes rasos, asseguram a qualidade geral. Truter agora tornou-se conselheiro autônomo, a serviço da Beyerskloof (ver p. 594).

Kanu ☆☆

Proprietária: Hydro Holdings, 40 ha. www.kanu.co.za
A primeira vindima, em 1998, foi supervisionada por um mestre na variedade Chenin, Teddy Hall, já afastado da casa onde ficou por cinco anos. Sem surpresa, o principal vinho da Kanu é o Chenin, que retém acidez mesmo em sua adocicada versão de colheita tardia. Sauvignon e Chardonnay, igualmente bons, acompanham a sólida mescla de Bordeaux denominada Keystone.

Kleine Zalze ☆☆

Proprietário: Kobus Basson. 55 ha. www.kleinezalze.co.za
Complexo turístico e vinícola do qual saem quatro linhas de vinhos. Em ordem ascendente de qualidade, são: Foot of Africa, Cellar Selection, Vineyard Selection e Family Reserve. Todos comerciais, mas bem elaborados. O recente Sauvignon Blanc pode ser primoroso.

Longridge ☆☆

Proprietário: Aldo van der Laan. 40 ha.
www.longridge.co.za

Antiga negociante de vinhos, vive nova encarnação produzindo robustos, densos varietais.

Meerlust ☆☆☆

Proprietário: Hannes Myburgh. 160 ha.
www.meerlust.co.za

O proprietário Myburgh ocupa a mesma e singular mansão de seus ancestrais, construída em 1756. O eficiente consultor Chris Williams está no lugar de Giorgio dalla Cia, que se retirou após fazer os vinhos daqui desde 1978. A Cabernet Sauvignon já se destacava no vinhedo, seguida de Merlot, Cabernet Franc e Pinot Noir.

O vinho de proa da Meerlust é a mescla de Bordeaux chamada Rubicon, mas o Merlot e o personalíssimo Pinot Noir têm igual categoria. Della Cia levou anos até ficar satisfeito com seu Chardonnay, lançado em 1995 e, sem intenção, parecido com o francês de Meursault. Todas as bebidas da Meerlust (Chardonnay inclusive) envelhecem cinco anos em garrafa, antes de comercializá-las. O Rubicon começou com excesso de tanino, mas com o tempo ganhou mais harmonia, graças a um traço de cedro.

Meinert Wines ☆☆–☆☆☆

Proprietário: Martin Meinert. 13 ha.
www.meinertwines.com

Martin Meinert fez boa figura como vinhateiro na Vergelegen (ver p. 598) e estabeleceu-se por conta própria em 1990. Sua mistura à base de Cabernet (Devon Crest) é rica e profunda, o que torna discutível se a mescla tinta denominada Synchronicity, no topo da lista, seja realmente superior.

Middelvlei ☆–☆☆☆

Proprietária: Família Momberg. 130 ha.
www.middelvlei.co.za

Empresa de velha e firme reputação por seu Pinotage e, mais recentes, Cabernet Sauvignon e Shiraz.

Morgenhof ☆–☆☆☆

Simonsberg. Proprietária: Anne Cointreau-Huchon. 72 ha.
www.morgenhof.com

Vinhos confiáveis que não pesam no bolso, sobretudo a luxuriante mistura tipo Bordeaux antes chamada Première Sélection, rebatizada como Morgenhof Estate.

Morgenster ☆☆

Somerset West. Proprietário: Giulio Bertrand. 40 ha.
www.morgenster.co.za

Industrial piemontês, Bertrand comprou esta decadente propriedade em 1993, para desenvolver um bosque de oliveiras. Foi inevitável que surgissem vinhedos com a meta de produzir um vinho no estilo Saint-Émilion, contando com o auxílio do técnico Pierre Lurton. O primeiro lote, no ano 2000, resultou maduro, acarvalhado e elegante. Logo abaixo, está o leve, cor de cereja Lourens River Valley. Somou-se à lista um Nebiolo, ótimo apesar da falta de maior caráter varietal.

Mulderbosch ★★★☆

Proprietária: Hydro Holdings. 27 ha.
www.mulderbosch.co.za

Como se desenhasse uma resposta da região do Cabo à neozelandesa Cloudy Bay, esta vinícola faz bem-sucedidos Sauvignon Blanc, além de excelentes Chardonnay. Ambos solidificaram sua imagem, ainda que o consultor e vinhateiro Mike Dobrovic seja alheio a comparações simplistas. Seguramente, o Sauvignon daqui é o mais saboroso de todos na região do Cabo.

Um macio Merlot com Cabernet, sob o rótulo Faithful Hound, e outro Sauvignon, de colheita tardia, completam a respeitável lista.

Neethlingshof ★–★★★

Proprietários: Distell e Lusan Premium Wines. 93 ha. www.neethlingshof.co.za

Hans-Joachim Screiber, banqueiro alemão aposentado, comprou esta empresa em 1985, investindo na qualidade e obtendo fama por sólidos Chardonnay e Shiraz, mais um admirável Riesling botritizado. Hoje é parte do grupo Distelll.

Overgaauw ★★

Proprietária: Família van Velden. 75 ha.
www.overgaauw.co.za

O veterano clã van Velden elabora um dos melhores "Porto" do Cabo, bem como o único Sylvaner da região. Garantem o prestígio seus vinhos Merlot e Cabernet, e ainda a mistura de Bordeaux de nome Tria Corda.

Rudera ★★

Proprietária: Riana Hall. 18 ha.
www.rudera.co.za

Rótulo particular do consultor da Kanu (ver p. 596), que vinifica uvas de vinhedos arrendados, produzindo deliciosos Chenin Blanc em nobres estilos seco ou doce. Em 2008, um divórcio afastou Teddy Hall da empresa, mas ela permanece, sob a direção de sua ex-mulher.

Rust-en-Vrede ★★–★★★

Proprietária: Família Engelbrecht. 50 ha.
www.rustenvrede.com

Até o fim dos anos 1990, esta histórica propriedade liberou conceituados tintos no estilo do Cabo, tânicos ou mesmo adstringentes quando novos. O herdeiro Jean assumiu o negócio e adotou um caráter mais corpulento e acessível. A elegante mescla Estate lembra safras de uma década atrás, e os varietais à base de Cabernet e Shiraz seguem igual modelo. Detalhe: a Engelbrecht trabalha com o golfista Ernie Els, em seu rótulo próprio e na faixa experimental Guardian Peak.

Rustenberg ★★★–★★★★

Proprietário: Simon Barlow. 150 ha. www.rustenberg.co.za

Talvez a mais formosa instalação no Cabo: construções brancas e baixas, de aspecto holandês, sombreadas por altas árvores. O terreno abriga vinhedos na face sul. Um substancial investimento e a mudança de consultor (Adi Badenhorst, sucedido por Randolph Christians) confirmaram a Rustenberg na primeira classe dos produtores da África do Sul. O vinho tinto de ponta é Peter Barlow, mescla de Cabernet; o melhor branco, Five Soldiers Chardonnay. No segundo rótulo, Brampton, acha-se a esplêndida mistura de Bordeaux, nomeada John X. Merriman.

Saxenburg ★★–★★★

Proprietário: Adrian Bührer. 85 ha.
www.saxenburg.co.za

Afamada por seus tintos, em especial aqueles de rótulo Private Collection (Reserve). Shiraz e Cabernet são bem aceitos. O vinhateiro Nico van der Merwe é muito talentoso, mas algumas bebidas são caras demais em relação à qualidade.

Simonsig ★★–★★★

Proprietária: Família Malan. 215 ha.
www.simonsig.co.za

Frans Malan e seus três filhos tiveram seguidos sucessos com mesclas de vinhos brancos envelhecidos em madeira, compondo o primeiro real espumante do Cabo pelo método clássico. Os tintos apoiaram sua reputação no Pinotage, mas outros entraram na lista: a mistura Frans Malan Cape, o Merindol Syrah de vinhedo exclusiva, a charmosa mescla amadeirada de Bordeaux chamada Tiara. Continua merecidamente popular o Chenin, com ou sem carvalho.

Stark-Condé ★★★

Proprietário: José Condé. 40 ha.
www.stark-condé.co.za

Novato e já famoso em Stellenbosch, o norte-americano Condé produz desde 1998 reduzidos volumes de Cabernet Sauvignon e Shiraz, ambos densos e sofisticados.

Stellenzicht ★★

Proprietários: Distell e Lusan Premium Wines. 77 ha. www.stellenzicht.co.za

A Stellenzicht recebeu aplauso global na década de 1990 por seu Shiraz, formulado pelo vinhateiro Guy Webber. Hoje faz parte do grupo Distell, mas a ênfase permanece no Pinotage e no Shiraz (de fato excepcional, ao lado do Sémillon e da mistura da casa). A principal linha de varietais, Golden Triangle, também é interessante.

Sterhuis ★★–★★★

Bottelary. Proprietária: Família Kruger. 48 ha.
Johan Kruger costumava fazer vinhos para a Jordan e agora, quase exceção na área Stellenbosch, produz mais brancos do que tintos, uma vez que sua vinheria vende muito Chenin envelhecido, a granel. A fina mistura de topo é a Astra White, quase igualada pelo Barrel Selection Chardonnay. Mas Kruger não deixa por menos no campo dos tintos, como o polido Astra Red e mesclas de Bordeaux.

Adega Neethingshof, na região de Stellenbosch.

Thelema ☆☆☆
Proprietárias: Famílias Webb e McLean. 95 ha.
www.thelema.co.za
Bonita instalação no alto de uma colina. Embora os solos sejam férteis, as virtudes do enólogo Gyles Webb ajudaram a Thelema a ganhar fama por seus finamente estruturados Cabernet Sauvignon, Merlot, Sauvignon Blanc e Chardonnay. De ano a ano, a lista cresce em consistência, e o Merlot Reserve é dos melhores da região do Cabo, com nuances de frutas pretas, carvalho e chocolate. O suprimento de uvas aumentou com a aquisição de vinhedos em Elgin.

Tokara ☆☆
Proprietário: G. T. Ferreira. 110 ha. www.tokara.com
Este empreendimento abrange vinícola e restaurante, mas não vinhedos. Plantações em Stellenbosch, Walker Bay e Elgin abastecem o enólogo Miles Mossop, que prepara uma gama de varietais de grande pureza e respectivas mesclas. Há bons vinhos sob o segundo rótulo, Zondernaan, a preços vantajosos.

Uva Mira ☆☆–☆☆☆
Proprietária: Denise Weedon. 30 ha.
www.uvamira.co.za
É no alto de colinas que jaz esta vinícola gerida pelo técnico Matthew van Heerden. A altitude dá a seus Sauvignon, Chardonnay e à mistura Uva Mira Bordeaux a elegância dos climas frios, enfatizada por um delicado toque herbáceo. Primeiro lote no comércio: 2004.

Vergelegen ☆☆☆–☆☆☆☆
Somerset West. Proprietária: Anglo American Farms.
120 ha. www.vergelegen.co.za
Das mais vetustas empresas do Cabo (remonta ao século XVIII), é uma mansão com lindos jardins, rica em tradição e tesouros em forma de vinhos. Foi renovada em 1987 quando da compra pela Anglo American Farms, que construiu nova vinícola em terreno elevado. O assessor Martin Meinert colocou a Vergelegen no mapa da atualidade, e, desde 1997, Andrew van Rensburg consolidou o prestígio. Embora as bebidas mais conhecidas da casa sejam Sauvignon e Chardonnay, os tintos – Cabernet, Merlot e a superlativa mescla Estate – são cada vez mais ricos e complexos. O estilo Bordeaux é caro a Van Rensburg, mas ele sabe que o clima e o *terroir* diferem bastante.

Vergenoegd ☆☆
Proprietária: Família Faure. 90 ha. www.vergenoegd.col.za
Antiga, com 300 anos, esta empresa supria de uvas os atacadistas como a KWV. Hoje engarrafa os próprios vinhos, cuja qualidade disparou na década de 1990, graças ao tânico Cabernet, ao bem envelhecido Merlot e bons "Porto" no estilo de Cabo.

Villiera ☆☆
Proprietária: Família Grier. 210 ha. www.villiera.com
Até 2002, era considerada parte de Paarl, mas uma canetada a incluiu na região de Stellenbosch, mais fria do que a média e focada em vinhos de alto nível a preços em conta. A Villiera tem sido feliz com Merlot, misturas de Merlot e Cabernet e uma linha completa de espumantes clássicos.

Vriesenhof/Talana Hill/Paradyskloof ☆☆–☆☆☆☆
Proprietário: Jan Boland Coetzee e sócios. 37 ha.
www.vriesenhof.co.za
Na face de Helderberg, as encostas do monte Vriesenhof são resfriadas pela brisa vinda de False Bay. Isso ensejou, além de demais fatores, a boa reputação do Cabernet daqui e suas misturas, vendidas sob o rótulo premium Talana Hill. A mescla de Bordeaux chamada Kallista pode ser carregada, mas há finos Chardonnay e Pinotage, enquanto um novo Pinot Noir desperta o entusiasmo dos fabricantes.

Warwick Estate ☆☆–☆☆☆☆
Simonsberg. Proprietária: Família Ratcliffe. 55 ha.
www.warwickwine.com
Como negócio familiar, esta prestigiosa vinícola foi comandada com garra e charme por Norma Ratcliffe, que agora passou as rédeas ao filho Mike.

Por anos, o vinho de topo tem sido o Trilogy, bem-sucedida mistura de Bordeaux. Recentes conquistas são o Chardonnay, a mescla Three Cape Ladies, no estilo dessa região, e outra mistura de Bordeaux chamada The First Lady, em homenagem à Norma Ratcliffe. Destaca-se ainda um Cabernet Franc com aroma silvestre de mirtilo.

Waterford ☆☆–☆☆☆☆
Proprietário: Jeremy Ord. 50 ha.
www.waterfordestate.co.za
Depois de adquirir esta fazenda na colina, em 1998, Ord construiu uma charmosa vinícola que lembra um mosteiro da Toscana. Para formular as bebidas, contratou Kevin Arnold, que, desde o início, sem maior esforço, criou equilibrados Cabernet e Shiraz, porém menos convincentes vinhos brancos. A Waterford causou controvérsia ao lançar a mescla multivarietal The Gem: concentrada, opulenta e mesmo assim fresca, mas a preço estratosférico.

Zevenwacht ☆–☆☆
Proprietário: Harold Johnson. 200 ha. www.zevenwacht.co.za
Seus vinhedos são refrescados pelos ventos procedentes de False Bay. Deles derivam palatáveis vinhos tintos de muito aroma e um viçoso Gewürztraminer.

Zorgvliet ☆☆
Proprietário: Mac van de Merwe. 50 ha.
www.zorgvliet.com
A mudança de dono e de consultor técnico operou maravilhas nesta empresa de planalto. Seus Cabernet e Petit Verdot são suntuosos, acarvalhados, ao lado de uma fina mistura de Bordeaux denominada Richelle.

Principais produtores de Constantia

Buitenverwachting ☆☆–☆☆☆☆
Proprietários: Richard Mueller e Lars Maack. 120 ha.
www.buitenverwachting.com
Remanescente da fazenda original Constantia, do político Van de Stel, tornou-se uma boa produtora da região do Cabo. Seus vinhos são tratados por Hermann Kirschbaum, presente desde 1993. O branco popular Buiten Blanc agrada multidões, porém mais impressionantes são os ricos Sauvignon Blanc e

Chardonnay, um leve Cabernet Franc e o excelente Cabernet com Merlot chamado Christine.

Constantia Glen
Proprietário: Gus Allen. 30 ha.
www.constantiaglen.com
A família Allen, que plantou videiras a partir da década de 1990 em sua fazenda de gado, fez os primeiros vinhos em 2005 e ergueu a vinícola dois anos depois. Já no lançamento, o Sauvignon Blanc mostrou envolvente caráter frutado (de lima e melão). Em seguida, surgiu uma mescla tinta de Bordeaux.

Constantia Uitsig ☆☆
Proprietários: David McKay e sócios. 34 ha.
www.constantia-uitsig.com
Comprada em 1988, em seu declínio, a Constantia Uitsig foi totalmente replantada, na maior parte com uvas brancas. Alguns vinhos se apresentam em dois estilos: amadeirado ou não. Ainda que a mescla tinta dominada por Merlot seja muito agradável, os varietais brancos como Sauvignon, Sémillon e Chardonnay têm mais força na lista.

Groot Constantia ☆–☆☆
Proprietária: Groot Constantia Trust. 90 ha.
www.grootconstantia.co.za
"Grande Constantia", na origem uma fazenda criada em 1685 pelo primeiro governador do Cabo, Simon van der Stel, foi a fonte de lendários vinhos de sobremesa nos séculos XVIII e XIX. Hoje, o replantio e a modernização do equipamento levaram à melhoria das bebidas, mas a gerência por meio de um colegiado inibe as iniciativas dos vinhateiros. O melhor vinho sempre foi o tinto Gouverneur's Blend, amadurecido em carvalho; o mesmo rótulo abriga delicados Chardonnay e Sémillon.

Klein Constantia ☆☆–☆☆☆
Proprietária: Família Jooste. 82 ha.
www.kleinconstantia.com
Parte da citada propriedade histórica, "Pequena Constantia" foi adquirida em 1980 pelos Jooste e remodelada, com Ross Gower como técnico de 1984 a 2004. Vinhedos frescos, viticultura irrepreensível e bem gerido processamento asseguram alta qualidade para todos os produtos.

Vigorosos e envolventes, os destaques são o Sauvignon (em especial na superlativa etiqueta Perdeblokke), o Sémillon e o Chardonnay. Já os tintos podem ser fracos, embora lotes recentes mostrem mais substância. Ross Gower e Lowell Jooste reviveram o célebre vinho doce de Constantia, vendido como Vin de Constance. É feito de uvas Moscatel bem maduras, colhidas tardiamente, e guarda um paladar de abricó e, às vezes, de marmelo. Ninguém sabe até onde esse vinho iguala seu ancestral, e não obstante trata-se de uma limpa, intensa e apreciável bebida.

Steenberg ☆☆
Constantia. Proprietário: Graham Beck. 64 ha.
Relativamente novata na região, procede da fazenda Steenberg original, criada em 1682. Nos anos 1990, estava viva e formosa como complexo de turismo e lazer, ao qual se somou a vinheria em 1996. Marcou um grande tento com seu Sémillon de caráter frutado (melão) e o aromático Sauvignon. Há atraentes vinhos tintos: a discreta mistura Cabernet com Merlot, chamada Catharina, e a corajosa experiência com Nebbiolo.

Principais produtores de Paarl e Wellington

Backsberg ☆–☆☆
Paarl. Proprietário: Michael Back. 130 ha.
www.backsberg.co.za
Fundada pelo falecido Sydney Back, precursor da vitivinicultura no Cabo, conta com invejável reputação por vinhos de qualidade a preços módicos. Ênfase em bebidas bem elaboradas, desfrutáveis quando jovens já no lançamento.

Diemersfontein ☆–☆☆
Wellington. Proprietários: David e Susan Sonnenberg. 48 ha. www.diemersfontein.co.za
Os Sonnenberg, que montaram a Woolworth's na África do Sul, eram donos desta fazenda desde 1942 e, nos anos 1990, a converteram em hotel de luxo e vinícola. A maioria dos vinhos aparece sob o próprio rótulo Diemersfontein, porém a linha superior usa o Carpe Diem. O foco daqui reside em Pinotage, Merlot e Shiraz, com estilo reminiscente de algumas marcas sul-africanas, pelo excessivo sabor frutado e acarvalhado. Mas todos gozam de grande sucesso comercial.

Fairview ☆☆–☆☆☆
Paarl. Proprietário: Charles Back. 300 ha.
www.fairview.co.za
Com pulso firme no mercado internacional para vinhos do Cabo, Charles Back teve êxito na difusão de seu Shiraz. A faixa Goats do Roam (simulacro da francesa Côtes du Rhône) combina uma imagem de vivacidade com o conteúdo de classe superior.

Back gosta de inchar a lista da Fairview com vinhos inusitados, como o Swartland Carignanee, o Petite Sirah e a mistura Caldera, com prevalência de Grenache. Jocosamente, ele admite desconhecer a estrutura de sua empresa, em mãos de profissionais e em constante evolução. Também é dono único de uma ex-associação, a Spice Route (ver p. 604).

Glen Carlou ☆☆–☆☆☆
Paarl. Proprietário: Hess Group. 85 ha.
www.glencarlou.co.za
Sob o vinhateiro-chefe David Finlayson, a Glen Carlou subiu ao cume dos produtos de Paarl. Os esteios da lista incluem ricos Chardonnays, finos Cabernets e a mistura de Bordeaux de nome Grande Classique. Daniel Hess a comprou em 2001, somando-a a seu patrimônio de vinícolas em Napa Valley (nos Estados Unidos) e na Argentina.

KWV ☆–☆☆
Paarl. www.kwv.co.za
Essa cooperativa de alcance nacional foi inaugurada em 1918, com poder regulador sobre a indústria do vinho. De início, pretendia assessorar os cultivadores nas negociações de preço com atacadistas de matéria-prima, mas seu papel mudou para uma vigilância geral.

Envolta em política e conflitos de interesse, a KWV sofreu reestruturação a partir de 1990. Como produtora de vinhos, lançou grandes volumes de varietais, sob os rótulos KWV e Roodeberg. Seu Chenin Blanc tem bom preço e qualidade. O nível cresceu com a adição da faixa Cathedral Cellars, liderada pela mescla de Bordeaux chamada Triptych.

Em 1996, surgiu o Perold, um denso, apreciável Shiraz de preço proibitivo. Desde então, vieram o KWV Mentors, o Lifestyle e uma linha de reservas. Ver também Laborie.

Laborie ☆–☆☆
Paarl. Proprietário: KWV. 40 ha. www.laboriewines.com
Sugestiva propriedade nas encostas da montanha Paarl, usada pela KWV como centro de visitação. Seus vinhos são benfeitos e fáceis de beber, embora um tanto concentrados demais.

Mischa ☆–☆☆
Wellington. Proprietária: Família Barns. 120 ha. www.mischaestate.com
Os Barns possuem um viveiro de plantas e adotam a técnica *dry-farming* (sem irrigação), com vistas à breve adesão ao cultivo orgânico. Além de frescos e equilibrados Shiraz e Viognier, produzem vinhos mais leves sob a etiqueta Eventide.

Mont du Toit ☆☆
Wellington. Proprietários: Stephen du Toit e Bernard Philippi. 28 ha. www.montdutoit.co.za
Fundada em 1997, esta parceria germânico-africana marcou presença um ano depois, com a poderosa mescla de Syrah, Cabernet e Merlot. O produtor alemão Bernhard Breuer também esteve envolvido, até sua morte prematura em 2004.

Nabygelegen ☆☆–☆☆☆
Wellington. Proprietário: James McKenzie. 17 ha. www.nabygelegen.co.za
Antiga empresa revivida em 2002. O vinho principal chama-se 1712, data da criação da fazenda de origem. Trata-se de uma mescla tipo Bordeaux com boa profundidade e discreto tanino. A curiosidade aqui é o Harslevelú, de colheita tardia.

Nederburg ☆–☆☆☆
Paarl. Proprietária: Distell. Sem vinhedos. www.nederburg.co.za
O caráter comercial da maioria dos produtos não minou o renome da Nederburg em todo o Cabo por seu leilão anual de vinhos especiais. Mas já tinha merecida fama por finas bebidas adocicadas, feitas de Chenin Blanc atacadas por *botrytis*. Preocupou-se em desenvolver a qualidade, com duas mesclas chamadas, bem a propósito, de Ingenuity.

Rupert & Rothschild ☆☆–☆☆☆
Paarl. Proprietárias: Famílias Benjamin de Rotschild e Rupert. 90 ha. www.rupert-rotschildvignerons.com
Quando dois milionários se associam numa empresa, dela se esperam exuberância em larga escala. Todavia, os primeiros lotes de vinho foram insatisfatórios e a operação acabou revista, em favor da qualidade. Apesar da morte precoce do cofundador Anthonij Rupert em 2001, a empresa ganhou força, graças sobretudo ao voluptuoso vinho Baron Edmond. O segundo melhor é o Baroness Nadine.

Scali ☆☆
Voor Paardenberg. Proprietário: Willie de Waal. 70 ha. www.scali.co.za
Várias gerações da família de Waal semearam e venderam uvas a terceiros, mas desde 1999 o herdeiro Willie retém cerca de 10% das safras para uso próprio, fazendo vinhos de estilo mediterrâneo com esmero artesanal. Disso resultaram um bom Syrah e a encorpada mistura de brancos Chenin e Chardonnay.

Veenwouden ☆☆
Paarl. Proprietária: Família van der Walt. 15 ha. www.veenwouden.com
O titular da Veenwouden é o mais famoso cantor lírico da África do Sul: Deon van der Waalt. Ele e seu vinhateiro, o irmão Marcel, plantaram videiras com vistas à produção de vinhos no estilo de Pomerol. Quando ocorreu uma tragédia – Deon foi assassinado pelo próprio pai –, Marcel deu sequência ao trabalho, mantendo volume e qualidade.

O Merlot e a mescla Classic (Cabernet mais Merlot) podem não rivalizar com o Bordeaux Right Bank, mas são bebidas magníficas: saborosas e concentradas, sem perda da elegância, maior que a de muitos vinhos do Cabo conforme o mesmo estilo. A lista atual inclui pequena quantidade de Chardonnay.

Vilafonté ☆☆☆
Paarl. Proprietários: Mike Ratcliffe, Zelma Long e Phil Freese. 17 ha. www.vilafonte.com
Ratchliffe representa expoentes do comércio na África do Sul, Zelma é enóloga, e Freese, um inovador da vinicultura. Esse trio formidável desenvolveu um vinhedo exclusivo para variedades de Bordeaux. Seu Series C constitui o vinho de topo, à base de Cabernet, e o Series M é uma mistura, ambos inconfundíveis pela superior qualidade.

Vondeling ☆☆
Voor Paardeberg. Proprietários: Julian Johnsen e sócios. 40 ha. www.vondelingwines.co.za
O ex-gerente de fazenda Johnsen reformulou esta velha propriedade, favorecendo o cultivo orgânico e a mínima intervenção no processamento das uvas. A lista de vinhos, eclética, forçou a Vondeling a buscar melhor identidade. Mas o nível de seus brancos e tintos já é bastante elevado.

Welbedacht ☆–☆☆☆
Wellington. Proprietário: Schalk Burger. 120 ha. www.welbedacht.co.za
O jogador de rugby Schalk Burger adquiriu a gleba em 1997, mas só colheu pela primeira vez em 2005, por causa da concorrência das numerosas cooperativas da área. Como

Refúgio de cabras na gleba Fairview, Paarl.

viticultor, apresentou muitos produtos, porém a lista básica, denominada Meerkat, por conta de um roedor local, mostrou-se bastante popular. O vinho da dianteira é o Number Six, mescla multivarietal concebida para servir de símbolo da empresa, sem deixar de ser suntuosa e balanceada.

Welgemeend ☆☆
Paarl. Proprietário: Consórcio de investidores. 11 ha.
www.welgemeend.co.za
Nos anos 1970, Billy Hofmeyr foi pioneiro das misturas de Bordeaux envelhecidas em barricas. Sua filha Louise seguiu iguais caminhos até 2006, quando vendeu a propriedade. Muitos funcionários permaneceram, daí a manutenção da marcante qualidade, enquanto o terreno passava a abrigar também um centro de convenções.

Principais produtores de Franschhoek

Boekenhoutskloof ☆☆☆–☆☆☆☆
Proprietária: Boekenhoutskloof Winery Ltd. 20 ha.
www.boekenhoutskloof.co.za
Fiel técnico vinhateiro desde 1996, quando a empresa foi criada, o brilhante Marc Kent foi recompensado com uma porcentagem do negócio. Sem intervir demais no processo, ele prefere escolher bons fermentos naturais e maturar os vinhos em barris de pequena capacidade. A maioria das frutas, porém, é fornecida por terceiros, dentro da região.

O Sémillon assim envelhecido recorda um opulento e ceroso Graves branco; o Syrah também é notável, por vezes mais concentrado do que o Cabernet Sauvignon da casa. Esses três vinhos são feitos em volumes reduzidos, enquanto os de ampla escala conservam ótima qualidade e levam o rótulo Porcupine Ridge.

Boschendal ☆–☆☆
Franschhoek. Proprietário: Douglas Green Bellingham.
200 ha. www.boschendalwines.com
Uma das maiores extensões produtoras do Cabo, pousada na divisa entre as regiões de Franschhoek, Paarl e Stellenbosch. Seus vinhedos se espalham pelas redondezas, até Simonsberg. Mudou de mãos duas vezes em três anos, daí o futuro incerto dos vinhos daqui, confiáveis mas não excepcionais.

Cabrière ☆–☆☆
Proprietário: Achim von Arnim. 30 ha. www.cabriere.co.za
O dinâmico Achim von Arnim há tempo foi reconhecido como um dos líderes da produção regional de vinhos espumantes, feitos pelo método tradicional, que portam o rótulo Pierre Jourdan. São de fato ótimos, mas o prestígio de Cabrière por seu Pinot Noir talvez seja menos compreendido.

Cape Chamonix ☆☆–☆☆☆
Proprietário: Chris Hellinger. 50 ha. www.chamonix.co.za
Antiga dona de vinhedos, a Chamonix passou a produzir vinhos em 1993. Em 2001, contratou o enérgico Gottfired Mocke como consultor-chefe. Os vinhedos em altitude ajudam a explicar a qualidade do Chardonnay e do Pinot Noir, em especial os reservas. Contudo, a mescla de Bordeaux, de nome Troika, também é densa e persistente.

Grande Provence ☆–☆☆
Proprietário: Alex van Heeren. 22 ha.
www.grandeprovence.co.za
Novo e grande complexo turístico da região, cujos canteiros de uvas tintas, suplementados pela compra de brancas, geram uma boa gama de vinhos caros. O estilo do Cabernet, do Shiraz e da mistura Grande Provence (tipo Bordeaux) é ambicioso: bastante maduro, luxuriante e com traços de carvalho.

Môreson ☆☆
Proprietário: Richard Friedman. 20 ha.
www.moreson.co.za
Afamada por seu espumante, mas os vinhos tintos parecem mais benfeitos. O Pinotage é maduro; o Merlot, intenso em seu teor de frutas vermelhas.

La Motte ☆☆
Proprietária: Hanneli Koegelenberg. 108 ha.
www.lamotte.com
A origem de La Motte remonta aos colonizadores huguenotes. Sua dona atual, filha do dr. Anton Rupert, reformou tudo, replantou aos poucos os vinhedos, segundo normas de cultivo orgânico, e esmerou-se nas ofertas de bebidas. A faixa principal, chamada Pierneef, inclui um concentrado Sauvignon Blanc e um sedoso Shiraz com Viognier. A mistura Millenium, de Cabernet e Merlot, é harmoniosa e semiencorpada.

L'Ormarins ☆☆–☆☆☆
Proprietário: Johann Rupert. 210 ha.
www.lormarins.co.za
Parte da fortuna dos Rupert foi aplicada aqui, no replantio de 50 hectares de videiras em camadas altas, pelo critério de adensamento (mudas bem próximas entre si). A nova vinheria construída ganhou sofisticação técnica, e toda a linha de produtos foi revista. O rótulo de ponta é o Anthonij Rupert, em memória do finado irmão de Johann. Primeiros lançamentos: um acarvalhado Cabernet de 2005, seguido de varietais clássicos, supridos por vinhedos externos. Há um macio Sangiovese e uma mescla de Bordeaux com o nome de Optima.

Plaisir de Merle ☆☆
Proprietária: Distell. 400 ha. www.plaisirdemerle.co.za
Antes fornecedora de uvas para a Nederburg (ver p. 600), fez esforços para tornar-se uma vinícola e melhorar a qualidade duvidosa dos produtos iniciais, contratando como assessor Paul Pontallier, diretor da Château Margaux. Agora oferece excelentes Cabernet e Merlot, além do novo Cabernet Franc amadeirado.

Principais produtores de outras regiões

Allesverloren ☆☆
Riebbek-West, Swartland. Proprietário: Danie Malan.
180 ha.
www.allesveloren.co.za
Geradora de bons Cabernet e Shiraz, é mais conhecida por suculentos e tradicionais "Porto". O Touriga Nacional e o Tinta Barocca também são vinhos de mesa, mas falta-lhes a intensidade dos originais portugueses.

ÁFRICA DO SUL

Altydgedacht/Tygerberg ☆–☆☆
Durbanville. Proprietária: Família Parker. 170 ha.
www.altydgedacht.co.za
Extensa propriedade pertencente aos Parker por cinco gerações.
Vende a maioria de suas uvas e guarda o suficiente para
deliciosos Sauvignons. Rótulo de exportação: Tygerberg.

Beaumont ☆☆
Walker Bay. Proprietário: Sebastian Beaumont. 34 ha.
www.beaumont.co.za
Desde 1993, uma confiável fonte de saborosos Pinotage, Shiraz,
Mourvèdre e Chenin Blanc.

Graham Beck ☆☆–☆☆☆
Robertson. Proprietário: Graham Beck. 180 ha.
www.grahambeckwines.co.za
Propriedade dividida em dois locais: a maior parte em
Robertson e o restante em Franschhoek, onde instalações
separadas vinificam uvas de frias áreas costeiras. A Graham Beck
faz esplêndidos espumantes, embora seus vinhos de mesa
venham se tornando cada vez mais expressivos, sobretudo o
Ridge Shiraz de vinhedo único, o Old Road Pinotage e o tânico
Coffeestone Cabernet Sauvignon. Na lista, bons varietais.

Boplaas ☆☆
Calitzdorp, Klein Karoo. Proprietário: Carel Nel. 65 ha.
www.boplaas.co.za
Destaque do Cabo na produção de vinho tipo Porto e boa fonte
de Pinotage, Shiraz e Muscadel fortificado.

Bouchard Finlayson ☆☆☆
Walter Bay. Proprietários: Peter Finlayson e sócios.
16 ha. www.bouchardfinlayson.co.za
O enólogo Peter Finlayson, antes da Hamilton Russell
Vineyards (ver p. 603), juntou-se, em 1990, a Paul Bouchard,
ex-Bouchard Aîné, e outros para produzir vinhos com os
excedentes de suas plantações. São bebidas típicas de clima frio e
o cítrico Kaaimangast Chardonnay, de vinhedos a 700 metros de
altitude, bem como o Galpin Peak Pinot Noir estão entre as
mais finas expressões regionais dessas variedades.

Cape Point ☆☆
Noordhoek, Cape Point. Proprietário: Sybrand van der
Spuy. 31 ha. www.capepointwineyards.co.za
Respeitável miscelânea de vinhedos, ao longo da gelada orla sul
de Cidade do Cabo. Implantou a produção de vinhos Sauvignon
e Chardonnay bem mineralizados, embora acarvalhados demais.
Já a mescla Isliedh, no estilo Graves, exibe alto potencial. Será
fascinante ver o que o consultor Duncan Savage conseguirá com
seus testes de fermentação em ânforas, após a difusão desses
vinhos na praça.

Paul Cluver ☆☆–☆☆☆
Brabouw, Elgin. Proprietário: dr. Paul Cluver. 90 ha.
www.cluver.com
Até 1997, as frutas do que agora constitui a principal gleba de
Elgin eram vendidas à Nederburg. O consultor Andries Burger,
genro do dono, assina as fórmulas do marcante Chardonnay
(com traços de maçã) e do sedoso Pinot Noir, cada vez mais
elegante. Já o Cabernet Sauvignon pode ser rijo e austero.

Darling Cellars ☆☆
Darling. Proprietário: consórcio de acionistas. 1.300 ha.
www.darlingcellars.co.za
O vinhateiro Abé Beukes libera duas faixas de bebida com base
nos amplos canteiros da propriedade: a DC, de vinhedo
exclusivo, e a Onix, que merece o topo da lista. Ambas utilizam
uvas Cabernet e Shiraz.

De Grendel ☆☆
Durbanville. Proprietário: Sir David Graaf. 104 ha.
www.degrendel.co.za
O clã Graaf apossou-se desta fazenda de criação de cavalos em
1896 e começou a semear lavouras. Videiras só foram plantadas
em 2000, e o experiente técnico Charles Hopkins veio fazer os
vinhos. Em terras frias, batidas pelo vento, o Sauvignon Blanc
revelou excelência, mas Merlot e Shiraz também são bons. O
carro-chefe, uma subestimada mescla de Bordeaux chamada
Rubaiyat, tem origem em frutas de Stellenbosch.

De Wetshof ☆☆–☆☆☆
Robertson. Proprietário: Danie de Wet. 180 ha.
www.dewetshof.com
Danie de Wet, treinado na Alemanha, trouxe para cá um grande
entusiasmo por vinhos brancos, de estilos ainda inéditos na
África do Sul. Seu trabalho experimental com Riesling,
Sauvignon Blanc e Chardonnay – mais o nobre vinho doce
Edeloes – sacudiu preconceitos sobre a área de Robertson e os
brancos em geral.

Hoje, a De Westhof é uma das produtoras líderes de
Chardonnay na região, com diferentes *cuvées* que vão do Finesse
(levemente amadeirado) ao Chardonnay d'Honneur e ao
Bateleur (ambos fermentados em barris). São bebidas notáveis
pelo frescor cítrico e pela leveza. Doze hectares de Pinot Noir
começaram a gerar vinhos com fragrância de framboesa e
indubitável potencial.

Durbanville Hills ☆–☆☆☆
Durbanville. Proprietária: Distell. 770 ha.
www.durbanvillehills.co.za
Associação entre a acionista majoritária Distell e um grupo de
eminentes fazendeiros locais. Novos depósitos foram erguidos
para a safra de 1999 e o veterano técnico Martin Moore
(ex-Groot Constantia) passou a supervisionar a produção. Há
três faixas: varietais básicos; acarvalhados Rhinofields; e vinhos
de canteiros únicos, maturados em carvalho jovem francês. O
padrão dos varietais recomenda consumo rápido, e o Sauvignon
Blanc tem traços herbáceos. A mescla Caapmans, de Cabernet e
Merlot, de vinhedos exclusivos, e o Luipardsberg Merlot são
fortes e opulentos.

Flagstone ☆☆
Somerset West. Proprietária: Constellation. Sem vinhedos.
www.flagstonewines.com
O responsável, Bruce Jack, compra uvas de dezenas de vinhedos
pelo país afora, com o objetivo de diversificar e sofisticar seu
catálogo de vinhos, que abrange um Pinotage, o Sauvignon
Blanc de Elim, com caráter relvado, e a complexa mistura tinta,
de nome Longitude. Em 2007, a Flagstone foi adquirida pelo
gigantesco grupo Constellation, mas Bruce Jack manteve o
posto – e a liberdade de criar. Que continue por muito tempo

Groote Post ☆☆
Darling. Proprietário: Nick Pentz. 117 ha.
www.grootepost.com
Histórica reunião de fazenda de laticínios, reserva ambiental e bom restaurante. Mas os vinhos não decepcionam: Sauvignon e Merlot são altamente palatáveis. Apenas o Pinot Noir desaponta um pouco. Vinhedos de clima frio fornecem finas Sauvignon, Chardonnay e Merlot.

Hamilton Russell Vineyards ☆☆–☆☆☆
Walker Bay. Proprietário: Anthony Hamilton Russell. 52 ha.
www.hamiltonrussellvineyards.com
Primeiro empreendimento da nova geração de produtores amantes de clima frio, focado em Pinot Noir e Chardonnay. Em 1998, clones medíocres foram substituídos, e colheitas recentes consolidaram a posição da empresa como digna de aplauso nessas variedades. Tais vinhos são os mais "borgonheses" do Cabo: grande pureza e sabor profundo.

Havana Hills ☆☆–☆☆☆
Philadelphia. Proprietário: Kobus du Plessis. 65 ha.
www.havanahills.co.za
Longínqua propriedade a poucos quilômetros do oceano, sofrendo assim considerável influência marítima. Destaca-se no Cabo pela linha Du Plessis Reserve, de vinhos tintos com muita fineza e pouco carvalho.

Hermanuspietersfontein ☆☆
Walker Bay. Proprietária: Família Pretorius. 57 ha.
www.hpf11855.co.za
Sauvignon Blanc, em várias versões, é o expoente daqui, mas vinhos tintos como Cabernet Franc e Die Arnoldus (mistura tipo Bordeaux) são corretos e picantes. A colheita inicial data de 2005, e, se os consumidores conseguirem pronunciar o nome, esta empresa merece acompanhamento.

Iona ☆☆
Grabouw, Elgin. Proprietário: Andrew Gunn. 35 ha.
www.iona.co.za
Um fresco, pouco gorduroso Sauvignon é o cartão de visita da Iona. Chardonnay e Shiraz foram incorporados à lista.

Kloovenburg ☆☆
Riebeek-Kasteel. Proprietário: Pieter du Toit. 130 ha.
www.kloovenburg.com
Vinhedos nas encostas da Montanha Kasteel, resfriados por vento constante, conferem frescor aos produtos daqui. A maior parte das frutas é vendida a outras vinícolas. Merlot, Cabernet e Shiraz são vivazes e acessíveis, ainda que pouco intensos. Eight Feet ("Oito Pés") é a mescla tinta, indisponível em certos anos, referente às quatro crianças do dono, que gostam de brincar pisando as uvas.

Lammershoek ☆☆☆
Malmesbury, Swartland. Proprietárias: Famílias Stephan e Kretzel. 130 ha. www.lammershoek.co.za
Para Paul Kretzel, o apelo comercial desta propriedade consistiu na abundância de videiras baixas, quase no nível de arbustos. Uvas que sobram das vendas geram, desde o ano 2000, volumes reduzidos de vinhos tintos no estilo Rhône e brancos peculiares.

As magníficas misturas têm o rótulo Roulette, sendo a branca, de Chenin e Chardonnay, tanto mineralizada quanto encorpada.

Land's End ☆☆
Moddervlei, Elim. Proprietário: Dave Hidden. 20 ha.
Land's End ("o fim da terra") é o rótulo criado para vinhos feitos de uvas fornecidas por ousados plantadores da gelada Elim, ativos desde 1997. Os lançamentos iniciais foram promissores: um exótico Sauvignon e um mordente Sémillon. Em 2005, a propriedade passou ao dono da Hidden Valley (ver p. 596).

Meerendal ☆–☆☆
Durbanville. Proprietário: consórcio de empresários. 100 ha. www.meerendal.co.za
Local histórico, hoje desfrutando um renascimento sob novos donos. Excelente Sauvignon e acarvalhado Pinotage de vinhedo exclusivo.

Newton Johnson ☆☆–☆☆☆
Hemel en Aarde. Proprietários: Dave e Felicity Johnson. 15 ha. www.newton johnson.com
Vinhedos elevados e instalações modernas garantem alguns dos melhores Pinot Noir e Chardonnay de Walker Bay.

Nitida ☆☆
Durbanville. Proprietário: Bernhard Veller. 16 ha.
www.nitida.co.za
Com primeira colheita em 1996, a Nitida mereceu a reputação que tem pelo seu Sauvignon Blanc. Mas o vinho de topo é a mescla de Merlot e Cabernet apelidada de Calligraphy, que pode resultar austera e pesada em certas vindimas. O opulento Coronata, no estilo Graves, vale uma aposta.

Rijk's Private Cellar ☆☆
Tulbagh. Proprietário: Neville Dorrington. 34 ha.
www.rijks.com.nz

Discretos, frutados vinhos que visam a restaurantes desde a primeira colheita, em 2000. Dorrington também abriu outra vinícola, porta com porta, exclusiva para Shiraz e chamada Rijk's Estate.

Sadie Family Wines ☆☆☆
Malmesbury, Swartland. Proprietários: Eben Sadie e família. 10 ha.
O jovem Eben Sadie foi o mais louvado assessor técnico da Spice Route (ver p. 604). Desde 2002, dedica-se ao próprio negócio. Seu vinho principal, Columella, sai em pequena quantidade, de vinhedos arrendados e controlados por ele. Sadie conhece o potencial da uva de velhas videiras de Shiraz dos vales de Swartland, daí utilizá-la no Columella, com mínima adição de Mourvèdre.

O equivalente branco é o Palladius, misturando Chenin e variedades do Rhône. Mas seu rendimento em volume é baixo, em razão do meticuloso preparo. O segundo rótulo da empresa chama-se Sequillo. A experiência de Sadie na região de Priorat, onde possui outra vinícola, o ensinou a manter os teores alcoólicos sob estrito controle.

ÁFRICA DO SUL / ZIMBÁBUE

Saronsberg ☆☆–☆☆☆
Tulbagh. Proprietário: Nicholas van Huyssteen. 40 ha.
www.sarongberg.com
Ambiciosa vinícola que também abriga a coleção de arte do dono. A uva branca Sauvignon vem de outras áreas, enquanto os vinhos tintos da casa englobam duas soberbas mesclas, envelhecidas em barris novos: a Full Circle, com dominância de Shiraz, e a Seismic, à base de Cabernet.

Spice Route ☆☆–☆☆☆
Malmesbury, Swartland. Proprietário: Charles Back.
200 ha. www.spiceroutewines.com
No final dos anos 1990, o brilhantismo de Charles Back no *marketing* e o talento de Eben Sadie na vinificação somaram-se na criação da marca Spice Route. Ela logo disparou em vendas e prestígio, graças aos superlativos vinhos de variedades do Mediterrâneo – suculentos, aromáticos, até um tanto fortes –, de preferência feitos com uvas de videiras baixas, cultivadas a seco. Em 2002, Charl [*sic*] du Plessis assumiu a parte de Sadie na empresa e ampliou a lista com vinhos brancos de Darling.

Springfield ☆☆☆
Robertson. Proprietário: Abrie Bruwer. 150 ha.
www.springfieldestate.com
Até 1995, esta empresa vendia sua safra de uvas a produtores de vinho a granel. Daí por diante, Bruwer investiu na qualidade, desprezando a quantidade, a tal ponto que o volume produzido caiu em dois terços. Os vinhos se tornaram artesanais, com exceção do vigoroso Sauvignon. Todos os demais são elaborados a partir de frutas não esmagadas, submetidas a fermentos naturais, e o engarrafamento dispensa filtragem.

As mais notáveis bebidas daqui são chamadas Méthode Ancienne, sendo os tintos de pura Cabernet levemente mentolados; e os brancos, densos Chardonnay. Mas o mineralizado Sauvignon Life from Stone prossegue como o vinho que colocou Springfield no mapa.

Swartland Winery ☆
Malmesbury, Swartland. Proprietários: 60 cultivadores,
previamente em cooperativa. 3.200 ha.
www.swwines.co.za
A cooperativa se converteu em empresa privada em 2005, mantendo a estrutura dos vinhedos. Mas os lavradores que antes plantavam Chardonnay, seguindo a moda, adotaram variedades mais convenientes, como Shiraz, Pinotage e Chenin.

Quanto aos vinhos, a faixa líder, Indalo, assemelha-se à linha Reserve (conhecida por Eagle Crest no setor de exportações), apenas mais envelhecida em barris de carvalho. Falta brilho, porém a qualidade tende a melhorar.

Tulbagh Mountain Vineyards ☆☆☆
Tulbagh. Proprietários: Jason Scott e George Austin.
16 ha. www.tmv.co.za
O especialista Chris Mullineus fez a fama desta propriedade orgânica, e seu sucessor, Callie Louw, conservou-se fiel ao estilo. O vinho Theta é um puro Shiraz; Viktoria, uma mistura tipo Rhône. Os componentes das misturas brancas mudam de ano a ano, mas o Chenin predomina. Há ainda um fascinante Chenin amarelado ("vinho de palha"), feito no sistema solera.

Zandvliet ☆–☆☆
Robertson. Proprietária: Família Paul de Wet. 155 ha.
www.zandvliet.co.za
O Shiraz foi o tinto pioneiro em Robertson, e hoje esta vinícola produz ao menos três versões dele.

Zimbábue

Em latitude, o Zimbábue alinha-se com a Bolívia e o sul do Brasil. Suas condições climáticas não são de modo algum perfeitas para o cultivo de uvas destinadas a vinhos: calor e sol em abundância, eventuais geadas e chuvas de verão que afetam a lavoura. Uma indústria vinícola de certo nível principiou em 1965, com frutas de qualidade duvidosa – das cepas Jacques, Issor e Farrazza –, que foram trocadas por variedades nobres, importadas da África do Sul. Os principais vinhedos se localizam a cerca de 1.200 metros acima da superfície do mar, ao norte de Harare, a capital.

O grande avanço ocorrido nos anos 1980 deveu-se ao uso de irrigação, fermentação a frio e equipamento moderno, bem como a profissionais treinados na Alemanha e Austrália ou a enólogos autômonos.

Já a agitação política e a violência urbana que castigaram o país nos primeiros anos do século XXI complicaram o funcionamento de numerosas vinícolas, sendo improvável que muitas delas, antes florescentes, continuem ativas. São citadas neste livro como um ato de fé, na esperança de que, quando o Zimbábue emergir do caos, possam novamente vicejar. Elas englobam a Worringham, produtora de vinhos desde a década de 1960, que parece não existir mais; e a Mukuyu, em Marondera, a 60 quilômetros de Harare. A African Distillers (Stapleford Wines) situava-se em Gweru, ao norte da capital, e produzia substanciais volumes de vinhos de Sauvignon Blanc, Muscat, Cabernet com Merlot e um envolvente Pinotage, de plantios de 180 hectares em Bulawayio, Gweru e Odzi.

Inglaterra & País de Gales

Inglaterra e País de Gales acham-se no limite da área geográfica em que as uvas amadurecem a céu aberto – fato que não desestimulou cerca de 350 fazendeiros a plantar vinhedos grandes ou pequenos. Foram considerados excêntricos até os anos 1990, e então, na virada do século, tornaram-se o assunto do momento. Estariam antevendo alguma coisa? O renascer da vitivinicultura inglesa (provavelmente introduzida pelos romanos e espraiada na Idade Média) começou com discrição na década de 1950 e acelerou-se vinte anos depois. O excelente (para a lavoura) verão de 1976 sugeriu que o cultivo de uvas para vinificação era desprezível como passatempo, mas lucrativo como negócio.

No final do século XX, o aquecimento global trouxe benefícios, após anos de chuvas fortes, e a indústria consolidou-se. No total, contam-se 1.900 hectares em produção, distribuídos pelo sul da Inglaterra e o País de Gales, concentrados em áreas tradicionais no Kent, Sussex, Essex e Suffolk, e ainda ao longo da costa em New Hampshire, alcançando Cornwell, avançando ao norte até Berkshire e Wiltshire, tão longe quanto as regiões de Hereford e Worcester. O rendimento em 2007 foi de 2,1 milhões de garrafas de vinhos, quase todos brancos.

É cedo para dizer que todo estilo regional foi incorporado no processamento. O vinho inglês é leve, refrescante, com frequência um pouco ácido, bom como bebida de verão. Suas maiores virtudes consistem no caráter floral ou frutado e no limpo frescor. Seja em secos ou meio secos, a acidez existente é para ser notada pelo consumidor, combinada à fragrância. Por consenso, o vinho inglês de mais forte potencial é o espumante, embora ainda minado pela instabilidade do verão britânico. Na verdade, as melhores garrafas se comparam às marcas líderes de Champagne.

Nos últimos anos, novos investidores, de fora do meio vitivinícola, aplicaram dinheiro em extensos vinhedos, visando aos lucros do setor de espumantes, mas atentos à qualidade. Tais projetos deram ao vinho inglês boa oportunidade de destacar-se em definitivo.

Espumantes fermentados no próprio vasilhame, por dois ou três anos, acrescentaram caráter a essa bebida, mas os vinhos envelhecidos em barris de carvalho também se tornaram convincentes, graças à evolução de seu sabor e à destreza dos profissionais envolvidos. O descanso em garrafa não é um luxo, e sim uma necessidade em safras de uvas marcadas pela alta acidez.

No clima inglês, sabidamente frio e úmido, o amadurecimento precoce e a resistência das frutas são fatores que governam a escolha sobre o que cultivar. Alguns grandes plantadores vêm, por exemplo, descartando varietais e variedades como Müller-Thurgau e Schönburger, de rápida maturação, em prol de componentes para misturas. Ganham espaço variedades germânicas, capazes de bom desenvolvimento em clima frio, além da excelente híbrida Seyval Blanc, embora clássicas matérias-primas francesas sejam predominantes. A recente confiança em plantar Pinot Noir e Chardonnay brindou a indústria com o futuro promissor que lhe faltava. Também surgiram sérios vinhos de sobremesa, feitos de uvas Bacchus e Huxelrebe botritizadas.

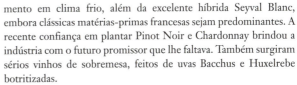

Se os espumantes ingleses ainda devem maior presença na cena internacional, é por causa de seu preço exorbitante. Garrafas equivalentes da Califórnia e Nova Zelândia custam a metade. O mesmo ocorre com os vinhos "tranquilos" de alta classe. Um cidadão pode adorar um suntuoso Pinot Blanc, por exemplo, e desistir da compra por causa do custo, bem maior que o de seu principal concorrente, da Alsácia francesa.

Enfim, o vinho inglês carece de competitividade no mercado. Por outro lado, os produtores arcam com altíssimos custos da terra e do processamento. Seria gratificante ver, um dia, que a qualidade da bebida inglesa esteja acompanhada de um *marketing* mais criativo.

Principais produtores da Inglaterra e do País de Gales

A'Beckett's ☆
Devizes, Wiltshire. Proprietária: Família Langham. 2,5 ha.
www.abecketts.co.uk
De videiras plantadas em 2001, os Langham extraem completa gama de vinhos, incluindo um robusto Pinot Noir e uma branda mistura com o nome de Estate Blend.

Bookers Vineyard ☆–☆☆
Bolney, West Sussex. Proprietários: Rodney e Janet Pratt. 10 ha. www.bookersvineyard.co.uk
Samantha Linter, filha do casal Pratt, é quem elabora as bebidas, e metade da produção é de Pinot Noir.

Breaky Bottom ☆–☆☆
Lewes, East Sussex. Proprietário: Peter Hall. 2 ha.
www.breakybottom.co.uk
Seyval Blanc e Müller-Thurgau são semeadas em solo gretado, irregular, mas os vinhos resultantes, no processamento pouco invasivo de Peter Hall, atraíram muitos seguidores. Desde 1994, existe um ótimo espumante de Seyval Blanc, feito pelo método clássico. Outras bebidas, em volumes baixos, se beneficiam de longa maturação na própria garrafa.

Camel Valley ☆☆
Bodmin, Cornwall. Proprietária: Família Lindo. 7 ha.
www.camelvalley.com
O consultor Sam Lindo está longe de ser um amador, e trabalhou na Nova Zelândia antes de se filiar à Camel Valley. A empresa recebe prêmios por seus *brut* e Pinot Noir rosado.

Vinhedos se tornaram paisagem comum na Inglaterra rural.

INGLATERRA & PAÍS DE GALES

Carr Taylor ☆
Westfield, East Sussex. Proprietária: Família Carr-Taylor. 14 ha. www.carr-taylor.co.uk
Criada em 1971 e agora gerida pela segunda geração da família, tem seu ponto alto nos espumantes fermentados nos próprios vasilhames.

Chapel Down Winery ☆☆
Tenterden, Kent. Proprietário: Chapel Down Wines Ltd. 10 ha. www.chapeldownwines.co.uk
Uma das maiores vinícolas do Reino Unido, manipula uvas de quase todo o nordeste inglês. Desde 1995, também é dona da Tenterten. Seu vinho espumante mostra boa qualidade, e uvas como Pinot Blanc e Pinot Noir geram produtos de maior interesse que os derivados de híbridas e clones.

Chilford Hall ☆
Linton, Cambridgeshire. Proprietária: Família Alper. 7 ha. www.chilfordhall.co.uk
Seu antigo vinhedo fornece muitas uvas de origem alemã e maturação precoce, que dão vinhos pouco encorpados, mas com bela fragrância.

Davenport ☆☆
Crowborough, East Sussex. Owner: Will Davenport. 5 ha. www.davenportvineyards.co.uk
Aclamada gleba de cultivo orgânico, produtora de mesclas brancas secas e de espumantes sob o rótulo Limney. Quando a safra permite, faz um delicado Pinot Noir.

Denbies ☆☆
Dorking, Surrey. Proprietário: Adiran White. 106 ha. www.denbiesvineyard.co.uk
Possui os mais extensos vinhedos bretões, debruçados nas encostas ao sul de North Downs, e ainda uma moderníssima vinícola. A abrangente gama de vinhos, alguns já premiados, conta com o especial Bacchus e o espumante Greenfields, de variedades da Borgonha. A mistura de Dornfelder e Pinot Noir compõe um atraente e saboroso tinto.

Dunkery ☆
Wootton Courtenay, Somerset. Proprietário: Derek Pritchard.
Fica dentro do Parque Nacional de Exmoor. Especialidades: Pinot Noir e espumantes. Todos os vinhos daqui são bastante secos.

Gifford's Hall ☆
Hartest, Suffolk. 5 ha. www.giffordshall.co.uk
Pequena propriedade que conquistou fama por seu vinho branco seco, da variedade Madeleine Angevine.

Halfpenny Green ☆
Halfpenny Green, Staffordshire. Proprietário: Martin Vickers. 10 ha. www.halfpenny-green-vineyards.co.uk
Vinhedos situados no norte, mas favorecidos pelos aclives na face sul do terreno. Quase a totalidade das vinhas amadurecem rápido demais, daí vinhos simples, melhor se consumidos novos.

Hidden Spring ☆
Horam, East Sussex. Proprietários: Graham e Sue Mosey. 3 ha. www.hiddenspring.co.uk
A linha de vinhos foi reduzida ao Pinot Noir e um branco singularmente seco. Também produz sidra de suco de maçã.

Hush Heath ☆☆–☆☆☆
Cranbrook, Kent. Proprietário: Richard Balfour-Lynn. www.hushheath.com
O ex-hoteleiro Balfour-Lynn estabeleceu uma meta: fazer um superlativo espumante rosé, e, para tanto, ergueu moderna vinícola em 2008. O produto teve excelente acolhida.

Llanerch ☆
Pendoylan, Vale of Glamorgan, Wales. Proprietários: Peter e Diana Andrews. 3 ha. www.llanerch-vineyard.co.uk
O maior vinhedo do País de Gales, com videiras altas, voltadas para Ely Valley. Seus vinhos são distribuídos sob a etiqueta Cariad e comportam brancos secos ou muito secos, além de um espumante igualmente seco.

New Hall ☆
Purleigh, Essex. 67 ha. www.newhallwines.co.uk
Vasta plantação que também vende uvas a terceiros. Sua própria vinícola fabrica Bacchus e espumantes de classe, já premiados. Em 2007, um Chardonnay foi acrescido à lista.

Northbrook Springs ☆
Bishop's Waltham, Hampshire. Proprietário: Brian Cable. 5 ha.
Apesar de baixo e gretado, este terreno parece muito promissor quanto à qualidade das uvas. Os vinhos, graças ao conselheiro John Vorontschak, são bons e se aprimoram conforme a vindima. Destacam-se os de colheita tardia, o Reichensteiner de estilo *fumé* e a mescla de Bacchus.

Nyetimber ☆☆–☆☆☆
Pulborough, West Sussex. Proprietário: Eric Heerema. 104 ha. www.nyetimber.com
Desde 1992, esta empresa vem mostrando que a Inglaterra pode criar vinhos espumantes a partir de variedades de champenoise. Pertencia ao casal Stuart e Sandra Moss, mas foi vendida em 2006 ao dono atual, que planeja ampliar a produção plantando 90 hectares adicionais. Os vinhos da Nyetimber também receberam inúmeras honrarias.

Penshurst ☆
Penshurst, Kent. Proprietário: David Westphal. 5 ha.
Bem estabelecida desde 1971, com instalações modernas. A maioria dos vinhos tem estilo bastante seco.

Ridgeview ☆☆–☆☆☆
Ditchling. East Sussex. Proprietário: Mark Roberts. 18 ha. www.ridgeview.co.uk
A Ridgeview copiou a diretriz da Nyetimber, semeando apenas Chardonnay, Pinot Noir e Meunier. Produz ainda tradicionais espumantes, que, desde 1997 (data dos primeiros lotes), mostra alta qualidade, reconhecida pela crítica. Em paladar, esse é o vinho inglês mais próximo dos da região da Champagne francesa.

Sandhurst ☆
Sandhurst, Kent. Proprietária: Anne Nicholas. 10 ha.
www.sandhurstvineyards.co.uk
Bem gerenciado vinhedo numa fazenda mista, cuja pequena vinícola elabora Bacchus acarvalhado e envelhecido, além de espumante Seyval Blanc.

Sharpham ☆–☆☆
Totnes, Devon. Proprietário: Mark Sharpham. 4 ha.
www.sharpham.com
A produção daqui centra-se em vinhos tintos originários de Dornfelder, Pinot Noir e outras uvas, mais um Madeleine Angevine fermentado em carvalho jovem.

Stanlake Park ☆
Twyford, Berkshire. Proprietário: Peter Dart. 10 ha.
www.stanlakepark.com
Esta é uma antiga propriedade do vale do rio Tâmisa, rebatizada após a mudança de dono em 2005. Ao contrário de muitas vinherias inglesas, oferece um conjunto de varietais, englobando Bacchus, Gewürztraminer e Pinot Noir.

Tenterden
Ver Chapel Down

Three Choirs ☆
Newent, Gloucestershire. Proprietária: Companhia limitada. 30 ha.
www.three-choirs-vineyard.co.uk
Produtora líder do oeste da Inglaterra, mas seus vinhos, sobretudo os tintos, podem ter qualidade inconsistente. O rol inclui o clássico espumante branco Siegerrebe, e ainda vinhos de sobremesa, tintos ou rosados.

Wickham ☆
Shedfield, Hampshire. Proprietários: Angela Baart e Gordon Channon. 7 ha. www.wickhamvineyard.com
Sob novos donos desde 2000, a Wickham elabora uma completa faixa de estilos, que abrange um espumante rosé, de Dornfelder. O técnico John Charnley assegurou boa reputação para esse produto, bem como para a mistura Pinot Noir com Triomphe e um branco acarvalhado, fornecido à Câmara dos Comuns em Londres.

Wyken ☆
Bury Saint Edmunds, Suffolk. Proprietária: Carla Carlisle. 2 ha.
wwwwykenvineyards.co.uk
Modesta vinícola que faz um premiado Bacchus e respeitáveis vinhos tintos.

Regiões de vinho no mundo

Os mapas a seguir mostram as principais áreas produtoras de vinho no planeta. O estilo tipográfico com serifa (traço de remate das letras) indica nomes e lugares conectados com a fabricação; o sem serifa aponta outros dados de interesse. Deve-se atentar ao código de cores.

França 609–621	Suíça 628	América do Sul 634
Alemanha 622	Áustria 629	Nova Zelândia 635
Itália 623–625	Hungria 630	Austrália 636–637
Espanha 626	Grécia 631	África do Sul 638
Portugal 627	Estados Unidos 632–633	

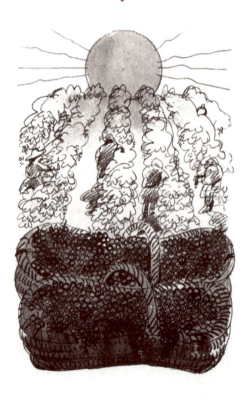

França

FRANÇA | MAPAS | 609

BELGIQUE
LUXEMBOURG
DEUTSCHLAND
SCHWEIZ
ITALIA
ESPAÑA

Calais
Lille
PAS-DE-CALAIS
NORD
Arras
SOMME
Amiens
SEINE-MARITIME
le Havre
Cherbourg
Caen
St-Lô
CALVADOS
MANCHE
ORNE
Rouen
EURE
Evreux
Alençon
OISE
Beauvais
Pontoise
VAL-D'OISE
SEINE-ST-DENIS
PARIS
Versailles
YVELINES
HAUTE-DE-SEINE
VAL-DE-MARNE
SEINE-ET-MARNE
Melun
ESSONNE
Évry
Chartres
EURE-ET-LOIR
AISNE
Laon
Charleville-Mézières
ARDENNES
MEUSE
Bar-le-Duc
Côtes de Toul
Metz
MOSELLE
MEURTHE-ET-MOSELLE
Nancy
Strasbourg
BAS-RHIN
Colmar
HAUT-RHIN
VOSGES
Épinal
Chaumont
HAUTE-MARNE
Vesoul
Belfort
HAUTE-SAÔNE
DOUBS
Besançon
Reims
MARNE
Châlons-en-Champagne
Troyes
AUBE
Auxerre
Chablis
YONNE
LOIRET
Orléans
LOIR-ET-CHER
Blois
Montoire-sur-le-Loir
INDRE-ET-LOIRE
Tours
Angers
MAINE-ET-LOIRE
Coteaux d'Ancenis
Nantes
LOIRE-ATLANTIQUE
Ancenis
Gros Plant du Pays Nantais
Thouars
Vins du Thouarsais
VENDÉE
le Roche-sur-Yon
Fiefs Vendéens
DEUX-SÈVRES
Niort
VIENNE
Poitiers
Haut-Poitou
Châteauroux
INDRE
CHER
Bourges
Châteaumeillant
NIÈVRE
Nevers
ALLIER
Moulins
St-Pourçain-sur-Sioule
St-Pourçain
PUY-DE-DÔME
Clermont-Ferrand
Côtes d'Auvergne
Boën-sur-Lignon
Roanne
Côte Roannaise
LOIRE
Côtes du Forez
St-Étienne
Lyon
RHÔNE
Mâcon
SAÔNE-ET-LOIRE
le Creusot
Beaune
Dijon
CÔTE-D'OR
Bourg-en-Bresse
AIN
Belley
Bugey
JURA
Lons-le-Saunier
SCHWEIZ
HAUTE-SAVOIE
Annecy
Chambéry
SAVOIE
ISÈRE
Grenoble
Tournon
Valence
DRÔME
Die
Clairette de Die
Gap
HAUTES-ALPES
ALPES-DE-HAUTE-PROVENCE
Digne
Coteaux de Pierrevert
Pierrevert
ALPES-MARITIMES
Nice
Draguignan
VAR
Toulon
Marseille
BOUCHES-DU-RHÔNE
Avignon
VAUCLUSE
GARD
Nîmes
HÉRAULT
Montpellier
Narbonne
AUDE
Carcassonne
Perpignan
PYRÉNÉES-ORIENTALES
Foix
ARIÈGE
HAUTE-GARONNE
Toulouse
Côtes de la Malepère
TARN
Albi
Gaillac
Tarn
TARN-ET-GARONNE
Montauban
Lavilledieu
la Villedieu-du-Temple
St-Sardos
GERS
Auch
St-Mont
Côtes de St-Mont
Tursan
Geaune
LANDES
Mont-de-Marsan
Adour
PYRÉNÉES-ATLANTIQUES
Pau
Tarbes
HAUTES-PYRÉNÉES
LOT-ET-GARONNE
Agen
Buzet
Côtes du Brulhois
Marmandais
Libourne
Bordeaux
GIRONDE
CHARENTE-MARITIME
la Rochelle
CHARENTE
Angoulême
DORDOGNE
Périgueux
Bergerac
Côtes de Duras
LOT
Cahors
Coteaux du Quercy
AVEYRON
Rodez
Marcillac-Vallon
Marcillac
Estaing
Vins d'Estaing
Vins d'Entraygues et du Fel
Entraygues
Côtes de Millau
LOZÈRE
Mende
CANTAL
Aurillac
CORRÈZE
Tulle
CREUSE
Guéret
HAUTE-VIENNE
Limoges
ALLIER
HAUTE-LOIRE
le Puy
ARDÈCHE
Privas
Côtes du Vivarais
RHÔNE

CORSE
Ajaccio

ESPAÑA

Legenda

- Fronteira internacional
- Fronteira de departamento
- Principal cidade do departamento
- St-Sardos Vinhos Delimitados de Qualidade Superior (VDQS)
- Centro de VDQS
- Marcillac Denominação Controlada (AC) não citada em outro lugar
- Centro da área de AC

- Champagne
- Vale do Loire
- Borgonha
- Jura e Savoie
- Rhône
- Sudeste
- Dordogne
- Bordeaux
- Languedoc-Roussillon
- Provença
- Alsácia
- Córsega
- Outras áreas de vinho

Símbolos proporcionais

40 Área do vinhedo em milhares de hectares (omitida quando < 1.000 ha)

1:4.530.000
Km 0   50   100   150 Km
Milhas 0   50   100 Milhas

N

Bordeaux

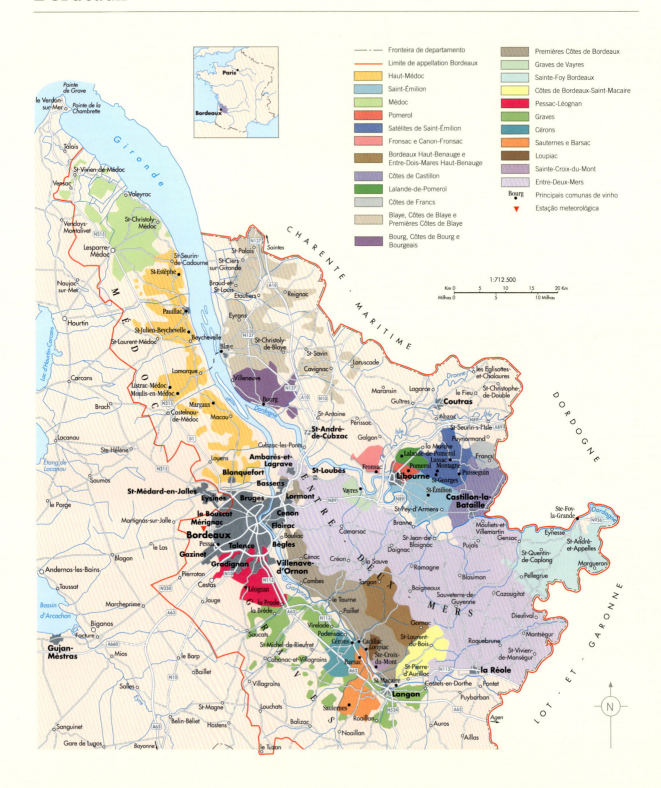

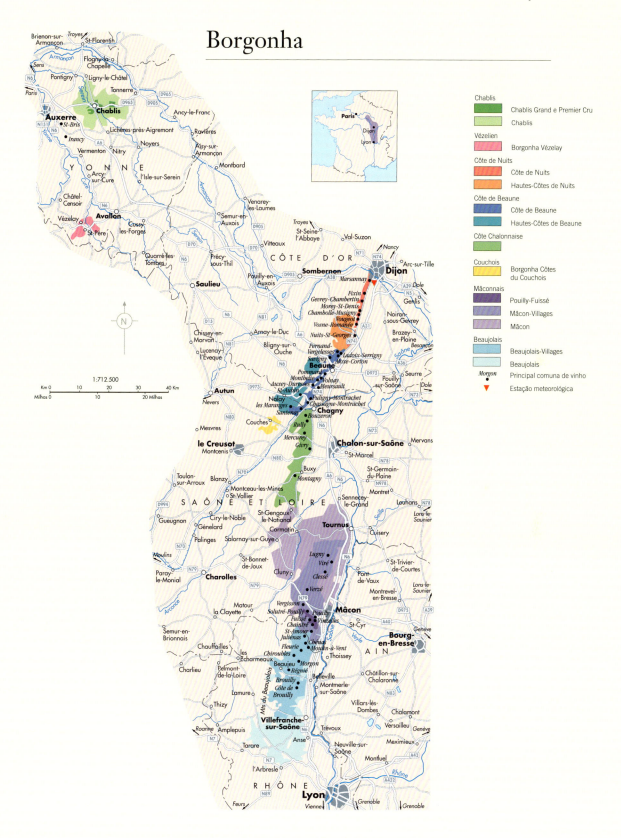

Vale do Loire

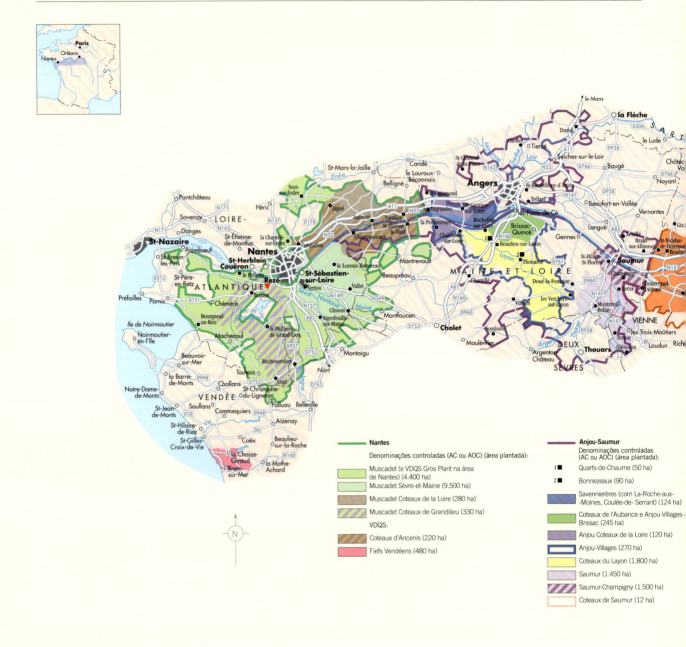

VALE DO LOIRE | FRANÇA | MAPAS | 613

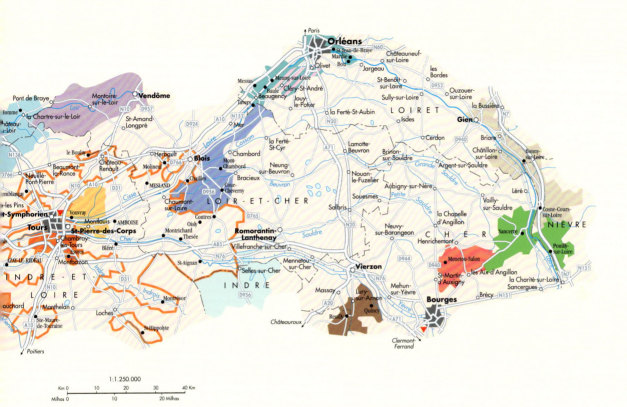

Champagne

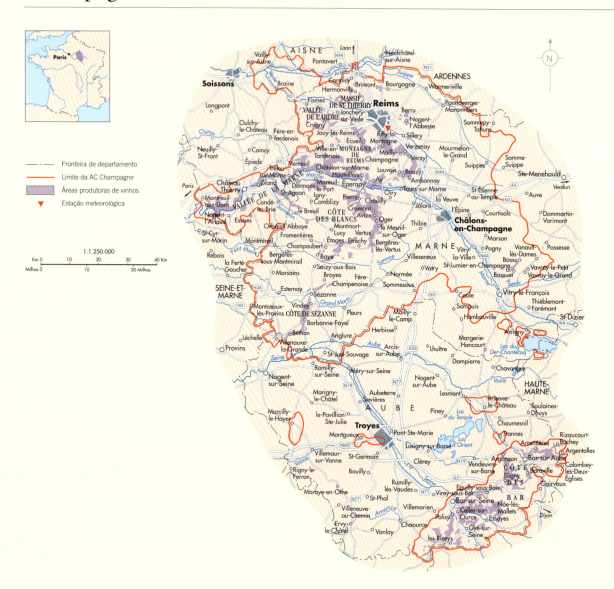

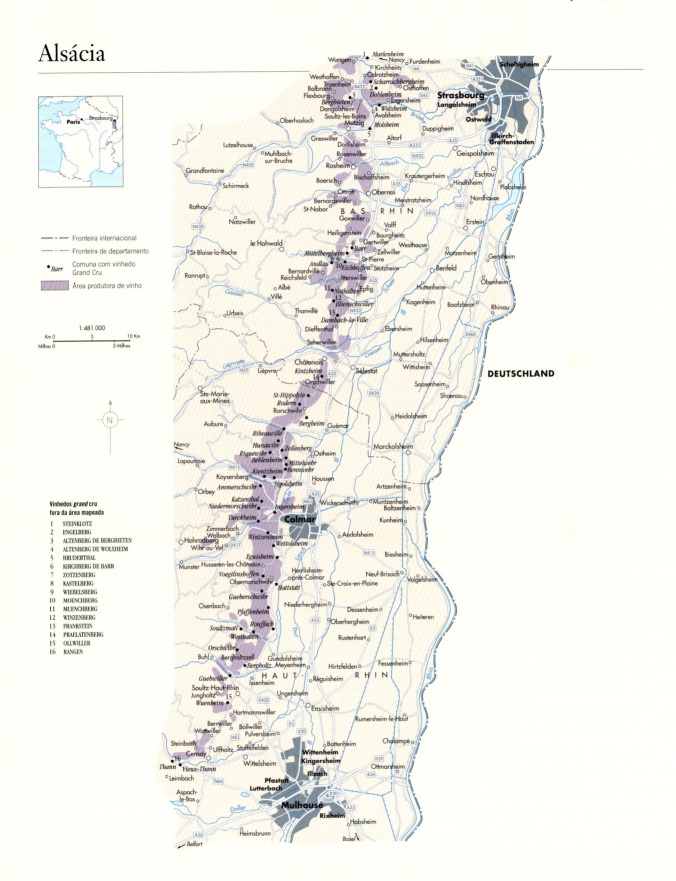

Norte do Rhône

Legenda:

- Fronteira de departamento
- Côte-Rotie
- Château-Grillet
- Condrieu
- Condrieu/Saint-Joseph
- Saint-Joseph
- Hermitage
- Crozes-Hermitage
- Cornas
- Saint-Péray
- Côtes du Rhône
- Coteaux du Tricastin
- ▼ Estação meteorológica

Paris
Lyon
Marseille

1:562.500

Km 0 — 5 — 10 — 15 Km
Milhas 0 — 5 — 10 Milhas

N

Lyon
Seyssuel
St-Romain-en-Gal
Vienne
Pont-Evêque
RHÔNE
Vérenay
Ampuis
Tupin
Condrieu
Vérin
la Terrasse-sur-Dorlay
St-Michel-sur-Rhône
St-Clair-du-Rhône
ISÈRE
LOIRE
Pélussin
Auberves-sur-Varèze
Vernioz
Cour-et-Buis
Chavanay
St-Maurice-l'Exil
Varèze
Malleval
St-Pierre-de-Boeuf
Roussillon
Sanne
Limony
Salaise-sur-Sanne
Jarcieu
Beaurepaire
Charnas
Chanas
Limony
D519
Félines
Sablons
Manthes
Serrières
Peyraud
St-Rambert-d'Albon
Boulieu-lès-Annonay
Champagne
N82
St-Désirat
Anneyron
Hauterives
Davézieux
St-Etienne-de-Valoux
Annonay
Andance
D82
D121
Talencieux
Beausemblant
Mureils
Cance
Montchenu
Quintenas
Sarras
St-Uze
Ardoix
St-Vallier
Galaure
Ozon
St-Vallier
Satillieu
St-Jeure-d'Ay
Arras-sur-Rhône
Serves-sur-Rhône
St-Donat-sur-l'Herbasse
Sécheras
Erôme
N86
Lemps
Gervans
A7
St-Victor
Vion
Larnage
St-Félicien
St-Jean-de-Muzols
Crozes-Hermitage
Daronne
Tain-l'Hermitage
Mercurol
Tournon-sur-Rhône
Chanos-Curson
Granges-lès-Beaumont
Arlebosc
Mauves
Romans-sur-Isère
le Crestet
Beaumont-Monteux
Isère
Glun
la Roche-de-Glun
Grenoble
Châteaubourg
Pont-de-l'Isère
N532
St-Marcel-lès-Valence
Alixan
Cornas
D523
St-Péray
Albossière
Guilherand
Valence
Vernoux-en-Vivarais
Toulaud
Chabeuil
Soyons
Portes-lès-Valence
Véore
ARDÈCHE
Mediou
Montmeyran
Beauchastel
Eyrieux
Fiancey
la Voulte-sur-Rhône
D111
Montoison
Brézème
le Bouschet
Livron-sur-Drôme
St-Julien-en-St-Alban
Allex
St-Pierre-la-Roche
le Pouzin
Loriol-sur-Drôme
Crest
N104
Privas
D104
Chomérac
Baix
DRÔME
Die
D2
Mirmande
D2
la Répara-Auriples
St-Pierre-la-Roche
Cruas
Marsanne
Lovezon
Rhône
Meysse
Sauzet
D6
Cléon-d'Andran
N7
Rochemaure
Roubion
N102
Montélimar
Alba-la-Romaine
le Teil
Montboucher-sur-Jabron
la Bégude-de-Mazenc
D107
Jabron
le Poët-Laval
St-Thomé
Espeluche
A7
Viviers
Marseille

Sul do Rhône

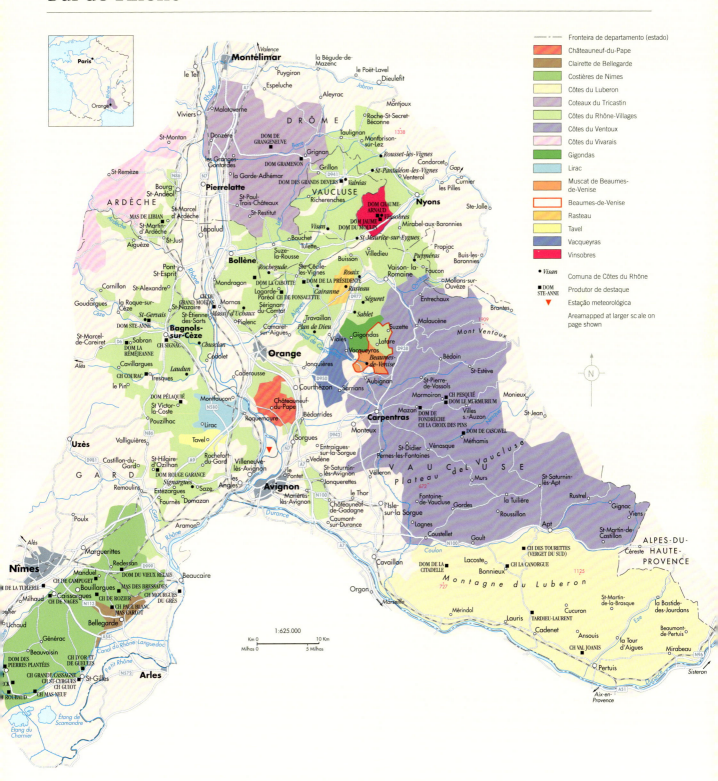

Provença

PROVENÇA | FRANÇA | MAPAS | 619

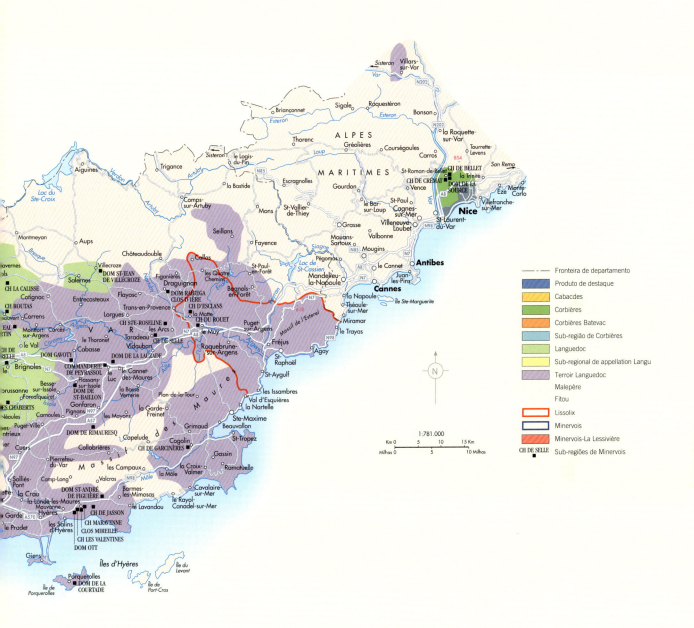

Languedoc Oeste

Languedoc leste

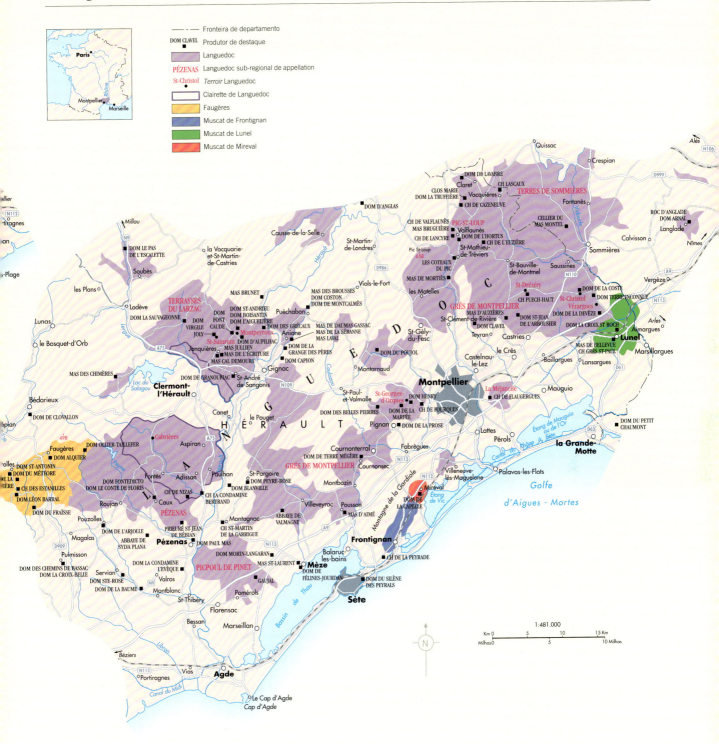

Alemanha

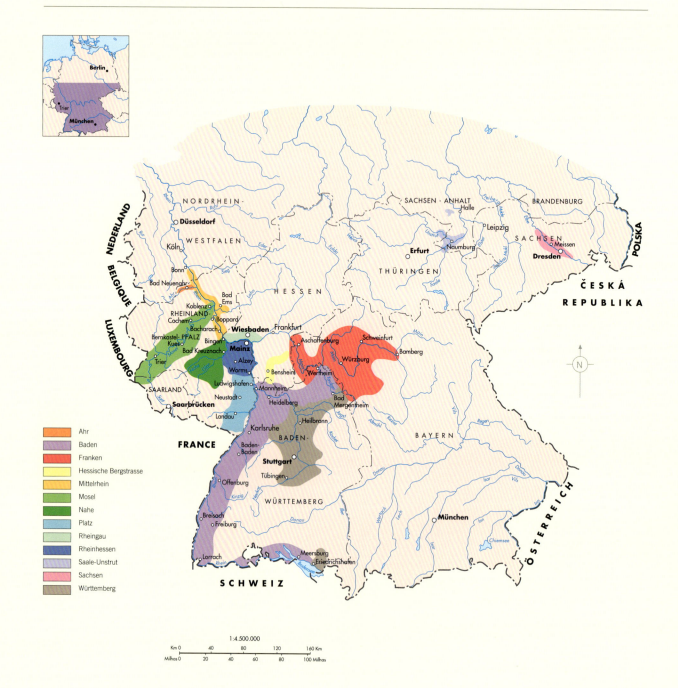

Itália

Piemonte

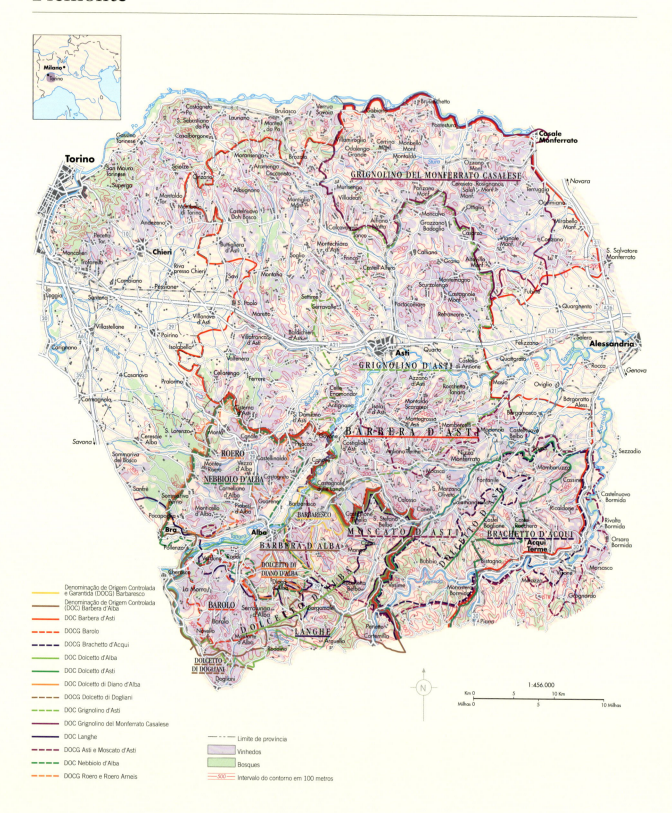

Espanha

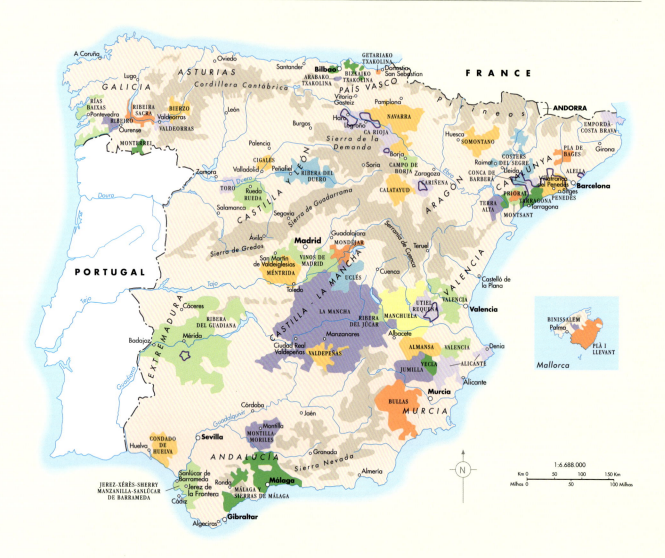

Portugal

Suíça

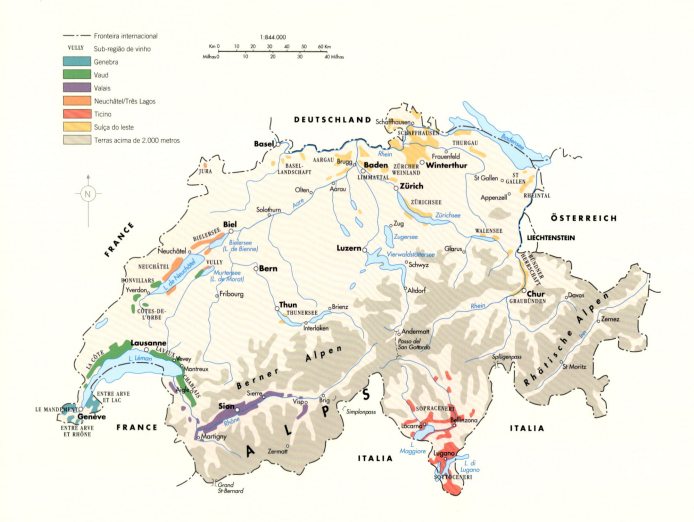

Áustria

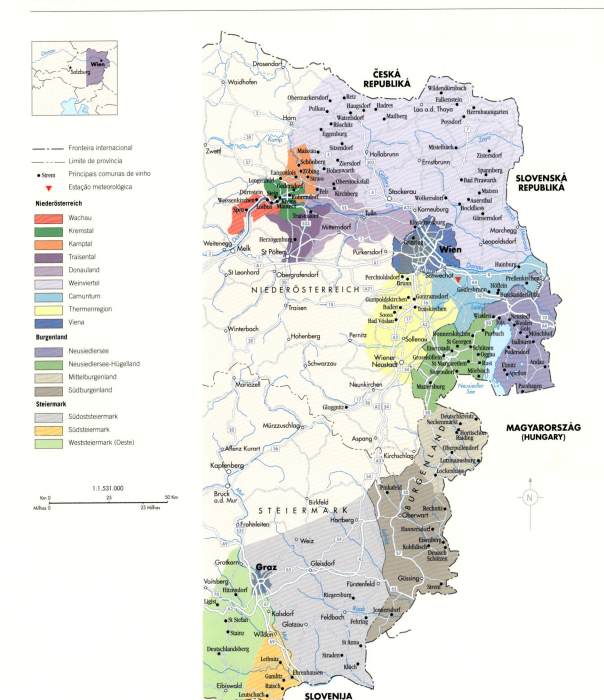

Hungria

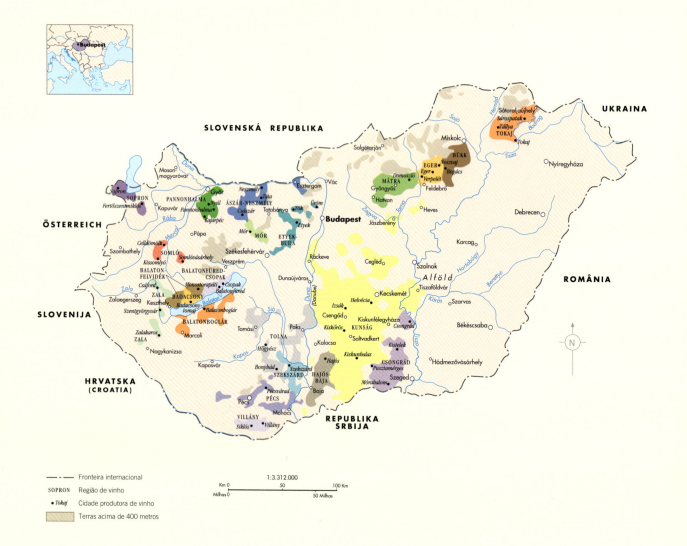

Grécia

Califórnia

NOROESTE DO PACÍFICO | ESTADOS UNIDOS | MAPAS | 633

Noroeste do Pacífico

América do Sul

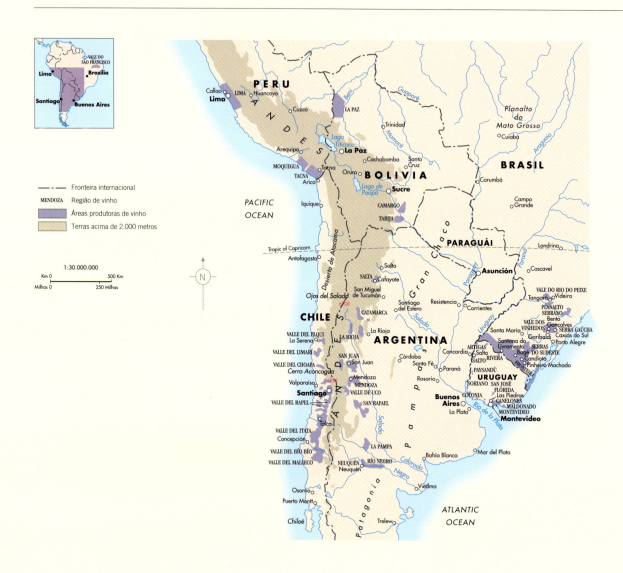

Nova Zelândia

Oeste da Austrália

Sul e sudeste da Austrália

África do Sul

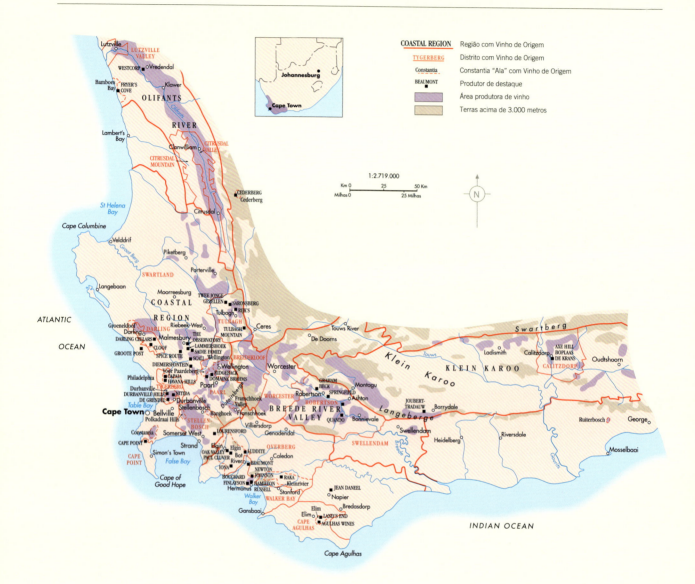

Desfrutando o vinho

São as pessoas curiosas, inquietas, que mais apreciam vinhos. A essência do prazer é a variedade: pode-se experimentar um vinho diferente a cada dia da vida adulta e, ainda assim, não esgotar a disponibilidade existente. Sempre haverá novas marcas a provar e combinações inéditas de vinho com alguma comida. Você descobre cada vez mais detalhes sobre seu paladar e suas reações.

Todavia, nenhuma atitude ou regra simples se aplica a uma bebida que tanto pode acompanhar pão e queijo quanto o mais rebuscado luxo gastronômico, e todos os pontos entre ambos os extremos. Impossível comparar ou confundir uma caneca de vinho melado, à mesa de qualquer restaurante barato, com um cristal Baccarat.

Este capítulo refere-se a escolher, comprar, estocar, servir e apreciar vinhos que ficam acima do comum. Quando portadores de um nome de origem (ao contrário de qualquer mistura anônima), eles refletem um peculiar solo, clima, cultura e tradição. Para melhor ou pior, um vinho precisa ter certo caráter, e a mestria em sua elaboração assegura o reconhecimento desse estilo. Como definia o finado André Simon, o verdadeiro *connoisseur* sabe distinguir o vinho bom do ruim e louva os méritos do primeiro. Ainda bem que nem todos os brancos são Sauvignon Blanc, embora refrescantes, perfumados e saborosos, e nem todos os tintos são pesados Cabernet. Existe um mal-entendido grave, mas comum quanto à natureza e à variedade dos vinhos, segundo o qual, por exemplo, um Barolo é melhor do que um Rioja, ou um Pauillac é superior a um Cabernet do Napa. O segredo reside em compreender e desfrutar cada um deles pelo que são.

Este autor lhe daria um conselho, caso você se dispusesse a gastar um pouco além do razoável e adquirisse garrafas de qualidade superior à dos vinhos de jarra ou servidos em canecas de bares. Trata-se de efetuar um ato consciente de degustação, tornando-se sabedor das mensagens que seu olfato e paladar lhe transmitem – não só quanto ao vinho, mas a toda comida e bebida que pretende ingerir.

A maior parte dos vinhos finos, e mesmo os de nível especial, costuma ser desperdiçada como um drinque de ocasião, até que seu consumidor tome tento da maravilha de fragrância e sabor que tem à mão.

Comprando vinho

A compra do vinho exato que você espera é exceção, não a regra. Como se fosse um alvo em movimento, o vinho constitui um dinâmico caleidoscópio de plantadores de uvas, coletores e técnicos em prensagem e processamento. Se isso o incomoda, fixe-se numa marca, pois esta tende a oferecer estilo constante. Mas, certamente, é preciso pensar bem no que você quer, antes da aquisição, e talvez sacrificar o fascínio pela vasta oferta, sem falar da renúncia à satisfação de descobrir algum produto notável.

Há certas normas nesse campo aberto. Um dia você pode comprar na loja da esquina ou no supermercado; em outro, escolher num catálogo e encomendar pelo correio; por fim, adquirir diretamente do produtor. De um modo ou de outro, é melhor pensar bem no seu objetivo: enriquecer um jantar formal para convidados ou desfrutar o vinho em caráter privado. Sempre que possível, antecipe-se às suas necessidades.

Ninguém consegue levar para casa, à primeira vista, todas as promoções de uma bem abastecida adega comercial. Compre quando tiver tempo e disposição de cotejar custos, fazer cálculos, consultar livros de referência. Com calma, você conseguirá qualidade e bom preço de fornecedores alternativos. É invariavelmente melhor do que confiar na aparência da garrafa. Evite as "queimas de estoque", geralmente anunciadas em janeiro, quando até mesmo os comerciantes de renome oferecem descontos, em razão das sobras do Natal e da expectativa pela nova safra. Nesse caso, acontece de você autoenganar-se com vinhos que estejam em declínio. Admita-se, porém, que também pode encontrar raras pechinchas, como marcas alemãs maravilhosamente maturadas ou Porto vintage, de remessas menos conhecidas.

Um vinho fino necessita de tempo para "descansar". Certos modernos tintos e brancos são tão estáveis que se pode jogar boliche com as garrafas, sem causar-lhes danos, porém especialmente os tintos maduros precisam de um período mínimo de dias ou meses antes de serem abertos. Suas chances de servir um bom vinho às visitas aumentam quando você o deixa repousar na prateleira da sala.

No passado, o apreciador de vinhos tinha de confiar no próprio conhecimento e na experiência, ou naqueles de um comerciante honesto. Hoje há muitas outras maneiras de obter informação. Este livro, por exemplo, fornece em seus verbetes o endereço eletrônico de todas as vinícolas, quando disponíveis. Os *websites* variam de conteúdo, mas quase todos incluem dados pormenorizados dos produtores, suas marcas e seus estilos. Mais ainda, muitos *sites* e *blogs* se especializaram em prover aos consultantes comentários sobre degustação, colheita, processamento, além de novidades com respeito a mudanças na indústria, e assim por diante. Podem estar ou não ligados à venda de vinhos pela internet. Alguns dos mais completos são pagos, mas existem muitos de livre acesso.

Um investimento no prazer

Investir num futuro deleite pessoal é gratificante. Inflação à parte, beber um vinho de classe faz esquecer o gasto efetuado; o prazer parecerá um presente dos deuses. De fato, pouco dinheiro é preciso para transformar você, de comprador garrafa por garrafa, em feliz proprietário de uma adega caseira. Calcule seu dispêndio com vinhos em dois ou três meses, e o aplique de uma vez num avanço planejado. Guarde as garrafas, mas as reponha sempre, depois de abrir algumas.

Estocar é um pequeno segredo de felicidade. Pode haver um gasto extra, mas sua recompensa é ter vinhos cuidadosamente escolhidos, prontos para quando quiser bebê-los, sem precisar correr à loja.

Único esforço: manter a mente clara sobre o que de fato você necessita. Assim, não gastará mais do que pode. Pense duas vezes antes de comprar vinhos desconhecidos como parte de um "pacote". Fuja de caixas com bebidas que nunca experimentou e talvez não aprecie. Avalie se a entrega em domicílio, de pedidos por correio ou internet, vale realmente a pena. Sempre há alguém em sua casa, para receber a encomenda?

Uma das maneiras mais agradáveis e vantajosas de ampliar seus horizontes como amante de vinhos consiste na adesão a um grupo de colegas consumidores que pensem igual a você. A aquisição conjunta, em lotes maiores, leva à economia de dinheiro, e o sentimento de culpa por gastar fica diluído. Três ou quatro amigos seus que jamais provaram Château Latour ou Romanée-Conti se mostrarão eternamente gratos. Existem leis contra a venda de vinhos por cidadãos sem licença, mesmo a um vizinho ou conhecido, mas nenhuma contra a parceria na divisão dos custos.

O comércio do vinho

A estrutura de comercialização no setor vinícola mudou bastante nos últimos anos, saindo dos rígidos padrões de corretores e agentes, transportadores e atacadistas ou varejistas, rumo a uma intrincada, mas flexível mistura de componentes. Notou-se o crescimento do número de "voluntários" com vocação para tomar vinhos. As grandes áreas produtoras, graças a consultores e peritos, adotaram engenhosos métodos de venda, com ou sem loja própria.

Nos Estados Unidos, a anteriormente suspeita minoria de consumidores evoluiu para praticantes de um passatempo de dimensão nacional. O comércio recrutou especialistas em cada setor. Localmente, os varejistas ganharam prestígio, enquanto em termos de país houve a rápida ascensão dos homens de *marketing*. O que se impõe como soberana (e bizarra para os estrangeiros) é a legislação, que muda de estado para estado. Raramente existem duas leis semelhantes sobre o mesmo item. Nova York, Califórnia, Texas, Flórida e alguns outros se beneficiaram de diversas concessões legais. Os demais sofrem restrições regionais, como a proibição do despacho de vinhos pelas fronteiras estaduais. Isso atenta contra a liberdade de compra e transporte direto da bebida, a pretexto de proteger os interesses de comerciantes locais. Até pequenos distritos sentiam-se no direito de determinar o que você podia ou não fazer nessa matéria. Em anos recentes, porém, a pressão sobre as remessas diminuiu, os legisladores atenuaram as normas e, a menos que uma nova Lei Seca exponha suas garras, em um futuro breve será mais fácil que os amantes do vinho comprem onde e de quem escolherem.

Na Grã-Bretanha, os adeptos dessa bebida são mais afortunados. Mudanças de conduta iniciaram-se nos anos 1960, com o temor das cervejarias de que o avanço do gosto pelo vinho erodisse seus ganhos. Sempre que possível, elas compravam adegas tradicionais nas cidades e introduziam seus estoques de cervejas, ligadas a uma campanha nacional de *marketing*. Feliz ou infelizmente, muitas dessas novas instalações ficaram às moscas, e a jovem geração de comerciantes vocacionados para o vinho nada tiveram a ver com isso. Tornou-se fácil reinventar o comércio

individual de fermentados tintos e brancos, com vistas à camada igualmente jovem de apreciadores de vinhos, mais viajada e informada (embora menos rica) do que a anterior. Hoje, o vendedor conhece bem os produtos que oferece e dirige um florescente negócio, em metrópoles ou pequenas comunidades.

Esse envolvimento pessoal, de antiga tradição, apresenta as virtudes de um atendimento diferenciado, seja no estoque disponível, no crédito sem problemas, seja na entrega do produto à porta do cliente. O serviço personalizado inclui confiáveis recomendações do negociante de vinhos, com base no conhecimento dos gostos e recursos financeiros do comprador. Algumas empresas chegam a oferecer projetos para adegas domésticas, aconselhando a marca, a vez e a hora de bebê-la. E já existem aquelas especializadas em guardar os vinhos em condições seguras e até comprá-los, se você quiser, no caso de uma irresistível valorização.

Diversos comerciantes modernos aderiram ao mercado *en primeur* ("de futuros", nos Estados Unidos), caracterizado pela aquisição antecipada de vinhos, meses antes do processamento de uma safra na vinícola e seu engarrafamento final. A vantagem do investidor consiste no preço mais favorável e na certeza de obter para si produtos de forte demanda. A desvantagem, no desembolso em dinheiro por um vinho que o apreciador não tem oportunidade de degustar ao efetuar o adiantamento. No entanto, tais empresas são peritas em selecionar as melhores bebidas originárias de uma colheita precoce, enquanto elas ainda se encontram no depósito do fabricante, aguardando embalagem, muito antes de chegarem ao mercado a preços eventualmente assustadores. Como ocorre nas Bolsas de Mercadorias e Futuros, não se recomenda esse tipo de conduta em tempos de incerteza econômica. Se o comerciante a quem você encomendou e pagou adiantado falir, é possível que perca o direito ao "seu" vinho, que continuará maturando, intocado, nos barris em Bordeaux ou em Napa. Terá comprado suas "caixas virtuais" meses antes de a bebida ser engarrafada e arrumada em caixas de verdade.

No extremo oposto, tornar o vinho acessível e tentador para o interessado é questão de honra no segmento dos supermercados. Em geral, eles e os varejistas ou as cadeias de lojas que são seus concorrentes oferecem pouca variedade: uma faixa simples e limitada de vinhos por vezes rotulados com o próprio nome da empresa, quando grande e famosa. Já os melhores supermercados franceses e as redes britânicas, tais como a Majestic, costumam montar bem providas adegas, para a satisfação de clientes, amadores ou *connoisseurs*, que ali podem se abastecer de vinhos de alta qualidade, capazes de rivalizar com as ofertas de lojas cientes de sua boa tradição comercial. Para os europeus, o supermercado é agora a fonte primária de suas compras de vinho. É pena que, na maioria, em vez de selecionar marcas de categoria, a preço acessível, esses modernos templos do consumo privilegiem o baixo custo de um vinho, em lugar da qualidade e da consequente fidelidade de um freguês.

Outra fonte de aquisição, mais restrita, é o Clube do Vinho, com frequência apoiado por jornais e revistas. Alguns deles, como a The Wine Society in Britain [Sociedade do Vinho na Grã-Bretanha] disponibiliza uma série de serviços aos associados, incluindo estocagem de bebidas em nível profissional.

A estante exibe ao público vinhos italianos. Quando devem ser guardados por mais de dez semanas, vão para a estocagem em lugar mais frio e reservado.

Nas áreas produtoras, é comum que as vinícolas tenham uma sala de degustação e venda direta. Quase toda vinícola de Tours, Stuttgart ou Viena recebe visitantes com regularidade, por uma hora de passeio que abrange as adegas e os depósitos internos, enquanto a nova colheita é trazida para dentro das instalações. Revendedores e varejistas costumam participar dos grupos. Em regiões nas quais é dificultoso plantar e colher, torna-se mais prático e seguro comprar vinhos em lojas conhecidas ou via internet.

Adquirir seu lote pessoal por meio da internet é cômodo. Não raro a lista de bebidas à venda, sem que você as toque ou prove, tem qualidade e variedade; descontos especiais estão sempre atraindo o consumidor, acenando com benefícios. Os inconvenientes residem no próprio estilo do comércio eletrônico, o *e-commerce*: o uso do cartão de crédito via computador (há segurança nisso ou não?) e a falta de meios para reclamar ou recorrer quando algo dá errado. A entrega pode atrasar muito e os vinhos remetidos nem sempre correspondem aos que você pediu. E ainda: se uma ou mais garrafas chegam quebradas ou de algum modo violadas, é claro que você pode conseguir ressarcimento ou um novo envio, mas o processo é trabalhoso, exaustivo. Por outro lado, quem mora em lugares remotos, sem bons negociantes de vinho por perto, considera as vantagens do *e-commerce* maiores do que os eventuais problemas.

A conexão *marketing*

Lembre-se de que, para as empresas fabricantes, o vinho não é uma sublime bebida, mas apenas um produto como outro qualquer. Produzido em grande quantidade, ele precisa destacar-se no mercado e ser vendido agressivamente. Alguns supermercados e revendedores, todavia, desprezam a qualidade reconhecida e limitam sua propaganda a cartazes com citações positivas de críticos de vinhos – nem sempre confiáveis.

Nada de errado com descontos e promoções especiais, exceto que essa diretriz faz parte de uma guerra comercial entre poderosas empresas. Elas lutam até por melhor espaço nas gôndolas e prateleiras. Quando o conseguem, o consumidor ignora que a exposição favorável resultou de negociações e privilégios ao produtor. Assim, cabe ao cliente entusiasmado refletir que o tratamento dado a certos vinhos pouco tem a ver com sua qualidade.

A embalagem constitui uma arma essencial no *marketing* varejista. Garrafas e rótulos bonitos são elogiáveis, mas dificilmente são o elemento mais importante de um vinho. Portanto, fique alerta diante de garrafas "originais" ou marcas jocosas em gíria, como *Sad Old Git* ("Velho e triste sujeito") e *Miserable Bastard* ("Infeliz bastardo"). Com tanta energia criativa gasta em componentes secundários como as embalagens, o vinho nelas contido dificilmente será memorável.

Aprenda enquanto bebe

Referências por escrito, assinadas, já tornaram os *websites* boas fontes de informação, tal qual a bem-vinda proliferação de livros sobre vinhos. Há outras maneiras, mais personalizadas, de expandir o conhecimento sobre a matéria e a habilidade de comprar bem. Os clubes de amantes do vinho e os lojistas mais preparados oferecem espontaneamente considerável volume de informação, além de ocasionais encontros para degustação, monitorados por peritos no assunto, abertos a perguntas e esclarecimento de dúvidas. Existem cursos básicos de vinho, mantidos por entidades de classe. No Brasil, há a Associação Brasileira de Sommeliers, sediada em São Paulo, que reúne funcionários de hotéis e restaurantes, versados no tema e capacitados a sugerir vinhos aos clientes, explicando suas características. Além disso, respeitadas casas de leilões como a Christie's também patrocinam aulas e conferências de especialistas.

Se algumas feiras de vinho são restritas aos profissionais da área, muitas outras, organizadas por revendedores e grandes lojistas, recebem com fidalguia o público em geral. Mediante pequena taxa de ingresso, você pode percorrer a exposição, provar goles de bebida e divertir-se com um lazer bastante produtivo, que inclui compras vantajosas. Na presença de fabricantes ou de figuras prestigiosas do mundo do vinho, terá a oportunidade de conhecer antigos ícones do setor vinícola.

Se essa visita de um dia abrir seu apetite, então considere a possibilidade de um *tour* mais demorado pelas regiões produtoras, algo popular na Inglaterra e extremamente rico em aprendizado. Agências de turismo organizam, assistem e guiam pequenos grupos de interessados. Ver os vinhedos *in loco*, provar um cálice de vinho tirado do próprio barril são detalhes que aumentam o entusiasmo dos adeptos.

Leilões de vinhos

Nos últimos vinte anos, leilões diferenciados se sucederam com surpreendente êxito. Michael Broadbent, da Christie's, foi quem os implantou; depois, eles se espraiaram por outras casas famosas, como a Sotheby's, tornando-se um repositório de preciosidades. Partindo da Inglaterra, os leilões de vinhos se popularizaram nos Estados Unidos, na Alemanha e na África do Sul, com a dupla missão de vender e divulgar garrafas antigas. Mas os leiloeiros de Londres se empenharam em garimpar velhas adegas particulares e descobrir sobras do estoque de colecionadores. Na verdade, isso complicou a vida do negociante normal de vinhos. Houve uma escalada de ofertas de vinhos bem envelhecidos ou raros, e mesmo de lotes jovens, a preços não inacessíveis. Qualquer pessoa remediada é capaz de comprar, após alguns lances, mas as pechinchas são ofertadas com frequência em lotes grandes, maiores do que um só indivíduo poderia desfrutar. Daí a prática de se formarem consórcios entre amigos para arrematar e dividir tais lotes.

Vale ter em mente que essas respeitáveis garrafas, cedidas em consignação à casa de leilões, provêm de grandes restaurantes em decadência ou em fase de reforma, e de colecionadores privados que decidiram "limpar" sua adega, até por decepção com determinado item. Cuidado: caixas com onze garrafas significam que a décima segunda foi consumida pelo dono, mas sem real prazer. Outro elemento de risco na compra em leilões consiste não na qualidade do vinho, geralmente esplêndida, mas nas más condições de armazenamento, em porões. Antes de comparecer a um leilão, portanto, informe-se dos preços vigentes em lojas de ponta para bebidas de alta classe. Leia bem os termos das condições do evento: ao valor do lance vencedor são acrescidos impostos e comissões do leiloeiro, estas arbitrariamente definidas pela casa.

Especulando com preciosidades

As casas de leilões criaram um próspero mercado para vinhos raros, impulsionando uma nova classe de, por assim dizer, negociantes de artigos de segunda mão, liderados pela firma Farr Vintners, de Londres. A atividade é comparável, conceitualmente, à de um antiquário ou um "sebo" de livros. Fanáticos por vinhos célebres podem encontrar ali coisas do tempo em que os abonados cavalheiros da corte real enchiam suas adegas com claretes First Growth.

Hoje, quem compra essas velhas marcas para revenda tem mais de especuladores que de cavalheiros, à semelhança dos oportunistas das Bolsas de Valores que só aguardam a hora de investir em *blue-chips* [ações "estreladas", a custo baixo e de alta previsível a curto prazo], pois o vinho é uma mercadoria que pode ser adquirida barata e vendida cara, embora sem certeza de satisfação, como aliás acontece nos pregões das Bolsas. Todavia, quanto mais dispendioso é o vinho, maior a chance de aprovação do consumidor. Existem fatores aleatórios, como mudanças climáticas e doenças das plantas que afetam a colheita, prejudicando determinada safra e corroendo a reputação de algum produtor, sabidamente capaz de elaborar bem e maturar ainda melhor certo vinho.

Os produtos das imediações de Bordeaux e o Porto tradicional são tidos como os vinhos de maior potencial de envelhecimento, daí a oportunidade de revenda com lucro. Mas os modernos vinhos alemães e os franceses de Borgonha e Champagne são considerados de reduzido risco de encalhe, com ou sem justificativa lógica. Caso quase único de unanimidade é o mais prestigiado de todos os borgonheses: o rol do Domaine Romanée-Conti, seguido das bebidas do finado vinicultor Henri Jayes. Os melhores vinhos da Itália, Austrália e Califórnia, além de raridades como o Tokaji Eszencia, também contam com boa demanda.

Em quem você acredita?

No passado recente, comentaristas de vinhos eram historiadores ou diletantes. Agora já existe a figura do crítico especializado, cujo principal papel consiste em divulgar marcas malconhecidas que mereçam atenção. Robert Parker foi o primeiro a introduzir uma escala de 1 a 100 pontos para classificar os vinhos, já adotada amplamente, mas obviamente falha. O maior defeito do sistema é dar a impressão de que um número como nota, definida após rápida degustação, torne-se mais importante do que o convívio com um produto em constante mudança e evolução.

Contudo, talvez a maioria dos apreciadores de vinhos considere benéfico o sistema de pontos, que os assiste em suas escolhas. De hábito, as notas são complementadas por algum tipo de comentário sobre o sabor, aroma e estilo dos vinhos em questão. Como lhes falta a oportunidade de testar dezenas ou centenas de bebidas a cada semana, esses consumidores sentem-se gratos às pessoas que assumem tal função em seu lugar.

Avaliações por meio de números podem ser confiáveis se os críticos também o forem. Caso o julgamento pessoal do bebedor de vinhos contraste com o de apenas um colunista entre muitos, então o primeiro tem motivos para confiar no dos profissionais. O placar dos vinhos pode ser um instrumento falho, mas serve a um propósito útil. Somente não espere dele infalibilidade.

A escolha do vinho

A opção por determinado vinho tende a ser simples ou complicada, dependendo da ocasião. Na maioria das vezes, dentro de uma boa loja, de um restaurante fino ou da própria adega, o apreciador já cultivou uma ideia do que deseja, e a única decisão a tomar é escolher entre Chinon ou Conchagua, Sauvignon sul-africano ou Grüner Veltliner austríaco. Questão de humor no momento, de temperatura ambiente e, no fundo, de instinto.

Em visita a um país ou região produtora, provavelmente o consumidor dará preferência a um vinho local, na intenção de descobrir algo novo. Talvez ele peça algum aconselhamento, melhor ainda se vier de pessoa que conheça seus gostos: o universo atual do vinho está dividido entre os que gostam de "arrasa-quarteirões" e aqueles que valorizam equilíbrio e fineza.

Na questão das notas classificatórias, o bom bebedor de vinhos desenvolveu a capacidade de decifrar a linguagem utilizada pelos comentaristas: *massive* (massivo) é "descartável"; *sweet fruit* (levemente frutado) é "sutil"; *delicate, linear* (delicado, linear) é o vinho que entra firme no campo da elegância.

No restaurante ou em casa, a definição do cardápio do jantar importa muito. É quando começam os problemas na escolha do vinho, mas você não precisa deixá-los aflorar. Selecionar o estilo da bebida que vai bem com a refeição não é mais complicado do que listar os acompanhamentos da carne ou do peixe. Talvez você ignore os reais fatores que o levam a optar por brócolis com alho ou ervilhas com hortelã: sabor, textura, peso e sazonalidade (a época certa para alguns legumes ou verduras). A decisão depende de seu gosto particular. No tocante ao vinho, não é diferente. Não há sentido em comprar uma bebida que algum parente ou convidado para o jantar admire, mas você não. Seria como escolher um quadro ou uma poltrona pela mesma ilógica razão. Vinho envolve desfrute, satisfação. Não equivale a um exame de sociabilidade.

Combinando vinho e comida

A maioria de nós baseia nossa seleção da bebida naquilo que planejamos comer – eis o cerne da dúvida. Primeiro olhamos o congelador ou a geladeira de casa, ou o menu do restaurante; então, lembramos a regra: vinho tinto para carnes vermelhas; branco para peixes e carnes brancas. Mas pode haver exceções e nuanças nesse parâmetro, já que a vida atual impôs a simplificação dos alimentos e aceitou o reinado da vontade momentânea: rosbife seguido de pudim, merluza ao molho de limão, frango assado ou frito com creme de leite. Nesses casos, qual o vinho que mais apetece?

Sim, o racionalismo das refeições modernas reduziu em muito o cardápio que nossos avós e bisavós se habituaram a ingerir, mas a verdade é que eles conheceram menos sabores e aromas do que nós. Temos variedade dentro da mesmice: carne de cordeiro, frango à tailandesa, *sushi* e *tapas*, acessíveis em qualquer lugar do mundo. Daí a incerteza quanto ao vinho que deve acompanhar tantas iguarias. Aplicar a regra pode levar você a beber Shiraz de Barossa com peixe cru. Então, escute seu próprio paladar, não sua avó.

Em retrospecto, os vinhos também mudaram, não só os tipos de comida. Os taninos adstringentes de origem vegetal, que tornavam os tintos mais fortes indicados para acompanhar carnes pesadas, foram como que domados: tais vinhos agora são tão sedosos que vão bem com pratos de legumes ou de comida indiana ou coreana. Os toques frutados ficaram mais salientes do que eram 25 anos atrás. Os vinhos brancos estão mais aromáticos. O teor alcoólico subiu, a acidez perdeu a presença forte. Acresce que hoje os vinhos podem ser bebidos ainda jovens, sem dano à qualidade. Envelhecer a bebida na garrafa converteu-se em opção ao invés de necessidade.

Como lidar com tantas e divergentes circunstâncias? Pense no vinho como parte de um todo. Se você servir cordeiro bem cozido, com batatas, feijões verdes e azeitonas, fartamente temperado, as pessoas à mesa vão elogiar o prato e também o vinho, caso ele seja um vigoroso tinto, escolhido quase instintivamente. Por quê? A composição do prato, rica em amido ou fécula, sensibiliza a mucosa da boca, que demanda mais tanino, mais acidez na bebida que vai regá-la.

Numerosos hábitos culinários, talvez inconscientemente, estão enraizados na sabedoria científica. Os gregos, por exemplo, utilizam suco de limão nas carnes, o que exige do vinho um caráter rascante (acidez contra acidez). Talvez um Zinfandel combine com legumes assados, e o Cabernet australiano, com batatas cozidas. Não se trata de instruções, mas apenas de ideias esparsas. É perfeitamente possível fechar o fosso que separa o prato selecionado do vinho escolhido por você. As opções giram em torno de três critérios: o primeiro, bebida refrescante ou mesmo gelada; o segundo, vinho formal e tradicional; o último, vinho leve para dias quentes de verão. Repetindo, tudo depende do humor e da ocasião. O vinho é simplesmente parte de um conjunto.

Tenha em mente o peso, a textura e o sabor. Se quiser servir um tinto poderoso junto com um prato delicado, acrescente acompanhamentos mais substanciosos, de gosto e aroma fortes. Ao contrário, ingredientes ácidos – tomates, limões ou pepinos em conserva, muita verdura fresca – podem lançar uma ponte entre o prato leve e um vinho branco de certa densidade.

Aliás, o vinho branco é bastante versátil diante dos modernos costumes alimentares. Pratos complexos, combinando ingredientes só conhecidos pelo chefe de cozinha, geralmente caem melhor com vinho branco do que com tinto. A bebida maturada de Champagne casa bem com a gastronomia da Índia ou da Tailândia, e ainda com qualquer coisa descrita como fusão ou mistura de componentes comestíveis. O Riesling é capaz de amenizar temperos picantes, em especial o gengibre, e seus estilos Grosses Gewächs Riesling, produzidos na Alemanha, adaptam-se à carne suína ou de cervo, acrescendo algo de doce e frutado à ponte da concórdia.

Isso nos remete à questão da textura. Pode parecer um alto refinamento, mas toda pessoa que cozinha pensa instintivamente na textura ao preparar uma refeição. Na culinária chinesa, a trama da comida é tão importante quanto o sabor, e assim deve ser a escolha do vinho. No caso, os deslizantes temperos e texturas orientais requerem um fino e maduro Bordeaux tinto ou um leve Pinot Noir. Há que considerar ainda a adocicada oleosidade do Sauternes e do Tokaji, útil no combate ao excesso de pimenta. Já os vinhos untuosos de sobremesa constituem um problema diante das especialidades indianas. Uma boa solução está nos rosados doces ou no Merlot chileno, sem traços de carvalho. Do mesmo modo, para acompanhar um jantar com trufas de Provença, a textura desses nobres cogumelos e a cremosidade dos molhos pedem um fino Tannat uruguaio ou um Malbec argentino.

Bolhas também fazem parte da textura de um vinho, daí a excelência do Asti e do Moscatel espumantes diante de pratos muito condimentados ou dos pudins e das pesadas sobremesas natalinas, que igualmente combinam com maduros produtos de Champagne e Sauternes.

Geralmente, vinhos doces reforçam as delícias dos escalopes de filé, caranguejos e patês diversos. Nesse item, combinações com o Riesling Mosel ou o meio seco Vouvray são imbatíveis. No entanto, a opção por bebidas adocicadas nem sempre é fácil: muitas sobremesas são simplesmente doces demais, e os vinhos frutados podem revelar-se um complemento mais harmonioso. Só exigem cuidado aqueles muito tânicos ou ácidos, que destoam, por exemplo, de uma musse de chocolate, quando o Asti é a primeira escolha.

Iguarias que as pessoas tendem a achar amistosas com qualquer vinho são frequentemente as mais difíceis de combinar. Disseminou-se a ideia de que os tintos constituem fiéis companheiros de uma tábua de queijos, porém, em geral, os brancos é que vão melhor, com exceção de queijos duros como o *cheddar* bem curado. Da mesma maneira, vinhos muito carregados ou acarvalhados são um perigo, mesmo no caso de marcas ícones da indústria: sua desnecessária rigidez e caráter pastoso brigam com a comida, ao contrário de produtos até mais simples e baratos. Então, por que cresce a demanda por eles? Bem, o exibicionismo de certas pessoas não é raro em torno das mesas de jantar, o que abrange o cardápio, o comportamento... e o vinho selecionado para a ocasião.

Ao escolher a bebida, leve em conta que se trata de uma reunião de família ou um encontro de amigos. Considere sua reação à atitude do escritor e pensador francês Voltaire, que servia a convidados um comum Beaujolais, enquanto bebia o mais fino dos borgonheses. Idealmente, partilhar por igual o vinho fortalece a harmonia, a amizade. Mas, o que acontece quando o ponto de partida de um evento social é a bebida, e não a refeição?

Os dez estilos básicos

Arrisquei-me a fazer uma divisão arbitrária, em dez categorias, da imensa variedade de vinhos que combinam com determinadas comidas. A generalização é indefensável, em termos, mas os critérios de sabor, maturação e qualidade podem ser aplicados diante da mesa de refeições. Algumas bebidas caberiam em duas diferentes categorias, porém, para maior clareza, adotei a que, a meu ver, constitui a mais utilizada.

Vinhos brancos secos, livres de carvalho, de sabor pouco acentuado. Estes combinam melhor com pratos simples, mas de paladar forte: antepasto, filé de peixe, sardinha grelhada, arenque, salsicha, entre outros. O vinho se serve gelado, a uns 8 °C. Exemplos: Bordeaux Blanc; Gaillac e Muscadet; brancos suíços como o Fendant, italianos padrão como Frascati, Pinot Bianco e Pinot Grigio; a maioria dos brancos espanhóis e portugueses sem carvalho; muitos gregos e o singelo Grüner Veltliner austríaco.

Leves, refrescantes, suculentos brancos de aroma frutado, às vezes floral. Uvas bastante aromáticas, ao estilo germânico, são empregadas nesta categoria. Trata-se de vinhos excelentes como aperitivos, redutores da eventual sede sentida entre duas refeições, sobretudo no verão. Relativamente ácidos, completam bem as entradas, mas pela falta de densidade não satisfazem por inteiro com os pratos principais, a menos que eles sejam trutas escaldadas, saladas de caranguejo e frango frio, por exemplo. Precisam de menos resfriamento do que a categoria anterior.

Exemplos: vinhos alemães de qualidade, sobretudo Kabinett e Spätlese; franceses de Bordeaux, Bergerac e Touraine; brancos de Savoia, vinho verde português, Chenin Blancs sul-africanos e Riesling simples da Austrália. Pode-se incluir alguns Sauvignon da Nova Zelândia, Viognier do sudoeste da França, o argentino Torrontés, o italiano Arneis leve e os Muscat secos de qualquer parte.

Brancos encorpados, com caráter bem aromático ou a fragrância típica da maturidade. Trata-se de vinhos franceses, melhores quando envelhecidos, cujo excelente sabor e forte estrutura os torna agradáveis, mesmo quando secos demais. Sem acompanhar refeições, podem ser impositivos, mas também combinam com pratos de rico paladar e pobre colorido: ostras, mexilhões, lagostas, salmão e outros peixes, servidos na manteiga ou com molhos intensos. Ainda vão bem com aves e queijo duro suíço. Temperatura ideal: 10-13 °C.

Exemplos: finos Chardonnay envelhecidos por dois ou mais anos, como os brancos da Borgonha e seus equivalentes da Califórnia e Austrália; Riesling e Pinot Gris da Alsácia; o soberbo Graves; jovens Condrieu, marca de topo na Itália; os brancos maturados do Rhône; espanhóis diversos, gregos do arquipélago de Santorim, os Sauvignon neozelandeses de ponta, Sémillon australianos e, dessa última procedência, os secos Clare e Eden, envelhecidos por três ou quatro anos na própria garrafa.

Muitos brancos populares se inserem aqui, uma vez perdoada sua falta de caráter firme: tendem a ser saborosos, mas acarvalhados ou portadores de algum açúcar residual.

Brancos doces. Variando de delicadamente açucarados e frutados a surpreendentemente deliciosos e exuberantes, esses vinhos merecem consumo isolado, em goles lentos, pois nem sempre são aprimorados pela presença de comida. Destoam também de sobremesas muito doces. Chocolate e café tendem a ser fatais para sua alta classe.

Maçãs ou peras, tortas cremosas e bolos fofos seriam escolhas melhores. Os franceses gostam de tomá-los como aperitivo ou só no fim das refeições. Normalmente, são servidos bem gelados.

Os mais finos brancos doces por natureza acusam a ação de fungos nobres (*botrytis*). Eles abrangem Sauternes e Barsac, o potente Monbazillac, os Vouvray e Anjou brancos de certas safras. Também há dispendiosos vinhos de colheita tardia da Alemanha, seus equivalentes menos caros da Alsácia e Áustria, além de bebidas de estilo similar procedentes da Nova Zelândia, Austrália e Califórnia. Tradicionalmente, os frutados germânicos apresentam uma gradação entre brancos de aromas florais e os doces com delicado toque ácido. Nenhum desses vinhos é de fato um complemento de refeições, mas o Tokaji Aszu, ao contrário, mostra-se digno de um banquete, com *foie gras* e sobremesas sofisticadas. O Moscatel doce, também indicado, é fácil de encontrar na maioria dos países; varia de leve, como aquele de Asti, no norte da Itália, a uma base para saborosos espumantes e para ricos, robustecidos vinhos doces feitos no sul da França. As versões mais pesadas dos Muscat vêm do Languedoc da Sicília, da costa leste da Espanha, de Setúbal, em Portugal e, o melhor de todos, do nordeste de Victoria, na Austrália.

Vinhos rosados. A atual, crescente onda dos rosés gerou significativo aumento de qualidade, enquanto muitos desses vinhos já são elaborados por mérito próprio, não como subprodutos dos tintos. O processo consiste na fermentação rápida do suco de uvas vermelhas, com suas cascas, depois separadas para uma finalização semelhante à dos vinhos brancos, ou então no sangramento de tonéis de vinhos tintos, antes que adquiram muita cor. A grande exceção reside no Champagne róseo, obtido da mistura de material branco com um pouco de tinto – e raras bebidas são mais deliciosas.

Os rosados dividem-se em dois tipos: vinhos brancos acrescidos de coloração – pálidos, suaves, mas de sabor intenso –, ou vinhos tintos descoloridos quimicamente, mais escuros e pesados. O rosé de Provença se encaixa na primeira categoria, ao lado de delicadas e claras marcas espanholas. Já os produtos da América do Sul e os espanhóis mais carregados na cor entram na segunda. A maioria dos rosados tem caráter seco, com exceção dos portugueses gasosos e dos californianos apelidados de *blush wines*.

Anteriormente preferidos nos piqueniques de verão, os rosados ganharam popularidade durante o ano todo, complementando alcachofras, salames, saladas mistas e pratos vegetarianos mais substanciosos, além de algumas comidas indianas.

Vinhos tintos frescos, com individualidade, mas sem a intenção de maturar. O Beaujolais constitui o arquétipo de um tinto leve, destinado a ser bebido quando jovem, ainda cheio de vivacidade graças ao paladar de uvas frescas. A marca Beaujolais--Villages é a opção mais intensa e saborosa. Mas os simples e novos tintos de Bordeaux, Borgonha e Rhône não ficam atrás em matéria de apelo ao gosto do apreciador. A esses se juntam o Cabernet do Loire, o Malbec da Argentina, o Tannat do Uruguai e outros mais. No Midi francês (Corbières, Minervois) adota-se a técnica da maceração carbônica.

Os famosos italianos Valpolicella, Barbera e Dolcetto, e mesmo o Chianti, podem ser bastante frutados quando as uvas são colhidas precocemente. Se o tinto frisante Lambrusco imita esse estilo, a Espanha produz garrafas originais, enquanto o vinho verde de Portugal não é para todos os gostos. Nas produtoras sediadas em regiões quentes, mundo afora, percebeu-se que o calor é inimigo desse tipo de bebida, mas os leves Zinfandel e Gamay da Califórnia conseguiram superar tal obstáculo.

Na verdade, esta categoria de vinhos tende a ser vítima da moda que privilegia tintos vigorosos, amadeirados, mas sua vivacidade talvez os credencie como uma opção segura às refeições, porque apetecíveis ao lado de quase tudo, desde patês até frutas ou queijos – e melhores do que vinhos sóbrios e antigos para acompanhamento. Pela mesma razão, é o vinho mais fácil de beber sem qualquer comida, especialmente se, como manda a norma, for servido gelado.

Tintos suaves e frutados, em jarras ou garrafões. O mais barato acesso ao vinho tinto, quando a marca ou a região de origem contam menos do que uma bebida apetitosa, um tanto rascante. São produzidos em larga escala, na busca por um padrão, e encontrados facilmente nos supermercados, a preços baixos. Podem ser doces demais e viscosos no estilo, e é comum o envelhecimento em carvalho – ou, mais provável, em lascas de carvalho. De hábito, tomam-se à parte de qualquer comida, pois agradam pela baixa acidez.

Vinhos tintos maduros pouco encorpados, de pequeno a médio vigor. Compõem a maior massa de tintos finos do mundo, liderada pelo clarete (apelido do Bordeaux tinto) e abrangendo a maioria dos produtos típicos de Borgonha e do Rhône, embora alguns mudem de categoria dependendo do amadurecimento da safra. Até serem servidos, exigem cuidado maior do que outros vinhos, praticamente jogados num depósito para envelhecimento.

São bebidas que abraçam com muita honra os pratos de carnes nobres, mesmo as de caça, graças ao esmero nos ingredientes e na moderada maturação: bifes ou medalhões de filé mignon, cortes de vitela, cordeiro, frango e até faisão mostram-se ideais como prelúdio desses vinhos. Aves de caça pedem os da próxima categoria. Quanto aos queijos, só os macios aceitam bem sua delicadeza. A temperatura de 15-18 °C ressalta o sabor.

Vinhos desta classe (os franceses à parte) comportam os melhores de Rioja e Penedès, na Espanha; Chianti Riserva e toscanos como o Tignanello, Carmignano e Vebegazzu, na Itália, país onde uvas da região sudeste, tais quais Nerello Mascalese, Nero d'Avola e Aglianico também rendem ótimas bebidas. Em destaque, tintos portugueses, sobretudo do Dão, Alentejo e Bairrada; ainda os Cabernet e Pinot Noir campeões da Califórnia, Oregon e Washington, excetuando-se alguns americanos constantes do item seguinte de nossa classificação. Mas é impossível omitir tantos outros, espalhados pelo planeta: Coonawarra e alguns vinhos do oeste da Austrália, incluindo os do Hunter Valley; Malbec (Argentina), Tannat (Uruguai), mais um Cabernet chileno, e até vinhos gregos de topo e o Château Muscat libanês. Sem esquecer, claro, das misturas tintas estilo Nova Zelândia.

Tintos concentrados, de sabor marcante e nem sempre necessitados de amadurecimento. Na Europa, esta categoria depende mais do rendimento e da qualidade da colheita que do processamento no interior da vinícola. Tintos que alcançam tão

sólido *status* englobam o Pétrus do Pomerol; Chambertin e Corton da Borgonha, Hermitage e Châteauneuf-du-Pape (o Côte-Rotie se encaixa melhor na categoria anterior). Mais: extraordinários Rousillon que dispensam maturação; Barolo e Barbaresco, o Brunello de Montalcino, Recioto e Recioto Amarone de Valpolicella; os espanhóis Vega Sicilia, Pesquera e Priorato; notáveis portugueses Barca Velha e outras marcas do Douro; Posip e Postup da Dalmácia. Safras ocasionais produzem muitos desses vinhos preciosos: a de 1961 em Bordeaux, 1971 na Borgonha e 1990 em ambas as regiões.

Califórnia, Austrália e África do Sul não ficariam alheias ao aumento da demanda por densos tintos. Seus melhores produtos desse tipo são cuidadosamente contidos no amadurecimento, mas certo número de vinhos californianos, sobretudo o Zinfandel, passa por maturação para se tornarem duráveis e longevos. Bebidas australianas, originárias de Victoria, Barossa e vales sulinos, também sofrem envelhecimento. Exemplos: o Penfold's Grange e o Henschke's Hill of Grace. Embora caças de bom porte e queijos de aroma intenso formem escolhas óbvias para esses vinhos, os que se mantêm em uma faixa razoável de preço são excelentes companhia em churrascos e piqueniques – desde que a pessoa que os beba não dirija seu automóvel logo depois.

Vinhos fortificados. São os vinhos cuja energia implícita é aumentada pela adição de álcool, seja durante a fermentação com o fim de preservar sua doçura (caso do Porto), seja após fermentados até ganharem um caráter seco, tendo por objetivo sua permanência (como no xerez). Uma vez que o trunfo dessas bebidas reside no paladar adocicado – segredo do fabricante –, tudo o que se pode dizer é que as versões secas de Porto, xerez, Madeira e seus equivalentes regionais podem ser aceitas como aperitivos, a qualquer hora, enquanto as mais doces têm acolhida antes ou depois das refeições, conforme os gostos e costumes locais.

Cidadãos franceses, por exemplo, apreciam drinques doces; os italianos, amargos; os britânicos alternam ambos. De todo modo, recomendam-se doses pequenas, dado o teor alcoólico maior que o dos vinhos de mesa. Tais bebidas também acompanham alimentos definidos pelo hábito. O xerez seco sempre é tomado, na Espanha, com *tapas* de variados sabores, e constitui ótima escolha para enguias defumadas, além de cortar a doçura do fino presunto ibérico. O mesmo velho e perfumado *sherry*, seco ou com adição de açúcar, vai bem com bolos, castanhas e passas. O Porto, tradicional ou Tawny, é preferido com queijos. O Madeira tem até um bolo com seu nome, macio e especialmente elaborado para acentuar o gosto do vinho. (Curiosamente, essa obra de confeitaria é chamada na Grã-Bretanha de "bolo da Madeira" e, na ilha portuguesa, de "bolo inglês".)

Nesta categoria, incluem-se os espanhóis Málaga e Tarragona, o siciliano Marsala, o cipriota Commandaria. Há ainda vinhos naturalmente doces (vins doux naturels), como os Banyuls da França, os fortificados Muscat e Tokay da Austrália, que em breve serão rebatizados como Topaques. Inúmeros vinhos desse mesmo tipo vêm revendo suas denominações, tomadas de empréstimo de outros, como o próprio "xerez" australiano, agora Apera.

Estocando vinhos

A maior revolução na indústria vinícola foi a descoberta de que, se o ar atmosférico fosse excluído do vinho na fase de armazenagem, seu período de vida útil acusaria enorme incremento. Melhor ainda, isso traria uma inimaginada variedade de sabores e um sutil e interessante elenco de novos aromas.

A invenção que tornou possível a estocagem livre da presença de ar no líquido chama-se simplesmente rolha, surgida em algum momento do século XVII. É provável que os gregos antigos já conhecessem tal segredo, mas, durante a Idade Média e até os anos 1600, o foco dos produtores concentrava-se em vinhos novos, não nos envelhecidos. Assim, o derradeiro lote de uma temporada, normalmente vendido pelo triplo do valor dos anteriores, tinha grandes chances de virar vinagre. As exceções residiam na classe dos vinhos supervigorosos e, talvez, na das bebidas doces geralmente conhecidas por *sack* (bolsa ou sacola), produzidas sob o sol quente do leste do Mediterrâneo, do sul da Espanha e, mais tarde, das Ilhas Canárias. Sua estrutura lhes permitia maturar em barris abertos, em contato com o ar, e ainda assim impregnar-se do sabor e aroma que costumamos associar ao xerez.

Amadurecer em garrafas vedadas por rolhas de cortiça é um processo totalmente diverso. Em vez de oxidar-se e amargar, por ação do oxigênio contido no ar, o vinho sofria considerável redução desse gás, absorvido em níveis mínimos apenas quando o líquido era transferido de um barril a outro e por ocasião do engarrafamento. Enquanto vivesse (e o vinho tem vida, geralmente longa), a bebida aerada constituía o caldo de cultura de bactérias, pigmentos, taninos, enzimas. Barrado o ar, graças à vedação da garrafa por uma boa rolha que se mantém úmida no contato com o vinho, elimina-se o risco dele azedar. Além de benéfico, o processo de redução do oxigênio é o fator determinante da qualidade final do conteúdo de uma garrafa.

Hoje em dia, um crescente volume de vinhos vem sendo selado com tampas rosqueadas, de latão. Na maioria, destinam-se ao consumo rápido, porém alguns, como os Riesling australianos, podem ser guardados por até dez anos. Se bem estocadas, tais garrafas maturam conservando o frescor natural do vinho mais do que a cortiça. Esse tópico desencadeou uma grande controvérsia. Para sermos justos, os fabricantes de rolhas investiram em pesquisas no sentido de evitar o gradual apodrecimento desse material, que gera um complexo químico chamado TCA, capaz de afetar em diversos graus o vinho engarrafado, desde uma perceptível insipidez de aroma e sabor até o desagradável cheiro residual da cortiça molhada ou esfarelada.

Vedações alternativas foram desenvolvidas, tais como a rolha de plástico (difícil de extrair, impossível de reaproveitar), o tampão de vidro (custoso e com selagem imperfeita), as cortiças recicladas e os envoltórios de material metalizado no gargalo. Eles têm seus críticos, mas a maioria concorda que são simples, baratos e eficazes.

Quais vinhos estocar?

É natural que predominem os vinhos feitos com a intenção de estarem prontos para beber sem muita demora. Isso acontece com todos os vinhos de balcão de bar ou a granel, com a maioria dos brancos (exceto os encorpados e muito doces) e dos rosados, além da categoria inteira dos tintos comparáveis ao Beaujolais, cujo charme e caráter repousa no sabor direto das uvas utilizadas. A redução de oxigênio pode estragar esse paladar frutado.

Assim, uma minoria de vinhos brancos de mesa – doces, densos, aromáticos – beneficia-se da estocagem, tal qual os tintos especialmente elaborados para suportar longos períodos nos barris, com as cascas e sementes das uvas, para adquirir pigmentos e taninos como conservantes. O método inclui, claro, os melhores vinhos do mundo.

Quanto esses elementos influem na suculência e na preservação é algo que foge das mãos do produtor. O fator decisivo está na colheita, pois inexistem duas safras iguais. A análise das uvas colhidas revela semelhanças, mas cada videira fica exposta à natureza centenas de dias, em condições inconstantes, até que os ramos floresçam. Variam bastante a quantidade e o tamanho das uvas nos cachos, a espessura das cascas, os fermentos que se formam. Daí uma sutil diferença entre as vindimas, tanto na qualidade quanto no ritmo do amadurecimento das frutas. No entanto, os melhores vinhos relativos a cada colheita sempre serão mais duráveis e vão maturar bem, ganhando um sabor delicioso.

Resulta que colocar vinhos para envelhecer é uma questão tentativa, exploratória. Peritos podem opinar que a safra do ano 2000 dos Bordeaux precisaria de quinze anos de espera até atingir o ápice de sua qualidade. Seria uma margem segura, embora pouco útil como parâmetro de conduta.

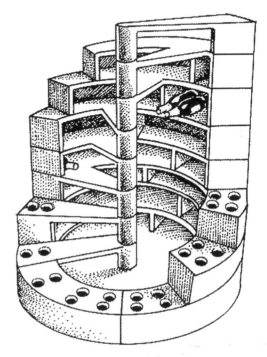

Uma adega customizada sob as escadas, como mostra esta ilustração, é capaz de acomodar uma surpreendente quantidade de garrafas.

Vale o raciocínio de que as colheitas tardias possuem níveis mais altos de maturação das uvas, não só nos Bordeaux como em de toda a atividade vitivinícola mundial. A meta consiste em obter vinhos mais maleáveis, com menos taninos. Sem dúvida, tais bebidas vão envelhecer tão bem quanto as melhores dos decênios de 1960 e 1970, mas se mostram igualmente palatáveis quando jovens. No passado, muitos vinhos tintos eram demoradamente amadurecidos nas próprias garrafas, em razão da presença de taninos ainda "verdes", que tornavam o produto desagradável, enquanto os brancos novos possuíam uma dose de dióxido de enxofre que também incomodava. Hoje em dia, os vinhos são mais confiáveis, e, diante de um fino Borgonha, Bordeaux ou Shiraz, o grau de juventude ou de envelhecimento é uma questão de gosto pessoal. Porém, sempre há que lembrar um detalhe importante: consumir uma garrafa de vinho antes de seu auge de sabor e complexidade será mais gratificante do que bebê-la depois de atingido o pico e iniciada a descida rumo ao cansaço da velhice.

Comerciantes & corretores

No passado recente, apenas os grandes produtores se preocupavam com o satisfatório engarrafamento e maturação de suas ofertas: *marketing* era um conceito então desconhecido. Em geral, as preferências do consumidor viam-se atendidas pelos comerciantes de vinhos, que chegavam a fazer misturas de acordo com o gosto do freguês. Agora, a compra direta do fabricante mudou o estilo do negócio.

Cabe ao corretor ou ao comerciante conhecer em detalhe sua região – como uma espécie de médico de família para os pequenos produtores, aconselhando-os nos contratos, escolhendo amostras e encaminhando-as aos pontos de venda. O papel do corretor, como intermediário da transação, mas versado em vinhos, consiste em servir de "olheiro", enquanto o comerciante incorpora, tradicionalmente, a função de financiar o amadurecimento do vinho, aconselhar a adequação da bebida ao gosto dos seus clientes cadastrados, e então providenciar embalagem e transporte.

Assim, em muitos casos, negociantes e corretores criam tanto o vinho quanto o mercado, atuando como ponte entre o produtor e os atacadistas. São extensas as possíveis permutações dentro desse sistema, mas sua vantagem está em que cada elo da corrente, do vinhedo à mesa, fica nas mãos de peritos experientes, seja no conhecimento da hora certa de engarrafar, seja no envio do produto final ao refrigerador de alguma casa noturna.

Hora de experimentar?

Afortunadamente, uma enormidade de pessoas abrem e tomam vinhos de cada safra, integrando redes de informação sobre eles. Catálogos, livros e revistas ajudam a divulgá-los. A curto prazo, sem precisar ir longe, você receberá indicações sobre boas novidades ou a melhor hora de consumir algum vinho que esteja há tempo em sua adega. Mas pode também conhecer um pouco da maturidade de um tinto sem retirar a rolha. Basta segurar a garrafa pelo gargalo, contra luz forte: a profundidade e qualidade da cor tornam-se visíveis pelo vidro.

A decisão mais difícil, para quem gosta de desfrutar um bom vinho, é saber quanto de cada safra vale a pena adquirir. Talvez seja equívoco apostar tudo numa só vindima, de um só ano. Mais sensato é comprar com regularidade e parcimônia, levando em conta que o aquecimento global torna raras as colheitas impecáveis. Como provavelmente você dispõe de pouco espaço para estocagem (e de pouco dinheiro também), vale a pena fazer um cálculo de quantas reuniões com amigos e familiares, regadas a vinho, você irá patrocinar no prazo de um ano, e de quantos deles compartilham sua paixão. Supondo que convide oito pessoas, para um jantar festivo por mês, preveja a média de oito garrafas de vinho tinto maduro, acrescidas de algumas de brancos jovens e possivelmente de champanhe). Seu consumo anual será de no mínimo 48 garrafas, além de mais uma por semana se quiser saboreá-la sozinho ou em outras ocasiões. Dispêndio total: oito dúzias, quase 100 garrafas por ano. E o estoque teórico? Multiplique essas 100 pelo número de anos que os vinhos permanecerão envelhecendo na sua adega – dois para

---

TAMANHO, FORMATO E CAPACIDADE DA GARRAFA

Faz tempo, as regiões produtoras da Europa escolheram um perfil de garrafa, geralmente comprida e arredondada, capaz de preservar o vinho no transporte até o ponto de venda e na sua identificação pelo consumidor. Variedades da mesma matéria-prima, por exemplo, tem embalagens semelhantes.

A cor do vidro é tão importante quanto o formato. Vinhos do Reno são todos engarrafados em material fosco, marrom; todos os Mosel, em verde. Os Bordeaux brancos recebem garrafas claras; os tintos, esverdeadas. Para vinhos de mesa sem especial renome, vêm-se propagando as caixinhas de papelão encerado (Tetrapak), e até doses individuais em saquinhos plásticos. Tudo muito prático, porém desaconselhável no caso de marcas mais finas.

O Champagne é um vinho que se apresenta em diversos tamanhos, para atender às necessidades específicas de cada cliente. Garrafas de Bordeaux tinto também variam no volume (veja à direita). Quanto maiores, mais o vinho se conserva e mais lentamente amadurece. Litragem-padrão: 375 ml (meia-garrafa), 750 ml (garrafa normal) e 1,5 l (dupla).

os bons brancos, dez ou mais para os melhores tintos. Para poupar o leitor de contas complexas, apresento o resultado: 2 × 2 + 4 × 5 + 2 × 10 = 44 caixas de uma dúzia cada.

À parte os vinhos de mesa, dois outros tipos compensam estocar para o futuro: Champagne e Porto. O champanhe ganha com certeza um sabor extra em dois ou três anos. Amantes dessa bebida bem envelhecida estenderão o prazo para dez, até vinte anos de maturação, quando a cor se intensifica e as bolhas se acalmam. Esse é o gosto britânico. Na Alemanha, por exemplo, aprecia-se mais o frescor do que a idade de um champanhe. Na Inglaterra, o espumante francês não tradicional também costuma ser guardado por um ou dois anos, mas nos Estados Unidos ele é habitualmente maturado (por vezes supermaturado) antes de chegar à boca do apreciador. Já o Porto de safras famosas é tratado de maneira bem diversa, como consta do verbete destinado a ele neste livro. Em resumo, exige estocagem mais longa do que qualquer outro vinho, com exceção do quase indisponível Madeira clássico. Todos os bons produtos de safras nobres necessitam de vinte anos ou mais para atingir o ápice de sua glória.

Armazenar vinhos representa um desafio aos proprietários de casas. A adega ideal, no subsolo, é uma possibilidade remota para a maioria deles. Mas não deixa de ser viável reproduzir condições semelhantes no pavimento térreo ou acima (ao menos em climas temperados). Caso haja espaço livre e o gasto com isso não seja problema, existem vários sistemas de estocagem doméstica, até os enterrados na área do jardim, em condições controladas de temperatura e umidade.

Tais condições se estendem à escuridão do ambiente, à ausência de vibrações naturais ou provocadas pelo trânsito de veículos, à alta umidade e à temperatura razoavelmente estável. Quanto às vibrações, este autor presume, sem provas, que seriam ruins no sentido de manter os sedimentos normais do vinho em suspensão. A umidade ajuda na firmeza do arrolhamento, evitando qualquer entrada de ar, porém mais importante é que o líquido dentro da garrafa permaneça em contato com a rolha. Será indispensável posicionar todas as garrafas na horizontal, ainda que por poucos meses. O excesso de umidade, no entanto, incomoda por deteriorar rapidamente caixas de papelão ou tornar ilegíveis os rótulos. Sugestão: dar uma aspergida de laquê para cabelos, sem cheiro, em cada etiqueta.

Tempo & temperatura

Dessas duas condições para a boa estocagem de vinhos, a temperatura é a mais preocupante. Deve ser mantida firme entre 7 e 18 °C, idealmente a 10 °C. Isso porque os vinhos brancos ficam perto da graduação perfeita para bebê-los. Os tintos amadurecem mais devagar em adegas frias e exigem mais tempo de isolamento do que os vinhos em locais relativamente quentes.

Cientistas apontam que as reações químicas no interior de uma garrafa dobram seu ritmo a cada aumento de 10 °C na temperatura ambiente. Se a maturação dos vinhos armazenados em adegas fosse uma simples questão de reações químicas, então aqueles mantidos a 19 °C envelheceriam duas vezes mais depressa que uma bebida a 10 °C. Não é tão simples assim: o vinho é algo vivo, e seu amadurecimento escapa da química para ser um processo que dura a vida inteira.

Também não se pode exagerar nos efeitos da flutuação de temperaturas. Adegas conhecidas pelo autor variam de 8 °C no inverno a mais de 15 °C no verão, sem dano detectável nos vinhos. A real dificuldade consiste em encontrar um espaço livre e resfriável, dentro de uma casa ou apartamento aquecido por calefação a até cerca de 21 °C nos meses mais frios, enquanto a temperatura externa cai a 15 °C ou abaixo de zero. A providência cabível no caso é isolar um quarto pequeno ou um armário grande, perto da parede que dá para fora, para abrigar seus vinhos. Na prática, observam-se estocagens bem-sucedidas em lareiras desativadas, em vãos debaixo de escadas, no fundo de guarda-roupas. A persistência sempre acha algum lugar satisfatório, e isso se aplica a estantes, baús, caixotes, e antigos latões de lixo. Neles, e até num espaço cavado no chão, pode-se depositar alguns vinhos, enquanto os proprietários não compram um bom barril. Para coleções de pequenas quantidades, estantes ou prateleiras são essenciais. Podem ser divididas em nichos que abriguem uma ou duas garrafas deitadas cada, ou formar um losango no qual caibam mais – seis ou uma dúzia inteira, a depender do volume de sua compra. É conveniente dispor de vãos tanto para garrafa única quanto para doze delas.

Um problema complexo, quando a coleção cresce, é manter a pista certa que leve a determinado vinho. Acaba sendo fácil ganhar espaço se você esgota suas garrafas, bebendo-as, e repondo-as no estoque. Essa é uma vantagem do armazenamento improvisado em casa: preencher cada vão que esteja vazio. Mas a eficácia disso depende muito do registro por escrito do nome e lugar de seus vinhos. Se tal iniciativa conflita com seu temperamento, é bem provável que você perca de vista certa garrafa, justamente quando a deseja com fervor. Detalhe: vinhos finos como os Bordeaux lhe são remetidos ou entregues em caixas de madeira, perfeitas para estocagem enquanto a bebida amadurece. Se você costuma comprá-las, melhor não bulir com seu conteúdo, até ter motivos para julgar que o vinho está perto da maturidade.

Se possível, reserve espaço para garrafas de tamanho superior ao normal. O volume padrão de um litro foi aceito por gerações como o mais adequado, talvez concebido como porção ideal para uma ou duas pessoas. No entanto, embalagens maiores conservam melhor o vinho. A longevidade, o ritmo da maturação, o nível de qualidade estão diretamente relacionados com o tamanho da garrafa. Ocasionalmente, meias-garrafas se tornam cômodas, em particular no caso de vinhos doces dispendiosos como os ótimos Sauternes ou Beerenauslese, quando doses pequenas já satisfazem bastante. De qualquer modo, o tamanho normal é bom, e o duplo melhor ainda. Como embalagens gigantes podem ser difíceis de manusear, o conselho sensato resume-se em adquirir seis garrafas *magnum* para cada dúzia das normais, do vinho no qual você deposita grande vontade e expectativa.

Vale a pena considerar a armazenagem de vinhos menos famosos ou caros. Muitos tintos australianos, por exemplo, evoluem da juventude excessivamente vigorosa para uma gratificante maturidade. Um dos maiores êxitos na vida deste autor foi engarrafar, de modo amadorístico e em sua própria adega, um barril de Cabernet chileno, com três anos de idade. Ele atingiu um deleitável pico de qualidade dez anos depois. Experimente, pois, os poderosos e tânicos tintos de qualquer origem. Seja mais circunspecto com os brancos. Muitos deles se tornaram mais caros do que já eram, uma vez provada a sofisticação da qualidade após um ano ou dois de estocagem. Aconteceu com os brancos da Borgonha, com os melhores Chardonnay e Sauternes, e com o extraordinário Auslese alemão. Acrescentem-se à lista os finos Chenin do Loire (sejam suaves ou secos), os notáveis vinhos da Alsácia e aquele considerado o mais longevo de todos os brancos: o raro Hermitage do Rhône.

Taças

Cada região vinícola tem ideias próprias quanto ao mais perfeito copo ou taça para o desfrute da bebida. Como esses artefatos de vidro se baseiam em princípios gastronômicos, também são recomendados em diferentes zonas de produção e consumo. Talvez o mais gracioso e adequado seja o formato nascido em Bordeaux. Outros são folclóricos e divertidos, pouco elegantes se usados fora de seu contexto original. O tradicional *römer* do vale do Reno, por exemplo, exibe uma haste tão espessa que lembra um tronco de árvore, em vidro marrom decorado com estranhas saliências. Tal recipiente remonta aos dias em que o vinho do Reno era preferido maduro e oxidado, da cor dessa taça. Imagina-se que os camponeses renanos desejassem algo bem robusto para bater no tampo das mesas em que se serviam de comida e bebida. Em contraste, a área do Mosel apresenta seus vinhos em copos rasos, no formato de losango, talvez destinados a acentuar a leveza do vinho dali. Taças da Alsácia possuem altas hastes (ou pés, ou pernas) esverdeadas, que refletem o mesmo tom do vinho local. Exotismos como

TIPOS DE TAÇAS

Pode-se argumentar que só existe um tipo de copo perfeito para o vinho, ideal também à mesa, mas seria o caso de desfrutar os formatos tradicionais, por vezes estranhos, adotados em cada país ou região para personalizar seus produtos.

A taça "tulipa", de borda virada para dentro, concentra a fragrância da bebida. Este é o clássico modelo Bordeaux, excelente para todos os tintos e a maioria dos brancos.

Taças da Borgonha, como esta, são grandes o bastante para conter meia-garrafa de vinho. A popular borda voltada para fora estimula os lábios de quem bebe.

esses constituem facetas curiosas de uma visita turística à região, mas você não precisa tê-los em casa.

A International Standards Organization (ISO) preveniu desavenças ulteriores ao ditar especificações sobre copos e taças envolvidos no consumo do vinho. O formato de excelência foi projetado como um funil, para maximizar o aroma da bebida no nariz do apreciador. Todavia, o comércio vinícola abandonou a ideia em favor do copo de nome Chianti, desenhado por George Riedl, com perfil semelhante ao da ISO, porém maior e mais expansivo no que se refere a valorizar os vinhos. (Riedl, *designer* austríaco de peças de vidro, idealizou incontáveis modelos para incrementar cada estilo de vinho; o copo Chianti foi reconhecido como a melhor proposta já feita nesse setor.) Para uso comum à mesa, ele inventou taças caras demais para serem eventualmente quebradas. Mas outros bons projetistas seguiram seus passos, com recipientes parecidos, porém menos dispendiosos. Todas as sugestões devem conter as características de um vasilhame ideal para vinhos finos: tom claro, sem ornamentos, pé comprido para fácil empunhadura, capacidade adequada. Este último item é importante, já que toda taça destinada a vinhos de mesa deve ser enchida somente até a metade, o equivalente a um oitavo do volume de uma garrafa. Qualquer peça que permita maior preenchimento representa pura ostentação e se candidata ao descarte. A louça "correta" tornou-se fetiche em alguns círculos de consumidores, mas quantos de nós desejam ter uma dúzia de estilos diferentes em nossos já atulhados armários? Os formatos ilustrados na p. 650 são mais que suficientes para se obter o melhor de cada tipo de vinho.

Realçando as bolhas

Um vinho espumante, servido em recipiente estreito e alto, cheio até três quartos de sua capacidade, encontra neste formato maior energia para a subida e o estouro de suas bolhas estruturais – visão das mais belas que a nobre bebida tem a proporcionar. Sob nenhuma circunstância o espumante deve valer-se de copos rasos, hoje felizmente pouco vistos em cena. Vinhos de sobremesa, sendo mais fortes, pedem doses modestas em taças pequenas ou cálices, habitualmente cheios até a metade ou no máximo dois terços da capacidade. Seus aromas, mais pungentes que os dos vinhos de mesa, podem brindar o olfato do bebedor com vapores de um autêntico Porto, por exemplo, o que seria extremamente energizante.

TIPOS DE TAÇAS

Vinhos brancos são servidos em taças menores que as de tintos. Um *kit* completo será útil quando mais de um estilo de vinho vier à mesa.

Uma delgada "tulipa" é de rigor para exibir as bolhas de um champanhe ou de outras bebidas espumantes.

Versão menor da taça de Borgonha para tintos, boa para brancos aromáticos (Chardonnay, Riesling) servidos à mesa ou como aperitivo.

Porto, xerez e Madeira ganham mais classe em taças pequenas, que intensificam sua fragrância.

Caso vários vinhos acompanhem a mesma refeição, a confusão é evitável se taças ligeiramente diferentes entre si forem dispostas sobre a mesa. De todo modo, os comensais precisam ser avisados de que a ordem do serviço é da esquerda para a direita. Ou seja, o primeiro vinho do evento preenche a taça mais à esquerda do convidado, e assim por diante. Este autor supõe que tal tradição atenda a motivos práticos: um participante destro tem menor chance de bater a mão na primeira peça de vidro e derrubá-la, em busca da segunda. Como precaução adicional, quando dois vinhos similares serão vertidos na fileira de taças, nada custa etiquetar a haste de cada qual com uma tira de papel adesivo.

Os recipientes para os vinhos, como é óbvio, devem estar impecavelmente limpos. Por azar, isso vai além da competência de um bom lavador de louças, seja máquina ou pessoa. Os detergentes deixam uma camada residual que nem sempre tem gosto ou cheiro, mas é detectável pelo tato. O efeito negativo até reduz a efervescência do champanhe. O que fazer? Há uma só maneira de conseguir a taça cintilante de tão limpa. Depois de lavada com sabão ou detergente, para remover a gordura, a peça de vidro deve ser bem enxaguada com água quente e pura, e então, em vez de drenada, passar por nova aplicação de água quente, sendo esvaziada imediatamente antes que esta venha a secar. Um pano de linho ou algodão irá polir com rapidez a taça úmida e aquecida, removendo as nódoas restantes, e, por fim, ela leva um banho de água fria.

O melhor lugar para guardar a louça limpa é um armário fechado (estantes abertas acumulam poeira), onde fica de pé. De boca para baixo, a taça pode assimilar odores da madeira bruta, do metal ou da pintura da prateleira. A alternativa para o armário fechado consiste numa estante em que o material fica pendurado de cabeça para baixo, mas ver pó na face externa do vidro não é melhor do que percebê-lo no lado interno.

Servindo o vinho

Um apropriado serviço do vinho toma pouco tempo e espaço. Antes de tudo, a rolha é removida e seria pretensioso negar que se trata de uma agressão algo violenta à garrafa da bebida, mas isso antecipa a fruição de um grande prazer sensorial. Recomenda-se ler o rótulo, estar de pé e daí aplicar o saca-rolha.

A arte de apreciar o vinho inclui várias fases, da escolha e abertura da garrafa ao ato de engolir o líquido, com a certeza de desfrutar o máximo de qualidade possível. O fator mais importante é a temperatura, pois o odor e o paladar do vinho consiste na combinação de ingredientes sutis e, sobretudo, voláteis, de mínima massa molecular, progressivamente mais pesados, partindo dos leves brancos para os densos tintos. É a temperatura que controla sua volatilidade: o ponto em que o líquido vaporiza e encontra o sentido do olfato do apreciador.

A esse respeito, parece que cada variedade de uva se comporta diferentemente. A fragrância da Riesling é muito volátil, enquanto a da Mosel envia uma mensagem floral mesmo quando a garrafa está gelada demais. A intensidade aromática das frutas e dos fermentos do Champagne também resiste ao frio, embora haja quem tente amenizá-la. O vinho Sauvignon Blanc é tão cheiroso quanto o Riesling; Chardonnay e Gamay, bem menos; o Beaujolais é altamente volátil a baixas temperaturas. Também o Pinot Noir evapora seu etéreo odor após passar pelas frias adegas da Borgonha. O Cabernet de Bordeaux conserva o aroma, especialmente quando jovem, mas no Bordeaux *chai* você aspira mais o odor de carvalho que o das uvas. Os Cabernet da Califórnia e de outras regiões quentes são, com frequência, mais amistosos.

O aroma é tudo?

Note que essas observações lidam de modo genérico com as normas de temperatura referentes ao serviço do vinho citadas na página 656. Acredite: o aroma não é tudo. Espera-se que um branco seja refrescante e que um tinto abra seu apetite graças ao vigor e a outras qualidades que não a fragrância. Mas é fascinante testar como o desfrute do vinho deixa-se afetar pela temperatura. Experimente, por exemplo, um maduro Meursault e um Volnay da mesma alta classe (o primeiro é branco, o outro é tinto, porém as uvas procedem de vinhedos vizinhos e têm muito em comum). Deguste-os frios, a um nível térmico rigorosamente igual, de olhos fechados. Você descobrirá que ambos são quase intercambiáveis. Esqueça a expressão "temperatura ambiente" para descrever o estado ideal de um lugar, quando estiver prestes a tomar um bom vinho tinto. Seja qual for a temperatura vigente numa sala de visita ou de jantar, mesmo nos dias em que foi ligado o aquecedor ou o ar-condicionado, basta deixar a garrafa em repouso por alguns minutos para conseguir o ponto certo de beber. Uma sala a 21 °C ou mais é demasiado quente para os vinhos, cujo teor alcoólico começa a pesar no gosto. Cerca de 15 °C revelam-se bons para os Borgonha, mas um tanto frios para os Bordeaux.

O refrigerador caseiro sempre tem uma prateleira que fica à temperatura constante e pode ser usada para esfriar vinhos brancos. Nenhum forno ligado marca 16 °C. Por outro lado, se um balde de gelo em cubos é perfeitamente aceitável (na verdade, o método mais eficaz) para resfriar vinhos brancos, por que não adotar um balde de água quente para aquecer os tintos? Água a 21 °C eleva em três graus a temperatura de uma garrafa da bebida, de 15 °C para 18 °C, por exemplo, no prazo de oito minutos. Em igual intervalo de tempo, você baixa um vinho branco de 18 °C para 13 °C usando apenas água gelada. No caso, gelo sem água a diluí-lo devagar é menos atuante. Justamente por isso, num congelador, em que o meio de resfriamento e conservação consiste no ar, não na água, a mesma queda de 5 °C na temperatura de um vinho branco citada levaria uma hora inteira.

Tenha em mente que a temperatura afeta o vinho não apenas antes de ser vertido em sua taça, mas também enquanto está nela. Assim, num dia quente, sirva vinho branco bem mais gelado do que gostaria de bebê-lo, pois ele logo vai se aclimatar. Nunca mantenha uma garrafa ou um copo cheio ao sol; improvise sombra, pegue um livro e desfrute seu lazer no jardim ou em qualquer outro local. Quando estive num bufê ao ar livre, na África do Sul, tomei vinho branco admiravelmente gelado, mas o tinto subsequente ficou exposto ao sol. Além de não reconhecer a bebida, arruinada, quase queimei a língua com ela. Há circunstâncias em que os tintos também precisam de um balde de gelo...

Refrigeração

Caso falhe, por algum motivo, o uso da adega ou da geladeira comum para manter um vinho branco à temperatura ideal de consumo, o modo mais eficaz de esfriá-lo rapidamente é, repetindo, imergir a garrafa num balde ou recipiente com água bem fria. Seu refrigerador doméstico levaria dez vezes mais tempo do que o banho gelado para obter o mesmo efeito. O recipiente deve ser alto o bastante para abrigar a garrafa de pé, da base ao gargalo. Se não for assim, a saída é colocar a garrafa de cabeça para baixo, de maneira a começar o resfriamento pelo pescoço. Tiras de pano mantidas no freezer, envolvendo a garrafa, ajudam no processo. Existem ainda frascos térmicos, geralmente de isopor, que conservam fria a garrafa de bebida, isolando-a da temperatura ambiente após sua remoção do balde.

Você faz a decantação?

Ao que parece, os amantes do vinho sempre chegam a um consenso sobre a maioria dos detalhes que cercam seu objeto de desejo. No entanto, a decantação – separação por gravidade de impurezas sólidas contidas num líquido – ainda gera polêmica. Alguns tradicionalistas sustentam que o vinho precisa "respirar" por alguns minutos ou horas depois de aberto, sem interferências. Seus oponentes, armados de provas científicas, alegam que isso não faz qualquer diferença ou (terceiro argumento) que é algo nocivo – no mínimo, melindroso. Perante determinados vinhos e as preferências pessoais, todos têm razão. O erro está em serem dogmáticos.

Há três motivos para essa espécie de coagem do vinho. O principal é livrá-lo de eventuais sedimentos indesejados. O segundo consiste na presença, à mesa, de um atraente decantador vermelho, em vidro cristalino e formato semelhante ao de uma licoreira, com bocal largo e redondo. O terceiro, este sim, permite ao vinho "respirar". Se os dois primeiros argumentos são aceitos sem discussão, o último gera debates sobre o instante em que o procedimento, caso aprovado, deve ser feito.

O eminente professor Émile Peynaud, estudioso da gastronomia em geral e da de Bordeaux em particular, afirmou: "Se a decantação é de fato necessária, ela deve ser realizada no derradeiro momento antes de o convidado sentar-se à mesa ou ter sua taça servida, jamais com antecedência maior." Para Peynaud, a única justificativa para a aeração, ou seja, permitir que o vinho tome ar e "respire", é eximi-lo de defeitos superficiais, às vezes perceptíveis e incômodos. Visando a qualquer outro fim, diz ele, mesmo a decantação antecipada causa danos: suaviza o vinho e tolda sua fragrância, cuidadosamente trabalhada.

Muitos americanos de mente "científica" concordariam com o professor, embora lhes falte consenso quanto a algum prejuízo ao vinho, que seja detectável. Minha experiência pessoal aponta mudanças perceptíveis em quase todos os vinhos assim "coados". Mas se elas são para melhor ou pior, depende em parte do próprio vinho, em parte de cada consumidor. Sabe-se da existência de apreciadores exigentes que preferem tomar seu Porto previamente decantado, com o objetivo de reduzir seu famoso vigor, tido como um tanto agressivo ao paladar. Tais pessoas equalizam qualidade com o caráter ameno, enquanto a tradição espanhola iguala qualidade com o toque acarvalhado de um Rioja, por exemplo. Quem ousaria dizer que há algo de errado com o gosto desses fãs de vinho?

Os ingleses sempre tiveram um conceito firme sobre como seus vinhos deveriam ser saboreados. Há mais de um século, eles somaram bebidas importadas da Espanha e do Rhône francês aos claretes nacionais, por julgarem frustrante viver sem elas. Certamente há fanáticos por vinhos mais satisfeitos com os borgonheses anteriores à legislação restritiva do direito ao nome de origem do que com os Borgonha atuais, vindos diretamente dos fabricantes credenciados. Também os californianos prezam seu gosto próprio: adoram vinhos tão fortemente aromáticos que lembram uma transição entre o suco natural de uvas e a bebida fermentada. Sem surpresa, suas ideias sobre decantação são peculiares.

Certos vinhos parecem retrair-se quando a garrafa é aberta: o tânico Barolo do Piemonte italiano, por exemplo, não revela mais do que sua carapaça, por quase uma hora. Se você tomá-lo durante esse período, pouco terá a recordar além de um ataque à sua língua e às mucosas da boca. No devido tempo, porém, um *bouquet* especial começa a emergir dele, crescendo até envolver você numa incrível fragrância de frutas silvestres, violetas, trufas e folhas outonais.

Finos restaurantes franceses costumam não decantar alguns Borgonha. Se for verdade que o Pinot Noir borgonhês é mais volátil do que o Cabernet, essa prática faz sentido: o contato com o ar, quando o vinho é decantado antes de chegar à taça ou à jarra de mesa, como que "acorda" os Bordeaux. Os Borgonha dispensam isso.

ABRINDO E DECANTANDO VINHOS

Muito se discute sobre quando decantar vinhos e se vale a pena aerá-los. Opiniões técnicas tendem a ser contrárias ao procedimento. Por certo, seus efeitos são difíceis de prever, mas ouso apresentar a seguir uma norma prática.

Vigorosos vinhos jovens ("jovens" no contexto da qualidade das colheitas – as melhores valem por dez anos; as mais pobres só até quatro ou cinco), a exemplo de Bordeaux tintos, os Cabernet do Rhône, Barolo e Barbaresco, densos Shiraz australianos e tintos portugueses, além de outros similares produtos tânicos, decantam positivamente uma hora antes de serem bebidos e mantêm os efeitos por até seis horas.

Já os jovens borgonheses tintos, espanhóis tradicionais e os Pinot Noir devem ser decantados minutos antes do serviço.

Uma faca de ponta ou uma lâmina delgada são úteis para remover o fino envoltório metalizado do gargalo, que nem sempre sai por inteiro na primeira tentativa. É de enervar.

O saca-rolhas na foto é do modelo Leverpull, que se prende ao topo da garrafa e retira o cilindro de cortiça pelo acionamento de uma alavanca, em movimento único. A ação inversa sobre ela liberta a rolha do parafuso volteado.

Essa é uma boa rolha, criada há quase vinte anos, que toca o líquido somente com sua base. O grau de impregnação, impresso no contorno, é fácil de ler. Quanto menos impregnada de vinho for a rolha, maior a chance de ter-se uma garrafa perfeita.

Segurar a garrafa de vinho acima de uma vela acesa ou de uma chama brilhante, de modo que a luz atravesse o gargalo enquanto o líquido é vertido no decantador, proporciona uma bela imagem.

Quando notar algum sedimento movendo-se no interior do gargalo, interrompa o processo. Em vinhos finos, a partícula escura de impureza por vezes gruda no vidro da garrafa (visível na foto), o que é um sinal positivo.

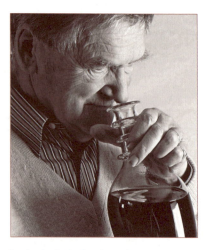

O primeiro teste de odor pode ser um instante glorioso como prova de êxito na decantação. Seria pena perdê-lo, mas certos vinhos precisam de algum tempo na jarra ou na taça até expor sua plena fragrância.

Aqueles que veem a decantação como meio de acelerar o encorpamento de vinhos jovens (aqui os termos são relativos à expectativa do tempo de maturação das bebidas), talvez tratem os vinhos envelhecidos como mercadorias descartáveis. Contudo, a experiência de degustar antigas preciosidades (o Château Lafite de 1803 é paradigmático) prova que elas são capazes de revelar camada sobre camada de aroma e sabor, hora a hora, e em alguns casos ter gosto melhor do que na véspera. Normalmente, abro uma garrafa hoje para beber só na próxima noite. A única regra geral, descoberta na rotina cotidiana, é que quanto melhor o vinho, levando em conta a origem e o ano da safra, mais ele se beneficia de um contato prolongado com o ar.

É oportuno lembrar que um vinho desapontador ao ser aberto pode mudar completamente de natureza. Já aconteceu comigo: apesar da boa cor, bebidas de tímido aroma e modesto paladar, no início do consumo, talvez tenham sido prejudicadas pelo mau arrolhamento. Vinte e quatro horas depois, parecem "recarregar as baterias", desenvolvendo todo o seu potencial. Daí que os primeiros goles devem merecer certa complacência do consumidor. O mesmo vale para vinhos brancos decantados. O apelo estético do procedimento é grande, mas algumas pessoas preferem arguir que jovens borgonheses da linha *premier cru*, e bem assim austeros brancos como os Savennière tiram benefícios da aeração. Também quanto aos tintos inexistem regras claras, por isso, experimente e veja por si próprio se você prefere vinhos decantados.

Os prós e contras do processo continuam nebulosos. Se o objetivo principal consistir em passar o vinho para outro recipiente, talvez mais limpo, mas sem coar os eventuais sedimentos, então tire a garrafa de seu abrigo dois dias antes e mantenha-a de pé em algum lugar frio. Um par de dias (ou apenas um, em frascos claros) é suficiente para o depósito dos sedimentos no fundo do vasilhame. Caso sua garrafa tenha permanecido deitada na horizontal até o último minuto antecedente à decantação, você precisará de um cesto forrado para mantê-la tanto quanto possível na posição original, mas com o vinho logo abaixo do nível da base da rolha; corte de imediato o invólucro da parte superior e abra a garrafa com um saca-rolha de pressão por alavanca. Então, empunhando o decantador na mão esquerda, derrame o vinho devagar, até perceber algum sedimento escuro avançando rumo ao pescoço ou gargalo. Quando a impureza se aproximar do "ombro" da garrafa, pare de verter o líquido.

Como já foi dito, é mais fácil ver uma partícula de sedimento indesejável se for usada uma fonte de luz intensa sobre o vasilhame, por vezes muito escuro, e ela pode ser rebatida por um anteparo de tecido branco. Se um Porto ficou guardado por anos, o resíduo sólido (às vezes chamado de "borra") é tão espesso e consistente que sua percepção se torna fácil. Problemas surgem quando a garrafa foi movimentada recentemente, o que pode exigir a coagem dos sedimentos através de um pedaço de musselina, tecido mais indicado. Aqueles filtros de papel para café dão ao vinho um gosto desagradável.

Como abrir espumantes

Os vinhos borbulhantes constituem elemento-chave em drinques celebratórios. Ao abrir garrafas de marcas dispendiosas, convém dispor de um fecho novo que conserve intacta a efer-vescência durante a comemoração. Seguem-se cinco passos simples para a abertura:

1. Retire o adesivo que cobre a trama de arame terminada em anel enrolado. Incline a garrafa e desenrole o anel, com o cuidado de não deixar o vasilhame apontado para alguma pessoa.

2. Remova a trama aramada e deite novamente a garrafa, apertando firme a cortiça com um dedo. Então, passe a desapertá-la com seu polegar, fazendo contínuas pressões para cima, em volta da borda superior da rolha.

3. Quando a rolha ceder, segure-a bem com a mão e balance a garrafa, inclinada, tendo sob o gargalo um copo que receba o primeiro jato de espuma.

4. Alicates especiais podem ser usados quando a rolha de um champanhe estiver apertada demais ou houver grande número de vasilhames por abrir.

5. Garçons de restaurantes finos servem o champanhe em sua taça segurando a garrafa na indentação conhecida como *punt*.

Abrindo Porto vintage

Os vinhos vintage – diferenciados por conta das safras antigas de superior qualidade – abrangem Porto de vinte anos atrás, cuja vedação de cortiça pode ter se esfarelado na base e desintegrar-se sob a pressão do saca-rolha. De fato, rolhas esponjosas são impossíveis de se remover sem um esfacelamento que comprometa a higiene da garrafa. Para evitá-lo, a solução é cortar o topo do gargalo, trabalho que costuma ser efetuado de duas maneiras diferentes.

Existem tenazes especiais para Porto. Aquecidas até ficarem rubras sobre um bico de gás ou alguma outra fonte de calor intenso, elas são aplicadas em volta da parte superior do "pescoço", por não mais de um minuto. Envolto em pano úmido, o gargalo então é pressionado manualmente e se quebra numa linha exata, sem produzir cacos e, melhor ainda, levando consigo a rolha rebelde.

O segundo método de cortar uma velha garrafa de Porto é igualmente eficaz, porém mais espetaculoso. Consiste em segurá-la firmemente numa das mãos e, com a outra, passar na linha de corte uma pesada lâmina para entalhes artísticos em madeira. Um golpe seco no "colarinho" assim demarcado rompe o vidro de forma limpa e liberta o líquido preso. Se for o caso, pratique a operação antes de estrear numa festa como vidraceiro amador. A autoconfiança é tudo.

Quando a rolha desgastada de um Porto especial desliza para dentro da garrafa, é possível filtrar o vinho num pedaço de musselina, que cobre o novo recipiente, ou de um funil caseiro de plástico, ou de um velho e charmoso funil metálico, prateado, que possui uma pequena peneira no seu interior.

Tampas e saca-rolhas

Os primeiros cilindros de cortiça empregados como tampas cumpriam só metade de seu papel: não há registro de saca-rolhas até um século depois de sua aparição. Hoje, as tampas rosqueadas de plástico ou latão, as de metal denteado para selar sob pressão as cervejas ou (ainda) alguns refrigerantes, e, sobre-

A TEMPERATURA DO VINHO A SERVIR

Nada exalta ou desfigura um vinho mais que sua temperatura. O quadro abaixo mostra a graduação centígrada (C°) e em Fahrenheit (F°) ideal para cada categoria de vinho. Evite-se, porém, o radicalismo. Certas pessoas gostam dos tintos alguns graus acima do nível de refrescância. Outras apreciam os brancos abaixo do ponto moderadamente frio.

Como defendo o melhor desfrute possível do aroma e sabor, lembro que em dias sufocantes a "temperatura ambiente" pode ser maior do que a listada no quadro. Daí o conselho de, nessas condições, imergir brevemente a garrafa de tinto num balde com gelo.

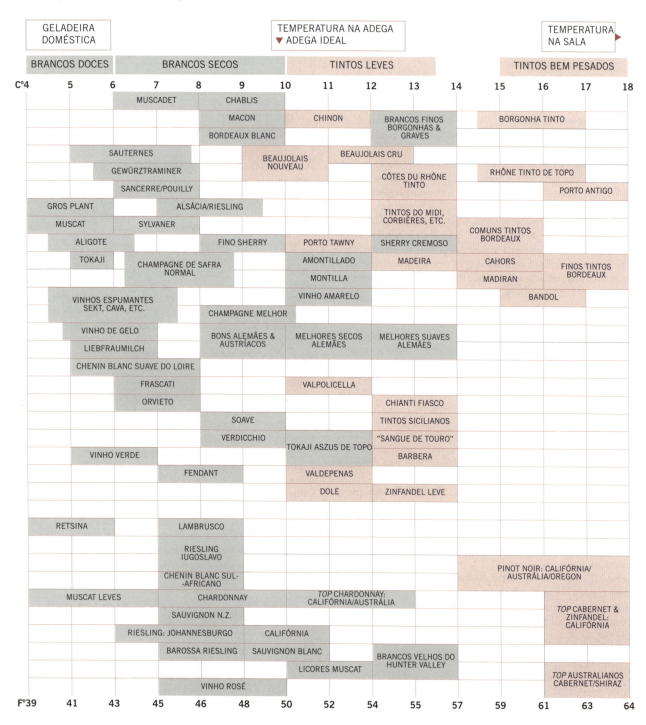

tudo, as rolhas de cortiça sintética oferecem aos fabricantes de vinho opções baratas e simples de manter a bebida dentro da garrafa e o ar fora dela. No entanto, os selantes de cortiça natural permanecem como uma cortesia – e um cuidado – a mais dos vinhos realmente finos.

Ideal para isolar o vinho na garrafa, a cortiça tem leveza, higiene e disponibilidade no mercado, em grandes quantidades. É macia ao tato, em comparação com outros materiais, mas firme no poder de vedação; praticamente impermeável, indiferente ao clima e à temperatura; quase nunca apodrece ou pega fogo. Sua principal virtude, contudo, consiste na elasticidade que, uma vez cessada a compressão, devolve-lhe a forma original, com mínimas diferenças. Na indústria, as máquinas de arrolhamento se baseiam nesse mesmo princípio. Pode-se comprimir com facilidade o pequeno cilindro de cortiça (em geral, 4 ou 5 centímetros de altura por 2 centímetros de diâmetro padrão) para dentro de um bocal, e ele se preenche todo o espaço previsto no gargalo.

Quanto à sua vida útil, a cortiça se desagrega muito lentamente, por um período entre vinte e cinquenta anos. Nas imaculadas adegas dos grandes *châteaux* bordaleses, as rolhas de estoques antigos de vinhos são substituídas por novas a cada 25 anos. Alguns produtores ou revendedores enviam peritos à casa de seus mais fiéis clientes e de colecionadores para efetuarem a troca em domicílio. Na prática, muitas rolhas continuam boas depois de meio século de uso. O único detalhe negativo numa vedação por cortiça, além do eventual excesso de resistência à retirada, também é ocasional: o cheiro úmido e ruim que a rolha pode desenvolver em sua base – a área de contato com o vinho.

Ainda que toda rolha seja cuidadosamente esterilizada durante a manufatura, às vezes algum milimétrico elemento na composição do produto sofre ataque por fungos. Quando acontece de ele entrar em efetivo contato com o vinho, este absorve o odor e se torna *corky* ou *corked*, isto é, "arrolhado", com cheiro de cortiça úmida. A alteração no aroma, de tão mínima, só será detectada por um insuspeito conhecedor da mesma bebida em perfeitas condições. Mas, se divulgada, a existência de uma fragrância estranha vai parecer óbvia a qualquer consumidor, e isso diminui o prazer de ingerir-se a bebida. Em casos assim, para nossa consternação, geralmente se culpa o vinho, enquanto o verdadeiro responsável pelo desapontamento é a rolha.

Nas ocasiões em que uma cortiça velha ou de má qualidade é empurrada pelo saca-rolhas para o interior da garrafa, pode-se recorrer a um invento curioso. Três pedaços de arame em paralelo, de extensões diferentes, mas limitadas à altura do vasilhame, são movimentados dentro dele por um controlador a partir do manuseio de barrinhas de madeira numa placa externa. O objetivo é "pescar" a rolha perdida, o que se consegue com certa eficácia, porém um método mais simples e direto consiste em esvaziar a garrafa, com o cuidado de fixar a rolha onde estiver por meio de uma vareta pontuda, e depois trazê-la para fora.

Peças de cortiça sintética também representam um desafio para quem empunha o saca-rolhas. Mais duras, podem exigir força bruta e quebrar o aparelho. Às vezes, a perda é grande em comparação com a mediocridade do vinho que se tentava abrir. O saca-rolhas mais antigo e singelo de todos – só com o empu-

nhador arredondado e a rosca comprida abaixo dele – foi aprimorado por modelos que se valem da pressão feita contra o topo da garrafa. O ato de puxar a rolha com sucesso deve ser privilégio das pessoas mais jovens e fortes: o esforço físico envolvido na retirada direta equivale a levantar 40 quilos de peso.

Cabem várias artimanhas na alavancagem da cortiça pelo saca-rolhas, mas o fator principal está na qualidade da rosca – o longo parafuso metálico que invade e prende a peça de vedação, entrando o melhor possível pelo centro dela. Há que evitar, a todo custo, verrumas estreitas e espirais tortas no aparelho, pormenores que aumentam a resistência da rolha à remoção. Um bom saca-rolhas é aquele cuja lâmina espiralada abre um rastro visível no meio da tampa de cortiça, levantando pedacinhos dela nas laterais enquanto avança.

Tipos de saca-rolhas

Bastante ingenuidade acompanha o problema de fixar uma rolha na boca da garrafa ou de extraí-la sem estresse. A remoção espetaculosa, com você de joelhos e o vasilhame preso entre as pernas, é tão desnecessária quanto pouco dignificante. Tudo de que você realmente precisa é algum tipo de alavanca postada na borda do gargalo. Um cortador de invólucros metalizados, como o mostrado na página 654, ajuda a remover o topo da cápsula protetora e a expor a cortiça para a decisiva inserção do saca-rolhas.

A garrafa inacabada

Qualquer vinho exposto ao ar irá se deteriorar, gradual ou rapidamente. Não obstante, a sobra de uma garrafa inacabada pode ser conservada para seu feliz consumo no dia seguinte. Aparelhos como o Vacuvin empregam uma simples bomba de ar para extrair o oxigênio restante num vasilhame, que então é lacrado com um tampão de borracha. Embora imperfeitos, esses recursos são úteis, tanto quanto um suprimento de meias-garrafas vazias, nas quais podem ser guardados pequenos volumes de sobras, assim reduzindo a quantidade de oxigênio a ser bombeada para fora. Outra possibilidade é o *spray* de nitrogênio, capaz de agir como barreira entre o vinho remanescente e a camada de oxigênio acima dele.

Garrafas já abertas parecem conservar-se melhor quando refrigeradas, e isso se aplica a vinhos tintos ou brancos, indistintamente. A chance de um vasilhame aberto sobreviver bem e por bastante tempo depende das condições de estocagem, mas também do estilo peculiar de cada vinho. Pomposos e acarvalhados Chardonnay resistem mais à oxidação do que um intenso Riesling. Todavia, inexiste uma fórmula comprovada para isso. Após algum prazo, ricos lotes de Champagne precisam ter suas rolhas substituídas por novas, especiais, disponíveis na maioria das casas revendedoras de vinho. O bizarro costume de colocar uma colher (sim, das de mesa) na vertical, perto de uma garrafa aberta de qualquer champanhe não é confiável. Sobras de vinho, no entanto, são mais bem indicadas na culinária, incrementando ensopados e molhos. Até vinhos lacrados podem ter grande valia no preparo de refeições finas, sem contagiar o prato com um aroma eventualmente desagradável.

Saboreando vinhos

Há várias maneiras, honestas ou frívolas, de degustar um vinho. A capacidade de dar uma opinião respeitável exige absoluta concentração. Um degustador profissional (sim, ele existe e faz parte da cadeia de comercialização) passa por aprendizado e treinamento para ir além do efêmero prazer da atividade. A análise metódica da bebida se transforma em sua segunda natureza.

Embora não me considere um profissional qualificado nesse assunto, costumo tomar um copo d'água entre dois testes para julgar a qualidade dos vinhos com maior isenção. Não seguro as garrafas contra a luz, porém cheiro a bebida e movimento uma dose dentro da boca, em longo bochecho, até me julgar em condições de definir o caráter, o espírito do vinho. Naturalmente, cuspo depois e quebro a sensação obtida ingerindo água, no aguardo da segunda degustação. Tenha você ou não a vontade de desafiar seu paladar e olfato, a experiência de degustar traz a desvantagem de torná-lo menos tolerante em relação a vinhos deficientes ou monótonos. Ao contrário, faz pouco sentido engolir apenas um cálice de bebida fina e nobre, e dar a ela seu aval de qualidade. Existe algum mal-entendido quanto a chamar determinado vinho de "melhor" somente porque lhe propicia prazer. Você precisa estar cônscio dos diversos graus de excelência e exprimir-se com a devida parcimônia nos adjetivos, elogiosos ou não. Isso lhe exige certo método na busca da qualidade que almeja.

Um eloquente especialista borgonhês, Pierre Poupon, escreveu: "Quando você experimentar um vinho, não olhe para a embalagem, o rótulo ou o ambiente que o cerca, e sim para dentro de si mesmo, atento às sensações nascidas em seu íntimo e causadoras de uma impressão digna de ser recordada." Ele até sugere fechar os olhos e concentrar-se nas mensagens transmitidas por seu nariz e sua boca.

Antes de confundir um jantar ou outro evento social com um templo para atitudes semelhantes a contritas orações, saiba que há hora e lugar certos para você concentrar-se no julgamento de um vinho, sem prejuízo de sua sociabilidade. Comece por perguntar-se: o que você está testando? Para os novatos no ramo, a enorme variedade de opções entre vinhos brancos e tintos, secos ou suaves, doces ou amargosos, jovens ou maturados, é de causar confusão, embaraço e até estresse. A saída mais sábia consiste em ater-se a um branco seco, um leve tinto ou um cálice de Porto ou de xerez.

O ponto a destacar é que os vinhos pouco ou nada têm de comum entre si, exceto fatores como a origem, a idade e a espécie de matéria-prima utilizada. A degustação mais primária envolve comparar meia dúzia de variedades (de uvas e das bebidas delas resultantes) que tenham um caráter facilmente reconhecível.

Saborear alguns Riesling de diferentes procedências, solos e climas é um excelente meio de aprender a identificar semelhanças ou conflitos. Uma variante dessa atitude consiste em focar de perto nos Riesling de idêntico nível qualitativo, como os Kabinnett e Spätlese das principais regiões vinícolas da Alemanha.

Degustações verticais & horizontais

O teste do mesmo vinho, mas de diferentes safras, é conhecido no meio como "degustação vertical"; o de vinhos diversos entre si, mas de igual tipo e ano de colheita, é a "degustação horizontal". Testes profissionais, concernentes à compra e venda dos produtos, são quase sempre horizontais. Neles, o importante é cotejar igual com igual. Não cabe no interesse profissional pelos vinhos comparar Bordeaux com Borgonha, nem Chablis com Mersault: se o Chablis lembrar um Mersault melhorado, então é descartável, porque atípico.

Do mesmo modo, um Médoc francês que lembre o vinho do Napa Valley será um Médoc de qualidade duvidosa, embora seja difícil convencer um produtor californiano de que a recíproca é verdadeira. Como a maioria de nós bebe vinho somente às refeições, temos de julgá-lo também pelo bom ajus-

---

HASTES

Segundo normas da ISO, a taça ideal para degustação tem 152 milímetros de altura e suporta até 215 mililitros de bebida, mas convencionou-se encher o recipiente em no máximo um quinto de sua capacidade. O formato afunilado captura todo o aroma (ou *bouquet*) possível para o nariz do provador, e a longa, robusta haste (ou pé, ou perna) destina-se a evitar um pecado grave, sobretudo em degustações: segurar a taça tocando seu bojo com os dedos. Profissionais empunham o recipiente pela haste, e quanto mais delgado o vidro, melhor para a fruição da vivacidade da bebida.

- A taça se estreita no topo para concentrar aromas.
- Balance o vinho para molhar as laterais; se ele for viscoso ou muito doce, formam-se filetes que deslizam pelas paredes da taça.
- Pequena quantidade de vinho é suficiente para o teste.

tamento ao cardápio. E os profissionais da degustação deixam claro seu horário favorito de trabalhar: no fim da manhã, quando estão famintos, mas não cansados. A clareza da avaliação se beneficia disso e das condições do ambiente, quase hospitalar: silencioso, sem atrativos que possam distrair a atenção e, sobretudo, sem tábuas de queijos, pedaços de salsichas e fatias de pão caseiro por perto – coisas que desde tempos imemoriais ajudaram a vender grandes volumes de vinhos de segunda categoria. Mais: requer-se um lugar limpo, bem iluminado e, quando dentro de uma vinícola, livre do invasivo odor vindo de barris em fermentação.

Caso o amador ou profissional não saiba (de propósito) o que está experimentando, fala-se em "degustação cega", geradora de inflamados debates sobre pormenores pouco identificáveis. A confiança tem de ser maior em seus próprios sentidos do que no rótulo. Sempre que possível, eu testo primeiro e mais de uma vez no sistema "cego", que pede absoluta concentração e alegra minha mente analítica quando consigo superar as dúvidas, adivinhando os dados reais do vinho degustado. Minha imagem mental da bebida (ou memória, se estou certo de tê-la experimentado anteriormente) então se revela correta. Anoto em papel minha opinião, e só aí pergunto ao supervisor qual a marca do vinho e o que o rótulo diz. Quando cometo erros (algo bastante frequente), reconheço que ignoro do que se trata e aproveito a oportunidade para indagar e conhecer qual a variedade da uva, o vinhedo em questão, a marca e sua produtora. Daí degustar novamente o vinho para confirmar tudo. Esse também é o momento de trocar impressões com outros apreciadores, descobrindo como tantas pessoas partilham preferências similares e gostam do mesmo vinho. No que concerne à força dos sensos de paladar e olfato, pouco é mensurável, nada é reproduzível. Ainda assim, a linguagem escrita ou oral cria metáforas que ajudam a iluminar o conhecimento humano sobre vinhos.

Solicite a um grupo de profissionais a quantificação por pontos de seu julgamento após uma degustação "cega". O que prevalece nas respostas é a lei das médias, que mascara tanto decepções quanto conflitos de opinião, consagrando o vinho mais pontuado com a genérica expressão "o melhor de todos". Nas sessões mais bem conduzidas, por vezes com a presença de plateia leiga, o supervisor encoraja a manifestação verbal dos desacordos ou dos consensos, no lugar da lista das médias numéricas, sobretudo quando o veredito final – numa espécie de concurso aberto ao público –, possa redundar em medalha de ouro ao vinho vencedor.

Seria esse o julgamento mais confiável quanto à qualidade de uma bebida nobre, feito por gente falível como qualquer ser humano. No entanto, na melhor das hipóteses, trata-se de fato da média de opiniões de um grupo minoritário, diante de poucos vinhos concorrentes e de poucas horas de atividade. Tudo o que resta dizer sobre o produto premiado é que ele é bom dentro de seu estilo e caráter. Em degustações competitivas – vinho contra vinho – o sistema "cego" é indispensável, além de constituir o único método justo para um concurso. Vinhos de alta qualidade, indivíduos ou equipes experientes e com boa memória para aromas e sabores costumam vencer. Entretanto, resultados enganadores não podem ser excluídos. Uma competição tende a favorecer o impacto do veredito final, em prejuízo de virtudes menos óbvias porém mais importantes de determinado vinho.

Em competição com um Bordeaux tinto de igual maturidade, ganha quase sempre um Cabernet da Califórnia. É como um jogador de tênis que vence a partida apenas por fazer mais *aces* (saques certeiros) do que o adversário.

A grande viagem

O ato de degustar e saborear vinhos tem sido esmiuçado por muitos especialistas. Para mim, existem cinco aspectos dessa bebida que me ajudam a fruir sua qualidade: origem, idade, o tipo da uva, o tempo de maturação e quanto este pode melhorar o vinho. Eles constituem uma grande viagem pelo mundo do prazer. Na ordem em que se manifestam, influem na aparência, no aroma, na impressão que o primeiro gole causa em sua boca, o sabor integral e persistente, ou seja, o gosto que fica após o último.

Levo em conta cada um desses fatores, escrevo um lembrete a mim mesmo, mas uma anotação no papel ou no computador é mais que um lembrete: ajuda você a raciocinar e decidir-se por alguma conclusão. Degustar constitui uma severa disciplina, distinta da ação de beber É cerimoniosa, privada, já que numa festa nem sempre o vinho é aceito como prioridade. Contudo, adquirir o hábito de tomá-lo e aplicar certa metodologia a isso acabam sendo a única maneira de você tirar pleno proveito da bebida. Já a decantação pode lhe dar a certeza de que um vinho antigo, sujeito à presença de sedimentos, ainda possui a claridade de uma joia e a boa aparência é algo maior do que a simples cor. Vinhos finos como que brilham, capturando e refletindo a luz com uma intensidade que por si só alimenta o prazer. Para citar o professor Peynaud, a cor é como a carteira de identidade de um vinho: traz seu retrato, fornecendo dados sobre sua idade e caráter.

Menos ou mais densos e viscosos, estes a escorrer lentamente pelas paredes internas da taça; leves ou pesados; adocicados ou não, o que em si não é qualidade nem defeito, tal qual o depósito natural de cristais de açúcar no fundo dos vinhos brancos – não há marcas teórica e dogmaticamene boas ou ruins. Tudo depende da adequação da bebida a seu próprio estilo e às preferências do consumidor.

Quanto à cor, ela fica mais evidente se a taça já servida for colocada contra uma superfície branca, como uma parede ou folha de papel nela fixada. Afastando-a ligeiramente, com as mãos, da posição em que você está, mesmo à luz ambiente, poderá ver através das bordas do vidro. Por outro lado, copos rasos de prata, mais reflexivos e indicados para a degustação, são comuns em certas partes da França, em especial a Borgonha. Nessa região, a fita colorida que enlaça o pescoço do vinho escolhido para teste tornou-se um símbolo cerimonial.

Enquanto os brancos escurecem com a idade, os tintos sofrem um desbotamento gradual, do vermelho ou roxo ao amarronzado de um tijolo comum. Nos vinhos jovens, a cor presente na taça é quase uniforme, de ponta a ponta. A borda acastanhada constitui sinal seguro do amadurecimento de um tinto. E o rubro absoluto indica qualidade geral em vez de uma virtude por si só. O famoso Bordeaux de 1961 pode ser reconhecido de longe graças ao notável, brilhante tom negro. E se o Rioja moderno parece mais escuro, menos pálido do que o tradicional, é porque ele foi envelhecido por anos no próprio frasco.

Em geral, vinhos de regiões quentes – Cabernet e Shiraz da Austrália, Califórnia e África do Sul – apresentam coloração natural mais intensa que os de áreas frias. Os brancos variam escassamente de cor, em comparação com os tintos. O sherry ou xerez espanhol, quando jovem, ganha sua tonalidade de mogno por oxidação. Curiosamente, o superlativo e doce Sauternes, ao envelhecer, passa por muitos matizes dourados até chegar ao castanho profundo que o distingue.

Aperte seu nariz

Você só precisa aplicar dois dedos sobre suas narinas, fechando as aberturas nasais enquanto prova um vinho, para perceber como o órgão central do rosto faz muito mais do que lhe proporcionar o sentido do olfato. Infelizmente, nosso senso de odor é instável, pouco cooperativo. Isso se torna patente quando você cheira o mesmo copo de vinho (ou a rosa) uma dúzia de vezes, em rápida sucessão: a mensagem contendo o aroma se desvanece, sinalizando que seu nariz necessita de algum estímulo diferente.

É por essa razão que os degustadores põem bastante fé na primeira impressão. Balançar o vinho dentro do recipiente por segundos, uma ou duas vezes, provoca mais evaporação e acentua o odor, liberando você da compulsão por cheirar repetidamente.

Como os neurônios envolvidos no sentido do olfato têm acesso instantâneo aos centros da memória, por ambos ficarem bem próximos dentro do cérebro, a primeira aspiração já desencadeia o reconhecimento de um aroma anteriormente detectado, incluindo o do vinho que talvez você esteja tomando no momento atual.

Também é o olfato que dispara o primeiro alerta contra alguma anormalidade na bebida, por exemplo, o odor de vinagre ou do excesso de enxofre. Boas uvas e boa fermentação não ficam a

COMO SABOREAR UM VINHO

O segredo para tirar o máximo prazer de um vinho reside no conceito de que cheiramos gostos e saboreamos aromas. O complexo de sensações nervosas produzidas pelo cérebro distinguem as nuances de fragrâncias e paladares mais do que nossos narizes, bocas e palatos. A língua detecta o que é doce, azedo, salgado, frio ou escaldante. E ainda o que é macio, oleoso, adstringente. Mas a cor e o caráter de determinado sabor jazem nos componentes voláteis captados pelo nariz. Em suma, a base do processo de desfrute de um vinho está no momento da inalação: o primeiro ato, o de cheirar, é imprescindível, já que o senso do olfato se enfraquece rapidamente.

Observe com cuidado a cor exata, a claridade e a textura visual do vinho. Uma folha de papel branco pode ajudar.

Balance a taça para volatizar o aroma enquanto você se concentra. O recipiente é enchido até um quinto da capacidade.

Tente barrar outras ideias e apenas cheirar. A primeira impressão é decisiva para despertar o reconhecimento.

Preencha um terço de sua boca com um gole generoso e o "mastigue", de modo a molhar toda a mucosa.

O juízo de qualidade vem quando os componentes voláteis do vinho atingem a cavidade nasal superior no fundo da boca.

Numa degustação profissional, cuspir o vinho a intervalos é essencial para manter seus sentidos "limpos".

salvo de sujidades nos barris ou de apodrecimento nas rolhas. No entanto, quanto melhor é o vinho, mais ele estimula sua vontade de cheirá-lo. Nesse ponto, as oito variedades "clássicas" de uvas reafirmam sua importância na formação do gosto e da fragrância da bebida. O envelhecimento, natural ou artificial, transmuta o complexo de sensações que chamamos de "aroma" em algo menos definido, porém mais gratificante. É o cheiro da maturidade, que, por analogia com as flores, se conhece por *bouquet*, ou simplesmente buquê, e cuja particularidade está em nunca poder ser tocado, apesar da variação do cedro ao mel. O Riesling maturado pode cheirar a limão, o Gewürztraminer a outras frutas cítricas, o Chardonnay a manteiga.

No instante que a taça lhe chega aos lábios, você já tem respostas, pelo menos pistas, sobre a qualidade geral do vinho, fornecidas pelo nariz. Como uma orquestra a repetir, avolumado, o tema exposto por um solista, o olfato lhe permite julgar, com o concurso do paladar, se existe equilíbrio entre a suavidade e a acidez, entre o teor alcoólico e o gosto frutado ou a quantidade de tanino. Enfim, a harmonização dos componentes é que confere tipicidade à bebida, antes de torná-la agradável.

Porções diferentes de sua mucosa bucal captam diferentes facetas do sabor, reconhecíveis até com a ponta da língua, desde o primeiro gole. O açúcar só exige dois segundos para ser identificado.

O sal e o gosto amargo, pouco mais. Mas o amargor nem sempre é um estorvo à qualidade. Os italianos o apreciam, e muitos de seus vinhos tintos (como o Valpolicella) ganham um leve travo amargo posteriormente aos primeiros goles. A ciência conseguiu computar os ingredientes geradores de tais sensações, não todos, mas ao menos 400 até agora. Nossa percepção deles é inteiramente pessoal. Assim como alguns músicos têm o assim chamado "ouvido absoluto" – uma perfeita distinção dos tons, no instante em que os escutam –, amantes de vinhos poderiam gabar-se do "sabor e olfato absolutos". Mas essa capacidade varia muito, e para menor, tanto quanto o teor de sal que uma pessoa gosta de sentir na comida. Se você aprecia pratos pouco salgados, terá dificuldade em notar a sutil salinidade de alguns vinhos.

De qualquer modo, o máximo desfrute do sabor de um vinho dá-se quando a bebida alcança seu palato e você começa a engolir. Como o vapor natural do vinho sobe aos nervos olfativos, a ligação entre a boca e o nariz é, mais do que direta, imediata. Daí porque, em degustações sérias, o participante tem de cuspir o vinho da boca para manter "limpos" os demais sentidos. Os tintos possuem menos ou mais tanino, a substância que transforma a pele do animal em couro curtido. Sua adstringência, comparável à do carvalho, pode tornar-se incômoda quando invadida pelo gosto de couro e pela excessiva acidez. Existem vinhos ácidos, é óbvio, mas delicadamente estimulantes, enquanto uma alta concentração de ácido acético (vinagre ou, literalmente, vinho acre), medida em pH, inviabiliza a fruição da bebida.

Quanto ao álcool propriamente dito, ele dá ao vinho um sabor adocicado, mas acima de 11% por volume começa a aquecer a mucosa da boca, causando a sensação conhecida por "vinhosidade", ausente de muitos produtos alemães, que não passam de 8% ou 9%. O poder de sua língua em distinguir a fluidez da viscosidade é que define um vinho como sedoso,

outro como aveludado, e um terceiro como intragavelmente gorduroso. As permutações entre tais características impressionam pela variedade.

Por fim, vale citar o fator persistência, isto é, quanto tempo o sabor dura depois que você termina de beber. Os grandes vinhos oferecem, como ponto de partida, a maravilha do *bouquet*, e como ponto de saída a permanência do gosto na boca por muitos minutos, assombrando agradavelmente sua respiração. Intelectuais franceses inventaram uma medida da persistência: cada segundo de sabor após engolir foi denominado *caudalie*. De acordo com essa teoria, a hierarquia qualitativa dos vinhos está relacionada com o número de *caudalies*.

É oportuno lembrar que, numa degustação "cega", o primeiro objetivo não está na identificação da bebida, e sim na mobilização da memória aroma/sabor. Reconhecer, experimentar e então ingerir um bom vinho é um ato de hedonismo, de busca por um tipo de prazer inesquecível.

A ordem da fruição

O serviço dos vinhos, num jantar formal ou encontro de amigos, deve tratar de estabelecer um "crescendo" de aroma e sabor, até a mais alta qualidade possível. Vinhos vigorosos, densamente aromáticos, seguidos por outros mais leves, embora bons, fazem estes últimos parecer pigmeus diante de gigantes. Sabiamente, a norma manda que vinhos leves precedam os pesados; jovens, os maduros; secos, os suaves; brancos, os tintos. Profissionais de Bordeaux, todavia, costumam beber tintos antes dos brancos. Talvez valha a pena experimentar ambas as sequências.

Saborear: leitura adicional

Em anos recentes, numerosos e excelentes livros esmiuçaram em detalhes os temas da experimentação e do desfrute dos vinhos. *Wine Tasting*, de Michael Broadbent, é conciso e convincente. *How to Taste Wines*, de Len Evans, transmite a vasta experiência do autor como admirado perito em degustação. Nesse tópico, *O essencial sobre a prova*, de Michael Schuster, é provavelmente o melhor dos guias para o universo dos vinhos e o deleite que eles são capazes de proporcionar.

Glossário

Referências cruzadas estão em **negrito**.

Abboccato (Ita.) Levemente doce (ex. Orvieto).

Abfüllung (Ale.) Engarrafamento (ver **Erzeugerabfüllung**).

Amabile (Ita.) Um pouco mais doce que *abboccato*.

Amaro (Ita.) Amargo.

Amarone (Ita.) Vinho tinto forte, feito de uvas secas em Valpolicella.

Amtliche Prüfung (Ale.) Certificação de qualidade padrão por análise química e degustação. Obrigatória desde 1971 para todos os vinhos **QbA** e **QmP**. Cada vinho recebe um número de **AP** que deve ser exibido no rótulo.

Anbaugebiet (Ale.) A categoria mais ampla de regiões de vinho, das quais existem 13 (ex.: Mosel, Baden).

Annata (Ita.) O ano da safra.

Assemblage (Fr.) Vinho feito da mistura de diferentes tipos de uva.

Assemblaggio (Ita.) Ver **assemblage**.

Auslese (Ale.) Literalmente, "selecionado": a terceira categoria de vinhos **QmP**, feitos apenas com safras maduras e, em geral, naturalmente doces. Vinhos Auslese geralmente têm um leve grau de podridão nobre (*botrytis* – **botritizado**), que acrescenta sutileza à sua doçura frutada. Com a idade em garrafa, seu adocicado primário se concentra, dando sabores mais apurados.

Azienda Agricola (em um rótulo de vinho) (Ita.) Propriedade vinícola.

Barrique (Fr.) O barril padrão de Bordeaux para o envelhecimento do vinho, com capacidade para 225 litros.

Beerenauslese (Ale.) Literalmente, "frutas selecionadas": a categoria de vinho **QmP**, além de **Auslese** em doçura . Só uvas muito maduras ou com podridão nobre (*botrytis*) são usadas para fazer vinhos intensamente doces, que envelhecem admiravelmente.

Bereich (Ale.) Um dos 34 distritos ou sub-regiões (ex.: Bereich Bernkastel) dentro das treze **Gebieten** (regiões). Nomes de Bereich são geralmente usados para vinhos de qualidade inferior (mas atendem à legislação para **QbA** ou **QmP**), misturados de vinhedos menos distintos do distrito.

Bianco (Ita.) Branco.

Blanc de Blancs (Fr.) Vinho feito somente de uvas brancas; termo geralmente aplicado para Champagne 100% Chardonnay.

Blanc de Noirs (Fr.) Vinho branco feito apenas de uvas vermelhas; termo geralmente aplicado para Champagne 100% Pinot.

Blush (EUA) Vinho vermelho-claro, geralmente muito doce, feito de Zinfandel ou outras uvas tintas.

Bodega (Esp.) Vinícola ou adega.

Botte (Ita.) Tonel ou barril.

Botritizado Vinho de uvas afetadas, natural ou artificialmente, pelo fungo *Botrytis cinerea*, tornando a bebida, natural e normalmente, muito doce. A podridão nobre do Sauternes – ou de outros vinhos.

Bottiglia (Ita.) Garrafa.

Bric (ou **Bricco**) (Ita.) Topo de colina; comumente encontrado em rótulos de vinhos de vinhedo único de Piemonte.

Brix (EUA) Medida norte-americana para o teor de açúcar em uvas, também conhecida por Balling e quase igual ao dobro do potencial alcoólico do vinho caso todas as uvas sejam fermentadas. Assim, 19,3 Brix equivale a 10 graus de álcool por volume.

Cantina (Ita.) Adega.

Cantina sociale ou **cooperativa** (Ita.) Uma adega compartilhada por vários produtores.

Casa vinicola (Ita.) Vinícola geralmente dedicada à vinificação de uvas compradas. Ver também **tenementi**.

Cascina (Ita.) Termo usado no Norte do país para fazenda ou propriedade.

Cava (Esp.) Vinho espumante (feito pelo método tradicional, se for DO), principalmente no Norte da Espanha.

Cépage (Fr.) Variedade da uva.

Cerasuolo (Ita.) Vinho rosé, especialmente de Abruzo.

Chai (Fr.) Porão ou local apropriado para o envelhecimento do vinho em barris; adega.

Charta (Ale.) Organização fundada, em 1983, pelos principais produtores na região de Rheingau. Ela estabeleceu critérios estilísticos para tipos mais secos de Riesling, mas tornou-se cada vez mais anacrônica após a criação do sistema **Erstes Gewächs**. Hoje em dia, os seus objetivos foram absorvidos pelas diretrizes das propriedades **VDP**.

Chef de culture (Fr.) Gerente do vinhedo.

Chiaretto (Ita.) "Claret", **clairet**, clarete. Geralmente significa um vinho tinto muito claro, mas pode também referir-se à rosé.

Clairet (Fr.) Clarete. Vinho rosa-escuro, originalmente de Bordeaux.

Classico (Ita.) O coração "clássico" de uma zona DOC, por implicação (e geralmente) a melhor parte.

Colheita (Port.) Um Porto Tawny de safra única, envelhecido em madeira por sete anos ou mais.

Collage (Fr.) Refinação; clarificação do vinho, tradicionalmente realizada com clara de ovo batida.

Consorzio (Ita.) Consórcio de produtores de certa área vinícola que unem forças para controlá-la e promovê-la.

Côte (pl. côtes) (Fr.) Costa ou litoral.

Côteau (pl. coteaux) (Fr.) Encosta ou ladeira; a parte íngreme de colinas.

Coulure (Fr.) Incapacidade da videira de dar frutos após a floração.

Crémant (Fr.) Vinho francês produzido pelo método tradicional (**méthode traditionelle**) fora da região de Champagne.

Crianza (Esp.) Vinho envelhecido em carvalho, mas por período mais curto que um **Reserva** ou **Gran Reserva.**

Cromatógrafo gasoso Caro aparelho para analisar os componentes químicos de um composto (ex.: vinho).

Cru (Fr.) Cultivo, como em *cru classé* (cultivo classificado) ou *cru bourgeois* em Bordeaux; também um termo para a classificação de vinhedos em Borgonha e outras regiões, como em *premier* ou *grand cru*.

Crush (EUA) Termo californiano para a safra ou vindima, também referente à quantidade de uvas esmagadas, em toneladas por acre.

Cuvaison (Fr.) Tempo em que o vinho novo fica no tanque durante o processo de fermentação e maceração.

Cuve (Fr.) Tanque utilizado para fermentação ou armazenamento.

Dégorgement (Fr.) Processo de expulsão dos sedimentos acumulados no gargalo da garrafa durante a fabricação de vinho espumante.

Dolce (Ita.) Totalmente doce (tecnicamente, com teor de açúcar residual entre 5% e 10%).

Dosage (Fr.) A quantidade de açúcar adicionado ao vinho espumante durante o processo de *dégorgement*.

Edelfäule (Ale.) Podridão nobre ou *botrytis* (ver **botritizado**).

Einzellage (Ale.) Local de vinhedo único. Existem cerca de 2.600 Einzellagen na Alemanha. Oficialmente, o tamanho mínimo de um Einzellage é cinco hectares, embora haja muitos menores que isso. Um **Grosslage** é uma unidade de diversos Einzellagen supostamente da mesma qualidade e caráter. O nome do Einzellage ou Grosslage segue o nome do vilarejo (**Gemeinde**) no rótulo.

Eiswein (Ale.) Literalmente "vinho de gelo". Vinho feito por prensagem de uvas congeladas nos cachos ainda na videira, em pleno inverno (às vezes, janeiro). Elas são recolhidas e prensadas no início da manhã, antes que descongelem. Como é a água da uva que congela, o suco, separado do gelo, é concentrado em açúcar, acidez e sabor. Resulta em um vinho de singular doçura e caráter picante, com capacidade de envelhecimento quase ilimitada, menos rico, mas mais penetrante que um BA ou TBA, muitas vezes alcançando preços espetaculares.

Encépagement (Fr.) Escolha das variedades de uvas a ser cultivadas em um vinhedo.

Enólogo Consultor de vinificação.

Enoteca (Ita.) "Biblioteca de vinho". A Itália tem muitos estabelecimentos com amplas coleções de vinhos de referência nacional ou regional. Também significa loja de vinhos.

En Primeur (Fr.) O sistema pelo qual os vinhos são vendidos aos consumidores antes de ser engarrafados.

Erstes Gewächs (Ale.) Ver **Grosses Gewächs**.

Erzeugerabfüllung (Ale.) Engarrafado na propriedade.

Estabilização a frio Uma prática de vinificação quase universal para evitar a formação de (inofensivos) cristais de ácido tartárico na garrafa. Este ácido é removido armazenando-se o vinho, durante cerca de quinze dias, até próximo de seu ponto de congelamento.

Etichetta (Ita.) Rótulo.

Fass (Ale.) Barril. Holzfässen são grandes barris de carvalho, os recipientes tradicionais nas adegas alemãs.

Fattoria (Ita.) Termo toscano para uma fazenda ou propriedade vinícola.

Feinherb (Ale.) Termo mal definido, usado por alguns produtores como alternativa para o contraditório **halbtrocken**. Geralmente denota Halbtrocken em grande estilo ou um pouco mais doce.

Field-grafting (EUA) Método amplamente utilizado para converter vinhas de uma variedade de uva para outra de variedade diferente. A parte superior da vinha é cortada perto do solo, e a muda da variedade nova é então inserida. Enxertia.

Finca (Esp.) Propriedade.

Flor (Esp.) Camada de levedura que protege o xerez jovem de oxidação e confere a um vinho fino seu sabor distinto. Também encontrada em vinhos como o vin jaune do Jura.

Flurbereinigung (Ale.) O termo para a consolidação de vinhedos pela remodelação da paisagem patrocinada pelo governo, um processo que revolucionou o antigo sistema de terraceamento em muitas partes da Alemanha, tornando a terra arável por tratores e racionalizando participações dispersas.

Fouloir-égrappoir (Fr.) Máquina giratória para desengaço e esmagamento das uvas. *Foulage* é esmagamento; *éraflage*, desengaço.

Free-run juice O suco que escorre das uvas esmagadas antes do processo de prensagem. Consequentemente, superior. Normalmente misturado com suco prensado.

Frizzante (Ita.) Frisante. Ligeiramente efervescente, mas com muito menos pressão que um vinho espumante.

Füder (Ale.) O barril de Mosel; formato oval, feito de carvalho, com capacidade para 1.000 litros ou cerca de 110 caixas.

Futures (EUA) Ver **En primeur.**

Gebiet (Ale.) Região.

Gemeinde (Ale.) Vilarejo ou comuna. O nome do vilarejo vem sempre antes do vinhedo no rótulo alemão.

Gôndola (EUA) Grande reboque/caçamba, puxado por trator ou caminhão, usado no transporte dos cachos colhidos até à prensa.

Grand cru (Fr.) Termo definido por lei, usualmente os melhores vinhedos de uma região (Borgonha, Alsácia, Bordeaux). Pode ser melhor que um *premier cru* (Borgonha) ou não (Bordeaux).

Grand vin (Fr.) Termo não regulamentado, geralmente utilizado para se referir ao melhor vinho da propriedade, em contraste com o segundo ou demais vinhos.

Grosses Gewächs (Ale.) Vinhedo de "primeira classificação", conforme estabelecido pelo critério VDP.

Grosslage (Ale.) "Vinhedo coletivo", consistindo de uma série de **Einzellagen** de qualidade similar. Infelizmente, a lei de vinho não permite que o rótulo faça distinção entre um nome de Grosslage e de Einzellage. Nomes de Grosslage são normalmente usados para vinhos QbA, mas, às vezes, também para vinhos TBA quando um único Einzellage não pode produzir uva o suficiente para encher nem mesmo um pequeno barril.

Halbtrocken (Ale.) "Meio seco" (*halb* = meio). Vinho com não mais que dezoito gramas de açúcar não fermentado, residual, por litro. Embora o conceito seja insatisfatório, esse estilo de vinho pode ser mais gratificante do que o **trocken** (seco) em safras nas quais a acidez é muito elevada.

Imbottigliato (ou **messo in bottiglia**) **nel'origine** (ou **del produttore all'origine**) (Ita.) Engarrafado na propriedade.

Jahrgang (Ale.) Safra (ano).

Joven (Esp.) Estilo de vinho jovem, fresco, geralmente sem envelhecimento em carvalho.

Jug wines (EUA) Antes, vinhos servidos em jarro, vindos direto da adega, para consumo imediato e de baixa qualidade. Agora, vinhos padrão, vendidos em garrafão.

Kabinett (Ale.) A primeira categoria de Qualitätswein mit Prädikat (**QmP**), refere-se ao vinho de uvas maduras de safra normal, não adoçado. Vinhos Kabinett finos têm qualidades de leveza e delicadeza que os tornam a bebida refrescante ideal, não inferior aos vinhos **Spätlese** ou **Auslese**, mais pesados (e mais caros).

Kellerei (Ale.) Adega, por inferência o estabelecimento de um comerciante em vez do de um produtor (neste caso, chamado Weingut).

Landwein (Ale.) Categoria de **trocken** (seco) ou **halbtrocken tafelwein** (meio seco, vinho de mesa) introduzida em 1982.

Legno (Ita.) Madeira (em barril).

Liebfraumilch (Ale.) "Leite da mulher amada". Nome muito usado e abusado para um "vinho de caráter agradável", com 18 a 40 gramas de açúcar residual, oficialmente originário de Pfalz, Rheinhessen, Rheingau ou Nahe. Ele deve adequar-se à categoria QbA e ser principalmente de uvas Riesling, Silvaner ou Müller-Thurgau. Uma vez que nem o seu caráter, nem a sua qualidade são remotamente consistentes, sua popularidade, agora cada vez menor, só pode ser atribuída ao seu nome simples e memorável.

Liquoroso (Ita.) Vinho encorpado, geralmente fortificado, doce ou não.

Maître de chai (Fr.) O encarregado da adega, a cargo de todas as operações de vinificação.

Marc (Fr.) A matéria sólida – cascas, sementes e engaços – deixada depois da prensagem.

Meritage (EUA) Designação de misturas brancas ou tintas feitas de variedades de Bordeaux.

Méthode traditionelle/classique (Fr.) Atualmente, é termo obrigatório para os vinhos espumantes que são feitos utilizando o método de Champagne (*méthode champenoise*). Aplicado aos vinhos produzidos fora da região de Champagne.

Metodo tradizionale ou **classico** (Ita.) Ver **méthode traditionelle**.

Millésime (Fr.) O ano da safra (ex.: 2005).

Monopole (Fr.) Um vinhedo pertencente a um único vinicultor (ex.: Clos de Tart, na Borgonha).

Mostgewicht (Ale.) "Peso de mosto". A gravidade específica ou densidade do suco de uva, verificada com um hidrômetro, é a forma de medir o teor de açúcar. A unidade de medida é o grau **Oechsle**.

Muffa nobile (Ita.) Podridão nobre ou por *botrytis*.

Mosto Suco de uva não fermentado.

Mutage (Fr.) Processo de deter a fermentação pela adição de aguardente ao mosto e pelo qual é feita a maioria dos vinhos fortificados.

Négociant (Fr.) Comerciante ou distribuidor.

Oechsle (Ale.) A gravidade específica, portanto, a doçura do **mosto** alemão é medida pelo método inventado por Ferdinand Oechsle (1774-1852). Cada grama que 1 litro de suco de uva seja mais pesado que 1 litro de água é igual a 1 grau Oechsle. O valor de Oechsle dividido por 8 resulta no teor alcoólico do vinho.

Offene Weine (Ale.) Vinhos servidos "abertos" em um grande copo, em cafés ou restaurantes. O mesmo que **Schoppenweine**.

Ortsteil (Ale.) Um subúrbio ou parte de uma comunidade maior – uma cidade, por exemplo – com uma posição independente, como Erbach em Rheingau, é uma Ortsteil da cidade de Eltville. Algumas propriedades famosas (ex.: Schloss Vollrads) estão autorizadas a omitir os nomes da cidade em seus rótulos.

Ovals Barris de qualquer tamanho com forma oval, em vez de redonda, mantidos permanentemente em um lugar e não movidos pela adega – de tradição alemã, e não francesa.

Passito (Ita.) Vinho feito de uvas secas (em esteiras em galpões ou sob luz solar direta) para concentrá-las; forte e geralmente doce.

Perlwein (Ale.) **Tafelwein** levemente frisante, muitas vezes gaseificado artificialmente sob pressão, mediante uma pequena adição de dióxido de carbono, que refresca vinhos maçantes.

Pièce (Fr.) O barril padrão da Borgonha, para envelhecimento de vinho, com capacidade para 228 litros.

Plafond Limite de Classement (PLC) (Fr.) Engenhosa trapaça para permitir aos produtores exceder os limites de rendimento legais de suas denominações. A cada safra, um montante extra é permitido, geralmente 20%.

Pomace (EUA) Matéria sólida – cascas, sementes e talos – remanescente da prensagem.

Podere (Ita.) Fazenda ou propriedade vinícola.

Porte-greffe (Fr.) Pé de videira, resistente à filoxera, no qual a variedade desejada é enxertada; porta-enxerto.

Premier cru (Fr.) Termo definido por lei em Bordeaux e na Borgonha, mas com significados diferentes em cada uma delas. Ver ***grand cru***.

Qualitätswein bestimmter Anbaugebiete (**QbA**) (Ale.) "Vinho de qualidade de uma região designada". A categoria de vinho acima de **tafelwein** (vinho de mesa) e **landwein** (vinho regional), mas abaixo de **QmP**. Ele deve ser de um dos treze **Anbaugebiete** (sem mistura), de uvas aprovadas, a alcançar certo nível de maturidade antes da chaptalização e passar por um exame analítico e por provas para então ganhar um número de AP. Em safras imaturas, uma alta proporção de vinho alemão entra nesta categoria, e pode ser muito satisfatório, embora nunca atingindo a distinção de um vinho QmP.

Qualitätswein mit Prädikat (**QmP**) (Ale.) "Vinho de qualidade com atributos especiais" é a embaraçosa descrição oficial de todos os melhores vinhos alemães, começando pela categoria **Kabinett** e crescendo em doçura, corpo e valor até o **TBA**. Vinhos QmP devem ser originários de um único **Bereich** e são certificados em cada fase da sua carreira, a começar da videira.

Quinta (Port.) Propriedade.

Quintale (Ita.) 100 quilos; usado para calcular o rendimento, como em 100 *quintali* por hectare (equivalente a 70 hectolitros por hectare).

Rebsorte (Ale.) Casta.

Recioto (Ita.) Similar a **Amarone,** mas com pequena quantidade de doçura residual.

Récolte (Fr.) Colheita.

Regisseur (Fr.) Administrador da propriedade.

Rendement (Fr.) Rendimento, geralmente medido em hectolitros por hectare ou em gramas por cacho.

Restsüsse (Ale.) Açúcar residual: o açúcar que permanece não fermentado no vinho no engarrafamento, se a fermentação foi interrompida de forma natural ou artificial. Um **TBA,** pode chegar a valores surpreendentes de mais de 200 gramas por litro, com muito pouco do açúcar convertido em álcool.

Riserva, **riserva speciale** (Ita.) Vinhos que foram maturados por um número de anos regulatório (o *speciale* é mais velho). Exceto nas zonas de Piemonte e Chianti, tais termos estão aos poucos caindo em desuso.

Rosato (Ita.) Rosé.

Rosso (Ita.) Tinto.

Rotling (Ale.) Vinho tinto pálido, originado da mistura de uvas tintas e brancas.

Rotwein (Ale.) Vinho tinto.

Rovere (Ita.) Carvalho (em barril).

Säure (Ale.) Acidez (medida em unidades por 1.000 de ácido tartárico). O agente de equilíbrio essencial para a doçura no vinho alemão (ou qualquer outro). Como regra geral, um vinho bem equilibrado tem cerca de uma unidade por 1.000 (ml) de ácido para cada dez graus **Oechsle**. Assim, um vinho de 80 graus Oechsle precisa de uma acidez de aproximadamente 8,0.

Schaumwein (Ale.) Espumante – um termo geral para vinho espumante de baixo preço. Vinhos espumantes de qualidade são chamados **Sekt**.

Schillerwein (Ale.) Um tinto pálido (**Rotling**) de *status* **QbA** ou **QmP,** produzido apenas em Württemberg.

Schoppenweine (Ale.) Outro termo para **offene Weine** – vinho servido "aberto", em um copo grande.

Sekt (Ale.) Vinho espumante alemão de qualidade, sujeito a controles semelhantes aos dos vinhos **QbA**.

Sélection de Grains Nobles (Fr.) Meticulosa seleção de uvas **botritizadas** para obter um vinho de sobremesa muito doce; utilizado na Alsácia e em Anjou.

Solera (Esp.) Sistema de mistura fracionária: o barril mais antigo é coberto pelo mais velho seguinte, e assim por diante. Usado principalmente para xerez.

Spätlese (Ale.) Literalmente,"tardiamente colhido". A categoria **QmP** acima de **Kabinett** e abaixo de **Auslese**, com vinhos de grau alcoólico mais alto e com mais corpo e "vinosidade" que Kabinett. Podem ser muito mais doces, mas não necessariamente. Muitos já fermentados até ficarem secos. Degustadores estabelecem um consenso sobre o que constitui o estilo Spätlese em cada safra e região.

Spitzen (Ale.) "De topo", um termo alemão favorito, aplicado a vinhedo, produtor ou safra.

Stravecchio (Ita.) Muito velho (um termo regulado por normas DOC, não permitido em outros lugares).

Stück (Ale.) O barril de carvalho tradicional, padrão do Reno, com capacidade para 1.200 litros ou cerca de 133 caixas. Também há *doppelstücke* (duplo), *halbstücke* (meio), e *viertel* (um quarto) *stücke*.

Superiore (Ita.) Superior em qualquer uma das várias formas especificamente designadas por regras DOC, por exemplo, alto grau alcoólico.

Süssreserve (Ale.) Suco de uva não fermentado com toda a sua doçura natural, mantido reservado para mistura em vinhos secos, totalmente fermentados, para chegar ao equilíbrio ideal do produtor. Esse adoçamento (que também reduz o teor de álcool) é muitas vezes exagerado, mas uma pitada criteriosa de doçura extra pode realçar os sabores frutados, e fazer um vinho médio mais atraente. A prática é evitada por muitos, mas não todas as propriedades líderes.

Tafelwein (Ale.) Vinho de mesa, a categoria mais humilde de vinho alemão. (Sem o prefixo Deutsche, pode não ser alemão, por mais gótico que seja o rótulo.) A origem, o teor de álcool e castas são todos controlados, mas Tafelwein nunca é mais que um vinho leve para matar a sede.

Taille (Fr.) Poda.

Tenementi ou **tenuta** (Ita.) Propriedade.

Tonneau (Fr.) Unidade de medida em que o vinho Bordeaux ainda é comprado dos châteaux (900 litros ou quatro barricas ou 100 dúzias de garrafas).

Trocken (Ale.) Seco. Categoria oficial para os vinhos alemães com menos de 9 gramas de açúcar não fermentado por litro.

Trockenbeerenauslese (**TBA**) (Ale.) "Uvas secas selecionadas". Ironicamente, o exato oposto da última entrada, pois "secas" aqui se referem ao estado das uvas maduras quando colhidas enrugadas pela podridão nobre (por *botrytis*) e secas na videira. Tamanha é a concentração de ácido, açúcar e sabores que o nível **Oechsle** de **mosto** TBA pode atingir mais de 300 graus. Vinhos TBA são difíceis de fermentar e raramente passam de 7 graus de álcool. A doçura intensa restante age como um conservante natural e retarda a maturação por muitos anos. Alguns TBAs de 1893 ainda são eminentemente bebíveis.

Vecchio (Ita.) Velho.

Vendange Tardive (Fr.) Colheita tardia. Vinho em geral levemente doce, feito de uvas amadurecidas. Uma especialidade da Alsácia.

Vendemmia (Ita.) Safra. Também pode ser usado em vez de **annata** nos rótulos. "Vendemmia Tardiva" é um vinho de colheita tardia, mas geralmente não **botritizado**.

Verband Deutscher Prädikats- und Qualitätsweingüter (**VDP**) (Ale.) "Associação dos Produtores de Vinhos de Qualidade Superior".

Vieilles Vignes (Fr.) Velhas videiras. Um termo que poderia se beneficiar de regulação, já que não há uma idade estabelecida na qual a videira passa a ser "velha".

Vigna, **vigneto** (Ita.) Vinhedo.

Vignaiolo or **viticoltore** (Ita.) Produtor de uva.

Vinho de gelo Vinho feito de uvas congeladas, uma tradição técnica (como **Eiswein**) na Alemanha.

Vinho de gota Primeiro mosto que flui das uvas ao esmagá-las levemente, antes da prensagem. Portanto, de qualidade superior. Normalmente é misturado com o mosto da prensagem.

Vin ou **vino santo** (Ita.) Vinho elaborado com uvas secas em lugares fechados durante o inverno e envelhecido por muitos anos em tonéis de pequeno porte. Normalmente doce.

Vino cotto (Ita.) Vinho cozido (concentrado).

Vino novello (Ita.) O vinho do ano em curso, agora usado no mesmo sentido de Beaujolais Nouveau.

Vino da pasto (Ita.) Vinho de dia a dia para consumo com refeição.

Vino da tavola (Ita.) O termo regulatório para vinhos não DOC, o equivalente do *vin de table* francês. Vinho de mesa.

Vite (Ita.) Vinha, videira.

Viticulteur (Fr.) Viticultor.

Weingut (Ale.) Propriedade vinícola. O termo só pode ser utilizado por agricultores que plantam suas próprias uvas.

Weinprobe (Ale.) Degustação de vinho.

Weinstein (Ale.) O depósito de cristais de tartarato de potássio que forma um revestimento brilhante, similar a uma rocha, em barris velhos. Ver **estabilização a frio.**

Weissherbst (Ale.) Um vinho rosé de *status* **QbA** ou **QmP**, feito de uvas tintas de uma única variedade, a especialidade de Baden, Württemberg e Pfalz.

Winzer (Ale.) Vinicultor.

Winzergenossenschaft, Winzerverein (Ale.) Cooperativa vinícola**.**

Índice

Aalto, 390
Abacela, 523
Abadal, 398
Abadía de Acón, 390
Abadía Retuerta, 393
Abbatucci, Comte, 222
Abbaye de Sylva Plana, 213
Abbaye der Ste-Ferme, L', 93
Abbazia di Novacella, 311
Abbazia Santa Anastasia, 370
Abbé Rous, Cave de l', 204
Abbona, Anna Maria, 294
A'Beckett's, 605
Abona (Tenerife), 408
Abrigo, Orlando, 294
Abril, 281
Abruzzo, 356-358
Abymes, 142
Acacia Vinícola, 488
AC/AOC (Appellation d'Origine Contrôlée), 34-35
Accordini, 315
Acham-Magin, 268
Achaval Ferrer, 544
Achkarrer Schlossberg, 280
Achs, Paul, 446
Ackerman-Laurance, 154
Adami, 315
Adams, Tim, 570
Ada Nada, 299
Adank, 436
Adanti, 348
Adega Cooperativa de Palmela, 417
Adega Cooperativa Regional de Monção, 414
Adelaide, Cascina, 294
Adelmann, Graf, 276
Adelsheim, 520
Adeneuer, J.J., 255
Adige Meranese di Collina, 309
Agassac, d', 55
Agenais, l', 240
Aglianico, 367
Aglianico del Taburno, 358
Agly Brothers, 204
Agnes, 306
Agrapart, 174
Agriverde, 357
Ahlgren, 509
Ahr, 255
Aia Vecchia, 343
Aiguilhe, d', 89
Aiguilière, Domaine de l', 216
Aiguilloux, Château, 207
Aîné, Paul Jaboulet, 187
Aires Hautes, Domaine des, 210
Ajello, 370
Akarua, 589
Alana, 584
Alario, 294
Alary, Daniel & Denis, 189
Alavesas, 383
Alban, 513
Albana di Romagna, 325
Albani, Riccardo, 306
Albet i Noya, 398
Albola, Castello d', 334
Albrecht, Lucien, 178
Albugnano, 291
Alcamo, 368
Alderbrook Vineyards, 500
Aldinger, Gerhard, 277
Aleatico di Gradoli, 353
Aleatico di Puglia, 361
Alella, 395
Alentejo, 414, 417-418
Alessandria, Gianfranco, 294
Alexander Valley Vineyards, 500
Alezio, 361-362
Alfred, Domaine, 513
Alghero, 373
Aliança, Caves, 418-419
Alión, 390
Alkoomi, 574
All Saints, 561
Allegrini, 315
Allemand, Thierry, 185
Allendorf, Fritz, 258
Allesverloren, 601
Alliet, Domaine Philippe, 157
Alma Rosa, 514
Almaviva, 537
Alois, 360
Alonso del Yerro, 390
Alorna, Quinta de, 417
Aloxe-Corton, 108
Alpha Domus, 583
Alquier, Domaine Jean-Michel, 213
Alta Alella, 398
Altare, Elio, 294
Alta Vista, 544
Altesino, 340
Alto, 594
Alto Ádige, 308-310, 311-313
Alto Aragón, Viñedos del, 388
Alto Ebro, 378, 381-389
Altolandon, 401
Alto Moncayo, 389
Altos Las Hormigas, 544
Altydgedacht/Tygerberg, 602
Alvaro Palacios, 398
Alvear, 404
Alves e Sousa, Domingos, 414
Alzatura, 348
Alzeto, Clos d', 222
Alzinger, Leo, 440
Ama, Castello di, 334-335
Amadieu, Pierre, 189
Amador Foothill Winery, 511
Amalienhof, 277
Amberley Estate, 575
Amblard, Domaine, 232
Ambra, D', 360
Ambra, Fattoria, 343
Ambroise, 115
Ambrosini, 343
Ameal, Quinta da, 414
Amiel, Mas, 204
Amiot, 115
Amirault, Domaine Yannick, 157
Amisfield, 590
Amity Vineyards, 520
Ampeau, Robert, 115
Ampeleia, 343
Ampélia, d', 89
Ampelidae, 159
Ampurdàn, Cavas del, 398
Anakena, 537
Anam Cara, 520
Ancenis, Coteaux d', 144
Ancienne Cure, Domaine de l', 223-224
Andeluna, 544
Andresen, 425
Andron-Blanquet, 53
Angelis, De, 352
Angelo, Fratelli d', 367
Angélus, 72
Angerer, 442
Angerville, Marquis d', 115
Anges, Domaine des, 193
Angles, Château d', 215
Angludet, d', 44
Angoris, 321
Angove's, 574
Anguera, Joan d', 398
Anhel, Clos de l', 208
Anjou, 144
Anna Amie, 520
An Negra, 398
Anselma, 295
Anselmet, 302
Anselmi, 315
Ansonica Costa dell'Argentario, 330
Anteo, 306
Anthonic, 45
Anthony Road, 528
Antica Masseria del Sigillo, 364
Antichi Vigneti di Cantalupo, 295
Antinori, Marchesi, 343
Antinori, Piero, 332
Antonelli, 348
Antoniolo, 295
Anvers, 572
Aprilia, 353
Aquéria, Château d', 192
Aquitania, 537
Aragão, 388-389
Aragonesas, 389
Araucano, 537
Araujo, 488
Arborea, 373
Arcadian, 516
Archambeau, d', 63
Arche, d', 55, 68
Archery Summit, 520
Arcole, 313
Ardèche, l', 239
Ardhuy, Domaine d', 116
Aréna, Antoine, 222
Argentiera, 343
Argiano, 340
Argiolas, 374
Argyle, 520
Ariano, 551
Arlaud, Hervé, 116
Arlay, Château d', 140
Arlot, Domaine de l', 116
Armagnac, área, 234
Armailhac, d', 49
Armajan des Ormes, d', 69
Armênia, 465
Armida, 500
Arnaude, Château L', 199
Arnauld, 55
Arnoux, Robert, 116
Arrayán, 401
Arretxea, Domaine, 238
Arrosée, L', 73
Arrowfield, 557
Arrowood, 500
Arsac, d', 44
Artadi, 383
Artesa, 488-489
Arvay, János, 453
Arzuaga, 390
Ascheri, 295
Aschero, Laura, 303
Ashbrook Estate, 575
Ashton Hills, 565
Asprinio, 358
Asprino, 358
Assmannshauser Höllenberg, 257
Aster, 390
Asti, Freisa d', 292
Ata Rangi, 584
Atauta, Dominio de, 390
Atina, 353
Atlântico Central (EUA), 530
Atlas Peak Vineyards, 489
A to Z Wineworks, 520
Attems, Conti, 321
Attilio Ghisolfi, 298
Aubry, 174
Aubuisières, Domaine des, 157
Aude, 240
Audebert & Fils, 157
Augusta, Isola, 322
Auphilhac, Domaine d', 216
Ausone, 71
Aussières, Château d', 207
Auvenay, Domaine d', 116
Auvernier, Château d', 435
Auxey-Duresses, 112
Aveleda, Quinta da, 414
Avenir, L', 594
Aversa, 358
Aveyron, 229-230
Avignonesi, 342
Avocat, L', 63
Ayala, 174
Ayler Kupp, 247
Ayuso, 401
Ayze, 143
Azamor, 417
Azelia, 295

Babcock, 514
Babich, 585
Bablut, Domaine de, 152
Bachelet, Denis, 116
Bachen, Château de, 236
Bachtobel, Schlossgut, 436
Backsberg, 599
Badel, 459
Badia a Coltibuono, 335
Badon Thunevin, Clos, 77
Badoux, Henri, 433
Bagatelle, Clos, 214
Baglio di Pianetto, 370
Bagnol, Domaine du, 199
Bagnoli di Sopra, 313
Baigorri, 383
Baileyana, 513
Bailey's, 561
Bailly-Reverdy, 161
Bairrada, 412-413
Balagès, Domaine de, 230
Baldacci Vineyards, 489
Balestard la Tonnelle, 73
Balgera, 306
Balisiers, Domaine des, 435
Balland-Chapuis & Gitton, 165
Balland-Chapuis, Joseph, 161
Ballandean Estate, 577
Ballarin, 295
Balnaves, 571
Balter, Nicola, 310
Balthazar, Franck, 188
Bandol, 198-199
Banfi, Castello, 340
Bannockburn, 562
Bano Carrisi, Al, 364
Banti, Erik, 343
Bara, Paul, 174
Barat, 101
Barattieri, Conte Otto, 327
Barbadillo, Antonio, 407
Barbaresco, 291
Barbarossa di Bertinoro, 326
Barbe Blanche, de, 79
Barbeito, 427
Barbera, 304, 326
Barbera d'Alba, 291
Barbera d'Asti, 291
Barbera del Monferrato, 291
Barberani-Vallesanta, 348-349
Barbi, Fattoria dei, 340
Barbier, René, 398
Barboursville, 530
Barco Reale, 330
Barde-Haute, 76
Bardolino, 313
Baret, 63
Barge, Gilles, 185
Bargetto, 509
Barnard Griffin, 524
Barnaut, Edmond, 174
Barolo, 291
Barolo Chinato, 291-292
Barolo, Marchesi di, 299
Baron Philippe de Rothschild, 40
Barossa Valley Estates, 566
Barrabaque, 87
Barral, Domaine Léon, 213
Barraud, Daniel, 133
Barréjat, Château, 234
Barréjats, Cru, 69
Barros Almeida, 425
Barros e Sousa, Artur de, 427
Barroubio, Domaine de, 210
Barry, Jim, 570
Barth, Hans, 258
Barthod, Ghislaine, 116
Bartoli, Marco de, 370-371
Barton et Guestier, 40
Bas, Château, 200
Basciano, Fattoria di, 335
Basedow, 566
Basilisco, 367
Basilium, 367
Bass Phillip, 565
Bassermann-Jordan, dr. von, 268
Basté, Clos, 235
Bastgen, 250
Bastian, 256
Bastianich, 321
Bastide Blanche, Domaine la, 198
Bastides, Domaine les, 200
Bastor-Lamontagne, 69
Batailley, 49
Batasiolo, 295
Bati, 458
Batté, Walter de, 303
Battle of Bosworth, 572
Baudan, 45
Baudare, Château, 231
Baudoin, Clos, 158
Baudouin, Patrick, 155
Baudry, Bernard, 157
Baudry-Dutour, 159
Bauduc, 93
Baumann Weingut, 436
Baumard, Domaine des, 152
Baux, Mas, 204
Bava, 295
Béarn, 236-238
Béates, Domaine des, 200
Beaubois, Château, 220
Beaucastel, Château de, 194
Beauclair, Fougeray de, 120
Beaudet, Paul, 136
Beaulieu, 93
Beaulieu, Château de, 233
Beaulieu Vineyards, 489
Beaumont, 55, 602
Beaumont des Crayères, 174
Beaumont, Domaine des, 116
Beaune, 109-110
Beauportail, Château, 224
Beaupré, Château du, 200
Beauregard, 81
Beaurenard, Domaine de, 194
Beauséjour, 80
Beau-Séjour-Bécot, 72
Beauséjour (Duffau-Lagarrosse), 72
Beau-Site, 53
Beaux Frères, 520
Bécasse, la, 52
Beck, Château de, 220
Beck, Graham, 602
Becker, 532
Becker, Friedrich, 268
Becker, J.B., 258
Becker, Jean, 179
Beckmen, 514
Bedell, 529
Bégude, Domaine de la, 198
Beiras, 412-413, 416
Bélair, 72
Bel Air La Royère, 91
Bel-Air (Lussac-Saint-Émilion), 79
Bel-Air Perponcher, 93
Bel Air (Sainte-Croix-du-Mont), 94
Belair Saint-Georges, 80
Bel Colle, 295
Belgrave, 54
Bélingard, Château, 224
Belisario, 351
Belland, Roger, 116
Bellavista, 306
Belle, Albert, 188
Belle Coste, Château de, 220
Bellefont-Belcier, 73
Bellegarde, Domaine, 237
Bellegrave, 52, 81
Bellei, Francesco, 327
Bellerive, Château de, 152
Bellet, Château de, 200
Belle-Vue, 55
Bellevue, 76-77
Bellevue, de, 79
Bellevue-Gazin, 91
Bellevue-la-Forêt, Château, 231
Bellevue-Mondotte, 77
Bellivière, Domaine de, 159
Belluard, Domaine, 143
Belondrade, 393
Beltrame, 321
Belvedere, 463
Benanti, 371
Benessere, 490
Bentzel-Sturmfeder, Graf von, 277
Benziger, 500-501
Bera, 295
Bérangeraie, Château de la, 227
Bercher, 281
Bercher-Schmidt, 281
Bergaglio, Nicola, 295
Bergat, 74
Bergdolt, 268
Bergerac, 223-226
Bergstrom, 520
Beringer Vineyards, 490
Berliquet, 74
Berlou, Vignoble de, 214
Berlucchi, Fratelli, 306
Berlucchi, Guido, 306
Bernard, Christian, 136
Bernadotte, 55
Bernarda, Rocca, 324
Bernardins, Domaine des, 189
Bernardus, 512
Berne, Château de, 200
Berne, Le, 342
Bernhart, 268
Bernkasteler Badstube, 248
Bernkasteler Doctor, 248
Béroche, Caves de la, 435
Beronia, 383
Bersano & Riccadonna, 295
Berta, La, 327
Bertagna, Domaine, 116
Bertani, 315-316
Bertelli, A., 295
Berthet-Bondet, 140
Berthoumieu, Domaine, 234
Bertineau Saint-Vincent, 86
Bertinerie, 91
Bertrand-Bergé, Domaine, 208
Bertrands, les, 91
Bertranoux, Domaine de, 224
Besserat de Bellefon, 166
Bessière, 217
Bessin, Jean-Claude, 101
Best's Wines, 563
Bestué, Otto, 389
Bethany, 566
Bethel Heights, 520
Betz Family Winery, 524
Beurdin, Henri, 164
Beychevelle, 46
Beyer, Léon, 179
Beyerskloof, 594
Biale, 490
Bianche, Case, 316
Bianchello del Metauro, 350
Bianchi, Maria Donata, 303
Bianchi, Valentín, 544
Bianco Capena, 353
Bianco d'Alcamo, 368
Bianco della Valdinievole, 330
Bianco di Custoza, 313
Bianco di Pitigliano, 330
Bianco di Scandiano, 326
Bianco Pisano di San Torpè, 330
Bianco Vergine Valdichiana, 330
Bibbiano, Tenuta di, 335
Bibei, Dominio do, 380
Bichot, Albert, 116
Bickel-Stumpf, 274
Biffar, Josef, 268-269
Bigi, Luigi, 349
Bigorre, 240
Bila-Haut, Domaine, 204
Bilbaínas, 383
Bilbao, Ramón, 383
Billaud-Simon, 101
Billecart-Salmon, 166-167
Bimbadgen, 557
Bindella, 342
Binder, Rolf, 566
Bindi, 563
Binger Scharlachberg, 265
Binissalem, 396
Biondi Santi, 340
Bird in Hand, 565
Birkweiler Kastanienbusch, 267
Bisceglia, 367
Bischöfliche Weingüter, 250
Bisol, 316
Bisquertt, 537
Bisson, 303
Biston-Brillette, 45
Bivongi, 365
Bize, Simon, 116
Black Ridge, 590
Blackstone, 516
Blagny, 111
Blaignan, 58
Blain-Gagnard, 116
Blanck & Fils, Domaine Paul, 179
Blankenhorn, 281
Blankiet, 490
Blass, Wolf, 566-567
Bleasdale Vineyard, 572
Blecua, 389
Blue Mountain, 534
Blue Pyreenes, 563
Boas Quintas, 416
Boca, 292
Boccadigabbia, 351
Bock, Joszef, 455
Boeger Winery, 511
Boekenhoutskloof, 601
Boesch, Léon, 179
Boffa, Alfiero, 295
Bogle, 516
Boglietti, Enzo, 295
Bohemia, 456
Böhme, Klaus, 284
Boillot, Jean-Marc, 116-117
Bois de Boursan, Domaine, 194-195
Bois-Joly, Domaine du, 148
Boisset, Jean-Claude, 117
Boizel, 174
Bolgheri, 330
Bolla, 316
Bollinger, 167
Bologna, Braida-Giacomo, 295
Bolognani, 310
Bonalgue, 81
Bonarda, 304
Bonarda Piemontese, 292
Bond, 490
Bonfiglio, 327
Bongran, Domaine de la, 133
Bonheur, Le, 594
Bonhomme, André, 133
Boniface, Pierre, 143
Bonneau du Martray, 117
Bonneau, Henri, 195
Bonnefond, 188
Bonnet, 93
Bonnet, Alexandre, 174
Bonnezeaux, 145
Bonny Doon, 509
Bonvin, Charles, 431
Bonzara, 327
Bookers Vineyard, 605
Boplaas, 602
Bopparder Hamm, 256
Borba, Adega Cooperativa de, 417
Bordenave, Domaine, 237
Borderie, Château la, 224
Borde-Rouge, Château, 208
Borges, H M, 427
Borgo Conventi, 321
Borgo del Tiglio, 321
Borgo di Colloredo, 360
Borie du Maurel, 211
Borie La Vitarèle, Château, 213
Borie-Manoux, 40
Bories, Domaine dês, 234
Borok, Uri, 455
Boroli, 295
Borro, Il, 344
Borsao, Bodegas, 389
Bosca, Luigi, 544
Boscarelli, 342
Boschendal, 601
Bosco Eliceo, 326
Bosco, Rosa, 321
Boscq, le, 53
Bosoni, Lunae, 303
Bosquet des Papes, Domaine, 195
Bossi, Castello di, 335
Bott-Geyl, 179
Botticino, 304
Bouchaine, 490
Bouchard Finlayson, 602
Bouchard, Pascal, 101
Bouchard Père & Fils, 117
Bouches-du-Rhône, 239
Boudau, Domaine, 204
Bouland, Daniel, 136
Boullault & Fils, 148
Bourdy, Jean, 140
Bourgeois, Henri, 161
Bourgneuf-Vayron, 81
Bourgueil, 145
Bourillon Dorleans, 159
Bournac, 58
Bouscassé, Domaine, 235
Bouscaut, 60-61
Bouza, 551
Bouzereau, Michel, 117
Bovard, Louis, 433
Bovio, Gianfranco, 295
Bowen Estate, 571
Boxler, Albert, 179
Boxwood, 530
Boyar Estates, 463
Boyd-Cantenac, 42
Braccesca, La, 343
Brachetto d'Acqui, 292
Bramaterra, 292
Brana, Domaine, 238
Branaire-Ducru, 46
Branas Grand Poujeaux, 45
Brancaia, La, 335-336
Branda, 79
Brander, 514
Brand's, 571
Brane-Cantenac, 42
Branko, 321
Branon, 63
Brauneberger Juffer, 248
Braunstein, 446
Bravo, Eral, 545
Breaky Bottom, 605
Breaux, 530
Bredell, J P, 594
Brédif, Marc, 159
Breganze, 313-314
Brema, 296
Bremerton, 572
Bremmer Calmont, 250
Bressades, Mas de, 220
Bressia, Walter, 544
Bretón, 383
Breton, Domaine Catherine & Pierre, 157
Breuer, Georg, 258
Breuil, Château du, 152
Breuil-Renaissance, La, 58
Brewer Clifton, 514
Brezza, 296
Briacé, Château de, 148
Bricco Maiolica, 296
Bricco Mondalino, 296
Brick House, 520
Bricout, 174
Bridane, la, 47
Briderie, Clos de la, 160
Bridgeview, 523
Brigaldara, 316
Brillette, 45
Brindisi, 362
Brintet, 131

Brizé, Domaine de, 152
Broadley, 521
Brocard, Jean-Marc, 101
Brogogno & Figli, Giacomo, 295
Brokenwood, 557
Brolio, Castello di, 336
Brondelle, 63
Brookfields, 583
Brookland Valley, 575
Brooks, 521
Broustet, 68
Brovia, 296
Brown, 63
Brown Brothers, 561
Bru-Baché, Domaine, 237
Bruce, David, 509-510
Brüder Dr. Becker, 265
Brugherata, La, 306
Bruguière, Mas, 216
Bruna, Riccardo, 303
Bründlmayer, 440
Brunelli, 316
Brunello di Montalcino, 330-331
Brusset, Domaine, 189
Bryant Family Vineyard, 490
Buçaco, Palace Hotel do, 416
Bucci, Fratelli, 351
Buena Vista, 501
Buess Weinbau, 436
Buganza, 296
Buhl, Reichsrat von, 269
Buitenverwachting, 598-599
Bujanda, Martínez, 385
Bulichella, 344
Bunan, Domaines, 198
Buonamico, Fattoria del, 344
Burdon, John William, 407
Burgaud, Bernard, 185
Burgaud, Jean-Marc, 136
Burge, Grant, 567
Burgenland, 444-447
Bürgerspital zum Heiligen Geist, 274
Burgess Cellars, 490
Bürgstadter Centgrafenberg, 273
Burguet, Alain, 117
Buring, Leo, 567
Bürklin-Wolf, Dr., 269
Burlotto, 296
Burmester, J W, 425
Burn, Ernest, 179
Burnt Spur, 584
Burrowing Owl, 534
Burrweiler Schäwer, 267
Busch, Clemens, 250
Bussola, Tommaso, 316
Buttafuoco, 304
Buzet, 233
Buzzinelli, 321
By Farr, 562
Byron Santa Maria, 515

Ca' Bianca, 296
Ca' Bolani, 321
Ca' d'Carussin, 296
Ca' dei Frati, 306
Ca' del Bosco, 306
Ca' La Bionda, 316
Ca' Lunga, 327
Ca' Marcanda, 344
Ca' Romé, 296
Ca' Ronesca, 321
Ca' Rugate, 316
Ca' Viola, 296
Ca' Vit (Cantina Viticoltori Trento), 310
Caballero, Luis, 407
Cabanne, la, 81
Cabannieux, 63
Cabardès, 214
Cabasse, Domaine de, 189-190
Cabernet d'Anjou, 144
Cabernet de Saumur, 146
Cabernet Franc, 38
Cabernet Sauvignon, 38
Cable Bay, 585
Cabrière, 601
Cabrières, 214-215
Cabrol, Domaine de, 214
Cacc'e Mmitte di Lucera, 362
Cacchiano, Castello di, 336
Caccia al Piano, 344
Cáceres, Marqués de, 384
Cadenet, Mas de, 200
Cadet-Bon, 77
Cadet-Piola, 74
Cady, Philippe, 152
Caggiano, Antonio, 360
Cagnina di Romagna, 326
Cahors, 226-229
Cahuzac, Château, 231
Caiarossa, 344
Cakebread Cellars, 490
Caillavel, Château, 224
Caillou, 68
Caillou, Domaine Clos du, 195
Cain Cellars, 490
Cairanne, Cave de, 190
Cal Grau, 396
Cal Pla, 396
Caladroy, Château de, 204
Calatrasi, 371
Calcinaia, Villa, 336
Caldaro, 308
Calera, 516
Calissanne, Château, 200
Caliterra, 537
Callaway, 516
Callejo, Felix, 390
Callory, Domaine de, 231
Calon, 80
Calona, 534
Calonga, 327
Calonica, La, 343
Calon-Ségur, 52
Caluso, 292
Calvet S. A., 40
Calvet-Thunevin, Domaine, 204
Camarsac, de, 93
Camas Winery, 527
Cambon-la-Pelouse, 55
Cambra, Rafael, 401
Camel Valley, 605
Camensac, de, 54
Camigliano, 340
Caminade, Château la, 227-228
Campbells of Rutherglen, 561
Campi Flegrei, 358
Campidano di Terralba, 373
Campillo, 384
Camplazens, Château, 215
Campo al Mare, 344
Campo al Sasso, 344
Campo alla Sughera, 344
Campo Fiorin, 314
Campo Viejo, 384
Campogiovanni, 340
Campuget, Château de, 220
Can Rafols del Caus, 398
Cana Vineyards, 527
Canale, Humberto, 544
Canard-Duchêne, 174
Canavese, 292
Candia dei Colli Apuani, 331
Candido, Francesco, 364
Cane, 304
Canepa, Viña, 538
Canet Valette, Domaine, 213-214
Canevel, 316
Caniette, Le, 351
Cannonau di Sardegna, 373
Canoe Ridge, 524
Canon, 72
Canon-de-Brem, 87
Canon-Fronsac, 87-88
Canon-La-Gaffelière, 74
Cantegril, 69
Cantelauze, 81
Càntele, 364
Cantelys, 63
Cantemerle, 54
Cantenac-Brown, 42
Cantina Cerveteri, 355
Cinque Terre, 304
Colli Amerini, dei, 349
Cornaiano (Girlan), 311
Del Castello, 316
Di Soave, 318
Sociale Cesanese del Piglio, 355
Sociale La Versa, 308
Valle dell' Acate, 372
Cantina Produttori
Bolzano, 311
Colterenzio (Schreckbichl), 311
San Michele Appiano, 312-313
Termeno (Tramin), 313
Valle Isarco (Eisacktaler), 313
Cantinot, 91
Cap de Faugères, 89
Cap Léon Veyrin, 45
Capaccia, 336
Capalbio, 331
Caparra & Siciliani, 366
Caparsa, 336
Caparzo, 340
Capbern-Gasqueton, 53
Cap-de-Mourlin, 74
Cape Chamonix, 601
Cape Mentelle, 575
Cape Point, 602
Capel Vale, 575
Capellini, Forlini, 304
Capezzana, Tenuta di, 344-345
Capichera, 374
Capion, Château, 217
Capitoro, Clos, 222
Capitoul, Château de, 215
Capmartin, Domaine Guy, 234
Cappella, La, 336
Cappuccina, La, 316
Caprai, Arnaldo, 349
Capriano del Colle, 304
Caraguilhes, Château de, 208
Carbonnieux, 61
Cardinale, 490
Cardonne, la, 58
Carema, 292
Carignan, 92
Carignano del Sulcis, 373
Carillon, Louis, 117
Carles, de, 87
Carlot, Mas, 220
Carmela Vineyards, 527
Carmen, 538
Carmenère, 538
Carmes Haut-Brion, les, 63
Carmignano, 331
Carmo, Quinta do, 418
Caronne-Ste-Gemme, 55
Carpineto, 336
Carr Taylor, 606
Carré-Courbin, 117
Carrick, 590
Carsin, 92
Carso, 319
Carteau-Côtes-Daugay, 77
Casablanca, 538
Casa Castillo, 402
Casa de la Viña, 401-402
Casa Emma, 336
Casal Branco, Quinta do, 417
Casal de Valle Pradinhos, 414
Casalfarneto, 351
Casali, 328
Casaloste, 336
Casalte, Le, 343
Casanova di Neri, 340
Casanuova delle Cerbaie, 340
Cascadais, Château, 208
Cascina Castlet, 296
Cascina La Barbatella, 295
Cascina La Pertica, 307
Case Basse, 340-341
Casenove, Château de, 204-205
Cassagne-Haut-Canon, 87
Castagna, 561
Castaño, 402
Castela e Leão, 389-394
Castel de Paolis, 355
Castel del Monte, 362
Castel Frères, 40
Castelgiocondo, 341
Castell del Remei, 398
Castellada, La, 321
Castellane, de, 174
Castellani, 316
Castellare, 336
Castellari Bergaglio, 296
Casteller Schlossberg, 273
Casteller, 309
Castelli Romani, 353
Castello di Borghese, 529
Castelluccio, 328
Castel Noarna, 310
Castel San Lorenzo, 358
Castelvecchio, 321
Castiglion del Bosco, 341
Castilla, Vinícola de, 402
Castillo de Perelada, 400
Castillo Viejo, 551
Castres, de, 63
Castro Ventosa, 393
Cataldi Madonna, 357
Catalunha, 395
Catena Zapata, 544-545
Cathedral Ridge, 524
Cathiard, Sylvain, 117
Caudrina, 296
Cauhapé, Domaine, 237
Causse-Marines, Domaine de, 230
Cavalchina, 316
Cavalleri, 306
Cavallotto, 296
Cavas Hill, 400
Cave
Embres et Castelmaure, d', 208
Kientzheim-Kaysersberg, 181
Onze Communes, 302
Producteurs de Jurançon, 237
Spring Cellars, 533
St-Verny, 165
Vignerons de Camplong, 208
Vignerons de Saumur, 152-153
Vin Blanc de Morgex et de la Salle, 302
Vinicole de Hunawihr, 180
Vinicole de Pfaffenheim, 182
Vinicole de Ribeauvillé, 182
Vinicole de Turckheim, 183
Cave Coopérative
de Chautagne, 143
de Donnas, 302
de Monbazillac, 224
de Técou, 231
des Vins de Sancerre, 161
la Chablisienne, 101-102
la Rose Pauillac, 52
le Vigneron Savoyard, 142
les Côtes d'Olt, 228
Union des Producteurs de St-Émilion, 77
Cave Irouléguy, La, 238
Caveau des Jacobins, 140
Caves d'Eguisheim, 179
Caves de Tain l'Hermitage, 185
Cavicchioli, 328
Caymus Vineyards, 490
Cayron, Domaine du, 190
Cayrou, Château de, 228
Cayuse, 524
Cazal-Viel, Château, 214
Cazaux, Clos des, 190
Cazeneuve, Château de, 216
Cazes, Domaine, 205
Cecchi & Villa Cerna, 336
CedarCreek, 534
Cèdre, Château du, 228
Celia, Finca la, 545
Cellatica, 304-305
Celler de Capçanes, 398
Celler de l'Encastell, 397
Cellers de la Cartoixa, 397
Cellers de Scala Dei, 398
Celli, 328
Cénac, Prieuré de, 229
Cennatoio, 336
Centaure, Domaine du, 434
Centeilles, Clos, 211
Centro-Españolas, 402
Cerasuolo di Vittoria, 368
Cerbaiona, 341
Ceretto, 296
Cerna, Villa, 336
Cérons, 95-96
Cérons, de, 96
Cerro, Fattoria del, 343
Certan de May, 81-82
Certan-Giraud, 82
Cerveteri, 353
Cérvoles, 398-399
Cesanese del Piglio, 354
Cesari, 328
Cesconi, 310
Cesseras, Château, 211
Ceusi, 371
Cézin, Domaine de, 159
Chabanon, Domaine Alain, 216
Chablis, 96, 100-103
Chaboud, J F, 188
Chacra, 545
Chadenne, 88
Chaillot, Domaine du, 165
Chain of Ponds, 565
Chaintres, Château de, 153
Chaize, Château de la, 136
Chakana, 545
Chalk Hill, 501
Chalone, 512
Chambers Rosewood, 561
Chambert, Château de, 228
Chambert-Marbuzet, 53
Chambolle-Musigny, 105
Chambrun, de, 86
Chamirey, Château de, 131
Champalou, Domaine, 157
Champarel, Château, 224
Champart, Mas, 214
Champ de Clos, Cave, 434
Champ des Treilles, 95
Champet, Emile, 185
Champy, 117
Chandon de Briailles, Domaine, 117-118
Changins-Wädenswil, Cave Expérimentale Agroscope, 434
Channing Daughters, 529
Chanson Père & Fils, 118
Chantal Lescure, 124
Chante-Cigale, Domaine, 195
Chantegrive, de (Cérons), 96
Chantegrive, de (Graves), 63
Chante-Perdrix, Domaine, 195
Chanton, Oskar, 431
Chapel Down Winery, 606
Chapel Hill, 572
Chapelains, des, 95
Chapelle Maracan, 93
Chapoutier, 185
Chappaz, Marie-Thérèse, 431
Chappellet, 490
Charavin, Didier, 190
Charbonnière, Domaine de la, 195
Chard Farm, 590
Chardonnay, 96, 97-98, 132
Charentais, 240
Charlopin, Philippe, 118
Charmail, 55
Charmes-Godard, les, 90
Charron, 91
Chassagne-Montrachet, 113
Chasse-Spleen, 45
Château-Chalon, 139
Château des Charmes, 533
Chateau Los Boldos, 537
Châteaumeillant, 145, 165
Châteauneuf-du-Pape, 193-197
Chateau Souverain, 501
Chateau St Jean, 501
Chateau Ste Michelle, 524
Chatelain, 163
Châtenay-Bouvier, 435
Chatenoy, Domaine de, 164
Chaume, 145
Chautagne, 143
Chauvenet, 118
Chauvin, 74
Chave, Gérard, 185
Chave, Yann, 188
Chavy, Alain, 118
Chehalem, 521
Chénas, 135
Chênes, Domaine des, 205
Chenonceaux, Château de, 159
Cherchi, Giovanni, 374
Chéreau-Carré, 148
Cheval Blanc, 71
Cheval des Andes, 545
Chevalerie, Domaine de la, 157
Chevalier, Domaine de, 61
Chevalière, Mas la, 218
Chevalier Père et Fils, 118
Cheval Quancard, 40
Cheverny, 145
Chevillon, Robert, 118
Cheysson, Emile, 136
Chianti, 330, 331-332
Chiappini, 345
Chiarlo, Michele, 296
Chignard, Michel, 137
Chignin, 143
Chignin-Bergeron, 143
Chilford Hall, 606
Chimères, Mas de, 218
Chimney Rock, 491
Chinon, 145, 156-157
Chionetti, 296
Chiroubles, 135-136
Chorey-lès-Beaune, 110
Christmann, 269
Chryseia, 415
Churchill (Porto), 422
Churton, 587
Chusclan, Vignerons de, 190
Ciabot Berton, 296
Ciacci Piccolomini d'Aragona, 341
Cialla, Ronchi di, 324
Cigliuti, 296
Cilento, 358
Cillar de Silos, 390
Cilnia, Villa, 336
Cima, Cortes de, 418
Cims de Porrera, 397
Cina, Fernand, 431
Cinciole, Le, 336
Cinnabar, 510
Cinqueterre, 303
Cinti, 328
Circeo, 354
Cissac, 55
Citadelle, Domaine de la, 193
Citran, 55
Claiborne & Churchill, 513
Clairault, 576
Clair, Bruno, 118
Clair, Denis, 118
Clairette de Die, 194
Clairette du Languedoc, 215
Clamens, Château, 231
Clape, Auguste, 185
Clape, La, 215-216
Clapier, Château de, 193
Clare, la, 58
Clarendon Hills, 572
Clarière-Laithwaite, la, 89
Clarke, 45
Claudia Springs, 508
Clauzet, 53
Clavel, Domaine, 218
Clavelier, Bruno, 118
Clavien, Gérald, 431
Cleebourg, Cave de, 179
Clémence, La, 82
Clément Pichon, 55
Clerc-Milon, 49
Clerget, Christian, 118
Clerget, Yves, 118
Clerico, 296
Cles, Barone de, 310
Climens, 66
Cline, 501
Clinet, 82
Clocher, Clos du, 82
Clonakilla, 557
Clos
de la Siete, 545
des Fées, Domaine du, 205
Domaine des, 118
Dominic, 397
du Bois, 502
du Val, 491
Erasmus, 397
Figueras, 397
Henri, 587
Jordanne, 533
La Chance, 510
Malverne, 594
Mogador, 397
Mont-Blanc, 399
Pegase, 491
Closel, Domaine du, 153
Closiot, 69
Clotte, la, 74
Clotte-Cazalis, La, 69
Cloudy Bay, 587
Clovallon, Domaine de, 218
Clover Hill, 578
Clusel-Roch, 185
Clusière, la, 74
Clüsserath, Ansgar, 250
Clüsserath, Ernst, 250
Clüsserath-Weiler, 250
Cluver, Paul, 602
Cobenzl, 447
Cobos, 404
Coche-Dury, Jean-François, 119
Cockburn, 422
Codorníu, 400
Coffele, 316
Cognard, Lydie et Max, 160
Cogno, 296
Cohn, B R, 502
Coirier, Xavier, 148
Col d'Orcia, 341
Col Solare, 524
Col Vetoraz, 316
Colacicchi, 355
Coldstream Hills, 563
Colgin, 491
Colin, Marc, 119
Collavini, 321
Colle dei Bardellini, 304
Collemattoni, 341
Colli
Albani, 354
Altotiberini, 347
Amerini, 347
Berici, 314
Bolognesi Classico Pignoletto, 326
Bolognesi, 326
del Trasimeno, 348
dell'Etruria Centrale, 332
di Catone, 355
di Conegliano, 314
di Imola, 326
di Lapio, 360
di Luni (Liguria), 303
di Luni (Toscana), 332
di Parma, 326
Etruschi Viterbesi, 354
Euganei, 314
Lanuvini, 354
Maceratesi, 350
Martani, 347
Perugini, 347-348
Piacentini, 326
Tortonesi, 292
Colline, Château de la, 224
Colline di Levanto, 303
Collines de la Moure, 240
Collines Rhodaniennes, 239
Collio (Collio Goriziano), 320
Collonge, 188
Colognole, 336
Colombaio di Cencio, Il, 33
Colombe, Domaine La, 434
Colombier, Domaine du, 186
Colombière, Château la, 231
Colombier Monpelou, 52
Colombo, Jean-Luc, 186
Colomé, 545
Colonnara, 351
Colpetrone, 349
Columbia Crest, 524-525
Columbia Winery, 524
Combier, Domaine, 186
Comte Armand, 116
Comte Georges de Vogüé, 130
Comte Liger-Belair, Domaine du, 124
Comtés Rhodaniens, 239
Comté Tolosan, 240
Conca de Barberá, 395
Concannon, 510
Concha y Toro, 538
Conciliis, De, 360
Concilio, 310
Condado de Haza, 390
Conde de Caralt, 400
Condes de Albarei, 380
Confuron, Jean-Jacques, 119
Confuron-Cotetidot, 119
Conne, Jean-Michel, 434
Cono Sur, 538
Conseillante, la, 82
Constantia Glen, 599
Constantia Uitsig, 599
Contadi Castaldi, 306
Contea di Sclafani, 369
Contea, La, 297
Conterno, Aldo, 297
Conterno, Fantino, 297
Conterno, Giacomo, 297
Contini, Attilio, 374
Conti, Paul, 577
Conti Sertoli Salis, 308
Contratto, Giuseppe, 297
Contucci, Orlandi, 357
Coopérative de l'Enfer d'Arvier, 302
Coopers Creek, 585
Coos, Dario, 321
Copertino, 362
Cope-Williams, 563
Coppadoro, 364
Coppo, 297
Corbières, 207-210
Corbin, 74
Corbin-Michotte, 74
Cordeillan Bages, 52
Cordero di Montezemolo, 297
Cordier, Christophe, 133
Cordier-Mestrezat, 40
Cordoba, 594
Cori, 354
Corino, Giovanni, 297
Corino, Renato, 297
Coriole, 572
Corison, 491
Cornacchia, Barone, 357
Cornaleto, 306
Cornas, 184, 185
Cornin, 133
Coroncino, 352
Correggia, 297
Corsin, Domaine, 133
Corte Sant'Alda, 316
Cortese, 292
Cortese di Gavi, 293
Cortese, Giuseppe, 297
Corti Benedettine del Padovano, 314
Corti, Le, 336
Cortona, 332
Corton André, 115
Cos d'Estournel, 52
Cosentino, 491
Cos-Labory, 52
Cosse Maisonneuve, Domaine, 228
Costa d'Amalfi, 358-359
Costamagna, Rocche, 300
Costanti, 341
Costaripa, 307
Coste-Caumartin, 119
Coste, Château la, 200
Costers del Segre, 395

666 | ÍNDICE | C-F

Costers del Siurana, 397
Costieres de Nîmes, 220-221
Cotar, 458
Cotat, 161
  Coteaux
    Champenois, 167
    Charitois, 241
    d'Aix-en-Provence, 198
    de Layon, 151-152
    de Miramont, 240
    de Murviel, 240
    de Peyriac, 240
    de Saumur, 146
    du Languedoc, 214-219
    du Pont-du-Gard, 240
    du Quercy, 240
    du Vendômois, 147
    du Verdon, 239
Côte Chalonnaise, 130-132
Côte de Beaune, 97, 107-114
Côte de Brouilly, 135-136
Côte de Nuits, 104-107
Côte de Nuits-Villages, 107
Côte de Ste-Epine, Domaine de la, 188
Côte d'Or, 96, 97, 104-130
Côte Montpezat, 89
Côte Roannaise, 146, 165
Côte Vermeille, 240
Côte-Rotie, 184
Côtes Catalanes, 240
Côtes d'Auvergne, 145, 165
Côtes de Bergerac, 223
Côtes de Blaye, 91-92
Côtes de Bordeaux Saint-Macaire, 95
Côtes de Bourg, 90-91
Côtes de Castillon, 88-90
Côtes de Duras, 232
Côtes de Francs, 88-89, 90
Côtes de Gascogne, 240
Côtes de Saint-Mont, 236
Côtes de Thongue, 240
Côtes du Brian, 240
Côtes du Brulhois, 233
Côtes du Jura, 139
Côtes du Forez, 145, 165
Côtes du Marmandais, 232-233
Côtes du Rhône, 189
Côtes du Tarn, 240
Cotnari, 461
Coto, El, 384
Cottagnoud, Fabienne, 431
Cottanera, 371
Coufran, 55
Couhins, 61
Couhins-Lurton, 61
Coujan, Château, 214
Coulaine, Château de, 160
Coulaine, Clos de, 153
Coulée de Serrant, Château de la, 153
Couly-Dutheil, 158
Coume del Mas, 205
Coume du Roy, Domaine de la, 205
Coupe-Roses, Château, 211
Courbis, 186
Courcel, Domaine de, 119
Cour-Cheverny, 145
Couronne, de la, 80
Couroulu, Domaine Le, 190
Coursodon, Pierre and Jérôme, 186
Courtade, Domaine de la, 200
Court-les-Mûts, Château, 226
Coutale, Clos la, 228
Coutelin-Merville, 53
Coutet, 66
Couvent-des-Jacobins, 74
Covela, Quinta de, 414
Covey Run, 525
Covitoro, 392
Crabitan-Bellevue, 94
Crabitey, 63
Craggy Range, 583
Craiglee, 563
Crampilh, Domaine du, 235
Cransac, Château, 232
Crasto, Quinta do 415
Crawford, Kim, 583
Crawford River, 563
Creekside Estate, 53
Crema, La, 502
Crémant d'Alsace, 177-178
Crémant de Bourgogne, 127, 130-131
Crémant de Limoux, 210
Crémant de Loire, 145
Crémat, Château de, 200
Crépy, 143
Cressonnière, Domaine de la, 200
Crêtes, Les, 302
Cristom, 521
Croácia, 459-460

Crochet, Domain Lucien, 161
Crochet, Francois, 161
Crock, le, 53
Croft, 407, 422
Croix-de-Gay, la, 82
Croix-du-Casse, la, 82
Croix, la, 82
Croix Senaillet, Domaine de la, 133
Croizet-Bages, 49
Cros, Domaine du, 229
Cros, du, 95
Crotta di Vegneron, la, 302
Crouseilles, la Cave de, 235
Crozes-Hermitage, 184-185
Cruchon, Domaine Henri, 434
Cruet, 143
Crusius, Hans, 263
Cruzeau, de, 63
Cruzelles, de, 86
Cueva del Rey, 409
Cuilleron, Yves, 186
Cullen, 576
Curbastro, Ricci, 307
Curiades, Domaine dês, 434
Curtefranca, 305
Curtis, 515
Cusiné, Tomás, 399
Cusona, Villa, 345
Cusumano, 371
Cuvaison, 491

Dady, Clos, 69
Dagueneau, Didier, 163
Dagueneau, Serge & Filles, 163
dal Forno, Romano, 316
Dalem, 88
Dalla Cia, 594
Dalla Valle, 491
Dalrymple, 578
Dalsheimer Bürgel, 265
Dalsheimer Hubacker, 265
Dalwhinnie, 563
Dame, Mas de la, 199
Damianitza, 463
Damiens, Domaine, 235
Damoy, Pierre, 119
Dampt, Daniel, 102
Dancer, Vincent, 119
Dão, 412-413
Dão Sul, 416
D'Arenberg, 573
Darioush, 491
Darling Cellars, 602
Da Ros, Elian, 233
Darting, 269
Dashe, 502
Dassault, 75
Dattilo, 366
Daumas Gassac, Mas de, 218
Dautel, 277
Dauvissat, Vincent, 102
Dauzac, 42
Davaz Weine, 436
Davenport, 606
Davino, 461
De Bortoli (Yarra Valley), 563-564
Decugnano dei Barbi, 349
Defaix, Etienne, 102
Deffends, Domaine du, 201
Degenfeld, Grof, 453
Degrassi, 460
Dehesa del Carrizal, 402
Dehlinger, 502
Dehours, 174
Dei, 343
Deinhard, Dr., 269
Deiss, Marcel, 179
de la Dauphine, 88
Delaforce, 422
Delaire, 595
Delamotte, 167
Delaporte, Domaine Vincent, 161
Delbeck, 174
Delea, Angelo, 437
Delegat's, 585
Delesvaux, Philippe de, 153
Deletang, 160
Delgado Zuleta, 407
Delheim, 595
DeLoach, 502
Deltetto, 297
De Martino, 539
Demeter, Zoltán, 453
Derenoncourt, Stéphane, 72
Dereszla, Château, 453-454
Desmirail, 42
Dessilani, 297
Desvignes, 75
Desvignes, Louis-Claude, 137
De Toren, 595
De Trafford, 595
Dettori, 374

Deurre, Domaine de, 190
Deutz, 167
Deutzerhof, 255
Deux Montille, 119
Deux Roches, Domaine des, 133
Devil's Lair, 576
De Waal, 595
Deyrem-Valentin, 44
Dezat, André, 161
Dezzani, 297
Dhroner Hofberg, 248
Di Barrò, 302
Diamond Creek Vineyards, 491
Diamond Valley, 564
Diano d'Alba, 292
Didinger, 256
Diel, Schlossgut, 263
Diemersfontein, 599
Dievole, 336
Dino Illuminati, 357
Diochon, Bernard, 137
Dirler-Cadé, 179
DiStefano, 525
Distell, 595
Disznók, 454
Dits del Terra, 397
Dobbes, 521
Dobogó, 454
Dog Point, 587
Doisy-Dubroca, 68
Doisy-Védrines, 68
Dolceacqua, 303
Dolcetto
  d'Acqui, 292
  d'Alba, 292
  delle Langhe Monregalesi, 292
  di Diano d'Alba, 292
  di Dogliani, 292
  di Ovada, 292
Dolianova, Cantine, 374
Dolle, Peter, 442
Domaine
  A, 578
  Agapé, 178
  Carneros, 492
  Chandon (Austrália), 564
  Chandon (Califórnia), 492
  de l'Eglise, 82
  de la Solitude, 65
  de Noble, 95
  Ostertag, 182
Domaine de l'A, 89
Domdechant Werner'sches Weingut, 261
Domecq, 384
Domecq, Pedro, 407
Dominio del Plata, 545
Dominique, la, 75
Dominus, 492
Donabaum, Johann, 442
Dona Maria, 418
Donati, 310
Donatien-Bahuaud, 148
Donatsch, 436
Donjon, Château du, 211
Donnafugata, 371
Dönnhoff, Hermann, 263
Donnici, 365
Dopff & Irion, 179
Dopff au Moulin, 179
Dorgali, Cantina Sociale di, 374
Doria, 307
Dorigati, 310
Dorigo, Girolamo, 321-322
Dorsaz, Benoît, 431
Dorsheimer
  Burgberg/Goldloch/Pittermän-nchen, 262
Doudet-Naudin, 119
Douro, 412, 414-416
Dow, 422
Dowie Doole, 573
Doyenné, Le, 92
Dr. Konstantin Frank's Vinifera Wine Cellars, 528
Drappier, 167-168
Drautz-Able, 277
Drayton's Family Wines, 557
Drei Donà: Tenuta la Palazza, 328
Dri, Giovanni, 322
Droandi, Mannucci, 337
Droin, Jean-Paul, 102
Dromana Estate, 562
Drôme, 239
Drouhin, Domaine, 521
Drouhin, Joseph, 102, 119-120
Drouhin-Laroze, 120
Druet, Pierre-Jacques, 158
Dry Creek Vineyard, 502
Dry River, 584
Du Gaby, 88
Duband, David, 120
Duboeuf, Georges, 138

Dubois-Challon, 93
Dubois Fils Vins, 434
Dubois, Robert, 120
Dubourdieu, Denis, 72
Dubreuil-Fontaine, 120
Duca della Corgna, 349
Duca di Salaparuta (Corvo), 371
Duckhorn Vineyards, 492
Ducla, 93
Duclaux, 188
Ducluzeau, 45
Ducru-Beaucaillou, 46
Due Terre, Le, 322
Dugat, Claude, 120
Dugat-Py, 120
Duhart-Milon-Rothschild, 49
Duijn, 281
Dujac, 120
Dulong, 40
Dunham, 525
Dunkery, 606
Dunn Vineyards, 492
Dupasquier "Aimavigne", Domaine, 143
Duplessis, 45
Durand, 188
Durban, Domaine de, 190
Durbanville Hills, 602
Durello, Lessini, 314
Dureuil-Janthial, 131
Durfort-Vivens, 42-43
Durin, 304
Durup, Jean, 102
Dutertre, Domaine, 160
Dutruch Grand Poujeaux, 45
Dutschke, 567
Dutton Estate, 502
Dutton Goldfield, 503
Duttweiler Kalkberg, 267
Duval, John, 567
Duval-Leroy, 168
Duxoup Wine Works, 503
Dveri-Pax, 458

Eberle, 513
Echeverría, 539
Eck, d', 63
Ecriture, Mas de l', 218
E Croce, Domaine d', 222
Ecu, Domaine de l', 148-149
Edlmoser, 447
Edmeades, 508
Edna Valley Vineyard, 513
Edwards, Luís Felipe, 539
Edwards, Merry, 503
Edwards Vineyard, 576
Eglise-Clinet, L', 82
Egly-Ouriet, 175
Ehn, Ludwig, 442
Eikendal, 595
Einaudi, 297
Eitelsbacher Karthäuserhofberg, 248
Elba, 332, 332-333
Elderton, 567
Elgee Park, 562
Elie Sumeire, Château, 202
Elk Cove, 521
Ellis, Neil, 595
Eloro, 369
Els, James, 595
Eltville Sonnenberg, 257
Emiliana, 539
Emina, 390
Empordà-Costa Brava, 395
Emrich Schönleber, 263
Enate, 389
Enclos, l', 83
Endrizzi, 310
Engel, René, 120
Enira, 463
Enjingi, 460
Enotria, Cantine, 366
Entellina, Contessa, 369
Entre-Deux-Mers, 92-94
Entrefaux, Domaine des, 188
Eole, Domaine d', 199
Epiré, Château d', 155
Erath, 521
Erbacher Hohenrain/Steinmorgen, 257
Erbach, Staatsweingüter Kloster, 260-261
Erbaluce di Caluso, 292
Erben, Georg Siben, 271
Erdener Prälat, 248
Erdener Treppchen, 248
Erice, 369
Ermitage du Pic-St-Loup, L', 217
Errázuriz, 539
Erste & Neue, 310
Escaravailles, Domaine des, 190
Escarpment, 584

Escausses, Domaine d', 230
Escherndorfer Lump, 273
Esclans, Château d', 201
escola agrícola regional, 302
Escurac, d', 58
Eser, August, 258
Esino, 350
Esk Valley, 583
Eslováquia, 456
Eslovênia, 457-458
Esmonin, Sylvie, 120
Espelt, 399
Estanilles, Chateau des, 213
Esterhazy, Schlossweingut, 446
Esterlina, 508
Est! Est!! Est!!! di Montefiascone, 354
Estíria, 448
Estoublon, Château d', 199
Estremadura, 413, 417
Etang des Colombes, Château, 208
Etchart, 545
Etna, 369
Etoile, L', 205
  Château de, 140
Etschtaler, 308
Ettore Germano, 298
Etude, 492
Etxegaraya, Domaine, 238
Euba, 367
Eugénie, Domaine, d' 120
Euzière, Château L', 217
Evans & Tate, 576
Evesham Wood, 521
Eyrie Vineyards, 521

F & J Calot, 136
Fabas, Château de, 211
Fabre Montmayou, 545
Faccoli, Lorenzo, 307
Fagé, Château Le, 224
Failla, 503
Fairhall Downs, 587
Fairview, 599
Faîteau, Château, 211
Faiveley, 120
Faizeau, 80
Falerio dei Colli Ascolani, 350
Falerno del Massico, 359
Falerno or Falernum, 354
Falesco, 503
Falfas, 90
Fall Creek, 532
Falua, 417
Fanti, 341
Fanti, Giuseppe, 310
Fantinel, 322
Far Niente, 492
Fara, 292
Fargues, de, 70
Fariña, 392
Farnese, 357
Farneta, Tenuta, 345
Farrell, Gary, 503
Fassati, 345
Fattoria Paradiso, 328
Faugères, 77, 213
Faurie-de-Souchard, 77
Faustino, 384
Favre, René, 431
Fay, Sandro, 307
Fayau, 92
Fazi-Battaglia, 352
Fefiñanes, Palacio de, 381
Feiler-Artinger, 444
Fèipu dei Massaretti, 304
Fekete, Bela, 455
Felluga, Livio, 322
Felluga, Marco, 322
Felsina, Fattoria di, 336-337
Felton Road, 590
Fenocchio, Giacomo, 297
Ferghettina, 307
Ferran, 63
Ferrand, de, 77
Ferrande, 63
Ferrando, 297
Ferrara, Benito, 360
Ferrari, 310
Ferrari-Carano, 503
Ferraton, 186
Ferreira, A. A., 415, 422
Ferrer, Gloria, 503
Ferrer, José L., 399
Ferrer-Ribière, Domaine, 205
Ferret, 133
Ferrière, 43
Ferrucci, 328
Fesles, Château, 153
Fessy, Henry, 138
Fetzer, 503
Feudi di San Gregorio, 360

Feudo Principi di Butera, 371
Feuillatte, Nicolas, 175
Fèvre, William, 102
Feytit-Clinet, 83
Fiano di Avellino, 359
Fichet, Jean-Philippe, 120
Ficklin Vineyards, 516
Fiddlehead, 515
Fiefs Vendéens, 145
Fieuzal, de, 61
Figeac, 72-73
Filgueira, 551
Filhot, 68
Filigare, Le, 337
Fillaboa, 380
Filliatreau, Domaine, 155
Filomusi Guelfi, 357
Fils Maye, Les, 433
Filzener Pulchen, 247
Fin del Mundo, Bodega del, 546
Finca Allende, 383
Finca Villacreces, 392
Finger Lakes, 528
Fiorita, La, 341
Firestone Los Olivos, 515
Firriato, 371
Fischer, Christian, 442
Fitz-Ritter, 269
Fiumicicoli, Domaine, 222
Five Roses, 362
Fixin, 104
Flagey-Echézeaux, 105
Flagstone, 602
Flat Creek, 532
Flaugergues, Château de, 218
Fleur-Cardinale, 75
Fleur de Boüard, la, 86
Fleur Peyrabon, la, 52
Fleurie, 136
Fleur-Pétrus, la, 83
Flichman, Finca, 546
Flick, Joachim, 258-259
Flora Springs, 492
Florent de Mérode, Prince, 125
Floridène, Clos, 63
Florio, 371
Fogarty, Thomas, 510
Foillard, Jean, 137
Foley, 515
Folie à Deux, 492
Folie, Domaine de La, 131
Foliette, Domaine de la, 149
Fombrauge, 77
Fonbadet, 52
Fonbel, de, 77
Foncalieu, 218
Fondrèche, Domaine de, 193
Fonmourgues, Château, 224
Fonplégade, 75
Fonréaud, 45
Fonroque, 75
Fonscolombe, Château de, 201
Fonseca Guimaraens, 422-423
Fonseca, José María da, 417
Font de Michelle, Domaine, 195
Fontaine Marcousse, Domaine, 214
Fontainerie, Domaine de la, 160
Fontanabianca, 297
Fontana Candida, 355
Fontanafredda, 298
Fontanel, Domaine, 205
Fontenil, 88
Fontenille, de, 93
Fonterutoli, Castello di, 337
Fontesteau, 55
Fontis, 58
Fontodi, 337
Fontsainte, Domaine de, 208
Foppiano, 503
Foradori, 310
Força-Réal, Domaine, 205
Forest Hill, 574
Foresti, 304
Forgeron, 525
Forges, Domaine des, 153
Foris, 523
Forman, 492
Formentini, Conti, 322
Forrest, 587
Forrester, Ken, 595
Forstreiter, 442
Forteto della Luja, 298
Fortia, Château, 195
Forts de Latour, Les, 52
Fossacolle, 341
Foster's Wine Group, 573
Fougas, 90
Foundry, The, 595
Four à Chaux, Domaine du, 158
Fourcas-Dupré, 45
Fourcas-Hosten, 45
Four Graces, 521

Fourmone, Domaine La, 190
Fournier, 539
Fournier, O, 390, 546
Fourrier, Jean-Marie, 121
Fourtet, Clos, 73
Fox Creek, 573
Foxen, 515
Fox Run Vineyards, 528
Fraccaroli, 316
Fracce, Le, 307
Fraghe, Le, 316
Framingham, 587
Franc-Cardinal, 90
France, de, 63
Franciacorta, 305
Franciscan, 492
Franckenstein, Freiherr von und zu, 281
Franc-Mayne, 75
Franco, Nino, 316
Francs, de, 90
Frangy, 143
Frankland Estate, 575
Frascati, 354
Frecciarossa, 307
Freemark Abbey, 492-493
Freisa di Chieri, 293
Freixenet, 400
Frères, Delas, 186
Frescobaldi, Marchesi de', 345
Freycinet, 578
Frickenhäuser Kapellenberg, 273
Fritsch, 442
Fritz, 503
Friuli-Annia, 320
Friuli Aquileia, 319
Friuli-Grave, 320
Friuli Latisana, 320
Friulvini, 322
Frogmore Creek, 578
Frog's Leap, 493
Fröhlich, Michael, 274
Fromm, 588
Fronsac, 87-88
Frontera, Viña, 409
Fronton, 231-232
Frutos Villar, 393
Fuentespina, 391
Fuga, La, 341
Fuissé, Château de, 133
Fuligni, 341
Fundação Eugenio de Almeida, 418
Fundação Oriente, 417
Furli, Maso, 311
Fürst, 274
Fürst Löwenstein (Hallgarten), 260
Fürst Löwenstein (Kreuzwertheim), 275
Fürstlich Castell'sches Domänenamt, 274

Gabbas, Giuseppe, 374
Gabiano, 293
Gabbiano, Castello di, 337
Gaffelière, la, 73
Gager, 446
Gagnard, Jean-Noël, 121
Gaierhof, 310
Gaillac, 230-231
Gaillard, Château, 160
Gaillard, Pierre, 186
Gaillat, Domaine de, 63
Gaja, Angelo, 294, 298
Gál, Tibor, 455
Galardi, 360
Galatina, 362
Galegas, 380
Galicia, 380
Gallo Family Vineyards, 503
Gallo, E & J, 516
Gallo, família, 517
Galluccio, 359
Gallura, Cantina Sociale, 375
Galoupet, Château du, 201
Gambellara, 314
Gamot, Clos de, 228
Gancia, Fratelli, 298
Gandía, 402
Ganevat, 140
Gantenbein, Daniel, 436
Garance, Domaine de la, 218
Garda, 305, 314
Garda Bresciano, 305
Garda Classico Recent, 305
Garda Colli Mantovani, 305
Garde, la, 63-64
Gardet, Georges, 175
Gardiès, Domaine, 205
Gardine, Château de la, 195
Gard, The, 240
Garinet, Domaine du, 228
Garofoli, 352
Garon, 188
Garraud, 86
Garrelière, Domaine de la, 160
Garretson, 513
Garvey, 407
Gassier, Château, 201
Gassmann, Rolly, 182
Gastaldi, 298
Gatinois, 175
Gatti, 298
Gattinara, 293
Gauby, Domaine, 205
Gaudas, Terras, 381
Gaudou, Château de, 228
Gaudrelle, Château, 158
Gaujal, Domaine, 217
Gaunoux, Jean-Michel, 121
Gaussen, Jean-Pierre, 198
Gavi, 293
Gavoty, Domaine, 201
Gay, le, 83
Gazin, 83
Gazin-Rocquencourt, 64
Géantet-Pansiot, 121
Geisenheimer Fuchsberg/Kläuserweg, 257
Geisenheimer Rothenberg, 257
Gelin, Pierre, 121
Gelso, Ronco del, 324
Gemtree, 573
Genaiserie, Château de la, 153
Genazzano, 354
Genebra, 434-435
Geneletti, Michel, 140
Gentile, Domaine, 222
Geoffroy, Alain, 102-103
Geoffroy, René, 175
Georgia, 465
Gere, Attila, 455
Gerin, 186
Germain Père et Fils, 121
Germanier-Balavaud, 431
Gesellmann, 444
Geslets, Domaine des, 160
Gevrey-Chambertin, 104
Geyser Peak Winery, 503
Ghemme, 293
Giaconda, 561
Giacosa, Bruno, 298
Giacosa, Fratelli, 298
Gianfranco Fino, 364
Giant Steps, 564
Gibbston Valley, 590
Giennois, Coteaux du, 145, 165
Gies-Düppel, 269
Giesen, 591
Gifford's Hall, 606
Gigault, 91
Giglio, Casale del, 355
Gilbert, Philippe, 164
Gilette, 70
Gil, Juan, 402
Gillardi, 298
Gimmeldinger Mandelgarten, 267
Gimonnet & Fils, Pierre, 175
Gineste, Domaine de, 230
Ginglinger, Paul, 179
Ginori di Querceto, Castello, 345
Gioia del Colle, 362
Girardin, Vincent, 121
Giraud, Robert, 40
Girò di Cagliari, 373
Girolate, 93
Gironville, de, 55
Giroud, Camille, 121
Giscours, 43
Gisselbrecht, Willy, 179
Gitton Père & Fils, 162
Giuncheo, 304
Giusti e Zanza, I, 345
Giustiniana, La, 298
Gladstone, 584
Glaetzer, 567
Glana, du, 47
Glaser-Himmelstoss, 274
Glatzer, Walter, 442
Gleichenstein, Freiherr von, 281
Glen Carlou, 599
Glenelly, 595
Gléon-Montanié, Château, 208
Glicine, Cantina del, 298
Gloria, 47
Gobelsburg, Schloss, 441
Godeval, 380
Gojer-Glögglhof, 312
Goldeneye, 508
Goldwater Estate, 585
Golfo del Tigullio, 303
Gombaude-Guillot, 83
Gomerie, La, 77
Gonon, 188
González Byass, 407
Gorce, La, 58
Gordon Brothers, 525
Gordonne, Château la, 201
Gosset, 168
Gótica, 393
Göttelmann, 263
Goubard, Michel, 131
Goubert, Domaine les, 190
Goudichaud, 95
Gouges, Henri, 121
Gould Campbell, 423
Goundrey, 575
Gour de Chaulé, Domaine du, 190
Gourgazaud, Château de, 211
Gourgonnier, Mas de la, 199
Gourt de Mautens, Domaine, 190
Graacher Domprobst, 248-249
Graacher Himmelreich, 249
Gracia (Bordeaux), 77
Gracia (Chile), 539
Gracia Hermanos, 404
Graffigna, Santiago, 546
Graillot, Alain, 186
Gramenon, Domaine, 190
Gramona, 400
Gran Clos, 397
Gran Furor, 360
Grand Abord, du, 64
Grand Arc, Domaine du, 208
Grand Barrail, du, 91
Grand Caumont, Château du, 208
Grand Corbin, 75
Grand-Corbin-Despagne, 75
Grand Crès, Domaine du, 208
Grande Cassagne, Château, 220
Grande Cave de Crépy, Domaine de, 143
Grande Clotte, La, 80
Grande Maison, Domaine, 225
Grand Enclos du Château de Cérons, 64, 96
Grande Provence, 601
Grandes Costes, Domaine Les, 218
Grandes Murailles, Les, 75
Grandes Vignes, Domaine les, 155
Grandes Vinos y Viñedos, 389
Grandmaison, 64
Grand Mayne, 75
Grand Montmirail, Domaine du, 191
Grand Moulas, Château du, 191
Grand Moulin, Château, 208
Grand Ormeau, 86
Grand Peyruchet, 95
Grand-Pontet, 75
Grand-Puy-Ducasse, 49
Grand-Puy-Lacoste, 49
Grand Renouil, 88
Grands Chênes, les, 58
Grands Maréchaux, 91
Grand Veneur, Domaine, 195
Grange Tiphaine, Domaine La, 160
Grangehurst, 595
Granit, Domaine du, 137
Grans-Fassian, 251
Grapillon d'Or, Domaine du, 191
Gras, Alain, 121
Grasso, Elio, 298
Grasso, Silvio, 298
Gratien & Meyer, 155
Grattamacco, 345
Grave à Pomerol, La, 83
Grave-Béchade, Château la, 232
Grave, Château la, 211
Grave, de la (Côtes de Bourg), 90
Grave, la (Sainte-Croix-du-Mont), 94
Graves, 59-65
Graves d'Ardonneau, Domaine des, 91
Graves de Vayres, 95
Gravillas, Clos du, 211
Gravina, 362
Gravner, Josko, 322
Gray Monk Estate, 534
Graziano, Vittorio, 328
Grécaux, Domaine des, 216
Grechetto, 348
Greco, 348
Greco di Bianco, 366
Greco di Tufo, 359
Grée Larroque, 93
Green and Red Vineyard, 493
Greenhough, 589
Greenock Creek, 567
Green, Patricia, 521
Greenwood Ridge, 508
Grendel, De, 602
Greppo, Il, 340
Greppone Mazzi, 341
Gresser, Rémy, 180
Gresy, Marchesi di, 298
Grevepesa, Castelli del, 336
Greysac, 58
Grézan, Château, 213
Grgich Hills Cellars, 493
Grgic Vina, 460
Grifo, El, 409
Grignano, Fattoria di, 337
Grignolino d'Asti, 293
Grillet, Château, 186
Grimaldi, Giacomo, 298
Grimaudes, Domaine des, 220
Grinou, Château, 225
Gripa, Bernard, 186-187
Grivault, Albert, 121
Grivière, 58
Grivot, Jean, 121
Groebe, 265
Groffier, Robert, 121
Groot Constantia, 599
Groote Post, 603
Groppello, 305
Gros, Anne, 122
Grosjean, 302
Gros, Michel, 122
Gros'Noré, Domaine du, 198
Gross, 448
Grosset, 570
Grossot, Jean-Pierre & Corinne, 103
Grove Mill, 588
Gruaud-Larose, 46-47
Grumello, 305
Grünhaus, Maximin, 253
Guadet, 77
Gualdo del Re, 345
Guardia Sanframondi, 359
Guelbenzu, 387
Guerrieri-Rizzardi, 317
Guerry, 90
Guffens-Heynen, 133
Guglielmi, Enzo, 304
Guiberteau, Domaine, 158
Guidalberto, 345
Guido Brivio, Ivini de, 437
Guigal, 187
Guilbaud Frères, 149
Guimonière, Château de la, 155
Guindon, Domaine, 149
Guionne, 90
Guiraud, 66
Gulfi, 371
Gundel, 454
Gunderloch, 265
Gundlach-Bundschu, 503-504
Günther-Chéreau, Domaines V., 150
Guntrum, Louis, 265
Gurgue, la, 44
Gussek, 284
Gutiérrez de la Vega, 402
Gutsverwaltung Niederhausen-Schlossböckelheim, 264
Gutturnio dei Colli Piacentini, 326
Gutzler, 265
Guyon, Antonin, 122
Gymnasium, Friedrich-Wilhelm, 250

Haag, Fritz, 251
Haag, Willi, 251
Haan, 567
Haardter Bürgergarten/Herrenletten/Herzog, 268
Haart, Reinhold, 251
Haas, Franz, 312
Hacienda Monasterio, 391
Haderburg, 312
Hagafen Cellars, 493
Hahn, Bacharacher, 255
Hahnmühle, 263
Haider, Martin, 444
Haidle, Karl, 277-278
Hain, Kurt, 251
Halbturn, Schloss, 446
Halfpenny Green, 606
Hallgartener Schönhell, 257
Hall, Robert, 513
Hamilton Russell Vineyards, 603
Hamm, Emile, 175
Hammel, 434
Handley Cellars, 508
Hanging Rock, 564
Hanna, 504
Hans Herzog, 588
Hanteillan, 55
Hanzell, 504
Haras de Pirque, 539
Hardegg, Graf, 442
Hardys, 573
Harlan Estate, 493
Hartenberg, 595
Hartford Court, 504
Hartwell Vineyards, 493
Harvey's, 407
Hattenheimer Nussbrunnen/Wisselbrunnen/Mannberg, 257
Hattenheimer Pfaffenberg, 257
Hauner, Carlo, 371
Haura, 96
Haut-Bages Monpelou, 52
Haut-Bages-Libéral, 50
Haut-Bailly, 61
Haut-Batailley, 50
Haut-Beauséjour, 53
Haut-Bergeron, 70
Haut-Bergey, 64
Haut-Bernasse, Château, 225
Haut-Bertinerie, 91
Haut-Brion, 60
Haut Brisson, 77-78
Haut-Chaigneau, 86
Haut-Condissas, 58
Haut-Corbin, 75
Haute-Févrie, Domaine de la, 150
Haute-Perche, Domaine de, 155
Hautes Cances, Domaine Les, 191
Hautes-Chassis, Domaine des, 188
Haute-Serre, Château, 228-229
Haut-Gardère, 64
Haut-Gléon, Château, 208-209
Haut-Lagrange, 64
Haut-Maurac, 58
Haut-Médoc, 54-57
Haut-Monplaisir, Château, 228
Haut-Nouchet, 64
Haut-Pécharmant, Domaine du, 225
Haut-Peyraguey, Clos, 66
Haut-Poitou (Vin du), 145
Haut-Poitou, Cave du, 157
Haut-Rian, 92
Haut-Rocher, 78
Haut-Sarpe, 78
Hauts-Conseillants, les, 86
Haut-Selve, 6
Hauvette, Domaine, 199
Havana Hills, 603
Hawkshead, 590
Hedges Cellars, 525
Heger, Dr., 281
Heidsieck, Charles, 168
Heidsieck Monopole, 175
Heinrich, 278
Heinrich, Gernot, 444
Heitz, 493
Hélène, Château, 209
Heller Estate, 512
Hell's Canyon Winery, 527
Henriot, 168-169
Henriques & Henriques, 427
Henriques, Justino, 427
Henry Estate, 523
Henry of Pelham Family Estate, 533
Henry, Domaine, 218
Henry's Drive, 574
Henschke, 567
Hérault, 240
Herbauges, Domaine des, 150
Herdade de Cartuxa, 418
Herdade do Esporão, 418
Herdade do Mouchão, 418
Herdade dos Grous, 418
Hermann J Wiemer Vineyard, 529
Hermanuspietersfontein, 603
Hermitage, 184, 185
Heron's Flight, 585
Hess, 493
Hessen, Prinz von, 259
Hétszol, 454
Hewitson, 574
Heyl zu Herrnsheim, Freiherr, 265-266
Heymann-Löwenstein, 251
Hidalgo, 407
Hidden Spring, 606
Hidden Valley, 596
Hiedler, 442
Hierro, El, 409
Highfield, 588
Hightower, 525
Hillebrand Estates, 533
Hirsch, 442, 504
Hirtzberger, Franz, 441
Hobbs, Paul, 504
Hochheimer Domdechaney/Kirchenstück, 257
Hochheimer Hölle/Königin-Victoria--Berg, 257
Hoensbroech, Reichsgraf und Marquis zu, 281
Hofkeller, Staatlicher, 275
Hofkellerei Fürst Liechtenstein, 444
Hofstätter, J, 312
Höge, Josef, 441
Hogue Cellars, 525
Hohenlohe-Oehringen, Fürst zu, 278
Hollick, 571
Homburger Kallmuth, 273
Homs, Château d', 229
Hope, Austin, 513
Hornsby, Château, 579
Horton, 531
Hortus, Domaine de l', 217
Hosanna, 83
Hospital, de l', 64
Hospitalet, Domaine de l', 216
Hospitien, Vereinigte, 254
Hostens-Picant, 95
Houghton, 577
Howard Park, 575
Huards, Domaine des, 158
Huber, Bernhard, 281-282
Huber, Daniel, 437
Huber, Markus, 442
Hudelot-Noëllat, 122
Huertas, Bodegas, 402
Huet, Domaine, 158
Hugel & Fils, 180
Huia, 588
Hundred Acre, 493
Hunter's, 588
Hupfeld, 259
Hureau, Château du, 155
Husch, 508
Hush Heath, 606
Hutins, Domaines Les, 435

Igler, Hans, 446
IGP (Indication Géographique Protégée), 35
Ihringer Winklerberg, 280
Ijalba, 384
Il Bosco, Tenuta, 306
Il Carpino, 321
Immich-Batterieberg, 251
Inama, 317
Indian Creek Winery, 526
Infinitus, 546
Ingwe, 596
Inniskillin, 533
Inniskillin Okanagan, 535
Insulares Tenerife, Bodegas, 409
Iona, 603
Ipernia, 359
Iphöfer Julius-Echter--Berg/Kronsberg, 273
Ippolito, 366
Irache, 388
Iron Horse, 504
Ironstone, 511
Irouléguy, 238
Isabel Estate, 588
Ischia, 359
Isenhower, 525
Isole e Olena, 337
Isonzo, 320
Issan, d', 43

Jackson Estate, 588
Jackson-Triggs, 535
Jacobins, Clos des, 74
Jacquart, 175
Jacques, Château des, 137
Jacqueson, Paul & Henri, 131
Jacquesson, 169
Jadot, Louis, 122
Jaffurs, 515
Jamek, Josef, 441
Jamet, Joseph, 187
Janasse, Domaine de la, 195
Janin, Paul and Eric, 137
Jardin de la France, 241
Jasmin, Robert, 187
Jasnières, 145
Jasper Hill, 560
Jau, Château de, 205
Jaubertie, Domaine de la, 225
Javillier, Patrick, 122
Jayer-Gilles, 122
Jean, Clos, 95
Jean de Gué, 86
Jean Faure, 78
Jeanjean, Maison, 218
Jefferson, 531
Jefferson, Thomas, 67
Jekel Vineyards, 512
Jerez, 405-408
Jermann, 322-323
Jeruzalem Ormož, 458
Jessiaume, 122
Jesús del Perdón, 402
Jiménez-Landri, 402
Joanin-Bécot, 89
Joannes, 458
Jobard, François, 122
Jobard, Rémi, 122
Joblot, 131
Joguet, Charles, 158-159
Johannisberger Hölle/Klaus, 257
Johannisberg, Schloss, 258, 259
Johannishof, 259
Johner, Karl H, 282
John Stephen, 570
Joliet, Château, 232
Jolivet, Pascal, 162, 163

Joly, Nicolas, 99
Jolys, Château, 237-238
Jonc-Blanc, Château, 226
Jonqueyres, les, 91
Jonquières, Château de, 218
Jordan Vineyard and Winery, 504
Joris, Didier, 433
Josephshöfer, 249
Josmeyer, 180
Jost, Toni, 256
Jouard, Vincent et François, 122
Jougla, Domaine des, 214
Joullian, 512
Jour, Clos d'Un, 228
Jourdan, Domaine Félines, 217
J.-P. Moueix, 40
Juanicó, 551
Juchepie, Domaine de, 155
Judd's Hill, 493
Juillot, Michel, 131
Juliusspital-Weingut, 274-275
Jullien, Mas, 218
Jung, Jakob, 259
Jurançon, 236-238
Juris (G Stiegelmar), 444
Jurtschitsch, 442
Justin, 513
Juvé y Camps, 400

Ka, Château, 472
Kaesler, 567
Kaiken, 546
Kalin Cellars, 510
Kallfelz, Albert, 251
Kallstadter Annaberg/Saumagen, 268
Kalterersee, 308
Kanitz, Graf von, 259
Kanonkop, 596
Kante, 323
Kanu, 596
Kanzemer Altenberg, 247
Karlsmühle, 251
Karly, 511
Karthäuserhof, 251
Kaseler Kehrnagel, 248
Kaseler Nies'chen, 248
Katnook Estate, 571
Katunar, 460
Kauer, Dr. Randolf, 256
Kaufmann, Adriano, 437
Kawarau, 590
Keber, Edi, 323
Keenan, Robert, 493
Kefraya, Château, 472
Keller, 266, 504
Keller, Weingut Franz, 282
Kemblefield, 583
Kendall-Jackson, 516-517
Kennedy, Kathryn, 510
Kenwood, 504
Kerpen, Heribert, 251
Kerschbaum, 444
Kesseler, August, 259
Kesselstatt, Reichsgraf von, 252
Kettmeir, 312
Kiedricher Gräfenberg/Wasseros, 257
Kientzler, André, 181
Kilikanoon, 570
King Estate, 522
Kiona, 526
Királyudvar, 454
Kirwan, 43
Kistler, 504
Kiuva, La, 302
Klaus Knobloch, 266
Klein Constantia, 599
Kleine Zalze, 596
Kloovenburg, 603
Klosterkellerei Muri-Gries, 312
Klosterneuburg, Stift, 442
Kluge, 531
Knab, 282
Knappstein Wines, 570
Knapp Vineyards, 528
Knebel, Reinhard, 252
Knipser, 269
Knoll, Emmerich, 441
Knyphausen, Baron, 259
Koehler, 515
Koehler-Ruprecht, 270
Kollwentz, 445
König, Robert, 259
Königsbacher Idig, 268
Kooyong, 562
Kopke, 423
Korbel, 504
Korrell, 263
Kosta Browne, 504
Kracher, Alois, 445
Krauthaker, 460
Kreydenweiss, Marc, 181

Krone, 259
Krug, 169, 443
Krug, Charles, 493-494
Kruger-Rumpf, Weingut, 263
Krutzler, 445
Ksara, Château, 472
Kuentz-Bas, 181
Kühling-Gillot, 266
Kühn, Peter Jakob, 259-260
Kuleto, 494
Kumeu River, 585-586
Kunde, 505
Künstler, Franz, 260
Kuntz, Sybille, 252
Kutjevo, 460
K Vintners, 525
KWV, 599-600

Labadie, 90
Labarthe, Domaine de, 230
Labégorce, 44
Labégorce-Zéde, 44
Labet, Julien, 140
La Borderie-Mondésir, 86
Laborie, 600
Labouré-Roi, 123
Labranche-Laffont, Domaine, 235
Labuthe, 431
La Carraia, 349
Lachesnaye, 56
Lackner-Tinnacher, 448
La Combe des Grand'Vignes, Domaine, 143
Lacrima di Morro d'Alba, 350
Lacroix-Vanel, Domaine, 219
Ladoix-Serrigny, 107-108
Laetitia, 514
Lafarge, Michel, 123
Lafaurie-Peyraguey, 66
La Fleur, 77
Lafleur, 83
Lafleur-Gazin, 84
La Fleur Morange, 77
Lafon, Comtes, 123
Lafond, Claude, 164
Lafon, Domaine, 232
Lafond-Roc-Epine, 193
Lafon-Rochet, 52-53
Lafont-Menaut, 64
Laforge, 78
Lafran-Veyrolles, Domaine, 198
Lagarde, 546
Lagar de Fornelos, 380
Lagarosse, 92
Lageder, Alois, 312
Lagler, 443
Lago di Caldaro, 308
Lago di Corbara, 348
Lagoalva de Cima, Quinta da, 417
Lagrange, 47
La Grange de Quatre Sous, Domaine, 218
La Grange des Pères, Domaine, 218
La Gravière, 86
Lagrézette, Château, 229
Laible, Andreas, 282
Laila, 352
L'Aventure, 513
La Violette, 85
Laville-Haut-Brion, 62
Lawson's Dry Hills, 588
Layon-Villages, Coteaux du, 145
Lazy Creek, 508
Le Dôme, 77
Le Pape, 64
Le Pin, 85, 87
Le Sang des Cailloux, Domaine, 192
Le Soula, Domaine, 206-207
Le Thil-Comte Clary, 65
Leabrook, 565
Leasingham, 570
Leccia, Domaine, 222
Leclerc-Briant, 175
L'Ecole 41, 525
Leconfield, 571
Lede, Cliff, 494
Leeuwin Estate, 576
Leflaive, Domaine, 124
Leflaive, Olivier, 124
Léhoul, 64
Leitz, Josef, 260
Leiwener Laurentiuslay, 249
Lemelson, 522
Lenclos, Chapelle, 234-235
Lenoble, A R, 176
Lehmann, Peter, 568
Lento, Cantine, 366
Lenton Brae, 576
Lentsch, 312
Lenz Winery, 529
León, Jean, 399

Landmann, Seppi, 181
Landmark, 505
Land's End, 603
Lane, The, 565
Lanessan, 56
Langenlonsheimer Rothenberg/Löhrer Berg, 262
Lang, Hans, 260
Langhe, 293
Lang, Helmut, 445
Langlois-Château, 155
Langmeil, 567-568
Langoa-Barton, 47
Langtry Estate, 517
Languedoc, 212-212
Laniote, 75
Lanius-Knab, 256
Lanoix, Patrick, 165
Lanson, 169
Lantieri de Paratico, 307
Lanzarote, 409
Laougué, Domaine, 235
Lapalu, Jean-Claude, 137
Lapandéry, Paul & Fils, 165
Lapeyre, Clos, 237
Lapeyronie, 89
Lapierre, Hubert, 138
Lapierre, Marcel, 138
Lapostolle, Casa, 540
Larcis-Ducasse, 75
Lark Hill, 557
Larmande, 76
Larmandier-Bernier, 175
Laroche, Domaine, 103
La Robertie, Château, 225
Laroque, 76
La Roque, Château, 217
Larose-Trintaudon, 56
Laroze, 76
Larrédya, Domain Camin, 237
Larrivet-Haut-Brion, 64
Lascaux, Château de, 217
Lascombes, 43
La Soumade, Château, 192
Lassarat, 133
Lastours, Château de, 209
Latour, 48
Latour à Pomerol, 84
La Tour-de-By, 59
Latour, Louis, 123
Latour-Martillac, 61-62
Laubenheimer Karthäuser/ St Remigiusberg, 262
Lauber, Andrea, 436
Lauer, Peter, 252
Laujac, 58
Laulan, Domaine de, 232
Launay, 93
Laurel Glen, 505
Laurens, Domaine, 229
Laurent, Dominique, 123-124
Laurent-Perrier, 169
Laurets, des, 79
Laurona, 399
Lauzières, Domaine de, 199
Lava Cap Winery, 511
Lavaque, 546
L'Aventure, 513
La Violette, 85
Laville-Haut-Brion, 62
Lawson's Dry Hills, 588
Layon-Villages, Coteaux du, 145
Lazy Creek, 508
Le Dôme, 77
Le Pape, 64
Le Pin, 85, 87
Le Sang des Cailloux, Domaine, 192
Le Soula, Domaine, 206-207
Le Thil-Comte Clary, 65
Leabrook, 565
Leasingham, 570
Leccia, Domaine, 222
Leclerc-Briant, 175
L'Ecole 41, 525
Leconfield, 571
Lede, Cliff, 494
Leeuwin Estate, 576
Leflaive, Domaine, 124
Leflaive, Olivier, 124
Léhoul, 64
Leitz, Josef, 260
Leiwener Laurentiuslay, 249
Lemelson, 522
Lenclos, Chapelle, 234-235
Lenoble, A R, 176
Lehmann, Peter, 568
Lento, Cantine, 366
Lenton Brae, 576
Lentsch, 312
Lenz Winery, 529
León, Jean, 399

Leone de Castris, 364
Leonetti, 526
Léoube, Château, 201
Léoville-Barton, 47
Léoville-Las-Cases, 47
Léoville-Poyferre, 47
Leroy, Domaine, 124
Leroy, Maison, 124
Les Baux-de-Provence, 199
Les Clefs d'Or, Domaine, 195
Les Maîtres Vignerons de la Presqu'ile de St-Tropez, 201
Les-Ormes-Sorbet, 58
Lesparre, 95
Lessona, 293
Lestage, 45
Lestage Simon, 56
Leth, 443
Lethbridge, 562
Letrari, 310
Levasseur-Alex Mathur, Domaine, 160
Leverano, 362
Lewis Cellars, 494
Ley, Baron de, 383
Leyda, Viña, 540
Lezcano-Lacalle, 393
Lezongars, 92
Liards, Domaine des, 160
Líbano, 472
Librandi, 366-367
l'Idylle, Domaine de, 143
Lieser, Schloss, 252
Lieserer Niederberg-Helden, 249
Lieujean, 56
Liger-Belair, Thibault, 124
Lignier, Hubert, 124
Lignon, Domaine, 211
Lilian Ladoys, 53
Lilliano, 337
Limerick Lane, 505
Lincoln Vineyards, 586
Lindemans, 562
Linden, 531
Lingenfelder, 270
Linne Calodo, 514
Lionnet, 188
Liot, 70
Liquard, Emile, 46
Liquière, Château la, 213
Lirac, 192-193
Lisini, 341
Lison-Pramaggiore, 314, 320
Listel, 219
Littorai, 505
Liversan, 56
Livingston-Moffett, 494
Livon, 323
Lizzano, 362
Llanerch, 606
Llano Estacado, 532
Loacker, 312
Loazzolo, 293
Locorotondo, 362
Locorotondo, Cantina del, 364
Lodola Nuova, 343
Loewen, Carl, 252
Lohr, J, 512
Loi, Alberto, 375
Loimer, 443
Loir, Coteaux du, 145
Loire-Atlantique, 241
Lolonis, 509
Loma Larga, 540
Lonardi, 317
Long Island, 529
Long Shadows, 526
Longariva, 310
Long-Depaquit, 103
Longo, Alberto, 364
Longoria, Richard, 515
Longridge, 596
Longview, 565
Loosen, Dr., 252
Lopez de Heredia, 385
Lorenzon, 131
Loron & Fils, 138-139
Los Llanos, 402
Lorenzo, Giovanni, 299
Loubens, 94
Loudenne, 58
Loupiac, 94, 95
Loupiac-Gaudet, 95
Lousteauneuf, 58
Lousteau-Vieil, 94
Louvetrie, Domaine de la, 150
Louvière, la, 64
Lubéron, 193
Lubiana, Stefano, 578
Lucas, 80, 517
Lucashof, 270
Luchey-Halde, 64
Lucia, De, 360
Ludwigshöhe, 265

Lugana, 305
Luisin, 298
Lumpp, 131
Luna, 494
Luneau-Papin, Pierre, 150
Lunelli, 311
Lungarotti, 349
Lupi, 304
Luretta, 328
Lurton, Bodega, 546
Lurton, Francois, 392
Lussac, de, 80
Lussac-Saint-Émilion, 79
Lustau, Emilio, 407-408
Lützkendorf, 284
Luzón, Finca, 402
Lynch-Bages, 50
Lynch-Moussas, 50
Lynmar, 505
Lyonnat, 80

Mabileau, Domaine Frédéric, 158
Maby, Domaine, 193
Macari, 529
Maccari, 371-372
Macchiole, Le, 345
Macedônia, 460
Macle, Jean, 140
Mâconnais, 132-134
Macquin, 80
Maculan, 317
Madeira, 426-427
Madeleine, Cave de La, 433
Madeloc, Domaine de, 205
Madiran, 233-235
Madone, Domaine de la, 138
Madonia, 328
Madonna Alta, 349
Madroña, 511
Madura, Domaine la, 214
Maffini, Luigi, 360-361
Magdelaine, 73
Magne, Michel, 143
Magneau, 64
Magnin, Louis, 143
Magnol, 56
Magnotta, 534
Mähler-Besse, 40
Mailles, de, 94
Mailly Grand Cru, 176
Maimbray, Château de, 162
Maire, Henri, 140
Maison Blanche, 80
Maison Blanche, Domaine de, 434
Maison Mollex, 143
Majella, 571
Majo Norante, Di, 360
Majolini, 307
Málaga Virgen, 404
Málaga, 403-404
Malandes, Domaine des, 103
Malartic-Lagravière, 62
Malat, 441
Malbec, 38-39
Malescasse, 56
Malescot-Saint-Exupéry, 43
Malivoire, 534
Malle, de, 69
Malleret, de, 56
Maltroye, Château de la, 124
Malvasia delle Lipari, 369
Malvasia di Bosa, 373
Malvasia di Cagliari, 373
Malvasia di Castelnuovo Don Bosco, 293
Malvirà, 299
Mamertino di Milazzo, 369
Mancinelli, 352
Mancini, 352
Mandrolisai, 373
Manincor, 312
Mann, Albert, 181
Mansenoble, Château, 209
Mantellassi, 345
Mantlerhof, 441
Manzanero, Manuel, 402
Manzano, Ronchi di, 324
Manzone, Giovanni, 299
Manzoni, Rocche dei, 300
Maquis, Los, 540
Maranges, 114
Marbuzet, 53-54
Marcarini, 299
Marcassin, 505
Marchetti, 352
Marcillac, 229
Marcoux, Domaine de, 196
Mardon, Domaine, 165
Maréchal, Jean, 131
Marengo, 299
Margaux, 41-44
Margherita, Santa, 318
Marguerite, Château, 232

Marichal, 551
Marie, Clos, 217
Marimar Estate, 505
Marin, Casa, 540
Marino, 354
Marion, 317
Marionnet, Domaine Henry, 159
Maris, Château, 211
Marjosse, 94
Markham Vineyards, 494
Markowitsch, 441
Marmandais, Cave du, 233
Marojallia, 44
Marquis d'Alesme Becker, 43
Marquis de Goulaine, 149
Marquis de Terme, 43
Marramiero, 357
Marrans, Domaine des, 138
Marsala, 368, 369
Marsannay-la-Côte, 104
Marsau, 90
Marteau, Domaine Jacky, 159
Martina or Martina Franca, 362
Martinat, 90
Martinborough Vineyard, 584-585
Martinelli, 505
Martinetti, 299
Martinez, 425
Martini, K & Sohn, 312
Martini, Louis M, 494
Martinsthaler, 257
Maryland, 530
Mas Blanc, Domaine du, 205-206
Masburel, Château, 225
Mascarello, Bartolo, 299
Mascarello, Giuseppe, 299
Masciarelli, 357
Mas Crémat, Domaine du, 206
Mas d'en Gil, 397
Mas Doix, 397
Masi, 317
Masi Tupungato, 546
Mas Martinet, 397
Masneuf, Château, 220
Masottina, 317
Mas Pignou, 230
Massa, La, 337
Massaya, 472
Massereau, 70
Masseria Li Veli, 364
Massimi Berucci, 355
Massolino, 302
Masson-Blondelet, Domaine, 163
Mastroberardino, 361
Mastrojanni, 341
Masut da Rive, 323
Matanzas Creek Winery, 506
Matariki, 583
Matarredonda, 392
Matarromera, 391
Matassa, Domaine, 206
Matawhero, 586
Matawihi, 585
Matera, 367
Matetic, 540
Matha, Jean-Luc, 230
Mathern, 263
Mathier, Adrian, 431
Mathieu, Serge, 176
Matino, 362
Matras, 76
Matrot, 124
Matua Valley, 586
Maucaillou, 45
Maucamps, 56
Maurel Fonsalade, Château, 214
Mauriane, La, 79
Maurigne, Château la, 226
Mauritson, 506
Mauro, 394
Maurodos, 392
Maury, Vignerons de, 206
Maximin Grünhäuser Abtsberg, 248
Max, Louis, 125
Maxxima, 463
Mayacamas, 494
Maycas de Limari, 540
Maye, Simon & Fils, 432
Mayer am Pfarrplatz, 447
Mayne-Blanc, 80
Mayne-Lalande, 45
Mayne-Vieil, 88
Maysara, 522
Mazeris-Bellevue, 88
Mazeyres, 84
Mazou, Domaine de, 231
Mazziotti, 356
Mazzolino, 307
Mazzi, Roberto, 317
McCrea, 505
McDowell Valley Vineyards, 509
McHenry Hohnen, 576
McPherson, 532

M-P | ÍNDICE | 669

Meador Estate Wines, 512
Mecella, Enzo, 352
Medici Ermite, 328
Médoc, 38, 41-59
Medoro, Villa, 358
Meerendal, 603
Meerlust, 596
Meffre, Gabriel, 191
Megyer & Pajzos, Chateaux, 454
Meinert Wines, 596
Meleto, Castello di, 337
Melini, 337
Melis, 397
Melissa, 366
Mellot, Alphonse, 162
Melton, Charles, 568
Melville, 515
Mendel, 546
Méndez, Gerardo, 380
Mendoza, Enríque, 402
Menetou-Salon, 145, 164
Menfi, 369
Meo, Di, 361
Méo-Camuzet, 125
Mer Soleil, 512
Mercier, 169
Mercier, Denis, 432
Mercuès, Château de, 229
Meridian, 514
Merkelbach, Alfred, 252
Merlara, 314
Merlin-Cherrier, Thierry, 162
Merlin, Olivier, 133
Merlot, 38
Merlot (Lombardia), 305
Merlot (Véneto), 314
Merotto, 317
Merrill Wines, Geoff, 573
Merryvale, 494
Mesa, 375
Messias, Caves, 419
Messile Aubert, 80
Messmer, Herbert, 270
Métaireau, Louis, 150
Métaire, Domaine la, 225
Météore, Domaine de, 213
Metternich, Graf Wolff, 284
Meursault, 111
Meursault, Château de, 125
Meyer-Fonné, 181
Meyer-Näkel, Weingut, 255
Meyney, 54
Meynieu, le, 56
Meyre, 56
MezzaCorona, 311
Mezzo, Vigne di, 367
Miani, 323
Miaudoux, Château les, 226
Michael, Peter, 506
Michel, Louis & Fils, 103
Michel-Pfannebecker, 266
Michel-Schlumberger, 506
Middelvlei, 596
Millbrook, 529
Mill Creek, 506
Mille Roses, 56
Millésima, 57
Millon Rousseau, Michel, 143
Mills Reef, 586
Millton, 586
Milz, 252
Milzaide Antano, 349
Miner Family Vineyards, 494
Minervois, 210-212
Minges, Theo, 270
Minho, 412, 414
Minuty, Château, 201
Miquel, Laurent, 214
Mirassou, 512
Miro, 458
Miroglio, Edoardo, 463
Mischa, 600
Misiones de Rengo, 540
Mission, 583
Mission Hill, 535
Mitchell, 560
Mitchelton, 560
Mitolo, 573
Mittelheimer St Nikolaus, 257
Mittelrhein, 255-256
Mocavero, 364
Moccagatta, 299
Moët & Chandon, 169-171
Moillard, 125
Moines, Domaine aux, 153
Moio, Michele, 361
Mola, 345
Moldávia, 464
Molettieri, 361
Molino di Grace, Il, 337
Molino, Mauro, 299
Molise, 360
Molitor, Markus, 252

Mommessin, 139
Mona Vale, 572
Monacesca, La, 352
Monardière, Domaine de la, 191
Monbousquet, 76
Monbrison, 44
Mönchhof, 252
Monconseil-Gazin, 91
Moncuit, Pierre, 176
Mondavi, Robert, 494-495
Mondésir-Gazin, 91
Monestier La Tour, Château, 225
Monferrato, 293
Mongeard-Mugneret, 125
Monica di Cagliari, 373
Monica di Sardegna, 373-374
Monistrol, Marqués de, 400
Monjardín, Castillo de, 387
Monje, 409
Monnier, René, 125
Monsanto, 337
Monsupello, 307
Montaiguillon, 80
Montagne-Saint-Emilion, 80
Montalcino, 330-331, 333, 340-342
Montana Wines, 586
Montauriol, Château, 232
Montcalmès, Domaine de, 219
Mont-Caume, 239
Mont d'Or, Domaine du, 432
Mont, du, 94
Mont du Toit, 600
Monte Bernardi, 337-338
Montecarlo, 333
Montecchia, La, 317
Montecillo, 385
Montecucco, 333
Monte, El (Gran Canaria), 409
Montefalco, 333
Monte La Reina, 392
Montelena, Château, 491
Montello, 307
Montello e Colli Asolani, 314
Montellori, Fattoria, 345
Montenegro, 458-459
Montenidoli, 346
Montepoloso, 346
Montepulciano d'Abruzzo, 356
Montepulciano, 342-343, 350
Monteregio di Massa Marittima, 333
Monte Rossa, 307
Monterra, 512
Monterrei, 380
Montes, 540
Monte Schiavo, 352
Montescudaio, 333
Montevertine, 338
Montevetrano, 361
Monteviejo, 547
Monteviña, 511
Monte Volpe, 509
Montgilet, Domaine de, 155
Mont Gras, 540
Monthélie, 111
Monthelie, Château de, 129
Monthoux, 143
Monti, Antonio e Elio, 357
Monticello Vineyards, 495
Montille, Hubert de, 125
Montinore, 522
Montjoie, Domaine de, 209
Montlouis, 145
Montmélian, 142, 143
Mont Olivet, Clos du, 195
Montori, Camillo, 357
Montpeyroux, 216-217
Montrachet, Le, 114
Montravel, 223, 226
Mont-Redon, Château, 196
Montresor, 317
Montrose, 53
Montsant, 395
Montus, Château, 235
Montviel, 84
Monzinger
Frühlingsplätzchen/Halenberg, 262
Moorilla Estate, 578
Mora, Elías, 392
Moraga, 517
Morandé, 540
Moras, Las, 547
Mordorée, Domaine de la, 193
Moreau, Christian, 103
Moreau, Louis, 103
Morellino di Scansano, 333
Morey, Bernard, 125
Morey, Marc, 125
Morey, Pierre, 125
Morey-St-Denis, 104-105

Morgan, 512
Morgante, 372
Morgenhof, 596
Morgenster, 596
Moris, 346
Moro, 328
Moro, Emilio, 391
Moroder, 352
Morot, Albert, 125
Morris Wines, 561
Mortet, Denis, 125
Mortet, Thierry, 125
Mortiès, Mas de, 217
Morton Estate, 586
Mosbacher, Georg, 270
Moscadello di Montalcino, 333
Moscato d'Asti, 293
Moscato di Cagliari, 373
Moscato di Noto, 369
Moscato di Saracena, 366
Moscato di Sardegna, 374
Moscato di Scanzo Passito, 305
Moscato di Siracusa, 369
Moscato di Sorso-Sennori, 374
Moscato di Trani, 362
Moschioni, 323
Moser, Sepp, 441
Mosnel, 307
Mossi, 328
Mossio, 299
Mossu, François, 140
Moss Wood, 576
Motte, La, 601
Moulin à Vent, 45, 136
Moulin Caresse, Château, 226
Moulin de Ciffre, Château, 213
Moulin de la Rose, 48
Moulin du Cadet, 76
Moulinet, 84-85
Moulin Haut Laroque, 88
Moulinier, Domaine, 214
Moulin, Le, 84
Moulin Pey-Labrie, 88
Moulin Rouge, du, 56
Moulin St-Georges, 78
Moulis & Listrac, 44-46
Mountadam, 568
Mount Defiance, 524
Mount Difficulty, 590
Mount Eden, 510
Mount Edward, 590
Mount Horrocks, 570
Mount Langi Ghiran, 563
Mount Mary, 564
Mount Riley, 588
Mount Veeder, 495
Mourgues du Grès, Château, 220-221
Mouthes Le Bihan, Domaine, 232
Mouton-Rothschild, 48-49
Movia, 458
Moyer, Dominique, 160
Mudbrick, 586
Mud House, 591
Muga, 385
Mugneret-Gibourg, 125-126
Mulderbosch, 597
Müller-Burggraef, Erben, 254
Müller-Catoir, 270, 271
Muller, De, 399
Müller, Domäne, 448
Müller, Egon, 249
Müller, Eugen, 270
Müller, Gebrüder, 283
Müller, Matthias, 256
Müller-Thurgau, 305
Mumm, 171, 495
Münsterer
Dautenpflänzer/Kapellenberg/
Pittersberg, 262
Münzberg, 270
Münzenrieder, 446
Murana, Salvatore, 372
Murdoch James, 585
Muré, 181-182
Murfatlar, 461
Murphy-Goode, 506
Murray, Andrew, 515
Murray Street, 568
Murrieta, Marqués de, 385
Musar, Château, 472
Muscadet, 146, 147-151
Muscadet Coteaux de La Loire, 146
Muscadet de Sèvre-et-Maine, 146, 147
Muscats de Languedoc, 219-220
Musella, 317
Mussbacher Eselshaut, 268
Musset-Rouillier, Domaine, 155
Mustiguillo, 402
Mustilli, 361
Muzard, Lucien, 126
Myrat, de, 69

Nabygelegen, 600
Nackenheimer Rothenberg, 265
Nägelsförst, 283
Naia, 394
Nairac, 69
Nalle, 506
Nalys, Domaine de, 196
Nardi, Silvio, 341
Nardian, Clos, 93
Nardò, 362-363
Nasco di Cagliari, 374
Nathaniel Johnston & Fils, 40
Natter, Henry, 162
Naudin, Clos, 158
Nautilus, 588
Navarra, 387-388
Navarra, Vinícola, 388
Navarro, 509
Naverán, 399
Neagles Rock, 570
Nebbiolo, 293
Nederburg, 600
Neefer Frauenberg, 250
Neethlingshof, 597
Négly, Château de la, 216
Negri, Nino, 307
Neipperg, Weingut des Grafen, 278
Neive, Castello di, 296
Nekeas, 388
Nekowitsch, Gerhard, 446
Nelles, 255
Nénin, 85
Nepenthe, 566
Nera, 307
Neris, Lis, 323
Nerthe, Château de la, 196
Nervi, 299
Nettuno, 354-355
Neuchâtel, 435
Neudorf, 589
Neumayer, Ludwig, 443
Neuville, De, 155
Neuweier Mauerberg/Schlossberg, 280
Neuweier, Schloss, 283
New Hall, 606
Newton Johnson, 603
Newton, 495
Neyroud-Fonjallaz, Domaine Jean-François, 434
Ngatarawa, 583
Nicodemi, 357
Nicolay, Peter, 253
Nicolis, Angelo, 317
Niebaum-Coppola, 495
Niederhäuser, 262
Niedermayr, 312
Niedrist, 312
Niellon, Michel, 126
Nieport, 415, 423
Nieport (porto), 423
Niero-Pinchon, 189
Niersteiner, 265
Nieto Senetiner, 547
Nigl, 441
Nikolaihof, 441
Nitida, 603
Nittardi, 338
Nittnaus, Hans & Anita, 445
Nivolelli, Delia, 369
Nizas, Domaine de, 219
No 1 Family Estate, 588
Nobilo, 586
Nodoz, 90
Noë, Château la, 150
Noël Aucoeur, 136
Noemía, 547
Norheimer
Dellchen/Kafels/Kirschheck, 262
Norte do Rhône, 184-189
Northbrook Springs, 606
Northstar, 506
Norton, 547
Nosiola, 309
Notaio, Cantina del, 367
Notaire, Le Clos du, 90
Notre Dame du Quatourze, Château, 219
Nouvelles, Château de, 209
Nouys, Clos de, 160
Nova Gales do Sul, 554, 557-560
Nova Inglaterra, 530
Nova York, Estado de, 528-529
Novelle & Fils, Charles, 434
Nozet, Château du, 163-164
NQN, Bodega, 547
Nuestra Señora del Rosario, Cooperativa, 402-403
Nugan, 559
Nuits-Saint-Georges, 97, 106
Nuragus di Cagliari, 374

Nussbaumer, 436
Nyetimber, 606

Oakridge Estate, 564
Oasi degli Angeli, 352
Oasis, 531
Oberemmeler Hütte, 247
Oberrotweiler
Eichberg/Henkenberg/Kirchberg, 280
Obrist, 434
Ochoa, 388
Ockfener Bockstein, 247
Oddero, Fratelli, 299
Odfjell, 541
Odoardi, 367
Oestricher Doosberg/Lenchen, 258
Offida, 350-351
Offley, 423
Ogereau, Domaine, 155-156
Ogier, 187
Ojai, 517
Olarra, Bodegas, 385
Olivella, L', 356
Olivier, 62
Ollieux Romanis, Château les, 209
Olssens, 590
Oltrepò Pavese, 305
Ontañón, 385
Ontário, 533-534
Opitz, Willi, 446
Oppenheimer
Herrenberg/Kreuz/Sackträger, 265
Opus One, 495
Oratoire de l', 74
Oratoire St-Martin, l', 191
Orcia, 333
Ordóñez, Jorge, 404
Oregon, 520-524
Oremus, 454
Orenga de Gaffory, Domaine, 222
Orfila, 517
Orlando, 568
Orléanais (Vin de l'), 146
Ormarine, Cave de l', 217
Ormarins, L', 601
Orsat, Caves, 432
Orsolina, 299
Orta Nova, 363
Ortenberger Schlossberg, 280
Ortenberg, Schloss, 283
Orvieto, 333
Osborne, 408
Osoyoos Larose, 535
Ossian, 394
Ostal Cazes, L', 211
Ostuni, 363
Otazu, 388
Othegraven, Von, 252
Ottavianello di Ostuni, 363
Ott, Bernhard, 443
Ott, Domaines, 201
Ouches, Domaine des, 159
Oupia, Château d', 211
Oustal Blanc, Domaine L', 211
Overgaauw, 597
Overnoy, Pierre, 140

Pace, 299
Pacenti, Siro, 342
Pacherenc, 233-235
Paço de Teixeiró, 414
Pagadebit di Romagna, 326
Pago de Carraovejas, 391
Pago de Cirsus, 388
Pago de Los Capellanes, 391
Pago de Vallegarcia, 394
Pagos del Rey, 393
Pahlmeyer, 495
Paillard, Bruno, 171
Pala, 375
Palacio, 385
Palacio de Bornos, 394
Palacio de la Vega, 388
Palacios, Descendientes de J, 394
Palacios, Rafael, 381
Palacios Remondo, 385
Palais, Château les, 209
Palari, 372
Palazzino, Il, 338
Palazzone, 349
Pallières, Domaine Les, 191
Palliser, 585
Palma, La, 409
Palmer, 43, 529
Palombo, 356
Paloumey, 56
Pancas, Quinta de, 417
Panizzi, 349
Pannell, S C, 573

Pannonhalmi Apátsági, 455
Panther Creek, 522
Paola di Mauro (Colle Picchioni), 356
Paolo Bea, 349
Pape-Clément, 62
Papes, Clos des, 195
Paradis, Domaine du, 435
Paraiso Vineyards, 512
Parducci, 509
Parent, Domaine, 126
Paringa Estate, 562
Paris, Vincent, 187
Parker Estate, 571
Parker, Fess, 515
Parker, Robert, 184
Parma Ridge, 527
Parrina, 333
Parrina, La, 346
Parusso, Armando, 299
Parxet, 399
Pasetti, 357
Pasini, 307
Pask, C J, 583
Pasolini Dall'Onda, 328
Passavant, Château de, 156
Passito di Pantelleria, 369
Passopisciaro, 372
Patache d'Aux, 59
Paternina, Federico, 386
Paternoster, 368
Pater, Sardus, 375
Pato, Filipa, 416
Pato, Luis, 416
Patricius, 454
Patz & Hall, 517
Pauillac, 48-52
Paulat, Alain, 165
Paulinshof, 252
Paul, Scott, 522
Pauly-Bergweiler, Dr., 252
Paveil de Luze, 44
Pavelot, 126
Pavie, 73
Pavie-Decesse, 76
Pavie-Macquin, 73
Pavillon Bel-Air, 86
Pavillon, du (Fronsac), 88
Pavillon, du (SainteCroix-du-Mont), 95
Pawis, 284
Pax Wine Cellars, 506
Pays d'Oc, 241
Peachy Canyon, 514
Pearmund, 531
Peay, 506
Pecchenino, 299
Pech-Celeyran, Château, 216
Pech, Domaine du, 233
Pech Latt, Château, 209
Pech-Redon, Domaine de, 216
Pechstein/Ungeheuer, 267
Pecorari, Pierpaolo, 323
Pedesclaux, 50
Pedroncelli Winery, J, 506
Pedrosa, Viña, 391
Peel Estate, 575
Pegasus Bay, 591
Pegaü, Domaine du, 196
Pelaquié, Domaine, 191
Pelee Island Winery, 534
Pelissero, 299
Pelizzatti Perego, 307
Pellaro, 366
Pellé, Henry, 164-165
Pellegrino, Carlo, 372
Pendits, 454
Penedès, 395-396
Penfolds, 568-569
Pénin, 94
Penisola Sorrentina, 359
Penley Estate, 571
Pennautier, Château de, 214
Pennsylvania, 530
Penny's Hill, 573
Pensées Sauvages, Domaine des, 209
Penshurst, 606
Pepper Bridge, 526
Per'e Palummo, 359
Perchade, Domaine de, 236
Perdrix, Domaine des, 126
Peregrine, 590
Pereira d'Oliveira, 428
Pérenne, 91
Pérez Barquero, Bodegas, 404
Pérez Cruz, 541
Pergola, 351
Pérignon, Dom, 166
Perli, August, 256
Pernand-Vergelesses, 108
Perret, André, 189

Perrier, Jean, 143
Perrier, Joseph, 171
Perrière, Domaine de la, 126, 165
Perrier-Jouët, 171-172
Perrin, Maison, 191
Perron, 86
Perrot-Minot, 126
Pertaringa, 573
Perticaia, 349
Pertinace, I Vignaioli Elvio, 299
Pervenche Puy Arnaud, 89
Pesquera, 391
Pesquié, Château, 193
Pesquier, Domaine du, 191
Petaluma, 566
Petit Bocq, 54
Petit, Désiré, 141
Petit-Faurie-de-Soutard, 76
Petit Métris, Domaine du, 156
Petits Quarts, Domaine des, 153
Petit Val, Domaine du, 156
Petit-Village, 85
Petra, 346
Petroio, Fattoria di, 338
Petrolo, Fattoria, 346
Pétrus, 84
Pey La Tour, 94
Peychaud, 90
Peynaud, Émile, 72
Peyrabon, 56
Peyrassol, Commanderie de, 200
Peyredoulle, 91
Peyre-Lebade, 46
Peyre Rose, Domaine, 219
Peyros, Château, 235
Peyrou, Château 89
Pez, de, 54
Pézilla, Vignerons de, 206
Pfaffl, 443
Pfaffmann, Karl, 270
Pfeffingen, 270
Pfeiffer, 561
Phélan-Ségur, 54
Phelps, Joseph, 496
Philipponnat, 176
Philippoz Frères, 433
Phillips, R H, 518
Piada, 70
Pian del Vigne, 342
Piaugier, Domaine de, 191
Piave, 314
Pibarnon, Domaine de, 198
Pibran, 52
Picardy, 577
Piccinini, Domaine, 212
Pichéch, 323
Pichler, F X, 441
Pichler, Rudi, 442
Pichon-Longueville, 50
Pichot, Domaine, 160
Picolit, 320
Picpoul de Pinet, 217
Pic-St-Loup, 216-217
Piedra, Estancia, 393
Piemonte DOC, 293
Piero Busso, 296
Pieropan, 317-318
Pierre-Bise, Château, 154
Pierre Prieur & Fils, 162
Pierre Soulez, Domaine, 154
Pierro, 576
Piesporter Domherr, 249
Piesporter Goldtröpfchen, 249
Pietraviva, 333
Piétri-Géraud, 206
Pieve Santa Restituta, 342
Pighin, 323
Pigna, Villa, 353
Pignier, 141
Pignolo, 320
Pikes, 570
Pillitteri Estates, 534
Pinard, Vincent, 162
Pine Ridge Winery, 496
Pineraie, Château, 229
Pinerolese, 293
Pinget, Gérard, 434
Pingus, Dominio de, 391
Pino, Cantina del, 299
Pinon, François, 160
Pinot, 305
Pinot Noir, 96, 97
Pinson, 103
Pintas, 415
Pinte, Domaine de la, 141
Pintia, 393
Pinto, Ramos, 415
Pio Cesare, 300
Piot, Laleure, 123
Piovene, 318
Piper-Heidsieck, 172
Piper's Brook, 578
Pique-Caillou, 64-65
Piquemal, Domaine, 206
Piqueras, 403
Pique-Segue, Château, 226
Pira, E, 300
Pirie, 578
Pirineos, 389
Piron, Dominique, 138
Pirramimma, 573
Pisano, 551
Pisoni, 311
Pithon, Jo, 156
Pithon, Olivier, 206
Pitnauer, 443
Pitray, de, 89
Pittacum, 394
Pittaro, Vigneti, 323
Pittnauer, 446
Pivot, Jean-Charles, 138
Pizzini, Barone, 307
Pizzorno, 551
Pla de Bages, 396
Plageoles, Robert, 231
Plà i Llevant, 396
Plaisance, 92
Plaisance, Château, 232
Plaisance, Château de, 156
Plaisir de Merle, 601
Planeta, 372
Plantagenet Wines, 575
Pleiade, Domaine La, 206
Plince, 85
Plozner, 323
Plumpjack, 496
P Moscato, 293
Poças, 423
Pochon, 187
Pöckl, Josef, 445
Poderi Colla, 297
Poderi dal Nespoli, 328
Poderi San Luigi, 346
Poderina, La, 342
Poesía, 547
Poggiarello, Il, 328
Poggio al Sole, 338
Poggio Antico, 342
Poggio Argentiera, 346
Poggiollo di Roberto Cosimi, I, 342
Poggione, Il, 342
Poggiopiano, 338
Poggio San Polo, 342
Poggio Scalette, 346
Pointe, la, 85
Poiron, Henri & Fils, 150
Pojer & Sandri, 311
Pol Roger, 172
Polencic, Isidoro, 323
Poli, Giovanni, 311
Poli, Maso, 311
Poliziano, 343
Pollino, 366
Polz, Erich & Walter, 448
Pomerol, 38, 81-86
Pomino, 333
Pommard, 110
Pommard, Château de, 126
Pommery, 172
Pomys, 54
Ponsot, 126
Pontet-Canet, 50-52
Ponzi, 522
Poppiano, Castello di, 338
Pornassio, 303
Portal, Quinta do, 415
Portet, Dominique, 564
Portets, de, 65
Portinari, Umberto, 318
Porto, 419-425
Porto, 425
Portugal, 410-427
Posten, Bacharacher, 255
Potel-Aviron, 139
Potelle, Château, 491
Potel, Nicolas, 126
Potensac, 59
Pouderoux, Domaine, 206
Pouget, 43
Pouilly-Fuissé, 132, 133
Pouilly-Fumé, 146
Pouilly-Loché, 133
Pouilly-sur-Loire, 146, 163, 164
Pouilly-Vinzelles, 133
Poujeaux, 46
Poulvère, Chateau, 225
Pousse d'Or, Domaine de la, 126-127
Poveda, Salvador, 403
Prà, 319
Pradeaux, Domaine, 198
Prade, La, 90
Prager, Franz, 442
Prahova Valley, 461
Pramaggiore, 314
Pravis, 311
Préceptorie de Centernach, La, 206
Premières Côtes de Bordeaux, 92
Pressac, de, 78
Preston, 506
Preuillac, 59
Prevostini, Mamete, 307
Pride Mountain, 496
Prieler, Engelbert, 445
Prieuré, le, 76
Prieuré-Lichine, 43-44
Prieur, Jacques, 127
Primitivo di Manduria, 363
Primo Estate, 566
Primosic, 323
Princic, Dario, 323-324
Princic, Doro, 324
Principauté d'Orange, 239
Príncipe de Viana, 388
Principe Pallavicini, 356
Prinz, 260
Prinz zu Salm-Dalberg'sches Weingut Schloss Wallhausen, 264
Priorato, 396
Privilegio del Condado, Bodegas, 404
Producteurs Plaimont, 236
Produttori del Barbaresco, 300
Proidl, 443
Proschwitz, Schloss, 285
Prosecco di Conegliano-Valdobbiadene, 314
Prose, Domaine de la, 219
Protos, 391
Provenance, 496
Providence, 85
Provins Valais, 432
Prüm, J.J., 253
Prüm, S.A., 253
Prunotto, 300
Puech-Haut, Château, 219
Puffeney, Jacques, 141
Puiatti, 324
Puisseguin-Saint-Emilion, 79
Pujanza, 386
Pulenta, 547
Puligny-Montrachet, 112-113
Château de, 127
Pündericher Marienburg, 249
Punica, Agricola, 375
Punset, 300
Punto Alto, 541
Pupille, Fattoria Le, 346
Pupillin, Fruitière Vinicole de, 140
Purísima, Bodegas La, 403
Puy-Arnaud, Clos, 89
Puy-Castéra, 56
Puyguéraud, 90
Puynard, 91
Puy-Servain, Château, 226
Pyramid Valley, 591
Pyrénées, 236-238
Pyrénées-Atlantiques, 240

Quady, 518
Quails' Gate, 535
Quarles Harris, 423
Quarterons, Clos des, 160
Quarts de Chaume, 146
Quartz Reef, 591
Quatre Vents, Clos des, 44
Queensland, 557
Quénard Family, The, 143
Querbach, 260
Querce, Le, 368
Querceto, Castello di, 338
Querciabella, Fattoria, 338
Quilceda Creek, 526
Quinault, 78
Quincy, 146, 165
Quinta da Foz de Arouce, 416
Quinta de la Quietud, 393
Quinta do Côtto, 422
Quinta do Sobreiró de Cima, 414
Quintarelli, 318
Quintessa, 496
Quivira, 506
Qupé, 515

Rabasse-Charavin, Domaine, 191
Rabaud-Promis, 67
Rabiega, Domaine, 201
Raboso del Piave, 315
Raccaro, Dario, 324
Racemi, 364
Radikon, 324
Radio Coteau, 506
Rafanelli, A, 506
Raffault, Jean-Maurice, 159
Raffault, Olga, 159
Ragose, Le, 318
Ragot, 131
Ragotière, Château de la, 150
Rahm, Weinkellerei, 436
Rahoul, 65
Raïmat, 399
Rainera Pérez Marín, 408
Rainoldi, Aldo, 307
Rallo, 372
Ramafort, 59
Ramage la Batisse, 56
Ramandolo, 320
Rame, la, 95
Rametz, Schloss, 312
Ramey, 518
Ramonet, 127
Ramos, João Portugal, 418
Ramos Pinto, 415, 423
Rampolla, Castello dei, 338
Randersackerer Marsberg/Pfülben/Sonnenstuhl/Teufelskeller, 273-274
Rapet, 127
Raphael, 529
Rapitalà, 372
Rappenhof, 266
Raquillet, Francois, 131
Raspail-Ay, Domaine, 191
Ratti, Renato, 300
Ratzenberger, 256
Rauenthaler Baiken/Gehrn/Nonnenberg/Rothenberg/Wulfen, 258
Raumland, 266
Rauzan-Despagne, 94
Rauzan-Gassies, 44
Rauzan-Ségla, 44
Ravello, 359
Raveneau, Jean-Marie, 103
Ravenswood, 506
Rayas, Château, 196-197
Raymond, Gérard, 432
Raymond-Lafon, 70
Raymond Vineyards, 496
Rayne-Vigneau, 67-68
Real, Bodegas, 403
Real Martin, Château, 201-202
Real Tesoro, Marqués de, 408
Real, Vinícola, 386
Rebello Valente, 425
Rebholz, Ökonomierat, 270-271
Rebolledo, 381
Recaş, 461
Recioto/Amarone della Valpolicella, 315
Recioto di Soave, 315
Rectorie, Domaine de la, 206
Redde, Michel, 164
Redondo, Adega Cooperativa de, 418
Regajal, El, 403
Regine, Castello delle, 349
Régnié, 136
Regola, La, 346
Regusci, 497
Reh, Carl, 461
Reignac, de, 94
Reinert, Johann Peter, 253
Reinhartshausen, Schloss, 260
Reinhold Franzen, 250
Reinisch, 442
Rejadorada, 393
Remelluri, 386
Remizières, Domaine des, 189
Remoissenet, 127
Remoriquet, 127
Renarde, Domaine de la, 131
Renardière, Domaine de la, 141
René Bouvier, 117
René, Clos, 82
Reno, 326
Renou, René, 156
Renwood, 511
Reschke, 571
Respide, de, 65
Respide-Médeville, 65
Ress, Balthasar, 260
Retout, de, 56
Reuilly, 146, 164
Revelette, Château, 202
Revello, Fratelli, 300
Reverdy, Jean & Fils, 162
Reverdy, Pascal & Nicolas, 162
Rex Hill, 522
Reyne, Château La, 229
Reynella, Chateau, 573
Reynon, 92
Reysson, 57
Rhône, Vale do, 184-197
Rías Baixas, 380
Ribatejo, 413, 417
Ribeira Sacra, 380
Ribeiro, 380
Ribeiro, Vitivinícola del, 381
Ribera del Duero, 390-392
Ricardelle, Château, 216
Ricasoli, Barone, 338
Ricaud, de, 95
Richard, Domaine, 226
Richaud, Domaine, 191
Richeaume, Domaine, 202
Richelieu, 88
Richmond Grove, 569
Richou, Domaine, 156
Richter, Max Ferd., 253
Richter, Vincenz, 285
Rico, Agapito, 403
Ridge, 510
Ridgeview, 606
Riecine, 338
Rieussec, 68
Riffault, Claude, 162
Rigaud, 79
Rijckaert, Domaine, 133, 141
Rijk's Private Cellar, 603
Rimauresq, Domaine de, 202
Rioja, La, 381-387
Riojana, La, 547
Riojanas, Bodegas, 386
Rion, Daniel, 127
Rion, Patrice, 128
Ripaille, 143
Ripeau, 76
Rippon, 591
Riscal, Marqués de, 386, 394
Riunite, 328
Rivera, 364
Riviera Ligure di Ponente, 303
Rivière, de la, 88
Rizzi, 300
Roagna, 300
Roar, 512
Robert, Alain, 176
Robert Craig Wine Cellars, 491
Robert-Denogent, 134
Robin, Gilles, 187
Roc, Château le, 232
Roc d'Anglade, Domaine, 219
Roc de Calon, 80
Roc des Cambes, le, 91
Rocca, 497
Rocca, Albino, 300
Rocca, Bruno, 300
Rocca delle Maciè, 338-339
Rocca di Castagnoli, 338
Rocca di Fabri, 350
Rocca di Montegrossi, 339
Rochaix, Bernard, 434-435
Rochebelle, 78
Roche Blanche, Clos, 160
Rochelles, Domaine des, 154
Rochemorin, de, 65
Roches Neuves, Domaine des, 154
Rochioli, J, 507
Rockblock, 524
Rockford, 569
Roda, 386
Rodaro, 324
Rodeline, Cave, 432
Rödelseer Küchenmeister, 274
Rodero, 391
Rodet, Antonin, 131-132
Roederer Estate, 509
Roederer, Louis, 172
Roero, 294
Roero Arneis, 294
Roger, Jean-Max, 162
Roh, Serge, 432
Roilette, Clos de la, 137
Roland la Garde, 91
Rolet, Domaine, 142
Rolland, de, 70
Rolland de By, 59
Rolland, Michel, 72
Rol Valentin, 78
Romagna Albana Spumante, 326
Romanée-Conti, 107, 128
Romanin, Château, 199
Romassan, Château, 198
Rombauer Vineyards, 497
Romeo, 343
Romeo, Benjamin, 386
Romer, 69
Romer-du-Hayot, 69
Roncade, Castello di, 318
Roncùs, 324
Roque Sestière, 209
Roquebrun, Cave Les Vins de, 214
Roques, les, 95
Roques, Quinta dos, 416
Roquetaillade la Grange, 65
Roriz, Quinta de, 415
Rosa del Golfo, 365
Rosa, La, 541
Rosa, Quinta de la, 415
Porto, 425
Rosato del Salento, 363
Rosch, Josef, 253
Rosemount Estate, 558
Rosenblum, 518
Rosenthal, 518
Rosé português, 414
Rosette, 226
Roshambo, 507
Rosily, 576
Rossese di Dolceacqua, 303
Rossignol, Nicolas, 128-129
Rossignol-Trapet, 129
Rosso Canosa, 363
Rosso Cònero, 351
Rosso di Barletta, 363
Rosso di Montalcino, 333
Rosso di Montepulciano, 333
Rosso, Gigi, 300
Rosso Orvietano, 348
Rosso Piceno, 351
Rostaing, René, 187
Roth, 275
Rothschild, Barão Philippe de, 49
Rotier, Domaine, 231
Rotllan Torra, 398
Rottensteiner, Hans, 312
Rottensteiner, Heinrich, 312
Roty, Joseph, 129
Rouanne, Château de, 191
Roudier, 80
Rougeard, Clos, 153
Rouget, 85
Rouget, Emmanuel, 129
Rouillac, de, 65
Roulerie, Château de la, 156
Roulot, Guy, 129
Roumier, Georges, 129
Roumieu-Lacost, 70
Round Hill Cellars, 497
Rouquette-sur-Mer, Château de, 216
Rousseau, Armand, 129
Rousselle, la, 88
Roussillon, 203-207
Routas, Château, 202
Rouvinez, Bernard, 432
Rouviole, Domaine La, 212
Rovira, Pedro, 399
Roxheimer Berg/Birkenberg/Höllenpfad/Hüttenberg/Mühlenberg, 262
Royal Oporto, 424
Royal Tokaji Wine Company, 454
Rozès, 425
Ruat-Petit-Poujeaux, 46
Rubicon, 497
Rubino, 365
Ruchè di Castagnole Monferrato, 294
Ruck, Johann, 275
Rudd, 497
Rudera, 597
Rüdesheimer Berg-Rottland/Roseneck/Schlossberg, 258
Ruffino, 339
Ruggeri, 318
Ruinart, 172-173
Ruinettes, Caves Les, 432
Ruiz, Santiago, 381
Rupert & Rothschild, 600
Ruppertsberger Gaisböhl/Nussbien/Reiterpfad, 268
Rural, La, 547
Russiz Superiore, 322
Russiz, Villa, 325
Russo, 346
Rustenberg, 597
Rust-en-Vrede, 597
Rutherford Hill Winery, 497
Ruwer, Vinhedos do, 248
Rymill, 572

Saale Unstrut, 284
Saarburger Rausch, 247
Saarstein, Schloss, 253
Saar, Vinhedos do, 247-248, 249
Sabathi, Erwin, 448
Sables-du-Golfe-du-Lion, 240
Sabon, Domaine Roger, 197
Sachsen, Villa, 266
Sacred Hill, 583
Sadie Family Wines, 603
Sães, Quinta de, 416
Saget, Guy, 164
Saima, Casa de, 416
Saint Clair, 589
Saint-Ahon, 57
Saint-Amour, 136
Saint-Aubin, 114
Saint-Chinian, 213-214
Sainte-Anne, Domaine, 192
Sainte-Croix-du-Mont, 94-95
Sainte-Foy-Bordeaux, 95
Sainte-Marie, 94
Saint-Émilion, 38, 70-80

S-T | ÍNDICE | 671

Saint-Estèphe, 52-54
Saint-Georges, 80
Saint-Georges-Saint-Émilion, 80
Saint-Joseph, 184-185
Saint-Julien, 46-48
Saint-Pierre, 47
Saintsbury, 497
Saint-Véran, 132-133
Sala, Castello della, 350
Saladini Pilastri, 352
Salaparuta, 369
Salentein, 547
Sales, de, 85
Salette, Le, 318
Salice Salentino, 363
Salicuti, 342
Sallegg, Schloss, 312
Salomon, Clos, 131
Salomon/Undhof, Weingut, 444
Salon, 173
Salquenen, Caveau de, 433
Saltram, 569
Salwey, 283
Sambuca di Sicilia, 369
San Alejandro, 389
Sancerre, 146, 151, 161-162
Sanchez Romate, 408
San Colombano al Lambro, 305
San Colombano, 305
Sandahl, 455
Sandalford, 577
Sandeman (Jerez de La Frontera), 408
Sandeman (porto), 424
Sandhurst, 607
Sandoval, 403
Sandrone, Luciano, 300
San Fabiano Calcinaia, 339
San Felice, 339
Sanford, 516
San Francesco, 367
San Gimignano, 333
Sangiovese di Romagna, 327
San Giusto a Rentennano, 339
Sangue di Giuda, 305
San Guido-Sassicaia, Tenuta, 347
San Isidro, Bodegas, 403
San Leonardo, 309, 311
San Lorenzo, 352
San Martino della Battaglia, 305
San Martino della Battaglia-Lugana, 315
San Michele all'Adige, Istituto Agrario Provinciale, 310
San Michele, 346
Sannio, 359
San Patrignano, 329
San Pedro, 541
San Pietro, Le Vigne di, 318
San Severo, 363
Sansonina, La, 318
Sansonnet, 78
Sansonnière, Domaine de la, 154
Santa Barbara, 352
Santa Carolina, 541
Santa Cruz Mountain Vineyard, 510
Santadi, Cantina Sociale di, 375
Santa Duc, Domaine de, 192
Sant' Agata dei Goti, 359
Santa Helena, 541
Santa Inés, 541
Santa Julia, 547
Santa Lucia, 365
Santa Maddalena, 309
Sant' Andrea, Cantina, 356
Sant' Anna di Isola di Capo Rizzuto, 366
Sant' Antimo, 333-334
Sant' Antonio, Tenuta, 318
Santa Rita, Viña, 541
Santa Sarah, 463
Santa Venere, 367
Santenay, 114
Santi, 318
Santini, 346
Santos Lima, Casa, 417
San Valentino, 329
San Vito di Luzzi, 366
São João, Caves, 416
Sapaio, 346
Saracco, 300
Saransot-Dupré, 46
Sarda-Malet, Domaine, 206
Sardegna Semidano, 374
Sarría, Bodega de, 388
Sartarelli, 352
Sartori, 318
Sartre, le, 65
Sassella, 305
Sassicaia, (Bolgheri), 334
Sastre, 391
Satta, Michele, 347
Sattlerhof, 448

Sattui, V, 497
Sauer, Horst, 275
Saumaize-Michelin, 133
Saumur, 146, 152, 154-155
Saumur-Champigny, 146
Saurus, 547
Sausal Winery, 507
Saussignac, 226
Sautejeau, Marcel, 150
Sauternes, 65-70
Sauvagnères, Château, 233
Sauveroy, Domaine du, 156
Sauvignon Blanc (Emilia-Romagna), 327
Sauvion & Fils, 150
Sauzet, Etienne, 129
Savannah-Chanelle, 510
Savary, Olivier, 103
Savennières, 146, 151
Savigny-lès-Beaune, 109
Savuto, 366
Sawtooth, 527
Saxenburg, 597
Saxum, 514
Sbragia Family Vineyards, 507
Scacciadiavoli, 350
Scali, 600
Scarpa, 300
Scavigna, 366
Scavino, Paolo, 300
Schaefer, Karl, 271
Schaefer, Willi, 253
Schaetzel, Martin, 182
Schäfer-Fröhlich, 264
Schäffer, Egon, 275
Schäffer, J B, 264
Schales, 266
Schandl, Peter, 447
Scharffenberger, 509
Scharzhof, 249
Scharzhofberg, 247-248
Schenk, 434
Scherrer, 507
Schiopetto, 324
Schioppettino, 320
Schistes, Domaine des, 206
Schlossböckelheimer, 262-263
Schlossgut Hohenbeilstein, 278
Schloss Salenegg, 436
Schlumberger, 447
Schlumberger, Domaines, 182
Schlumberger, Hartmut, 283
Schlumberger, Robert, 444
Schmelz, 444
Schmidl, 444
Schmitt's Kinder, 275
Schnaitmann, 278
Schneider, 271
Schneider, Georg Albrecht, 26
Schneider, Reinhold und Cornelia, 283
Schoffit, 182
Schönborn, Graf von, 275
Schönborn, Schloss, 260
Schramsberg, 497
Schröck, Heidi, 445
Schröder & Schÿler, 41
Schubert, C. von, 253
Schug, 507
Schwanburg, Castel, 313
Schwarzenbach, Hermann, 436
Schwegler, 279
Schweinhardt, Willi, 264
Sciacca, 370
Scotchmans Hill, 562
Scott, Allan, 589
Screaming Eagle, 497
Scrimaglio, 300
Scubla, 324
SeaSmoke Cellars, 516
Sebaste, Mauro, 300
Sebastiani, 507
Seeger, 283
Segal, 474
Seghesio, 507
Segonzac, 92
Seguin, de, 94
Ségur de Cabanac, 54
Seifried Estate, 589
Sekt, 256
Selak's, 586
Selbach-Oster, 253-254
Sella, 301
Selle e Mosca, 375
Selosse, Jacques, 173
Selvapiana, 339
Sémeillan Mazeau, 46
Seña, 541
Senard, Comte, 129
Senat, Jean-Baptiste, 212
Sénéjac, 57
Senilhac, 57
Señorans, Pazo de, 381

Señorío de Nava, 391
Señorío de San Vicente, 386
Seppelt Great Western, 563
Seppeltsfield, 569
Sequoia Grove, 498
Serafini & Vidotto, 318
Serafino, 573
Serene, Domaine, 522
Seresin, 589
Sergio Mottura, 356
Sergue, la, 86
Sérilhan, 54
Serra, Jaume, 399
Serre, la, 76
Serriger Schloss Saarstein, 248
Serve, 461
Sesta di Sopra, 342
Sesti, 342
Sette Ponti, 347
Settesoli, 372
Seuil, Château du, 202
Seuil, du, 65
Sevenhill Cellars, 570-571
Seven Hills, 526
Seville Estate, 564
Seyssel, 142, 143
Sforzato, 305-306
Sfursat, 305-306
Shafer, 498
Sharpham, 607
Shaw & Smith, 566
Sheldrake Point, 529
Shenandoah Vineyards, 511
Shingleback, 574
Siaurac, 86
Sichel, 41
Siduri, 518
Siebeldinger im Sonnenschein, 268
Siegrist, Thomas, 271-272
Sierra Cantabria, 387
Sierra Salinas, 403
Sierra Vista, 511
Sigalas Rabaud, 68
Signorello, 498
Sileni, 584
Silva, Casa, 541-542
Silverado Vineyards, 498
Silver Oak Cellars, 498
Simčić, Edi, 458
Simi, 507
Simmern, Freiherr Langwerth von, 260
Simon-Bürkle, 272
Simoncelli, Armando, 311
Simone, Château, 202
Simone, Villa, 356
Simonnet-Febvre & Fils, 103
Simonsig, 597
Sine Qua Non, 518
Sinskey, 507
Siran, 44
Sitzius, 264
Sizzano, 294
Skalli, 219
Skerk, 324
Skillogalee, 571
Skoff, 448
Smith Woodhouse, 424
Smithbrook, 577
Smith-Haut-Lafitte, 62
Smith-Madrone, 499
Soalheiro, Quinta de, 414
Soave, 315
Soave Superiore, 315
Sobon, 511
Sobreño, 393
Sociando-Mallet, 57
Société Coopérative Agricole des Vins de Cabrières, 215
Sofia, Santa, 318
Sogrape, 419
Sokol Blosser, 522
Soleil, 79
Solís, Félix, 403
Solopaca, 359
Soloperto, Giovanni, 365
Sommerhausen, Schloss, 275
Sonnenhof, 279
Sonoma, Stryker, 507
Sonoma-Cutrer, 507
Sophenia, Finca, 547-548
Sorg, Bruno, 182
Sorrel, Marc, 187
Soter, 522
Sottimano, 301
Souch, Domaine de, 238
Soucherie, Château, 154
Soudars, 57
Soufrandière, Domaine de la, 134
Soufrandise, Domaine de la, 134
Soutard, 76
Sovana, 334
Spadafora, 372

Spalletti, 329
Spanna, 294
Specogna, 324-325
Speri, 318
Spessa, Castello di, 325
Spice Route, 604
Spielmann, 182-183
Spinetta-Rivetti, La, 301
Spinifex, 569
Spoleoducale, 350
Sportoletti, 350
Spottswoode, 499
Spreitzer, Josef, 260
Spring Vale, 578
Springfield, 604
Squinzano, 363
Staatsweingut Bergstrasse, 272
Staatsweingut Meersburg, 283
Staatsweingut Weinsberg, 279
Stadlmann, 444
Stadt Krems, 444
Staete Landt, 589
Stag's Leap Wine Cellars, 499
Staglin, 499
Standing Stone Vineyards, 529
St-André de Figuière, 202
Stanlake Park, 607
Stanton & Killeen, 561-562
St Antony, 266
Stark-Condé, 597
St-Auriol, Château, 209
Ste-Anne, Clos, 92
Ste Chapelle, 527
Steeger St Jost, 256
Steele, 518
Steenberg, 599
Ste-Eulalie, Château, 212
Steinberg, 258
Stellabella, 576
Stellenzicht, 597
Ste-Magdelaine, Clos, 200
Stephan, Jean-Michel, 189
Sterhuis, 597
Sterling, 499
Ste-Roseline, Château, 202
St-Estève d'Uchaux, Château de, 192
St-Fiacre, Clos, 165
St Francis, 507
St-Gayan, Domaine, 92
St-Georges (Côte-Pavie), 76
St Hallett, 569
St Huberts, 564
Stigler, Rudolf, 283
St Innocent, 522
Stirbey, Prince, 461
St Jean-de-Bébian, Prieuré de, 219
St Jodernkellerei, 432-433
St Julien, Clos, 77
St-Just, Domaine de, 156
St-Louis, Château, 232
St Magdalener, 309
St-Martin, Château de, 202
St Martin, Clos, 74
St-Martin-de-la-Garrigue, 219
St-Nicolas-de-Bourgueil, 146
Stodden, Jean, 255
Stoller, 522
Stolpman, 516
Stonecroft, 584
Stonehaven, 574
Stonehouse, 532
Stonestreet, 507
Stonier, 562
Stony Hill, 499
Stonyridge, 586
Stoppa, La, 329
Störrlein, Josef, 275-276
Storybook Mountain Vineyards, 499
St-Paul, 57
St-Pourçain, 165
St-Pourçain-sur-Sioule, 146
Strevi, 294
St-Robert, 65
St-Roch, Château, 193
St-Romain, 112
Strong, Rodney, 507
Strub, J & H A, 266
St-Saturnin, Cave Coopérative, 218
St Supéry, 497
Stuart & Co, R, 522
Stucky, Werner, 437
Studert-Prüm, 254
Stuhlmuller, 507
St-Vincent, Clos, 200
Suau, 69, 92
Suavia, 318
Sudoeste da França, 223-238
Südtiroler, 309
Suduiraut, 68

Sul da Austrália, 555-556
Sul do Rhône, 189-197
Sumac Ridge, 535
Suremain, Domaine de, 132
Suronde, Château de, 154
Sutor, 458
Sutter Home, 499
Sutton Grange, 560
Svishtov, 463
Swan, Joseph, 508
Swanson Vineyards, 499
Swartland Winery, 604
Symington (família), 424
Szepsy, István, 455
Szerelmey, 455

Tabalí, 542
Tabarrini, 350
Tablas Creek, 514
Taburno, 359, 361
Tacoronte-Acentejo (Tenerife), 409
Tahbilk, 560
Tailhas, du, 85
Taille aux Loups, Domaine de La, 159
Taillefer, 85
Tailleurguet, Domaine, 235
Taittinger, 173
Talamonti, 357
Talbot, 47
Talbott, 512
Talenti, 342
Talley, 514
Taltarni, 563
Taluau & Foltzenlogel, Domaine, 159
Tamarack, 526
Tamar Ridge, 578
Tamborini, Eredi Carlo, 437
Tandem, 508
Tanner, Lane, 516
Tanya, 474
Tapada, A, 381
Tapanappa, 574
Tarapacá, Viña, 542
Tarczal, De, 311
Tardieu-Laurent, 192
Tardy, Gilbert, 143
Tares, Dominio de, 394
Targé, Château de, 154
Tarlant, 176
Tarquinia, 355
Tarragona, 396
Tarrawarra, 564
Tart, Clos de, 118
Tasca d'Almerita, 372
Tasmânia, 557
Tassi, Ronco dei, 324
Tatachilla, 574
Taurasi, 359
Taurino, Cosimo, 365
Tavel, 192-193
Tayac, 91
Taylor, Fladgate & Yeatman, 424
Taylors, 571
Tazzelenghe, 320
Te Whau, 587
Tedeschi, 318-319
Te Kairanga, 585
Te Mania, 589
Te Mata, 584
Tement, E & M, 448
Tempé, Marc, 183
Tempier, Domaine, 198-199
Temple, Le, 59
Templiers, Cellier des, 207
Tenterden, 607
Tenuta di Arceno, 335
Terlano, Cantina, 313
Teroldego Rotaliano, 309
Terra
    Alta, 396
    Blanca, 526
    d'Alta Val d'Agri, 367
    Tangra, 463
    Valentine, 499
Terrabianca, 339
TerraMater, 542
Terranoble, 542
Terras do Sado, 413, 417
Terrassen Mosel, vinhedos do, 250
Terrasses, Clos des, 224
Terratico di Bibbona, 334
Terrazas, 548
Terrazze, Le, 352
Terre
    Cortesi Moncaro, 353
    da Vino, 301
    del Barolo, 301
    di Ginestra, 372
    Mégère, Domaine de, 219
    Nere, 372
    Rosse, 329

Terredora, 361
Terreni di San Severino, 351
Terre Rosse, Cascina delle, 304
Terre Rouge, Domaine de la, 511
Terres Dorées, Domaine des, 138
Terrey-Gros-Caillou & Château Hortevie, 48
Terriccio, Castello del, 347
Terroirs Landais, 241-242
Terry, 408
Tertre-Daugay, 78
Tertre, du, 44
Tertre-Rôteboeuf, 78
Teruzzi & Puthod, 347
Tesch, 264
Testarossa, 518
Testuz, J & P, 434
Tête, Louis, 139
Tête, Michel, 138
Texas, 532
Teyssier, 78
T'Gallant, 562-563
Thackrey, Sean, 518
Thanisch, 254
Thelema, 598
Thénac, Château, 225
Thermes, Numanthia, 392-393
Theulet, Château, 225
Thévenet, Jean, 134
Thiénot, Alain, 176
Thieuley, 94
Thirty Bench Wines, 534
Thivin, Château, 138
Thorn-Clarke, 569
Thörnicher Ritsch, 249
Three Choirs, 607
Thummerer, 456
Thunevin, 41
Thunevin, Jean-Luc, 72
Ticinesi, Vinattieri, 437
Ticino, 437
Tiefenbrunner, 313
Tignanello, 334
Tigné, Château de, 156
Tinhof, 447
Tinhorn Creek, 535
Tinon, Samuel, 455
Tirecul la Gravière, Château, 225
Tiregand, Château, 225
Tissot, 142
Tocai, 320
Tocai di Lison, 315
Togni, Philip, 500
Tokaj Kereskedöhaz, 455
Tokaji, 450, 452-456
Tokara, 598
Tollo, Cantina, 357
Tollot-Beaut, 129
Tommasi, 319
Torbreck, 569
Torgiano, 348
Torii Mor, 523
Torino, Michel, 548
Tormaresca, 365
Toro, 392-393
Toro Albala, 404
Toros, Franco, 325
Torraccia, Domaine de, 222
Torre dei Beati, 357
Torre Ercolana, 355
Torreón de Paredes, 542
Torre Rosazza, 325
Torres, 399-400
Torres (família), 395
Torres, Miguel, 542
Torrevento, 365
Tosa, La, 329
Toscanini, 551
Toso, Pascual, 548
Touraine, 147, 156-160
Tour-Blanche, 59
Tour Blanche, la, 68
Tour Boisée, Domaine la, 212
Tour-Carnet, la, 55
Tour, Château de la, 129
Tour de Bessan, La, 44
Tour de Mirambeau, 94
Tour de Mons, la, 44
Tour de Pez, 54
Tour des Gendres, Château la, 225-226
Tour des Termes, 54
Tour du Bon, Domaine de la, 199
Tour du Haut Moulin, 57
Tour du Moulin, 88
Tour du Pas St-Georges, 80
Tour-du-Pin Figeac, la, 78
Tour-du-Pin Figeac, la (Giraud--Bélivier), 78
Tourelles, Mas de, 221
Tour Figeac, la, 76
Tour-Haut-Brion, la, 62
Tour-Haut-Caussan, 59

672 | ÍNDICE | T-Z

Tournefeuille, 86
Tournelle, Domaine de la, 142
Tour Saint-Martin, La, 165
Tours, Château des, 192
Tour St-Joseph, la, 57
Tourteau-Chollet, 65
Tourtes, des, 92
Tour Vieille, Domaine, 207
Tracy, Château de, 164
Traiser Bastei/Rotenfels, 263
Transdanubia, 451-452
Transmontano, 412, 414
Trapadis, Domaine du, 192
Trapet, 129
Trapiche, 548
Trappolini, 356
Traslanzas, 394
Travaglini, 301
Travaglino, 308
Tre Monti, 329
Trebbiano d'Abruzzo, 356
Trebbiano di Romagna, 327
Trefethen, 500
Trentadue, 508
Trentham Estate, 560
Trento, 309
Trévallon, Domaine de, 199
Triacca, 308
Trianon, 78
Triebaumer, Ernst, 445
Triennes, Domaine de, 202
Trignon, Château du, 192
Triguedina, Clos, 228
Trimbach, F E, 183
Trinchero, 500
Trinity Hill, 584
Trinoro, Tenuta du, 347
Trinquevedel, Château de, 193
Triolet, Le, 303
Trittenheimer, 249
Trivento, 548-549
Trois Croix, les, 88
Tronquoy-Lalande, 54
Troplong-Mondot, 73
Trosset, Charles, 143
Trotanoy, 85
Trottevieille, 73
Tschida – Angerhof, Hans, 445
Tua Rita, 347
Tuilerie, Château de la, 221
Tulbagh Mountain Vineyards, 604
Tunkalilla, 523
Tunnel, Domaine du, 189
Tuquet, le, 65
Turkey Flat, 569
Turley, 500
Turnbull, 500
Tursan, 236
Two Hands, 574
Twomey, 500
Tyrrell's, 559

Uberti, 308
Uccellina, 329
Uibel, 444
Umani Ronchi, 353
Umathum, 445
Undurraga, 542
Unger, Petra, 444
Ungsteiner Weilberg, 268
Union des Vignerons, 165
Unti, 508
Urbans-Hof, Sankt, 253

Uroulat, Clos, 237
Urziger Würzgarten, 249
Usseglio, Pierre, 197
Uva Mira, 598

Vacheron, Domaine, 163
Vadiaperti, 361
Vaira, Fattoria di, 360
Vajra, 301
Valais (Wallis), 430-433
Valandraud, 79, 87
Val Bruyère, Clos, 200
Valcalepio, 306
Valcarlos, 388
Valcombe, Château, 193
Valdadige, 308
Val d'Arbia, 334
Valdeorras, 380
Valdepusa, Dominío de, 403
Valdesil, 381
Valdespino, 408
Valdichiana, 334
Val di Cornia, 334
Valdipiatta, 343
Val di Suga, 342
Valdivia, 408
Valdivieso, 542
Valdo, 319
Val d'Orbieu, 240
Valduero, 391
Vale Dona Maria, Quinta do, 415
Vale Meão, Quinta do, 416
Valençay, 147
Valentina, La, 357
Valentines, Château Les, 202
Valentini, 358
Valette, Domaine, 134
Valfaunès, Château de, 217
Valgella, 306
Vallana, 301
Vallarom, 311
Valle de la Orotava (Tenerife), 409
Valle Reale, 358
Valley View, 523
Valli, 591
Vall-Llach, 398
Vallona, 329
Vallone, Agricole, 365
Valmagne, Abbaye de, 217
Val Polcevera, 303
Valpolicella, 315
Valsangiacomo, Fratelli, 437
Valsusa, 294
Valtellina, 306
Vannières, Château, 199
Vaquer, Domaine, 207
Varennes, Château de, 156
Varichon & Clerc, 143
Varière, Château la, 154
Varinelles, Domaine des, 156
Varoilles, Domaine de, 129
Varone, 433
Vasse Felix, 577
Vatan, André, 162
Vaucluse, 240
Vaugelas, Château de, 209
Vecchia Cantina, 304
Vecchie Terre di Montefili, 339
Veenwouden, 600
Vegalfaro, 403
Vega Sauco, 393
Vega Sicilia, 392
Veglio, Mauro, 301
Velenosi, 353

Velhas, Caves, 417
Velich, 445
Velletri, 355
Venegazzù della Casa, 315
Venica & Venica, 325
Venoge, de, 176
Ventana Vineyard, 512-513
Ventisquero, 543
Vents, Domaine des, 207
Ventura, Jané, 400
Venturini, 319
Venturini Baldini, 329
Veramonte, 543
Verbicaro, 366
Verdi, Bruno, 308
Verdicchio dei Castelli di Jesi, 351
Verdicchio di Matelica, 351
Verdignan, 57
Verdots, Domaine les, 226
Verduno, Castello di, 301
Verduno Pelaverga, 294
Verduzzo, 320
Vergelegen, 598
Vergenoegd, 598
Verget, 134
Veritas, 569
Vérité, 500
Vermentino, Cantina del, 375
Vermentino di Gallura, 374
Vermentino di Sardegna, 374
Vernaccia di Oristano, 374
Vernaccia di San Gimignano, 334
Vernaccia di Serrapetrona, 351
Vernay, Georges, 187-188
Verrazzano, Castello di, 339
Vesuvio (Lacryma Christi), 359-360
Vesuvio, Quinta do, 425
Vesztergombi, 456
Veuve Amiot, 159
Veuve Clicquot-Ponsardin, 173
Vevey, Albert, 303
Veyry, 89
Viader, 500
Vial Magnères, Domaine, 207
Viansa, 508
Viarte, La, 325
Viaud, de, 86
Vicchiomaggio, Castello, 339
Vicenza, 315
Vickers Vineyard, 527
Vidal, 584
Vidal-Fleury, J, 188
Vie di Romans, 325
Vieille Cure, la, 88
Vieille Julienne, Domaine de la, 197
Vienne, Vins de, 188
Vietti, 301
Vieux-Château Gaubert, 65
Vieux-Château Landon, 59
Vieux-Château St-André, 80
Vieux-Château-Certan, 85
Vieux Donjon, 197
Vieux Fortin, 79
Vieux Maillet, 85
Vieux-Robin, 59
Vieux Télégraphe, Domaine du, 197
Vignalta, 319
Vignamaggio, Villa, 339
Vignanello, 355
Vigna Rionda, 302
Vigneau-Chevreau, 159
Vignelaure, Château, 202
Vignerons de Baixas, Cave des, 204
Vignerons de Buxy, Caves des, 132

Vignerons de Buzet, Les, 233
Vignerons de la Noëlle, Les, 151
Vignerons du Mont Tauch, Les, 210
Vignerons Landerrouat-Duras Berticot, 232
Vigneti le Monde, 323
Vignole, 339
Vilafonté, 600
Villa Bel Air, 65
Villaine, A & P de, 132
Villa Maria, 587
Villard, François, 188
Villars, 88
Villa Toscano, 511
Villegeorge, de, 57
Villejaujou, Domaine de, 210
Villemaurine, 79
Villeneuve, Château de, 154
Villeneuve, Domaine de, 197
Villerambert-Julien, Château de, 212
Villiera, 598
Vilmart, 176
Viña Hermosa, 384
Viña Magaña, 388
Viña Mein, 380
Viña Nora, 381
Viña Salceda, 386
Vinakoper, 458
VinaRobles, 514
Vinarte, 462
Vin de l'Orleanais, 165
Vin Santo, 334
Vine Cliff, 500
Vineland Estates, 534
Vinet, Daniel & Gérard, 151
Vinhos, D F J, 419
Vini del Piave, 314
Vino Nobile di Montepulciano, 334
Vins de Thouarsais, 147
Vinska Klet Goriška Brda, 458
Vintripodi, 367
Viola, Luigi, 367
Vipava, 458
Viret, Domaine, 192
Virgen de la Sierra, 389
Virgili, 308
Virna, 302
Vis, La, 311
Vissoux, Domaine du, 138
Vistalba, Domaine de, 549
Viticcio, 339
Viudas, Segura, 400
Viu Manent, 543
Vivaldi, Arunda, 311
Viviani, 319
Vivonne, Domaine de la, 199
Voarick, Michel, 130
Vocoret, Robert, 103
Voerzio, Gianni, 302
Voerzio, Roberto, 302
Voge, Alain, 188
Volk, Kenneth, 516
Volkacher Ratsherr, 274
Vollrads, Schloss, 258, 261
Volpaia, Castello di, 339-340
Volpe Pasini, 325
Volxem, Van, 254
Vondeling, 600
Von Beulwitz, 250
Von Hövel, 251
Vougeraie, Domaine de la, 130
Voulte-Gasparets, Château la, 210

Vouvray, 147
Voyager, 577
Vrancken, 176
Vray-Croix-de-Gay, 86
Vriesenhof/Talana Hill/Paradyskloof, 598

Wachau, Domäne, 440
Wachtstetter, 279
Wackerbarth, Schloss, 285
Wagner, Dr. Heinz, 254
Wagner-Stempel, 266
Waipara Springs, 591
Wairau River, 589
Waitiri Creek, 591
Walch, Elena, 313
Wallhäuser Felseneck/Johannisberg/ Pastorenberg, 263
Wallufer Walkenberg, 258
Wantirna Estate, 564
Wardy, Domaine, 472
Warre, 425
Warwick Estate, 598
Wassmer, Fritz, 283-284
Waterbrook, 526
Waterford, 598
Weaver, Geoff, 566
Weegmüller, 272
Wegeler, J, 254, 261
Wehlener Sonnenuhr, 250
Wehrheim, Dr., 272
Weil, Weingut Robert, 261
Weinbach, Domaine, 183
Weinbau Toni Ottiger, 436
Weinert, 549
Weingart, 256
Weingärtnergenossenschaft Grantschen, 277
Weingut der Stadt Bensheim, 272
Weingut Eichholz, Jenins, Fromm Weine, 436
Weingut Thomas Marugg, 436
Weinrieder, 444
Weins-Prüm, Dr. F, 254
Welbedacht, 600-601
Welgemeend, 601
Wendouree, 571
Weninger, 456
Wente, 510-511
Wenzel, 447
West Brook, 587
West Cape Howe, 575
Westhofener Morstein, 265
Westrey, 523
Wetshof, De, 602
Whitehall Lane Winery, 500
Wickham, 607
Wieninger, 447
Wignalls, 575
Wilhelmshof, 272
WillaKenzie Estate, 523
Will, Andrew, 526
Williams & Humbert, 408
Williams & Selyem, 508
Williamsburg Winery, 531
Willow Bridge, 575
Wiltinger Braune Kupp, 248
Wiltinger Gottesfüss, 248
Windward, 514
Winkeler Hasensprung/Jesuitengarten, 258

Winkler-Hamarden, 448
Winninger Röttgen, 250
Winninger Uhlen, 250
Winzergenossenschaft Achkarren, 281
Winzergenossenschaft Durbach, 281
Wirsching, Hans, 276
Wisdom & Warter, 408
Wither Hills, 589
Wittmann, 266
Wohlmuth, 448
Wöhrwag, 279
Wölffer, 529
Wolf, J L, 272
Wolfshöhle, Bacharacher, 255
Woodward Canyon, 526
Wright, Ken, 523
Wunderlich, 456
Würzburger, 274
Wyken, 607
Wyndham Estate, 559
Wynns, 572

Xanadu, 577

Yabby Lake, 564
Yacochuya, 549
Yarra Burn, 565
Yarra Ridge, 565
Yarra Yering, 565
Ycoden-Daute-Isora (Tenerife), 409
Yeringberg, 565
Yllera, 394
Yon-Figeac, 79
Yonne, I', 241
Yquem, d', 66, 67
Yvigne, Clos d', 226
Yvon Mau, 40
Yvonne, Château, 154

Zaca Mesa, 516
Zaccagnani, Ciccio, 358
Zaccagnini, 355
Zagarolo, 355
Zambujeiro, Quinta do, 418
Zandotti, Conte, 356
Zandvliet, 604
Zantho, 447
ZD Wines, 500
Zecca, Conti, 365
Zehnthof, 276
Zell-Weierbacher Abtsberg, 280
Zeltinger Sonnenuhr, 250
Zema Estate, 572
Zenato, 319
Zeni, 311
Zenner, 372
Zerbina, Fattoria, 329
Zerioli, 329
Zevenwacht, 598
Ziereisen, 284
Zifar, 392
Zilliken, Forstmeister Geltz, 254
Zimmerling, Klaus, 285
Zind-Humbrecht, Domaine, 183
Zlatan Otok, 460
Zonin, 319
Zorgvliet, 598
Zuccardi, 549
Zufferey, Maurice, 433
Zusslin, Valentin, 183

Crédito das imagens

Photolibrary.com: F. Fink Jr. Benjamin, p. 9; Cephas Picture Library/Mick Rock, p. 10, 13, 15, 19, 24, 317, 346, 393, 521, 525, 528; Rob Blakers, p. 20; Cephas Picture Library/Kevin Judd, p. 23; Photodisc/Paolo Negri, p. 29; Sarramon-Cardinale/Photononstop, p. 185; SGM, p. 230; Cephas Picture Library/Nigel Blythe, p. 251; Age fotostock/Tarqa Tarqa, p. 312, 320; Tips Italia/Andrea Pistolesi, p. 331; John Warburton-Lee, p. 338; Age fotostock/Stefano Cellai, p. 343; DEA/G. Sosio, p. 351; DEA/G. Berengo Gardin 355; Ian Shaw, p. 358; View Pictures/Chris Gascoigne, p. 385; Age fotostock/Alvaro Leiva, p. 401; Cephas Picture Library/Herbert Lehmann, p. 415; Sébastien Boisset/Photononstop, p. 418; F1 Online/S. Tauqueur, p. 478; Cephas Picture Library/Andy Christodolo, p. 545; Fresh Food Images/Steven Morris Photography, p. 561; Milton Wordley, p. 572; Claver Carroll, p. 577; Cephas Picture Library/Andy Christodolo, p. 539 e 590; OSF/Michael Brooke, p. 600. **Corbis:** Charles O'Rear, p. 37; Sandro Vannini, p. 437. **Alamy:** Per Karlsson, BKWine p. 2, 50, 61, 64, 74, 78, 158, 201, 204, 209; Peter Horree, p. 103; Ian Shaw, p. 118; David A. Barnes, p. 152; André Jenny, p. 126; Glenn Harper, p. 178; BlueSkyStock, p. 213; Petra Wegner, p. 269; SPP Images, p. 273; Age fotostock/Tarqa Tarqa, p. 298 e 320; CuboImages SRL, p. 309; David Ball, p. 364; E. & S. Ginsberg, p. 455; Rami Aapasuo, p. 457; Chuck Place, p. 492 e 515; Gail Mooney-Kelly, p. 542; Imagery and Imagination, p. 562; Elizabeth Czitronyi, p. 569; Interfoto/Travel, p. 597. Scope/J. Guillard, p. 88; J. L. Barde, 219. **Claes Lofgren:** p. 93, 97, 115, 123, 254, 258, 451, 463, 587. **Getty Images:** Kim Blaxland, p. 425; AFP, p. 471; Chris Terry/Octopus Publishing, p. 640; Adrian Pope/Octopus Publishing, p. 654 e 660. **Getty Images:** Kim Blaxland, p. 425; AFP, p. 471; Chris Terry/Octopus Publishing, p. 640; Adrian Pope/Octopus Publishing, p. 654 e 660.